PATROLOGIÆ

CURSUS COMPLETUS

SIVE

BIBLIOTHECA UNIVERSALIS, INTEGRA, UNIFORMIS, COMMODA, OECONOMICA,

OMNIUM SS. PATRUM, DOCTORUM SCRIPTORUMQUE ECCLESIASTICORUM

QUI

AB ÆVO APOSTOLICO AD INNOCENTII III TEMPORA

FLORUERUNT;

RECUSIO CHRONOLOGICA

OMNIUM QUÆ EXSTITERE MONUMENTORUM CATHOLICÆ TRADITIONIS PER DUODECIM PRIORA ECCLESIÆ SÆCULA,

JUXTA EDITIONES ACCURATISSIMAS, INTER SE CUMQUE NONNULLIS CODICIBUS MANUSCRIPTIS COLLATAS, PERQUAM DILIGENTER CASTIGATA;
DISSERTATIONIBUS, COMMENTARIIS LECTIONIBUSQUE VARIANTIBUS CONTINENTER ILLUSTRATA;
OMNIBUS OPERIBUS POST AMPLISSIMAS EDITIONES QUÆ TRIBUS NOVISSIMIS SÆCULIS DEBENTUR ABSOLUTAS DETECTIS, AUCTA;
INDICIBUS PARTICULARIBUS ANALYTICIS, SINGULOS SIVE TOMOS, SIVE AUCTORES ALICUJUS MOMENTI SUBSEQUENTIBUS, DONATA;
CAPITULIS INTRA IPSUM TEXTUM RITE DISPOSITIS, NECNON ET TITULIS SINGULARUM PAGINARUM MARGINEM SUPERIOREM DISTINGUENTIBUS SUBJECTAMQUE MATERIAM SIGNIFICANTIBUS, ADORNATA;
OPERIBUS CUM DUBIIS TUM APOCRYPHIS, ALIQUA VERO AUCTORITATE IN ORDINE AD TRADITIONEM ECCLESIASTICAM POLLENTIBUS, AMPLIFICATA;
DUOBUS INDICIBUS GENERALIBUS LOCUPLETATA : ALTERO SCILICET RERUM, QUO CONSULTO, QUIDQUID UNUSQUISQUE PATRUM IN QUODLIBET THEMA SCRIPSERIT UNO INTUITU CONSPICIATUR; ALTERO SCRIPTURÆ SACRÆ, EX QUO LECTORI COMPERIRE SIT OBVIUM QUINAM PATRES ET IN QUIBUS OPERUM SUORUM LOCIS SINGULOS SINGULORUM LIBRORUM SCRIPTURÆ TEXTUS COMMENTATI SINT.
EDITIO ACCURATISSIMA, CÆTERISQUE OMNIBUS FACILE ANTEPONENDA, SI PERPENDANTUR : CHARACTERUM NITIDITAS CHARTÆ QUALITAS, INTEGRITAS TEXTUS, PERFECTIO CORRECTIONIS, OPERUM RECUSORUM TUM VARIETAS TUM NUMERUS, FORMA VOLUMINUM PERQUAM COMMODA SIBIQUE IN TOTO OPERIS DECURSU CONSTANTER SIMILIS, PRETII EXIGUITAS, PRÆSERTIMQUE ISTA COLLECTIO, UNA, METHODICA ET CHRONOLOGICA, SEXCENTORUM FRAGMENTORUM OPUSCULORUMQUE HACTENUS HIC ILLIC SPARSORUM, PRIMUM AUTEM IN NOSTRA BIBLIOTHECA, EX OPERIBUS AD OMNES ÆTATES, LOCOS, LINGUAS FORMASQUE PERTINENTIBUS, COADUNATORUM.

SERIES PRIMA,

IN QUA PRODEUNT PATRES, DOCTORES SCRIPTORESQUE ECCLESIÆ LATINÆ A TERTULLIANO AD GREGORIUM MAGNUM.

ACCURANTE J.-P. MIGNE,

CURSUUM COMPLETORUM IN SINGULOS SCIENTIÆ ECCLESIASTICÆ RAMOS EDITORE.

PATROLOGIÆ TOMUS LXX.

CASSIODORI TOMUS POSTERIOR.

PARISIIS, VENIT APUD EDITOREM;
IN VIA DICTA D'AMBOISE, PRÈS LA BARRIERE D'ENFER,
OU PETIT-MONTROUGE.

1847

MAGNI AURELII CASSIODORI

SENATORIS,

VIRI PATRICII, CONSULARIS, ET VIVARIENSIS ABBATIS

OPERA OMNIA

IN DUOS TOMOS DISTRIBUTA,

AD FIDEM MANUSCRIPTORUM CODICUM EMENDATA ET AUCTA,

NOTIS, OBSERVATIONIBUS ET INDICIBUS

LOCUPLETATA,

PRÆEUNTE AUCTORIS VITA, QUÆ NUNC PRIMUM IN LUCEM PRODIT CUM DISSERTATIONE DE EJUS MONACHATU.

OPERA ET STUDIO J. GARETII

MONACHI ORDINIS SANCTI BENEDICTI E CONGREGATIONE SANCTI MAURI.

NOBIS AUTEM CURANTIBUS

ACCESSERUNT

COMPLEXIONES IN EPISTOLAS B. PAULI

QUAS EDIDIT ET ANNOTAVIT SCIPIO MAFFEIUS.

TOMUS POSTERIOR.

PRIX : 8 FRANCS.

PARISIIS, VENIT APUD EDITOREM,

IN VIA DICTA D'AMBOISE, PRÈS LA BARRIÈRE D'ENFER,
OU PETIT-MONTROUGE.

1847

ELENCHUS OPERUM

QUÆ IN HOC TOMO CONTINENTUR.

CASSIODORI OPERUM CONTINUATIO.

Expositio in Psalterium . . . . col.	9
Expositio in Canticum	1055
De Institutione divinarum Litterarum	1105
De artibus et disciplinis liberalium litterarum	1149
Commentarium de oratione et de octo partibus orationis	1219
De Orthographia	1240
De schematibus, tropis et quibusdam locis rhetoricis S. Scripturæ, quæ passim in commentario Cassiodori in Psalmos reperiuntur	1269
De Anima	1279
Complexiones in Epistolas et Actus apostolorum necnon in Apocalypsim	1321
Fragmentum ex Maii Spicilegio Romano	1421

M. AURELII CASSIODORI
IN PSALTERIUM PRÆFATIO.

1 Repulsis aliquando in Ravennati urbe sollicitudinibus dignitatum, et curis sæcularibus noxio sapore conditis, cum Psalterii cœlestis animarum mella gustassem, id quod solent desiderantes efficere, avidus me perscrutator immersi, ut dicta salutaria suaviter imbiberem post amarissimas actiones. Sed familiaris inchoantibus occurrit obscuritas, quæ variis est intexta personis, et velata parabolis. Hæc in dictis vitalibus noxia dissimulatione præteritur, dum sæpe illud reperiri solet ambiguum, quod magni sacramenti gestat arcanum.

Tunc ad Augustini facundissimi Patris confugi opinatissimam lectionem [a], in qua tanta erat copia congesta dictorum, ut retineri vix possit relectum quod abunde videtur expositum. Credo, cum nimis avidos populos ecclesiasticis dapibus explere cupit, necessario fluenta tam magnæ prædicationis emanavit. Quocirca memor infirmitatis meæ, mare ipsius quorumdam psalmorum fontibus profusum, divina misericordia largiente, in rivulos vadosos compendiosa brevitate deduxi : uno codice tam diffusa complectens, quæ ille in decadas quindecim mirabiliter explicavit. Sed ut quidam de Homero ait (*Macrobius, lib.* III *Saturnal., cap.* 3) : Tale est de ejus sensu aliquid subripere, quale Herculi clavam de manu tollere. Est enim litterarum omnium magister egregius; et, quod in ubertate rarum est, cautissimus disputator. Decurrit quippe tanquam fons purissimus, nulla fæce pollutus; sed in integritate fidei perseverans, nescit hæreticis dare unde se possint aliqua colluctatione defendere : totus catholicus, totus orthodoxus invenitur; et in Ecclesia Domini suavissimo nitore resplendens, superni luminis claritate radiatur.

Quædam vero noviter inventa, post tam mirabilem magistrum sola Domini præsumptione subjeci, qui parvulis confidentiam, cæcis visum, mutis sermonem, surdis præstat auditum. Quem tamen codicem etiam per quinquagenos psalmos cum præfationibus suis trina sum divisione partitus; ut et claritas litteræ senioribus oculis [b] se pulchrius aperiret, et desiderio legentium fratrum numerosi codicis corpora præstarentur. Ita et ad bibliothecæ cautelam unus derelictus est, et propter congregationis studium commodissime forsitan noscitur esse divisus.

Quapropter mandato Domini confidentes, cœlestis mysterii claustra pulsemus, ut aperiat sensibus nostris floriferas sedes; quatenus in illo cœlesti paradiso salutariter introducti, spiritalia poma sine aliqua primi hominis transgressione carpamus. Vere coruscus liber, sermo lampabilis, cura sauciati cordis, favus interioris hominis, pinax spiritualium personarum, occultarum lingua virtutum, quæ inclinat superbos humilitatis [c], reges pauperibus subdit, affabilitate parvulos nutrit. Tanta enim illic est pulchritudo sensuum et stillantiæ medicina verborum, ut merito hic illud Salomonis aptetur, quod dixit in Cantico canticorum : **2** *Hortus conclusus, et fons signatus, paradisus plenus omnium pomorum* (*Cant.* IV, 12). Modo enim quidam psalmorum salutari institutione formati, turbidos et tempestuosos animos declinant in limpidam et tranquillissimam vitam; modo promittentes Deum propter salutem credentium visualiter humanandum, et ad judicandum orbem esse venturum; modo commonent lacrymis [d] peccata diluere, eleemosynis delicta curare; modo sacris orationibus reverenter attoniti; modo Hebræi alphabeti virtute profundi; modo de passione et resurrectione Domini salutaria prædicantes; modo lamentantium deploratione piissimi; modo versuum repetitione quædam nobis sacramenta pandentes; modo canticorum graduum ascensione mirabiles; postremo supernis laudibus feliciter inhærentes, beata copia, inexplicabile desiderium, stupenda profunditas. Non potest animus fidelis expleri, qui cœperit inde satiari.

Psalmi sunt denique, qui nobis gratas faciunt esse vigilias, quando silenti nocte psallentibus choris humana vox erumpit in musicam, verbisque arte modulatis ad illum redire facit, a quo pro salute humani generis divinum venit eloquium. Cantus aures oblectat et animas instruit, fit vox psallentium, et cum angelis Dei, quos audire non possumus, laudum verba miscemus, per illum scilicet qui venit ex semine David, Dominum Jesum Christum, sicut ipse in Apocalypsi dicit : *Ego sum radix et origo David* (*Apoc.* XXII, 16). A quo et re ignionem salutarem suscepimus, et sanctæ Trinitatis mysteria revelata cognoscimus. Unde merito eis Patris, et Filii, et Spiritus sancti, una gloria sociatur, ut perfecta eorum præconia comprobentur. Ipsi enim diem venturum matutina exsultatione conciliant, ipsi nobis primam diei horam dedicant, ipsi nobis tertiam horam consecrant, ipsi sextam in panis confractione lætificant, ipsi nobis nona jejunia resolvunt, ipsi diei postrema concludunt, ipsi noctis adventu, ne mens nostra tenebretur efficiunt, sicut ipsi dicunt : *Nox illuminatio mea in deliciis meis : quoniam tenebræ non tenebrabuntur abs te, Domine* (*Psal.* CXXXVIII, 11, 12); ut merito se a vera vita credat alienum, quisquis hujus muneris jucunditate non fruitur. Quorum virtutes ut breviter divinus sermo concluderet, in

---

[a] Ms. S. Germani a Pratis, *disertissimam lectioxem.*
[b] Edit., *sanioribus oculis.*

[c] Mss., *inclinat sup. humilitati.*
[d] Mss. S. And., Bec. et Fisc., *commovent lacrymis.*

septuagesimo psalmo (*Vers.* 22) dicturus est : *Ego autem confitebor tibi in vasis psalmorum veritatem tuam*. Revera vasa veritatis, quæ tot virtutes capiunt, tot divinis odoribus farciuntur, tot thesauris cœlestibus cumulantur. Hydriæ quæ vinum cœleste recipientes, puritatem ejus in novitate semper custodiunt.

Dulcedo mirabilis, quæ sæculi corruptionibus non acescit; sed in sua permanens dignitate, gratia semper purissimæ suavitatis augetur. Apotheca valde copiosa, de qua cum bibant tam magni terrarum populi, ubertas ejus nescit expendi.

Quam mirabilis autem ex ipsis profluit suavitas ad canendum ! dulcisonum organum humanis vocibus æmulantur ; tubarum sonitus grandiloquis clamoribus reddunt : vocalem citharam viventium chordarum permixtione componunt ; et quidquid ante instrumentis musicis videbatur agi, nunc probatur per rationales substantias explicari. Verumtamen nequaquam nobis, ut psittacis merulisque vernandum est, qui dum verba nostra conantur imitari, quid tamen canant, noscuntur modis omnibus ignorare. Melos siquidem blandum animos oblectat, sed non compellit ad lacrymas fructuosas ; permulcet aures, sed non ad superna erigit audientes. Corde autem compungimur, si quod ore dicimus, animadvertere valeamus, sicut in Psalterio legitur : *Beatus populus qui intelligit jubilationem* (*Psal.* LXXXVIII, 16). Et iterum : *Quoniam rex omnis terræ Deus : psallite sapienter* (*Psal.* XLVI, 8). Philippus quoque apostolus (*Act.* VIII, 28), cum reginæ Candacis eunuchum Isaiam legere cognovisset, Scripturas ei sanctas competenter exposuit ; qui postquam quod legebat advertit, statim gratiam baptismatis exquisivit, et mox perfectæ munera salutis accepit. In Evangelio etiam Dominus ait : *Omnis qui audit verbum regni, et non intelligit, venit malus et rapit quod seminatum est in corde ejus* (*Matth.* XIII, 19). Unde congrue datur intelligi hæc illis provenire non posse qui Scripturas sanctas puro corde merentur advertere : de quo pulchre Pater Hieronymus ait : *Margaritum quoddam est Scriptura divina, et ex multis partibus forari*[a] *potest*.

Quocirca, Pater apostolice[b], qui cœlestes litteras sanctis moribus reddidisti, præstante Deo tua invitatione provocatus[c], abyssos divinas ingrediar : qui clemens errata corrigis, nec severus imputas, quod emendas. Sed antequam enthecas spirituales attingam, quædam divisis capitibus, quæ sunt numero decem et septem, æstimo præguslanda ; ut cum earum rerum locus se intulerit, magni nectaris potus suavissimis delectationibus hauriatur. Primo : de prophetiæ diversis speciebus nihilominus est dicendum, ut quæ sit ista Davidica possimus distinctius edoceri. Secundo : cur in psalmorum titulis, quasi auctorum diversa nomina reperiantur. Tertio : quid significet, *in finem*, quod frequenter invenitur in titulis. Quarto : quid sit psalterium, vel quare psalmi dicantur. Quinto : quid sit psalmus. Sexto : quid sit canticum. Septimo : quid sit psalmo-canticum. Octavo : quid sit canticumpsalmum. Nono : de quinquefaria divisione. Decimo : de unita inscriptione titulorum. Undecimo : quid sit diapsalma. Duodecimo : utrum in quinque voluminibus psalmorum sit secanda contextio ; an certe unus liber debeat nuncupari. Tertiodecimo : quemadmodum in psalmis sit de Christo Domino sentiendum. Quartodecimo : quemadmodum sit expositio digesta psalmorum. Quintodecimo : de eloquentia totius legis divinæ. Sextodecimo : de propria eloquentia Psalterii. Septimodecimo : laus Ecclesiæ.

Nunc ad præmissum ordinem, Domino præstante, veniamus.

CAPUT PRIMUM.
De prophetia.

Prophetia est aspiratio divina, quæ eventus rerum, aut per facta, aut per dicta quorumdam immobili veritate pronuntiat. De qua bene quidam dixit : Prophetia est suavis dictio cœlestis doctrinæ favos et dulcia divini eloquii mella componens. Unde et ipse David in centesimo octavo decimo psalmo dicturus est : *Quam dulcia faucibus meis eloquia tua, super mel et favum ori meo* (*Psal.* CXVIII, 103) ! Multis autem modis gratiæ istius munera præstabantur. Sed ut de plurimis pauca complectar, acta est per operationes hominum, ut fuit arca Noe, et sacrificium Abrahæ, et transitus maris Rubri ; per nativitates quoque geminorum Esau et Jacob, qui futurarum rerum sacramenta gestabant ; per angelos, sicut locuti sunt Abrahæ vel Loth, Zachariæ et Mariæ ; per visiones, sicut Isaiæ et Ezechieli, et cæteris sanctis ; per somnia, sicut Salomoni et Danieli ; per nubem et vocem de cœlo, sicut Moysi. Unde constat sanctum David non per operationes hominum, non per nativitates geminorum, non per angelos, non per visiones, non per somnium, non per nubem et vocem de cœlo, nec per alios quoscunque modos, sed cœlesti aspiratione fuisse completum ; sicut de ipso legitur in primo Regum volumine : *Et directus est Spiritus Domini in David a die illa, et deinceps* (*I Reg.* XVI, 13). Ipse quoque Dominus in Evangelio dicit : *Si David in Spiritu vocat eum Dominum, quomodo dicitis quod filius ejus est* (*Matth.* XXII, 45) ? Quo dicto recognoscimus evidenter per Sp ritum sanctum psalmos fuisse prophetatos. Sciendum est sane quod omnis prophetia, aut de præter to, aut de præsenti, aut de futuro tempore loquatur, aut agat aliquid.

Animadvertendum est quoque Spiritum sanctum sic fuisse prophetis sanctissimis attributum, ut tamen ad tempus pro infirmitate carnis et contrarietate peccati ab ipsis offensus absciederet, et iterum placatus sub opportunitate temporis adveniret. Unde et sanctus Hieronymus exponens evangelistam Marcum fusius in præfatione nostra.

---

[a] Ms. Sanger., *formari*.
[b] Dubium est ad quem spectent hæc verba. De his
[c] Edit., *tua imitatione provocatus*.

in loco ubi ait de Joanne : *Vidit apertos cœlos, et Spiritum tanquam columbam descendentem et manentem in ipso* (*Marc.* I, 10) : ita evidenti ratione tractavit, ut nemo contra ipsius sententiam venire præsumat. In psalmo quoque quinquagesimo propheta post peccatum rogat : *Spiritum sanctum tuum ne auferas a me* (*Psal.* L, 13). Nam si semper, ut ait beatus Hieronymus (*In Ezech.* XXXV, 1), in prophetis esset sermo divinus, et juge in pectore eorum haberet hospitium, nunquam crebro Ezechiel poneret : *Et factus est sermo Domini ad me dicens*. In libro quinetiam Regum Eliseus propheta dicit de muliere cujus filius extremum clauserat diem : *Dimitte eam, quia in amaritudine est, et Dominus celavit me, et non indicavit mihi* (*IV Reg.* IV, 27). Apostolus quoque dicit : *De virginibus præceptum Domini non habeo, consilium autem do* (*I Cor.* VII, 25). Item ipse commemorat : *Hoc ego præcipio, non Dominus* (*Ibidem*, 10). Et alio loco sic meminit : *Quæ loquor, non loquor secundum Deum* (*II Cor.* XI, 17). Unde etiam similiter in cæteris prophetis aliqua quidem Dominus locutus est, et non prophetæ, et aliqua prophetæ, et non Dominus. Nec illud specialiter de Domino Jesu Christo diceret Joannes Baptista : *Qui misit me baptizare, ipse dixit mihi : Super quem videris Spiritum sanctum in specie columbæ descendentem et manentem in eo, hic est qui baptizat in Spiritu sancto* (*Joan.* I, 33). Nunquam enim proprium esset in Domino Christo quod additur : *Et manentem in eo*, nisi ab aliis nonnunquam recedere probaretur. In Christo enim permansit, quia peccatum non habuit ; ab aliis jure discessit, quia pollutionis maculam perceperunt. Spiritui enim sancto non potest esse communio cum delictis : nam sic scriptum est in libro Sapientiæ Salomonis : *Spiritus enim sanctus disciplinæ effugiet fictum, et auferet se a cogitationibus quæ sunt sine intellectu* (*Sap.* I, 5).

Est autem prophetia magnificum nimis et veriloquum dicendi genus, non humana voluntate compositum, sed divina inspiratione profusum, sicut ait Petrus apostolus : *Non enim voluntate humana allata est aliquando prophetia ; sed Spiritu sancto inspirati, locuti sunt sancti Dei homines* (*II Petr.* I, 21). Nam et Paulus apostolus dicit : *Qui prophetat hominibus loquitur ad ædificationem, et exhortationem, et consolationem* (*I Cor.* XIV, 3). Et paulo post : *Qui prophetat Ecclesiam ædificat* (*Ibidem*, 4) : ædificat plane, quando res incognitas nimisque necessarias prælocutionis beneficio facit esse notissimas. Nam et quibus data est facultas bene intelligendi vel interpretandi Scripturas divinas, a munere prophetiæ non videntur excepti, sicut Apostolus ait in Epistola ad Corinthios prima (*Cap.* XIV, 32) : *Spiritus prophetarum prophetis subjectus est*. Sed quoniam de prophetiæ muneribus competenter forsitan quæ leguntur agnovimus, nunc quæ restant sollicite perscrutemur.

CAPUT II.
Cur in psalmorum titulis quasi auctorum nomina diversa reperiantur.

In primo libro Paralipomenon (*Cap.* XXIII, 5) legitur, cum propheta David devota Domino ætate senuisset, quatuor millia juvenum ex Israelitico populo delegisse qui psalmos, quos ipse Domini aspiratione protulerat, organis, citharis, nablis, tympanis, cymbalis, tubis, propriaque voce in magnam jucunditatem supernæ gratiæ personarent. Quæ suavis adunatio tribus partibus divisa constabat : rationabilis pertinebat ad humanam vocem ; irrationabilis ad instrumenta musica ; communis autem de utrisque partibus aptabatur ; ut et vox hominis certis modulationibus ederetur, et instrumentorum melos consona se vicinitate conjungeret. Sic suavis illa et jucunda musica Ecclesiam catholicam tali actu prædicebat, quæ ex diversis linguis, varioque concentu in unam fidei concordiam erat, Domino præstante, creditura.

Ex quo numero indita nomina frequenter in titulis invenimus, ut *Idithun, Asaph, filii Core*, et his similia. Non quia ipsi, ut quidam volunt, auctores fuere psalmorum, sed quoniam præpositi artificibus, administratores earum rerum probabiles exstiterunt, ut honorem de tali commemoratione sumerent, qui officio sancto devotis mentibus serviebant ; maxime quia et nomina eorum intellectus rerum congruos indicare noscuntur. Non enim supradicti viri ad psalmos faciendos electi sunt, sed eos congregatos tantum legimus ad canendum ; psalmographos autem fuisse historia nulla testatur ; et præsumptuosum est dicere quod nulla possit auctoritate firmari. Psalmos autem ad solum prophetam David pertinere certis declaratur indiciis. Denique in Apocalypsi volens opus istud intelligi, solius David meminit dicens : *Hæc dicit sanctus et verus qui habet clavem David, qui aperit et nemo claudit ; claudit et nemo aperit*. In Evangelio quoque Pharisæis ipse Dominus dicit : *Quomodo ergo David in Spiritu vocat eum Dominum dicens : Dixit Dominus Domino meo* (*Matth.* XXII, 43, 44), etc.

Unde probatur universos psalmos non multorum existere, sed tantum ipsius quem a Domino constat esse nominatum. Usus quoque Ecclesiæ catholicæ Spiritus sancti inspiratione generaliter et immobiliter tenet, ut quicunque eorum cantandus fuerit, qui diverso nomine prænotantur, lector aliud prædicare non audeat, nisi Psalmos David. Quod si essent proprii, id est, aut *Idithun*, aut *filiorum Core*, aut *Asaph*, aut *Moysi*, eorum nomina utique prædicarentur ; sicut et in Evangeliis fit, quando aut Marci, aut Lucæ, aut Matthæi, aut Joannis vocabulo pronuntiantur. Quod etiam secutus Pater Augustinus congruenter omnes psalmos dicit (*Lib.* XVII *Civit. Dei, cap.* 14) esse Davidicos.

CAPUT III.
Quid significet in finem, quod frequenter invenitur in titulis.

Finem duobus dicimus modis : primus est iste communis atque moralis, quando res aliqua ad extremum deducta pervenerit, nec ulterius potest prodire, quæ motus sui terminum probatur accipere.

Sic enim dicimus finitum cibum, qui sedula comestione consumptus est; finitam pecuniam, quæ docetur expensa, et cætera quæ hoc modo probantur edici. Secundus dicitur finis perfectus atque perpetuus, quem modo quærimus; qui tunc nobis protendi magis ac dilatari incipit, quando ad eum mens devota pervenerit. Finis ergo legis ac plenitudo Dominus noster est Christus, sicut Apostolus dicit: *Finis enim legis Christus ad justitiam omni credenti* (*Rom.* x, 4). Ad quem dum pervenerimus, nihil ultra perquiremus; sed ipso beatitudinis fine contenti, plenissima jucunditate perfruemur; cujus tantum amor proficit, quantum intellectus noster, Domino præstante, clarescit. Et ideo quoties in titulis psalmorum *in finem* reperis, ad Dominum Salvatorem aciem mentis intende, qui est finis sine fine, et bonorum omnium completiva perfectio.

CAPUT IV.
Quid sit psalterium, vel psalmi quare dicantur.

Psalterium est, ut Hieronymus ait, in modum Δ deltæ litteræ formati ligni sonora concavitas, obesum ventrem in superioribus habens, ubi chordarum fila religata disciplinabiliter plectro percussa, suavissimam dicuntur reddere cantilenam. Huic citharæ positio videtur esse contraria, dum quod ista in imo continet, illud conversa vice gestat in capite. Hoc autem genus organi canorum atque singulare aptatur corpori Domini Salvatoris; quoniam sicut istud de altioribus sonat, sic et illud gloriosæ institutionis superne concelebrat; sicut etiam ipse in Evangelio dicit: *Qui est de terra, de terra est, et de terra loquitur; qui autem de cœlo venit, quæ vidit et audivit testatur* (*Joan.* III, 31). Unde quidam et hoc opus Davidicum Psalmos dictos esse præfiniunt, quia de superno culmine resonare noscuntur.

Cognosce vero quod isti tantum pro excellentia sui dicantur Psalmi, qui hoc volumine continentur. Nam et psalterium genus esse musicorum Daniel propheta testatur, inquiens (*Dan.* III, 5, 15) vocem tubæ, fistulæ, sambucæ, citharæ, psalterii, et symphoniæ, omnisque generis musicorum. Nam et Paralipomenon exponit (*Cap.* IX, 11), cum dicit de lignis thyinis, quæ vulgo ebena vocantur, gradus factos in domo Domini, et in domo regla, citharas quoque et psalteria cantoribus. Hoc apud Hebræos dicitur nablum, quod tamen in suprascripto libro frequenti repetitione vulgatum est. Ipsum vero psalmum Græcum constat esse vocabulum, quem dictum quidam volunt ἀπὸ τοῦ ψαύειν, hoc est, a tangendo. Nam et psaltrias citharœdas vocamus, docto pollice modulationes musicas exprimentes.

CAPUT V.
Quid sit psalmus.

Psalmus est cum ex ipso solo instrumento musico, id est psalterio, modulatio quædam dulcis et canora profunditur.

CAPUT VI.
Quid sit canticum.

Canticum est quod ad honorem Dei canitur, quando quis libertate vocis propriæ utitur, nec loquaci instrumento cuiquam musico consona modulatione sociatur, hoc est quod etiam nunc in Divinitatis laudibus agitur.

CAPUT VII.
Quid sit psalmocanticum.

Psalmocanticum erat, cum, instrumento musico præcinente, canens chorus sociatis vocibus acclamabat, divinis duntaxat sermonibus obsecutus.

CAPUT VIII.
Quid sit canticumpsalmum.

Canticum psalmum erat, cum, choro ante canente, ars instrumenti musici in unam convenientiam communiter aptabatur [a], verbaque hymni divini suavis copula personabat.

CAPUT IX.
De quinquefaria divisione.

Hanc autem, quam diximus, quinquefariam divisionem, prout unaquæque earum psalmorum titulis potuerit inveniri, locis aptissimis admonebo: ubi significantiam quamdam subsequentibus rebus mystica interpretatione contradunt. Sed quia sunt et aliæ multifariæ superscriptiones, quas prætereundas esse non arbitror, breviter in unam conclusionem æstimo colligendas; ut nec fastidium lector incurrat, nec in damno intelligentiæ necessaria forte prætereat.

CAPUT X.
De unita inscriptione titulorum.

Quasdam superscriptiones psalmorum per allusionem consimilem constat spiritualiter intuendas; quia si litteram consideras, extraneum est, cum non ea invenias in psalmis quæ continentur in titulis; si vero trahantur ad tropicum intellectum, nimis videntur accommodæ, ut est illud ubi res gestæ significantur, ut est: *cum fugit a facie Absalom*; ubi locus, ut est: *cum esset in deserto Idumeæ*; ubi dies, ut est: *in prima sabbati*; ubi Hebræa nomina, sicut est: *Idithum*; ubi facta est comparatio gestorum, ut est: *cum mutavit vultum suum coram Abimelech*; vel specierum consimilium, ut est: *pro torcularibus*.

Quapropter in superscriptionibus titulorum, sive *psalmum*, sive *canticum*, sive *psalmumcanticum*, sive *canticumpsalmum*, sive *in finem*, sive aliquid de sexta, quam diximus, complexione reperire potueris, aut sigillatim, aut unum, duo, vel tria, sive quatuor ex eis inserta cognoveris, ad illas virtutes trahe, quas unicuique inesse dicemus: quia rerum istarum commemoratio ad similitudinem occultæ intelligentiæ posita subtiliter invenitur. Ista enim ante fores psalmorum, tanquam sacrata vela pendent, per quæ,

---

[a] Mss. Aud., Bec., Fisc., *comitem raptabatur*. Edit., *comiter raptabatur*.

si aciem mentis intendas rarescentibus quibusdam filis, facile eorum penetralia contueris. Quis enim tot causas, tot diversitates nominum putet otiosas, cum nefas sit credere Scripturas divinas aliquid supervacuum continere? Legitur enim : *Amen, amen dico vobis, quia iota unum, aut unus apex non præteribit a lege, donec omnia compleantur* (*Matth.* v 18).

CAPUT XI.
Quid sit diapsalma.

Inter expositores Psalmorum de hoc nomine quædam noscitur provenisse diversitas. Hieronymus, Hebraicæ linguæ doctissimus inquisitor, Spiritus sancti continuationem esse confirmat (*Epist.* 138), ob hoc quia diapsalma significet semper. Beatus autem Augustinus, rerum obscurarum subtilissimus indagator, inter ardua sine offensione discurrens (*In psal.* iv), hanc potius partem elegisse cognoscitur, ut magis divisio esse videatur, nominis ipsius discutiens qualitatem.

Sympsalma quippe dicitur Græco vocabulo vocum adunata copulatio; diapsalma vero sermonum rupta continuatio; docens ubicunque repertum fuerit, aut personarum, aut rerum fieri permutationem. Merito ergo tale nomen illic interponitur, ubi vel sensus, vel personæ dividi comprobantur. Unde et nos divisiones congrue faciemus, ubicunque in psalmis diapsalma potuerit inveniri; reliquas autem, prout datum fuerit, indagabimus, ubi tamen auctoritas hujus nominis potuerit inveniri.

CAPUT XII.
Utrum in quinque voluminibus Psalmorum sit secanda contextio, an certe unus liber debeat nuncupari.

Beatus Hieronymus prophetiam Psalmorum in quinque libros putavit esse dividendam (*Præfat. in psal. ad Sophron.*), quia in textu operis hujus quarto legitur, fiat, fiat; dum hoc verbo intercedente, nonnulla se videatur aperire divisio. Huic favet assensa posteritas. Credo dum sibi consultum judicavit, quod in multas partes coarctabatur tædiosa longinquitas. Hilarius autem, Pictaviensis episcopus, divinarum rerum acutissimus et profundissimus exquisitor, congruentius librum æstimat (*Prolog. in Psal.*) dici debere Psalmorum : quia in Hebræo unum volumen est; et maxime cum in Actibus Apostolorum (*Cap.* i, 20) 6 legatur dictum : *In libro Psalmorum*. Quapropter merito unus liber dicitur, qui tanta auctoritate firmatur.

CAPUT XIII.
Quemadmodum in psalmis sit de Christo Domino sentiendum.

Tribus modis psalmi loquuntur de persona Domini Jesu Christi pro instructione fidelium. Primum per id quod ad humanitatem ejus noscitur pertinere, ut est illud secundi psalmi : *Astiterunt reges terræ, et principes convenerunt in unum adversus Dominum et adversus Christum ejus* (*Psal.* ii, 2); et in vigesimo psalmo : *Desiderium animæ ejus tribuisti ei, et volun-*

Mss. Aud., Bec. et Fisc., *librat eloquium*.

tate labiorum ejus non fraudasti eum (*Psal.* xx, 3). Secundo quod æqualis et coæternus ostenditur Patri, ut est illud ejusdem secundi psalmi : *Dominus dixit ad me: Filius meus es tu, ego hodie genui te* (*Psal.* ii, 7). Et in centesimo nono : *Tecum principium in die virtutis tuæ in splendoribus sanctorum : ex utero ante Luciferum genui te* (*Psal.* cix, 3). Tertio a membris Ecclesiæ, cujus ipse dux et caput est Christus, ut est illud vigesimi primi psalmi : *Longe a salute mea verba delictorum meorum* (*Psal.* xxi, 2); et in sexagesimo octavo : *Deus, tu scis insipientiam meam, et delicta mea a te non sunt abscondita* (*Psal.* lxviii, 6). Quod dictum pro unoquoque fidelium debemus accipere. Cæterum delicta a Christo probantur funditus aliena : unde Tichonius in libris Regularum latius diligenterque disseruit (*Vide D. August. lib.* iii *de Doctr. Chr., cap.* 30). Hoc si animo recondimus, nulla confusione turbamur, quia error maximus nascitur inde, quando inconvenienter redditur alibi, quod dictum constat ad aliud.

Nam si uno modo fuisset locutus, quis ejus geminam substantiam potuisset agnoscere, cum etiam nunc in tam evidentissima distinctione, naturam divinitatis et humanitatis Domini Christi aliqui nitantur sacrilega voluntate confundere? Multa quoque secundum litteram commonet, multa spiritualiter jubet, personas subito decenter immutat : ut nunc Christus Deus, Verbum incarnatum et homo factus, caput Ecclesiæ; nunc ipsa Ecclesia, nunc homo justus, nunc pœnitens loqui videatur, ut omnia necessaria tangat atque concludat. Ubique plenissimum cœlestium rerum sanctum vibrat eloquium ª; et multiplici diversitate virtutum propter humani generis largiendam salutem, regni sui adoranda mysteria pius Redemptor insinuat.

Hæc ideo præfati sumus, ut cum ventum fuerit ad loca talia, intrepidus lector audire possit quod se jam salubriter didicisse cognoverit. Illud tamen auctoritate Patrum et veritatis ipsius attestatione firmissima credulitate tenendum est, unum de Trinitate, sive unam ex Trinitate personam, Deum Verbum miseratione mortalium ex Maria Virgine hominem factum spontanea virtute, non ministratoria necessitate : quia nec naturæ suæ ullam mutabilitatem sustinuit, nec assumptione carnis augmentum Trinitatis effecit. Sed, sicut quidam ait : Maculas nostras lavit in sanguine, rugas etiam tetendit in cruce. Hoc cum sit spei nostræ singulare præsidium, beatitudo credentium, felicitas magna justorum, non desinunt hæretici impia voluntate corrodere, quod humano generi salutis causam cognoscitur præstitisse.

CAPUT XIV.
Quemadmodum sit expositio digesta psalmorum.

Primo nobis de titulorum inscriptione, Domino juvante, dicendum est, unde velut uberibus expressis lacteus sensus divinæ prædicationis emanat. Secundo, unusquisque psalmus pro sua qualitate dividendus est, ne nobis intellectum permisceat aut occulta mutatio rerum, aut varietas introducta loquentium. Tertio, arcanum psalmi, partim secundum spiritualem intelligentiam, partim secundum historicam lectionem, partim secundum mysticum sensum, rerum subtilitates discutiens proprietatesque verborum, prout concessum fuerit, conabor aperire. Quarto, prout locus exegerit, virtutem ejus breviter demonstrare contendam, quatenus intentio digesti carminis divino munere oculis interioribus elucescat. Virtutem psalmi dico inspirationem divinam, qua nobis intentio superna reseratur, et sermone Davidico a vitiis nos removet, et recte nobis vivere persuadet. Quinto, de ordine numeri psalmorum, cum res exegerit, memorabimus, qui reverendissimarum rerum honore sacratus est. Hoc enim per singulos quosque psalmos facere nobis difficile fuisse profitemur, quod indeterminatum atque suspensum Patrum etiam reliquit auctoritas. Reliquos autem sibi calculos diligens perscrutator exquirat, quoniam multa accessu temporis in Scripturis divinis fiunt clara, quæ nunc videntur abscondita. In conclusionibus vero aut summam totius psalmi sub brevitate complectimur, aut contra hæreses aliquid dicimus destruendas. Ipsa est enim Domini sincera dilectio, adversarios ejus odio habere perfecto.

CAPUT XV.
De eloquentia totius legis divinæ.

Eloquentia legis divinæ humanis non est formata sermonibus, neque confusis incerta fertur ambagibus, ut aut a rebus præteritis oblivione discedat, aut præsentium confusione turbetur, aut futurorum dubiis casibus eludatur; sed cordi, non corporalibus auribus loquens, magna veritate, magna præscientiæ firmitate cuncta dijudicans, auctoris sui veritate consistit. Sic enim in Evangelio de Domini Christi prædicatione dictum est: *Loquebatur autem sicut potestatem habens, non sicut scribæ eorum et Pharisæi* (*Matth.* VII, 19). Ille enim indubitata loquitur, cui omnia præsentia sunt, et rerum exitus probatur esse subjectus.

Eloquentia siquidem est ad unamquamque 7 rem competens et decora locutio. Hæc igitur casta, fixa, verax et æterna prædicatio, nimis purissimo nitet eloquio, cujus utilitas lucet, magnificentia virtutis apparet, operatio salutis arridet; sicut et in centesimo octavo decimo psalmo dicturus est: *Quia eloquium tuum vivificabit me* (*Psal.* CXVIII). Et iterum: *Lucerna pedibus meis verbum tuum, Domine, et lumen semitis meis*. Revera lumen, quia semper vitalia jubet, noxia prohibet, terrena removet, cœlestia persuadet. Hinc et Doctor gentium in Epistola ad Corinthios scribit: *Non enim in sermone est regnum Dei, sed in virtute* (*I Cor.* IV, 20). Item ad Timotheum in secunda meminit dicens: *Omnis scriptura divinitus inspirata utilis est ad docendum, ad arguendum, ad erudiendum, ad corrigendum in disciplina quæ est justitiæ, ut perfectus sit homo Dei ad omne opus bonum instructus* (*II Tim.* III, 16).

Hæc, sicut Patris Hieronymi testatur auctoritas, apud Hebræos aut rhythmo, aut metrica constat lege composita, quæ, ut ipsi dicunt, fastuciis continetur. Fastucium enim est per commata procedens ad depromendum sensum, naviter explicata conceptio. Cujus si virtutem lector diligens perscrutaris, audi Apostolum ad Hebræos dicentem: *Vivus est enim Dei sermo et efficax, et acrior omni gladio ancipiti, et pertingens usque ad divisionem animæ ac spiritus, compagum quoque et medullarum, et discretor cogitationum et intentionum cordis* (*Hebr.* IV, 12).

Scripturæ autem divinæ sancta profunditas adeo communes sermones habet, ut eam universi incunctanter admittant. Sensus autem recondit veritatis arcano, ut in ipsa studiosissime vitalis sententia debeat indagari. Nam eam revera esse divinam hinc maxime datur intelligi, quod indocti subtilissima, temporales æterna nonnisi divino repleti Spiritu potuisse tradere sentiuntur.

Postremo quot miracula jugiter facta sunt, donec Scriptura ipsa mundi ambitum divulgata compleret? sicut scriptum est: *In omnem terram exivit sonus eorum, et in fines orbis terræ verba eorum* (*Psal.* XVIII, 5). Unde ad probationem pertinet maximam, quia lex divina per cunctas mundi partes cognoscitur fuisse suscepta. Hæc multis modis genera suæ locutionis exercet, definitionibus succincta, schematibus decora, verborum proprietate signata, syllogismorum complexionibus expedita, disciplinis irrutilans: non tamen ab eis accipiens extraneum decorem, sed potius illis propriam conferens dignitatem.

Hæc enim quando in divinis Scripturis splendent, certa atque purissima sunt; cum vero ad opiniones hominum et quæstiones inanissimas veniunt, ambiguis altercationum fluctibus agitantur; ut quod hic est firmissime semper verum, frequenter alibi reddatur incertum. Sic et lingua nostra dum psalmodiam canit, nobilitate veritatis ornatur; cum ad fabulas ineptas et blasphema se verba converterit, ab honore probitatis excluditur; sicut apostolus Jacobus dicit: *Ex ipso ore benedicimus Deum et Patrem, et ex ipso ore maledicimus hominem, qui ad imaginem et similitudinem Dei factus est* (*Jac.* III, 9).

Hæc mundanarum artium periti, quos tamen multo posterius ab exordio divinorum librorum exstitisse manifestum est, ad collectiones argumentorum, quæ Græci topica dicunt, et ad artem dialecticam et rhetoricam transtulerunt; ut cunctis evidenter appareat, prius ad exprimendam veritatem justis mentibus datum, quod postea gentiles humanæ sapientiæ aptandum esse putaverunt. Hæc in lectionibus sacris tanquam clarissima sidera relucent, et significantias rerum utilissimis compendiis decenter illuminant. Quæ nos breviter locis aptissimis admonebimus, quoniam res ipsæ commodissime deducentur ad medium, per quas concepti sensus clarius elucebunt.

Nam et Pater Augustinus in libro tertio de Doctrina Christiana (*Cap.* 29) ita professus est: Sciant autem litterati modis omnium locutionum, quos grammatici Græco nomine tropos vocant, auctores nostros usos fuisse. Et paulo post sequitur: Quos tamen tropos, id est modos locutionum, qui noverunt agnoscunt in litteris sanctis, eorumque scientia ad eas intelligendas aliquantulum adjuvantur. Cujus rei et in aliis codicibus suis fecit evidentissimam mentionem. In libris quippe quos appellavit de Modis Locutionum diversa schemata sæcularium litterarum inveniri probavit in litteris sacris; alios autem proprios modos in divinis eloquiis esse declaravit, quos grammatici sive rhetores nullatenus attigerunt. Dixerunt hoc apud nos et alii doctissimi Patres, id est Hieronymus, Ambrosius, Hilarius; ut nequaquam præsumptores hujus rei, sed pedisequi esse videamur.

Sed dicit aliquis: Nec partes ipsæ syllogismorum, nec nomina schematum, nec vocabula disciplinarum, nec alia hujuscemodi ullatenus inveniuntur in psalmis; inveniuntur plane in virtute sensuum, non in effatione verborum: sic enim vina in vitibus, messem in semine, frondes in radicibus, fructus in ramis, arbores ipsas sensu contemplamur in nucleis. Nam et de profundissima abysso deliciosus piscis attingitur, qui tamen ante captionem suam humanis oculis non videtur. Merito ergo esse dicimus, quæ inesse nihilominus virtute sentimus. Nam et Apostolus vetat (*I Cor.* III, 18) nos seduci per vanam sapientiam mundi: ista vero non abnegat in litteris esse divinis. Certe accedamus ad psalmos, et interrogemus, quæ omni disputatione major est, rerum fidem.

Istud ergo principale virtutum et salutare locutionis genus p erumque res aliquas refert, et sæpe longe alia quam audiuntur, exponit. Simplicitas, duplex et sine dolo bilinguitas; sicut fecit Joseph (*Gen.* XLII), qui dum fratres suos aspectu ipso et sermone patrio cognovisset, ita eis videbatur loqui, ut nullatenus potuisset agnosci. Quod non est ad deceptionis studium sumptum, sed ad commodum magnæ utilitatis effectum. Hebræos sermones adhibet, causas profundissimas innuentes. Unam rem in malo et in bono plerumque ponit, ut quod nomine videtur esse commune, 8 probetur qualitatibus discrepare. Cœlestia terrenis comparat, ut quod incomprehensibilis magnitudo vetat intelligi, per notissimas similitudines possit adverti. In verbis autem serendis mira potentia est; ut subito immensa nobis atque incomprehensibilia duobus tribusque sermonibus explicentur.

Quid brevius dicam, frequenter etiam una syllaba ineffabilem Domini naturam demonstrat; ut est illud: *Qui est misit me* (*Exod.* III, 15). Cujus omne verbum subtiliter inquisitum copiosis sensibus scaturit. Nam sicut fecundissimus ager odoriferas herbas saluti nostræ producit accommodas, sic lectio divina cum per singula verba requiritur, semper illic cura mentis sauciæ reperitur. De cujus eloquentiæ modis multi Patres latius prolixiusque dixerunt, quorum nomina in libris introductoriis commemoranda perspeximus. Sed fons iste cœlestis quantum assidue constat hauriri, tantum nescit expendi.

Ac ne diutius in generalibus remoremur, specialia Psalterii, Domino juvante, tangamus: quoniam ipsa res evidenter agnoscitur, quæ communibus rebus præmissis, postea sub aliqua proprietate describitur.

CAPUT XVI.
De propria eloquentia Psalterii.

Primum est quod ipsi tantum psalmi singulari numero vocitantur, quos nos adhibitis hujus linguæ peritissimis cum eorum volumine conferentes, servato usu psallentium, suis versibus æstimavimus esse reddendos: ne se in præsumptum ordinem auctoritas permixta confunderet. Deinde quod nullum aliud opus auctoritatis divinæ centum quinquaginta sectionibus continetur; ubi enim tot tituli diversa leguntur varietate conscripti? Hic illud votivum nomen *alleluia* in superscriptionibus inchoavit. Hic commemoratio historiæ de Regum tracta volumine, in ipso limine posita virtutes noscitur indicare psalmorum. Hic etiam diapsalmata tantum interjecta monstrantur. Hic psalmi secundum virtutes suas numerorum ordines tenent.

Liber inchoans a beatitudine Christi, Novi et Veteris Testamenti sacramenta percurrens, laudibus sacris et sancta jubilatione concluditur; ut merito se tali munere consoletur Ecclesia, quæ hic multarum calamitatum cognoscitur afflictionibus sauciari. Novit enim beneficio Domini triumphare de suis cladibus ingravata; persecutionibus siquidem proficit, afflictionibus semper augetur, sanguine martyrum rigatur, tristitia magis erigitur, angustia dilatatur, fletibus pascitur, jejuniis reficitur, et inde potius crescit, unde mundus deficit.

Quid enim in illo libro non invenies unde se humanum genus debeat suaviter consolari? Thesaurus in pectore mundo semper excrescens, consolatio magna lugentium, spes beata justorum, periclitantium utile suffugium, unde semper quod expedit tollitur, ejusque fons indefecta perennitate servatur. Beatus quoque Athanasius, Alexandrinæ civitatis episcopus, in libro quem Marcellino suo charissimo destinavit de proprietate Psalterii, ut verbis ipsius utar, ita dicit: Quicunque Psalterii verba recitat, quasi propria verba decantat, et tanquam a semetipso conscripta unus psallit, et non tanquam alio dicente, aut de alio significante sumit et legit; sed tanquam ipse de semetipso loquens, sic hujusmodi verba profert; et qualia sunt quæ dicuntur, talia velut ipse agens, ex semetipso loquens, Deo videtur offerre sermones.

Psalterii quoque proprium est quod per ipsum legis divinæ sanctitas introitur. Non enim tirones inchoant a Genesi, non ab Apostolo, non inter ipsa initia auctoritas evangelica sancta pulsatur; sed licet Psalterium quartus codex sit divinæ auctoritatis, primum tamen tirones inchoantes Scripturas sanctas, inde legendi faciunt decenter initium.

CAPUT XVII.
Laus Ecclesiæ.

O vere sancta, o immaculata, o perfecta mater Ecclesia, quæ, divina gratia largiente, sola vivificas, sola sanctificas, et perditum propriis culpis institutione tua humanum genus instauras : cujus piæ confessioni nihil addi, nihil minui potest. Per omnes quippe psalmos, per omnia cantica, præconia sanctæ Trinitatis interseris ; ut cujus sunt sacrata verba quæ loquimur, eis laus semper et dulcissima gloria redderetur. Quæ salum sæculi hujus, et hæreticorum sævissimas procellas in arcæ illius Noe similitudine, quæ tuam evidenter portavit imaginem, sola inoffenso fidei cursu sine periculo diluvii constanter enavigas; nec ullis erroribus acquiescis, quamvis adhuc inter pravitates hujus sæculi gravissima necessitate verseris. Quidquid enim reperitur præter vitale gremium tuum, mortiferum constat esse naufragium.

Nam cum Sabellius detestabilis erret in Patre, demens Arius delinquat in Filio, Manes sacrilegus neget Spiritum sanctum, alii scelerati Veteri Testamento derogent, nonnulli Novi Testamenti gratiam non sequantur ; tu tantum devotione fideli, præstante Domino, inoffense cuncta complecteris. Patrem quippe docens ingenitum, Filium genitum, Spiritum sanctum de Patre et Filio procedentem, unum Deum, sanctam prædicans Trinitatem, coæternam sibi et æqualiter omnipotentem, Dominumque Christum manentem in divinitate sua et carne humanitatis assumptæ, salva uniuscujusque proprietate naturæ, unam confiteris esse personam. Veteri Testamento de Novo fidem faciens, Novum a Veteri exortum esse cognoscens. Et ut breviter cuncta complectar, nescis loqui, nisi quod expedit credi. Nam quamvis diversis hic afficiaris angustiis, et 9 dolosi hostis contrarietate quatiaris, tamen de totius mundi circulo congregata resplendens in modum pulcherrimæ pyramidis ad æterna regna perduceris.

Quæ huic schemati non immerito compararis, quoniam de universis gentibus extollens verticem pretiosum, justorum animas quasi lumen eximium ad superna regna transmittis : meta frumentis plena cœlestibus, de diversis gentibus sanctorum beata collatio, serenarum mentium lampabilis cœtus, insolubilis constructio de vivis lapidibus fabricata, beatorum omnium æterna felicitas, sole lucidior, nive candidior, sine macula, sine ruga. De qua scriptum est in Cantico canticorum : *Quæ est ista quæ progreditur quasi aurora consurgens, pulchra ut luna, electa ut sol, terribilis ut castrorum acies ordinata* (Cant. VI, 9)? Et paulo ante : *Oculi tui columbarum absque eo quod intrinsecus latet : cujus dentes sicut greges tonsarum quæ ascenderunt de lavacro, omnes gemellis fetibus, et sterilis non est inter eas. Sicut vitta coccinea labia tua* (Cant. IV, 1, 2), mater et virgo, feta et integra, genitrix et incorrupta, cujus os virtutum omnium fragrat odoribus : de qua sponsus dicit : *Odor oris tui sicut malorum* (Cant. VII, 8). Et post paululum : *Odor unguentorum tuorum super omnia aromata. Favus distillans labia tua, sponsa, mel et lac sub lingua tua* (Cant. IV, 10, 11). Quæ mereris denique osculari Christum, et decus illud perenniter custodire virgineum ; tibi enim dicitur : *Osculetur me osculo oris sui, quia meliora sunt ubera tua vino, fragrantia unguentis optimis* (Cant. I, 1); et cætera quæ liber ille divinus mystica prædicatione complectitur.

Quapropter factis auditoribus per quamdam isagogen, quæ est sequentis operis introductio, index cœlestium mysteriorum, et sacræ prænuntia dictionis, ut opinor, sufficienter attonitis et desiderio superno divina largitate flammati, nunc ad solvenda quæ promissa sunt, Christo juvante, veniamus. Præsta, Domine, cujus est omne quod expedit, ut intelligenter, ut libenter, ut proficue mereamur audiri. Tuis enim adjutoriis omnimodis indigemus, ut valeamus concesso sermone aliquatenus verba tuæ majestatis exponere. Amen.

ORDO DICENDORUM.

Prolegomena, id est, præcedentia antequam cœlestis Psalterii mella degustem, et campos illos gloriosissimæ passionis, Domino præstante, contingam, quædam mihi videntur, divisis capitulis, de textu ipsius carminis intimare, ut et legentes distinctius debeamus edocere, et nos ordines ipsos sine aliqua offensione curramus.

In prima itaque parte Domini carnalis vita describitur.

In secunda, natura deitatis ipsius subtiliter indicatur.

Tertia, multiplicatos dicit populos, qui eum nitebantur exstinguere.

Quarta, propheta in iisdem monitis perseverat, ut desinant Judæi mala cogitare, vel facere : quoniam se noverint divinis virtutibus destruendos.

In quinta Dominus Christus clamat ad Patrem, ut ejus audiatur oratio, et in resurrectione ipsius mundo profutura concedat.

Sexta, per totum psalmum verba sunt pœnitentis, cui junguntur ejusdem modi alii sex, qui tamen in conclusione quinquagesimi psalmi descripti sunt.

In septima parte Christus humiliter quidem petit ut ei subveniatur a Patre, sed habet fiduciam rectæ conversationis, quod magis pertinet ad ejus deitatem ; sed more humanitatis assumptæ sibi postulat subveniri : ne diabolus animam ejus iniqua præsumptione diripiat, et gloria ipsius in pulverem deducta dispereat.

In octava, parabolis et tropicis allusionibus congregatis, subsequens drama decurritur, et per allegoricas similitudines omnia referuntur ad Dominum Christum. Quæ schemata nos locis aptissimis reddentes evidentissime commonebimus, ut lectori studioso ambiguitas cuncta tollatur.

Nona, post multiplicia præconia, quæ modo a deitate, modo ab humanitate ipsius incipiunt, mutatis personis et titulis ponitur *Alleluia*, quod significat *Laudate Dominum*.

Decima, sequuntur gradales, qui animum nostrum

ad Dominum Salvatorem pura et humili satisfactione perducunt.

Undecima, variatis verbis, iterum laudes Domini hymnidica exsultatione concelebrat : modo Patris, modo Filii, modo Spiritus sancti prædicans majestatem; ut nulli sit dubium sanctam Trinitatem singulariter omnipotentem, quæ vult facere in cœlo et in terra.

Duodecima, septem psalmi relinquuntur in fine, qui exsultationibus hymnidicis totam gloriam sanctæ Trinitatis generaliter devota mente concelebrant. Sic textus totius Psalterii duodecim partibus divisus in apostolorum numero mirabili laude concluditur, quatenus et iste illud agat quod Christi discipulos fecisse cognovimus. Est etiam ejusdem rei aliud evidentius sacramentum, quod centum quinquaginta diebus diluvio superducto criminibus suis terra diluta est : sic et hi psalmi tali numero producti, genus humanum peccatis suis pollutum convenienter reddunt absolutum. Nunc minutatim ad exponenda Psalterii verba veniamus.

M. AURELII CASSIODORI IN PSALTERIUM EXPOSITIO.

PRIMA PARS.

EXPOSITIO IN PSALMUM PRIMUM.

Quare primus psalmus non habet titulum.

1 Psalmus hic ideo non habet titulum, quia capiti nostro Domino Salvatori, de quo absolute dicturus est, nihil debuit præponi; dum ipsum rerum omnium constat esse principium, sicut ipse in Evangelio dicit : *Ego sum principium, propter quod et loquor vobis* (Joan. VIII, 25). Nam licet et alii psalmi de ipso multa dicant, nemo tamen de ejus quæ fuit in terris conversatione sic loquitur. Et quoniam ad hunc quæ dicenda sunt cuncta respiciunt, merito caput sancti operis ponitur, qui princeps rerum omnium esse monstratur. Quidquid enim aut de præteritis instruit, aut de præsentibus monet, aut de futuris efficit cautiores, omnia ad institutionem beati viri pertinent, quæ liber iste dicturus est. Nam quidam tituli, quidam præfationis locum eum tenere dixerunt. Sed licet a quibusdam omni justo videatur aptatus, nulli tamen præter Domino Christo potest veracissime convenire.

Nam si dixerimus omni beato posse congruere, jam non constat illud quod dicitur in psalmo : *Omnis homo mendax* (Psal. CXV, 11); vel illud quod Job meminit : *Nullus mundus ante te, nec infans cujus est unius diei vita super terram* (Job XIV, 4); et alibi : *In veritate nemo de genitis est qui non impie gessit, et de confidentibus qui* [a] *non deliquit*; vel istud : *Justitia justi sic est apud te sicut pannus menstruatæ* (Isai. LXIV, 6). Quapropter non omni beato potest hæc sententia convenire, nisi illi tantum de quo Scriptura dicit : *Qui peccatum non fecit, nec inventus est dolus in ore ejus* (I Petr. II, 22). Et ipse de se in Evangelio dicit : *Ecce veniet princeps mundi hujus, et in me non inveniet quidquam* [b] (Joan. XIV, 30). Merito ergo ad Christum Dominum refertur. Qui non abiit in consilio impiorum, nec in via peccatorum stetit, et *in cathedra pestilentiæ non sedit* (Psal. I, 2), etc. Mirabilis ordo, cœlestis revera dispositio, ut ab ipso nobis psalmorum proveniret initium, quem salutarem januam constat esse cœlorum.

Quapropter intrare cum summo gaudio festinemus, ubi patentem januam, ipsum Advocatum nostrum esse cognoscimus, sicut ait Apostolus : *Non enim habemus Pontificem qui non possit compati infirmitatibus nostris*; et paulo post : *Adeamus ergo cum fiducia ad thronum gratiæ ejus, ut misericordiam consequamur, et gratiam inveniamus in auxilio opportuno* (Hebr. IV, 15, 16). Nunc claves psalmorum reserabiles apponamus, ut, præstante Domino, Regis nostri palatia introire mereamur. Et ideo, sicut præfati sumus, divisio facienda est, quæ si recte adhibeatur, ita illustrem et perspicuam nobis efficit dictionem, ut priusquam legatur orationis textus, ante nobis ejus relucere possit intentio.

Divisio psalmi.

Universus textus psalmi hujus propheta referente narratur. In prima parte vitam sanctæ incarnationis exponit : quoniam si ad majestatem Christi solam velis referre quæ de eo dicuntur, nequeunt convenire. Secunda vero peccatorum nequitias in futuro judicio debitas recipere commemorat ultiones; ut præmissa gratius possemus accipere, cujus videbantur subsequentia formidari. Respice quoque intentionem ejus, quam constat maxime perquirendam. Ideo in principiis beatitudo **2** Domini Salvatoris edicitur, ut humano generi vitalia exempla præstentur; quatenus sicut nobis homo terrenus contulit mortem, ita cœlestis veniens daret salutem. In principiis enim fuit durissima conditio decepto, sed post advenit homini gloriosa redemptio. Primo illata est ignominiosa captivitas, deinde secuta est votiva libertas. Expulsus homo de paradiso, sed receptus est in cœlum. Perdi-

---

[a] Mss. Aud., Bec. et Fisc., *et de confitentibus, qui*.

[b] Mss. Aud., Bee. et Fisc., *et in me non habet quidquam*.

dit in terra beatitudinem, sed angelos merebitur habere consortes. Luctus ex diabolo, gaudium provenit ex Christo. Unde et Apostolus dicit : *Sicut enim per inobedientiam unius hominis peccatores constituti sunt multi, ita et per unius obedientiam justi constituentur multi* (*Rom.* v, 19).

In ipso itaque capite psalmi hujus, definitio beati viri tanquam pulcherrimum nobis gloriosi regis diadema resplendet. Oratio brevis et lucida, quæ rem propositam diversis modis quid sit ostendit. Sed hoc principium duas species definitionum evidenter complectitur. In prioribus quippe versibus duobus qui dicunt : *Non abiit, non stetit, non sedit,* octava species definitionis est, quæ Græce dicitur κατ' ἀφαίρεσιν τοῦ ἐναντίου, Latine per privantiam contrarii. Ait enim quid non faciat, sicut et in quinto psalmo dicturus est : *Quoniam non volens Deus iniquitatem tu es* (*Psal.* v, 5). In tertio autem versu qui dicit : *Sed in lege Domini voluntas ejus : et in lege ejus meditabitur die ac nocte,* secunda est species definitionis quæ Græce ἐννοηματικὴ dicitur, Latine notio nuncupatur. Hæc non dicit quid sit, sed per hoc quod agit, res illa quam quærimus nobis specialiter indicatur; sicut et in septuagesimo primo psalmo dicturus est : *Benedictus Dominus Deus Israel, qui facit mirabilia magna solus* (*Psal.* LXXI, 18).

Memento autem quod omnis definitio aut ex materia nascitur, quod est corpus : aut ex specie, quod est qualitas; aut certe de utroque, sicut est homo, mirabili ordine prolata disponens. Nam si prius posuisset quod erat, necessarium non fuerat dixisse quod non erat. Hoc imitatus converso ordine geometricus fecit Euclides dicens (*Lib.* I *Elementor.*, *in initio*) : Linea est longitudo sine latitudine. Prius enim dixit quod est, et subjunxit postea quod non est; sicut facere consueverunt qui priorum dicta aliqua diversitate commutant, ut se in eis mentiantur auctores. Nunc ad perscrutanda verba veniamus : quoniam in interioribus eorum quasi in quibusdam nucleis fructus dulcissimus invenitur.

Expositio psalmi.

Vers. 1. *Beatus vir.* Nimis pulchrum commodumque principium; ut quoniam erat Spiritus sanctus humani generis imbecilla moniturus, a beatitudine sumere videretur initium; ut hac spe trepidantium animos invitaret, ne se mortalium fragilia corda subducerent. Quis enim ad quælibet ardua non incitetur, ubi felix beatitudo prædicitur? *Beatus* ergo *vir* dicitur, sicut nobis majorum tradit auctoritas, quasi bene aptus, cui omnia desiderata succedunt. Sed hunc duobus modis dici in centesimo quadragesimo tertio psalmo propheta commemorat ponens : *Beatum dixerunt populum cui hæc sunt* (*Psal.* CXLIII, 15); iterumque subjungit : *Beatus populus cujus est Dominus Deus ejus.* Quapropter sæculi beatus est, qui, ut putat, summa securitate suffultus, in continuata lætitia et mundanis copiis perseverat. Isti autem beato, qui a proposito suo nulla contrarietate removetur,

virum subjunxit egregie : *vir* enim vocatur a viribus, qui nescit tolerando deficere, aut in prosperis aliqua se elatione jactare; sed animo stabili defixus, et cœlestium rerum contemplatione firmatus, manet semper impavidus. Hoc etiam veriloquium appellavere majores. Etymologia enim est oratio brevis, per certas assonationes ostendens ex quo nomine id quod quæritur venerit nomen. Nec dubites quod virum appellat Dominum Salvatorem, de quo et Zacharias propheta dicit : *Ecce vir Oriens est nomen ejus* (*Zach.* VI, 12). Sed memento quod ubicunque sic ponitur, assumpta ejus humanitas indicatur; *vir* enim sexus est carnis, qui in divinitate nullatenus invenitur. Sed quoniam natura humanitatis a Domino fuerat pro nostra redemptione sumenda, competenter posuit *virum,* ut utriusque naturæ una crederetur esse persona.

Qui non abiit in consilio impiorum, et in via peccatorum non stetit, et in cathedra pestilentiæ non sedit. Posito igitur beato viro, id est Domino Christo, ab illa dispensatione qua passus est, utile fuerat ut eum per actus suos consequenter exponeret; alioquin minus docet, quod fuerit in explicata propositione derelictum. Tribus itaque modis provenire humanos constat errores, cogitatione, facto, et dicto, quos hic per ordinem abnegat dicens : *Non abiit in consilio impiorum.* Primum detestabiles denegat cogitationes quas sibi familiariter vindicat genus humanum, quas Dominus Christus omnino non habuit. Et ne extraneis utamur exemplis, hoc debere intelligi de Domino Salvatore tricesimus nonus psalmus absolute testatur dicens : *Tunc dixi, ecce venio; in capite libri scriptum est de me* (*Psal.* XXXIX, 8). *Abiit* enim significat quod a via recta discedens, in calles labitur tortuosos. Deinde actus vitiosæ conversationis excludit dicendo : *Et in via peccatorum non stetit* ; utique quia venit in mundum, qui est *via peccatorum;* sed ibi non stetit, quoniam ejus vitia immaculata conversatione transivit. Ponendo autem *viam peccatorum* latam vult intelligi : quoniam angustam constat esse justorum. Tertio loco subjunxit : *Et in cathedra pestilentiæ non sedit.* Ad doctrinas hoc videtur abominabiles pertinere, quæ pestilentis dogmatis venena disseminant. Hæc merito negantur in Christo, qui totius mundi vulnera medicabili [a] prædicatione salvavit. Quidam vero hunc locum tali distinctione complexus est, impium dicens eum qui peccat in Deum : peccatorem vero qui in semetipsum delinquit ; pestilentem scilicet, qui proximum suum depopulatur, opprimit atque lædit. Sed quodvis horum recipias, nihil tale in Domino fuisse cognoscis. *Cathedra* est enim ex aliqua materia composita forma sedibilis, quæ nos curvatos molliter a dorso suscipit, suoque gremio demissos velut habilis theca complectitur. Hæc proprie doctoribus datur, sicut ait in Evangelio : *Super cathedram Moysi sederunt scribæ et Pharisæi* (*Matth.* XXIII, 2). Sic etiam judicum tribunal, et solium regum proprium esse memoramus. Considerandus **13** est etiam

---

[a] Edit., *medicinali.*

hic ordo dictorum, quemadmodum contra Adam totus aptetur: *abiit* cum recessit a præcepto Domini: *stetit*, cum delectatus est peccato, quando acquisiturum se scientiam boni et mali, deceptus arbiter æstimavit; *cathedram* vero *pestilentiæ sedit*, cum posteris perniciosæ doctrinæ exempla dereliquit. Et nota quam pulchre singula verba rebus singulis dedit; id est *abiit*, *stetit* et *sedit*. Quæ figura dicitur hypozeuxis, quando diversa verba singulis apta clausulis apponuntur. Quapropter generalis complexio peccatorum merito in Domino Salvatore denegata est: sicut ipsa Veritas in Evangelio dicit: *Ecce veniet princeps mundi hujus, et in me non inveniet quidquam* (*Joan.* xiv, 30).

Vers. 2. *Sed in lege Domini fuit voluntas ejus.* Non magna gloria fuerat declinasse vitiosa, nisi et diceret omnino laudanda, sicut et alibi docet, *Declina a malo, et fac bonum* (*Psal.* xxxvi, 27). Lex ergo Domini est in declinandis peccatis sancta præceptio, quam in monte Sina Moysen accepisse manifestum est: in qua tota mentis intentione ille vere fuit, qui peccata non habuit; nos enim etsi ad momentum legis præcepta cogitamus, delicti tamen tempore voluntas nostra in lege non permanet. Voluntas enim decenter est posita, ut constantiam continuæ meditationis ostenderet, quæ dum perseveranter assumitur, laboris tædia nesciuntur. Sed ne ipsam voluntatem putares otiosam, sequitur operationis effectus, quia sancto proposito non sufficiebat tantum bona velle, nisi etiam desiderium suum continuo pioque labore satiaret. Hic potest syllogismus categoricus inveniri, quem prætermittere non debemus, ne qui intellectus est primus, incompetenter videatur esse præteritus. Cujus definitionem partesque dicemus, ut rudibus earum rerum nihil remanere possit ambiguum. Categoricus itaque syllogismus est, quem dialectici summa laude concelebrant: oratio, in qua positis quibusdam, alia quædam ex necessitate veniunt per ea quæ posita sunt. Iste ex duabus propositionibus et conclusione formatur, sicut hic constat effectum. Cujus prima propositio est: *Beatus vir cujus voluntas in lege Domini est.* Secunda propositio: Nullus cujus voluntas in lege Domini est, abiit in consilio impiorum. Provenit exspectata conclusio: Nullus igitur beatus vir abiit in consilio impiorum. Hoc quidem in diversis locis diligens tibi perscrutator invenies, quod nos rarius ponendum esse perspeximus, quoniam nobis ex diversis artibus atque disciplinis cum expositione proposita multa dicenda sunt.

Et in lege ejus meditabitur die ac nocte. Intendendum quod secundo dicit: *In lege*, non *sub lege*, quia in lege fuit qui peccata contempsit. Reliqui autem mortales merito sub lege sunt, qui delictis onerantibus inclinantur. Lex enim dicitur ex eo quod animos nostros liget, suisque teneat obnoxios constitutis. Verum ille legem non meditabatur litteris, sed sanctitate propositi; sicut in tricesimo nono psalmo

dicturus est: *Ut faciam voluntatem tuam, Deus meus, volui, et legem tuam in medio cordis mei* (*Psal.* xxxix, 9). Sic de uno psalmo utrumque probatum est, quoniam et principium libri de ipso debet intelligi, et mandata Domini semper eum constat fuisse meditatum. In septuagesimo septimo quoque psalmo dicit: *Loquar propositiones ab initio* (*Psal.* lxxvii, 2): sed cum dicit, *Loquar ab initio*, non vult personam suam alicubi fortasse præteriri; nos tamen diversorum Patrum auctoritatem secuti, et Ecclesiæ verba dedimus et prophetæ, et justissimos quosque homines, vel peccatores diximus loqui, quos suis locis evidenter ostendimus, ut varietas ipsa rerum oblectare possit auditum.

Die ac nocte. Hæc complexio continuum tempus ostendit; quod si ad litteram intendas, omnino non convenit, ut *die ac nocte* jugiter legem Domini aliquis aut legat aut prædicet, dum reficiendi tempus corporibus detur, et capiendi somni necessitas afferatur. Sed ille probatur legem continue meditari, qui omnia secundum sanctitatem gerens, cœlesti se in omnibus puritate tractavit. Hoc revera ipsi capiti Domino Christo certum est convenire, quamvis ad exemplum sanctitatis ejus, et membris quoque videatur esse præceptum, sicut dicit Apostolus: *Omnia quæcunque facitis in verbo aut facto, omnia in gloria Dei facite* (*I Cor.* x, 31). Est et alibi prædicata ista continuitas, sicut in centesimo decimo octavo psalmo legitur: *Testimonia tua doce me, Domine, et mandata tua in corde meo semper exquiram.* Dies pagani dixerunt a numinibus suis, id est a diis, a quibus eos etiam nominasse noscuntur. Nox autem dicta est, eo quod noceat aspectibus sive actionibus nostris.

Vers. 3. *Et erit tanquam lignum quod plantatum est secus decursus aquarum.* Hinc jam prædicitur gloriosa nimis, singularisque felicitas; ut sicut actio miranda descripta est, ita et ejus prospera magnifica similitudine referantur. Bene, ut arbitror, *ligno* fructifero comparatus est Dominus Christus, propter crucem quam pro hominum salute suscepit. Quæ merito lignum vitæ dicitur, quando et ibi Dominus Christus, qui est vita nostra, suspensus est, et latroni in eadem confitenti dictum est: *Amen dico tibi, hodie mecum eris in paradiso* (*Luc.* xxiii, 43). Denique et hodie omnis in ea credens, æternæ vitæ dona consequitur. Sive, ut historia refert, lignum revera fuit in paradiso perennis vitæ, si detestabilis inobedientia non fuisset. Unde enim mors habuisset introitum, si Adam monstrasset devotionis affectum? Hinc sanctissimi Patres suavissima mella sudaverunt, dicentes: Dedit mandatum, ut inveniret arbitrium; fixit legem, ut faceret cautiorem. Sed ille improvide secutus est hostem, et infeliciter vitæ reliquit auctorem [a]. Tunc lamentabili sorte deceptus, vitam perpetuam, quam possessurus erat amisit, et in mortem, quam non habebat, incurrit. Sed ut ad conceptæ similitudinis instituta redeamus, quod dicit, *plantatum est*, id est

---

[a] Mss. Aud., Bec., Fisc., *et felicem reliquit vitæ auctorem*.

institutum est lignum crucis a Deo, quod semper in fide vireret ac cresceret. Hoc schema parabola dicitur, id est genere dissimilium comparatio. Sic enim in subsequentibus et monti, et leoni, et vermi comparatus est Christus.

Secus decursus aquarum. In comparationis gratia perseverat. Nam sicut terrestris aqua decurrens vita est lignorum virentium, sic aqua spiritalis signum crucis inundat, quæ salus esse fidelium cognoscitur animarum. Hæc ergo aqua **14** est de qua in Evangelio dicitur : *Si scires quis est qui a te aquam petit, petisses ab eo, ut daret tibi aquam vivam (Joan.* IV, 10), etc. Operæ pretium est quoque perpendere quare dixerit : *secus decursus aquarum;* scilicet ut nec nimia inundatio lignum læderet, nec iterum irrigatio procul constituta siccaret.

Vers. 4. *Quod fructum suum dabit in tempore suo. Fructum dabit*, id est Ecclesias constituet tempore competenti, hoc est, quando beatæ incarnationis sacramenta suscepit. O fructus ille mirabilis, qui humanum genus dulcissima credulitate satiavit ! Unde non gustare peccare est; et potius genus est prævaricationis a cibis talibus abstinere. *Fructus* enim dicitur a fruendo. Et notandum quia *dabit* dixit, quod ad rationabilem sensum, et ad offerentis pertinet voluntatem. Nam licet et alia ligna erumpentes inferant fructus, hoc recte dare dicitur, quia æterna præmia donare monstratur.

Vers. 5. *Et folium ejus non decidet.* Id est sermo ipsius nullo casu a veritate discedit, sed tanquam in arbore palmæ folia manentia sunt, ita et ista infixa veritati ᵃ certis promissionibus perseverant, sicut in Evangelio legitur : *Cœlum et terra transibunt, verba autem mea non præteribunt (Matth.* XXIV, 15). Et intuere Domini verba foliis arboris comparata, quia sicut illa fructus tegunt, sic promissiones suas et ista custodiunt. Hæ sunt aquæ spirituales, hæc folia salutaria, de quibus in Apocalypsi beatus Joannes dicit : *Et ostendit mihi flumen aquæ vivæ splendidum, tanquam crystallum, exiens de throno Dei et Agni; in medio plateæ ejus, et ex utraque parte fluminis, arborem vitæ, quæ facit fructum duodecies, singulis mensibus reddens fructum suum; et folia arboris illius sunt ad sanitatem gentium deputata (Apoc.* XXII, 1, 2).

Et omnia quæcunque faciet prosperabuntur. Aptissime contra illud Adæ ponitur, cujus facta nobis adversa pepererunt. Nam sicut Dominus Christus dulcedinem salutis mundo præstitit, ita ille humano generi amaritudinem mortis inflixit. Tribus ergo modis hæc prædicationis forma constructa est, dicendo quid vitaverit, referendo quid egerit, tertio ad quem finem fructus ipse pervenerit. Sed hoc breviter atque mediocriter positum est propter humilitatem humanitatis assumptæ. Cæterum si magnificentiam ejus velis advertere, audi Apostolum dicentem : *Propter quod et Deus illum exaltavit, et donavit illi nomen quod est super omne nomen; ut in nomine Jesu omne genu flectatur, cœlestium, terrestrium et infernorum (Philip.* II, 9). Et in Apocalypsi Joannis ita legitur : *Et vidi, et audivi vocem magnam angelorum multorum in circuitu throni, et animalium et seniorum : et erat numerus eorum dena millia denorum millium, millia millium dicentium voce magna : Dignus est Agnus qui occisus est accipere virtutem, et divitias, et sapientiam, et fortitudinem, et honorem, et gloriam et benedictionem. Et omnem creaturam, quæ est in cœlo, et in terra, et sub terra, et in mari, et quæ sunt in eis, universos audivi dicentes : Sedenti in throno, et Agno, benedictio, et honor, et gloria, et potentia in sæcula sæculorum. Et quatuor animalia dicebant : Amen. Et seniores ceciderunt, et adoraverunt (Apoc.* V, 11 et seq.), etc. Plena est rerum talium Scriptura divina, quoniam sicut in assumpto corpore fuit humilitas, ita est post resurrectionem Domini Christi declarata majestas. Nunc ad reliqua veniamus.

Vers. 6. *Non sic impii, non sic.* Venit ad secundam partem, ubi memorat quæ impii cum peccatoribus sustinebunt, ut eorum actus refugiatur, quorum pœna cognoscitur. Quod schema dicitur paradigma. Schema autem est figura dictionis in ordine verborum cum decore composita; est enim paradigma narratio per exempla, hortans aliquem, aut deterrens. Invitavit autem cum dixit : *Beatus vir,* et reliqua; deterruit autem cum ait : *Non sic impii, non sic,* etc. Efficacissimum plane doctrinæ genus, et invitare prosperis, et terrere contrariis; sicut et Pater Augustinus in libris de Doctrina Christiana memorat dicens (*Lib.* IV, cap. 4) : Debet igitur divinarum Scripturarum tractator et doctor, defensor rectæ fidei, ac debellator erroris, et bona docere, et mala dedocere. Quod institutionis genus in decimo quarto, et in tricesimo sexto, et in centesimo decimo, et in centesimo decimo octavo psalmo potenter exsequitur, ut distinctio sit in comminatione supplicii, magnitudo semper in præmiis. Dicit ergo : *Non sic impii, non sic,* quoniam non erit sic impiis, ut superius dixit. Et ut immobiliter crederes, firmitatem negationis iterando monstravit. Nam si locum eorum diligenter inquiras, audi Apocalypsim Joannis dicentem : *Et diabolus, qui seducebat eos, missus est in stagnum ignis et sulphuris, ubi illa bestia et pseudopropheta,* quod videlicet ad omnes pertinet impios, *cruciabuntur illic die ac nocte, in sæcula sæculorum (Apoc.* XX, 9, 10).

Sed tanquam pulvis quem projicit ventus a facie terræ. Congrua nimis facta comparatio. *Pulvis* enim est resolutio terræ. Et quia homo terrenus, quando inflatur seductorio vento superbiæ, de soliditate terræ viventium quasi pulvis abjicitur, quia sua levitate ad firmamentum mandatorum se tenere non potuit, merito pulvis dicitur, qui tanquam substantia tenuis vitiorum flatibus ventilatur. Sed hanc damnationem gravissimam non putemus ventorum ludibriis comparatam, quæ corpora facile mobilia in auras æthereas ludivaga compulsione transponunt. Hic enim facilitatem expulsionis vult ostendere, non acerbitatem discriminis levigare. *Facies* vero *terræ* significat

---

ᵃ Mss. Aud., Bec. et Fisc., *ita et ista in fixa veritate.*

superficiem telluris, ubi revera potest pulvis tenuissimus insidere. Hanc Græci epiphaniam vocant, quæ solam longitudinem et latitudinem habet. Hæc colores suscipit diversa qualitate distinctos : hæc probatur recipere figuras illas geometricæ disciplinæ; in ea denique datur conspici, quidquid potest corporeis oculis intueri.

Vers. 7. *Ideo non resurgunt impii in judicio.* Impii sunt qui sanctam Trinitatem crudelitate [a] mentis nullatenus confitentur, nec Veteris aut Novi Testamenti parere regulis acquiescunt; vel, sicut dicit Apostolus : *Qui verbis confitentur Deum, factis autem negant* (*Tit.* I, 16); et hi *in judicio non resurgunt,* quia jam sua infidelitate damnati sunt, in Evangelio dicente Domino : *Qui autem non credit in Filio, jam condemnatus est* [b] (*Joan.* III, 18). Nam si ad judicium resurgere est pro suis factis quempiam reddere rationem, merito illi dicuntur in judicium non resurgere, quos jam cognoscitur sententia divina damnasse. Omnes resurgere fides catholica confitetur, sicut dicit Apostolus : *Omnes resurgemus, sed non omnes immutabimur* (*I Cor.* XV, 51). Resurget enim justus, ut judicet; peccator, ut judicetur; impius, ut sine judicio puniatur.

Neque peccatores in consilio justorum. Peccatores sunt professione quidem Christiani, sed minoribus peccatis obnoxii, quibus dominica datur oratio, ut se exuant a delictis; impii autem sunt qui suum nescientes auctorem diversis sceleribus polluuntur, ut blasphemi, impœnitentes, cultores idolorum, et principalibus vitiis obligati. Quapropter duo sunt genera peccantium : primum, quod nulla placabili satisfactione completa remanet in delictis; aliud est eui per gratiam confessionis peccata donantur, sicut legitur : *Beati quorum remissæ sunt iniquitates, et quorum tecta sunt peccata* (*Psal.* XXXI, 1). In quo numero et sancti sunt, quia nullus sine peccato est, sicut beatus Joannes apostolus dicit : *Si dixerimus quia peccatum non habemus, nosmetipsos seducimus, et veritas in nobis non est* (*1 Joan.* I, 8). Ergo de illo primo numero peccantium dicit qui nulla fuerunt digni miseratione salvari. Hi enim cum justis minime judicabunt, quod evangelica voce solis fidelibus suis Dominus in præmium pollicetur. *In consilio* enim, in judicio dicit, quia omne rectum judicium in consilio est. *Consilium* enim dictum est a consulendo. Nam superius consilium impiorum abusive positum est : quoniam et ipsi putant consulere, quamvis cognoscantur unamquamque rem noxia sibi machinatione tractare.

Vers. 8. *Quoniam novit Dominus viam justorum, et iter impiorum peribit.* Bonorum viam dixit *Dominum nosse; iter* autem *impiorum perire* confirmat : quasi Dominus utrumque non noverit. Sed allegorice dictum est, ut hoc sciat Dominus, quod in beatitudine permanebit : hoc nesciat quod peribit. Nam et ipse dicturus est in judicio suo peccatoribus : *Nescio vos* (*Matth.* XXV, 12). Quod si hoc ad litteram velis advertere, quomodo ignorare poterit quos creavit? Sic et Adæ locutus est post peccatum : *Ubi es, Adam* (*Gen.* III, 9)? non quia Deus in paradiso eum esse non noverat, sed indignus divina cognitione, eo quod ceciderit increpatur. *Et iter impiorum peribit.* Nam sicut beatorum via est Dominus, ita peccatorum iter diabolus esse cognoscitur : qui sine dubio peribit, quando cum sequacibus suis æterna pœna damnabitur. *Via* enim dicitur, quod per eam unusquisque transeuntium viatur. *Iter,* quasi iterum actus, quod agendo iteratur. Quod tamen utrumque pro locorum qualitatibus reperis esse variatum; nam et viam peccatorum superius dixit, et iter in bono positum est, sicut in alio psalmo ait : *Et illic iter est, in quo ostendam illi salutare Dei* (*Psal.* XLIX, 23). Item Isaias propheta dicit : *Principium Sion dabo, et Jerusalem consolabor in itinere* (*Isai.* XLI, 27). Nunc ad conclusionis quoddam speculum veniamus, ut nobis totius psalmi pulcherrima facies elucescat.

Conclusio psalmi.

Totus hic psalmus ad moralem pertinet disciplinam, de quo et bonus imbuitur, et peccatorum mens scelerata terretur. Nec vacat quod Dominus Christus est positus in principio numerorum. Unitas quippe specialis, simplex atque perfecta est, nullius indiga, in seipsa perenniter manens : a quo fonte multitudo numerorum sic egreditur, ut ad eam semper, quamvis multiplicata, revocetur : sine qua supputatio nec inchoare quidquam prævalet, nec prodire. Merito ergo in hoc initio calculi ponitur Christus : quia, sicut dicit Apostolus : *Ex ipso enim, et per ipsum, et in ipso sunt omnia* (*Rom.* XI, 36). Hanc Trinitatem Græci monadem vocant. Nam si incorporalis et immutabilis est substantia, intelligitur Deus; si incorporalis et mutabilis, intelligitur anima; si vero et corporalis et mutabilis, intelligitur corpus. Ista ergo monas tali complexione, sicut dictum est, ab arithmeticis explicatur. Memento autem quod monas, licet fons atque initium numeri esse videatur, ipsa tamen non potest numerus dici. Quidquid enim ab uno plus est, sicut ait Nicomachus, jam fit numerabile. Numerus enim est unitatis collectio, vel quantitatis acervus ex unitatibus profusus. Hoc enim quod dicimus nominis quoque ipsius declaratur indicio. Numerus quippe a numerositate vocatus est. Quæ disciplina nec a Patribus nostris præcipitur negligenda; est enim verax et immutabilis, et per omnes creaturas pro modulo suæ quantitatis effusa. Legitur enim in Salomone : *Omnia in mensura, numero et pondere* (*Sap.* XI, 21) Deum fecisse. Illud etiam arbitror intuendum, quod mirabili dispositione consequentia cuncta conscendant. In primo siquidem psalmo Domini Christi carnalis vita describitur; deinde omnipotens natura deitatis ejus subtiliter indicatur. Tertio multiplicatos dicit populos, qui eum nitebantur exstinguere; deinde septem pœnitentium psalmi fidelium corda purificant; postea parabolis et tropicis allusionibus subsequens drama decurritur, et per allegoricas similitudines pene omnia referuntur ad Salvatorem Dominum, quod suis locis commonere

---

[a] Mss. Aud., Bec. et Fisc., *credulitate.*

[b] Mss. Aud., Bec. et Fisc., *jam judicatus est.*

curabimus. Post hæc laudes Christi Domini mirabili varietate propheta concelebrans, usque ad finem non desinit ejus præconia sanctitatis edicere. Sic igitur universa de ipso prolata noscuntur, cujus hæc causa suscepta sunt.

EXPOSITIO IN PSALMUM SECUNDUM.

Psalmus David.

Quamvis in quibusdam codicibus nec iste psalmus habere titulum comprobetur, propter quod in Actibus apostolorum legitur, sicut in primo psalmo dictum est : *Quare fremuerunt gentes,* etc. : tamen si diligenter intendas, non videtur esse contrarium. Dicitur enim in primo psalmo positum, sed qui per inscriptionem tituli primus habendus est; est enim ipse **16** atque idem secundus in ordine, primus in titulo. Quo exemplo quamplurima dicta sunt, quæ cum sibi ad litteram discrepent, diligentius inquisita, unum esse monstrantur, ut est de concordia Evangeliorum campus ille latissimus. Quapropter Ecclesiarum cunctarum probabili usu receptum est, ut hinc magis incipiat exordium titulorum, quando inchoat ab increpatione Judæorum. Et ideo consequens fuit habere causam tituli suum, quoniam a priore textu noscitur segregata. Sed quoniam dictum est quare titulum receperit ista divisio, nunc de verbis ipsius, præstante Domino, disseramus. Psalmus est hymnus alicujus metri lege compositus, qui ad similitudinem prædicti organi supernam nobis cognoscitur indicare virtutem. David autem, quamvis conditor hujus universi operis inspiratione divina esse videatur, certis tamen locis congruenter apponitur. Sed quoniam interpretatio nominum, quemadmodum præfati sumus, res nobis secretiores indicare monstratur, sicut interpretes Hebræorum nominum tradere maluerunt : David significat manu fortis, sive desiderabilis, quod nulli potest aptius convenire quam omnipotenti Christo, qui est veraciter fortissimus, et summo desiderio requirendus; quapropter David hic intelligendus est Dominus Christus, de cujus passione loquitur propheta : et ipse Dominus sua verba dicturus est; quod in subsequentibus psalmis creberrime reperitur, ut in appellatione David Dominus possit Christus intelligi. Et ne per hæreticas contentiones Christiani animus fluctuet, quem oportet omnia veraciter fixeque credere, nominis ipsius definitionem auctoritate Patrum brevi satisfactione concludimus. Audiamus ergo beatum ac doctissimum Augustinum in evangelistæ Joannis expositione dicentem (*Tract. 78, in Joan.*) : Agnoscamus geminam substantiam Christi, divinam scilicet, qua æqualis est Patri; humanam, qua major est Pater; utrumque autem simul, non duo, sed unus est Christus, ne sit quaternitas, non Trinitas Deus; ac per hoc Christus est Deus, anima rationalis, et caro. Qua veritate recognita, competenter mortiferos vitamus errores.

Divisio psalmi.

Quatuor membris psalmi hujus species decora formata est. In primo loquitur propheta de Judæis propter passionem Christi. Secundo verba sunt dementium Judæorum. Tertio dicta sunt Domini Salvatoris de omnipotenti regno et de incarnabili generatione sua, quantum potest parvitas humana recipere Quarto propheta loquitur commonens populos ut ad fidem Christianam, agnita Domini majestate, conveniant : scientes de via justa se esse perituros, nisi apprehenderint religionis catholicæ verissimam disciplinam ; quod etiam aliorum prophetarum creberrimo sermone narratur.

Expositio psalmi.

Vers. 1. *Quare fremuerunt gentes, et populi meditati sunt inania?* Hæc figura Græce dicitur erotema, Latine interrogatio; quæ multis quidem modis fit : sed ut de his pauca ponantur, interrogamus quando aliquid scire volumus quod nesciebamus, ut est illud in futuro psalmo : *Quot sunt dies servi tui, quando facies de persequentibus me judicium* (*Psal.* CXVIII, 84)? Interrogamus etiam quæ certe novimus, ut est illud : *Nunquid est in idolis gentium qui pluat, aut cœli dabunt pluviam, nisi tu volueris* (Jer. XIV, 22)? Est quoque interrogatio arguendi, sicut hic posita est; corripit enim populos propheta, cur *fremuerint* contra Dominum Salvatorem, cum causas iracundiæ non haberent. Fremitus enim proprie ferarum est, qui juste furentibus datus est, quando, ratione postposita, belluino furore succensi sunt. Et quoniam nobis frequenter figuræ ponendæ sunt, oportet in ipsis primordiis ejus rei definitionem dare, ut cum nominata fuerit, valeat evidenter agnosci. Figura est, sicut nomine ipso datur intelligi, quædam conformatio dictionis a communione remota, quæ interioribus oculis velut aliquid vultuosum semper offertur, quam traditione majorum ostentationem et habitum assumus nuncupare. Has etiam Pater Augustinus pulcherrime inter locutionum modos annumerat. Nec illud nos moveat, cum apud Judæos ageretur, cur pluraliter gentes et populi positi esse videantur : legitur enim in Actibus apostolorum : *Convenerunt enim vere in hac civitate adversus sanctum Filium tuum, quem unxisti, Herodes et Pilatus cum nationibus et populis Israel* (*Act.* IV, 27). Meditati sunt quoque *inania*, quia Scripturas divinas sine fructu intelligentiæ frequenter iterabant. Prophetatum est enim in innumeris locis de Domino Salvatore Messiam esse venturum, quem illi maximo errore decepti non venisse, sed adhuc venturum esse confidunt. Merito ergo *inania meditabantur* qui ejus adventum fructuosum nequaquam intelligere potuerunt.

Vers. 2. *Astiterunt reges terræ, et principes convenerunt in unum adversus Dominum et adversus Christum ejus. Astiterunt*, non præsentiam significat, sed voluntatem. Nam passionem Domini constat coram regibus omnimodo non fuisse. *Reges* autem *terræ* Herodem vult intelligi, qui persequendo Dominum necavit infantes; alterum vero Herodem nepotem ejus, qui Pontio Pilato in Salvatoris nece consensit. Merito ergo *astitisse* dicti sunt, qui sacrilegis mentibus consentientes in uno scelere convenerunt. Principes autem de Pharisæis dicit. Sermo enim iste interdum reges, interdum significat priores. Princeps enim dictus est quasi prima capiens. *Convenerunt in unum*, in unam voluntatem, non in unum conventum : nam diversis conciliabulis hoc scelus leguntur fuisse machinati. Sed ut intelligeres injuriam Filii Patrem posse respicere, utrumque posuit : *adversus Dominum*, id est Patrem; *et adversus Christum ejus*, hoc est Filium, sicut ipse in Evangelio dicit : *Qui non honorificat Filium, non honorificat Patrem qui misit illum (Joan.* v, 23).

Vers. 3. *Disrumpamus vincula eorum*. Verba sunt ista dementium Judæorum. Dicebant *vincula*, quæ potius peccata solvebant. Sic enim putaverunt se *vincula* ista *disrumpere*, si in præceptorem legis et apostolos ipsius scelesta voluntate prosilirent. Eorum namque ad Christum pertinet et ad apostolos ejus, qui sub numero plurali Domini regula probabantur astringi.

Et projiciamus a nobis jugum ipsorum. In jumentorum insipientium digna sibi comparatione manserunt, qui non projiciunt jugum, nisi prius ejus vincula disruperint, in totum vanissima voluntate decepti. Nam cum *jugum* Domini Salvatoris *sit suave, et onus ejus leve* (*Matth*. XI, 30), dominationem ejus gravissimam putaverunt. Ita quod eos continere ac regere poterat, hoc infeliciter abjicere festinabant.

Qui habitat in cœlis irridebit eos, et Dominus subsannabit eos. Cœlos hic viros sanctos significat, sicut et ipse alibi dicturus est : *Cœli enarrant gloriam Dei* (*Psal.* XVIII, 2), quos aptissime commemorandos elegit, ut amplius impiorum elationem malitiamque confunderet. *Irridebit et subsannabit*, et his similia, ex nostro usu accipienda sunt. Cæterum Dominus nec splene ridet, nec vultu subsannat; sed virtute sua spiritualiter peragit quæcunque disponit. Hæc figura Græce dicitur metonymia, Latine transnominatio, quoties intellectum rei diversis modis, verbis alienis ac translatitiis indicamus. Juste igitur propheta Judæorum perfidiam asserit irridendam, qui falsos testes contra veritatem adducere tentaverunt, qui Dominum gloriæ crucifigere maluerunt, qui resurrecturi omnipotentis Christi stulte sepulcri receptacula signaverunt. Tantæ siquidem scelerum moles, contra potentiam Domini, dementer atque inaniter probantur assumptæ.

Vers. 5. *Tunc loquetur ad eos in ira sua, et in furore suo conturbabit eos*. Sed ne irridendos tantum impios putaremus, nunc eos graviter commemorat arguendos. Ira vero et furor similia sunt verba præcedentibus. Nam Deus et cum tranquillitate judicat, et servata pietate conturbat : non in malos motu aliquo surgente candescens, sed ab eis suæ gratiæ momenta suspendens. Ira ergo Dei vocatur retributio peccatorum; nam motus Divinitas beata non patitur, quæ semper eadem, æterna, atque immobilis perseverat. Sed ista conversio humanæ convenit fragilitati, ut de læto quis tristis, de placato iracundus, de benevolo reddatur offensus. *Tunc loquetur*, illud tempus significat, cum judicare venerit mundum. Merito ergo ira et furor dicitur, quando omnia peccatoribus obstinatis, suis meritis apta redduntur.

Vers. 6. *Ego autem constitutus sum rex ab eo super Sion montem sanctum ejus*. Hactenus ex sua persona propheta locutus est; nunc per figuram, quæ Græce dicitur exallage, Latine permutatio, verba refert Domini Salvatoris, qui se Regem a Patre constitutum esse testatur. Quod etiam scriptum est de ipso in titulo passionis : *Rex Judæorum* (*Joan.* XIX, 19). Hoc nec Pilatus deleri passus est, qui eum Judæis cruci tradidit affigendum. Hoc etiam Magi inquirendo professi sunt : *Ubi est qui natus est Rex Judæorum* (*Matth*. II, 2)? Sequitur, *super Sion montem sanctum ejus*. Nomen enim istud multarum quidem rerum absolute fecundum est. Modo enim significat Ecclesiam, modo ipsum Dominum Salvatorem, modo Jerusalem futuram. Et quia verbum hoc frequenter iterandum est, convenit magis ut per loca singula congruis satisfactionibus explicetur. *Sion* hic Ecclesiam debemus accipere, quam montem appellat propter eminentiam honoris et firmitatem fidei. Sion enim Hebræa lingua dicitur specula, quæ competenter aptatur Ecclesiæ; quoniam ad futuras spes sufficienter instructa, promissiones Domini mentis providentia contuetur; nec tantum præsentibus quantum futuris beneficiis gloriatur. Merito ergo *Sion* Ecclesia dicitur, quia speculatio ejus in illa contemplativa virtute defigitur. Super eam revera Christus est *Rex*, quoniam ab ipso regitur atque disponitur.

Prædicans præceptum Domini. Quod fecit Evangelium docens, ut prædicationem prophetarum sua manifestatione compleret.

Vers. 7. *Dominus dixit ad me : Filius meus es tu, ego hodie genui te*. Dominum significat Patrem, sed et ipse quoque Dominus est, sicut in centesimo nono psalmo dicturus est : *Dixit Dominus Domino meo, Sede a dextris meis* (*Psal.* CIX, 1). Intendamus autem quod posuit : *Dixit ad me, Filius meus es tu*; quod etiam ei dicturus erat post baptismum : *Hic est Filius meus dilectus, in quo mihi bene complacui* (*Matth*. III, 17). Et ut Christum unam personam, id est Verbum carnem factum esse sentires, adjecit : *Ego hodie genui te*. Hoc jam nihil habet commune cum cæteris, sed totum est unigeniti Filii proprium, quod ipsum designare atque inculcare rerum potuisset auctorem. Dicendo enim, *hodie*, cœternitatem suæ majestatis ostendit. *Hodie* enim apud Deum nullo initio incipit, nullo fine concluditur. Non est enim ibi, fuit, neque, erit; sed semper manet, semper est; et quidquid dixeris, ille *hodie* est, sicut in Exodo Moysi præcepit ut de ipso diceret : *Vade*, inquit, *et dic filiis Israel : Ego sum qui sum; et qui est misit me ad vos* (*Exod*. III, 14). Quapropter æternitatem suam voluit appellatione præsentis temporis indicari. Præsens enim tempus, quod ait, *hodie*, pro perpetuitate poni, Scripturarum divinarum proprium esse cognoscitur. *Genui te*, nativitatem illam significat de qua Isaias dicit : *Generationem autem ejus quis enarrabit* (*Isai.* LIII, 8)? Lumen ex lumine, omnipotens de omnipotente, Deus verus de Deo vero : *Ex quo omnia, per quem omnia, in quo omnia* (*Rom.* XI, 36); de quo ad Hebræos scribens, ait Apostolus : *Splendor gloriæ, et figura substantiæ ejus, gerens quoque omnia verbo virtutis suæ, purgationem peccatorum faciens, sedet ad dexteram majestatis in excelsis : tanto melior angelis effectus, quanto differentius præ illis nomen hæreditavit. Cui enim angelorum dixit aliquando : Filius meus es tu, ego hodie genui te* (*Hebr.* I, 3, 4, 5)? et cætera, quæ de magnificentia Domini Christi textus ille proloquitur. Quapropter cessent vaniloquæ disputationes, et Ariani dogmatis perfidia conquiescat. Hoc fides catholica, hoc sanitas mentis intelligit, ut unigenitus Filius a Patre, nec natura, nec tempore debeat, nec potestate separari. Operæ quoque pretium est perpendere quemadmodum in his duobus versibus per verba Patris hominibus voluerit declarare quod est. Non enim poterat substantialiter per genus et differentias ad ejus proprium pervenire, quod magis creaturis quam Creatori videtur posse congruere. Nam quemadmodum supra ejus naturam genus aliquod prævalet reperiri, cum ipsum rerum omnium constet 18 esse auctorem? Quapropter dissimilis est ista definitio illi definitioni quæ substantialis vocatur, quæ per habitas differentias descendit ad proprium. Substantialis enim ista dici non potest, quoniam quid sit Dei substantia nullatenus prævalet comprehendi. Potest tamen, sicut quibusdam visum est, definiri taliter Deus : *Deus est substantia incorporea, simplex et incommutabilis.* Nunc membra definitionis istius minutissime perquiramus. Dicit enim primum : *Ego autem constitutus sum rex ab eo.* Sed et reges terrarum constituuntur a Domino. Addidit, *Super Sion montem sanctum ejus, prædicans præceptum Domini.* Electi sunt et prophetæ, Ecclesiæ prædicatores. Sequitur : *Dominus dixit ad me, Filius meus es tu* : dictus est et filius Israel, sicut in Exodo Pharaoni dicitur : *Dixi tibi, Dimitte primogenitum filium meum Israel, et noluisti* (*Exod.* IV, 23). Non est ergo quod personam unigeniti Filii adhuc evidenter designare potuisset. Additum est autem : *Ego hodie genui te,* quod nulli alteri probatur edictum ; sed solus ille sine tempore genitus est, per quem creata constant universa. Sic istam verilo quam pulcherrimamque definitionem ad scholas suas traxit doctrina sæcularis, dicens eam substantialem, supra quam genus poterat inveniri.

Vers. 8. *Postula a me, et dabo tibi gentes hæreditatem tuam.* Hoc per habitum dicitur formamque servilem, ex eo quod Filius est Virginis. Quidquid enim in tempore accepit Christus, secundum hominem ea quæ non habebat acquirit. Hic enim jubetur ut petat secundum naturam inferiorem, et accepta possideat ; nam secundum potentiam Verbi, indifferenter omnia quæ habet Pater, habet et Filius ; nec illi necesse est petere quæ simul cognoscitur possidere. *Gentes* autem significat nationes toto orbe divisas, quas distinctas atque separatas sanguis amplectitur [a]. Gens enim a genere vocitatur. Sequitur, *Hæreditatem tuam.* Cum dicit, *tuam,* naturam illam in Christo perfectæ deitatis ostendit. Nam hoc ipsum quod ait, *tuam,* incarnationem Verbi esse demonstrat, ut nihil intelligatur esse divisum, quando una majestate omnia possidentur ; sicut ipse in Evangelio dicit : *Omnia quæ Pater habet, mea sunt, et omnia Patris mea sunt* (*Joan.* XVI, 15). Hæreditas vero ab hero dicta est, id est domino, quod in ea potestate libera dominetur.

Et possessionem tuam terminos terræ. Hic manifestatur universas gentes in Christi nomine credituras, per quem mundus, explosis superstitionibus, reconciliatus est Deo. Nam cum et hic dicit, *possessionem tuam,* natura humanitatis accepit, quod semper divina possedit : majestati enim ipsius dari non poterat quod habebat. Terminus autem dictus est, ut quidam voluerunt quod lapis ipse a tribus pedibus aliquid minus habet. Sed *terminos terræ* non otiose æstimo transeundum. *Termini* enim *terræ* sunt qui tellurem cingunt atque concludunt, ut non solum arida, verum etiam totius aeris circumjecta substantia, et omnium creaturarum significaretur integritas; sicut et ipse in Evangelio sub brevitate conclusit, dicens : *Data est mihi omnis potestas in cœlo et in terra* (*Matth.* XXVIII, 18); et Apostolus : *Ut in nomine Jesu omne genu flectatur cœlestium, terrestrium et infernorum* (*Philip.* II, 10).

Vers. 9. *Reges eos in virga ferrea.* Modo regni ejus consuetudo describitur : quoniam si ad litteram intendatur, parvæ utilitatis est confringenda atque imminuenda percipere. Sed respice primum quod dicit : *Reges eos,* ut potestatem tyrannicæ dominationis auferret. Illi enim reguntur, qui ad salutis dona perveniunt. *Virga* vero potestas regalis significatur, qua peccatoribus correctionis suæ vindicta promittitur. *Ferrea,* non quia Deus ad ultionem utitur virga metallica, sed duritia ferri, rigori æquitatis decenter aptata est. Ipsa *virga* est de qua in quadragesimo quarto psalmo dicturus est : *Virga recta est, virga regni tui* (*Psal.* XLIV, 7) : sed quid cum ista virga faciat, subsequenter explanat. Hæc *virga* est, quæ confringit ad vitam : hoc baculum, quod continet imbecilles : hoc sceptrum, quod de mortuis vivos facit. *Virga* enim usu humano dicta est, quod vi sua regat, et vergere non sinat innitentes.

Et tanquam vas figuli confringes eos. Id est, per conversionis studium conteres in eis terrenas cupiditates, et veteris hominis cœno similem vitam. Et respice in ipsis comparationibus, singulis verbis rerum causas decenter expressas. Potestatem Domini dixit *virgam ferream;* superbos populos *vas figuli,* quod mox ut percussum fuerit, in partes minutissimas dissipatur. Bene ergo peccator vasi luteo comparatur, ut et confractio ejus facilis, et vita lutea monstraretur. Sed tunc in melius reformatur quando

---

[a] Mss., *quas distinctus atque separatus sanguis amplectitur.*

In spiritualem hominem, divina gratia suffragante, perducitur.

Vers. 10. *Et nunc, reges, intelligite.* Venit ad tertium membrum, in quo jam prophela commonet ut sacramentis terribilibus patefactis, humanum genus humiliter obediat Creatori. Ubi oritur pulcherrimum deliberativum dicendi genus. Nam cum tali sacramento vulgato obstupefacta fuerint corda mortalium, saluberrimus ac necessarius suasor accedit, ut cum timore ac tremore vero Domino serviatur, ostendens ab utili et honesto, id quod in deliberationibus plurimum valet, expedire quæ dicta sunt. Utile est enim : *Nequando irascatur Dominus, et pereatis de via justa.* Honestum : *Beati omnes qui confidunt in eo.* Sic deliberativum dicendi genus perfecta disceptatione completum est. Nunc ad exponenda verba redeamus. *Reges,* dominatores debemus advertere vitiorum, qui hæc et intelligere possint, et implere, Domino præstante, prævaleant. Neque enim semper purpuratos reges adverti necesse est. Dicuntur reges et quibus privata conditio est, sicut ait Apostolus : *Jam sine nobis regnatis, et utinam regnaretis, ut et nos vobiscum regnemus* [a] (*I Cor.* IV, 8).

Erudimini qui judicatis terram. Erudire, docere est; nam et ipsum nomen significat apprehensam scientiam : rudis enim dicitur novus. Eruditus, quasi a rude [*ed., a rure*] sublatus, id est ab ignorantia divisus, et in doctrinæ finibus collocatus. Quod illis bene dicitur, qui jam carnalia delicta domuerunt; ipsi enim bene judicant terram, quando repressis vitiis, corporibus suis, favente Domino, præcepta legis imponunt. 19 Terra autem dicta est a terendo, quod commeantium gressibus atteratur.

Vers. 11. *Servite Domino in timore.* Brevis et plena commonitio, qua Domino Deo amabili timore servitur. Nam sicut remissa securitas culpas admittit, ita timor desiderabilis delicta semper excludit. Et ne servitium Dei durissimum aut tristissimum forte putaretur, subjunxit:

Et exsultate ei cum tremore. Quia timor Domini non ad miseriam, sed ad gaudium ducit; quippe qui beatos efficit, et sanctos operatur. Et iterum, ne hæc exsultatio negligens redderetur, addidit, *cum tremore*; ut utraque sociata cœlestem reverentiam competenter exprimerent.

Vers. 12. *Apprehendite disciplinam, nequando irascatur Dominus, et pereatis de via justa.* Magnificum verbum, *apprehendite disciplinam*, quasi munimen clypei contra vitia noxia profuturum. Utilitatem vero facti hujus pulcherrimi propheta subjunxit dicendo : *Nequando irascatur Dominus, et pereatis de via justa. Nequando* dixit, propter patientiam Domini, quæ diu sustinet excedentes. *Et pereatis de via justa*, id est a cœlesti Rege Christo, qui Via est recte ambulantium ad vitam, Dux euntium, Iter ad beatitudinem festinantium; sicut ipse dicit in Evangelio : *Ego sum via, veritas, et vita (Joan.* XIV, 6). *Via,* propter incarnationem, per quam bonis vivendi præbet exemplum. *Veritas* propter judicium ; *Vita* propter deitatem.

Vers. 13. *Cum exarserit in brevi ira ejus.* Metaphora ab incendio facta ; quod tunc magis inardescit, quando pabulum consumptionis acceperit. *In brevi* enim dixit, quia cum decreverit vindicat. Neque enim illius alia dispositio, alia probatur operatio, sed simul quæ decernit et facit. Et nota quod superius in hoc sæculo ad sustinendum posuit, *nequando :* in futuro vero ad judicandum, dixit, *in brevi;* ut modo omnipotentis declaretur pietas, tunc potestas. Non est enim in illo judicio singulorum hominum vicissim operanda discussio ; sed momentaneo discursu simul omnia, sicut fecit et judicat. Bene autem dictum est : *Cum exarserit*, quia jam magnæ patientiæ finis ille declaratur, supra quem nulli aliquid sperare conceditur.

Beati omnes qui confidunt in eo. Decora conclusio, post multa dicere ad quod quis debeat festinare. Confidere enim de illo jam præmium est : quia ipsa confidentia per Dei gratiam venit, sicut Apostolus dicit : *A quo est et velle et perficere (Phil.* II, 13).

Conclusio psalmi.

Nunc in medium breviter copiosum sacramentis cœlestibus psalmum, peracta expositione revocemus, ut ejus virtus evidenter possit intelligi, cum ipsius valuerint membra cognosci. Respiciamus Psalmistam, quanta sit gratia Divinitatis ornatus. Ante Domini verba prædicavit, iterum post ejus dicta reloquitur. Cum præcedit propheta est, cum sequitur apostolus : quia et ventura integra fide prædixit, et prosequens perfecta veritate consonuit. Ipse autem Dominus de medio, tanquam de cœlo retonans, potentiæ suæ nobis arcana patefecit ; ut divinitatis ejus gloriam, et incarnationis mysteria pro modulo nostro salutariter discerneamus. In hoc autem secundo numero, qui ex duabus monadibus pulchre compositus est, aptissime duæ naturæ inconfusæ atque perfectæ in una persona sunt positæ Domini Christi : quarum est una qua regnat, et altera qua ministrat; prima creatrix, posterior creata ; et ideo quæ assumpsit, impassibilis ; quæ vero est assumpta, passibilis. Nam, sicut Patres monent, demus injurias carni, miracula divinitati; discernamus intellectu naturas, et noxios vitemus errores. Divinitas enim sic sibi humanitatem adunavit, ut nullatenus cum humanitate confundi possit, sed utraque inconfusa et adunata permaneat. Quia licet incarnationis dispensatio post resurrectionem glorificata sit, tamen in humanitatis veritate permansit. Nam cum ipse dixerit post resurrectionem apostolo Thomæ : *Mitte manum tuam, et vide, quia spiritus carnem et ossa non habet, sicut me videtis habere (Joan.* XX, 27); cum partem piscis assi, et favum mellis post resurrectionem sumpserit, atque comederit (*Luc.* XXIV, 42) ; et in Actibus apostolorum legitur : *Sic veniet quemadmodum vidistis eum euntem in cœlum (Act.* I, 11); cum dicat etiam propheta de peccatoribus : *Videbunt in quem compunxerunt (Zach.*

---

[a] Mss. A., B., F., *regnare possimus.*

xii, 10), quia majestatem ejus nequeunt intueri; illud enim solis beatis dabitur, sicut in Evangelio dicitur: *Beati mundo corde, quoniam ipsi Deum videbunt (Matth.* v, 8), nimis exitiale est duas naturas perfectas atque adunatas in Christo non credere permanere, quas tot exemplis voluit de seipsa Veritas prædicare. Hoc Pater Athanasius Alexandrinus, hoc Hilarius Pictaviensis, hoc Ambrosius Mediolanensis, hoc Augustinus et Hieronymus, hoc Cyrillus, hoc alii multi Patres, ad tollendam quoque funditus occasionem inanissimæ quæstionis, affirmant. Hoc papa Leo cum sancta synodo Chalcedonensi decrevit atque constituit (*Parte* ii, *actione* 2), ut ex duabus, et in duabus naturis adunatis atque perfectis, unum prædicet Christum, quicunque vult esse catholicus. Quæ si memoriæ, præstante Domino, recondimus, in ecclesiasticis semper regulis ambulamus.

EXPOSITIO IN PSALMUM III.

Psalmus David cum fugeret a facie Abessalom filii sui.

Abessalom dum patrem suum David crudeliter insequeretur, mulæ impetu perductus in condensam quercum, ramis ejus colla nectentibus, in aeris sublimitate suspensus est, quadam præfiguratione dominici traditoris; ut sicut Judas innodatus laqueo vitam finivit, ita et persecutor David constrictis faucibus expiraret. Testante autem Regum historia psalmus iste quinquagesimo actu posterior est: quoniam post culpas adulterii et homicidii Abessalom filii ejus persecutio noscitur contigisse; sed pro virtute sua competenti numero probatur aptatus. Tenere enim illum locum tertium oportuerat, qui et sanctæ Trinitatis potentiam, et triduanæ resurrectionis in se mysteria continebat. Nam per liberationem David resurrectio Domini congrue significatur; ut animi Christianorum tali exemplo roborati, in adversis casibus constanter erigantur. Simile est et **20** illud quod Octateuchus legitur [a] ante Job, cum post multos annos Moyses exstitisse noscatur. Quapropter non secundum existentiam temporum, sed pro qualitate dictorum ordo plerumque ponitur lectionum. Memento autem alios esse psalmos, qui passionem et resurrectionem Domini breviter tangunt; alios vero qui distinctius apertiusque declarant, sed præsens, eorum primus est, qui hæc breviter dicunt.

Divisio psalmi.

Totus hic psalmus ad personam Christi Domini competenter aptatur. Persona vero ejus est virtus omnipotentissimæ Deitatis, et humilitas humanitatis assumptæ, non sub permixtione confusa, sed individibili adunatione subsistens. Primo itaque modo ad Patrem loquitur, persecutoribus exprobrans, qui irreligiosa contra ipsum verba loquebantur. Secundo loco fidelis populus, ne mortem formidet, instruitur, quando eum exemplo auctoris sui spe resurrectionis certissimæ consolatur.

Expositio psalmi.

Vers. 1. *Domine, quid multiplicati sunt qui tribulant me?* Secundi psalmi hoc quasi simile videtur initium. Sed illic interrogatio increpantis est, hic autem admiratur contra se populos excitatos, qui ad eos cognoscitur venisse salvandos. Dicendo, *Tribulant me*, ostenditur de amplius illorum cæcitate doluisse, qui salutare suum obstinatis mentibus respuerunt, sicut in trigesimo quarto psalmo dicturus est: *Retribuebant mihi mala pro bonis, sterilitatem animæ meæ (Psal.* xxxiv, 12).

Multi insurgunt adversum me; multi dicunt animæ meæ. In tantum *multi* fuerunt, ut etiam de numero discipulorum traditor Judas illis fuerit aggregatus. Et cum repetitur sæpius, *multi*, osténditur acerba numerositas impiorum, qui a conspiratione densissima nequaquam rarescere potuerunt. Hæc figura locutionis dicitur epembasis, enumerationis studio verba repetens, ut rei de qua loquitur procuret augmentum.

Non est salus illi in Deo ejus. Hoc ad illas voces pertinet Judæorum dicentium: *Alios salvos fecit, seipsum non potest salvum facere (Matth.* xxvii, 42). Putabatur enim Pater dilectionem non habere Filii, quem carnaliter permittebat occidi. O nefariæ turbæ stultissimum dictum! nunquid redemptio mundi infirmitati debuit applicari? Non enim insatiabilis mors aliter poterat vinci, nisi vita tyrannidis ejus januas introisset. Sic tenebræ permanere nequeunt, cum præsentia luminis excluduntur.

Vers. 2. *Tu autem, Domine, susceptor meus es, gloria mea et exaltans caput meum. Susceptor* secundum formam dicitur servi; hominis enim susceptio, est Verbum caro factum. Quapropter gloriam suam et exaltationem capitis sui caro dicit, quam suscepit omnipotens Verbum, ut divina humanaque substantia una esset sine aliqua confusione persona. Hoc etiam ad Pelagianos pertinet destruendos, qui putant hominem aliquid per se efficere posse quod bonum est. Nam quis, rogo, sibi ad bene agendum sine divinæ gratiæ largitate sufficiat, cum humana natura per gratiam, qua unita est Deo, ad Patris sit dexteram collocata? Quod beatus Augustinus in Enchiridio more suo latius et utilier explicavit (*Cap.* 35 *et seq.*). Factum est autem hic pulcherrimum schema, quod Græce dicitur auxesis, quæ addendo quædam nomina per membra singula rerum augmenta congeminat. Dicit enim: *Tu autem, Domine, susceptor meus es, gloria mea, et exaltans caput meum.* Hoc etiam latius designat Apostolus dicens: *Quis nos separabit a charitate Christi? tribulatio, an angustia, an persecutio, an fames, an nuditas, an periculum, an gladius (Rom.* viii, 35)? etc. Huic vicina est figura quæ dicitur climax, Latine gradatio, quando positis quibusdam gradibus, sive in laude, sive in vituperatione semper accrescit. Sed inter utraque schemata hoc interest, quod auxesis sine ulla iteratione nominis, rerum procurat augmenta, in climace vero necesse est ut postremum verbum, quod est in primo commate positum, in sequenti membro modis omnibus iteretur;

---

[a] Mss. S., Aud., Bec. et Fisc., *Pentateuchus legitur*, etc.

sicut est illud Apostoli : *Scientes quoniam tribulatio patientiam operatur, patientia probationem, probatio spem, spes vero non confundit* (*Rom.* v, 4, 5).

Vers. 3. *Voce mea ad Dominum clamavi, et exaudivit me de monte sancto suo.* Cum dixit, *mea*, demonstrat orationis propriæ sanctissimam puritatem. Non enim illius integritatem aliqua imago phantasiæ poterat impedire, ut cæteris mortalibus infirmitate carnis plerumque subripitur. Quod autem dicit : *Voce mea ad Dominum clamavi*, hoc evangelica verba declarant, ubi ait Filius : *Pater, glorifica Filium tuum* [a] (*Joan.* xvii, 1), etc. Nam quod dixit, *mea*, indicat quod ipse locutus est etiam per prophetas. Illud vero quod sequitur, *et exaudivit me de monte sancto suo*, et hoc Evangelii textus exponit, ubi vox ad eum facta est : *Et clarificavi, et iterum clarificabo* (*Joan.* xii, 29). Per montem siquidem et ipse Dominus, et sancti ejus, et Ecclesia diversis quidem locis aptissime significantur. Hic tamen dictum intelligendum est *de monte*, id est de divinitatis excellentissima summitate; sicut et alius psalmus dicit : *Justitia tua sicut montes Dei* (*Psal.* xxxv, 7). Æquum enim fuerat ut natura humanitatis assumptæ, quæ in terris singulare patientiæ monstravit exemplum, in cœlis acciperet creaturarum omnium principatum.

Vers. 4. *Ego dormivi et soporatus sum, et exsurrexi, quia Dominus suscepit me.* Venit ad secundam partem, in qua dubitantium corda roborantur, ut crederent cum confestim resurrecturum, quem visuri erant impiorum manibus crucifixum. *Dormivi*, dixit, quia celeriter resurrexit ; quod fit in somno isto vitali, ubi non vitæ terminus, sed temporalis requies invenitur. *Soporatus sum*, securam significat pausationem ; non sicut impii qui in morte quatiuntur, quos inquietat jugiter conscientia peccatorum : sed soporatio ista fuit sacri corporis beata dormitio. *Exsurgere* autem, est cum alacritate resurgere ; quippe quia caro, mortalitate deposita, immortalitatem sumpsit, et gloriam sempiternam. Sed quare *exsurrexerit*, evidenter exponit, *Quoniam Dominus suscepit me*. Natura enim humanitatis per se non potuisset propria virtute resurgere, nisi eam divina omnipotentia suscepisset, sicut ipse dicit : *Potestatem habeo ponendi animam meam, et potestatem habeo iterum sumendi eam* (*Joan.* x, 18).

Vers. 5. *Non timebo millia populi circumdantis me.* Timere non potuit iniquum populum, cui erat in sua divinitate præsidium ; scriptum est enim in Evangelio, quia in passione magna eum populi multitudo circumdedit. Nam quod dicit : *Non timebo*, non significat se non esse moriturum, sed mortem formidare non poterat, quam triduanam, et mundo profuturam esse præsciebat.

Vers. 6. *Exsurge, Domine ; salvum me fac, Deus meus : quoniam tu percussisti omnes adversantes mihi sine causa.* Non quia Deus dormiens aut recubans excitatur, sed Scripturis divinis mos est ad exprimendam causam per tropologiam ex nostra consuetudine aliquid de Deo dicere. Tropus autem est dictio ab eo loco in quo propria est, translata in eum locum in quo propria non est. *Salvum me fac, Deus meus.* Hoc de resurrectione dicitur ; non enim declinare vitæ hujus patiebatur occasum, qui erat humano generi profuturus. *Adversantes* autem, non solum ad mortem pertinet, sed etiam ad hæreticas quæstiones, qui sine veritatis studio catholicas regulas pravis dogmatibus insequuntur. Et merito tales cæcitate mentis percutiuntur, qui se perversis desideriis miscuerunt.

Dentes peccatorum contrivisti. Id est detrahentium verba mordacia, qui potestati divinæ nefandis dogmatibus obloquuntur. Dentes enim dicti sunt a demendo [b]. Et ideo pulchre nimis linguæ detrahentium dentes vocantur ; quia sicut illi ciborum partes demunt, ita et isti opiniones hominum adhibita detractione corrodunt. Quamvis hoc et ad Judæos possit aptari, qui dicebant : *Si rex Israel est, descendat de cruce, et credimus ei* (*Matth.* xxvii, 42). *Contrivisti*, hoc est ad nihilum perduxisti. Nam revera contriti sunt, quando ipsum cognoverunt in gloriam resurrexisse, quem nisi sunt, humanitate despecta, trucidare.

Vers. 7. *Domini est salus, et super populum tuum benedictio tua.* Contra illos hæc sententia profertur, quorum dentes superius dixit esse contritos. Pronuntiando enim, *Domini est salus*, illos confundit qui putaverunt, salutem Christo, tanquam terreno homini, contemptibili præsumptione decerpere. Quid inaniter, impii, laboratis ? Quomodo potest aut æterna vita interimi, aut Salvatori salus ullatenus amputari ? *Super populum tuum benedictio tua.* Una sententia, et quid debeant credere, hominibus præcipit, et quid ab ipso possint recipere compromisit.

Conclusio psalmi.

Brevis quidem psalmus, sed maximam paganorum destruens pravitatem, quæ putat gloriam supernæ majestatis, ad humilitatem non potuisse descendere passionis. Insipientes, quorum sensus inde confunditur, unde mundus noscitur esse liberatus, sicut dicit Apostolus : *Christus Jesus venit in hunc mundum peccatores salvos facere, quorum primus ego sum* (*I Tim.* i, 15). Nunc consideremus quemadmodum cœlestis philosophiæ verus ordo prolatus est, ut primus psalmus Christi Domini moralem, secundus naturalem, id est substantiam humanitatis et deitatis ; tertius de resurrectione ipsius loquens, inspectivam quodammodo contineat partem : quæ ratio per omnes Scripturas divinas decurrit. Inde et Isaac patriarcha tres puteos fodit, demonstrans præcepta Domini doctrina triplici contineri. Sic et Sapientia monet (*Prov.* xxii, 20) ut describamus ea nobis in corde tripliciter, et reliqua. Quas partes in subsequentibus psalmis facile poteris, aut mixtas, aut

---

[b] Edit., *Pater, clarifica Filium.*

[b] Mss. Aud., Bec. et Fisc., *Dentes enim dicti sunt ab edendo.*

sigillatim positas, etiam non admonitus lector agnoscere. A nobis enim frequenter ista non exigas, quibus noviter multa dicenda sunt. Hujus autem psalmi calculum edocet sancta Trinitas, quæ licet naturam habeat inseparabilis unitatis, tribus tamen eam manifestum est constare personis.

EXPOSITIO IN PSALMUM IV.
In finem psalmus David canticum.

Subtiliter perscrutemur quid nobis sigillatim sermones isti denuntient, quos præfati sumus veracissimos indices esse psalmorum. Finis modo non significat alicujus rei consumptionem, sed perfectionem spiritualium rerum. Nam, sicut dicit Apostolus : *Finis legis est Christus ad justitiam omni credenti* (*Rom.* x, 4), qui est omnium bonorum gloriosa perfectio. Et ideo quod positum est, *In finem*, ad Christum Dominum commonet esse referendum : sive, ut quibusdam placet, pro nobis dictum esse credendum est, *In quibus*, secundum eumdem apostolum, *sæculorum finis advenit* (*I Cor.* x, 11). Illud tamen sciendum est, ad terminum referri non posse, cum adhuc operis ipsius initia esse videantur. Psalmus est autem, sicut diximus, organum musicum capite sonorum, quo divina præconia canebantur; canticum autem, quod supernas laudes humanis vocibus personabat. Sed hæc ideo videntur esse sociata, quia et instrumentis musicis, et choris psallentium, sacrificiis cœlestibus consona vociferatione canebantur. Sic istis verbis omnibus commonemur, de Domino Christo canticum istud esse dicturum.

Divisio psalmi.

Per totum psalmum verba sunt sanctæ matris Ecclesiæ, quæ non in cordibus nostris phantastica imaginatione formatur, sicut patria, vel civitas, vel aliquid eorum simile, quod personam non habet existentem : sed Ecclesia est collectio fidelium sanctorum omnium, anima et cor unum, sponsa Christi, Jerusalem futuri sæculi; de qua dicit in Cantico canticorum Dominus Jesus : *Osculetur me osculo ᵃ oris sui* (*Cant.* i, 1); et alibi : *Quæ est ista quæ ascendit dealbata* (*Cant.* viii, 5); et illud : *Una est columba mea, una est sponsa mea* (*Cant.* vi, 8). Quapropter nefas est hic aliquod dubium introducere, ubi tanta veritas cognoscitur tot testimonia perhibere. Et ideo sub figura mythopœia, Ecclesiam dicamus loqui, quæ personis semper cognoscitur certissimis applicari. In prima siquidem parte rogat ut ejus audiatur oratio : increpans **22** infideles, quia colentes falsos deos, culturam veri Dei negligebant. In secunda vero commonet generalitatem, ut relicta superstitione fallaci, sacrificium justitiæ debeat immolare. Et ut gentilium mentes facta promissione converteret, ingentia commemorat præstitisse Dominum beneficia Christianis.

ᵃ Ms. Sang., *osculetur me ab osculo.*

Expositio psalmi.

Vers. 1. *Cum invocarem te, exaudisti me, Deus justitiæ meæ* ᵇ, *in tribulatione dilatasti mihi. Miserere mei, Domine, et exaudi orationem meam.* Consideremus quid sit hoc, quod mater Ecclesia in uno eodemque versu, et exauditam se dicat, et iterum deprecetur audiri : significans perfectæ orationis hunc esse modum, ut licet nobis postulata desideria concedantur, probabili semper ambitione audiri. Nos tamen jugiter postulemus, sicut dicit Apostolus : *Sine intermissione orate. In omnibus gratias agite* (*I Thess.* v, 17, 18). *Deus* autem *justitiæ meæ*, recte dicit Ecclesia, quæ sensu orthodoxo Trinitatis unitatem et omnipotentiam confitetur. Nam et membra ejus sigillatim dicere similia, sacra lectione comperimus, sicut in Job legitur : *Attende innocentiam meam* (*Job* xxvii, 5); et Paulus apostolus ait : *Reddet mihi coronam justitiæ* (*II Tim.* iv, 8); propheta in septimo psalmo dicturus est : *Si est iniquitas in manibus meis* (*Psal.* vii, 4). Non quia sine peccato modis omnibus fuerunt, sed sunt operationes aliquæ in quibus fideles homines evidenter appareant innocentes. Sequitur, *in tribulatione dilatasti mihi.* Tribulatio est enim quæ dilatat semper Ecclesiam, quando eodem tempore confessores fiunt, martyres coronantur, totaque turba justorum contritionibus semper augetur. Adjecit : *Miserere mei, Domine, et exaudi orationem meam.* Pia mater sibi miserendum esse dicebat, si pro filiis ejus audiretur oratio : quoniam quidquid membris tribuitur, toti corpori sine dubitatione præstatur.

Vers. 2. *Filii hominum, usquequo gravi corde, utquid diligitis vanitatem, et quæritis mendacium?* Cum superiori versu pro nobis oraverit, hic per energiam alloquitur genus humanum, ne in culturis dæmoniorum gravissimo errore permaneat; quatenus pro ipso exaudiri possit fusa precatio : alioquin irrita pro se reddit vota supplicantium, quisquis non reliquerit consortia peccatorum. Sequitur, *usquequo gravi corde*; merito eos diutius graves corde fuisse dixit, qui post veritatis prædicationem, adorare magis elegerunt idola falsitatis; sicut est illud evangelicum : *Servus sciens voluntatem domini sui, et non faciens digna, plagis vapulabit multis* (*Luc.* xii, 47). Primo enim mundus juste flagellatus est paucis, quia suum Dominum ignorare probatus est. Post adventum vero Creatoris sui justissime vapulabit multis, qui adhuc idolorum nænias inquirebat. Sequitur : *Utquid diligitis vanitatem et quæritis mendacium?* Vanitas quidem nomen est generale vitiorum ; sed illud proprie vanum dicitur, quod a Deo probatur alienum. Nam sicut in Divinitate confidere fructuosa firmitas est, ita ab eadem deviare vanitas est caduca; sicut Isaias dicit : *Adorantes vana et falsa, misericordiam tuam dereliquerunt* (*Isa.* ii, 8, 9). Arguuntur itaque illi qui idolorum turpissimo amore flagrabant, et sub increpatione pronuntiandum est; ac si dice-

ᵇ Edit., *Cum invocarem, exaudivit me Deus justitiæ meæ.*

ret: Quare *vanitatem diligitis* qua peritis? Diligere enim debemus proficua, non noxia; quia potius exsecrare convenit, per quæ nos pœna perpetuæ damnationis affligit. *Quæritis mendacium*, quod utique non appetere, sed refugere deberetis. Istud autem *mendacium* idola significat, quæ tale nomen merito susceperunt, quia contra dignitatem veritatis erecta sunt.

Vers. 5. *Scitote quoniam magnificavit* [b] *Dominus sanctum suum; Dominus exaudiet me cum clamavero ad eum.* Permanet in increpatione salutari, ut ad veræ religionis affectum, corda dementium explosa pravitate convertat: pronuntians illis veritatis arcanum, ut incarnationem sanctam venerabiliter suscipere non recusent. *Sanctum suum*, dicit Dominum Christum; sicut et alibi de seipsa Veritas profitetur: *Custodi animam meam, quoniam sanctus sum* (*Psal.* LXXXV, 2). Adjecit: *Dominus exaudiet me cum clamavero ad eum.* Merito se exaudiri confidebat, quoniam Dominum sanctum magnificandum populis prædicabat. *Cum clamavero*, dicit, id est cum bonis operibus divinitati supplicavero. Ipse enim clamor est qui tacitus ad Deum pervenit, et exaudiri facit eos qui bonis operibus constanter insistunt.

Vers. 4. *Irascimini, et nolite peccare; quæ dicitis in cordibus vestris, et in cubilibus vestris compungimini.* Hoc bene trahitur ad Judæos, ut si eos irasci contigerit, saltem se ab illicitis ausibus abstinerent; quod tamen et generaliter competenter accipimus. Venialis est enim ira quæ ad effectum indignationis suæ non pervenit; sicut scriptum est: *Melior est qui vincit iram, quam qui capit civitatem* (*Prov.* XVI, 32). Et ideo præceptum curationis adhibetur, ut, si jam irascimur, non inconsulta temeritate peccemus. Motum siquidem animi fervidum propter humanam fragilitatem in potestate habere non possumus: suffragante tamen Dei gratia, rigidam disciplinabili continemus. Et ideo beatus Propheta, quod est quidem consuetudinis permisit, quod vero culpæ prohibuit. Nam si irascamur, nec Domini consideratione refrenemur, sed a voto nostro impediamur aliquo necessitatis objectu, tunc utique constat nos facti crimen portare, etiamsi non possumus quæ volebamus efficere. Sive, ut quibusdam placet, præteritis 'peccatis irasci debemus, ut præsentem nequitiam possimus effugere; delicta enim recentia declinare non possumus, nisi vetusta laudabili exsecratione damnemus. Quid est enim aliud pœnitere, nisi irasci sibi, ut horreat quod fecit, et cruciatus a se exigat, ne Judex potius iratus affligat? Addidit: *Quæ dicitis in cordibus vestris, et in cubilibus vestris compungimini*, ostendens Dominum secretas hominum cogitationes agnoscere; ait enim: *Quæ dicitis in corde*, utique quod non putatis audiri; et ideo creditis occultum, quia non est verbi afflatione vulgatum. Sequitur: *In cubilibus vestris compungimini.* Ferarum domicilium proprie cubile dicitur a cubando. Ferocium ergo cogitationes apte dicit cubilia, quamvis hoc interdum et in bono abusive legatur assumptum; ut est illud de sanctis: *Lætabuntur in* **23** *cubilibus suis* (*Psal.* CXLIX, 5). *Compungimini*, significat, pœnitentiam agite; nam compunctione quadam animarum fit optata conversio: ac si diceret, deserite pravas cogitationes vestras, antequam scelera perpetretis. Sequitur quoque diapsalmatis silentium: ubi merito divisionem posuimus, quoniam res altera cognoscitur inchoari. Deposito enim veteri homine, nos ipsi nos in novum sacrificium salutariter jubemur offerre.

Vers. 5. *Sacrificate sacrificium justitiæ, et sperate in Domino.* Quoniam superius clementissima mater admonuit ab antiquis superstitionibus discedendum, in secunda positione docet, ut renati homines non victimis pecorum studeant, sed seipsos Deo sacrificium conentur offerre: quia non est tale Domino jumentorum victimam dare, quale hominum devotum pectus offerre. Nam si ipse pro nobis immolatus est Christus, quanto magis convenit sacrificium ei nosmetipsos offerre, ut possimus Regis nostri imitatione gaudere! Dixit enim: *Sacrificate*; et ne intelligeres pecudes, subjunxit: *Sacrificium justitiæ*, id est, recte vivite, et corda vestra divinitati munda semper offerte. Addidit quoque: *Et sperate in Domino*, ut vitam bonam spes felicior subsequatur. Non enim hic plene recipere possumus, etiamsi bonos actus divinis conspectibus offeramus; sed *sperare* docemur *in Domino*, ut in futuro promissa salutaria consequamur. Sed spes ista non decipit, voluntas talis non pervenit ad reatum, sicut dicit Apostolus: *Spes autem non confundit: quia charitas Dei diffusa est in cordibus nostris per Spiritum sanctum, qui datus est nobis* (*Rom.* V, 5).

Vers. 6. *Multi dicunt, Quis ostendit nobis bona? Signatum est super nos lumen vultus tui, Domine.* Certamine quodam facto partium, corda fidelium salutariter construuntur. *Dicunt* enim *multi* adhuc carnaliter sapientes, quod nec pauci dicere debuissent: *Quis ostendit nobis bona?* Illa scilicet quæ prædicat semper Ecclesia, resurrectionem esse venturam, in qua justi omnes æterna præmia consequentur. Hoc imputative legendum est, quasi dicant: promittitur nobis quod penitus non videmus; desideramus quæ hic consequi non valemus. Istis respondendo indicatur beneficium, quod etiam in præsenti sæculo possidemus. *Signatum est super nos lumen vultus tui, Domine.* Quia sicut nummus imperatoris portat imaginem, ita et fidelibus signa cœlestis Principis imprimuntur: hoc munimine diabolus multiformis expellitur, et fraudulenta machinatione non prævalet superare tentatum, quem habuit primi hominis suasione captivum. Crux est enim humilium invicta tuitio, superborum dejectio, victoria Christi, perditio diaboli, infernorum destructio, cœlestium confirmatio, mors infidelium, vita justorum. De quo loco Joannes Constantinopolitanæ civitatis antistes

---

[b] Mss. Aud., Bec., Fisc. et edit., *quoniam mirificavit.*

quasi multifarias definitionum stellas in crucis declamatione lampavit [sic], dicens : Crux est Christianorum spes. Crux Romanorum victoria, crux mortuorum resurrectio, crux cæcorum dux, crux conversorum via, crux claudorum baculus, crux pauperum consolatio, etc., quæ ab eo in hunc modum divina aspiratione profusa sunt. Ecce vera munera, ecce dona præsentia, quibus maledicorum linguæ damnatis faucibus obstruuntur. Hæc figura dicitur Græce peusis, Latine autem percunctatio, ubi et interrogatio fit, et responsio parata subsequitur. Adjecit : *Lumen vultus tui, Domine*. In crucis enim impressione, *lumen est vultus* Dei : quia semper in eis noscitur radiare, qui se non aliqua eligunt pravitate polluere, sicut dicit Apostolus : *Nolite contristare Spiritum sanctum Dei, in quo signati estis in die redemptionis* (*Ephes*. IV, 30). Quid enim efficiat ista crux, in alio loco Apostolus pulchra brevitate complexus est, dicens : *Verbum enim crucis pereuntibus quidem stultitia est; his autem qui salvi fiunt, virtus Dei est* (*I Cor*. I, 18). Quapropter voces sacrilegas respuamus. Magna et competentia sunt dona Domini contra principem tenebrarum, lumen nobis adesse dominicum.

Vers. 7. *Dedisti lætitiam in corde meo :* a [mss. A., B., F., in] *tempore frumenti, vini, et olei sui multiplicati sunt*. Adhuc beneficia numerat quæ possident Christiani. Non enim istam lætitiam dicit quam cachinno vocis exprimimus ; sed lætitiam rectæ fidei, quam bonæ conscientiæ præstare Dominus consuevit. Tunc enim veraciter lætamur, quando et recte credimus, et adjutorio Domini, probabili nos conversatione tractamus. Brevis sermo, sed perfecta complexio. Quid enim amplius a dubitantibus quæritur, quam quod et signo crucis Regi nostro militare cognoscimur, et de perfecta fide Domino præstante gaudemus? Sequitur : *A tempore frumenti, vini et olei sui, multiplicati sunt:* Redit ad eos qui rebus carnalibus probantur intenti. Nec vacat, quod his tribus, id est, *frumenti*, *vini et olei*, additum est *sui*. Est enim et Domini *panis vivus qui de cælo descendit* (*Joan*. VI, 42). Est et vinum : *Poculum tuum inebrians quam præclarum est* (*Psal*. XXII, 5)! Est et oleum : *Impinguasti in oleo caput meum*. Ergo ista Dei non habent peccatores : sed sua, id est terrena, unde corpus vivat, non anima perfruatur. *Frumentum* enim dictum a *frumine*, id est a summa parte gulæ ; antiqui enim caput gulæ *frumen* vocabant. *Multiplicati sunt* enim pessimis actibus, id est, mundana voluntate [ed., voluptate] completi. Hoc est enim quod in præfatione diximus, in uno sermone plerumque causas profundissimas indicari, ut est hic positum, *sui*.

Vers. 8. *In pace in idipsum dormiam et requiescam. Quoniam tu, Domine, singulariter in spe constituisti me*. Contra humanos tumultus et felicitates caducas, quas mundus æstimabat esse præcipuas, pulcherrime pacem cordis objecit, quam habere non possunt, qui sæcularibus actibus implicantur. *Pax* enim ista habet tranquillissimam vitam, quæ cum sua mente non litigat : sed in Domini beneficiis perseverans amœna tranquillitate perfruitur. De ipsa dicit Dominus in Evangelio : *Pacem meam do vobis, pacem meam relinquo vobis* (*Joan*. XIV, 27). Sed ne pacem istam temporalem putares, addidit : *In idipsum dormiam et requiescam*. *In idipsum* quippe dicitur, quod nulla rerum vicissitudine commutatur; sed ipsum in se permanens incommutabili perennitate consistit. *Dormiam*, finem vitæ vult intelligi ; *requiescam*, futuram beatitudinem indicare monstratur, quando jam requies dabitur sanctis, et gloriosa pausatio. Sequitur causa quare requiescat : *Quoniam tu, Domine, singulariter in spe constituisti me*. Singularis itaque spes est Ecclesiæ in membris suis, quia sola recipiat regnum Dei, quod Babyloniæ populus non potest adipisci. Et cum dicit : *Constituisti me*, significat dignam deliberatamque sententiam, quam hic habemus in spe, ibi autem possidetur in re. Sed tunc revera illud munus quietis merebimur, si hoc fieri Domini juvamine confidamus.

Conclusio psalmi.

Decurso igitur maternæ prædicationis eloquio, consideremus cantici hujus principia, media, et finem, et intentionem tanti mysterii reverendissimis indagationibus invenimus. Sic enim psalmi virtus agnoscitur, si circumstantia dictionis tali ordine perquisita tractetur. Primo versu exaudiri se pro membris suis sancta exoravit Ecclesia ; et ut ejus audiretur oratio, humanum genus admonuit, ut ab idolorum veneratione discederet : sciens se habere Dominum Salvatorem, cui hæc veraciter cultura debeatur. Deinde populum, quemadmodum sacrificare debuisset, instruxit : quid etiam blasphemis responderetur admonuit. Post singularem beatitudinem dixit, quam sanctis suis Dominus compromisit. Sic totius Christianæ disciplinæ institutio sancta completa est ; ut et quid agerent homines, et quid sperare debuissent, evidenter agnoscerent. Admonet etiam numerus iste quaternarius ut eum mundo prædicatum virtute evangelica sentiamus. Congruum siquidem fuit, ut cunctus terrarum ambitus, in quatuor cardinibus constitutus, salutari Domino credere moneretur ; quatenus de diversis gentibus advocata, una fieret totius orbis Ecclesia. Nam et quatuor temporibus annus ipse distinguitur ; quatuor ventis cardinalibus totius orbis inane perflatur ; quatuor etiam virtutibus animi dignitas comparatur, id est, prudentia, justitia, fortitudine, et temperantia. Quem calculum Pythagorici tanta laude prosecuti sunt, ut eum sacrum esse faterentur.

EXPOSITIO IN PSALMUM V.

In finem pro ea quæ hæreditatem consequitur psalmus David.

Quare ponatur *in finem*, superiore psalmo nuper edictum est. *Pro ea vero quæ hæreditatem consequitur*, Ecclesiam significat, cujus persona in hoc psalmo introducitur ad loquendum. Hæc bona Domini Salvatoris adit ac possidet. Hæreditatem vero ideo [mss. a Deo] consequi dicitur, quia Christo resurgente ad eam bona spiritualia pervenerunt; id est, fidei insuperabile fundamentum, spei certissimum præmium, suave vinculum charitatis, etc. : quarum rerum nunc tenet imagines, et in futuro est perenniter possessura virtutes. De qua hæreditate in Evangelio dicitur : *Beati mites, quia ipsi hæreditate possidebunt terram* (*Matth.* v, 4). Rursum Ecclesia Domini vocatur hæreditas, sicut in secundo psalmo dictum est : *Pete a me, et dabo tibi gentes hæreditatem tuam, et possessionem tuam terminos terræ* (*Psal.* II, 8). Quæ merito ipsius hæreditas dicitur, cujus pretioso sanguine comparata monstratur. Quod non putes esse contrarium, quia licet in Scripturis divinis diversa esse videantur, in unam tamen intelligentiæ concordiam veritatemque conveniunt. Psalmum vero et ipsi David, sicut superius exposuimus, referre debemus ad Dominum Christum.

Divisio psalmi.

Totus hic psalmus a persona catholicæ profertur Ecclesiæ, quæ prima sectione orationem suam poscit audiri, hæreticos et schismaticos prædicans a Domini muneribus excludendos. Secunda sectione per intellectum divinarum Scripturarum recto tramite dirigi se ad illam felicem patriam divino munere deprecatur, perfidos inde asserens fieri funditus alienos. Ad postremum commemorans præmia beatorum, ut una prædicatione et malos prædicta pœna converteret, et justos promissa præmia concitarent.

Expositio psalmi.

Vers. 1. *Verba mea auribus percipe, Domine; intellige clamorem meum.* Per figuram mythopœiam, quam in quarto psalmo jam diximus, aptissime hæc verba dantur Ecclesiæ; ut amata Dominum exspectet, accersita festinet, quatenus sæculi hujus nequitias eodem juvante pertransiens, Sponso suo immaculata, et sine ruga semper adhæreat. Ubi prima fronte per partes trinæ orationis, virtus Trinitatis exponitur, qualem habere sanctam decet Ecclesiam. Dicendo enim : *Verba mea auribus percipe, Domine*, oris significat psalmodiam. Sequitur : *Intellige clamorem meum*, ut affectum cordis aperiret; sicut et Apostolus ait : *Misit Deus Spiritum Filii sui in corda nostra, in quo clamamus, Abba, Pater* (*Galat.* IV, 6). Aures autem Divinitatis ad similitudinem corporalem dicuntur, per quas aere verberato hominibus intrat auditus. Auris enim ab auditu dicta est. Et considera quoniam clamorem suum petivit intelligi. Vox enim ista non erat labiorum crepitus, sed cordis affatus [*ed.* affectus], qui non auribus audiri, sed mentis lumine consuevit intelligi.

Vers. 2. *Intende voci orationis meæ, rex meus et Deus meus : quoniam ad te orabo, Domine.* Supra dixit : *Intellige clamorem meum;* modo dicit : *Intende voci orationis meæ*, ut declararet orationem hanc esse perfectam, quam affectus mentis inflammat. Quapropter discutiendum est quare mutatis verbis sensus nostros immisceat? *Intende*, dicit, *voci*, quæ solet audiri : propterea quia Deus non partibus membrorum sensus istos discernit, sed una virtute cuncta peragit. Ille enim quæ a nobis videntur, audit; et quæ a nobis audiuntur, videt; et quæ a nobis cogitantur, intro inspicit; nec est quidquam, quod ejus lumini se possit abscondere. Hoc schema dicitur metabole, id est iteratio unius rei sub varietate verborum : trina enim repetitione unum idemque significat. Dixit enim : *Verba mea auribus percipe, Domine;* deinde : *intellige clamorem meum;* tertio : *intende voci orationis meæ* quod totum ad unam respicit petitionem; ac si diceret : Exaudi orationem meam. Sequitur : *Rex meus, et Deus meus : quoniam ad te orabo, Domine.* Merito ad inquirendum aliquos permovere solet, cur in medio versiculo beata Ecclesia tertio cœlestem nominaverit principatum? Dicit enim : *Rex meus et Deus meus*, adjiciens : *Quoniam ad te orabo, Domine*. Sed his tribus personis non dixit intendite, sed *intende* : quoniam Ecclesia catholica unum Deum, sanctam prædicat Trinitatem; non ut Sabellius confuse, sed distincte atque perfecte. Pater enim Deus, Filius Deus, Spiritus sanctus Deus; et tamen Pater, et Filius, et Spiritus sanctus non tres dii, sed unus est Deus. Nihil autem ibi amplius minusve est, nisi in Ariana pravitate, quæ se tot sæculis adhuc non cognoscit errare. Intuere etiam ipsorum vocabulorum mirabilem dispensationem. Prius ponit *Regem* : quo nomine Scripturæ divinæ frequenter appellant Dominum Christum : hunc enim ordinem in Evangelio ipse testatur, cum dicit : *Per me itur ad Patrem* (*Joan.* XIV, 6). Deinde dicit Patrem Deum; tertio Dominum Spiritum sanctum. Ubi licet nomina propter personas exprimentes videantur esse discreta, unus tamen perfecte creditur ac dicitur Deus; sicut legitur : *Audi, Israel, Dominus Deus tuus Deus unus est* (*Deut.* VI, 4). Quapropter figatur animis salutaris ista sententia : distinctio in personis; unitas bene credatur in natura.

Vers. 3. *Mane exaudies vocem meam. Mane astabo tibi et videbo. Astabo*, utrisque partibus constat esse jungendum, ut perfecta possit sententia reperiri. Quapropter *mane* deprecatur, qui in lucida degere conversatione dignoscitur. Tunc enim *mane* dicimus quando discussis tenebris, clari luminis adventus infulserit. Ecclesia enim, quæ se cognoscit habuisse tenebras peccatorum, et de nocte mundi istius congregatam, tunc se exaudiri merito credit, cum in lucem cœlestis conversationis eruperit. Repetit quoque, *mane*, quia necessario mentem lucidam beneficio Domini astare suis semper orationibus sentiebat. Et intuere quare *mane* dictum est; scilicet cum in ipso exordio bonorum actuum veritatem cœperit mens clarificata cognoscere : ne putares post peccata moram fieri, quia potuisset audiri, sicut Ezechiel propheta dicit : *Impius quacunque die se averterit ab impietate sua, omnes impietates ejus non erunt in memoria* (*Ezech.* XVIII, 21, 22). *Astare*, est enim præsentem semper assistere. Per hoc autem verbum religiosæ devotionis continuitas indicatur. Ille siquidem bene dicitur Deo *astare* qui dignus potest ejus conspectibus apparere; sicut Elias de se dixit : *Vivit Dominus, in cujus conspectu asto* (*III Reg.* xvii, 1). Supra dixit , *exaudies :* hic additur, *Et videbo* , quoniam in illa resurrectione ipsum conspiciet, cui hic sanctis orationibus supplicavit.

Vers. 4. *Quoniam non Deus volens iniquitatem tu es. Non habitabit juxta te malignus; neque permanebunt injusti ante oculos tuos.*

Vers. 5. *Odisti omnes qui operantur iniquitatem : perdes eos* (mss. A., B., F., omnes) *qui loquuntur mendacium.*

Vers. 6. *Virum sanguinum et dolosum abominabitur Dominus.* In primo psalmo diximus ennœmaticæ definitionis hanc esse virtutem, ut negando quod non est, hoc quod intendit declarare videatur ; et iterum dicendo quod est, id quod proponit, evidenter possit ostendi. Quod in his tribus versibus utrumque probatur effectum. Dicit enim : Tu es Deus, qui iniquitatem nolle cognosceris. Quid enim aliud potest Deus velle, nisi quod probatur ipse præcipere? Sicut Isaias ait : *Ego sum Dominus, qui loquor justitiam et annuntio recta* (*Isai.* xlv, 19). Sequitur : *non habitabit juxta te malignus.* Hic peccatores a regno Dei significat excludendos , qui nulla conversione mutati sunt. Nam licet eum carnaliter tantum videant, quos reatus involvit, sicut scriptum est : *Videbunt in quem compunxerunt* (*Zach.* xii, 10); juxta ipsum tamen habitare nequeunt, qui gehennæ cruciatione damnandi sunt. Addidit : *neque permanebunt.* Ostendit eos in judicio Domini generaliter esse venturos ; sed ante oculos Domini merito permanere non dicuntur, qui in perpetua tormenta mittendi sunt. Nihil est enim quod Deus non videat, dum ubique præsens et totus esse noscatur. Sed illi recte coram ipso esse minime dicuntur, qui ab ejus gratia donoque privandi sunt. Hactenus indicatus est Dominus, cum dicitur id quod non est : nunc aliis tribus modis ostenditur affirmando quod est. Dicit enim : *Odisti omnes qui operantur iniquitatem ;* non dixit qui operati sunt, quia illi tantum in judicio damnabuntur, qui usque ad finem vitæ suæ crimine se nefando commaculant. Sed inter speciales enumerationes criminum, congrue nomen generale positum est, id est, operatores iniquitatum , ut ibi intelligas quidquid a divinis mandatis constat alienum. Adjecit : *perdes eos qui loquuntur mendacium.* Videntur istæ sententiæ nonnullam recipere quæstionem , ut iniquitatem operantes odisse tantum Dominum dicat : mendacium vero loquentes perire confirmet ; dum si litteram intendas , gravius videatur esse agere iniquitatem quam loqui mendacium. Sed hic significat hæreticos, qui loquentes mendacium, sequacium animas perdiderunt. Quid enim potest esse gravius quam ibi errare, ubi et alterum possit exstinguere? Ad postremum dicit : *virum sanguinum et dolosum abominabitur Dominus.* Vir quidem *sanguinum* est qui humano cruore polluitur, sed et ille qui decipit vivum. Addidit , *et dolosum.* Multa enim perperam fiunt, quæ propria voluntate non agimus. *Dolosus* autem illos significat qui scientes malum, alienum operari nituntur exitium. Dum dicit : *abominabitur* , significat omnes quos superius dixit a regno Domini reddendos extraneos. Illi enim abominandi sunt qui ejus præmia consequi non merentur. Completæ sunt ab utraque parte ennœmaticæ definitiones, quæ sententiæ in magnam utilitatem hominum videntur expressæ; ut breviter intelligerent peccatores, quos Dominus exsecratur et abjicit.

Vers. 7. *Ego autem in multitudine misericordiæ tuæ. Introibo in domum tuam.* Quoniam malos dixerat abominandos, consequens erat ut se per divinam gratiam in domo Domini testaretur admitti. Nam cum ipsa Ecclesia hic domus sit Domini, tamen potest per unumquemque beatum dicere, qui ejus membra sunt, Jerusalem futuram se nihilominus intraturam. Sic enim dicimus et patriam, et civitatem ; et tamen his rebus verba damus , quæ ad cives earum novimus pertinere. Sed quia illa futura Jerusalem lapidibus vivis sanctorum creditur multitudine construenda, **26** apte dixit : *Introibo in domum tuam :* quasi in illius fabricæ perfecta ædificatione concludat.

Vers. 8. *Adorabo ad templum sanctum tuum in timore tuo.* Considerandum est quod non dixit : in templo, sed *ad templum;* quia nec syllabas ipsas a sacramentis vacare prædictum est. *Templum sanctum,* corpus est Domini Salvatoris, quod jure adorat Ecclesia, per quod meruit esse reverenda ; sic enim ipse de suo corpore dixit : *Destruite templum hoc, et in triduo ædificabo illud* (*Joan.* ii, 19). Sequitur : *in timore tuo.* Ut cordis compunctionem declararet, timoris intulit mentionem : quia tunc fides solida est, quando amori casto formido Divinitatis adhibetur.

Vers. 9. *Deduc me, Domine, in justitia tua : propter inimicos meos dirige in conspectu tuo viam meam.* Postquam orationem suam dixit matutinis temporibus audiendam , peccatorum quoque commemorans exitiabilem repulsam, hinc secundam ingreditur sectionem, postulans Dominum ut jam ad æterna gaudia deducatur, quia hic diversis fatigabatur angustiis. Ait enim : *in tua justitia*, id est, dum confitentibus parcis, seque pœnitendo damnantes, æquissima potentia tuæ pietatis absolvis. Nam qui abjicit rebelles, justum est ut velit recipere supplicantes. *Propter inimicos meos*, id est propter hæreticos et paganos. Unus enim pravo dogmate contrarius, alter non credendo semper adversus est. Propter quos in Domini justitia se petit esse dirigendam, quia prædicationibus ejus non credit adversitas. *Dirige in conspectu tuo viam meam*, id est, vitam meam perduc ad tuæ serenitatis aspectum. Non enim nostra facultate ad eum pervenire possumus, qui tortuosis semper semitis ambulamus.

Vers. 10. *Quoniam non est in ore eorum veritas, cor eorum vanum est.* Cum superius petierit ad aspectum Domini, per ejus justitiam se deduci, ut partem illam beatorum ejus munere possit adipisci , nunc humanas cognoscitur increpare fallacias, ut ostendat obstinationes pertinacium hæreticorum non posse ad talia præmia pervenire, quæ suis fidelibus Dominus præparavit. Recte enim dicitur: *in ore ipsorum non esse veritatem*, quorum cor vanitas possidebat. Lingua enim sequitur mentis arbitrium, imperioque cordis ejus mobilitas naturali ordine famulatur.

Vers. 11. *Sepulcrum patens est guttur eorum, linguis suis dolose agebant.* Per figuram parabolen nimis competens facta probatur allusio. *Sepulcrum* enim mortui, *guttur* est mentientis, quando exitiabilem sibi vanitatem in faucibus revolvit, quæ malum mortis infligit. Bene autem addidit, *patens*; quod si clausum esset, minus feteret. Intende quod dixit: *linguis suis dolose agebant.* Frequenter enim dolos tantum loquuntur, et habere non probantur effectum; sed hic ut graviora peccata monstraret, addidit, *Agebant*, ut malitia non solum in linguis, sed etiam in actu exsecrabili esse probaretur.

Vers. 12. *Judica illos, Deus. Decidant a cogitationibus suis.* Prophetiæ mos est futura prædicere. Non enim maledictionis voto talia optavit Ecclesia, cum ipsi probetur addi, quidquid bonorum numero videtur acquiri. Sed necesse erat de pertinacibus et præscitis dicere, quos noverat Dominum posse damnare. *Decidant a cogitationibus suis*, cum se non viderint adipisci, quod credebant posse promereri. Decidere enim proprie dicitur, qui spei suæ amissione fraudatur.

Vers. 13. *Secundum multitudinem impietatum eorum expelle eos: quoniam exacerbaverunt te, Domine.* Per hanc sententiam discimus, quod tantum unusquisque a Divinitate repellitur, quantum ejus peccata cumulantur. Quantitas enim delicti mensura repudii est: dum tantum ab illo reus longior redditur, quantum numeroso crimine dilatatur. *Expelle*, propter cogitationes præsumptas, dicitur: quia jam temeraria voluntate decepti, videbantur sibi bonis omnibus intromissi. Expulsos enim illos dicimus, qui de loco aliquo interiore jactantur. *Exacerbaverunt* enim ægroti mali medicum bonum, qui remedia salutis suæ insensibili duritia respuerunt.

Vers. 14. *Et lætentur omnes qui sperant in te: in æternum exsultabunt.* Postquam impiorum debitas retributiones asseruit, nunc Ecclesia redit ad sanctos, quorum congregatione beata dignoscitur: ne sileret bonorum præmia quæ noverat esse ventura. Considera quod ea quæ in capite versus supplicans petit, sequenti parte eadem promittit: ne putaretur ambiguum quod certissime sperabatur esse venturum. Et ne crederetur temporalis esse lætitia, dictum est: *in æternum*: ubi gaudii nullus est finis, dum continue percepta præmia possideantur. Intuere quod *in æternum exsultare* dicit sperantes in Domino, quoniam in ista temporalitate gaudere videntur et impii; in futuro autem sola exsultabit semper Ecclesia.

Vers. 15. *Inhabitabis in eis. Et gloriabuntur in te omnes qui diligunt nomen tuum.* De superiori versu pendet ista sententia, quæ tangi quidem potest, sed ad liquidum non valet explanari. Nam si quæras quæ sit ista pollicitatio quam superius dixit: *in æternum exsultabunt*? audi dictum breviter: *et inhabitabis in eis.* O magna et ineffabilis largitas donatoris! Quid simile potest dari, quod ibi cognoscitur rerum Dominus ipse concedi? Nam quilibet munificus donat illa quæ possidet; Deus autem, qui est ineffabile bonum, se largitur in præmio. Et quid tam potest esse simile quam cum nos bonorum omnium cœperit auctor implere? *Gloriabuntur*, dixit: quia effectu perfruuntur optato. *In te*: quia tu es promissa illis hæreditas; et ideo *in æternum exsultabunt*, quia de æterno Domino *gloriabuntur*. *Omnes qui diligunt nomen tuum.* Significat in illa patria felici, omnes quidem Domini participatione gloriari; quamvis ineffabili dispensatione pro meritorum qualitate unicuique se videatur majestas sancta concedere.

Quoniam tu, Domine, benedices justum. Magnitudine præmii et gaudiorum immensitate præmissa; quare tanto bono indebite repleatur humanitas, breviter docemur: ne quis ascribat meritis suis quod tributum benedictione constat auctoris.

Domine, ut scuto bonæ voluntatis tuæ coronasti nos. Consideremus quam suavi ac decoro fine præsens psalmus conclusus est, uno verbo indicans beneficia Domini, quæ nullis possunt voluminibus explicari. Bona siquidem voluntas Creatoris, quæ nos ineffabilibus muneribus replet, dicta est *scutum*, quod revera nos protegit, 27 et præmia decora concedit. Clypeus enim impositus capiti, corona est; aptatus cordi, defensio. Hic est qui omnes fideles protegit: ipse operit Ecclesiam toto orbe diffusam; ipse quoque amplectitur et cœlum, quo cælantur universa: munimen quod nullus ictus irrumpat; arma quæ nullum intret exitium; per quæ potius mors victa succubuit, et salus hominis desperata surrexit. *Bonæ voluntatis.* Quoniam vocatio Domini omne meritum præcedit, nec invenit dignum, sed facit; ideo enim gratuita, alioquin justa diceretur. Hæc est ergo bona voluntas, quæ nos vocat et attrahit; nec quidquam proficuum valemus cogitare vel facere, nisi hoc accipiamus a bonitatis auctore, sicut Apostolus dicit: *Non enim possumus cogitare aliquid a nobis, quasi ex nobis; sed sufficientia nostra ex Deo est* (*II Cor.* III, 5). Quiescat ergo Pelagiana dementia, ne cum sibi aliquid boni falso applicare nititur, vero potius donatore fraudetur.

Conclusio psalmi.

Quam suavis oratio sanctæ matris audita est, quæ nos et fide generat, et religiosa institutione conformat. Ignaros docet, parvulos fovet, afflictos relevat, et illos ad propria ubera nutriendos colligit, quos sui dogmatis esse cognoscit. Supplicat enim, ut rogare discamus; malos refugit, ut pessimos exsecremur; confidit in Domino, ut et nos de ipso præsumere debeamus. Sic tanquam veneranda mater, verba tradit parvulis ad loquendum; ut in nobis coalescens orationis affectus, et psalmodiam præstet humanis actibus consolatricem, et congruentem divinis jussionibus actionem. Loquamur ergo quod admonet, sapiamus quod credit, amemus certe quod diligit, ut cum ejus animum sequimur, tunc ipsius filii sine dubitatione reddamur. Quintus autem numerus, in quo hic psalmus noscitur constitutus, tribuendus est Pentateucho, quod sola Ecclesia catholica vere intelligit, quæ promissam atque exspectatam plenitudinem legis accepit.

EXPOSITIO IN PSALMUM VI.

In finem in hymnis pro octava psalmus David.

In finem jam notum est. Hymnus est laus Divinitatis, metri alicujus lege composita. Pro octava vero, ut quidam volunt, Domini significatur adventus, quando finita sæculi hebdomada, ad judicandum venerit mundum : unde et psalmus ipse cum tremore maximo fecit initium dicens : *Domine, ne in ira tua arguas me, neque in furore tuo corripias me.* Nam et sanctus Hilarius in prologo Psalmorum, et sanctus Hieronymus in expositione libri Ecclesiastes (*In Eccles. cap.* xi), et sanctus Ambrosius in expositione Lucæ evangelistæ (*Lib.* i, *cap.* 9), ubi Dominus in monte transfiguratus est; et sanctus Augustinus de Sermone Domini in monte, ubi de octo beatitudinibus disputavit, de hac octava die latius diligenterque locuti sunt. Unde quod lectori placuerit, eligere suffragatur. Quocirca tales viros commemorasse sufficiat, quando dicta eorum, si in unam seriem colligantur, vix possunt longissimo volumine comprehendi. De qua die Amos propheta dicit : *Væ concupiscentibus diem Domini; utquid vobis diem Domini? Et ipse est dies tenebræ et non lux* (*Amos* v, 18). Idem et Sophonias propheta dicit : *Vox diei Domini dura et amara* (*Sophon.* i, 14). Unde nunc introductus pœnitens distributis partibus orationis vehementer exorat, ne in illo die judicii de propriis facinoribus arguatur. Quid enim salubrius, quidve providentius, nisi ut qui in meritis suis non poterat habere spem pro perpetratis delictis, in hoc mundo positus, ubi pœnitentiæ locus est, divinam eligeret exorare pietatem?

Verum istum diem a conditione mundi, alii dicunt post annorum sex millia esse venturum; propterea quod septimo die Dominus, ab opere suo legitur in illa rerum conditione quievisse : mille annos per dies singulos computantes, quia legitur : *Ante conspectum ejus mille anni sicut dies unus* (*Psal.* lxxxix, 4). Alii putant post annorum septem millia, id est, transacta istius sæculi septimana, octavo die illam æternam lucem posse declarari; sicut et Domini nostri resurrectio habita fuisse cognoscitur. Sed cum dicat ipse Dominus in Evangelio (*Matth.* xxiv, 36; *Marc.* xiii, 32), hunc diem, nec Filium nosse, nimis importunum est illud studiose quærere, quod nobis utiliter divina providentia noluit revelare. Quapropter ad sermonem tituli declarandum nosse sufficiat, post hujus sæculi finem, illum diem esse venturum.

Nunc ad intelligenda verba quæ nobis sunt donata, velociter festinemus. Nam si puro corde petimus, cur dubitemus exaudiri, cum ab ipso, et ad ipsum veniamus instructi? Dona, Domine, in satisfactione nostra tota nos charitate compungi, qui nobis salutarem supplicandi regulam præstitisti. Memento autem quod hic pœnitentium primus est psalmus, sequitur tricesimus primus, tricesimus septimus, quinquagesimus, centesimus primus, centesimus vicesimus nonus, centesimus quadragesimus secundus. De quibus, ut datum fuerit, suo loco dicemus. Quos non credas incassum ad septenarium numerum fuisse perductos, quando et majores nostri septem modis peccata nobis dimitti posse dixerunt : primo per baptismum ; secundo per passionem martyrii ; tertio per eleemosynam ; quarto per hoc quod remittimus peccata fratribus nostris ; quinto cum converterit quis peccatorem ab errore viæ suæ ; sexto per abundantiam charitatis ; septimo per pœnitentiam : addenda quoque est communicatio [*mss.* A., B., F., perceptio] corporis et sanguinis Domini nostri Jesu Christi, cum tamen digne suscipitur. Inveniuntur et alii fortasse modi remissionum ; congruit enim ut numerum supplicationis nostræ indulgentia divina transcendat.

Divisio psalmi.

Quatuor modis in hoc psalmo vir confitens et religiosus exorat. In exordio benevolum sibi judicem faciens. Exordium est autem oratio auditoris animum idonee comparans ad reliquam dictionem, id est, a potestate judicis, quia solus est cujus constituta servat æternitas. Ab infirmitate sua, quoniam quantum meretur luere, non prævalet sustinere. A consuetudine parcendi, quoniam non se vult a mortuis rogari, sed a vivis hominibus confiteri. Secunda divisione narrat ærumnas proprias, quibus afflictus et contritus esse cognoscitur. Narratio vero est ad causam probabilem faciendam rerum gestarum clara et diligens expositio. Sequitur salutaris et nimis profutura correctio. Sequestrat enim se a malis, quod bono judici noverat esse gratissimum ; ut ab illis mens redderetur aliena, quibus et ipsa justitia probabatur adversa. Superest conclusio, ubi jam definitive aliquid dicitur, postquam nihil amplius desideretur. Conturbat enim et repudiat omnes iniquos, quoniam cum ipsis habere nolebat ullatenus portionem. Sic per has partes profiuæ pœnitentiæ causa peragitur. Aptatur autem hæc Deo per humanam consuetudinem translativis verbis : ut quasi judex audiat, quasi cognitor instruatur, quasi nescius, quæ sunt facta cognoscat. Quod genus schematis multis locis reperies in litteris sacris. Totus autem hic psalmus propter futuri judicii timorem noscitur esse conscriptus; quod utique rectæ mentis est imminentes metuere calamitates, et illud timere quod meretur excipere. Nam si illud ante oculos habeamus quod in Malachia propheta legitur, semper ad vias rectas recurrimus, et nos proficuo timore corrigimur. Ait enim : *Quis tolerabit diem introitus ejus, aut quis sustinebit in aspectu ejus? quia ipse ingreditur sicut ignis flaturæ, et sicut squama lavantium, et sedebit ad conflandum, et ad repurgandum argentum* (*Mal.* iii, 2, 3). Similiter et Salomon in

Ecclesiastico præmonens dicit: *Ante orationem præpara animam tuam;* et paulo post: *Memento iræ in die consummationis, et tempus retributionis in conversatione faciei* (Eccle. XVIII, 23, 24.)

Expositio psalmi.

Vers. 1. *Domine, ne in ira tua arguas me.* Primum nosse debemus omnipotentiam Domini, eloquentiam suam ita variis disciplinis atque artibus plenissime ditasse, ut et ipsa mirabiliter exquirentibus ornata resplendeat, et semina diversarum doctrinarum diligenter retractata concedat. Hinc est enim quod in ipsa reperiuntur, quæ magistri sæcularium litterarum ad sua post volumina transtulerunt. Nam inter alios status, quos oratores causis emergentibus indiderunt, concessivam deprecationem esse dixerunt; cum reus non id quod factum est defendit, sed ut ignoscatur expostulat. Qui status licet inermis apud terrena judicia videatur, humanisque viribus destitutus, invicta tamen apud Deum munitione præcingitur, ut quem nulla prævalent argumenta defendere, sola possit fidelis confessio vindicare. Hoc vere pœnitentibus datur, qui dum se cupiunt absolvere, ipsi potius propria nituntur facta damnare. Sic et Isaias monet: *Dic tu iniquitates tuas prius, ut justificeris* (Isai. XLIII, 26). Nunc considerandum est quam sit verborum istorum congrua salutarisque positio. Non enim supplicat Domino Patri, sicut et aliis visum est, ut non arguatur, sed ne in judicii severitate culpetur: quia hic multis argui salus est, sicut in Apocalypsi Joannis legitur: *Ego quos amo redarguo et castigo* (Apoc. III, 19). Nam ita et ipsi David contigit, cum eum prophetica correxit invectio. Arguit et Filius, sicut in alio psalmo legitur: *Arguam te, et statuam illa ante faciem tuam* (Psal. XLIX, 21). Arguit etiam Spiritus sanctus, sicut scriptum est: *Cum venerit Spiritus Paracletus, ipse arguet mundum de peccato* (Joan. XVI, 8). Dicite nunc, perversi, ubi est hic naturæ potestatisque distantia, quando nec ipsa discrepant verba? Conticescat Ariana nequitia: ne qui volunt in sancta Trinitate sacrilegas divisiones inferre, ipsi se a regno Domini probentur abscindere.

Neque in furore tuo corripias me. Ira et furor judicis contra reum damnationis effectus est; id est, motus animi concitatus ad pœnam provocans inferendam. Sed ira longa indignatio est: furor repentina mentis accensio. Hæc autem allegorice translativis verbis edicta sunt. Cæterum Dominus nec ira confunditur, nec furore turbatur; sed in una eademque semper gloriæ suæ tranquillitate consistit. Similiter et Moyses dicit: *Sicut lætatus est Dominus ædificans vos, et crescere faciens, sic lætabitur affligens vos atque subvertens* (Deut. XXVIII, 63). Petit ergo ut ante judicium, non in judicio corripiatur: quia qui ibi arguitur, sine dubitatione damnatur. Et mente condendum est, quod dies judicii pro timore magnitudinis suæ ira et furor vocatur; sicut et in secundo psalmo dictum est: *Tunc loquetur ad eos in ira sua,* *et in furore suo conturbabit eos* (Psal. II, 5); de quo et alius propheta dicit: *Dies illa, dies iræ, dies tribulationis et angustiæ* (Sophon. I, 15).

Vers. 2. *Miserere mei, Domine, quoniam infirmus sum.* Infirmitatis confessio cœlestis Medici misericordiam movet, a quo facile impetrantur remedia, cum ostenduntur vulnera manifesta. Non enim dixit: quoniam mereor, sed, quia justitiam tuam sustinere non valeo. O clementia magna Creatoris! a judice percipimus quid rei dicere debeamus; docemur pietatem petere, ne nos justitia possit absumere. Quis enim jam dubitet eum verba sua audire posse: si tamen talis sit precantis animus, qualem ipse est jubere dignatus?

Vers. 3. *Sana me, Domine, quoniam conturbata sunt omnia ossa mea.* In deprecatione eadem perseverat. Pio Medico dicitur, ægritudinem tabidam usque ad interiora venisse, ne differret auxilium, cui imminere cognoscebat exitium. *Ossa* hic per allegoriam, fortitudinem mentis debemus advertere, quæ cum deficit, vigor omnis elabitur, sicut et ossibus quassatis corpus minime continetur.

Vers. 4. *Et anima mea turbata est valde: et tu, Domine, usquequo?* Ne corpus intelligeres, quod ossa nominavit, *animam* suam dixit *esse turbatam.* Bene autem *valde* additum est, ne clemens auditor pateretur diutius differendum, si nimis eum non cognosceret fuisse turbatum. *Usquequo* subaudiendum, differs, qui usque ad finem preces supplicum non soles ullatenus oblivisci? Supplicatio quippe ista magnis commendatur angustiis; ut recepta sanitas pretiosior possit agnosci. Et intuere, quia justitiam Domini semper pœnitens iste refugit, et consuetudinem ejus benignitatis exposcit.

Vers. 5. *Convertere, et eripe animam meam; salvum me fac propter misericordiam tuam.* Cum Deo dicitur, *Convertere,* vindictæ relaxatio postulatur, ut debitas ipsius justitia de nobis non exigat ultiones. Sive more nostro dicitur Deo, *Convertere,* sicut aversi solent rogari: qui aut respicere nolunt, aut subvenire contemnunt. *Eripe animam meam*, ab imminenti scilicet supplicio, quod debetur errantibus. Avertit enim a nobis debitas pœnas, cum eas relaxaverit benigna remissio. Congrue vero, *convertere,* in pœnitentis prece ponitur; quod satisfacientibus Dominus pollicetur dicens: *Convertimini ad me, et ego convertar ad vos* (Zach. I, 3). *Salvum me fac propter misericordiam tuam.* Quam pulcherrime ista supplicatio propriis ac proficuis sermonibus explicatur! *Salvum* se petit *fieri,* non secundum merita sua, sed propter divinam misericordiam, in qua dum fixa spes ponitur, venia facilius impetratur.

Vers. 6. *Quoniam non est in morte qui memor sit tui: in inferno autem quis confitebitur tibi?* Movere potest quare dicat, *in morte,* nullum esse memorem Dei, dum vicina possit amplius ira judicis contremisci? Sed bene perfidos dicimus immemores Dei, de quibus et Isaias ait: *Non enim qui in inferno sunt laudabunt te; neque qui mortui sunt benedicent te*

(*Isai.* xxxviii, 18). Nam cum dicit Apostolus: *In nomine Jesu omne genu flectatur coelestium, terrestrium et infernorum* (*Philip.* ii, 10), hic de solis infidelibus ac pertinacibus debet accipi dictum, qui nullam fiduciam confessionis suae habere promerentur. Merito ergo hic sibi festinat dimitti: quia post lucis occasum, non restat nisi sola retributio meritorum. *In inferno autem quis confitebitur tibi?* Subaudiendum ad veniam; sicut et Salomon de impiis dicit: *Quia dicent inter se, poenitentiam habentes, et prae angustia spiritus gementes* (*Sap.* v, 3), etc. Nam et dives qui Lazarum videbat in requie constitutum, mala sua probatur esse confessus (*Luc.* xvi, 23), sed non est ad votum supplicationis auditus: quia in hoc mundo proprie confessio dicitur, ubi et venia reperitur. Et ut aliquam divisionem in his verbis intelligi debeamus, *in morte* significat transitum vitae; *in inferno* vero custodiam locorum quam pro suis meritis animae sustinere noscuntur. In utroque tamen negatur absolute suscipienda confessio. Hactenus dictum est de principiis; nunc de narratione videamus.

Vers. 7. *Laboravi in gemitu meo.* Benevolentia igitur in exordio diligentissime comparata, venit ad narrationem actuum suorum, asserens poenitentiam suam magnis cruciatibus fuisse completam: quia non tantum verbis otiosis, sed afflictione probabili maxime venialis efficitur poenitudo. *Gemitus* itaque et iste dicitur, qui aut pondere nimio curvatis, aut vulnere sauciatis evenerit. Sed ille quaerendus est Christianis, qui cordis compunctione peragitur, cum et malorum nostrorum reminiscimur, et futurae poenae consideratione terremur. *Gemitus* enim dictus est geminatus luctus. Quem merito fideles appetunt, quoniam lugentes consolatur, poenitentes emundat, diabolum fugat, Christo conciliat; amaritudo dulcis, lacrymae felices, salutaris afflictio. De qua re beatus Joannes duobus libris ita disseruit, ut merito apud Graecos aurei oris nomen acceperit.

Lavabo per singulas noctes lectum meum. Si hoc ad litteram velis accipere, merito quidem lectum, quem noctibus polluerat, lacrymis abluebat. Sed occurrit impossibilitas, ut tanta fuisset copia lacrymarum, quae non solum faciem, sed etiam *lectum lavisse* diceretur. Quapropter melius *lectum*, delectationem corporis intelligamus: in qua velut in cubili nostro marcente [mss. A., B., F., inardescente] voluptate remittimur; quam potest homo lacrymis, quamvis paucis lavare, si eum contingat coelesti inspiratione deflere. *Lectus* autem ab electis ac mollibus herbis dictus est: supra quas antiquitus quiescentium corpora remittebantur in somnum.

Lacrymis stratum meum rigabo. Rigare uberius aliquid significat quam lavare. Sed videamus, cum superius lectum dixisset, quare iterum repetere voluisset *stratum? Stratum* enim significat cumulum peccatorum; quod ideo *lacrymis rigat*, ut eodem saluberrimo imbre resoluto, homo in novam messem virtutis adolescat, fiatque ex peccatore justus, ex lugente laetus, ex aegroto sanissimus. Nam si *stratum* collectionem vestium velis advertere, ipsa impossibilitas occurrit quae de lecti lavatione surrexit. Sive hoc per figuram hyperbolen potest accipi, per quam solent aliqua in magnitudinem exaggerationis extendi: sicut de navigantibus in centesimo sexto psalmo dicturus est: *Ascendunt usque ad coelos, et descendunt usque ad abyssos* (*Psal.* cvi, 26). Et in quinquagesimo psalmo: *Lavabis me, et super nivem dealbabor* (*Psal.* l, 9); cum nive nihil possit esse candidius. Et in Deuteronomio Moyses Jesu Nave praecepit: *Liber hic legis non recedat de manu tua: et meditaberis in eo diebus ac noctibus, ut scias ingredi viam tuam* (*Josue* i, 8). Simili modo et alter poenitens in centesimo primo psalmo dicturus est: *Cinerem sicut panem manducabam, et potum meum cum fletu temperabam* (*Psal.* ci, 10), et his similia.

Vers. 8. *Turbatus est prae ira oculus meus.* Cum superius et gemuisse se asserat, et plorasse confirmet, ineptum est ut subito indignatione propria putetur esse confusus: sed propter iram Domini, oculum cordis sui profitetur esse turbatum. Quid enim formidolosius quam illum irasci, qui si non misereatur exstinguit? Oculus enim dictus est, quasi ocior lux, quod cito intentata respiciat: sive quod palpebris occulentibus probatur occultus.

Inveteravi inter omnes inimicos meos. Inveteravi, id est, in veteris hominis Adae antiquitate permansi, qui ad differentiam novi hominis, id est, Christi, vetustus merito nuncupatur. *Inter omnes inimicos meos*: sive inter spiritus diabolicos, sive inter nostra peccata. Ipsa sunt enim veraciter adversa, quae animas in tartarum deducunt, et adhuc feraliter blandiuntur. Completa est promissa narratio: est enim, sicut praecipitur, brevis et lucida, idonea quoque ad iracundiam judicis temperandam. Nunc de saluberrima correctione dicendum est.

Vers. 9. *Discedite a me, omnes qui operamini iniquitatem, quoniam exaudivit Dominus vocem fletus mei.* Enumeratis afflictionibus, emendationis ingreditur partem; ut qui malorum collegio peccaverat, fugatis a se talibus, mandatis Domini devotissimus appareret. Quod argumentum ab attributis personarum tractum, dicitur a victu. Eo quippe modo se probat ad plenam correctionem venisse, quo se voluit a malorum societate dividere. Nam vide quid sequitur.

Vers. 10. *Exaudivit Dominus deprecationem meam, Dominus orationem meam assumpsit.* Deprecatio est cum pietate frequens oratio, et sola est quae nimia decet, et importuna conciliat. *Assumpsit*, suscepit vult intelligi, tanquam aliquid manibus acceptum. Et intuere magnum exsultationis arcanum; ut orationem suam et auribus dicat auditam, et quasi oblationem aliquam fuisse susceptam. Sic enim facere laetantes solent, ut diversis modis eadem repetant, unde magno impetu gratulationis exsultant. Nec vacat, quod in uno munere tertio sibi dicit Dominum praestitisse; scilicet ut supplicationibus suis sanctam Trinitatem adfuisse monstraret.

Vers. 11. *Erubescant et conturbentur omnes inimici*

mei: avertantur retrorsum, et erubescant valde velociter. Tribus partibus decursis, venit ad ultimam conclusionem. Conclusio est enim exitus et determinatio totius orationis: ubi jam, ut exauditum decebat, laetus exsultat. Quoniam ista quaedam formula poenitentium est, ut inchoet a lacrymis, et desinant in laetitia; quatenus tali exemplo possit agnosci verum esse quod legitur: *Qui seminant in lacrymis, in gaudio metent* (*Psal.* cxxv, 5). Et intuere quod sancta conscientia poenitentis, a peccatis suis facta libera, ecclesiasticis regulis obsecundans, mox pro inimicis suis, ut convertantur, exorat; ut, sicut ille suscepit veniam, ita et inimicos ejus carnales ad Domini gratiam redire contingat. Nam cum dicit: *Erubescant*, vult eos tanta compunctione illuminari, ut pro his quae agebant, ipsi potius erubescant, et intelligant perniciosos actus, quos pridem sibi putabant esse proficuos. *Conturbentur* autem dictum est, timore futuri judicii, et Scripturarum praedicatione terribili: ne in illas poenas miserrimi hominum cadant, quas peccatoribus lex divina pronuntiat esse venturas. Cum dicit, *mei*, relaxavit odium cui multitudo fuerat donata culparum. Sequitur: *Avertantur retrorsum*, ut non permittantur ire quo tendunt; sed cum redeunt, ab inferni fovea liberentur. Hoc enim et Petro dictum est humana cogitanti: *Redi retro, Satanas* (*Marc.* viii, 33); scilicet ne sapias illa quae sapis. Malus enim, cum retrorsum redit, emendatur; cum justus, offendit. Sed quoniam hic de peccatoribus agebatur, bene illis optata est votiva conversio. Et ne eos diutius judicaret forsitan differendos, addidit: *Et erubescant valde velociter.* O desiderium sanctae mentis eximium! Quis enim in causa sua amplius petere potuit quam iste qui pro inimicis suis acerrimis postulavit? Talium itaque Dominus miseretur, qui misericordiae momenta non negligunt; sicut in Evangelio scriptum est: *Beati misericordes, quoniam ipsi misericordiam consequentur* (*Matth.* v, 7).

Conclusio psalmi.

Licet in omnibus psalmis intelligentiae studium adhibere debeamus, quoniam inde vitae nostrae maxima subsidia conquiruntur, tamen poenitentium aestimo magnopere perscrutandos, qui humano generi velut competens medicina praestantur. Inde enim animarum saluberrima lavacra suscipimus, inde peccatis mortui reviviscimus, inde lugentes ad aeterna gaudia pervenimus. Est enim quoddam judiciale genus, in quo reus conspectibus judicis praesentatus assistit, peccatum suum lacrymis diluens, et confitendo dissolvens, summum genus defensionis afferens, quo se ipse condemnat. Hic non est accusator extraneus, sed ipse impugnator est suus. Meretur veniam quia se non excusat a culpa; nec potest taliter agi sub tali judice, cui peccata nullus praevalet abnegare. Hic conjectura cessat: hic finis non quaeritur: hic caeterae qualitatis species desunt, quoniam omnia lucida veritate panduntur. Sola est ergo necessaria quae dicitur concessio, cum reus non id quod factum est defendit, sed ut ignoscatur expostulat. O inaestimabilis pietas Creatoris! Reus pro se sententiam dici fecit: quoniam ipse se vehementius accusavit. Sed nequaquam quilibet callidus oratorum haec a judice obtinere potuit, quae iste simplicitate plenus a Domini pietate promeruit. Nec vacat quod in calculo senario, quem in disciplina numerorum constat esse perfectum, personam poenitentis aptavit. Ipso enim die hominem creavit: ipsa etiam aetate Christus Dominus ad liberandum eum, in hunc mundum venire dignatus est: sexto etiam die crucifigi pro hominum salute decrevit; ut haec supputatio et hominis initium, et absolutionem peccatorum aptissime continere videatur. Nam de poenitentiae utilitate et virtute atque gratia, beatus Augustinus inter copiosos libros, de hac re, ubi locum reperit, negligendum esse non credidit; tamen uno volumine mirabiliter et breviter solita vivacitate tractavit.

EXPOSITIO IN PSALMUM VII.

Psalmus David, quem cantavit Domino pro verbis Chusi filii Jemini.

Quamvis haec causa in secundo libro Regum (*Cap.* xv) latius indicetur, propter explanationem tamen tituli breviter exponenda cognoscitur. Cum David a filio suo Abessalom crudeli bello premeretur, amicum suum Chusi fecit pro dignoscendo consilio ad ejus castra migrare: ut quidquid adversus eum ageretur, sibimet secretius indicaret. Nam et ipsum nomen praedictam indicat causam. *Chusi* enim, Patre Augustino docente (*Enar. in psal.* vii), interpretatur silentium: quod revera fidelis ejus exercuit, quando illi secretius profutura mandavit. *Filius* autem *Jemini*, filius dexterae interpretatur. Quod bene ad ipsum refertur, quia saluti ejus necessaria proditione consuluit. Sic Dominus noster in medio Judaeorum silentium misit, cum mysteria sanctae incarnationis assumpsit. Perfidis enim tanquam silentium fuit, quod fidelibus probatur esse praedicatum. Hunc ergo psalmum ad similitudinem Chusi de futuro mysterio Domini propheta cantavit, quia sicut David filii sui Abessalom a se geniti et educati injustam persecutionem pertulit, ita Dominus liberati a se populi atque nutriti, furorem detestabilis praesumptionis sustinuit. Scire autem debemus hunc primum esse psalmum eorum, in quibus per actus David significantur Domini futura mysteria. Subsequuntur enim hujuscemodi vicesimus sextus, tricesimus tertius, et centesimus quadragesimus tertius, quibus convenit schema quod dicitur allegoria, id est inversio, aliud dicens, aliud significans.

31 *Divisio psalmi.*

Causam suam propheta trahens in futurum mysterium Domini Salvatoris, cui etiam nomen ipsum David mysticis interpretationibus congruenter ascribitur: in prima divisione ex sua persona Dominum deprecatur ut ab omnibus persecutoribus ejus virtute liberetur. Persona vero hominis est substantia rationalis, individua, suis proprietatibus a consubstantialibus cæteris segregata. Secunda sectione idem A prophela rogat, ut resurrectionis ejus gloria manifestata subveniat. Tertia ipsum introducit loquentem per id quod factus est humilis; ut secundum justitiam suam veritatemque judicetur : malos ultione deterrens, bonis gratuita præmia compromittens. In quarta parte iterum propheta reloquitur, commonens Judæos, ut metu futuri judicii a proposita iniquitate discedant : ne possint sustinere meritas ultiones. Hoc nunc convenit sollicita mente perquiri, ut virtutem psalmi divino munere introspicere mereamur.

Expositio psalmi.

Vers. 1. *Domine Deus meus, in te speravi, libera me ab omnibus persequentibus me et eripe me.* Quamvis B propheta, Abessalom filii sui causa videatur esse proposita, de universis tamen inimicis se supplicat debere liberari, ab spiritualibus maxime nequitiis, quas convenit studiosissime præcaveri : quia carnales hostes corpus impetunt, spirituales vero animas necare contendunt. Libera a peccato, eripe a diabolo. Ab ipsius enim potestate tollimur, quando misericordia Domini delictorum sordibus explamur. Sed cur debeat a persequentibus erui, præmissa ratione demonstrat : quoniam se in ipso sperasse confirmat.

Vers. 2. *Nequando rapiat ut leo animam meam, dum non est qui redimat, neque qui salvum faciat.* Leoni confertur diabolus, *leoni* frequenter comparatur et Christus : ille quod ad interitum rapiat, iste C quod eripiat ad salutem. Pulchre vero propria verba suis auctoribus dedit : Dominum rogat ut eripiat, ne leo rapiat. Subjunxit : *Dum non est qui redimat, neque qui salvum faciat*; id est, cum tu a subveniendo cessaveris, illo enim tempore prævalet diabolus rapere, cum nobis peccatis nostris obstantibus Creator distulerit subvenire. Ipse enim fideles redimit, qui suum Filium pro humano genere inæstimabile pretium dedit. Nec ab alio potest salus venire, nisi a salutis auctore. Sic Dominum Christum per hæc relucentia verba declaravit.

Vers. 3. *Domine Deus meus, si feci istud, si est iniquitas in manibus meis.* Hic quidem dicit : *Si feci istud* : sed inferius quid sit, *istud*, exponit cum ait : *Si est iniquitas in manibus meis.* Quæ figura dicitur D epexegesis, id est explanatio dicti superioris. Sed hoc non debet generaliter intelligi : quia non est in homine aliquam iniquitatem in suis manibus non habere. Sed *istud* ad persecutionem Abessalom dicitur filii, a quo propheta injuste videbatur affligi. Nam quemadmodum vel inimicum tractaverit, Regum textus ostendit (*II Reg.* xviii, 5); ut tempore quo contra eum exercitum destinabat, ducibus suis præceperit ut maxime Abessalom saluti prospicere debuissent; quem etiam mortuum gravissimo dolore deflevit. Merito ergo dicit iniquitatem in hac causa duntaxat in suis manibus non fuisse, cum sibi eum etiam superstitem relinquere voluisset.

Vers. 4. *Si reddidi retribuentibus mihi mala, decidam merito ab inimicis meis inanis.* Secundum caput est antefatæ patientiæ : quia de persequentibus se noluit vindicare. Nam et Saulem summa pietate tractavit, ut traditum sibi sæpius in mortem, ille remiserit ad salutem. Quod idem lectio antefata testatur. *Retribuebant* enim Saul atque Abessalom *malum*, qui ab ipso prius acceperant pietatis officium. Nemo enim *retribuit*, nisi qui aliquid ante percepit. Sed iste vir Deo plenus, et patientiæ virtute firmissimus, perfectæ benevolentiæ se conditione constringit, ut si malum pro malo reddidit, *decidat ab inimicis suis inanis;* id est, fructu mansuetudinis magnæ vacuatus; nec de hoc certamine referat, quod Dominus illi applicet ad coronam. Quæ si altius intendas, dominicæ passionis declarantur indicia, cum perfidus Judæus mala retribuit, quamvis ineffabilia bona a suo jugiter auctore perceperit.

Vers. 5. *Persequatur inimicus animam meam, et comprehendat eam, et conculcet in terra vitam meam, et gloriam meam in pulverem deducat.* Inimicum diabolum dicit, qui animas quas comprehendit conterit. Superior enim factus dat interitum, non salutem. Sic enim de animabus efficit, quas crudelissimus vincit, ut actus earum terrena faciat contagione maculari. Quapropter congruus est positus ordo verborum : prius enim fuit ut comprehenderet, postea ut conculcaret. *Et gloriam meam in pulverem deducat;* id est suscepti hominis honorem, qui ad imaginem et similitudinem Dei constat effectus. *Deducat in illum pulverem* quem projicit ventus a facie terræ. Ita dum sibi conditionem ponit, peccantium ruinam mirabili narratione descripsit. His igitur superioribus tribus versibus explanatis, dicendum nobis est quemadmodum in eis hypothetici syllogismi secundus modus appareat, qui hoc modo fieri posse dignoscitur. Hypotheticus autem, id est conditionalis syllogismus est, qui ex conditionali, aut conditionalibus propositionibus accipiens assumptionem, colligit conclusionem. Cujus propositio talis est, quantum ad istam pertinet dictionem : Domine Deus meus, si feci istud; si est iniquitas in manibus meis; si reddidi retribuentibus mihi mala, decidam merito ab inimicis meis inanis : persequatur inimicus animam meam, et comprehendat eam, et conculcet in terra vitam meam, et gloriam meam in pulverem deducat. Istius autem propositionis secundum regulas dialecticorum reciprocatio talis est : si non decidam merito ab inimicis meis inanis; si non persequatur inimicus animam meam, et comprehendat eam; si non conculcet in terra vitam meam; si non gloriam meam in pulverem deducat; Domine Deus meus, non feci istud; non est iniquitas in manibus meis; non reddidi retribuentibus mihi mala. Cujus reciprocationis fit talis assumptio : attamen non decidam merito ab inimicis meis inanis; attamen non persequetur inimicus animam meam, et comprehendet eam; non conculcabit in terra vitam meam; non gloriam meam in pulverem deducet. Hanc vero assumptionem sequitur ista conclusio. Igitur, Domine Deus meus, non feci istud: non est iniquitas in manibus meis; non reddidi retribuentibus mihi mala. Hæc nos summatim atque simpliciter causa brevitatis attigimus. Si quis autem, sive de schematibus, sive de modis syllogismorum, sive quid sint simplices, sive compositi plenissime nosse desiderat, Aristotelem in Græcis, Victorinum autem Marium lectitet in Latinis, et facile sibi quisque talia confirmat, quæ nunc difficilia fortasse dijudicat.

Vers. 6. *Exsurge, Domine, in ira tua, et exaltare in finibus inimicorum tuorum. Exsurge, Domine Deus meus, in præcepto quod mandasti.* Venit ad secundam divisionem, in qua transitum facit ad illam similitudinem quam fecerat Domini Salvatoris. Sed tribus gradibus ascendit ista petitio. Primus est, ut *in ira,* id est in vindicta consurgat; sed non ad iram provocat Deum, quem sciebat esse mitissimum; maxime cum superius de se dixerit: *Si reddidi retribuentibus mihi mala:* sed humanis et translatitiis verbis talia referuntur. Verum hæc vindicta quæ dicitur *ira,* in diabolum potius debet adverti, qui toties punitur quoties ab eo peccator subjugatus eripitur. *Exaltare in finibus inimicorum,* id est in possessione diaboli magnificare, quam in peccatoribus tenet. In ipsis enim exaltatur Dominus, quando a convertentibus confessio laudis offertur. Secundus gradus est: *Exsurge, Domine Deus meus, in præcepto quod mandasti:* ipsum est enim quod superius dixit, *in ira,* ut cognoscas vindictam esse potius, non furorem. *Mandavit* enim Dominus *in præcepto,* quando in Evangelio dixit discipulis suis: *Tertia die resurgam, et præcedam vos in Galilæam* (*Matth.* XXVI, 32). Hæc dum facta sunt, exaltatus est in toto orbe terrarum, quem potestas diaboli possidebat; et vindicavit in eum, quando ab eo abstulit quod tenebat. Et intuere quia more prophetiæ futura pro præteritis dicit: *In præcepto quod mandasti,* utique quod adhuc mandaturus erat; ut est illud vicesimi primi psalmi: *Foderunt manus meas et pedes meos, dinumeraverunt omnia ossa mea* (*Psal.* XXI, 18), etc.

Vers. 7. *Et synagoga populorum circumdabit te: et propter hanc in altum regredere.* Superius petiit ut veniret, nunc autem quid in adventu ejus emergere possit, ostendit; ac si diceret: Tu quidem venturus es ad liberandum, sed populi Judæorum insanis mentibus persequentur. *Synagoga* hic collectionem significat improborum, non religiosarum mentium cœtum. Nam si in eum credidisset universa Judæorum plebs, devotis mentibus utique suscepisset. *Et propter hanc in altum regredere. Propter hanc,* id est synagogam, quæ tamen fuit obstinatis moribus indevota: in qua habitare non potuit, dum se ab ejus infidelitate subduxit. *In altum regredere:* propter illud Evangelii: *Nemo ascendit in cœlum, nisi qui de cœlo descendit* (*Joan.* III, 13). *Regredi* enim est, unde veneris iterata via reverti. Nam de hac Ascensione gloriosa, in alio psalmo dicturus est: *Et ascendit super cherubim et volavit, volavit super pennas ventorum: et posuit tenebras latibulum suum* (*Psal.* XVII, 11).

Vers. 8. *Domine, judica populos. Judica me, Domine, secundum justitiam meam, et secundum innocentiam manuum mearum super me.* Venit ad tertiam partem, ubi jam Dominus loquitur Christus, ex ea dispensatione qua passus est. Nam cum dicit: *Domine, judica populos,* omnipotentis Patris majestas ostenditur. Cum vero ponitur: *Judica me, Domine, secundum justitiam meam, et secundum innocentiam manuum mearum super me,* humilitas humanitatis exprimitur, quæ de sanctæ Mariæ virginali utero assumpta esse monstratur. Sic in uno versu tam ingentium rerum secreta conclusa sunt. Et respice quemadmodum totius veritatis ordo servetur. Prius enim propheta innocentiam manuum suarum in una dixerat causa: nunc autem a persona Domini Salvatoris generaliter pronuntiatur, quoniam constat eum peccatum nullatenus habuisse. Merito siquidem petit *secundum justitiam* suam se debere *judicari,* qui divinitatis suæ perfectissimus doctor præcepta complevit: qui malum pro malo non reddidit; qui propter aliorum delicta crucem sanctus [*ed.,* sanctam] ascendit: qui pro persecutoribus inæstimabili gratia pietatis oravit; et cætera, quæ verissimus Evangelii textus eloquitur. Sed cum innocentia cordi specialiter applicetur, hic dictum est, *Secundum innocentiam manuum mearum.* Quod genus locutionis Scripturarum divinarum proprium esse cognoscitur, significantias mutare verborum; sicut in decimo psalmo dicturus est: *Palpebræ ejus interrogant filios hominum* (*Psal.* X, 5), cum palpebrarum non sit interrogare, sed linguæ.

Vers. 9. *Consumetur nequitia peccatorum, et dirige justum.* Petit accelerari mortis adventum, ut cito suus clarificetur ascensus. Completa est enim nequitia peccatorum, quando crucifixus est Dominus. Nihil enim potuerunt ultra facere, quamvis crudeliter insanissent. Quod verbum et ipse positus in cruce dixit: *Consummatum est* (*Joan.* XIX, 30). *Directus est* autem *justus,* quando resurrexit a mortuis, et ad cœlorum regna conscendit. Sic pietatis studio videtur expeti, per quod vita omnium probatur impleri.

Vers. 10. *Scrutans corda et renes Deus justus.* Hæc propria virtus est Dei, et corda nostra discutere, et animi nostri vigorem potentiæ suæ luce penetrare. Nam licet nobis multo celsiores sint potestates cœlorum, nulli tamen creaturarum datum est cogitationum nostrarum plenissime secreta cognoscere. Agnoscit autem perfecte in nobis solus ipse qui judicat; propter quod dictum æstimo: *Tu quis es qui judicas servum alienum* (*Rom.* XIV, 4)? id est, qui cogitationes ejus non intelligis. Nam nec nos ipsi nobis sic manifesti esse possumus, quemadmodum divinis conspectibus apparemus: cum de homine legatur, *Peccata quis intelligit* (*Psal.* XVIII, 13)? Consideremus etiam *corda* ad cogitationes posita: *renes* ad animi constantissimum vigorem, sive ad corporeas delectationes.

Vers. 11. *Adjutorium meum a Domino, qui salvos facit rectos corde.* Incarnatio illa quæ propter nos suscepta est, ad nos loquitur animandos. Nam licet istud de se dicere videatur per id quod subjectus est Patri, spem tamen in se credentibus inæstimabili pietate largitur. Nam cum una eademque Dei hominisque persona sit, suum humanitas dicit *adjutorium* potentiam Verbi, quod rectis corde et veniam tribuit et salutem. Intuere etiam quod in parte superiori propheta **33** se petiit liberari: hic autem adjutorium Domini sibi Christus ipse promittit, qui dicit in Evangelio: *Omnia quæ Pater habet mea sunt, et mea Patris sunt* (*Joan.* xvi, 15). Ille enim petit ut famulus: iste promittit sibi ut Dominus.

Vers. 12. *Deus judex justus fortis et longanimis: nunquid irascetur per singulos dies?* Ventum est ad quartam nihilominus sectionem, in qua propheta ex sua persona laudem concinens Patri, et vehementer Judæos terrificat obstinatos, et spem eis, qui ad eum redire cupiunt, pollicetur. *Justus* dicitur *Deus*, quia tribuit unicuique in fine quod gesserit. *Fortis*, quia nullus potest resistere voluntati ejus. *Longanimis*, ut hodieque ad pœnitentiam exspectet, quos perdere pro scelerum suorum qualitate potuisset. *Nunquid irascetur?* Sub admiratione pronuntiandum est, quia imputatio ista negativa est. Irasci autem more judicum dicitur, qui quando vindicare delicta cupiunt in sententiam severa indignatione consurgunt. Sed istud in Divinitate non convenit, quia ubi est fervida vindicta, non est temperata justitia. *Per singulos dies;* id est, cunctis momentis, quemadmodum et peccatum omne committitur. Nam ubi esset gloriosa patientia, si pœna mox sequeretur offensam?

Vers. 13. *Nisi convertamini, gladium suum vibrabit: arcum suum tetendit et paravit illum.* Contumaces terret Judæos qui, Domini lege contempta, idolorum culturis nefandissimis serviebant. Ipsis enim dicitur: *Nisi convertamini, gladium suum vibrabit;* id est, unicum Filium suum sub lucente claritate missurus est. *Vibrare* enim illud dicimus, quod modo lumen, modo umbras tremulas probatur ostendere. Hoc constat incarnatione Christi Domini provenisse: quando perfidis tenebras, fidelibus autem lumen suæ Deitatis ostendit. Gladium vero verbum et Apostolus dicit, cum ait: *Et gladium spiritus quod est Verbum Dei* (*Ephes.* vi, 17). *Arcum* itaque scripturam Novi et Veteris Testamenti congruenter accipimus, qui duobus quodammodo curvatis flexibus devotorum colla complectitur. Hic fidelibus suave jugum ostenditur: contumacibus autem arma terribilia declarantur. *Tetendit* adjectum est: ne ejus patientia remissa putaretur. Ad postremum posuit: *paravit illum*, ut mos ipse sagittantium plenissime videretur expressus, qui postquam tetenderint arcum contra signum, manum collocant in sagittandi opere brachia præparantes. Sed videamus, arcus iste præparatus quas sagittas emiserit.

Vers. 14. *Et in ipso paravit vasa mortis: sagittas suas ardentibus effecit.* Hic distributio divinæ majestatis [*ed.*, legis] ostenditur: quia per arcum, id est, per Vetus et Novum Testamentum, sicut jam dictum est, et effectus mortis venit, et sagittis ipsius vita præstatur. Egressæ sunt autem de isto arcu tanquam *sagittæ*, id est, apostoli, qui ardentibus, hoc est, desiderantibus animis, in modum sagittarum præcepta salutaria transmiserunt, unde et impii sauciarentur, et fidelibus efficax cura proveniret. *Effecit* autem significat operatus est; quod verbum Pater Hieronymus etiam in auctoritate seminavit.

Vers. 15. *Ecce parturiit injustitiam, concepit dolorem, et peperit iniquitatem.* Subtiliter inquiramus verba quæ dicta sunt. *Parturivit injustitiam* plebs Judaica, cum videret Dominum pro salute humana miracula facientem, et de ejus potius exitio cogitavit. *Concepit dolorem*, quando eos diversis parabolis increpabat, ut a sua illos perversitate converteret. *Peperit iniquitatem*, quando dixit: *Crucifige, crucifige* (*Luc.* xxiii, 21). Et merito posuit, *peperit*, id est, quasi filios nequissimos edidit. Omnis enim fructus similis probatur auctori, sicut alibi dictum est: *Ex fructibus eorum cognoscetis eos* (*Matth.* vii, 20). Sed cum prius sit concipere, et postea parturire, merito anteriori loco parturire posuit, ut ista nequitia non ex alieno malo concepta, sed fuisse propria monstraretur.

Vers. 16. *Lacum aperuit et effodit eum, et incidit in foveam quam fecit. Lacus* dicitur cujus fundus latet, dum in unam foveam circumdatus includitur. Hic plano tergo intuentium oculis falsa tranquillitate blanditur: sed quantum sit profundus absconditur. Talis ergo et iste fuit lacus iniquitatis, quem Judæ pravitas excavavit: *aperuit*, quia primus nequiter inchoavit: *effodit*, dum eum in sua damnatione perfecit: *incidit in foveam quam fecit*, in mortis scilicet lacum. Quod verbum et ad lacum et ad sepulcrum potest aptissime convenire, sicut Salomon dicit: *Qui parat foveam alteri, ipse in eam incidet* (*Prov.* xxvi, 27). A se enim inchoat tractatus malus; et antequam lædat alterum, sibi prius operatur exitium.

Vers. 17. *Convertetur dolor ejus in caput* [ms. G. et ed., *in capite*] *ejus: et in verticem ejus iniquitas ejus descendet.* Hic *caput* nostram animam debemus accipere, qua parte sumus sine dubio celsiores. Huic subjecta sunt peccata, quando refrenantur obnoxia. Quod si delictis contingat animam vinci, supra eam necesse est emineant, quæ multitudine pravitatis exundant. *Vertex* quoque dictus est, quod dextra lævaque vertat capillos, qui significat capitis summitatem. Quam rationem esse non immerito dixerimus, quia contemplativæ animæ culmen excelsum est; unde etiam gloriosi Creatoris portat imaginem. Hæc si peccatis obruentibus inclinetur, necesse est ut in verticem, id est, supra rationem descendat, quod augmento iniquitatis excrevit. Nam et ipsum verbum si consideremus, quam magnorum secretorum significans invenitur! Primum est quia iniquitas, dum ex alto præcipitata descendit, violenter percutit. Deinde potenter quomodo impii torqueantur exponit; nam cum supra eos propria peccata descenderint, suis malis, suisque sceleribus in poenas debitas destinantur. Dolor enim dictus est, quasi domabilis [*mss. A, B., F.*, dominabilis] horror.

Vers. 18. *Confitebor Domino secundum justitiam ejus, et psallam nomini Domini altissimi.* Expositis virtutibus Patris, quibus Judaicum populum miraculorum significatione terruerat, in summam colligens illa quae dixit, alacri mente profitetur se Domino confiteri. *Confiteri* autem duobus modis dicimus : unus est quando peccata nostra humili satisfactione damnamus; ut est illud prophetae Danielis : *Confitebor peccata mea, et peccata populi mei* (*Daniel.* IX, 20). Secundus, unde nunc sermo est, cum laudes Domini magna exsultatione celebrantur, sicut in Evangelio legitur : *Confiteor tibi, Pater, Domine coeli et terrae ; qui abscondisti haec a sapientibus et prudentibus, et revelasti ea parvulis* (*Matth.* XI, 25). Non enim ibi quidquam de peccato dicitur, sed sola gratiae momenta referuntur. Ita haec confessio praeconialis accipienda est, quae gaudenti animo Domini virtutibus exhibetur. *Secundum justitiam ejus :* quoniam et superbos facit sua crimina sustinere, et humiles dignatur absolvere. *Psallere* vero est et operibus Domini mandata peragere, et hymnos voce etiam et corde cantare; quod se promittit propheta esse facturum, quia hoc revera Domino cognoscebat acceptum.

Conclusio psalmi.

Magnifica nobis psalmi hujus, si studiose consideremus, sacramenta patuerunt. Prima parte fructuosam patientiam docet, quae perfectos probatur efficere Christianos. Patientia est enim religiosi viri laborum ac dolorum omnium, spe futurarum rerum et amore Domini, grata tolerantia. Secunda parte salutem rectis corde ipse Dominus pollicetur. Tertia terrentur impii, ne in illo judicio damnentur errantes. O pietas optimi revera Creatoris ! qui non vis derelinquere quos nosti ad tuum judicium convenire ; et immensae pietatis arcano, dum confitentibus parcis, tibi reos ipse subducis. Quis enim justitiam evaderet tuam, nisi praemissa pietas subveniret? Septenarius quoque numerus admonet nos de illa requie aeterna cogitare, ad quam nos spem praesens psalmus extendit; ut merito tali numero receptus, jucunda exsultatione cantetur. Dubium quippe non est, quod peractis sex diebus qui ad activam pertinent partem, septimus repausationi deputetur, qui contemplationi theologicae noscitur adhaerere.

EXPOSITIO IN PSALMUM VIII.

In finem pro torcularibus psalmus David.

In finem, significare Dominum Salvatorem, quarti tituli expositione jam notum est. *Torcular* vero est, ubi multis ponderibus pressae uvae durissimis gigartis comminutis, follibusque vacuatis, dulcissima vina profundunt. Quod Ecclesiae videtur aptissime convenire, quando de obstinatis moribus, tumidaque superbia, pressura poenitentiae, suaves lacrymae salutariter exprimuntur. Talis illi etiam similitudo et in areis datur, ubi sub assidua tritura paleae sequestrantur a tritico. Quapropter convenit ut hunc psalmum ex persona priscae Ecclesiae intelligamus esse prolatum : in qua revera et torcular est quidem corporum, sed fructus salutaris animarum. Nam si Vetus et Novum recte dicitur Testamentum, cum tamen unius lex esse doceatur, cur asserere dubitemus antiquam et novam Ecclesiam unam esse Domini Christi sponsam pretioso sanguine conquisitam?

Divisio psalmi.

Ecclesia vetus, quae nobis per torcularia pulcherrime declarata est, primo ingressu laudes Christi Domini laeta decantat : majestatem ejus praedicans, et operationes excelsas. Secundo apertius venit ad hominis naturam, quam de conditione pravissima, quae Adam fuerat peccante vitiata, ad magnarum rerum dicit crevisse fastigia. Sic Dominus Christus ex duabus et in duabus naturis inconfusis atque distinctis, una persona salutariter et indubitanter agnoscitur. Mente quoque condendum est, quod hic psalmus a Christo Domino naturam humanitatis assumptam tanta laude concelebrat, ut eam supra omnem creaturam clarissime testetur evectam ; sicut et Apostolus ait : *Cui enim dixit angelorum : Sede a dextris meis, donec ponam inimicos tuos scabellum pedum tuorum* (*Hebr.* I, 13)? Et alibi : *Qui cum in forma Dei esset, non rapinam arbitratus est esse se aequalem Deo* (*Philip.* II, 6, 9) : et paulo post : *Propter quod et Deus illum exaltavit, et donavit illi nomen quod est super omne nomen,* etc.

Expositio psalmi.

Vers. 1. *Domine, Dominus noster, quam admirabile est nomen tuum in universa terra!* Cum sit, *Domine,* casus vocativus, contra usum illi *Dominus* qui est nominativus, videtur adjunctus. Quae figura dicitur syllepsis, quoties casus discrepantes in unam significantiam congregamus. Veraciter itaque gaudet, quae dicit, *noster.* Necesse est enim ut hujus bonis exsultare debeamus, cujus nos esse profitemur. Sed cum dixit, *quam,* non potest explicare quod sentit. Quis enim aut creaturas terrenarum rerum, aut maris ambitum, aut inanis hujus aeris diffusionem, aut ornatum rerum coelestium sufficienter possit agnoscere, quae Dominus incomprehensibili sapientiae suae virtute disposuit? Haec omnia Ecclesia considerans, haerens ac detenta in earum rerum explicatione proclamat : *Quam admirabile est nomen tuum,* etc. *In universa* vero *terra,* quia totum per mundum ejus religio sancta dilatatur ; nec erit aliqua patria, ubi catholica non laetetur Ecclesia. Quapropter desinant Judaei vel Donatistae sibi specialiter vindicare quod ad universitatem magis pervenisse cognoscunt.

Vers. 2. *Quoniam elevata est magnificentia tua super coelos.* Superiore versu perquiri fecit, quod hic competenter exposuit. *Magnificentia* est enim Domini incarnationis arcanum ; inter cujus diversa miracula hoc nobis super omnia cognoscitur esse collatum, quod Deus dignatus est homo fieri, et crucem pro omnium salute sustinuit. Ista ergo *magnificentia super cœlos* omnesque creaturas *elevata est* : quando Dominus Christus resurgens a mortuis, sedet ad dexteram Patris, sicut et alius psalmus dicit : *Exaltare super cœlos, Deus, et super omnem terram gloria tua* (*Psal.* cvii, 6).

Vers. 3. *Ex ore infantium et lactentium perfecisti laudem.* Hæc prophetia in Evangelio, ore Domini docetur exposita; cum a Judæis prohiberentur infantes ne laudes Domini personarent, putantibus aliquid pueriliter fieri, quod a tali ætate videbatur assumi. Tunc ille respondit : *Num legistis, ex ore infantium et lactentium perfecisti laudem* (*Matth.* xxi, 16) ? Sed ne illos lactentes intelligas, qui adhuc materno ubere nutriuntur, ut laudes Domini minime cantare potuissent, etiam provectos ætate monet apostolus Petrus dicens : *Tanquam modo geniti infantes, rationabile,* **35** *et sine dolo lac concupiscite, ut in eo crescatis in salutem* (*I Petr.* ii, 2). Unde infantes et lactentes illi intelligendi sunt, qui propter rudimenta et infantiam fidei escam non capiunt fortiorem, sed doctrina teneriori nutriuntur. Ut iste sit sensus : non solum a perfectis, qui te omnino intelligunt, es laudabilis, sed etiam ab incipientium et parvulorum ore prædicaris.

Vers. 4. *Propter inimicos tuos : ut destruas inimicum et defensorem. Propter inimicos,* paganos designat et blasphemos, ne dicerent sacrilegi, ideo docti laudant Deum, quia librorum meditationibus imbuuntur. Professus est et infantes prædicare, qui venire ad Dominum fidei novitate cœperunt; ut hæc sapientia divinitus magis tradita, quam humano labore videatur esse collecta. *Inimicum vero et defensorem,* Judæum perfidum specialiter dicit, qui dum Deum Patrem se putat defendere, Filio existit inimicus. Ita factum est ut Dei quasi defensor apertissimus, Deo probaretur adversus; quia Patrem non veneratur, nisi qui honorat et Filium; sicut ipse in Evangelio dicit : *Qui non honorificat Filium, non honorificat Patrem, qui misit eum* (*Joan.* v, 23). Hoc et ad omnes hæreticos competenter aptatur, qui dum se putant Scripturas mala interpretatione defendere, inimico animo sanctis probantur dogmatibus obviare.

Vers. 5. *Quoniam videbo cœlos opera digitorum tuorum; lunam et stellas, quas tu fundasti.* Merito istud de futuro gloriosa dicit Ecclesia, quæ ante adventum Domini erat adhuc in patriarchis et in sanctis hominibus constituta. Ait enim, *Videbo cœlos,* id est libros evangelicos, qui cœli merito dicuntur, quoniam continent Dominum Salvatorem, qui dixit : *Cœlum mihi sedes est; terra autem scabellum pedum meorum* (*Isai.* xl, 12). Sed qui sint isti *cœli,* breviter definivit *opera digitorum tuorum;* nam cum legatur in Exodo (*Cap.* xxxi, 18), digito Domini legem fuisse conscriptam, quem multi Spiritum sanctum accipere voluerunt, hic ideo positum æstimo, *digitorum,* ut libros divinos cooperatione sanctæ Trinitatis perfectos evidenter ostenderet; sicut et alibi legitur : *Appendit tribus digitis molem terræ* (*Isai.* xl, 12). Quod simili sacramento recipiendum est. Digitus enim Dei dicitur divinæ operationis effectus, quod potest Patri et Filio, et Spiritui sancto, id est uni Deo aptissime convenire. Sequitur : *Lunam et stellas quas tu fundasti.* Augmenta et imminutiones suas, quas patitur luna, se visuram dicit Ecclesia : ut modo crescat fide multorum, modo martyrum fine aliquibus imminuta videatur. Quæ similitudines propter opiniones hominum frequenter dantur Ecclesiæ. Cæterum illa afflictionibus crescit, et contritionibus semper augetur. Luna enim multis rebus a se discrepantibus comparatur : modo omni Ecclesiæ, ut est illud : *Donec extollatur luna* (*Psal.* lxxi, 7); modo membro ejus lucidissimo, ut est hic ; modo stulto, ut ait Salomon : *Stultus ut luna mutatur* (*Eccle.* xxvii, 12). Subjunxit quoque *stellas,* justos homines et religiosos, de quibus scriptum est : *Sicut stella ab stella differt in claritate, ita et resurrectio mortuorum* (*I Cor.* xv, 41, 42). Addidit : *quas tu fundasti,* ut cognosceremus omnia in prædestinationis ejus fundata judicio. Sive hoc ad deitatem Verbi pertinet exprimendam, ut in illa conditione rerum omnia fecisse crederetur. In his enim tribus videtur universa complexus, sicut est illud : *In principio fecit Deus cœlum et terram* (*Gen.* i, 1). Ubi cum duas res posuerit, cuncta complexus est, mirabili ordine prædicanda disponens; ut, quia erat post de sancta incarnatione locuturus, prius ejus deitatem et omnipotentiam ostendere debuisset.

Vers. 6. *Quid est homo quod memor es ejus, aut filius hominis quoniam visitas eum ?* Venit ad ingressum secundum, ubi uno versu per duas interrogationes et responsiones homo et exiguus et potentissimus [*ed.,* potissimus] approbatur. Quæ figura dicitur peusis, latine autem percunctatio : ubi et interrogatio fit, et responsio parata subsequitur; quam jam et in quarto psalmo posuimus. *Quid est homo?* Cum despectu pronuntiandum est, id est, fragilis et caducus, Adæ sequax, qui in veteri peccato permixtus, socia pravitate conclusus est. Hujus memor est Dominus, quando ei peccata dimittit et misericordiæ suæ dona largitur; sicut in alio psalmo dicturus est: *Filii autem hominum in protectione alarum tuarum sperabunt ; inebriabuntur ab ubertate domus tuæ, et torrente voluptatis tuæ potabis eos* (*Psal.* xxxv, 8). Hoc est ergo esse memorem, conferre delinquentibus tantæ gratiæ sospitatem. *Aut filius hominis, quoniam visitas eum.* Hac jam voce surgendum est, quia Dominum significat Salvatorem, qui non ut cæteri mortales ex duobus hominibus natus est, sed ex Spiritu sancto, et beatæ Mariæ semper virginis utero tanquam sponsus de glorioso thalamo processit. Et considera quia superius dixit : *Memor es*; subjecit autem : *Visitas. Memor* fuit cum patriarchis de cœlo misertus est ; *visitavit,* cum *Verbum caro factum est, et habitavit in nobis* (*Joan.* i, 14). Nam visitare dicimus, quando medicus ad infirmos ingreditur; quod in adventu Domini revera constat impletum.

Vers. 7. *Minuisti* [ed., *Minorasti*] *eum paulo minus ab angelis: gloria et honore coronasti eum.* Hinc jam Domini Salvatoris humilitas narratur et gloria. *Minoratus* est enim non necessitate ministratoria, sed pietatis suæ spontanea voluntate, sicut Apostolus ait: *Semetipsum exinanivit formam servi accipiens* (Philip. II, 7). Sequitur: *Paulo minus ab angelis;* quia crucem pro omnium salute suscepit. Ex ea siquidem parte Creator angelorum minor factus est angelis. Bene autem dixit: *Paulo minus,* quia etsi mortale corpus assumpsit, tamen peccata non habuit. *Gloria* vero *et honore coronatus est,* cum post resurrectionem nimis mirabilem, totius mundi credulitatem Deus, in eo quod homo est factus, exaltatus accepit. Corona enim orbis circulo competenter aptatur, quoniam ad ejus similitudinem universa mundi extremitas formata est.

Vers. 8. *Et constituisti eum super opera manuum tuarum. Omnia subjecisti sub pedibus ejus.* Superius de gloria ejus et honore narratum est: nunc ponitur et potestas, ut agnoscatur Christi Domini majestatis perfectissima plenitudo. Dicendo enim, *Super opera manuum tuarum,* omnis illi creatura subjecta monstratur; quia sicut a Domini opere nihil est exceptum, ita nec a potestate Christi aliquid probatur esse divisum, quippe qui judicaturus est mundum. Dicendo enim *omnia,* nec terrena videtur excepisse nec supera; sicut de hoc loco testatur Apostolus cœlestis expositor: *In eo enim in quo ei omnia subjecit, nihil dimisit non subjectum ei* (*Hebr.* II, 8). Nam et alio loco 36 dicit: *Adorate eum, omnes angeli ejus* (*Psal.* xcvi, 8). Addidit: *sub pedibus ejus,* ut omnis creatura merito ipsum colere atque adorare videatur auctorem. Et respice omnia suis locis fuisse servata. Quem prius propter humilitatem carnis paulo minus ab angelis dixerat esse minoratum; post ascensionem dicit pedibus ejus omnia fuisse subjecta, ut ista distinctio, et dubietatem titubantibus auferat, et gloriam sanctæ incarnationis ostendat.

Vers. 9. *Oves et boves, insuper et pecora campi.* In hoc et alio versu qui sequitur, argumentum est quod dicitur per enumerationem. Verum hæc et alia nomina, quæ sequuntur, allegorice dicta debemus accipere, ne post rationales creaturas incompetenter pecora vel jumenta posuisse videatur. *Oves* electum populum significant Christianum, sicut in Evangelio Dominus Petro dicit apostolo: *Pasce oves meas* (*Joan.* XXI, 18). Qui ideo comparantur ovibus, quoniam se, præstante Domino, innoxia conversatione moderantur; deinde quia mundi exuvias sine aliquo sensu doloris amittunt. Nam sicut *ovis* tondentem se non increpat, ita nec justus cupiditatem se exspoliantis accusat. *Boves* autem prædicatores designant, qui humana pectora mandatis cœlestibus exarantes, virtutum messem germinare fecerunt. Nec vacat quod dicit, *insuper,* quia non solum illi sancti subjecti sunt, sed etiam peccatores. Sæpe enim de conversis talibus majore gloria triumphat Dominus Christus. *Pecora* enim sunt, dum in camporum libertate, id est in mundi istius voluptate pascuntur; *oves* sunt, cum jam intra septa Domini clauduntur.

Vers. 10. *Volucres cœli et pisces maris, qui perambulant semitas maris. Volucres cœli* superbi sunt homines, qui inflati vento jactantiæ, quasi per inane aeris efferuntur, et humilia despiciunt, cum altius elevantur. *Volucres* enim a volatu crebro dictæ sunt. *Pisces* vero *maris* philosophos fortasse significant, qui hujus mundi naturam erratica curiositate pertractant. Nam sicut illi posita fronte itinera sibi reserant pelagi inundatione confusa, ita et isti capite demisso venas rerum ratione humana, assiduo labore perquirunt. Sed cum sint pisces et fluminum, non vacat quod hic posuit, *maris,* propter eos qui sibi videntur esse sapientes. Verum isti tales, eorumque similes Domini pedibus feliciter subjiciuntur, quando ad Christianæ venerint religionis affectum. Nam licet illi omnia jure dominationis inclinata sint, illos tamen dicimus proprie subjectos, qui ad ejus onus leve et jugum suave pervenire meruerunt.

Vers. 11. *Domine, Dominus noster, quam admirabile est nomen tuum in universa terra!* Postquam incarnationem Domini Christi, et resurrectionis gloriam sancta Ecclesia læta cantavit, illum versum de laude Domini repetit quem dixit in capite. Congrue siquidem principium ipsi deputatur et finis, qui de se dixit: *Ego sum alpha et omega* (*Apoc.* I, 8), id est initium et finis. Sed quoniam divina verba fecunda sunt, alia nobis sacramenta progenerant. Significant enim et illos quorum vita divinis muneribus et religiosis auspiciis inchoata, in Domini credulitate permansit. Unde mente condendum est, hunc esse ex his primum psalmum qui se repetitione versuum sacramentali iteratione congeminant; quod et de aliis loco suo competenter edicemus.

Conclusio psalmi.

De duabus naturis Domini Christi, et secundus psalmus, et iste locuti sunt: quamvis et alii subsequantur: id est, vigesimus, septuagesimus primus, octogesimus primus, centesimus primus, centesimus nonus, et centesimus tricesimus octavus; ut obscurum iter hujus sæculi gradientes, quasi plurimis lampadibus incensis, in hæreticas cautes minime valeamus incidere. Quapropter tanti beneficii cognoscamus auctorem. Unus est enim Dominus Christus, genitus ex Patre sine tempore, natus ex matre sub tempore. Prius mundum creavit ex nihilo, post ingenti liberavit exitio. Talis est enim Dei et hominis facta connexio, ut utrumque integrum, utrumque permaneat sine aliqua confusione distinctum. Neque enim aut divinitas impassibilis mutari potuit, aut humanitas aliud, nisi ut meliorata semper maneret, accepit. Sic enim verus atque omnipotens mediator effectus est, ut qui in forma Dei Patri erat æqualis, fieret et nobis carnis assumptione consimilis. In se enim permanere fecit juncta, quæ voluit esse paci fica. Hoc est spei nostræ singulare præsidium, redemptionis indebitum munus, mortis exitium, vita sanctorum. Quale enim, rogo, genus est pietatis, ut ille angelorum Dominus usque ad formam servi fuerit venire dignatus, ut mors cum auctore suo diabolo vinceretur, qui mundum suis vinculis tenebat obnoxium? Unde beatus Ambrosius hymnum Natalis Domini eloquentiæ suæ pulcherrimo flore compinxit (*Tom.* V, *hym.* 24), ut pius sacerdos festivitati tantæ dignum munus offerret. Ait enim : Procedens de thalamo suo pudoris aula regia, geminæ gigas substantiæ, alacris ut currat viam, et cætera quæ supra humanum ingenium vir sanctus excoluit. Nam et ipse numerus ogdoadis in Scripturis divinis magnarum rerum sacramenta continere dignoscitur. Octo etenim animæ ingressæ sunt in arcam Noe, quæ mundo pereunte salvatæ sunt : octavus filius Jesse, David fuit, quem a Domino constat electum; octavo etiam die circumcisio purificabat Hebræos; octavo, id est dominico die Dominus surrexit a mortuis, in quo humani generis spes ab impiorum inferno in cœlorum est elevata fastigium. Iste autem numerus est quem arithmetici actu primum quadrantal appellant, quem Philolaus Pythagoricus harmoniam geometricam vocat; eo quod omnes in ipso videantur harmonicæ convenire rationes.

EXPOSITIO IN PSALMUM IX.

In finem pro occultis filii psalmus David.

Finis iste quid significet sæpe jam dictum est, non in quo deficit, sed in quo crescitur, ex quo vere reparamur, qui nobis initium bonorum, terminus est malorum ; ad quem Judæi non perveniunt, quoniam sua incredulitate deficiunt. 37 Pro *occultis filii*, personam significat Domini Salvatoris. Nam cum nomen aliquod ad quem pertinet non ponitur, necesse est ut hoc dictum de summitate aliqua sentiatur. Supra enim ubi voluit Absalom intelligi, pronuntiavit filii sui; hic vero quod ad unigeniti Verbi referri desideravit excellentissimam summitatem, *Filii* tantum dixit, qui est omnipotens atque inenarrabiliter Filius, coæternus Patri, faciens quæ vult in cœlo et in terra. Simili modo in Evangelio dictum est : *Si vos Filius liberaverit, tunc vere liberi eritis* (*Joan.* VIII, 36). Non enim ibi secutum est, Dei, sed tantum vocabulum ipsum purum sine aliqua adjectione sufficit. *Pro occultis* autem positum est numero plurali, quia non unum, sed duplex hic cognoscitur esse mysterium ; significat enim incarnationem Domini et futurum judicium, de quibus psalmus iste dicturus est. Sed jam humanitas Christi manifestata dignoscitur, cujus adhuc judicium sustinetur. Sed cum audimus *pro occultis*, præbere debemus intentum animum lectioni : ut nobis, juvante Domino, reserentur, quæ prædicuntur occulta.

Divisio psalmi.

Totus hic psalmus a persona *prophetæ* depromitur. Prima professione lætum se dicit Domino psalliturum, quoniam confudit diabolum, cujus culturam adventus sui pia dispensatione destruxit. Secunda commonet fideles ut psallant Domino, qui habitat in Sion, qui vindicat sanguinem pauperum et exaltat eos de portis mortis. Tertia peccatoribus cum Antichristo malorum finem dicit esse venturum. Quarta malorum ipsorum nimietate permotus, conversus ad Dominum, quasi recessisse illum dicit a defensione pauperum, cum malis datur licentia præsumptionis suæ. Quinta deprecatur ut tremendi illius judicii tempus adveniat, quatenus hæc omnia fine celeri transigantur : ne cujuslibet hominis iniquitas ultra prævaleat. Talis enim malignitas illius temporis erit, ut nemo fidelium optet mundi tempora differri, in quo tanta mala cognoverit actitari.

Expositio psalmi.

Vers. 1. *Confitebor tibi, Domine, in toto corde meo : narrabo omnia mirabilia tua.* In toto corde confitetur Dominum, qui nullis mundanis cogitationibus fluctuat; quod perfectorum esse non dubium est, qui et originalis peccati vitia et suggestiones perversas spirituum malorum, Domino præstante, vicerunt. Sequitur, *narrabo omnia mirabilia tua.* Quis, rogo, potest omnia mirabilia divina narrare, quæ quotidie in cœlo et in terra virtus ejus operatur ? Sed usus Scripturarum est per synecdochen figuram, quæ significat a toto partem, dicere omnia, dum comprehendi nequeant universa. Sed ut de multis unum dicere videamur, quid mirabilius quam pro salute humani generis Deum inconfusibiliter humanatum, et qui hic judicatus est, ipsum ad orbem judicandum esse venturum ?

Vers. 2. *Lætabor et exsultabo in te; psallam nomini tuo, Altissime.* Non in hoc sæculo, ubi lethifera lætitia est; non in ambitionibus mundi, ubi peccata amara suavia sunt; sed *in te*, ubi securum gaudium semper sumit augmentum. Plus est enim *exsultare* quam *lætari*. *Exsultare* est enim animi et corporis majore motu jucundissima libertate gaudere. Gratias quoque se acturum pollicetur Altissimo, qui supra omnia probatur excelsus, quod eum ab inimicis suis, sive carnalibus, sive spiritualibus, liberare dignatus est : promittens, sicut dictum est, et operibus se Domino, et voce cantare.

Vers. 3. *In convertendo inimicum meum retrorsum, infirmabuntur et perient a facie tua.* Quamvis multos inimicos habuerit, tamen hic modo Saulem convenienter advertimus. *Retrorsum* enim dixit, quia non potuit obtinere quod voluit; sed magis quanto ille nequiter persequebatur, tanto iste tolerando improbum justior apparebat. Et cum prius *inimicum* dixerit numero singulari, hic dicit *infirmabuntur* : quia rex persecutor erat, qui voluntates suas multis famulantibus exerebat. Quapropter congrue dictum est *infirmabuntur*, quia Dei voluntate omnes inefficaces generaliter exstiterunt. *Et perient a facie tua*, dum ego ad te devota mente confugio. Iniquus enim ante faciem tuam, id est ante gratiam tuam, non venit, quia persequitur innocentem.

Vers. 4. *Quoniam fecisti judicium meum et causam*

meam: sedes super thronum qui judicas æquitatem. Cum duo ex diversa parte confligunt, necesse est unum offendere, cum alterum contigerit obtinere. Probata ergo prophetæ causa, odium fuisse constat adversi: quia non poterat persecutor placere, cum decreverit Dominus eum qui impie premebatur eripere. Sed cum dicit, *judicium meum et causam meam,* prosperam sibi testatur fuisse sententiam. Sic et navigantes suum ventum dicunt, quando illis eventus prosperitatis arriserit. *Sedes super thronum*: Domino dicitur Christo, qui nunc sedet ad dexteram Patris, unde venturus est judicare vivos et mortuos. *Sedes* autem, prophetiæ virtute, præsens dictum est pro futuro. Nam sessionem istam ad incarnationem Domini pertinere manifestum est, quæ adhuc illo tempore non videbatur effecta. *Thronum* significat tribunal futuri judicii, in quo Dominus Christus majestatis suæ honorabili potestate sessurus est. *Judicas æquitatem.* Et hic tempus præsens pro futuro dixit. Judicaturus est enim æquitatem, cum ad disceptandum post finem mundi reluxerit. Quæ figura dicitur idea, cum speciem rei futuræ velut oculis offerentes, motum animi concitamus. Hoc etiam in subsequentibus latius explicabitur.

Vers. 5. *Increpasti gentes, et periit impius: nomen eorum delesti in æternum et in sæculum sæculi.* Hinc jam sacratissimus Domini secundus adventus exponitur, quando increpabuntur gentes incredulæ, et diabolus cum machinationibus suis peribit in æternum. Tunc enim non remanebit ejus tempestuosa perversitas, quando erunt omnia, Domino præstante, tranquilla. Nam quis ulterius in regno Domini aut diabolum nominet, aut ejus sequaces, cum Dominicam civitatem nec adversitas concutiat, nec ullus hostis invadat? Quid sit quoque *æternum* decenter expositum est, *sæculum sæculi.* Sæculum futurum Domini significat regnum, quod nulla ætate, nullo tempore finietur. Et ne possit aliqua permixtione confundi, dictum est, *sæculi,* id est hujus quo nunc utimur subsequium. Istud enim sibi redeundo succedit, et temporibus exemptis, annuis revolutionibus iteratur; illud autem non ad initium redit, sed sine aliqua mutatione jugiter perseverat. Quapropter desinant hæretici dicere, aliquando diabolum cum sequacibus suis ad gratiam posse revocari, quando sic evidenter audiunt eos *in æternum, et in sæculum sæculi* esse damnandos, ut nec nominis eorum possit remanere vestigium.

Vers. 6. *Inimici defecerunt frameæ in finem, et civitates destruxisti. Periit memoria eorum cum sonitu.* *Inimici,* genitivus casus est, id est diaboli, cujus *frameas defecisse* testatur. *Framea* enim Hebraicus sermo est significans gladium quo hostis ille bacchatur. Quod autem dixit, *in finem,* consummatio sæculi datur intelligi: quando virtus diaboli omnipotenti illo gladio probatur interimi, de quo dixit in septimo psalmo: *Nisi convertamini, gladium suum vibrabit* (Psal. VII, 13), etc. *Civitates* autem dicit destructas, populos infideles ultima Domini Christi manifestatione convictos, quorum pectora diabolus in hoc sæculo, tanquam suæ civitatis moenia, possidebat. *Periit* autem *memoria eorum cum sonitu. Cum sonitu* vero, cum clamore maximo dicit; quod fieri solet quando res prosperæ gravissimo fine clauduntur, ut nec potestas eorum videatur remanere, nec nomen. Intuere quemadmodum in pulcherrima comparatione permansit, ut civitates quas destructas dixerat, eas cum sonitu testaretur eversas.

Vers. 7. *Et Dominus in æternum permanet. Paravit in judicio sedem suam.* Decora nimis aptaque diversitas. Quia dixerat impios perire, dicit nunc *in æternum Dominum permanere*; quod audire nolunt qui Creatori suo pravis ausibus restiterunt. Sed confugiant ad Dominum misericordem, ne patiantur districtum judicem. *Paravit,* hoc est Deus homo; ut qui hic in humilitate judicatus est, ibi in majestate sua judicaturus adveniat. Hæc sunt quæ titulus dixit, *occulta filii*: quia ineffabile donum est, ut humiliatam hominis naturam atque demersam dexteræ suæ potentiæ ad cœlestia regna levaverit.

Vers. 8. *Et ipse judicabit orbem terræ in æquitate, judicabit populos cum justitia.* Ipse utique Dominus Christus, qui hic patiendo injustitiam, ibi impiis veraciter dicitur demonstrare justitiam. *Orbem terræ,* sanctos viros debemus accipere, qui de universali Ecclesia, quasi de coronæ circulo congregantur. Isti in æquitate judicandi sunt, quibus propter fidei et humilitatis suæ bonum misericordia copiosa præstabitur, qui audituri sunt: *Venite, benedicti Patris mei* (Matth. XXV, 34), etc. Unde *Sedebunt super sedes duodecim judicantes duodecim tribus Israel* (Matth. XIX, 28). *Populi* autem debent accipi peccatores, qui operibus diabolicis non videntur exuti. Isti cum justitia judicandi sunt, qui pro factorum suorum scelere damnabuntur, quibus dicendum est: *Ite in ignem æternum* (Matth. XXV, 41). Sic duobus nominibus æquitatis et justitiæ, qualitatem illam judicii mirabili brevitate descripsit.

Vers. 9. *Et factus est Dominus refugium pauperum, adjutor in opportunitatibus in tribulatione.* Copiosa spes pauperum et magna cogitatio gaudiorum, ipsum refugium habere quem judicem. Audivimus pauperem, sed non omnem putemus inopem. *Pauper* ille Dei est, qui terrena cupiditate vacuatus, cœlesti desiderat largitate ditescere. Et ne imbecillitate sua pavescerent corda fidelium, sequitur magni auxilii firma promissio: *Adjutor in opportunitatibus*: quia illud est adjutorium dulcissimum, quod in necessitate præstatur. Ipsamque iterum opportunitatem evidenter expressit, dicens: *In tribulatione,* quando animus afflictorum ad compunctionis studium avidius incitatur, sicut in alio psalmo dicturus est: *Invoca me in die tribulationis tuæ, et eripiam te, et glorificabis me* (Psal. XLIX, 15).

Vers. 10. *Et sperent in te omnes qui noverunt nomen tuum: quoniam non derelinquis quærentes te, Domine. Sperent in te*: non sæculi blandimenta respiciant, sed in tua promissione confidant. *Qui noverunt nomen tuum*, id est, qui majestatem tuam sanctissima devotione venerantur. Audierunt enim nomen Domini, et illi qui minime credunt; sed tantum illi *noverunt*, qui mandatis ejus suppliciter obsequuntur. Sequitur causa cur in Domino debeant sperare : quia non patitur eos deserere quos ad se perspexerit confugisse. Certum est enim praesentem semper habere Dominum, qui tali praeditus docetur arbitrio.

Vers. 11. *Psallite Domino, qui habitat in Sion; annuntiate inter gentes mirabilia ejus*. Venit ad secundam sectionem, ubi beneficia praesentis temporis et futuri beatus propheta respiciens, ad psalmodiam provocat populos devotos : ne cum tanta eis conferuntur praemia, aliquo torpore lentescant. Primum dixit, *psallite Domino*; et ne in suis superstitionibus *psallendum* putaret esse gentilitas, addidit, *qui habitat in Sion* : ut designaret Dominum Salvatorem, qui in illis partibus corporaliter apparens, religione sui nominis totius mundi ambitum comprehendit. Hoc enim de sancta incarnatione dicitur; nam ille ubi non habitat, qui ubique totus est? Verum ut nominis hujus mysterium etiam spiritualiter perscrutemur, *Sion* speculatio dicitur, quia revera Deus in contemplatione piissima reperitur. Et juste ibi nobis habitare dicitur, ubi eum illuminati coelesti gratia contuemur. Exponit etiam quod superius dixit, *psallite*, quia hoc est revera illi psallere, universis gentibus ejus mirabilia nuntiare. Unde intelligere possumus in omni actu psalmodiam competenter dici, quidquid potest Domini laudibus applicari. Intuendum est etiam quia hoc per definitionem decenter explicatum est; dicit enim etsi *Domino psalleretur*, id est, *qui habitat in Sion*.

Vers. 12. *Quoniam requirens sanguinem eorum memoratus est : non est oblitus orationem pauperum*. Quia superius dixerat : Gentibus praedicate, et multos eorum constat occisos : ne quis putaret inultum esse quod gestum est, sequitur sanguinem martyrum ab impiis persecutoribus esse requirendum, ut in aeternum recipiant quod temporaliter effecerunt. *Memoratus est*, mirabiliter ad utrumque positum est : ut et persecutores vindicta terreret, et martyres promissio benigna reficeret. *Non est oblitus*, ad conquerentium infirmitatem dicitur roborandam, qui propter longinquitatem futuri judicii retributiones Deum aestimant aliquatenus oblivisci. 39 *Orationem pauperum*, petitionem dicit justorum, quam ex sua persona subter adjungit, ut de unoquoque fideli hoc intelligas, quod sibi propheta postulat largiendum.

Vers. 13. *Miserere mei, Domine, vide humilitatem meam de inimicis meis, qui exaltas me de portis mortis*. Ista est oratio cunctorum pauperum ad singularem numerum competenter adducta, quia semper in unitatem sanctorum haec turba perducitur. Sic enim sibi postulat subveniri, ut a clementissimo Rege videatur : quia revera conspectus ejus auxilium est, et tenebrosa protinus dispereunt, cum se tanti luminis serena concedunt. *Humilitatem* igitur suam de inimicorum superbia supplicat aestimari, quia tantum

carnaliter humiliantur martyres Christi, quantum persecutores eorum temporaliter videntur extolli. *Porta* vero *mortis* est diabolus, vel omnis illecebra saecularis : quoniam per haec ad aeternum exitium infeliciter introitur. *Exaltas me* dicit, id est, longe facis a talibus. Nam cum *porta mortis* sit conversatio scelerata multorum, jure se ab ea dicit *exaltatum* : quia praeceptis vitalibus adhaerebat.

Vers. 14. *Ut annuntiem omnes laudes tuas in portis filiae Sion. Exsultabo in salutari tuo*. Gratissima est portarum ista repetitio, ubi unum quidem nomen, sed res omnino diversae sunt; in illis mortis est aditus : in istis vitalis reperitur introitus. Liberatus ergo ex illis portis mortalibus, in istis portis Ecclesiae, quae beatitudinem tribuunt sempiternam, pronuntiaturum se laudes Domini pollicetur; per quas nomen ejus eximium toto orbe celebratur. *Sion* enim reliquas mundi generavit Ecclesias, quia ibi natum est unde fidei nostrae venisse constat exordium, quod manavit latius in toto orbe terrarum. *Salutare* Patris Christus est Dominus, virtus et sapientia ejus, qui nobis aeternam requiem tribuit et salutem. Merito ergo propheta in ipso se exsultare dicit, ubi gaudii nullus est finis.

Vers. 15. *Infixae sunt gentes in interitu quem fecerunt. In laqueo isto, quem occultaverunt, comprehensus est pes eorum*. In hoc et alio versu, qui sequitur, retributio peccatorum potenter exponitur : quia propria unusquisque iniquitate torquetur. *Infixas* enim dicit *gentes*, quae timore Domini non tenentur : sed quibusdam clavis peccatorum probantur esse confixae, ut se non valeant excutere, quas dura videntur ligamina cohibere. Quod ad Judaeos non improbe dicimus pertinere, ut ita sint malis suis affixi, quemadmodum in cruce clavis Dominum infigere decreverunt. *Laqueum* vero *occultaverunt*, quantum ad eorum dicitur votum; nam Christo celatum esse nil potuit, qui passionem suam innumera denuntiatione praedixit. *Comprehensus est pes eorum*. Perseveravit in metaphora laquei, quem superius dixit. Comprehensos enim illos dicimus, quos captio nodosa constringit. *Pes* autem significat gressus animi, et desiderium pravum, quod eos ambulare facit ad vitium; sicut Salomon in Proverbiis dicit : *Pedes eorum in malitiam currunt, et veloces sunt ad effundendum sanguinem* (Prov. I, 16).

Vers. 16. *Cognoscetur Dominus judicia faciens : in operibus manuum suarum comprehensus est peccator*. Vera nimis et absoluta sententia : quoniam tunc manifeste *cognoscetur Dominus judicia facere*, quando peccatoribus dabitur aeterna cruciatione torqueri. Hic enim quia sunt eis libera scelera, relinqui creduntur forsitan impunita; sed ubi dies ille manifestationis advenerit, et throno majestatis suae Dominus Salvator insederit, tunc generaliter agnoscetur operari judicia sua, quando humanum genus, sive a sinistris, sive a dextris, ejus fuerit arbitrio segregatum. Hoc est enim *judicia* vere *facere*, uniuscujusque merita sine aliqua confusione discernere. Sequitur sententiæ hujus aperta declaratio : dicit enim unde *cognoscitur Dominum* vere [*ed.*, vera] *judicia facere*; scilicet quando nexuosis operibus suis peccator astringitur, et secundum actuum qualitatem dignam recipit ultionem. Nam sensus ille omnino vitandus est, qui putat peccatorem sola delictorum suorum recordatione cruciandum; nam si hoc tantum sufficeret, quare diceretur : *Ite in ignem æternum, qui paratus est diabolo et angelis ejus* (*Matth.* xxv, 41), et illud : *Vermis eorum non morietur, et ignis eorum non exstinguetur* (*Isai.* LXVI, 24)? Non enim hic loca tormentorum negat peccatoribus dari, sed per qualitates operum suorum eos dicit esse torquendos. Sentiamus ergo locum peccatorum suppliciis esse præparatum : intelligamus extrinsecus pœnale malum, quod sceleratis legimus imminere. Nam ut revera cognoscamus beatitudinem a damnationibus quibusdam terminis esse divisam, recordemur divitem oculos sublevasse, pauperemque Lazarum in sinu Abrahæ fuisse conspectum, se autem flammis ultricibus deputatum (*Luc.* xvi, 23). Unde ordo iste veritatis nullatenus diceretur, si peccatores malorum recordatio sola torqueret. Hæc sunt *occulta filii*, quæ titulus prædixit.

Canticum diapsalmatis.

Novum diapsalma, cui superpositum probatur et canticum : unde nonnullos hæc res fecit advertere, diapsalma silentium non putare; aiunt enim fieri non posse ut canticum silentii esse videatur. Sed res ista determinationem quæ in præfatione posita est, omnino nil impedit : hic enim canticum non interruptionem verborum tollit, sed futuram videtur indicare lætitiam.

Vers. 17. *Convertantur peccatores in infernum : omnes gentes quæ obliviscuntur Dominum.* Venit ad tertiam sectionem, in qua peccatoribus finem sub alacritate animi pronuntiat esse venturum. *Convertantur,* dicit; ab hujus mundi delectatione tollantur, ne diutius possint in sua voluptate gaudere. Sequitur, *in infernum,* ne se crederent alibi esse mittendos. *Infernum* autem dictum est ab eo quod illic animæ jugiter inferantur : sive, ut quidam volunt, a parte inferiore. Sed hic *infernum* vult intelligi perpetuam mortem, ad quam sine dubio perventuri sunt qui Domini præcepta contemnunt. *Oblivisci* autem *Dominum,* est erroribus superstitionum, et cœno voluptatis involvi; nam econtrario illius memores sunt, qui talia non requirunt.

Vers. 18. *Quoniam non in finem oblivio erit pauperis : patientia pauperum non peribit in finem.* Videns propheta in hoc mundo divitibus despectui esse pauperes, et oblivioni crudelissimæ deputari, *in finem* sæculi, quando Dominus ad judicandum venerit mundum, pauperes 40 non dicit esse contemnendos; sed tunc magis in memoriam Domini illos venire, quando divites hujus sæculi a regni ejus muneribus excluduntur. Et quare illi *pauperes* a Domino commemorentur exponit. Dicit enim, *patientia pauperum,* quæ fidelissimos coronat; nam si quibuslibet ærumnis desit patientia, anima non potest esse perfecta. Quapropter patientia est inter anxias tribulationes sæculi usque ad finem mortis in timore Domini gratiarum actio jugiter observata ; sicut Dominus in Evangelio dicit : *In patientia vestra possidebitis animas vestras* (*Luc.* xxi, 19). Cujus rei tanta virtus est, ut etiam ipse Dominus, qui nihil patitur, patiens dicatur.

Vers. 19. *Exsurge, Domine ; non prævaleat homo : judicentur gentes in conspectu tuo.* Cum de fine sæculi propheta tractaret, adventum Antichristi cordis illuminatione prospexit, et periculi magnitudine perterritus, magna voce proclamavit : *Exsurge, Domine ; non prævaleat homo.* Ipse est enim homo pessimus, quem humana non potest sustinere conditio : in quo tanta erit versutia vel potestas, ut sola Domini virtus, ejus possit superare nequitiam. *Gentes* etiam petit celerrimo adventu judicari, quæ cum ipso sævissimo scelera magna facturæ sunt. Nam dum occulta potestate hic omnia Dominus administret, ibi tamen palam judicare petitur, ubi superbi nocere ulterius non sinentur.

Vers. 20. *Constitue, Domine, legislatorem super eos: ut sciant gentes quoniam homines sunt.* Evidentius jam de ipso dicit Antichristo, ut talis princeps detur peccatoribus, non qui eos regat, sed qui cum ipsis una depereat. Denique sequitur, *ut sciant gentes quoniam homines sunt.* Hoc autem dictum minantis est, ut ad conversionem potius inclinentur, qui de sceleris sui libertate præsumunt. Legis enim verissimus lator solus est Deus. Et quia ille contra præcepta Domini multa jussurus est, in maledicto ponitur, ut eis pravæ legis conditor tribuatur; quod non ad salutem sceleratis proficiat, sed ad ruinam.

Vers. 21. *Utquid, Domine, recessisti longe, despicis in opportunitatibus in tribulatione?* Interjecto diapsalmate, venit ad quartum membrum : ubi temporis illius mala pertractans, afflictorum consideratione Domino dicit more infirmitatis humanæ : *Cur recessisti longe?* non quod ille locum derelinquat, et ad aliud spatium transferatur qui ubique totus est, sed quasi recessisse creditur, cum subvenire tardaverit. Sed dum superius dixerit : *Quoniam non derelinques quærentes te, Domine,* hic sequitur, *despicis in opportunitatibus* ; sed illud constat dictum veraciter et definitive, istud autem pro gementium anxietate prolatum est. *Despici* enim nos credimus, si vel minimo tempore differamur ; sed ille tunc magis uberius præstat, cum magnæ patientiæ (*mss. A., B., F.*, pietatis) nobis solatia subministrat.

Vers. 22. *Dum superbit impius, incenditur pauper, comprehenduntur in cogitationibus suis quas cogitant.* Studiosius est hæc sententia perscrutanda : ne putetur exinde justus uri, quia peccator in isto sæculo videtur extolli. Sed sic potius intelligendum est, superbit impius, cum effectum malignæ voluntatis expleverit. Tunc magis pauper ad studium virtutis accenditur, quia dum viderit peccatorem nimis exaltatum, facile novit esse casurum ; et avidius ad humilia tendit, unde se exaltandum potius esse confidit.

Sed istis impiis ac superbis provenit illa damnatio, ut debitis pœnis, quasi quibusdam uncis apprehendantur: ne illos in lucem prodire liceat, qui tenebrosis actibus contraduntur. Deus bone, quantus horror est timere quæ non valemus effugere! sed dona hic illa odisse, quæ tuo præcepto jubemur evitare.

Vers. 23. *Quoniam laudatur peccator in desideriis animæ suæ, et qui iniqua gerit, benedicetur. Irritavit Dominum peccator.* Reddita est causa quæ peccatores cogitationibus suis faciat illigari. Malus enim dum prædicatur extollitur; nec de correctione cogitat, cui laudator blandiens invenitur. Sequitur exaggeratio iniquitatis; ut ille benedicatur, qui male potius actitare cognoscitur. Verum iste qui adulantium falsitate deceptus, in magnam se superbiam dominationis evexerit, quod proprie de Antichristo datur intelligi, qui fallentium catervis eousque perducitur, ut se non solum regem terrenum, sed etiam rerum omnium prædicet deum; sicut Apostolus dicit: *Ita ut in templo Dei sedeat, et extollat se super omne quod colitur, et quod dicitur Deus* (II Thes. II, 4). Sed ista illi proficiunt ad ruinam; *irritat* enim verum *Dominum*, ut falsus deus flammis ultricibus addicatur.

Vers. 24. *Secundum multitudinem iræ suæ non inquiret. Non est Deus in conspectu ejus.* In exponenda voluntate Antichristi perseverat: quia secundum peccata sua Dominum non requiret. Dicendo enim *secundum multitudinem iræ suæ*, ostendit omnia illum turbulenta crudeliaque facturum. Verum istius nequitiæ reddita est causa conveniens, quia in conspectu suo non habet Deum. O quam profunda cæcitas est, Deum ante oculos non habere! Nam si ultimum malum creditur solis lumina non videre, nonne apud superos inferna patiuntur, qui auctorem sacri luminis pro sua minime cæcitate respiciunt? De ipso quoque nequissimo Daniel propheta testatur dicens: *Et extolletur rex adversus omnem Deum, et magnificabitur super omnem Deum, et ad Deum deorum loquetur superbiam* (Dan. XI, 56).

Vers. 25. *Polluuntur viæ ejus in omni tempore; auferuntur judicia tua a facie ejus: omnium inimicorum suorum dominabitur.* Sicut de justis dicturus est: *Beati immaculati in via, qui ambulant in lege Domini* (Psal. CXVIII, 1): ita nunc de Antichristo dicitur, omnes semitas habere pollutas, id est cogitationes factaque sordentia. Necesse est enim ut sint contaminata atque polluta, quæ ducatu pestiferi diaboli sordidantur. Additur etiam nefarium scelus, ut cum vindictam in se respicit esse dilatam, Deum non putet exercere velle justitiam. Sic enim *auferuntur judicia* Dei a corde impii, quando videt tardius venire, quod celeriter meruerat sustinere. Et quod illi auget interitum, cum vitiis serviat, omnium inimicorum suorum obtinere dicitur principatum. Qua felicitate subvectus ad scelera pronior erit, cum nullum sibi obviam ire posse cognoverit. Qui tanta inferius proprietate describitur, ut jam non futurus, sed quasi præsens esse videatur. Quæ figura dicitur characterismos, quando aliquis,aut per formam describitur, aut per actus proprios indicatur.

Vers. 26. *Dixit enim in corde suo: Non movebor de generatione in generationem sine malo.* His verbis proprie cogitationem Antichristi designat, vel eorum qui ejus famulantur arbitrio, quoniam scriptum est: *Imitantur ergo illum, qui sunt ex parte ipsius* (Sap. II, 24). Qui sibi ipsi malitia faciente dicturus est, nullam gentem intactam relinquam: sed de ista natione me ulciscens, ad aliam gentem iterum transferar vindicandus; ut omnes studio pravo possit affligere, qui ejus visi sunt nisibus obviare. Actus vero suos uno verbo definivit, quando se sine malo nihil dicit esse facturum.

Vers. 27. *Cujus os maledictione et amaritudine plenum est: sub lingua ejus labor et dolor.* Nequitia ejus duplici perversitate describitur; in ore quippe habebit blasphemam maledictionem, cum se Dei Filium mentietur; amaritudinem, quando resultatoribus suis pœnam mortis indicet, et ad supplicia jubebit pervenire, qui eum tanquam numen [mss. A., B., F., nomen inane] contempserint adorare. Hæc habebit in ore quæ locuturus est publice. *Sub lingua* vero, quod ait, designat eum cogitationes habere sævissimas; ut cum ipse sit perditus, perdere cuncta festinet. Quarum rerum definitio *labor et dolor* est: *labor* cum diversis cladibus affligit innoxios; *dolor* cum martyres facit, quoniam sine labore et dolore corporis consummari non potest corona martyrii. Sic universa quæ loquitur vel cogitat, pari fæce polluta sunt.

Vers. 28. *Sedet in insidiis cum divitibus in occultis, ut interficiat innocentem. Oculi ejus in pauperem respiciunt.* Cum dicit, *Sedet in insidiis*, actus Antichristi latronum consuetudini comparavit, qui occultas vias insident, ut interficiant innocentes. Quæ figura dicitur phantasia, quoties in concipiendis futuris visionibus animus perducitur audientis. Tale enim Antichristi regnum dicit futurum, quod ad martyrum coronam, et infidelium ruinam constet esse permissum. Sequitur: *Cum divitibus*. Hic significat multitudinem malorum. Sæpe enim in Scripturis divinis *divites* in malo accipiuntur, sicut pauperes in bono. *Interficere* vero *innocentem* est de religioso facere sacrilegum, ejusque animam perpetua morte damnare. Nam cum dicit, *oculos ejus in pauperem respicere*, non respicit, ut prospiciat; sed ad hoc intendit, ut perimat.

Vers. 29. *Insidiatur in occulto, sicut leo in cubili suo.* Leonem in cubili suo antefatum dicit Antichristum, qui atrociter et dolose laceraturus est populum Christi. Inter initia enim persecutio Ecclesiæ violenta tantum fuit, ut a paganis, proscriptionibus, tormentis, cædibus, Christiani ad idolorum sacrificia cogerentur. Altera fraudulenta, quæ nunc per hæreticos et falsos agitur Christianos. Novissima superest, quæ per Antichristum prædicitur esse ventura: qua nihil periculosius, quoniam erit violenta nimis ex potestate regni singularis, et deceptiosa miraculis:

ut, sicut Dominus in Evangelio dicit, *seducat, si fieri potest, etiam electos* (Matth. xxiv, 24). Proinde ad vim pertinet quod positum est, *leo*; ad dolos, quod ait, *in cubili suo*. Sic utræque iniquitates ejus singulis sermonibus intimantur.

Vers. 30. *Insidiatur ut rapiat pauperem: rapere pauperem, dum attrahit eum. In laqueo suo humiliabit eum.* Iteratio insidiarum, nimietatem callidi persecutoris ostendit. *Rapere* vero *pauperem* significat subitum periculum animæ, ad quod ille nefandissimus trahere nititur innocentes. Deinde ad expositionem priorum sequitur decora repetitio; nam ut non putares pauperem raptum aut fisci debito, aut interpellatione causæ civilis, geminavit *rapere pauperem*; et mox causam persecutionis annectit, *dum attrahit eum*, id est, dum illum a veritate culturæ ad nominis sui venerationem molitur adducere. Et ne adhuc istud, *attrahit eum*, dubium habere potuisses, addidit: *In laqueo suo humiliabit eum*. *Laqueus* significat dolum, quo simplicium corda capiuntur, et velut nodo perversitatis lamentabiliter alligantur. *Humiliabit* autem, bene dictum est: quoniam de vera religione sine dubio cadunt, qui ad insana dogmata perducuntur.

Vers. 31. *Inclinabit se, et cadet dum dominabitur pauperum.* Hic jam de ipso tyranno dicitur, qui in Dei servos permissa potestate grassabitur. *Inclinabit se*, id est, cum animum suum nimia perditorum acquisitione remiserit, et quasi malorum copia crapulatus, in aliquod otium post sanctorum poenas afflictionesque pervenerit. Tunc ergo de sua præsumptione nequissimus cadet, quando illi cum suis sequacibus supervenerit repentinus interitus. Finem quippe sæculi nescit, quoniam eum Dominus in sua potestate constituit.

Vers. 32. *Dixit enim in corde suo: Oblitus est Deus: avertit faciem suam, ne videat usque in finem.* Nimis stulta cogitatio. Crediturus est Deum dissimulare, cui honorem sacrilegus conatur eripere, putans eum fideles suos nolle respicere, cum propter ipsum doceantur omnia poenalia sustinere. Ignarus veritatis contraria suspicione movebitur; nec intelliget quod sequitur: *Ne obliviscaris pauperum in finem*. Non enim dicit nihil eos esse passuros, sed nullatenus *usque in finem* esse deserendos.

Vers. 33. *Exsurge, Domine Deus meus, et exaltetur manus tua: ne obliviscaris pauperum in finem.* Decursis quatuor partibus, nunc exaltative propheta se convertit ad quintam: supplicans fieri quod tamen sciebat esse venturum. *Exsurge* dicitur, citius surge, hoc est celeriter veni. *Exaltetur manus tua: manus* operationem significat: sed ista Dei operatio judicium est, quod expectamus esse venturum. Illud enim desiderabat venire, ubi iste superbus posset occumbere. *Ne obliviscaris pauperum in finem.* Contra quos impius dicebat: *Avertit faciem suam, ne videat usque in finem*. Nunc rogat ne secundum votum Antichristi *obliviscatur pauperum in finem* sæculi, ubi futura est retributio meritorum.

Vers. 34. *Propter quid irritavit impius Deum* [mss., *Dominum peccator*]? *Dixit enim in corde suo, non requiret.* In hoc versu mirabili brevitate et sciscitatio præmittitur, et responsio apta consequitur. Interrogative enim pronuntiandum est: *Propter quid irritavit impius Deum?* Deinde respondendum est: *Dixit enim in corde suo, non requiret.* Constat quippe, ideo Dominum irritatum, quoniam eum impius facta sua non putabat posse requirere. Sed inveniet memorem, quem sperabat oblitum, et usque ad immensum sentit recipi, quæ præ multitudine delictorum credebat in memoria non teneri.

Vers. 35. *Vides quoniam tu laborem et dolorem consideras, ut tradas eos in manus tuas.* Istud jam 42 probata re [ed., probatori] Domino cum gratulatione dicendum est: *Vides* quoniam nullus tibi illudet. Superius enim dixerat: *Sub lingua ejus labor et dolor*; hæc nunc verba repetit: *Vides quia laborem et dolorem consideras*, quæ et ille perfidus dum sub lingua sua haberet, id est in cogitatione revolveret, cognosci penitus non credebat. *Consideras* profecto, quando in tuis manibus, id est judicio traditus non evadit; sed digna factis recipit, qui vacandum ab sceleribus non putavit. Sic omnis potestas penes Deum esse declaratur, qui peccatores ipse sibi et tradit et punit. Nam quod per ministros ejus geritur, ipsius virtute sine dubitatione completur. Quo fugiat, quem tanta virtus insequitur? Committat licet scelera, et diversorum hominum subversione pascatur; quidquid fecerit non erit impunitum, cum æterna damnatione torquebitur.

Vers. 36. *Tibi enim derelictus est pauper: pupillo tu eris adjutor.* In medium deductis impiis atque convictis, redit ad justos; ut sicut illi digna factis recipiunt, ita isti promissa præmia consequantur. Nam cum dicit: *Tibi derelictus est pauper*, ostendit quoniam qui illi derelinquitur, nulla utilitate fraudatur, quoniam hoc est pio principi dimitti, quod bonis omnibus tradi. *Pauper* enim dictus est a paululo lare. Relictum ergo dicit pauperem Deo, ut omnes videant quæ bona possint de ejus reportare judicio. *Pupillum* vero dicit, non cujus genitor carnalis occubuit, sed cui pater sepultus est mundus. Nam multos pupillos invenies orbatos patre visibili, et sunt blasphemi, abliguritores, et quod in illa ætate creberrimum est, luxuriosi, et hi a Domino probantur alieni. Sed ab illis pupillis dividi non potest adjutorium Dei, quorum pater diabolus in actione facinorum probatur exstinctus. Et intende quod dicit: *Tu eris adjutor*; ut cum carnaliter affligi videas eos, non dubites esse liberandos.

Vers. 37. *Contere brachium peccatoris et maligni; requiretur delictum ejus, nec invenietur.* Ante oculos prophetæ Antichristi nequitia redit; et rogat ne illi bacchari diutius liceat in sanguine beatorum. *Contere*, id est ad nihilum redige. *Brachium* ejus dicit potentiam qua peccatores male utebantur: quia insigniter impia faciebat; et hoc nomen ab eo singulariter meruit, quoniam in sceleribus similem non habebit,

Malignus, quia iniquus dissuasor erit ; ut quos terrore non potest pervertere, saltem conetur per noxia præmia declinare. *Delictum* autem *ejus*, dicit commissa perperam ; quod licet singulariter pronuntiatum sit, innumerabilia tamen ejus exstabunt sine dubitatione peccata. Omnia siquidem facta ipsius ac dicta peccata sunt, cujus universa vita delictum vocatur. Addit, *nec invenietur*, quia dubium non est perire scelestam potestatem, cujus damnandum constat auctorem.

Vers. 38. *Regnabit Dominus in æternum et in sæculum sæculi : peribitis, gentes, de terra illius.* Exstincta clade generali, ad futurarum rerum ordinem venit : quoniam interfecto Antichristo, Domini regnum æternum, pium, munificumque venturum est. Permittitur enim nimis præcurrere scelestum malum, ut gratius regnum Domini suscipiatur optatum : ubi jam beatorum adepta securitas conquiescat, nec ulterius formidentur insidiæ, quas magis sanctus vir in hoc mundo cogitur sustinere. *Gentes* autem posuit peccatores et impios, qui feraliter vivunt, nec Domini legibus obsequuntur. *De terra illius*, regnum significat Domini Salvatoris, quo soli beatissimi perfruuntur.

Vers. 39. *Desiderium pauperum exaudivit Dominus, concupiscentiam cordis eorum exaudivit auris tua.* Bene vota justorum verbis congruis exprimuntur. Dicit enim, *desiderium pauperum*, quod fit semper amore præmisso, ut illic eum evidenter videre cupiant, ubi nunc etiam mentis lumine transferuntur. Sequitur, *concupiscentiam cordis eorum*. Hoc verbum constat esse violentius. *Concupiscentia* enim ibi dicitur, ubi conjuratis quodammodo animæ viribus aliquid ardore mentis appetitur. Sequitur, *exaudivit auris tua*. Quod regulariter debemus advertere, nihil in Deo corporalium esse membrorum, sed virtutis ejus effectus, qua audit, auris vocatur ; qua videt, oculus ; qua perficit, manus. Verum hæc dicta condantur memoriæ, ne, quia crebro repetenda sunt, nos ipsa repetendo fastidium facere videamur.

Vers. 40. *Judicare pupillo et humili, ut non apponat ultra magnificare se homo super terram.* Ecce auctoritate prophetica commonemur, non solum quemlibet *pupillum*, sed *pupillum et humilem* Deo esse gratissimum. Nam cum dicit : *Judicare pupillo et humili*, significat pro ipso ferri posse sententiam. Sed cum *humilis* dicitur, justissimus approbatur. Sequitur quoque definitiva promissio, ideo illa quæ dicta sunt fieri, ut ulterius a nullo hominum permittatur excedi. Tunc siquidem omnia mala finienda sunt, quando auctor omnium peccatorum cum sua plebe damnabitur. Hæc sunt *occulta filii*, quæ psalmi hujus titulus canit. Nam licet per quædam indicia frequenter videantur edicta, quando tamen veniant, hominibus incognita habentur. De ipso enim die Dominus in Evangelio dicit : *De die autem illa et hora nemo scit, neque angeli cælorum, neque Filius, nisi Pater solus* (*Marc.* XIII, 32). De quo loco beatissimi Patres Hilarius et Augustinus Ecclesiæ sancta lumina, plurima et luculenta dixerunt : judicantes esse nefarium, si illa omnipotens Verbi humanatio aliquod de futuris ignorasse putaretur, quod Patrem scire prædicavit. Nam cum Petrus in Evangelio dicat : *Domine, tu omnia nosti, tu scis quia amo te* (*Joan.* XXI, 17) : item ipse Dominus dicit : *Omnia quæ habet Pater, mea sunt* (*Joan.* XVI, 15) ; utique Patris omnia non haberet, si quod Pater nosset, ille nesciret. Sed ita salutariter ac veraciter credendum esse docuerunt, ut per figuram metonymiam, id est transnominationem, quæ in Scripturis sacris sæpius invenitur, debeat intelligi, quod utiliter suos faciat nescire subjectos. Nam in Genesi Abraham Deus dicit : *Nunc cognovi quoniam times Dominum Deum tuum* (*Gen.* XXII, 12), id est nunc te cognoscere feci. Sic et hic positum est, *nescio*, id est nescire vos facio. Nam ipse Dominus alibi similiter dicit : *Nescio vos* (*Matth.* XXV, 12) ; cum utique quos damnabat ignorare non poterat. Denique interrogatus de ipso articulo dicit : *Non est vestrum scire tempora vel momenta* (*Act.* I, 7) ; non enim dixit, non est meum, vel non est nostrum, sed ait : *Non est vestrum scire*. Sic utrumque servatum est, ut et homines ignorarent quæ **43** illos non oportebat agnoscere, et hoc Dei Filius nequaquam carnis infirmitate nesciret. Quod si majestatem illam, quod dici nefas est, texisse ignorantiam suspicemur, fortior utique inveniretur ignorantia quam divina natura, quæ, ut stulte dicam, opprimere valuit providentiam, per quam omnia sunt creata. Sed cum hæc nimis doceantur absurda, credere dignum est totam Trinitatem, cui una atque omnipotens natura est, omnium rerum indefectam semper habere notitiam.

Conclusio psalmi.

Completa est psalmographi denuntiata promissio, reserata sunt *Filii occulta* miracula. O ingentes et admirabiles causæ, quæ quamvis expositæ videantur, adhuc tamen sine dubitatione secretæ sunt ! Nam cum prædicuntur, non habentur incognitæ ; dum ignorantur, quando veniant, adhuc obstrusæ esse monstrantur. Sic et secretum est quod dicitur, et quærentibus non tacetur. Quapropter effusius Domino supplicemus, ut nobis emendationem saluberrimam conferre dignetur ; quia sine excusatione peccat, cui retributio peccatorum prædicitur esse ventura. Mente quoque retinendum est, hunc psalmum esse primum in quo adventus prophetatur Antichristi. Numerus quoque præsens et illud occultum probatur aperire, quod hora nona Dominus emisit spiritum. Nam cum inter alia et de passione ipsius psalmus iste locutus sit, merito, et per calculum suum transitus ejus horam annuntiat, quando etiam crucis ipsius noscitur narrasse mysteria.

EXPOSITIO IN PSALMUM X.

In finem psalmus David.

Cum frequenter in titulis positum videatur, *In finem*, et intentionem mentis nostræ ducat semper ad

Dominum Christum, tamen propter diversa miracula positum esse non dubium est. Modo enim indicat gloriosissimam passionem, modo triumphalem et admirabilem cunctis gentibus resurrectionem: nunc autem sanctam fidem declarat, in qua hæretici digladiantur contra fidelissimos Christianos; ita fit, ut jugiter tendat ad Christum, quamvis diversis significationibus inveniatur aptatum. Quod etiam in reliquis psalmis, si aciem mentis intendas, cognoscis esse faciendum. De *Psalmo* autem et *David* illa meminisse sufficiat, quæ superius dixisse cognoscimur. Sciendum tamen hunc psalmum prolatum esse ad hæreticos destruendos.

Divisio psalmi.

Psalmus hic totus ad personam prophetæ referendus est. Primo capite de insidiatoribus dicit hæreticis, qui nituntur catholicos in suam convertere pravitatem. Secundo Domini judicium comminatur, et quid in illa retributione sustinere possint, evidenter ostendit, ut justitiam Domini metuentes, superstitiosas deserant falsitates.

Expositio psalmi.

Vers. 1. *In Domino confido: quomodo dicitis animæ meæ: Transmigra in montem sicut passer?* Hoc schema dicitur cœnonema, id est communicatio consilii; quod fit frequenter quando aut cum adversariis, aut cum adjutoribus [*ed.*, auditoribus] verba miscemus. Ad persuasores quippe hæreticos hic sermo dirigitur, qui volunt loqui quod impium est, ut contentionibus pravis seducant animas innocentes. His ergo vir fidelis dicit: Dum ego sim in religionis fixo cacumine constitutus, quemadmodum mihi suadetis, *Transmigra in montem*, id est ad hæreticam pravitatem: mentientes ibi esse Christum, ubi veritas nullum probatur habere vestigium. *Mons* enim in Scripturis divinis æquivocus est, quod dissimilibus rebus pro aliqua comparatione deputatur. Frequenter enim et in bono, et in malo ponitur; nam cum in bono *mons* dicitur, firmitas ejus consideratur, et honorabilis altitudo; cum in malo, stupor mentis, et elevata superbia. Sic unum nomen diversis rebus, consideratis qualitatibus, congruenter aptatur. *Passerum* quoque plura sunt genera: alii gaudent ad foramina parietum, alii valles roscidas requirunt, nonnulli montes appetunt squalentes. Sed nunc de illis dicit qui ad altissima loca terrarum levissima voluntate rapiuntur; ut his merito similes æstimentur, qui ad nequissimas prædicationes, levitate inconstantis animi transferuntur.

Vers. 2. *Quoniam ecce peccatores intenderunt arcum. Arcum*, mandata divina debemus advertere, quæ hæreticus tractans, et in sua pravitate componens, ad vulnus animæ tendit operandum, ut non ad salutem compungat, sed æterna morte transfodiat. Et bene *arcus* ponitur in sacratissimis Scripturis: quia in unum duo Testamenta conjungens, aut defensionem tribuit, aut ruinam; sicut Apostolus dicit: *Aliis quidem sumus odor mortis in mortem, aliis odor vitæ in vitam* (*II Cor.* II, 16).

Vers. 3. *Paraverunt sagittas suas in pharetra, ut sagittent in obscuro rectos corde.* Permanet in comparatione sagittarii; nam sicut iste habet *sagittas in pharetra*, ita ille gestat in corde verba venenosa. *In obscuro* vero, sive cum persecutionibus perturbatur Ecclesia, quando timore periculi carnales homines creduntur facilius immutari: sive in abscondito consilio, cum opportunius putant Christianos decipere, quando eos judicant sua consilia non videre. Sed cum dicit, *rectos corde*, insidias eorum ostendit inanes et vacuas. *Recti* enim *corde* non sunt, nisi qui nulla iniqua decipi persuasione potuerunt.

Vers. 4. *Quoniam quæ perfecisti destruxerunt: justus autem quid fecit?* Idem de ipsis hæreticis dicit, destruxisse illos legem Domini, cum interpretationibus falsis Scripturas sanctas lacerare moliuntur: convertentes in quorumdam necem, quæ a Domino prophetata sunt ad salutem. Subjungitur etiam defensio Domini Christi: dicit enim, si homines voluerunt æquitatem iniqua interpretatione subvertere, cur accusant eum qui juste locutus est? Errores enim non de præcepto trahunt, sed de nequissima sua voluntate concipiunt.

Vers. 5. *Dominus in templo sancto suo; Dominus in cœlo sedes ejus.* Exprobratis his qui falsa sentiunt de religione verissima, ad secundum caput propheta pervenit, in quo jam judicia Domini dicit esse ventura; ut humana perversitas saltem se considerata Domini districtione recorrigat. Et ut innocentem decipi aliquis non putaret impune, Dominum dicit in unoquoque religioso consistere; sicut ait Apostolus: *Si quis templum Dei violaverit, disperdet illum Deus. Templum enim Dei sanctum est, quod estis vos* (*I Cor.* III, 17). Ut sciat hæreticus a Deo se posse disperdi, a quo noscuntur corda recte credentium possideri. *Cœlum* enim sanctos viros significat, quos præsentia majestatis suæ Divinitas insidere dignatur. O quam pulchre suboritur laus re illæsa! Qualis enim honor, qualis est gloria suscipere Creatorem, quem non est dubium bonos semper invisere?

Vers. 6. *Oculi ejus in pauperem respiciunt; palpebræ ejus interrogant filios hominum.* Sicut infelices sunt a quibus avertitur, ita beati redduntur, ad quos propitius respicit Deus: quoniam intuitus ejus beneficium est, quia peccatorum tenebris non offunditur, qui tanta claritate lustratur. Nam et lapsus Petrus redire tunc meruit, quando eum clementia Divinitatis aspexit. Et intende quod prius posuit *oculos*; post vero *palpebras*. *Palpebræ* dictæ sunt a palpitando. Sunt enim quædam luminum thecæ, et quasi folles oculorum, quos claudimus dormientes, ut fatigatum corpusculum reparare possimus. Ergo quia in Domino membrorum ministeria per allegoriam frequenter aptantur, dicit eum, non solum quando intendit oculis, sed etiam tunc requirere, id est considerare filios hominum, cum ea negligere quasi dormiens æstimatur.

Vers. 7. *Dominus interrogat justum et impium; qui autem diligit iniquitatem, odit animam suam.* Non est improborum derogatio cogitanda, quando Dominus justum requirit et impium, qui omnia sub veritate discernit. Quod ideo dicitur, ut hominum desideria, opiniones fatuae non seducant; sed unusquisque circumspiciat conscientiam suam, de qua novit solum Dominum ferre judicium. Sequitur brevis et manifesta sententia. Quid est *diligere iniquitatem? odisse animam suam.* Se enim se persequitur, qui diabolum sequitur, dum illas semitas commeare vult, quae ad poenarum loca fugienda perducunt.

Vers. 8. *Pluit super peccatores laqueos: ignis et sulphur et spiritus procellarum pars calicis eorum. Pluit,* ad verba praedicantium retulit coelo manantia, quae piissimis imbres sunt; perfidis autem igniti laquei. Illi enim bene intelligendo, inde fructificant; isti male tractando animas suas nodo perversitatis strangulant. *Ignis* est quando eos flammea cura consumit; *sulphur,* quia cogitationes eorum detestabili fetore sordescunt; *spiritus procellarum,* dum se tumultuosa mente confundunt; *pars calicis eorum,* id est mensura qua pollutis actibus ebriantur. *Calix* autem et in bono dicitur, ut est: *Calix tuus inebrians quam praeclarus est* (Psal. XXII, 5)! *Calix* enim mensura est qua potantur animae. *Calix* autem dictus, eo quod assidue calidam soleat suscipere potionem. Macrobius quoque Theodosius in quodam opere suo gentem dicit Cylicranorum fuisse juxta Heracleam constitutam, composito nomen ἀπὸ τοῦ κύλιχος, quod poculi genus una littera immutata calicem dixit. Unde hoc nomen memoriae constat infixum.

Vers. 9. *Quoniam justus Dominus et justitias dilexit: aequitatem vidit vultus ejus.* Fit quoque de aequitate aeterni Regis decora conclusio. *Justum* dicit *Dominum* amare justitiam, quia nescit alios respicere, nisi qui norunt custodire justitiam. Adjecit, *aequitatem vidit vultus ejus:* illam scilicet aequitatem quam tamen propitius ipse concedit. Non enim quidquam ex se probi humanitas habet, nisi quod a Domino bonorum omnium susceperit largitore. *Vultus* vero hic propitiationem Domini significat. Nam et in alio psalmo legitur: *Vultus autem Domini super facientes mala* (Psal. XXXIII, 17). Sed quoniam hic dixit, *aequitatem vidit,* per aequitatem gratiam ipsius fecit intelligi.

Conclusio psalmi.

Quam bene versutias haereticorum et retributiones eorum psalmus iste mirabili brevitate complexus est! ut quorum futuras poenas agnoscimus, ab eorum pravitatibus arceamur. Est enim in numero ipso et virtus sancta Decalogi, qui humanae vitae provenit gloriosissimus institutor. Nam sicut ille hominum vitia condemnat, sic et iste sensum iniquae praedicationis impugnat: tanto a majore periculo liberans, quanto plus est in fide delinquere, quam carnis fragilitate peccare. Merito ergo et hic psalmus hunc numerum tenet, qui sensus nostros in orthodoxa credulitate perfectissima institutione confirmat. Nam et in Evangelio (*Luc.* XIX), bonus servus offerens decem talenta laudatus est, et potestatem supra decem civitates accepit in praemium. Apostolus quoque in magnum sacramentum, Verbum Domini decem scripsit Ecclesiis: significans sacrae doctrinae plenitudinem, hanc complecti numeri quantitatem. Nam et numerus ipse in magnam virtutem laudemque collectus est; qui licet in extensum calculum, infinitumque tendatur, ipse tamen in semetipso semper crescenti summa revolvitur; et probe, ut cum nihil recipiat extraneum, magnum de se facere videatur augmentum. Hic etiam merito dicitur decus, quoniam a decore nomen accepit.

EXPOSITIO IN PSALMUM XI.
In finem pro octava die psalmus David.

Octava, ut in sexto psalmo jam dictum est, ad aeternam pertinet requiem; nam octavum diem mundus iste non recipit, sed finito septimo semper redit ad primum. In istis enim diebus pluralis est numerus: ille autem singularis accipitur, qui nullo succedente mutatur. Quapropter dicenda virtus est psalmi, ut per ejus intentionem inscriptio tituli facilius possit intelligi. Petit itaque propheta iniquitatem mundi istius destrui, ut ad illam veritatem futurae promissionis debeat perveniri. Sic illud imperturbabile regnum significatur, quando ejus beatitudo indesinenter expetitur. Merito **45** ergo huic psalmo octavus dies aptatus est, ubi saeculi istius consuetudo vitiosa deseritur, et illius venire innocentia postulatur. Caetera vero hujus tituli verba praecedentibus expositionibus probantur esse notissima.

Divisio psalmi.

Prima parte propheta a mundi istius perversitate salvum se petit fieri, quoniam dolosi atque superbi potentiam Domini sceleratis oblocutionibus abnegabant. Secunda promissionem Patris per omnipotentem Filium praedicat esse faciendam: eloquia Domini sub brevitate collaudans, sicut prius sermones impios arguebat.

Expositio psalmi.

Vers. 1. *Salvum me fac, Domine, quoniam defecit sanctus: quoniam diminutae sunt veritates a filiis hominum.* Studiose discutiamus hoc principium psalmi, quoniam magnorum schematum decore formatum est. Exclamat enim ad Dominum subito propheta, ut de ipsa formidine appareat periculi magnitudo. Deinde per figuram synathroesmos, usque ad divisionem congregat multa, quae timuit. Quod schema inter violentissimas figuras accipitur, quando plurimae res in unum, et multa crimina colliguntur. Nam cum hoc saeculum respiceret animas multiformiter ingravare, *salvum* se petit a Domino *fieri*, apud quem veram medicinam noverat inveniri: *sanctum* dicens abesse de mundo, ubi tanta malorum inesse cognoscitur multitudo. Hoc, quantum ad homines pertinet, dicitur; caeterum ille ubique praesens esse cognoscitur. Et ne haberetur ambiguum, quod dixit, *defecit sanctus,* consequitur *diminutas esse veritates a filiis hominum.* Aliter enim *sanctus deficere* non poterat, nisi fuisset inter homines veritas imminuta. Quod argumentum dicitur a consequentibus, quando illud quod præmittitur, sequenti dictione firmatur. Verum cum dicit, *diminutas*, depravata Dei munera culpis hominum evidenter ostendit, qui collata sibi beneficia propria perversitate commaculant. Et intuendum quod plurali numero sunt positæ *veritates*, cum una sit veritas. Sed cum virtus ejus per unumquemque hominem cœlesti dispensatione tribuitur, multas esse testamur. Ut dicere solemus prophetia David, prophetia Jeremiæ, Evangelium Matthæi, Evangelium Joannis, cæterosque, qui hujus rei honore floruerunt : ita et veritates enuntiamus, quando qualitas ejus per individuas partes humanis mentibus Domini largitate præstatur. Potest etiam et ad Judæum populum competenter aptari, qui donis cœlestibus vacuatus credere non voluit, quem tantorum videntium turba prophetavit.

Vers. 2. *Vana locuti sunt unusquisque ad proximum suum : labia dolosa in corde, et corde locuti sunt mala.* *Vana*, falsa significat, juxta illud quod superius dixit, *diminutæ sunt veritates a filiis hominum*, quando contra Dominum Christum testimonia quærebant, et semetipsos pravis susurrationibus excitabant. *Proximos* autem significat, non tam cognatione generis quam sceleris participatione sociatos. Nam quod dicit, *in corde, et corde* : quoties volumus dolosos exprimere, duplicia eorum corda declaramus; sicut Jacobus dicit : *Vir duplex animo inconstans est in omnibus viis suis* (*Jac.* I, 8). Quando autem simplices cupimus indicare, unum cor in eis esse testamur, sicut in Actibus apostolorum legitur : *Multitudinis autem credentium erat cor unum et anima una* (*Act.* IV, 32). Sic et bilingues dicimus, qui in una sententia minime perseverant. Et respice prædictas res, qualis fuerit secuta sententia : *Locuti sunt mala*. Necesse est enim ut mala loquerentur, qui duplicia corda gestabant.

Vers. 3. *Disperdat Dominus universa labia dolosa, et linguam magniloquam.* Sequitur sententia generalis; sicut solet lege sanciri, quando unus peccat, et universale malum severitas promulgata condemnat. *Disperdat*, contra adunationem dicitur Judæorum; ut passim pereant, qui in una se pravitate collegerant. Lingua vero *magniloqua* est quæ sibi aliquid magnæ potestatis assumit; nec intelligit a Creatore datum, dum eventus rerum sibi putat esse subjectos; sicut Apocalypsis de Antichristo dicit : *Vidi in cornu illo quod erat excelsius, os loquens magna* (*Apoc.* XII, 5), etc. Et ne in bono *linguam magniloquam* potuisses accipere, præmisit, *labia dolosa*. Considera vero pietatem dicentis, quod non hominibus, quia multi ex ipsis convertendi erant, sed ipsis vitiis imprecatur.

Vers. 4. *Qui dixerunt : Linguam nostram magnificabimus, labia nostra a nobis sunt : quis noster Dominus est?* Illos exponit qui in prosperis rebus nimia loquacitate turgentes, gloriam suam exaltare præsumunt, et ponunt in propria potestate, quod se dementes a Deo non intelligunt accepisse. Hos paulisper interrogo, quare non sunt garruli, cum supervenientibus curis stupida taciturnitate constricti sunt ? Defigentes enim vultus in terram, claudunt ostia labiorum; et tanquam linguam perdiderint, sic confusis mentibus obmutescunt. Adde ægritudinum varios casus; ut frequenter non sit idoneus cibum petere, qui videbatur de labiorum se potestate jactare. Tunc ipsi, si possunt, dicant : *Labia nostra a nobis sunt : Quis noster est Dominus?* Istud autem, *Quis noster est Dominus?* Sacrilegorum verba repetuntur. Quæ figura dicitur antisagoge, id est contradictio.

Vers. 5. *Propter miseriam inopum, et gemitum pauperum, nunc exsurgam, dicit Dominus.* In his duobus versibus subtiliter Patris et Filii inspiciendæ personæ sunt, ut nobis intelligentiæ confusio possit auferri. Nam postquam arguit eos qui de Domini fundendo sanguine tractaverunt, venit ad secundam partem, in qua propheta voce Patris resurrectionem promittit Domini Salvatoris. Aliena enim verba referre possumus, cum tamen personæ nostræ non mutamus eloquium. Intelligamus autem quæ sit hic pietas Creatoris, quando *propter miseriam inopum, et gemitum pauperum* clarificatus est Dominus Christus : ne ejus fideles diutina tribulatione gravarentur. *Exsurgam*, metaphorice dictum est illum exsurgere qui nescit humana imbecillitate recubare. Sed exsurgam dicit, apparebo, et manifestabor in Filio. Una enim virtus, et indiscreta majestas est. Apparet enim et manifestatur Pater in Filio, sicut ipse in Evangelio dicit : *Qui me videt, videt et Patrem* (*Joan.* XIV, 9).

Vers. 6. *Ponam super salutari meo : fiducialiter agam in eo.* Salutare suum dicit Pater Verbum suum, quod est caro factum, per quod vita mortalibus venit, dum omnis credens salutem copiosa largitate consequitur. Et quid super eum ponit ? Consolationem scilicet, quam superius dixit inopum et pauperum : quod Domino Salvatore resurgente, fidelibus provenisse manifestum est. *Fiducialiter agam* : potestas omnipotentiæ paternæ declaratur, quia revera ille *fiducialiter agit*, cujus voluntati nullus prævalet obviare. Sic et de Christo in Evangelio dictum est : *Erat enim docens eos tanquam potestatem habens, non tanquam scribæ eorum et pharisæi* (*Matth.* VII, 29). Sed potestas Patris, Filii fiducia est; sicut Filii fiducia, potestas est Patris; quod toti Trinitati pro unitate naturæ certum est esse convenire.

Vers. 7. *Eloquia Domini eloquia casta.* Postquam dixit verba Patris, eadem ipsa laudando confirmat; nam sic omnia contigerunt, quemadmodum promissa noscuntur. Quid sint ergo *eloquia Domini*, sub brevitate definitur, id est *eloquia casta*, videlicet virginali integritate purissima, quæ nullum mendacium corrumpat, nulla macula falsitatis inficiat. Nam sicut castitas ignorat pollutionem, ita *eloquia Domini* nesciunt cum aliqua sorde misceri. Sed hoc non otiose accipias, quia contra illud ponitur, quod superius A dicimus quod comprehendere non valemus. Sub mensura enim Creator non est quæ creaturis omnibus data est; nec aliqua in eo potest esse dimensio, a quo rebus omnibus numerus, pondus, mensuraque præstatur. *Multiplicasti* autem *filios hominum*, ad illam promissionem respicit Abrahæ in qua dicit: *Multiplicans multiplicabo semen tuum sicut stellas cœli* (*Gen.* XVI, 10). Quod cum in sanctis suis et fecisse, et quotidie facere manifestum est.

dictum est de iniquis : *Vana locuti sunt unusquisque ad proximum suum*, ut inspecta rerum varietas ab iniqua nos consuetudine removeret. Quod schema Græce syndesmos dicitur, Latine collatio, quando sibi, aut personæ, aut causæ, sive ex contrario, sive ex simili comparantur. Illic enim *eloquia divina laudantur*: superius vero sermo humanus arguitur.

Vers. 8. *Argentum igne examinatum, terræ purgatum septuplum*. Adhuc definit per similitudinem metalli candidi quid sint *eloquia casta*. *Argentum terræ igne examinatum*, quod solet esse purissimum, quando frequenti fuerit decoctione mundatum. *Examinatum* quippe vel *purgatum*, contra illud ponitur, quod de peccatoribus ait : *Labia dolosa in corde et corde*. Et ut quamplurimum distaret agnosceres, addidit, B *purgatum septuplum*. Qui numerus ad septiformem Spiritum videtur posse respicere, id est, timorem Dei, pietatem, scientiam, fortitudinem, consilium, intelligentiam, sapientiam; per quæ Verbum divinum tanquam in succensis fornacibus manens, veritatis rutila coruscatione resplendet.

Vers. 9. *Tu, Domine, servabis nos, et custodies nos a generatione hac in æternum*. Sicut superius dixit : *Disperdat Dominus universa labia dolosa*, ita hic conservaturum Dominum promittit, qui eloquiis ejus pura mente crediderunt. Et vide, sanctæ regulæ, qua moderatione servatæ sunt. Dum dicit, *tu nos custodies*, præsumptionem caducæ humanitatis abscidit; ne quis de se confidendum ullatenus æstimaret. *A generatione hac* : sive Judæos, sive mundi istius si- C gnificat peccatores, a quibus nostra virtute non possumus custodiri, nisi illius miseratione protegamur. Addidit etiam, *in æternum*, quia hic nos in tribulationibus consolatur, ibi in æterna securitate constituit ; hic adjuvat, illic glorificat et coronat. Ita nos piissimus Creator et hic conservat, ne pereamus ; et ibi beatificat, ut nullatenus miseri esse possimus.

Vers. 10. *In circuitu impii ambulant : secundum altitudinem tuam multiplicasti filios hominum*. Postquam sermones impiorum in prima parte competenti exsecratione redarguit, et in secunda parte eloquia Domini mirabili prædicatione laudavit, venit ad conclusionem psalmi, in qua singulis partibus sub uno versu digna restituit. Dicit enim sub brevissima sententia : *In circuitu impios ambulare*; ut nunquam ad rectam D possint semitam pervenire. Tortuosæ siquidem viæ malis semper moribus applicantur, sicut Salomon de impiis dicit : *Dereliquerunt vias rectas, ut ambularent in vias pravas* (*Prov.* II, 13). Et ideo pervenire ad requiem octavæ diei nequeunt, qui rotarum more in sua semper terga vertuntur. Sequitur, *secundum altitudinem tuam, multiplicasti filios hominum*. Hoc ad illos pertinet qui sincere eloquiis Domini castis purissimisque crediderunt. Et vide quantum illis in isto verbo promittitur; dicit enim, *secundum altitudinem tuam multiplicasti filios hominum*; non secundum meritum suum, sed secundum illud quod humanas nescit angustias sustinere. Altum enim sæpe

Conclusio psalmi.

Consideremus hunc psalmum nimis utilia nobis sacramenta declarasse. Dixit enim quam vanis et superfluis homines locutionibus occupentur ; ut non veritatem qua vivant, sed quo moriuntur, velint affectare mendacium. Deinde quale sit eloquium Domini consequenter exposuit; ut salutariter unicuique sua sordeant, si quantum sint mundissima Domini verba cognoscant. Quibus rebus illud remedium datur, quoniam secundum potentiam Domini filios hominum constat posse liberari. Et quia undecimi numeri virtus, in quo hic psalmus est constitutus, evangelicum nobis cognoscitur indicare mysterium ; Patrifamilias supplicemus, ut in vineam suam saltem vel undecima nos hora clementissimus intromittat ; quatenus mercedem operibus non debitam, sed dignetur donare gratuitam. Nam et beatus Prosper in secunda parte libri qui inscribitur, *Ante legem*, *sub lege*, *et sub gratia*; de undecimo calculo sic ait : Neque sine hoc mysterio undecim velis ciliciniis tabernaculum desuper operiebatur, quo reum esse ostendat totum mundum Deo, ac sub pœnitentia degere. Ipsius enim numeri psalmus habet principium : *Salvum me fac, Domine, quoniam defecit sanctus, quoniam diminutæ sunt veritates a filiis hominum*.

47 EXPOSITIO IN PSALMUM XII.
In finem psalmus David.

Cum tituli hujus verba præcedenti expositione jam nota sint, convenit ut de continentia magis psalmi aliquid dicere debeamus. Totus enim de charitate loquitur Domini Christi, in qua est totius legis sita perfectio, quam si quis habet, omnia mundi istius blandimenta postponit ; nam dum ipsa sola ex toto corde requiritur, ejus contrarium non amatur. Charitas enim Dei quædam vernalis est pluvia virtutum, sub qua et beata voluntas germinat, et operatio sancta fructificat : patiens hic in adversis, temperata in prosperis, humilitate potens, afflictione lætissima, inimicis benevola, bonis suis superans malos. De qua etiam supernæ creaturæ semper accensæ sunt : flamma reficiens, desiderium salutariter crescens; et ut apostoli voce cuncta complectar : *Deus ipse charitas est* (*I Joan.* IV, 16). Quapropter ipsam nos decet expetere, ipsam sine fine desiderare ; ut quia hic inde expleri non possumus, saltem ex ea in futura retributione satiemur, sicut in centesimo decimo octavo psalmo legitur : *Defecit in salutari tuo anima mea* (*Psal.* CXVIII, 81). Istud enim deficere, felici est perennitate constare.

Divisio psalmi.

Cum respiceret propheta proxima parte genus humanum mortiferis superstitionibus occupari, nec ad culturam veri Domini puris sensibus festinare, credulitatem suam adventu sanctæ incarnationis magno desiderio deprecatur expleri; ut vel tunc confusa gentilitas salutariter devios errores abjiceret. Secundo membro, ad nostras petitiones efficaciter instruendas illuminari fidem suam vehementer expostulat: ne inimici aliqua fraude succumberet, qui semper se in ejus dicit misericordia fuisse confisum.

Expositio psalmi.

Vers. 1. *Usquequo, Domine, obliviscerís me in finem?* Plenus propheta, ut dictum est, Domini charitate copiosa, qua ejus humanationem avide sustinebat, confidenter eructans dicit differri se diutius ab exspectatione sua: quando omni desideranti valde molesta dilatio est. Quem licet illuminatione fidei credebat esse venturum, de ejus tamen tarditate conqueritur, cujus adhuc speratum cernere non merebatur adventum. Non enim obliviscitur Deus, sed ab eo qui desiderat, oblivionem creditur pati, quando differt donare quod petitur. *In finem,* hic tempus significat quo incarnationem Domini prævidebat esse venturam. Talis enim querela fideles animas pulsat, ut et sine fine cœlestia cupiant, et de Domini semper promissione confidant. Et intuendum, quod per hos quatuor versus ubique verba constantissimæ patientiæ ponit; dicit enim: *Usquequo, quousque, quandiu,* repetens etiam *usquequo.* Quæ figura dicitur epimone, quando similia dicta crebra repetitione geminantur.

Vers. 2. *Quousque avertis faciem tuam a me?* Apparitionem postulat Christi, quam in Spiritu jam prævidebat. Ipsa est enim *facies* ejus, quæ carnalibus oculis potuit apparere: quam ille vir sanctus affectu generalitatis merito cupiebat aspicere, quæ mundum dignata est cœlesti visitatione salvare. Sic et desiderium divini amoris ostensum est, et impletam charitatem constat in proximis: quando jugiter expetebat quod omnibus prodesse cognoverat. Utrumque enim conjunctum, utrumque sociatum; ut nec Deus sine proximo ametur, nec proximus sine Divinitate diligatur.

Vers. 3. *Quandiu ponam consilium in anima mea.* Hic ardor maximus sustinentis exprimitur. Dicit sibi deesse consilium, ut videndi possit mitigare affectum: quando inæstimabilis anxietas est concupiscere bonum, et diutius sustinere venturum.

Vers. 4. *Dolorem in corde meo per diem. Usquequo exaltabitur inimicus meus super me?* Adhuc super piis conquestionibus perseverat. Subauditur enim de versu superiore *ponam,* ut sit plena sententia: *Dolorem in corde meo ponam per diem,* id est per singulos dies, ut absolute continuatio temporis possit intelligi. Et respice versus istius primum verbum, ut jam non desiderium, sed decoro crescente ambitu excitatus dolor maximus sentiatur; quod utique fit quando spes longa protrahitur. *Inimicus meus:* de diabolo dicit, qui ante adventum Domini exaltatus humana captivitate gaudebat. *Super me,* hoc est super credulitatem meam, quia ille toto orbe colebatur instanter, cum devotionem fidei divina religio non haberet.

Vers. 5. *Respice et exaudi me, Domine Deus meus. Illumina oculos meos, ne unquam obdormiam in morte.* Venit ad secundum membrum deprecationis suæ. Sed quas hic pietatem ejus lacrymas profudisse credamus, ne dilatione diutina totus mundus captus erroribus interiret? *Me* enim cum dicit, non sibi tantum singulariter petit, sed universis fidelibus supplicat subveniri, quorum dilectione remedium generale petebatur. *Respice,* ad illud referendum est quod superius ait: *Usquequo avertis faciem tuam a me? exaudi* vero, ad illud quod dicit in capite psalmi: *Usquequo, Domine, obliviscerís me in finem?* Oculos autem cordis hic debemus advertere, qui in mortem obdormiunt, quando fidei lumine sepulto, carnali delectatione clauduntur. Ipse est enim somnus de quo lætatur inimicus.

Vers. 6. *Nequando dicat inimicus meus, prævalui adversus eum. Qui tribulant me, exsultabunt si motus fuero.* Hoc de diabolo et angelis ejus dicit, quibus talis consuetudo est, insultare dum capiunt, victorias suas putantes sequacium ruinas. Dicit enim: si divisus a te fuero, illis gaudium dabo qui detestabili consuetudine tunc efficiuntur læti, quando deceptos a se cognoverint possideri. Nam quod dicit, *si motus fuero,* significat infidelis animæ mutabilitatem: quia necesse est ut in laqueum diaboli pedem mittat, si se quispiam vestigio mentis a Domini firmitate subducat.

Vers. 7. *Ego autem in misericordia tua speravi. Exsultabit cor meum in salutari tuo.* Quamvis desiderio magno raperetur, patientiæ suæ tamen momenta declaravit dicens: quia etsi adhuc contingat propria vota differri, ipse tamen, superna misericordia suffragante, in spe ejus possit firmissimus inveniri, sicut Apostolus dicit: *Spes autem non confundit* (Rom. v, 5). *In tua enim misericordia* dicit, quoniam qui aliter putat, omnem spem suæ credulitatis evacuat. O virtus fidei, et firmitas magna credentis! Gaudebat ad præsentis absentiam, et interior homo Dei salutare jam conspexerat, quem adhuc exterior carnalibus oculis cernere cupiebat.

Vers. 8. *Cantabo Domino, qui bona tribuit mihi: et psallam nomini Domini altissimi.* Cum se in principiis crebra conquestione a desiderio suo dicat esse dilatum, hic sibi beneficia Domini jam lætus asserit contributa; sive quia per prophetiæ virtutem accepisse se dicit, quod manifeste noverat esse venturum; sive quia hoc ipsum credidisse jam præmium erat, sicut legitur: *Credidit Abraham Deo, et reputatum est illi ad justitiam* (Gen. xv, 6). Merito ergo accepisse se dicit, cui tanta fidei fuerat firmitas contributa. Et intende quod prius dixit, *cantabo;* deinde *psallam; cantabo* corde, ubi nimia lætitia complebatur [*ms. G.*, contemplabatur]; *psallam* operibus bonis, quod maxime Divinitas quærit; ut *cantabo* pertineat ad contemplativam, *psallam* ad actualem. Quæ duo tanquam gemini oculi pulcherrime sociata, reddunt illuminatissimum Christianum.

Conclusio psalmi.

Respiciamus prophetam in contemplatione beata positum, quanto desiderio gloriosam incarnationem Domini sustinebat; et hinc advertamus quale munus inde suscepimus, quod regem potentem, et sanctum prophetam tanto studio conspicere voluisse sentimus. Sed Domino supplicandum est, ne diabolo tradat sub desertione tentandos, et tali beneficio nos reddat indignos; ut cui ille adhuc venturo devotissime famulabatur, nos ei, qui jam venit, fideliter serviamus. Admonet etiam duodenarius numerus apostolorum nos recolere quantitatem, qui doctrina perfectissima mandatorum, et Dominum supra omnia dilexerunt, et proximos eadem ut se charitate complexi sunt; ut merito hic psalmus talia nobis sacramenta concesserit, qui apostolorum noscitur numero consecratus. In duodecim quoque tribus Hebræorum populum constat esse divisum. Duodecim etiam sedes in judicio venturo Dominus promittit apostolis. Duodecim quoque mensibus annus ipse partitus est. Sed et alia hujusmodi plura diligens lector invenies, ut hunc calculum multis mysteriis refertum esse cognoscas.

EXPOSITIO IN PSALMUM XIII.
In finem psalmus David.

Cum verba ista præmissis expositionibus omnino jam nota sint, memoria potius de his quam sermo noster requiratur. In titulis autem juste *finis* frequenter repetitur, ut semper ad omnipotentem Christum audientis animus erigatur. Sed *finis* iste, sicut dictum est, variis significationibus sensum nostrum transmittit ad Dominum: nunc tribulantium confessione, nunc exsultatione lætantium, nunc docentis affectu, nunc comminatione judicii. Modo tamen psalmus hic Judæorum vesaniam vehementi increpatione castigat: asper invectionibus, terribilis profanis, amarus incredulis; ut hæc increpatio merito sanctæ detur Ecclesiæ, contra cujus propositum demens perfidia pravas intentiones nititur excitare.

Divisio psalmi.

Facies illa Domini, quæ in duodecimo psalmo desiderabili supplicatione petebatur, hic jam introducitur advenisse. Et ideo primo modo increpat Ecclesia catholica Judæos, qui viso Christo minime crediderunt. Secundo modo dicit inani eos trepidatione confundi, qui fructuosum timorem Domini cognoscere noluerunt. Ad postremum, eorum in finem sæculi prædicitur evenire conversio, cum plenitudo gentium longis sæculis exspectata provenerit; ut cum Domini pietas in eis proditur, ad confessionis remedia facilius invitentur.

Expositio psalmi.

Vers. 1. *Dixit insipiens in corde suo : Non est Deus.* Videns populus Judæorum Christum humiliter in assumpta carne venisse, insipienter dixit: *Non est Deus.* Nec intellexit ipsum esse qui prædictus erat a prophetis. Ideo gravius quia non labiis, sed *dixit in corde;* ut malo voto pejor incredulitas jungeretur.

Vers. 2. *Corrupti sunt et abominabiles facti sunt in voluntatibus suis; non est qui faciat bonum, non est usque ad unum.* Corrupti sunt, dum ab Scripturarum sanitate recedentes, in sensus probati sunt incidisse vitiosos. Sequitur deinde pœna peccati, ut nefandissima incredulitate maculati, *abominabiles* Domino suis erroribus redderentur. *Voluntas* enim dicta est a volatu, quoniam animus quo vult nimia velocitate transfertur. Sequitur, *non est qui faciat bonum.* Quid ergo dicimus de patriarchis? Nonne bonum fecit Noe, cum Domini præceptis obediens, in arcam salvandus intravit? Nonne idem bonum fecit Abraham, cum filium suum obediens divinis jussionibus obtulit immolandum? Nonne bonum fecit Job, qui dura passione percussus, in omnibus Domino gratias actitavit? Quid dicam de prophetis et apostolis, qui mandatis Domini famulantes, seipsos gloriosis mortibus obtulerunt? Fiunt hodieque, Domino largiente, justorum operatione quæ bona sunt. Sed, ut hæc negatio verissime tibi debeat elucere, considera quid sequitur, *non est usque ad unum.* Revera solus est Christus, sine quo bonum aliquod vel incipere vel implere imbecillitas humana non prævalet. Quapropter jure negatum est ullum facere bonum, nisi usque ad ipsum fuerit ejus miseratione perventum. Nam cum ad eum acceditur, nec ab ipso receditur, omne bonum sine dubitatione peragitur. Iste est ergo finis, qui est promissus [*ed.*, præmissus] in titulo.

49 Vers. 3. *Dominus de cœlo prospexit super filios hominum.* Quomodo *prospexit*? Scilicet ut nobis mitteret Unigenitum Filium suum, per quem vera fides evidentius potuisset agnosci. *Super filios hominum,* de Judæis potest intelligi, sicut in Evangelio Dominus ait: *Non sum missus, nisi ad oves quæ perierant domus Israel* (*Matth.* xv, 14), ut honoratius eos appellaverit *filios hominum* propter unius Dei cultum et in comparatione gentilium. Illi enim populo specialiter cognoscitur datum, quod repellendo sacrilegus a se reddit alienum.

Vers. 5. *Ut videat si est intelligens, aut requirens Deum. Videat,* videri faciat. Quod schema dicitur hypalage, id est permutatio, quoties in alium intellectum verba quæ dicta sunt transferuntur; ut dicatur ex tempore nosse quidpiam, qui antequam fiant, novit universa. Sic et Abrahæ locutus est Dominus: *Nunc cognovi quoniam times Dominum Deum tuum* (*Gen.* xxii, 12); sic dicturus est in judicio suo peccatoribus: *Nescio vos* (*Matth.* xxv, 13), et his similia. Quod genus locutionis in Scripturis divinis reperis frequenter insertum. *Intelligens* autem dixit propter assumptionem humanitatis, quia Deus intelligi debuisset, qui multis miraculis adventum suæ divinitalis ostendit. *Requirens* vero posuit, si ejus mandata sequerentur. Ille enim *requirit Deum*, qui ab ejus voluntate non discrepat. Sic uno versu mysterium sanctæ incarnationis ostensum est, ut per hoc et hominum fides potuisset intelligi, et remedium debuisset optati muneris inveniri.

Vers. 5. *Omnes declinaverunt, simul inutiles facti sunt: non est qui faciat bonum, non est usque ad unum.* *Omnes* dicuntur *declinasse*, cum tamen ex eis non minima turba crediderit. Sed a parte totum accipiendum est; tanti enim impii fuerunt, ut pene omnes perfidi esse ac periisse putarentur. Isti ergo *declinaverunt* a gratia Dei, et *facti sunt inutiles* sibi.

Vers. 6. *Sepulcrum patens est guttur eorum, linguis suis dolose agebant.* Hi quinque versus usque ad divisionem secundam in Hebræis exemplaribus non habentur. Sed quoniam in usum Ecclesiæ consuetudine longa recepti sunt, prout concessum fuerit, singulos exponemus. Præsens itaque versus et in quinto psalmo jam dictus est. Verum quia eadem erat gens, et causa consimilis, apte in illos repetita probatur esse sententia. Merito ergo *sepulcrum dictum est guttur eorum*, qui mortifera loquebantur; nam sicut illa cum patent fetidos odores exhalant, ita et istorum *guttur* pestiferos sermones proferebat; *et ne soli pereant, linguis suis dolosa disseminant*. Memento autem quod in his quinque versibus, per secundam speciem definitionis, quæ Græce dicitur ennœmatice, Latine notio nuncupatur, illos insipientes designarit de quibus superius ait, in cordibus suis cogitare sacrilega. Quæ species non substantialiter quid sit designat, sed eos evidenter insinuat per suorum actuum qualitatem.

Vers. 7. *Venenum aspidum sub labiis eorum: quorum os maledictione et amaritudine plenum est.* Aspidum immane genus constat esse serpentium, quod naturali obstinatione verba incantantium non perhibetur admittere, nec a voto suo potest removeri, quod nullo valet carmine mitigari. Huic Judæi aptissime comparantur, qui adversum verba salutaria induxerunt miseri lethiferam surditatem; et elegerunt magis consilia venenosa sequi, quam ad salutaria instituta perduci; ut merito de illis dictum esse videatur: *Elegerunt magis tenebras quam lucem* (*Joan.* III, 19). *Venenum* enim dictum est ab eo quod per venas serpat. Sic et vota malignorum occulta cogitatione grassantur. Sequentia quoque pulchre nimis in *aspidis* comparatione manserunt, cui dum blanda carmina dicantur, illa semper minatur exitium: ita et *os Judæorum maledictione et amaritudine plenum erat*, quando pro bonis admonitionibus blasphemabant Dominum Christum, et de ejus nece tractabant.

Vers. 8. *Veloces pedes eorum ad effundendum sanguinem.* *Pedes* appellat consilii progressus, quibus de incœpto movemur ad exitus rerum. Nam quod dixit, *veloces*, ostendit moderationis illis consilia defuisse. *Ad effundendum sanguinem*, subaudiendum, Domini Salvatoris; ut celeritate (mss. et ed., sceleratæ) rei, crescat immanitas actionis. Ita san-guis iste Agni immaculati, dum a Judæis effusus est, nimis eos criminosos effecit; sed cum ad nos pervenit, beatitudini consecravit.

Vers. 9. *Contritio et infelicitas in viis eorum, et viam pacis non cognoverunt.* Optime via describitur impiorum, quæ *contritio* est, quia et terit et teritur. *Infelicitas* vero, quia nunquam per ipsam, nisi ad infausta supplicia pervenitur. Sed potest aliquis et in via peccatorum esse, et ad viam iterum redire justitiæ. Hic autem negat illos aliqua conversione liberatos, cum dicit, *viam pacis non cognoverunt*, quando ipsum Dominum, qui est *via pacis*, cæcati corde nullatenus intelligere meruerunt.

Vers. 10. *Non est timor Dei ante oculos eorum.* Præcedentibus rebus subjuncta est sententia quæ pulchre cuncta concluderet. Ideo enim illi tanta fecerunt, quia *timorem Dei ante oculos* non habebant; sicut de ipsis dicit Apostolus: *Si enim cognovissent, nunquam Dominum gloriæ crucifixissent* (*I Cor.* II, 8). Sic vere dicimus Dominum gloriæ crucifixum, cum tamen eum constet carnis tantum, non etiam divinitatis natura fuisse trucidatum.

Vers. 11. *Nonne cognoscent omnes qui operantur iniquitatem, qui devorant plebem meam sicut escam panis? Dominum non invocaverunt.* Sancta Ecclesia, cujus persona in hoc psalmo loquitur, venit ad secundum modum, ubi omnibus impiis divinum judicium comminatur: dicens in illa retributione generali cognoscere vindictam, qui nunc operantur sub libertate malitiam. Ordo autem verborum talis est: *Nonne cognoscent omnes qui operantur iniquitatem*: Et de sequenti versu jungendum est, *quoniam Deus in generatione justa est.* Utique *cognoscent* in futuro judicio, quando viderint bonos ad æterna præmia divinitus (mss. A, B, F. divinitatis) invitari, se vero ad supplicia nunquam finienda transmitti. *Qui devorant plebem meam.* De illis dicit, qui dogmate ferali absorbent simplices Christianos. Nam quod ait, *sicut escam panis*, animo peccantium videtur aptatum; quia sicut esurientes famem suam putant dulcissimo cibo panis expleri, ita et isti festinant Christianorum deceptione satiari. Additum est unde illis augeatur interitus: quia *Dominum invocare noluerunt.* Necesse enim erat illos desperata gerere, qui Dominum Salvatorem noluerunt superbis mentibus invocare.

Vers. 12. *Illic trepidaverunt timore, ubi non erat timor, quoniam Deus in generatione justa est.* Sicut opportuno tempore timere providentia est, ita dementiæ probatur esse conjunctum, inepta se quadam trepidatione confundere. Illic enim constat esse cautelam, hic arguitur semper ignavia. Merito ergo inani tremore concussi sunt, qui timorem Domini salutarem in hoc sæculo de suis mentibus abjecerunt. Dicebant enim Judæi: *Si credimus in eum*, pro ipsa novitate culturæ, *venient Romani, et tollent nobis et locum et gentem* (*Joan.* XI, 48). Ita factum est, ut non timendo Dominum supervacuis trepidationibus angerentur. Addidit, *quoniam Deus in genera-*

tione justa est. Sententia secuta est, quæ corrigeret infideles, ut meminerint continentiam sibi Divinitatis abesse, cum se videant ventosa felicitate consurgere. Quod totum pia mente prædicitur, ut improborum mens sacrilega corrigatur.

Vers. 13. *Consilium inopis confudisti, quoniam Dominus spes ejus est.* Invectio dirigitur ad Judaicum populum, cui dicitur ænigmatice: Christi *consilium confudisti*, id est suscipere noluisti, qui ad te venerat liberandum; ut qui dare disposuerat creditus salutem, contemptus ingerat ultionem. *Inopis* autem dicitur de Domino Salvatore, qui de suo dives, propter nos factus est pauper (*II Cor.* VIII, 9). Et totus hic versus sub admiratione legendus est. *Consilium inopis confudisti, quoniam Dominus spes ejus est*; ut unde magis debuit reverentior existere, inde potius videretur contemptus opprobria sustinere. Nec moveat quod a parte assumptæ humanitatis spes sanctæ incarnationis dicitur Deus. Aliter enim humilitas humanitatis ejus ostendi non potuit, quam pro hominum salute suscepit; sicut et in alio psalmo dicturus est: *Deus, Deus meus, respice in me: quare me dereliquisti* (*Psal.* XXI, 2)?

Vers. 14. *Quis dabit ex Sion salutare Israel? cum averterit Dominus captivitatem plebis suæ.* Postquam de Domini adventu Ecclesia sancta locuta est, nunc ad admirationem tanti beneficii redit dicens: *Quis dabit ex Sion salutare Israel?* Cum dicit: *Quis*, nullum vult intelligi, nisi Dominum Patrem, qui Dominum Christum in Sion, id est in Jerusalem mittere ac præstare dignatus est. Ipse est utique *Salutaris Israel*, hoc est, bene credentium æterna salus et infinita securitas. Sequitur, *cum averterit Dominus captivitatem plebis suæ*, id est cum damnaverit diabolum, qui Dei plebem impia crudelitate persequitur et captivare festinat.

Vers. 15. *Lætetur Jacob, et exsultet Israel.* Superiori interrogationi jungitur consolativa responsio; ut *lætetur Jacob*, id est Judæorum et gentium populus per gratiæ munera collectus sive colligendus, qui aliquando sua infidelitate vagatus est. Illic enim *Jacob*, Judæorum antiquus populus debet intelligi; quamvis ejus nomen more Scripturarum et novo populo in subsequentibus datum esse videatur. *Israel* autem universalem Ecclesiam de cunctis mundi partibus aggregatam congruenter advertimus, quæ necesse est ut *exsultet*, quando ad regnum cœlorum Domini miseratione pervenerit. Et vide, diversis causis quam propria verba tributa sint! *Lætabitur Jacob*, quia non speratam suscepit medicinam. *Exsultabit Israel*, id est inenarrabili gaudio cumulabitur, quando viderit re, quod ardentissime desiderabat spe.

Conclusio psalmi.

Si pio animo dicta cogitemus, illa nobis virtus in hoc psalmo prædicata est, ut inimicis nostris, quantum in nobis est, mente benevola consulamus, ne cæca obstinatione durati, insolubili mancipentur errori. Increpat enim Ecclesia populum peccatorem, ut ad suum non festinet exitium: quatenus pravitate deposita non moretur abjicere, unde potest modis omnibus interire. Quapropter et nos, prout datum fuerit, sequamur instituta reverenda. Suadeamus hæreticis rectam fidem, superbis prædicemus sanctam humilitatem. Nobis potius ista conferimus, si talibus prodesse mereamur. Scire autem debemus primum hunc esse psalmum eorum qui de Judæorum increpatione et conversione conscripti sunt. De numero quoque hujus psalmi sic conjicere non putamus absurdum: ut quia sancta Ecclesia introducta est ad loquendum, quæ et quinque libros Moysi, et octo dierum pro dominica resurrectione recipit mysteria, merito persona ejus tertium decimum calculum tenere videatur, quia Novi et Veteris Testamenti sacramenta complectitur. Sive quod iste numerus ad illud aptari potest, quod a natali Domini usque ad ejus apparitionem tredecim dies esse noscuntur. Merito ergo cœlestibus rebus supputatio ista completa est.

EXPOSITIO IN PSALMUM XIV.

In finem psalmus David.

Cum titulus iste nos solemniter remittat ad Dominum, nec sit aliquid novi quod de ejus verbis dicere debeamus, de textu potius psalmi quæ sunt aptissima perquiramus. Non enim, ut aliqui psalmorum, quadam profunditate velatus est; sed propheticæ interrogationi respondet Dominus in Decalogi exemplum, decem virtutibus ad beatitudinis suæ atria perveniri. Quas non per singulos versus quæras, quoniam singulæ et binæ et ternæ per unumquemque versiculum continentur. Sed nos opportunissimis locis, quemadmodum dividi et intelligi debeant, admonebimus. Et nota quod hic institutor fidelium secundus est psalmus. In primo enim beatum virum quinaria divisione complexus est, dicendo: *Qui non abiit in consilio impiorum, et in via peccatorum non stetit, et in cathedra pestilentiæ non sedit: sed in lege Domini fuit voluntas ejus, et in lege ejus meditabitur die ac nocte.* (*Psal.* I, 1, 2). Hic autem talem virum decem dicit sanctis præeminere virtutibus. Sic et ibi Pentateuchi, et hic Decalogi virtus ostenditur.

Divisio psalmi.

Divisio psalmi hujus tota in interrogatione et responsione noscitur constituta; sed interrogatio constat uno versiculo, responsio vero sex versibus continetur. Nunc ad exponenda verba veniamus.

51 *Expositio psalmi.*

Vers. 1. *Domine, quis habitabit in tabernaculo tuo, aut quis requiescet in monte sancto tuo?* Desiderans propheta nosse quos dignos Ecclesia sua Dominus judicaret, tanquam pius sacerdos ante faciem ejus assistens responsa petit, et de sciscitatione sua cupit se fieri certiorem. Quæ figura dicitur eroteuma, quando interroganti fit apta responsio. Interrogat enim, *quis in ejus tabernaculo possit habitare?* Sed cur vocetur *tabernaculum* paulo diligentius perscrutemur. Majores nostri domos pauperum tabernas appellaverunt, propterea quia tantum trabibus, non adhuc tegulis tegebantur, quasi trabernas. Et quia ibi habitabant et cœnabant, sicut antiquis mos erat semel cibum sumere, ex duobus nominibus unum traditur factum esse vocabulum, id est ex traberna et cœnaculo, quasi trabernaculum. Hinc jam tabernacula consonanter dicta sentimus expeditionales et subitas habitationes. Nam et in Veteri Testamento jussit sibi Dominus *tabernaculum* fieri (*Exod.* xxvi), cum Israeliticus populus esset in castris, ut velut quædam domus divina simul moveretur cum mansionibus Hebræorum. Unde factum est ut fides catholica, quæ per Ecclesias toto orbe diffusa est, Dei *tabernaculum* nuncupetur. De quo etiam et Josephus in libro Antiquitatum tertio, titulo septimo, diligenti narratione disseruit, quod nos fecimus pingi, et in pandectis majoris capite collocari. *Montem* vero *sanctum* significat Jerusalem futuram. Sed intuere quam pulcherrime varios se sensus apta verba distinguant. *In tabernaculo* dicitur, *quis habitat?* de illo qui adhuc in hujus sæculi agone contendit. *In monte quis requiescit?* quando jam unusquisque fidelium post labores hujus sæculi, æternæ pacis securitate reficitur.

Vers. 2. *Qui ingreditur sine macula.* Venit ad secundam partem, unde jam quasi ex adytis responsa tribuuntur; et ex persona Domini Christi dicitur, quod et desiderio satisfaciat postulantis, et incarnationis ejus adorabile revelet arcanum. Prima siquidem gloria ipsius fuit *ingredi* tabernaculum *sine macula*, quando templum Jerusalem a peccatis liber intrabat. Nam cum alii domum Dei purificationis causa fuerint ingressi, ille solus taliter introivit, ut *sine macula* ante conspectum Patris assisteret, ut non illi lex aliquid daret, sed ipse potius legem, sicut optimus legislator, impleret.

Vers. 3. *Et operatur justitiam.* Hæc secunda est quam Dominus fecit, cum de synagoga vendentes et ementes ejecit, in divino templo humanum prohibens esse commercium; ait enim : *Domus mea domus orationis vocabitur; vos autem fecistis eam speluncam latronum* (*Matth.* xxi, 13).

Vers. 4. *Qui loquitur veritatem in corde suo.* Tertia est quam singulariter Salvator noster implevit. *Veritas est enim res quæ nullatenus aliter quam confirmaverimus, aut fit, aut facta est, aut facienda esse monstratur.* Loquebatur enim tacitus *in corde suo veritatem*, quando dolose perquirentibus sermonis sui mysteria non prodebat. Nam cum Judæorum falsitatibus et voce præsidis urgeretur, admirantibus cunctis, non ei respondit ullum verbum; sed in sancta sua conscientia loquebatur, quod digni non erant audire qui eum fraudulenter videbantur inquirere.

Vers. 5. *Et non egit dolum in lingua sua.* Venit ad quartam. Nam sine dolo omnia se fuisse locutum in Evangelio testatur ipse dum dicit : *Omnia quæ audivi a Patre meo nota feci vobis* (*Joan.* xv, 15). Quid enim mundius, quidve simplicius, nisi ut veritas illa incommutabilis nulla adjectione vel suppressione violata, ad aures hominum integritate purissima perveniret?

Vers. 6. *Nec fecit proximo suo malum.* Quintam ingressus est, quæ item probatur in Domino, qui non solum nullum læsit, sed etiam patienter cuncta sustinuit. *Proximum* vero dixit populum Judæorum, a quo traxit carnis originem, pro quibus etiam in cruce positus oravit dicens : *Pater, ignosce illis, quia nesciunt quid faciunt* (*Luc.* xxiii, 34). Vides *proximo malum non fuisse factum:* quando pro eis etiam, ut absolverentur oratum est.

Vers. 7. *Et opprobrium non accepit adversus proximum suum.* Hæc sexta est, quæ Judam Scarioth designat. Nam dum se nosset ab ipso tradendum, nulla eum voluit publica increpatione confundere, sed tantum generaliter dixit : *Qui mecum manum mittit in parapside, ipse me traditurus est* (*Matth.* xxvi, 23). Ita factum est, ut nec divinitatis suæ virtutem intelligentibus celaret, et proximi famam mordaci laceratione non carperet. *Non accepit*, id est gratum non habuit. Accepta enim illa dicimus, quæ nobis grata esse monstramus.

Vers 8. *Ad nihilum deductus est in conspectu ejus malignus: timentes autem Dominum magnificant.* Hæc est responsio septima, ubi diabolum *malignum in conspectu suo deduxit ad nihilum*, quando ei dixit : *Redi retro, Satanas, non tentabis Dominum Deum tuum* (*Matth.* iv, 7). Hoc enim cui potest alteri congruere, nisi quem constat virtute propria cunctis spiritibus imperare? Sequitur etiam alterius partis decora subjunctio, ut sicut *in conspectu ejus malignus ad nihilum deductus est*, ita qui *Dominum timent*, eum semper puro corde *magnificent*. Quod schema dicitur paradigma, sicut et in primo psalmo jam dictum est. Invitat enim nos prosperis, et terret adversis.

Vers. 9. *Qui jurat proximo suo et non decipit eum.* Octava virtus edicitur, quam Dominus fecit quando apostolis suis certissima veritate promisit dicens : *Vos amici mei estis si feceritis quæ ego præcipio vobis. Jam non dico vos servos* (*Joan.* xv, 14). Inspiciamus autem quid ista sententia in principio suo dicit : *Qui jurat proximo suo?* Jurare enim est hominum sub attestatione divina aliquid polliceri. Sed cum et Deus ipse promiserit, aptius dicitur eodem pollicente juratum. *Jurare* enim dictum est, quasi jure orare, id est juste loqui. Tunc autem quispiam juste loquitur quando ea quæ promittit implentur. *Jurare* ergo Deum promittere atque complere est, sicut alibi dicit : *Juravit Dominus David veritatem, et non frustrabitur eum* (*Psal.* cxxxi, 11). Et iterum : *Jusjurandum quod juravit ad Abraham patrem nostrum* (*Luc.* i, 73). Quod multis locis in divina lectione reperies.

Vers. 10. *Qui pecuniam suam non dedit ad usuram.* Nona jam tangitur quam subtilius indagemus. Duobus modis in Scripturis sanctis *pecunia* probatur intelligi : una est ista metallica quam *ad usuram dari* omnino prohibetur, quoniam vitium cupiditatis est exigere velle quod te nescias commodasse. Hanc quidem habuit Dominus Christus, quam Judæ tradidit pauperibus erogandam, quam *non dedit ad usuram*, quando illam indigentibus ad informandos nos pia largitate concessit. Altera vero est quam ad usuram dari, Evangelio dicente, suademur, id est, *prædicationes sanctissimas et instituta divina*. Ait enim : *Sciebas me hominem durum et austerum : nonne oportuerat te committere pecuniam meam nummulariis, et ego veniens exegissem utique quod meum est cum usuris* (Matth. xxv, 27)? Sic enim istud verbum æquivocum pro locorum qualitate suscipitur.

Vers. 11. *Et munera super innocentes non accepit.* Virtus decima, quæ restabat, impleta est. Hic *super innocentes*, contra innocentes datur intelligi; quod non solum Dominum constat non fecisse, sed etiam ipse se probatus est pro salute generalitatis offerre, sicut in Evangelio dicit : *Pastor bonus animam suam ponit pro ovibus suis* (Joan. x, 12). *Accepit* enim a magis *munera*, sed non *super innocentes*. Sumit etiam quotidie quæ sacris altaribus offeruntur, sed non *super innocentes*. Quapropter intelligamus pias et parvas oblationes charitatis studio non esse omnimodis respuendas. Nam si omne munus abjici voluisset, nequaquam fuisset additum, *super innocentes*.

Vers. 12. *Qui facit hæc non movebitur in æternum.* Expositis decem virtutibus, quæ de Domino Jesu Christo non incongrue sentiuntur, interrogationi propheticæ breviter data est absoluta responsio : quoniam *qui facit hæc*, ipse *habitat in tabernaculo Domini, et in sancto monte ejus requiescit*. Sed considera quia *facit* dixit, non cantat, ut nos ad actualem virtutem interposita lege constringeret, ne secreta tanti mysterii, intenti solis cantibus inaniter psalleremus. *Non movebitur*, id est ab ipso non movetur, quod solis sanctis beatisque præstatur. Nam omnis ab illo impius dimovebitur in æternum, quando ejus regni communione privabitur. Hoc schema dicitur zeugma, id est conjunctio, quando multa pendentia aut uno verbo aut una sententia concluduntur. Sed hic in sententia factum est; in verbo autem ubi inventum fuerit non silebimus.

Conclusio psalmi.

Hic est cœlestis ille Decalogus, hoc decem chordarum spirituale psalterium : hic vere numerus coronalis quem solus ille complere potuit, qui mundi vitia cum suo auctore prostravit. Sed precemur jugiter omnipotentiam ejus, ut qui talia per nosmetipsos implere non possumus quæ jussa sunt, ejus ditati munere faciamus. Calculi quoque ipsius non est consideratio negligenda; nam quarta decima generatione a transmigratione Babyloniæ, adventus Domini Salvatoris eluxit, ut merito et hic ipse videatur locutus, qui in ejusdem numero generationis advenire dignatus est.

EXPOSITIO IN PSALMUM XV.
Tituli inscriptio ipsi David.

Dum omnes dicantur inscriptiones titulorum qui psalmorum frontibus affiguntur, nescio quid mysticum iste designans, hoc specialiter primus continere declaratur. Retinemus enim, quando est Dominus passus, hunc titulum supra caput ejus fuisse conscriptum, *Jesus Nazarenus Rex Judæorum* (Joan. xix, 19). Sed ipsi veraciter intelligendi sunt Judæi, qui pura Christo devotione famulantur. Et quia Rex noster Salvator de sua passione et resurrectione locuturus est, merito hujus inscriptionis commemoratio facta est, quæ tantis post temporibus erat, Domino dispensante, secutura. Et ut hanc tituli inscriptionem, non ad quamlibet aliam personam, sed ad Dominum Christum referri debuisse cognosceres, adjectum est, *ipsi David*; quod ad Dominum Salvatorem competenter referri crebra expositione monstravimus. Sciendum est autem quod hic psalmus secundus est eorum qui passionem et resurrectionem Domini breviter tangunt.

Divisio psalmi.

Per totum psalmum introducitur persona Domini Salvatoris. Prima positione secundum consuetudinem suam ex humanitate suscepta, verba facit ad Patrem, conservari se petens, quia spem suam posuerit semper in eo, non Deitatis suæ quidquam minuens, sed naturam humanitatis ostendens. Naturam dico, originem uniuscujusque rei, vigoremque substantiæ. Subjungit etiam quemadmodum sancti ejus non carnalibus desideriis, sed spiritualibus virtutibus elignatur; omnia quæ pertulit ad hæreditatis suæ gloriam asserens fuisse perducta. Secunda positione idem Patri gratias refert, qui illi a dextris apparendo, iniquitatem hujus sæculi, omnipotentiæ suæ virtute superavit. Unde animam suam de inferno asserit esse liberatam, et post resurrectionis gloriam in delectationibus dexteræ ipsius se memorat collocatum.

Expositio Psalmi.

Vers. 1. *Conserva me, Domine, quoniam in te speravi.* Inter pericula humana venturus, et Judaicæ obstinationis impios sensus, natura humanitatis assumpta conservari se paterna protectione deprecatur; et quo facilius ejus rei sequeretur effectus, sperasse se dicit semper in Domino. Hæc figura dicitur ethopœia, quoties datur locutio certæ personæ. Persona est enim hic Domini Salvatoris ex duabus distinctis perfectisque naturis homo [mss. A., B., .F. perfectus homo], idemque Deus unus permanens Christus.

Vers. 2. *Dixi Domino, Deus meus es tu, quoniam bonorum meorum non indiges. Dixit*, non labiis, sed cordis affectu; unde sancta conscientia loquebatur. *Deus meus es tu*, a forma servi Filius dicit ad Patrem, ut duas naturas in una persona Domini Salvatoris evidenter agnosceres. 53 Una ex nostra infirmitate humilis, altera ex sua potestate mirabilis, ut intelligas quod passus est, fuisse carnis; quod resurrexit, potentissimæ majestatis. Ad destruendam quoque arrogantiam humani generis, quæ suis viribus aliquid boni se facere posse confidit, addidit, *quoniam bonorum meorum non indiges*. Audiant hoc Pelagiani, qui aliqua bona putant suis viribus applicanda. Clamat humanitas Verbi bonis suis Deum penitus non egere, ad ipsum referens omnia qui [*ed.*, *quæ*] donavit, non ad se qui collata suscepit.

Vers. 3. *Sanctis qui in terra sunt ejus, mirificavit omnes voluntates meas inter illos.* Prius nobis verborum ordo ponendus est, ut sermonum obscuritate submota, sensus nobis facilius elucescat. *Sanctis qui sunt in terra ejus, mirificavit,* id est Pater *omnes voluntates meas.* Ut cognosceres Christum Dominum ab electis esse diligendum, addidit, *inter illos*, hoc est sanctos qui sunt in terra viventium; non inter quoslibet sæculi se ambitione jactantes, sed inter illos tantum qui prædestinati sunt ad regna cœlorum; significans innocentes et justos, inter quos miræ factæ sunt voluntates Domini Salvatoris, quando illis obedientibus et jussa ipsius facientibus, de mortalibus æternos reddidit, et de terrenis cœlestes beneficio suæ pietatis effecit.

Vers. 4. *Multiplicatæ sunt enim infirmitates eorum : postea acceleraverunt. Non congregabo conventicula eorum de sanguinibus.* De sanctis dicit, qui Domino prospiciente [*mss. A., B., F.*, propitiante], afflictione saluberrima de mundi hujus deceptiosa voluptate liberati sunt. Prius enim multiplicata est illis per severitatem legis infirmitas carnalis, ut ad Novi Testamenti liberatricem gratiam desiderabilius pervenirent : quos dicit non sanguine pecudum aut victimarum consuetudine congregandos; sed immolatione, scilicet corporis et sanguinis sui, quæ humanum genus toto orbe celebrata salvavit. Nam et ipsum quod dicit, *de sanguinibus*, pecudum designat, qui tunc copiosus in sacrificiis fundebatur; qui ritus postea, Christo Domino veniente, mutatus est. Hoc autem nomen, *de sanguinibus*, contra artem positum constat esse grammaticam, apud quam pluralis hujus verbi numerus non habetur ; et ideo inter idiomata, id est propria Scripturæ divinæ numerandum est.

Vers. 5. *Nec memor ero nominum eorum per labia mea.* Nomina illa antiqua quæ infideles habuerunt, sequenti dicit gratia commutata. Prius enim dicti sunt filii iræ, filii diaboli, filii carnis; post adventum vero Domini, sacris fontibus renati, appellati sunt Christiani, filii Dei, amici Sponsi. *Non fuit ergo memor nominum illorum*, quando novis hominibus nova vocabula constat imposita. *Labia* vero Regis Christi, duo hic debemus accipere Testamenta, per quæ voluntates ejus enuntiatas esse cognoscimus. Pulchre autem dicta sunt *labia*, quando utraque regnum Dei prædicant, et in unius soni concordia, sicut labia temperantur, dum cordis sit memoria. Dicit hic : *Nec memor ero nominum eorum per labia mea.* Quod inter propria Scripturæ divinæ debemus accipere, sicut et in septimo, et in decimo psalmo jam dictum est.

Vers. 6. *Dominus pars hæreditatis meæ et calicis mei: tu es qui restitues mihi hæreditatem meam.* Beatum revera magisterium illud eligere, quod nunquam novit aliqua permutatione transire. Tale est enim ac si diceret : Eligant sibi alii mundanas concupiscentias, et ventis discurrentibus similem vitam : *Meæ pars hæreditatis et calicis Dominus* est. *Hæreditas* pertinet ad gentium fidem, *calix* ad venerabilem passionem, qui sobrie potatus confert gloriosissimam resurrectionem. Et intuendum quod voluntas ac distributio Domini frequenter calix potatur. *Calix* enim sic a calida dictus est potione ; quoniam sicut ille cor hominis exhilarat bibitus, ita et hic sanctas animas perpetue jucundat haustus. *Tu es.* Servato obsequio charitatis, Filius dicit ad Patrem, non deitate minor, sed humanitate subjectus, sicut et Apostolus ait : *Quanquam esset Filius Dei, didicit ex his quæ passus est obedientiam, et perfectus factus est omnibus obaudientibus sibi causa salutis æternæ* (*Hebr.* v, 8). *Restitues* autem dixit, quoniam faciente diabolo perierat genus humanum. Et revera ipsi restituta est *hæreditas*, cui ante conditionem rerum fuerat in prædestinatione collata. *Hæreditas* enim ab hero, id est a domino dicta est.

Vers. 7. *Funes ceciderunt mihi in præclaris : etenim hæreditas mea præclara est mihi.* Prisco more funibus terrarum dividebatur hæreditas, ut unusquisque ad mensuram spatia telluris pro quantitate tributi et personæ suæ qualitate perciperet ; sicut Moyses legitur in Veteri Testamento Josue' præcepisse ut funibus distribueret hæreditatem terræ promissionis filiis Israel. Unde nunc merito funiculos dixit, quia hæreditatis suæ latitudinem gloriamque memoravit. Possunt et *funes* accipi hujus sæculi tristitiæ nexuosæ ; nam et ipsi *funes* a funeribus dicti sunt, quod in modum cereorum ante cadavera incendebantur ; qui sine dubio *in præclaris* conversi sunt, dum ad resurrectionis æterna munera pervenerunt. *Hæreditas* autem Christi est prædestinata multitudo sanctorum. Ubi ideo additum est *mihi*, quia non in se secundum humanitatem, sed in Patre gloriatur. Sed cum dixerit, *præclaram*, quæri potest cur hæreditatem istam sibi cecidisse dicat ? Quod verbum adversis solet casibus applicari. Sed hoc eloquentia divina et in bonis utitur; ait enim in Actibus apostolorum : *Sors cecidit super Matthiam* (*Act.* I, 26), utique cum honor illi apostolatus provenisse divino judicio referatur.

Vers. 8. *Benedicam Dominum, qui tribuit mihi intellectum : insuper et usque ad noctem increpuerunt me renes mei.* Ad secundam perventum est sectionem, in qua subtilius intelligenda est sancta prædicatio. Quanta providentia jam tunc hæreses venturas excluserit, ut incarnatio dominica intellectum sibi pronuntiasset a Domino contributum ; illum scilicet quo omnia vera sanctaque cernebat : ne quid sibi humana infirmitas applicaret, cum nullis meritis præcedentibus, sed gratiæ largitate profutura præstentur. Sequitur, *increpuerunt me renes mei*, ac si diceret : supra mala quæ mihi fecit omnis cognatio Judæorum ; insuper et de tribu Judæ me increpasse noscuntur, unde Dominus Christus secundum carnem trahere probatur originem. *Usque ad noctem*, ad mortem significat. *Renes* vero parentelam declarant, per quos solemniter 54 generatio humana seminatur.

Vers. 9. *Providebam Dominum in conspectu meo semper, quoniam a dextris est mihi, ne commovear.* Exponendo quid fecerit, tradit nobis singulare remedium quo peccata vitemus. Nam qui illum semper intuetur acie mentis, nullatenus ad delicta convertitur. Sic quando veritas cor inhabitat, introitum falsitatis emendat. Dicit etiam causam qua motus non est; Domino siquidem *a dextris* opitulante, sinistra non prævalent; sed animus quem ille custodit, in eo firmissimus perseverat. Congrue autem sibi Dominum a dextris esse dicebat, quia si ille hanc partem non tenuerit, statim eam insidians diabolus occupabit; sicut de Juda scriptum est: *Constitue super eum peccatorem, et diabolus stet a dextris ejus* (*Psal.* cviii, 6).

Vers. 10. *Propter hoc delectatum est cor meum, et exsultabit lingua mea; insuper et caro mea requiescet in spe.* Propter hoc, quod ille scilicet a dextris astitit, et in cogitationibus suis jucunditatem et exsultationem linguæ obortam sibi esse testatur. Ipsa est enim perfecta lætitia, quæ et hilari corde concipitur, et alacri sermone profertur. Nam sicut dixit de malis, *insuper*, ita sermonem ipsum, et in bonis iteravit, ut secundum mensuram molestiarum humanitas ipsius cœlestia gaudia recepisse crederetur. Supra exsultationes quippe suas sibi adhuc dicit crevisse lætitiam; quæd caro illa passibilis, quam pro nostra omnium salute suscepit, veritatem gloriosæ resurrectionis incorrupta promeruit. Quæ figura dicitur ætiologia, id est causæ redditio, quoties præmissæ rei ratio decora subjungitur.

Vers. 11. *Quoniam non derelinques animam meam in inferno, nec dabis sanctum tuum videre corruptionem.* Ubi sunt Apollinaristæ fallaciter opinantes, qui dicunt Dominum Christum animam rationalem non habuisse? Ecce ipse clamat, ipse Patri gratias agit, quia ejus anima non sit more communi in inferno derelicta; sed celeri resurrectione clarificata, ad cœlorum regna pervenerit; sicut in Evangelio creberrima professione testatur: *Tristis est anima mea usque ad mortem* (*Matth.* xxvi, 38). Et alibi: *Potestatem habeo ponendi animam meam, et iterum sumendi eam* (*Joan.* x, 18). *Nec dabis sanctum tuum videre corruptionem.* Hoc non facile judices transeundum; nam cum in vigesimo nono psalmo reperias: *Quæ utilitas in sanguine meo, dum descendo in corruptionem* (*Psal.* xxix, 10)? istud quasi videtur esse contrarium. Quod tali ratione dissolvitur: ibi se dicit descendere in corruptionem, cum affligentium clavorum et lanceæ irruptione penetratur: quia et ipsa solidi corporis transverberatio non immerito quædam probatur dicta corruptio. Hic enim corruptionem, id est putrefactionem juste negat fieri, quæ generaliter carnem vastat humanam. Tertio enim die cum revivificari provenerit carnem, probata est non potuisse corrumpi.

Vers. 12. *Notas mihi fecisti vias vitæ; adimplebis me lætitia cum vultu tuo; delectationes in dextera tua usque in finem.* Cum omnia complesset de sui corporis sanctitate, versus iste in conclusionem deductus est, pertinens etiam ad justos, qui ejus eligunt obedire mandatis. *Notas mihi fecisti vias vitæ*, id est per me fecisti humanum genus iter vitale cognoscere, ut in mandatis tuis humiliter ambulantes, mortiferæ superbiæ venena declinarent. *Adimplebis me*, id est valde implebis. Plus est enim a pleno adimplere: hic qui mittit in pleno fundit. Illa autem lætitia sic adimplet, ut semper tota teneatur. Significat etiam justos omnes in illa beatitudine lætitia vultus Domini esse complendos: in quibus, quia ipse est, se adimpleri posse testatur. Sed paululum perscrutemur sollicitius quid sit quod hic in dextera Patris dicat se delectationibus adimplendum, cum superius dixerit: *Quoniam a dextris est mihi ne commovear.* In isto quippe sæculo, ubi carne suscepta, flagella passus, alapis cæsus, sputisque complutus est, cum tamen nullis ejus adversitatibus vinceretur, congrue dictum est a dextera sua semper Dominum fuisse conspectum. Sic enim mundi contraria superavit, quoniam nullatenus a paterna contemplatione discessit. Sed post resurrectionis gloriam proprie se dicit in Patris dextera delectatum, ubi jam mundi istius adversitate deposita, humanitas ejus totius majestatis clarificatione completa est, regnans unita Verbo cum Patre et Spiritu sancto per sæcula sæculorum. *Usque in finem* significat perfectionem atque æternitatem: quia gloriæ ejus in sua perfectione manens, nullis erit finienda temporibus.

Conclusio psalmi.

Consideremus hunc psalmum, quanto nos munere salutis informet: in passionibus confidentiam tradit, in spe æternam gloriam pollicetur, ut docendo quæ futura sunt prospera, præsentia non timeamus adversa. Schola cœlestis, eruditio vitalis, auditorium veritatis, disciplina certissime singularis, quæ discipulos occupat sensibus fructuosis, non inanium lenocinatione verborum. Convenit etiam contueri quid sibi velit quintus decimus numerus; significat enim, ut putamus, quindecim gradus, quibus templi Jerosolymitani conscendebatur mirabilis amplitudo: designans quinque sensibus corporeis per Trinitatis gratiam superatis, ad atria sanctæ Ecclesiæ felici munere perveniri. Quod et per istum quoque dabitur psalmum, si ejus saluberrimam prædicationem Domino protegente servemus.

EXPOSITIO IN PSALMUM XVI.
Oratio David.

Cum multi psalmorum in textu suo habeant orationes, movere videtur cur hic talem posuerit inscriptionem? Sed quamvis alii cum rebus diversis breviter mixtas contineant deprecationes, iste tamen pene tota sui contextione supplicatio est. Merito ergo sic prænotatus est, quando intentio ejus ad precum studium tota porrigitur. Quæ tamen sic oratio dicenda est, ut psalmi nomen debeat continere: quia nihil in hoc libro positum reperimus quod tali non debeat nomine nuncupari, maxime cum legatur liber Psalmorum. *Oratio* autem duobus dicitur modis: hæc cum agitur **55** apud homines, oris ratio nuncupatur; cum majestati funditur, supplicatio est salubris et vitalis humilitas. Et nota quod iste et octogesimus quintus, et octogesimus nonus, et centesimus primus, et centesimus quadragesimus primus *orationis* inscriptione prænotentur : quorum distinctiones atque proprietates in centesimo quadragesimo primo psalmo, qui horum ultimus est, convenienter edicemus. *David* vero, sicut dictum est, significat Dominum Christum ad institutionem humani generis, ex cujus persona totus psalmus iste prolatus est.

Divisio psalmi.

Trifaria oratio ab humanitate Christi in hoc psalmo depromitur. Prima est, ubi secundum justitiam suam sibi petit debere restitui. Secunda, ut a Judæorum insidiis ejus puritas liberetur. In tertia, resurrectionem velocissimam deprecatur, ne diutius insultare liceat perverso populo Judæorum. Et ne aliquid de ejus majestate turba fidelium haberet ambiguum, profitetur se in æterna beatitudine esse mansurum.

Expositio psalmi.

Vers. 1. *Exaudi, Deus, justitiam meam; intende deprecationi meæ.* Apud Deum certum est habere *justitiam* vocem suam, qui res tacitas intelligentiæ suæ virtute cognoscit. Ipsius est enim oratio perfecta, cujus et causa clamat et lingua, actus et sermo, vita et cogitatio. *Intende deprecationi meæ.* Non incassum dissonantibus rebus verba ista copulata sunt; nam intendere oculorum est, preces admittere aurium. Sed ideo verba ista sociata sunt, ut amborum rerum unus intelligeretur effectus. Quidquid enim vel auris audit, vel oculus videt, vel manus palpat, vel palatus gustat, vel nasus odoratur, Deo sola contemplationis virtute notissima sunt.

Vers. 2. *Auribus percipe orationem meam, non in labiis dolosis.* Excolit quod superius dixit. *Percipere* est enim non transitorie aliquid sumere, sed preces hominum copiosa dignatione recipere. *Non in labiis dolosis;* sicut a Judæis manavit falsa sententia, apud quos innocens damnatus est, et latro cognoscitur absolutus.

Vers. 3. *De vultu tuo judicium meum prodeat; oculi tui videant æquitatem. De vultu tuo prodeat judicium :* propria Scripturæ divinæ, et nobis inusitata locutio est, quia de mente solet manare sententia : sed hoc Domino per tropicas elocutiones decenter aptatur, quia ille quod judicat videt, dum testis est examinis sui; nec de facto alicujus testimonium quærit, qui solus omnium veracissime secreta cognoscit. *De vultu* ergo dicit, id est de aspectu tuo, secundum illa quæ in me respicis atque cognoscis. Hoc autem ille recte petebat, qui se noverat pollutionem non habere peccati. Sequitur : *Oculi tui videant æquitatem.* Hic *æquitatem,* ipsam divinitatem debemus accipere, quam orat ut sine aliquo intervallo semper intendat; quatenus illam re-

spiciens, sicut et revera provenit, peccati maculam non haberet. Sic etiam in superiori psalmo jam dictum est : *Providebam Dominum in conspectu meo semper : quoniam a dextris est mihi ne commovear.* O aspectum illum salutarem, o purissimos oculos, qui illam æquitatem vident! Nesciunt profecto hujus mundi tenebris obscurari, qui merentur tanta claritate compleri.

Vers. 4. *Probasti cor meum et visitasti nocte; igne me examinasti, et non est inventa in me iniquitas : ut non loquatur os meum.* Ordinem servat egregium. Prius se dicit probatum, deinde fuisse visitatum, sed probatio significat passionem, visitatio resurrectionem. Ibi enim probatus est, ubi inter multas Judæorum iniquitates et pericula mortis, mirandæ patientiæ documenta monstravit. *Visitatus est* autem *nocte,* quando anima ejus non est in inferno derelicta, sed ad illam mirabilem resurrectionem, æternæ gloriæ clarificatione pervenit. *Igne me examinasti, et non est inventa in me iniquitas.* Metaphora introducitur fornacium igne flagrantium, quæ metallorum vitia solent purgare, ac decoctione consumere, et in naturæ puritatem mundata revocare. Sic ergo et tribulationibus ignitis examinatus est Dominus Christus; sed *non est* in illo *inventa iniquitas,* quam adustio ulla decoqueret. Pulchre autem subjunxit : *Ut non loquatur os meum,* id est, etsi ego taceam, tu me purum esse perpendis. Quid enim opus erat eum de probitate morum suorum aliquid loqui, dum certum sit a paterna majestate cuncta cognosci? Humana ignorantia verbis instruenda est; Divinitas autem certissime novit omnia, etiam cum tacentur admissa.

Vers. 5. *Opera hominum : propter verba labiorum tuorum ego custodivi vias duras.* Ordinem verborum poscit iste versiculus : *Opera hominum,* id est vias duras ego custodivi propter verba labiorum tuorum. Breviter definita sunt, quæ sint *opera hominum,* scilicet *viæ duræ;* sicut beatus Job dicit : *Avis nascitur ad volatum, et homo ad laborem* (Job v, 7). Nam cum peccata vitantur, arduus callis est, difficilisque semper ascensus; cum vero ad vitia prolabimur, leve iter est ac declivum. Sed quia Dominus Christus in hoc mundo visualiter positus, totius mansuetudinis et continentiæ jura monstravit; merito se dicit propter mandata Domini duras vias hominum immaculatis pedibus ambulasse. Non quod illi *duræ* esse poterant : de quo in nonagesimo psalmo scriptum est : *Quoniam angelis suis mandavit de te, ut custodiant te in omnibus viis tuis, ne unquam offendas ad lapidem pedem tuum* (Psal. xc, 12) ; sed quia humano generi ad imitandum probantur esse difficiles, ideo *viæ duræ* sunt nuncupatæ. Qui versus figuram continet parenthesin, id est interpositionem ; quoniam in sensu medio, sicut dictum est, recipit verba quædam quæ ordinem sententiæ videantur posse dividere.

Vers. 6. *Perfice gressus meos in semitis tuis, ut non moveantur vestigia mea. Perfice,* dixit, usque in finem conserva : ubi est meritorum ac præmii tota perfectio. Inchoamus enim, dum in hoc mundo probabili conversatione degimus; sed ubi ad finem pervenerit religiosa constantia, ibi perficimur, ibi tota integritate complemur; sicut ait Evangelium : *Qui perseveraverit usque in finem, hic salvus erit (Matth.* x, 22). *Gressus* autem humanas significat actiones, quibus in hoc mundo gradimur, et quasi quibusdam passibus ambulamus. **56** *In semitis*, scilicet in mandatis tuis : ubi revera rectæ sunt viæ, quas si devoti sequimur, ad cœlestis patriæ munera pervenimus. Sed quid est hoc quod prius *gressus* dixit, statimque *vestigia* subjungit? *Gressus* dicimus, quibus movemur de loco ad locum : his merito comparantur actus humani, qui nos de uno negotio in aliud ducunt, et per tempora vitæ nostræ diversa qualitate transponunt. *Vestigia* vero dicuntur signa plantarum, quæ relinquimus transeuntes. Petit ergo Dominus Christus et *gressus* suos, id est actus humanos, et sua *vestigia* custodiri, quæ fideles apostolos congruenter accipimus, in quibus post ascensionem gloriosam, religionis catholicæ signa dereliquit. Talis ergo sensus est : Custodi me in mandatis tuis, ut imitantes me, minime moveantur abs te. Bene siquidem sequax pergit, ubi ille qui exemplum præbet rectus incesserit.

Vers. 7. *Ego clamavi, quoniam exaudisti me, Deus : inclina aurem tuam mihi, et exaudi verba mea.* Secundam sectionem sanctæ orationis ingreditur. Sed perscrutandum est, cum dici soleat : *Exaudisti me*, quia *clamavi* : cur hæc sententia ordinem videatur habere conversum? Qui clamat, quoniam *exauditur*, utique purus, innocens et immaculatus agnoscitur. Nam confidenter oravit, quoniam se audiri posse de conscientiæ puritate præsumpsit. Intelligamus autem quod dicit : *Inclina aurem tuam :* quoniam ad eum per se non valet humana infirmitas pervenire. Sic enim *exaudit*, cum se benignus indulserit, et clementiam suam ante largitur, ut possit supplicantium vota suscipere.

Vers. 8. *Mirifica misericordias tuas, qui salvos facis sperantes in te a resistentibus dexteræ tuæ.* Magnitudinem et excellentiam misericordiarum in se juste fieri deprecatur, quia mirum esse non poterat, nisi quod sub aliqua fuisset novitate conspectum. Significat enim mirabilia, quæ in carne facturus erat, quæ Judæus populus, etsi universus non credidit, tamen sub admiratione conspexit. *Salvos facis sperantes in te*, id est in æterna vita constitues. Nam frequenter illi magis in hoc mundo trucidati sunt, qui ejus nomini crediderunt. Pulchre autem dicit : *A resistentibus dexteræ tuæ. Dextera* enim Patris est Filius, cui Judæi repugnare nisi sunt quando eum crucifigere decreverunt.

Vers. 9. *Custodi me, Domine, ut pupillam oculi; sub umbra alarum tuarum protege me.* Per schema icon, quæ Latine dicitur imaginatio, *pupillæ* se oculi Dominus comparavit. *Pupilla* est enim in medio posita perspicua pars oculi, qua corporum colores varia qualitate discernimus : dicta a parvitate sui *pupilla*, quasi pusilla. Huic convenienter comparatus est Christus, cui datum est in suo judicio justos a peccatoribus segregare. Aptissime itaque petit *custodiri se ut pupillam oculi*, quando et per ipsam res visuales discernimus, et in nostro corpore nihil præstantius invenitur. Sequitur, *sub umbra alarum tuarum protege me.* Hic aliud introducitur schema, quod Græce parabole, Latine comparatio dicitur, quando sibi genus dissimile in aliqua communione sociatur. Paternis enim protectionibus *alæ* sunt comparatæ. Misericordia quippe et charitas, quasi alæ sunt Patris, quibus se *protegi* congruenter expostulat. Hæc autem comparatio venit ab avibus, quæ charos filios alarum suarum extensione custodiunt.

Vers. 10. *A facie impiorum, qui me afflixerunt : inimici mei animam meam circumdederunt.* Versus hic est omnino diligentius intuendus. *A facie impiorum*, dæmones significat, qui excitatum populum Judæorum in necem Domini ardore præcipiti compulerunt. *Facies* enim ipsorum, truculenta præsentia fuit; sicut in Evangelio de Juda dicit : *Intravit in illum Satanas (Joan.* xiii, 27). Sic ergo actum est, ut instigatione dæmonum inimici ejus Judæi animam ipsius, id est vitam temporalem eripere voluissent. Nam et ipsum verbum *circumdederunt* evangelicæ narrationis exprimit veritatem, quando cum gladiis et fustibus eum insanorum turba circumdedit.

Vers. 11. *Adipem suum concluserunt; os eorum locutum est superbiam. Concludunt adipem*, qui multa voracitate pinguescunt; sic Judæi scelerum nimietate saginati, veræ intelligentiæ acumina perdiderunt. Restabat autem ut qui pinguissima immanitate tumuerunt, superba loquerentur. Et bene hic dixit tantum *ore*, non etiam corde *locuti sunt :* quia sceleratorum mos est illa frequenter sermone defendere, quæ noscuntur conscientia teste damnare.

Vers. 12. *Projicientes me nunc circumdederunt me: oculos suos statuerunt declinare in terram. Projicientes*, extra civitatem ejicientes; *nunc circumdederunt* non obsequio, sed furore, quando cruci eum constat affixum. *Nunc* autem quod dictum est, præsens tempus posuit pro futuro, quod apud prophetas esse noscitur usitatum. Sequitur : *Oculos suos statuerunt declinare in terram.* Dicit consuetudinem perditorum, qui terram respiciunt, quando in mala cogitatione volvuntur.

Vers. 13. *Susceperunt me sicut leo paratus ad prædam, et sicut catulus leonis habitans in abditis. Susceperunt me*, hoc est Judæi a Pilato, quando eis dixit : *Tollite eum, et secundum legem vestram crucifigite eum (Joan.* xix, 6), quod avide suscipientes, et votum suæ crudelitatis implentes, merito ferarum sævitiæ comparantur. *Leonem* diximus, et diabolum dici, et Christo sæpius comparari. Qui modus locutionis inter propria Scripturæ divinæ recipiendus est; hic tamen evidenter diabolum designat. Ipsi enim juste comparati sunt principes Judæorum, quo auctore fremuerunt; et tamen multo pejores effecti sunt, siquidem diabolus Dominum tentavit, cruci autem istorum insania crudelis affixit. *Catulum* autem *leonis* dicit reliquum populum Judæorum, qui se diaboli filios effecerunt. Sic enim de ipsis in Evangelio dicitur : *Vos ex patre diabolo estis (Joan.* viii, 44). *Habitans in abditis :* permanens in insidiis. Detestabilium siquidem hominum consuetudo est mala vota tegere, ut latenter ad effectum possint eorum consilia pervenire.

Vers. 14. *Exsurge, Domine; præveni eos, et supplanta eos : eripe animam meam ab impio, frameam tuam.* Tertia sectio beatæ orationis intratur. *Exsurge* in peccatores dicit, quem illi putant more humano posse quiescere ; ut cognoscant vigilare, dum eorum non permittuntur iniquitates excrescere. *Præveni* autem dixit, ut ante subvertantur quam peccata perficiant. Exposuimus enim in superioribus hunc sensum bene aptari 57 sceleratis, dum se miscere non permittuntur illicitis. Subvertuntur enim et illi feliciter, qui de pravis vitiis ad rectam semitam reducuntur. *Eripe animam meam ab impio* ; utique a diabolo, qui merito impius dicitur, quia piis semper contrarius approbatur. *Eripe :* fac resurgere, quod impletum esse manifestum est. *Frameam tuam.* Breviter conclusum est quid sit anima Domini Salvatoris ; *framea* est enim Patris, quando per ipsam diabolum vicit ; per ipsam mundum a sordida superstitione purgavit ; per ipsam debellata est captivitas, quæ humani generis sobolem possidebat. *Frameam* vero diximus multarum esse significationum : modo contum, modo loricam, modo gladium significat bis acutum ; quæ tamen omnia ad instrumenta armorum certum est pertinere. Memento autem quod in hoc versu, quinta species definitionis est, quæ Græce κατὰ τὴν λέξιν, Latine ad verbum dicitur ; uno enim verbo definivit quid sit anima Christi, id est framea Patris.

Vers. 15. *Ab inimicis manus tuæ. Domine, a paucis a terra dispertire eos, et supplanta eos in vita eorum.* Item fit oratio pro Judæis, qui diaboli potestate constricti, nefariis erant ausibus incitandi. Dæmones sunt enim *inimici manus* Domini, qui humanum genus contraria Domino semper voluntate dilacerant. Precatur etiam, ut *a paucis*, id est ab apostolis dividantur increduli : dum a terra hujus mundi vitiosa separati, convertuntur ad Dominum. Eorum quippe, juvante Domino, prædicatione factum est, ut tam Israelitæ quam gentes a terrena iniquitate divisi, Christum sequerentur auctorem. *Supplanta eos*, hic in bono positum est ; supplantati enim et illi accipiendi sunt qui damnatis erroribus ad rectas semitas transferuntur. *In vita ipsorum* quod addidit, hoc est in mundo isto, dum vivunt : ubi pœnitentiæ locus est ; ubi clamatur ad Dominum, non tam ore quam mente ; ubi recipiuntur purissime supplicantes.

Vers. 16. *De absconditis tuis adimpletus est venter eorum; saturati sunt porcina, et reliquerunt quæ superfuerunt parvulis suis. Abscondita* Dei et in malo, et in bono possumus congruenter accipere : quia omne peccatum illi abominabile, atque a conspectu ejus extraneum est, quamvis ejus notitiam minime refugere videatur ; sicut in quinto psalmo jam dictum est : *Non habitabit juxta te malignus, neque permanebunt injusti ante oculos tuos (Psal.* v, 6) ; sicut et de Cain Scriptura dicit : *Egressus Cain a facie Domini, habitavit in terra profugus (Gen.* iv, 16). *Saturatos* ergo Judæos dicit de immunditiis, quæ a Domino abscondita, id est noscuntur esse prohibita. Si vero in bonam partem hoc positum lector accipias, ut est illud : *Quam magna multitudo dulcedinis tuæ, Domine, quam abscondisti timentibus te, et perfecisti eam sperantibus in te (Psal.* xxx, 20) ! Enumerantur beneficia, ut major ingratorum ostendatur offensa. *De absconditis tuis*, id est de lege Veteris Testamenti, et de miraculis quæ Dominus Christus in eis erat gloriosa dispensatione facturus. *Ventrem ipsorum*, sensum significat omnino carnalem, in quo mandata Domini tanquam in ventre recondita sunt. Et bene sensus eorum comparatus est *ventri*, unde cibi spirituales velut vilissima purgamenta projecti sunt, dum ab eis corrupta mente dilabuntur. Sed hi cum essent rebus cœlestibus impleti, ut nihil terrenum capere debuissent, animadverte quid sequitur, *saturati sunt porcina.* O iniquitas exsecranda ! Audiebat sensus eorum mandata Dei, et illi saturabantur sordibus peccatorum, novoque modo bonis cœlestibus pasti, malorum fæcibus explebantur. *Porcina* enim ad polluta respicit, quæ inter cætera Veteris Testamenti præcepta immunda prænotatur. Transmiserunt autem reliquias peccatorum filiis suis : quando clamabant : *Sanguis ejus super nos et super filios nostros (Matth.* xxvii, 25).

Vers. 17. *Ego autem cum justitia apparebo in conspectu tuo ; satiabor, dum manifestabitur gloria tua. In conspectu* Patris *apparere* se dicit *cum justitia*. quoniam ejus voluntatem impleverat, quando mundum ab interitu mortis sanguinis sui effusione salvavit. *Satiabor :* sermo iste aptissime videtur iteratus. Superius enim Judæos dixit *saturari porcina*, id est immunditia sua; se autem saturari de humani generis credulitate suscepta, quando numerus sanctorum beata adunatione supplendus est. Patris autem *gloria manifestabitur* in judicio Domini Salvatoris, cum unusquisque recipiet pro actibus suis, sicut ipse Dominus apostolis dicit : *In illa die cognoscetis quia ego in Patre, et Pater in me est (Joan.* xiv, 10, 20). Sic ergo Patris, et Filii, et Spiritus sancti una natura, una potestas, una gloria declaratur.

Conclusio psalmi.

Consideremus, dilectissimi, quam magna sacramenta fidei nostræ psalmus iste complexus est; ut qui audit supplicantem hominem, eumdem et confitendum debeat advertere Creatorem. Duas enim naturas inconfusas atque incommutabiles qui in Christo Domino hodieque mavult credere, non potest aliqua decipi falsitate. Unde mirabiliter beatus Cyrillus in quodam loco breviterque disseruit dicens (*Lib.* v *adv.*

Nestorium): Advertentes igitur modum incarnationis, videmus quia duæ naturæ per individuam unitatem inconfuse atque indemutabiliter invicem sibi convenerint. Caro namque caro est, et non Deitas, licet Dei facta sit caro. Similiter etiam Verbum Deus est, et non caro, licet dispensatorie propriam fecerit carnem. Hæc autem sine offensione decurrit, qui nulla sibi proprii erroris ligamenta repererit. Hujus etiam psalmi numerum et quantitas prophetalis ornavit, ut merito in hoc numero incarnatio Domini relata esse videatur, ubi etiam prophetalis chorus convenisse cognoscitur.

EXPOSITIO IN PSALMUM XVII.

In finem puero Domini David, qui locutus est ad Dominum verba cantici hujus, in die qua eripuit eum Dominus de manu omnium inimicorum ejus, et de manu Saul, et dixit.

In *finem, puero*, et *David*, hæc tria verba ad Regem nostrum Salvatorem referri posse non dubium est. Nam et *puer* legitur in propheta : *Puer natus est nobis* (Isa. IX, 6). *Qui locutus est ad Dominum verba cantici hujus*; post hæc alia deputanda sunt, ut sit verborum plenior et absoluta contextio. Quod autem dictum est *cantici*, ad contemplationem constat rerum cœlestium pertinere : ne regis in David tantummodo historia mentis nostræ hæreret intuitus. *In die qua eripuit eum Dominus de manu omnium inimicorum ejus, et de manu Saul, et dixit.* Hic actus Regum lectione notissimus est ; ibi enim latius describitur quemadmodum David fuerit de inimicorum suorum ditione liberatus. Ad cujus similitudinem resurrectio Domini, et membrorum ejus absolutio de potestate diabolica declaratur.

Divisio psalmi.

Psalmus hic uni tantum non potest convenire personæ. Nam primo ordine propheta loquitur gratias agens quod eum de gravibus periculis divina pietas liberare dignata est. Secundo Ecclesia loquitur, quæ ante adventum Domini innumeras pertulit calamitates, posteaque misertus ei, medicinam sanctæ incarnationis indulsit, et baptismatis beneficio Christianum populum de orbis universitate collegit. Tertio in rorem misericordiæ vox Domini Salvatoris illabitur, ubi pulcherrimis allusionibus virtus ejus potestasque describitur. Quarto iterum Ecclesiæ catholicæ dicta proferuntur, et cum magna exsultatione Divinitatis munera concessa laudantur.

Expositio psalmi.

Vers. 1. *Diligam te, Domine, virtus mea.* Diligit Dominum, qui mandatis ejus devotus obtemperat, sicut ait in Evangelio : *Qui audit verba mea, et facit ea, hic est qui diligit me* (Joan. XIV, 21). *Diligo* enim dicitur, quasi de omnibus eligo. Et considera quoniam hæc dilectio sic de futuro promittitur, ut nunquam tamen defecisse videatur. *Virtus mea.* Propheta liberatus ab hostibus suis recte Dominum confitetur suam esse virtutem; quo donante factum est, ut inimicis suis fortior appareret. Hic duodecima species definitionis est, quæ Græce dicitur, κατ' ἔπαινον, Latine per laudem. Singulis enim diversisque verbis prædicando declarat quid sit Dominus, modo *virtus*, modo *firmamentum*, modo *refugium*, modo *liberator*, modo *adjutor*, modo *protector*, modo *cornu* salutis. Hæc enim omnia pulchre ostendunt, quis ejus est Dominus.

Vers. 2. *Dominus firmamentum meum, et refugium meum, et liberator meus; Deus meus adjutor meus.* Juste dicit Dominum *firmamentum suum*, quoniam ab ipso concessum est ut inimicis suis in acie firmus assisteret, et vivaci animositate pugnaret. *Et refugium meum.* Utique, quando, cum fuit opus consilio, refugit ad tractatum, et invenit Divinitate monstrante, quod eum poterat adjuvare. Merito autem *liberatorem* suum Dominum profitetur, qui eum de sævissimi regis Saulis ira tanquam de inferni ore liberavit. *Deus meus adjutor meus.* Præstitorum suavitate pellectus, in summam repetit superiora quæ dixit : quia ubique ipse adfuit, eumque virtutis suæ munimine custodivit. Sed considera quod ita percurrit singula, et suis meritis non præsumat applicare collata.

Vers. 3. *Et sperabo in eum: protector meus, et cornu salutis meæ, adjutor meus.* Confidenter jam postulat, qui de Domini gratia post beneficiorum exempla præsumit. Nam de futuro fiducialiter sperare se dicit, qui eum in præteritis senserat adjutorem. *Protector meus.* Hoc ad eum pertinet custodiendum, qui adversariorum appetebatur insidiis. Quod autem hic dixit ; *cornu salutis* suæ Dominum, ad inimicos pertinet dissipandos. *Cornua* enim sunt arma belluarum, quibus salutem suam solerti concertatione defendunt. *Adjutor meus.* Dulcedo beneficii repetitionem fecit esse verborum; supra enim eodem vocabulo nuncupavit, quem hic iterum nominat adjutorem.

Vers. 4. *Laudans invocabo Dominum, et ab inimicis meis salvus ero.* Post virtutes peractas, vir sanctus nulla se elatione jactavit; sed quia erat rerum ipsarum hilaritate gaudendum, *laudans* se dixit *invocare Dominum*, et ipsi universa tribuere, qui dignatus est cuncta præstare. Et ideo se dicit *ab inimicis salvum* faciendum, quia victoriam suam non sibi videbatur applicasse, sed Domino. Nam qui aliter facit, vitiis suis captivus redditur, quamvis hostes superasse videatur.

Vers. 5. *Circumdederunt me gemitus mortis, et torrentes iniquitatis conturbaverunt me.* Post exsultationem prophetæ, quam sancta pietate concepit, ventum est ad ordinem secundum, ubi pro cladibus generis humani, quæ ante adventum Domini grassabantur, introducta una persona justorum, quos illo tempore fuisse non dubium est, pius deprecator exorat. Nam merito justus iste circumdatum se gemitibus asserebat, quia dum esset superstitionum innumera multitudo, fidelium erat rara devotio. Et ne putares *gemitus* de jactura facultatis, aut de re hujuscemodi esse profusos, addidit *mortis*; quia revera mors erat, ubi diaboli posse regnabat. *Torrentes* autem sæpe diximus fluvios esse hibernis imbribus excitatos. Hic ergo iniquitatibus rapidis data est miscere peccatores. Servavit ordinem rei, ut prius similitudo torrentium, ut merito conturbaverint anxium populum, cum undarum minacium concrepatione fremuissent.

Vers. 6. *Dolores inferni circumdederunt me : prævenerunt me laquei mortis.* Fiat hujus versiculi compaginatio præposterata verborum, ut melius hic sensus nobis possit aperiri. *Circumdederunt me dolores inferni :* de paganis dicit, qui erunt *dolores inferni,* id est qui in inferno debito dolore torquendi sunt. *Præveniri* vero dicimus, quando aliquid nos anticipare dignoscitur, ut est ille reatus originalis peccati qui nos, antequam nascamur, ab ipso conceptu reddit obnoxios : unde in quinquagesimo psalmo propheta dicturus est : *Ecce in iniquitatibus conceptus sum, et in delictis peperit me mater mea (Psal.* L, 7). Vir enim justus merito se præventum dicebat, qui reatum suum antecessisse cognoverat. Sed quemadmodum ab his fuerit liberatus subter exponit.

Vers. 7. *Et in tribulatione mea invocavi Dominum, et ad Deum meum clamavi.* Inter mala multa quæ dixerat, unum et singulare profitetur esse remedium : *Invocare Dominum in tribulationibus* suis, quando constat totis viribus peti, quod tempore necessitatis optatur. Et vide quia prius dixit ad Dominum : sed ne putares ad alienum dominum, subjunxit : *Ad Deum meum clamavi. Clamare* autem plus est, ab *invocare.* Crevit sermo progrediente desiderio, et accensus animus ad orationem prosilivit avidus in clamorem.

Vers. 8. *Et exaudivit de templo sancto suo vocem meam ; et clamor meus in conspectu ejus introivit in aures ejus.* Sive de cœlo, sive de corpore Domini, quod venturum esse prævidebat, templum competenter advertimus. *Exauditam* ergo dicit *vocem* suam, quam de adventu Domini jugiter offerebat. Sed perscrutandum est quomodo *clamor* ipsius *in conspectu* Dei valuerit *introire ?* Clamor iste, causæ justitia est, quæ utique ad Deum intrare poterat, quia pro mundi cladibus supplicabat. Sequitur, *introivit in aures ejus.* Hoc de consuetudine nostra figuraliter dicitur, quod *clamor* ejus quasi aliquid corporale *in aures* Dominicas *introisset;* cum ille totum spiritualiter sentiat, et antequam fiant, universa cognoscat. Illi enim actuum nostrorum qualitas, quasi quibusdam vultibus semper assistit; et quod apud nos occultum, illi noscitur esse manifestum.

Vers. 9. *Et commota est, et contremuit terra; et fundamenta montium conturbata sunt et commota sunt, quoniam iratus est eis Deus.* Decursa tristitia, quam de adventu Domini beatus populus sustinebat, prophetiæ spiritu ad incarnationis ejus secreta pervenit, ordinemque ipsum mirabili narratione describit. Hoc schema dicitur idea, cum speciem rei futuræ, velut oculis offerentes, motum animi concitamus; quod et hic et in subsequentibus versibus constat effectum. Et ideo nunc audiamus sacramenta Domini Salvatoris. Congrue siquidem ad adventum Christi *terra commota est,* quoniam præsentia judicis dignum fuit contremiscere peccatores. Servavit ordinem rei, ut prius ostenderet motam, postea diceret esse tremefactam. *Fundamenta* vero *montium,* significat præsumptiones superborum, id est, divitias, honores, cæteraque humana, quibus illi detenti, velut fundamentis constantibus innituntur. Hæc omnia turbata sunt, quia mundi falsa spes, vero Domino veniente, sublata est. Nimis apte posita verba descendunt : primo *fundamenta,* id est superborum spes turbata est; postea dicit esse *commotam.* Subjunxit et causam quare *commota sunt fundamenta, quoniam iratus est eis Deus;* utique, quia vitia humana Domino probantur exosa, *et iratus est illis.* Hinc ostenditur, quoniam sequaces eorum constat esse puniendos.

Vers. 10. *Ascendit fumus in ira ejus, et ignis a facie ejus exarsit, carbones succensi sunt ab eo.* Fumus hic in bono positus est : quia sicut iste terrenus inutiles lacrymas movet, ita et ille pœnitentiæ calore succensus, fructuosa profundit fluenta lacrymarum. *In ira ejus :* tempore quo hic peccatores futuri judicii timore conturbat, ut eos ad remedium conversionis adducat. *Ignis* autem est charitas Dei, virtutum progressionibus crescens, quæ quanto magis concupiscitur, tanto efficacius ampliatur. Bene autem dixit, *a facie ejus :* quoniam ipsius illuminatione charitas conceditur eis qui peccata derelinquunt. *Carbones* vero *succensos* peccatores dicit, qui velut *carbones* mortui, in mundi istius cæcitate tenebrantur, sed iterum pœnitentia inflammante reviviscunt, et ex mortuis prunis vivi incipiunt esse carbones. Sequitur etiam quomodo *succensi sunt,* veniente scilicet Domino Redemptore.

Vers. 11. *Et inclinavit cœlos et descendit; et caligo sub pedibus ejus.* Magnum sacramentum in hoc sermone repositum est. Humiliavit se enim Verbum, ut sine peccato quidem, sed tamen similitudinem carnis peccati sumeret. *Descendere* autem illi fuit, ad nos venire, sicut dicit Apostolus : *Semetipsum exinanivit, formam servi accipiens (Philip.* II, 7). *Caligo* vero hic diabolus est, qui hominum mentes innubilat, dum veritatis splendorem non facit videre quos possidet. *Sub pedibus ejus :* quia sine dubio majestate Domini Salvatoris conculcatur dæmonum exsecranda nequitia, sicut et in nonagesimo psalmo dicturus est : *Super aspidem et basiliscum ambulabis, et conculcabis leonem et draconem (Psal.* XC, 13).

Vers. 12. *Et ascendit super cherubim et volavit : volavit super pennas ventorum.* Hæc figura dicitur hyperthesis, id est superlatio, cum aliquam rem opinione omnium notam, sententia nostra exsuperare contendimus. Tale est et illud in quinquagesimo psalmo : *Lavabis me, et super nivem dealbabor (Psal.* L, 9). *Cherubim* interpretatur multitudo scientiæ, aut scientia multiplicata. Alibi enim legitur : *Qui sedes super cherubim, appare (Psal.* LXXIX, 2). *Ascendit* ergo *super cherubim,* quando videntibus apostolis ad cœlorum regna conscendit. Sedet nunc super cherubim, ad Patris dextram collocatus, in cœlo et in terra cum Patre regnat et Spiritu sancto; quod utrumque universum modum scientiæ vel admirationis probatur excedere. Quæ enim creatura prævaleat tanti secreti attingere sufficienter arcanum, quod carnem terrenam atque mortalem in æterna cœlorum gloria collocavit, et fecit eam creaturis omnibus adorabilem, quæ terrenas pertulit passiones? Sequitur, *et volavit, volavit super pennas ventorum.* Hæc repetitio celeritatem nimiam decenter ostendit, id est per mundi spatia velociter cucurrit, quando ipso in cunabulis jacente, magis eum stellæ claritas nuntiavit. Quid enim dici potest velocius, qui mox ut natus in alia mundi parte conspectus est? Tunc ergo superata est celeritas ventorum, quamvis in mundo nihil eis ocius esse monstretur. Quod autem repetit sine interjectione alterius verbi, *volavit, volavit,* figura est epizeuxis, quæ Latine conjunctio dicitur, sicut et in subsequentibus dicturus est : *Dies diei eructat verbum* (*Psalm.* XVIII, 3); et, *Deus Deus meus.*

Vers. 13. *Et posuit tenebras latibulum suum : in circuitu ejus tabernaculum ejus; tenebrosa aqua in nubibus aeris.* Tenebras, incarnationis ejus mysterium dicit, ut qui in natura deitatis suæ videri non poterat, incarnationis velamine humanis conspectibus Redemptor piissimus appareret. Unde beatus Joannes Constantinopolitanus episcopus mirabiliter et catholice dixit : Illum quem, si nuda deitate venisset, non cœlum, non terra, non maria, non ulla creatura sustinere potuisset, illæsa Virginis viscera portaverunt. Memento autem *tenebras,* et in bono poni, ut est illud in Proverbiis Salomonis : *Intelligit quoque parabolam, et tenebrosum sermonem* (*Prov.* I, 6). Omnia enim divina, quæ ignoramus, nobis tenebrosa, id est profunda atque obscura **60** sunt; quamvis continuo lumine perfruantur. *Latibulum suum,* id est secretum majestatis ejus, quod tunc revelat justis, quando eis facie ad faciem divinitatis ipsius gloriam contigerit intueri. *In circuitu ejus tabernaculum ejus.* Hic dignitas exponitur gloriosa beatorum, ut juxta ipsum habitent qui in ejus Ecclesia fideliter perseverant. *In circuitu* autem *ejus* proximitatem significat. Ille enim circuit ac penetrat omnia, non circumdatur ab aliquo, quia loco inamplexibilis est. Potest et illud intelligi, *in circuitu ejus,* ut non ad loci designationem, sed ad defensionem tabernaculi custodiamque respiciat. *Aquam* vero dicit, eloquium Domini, quod tenebrosum est *in nubibus aeris,* id est in prophetis prædicatoribus verbi : quia quamvis se aliquis putet dicta eorum intelligere, ad ipsam, sicuti est, virtutem dictorum in totum vix potest pervenire; sicut dicit Apostolus : *Videmus nunc per speculum in ænigmate, tunc autem facie ad faciem* (*I Cor.* XIII, 12), quando ipsum videt quod credidit, ipsum cognoscitur respicere quod speravit.

Vers. 14. *Præfulgoræ in conspectu ejus nuves transierunt, grando et carbones ignis.* Non est iste versus facile transeundus. *Præfulgoræ,* una pars orationis est, id est nominativus pluralis, et respondet ad nubes. *Nubes* autem, sicut superius dictum est, prædicatores divini verbi intelligendi sunt. Et sensus talis est : illæ nubes quæ aquam continent Dei, id est eloquia divina, sicut in hoc aere tenebrosæ, hoc est obscuræ videntur, ita *in conspectu* Dei *præfulgoræ* sunt, ubi semper veritas patet. Nec præpositionibus exquiritur, nec parabolis tegitur, quod manifesta luce declaratur. Istæ ergo *nubes,* id est prædicatores, ad gentes relicto Israelitico populo *transierunt;* sicut constat effectum, quando duritia non meruit Judæorum, quod ad ipsos venerat instruendos. *Grando et carbones ignis.* Exponit per allegoriam quid illæ *nubes* habeant; aliud enim dicit, et aliud vult intelligi. Unde schematibus crebris eloquentia divina probatur esse plenissima. *Grando* enim, id est objurgationes figuratæ quibus Judæorum corda durissima tundebantur. *Carbones ignis,* charitatis incendia, quibus mentes fidelium cœlesti igne reviviscunt. Hæc ad gentes, sicut diximus, in nubibus, id est in prædicatoribus transierunt.

Vers. 15. *Et intonuit de cœlo Dominus, et Altissimus dedit vocem suam.* Quippe qui erat ingentia sacramenta locuturus. Ait enim in Evangelio vox omnipotentis Patris : *Et clarificavi, et iterum clarificabo* (*Joan.* XII, 29). Unde multi, sicut ibi legitur, tonitruum fuisse crediderunt. *Altissimus* autem *dedit vocem suam,* quando dictum est : *Hic est Filius meus dilectus, in quo mihi bene complacui* (*Matth.* III, 17).

Vers. 16. *Misit sagittas suas, et dissipavit eos; fulgura multiplicavit, et conturbavit eos. Sagittas* evangelistas dicit, virtutum pennis, non suis, sed ejus a quo missi sunt, recta itinera transvolantes. *Et dissipavit eos,* scilicet ad quos missi sunt, fideles recipiendo, impios abjiciendo, sicut dicit Apostolus : *Aliis sumus odor vitæ in vitam; aliis odor mortis in mortem* (*II Cor.* II, 16). *Fulgura multiplicavit,* id est miracula multa fecit, quæ sic corda videntium permoverunt, quemadmodum crebra solent fulgura visa terrere. *Conturbavit eos :* de his dicit qui tunc conturbati sunt, quando eum resurrexisse manifestis probationibus agnoverunt.

Vers. 17. *Et apparuerunt fontes aquarum, et revelata sunt fundamenta orbis terræ.* Id est, veritas prædicantium, qui fontes æternæ vitæ sanctitatis suæ ore fundebant. Ipso enim veniente patuit, quod obscuritas divini tegebat eloquii. *Et revelata sunt fundamenta orbis terræ :* manifestati sunt prophetæ, qui non intelligebantur : supra quos orbis terrarum in Ecclesiæ faciem sancta ædificatione constructus est. Et memento hic tellurem in bono positam, quæ est terra viventium.

Vers. 18. *Ab increpatione tua, Domine; ab inspiratione spiritus iræ tuæ. Ab increpatione tua,* indicat verba prophetarum, qui increpationibus justis peccatores populos arguebant; *ab inspiratione spiritus iræ tuæ,* ostendit prædicatores verbi, qui a sancto Spiritu inflammati delinquentes populos increpabant. Per has igitur parabolas sublucentes propositionesque verborum hucusque prophetiæ spiritu, fidelium populis, qui est sancta Ecclesia, adventum Domini nuntiavit.

Vers. 19. *Misit de summo et accepit me: assumpsit*

me ae multitudine aquarum. Hinc jam mater Ecclesia loquitur de temporibus Christianis. *Misit* utique Pater Dominum Salvatorem *de summo*, ut intelligant homines quia quod de summo venit, divina potestate gloriatur. Apte vero dixit Ecclesia, *accepit me*, quæ Sponso Christo juncta lætatur. *Multitudines* autem *aquarum*, sive innumeræ gentes intelligi possunt; unde Ecclesiam, spretis Judæis indevotis, de fidelibus constat esse collectam; sicut in Actibus apostolorum beatissimus Paulus contradicentibus Judæis et blasphemantibus, excutiens vestimenta sua dixit: *Sanguis vester super caput vestrum; mundus ego, ex hoc ad gentes vadam* (*Act.* xviii, 6). Sive hoc dicit de fontibus sacris, quando Ecclesia catholica multitudinem filiorum baptismatis regeneratione conquirit.

Vers. 20. *Eripuit me de inimicis meis fortissimis, et ab his qui oderunt me, quoniam confortati sunt super me*. *Fortissimos inimicos*, persecutores truculentos enuntiat, qui Christianum populum tormentis et cædibus affligebant; et ideo se magis dicit ereptam, quia inimici confortati sunt super ipsam. Tunc enim Ecclesia crescere meruit, quando eam data desuper potestate inimicus afflixit. O vere divina providentia, ut suis nisibus destruatur inimicus, et quanto se putat amplius lædere, tanto eum necesse sit sævissima insecutione præstare!

Vers. 21. *Prævenerunt me in die afflictionis meæ: et factus est Dominus protector meus*. Illud significat, quando pseudoapostoli veros prædicatores prævenire nitebantur, conantes subvertere corda simplicium. Sequitur: *In die afflictionis*, quando Christianorum martyria celebrabantur. *Et factus est Dominus protector meus*. Ideo Deus *protector*, quia homo exstitit impugnator. Sed utraque simul longe sibi dissimilia convenerunt, impugnatio temporalis, et æterna protectio.

Vers. 22. *Et produxit* [mss. A., B., F., *eduxit*] *me in latitudinem; salvum me fecit, quoniam voluit me*. In Ecclesia catholica hunc esse morem fidelium nullus ignorat, ut quanto plus persecutionibus constringitur, tanto, sicut dictum est, amplius fidei augmento dilatetur. Tunc enim per gratiam Dei exsurgunt invicti animi, tunc incendium charitatis ardescit, et facto agmine in gladios suaviter ruunt, quia æternæ vitæ præmia concupiscunt. *Producta est* ergo Ecclesia *in latitudinem*, quando per sævitiam persecutorum, numerum ei constat crevisse fidelium. Quod autem dixit, *salvum me fecit*, non moveat, quia ad masculinum genus deducta est; quoniam non videtur absurdum hoc ei nomen aptari, quæ constat ex populo. Merito ergo beatorum istud agmen exsultans *salvum se dicit factum*, quod ad Christianæ fidei meruit pervenire fastigium. *Quoniam voluit me*, id est quoniam me elegit, qui gratis vocat universos; nec prius beneficium accipit quam præstare dignetur; sicut ipse in Evangelio dicit: *Non vos me elegistis, sed ego elegi vos* (*Joan.* xv, 16).

Vers. 23. *Et retribuet mihi Dominus secundum justitiam meam; et secundum innocentiam manuum mearum retribuet mihi*. Optime utrumque servavit. Et prius dixit antequam assumeretur, *quoniam voluit me;* et nunc dicit: *Retribuet mihi secundum justitiam meam*, id est secundum voluntatem meam, quam post beneficia ipsius sancto corde gestabat. *Innocentiam* autem *manuum*, operam vult significare pietatis, quam divino munere sanctorum virtus exercet. Sed hoc *retribuet* geminatum sollicite recipiendum est, ne sibi aliquid fallaciter Pelagiana hæresis blandiatur. Dicit etenim Apostolus: *De reliquo reposita est mihi corona justitiæ, quam reddet mihi Dominus in illa die justus judex* (*II Tim.* iv, 8). Non quia suis aliquid meritis humilis applicabat, sed quia præmissis beneficiis Domini jam deberi posse præmium confidebat. Idipsum Jacobus apostolus dicit: *Omne datum optimum, et omne donum perfectum desursum est, descendens a Patre luminum* (*Jac.* i, 17).

Vers. 24. *Quia custodivi vias Domini, nec impie gessi a Deo meo*. *Viæ* sunt *Domini*, dilectio Dei, et charitas proximi, quas constat eos studiosissime custodire, qui nolunt mandata Domini deserere. Subjunxit: *Nec impie gessi a Deo meo*. Impietatis verbo notati sunt, qui jussa Domini declinare præsumunt. Quod animus devotus Ecclesiæ merito dicit refugisse, unde se Creatorem sciebat offendere.

Vers. 25. *Quoniam omnia judicia ejus in conspectu meo sunt semper, et justitias ejus non repuli a me*. Nunc dicit causas quare vias Domini custodierit, aut impie non gesserit, sicut superius posuit: quia jugiter judicia ejus terribilia cogitabat. Addidit, *et justitias ejus non repuli a me*. Quod faciunt carnis fragilitate superati, qui longa observatione deficientes, æquitatem interdum deserunt, quam cœperant custodire. Hic enim beatus populus nunquam repulit justitiam Domini, quia semper in ejus corde permansit.

Vers. 26. *Et ero immaculatus coram* [mss. A., B., F., *cum*] *eo: et observabo me ab iniquitate mea*. Fructum beatitudinis suæ reddidit, et quid proficiat si justitias Domini non repellat, scilicet ut sit immaculatus. Verum non ut ille Dominus, qui peccata non habuit; sed ut iste quem lacrymæ supplices a contractis sordibus abluerunt. Sed hæc omnia in illum modum accipienda sunt, quem superius exposuimus, ubi verbo geminato ait, *retribuet*: ne quid sancta humilitas, non de supernis beneficiis, sed de se, quod absit, præsumere videatur. Sequitur: *Et observabo me ab iniquitate mea*. Subtiliter beati vita describitur, qui quando ad aliquam se gratiam Domini pervenisse cognoscit, cavet ne iterum iniquitatis antiquæ calamitatibus innodetur.

Vers. 27. *Et retribuet mihi Dominus secundum justitiam meam, et secundum innocentiam manuum mearum in conspectu oculorum ejus*. Exponit quod superius dixit: *Et ero immaculatus coram eo*. Nam quando illud esse contigerit, tunc istud sine dubitatione subsequitur, ut *secundum justitiam suam*, quam ipse tamen donare dignetur, unicuique reddat, et secundum puritatem actuum dignam compensationem restituat. Pulchre autem additum est, *in conspectu oculorum ejus*, quod utique non potest, nisi beatis evenire; ut sicut illi semper corde Dominum contuentur, ita eos jugiter virtus divina respiciat.

Vers. 28. *Cum sancto sanctus eris, et cum viro innocente innocens eris. Et cum electo electus eris, et cum perverso subverteris.* Cum de justitia superna loqueretur, quia unicuique reddit secundum suorum actuum qualitatem, nunc exponit quemadmodum possit impleri quod lex praecipit observari. Conversatio enim nostra ex prioribus aut ducibus suis maxime similitudinem trahit; dum unusquisque tali ingenio gaudet quali fuerit praeditus ille quem sequitur. Hinc est quod nobis salutaris et moralis regula data est, quod cum sancto viro, id est Domino Salvatore, ipso praestante, sancti esse possimus; sicut ipse dicit: *Sancti estote, quoniam ego sanctus sum Dominus Deus vester* (*Lev.* XIX, 2). Praecipitur etiam ut cum innocentia ejus innocentes esse mereamur. Sic enim de ipso jam dictum est: *Innocens manibus et mundo corde* (*Psal.* XXIII, 4). Additur tertium, ut cum electione ipsius eligamur. Ita quippe de ipso Isaias dicit: *Electus meus, in quo complacuit anima mea* (*Isa.* XLII, 1). Quod tunc nobis accidit, quando praeceptis ejus salutariter obedimus. Sequitur, *cum perverso subverteris*, id est cum diabolo subverteris, qui propria iniquitate perversus est. Illos enim iniquissimos reddit quos ad suae obedientiae jura convertit. Quod argumentum nobilissimum dicitur in topicis a persona extrinsecus attributa, quando quis aut de improbis amicis arguitur, aut de bonorum conjunctione laudatur.

Vers. 29. *Quoniam populum humilem salvum facies, et oculos superborum humiliabis.* Respice quemadmodum prioribus versiculis apte responsum est, qui sanctitati vel innocentiae, nec non electioni Domini sit devotus; et hic salvus faciendus est, cum in die judicii ad dexteram collocabitur. *Oculi* autem *superborum humiliandi sunt*, qui cum perverso auctore suo diabolo subvertentur, dum ad sinistram positi, in aeternam cruciationem mittendi sunt. Decenter autem positum est econtra, *oculos superborum humiliabis*, quia tanto arrogantes in tartari profunditatem descendunt, quanto se altiora contingere putaverunt.

Vers. 30. *Quoniam tu illuminas lucernam meam, Domine; Deus meus, illumina tenebras meas.* Loquitur adhuc sive Ecclesia, sive populus ille beatorum, mirabili decore verborum. *Lucerna* enim Ecclesiae Baptista Joannes est, de quo Dominus in Evangelio dicit: *Ille erat lucerna ardens, et vos voluistis exsultare in lumine ejus.* (*Joan.* V, 35). Idem ipse in Evangelio dicit: *Nemo accendit lucernam et ponit eam sub modio* (*Luc.* XI, 33). Sensus ergo talis est: Patri Domino dicit: *Quoniam tu lucernam meam illuminas*, id est Joannem Baptistam et caeteros apostolos, vel eos qui coelesti lumine radiare noscuntur. *Illumina tenebras meas*, hoc est per eos reliqua membra credentium, quae adhuc in carnis obscuritate versantur. *Lucerna* enim noctis est lumen, quae merito delinquentibus datur, ut per verbum illuminationis fugiant tenebrosa peccati. Quapropter memento quod hic dicitur illuminare Patrem; illuminat et Filius, sicut in alio psalmo legitur: *Deus Dominus et illuxit nobis* (*Ps.* CXVII, 27); illuminat etiam Spiritus sanctus, sicut propheta dicit: *Non abscondam ultra faciem meam ab eis, pro eo quod illuxit Spiritus meus super universam domum Israel* (*Ezech.* XXXIX, 29). Quis ergo ita nubilo corde obscurus est, ut sanctae Trinitatis unam naturam, unam coaeternitatem, unam non intelligat esse potentiam?

Vers. 31. *Quoniam a te eripiar a tentatione, et in Deo meo transgrediar murum.* Insigniter docuit regulam fidei. *A te* dixit *eripiar*, non a me. *Tentatio* vero diabolum significat, qui momentis omnibus tentat, ut a bona conversatione nos abstrahat. *In Deo meo*, id est ejus virtute roborante, obstaculum transgrediar peccatorum, quod inter Deum et homines mortalium construxere nequitiae. Qui *murus* mortis est, non salutis, nec ad munimen erigitur, sed ad aeternum interitum praeparatur. Bene dixit, *transgrediar*, non irrumpam, non diruam: quia *murus* ille humano generi immobilis manet, etiam cum eum sanctis beneficio Divinitatis transilire contigerit.

Vers. 32. *Deus meus, impolluta via ejus; eloquia Domini igne examinata; protector est omnium sperantium in se.* Aliud versus iste inchoasse, aliud subjunxisse sentitur. *Deus meus*, aggressus est dicere nescio quid exorativum, et subjunxit ei exitum inopinatum, *impolluta via ejus*. Nam si propositio sequentibus concordaret, Dei mei dicturus erat, non *Deus meus*. Quae figura dicitur paraprosdoxia, Latine inopinatus exitus, cum aliud proponitur, aliud explicatur. *Impolluta via ejus* significat semitam ejus esse purissimam. Sive hoc ad incarnationem pertinet Verbi, quam constat pollutionem non habuisse peccati. Sequitur, *eloquia Domini igne examinata*. Flamma fidei, lex superna discutitur, quando sciendi desiderio divina eloquia perquiruntur. Sic et Jeremias propheta eloquia Domini mirifica definitione conclusit dicens: *Nonne verba mea sicut ignis, dicit Dominus, et sicut securis concidens petram* (*Jer.* XXIII, 29)? Addita est quoque generalis promissio, ut animos relevaret humanos: ne putaretur protectionem non mereri, qui a peccato non fuisset immunis. Dicendo enim, *omnium sperantium in se*, nullus exceptus est, nisi qui in eum sperare neglexerit. Qui versus brevissimus laudum definitionibus explicatur.

Vers. 33. *Quoniam quis deus praeter Dominum, aut quis deus praeter Deum nostrum?* Hoc contra paganorum dementiam dicitur, qui deos sibi multifaria vanitate finxerunt. *Dominum* posuit, quia ipsius servi sumus; *Deum*, quia eum justissime adoramus et colimus. Sed iste *Deus* Trinitas est inseparabilis, personarum tantum, non substantiae distinctione discreta. Convenienter autem laus Domini breviter praemissa est, quoniam ipse erat in subsequenti parte locuturus.

Vers. 34. *Deus qui praecinxit me virtute, et posuit*

immaculatam viam meam. Ventum est ad ordinem tertium, ubi potentiam suam Dominus Salvator exponit. Quod ait : *Præcinxit me virtute*, et dignitatem significat et fortitudinem. Quod utrumque ipsi convenire manifestum est, qui potestate virtutis suæ judicaturus est mundum. Convenienter autem sequitur, *posuit viam meam*, id est constabilivit atque firmavit, ut nulla sæculi ambitione moveretur. *Immaculatam* vero *viam* dicit, vitam purissimam sine sorde delicti, quam ille solus ambulavit, qui peccata non habuit. Sed has omnes allegoricas tropicasque locutiones quæ dictæ sunt, sive quæ sequentur, ad incarnationem Domini convenienter aptamus.

Vers. 35. *Qui perfecit pedes meos tanquam cervi, et super excelsa statuit me*. Frequenter hoc animal in Scripturis divinis in bono ponitur, ut est illud : *Sicut cervus desiderat ad fontes aquarum* (Psal. XLI, 2): ibi, quia nimium sitiunt; hic, quia velociter currunt. Norunt enim saltibus spinosa transcendere, et loca periculose hiantia transilire, sicut ille delicta sæculi humanam salutem pungentia, et foveas profundissimas peccatorum sanctis gressibus transmeavit. Et intende quemadmodum in comparatione cervorum permaneat, qui quando plana fugiunt, montium celsa conscendunt. Significat autem se super omnem creaturarum eminentiam constitutum, sicut dicit Apostolus : *Et donavit illi nomen quod est super omne nomen, ut in nomine Jesu omne genu flectatur cœlestium, terrestrium et infernorum* (Philip. II, 9, 10).

Vers. 36. *Qui docet manus meas ad prœlium, et posuit ut arcum œreum brachia mea*. Doceri est ab imminentibus insidiis cautum fieri. *Manus* operationes significant; *prœlium*, diaboli certamen demonstrat, cum quo spiritualiter configitur; quia incessabilibus collectationibus semper armatur. *Brachia* vero Christi prophetæ sunt et apostoli, per quos desiderium suæ voluntatis operatus est. His comparat *œreum arcum*, quia nesciunt Dei servi prædicando mollescere, sed in cœlesti fortitudine permanentes, verbis salutaribus emissis, tanquam sagittis eminus jaculatis, devotorum hominum corda compungunt.

Vers. 37. *Et dedisti mihi protectionem salutis tuæ; et dextera tua suscepit me; et disciplina tua ipsa me docebit*. *Protectio salutis* gloriam significat resurrectionis, quando mortali carne deposita, eamdem incorruptibilem et glorificatam resumpsit. *Dextera* potentia Divinitatis est, quæ assumptam humanitatem in æterna majestate constituit. Et bene se dicit esse docendum, ut veri hominis exprimeret qualitatem.

Vers. 38. *Dilatasti gressus meos subtus me, et non sunt infirmata vestigia mea*. Incarnationis suæ gloriosissimos actus, qui monstrandi erant conversatione sanctissima, dicit esse dilatatos. *Vestigia* vero viam *informationis* ostendunt, quam firmissimam reliquit apostolis, ubi ipse gressus imprimens sanctis actibus ambulavit. Hæc ergo *vestigia* ab inimicis infirmanda jure denegavit, quia licet se ventosa mundi procella commoverit, ejus tamen vestigia movere non potuit, quæ ille ne Petrus in mari mergeretur fixa solidavit.

Vers. 39. *Persequar inimicos meos, et comprehendam eos; et non convertar donec deficiant*.

Vers. 40. *Affligam illos, nec poterunt stare : cadent sub pedibus meis*. Istos duos versus de illis intelligi non dubium est qui primo contra Dominum eriguntur, postea conversi ejus pedibus inclinantur; et vitam merentur subditi, qui mortem incurrerant contumaces. *Persequitur* enim *inimicos* suos afflictionum diversa clade fatigatos, *et comprehendit eos* quos ab studio perverso mutaverit. Sed felix est omnino qui capitur, felix qui illas manus evadere non meretur; tunc magis liber redditur, cum fuerit tali sorte captivus. Sequitur : *Et non convertar donec deficiant*. Cum non convertitur Dominus, præda tunc capitur; et a pravo studio suo desinit, qui vincitur ad salutem. Addidit : *Affligam illos, nec poterunt stare*. Afflicti quippe diversis calamitatibus, in sua pertinacia stare non possunt, quando vires nequitiæ in suis ausibus perdiderunt. Tunc fit illud quod sequitur : *Cadent sub pedibus meis*. Qui *sub pedibus cadit* Domini, adversum illum ultra non patitur, cujus jam tuitione vallatur; sed erectus tunc redditur, quando illi fuerit humili satisfactione subjectus.

Vers. 41. *Et præcinxisti me virtute ad bellum : supplantasti insurgentes in me subtus me*. Hoc jam de spiritibus immundis dicitur, qui ei per contradictiones Judæorum iniqua certamina commoverunt. *Præcinctus est* enim *virtute*, quando patientiæ fortitudine iniquorum adversa superavit. Ipsi tamen qui contra eum insana conspiratione tumuerunt, ejus sunt judicio sine dubitatione subdendi, ut cum suo instigatore pereant, qui auctori suo credere noluerunt.

Vers. 42. *Et inimicorum meorum dedisti mihi dorsum, et odientes me disperdidisti*. Duplicia legis sacramenta versus iste complexus est. Primum est quod *dorsum* conversionem eorum significat qui ex resistentibus ejus nomini, in salutiferam victoriam fugati, emerserunt subito Christiani, ut Paulus apostolus de persecutore sævissimo, post Domini increpationem apparuit repente discipulus. Secundum est quod *odientes* se *disperdendos* esse denuntiat, qui in perfidiæ suæ obstinatione manserunt; sicut de Judæis animadvertendum est, qui impia voce dixerunt : *Sanguis ejus super nos, et super filios nostros* (Matth. XXVII, 25).

Vers. 43. *Clamaverunt, nec erat qui salvos faceret, ad Dominum, nec exaudivit eos*. Clamores dicit irritos, quos impii in illa judicatione missuri sunt; sicut in Evangelio de damnandis ait : *Ibi erit fletus et stridor dentium* (Matth. XIII, 42). Clamores enim isti salvos facere nequeunt, qui salutis auctorem hic temnendum esse decreverunt. *Nec erat qui salvos faceret* : propter diabolum dicit, quo immittente deliquerunt. Quis enim tales facturus est salvos, cum instigator et princeps eorum sit primus ipse dammundus? Sed hi cum viderint spem suam in diabolo corruisse, *clamabunt quidem ad Dominum, sed non exaudiet eos*: quoniam infructuosa illic agnoscitur pœnitudo, ubi jam est justa damnatio.

Vers. 44. *Et comminuam eos ut pulverem ante faciem venti; ut lutum platearum delebo eos.* Ubi est illa lingua grandiloqua et ventosa superbia? Usque ad pulverem se comminuendos intelligant, qui Domino pravis mentibus contradicere moliuntur. Et ne putent se quamvis detritos posse quiescere, addidit, *ante faciem venti*; ut quiescere non possint, cum fuerint imminuti. Bene autem *luto platearum* comparat peccatores, quod fetidissimis sordibus inquinatur, nec excipitur a conculcatione populi, ut semper ejus fetor iteretur. *Delebo eos*, id est de medio tollam, quod pertinet *ad lutum platearum* Vim quoque ipsam comparationis intellige: ait enim, *ut lutum platearum*, quod facile tollitur, quia mollissimum comprobatur.

Vers. 45. *Eripies me de contradictionibus populi, constitues me in caput gentium: populus quem non cognovi servivit mihi.* Ereptus est plane *de contradictionibus populi*: quando explosis perfidis Judæis ad gentium fidem devotionemque translatus est. *Contradictiones* vero illas dicit, quas ei scelerata turba multipliciter ingerebat. Nam quod ait, *constitues me in caput gentium*, signum dicit fidei Christianæ: quia in fronte gentium, crucis habuerunt vexilla radiare. *Populum quem non cognovi*, id est ad quem non veni, novum, rudem, atque antea non receptum. *Servivit* autem, credidit dicit, quoniam quicunque credit et servit; quod factum est a gentibus, quæ non fuerant a Christo carnaliter inquisitæ. Nam quid est quod ille non cognoscat, qui renes hominum perscrutatur et corda?

Vers. 46. *Obauditu auris obaudivit mihi; filii alieni mentiti sunt mihi.* Laus ista gentium, exprobratio est magna Judæorum; ut servirent qui non viderunt; ut audirent quibus ex ore ejus sacratissima minime verba sonuerunt; sicut scriptum est: *Quibus non est nuntiatum de eo videbunt; et qui non audierunt contemplabuntur* (Isa. LII, 15). Sed intellectus trahit, ut adjiciamus. Hebræi autem qui viderunt et audierunt, sicut inferius dicit, totum contraria voluntate fecerunt. Quod idem prædicit Isaias: *Excæca cor populi hujus, et aures ejus aggrava, et oculos ejus claude: ne forte videant oculis suis, aut auribus suis audiant, vel corde suo intelligant, et convertantur, et sanem eos* (Isa. VI, 10). Quæ figura dicitur aposiopesis, id est dictio cujus finis reticetur; ut aut terreatur, aut ad desiderium provocetur auditor. *Filii alieni*, filii diaboli, quibus ipse in Evangelio dicit: *Vos ex patre diabolo estis* (Joan. VIII, 44), *mentiti sunt mihi*, quando dicebant: *Magister, scimus quia a Deo venisti, et in veritate viam Dei doces* (Matth. XXII, 16). *Mentiri* enim est contra mentem loqui, et illud lingua promere quod unumquemque constat in animo non habere.

Vers. 47. *Filii alieni inveteraverunt, et claudicaverunt a semitis suis.* Bene dixit *alienos filios claudicasse*: quia filii Domini rectis gressibus ambulare noscuntur. Nam *claudicare* proprie dicimus eos qui uno pede sunt debiles. Quod Judæis accidisse manifestum est, qui Vetus Testamentum carnaliter tenentes, Novi gratiam respuerunt: et hinc factum est, ut una parte debiles mentis suæ gressibus claudicarent. Hoc etiam in illa angelica concertatione patriarchæ Jacob (*Gen.* XXXII, 24), quidam asserunt præsagatum, quando tacto nervo, uno pede claudus effectus est. Nec illud vacat quod addidit *suis*, quia descrentes intellectum legis, suis superstitionibus agebantur; ut non recipientes promissum Dominum Salvatorem, de lavandis manibus et calicibus insanas calumnias commoverent; revera sordidi, sed non tali observatione mundandi. Potuerant enim propria fæce purgari, si lavacrum sacri baptismatis expetiissent.

Vers. 48. *Vivit Dominus, et benedictus Deus meus; et exaltetur Deus salutis meæ.* Quarti ordinis janua, quæ superest, aperitur: ubi iterum Ecclesia catholica loquitur toto orbe dilatata, quæ summatim et beneficia refert Domini, et hymnum suavi delectatione profundit. Recte dicebat: *Vivit Dominus*, quem in suo corde jugi consideratione cernebat. *Vivit* enim, dixit, præsens est firma credulitate conspectus. *Benedictus* autem dicitur *Deus*, cum ei laus celeberrima devotione mentis offertur; sicut et alibi legitur: *Benedictus qui venit in nomine Domini, hosanna in excelsis* (*Matth.* XXI, 10). Intelligitur etiam proprie *benedictus*, quod ipse omnia propitius benedicat: sicut et *vivit Dominus*, quod ipse vivificet. Hæc autem et his similia, sicut sæpe diximus, tropicis allusionibus probantur edici. *Exaltetur* vero posuit, toto orbe credatur. Nam quemadmodum aliter exaltari poterat, qui proprie vocatur Altissimus?

Vers. 49. *Deus qui das vindictam mihi, et subdidisti* (mss. A., B., F., *et subdis*) *populos sub me.* In isto mundo præconialiter vindicatur Ecclesia, quando blasphemi et infideles ad veræ religionis penetralia perducuntur; ut qui ante contumaces exstiterunt, fiant illi proficua devotione subjecti. Ecce vere *vindicta* pia, salutaris pœna, ultio gloriosa. Ipsi enim Ecclesiæ subduntur, qui liberi probantur a vitiis; nam qui ab ipsa deviant, mox laqueum noxiæ captivitatis incurrunt.

Vers. 50. *Liberator meus de gentibus iracundis: ab insurgentibus in me exaltabis me, a viro iniquo eripies me.* Addidit liberatori laudem, dum dicit, *iracundis*. Minus est enim periclitantem liberare ab inimicis tepidis, sed multo gloriosius a fervida malignitate succensis. Sequitur decora diversitas, ut quanto altius in iram surrexerunt inimici, tanto amplius exaltaretur illa, quæ pertulit. *Iniquum virum*, schismaticum designat, qui perversi dogmatis iniquitate grassatur.

Vers. 51. *Propterea confitebor tibi in populis, Domine, et psalmum dicam tibi inter gentes. Propterea*, propter illa quæ superius dicta sunt. *Confitebor tibi*, id est laudem te per populos Christianos, quorum utique lingua Ecclesiæ vox est. *Psalmus* autem, sicut dictum est, opus significat actuale : unde per opera fidelium Deo dicit gratias, quas plus Divinitas noscitur *exaudire* quam voces. *Inter gentes* designat universitatem, quoniam erat Ecclesia gentium numerositate dilatanda.

Vers. 52. *Magnificans salutare regis ipsius, et faciens misericordiam Christo suo David, et semini ejus usque in sæculum.* Exponit qualem psalmum superius dixerit, qui magnificet filium ipsius toto orbe terrarum. *Christus* ante dicebatur omnis unctus in regem; sicut et de Saule dictum est : *Cur ausus fuisti inferre manum in christum Domini (II Reg.* i, 14)? In *David* ergo *fecit misericordiam,* quia eum, ut titulus dixit, de persequentium ferocitate liberavit. *Et semini ejus,* Dominum significat Salvatorem, qui secundum carnem *ab ipsius generatione descendit.* Dicit ergo tunc *misericordiam factam semini ejus,* quando post triduum resurrexit a mortuis, ascendit in cœlos, sedet ad dexteram Patris. *Usque in sæculum* accipitur in æternum; sicut in superiore psalmo dictum est, *usque in finem :* hæc enim verba idipsum significant, quamvis propter gratiam novitatis variata esse videantur.

Conclusio psalmi.

Quam mirabili contextione verborum hujus psalmi drama decursum est, quod variatione personarum semper efficitur, dum vicarius sibi sermo alterutra permutatione succedit! Sed intelligamus quanta sit hujus chori gloriosa societas; ut et ipse quoque Dominus simul dignatus fuerit salutaria verba miscere, pro quibus non aspernatus est humilitatem incarnationis assumere. Nam et numerus ipse magna legis sacramenta concludit. Denarius pertinet ad Decalogum Veteris Testamenti, septenarius ad septiformem Spiritum (*ed.,* Spiritus gratiam); qui in unam societatem deducti, efficiunt decem et septem. Sic præcipua mysteria sanctæ legis psalmi istius numero continentur.

EXPOSITIO IN PSALMUM XVIII.
In finem psalmus David.

Inscriptio ista frequenter exposita est, psalmi dicta referens ad Dominum Christum : de cujus primo adventu propheta dicturus est, unde suscepit inimicus occasum, et humanum genus singulare præsidium. Per hunc enim tyrannus ille religatus ingemuit, et absolutus est homo potius, qui mortiferis vinculis tenebatur obnoxius. Memento vero quia de eadem re hic primus est psalmus; sequuntur autem alii quatuor, id est, septuagesimus nonus, octogesimus quartus, nonagesimus sextus, et nonagesimus septimus.

Divisio psalmi.

Per totum psalmum prophetæ verba sunt. Prima narratio ejus laudat Domini prædicatores, ipse quoque de ejus incarnatione speciosissimis comparationibus verba subjungens. Secunda laudat præcepta Novi et Veteris Testamenti. Tertia ab occultis vitiis purgari se a Domino deprecatur; ut eum sibi dignum faciat esse psalmistam. Per quæ intelligimus illos solos revera Domini laudes canere, qui ab ejus nesciunt prædicationibus discrepare.

Expositio psalmi.

Vers. 1. *Cœli enarrant gloriam Dei, et opera manuum ejus annuntiat firmamentum.* Quamvis et ad litteram possit intelligi, cœlos enarrasse gloriam Dei, cum Magos ad Bethleem venientes dux stella præcesserit, quæ stans supra cunabula ejus, ostendit Domini Salvatoris adventum (*Matth.* ii, 10), tamen hoc melius ad apostolos convertimus et prophetas, qui de adventu ipsius disserendo, orbem terrarum sanctis admonitionibus impleverunt. In quibus Deus tanquam in cœlis habitavit, qui cuncta late complectitur, non ex parte, sed tota eos plenitudine suæ majestatis ingrediens. Pars enim in Deo non est, sed ubique totus et plenus est. Impio quippe dicitur : *Tu quis es, qui enarras gloriam meam* (Ps. xlix, 16)? Sequitur, *et opera manuum ejus,* id est, ipse homo qui manibus ejus factus est. Sed hoc ad laudem dicitur prophetarum, ut cum sint opera ejus, annuntiare mereantur Creatoris sui reverenda mysteria. Addidit, *annuntiat firmamentum,* prædicationes scilicet incarnationis ejus, per quam fidei nostræ soliditas inconcussa provenit. Et nota quia hic dicitur, homo Dei manibus factus. Item legitur : *Et aridam manus ejus finxerunt (Psal.* xciv, 5). Sed hoc humanæ operationis allusio est, quæ sine manibus aliquid fabricare non prævalet. Cæterum omnia Deus voluntatis suæ creavit imperio, sicut legitur : *Ipse dixit et facta sunt, ipse mandavit et creata sunt* (*Psal.* cxlviii, 5).

Vers. 2. *Dies diei eructat verbum, et nox nocti indicat scientiam. Dies diei eructabat verbum,* quando Dominus loquebatur apostolis. Ipse enim divina claritate irradians, corde purissimis verba cœlestis luminis intimabat. *Eructabat* enim *verbum,* cum de imis penetralibus sermones in sanctorum notitiam perducebat. *Nox* autem *nocti indicabat scientiam,* quando Judas Christum Judæis prodidit ac tradidit occidendum (*Matth.* xxvi, 48). *Indicare* enim pertinet ad proditionem. Tale enim inter se fecerant constitutum, ut illum tenerent, quem fuisset sceleratissimus osculatus. O nefandissimum proditorem, et juste a beatorum societate discretum! Per osculum causam fecit venire interitus, per quod humani generis declaravit affectus. Nam quod *diem diei et noctem nocti* comparavit, argumentum est quod dicitur a pari; sicut et in quadragesimo primo psalmo dicturus est : *Abyssus abyssum invocat, in voce cataractarum tuarum* (*Psal.* xli, 8).

Vers. 3. *Non sunt loquelæ neque sermones, quorum non audiantur voces eorum.* Negando nullos esse *sermones* neque *loquelas* quas apostoli reticuissent, illud videtur prædicare quod linguis erant omnium gentium divina inspiratione locuturi. *Sermones* quippe ipsorum et *loquelæ* per orbem terrarum prædicationis libertate sonuerunt. *Sermones* pertinent ad communes narrationes, *loquelæ* ad publicas suasiones; quod utrumque apostolos fecisse certissimum est.

Vers. 4. *In omnem terram exivit sonus eorum, et in fines orbis terræ verba eorum; in sole posuit tabernaculum suum.* Terram hic hominem debemus accipere, qui et audire possit et credere. *Sonus* vero miraculorum fama est, quæ pro ipsa novitate per gentes singulas excellenti opinione currebat. *Fines* autem *terræ* sunt reges, qui quasi termini agrorum sua regna custodiunt; ut non solum ad humiles, verum etiam ad principes gentium Evangelii verba pervenisse declarentur. Sequitur de incarnatione Verbi prophetæ sancta prædicatio; ut hoc quod alios gessisse laudavit, ipse quoque fecisse videretur. Ab apostolis quippe transiit ad personam Domini. Quæ figura dicitur exallage, id est permutatio. *In sole*, in manifestatione mundi dicit. *Tabernaculum*, id est inhabitaculum corporis sui. Quod ideo arbitror dictum, *in sole positum*, ut qui oculum cordis habet purissimum, sacramenti illius claritatem et ferre possit et cernere; qui vero hæretica pravitate confusus est, incarnationis ejus fulgore percussus, erroris sui lippitudine sanctum lumen Domini non prævaleat intueri.

Vers. 5. *Et ipse tanquam sponsus procedens de thalamo suo, exsultavit ut gigas ad currendam viam. Et ipse*, Christum Dominum dicit, qui *tanquam sponsus* Ecclesiæ suæ, *processit de thalamo suo*, id est de utero virginali. Magna similitudine sacramentum ejus incarnationis exposuit. Ob hoc enim de intacto utero processit dispositione mirabili, ut mundum Deitati reconcilians, Ecclesiam sibi sponsi charitate sociaret. Quapropter merito de Virgine natus est, qui Virgini erat sancta copulatione jungendus. Congrue namque *sponsus* a spondendo dicitur Christus, qui toties promissus est per prophetas. Et bene Christus noster nunc *giganti* comparatur, quia humanam naturam potentiæ suæ magnitudine superans, omnia mundi vitia cum suo truculentissimo auctore prostravit. Dicendo enim, *ad currendam viam*, servavit quod in primo psalmo dixit, *et in via peccatorum non stetit* (*Psal.* I, 1). Hæc via cursum ejus vitæ significat, quam Dominus egit homo natus, hoc est, quia natus est, crevit, docuit, passus est, resurrexit, ascendit in cœlos, sedet ad dexteram Patris. Merito ergo dixit, *viam cucurrit*, cujus in nulla mundi ambitione potuit actus hæsitare. Hæc per allegoricas similitudines decenter expressa sunt, quæ aliud dicentes, aliud intelligi persuadent.

Vers. 6. *A summo cœlo egressio ejus, et occursus ejus usque ad summum ejus; nec est qui se abscondat a calore ejus.* Si diligentius intueamur, totius hic majestas Trinitatis ostenditur; *egressio ejus*, nativitatis Filii, non temporalis, sed coæterna Patri, quæ est ante omne principium, quippe cum ipsum Filium constet esse principium. *Occursus ejus* secundum hominem dicitur, quia post assumptionem carnis, in utraque natura Christus permanens, ad sedem paternæ majestatis occurrit. *Usque ad summum ejus*, iterum secundum deitatem, qua Patri Filius semper æqualis est. Nam cum venit *a summo*, in nullo minor fuit; cum rediit ad summum, Deus homo æqualis Patri in deitatis substantia, sicut venerat, perseverat, cui nihil humana detraxit humilitas. Nam quod ait : *Nec est qui se abscondat a calore ejus*, Spiritum sanctum videtur significare, quem post ascensionem discipulis misit. In Actibus enim apostolorum legitur (*Act.* II, 3) ignem apparuisse, qui supra unumquemque eorum insidens, gentium variis linguis eos faciebat effari. Ipse ergo *calor* est, a quo nemo possit abscondi, qui deitatis suæ potentia uniuscujusque corda cognoscit. Ita hoc uno versiculo, sanctæ Trinitatis ingentia sacramenta declarantur. Et intuere quemadmodum licet de tribus personis dicatur, consubstantialem tamen servavit unitatem. Sic enim loquitur dicendo, *ejus*, tanquam de uno : quia sancta Trinitas unus est Deus, sicut legitur : *Audi, Israel, Dominus Deus tuus, Dominus unus est* (*Deut.* VI, 4).

Vers. 7. *Lex Domini irreprehensibilis, convertens animas.* Ventum est ad secundam narrationem : ubi per sex versus singulæ res diversa laude definiuntur. Hæc septima est species definitionis quam Græci κατὰ μεταφοράν, Latini per translationem dicunt, cum rem aliquam sub brevi præconio quæ sit ostendimus. Nunc ad singula veniamus. *Lex* enim illa, quam per Moysen dedit, *irreprehensibilis est*, quia perfecta veritate consistit, quæ per Dominum Salvatorem non reprehensa, sed potius probatur impleta; ait enim in Evangelio : *Non veni legem solvere, sed implere* (*Matth.* V, 17). Et ne esset nobis rigoris ejus perniciosa desperatio, adjunxit, *convertens animas*. Illius enim districtionis metus errantem corrigit, et ad Christi gratiam facit recurrere, cum spem in suis cœperint meritis non habere

Vers. 8. *Testimonium Domini fidele, sapientiam præstans parvulis.* Hic de Patre dicit : quoniam omnia *testimonia* quæ dedit populo Israelitico, *fidelia* utique fuerunt, quia plenissima veritate recognita sunt : et *sapientiam parvulis præstiterunt*, non utique superbis, nec tumida se elatione jactantibus, sed *parvulis*. *Parvuli* autem sunt humiles et innocentes, sicut Apostolus monet : *Nolite pueri effici sensibus, sed malitia parvuli estote* (I *Cor.* XIV, 20). *Testimonium* quoque dat Filius, sicut ad Timotheum ait Apostolus : *Præcipio tibi coram Deo, qui vivificat omnia, et Christo Jesu, qui testimonium reddidit sub Pontio Pilato* (I *Tim.* VI, 11). Idem de Spiritu sancto dicit Apostolus : *Nam et ipse Spiritus testimonium perhibet spiritui nostro* (*Rom.* VIII, 16). Vides in illa sancta Trinitate, quam nihil Scriptura divina velit minus majusve sentiri, ut nec ipsa nomina patiatur esse divisa.

Vers. 9. *Justitiæ Domini rectæ, lætificantes corda.* Revera *rectæ*, quia non aliter cognoscitur fecisse quam docuit : quia illorum justitia recta non est, quibus aliud est in ore, aliud in opere. *Lætificantes corda*, subaudi justorum, qui de judicio Dei lætificantur: quia norunt se misericordiæ Domini præmia consecuturos, sicut dicit Apostolus: *De reliquo reposita est mihi corona justitiæ, quam reddet mihi Dominus in illa die justus judex* (*II Tim.* iv, 8).

Vers. 10. *Præceptum Domini lucidum, illuminans oculos.* Revera lucidum, quia sincere purum et immaculatum, quale a Patre luminum prodire docet. Hoc *illuminat* oculos, non istos carnales quos et pecora nobiscum possunt habere communes, sed illos utique interiores qui divino munere spiritualiter clarificantur.

Vers. 11. *Timor Domini, sanctus permanens in sæculum sæculi.* Videamus quid sibi velit ista definitio. Deum timere non trepida confusio, sed imperturbata constantia est, cujus status nulla temporali conversione mutatur, sed in idipsum sinceritate bonæ conscientiæ perseverat. Nam humana formido cum tempore commutatur, et non est sancta, quia non potest esse proficua; timor autem Dei nihil perturbationis habet. Nam licet recte auctorem suum timeat, scit vere supplicantibus misericordem esse, qui judicat. In omni ergo sanctitate versatur qui suum judicem et timere cognoscitur et amare. Mixta enim cum pavore dilectio, timor est Domini, qui usu sæculari reverentia nuncupatur.

Vers. 12. *Judicia Dei vera, justificata in semetipsa.* *Judicia Dei* dicit, ut arbitror, mandata quæ in Veteri et Novo Testamento conscripta sunt: quia revera ex judicio sunt prolata. Illud enim judicium singulari numero dicitur, ubi boni malique dividuntur. Nam quod sequitur: *Desiderabilia*, prohibet ad illud tempus futuræ judicationis aptari, quia legitur: *Væ illis qui concupiscunt diem Domini* (*Amos* v, 18)! Hæc autem *judicia* utriusque Testamenti, quæ dicta sunt, veritate immutabili perseverant; et tantum in illis est bonum, ut cum a piis mentibus recipiuntur, veraces faciant et beatos. Hoc enim dant, quod habent: quia necesse est ut justificatione plenum sit, quod justos facit. Peracta est propositæ laudis senaria diversitate conclusio, prædicando legem Domini, testimonium Domini, judicia Dei; qui numerus in arithmetica disciplina noscitur esse perfectus. Singulis enim versibus, quasi quibusdam calamis compactis, opera Domini laudis studio probantur esse cantata; ut doceret perfectionem atque convenientiam eorum quæ sub tali calculo noscuntur esse prædicata. O ingenium rerum stupenda profunditas! Quis aut sufficienter distinguere aut prædicare potuisset opera Domini, nisi de Spiritu sancto probarentur edici? Solus enim prævalet digne de se dicere, qui etiam se potest nosse plenissime.

Vers. 13. *Desiderabilia super aurum et lapidem pretiosum multum, et dulciora super mel et favum.* *Desiderabilia* sunt judicia Domini, sicut dictum est, mandata Novi et Veteris Testamenti, *super aurum*, quod humana cupiditas affectat ardentissime possidere, propter quod frequenter despicit etiam salutes animarum. Sed quia hoc tantæ rei parum est, addidit: *Lapidem* pretiosum multum, qui in parvissimo margarito plurimum valet, et exiguo metalli pondere, ingentem superat pecuniæ quantitatem. Sed quoniam inveniri poterant continentes, qui cupiditatem noxiam laudabili parcitate calcarent, addidit etiam sapores præcipua suavitate jucundos, *mel et favum*. Unde homo nullus excipitur, quamvis continens esse videatur: quia propter Vetus Testamentum superat *mel*, propter Novum vincit *favum*. Ista enim faucibus tantum sapiunt, illa mentibus absolute dulcescunt. Quod schema Græce dicitur auxesis, Latine augmentum; paulatim enim ad superiora concrescit.

Vers. 14. *Nam et servus tuus custodiet ea; in custodiendo illa retributio multa.* Cum dicit: *Servus tuus*, justum significat et devotum. *Custodiet ea*, dulcedine scilicet illa pellectus, quia nequissimis mentibus judicia Domini semper amara sunt. Et inspice quod dictum est, *custodiet ea;* ut non solum ad tempus earum rerum suscipi videatur affectus, sed usque in ultimum vitæ spatium in tali devotione versetur. Post obedientiam præmia subsequuntur, id est *retributio multa*. Tanta enim divinæ clementiæ dona sunt, quæ nequeunt comprehendi. Sic enim de his Apostolus dicit: *Quod nec oculus vidit, nec auris audivit, nec in cor hominis ascendit, quæ præparavit Deus diligentibus se* (*I Cor.* ii, 9). Merito ergo dicta sunt *multa*, quia comprehendi non poterant universa.

Vers. 15. *Delicta quis intelligit? ab occultis meis munda me, Domine.* Ecce janua tertiæ narrationis aperitur, in qua propheta deprecatur, ut omnia ejus peccata mundentur, quatenus eloquia oris sui in conspectu Domini reddantur accepta. Sed cum tribus modis humanis erroribus excedatur, cogitatione, dicto, et facto, immensum illud delictorum mare sub brevitate constrictum, duobus fontibus emanare testatur. *Occultum* est quod originale dicitur, in quo concipimur, nascimur, et secreta voluntate peccamus, id est, cum rem proximi concupiscimus; cum nos de adversariis desideramus ulcisci; cum cæteris præstantiores effici volumus; cum cibos appetimus dulciores; et his similia, quæ ita pullulant atque surripiunt, ut ante effectum rei multis celata videantur. Quod si hæc alicui manifesta reddantur, monente Salomone: *Non eas post concupiscentias tuas* (*Eccle.* xviii, 30), illud tamen debemus advertere, quoniam multa peccata sunt quæ omnimodis ignoramus, quorum nec origines possumus, nec subreptiones agnoscere. Unde subaudiendum est, *delicta* omnia *quis intelligit?* Nam cum dicturus sit in quinquagesimo psalmo: *Delictum meum contra me est semper* (*Psal.* l, 5); et alibi: *Delictum meum cognitum tibi feci* (*Psal.* xxxi, 5), quomodo non potest intelligi, quod peccans cogitur confiteri? Sed si adjeceris omnia, tunc hæc quæstio probatur exclusa.

Vers. 16. *Et ab alienis parce servo tuo. Si mei non fuerint dominati, tunc immaculatus ero, et emundabor a delicto maximo.* Positum est superiore versu, *occultum*, quod originale dicimus; nunc dicendum est quid sit *alienum*. *Alienum* est, quod malis hominibus, sive diabolo suadente committitur, sed fit proprium, quia consensus plectibilis adhibetur. Ex illa enim traduce mortalium massa corrupta, ab hoste spirituali sine divina gratia velociter subvertitur, quia in primo homine per inobedientiam vitiata monstratur. Nam quam facile est antiquo insidiatori infectis vetita suadere, qui potuit liberos atque incorruptos sua calliditate decipere! Quapropter ab originali peccato, unde usque ad sæculi finem vivens nullus excipitur, propheta mundari se petit, quasi adhuc carnalibus vitiis non omnino purgatus. Sed cum dicit, *servo tuo*, jam se ostendit legi dominicæ jure famulari. Dominantur autem errores, cum in eis fallaci voluntate præsumitur : tunc vero imperium perdunt, quando ab ipsis hominibus per Dei gratiam subtrahuntur. Jure ergo propheta immaculatum se confidit fieri, cum eum jam contigerit ab eorum dominatione liberari. Maximum vero delictum est superbia, qua et diabolus cecidit, et hominem traxit [*ms. A., B., F., stravit*]. Quantum enim in malo magna sit, hinc datur intelligi, quæ ex angelo diabolum fecit, quæ homini mortem intulit, et concessa beatitudine vacuavit. Omnium malorum mater, scelerum fons, vena nequitiæ; scriptum est enim : *Initium peccati omnis superbia* (*Eccle.* x, 15), quam tamen Dominus veniens sua humilitate dejecit.

Vers. 17. *Et erunt ut complaceant eloquia oris mei : et meditatio cordis mei in conspectu tuo semper. Domine, adjutor meus et redemptor meus*. Dicit quando *eloquia oris* ejus Domino placere prævaleant; videlicet, si a vitiis quæ superius dixit, reddatur alienus; propter illud quod dicitur peccatori: *Quare tu enarras justitias meas* (*Psal.* XLIX,16)? Quæ est autem *meditatio cordis*, quæ potest ad Dominum pervenire? Spes, charitas, et fides, quæ utique digna sunt Deo. Illa enim merentur in conspectu ejus ascendere, quæ ipse cognoscitur approbare. *Adjutorem* vero suum dicit in bonis, *redemptorem* a malis, ut nemo suis meritis applicet quod cœlesti largitate susceperit.

Conclusio psalmi.

Quam mirabili ordine totum psalmum gloriosissimus propheta cantavit! Laudavit Domini prædicatores; ipse quoque adventum sacratissimæ incarnationis edocuit, magnalia ejus varia definitionum qualitate commendans. Reversusque in memoriam fragilitatis suæ, a delictis petiit debere se mundari; ut tantorum sacramentorum relator dignus existeret, qui docuit Scripturas Domini a purissima conscientia debere narrari. Numerus quoque præsens, virtutem psalmi declarare sentitur. Nam sicut in Evangelio, decimo octavo anno curvata mulier, jubente Christo, a sua infirmitate salvata est (*Luc.* XIII, 11) : ita se in hoc psalmo petiit peccatis propriis propheta liberari, per hunc calculum significans tempus aptissimum in quo et iste Domini salutifera beneficia mereretur.

EXPOSITIO IN PSALMUM XIX.

In finem psalmus David.

Jam quia tituli verba nota sunt, de textu psalmi aliquid disseramus : ut gratius possit accipi, quando breviter ejus intentio probatur agnosci. Futurorum igitur illuminatione propheta completus, per optativum modum evenire prospera sanctæ deprecatur Ecclesiæ, quæ illi per adventum Domini certissime noverat esse ventura; et nimia charitate completus, illi optat prospera, cujus se membrum esse noscebat. Talia siquidem desideria beati semper appetunt, ut bona sua ibi posita indicent, ubi bene meritorum vota congaudent.

Divisio psalmi.

Primo ingressu propheta deprecatur sanctæ Ecclesiæ bona succedere, ut diversa mundi tribulatione fatigata, Christum Dominum exaudita suscipiat. Secundo deprecatur ut omne consilium ejus rectamque fidem Dominus omnipotentiæ suæ pietate confirmet, promittens fidelem populum non magnificandum potestate mundana, sed divina potentia.

Expositio psalmi.

Vers. 1. *Exaudiat te Dominus in die tribulationis : protegat te nomen Dei Jacob*. Per figuram prolepsin, quæ Latine dicitur præoccupatio, propheta studio magnæ charitatis accensus, optat Ecclesiæ catholicæ provenire, quæ longo post tempore fieri posse cernebat. Audiri cognoscimur, quando omnimodis aliquid obtinemus. Dicendo vero, *in die tribulationis*, tempus gravissimæ afflictionis ostendit, quo magno desiderio Dominum deprecamur. Non enim extremis labiis, sed mundo corde tunc petimus quæ nobis tribui postulamus. Perscrutandum est quoque quare patriarchæ *Jacob* nomen videtur annexum? Ille enim majori fratri subripiens, totius benedictionis gratiam conquisivit, ut et ipse illi cum reliquo populo subderetur. Quæ **68** similitudo benedictionis, Christiano populo congruenter aptatur, qui gentem subsequens Judæorum, eam devotæ mentis religione superavit, ut gratiæ munere primus donante Domino redderetur. Nam cum dicit, *protegat te nomen Dei Jacob*, hujusmodi similitudinem a Domino vult intelligi, et novo populo concedendam, quam ille in præfiguratione sanctus patriarcha percepit.

Vers. 2. *Mittat tibi auxilium de sancto, et de Sion tueatur te*. Optando ait *mittat*, ut ostendat a Patre Filium missum. Sed hoc verbum charitatis est, non subjectionis; sicut et ipse in Evangelio de Spiritu sancto dicit : *Expedit vobis ut ego vadam; si enim ego non abiero, Paraclitus non veniet ad vos; si autem abiero, mittam eum ad vos* (*Joan.* XVI, 7). *Sion* enim, sicut sæpe diximus, mons est, significans speculationem, quæ convenit Divinitati : quoniam illi omnia, non ut nobis ex eventu nota sunt, sed ex glorioso suæ dispositionis arcano.

Vers. 3. *Memor sit omnis sacrificii tui, et holocaustum tuum pingue fiat. Sacrificium* sanctæ Ecclesiæ, non hostia pecudum, sed iste ritus accipiendus est, qui nunc agitur corporis et sanguinis immolatione solemni, quem venturum prævidebat, non quem prætermittendum esse cognoverat. Sequitur, *et holocaustum tuum pingue fiat*. Holocausti nomine in illa prioris sacrificii similitudine perseverat. *Holocaustum* enim totum dicebatur incensum; quæ nunc referenda sunt ad communionis nostræ sanctissimam puritatem. Holocaustum enim per se combustum et aridum est: sed pingue fit atque jucundum, quando a gratia Divinitatis assumitur [*mss. A., B., F.,* absumitur].

Vers. 4. *Tribuat tibi Dominus secundum cor tuum, et omne consilium tuum confirmet.* Post diapsalma positum, venit ad ingressum secundum, adhuc optans Ecclesiæ bona, quam sciebat constanter in orthodoxa religione mansuram. Dicit enim: *Tribuat tibi Dominus secundum cor tuum*, id est secundum intellectum quem habes de Domino Salvatore; ut eum credas unum ex Trinitate passum carne, et pro mundi liberatione in crucis patibulo pependisse, ipsum resurrexisse, ipsum sedere ad dexteram Patris, ipsum ad judicandum esse venturum. Addidit quoque: *Et omne consilium tuum confirmet*, scilicet ut mundi istius illecebras, contemplata Domini promissione despicias, et pericula præsentis sæculi non pavescas, dum futuræ resurrectionis præmia læta semper exspectas. Hoc est enim *consilium* sanctæ matris Ecclesiæ, Patrem, et Filium, et Spiritum sanctum, unum credere Deum, a quo creata sunt omnia, et disponuntur universa. Hæc bene confirmari propheta deprecatur in populo fideli, per quæ novit eum ad æterna præmia esse venturum.

Vers. 5. *Lætabimur in salutari tuo, et in nomine Dei nostri magnificabimur. Impleat Dominus omnes petitiones tuas.* Cum vir sanctissimus spiritualia bona optaret Ecclesiæ, ut se unum ex ejus corpore esse monstraret, suam quoque personam decenter admiscuit. Nam *in salutari* Ecc'esiæ, quod est Dominus Christus, *lætaturum* se esse declaravit, et in ipsius nomine se *magnificandum* esse testatur, quia ex Christo Christiani fuerant nuncupandi. *Magnificari* est enim magnum fieri, quippe cum ex vocabulo cœlestis Regis nomen est impositum servienti. Sequitur, *impleat Dominus omnes petitiones tuas.* Fit iterum ad Ecclesiam grata conversio, ut ex tam frequenti voto probaretur nimiæ benevolentiæ magnitudo.

Vers. 6. *Nunc cognovi quoniam salvum fecit Dominus christum suum.* Hæc jam usque ad finem psalmi ex persona loquitur sua. Quæ figura dicitur apostrophe, id est conversio, quoties ad diversas personas crebro verba convertimus. Dicendo, *nunc cognovi*, magnam virtutem prophetationis ostendit; ut in præsenti se diceret cognovisse, quod post multa sæcula potuit approbari. *Salvum fecit* Pater *Christum* Filium resurrectione gloriosa, quando etiam ascendit in cœlos.

Vers. 7. *Exaudiet illum de cœlo sancto suo; in potestatibus salus dexteræ ejus. Exaudivit* Filium Pater ab incarnatione suscepta, post resurrectionem videlicet, quando Spiritum sanctum de cœlo misit apostolis, quem in terris mittendum esse promiserat. Et ut ipsum quoque in deitate sua omnipotentem esse monstraret, sequitur, *in potentatibus salus dexteræ*

ejus. Salus igitur, quam ipse condidit, *potentatus* noster esse dignoscitur: quando illa *salus* nec morbis afficitur, nec doloribus sauciatur, sed potentes nos efficit, cum in sua perennitate custodit. Sensus ergo talis est: *Exaudiet* Filium Pater *de cœlo sancto suo*: quia in dextera ejus est salus, habens ex propria deitate, quod petere videtur ex carne.

Vers. 8. *Hi in curribus, et hi in equis: nos autem in nomine Domini Dei nostri magnificabimur.* Fidei suæ sinceritate confidens, quæ muneribus erat Domini contributa, propheta lætatur, despiciens illos qui pomposis curribus evecti, in temporali potius dignitate præsumunt. Duo enim apud antiquos erant genera triumphorum: unum majus in curribus, quod laureatum dicebatur; aliud minus in equis, quod ovatio nuncupabatur. Sed ista sæcularibus relinquens, *in nomine Domini se magnificatum* esse confirmat. Non enim currus aut equus magnificant, quamvis in hoc mundo extollere videantur honoribus; sed *nomen Domini*, quod ad præmia æterna perducit. Quæ figura Græce dicitur syncrisis, Latine comparatio, dum comparatione quadam justiorem causam nostram, quam adversarii demonstramus.

Vers. 9. *Ipsi obligati sunt et ceciderunt; nos autem surreximus, et erecti sumus.* Potenter aperuit fructum præcedentium rerum. Nam humanis honoribus præsumentes, laqueati pravis desideriis suis in mortis foveam corruerunt. Et quia dicturus erat, *ceciderunt*, præmisit, *obligati*, quod necesse est illis contingere, qui se videntur nexuosis erroribus obligare. Resurgere enim duobus modis dicitur Christianus: quando a vitiorum morte in hoc mundo per gratiam liberatus, in divinis justificationibus perseverat, sicut sapientissimus Salomon dicit: *Septies cadit justus, et resurgit* (*Prov.* xxiv, 16). Dicitur et generalis illa resurrectio, in qua justi præmia æterna consequentur. Sed hic utramque convenire manifestum est; ubi ideo posuit, *erecti sumus*, quia in qualibet resurrectione, fideles ab humilitate consurgunt, et ad divina præmia sublevantur. Quod argumentum in topicis dicitur a rebus ipsis, quando et adversarios corruisse dicimus, et nos erectos esse testamur.

Vers. 10. *Domine, salvum fac regem; et exaudi nos in die qua invocaverimus te.* Futurorum desiderio propheta pellectus, illa petit iterum fieri quæ noverat esse ventura. Dicitur Patri: *Salvum fac regem*, id est Christus Dominus resurgat a mortuis, ascendat in cœlos, interpellet pro nobis, ne diutius nostra vacillet oratio, sed Ipso Advocato præsumamus orare, qui nos Patri docuit supplicare, ne nos mortis laqueus possit astringere. Denique hoc sequitur, *exaudi nos in die qua invocaverimus te*; quod tunc humano generi provenit, quando resurrectionem Domini firme credidit et lætanter aspexit.

Conclusio psalmi.

Docuit nos propheta sanctissimus quali *pietate debeamus Christo Domino servire*: optat illi bona quæ noverat esse ventura, quia bene credentium mos est illa orare quæ desiderant emergere. Sic et in dominica oratione præmonemur: *Adveniat regnum tuum* (*Matth.* VI, 10); quod etiamsi non oremus adveniet. Sed devotus [*ms. G. et ed.*, devotum] non vult desinere, quæ ventura credit optare. Quapropter affligamur in ejus passione, gaudeamus in ejus resurrectione. Sic enim ipsius possumus dici, si ejus dispensationibus mereamur aptari. Præsentis autem numeri sacramenta sub una summa nequaquam potuimus invenire, sed forte nobis poterunt divisa constare. Duodenarius itaque calculus ad apostolos est videlicet applicandus. Septenarius vero significat hebdomadam, quæ ad primam illam pertinet sine dubitatione culturam. Hæc in unum sociata, utriusque legis sacramenta concludunt. Sic et istius psalmi ad Patrem dicta precatio, Novi et Veteris Testamenti continet reverenda mysteria.

EXPOSITIO IN PSALMUM XX.

In finem psalmus David.

Ideo titulus hic decimo nono psalmo par est, quoniam et iste quidem de Domino Salvatore, sed sub aliqua diversitate dicturus est. Superior namque continet orationem prophetæ, et confidentiam qua liberandus est a cladibus hujus sæculi populus Christianus. Nunc quidam panegyricus de incarnatione ipsius dicitur, et postea deitatis ejus facta narrantur; ut omnes intelligant eumdem esse Mariæ semper Virginis Filium, quod Patris Verbum. Duas enim naturas in Christo Domino salutariter credimus, Deitatis et humanitatis, quæ in unam personam per infinita sæcula incommutabiliter perseverant. Quod ideo frequenter repetendum est, quia vitaliter et auditur semper et creditur.

Divisio psalmi.

In prima narratione psalmi hujus, verba prophetæ sunt ad Deum Patrem de incarnatione dominica. Secunda diversas virtutes ejus gloriamque describit, declarans a parte qua passus, ad quam summam rerum apicemque ipso largiente pervenerit. Tertia idem propheta convertitur ad Dominum Christum, ubi more desiderantium optat illa in judicio ejus fieri quæ novit esse ventura.

Expositio psalmi.

Vers. 1. *Domine, in virtute tua lætabitur rex, et super salutare tuum exsultabit vehementer, Domine*, propheta ad Patrem dicit, *in virtute tua*, id est in omnipotentia majestatis tuæ, in qua et Filius regnat, sicut ipse dicit: *Omnia Patris mea sunt; et omnia mea Patris sunt* (*Joan.* XVII, 10). *Lætabitur rex*, id est gaudebit Jesus Christus: de quo in alio psalmo legitur: *Deus, judicium tuum da regi, et justitiam tuam filio regis* (*Psal.* LXXI, 2); et in titulo passionis scriptum est: *Rex Judæorum* (*Matth.* XXVII, 37). Sequitur, *et super salutare tuum exsultabit vehementer*, id est in eo quod per eum salvasti homines, Filius tuus, qui Salvator est, *exsultabit*. Addidit quoque *vehementer*, ut quanta est copia in beneficio, tanta sit et gaudii magnitudo.

Vers. 2. *Desiderium animæ ejus tribuisti ei, et voluntate labiorum ejus non fraudasti eum*. Enumerat propheta Christo Domino secundum carnem, quam ingentia, quam gloriosa collata sint. *Desiderium ejus animæ fuit*, sicut in Evangelio dicit: *Desiderio desideravi manducare vobiscum hoc pascha* (*Luc.* XXII, 15). Quod schema dicitur tautologia, id est ejusdem sermonis iteratio; sicut est, *Benedicens benedicam te; et, multiplicans multiplicabo semen tuum* (*Gen.* XVII, 10). Sed ille solus est qui desiderio desideravit mori, quando se pro omnium salute offerebat occidi; ut pretiosus sanguis ejus mundum redimeret, ne diabolus eum adhuc iniqua præsumptione vastaret. *Voluntas* vero *labiorum* ejus fuit, quando spiritibus imperabat immundis, languores diversos sermonis sui sanabat imperio, prædicationes quoque suas devotis mentibus inserebat. Constat enim in nullo *voluntatem ejus fuisse fraudatam*: quando omnia quæ fieri jussit impleta sunt; sicut scriptum est: *Omnia quæcunque voluit, Dominus fecit in cœlo et in terra* (*Psal.* CXXXIV, 6).

Vers. 3. *Quoniam prævenisti eum in benedictione dulcedinis; posuisti in capite ejus coronam de lapide pretioso*. Post diapsalmatis silentium, venit ad secundum modum: ubi incarnationis ejus potentiam mirabili fulgore describit. Dicendo enim: *Quoniam prævenisti*, significat humanitatem anticipante divinitatis gratia semper ornari: quia nullus illi quidquam primus offert, quod bonum est, nisi hoc cœlesti munere concedatur. Erubescat Pelagianus hoc proprium hominis dicere, quod immaculata Verbi incarnatio evidenter legitur accepisse. *Benedictio dulcedinis* fuit, quando dictum est: *Hic est Filius meus dilectus, in quo mihi bene complacui* (*Matth.* III, 17). *Posuisti* metaphorice dicitur ab his qui post labores maximos præmio digno coronantur. Quod totum ad naturam pertinet humanitatis, quæ a divinitate quod non habebat accepit. *In capite* vero idem dictum debemus advertere, quantum ad substantiam attinet corporalem. Cæterum deitas non habet membra, quæ ubique tota atque perfecta est. *Corona* enim non improbe circumeuntium discipulorum videtur significare conventum, quia ipsum docentem desiderantium apostolorum circuitus ambiebat. Hæc erat corona capitis, hoc regale diadema, quod non ornaret impositum, sed de Christo Domino potius ornaretur. In hac enim corona et totius 70 mundi circulum merito poterimus advertere; in quo generalis significatur Ecclesia. Quod schema dicitur characterismos, id est informatio vel descriptio, quæ sive rem absentem, sive præsentem personam spiritualibus oculis subministrat. Hoc et in laude, et in vituperatione fieri solet.

Vers. 4. *Vitam petiit, et tribuisti ei longitudinem dierum in sæculum sæculi*. *Vitam*, resurrectionem significat, quam ille petivit dicendo: *Pater, clarifica Filium tuum* (*Joan.* XVII, 1). *Longitudinem dierum in sæculum sæculi*, id est indefectam perennitatem, quæ nullo fine concluditur. Sed memento quod et hæc et his similia ab illa dicantur parte qua passus est.

Vers. 5. *Magna est gloria ejus in salutari tuo; gloriam et magnum decorem impones super eum.* In capite versus sententiam posuit, quam subter exponit. Sanctæ siquidem incarnation *magna est gloria in salutari*, id est in Verbo Patris. Sed istam gloriam non poterat humanus sensus attingere, nisi eam in subsequentibus mirabili expositione declararet. Hoc schema dicitur epexegesis, Latine explanatio. Nam *gloria et magnum decus*, tempus videtur significare judicii: ubi in deitate sua apparebit Altissimus, habens *gloriam* de judicio, *decorem* de majestate.

Vers. 6. *Quoniam dabis eum in benedictione in sæculum sæculi; lætificabis eum in gaudio cum vultu tuo.* Gradatim descendit ad illam gloriam declarandam quam Christus Dominus secundum carnem a Patre clarificatus accepit. Dicit *eum dandum esse in benedictione*, quæ nullo possit fine concludi. Verum hæc verba pia examinatione pensanda sunt, ut tantæ rei nobis elucere possit arcanum. Multis locis jam diximus suscipiendum esse pro parte membrorum, quod ipsi Domino Salvatori non potest convenire; sicut et Patres nostri similia loca exposuisse declarantur. Quapropter *lætificabis eum in gaudio cum vultu tuo*, suscipiendum est de unoquoque fidelium, de quibus et alter psalmus dicturus est: *Et habitabunt recti cum vultu tuo* (*Psal.* CXXXIX, 14). Lætificari enim de vultu Domini, alterius cognoscitur esse personæ; quod de Christo intelligi catholica non permittit Ecclesia, quæ sic unita Verbo cognoscitur, ut una sine dubio intelligatur esse persona.

Vers. 7. *Quoniam rex speravit in Domino, et in misericordia Altissimi non commovebitur.* Dicit causam quare tantum munus acceperit: quia *rex iste* qui in passione sua tribus linguis legebatur ascriptus, secundum hominem *speravit in Domino*, ut agnoscamus, nisi suppliciter postulando, ad ejus non posse nos misericordiam pervenire. Sequitur etiam æternitatis hujus causa probabilis: quia nescit a Patris misericordia submoveri, qui sperare in ejus gloria perseverat, sicut Salomon dicit: *Quis speravit in Domino, et confusus est* (*Eccle.* II, 11)? Et in alio psalmo dicit: *Protector est omnium sperantium in se* (*Psal.* XVII, 31). Posito igitur in primo psalmo, categorico syllogismo, et in septimo, hypothetico, restat nunc ut enthymema demonstrare debeamus. Enthymema, quod Latine interpretatur mentis conceptio, syllogismus est constans ex una propositione et conclusione, quem dialectici dicunt rhetoricum syllogismum, quia eo frequenter utuntur oratores pro compendio suo. Iste taliter explicatur: Omnis sperans in Domino exsultabit et lætabitur in misericordia ejus; ego igitur exsultabo et lætabor in misericordia ejus. Ista est tertia species syllogismorum per quos dialectici subtilissimis disputationibus quæ probare nituntur ostendunt. Nec moveat quod in istis partibus non sunt eadem verba quæ dialectici ad instruendos rudes longo post tempore formaverunt; in prædicationibus enim sacris argumentum quidem ipsum ponitur, sed sub libertate verborum. Modo reliqua videamus.

Vers. 8. *Inveniatur manus tua omnibus inimicis tuis; dextera tua inveniat omnes qui te oderunt.* Venit ad tertiam divisionem, in qua optat Dominum Christum facere quod eum noverat esse gesturum. Dicit enim: *Inveniatur manus tua*, id est operatio tua reperiatur: afflictos convertas inimicos, qui a tuis regulis mundi delectatione dissentiunt: de quibus ait Apostolus: *Quoniam si cum adhuc inimici essemus, reconciliati sumus Deo per mortem Filii ejus, multo magis reconciliati, salvi erimus* (*Rom.* V, 10). Sed isti tandiu dicuntur inimici, donec diaboli suasionibus inducuntur; cæterum quando ad Christum Dominum redeunt, et servi et filii vocantur et amici. Sequitur, *dextera tua inveniat omnes qui te oderunt*. Hic illud judicii tempus advertitur, quando dextera Patris, id est Dominus Salvator judicaturus est mundum; et qui eum oderunt pœnæ perpetuitate damnandi sunt.

Vers. 9. *Pones eos ut clibanum ignis in tempore vultus tui.* Clibanus est coquendis panibus æneis vasculi deducta rotunditas, quæ sub urentibus flammis ardet intrinsecus. In qua similitudine merito peccatores ponuntur, qui in futuro judicio, et mœrore animi, et pœnali excruciatione torquendi sunt, quia contra regulas Domini obstinata mente vixerunt. *Tempus* vero *vultus* Domini dies est judicii, quando Filius hominis videbitur ab omnibus; sed soli eum justi etiam divinitatis suæ contemplatione respicient. Memento autem quod superius in laude Domini Christi characterismon schema posuerit, per quod honorem ejus et gloriam diversa qualitate gratiarum descripsit. Nunc per eamdem figuram inimicos ipsius dicit variis suppliciis affligendos, ut quantum ille mirabilis, tantum isti redderentur horribiles.

Vers. 10. *Dominus in ira sua conturbabit eos, et devorabit eos ignis.* Ordo judicii pulcherrima narratione describitur. Illos enim peccatores qui se pro actuum suorum malignitate discruciant, ira Domini dicit esse turbandos, quando audient: *Ite in ignem æternum* (*Matth.* XXV, 41); et istam sententiam consequentur, ut perpetua flamma devorentur. Nam jussionem Domini nulla mora subsequitur, sed mox ut discernit, impletum est. Iste tamen ignis sic absumit, ut servet; sic servat, ut cruciet; dabiturque miseris vita mortalis, et pœna servatrix.

Vers. 11. *Fructum eorum de terra perdes, et semen eorum a filiis hominum.* Fructus eorum fuerat in terra viventium, si Filio Dei credidissent; sed quia mandatis ejus contumaci spiritu restiterunt, merito *fructum* illum beatitudinis *perdiderunt*. *Semen eorum*, id est vota vel facta peccantium. Bene autem dicuntur semina, unde nascitur unicuique retributio digna gestorum. *A filiis hominum* efficies alienos, id est a sanctis, **71** quos in hæreditatem æternam tuæ misericordiæ largiturus es.

Vers. 12. *Quoniam declinaverunt in te mala, cogita*

verunt consilia quæ non potuerunt stabilire. Declinare dicimus *mala* supra alios pendentia, in alio loco sine iniquitatis causa relidere, quod in passione Domini constat effectum. Nam cum putarent Judæi imperium Romanorum sibi fore perniciosum, si Regem Salvatorem Dominum suscepissent, in ipsum visi sunt *mala declinare*, quæ sibi credebant Romanis ulciscentibus evenire. *Cogitaverunt* enim *consilium* dicendo : *Expedit unum pro omnibus mori (Joan.* xi, 50). *Quod non potuerunt stabilire*, id est ad votum suum perducere. Nam nescientes vera dixerunt, oportuit unum pro omnibus mori. Verum quidem dictum, sed malo voto prolatum est; et ideo de tali facto subituri sunt pœnam, quia non habuerunt sinceram conscientiam. Quod schema dicitur amphibologia, id est dictio ambigua, dubiam faciens pendere sententiam. *Consilium* est enim aliquid aut faciendi, aut non faciendi ratio deliberata.

Vers. 13. *Quoniam pones eos deorsum, in reliquiis tuis præparabis vultum eorum.* Positi sunt *deorsum* Judæi, quando vitio suo terrena sapientes, non meruerunt cœlestia contueri. Sed *vultus eorum*, id est mala intentio ipsorum, ad *reliquias* Domini, hoc est ad passionem aptata est; ut cum illi se inferre crederent dispendium mortis, salus fieret absolute generalis.

Vers. 14. *Exaltare, Domine, in virtute tua; cantabimus et psallemus virtutes tuas. Exaltare* dicitur, id est resurrectione magnificare. Tunc enim ab humilitate suscepta exaltatus cognoscitur, quando in gloria sua resurrexisse probatus est. *In virtute tua*, id est in Deitate Verbi, per quam dixisti : *Potestatem habeo ponendi animam meam, et potestatem habeo iterum sumendi eam (Joan.* x, 18). *Cantare* vero est verba Domini ore proferre. *Psallere* autem, mandata divina bonis operationibus constanter implere. Hæc enim duo sunt quæ a nobis omnimodis expetuntur, ut laudes Domini fideliter ore cantemus, et opere nostro ipsius mandata faciamus.

Conclusio psalmi.

Ostensa nobis est imago cœlestis Regis mirabili descriptione veritatis, ut quem Judæi non meruerunt præsentem cognoscere, auditu auris mundus eum crederet advenisse. Meminerimus autem quod psalmus iste tertius est ex his quos de duabus naturis evidentius locutos esse collegimus. Hanc tamen regulam noveris in omnibus custoditam; ut in eis psalmis, et duæ naturæ et una persona esse declaretur; quatenus salutari brevissimoque compendio, et illi destruantur qui duos filios esse mentiuntur, et illi qui unam naturam in Christo Domino callida perversitate confingunt. Dicite, qui vos putatis sapientissimos viros, quid est illud quod ad Corinthios scribens ait Apostolus : *Tunc et ipse Filius subjectus erit ei, qui sibi subjecit omnia, ut sit Deus omnia in omnibus (I Cor.* xv, 28)? Nam si ex deitate et humanitate una natura facta esset, ut creditis, qualis, rogo, substantia in æternum Patri potest esse subjecta? Restat ut vos Arianus error absorbeat. Necesse est enim confiteri vos quia Verbum Patri potest esse subjectum, quamvis aliqui Patres Christi membris hoc aptandum esse putaverint. Quocirca parum tibi fortasse visum est quod Eutychis errore tenebaris obnoxius, nisi te et Ariana calamitas juncto fasce deprimeret? Auctores suos errores singuli damnaverunt : de te autem quid faciant, quem duplex culpa condemnat? Mox ut ad conflictum veneris, statim Nestorianum vocas orthodoxum. Habemus contra te judicia tua; hoc aliis pro crimine dicis, quod tu tibi persuasisse cognosceris. Exstat hic denarii numeri duplicata societas; ut sicut hæc parilitas unam summam designat, ita psalmus iste utriusque legis unum Dominum proclamet auctorem. Est enim in istis decadibus virtus eximia; et quoties se geminant, toties ingentium rerum sacramenta declarant.

EXPOSITIO IN PSALMUM XXI.

In finem pro susceptione matutina psalmus David.

Sive *in finem*, sive *psalmus*, sive *David* quid significet, frequenter expositum est. Restat ut *pro susceptione matutina*, quod adhuc novum esse cognoscitur, explanare debeamus. *Susceptio matutina* est tempus resurrectionis, sicut dicitur in Evangelio : *Una sabbatorum valde diluculo, venit Maria ad monumentum (Joan.* xx, 1), etc. *Susceptio* enim fuit, quando Dominus Christus mortale corpus veteris hominis conditione deposita, in magnam gloriam clarificatus assumpsit : cui *omne genu flectitur cœlestium, terrestrium, et infernorum (Philip.* ii, 10). *Matutinum* autem dictum est, quasi mane primitivum, quod tempus innumeris locis ad resurrectionem Domini constat aptatum. Sed cum in hoc psalmo multa de sua passione constet esse locuturum, videamus cur ejus titulus solam resurrectionem commemorare voluerit. Sæpe enim significatur per id quod sequitur, illud scilicet quod præcessit; ut cum dicimus mane factum, intelligamus noctem quoque præcessisse; similiter cum dicimus manumissum, intelligamus servum fuisse; et his similia. Quæ figura dicitur synecdoche, cum per id quod sequitur possumus intelligere quod præcedit. Unde dubium non est commemorationem factam resurrectionis indicare nihilominus et beatissimam passionem. Hinc autem quæ sit virtus et claritas psalmi, absolute datur intelligi, quod eum matutinæ lucis nomine prænotavit : quoniam passionem Domini Christi, quam narrat, saluti generis humani constat esse concessam.

Divisio psalmi.

Per totum quidem psalmum loquitur Dominus Christus; sed primo capite derelictum se clamat a Patre, ut dispensatam scilicet susceperit passionem, potentissimam humilitatem suam hominis subjectione [ms. G. et ed., hominum abjectione] commendans. Secundo loco passionem sacram diversis comparationibus prophetavit, deprecans ut *a sævientibus inimicis suis, divina protectione liberetur.* Tertio commonet Dominum laudare Christianos, **72** quia in resurrectione sua catholicam respexit Ecclesiam; ut audito tanto miraculo in saluberrima fidei constantia permanerent : ne passione tantum prophetata, imbecilla se hominum corda turbarent. Quem psalmum paulo sollicitius audiamus, est enim ingentium rerum admiratione plenissimus; ut quid in hac vita contemnendum, et quid in alia esset sperandum, capitis ipsius commonitionibus nosceremus. Nam cum multi psalmorum breviter de Domini passione meminerint, nemo tamen eam tanta proprietate descripsit, ut non tam prophetia quam historia esse videatur.

Expositio psalmi.

Vers. 1. *Deus, Deus meus, respice in me : quare me dereliquisti ? longe a salute mea verba delictorum meorum.* Dominus Christus omnia prævidens atque dispensans, cui futura cuncta præsentia sunt, quasi jam vicina passione permotus exclamat : *Deus, Deus meus.* Hæc tamen verba accipienda sunt ab humanitatis ipsius natura. Naturam autem dico esse virtutem vigoremque substantiæ. Nam repetitio ipsa affectum necessariæ orationis ostendit; ut illum geminato nomine charissimus Filius invocaret, quem sibi non mundanam salutem, sed claritatem æternæ majestatis noverat utique præstaturum. Δέος sermo Græcus est, qui Latine interpretatur timor. Pro qua re, ut arbitror, majores nostri Deum a timore appellandum esse voluerunt : unde quidam ait gentilium poetarum : *Primus in orbe deos fecit timor.* Nam cum dicit : *Respice in me*, celerrimum sibi resurrectionis provenire deprecatur auxilium. Sequitur, *quare me dereliquisti ?* Istud *quare*, nonnullam afferre cognoscitur quæstionem; ut ille sapientiæ Magister consubstantialis [ms. G., consubstantialis Patri] et enarrator Patris, ita sit vicina carnis suæ morte turbatus, ut quasi nescius interroget Patrem, quare ab eo fuerit derelictus ? Sed hæc et his similia ad humanitatem respiciunt exprimendam. Cæterum nec in ipsa passione absens illi credenda est fuisse divinitas, cum dicat Apostolus : *Si cognovissent, nunquam Dominum gloriæ crucifixissent* (*I Cor.* II, 8). Sed passus est impassibilis per passibilem quam suscepit humanitatem; et immortalis mortuus est, et qui nunquam moritur resurrexit. De quo loco Pater Cyrillus ita pulchre locutus est (*Lib.* IV *adv. Nestor., pag.* 107) : Gratia vero Dei pro omnibus gustavit mortem, tradens ei proprium corpus, quamvis naturaliter ipse vita sit et resurrectio mortuorum. Similiter et beatus Ambrosius (*Lib. de Incarn. Dom., cap.* 5) : Idem patiebatur, et non patiebatur; moriebatur, et non moriebatur; sepeliebatur, et non sepeliebatur; resurrexit, et non resurrexit. Sic et hominem dicimus hodieque pati, mori, sepeliri, cum tamen anima ejus nullo fine claudatur. Quapropter derelictum se sub interrogatione testatur, quia revera manibus impiorum tradi non poterat, nisi majestatis ejus potentia talia fieri permisisset; sicut in Evangelio dictum est : *Non haberes in me potestatem, nisi tibi data fuisset desuper* (*Joan.* XIX, 11). Clamat etiam quæ patitur humana susceptio, blasphemas voces, et impias murmurationes abjiciens; dicit enim longe a se fieri verba quæ delicta parturiunt. Salus enim erat sanctæ animæ, si sermones delinquentium non haberet; sed virtute patientiæ lubens sustineret, quod divina dispensatione pateretur; sicut ipse in Evangelio dicit : *Pater, si fieri potest, transeat a me calix iste* (*Matth.* XXVI, 39) ; et subjunxit : *Verumtamen non sicut ego volo, sed sicut tu.* Dicit etiam a membris suis : *Verba delictorum meorum.* Ille ergo qui peccatum non habuit, nostra delicta sua dicit esse peccata; sicut et in alio psalmo ipse dicturus est : *Deus, tu scis insipientiam meam, et delicta mea a te non sunt abscondita* (*Psal.* LXVIII, 6). Audiamus ergo vocem membrorum ex ore capitis, et intelligamus ex nostra persona merito fuisse locutum, qui se hostiam obtulit pro salute cunctorum : unde Apostolus dicit : *Eum qui non noverat peccatum, pro nobis peccatum fecit* (*II Cor.* V, 21). Nam et in ipsa lege peccata appellabantur quæ pro peccatis offerebantur.

Vers. 2. *Deus meus, clamabo per diem, nec exaudies; et nocte, et non ad insipientiam mihi.* Per diem clamabat humanitas Verbi, quam non circumdabant tenebræ peccatorum; nec tamen constat auditam, cui nulla præpedire videbatur offensio. Audiat hoc querulum genus humanum, quod petitiones suas desiderat sine dilatione compleri. Petit, sicut dictum est, humanitas Verbi, quæ merebatur audiri; quam tamen ideo non constat auditam, ut ejus sacro sanguine probrosa mundi crimina lavarentur. Hoc etiam et aliis docetur exemplis. Paulus petit (*II Cor.* XII, 7, 8) ut ab eo carnis stimulus tolleretur, nec tamen auditur a Domino. Diabolus precatur (*Job* II, 5) ut Job sanctum virum sævissima calamitate percelleret, et constat ei mox fuisse concessum. Sed Apostolo votum suum implere negabatur ad gloriam, diabolo vero dabatur ad pœnam. Sic non audire frequenter expedit, quamvis nos desideria dilata contristent. Addidit quoque *clamasse se nocte*, id est in tribulatione, cum etiam peccatores soleant frequenter audiri. Subjunxit : *Et non ad insipientiam mihi*, subaudiendum reputabis. Duo sunt enim genera petitionum : quando petimus honores, divitias, inimicorum vindictam, et cætera hujusmodi, insipienter petimus, quia mundana desideramus; quando autem postulamus ut a periculis liberemur, ut nobis vita concedatur æterna, non stulte petimus, sed convenienter oramus. Petebat ergo Mediator Dei et hominum Christus non insipienter, sed prudenter; et tamen non constat eum auditum, quia mundi redemptio sic erat Domino dispensante ventura.

Vers. 3. *Tu autem in sancto habitas, laus Israel.* Postquam se dixerat auditum non fuisse : ne quis putaret Deum Patrem proprium Filium non amare, quia eum dissimulavit audire, de quo ipse testatus est : *Hic est Filius meus dilectus, in quo mihi bene complacui* (*Matth.* III, 17); adjecit magnæ dilectionis indicium, dicendo : *Tu autem in sancto habitas, laus Israel. In sancto habitas*, incarnationem suam declaravit; sicut et in alio loco dicit : *Custodi animam meam, quoniam sanctus sum* (*Psal.* LXXXV, 2). *Laus Israel,* per modum definitivum dicitur quid sit Pater, id est laus Israel. Deum quippe videntium ipse revera laus est, qui sanctis omnia gloriosa concedit. Et est tertia definitionis species, quæ Græce ποιότης, Latine qualitativa dicitur. Hæc dicendo quid, quale sit, hoc unde agitur, quid sit evidenter ostendit.

Vers. 4. *In te speraverunt patres nostri; speraverunt, et liberasti eos.* Ne duritiam quisquam putaret **73** Patris, sicut dictum est, quod se Filius non profitetur auditum, tanguntur ab ipso breviter illa quæ gesta sunt. Eripuit enim populum Israel de terra Ægypti; eruit tres pueros de camino; liberavit Danielem de lacu leonum; et alia seu quæ fiunt, seu quæ leguntur innumera. Sed cum hæc tanta supplicantibus sive præstiterit, sive præstet, tamen *Filio proprio non pepercit, sed pro nobis omnibus tradidit illum* (*Rom.* VIII, 52), ut implerentur videlicet Scripturæ, et salus mundi ipsius passione proveniret. *Patres* autem suos quod Christus Dominus dicit, ex illa parte debet intelligi, qua et fratres suos apostolos vocavit; sicut in Evangelio post resurrectionem suam dixit: *Vade ad fratres meos, et dices ad eos: Ascendo ad Patrem meum, et Patrem vestrum* (*Joan.* XX, 17).

Vers. 5. *Ad te clamaverunt, et salvi facti sunt; in te speraverunt, et non sunt confusi.* Certissima est sententia quæ demonstrat effectum. Necesse est enim ut ad utilitatem suam audiatur qui clamat ad Dominum. Quanti enim martyres ab infidelibus non credebantur audiri, dum eos corporalis pœna consumeret; sed illi potentius auditi sunt, qui coronam martyrii percipere meruerunt. Dominus ergo justos suos semper exaudit, sed quemadmodum illis expedire cognoscit. Nec vacat quod *speraverunt* frequenter iteravit; figura est enim quæ Græce dicitur epembasis, Latine iteratio, quoties per singula commata ad decorem maximum verba geminantur. *Non sunt confusi*, quos utique venturos constat ad præmium. Non enim confunditur, qui bonum desiderium suum adipisci posse monstratur.

Vers. 6. *Ego autem sum vermis, et non homo; opprobrium hominum et abjectio plebis.* Hoc per figuram dicitur tapinosin, quæ Latine humiliatio nuncupatur, quoties magnitudo mirabilis rebus humillimis comparatur; sicut Apostolus ait: *Infirma mundi hujus elegit, ut confundat fortia* (*I Cor.* I, 27). *Vermis*, nimia quidem videtur abjectione temnibilis, sed magni continet sacramenta mysterii: nascitur absque concubitu, repit humilis, movetur sine sonitu. Quæ si consideres, non immerito Dominum Christum vermem appellatum esse cognosces. *Vermis* ergo quia mortalis, quia de carne sine permixtione humani seminis natus est, quia viæ ipsius silentiosæ et humiles exstiterunt. Comparat enim se Creator humillimis creaturis suis, ne quid æstimares abjectum, quod ipso noscitur auctore formatum, sicut scriptum est: *Fecit Deus omnia valde bona* (*Gen.* I, 31). Sic et ipse David doctorem secutus, minutissimo se pulici coæquavit (*I Reg.* XXVI, 20). Ipsa enim virtus est religionis, ut quanto se plus unusquisque exemplo Creatoris humiliat, tanto amplius exaltetur ad gloriam. *Non homo*, id est non peccator, quod in illo esse non potuit. *Homo* ergo dicitur, quantum pertinet ad humanam naturam. Idem *non homo* appellatur: quia quod est proprium hominis, peccata non habuit. Nam et diabolus in Evangelio dictus est homo, ut est illud: *Inimicus homo superseminavit zizania* (*Matth.* XIII, 25). Unde hoc nomen esse constat homonymum. *Opprobrium* autem *hominum* fuit quando eum sputis innumeris compluebant, et alapis sacrilegis verberabant. *Abjectio plebis* fuit, quando Pontius Pilatus (*Matth.* XXVII, 27) dedit turbis potestatem, quem vellent sibi dimitti: illi Barabbam eligentes, Christum Dominum potius abjecerunt.

Vers. 7. *Omnes qui videbant me aspernabantur me; locuti sunt labiis, et moverunt caput.* Omnes, de malis tantum suscipiendum est; nam si misceas fideles, non potest stare sententia. Quæ figura Græce dicitur synecdoche, Latine a toto pars. *Aspernabantur* ergo Judæi Dominum Salvatorem, quando dicebant: *Alios salvos fecit, seipsum non potest salvum facere* (*Matth.* XXVII, 42), et cætera. Proprie autem posuit *labiis* eos *fuisse locutos*. Tales enim ore, non corde fabulantur, quibus non provenit firma deliberatione sententia. Quid tamen isti *labiis loquebantur? Si Filius Dei est, descendat de cruce* (*Ibidem,* 40). Istud enim animo discrepante videbantur tantum labia personare. Nam ut per iracundiam, non per rationem probares dictum, adjecit, *moverunt caput*, quod minantes faciunt, non judicantes.

Vers. 8. *Speravit in Domino, eripiat eum; salvum faciat eum, quoniam vult eum.* Hoc per figuram dictum est a Judæis, quæ Græce dicitur ironia, Latine irrisio, aliud quam conatur ostendens. Verba siquidem ista specialiter Evangelii sunt; dicebant enim Judæi, quando pendebat in cruce: *Speravit in Domino, liberet nunc, si vult, eum* (*Matth.* XXVII, 43). O cœlestis integritas! Nonne videmur hic potius Evangelium recensere quam psalmum, quando tanta veritate completa sunt, ut non futura, sed transacta esse videantur? Merito, ne quid aut excusabile perfidis, aut fidelibus relinqueretur ambiguum

Vers. 9. *Quoniam tu es qui abstraxisti me de ventre: spes mea ab uberibus matris meæ.* De ventre utique virginali, qui jam tunc ab originalis peccati vitio sequestratus, *tanquam sponsus processit de thalamo* (*Psal.* XVIII, 6). Inde se dicit *abstractum*, unde humanitas tenebatur obnoxia. Sive illud accipiendum est, quoniam de utero matris jure se a Domino dicebat *abstractum*; ut ostenderet nativitatem illam dominica virtute perfectam: ne incredibilis videretur virginis partus, dum esset Domini operatione completus. Et ut declararet perfectam humanitatem, quam assumere atque monstrare dignatus est, ab initio vitæ suæ spem suam dicit in Domino posuisse. Verum hic quoque incomprehensibilis sanctitas, et singularis ostenditur magnitudo. Nam cui alii datum est Divinitatem agnoscere, quem adhuc potuerant ubera materna lactare? Incipiens ergo ætas dicebat, ad quod aliorum vix poterat pervenire maturitas.

Vers. 10. *In te jactatus sum ex utero; de ventre matris meæ Deus meus es tu.* Ut homo ista locutus est. Nam cum se dicit *jactatum* in Domino, ostendit ab humana iniquitate se fuisse discretum. Quod autem sequitur : *Ex utero matris*, ad errorem pertinet Synagogæ, unde eum perfidia Judæorum constat expulsum. Cæterum sine Deo non fuit nec ipsa conceptio. Nam sicut homo in iniquitatibus concipitur, sic in ipsa incarnationis origine Domini Christi, divina substantia humanitati juncta atque adunata declaratur; sicut et ab angelo Mariæ semper virgini prophetatum est : *Spiritus sanctus superveniet in te, et virtus Altissimi obumbrabit tibi : propterea quod nascetur ex te sanctum, vocabitur Filius Dei* (*Luc.* 1, 35).

Vers. 11. *Ne discesseris a me : quoniam tribulatio proxima est, et non est qui adjuvet.* Metu mortis et ista prolata sunt : quia dicturus erat : *Pater, si fieri potest, transeat a me calix iste* (*Matth.* xxvi, 39). Tribulationem vero dicit mortis cogitationem, quæ longe post sæculis imminebat. Quam ideo denuntiat *proximam*, ut assumptio veræ carnis tristitiam ostenderet passionis : sive quia illi vicinum est omne quod venturum est, sicut propheta dicit : *Quoniam mille anni ante oculos tuos, sicut dies hesternus qui præteriit* (*Psal.* LXXXIX, 4). Sive *tribulationem* dicit *proximam*, quia erat in sua carne passurus. Nam quicunque damna facultatum, orbitates filiorum, amissiones bonorum, vel alia hujuscemodi sustinet, longinqua sibi mala cognoscitur sustinere : cum vero in carne sua quis patitur, tunc illi *proxima tribulatio* copulatur. Quod autem dicit : *Et non est qui adjuvet*, pro his petentis, et virtus Divinitatis ostenditur : quia si Deus non adjuvet, nullus est qui eripiat periclitantem. Consideremus ergo si debemus aliquando ab ipso dividi, qui nullius, nisi ipsius tantum possumus miseratione salvari.

Vers. 12. *Circumdederunt me vituli multi; tauri pingues obsederunt me.* Oratione decursa, quam in passionibus suis semper præmittit, sicut eum fecisse tempore traditionis, Evangelistarum dicta testantur, ne se fidelium vota præcipitare forsitan inconsulte præsumerent, venit ad secundam partem, ubi per allegoricas comparationes crucifixionis suæ revelat arcanum. Et nota quia futura pro præteritis ponit, ut durissima corda Judæorum, quasi peracta veritate convinceret. Quæ figura dicitur prolepsis, Latine præoccupatio; quando refertur aliquid per tempus præteritum, quod adhuc creditur esse venturum. Totum factum est, ne periret incredulus; sed ipse sibi exstitit reus, qui sequi toties contempsit admonitus. *Vituli multi*, populi sunt videlicet Judæorum, qui ignorato Dei jugo, inconsiderata procacitate lasciviunt, simul petulantes et fatui, qui gressus suos nulla moderatione distinguunt, sed vagi ac penduli ad iniqua consilia quibusdam saltibus efferuntur. *Tauros pingues*, principes Judæorum designat, qui in vicem tauri malitiam superbiamque suam erectis cervicibus inflaverunt, et innocentis sanguinem truculentis cornibus effuderunt. Apte vero addidit *pingues*. Tunc enim ipsum animal nimis redditur inquietum, quando pinguedine multa refertum est; et de mansueto ferox efficitur, cum præsumptione luxuriantis corporis animatur. Quod si adhuc altius auctoritatis verba pensemus, *circumdederunt*, potest trahi ad eos qui illum cum gladiis et fustibus ambierunt : *obsederunt* autem, ad illos qui sepulcrum ejus custodierunt, ne a discipulis occulte raperetur. Obsidio enim dicta est, quasi hostium insessio, id est hostilis circumdatio.

Vers. 13. *Aperuerunt in me os suum, sicut leo rapiens et rugiens*. Metaphora introducta est a consuetudine ferarum, quæ avide os aperiunt quando aliquid deglutire contendunt. *In me* autem dixit contra me, cum detestabili adunatione dicebant : *Crucifige, crucifige* (*Luc.* XXIII, 21). *Os suum*, revera *suum*, quod non illis sapientia aperuit, sed cogitatio scelerata reseravit. Audiant utrumque Pelagiani, quando Judæi nequitiam locuti sunt, ipsi *os suum aperuerunt*. In bono autem legitur : *Domine, labia mea aperies, et os meum annuntiabit laudem tuam* (*Psal.* L, 17). Quod autem dixit, *sicut leo rapiens et rugiens : rapiens* pertinet ad insanissimam seditionem, quando eum raptum traxerunt ad tribunal præsidis audiendum; *rugiens* ad blasphemas voces, quibus clamaverunt : *Crucifige, crucifige*. Quod utrumque feris merito comparatum est, quando insani populi consilium rationabile perdiderunt.

Vers. 14. *Sicut aqua effusa sunt* [ed., effusus sum], *et dispersa sunt omnia ossa mea.* Comparatio ista non minimum continet sacramentum. *Dispersa sunt omnia ossa ejus*, id est firmi ac fideles apostoli, quando dixit eis : *Ecce ego mitto vos velut agnos in medio luporum* (*Matth.* x, 16) : tunc illi *sicut aqua effusi sunt.* Aqua enim quando funditur, et rigat et abluit : sic illi orbem terrarum divino imbre satiantes, peccatorum sordibus abluerunt.

Vers. 15. *Factum est cor meum tanquam cera liquescens in medio ventris mei.* Cor suum, voluntatem suam dicit, quæ in Scripturis divinis clausa tegebatur; sed impleta passione, omnis veritas de adventu ejus promissa revelata est. Bene autem legis mysteria comparata sunt *ceræ*, quæ tunc splendorem reddit, quando in usum luminis calore liquefacta dissolvitur. *Ventrem* vero suum dicit Ecclesiam catholicam : ubi tecta verba prædicantium, venientu temporis plenitudine, patuerunt. Inde est et illud, quod velum templi in passione Domini constat scissum; revelata sunt enim tali facto illa quæ tegebantur occulta.

Vers. 16. *Exaruit velut testa virtus mea, et lingua mea adhæsit faucibus meis, et in pulverem mortis deduxerunt me. Virtutem* Christi *testæ* non putemus incongrue comparatam, quia sicut illa fornace durescit, et fortior redditur igne decocta, sic passione Domini *virtus* ejus solidata est, quæ prius quasi lutea videbatur incredulis. *Lingua* vero sua significat prædicatores apostolos, qui *adhæserunt faucibus* Christi, dum ejus mandata custodierunt. Ille enim in faucibus Dominicis manet, qui divino adjutorio ipsius prædicationem custodit. Sed quomodo se dicit *in pulverem deductum*, cujus caro non pertulit corruptionem? Sed hoc ad votum intelligendum est immanium Judæorum, qui se putabant Christo mortem dedisse communem, in qua crederetur usque in pulverem fuisse perductus : sive magis a membris suis, id est ab Ecclesia dicat se usque ad pulverem fuisse perductum; dum sors ista humanæ conditioni videbatur esse communis.

Vers. 17. *Quoniam circumdederunt me canes multi; consilium malignantium obsedit me.* Hic mirabili proprietate passionis suæ sacramenta describit. *Canum* igitur natura talis est, ut ignotis hominibus nullatenus acquiescant, sed importunis atque assiduis latratibus arceant, quos notitia domesticæ conversationis ignorat. His ergo Judæi justissime comparantur, qui novam doctrinam Domini minime recipientes, contra cum ferocissimis vocibus oblatrabant. Doctrina vero nova est, sicut Evangelista dicit : *Mandatum novum do vobis, ut vos invicem diligatis (Joan.* xiii, 34); quod etiam Isaias propheta testatur dicens : *Vetera transierunt, ecce nova facta sunt omnia (Isai.* xlv, 19). Patenter autem describitur actus ille Judaicus; fuit enim *consilium malignantium,* quando cogitabant Dominum Jesum dolo tenere, mortique tradere. 75 *Malignantium* quippe dicit, maligna cogitantium. Et merito se fatetur *obsessum,* quia in ipso erat civitas Jerusalem, quam hostes fidei Christianæ in eodem *obsidere videbantur.*

Vers. 18. *Foderunt manus meas et pedes meos.* Sed antequam ad Passionis ipsius veniamus exordium, perscrutandum est cur talem sibi elegerit mortem qui dixit : *Potestatem habeo ponendi animam meam, et potestatem habeo iterum sumendi eam (Joan.* x, 18)? Primum, quod crucis ipsa positio talis est, ut pars ejus superior cœlos petat, inferior terras non deserat, fixa infernorum ima contingat, et velut quibusdam brachiis extensis, latitudo ejus totius partes appetat mundi, jacens vero quatuor cardines orbis designat. Sic in parvo posita, cuncta videtur esse complexa. De cruce Domini dico, quæ de pœnali malo peccatorum, facta est beata redemptio : postea tribuens salutis bonum, quæ pridem dabat interitum : patibulum salutare, mors indicans vitam, humilitas divinam proclamans summitatem; ut Christum in cœlo, Christum in terra, Christum per cunctum orbem, Christum quoque ad inferna per figuram crucis esse cognoscas. Quod si aut ferro truncatus, aut ignibus fuisset absumptus, aut lapidibus oppressus, aut fluctibus demersus, aut alia qualibet morte præventus, quo signo, rogo, diabolus pelleretur? Quo vexillo frons Christianorum tuta mansisset? Qua figura corporis et animæ firmaretur infirmitas? Nulla mors tantæ majestati melius convenire potuit, nisi quæ nobis perfectæ salutis indicia dereliquit. Provisum est etiam ad credulitatem nostram, ut altius configeretur, videretur a multis, crederetur a plurimis. Et ne Deum quispiam dubitaret, in cujus passione tot et tanta miracula convenissent, *Per universum mundum tenebræ factæ sunt, terra tremuit, petræ scissæ sunt (Matth.* xxvii, 45); ut orbis passum evidenter suum testaretur auctorem. Sic istam crucifixionem totum mirabile habere decuit, quæ templum pii Redemptoris excepit. Quapropter merito a Christo electa est crux, in qua et singulariter occumberet, et communi sorte moreretur.

Et quamvis passionis dominicæ ad litteram simplex hic videatur esse narratio, tamen aliquid nobis et spiritualiter sentiendum actus iste significat. *Manus* Christi Judæi violaverunt, quando ejus miraculis nullatenus credere maluerunt. *Manus* enim significant operationes quas in diversorum languoribus medicus cœlestis exercuit, ut eorum obstinata duritia signorum virtutibus molliretur. *Pedes* quoque *foderunt,* dum ejus apostolos, per quos fides Christiana in gentibus ambulavit, lacerandos esse putaverunt. Sic futuræ causæ in ista Domini crucifixione prædictæ sunt. *Foderunt* autem, non transitorie debemus accipere, quia terra tunc varios fetus germinat, quando hominum studio cognoscitur exarata. Quod contigit in corpore Domini Salvatoris; illud enim clavis affixum, lancea perforatum, fructum nobis intulit sine fine mansurum. Quapropter jam non pertimescimus dicere Deum carne passum, Deum mortuum pro salute cunctorum. Unde Pater Augustinus mirabiliter et solito more declaravit, dicens (*Serm.* 39 *de Temp.*) : Res vetusta erat ut homo moreretur; quo semper valeret in homine, res nova facta est ut Deus moreretur; sicut et Apostolus ait : *Nos autem prædicamus Christum, et hunc crucifixum (I Cor.* 1, 23). Et ne filium Virginis (ut quidam dementium putant) alium fortasse sentires, adjecit : *Christum utique Dei virtutem, et Dei sapientiam : quia quod stultum est Dei, sapientius est hominibus; et quod infirmum est Dei, fortius est hominibus.* Quid enim tam stultum, tam infirmum videtur incredulis, quam cum audiunt Deum, Dei Filium crucifixum pariter et sepultum? *Sed placuit Deo per stultitiam prædicationis salvos facere credentes (Ibidem,* 21). Incarnatio siquidem Domini, misericordiæ ipsius est mirabilis altitudo, inæstimabile donum, incomprehensibile mysterium : unde aut rectis mentibus provenit salus, aut perversis sensibus generatur interitus.

Vers. 19. *Dinumeraverunt omnia ossa mea; ipsi vero consideraverunt et conspexerunt me.* Forma crucis mira proprietate depicta est; ut omne corpus in ea sic dicatur extensum, quatenus ejus ossa humanis oculis numerabilia viderentur; ut quod caro superducta celaverat, nimia tensione corporis appareret. Sed videamus utrum pœna dicenda sit, an tribunal; damnatio, an disceptatio : ubi quasi in regali solio constitutus, increpantem reliquit reum, confitentem reddidit protinus absolutum. Quo facto ille humani generis Miserator eximius, quid sanctis suis præstaturus esset, in Latronis subita confessione monstravit. Dinumerata sunt etiam *ossa* ejus, id est apostoli, sive reliqui Christiani, quando persecutione facta truculentium Judæorum, ne in majorem numerum convalescerent, quærebantur exstingui. Sequitur etiam incredulitatis eorum detestabilis obstinatio; ut non aliquid transitorie aut casualiter fecisse videantur : sed dicit eos *considerasse et conspexisse;* et cor eorum lapideum tot miraculis non fuisse mollitum. Petræ scissæ sunt, terra tremuit, sol amictu se tenebroso, ne tantum scelus videret, abscondit; et (proh dolor!) iniquitas in ipsorum oculis defixa, in sacrilegio suo mansit immobilis.

Vers. 20. *Diviserunt sibi vestimenta mea, et super vestem meam miserunt sortem.* Quamvis tota passio Domini magna sacramenta contineat, tamen hic nescio quod majus parturitur arcanum, quod alia *vestimenta* sua dicit esse dividenda, aliam *vestem* ad sortem nihilominus perducendam. *Vestimenta* illa, quæ *divisa sunt,* Scripturas significant prophetarum, vel reliquarum cœlestium lectionum, quas hæretici prava interpretatione dividentes, Pilati militibus scelerata se divisione conjungunt. Tunica vero illa, quæ venit ad sortem, quæ ejus sanctitatem corporis ambiebat, quam dicit evangelista (*Joan.* xix, 23) desuper fuisse contextam per totum, catholica probatur Ecclesia, quæ nullatenus humano discerpenda datur arbitrio; sed integra atque inviolabilis, quasi ex sorte unicuique divina semper largitate præstatur. Ipsa est contexta desuper, quam nemo dividit, nemo disrumpit; sed perpetua stabilitate firmissima, in unitatis suæ robore perseverat; de qua ipsa Veritas dicit : *Tu es Petrus, et super hanc petram ædificabo Ecclesiam meam, et portæ inferi non prævalebunt adversus eam* (*Matth.* xvi, 18). Quod factum et evangelista testatur, dicens : *Postquam crucifixerunt eum, diviserunt vestimenta ejus, sortem mittentes* (*Matth.* xxvii, 55). Verum ista **76** *sors* in Scripturis divinis tam sæpius commemoratur, ut magnum nescio quid divini judicii gestare videatur arcanum. Scriptum est enim in Levitico unam sortem Domino dari, et unam apopompæo (*Lev.* xvi, 8), id est transmissori. Item Moyses quibusdam tribubus trans Jordanem, terram sorte divisit. Jesus quoque filius Nave terram repromissionis filiis Israel sorte missa distribuit (*Josue,* xviii, 10). Sors quoque Jonam prodidit latentem (*Jon.* i, 7). Et in Salomone legitur : *Contradictiones cohibet sors, et inter potentes definit* (*Prov.* xviii, 18). In Novo quoque Testamento, id est in Actibus apostolorum, *sors* Matthiam designavit apostolum (*Act.* i, 26). Paulus etiam ipse apostolus scribens ad Ephesios, *Sorte* se dicit *vocatum secundum propositum ejus qui omnia operatur secundum consilium voluntatis suæ* (*Ephes.* i, 11); nec non ad Colossenses scribens dicit : *Gratias,* inquit, *agentes Deo Patri, qui idoneos nos fecit in parte sortis sanctorum in lumine* (*Colos.* i, 12). Sed cum multa legantur tam in Veteri quam in Novo Testamento sortibus fuisse divisa, nemo ausus est negare per eam divinitus esse monstratum, quod mens devota petitione supplici postulavit.

Vers. 21. *Tu autem, Domine, ne longe facias auxilium tuum a me; ad defensionem meam aspice.* Hic jam resurrectionem celerrimam deprecatur, ut perfidorum mala credulitas supervenienti tali gloria destruatur. *Auxilium* enim ipsam significat resurrectionem, quæ utique longe facta non est, quando triduana provenit. Sequitur : *Ad defensionem meam aspice.* Sed, quæ sit ista defensio, consequenter exponit.

Vers. 22. *Eripe a framea, Deus, animam meam, et de manu canis unicam meam.* Liberari se postulavit a morte quam subiturus erat, collato scilicet resurrectionis auxilio. *Framea* enim synonymum est nomen, significans sive hastam, sive gladium, sive quælibet arma, per quæ voluit futurum crucis exitium competenter adverti : quia per ipsam mors plerumque succedit. Sed primo dixit, *Eripe animam meam;* modo petit liberari Ecclesiam, quæ est illi *unica,* id est catholica; ut intelligatur doctrinas novas et conciliabula perditorum unitatis vocabulo respuisse : hæreticos hic *canibus* comparans, qui domestica quadam feritate atrociter mansueti, cum de penetralibus nostris exeunt, Ecclesiam Dei mordere ac lacerare festinant. Et ut scias *canes* talibus hominibus aptissime comparatos, *de manu canis* dixit, quod utique homo, non canis habet. Sive, ut quidam volunt, *manus canis* significat potestatem mundi istius, quæ Ecclesiam Dei lacerare mordaci ac subdola semper iniquitate festinat. *Canes* autem non in malo tantum, sed etiam in bono poni frequentia exempla testantur.

Vers. 23. *Libera me de ore leonis, et a cornibus unicornuorum humilitatem meam.* De ore leonis, de potestate diaboli dicit, qui bene comparatus feris, quoniam humanis semper delectatur exitiis. Sed ne forte aliquibus scrupulus inde nascatur, quare frequenter una res et optimis personis aptatur et pessimis, dicendum est quod ad similes partes debeat applicari. Unamquamque rem diversas certum est habere qualitates, ut leo, de quo nunc sermo est, habet fortitudinem, propter quam belluarum rex appellatur ; habet et truculentam sævitiam, propter quod ferox dicitur. Quapropter fortitudo ejus et potestas Christo merito comparatur, ut est illud : *Vicit Leo de tribu Juda* (*Apoc.* v, 5). Ferocia vero ipsius diabolo competenter adjungitur, sicut Petrus apostolus dicit : *Sobrii estote et vigilate, quia adversarius vester diabolus sicut leo rugiens circuit, quærens quem devoret* (1 *Petr.* v, 8). Ita fit ut unum animal, consideratis ejus qualitatibus, rebus a se discrepantibus rationabiliter comparetur. Quod genus locutionis Scripturæ divinæ forsitan proprium non immerito dixerimus. Sic et reliquas comparationes hujusmodi præsentis expositionis ratio comprehendit. *A cornibus,* id est a superbis, de summitatum suarum potestate ferientibus. Sed inspice quod addidit : *Unicornuorum,* id est se singulariter erigentium, qui nimia elatione surgentes, consortes ferre non possunt, dum soli faciendum putant quodcunque libuerit. Talia enim animalia, quæ uno cornu armantur, multo fortiora sunt ab his quibus duplicia tribuuntur, quæ Græci μονόκερως appellant. Ab illa enim *unicornuorum* superbia non ferenda humilitatem suam, quæ destituta opprimi facile posset, eripi postulavit.

Vers. 24. *Narrabo nomen tuum fratribus meis; in medio Ecclesiæ laudabo te.* Post sacram passionem dicit gloriam Divinitatis toto orbe vulgandam. *Narrabo* enim dicit, id est narrare faciam. *Fratres* autem dicuntur qui diligunt et diliguntur. Nam qui pati venerat pro salute cunctorum, quem eorum non diceret fratrem? De quo loco patenter ait Apostolus : *Decebat enim eum propter quem omnia, et per quem omnia, qui multos filios in gloriam adduxerat, auctorem salutis eorum per passionem consummari. Qui enim sanctificat, et qui sanctificantur, ab uno omnes. Propter quam causam non confunditur fratres eos vocare dicens* : *Nuntiabo nomen tuum fratribus meis* (*Hebr.* II, 10, 11). Sic ait et in Evangelio post resurrectionem : *Dicite fratribus meis* (*Matth.* XXVIII, 10) ; et alibi : *Qui fecerit voluntatem Patris mei, qui in cœlis est, hic meus pater, et mater, et frater est* (*Matth.* XII, 50). *In medio* vero *Ecclesiæ laudat Dominum,* qui se pia conversatione tractaverit. Ipsius enim præconium est morum sanctitas custodita, quando nihil valet aliquid boni caro facere, nisi cui divina misericordia probitatem noscitur præstitisse. *In medio* autem dicit, palam et in conversatione multorum, ubi rectæ mentis operatio reliquis fidelibus præstat exemplum.

Vers. 25. *Qui timetis Dominum, laudate eum; universum semen Jacob, magnificate eum.* Paulo latius Domini passione narrata, ne corda fidelium longa tristitia turbarentur, venit ad tertiam partem, ubi devotos alloquitur, ut Domini dispensati ne recognita laudent eum, et præconia ipsius generali exsultatione concelebrent : quoniam per ejus passionem provenit salus fidelium et vita justorum. Nunc intendamus quam suavis in timore Domini declaretur affectus. Timor enim humanus non laudem parturit, sed vituperationem : Dei autem timor, quia justus et rectus est, laudem generat, amorem tribuit, ardorem charitatis inflammat. *Laudate* ergo, dicit, *qui timetis Deum,* id est qui reverentiam habetis nominis ejus : quia eum non meretur prædicare, nisi qui cognoscitur et timere. *Universum* in partem bonorum accipe : quia illos tantum mavult intelligi qui **77** fidei *Jacob* devotionique consentiunt, superantes per religionis affectum veteris hominis primam nativitatem.

Vers. 26. *Timeat eum omne semen Israel. Semen Israel* non unius nationis populus significatur, sed cunctarum gentium cognoscitur plenitudo, unde constat Ecclesiam colligendam. Et quia superius dixerat : *Laudate, qui timetis Dominum,* nunc ad quos timor pertinere possit edicitur ; ad Israelitas utique, id est videntes Dominum : quia nesciunt timere Deum qui hæretica pravitate cæcati sunt, vel idolis scelerata mente deserviunt.

Vers. 27. *Quoniam non sprevit neque despexit precem pauperum.* Quod solent facere mundi istius honore gloriantes, spernere pauperes, despicere supplicantes, causamque de habitus qualitate metiri ; ut si sit vestibus nitidus, verax putetur; si amictu sordidus, mendacissimus habeatur. Sed apud Deum longe diversum est, qui de veste non judicat, qui opulentiam non honorat; sed ille preces fidelium pauperum exaudit et adjuvat. Egenus illi pretiosus est, qui tamen fuerit sanctitate ditissimus.

Vers. 28. *Neque avertit faciem suam a me; et cum clamarem ad eum exaudivit me.* Intelligamus hunc versum, et Deo gratias, in quantum possumus, devota mente referamus. Nam cum diceret generaliter agendas esse gratias, quia pauperes Divinitas exaudire dignatur, se intulit Dominus Christus dicendo : *Neque avertit faciem a me.* Sic ergo causam omnium suam fecit, sic peccata mundi corporis sui sanctitate delevit, ut dum ad se infirmitatem humanam traxit, diabolus amitteret quod tenebat. Quid autem clamavit, quid se dicit auditum? Utique, ut mors nostra ejus exitio finiretur, ut peccatum veteris hominis redimeretur pretio sanctissimæ Passionis.

Vers. 29. *Apud te laus mea in Ecclesia magna ; vota mea Domino reddam coram timentibus eum. Apud te* significat de te. *In Ecclesia magna,* catholica scilicet, quæ universo terrarum orbe diffusa est. *Magna* enim et amplitudine recte dicitur et honore. *Vota* vero mavult intelligi sacramenta corporis et sanguinis sui, quæ illis præsentibus redduntur, qui ei sancto timore subjecti sunt. Denique vide quid sequitur.

Vers. 30. *Edent pauperes, et saturabuntur.* Hæc sunt vota quæ superius dixit. Et considera quia *pauperes* tantum posuit qui mundi istius illecebras contemptu ditissimo respuerunt ; non divites qui sæculi hujus felicitate referti sunt, sed *pauperes,* id est regnum Dei esurientes. Ideo enim addidit, *et saturabuntur* ; saturari enim non poterant, nisi quos talis possidebat esuries.

Vers. 31. *Et laudabunt Dominum qui requirunt eum : vivit cor* [mss. A., B., F., *vivent corda*] *eorum in sæculum sæculi.* Permansit in superioribus dictis. Nam cum saturati pauperes fuerint, *laudabunt Dominum.* Pauperes Dominum laudant, divites semetipsos exaltant : isti thesauraria terrena congerunt, illi cœlesti ubertate ditescunt : facultas dispar, sed conscientia longe dissimilis ; isti denique locupletes sunt de mundo, illi de Deo. O quam longe dissimilia vota sortiti sunt ! Pauperes possident quod nunquam perdent; divites tenent quod non solum mortui, sed etiam vivi frequenter amittunt. Sequitur : *Vivit cor eorum in sæculum sæculi. Vivit cor,* id est spes eorum immobilis vegetatur. Illud enim veraciter *vivere* dicimus, quod in Divinitatis gratia perseverat.

Vers. 32. *Reminiscentur, et convertentur ad Dominum universi fines terræ. Reminisci* proprie illos dicimus quos post oblivionis injuriam ad memoriæ constat *rediisse* medicinam. Sed hoc de paganis quomodo possit intelligi, qui nulla sacramenta fidei ante conversionem suam ullatenus susceperunt? Sed et eos bene dicimus *reminisci*: quia omnis homo Deum sibi confitetur auctorem. Sed quando Deus omnipotens esse fideliter agnoscitur, recte ab eis dicitur reminisci, ut ad illum veraciter redeant, quem prius perversa voluntate neglexerant. Sequitur: *Convertentur ad Dominum universi fines terræ*. Prophetia est universalis Ecclesiæ, quam nunc constat toto orbe diffusam.

Vers. 33. *Et adorabunt in conspectu ejus omnes patriæ gentium*. Ne quis putaret dubium, quomodo esset ab universis gentibus adorandus, interposuit, in *conspectu ejus*, ubi nullus adorat, nisi qui de sincera fide præsumpserit. *Conspectus* enim illius non est, nisi supra fidelissimos et beatos. Dicendo, *omnes patriæ gentium*, nihil excepit qui cuncta conclusit; ut per indigenas suos et ipsæ quoque *patriæ* credantur esse devotæ

Vers. 34. *Quoniam Domini est regnum, et ipse dominabitur gentium*. Intendamus quid iste versus præposteratus compellat intelligi: Deus *dominabitur gentium, quoniam Domini est regnum*: quia non sunt gentium regna, sed Domini, qui potestate sua et mutat reges et continet. Et necesse est ipsum debere ubique coli, quem rerum Dominum constat intelligi. De quo loco Pater Augustinus in libro ad Honoratum presbyterum more suo mirabiliter dixit (*Epist.* 120, *cap.* 27): Ille irrisus, ille crucifixus, ille derelictus hoc regnum acquirit, et tradet in fine Deo et Patri, non ut ipse amittat, sed quod in fide seminavit cum venit minor Patre, hoc perducat in speciem in qua æqualis non recessit a Patre. Probata est his dictis universalis Ecclesia. Desinant homines Donatistarum vanitate confundi. Non potest prævalere plus fraus diabolica quam religio Christiana. Necessarium est enim invento loco hereticorum confutare nequitias: quoniam dum illos, Domino præstante, destruimus, catholicæ fidei sensa firmamus.

Vers. 35. *Manducaverunt, et adoraverunt omnes divites terræ*. Quid est hoc quod superius de corpore Domini pauperes dicit esse saturatos, hic autem *divites terræ* tantum *manducasse et adorasse* confirmat? Scilicet, ut intelligas non humiles, sed superbos, qui non habent in mansuetudine spem prædicationum, sed in divitiis præsumptionem. Nam licet eadem prædicationum sacramenta susceperint, tamen par non est in utrisque devotio. Illi enim usque ad saturitatem comedunt, id est usque ad perfectionem: isti sic manducant, ut non magnis desideriis expleantur. Aliud est enim mediocriter aliquid velle percipere, et aliud toto mentis ardore perquirere; et ideo hi non dicuntur pauperes Christi, sed *divites terræ*.

Vers. 36. *In conspectu ejus procident universi qui descendunt in terram; et anima mea ipsi vivet*. Quia superius dixerat, *divites terræ* esse tepidos Christianos, **78** nunc dicit qui ante Deum *procidant*, id est cadant, qui in terrenas concupiscentias carnis fragi-

litate descendunt, et hominibus apparere non possunt. Bene autem dictum est *descendunt*, quia omne peccatum pars probatur inferior. Nam dum conventus Ecclesiæ omnes indiscrete suscipiat, ipsius conspectui noti sunt, qui se meritorum qualitate discernunt. *Animam* vero suam dicit Deo *vivere*, quoniam hunc mundum immaculata conversatione transivit.

Vers. 37. *Et semen meum serviet illi; annuntiabitur Domino generatio ventura*. *Semen* opera dicit, quæ tempore incarnationis suæ manifesta fecit in terris, ut populos instrueret, secreta religionis aperiret, prædicatores apostolos institueret, qui religionem sanctam sincera fide prædicarent. *Annuntiabitur Domino* dicit, ab angelis (ut quidam volunt), qui preces humanas ad Dominum referre memorantur. Scriptum est enim in libro Tobiæ: *Ego obtuli memoriam orationis vestræ ante Dominum* (*Tob.* xii, 12). Sed figuraliter dicitur: *Annuntiabitur Domino*, scienti quippe, et omnia prævidenti; scriptum est enim: *Novit enim Pater vester*, ait Dominus, *quid vobis necessarium sit, priusquam petatis ab eo* (*Matth.* vi, 8). Annuntiant ergo angeli Domino pro ministerio, non pro instructione. *Generationem venturam* dicit, quæ ex aqua et Spiritu sancto erat, Domino largiente, procreanda. Et ut ostenderet eam justam, dicit *Domino esse venturam*; generatio enim malorum sibi videtur venire, non Domino.

Vers. 38. *Annuntiabunt cœli justitiam ejus populo qui nascetur, quem fecit Dominus*. Id est evangelistæ prædicabunt Filium Dei; ipse enim est justitia Patris. Illi ergo populo prædicanda est *justitia*, qui crediturus est Deo, qui peccatorum morte derelicta venit ad vitam, qui sic beneficio Dei ex fide nascitur, ut in æternum vivere mereatur. Quapropter nimis apte dictum est Christianum populum Dominum fecisse; creavit enim, quando illum de ventre matris eduxit; sed tunc eum a peccatis liberum fecit, quando Christianum per aquam regenerationis instituit. Animo vero condendum est, quod iste et alii psalmi, qui de Passione Domini loquuntur, in spe Christianorum maxime terminantur; ut hac dispositione mirabili cognoscamus salutem credentibus tali mysterio contributam.

Conclusio psalmi.

Iste psalmus est quem nobis paschali munere solemniter decantat Ecclesia; ut salutariter instruamur in humanis rebus etiam beatos temporaliter ex aliqua parte a Domino derelinqui, cum tamen eos ad bona æterna tuitionis suæ virtute perducat. Hunc feliciter flentes audimus, per quem sic possumus refici, si defixo animo in eodem mereamur affligi. O dura corda Judæorum! o insensatæ mentes nunquam omnino credentium! Nonne hic solus **psalmus** ad Passionem credendam sufficere debuisset, quam sic evidenter de se Veritas ipsa prædicavit? Et ne aliqua cordibus durissimis excusatio relinqueretur, sequuntur inter alios de hac re psalmi, evidenti et manifestissima prophetatione conscripti, id est, trigesimus quartus, quinquagesimus quartus, sexagesimus octavus, et centesimus octavus; ut nulli esse deberet ambiguum, quod tantis præconibus cognoscitur fuisse vulgatum. Continet autem præsentis psalmi numerus et alia rerum sacramenta cœlestium. Nam cum propheta Daniel tribus hebdomadibus orationem suam Domino jugiter immolasset, ut quæ essent Israelitico populo futura cognosceret, angeli voce responsum est, ad primas preces se fuisse transmissum, sed diabolica reluctatione tardatum; vicesimo primo die ad eum potuisse descendere, ut votis ejus satisfacere potuisset (*Dan.* x, 12). Quapropter et hic psalmus non immerito tali calculo noscitur collocatus: qui diaboli perversitate destructa, medicinalis passionis dona reservavit; cujus beneficio humanum genus ab æterna morte liberatum, ad perpetuæ salutis dona pervenit.

EXPOSITIO IN PSALMUM XXII.

Psalmus David.

Apte prætermittitur, ubi novi nihil est quod requiratur. Hoc tantum commemorandum est, ut nomina tituli hujus ad spiritualem, sicut præfati sumus, intelligentiam perducere debeamus. Loquitur enim per totum psalmum, primi hominis vetustate deposita, regeneratus ex aqua et Spiritu sancto fidelissimus Christianus: gratias agens quoniam de ariditate peccati ad loca pascuæ, et ad aquam refectionis Domino sit largiente perductus. Et notandum quia sicut antea Decalogum legis accepit, ita hic decem beneficiis se gaudet esse ditatum; quod non singulis versibus dicitur, sed per commata succincte narratur.

Divisio psalmi

Parvus quidem psalmus est, sed multis noscitur partibus contineri, qui divisionem in personis non habet, sed in rebus. Ideoque nos non divisiones, ut in aliis psalmis, sed certas numeri per singulas quasque partes forsitan competenter affiximus.

Expositio psalmi.

Vers. 1. *Dominus regit me, et nihil mihi deerit.* Vir ille sanctissimus, qui per gratiam baptismatis innovatus, pauperem se Domini abjecta sæculi pompa noscebat, in conscientiæ cubili lætus exsultat, et a Domino se protegi jucunditate dulcissima profitetur. Dicit enim *regi* se a Domino, ubi est defensio fortis et magna securitas, ubi nemo metuit inimicum, ubi jam nullus sua imbecillitate turbatur. Addendo autem, *nihil mihi deerit*, divitias suas pauper ille noscebat, cum sibi a Domino substantiam spiritualem crederet nihilominus conferendam. Sed audiamus in subsequentibus, quam sit dives ista paupertas, quæ tantis bonis repletur quanta continere regum thesauraria non merentur. Quæ figura Græce dicitur synathroismos, Latine congregatio, quoties multa in unum colliguntur, et velut pondere facto audientium animis offeruntur. Hoc schema sive **79** in laudibus, sive in vituperationibus, inter oratores violentissimum haberi solet.

In loco pascuæ ibi me collocavit. Primam partem munerum fidelis iste quem diximus gratanter exponit, quod tamen ad universalem Christi Ecclesiam merito cognoscimus pertinere. Asserit se ergo *in locis pascuæ* constitutum, non unde caro corpusque saginetur, sed unde anima cœlesti pabulo refecta, spiritualis lætitiæ nitore pinguescat. Illa enim Dei sunt *pascua*, quæ non ventris digestionibus dilabuntur, ubi iterum importuna non succedit esuries; sed anima cum semel cœperit esse saturata, in idipsum cœlesti munere perseverat. *Locus* autem iste qui dicitur pabulorum, divina lectio est. Nam sicut pecudum corporibus pinguedinem præstat ager depastus, ita et sermo divinus animam novit fideliter saginare meditatus. De his pascuis saturatus eructavit ille qui dixit Deo: *Quam dulcia faucibus meis eloquia tua! super mel et favum ori meo* (*Psal.* cxviii, 103), et his similia.

Vers. 2. *Super aquam refectionis educavit me.* Secundum munus suæ provectionis ostendit, dona divina comparans amœnitatibus hujus sæculi, quibus multum humana gaudere solet infirmitas. Sed consideremus per istas comparationes, quid magis velit intelligi. *Aqua refectionis* est baptismi lavacrum, quo anima sterili ariditate peccati ad bonos fructus inferendos divinis muneribus irrigatur. Et bene addidit: *Educavit*, id est paulatim nutrivit, quasi parvulos et renatos, sicut Petrus apostolus dicit: *Tanquam modo geniti infantes, rationabiles et sine dolo lac concupiscite, ut in eo crescatis in salutem* (*I Petr.* ii, 2).

Animam meam convertit. Ad gratiam tertiam venit, ubi *animam* suam divino beneficio asserit *esse conversam*. Sed *conversam* dicit, quia post baptismum de peccatrice facta est justa, de fæculenta mundissima, de contracta sine ruga; sicut Apostolus dicit: *Ut exhiberet sibi ipse gloriosam Ecclesiam, non habentem maculam aut rugam, aut aliquid hujusmodi* (*Ephes.* v, 27). Merito ergo *animam* suam gloriatur ad Christum *esse conversam*, quæ dudum sub diabolo probatur esse captiva. Sed tunc est salubris ista conversio, si non iterum incentivis vitiis in peccata relabamur. Verum istam conversionem vide quid sequitur.

Vers. 3. *Deduxit me super semitas justitiæ propter nomen suum.* Quartum beneficium memorat, quod est sollicitius indagandum. Nam cum *super justitiæ semitas* ambulare superbiæ sit, cur sanctus vir illuc se gaudet esse perductum, quod dominicis regulis videbatur esse contrarium? Sed hic *super* taliter accipiendum est, quemadmodum si dicatur, positus est super populum corrigendum, quos debeat *justitiæ semitas* edocere; sicut et alius propheta dicit: *Super excelsa statuit me, ut vincam in claritate ipsius* (*Habac.* iii, 19). Quod autem ait: *Propter nomen suum*, famulus Christi gaudebat se ad illam scientiam pervenisse, ut posset Domini jussa vulgare. *Semita* enim *justitiæ* sunt duo præcepta salutaria, in quibus lex et prophetalis sermo concluditur: *Diliges Dominum Deum tuum ex toto corde tuo, et ex tota anima tua, et proximum tuum sicut teipsum* (*Deut.* vi, 5). Merito ergo *super semitas justitiae deductum* se esse gaudebat, qui animi contemplatione profecerat. Addidit, *propter nomen suum*, ut nemo diceret meritis suis collatum, quod divina gratia probabat esse concessum.

Vers. 4. *Nam etsi ambulem in medio umbrae mortis, non timebo mala, quoniam tu mecum es.* Quinta succedit gratia, quam revera constat unicuique firmissimo catholico contributam. Dicit enim, etsi inter haereticos et schismaticos ambulem, qui recte *umbrae mortis* esse dicuntur, quoniam exitii figuram portant, cum ad inferna perducunt, *non timebo* eorum pravas suasiones ; quia tu praesentiae tuae tuitione me defendis ; sicut scriptum est in propheta : *Non te deseram, non te derelinquam* (*Jos.* i, 5). In isto quippe mundo Ecclesia inter iniquos ambulat, donec judicii dies bonorum malorumque sequestrator advenerit ; sicut propheta dicit : *Spiritus*, inquit, *vultus nostri Christus Dominus, sub cujus velamento vivimus inter gentes* (*Thren.* iv, 20). Sive *umbra mortis*, absolute diabolus est, qui obscure nobis laqueos ponit, ut per nebulas ipsius decepti, in aeternae mortis praecipitia corruamus. Sed haec non timentur a vero fideli, etsi in ipsorum medio divina misericordia fretus ambulare praesumpserit. Cur enim vir justus illos timeat qui sanctos timent, et invita illis voluntate deserviunt?

Vers. 5. *Virga tua et baculus tuus ipsa me consolata sunt.* Jam sexta largitate laetatur. *Virga* enim pertinet ad justitiam et fortitudinem Domini Salvatoris, sicut in alio psalmo dicit : *Virga aequitatis, virga regni tui* (*Psal.* xliv, 7). *Baculus* ad adjutorium humanum respicit, quo et pes ipse caute defigitur, et totum corpus nisu desuper incumbentium sustinetur. Hoc usi sunt patriarchae ; dicit enim Jacob, *In baculo meo transivi Jordanem istum* (*Gen.* xxxii, 10). Item in Exodo ait Dominus filiis Israel : *Renes vestros accingetis, tenentes baculos in manibus, et comedetis festinantes* (*Exod.* xii, 11). Quod multis locis reperies in auctoritate divina. Istis ergo duabus rebus fidelis se asserit consolatum : una est districtio quae conterit vitiosos ; altera gubernatio, quae sustinet fidelissimos Christianos. Ipsa vero dum ponit numero plurali, *virgam et baculum*, significat quae superius dixit. Sed videamus quemadmodum utraque nos *consolari* poterunt, cum res omnino diversae sint. *Baculum* quippe non est dubium *consolari*, qui ad opem ferendam humanae imbecillitati semper assumitur. De *virga* quid dicemus, quae percutit, affligit, et vitia nostra judiciaria severitate castigat? *Consolatur* plane et ipsa fideles, quando eos ad viam Domini adhibita emendatione perducit. Nam recte *consolari* dicimus omne quod adjuvat ; etsi ad tempus nos pro sua districtione contristat. Unde dicit Apostolus ad Hebraeos : *Quoniam omnis disciplina ad praesens non gaudii videtur esse, sed tristitiae ; in posterum autem multum fructum affert* (*Hebr.* xii, 11).

Vers. 6. *Parasti in conspectu meo mensam, adversus eos qui tribulant me.* Septimae gratulationis numerus adhibetur, cum dicit : *Parasti in conspectu meo*, id est praedestinasti altare sanctum, quod cuncta videt Ecclesia, quod circumdat populus Christianus. *Mensa* enim a mense dicta est, quia eodem die convivia ritu gentium exercebantur. Ecclesiae vero mensa est beata convivatio, epulatio felix, saturitas fidei, esca coelestis. Verum istam *mensam* adversus eos *paratam esse* manifestum est, qui in aliqua perversitate demersi, Ecclesiam Dei suo graviter errore contristant : de quibus Apostolus dicit : *Qui manducat indigne, judicium sibi manducat et bibit, non dijudicans corpus Domini* (*I Cor.* xi, 29) ; datum scilicet ad remissionem peccatorum, et vitam perpetuam possidendam. Memento autem quod *mensa* et in bono et in malo ponitur ; sicut dicit Apostolus : *Non potestis communicare mensae Domini et mensae daemoniorum* (*I Cor.* x, 21).

Vers. 7. *Impinguasti in oleo caput meum.* Octava ponitur munificentia. *Caput* fidelium Christus est Dominus, qui recte dicitur *impinguatus in oleo*, quoniam nulla siccitate peccatoris exaruit. *Caput* ergo suum *in oleo* asserit *impinguatum*, videlicet unde caetera membra laetarentur. Sed quid est hoc, quod species ipsa benedictionis sanctae frequenter adhibetur, unxit prophetas, consecravit reges? Non immerito, quoniam arbor ipsa pacis etiam praestabat indicium, quod ejus specialiter munus noscitur esse divinum : liquor arboreus, pinguedo laetificans, magnarum gratia dignitatum, cujus folia in viriditatis suae pulchritudine perseverant. Haec etiam Noe per columbam nuntiavit terris redditam sospitatem (*Gen.* viii, 11), ut merito tantae benedictionis capax esse videatur, quae fructus sui magno decore simul et utilitate perfruitur. De ipso enim et alius psalmus dicit : *Propterea unxit te Deus Deus tuus oleo exsultationis prae consortibus tuis* (*Psal.* xliv, 8)

Et poculum tuum inebrians, quam praeclarum est ! Nonum munus est sanguinis Domini, quod sic inebriat, ut mentem sanet, a delictis prohibens, non ad peccata perducens. Haec vinolentia sobrios reddit, haec plenitudo malis evacuat ; et qui illo poculo non fuerit repletus, aeterna redditur egestate jejunus. Invenitur etiam et in malo positum, ut Isaias ait : *Et accepi de manu tua calicem ruinae, poculum irae et indignationis meae* (*Isa.* li, 17). Addidit, *quam praeclarum est !* utique cum talia conferat, ut ad coelorum regna perducat. De quo poculo in Evangelio dicitur : *Qui biberit ex aqua quam ego do, non sitiet unquam, sed fiet in eo fons aquae salientis in vitam aeternam* (*Joan.* iv, 13, 14)

Vers. 8. *Et misericordia tua subsequetur me omnibus diebus vitae meae.* Decima pars promissae divisionis impleta est, ubi ad cumulum se laetitiae desiderii magnitudo satiavit. Nam cum *misericordia* Domini semper praecedat, hic dicit, *subsequetur me* : subsequitur utique ad custodiam, sed praecedit ad gratiam conferendam. Nam si solum sequeretur, nemo donata perciperet ; si tantum praecederet, nullus poterat collata servare. Graviores sunt enim insidiae quas a tergo diabolus parat, et nisi Domini *misericordia subsequatur*, facillime fragilitas humana decipitur. Tunc enim quando se aliquis vitium transiisse credit, incauta magis ignoratione decipitur. Unde nimis necessarium est ut semper nos et gratia Domini præcedat, et misericordia subsequatur.

Vers. 9. *Et ut inhabitem in domo Domini in longitudinem dierum.* Finis iste pendet de superioribus dictis. Ideo enim illa professus est sibi esse concessa, ut ad habitandum in domo ejus gloriæ perveniret. Ipsa est enim bonorum omnium completiva perfectio, sicut in alio psalmo dicit : *Beati qui habitant in domo tua! in sæcula sæculorum laudabunt te* (Psal. LXXXIII, 5). *Domus* quippe *Domini* futuram significat Jerusalem, quæ in longitudinem dierum sine ambiguitate consistit. Ipsa est enim beatitudo perpetua, et sine fine lætitia. Memento autem quod in priore versu psalmi hujus, id est *Dominus regit me, et nihil mihi deerit*, breviter dixit, quod in subsequentibus latius enumeravit. Quæ figura dicitur epitrochasmos, id est dicti rotatio, cum succincte ea quæ sunt effusius dicenda perstringit. In hoc autem versu finali, id est, *Ut inhabitem in domo Domini, in longitudinem dierum*, epiphonema, id est acclamatio, nobilissima nimis figura posita est, quæ post narratas res breviter cum acclamatione prorumpit, post omnia desinens in exaggeratissimam summitatem. Sic psalmi istius principia, media, et finis, decora diversorum schematum luce radiantur.

Conclusio psalmi.

Mente reponamus quid cœlestis illa fistula decem virtutibus compacta cecinerit : quam dulce melos animæ salutari delectatione cantaverit; ut in hac festivitate mysterii, non voluptas aurium, sed salubritas acquisita cognoscatur animarum. Numerus quoque psalmi hujus significat perfectionem sapientiæ; siquidem viginti duo libros esse cognoscimus Veteris Testamenti secundum litteras Hebræorum, quas ad plenitudinem divinæ scientiæ comprehendendam constat humano generi contributas. Quapropter diversis modis psalmo isti superna noscuntur convenire mysteria.

EXPOSITIO IN PSALMUM XXIII.

Psalmus David prima sabbati.

Velum præsentis tituli, juvante Domino, alacriter sublevemus, ut nobis penetralia psalmi clarius innotescant. *Prima sabbati* significat diem dominicam, quæ prima est post sabbatum, quo die Dominus resurrexit a mortuis. Qui propter excellentiam tanti miraculi proprie Domini nuncupatur, sive quia in eo mundum condidit. Eo siquidem die isti sæculo resurgendo Dominus subvenisse cognoscitur, quando eum et fecisse declaratur. Sed quia totus psalmus post resurrectionem canitur, ideo ei titulus iste præmissus est, ut corda fidelium congruo moneret indicio.

Divisio psalmi.

Post resurrectionem Domini propheta lætior effectus, humanum genus alloquitur, quod varia superstitione laborabat. Prima parte definiens Domini universum orbem esse terrarum, ut sicut se nullus ab ejus imperio probaret exceptum, ita nec a fide crederet alienum. Secundo loco determinans quibus virtutibus præditi sint in ejus Ecclesia constituti. Tertio dementissimos superstitiosos alloquitur, ut vero Domino famulantes, a noxia sibi perversitate discedant.

Expositio psalmi.

81 Vers. 1. *Domini est terra, et plenitudo ejus; orbis terrarum, et universi qui habitant in ea.* Quamvis terram et in bono et in malo poni sæpe noverimus, hic tamen Ecclesiam debemus advertere, quæ Domino specialiter pura mente famulatur. Nam licet omnia ab ipso sint condita, tamen illud ipsius esse proprie dicimus, quod eum veneratur auctorem. Et ideo Ecclesia non immerito fructifera bonorum *terra* suscipitur, quia nutrit et continet populum Christi. Sequitur, *et plenitudo ejus*, id est multitudo sancta, qua repletur Ecclesia. Sed ne *terram*, quam superius dixit, angustam putares aliquam fortasse regionem, nunc dicit, *orbis terrarum*, hoc est universalem Ecclesiam, quæ totius mundi ambitu continetur. Intende vero quod dicit, *qui habitant in ea;* id est, non qui conveniunt et recedunt, sed qui fixa mentis stabilitate perdurant. *Habitare* enim manere dicimus, quod errantium non est, quod mutabilitati non convenit. Sed ille solus Ecclesiam habitat, qui usque ad obitum suum in fide rectissima perseverat ; sicut et alius psalmus dicit : *Ut inhabitem in domo Domini omnibus diebus vitæ meæ* (Psal. XXII, 6).

Vers. 2. *Ipse super maria fundavit eam, et super flumina præparavit eam.* Quid est *super maria fundare*, nisi supra vitiorum hujus sæculi tremulos fluctus Ecclesiam firmissima credulitate solidare, ut anchora fidei fundata, procellas cujuslibet periculi non pavescat? Unde et Apostolus dicit : *Quam sicut anchoram habemus animæ tutam atque fixam* (Hebr. VI, 19). Simili modo *et super flumina* dicit esse *præparatam*; quoniam ad voluntates turbulentas persecutorum aptatam constat Ecclesiam ; ut ei pravæ voluntates nocere non valeant, quamvis contra eam insana mentium præcipitatione consurgant.

Vers. 3. *Quis ascendet in montem Domini? aut quis stabit in loco sancto ejus?* Postquam docuit breviter universa Domini esse quæ condidit, nunc per interrogationem, secundam ingreditur partem, respondens quales esse debeant qui se ipsius desiderant nuncupare. Quæ figura dicitur exetasmos, id est exquisitio, cum res complures divisas cum interrogatione exquirentes, singulis quæ conveniunt applicamus. Præmittit ergo interrogationes, ut apta responsio subsequatur. *Quis ascendet?* Quia dicturus erat *montem*, id est justitiam cæterasque virtutes, ad quas magno nisu tendimus, quoniam peccatis obviantibus impedimur. Sed postquam dixit, *Quis ascendet*, nunc dicit, *stabit*, quia multo utilius est *in sancto loco* stare quam ad ejus fastigium pervenire.

Vers. 4. *Innocens manibus et mundo corde, qui non*

accepit in vano animam suam. Ista est exspectata responsio : *Innocens manibus et mundo corde,* id est cujus operatio neminem lædit, sed quantum potest adjuvare contendit. Et ne putares posse sufficere *innocens manibus,* addidit *et mundo corde*; quia frequenter disponimus lædere, sed juvamus nolentes; et iterum bona volumus, sed ab eorum operatione cessamus. Ideoque non dicit, illuc ascendere, nisi in quo utraque potuerint inveniri. *In vano* vero *accipit animam suam,* qui putat desideranda quæ sunt vel transitoria vel caduca. Ille autem *in vano* non *accipit,* qui se novit ad Divinitatis intelligentiam fuisse procreatum, ad legem Domini custodiendam, ad cogitationes vitæ æternæ, et quidquid potest supernam gratiam promereri.

Vers. 5. *Nec juravit in dolo proximo suo.* Dicendo *in dolo,* videtur sacramenta permisisse simplicia; scriptum est enim : *Juravit Dominus et non pœnitebit eum* (*Psal.* CIX, 4) : legimus etiam patriarchas jurasse sanctissimos. Et quare dicit in Evangelio : *Non jurabis neque per cœlum, neque per terram* (*Matth.* v, 34)? etc. Veraciter *jurare* in Veteri Testamento prohibitum quidem non est; sed quia humano generi de infirmitate mentis frequenter nascitur causa perjurii, in Novo Testamento utilius dicit esse omnimodis non jurandum, sicut et alia similia quæ non contraria, sed cognoscimus cautiora. In Evangelio quippe ipse Dominus ait : *Dictum est antiquis, Oculum pro oculo; ego autem dico vobis, non resistere malo* (Ibid., 38, 39). Per *dolum* itaque jurat quisquis aliter facturus est quam promittit : credens perjurium non esse, decepisse nequiter credentis errorem.

Vers. 6. *Hic accipiet benedictionem a Domino, et misericordiam a Deo salutari suo.* Præmisit pias observationes, nunc dicit et præmia. *Accipiet benedictionem,* non a quolibet alio, sed ab ipso Domino. Ipse benedicit qui judicaturus est, ipse absolvit qui incommutabiliter damnare potuisset. Meritum ergo beneficii per magnitudinem voluit concedentis agnosci. Quod argumentum inter oratores dicitur a persona. Sequitur, *misericordiam,* ut illa *benedictio* non per merita, sed per indulgentiam Domini venisse videatur. Nullus quippe hominum est qui sibi misereri non egeat. Donantur delicta, ut veniat corona ; sicut dari non potest libertas, nisi prius servitus fuerit absoluta. *Salutaris* ergo noster est Dominus Christus, a quo et beatitudo tribuitur, et peccata laxantur. Nec moveat quod prius dixit, *Hic accipiet benedictionem a Domino*; et postea subjunxit, *et misericordiam a Deo salutari suo*: dum in ordine rerum primo parcat peccatis nostris, et postea *benedictionis* ipsius munera subsequantur. Hoc enim frequenter invenis esse variatum, ut primo *misericordia* ponatur ; ut est illud, *Deus misereatur nobis et benedicat nos* (*Psal.* LXVI, 2); iterumque convertit : *Illuminet vultum suum super nos, et misereatur nobis.* Quæ figura dicitur anastrophe, id est perversio, quando promimus ordine converso sententiam.

Vers. 7. *Hæc est generatio quærentium Dominum, requirentium faciem Dei Jacob.* Quia singulariter superius dixerat : *Quis ascendet in montem Domini?* Ne putares hoc ad Christum Dominum solummodo esse referendum, nunc et generationi Christianæ hoc cognoscitur applicare. Nam cum dicit, *Hæc est,* significat, talis est illa *generatio* quæ Dominum requirit, id est quæ sacri baptismatis fonte renascitur, et fidem suam pia operatione commendat. Sequitur, *requirentium faciem Dei Jacob.* Quid est hoc, quod et ipsum verbum repetit, et aliud subjunxit in fine? Prius dixerat generaliter *quærentium Dominum,* qui se non ambiunt præponi ; sed suo ordine suoque fine contenti sunt, ut vel minimam partem in Christi regno mereantur accipere. Sed quia sunt et alii nimio fidei calore ferventes, **82** qui operum bonitate nonnullis præponi se volunt, addidit *Dei Jacob*; ut hoc in illis faciat quod in *Jacob* fecisse declaratur, qui posterius natus, primatum fratris senioris accepit.

Vers. 8. *Tollite portas, principes, vestras.* Venit ad tertiam partem : ubi propheta, Christiana religione declarata, cum magna exsultatione imperat diversis errantibus, quatenus prioribus claustris congrua fide patefactis, ipsum regem Dominum in suis pectoribus admittere mereantur. Auferre enim præcipit *portas* mortis, quæ a principe diabolo positæ comprobantur. Quæ ideo *portæ* sunt appellatæ, quia per ipsas transeunt homines sua facta portantes, et res victuales studiosissime deferentes.

Et elevamini, portæ æternales, et introibit Rex gloriæ. Contra portas mortis decenter *portæ æternales* sunt positæ, ut istas caducas ostenderet, illas sine fine mansuras. Nam quod Adam diabolo faciente, legem transgrediendo perdidit, Dominus Christus legem complendo reparavit. *Elevatæ sunt* enim *portæ æternales,* id est baptismatis gratia, chrismatis honor, prædicationis salus, cæteraque quæ Christo Domino veniente concessa sunt. Merito autem appellatæ sunt *portæ æternales,* per quas *Rex gloriæ* dignatus est introire.

Vers. 9. *Quis est iste Rex gloriæ? Dominus fortis et potens, Dominus potens in prælio.* Interrogat propheta ad convincendam perfidiam Judæorum : *Quis est iste Rex gloriæ?* Respondetur per tertiam speciem definitionis, quæ Græce dicitur ποιότης, Latine qualitativa : *Dominus fortis et potens, Dominus potens in prælio.* Quod si discutias, soli Christo probabitur convenire. Gloriosi enim possunt et terrarum principes dici : *Rex gloriæ* nemo potest nisi solus Altissimus inveniri. Huic igitur interrogationi, sicut jam dictum est, subjuncta responsio est : ubi bene singulis verbis arguitur Judaici populi nefanda præsumptio. *Fortis* enim contra illud dicitur, quia eum cum gladiis et fustibus tenendum esse putaverunt. *Potens,* quem illi quasi impotentem Pontio Pilato tradiderunt. Additum est quoque *potens in prælio,* ne illi in concertatione sua aliquid prævaluisse crederentur. Denique cum ad eum tenendum venissent, audierunt : *Ego sum,* et omnes, teste Joanne Evangelista, retrorsum protinus corruerunt (*Joan.* XVIII, 9). Sta

Dominus Salvator per virtutes suas nobis evidenter edictus est, ac si proprio vocabulo panderetur.

Vers. 10. *Tollite portas, principes, vestras, et elevamini, portæ æternales, et introibit Rex gloriæ.*

Vers. 11. *Quis est iste Rex gloriæ? Dominus virtutum ipse est Rex gloriæ.* Hic etiam schema pulcherrimum factum est, quod apud Græcos dicitur anadiplosis, apud Latinos congeminatio dictionis, quæ fit aut in versu, aut in repetitione verborum. Et quoniam eadem revoluta sunt, expositio superior et hic abunde sufficiat. Nam ut Judæos confunderet, magnificentiam Domini superius singillatim, ut competebat, exposuit; nunc autem breviter culmen totius laudis et veritatis adjecit; jam non solum fortem, non potentem, non in prælio magnum, sed *Dominum* ipsarum dicit esse *virtutum*. *Rex* autem est *gloriæ*, qui facit se glorificantes utique gloriosos, sicut per Dominum dicitur: *Glorificantes me ego glorificabo* (*I Reg.* II, 30). Qui unicuique potestatem, virtutem cæteraque dona tribuit, ut vult. *Gloria* enim dicitur celebre præconium, et frequentata laudatio. Sunt quidem, donante Domino, et angeli gloriosi, Potestates, Throni, Dominationes, et aliæ potentissimæ creaturæ; sed nullus est *Rex gloriæ*, nisi qui ipsas condidit et continet summitates. Stupenda laus, miranda conclusio! Nec potuit ab alio quidquam dignum dici, nisi ab ipso qui solus suam prævalet enarrare potentiam. Cognoscite, magistri sæcularium litterarum, hinc schemata, hinc diversi generis argumenta, hinc definitiones, hinc disciplinarum omnium profluxisse doctrinas, quando in his litteris posita cognoscitis quæ ante scholas vestras longe prius dicta fuisse sentitis.

Conclusio psalmi.

Totus hic psalmus ad moralem pertinet disciplinam; commonet enim, ut superstitionibus derelictis, vero et pio Domino fideliter serviatur. Quid enim justius quam eum deserere qui nos in Adam fecit esse mortales? Quid beatius quam illum sequi qui humanum genus inflictam mortem fecit evadere? Sed præsta, Domine, ut qui portas misericordiæ tuæ lavacro sanctæ regenerationis intravimus, nullis inde peccatis impellentibus exeamus. Numerus autem hujus psalmi ad viginti tres litteras Latinorum fortasse pertineat, quæ eloquentiæ propriæ dicta concludunt. Ut apud Hebræos viginti duæ, apud Latinos, unde nunc sermo est, viginti tres; apud Græcos viginti quatuor habeantur: tamen in unaquaque lingua comprehendenda competens adhibetur quantitas litterarum; sic et in isto psalmi calculo redolet beata perfectio.

EXPOSITIO IN PSALMUM XXIV.

In finem psalmus David.

Quoniam tituli verba jam nota sunt, et psalmus iste Hebræorum primus alphabeto descriptus est, de ejus magis virtute dicendum est. Per totum igitur librum, duo istorum genera sunt psalmorum: unum quod integrum alphabetum continere monstratur, ut est centesimus decimus, centesimus undecimus, et centesimus decimus octavus, qui justos, ut puto, indicant laudes Domini, ipso largiente, perfecta meritorum devotione cantare; ut fuit Nathanael, de quo Dominus dicit in Evangelio: *Ecce vere Israelita in quo dolus non est* (*Joan.* I, 47); et Jeremias propheta, de quo idem Dominus ait: *De ventre matris tuæ vocavi te, et in vulva sanctificavi te* (*Jerem.* I, 5). Job quoque similiter Domini voce laudatus est, ait enim: *Nunquid considerasti servum meum Job, quod non sit ei similis in terra, vir justus et simplex et rectus, timens Deum, ac recedens a malo* (*Job* II, 3)? Et cæteri qui tantum ipsi soli Deo sunt noti. Sed cum ad eos perventum fuerit, evidentius explanabitur. Aliud genus est, quod subtractis quibusdam litteris, ostendit tales in Ecclesia psallere, quibus non adeo omnium bonorum operum arridet integritas, ut est præsens psalmus, trigesimus tertius, trigesimus sextus, et centesimus quadragesimus quartus, de quibus suo loco latius distinctiusque dicetur. Nunc autem noverimus hunc sextam et decimam nonam litteras non habere; reliquas vero in textu Psalterii minio pingendas esse judicavi, ne qua legentibus confusa nasceretur obscuritas. Hæ autem alphabeti litteræ, quæ verba significent, Hieronymi Patris breviter labore collectæ sunt; quod tamen Scripturis divinis non cognoscitur insuetum. Nam et Jeremias captivitatem Jerusalem quadruplici alphabeti lamentatione deflevit, docens litterarum sacramenta, etiam rerum nobis cœlestium indicare mysteria.

Divisio psalmi.

Toto psalmo per figuram ethopœian, mirabili supplicatione deprecatur Ecclesia, ne ante conspectum Domini contemptibilis appareat inimicis. Primo membro deposcit ut instituta Domini viasque cognoscat. Quæ sectio continet supra memorati alphabeti litteras quinque. Secundo membro beneficia ejus postulat, quæ sanctis Patribus a sæculo condonavit; hoc etiam continet sequentes litteras sex. Tertio loco dicit custodientes præcepta Domini æterna præmia promereri, protestans se in eadem voluntate jugiter permanere; ubi reliquas habet litteras novem. Sic totus psalmus memoratarum litterarum conscriptione depictus est.

Expositio psalmi.

Vers. 1. ALEPH. *Ad te, Domine, levavi animam meam: Deus meus, in te confido, non erubescam: neque irrideant me inimici mei. Levare* dicimus, sursum erigere. Ergo de terrena conversatione, vitiisque carnalibus ad Deum dicit Ecclesiam *levasse animam* suam, ad contemplationem scilicet cœlestium rerum, qua semper Dominum pius animus intuetur: quia facile humana despicit, qui divina conspexerit. *Erubescere* est autem repentina animi perturbatione confundi, subitoque aliud respicere quam credebatur evenire. Petit ergo ne minor efficiatur in conspectu ejus, quæ de ipsius pietate confisa est. *Irrident* vero *inimici*, quando iustorum confidentiam non vident esse completam, et si aliter cedat quam secuturum esse prædicebant. Sperat ergo mater Ecclesia, ut promissa sua præstet Dominus ; quatenus adversarii, unde eam *irridere* possint, non habeant. Ridere enim plerumque benigni, *irridere* autem semper adversi est.

Vers. 2. BETH. *Etenim universi qui sustinent te non confundentur ; confundantur iniqui facientes vana.* Exspectare est sub malorum patientia Deum viriliter *sustinere* ; ut ille veniens in judicio suo reddat quod devoti animus expetebat. Sic et alius psalmus dicit : *Exspecta Dominum, viriliter age, et confortetur cor tuum, et sustine Dominum* (*Psal.* xxvi, 14). Et respice quia per figuram anadiplosin, quæ Latine dicitur congeminatio dictionis, sermonem geminat ad decorem. In superiore quidem psalmo in versibus facta est, hic autem in solis verbis est posita. Addidit, *confundantur* : ipsum verbum quod pro fidelibus in fine positum est, in parte iniquorum fecit initium ; sed illic optatur ne veniat : hic petitur ut emergat. *Facientes vana*, id est quæ a Domino probantur aliena. *Vanum* enim dicimus infructuosum atque vacuum.

Vers. 3. GIMEL. *Vias tuas, Domine, notas fac mihi, et semitas tuas edoce me.* Inter *vias* et *semitas* non parva distantia est. *Vias* enim dicimus, quas commeantium generaliter licentia pervagatur, quæ dictæ sunt a vehendo. *Semitæ* vero sunt quæ angusto calle diriguntur, nec vulgo notæ sunt, sed occultis itineribus ambulantur. Dicta est enim *semita*, quasi semivia. Quapropter *vias* dicamus ad vitæ ordinem pertinere, in quo ambulat et doctorum conversatio, et simplicium multitudo. *Semitas* autem legis intelligentiam debemus accipere, quæ et paucis notæ, et difficultate sui probantur angustæ. Sequitur enim , *edoce me* ; qui sermo non ad callem, sed ad legem magis noscitur pertinere

Vers. 4. DALETH. *Dirige me in veritate tua et doce me, quia tu es Deus salutaris meus, et te sustinui tota die.* Singulis sermonibus superiores sensus hic versus amplectitur. *Dirige me* ad vitam pertinet, *doce* ad scientiam. Sequitur, *quia tu es Deus salutaris meus, et te sustinui tota die;* perfecte breviterque nos imbuit. Duæ siquidem res sunt quæ bonos efficiunt Christianos : prima, ut Deum nobis *salutarem* credamus ; secunda, ut sub totius vitæ patientia retributionem ipsius exspectare debeamus. *Tota die* : ac si diceret, omni die, scilicet non interpolato tempore, sed continua vitæ significatione prolatum est.

Vers. 5. HE. *Reminiscere miserationum tuarum, Domine, et misericordiarum tuarum, quæ a sæculo sunt.* Venit ad secundum membrum, piissima humilitate sua petens, quatenus secundum consuetudinem ejus, *misericordiarum* Domini consequatur. Humano usu illi dicitur *reminiscere*, qui nunquam potest aliquid oblivisci. Nam qui sibi desiderat subveniri, largitorem beneficii putat oblitum, quando aliqua fuerit dilatione tardatus. Subjunxit, *et misericordiarum tuarum, quæ a sæculo sunt*. In his verbis præclara nimis et regularis nobis relucere videtur sententia ; quia nullus suis meritis ad ejus gratiam venit. Dicendo enim *misericordiæ tuæ, quæ a sæculo sunt*, semper Dominum misericordiarum approbat largitorem, qui non ante hominum merita suscipit, sed prius sua dona concedit. Omnes quidem hæreses detestabili cogitatione repertæ sunt : Pelagianum vero malum quam sit perniciosum, hinc datur intelligi, quod tanta cognoscitur assiduitate redargui. *A sæculo* dicit, cum cœperit esse sæculum, quando administrari cœptus est mundus. *Sæculum* est enim mundi ordo decurrens, qui ad futura tendens, præterita deserit. Hæc aliqui in hebdomadis similitudinem, septenis annis determinanda esse putaverunt. Alii enim *sæcula* dicta esse voluerunt, quod in se jugiter revolvant tempora. Et ne distinctiones verborum prætermittere videamur, *miserationes* attinent ad operationes pias, *misericordiæ* vero pertinent ad clementem naturam. Unde rogat ut utrarumque rerum suarum memor sit Dominus.

Vers. 6. ZAIN. *Delicta juventutis et ignorantiæ meæ ne memineris ; secundum magnam misericordiam tuam memor esto mei, Deus. Delictum* quidam volunt levius esse quam peccatum, dictumque ab eo quod viam linquat æquitatis, non tamen in summa criminum pravitate versetur. *Delictum* est enim avidius cibum sumere, cachinno incompetenter resolvi, otiosis verbis operam dare, et cætera hujuscemodi, quæ gravissima non videntur esse peccata , sed tamen constant esse prohibita. *Juventutem* vero non tantum floridam ætatem posuit, sed præcipitationis audaciam, quæ in illa ætate facillima est, dum calor animi modestiam conversationis excedit. Nam multi juvenes morum gravitate maturi sunt ; econtra quidam senes levitatis crimine maculantur. *Ignorantiæ* autem dixit, quia multa facimus quæ mala esse nescimus ; damus plerumque ignari consilium, quod lædat alterum ; damus velut pro remedio ægroto cibos qui vehementer affligant. Ipsam quoque legem frequenter offendimus ignorantes, quam non licet ignorari, dum eam voluerit Divinitas a generalitate cognosci semperque retineri. Alii autem dicunt *delicta ignorantiæ* etiam ad parvulos pertinere, qui licet invalido sensu sopiti sint, tamen originali peccato probantur obnoxii. Petit ergo ut *delicta juventutis et ignorantiæ* ad vindictam reservare non velit, sed tanquam excidant illi, ita ad judicium non patiatur adduci. Ideoque precatur Ecclesia *ne delicta meminerit*, sed potius memor sit ejus secundum magnam misericordiam suam.

Propter bonitatem tuam, Domine. Dicendo : *Propter bonitatem tuam, Domine*, fecit intelligi non propter meritum meum. Unde nulli fas est aliquando præsumere, nisi quem graviter contingit errare. Quæ figura dicitur emphasis, id est exaggeratio : sed hic illa ejus species est, quæ significat id quod non dicit. Merito ergo illius *bonitas* veraciter prædicatur, de quo scriptum est : *Nemo bonus, nisi solus Deus* (*Luc.* xviii, 19).

Vers. 7. HETH. *Dulcis et rectus Dominus : propter*

hoc *legem statuet delinquentibus in via. Dulcis est Dominus :* quia dum cunctos beneficiis præveniat, conversionem tamen delinquentis exspectat. *Pluit* enim *super justos et injustos (Matth.* v, 45), vitam tribuens his qui merebantur exstingui. Merito ergo *dulcis* dicitur, a quo suavia dona præstantur: sicut et alius psalmus dicit : *Gustate et videte quoniam suavis est Dominus (Psal.* xxxiii, 9). *Dulcis* enim dictus est ad similitudinem dulcium escarum, quibus maxime delectatur humanitas. *Rectus* est quando post frequentes increpationes et longissimas exspectationes obsistit malis, humiliat superbos et impios, ut tandem aliquando sapiant, et se errasse pœniteant. Quod autem *legem statuit,* utique dulcedinis et rectitudinis fuit; quando noluit errare quos maluit legis promulgatione corrigere. Sed ne quis hanc districtionem crederet ex asperitate venisse, consilium latæ legis exponit, id est bonitatis et dulcedinis. *In via,* id est in præsenti vita, ubi lex ponitur, in qua recte vivere commonemur.

Vers. 8. Theth. *Diriget mites in judicio: docebit mansuetos vias suas.* Id est animo placidos ad promissam facit beatitudinem pervenire. *Directus* quippe dicitur qui de curvo rectus efficitur. Dicendo autem *mites,* excludit superbos et elatos; sicut in Evangelio dicit: *Beati mites, quia ipsi possidebunt terram (Matth.* v, 4). *Mansuetos* utique, non superbos, qui contra jugum lene et onus leve noxia sibi libertate recalcitrant; sed illos *docebit* qui sine murmuratione faciunt quæ jussa cognoscunt. Inter *mansuetos* enim et *mites* hæc videtur esse distantia : *mites* sunt qui nulla furoris accensione turbantur, sed in lenitate animi jugiter perseverant; *mansueti* autem dicuntur, quasi manu consueti, hoc est tolerantes injurias, non reddentes malum pro malo. *Vias suas* dixit: sed quæ sint *viæ* Domini subsequenter exponit.

Vers. 9. Jod. *Universæ viæ Domini misericordia et veritas, requirentibus testamentum ejus et testimonia ejus.* Dum sint incomprehensibiles *viæ Domini,* aptissime eas sub brevitate colligit. Quis enim opera ejus enarrare sufficeret, quanta potentia cœlestia terrenaque moderetur? Sed cum illæ non potuissent enumerari, sufficienter comprehensum est, *Universæ viæ Domini misericordia et veritas. Misericordia,* quia prævenit cuncta bonitate ; *veritas,* quia omnia sub integritate dijudicat. Sed ne hoc putares communiter conferendum, sequitur, quibus possint talia convenire ; scilicet, *requirentibus testamentum ejus et testimonia ejus.* Quando singulari numero dicitur *Testamentum,* aut Vetus significatur, aut Novum. Hic ergo *Testamentum* debemus accipere Novum ; *testimonia* vero præcedentium dicta prophetarum, testes enim fuerunt sacrarum promissionum, quas Dominus adventus sui manifestatione complevit.

Vers. 10. Caph. *Propter nomen tuum, Domine, propitiaberis peccato meo ; copiosum est enim.* Hoc bene ad personam refertur Ecclesiæ, cujus congregationem ex diversis peccatoribus constat evenisse. *Propter nomen tuum, Domine :* quia Jesus dicendus erat, quod lingua nostra Salvator interpretatur. Nomen siquidem ipsum salutis intelligitur esse professio. Sequitur, *copiosum est enim,* id est cui non possis parcere propter se, sed propter tui nominis sanctitatem. Sed dum *copiosum* dicitur peccatum, abundantissimum esse monstratur : quoniam cursu temporis semper augetur ; et nisi fuerit divina miseratione subventum, quantum vita protenditur, tantum humana fragilitate peccatur. Et memoria reconde quod Ecclesia dicit pro parte membrorum, copiosa sua esse peccata ; ut qui se prædicant esse mundos, sicut Catharistæ, intelligant se portionem cum sancta Ecclesia non habere.

Vers. 11. Lamed. *Quis est homo qui timeat Dominum? Legem statuit ei in via quam elegit.* Venit ad tertium membrum, ubi specialiter demonstratur qui sit *qui timeat Dominum,* aut quali munere gratuletur. Sed more suo interrogationem præmittit, responsura quæ competunt : *Legem statuit ei.* Iste est quem volebat exprimere. Dicit hominem accepisse legem, cui ideo voluit metum adjicere, ne posset sub ignorantiæ securitate peccare. *In via quam elegit,* id est in sanctitate propositi.

Vers. 12. Mem. *Anima ejus in bonis demorabitur, et semen ejus hæreditate possidebit terram.* Quia justis hominibus exutis corpore, non statim perfecta beatitudo datur, quæ sanctis in resurrectione promittitur, *animam* tamen ejus dicit *in bonis* posse *remorari,* quoniam etsi adhuc præmia illa suspensa sunt, *quæ nec oculus vidit, nec auris audivit, nec in cor hominis ascendit (I Cor.* ii, 9) ; modo tamen futuri præmii certissima spei delectatione pascuntur. Sequitur, *et semen ejus hæreditate possidebit terram.* Istud jam futurum præmium absolute significat, quando *semen ejus,* id est opera bona in æterna securitate recipientur, et possessio ejus nulla ulterius expulsione turbabitur. Qui enim aliquid ex hæreditate tenet, firmissima possessione gloriatur.

Vers. 13. Nun. *Firmamentum est Dominus timentibus eum, et testamentum ipsius ut manifestetur illis.* In hoc versiculo diligenter credentium animos mentesque roboravit. Primo quia humana consuetudo mutabilis est, *firmamentum* ejus *Dominum* dicit futurum, ut de se dubitare non debeat, cum tali promissione solidatur. Sed vide quod dicit *timentibus eum.* Ista enim superbis et audacibus non promittit. Et intuere quam vim habeant verba disposita. Humanus timor diffidentiam tribuit, divinus autem spei firmamenta concedit. Secundum istud est amplectendum, nimisque necessarium, ut lex ejus ipsius nobis munere declaretur, sine quo nec intelligere quidquam boni possumus, nec perficere laudanda prævalemus.

Vers. 14. Samech. *Oculi mei semper ad Dominum, quoniam ipse evellet de laqueo pedes meos.* Post antefata præmia beatorum, nunc contemplationem suam fuisse dicit *semper ad Dominum.* Pulcherrime autem cognoscitur hæc facta diversitas. Solet enim qui ante pedes suos non intuetur, in laqueos irruere, aut in fovearum hiatus incidere. Hoc autem mirabiliter et veraciter dictum est, quia si caute ambulemus, pedesque nostros dirigamus, si ad Dominum jugiter oculos elevemus, quoniam ille respectus ab omni nos offensione reddit alienos.

Vers. 15. AIN. *Respice in me, et miserere mei, quoniam unicus et pauper sum ego.* Egregia sibi comparatione respondet, quia superius dixit, *Oculi mei semper ad Dominum*, nunc dicit, *Respice in me*, quemadmodum ego in te, *et miserere mei*. Nam qui ad illum semper respicit, exigit ut eum miseratus ipse respiciat. Addidit quoque misericordiæ amplissimas causas, quando *unicus* plus amatur, *pauperrimus* plus doletur. Quod de persona Christiani populi convenienter dicit Ecclesia, qui *unicus* est ei, quia solus veracis fidei sacramenta custodit. *Pauper*, quoniam a mundi illecebris segregatus, nulla sæculi ambitione refertus est.

Vers. 16. PHE. *Tribulationes cordis mei dilatatæ sunt: de necessitatibus meis eripe me.* Dilatata est Ecclesiæ tribulatio, dum cogitationes suas per mundi calamitates, ubi est seminata, distendit. Necesse est enim ut copioso fasce deprimatur, qui pro multis affligitur. *De necessitatibus* enim dicit, quas persecutorum atque hæreticorum patiebatur insidiis. Hi sunt enim qui necem inferre cupiunt Christianis. Suas enim recte dicebat, quas studio charitatis assumpserat.

Vers. 17. ZADE. *Vide humilitatem meam et laborem meum, et dimitte omnia peccata mea.* Vide, id est propitius respice. *Humilitas* est autem Ecclesiæ, quando indisciplinatos et pravos docendo sustinet, et tectos atque latentes patitur divino reservari judicio. *Labor* enim ipsius est, quia multis persecutionibus multaque contentione fatigatur; et semper pravorum objectionibus lacessita, nulla hic optatæ pacis requie conquiescit. Merito ergo post tanta quæ patitur, remitti sibi peccata omnia deprecatur, quia piæ tolerantiæ durissimus labor clementiam judicis semper exspectat.

Vers. 18. RES. *Respice inimicos meos, quoniam multiplicati sunt, et odio iniquo oderunt me.* Dicendo, *Respice inimicos meos*, pro ipsis orat, ut redeant [ms. A, B, F, credant]: quia quos ille respicit, sine dilatione convertit, sicut in Evangelio Petrum Dominus respexit, ut fleret (*Luc.* XXII, 61). Addidit causam qua perire non debeant: *Quoniam multiplicati sunt.* Pauci enim crederentur fortasse contemni, multorum vero perditio sine maximo dolore non poterat sustineri. Sequitur, quia *odio iniquo oderunt me.* Ecclesiam revera *iniquo odio oderant*, quia dum pro ipsis orationem funderet, illi tamen eam persequi nulla intermissione cessabant. Et ideo addidit *odio iniquo*, quia esse videtur et justum, sicut et illud: *Perfecto odio oderam illos* (*Psal.* CXXXVIII, 22).

Vers. 19. SIN. *Custodi animam meam et eripe me: non confundar, quoniam invocavi te.* Fidem suam petit Ecclesia rectissimam custodiri, ut servata a schismaticis, nulla queat perversitate confundi, sed sine macula et ruga Sponso suo ornata fidei virtutibus offeratur. Subjungitur causa probabilis qua petitionem suam consequi debuisset, quoniam *invocavit* Dominum. Revera non meretur erubescere, quæ spem suam cognoscitur in tanta virtute posuisse. Ipsum enim elegit *invocare*, qui nescit pie supplicantes abjicere.

Vers. 20. TAU. *Innocentes et recti adhæserunt mihi, quoniam sustinui te, Domine.* *Innocentes*, quidam intelligunt parvulos sacro baptismate regeneratos, qui adhuc nullis mundanis conversationibus polluuntur, sed in ipsa sanctitate transeunt, quam suscipere meruerunt. *Rectos* autem illos accipi volunt, qui jam matura ætate conversi, divino munere a peccatorum sunt laqueis absoluti. Sed cum dixerimus Ecclesiam variis hominum moribus esse completam, quomodo hic dicit tantum, *innocentes et recti adhæserunt mihi*, quasi et illos non habeat permixtos qui improbis moribus polluuntur? Sed considera pondus verbi istius, ut *innocentes et rectos adhæsisse* sibi dicat, tanquam illi fuerint sociati atque conglutinati, quod ab utraque parte morum probitas videtur efficere. Reliqui autem cum labore tolerati sunt potius quam adhæserunt. *Sustinui* vero dicit, viriliter passa sum in hoc mundo frequentes angustias; sed una mihi fuit consolatio, *te Dominum sustinere*. Et inspice vim versus istius, quia *innocentes et rectos* ideo sibi *adhæsisse* dicit, quoniam *sustinuit* Dominum; alioquin non poterat tales amare, nisi et ipsa de tanta videretur firmitate præsumere.

Vers. 21. *Redime me, Deus Israel, ex omnibus angustiis meis.* Cum dicit *Redime me*, adventum Domini Salvatoris exposcit, cujus sanguine redempta, de diabolica est captivitate liberata. *Deus Israel*, id est, Deus te videntium, quia ipsos revera gratos habet quibus conspectum suæ contemplationis indulget. Subjungendo enim, *Ex omnibus angustiis meis*, nullam in se maculam desiderat inveniri, quoniam aliter Christo non potest conjungi sancta sponsa, nisi fuerit, ut dictum est, sine macula et ruga.

Conclusio psalmi

Audiamus quemadmodum adhuc in angustiis hujus mundi posita, per totum psalmum ad liberatorem suum clamet Ecclesia; et desinamus tribulationes nostras impatienter ferre, cum ipsam matrem constet pro nobis gravissimas angustias sustinere. Portemus adversa, Domino juvante, viriliter; speremus de ejus pietate constanter, quia si nos in Sponsæ partibus permanemus, Deo largiente, cum ipsa simul ad æterna gaudia perveniemus. Numerus iste bis duodenus mysteria nobis superna declarat, quod viginti quatuor seniores indefessis vocibus, laudes Domino suavi modulatione concelebrent, commonens ut ad similitudinem eorum, et nos psalmum istum frequentata devotione cantemus.

EXPOSITIO IN PSALMUM XXV.

Psalmus David.

Cum *psalmus* significet in actibus nostris convenientiam spiritualium rerum, *David* autem manu fortis atque desiderabilis, totus hic textus ad perfectum aptandus est Christianum, qui Domino largiente diversorum laude meritorum in Ecclesia ejus constanti animo perseverans, divinis se beneficiis consolatur. Sed tamen cum talis hymnus dicitur, necesse est ut ad Christum Dominum intelligentiæ virtute referatur.

Divisio psalmi

Sanctus iste quem diximus, primo modo psalmi innocentiam suam respici deprecatur, quia cum iniquis hominibus non habuit portionem. Secundo supplicat ne hæreticis aut schismaticis in judicio Domini misceatur, quoniam domum ejus se dilexisse testatus est.

Expositio psalmi.

Vers. 1. *Judica me, Domine, quoniam ego in innocentia mea ingressus sum; et in Domino sperans non infirmabor.* Periculosa quidem judicii videtur esse petitio, sed sequestratio malorum, quæ fit in examine Domini, cognoscitur a bene merito competenter optari. Quapropter non est hic detestabilis arrogantia meritorum, sed justa petitio fideliter servientis, ut sequestretur a pessimis, ne cum malis habeat portionem. Postulat enim vir sanctus judicia, quia certus erat de ejus misericordia, sicut ait Apostolus : *De cætero reposita est mihi corona justitiæ, quam reddet mihi Dominus in illa die justus judex* (II Tim. IV, 8). *In innocentia* vero sua *ingreditur*, qui, sicut inferius dicit, *sperat in Domino*, nec de suis quidquam viribus, sed de divina largitate præsumit. Sequitur hujus rei decora probatio, quia in Domino confidendo infirmatum se esse non asserit. Hæc est enim *innocentia*, quam superius dixit, id est in Domini virtute confidere, ne possit eum aliqua peccatorum infirmitas ingravare.

Vers. 2. *Proba me, Domine, et tenta me : ure renes meos et cor meum. Proba et tenta*, non præsumptive dicitur, sed hoc emendationis gratia fieri postulatur. Nam quando ille perscrutatur et tentat, facit nos peccatum intelligere nostrum, et ad fructum pœnitentiæ pervenire. Alioquin si nulla nos in hoc sæculo adversitate commoneat, sub neglecto relinquimus ea pro quibus satisfacere deberemus. Ipse enim subsequenter exponit, cur se probari et tentari desideraret, utique ut *urerentur renes et cor* ejus; quatenus delectationes et cogitationes humanæ verbi Domini calore purgarentur, qui more fornacium, vitiorum sordes absumens, animas hominum ad emundationem perfectissimi decoris adducit. Perscrutandum est autem cur hic petat se debere *tentari*, cum in evangelica oratione sit positum : *Ne inducas nos in tentationem* (Matth. VI, 13). Duæ sunt igitur tentationes : una Domini, qua bonos tentat, ut eos competenter erudiat, sicut legitur in Genesi : *Tentavit Dominus Abraham* (Gen. XXII, 1); vel illud quod dicit Moyses : *Tentat vos Dominus Deus vester* (Deut. XIII, 3). Altera vero diaboli est, quæ semper ducit ad mortem : de qua precamur ne in ejus partes cæcis mentibus inducamur. Bene ergo propheta petit dicens : *Proba me, Domine, et tenta me*, in ista parte quæ Domini est, ut non in illam tentationem diabolicam induceretur; ubi sequitur : *Sed libera nos a malo* (Matth. VI, 13), id est ab ipso diabolo.

Vers. 3. *Quoniam misericordia tua ante oculos meos est, et complacui in veritate tua.* Hoc erat unde tentationum pericula non timebat, quia misericordiam ejus non poterat oblivisci. Jugiter enim sibi subvenire facit, cui collatum beneficium ante oculos semper assistit. Qua de re etiam Domino *complacuisse* se dicit. *Complacere* est autem cum sanctis Domini æternam gratiam promereri. *In veritate*, id est in Christo tuo, qui ait : *Ego sum via, veritas et vita* (Joan. XIV, 6). Aliter enim Patri non potest complacere, nisi qui tali fuerit credulitate firmatus.

Vers. 4. *Non sedi in concilio vanitatis, et cum iniqua gerentibus non introibo.* Complacuisse se Domino egregia nimis narratione declarat. Innocentiam quippe suam nititur ostendere, duobus versibus refugiendo quæ prava sunt; aliis vero duobus agendo quæ recta sunt. Quod argumentum in topicis dicitur ex contrariis. *Concilium* enim *vanitatis*, et congregatio innocentium omnino contraria sunt. Enumerat enim nunc quæ, Domino largiente, peregerit, unde se complacuisse testatus est. *Non sedit in concilio vanitatis*, qui tractatibus iniquorum nulla consilii sui participatione consentit. Fieri potest ut homo sanctus casu aliquo ad concilium veniat iniquorum, ubi vel incongrua vel vana referuntur. Sed dum talia cognoverit, neque cum eis sedet, neque delectatione aliqua commoratur, sed pravum studium aut dissuadet, aut deserit. Quapropter cum se prius negasset sedisse cum malis, modo se profitetur non introisse cum pessimis. Ante enim tractatum ipsorum vitavit, post et facta deseruit. Introitus est enim ad scelus, cum fieri aliquid audacter incipitur. Introitus enim initium significat operationis, quod vir sanctus a sua conscientia profitetur alienum.

Vers. 5. *Odivi congregationem malignorum, et cum impiis non sedebo.* Minus fuerat sancto viro malum vitasse concilium, nisi et *congregationem odisset* omnimodis subdolorum. *Odium* enim significat divisionem, sicut est in amore collegium. Et cum superius se dixerit in vanitatis concilio non sedisse, modo se profitetur *cum impiis non sedere*. Utrumque quidem erat omnino deserendum. Sed alii sunt vani, alii impii. Vani sunt qui caducis inquisitionibus occupantur, et in superflua tempus narratione consumunt. Impii autem, hæretici, qui quæstionibus perfidis Scripturas divinas depravare contendunt, sicut Petrus apostolus ait : *Depravantes eas ad suum interitum et perditionem* (II Petr. III, 16). Hos ergo utrosque jure monet esse fugiendos, quia illi superfluitates diligunt, isti tela perversitatis infigunt.

Vers. 6. *Lavabo inter innocentes manus meas, et circumibo altare tuum, Domine.* Potest talia loqui, qui caput suum sequitur Christum, qui terrena despicit, et cœlestia concupiscit, sicut Apostolus ait : *Nostra autem conversatio in coelis est* (*Philip.* III, 20). *Inter innocentes* enim *lavat manus suas*, quisquis facta propria studio bonæ conversationis emundat. Et bene addidit, *inter innocentes*, quia possunt *lavare manus* etiam qui nocentes sunt, sicut fecit Pontius Pilatus (*Matth.* XXVII, 24), qui dum animam suam nefanda Domini traditione pollueret, manus suas sæculi istius liquore mundabat. Sed spiritualiter *manus lavat* quisquis actus suos lacrymabili satisfactione diluerit. *Circumibo* vero dixit, id est frequenter iterabo, ut assiduitatem sanctissimæ devotionis ostenderet. *Altare* enim ab altitudine dictum est, quasi altæ aræ, ubi Domino sacrificatur, ut conspectibus populorum misericordiæ ipsius dona pandantur.

Vers. 7. *Ut audiam vocem laudis tuæ, et enarrem universa mirabilia tua.* Provectus ad coelestia ideo illud spirituali animo circumibat altare, ut concentum dominicæ laudis audiret. Forte illud dicit, quod coram ipso indefessa voce præcinitur: *Sanctus, sanctus, sanctus Dominus Deus Sabaoth* (*Isa.* VI, 3.). Quæ cum audiret, et devotione maxima cognovisset, narraret populis universa mirabilia quæ hodieque in sanctarum celebratione missarum beata canit Ecclesia.

Vers. 8. *Domine, dilexi decorem domus tuæ et locum habitationis gloriæ tuæ.* Beatissimus ille quem diximus, secundum modum orationis ingreditur, supplicans ut, cum *decorem domus* Domini *dilexerit*, illis qui ab eodem alieni sunt nullatenus misceatur, sed in ejus Ecclesia perseveret. *Decorem domus* dicit, non pulchritudinem parietum aut ministeriorum pretiosissimos apparatus, sed ipsorum actuum beatissimam qualitatem, in quibus cuncta gaudet Ecclesia, id est, in psalmorum jubilatione, in precum sanctitate, in Christiani populi humillima devotione. Prius enim de universali dixit Ecclesia, nunc venit ad sanctos, in quibus gloria Dei habitare cognoscitur: de quibus Apostolus dicit: *Templum enim Dei sanctum est, quod estis vos* (*I Cor.* III, 17). Dicendo enim *habitationis locum*, humani pectoris significavit arcanum; mirabiliter subjungens, *gloriæ tuæ*, quia ubicunque *habitat*, gloria est. Gloriosum enim efficit quidquid inhabitare dignatur, et ab hospitis merito crescit hospitii magnitudo.

Vers. 9. *Ne simul perdas cum impiis animam meam, et cum viris sanguinum vitam meam.* Juste rogat ne cum impiis anima ejus pereat in futuro judicio, cum quibus hic communem non habuit actionem. Merito enim *ab eis ibi* se sequestrari petiit, a quibus hic se ipse divisit. *Sanguinum* enim *viri* sunt, qui carnaliter vivunt, et nulla jussa coelestia concupiscunt. Pereunt ergo tales de futura Jerusalem, qui pro sua impietate damnandi sunt.

Vers. 10. *In quorum manibus iniquitates sunt: dextera eorum repleta est muneribus.* Exponit qui sunt *viri sanguinum*, in quorum consuetudine videmus esse nequissimas actiones. *Manus* enim nostræ significant generales operationes, quas gerimus in hac luce degentes. Hic *dextera* specialiter judicis venalitatem pronuntiat, quam ideo dicit *repletam esse muneribus*: quod multarum pecuniarum oblatione gravata sit. Et considera quod hæc accipientes judices universaliter exsecratur. Nam et qui justitiam vendit, *muneribus dexteram replet*; et qui nocentes absolvit, idem suam *dexteram* munerum acceptione complevit. Sic utrumque, ut arbitror, ad virum sanguinum congruenter aptandum est.

Vers. 11. *Ego autem in innocentia mea ingressus sum: redime me, et miserere mei.* Schema syncrisis est, cum causam suam quis ab adversariis suis nititur efficere meliorem. Nam cum illi accipiendo fallaciter gaudeant dexteram suam muneribus fuisse completam, se dicit ad innocentiæ introisse divitias. *Ingressus* enim in thesauros spirituales multo verius se consolatus est, quam illi super mundanis divitiis gaudere potuissent. *Redime me*, id est adventus tui sanguine pretioso liberum redde, quo absolutus est mundus, qui peccatis tenebatur obnoxius. *Et miserere mei*, scilicet in hoc mundo, ubi fideliter supplicantibus parcis.

Vers. 12. *Pes enim meus stetit in via recta; in ecclesiis benedicam Dominum.* Inter concutientes hæreses et mundi graviter sævientes angustias, hoc bene vir catholicus profitetur, quia *pes* ejus immobilis perduravit; qui licet importunis tribulationibus fluctuet, in parte fidei nescit quibuslibet necessitatibus commoveri. Possunt enim tales, et his similes hoc dicere, de quibus ipse Dominus testimonium perhibet, ut est illud: *Reliqui mihi septem millia virorum, qui non curvaverunt genua ante Baal* (*III Reg.* XIX, 18). *In via recta*, id est in mandatis tuis, quæ recta sunt, et rectos faciunt obedientes. Nam quoties plurali numero dicuntur ecclesiæ, mundi istius Christiani populi significantur, qui de diversis gentibus probantur esse collecti. Futura est enim una et perfecta Jerusalem, quæ malorum sequestratione purgabitur. Dicit ergo beatus iste quem diximus, non in Ecclesia, sed *in ecclesiis* se Domino cantaturum, quia per universum mundum nomen constat esse catholicum.

Conclusio psalmi.

Consideremus qualem nobis formam vitæ religiosus iste tradiderit. Dicit enim ideo se hic vitasse pessimos, ne in judicio Domini cum malis possit esse sociatus, admonens ut iniquorum consortia fugientes, fidelibus Christi spirituali semper charitate jungamur, quia ex diutina hominum conversatione, morum semper contrahimus qualitatem. Hoc enim et sextus psalmus admonet, cum dicit: *Discedite a me omnes qui operamini iniquitatem* (*Psal.* VI, 9); hoc et decimus septimus qui ait: *Cum sancto sanctus eris, et cum viro innocente innocens eris, et cum electo electus eris, et cum perverso subverteris* (*Psal.* XVII, 26). Revera ut cognosceretur ingens malum, quod tam crebro monebatur esse fugiendum. Quapropter studiose quæramus gloriosum nimis aptumque collegium, quod nos virtutibus erudiat, et desiderio divinæ charitatis accendat, ne in retributione malorum merito jungamur pessimis, qui collegium hic habere voluimus cum malignis. Quod si diligentius perscrutemur, nec quantitas ipsius numeri vacat. Nam quinque porticus fuisse Salomonis, in quibus periclitantium turba languebat, evangelica nobis designat auctoritas (*Joan.* v, 2). Qui calculus quinquies in se reductus, in vicesima quinta summa progreditur, ut sic corda fidelium psalmi istius abysso recreentur, sicut in illis porticibus jacentium probaticæ piscinæ lavacro ægra corpora sanabantur.

EXPOSITIO IN PSALMUM XXVI.

Psalmus David priusquam liniretur.

Tituli hujus historia Regum quidem volumine latius indicatur (*I Reg.* xvi, 13). Nam cum Saul peccasset Deo, per sanctum Samuelem prophetam David apud patrem suum est unctus in regem. Verum hic titulus de ipsa unctione non loquitur, sed illam potius commemorare dignoscitur, quando post persecutiones Saulis, voto populi est perductus ad regnum (*II Reg.* v, 3), cum et istum psalmum rerum ipsarum testificatione eum conscripsisse manifestum sit. Nam si primam illam unctionem velis advertere, nullum ante ipsam psalmum legitur effecisse. Restat ergo ut istam secundam unctionem intelligere debeamus.

Divisio psalmi.

Cum frequenter ante regnum liberaretur ab inimicis suis acerrimis, per totum psalmum loquitur propheta. In prima positione Dominum se dicens metuere, et nullum alterum formidare. Sed inter adversa sæculi unum sibi testatur esse suffugium, ut, licet periculis corporalibus jactaretur, ipse in domo Domini firmissima devotione mentis habitaret. Secunda positione, multiplici clade liberatus, diversis modis gratias agit, et prophetiæ spiritu spem sibi futuræ beatitudinis pollicetur. Sciendum sane hunc psalmum secundum esse illorum qui per actus David significant Christi Domini futura mysteria.

Expositio psalmi.

Vers. 1. *Dominus illuminatio mea et salus mea, quem timebo?*

Vers. 2. *Dominus defensor vitæ meæ, a quo trepidabo? Dum appropiant super me nocentes, ut edant carnes meas.*

Vers. 3. *Qui tribulant me inimici mei, ipsi infirmati sunt et ceciderunt.* Hos tres versus paulo sollicitius audiamus, sunt enim magnæ argumentationis formula comprehensi, quam Græci epichirema, Latini exsecutiones vel approbationes vocare maluerunt. Hoc argumento utimur quoties rem de qua agitur per exemplum aliquod probare contendimus. Causa enim hic proposita est in uno et semi versiculo. Dixit enim : *Dominus illuminatio mea et salus mea, quem timebo? Dominus defensor vitæ meæ, a quo trepidabo?* In alio semis et uno versiculo subjunxit exemplum, quia minime trepidare debuisset, quando illi magis cadunt qui persequi probabantur. Ait enim : *Dum appropiant super me nocentes, ut edant carnes meas.*

Qui tribulant me inimici mei, ipsi infirmati sunt et ceciderunt. Sic istius epichirematis breviter forma perfecta est. Nunc ad exponenda verba redeamus. Propheta ergo dicit exsultans, se quemquam hominum non timere, quoniam a Deo fuerat illuminatus, ostendens formidinem semper habere tenebras suas, quando contra eam ponitur *illuminatio* superna. Sequitur, *et salus mea.* In quo verbo cuncta concludit, et valetudinem corporis, et animæ sospitatem. Utraque enim sunt indicia salutis, quando sustinent videlicet gravissimas passiones. *Quem timebo?* id est nullum hominum formidabo. Timor enim fecerat Domini, ne quemquam alium timere potuisset. Sequitur : *Dominus defensor vitæ meæ, a quo trepidabo?* Multi per actus iniquos accepta Dei munera perdiderunt. Quorum autem *defensor* fuit *Dominus*, nullatenus aliquid amiserunt. *A quo trepidabo?* Interrogative pronuntiandum est, id est a nullo, sicut et superius posuit, *quem timebo?* Tales quippe interrogationes pro abnegationibus accipiendas esse non dubium est. Addidit : *Dum appropiant super me nocentes, ut edant carnes meas.* Truculentium inimicorum hic vota panduntur, qui non solum exstinguere, sed etiam aviditate furoris, ipsas quoque humanas carnes cupiunt crudeliter devorare. Et ideo inimicorum tanta feritas proditur, ut liberationis gratia duplicetur. Adjecit : *Qui tribulant me inimici mei, ipsi infirmati sunt et ceciderunt.* Versus iste pendet de superiore sententia; probatio est enim quomodo nullum timere debuisset. Nam si persecutores qui formidari poterant, subruerunt, quis, rogo, timor erit, quando potius illi cadunt, qui impugnare videbantur? Consequenter autem verba sunt posita; prius fuit *infirmari*, post *cadere.* Et intuere quoniam hic fidelium beneficia breviter exponuntur, ut non illi qui passionibus premuntur, sed illi magis corruant qui innocentium sanguinem devorare festinant.

Vers. 4. *Si consistant adversum me castra, non timebit cor meum.* Salutari probatione completa, propheta lætus exsultat, decoram emphasim, id est exaggerationem faciens, ut si adversus ipsum solum castrorum coeat multitudo, stabilitas mentis ejus non debeat commoveri, dum soleant homines plurimorum oppugnatione terreri. *Castra* enim valida munitio est, quam expugnare facile non potest impetus irruentis. Sed hæc omnia sibi dicit esse contemptibilia, cum valletur auxiliatione divina.

Vers. 5. *Si exsurgat in me prælium, in hoc ego sperabo.* Potuerant castra consistere, et in prælia non coire. Sed nunc ipsum sævum certamen adjicit, ut nihil eorum metuere videretur quæ terribilia putat humanitas. *Si exsurgat*, id est si subita in me concertatio, quasi fervens procella prosiliat, in eo potius *sperabo* victoriam. In præliis enim concitatis gloria vincentis semper apparet. Nam virtus probatur latere, quæ non fuerit explorata certamine, sicut superius dixit : *In tribulationibus dilatasti mihi* (*Psal.* iv, 2). Et respiciendum quod et iste versus sic habet in capite, **89** sicut ille prior. Quæ figura dicitur anaphora, quoties unum verbum per comma-tum principia repetitur; quod et in capite psalmi constat effectum, id est, *Dominus, Dominus*.

Vers. 6. *Unam petii a Domino, hanc requiram*. Unam rem quidem *petiisse* se dicit *a Domino*, quam exponit inferius. Sed videamus si *unam*, et non magis omnia. Calculo quidem singularis est, sed rerum utilitate numerosa; angusta precatio, latum præmium; breviter quæritur, sed granditer impetratur. Bonorum ergo mos est domum Domini solam expetere, in qua bona omnia continentur. Mali autem terrena voluntate discissi, dum sanitatem corporis petunt, cum divitias precantur, cum inimicorum dejectiones expostulant, petendo fatigantur, et interdum peritura conquirunt.

Vers. 7. *Ut inhabitem in domo Domini omnibus diebus vitæ meæ: ut videam voluntatem Domini, et protegar a templo sancto ejus*. Hæc est una supplicatio, quam superius expetebat. Et vide quia nulla castra, nullum prælium metuere debuit, qui tali se munitione vallavit. Quæ sunt enim civitates similes, qui sunt exercitus fortiores, quam *habitare in domo Domini*, ubi nihil humanum, nihil diabolicum certum est pertimesci? Et hoc non parvo tempore, sed *omnibus diebus vitæ suæ*. Quando, rogo, metuat, cui omnis vita secura est? *Videt* etiam *voluntatem Domini*, qui præcepta ejus intelligit, qui puritati ipsius tota se mente subdiderit. Propheta enim postulat *protegi* a corporis Christi *templo*, unde et firmamentum fidei, et invictum robur defensionis accipitur. Ad illud enim pervenerat animi virtute, quod adhuc non videbat in specie.

Vers. 8. *Quoniam abscondit me in tabernaculo suo, in die malorum protexit me in abscondito tabernaculi sui: in petra exaltavit me*. Versum hunc paulo diligentius perscrutemur. Ait enim: *Quoniam abscondit me in tabernaculo suo in die malorum*, significans illud tempus quando Saule persequente multis locis per squalentes speluncas et montium secreta latitabat. Quod illi revera *tabernaculum* fuit, quia mens ipsius nunquam a religionis pietate discessit. Sequitur, *protexit me in abscondito tabernaculi sui*. Superius dixit, *abscondit*; nunc dicit, *protexit*. Abscondi est quærentium oculis non præberi; *protegi* autem, ab omni metu periculoque liberari. *In abscondito tabernaculi sui*, dicit, id est in Divinitatis secreto, ad quod semper devotus animus festinabat, dum ibi sibi esse videbatur, ubi ejus intentio perdurabat. Quod autem dicit: *In petra exaltavit me*, ad incarnationem Domini pertinet; quoniam de ejus semine natus est Christus, qui est lapis adunans populos angularis.

Vers. 9. *Nunc autem exaltavit caput meum super inimicos meos*. Postquam dixit præmia quæ de Domini erant incarnatione ventura, nunc dicit præsentia, cum eum ab inimicis suis, sive carnalibus, sive spiritualibus constat esse liberatum. *Caput meum*, bene mentis oculum videmur accipere, qui revera caput nostrum est, quo vegetante possumus contueri. Nam plerumque illud dicimus *caput*, quod eminere monstratur. *Super inimicos*, vitiosos significat appe-titus, supra quos mens nostra decenter erigitur, quando divino beneficio pura servatur.

Vers. 10. *Circumibo et immolabo in tabernaculo ejus hostiam jubilationis; cantabo et psalmum dicam Domino*. Decursis beneficiis quæ et de futuro et in præsenti se cognoverat accepisse, nunc gaudium suum mirabili narratione describit. *Circumibo* dicit, hoc est animo perscrutabor qua potentia cœlos fecerit, stellas fundaverit, maria determinaverit, terram stabiliverit, totumque mundum varia virtutum laude compleverit. Et cum hæc omnia animo circumiverit, *immolare* se dicit *in tabernaculo ejus hostiam jubilationis*, id est in Ecclesia ejus offerre sacrificium laudis. *Jubilationem* quippe dicimus ex eo quod nos juvat laudare: quando delectantes cum summa jucunditate gratias referre contendimus. Diximus superius aliud esse *cantare*, aliud *psalmum dicere*. *Cantare* est sola voce laudes canere; *psalmum dicere*, bonis operibus gloriam Domini prædicare. *Cantare* enim *et psalmum dicere*, ipsa est hostia jubilationis.

Vers. 11. *Exaudi, Domine, vocem meam qua clamavi ad te: miserere mei et exaudi me*. Venit ad secundam positionem, in qua per gratiarum actionem psalmodiæ munus, quod promiserat, exhiberet, præsentia superioribus jungens. *Clamavit* enim, cum diceret: *Ut inhabitem in domo Domini omnibus diebus vitæ meæ*. Et cum superius dixerit, hostiam se jubilationis offerre, quia diversa sit munera consecutus, nunc iterum rogat ut *exaudiatur*. Nec desiderio suo adhuc satisfacit, nisi hoc frequenti supplicatione rogaverit, scilicet quia divinarum rerum nulla satietas est: sed quanto gustatur Dominus, tanto suavius appetitur; sicut et in alio psalmo dicit: *Gustate et videte quoniam suavis est Dominus* (Psal. xxxiii, 9).

Vers. 12. *Tibi dixit cor meum: Exquisivi vultum tuum; vultum tuum, Domine, requiram*. *Cor* desiderium tacitum prodit, quod plus audit Divinitas quam populorum tonantissimas voces; sicut Moysi dicitur: *Quid clamas ad me* (Exod. xiv, 15)? cum locutus aliquid non legatur. Fidelis itaque vir cor suum dixit ad Dominum loqui, quoniam hoc videbatur quod cogitabat offerre. *Vultum* autem Domini quærit, qui se sancta conversatione tractaverit; de quibus dictum est: *Beati mundo corde, quoniam ipsi Deum videbunt* (Matth. v, 8). Geminat quoque quod dictum est, *vultum tuum, Domine, requiram*. Una quidem res, sed frequentata precatio; sciebat enim quam pretiosum est, quod ardenti studio toties expetebat.

Vers. 13. *Ne avertas faciem tuam a me, neque declines in ira a servo tuo*. Desideria sua caute decenterque exsequitur. Superiore quippe versu professus est vultum Domini se desideranter exquirere; et quoniam non est in potestate hominis suum obtinere desiderium, precatur *ne avertat faciem* suam Dominus, quam ille magnopere postulabat. Ipsius enim muneris est, se præstare fidelissimis contuendum. Sequitur: *Neque declines in ira a servo tuo*. Sæpe diximus *iram* poni judicii tempus, cum discernet malos a bonis. Illis enim irasci creditur, qui infelici segregatione damnandi sunt. Rogat ergo ne tunc ab ipso *declinet* Dominus, quando sanctis vultum suæ majestatis indulserit. Homo carnalis Deum timet, ne peccatis ingravantibus aut substantiam perdat, aut filios amittat, **90** aut copia auri argentique minuatur: sanctus autem vir hoc tantum metuit, ne a vultu Domini reddatur alienus.

Vers. 14. *Adjutor meus esto, ne derelinquas me, neque despicias me, Deus salutaris meus.* Ubi sunt qui humanis meritis dicunt aliquid applicandum? Petit rex et propheta, plenus gratia et benedictione cœlesti, ne deseratur a Domino. Scit enim quia si ille reliquerit, nulla se potestas regere prævalebit. Nec semel ei petiisse sufficit, nisi hoc ipsum sub repetitione geminaret. *Despici* enim semper addicti est, nec securus reddi potest, nisi quem judicis serenus oculus intuetur.

Vers. 15. *Quoniam pater meus et mater mea dereliquerunt me: Dominus autem assumpsit me. Patrem* suum Adam primum hominem dicit, *matrem* uxorem ejus Evam, unde generatio humana descendit. Isti ergo reliquerunt conditione mortali, nec enutrire valuerunt, quando de hac luce translati sunt. Quamvis istud de ejus genitoribus possit intelligi: quia domum patris sui matrisque tunc dereliquit, quando a populis Hebræis ad regni culmen evectus est. Sequitur, *Dominus autem assumpsit me*, in loco scilicet veri parentis. *Pater* est quia condidit, quia regit; *mater* quia fovet, quia infirmos et parvulos lactat. *Assumpsit* vero dixit, hoc est, de privata conditione in regno posuit.

Vers. 16. *Legem mihi constitue, Domine, in via tua, et dirige me in semita recta propter inimicos meos. Legem* sibi statui illam potius Domini deprecatur Salvatoris, qua debitores noscitur liberasse per gratiam. Moysi enim lex illo tempore jam data erat; Domini autem sperabatur esse ventura, quam sibi postulat debere *constitui*. *In via tua*, id est in Christo tuo, qui est *via, veritas, et vita* (*Joan.* XIV, 6). Illo enim veniente juste præsumebat, quia eam et docere poterat, et impleri posse præstabat. *Semitam* vero jam diximus ad Scripturarum intelligentiam pertinere. Precatur ergo propheta ut Veteris Testamenti recte libros intelligat, et venturum in eis Dominum esse cognoscat. *Propter inimicos* autem dicit, id est hæreticos, sive incredulos Judæos qui eos nitebantur prava intentione subvertere.

Vers. 17. *Ne tradideris me in animas persequentium me: quoniam insurrexerunt in me testes iniqui, et mentita est iniquitas sibi.* Secundum historiam potest intelligi de Saule, qui eum acerrimo odio persequebatur. Sed quoniam rex erat, nec poterat solus agere quod jubebat, apte numerus pluralis hic positus est. Simili modo cum Doech Idumæus eum prodidisse legatur, plurali numero posuit, *testes iniqui*. Fieri enim potuit ut quando eum regi accusavit, per testes alios dicta sua probare voluisset. Quapropter congrue positus pluralis numerus advertitur, quando persona talis per unum tantum non poterat facile accusari.

Testes ergo *iniqui* fuerunt Doech Idumæus, ejusque similes, qui eum prodiderunt Sauli a propheta Achimelech fuisse susceptum, et gladium illi sumptusque datos; quod rex sacerdotis atque filiorum ejus morte reservavit. *Mentiti* sunt enim dicentes contra regem Saulem David consilia fuisse data, Deumque pro eo fuisse deprecatum; quod latius Regum textus eloquitur (I *Reg.* XXII). Pulcherrime autem dixit *sibi*, quia mendacii sui pœnas recipit qui falsum testimonium proferre contendit. Sive, ut alii dicunt, idioma est Scripturæ divinæ, ut pro singulari pluralis numerus apponatur; et iterum pluralis pro singulari numero inveniatur adjunctus; sicut de Herode mortuo legitur dictum: *Mortui sunt qui quærebant animam pueri* (*Matth.* II, 20); vel Moysi de Pharaone pronuntiatum est: *Quia mortui sunt qui quærebant animam tuam* (*Exod.* IV, 19).

Vers. 18. *Credo videre bona Domini in terra viventium. Exspecta Dominum.* Postquam multis modis Dominum deprecatus est ne persequentibus traderetur, ad confidentiæ suæ redit auxilium, sibique ipsi promittit quod *bona videat in terra viventium*, id est in futura vita, ubi bona sunt sempiterna. Et proprie dictum est *terram* illam esse *viventium*, quoniam ista morientum est. Qui status apud oratores dicitur collectivus, quando ex scripto colligitur id quod scriptum non est, ut per id doceatur esse ac si scriptum fuisset. Ita et hic futura præmia ex antecedentibus beneficiis sibi credit esse ventura. *Terram autem viventium*, proprie Scriptura commemorat divina. Additum est: *Exspecta Dominum*, scilicet qui promittendo non fallit, qui præstando non imputat, sicut Jacobus apostolus ait: *Qui dat omnibus affluenter, et non improperat (Jac.* I, 5).

Vers. 19. *Viriliter age, et confortetur cor tuum, et sustine Dominum.* Quoniam superiori versu crediderat videre se bona Domini, nunc dicit quemadmodum videre possit. Hoc autem verbum, *viriliter*, non solum viris, sed et feminis credamus esse mandatum. Nam et viri cum mollescunt, animo femineo sunt; et mulieres viriles efficiuntur, cum in bono proposito mentis robore perseverant. Sequitur, *et confortetur cor tuum*, ne quasi lassus immurmures, et tædio fatigante desperes. Sed confidenti animo atque securo dicit: *Exspecta Dominum*, qui nescit subducere quæ promittit. *Sustine* vero et *exspecta*, perfecto dicitur Christiano: ac si admoneret, *sustine* quod pateris, et quod credis *exspecta*.

Conclusio psalmi.

Inter multiplices et sævientes angustias, quid specialiter desideremus reverendissimus propheta patefecit, ut inhabitare Christi Ecclesiam modis omnibus appetamus. Hoc patulis auribus audientes, assidua supplicatione deprecemur; quia nec brevius quidquam potuit dici, nec latius impetrari. In numero autem præsentis psalmi, et quorumdam qui subsequuntur, nequaquam potuimus calculorum singularem reperire rationem; scilicet qualis creatura vigesimo sexto, aut vigesimo septimo, aut vigesimo octavo numero legatur aptata. Sed studiosis relinquimus, ut secundum exempla quæ dicta sunt, quando non inveniunt rationem in numero singulari, tunc aliquas similitudines in partito calculo, sive bis, sive tertio debeant indagare. Verbi gratia, ut viginti sex partiantur in vigesimum et senarium numerum, et Iterum viginti septem in ter novem. Tunc facilius calculis divisis, fortasse competens ratio poterit inveniri. Quid enim interest si binas aut ternas metretas capiant vasa psalmorum? Si vero nec ibi aliquid convenienter agnoveris, credere 91 convenit cœli terræque Creatorem, operationes et dicta sua per diversorum calculorum distribuisse sine ambiguitate virtutes, qui omnia, sicut legitur (*Sap.* xi, 21), in pondere, numero, mensuraque perfecit. Neque enim quia guttæ pluviarum, stellæ cœli, vel arena maris nobis numerabilis non est, apud illum non constat esse sub numero. Nam etsi nobis probantur occulta, divinæ sunt tamen nota potentiæ. Restat ut illud quod dictum est definitione majorum credere debeamus, in numeris positis atque definitis virtutes omnium convenire psalmorum.

EXPOSITIO IN PSALMUM XXVII.

Psalmus ipsi David.

Diximus *David* significare manu fortem. Et quando tale nomen debuit poni, nisi cum passionis dominicæ gloriosa certamina referuntur? Fortis utique manu, qui per tolerantiam suam prostravit principem tenebrarum, qui mortem moriendo superavit, qui humanum genus captivum crucifixionis suæ dispensatione liberavit. *Ipsi* autem cum dicitur, nullum alterum intelligi posse declaratur, nisi ipsum mediatorem Christum Dominum, qui per hunc totum psalmum loquitur: orans ab humilitate susceptæ carnis, persecutorum debitas indicans pœnas non studio malevolentiæ, sed contestatione vindictæ. Notandum est igitur hunc psalmum tertium esse horum qui passionem et resurrectionem Dominicam sub brevitate commemorant.

Divisio psalmi.

Prima sectione orat Dominus Christus per id quod homo est ut ejus audiatur oratio futuro tempore passionis. Secundo gratias agit, quoniam exauditus est in his quæ fieri postulabat. In fine psalmi subjungens, ut sicut ipse suscitatus est potestate divinitatis suæ, ita salvus fiat populus ejus nomini crediturus.

Expositio psalmi.

Vers. 1. *Ad te, Domine, clamavi; Deus meus, ne sileas a me.* Christus Dominus clamat ad Patrem tempore passionis, ne ab ipso sileat, hoc est, ne petenti [*ed.*, patienti] non annuat, sed magis exprodeat. Pulcherrima quoque verborum est facta diversitas. *Clamat* homo ne sileat Deus, quia nostro silentio ille tacet, et nobis negligentibus in memoria non habemur. Contra si, Domino præstante, respicimus, respicit; si clamamus, exaudit; si diligimus, amamur.

Et similis ero descendentibus in lacum. Id est, si silueris, ero similis in mundi hujus profunditate versantibus. Lacus enim quidam hoc sæculum est, qui quasi delectabilis ac tranquillus creditur, sed quas profunditates et mersuras habeat ignoratur. Lacus quippe dicitur, quod sub ipso terra lateat. Precatur ergo humanitas Verbi, ne *similis* esset hominibus cæteris: quia etsi communem conditionem carnis assumpsit, excellentiam tamen omnium creaturarum Deo unita promeruit; de qua dicit Apostolus: *Cui autem aliquando angelorum dixit: Filius meus es tu, ego hodie genui te* (*Hebr.* 1, 5)? Sive *lacum* sepulcrum dicit, ubi peracta passione repositus est.

Vers. 2. *Exaudi, Domine, vocem deprecationis meæ dum oro ad te, dum extollo manus meas ad templum sanctum tuum.* Tempus significat sacratissimæ passionis, et orat ut ejus audiatur oratio, quod fecit antequam traderetur; relictis enim discipulis secessit et oravit dicens: *Pater, si fieri potest, transeat a me calix iste; verumtamen non sicut ego volo, sed sicut tu vis* (*Matth.* xxvi, 39). Quod autem dicit, *ad templum sanctum,* ut mihi videtur, illam consuetudinem Hebræi populi fortasse mavult intelligi, cui præceptum fuerat ut in qualibet esset positus regione, ad illam partem semper oraret ubi Jerusalem noverat constitutam; sicut et Danielem apud Babylonem tertio in die legimus (*Dan.* vi, 10) effecisse; quod necesse erat Christum Dominum facere, qui *non venerat legem solvere, sed implere* (*Matth.* v, 17). Sive *ad templum sanctum,* ad cœlum vult intelligi, quod orantes homines facere consueverunt. Nam desiderium postulantium est, ut licet ubique Deum esse non ambigant, de cœlo sibi auxilium venire confidant. Unde et in Dominica oratione dicimus: *Pater noster, qui es in cœlis* (*Matth.* vi, 9). Non est ergo absurdum *templum* accipi cœlum, quoniam Domini sedes divina lectione monstratur.

Vers. 3. *Ne simul tradas cum peccatoribus animam meam, et cum operantibus iniquitatem ne perdas me.* Quia moriturum se noverat, merito petebat ne inferis tradita ejus anima cum peccatoribus misceretur, aut *cum operantibus iniquitatem* haberet aliquam portionem. Sed omnino salutariter ista discretio ab illo petitur, ut nostra spes ad vota talia concitetur; quod revera implens, hominem a se fieri deprecatur alienum. Ubi sunt illi qui Christum putant animam non habuisse? Sed hæc mihi videntur aut non legere, aut quæ legerint omnimodis oblivisci.

Vers. 4. *Cum his qui loquuntur pacem cum proximo suo, mala autem sunt in cordibus eorum.* Judæos commemorat, qui ei dicebant tentantes: *Scimus quia a Deo venisti magister* (*Joan.* iii, 2). In istorum ergo labiis erat pax, sed in corde malitia. Quæ figura dicitur ironia, id est irrisio, quoties aliquid quod sub laude dicitur, intellectum vituperationis habere monstratur. *Proximo suo,* de se dicit, quia eis carnis origine jungebatur. Qui juste maledicebantur, quia proximum malitiose perdere festinabant.

Vers. 5. *Da illis secundum opera eorum, et secundum nequitiam studiorum ipsorum.* Judæi volentes operati sunt quidem malum, sed fecerunt nolentes bonum; ut mortem inferrent Christo, qua mors ipsa finiretur; sanguinem funderent, quo mundi crimina lavarentur. Ideo petit *illis dari secundum opera ipsorum,* id est voluntatem; quia unusquisque hoc operatur quod vult. Nam frequenter et praestant qui nocere contendunt; ut diabolus facit, qui dum innocentibus ingerit mortis pœnas, transmittit martyres ad coronas. Expressit quoque quae superius dixit, dicendo, *Secundum nequitiam studiorum ipsorum,* id est ambitum malum, ut innoxio nocerent; et qui ad eos salvandos venerat, morti tradere maluissent.

92 Vers. 6. *Secundum operationem manuum eorum retribue illis; redde retributionem eorum ipsis.* Quatuor sunt species retributionum : quarum una est, cum tribuuntur ab hominibus mala pro bonis, sicut Judæi Christo *retribuerunt,* qui cum ad eos salvandos venisset, illi eum crucifigere decreverunt. Altera cum *retribuitur* bonum pro bono, quando dicet Deus electis suis : *Venite, benedicti Patris mei, percipite regnum quod vobis paratum est ab initio mundi* (Matth. xxv, 34). Tertia cum *retribuet* malum pro malo, quando dicturus est impiis : *Ite in ignem æternum, qui paratus est diabolo et angelis ejus* (Ibidem, 41); secundum illud , *Mensura qua mensi fueritis, in eadem remetietur vobis* (Luc. vi, 38). Quarta cum *retribuit* quod hic dicit , bonum pro malo , ut qui persecutores exstiterunt, fiant conversi, postea laudatores. Verum ista omnia quæ de inimicis suis prædicit, non sunt vota malitiæ, sed præscientia futurorum. Nam in Evangelio dicit : *Pater, dimitte illis, non enim sciunt quid faciunt* (Luc. xxiii, 34). Sed utrumque pium est; hic enim comminatur ut terreat, ne scelera sua præsumptione desperata perficiant; ibi autem cum patitur, orat ut ad pœnitudinem eorum corda perducat. Nec vacat quod toties sententiam ipsius terroris iteravit, ut corda lapidea magnæ comminationis incendio salvarentur.

Vers. 7. *Quoniam non intellexerunt opera Domini, et in opera manuum ejus non consideraverunt ; destrues illos , nec ædificabis eos.* Superiorem excolit sensum. Dicit enim , ideo debere illis reddi, *quia non intellexerunt opera Domini. Opera* siquidem ejus fuit, ut doceret populum viam veritatis et fidei, et ex sacræ incarnationis arcano reconciliaret hominem Deo ; quatenus ubi non poterat vitiata natura conscendere, Dominicæ visitationis munere perveniret. Et ne Filio Dei vera docenti mens obstinata non crederet, hoc quoque miraculorum ingentium virtute firmavit; ut quod intelligerent Judæi communem hominem non posse facere, hoc evidenter agnoscerent potentiam Divinitatis implere. Sed illi dementes, dum tantummodo hominem credunt, Filium Dei dici indignissime pertulerunt. Sequitur, *et in opera manuum ejus non consideraverunt.* Utique si considerassent, expavissent potius quam sprevissent, plorassent quam conspuissent, adorassent quam crucifixissent. Tale enim sacrilegium aliis provenire non potuit , nisi illis qui veritatis intelligentiam perdiderunt. Deus enim alios *destruit* ad correctionem, alios dejicit ad ruinam. Paulum destruxit, ut in melius construeret, et de persecutore apostolum faceret; sed impium Pharaonem cum tantis mirabilibus non crederet, demersit Altissimus ut periret. Sic ergo illos dicit *destrui,* ut non iterum debeant ædificari. Quod dictum, sicut sæpe monuimus, ad prophetiam potius videtur pertinere quam ad iracundiæ qualitatem.

Vers. 8. *Benedictus Dominus, quoniam exaudivit vocem deprecationis meæ.* Sciens complenda esse omnia quæ petebat, partem secundæ sectionis ingreditur : gratias agens quod vindicatus sit de inimicis suis, dum adhuc nullatenus exstitissent. Hæc figura dicitur prolepsis, Latine præoccupatio, quando res secuturæ pro præteritis ponuntur. Sed discutiamus quid sibi velit dispositio ista verborum, *Benedictus Dominus, quoniam exaudivit;* qui est utique, etsi non exaudiat, *benedictus.* Sed *benedictum* proprie dicimus, cui gratias agimus, id est quando illi benedicimus. Apte ergo positum est , *benedictus,* qui exaudire dignatus est.

Vers. 9. *Dominus adjutor meus et protector meus; et in ipso speravit cor meum, et adjutus sum.*

Vers. 10. *Et refloruit caro mea, et ex voluntate mea confitebor illi. Adjutor* ad pericula vitæ pertinet, quæ ipso adjuvante superavit. *Protector,* quia eum ab insidiis diabolicis sua defensione vallavit. Sed postquam ista facta sunt , fideliter se dicit *sperasse* de Domino. Nam cum dicit, *cor meum,* animæ designat arcanum, quod sacrificium constat esse justitiæ. Addidit quoque iterum, *adjutus sum ;* ut quantum impendebatur pura devotio, tantum et adjutorii cresceret magnitudo. Bene autem dixit : *Refloruit caro mea,* quia et primo floruit : quippe quæ ex Virgine sine peccato tanquam pulcherrimi floris singulare decus emicuit, sicut Isaias dicit : *Et flos de radice ejus ascendet* (Isa. xi, 1). *Refloruit* ergo significat resurrexit : quasi in æthereas auras admirabili decore prorupit. Sequitur, *et ex voluntate mea confitebor illi,* post resurrectionem scilicet, quando humana natura fuerat a corruptione liberata, et ad inæstimabilem gloriam permanens, in Verbi unitate perducta.

Vers. 11. *Dominus fortitudo plebis suæ, et protector salutarium Christi sui est.* Brevis magnaque definitio. Quid est *Dominus? fortitudo plebis suæ.* Merito, quando adversa cuncta ipso auxiliante superantur. *Protector* est etiam , quoniam eos tegit et liberat ab imminentibus malis. *Salutarium,* ac si diceret, justorum , quorum salus est Dominus. Bene autem addidit, *Christi sui,* ut Filium Dei debuisses advertere. *Christi* enim dicebantur et cæteri, quos aut unctio regalis, aut sacerdotalis gloria decorabat.

Vers. 12. *Salvum fac populum tuum, Domine, et benedic hæreditatem tuam ; et rege eos, et extolle eos usque in æternum.* Orat humanitas Verbi pro populo Christiano, propter quem et probatur assumpta; ut satisfactione fideli salvus fiat in hoc mundo, ubi exposita Judæorum probabatur esse periculis. *Benedic* autem *hæreditatem tuam,* ad futurum judicium pertinet, quando dicendum est: *Venite, benedicti Patris mei, percipite regnum quod vobis paratum est ab initio mundi* (*Matth.* xxv, 34). Et ut charitatem suam, quam præcipit, evidentius approbaret, iterum petit ut in hoc mundo devotos populos *regat*, ne carnalia concupiscant, ne vias pravas eligant; sed ipsius regimine illuminati, nesciant collegium habere cum pessimis. Addidit, *extolle eos*, ut in intellectu Scripturarum, et in opere sancto, laudabili intentione proficiant; quatenus a terrenis vitiis purgati, ad æterna præmia perducantur evecti. Et hoc petiit debere fieri usque in sæculum, scilicet per totum hunc mundum, ubi sæcula sunt usque ad illud sæculum æternum cui nullum aliud pro sua perennitate succedit.

Conclusio psalmi.

Audistis psalmus iste qua pietate conclusus est. Rogavit pro nobis, qui oratur ab angelis. Judex omnium creaturarum advocatus est noster; et ut a morte potuissemus eripi, ipse magis elegit occidi. Impleta est in hoc psalmo **93** prædicta regula Dominicæ passionis. Oravit ante traditionem suam : de crucifixione propria, et de resurrectione locutus est; postremo pro fidelibus exoravit, ut qui ei meruerunt credere, perpetua debeant benedictione gaudere.

EXPOSITIO IN PSALMUM XXVIII.

Psalmus David in consummatione tabernaculi.

Quoniam præcedentia verba jam nota sunt, restat ut *consummationem tabernaculi* paulo diligentius perquirere debeamus. *Consummatio tabernaculi* perfectionem significat Ecclesiæ catholicæ, quæ jam per totum orbem probatur esse constructa. *Tabernaculi* enim nomine in hoc mundo posita declaratur Ecclesia, quæ contra carnalia vitia bella gerens, merito expeditionalis habitaculi nomen accepit. Quapropter hunc psalmum Christiani dogmatis honore pollentem, post perfectionem generalis Ecclesiæ, in laudem Spiritus sancti propheta decantat; ut quia tanta res per prophetas et apostolos beata prædicatione completa est, competenter ejus laudibus ornaretur. Est enim totus psalmus Spiritus sancti laude plenissimus, et per varias allusiones præconia ejus majestatis exsolvens. Hoc est quod oratores dicunt demonstrativum genus, quando per hujusmodi descriptionem ostenditur aliquis atque cognoscitur. Sed quid de illo a quoquam congrue poterat dici, nisi quod de se ipse dignatur effari?

Divisio psalmi.

Cum beatus David cognosceret, totius mundi terminos ad fidem catholicam per prophetas et apostolos Spiritus sancti munere perducendos, sicut Petrus apostolus dicit : *Non enim voluntate humana allata est aliquando prophetia; sed Spiritu sancto acti, locuti sunt sancti Dei homines* (II *Petr.* 1, 21). Primo ordine alloquitur universitatem, ut sacrificia ei devota mente persolvant. Secundo septifaria narratione, per varias allusiones ejusdem Spiritus sancti sub magno præconio virtutes enumerat, quod ad ipsum specialiter pertinere frequenti lectione declaratur. Sed ut unam potentiam Patris, et Filii, et Spiritus sancti esse cognosceres, tertio loco inhabitare dicit Trinitatem in sancto baptismate, et virtutem et benedictionem dare Dominum, qui ex eo renatus fuerit, populo Christiano.

Expositio psalmi.

Vers. 1. *Afferte Domino, filii Dei; afferte Domino filios arietum; afferte Domino gloriam et honorem.* cum multitudinem gentium, sicut prædictum est, ad credulitatem rectæ fidei spiritualiter propheta venturam esse respiceret, totiusque mundi consocianda illis esset adunata confessio, dignum fuit jam quasi credentem populum commonere, ut fidei suæ affectum per sacrificia devota monstraret. Invitat enim *filios Dei*, id est qui per regenerationis gratiam facti sunt filii ejus, ut ait Joannes Evangelista : *Dedit eis potestatem filios Dei fieri, his qui credunt in nomine ejus* (*Joan.* 1, 12). Sed licet omnis Trinitas unus sit Deus, nec aliqua est in majestate ipsius aut in natura distantia, diversis tamen locis dicitur, quod ad personas singulas probetur aptandum. Hic autem Spiritum sanctum specialiter Dominum debemus accipere, quem instituit de tabernaculi perfectione laudare. Intende autem quod imprimis non dicendo quid *afferant*, ipsi se jubentur offerre, id est corda sua sancta puritate lucentia, quod supra omne sacrificium Domino probatur acceptum. Sequitur, *afferte Domino filios arietum*. Arietes apostoli accipiendi sunt, qui tanquam duces gregum in caulas Domini perduxerunt populum Christianum. *Filios arietum* offerendos dicit, quos apostoli recta prædicatione genuerunt, non qui pravo dogmate probantur extranei. *Arietes* autem bene sunt apostolis comparati, quoniam animalia ipsa plurimum fronte valent, et objecta semper impingendo dejiciunt ; quod prædicando fecisse constat apostolos, qui diversas superstitiones et idola firmissima cœlestis verbi quadam fronte ruperunt. Aries enim dictus est, quasi a fronte ruens. Addidit, *afferte Domino gloriam et honorem*. Hic specialiter commonemur ut nullam Spiritus sanctus patiatur injuriam. Nam qui eum minorem Patre vel Filio dicit, *gloriam* illi non probatur *afferre*. Nulli enim gloriosum est audire, quia minor est. Offerimus ergo Domino Deo nostro, id est Spiritui sancto gloriam puram, plenam, veram, cum eum et consubstantialem Patri ac Filio dicimus, et coæternum, atque omnipotentem sine aliqua separatione prædicamus. Sic omnes hæreses per diversa loca Scripturæ divinæ Spiritus sancti prædicatione destructæ sunt.

Vers. 2. *Afferte Domino gloriam nomini ejus; adorate Dominum in aula sancta ejus.* Supra dixit, ipsi *afferte gloriam*; modo dicit, *nomini ejus*. Affert igitur *nomini* sancti Spiritus *gloriam*, qui eum facit latius innotescere; quando incredulorum corda convertit, nomenque illius dilatat per multitudinem plebis turbasque populorum; quod magis ad docentium videtur pertinere cautelam. Sed nec illud judices otiosum, quod *afferte* quarto repetiit. Hæc figura dicitur epimone, Latine repetitio crebra sermonis, quæ multa colligit unius verbi iteratione decursa. Sequitur, *adorate Dominum in aula sancta ejus*; id est colite eum in conscientia vestra mundissima. Ipsa est enim aula regalis et habitatio Spiritus sancti, sicut dicit Apostolus : *Quia templum Dei estis, et Spiritus Dei habitat in vobis* (I Cor. III, 16).

Vers. 3. *Vox Domini super aquas, Deus majestatis intonuit; Dominus super aquas multas.* Venit ad ordinem secundum, in quo per figuram epimone, quam superius diximus, frequenter per capita versuum unum repetens verbum, præconia Spiritus sancti septenaria virtute concelebrat; quod suis locis, juvante Domino, conabor exponere. Primus iste ejusdem rei versus est, *vox Domini super aquas*, id est Spiritus sapientiæ. Ipse enim legem condidit qua credentium turba regeretur; nam leguntur tabulæ Testamenti digito Dei scriptæ (*Deut.* IX, 10); digitus autem Dei specialiter intelligitur Spiritus sanctus. Quod vero dixit : *Super aquas*, populos significat, sicut et alter psalmus ait : *Salvum me fac, Domine, quoniam intraverunt aquæ usque ad animam meam* (*Psal.* LXVIII, 2); et in Apocalypsi legitur : *Civitas sedens super aquas multas* (*Apoc.* XVII, 1). Quapropter istis allusionibus hoc significari manifestum est Spiritum sapientiæ legem populis condidisse. Sequitur, *Deus majestatis intonuit*. Hoc etiam pertinet ad Spiritum sapientiæ. Dicit enim quando diem judicii prædicavit, cum gehennæ pœnas inæstimabili terrore prædixit, ut non tam loqui quam intonare videretur. Subjunxit etiam, *Dominus super aquas multas*, id est super populos gentium diversarum, quas prophetarum atque apostolorum prædicatione lucratus est. Sic et in isto commate populos significavit, quos etiam intelligi superius maluit.

Vers. 4. *Vox Domini in virtute.* Miranda brevitas, tria verba quam magnam explevere sententiam ! *Vocem Domini in virtute*, Spiritum dicit intelligentiæ, qui adversaria cuncta dejicit atque prosternit, sicut legitur : *Et non est qui possit resistere voluntati tuæ* (*Esther.* XIII, 9). Merito ergo *Vox Domini in virtute* esse dicitur, cui nullis obstaculis obviatur.

Vox Domini in magnificentia. Hic Spiritus consilii redolet. Quid enim illo magnificentius, qui corde illuminato sentiri facit, ut appetantur bona, et pessima quæque fugiantur; præstatque ut de impio perficiatur pius, de captivo liber, de servo filius? Quod illis provenire non dubium est, quos Spiritus sanctus potentia suæ majestatis invisitat.

Vers. 5. *Vox Domini confringentis cedros : et confringet Dominus cedros Libani.* Hic Spiritus virtutis elucescit, qui *confringit* superbiam, quæ in se confidit, et humilitatem erigit, quæ de ejus bonitate præsumit. *Cedros* enim superbiam debemus accipere, quæ se in altitudinem elevans, proceras hujus arboris summitates imitatur, maxime quia et lignum ipsum non est utile, nisi succisum fuerit. Nullus enim in sua radice manens, proficuos generat fructus; sicut nec elatio detestabilis, quæ peccatum intulit mundo.

Hanc superbiam *vox Domini confringit*, dicendo : *Deus superbis resistit; humilibus autem dat gratiam* (*Jac.* IV, 6). Repetit quoque : *Et confringet Dominus cedros Libani*. Sed quamvis superioribus hæc similia videantur, tamen uno verbo addito, *Libani*, non parvam videntur indicare distantiam. *Cedri* enim quæ alibi nascuntur non omnino proceræ sunt ; in *Libano* autem tales inveniuntur, ut omnes altitudines arborum superare videantur. Ergo mundi istius nobiles ac reges, qui reliquos homines tanquam humilia fruteta despiciunt, virtus divina *confringit*, quando pauperes et humiles elegit. Isti enim virtute superantur, illi inter divitias suas aut cogitationibus gemunt, aut turpi ambitione solvuntur. Ponuntur etiam *cedri* et in bonam partem, sicut in alio psalmo dicit : *Cedri Libani quas Dominus plantavit* (*Psal.* CIII, 16).

Vers. 6. *Et comminuet eas tanquam vitulum Libani, et dilectum sicut filios unicornuorum.* Et hic quoque versus ad Spiritum virtutis pertinet. *Vitulos* autem *Libani* sacrificiis frequenter antiquitas offerebat, qui propter luxuriam dulcium herbarum pingues erant admodum et decori. Eos mavult mundanis summitatibus comparare, quæ sic *comminuendæ* sunt, tanquam illi qui sacrificiis videbantur offerri. Nam et ipsi sunt victima, dum conversi Christo Domino nitidis mentibus offeruntur. Sed ne sibi homines duram legem quererentur impositam, etiam *dilectum* Filium Dei dicit esse moriturum : de quo scriptum est : *Hic est filius meus dilectus, in quo mihi bene complacui* (*Matth.* III, 17). Propter incarnationem enim factus est *sicut filius unicornuorum*, id est Judæorum singulariter se extollentium. Sive *unicornes* appellati sunt Judæi, quia unum tantum videntur accipere Testamentum. Sic ergo Christum dicit carne moriturum, sicut et filios Judæorum, qui inæstimabili pietate conditionem nostram in morte suscepit, ut nobis de sua immortalitate præstaret.

Vers. 7. *Vox Domini intercidentis flammam ignis.* Spiritum scientiæ significat, qui omne consilium vel calorem contrarium *intercidendo*, id est dividendo dijudicat. Ille enim Judæorum ignitos et flammeos tumultus scientia suæ majestatis exstinxit; ut quod scelerati fecerant velut ad solum hominem negandum, in humanam salutem et gloriam verteretur.

Vox Domini concutientis solitudinem; et commovebit Dominus desertum Cades. Hic Spiritum pietatis demonstrat, qui fallaces cogitationes et inepta hominum vota *concutiens*, ad veritatis studium correctos attrahit. Et bene errores eorum *solitudinem* vocavit, quoniam habitatorem non habet Deum; nec ipsi in pravitatibus suis diutius manere possunt, quando eas aut lamentabili morte deserunt, aut felici conversione derelinquunt. Sequitur, *et commovebit Dominus desertum Cades*. Hoc adhuc ad Spiritum pertinet pietatis. Sed hunc locum narratio libri Numeri diligenter exponit (*Num.* XX, 1), referens cum Israeliticus populus in Cades venisset, nimiaque siti loci ariditate laboraret, Moysen jussu Domini percussa petra subito illis aquarum copiam contulisse, miroque modo facta est terra irrigua, quæ arida siccitate jacebat squalida. Per hanc ergo similitudinem dicit peccatorum corda durissima in aquas sapientiæ posse dissolvi, iterumque illud exemplum *Cades* in humanis cordibus esse faciendum. Sæpe enim *desertum* ponitur, ubi et infideles populi convenire noscuntur, sicut in Evangelio dicit : *Vox clamantis in deserto* (*Matth.* III, 3). Non enim Joannes prædicare poterat in deserto, ubi nullus audiret; sed *desertum* appellati sunt, qui adhuc necdum fidei dona perceperant.

Vers. 8. *Vox Domini præparantis cervos, et revelabit condensa; et in templo ejus omnes dicent gloriam.* Septimum dicit Spiritum timoris Domini. Cervi enim sunt timidi quidem, sed venenosa sorbentes. Et merito illis comparati sunt, qui et Divinitatem timent, et contraria quæque devorant; nec ab eis possunt decipi vel noceri, qui adversum Ecclesiam Dei, fellita noscuntur altercatione resistere. Consignatus est, ut superius diximus, Spiritus septiformis, quem et supputatione facile colliges, et operatione cognosces. Sed hunc Spiritum sanctum unum atque eumdem debemus accipere, cujus has quas diximus, testante Isaia (*Isa.* XI, 2, 3), septem constat esse virtutes, id est spiritus sapientiæ, spiritus intellectus, spiritus consilii, spiritus virtutis, spiritus scientiæ, spiritus pietatis, spiritus timoris Domini : distribuens unicuique prout vult. Nec moveat quod ubique vocem Spiritus sancti dicit esse sermonem; hoc enim verbum universæ Trinitati constat aptatum. 95 Nam Patris legimus vocem, cum dicit : *Hic est Filius meus dilectus in quo mihi complacui* (*Matth.* III, 17). Item Filii dicentis : *Saule, Saule, quid me persequeris* (*Act.* IX, 4)? Similiter et in Actibus apostolorum de Spiritu sancto legitur : *Segregate mihi Paulum et Barnabam in opus ad quod vocavi eos* (*Act.* XIII, 2). Sed hanc communionem verborum sanctissimus Augustinus contra Arianos scribens (*Serm.* 191, *de SS. Trinit.*) in uno libro utili adunatione collegit, ut æqualitatem substantiæ, vel potentiæ individuæ Trinitatis omnis prudens possit agnoscere, quando et ipsa verba probat esse communia. *Revelavit etiam timor Domini condensa*, quando ignoratione deposita, ad intelligentiam divinæ legis devoti populi convenerunt. Pro qua re in Ecclesia ejus omnes referunt gloriam, prout unusquisque præfati Spiritus septiformis dona suscepit. Gloria enim, sicut dictum sæpe meminimus, laus est facta celebratione multorum.

Vers. 9. *Dominus diluvium inhabitat, et sedebit Dominus Rex in æternum.*

Vers. 10. *Dominus virtutem populo suo dabit, et benedicet populum suum in pace.* Decursis virtutibus Spiritus septiformis, in tertio ordine ad Trinitatis complexionem mirabili dispositione pervenit. Dicendo enim in his duobus versiculis tertio *Dominus*, ostendit sanctam Trinitatem *diluvium*, id est aquas baptismatis *inhabitare*; sicut in Evangelio dictum est : *Euntes baptizate omnes gentes in nomine Patris, et Filii, et Spiritus sancti* (*Matth.* XXVIII, 19). Sed quæramus cur hic *diluvium* pro sacris fontibus positum est ?

Merito, quoniam illud quod factum est sub Noe, baptismatis sacri gerebat imaginem. Nam sicut istud purgat animas sordibus peccatorum, ita et illud diluvium mundi crimina probrosa delevit. Merito ergo pro baptismate *diluvium* positum est, ad cujus similitudinem constat effectum. Nam quod tertio *Dominus* repetiit, sine distinctione personarum, licet intelligi primum dictum de Spiritu sancto, *Dominus diluvium inhabitat.* Sequitur, *et sedebit Dominus Rex in æternum*; hoc autem de Filio recte intelligimus. *Dominus virtutem populo suo dabit,* de Patre competenter advertimus. *Populo suo*, significat Christiano, quem de sacri baptismatis munere conquisivit. Subjunxit etiam : *Et benedicet populum suum in pace.* Non dixit benedicent, sed *benedicet*, quia unus est Dominus Deus noster. *In pace*, propter illud Evangelii : *Pacem meam do vobis, pacem meam relinquo vobis* (*Joan.* XIV, 27). Una est enim pax et Patris, et Filii, et Spiritus sancti.

Conclusio psalmi.

Meminerimus quam ingenti tuba psalmus iste tonuerit, ut detrectatores Spiritus sancti non possint ignorantiæ excusatione defendi. Nam potentia ipsius septiformi distributione laudata est, ut nihil ibi inferius, nihil cognosceres esse divisum ; quia sanctæ Trinitatis unitas in fine declarata est. Desinat hæreticorum insana perfidia vanas commovere calumnias : legant Didymum, legant beatum Ambrosium, cæterosque Patres qui de hac re perfectissima disputatione dixerunt. Afferant individuæ Trinitati gloriam et honorem, nec faciant in æqualitate distantiam, si perduci non eligunt ad ruinam.

EXPOSITIO IN PSALMUM XXIX.
Psalmus cantici in dedicatione domus David.

Psalmi cantici cognita significatio est : nunc consideremus cur posita sit *domus dedicationis. Domus* significat dominici corporis templum ; *dedicatio* vero resurrectionem ejusdem Domini nostri Jesu Christi. Tunc enim corpus ejus in æternam gloriam potestatemque perductum est, sicut in Evangelio ipse dicit : *Data est mihi omnis potestas in cœlo et in terra* (*Matth.* XXVIII, 18). Dedicare quippe dicimus, cum novitas domus alicujus in usum celeberrimum deputatur. *Domus* autem *David* propter semen ejus est posita, unde Salvator noster carnis traxit originem. Ista *domus* est quæ nunc apertis foribus labiorum læta decantat : *Exaltabo te, Domine*; quæ fabricata est nascendo, sed in sancta resurrectione cognoscitur esse dedicata.

Divisio psalmi.

Rex noster Dominus Christus prima narratione post resurrectionem gloriosam Patri gratias agit, quia eum de mundi istius adversitate liberavit, sanctis jubens laudem dicere Domino, quando universa in ejus potestate sunt posita. Secunda se dicit a sua constantia non movendum, insuper addens præconia Divinitatis a vivis potius, non a mortuis esse solvenda. Tertia redit ad resurrectionem suam lætus et exsultans, quoniam carnis fragilitate deposita, in æterna majestatis suæ gloria perseverat, more suo præteritum dicens, quod noverat esse venturum.

Expositio psalmi.

Vers. 1. *Exaltabo te, Domine, quoniam suscepisti me, nec delectasti inimicos meos super me.* Dominus Christus Patri gratias agit per dispensationem, qua resurrexit a mortuis. Nam *exaltabo* dicit, latius innotescere facio, quod sancta Verbi incarnatione gloriosaque resurrectione completum est. Quanti enim ante hoc tempus Dominum spiritualiter cognoscere potuerunt, nisi ejus adventu veritas promissa claruisset? Sed homo ideo *exaltare* valuit nomen Altissimi, quoniam ab eodem constat assumptus. Nam quemadmodum potuisset aut occulta Dei prodere, aut judicia Dei futura narrare, nisi virtute cœlesti, qua prævaluit, sua *Patrisque* secreta revelare? Sequitur nonnulla quæstio : *Nec delectasti inimicos meos super me.* Quomodo enim non sunt *delectati* inimici ejus, quando eum colaphizantes dicebant : *Prophetiza nobis, Christe, quis est qui te percussit* (Matth. xxv, 68)? et iterum stantes ante crucem dicebant : *Vah! qui destruit templum, et in triduo reædificat illud* (Ibid. xxvii, 40)? Quemadmodum etiam non sunt *delectati*, quando super vestimenta ejus miserunt sortem? Sed hæc fugitiva inanisque lætitia in pœnitudinem illis tristitiamque conversa est; dum eum post triduum viderunt resurgere, quem speraverunt communem interitum reperisse. *Delectasti* vero posuit, pro delectare fecisti. Quæ figura dicitur hypallage, quoties aut genus, aut verbi declinatio commutatur. *Super me* autem dixit, postquam de hoc mundo transivit; tunc enim et inimici tristes effecti sunt, et devoti gaudio magno floruerunt.

Vers. 2. *Domine Deus meus, clamavi ad te, et sanasti me.* Quemadmodum *sanatus est*, qui non legitur ægrotasse? Sed occulte ille ægrotabat, quando universum hominem sua incarnatione suscepit, qui erat obnoxius et morbis et mortibus. Sed quia in illo sanati sumus, *sanatum* se ipse profitetur. Tunc enim salvatus est Dominus Christus, quando carnem fragilitatis nostræ resurgendo in æternæ vitæ gaudia collocavit; et omnes salvi facti sunt, qui in ipso fideliter crediderunt.

Vers. 3. *Domine, abstraxisti ab inferis animam meam; salvasti me a descendentibus in lacum.* Quid dicimus de illis qui Dominum Christum animam habuisse non credunt? Ecce ipse toties clamat ad inferos se humana lege perductum, exindeque *animam* suam potestate suæ divinitatis *abstractam.* Et vide quia *abstractam* dicit; scilicet quoniam claustris inferni diruptis, ad cœlum usque perducta est. *Descendentes* vero *in lacum* sunt qui in sæculi istius iniquitate versantur. Et bene dixit, *descendentibus*, quasi in profundum euntibus, qui pressi pondere peccatorum, altissima profunditate devorantur. Sed quomodo *salvatus est*, quem constat occisum? *Salvatus est* utique a talibus, id est ab eorum communione liberatus est, cum resurrexit a mortuis, et mors ei ultra nocere non potuit.

Vers. 4. *Psallite Domino, sancti ejus, et confitemini memoriæ sanctitatis ejus.* Post resurrectionem suam convenienter præcipit sanctis *psallere*, ut resurgente capite membra lætarentur, maxime cum spes eorum tali dispensatione firmata sit : quoniam et ipsos constat in lætitia resurgere, quos contigit ejus prædicationi credidisse. *Memoriæ sanctitatis ejus* dixit, quia nostri memor esse dignatus est, qui in umbra mortis, quasi in densa peccatorum caligine versabamur. Non enim nos illius memores fuimus, qui nos creavit; sed ille nostri potius, quos creavit; sicut ipse in Evangelio dicit : *Non vos me elegistis, sed ego elegi vos* (Joan. xv, 16). Et ideo *confitenda* et glorificanda est *memoria sanctitatis ejus*, quæ humanum genus in recordationem suam deducens, quod nos salvare potuisset effecit.

Vers. 5. *Quoniam ira in indignatione ejus, et vita in voluntate ejus : ad vesperum demorabitur fletus, et ad matutinum lætitia.* Partibus suis intelligamus hunc versum, in quo malorum retributionem, justorum præmia, passionis ejus tristitiam, resurrectionis lætæ commemorat; eoque fit, ut cum fuerint distincta, nesciant confusionis injuriam. Sed cum ira nostra, sicut legitur, mortem operetur, in primo commate per tropologiam hoc de Domino dicitur, quia revera *indignatio* illius mors est utique peccatoris. Dignatio enim est, quando nos clementer suscipit; *indignatio* cum nos iratus abjicit; non quia ille irascitur, sed de ejus aversione mors evenit, quæ de ira humana procedit. Sequitur, *et vita in voluntate ejus*. Nihil potest dici præstantius. Nam sicut *in indignatione* mors, ita *in voluntate ejus vita* esse dignoscitur; quæ tamen non in meritis nostris, sed in ipsius voluntate consistit. Hoc argumentum in topicis dicitur ex contrario. Adjecit, *ad vesperum demorabitur fletus. Vesperum* dicimus, cum peracto die sol occidit, et noctis tenebræ consequuntur; quod accidisse constat Ecclesiæ, quando Christus Dominus noster est peremptus. Tunc enim vere *demoratus est fletus*, dum per triduum fidelium turba congemuit, et mundi ipsius natura concussa est, ut et ipse orbis cum humano genere Domini lugere videretur exitium. *Matutinum* vero dicimus, quando discedentibus tenebris crepusculum cœperit elucere. Quo tempore resurrectio Domini, Evangelio teste, vulgata est : de qua parte beatis crevisse constat sine dubitatione lætitiam. Sic in uno versu tantarum rerum ingens explicata perfectio est.

Vers. 6. *Ego autem dixi in mea abundantia : Non movebor in æternum.* Postquam de resurrectione sua gratias egit, et sanctis psalmodiam salutariter imperavit, secunda narratione redit ad passionis suæ gloriosissimam causam; et quæ illo tempore secum cogitaverit, pius doctor edicit. Nunc videamus quæ sit ista *abundantia*, per quam se nullatenus *movendum* esse profitetur. *Abundantia* erat Filio semper virginis Mariæ, quod *Verbum caro factum est, et habitavit in nobis* (Joan. i, 14). Quid enim illa gratia copiosius, quæ habere meruit plenitudinem Deitatis? Sicut dicit Apostolus: *In quo habitavit omnis plenitudo Divinitatis corporaliter* (Coloss. II, 9), id est verissime, substantialiter atque perfecte. Jure ergo dicebat, *in æternum se moveri* non posse, cui sua majestas confidentiæ dona præstabat.

Vers. 7. *Domine, in voluntate tua præstitisti decori meo virtutem: avertisti faciem tuam a me, et factus sum conturbatus.* In hoc versu evidenter exponit, unde illa fuerit abundantia, quæ non potuit commoveri. *Virtutem* quippe se de humana natura habuisse non dicit, sed desuper sibi asserit contributam. Nam *decorem* ipsius probat illud exemplum: *Speciosus forma præ filiis hominum* (*Psal.* XLIV, 3). Sed ista immaculata et sole clarior humanitatis pulchritudo, copulata Verbo virtutem accepit, qua miracula magna faciebat, sicut in Evangelio ipse testatur dicens: *Sicut Pater habet vitam in semetipso, sic dedit et Filio habere vitam in semetipso* (*Joan.* V, 26). Sequitur probatio sententiæ superioris: *Avertisti faciem tuam a me, et factus sum conturbatus.* Ac si diceret: Tu mihi dedisti secundum carnem quæ habeo, ut te averso fuerim conturbatus. Hæc autem dicens perniciosas hominum elationes intercipit. Nam quemadmodum peccator de se audeat præsumere, cum immaculata sanctitas *virtutem* sibi ac *decorem* a Domino præstitam fuisse fateatur? Hoc argumentum in topicis dicitur a consequentibus. Nam cum *avertit faciem* suam Divinitas, consequens erat ut carnis turbaretur infirmitas.

Vers. 8. *Ad te, Domine, clamabo, et ad Deum meum deprecabor.* Quod modo dicit, Domine, modo Deum, una sententia est. Nam hoc est *ad Dominum clamare*, quod *Deum fuisse deprecatum?*

Vers. 9. *Quæ utilitas in sanguine meo, dum descendo in corruptionem.*

Vers. 10. *Nunquid confitebitur tibi pulvis, aut annuntiabit veritatem tuam?* Immaculata Verbi incarnatio cœptis precibus perseverat. Ab ipsa enim parte dicitur: si *descendero in corruptionem*, id est ad putrefactionem, cui lege generali cuncta caro subjecta est; qualis erit spes fidelium, qui me sub triduana celeritate resurgere crediderunt? Petit ergo non ut non moriatur, sed ne caro ipsius corruptione resoluta nullum signum promissæ majestatis ostendat, propter illud quod alibi dicit: *Non dabis sanctum tuum videre corruptionem* (*Psal.* XV, 10); et incipiat non esse *utilitas mundi in salutifero sanguine* dominicæ passionis. Confessio vero hic laudem significat, quam utique offerre non possunt qui in pulverem communi morte solvuntur. Sequitur, *aut annuntiabit veritatem tuam?* Illam videlicet quam post resurrectionem discipulis dixit: *Ite, prædicate hoc Evangelium omni creaturæ: et qui crediderit, et baptizatus fuerit, salvus erit; qui autem non crediderit condemnabitur* (*Marc.* XVI, 14).

Vers. 11. *Audivit Dominus et misertus est mei; Dominus factus est adjutor meus.* Venit ad tertiam narrationem, in qua jam de sua resurrectione gaudens, æternæ beatitudinis gratificatione mulcetur. Sed quemadmodum factus sit *adjutor*, ipse consequenter exponit; et ideo nostra verba non debent adjici, ut cursus ipse dictorum propria magis expositione declaretur. Hoc schema dicitur epexegesis, Latine explanatio, ubi priora dicta verbis subsequentibus exponuntur.

Vers. 12. *Convertisti planctum meum in gaudium mihi: conscidisti saccum meum, et præcinxisti me lætitia.* Planctus ad mortem attinet, *gaudium* ad resurrectionem; quod jam utrumque constat impletum. *Saccus* vero est textrina grossissima atque aspera, in humanos usos laboresque deputata, qui carni humanæ congruenter aptatur. *Conscissus est* ergo *saccus*, id est corpus ipsius, cum pro nobis ipse mori dignatus est. Ante ejus quippe exitium, mors nos tortuosis ligaminibus ambiebat, et velut aliquod frumentum insolubili carcere tenebat inclusos. Sed ut intelligas *saccum* pro tristitia mortis fuisse positum, contra hunc dicit de resurrectione: *Præcinxisti me lætitia*. Perpende verbum *præcinxisti*; cingulum significat quod ad judicis pertinet dignitatem. Nam cincta potestas in ipso vocabulo noscitur constituta. Sic enim cinctum dicimus judicem, quando ejus fasces honoresque declaramus. Et vide quia non dixit cinxisti, sed *præcinxisti*, id est, supra omnes potestates et virtutes elevasti, propter illud Apostoli: *Et dedit ei nomen quod est super omne nomen* (*Philipp.* II, 9).

Vers. 13. *Ut cantet tibi gloria mea, et non compungar: Domine Deus meus, in æternum confitebor tibi.* De superioribus pendet iste versiculus. Ideo enim præcinctum se dixit esse *lætitia*, ut humanitas cantaret Deitati, quæ est ejus gloria. *Cantare* autem diximus, ad mentis lætitiam proprie pertinere. *Gloria* vero Christi, Patris majestas est, a quo audivit: *Hic est Filius meus dilectus, in quo mihi bene complacui* (*Matth.* III, 17). Et quia semel pro mundi salute *compunctus*, id est crucifixus est, nulli se ulterius subjacere memorat passioni; quippe qui carnis fragilitate deposita, in majestatis suæ gloria perseverat, sicut dicit Apostolus: *Christus resurgens a mortuis, jam non moritur, mors ei ultra non dominabitur* (*Rom.* VI, 9). Sed ne prædictam cantilenam putares existere temporalem, *in æternum se confiteri* dicit. *Confitebor* autem hic accipiendum est a parte membrorum, quasi confabor, id est, cum sanctis æterna te voce laudabo. Quod absolute creditur esse venturum, cum illa civitas Jerusalem fuerit dedicata, quando justis omnibus indeficiens promittitur psalmodia. Sic enim frequenter promittit se facere Christus, quod facturus est populus utique Christianus, sicut est et illud: *Confitebor tibi, Domine, in ecclesia magna; in populo gravi laudabo te* (*Psal.* XXXIV, 18).

Conclusio psalmi.

Parvus quidem psalmus, sed cœlestis doctrinæ ubertate repletus est: habens in versibus gratiam brevitatis, et in sensibus extensas omnino latitudines. Hic enim sanctæ resurrectionis gratia dicitur, hic passio Domini gloriosa memoratur; ut nulla tribulatio passionis terreat, quos resurrectionis spes magna lætificat. Et intuere propter gratiam novitatis hic ordinem fuisse conversum, ut inciperet a resurrectione, quam post passionem Domini constat evenisse.

EXPOSITIO IN PSALMUM XXX.

In finem psalmus David.

Verba quæ titulus continet, ad Dominum Christum frequenter diximus esse referenda, cui totus psalmus aptandus est, quando ejus passionem resurrectionemque decantat. Loqui enim ex nostra humilitate dignatus est, qui etiam sustinuit humani corporis passionem: per sua nos eloquia bonus Magister erudiens, ut et nos imitantes rerum cœlestium disciplinam, humiles ac devoti nostri capitis dicta sequeremur. Intuendum est vero psalmum hunc quartum esse eorum qui de passione et resurrectione dominica breviter faciunt mentionem.

Divisio psalmi.

Per universum psalmum verba sunt Domini Salvatoris. Primo ingressu precatur Patrem ut de malis imminentibus liberetur, ac deinde exauditum se indubitanter exsultat. Secundo redit ad passionem suam, actumque rei per allusiones varias mirabili narratione describit. Tertio generaliter agit gratias pro se et populo fideli, quoniam universali Ecclesiæ misericordiæ suæ dona largitus est: commonens etiam sanctos ut in charitate Domini perseverent, qui et bonorum præmia, et malorum retributiones superius audierunt.

Expositio psalmi.

Vers. 1. *In te, Domine, speravi, non confundar in æternum; in tua justitia libera me, et eripe me.* Perscrutandum est quemadmodum frequenter similia dicta suavi varietate repetantur. Orat Christus Patrem ex natura humanitatis assumptæ, ne de sua spe dejectus, humanæ insultationis patiatur opprobria: addens, *in æternum*, **98** ubi ejus contemplatio fixa et incommutabilis permanebat. *In tua justitia*, id est qua consuevisti subvenire rogantibus, qui firmissime de tua majestate confidunt. *Libera*, ad pericula hujus mundi pertinet amovenda; *eripe*, ad celeritatem respicit auxilii: ne illa resurrectio mundo saluberrima tardaretur. *Eripe* autem constat a rapiendo compositum. Quapropter merito imploravit justitiam Domini, qui se noverat per iniquos passurum. O vere miranda et divina commutatio! Accepit necem, reddidit salutem; pertulit injurias, tribuit honores; dolorem sumpsit, contulit sospitatem; et solus et summe pius, qui dulcia præstitit, cum amara susceperit.

Vers. 2. *Inclina ad me aurem tuam, accelera ut eripias me: esto mihi in Deum protectorem.* Inclina, dixit, *aurem tuam*, propter membrorum suorum humilitatem; ut quoniam per naturam suam humana conditio ad Divinitatem non poterat attingere, ad eam Divinitas inclinata descenderet, quod omnipotentis Verbi incarnatione provenit. Unde merito petebatur quod adhuc minime probabatur effectum. Sequitur, *accelera ut eripias me*, id est festina resurrectionem dare celerrimam, non illam morosam quam generalitas adhuc noscitur sustinere. Hæc autem frequentia petitionis docet nos ab oratione non debere suspendi, etiam cum nobis credimus aliqua posse concedi. Petit quoque ut ab hujus sæculi importunis insidiis divina virtute protegatur; ne pateat inimicis derelicta simplicitas; sicut scriptum est in Isaia propheta: *Sicut agnus coram tondente se sine voce, sic non aperuit os suum* (Isa. LIII, 7).

Vers. 3. *Et in domum refugii, ut salvum me facias.* Domus est *refugii* gloriosa resurrectio, postquam jam nulla imbecillitate concutitur, sed incorruptibili majestate perfruitur. Nam tunc *salvus* fuit, cum mors ei ultra prævalere non potuit. Ita quod timet, ex nobis; quod confidit, propriæ Divinitatis est. *Domum* quoque *refugii* ad Ecclesiam catholicam dicunt aliqui pertinere, ubi a parte membrorum petit se *salvum fieri*, quoniam in ipsa revera omnis Christianus salvus efficitur; sicut in arca Noe crescente diluvio soli salvi facti sunt qui feliciter intrare meruerunt.

Vers. 4. *Quoniam firmamentum meum et refugium meum es tu; et propter nomen tuum dux mihi eris, et enutries me.* Firmamentum pertinet ad toleranda quæ passus est, *refugium* ad finem malorum, quando istius sæculi iniquitates gloriosæ mortis fine superavit. Sequitur: *Et propter nomen tuum dux mihi eris.* Propter nomen suum Dominus *dux erat* humanitati, quoniam illud latius per universas gentes fecit agnosci, saluberrima prædicatione vulgata. Sive hoc a membris accipiendum, sicut supra jam dictum est. *Dux* enim noster veraciter dicitur, quando illum sequimur, et prædicationis ejus vestigia non vitamus. Addidit etiam, *enutritum se*, quousque ad perfectionem catholica Ecclesia ipsius munere perveniret.

Vers. 5. *Educes me de laqueo isto, quem occultaverunt mihi, quoniam tu es protector meus, Domine.* Occultatus est quidem ab inimicis *laqueus*, sed non qui Christo esset occultus, nec in mortem deceptus incidit, sed sciens eam pro nostra liberatione suscepit. Ergo *laqueum occultaverunt* Judæi Christo, quia tantum hominem credentes, occultis eum perdere machinabantur insidiis. Unde se dicit *educendum*, id est resurrectionis beneficio ad superna velociter elevandum. Sed omnia consilia Judæorum dicit esse frustranda, quia, Domino protegente nulla potest adversitas prævalere.

Vers. 6. *In manus tuas commendo spiritum meum: redemisti me, Domine, Deus veritatis.* Consideremus cur hic sermones ipsi sint positi, quos Evangelii textus eloquitur. Nam et ibi sic ait: *In manus tuas commendo spiritum meum; et inclinato capite reddidit spiritum* (Luc. XXIII, 46); scilicet ut et hic cognosceres fuisse locutum, qui post tot sæcula, eadem erat in cruce positus verba dicturus. *In manus tuas*, in veritate tua, qua benigna et justa semper operaris. *Commendat* itaque Patri inæstimabilem thesaurum, animam videlicet illam quae voluntates ipsius pura intentione faciebat. Dignum ergo fuit ut tanto susceptori talis *commendaretur spiritus*. *Redemptum se deinde esse* testificatur. Sed videamus quo pretio? Illo scilicet quo Apostolus dicit: *Semetipsum exinanivit formam servi accipiens* (Philip. II, 7). Vides quam magnum pretium fuit, ut majestatem suam usque ad carnem hominis inclinaret, seque exinanivit, ut coelestibus humana compleret. Sed ut istum Dominum evidenter adverteres, addidit quis esset, id est, *Deus veritatis*. Illorum enim specialiter *Deus est qui veritatem* diligunt, nec in aliqua falsitate miscentur.

Vers. 7. *Odisti omnes observantes vanitatem supervacue: ego autem in Domino sperabo*. Illa redduntur semper odiosa, quae probantur esse contraria. Juste ergo veritas *oderat vanitatem*, quia *vanitas* in falsitate versatur. Cui rei ipse tribuit expositionem dicens, *supervacue*; quae non solum vacua, sed etiam *supervacua* dicta est; merito, quando fructuosam intelligentiam tollens, alienat a Domino. Et quando prius dixit Dominum *odisse vanitatem*, id est, saeculi istius desideria transitura, nunc se dicit amare verissima. Quae sunt ista verissima? *Sperabo in Domino*: ubi nihil vanum, nihil supervacuum est, sed totum fixum atque integrum perseverat. Verum istam rem quae causa consequitur?

Vers. 8. *Exsultabo et laetabor in tua misericordia, quia respexisti humilitatem meam*. In hoc et superiori versu, iterum categoricus syllogismus enascitur, cujus definitionem partesque in primo psalmo jam diximus, qui etiam hoc loco simul ratione colligitur, id est, ego in Domino speravi. Omnis sperans in Domino exsultabit, et laetabitur in misericordia ejus. Ego igitur exsultabo, et laetabor in misericordia ejus. Pulchrum plane dicendi genus in brevitate complecti, quod nulla possit adversitate dirumpi. Nunc psalmi verba tractemus. *Exsultare* est cum magna animi alacritate gaudere; *laetari* est temperata mentis affectione mulceri. Sed consideremus quoties commonemur in humanis viribus minime confidendum. Nam quemadmodum, ut supra dictum est, quisquam de se debeat praesumere, unde sancta incarnatio legitur abstinere? Quapropter exsecranda est Pelagianae pravitatis intentio, dum illa tentat praesumere quae cognoscere debuit Spiritum sanctum toties ante damnasse. Intendamus etiam qui dicit *humilitatem suam fuisse respectam*; ille videlicet qui coelum terramque et creavit et continet, cui potestates supernae serviunt. Sed ideo erat in Altissimo humilitas, quia illi et humanitas veraciter adhaerebat ab ipsa conceptione perfecta.

Vers. 9. *Salvam fecisti de necessitatibus animam meam, nec conclusisti me in manus inimici*. Necessitas dicitur ab eo quod in nece sit posita, id est in mortis angustiis constituta. Nam quando peccatorum laqueis innodamur, nec ab eis possumus nostra virtute solvi, necessitas appellatur. Ergo tunc *de necessitatibus liberata est anima* Domini Salvatoris, cum a peccatis reddita est modis omnibus aliena. Sequitur, *nec conclusisti me in manus inimici*. Ipsa erat necessitas quam superius dixit, si potestati diabolicae delictis traderetur obnoxius. *Conclusi sunt* enim quasi carcere poenali, qui illius saevissimi manibus ambiuntur. *Nec conclusisti* ergo dicit, quia liber effectus est a potestate diaboli, sicut ipse in Evangelio ait: *Ecce veniet princeps mundi hujus, et in me non inveniet quidquam* (Joan. XIV, 30).

Vers. 10. *Statuisti in loco spatioso pedes meos: miserere mei, Domine, quoniam tribulor*. Post liberationis suae decursam exsultationem, ad secundum venit ingressum: ubi de passione sua multa dicturus est, ut eam frequenti memoria piissimus commoneret, quam pro omnium salute suscepit. *Statuisti*, dicit, hoc est firmasti; quia lapsum sustinere non poterat, qui mundi vitia non habebat. *In loco spatioso*, id est libero et a potestate diaboli semper excepto. Ipse enim liber *locus* est quem hostis ille non insidet; ipse *spatiosus* quem ille non occupat. Et intende quia non dixit in via, sed in *loco spatioso*, id est in patria virtutum, in regione beatorum; via enim legitur angusta justorum. *Pedes* autem suos dicit virtutes morales, per quas hunc mundum fixis gressibus ambulavit, quos diaboli adversitas impedire non potuit. Sed quamvis mundum inculpabiliter ambularet, necessarium fuit ut ejus infirmitatibus divina gratia subveniret, ne imbecilla caro a coelestis propositi integritate discederet. Ideo sequitur, *miserere mei, Domine, quoniam tribulor*. Lege enim humani corporis tribulationi suae postulat subveniri, sicut et in Evangelio dicit: *Tristis est anima mea usque ad mortem* (Matth. XXVI, 38), et his similia. Sive *pedes* suos apostolos dicit, qui *in loco spatioso*, id est per universalem Ecclesiam certissima stabilitate fidei constiterunt.

Vers. 11. *Conturbatus est in ira oculus meus, anima mea et venter meus*. Per hos quatuor versus figura diatyposis est, quae Latine expressio dicitur: ubi rebus personisve subjectis, et formae ipsae et habitus exprimuntur. Incipit enim describere qualis fuerit periculi magnitudo. Ac si diceret: Confusus est animus meus, cum me insequentium furor appeteret. *Iram* siquidem posuit inimicorum indignationem. *Oculus* autem intellectum significat, quem semper *conturbamus* atque confundimus, quando imminentia pericula formidamus. *Venter* vero noster alvus est, in quo edulia deglutita recondimus, qui apte memoriae comparatur, quia sicut ille transmissas escas recipit, sic et memoriae sinus notitias rerum competenter assumit. *Conturbatum* ergo dicit *ventrem*, id est memoriam suam, ubi habebat reposita quae illi Dominus de sua clarificatione promiserat. Sed cum videret caro sibi imminere pericula, consequens fuit eam trepidatione turbari. Et nota quia se *conturbatum* frequenter dicit, desperasse nusquam. Quod ideo ab ipso dictum est, ut nobis hanc imitandi formulam Magister coelestis ostenderet. Nam conturbatio humanitatem familiariter petit, divinæ autem sanctitati desperatio provenire non potest.

Vers. 12. *Quoniam defecit in dolore vita mea, et anni mei in gemitibus.* Hinc est illa conturbatio carnisque metus, quia *in doloribus vita defecerat.* Verbum autem ipsum *defecit* longas et gravissimas significat passiones. *Deficere* enim est paulatim minus facere, et ad finem perdendo aliquas valetudinis minutias pervenire; quod vitæ humanæ accidere posse manifestum est, quæ ad terminum mortis usque perducitur. Superiora vero declarans subjungit : *Et anni mei in gemitibus,* quod multitudinem significat utique dierum. Considera quod dixit, *in gemitibus,* quia non fuit levis dolor ubi continuus gemitus insonabat. Sive hoc magis ad martyrum pertinet passiones, qui in capite merito intelliguntur, quoniam ipsi membra sunt Christi. Et considera quia non in vocibus, sed *in gemitibus* posuit, ut Deo fieret amplius notum quod hominibus videbatur occultum.

Vers. 13. *Infirmata est in paupertate virtus mea, et ossa mea conturbata sunt.* Virtus animi *infirmatur in paupertate,* quoniam omnibus bonis indiget humana fragilitas. Quid enim illa pauperius quæ nihil idoneum de se habere cognoscitur? *Ossa* vero fortitudo est qua compago corporis sustinetur. Quod utrumque pulchre positum est ad exprimendam imbecillitatem humanæ substantiæ : quia neque in animi robore, neque in carnis spe ulla debet esse præsumptio, sicut propheta dicit : *Maledictus qui confidit in homine, et ponit spem carnem brachii sui, et a Domino recedit cor ejus* (*Jer.* XVII, 5).

Vers. 14. *Super omnes inimicos meos factus sum opprobrium, et vicinis meis nimium, et timor notis meis.* Non vacat quod *super omnes,* et non *inter omnes* ait. *Super omnes inimicos meos,* per modum exaggerativum dicitur, quoniam dum essent illi vere *opprobrium,* Christus Dominus innocens atque immaculatus inter eos habebatur *opprobrium,* qui se nefario scelere polluebant. Sequitur, *factus sum opprobrium* : non quia ego vere *opprobrium* fui, sed quoniam ab illis putabar esse quod non eram, qui decepti vanis persuasionibus erraverunt. Contra probum dicimus probrum, id est inhonestum atque indecorum. *Opprobrium* autem significat valde abominabile facinus, quod Domino Salvatori inter iniquos Judæos evenisse manifestum est, cum dicerent : *Hic homo a Deo non est, qui sabbatum non custodit* (*Joan.* IX, 16); et alibi : *Samaritanus es, et dæmonium habes* (*Joan.* VIII, 48). *Vicinos* autem illos dicit qui ei vicinitate fidei propinquabant, qui adhuc non crediderant, sed credere disponebant; sed videntes eum in cruce pependisse, a credulitatis vicinitate remoti sunt, dum pati videbant quem adorandum esse putaverunt. Ignari cum fideliter prædicta necessario cernerent consecuta, tunc magis a firma credulitate suspensi sunt. Et nota quod prius dixit *inimicos,* deinde *vicinos,* nunc accedendo pervenit ad *notos. Notos* autem **100** apostolos significat, qui passione ipsius omnino turbati sunt ; de quibus scriptum est : *Percutiam pastorem,* *et dispergentur oves gregis* (*Zach.* XIII, 7). Sic figura diatyposis per hos quatuor versus, sicut diximus, decenter impleta est.

Vers. 15. *Qui videbant me foras fugiebant a me : excidi tanquam mortuus a corde.* Et in isto alioque versu qui sequitur, figura est metriasmos, quæ Latine dicitur mediocritas, quoties rem magnam mediocri relatione proferimus. Dicit enim : *Qui videbant me foras fugiebant a me :* scilicet qui minus Scripturis credentes, Dominum viderunt in cruce positum, foras a deitate ipsius exierunt, sperantes spem suam morte ipsius fuisse finitam. Sive hæreticos significat, qui audientes in Ecclesia Scripturas divinas, videntesque magnalia, foras exeunt ad iniquas prædicationes, fugientes veritatem, in qua minime perseverare patiuntur. Bene autem sequitur, *excidi tanquam mortuus a corde.* Non enim a fidelibus mortuus dicitur, cujus deitas impassibilis veraciter æstimatur. *Excidi a corde,* id est a mente infidelium [mss. A., F. et B., fidelium], quod solet illis contingere qui defunctos homines obruendo, cum corpore simul eorum memoriam recordationemque sepeliunt.

Vers. 16. *Factus sum sicut vas perditum, quoniam audivi vituperationem multorum circumhabitantium. Vas perditum* est quod fractum et ad nullos usus necessarium semper abjicitur : ita et Jesus mortuus quasi fractum vas abjiciendus putabatur a perfidis. Quid enim dici poterat mediocrius quam ut illa majestas omnipotens testis fragilibus æquaretur? Sed hæc sic a dementibus putata perpende. Cæterum in illo semper fuit omnipotentia singularis et divina plenitudo mirabilis, sicut Apostolus dicit : *In quo habitat omnis plenitudo divinitatis corporaliter* (*Coloss.* II, 9), id est substantialiter et manifeste. Divinitas enim esse non potest corporalis. Sequitur, *quoniam audivi vituperationem multorum circumhabitantium;* significat perfidos Judæos, qui synagogam *circumhabitant,* non inhabitant. *Circum* enim a circuitu, peccatores vult intelligi, de quibus in alio loco ait : *In circuitu impii ambulant* (*Psal.* XI, 9). Merito ergo tales *circumhabitantes* dicuntur, qui legem Dei non spiritualiter, sed carnaliter advertere maluerunt. Sic per hæc verba lucentia, tenebrosa facinora Judaici populi subtiliter indicantur.

Vers. 17. *In eo dum congregarentur omnes simul adversum me, ut acciperent animam meam consiliati sunt : ego autem in te speravi, Domine.* Reddamus ordinem verborum, ut planius intelligantur sibi dicta cohærentia. *Dum simul omnes congregarentur adversum me, in eo consiliati sunt, ut acciperent animam meam. In eo consiliatam* dicit partem maximam Judæorum, ut Dominum neci traderent, quando omne scelus gravius est quod consilio geritur plurimorum. Nam dicendo, *omnes simul,* non vult paucos intelligi, ut sceleratam turbam illam ultio debita subsequatur. *Ut acciperent animam meam,* significat ut adimerent, sive tollerent. Mirabilis et sanctissimus ordo dicendi. Cum inimici *circumhabitarent* synagogam, et spem suam haberent in viribus suis, se dicit *sperasse* de

Domino, sciens quia potestas eorum nulla erat, et insidiis talibus semetipsos magis interficere conabantur.

Vers. 18. *Dixi, tu es Deus meus; in manibus tuis tempora mea.* Dominus Christus dicit: *Tu es Deus meus*, sed a parte scilicet humanitatis assumptæ, quæ, sicut ait inferius, et tempori subjacebat et morti. Non enim, quemadmodum inimici putabant, eorum persecutione vitam suam finiendam esse commemorat, sed in potestate ponit Domini *tempora* vitæ suæ. Ipso enim creante existimus, ipso disponente vegetamur, eodem etiam jubente transimus. Unde necesse erat ut spem fixam haberet in Domino, qui vitam mortemque suam in ejus esse potestate noscebat.

Vers. 19. *Libera me, et eripe me de manu inimicorum meorum, et a persequentibus me; illumina faciem tuam super servum tuum.* Ipsum rogat qui potest adversantium vitam confringere, hominumque corda pro sua mirabili dispensatione convertere. Prius enim dixit, *inimicorum*, id est Judæorum; subjungit, *et a persequentibus me*, hoc est paganis, vel a diversis hæreticis, qui Ecclesiam Dei fraudulentis machinationibus insequuntur. Sequitur, *illumina faciem tuam super servum tuum*, id est fac videre, quia super me dignaris intendere; ut sicut de moriente desperant, ita de resurgente confidant. Nec offendaris quod audis a Domino dici *servum tuum*. Omnia siquidem verba talia humanitati sunt specialiter applicanda, sicut in alio loco dicit: *Ego servus tuus et filius ancillæ tuæ (Psal. cxv, 16)*. Ubi sunt qui duas naturas dicere nolunt in Domino Salvatore? Nam quemadmodum aliter sibi convenire potest ista diversitas, ut in una eademque persona et Dominum intelligas cœli, et obnoxium passioni?

Vers. 20. *Salvum me fac in tua misericordia: Domine, non confundar, quoniam invocavi te.* Dicendo, *In tua misericordia salvum me fac*, negat meritum suum. Ad instruendos enim nos semper eadem repetit, nec de amabili confessione satiatur, quia fastidium non habet dulcedo veritatis. Subjungit etiam, *Domine, non confundar, quoniam invocavi te.* Mirabilis ac perfecta prædicatio, quæ habet et humilis supplicationem, et credentis inviolabilem firmitatem. Rogat ergo ne prætermissus confundatur. Sed quomodo is credit audiri? *Quoniam invocavi te.* Dominum siquidem fideliter invocare, mereri est, non injuria; quando nullatenus potest decipi, qui ab ipso se præsumit audiri.

Vers. 21. *Erubescant impii, et deducantur in infernum; muta efficiantur labia dolosa.* Superiore versu dixit: *Non confundar, quoniam invocavi te*: hic optat conversa vice, ut illi potius *erubescant* qui invocant idola, et cæteri qui se simili impietate commaculant. Ipsos enim convenit erubescere, quos habet æterna pœna torquere. Nam cum hic non credunt promissum judicium Dei, dolosa labia blasphema et garrula sunt. Quando autem manifestationem resurrectionis agnoverint, seque respexerint in gravi periculo constitu-tos, velociter obmutescunt; nec jam in procacia dicta prosiliunt, quæ nimio terrore clauduntur.

Vers. 22. *Quæ loquuntur adversus justum iniquitatem, in superbia et in contemptu.* Illa labia exponit dolosa, quæ superius obmutescere dignoscentiæ virtute prædixit, *quæ in hoc sæculo loquuntur adversus justum*, id est Christum. Dignum nomen aptumque vocabulum, qui merito *justus* dicitur, quia *via, veritas et vita (Joan. xiv, 6)* comprobatur. Sed contra tale tantumque nomen pulchre ponit *iniquitatem*. Nam sicut lux obscuritati contraria est, sic justitiæ *iniquitas* videtur adversa. Loquitur enim falsitas contra veritatem, quando Judæi Messiam proclamant adhuc esse venturum; quando Ariani creaturam dicunt Dominum Creatorem; quando pagani Saturnum, Jovem, Venerem, cæteraque portenta stulte nomina profitentur cœlestia. Addidit, *in superbia et contemptu*, scilicet quoniam disputant superbi de humilitate Christi, cum dicunt Dominum cœlorum carnis assumere non potuisse substantiam. Contemptores autem despiciunt immortalis credere Domini passionem. Nam cum audiunt flagellis cæsum, alapis verberatum, traditum manibus impiorum, statim in blasphema verba prosiliunt, nequaquam intelligentes salutare consilium; non quia minus potuit Altissimus in pomposis honoribus hujus sæculi gloriosissimus apparere, sed declinare decuit, per quæ humanum genus suum nequiter contempsit auctorem.

Vers. 23. *Quam magna multitudo dulcedinis tuæ, Domine, quam abscondisti timentibus te!* Ad tertium venit ingressum, ubi diversis modis enumerat quanta beneficia Dominus se timentibus largiatur: commonens ut omnes sancti diligant Dominum, quoniam esse constat et nostrum judicem, et in futuro beneficiorum omnium largitorem. Sed consideremus hujus versus verba quid habeant. *Multitudo dulcedinis est*, quia multis præmiis Domini suavitas indicatur. Dulcis est cum corrigit, dulcis dum parcit, dulcis cum credentibus æterna præmia compromittit. Sed intellige quod eis tantum dulcis est qui de ejus sapore gustaverint. Cæterum *dulcedo* ad eos non potest pervenire qui gustum ejus minime contingere meruerunt, sicut et alius psalmus dicit: *Gustate et videte quoniam suavis est Dominus (Psal. xxxiii, 9)*. Sequitur, *quam abscondisti timentibus te.* Non quia sanctis ideo abscondita est ut eam minime consequerentur, sed quia in futuro judicio promittitur manifesta, quæ hic sentitur *abscondita*. Recte autem intelligimus *absconditam*, ut eam desideria humana plus appetant: quia solet fastidiri omne quod subjacet; et vile plerumque creditur, quod sine aliqua difficultate præstatur. Sed hoc quod ait, *abscondisti*, homonymon est; significat etiam et negata; ut est illud: *Gratias tibi ago, Pater Domine cœli et terræ, quia abscondisti hæc a sapientibus et prudentibus, et revelasti ea parvulis (Matth. xi, 25)*.

Vers. 24. *Et perfecisti sperantibus in te, in conspectu filiorum hominum.* Dulcedinem illam quam absconderat timentibus se, *perficit* illam in eis qui constanti animo eam desideranter exquirunt. Hoc est enim vere *sperare*, si nos contingat aliquid firma mentis integritate præsumere. Adjecit etiam, *in conspectu filiorum hominum*, id est in illa resurrectione generali, quando sanctis suis præmia promissa restituet, et faciet cognoscere universas gentes, suos certissimos fuisse sermones.

Vers. 25. *Abscondes eos in abscondito* [ed., *audito*] *vultus tui a conturbatione hominum.*

Vers. 26. *Proteges eos in tabernaculo tuo, a contradictione linguarum.*

Vers. 27. *Benedictus Dominus, quoniam mirificavit misericordiam suam in civitate circumstantiæ.* Venit ad enumerationes beneficiorum quæ sanctis suis Dominus copiosa miseratione largitur. Quod schema nobilissimum dicitur synatroesmos, Latine congregatio, ubi in unum, aut multa crimina, aut multa beneficia colliguntur. Quod inter violentissimas figuras accipitur, quia congregatio rerum causæ præstat augmentum. In expositione quippe dominicæ dulcedinis perseverans, primo dicit: *Abscondes eos in abscondito vultus tui a conturbatione hominum*; secundo, *Proteges eos in tabernaculo tuo a contradictione linguarum*; tertio, plenitudinem beneficii ipsius evidenti laude complevit, dicens: *Benedictus Dominus, quoniam mirificavit misericordiam suam in civitate circumstantiæ.* Nunc ad exponenda verba veniamus. *In abscondito vultus* Domini dicit, id est in alia resurrectione, quando omnes justi contemplationis ejus præmia consequentur; sicut legitur: *Beati mundo corde, quoniam ipsi Deum videbunt* (*Matth.* v, 8). *A conturbatione hominum*, malorum scilicet, dicit etiam fidelissimos occulendos, quando jam in æterna beatitudine locabuntur, ubi purissimam veritatem nemo fæcilenta voluntate conturbat, sed bonitas rerum in suis splendoribus perseverat. Et quam pulchre regalem conspectum esse dicit *in abdito*, revera, quia contemplationem ejus, qua justi perfruentur, impii non videbunt. *Homines* enim hic omnes persecutores et schismatici significantur, qui hic consueverunt terrere populum Christianum. Sed cum illuc perventum fuerit, supra Dei famulos sceleratorum *conturbationes*, locum dicit ulterius non habere, quippe quos a se constat esse dividendos. Illi enim mittuntur in æternam pœnam, justi vocantur ad requiem sempiternam. Sed ne tantum futuri præmii promissio fragilia corda turbaret, secundo capite dicit eos esse *protegendos*. Nam per *tabernaculum* sæpe diximus Ecclesiam catholicam significari, quæ in isto mundo certamina sustinens, expeditionalis habitaculi nomine vocitatur. Superius enim dixit, *abscondes*; hic *proteges*. Ibi enim *abscondentur*, ubi ab impiis non videntur; hic vero *proteguntur*, ubi malorum improbitas minime nocere permittitur, quando illæsæ animæ justorum sub qualibet corporis afflictione servantur. Tertio lætatur homo cœlestis, qui et Mediator est Dominus Christus gaudio spirituali; quia incarnatione Verbi mundo salutaria dona provenerunt. *Civitatem circumstantiæ*, Jerusalem localem debemus advertere, quæ in medio gentium constituta, quasi templum fidei probabatur existere. Ab hac enim circumjectæ nationes Christiani dogmatis regulas suscipere meruerunt; et velut purissimo fonte patefacto, cœlestis vitæ sunt muneribus irrigatæ. *In hac ergo civitate mirificavit Dominus misericordiam suam*, quando ibi et docere, ibi miracula facere, ibi et pati pro hominum salute dignatus est. Ibi quoque gloriam suæ resurrectionis ostendit, ut merito dictum sit quia in Jerusalem potentiam suam miram fecit, ubi declarare tam ingentia sacramenta delegit.

Vers. 28. *Ego autem dixi in pavore meo, projectus sum a vultu oculorum tuorum.* Patri dicit Filius a forma servi, speravi: quia me gratia tua deseieret, cum passionis tristitia prævaleret, *in pavore* utique mortis. *A vultu oculorum tuorum*, id est a conspectu misericordiæ tuæ. Et pulchre *vultum* dedit oculis, quia ipsi quam maxime significant voluntates animorum. *Vultus* enim dicitur ab eo quod cordis velle per sua signa demonstret. Sic oculi Divinitatis, cum respiciunt, suam gratiam pollicentur.

Vers. 29. *Ideo exaudisti vocem orationis meæ, dum clamarem ad te.* A Domino ideo se dicit *exauditum*, quia humiliter, non desperanter more humanitatis dicebat esse contemptum: cui non poterat tardari gratia, de quo vox paterna dictura erat: *Hic est Filius meus dilectus, in quo mihi bene complacui* (*Matth.* III, 17). *Dum clamarem ad te*, quando in passione voce magna dixit: *Deus meus, Deus meus, quare me dereliquisti* (*Matth.* XXVII, 46)? Constat enim his clamoribus *exauditum* fuisse, quando et resurrectionis gloriam consecutus, et ad Patris est videlicet dexteram collocatus.

Vers. 30. *Diligite Dominum, omnes sancti ejus.* Pro collatis sibi beneficiis hymno decurso, sanctos commonet ut ament Dominum; quatenus auctorem tanti beneficii membra diligant, cum sibi expeditum fuisse cognoscant. *Diligite Dominum*, dicit, jam tanquam amicis, non tanquam servis. Servorum est enim formidare, amicorum diligere; sicut ipse in Evangelio dicit: *Si feceritis quæ ego præcipio vobis, jam non dicam vos servos, sed amicos* (*Joan.* XV, 14, 15). Sed hoc præcipit sanctis, quia ipsorum est amare Dominum, quia non diligunt mundum.

Vers. 31. *Quoniam veritatem requiret Dominus, et retribuet his qui abundanter faciunt superbiam.* Ne putaretur hæreticorum blasphemias Dominum posse negligere, dicit: *Veritatem requiret Dominus*, quam illi nesciunt falsis erroribus illigati. Sequitur, *et retribuet his qui abundanter faciunt superbiam*. Ideo enim discutit ut vindicet, ideo requirit ut puniat. Et bene addidit, *abundanter*: quia illis non retribuet qui se celeri emendatione convertunt: illis autem superbis qui copiose delinquunt, et præcepta Domini iniqua præsumptione despiciunt, in ipsis est sine dubitatione resecandum. Sed hic *superbiam*, non unum vitium debemus accipere, quoniam ex superbia nascitur quidquid morum pravitate peccatur. Scriptum est enim: *Initium omnis peccati superbia* (*Eccli.* X,

15). Et merito cunctis vitiis tale nomen constat impositum, quia non solum in arrogantes vindicat, sed etiam in omnes qui regulam piae conversationis impugnant.

Vers. 32. *Viriliter agite, et confortetur cor vestrum, omnes qui speratis in Domino*. Hic virtus totius psalmi, et sacrae colligitur passionis utilitas. Nam cum dixisset : *Diligite Dominum, sancti ejus*, qui capiti vestro et crucifixionem contulit, et gloriam resurrectionis attribuit, ad postremum per definitivam sententiam dicit : *Viriliter agite, et confortetur cor vestrum, omnes qui speratis in Domino* : scilicet ne praedictis passionibus terrerentur, sed ad imitationem gloriosam fidelium se corda roborarent, quam sciebant ad mundi medicinam salutariter introductam. Haec figura dicitur epiphonema, id est acclamatio, quae post narratas res, breviter cum exclamatione prorumpit. Quapropter exhortatio ista bonorum est, ne se a bono proposito carnis imbecillitate subducant. *Viriliter agite*, id est in bonis operibus constantissime perdurate, nec feminea mollitie deficiatis, qui corda vestra Domino constanter offertis. Sic enim sustinentium pectora roborantur, si spem suam in Domini virtute confirment. Hoc autem praeceptum viris feminisque commune est, *viriliter* enim omnis sexus *agit*, qui nescit mollissimis facilitatibus immutari. Et respice quemadmodum partes illas passionis suae in toto psalmo servaverit. Prius dixit orationem, inde secuta passio est ; ad postremum laetitiam fidelium constantiamque commonuit : ne tali munere suscepto, ulterius inimica fidei possit praevalere cunctatio.

Conclusio psalmi.

Peracta est tam magni psalmi salubris et decora contextio, ubi et imbecillitas humanitatis exprimitur, et beneficia divina monstrantur, ut considerans fragilitatem suam nemo superbiat ; respiciens autem misericordiam divinam nullatenus expavescat. Numerus quoque psalmi erectae supputationis culmen ostendit, praemia quoque fideli conjugio compromittit ; ut cum se anima huic praedicationi beata conversatione sociaverit, trigenaria remuneratione ditescat. Huic etiam numero et alia sacramenta conveniunt. Triginta siquidem annorum Joseph dominus legitur in Ægypto constitutus. Triginta item annorum Salvator noster vitale baptisma intinctus, aquis Jordanicis consecravit. Est quoque in his decadibus sancta Trinitas, quae fidei nostrae inviolabilem regulam tribuit et salutem.

EXPOSITIO IN PSALMUM XXXI.

David intellectus.

Cum omnes psalmi generaliter dicti sint ad *intellectum*, ut eos sensus noster agnosceret, ne vivendi regulas ignoraret, merito quaerendum videtur cur in hoc titulo posuerit *David intellectus* ? Primo meminit *David*, propter Dominum Christum, quoniam ad ipsum respicit quidquid poenitens iste dicturus est. Deinde *intellectus* ideo sequitur, quia nisi misericordia Domini suffragante peccata nostra intellexerimus, ad poenitentiae studium venire non possumus. In alio quippe psalmo dictum est : *Delicta quis intelligit* (Psal. XVIII, 13) ? hoc est enim quod dicit *intellectus* ; ut cum nos intelligere Divinitas praestiterit peccata nostra, pro eis diluendis studiosissime supplicemus. Nam pro illo errore quis supplicat, quem prorsus ignorat ? Nam et cum Dominus Christus in quarta parte locuturus sit, primo versu sic inchoat : *Intellectum dabo tibi* ; ut istius poenitentis merito, *intellectus* in titulo praemissus sit, cui etiam divina voce promittitur. Sed licet sint et alii poenitentium psalmi, tamen propter subtilitatem distantiae diversa titulorum significatione notati sunt. Primus enim qui in sexto ponitur, continet *in finem, in hymnis, pro octava psalmus David*, quoniam ille totus ad futuri judicii pertinet timorem. Iste vero merito tali est titulo praenotatus, qui se deterioratum tardius intellexit, quia peccata quae confestim prodi debuerant Domino, se diutius tacuisse confessus est. Status autem principalis hujus causae **103** concessio est, quae cunctis poenitentibus datur. Concessio est enim, ubi adversariis omnia conceduntur, et per solas lacrymas supplices defenditur reus.

Divisio psalmi.

In prima parte psalmi poenitens loquitur, peccatum suum evidenter agnoscens, poenam sibi merito districtionis indicens, quoniam noxia facinora credidit occulenda, ubi breviter principium et narratio continetur. In secunda parte sola correctio est ; nam cum se propria confessione damnaverit, a Domino sibi credit esse parcendum. Tertia parte poenitudinis bona commendans, etiam sanctos in hoc mundo asserit Domino supplicare, in quo sibi merito testatur esse refugium, ubi et poenitentis istius verba finiuntur. Quarta Dominus Christus ad ejus verba respondens, sperantes in se circumdare misericordia pollicetur : ne supplicantis integritas negligi aliqua dissimulatione putaretur. Quae quatuor partes interjectis diapsalmatibus dividuntur, quas in divisionibus sequi, nostri constat esse propositi.

Expositio psalmi.

Vers. 1. *Beati quorum remissae sunt iniquitates, et quorum tecta sunt peccata*. Poenitens iste propria facta cognoscens, et ad exempla illius publicani qui tunso pectore oculos non levabat ad coelum (*Luc.* XVIII, 13), totis viribus humiliato corde suspirans, nec invocare majestatem praesumpsit, sed *beatos* dicit eos *quibus remissae sunt iniquitates ;* hic absolutionem desiderans peccatorum, nec tamen audens similia postulare. Merito ergo vocat illos *beatos*, qui haec ante meruerunt. Haec enim octava species definitionis est quae Graece dicitur κατὰ ἀφαίρεσιν τοῦ ἐναντίου, Latine per privantiam contrarii. Beato siquidem peccata contraria sunt. Et quoniam hic dicit *remissa*, competenter sub hac formula definitionis beatum virum constat expressum. Inter *iniquitates* vero et *peccata* sanctus Hieronymus in hoc psalmo hanc differentiam facit, *iniquitates* dicens quæ ante susceptam fidem, sive per ignorantiam sive per scientiam committuntur; *peccata* vero hæc esse definiens quæ post cognitionem fidei vel gratiam baptismatis contrahuntur.

Vers. 2. *Beatus vir cui non imputavit Dominus peccatum, nec est in ore ejus dolus.* Et hunc *beatum* eadem species definitionis amplectitur. Sed scire debemus alios esse quibus peccata reputantur, ut Paulo dictum est: *Saule, Saule, quid me persequeris* (Act. ix, 4)? Et adulteræ mulieri in Evangelio: *Vade, et amplius noli peccare* (Joan. viii, 11). Alios autem esse manifestum est quibus *peccata* non reputat, ut Job, de quo dictum est: *Nunquid considerasti servum meum Job, quod non sit ei similis in terra, vir justus, et simplex, et timens Deum* (Job ii, 3)? Et Nathanael, de quo ait: *Ecce vere Israelita, in quo dolus non est* (Joan. i, 47). Quapropter illam partem suis votis elegit, in qua nulla sollicitudine mordeatur. Omnes tamen per gratiam divinæ misericordiæ ad hæc dona perveniunt, sicut Joannes apostolus dicit: *Si dixerimus quia peccatum non habemus, nosipsos seducimus, et veritas in nobis non est* (I Joan. i, 8). Sequitur autem, *cui non imputavit Dominus peccatum*; scilicet *in cujus ore dolus non est;* id est qui nulla sibi remissione placuerit; et cum sit peccator, ipse se prædicet esse sanctissimum (quo morbo maxime laborat humanitas), sed sua potius delicta cognoscens, in humilitate satisfactionis jugiter perseverat. Ipse enim Domino placet qui sibi displicet; quia dum nos culpamus, veriloquium; cum nos volumus laudare, mendacium est. Hactenus fuere principia, in quibus misericordiam boni Judicis per humilitatem nimiam desideravit acquirere. Sed nos in parte ista divisionem non ponimus, quia diapsalmata sequimur, quæ silentio Spiritus sancti noscuntur esse divisa; dum et illa servare possumus, et ista minime præterimus.

Vers. 3. *Quoniam tacui, inveteraverunt omnia ossa mea, dum clamarem tota die.* Peracto igitur breviter, ut competebat, exordio, nunc pœnitens iste ad narrationem compendiosissimam venit, quam bene quidam cor, quidam animam causarum esse dixerunt, quoniam per ipsas agnoscitur quidquid in negotiorum viribus medullitus continetur. Dicit enim: *Quoniam non sum tibi confessus delictum, omnis firmitas mea in infirmitate consenuit,* more vulneris corporalis, quod si non aperitur ad curam, in putredinem servatur occultam. *Ossa* enim, sicut sæpe diximus, significant animi firmitatem, quæ merito *inveterasse* dicuntur, quoniam ulcus non fuerat salutari medico publicatum. Sequitur autem, *dum clamarem tota die.* Cum superius se dicat *tacuisse,* hic iterum se *clamasse* profitetur. Sed *tacuit* Divinitati, cui jugiter supplicare debuisset. *Clamavit* qui per spatia longi temporis de sua justificatione locutus est. *Tacuit* ergo quod loqui fas fuit; locutus est quod tacere debuisset. Sic factum est utrumque culpabile, quamvis videatur esse diversum. Memento autem quod tota virtus hujus psalmi contra hoc exsecrabile humani generis vitium probatur opposita: ne quis Domino putet absconditum, quod in conscientiæ suæ penetralibus recondit occultum.

Vers. 4. *Quoniam die ac nocte gravata est super me manus tua.* Peccatori gravis *manus* est quæ flagellat, et ponderosa quæ vindicat. *Die ac nocte* continuum tempus significat; ut merito sensa fuerit *gravis,* quæ a castigationis pondere non recessit. Aliter enim feliciter non esset humiliatus, nisi eum *manus* Divinitatis imprimeret. *Manus* enim per tropologiam, operationem significat: quia hominum usus est manibus operari. Divinitas enim non manibus aliquid agit, sed voluntatis suæ virtute omnia disponit et perficit.

Vers. 5. *Conversus sum in ærumna, dum confringitur mihi spina.* Hoc est quod superius dixit: *Gravata est super me manus tua. Ærumnosus* enim dicitur valde ruinosus. Ruina quippe appellata est, quasi repetens ima. *Conversus* ergo *fuerat in ærumna,* qui ceciderat de superbia; ut qui ante clamavit per elationem, nunc confiteretur Domino per humilitatem; cui ideo salutis spes rediit, quoniam in suis operibus mortifera facta cognovit. *Spina* est enim quæ totum corpus erigit atque recontinet. Hæc pro superbia merito posita est, quæ confracta non dejicit ad interitum, sed erigit potius ad salutem. Hoc argumentum dicitur a necessitate, quando causæ gravissimæ præmittuntur, ut ad confessionem proficuam correctus animus adducatur.

Vers. 6. *Delictum meum cognitum tibi feci, et injustitiam meam non operui.* Sicut superius dixerat, unde fuerat vulneratus, ita nunc veniens ad secundam partem, refert unde curam, Domino largiente, perceperit. O ingeniosa simplicitas, et mille tergiversatoribus cautior puritas! Illi dicitur *delictum* fuisse manifestatum, cui nihil occultum est, ad quem plus clamat causa quam lingua; qui etsi ab homine non audiat, certius omnia novit quam ille qui facit. Sed hoc est *cognitum facere,* in confessionem delicta perducere. *Operire* est autem valde aliquid silentio tegere, aut cordis dissimulatione celare. Hoc faciunt stulti, qui putant Deum ignorare posse quod agunt. Contra, qui illum noverunt res omnes habere manifestas, ad humilem confessionem et pœnitentiæ vota descendunt, ne judicem patiantur infensum, qui propitium habere poterant advocatum. *Delictum* vero quidam leve putaverunt esse peccatum, quasi negligentius derelictum; *injustitiam* autem immane aliquid sævumque commissum. Sed hic puritas confitentis ostenditur, ut nec illud passus sit celare, quod credebatur fore veniale.

Vers. 7. *Dixi, pronuntiabo adversum me injustitias meas Domino: et tu remisisti impietatem cordis* [mss. A., B., F., *peccati*] *mei.* Hic magna pietas Divinitatis ostenditur, ut ad solam promissionem devotionis subito peccata laxaverit, quando sic judicat pium votum, quemadmodum operationis effectum. Dixit enim in corde suo, Domino non tacere quæ gesserat;

et tanquam jam cuncta prodiderit, ita illi remissa sunt quæ voluit confiteri; merito quando aliquem sola voluntas aut absolvit, aut punit. *Pronuntiabo* dicit, publice fatebor, ut alios ad imitationem trahat pia fidelisque confessio. Sequitur de accusatione propria salutare remedium, quando pepercit judex, cum sibi non parceret reus. *Impietas autem cordis* fuit, quia tacere decreverat; ut illi se crederet celatum, qui antequam fiant omnia, potest habere notissima.

Vers. 8. *Pro hac orabit ad te omnis sanctus in tempore opportuno.* Peracto igitur principio, narratione vel satisfactione, venit ad conclusionem deprecationis suæ, in qua sic commendat veniæ postulationem, ut eam etiam sanctis omnibus dicat esse communem: merito, quoniam qui non est a peccatis alienus, in supplicationibus debet esse permistus. O medicina salutaris! Contra morbos omnium peccatorum, diversa remedia præstantur ægrotis; hoc unum antidotum, si pura mente sumitur, delictorum omnium venena vincuntur. Addidit, *in tempore opportuno*, in ista scilicet mundi vita, ubi converti fas est; nam in inferno, sicut superius in sexto psalmo dictum est, nemo proficue Domino confitetur.

Vers. 9. *Verumtamen in diluvio aquarum multarum, ad eum non approximabunt.* Cum superius sanctos jugiter orare testetur, nunc pietatem istam negat diversis superstitionibus concedendam. *Diluvium* enim *aquarum multarum* est error hominum pessimorum, qui variis pravitatibus fluctuantes, multiplices sibi doctrinas constituunt, quas a vero Magistro nullatenus acceperunt. Quæ sententia maxime hæreticos arguit, qui *in diluvio* perversitatis suæ tempestuosas et naufragas excitant quæstiones. Et hi *ad eum non approximabunt*, quoniam a vera religione discedunt. Quæ figura dicitur metaphora, id est translatio, cum mutatur nomen aut verbum ex eo loco ubi proprium est, in eum in quo aut proprium deest, aut translatum proprio melius est.

Vers. 10. *Tu mihi es refugium a pressura quæ circumdedit me: exsultatio mea, redime me a circumdantibus me.* Refugium est ad quod confugitur, ut pericula declinentur. Sed iste non ad solitudines invias, non ad munita castrorum, non ad hominis auxilia convolavit: sed ad Deum, qui circumeuntes spirituales inimicos poterat dissipare. Deinde gaudium suum dicit Dominum, a quo sibi noverat esse parcendum. Nam quod ait, *redime me*, nunquid ille aurum dat ut liberet? Sed dedit sanguinem pretiosum, nullis divitiis, nullis opibus conferendum. Sed paulo sollicitius indagemus, quid nobis verba ista denuntient? Nam cum dicit, *exsultatio mea*, accepti beneficii videtur esse professio. Dum subjunxit, *redime me*, adhuc periclitantis indicat timorem. Sed quia jam gaudebat in spe, et adhuc timebat in re, congrue utraque conjuncta sunt. Possumus enim animo gaudere, cum mala præsentia novimus fine celerrimo terminanda. Addidit, *a circumdantibus me*, sive vitiis carnalibus, sive spiritibus immundis, qui nos perdere præcipiti velocitate festinant. Finita est conclusio pœnitentis in timore præsentium et spe futurorum. Venite, oratores, qui negotia humana artificiosa subtilitate tractatis; videte reum se lacrymis diluentem, audite peccatorem confessionibus absolutum, intelligite sententiam principis non salutem hominis impetere, sed potius peccata damnare. Ista sunt tribunalia, quæ nullus redimit, ista sententia quæ nihil sub ambiguitate decernit. Tali modo potius causas vestras defendite, qui negando veritatem, cum criminibus consuestis delicta vestra miscere. Convertite ordinem sæcularium judiciorum, orationem vestram ab epilogis incipite, perversas flebiliter narrate miserias, correctionem protinus veraciter intimate, et nunc meremini gaudentes concludere quod flentes feliciter inchoastis. Hinc enim intelligetis quid differat ordo iste salutaris, quando nihil potest sustinere contrarium, quod terminatur in gaudium. Nunc videamus in parte finitima, quid et Dominus ipse respondeat.

Vers. 11. *Intellectum dabo tibi, et instruam te in via hac qua ingredieris; firmabo super te oculos meos.* Venit ad quartam partem, ubi sermo Domini quasi mellifluus imber irrorat. Sed consideremus quam apte, quam misericorditer Christus introductus est loquens; ut ipso judice promittente, spes pœnitentibus certior appareret. Sed quid dicit imprimis? *Intellectum dabo tibi.* Vides quia peccatores non habent intellectum, nisi quando eum Dominus conversis propitiatus indulget. Intelligere est enim, bene agere, et ad mandata Dei vota convertere. Ipse enim *intellectus* est, quem tituli veritas indicavit, quem pœnitentibus potestas Domini clementer infundit. Addidit: *Et instruam te*, quasi nescientem docebo, quasi inermem gladio vitæ salutaris accingam. Ante enim, cum Domino culpas taceres, fueras consilio destitutus; nunc autem instrueris, quando contra se pronuntiare, præstante Domino, commonetur. O pœnitentiæ inæstimabilis medicina, quæ non solum a peccatis absolvit, sed etiam sanctorum præmia beata concedit! Via est enim quam ingressus fuerat servire Domino, prioris actionis pravitate damnata; via quæ non habet errorem, nisi cum ab ipsa receditur; via pacis et veritatis, quam beatæ virtutes commeant, ubi nulla facies perversitatis accedit. Sequitur, *firmabo super te oculos meos*, id est dirigam in te lumen intelligentiæ meæ. Nam qui recte sapiens est, et mandata Domini sincera mente perfecerit, juste ejus oculos super se habere perhibetur. Quapropter advertamus quali gloria pœnitentium exaltetur humilitas, ut Domini *oculos supra se firmatos* audiant, cum ei satisfacere velle festinant.

Vers. 12. *Nolite fieri sicut equus et mulus, quibus non est intellectus.*

Vers. 13. *In freno et camo maxillas eorum constringe.* Hic jam generaliter humanum genus commonet ne vagis subdatur erroribus. Sed perscrutemur quare istæ comparationes sint positæ? *Equus* sine discretione sessoris servit arbitrio, et a quocunque fuerit ascensus excurrit. *Mulus* autem patienter accipit sarcinas quibus fuerit oneratus; et pro hoc utrique intellectum non habent, quia nec ille eligit cui obediat, nec iste quibus oneribus ingravetur intelligit. Prohibet ergo hujuscemodi homines diabolicis fraudibus insideri, et vitiorum oneribus praegravari, ne male obediendo superbiae magis partibus addicantur. Verum istis talibus quid dicit esse faciendum? Scilicet quod animalibus imprudentibus. Iis enim comparationibus stultos homines veritati subdidit invitos. Nam quod ait, *in freno*, ad equum pertinet. *Frenum* enim a fero retinendo dictum est; ferum quippe antiqui caballum dixerunt. *In camo* ad mulum respicit. Ergo haec duo animalia supradicta cohibent ista retinacula, ut ad arbitrium jubentis incedant, ne suis voluntatibus efferantur. *Maxillae* vero adminicula sunt animalium, quibus esca manditur, ut corporis vita procuretur. Ipsas ergo *maxillas* per figuram allegoricam dicit inobedientibus debere constringi, id est copias victuales parcius dari, ut jejuniorum necessitate conclusi, Creatoris subdantur imperio. Allegoria est enim, sicut saepe jam dictum est, quando aliud dicitur, et aliud significatur. Et quoniam diximus in hac parte Dominum Christum loqui, *constringe* dicit Patri, quia sanctae Trinitatis unum velle, una potestas, una cooperatio est.

Vers. 14. *Qui non proximant ad te, multa flagella peccatorum.* In praedictis adhuc comparationibus perseverat. Necesse est enim ut animalia indomita frenum accipiant et flagella patiantur, donec recto tramite viam carpere consuescant. Ordo autem verborum talis est : *Multa flagella* sunt *peccatorum, qui non proximant ad te*. Sed dicendo: *Qui non proximant*, ostendit quosdam peccatores Domino propinquare, qui licet delinquant imbecillitate carnis, a piis tamen precibus non recedunt. Illi enim qui contumaciae spiritu a Domino secedunt, tanquam pavescentes objecta, nec volentes ire per semitas rectas, *multa flagella* sustinent; ut quod non faciunt sponte, plagis adhibitis cogantur implere. Sed ista *flagella* sunt quae nos celeriter sanant, quae nos velociter liberant, et in viam veritatis adducunt.

Vers. 15. *Sperantes autem in Domino misericordia circumdabit.* Revera divina justitia non sperantibus flagella, sperantibus autem in se misericordiam pollicetur, sicut et Ezechiel propheta dicit : *Ego Dominus qui non sum malorum memor, tantum ut se avertat homo a via sua maligna, et ab omnibus iniquitatibus quas fecit, et vivet* (Ezech. XVIII, 28). Et bene dixit, *circumdabit*, ut non sit locus relictus unde possit ad eos diaboli hostilitas introire.

Vers. 16. *Laetamini in Domino, et exsultate, justi; et gloriamini, omnes recti corde.* Hic potest fieri categoricus syllogismus, ut artis dialecticae regulae in quoddam divinarum Scripturarum servitium, quasi fugacia mancipia revocentur. Omnis justus laetatur in Domino; omnis qui laetatur in Domino recto corde est: omnis igitur justus recto corde est. Meminerimus autem syllogismos usurpandos non esse frequentius: quia diligens lector creberrime reperit in Scripturis sacris, unde eos sibi possit elicere, et in formam similitudinis, quam praediximus, collocare. Sufficit autem nos, quamvis rarius, ostendisse inter logicas artes hanc quoque partem Scripturas divinas, etsi non specie, virtute tamen procul dubio continere. Regulariter autem admonet, ut non in se *justi*, sed *laetentur in Domino*; nam qui in se gaudet, fallaci, sicut saepe dictum est, praesumptione decipitur; qui vero *in Domino laetatur*, perpetua delectatione perfruitur. *Laetari* est enim tacitae mentis suavitate mulceri. *Exsultare* est concitati animi fervore gaudere. Sequitur, *et gloriamini, omnes recti corde*. Et hic quoque per figuram ἀπὸ κοινοῦ, id est a communi, jungendum est, in Domino gloriamini; scilicet vos ei esse subjectos, servitioque ipsius libertatem vestram credite vel honorem : dum vos inde noveritis ad aeternae beatitudinis praemia pervenire. Considerandum est etiam quod gratia varietatis supra dixerit, *justi*; nunc, *recti corde*. Omnes enim *justi* et *recti* sunt *corde*; et rursus *recti corde* sunt sine dubitatione justissimi. Quapropter cum haec dividi nequeant, non est dubium causa varietatis apposita. Mater est enim satietatis, eisdem verbis frequenter geminata repetitio. Consideremus autem quid poenitens iste meruerit, ut ipse illi manifesta voce responderet, cui totis viribus supplicavit. Ille paulo ante prostratus, ille qui peccatorum fuerat mole compressus, inter *justos* annumeratur, inter *rectos corde* recipitur; ut quanto prius satisfaciendo fuerat humiliatus, tanto post veniam videatur excelsus. Quapropter jam ipse beatus est qui hic sententia piissimi judicis noscitur absolutus.

Conclusio psalmi.

Consideremus modo virtutem psalmi hujus, quod decem versibus supplicando divinum meruerit sine aliqua dilatione responsum. Forte Decalogi commonens operationem, ut sicut ille custoditus vocat ad praemium, ita et haec compuncto corde fusa precatio ad **106** indulgentiae nos vota perducat. Legamus ergo seduli, et cordis compunctione plangamus. Quis enim majori aviditate meditandus est, nisi in quo voce tanti judicis peccata soluta sunt? Hoc enim iste praecipuum, istud continet singulare, quod alii poenitentium in conclusione psalmi instinctu divinae compunctionis exsultant; hic vero ipse misericordiam, ipse laetitiam promittit, cui cum magno desiderio supplicatur. Quapropter assidue nobis et grata importunitate rogandus est, qui etiam praemissa nobis in Evangelio parabola pollicetur : *Petite, et dabitur vobis; quaerite, et invenietis; pulsate, et aperietur vobis : omnis enim qui petit accipit, et qui quaerit invenit, et pulsanti aperietur* (Luc. XI, 9, 10). Unde quis jam, rogo, debet de fidelissima supplicatione diffidere, cum regalis pietas dignata nos fuerit trina promissione firmare?

EXPOSITIO IN PSALMUM XXXII.

Psalmus David.

Hic titulus omnino notus est, et ideo lector sequatur in eo expositionem priorem. Illud tamen necessario commonemus, quia in hoc psalmo hortatur propheta per comparationes quasdam ad psalmodiam Ecclesiam fidelem : enumerans potentiam factaque Creatoris ; ut ad laudes ejus avidius festinet, cum virtutem ipsius pietatemque cognoscit.

Divisio psalmi.

Per totum quidem psalmum propheta loquitur ; sed in prima sectione commonet justos, ut in Domino debeant tota mentis alacritate gaudere, qui creaturas suas mirabili potentia dignoscitur continere. Secunda sectione exclamat beatum esse, qui ad ejus culturam meruit pertinere, significans tempora Christiana, in quibus erat multitudo gentium creditura.

Expositio psalmi.

Vers. 1. *Gaudete, justi, in Domino : rectos decet collaudatio.* Beatus David Ecclesiam catholicam ab hæreticorum contagione disjungens, rectos commonet Christianos, ut non in terrenis delectationibus, sed *gaudeant* semper *in Domino,* ubi gaudia continua suavitate perfecta sunt. Nam cum præsentis sæculi afflictiones deceant fideles, dicitur justis : *gaudete.* Sed quo gaudio ? nisi illo quo Dominus monet : *Cum vos persecuti fuerint homines, et dixerint omne malum adversum vos, mentientes, propter nomen meum, gaudete et exsultate, quia merces vestra copiosa est in cælis* (Matth. v, 11). Sic et Apostolus gaudendum nobis incessanter affirmat ; ait enim : *Gaudete in Domino, iterum dico, gaudete* (Philip. iv, 4). Nam ista repetitio illud significat, ut et hic in afflictionibus gaudeamus, et in illo regno perpetua pace lætemur. Unde et Dominus in Evangelio dicit : *Iterum videbo vos, et gaudebit cor vestrum, et gaudium vestrum nemo auferet a vobis* (Joan. xvi, 22). Addidit quoque : *Rectos decet collaudatio.* Sed qui sunt isti *recti,* in secunda parte dicturus est. Nam quod ponit, *rectos decet collaudatio,* ostendit pravos hæreticos decere non posse ; sicut et alius propheta dicit : *Non est speciosa laus in ore peccatoris* (Eccli. xv, 9). *Collaudatio* vero multorum ore una laudatio est ; dicta propter unitatem Ecclesiæ, quam prædicat ubique servari. Cum dicitur *decet,* significat hoc aptum, hoc esse conveniens, ut qui Domini laudem decantat, similiter illi et fidei rectitudine, et actuum probitate complaceat.

Vers. 2. *Confitemini Domino in cithara ; in psalterio decem chordarum psallite ei.* Isti sunt justi, quos superius dixit, et qui sanctis actibus laudes Domini devota modulatione decantant. *Cithara* est, sicut in præfatione jam dictum est, lignei ventris in imo sita concavitas, quæ sursum chordarum fila transmittens, sonis dulcissimis percussa proloquitur. Quæ ideo tale nomen accepit, quoniam cita iteratione percutitur. Huic merito comparantur opera quæ de terrenis rebus ad supernam gratiam porriguntur, id est, dum esurientem pascimus, dum nudum vestimus, dum ægrotum visitamus, et cætera quæ, licet videantur carnalia, Divinitatis tamen amore peraguntur. Citharizamus quoque, cum in passionibus nostris vel damnis securi aut læti dicimus : *Dominus dedit, Dominus abstulit, sicut Domino placuit ita factum est : sit nomen Domini benedictum* (Job i, 21). Psalterium vero decachordum esse diximus, quod ordine converso alvum citharæ in superioribus habet, unde ad inferiorem partem canora fila descendunt. Cui præcepta Decalogi convenienter aptantur, quia secundum formam instrumenti hujus de supernis venientia Domini jussa suscepimus. Et considera quia solum est instrumentum musicum, quod pro excellentia sui decachordum dicatur ; non enim hoc de cithara vel de aliis hujusmodi instrumentis lectum esse meminimus. Decachordum vero psalterium, sicut veteres dixerunt, et illud nobis indicat sacramentum, ut referamus tria ad Deum, qui Trinitas est ; id est primum quod ait : *Non habebis deos alienos coram me* (Exod. xx, 4) ; secundum, *Non facies tibi sculptile* ; tertium, *Non assumes tibi nomen Dei tui in vacuum,* in quo jungit et de sabbato. Septem vero quæ sequuntur ad dilectionem dixerunt proximi pertinere ; id est, *Honora patrem tuum et matrem* ; *Non occides* ; *Non mœchaberis* ; *Non furtum facies* ; *Non loqueris contra proximum tuum falsum testimonium* ; *Non concupisces domum proximi tui, nec desiderabis uxorem ejus,* etc. Sic totius decachordi psalterii virtus perfecta nobis et honorabilis indicatur. Psallimus quoque et decem chordis, quando in quinque sensibus carnalibus, et in quinque spiritualibus probabili nos conversatione tractamus. Verum ista quæ dicimus, non sunt extra nos posita, sicut in musica disciplina ; in nobis est *cithara,* in nobis est *psalterium* : imo ipsa organa nos sumus, quando ad similitudinem eorum per gratiam Domini, actuum nostrorum qualitate cantamus. Hoc autem et illo exemplo datur intelligi, ubi ait : *In me sunt, Deus, vota ; quæ reddam laudes tibi* (Psal. lv, 12) ? Hæc autem et his similia, sicut sæpe diximus, tropicis allusionibus edicuntur.

Vers. 3. *Cantate ei canticum novum ; bene psallite ei in jubilatione* [mss. A., B., F., *vociferatione*]. Novum *canticum* dicit incarnationem Domini, qua mundus salutari exsultatione completus est, qua angeli canoris vocibus personarunt laudantes et dicentes : *Gloria in altissimis Deo, et in terra pax hominibus bonæ voluntatis* (Luc. ii, 14). Monet ergo ut nos eadem et dicere debeamus et credere. Sequitur, *bene psallite ei in jubilatione,* id est in bonis operibus Deum invocate. *Jubilatio* est enim gaudium cum fervore animi et clamore indistinctæ vocis expressum. In qua *jubilatione* non potest *bene psallere,* nisi qui bonæ studium conversationis adjunxerit. Et inspice salutarem doctrinam, quæ nos ita præmonet, ut ante Deum inoffense *psallere* debeamus, qui renes nostros et corda cognoscit : ne magis inde gravius possimus offendere, si scelerati atque subdoli ad tanta mysteria videamur accedere.

Vers. 4. *Quoniam rectus est sermo Domini, et omnia opera ejus in fide.* Hic incipit per demonstrativum genus laudes Domini diversa relatione discurrere, ut omnia nobis opera ipsius et præcepta dulcescerent. *Rectus est* itaque *sermo Domini,* ad dirigendos scilicet homines. Veraciter enim *rectus* dicitur, qui rectos facit. Epitheton mirabile, veriloquum verbum. Per legem siquidem divinam corrigimur, per ipsam a nostra pravitate separamur; et regulariter tunc vivimus, quando ejus jussionibus obedimus. Hæc quinta est species definitionis, quam Græci κατὰ τὴν λέξιν, Latine ad verbum dicimus. Una enim parte orationis definitum est quid sit *sermo Domini,* hoc est, *rectus.* Subjungit, *et omnia opera ejus in fide.* Utique, quando in illis operatur, qui ipsius dono fideles esse meruerunt; sicut in Evangelio ait : *Fides tua te salvam fecit* (*Luc.* VII, 50). Non enim opera Domini mulier illa meruisset, nisi præcessisset fides per gratuitam largitatem.

Vers. 5. *Diligit misericordiam et judicium; misericordia Domini plena est terra.* In hoc et sequentibus versibus per tertiam speciem definitionis, quæ Græce ποιότης, Latine qualitativa dicitur, Dominum declarat narrando quæ fecerit, vel quæ quotidie facit. Illas enim res dicimus *diligere,* quas sæpius operamur. Ita hic de Domino canitur : *Diligit misericordiam et judicium,* quasi non et prudentiam et temperantiam diligat. Sed quia istam nobis frequenter indulget, ipsam dicitur omnino diligere. In hoc ergo mundo *diligit misericordiam,* ubi eam longe lateque disseminat; videlicet ubi sustinet peccatores, ubi blasphemos patienter exspectat, ubi vitam præstat indignis, et his similia, quæ pietati supernæ constat omnimodis applicanda. *Diligit* quoque *judicium,* cum pios sequestrat ab impiis, et merita eorum æquitatis qualitate discernit. Sequitur ubi illam, quam superius dixerat, *misericordiam* largiatur, cum *misericordia Domini plena est terra.* Ista utique quæ miseros continet, ubi diaboli oppugnatione laboramus, ubi a mandatis cœlestibus carnis imbecillitate subtrahimur. Tunc enim quam misericordiam postulare possumus, cum jam nullis necessitatibus ingravamur? hic ergo misericordiam quæramus, de qua universa terra completa est.

Vers. 6. *Verbo Domini cœli firmati sunt, et spiritu oris ejus omnis virtus eorum.* Quamvis et ad conditionem rerum versus iste pertinere videatur, tamen et spiritualiter decenter accipitur. *Verbo Domini,* hoc est a Filio Dei *cœli firmati sunt,* id est apostoli, sive sancti stabiliti sunt, qui orbem terrarum salutari prædicatione complerent. Sequitur, *et spiritu oris ejus omnis virtus eorum :* utique, quando a Spiritu sancto eorum doctrina veniebat. *Virtus* enim et ad miracula pertinet quæ faciebant, et ad legem Domini quam gentibus prædicabant. Nam si diligentius perscrutemur, et sanctam hic significat Trinitatem. Dicendo enim *Verbo,* Filium declarat; adjungendo *Domini,* Patrem dicit : *spiritu oris ejus,* utique Spiritum sanctum vult intelligi, qui ante tempora de Patre processit. Et ut in tribus personis manifestam intelligeres unitatem, *ejus* dixit, non eorum.

Vers. 7. *Congregans sicut in utrem aquas maris; ponens in thesauris abyssos.* Quod ait, *Congregans sicut in utrem aquas maris,* si ad litteram velis advertere, clausum significat mare littoribus. Nam si hoc spiritualiter velis agnoscere, *uter* est exutum pecoris tergus, quod usibus humanis deservit ad liquores aliquos congregandos. Hic *uter* Ecclesiæ comparatur : quia sicut iste susceptas aquas, sive aliquid tale complectitur, ita et illa adunationem populi credentis includit. *Aquæ* vero *maris* populum significant Christianum, qui in mundi salo fluctu alternante concutitur. *Abyssum* vero dicimus nimis aliquid profundum, quod altitudine sua humanos in se descendere non permittit aspectus. Ergo *in thesauris* suis, id est sapientiæ et scientiæ *ponit* altitudines profundas; ut probet quis ejus Scripturas studio pietatis inquirat.

Vers. 8. *Timeat Dominum omnis terra : ab ipso autem commoveantur universa, et omnes qui habitant orbem. Terra* hic durum significat per omnia peccatorem, qui merito *terra* dicitur, quia cœlestis gratiæ largitate fraudatur. Ergo peccator iste terrenus qui amare nescit, *timeat Dominum;* ut si non desiderio præmiorum a peccatis abstinet, saltem vindictæ consideratione revocetur. Dicendo enim, *ab ipso,* indicat et a diabolo *commoveri :* de quo et Isaias dicit : *Hic est qui commovebat terram* (*Isa.* XIV, 16). Quapropter propheta merito petit a Domino omnia *commoveri,* quia omne quod ejus ordinatione disponitur, rebus semper utilibus applicatur. Sed licet prius dixisset generaliter omnia, nunc descendit ad homines. Nam quamvis *universa* ejus imperio administrari egeant, maxime humanum genus, quod a natura sua depravatum surripientibus vitiis, culpis probatur obnoxium.

Vers. 9. *Quoniam ipse dixit, et facta sunt; ipse mandavit, et creata sunt.* Reddit causam quare a Domino debeant omnia commoveri : utique quia eorum ipse creator est, et necesse est ut utiliter administret existentias, qui eas dignatus est creare per gratiam. *Dixit, et facta sunt,* significat initium rerum, quando universa Filii ipsius imperio jussa proruperunt. *Ipse mandavit, et creata sunt :* per prophetas utique *mandavit* legem, per quam fideles, Domino volente, creati sunt. Vides quam salubriter propheta a Deo petiit omnia commoveri, qui solus creaturarum suarum potest esse misericors.

Vers. 10. *Dominus dissipat consilia gentium; reprobat autem cogitationes populorum, et reprobat consilia principum. Dissipat* revera *consilia* quæ mala vel pessima sunt; nam bona semper adjuvat atque confirmat. Nimis apta suis causis verba junguntur. *Dissipavit consilia gentium,* quando eas in idolorum cultura non permisit diutius permanere. *Reprobavit cogitationes populorum,* quia licet voluntas Judæorum in nece Domini nefanda completa sit, resurrectione tamen ipsius constat esse reprobatam.

Et quia de gentibus dixerat et de populis, ne quid videretur intactum relinquere, post etiam de *principibus* dicit, sive de tyrannis, qui legem Domini sævis persecutionibus impetebant: sive de spiritibus immundis, quorum consilium semper in malo est.

Vers. 11. *Consilium vero Domini manet in æternum; cogitationes cordis ejus in sæculum sæculi.* Sicut hominum prava consilia dixit esse frustranda, ita nunc in æternum dicit Domini permanere disposita. Peccator enim et mortalis homo caduca sapit, æternus Dominus nulla reprehendenda constituit; sicut Isaias dicit: *Omne consilium meum stabile erit, et omnia quæcunque cogitavi efficiam* (*Isai.* XLVI, 10). Idem et Jeremias dicit: *Si non esset testamentum meum in custodia die ac nocte, præcepta cæli et terræ non dedissem* (*Jer.* XXXIII, 25). *Consilium* vero ipsius bene intelligimus incarnationis arcanum, quod ad consulendum humano generi constat esse concessum. Hoc nulla ætate dissolvitur, sed *in æternum manet*: quia triumphalis mors Domini, diabolicum perenniter exstinxit exitium. *Cogitationes* autem *cordis ejus*, significat prædestinationem, in qua cuncta reposita sunt, quæ vel fuerunt, vel sequentibus sæculis futura succedunt. Hæc enim gestat ordinem rerum, *qui permanet in sæculum sæculi.* Cui sententiæ illi merito cedunt, qui unam naturam in Christo Domino mentiuntur. Nam si *consilium ejus stabile est*, et *cogitationes cordis* ipsius permanent *in sæculum sæculi*, constat autem incarnationis arcanum, ejus cogitationem ejusque fuisse *consilium*; necesse est, ut forma humanitatis assumptæ, unus Filius in duabus naturis distinctis, perfectis atque adunatis, sicut cœpit in unitate personæ, semper existat.

Vers. 12. *Beata gens cujus est Dominus Deus eorum; populus quem elegit in hæreditatem sibi.* Venit ad secundum membrum, in quo dicturus est, quod in primo versu proposuit, qui sint recti, aut quos decet Domini collaudatio. Gentem itaque dicit pertinentem ad Jerusalem cœlestem, quam adunatam constat ex omnibus gentibus. Ipsa utique *beata est*, a qua Deus vere colitur, et omnium Dominus adoratur; id est, qui eos protegit ac gubernat. *Hæreditas* quidem dicitur et cum dimittitur alteri, et cum acquiritur. Sed populus Christianus *hæreditas* est acquisitionis, non dimissionis: quia enim auctor suus possidet, quem prædicationibus sanctis et pretioso sanguine conquisivit.

Vers. 13. *De cælo prospexit Dominus, et vidit omnes filios hominum.* Hic adventus Domini futurus exprimitur per figuram quæ Græce idea, Latine species dicitur: quando velut effigiem rei futuræ oculis offerentes, animi votum ad audiendi studium concitamus. *De cælo* enim *prospexit Dominus*, quando proprii Filii donavit adventum. Non enim homo respexit ad Dominum, sed Dominus prospexit ad hominem. Prospicere est siquidem porro positum conspicere. Qui revera peccatis erat divisus, et, quod dictu nefas est, redditus fuerat a suo Creatore longinquus. Nam quod ait, *et vidit*, gratiam significat miserentis. Illos enim *videre* dicimus, quibus et aliquid præstitum esse declaramus. Et considera quia non dicit, visa peccata; sed, *filios hominum.* Nam cum delicta respicit punit; cum hominem intuetur absolvit; sicut in quinquagesimo psalmo dicturus est: *Averte faciem tuam a peccatis meis* (*Psal.* L, 11), et alibi: *Ne avertas faciem tuam a me* (*Psal.* CXLII, 7). Unde nobis intelligenda atque retinenda est salutaris ista diversitas.

Vers. 14. *De præparato habitaculo suo respexit super omnes qui habitant orbem.* De futuro corpore Domini tunc dicebat. Nam dum omnia quæ ordine veniente succedunt, in prædestinatione fuerint constituta; quanto magis incarnationis ejus miraculum ante sæcula probatur fuisse dispositum, quod periclitanti mundo quem disposuerat facere, poterat subvenire?

Vers. 15. *Qui finxit singillatim corda eorum, qui intelligit in omnia opera eorum. Finxit corda*, quibus intelligentiæ suæ dona largitus est. *Fingere* enim dicimus ceroplastas, qui formulas quasdam ad operationis suæ vota componunt; sic et Dominus mentes justorum format atque disponit, ut ad misericordiæ suæ dona perducat. *Singillatim*, id est divisim atque distinctim. *Corda eorum*, scilicet sanctorum, sub Domini timore viventium. Sequitur, *qui intelligit in omnia opera eorum.* Intelligit utique, quando actibus bonorum præmia digna restituit. Dicendo vero, *in omnia opera*, significat cogitationes, dicta, vel facta, quibus bonum malumque semper operamur.

Vers. 16. *Non salvabitur rex per multam virtutem, nec gigas salvus erit* [mss. A., F., *salvabitur*] *in multitudine fortitudinis suæ. Regem* dicit hominem continentem, qui quamvis regat corpus suum miseratione divina, a vitiis tamen carnalibus salvus fieri non potest, dum de sua virtute præsumpserit. Juste enim virtus humana deseritur, quando datum bonum atque perfectum non largitori Deo, sed propriis viribus applicatur. Idem *gigantem* vult intelligi, qui virtutum magnitudine roboratur, qui contra immanitatem diaboli assidua dimicatione confligit. Qui merito *gigas* esse dicitur, a quo talibus spiritibus obviatur. Sed iste quoque, qui jam gratia Dei suffragante multos spiritus fugat, salvus esse non poterit, si velut *gigas* superbiæ vitio sublevatus (quo fragilis raptatur humanitas), de meritorum suorum virtute præsumpserit. Sed quamvis *gigas* Latino sermone terrigena dicatur, tamen et in bono poni manifestum est; legitur enim de Christo: *Exsultavit ut gigas ad currendam viam* (*Psal.* XVIII, 6).

Vers. 17. *Fallax equus ad salutem; in abundantia autem virtutis suæ non erit salvus. Equum* ponit pro felicitate mundana, quæ homines sic portat, tanquam si equinis gesticulationibus pervehantur. Hæc autem humana spes sic decipit, quemadmodum *fallax equus*; qui cum jactando se graditur, ruinam subito, quam non opinatur, incurrit. Et quare sit *falsus equus* exponit; ille enim dum campos appetit, dum pedes præpropera festinatione permiscet, salutem sessoris sui non valet custodire : quia fervida nimis incauta sunt; et qui sub modestia non graditur, ruinosis casibus semper exponitur. *Falsus* enim dictus est *equus*, eo quod solet in se fallere præsumentes.

Vers. 18. *Ecce oculi Domini super timentes eum, sperantes in misericordia ejus.* Oculi Domini ponuntur **109** pro voluntate divina : quia quos gratos habemus, ipsos sine dubitatione respicimus; econtra ab illis aspectus avertimus, qui nostris mentibus horruerunt. Ergo *oculi Domini* sunt *super timentes eum* : quia pietas ipsius eos protegit, quos se timere cognoscit. Sed quoniam dixit de timentibus, opportune sequitur de amantibus, quia utrumque in Domini dilectione conjunctum est; nam qui Deum bene timet et amat, qui bene amat et timet. Res istæ in humanis actibus dividuntur; cæterum in cœlesti devotione sociatæ sunt. Qui sint enim *timentes* exponit, id est, *sperantes in misericordia ejus.* Quod argumentum dicitur ab adjunctis; adjunctum est enim timere Dominum, et sperare in eo; quæ res mutua et insolubili societate connectitur.

Vers. 19. *Ut eripiat a morte animas eorum, et alat eos in fame.* Duo ista sunt vota fidelissimi Christiani, ut in futuro judicio *eripiatur a morte* perpetua, et hic spiritualibus alimoniis transigatur. *Eripit* enim *a morte animas* justorum, cum eas tollit de potestate diaboli, cum per indulgentiam efficit liberos, quos peccati damnatio fecerat esse captivos. *In fame* autem *eos alit*, quando in hoc mundo, ubi bonarum rerum indigentia est, spirituali cibo nutrire non desinit quos redemit. Alimentum quippe dictum est, quasi mentis nutrimentum. *In fame* enim sunt positi, qui se cœlestium rerum desiderio semper accendunt. O fames illa multum satura, et sine penuria probabiliter semper avida ! Esuriunt enim beati, non quia dominica dape jejuni sunt, sed quærendo jugiter inardescunt, quia Domini appetitione proficiunt; sicut evangelista dicit : *Beati qui esuriunt et sitiunt justitiam, quoniam ipsi saturabuntur* (*Matth.* v, 6).

Vers. 20. *Anima autem nostra sustinet Dominum, quoniam adjutor et protector noster est.* Cum dicit, *sustinet*, patientiam significat Christiani, ut invitati justi futuris præmiis constanti animo perseverent. Sed intelligamus qualis ista virtus est, quam servare toties commonemur. Patientia est siquidem, quæ gloriosos martyres facit, quæ fidei nostræ bona custodit, quæ omnia vincit adversa, non colluctando, sed sustinendo, non murmurando, sed gratias agendo. Hæc deceptricem luxuriam comprimit, iram fervidam vincit, vastatricem humani generis invidiam tollit, mansuetos efficit, benignis competenter arridet, purgatosque homines ad illa præmia futura componit. Ipsa est quæ fæcem totius voluptatis abstergit, ipsa est quæ limpidas animas reddit. Per ipsam Christo militamus, per ipsam diabolum vincimus, per ipsam beati ad cœlorum regna perveniunt; scriptum est enim : *In patientia vestra possidebitis animas vestras* (*Luc.* xxi, 19). Sequitur : *Quoniam adjutor et protector noster est. Adjutor est,* dum ad eum ipsius gratia suffragante conamur accedere; *protector*, dum resistimus adversario. Securus ergo sustinet Deum, qui tali promissione fulcitur. Et considera quia post omnia præcepta patientiam ponit, ut viriliter cuncta toleremus, qui de tam magni præmii largitione confidimus.

Vers. 21. *Et in ipso lætabitur cor nostrum, et in nomine sancto ejus sperabimus.* Ne quis de prædicata patientia mussitaret, ne quis se tædiosa voluntate confunderet, sequitur magnificum et suavissimum munus : quia ipsa exspectatio habet præmium suum, quando ipse sustinens *lætatur in Domino.* Addidit, *et in nomine sancto ejus sperabimus*, id est in Christo, quem patienter sanctissimus propheta sustinuit, et lætabatur esse venturum. *Sperabimus* autem continuum tempus ostendit : quia non est fas ibi desinere, unde semper potest anima fessa recreari.

Vers. 22. *Fiat, Domine, misericordia tua super nos, sicut speravimus in te.* His verbis incarnationem Domini desiderabat impleri, quam flagranti Spiritu magnopere sustinebat. Sed intende quam copiosum munus est, quod ditavit genus humanum, quod angelorum choros lætitiæ jucunditate complevit, quod etiam ipsa inferna senserunt. Petit enim desideria sua debere fieri, ut possit perfectissimus inveniri. Addidit, *in te*, ut omnes superstitiones, omnes pravitates excluderet, cum vero Domino supplicaret.

Conclusio psalmi.

Quam mellifluæ voces auditæ sunt ! quam salubriter nobis psalterium cœleste cantavit ! Tales siquidem mandatorum chordæ sonuerunt, ut si eas internis auribus recipiamus, et nos in eis Davidicæ lyræ curatione purgabimur; fietque nobis Saulis illa mundatio, ut fugatis immundis spiritibus, abluta mente Domino serviamus. Habent enim beati musicam suam, quæ animæ fidelis intrat auditum; cujus non deficit sonus, cujus non lassatur intentio. Relinquite ergo, spectaculorum amatores, mortiferas voluptates ; ad hæc magis gaudia, ad hæc mysteria convenite, ubi cithara et organum virtutes excitant, non desideria pravæ voluptatis instigant.

EXPOSITIO IN PSALMUM XXXIII

Psalmus David cum mutavit vultum suum coram Abimelech, et dimisit eum, et abiit.

Cum historia tituli istius Regum lectione pandatur (*I Reg.* xxi, 13), superfluum est copiam fontis illius in hac brevitate derivare : ne nobis totam areolam paginæ, unius loci effusa relatio complere ac tegere videatur; sed rem cum nominibus suis breviter intimamus. Cum Saul persequeretur David, confugit ad Achis regem, ibique dum esset invidia faciente suspectus, industriose *mutavit vultum*, ita ut saliviis ora compleret, quatenus energumenus æstimatus, miseratione faciente dimitteretur illæsus; quæ tamen, sicut et alia, per illum virum magni sacramenti qualitate peracta sunt. Significabat enim salivas, hoc est Scripturas divinas, in barba, id est in fortitudine magna decurrere. Sed propter significantias rerum pro Achis, ad quem fugerat David, mutatum nomen est *Abimelech*; quod indicat patris mei regnum. Hoc ad Dominum Christum bene pertinere manifestum est, per quem gloriosus Pater servitium mundi sanctissima devotione suscepit. Sed cum dicit, *dimisit eum*, regem significat Abimelech. *Et abiit*, hoc est ad alias partes se contulit: quia ibi cœperat, ut diximus, esse suspectus. Præsens autem psalmus tertius est eorum in quibus per actus David significantur 110 Domini Christi futura mysteria, quamvis alphabetorum secundus esse noscatur.

Divisio psalmi.

Per totum psalmum verba prophetæ sunt, alphabeti Hebræi litteras, excepta sexta, in capitibus versuum per ordinem ponentis. In prima parte benedicere se Dominum compromittit, admonens mansuetos ut secum in ejus laudibus perseverent. Prædicti autem alphabeti hæc pars quatuor litteras comprehendit. Secunda ad conversionem fidelium, quæ sint bene meritorum præmia non tacentur, quæ continet litteras sex. Tertia quasi filios admonet a quibus se delictis debeant abstinere; hæc habet litteras quatuor. Quarta justos dicit de omnibus tribulationibus eruendos, et impios debitas pœnas esse passuros, ne in periculis suis aliqua dubietate mollescerent; hic etiam residuæ septem litteræ prænotantur. Et memento, sicut in vigesimo quarto psalmo jam dictum est, hunc alphabetum imperfectum illos indicare qui laudes Domini nequeunt plenissima operum integritate cantare.

Expositio psalmi.

Vers. 1. ALEPH. *Benedicam Dominum in omni tempore, semper laus ejus in ore meo. Tempus* hominibus novimus esse diversum, modo tribulationibus asperum, modo gaudio blandum. Ergo *in omni tempore benedicendum Dominum* propheta denuntiat, quando et adversa patimur, et collata felicitate gaudemus; sicut justi fecerunt, atque faciunt Domini amore flagrantes. Sed quamvis debitum atque proficuum sit ut creatura suum semper laudet auctorem, tamen propter humanitatis diversos actus, pene impossibile nobis videtur psalmodiæ laudes Domino jugiter personare; sed *in ore* hominis justi *semper laus est Dei*, quando talia vel cogitat vel loquitur, ut nulla redargutione culpetur. Quidquid enim ex patientia, ex charitate, et simplicitate, cæterisque virtutibus, vel loquimur, vel mente gestamus, jure divinis laudibus applicatur. Ipsius enim præconium est qui donat, ore ac corde honesta meditari. *Laus* enim a lauro dicta est, quæ solebat coronare victores. Hæc my-

sticæ salivæ sunt, quas tituli similitudo prædixit: hæc verba quæ Scripturarum divinarum virtutem videbantur exprimere.

Vers. 2. BETH. *in Domino laudabitur anima mea: audiant mansueti et lætentur.* Pulcherrime uno commate dilectio famulantis expressa est; non enim vel in se vel in divitiis, sed *in Domino* suam *animam dicit esse laudandam*. Tunc enim gloriatur fidelis servus, quando laudabilem Dominum habere cognoscitur; scit enim ad se referri bonum, cum Dominus ejus fuerit multorum ore prædicatus. Nam si quis hodie Domino detrahat, devotus famulus quo furore succenditur, qua stomachatione cruciatur? Datum est enim fidelibus servis ut aut de fama dominorum adversa sæviant, aut de prospera opinione congaudeant. Sequitur, *audiant mansueti et lætentur*. Non dixit, lege docti, non jejunantes, non psallentes, sed *mansueti lætentur*, qui charitate præcipua habere rerum omnium temperantiam consueverunt.

Vers. 3. GIMEL. *Magnificate Dominum mecum, et exaltemus nomen ejus in invicem.* Utilitas ista carnalis singulariter perfrui desiderat, quod delectatione avida concupiscit. Spiritualis autem gratia non vult sola facere quod multis proficit ad salutem, ne inter officia sanctitatis detestabilis invidia misceatur, quod nunc versus iste explanat. Vocat enim fratres, hortatur populos obedientes, ut nomen Domini gloriosa societate *magnificent*. Sequitur, *et exaltemus nomen ejus in invicem*. Suavis commonitio, justissima regula, ut ab omnibus in unum fiat, quod sanctæ unitati constat offerri. *In invicem* vero significat compositos choros, quando et psalmodiam Domini alterna sibi successione respondent. Quæ figura dicitur energia, id est imaginatio, quæ actum rei incorporeis oculis subministrat.

Vers. 4. DALETH. *Inquisivi Dominum, et exaudivit me, et ex omnibus tribulationibus meis eripuit me.* Ut invitatus populus ad psalmodiam Domini festinaret, nunc dicit quæ sibi exinde bona provenerint. *Inquisivit Dominum*, non spatio longo terrarum, non per locorum latitudines forte distentas, sed in corde, ubi si majestatem ipsius cogitamus, ibi eam præsentem modis omnibus invenimus. Et intende quid dicat: *Inquisivi Dominum, et exaudivit me*: quoniam intellectus ejus universa complectitur, nec corporalibus sensibus, sed spiritualibus virtutibus operatur. Sequitur quantum Deum quæsisse profuit, quando eum ex omnibus liberavit angustiis. Quis enim sufficeret particulatim tanta petere, quanta iste simul meruit impetrare? Dicendo enim, *ex omnibus*, nihil relictum est, quod remansisse suspiceris adversum.

Vers. 5. HE. *Accedite ad eum, et illuminamini, et vultus vestri non erubescent.* Prius laudes præmisit, choros ordinavit; nunc in secunda parte et ad ipsam communicationem populos hortatur accedere, ut Ecclesiæ futuræ ritum monitor spiritualis infunderet. *Accedite* non dicitur ebriosis, non adulteris, non superbis, sed sobriis, castis atque humilibus Christianis, qui *illuminari* de sacra perceptione mereantur, sicut Apostolus de ipsa communicatione testatur : *Quicunque manducaverit panem, aut biberit calicem Domini indigne, judicium sibi manducat et bibit, non dijudicans corpus Domini. Probet autem seipsum homo, et sic de pane illo edat, et de calice bibat* (*I Cor.* xi, 27). Studendum est ergo, ut qui *ad eum accedit*, ita se humili satisfactione moderetur, ut illuminari potius quam cæcari posse videatur. *Vultus* autem, sicut sæpe diximus, significat præsentiam, quæ potest mutato colore confusionem pati, si ei cœlestia munera subducantur. Fideles ergo *non erubescunt*, quoniam impetrant. *Erubescere* enim decepti est, qui ad sua desideria non valet pervenire. Quidam hoc sic æstimant sentiendum, facientes exinde non minimam quæstionem. Nam cum Apostolus dicat : *Qui solus habet immortalitatem, et lucem habitat inaccessibilem* (*I Tim.* vi, 16), hic quomodo ponit : *Accedite ad eum, et illuminamini?* Sed hoc compendio ipsius veritatis absolvitur. Inaccessibilis ejus lux dicitur, quando substantiæ ipsius singularis et omnipotens natura declaratur. Cæterum cum se gratia sanctæ Divinitatis infundit, et ad eum acceditur, et illuminatio beata præstatur : unde dictum est et alibi : *Qui illuminat omnem hominem venientem in hunc mundum* (*Joan.* i, 9).

111 Vers. 6. Zain. *Iste pauper clamavit, et Dominus exaudivit eum, et ex omnibus tribulationibus ejus liberavit eum.* Dicendo *iste*, spiritualem pauperem designat, qui non tantum mundanis opibus, sed vitiorum ubertate vacuatur. *Iste pauper* est, qui accedens ad Deum illuminatur, iste cujus vultus non erubescit, qui quando clamat ad Dominum, salubriter et competenter auditur; et tunc provenit, ut liberetur non ab una tribulatione, sed ex omnibus mundanis angustiis. Quod accidere solet justis, quando in sancta conversatione animas reddunt, et de sæculi istius clade confusa ad securitatem perpetuam transferuntur. Perpende etiam quod hic Hebræi alphabeti sit littera transilita; pro sexta enim septima posita est; quod ad illud, ut puto, referendum est, quod supra memoravi, hunc psalmum significare quidem sanctos viros, qui tamen non totis operibus probantur esse perfecti. Ego enim non inveni Patrum definitam de hac parte sententiam.

Vers. 7. Heth. *Immittet angelum Dominus in circuitu timentium eum, et eripiet eos.* Ne crederetur Dominus fideles suos posse negligere, præsenti eos oraculo consolatur. Et inspice medicinale verbum quod dicit, *Immittet*; nam propter insolentiam humanæ fragilitatis non palam facit, sed occultis immissionibus operatur; ut te nesciente, pro salute tua, quod expedire possit, accipias. *Angelus* autem minister est voluntatis divinæ. Quapropter si vis te angelum fieri, fac quod præcipit, ut liberes periclitantem, subvenias anxio, eripias innocentem, et cætera quæ divina jubet auctoritas. Tunc enim spiritu angeli sumus, quando ministri supernæ voluntatis efficimur.

Vers. 8. Teth. *Gustate et videte quoniam suavis est Dominus : beatus vir qui sperat in eo.* Redit ad Domini sanctissimam communicationem; nec desinit sæpius dicere, unde novit mortalibus perpetuæ vitæ gaudia provenire. *Gustate* non pertinet ad palatum, sed animæ suavissimum sensum, qui divina contemplatione saginatur. Nam ut ipsum gustum intelligeres, sequitur, *videte*, quod utique non ad os pertinet, sed ad inspectivam sine dubio qualitatem; ut cum tale corpus accipimus, vitæ nobis concedi gratiam confidamus. Et ut ipsam communicationem non ad corpus commune traheres, *Dominum* dicit *esse suavem*, qui in ea salutem hominibus pro sua pietate concedit. Vita enim nostra, quæ revera Deus est, qui carnem sumptam ex Virgine Maria sibi univit, eamque propriam fecit, vivificatricem eam esse professus est; sicut ait in Evangelio : *Amen, amen, dico vobis, nisi manducaveritis carnem Filii hominis, et biberitis sanguinem ejus, non habebitis in vobis vitam æternam* (*Joan.* vi, 54). Quæ licet ex humana natura sumpta sit, non tamen eam ut unius hominis ex nobis æstimare debemus peccati alicujus contagione pollutam; sed adorabilem, salutiferam, vivificatricem, quæ peccata dimittit propter Verbum cui adunata est, sicut in Evangelio ipse Dominus dicit : *Ut sciatis quia potestatem habet Filius hominis super terram dimittendi peccata* (*Matth.* ix, 6), et ad perpetuæ vitæ regna perducit. Subjungit itaque absolutam firmamque sententiam, *beatum esse virum qui sperare non desistit in Domino*. Præcipua res quæ tam frequenter iteratur, ut nunquam illud desinamus expetere, quod tanta cognoscitur assiduitate prædicari.

Vers. 9. Jod. *Timete Dominum, omnes sancti ejus, quoniam nihil deest timentibus eum.* Timorem Domini omnibus sanctis imperat, ne quis, quamvis bene meritus, a saluberrima intentione discedat. Sed quid utilitatis timor ejus habeat consequenter ostendit dicens : *Quoniam nihil deest timentibus eum*. O brevis sententia, o immensa promissio! Possunt aliquid egere, quibus divitiæ, quibus salus corporis, quibus regna tribuuntur : solus ipse nihil indiget qui timore Domini ditatus est.

Vers 10. Caph. *Divites eguerunt et esurierunt; inquirentes autem Dominum non deficient omni bono.* In uno versu terrarum divites et pauperes Christi magnifica contrarietate distinxit. Ait enim : *Divites eguerunt et esurierunt*. Quando *egent divites?* quando fidem non habent rectam. Quando *esuriunt?* quando minime Domini corpore satiantur. Tales ergo *divites egent*, et saturati ventre, spiritu semper esuriunt. Quid enim habeant qui Deum non habent? Subsequitur, *inquirentes autem Dominum non deficient omni bono*, quia nullo bono deficiunt qui spiritali desiderio perfruuntur. Nam cum diligimus Dominum, in ipso omnia reperimus. Unus est qui quæritur, sed in quo omnia continentur. O lucrum mirabile, o compendium singulare! Cur nos per diversa fatigemus? Ad ipsum ergo unanimiter festinemus, postquam cuncta bona ultra non quærimus, sed tenemus, sicut Apostolus dicit : *Scimus quoniam diligentibus Deum omnia cooperantur in bonum* (*Rom.* viii, 28). Hoc argumentum dicitur ex contrario. Contrarium est enim *egere divites*, et pauperes nullo bono deficere. Argumentum est argutæ mentis indicium [ed., judicium], quod per indagationes probabiles rei dubiæ perficit fidem.

Vers. 11. LAMED. *Venite, filii; audite me, timorem Domini docebo vos.* Peractis solemnibus quæ ad sacramenta Ecclesiæ pertinebant, nunc venit ad tertiam partem, ubi illos alloquitur qui prima fidei rudimenta percipiunt. Dicendo enim, *Venite,* significat eos intra Ecclesiam non fuisse; quod etiam confitentibus nunc dicitur, quando ad fidem veniunt Christianam. Vox paterna sonat, vox pietatis admonet, ut ultro dicentem audiamus, quem tacentem exquirere deberemus. Sed quam suavis, quam utilis timor est, ad quem filius invitatur. Cum dicit, *docebo vos*, admonet ne pavescamus, quod audivimus *timorem*. Non est enim timor iste qui formidetur, sed qui diligatur. Timor humanus amaritudinem habet, iste dulcedinem; ille ad servitium cogit, iste ad libertatem trahit; postremo ille claustra metuit, hic coelorum regna patefacit. Merito ergo *timorem* istum sic utilem professus est, ut avida mente discatur.

Vers. 12. MEM. *Quis est homo qui vult vitam, et cupit videre dies bonos?* Talis interrogatio proposita est quam omnium sequatur assensus. Quis est enim qui possit dicere, aut vitam nolo, aut *dies bonos videre* non cupio? Sed utinam sic vitam perpetuam quæreremus, sicut in ista temporali corda defigimus. Bonos autem *dies*, non istos dicit in quibus caducis delectationibus occupamur, sed illos qui vere *boni* sunt, et in summa sanctitate versantur.

Vers. 13. NUN. *Cohibe linguam tuam a malo, et labia tua ne loquantur dolum.* Hoc est velle videre dies bonos, si lingua nostra aliquid non loquatur incompetens. Malum est enim omne prohibitum; et quidquid veritati repugnat, tali appellatione discernitur. Intende vero subtilius, quia prius *cohiberi* dicit linguam, quam, cum loqui volumus, anterius commovemus. Addidit, *labia ne loquantur dolum*, quæ linguæ motum protinus consequuntur, et quasi quadam harmonia sociata amborum modulamine humanus sermo peragitur. *Dolus* est autem, quando fallimus audientem, ut quod creditur ad auxilium, inferre videatur incommodum. Quod merito prohibetur, quia puræ conscientiæ constat semper adversum.

Vers. 14. SAMECH. *Diverte a malo et fac bonum, inquire pacem et sequere eam.* Ad videndos dies bonos non sufficit tantum a malis actibus abstinere, nisi nos pietas compellat et bona peragere. Nam primus virtutis gradus est aliena non quærere, sed iterum superior egentibus propria non negare. In illo culpam refugimus, in isto palmam pietatis acquirimus. Nam pupillo non nocuisse, aut pauperem non exspoliasse, abstinentia est, quæ ad præmium sola non sufficit. In illa quippe judicatione soli audient: *Venite, benedicti Patris mei, percipite regnum quod vobis paratum est ab initio mundi* (*Matth.* xxv, 34), qui gratiam Domini, ipso inspirante, diversa largitione mercati sunt. Vides ergo necessarium additum, *Et fac bonum;* ipsum est siquidem quod nos liberat atque commendat. Sciens autem propheta in hoc agone sæculi cum corpore pacem fidelissimos non habere, et cum suis vitiis hic illis continuum esse certamen, pulcherrime dixit, *inquire pacem;* ut quamvis eam hic non habeant, tamen semper ab eis studiosissime perquiratur. Et non promisit quod hic possit quoquomodo comprehendi, sed imperat *sequere eam*, quasi præcedentem. Nam quare sequenda est, nisi quia hinc fugit? In futuro autem speranda est, quoniam ibi perpetua stabilitate consistit. Quæramus ergo seduli, sequamur intenti : quia illic eam invenire non possumus, nisi hic diligentius inquiramus. Quæ tunc comprehendi dabitur, quando ipsum conspicimus pacis auctorem.

Vers. 15. AIN. *Oculi Domini super justos, et aures ejus in preces eorum.* Venit ad quartam partem, ubi usque ad finem duplici populum prædicatione confirmat : modo justorum præmium narrans, modo impiorum peccata castigans, ut ab utraque parte commonitus servire discat Domino populus acquisitus. Quod schema dicitur paradigma, efficacissimum plane figuræ genus, quando duplici utilitate præcipitur quod sequamur. Cum enim dicit, *Oculi Domini super justos*, continuam gratiam Divinitatis ostendit, ut aspectus immobilis super eos esse videatur. Subjungit quoque exauditionis velocissimam celeritatem, quando *aures* Domini paratas *in eorum preces* esse commemorat. Quæ enim illis ad obtinendum fiat mora, cum in ipsis qui exaudire possit inhabitat? Sed licet frequenter exaudiat peccatores, justis tamen multo amplius promittitur, quando *in preces eorum* paratas *aures* habere monstratur.

Vers. 16. PHE. *Vultus autem Domini super facientes mala, ut perdat de terra memoriam eorum.* Exposita justorum gratia, nunc convertitur ad poenas malorum. Et ne dicerent pessimi, justos attendit, nos autem non respicit, securi jam facimus qui ab illo conspici non meremur : pronuntiat *vultum Domini*, id est intellectum esse supra malos, quos sic attendit ut non respiciat, sic non respicit ut tamen eorum facta cognoscat. Timeamus ergo *malum facere*, quod ejus scientiam novimus non latere. Et considera quia et in istis dicitur, *super facientes mala*, ut falli non possit conjuncta vicinitas. Intellige vero quod utrosque videt, sed eos eventu dispari contuetur : justos ut audiat, peccatores *ut perdat. De terra* vero dicit, id est de futura patria, quam soli Deo placiti possidebunt. *Memoria eorum peribit*, quia non erit iniquorum inter justos ulla commemoratio. Illos enim in memoria nos habere dicimus, quibus aliqua præstare desideramus. Nam qui de memoria Domini exeunt, ad æterna supplicia sine dubitatione perveniunt.

Vers. 17. ZADE. *Clamaverunt justi, et Dominus exaudivit eos, et ex omnibus tribulationibus eorum liberavit eos.* Iterum redit ad justos, de quibus paulo latius dicit, ut populos enarrata dona reficiant, quos malorum poena terruerat. Discutiamus quid sibi velit ista sententia. *Justos* clamasse dicit ad Dominum, et semper profitetur auditos. Quid ergo de martyribus dicimus, quos de suppliciis tyrannorum minime constat *esse liberatos*? Liberati sunt plane, quando ad cœlorum regna perducti, *omnibus tribulationibus* probantur exuti. Clamor enim justorum non solum ad temporalem, sed maxime ad æternam utilitatem semper auditur.

Vers. 18. Coph. *Juxta est Dominus his qui tribulato sunt corde, et humiles spiritu salvabit*. Et iste versus pertinet ad bona justorum. Mos Domini et humana consuetudo diversa est. Nam qui vult altioribus vicinus fieri erigitur; tenditur ut possit fastigia celsa contingere. Dominus enim altissimus attingi non potest, nisi per humilitates videlicet inclinatas; nec ad dulcia ejus gaudia nisi per amaras lacrymas pervenitur. Sive, ut alii dixerunt, *juxta*, significat non loco, sed auxilio. Inspiciendum est quoque quod dicit, *qui tribulato sunt corde*. Multi enim *tribulantur*, sed non ex corde, ut queruli, fatui, qui peccata non deflent, sed mundana eos damna contristant. Illi autem *corde tribulantur*, qui aliena mala suas faciunt esse miserias, qui mundum lugentes generalitatis cladibus affliguntur. Ipsos namque *salvabit*, qui se humillimis conversationibus subdiderunt. Et intende quia non dicit verbis *humiles*, quod habet plerumque nequitia peccatorum, sed *spiritu*; sicut in Evangelio dicit : *Beati pauperes spiritu, quoniam ipsorum est regnum cœlorum* (*Matth*. v, 3).

Vers. 19. Res. *Multæ tribulationes justorum, et de his omnibus liberavit eos Dominus*. Et hic et alter versus adhuc justorum bona commemorant. Aptum enim fuit plus de ista parte loqui, ne fragilia corda mortalium iterato sæpius timore succumberent. *Multæ* revera *tribulationes* sunt *justorum*, quia eos et diabolus validius insequitur, et homines per invidiam frequenter affligunt. Deinde impius tribulari potest, si quid adversum solus ipse patiatur; justus vero et propriis passionibus affligitur, et aliis charitate compatitur. Sed cum subjungitur, *et de omnibus his liberavit eos Dominus*, potentia Creatoris ostenditur : quia liberationem ejus tribulationum impedire non potest multitudo. Unde colligitur omnem justum multis quidem tribulationibus onerari, sed de omnibus indubitanter absolvi.

Vers. 20. *Dominus custodit omnia ossa eorum : unum ex his non conteretur*. Ossa dixit fidelium firmitatem, id est patientiam, mansuetudinem et cæteras virtutes, quæ perire in sanctis nequeunt, quia Domino custode servantur. Ipsa sunt enim quæ comminui non possunt, quamvis corporea *ossa* frangantur. Nam si ad litteram considerses, non minima quæstio videtur oboriri : quomodo latronis illius *ossa* cui Dominus dixerat : *Hodie mecum eris in paradiso* (*Luc.* xxiii, 43), non sunt contrita, quæ a militibus leguntur esse confracta; et multorum martyrum corporali conditione reperis esse violata? Sed hoc omne nævum dubietatis excludit, si *ossa* virtutem fidei et robur animæ sentiamus.

Vers. 21. Sin. *Mors peccatorum pessima; et qui oderunt justum delinquent*. Mortem peccatorum illam dicit quæ ab homine non potest intueri, quam non solum malam, sed etiam *pessimam* profitetur esse. Revera *pessima*, quoniam eam æterna pœna comitatur. Nam si ad istam *mortem* respicias quæ nostris oculis patet, frequenter invenis divitem peccatorem pomposis apparatibus decenter efferri, quem sic familia plangit, ut pium fuisse humanis auribus mentiatur. Amici etiam eum impensis lacrymis prosequuntur; ut revera putes bonorum aliquem ereptum, qui magna cognoscitur lamentatione defletus. Quid de pretiosis referamus odoribus, quibus et post mortem eorum mansura corpora condiuntur, quod tanto studio, tanto apparatu peragitur, ut in funeribus ipsorum superstitum vita recreetur? Ubi est ergo *peccatorum mors pessima*? Scilicet in inferno, ubi recepti pœnas patiuntur æternas. Quanta enim pompa, ut credimus, purpuratus ille dives ad sepulcra perductus est, qui guttam aquæ frigidæ ab Lazaro paupere postulavit (*Luc*. xvi, 24)? Et nota quod in isto nomine asperitas mortis ipsius explanatur. *Pessima* enim dicta est, quasi pessumdata. Subjunxit quoque : *Et qui oderunt justum delinquent*, id est qui Dominum Salvatorem nefando odio habentes, mandata ipsius suscipere noluerunt; nam et istorum *mors pessima* est, sicut et illorum de quibus superius dixit.

Vers. 22. Tau. *Redimet Dominus animas servorum suorum, et non derelinquet omnes qui sperant in eum*. Quam bene in spe bonorum psalmus iste finitus est, ut malorum collegia deserentes, ad bona potius futura tendamus! *Redimet Dominus*, scilicet sanguine pretioso : quoniam qui in ipso recte crediderit, a peccatorum debita captivitate redimetur. *Animas* frequenter Scriptura ponit pro hominibus, sicut in Exodo scriptum est : Descenderunt in Ægyptum animæ septuaginta quinque (*Exod*. 1, 5). A parte enim meliore bene totus homo suscipitur. Sed vide quia *servorum suorum* dicit, non iniqua libertate viventium. Addidit quoque, *et non derelinquet*, scilicet tanquam Pastor bonus, qui oves suas sedula pietate custodit. Sed geminavit promissionis omnino cautelam. Non enim dicit nullum derelinqui, sed *omnes qui sperant in eum*. Nam derelinquet illos qui spem suam aut in propriis viribus, aut in alicujus hominis præsumptione posuerint.

Conclusio psalmi.

Peracta sunt psalmi hujus sacrosancta mysteria, ubi sic missarum ordo completus est, ut eum conscriptum putes temporibus Christianis. Hic enim et hymnorum ordo decursus est; hic ad communionem devotus populus jubetur accedere; hic invitatur venire qui prima fidei rudimenta suscipiunt, ut nihil tantæ rei deesse sentias, cum tamen nullum horum tunc provenisse cognoscas. Hic etiam genus humanum, et justorum bonis invitatur, et malorum ultione terretur. Hoc est quod titulus ille præcinuit, *quando David ante Abimelech vultum mutavit*; ut et nos nostram voluptatem utiliter commutantes, ad tutissimam Domini Ecclesiam catholicam confugere debeamus. Est etiam calculus iste, qua Dominus aetate passus est, in qua et nos lectione Patrum resurgere credimur. De qua pater Augustinus in Enchiridion libro suo (*Cap. 84 et seq.*) multipliciter, ut solet, diligenterque tractavit; ut nulli sit dubium psalmum tantis virtutibus consecratum, memoriae nostrae sacculis velut thesaurum coelestem frequenti meditatione condendum.

EXPOSITIO IN PSALMUM XXXIV.
Ipsi David.

Non gravat breviter interdum dicta repetere, ut legentis animus ad memoriae necessaria studia revocetur. *David*, sicut diximus, duas significationes amplectitur, manu fortis, et desiderabilis, quod utrumque Domino Salvatori certum est convenire. Manu fortis est, quia mortis nostrae captivitatem cum impio auctore prostravit; desiderabilis est, quoniam adventus ejus nobis bona ineffabilia pollicetur. Cantatur ergo psalmus iste a persona Domini Salvatoris, qui se petit ab inimicorum persecutione liberari. *Ipsi* enim ubi commemoratur in titulo, Christum commonet intelligi, qui congrue *David* dicitur, quoniam bene huic tota expositio istius nominis applicatur.

Divisio psalmi.

Per totum hunc hymnum verba sunt Domini Christi a dispensatione qua passus est. Primo membro psalmi persecutoribus retributionem postulat debere restitui: optans illis contraria, quae tamen ad conversionem eorum sint nihilominus profutura. Secundo de resurrectione sua gaudet: et Judaeorum iniquitates exprobrans, actum propriae passionis exponit. Tertio promittit se per universum orbem terrarum in membris suis paternae potentiae confiteri, qui eum ab inimicis suis resurrectionis beneficio liberavit: deprecans ut confundantur persecutores [*ed.*, peccatores], et exsultent in magna gloria fideles.

Expositio psalmi.

114 Vers. 1. *Judica, Domine, nocentes me; expugna impugnantes me.* Assumpta pro nobis clamat infirmitas, ut damnentur *nocentes*, id est, diabolus cum ministris, quod noverat esse venturum. Malos enim judicare damnare est, quia nequeunt in disceptatione liberari qui semper pravis actionibus probantur impliciti. Sed hoc, ut dictum est, ad diabolum pertinet cum sequacibus suis, per quos provenit Judaicae voluntatis iniquitas. Nam cum ipse praecipiat: *Pro inimicis vestris orate* (*Matth.* v, 24), hominibus haec non potest convenire sententia. Ipsos ergo petit debere damnari, quos virtute praescientiae suae novit ad poenitudinis remedia non venire. Nam in subsequentibus, ubi venit ad homines, converti eos desiderat, non perire. Adjecit etiam: *Expugna impugnantes me.* Qui *impugnat* superare contendit; qui *expugnatur* omnino jam victus est. Merito ergo spiritus immundi impugnatores dicuntur, quia licet sanctos vincere nequeant, contendere tamen cum eis improba voluntate non desinunt. *Expugnat* autem Dominus, qui solus praevalet implere quae vult, cujus certamen triumphus est, et omnis pugna victoria.

Vers. 2. *Apprehende arma et scutum, et exsurge in adjutorium mihi. Arma* ab arcendo dicta sunt, quod per ea hostes violentissimos arceamus. Et ideo hoc humana consuetudine dicitur, quae armat manum, ut opprimat inimicum. Caeterum *arma et scutum* sola voluntas est Domini, qua protegit periclitantem, et expugnat adversum. Hanc enim tropologiam dicit et Apostolus: *Scutum fidei, et galeam salutis, et gladium spiritus* (*Ephes.* vi, 16, 17). *Scutum* enim dictum est quasi sculptum, quod in ipso antiqui sua facta signabant. Nam quod dicit, *apprehende*, nunquid a Deo sumitur ad tempus peregrina defensio? Semper illi paratus est exitus rerum, qui probatur omnipotens; nec quasi de quiete *exsurgere* creditur, qui nunquam jacuisse declaratur. *Arma* igitur pertinent ad indumenta ferrea, per quae salus humana defenditur; *scutum* ad repellendos ictus inimici, ut frustrata tela cadant, quae fuerant in exitium hominis destinata. Precatur ergo Dominus Christus a natura humanitatis suae, ut et salus ejus muniri debeat, et inimici voluntas suis ausibus efferatur.

Vers. 3. *Effunde frameam, et conclude adversus eos qui persequuntur me: dic animae meae: Salus tua ego sum.* In Scripturis divinis, *framea* multas continet significationes; intelligitur enim et gladius, intelligitur hasta regalis, intelligitur et dolus, intelligitur et vindicta; hic tamen vult accipi animam suam, quae revera adversariis *framea* fuit. Per ipsam quippe gestum est idolorum cultus sacrilegus interiret, ut diaboli vinceretur iniquitas, ut mortis ipsius potestas percussa succumberet, cum ante toto orbe libera potestate regnaret. Nam et in alio psalmo jam lectum est: *Eripe animam meam ab impio, frameam tuam* (*Psal.* xvi, 13). *Effunde* ergo *frameam*, id est animam meam dilata munere tuae pietatis indulto. *Conclude*, hoc est passione mea, et lege tua completa, quam praedixeras per prophetas. Petit etiam animae suae a Domino dici: *Salus tua ego sum*, quia verba ejus novit sine aliqua difficultate compleri.

Vers. 4. *Confundantur et revereantur inquirentes animam meam.*

Vers. 5. *Avertantur retrorsum, et erubescant qui cogitant mihi mala.* Illic jam ubi venit ad homines, non maledictio funditur, sed correctio postulatur. *Confundi* est facta sua erubescere, et in meliorem sententiam commutare; nam et illi confusi dicuntur, qui convincuntur a i poenam. Sed ut magis hoc ad conversionem intelligere debuisses, addidit: *Revereantur*, id est, emendati colant, quem persequendum esse putaverant. *Inquirentes animam meam*, in malam partem dicitur; qui sic quaerunt, ut eam non venerari velint, sed a corpore segregare festinent. Nam quaeri animam Christi et in bonam partem positum est, ubi ait: *Periit fuga a me, et non est qui requirat animam meam* (*Psal.* cxli, 5). *Averti* autem *retrorsum* non dicitur, nisi illis qui corrigendi judicantur. Nam et Petro apostolo, qui salutem Christi humanitus vindicabat, dixit: *Redi retro me, Satanas* (Marc. VIII, 33), non ut periret, sed ut Domini voluntatem felici emendatione sequeretur. Ergo quos retrorsum redire vult, non illos optat intentionem pessimam suæ voluntatis efficere: sed potius se sequi, ubi non probantur errare. *Qui cogitant mihi mala*, sive de Judæis, sive de hæreticis, sive potest accipi de paganis. Omnes enim *mala cogitant* qui præter religionem catholicam asserere aliqua prava intentione festinant.

Vers. 6. *Fiant tanquam pulvis ante faciem venti, et angelus Domini affligens eos.* Pulvis terrena quidem, sed nimis arida tenuisque substantia est, quæ vento flante in sua sede manere non sinitur, sed in auras liquidas elevatur. Ita voluntates peccatorum, cum veritatis fuerint inspiratione commonitæ, a terrenis vitiis sublevantur, et ad virtutes æthereas, præstante Domino, perducuntur. Sic ergo malis optatur ut ad vitam cœlestem felici emendatione perveniant. *Angelum* dicimus supernæ virtutis nuntium, per quem divina jussa complentur. Iste ergo *angelus* conversos affligit, ut in illam patriam felicem humilitatis munere perducantur. Sed afflictio ista beneficium est, quando in locum magni muneris, ut emergat, optatur.

Vers. 7. *Fiat via eorum tenebræ et lubricum, et angelus Domini persequens eos.* In contrarium verti peccatoribus omnia postulavit, ut *via* propria quæ illis videtur lucida vel fixa, cum in eadem delectabiliter commorantur, *fiat* illis tenebrosa, quam horreant, *et lubrica*, ut in eadem diutius stare non possint; sicut et Jeremias propheta dicit: *Et propter hoc facta est via eorum lapsinosa in tenebris, et supplantabuntur, et cadent in ea* (Jer. XXIII, 12). Quod si adhuc in malis suis decreverint immorari, virtus Domini persequatur; quatenus eos in sceleribus suis hærere non faciat, qui ad interitus sui vota festinant. O multarum contrarietatum magna felicitas! Quantis votis hic petitur, ut adversitas prosperrima præbeatur!

Vers. 8. *Quoniam gratis absconderunt mihi interitum laquei sui, vane exprobraverunt animam meam. Gratis* revera, quibus nihil mali fecerat. Quæ figura dicitur syncrisis, cum comparatione quadam justiorem causam nostram, quam adversarii demonstramus. Illud enim gratuitum dicimus, quod non alicujus rei compensatione tribuitur. *Absconderunt mihi*, ut illi putabant, qui divinitatis ejus potentiam non credebant. Nam quid potest *abscondi*, cui nihil occultum est? Ille enim et proditorem suum in cœna designavit, et passionem, antequam proveniret, edocuit; nec quidquam fuit quod ei *absconderetur*, quia omnia suæ voluntatis dispensatione patiebatur. Bene autem dictum est, *interitum laquei sui*, quia ille *laqueus* non morientis erat, sed peccantis magis interitus. Nam quod sequitur, *vane exprobraverunt animam meam*, significat false accusaverunt, quando Judaicus populus Domino Salvatori dicta veracia quasi crimen aliquod imputabant. Clamabant enim vesani mendaciter: *Hic est qui dicebat, destruam templum hoc* (Matth. xxvi, 61); cum ille dixerit: *Destruite templum hoc, et in triduum ædificabo illud* (Joan. II, 19). Quid enim plus vanum quam illud ad culpam pravitatis studio velle convertere, quod prædicabatur omnibus ad salutem?

Vers. 9. *Veniat illis laqueus quem ignorant, et captio quam occultaverunt apprehendat eos; et in laqueum incidant in idipsum.* Pia retributio, vindicta salutaris: ut quia illi laqueum paraverant, qui credebatur posse nesciri, in illam tendiculam incidant quam sensus peccatoris ignorat; scilicet nexu veritatis astricti reddantur potius absoluti. Sequitur, *et captio quam occultaverunt apprehendat eos.* Quæ est illa captio, nisi mors Domini Salvatoris, quæ occultis machinata probatur insidiis? *Apprehendat eos*, quasi fugientes protinus consequatur, et illud totum efficiat, ne derelicti suis sceleribus obruantur. Et nota quod hic in bonam partem ponit *laqueum*; ut mandatis Domini capti, *in idipsum* cœlesti gratia perseverent. Sic orat cui gratis *laqueus* occultabatur exitii, qui malum pro malo non reddidit, sed in cruce positus pro suis persecutoribus exoravit.

Vers. 10. *Anima autem mea exsultabit in Domino: et delectabitur super salutare ejus.* Postquam de spiritibus immundis, quæ illis erant emersura, competenter edixit, et pro peccatoribus more suæ pietatis oravit, venit ad secundum membrum, ubi et lætitiam propriæ mentis exponit, et passionis ordinem lucidissima veritate narravit. Prima quippe sanctæ animæ beatitudo est, *exsultare in Domino*: quia totum illic conquiritur, cum mens ibi purissima destinatur. Nam qui lætatur in Domino, nec gaudium ejus aliquando deficit, nec suavius quidquam quod amare possit inveniet. Quid ergo sequitur istam exsultationem? scilicet quoniam *delectabitur super salutare ejus. Salutare* autem est Domini majestas Verbi, unde salus egreditur, et vita præstatur, fons misericordiæ, supplicantium remedium, remissio peccatorum.

Vers. 11. *Omnia ossa mea dicent: Domine, quis similis tibi? Ossa* nec sensum nec vocem habere manifestum est, sed (sicut frequenter diximus) fortitudo animi et constantia mentis debent intelligi. Quæ merito *ossibus* comparantur, quia sicut illa corpus continent, ita et hæc sanctas corroborat voluntates. Dicant ergo hoc sacramentum *ossa*, non caro, id est firmitas, non remissio: quia talem hymnum non potest nisi sola mentis dicere fortitudo. *Quis* negativum est: quia nemo potest esse *similis*, cum sit sancta Trinitas singularis. Multum quippe est creatura a Creatore dissimilis: illa denique servit, iste dominatur.

Vers. 12. *Eripiens inopem de manu fortioris* [ed., *fortiorum*] *ejus, egenum et pauperem a rapientibus eum.* In isto versu exposuit quod superius dixit: *Quis similis tibi?* Nam cum diabolus manu sua tenere pene totum genus humanum, de illa potestate qua tenebatur obnoxium, constat incarnatione Verbi fuisse liberatum. Addidit quoque *egenum et pauperem*, ut hæc tria in unum collecta conditionem generis humani pressam calamitatibus indicarent. *Inops* ergo dicitur, quia mortalis effectus est; *egenus*, quia in laboribus et sudoribus panem quaesivit; *pauper*, quoniam de illa sapientia et puritate dejectus, solam tenuem et umbratilem ratiunculam possidebat. Nam quis dicat eos vere sapuisse, qui auctoris sui probabantur scientiam non habere? Sed hunc talem per incarnationem suam liberasse, quam mirabile, quam est omnimodis singulare, ut merito dicatur : *Domine, quis similis tibi?* Et memento quod supra, *de manu fortioris*, diabolum significat, qui utique fortior hominibus erat. Inferius *a rapientibus eum*, spiritus immundos intelligi vult, qui potestati diabolicae nefanda devotione commilitant.

Vers. 13. *Exsurgentes testes iniqui quae ignorabam interrogabant me*. Postquam dixit multiplices calamitates quibus premebatur humanitas, ut se ab ea non redderet alienum, quam pro nobis assumere sua pietate dignatus est, nunc propriam commemorat passionem. *Testes* igitur, qui subito impetu belluino consurgunt, nec moderate adducuntur in medium, sunt sine dubitatione falsissimi, quos uno verbo potenter designat dicens : *Iniqui*. Revera *iniqui*, qui erant contra veritatem justitiamque locuturi. Jungit : *Quae ignorabam*, id est quae me dixisse omnimodis nesciebam. Sic enim de illis dicimus qui se Domini beneficio recta conversatione custodiunt : nescit mentiri, nescit rapere, nescit opprimere. Ignorabat enim Dominus blasphemare, quod ei princeps sacerdotum scissis vestibus imputavit, quando dixit : *Videbitis Filium hominis sedentem ad dexteram Patris* (*Matth.* XXVI, 64); et subsecutus est princeps Judaeorum : *Blasphemavit; quid adhuc egemus testibus?* Sed quale testimonium fuerit, subsequenti verbo declaravit; ut eos non diceret convicisse, sed interrogasse, quasi non de sua integritate confisus, sed de aliena voce sollicitus. De quo loco Matthaeus evangelista sic ait : *Novissime autem venerunt duo falsi testes, et dixerunt : Audivimus hunc dixisse : Possum destruere templum hoc* (*Ibidem*, 60), etc.

Vers. 14. *Retribuebant mihi mala pro bonis, sterilitatem animae meae*. Non potuit aliquid nec brevius nec elegantius dici. Beneficia Domini actusque Judaeorum singulis sunt sermonibus explicata, id est *mala pro bonis;* scilicet quia dum ille vitam credentibus contulisset, isti mortem reddere maluerunt; quod retributionis genus malorum omnium probatur extremum. *Sterilitas* quoque *animae* fuit, quando Magister bonus in ipsis fructum fidei reperire non potuit; nec pectora eorum credulitatis germina reddiderunt, quae saxeo stupore durata sunt. Sed ne Judaei se leviter aestiment addictos huic sterilitati, et in ficulnea illa (Evangelio teste) maledixit, in qua fructus omnino non reperit (*Marc.* XI, 13).

Vers. 15. *Ego autem, cum mihi molesti essent, induebam me cilicio*. Cilicium fit ex haedis asperum setigerumque tegumentum : qui ad delicta jure referuntur, quoniam et in judicio Domini in peccatorum parte sunt positi. Ergo Dominus, quia carnem peccati assumpsit, *cilicium se induisse* commemorat.

Nam si historice accipias, nunquam eum legis usum fuisse cilicio. Ergo dum Judaei per contumelias et insidias essent molesti, ille divinitatem suam carnis velamine tenebrosis mentibus occulebat, quia non merebantur agnoscere quem tali impietate tractabant. Hoc schema metriasmos, id est mediocritas dicitur, quoties rem magnam humili voto dejicimus. Quam figuram et in hoc, et in subsequentibus versibus diligens lector agnosces. Et considera verbum coelestis patientiae; non dicit, cum me persequerentur, sed *cum mihi molesti essent;* quod solemus dicere in levibus causis, ubi aliquid importune suggestum taediosa voluntate suscipimus.

Vers. 16. *Et humiliabam in jejunio animam meam, et oratio mea in sinu meo convertebatur*. Jejunium Domini fuit, quando nefanda obstinatione duratos non inveniebat, quos in epulas spirituales assumeret. Haec enim fuit sterilitas animae ipsius, quod et *jejunium*. Jejunium enim dictum est quasi inedium, quod abstinentes diutius ad inediam usque perducat. Jejunavit ergo Dominus, quia se ei incredula turba subtraxerat. Potest etiam et jejunium corporale Domino convenire, quoniam quadraginta diebus et noctibus jejunavit in monte (*Matth.* IV, 2); sed illo perfecto jejunio de quo Isaias dicit : *Solve omne vinculum iniquitatis, dissolve obligationes vehementium commutationum, dimitte afflictos in remissione, et omnem retributionem iniquam disrumpe; frange esurienti panem tuum, et pauperes sine tecto induc in domum tuam. Si videris nudum, cooperi, et domesticos seminis tui non despicies. Tunc erumpet matutinum lumen tuum, et sanitas tua cito orietur. Et praecedet ante te justitia tua, et majestas Domini circumdabit te. Et tunc clamabis, et Deus exaudiet te, adhuc te loquente dicet : Ecce adsum* (*Isai.* LVIII, 6, 7, 8, 9), et caetera, quae textus ille mirabilis coelesti munere pollicetur. Ita Magister bonus, quod prophetarum praedixerat libris, humanitus evidentibus monstravit exemplis. Addidit quoque secretiorem causam quae bene evangelica similitudine reseratur. Dicit enim Dominus discipulis suis : *Intrantes autem in domum salutate eam dicentes : Pax huic domui. Et si quidem fuerit domus illa digna, veniet pax vestra super eam; sin autem non fuerit digna, pax vestra ad vos revertetur* (*Matth.* X, 12, 13). Talis est et ista oratio quae fundebatur a Domino. Nam dum eam detestabiles Judaei minime susciperent mererentur, *in sinu* ejus, id est in secreto pectoris, unde fuerat egressa, remeabat. Si enim in pectoribus fuisset operata, non conversa utique, sed diceretur effusa.

Vers. 17. *Sicut proximum, sicut fratrem nostrum ita complacebam, tanquam lugens et contristatus sic humiliabar*. Quantum ad eloquentiam Latinam proximo et fratri complacuisse nos dicimus : sed hic mutatus est nominum casus; pro dativis enim accusativi sunt positi. Quae figura dicitur antiptosis, quando casus pro casu ponitur. Dicit enim *sicut* de *proximo, sicut* de *fratre nostro, ita mihi complacebam;* id est de eorum affinitate gaudebam, qui me hostiliter insequebantur.

Ipsa est enim perfecta retributio, si pro odio gratia, si beneficium pro læsione præstetur. *Complacebat enim in illis Dominus, quando eos docebat ne delinquerent, quando pro ipsis Patri in cruce positus supplicabat.* Sequitur, *tanquam lugens et contristatus sic humiliabar.* Illa Domini sanctitas et impensa charitas quam docebat, quamvis sicut fratres et proximos se Judæos dilexisse testetur, *contristatum* se tamen juste commemorat, quia in cunctis fidem invenire non potuit, quam magnopere quærebat. Si quis enim nobis bene velit, necesse est ut contristetur, quando in nobis non potest reperire quod quærit.

Vers. 18. *Et adversum me lætati sunt et convenerunt: congregata sunt super me flagella, et ignoraverunt.* Cum Christus Dominus pie contristaretur, Judæi impia libertate lætabantur. Sed diversa erit ista retributio: Christus gaudebit de tristitia sua, Judæi de propria erunt exsultatione cruciandi; nam beati sunt qui propter justitiam lugent (*Matth.* v, 5), et miseri qui inepta gratulatione superbiunt. Exponit etiam casum pessimæ cæcitatis: quia in Dominum suum tormenta præparabant, quæ in ipsos erant justitiæ compensatione reditura. Hoc est enim quod dicit: *Et ignoraverunt*: quia in eos habuit converti, quod corporaliter innocenti videbantur ingerere.

Vers. 19. *Dissoluti sunt, nec compuncti sunt; tentaverunt me et deriserunt derisu; striderunt in me dentibus suis.* Post impiæ temeritatis excessum, dicit quæ Judæis acciderint; nec tamen obstinationem eorum commemorat potuisse converti. *Dissoluti sunt* utique, cum passione Domini sol tenebras accepit, terra contremuit, velum templi scissum est (*Luc.* XXIII, 45); et cum hæc tanta fuerint ostensa miracula, non sunt tamen conversi faciente duritia. *Tentaverunt* vero quando dixerunt: *Dic nobis si tu es Christus* (*Luc.* XXII, 66)? *Deriserunt*, quando crucifixo imputabant, sicut Matthæus evangelista testatur: *Similiter et principes sacerdotum deridentes eum cum scribis et Pharisæis dicebant: Alios salvos fecit, seipsum salvum facere non potest* (*Matth.* XXVII, 41, 42). Genus autem illud locutionis tunc adhibetur, quando res aliqua copiosissime significatur impleta; ut, Benedicens benedicam te, maledicens maledicam te, ædificans ædificabo te, et his similia. Quod argumentum dicitur notatio, cum ex verbi positione elicitur similitudo sermonis. Sequitur, *striderunt in me dentibus suis*, quod fit a sævis hominibus, quando ratione vincuntur. Nam cum eis pro veritate verba defecerint, tunc impatienter dentibus fremunt, suasque voluntates tacita interminatione denuntiant. Sed hoc totum ad magnam humani generis ædificationem refertur: ne membra sibi existiment onerosum pati, quod caput suum sustinuisse cognoscunt.

Vers. 20. *Domine, quando respicies? restitue animam meam a malefactis eorum, a leonibus unicam meam. Quando respicies?* pro consuetudine infirmitatis humanæ dicitur, cui morosum videtur quodcunque futurum est, quæ mox ut cupit aliquid, festinat implere. *Restitue* vero dixit, quasi ereptam redde; hoc est, præsta resurgere *a malefactis*: quia injuste probatur occisus. *A leonibus* enim, a potestatibus cruentis atque crudelibus significat. *Unicam*, quidam carnem Domini advertere voluerunt, quæ licet sit ista communis, *unica* tamen facta est, quia de Virgine, quia sine peccato, quia sociata est Verbo, hoc est Dei Filio. Sive *unicam*, catholicam Ecclesiam intelligamus, 117 quæ in toto mundo una est, et dilectione magna, *unica* nuncupatur, a qua hæreticorum conventicula omnimodis excluduntur. Nam ut probes ipsam dici *unicam*, sequens versus ostendit, qui de Ecclesia locuturus est. Et respice rerum ordinem pulcherrime fuisse servatum: prius pro resurrectione sua deprecatus est, quæ revera jam contigit: post oravit de Ecclesiæ liberatione, quæ tempore judicii ab omni erit inquietudine munienda.

Vers. 21. *Confitebor tibi, Domine, in Ecclesia magna: in populo gravi laudabo te.* Venit ad tertium membrum, ubi jam percepto munere resurrectionis, profitetur se in toto orbe Domino confiteri. Duas diximus esse confessiones, unam laudis, alteram pœnitentiæ. Sed hic ut præconialem debuisses advertere, paulo post sequitur, *laudabo te. Magna* vero *Ecclesia* est populus Christianus, rectæ fidei tenax, qui amplitudine sui totius mundi spatia comprehendit. Sequitur, *in populo gravi*, utique fructuoso, qui non in levibus paleis, sed in frumentalibus granis noscitur constitutus. Quem veniens aura tentationis de area Christi non abjicit, sed ventilationibus purgatur potius quam longe projicitur. Quapropter *in gravi populo laudatur* Dominus; a levibus autem et fide vacuis utique blasphematur.

Vers. 22. *Non insultent in me qui adversantur mihi inique, qui oderunt me gratis et annuentes* [mss. A., B., F. *annuunt*] *oculis.* Ordo verborum talis est: Non insultent in me qui adversantur mihi inique, annuentes oculis, qui oderunt me gratis. Insultant hæretici, quando aliquos de numero fidelium sancta perdit Ecclesia; *adversantur inique*, quando de pereuntium errore lætantur. Hoc ne fiat pia Domini intercessione deposcitur. Sequitur, *qui oderunt me gratis*; hoc est quibus nihil nocui. Inaniter siquidem exsecratur, cui læsionis causa nulla præmittitur. *Annuentes* autem *oculis* dixit, quod solet fieri quando voluntatem nostram tacita et dolosa significatione declaramus; et ubi voce prodi nolumus, oculorum quempiam nutibus admonemus.

Vers. 23. *Quoniam mihi quidem pacifice loquebantur, et super iram dolose cogitabant.* Prædicitur Judæorum nefanda dolositas, quæ non nostris, sed verbis evangelicis indicitur. *Pacifice loqui* videbantur quando dicebant: *Magister, scimus quia verax es, et viam Dei in veritate doces: licet tributum dare Cæsari, an non* (*Matth.* XXII, 16)? Sed potest dolum cogitare etiam qui non disponit occidere, ut si quis pecuniam aut possessionem proximo machinetur auferre. Sed addidit *iram*, ut dolus eorum exitialis fuisse declaretur. Hoc ad illud refertur, quando dolosam machinatio nem tractabant: *Oportet unum pro omnibus mori* (*Joan.* xi, 50).

Vers. 24. *Dilataverunt in me os suum; dixerunt: Euge, euge, viderunt oculi nostri.* Dilataverunt utique os suum quando clamabant: *Crucifige, crucifige* (*Luc.* xxiii, 21); jam non annuentes oculis, non dolose cogitantes, sed aperta et libera voce damnantes. O scelestum facinus! Negavit judex fieri quod populus clamabat impleri. Sequuntur verba lethaliter laetantium Judaeorum; ac si dicerent: bene, bene videmus de te quod desideramus efficere; ut dissuasor plebis cum latronibus in cruce penderes. En mira patientia, in quo erat summa potestas. Nunquid non valuit ad confundendos inimicos vivus descendere de crucis patibulo, qui mortuus die tertia resurgere potuit de sepulcro? Sed non conveniebat divinae virtuti ad verba insultantium commoveri, ut amplius erubescerent, dum omnia praedicta constarent. Sed quamvis Judaeos *Euge, euge* dixisse in Evangelio non legatur, similia tamen insultationum verba locuti sunt, ut una res per sermonum varietates veraciter probetur esse narrata. *Euge, euge* per figuram dictum est epizeuxis, quando sine aliqua interpositione in uno versu verba geminantur.

Vers. 25. *Vidisti, Domine, ne sileas; Domine, ne discedas a me.* Ad haec et ista tria verba pertinent quae superius dignoscuntur esse narrata. *Vidisti,* hoc est probasti completa, quae contra me praevideras esse cogitanda. Sic enim dicimus, quando aliquid in memoriam revocare desideramus: *Vidisti* quam crudelis exstitit mihi; *vidisti* quanta in me fecerit latronis improbitas. *Ne sileas,* id est non differas dare sententiam, quod utique tacendo non potest fieri, sed loquendo. Nam quod dicit, *ne discedas a me,* a parte accipiendum est humanitatis, quae subjacuit passioni.

Vers. 26. *Exsurge, Domine, et intende judicio meo: Deus meus, et Dominus meus, in causam meam.* Sicut saepe dictum est ab humana consuetudine, *Exsurge* dicitur illi qui semper vigilat, semper intentus est; et cum jugiter omnia respiciat, tunc tamen putatur *intendisse* dum vindicat. *Judicio meo,* quod pertulit a Judaeis, judicium sine jure, tormenta sine scelere, mortem sine peccato. Bene autem dixit *meo,* quod revera pertulerat. Pulchre siquidem dixit, *in causam meam* respice, non in poenam; poena enim sceleratis videbatur esse consimilis; *causa* vero talis cum nullo poterat esse communis. Sed quae est ista *causa,* quae a Deo petebatur *intendi*? scilicet ut qui dare venerat salutem humano generi, ab insanis et perfidis probaretur occidi.

Vers. 27. *Judica me, Domine, secundum misericordiam tuam, Deus meus; et non insultent in me inimici mei.* Quamvis haberet optimam causam qui peccata non fecerat, tamen se petit *secundum misericordiam judicari,* ut nobis ostenderet precationis exemplum, qui tale non poteramus habere negotium. Sequitur quoque: *Et non insultent in me inimici mei:* scilicet ne dicant quod insultantium potest habere nequitia, id est potuimus, fecimus, egimus; sed precatur ut mala sua potius salutariter tristes defleant, quam se exitialiter implesse congaudeant.

Vers. 28. *Non dicant in cordibus suis: Euge, euge animae nostrae; nec dicant: Absorbuimus eum.* Expressit insultationem quam superius fecerat sentiendam. *Non dicant: Euge, euge,* id est, bene, bene. Verba sunt enim ista scelerata mente laetantium, quae jam dicere non possunt, dum compunctionibus affliguntur. Damnent ergo malam conscientiam suam, ne possint poenalem subire sententiam. O ingens et immensa pietas Creatoris! non patitur eos laetos temporaliter relinqui, ne debeant aeterna calamitate percelli. *Absorbere* est autem in corpus alterius subita celeritate transmitti; quod accidit illis qui aliquibus superstitionibus deglutiti, a verae fidei vivacitate discedunt. Sed hoc petit ad informandos fideles. Caeterum ineffabili ejus 118 puritati talia non poterant evenire.

Vers. 29. *Erubescant et revereantur simul, qui gratulantur malis meis.*

Vers. 30. *Induantur pudore et reverentia, qui maligna loquuntur adversum me.* Digna vindicta, poena sufficiens. Nam qui erubescit actus suos, propria aestimatione damnatus est, et se ultore torquetur, qui vinculo confusionis involvitur. Potest tamen aliquis *erubescere,* et reverentiam non habere. Hic autem addidit, *et revereantur simul,* ut conversionis eorum indicia declararet. *Reverentia* est enim Domini timor cum amore permixtus; quod illis provenit qui voluntate sincerissima confessionis munera consequuntur. Sequitur, *induantur pudore et reverentia.* Quasi quodam cilicio poenitentiae, quasi veste lugubri. *Pudorem* contra audaciam ponit, quam habuerunt furentes; *reverentiam* contra impudentiam falsitatis, ut duabus virtutibus curent, quod duobus commisere criminibus. *Magna* enim dixit *locutos,* id est superba modum probitatis excedentia, sicut beatus Joannes in Apocalypsi commemorat: *Vidi os loquens magna adversus Deum* (*Apoc.* xiii, 5).

Vers. 31. *Exsultent et laetentur qui volunt justitiam meam; et dicant semper, Magnificetur Dominus, qui volunt pacem servi ejus.* Postquam de persecutoribus sufficienter edictum est, venit ad partem fidelium: illos optans salubri poenitudine cruciari, istos summa beatitudinis exsultatione compleri. Et illud respice, quod merita eorum ipsa quoque verba distinguunt. Persecutores enim solent dicere, *Euge, euge, animae nostrae,* quod temporale gaudium et fugitiva laetitia est. Beati vero *dicunt: Semper magnificetur Dominus,* quod aeternum atque perpetuum est. Illi animabus suis mundanas conferunt voluptates; isti ad Dominum propria vota convertunt, et exsultationem suam non in se, sed in ejus laudibus ponunt. Quod autem dixit, *servi ejus,* ad humilitatis respicit formam: quia in assumpta carne humilitas est, in majestate vero potentia. Sic utrumque perfectum atque verissimum, unus est Dominus Christus. *Qui ergo volunt pacem servi ejus?* Scilicet qui a vitiis redduntur alieni, et in continentiæ bono, divino munere animi tranquillitate versantur.

Vers. 32. *Et lingua mea meditabitur justitiam tuam, tota die laudem tuam.* Lingua ipsius meditata est justitiam, quando Novum Testamentum populis prædicavit. *Tota die,* sicut sæpe dictum est, universum vitæ tempus ostendit. Sed quia humanitati impossibile videtur Deum continuata voce laudare, ad intellectum nos bonorum actuum transferamus : quia semper Deum laudat qui in omni voluntate sua divina jussa considerat.

Conclusio psalmi.

Consideremus Christum Dominum per totum psalmum quanta nobis dispensatione loqui dignatus est. Fecit enim ab oratione principium, sicut et in aliis similibus psalmis. Deinde passionis et resurrectionis suæ ventura narravit. Postremo finit in spe magna fidelium, ut dubium non sit et hunc psalmum præfata regula fuisse conclusum. Quapropter gaudeamus in cladibus, exsultemus in periculis. Nam cur a fidelibus debet refugi, quod ille rerum Dominus pro omnium salute sustinuit? Notandum præterea secundum hunc esse psalmum eorum qui passionem et resurrectionem Domini latius intimare noscuntur.

EXPOSITIO IN PSALMUM XXXV.

In finem servo Domini psalmus David.

Hæc omnia nomina bene intelliguntur de Domino Salvatore. Nam et *in finem* ipsum significat. Et *servo Domini* de ipso dicitur qui *formam servi accipiens, factus est obediens usque ad mortem* (Philip. II, 7); sicut Isaias propheta de ipso dicit : *Ecce servus meus, suscipiam eum* (Isai. XLII, 1). *Psalmus* vero et *David* frequenti expositione jam nota sunt; quæ ideo ad personam Domini pertinere noscuntur, quoniam ei convenire ipsorum nominum expositio declarat.

Divisio psalmi.

Totus psalmus a persona prophetæ dicitur. In primo membro contemptores legis vehementer accusat, eosque dicit non habitare cum Domino, commemorans eorum impias voluntates. Nec moveat quod post tituli, tale principium ab insipientibus facere delegit, initium. Commendat enim vehementius bonorum partem, quando prius præmittitur quod graviter horreatur. Secundo sub laude Domini collata beatorum præmia describuntur, eosque dicit domus Domini ubertate compleri. Breviterque in ruina malorum psalmus iste concluditur, ne quis putaret fortasse tentandum quod tanta exsecratione noverat accusatum. Quapropter subtilitatem ejus paulo diligentius perscrutemur; est enim nonnulla difficultate contextus.

Expositio psalmi.

Vers. 1. *Dixit injustus ut delinquat in semetipso : Non est timor Dei ante oculos ejus.* Duo sunt genera peccantium : unum quod credens legi per infirmitatem carnis non valet quæ sunt jussa complere, de quibus dicit Salomon : *Corpus enim quod corrumpitur, aggravat animam, et deprimit terrena inhabitatio sensum multa cogitantem* (Sap. IX, 15). Aliud vero est audax, desperatum, blasphemum, quod sibi proponit libera voluntate delinquere : contemnens omnia, sibique murmurans Deum putat non curare mortalia. Quapropter *dixit* iste talis apud se rem scelestam, quam publice non ausus est profiteri. Et ideo ista cogitat, ut sibi ipse licentiam videatur tribuere peccatorum; quatenus sub immensitate *delinquat* qui metum judicis abjiciendum esse decrevit. Sequitur, *Non est timor Dei ante oculos ejus.* Cogitationem dicit iniquorum, qui putant timorem Dei non esse in conspectu ejus; id est, non curare Deum, ut homines eum debeant formidare; sed, ut quidam errantes philosophi dixerunt, mundum potius credunt casibus regi, quam supernis administrationibus ordinari. Sive de *injusto* dicitur, *non esse timorem Dei ante oculos ejus,* qui talia dicere sacrilega voluntate præsumit. Denique sequitur :

Vers. 2. *Quoniam dolose egit in conspectu ejus, ut inveniret iniquitatem suam et* [ed., ad] *odium.* Sceleratus iste de quo dictum est : *Non est timor Dei ante oculos ejus,* neglexit operam legi dare, ut intelligeret persuasionem suam esse falsissimam ; sed contemnens dicta salutaria, veritatem studuit omnimodis ignorare. Is ergo *dolose egit in conspectu Dei,* ut suam *iniquitatem et odium* refugeret *invenire* : credens per ignorantiam præcepti se posse defendi. Pulchre autem definitum est peccata nostra esse *iniquitatem et odium,* quoniam illa odisse debemus per quæ ad æterna supplicia pervenimus.

Vers. 3. *Verba oris ejus iniquitas et dolus; noluit intelligere ut bene ageret.* Sermonibus iniquorum convenienter data est definitiva complexio. *Verba* enim eorum sunt *iniquitas et dolus.* Itaque quæ numerare non poterat, duobus sunt sermonibus explicata. *Iniquitas* pertinet ad blasphemiam, *dolus* ad proximum decipiendum. Sed quid, rogo, sibi residuum faciat, qui peccare in Deum et proximum non recusat? Cum vero dicit, *noluit intelligere ut bene ageret,* illos significat qui ex aliqua parte sapientiæ igniculum perceperunt, et a vero intellectu suo vitio declinantes, perversis se erroribus polluerunt. Hoc et ad dementissimum populum Judaicum competenter aptatur, ad quem Dominus venerat, et ille sanari detestabili obstinatione contempsit. Nam imprudentiæ plerumque venia datur, voluntario vero maleficio ultio semper justa succedit. Quod argumentum dicitur ab ingenio, quando non per ignorantiam, sed malitiosa voluntate peccatur.

Vers. 4. *Iniquitatem meditatus est in cubili suo, astitit omni viæ non bonæ ; malitiam autem non odivit.* In exponendo adhuc viro pessimo perseverat. Ait enim : *Iniquitatem meditatus est,* id est, errorem longa meditatione tractavit, libros scilicet faciendo perversos ; ut non tantum ipse delinqueret, verum etiam posteritas eodem auctore peccaret. *In cubili suo,* id est in corde proprio. *Cubile* enim a cubando dictum est, ubi animus noster intus inhabitans bonum malumque meditatur. *Astitit* vero dicit *omni viæ non bonæ*, id est sæculi istius vitæ, quam non transivit, ut reliqui confitentes, sed in eadem commoratus atque defixus est. Ad cumulum quoque intulit *peccatorum, malitiam autem non odivit*. Hic malitiam vult intelligi cunctorum criminum matrem, in uno verbo concludens quod latius videbatur effusum. Hanc igitur affectare piaculum est, quam non solum vitare præcipimur, sed merito eam odisse compellimur; quatenus tantum facinus perpetua exsecratione damnemus. Memento autem quod a capite psalmi hujus per quatuor versus figuram posuit synathroismos, quæ uno tractu atque circuitu crimina multa concludit.

Vers. 5. *Domine, in cœlo misericordia tua et veritas tua usque ad nubes.* Dinumeratis cogitationibus hominum pessimorum, secundo membro ad laudem Domini transitum facit. Nam quamvis et in terra et in mari et ubique sit *misericordia* ejus, hic tamen specialiter *in cœlo* dicit, id est in cœlestibus creaturis et sanctis hominibus, ubi copiosius dona manaverunt. *Veritatem* etiam commemorat justorum, quæ in istius sæculi agone versantur. Diximus enim superius *nubes* prophetarum prædicationibus comparatas : quia sicut illæ terris victuales aquas depluunt, ita et isti fidelibus animabus imbrem salutis emittunt, ut fructum dent fidei, quæ steriles fuerant ariditate peccati; ut ipsum revera intelligamus cœlestibus virtutibus misericordiam facere, quem per apostolos et prophetas humano generi veritatem cognoscimus præstitisse. Et intuere laudem hanc contra impiorum vituperationem communiter introductam, ut demonstrativum genus utrisque partibus explicatis evidentius appareret.

Vers. 6. *Justitia tua sicut montes, Domine; judicia tua abyssus multa : homines et jumenta salvos facies, Domine.* Quamvis usus habeat : *Justitia tua sicut montes Dei*, multo tamen absolutior est Hieronymi fida translatio, quæ *Domine* magis quam *Dei* posuit. *Justitia tua* beatos dicit apostolos, qui capaces Domini *justitiæ* devotis sensibus exstiterunt; quos merito *montibus* comparavit, quoniam summæ veritatis lumen in ipsis primordiis haurientes, humilibus populis sanctis prædicationibus infuderunt. *Sicut montes* qui sole orto radios novæ lucis excipiunt, et ad convalles terrarum refusa claritate transmittunt. *Abyssus* hic in bono posuit, profunditates ejus divinis judiciis comparando. *Abyssus* est enim profunditas aquarum, quam nec metiri, nec intrinsecus ex toto videre prævalemus. Quis enim magni pelagi aut interna conspiciat, aut spatia latissima comprehendat? Sic divina *judicia* nec mente complecti possumus, nec ratione aliqua definire prævalemus; sicut Apostolus dicit : *Quam incomprehensibilia sunt judicia ejus, et investigabiles viæ ipsius* (*Rom.* xi, 33)! His tamen omnibus unum nomen appositum est, *Abyssus*, id est profunditas quæ non valet apprehendi. Exponit etiam quare *judicia* ejus *abyssum* dixerit : merito, quando peccatoribus, jumentorum se inor-

dinata voluntate tractantibus, beneficia suæ pietatis indulget. Hoc autem quæ mens, quæ ratio comprehendat supplicationem pœnitentium ad præmia transire justorum? Vides ergo Domini *judicia* profundis *abyssis* aptissime comparata.

Vers. 7. *Quemadmodum multiplicasti misericordias tuas, Deus! filii autem hominum in protectione alarum tuarum sperabunt.* Nunc latius per varias enumerationes exponit quod superius breviter dixit, *Judicia tua abyssus multa*. *Quemadmodum* admirantis adverbium est, id est, quam sublimiter, quam potenter *misericordias tuas* largitate mirabili contulisti, ut et peccatores ad præmia venire faceres, et justos sperare promissa dona sancires! Et nota quod superius *homines* dixerit, nunc autem *filios hominum* ponit. Homines plerumque dicuntur, qui necdum primi hominis vetustate deposita, in originali peccati crimine perseverant. Nam et ipse Adam quoniam primus est, *homo* dicitur, non *filius hominis*. *Filii* autem *hominum* sunt qui gratiam baptismatis consecuti, in novam progeniem, præstante Domino, renascuntur. Nam et ipse Christus Filius hominis dictus est, ut revera cujus præmia suscipiunt, ejus et nomine decorentur. *Alæ* vero sunt Domini præcepta Novi et Veteris Testamenti, in quorum protectione justus omnis sperare cognoscitur, dum eis obedire monstratur. Hæc similitudo tracta est competenter ab avibus, quarum pulli teneri spem suam in maternarum alarum protectione ponere consuerunt. Quo exemplo et simplicitas sperantis ostenditur, et blandissimi beneficii cautela declaratur.

Vers. 8. *Inebriabuntur ab ubertate domus tuæ, et torrente voluptatis tuæ potabis eos.* *Inebriabuntur*, sermo tractus est a parte bonorum, de hominum consuetudine vitiosa, qui vino nimio gurgitati, mentis oppressione torpescunt. Sic ista cœlestis ebrietas memoriam intercipit sæcularium rerum, et carnalia ita facit a mente discedere, tanquam vini crapula, quæ humanos actus a nostris sensibus alienat. Sequitur etiam unde talis provenire possit ebrietas, scilicet *ab ubertate domus tuæ*, id est ab enthecis spiritualibus sanctæ matris Ecclesiæ. Ipsa est enim *domus* quæ condita sua inaniter nescit expendere, quæ sic universo mundo sufficit, ut plena semper exuberet. Ebrietas sobria, vinolentia gloriosa, in qua potator peccat, si eam potius ambire despiciat. *Torrentem* vero diximus esse fluvium velocem, qui pluviarum subita inundatione descendit. Cui bene comparatur sapientia Christi, quia subita est, et ita rapida, ut ad finem quem vult sine aliqua tarditate perveniat.

Vers. 9. *Quoniam apud te est fons vitæ, et in lumine tuo videbimus lumen.* Quam salutariter aperit, quam potenter exponit quid sit istud quod superius ait, *inebriabuntur*. Christo Domino dicit : *Quoniam apud te est fons vitæ*, id est initium omnium bonorum et origo virtutum, unde perfectissime complemur, quando aliquod munus ab ejus pietate suscipimus. Debriat etenim nos vita potabilis, cum bonæ conversationis studium de sacris praedicationibus hauserimus; sicut Isaias dicit: *Haurietis aquas de fontibus Salvatoris* (*Isai.* XII, 3). Verum in consuetudine mortalium, aliud est *lumen*, aliud est *fons*: imo et contraria sibi sunt, quia fons aquae flammarum lumen exstinguit. Apud Deum vero unum est, quia quidquid dixeris et verum est, et adhuc minus est. Dicimus enim Deum *lumen*, quia *omnem hominem venientem in hunc mundum illuminat* (*Joan.* I, 9). *Fontem*, quia sitientem et inanem satiat; montem, quia fortis et excelsus est; viam, quia rectus est; magistrum, quia Doctor est vitae aeternae; petram, quia fundamentum et firmamentum esse probatur Ecclesiae; et caetera quae leguntur in litteris sacris. Verumtamen in his omnibus unus intelligitur Dominus Christus. Sed ut versum istum perfecte ac diligenter intelligere debeamus, sciendum nobis est hoc nomen *luminis* totius Trinitatis esse commune. Legitur enim: *Deus lux est, et tenebrae in eo nullae sunt* (*Joan.* I, 5). Ergo quia Pater, et Filius, et Spiritus sanctus unus est Deus, recte animadvertimus de tota Trinitate esse dictum: *Deus lux est, et tenebrae in eo nullae sunt*. Unde versus iste merito de Salvatore dicit: *In lumine tuo videbimus lumen*, Patris scilicet, et Spiritus sancti: quia per ipsius praedicationem factum est, ut tota nobis Trinitas manifesta constaret.

Vers. 10. *Praetende misericordiam tuam scientibus te, et justitiam tuam his qui recto sunt corde*. *Praetende*, dixit, id est praeroga, praesemina, longe lateque diffunde; ut possint *scientes te* in isto saeculo tutius ambulare. Isti autem scientes Dominum, multipliciter intelligendi sunt; sciunt enim Dominum qui sanctam Trinitatem corde firmissimo confitentur: qui regulas coelitus datas nulla intellectus sui pravitate distorquent: ad postremum ipsi soli veraciter norunt Deum, qui catholicae fidei non deserunt unitatem complere. His rogat *praetendi misericordiam*, ut et in isto saeculo sub Domini pietate degant, et in futuro judicio praemia digna recipiant. Hoc enim significat, *justitiam tuam his qui recto sunt corde*: quia ibi justissime ad dexteram collocabuntur, qui hic recta mente, praestante Domino, vivere meruerunt.

Vers. 11. *Non veniat mihi pes superbiae, et manus peccatoris non moveat me*. Orat ut gressus mentis a justo tramite non recedat, ne in superbiam erectus cadat qui tutissima humilitate constiterat. Nec vacat quod *pedem* hic singulari numero posuit; certum est enim in uno nos *pede* continue stare non posse: qui convenienter superbiae datus est, quoniam elatum hominem diutius non praevalet continere. *Pes* autem pro affectu mentis est positus. Nam sicut gradientes de loco ad locum transferimur, sic a Domino separamur, quando nos elata cogitatione dividimus. Hoc enim maximum constat esse peccatum, unde angelus cecidit, per quod Adam a paradiso probatur exclusus. *Manus* vero *peccatoris* est male suadentis operatio, quae tunc nos a fidei firmitate movet, cum iniqua disceptatione sollicitat.

Vers. 12. *Ibi ceciderunt omnes qui operantur iniquitatem; expulsi sunt nec potuerunt stare*. *Ibi*, ubi superius dixit, in pede scilicet superbiae, et prava suasione nequitiae. Bene autem posuit *ceciderunt*, ac si diceret, in profundam foveam corruerunt. In illo enim pede non staturus, sed casurus innititur. Quis enim dubitet eos posse corruere, qui uno tantum, ut supra dixi, vestigio sublevantur? Quem vel si nullus impellat, lassitudine sua fit pronissimus ad ruinam. Sed tamen hunc pedem non uni dat vitio, sed omnibus *qui operantur iniquitatem*. Nam quamvis alii ex crudelitate, alii ex libidine, alii ex cupiditate, alii ex invidia diaboli prolabantur, omnes tamen in superbiae vitio cadunt, quia Domini jussa contemnunt. Nam sicut obediens dicitur, qui multis jussionibus obsecundat, sic multifaria Domini praecepta contemnens, superbus veracissime nuncupatur. Quod argumentum dicitur a genere. Genus enim est superbia, unde omnia vitia exorta noscuntur, sicut Scriptura dicit: *Initium omnis peccati superbia* (*Eccli.* X, 15). De istis autem sequitur: *Expulsi sunt, nec potuerunt stare*. *Expelluntur* utique, quoniam audient: *Ite in ignem aeternum* (*Matth.* XXV, 41). *Nec potuerunt stare*, quia non illis licebit Domini jussa differre, sed illic statim praecipitantur ab angelis, ubi eis parata est flamma poenalis.

Conclusio psalmi.

Repetere libet superiora psalmi, quo decore prolata sint. Dicitur enim quanta famulis suis gratia divina praestiterit, ut usque ad plenissimam satietatem felici ubertate pervenerint. O laudabilem nimis ebrietatem! o votis omnibus expetendam vinolentiam, unde modestia nascitur, et plena mentis integritas obtinetur! Non hinc titubatio, non confusio, non mentis alienatio, non caligo tenebrosa succedit; sed tanto anima sanior redditur, quanto illa ebrietate completur. Bibamus ergo hunc potum avidi nequaquam labiis carnalibus, sed purissimo cordis affectu: de quo non laetitia temporalis sumitur, sed aeternae vitae gaudia conquiruntur.

EXPOSITIO IN PSALMUM XXXVI.

Psalmus ipsi David.

De verbis tituli istius non est quod noviter dicere debeamus; sed intentionem psalmi magnopere debemus aperire. Totus enim ad mores pertinet corrigendos. Instruit quippe Ecclesia, quae nunc introducitur ad loquendum, praeceptis salutaribus genus humanum, ne mortiferis erroribus misceatur: malos poena deterrens, bonis praemia compromittens. Quod doctrinae genus omnino efficacissimum est, ut et superbi humilientur, et humiles digna consolatio prosequatur. Est etiam alphabeti Hebraei ordine digestus, minus habens litteram sextamdecimam; quem, sicut in superioribus jam dictum est, ad illos aestimamus esse referendum, quibus deest aliquid de perfecta conversatione sanctorum. Nam cum omnes litterae apud Hebraeos significantias suas habeant, credere fortasse dignum est, cui deest aliquod elementum, eum quoque significationem ipsius non habere. Dicant studiosi fortasse meliora : nobis tamen diutius perquirentibus concessum non est aliud invenire quam diximus. Memento vero quod istorum alphabetorum jam tertius psalmus est, quoniam et ipsi ad septenarium numerum tendunt, quod suo loco dicendum est.

Divisio psalmi.

Per totum psalmum, sicut dictum est, Ecclesiæ vox introducitur ad populum corrigendum. Prima positione commonet ne malignantes quisquam debeat imitari, sed quidquid boni sperandum est, a Domino postuletur, qui novit et profutura concedere, et perenniter mansura præstare : in qua Hebræi alphabeti sex litteræ continentur. Secunda dicit peccatores maxima hic invidiæ cruciatione torqueri, quoniam in suis actibus nihil simile boni se habere cognoscunt : hæc habet litteras septem. Tertia profitetur nunquam se justum vidisse derelictum, malorum pœnas et præmia bonorum utili commutatione permiscens; ista pars residuas habet litteras octo.

Expositio psalmi.

Vers. 1. ALEPH. *Noli æmulari inter malignantes, neque æmulatus fueris facientes iniquitatem.* Principium psalmi, id est, *Noli æmulari inter malignantes, neque æmulatus fueris facientes iniquitatem, quoniam tanquam fenum velociter arescent, et sicut olera herbarum cito decident*, categorici syllogismi qualitate formatum est ita : Qui malignantur et faciunt iniquitatem, tanquam fenum velociter arescent, et sicut olera herbarum cito decident : omnes qui tanquam fenum velociter arescent, et sicut olera herbarum cito decident, non sunt æmulandi ; non igitur æmulandum est inter malignantes et facientes iniquitatem. Per figuram ethopœiam prohibet nos sancta mater Ecclesia, ne malorum actibus delectati, eorum catervis societate pestifera misceamur. Multos enim sollicitat cohors nefanda peccantium; et delectatione quadam decipimur, quando cum plurimis delinquere festinamus. Deinde sequitur, ut nec singillatim imitemur insanos, dum eos forsitan credimus esse felices, qui ad tempus libertate criminum perfruuntur. *Æmulari* vero hic significat malos actus imitari, cum se dies perdidisse putant, qui tardam sibi malorum licentiam provenisse suspirant. Nam et in bono verbum hoc ponit Apostolus, dicens : *Æmulamini charismata meliora* (I *Cor.* xII, 51).

Vers. 2. *Quoniam tanquam fenum velociter arescent, et sicut olera herbarum cito decident.* Reddita est causa probabilis quare sequi non debeamus quos scimus celeriter esse perituros. *Fenum* pulchra res est dum viret, dum floret; sed cum aruerit, mutato protinus colore marcescit. Sic sunt impii, qui quasi florida lætitia relucentes præmaturo fine siccantur. Primo *feno* comparati sunt, ut arescerent; nunc agrestibus *oleribus*, ut deciderent. Non enim dixit, *olera* hortorum, sed, *herbarum*; ut significaret potius illa vilissima quæ per agros sponte nascuntur. *Olera* enim ab olla dicta sunt, ubi collecta decoquuntur.

Quapropter *fenum* mundi nobilibus comparemus, qui et facile proficiunt, et viriditate magna quasi gratia vestiuntur. *Olera herbarum* mediocres ponantur et humiles, quæ per loca inculta copia pullulante consurgunt, et naturæ suæ agrestem atque hispidam retinent qualitatem. Sed et illud *velociter arescit*, et ista *cito decidunt.* Sed dicat aliquis, Quando hoc illis evenire credendum est ? Scilicet tempore judicii, quando splendor æstatis arridet, cum ad consuetudinem arborum omnis homo fructus suos aperit. Sæculum enim istud similitudo est hiemis, ubi factorum nostrorum omne germen inclusum est ; nec potest de eis judicari, quæ probantur abscondita. Quapropter in his duobus versibus etiam illud argumentum declaratur eximium quod dicitur epichirema, Latine exsecutio sive argumentum, quod rei dubiæ fidem per exempla confirmat ; ostensum est enim cito impios cadere per fenum et olera.

Vers. 3. BETH. *Spera in Domino et fac bonitatem, et inhabita terram, et pasceris in divitiis ejus.* Postquam malignantes studiose censuit evitandos, nunc quomodo facere debeamus admonet. Primum siquidem commonet ut *speremus in Domino ;* hoc introitus fidei, hoc initium salutis est. Sequitur, *et fac bonitatem :* quia, sicut legitur, Fides sine operibus mortua est (*Jacob.* II, 20). *Inhabita terram ;* hoc est in sanctæ Ecclesiæ visceribus persevera : quoniam fideles nunquam decet ab ipsa discedere. Et ne forsitan diceretur : Quid proderit si ista faciamus ? sequitur totius rei magna compensatio : *Pasceris in divitiis ejus. Pasceris,* ad saturitatem pertinet, et ad suavitatem perennem. *In divitiis ejus,* id est in Christi Domino contemplatione, qui solus inæstimabile præmium probatur Ecclesiæ. O pastus ille mirabilis, non corporis defectiva refectio, sed inextricabilis animæ fortitudo ! Inde saginantur fideles : cibus **122** qui quantum satiat, tantum beatam famem semper exaggerat.

Vers. 4. *Delectare in Domino, et dabit tibi petitionem cordis tui.* Delectatio et corporalis dicitur et spiritualis : illa nutrit vitia, ista virtutes. *Delectare* cum dicit *in Domino,* suavem tibi vult esse ejus recordationem, ut ames quem times, ut desideres quem vereris, ut ambias quærere quem pavescis. Sequitur : *Et dabit tibi petitionem cordis tui.* Respice quia *cordis* dixit, non carnis, quod ad sapientiam solet referri. *Cordis* enim *petitio* est fides, charitas, intellectus Dei, et opera actuum bonorum. Ipsa enim consuevit propitius annuere, quæ solet piis prædicationibus admonere. Ita singulis quibusque sententiis ad æternam vitam informatur animus Christiani.

Vers. 5. GIMEL. *Revela Domino viam tuam, et spera in eo ; et ipse faciet.* Velum quoddam est densitas peccatorum, unde *via,* id est vita nostra tenebrosi amictus circumdatione vestita est. Hanc *revelamus,* quando delicta nostra promptissime confitemur. *Revelavit* enim Paulus apostolus *viam suam,* quando dixit : *Caro concupiscit adversus spiritum, et spiritus adversus carnem* (*Galat.* v, 17). *Speravit* autem in

Domino dum clamaret : *Infelix ego homo, quis me liberabit de corpore mortis hujus* (Rom. VII, 24) ? *Gratia Dei per Jesum Christum Dominum nostrum.* Adjecit, *et ipse faciet : ipse* qui omnipotens est ; *ipse* qui manu fortis est ; *ipse* revera cujus omnia jussionibus obsecundant. Et qualia sunt quæ *ipse facit* per epexegesim positam subter explanat.

Vers. 6. *Et educet tanquam lumen justitiam tuam, et judicium tuum sicut meridiem.* Exponit quod superius dixit, *et ipse faciet. Lumen* solis colores nobis corporales ostendit : fulgor Dei operum nostrorum qualitates exaperit : ut justitia nostra, id est fides quam habemus in Christo sic reluceat, quatenus spiritualibus possit apparere conspectibus. *Educere* est enim aliquid de tenebris ad lumen trahere ; hoc est de sæculi istius caligine ad illam futuri judicii perducere claritatem, ubi omnia palam fiunt, nec ulterius tenebrosis latibulis occuluntur. Quapropter *justitia* nostra, quam, Deo donante, nunc habemus in fide, tunc humanis conspectibus apparebit, et tanquam lumen proferetur, cum spes nostra Christus ostendetur ; sicut dicit Apostolus : *Cum Christus apparuerit vita vestra, tunc et vos cum ipso apparebitis in gloria* (Coloss. III, 4). *Tanquam meridiem,* per hyperbolen dictum est ; significat enim clarissimam et purissimam lucem. Tunc namque sol orbem terrarum nimia claritate perfundit, et cunctas mundi partes perspicuo fulgore collustrat.

Vers. 7. DALETH. *Subditus esto Domino, et obsecra eum ; ne æmulatus fueris eum qui prosperatur in via sua. Subditus est Domino* etiam qui ab ejus fide videtur alienus, potestate dominationis, non electione judicii. Sed ut hoc de sanctis dictum debuisses agnoscere, sequitur, *et obsecra eum ;* quod utique facere nesciunt, nisi qui pia Domino devotione famulantur. *Obsecrare* quippe significat obsequenter rogare. Et nota quod hæc duo regulariter posita sunt, ut et bene agamus, et semper rogemus, sicut dicit Apostolus : *Orationi instantes, necessitatibus sanctorum communicantes* (Rom. XII, 12). Redit etiam ad illam commonitionem unde psalmus fecit initium ; ut peccatorem florentem fidelis non debeat imitari. Nam ideo additum est, *In via sua,* ut non sanctos, sed criminosos intelligere debuisses. Christi enim via sola bona est, nostra vero peccatis obnoxia. Nam hoc quod dicimus, et sequens versus evidenter ostendit.

Vers. 8. *In homine faciente iniquitatem.* Hic declaravit quod superius dixit : *Qui prosperatur in via sua,* hoc est, *in homine faciente iniquitatem,* vel nequitiam, cujus actus turpis est et fæcilenta negotia.

Vers. 9. HE. *Desine ab ira et derelinque furorem ; ne æmuleris ut nequiter facias. Desine* illi dicit qui adhuc insano animi tumore remurmurat, qui inflammatus ira et indignatione blasphema verba profundit ; ut sibi felicitatem negatam sæculi conqueratur, quam habere pessimos contueatur. *Ira* est, sicut et alibi diximus, quæ celeri motu animum succendit ; *furor* qui diutius perseverat. Ergo utraque nos jubet deserere, per quæ ad culpam possumus pervenire. Addidit, *ne æmuleris ut nequiter facias.* Nequitiam veteres definierunt voluntariam esse malitiam, in quam non casu incidimus, sed spontanea delectatione versamur. Hanc frequenter prohibet ne quis velit imitari. Nequam enim dictus est nequaquam, id est nullo tempore aptus.

Vers. 10. *Quoniam qui nequiter agunt exterminabuntur ; qui vero exspectant Dominum, ipsi hæreditate possidebunt terram.* Duplex causa proponitur et timoris et muneris, ut æmulari pessimos minime cupiamus. O homo, quid illos imitari desideras quos perire prospectas ? Audis a matre quæ te diligit, quare cum bonis non gaudeas, ne te cum pessimis perire contingat ? *Exterminari,* est foras terminos projici, id est ab illa Dei civitate fraudari. Sed ne solus metus imbecilla hominum corda turbaret, subjungit etiam spem bonorum, dicens : *Qui vero exspectant Dominum, ipsi hæreditate possidebunt terram ;* scilicet qui despiciunt felicitatem impiorum, nec sibi volunt munera præsentia condonari, sed exspectant Domini Salvatoris adventum. Ipsi ejus hæreditate gaudebunt, id est quæ legibus venit, quæ secura et æterna est. *Possidebunt terram,* hoc est civitate Domini futura potientur, quam justis viris divina pietas pollicetur. Quapropter ordinem superni chirographi consideremus, pollicita suis temporibus exspectemus : ne dum volumus promissa festinanter exigere, causæ nos videamur amissione mulctare. Pendet autem versus iste de superioribus ; unde dicit, *Ne æmulatus fueris eum qui prosperatur in via sua.* Quæ figura dicitur hyperbaton, cum suspensus ordo verborum inferius explicatur.

Vers. 11. VAU. *Et pusillum adhuc et non erit peccator ; et quæres locum ejus nec invenies. Pusillum,* exiguum aliquid parvumque significat, quod constrictis digitis manu possit includi. *Pusillum* enim a pugno dicitur. Hanc brevem atque ultimam ætatem in remedio laborantium Ecclesiæ pollicetur : ne longa credatur, ubi fidelis fatigari posse cognoscitur. *Pusillum* vero dicit tempus quod restat usque ad diem judicii, quod comparatione præteritorum dierum omnino parvissimum est. *Et non erit peccator ;* non quia ipse qui peccavit non erit ; sed peccare jam desinet. *Locum* enim *ejus* istum mundum significat, qui peccatoribus favet, proprieque ipsi amicus est : ubi tanquam in domicilio suo delicta vernare manifestum est.

Vers. 12. *Mansueti autem possidebunt terram, et delectabuntur in multitudine pacis. Mansuetos* appellamus manu consuetos, id est patientes et mites, qui alienas iniquitates tolerant, non ut ipsi aliquem gravare præsumant. Sed vide quanta vis sit istius nominis, ut cum multarum virtutum capacem esse deceat Christianum, ad perfectionem totius boni explicandam constet edictum. Hos dicit *possessuros* Jerusalem futuram, de qua sæpe jam dictum est. Civitas quæ semper bonorum suavitate completa est, ubi ejus habitatores non mercibus degunt, sed divina delectatione pascuntur. Non ibi quisquam laborat ut vivat, sed ex toto quietus accipit quod beatus animus concupiscit: ibi oculis cordis beata esuries saginatur; ibi anima solo visu reficitur, quando quidquid ad ejus pertinet desiderium, Dominici vultus contemplatione præstatur. Sequitur, *delectabuntur in multitudine pacis*. Hic jam veritas ipsa perfectæ beatitudinis indicatur; ut semper suaviter sentiatur omne quod est, nec aliquando possit desinere quod delectat. Nam ut ostenderet ipsam delectationem nulla contrarietate dissolvi, addidit *in multitudine pacis*. Pax enim futuri sæculi est, ubi nihil adversum, nihil potest esse contrarium, sed uno modo cœptum gaudium suavissime perseverat.

Vers. 13. ZAIN. *Observabit peccator justum, et fremet super eum dentibus suis*. Quamvis de peccatoribus et justis psalmi hujus contexta videatur esse relatio, tamen huic loco non importune dabimus divisionem, quando inter ipsas similitudines novum aliquid introductum esse sentitur. Quapropter sit nobis hic secunda partitio. Superius enim dixerat fideles non debere impios æmulari, nunc dicit peccatores supra justos invidia faciente torqueri. Diversa quippe voluntas justo odium parat. Nam quando illum videt sceleratus bonis moribus operam dare, ille se credit specialiter accusari: stridet dentibus, fremit animo; et cujus non potest mores subvertere, vitam ipsam protinus conatur auferre. *Observabit*, quasi de occultis insidiis cum dolore respiciet. *Dentibus* enim *fremere* furentium belluarum est, quas imitatur iracundus, dum proximo minatur interitum. Atque ideo pudor est illos æmulari, qui bonis invident alienis, dum extremum se æstimat, quem invidiæ reatus accusat.

Vers. 14. *Dominus autem irridebit eum, quoniam prospicit quod veniet dies ejus*. Mirabilis nobis forma consolationis ostenditur. Quis enim debet delectari ejus pompa, cujus perituram novit audaciam? Nam si nolumus aliquo zelo confundi, sequamur hoc quod Dominus facit. *Irrideamus eum* cujus prævidemus occasum; judicemus infelicia, quæ deprehendimus esse peritura. Firmissime credamus talia, quoniam nobis a veritate promissa sunt. Sic fiet, ut peccator irrisus abscedat, qui se fugitiva felicitate præjactitat.

Vers. 15. HETH. *Gladium evaginaverunt peccatores, tetenderunt arcum suum, ut dejiciant inopem et pauperem, ut trucident rectos corde*. Gladius peccatoris est quilibet dolus alterius appetens læsionem. Nam et ille qui inopem spoliare contendit, perverse consilii sui gladium educit; et ille qui prava suasione desiderat decipere animas innocentes, ensem pessimæ cogitationis ostendit. *Evaginaverunt* autem significat nudaverunt; ut quod ante erat in cogitatione tanquam in vagina reconditum, post eductum revelatis cogitationibus appareret. *Arcum* enim *tendere*, non statim sagittare est, sed paratum atque intentum designat, operi fraudulento exspectantes tempus, quando possint simplices innocentes decipere. Sequitur, *ut dejiciant inopem et pauperem*. Quid intersit inter *inopem et pauperem*, non longe prædiximus. Pulchre autem dictum est, *ut dejiciant*, quasi stantem et fidei robore perdurantem. *Dejiciuntur* enim, dum eis tenebrosus et morti similis error infunditur. Additur, *ut trucident rectos corde*. Hoc de martyribus potest intelligi, qui recti sunt corde, sed carne trucidantur.

Vers. 16. THETH. *Gladius eorum intret in corda ipsorum, et arcus eorum confringatur*. Bene dicitur *gladius* quidquid conatur exstinguere, quando ensis expletivum genus armorum est ad mortis effectum. *Gladius* enim dicitur, qui fit ad hostium clades. Et ut scias gladium istum de cogitatione venisse, reciproca sententia dixit, *intret in corda ipsorum*, unde scilicet venerat, et perversis grassabatur insidiis. *Arcum* diximus occultam designare malitiam quæ contra innocentissimos parabatur. Sed hanc *confringi* dixit, quia non erat fidelibus in animæ parte nocitura. Et respice quoniam ipsa verba quæ in facinoribus posuit, eadem et in vindicta geminavit, propter illam scilicet Evangelii sententiam: *In qua mensura mensi fueritis, in eadem remetietur vobis* (Luc. VI, 38).

Vers. 17. *Melius est modicum justo super divitias peccatorum multas*. Pia mater quasi bonos filios osculans atque complectens, adhuc in eorum consolationibus perseverat, suadens *melius esse modicum justo super divitias peccatorum*. Sed intendamus quid sit *modicum*: quia ipsum est quod efficit magnos. *Modicum* hic sentiatur humilitas, in qua dum se animus noster cohibet, mundi pretiosa transcendit. Contra, *divitiæ sunt peccatorum multæ*, id est congestio criminum, et abundantia delictorum. Unde quantum sit melius, æstimemus *modicum* illud justi percipere, et molem tantorum scelerum non habere; illud siquidem ad cœlorum regna perducit, istud autem demergit in tartarum. Hoc argumentum tractum est ex contrariis; contrarium est enim *modicum justi*, quam *multæ divitiæ peccatoris*.

Vers. 18. *Quoniam brachia peccatorum conterentur: confirmat autem justos Dominus*. Brachia iniquorum superbas significant actiones, in quibus impii præsumunt, dum nulla rationis consideratione flectuntur. Et non dixit, franguntur, quod uno ictu poterat provenire; sed *conterentur*, id est assidua tritura minuentur, dum semper gravius sit per partes imminui quam subita clade consumi. Sed sicut impios tali interminatione debilitat, ita justos bona promissione confirmat. *Confirmare* enim est in animi afflictione positum consolatorio sermone roborare. Quod si bene respicias, tali dicto totius psalmi virtus expressa est. Istis enim omnibus sententiis agitur, ut et præsumptio peccatoris dejiciatur, et justi animus sublevetur. Quæ figura dicitur paradigma, id est exemplum hortantis vel deterrentis. Quod hic quoque factum est, cum justos invitat prosperis, et peccatores terret adversis.

Vers. 19. JOD. *Novit Dominus vias immaculatorum; et hæreditas eorum in æternum erit*. Immacula-

torum vias humana ignorantia non potest intueri: quia carni imperspicabilis est via angusta virtutum; Dominus autem, qui eas condidit, integerrima qualitate et quantitate cognoscit. Sed his talibus quid provenire possit exponit: *Hæreditas eorum in æternum erit. Hæreditas eorum* est cœlestis Jerusalem æterna pace ditissima, quæ merito toties promittitur, ut veræ pollicitationis ambiguitas auferatur. *In æternum erit*, propter mundanas hæreditates adjectum est, quæ æternæ esse non possunt; illa enim perpetua conceditur, quoniam sine fine præstatur.

Vers. 20. *Non confundentur in tempore malo, et in diebus famis saturabuntur.* Malum tempus significat diem judicii, quando omnis caro sollicita actuum suorum retributionem compensationemque formidat, sicut alibi dicit: *In die mala liberabit eum Dominus* (*Psal.* XL, 2). *In isto ergo tempore non confundentur* immaculati, quibus per gratiam satisfactionis peccata dimissa sunt. Sequitur, *et in diebus famis saturabuntur. Dies famis*, tempus hujus mundi significant, quando beati esuriunt et sitiunt justitiam (*Matth.* V, 6). Nam in resurrectione justis non est tempus famis, sed bonorum omnium æterna satietas. Ergo in hoc mundo, ubi justi possunt esurire, vel quærere justitiam, *saturabuntur*, scilicet, per Scripturas sanctas, per exempla dominica, per retributiones sæpissime repromissas, quibus epulis fideles satiat Christianos. Quapropter devotis promittitur perfecta securitas, ut in futuro judicio non erubescant, et in hoc mundo competentia dona percipiant.

Vers. 21. CAPH. *Quoniam peccatores peribunt, inimici autem Domini mox honorificati fuerint et exaltati, deficientes, ut fumus deficient.* Considerandum est quia in hoc versu una probatione posita, mox alia subsequitur. Dicit enim: *Quoniam peccatores peribunt;* et iterum: *inimici vero Domini mox honorificati fuerint, deficient.* Quæ figura dicitur epexergasia, quoties uni causæ duas probationes apponimus. In illo siquidem judicio *peribunt peccatores*, quos cibo spirituali minime constat esse completos. Nam hic a semetipsis satiati et locupletes æstimantur, quorum omnino jejuna et inanis est, quamvis copiosa satietas, videlicet quæ usque ad hoc perducit ut pereant. Et nota quia *peccatores perituros* esse confirmat, id est, in illa judicatione damnandos. Nam invenies impios, qui pene toto vitæ suæ tempore mundanis delectationibus perfruuntur. Cur ergo dicit, *mox*? Quoniam qui ruinosam altitudinem ascendit, statim a veritate cadit: quia tunc incipit perire, cum nititur ruitura conscendere. *Deficientes* enim, poterant et aliter *deficere;* ut indicium eorum aliquod fortasse remaneret. Addidit, *tanquam fumus;* ut nulla pars actuum eorum residua esse noscatur. Nam sicut iste de flammis egrediens per aera extollitur sinibus conglobatis, et quanto magis altius evolat, tanto citius evanescit, sic peccata tenebrosa et levia, quanto se amplius erigunt, tanto velocius dissipantur. Quod autem ait, *deficientes deficient*, argumentum est quod dicitur a conjugatis. Hæc enim verba ex seipsis nascuntur, et orta ab uno sibi consona similitudine derivantur.

Vers. 22. LAMETH. *Mutuatur peccator et non solvet; justus autem miseretur et commodat. Mutuatur peccator*, quando verbum Dei audit, et non illud suis operibus repræsentat. Hoc est enim *non solvere*, jussa minime Divinitatis implere. *Mutuatur* etiam quando Dei beneficia diversa suscipit, et nullam gratiarum restituit actionem; sed contra protervus, et tanquam nihil acceperit, semper ingratus est. *Justi* vero causa diversa est; nam quamvis hic pauca suscipiat, pia devotione plura restituit: largienti in omnibus gratias agens, paupertatem sibi datam divitias putat, dolores quoque ipsos et calamitates amplectitur, quippe futuri præmii contra ipsas quoque mortes patientia interveniente confligit. Et intende quod dicit, *miseretur et commodat*, hoc ad eleemosynas pertinet largiendas, ubi prius misericordia præcedit, et post humanitas benigna subsequitur. Et considera quoniam per figuram diaphoresis, per quam fit differentia personarum, inter justum et impium contrariam sibi distantiam facit.

Vers. 23. *Quoniam benedicentes eum possidebunt terram; maledicentes autem illum disperient.* Sicut superius per figuram diaphoresim, peccatorum et justorum voluntatem divisit, ita et nunc per eamdem figuram, eorum retributiones et præmia segregavit: ne confusum relinqueret quod nulla sibi vicinitate congrueret. Nam qui benedicunt Dominum, id est qui in omnibus gratias referunt, et ejus mandata custodiunt, terram illam viventium accipient possidendam, de qua et alius psalmus dicit: *Portio mea in terra viventium* (*Psal.* CXLI, 6). Maledicentes autem et blasphemi, vel Dei legibus inobedientes, ab illa patria submoventur; non quia ipsi non erunt, quos pœnalis flamma torquebit, sed quoniam a justorum promissa beatitudine disperibunt.

Vers. 24. MEM. *A Domino gressus hominis dirigentur, et viam ejus cupiet nimis.* Intelligamus propositam causam. *Hominum gressus* per se tortuosi semper et pravi sunt, quippe qui in iniquitatibus concepti, et in delictis progeniti sumus; sed tunc a Patre luminum *dirigimur*, quando fidei regulam in qua gradiamur accipimus. *Dirigimur* plane, cum sine erroribus ambulamus. Sed quo nos ducit ista directio? Videlicet ut ad perfectam fidem et æterna præmia veniamus. Verum iste Christianus qui jam corde directus fuerat, *viam Domini cupiet nimis*, id est ipsum Dominum Salvatorem supra omnia plus amabit, qui vere nostra est *via, veritas et vita* (*Joan.* XIV, 6).

Vers. 25. *Cum ceciderit justus non conturbabitur, quia Dominus firmat manum ejus. Cum ceciderit*, non in peccatum intelligas, quia *justum* dixit, sed in manibus peccatorum, in casu aspero, qui frequenter sanctis (diabolo insidiante) contingit. Sed ut tibi satisfacere videaris, considera quia cum in eodem versu dicat, *ceciderit*, quod ad pedes respicit, subjungit firmandam manum cadentis, cujus magis debuit confortare vestigium, ut post lapsum surgere valuisset. Unde evidenter apparet *cadere* istud, esse in impiorum incidere ditionem. *Manum* quippe hujus, id est consilium operationemque confirmat; nec turbari potest captus, qui adversa sæculi hujus subire decrevit intrepidus.

Vers. 26. Nun. *Juvenior fui et senui, et non vidi justum derelictum, nec semen ejus egens pane.* Perventum est ad tertiam sectionem : ubi si unum hominem loqui putes, breve et angustum tempus ostenditur, nec Dei laudibus omnino sufficiens; sed magis introductæ vox credatur Ecclesiæ, quæ ab initio sæculi usque ad finem, veram nobis probat esse sententiam. *Juvenior* fuit, quando initia legis in ipso protoplasto primæva suscepit. *Senuit,* id est ad honorabiliorem venit ætatem, quando novissimis temporibus suscipere meruit Dominum Redemptorem. Nam et evangelista Joannes in Epistola sua sic ait : *Filioli, novissima hora est* (*I Joan.* II, 18). Sed per hæc tempora quæ totius mundi ambitus excurrit, *justum se non dicit vidisse derelictum.* Ita fit ut longum tempus per Ecclesiæ verba designatum esse videatur. Quid igitur dicimus de illis justis qui in latronum manibus inciderunt, de ipso quoque justo justorum qui clamavit in cruce : *Deus meus, Deus meus, quare me dereliquisti* (*Matth.* XXVII, 46)? Sed ut omnem nodum contrarietatis evadamus, *justus derelictus* non est, sed spiritualibus bonis, non temporalibus, ut putatur, auxiliis : quibus tunc præmia revera collata sunt, quando tormenta sæculi superare potuerunt, ipso testante : *Beati qui persecutionem patiuntur propter justitiam, quoniam ipsorum est regnum cœlorum* (*Matth.* v, 10). Simili modo dicit non se vidisse *semen* justi *egens pane.* Quod si ad litteram accipias, nec hoc poterit constare quod dicitur : legimus enim famis causa Abraham, Isaac, et Jacob mutasse provincias; unde dubium non est *eguisse pane,* quos propter penuriam loci constat exteras expetiisse regiones. Sed redeamus ad interiorem hominem, et vera nobis sententia salutariter apparebit. *Semen* uniuscujusque hominis operam esse diximus, quam seminat et metit, sive bonam, sive malam. Ergo opera justi pane non indiget, hoc est verbo Dei quo satiatur, quo reficitur, quo intus revera vivit et pascitur. Sic fiet ut concordantia reddantur, quæ sibi videbantur esse contraria.

Vers. 27. *Tota die miseretur et commodat, et semen ejus in benedictione erit. Tota die* dicit, toto tempore vitæ suæ. *Dies* enim singulari numero frequenter apponitur, ut totius vitæ tempora declarentur : quale est illud primi psalmi, *et in lege ejus meditabitur die ac nocte* (*Psal.* I, 2). Ita fit ut, cum pauca dicimus, plurima sentiamus. *Miseretur et commodat :* sive eleemosynas dicit, ubi ante misericordia tangit animum, et sic aperit manum. Ipsa est enim perfecta eleemosyna, quæ prius a se inchoat, et sic ad alterius juvamina venire festinat. Sive magis illum *commodare* dicamus spiritualia bona, quæ affluenter Dei possidet pauper. *Commodat* plane justus, unde omnino dives est, de doctrina, de pietate, de justitia, de patientia, cæterisque bonis, quibus perfruitur mens illa sanctissima.

Sed ne crederes justum interdum velle mutuari, posuit *tota die.* O divitiæ inæstimabiles, quæ in tota vita copiam suam affluentissime largiuntur! Merito non deficit dare, qui a Christo semper consuevit accipere. Sequitur, *et semen ejus in benedictione erit.* Similis est et iste locus superioribus. Nam si *semen* velis filios intelligere, multi sancti filios genuerunt luxuriosos et impios. Sed *semen* dicit operam, quæ ab homine dono superno velut frumentale *semen* aspergitur. Hæc recipitur *in benedictione,* quia seminata est in bona voluntate. Nam *semen* opera nostra esse intellexit Apostolus cum dicit : *Qui seminat in carne, de carne metet corruptionem; et qui seminat in spiritu, de spiritu metet vitam æternam* (*Gal.* VI, 8).

Vers. 28. Samech. *Declina a malo et fac bonum, et inhabita in sæculum sæculi.* Duobus modis vitam nostram pia mater instituit. Primus est, ut mala declinemus, quia peccatori bonarum rerum repente esse non potest appetitus. Secundus ut bona faciamus propter quod a vituperabili actione cessavimus. Declinemus ergo mala, quæ nostra sunt, et faciamus bona, quæ Christi sunt, quia Dominus in judicio justos suos non vocat ad præmium, quoniam pauperibus nihil tulerunt : sed ideo coronat, quia nudos vestierunt, visitaverunt infirmos, et esurientes sitientesque pascere delegerunt. Vides ergo quia non sufficit Christiano a malis abstinere, nisi etiam bonum nitatur quadam operatione perficere. Verum hæc præcepta quid sequitur? *Et inhabita in sæculum sæculi;* ut tali promissione confisus, futura præmia spe certissima jam possidere videatur. *Sæculum* vero *sæculi* significat æternum regnum, quod nulla successione mutabitur.

Vers. 29. *Quoniam Dominus amat judicium, et non derelinquet sanctos suos : in æternum conservabuntur.* Audiens hoc verbum, *ama* et tu *judicium,* fac justitiam, ut, juvante Domino, recta te voluntate contineas, ut bonis tuis ipse congaudeas. Ille enim auctor justitiæ non potest illos *derelinquere* qui ejus eligunt præcepta complere. Et intende promissionem : quia non dicit justos in temporalibus rebus nequaquam deserendos, sed eos *in æternum conservandos* esse pronuntiat. Hic enim visualiter conservari nequeunt, qui tribulationibus suppliciisque lacerantur. Audiant cupidi vitæ hujus, qui sibi longævos annos postulare noscuntur, non in hoc sæculo, sed *in æternum conservandi* sunt, qui Domino placere contendunt.

Vers. 30. *Injusti autem punientur, et semen impiorum peribit.* Frequenter sensus iste repetitur, ut amplius quæ sunt ventura credantur. Divina siquidem miseratio, dum nos mavult gehennæ pœnas evadere, dignatur sæpius admonere. Et sicut superius justorum semen, id est opera in benedictione dixit esse mansura, ita hic impiorum actus perire confirmat. *Peribunt* sane, quando et ipsum delictum, et locus noscitur interire peccantium. Nam perire opera infidelium, non tam nostris verbis quam Salomone dicente probabimus; dicturi sunt enim in judicio : *Quid nobis profuit superbia, aut quid divitiarum jactantia contulit nobis? Transierunt omnia illa tanquam umbra* (Sap. v, 8, 9). Vides perire quidquid hominem perdit, et sola consistere quæ in regno Domini faciunt permanere.

Vers. 31. *Justi hæreditate possidebunt terram, et inhabitabunt in sæculum sæculi super eam.* Sicut assidue increpat ut corrigat, ita frequenter munera pollicetur ut erigat. Utraque enim, sicut diximus, efficacissima sunt instrumenta doctrinæ, ut malos vindicta, bonos promissa præmia subsequantur. *Terra* ergo ista appellata est, eo quod commeantium pedibus atteratur. Ad cujus similitudinem et illa futura *terra* vocitatur ; non quia teratur quæ jugiter manebit illæsa, sed vocabulum non perdit, quoniam ipsa permanebit qualitatibus immutatis, sicut et cœlum et corpora nostra credimus innovanda, quæ licet nova erunt, iisdem tamen nominibus appellabuntur. Adjectum est, *et inhabitabunt in sæculum sæculi super eam* : ne istam crederes quæ aliquando 126 deserenda est. Nec vacat quia non dixit, in ea, sed *super eam*. Secretum enim videtur, ut putamus, ipsius habitationis exponere, et ideo dictum est, *super eam*, quia spirituali corpori non erit necesse terram gravi calcare vestigio, sicut Apostolus dicit: *Deinde nos qui vivimus, qui reliqui sumus, simul rapiemur cum illis in nubibus obviam Christo in aera, et sic semper cum Domino erimus* (I Thess. iv, 14).

Vers. 32. Phe. *Os justi meditabitur sapientiam, et lingua ejus loquetur judicium.* Narratio hæc per figuram characterismon, quæ Latine informatio vel descriptio dicitur, tempus beatæ resurrectionis ostendit. Non enim dicit, meditatur, sed *meditabitur* de futuro. *Os* hic cogitationem debemus accipere, quia de lingua sequitur quid loquatur. *Meditabitur ergo sapientiam*, non Scripturarum lectione, sed cordis purissima visione. Ibi enim non litteris sapientia colligitur, sed cœlesti largitate inelaborata præstatur. *Et lingua ejus loquetur judicium*, quia sermo ibi nequaquam a cogitatione dissentiet ; sed sicut cor *meditabitur sapientiam*, ita *lingua loquetur* per cuncta justitiam. Hic est ille cœlestis et beatorum modus, ut merito in consortium angelorum recipiantur qui se nullo errore confundunt. Loquitur ergo lingua justi *judicium*, cum veri luminis fuerit manifestatione completus. *Judicium* enim dictum est, quasi juris dicium, quod in eo jus dicatur. Non enim sancti semper judicabunt, dum constet unum Domini esse judicium. Sed in æternum juste locuturi sunt, quos revera divina virtus amplectitur.

Vers. 33. *Lex Dei ejus in corde ipsius, et non supplantabuntur gressus ejus.* Vides quemadmodum nobis perfectio futuræ beatitudinis indicatur ; ut nihil aliud homo in corde recipiat nisi voluntatem Dei, qua beatus efficitur, per quam ad tantum culmen ascendit, cui gratias indesinenter acturus est. *Dei ejus* significat qui eum de mundi istius clade liberavit. Hoc enim pronomen *ejus* gratiam indicat Domini Salvatoris. Nam cum sit omnium *Deus*, ipsius proprie dicitur quem liberare dignatur. Cum dicit, *in corde ipsius*, sensum beati universum tali bono significat esse completum. Hujus itaque *gressus supplantare* nemo prævalebit, quando jam et originale peccatum desinet, et diabolus decipiendi licentiam non habebit. *Supplantare* enim dicimus plantis foveas prætendere, ne possit incedens firmum reperire vestigium. Hoc ibi nullatenus constat esse faciendum, ubi secura et æterna sunt omnia ; sicut in quinquagesimo quinto psalmo dicturus est: *Quoniam eripuisti animam meam de morte, oculos meos a lacrymis, pedes meos a lapsu* (Psal. lv, 13).

Vers. 34. Sade. *Considerat peccator justum, et quærit perdere eum.* Adhuc ista dicuntur de futuro judicio. *Considerare* est enim aliquid alta deliberatione conspicere, et usque ad rerum viscera pervenire. Nam in die resurrectionis peccator perpendet, justum, et dicet in corde suo: Nonne iste est qui egebat, quem in contemptu habuimus et derisu ; et modo cernimus supra nos electum, et in summa gloria constitutum? Hoc est *peccatorem justum considerare*. *Quærit* autem *perdere eum*, a consuetudine dicitur delinquentium, quoniam et in illo sæculo festinant justum perdere, ubi jam cognoscuntur nocendi licentiam non habere.

Vers. 35. *Dominus autem non derelinquet eum in manibus ejus, nec damnabit eum cum judicabitur illi.* Considera quemadmodum ordinem istum futuro sæculo deputavit, ut dicat in potestate inimici justum ulterius non esse tradendum ; quod in isto sæculo frequenter evenit, ut martyres relinqueret persecutorum manibus carnaliter occidendos. Tunc enim famulos suos jam *non derelinquet* arbitriis impiorum, sed in æterna pace positos possidebit ab omni periculo liberatos. *Nec damnabit eum, cum judicabitur illi*. Non damnat justum, cum judicat impium ; sed discretione meritorum justum beatitudo suscipiet, illum debita pœna torquebit.

Vers. 36. Coph. *Exspecta Dominum, et custodi vias ejus ; et exaltabit te, ut inhabites terram; cum perierint peccatores videbis.* Superioribus rebus diligenter expositis, quæ ad æternam poterant beatitudinem pertinere, redit ad justum, consolans eum, et dicens: Tu qui jam credidisti ad quæ bona evehi possis, confidenter *exspecta Dominum*, id est patienter age : et qualis sit ipsa patientia non taceatur. Non enim otioso dicitur *exspecta*, sed laboranti, qui *vias* Domini, hoc est sacratissima præcepta custodit. Apte quoque sua reddidit suis. *Terram* illam nisi exaltatus non potest possidere : quia sic magna, sic sancta, sic cœlesti est, quam nemo prævalet, nisi bene meritus, adipisci. Sequitur, *cum perierint peccatores videbis*. Duplici ratione justorum gaudia cumulantur. Primum cum senserint in quantis sint jucunditatibus collocandi ; deinde cum viderint pœnas peccatorum, exsultabunt amplius ab æterno se supplicio liberatos. Tunc enim gratior fit qualitas muneris attributi, quando conspecta fuerit pœnalis adversitas. Ergo hoc dicit, *videbis*, hoc est quod nunc credis, tunc absolute cognosces, et lætaberis, illis digne pereuntibus, te in summa beatitudine per gratiam Domini collocatum.

Vers. 37. *Vidi impium superexaltatum, et elevatum super cedros Libani.* Hic contra gravissimum morbum medicina plenissima præstatur. Dicunt enim quidam: Si Deo talia displicerent, peccatoribus tanta felicitas minime proveniret. Ideoque per energiam, quæ actum rei incorporeæ imaginatione repræsentat, *vidisse se* dicit *impium* crevisse non ad honorem, sed potius ad ruinam. *Elevantur* enim hic tales supra justos, quia illi sunt humiles, isti superbi; sed isti in judicio cadent, illi feliciter erigentur. Et quia dixerat, *superexaltatum*, ne putares eum tantum supra humiles evectum, addidit, *et elevatum super cedros Libani*, ut ipsis quoque proceris cacuminibus celsior appareret. Cujus profectus ideo tantum extollitur, ut ejus irremediabilis ruina monstretur. Hoc etiam de diabolo intelligi fas est, de quo Joel propheta testatur dicens: *Et eum qui ab Aquilone est, effugabo a vobis, et ejiciam in terra sitienti et deserta; et exterminabo faciem ejus in mare illud primum, et posteriora ejus in mare novissimum* (Joel. II, 20). Gratias agimus, Domine, dispositionibus tuis. Nam quid iste liber faceret, qui mundum religatus affligit?

Vers. 38. Res. *Et transivi, et ecce non erat; et quæsivi eum, et non est inventus locus ejus.* Mundus iste duobus modis transitur, sive cum deseritur meliori conversatione, sive cum a mortuis in fine relinquitur. Ergo qui transierit ad Deum sanctissima conversatione, potentem jam non videt peccatorem, quando infirma videt omnia de quibus gloriatur humanitas. *Quæsivi* enim dicit, hoc est in memoriam reduxi: quia tunc justi recordantur maxime peccatorum, quando miseratione Domini in melius immutantur: dolentes quia miseri ab eis malis actibus segregantur. *Locus* enim peccatorum mundus iste dignoscitur, in quo et scelera perficiunt, et fugitiva felicitate cumulantur. Sed utique *locus* iste cum eorum prosperitate dissolvitur, quando totius orbis corruptibilis gloria terminatur.

Vers. 39. Sin. *Custodi veritatem et vide æquitatem, quoniam sunt reliquiæ homini pacifico.* Dum nos præcipit *custodire veritatem*, admonet ne in mundanis rebus curam habere debeamus. *Custodire* enim solet, nonnisi qui semper assiduus est, qui hoc cogitat, hoc loquitur, hoc retractat, nulloque momento ab ea sollicitudine segregatur. Sed quæ est ista *veritas*? utique Deus, qui dixit, *Ego sum veritas* (Joan. XIV, 6). Ergo si Deum custodias, ille te sine dubitatione custodit. Dicit etiam, *et vide æquitatem*, Dei videlicet. Nam quæ sit æquitas consequenter exponit; ait enim, *quoniam sunt reliquiæ homini pacifico.* Intendamus quemadmodum hunc sermonem intelligere debeamus: *reliquiæ sunt homini pacifico*, quando spes ejus Domini remuneratione peragitur. Reliquum est enim, ut post hanc vitam æternæ beatitudinis præmia consequatur. *Sunt* ergo *reliquiæ pacificorum*, quando spem certissimam tunc habere incipiunt, cum ad percipienda Domini dona perveniunt. *Pacificus autem* dicitur, qui in hoc mundo inter discordantes pacem facit, studioque mansuetudinis nec ipse indecoris certaminibus implicatur. Et nota quia in beatorum loco ponitur, cui hæc virtus Domini pietate præstatur.

Vers. 40. *Injusti autem disperibunt simul: reliquiæ impiorum peribunt.* Sententiæ dantur aptæ disparibus. Nam sicut justi post hanc vitam spe maxima gratulantur, ita *injusti* finita luce *dispereunt*. Sive (ut quidam volunt) *reliquiæ* significant memoriam bonorum, quam justus vir in hoc mundo post obitum derelinquit, dum de actuum suorum probitate laudatur. Quod utique martyribus contigit, qui pro veritatis testimonio felices animas reddiderunt. Hoc mereri impii nullatenus possunt, qui nullum vestigium dignum memoriæ suæ derelinquunt: quoniam superveniente interitu eorum falsa laus et fragilis vita dissolvitur.

Vers. 41. Tau. *Salus autem justorum a Domino, et protector eorum est in tempore tribulationis.* Sancta Ecclesia redit ad solitas consolationes, ne putaretur austera, si et bonæ promissionis gaudia non haberet. Pollicitatio firma, custodia fortis, *justorum salutem a Domino*, non ab alia potestate venire commemorat. Quo loco alterius psalmi sensus dicendus est: *Si ambulem in medio umbræ mortis, non timebo mala, quoniam tu mecum es.* Sequitur, *et protector eorum est in tempore tribulationis* (Psal. XXII, 4). *Tempus* quidem *tribulationis* duplex est, sed longe dissimile. Nam et hic tribulationes temporales sunt, quas tamen Dominus a fidelibus suis ex toto non amovet; quæ mordent potius quam devorant, compungunt quam percutiunt, affligunt quam imminuunt. Illa vero *tribulatio* quæ in die judicii impiis venit, mala, quia æterna; tristis, quia cruciat; vehemens, quia districta est. *In hoc ergo tempore tribulationis protector est Dominus*: quia ex ipsa eripit justos.

Vers. 42. *Et adjuvabit eos Dominus, et liberabit eos, et eripiet eos a peccatoribus, et salvos faciet eos, quoniam speraverunt in eum.* De fidelibus famulis dicit, quos in hoc mundo efficaciter adjuvat, quando colluctatione contraria fatigantur. Liberat enim, dum fidem ipsorum non sinit prava suasione perverti. *Eripiet a peccatoribus*, utique a mundi istius contrarietate servat illæsos. Addidit quoque causam liberationis: *quoniam speraverunt in eum*, non quia non peccaverunt, sed quoniam spem suam in Domini pietate posuerunt. Quod potest etiam et ad illud judicium trahi, quando sanctis suis æterna præmia præstare dignabitur.

Conclusio psalmi.

Quam proficua verba Spiritus sancti dignatione prolata sunt! quam mirabili virtute illa tunica Domini Christi superna dispensatione contexta est, non filis, sed versibus; non stamine, sed compunctione; non lana, sed gratia; scilicet quæ totum corpus ambiat, et membra ipsius in modum sacræ vestis operiat; quam non valuit dividere militum insana protervia; quam non potest hæreticorum tot sæculis, dum semper carpant, scindere multitudo: sed in sua firmitate consistens, illos tantum protegit quos Domino placere cognoscit! Rogemus ergo inseparabilem Trinitatem, ut hæc vestis et nos protegat, atque intra suos sinus gratuita dignatione concludat. Quo loco Sedulii verba mutuanda sunt:

Grandia posco quidem, sed tu dare grandia nosti.

EXPOSITIO IN PSALMUM XXXVII.

Psalmus David in commemoratione.

Dicendo *in commemoratione*, hoc nobis titulus iste pronuntiat, ut quia peccatum omnimodis effugere non valemus, certe ipsum delictum *in commemoratione* semper habere debeamus; quatenus dum culpæ memores sumus, a delictorum frequentia temperemus. Sicut et in tricesimo primo psalmo positum est, *David intellectus*; sicut et in quinquagesimo psalmo ipse profitetur, *et peccatum meum contra me est semper* (*Psal.* L, 5). Sed licet propheta nominis sui testimonium dicat quam maxime de futuris, tamen nec præterita derelinquit, quæ ad salutem fidelis populi pertinere cognoscit. Hic enim psalmus (ut quidam voluerunt) totus ad beati Job vivacissimam pertinet passionem, qui superator fuit vitæ mortalis, carnis suæ debellator, triumphator ingentium suppliciorum; scilicet ut pœnitentibus onera sua reddantur levia, dum gravissimæ tentationis referuntur exempla. Consuetudo est enim Scripturæ divinæ, ut cum exercitatissimus miles Christi afflictus dicitur, tironis inde animus efficacius imbuatur. Quapropter in afflictionibus asperis gaudeamus, in carnis nostræ cruciatione lætemur: quoniam hoc nos ab æterna pœna liberat, quod hic propter **128** Dominum momentanea celeritate discruciat. Considerandum est etiam quod in his psalmis pœnitentium nullus tanta legatur esse perpessus, ut merito ad mensuram malorum recipi credatur qualitas gaudiorum.

Divisio psalmi.

Per figuram ethopœiam persona introducitur (ut dictum est) invicti militis Christi, vulnerum dolore confixa, vermibus scaturiens, insuper exprobrationibus sauciata, et inter tot calamitates obsessa, sola fidei vivacitate sanissima. Quam merito beato Job et nos credimus applicandam, quando huic et ærumnæ similes exstiterunt, et pene sit sermo videtur esse consimilis. Quapropter per loca singula de libro ipsius testimonia dabimus; ut omnino passiones ipsæ sibi convenire ac congruere videantur. Psalmus ergo iste pœnitentis quadrifaria distinctione divisus est. Primo continet exordium, in quo misericordiam movet benigni judicis vita pœnalis. Sequitur bipartita narratio, ubi et corpus suum diversis pœnis afflictum commemorat, et animum refert amicorum imputationibus graviter sauciatum; ut cum nulla consolatio in utraque parte relinquitur, totis viribus Dominus exoretur. Tertio subjungitur consolatio medicinæ salutaris, quam inter multiplices calamitates spem suam dicit se in Domino posuisse. More autem devotissimi fa-

muli paratum se quoque ad flagella testatur: quoniam plus se adhuc mereri putat, quam videatur esse perpessus. Post hæc provenit quæ semper pœnitentibus datur exsultativa conclusio: ubi jam a cladibus omnibus liberatus, salutis suæ Deum profitetur auctorem; ut manifeste doceatur in spe certissima collocatus, qui tantæ lætitiæ participatione ditatus est.

Expositio psalmi.

Vers. 1. *Domine, ne in ira tua arguas me, neque in furore tuo corripias me.* Vir iste sanctissimus; sicut de ipso Dominus dixit: *Simplex, rectus, et timens Deum, ac recedens a malo* (*Job* I, 1), cum tentationibus diaboli fuisset traditus ad probandum, inter dolores anxius, non erat tantum de sua pœna sollicitus, quantum de Domini offensione suspectus, rogat ne tormenta quæ patiebatur irato judice susineret. Verberatio enim quæ venit a quieta mente correctio est, sicut legitur: *Argue sapientem, et amabit te* (*Prov.* IX, 8); quæ autem venit ab infenso judice rationabiliter formidatur. Illa enim emendationem præstat, ista exigit ultionem. Hinc est quod rogat ut *non arguatur in ira*, nec in eum damnatione perpetua vindicetur. Sic enim metuens et in libro suo dicit: *Iratus est contra me furor ejus, et sic me habuit quasi hostem suum* (*Job* XIX, 11). De ira vero Domini Pater Augustinus in libro Enchiridion (*Cap.* 15) pulchra brevitate disseruit dicens: Cum autem Deus irasci dicitur, non ejus significatur perturbatio, qualis est in animo irascentis hominis; sed ex humanis motibus translato vocabulo, vindicta ejus, quæ non nisi justa est, iræ nomen accepit. De ira denique vel furore illa sufficiant quæ de talibus verbis in psalmo sexto jam dicta sunt.

ers. 2. *Quoniam sagittæ tuæ infixæ sunt mihi, et confirmasti super me manum tuam.* Secuta est causa probabilis; ut in illo judicio jam non debeat puniri, qui malis præsentibus vehementer afflictus est. Dominus enim cum hic vindicat, ibi parcit, quoniam clementia ipsius in idipsum duas non exigit ultiones; sicut scriptum est: *Non judicabit Dominus bis in idipsum* (*Num.* I, 9). Sed cum fidelissimus famulus se cognosceret diabolica fraude vexari, sciebat tamen eum in se non potuisse prævalere, nisi licentiam divinis jussionibus accepisset; ideoque ad illum loquitur in cujus potestate universa sunt posita. *Sagittæ* et in bono et in malo accipiuntur. In bono, ut est illud, *Sagittas suas ardentibus effecit* (*Psal.* VII, 14). Nam hic *sagittæ* designant diabolicas potestates, quæ tanquam tela vulnerant, quando Domini permissione diriguntur. Et bene dixit, *infixæ*, quia doloribus ejus requies esse non poterat. Sic enim et ipse beatissimus (*Job* VI, 4) dicit: *Quia sagittæ Domini in me sunt, quarum indignatio ebibit spiritum meum, et terrores Domini militant contra me.* Sequitur, *et confirmasti super me manum tuam.* Cum divina virtus fidelium salutem vitamque semper operetur, hic quasi manibus ejus imputatur quod diu cladibus numerosis affligitur; non quia ipse filios ejus exstinxerat, facultatem laceraverat, ipsumque ulcerum dolore percusserat; sed quoniam tardabat diabolum removere, qui talia probabatur infligere. Ita et in proprio ejus libro positum est : *Cur non tollis peccatum meum, et quare non aufers iniquitatem meam* (Job vii, 21)? Quod congruenter a potestate judicis dicitur, ut salutaris benevolentia comparetur.

Vers. 3. *Nec est sanitas in carne mea a vultu iræ tuæ, non est pax ossibus meis a facie peccatorum meorum.* Ab infirmitate quoque personæ suæ misericordiam movet, quoniam caro ejus bellum sustinere non poterat, quæ tot ictibus percussa corruerat. *Vultus* est *iræ,* timor futuræ vindictæ sub magno pavore cogitatus. Unde a Deo se petit ab ira futura liberari, quoniam ab indignatione ventura omnino sic se dicit esse perterritum, ut sanitatem corporis omnimodo non haberet. More famuli verecundi, qui antequam verbera patiatur, futuris jam tormentis vehementer affligitur : qui vero mente callosus est, nec ipsas pœnas, dum infliguntur, horrescit. Subjunxit etiam : *Non est pax ossibus meis.* Quod supra dixit, *sanitatem,* nunc repetit *pacem* : merito, quia *sanitas* est totius corporis pax humorum et temperata tranquillitas. Hic jam nimietas doloris exprimitur; ut qui dixerat carnem suam esse non sanam, nunc dicat etiam ossa fuisse turbata. Gravior enim pœna est quæ usque ad interiora descendit ; nec aliquid intactum relinquitur, quando ipsa corporis firmamenta quatiuntur. Significat enim, quam patiebatur, vermium comestionem, quæ requiem sancto viro non poterat dare : quia non cessabat absumere, sicut ipse ait, *Et qui me comedunt non dormiunt* (Job xxx, 17). Verum supra illas corporales pœnas affligi se dicit *a facie peccatorum suorum,* more sanctissimi animi, qui dum recordatur iniquitates suas, graviora se credit esse passurum.

Vers. 4. *Quoniam iniquitates meæ superposuerunt caput meum : sicut onus grave gravatæ sunt super me.* Adjicitur ad impetrandam benevolentiam tertius modus, ut non se injuste perculsum dicat, sed peccatis suis videatur imputare quod patitur. **129** Nunc ad exponenda verba redeamus. *Iniquitates* nostræ elevant se super caput nostrum, quando sibi amplius vindicant, quam ratio justitiaque patiatur. *Caput* enim nostrum ratio est, supra quam inter bona collata celsius nil habemus. Ipsa enim duce, Domino præstante, dirigimur ; ipsa nos ad bonos actus proficuaque perducit. Quam si iniquitas oppresserit, illa protinus victa succumbit. Sed his iniquitatibus ista vicissitudo tribuitur ; ut qui se levitate eriguut in tumorem, gravissimis afflictionibus onerentur. Constructa sunt pulcherrima veritate principia ; nunc partem narrationis, quemadmodum formata sit, debemus exquirere.

Vers. 5. *Computruerunt et deterioraverunt cicatrices meæ, a facie insipientiæ meæ.* Perventum est ad narrationem, quæ causis omnibus utiliter apponitur, quando per eam animus accusati factumque declaratur. Hæc duplici modo formata est. Nam per quinque versus pœnas describit corporis sui : per alios quinque qui sequuntur violentas refert animæ passiones, ut nihil videatur exceptum, quod duris calamitatibus non probetur afflictum. Quod argumentum dicitur a necessitate, quando quis præmissis rebus asperis, ad bonam partem correctus adducitur. In primo igitur versu partis hujus tapinosis figura cognoscitur, quia nihil humilius, nihil potest abjectius inveniri. *Cicatrices* enim sunt præcedentium vulnerum sanata vestigia, quas gravius constat affligere, quando eas contigerit ad transacta pericula remeare *Cicatrix* vero dicta est ab eo quod in se cæcum vulnus ostendat. Frequenter ergo vulneribus tabificatum corpus ostenditur, ut superstes ille sui pene talia pertulerit, qualia solent exanimata cadavera sustinere. Sic et ipse dicit : *Solum mihi superest sepulcrum* (Job xvii, 1). Subjunxit, *a facie insipientiæ meæ,* id est a præsentia stultitiæ meæ. *Facies* enim præsentiam designat, quæ nisi aut animo aut corpori præsto fuerit, ejus species non valet apparere. Propter ipsam enim se dicit *computruisse* : ne sanctus vir aliquid divinis ordinationibus imputaret. Nam et ipse proprio ore sic memorat, cum Domino responderet : *Ideo insipienter locutus sum, et quæ ultra modum excederent scientiam meam* (Job xlii, 3).

Vers. 6. *Miseriis afflictus sum, et curvatus sum usque in finem; tota die contristatus ingrediebar.* Merito turbatus est, qui tantis doloribus videbatur oneratus. *Miseriis* enim *affligitur,* qui animam suam doloribus fletibusque castigat ; sicut ipse quantum ad considerationem passionum pertinet, dicit: *Desperavi, nequaquam ultra jam vivam. Parce mihi, Domine, nihil enim sunt dies mei* (Job vii, 16). *Usque in finem,* sive terminum vitæ significat, sive Dominum Salvatorem : quia tandiu fidelium unusquisque turbatur, donec ad ipsum indulgentia concessa perveniat. Nam quod sequitur, *tota die contristatus ingrediebar,* continuationem doloris insinuat. Dicendo enim, *tota die,* simul et noctes designat, quæ non erant a cruciatibus ejus alienæ, cujus *cicatrices computruisse* referuntur. Sed inter hæc ingrediebatur tristis afflictus ; et quod est familiare fidelibus, nequaquam de Domini pietate desperans.

Vers. 7. *Quoniam anima mea completa est illusionibus, et non est sanitas in carne mea.* Hinc erat quod tota die contristabatur, quia diabolus, qui corpus susceperat affligendum, non cessabat et animam ejus vana imaginatione fatigare. Dicit enim vitium, quo maxime humana laborat infirmitas : ut modo in oratione prostrati, superfluas res videamus appetere ; modo psalmodiam dicentes terrena cogitemus. Sed de ista illusione quam patimur, sufficienter dictum est in libro quem de Anima pro nostra mediocritate conscripsimus. Sed cum istud maxime contingere soleat otiosis, dicit sibi quoque provenisse, qui sanitatem corporis non habebat ; ut tanquam civitas obsessa infestantibus inimicis undique pulsaretur. Nam quamvis caro diversis frangeretur angustiis, originalibus tamen vitiis non reddebatur [*ed.,* credebatur] excepta. Ista est illusio quæ secundo Domini curatur adventu, quando et carnis vitiis caremus, et immissiones diabolicas ultra non patimur.

Vers. 8. *Incurvatus sum et humiliatus sum usquequaque: rugiebam a gemitu cordis mei.* Ipsa quidem verba repetit, sed vehementiora facta sunt, dum in uno versiculo colliguntur. Possumus enim corpore curvari, et animo non humiliari : sed hic ideo utrumque conjunctum est, quia multiplex calamitas liberum nil relinquit. His etiam aliquid majus adjecit : *Usquequaque*, id est ex omni parte, ex omni consideratione; ut eum copiosa calamitas undique probaretur ambiisse. Sequitur, *Rugiebam a gemitu cordis mei*. *Rugire* proprie belluarum est. Hic autem ut gemitum ostenderet fortiorem, ipsis se comparat, quæ validissimo fremitu suum velle declarant. Et vide quod sequitur, *a gemitu cordis mei*; ut virtutem patientiæ magnæ monstraret, in gemitum se asserit, non in verba prorupisse.

Vers. 9. *Et ante te omne desiderium meum : et gemitus meus a te non est absconditus.* Tale fuit desiderium ejus, ut ante Deum esse mereretur. Nam qui peccatis suis veniam petit, qui omnia illa facit quæ superius sunt decursa, ante Deum ponit *desiderium* suum. Jam quod ante ipsum est, consuevit audire. Dominus enim quidquid non aspernatur, amplectitur. Ille enim *gemitus non absconditur* Deo qui pius est, qui pro animæ liberatione persolvitur. Nam multi gemunt perdentes divitias, desideria turpia perquirentes : sed ille *gemitus* et ille fletus Divinitati probatur absconditus. *Gemitus* enim dictus est pro exprimendo magno dolore, quasi geminatus luctus.

Vers. 10. *Cor meum conturbatum est in me, et deseruit me fortitudo mea : et lumen oculorum meorum non est mecum.* Corporeis ærumnis flebili allegatione decursis, nunc ad animi venit gravissimos dolores; ut postquam caro multa pertulerat, mens quoque beati viri vehementius probaretur afflicta. Et respice quo decore distributa verba colluceant. Unum pendet ex altero : quia *deseruit fortitudo, conturbatum est cor*. Fortitudinem suam dicit patientiæ robur, quæ, quandiu permanserit, voluntatem nostram in sua firmitate custodit : si vero recesserit, mens turbata succumbit. Malorum itaque abundantia mollitam in se dicit patientiæ firmitatem. Sequitur, *et lumen oculorum meorum non est mecum. Lumen oculorum* est ratio imperturbata judicii, quam secum habere non poterat, qui ingentes molestias sustinebat.

Vers. 11. *Amici mei et proximi mei adversum me appropinquaverunt et steterunt. Amici* sunt a nostro quidem sanguine extranei, sed charitate conjuncti. *Amicus* enim dictus est quasi animi æquus, quia æquali nobis voluntate conjungitur. Amicitia est enim voluntas erga aliquem rerum bonarum ipsius causa quem diligit compari voluntate. *Proximi* autem sunt, qui nobis parentela sociantur. Hæc enim duo sunt, quorum humanitas consuevit gaudere solatiis. Nunc autem de illis dicit qui ad sanctum virum consolandi gratia veniebant, sicut libri ipsius textus eloquitur, et magis crebris exprobrationibus ejus animum sauciabant. Nunc autem *venit super te plaga, et defecisti : et tetigit te, et conturbatus es* (Job IV, 5), etc. Sed consideremus quam vehemens erat afflictio, quando ab amicis et proximis talia sustinebat, ut qui solent esse remedium calamitatum multarum, fuerint cumulus passionum. Merito ergo cum ipso *lumen oculorum* suorum non erat, cui inde veniebat afflictio, unde solet hominibus adesse remedium.

Vers. 12. *Et proximi mei a longe steterunt; et vim faciebant qui quærebant animam meam.*

Vers. 13. *Et qui inquirebant mala mihi, locuti sunt vanitatem, et dolos tota die meditabantur.* Proximi quidem erant sanguine, sed longissimi reddebantur fetoris horrore; dum quod ille tolerabat in vulnere, illi sustinere non poterant in odore. Nam et ipse de uxore sua dicit : *Halitum meum exhorruit uxor mea* (Job XIX, 17). Quid, rogo, extraneorum fastidia, dum halationes ejus uxoris charitas sustinere non posset? Nam et de proximis suis ita dicit : *Fratres meos longe fecit a me, et noti mei quasi alieni recesserunt a me* (Ibidem, 13). Cum enim dicit : *Et vim faciebant qui quærebant animam meam*, diabolum cum ministris suis designat, qui quanto illum videbant in Dei amore persistere, tanto ei mortem animæ nitebantur inferre. Subjunxit : *Et qui inquirebant mala mihi, locuti sunt vanitatem.* Uxorem designat, quæ immundis spiritibus adacta, dum eum cupit liberari de pœna, viro sanctissimo suadebat, ut Domini loqueretur injuriam, dicens : *Dic verbum in Domino, et morere* (Job II, 9). Meditabantur quoque supradicti dolos, quia dum se consulere corpori putabant, animæ contraria suggerebant.

Vers. 14. *Ego autem velut surdus non audiebam, et sicut mutus qui non aperuit os suum.* Nihil potest esse fortius, nihil egregius, quam audire noxia, et non respondere contraria. Nam etsi locutus est justa, ad illa tamen *surdus* erat, quæ quasi consolantium iniquitas suggerebat. Addidit, *et sicut mutus qui non aperuit os suum. Mutus* etsi cum clamore aliquid non dicit, interdum balbutiendo remurmurat. *Sicut mutus* autem, *qui non aperuit os suum*, fuit, qui labia sua nullo sermone aspero, nulla contra Deum remurmuratione commovit. O tranquillitas sanctæ mentis! Foris vermibus consumebatur, intus impassibilis erat; et tanquam assisteret altari [mss., fieret alteri], sic cognoscebatur divinis laudibus occupari

Vers. 15. *Et factus sum ut homo non audiens, et non habens in ore suo increpationes.* Sensus ipse repetitur, ut nobis magnæ patientiæ validius inculcetur exemplum. Habebat utique veritatem causæ suæ, per quam mala suadentes potuisset arguere : sed vir patientissimus sibi reputans omnia, ab illorum increpatione cessabat, sicut ipse dicit : *Nonne dissimulavi? nonne quievi* (Job III, 26)? Nam cum eos posset arguere qui falsis eum criminationibus impetebant, sic elegit tacere, quemadmodum solet ille facere qui veritatem responsionis cognoscitur non habere. Respice nunc singulis causis remedia contributa. Contra corporeos dolores supra dixerat : *Rugiebam a gemitu cordis mei*: nunc adversus iniquas suggestiones posuit: *Ego autem velut surdus non audiebam*, etc. Sic narrationis istius textus gemina expositione finitus est.

Vers. 16. *Quoniam in te, Domine, speravi, tu exaudies me, Domine Deus meus.* Passionum suarum narratione completa, nunc venit ad medicinæ salutaris auxilium: quoniam inter calamitates asperas ejus confidentia non defecit, sed semper *speravit in Domino*, qui potest tristitiam in gaudium commutare. Et ideo petitionem suam exaudiendam putat: quia se *in Domino sperasse* confidit. Nam et ipse dicit: *Etiamsi occidat me, in ipso sperabo* (Job XIII, 15). Sic et tres pueri profitentur: *Potens est Deus de camino ignis liberare nos. Quod si noluerit, notum tibi sit, rex, quia diis tuis non serviemus* (Dan. III, 17, 18). Talis est enim sanctorum voluntas, tale fixa mente consilium, ut non emolumento aliquo præsentis temporis, sed tantum ipsius Domini amore captantur.

Vers. 17. *Quia dixi: Nequando insultent in me inimici mei: et dum commoventur pedes mei, in me magna locuti sunt.* Nunc causas enumerat, cur eum Dominus dignetur audire. Nam inter gravissimos æstus malorum, illam partem vir egregius magnopere custodiebat, ne de lapsu ipsius insultaret inimicus. *Insultant* enim illi quando hominem ad nequitiæ suæ vota converterint; dum fidelium ruinam, putant esse victoriam. *Pedes* enim hic significant nostrorum actuum qualitatem, per quam in hac vita quibusdam gressibus ambulamus. Sed isti dum fuerint humanitatis fragilitate commoti, statim impios inveniunt irrisores, qui magna in eos invectione consurgunt: sicut alibi dicit: *Qui tribulant me, exsultabunt si motus fuero* (Psal. XII, 5). Pii vero contra faciunt, affliguntur casibus alienis, consolationis lapsis, solatium cupiunt afferre deceptis; sicut Apostolus dicit: *Fratres, si præoccupatus fuerit homo in aliquo delicto, vos qui spirituales estis, instruite hujusmodi in spiritu mansuetudinis* (Galat. I, 6).

Vers. 18. *Quoniam ego in flagella paratus sum, et dolor meus ante me est semper.* Ecce quare Dominus supplicem dignabatur audire, quia dum fragilitatem suam nosset deliquisse, merito se ad pœnam videbatur aptare. Sic sentiunt qui se semper addicunt; ut in illa judicatione possint absolvi, qui hic meruerint propriis confessionibus accusari. *Flagella* enim hic, non verberationes loreas dicit, sed dolorum asperrimas passiones. Sequitur enim, *et dolor meus ante me est semper*. Dolor contra se erat viro justissimo, cur a mandatis Domini declinasse videretur, ut salutarem innocentiam perderet, et mortiferos acquisisset errores. Imitandus dolor, rectum judicium, contra se justum hominem irasci: quia impius defensor, fautor [*ed.*, factor] sui probatur exitii.

Vers. 19. *Quoniam iniquitatem meam pronuntiabo, et cogitabo pro peccato meo.* Aperuit unde ille præmissus dolor existere potuisset. Nam si de 131 peccato suo minime doluisset, nequaquam tantæ confessionis puritas appareret. Duobus enim modis perfectæ pœnitentiæ virtus ostenditur. Primum est, ut peccatores nos Domino pronuntiemus, sicut dicit in libro suo: *Peccavi, quid faciam tibi, o custos hominum* (Job VII, 20)? Ecce pronuntiatio sancti viri, ecce vera confessio, quæ vitam non abstulit, sed salutis gaudia geminavit. Verum ne crederes in confessionibus hanc solam pronuntiationem semper sufficere potuisse, addidit, *et cogitabo pro peccato meo*; id est talia, te donante, faciam, quæ meum possint abolere peccatum; scilicet fletus adhibeam, eleemosynas faciam, et ab hoc quod deliqui, mandatorum tuorum me observatione purgabis.

Vers. 20. *Inimici autem mei vivunt, et confortati sunt super me: et multiplicati sunt qui oderunt me inique.* Inimicos suos spirituales nequitias dicit, quas ad probationem sui permissu Domini vir sanctissimus sustinebat. *Vivunt*, cum dolore pronuntiandum est, id est, voluntatis suæ libertate potiuntur; nec mortem metuunt, quam nos in corpore sustinemus. Cui non solum sufficit dicere, *vivunt*, nisi etiam addidisset, *et confortati sunt super me*. Deinde quod gravius horret, adjecit, *multiplicati sunt*. Hoc schema dicitur emphasis, quod gradatim crescit ad motum animi concitandum. *Multiplicati sunt* vero *qui eum oderant inique*, quando supra ipsum spirituum immundorum numerus augebatur. Unus enim peculium vastabat, alter patrimonia lacerabat, filios quoque ipsius alii trucidabant; et necesse erat ut ei inter tot calamitates hostes crescerent, qui tam numerosa probatus est pericula tolerasse. *Inique* vero additum est, quoniam vir sanctissimus a pravis spiritibus injuste semper horretur. Quod ad voluntatem videlicet diabolicam pertinet exprimendam, non ad meritorum pravam inanemque jactantiam.

Vers. 21. *Qui retribuebant mala pro bonis detrahebant mihi, quoniam subsecutus sum justitiam.* Ad amicos laceratores redit, qui sanctissimo viro casus asperos imputabant, et detrahebant, cum magis utique patientiam ejus laudare debuissent. Nam et uxor justitiæ ipsius detrahebat, quando dicebat: *Dic verbum in Deum, et morere* (Job II, 9). Bene autem se dixit *justitiam subsecutum*, quia illam non probatus est aliquando reliquisse. Sic enim ipse testatur: *Non invenietis in lingua mea iniquitatem, nec in faucibus meis stultitia personabit* (Job VI, 30). Quam professionem ex integra cordis puritate venisse testis est Domini prolata sententia, ubi ad amicos ejus in libri ipsius fine commemorat dicens: *Iratus est furor meus contra vos, quoniam non estis locuti coram me rectum, sicut servus meus Job* (Job XLII, 3). Finita est, quam diximus in tertia parte, collatio, quæ est procul dubio medicina salutaris. Nunc conclusionem videamus totius terminum dictionis.

Vers. 22. *Ne derelinquas me, Domine Deus meus; ne discesseris a me.* Pœnitens iste sanctissimus indulgentia Domini de præteritis periculis absolutus, jam lætus exclamat ad Dominum, ne ab ipso relinquatur, quo fuerat præstante liberatus. Gravior est enim bonæ conscientiæ metus errare post veniam; ut qui debet gratiam, iterum incurrat offensam. Ille enim quando a nobis discedit, avios sectamur errores : quia necesse est absente via rectissima semper errare.

Vers. 23. *Intende in adjutorium meum, Domine Deus salutis meæ.* Prius petiit ne derelinqueretur a Domino, nunc enixius supplicat ut *in adjutorium* ejus dignetur *intendere* : quoniam contra illum se noverat certamen habere, qui dixerat : *Ponam sedem meam ad Aquilonem, et ero similis Altissimo* (*Isai.* xiv, 13). Quibus enim viribus hostis ille tam immanissimus vinceretur, nisi ille *intenderet*, quo respiciente poterat non perire [*ed. et ms. G.*, parere)? Et ut persolutam gratiarum cognosceres actionem, addidit, *Deus salutis meæ;* utique qui eum salvum reddidit post tot vulnera passionum, et sospitatem contulit animæ, quam antiquus ille tyrannus non possit eripere. Ecce regula pœnitentis impleta est, salvatus exsultat, qui pridem ulcerum tabe putruerat. Sic ad victoriam perveniunt, cum Domini milites impetuntur.

Conclusio psalmi.

Quam fortis, quam de se triumphalis factus est Job iste Davidicus, ut inter tot acerbitates vulnerum, modestiam non destiterit eructare sermonum! Jacebat corpore in sterquilinio, sed animo habitabat in cœlo. Consumebatur vermibus, qui spiritus superabat immundos. Parva sunt quæ pertulit, si consideres quæ recepit. Sic pio Domino proficue servitur, sic clementia Divinitatis agnoscitur; ut cum ei suas largitates offerimus, retributiones iterum copiosissimas exigamus. O pœnitentium beata securitas! o se humiliantium mirabilis altitudo! ut confitendo redeat ad gratiam, qui propria se æstimatione damnavit. Certe intelligamus quæ sit dignitas pœnitentium, quando nec ille ab hac excipitur, qui tanti judicis voce laudatus est.

EXPOSITIO IN PSALMUM XXXVIII.

In finem pro Idithum canticum David.

Titulus hic novum nobis intulit nomen; propterea quæ causa sit istius positionis, aut quid significet diligentius inquiramus. In præfatione jam dictum est hos viros auctores non fuisse psalmorum; sed quoniam excellentes cantores erant, propter nominum significationem constat adhibitos; ut et probatissimi officii sui honorem de tali commemoratione perciperent, et arcana psalmorum de nominum ipsorum interpretationibus panderentur. *Idithum* enim Hebræum nomen est, quod lingua Latina dicitur transilitor; non qui gressibus aliquid transit, aut saltu corporis hiantia quæque transmittit; sed qui supra mundi istius varietates in ea jam puritate consistit, ut futuræ tantum beatitudinis præmia consequatur. Ergo in hoc psalmo persona introducitur sanctæ conversationis, quæ humanas quidem illecebras transilierat, sed adhuc gaudia futura poscebat. Et quoniam vir sanctissimus enumerat aliquas affli-

ctiones suas, ne putares et hunc psalmum pœnitentibus applicandum, subjunxit, *Canticum*, quod utique talibus non potest convenire personis. Cantare enim lætantis est, interdum et dolentis, nunquam vero pœnitentis.

Divisio psalmi.

Idithum iste, quem diximus vitiorum nocentium transilitorem, formam nobis justi hominis præbet. In primo ordine psalmi contra insidiatores inimicos in maximam se perhibet utilitatem remediumque tacuisse : petens vitæ suæ finem debere cognoscere, si forte incarnationem Domini etiam corporeis oculis videre mereretur. Secundo per syllogismum quinquepartitum timorem vanum probat esse mortalium, quoniam sunt omnia in potestate Domini constituta. Tertio rogat ut ei delicta noxia dimittantur, quatenus vita ejus prospero fine claudatur.

Expositio psalmi.

Vers. 1. *Dixi : Custodiam vias meas, ut non delinquam in lingua mea.* Consuetudo est humanitatis, ut cum se aliquis laudabili conversatione tractaverit, calumniantium insidiis protinus appetatur. Iste ergo *Idithum*, qui de probabili opinione pessimorum contraxit invidiam, secum ipse deliberans dicit, melius esse silentium tenere, quam aliquid malitiosis edicere [*ed.*, malitiose dicere]. Quis enim hominum sic cautus sit, ut si inter æmulos loquatur, nullum verbum ejus incurrat aliquam quæstionem? Nunc particulatim singula videamus. *Dixi*, hoc est, apud me in corde meo, ubi sapientes ante deliberant, quam loquantur. *Custodiam vias meas.* Non dicit, a criminibus me abstineam, quia jam sanctus erat; sed a superfluis verbis, quæ raro potest vitare vel continens ; sicut Jacobus apostolus dicit : *Linguam enim nullus hominum domare potest. Modicum quidem membrum est, sed magna exaltat* (*Jac.* iii, 8). Difficilis quippe res est linguam in lubrico faucium constitutam, veritatis rigidæ tenere mensuram ; ut si incaute frena laxentur, frequenter contra se loquitur. Facilius enim tacendo culpa refugitur, quam loquendo.

Vers. 2. *Posui ori meo custodiam, dum consistit peccator adversum me.* Figura est epexegesis, id est, explanatio dicti superioris. Dicit enim causam quomodo delinquat in lingua sua. Linguæ siquidem ostium os habetur; et bene illa clausa servabitur, si ejus janua custoditur. Salomon quippe dicit : *Ori tuo facito ostium et seram, et verbis jugum atque stateram* (*Eccli.* xxviii, 28, 29). Sera enim dicta est, quod sero ostiis adhibeatur. Sed ista tanta custodia quam præmisit, sequitur quando maxime debeat adhiberi ; scilicet quando invidus cuiquam consistit adversus, quærens audire, unde calumniam possit efficere.

Vers. 3. *Obmutui, et humiliatus sum, et silui a bonis : et dolor meus renovatus est.* Prudenter decepti sunt insidiantes ; ut dum sermonem captiose quærerent, silentium reperissent. Sed possunt et illi obmutescere, quorum os frequenter nimio furore concluditur. Addidit, *et humiliatus sum*, ut illud silentium non dolosum, sed intelligeres esse purissimum. *Humiliatus* enim significat humi prostratus. *Siluisse* quoque se dicit *a bonis* prædicationibus, ne doceret contemnentem. Sed quia consuetudo malorum est, ut quamvis bona audiant, nullatenus acquiescant, quapropter *a bonis* se dicit necessitate *siluisse;* quia salubrem commonitionem recipere non poterant, qui contentionum semina perquirebant. Dominus enim in Evangelio dicit : *Ne miseritis margaritas vestras ante porcos (Matth.* vii, 6). Nam cum dicit, *renovatus est dolor meus*, significat sibi eum et ante fuisse, quando vota iniquorum intelligentiæ virtute noscebat. Modo autem cum videret iniquitates hominum contra se potius exercitari, *renovatus est dolor* ejus pietatis intuitu; tribulationem suam faciens delictum videlicet alienum.

Vers. 4. *Concaluit cor meum intra me, et in meditatione mea exardescit ignis : locutus sum in lingua mea.* Post silentium quod se pertulisse dicit invitum, ut hominibus prædicare minime salubria potuisset, conversus est magno æstu charitatis, locuturus ad Dominum. Sed audiamus quam potenter deliberationis ipsius ardor exponitur. *Concaluit*, dixit, *cor meum*, id est, ab omni parte succensum est, ut motus iste tam magnus ad cogitationem rerum cœlestium perveniret. *Intra me*, in homine scilicet interiore, ubi ratio tacita loquitur, et a Domino dignanter auditur. Sequitur, *et in meditatione mea exardescit ignis*. Ne putares ignem insanis motibus æstuare, *in meditatione mea* posuit, id est, in consilio, in deliberatione, ubi ardor mentis sub modestia prudenter accenditur, et illuminatam mentem disciplinabilis flamma circumvolat. Quid enim amplius quam charitas fervet? Sed fervor ille tranquillus est, mansueta inflammatio, motus inculpabilis, festinatio moderata. Quapropter vir iste sanctissimus, quod perfectissimis accidit, et competenter tacuit, et apte locutus est. Nam qui siluerat dolosis inimicis, veraci Domino conscientiæ lingua proclamavit. Nec vacat quod dicit, *lingua mea*, hoc est qua pura mente solebat Domino confiteri, et adventum ejus studio piæ dilectionis expetere.

Vers. 5. *Notum fac mihi, Domine, finem meum, et numerum dierum meorum quis est, ut sciam quid desit mihi.* Post illam tam magnam patientiam, et invicti animi robur eximium, absurdum est credere sanctum virum desiderio hujus vitæ annorum sibi notitiam postulasse : sed plenus desiderio Domini Salvatoris (quem tota mente decuit perquiri) scire voluit qui ei lucis terminus pararetur : si potuisset ad illam sanctam incarnationem, quam gestabat mente, ejus longævitas pervenire. Petit ergo ut suum *finem* noverit, id est, Dominum Salvatorem. Ipse enim noster est *finis*, ad quem pervenisse vita est nihilominus sine fine; si tamen eum culpis sequentibus non reddamus infensum. Deinde *numerum* suorum *dierum* desiderat advertere, ut evidentius appareret si ejus conspectum etiam corporeis oculis mereretur aspicere. Addidit etiam, *ut sciam quid desit mihi*. Suo enim fine recognito, scire poterat quantum usque ad adventum ejus restare potuisset. Et bene additum est, *quid desit mihi;* quia revera *deesse* sibi judicabat ad vitam, si ejus non meruisset videre præsentiam. Sic magni ardoris illius desiderium, sermonis istius qualitate constat expressum.

Vers. 6. *Ecce veteres posuisti dies meos, et substantia mea tanquam nihil ante te est.* Vides merito Christi Domini præsentiam postulatam, antequam *veteres* dies suos esse profitetur. Nam quamvis Deo placita se conversatione tractaret, in veteribus tamen diebus erat, quando necdum ad gratiam novæ regenerationis advenerat. *Veteres* enim illo tempore fuerunt *dies*, qui humanum genus ad defectum mortis protinus adducebant; nec erat in illis aliquid novum, ubi minime radiaverat Domini Salvatoris adventus. Unde Apostolus dicit : *Vetera transierunt ; ecce facta sunt omnia nova (II Cor.* v, 17). Sequitur : *Et substantia mea tanquam nihil ante te est.* Non dicit actus suos nihil esse ante Deum, sed *substantiam suam*. Nam quomodo poterat fieri, ut qui mundum transilierat, superaverat carnis suæ vitia, ante Deum haberetur ut nihilum? Sed merito *substantiam* suam *ante Deum* dicit *nihil esse*, quæ Adam peccante damnata est. Cui nisi aliquid Divinitas contulerit, de proprio non habet opere quod præsumat.

Vers. 7. *Verumtamen universa vanitas, omnis homo vivens.* Cum transilitor iste vitiorum, veri se luminis inspectione complesset, et futurum Domini Salvatoris adventum cordis oculo pervidisset, ne quisquam crederet sanctos viros a tentationibus alienos, redit ad infirmitatem suam, quam inter virtutes egregias carnis vitio sustinebat, dicens : Magna sunt quidem ista quæ diximus, magna quæ credimus : verumtamen quoniam in hac mortalitate versamur, ubi mentem nostram fragilitas pulsat humana, nec est adhuc unum illud æternum quod nos in sua faciat firmitate consistere, *universa vanitas omnis homo vivens. Vanitas* etenim, sicut sæpe diximus, mutabilitatem significat, quam omnis homo præter Christum sustinet, qui hac carne vestitus est. Exprobrat enim vir sanctissimus mundanæ vitæ consuetudinem malam, ad illam æternam desiderans pervenire beatitudinem, ubi se intelligebat habiturum cum angelis portionem.

Vers. 8. *Quanquam in imagine Dei ambulet homo, tamen vane conturbabitur ; thesaurizat, et ignorat cui congregat ea.* Quod vere sapientibus inest, postquam probabiliter tacuit, et religiose locutus est, venit ad ordinem secundam, ubi quinquepartito syllogismo probat præter Dei spem atque exspectationem, post primi hominis transgressionem humanum genus vanitati esse subjectum. Sed dicendo, *quanquam*, nescio quid amplum, nescio quid insigne vult intelligi; quod licet homo gestet, tamen vanis desideriis occupatur. Sed quid sit istud excelsum consequenter exponit : *In imagine Dei ambulet homo. Imago Dei* est illa quam homo in rerum conditione suscepit quando dictum est : *Faciamus hominem ad imaginem et similitudinem nostram* (Genes. I, 26). Hæc sententia sic nobis breviter divisa constabit, si primitus intelligamus aliud esse *imaginem*, aliud similitudinem. *Imago* quippe habet similitudinem ejus rei cujus imago est. Similitudo autem non semper habet ejus imaginem cui similis est. Et ideo interior homo, qui, sicut dicit Apostolus : *Renovatur de die in diem* (II Cor. iv, 16), in quo est intelligentia rationis, et veritatis agnitio, et immortalitas a Divinitate collata, merito dicitur habere *imaginem Dei* : quoniam pro spirituali actuum suorum dispositione præstantior est. Exterior vero homo, de quo idem dicit Apostolus, qui *corrumpitur* (Ibidem), et diverso passionum fasce prægravatur, habet tamen aliquam similitudinem Creatoris, ex eo quod vivit, quod videt, quod est, quod ad mentem convertitur se regentem, quod inter creaturas reliquas valde dicitur bonum ; quamvis hæc in Deo longe aliter summeque sint, quam in creaturis esse dicuntur. Sed quid dicam hominem exteriorem? Comparatur illi et vermis, comparatur et leo, comparatur et lapis, non dignitate substantiæ, sed ex aliqua similitudinis parte. Sic ad imaginem et similitudinem suam fecisse hominem recte intelligitur Deus, si suis partibus divisa reddantur. Quod Pater Augustinus in libro Quæstionum titulo secundo (Lib. LXXXIII Quæst., quæst. 51) subtilius diligentiusque tractavit. Sed licet imago ista magna sit, et tanti auctoris aliqua similitudine glorietur, quod vivit, quod rationalis, quod immortalis est : homo tamen quia jam factus est peccatis obnoxius, et primi patris ante transgressionem puritati dissimilis, tamen caducis desideriis turbatur atque confunditur : modo victum cogitans, modo vestem corporis necessitate perquirens, vel alia nimis innumera, quibus in hoc mundo subdita tenetur humanitas. Et bene dixit, *conturbabitur* : quia puritatem mentis perdunt, qui desideriis temporalibus occupantur. Addidit, *thesaurizat et ignorat cui congregat ea*. Hinc probatur stulta vanitas, quoniam cupit peritura servare et transitoria custodire ; maxime cum possessio eorum probetur incerta. Nam qui se putat charis filiis relinquere, ignorat si ea non contingat inimicissimos possidere. Et intuere quia, licet multa sint similia, in quibus hominum mutabilitas accusetur, avaritia tamen electa est, cui hæc potius imputentur ; ut insigne malum audiret quod sibi dictum, et vitia minora cognoscerent ; scriptum est enim : *Radix omnium malorum cupiditas* (I Tim. vi, 10.)

Vers. 9. *Et nunc quæ est exspectatio mea? nonne Dominus? et substantia mea ante te est.* Prædicta humani generis vitiosissima vanitate, nunc redit ad personam suam, pronuntians *exspectationem* sibi esse **Dominum** Christum, nec in caducis desideriis se habere aliquam præsumptionem ; sed illum exspectare, qui jam salutariter mundo cognoscitur advenisse. Potest autem hæc *exspectatio* et judicium significare, in quo sancti noscuntur perpetua gaudia promereri. Nam vitiorum transilitor egregius, necesse erat ut illud tempus exspectare debuisset, quando cum æterna præmia coronarent. *Substantiam* vero suam, hic non illam Adæ, quam ante duos versus posuit, dicit. Illa enim in malo, ista in bono memorata est : quia nomen æquivocum est. Quapropter hic *substantiam* in bonam partem debemus accipere, scilicet conscientiæ possessionem, qua sustentabatur, qua pascebatur, qua dives et paterfamilias erat. *Ante te est*, dixit, non in sacculis meis, ut supra de avaris est positum : in conspectu tuo, non in occultis meis, ubi inextricabiles probantur esse divitiæ. De illa enim quæ vituperabilis fuit dictum est : *Tanquam nihilum ante te est* : de ista vero positum est, *ante te est* : ubi esse nihil potest, nisi quod gloriosa fuerit actione perfectum.

Vers. 10. *Ab omnibus iniquitatibus meis eripe me : opprobrium insipienti dedisti me.* Quamvis iste sanctus probabili se devotione tractaret, tamen **134** rogat ut *ab omnibus iniquitatibus* suis Domini miseratione liberetur ; ut agnoscamus neminem hic esse securum, quamvis beneficia divina perceperit. Nam cum dicit, *ab omnibus*, significat iniquitatum diversas esse minutias ; sicut in decimo octavo psalmo dictum est : *Delicta quis intelligit? ab occultis meis munda me, Domine, et ab alienis parce servo tuo* (Psal. xviii, 13). Sequitur, *opprobrium insipienti dedisti me*. Stultorum consuetudo talis est, ut illos magis irrideant, quos bonis moribus studere cognoscunt. Sanctus ergo vir *opprobrium* erat stultis, quia sibi dissimilem respuebant. Sola enim scelerati laudant quæ videntur habere communia.

Vers. 11. *Obmutui, et non aperui os meum ; quoniam tu fecisti me.* Redit ad superiora quæ dixerat, asserens non respondisse inimicis suis ; hoc etiam addens, *quoniam tu fecisti*. Ipse utique *fecit*, qui patientiæ dona concessit. Nam hoc tam salubre silentium non habuisset, nisi cœlestis largitas dedisset.

Vers. 12. *Amove a me plagas tuas, a fortitudine enim manus tuæ ego defeci.* Præmissa causa devotionis, *Idithum* competenter veniam petit ; ut qui præcepta secutus fuerat Domini, mereretur audiri. *Plagæ* sunt correptiones quæ de flagello veniunt, quibus pro nostris peccatis justissime verberamur. Ipsas ergo sanctissimus vir desiderat *amoveri* quæ culpis debebantur admissis. Fortis manus graviter flagellat ; et necesse erat quemlibet illum deficere, quem manus excelsa percuteret.

Vers. 13. *In increpationibus propter iniquitatem corripuisti hominem, et tabescere fecisti sicut araneam animam ejus : verumtamen vane conturbatur omnis homo vivens.* Hic pietas Domini evidenter ostenditur, qui non diligit *increpationes*, nisi ut homines corrigantur. *Iniquitas* quippe mortalium more putredinis sine fine vagaretur, si eam medicinalis increpatio minime desecaret. Tunc enim convertimur, tunc a mala intentione discedimus, quando nos præceptis dominicis argui posse sentimus. *Aranea* vero corpus habet tenue, in terra non habitat, sed per loca altiora telas quasdam tenuissimas viscerum digestione contexit; sicut et a quibusdam vermibus sericum dicitur exfilari. Huic ergo exiguo corpusculo recte conversi et afflicti anima comparatur, qui longis observationibus vigiliisque fatigatus, terrena deserens, subtilissimas operationes virtutum divino timore tabeficatus efficit. Post hæc revertitur ad illud suæ propositionis initium : quia licet increpetur, licet tabefiat, tamen fragilitate humanitatis diversarum rerum varietate confunditur. Sed ab hac perturbatione ille solus excipitur, qui ad divinam contemplationem pura mente transfertur. Perfecta est, ut æstimo, rhetorici syllogismi qui epichirema dicitur, quinquepartita probatio, quam nunc membris suis, ut possumus, versibusque reddamus. Propositio ejus est : Quanquam in imagine Dei ambulet homo, tamen vane conturbabitur. Probatio propositionis : Thesaurizat et ignorat cui congregat ea. Sequitur assumptio quatuor versibus procedens : Et nunc quæ est exspectatio mea? nonne Dominus? et cætera. Nec offendat quod tam longa videtur assumptio. Diximus enim brevitates membrorum istorum a magistris sæcularibus postea fuisse constrictas. Hic autem quærenda sunt partium ipsarum non tam expressa quam designata vestigia. Adjuncta est assumptionis probatio. In increpationibus propter iniquitatem corripuisti hominem, et tabescere fecisti sicut araneam animam ejus. Provenit, nisi fallor, exspectata conclusio propositioni suæ apte respondens : Verumtamen vane conturbatur omnis homo vivens. Sic quinquepartiti syllogismi, sicut opinor, peracta probatio est.

Vers. 14. *Exaudi, Deus, orationem meam et deprecationem meam: auribus percipe lacrymas meas.* Idithum iste quanto plura mysteria didicerat, tanto se ante Dominum enixa supplicatione fundebat. Venit ergo ad ordinem tertium, ubi humiliter et confidenter exorat remitti sibi peccata, priusquam vitam finiat. Quapropter necessarium est considerare, ut ille qui dictus est mundi vitia transiliisse, cur adhuc tam graviter videatur ingemere? Scilicet quia nulli sufficit de vitiis acquisita victoria, nisi jugi fuerit supplicatione servata. Prius itaque *orationem* dixit, post *deprecationem*. Oratio est oris ratio, quam proni allegamus vota nostra pandentes. *Deprecatio* vero est frequens et assidua supplicatio, quæ ab imo pectoris profertur arcano. Audi enim quod sequitur, *auribus percipe lacrymas meas.* Frequenter diximus Deum, quod videt, audire; quod audit, videre : quia non corporalibus membris distinguitur, sed omnia virtute suæ divinitatis operatur. Et ne putares supplicationem tantum adhibitam fuisse verborum, *lacrymas meas* dixit, quæ violentæ sunt semper in precibus, et ad clementiam medicinalem animum miserantis adducunt.

Vers. 15. *Ne sileas a me, quoniam ego incola sum apud te in terra, et peregrinus, sicut omnes patres mei.* Ne sileas, dixit; id est, audiam te dicentem quod Evangelium testatur : *Remissa sunt tibi peccata* (Luc. VII, 47). Sive illud quod alio loco psalmus dicit :

Dic animæ meæ : Salus tua ego sum (Psal. XLIII, 3); sive illud : *Venite, benedicti Patris mei, percipite regnum quod vobis paratum est ab origine mundi* (Matth. XXV, 34). Quocirca convenit, quidquid horum sentire volueris. *Incola* vero dicitur, qui terram colit, ad tempus superveniens extraneus, non qui in patriæ suæ regione consistit; quod omni sancto evenit, qui in divina civitate recipitur. Omnes enim nos peccatum fecit extraneos, et in nefaria tenuit regione captivos. Sed quando nos misericordia ejus suscipit, incolæ sumus : quoniam illuc advenimus, id est, de Babylonia ad Jerusalem ipso attrahente transponimur. Ideo enim posuit, *apud te*, ut non in diaboli, sed in Domini civitate incolam eum fuisse sentires. Subjunxit, *et peregrinus sicut omnes patres mei*. Expressit quod superius dixit: omnis enim homo qui recipitur in beatitudine *peregrinus* dicitur, quia incipit esse ubi non erat. *Peregrinus* enim dicitur, quasi pergens longius. Et ut generalem hanc cognosceres fuisse sententiam, dicit, *sicut omnes patres mei*, ne quis ab hac conditione putaretur exceptus.

Vers. 16. *Remitte mihi, ut refrigerer priusquam eam, et amplius non ero.* Vir providus et veritatis ipsius illuminatione completus, hic sibi petebat dimitti, ut certus ad futura judicia perveniret, et quamdam recreationem sumeret in præsenti vita, illius regni securitate suscepta. Professus est enim æstuante se cura succendi, qui se postulabat imbre misericordiæ temperari; sicut supra ipse de se dicit : *Concaluit cor meum intra me; et in meditatione mea exardescit ignis*. Merito ergo hic refrigerari sibi petebat, qui tanti desiderii calore flagraverat. Addidit, *priusquam eam*, id est antequam de ista luce discedam. *Et amplius non ero*, utique in hoc mundo, ubi peccatorum facinoribus subvenitur, dum se a Domino conversionis accepta humilitate correxerint. Sive dicit, *amplius non ero*, si desinas subvenire; quia non est esse, in æternis afflictionibus permanere. *Esse* enim proprie beati est. Merito ergo non se dicebat *esse*, si se habere cum electis non intelligeret portionem.

Conclusio psalmi.

Ecce vitiorum transilitor egregius quanta nos beatissimæ institutionis salubritate commonuit, inter blasphemos et iniquos habere linguæ continentiam, noxia vitare certamina, rixas gravissima moderatione comprimere. Silentium est quippe probabile, quod nos minime perducit ad culpam, quod sapientes prodit, quod gravissimos facit, quod consilium nutrit, quod ipsum quoque gratissimum ostendit esse sermonem. Quapropter hauriamus remedii hujus saluberrimam potionem, ut qui sanctos tam proficue tacuisse cognoscimus, peccatorum immoderatam linguæ licentiam non amemus

EXPOSITIO IN PSALMUM XXXIX.

In finem psalmus David.

Sæpe quidem diximus per *finem* et *David* Christum

Dominum significari, cui iste psalmus aptandus est. Sed in primordiis ejus Ecclesia loquitur, hoc est sponsa coelestis, membra Christi, fidelium multitudo. Deinde venit ad caput nostrum Dominum Salvatorem, ut totius psalmi contextio uni corpori congruenter aptetur.

Divisio psalmi.

Prima narratione gratias agit Ecclesia, quæ venit ex gentibus : quia de mundi istius veternoso moerore liberata, ad Novi Testamenti meruit gaudia pervenire. Secunda ipse Dominus loquitur Christus, sanctam incarnationem et justitiam suæ prædicationis exponens ; ob hoc Patris auxilium deprecatur, ut pericula possit a Judæis illata superare : confundi postulans inimicos, et lætari omnes qui sperant in eum.

Expositio psalmi.

Vers. 1. *Exspectans exspectavi Dominum, et respexit me : et exaudivit deprecationem meam.* Ecclesia catholica, quæ fuerat de totius mundi partibus congreganda, patientiæ virtutem prædicat, quam inter summas laudes habere convenit Christianum. Quemadmodum enim aut tribulationes sufferat, aut periculorum pondus evadat, nisi divino beneficio tolerantiæ robore fulciatur? Sed considerandus est hic sermo geminatus, quia superflua non est tam decora repetitio. *Exspectare* siquidem possumus et ingrati. *Exspectantes* autem *exspectamus,* quando mites aliquid cum magno desiderio sustinemus. Hoc argumentum dicitur a conjugatis, quando unum verbum ortum ab alio varie commutamus, ut sapiens sapienter, prudens prudenter, et his similia. *Respexit :* quia prævenit omne bonum nostrum. Lumen quippe veritatis habere non possumus, nisi ab illius conspici claritate mereamur. Subjungitur, *exaudivit me,* ut pie atque efficaciter *exspectasse* videatur. *Deprecatio* quoque significat (ut dictum est) frequentissimam precem : quoniam rarius orare non poterat, quæ sustinens Dominum sustinebat.

Vers. 2. *Et eduxit me de lacu miseriæ, et de luto fœcis : et statuit supra petram pedes meos, et direxit gressus meos.* Sicut duobus modis operari præcipit Christianum, ut declinet a malo et faciat bonum ; ita duplici ratione Dominum dicit profutura concedere. Primum est enim, ut nos *educat* de mundi istius profundissima calamitate, cujus apte designata est maligna latitudo, *lacus miseriæ* lutusque fæcilentus. Et ut exprimeret delictorum crassitudinem corpulentam, *lutum* addidit, qui lacu continetur : ne peccata solis aquis cognosceres quamvis densissimis comparata. Nam sicut *lutus* laci fetidus atque gravis est, ita et hominum delicta limosa sunt, quæ et fetoribus horrescunt, et gravitate demergunt. Deinde *pedes* nostros *supra petram statuit,* cum in Christi Domini jussionibus ambulamus. Ipse est enim nobis spiritualis petra, quæ in se fixa non sinit demergi vestigia. Et respice quia sicut peccata virtutibus contraria sunt, ita et eorum viæ probantur esse dissimiles. Illa enim sicut sunt mollia et dissoluta, in itineris sui coenositate volvuntur. Virtutes autem quemadmodum rigidæ sunt et immobiles, sic habent viam petralem, ubi non inquinatis, sed mundis pedibus ambulatur.

Vers. 3. *Et immisit in os meum canticum novum, hymnum Deo nostro : videbunt multi et timebunt, et sperabunt in Domino.* Superiora psalmi ad illud pertinent, quoniam Deus humanum genus in mundi istius coenositate demersum, ad petræ transtulit firmitatem, ad religionem videlicet Christianam. Quod versus iste nunc aperit dicendo : *Et immisit in os meum canticum novum,* id est Novi Testameny: sanctissimam prædicationem. Sed *novum* bene dicitur, quia incarnationem Domini corporeis oculis ætas antea nulla conspexit. Deo enim nihil novum est, quando ante constitutionem mundi dispensationis suæ universa præscivit. *Hymnus* autem Græcus sermo est, id est, laus carminum lege composita. Et quoniam hymni erant quos idolis suis etiam gentilitas personabat, addidit, *Deo nostro ;* ut qualem hymnum diceret, distincte potuissemus advertere. *Videbunt multi et timebunt.* De mirabilibus dicit, quæ tempore sanctæ incarnationis effecta sunt. Videntes enim Judæi talia, timuerunt, et Christi Domini prædicationibus populorum agmina crediderunt. *Speraverunt* autem *in Domino,* quando Christiani esse coeperunt : ut post illum timorem miraculorum conversi, **136** spem in Domino firmissimam habere probarentur

Vers. 4. *Beatus vir cujus est nomen Domini spes ejus. Beatus* iste *vir* per secundam speciem definitionis exprimitur, quæ Græce ennoematice, Latine notio nuncupatur. Hæc unamquamque rem per id quod agit, non per id quod est, conatur ostendere. Nam qui sit iste *beatus* posita determinatione præfinitur, id est *cujus est spes nomen Domini. Spes* enim dicta est quasi stabilis pes. Nam et illi dicuntur spem suam in Domino ponere, qui ab eo dari sibi temporalia deprecantur. Ili videntur non propter se diligere Deum, sed propter illa quæ postulant. Ille autem veraciter habet *spem nominis Domini,* qui solam contemplationem ejus avidius concupiscit. *Nomen* ergo *Domini* inter cætera Salvator æternus est ; et ille spem suam ponit in ejus nomine, qui se non suis meritis, sed ab eo per ejus gratiam credit esse salvandum. Dicti sunt et in Evangelio octies beati ; ut est illud : [*Beati pauperes spiritu, quoniam ipsorum est regnum cœlorum* (*Matth.* v, 3), etc. Et in Deuteronomio (*Deuter.* xxxiii, 29) similiter reperitur ; cum populus Israeliticus terram repromissionis intraret ; quod ideo multifarie dicitur, quia diversis modis beatitudo præstatur. Sed hæc omnia per singulas species definitionum diligenter expressa, studiosus lector inveniet.

Vers. 5. *Et non respexit in vanitates et insanias falsas.* Et hic versus pendet de superiore sententia, exponit enim cui sit spes in nomine Domini, scilicet *qui non respexit in vanitates et insanias falsas.* Legitur enim : *Nemo potest duobus dominis servire* (*Matth.* vi, 24); quod et locus iste commemorat. Nam qui spem habet in Domino rerum omnium potente, respicere non debet ad caduca. *Vanitas* est enim a sancta religione subita varietate mutari, et mentem fallaci illusione converteri. *Insaniæ* vero *falsæ* sunt saxis formasse deum, quem gentilitas adoraret, ubi futurorum ordinem mendaciter inquirebant. Et est epitheton insaniæ pulcherrimum, id est falsitas. *Insaniæ* quippe mentem fallunt, quoniam a veritate dissentiunt. Potest hoc et ad illos aptari, qui spectaculorum fallacium delectatione capiuntur. Ideo enim plurali numero positæ sunt *insaniæ*, ut per similitudines rerum latius discurrere debeamus.

Vers. 6. *Multa fecisti tu, Domine Deus meus, mirabilia tua; et cogitationibus tuis non est quis similis tibi.* Cum de operibus hominum loqueretur insanis, apte intulit divina miracula. Nam qui inflammantur contendentibus aurigis, qui pantomimis saltantibus molliuntur, quanto melius is cogitent cœlum et terram pulcherrima diversitate formata, quæ habent et aspectum decorum, et considerationem omnino mirabilem! Sequitur, *et cogitationibus tuis non est quis similis tibi*. Adhuc illas superstitiones elidit, quas sibi homines aut ad religionem perversam repererunt, aut in spectaculis celebrandis moti aliqua voluptate finxerunt. Sed nunquid tale est per funem currere pede suspenso, quale Petrum terga maris fixo pressisse vestigio? Nunquid tale est ignitis facibus in theatro ludere, quale fuit camini incendia tribus pueris ambulasse? Nunquid tale est scenicas audire tragœdias, quale est in choris Ecclesiæ salutiferas cognoscere psalmodias? Istas res potius legentes spectare debemus, quas nec fatue quærimus, et proficue semper audimus. Dicendo enim, *quis similis tibi*, malarum rerum arguit inventores, qui se nequiter efferentes, fallacium artium auctores esse gloriantur. Hactenus prædicavit sancta mater Ecclesia : nunc audiamus loquentem Dominum Salvatorem ; ut quod dictum est : *Quis similis tibi?* manifestum nobis subsequenti expositione reddatur.

Vers. 7. *Annuntiavi et locutus sum : multiplicati sunt super numerum.* Psalmi quidem est secunda narratio, sed per figuram exallage, quæ Latine appellatur immutatio. Ex persona Domini mystica verba proferuntur, ubi adventum suum et pias prædicationes gentibus innotescit. *Annuntiare* est enim ventura prædicare, quod fecit ore prophetarum. *Locutus sum*, id est, cum inter nos conversatus evangelizavit, quando sacramenta beatæ incarnationis assumpsit. Addidit, *Multiplicati sunt super numerum;* scilicet quia super calculum beatorum multiplicata est turba peccantium. De quam magnis enim populis quam pauci fideles sunt! Non immerito, quia dum multi mundi hujus vanitatibus occupantur, raros poteris veraciter invenire sapientes. Et vide quod dicit, *super numerum*; designat enim illos tantum in libro viventium supputatos, qui illi Jerusalem supernæ prædestinati esse noscuntur.

Vers. 8. *Sacrificium et oblationem noluisti; corpus autem perfecisti mihi : holocausta etiam pro delicto non postulasti.* Hic versus Novi et Veteris Testamenti sacramenta complectitur. Dicit enim *sacrificium et oblationem*, quæ in honorem Domini fiebant ante pecoribus immolatis, un le sacerdotes etiam vescebantur, Deum postremo tempore respuisse. Prius quippe talia suscipere dignatus est, quoniam per illa sacrificia præfiguratio quædam corporis Christi esse videbatur. Postquam vero ipse Messias qui est Dominus Christus prædictus advenit, et se pro omnibus nobis hostiam pietatis exhibuit, necessarium non erat ut, veritate completa, adhuc illa figura præcursoria permaneret. Quos versus ita exp nit Apostolus Hebræis scribens : *Aufert*, inquit, *primum, ut sequens statuat :* ubi subaudiendum est corpus. *In qua voluntate sanctificati sumus per oblationem corporis Christi Jesu semel* (*Hebr.* x, 9, 10); et cætera quæ ad causæ hujus pulcherrimam distinctionem pertinere noscuntur. Sequitur, *corpus autem perfecisti mihi*. Hic sanctam incarnationem suam secundum Apostolum evidenter ostendit ; ut *corpus* quod ante fuit per sacrificiorum imagines promissum, nunc dicat adventu proprio fuisse completum. Addidit, *holocausta etiam pro delicto non postulasti*. *Holocausta* dicuntur tota incensa, quæ pro delictis sacris imponebantur altaribus, et postea igne cremabantur, ut devoratio eorum fieret abolitio peccatorum. Hæc dicit jam Dominum non petiisse ; merito, quoniam illud a nobis expetit, quod in quinquagesimo legitur psalmo : *Cor contritum et humiliatum Deus non spernit* (*Psal.* L, 19). Vides Ecclesiam veraciter dixisse : *Quis similis tibi?*

Vers. 9. *Tunc dixi : Ecce venio : in capite libri scriptum est de me. Ecce*, statim significat, celeritatem promittens, velocitatem modis omnibus pollicetur. Et tu, Judæe, cum propria sacrificia non habeas, quem deceptus exspectas? Ille jam venit, ille jam Verbum caro factum est, ille mundum salutari prædicatione complevit. Sed tu adhuc nescio quid in tuis cubilibus somniaris. Quid 137 ulterius quæris? Quid stupore defigeris? In libro isto psalmorum, *in capite* de se dicit esse conscriptum, ut credere debeas jam venisse beatum nostrum, cujus vitam (sicut jam contigit) constat expositam. Ubi sunt qui se vident, sicut hic promissum est, sacrificia non habere : et tanquam sententiam istam in codicibus sacris non habeant, sic stupefacti ad objectos sermones probabiliter obmutescunt?

Vers. 10. *Ut faciam voluntatem tuam, Deus meus, volui : et legem tuam in medio cordis mei.* Filii verba d'riguntur ad Patrem ; desideravit enim ejus *facere voluntatem, qui non abiit in consilio impiorum, et in via peccatorum non stetit, et in cathedra pestilentiæ non sedit* (*Psal.* l, 1, 2). Nam quod dixit, *volui*, virtutem præscientiæ declaravit ; ut diceret præteritum, quod constabat esse venturum. Manebat etiam *lex divina in medio cordis* ipsius, dum *in lege Domini fuit voluntas ejus, et in lege ejus meditatus est die ac nocte (Psal.* I, 2).

Vers. 11. *Bene nuntiavi justitiam tuam in Ecclesia magna: ecce labia mea non prohibebo, Domine, tu cognovisti.* Bene nuntiavit justitiam Domini, quando dictum est: *Non sic impii, non sic, sed tanquam pulvis quem projicit ventus a facie terræ (Ibid.,* 4). *In Ecclesia magna,* sicut sæpe diximus, catholicam dicit, quæ toto orbe diffusa est: de qua ibi dictum est, quod *fructum suum dabit in tempore suo (Ibid.,* 3). Sequitur, *ecce labia mea non prohibebo, Domine, tu cognovisti.* Loquitur per id quod Deo subjectus est Filius. Nam quamvis inter obstinatos periculosum fuerit prædicare veritatem, dum mortem suam exinde nosceret esse venturam, tamen non destitit admonere populum perfidorum dicendo: *Quoniam novit Dominus viam justorum, et iter impiorum peribit (Ibid.,* 6). In qua parte Patrem habuit testem quem invocat, quia nulla pericula timuit, quando carnali populo spiritualia bona prædicavit. Sic primi psalmi verissimus textus, nunc etiam dominica commemoratione videtur esse repetitus.

Vers. 12. *Justitiam tuam non abscondi in corde meo: veritatem tuam et salutare tuum dixi.* Justi voluntas est, quando potest prodesse, non abscondere veritatem; quod Dominum Salvatorem fecisse non dubium est, quando turbas arguebat, increpabat incredulos, et multa hujuscemodi prædicabat, quæ Evangelii textus eloquitur. Fuit tamen tempus cum in passione tacuit, sicut scriptum est: *At Jesus nihil respondit ei;* quippe cui Pontius Pilatus dixit: *Mihi non loqueris (Joan.* XIX, 9, 10)? *Veritatem dixit* quando pronuntiavit: *Ego sum via, veritas, et vita (Joan.* XIV, 6). *Salutaris* autem Christus beati Simeonis confessione declaratur, qui quando eum vidit, dixit: *Nunc dimittis servum tuum in pace: quia viderunt oculi mei salutare tuum, quod parasti ante faciem omnium populorum (Luc.* II, 29), et reliqua.

Vers. 13. *Non celavi misericordiam tuam, et veritatem tuam in Synagoga multa.* Adhuc in exponendis suis operibus perseverat. *Non celavit misericordiam* Patris, quando dixit: *Si vos, cum sitis mali, nostis bona data dare filiis vestris, quanto magis Pater vester cœlestis dabit bona petentibus se (Luc.* XI, 13)! Veritatem quoque dixit: *in Synagoga multa,* id est in populorum congregatione densissima, quando Isaiæ librum legit acceptum, et dixit: *Hodie impleta est hæc scriptura in auribus vestris (Luc.* IV, 21). Audis, Judæe incredule, prophetam aliquando tuum nostro Evangelio consonantem? Quem ultra sustines, qui jam Christum Dominum venisse cognoscis, si adhuc cor tuum noxio velamine non tegatur.

Vers. 14. *Tu autem, Domine, ne longe facias misericordias tuas a me: misericordia tua et veritas tua semper susceperunt me.* Narratis sanctis operibus, ad passionis suæ gloriam venit: ut totius vitæ atque vivificatricis mortis declararetur integritas. Ubi merito Patrem precatur, *ne longe ab eo faciat misericordias suas,* qui erat suscepti hominis veritate moriturus; sicut et alibi dicit: *Deus meus, respice in me, quare me dereliquisti (Psal.* XXI, 2)? Misericordia enim fuit, ut humanam naturam prævaricationis vitio sauciatam sancta incarnatione salvaret. Veritas, ut resurrectionis promissæ beneficio sederet ad dexteram Patris, inde venturus judicare vivos et mortuos. *Susceperunt me,* id est glorificandum receperunt. Illos enim in bonam partem suscipere dicimus, quos nostræ gratiæ profitemur acceptos.

Vers. 15. *Quoniam circumdederunt me mala, quorum non est numerus: comprehenderunt me iniquitates meæ.* Hoc a membris suis dicit, quorum ipse caput est Christus; ut se pati profiteretur, quod turba fidelium sustinebat; sicut est illud: *Saule, Saule, quid me persequeris (Act.* IX, 4)? Sequitur, *quorum non est numerus,* scilicet apud homines; nam omnia Deo dinumerata sunt, qui arenam maris et guttas pluviarum, stellarumque multitudinem complexabili quantitate cognoscit. Addidit, *comprehenderunt me iniquitates meæ.* Eodem modo loquitur, quo superius dixit: *Circumdederunt me mala.* Dominus enim Salvator nec mala perpetravit, nec iniquitatibus patuit: sed hoc a parte membrorum apte dicitur, a quibus talia sustinentur. Pietatis enim nostri capitis fuit, ut qui de se multa dixerat, commemorationem quoque fidelium facere dignaretur: ne se sequestratos putarent, cum præteritos esse cognoscerent

Vers. 16. *Et non potui ut viderem: multiplicati sunt super capillos capitis mei, et cor meum dereliquit me.* Hoc omnino ad membra referendum est; cæterum in Domino Christo nequeunt talia convenire. *Non potui ut viderem,* id est, circumdantibus me iniquitatibus meis, quod veraciter potest fidelis edicere. Et quamvis in homine *capilli capitis* videantur innumeri, tamen peccata eorum calculum probantur excedere. Nec frustra in comparationem delictorum *capilli* deducti sunt. Nam in Veteri Testamento sacerdotes ipsa similitudine radebantur; ut tali emundatione purgati carnis vitia deposuisse viderentur. Cor vero nōs *derelinquit,* quando peccatis ægrum profutura non appetit.

Vers. 17. *Complaceat tibi, Domine, ut eripias* [ms. G., *eruas*] *me: Domine, in auxilium meum respice.* Post enumerationes præmissas, venit ad saluberrimam conclusionem, unde omnis impugnatur adversitas, omnia nocentia destruuntur; ut placeat Domino eum eripere, qui mundi istius contrarietatibus cingebatur. Et intuere quod dicit, *complaceat*; id est communiter placeat. Concordia enim hic Trinitatis ostenditur: nam quod placet Patri, hoc placet et Filio et Spiritui sancto. Addidit, *tibi:* ut sanctam Trinitatem unum Deum esse cognosceres. Sequitur, *Domine, in auxilium meum respice,* ut intelligamus respectum ipsius nostrum esse præsidium; sicut est illud Evangelii: *Respexit Petrum, et flevit amare (Luc.* XXII, 61, 62). Aliter enim liberari non possumus, nisi nos Divinitas propitiata respiciat.

138. Vers. 18. *Confundantur et revereantur simul, qui quaerunt animam meam, ut auferant eam.* Venit ad eam, quae superest, narrationem: ubi confusionem et reverentiam Dominus Salvator optat impiis: exsultationem vero et laetitiam provenire petit devotis. Sed vide in ista deprecatione quanta gerat studia pietatis. *Confundantur*, dixit, mirabilium operatione turbentur. *Revereantur* autem, resurrectionis gloria corrigantur: ut illum confiteantur Deum, quem dudum putaverant esse trucidandum. *Simul*; id est, sicut persecuti sunt, ita et praedestinati conversionis munere liberentur. Sequitur, *qui quaerunt animam meam*. Duobus modis anima quaeritur, sive ad honorem, sive ad mortem. Sed ut hic illos ostenderet, qui eam voto contrario perquirebant, addidit, *ut auferant eam*, non ut diligant, non ut venerentur: sed ut a corpore meo interventu mortis segregare contendant.

Vers. 19. *Avertantur retrorsum et erubescant, qui cogitant mihi mala.* Frequenter diximus malis sic bene optari, ut retrorsum redeant a voluptatibus suis, nec in malo opere perseverent. Qui si confusionem patiantur, evadunt: si mundi laetitia perfruantur, pereunt. Nam *retrorsum* istud in bonam partem dici Evangelii locus ille testatur, ubi Petro vitae hujus se amore diligenti respondit: *Redi retro, Satanas* (*Marc.* VIII, 33). Quod autem posuit, *qui cogitant mihi mala*, Judaeorum significat improbas voluntates, quorum cogitationes non erant malae Domino, sed auctoribus suis. Cogitationes enim a cogendo dictae sunt.

Vers. 20. *Ferant confestim confusionem suam, qui dicunt mihi: Euge, euge. Ferant confestim confusionem suam*; qui usque ad illud perveniunt, ut se nequiter errasse cognoscant. *Ferant*, dixit, quasi pondus immensum. *Confestim*, ut peccare coeperint: ne longius progrediendo periculosius ingravetur. *Confusionem suam*, id est cogitationem pravam veritate convictam. Sequitur, *qui dicunt mihi: Euge, euge*. Hic falsos arguit laudatores, qui plus nituntur adulando decipere, quam possint vituperationibus sauciare. *Euge* verbum quidem praeconiale est; sed cum recto animo non profertur, ad derisionem trahitur inferendam. Quae figura dicitur ironia, id est irrisio.

Vers. 21. *Exsultent et laetentur qui quaerunt te, Domine, et dicant semper: Magnificetur Dominus, qui diligunt salutare tuum.* Sicut inimicos suos confundi petit, qui eum falsis laudationibus irridebant, ita devotos optat veraciter gaudere, qui spem suam noscuntur in Domini majestate posuisse. Eos enim non tantum *laetari*, sed *et exsultare* deprecatur. Sed quae sit ista exsultatio consequenter exponitur; id est, *et dicant semper: Magnificetur Dominus*. Haec est enim professio, quae in aeternum gaudentes efficit Christianos; quae quamvis jugiter dicatur, tamen semper appetitur. De ista siquidem sententia pascebatur et in isto saeculo Job, qui erat afflictione corporis graviter sauciatus, dicendo: *Dominus dedit, Dominus abstulit, sicut Domino placuit ita factum est. Sit nomen Domini benedictum* (*Job* I, 21). Exsultabat quippe, quando laetabatur in Domino, in quo revera sunt omnia profutura. Sed ne hanc exsultationem quibuscunque crederes concedendam, addidit, *qui diligunt salutare tuum*; id est, qui me spirituali charitate perquirunt, et mandatis meis suaviter obsequuntur.

Vers. 22. *Ego vero egenus et pauper sum: Dominus curam habet mei.* Postquam dixerat laetitiae muneribus esse complendos, qui deitatem Verbi diligere voluissent, ne sibi quispiam meritorum gloriam vindicaret, Dominus Christus ex forma loquitur humanitatis assumptae: *Egenus et pauper sum. Egenus*, quia humanitas subveniri sibi semper eget a Domino. *Pauper*, quia nisi divina gratia clarificetur, de se omnino tenuis esse cognoscitur. Sed ne istam paupertatem vilem abjectamque aestimares, addidit, *Dominus curam habet mei*; scilicet de quo dicturus erat: *Hic est Filius meus dilectus, in quo mihi bene complacui* (*Matth.* III, 17). O paupertatem thesauris omnibus ditiorem! Pauper enim de nostro, dives de suo est; qui ideo indigentiam humanitatis assumpsit, ut abundantiae suae nos faceret esse participes.

Vers. 23. *Adjutor meus et liberator meus es tu: Domine, ne tardaveris.* De adjutorio et de protectione securus celeritatem necessariam petit; ut jam quia mors vitari non debuit, saltem resurrectio festina succederet. Cum enim dicit: *Adjutor et liberator*, ostendit patientiam diversarum videlicet passionum, unde et ipse psalmus fecit initium. Quapropter totus virtuti patientiae merito deputatur, qui et eodem fine concluditur.

Conclusio psalmi.

Magnifica et suavissima verba sensus nostros medullitus intraverunt, quando ipsum audivimus docentem, quem adoramus auctorem. Nam licet universos psalmos magno honore veneremur, nescio quid tamen dulcius accipitur, cum aliquid de sancta incarnatione profertur. Omnis enim fidelis gratissime suscipit, per quam noscitur esse liberatus. Et respice quo ordine psalmi hujus contextio disponatur. Primum loquitur Ecclesia quasi rudes docens, quasi trepidos confortans, quasi incompositos praeparans, ut sequentia verba Domini Salvatoris libenti animo salutariter populus praeparatus audiret.

EXPOSITIO IN PSALMUM XL.
In finem psalmus David.

Verba ista frequenti usu nobis jam debent esse notissima; sed breviter dicta tangamus, omnia diriguntur ad Christum Dominum. Magnificat autem hunc psalmum, quod in quadragenario numero noscitur collocatus; qui calculus emundationi et purificationi frequenter aptatur. Quadraginta enim diebus fuso diluvio ab iniquitatibus hominum terra diluta est. Quadraginta quoque diebus sanctus Moyses ab escis corporeis temperavit, ut divina colloquia mereretur. Eodem modo Elias suffugio se corporeae refectionis abstinuit. Ipse quoque Dominus totidem diebus ac noctibus jejunavit, ut nobis formam beatae purificationis ostenderet. Quadragesimæ quin etiam ipsius docemur exemplo. Præmittitur tempus abstinentiæ, ut dilutis sordibus peccatorum ad resurrectionem Domini puris mentibus accedamus. Quapropter hunc psalmum inter illa judicemus sacramenta repositum, quæ animas nostras cœlesti purificatione **139** mundificant; maxime quando de eleemosyna propheta dicturus est, qua proprie fieri noscitur purgatio peccatorum. Legitur enim: *Sicut aqua exstinguit ignem, sic eleemosyna exstinguit peccatum* (*Eccli.* III, 33).

Divisio psalmi.

Primo ingressu propheta loquitur, beatum prædicans eleemosynæ largitorem, multiplici eum benedictione concelebrans. Secundo gloriosam Dominus suam commemorat passionem. Tertio ad confirmandam spem fidelium, idem Dominus Christus prædicit propriam resurrectionem.

Expositio psalmi.

Vers... *Beatus qui intelligit super egenum et pauperem: in die mala liberabit eum Dominus.* Hic iterum hypotheticus syllogismus hac ratione resplendet: Si omnis beatus intelligit super egenum et pauperem, in die mala liberabit eum Dominus. Attamen omnis beatus intelligit super egenum et pauperem. In die igitur mala liberabit eum Dominus. Hypotheticus autem, id est, conditionalis syllogismus est, qui ex conditionalibus propositionibus [habens absolutam assumptionem, colligit conclusionem. Nunc sequentia videamus. Secunda est species definitionis quæ Græce ennoematice dicitur, Latine notio nuncupatur. Hæc de factis suis unumquemque quid sit ostendit. Dicit enim quomodo peccata per operationes eleemosynarum saluberrimas expientur, ut possit beatitudo gloriosissima reperiri. Suadebat nos equidem dignitas rei per locum communem aliquam facere digressionem; ut reconciliatricem humani generis eleemosynam laudare deberemus. Sed quoniam multorum Patrum sanctissimo atque eloquentissimo ore celebrata est, sufficiat ad eorum libros audientium corda remisisse; ut et illorum desiderium uberius expleatur, et nos cœptum opus, juvante Domino, naviter impleamus. Sed licet multi Patres de hac re plura conscripserint, oritur tamen inter eos de hoc articulo nonnulla dissensio. Legitur enim: *Omni petenti te tribue* (*Luc.* VI, 30). Scriptum est etiam: *Desudet eleemosyna in manu tua, donec invenias justum, cui eam tradas.* Sed si omnes justos quærimus, imperatam constringimus largitatem. Verum hæc causa in sola pia voluntate consistit: quia non est nostrum prius mores discutere, et sic indigentiæ subvenire. Sufficit nobis, ut nos dare aliquid malis artibus nescianus, nec opiniones hominum captando elati eleemosynam largiamur: sed operemur solo affectu subveniendi, quod nos super omnia præcipit Divinitas intueri. Qui sic dederit, etsi justis non det, juste tamen omnibus erogabit. Sed major opera danda est, ut sanctis viris in aliqua indigentia subvenire debeamus propter Christum Dominum nostrum, qui de pauperibus suis in judicio proprio dicturus est: *Qui fecit uni ex minimis istis, mihi fecit* (*Matth.* XXV, 40). Quid enim dici potest sublimius, quidve gloriosius, quando aut ipsi prætermissi in ignem nos dirigunt, aut remunerati nos ad dexteram collocabunt? Sed adverte quod dicit, *intelligit*; ut etiam non petentibus talibus offeratur. Nam qui petenti tribuit; bonum opus efficit; qui vero tacentem intelligit, beatitudinem sine aliqua dubitatione conquirit. Addidit, *in die mala liberabit eum Dominus. Diem* quidem judicii significat. Sed aliquos movet, quod tam frequenter *malam* dicit. Omnis homo malum et formidabile juste sibi dicit esse Dei judicium: quia peccatoribus debita pœna suspecta est. Nam etsi ejus miseratione liberamur, vigorem tamen judicii ipsius recte pavescimus.

Vers. 2. *Dominus conservet eum, et vivificet eum, et beatum faciat eum, et emundet in terra animam ejus: et non tradat eum in manus* [mss. A., B., F., *in animam*] *inimici ejus.* Petitio ista prophetæ certa promissio est, quia sic fieri necesse est: si tamen egenus et pauper pio munere sublevetur. *Conservet*, dixit: id est, inter mala sæculi perire non faciat; sed ad suam retributionem illæsum sancta conversatione perducat. Vivi autem proprie illi dicuntur, qui se a Christiana fide non dividunt. Nam de illis qui in errore versantur dictum est: *Sine mortuos sepeliant mortuos suos* (*Luc.* IX, 60). Ergo *vivificet eum* dicit, hoc est, *faciat* illum inter electos in sua vivere portione. Addidit, *et beatum faciat eum*, utique ut in resurrectione ad dexteram collocetur, et in patriam illam beatorum magni Judicis pronuntiatione mittatur. Sed post illa superiora quæ dixerat, rem nimis necessariam tangit, ut dum in isto mundo consistit, peccatorum remissione mundetur: ubi venia optata suscipitur, si devota supplicatione plangatur. Subjunxit etiam, ne *in manibus inimici tradatur. Inimicus* diabolus est: *manus ejus* potestas iniqua est; nam quas *manus* habeat, qui carnem non habet? Ipsa ergo potestas est, qua servos Dei multiplici tentatione castigat. Et animadverte quoties in hoc versu, *et*, posuit; ut figuram polysyntheton conjunctionis hujus frequenti iteratione monstraret.

Vers. 3. *Dominus opem ferat illi super lectum doloris ejus: universum stratum ejus versasti in infirmitate ejus.* Ne putares beatum istum in hoc mundo inconcussam requiem possidere, dolores ejus mitigari deprecatur; ut multitudo malorum temperationis beneficio vinceretur. *Lectus* enim nobis datus est ad quietem, in quo se hominum fessa membra refoveant. Sic et ille qui patrimonium conquirit, uxorem sibi copulat, filios procreat, qui amicitias parat, quasi in quodam lecto delectationis gratia conquiescit. Sed hæc frequenter servis suis amara et doloribus plena Dominus facit, ne spem suam ponentes in temporalibus rebus futura bona non appetant. Quapropter optat propheta ut consoletur Dominus dolorem ejus, qui in delectatione sua quasi quodam lectulo sauciatur. Addidit, *universum stratum ejus versasti in infirmitate ejus.* Causam excolit quam superius dixit: quia providentia divina perficitur, ut servorum Dei mundana delectatio in angustiis doloribusque versetur; quatenus hic diversis calamitatibus afflicti, æternæ beatitudinis requiem consequantur; sicut factum est in Job, cui sæculi bona in infirmitate conversa sunt; sed inde felicior exstitit, quia se illi prosperitas mundana subtraxit. Quocirca talibus rebus rogat *opem ferre Dominum*, ne humana fragilitas duris laboribus pressa superetur.

Vers. 4. *Ego dixi, Domine, miserere mei: sana animam meam, quia peccavi tibi.* Cum tribulationes fidelium divino judicio fieri cognovisset, **140** exclamat pie trepidus propheta, ut et ipse misericordiam Domini consequatur; quoniam qui se peccasse cognoverat, tentationibus tradi jure metuebat. Omne enim peccatum morbus est animarum, quo crescente salus interioris hominis dissipatur. Sensit ægritudinem suam qui clamavit ad medicum, sed intellectu erat sanus, dum se cognovit infirmum. *Animam* itaque suam *sanari* desiderat, remissione scilicet peccatorum; qua revera sanamur, cum strangulantia peccata laxantur.

Vers. 5. *Inimici mei dixerunt mala mihi: quando morietur et periet nomen ejus?* Hactenus propheta de beatorum afflictione locutus est, nunc secundo ingressu Dominus Salvator de sua passione dicturus est; ut cum famuli Dei diversis casibus affliguntur, non se a Deo credant esse derelictos, quando Christum Dominum talia pertulisse cognoscunt, qui dixit: *Si me persecuti sunt, et vos persequentur: si sermonem meum servaverunt, et vestrum servabunt (Joan.* xv, 20). *Inimici vero dixerunt mala*, quando falsa locuti sunt. Necesse enim erat ut impii mendacia cogitarent, qui diabolo auctore fremuerunt. Sequitur: *quando morietur et periet nomen ejus?* Verba sunt dementium Judæorum; dicebant enim: *Si dimiserimus eum, venient Romani et tollent nobis et locum et regnum (Joan.* xi, 48); item Caiphas ait: *Expedit ut unus homo moriatur pro omnibus, et non tota gens pereat (Ibid.,* 49). *Periit* enim *nomen ejus*, sed ab ipsis qui ei credere noluerunt.

Vers. 6. *Et ingrediebantur ut viderent: vana locutum est cor eorum.*

Vers. 7. *Congregaverunt iniquitatem sibi: et egrediebantur foras, et loquebantur.* Tempus illud dominicæ passionis exponit, quando Judas non ad venerandum Dominum, sed ad perdendum potius dolosus intrabat. Nam quod pluraliter dictum est, *ingrediebuntur,* et illos significat qui ei manus injicere præsumpserunt. *Vana* vero *locuti sunt* Judæi, quando de illius morte crudeliter tractaverunt, qui omnium vita esse cognoscitur. Sequitur, *congregaverunt iniquitatem sibi.* Conventus ipsorum congregatio utique fuit peccantium, quando in uno facinore omnia scelera perpetrata sunt, dum rerum Dominum crucifigere decreverunt. *Foras egressi sunt;* quoniam intus stare **non poterant,** qui ab arcano fidei discrepabant.

Utrumque miserum, utrumque pestiferum: ingressi sunt ad facinus perpetrandum, deinde foras a veritatis finibus exierunt.

Vers. 8. *Simul in unum susurrabant omnes inimici mei: adversum me cogitabant mala mihi.* Susurratio est oris parvissimus sonus sine aliqua vocis distinctione confusus: sermo tractus ab apibus, quarum vox prolata susurrus est. Quod inter illos evenit, qui in auribus suis murmurare invicem gestierunt. Consilia quippe sua detegere non præsumunt, qui scelerum societate conjuncti sunt. Addidit, *omnes inimici mei adversum me cogitabant mala mihi.* Expressit insaniam furentium insipientiumque populorum. Solent enim pauci esse scelerum auctores. Hic omnes mala cogitasse dicti sunt; ut nemo sit minus nocens, quos una facinoris damnat æqualitas. Quod autem dixit, *mala mihi:* si effectum quæris sibi, si votum *mihi.* Justi siquidem pœna non patientis, sed facientis invidia est.

Vers. 9. *Verbum iniquum constituerunt adversum me: nunquid qui dormit non adjiciet ut resurgat? Verbum iniquum* dicit, quando clamabant Pilato: *Si hunc dimittis, non es amicus Cæsaris (Joan.* xix, 12). *Constituerunt,* id est decreverunt, aut etiam definierunt; videlicet quando de Domino Salvatore sententialiter sunt locuti. *Dormire* est autem a sensibus carnis remissa mentis intentione requiescere, et iterum ad actus vitæ nostræ reparato animi vigore remeare. Quod morti dominicæ pulcherrime videtur aptatum, quia tanta celeritas resurrectionis fuit, ut *dormisse* potius quam mortuus æstimetur: resurgens fortissimus, qui ut imbecillis occubuit. Et ne sibi hæretici diutius blandiantur, audiant illum qui dormit ipsum sibi adjicere ut resurgat; sicut et in Evangelio dicit: *Potestatem habeo ponendi animam meam, et potestatem habeo iterum sumendi eam (Joan.* x, 18).

Vers. 10. *Etenim homo pacis meæ in quo sperabam, qui edebat panes meos ampliavit adversum me supplantationem. Hominem pacis* suæ dicit discipulum Judam, qui illi pacem dedit, quando eum tradidit. *Pacem* siquidem dicimus, cum nos invicem osculamur. Nam si ad animæ tranquillitatem referas, *pax* esse in illius corde non potuit, qui insidias blandiendo præparavit. Addidit, *in quo sperabam;* id est in quo sperare putabar. Nam quomodo habuit in homine pessimo sperare, qui illum potuit antequam nasceretur agnoscere? Nam ut intelligas fuisse præscitum, sic ipse Dominus dicit: *Nonne vos duodecim elegi, et unus ex vobis diabolus est (Joan.* vi, 60)? Sequitur, *qui edebat panes meos:* sive doctrinam meam audiebat, unde spiritualiter epulamur; sive quia manum misit cum ipso in paropside, quemadmodum Evangelii lingua declarat. Et merito dixit, *ampliavit,* quando ignorantibus quis esset ipse monstraverat. O discipulum surdum, o indocili corde durissimum! Quis enim eum a tanta pietate aliquid virtutis animo percepisse credat, qui tam crudelis exstitit parricida?

Vers. 11. *Tu autem, Domine, miserere mei, et resuscita me: et retribuam illis.* Exposita passione, ad tertium venit ingressum, in quo resurrectionis suæ, per id quod homo est, fieri miracula deprecatur. Quid erigis aures, hæretice? Quid te putas aliquid invenisse, quod tuam possit excusare perfidiam? Si potestatem quæris, audi quod in Evangelio dicit: *Solvite templum hoc, et in triduo suscitabo illud* (Joan. II, 19). Hic humanitas rogat, ibi divinitas pollicetur. Desine calumnias facere, utraque enim conveniunt in Domino Salvatore: quia *Verbum caro factum est, et habitavit in nobis* (Joan. I, 14). *Retribuam illis*, dixit, non dolore vindictæ, sed exspectatione patientiæ. Nam hodieque sustinendo illos, magnam partem eorum clementiæ suæ operatione convertit.

Vers. 12. *In hoc cognovi quoniam voluisti me. quoniam non gaudebit inimicus meus super me.* Cognovisse se dicit *in hoc* dilectionem Patris, quia gloriosa est resurrectio secutura. *Quoniam voluisti me*, subaudi glorificare, exaltare. Possunt enim huic loco et hæc verba quæ dicta sunt, et his similia convenire. Addidit, *quoniam non gaudebit inimicus meus super me.* Hoc erat quod dixit, *quoniam voluisti me;* scilicet quia *inimicus* supra eum *non est gaudere* permissus, quando illa quæ disponebant, nullatenus impleverunt. Ad hoc enim eum occidere voluerunt, sicut superius dictum est, ut nomen ejus penitus de terra abrogarent. Sed econtra vident Ecclesiam Christi toto orbe diffusam, nomenque ejus ubique celeberrimum esse cognoscunt; ut merito gaudere non possint, quibus tam contraria provenerunt.

Vers. 13. *Propter innocentiam autem meam suscepisti me, et confirmasti me in conspectu tuo in æternum.* Vere sancta innocentia, vere simplicitas, vere humilitas beata; ut tot mala passus, nulla se contentione defenderet. Placato animo ibat ad crucem, tranquilla mente moriturus. Omnia verba quæ prædicta sunt per prophetas integerrima veritate complevit. Doluit casibus persequentium, et in cruce positus pro inimicis suis clementissimus exoravit; quoniam hoc et a fidelibus suis faciendum esse decreverat. Et merito dedit præceptum, qui præmisit exemplum. Sequitur, *et confirmasti me in conspectu tuo in æternum.* Hic jam beatitudo ipsius sanctæ incarnationis exprimitur, qui moribundi corporis infirmitate deposita, homo Deus ex duabus, et in duabus naturis distinctis atque perfectis permanet in gloria sempiterna: cujus nomen super omne nomen est, cujus potestas cœlo terræque imperat, cui *Omne genu flectitur cœlestium, terrestrium, et infernorum* (Philip. II, 10).

Vers. 14. *Benedictus Dominus Deus Israel a sæculo et usque in sæculum: fiat, fiat.* Expositis quæ ad passionem et resurrectionem Christi Domini pertinebant, pulchre secuta est laudativa conclusio; quia omni tempore benedici debet qui spem nostram gloria suæ dispensationis implevit. Benedictum dicimus et hominem cui benedicitur; cui tamen si non benedicatur, benedictus non est; et quodammodo ista benedictio ex alieno celebratur arbitrio. *Deus* autem *benedictus* est, etsi omnes taceant; quia ille omne bonum non tanquam extraneum suscipit, sed ab ipso progreditur. Nam quod dixit: *A sæculo*, præsentem mundum significat, ex quo administrari cœpta sunt omnia. *Et usque in sæculum*, futurum vult intelligi, ubi jam omnia æterna consistunt, nec aliqua temporis mutabilitate dilabuntur. Nam licet *sæculum* istud deficiat, Dei tamen benedictio incommutabilis perseverat. Addidit *fiat, fiat.* Hoc verbum geminatum instanter ab omnibus prædicat esse faciendum. Non enim sic intelligendum est, ut putetur *fiat benedictus Dominus;* tanquam si non laudetur *benedictus* non sit: sed hoc est, *fiat*, unde nos proficimus, dum jugiter ejus laudibus occupamur. Aliqui vero expositorum pro istius verbi novitate, quod est hic et in septuagesimo primo, sive in octogesimo octavo, vel in centesimo quinto, in quinque libros psalterium dividendum esse putaverunt. Sed eis non esse consentiendum in præfatione nostra sufficienter ostensum est. In Actibus quippe apostolorum (Act. I, 20) unus liber legitur esse psalmorum.

Conclusio psalmi.

Superiore psalmo, in prima parte Ecclesia sancta locuta est, et post Domini verba secuta sunt: ita et in hoc propheta præcursor est. In ipso quippe principio beatus David per eleemosynas sanctas morales nos docuit disciplinas. Secundo per passionem suam Dominus naturales semitas indicavit. Tertio resurrectionis miraculo inspectiva nos claritate complevit, ut cœlestis philosophiæ veritas tribus partibus narrata constaret. Quod si diligenter inspexeris, et in reliquis psalmis positum frequenter invenies. Unde psalmi hujus suscepto beneficio magna exsultatione dicendum est: *Benedictus Dominus Deus Israel, a sæculo, et usque in sæculum: fiat, fiat.*

EXPOSITIO IN PSALMUM XLI.
In finem, intellectus filiis Core psalmus David.

Inter verba usitata *filios Core* noviter introducit, quæ nomina cantorum sunt, non psalmigraphorum; sicut de Idithum in trigesimo octavo psalmo jam dictum est. Hi enim a David ad psalmodiam fuerant electi; sed propter significantiam nominum congruenter titulis videntur appositi; quod magno studio debemus inquirere, ut nobis velut candidissimus nucleus exutus suo tegmine decenter appareat. Hebraice *Core* dicitur Calvaria: Calvariæ vero locus est, ubi Dominum Salvatorem constat esse crucifixum. Quapropter *filii Core* merito dicuntur, qui tanquam gloriosissimum tropæum cœlestis Regis, id est signaculum crucis suscipere meruerunt. Et ideo psalmus hic omni convenit Christiano, qui amore Domini flamma Dominicæ charitatis accenditur, sine qua totum abjectum est quidquid in humanis rebus putatur eximium. De qua re hic primus est psalmus, quem octogesimus tertius, et octogesimus quartus subsequuntur. Sed in his nominibus illud meminisse debemus quod beatus Hieronymus ait (*In Expos. tituli psal.* LXXXIV), omne psalterium sagaci mente perlustrans. Nunquam invenio quod *filii Core* aliquid triste cantaverint: semper enim in psalmis eorum læta sunt et jucunda; sæcularibusque contemptis cœlestia et æterna desiderant, congruentes interpretationi nominis sui.

Divisio psalmi.

Filius Core, quem diximus crucis honore signatum, prima professione psalmi hujus omne desiderium mentis suæ ad Dominum dicit esse translatum. In secunda per quinquepartitum syllogismum loquitur animæ suæ, dicens eam in hoc sæculi salo non debere turbari, quia Deus est ipsius fixa deliberatione refugium.

Expositio psalmi.

Vers. 1. *Sicut cervus desiderat ad fontes aquarum, ita desiderat anima mea ad te, Deus.* Hic figura est parabole, id est rerum genere dissimilium comparatio. *Cervo* enim homo noscitur assimilatus. Quod argumentum comparationis dicitur A minore ad majus. Sed non incassum fidelibus hoc animal comparatur; est enim primo innoxium, deinde velocissimum, tertio desiderio inardescente siticulosum. Serpentes naribus trahit, quas ut voraverit, veneno æstuante permotus ad fontem aquarum quanta potest velocitate festinat. Amat enim aqua dulci 142 purissimaque satiari. Hujus decora comparatio nostrum desiderium ardenter instigat; ut quando venena antiqui serpentis haurimus, et ejus facibus æstuamus, ad fontem divinæ misericordiæ illico festinemus; quatenus quod peccati adversitate contrahitur, dulcissimi haustus puritate vincatur. Nec vacat quod *ad fontes aquarum*, dixit, non ad aquas. *Fons* enim *aquarum* Christus est Dominus, unde omnia fluunt quæcunque reficiunt. Fluenta enim plerumque siccari possunt; *fons* autem *aquarum* semper irriguus est. Unde merito dictum est ad liquorem sacræ originis festinandum, ubi desiderium nostrum nunquam possit habere jejunium.

Vers. 2. *Sitivit anima mea ad Deum vivum: quando veniam et apparebo ante faciem Dei?* Ut desiderium quod præmisit divinæ charitatis fuisse cognosceres, animam suam dicit conspectum Domini sitienter appetere: quo ambitu imbecillis maxime inflammatur humanitas. Denique sic sequitur, *quando veniam et apparebo ante faciem Dei?* scilicet quia tunc nobis manifestus apparebit, quando nos in judicio suo dignanter inspexerit. His igitur rebus educti, advertimus animam habere sitim suam, cum desiderio cœlesti commota divinos fluvios expetit, qui irrigua semper ubertate funduntur: aquæ copiosissimæ salutares, quæ non solum sitim retemperant animarum, sed etiam omnem indigentiam imbecillitatis excludunt. Hæc sitis in hoc sæculo beatis pectoribus semper exæstuat, nec aliquo fine contenta requiescit: quia ei in futura beatitudine datur invenire quod appetit; sicut Dominus in Evangelio dicit: *Beati qui esuriunt et sitiunt justitiam, quoniam ipsi saturabuntur* (*Matth.* v, 6). *Quando* autem, cum pondere pronuntiandum est; ut gravis ei videatur esse dilatio.

Vers. 3. *Fuerunt mihi lacrymæ meæ panes die ac nocte.* Audiant hoc qui Domino flere non appetunt, juges lacrymas non inediam, sed satietatem potius intulisse. Nec immerito, quia fletus ille cibus est animarum, corroboratio sensuum, absolutio peccatorum, refectio mentium, lavacra culparum. Sed per has juges lacrymas significat afflictionibus erudiri posse populum Christianum. *Diem*, prosperitatem debemus accipere: *noctem* vero tristitiam. Per hæc enim duo, omne tempus vitæ hominis indicatur.

Vers. 4. *Dum dicitur mihi quotidie: Ubi est Deus tuus?* Causam reddit *filius Core*, quare juges lacrymas fudit. Hoc enim dicebatur assidue persecutionis tempore Christianis: Non est qui vos vindicet, sustinete profecto quæ volumus, quæ jubemus. Quis in ista afflictione non fleret, habere conscientiam rectam, et pravorum subjacere conviciis: quando ultra omnes dolores est, illum insultantem cernere, quem cognoscis conscientiæ pravitate sordere? Et respice convenientiam rerum: quoniam sicut lacrymas suas assiduas designavit, ita et imputationes fuisse continuas dicit; ut omnia sibi concordent, quæ sacris lectionibus continentur.

Vers. 5. *Hæc recordatus sum, et effudi in me animam meam: quoniam ingrediebar in locum tabernaculi.* Id est, dum hæc quæ mihi imputabantur delicta cogitarem, animam meam quasi ex pleno conceptaculo in lacrymas subita inundatione profudi, rogans Deum, ne diutius tali increpatione torquerer. Animam vero suam in se quodammodo fundit, qui pleno desiderio concitatus Deo se sincera supplicatione prostraverit. Et nota quod omnis effusio motu facto ad vicina loca progreditur. Anima vero in se funditur, quoties compunctionis instinctu in semetipsam revertitur. Sequitur etiam cur in se effuderit animam suam; scilicet, *quoniam ingrediebatur in locum tabernaculi;* hoc est in Ecclesiam præsentem. Ibi enim dum ingrederetur amplius plorabat, amplius gemebat adhuc differri illam Jerusalem, quam sanctis suis Dominus repromisit. Necesse est enim vivacius desiderare quod exspectatur, quando ejus quædam similitudo conspicitur.

Vers. 6. *Admirabilis usque ad domum Dei: in voce exsultationis et confessionis sonus epulantis.* Hic reddendum est, quod in superiore versu dixit, *in locum tabernaculi*. Ingrediebatur enim admirabile tabernaculum, qui tam iniquis imputationibus cedere nesciebat. Dicebatur enim illi: *Ubi est Deus tuus?* Sed ille Deum tantopere desiderabat, quanto in eum insultatio nefanda surrexerat. De isto vero tabernaculo usque ad illam futuri sæculi *domum Dei* pius incola festinabat, ne mundi hujus desideria sancto viro viderentur accepta. Sed quomodo illuc ire sanctissimus ambiebat? *In voce* scilicet *exsultationis et confessionis*. Exsultatio ad psalmodiam respicit, *confessio* ad peccata deploranda: quæ duo juncta perfectum utique efficiunt Christianum. Sequitur, *sonus epulantis*. Definitio brevis quid sit *exsultatio et confessio*, id est *sonus epulantis*: quia sonus ipse animam pascit, et epulas illi suavi delectatione concedit. Quid enim dulcius quidve salubrius quam Deum laudare, et reum se semper arguere? Finita est pars quæ sitim habendam dicit in Domino : sed rursus in sequenti parte per magnas subtilesque argumentationes hoc iterat : ne per tristitiam mentis cessare videretur a desiderio, quod probabili ardore conceperat.

Vers. 7. *Quare tristis es anima mea, et quare conturbas me? Spera in Domino* [ed., *Deo*]. Hos versus paulo sollicitius audiamus; quia nisi subtilius tractentur, obscuri sunt. Post illas imputationes quas audiverat : *Ubi est Deus tuus?* post effusionem animæ suæ quam nimia tribulatione peregerat, venit filius Core ad secundam partem, qui per quinquepartiti syllogismi veracissimam probationem usque ad finem psalmi loquitur ad animam suam, dicens : Quare, anima mea, inimicorum sævis imputationibus sauciata, prægravaris? Quare me tua afflictione conturbas? Necesse est enim ut illa tristis ac mœsta infirmitas humana turbetur. Sequitur adversum hæc salutare remedium : *Spera in Domino* : quia spes ejus omnia commutat in melius, et ad æternum gaudium perducit quos sæculi istius tristitia inflicta concluserit; sicut scriptum est : *Beati qui lugent, quoniam ipsi consolabuntur*. Nec novum videatur quod ad animam suam persona loquitur introducta; nam et alibi legitur : *Benedic, anima mea, Domino* (*Psal.* CII, 1); et alibi : *Lauda, anima mea, Dominum* (*Psal.* CXLV, 1); et in quadragesimo secundo psalmo idem repetit : *Quare tristis es, anima mea* (*Psal.* XLII, 5)?

Vers. 8. *Quoniam confitebor illi, salutare vultus mei.* Ne forsitan anima diceret : Quemadmodum possum sperare in Domino, dum tua mihi imbecillitas frequenter obsistat? Dicit Filius crucis : *Spera in Domino, quoniam ego illi confitebor*; id est de peccatis meis pœnitentiam gero, ut tuam devotionem impedire non possim. Sequitur etiam cui *confitebor*; id est qui est *salutare vultus mei*. Salus enim vultus nostri Christus est Dominus, qui in forma servi qua sumus, absque peccato venire dignatus est; sicut Jeremias propheta dicit : *Spiritus vultus nostri Christus Dominus comprehensus est, sub cujus velamento vivimus inter gentes* (*Thren.* IV, 20).

Vers. 9. *Deus meus, a me ipso anima mea turbata est : propterea memor ero tui, Domine, de terra Jordanis.* Iste qui consilium dabat animæ, qui mentem suam rationabiliter corrigebat, ad conditionem humanitatis reversus confitetur dicens, *animam* suam a se potius *esse turbatam*. Revera, quia nisi hoc vitia carnis facerent, in sua tranquillitate mentis puritas permaneret. Hanc autem ratiocinationem nimis competenter arbitror introductam, ut homo evidenter agnosceret ex qua diversitate constaret. Sed filius iste crucis quem præfatus est titulus, ostendit remedium quo possit unusquisque animæ suæ conturbationes evadere, dicens, *Propterea memor ero tui, Domine, de terra Jordanis. Propterea*, id est propter conturbationes istas quibus anima mea vehementer affligitur. *Memor ero tui, Domine*; quasi diceret, ad te summa velocitate festino, ubi pervenisse remedium est, et carnalium malorum competens probatur exclusio. Dicit etiam unde *memor erit, de terra* scilicet *Jordanis*, hoc est de loco in quo prius Dominus baptismatis beneficia consecravit. Nam et nomen ipsum *Jordanis* fluminis interpretatur *descensio eorum*. Descendit enim in altitudinem fontium qui se illo munere sacramenti desiderat innovare. Nam hodieque de baptizato sic dicimus : Descendit in fontem. Sive descensio ista humilitatem significat, quam baptizatum necesse est habere, qui Domini nostri sequitur instituta. Quapropter harum rerum dum memores sumus, supervenientium malorum nulla confusione turbamur.

Et Hermoniim a monte modico. Hermoniim parvus mons juxta Jordanem est positus, sicut Deuteronomii lectione cognoscitur : *Accepimus*, inquit, *in tempore illo terram de manibus duorum regum Amorrhæorum, qui erant secus Jordanem a torrente Arnon usque ad montem Hermon* (*Deut.* IV, 47, 48). Sed videamus quid nobis significantia etiam hujus nominis tradere videatur. *Hermoniim* dicitur anathema, quod dicit homo diabolo, quando ad Deum venerit. Et bene dixit, *a monte modico* : quia non ex altitudine superbiæ Deus quæritur, sed memoria ejus in humilitatibus modicis invenitur. Quapropter dum perceptum baptismum, dum humilitatem memoriæ recondimus, susceptæ fidei regulas, donante Domino, salutariter obtinemus.

Vers. 10. *Abyssus abyssum invocat in voce cataractarum tuarum.*

Vers. 11. *Omnia excelsa tua, et fluctus tui super me transierunt.* Jordanis, Hermoniim, abyssus abyssum invocat in voce cataractarum tuarum, figuram fecerunt sardismos, quæ linguarum semper permixtione formatur. Nam Jordanis et Hermoniim Hebræa sunt nomina; abyssus abyssum et cataractæ, Græcum est; invocat, in voce, Latinum esse manifestum est. Sic ista figura in hoc loco commixtione linguarum pulchre composita est. Duabus enim *abyssis* duo Testamenta significat, id est Novum et Vetus, quæ se utraque mutua attestatione confirmant : quando Vetus Novum prædicit, Novum autem commemorat Testamenti Veteris lectiones. Sic fit ut utraque se *invocent*, quando ad alterutrum de sua confirmatione testantur. Sic et alibi Psalmista dicit : *Judicia tua abyssus multa* (*Psal.* XXXV, 7). Profunda sunt enim Testamenta Domini, quia in sinu sapientiæ ipsius alta veritate consistunt. *In voce* autem *cataractarum tuarum*, prophetas et apostolos dicit : quoniam sicut aquarum multitudo per cataractas evomitur, ita et de ore ipsorum Domini fluenta manaverunt. *Excelsa* vero *et fluctus* ad Scripturas sanctas competenter aptamus. Ipsæ sunt enim quas superius *abyssos* vocavit, ubi et parabolarum quidam fluctus alludit, et altitudo sensuum pia perscrutatione grandescit. Hæc ergo supra se dicit transiisse justus, quia in eorum notitia avidus se perscrutator immerserat.

Vers. 12. *In die mandavit Dominus misericordiam*

nam, *et nocte declaravit*: *Apud me oratio Deo vitae meae*. *Diem*, otiosum tempus accipiamus, in quo Domini præcepta discuntur. Nam lex ejus in spatio tranquillitatis ebibitur; tunc enim vacat discere, quando non est quod debeat impedire. Sequitur, *et nocte declaravit*; illud utique quod discitur in quiete, in tribulatione declaratur. Prius enim otioso tempore legis verba discuntur: sed eorum fructus in afflictione monstratur; sicut legitur: *Speciosa misericordia Domini in tempore tribulationis* (*Eccl.* XXXV, 26); ita fit ut *nocte declaretur*, quod in die discitur. Addidit, *Apud me oratio Deo vitae meae*; ac si diceret, intra me est sacrificium quod offeram Deo. Quod est istud sacrificium? *Oratio* utique quam Deus non spernit, quam supra victimas eligit: cum tamen devotione puræ mentis offertur. Sed iste Dominus *Deus* est *vitae nostrae*; quia dum peccatis nostris facientibus morimur, ejus clementiæ remissione salvamur.

Vers. 13. *Dicam Deo : Susceptor meus es : Quare me oblitus es? quare me repulisti? et quare contristatus incedo, dum affligit me inimicus?* Filius Core supra dixerat: *Apud me oratio Deo vitae meae*: nunc ipsam orationem, quam superius præmisit, profitetur se Domino esse dicturam: id est, cum me gratia divina baptismatis susceperis, tuis beneficiis in illa patria collocandum, quare me tunc pateris diversis calamitatibus diabolica fraude vexari? Senserat enim vir sanctissimus quanta illius quietis dulcedo futura sit, et mundi istius itinera confragosa vehementer horrebat. Dicit etiam more humano, *Quare me oblitus es?* Quia differebatur adhuc illa promissio, quam in futura patria sanctis suis Dominus pollicetur. *Quare me repulisti?* Quoniam ad illam quietem adhuc pervenire non poterat, quam ferventius appetebat. *Et quare contristatus incedo, dum affligit me inimicus?* Utique contristamur quando flagella in hoc mundo suscipimus, quando inimici fraudulenta subreptione tentamur, quando carnis vitia invicto ac repugnante animo sustinemus. Hæc figura dicitur erotema, quando sub interrogatione crebra aliquid exaggeramus dolentes.

Vers. 14. *Dum confringuntur omnia ossa mea, exprobraverunt* **144** *mihi qui tribulant me*. Ossa ad firmitatem mentis sæpe diximus pertinere. Ergo dum patientiæ nostræ virtus affligitur, quasi ossa franguntur. Hoc irrident videntes inimici, et velut probrosum aliquem abominantur, cui nullam felicitatem mundi istius arridere cognoscunt.

Vers. 15. *Dum dicitur mihi per singulos dies ; Ubi est Deus tuus?* Hæc est illa exprobratio per quam quodam malleo ossa patientiæ frangebantur. Hoc enim habent in consuetudine persecutores et irrisores afflictis dicere Christianis : *Ubi est Deus tuus?* Vindicet te si potest. Quoties hoc martyres audierunt? Quoties confessores qui tormentis variis cedere nequiverunt? Nam vox ista celeberrima est, quando illis assidue dicitur, qui pro Christo nomine patiuntur.

Vers. 16. *Quare tristis es, anima mea, et quare conturbas me?*

Vers. 17. *Spera in Domino, quoniam adhuc confitebor illi : salutare vultus mei, et Deus meus.* Quærendum est quid significet repetitio ista verborum : quoniam in his litteris nihil superfluum, nihil constat esse confusum. Videtur autem mihi quinquepartitum syllogismum forsitan hic reperiri, quem Cicero oratoribus æstimat applicandum; ut evidenter appareat imitatores eos fuisse, non auctores talium regularum. Nunc istius argumentationis distincte membra reddamus. Propositio est enim : Quare tristis es, anima mea, et quare conturbas me? Spera in Domino : quoniam confitebor illi, salutare vultus mei. Probatio propositionis quatuor versibus qui sequuntur, procul dubio continetur adjuncta. Deinde provenit assumptio : Dicam Deo, susceptor meus es : quare me oblitus es? quare me repulisti : et quare tristis incedo, dum affligit me inimicus? Sequitur duobus aliis versibus probatio assumptionis. Infertur postremo sub repetitione primi versus, propositi syllogismi decora conclusio : *Quare tristis es, anima mea?* etc. Quæ repetitio in lege quinquepartiti syllogismi celeberrima etiam nunc habetur. Nec moveat quod in propositione duobus versibus hæc sententia videtur extensa : hic autem sub uno versu constat esse constrictam; decuit enim ut in fine colligeretur, quod supra latius videtur esse propositum.

Conclusio psalmi.

Filius iste crucis in principio psalmi insigne volens ostendere desiderium suum, exquisito se comparavit exemplo ; ut singulariter crederetur diligere, qui cognoscebatur tam ingenti voto Dominum concupisse. Sed quoniam humano usu bono proposito malis semper moribus obviatur; dum mens iniqua, quem per blandimenta decipere non potest, subdolis increpationibus molitur evertere, crebris insultationibus commotum se ad continuas lacrymas dicit. Et ne tristitia sæculi ejus animum occuparet, aut in desperationis discrimina perveniret, ad animam suam consolatoria verba facit ; ut perturbationem hujus sæculi fidelibus inimicam a se depelleret, ne eum desperationis tædia possiderent. Scriptum est quippe : *Tristitia enim quæ secundum Deum est, pœnitentiam in salutem stabilem operatur ; sæculi autem tristitia mortem operatur* (*II Cor.* VII, 10). Quapropter merito a se illud conatus est expellere, unde sibi perpetuum exitium noverat imminere. Et ideo hodieque hunc psalmum boni desiderii suasorem atque institutorem baptizandis congrue decantat Ecclesia ; quatenus a tristitia hujus mundi alienati, ad Dominum tota mentis puritate festinent [*ed*., suspirent]. Præsta, bone Rex, ut (quoniam non est unus modus misericordiæ tuæ) sicut illos per aquam sanctæ regenerationis abluis, ita et nos dono clementiæ tuæ a peccatorum fæce purifices.

EXPOSITIO IN PSALMUM XLII.
Psalmus David.

Quamvis alii tituli multa, alii contineant pauciora ; omnes tamen ad supernæ considerationis munera perducuntur, ut ipsa varietas nec fastidium faciat, nec quæ sunt necessaria commonere desistat. *Psalmus* ergo (sicut sæpe dictum est) significat melos cœlestium verborum, quod desursum nobis resonare sentitur; sicut hic dicturus est : *Discerne causam meam de gente non sancta*, etc. David autem fortissimum et desiderabilem nobis indicat Christum, ad quem ex persona fidelissimi Christiani psalmus iste dirigitur, dum mens et intentio ejus ad ipsum desideranter aptatur. Nam sicut ille superior psalmus docet omnia contemni, quatenus desiderium Domini singulariter appetatur; ita hic præmonet, ne mundana possimus tribulatione confundi, sed in atriis Domini dicit esse gaudendum : ægritudinibus nostris valde necessariam probans, quam toties nobis pius medicus ingerit potionem.

Divisio psalmi.

Psalmum istum unusquisque fidelium sibi competenter aptabit, qui in primo capite Dominum deprecatur, ut in adventu novissimo, quo judicaturus est mundum, ab infidelium consortio liberetur. Secundo introiturum se ad Domini altare confidit, ubi tantummodo beatis accessus est; et ideo in molestiis hujus mundi animam dicit non esse turbandam, quæ jam spe superni muneris gloriatur.

Expositio psalmi.

Vers. 1. *Judica me, Deus, et discerne causam meam de gente non sancta*. Dum vir fidelis hujus sæculi iniquitatibus angeretur, et cum incredulis populis adhuc esset habitatione permixtus, subito erupit in vocem ; ut in judicio Domini causa ejus sequestraretur ab impiis, quando agnos ponet ad dexteram, hædos autem constituet ad sinistram. Non enim petit peccata sua discuti, sed ab iniquorum consortio liberari. Esset enim periculosum dicere : *Judica me*, nisi addidisset, *et discerne causam meam*, id est divide permixtionem meam, quam in isto sustineo, et aliquando segregatum me ab impiis, in populi tui electione constitue. Addidit, *de gente non sancta*, hoc est de perversis ac male viventibus. Revera sancta conscientia, quando nec in altero contueri poterat, quæ divinis præceptis probabantur adversa.

Vers. 2. *Ab homine iniquo et doloso eripe me.* Bonum quidem desiderium, sed adhuc non habet tempus. Hoc enim quod modo a sancto isto quæritur, in futuro judicio a fidelibus invenitur. Sed talia et hic desiderant qui pacifici esse noscuntur; ut ab inquietis moribus cupiant dividi, ne possint aliqua pravitate vitiari. Ipse est enim iniquus et dolosus, de quo superius dixit : *De gente non sancta*. Iniquus est enim qui mala facit apertius, *dolosus* qui occulta machinatione grassatur : ut sunt omnes qui a mandatis Domini probantur alieni.

Vers. 3. *Quia tu es, Deus meus, et fortitudo mea : quare me repulisti? et quare tristis incedo, dum affligit me inimicus?* Frequenter ratio causam præcedit, sæpe iterum juncta subsequitur : hic autem proposita clamat in capite. Nam cum sit ejus *fortitudo Deus*, miratur quare ab adventu Domini, in quo judicaturus est mundum, adhuc videatur repelli, quem propter mundi quas patiebatur angustias, magno desiderio sustinebat. *Fortitudo* est enim considerata periculorum perpessio, et laborum indefecta probatio. Sciebat enim vir sanctissimus ulterius se contristari non posse, si ad æternam futuri sæculi requiem perveniret. Mos enim desiderantium est ab illa re se putare depulsos, ad quam venire velociter non sinuntur. Ejus quoque rei explanatio decora subsequitur : *Et quare contristatus incedo, dum affligit me inimicus?* Utique in hoc sæculo contristati incedunt sancti, quando inimicorum flagella sævissima patiuntur. Nam cum ille dies judicationis advenerit, talia minime sustinebunt; quia *inimicus* cum suis sequacibus absolute damnabitur. Quapropter vir sanctus desideranter expetebat tempora illa, in quibus sibi beatitudinem noverat conferendam.

Vers. 4. *Emitte lucem tuam et veritatem tuam : ipsa me deduxerunt, et adduxerunt in montem sanctum tuum, et in tabernaculum tuum.* Hic reddit causam tristitiæ submovendæ; ut Pater mittat Filium ad judicandum, qui est lux et veritas; ipse enim de se dixit : *Ego sum lux mundi* (Jo n. VIII, 12); et alibi : *Ego sum via, veritas, et vita* (Joan. XIV, 6). Hæc enim cum venerit, quæ est Christus Dominus, a sanctis ejus omnis mœror confusionis abscedit, quando æternæ beatitudinis gloriam consequuntur. Iste ergo fidelis quem superius diximus loqui, *deductum* et *adductum* se dicit *in montem sanctum*; hoc est ad firmam credulitatem Domini Salvatoris : ejus gloriæ cuncta præbens, non aliquid suis viribus applicando. Quod autem adjecit, *et in tabernaculum tuum*, Ecclesiam catholicam significat in mundi istius certamine constitutam, quæ adhuc inimici varia fatigatione vexatur. Sed audivimus *tabernaculum*, adversarii caveamus insidias; quoniam dum in tabernaculis sit Ecclesia, nos nequaquam possumus otia possidere secura. Quod *tabernaculum* Exodi textus sic evidenti relatione depingit (*Exod.* XXVI, 1); ut non solum auribus, sed pene ipsis aspectibus offeratur.

Vers. 5. *Et introibo ad altare Dei, ad Deum qui lætificat juventutem meam : confitebor tibi in cithara, Deus, Deus meus.* Venit ad secundum caput; sed dum et hic Ecclesia *altare* habeat, non frustra dicit post tabernaculum positum : *Introibo ad altare Dei.* Est enim quoddam sublime *altare*, nobisque nunc invisibile, ubi soli justi probantur accedere. Nam inter alia membra tabernaculi, quæ famulo suo Moysi Dominus præcepit efficere, hoc quoque evidenter ostendit dicens : *Inspice et fac secundum exemplar quod tibi in monte ostensum est* (*Exod.* XXV, 40). Hic enim *altare* Ecclesiæ indiscreta turba circumspicit; ad illud autem ad quod se in futuro dicit intrare, soli possunt Deo placiti pervenire. *Altare* enim dictum est, quasi altæ aræ, vel alta res. Sequitur, *ad Deum qui lætificat juventutem meam. Juventutem* hic pro novitate vitæ ponit propter Dominum Salvatorem, qui omnia reparans de vetustate defecta, credentibus juventutis reddidit validissimam firmitatem. Ecce ille contristatus cladibus mundi de bono intellectu fecit gaudium sibi. *In cithara* vero *confitetur*, qui mundi hujus adversa sustinens a laude Domini non recedit.

Vers. 6. *Quare tristis es, anima mea? et quare conturbas me?*

Vers. 7. *Spera in Deum* [ed., *Deo*], *quoniam confitebor illi: salutare vultus mei, et Deus meus.* Meminerimus hos versus et in psalmo superiore conscriptos, ubi quinquepartitum esse diximus syllogismum. Sed considerandum est quod istam tristitiam sæculi fugiendam et frequenter admonet, et vehementissime persuadet; nec immerito quoniam bonis rebus semper adversa est. Per hanc enim patientiæ robur frangitur, per hanc charitatis lumen exstinguitur, per hanc spei nostræ desiderium virtusque molescit; et omnis vita confunditur, ubi hæc iniquitas maligna grassatur. Illa vero tristitia vitalis, bonarum mentium pax, juge gaudium, beatorum votis est maximis expetenda; de qua dicit Apostolus: *Fratres, gaudeo, non quia contristati estis, sed quia contristati estis ad pœnitentiam: contristati enim estis secundum Deum* (*II Cor.* VII, 9). Unum quidem nomen, sed rerum diversa conditio; nam sicut illa nutrit ad mortem, sic ista dirigit ad perpetuam sospitatem.

Conclusio psalmi.

In superioribus psalmis propter perfectorum animos ad virtutis culmen erigendos multas legimus introductas esse personas, modo Ecclesiam, modo pœnitentem, modo prophetam, modo Idithum, modo filios Core, magna patientiæ virtute proloquentes: nunc autem sermo mediocris ac lenior adhibetur, qui ad devotum pertineat Christianum; ut nemo vel imbecillis de sua mediocritate diffidat, quando unusquisque reperit ad quod per Dei gratiam prona mente festinet. Nam et isti desideranti ad atria Domini pervenire, quadragesimus secundus calculus competenter aptatus est. Tali enim numero mansiones illæ in eremo sacratæ sunt Hebræorum. Quadragesima etiam secunda generatione ab Abraham Dominus Salvator advenit, et mundum sua visitatione salvavit; ut merito et iste fidelis ad regnum Domini perventurus credatur, qui pristino illi numero sociatus esse cognoscitur. Omnes ergo hic virtutes, omnes delectationes invenit anima fidelis; ut consolari se ac recreare per Dei gratiam possit, quisquis igniculum illum divinæ charitatis acceperit.

EXPOSITIO IN PSALMUM XLIII.

In finem, pro filiis Core ad intellectum psalmus David.

146 Proxime in quadragesimo primo psalmo quid significent *filii Core* sufficienter edictum est. Nunc autem *ad intellectum* novo quidem ordine, sed non otiose videtur adjectum; ideo ut commemoraret hunc psalmum diligentius inquirendum. Audituri sumus martyres, sive confessores, id est filios crucis edicere, dum patres nostri sine aliqua difficultate inimicos suos habuerunt (Deo præstante) subjectos, se per gravissimas martyrii pœnas divino munere conquisisse victorias. Sed hic opus est altior *intellectus*, ut facta Domini ad gloriosa consilia referamus. Primo enim maris Rubri miracula, et diversarum gentium inelaboratæ victoriæ contigerunt; ut tam insigne miraculum ad credulitatem divinæ potentiæ rudes populos invitaret. Deinde illis terra Chanaan promissa est, qui erant utique sub lege. Nunc autem crescente fide martyribus prosperitas mundana subtracta est: ne venturi sæculi bona tepidius imbecillitas humana perquireret. Istis enim cœlestia regna promissa sunt, qui sub gratia esse noscuntur. Quapropter iste *intellectus* quærendus est, ista gratia contuenda; quoniam quæ nunc fiunt ab Auctore rerum pro salute cunctorum, occultis plerumque motibus [*ed.*, *modis*] ordinantur.

Divisio psalmi.

Sive martyrum, sive confessorum verba suscipias, considera psalmum mirabili constructione formatum. In prima parte dicunt audiisse patres suos, Domini favore collato, per innumeras gentes visualiter egisse victorias; se autem profitentur in Domini judicatione venturam de inimicis suis competenter videre vindictam: ubi non arcu, aut gladio inimicus vincitur, sed sola Domini disceptatione superatur. Sic distincte genera beneficiorum utraque referuntur, quæ servis suis Dominus præstare dignatur. Secundo loco diversarum necessitatum, quæ in isto sæculo patiuntur, tormenta dinumerant; nec tamen se mandata divina profitentur oblitos, quominus in virtute patientiæ perseverent. Tertio precantur auxilium, ut hic graviter afflictis resurrectionis tempore debeat subveniri.

Expositio psalmi.

Vers. 1. *Deus, auribus nostris audivimus, patres nostri annuntiaverunt nobis opus quod operatus es in diebus eorum, in diebus antiquis.* Primo posuit, *Deus*, quod initium aut lætus homo facit, aut afflictione nimia sauciatus. Sed quæ dicturi erant, ne putarentur ambigua, *audiisse* se propriis *auribus* dicunt, ut major fides rei potuisset acquiri. Et considera quia non juvenes neque adolescentes sibi dicunt retulisse quæ facta sunt; sed *patres* qui consideratione sui nominis affectum poterant habere veritatis [*ed.*, *pietatis*]. Subjunctum est, *nostri*, qui suis omnino certissima dicere potuissent. *Annuntiaverunt nobis*: Id est retulerunt beneficia quæ suis posteris ad laudem Domini voluerunt esse manifesta. Sed licet Dei quotidiana sit opera mundum suis beneficiis continere, ut omnia constituta lege decurrant; tamen tunc dicimus eum operatum, quando aliquod signum novitatis ostenderit. *Patres* ergo suos retulisse testantur *opus, quod operatus est Deus in diebus eorum;* hoc est *in diebus antiquis*, quando Israeliticum populum illæsum per maris Rubri fluenta traduxit, et hostium suorum sine labore proprio fecit esse victores. Hoc argumentum dicitur A dictis factisque majorum, quando testimonii pondus gravissima patrum auctoritate firmatur.

Vers. 2. *Manus tua gentes disperdidit, et plantasti eos : afflixisti populos, et repulisti eos.* Hinc enumeratio decora procedit, quanta Israelitico populo virtus divina præstiterit; ut beneficia Domini et in prosperis rebus, et in adversis quæ dicturus est manifestius elucescant. Per *manum* (sicut sæpe dictum est) significatur potestas; quia per tropologiam manu Domini gentes referuntur afflictæ, per quam nos maxime solemus operari. Exeuntibus enim Amorrhæis, vel cæteris de propriis terris, Hebræi in eorum sedibus leguntur esse plantati. *Plantati* plane, qui processu dierum munere Domini crementis jugibus augebantur. *Afflixit* autem *populos* adversarios, cum sacerdotum tubis canentibus muri Jericho confragosæ vocis sonitu corruerunt (*Jos.* VI, 20); quos de civitate constat expulsos, quando tantis miraculis obsistere nequiverunt.

Vers. 3. *Non enim in gladio suo possederunt terram, et brachium eorum non salvavit eos.* Ne putarent Hebræi triumphatores suis se viribus exstitisse, profitentur illos non *in suo gladio* fuisse victores, nec terram gentium sibi propria fortitudine vindicasse. *Brachium* pro robore dicitur, quoniam ipso dimicante pugnatur. Sed istud *brachium* non eos ab inimicis liberare prævaluit, quos specialiter virtus divina *salvavit*. Sic dum Hebræorum actus exponuntur, humano generi proficua doctrina præstatur.

Vers. 4. *Sed dextera tua, et brachium tuum, et illuminatio vultus tui : quoniam complacuit tibi in illis.* Sed *dextera tua, et brachium tuum, et illuminatio vultus tui,* communiter reddendum est, *salvavit eos. Dextera* enim significat prosperam partem, *brachium* fortitudinem, *illuminatio* consilium, quæ Dominus præliantibus confert, quando victoriam donare dignatur. Sed ne diceretur : Patres vestri suo merito placuerunt, ideo sunt tanta a Domino consecuti; intulit non meritis datum, sed quia ita Deo sit placitum, cujus est gratuitum omne quod præstat. *Complacuit* etiam *in illis,* quando de toto mundo sola gens electa est, de qua Salvator Dominus adveniret.

Vers. 5. *Tu es ipse Rex meus et Deus meus, qui mandas salutem Jacob.* Cum dixissent filii Core, hoc est populus beatorum : *Tu es ipse Rex meus,* id est Dominus et Salvator, cui nomen regis manifestum est convenire ; *Addidit, et Deus meus ;* ne dubitares Dominum Jesum Christum qui et patri nostro *Jacob salutem* propitius transmisit, quando eum fecit cum angelo gloriosa concertatione luctari. *Mandavit* enim illi *salutem,* quando audivit per angelum : *Jam non diceris Jacob, sed Israel* (*Gen.* XXXII, 28). Nam quodlibet illud nostræ voluntatis arbitrium, non per nos, sed per aliam consuevimus mandare personam.

Vers. 6. *In te inimicos nostros ventilabimus ; et in nomine tuo spernemus insurgentes in nos.* Venerunt martyres ad illud genus liberationis eximium, quod judicii tempore constat fidelibus concedendum. Nam qui nimia fuerant afflictione confecti, resumunt animum, et futuris se prosperis consolantur dicentes : *In te inimicos nostros ventilabimus. Inimici ventilandi* sunt divino judicio, quando aream suam ventilabro disceptationis Salvator noster excutiens, paleas sequestrat a frugibus. Sequitur, *et in nomine tuo spernemus insurgentes in nos.* Tunc contemnuntur *insurgentes,* id est spiritus immundi, quando lædere non valebunt. Modo enim illi despiciunt quos postea justi spernendos esse judicabunt. Illud enim quod manus Domini gentes dispersit, quod Hebræos in sedibus eorum plantavit, quod eis donavit inimicos sine aliquo labore superare, ad istud pertinet tempus. Hoc autem quod *ventilandi sunt inimici,* quod hostis contemnendus antiquus, pertinet ad judicium futurum, ubi talis est victoria facienda, ut omnia probentur subruisse certamina.

Vers. 7. *Non enim in arcu meo sperabo, et gladius meus non salvabit me.* Fide et humilitate consueta dicit multitudo sanctorum in armis se non speraturam esse terrenis. *Arcus* enim est præsidium bellatoris, in quo mens humana confidit. Præliatores autem mundani plus de gladio præsumunt. Sagitta enim plerumque incassum mittitur ; ensis vero certissimæ mortis operatur effectum. Quapropter nec ipsum sibi auxilium ferre dicit, quod in bello credunt homines ad præsidium plus valere.

Vers. 8. *Liberasti enim nos ex* [mss. A., B., F., *de*] *affligentibus nos : et eos qui nos oderunt confudisti.* Confidentia fidei futura pro præteritis dicunt, quoniam apud eos non est dubium, quod absolute non runt esse venturum. *Liberandos* ergo se dicunt in secundo adventu Domini a persecutione spirituum pessimorum, qui eos hic multiplicibus insidiis affligere non desistunt. Tunc enim plane *liberandi* sunt, quando ab eorum potestate tollentur, ut ulterius eis non liceat de innocentium fatigatione gaudere ; quod in isto certe sæculo generaliter non potest provenire. *Confunduntur* etiam qui beatos oderunt ; quando illi æterna ultione damnantur, justos autem cœlorum regna recipiunt.

Vers. 9. *In Deo laudabimur tota die : et in nomine tuo confitebimur in sæcula.* Qui dicunt, *laudabimur,* in futuro se profitentur esse prædicandos ; sed sine arrogantia designant gloriam suam, qui se *in Deo* testantur *esse laudandos. Tota die* perpetuum tempus ostendit, quod non habet noctem, quod in illa æternitate proveniet, ubi juge præconium cognoscitur esse beatorum. Sed ne crederes otiosos futuros, qui se *in Deo* dixerunt *esse laudandos,* profitentur se quoque præconia Domini jugiter personare : quoniam ipsa est beatitudo justorum Dominum laudare perpetue ; satietas quæ nunquam novit habere fastidium ; fames quæ de abstinentia matre non nascitur ; aviditas quæ de jejunio non creatur.

Vers. 10. *Nunc autem repulisti et confudisti nos : et non egredieris Deus in virtutibus nostris.* Post illam futuri sæculi inenarrabilem retributionem, venerunt pli martyres ad secundam partem, *dicentes per hos octo versus inferiores quas afflictiones præsenti tempore sustinebant, et nunquam a Domini veneratione ullatenus discedebant. Quæ figura dicitur emphasis, id est exaggeratio, quando rem aliquam multis in unum collectis doloribus allegamus, ut benevolentiam judicis enumeratis calamitatibus impetremus. Dicendo enim : *Nunc autem*, significant se de futuris temporibus paulo ante dixisse. Et intuere quam mirabili ordine cuncta decurrant. *Repulisti* significat dilationem quam sanctis provenire non dubium est : quia non hic, sed in futuro illis perfecta beatitudo promittitur. *Confudisti* illam dicit gloriosam confusionem quam martyres subeunt, cum injuriis affliguntur, fustibus verberantur, et velut criminibus obnoxii morti non desinunt mancipari. De talibus quoque dicit Apostolus : *Quibus dignus non erat mundus* (*Hebr.* xi, 38). Sed respice quod in isto sæculo martyres inter iniquos homines confunduntur, impii autem apud verum Judicem æterni opprobrii pondera sustinebunt. Sed ista confusio perducet ad gloriam : illa vero ad exitia sempiterna. Nunc autem Deus *non egreditur in virtutibus* martyrum, quando eos tribulationibus subdit, et diversis passionibus tradit. Tunc enim *egrediebatur in virtutibus* Hebræorum, quando sine labore prostrati sunt, qui se contra electum populum erigere tentaverunt. Quod ad consolationem sancti populi pertinere non dubium est ; ne quis patres suos felicissimos graviter ferret, cum ipse Domini permissionibus affligatur.

Vers. 11. *Avertisti nos retrorsum præ inimicis nostris : et qui nos oderunt diripiebant sibi.* Aversos se in hoc mundo ante inimicos suos esse testantur, qui insequentium discrimina vitaverunt. *Averti* est enim hostem carnalem fugere ; sicut præceptum est : *Si vos persecuti fuerint in hac civitate, fugite in aliam* (*Matth.* x, 23). Sequitur : *Et qui nos oderunt diripiebant sibi.* Hoc solet fugatis emergere, ut in direptionem prædamque cadant, qui hostibus minime resistere potuerunt.

Vers. 12. *Dedisti nos tanquam oves ad escam* [ed. *escarum*] *: et in gentibus dispersisti nos.* Cum dicunt : *Dedisti*, significant omnia divina potestate distribui. Ferunt enim traditos se gentibus tanquam lupis, qui molle pecus devorare consueverunt. *Esca* enim luporum est ovium mansueta simplicitas; quæ martyribus merito comparatur, qui a persecutoribus suis occidi sine concertationibus acquiescunt. Sequitur, *et in gentibus dispersisti nos.* Diversos significant fideles, quos modo martyrium deflet pietas, qui gentibus traditi, libertatem suam cum patrimoniis perdiderunt. Quod variis temporibus de Christianis populis divina dispensatione perfectum est ; ut per tribulationum temporalia mala, gloriosæ beatitudinis bona consequantur æterna.

Vers. 13. *Vendidisti populum tuum sine pretio : et non fuit multitudo in commutationibus eorum.* Hoc non debemus accipere sub increpatione dictum, sed mystica, ut solet, allusione prolatum. *Pretium* enim videtur accipere Deus, cum bene meritis populis subjugat infideles. Tradit enim irreligiosos, ut acquirat devotissimos. Tunc **148** autem quasi *sine pretio vendit* Deus, quando alienigenis affligendum tradit populum Christianum. Quod fit frequenter occulto judicio aut ad probationis meritum, aut ad correctionis effectum. Et nota hoc genus locutionis inter propria divinæ Scripturæ connumerari ; ut dicatur venditum, ubi non constat pretium datum. Addidit, *et non fuit multitudo in commutationibus eorum*. Homines qui commutant, traditæ rei paria consequuntur ; hic autem Deo nulla multitudo pretii in tantæ rei compensatione provenit, quando Christiani sunt traditi, dum persecutores eorum Domino non probentur accepti. Quomodo enim vero Deo poterant esse grati, profanis superstitionibus involuti ?

Vers. 14. *Posuisti nos in opprobrium vicinis nostris, derisum et contemptum his qui in circuitu nostro sunt.* Enumerant quanta fuerant afflictione perculsi ; ut inter ærumnas multiplices devotionis qualitas augeretur. Gravis enim est afflictio quam patimur a vicinis, quia non transitorie dicitur, quod a circumstantibus jugiter imputatur. Nam quod dicit : *Posuisti nos*, ostendit immobilem passionem. Ibi enim diuturnus quis esse creditur, ubi et positus approbatur. *Opprobrium* contra probum positum est ; nam sicut omnia proba decora sunt, sic indecentia cuncta monstrantur opprobria. Sed istud *opprobrium* non erat ante conspectum Domini, sed ante oculos vicinorum, qui illa noverant judicare, quæ depravatus sensus docebatur advertere. *Derisus* vero vox est confusa lætitiæ, insultationem suam immoderata hilaritate denuntians. *Contemptus* significat abjectissimam vilitatem, quam martyres Domini traditi diversis passionibus sustinebant. *Qui in circuitu nostro sunt* ; scilicet infideles et perfidos exponit, qui quaquaversum semper ambulant, nec nobiscum recto dogmate gradiuntur.

Vers. 15. *Posuisti nos in similitudinem gentibus : commotionem capitis in plebibus.* Respice per figuram anaphoram, quæ Latine relatio dicitur, verbum ipsum iteratum ; id est *posuisti*, quod in capite anterioris versus jam dictum est ; ut frequens repetitio vim passionis exaggeret. Martyres enim in similitudinem Christi gentibus constat appositos, quando eos compari bus pœnis et cruciatibus affecerunt. *Commotio* vero *capitis* inimicorum et martyribus contigit, quæ facta est in passione Domini Salvatoris ; sicut legitur : *Locuti sunt labiis et moverunt caput* (*Psal.* xxi, 8).

Vers. 16. *Tota die verecundia mea contra me est, et confusio vultus mei operuit me.* Solet verecundia ad momentum venire, et brevi tempore sedata discedere. Ista vero gravissima fuit, quæ jugiter permanebat. Erat enim ante oculos populi sancti immoderata verecundia, vehemensque confusio, quando illos sibi jugiter insultare cernebat, quos impios esse cognoverat. Et intuere, descriptio verecundiæ quam decora consequitur. Nam quodam pallio confusionis vultum suum dicit coopertum, dum nube sanguinea facies ejus inflammata rutilavit. Sed cum dicit, *operuit me*, non solum permutationem vultus, sed etiam totius corporis indicavit horrorem.

Vers. 17. *A voce exprobrantis et obloquentis: a facie inimici et persequentis.* Usque ad istum versum confusionis illius descriptio perseverat : nunc dicitur unde venit ille roseus amictus, qui nudam faciem coloris sui tegmine vestiebat. *Exprobrare* est in faciem maledicere, quasi indecora crimina jaculari. *Obloqui* est absenti detrahere, et doloso aliquem sermone mordere. *A facie inimici*, id est dum proximum videt qui eum capitaliter odit. Et ne putares adversarium levem, addidit, *et persequentis*; quod odium probatur acerrimum; quia non solum corpus exstinguere, sed ipsas animas cupiunt sua pravitate trucidare.

Vers. 18. *Hæc omnia venerunt super nos, et obliti non sumus te: et inique non egimus in testamento tuo.* Venerunt filii Core ad professionis suæ gloriosissimam firmitatem; ut ostendant nobis quævis mala non nos debere a Christi gratia segregare; sicut dicit Apostolus : *Quis nos separabit a charitate Christi ? Tribulatio, an angustia, an fames, an nuditas* (Rom. VIII, 35)? etc. Dicendo enim, *hæc omnia*, ad unum colligunt quæ tractu superiore dixerunt; ut si dispersa levius acciperentur, in unum cumulum congregata grandescerent. Quod argumentum dicitur a tormentis, quando per tot mala nequaquam fidelium animus potuit immutari. *Venerunt super nos*, quasi fera terribilis, quasi fluvius turbulentus. Et quia solet gravis tribulatio de animis abjicere, quod ante quis visus est credidisse; adjiciunt non se oblitos fuisse Dominum inter tam multiplices ærumnas : dum magis iniquorum persecutione commoti, a Domino jugiter auxilium postularent. Sequitur, *et inique non egimus in testamento tuo*; hoc est quod dixerunt, *et obliti non sumus te*. Nam qui illum mente retinent, ejus testamentum nesciunt oblivisci. Sed cum Latinæ locutionis sit, ut dicamus obliti non sumus tui, hoc proprium divinæ Scripturæ est quod ait : *Obliti non sumus te*.

Vers. 19. *Et non recessit retro cor nostrum : et declinasti semitas nostras a via tua.* Retro redit cor eorum qui de Domini bonitate desperant, et putant illum rogatum non succurrere. qui etiam non petentibus cognoscitur subvenire. Quod isti minime fecerunt, qui spem in Domino habere probati sunt. *Semitas* vero hic in malo posuit, dum ait, *nostras*, quasi umbrosos et voluptuosos calles, quos fragilis terit humanitas. Ipsos enim commeamus, quando a Domini jussione traducimur. *Via* vero a violentia nuncupatur, quæ merito Christi dicitur : quoniam et ab ejus fidelibus, sicut ab ipso factum est, in ærumnis et tribulationibus ambulatur. Quapropter aptissime dicuntur humanæ *semitæ* a via superna divisæ : quando illæ ducunt ad detestabilem mortem, hæc confert sine dubio desiderabilem sospitatem. Unde filii Core revera filii erant sanctissimæ crucis, cum talia sentiebant.

Vers. 20. *Quoniam humiliasti nos in loco afflictionis: et cooperuit nos umbra mortis.* Reddunt causam quare viam et semitas asseruerint fuisse divisas; propterea quia se *in loco afflictionis*, id est in isto mundo humiliatos esse testantur, qui est fidelibus *locus afflictionis*, unde compunctio nascitur et pœnitudo succedit. Sequitur, *et cooperuit nos umbra mortis*. Vitæ istius transitum dicunt, qui sanctis et peccatoribus probatur esse communis. Cæterum vera mors illa est, qua **149** impii æterna damnatione puniuntur.

Vers. 21. *Si obliti sumus nomen Dei nostri : et si expandimus manus nostras ad Deum alienum.* Ipse est intellectus quem titulus dixit absolute fidelium ; ut Deum nesciant alienum, nec obliviscantur eum, cujus nomini crucis impressione dicati sunt. Nam quod addunt : *Et si expandimus manus nostras ad Deum alienum*, orantem describunt, qui tensis manibus crucem ipsam quam fronte recipit, corporis sui forma restituit. Hoc enim fidelissimi non alieno, sed suo Domino utique faciebant ; ut perseverantia illos fideles assereret, qui mutati tot adversitatibus non fuissent.

Vers. 22. *Nonne Deus requiret ista? ipse enim novit occulta cordis.* *Nonne*, cum pondere pronuntiandum est : quoniam gravissimum est apud Dominum, si in ejus religione peccetur. *Requirere* autem solemus, quando illa desideramus agnoscere, quæ nostram novimus conscientiam non tenere. Deus autem sciens *requirit*, non ut ipse aliquid novum discat, sed ut nos faciat quæ sunt oblivione sepulta cognoscere. Sic et Abrahæ dictum est : *Nunc cognovi, quoniam times Deum tuum* (Gen. XXII) ; quasi ille aliquid ex tempore didicerit, qui ante sæcula cuncta præscivit. Sequitur : *Ista*, id est quæ superius dixerat : *Si obliti sumus nomen Dei nostri : et si expandimus manus nostras ad Deum alienum*. Et quoniam agebatur de religionis affectu, qui non solum devotione corporis, sed magis geritur cordis arcano, ad Divinitatis notitiam, ubi omnis festinat integritas, cucurrerunt dicentes : *Ipse enim novit occulta cordis*.

Vers. 23. *Quoniam propter te mortificamur tota die, æstimati sumus ut oves occisionis.* Exponunt illa beatissimi quæ occulta dixerunt, quia non moriebantur pro aliquo facinore perpetrato, sed amore divino ; ut credulitas Trinitatis saluberrima gentibus augeretur. Morte vero affici est per longas passiones præsentis vitæ exitum reperire ; quod perfecti Christiani faciunt, qui districtis observationibus affliguntur. Nam ut hoc magis deberes advertere, addidit, *tota die* ; quod non momentaneam mortem, sed per universum vitæ tempus protractum nobis fidelium declararet exitium. Intende quod sequitur, *æstimati sumus ut oves occisionis*. Ovis, quia non habet arma resultationis, raptoribus suis probatur esse temnibilis. Non enim aut cornu valet, aut dente contendit, aut fuga præsumit ; sed manibus latronis patienter acquiescit, dum nulla se reluctatione defendit. Sic famuli Christi velut *oves æstimati sunt mori*; quoniam sine contentione aliqua videbantur occidi.

Vers. 24. *Exsurge, quare obdormis, Domine ? exsurge et ne repellas nos in finem.* Enumerata multitudine passionum, venerunt filii Core ad tertiam partem, ubi tanto desiderio auxilium quærunt, ut etiam Dominum obdormisse commemorent. Quæ figura catachresis est, quam recte dicimus abusionem, quæ rebus nomen commodat alienum. Non enim Deo convenit *exsurgere*, qui nunquam noscitur posse dormire : sed illum humano usu dormire dicimus, quando exspectatio nostra divina dispensatione differtur. Nam si potentiam majestatis ejus inquiras, habes evidentissimum dictum : *Ecce non dormit, neque dormitat qui custodit Israel* (*Psal.* cxx, 3). Repetitur *exsurge*; ut quibus videt pericula crescere, non dissimulet subvenire. Sequitur, *et ne repellas nos in finem;* ut si adhuc his æstimas differendum, *ne repelle in finem*, ubi consistit muneris tui universa perfectio, ubi sunt præmia beatorum, ubi martyribus coronæ præparantur.

Vers. 25. *Quare faciem tuam avertis : obliviscerís inopiam nostram et tribulationem nostram.* Malis præsentibus ingravati, more beatorum in flebili supplicatione persistunt dicentes : Quare nos tandiu æstimas differendos, ut respicere non credaris, cum subvenire distuleris ? Sequitur, *obliviscerís inopiam nostram;* hoc est cui consueveras subvenire, quam sic in aliis amas, ut te inopem dicas. Venisti enim ditissimus, ut nostræ indigentiæ subvenires. Addidit, *tribulationem nostram*, cujus clemens semper inspector est ; sicut in quinquagesimo psalmo dicturus est : *Cor contritum et humiliatum Deus non spernit* (*Psal.* L, 19). Tales enim causæ apud illum pium Judicem plurimum valent, qui humanis cognitoribus probantur esse temnibiles.

Vers. 26. *Quoniam humiliata est in pulvere anima nostra : adhæsit in terra venter noster.* Post moram exauditionis, piæ mentes non ad desperationis audaciam, sed ad continuæ orationis salutaria se vota verterunt. Hic enim satisfactio assiduæ deprecationis exponitur. Curvantur enim in pulverem, qui cinere supra se sparso animas suas peccatorum recordatione discruciant. Sequitur, *adhæsit in terra venter noster ;* quod utique facere solent qui longa oratione prostrati, tota corporis effusione tenduntur. *Adhærere* enim terræ, significat in orationibus diutius immorari, per quas efficaciter peccata vincuntur. Magna enim contra diabolum arma sunt in suis viribus fiduciam non habere, sed Deum rogare, qui adversarium possit opprimere.

Vers. 27. *Exsurge, Domine, adjuva nos : et libera nos propter nomen tuum.* Magnarum afflictionum suavissimus finis adhibetur ; ut petant se resurrectionis dominicæ gloria liberari, ubi omnium Christianorum spes probatur agnosci. *Exsurge* autem non ad dormitionem, sed ad resurrectionem est potius applicandum. Supra enim, ubi eum quasi excitare voluerunt, dictum est : *Quare obdormis ?* hic autem solummodo, *exsurge*, ponunt, ut illam resurrectionem intelligere deberemus, in qua destructa cognoscitur humana captivitas. Illo enim resurgente adjuti, illo ad coelos ascendente liberati sumus. Verum hæc omnia nobis contulit non propter meritum nostrum, sed *propter nomen suum.* Ideo enim Salvator dicitur, quia per gratiam pietatis suæ salvat infirmos.

Conclusio psalmi.

Ecce nobis filiorum Core salutaria dicta fulserunt : ecce nobis ecclesiasticus ordo Domino revelante lampavit. Patres enim nostros ab inimicis suis per miracula visualiter liberatos esse cognovimus ; nunc autem fideles per passiones corporum, et tristitias animarum ad æternam requiem pervenire didicimus ; ut tempore suo utrumque factum humano generi cognosceretur esse proficuum ; nec deberet aliquis queri, cum se mundanis ærumnis cognosceret ingravari. Libertate quoque innocentiæ **150** insurgunt et martyrum voces, ubi dormire et oblivisci dicitur Deus. Quod dictum non increpative debet suscipi, sed affectuosa voluntate depromi. Quæ etiam in libro Job frequentissime reperiuntur ; ut nisi ea prudenti indagatione conspexeris, non supplicationes intelliges, sed querelas. Verum ista moderata præsumptio justorum sinceri cordis videtur depromere puritatem, ut simplicitas animi pondus illatæ videatur exponere passionis. Sic in Scripturis divinis quoties tale dictum aliquid invenimus, et clementia dominantis ostenditur, et supplicantis puritas indicatur.

EXPOSITIO IN PSALMUM XLIV.

In finem, pro his qui commutabuntur, filiis Core ad intellectum, canticum pro dilecto.

Videamus quid hæc verba nobis singillatim discussa parturiant : quia titulus psalmi multorum nominum congregatione prolixus est. *In finem* sæpe dictum est perfectionem significare, hoc est Dominum Salvatorem. *Pro his qui commutabuntur filiis Core*, hoc declarat : quia filii crucis in Ecclesia permanentes, de tristitia mundi hujus transibunt ad gaudium sempiternum. *Ad intellectum canticum*, textum psalmi significat, qui trahendus est ad intelligentiam supernam, in qua futurarum rerum sacramenta spiritalia continentur. *Pro dilecto filio*, vult intelligi Dominum Christum, de quo Patris vox insonuit : *Hic est Filius meus dilectus, in quo mihi bene complacui* (*Matth.* III, 17). Istius nunc spiritales nuptiæ referuntur, istius vota epithalamii laude celebrantur ; cujus virtus ultra omnes virtutes est, pulchritudo supra omnes decores, potentia inenarrabilis, pietas singularis. O beata sponsa, quæ tantæ majestati probaris esse conjuncta, non societate carnali, sed inviolabili conjunctione charitatis ! Quando illi copulata esse cognosceris, qui te suo splendidissimo lumine radiavit ? Quapropter Divinitati devotissime supplicemus, ut corde mundissimo ad inspectivum lumen evecti, sanctæ Sponsæ nuptias spiritualiter audiamus

Divisio psalmi.

Cœlestibus epulis propheta saginatus, et futuræ gratulationis qualitate completus, præconia Domini se eructaturum promittit; ut unde ipse fuerat cœlesti largitate satiatus, inde et fidelis populus abundantissime pasceretur : epithalamium quoddam supernum, ut dictum est, nuptiali exsultatione concelebrans. Epithalamium vero interpretatur laus thalami, quæ Sponso cœlesti consuetudine humanitatis offertur. Prima pars ejus quatuor modis Sponsi continet laudes, id est Domini Salvatoris. Secunda simili numero quatuor partibus mysticis virtutibus Sponsa prædicatur Ecclesia; scilicet quæ in sanctorum hominum adunatione consistit. Hoc quoque sapientissimus Salomon in libro qui appellatur Canticum canticorum notissima lectione descripsit. Unde et nos in præsenti psalmo, prout locus expetit, libri ipsius exempla jungimus; ut licet prædicatores divisi sint temporibus, concordia tamen prophetiæ unum locuti esse videantur.

Expositio psalmi.

Vers. 1. *Eructavit cor meum verbum bonum : dico ego opera mea Regi.*

Vers. 2. *Lingua mea calamus scribæ, velociter scribentis.* Cum intelligentiam suam propheta cognosceret divini muneris claritate [*ed.*, charitate] perfusam, magnitudine ipsius gratulationis compulsus; quod dicturus erat ante laudavit, non elationis studio, sed motus veritatis instinctu. *Eructavit* dicimus, quando satietas multa ciborum digestiones saluberrimas evaporat. Sed quam magnis spiritualibus epulis fuerat vir iste completus, ut tam boni odoris eructaret arcanum ! *Cor meum*, sinum mentis intellige. *Verbum bonum*, Filium Dei dicit, de quo Joannes evangelista ait : *In principio erat Verbum, et Verbum erat apud Deum, et Deus erat Verbum* (Joan. I, 1). Ipsa etiam de se Veritas dicit : *Nemo bonus, nisi solus Deus* (Marc. x, 18). *Opera* vero id est opusculum prophetæ fuit, psalmi hujus decoram contextionem ministerio suæ vocis offerre, et per organum linguæ quibusdam calamis divina verba resonare. Hanc enim prædicationem *Regi dicere* gestiebat, quam de ejus admirabili claritate [*mss. A., B., F.,* charitate] conceperat. Sed ne quis putaret aliquid eum ex propria voluntate dicturum, *linguam* suam *scribæ calamo* comparavit, quæ sic dictura est fideliter Spiritus sancti verba, quemadmodum sensus nostri vota calamus describit in charta. Addidit, *velociter scribentis;* quem nos magis notarium debemus accipere, qui velociter verba suscipit, et citius audita transcribit. Considerandum vero quoniam hic prophetiæ virtus ostenditur, quæ non sub cruciatu humano cogitat, sed sine aliquo labore Divinitatis jussa divulgat. Audiamus nunc prophetam epithalamii sine adulatione dicturum laudem, quæ nihil nisi exaggerat veritatem, quæ salva integritate blanditur; et quamvis magna dicat, non tamen omnia sufficienter enumerat.

Vers 3. *Speciosus forma præ filiis hominum, diffusa est gratia in labiis tuis : propterea benedixit te Deus in æternum.* Finito procemio, et competenter populis ad audiendum studium concitatis, [factum est de incarnatione Domini laudis initium ; ut per quam meruimus Divinitatis arcana cognoscere, per ipsam deberemus et præconia tantæ majestatis audire. Quæ species laudis, apud oratores A forma dicitur. Sed cum in Isaia legatur : *Vidimus eum et non habebat speciem neque decorem : sed species vultus ejus sine honore abjecta præ omnibus hominibus* (Isa. LIII, 2); quæri potest, cur hic super genus humanum speciosissimus describatur ? Non quia forma ejus decore lactei coloris eluxit, aut flavo crine lampavit, aut insigni statura præminuit ; sed veraciter humano genere pulchrior fuit, quia peccata non habuit. Illud enim recte *speciosum* dicitur, quod gratia mundissimæ puritatis ornatur; quamvis Pater Augustinus speciem corporis ejus dicat fuisse laudabilem. Sed exemplum Isaiæ supra positum ad passionis ejus retulit tempus quando et colaphis cæsus, et spinis coronatus, et sputis legitur esse complutus. Ecclesia vero quæ Domini Salvatoris portat imaginem, sic legitur in Canticis canticorum : *Fusca sum et decora* (Cant. I, 4); id est *fusca* corpore carnali, *formosa* cœlestibus meritis. Et quare *speciosum* dixerit probat : quia, loquente Christo, per gratiam Deo reconciliatus est mundus. Quid ergo potuit in humano genere esse simile, quam ipsum incarnatum conspicere, per quem redemptionis donum totus orbis accepit ? Nam sic de ipso et prædictus liber Salomonis enuntiat : *Labia tua et loquela tua speciosa.* Sequitur, *Propterea benedixit te Deus in æternum* (Cant. IV, 3). *Propterea*, dicit, propter prædicationes eximias, et pietatem omnimodis singularem; quia nulli quidquam pro meritis contulit, sed omnia sua potius bonitate concessit. Benedictus est enim in æternum, cujus regni non erit finis. Bene autem dictum est a forma servi. *Benedixit te Deus*, quæ et passionem pertulit, et ad regna cœlorum pervenit.

Vers. 4. *Accingere gladio tuo circa femur tuum, potentissime : specie tua et pulchritudine tua.* Secundus intromittitur modus laudis Domini Salvatoris, qui dicitur A potestate. Ad nescio enim quod gaudium propheta subvectus, precatur Dominum ut exspectatus gentibus tandem saluberrimus appareret. Dicit enim : *Accingere gladio tuo.* Metaphora a bellatore concepta, qui dimicaturus gladio cingitur, ut prosternat inimicum. Sed hic *gladium* sermonem prædicationis debemus accipere, de quo ipse in Evangelio testatur : *Non veni pacem mittere in terram, sed gladium* (Matth. x, 34); et Apostolus dicit : *Et gladium spiritus, quod est verbum Dei* (Ephes. VI, 17). *Gladius* autem dicitur sermo Dei, quia corpulenta vitiis corda hominum ictu suæ virtutis irrumpit; nec potest imbecillitas humana resistere, ubi illa fortitudinis gloria dignatur intrare. *Femur* vero incarnationem significat Domini Salvatoris, sicut in Genesi legitur : *Non deficiet princeps ex Juda, nec dux de femoribus ejus* (Gen. XLIX, 10). In ipso etiam mysterio, et Abraham (Gen. XXIV, 2) fecit jurare famulum suum, quando ei tacto femore praecepit ne acciperet filio suo Isaac uxorem de filiabus Chananaeorum. *Femori* autem subjunxit *potentissime*, ut reverendam jam incarnationem crederes, quam potentia Divinitatis assumpsit. Similiter et sapientissimus ille dixit: *Gladius ejus in femore ipsius*. Addidit, *specie tua et pulchritudine tua* (*Cant*. III, 8). Hic utramque naturam positam evidenter agnoscimus, ut *species* pertineat ad humanitatem, *pulchritudo* ad deitatem. Illa enim *species* bene dicitur, in qua mundo salutaris apparuit : ista *pulchritudo* aptissime pronuntiatur, unde omnia pulchra veniunt quaecunque decora sunt.

Vers. 5. *Intende, et prospere procede, et regna : propter veritatem et mansuetudinem et justitiam, et deducet te mirabiliter dextera tua*. Adhuc actus sacratissimae incarnationis exponitur, et singulis quibusque verbis miracula ipsius potentiae praedicantur. *Intende* dictum est, ut hominem pereuntem de coelo miseratus aspiceret, sicut in tertio decimo psalmo dictum est : *Dominus de coelo prospexit super filios hominum* (*Psal*. XIII, 2). *Prospere*, quia erat humano generi liberationis beneficia praestiturus. *Procede*, velut sponsus de utero virginali, sicut scriptum est : *Et ipse tanquam sponsus procedens de thalamo suo* (*Psal*. XVIII, 6). *Regna*, hoc est in hominum credulitate potentiam tuae majestatis ostende. Caeterum Filius et ante mundi constitutionem cum Patre et Spiritu sancto sine dubitatione regnavit. *Propter veritatem*, illud designat, ut veritas de terra oriretur, quae falsitatem nostram sua illuminatione mundaret. *Mansuetudo* vero monstrata est, quando in crucis affixione pro persequentibus exoravit. *Justitia* vero ad illud respicit, quia pius doctor praecepta salutaria infudit. *Deducet te*, id est per cursum totius vitae inoffensa conversatione custodiet. *Mirabiliter*, quia contra mundi inopinabilem consuetudinem tertio die resurrecturus erat a mortuis; quod miraculum partes totius orbis implevit. *Dextera tua* potentiam Verbi significat, qua universa operatur quae vult in coelo et in terra. Audiant hoc verbum detractores impii. *Tua dextera* dicit, hoc est propriae voluntatis instinctus. Nam si omnia sua potestate facit, sicut eum facere manifestum est, quemadmodum potest habere majorem? Sed contra hunc morbum illa potio debet insanis mentibus adhiberi : *Omnia Patris mea sunt, et omnia mea Patris sunt* (*Joan*. XVII, 10). Omnia enim Patris non haberet, nisi esset aequalis ejusdemque naturae.

Vers. 6. *Sagittae tuae acutae potentissimae : populi sub te cadent in corde inimicorum Regis. Sagittae acutae* sunt verba Domini Salvatoris, hominum corda salutariter infigentia; quae ideo vulnerant ut sanent, ideo percutiunt ut liberent, ideo prosternunt ut erigant. Sed videamus hoc telum verbo Dei qua similitudine comparetur. *Sagitta* est lignum ferro armatum, cujus prima pennata sunt; sic verbum Dei ex ligno crucis egrediens, et fortitudinem penetrandi habet, et velocitatem quo voluerit perveniendi. Supra gladium posuit quod proxime vulnerat; hic *sagittas* quae longe diriguntur : scilicet ut incomprehensibilis potentia hac similitudine monstraretur. *Acutae* pertinent ad transforationis celeritatem. *Potentissimae*, quia nulla illis materia quamvis durissima probatur obsistere, quando eis insitum est effectum suae voluntatis implere. *Populi sub te cadent*, conversiones significat hominum : quando credentes in humilitatem feliciter cadunt, qui prius vitio praesumptionis erecti sunt; sicut Paulo apostolo contigit, qui vocis Domini sagitta penetratus, in faciem quidem persecutor corruit, sed eum continuo apostolum Domini dextera sublevavit. *In corde*, exponit quod superius ait, *cadent*, non pedibus quibus corpora sustinentur, sed corde quo animae perfidia sublevatur. Ibi enim qui poenitens cadit, resurgit; et de sua iniquitate dejectus, ad salutaria Domini mandata transfertur. *Inimicorum Regis*, inimicos Christi dicit, qui a lege superna contraria voluntate dissentiunt. Hoc est quod titulus psalmi praecinuit dicens : *Pro his qui commutabuntur, filiis Core*.

Vers. 7. *Sedes tua Deus in saeculum saeculi : virga recta est virga regni tui*. Venit ad laudationis tertium modum, qui recte dicitur A causa judicii. Hic enim *sedes* Dei ad judicium pertinet futurum, in quo omnia veraciter aeternus Moderator examinat atque dijudicat. *In saeculum saeculi*; quoniam quidquid constituerit, nulla poterit temporis successione dissolvi. *Virgam* vero regulam divinae significat aequitatis, quae veraciter *recta* dicitur, quia nulla pravitate curvatur. *Virga* ista justos regit, impios percutit, continet veraciter supplicantes. Sed haec *virga* non de cespite arboris egreditur, sed ab ipsius Deitatis virtute procedit. Fortitudo invicta, aequitas rectissima, inflexibilis disciplina; de qua in alio quoque psalmo dicendum est : *Virgam virtutis tuae emittet Dominus ex Sion : dominaberis in medio inimicorum tuorum* (*Psal*. CIX, 2). Hanc enim *virgam* regii honoris insigne, sceptrum dicebat antiquitas, designans in ea virtutum Regem Dominum Salvatorem.

Vers. 8. *Dilexisti justitiam, et odisti iniquitatem : propterea unxit te Deus Deus tuus*. Ipsa est virga recta, amare aequitatem et odisse nequitiam. Nemo enim perfecte *diligit justitiam*, nisi qui et actus pessimos exsecratur, quoniam diversis qualitatibus eodem tempore non est in uno locus, nec potest ipso momento ibi nigrum videri, ubi candor insederit. Nam et praesentia lucis noctis absentia est, sic et veritatis amor est odium falsitatis. Unde a quibusdam pulchre definitum est : Substantia est contrariorum capax, sed non uno tempore. Sed his rebus quae praemia sint reddita subter exponit : *Propterea unxit te Deus Deus tuus*. Unctus christus et regem significat et sacerdotem, quia dignitates istae sumebantur per sacratissimas unctiones; nam et ipsum nomen christi a sancto chrismate vocitatur. Sed ab illa parte unctus dicitur, qua dispensatione et natus, et mortuus, et resurrexisse veraciter dicitur Christus. Caeterum deitas ejus nullo munere, nullo honore indiguit adjuvari. Repetitio autem ista qua dicitur *Deus Deus,* præconium magnæ dilectionis ostendit.

Vers. 9. *Oleo lætitiæ præ consortibus tuis : myrrha, gutta, et casia a vestimentis tuis.* Duplici modo unctionem illam sanctam provenisse significat. *Oleum lætitiæ* est peccati maculam non habere; unde se conscientia semper exhilarat, quando nulla recordationis asperitate mordetur. *Præ consortibus tuis,* præ filiis hominum dicit, quos et ipse in Evangelio fratres appellat. Ideo autem dictum est, *præ consortibus tuis,* quoniam hanc benedictionem supra omne humanum genus cognoscitur accepisse, ut unctus singulariter cæteros ungere debuisset. In illo enim fons est benedictionis, a quo, prout ipsi visum fuerit, per universos electos competenter emanat. Sed hæc omnia carni conveniunt, cui piissimum et gloriosissimum Verbum unitum est pro salute cunctorum. Sequitur, *myrrha, et gutta, et casia a vestimentis tuis.* Sæpe diximus species terrenarum rerum indicia nobis cœlestium demonstrare virtutum, quia non poteramus quidquam de illa majestate cognoscere, nisi nobis de ipsa aliquid per mundanas similitudines appareret. Et ideo posteriora versiculi istius prima fronte declaremus, ut nomina quæ præcedunt clarius elucescant. Sanctum Domini corpus quoddam Deitatis fuisse cognoscitur vestimentum. Nam sicut vestibus cooperiuntur membra mortalium, ita et majestas Verbi infidelium oculis carnis velamine videbatur absconi. Ab hoc ergo vestimento, id est incarnationis arcano congrue venisse dicitur *myrrha, gutta et casia. Myrrha* mortem significat, quam pro hominum salute suscepit. *Gutta* vero quæ dicitur ammoniaca duritias curat ab aliqua necessitate contractas. Quæ pulchre incarnationi Domini comparatur, quia duritiam cordis humani sancta prædicatione dissolvit. *Casia,* quæ a nostris fistula dicitur, redemptio generis humani per aquam baptismatis indicatur, quoniam hoc herbæ genus aquosis locis dicitur inveniri. His rebus etiam odor inest suavis, ut merito sanctæ incarnationi et virtus herbarum et odoris suavitas comparetur, sicut in Canticis canticorum Sponsa dicit : *Post odorem unguentorum tuorum curremus* (Cant. I, 3).

Vers. 10. *A domibus eburneis: ex quibus te delectaverunt filiæ regum in honore tuo.* In quarto modo a persona Sponsæ laus sumitur Christi. Dicit enim propheta unde veniat Sponsæ gloriosissima pulchritudo, quæ ad Domini dexteram locata consistit; id est *a domibus eburneis,* quod significat ornata palatia, quæ copioso ebore vestiuntur. Sed ebur non ad solas divitias intelligamus aptatum, sed quoniam elephas, cujus hæc ossa sunt, nimiæ castitatis asseritur, qui inter quadrupedia et sensu plurimo valet, et temperanter miscetur feminæ suæ, et conjuge secunda non utitur; hoc pudicis feminis decenter aptatum est, quia illæ in *domibus eburneis* mansisse noscuntur, quæ per castitatem Christi Domini præcepta secutæ sunt. Hanc enim translationem probaverunt doctissimi Patres Augustinus et Hieronymus. *Ex quibus te delectaverunt,* dicit, id est ad te non proprio cucurrerunt judicio, sed tua delectatione perductæ sunt. *Filiæ regum,* sive hominum fidelium qui regunt corpora sua, et perducunt filias quæ sacro baptismate generantur; sive imperantium; quod frequenter contingit, ut relicto palatii dominatu soboles principum eligant divina servitia. Ideo enim addidit, *in honore tuo,* ut religiosam mentem tali designaret indicio. Non enim in honore patrum suorum *delectatæ sunt,* sed honore Domini Salvatoris.

Vers. 11. *Astitit Regina a dextris tuis in vestitu deaurato, circumamicta varietate.* Mirabili totum relatione describitur. Quæ figura dicitur characterismos, Latine (sicut sæpe diximus) descriptio vel informatio nominatur. Ante oculos enim intelligentiæ reddit quæ aspectu corporeo non videntur. Prius enim Sponsi pulchritudo laudata est, postea virtus ejus asserta, tertio sedes ipsius potestasque narrata est. Et quia nuptiale gaudium agebatur, odoris suavissimi species sub mysticis interpretationibus noscuntur adhibitæ. Quarto dicitur ipsius quoque Reginæ unde veniat mirabilis pulchritudo. Tunc ad divinam dexteram ornata pretiosis virtutibus collocatur, ut omnis anima fidelis in supernam contemplationem porrecta, cœlestia vota conspiciat, sciatque qualem illi in terris debeat exhibere reverentiam, quam in cœlo sic intelligit honoratam. Ipsa est *Regina* quæ in Canticis canticorum dicit : *Osculetur me osculo oris sui* (Cant. I, 1), et cætera quæ mysticis ænigmatibus ille textus eloquitur. Et considera quia sedem superius laudavit Domini Salvatoris : hic autem *a dextris astitisse Reginam* dicit, quia dextera honorabilis pars est Sponsi, quem caput constat esse Ecclesiæ. Sequitur, *in vestitu deaurato.* Aurum ad charitatis debemus aptare fulgorem, qua virtute circumdata sancta resplendet Ecclesia. Et ne solum ibi intelligeres esse charitatem, *in vestitu,* dixit, *deaurato,* non aureo. *Deauratum* enim dicimus, quando superducta species auri in aliqua materia glutinatur. Ideo autem supra virtutes alias gratia charitatis apparuit, quia omnia **153** ejus fulgor excellit. Addidit, *circumamicta varietate.* Perscrutemur cur Ecclesia Dei de vestis varietate laudetur, cui totum simplex convenit atque unum. Sed hic *varietatem,* aut linguas multiplices significat, quia omnis gens secundum suam patriam in Ecclesia psallit auctori; aut virtutum pulcherrimam diversitatem. Ornatur enim auro apostolorum, argento prophetarum, gemmis virginum, cocco martyrum, purpura pœnitentium. Ista est ergo varietas unitatis, quæ oculis Domini ex omnibus gentibus pia conversatione placitura contexitur.

Vers. 12. *Audi, filia, et vide, et inclina aurem tuam, et obliviscere populum tuum, et domum patris tui.* Sponsi laude cantata, nunc Sponsæ præconia totidem modis, sed longe submissius atque humilius offeruntur. Decebat enim vel secundo gradu illaudatam non relinquere, quæ tali ac tanta meruit copulatione gaudere. Primus ergo istius laudis modus est a specie, sicut inferiori versu declaratur. Nunc ad exponenda verba veniamus. Stanti ergo ad dexteram Domini, ubi beatorum locus est, dicit: *Audi*, id est prophetas, qui incarnationem Domini veraci promissione cecinerunt; quatenus audita crederet, et credita mox videret. *Filiam* vero merito propheta vocat Ecclesiam; quia ejus prædicationibus sanctis genitus est populus Christianus. *Et vide*, sub gratulatione dicendum est: quoniam Sponsus qui tibi promittebatur advenit, in quo est amor, gloria, et gaudium tuum. Sequitur, *et inclina aurem tuam*; quod oportebat Ecclesiam facere, ut honorabiliter prophetæ verba perciperet. *Obliviscere* vero, dixit, *populum tuum*; id est desere, et a tuis animis aliena effice conventicula paganorum, sive superstitiones insanissimas Judæorum. *Domum* Babyloniam significat, quæ contra Ecclesiam Christi nequissimis incolis gaudet; et in hoc mundo possidens confusæ plebis animum, partem sibi vindicat perditorum. *Patris tui*, diabolum dicit, qui revera illam confusionis domum secundum nominis sui interpretationem noscitur possidere. Sed considera quod hæc Ecclesia tunc ibi morabatur, cum cœlestis Sponsi gratiam non haberet; unde et *fusca* legitur: tunc autem nimio pulchritudinis decore perfusa est, quando eam Dominus de gentibus est dignatus eligere.

Vers. 13. *Quoniam concupivit Rex speciem tuam: quia ipse est Dominus Deus tuus, et adorabunt eum.* Hic est modus laudis quem superius diximus a specie. *Rex* itaque iste Salvator est Dominus, qui concupivit Ecclesiam prævaricationis culpa in sorte diaboli constitutam, quam speciosissimam fecit ipse, non reperit. Fœda erat, cum eam tenebat invasor: pulchra facta est, cum ad suum remeavit auctorem. De qua legitur, *quæ est ista quæ ascendit dealbata* (Cant. viii, 5)? Et considera quod hæc Sponsa quasi simili laudatur initio, sicut superius de Sponso dictum est: *Speciosus forma præ filiis hominum.* Sed ille in specie sua haberi dictus est pulchritudinem singularem; hæc vero ideo pulchra est, quia sibi eam sociavit Sponsus. Sic totum distincte varieque dicitur; quamvis ipsis lineis et Sponsa laudetur. Sequitur, *Quia ipse est Dominus Deus tuus.* Non ille quem patrem dicebas, non qui te fecerat tenebrosam; sed iste *est Dominus Deus tuus*, qui pristinam submovens fœditatem, pulchritudinem tibi contulit nuptialem. Infertur quoque sententia salutaris: *Et adorabunt eum*, id est omnes populi qui te [mss. A., B., F., de] sua congregatione sanctam Ecclesiam reddiderunt: ipsi *adorabunt* non te, sed Dominum; quia honor tuus in illo est, et beatitudo tua est ejus gloria sempiterna.

Vers. 14. *Filiæ Tyri in muneribus vultum tuum deprecabuntur, omnes divites plebis.* Venit ad secundum modum, in quo superius de Sponso dicit: *Intende, prospere procede, et regna.* Hic autem dignitas est Ecclesiæ devotos populos Domino supplicare; et sicut ibi potentia Sponsi describitur, ita et hic gloria Sponsæ de Christi honore declaratur. *Tyrus* civitas est non longe ab Jerosolymis constituta: sed *filia*rum istius vocabulo civitatis, animas mavult significare fidelium. Non enim sola *Tyrus* filias protulit fideles, sed etiam totius mundi adunata diversitas. Quapropter hoc schema dicitur A parte totum. *Filiæ* itaque gentium *in muneribus vultum deprecantur* Ecclesiæ, quando eleemosynas pia voluntate distribuunt. Ipsa sunt enim munera, quæ Divinitati nimium probantur accepta. Tunc enim in vultum Ecclesiæ, id est in Christiani populi faciem intendimus, quando majestatem Christi piis fletibus exoramus. *Omnes divites plebis*, jungendum est superioribus, ut sit istud hyperbaton, id est transcensio. *Filiæ Tyri*, omnes quæ sunt divites plebis in muneribus vultum tuum deprecabuntur. Ordo enim hic verborum præposteratis sermonibus explanatur.

Vers. 15. *Omnis gloria ejus filiæ regum ab intus: in fimbriis aureis circumamicta varietate.* Vides quemadmodum in Ecclesiæ præconio perseveret. *Gloria* est siquidem Ecclesiæ, quando filiæ principum, sive justorum convertuntur ad Dominum, et secreta se cupiunt devotione cordis offerre. *Ab intus* enim significat secreta sensuum, non concrepantiam labiorum: ubi interior homo tacita cogitatione revolvit quod ad divina mysteria pertinere cognoscitur. Sic enim et in Canticis canticorum de Ecclesia dictum est: *Introduxit me Rex in cubiculum suum* (Cant. ii, 4). Istam locutionem *filiæ regum ab intus*, inter propria legis divinæ connumera, quam in communione [ed., commune] non invenies. Sequitur, *in fimbriis aureis circumamicta varietate.* Fimbriæ sunt finitima vestium, quæ in stamine colligatæ tanquam capillorum segetes dependent; per quas hominum vita significatur extrema. Hæc non deaurata (ut supra) sed nunc illi esse *aurea* profitetur; quia in fine tota perfectio est, ubi charitas non tanquam deaurata conspicitur, sed jam plenissima tanquam *aurea* reperitur. *Circumamicta* vero *varietate*, dicit, propter varias virtutes fidelium, quas superius constat expositas. Quibus diversitatibus induta, necesse est discolori amictu catholica vestiatur Ecclesia. Hoc et vestis illa significavit Aaron, quæ auro, purpura, bysso, cocco, hyacinthoque contexta est.

Vers. 16. *Adducentur Regi virgines post eam: proximæ ejus afferentur tibi.* Sicut tertio Sponsus a judicio prædicatus est, ita et hic tertio loco a membris suis Sponsa laudatur. Et vide quam potenter ordinem servat: *Adducentur Regi virgines post eam*, post Ecclesiam utique, quia prius fuit, ut ejus unitas diceretur, et post enumeratio partium distincta proveniret. Et intuere quod dixit, *adducentur*, ut Domini gratia declaretur, **154** quæ nos ad se adducit, quando nos miseratus inspexerit; sicut in Evangelio dictum est: *Nemo venit ad me, nisi Pater attraxerit eum* (Joan. vi, 44). Sed quæ *virgines ante* conspectum Domini *adducuntur?* fideles scilicet, et pudica se mente tractantes. Nam quid proderit cuiquam corpus intactum servare, si contingat eam integritatem fidei non habere? Sequitur, *proximæ ejus afferentur tibi. Afferentur tibi*, Deo dicitur. *Proximæ* sunt autem

Ecclesiæ, id est viduæ castæ, quæ gradu inferiore junguntur. Nam cum virginitas habeat centesimum fructum, istæ sexagesima ubertate gloriantur. Et vide in ipsis nominibus non minimam esse distantiam. *Virgines* dixit *adduci*, quæ corporis integritate robustæ sunt; viduas *afferri*, quæ plerumque fractæ a diversis sollicitudinibus corporis imbecillitate fatigantur.

Vers. 17. *In lætitia et exsultatione, adducentur in templum Regis.* Ut copiosa munera sanctæ Ecclesiæ conferenda monstraret, dicit eam *in lætitia et exsultatione* angelorum ministeriis *adducendam*; et non solum ad conspectum, verum etiam in penetralibus Regis, id est in Jerusalem futuram, ubi venisse beatum gaudium est, et gloriosa securitas. Merito ergo dictum est, *adducentur* cum *lætitia et exsultatione*; quia sexus ille fragilis vicit gravissimas corporum passiones.

Vers. 18. *Pro patribus tuis nati sunt tibi filii : constitues eos principes super omnem terram.* Venit ad quartum modum, in quo supra descriptum est a gradibus eburneis Ecclesiam venisse, quæ ad dexteram Regis ornata consisteret. Nunc autem potenter exponitur quanto incremento hæc Sponsa profecerit, ut *pro antiquis patribus*, id est idolorum cultoribus, *nati sint illi filii* apostoli, quos *principes* prædicationis in toto terrarum orbe transmisit. Sed quantum sunt ista disparia, tantum laudatur Ecclesia. Illi enim erant seductores erroris, isti magistri veritatis; illi seminabant exitia, isti hortabantur ad vitam. O laus digna tantæ lætitiæ, quale fuit hostis complexus fugere, et Tonantis nuptias invenire! Qui locus merito dicitur laus a prole, quoniam hic posteritas sancta prædicatur.

Vers. 19. *Memores erunt nominis tui in omni generatione et progenie : propterea populi confitebuntur tibi in æternum, et in sæculum sæculi. Memores* dicit, sed populos Christianos, qui in ejus prædicationibus per diversas hominum generationes piis voluntatibus perseverant. Mirabilis gloria, summumque præconium, inter hominum tam multiplices successiones nunquam finem laudis accipere. Sequitur, *propterea populi confitebuntur tibi.* Omnis enim Christianus cum symboli sacramenta reddiderit, in Ecclesiæ facie confitetur; quæ confessio fit æterna, quia vera et pia est. Nam quod addidit, *in sæculum sæculi*, futura significat, quando omnis adversitas conquiescit, et regnat sola justitia, diaboli contrarietate deleta.

Conclusio psalmi.

Ecce epithalamium gloriosum psalmigraphi exsultatione completum est. Ecce Sponsi laus Sponsæque admirabili varietate celebrata est : spiritualis copula, conjugium in virginitatibus perseverans, amor castus, charitas æterna, vinculum quod nullo fine dissolvitur. Hic prophetarum tympana sancta exsultatione conclamant; hic apostolorum organa dulcissima societate respondent; hic martyrum citharæ non chordis, sed virtutibus canunt; hic sanctorum chorus spiritualibus fistulis gratissimum permulcet auditum; hic talis musica geritur, per quam humana lætitia cuncta vincatur. Pasti sumus, o bone Rex, convivio nuptiali delicias cœlestes haurientes. Præsta nobis, Sponse mirabilis, ut qui hic spe lætati sumus, in futuro perfectissimo gaudio compleamur. Hunc etiam psalmum et beatus Hieronymus ad Principiam virginem scribens (*Epist.* 140), mirabili (ut assolet) nitore tractavit. Quem ideo commemorandum esse putavimus; ut quod a nobis minus fortasse declaratum est, illius viri doctissimi explanationibus suppleatur.

EXPOSITIO IN PSALMUM XLV.

In finem, filiis Core pro arcanis psalmus.

In finem, notum est quemadmodum ad Dominum Jesum Christum possit referri. *Filios* autem *Core* significari dicimus Christianos, ex quorum persona psalmus iste cantatur. *Pro arcanis* vero, adventum Domini significat Salvatoris, quem divinitatis suæ mirabili secreto pro hominum salute disposuit.

Divisio psalmi.

Filii Core, qui fideles debent intelligi Christiani, primo membro psalmi non se timere profitentur conturbationes sæculi; quia Deus refugium eorum probatur et virtus. Secundo Christum dicunt apparere in medio Ecclesiæ suæ, qui eam in seipso tanquam in solidissima petra ædificare dignatus est. Tertio credentium turba generaliter invitatur ad divina magnalia contuenda, dicentes omnipotentem Deum arma nequitiæ confringere, bella removere, et tristitiam fidelium in æterna gaudia commutare.

Expositio psalmi.

Vers. 1. *Deus noster refugium et virtus : adjutor in tribulationibus, quæ invenerunt nos nimis.* In ipso principio psalmi, categoricus nobis syllogismus arridet. Dicit enim : In tribulationibus quæ invenerunt nos nimis, Deus noster refugium, et virtus, et adjutor est. In tribulationibus non timebimus cum conturbata fuerit terra. In tribulationibus igitur quæ invenerunt nos nimis, non timebimus cum conturbabitur terra. Nunc minutatim dicta tractemus. Quam pulchra brevisque complexio; quasi interrogarentur : Quid est *Deus noster?* Respondent : *Refugium, et virtus, et adjutor.* Hæc species definitionis est quinta, quæ Græce κατὰ τὴν λέξιν, Latine ad verbum dicitur : quoties unamquamque rem verbis singulis quid sit ostendimus. Additum est, *noster*, propter falsissimos Christianos, quorum *Deus* non solet esse *refugium*. **155** *Refugium* ergo fidelium est, quando eos de animæ periculo liberat. *Virtus*, quando stabiliter mentes eorum ab iniquo sæculi errore custodit. Sequitur, *adjutor in tribulationibus*. Hic misericordiæ supernæ majestatis per diversas definitiones exprimitur, quæ *in tribulationibus* et suscipit et defendit. *Tribulatio* vero pia Deum nobis misericordem facit, reatum solvit; et tunc specialiter subvenit, cum nos de se confidere velle cognoscit; sicut dicit Apostolus : *Tristitia enim quæ secundum Deum est, pœnitentiam*

EXPOSITIO IN PSALTERIUM. PSAL. XLV.

in salutem stabilem operatur (*II Cor.* VII, 10). Et ne has tribulationes leves putares, addidit, *quæ invenerunt nos nimis*; ut nihil mediocre crederes, quod nimium fuisse sentires. Convenienter autem pericula exaggerata sunt, ut eorum destructor potentissimus appareret.

Vers. 2. *Propterea non timebimus dum turbabitur terra, et transferentur montes in cor maris.* Tempus illud prædictæ tribulationis exponitur, quando adventu Domini Salvatoris, cum de novitate tanti miraculi Judæorum corda turbata sint, sancti viri timere non poterant, qui in ejus nomine ac virtute præsumebant. Sequitur, *et transferentur montes in cor maris.* Hoc utique factum est, quando *montes*, id est apostoli, relictis incredulis Judæis, *in cor maris*, hoc est ad prædicandum gentibus transierunt; sicut in Actibus apostolorum legitur: *Vobis quidem oportebat loqui verbum Dei; sed quia repulistis illud, et indignos vos judicastis æternæ vitæ, ecce convertimur ad gentes* (*Act.* XIII, 46). Quo exemplo advertimus, *montes* illos pio cacumine præminentes, et fidei soliditate firmissimos, *in cor maris*, id est ad fidem omnium nationum fuisse translatos. Et inspiciendum quod aridæ terræ perfidiam Judæorum, aquis vero salsis credulitatem gentium comparavit, ut illa corda in malum durata cognosceres; hæc autem evangelico sale condita veraciter æstimares. *Cor* enim non habet *mare*, sed homines.

Vers. 3. *Sonaverunt* [ed., *sonuerunt*], *et turbatæ sunt aquæ eorum: conturbati sunt montes in fortitudine ejus.* In superiori sensu permansit; adhuc enim illa perturbatio exponitur, quæ facta est de adventu Domini Christi. *Sonasse* dicit apostolos prædicationes suas, quasi alicujus fragoris robustissimam vocem, quæ non tantum auribus, quantum mentibus insonaret. Quo tempore *turbatas* asserit *aquas*, id est sæculi hujus innumeras gentes, quæ de tali fuerant admiratione perterritæ. Hæc figura dicitur parabole, id est comparatio, cum res genere dissimiles qualitativa comparatione sociamus. Sed intuendum, quoniam hoc per decorem pulcherrimæ comparationis dictum est. Tunc enim *aquæ* plurima confusione *turbantur*, quando in marinis visceribus constructorum dejicitur magnitudo; et grandem sonitum reddunt, cum magno pondere fluenta percusserint. Hoc utique contigit, quando apostolorum grandisona prædicatione totus mundus intremuit, et ad Domini se credulitatem limpidato postea corde revocavit. Sequitur: *Conturbati sunt montes in fortitudine ejus.* Hic alios *montes* dicit, hoc est sæculi potestates. Nam et in bono accipiuntur et in malo. Sed montes Dei stabiles atque decori sunt; montes vero diaboli mutabiles atque squalidi. Potestates enim mundanæ turbatæ sunt, quando contra religionem Dei leges pagani principes sacrilegas inferebant.

Vers. 4. *Fluminis impetus lætificat civitatem Dei: sanctificavit tabernaculum suum Altissimus.* Superius terrores habitos dixit, quos de prædicatione nova mundus accepit: nunc beneficia quæ collata sunt Ecclesiæ de adventu Domini Salvatoris edicuntur, ut merito divisionem diapsalmatis immutatio sensus acceperit. Intuere quæ dicuntur, qua proprietate distincta sint. Civitas Dei impetu fluminis lætificata requievit. Et ut istum fluvium irrigatorem cognosceres animarum, non dicit satiasse, sed *lætificasse civitatem.* Iste namque est *fluvius*, de quo ipsa Veritas dicit: *Qui credit in me non sitiet unquam, sed fiet in eo fons aquæ salientis in vitam æternam.* (*Joan.* IV, 13, 14). Et bene dixit: *Impetus fluminis*, quia nihil palustre, nihil morosum cursus ejus sustinet, cum se potentia Divinitatis infuderit. Additum est, *sanctificavit tabernaculum suum Altissimus. Tabernaculum Altissimi* est sive Ecclesia, sive humani cordis gloriosa susceptio; quod utrumque constat esse sanctificatum, quando *Verbum caro factum est, et habitavit in nobis* (*Joan.* I, 14).

Vers. 5. *Deus in medio ejus non commovebitur: adjuvabit eam Deus vultu suo.* Non sic in medio esse dicitur *Deus*, quasi loci alicujus amplitudine concludatur; ille enim spatio ullo non clauditur, quoniam non inæquabili benignitate, sed æqualiter ubique totus est. Ideo autem *in medio* dicitur, quia fideles semper intendit. Quapropter merito secundum justitiam suam *in medio* Ecclesiæ narratur esse Deus; quia universos voluntate æquabili contuetur; nec aspectu quis ejus fraudabitur, nisi qui ab eo se reddiderit alienum. *Non commovebitur*, de Ecclesia dicitur, cui singularis data est illa promissio: *Tu es Petrus, et super hanc petram ædificabo Ecclesiam meam, et portæ inferi non prævalebunt adversus eam* (*Matth.* XVI, 18). Commoveri enim non potest Ecclesia quæ in solidissima petra, hoc est Domino Christo noscitur esse fundata. Sequitur, *adjuvabit eam Deus vultu suo*, id est præsentia incarnationis suæ, quando vultus ejus salutaris illuxit. *Adjuvabit* enim dixit, id est sæculari adversitate laborantem.

Vers. 6. *Conturbatæ sunt gentes, et inclinata sunt regna: dedit vocem suam Altissimus, et mota est terra. Conturbatæ sunt* utique *gentes*, quando cum essent idolis devotissimæ, subito incognitæ sibi religionis regulas audierunt. Multos enim miraculorum operatio convertit, multos prædicati judicii terror afflixit; et quamvis perducerentur ad bonum, non poterant animum non habere turbatum. Sequitur, *et inclinata sunt regna*, id est humiliata sunt ad adorandum, non ad cadendum; quia tantum unusquisque erigitur, quantum in illa satisfactione curvatur. Adjecit, *dedit vocem suam Altissimus, et mota est terra.* Non dixit *vocem suam* protulit, sed *dedit*, quasi mirabile donum, quasi præmiale beneficium. *Vocem* vero sanctam prædicationem dicit, quam et per se et per apostolos tonitruali virtute per universum mundum omnipotens Doctor insonuit. Ad quam necesse fuit tremefieri peccatores, qui terribilia jussa æterni Judicis audiebant.

Vers. 7. *Dominus virtutum nobiscum: susceptor noster Deus Jacob.* Breviter explanatur quid sit omnipotens Christus, id est *Dominus virtutum*;

utique cui virtutes coelestes serviunt, cui omnis potentia famulatur. Audite duri, audite vecordes. Quid vultis funditus perire, qui in tanta praesumitis majestate peccare? Sequitur, *nobiscum*, quoniam assumpta carne habitavit in terris. Additum est, *susceptor noster Deus Jacob*. Susceptor est, quia alienis infirmitatibus suam dignatur adhibere potentiam. Proprie enim *Deus* omnium, *noster* dicitur et *susceptor*, quando carnem pro fidelium salute suscepit; *noster* enim bene dicunt filii crucis, quia tantum ipsorum *susceptor* est, qui ad ejus fidem venire meruerunt. *Deus* autem *Jacob* vult intelligi, tanta eum bene credentibus collaturum, quanta praestitit et *Jacob*. Non enim *Deus* solius *Jacob Deus*, sed omnium qui simili fide devoti sunt.

Vers. 8. *Venite et videte opera Domini, quae posuit prodigia super terram*. Interposito diapsalmate, venit ad tertium membrum, ubi invitat populos videre magnalia Domini Salvatoris, quae fecit incarnationis suae dispensatione mirabili. *Venite* quippe dum dicit, hortatur eos ut fide Domino proximentur, quem non poterant videre longinquum. Nam quod addidit, *opera Domini*, ad magnum nescio quod spectaculum universitas advocatur. Quapropter accedamus alacri animo; quia videntes talia fide concipimus quae nos perducant ad gaudia sempiterna. *Posuit*, dixit, quasi signa quaedam collocavit, quae mundus contuens ad salutis suae remedia festinaret. *Prodigium* dictum est, eo quod porro dicat, quando signis aliquibus venturae novitatis ostensio declaratur. Quae facta est in nativitate Domini, quando Virgo peperit, stella magis apparuit, angelorum chorus nativitatem sui Domini praedicavit.

Vers. 9. *Auferens bella usque ad finem terrae*. Ecce illa opera Domini quae promittebantur edicta sunt; et necesse est ut tanta pollicitatio magnum aliquod exponat arcanum. Rebellatum est contra Deum, quando gentilitas sculptilia simulacra diversis superstitionibus adorabat, quae Domini adventu cum suis cultoribus corruerunt. *Abstulit* ergo *bella* fidei *usque ad fines terrae*, quae toto orbe gerebantur, et in suam pacem redegit, quibus verae religionis munera condonavit. Sive hoc historica potest veritate cognosci, quia nativitate Domini regnante Augusto orbis legitur fuisse pacatus; quod non humanis viribus, sed Christi Domini corporali praesentia probatur effectum.

Vers. 10. *Arcum conteret, et confringet arma, et scuta comburet igni*. Arcus insidiae sunt infidelium, quae conterentur virtute veritatis, quando ad nihilum insana vota rediguntur. *Arma* hic significant superstitiosa certamina paganorum, quae merito dicuntur esse frangenda, quando fidelium concertatione superantur. *Scuta* defensiones significant perfidorum, quae ad liberationem hominis coelestis ignis incendio concremantur. Sed miles iste diabolus est, cujus ad salutem arcus conteritur, arma franguntur, scuta incendio concremantur. Non enim aliter potuisset evadere, nisi quae putabat sua munimina perdidisset. Sive omnia quae dicta sunt, ut quibusdam placet, ad incentiva vitia possunt referri. Exue nos, bone Rex, armis diabolicis, quibus non defendimur, sed gravamur; et illo nos spirituali gladio praecinge, qui nobis et salutem conferat et munimen.

Vers. 11. *Vacate, et videte quoniam ego sum Deus: exaltabor in gentibus, et exaltabor in terra*. Translati filii Core prophetiae spiritu inter sua verba hunc versiculum ex Domini persona proloquuntur. Quae figura dicitur apostrophe, Latine conversio; quando ad aliam rem subita permutatione convertimur. Merito enim illis dicitur, *Vacate*, qui mundanis illusionibus armabantur, et militiam diaboli exitiali sibi certamine peragebant. Denique audire non poterant, nisi, nequissimis armis depositis, vacantibus animis et quietis, ad salutarem audientiam convenirent. Dicit enim, *quoniam ego sum Deus*, non ille qui vos armabat, non ille qui vos ad nefanda certamina perducebat, sed *ego sum Deus* qui *exaltabor in gentibus*, cujus est vera religio, et non fragilis altitudo. Et ne forsitan exaltandum tantum in aliquibus gentibus putares, non etiam in gente Judaeorum, quam terrae superius comparavit; addidit, *et exaltabor in terra*, utique in gente Judaeorum; sicut promittit Apostolus: *Dico enim vobis, ut non sitis vobis ipsis sapientes; quia caecitas ex parte Israel contigit, donec plenitudo gentium intraret, et sic omnis Israel salvus fieret* (Rom. xi, 25). Vides ergo exaltatum et exaltandum Dominum et in gentibus et in natione Judaeorum.

Vers. 12. *Dominus virtutum nobiscum: susceptor noster Deus Jacob*. Redeunt filii Core ad personas suas, et fit psalmi de repetitione versus decora conclusio. Talem siquidem professionem ideo secundo repetunt, ut per eam nobis liberationem praestitam fuisse declararent. *Deus* autem *Jacob* ideo frequenter apponitur, ut Christiani populi victoria declaretur; qui licet sit tempore posterior, primum tamen populum fideli devotione transcendit.

Conclusio psalmi.

Quam brevis ac remediabilis psalmus eluxit, cujus si, Domino praestante, confidentiam sumimus, spinosa hujus mundi animi virtute transcendimus, fitque nobis quod legitur, auxilium de tribulatione. Est enim hic omnis spes in adventu Domini Christi, per quem nobis et Ecclesia fundata est, et miracula magna patuerunt. Abstulit enim superstitionum bella qui dixit: *Pacem meam do vobis, pacem meam relinquo vobis* (Joan. xiv, 17).

EXPOSITIO IN PSALMUM XLVI.
In finem pro filiis Core psalmus.

Omnia quidem nomina tituli istius retinentur exposita; sed hoc, lector studiose, semper intende, ut ad causas psalmorum nominum istorum significantias aptatas intelligas. Nam si textum psalmi diligentius intuearis, nullum ex eis verbum vacare posse deprehendes. Quapropter evenit, ut modo diversitas, modo similitudo titulorum Dominum Salvatorem intendere videatur. Sed dum diversum est, fastidium relevat; cum unum **157** intelligentiae nostrae aciem stabili firmitate consolidat; sic utrumque noscitur esse praescuum, quod edictum constat pro salute cunctorum. Loquuntur autem et in hoc psalmo filii Core, quos vexillo crucis mater signat Ecclesia.

Divisio psalmi.

Quamvis ex personâ filiorum Core totus hymnus iste cantetur, sitque gratissimâ brevitate succinctus; diapsalmatis tamen interpositione divisus est. Primo modo commonentur gentes, ut Domino laudes debeant personare; quia populo acquisitionis cuncta subjecit, et in hæreditate sua pius Arbiter collocavit. Secundo ascensio Domini et regnum ejus sub brevitate describitur, quo sancti ipsius sunt nihilominus sine fine potituri.

Expositio psalmi.

Vers. 1. *Omnes gentes plaudite manibus : jubilate Deo in voce exsultationis.* Cum sit consuetudo luxuriantium elisis manibus personare, et in aurium jucunditatem per eas melos quoddam sine officio sermonis exprimere, plausum istum spiritualiter debemus accipere, qualem et filii crucis potuerunt dicere, et nos oportet audire. *Plaudunt* ergo *manibus* qui eleemosynas faciunt, qui ægrotis pro miseratione serviunt, qui aliquod mandatum probis actionibus operantur, aliudve tale quod ad Domini gratiam possit pertinere. *Jubilare* vero gaudere est. Qui sermo dictus est a *juvando*, id est delectando : quando gaudium nostrum non articulatis sermonibus, sed confusa voce proferimus. Et ne in solis talibus gaudiis hæreremus, addidit, *in voce exsultationis* : significans psalmodiam, quæ Deo pro nominis sui majestate persolvitur; perfectissime commonens, ut laudem Dei sic manus peragat, quatenus gloriam ejus humana lingua non taceat. Decet enim ut præcepta Domini sui et lingua canat, et manus operetur.

Vers. 2. *Quóniam Deus summus, terribilis : Rex magnus super omnem terram.* Reddit causas, quare Domino et plaudi debeat, et jubilari. Quæ figura dicitur epexegesis, id est explanatio dicti superioris. Primum quia summus est Deus. Terribilis, quia ipse judicaturus est mundum. *Rex magnus*, quoniam *Rex regum, et Dominus dominantium* (Apoc. xix, 16) est. Ipse est enim de quo scriptum est in titulo passionis : *Rex Judæorum (Matth.* xxvii, 57). Verum est quoniam ipsorum Rex fuit, sed est et cunctarum gentium, quia et Creator et Administrator est omnium ; et ideo ne tantum putaretur fuisse Judæorum, *Regem* dicit *omnium esse terrarum*. Advertant Judæi potentiam Domini ab angustiis suis longe latiusque diffusam, et colere non desinant eum, cujus ubique esse audiunt principatum.

Vers. 3. *Subjecit populos nobis, et gentes sub pedibus nostris.* Hoc ad universos pertinet Christianos, qui divinam gratiam habere meruerunt. *Populos et gentes,* significat eos qui extra Ecclesiam latitare noscuntur. Omnibus enim justis spiritualiter subjecti sunt, qui eorum merita æquiparare non possunt. Sed hoc magis spiritualiter debemus advertere, ne

qua elatio, quod absit, sanctos viros contingere videatur. *Pedes* significant sanctissimas prædicationes, quibus populi merito dicebantur esse subjecti, quorum regulis tenebantur astricti, sicut Isaias propheta dicit : *Quam speciosi pedes evangelizantium pacem* (*Isai.* lii, 7).

Vers. 4. *Elegit nobis hæreditatem suam speciem Jacob quam dilexit. Elegit nobis*, subaudiendum est *dare*; ut qui venerat ad Israeliticum populum salvandum, hoc magis gentibus pia largitate concederet. Quam similitudinem necesse est in medium revocare, ut rei veritas evidentius possit agnosci. Esau carnalis cibi suavitate [*ed.*, vanitate] pellectus, a fratre suo Jacob lenticulam postulavit (*Gen.* xxv, 30) : cui ille respondit sic esse faciendum, si ei a germano suo primogenitorum gloria cederetur. Ille terrenarum rerum avidus inquisitor cessit honorem suum ; eoque facto contigit ut Jacob felici commercio carnalia offerret, quatenus spiritualia conquirere potuisset. Ipsa est enim *species Jacob, quam Dominus nimis dilexit*; ut et fideles famulos suos eadem facere vellet, quæ ille sequenda mystica significatione præmonuit. Sic enim Christiani vere dicimur, si terrena offerentes, cœlestia conquiramus.

Vers. 5. *Ascendit Deus in jubilatione : Dominus in voce tubæ.* Veniunt filii Core ad secundum modum, ubi tempus illud pia laude concelebrant, quando corporalibus oculis ascensio Domini gloriosa veritate conspecta est. *In jubilatione* vero propterea dictum est, quoniam stupentes apostoli tale miraculum ineffabili cordis lætitia replebantur; quorum felicibus oculis datum est ad cœlos euntem videre Dominum Salvatorem. *Jubilationem* vero diximus nimiam quidem esse lætitiam, sed non quæ sermonibus explicatur. *Vocem* quoque *tubæ* verba significant angelorum, quæ magno strepitu percussi aeris fragore tonuerunt. Tunc enim de tali visione apostolis stupentibus dixerunt angeli : *Viri Galilæi, quid admiramini ? Hic Jesus qui assumptus est a vobis sic veniet, quemadmodum vidistis eum euntem in cælum* (*Act.* i, 11) ; ut mundus firmius crederet quod talibus præconibus insonaret.

Vers. 6. *Psallite Deo nostro, psallite : psallite Regi nostro, psallite.* Non vacat quod toties iste sermo repetitur; agnoscitur enim quam utile, quam salutare sit opus quod tam crebra voluit iteratione repetere. Quæ figura dicitur epembasis, quoties ad decorem geminandum verba repetuntur. *Psallere* enim est bonis actionibus laudes Deo canere ; quod si bene exhibeatur, etiam cum angelis nobis probatur esse commune, qui Dei præconia jugiter spirituali exsultatione concelebrant. Sequitur : *Psallite Regi nostro, psallite. Regi nostro*, id est Christo Domino dixit, non alieno quem decet ista laudatio; ipse solus est qui merito laudes accipiat, quando ipse et universa creat, et creata jugiter administrat.

Vers. 7. *Quoniam Rex omnis terræ Deus : psallite sapienter.* Hoc propter illos dicitur qui sibi per singula loca diversa numina faciebant, Venerem in

Papho, Martem in Thracia, Jovem in Creta. Debet enim omnipotens Rex universaliter coli, qui solus creator et liberator esse probatur cunctorum. Adjecit, *psallite sapienter*; ut non solum cantantes, sed intelligentes psallere **158** debeamus. Nemo enim sapienter quidquam facit, quod non intelligit.

Vers. 8. *Regnavit Dominus super omnes gentes: Deus sedet super sedem sanctam suam.* Venerunt filii Core ad sæculi futuri perpetuam felicitatem, ubi jam dicunt Dominum *gentibus regnaturum;* nam quamvis et nunc omnibus *regnet*, tunc tamen proprie regnare dicitur, quando in suis fidelibus manifestius habitare monstratur. *Super omnes gentes*, Jerusalem cœlestem designat, quæ ex omnibus nationibus adunatur. Sequitur: *Deus sedet super sedem sanctam suam;* Dominum significat Salvatorem, qui sedet ad dexteram Patris, regnans per sæcula sæculorum. Et intuere quod ipsam *sedem sanctam* dicit, ne intelligeres aliqua insensata aut ratione carentia, sed virtutes et thronus quibus ille gloriosus Regnator insidet. Potest hoc et de sanctis intelligi; nam si quis habeat beneficium bonæ conversationis, et ipse fit sine dubio sella regalis. Quod si altius intendas totum contra perfidos dicitur; ut audita potestate succumbant, qui humanitatem ejus putant esse temnendam.

Vers. 9. *Principes populorum convenerunt cum Deo Abraham. Principes populorum*, id est primarii gentium diversarum, de quibus principium psalmi canit: *Omnes gentes, plaudite manibus. Convenerunt,* ac si diceret crediderunt. *Convenire* enim est ad unum multos venire. *Cum Deo Abraham*, hoc est in Christum qui *Deus est Abrahæ*. Expulsis enim infidelibus Judæis qui carne tantum, non operibus erant filii Abrahæ, plenitudinem gentium intromisit ad illam promissionis beatitudinem possidendam, quam promiserat Abrahæ et semini ejus. Filii enim ipsius per sanctam fidem facti sunt, qui carnis semine non fuerunt.

Vers. 10. *Quoniam dii fortes terræ nimium* [mss. A., B., F., *vehementer*] *elevati sunt.* Sensus iste pendet de superiore versiculo. Ideo enim *principes populorum convenerunt cum Deo Abraham, quia fortes terræ*, qui erant populus Dei, *nimium elevati sunt;* id est Judæi, quibus data fuerat virtus in gentibus, erecti contra Deum scelerata mente tumuerunt, et facti sunt per superbiam extremi, qui per humilitatem potuerunt esse præcipui.

Conclusio psalmi.

Intueamur textum psalmi istius verbis non virtutibus brevem. Nam et numerus ipse grandia nobis sacramenta declarat; quadragesimo quippe sexto anno in mystica interpretatione templum Domini Jerosolymis legimus fuisse perfectum. Anni autem isti a veteribus pro diebus sunt positi, qui sexies perfecto numero multiplicati efficiunt dies ducentos septuaginta sex, quantum in utero virginali Dominus noster ad similitudinem humani generis habitasse monstratur; id est a die octava calendarum Aprilium, usque in diem octavum calendarum Januariarum. Merito ergo totus hic psalmus specialiter de Domino dictus intelligitur, quando et ejus numerus prædicto modo ad sacramentum ipsius conceptionis et nativitatis competenter aptatur.

EXPOSITIO IN PSALMUM XLVII.

Psalmus cantici filiis Core secunda sabbati.

Expositionem *psalmi cantici* in præfatione posuimus. Item de *filiis Core* frequenter dictum est. Nunc videamus quid significet *secunda sabbati*. Sabbatum synagogam, id est collectionem debemus accipere Judæorum, quæ sabbatum observare videbatur. *Secunda* vero ejus Ecclesia catholica est; ideoque verba psalmi hujus sacerdotibus tribuuntur ad Christianos populos edocendos, quos et filios crucis haberi posse non dubium est, et secundos esse tempore post synagogam manifesta ratione cognoscimus.

Divisio psalmi.

Cum docendus esset populus devotus de fide et gradibus Ecclesiæ custodiendis, merito verba hujus psalmi piis sacerdotibus dantur, qui in prima positione laudes Domino dicunt, quod Ecclesiam suam dilataverit, et quod universis regibus terrarum potentiam suæ majestatis ostenderit. Secunda positione gratias agunt de adventu Domini Salvatoris, commonentes antistites futuros, ut gradus in Ecclesia distribuant, per quos Dominus Deus et Salvator possit agnosci, qui famulos suos æterna protectione custodit.

Expositio psalmi.

Vers. 1. *Magnus Dominus et laudabilis nimis: in civitate Dei nostri, in monte sancto ejus.* Considerandum est quemadmodum hæc verba per gradus certos admirandæ dispositionis ascendant. Quod schema dicitur emphasis. Primo posuit, *Magnus Dominus*; additum est, *laudabilis*. Sed ne hoc quoque putares mediocriter esse faciendum, ponitur, *nimis;* quod non habet terminum neque finem, sed assiduitate sui semper augetur. *Magnus* ergo, quia potenter omnia fecit. *Laudabilis*, quia pulchra et mira fecit. Nec tamen sufficit Dominum Patrem nimis dixisse laudandum, nisi et ubi prædicaretur edicerent; scilicet *in civitate Dei nostri*, id est in Ecclesia catholica. Est enim et civitas non Dei nostri, ut Babylonia illa diaboli, ubi non Deus colitur, sed magis exsecrabili dementia blasphematur. Quapropter necessarie consecutum est ubi Dominus laudaretur; ne eum inter hæreticas superstitiones, aut in synagoga veteri putaret aliquis esse prædicandum. Sed ne vel illud dubitares, ubi esset prædicta Ecclesia constituta, intulit, *in monte sancto ejus. Mons* autem *sanctus* Christus est Dominus, fundamentum et culmen Ecclesiæ suæ. Iste *mons sanctus* est, de quo Daniel propheta dicit: *Crevit lapis et factus est mons, ita ut impleret universam faciem terræ* (Dan. II, 35). Consideremus quod hic *magnum* quidem *Dominum* Patrem dicat: sed *magnus* quoque Filius non tacetur; sicut de ipso ad Titum scribens dicit Apostolus : **159** *Exspectantes beatam spem, et adventum gloriae magni Dei, et Salvatoris nostri Jesu Christi.* Magnus etiam legitur Spiritus sanctus, sicut scriptum est in Regnorum libro. Ait Dominus ad Eliam : *Ecce Dominus transiet, et spiritus magnus et fortis* (*III Reg.* xix, 11). Erubescat Arianorum insana persuasio. Quis est, rogo, minor, cum Pater, et Filius, et Spiritus sanctus *magnus* legatur?

Vers. 2. *Dilatans exsultationes universae terrae mons Sion, latera aquilonis civitas Regis magni.* Ne praedictum montem localem suscipere debuisses, dicit eum omni terrae gaudia condonare. Quis est enim iste, nisi Dominus Christus, qui per universalem mundi Ecclesiam valuit profutura gaudia *dilatare? Terram* hic in bono accipe; significat enim justos, qui copiosa et aeterna praemia consequuntur. *Mons* vero *Sion* (sicut saepe dictum est) designat Ecclesiam, quae interpretatione ipsius nominis, sanctae speculationis virtute completa est. *Latera* autem *aquilonis* significant populos infideles, in quibus diaboli regnabat iniquitas; ipse enim dixit : *Ponam sedem meam ad aquilonem, et ero similis Altissimo* (*Isa.* xiv, 13). Sed quia peccatores, qui a diabolo tenebantur obnoxii, Deo miserante, conversi sunt; modo *mons Sion, et latera aquilonis,* id est natio Judaeorum, et populi gentium, facta est *civitas Regis magni,* hoc est Ecclesia catholica, quam de universo mundo constat esse collectam. Ipsa est *secunda sabbati* quam titulus dixit. Dicuntur quidem et terrarum principes, reges : *Magnus* autem *Rex* veraciter dici non potest, nisi solus Deus. Quod autem dixit, *Mons Sion,* et addidit, *latera aquilonis civitas Regis magni,* figura est exergasia : id est quoties aliquid breviter proponitur, et subtilier ac latius explicatur.

Vers. 3. *Deus in gradibus ejus dignoscetur, dum suscipiet eam.* Futurum tempus magnae illius judicationis ostenditur, quando Dominus Ecclesiam suam suscipiens, *in gradibus,* id est in membris suis sanctissimis atque probatissimis ipse cognoscetur. Tunc enim *Deus dignoscetur,* id est, potentia ipsius virtusque declarabitur, quando Ecclesia illi beatos viros offerre, ipso largiente, monstrabitur : dum secundum gradus meritorum sancta plebs ad dexteram collocatur, sicut dicit Apostolus : *Stella ab stella differt in claritate, sic erit et resurrectio mortuorum* (*I Cor.* xv, 42). Tunc enim in aeternam beatitudinem suscipitur, quando illi perpetua gaudia conceduntur. Ibi Deus dignoscitur, id est, potentia ipsius virtusque declaratur, cum Ecclesiae suae talia praemia sub distinctionibus donat, quae nunquam finienda depereant. Hic enim creditur, quod ibi manifesta visione praestatur.

Vers. 4. *Quoniam ecce reges terrae congregati sunt, et convenerunt in unum.* Haec sunt *latera aquilonis,* quae superius dixit; quia licet contra Deum conspirata mente venerint, multi tamen eorum credidisse noscuntur. *Reges terrae,* hoc loco significantur principes Judaeorum, quos Herodes in unum congregans, ab eis perquisivit ubi Christus Dominus nasceretur. Sed illi convenienter ac consentienter dixerunt secundum Scripturas sanctas, in Bethleem eum esse modis omnibus nasciturum (*Matth.* ii, 5). Congregati sunt ergo, ut dicerent quid legerunt. Convenerunt in unum, quia omnes unam protulere sententiam.

Vers. 5. *Ipsi videntes tunc admirati sunt, conturbati sunt, et commoti sunt. Ipsi,* Judaei scilicet qui Herodi dixerunt in Bethleem Dominum nasciturum. Viderant enim quae prophetata [ed., in prophetia] legerant; et necesse erat ut admiratio de tanta gloria nasceretur. Sed ista admiratio non levis, non otiosa fuit. *Conturbati sunt,* quia se noverant peccatores. *Commoti,* quia de tanta majestate cognoscere meruerunt. Illos enim *commotos* dicimus, quos et credidisse testamur.

Vers. 6. *Tremor apprehendit eos ibi : dolores sicut parturientis.* Pulcherrime consequens rerum ordo servatus est. Primo eos dicunt vidisse, postea admiratos, deinde conturbatos, et ad postremum tremore concussos. Ipse enim vehemens pavor est, qui perducit homines ad tremorem; quia necesse est animum graviter fluctuare, cujus corpus a tremore contigerit apprehendi. Nec solum istud in tam magna causa suffecit; sed statim secuta poenitentia est, ubi *dolores* cruciant tanquam matres *parturientes.* Gravis enim dolor est, qui mulieribus pro poena peccati constat indictus. Sed quia *parturientes* audivimus, fructum inde putemus confessione humili nasciturum.

Vers. 7. *In spiritu vehementi conteres naves Tharsis.* Actus ipse dominicae nativitatis exponitur. Nam ut quidam dicere voluerunt, *spiritus vehemens* (*Matth.* ii, 8) erat, quando Herodes de suo regno sollicitus, magos miserat ut Regem natum viderent, sibique cognitum nuntiarent. Sed illis non ad se redeuntibus necesse habuit vehementi spiritu commoveri, et *conterere naves Tharso* Ciliciae, quae praedictos magos occulte in suam provinciam transposuisse credebantur. Quod fieri solet a regibus calumniantibus; ut quando sua desideria implere nequeunt, per damna humilium tormentaque discurrant. Inspice quantum creverit ista narratio, quo principio inchoata, ad quam pervenerit summitatem.

Vers. 8. *Sicut audivimus, ita et vidimus in civitate Domini virtutum, in civitate Dei nostri.* Decursis omnibus quae facta sunt in nativitate Domini Salvatoris, sequitur digna conclusio, ita fuisse visum sicut fuerat ante prophetatum. *Ita* vero quod dictum est, rerum fidem diligenter expressit; quia totum sic constabat factum, quemadmodum fuerat et promissum. Additum est, *in civitate Domini virtutum,* ubi et verum auditur, et promissum omne conspicitur. Repetitur *in civitate Dei nostri,* ut catholicam solam intelligeres, ne sibi hoc nomen et haereticorum conventicula vindicarent.

Vers. 9. *Deus fundavit eam in aeternum.* Ne istam civitatem Dei temporalem debuisses accipere, *in aeternum* Ecclesiam dicit esse firmatam, quae sola veraciter civitas Domini nuncupatur. Gaudeant Christiani, et tota mentis exsultatione lætentur, quando audiunt a Domino esse *fundatam*, in qua se firmiter consistere posse non dubitant. Nam, licet sæculi istius procella quatiantur, jure non metuitur quod transitorium comprobatur, sicut Apostolus dicit : *Non sunt condignæ passiones hujus temporis ad futuram gloriam, quæ revelabitur in nobis* (Rom. VIII, 18).

Vers. 10. *Suscepimus, Deus, misericordiam tuam in medio templi tui.* Venerunt pii sacerdotes ad secundam partem, ubi magna lætitia cordis exsultant. *Suscepimus* non debet generaliter accipi, quia non omnes crediderunt; sed ad catholicos tantum pertinet, qui ejus præcepta secuti sunt. *Misericordiam* dicunt Dominum Christum, qui exorbitanti mundo miserus est; et ad hoc tantum se voluit videri, ut omnis credens potuisset absolvi. Aptum nomen, certa promissio; ut ille *misericordia* vocaretur, qui et Salvator vere dicitur et Redemptor. *In medio templi tui*, synagogam volunt intelligi, ad quam venerat liberandam; sed, eo populo non credente, vocatæ gentes *misericordiæ* munera perceperunt. *In medio templi* dictum est, ut non credentium improbitas gravius arguatur, qui contempserunt sequi, quem in medio eorum constat esse conspectum.

Vers. 11. *Secundum nomen tuum, Deus, ita et laus tua in fines terræ : justitia plena est dextera tua.* *Nomen* Dei in toto orbe terrarum sine dubio creditur adorandum. Possunt enim aliqui nescire quemadmodum sit colendus, nullus tamen est qui isti nomini non se putet esse subjectum. Hoc ergo dicunt: Sicut in toto orbe terrarum reverentia tui nominis dilatatur : ita et in Ecclesia, quæ per totum mundum distenditur, devotio tibi laudis offertur. Sequitur, *justitia plena est dextera tua* Locum significat ubi isti sunt collocandi; ad *dexteram* quippe ipsius veniunt, quicunque æterna præmia consequuntur. *Plena est ergo dextera ejus justitia*, quia in illam partem recipiuntur, qui ipsius munere justi esse meruerint.

Vers. 12. *Lætetur mons Sion, et exsultent filiæ Judæ, propter judicia tua, Domine.* Per *montem Sion* Ecclesia catholica significatur, quæ interpretatione ipsius nominis in speculatione populi noscitur constituta. Hæc optatur *lætari*, quia ex munere ipsius æterna gaudia possidebit. *Filiæ Judæ*, omnes sanctas feminas declarat. Per *Judam* enim justarum feminarum genus ostenditur, propter Dominum Christum, qui ex ipsa tribu carnis propagatione descendit. Et has petunt *exsultare*; ut in utroque sexu Ecclesiam Domini gavisuram esse monstrarent. Addunt, *propter judicia tua, Domine*; ipsa est enim magna causa lætitiæ, ut *propter judicia Domini exsultent*, ubi se ad beatitudinem æternam cognoscunt esse venturas.

Vers. 13. *Circumdate Sion, et complectimini eam : narrate in turribus ejus.* Postquam utrumque sexum pii sacerdotes commonuerunt, veniunt ad ecclesiasticos ordines, qui domum Dei affectuosa devotione circumdant. *Circumdate*, ad honores pertinet exhibendos : *complectimini*, ad charitatem quæ nomen Domini sinibus cordis amplectitur. Additum est, *narrate in turribus ejus;* ut a religioso sermone cessare non debeant, qui sanctis ordinibus obsecundant. Et quoniam Ecclesia civitas Dei est, *turres* ibidem competenter aptatæ sunt; id est altitudines et munitiones contra hostes hæreticos. Sed quia incredulis narrare suadebant, qui foris ab Ecclesia morabantur, non de domibus, non de porticibus, sed de altis *turribus* dicunt esse prædicandum, unde populus audire possit extraneus.

Vers. 14. *Ponite corda vestra in virtute ejus, et distribuite gradus ejus : ut enarretis in progenie altera.* Ne animæ fidelium audiendo lætitiam et exsultationem aliqua remissione lentescerent, *in Ecclesiæ virtute corda*, dicunt *esse reponenda;* id est in charitate, qua virtute nihil esse præstantius ; sicut Apostolus docet : *Manent autem fides, spes, charitas, tria hæc; major autem horum charitas* (*I* Cor. XIII, 13) *Distribuit* autem *gradus* Ecclesiæ, qui officia ejus distincta ordinatione disponit. Sunt enim in illa lectores, sunt subdiaconi, sunt diaconi, sunt presbyteri, sunt episcopi; et quamvis una sit Ecclesia, officia tamen continet honorum varietate distincta. Hæc ergo pii sacerdotes commonent debere *distribui*, ut per eos in generatione altera magnalia Domini debeant prædicari. *Alteram* enim *progeniem* significat populum Christianum, qui ab Hebræo, quem primum Dominus elegit, secundus esse dignoscitur.

Vers. 15. *Quoniam hic est Deus, Deus noster in æternum, et in sæculum sæculi : ipse reget nos in sæcula.* Hoc est quod per ordines ecclesiasticos, sicut hodie fit, narrare voluerunt populo fideli. Sententia quidem brevis, sed quæ universa concludit : *Hic est Deus Deus noster*, Christum significat : ostendens eum digito tanquam præsentem. Quæ figura dicitur idea, Latine species : quando aliquid futurum velut oculis offerentes, motum animi concitamus. *Hic* enim, pronomen articulare est, quod tunc ponitur, quando tensa manu aliquis indicatur. Ipse enim *hic* monstratus est, qui et carnalibus oculis voluit apparere : de quo similiter Baruch propheta dicit : *Hic est Deus noster, et non æstimabitur alius absque illo* (*Baruch*, 36). Sequitur, *in æternum, et in sæculum sæculi*. Contra illos hoc dicendum est qui sibi temporales homines deos esse inaniter somniabant, Martem, Mercurium, Saturnum, cæteraque portenta potius dicenda quam numina. Ergo Deum immortalem, sempiternum, sine fine potentissimum Christum Dominum asserunt prædicandum, qui in se credentes jugiter protegit ac defendit. Infertur, *et ipse reget nos in sæcula. Reget* utique *nos*, quia ipse Rex noster proprie ac veraciter dicitur Christus. *In sæcula*, significat sine fine, quoniam quos ille *regendos* susceperit (si tamen ab ipso non devient) sub gloriosa perpetuitate custodit.

Conclusio psalmi.

Paterna nobis et sacerdotalia dicta sonuerunt, ut ab omni parte pulsati, ad rectam semitam mereamur adduci. Quanta tibi, Rex bone, cura est hominum, quibus tam multiplicem medicinam dignaris ingerere jussionum? Non vis semel dicere, quod humanitatem non pateris ignorare. Undique admones, undique doces, et fidem nostram per introductas personas clamare facis, ut locus ignorantiæ funditus videatur abscidi. Merito sanctus tuus Job dicit : *Quid faciam tibi, o custos hominum (Job* VII, 20)? Tu admones quod quærere debeamus; tu præstas quod nos mereri posse nescimus.

EXPOSITIO IN PSALMUM XLVIII.

In finem filiis Core psalmus.

Tituli hujus verba (sicut sæpe dictum est) cuncta trahunt ad Dominum Salvatorem. Ipse enim et per *finem* significatur, et per filios crucis intelligitur, et per *psalmum* sine dubio denuntiatur; ut merito ipsius vocem venturam esse sentiamus, cujus tot indiciis laudabilis sermo promittitur.

Divisio psalmi.

Per totum psalmum sunt verba omnipotentis Filii. In prima sectione dicit qualia locuturus, vel quæ præstaturus sit fidelibus tempore incarnationis suæ. Secunda memorat stultis et insipientibus quanta ventura sint. Tertia dicit quæ justos impiosque secutura sunt. Quarta commonet fideles ne timeant divites terrarum, quia omnem potentiam suam cum luce derelinquunt.

Expositio psalmi.

Vers. 1. *Audite hæc, omnes gentes; auribus percipite, omnes qui habitatis orbem.* Admonetur universitas ut indiscrete veniat ad audiendum, quia Deus sine ullius acceptione personæ bonus est, nec vult paucis prodesse, et alios, qui tamen eum puro corde requirunt, sub dissimulatione negligere. Deinde, quia tale sacramentum incarnationis dominicæ non debuit nisi totus mundus audire, universale quippe beneficium generalem nihilominus poscebat auditum. Sequitur, *auribus percipite, omnes qui habitatis orbem.* Hic jam studiosius commonentur ut dicta devotissime capiant, et in memoriæ suæ sinibus reponant. *Gentes* enim accipiamus paganos; *habitatores* autem *orbis*, Christianos et justos, qui norunt orbem terrarum sic esse habitandum, ut in ejus sceleratis non implicentur erroribus. Et considera doctorem bonum, quomodo ad audiendum omnium studia concitavit; ut ipse reddatur reus, qui sibi noluerit esse proficuus. Hoc rhetores ad suum studium transferentes, attentos judices reddunt, quando se dicturos aut nova aut ingentia pollicentur.

Vers. 2. *Quique terrigenæ, et filii hominum; simul in unum dives et pauper.* Adhuc in ipso studio Dominus perseverat; ut conventus audiendi omnium fieret, ne quis eum mediocre aliquid crederet esse locuturum. *Terrigenas* peccatores oportet intelligi qui vitia terrena sectantur; et isti in partem Adæ primi hominis merito reputantur, quia ille non filius hominis, sed ipse primus homo fuisse declaratur. Huic contrarium est quod dixit, *filii hominum*; justos enim tali dicto debuimus advertere, qui in sortem Christi veniunt : quoniam et ipse Christus Filius hominis esse prædicatur. Et memento quia contra Adam ipse semper opponitur; merito, quando quod per illum periit, isto veniente, salvatum est. Sequitur, *simul in unum dives et pauper.* Ecce ista sententia, quæ superius promittebatur, eluxit. De Christo enim Domino dicitur, *simul in unum dives et pauper :* dives, quia Deus ; *pauper* , quia homo ; sicut dicit Apostolus : *Mementote gratiæ Domini nostri Jesu Christi, qui propter vos pauper factus est , cum esset dives ; ut illius paupertate vos divites essetis (II Cor.* VIII, 9). Merito ergo tam magna promissa sunt, cum tam præcipua et salutaria dicta sequerentur. Superiorum dictorum brevis explanatio est; *dives* pertinet ad *terrigenam*, quia numerosis peccatis probatur opulentus ; *pauper* respicit ad *filios hominum*, quia in vita [ed., ambitu] hujus sæculi pauperes sunt, ut futuras divitias plenissime consequantur; sicut in Evangelio dicit : *Beati pauperes spiritu, quoniam ipsorum est regnum cœlorum* (Matth. V, 3).

Vers. 3. *Os meum loquetur sapientiam, et meditatio cordis mei prudentiam.* Excolit quod superius cœpit, non humanam, sed divinam se sapientiam atque prudentiam esse locuturum ; id est Dominum Christum, de quo dicit Apostolus : *Nos autem prædicamus Christum Dei virtutem et Dei sapientiam (I Cor.* I, 24). Salomon quoque testatur (*Prov.* I, 2) scire sapientiam et disciplinam , et intelligere verba prudentiæ. *Sapientia* pertinet ad mysteria divina declaranda ; *prudentia* vero ad mores probabiles instruendos ; sic omnis sermo divinus duabus his virtutibus plenissimus indicatur. Hinc enim quæ narraturus est inchoavit, quæ sint verba sua mirabili prius complexione describens , ut omnes desideranter quærerent quod promissum sub tali prædicatione sentirent.

Vers. 4. *Inclinabo in similitudinem aurem meam, aperiam in psalterio propositionem meam.* Postquam virtutem eloquentiæ suæ verus prædicator duobus dixit insignibus contineri, nunc quemadmodum præcepta sua possint ab humano genere suscipi, *aurem inclinaturum* se esse promisit, ut cognosceret, si prædicationem ejus populus devotus impleret. Sed intende pium magistrum *similitudinem* posuisse. *Similitudo* enim rei veræ imitatio est , ut quod nobis ad exemplum datum est , devota æmulatione (Domino præstante) faciamus. Sed ut omnes ad præcepta sua salutariter implenda institutor serenissimus invitaret, *aperire se dixit in psalterio propositionem* suam, id est declaraturum se præcepta Divinitatis sui proprii corporis sanctitate, ut non tam verbo quam docere probaretur exemplo. *Psalterium* quippe (ut sæpe diximus) corporis Domini decora similitudo est; nam sicut psalterium de summo sonat, ita et incarnatio Domini cœlestia mandata concelebrat.

Vers. 5. *Utquid timebo in die mala? iniquitas calcanei mei circumdabit me.* Versus iste sub interrogatione et responsione propria legendus est ; quia totum sine timore suo fieri dicit, quod venturum esset prænuntiat. Quæ figura dicitur peusis et apocrisis, quando interrogatione præmissa, responsio apta subsequitur. Dicit enim, *Utquid timebo?* Id est, quare formidolosa cogitatione confundar? *In die mala*, in die scilicet passionis, quæ mala Judæis, bona fidelibus fuit. Ille enim timere debet vitæ finem, qui peccatorum recordatione mordetur. Christus autem mortem timere non poterat, qui peccata omnimodis non habebat. Dicit enim : Quare *timeam in die mala?* Nunquid *iniquitas calcanei mei circumdabit me?* Quemadmodum solet contingere peccatori, ut extrema ejus scelerato fine claudantur. Alii vero propter excellentiam sanctæ incarnationis hoc magis a parte membrorum accipiendum esse dixerunt.

Vers. 6. *Qui confidunt in virtute sua : quique in abundantia divitiarum suarum gloriantur.* Hæc pendent de superiore versiculo, quibus jungendum est, tales circumdantur in iniquitate calcanei. Nam præsumunt *in virtute sua*, qui videntur aliqua possibilitate *confidere*, ut viribus corporeis valentes, animi robore et linguæ disertitudine præminentes. Sed postquam dixit intrinsecus attributa, nunc venit ad divitias quæ extrinsecus veniunt, per quas maxime inflatur humanitas. Raro enim dives sortem sibi cum pauperibus intelligit esse communem. Et necesse est ut tales timeant finem, qui et deserere mundana nolunt, et peccatorum suorum pœnas conscientia teste formidant.

Vers. 7. *Frater non redimit! redimet homo : non dabit Deo placationem suam.* Postquam de peccatoribus dixit, quorum iniquitas calcaneum circumdat, venit ad genus curationis eximium. Et hoc quoque sub admiratione legendum est : *Frater non redimit!* id est Dominus Christus, qui dixit in Evangelio : *Ite nuntiate fratribus meis* (Matth. xxviii, 16); et in psalmo : *Narrabo nomen tuum fratribus meis* (Psal. xxi, 23). Ipse si non redimat qui fudit sanguinem pretiosum; redempturus est homo, id est Adam, qui humanum genus transgressionis vitio sauciavit? *Non dabit*, negantis est ; quia nulla oblatio, nulla placatio potest compensare, quod nos Divinitas est dignata redimere.

Vers. 8. *Nec pretium redemptionis animæ suæ; et laborabit in æternum.* Pars ista prima versus hujus ad sententiam respicit superiorem : quia homo liberatus *non dabit Deo placationem suam, nec pretium redemptionis animæ suæ.* Pretium est enim alicujus rei compensatio. Homo autem quid dabit in pretium, qui totum quod offerre possit accepit? Sequitur, *et laborabit in æternum* : de fidelibus dixit, qui, quamvis *pretium redemptionis animæ suæ* dare non possint, *laborant* tamen *in æternum*, dum hoc agunt quod eis ad præmia vitæ æternæ proficiat.

Vers. 9. *Et vivet in finem, quoniam non videbit interitum.* De illis adhuc dicit, qui *laborant in æternum;* isti enim *in fine viventes*, id est in Domino Salvatore, *interitum non videbunt* : quia licet corpore moriantur, æternæ vitæ munere sunt ditati. Alii versus istos ita peccatoribus æstimant applicandos, dicentes, *laborant in æternum*, qui perpetua ultione damnandi sunt; vivent in hoc mundo *in fine*, qui desperata libertate luxuriant. Quapropter in voluntate erit legentium eligere quid sequantur. Nos tamen de fidelibus hactenus dictum esse perspeximus ; nunc audiamus perfidi quanta passuri sint.

Vers. 10. *Cum viderit sapientes morientes : simul insipiens et stultus peribunt, et relinquent alienis divitias suas.* Venit ad secundum docendi modum, ubi peccatores cum sapientibus hujus mundi dicit esse perituros, et divitias suas, quas magnopere diligebant, non suis, sed, quod gravius ureret, extraneis successoribus definit esse relinquendas ; ut propter quas omnia peccata commiserant, non possessione ipsarum, nec proprio successore lætarentur ; sicut Salomon dicit : *In quod peccaverunt, nec lætari* [ed., *latere*] *potuerunt* (Sap. x, 8). *Cum viderit* peccator utique *sapientes* sæculi istius ab interitu non liberari, ut fuit Solon Atheniensis, Philo Lacedæmonius, Aristippus, et cæteri qui mundanæ sapientiæ celeberrima laude viguerunt ; sed videt eos communiter mori, quos divinæ Sapientiæ participes æstimabat. Sequitur, *simul insipiens et stultus peribunt*. Necesse est enim ut *insipiens et stultus* desperatione *pereant*, cum suos sapientes cognoverint interire. Verum ut hæc magis spiritualiter accipere debeamus ; *insipientes* sunt qui prædicationibus prophetarum acquiescere noluerunt; *stulti* autem jure dicendi sunt qui nec ipsum Christum Dominum venientem recipere maluerunt. Hi ergo *simul peribunt*, quoniam in futura judicatione damnandi sunt. *Reliquerunt* autem Judæi *alienis divitias suas*, quoniam spernentibus eis Dominum Salvatorem, ad gentes extraneas salutis eorum præmia transierunt.

Vers. 11. *Et sepulcra eorum domus eorum in æternum ; tabernacula eorum in generatione et progenie, invocabunt nomina eorum in terris ipsorum.* Morientium divitum pompa describitur, qui sibi ædificant sepulcra magnis tractatibus exquisita. Videmus enim quædam mausolea pulcherrimis renitere marmoribus, ut domus æstimentur æternæ magnis molibus fabricatæ. Post hæc venit ad eorum *tabernacula*, quæ copiosa largitate fulcita sunt, ut in longas *generationes et progenies* constanti pulchritudine perducantur. Subjunxit etiam ritum quem gentilitas in parentalibus agere consuevit, quando fatua superstitione *in terris eorum*, id est in sepulcris *invocant nomina* mortuorum; et credunt hoc illis prodesse, quod eorum videntur exhibere *memoriæ*.

Vers. 12. *Et homo cum in honore esset non intellexit : comparatus est jumentis insipientibus, et similis factus est illis.* De ipsis adhuc loquitur qui mundi istius honore floruerunt. Nam quamvis peccator *in honore* sit dum vivit, quia Dei portat imaginem, recte dicitur dignitatem suam *non intelligere*, dum talia facit, quæ ab ipso Creatore videntur omnimodis discrepare. Sequitur, *comparatus est jumentis insipientibus, et similis factus est illis*. Similitudo datur digna vecordibus ; ut qui se imaginem Dei gestare non intelligunt, congrue *jumentis insipientibus comparentur*. Nam cum rationem perceptam jussionibus Domini mandatisque non exhibent, merito eam tanquam indigni tanto munere perdiderunt. Nam tolle homini Dei considerationem, et omnino pecus insipiens est, præsumptio vana, et caduca superbia. Sed quamvis de mortalibus dicatur : *Et homo cum in honore esset non intellexit*, possunt hic et prævaricatores angeli accipi qui de cœlo projecti sunt, quia nec ipsi intellexerunt honorem suum, dum auctori superbiisse monstrantur. *Homo* enim et pro diabolo ponitur, sicut in Evangelio Dominus testatur (*Matth*. xiii, 25) : Inimicus autem homo qui superseminavit zizania est diabolus. Hæc decima species est definitionis, quam Græci ὡς τύπῳ, Latini veluti appellant : quando talis est alicujus rei complexio, ut non tantum uni rei de qua dicitur, sed et aliis applicari posse videatur ; sicut et in trigesimo quinto psalmo jam lectum est : *Homines et jumenta salvos facies, Domine* (*Psal*. xxxv, 7) ; non enim Dominus hæc sola, sed et reliqua salvare consuevit.

Vers. 13. *Hæc via illorum scandalum ipsis ; et postea in ore suo benedicent*. Hic jam enumerationes decursæ, velut dispersa grana in unum cumulum colliguntur. Nam post illa quæ dicta sunt, sententialiter enuntiatur, *Hæc via eorum*. *Viam*, vitam debemus accipere, in qua in hoc sæculo actuum nostrorum vestigiis ambulamus. Sed *hæc via* quid malis faciat, non tacetur : *scandalum* utique auctoribus suis, id est stimulum atque dolorem. Non enim ad securitatem suam quidquam peccator efficit, cui de sua provenit actione torqueri. Sequitur, *et postea in ore suo benedicent*. Hic describitur consuetudo peccantium, qui, postquam votum nequissimæ dispositionis impleverint, mox Divinitati gratias agunt, quoniam ad suum velle perducti sunt : nescientes, miserrimi hominum, quia illo auctore tantum ad sancta desideria pervenitur. Sed isti *in ore*, non in corde *benedicent*, unde procedit plerumque simulata sententia ; sicut Isaias dicit : *Populus hic labiis me honorat, cor autem eorum longe est a me* (*Isa*. xxix, 13).

Vers. 14. *Sicut oves in inferno positi sunt, et mors depascet eos ; et obtinebunt eos justi in matutino*. Venit ad tertiam sectionem, ubi justis et impiis pro suis meritis dicit esse reddendum. Peccatores enim *in inferno positos mors æterna depascit*. Nam sicut oves lanæ suæ amissione jugiter perseverant, sic in illos semper sine imminutione substantiæ invenit, quod pœna discruciet. *Depascet* enim a jumentis tractum est, quæ herbas non radicitus evellunt, sed abscindunt ipsas potius summitates. Sequitur, *et obtinebunt eos justi in matutino*. *Obtinebunt*, dixit superabunt, quod utique in illa resurrectione felicium est, ut malis præmineant. Hic enim *justos obtinent* peccatores : in illo vero judicio *justi* infideles modis omnibus *obtinebunt*. *In matutino*, ac si diceret, in albescente die cum gloria resurrectionis illuxerit, quando jam beatitudinis claritas aperitur, et inchoat esse dies qui nulla nocte finitur.

Vers. 15. *Et auxilium eorum veterascet in inferno, et a gloria sua expulsi sunt*. Adhuc peccatorum infelicitatem miseriasque describit, quorum *auxilia* tanquam panni putrefacti *veterascunt*. Quid enim divitiæ præstabunt mortuis ? Quid præsumptio humana defunctis, qui cuncta amittunt quibus hic delectati sunt; et in æternas pœnas perveniunt, quas se pati nullatenus crediderunt ? Sequitur, *et a gloria sua expulsi sunt*; de mundo scilicet in quo gloriabantur, vel de illis rebus in quibus decepti infelici sorte præsumebant; sicut in Evangelio diviti dictum est : *Stulte, hac nocte auferetur a te anima tua ; quæ autem præparasti, cujus erunt* (*Luc*. xii, 20) ?

Vers. 16. *Verumtamen Deus liberabit animam meam de manu inferi, cum acceperit me*. Post errores expositos peccatorum, merito sententia Salvatoris infertur; ut sicut humana fragilitas terrore prostrata est, ita spe futuri præmii sublevata consurgat. Nam sive hoc Dominus Christus de se dicat, sive a parte membrorum suorum, ut assolet, loquatur, accommodum est. Ipse enim descendens *animam* suam ab inferno *liberavit*; sed simul et illorum qui adventum ejus constanti animo crediderunt. *De manu* autem *inferi*, dicit de potestate diaboli, qui ante adventum ejus animas tenebat obnoxias.

Vers. 17. *Ne timueris cum dives factus fuerit homo, et cum multiplicata fuerit gloria domus ejus*. Quarta pars psalmi ex ore veritatis egreditur, ut nobis saluberrima medicina præstetur. Nam totius mundi hæc una querela est : Quare in hoc sæculo floreant homines quos a cultura Domini cognoscimus alienos. Sed peccatoribus ista promissa sunt ; ideoque pius doctor veros alloquitur Christianos, ne terrarum divites pertimescant, quoniam bene generaliter pecuniosus pavescitur, cum ei famulari hominum cupiditas æstimatur. *Dives* enim dictus est a divo, qui quasi Deus nihil creditur indigere. *Hominem* hic impium debemus accipere, qui se subjectis formidabilem facit, dum æquitatis jura contemnit. Sequitur, *et cum multiplicata fuerit gloria domus ejus*. Junge *ne timueris*. Quæ figura dicitur ἀπὸ κοινοῦ, id est, A communi, quando superiora ad inferiora respondent. Et respice qua gratia cuncta proficiant. Minus enim fuerat *divitem* fieri, quia hoc frequenter invenis in negotiatoribus et in hominibus abjectis. Addidit, *et cum multiplicata fuerit gloria domus ejus ;* id est, cum honoribus, cum possessionibus, cum tota hominum fuerit laude celebrata, ut nihil sibi nisi solum deesse putet imperium. Et vide quia *domus ejus* dixit, ut non solum ipse, verum etiam omnes qui ad ipsum pertinent, magna pompa florere videantur. Sed quare isti non debeant timeri, pulchre subsequitur.

Vers. 18. *Quoniam cum morietur, non accipiet* [ed., *perient*] *hæc omnia, neque simul descendet cum eo gloria domus ejus*. Ecce ratio redditur quare timeri non debeat mundi gloriosus. Cur enim timeamus divitem, qui moritur pauper ? Scandalum nostrum non est illi perpetuum, nec aliud secum valet portare, nisi unde possit ardere. Quam deformem in illa patria respicies, quem hic mundissimum pretiosa veste miraris. Et bene dixit *descendere* mortuos peccatores quasi in abyssos altas, quasi in profundissimam foveam; sed sine gloria sæculari, sine turba satellitum, sine præsumptione gazarum. *Domus* illa quam mirabaris, remanet tota; sed onera, quæ non videbas, transmittit ingentia.

Vers. 19. *Quia anima ejus in vita ipsius benedicetur: confitebitur tibi, cum benefeceris ei.* Hic *benedicetur*, non ad sanctificationem pertinet impetrandam, sed ad luxuriantium favorabiles voces. *Benedicetur* enim dictum est, propter linguam satellitum, qui inter garrulitates et epulas pastorihus suis bene optare consueverunt, quorum anima non de bono actu, sed ex deliciarum præparatione laudatur. Sequitur, *confitebitur tibi, cum benefeceris ei.* Mali tunc Deum benedicunt, quando temporalia bona percipiunt: bonus autem laudat Dominum et eum malorum fasce deprimitur; sicut fecit Job, et cæteri sancti ejus. Dicitur ergo Patri: Iste peccator *confitebitur tibi*: sed quando *illi benefeceris*; quid si aliquid contrarium patiatur, blasphemare non desinit. Et ideo consuetudo ista vitanda est, quæ in sceleratis sæpius invenitur. Nos autem pio corde omni tempore collaudemus Dominum, qui salutem nostram et in adversis, et in prosperis semper operatur.

Vers. 20. *Introibit usque in progeniem patrum suorum: usque in æternum non videbit lumen.* Qui patres pessimos imitantur, eorum societate damnandi sunt; et ideo peccatores dicit *usque ad patrum suorum progenies introisse*. *Patres* enim ipsorum appellavit non tantum ex semine carnis, quantum quos morum imitatione secuti sunt; sicut in Evangelio dicit incredulis: *Vos a patre diabolo estis* (Joan. VIII, 44). Addidit, *usque in æternum non videbit lumen*: quia sicut peccata tenebrosa sunt, ita peccatoribus sapientiæ lumen auferunt. Et ideo dixit, *in æternum non videbit lumen*, quoniam **164** nec in isto mundo illuminatus fuit, cujus cor noxium caligo erroris obsedit. Simili modo nec *in æternum videbit lumen*, quod hic vitio suæ pravitatis habere non meruit. *Lumen* enim *verum, quod illuminat omnem hominem venientem in hunc mundum* (Joan. I, 9), Christus est Dominus, quem solummodo in Deitate sua videre sanctorum est.

Vers. 21. *Et homo cum in honore esset, non intellexit; comparatus est jumentis insipientibus, et similis factus est illis.* Postquam omnia quæ fuerant dicenda præmonuit, pulcherrimum psalmum repetita versus parilitate conclusit; ut se peccator a malo proposito removeret, cum notatam deformitatem suam iterata increpatione cognosceret.

Conclusio psalmi.

Legendus sæpius psalmus, et in thesaurario memoriæ reponendus, quando ipse in principiis admonet, ut cordis auribus audiatur. Ipse enim testatus est ejus meritum, qui eum monuit studiose ab universis mundi partibus audiendum. Totum habet quidquid ad inspectivam, quidquid ad moralem pertinet discipli-

nam; sicut versus ille pollicitus est: *Os meum loquetur sapientiam, et meditatio cordis mei prudentiam.* Resignavit nobis sancta Veritas quæ promisit: faciat nunc sensibus nostris dulcescere, atque inhærere quod præcipit.

EXPOSITIO IN PSALMUM XLIX.

Psalmus Asaph.

Asaph fuit filius Barachiel, qui in Paralipomenon legitur electus inter quatuor cantorum magistros, ut instrumentis musicis psalmos Domino personaret (*I Par.* VI, 39). Hic pro sui nominis significatione in hoc titulo meruit adhiberi, non auctor psalmi, sicut et de aliis scriptum est; sed musicus egregius, qui nobis per vocabulum suum aliquid indicaret. Hujus enim nominis significatio, quæ apud Hebræos semper est plena mysteriis, indicat Synagogam, quæ in hoc psalmo loquitur. Sed hic illa fidelis Domini Synagoga intelligenda est quæ et venturum Christum credidit, et adventum ejus gloriosa exspectatione suscepit: in qua fuerunt patriarchæ, prophetæ, Nathanael, ipsi quoque apostoli, et reliqui sincera devotione credentes. Sciendum plane quod hic psalmus primum adventum Domini, secundumque prophetet; quamvis et nonagesimus quintus, et nonagesimus septimus eadem prædicare noscantur; quatenus excusatio Judæis non credentibus funditus tolleretur, quando illa non suscipiunt quæ ipsa quoque Synagoga testatur. Quid, rogo, colunt, si etiam ipsam audire contemnunt, quam se venerari dicunt?

Divisio psalmi.

In prima sectione fidelis Synagoga loquitur, quæ nunc est in populis Christianis, de primo et secundo adventu Domini Christi. Sequenti vero parte ipse Rex loquitur Christus, commonens populos ut, victimis pecudum derelictis, sacrificium laudis debeant immolare. Tertia sectione iterum devota quam diximus Synagoga reloquitur, imputans peccatoribus nequitias suas.

Expositio psalmi.

Vers. 1. *Deus deorum Dominus locutus est, et vocavit terram, a solis ortu usque ad occasum.* Ne quis incarnationem Domini mediocri crederet æstimatione pensandam, potentia ipsius ante prædicitur, ut totius incredulitatis pravitas auferatur. *Dii* dicuntur homines, qui bonis conversationibus gratiam supernæ Majestatis accipiunt; sicut in alio psalmo ait: *Ego dixi, dii estis, et filii Excelsi omnes* (Psal. LXXXI, 6). Ita ergo filii dicuntur, sicut et *dii*, quia utrumque gratia præstat utique, non natura. *Deus* autem *deorum* est Dominus Christus; ipse enim cum Patre et Spiritu sancto vere dicitur *Deus deorum;* quod tamen nomen non omnino Divinitatis est proprium, sed humana lingua, sicut jam diximus, summitatem ejus ultra hoc non potest indicare. *Deus* enim Græca lingua dicitur timor; et quoniam solus ipse timendus est, in vicem nominis verbum tale transivit. Legitur enim in Exodo: *Nomen meum Adonaï non indicavi eis* (Exod. VI, 3); ut sciamus nomen esse secretum, quod nec electis famulis cognoscitur indicatum. *Locutus est* ergo per prophetas, per apostolos, et, quod est potentius, per seipsum. Sequitur, *et vocavit terram.* Terram hic genus hominum debemus advertere, quod per totum orbem terrarum videtur esse diffusum. Sed propter illud quod habitat, positum est quod inhabitatur. Nam quomodo *vocasset* quod audire non poterat? Hoc schema dicitur metonymia, quando per id quod continet, hoc quod continetur edicitur. Addidit, *a solis ortu usque ad occasum.* Per *solis* cursum, universum significat mundum; quia omni terræ oritur et occidit claritas ejus. Hoc enim fecit sanctæ incarnationis adventus, ut universas gentes pravis erroribus sauciatas ad credulitatis suæ remedia pius Medicus invitaret; sicut ipse dixit : *Venite ad me, omnes qui laboratis et onerati estis, et ego vos reficiam* (*Matth.* xi, 28).

Vers. 2. *Ex Sion species decoris ejus.* Hic Jerosolyma significatur, intra quam civitatem mons iste puris mentibus velut aurea massa resplendet. De hac enim urbe exeuntes apostoli *speciem decoris* Christi annuntiaverunt in toto orbe terrarum ; sicut Isaias dicit : *Ex Sion exibit lex, et verbum Domini de Jerusalem* (*Isa.* ii, 3). Veneranda urbs, sanctum culmen; ut illud Regis nostri insigne domicilium, arcem merito dicamus esse terrarum. Et respice quam competenter edocemur. In superiore versu dixerat Christum Dominum universas gentes evocare, nunc etiam designat unde doctrina ejus tanquam de purissimo atque affluentissimo fonte per spatia totius orbis effluxerit. His enim dictis evangelica verba concordant (*Luc.* xxiv, 47), per omnes gentes incipientibus ab Jerusalem. Inde enim prædicari cœpit Christus, cujus species decora cognoscitur, testante alio psalmo : *Speciosus forma præ filiis hominum* (*Psal.* xliv, 3); ubi sufficienter expositum est cur speciosus specialiter dicatur.

165 Vers. 3. *Deus manifeste veniet, Deus noster et non silebit; ignis in conspectu ejus ardebit, et in circuitu ejus tempestas valida.* Synagoga fidelium postquam de primo multa dixit, venit ad secundum Domini Salvatoris adventum, quem per figuram ideam diversis similitudinibus mirabili imaginatione describit; ut non tam futurus quam præsens esse videatur. Dicendo enim, *manifeste veniet*, significat illum in primo adventu cunctis non fuisse manifestum ; quia majestas ejus carnea nube celata est; sicut et Apostolus de infidelibus dicit : *Si cognovissent, nunquam Dominum gloriæ crucifixissent* (*I Cor.* ii, 8). *Manifeste vero* tunc *veniet*, quando jam non cruci affigendus, sed judicaturus est mundum. Tractus sermo a sacrificiis, quod toto die festivitati vacaretur. *Manifeste* enim dicitur, quasi a mane dies festus. Repetit *Deus noster*, ne sibi infideles putarent esse communem. *Deus* enim Christianorum ipse est Deus deorum, qui et *manifeste veniet, et non silebit.* Silet enim modo cum mundus iste peragitur, cum blasphemas et sacrilegas voces sententiæ severitate non damnat, sed ad conversionis medicinam sustinet peccatores. Tunc autem *non silebit*, quando sceleratis dicturus est : *Ite in ignem æternum, qui paratus est diabolo et angelis ejus* (*Matth.* xxv, 41). Inde et alibi dicit : *Tacui, tacui, nunquid semper tacebo* (*Isa.*, xlii, 14)? Nam quod sequitur, *ignis in conspectu ejus ardebit* : magni Judicis, sicut dictum est, præclarus adventus mystica virtute describitur. Ignis enim præire dicitur; ut qui est palea, se formidet arsurum. Addidit, *et in circuitu ejus tempestas valida.* Hæc tempestas non ventis agitur, nec procellis sævientibus excitatur; sed divina potentia vehemens consurget spiritus, ut area Domini æquitatis ejus sententia ventiletur; tunc frumenta sequestrabit a paleis, hoc est bonos discernet ab impiis. Quæ judicatio merito *tempestas* dicitur, quoniam et improvisa veniet, et in disceptationem suam nimia celeritate raptabit. *Valida* quoque decenter adjunctum est; nam quam sit potens hinc datur intelligi, ut omne genus hominum pro suis meritis momentanea celeritate discernat; sicut Apostolus dicit : *In momento, in ictu oculi, in novissima tuba; canet enim tuba, et mortui resurgent* (*I Cor.* xv, 52). *In circuitu ejus tempestas valida* non incompetenter advertitur, quoniam cum ipso justi sedentes, sicut promittitur in Evangelio, judicabunt.

Vers. 4. *Advocabit cœlum sursum, et terram ut discerneret populum suum.* Hoc certe facturus est in illo judicio. Sed *terra* rationabiliter fortasse dicitur *sursum vocata*, quæ nunc in imo loco noscitur constituta. *Cœlum* autem cum sit desuper, ubi illud sursum vocavit? Sed *cœlum* hic, omnem justum debemus accipere, *terram* peccatorem; quia ille spirituali conversatione, Domino præstante, purificat, iste terrena vitiorum qualitate sordescit. Et vide quia in primo adventu omnes indiscrete vocaverat ; ut admoniti, in hoc mundo se corrigere debuissent; sicut in Evangelio dicit : *Et exierunt in exitus viarum, et vocaverunt quoscunque invenerunt bonos et malos* (*Matth.* xxii, 10). In fine autem mundi *cœlum advocat*; ut jam justos discernat ab impiis, ne ulterius, sicut hic, confusis habitationibus misceantur.

Vers. 5. *Congregate illi sanctos ejus, qui ordinant testamentum ejus super sacrificia.* Nunc Synagoga Christi verba facit ad angelos, qui ministerio suo in fine sæculi *sanctos* de universo mundo, sicut legitur, *congregabunt.* Dicit enim ipse Dominus in Evangelio : *Mittet angelos suos, et congregabunt ante eum omnes gentes, et separabit eos ab invicem, sicut pastor segregat oves ab hædis* (*Matth.* xxv, 32). Sequitur, *qui ordinant testamentum ejus super sacrificia. Ordinare* dicimus testamentum eos qui actibus bonis restituunt ea quæ in testamenti serie cognoverunt, ut hospitem suscipere, eleemosynam dare, charitati studere. Hoc enim supra sacrificium pecudum Domino constat acceptum, ut actuum illi magis probitas offeratur. Sive, ut quidam voluerunt, potest hoc et de Judæis accipi per ironiam, id est, per irrisionem, quando vilem rem laudando suggillat; ac si diceret : Eos Domino *congregate*, qui in officio sanctitatis commorantur : econtrario vero quæ impia sunt agunt; et in eo quod sacrificia Deo consueta celebrant, sanctificandos se esse dijudicant.

Vers. 6. *Et annuntiabunt cœli justitiam ejus : quoniam Deus judex est.* Superiora excolit, per *cœlos* significans viros justos, quibus verbi cœlestis dispensatio condonatur. Addidit, *quoniam Deus judex est;* ac si diceret, qui nescit falli; et sicut omnia manifeste novit, ita et sine reprehensione discernit. Hoc enim veraciter ac proprie de Deo dicitur, cui nihil negatur, nihil supprimitur, quem nec factum aliquod latet, cui nec quod judicatur absconditur.

Vers. 7. *Audi, populus meus, et loquar; Israel, et testificabor tibi : Deus Deus tuus ego sum.* Ventum est ad secundam sectionem, in qua jam Veritas ipsa ex persona propria loquitur. Deus enim, qui verba sua non vult incassum suscipi, ne (ut legitur) porci pretiosa dispergant, dicit ad populum : *Audi,* hoc est devote suscipe. Illos enim *audire* dicimus qui præcepta compleverint; sicut legitur : *Qui habet aures audiendi audiat* (*Luc.* VIII, 8). *Populus meus* significat plebem devotam. *Et loquar,* subaudi profutura; quod si non audieris, consequitur ad interitum tuum, taceam. *Israel* vero frequenter diximus interpretari *videns Deum.* Ergo si me vides, *audire* non negligas; quia contemplatio mea obedientiam tribuit audienti. *Testificari* vero est testimonium dicere; quod utique in judicio facturus est Deus, quando uniuscujusque facta discernet. Tunc enim fidelibus suis testimonium dabit, cum dicturus est : *Esurivi, et dedisti mihi manducare* (*Matth.* XXV, 35), eisque similia. Sequitur : *Deus Deus tuus ego sum.* Hoc erat quod *populum audire* sub contestatione præmonebat; ut *Deus* ille generalis et volentium et nolentium esset ipsius proprie qui eum pura mente diligeret. Nam cum dicit, *tuus,* fidelem sibi eum fuisse monstravit. Repetitio enim ista, *Deus Deus,* mentem solidat, ne semel dicta laberentur. Illud vero *sum,* proprium Divinitatis est verbum, quod tempore non mutatur, sed semper adest, atque æternum manet; sicut Moysi responsum est, *Ego sum qui sum* (*Exod.* III, 14); et rursum, *Qui est misit me.* Sed perscrutandum est cur istud nomen essentiæ solus sibi vindicet *Deus?* Tunc enim quando dictum est, erant angeli, erant cœlestia, erant terrena omnia, sicut esse decreta sunt. Sed quia illa sola est infacta et æterna natura, nec aliquando cœpit ex tempore, et in **166** tribus personis Deitas una subsistit, merito solus *esse* dicitur *Deus :* quia, ut sit, nullius indiget, sed semper virtutis propriæ vigore consistit. Est ibi et aliud sacramentum, quod una syllaba tribus litteris continetur, ut sancta Trinitas unus Deus esse doceatur.

Vers. 8. *Non super sacrificia tua arguam te : holocausta autem tua in conspectu meo sunt semper.* Gloriosus doctor et perfectissimus institutor Judaicum populum volens a rebus carnalibus amovere, et ad spiritualia sacramenta perducere, pecudum *sacrificia* iam non dicit exquirenda; nec eum exinde *argui* posse testatur, si minime animalium victimas immolaret; sed *holocausta* illa potius *in conspectu* suo danda commemorat, quæ humiliato corde piis altaribus offeruntur. *Holocausta* autem dicta sunt sacrificia, quæ, postquam fuissent immolata, ignis veniens desuper absumebat; quæ Latine tota incensa dicuntur. Hæc Christus veniens respuit, quia ipse vera victima fuit. Aliud est *holocaustum,* quod Dominus ante conspectum suum semper esse pronuntiat; scilicet quando mens nostra divino amore successa, peccata sua tribulatione decoquit, et ad illius *holocausti* similitudinem omnia vitia sua cruciatu corporeo exusta consumit.

Vers. 9. *Non accipiam de domo tua vitulos, neque de gregibus tuis hircos.* Per hunc versum et duos alios qui sequuntur, breviter enumerat quæ se respuere profitetur. Hæc figura dicitur brachylogia, id est brevis locutio; cum plura paucis amplectimur. Sed ne audito holocausto ad antiqua humana mens sacrificia recurreret, aperte renuit consuetudinem priorem, ut spiritualiter intelligeretur quod in similitudine præmissa gerebatur. Sed cum hæc duo respuit, universa primi temporis sacrificia designat modis omnibus excludenda. Significatur enim a parte totum.

Vers. 10. *Quoniam meæ sunt omnes feræ silvarum, jumenta in montibus et boves.* Causam reddit quare ab ipso non exspectat quadrupedum immolationes, dicens : Quia a te petere nolo quod meum esse cognosco; quod forte pauper non habet, dum aut non valuit capere, aut minus potuit enutrire; sed petit fidem rectam, confessionemque devotam, quam omnes dare, ipso miserante, prævalent, etiam qui nulla terrena possessione gratulantur. Sub hoc igitur sensu per enumerationes reliquas currit. Addidit, *jumenta in montibus et boves;* ne quis de facultate confisus, minus conscientiæ operam daret, dum se crederet pecudum immolationibus expiare, quod iniqua mente deliquisset. Potest et alio modo intelligi : *feræ silvarum* gentes significant, quæ in sæculi istius nemoribus superstitione ferocissima versabantur; *jumenta in montibus,* sunt simplices in Ecclesia catholica constituti, qui in cacumine fidei habitare noscuntur; *boves* indicant apostolos et prophetas, qui in agro Domini assiduo labore versati sunt. Quapropter his allusionibus competenter appositis præfigurat Ecclesiam catholicam de diversis mundi partibus colligendam.

Vers. 11. *Cognovi omnia volatilia cœli, et species agri mecum est. Cognovi,* non ad infirmitatem nostram trahas, quæ ex tempore aliquid data opportunitate *cognoscit;* sed Dominus *cognovit* antequam faceret universa, in cujus præsentia erat omne quod potuisset existere. Quis enim *omnia cœli volatilia* potest, nisi sola Majestas, *cognoscere?* Quo versiculo cuncta complexus est, quoniam et omnia *volatilia cœli* dinumerativa quantitate cognoscit. *Speciem agri* secum se habere professus est : revera secum, quia ubique totus est; sicut de illo propheta dicit : *Cœlum et terram ego impleo* (*Jer.* XXIII, 24). Sed debemus spiritualiter ista tractare; *volatilia cœli* pertinent ad supernas mirabilesque virtutes, ut sunt angelicæ potestates, quæ motu celeri sancta voluntate spiritualiter transferuntur. *Species* autem *agri* respicit ad gentes quæ erant Christo Domino credituræ; revera *species*, quoniam per hominem bene accipitur decus omne terrarum.

Vers. 12. *Si esuriero non dicam tibi : meus est enim orbis terræ, et plenitudo ejus.* Deus ille deorum, sicut frequenter diximus, propter intelligentiam nostram velle suum per humanas consuetudines dignatur exprimere; ut se dicat *esurire*, qui carnem pascit universam, cujus contemplatio spiritalium substantiarum suavissimus cibus est, et contemplativa refectio. Sequitur, *meus est enim orbis terræ, et plenitudo ejus.* Hic curiositatem superfluam reddita ratione convincit, dicendo : Cur a te petam sacrificia pecudum, cum totus *orbis meus esse* noscatur? *Plenitudo ejus*, diversitatem significat creaturarum. Cesset ergo hominum sollicitudo superflua de pecudum immolatione cogitare ; cor enim rectum nos sibi Divinitas mavult offerre, unde et cognoscitur deliquisse; quatenus quod ante fuit peccatis delinquentibus horridum, salutari fiat emundatione purissimum. Et memento quod per has allusiones prædestinatorum numerum significat, non de sola Synagoga Judæorum, sed de cunctis gentibus esse complendum.

Vers. 13. *Nunquid manducabo carnes taurorum, aut sanguinem hircorum potabo.* Quam multis modis voluntatis suæ dignatur reddere rationem. Quomodo grata erunt quæ non sunt necessaria? *Nunquid* Deus *taurorum carnibus* pascitur, aut *sanguine potatur hircorum?* Sed possunt nobis hæc repudiata proficere, cum hæc acceperint indigentes, cum esuriens pascatur, sitiens potetur ; et in pauperibus Deus accipit, quæ sibi in sacrificiis non permittit offerri.

Vers. 14. *Immola Deo sacrificium laudis, et redde Altissimo vota tua.* Hactenus dixit quæ respuit, nunc dicit illa quæ poscit. Angusta quidem in verbis sententia, sed sensu multum probatur esse latissima. Nam quis *immolat sacrificium laudis*, nisi qui a terrenis vitiis fuerit segregatus; qui moritur mundo, ut hostia fiat Christo ? Non enim placet Domino, si laudes ejus turpis persona decantet; actum videlicet quærit probabilem, non dulcisonam vocem. Sacrificemus ergo Domino, laudando qua sapientia cuncta disponat, qua pietate peccatoribus parcat, qua fortitudine diabolum vincat. Non enim solum *sacrificium dicendum est*, quod pecudes mactat; sed omne sacrum factum quod nos pia oblatio commendat. *Vota* quoque *reddit Altissimo*, qui ei talia immolando præparat qualia propitius ipse præcipit. Addidit *tua*, ut non quæreres fortassis extranea, aut hircum pinguem, aut vitulorum sanguinem, et cætera quæ extra nos esse intellectualis ratio comprehendit. *Tua* vero retulit ad cordis arcanum, quod in animæ penetralibus jacet, quod extra non quæritur, quod pauper et dives æqualiter habent : ubi magis ditior egenus est; ubi ille multo celsior est, qui corde noscitur inclinatus. Sed consideremus subtiliter, et invenimus hic quoque propriæ locutionis esse genus, quod eloquentia non potest habere communis. Dicit enim Deus : *Si esuriero, non dicam tibi ;* et paulo post non mutata persona idem ipse dicit : *Immola Deo sacrificium laudis ;* in subsequenti vero subjunxit, *Peccatori autem dixit Deus.* Nostræ autem ordo locutionis poscebat ut diceret : *Si esuriero non dicam tibi*, etc., et, *immola mihi sacrificium laudis ;* et, *peccatori dixit : Quare tu enarras justitias meas ?* Unde fit ut unus atque idem de se loquens, velut alterius personam videatur innectere; quod inter propria Scripturæ divinæ recte numeratur.

Vers. 15. *Et invoca me in die tribulationis tuæ ; et eripiam te, et magnificabis me.* Postquam dixit quali sacrificio placaretur, nunc oblationis ipsius præmium pollicetur. Præcipit enim, *Invoca me*, ne quis spem haberet in terreno solatio, ubi caduca sunt universa, et plus infirma solatia. *In die tribulationis tuæ*, id est quando te alter affligit, non cum inimicum evasisse morderis. Nostra enim *tribulatio* illa est quæ propriæ salutis formidine generatur, non quæ carnalium rerum timore concutitur; sicut dicit Apostolus : *Tristitia enim quæ secundum Deum est, pœnitentiam in salutem stabilem operatur; sæculi autem tristitia mortem operatur (II Cor. VII, 10). Eripiam te*, quasi circumdatum a satellitibus diaboli summa celeritate liberabo. *Et magnificabis me*; magnum me in æternum esse pronunties, quem et a pœna libero, et in beata requie collocabo. Hunc autem versum ingenti promissione ditissimum, quidam volunt ad ultimæ vitæ nostræ tempus aptare, cum anima de hac luce transiens spirituum immundorum contentione turbatur ; sicut animæ [*Ed.*, corpus] Moysi legitur obviatum. Ecce quam parva petit a nobis Dominus, tam ingentia præstaturus.

Vers. 16. *Peccatori autem dixit Deus : Quare tu enarras justitias meas, et assumis testamentum meum per os tuum?* Ventum est ad tertiam sectionem, ubi iterum Asaph, id est devota Synagoga reloquitur. Et quia superius dixerat Dominus laudes hominum in vicem sacrificiorum se posse suscipere, ne forte peccatores hac promissione confisi dicerent : Sola laus et non probabilis nobis actio cognoscitur imperata ; hoc necessaria ratione declarat, prohibendo ne lingua eorum præsumeret Deo laudes canere, quibus turpis conscientia poterat obviare. Quæ figura dicitur percunctatio, id est quæ alterius personæ non patitur exspectare responsum. Interdicitur enim sceleratis ne se præsumant sermonibus miscere divinis. Sed altius intende, quia de illis peccatoribus hoc dicitur qui inferius describuntur, de quibus ait : *Intelligite hæc, omnes qui obliviscimini Dominum.* Cæterum conversis ac pœnitentibus laudes non interdicit divina clementia. Illi enim qui corde durati sunt, et ab scelerum suorum pravitate non desinunt, prohibentur Domini narrare justitias, id vel communi sermone aliquid de illa Majestate proferre ; quia os debet esse justum quod justitias Domini enarrare præsumit. Sequitur, ut nec *Testamentum* ipsius indigna præsumptio contrectet, ne per os sceleratum atque blasphemum sancta et veneranda verba progredi posse videantur; sicut alibi scriptum est (*Eccli.* IV, 9): *Non est speciosa laus in ore peccatoris*. *Testamentum* vero vetus et novum significat; quia dum unum suspense dicitur, utraque memorantur. Potest hoc et de hæreticis doctoribus dici, qui legem Dei docere præsumunt. *Assumere* enim præsumptionem significat indevoti. Nam lectionem credentibus non videtur interdicere, in qua peccatores maxime dignatus est commonere.

Vers. 17. *Tu vero odisti disciplinam, et projecisti sermones meos post te*. Incipit enumeratio eorum quibus Dei verbum interdictum esse cognoscitur. *Odit disciplinam* qui ad correctiones justas iniqua præsumptione remurmurat, et non vult Dominum in se vindicare quod peccat. Sic enim nobis provenit salutaris emundatio [ed., emendatio], si illud quo corrigimur utique plus amemus. Melius est enim hic parumper affligi, quam in illa judicatione damnari. *Projicit* etiam *sermones* Dei *post se*, qui divina jussa contemnit, cui ante oculos non est, quod semper convenit intueri.

Vers. 18. *Si videbas furem, simul currebas cum eo; et cum adulteris, portionem tuam ponebas*. Qui minora vetat scelera, multo magis potiora condemnat. Nam furtum ad homicidium quid est? Adulterium ad sacrilegium quantum est? Sed ita debet accipi, ut in his duobus prohibitis, omnia crimina vetuisse videatur. Hæc figura dicitur A parte totum, quæ in præsenti psalmo et superius probatur esse jam posita. Arguit enim peccatorem, quare simul cum fure concurrat, id est cur ad faciendum scelus sociata voluntate jungatur; ut quod forsitan ille solus implere non poterat, ad effectum sceleris, isto auxiliante, perveniat? Quod autem dixit: *Et cum adulteris portionem tuam ponebas*, subtiliter perscrutandum est; quia si quis dando pecunias, aut consiliando, aut laudando adminicula præbet adultero, quibus sua vota perficiat, habere ibi sine dubio dignoscitur portionem. Nam si cui facultas suppetit, et a malo non revocat excedentem, et ipse quoque particeps probatur erroris, quia debemus hanc conscientiam charitati, ut neque nos, neque alios perire patiamur.

Vers. 19. *Os tuum abundavit nequitia, et lingua tua concinnavit dolum*. Prius de furto atque de adulterio arguit peccatores; nunc etiam de conscientiæ pravitate, et linguæ subdolositatibus accusantur. *Os* hic cogitationem cordis debemus advertere; quia de lingua postea dicturus est. Tunc enim *nequitia* cogitationis *abundat*, quando in istius sæculi delectationibus mens humana progreditur, et per diversa genera peccatorum iniqua voluntate grassatur. Sequitur, *et lingua tua concinnavit dolum*. Hoc multis modis debet intelligi; nam et qui falso laudat, dolum facit; et qui maligna consilia præstiterit, in eadem iniquitate versatur; et qui male agendo bene loquitur, in hac pravitate fœdatur; et quidquid postremo verum ac simplex non fuerit, dolosis moribus applicatur. Aptissime autem positum est, *concinnavit*; quia decipientium mos est sic falsa componere, ut aliquo lepore verborum audientium auribus blandiantur; sicut in quinquagesimo quarto psalmo dicendum est: *Mollierunt sermones suos super oleum, et ipsi sunt jacula* (Psal. LIV, 22).

Vers. 20. *Sedens adversus fratrem tuum detrahebas, et adversus filium matris tuæ ponebas scandalum*. *Sedere* morantis est; et ideo culpatur gravius qui in derogatione [id est detractione] alterius non casu aliquo faciente dilapsus est, sed diutinus fratris sui detractor insedit. *Fratrem* hic, omnem carne proximum debemus accipere, quia et de spirituali dicturus est. Sed inspice hoc vitium qua exsecratione damnetur; ut inter peccatores maximos haberi possit, qui se in tali pravitate miscuerit; sicut et apostolus Jacobus ait: *Qui detrahit fratri, detrahit legi, et judicat legem* (Jac. IV, 11). Sequitur, *et adversus filium matris tuæ ponebas scandalum*. *Filium matris*, sobolem dicit Ecclesiæ, cui per regenerationis partum fraterna charitate conjungimur. Ponit ergo *scandalum* fratri suo, qui hæreticas pravitates, vel alias interceptiones, quibus innocens capiatur, excogitat. De talibus enim ipse Vir sapiens dicit: *Qui sophistice loquitur, odibilis est hujusmodi* (Eccli. XXXVII, 23). Et proprie dixit, *ponebas*, propter laqueos insidiosos, qui absconduntur arte verborum, ut incauta simplicitas occultis nexibus obligetur.

Vers. 21. *Hæc fecisti, et tacui; existimasti iniquitatem, quod ero tibi similis: arguam te, et statuam illam contra faciem tuam*. Considera quemadmodum hic in una sententia, quæ latius fuerant enarrata, recolligit. Dicit enim, cum multa facerent peccatores, Dominum justam non injuste distulisse judicium; ut conversionis tempus inveniretur, dum damnationis pœna suspenditur. Sed de ista benevolentia Creatoris, quæ opinio pravis mentibus nascatur, exponit. Dicit enim: *Existimasti iniquitatem, quod ero tibi similis*. Usus iste mortalium est, ut quoties mala committi patimur, nec eis aperte resistimus, similitudine morum illis consentire videamur. Hoc nunc iniquam mentem de Domino sentire confirmat; ut quia differt vindicare, et ipsi credantur scelera humana placuisse. Sed huic pravo intellectui datur justa sententia. Superius enim dixit verba sua post peccatoris tergum fuisse projecta: nunc sorte contraria, peccata dicit unicuique ante faciem suam collocanda. Per hanc autem sententiam futuri judicii cognoscimus qualitatem; quia omnis peccator ante se videbit stare quod se putabat oblivionis beneficio præteriisse. Horror immensus, formido inæstimabilis illa homines videre, per quæ se norunt ad æterna supplicia pervenire.

Vers. 22. *Intelligite hæc, qui obliviscimini Dominum, nequando rapiat, et non sit qui eripiat*. Hic facta est apostrophe, id est conversio ad illos scilicet peccatores quos superius vetat Domini narrare præconia. Dicit enim: *Intelligite*, id est fideliter obedite. Et ne hoc omnibus peccatoribus crederes dictum, addidit, *qui obliviscimini Dominum*. Peccator enim qui supplicat, et se humili satisfactione castigat, non obliviscitur Dominum. Et ideo de quibus hoc dictum sit, brevi complexione monstravit. Immensum crimen, negligentia non ferenda *oblivisci Dominum*, qui animam dedit, carnem pascit, et fideles ab omni adversitate defendit. Amentia est certe illum memoria carere, quem præsentem semper constat existere. Sed *qui obliviscuntur Dominum*, nisi qui præcepta ipsius iniqua præsumptione contemnunt? Sequitur : *Nequando rapiat, et non sit qui eripiat.* Quando diabolus rapit, est qui eripiat ad salutem : quando Dominus ad vindictam trahit, non est qui liberare possit addictum; quippe cum et ipse auctor criminum æterna cruciatione damnetur.

Vers. 25. *Sacrificium laudis honorificabit me : et illic iter est, in quo ostendam illi salutare Dei.* Hoc contra illos ponitur, qui indigni laudes Domini canere præsumebant. *Sacrificium laudis honorificabit me;* non quale scelerati canunt, sed quale pura mens consuevit offerre. Ipsum enim *sacrificium laudis* honorat Dominum, quod puritate fidei, et actionum probitate fuerit immolatum. Sequitur quoque, *et illic iter est. Iter* appellat beatissimam psalmodiam. Sed hæc via illi ducat exponit, *quo ostendam illi salutare Dei.* Gloriosa semita, quæ ducit ad coeli terræque Creatorem. Verum istud *iter*, quod dictum est, non pedibus, sed sanctis mentibus ambulatur. Quod si puro corde gradiamur, nos ducit ad Christum, fitque nobis illa scala Jacob quæ ascendentes perducebat ad coelos (*Gen.* xxviii, 12).

Conclusio psalmi.

Proficuus omnino psalmus, si eum vellet improbitas cognoscere Judæorum. In principiis enim de Domini incarnatione locutus est. Ipse quoque Salvator admonet, ut victimas pecudum deserentes, cordis sacrificia populus devotus exsolvat. Peccatorem vero, qui Christo non credidit, a prædicatione Divinitatis exclusit. Deinde quale sacrificium laudis immoletur ostendit. Postremum quemadmodum peccator judicetur aperuit. Quid adhuc, Judæi, desipitis? Cur vestrum interitum non timetis? Audite Synagogam de incarnatione Domini et de futuro judicio personantem. *Visum jam credite*, qui prædictus est advenire. Non sunt longe remedia quæ petatis, sequens vos psalmus absolvit, si ad pœnitentiæ beneficia festinetis. Quid vos a generali medela dividitis? Ipsum et vos salvat [*mss.* A., B., F., solvat], quod et nos liberat. In commune dicamus : *Miserere mei, Deus, secundum magnam misericordiam tuam.* Baptismum quærite, carnem quam crucifixistis assumite, sanguinem quem fudistis bibite. Pia confessio potest absolvere, quod vota constat impia commisisse.

EXPOSITIO IN PSALMUM L.

In finem, psalmus David, cum venit ad eum Nathan propheta, cum intravit ad Bersabee.

Operæ pretium est hunc psalmum paulo diligentius perscrutari ; ut virtutis ejus profunda mysteria, præ-

stante Domino, cognoscere mereamur. Et quia se rex et propheta, sicut Regum testatur historia (*II Reg.* xii, 13), humili satisfactione prostravit, et peccatum suum increpatus, publice non erubuit confiteri; merito eum sanctissimi Patres honorandum figuratione sacratissima censuerunt. Inter alios siquidem beatus Hieronymus Bersabee figuram Ecclesiæ, vel humanæ carnis habuisse demonstrat (*In Amos cap.* viii, *vers.* 14) : David vero, sicut multis locis constat aptatum, Domini Christi portasse dicit imaginem. Et sicut illa, dum in fonte Cedron lavaretur, exuta vestibus David placuit, et ad regios est compulsa venire complexus, maritusque ejus principali jussione trucidatus est [a] ; ita et Ecclesia, id est congregatio fidelium per lavacrum sacri baptismatis mundatis sordibus peccatorum Christo Domino noscitur esse sociata. Congruum siquidem fuit illis temporibus, ut per actum hujusmodi indicarentur Domini futura mysteria; et spiritualiter ad magnum sacramentum probaretur referri, quòd inter homines culpabiliter videbatur admitti. Nam et Osee prophetæ jussit Deus uxorem sibi accipere meretricem (*Ose.* i, 2); ut significaretur Ecclesia gentium peccatis suis sordida, conjunctione Domini esse mundanda. Hoc etiam in Juda et Thamar nuru ejus, vel aliis similibus gestum esse figuraliter invenimus; sicut Apostolus dicit : *Omnia in figura contingebant illis* (*1 Cor.* x, 11). De hac etiam figura David et Bersabee sanctus Augustinus in libris quos adversum Faustum Manichæum scripsit (*lib.* xxii, *cap.* 87), inter alia diligentissime disputavit. Unde sive ista similitudo, sive alia fuerit, valde mundo profuit, quod taliter satisfacturus erravit ; ut de unius temporali vulnere generalitas æternam sumeret sospitatem.

Quanta, rogo, beato viro in agnitione culpæ suæ fuit humilitas, cui tanta est post veniam in satisfactione constantia? Peregrinum et insolitum illic adulterii fuisse crimen ostenditur, quod tanta mentis intentione defletur. Latronis quidem nos invitat repentina confessio, Petri lacrymas subito gaudemus fuisse respectas, blanditur nobis momentanea humilitas publicani ; David autem, dum sua peccata nititur prolixius detergere, dedit unde se generalitas possit absolvere ; fecitque ut lacrymæ suæ, dum per posteriorum ora decurrunt, nulla temporis prolixitate siccentur. Consideremus etiam quæ fuerit humilitas in propheta. Cor principis vox quasi privata conterruit, et iratus est potius sibi, qui se cognovit justa objurgatione culpari. Tam ingentium populorum rector sibi erat vehementissimus tortor, exigens a se poenas quas jussione vix ferre poterat aliena. Vulgo mos est peccata sua callidis allegationibus excusare ; rex autem potentissimus in conspectu omnium se potius elegit addicere : constituens se reum, cujus consueverat populus formidare judicium. Quapropter ideo a Domino absolvi meruit, quia sua vitia non defendit. O peccata in rebus lætissimis plus cavenda,

---

[a] Ed., *in loco quo ab hostibus perimeretur constitutus est.*

In Saulis persecutione numerosas virtutes exercuit, qui positus in regni securitate peccavit. Quo facto docemur felicitatem mundi istius non oportere perquiri, quando magis in afflictione proficitur, et in prosperitate peccatur. Meminisse autem debemus in hoc psalmo statum esse, qui dicitur concessio. Concessio est enim, cum reus non id quod fecit aliqua concertatione defendit, sed ut ignoscatur postulat absolute. Quod generaliter in omnibus psalmis pœnitentium reperiri posse non dubium est.

Divisio psalmi.

Quinque membris hunc psalmum congrua nimis respicimus dispositione formatum; ut, sicut quinario sensu peccatum omne colligitur, sic totidem partibus contracta iniquitas expietur. Prima est satisfactio perfectissimæ humilitatis. Secunda confidentia misericordiæ Domini, quam fideles semper habere proficuum est. Tertia petitur, ut a peccatis ejus suum Dominus avertat aspectum, sed ipsum potius sancta Trinitas miserata respiciat. Quarta subjungit omnes peccatores ad desiderium supplicationis magis ac magis animandos, si tam ingens illi remitteretur iniquitas. Quinta parte causa memoratur Ecclesiæ, quæ per ejus erat semen adventu Domini construenda: ubi jam lætus altari ejus offerendos vitulos pollicetur. Sic et supplicatio devota concluditur, et venturæ salutis gaudia nuntiantur.

Expositio psalmi.

Vers. 1. *Miserere mei, Deus, secundum magnam misericordiam tuam.*

Vers. 2. *Et secundum multitudinem miserationum tuarum dele iniquitatem meam.* Rex ille potentissimus, et multarum gentium victor egregius, cum se audisset a Natham propheta redargui, peccatum suum non erubuit publice confiteri, nec ad noxias excusationes cucurrit, ad quas maxime impudens festinat humanitas; sed repente salutari humilitate prostratus, ipsum se offerens Deo, purpuratus pœnitens piis lacrymis supplicavit. Fidelis enim servus non assumit callosas inficias, sed cito intelligit commissa delicta. Mirabile initium! Dicendo enim Judici: *Miserere mei*, locum examini cognoscitur abstulisse. Vox ista non discutitur, sed sub tranquillitate semper auditur; solaque res est per quam possimus rei sine aliqua contrarietate defendi. Petebat quidem *misericordiam*, quam definire non poterat; sed tamen peccatis suis eam grandiorem omnimodis sentiebat. Quanta enim sit, ut dixerunt sanctissimi Patres, quis enarrare sufficiat; ut mundi Creatorem de cœlo deposuerit, et terreno corpore induerit Conditorem, eumque qui æternitate Patri manet æqualis, mortalitati coæquaverit, et pro nobis formam servi mundi Domino imposuerit; ut ipse panis esuriret, fons vitæ sitiret, virtus infirmaretur, omnipotens vita moreretur? Quæ denique major misericordia, quam propter nos creari Creatorem, servire Dominatorem, vendi Redemptorem, humiliari Exaltatorem, occidi Vivificatorem? Hæc erat illa *magna misericordia* Domini, quam sanctus vir explicare non poterat; sed facile per eam se credebat absolvi, per quam humanum genus jam tunc cognoscebat posse liberari. Quod autem dixit: *Miserere mei, Deus, secundum magnam misericordiam tuam*; argumentum est A conjugatis: *misereri* enim, a misericordiæ fonte descendit. Sequitur, *et secundum multitudinem miserationum tuarum dele iniquitatem meam*. Quid non poterat dare, quando secundum se Dominus rogabatur ignoscere? **170** Multitudo enim indulgentiæ divinæ, magnitudinem peccatorum quamlibet exsuperat; nec valebat delictum percellere, contra quod petebatur tanta misericordia subvenire. Quod argumentum dicitur A parte majori. Multo enim major est *misericordia* Domini, quamvis peccata nostra videantur ingentia. Precatur ergo in omnibus delictis suis pietatis multitudinem; quia per prophetam præsentis nequitiæ susceperat remissionem; ut et illa mereretur evadere, quæ diversis temporibus se meminerat perpetrasse. Prudentissime autem delictis nullum volebat remanere vestigium: quoniam ille solus in libro vitæ conscribitur, cujus omnia peccata delentur.

Vers. 3. *Usquequaque lava me ab injustitia* [mss. A, B, F. *iniquitate*] *mea; et a delicto meo munda me.* Studiose debet dilui, qui criminum veneno fuscatus est; quia incuriose non abluitur, qui tenebrosa infectione maculatur. *Usquequaque*, undique, ab omni parte, ut et illa simul ignosceret, quæ prius se noverat admisisse. Potest enim aliquis sic lavari, ut tamen non sit omnino purissimus. Sed addidit, *munda me*, quatenus in eo nihil remanere posset immundum. Sed istud lavacrum, quod sic abluit maculas peccatorum, ut supra nivem possit dealbare quod sordidum est, salutiferi baptismatis cognoscitur indicare puritatem: ubi sic omnia et originalia delicta, et propria admissa mundantur, ut illi nos restituat puritati in qua primus Adam noscitur esse procreatus. Sed utinam conservaremus tanti muneris dignitatem, ne nos iterum pullulantia peccata fuscarent. Petit ergo propheta in præfiguratione sacri baptismatis *mundari ab injustitia sua*, ne, in securitate remissus, negligens videretur esse post veniam. Nam maxime debet caveri ne finitima nostra reddantur obnoxia; sicut Salomon dicit: *In fine suo laudabitur omnis vir* (*Eccli.* XI, 30).

Vers. 4. *Quoniam iniquitatem meam ego agnosco, et peccatum meum contra me est semper.* Sciens propheta sic Dominum pium, ut tamen et justus esse non desinat, æquitatem suis supplicationibus congruenter admiscuit; ut facilius audiatur, quod justitia interveniente deposcitur. Puniendum quidem scit esse peccatum; sed ideo a Domino dicit esse parcendum, quoniam a se confirmat esse damnatum; sicut Salomon dicit: *Justus in principio sermonis accusator est sui* (*Prov.* XVIII, 17). Intendamus ergo quod dicit: *Ego agnosco*. Peccata enim illa sunt fortiora, quæ agnoscentes admittimus; non autem illa quæ per ignorantiam perpetramus. Sive illud dicit: Scire omnes possunt peccata sua; sed soli illi probantur *agnoscere*, qui ea videntur propria exsecratione damnare. Perfecta enim pœnitentia est futura cavere peccata, et lugere præterita. Primo enim post ipsum fuit scelus, quando propheta interrogante respondit dignum esse morte qui alienam ovem ,pauperis concupivit (II Reg. xii, 6); tunc quando peccatum suum non credebat esse deflendum : modo autem eum pœnitet, cum prostratus humiliter ingemiscit, contra se stare dicit *delicta*, quasi quamdam figuratam imaginem. *Semper* **adjecit**, hoc est quod jugiter aspicit, et cum oculos claudit. Sed respectus iste continuus peccatorum **perseverantiam** piæ supplicationis ostendit ; nam quoties talia corde respicimus, toties commissa deploramus. Dixit enim Dominus in superiori psalmo : *Arguam te, et statuam illam contra faciem tuam* (*Psal.* xlix, 21); quod hic sibi vir sanctissimus ipse faciebat, cum dicit : *Et peccatum meum contra me est semper.* **Juste** ergo se petebat absolvi, qui jam hic formam illam visus est sibi fecisse futuri judicii. Hæc figura dicitur procatalepsis, id est præoccupatio. Ille enim quasi jam in venturo judicio constitutus, delictorum suorum aspectus teterrimos pertimescit.

Vers. 5. *Tibi soli peccavi, et malum coram te feci : ut justificeris in sermonibus tuis, et vincas cum judicaris.* Hic iterum enthymematicus syllogismus apparet, quem in vigesimo psalmo jam diximus. Cujus propositio est : Dominus justificatur in sermonibus suis, et vincit cum judicatur. Huic subjungitur in conclusione præmissa sententia : Tibi igitur soli peccavi, et malum coram te feci. Hoc in reddendis syllogismis sine culpa fieri, more veterum constat esse permissum. Nunc ad exponenda verba redeamus. De populo si quis erraverit, et Deo peccat, et regi. Nam quando rex delinquit, soli Deo reus est, quia hominem non habet qui ejus facta dijudicet. Merito ergo rex Deo tantum se dicit *peccasse*, quia solus erat qui ejus potuisset admissa discutere. Et quia illum ubique esse noverat, jure coram ipso *malum se fecisse* deplorabat, arguens dementiam suam, qui non expavit tanto judice præsente peccare. *Sermones* autem Domini merito *justificati* dicuntur, quoniam sine dubio semper ejus dicta complentur , sicut ipse dicit : *Cœlum et terra transibunt, verba autem mea non præteribunt* (*Matth.* xxiv, 35). Sequitur, *et vincas cum judicaris.* Deus tantæ justitiæ est, ut velit se cum hominibus judicari ; ipse enim dicit : *Judicate inter me et vineam meam* (*Isai.* v, 3); et alibi dicit : *Popule meus, quid feci tibi, aut quid contristavi te? responde mihi* (*Mich.* vi, 3). Unde nunc propheta confitetur talem contra se Dominum habere justitiam, ut absolute superet, cum fuerit judicatum. Sic et Baruch ait : *Dicetis Domino Deo nostro : Tibi justitia, nobis autem confusio vultus nostri* (*Baruch* i, 15). Erat quippe in animo ejus quod ex pastore rex fuisset effectus, quod regendos populos acceperat, et sine honoris sui consideratione deliquerat. Necesse ergo erat ut in alieno judicio propheta superaretur, qui jam victus in proprio examine noscebatur. Aliqui hoc aptant et ad Domini passionem, cum judicatus, et mundum damnatus absolvit.

Vers. 6. *Ecce enim in iniquitatibus conceptus sum, et in delictis peperit me mater mea.* Hic invidia peccati minuitur, quando proprium crimen delictis generalibus comparatur ; ut ipsa multitudo et confessio peccatorum miserationem boni judicis commoveret. Ergo iste sensus est : Quid dicam me modo fecisse quæ arguor, qui jam ex originali peccato in iniquitatibus probor esse conceptus : ut ante peccata contraxerim quam vitæ principia reperissem? Quod argumentum dicitur Ab antecedentibus. Neque enim novum est illum peccare, qui *in iniquitatibus conceptus et in delictis est* genitus. Quid humilius, quid simplicius quam de uno peccato redargui, et simul omnia confiteri? Merito ergo isti sic facile videtur indultum, qui post absolutionis donum multis modis se nititur ostendere criminosum. Audiant Pelagiani, et ire contra manifestam veritatem erubescant. Quemadmodum enim potest fieri ut in qualibet ætate parvula non egeamus absolvi, qui hunc mundum delictis gravantibus ingredimur onerati? Job quoque simili voce profitetur : *Nemo mundus ante te, nec infans cujus est unius diei vita super terram* (*Job* xiv, 4). Vas etiam electionis Paulus apostolus inter multa commemorat dicens : *Fuimus et nos aliquando natura filii iræ, sicut et cæteri* (*Ephes.* ii, 3) ; item ipse Paulus apostolus : *Per unum hominem peccatum intravit in mundum, et per peccatum mors : et ita in omnes homines mors pertransiit, in quo omnes peccaverunt* (*Rom.* v, 12). Ipsa etiam Veritas in Evangelio testatur definitiva sententia : *Amen, amen, dico vobis, si quis non renatus fuerit ex aqua et Spiritu sancto, non potest videre regnum Dei* (*Joan.* iii, 5). Quapropter interrogo cur infantes a regno Dei reddentur alieni, qui de commissa nequeunt pravitate culpari? Restat ergo ut originali peccato infantes teneantur obnoxii ; quoniam antequam propria faciant, primi hominis secum probantur gestare peccata. Sunt et aliæ verissimæ probationes ; ideoque sibi humana protervia sacrilegos non exquirat errores. Superest eorum secunda nequitia, quoniam liberum arbitrium sic in humanis viribus ponunt, ut absque Dei gratia homines putent per seipsos bonum aliquod posse concipere vel agere. Quod si ita esset, cur propheta diceret : *Deus meus, misericordia ejus præveniet me* (*Psal.* lviii, 11)? Cum te audis misericordia Domini præventum, nihil tuum præcessisse datur intelligi. In alio quoque psalmo dicit : *Nisi Dominus ædificaverit domum, in vanum laborant qui ædificant eam* (*Psal.* cxxvi, 1). Idem dicit : *A Domino gressus hominis diriguntur, et viam ejus cupiet nimis* (*Psal.* xxxvi, 23). Alio quoque loco Psalmista testatur : *Dominus erigit elisos ; Dominus solvit compeditos ; Dominus illuminat cæcos* (*Psal.* cxlv, 8). Cum audiatis prævenire, ædificare, dirigere, et erigere Dominum, absolvere, et illuminare nullis præcedentibus meritis, quid ibi proprium cœpisse cognoscitis, nisi illud tantum, unde pro vestra superbia juste damnemini? Sed dicitis forsitan prophetam

Isaiam sic arbitrium liberum comprobare : *Si volueritis et obaudieritis, bona terræ comedetis* (Isai. 1, 19). Et iterum Ezechiel : *Facite vobis cor novum, et spiritum novum* (Ezech. xviii, 31). Et iterum : *Hodie si vocem ejus audieritis, nolite obdurare corda vestra* (Psal. xciv, 8). Sed hæc et his similia pessima intentione sentitis ; ut credatis homines a semetipsis bonæ voluntatis initium sumere, et post, adjutorium Divinitatis accipere ; ut (quod dici nefas est) nos sinus causa ejus beneficii, non ipse sui. Jam quomodo verum erit quod Joannes ait : *De plenitudine ejus nos omnes accepimus, et gratiam pro gratia* (Joan. 1, 16). Vel quemadmodum ipsa gratia dici poterit gratuita, si eam anticipet alicujus boni præmissa celeritas ? Audite Apostolum, qui dogma vestrum falsissimum vera prædicatione convincit, dicens : *Quis prior dedit ei, et retribuetur illi ? Quoniam ex ipso, et per ipsum, et in ipso sunt omnia* (Rom. xi, 35). Item Apostolus : *A quo est et velle et perficere, pro bona voluntate* (Philip. ii, 13). Et Jacobus Apostolus : *Omne datum optimum et omne donum perfectum desursum est, descendens a Patre luminum* (Jac. 1, 17). Sequitur vos alia multo pejor absurditas. Si a nobis esset bonæ voluntatis initium, nos magis poneremus fundamentum, ubi ædificaret Dominus ; quod certe nulla potest mentis sanitas approbare. Quapropter desinite asserere quæ non potestis implere. Illi obedienter audiunt, quos ipse facit audire ; illi proficue cupiunt, qui munus Divinitatis accipiunt. Nam post vitiatam humani generis naturam, liberi arbitrii salutiferam partem et Dominus tribuit, et operationem ipsius sua pietate concedit. Hæc quidem latius beatus Augustinus, hæc doctissimus Hieronymus, hæc Prosper consensu generalitatis divino munere docuerunt. Sed nos ea contingere fecit hæresis exsecranda, quæ nimis saluti nostræ probatur esse contraria.

Vers. 7. *Ecce enim veritatem dilexisti ; incerta et occulta sapientiæ tuæ manifestasti mihi.* Sicut superiori versu per communem delictum approbavit, quia nemo a peccatis redderetur exceptus, sic iterum per suam confessionem sibi supplicat subveniri, quoniam in confitendo peccato veritatem dixit, quam Dominus Deus supra sacrificia plus requirit. Non enim Deus delectatur pœnis nostris, sed confessionem quærit erroris, sicut scriptum est : *Nolo mortem peccatoris, sed ut convertatur et vivat* (Ezech. xviii, 32). *Incerta* sunt quæ omnino discerni non possunt, sed aliquibus ambiguitatibus colliguntur. *Occulta* vero sunt quæ nec oculus conspicit, nec mens humana dijudicat. Hæc duo non solum sibi revelata dicit, sed *manifestata* profitetur ; ut quod fuerat vel suspicari arduum, provenerit illi in declaratione manifestum. Et nota quod collata sibi munera pulchra definitione complectitur. Dicendo enim, *incerta et occulta sapientiæ tuæ manifestasti mihi*, prophetia quid sit ostendit ? Onus aliud addit reatui suo, ut cum beneficia numerat, culpa semper accrescat. *Incerta* ergo *et occulta* sunt quæ Deus illi in Filii sui manifestatione revelavit. Primum ut agnosceret eum habere Filium, deinde ut ipsum nosset ex suo semine in carnis assumptione venturum ; ut passionis quoque futura prædiceret, et resurrectionis gloriam nuntiaret ; et inde non se dicit debuisse peccare, cum talia meruisset agnoscere. O sancta simplicitas ! quis tantum suæ defensioni studere potuit, quantum iste in propria condemnatione laboravit ? Quod argumentum dicitur A causis. Dicit enim post tot collata beneficia, ad talia se non debuisse pervenire peccata.

Vers. 8. *Asperges me hyssopo, et mundabor ; lavabis me, et super nivem dealbabor.* Superiori supplicatione prostratus, in secundam partem misericordia Domini confisus erigitur, ne, quod omnibus peccatis est gravius, de clementia omnipotentis Domini desperasse videretur. *Hyssopus* quamvis sit herba parvissima, radicibus suis saxorum fertur viscera penetrare. Hæc et internis hominum sauciatis probatur accommoda. Et in libro Levitico, immolato sanguine intincta, supra leprosi corpus septies solebat aspergi (Lev. xiv, 6, 7) : significans pretioso sanguine Domini Salvatoris maculas peccatorum efficaciter esse diluendas. Hac similitudine supplicat se propheta liberari ; ut Christi sanguine salutari, quem pio corde credebat esse venturum, absolutionis munera mereretur. Per *hyssopum* enim significat sacramenta quæ diximus, quæ non solum inquinamenta detergunt, sed etiam *super nivem* puritatem animæ relucentis ostendunt. *Super nivem* autem album in corporibus nil potest inveniri ; sed ideo *super nivem* dixit, quia spiritualis anima longe supra corpora mundata resplendet. Quæ figura dicitur hyperthesis, id est superlatio cum aliquam rem opinione omnium notam sententia nostra exsuperare contendimus. Tale est et illud, sicut jam in septimo decimo psalmo dictum est : *Et volavit, volavit super pennas ventorum* (Psal. xvii, 11).

Vers. 9. *Auditui meo dabis gaudium et lætitiam, et exsultabunt ossa humiliata.* Hic jam pia confidentia Divinitatis ostenditur ; ut talia se auditurum dicat, quæ gaudium lætitiamque congeminent. *Gaudium* pertinet ad absolutionem, *lætitia* ad perpetua præmia possidenda. Hoc est autem audire *gaudium et lætitiam*, quod promittitur absolutis : *Venite, benedicti Patris mei, percipite regnum quod vobis paratum est ab initio mundi* (Matth. xxv, 34). Sequitur, *et exsultabunt ossa humiliata* : scilicet audita voce quam diximus. Quod argumentum dicitur A consequentibus. Necesse est enim ut quando hæc audita fuerint, *lætitia* consequatur. Per *ossa* vero significantur animi firmamenta, quæ necesse fuerat omnino humiliari, quandiu pœnitens iste potuisset absolvi. *Humiliata* enim dixit, propter erroris sui conscientiam, quæ proficue semper humiles facit.

Vers. 10. *Averte faciem tuam a peccatis meis, et omnes iniquitates meas dele.* Venit ad tertiam partem, rogans judicem pium ne respiceret peccata, quæ ipsi quoque videbantur horrenda. Considera vero ex contrariis pulcherrime regulas datas. Si nos avertimus facies a peccatis nostris, noxium est ; quia obliviscimur et negligenter agimus, quæ continuo fletu abluere re deberemus : si Dominus non *avertit*, exstinguit, quia judicat delicta quæ respicit. Sic orat et alibi : *Ne avertas faciem tuam a me, et ero similis descendentibus in lacum* (*Psal.* CXLII, 7). Merito, quoniam si nos respicimur, misericordia Salvatoris absolvimur ; sicut de Petro in Evangelio dicitur : *Et respexit Dominus Petrum, et egressus foras, flevit amare* (*Luc.* XXII, 61, 62). Sequitur, *et omnes iniquitates meas dele*. De duobus criminibus vocatus ad culpam, pro universis delictis prudentissimus precator exorat. Sciebat enim se fecisse plurima, quam quæ justitia præsentis temporis arguebat : ita salutari compendio quidquid accusari poterat, remitti sibi una venia postulabat. *Dele* autem dum dicitur, dimitte significatur ; quia omne nostrum admissum quasi quibusdam tabulis scribitur, cum divina notitia continetur.

Vers. 11. *Cor mundum crea in me, Deus; et spiritum rectum innova in visceribus meis.* Subtiliter hos versus per verba singula debemus exquirere, ut nobis sensus possit evidentius elucere. *Creare* dicimus, novum aliquid instituere, ut illud quod non fuit videatur existere. Et quomodo dicamus ante peccatum *cor mundum* non habuisse David, de quo Dominus dixit : *Inveni David filium Jesse, virum secundum cor meum, qui faciat omnes voluntates meas* (*Psal.* LXXXVIII, 22, et Act. XIII, 22)? Sed *crea* hic, restaura unde decidit, debet intelligi. Petit ergo propheta tale *mundum cor* sibi *creari*, quod jam peccatis impellentibus commoveri minime potuisset ad culpam ; sed stabilitate defixum, bonum non possit mutare propositum. Hoc utique sanctis post resurrectionem dabitur. Sed pœnitens iste bonorum avidus, venturi præmii amore succensus, quod in futuro evenire poterat, hoc sibi concedi præsenti tempore postulabat. *Rectum spiritum* dicit, Filium Dei Verbum, de quo in alio psalmo commemoratum est : *Virga recta est, virga regni tui* (*Psal.* XLIV, 7). Quem merito ex natura Deitatis *spiritum* appellavit, quia legitur : *Deus spiritus est* (*Joan.* IV, 24). *Innova* per hypallagen figuram positum est ; non quod esset ipse Filius innovandus, sed qui David peccatis veterem factum possit innovare per gratiam. Ille enim nos *innovat*, qui, antiqui hominis vetustate deposita, in nova regenerationis suæ dona commutat. Nam sicut per Adam veteres fuimus, ita Christi Domini beneficiis *innovamur* (*Ephes.* IV, 22); sicut Apostolus dicit : *Deponentes veterem hominem cum actibus suis, induite novum, qui secundum Deum creatus est* (*Colos.* III, 9, 10). Addidit, *in visceribus meis*, unde noverat adulterii detestabile crimen exiisse. Utrisque enim partibus remedium petebat, quoniam de utroque peccaverat. Et intuere quanta vivacitate desideret expiari, ut intelligas eum nullum tale ulterius committere voluisse delictum. Nam sicut in compaginem priorem coire non possunt abscissa membra, ita ad verum pœnitentem nequeunt præterita redire peccata. Ut quibusdam vero placet, et aliter probatur exponi. Petit propheta *cor mundum creare* in se *Deum*, non aliud poscens quod non habebat ; sed quod jam erat, mundum fieri postulabat. *Creare* quippe dicimus et renovare. Dictum est enim et in alio loco de fidelibus (*II Cor.* V, 17) : Ecce nunc nova creatura ; non quasi de altera quæ non erat ; sed quod in ea quæ jam constabat, illuminatio nova processerat.

Vers. 12. *Ne projicias me a facie tua, et Spiritum sanctum tuum ne auferas a me. Projicitur a facie* qui curari contemnitur. Et quid ægrotus faciat, si medicina se subtrahat? Sciebat enim ab illius facie sanitatem mentis, et lumen venire sapientiæ ; et credebat se inimico tradi, si a vultu Domini judicaretur expelli. Hic enim se tantum vult respici, quia peccata superius non debere conspici succlamavit. O mens prophetæ, et post humanos errores eximia ! De potestate tacuit, et de affectibus minime supplicavit. Solum *spiritum* prophetiæ sibi non auferri petiit, quem pretiosum supra cuncta rex habuit. Sic enim et Jeremias propheta de ipsius virtute testatus est dicens : *Extendit Dominus manum suam ad me ; et tetigit os meum, et dixit ad me : Ecce dedi verba mea in os tuum : ecce statui te super gentes et regna, eradicare, et demolire, et perdere, et exterminare, et ædificare, et circum plantare* (*Jer.* I, 9). Merito ergo conservandum sibi petiit, quod supra omnes divitias magnificentius se habuisse cognovit. Et intuere quia non dixit, da mihi, tanquam non haberet ; sed *ne auferas* posuit ; scilicet quia talis ac tanta supplicatio, nisi per Spiritum sanctum non poterat evenire.

Vers. 13. *Redde mihi lætitiam salutaris tui, et spiritu principali confirma me*. Redit ad Filium Dei, quem ut ostenderet Christum, dixit, *Salutaris tui,* cujus nativitate salus gentibus venit ; et quod ante erat paucis per eximiam fidem cognitum, factum est universo orbi notissimum. Quapropter cum dicit : *Redde mihi lætitiam salutaris tui*, Christum significat : cujus contemplatione inter ipsas quoque lacrymas lætus erat, et prophetiæ suæ munere inter pœnitentiæ suæ jejunia pascebatur. *Redde*, dixit, quia sibi nescio quid gratiæ senserat imminutum : quoniam ab illa gratia salutari tantum quis recedit, quantum se reprehensibili conversatione tractaverit. Nam cum dicit : *Redde mihi lætitiam salutaris tui*, gratiam se Spiritus sancti sine dubio amisisse cognoverat, quam fragilitas humana non potest habere cum peccat. Sequitur, *et spiritu principali confirma me*. Rex ille sanctissimus, et propheta mirabilis, non putabat præcipuum munus esse, subjectis jura dictare, nationes exteras bello subigere ; sed tota contemplatione translatus, curiosius expetebat in principali intellectu statui, quam in regni culmine contineri. *Confirma me*, dixit, ne iterum peccem, ne a te animæ mutabilitate discedam. Nec incassum putemus, quod vir sanctus et cordis illuminatione radiatus, tertio *spiritum* nominavit, nisi quia individuæ Trinitati devotus, concedi sibi ab ea veniam postulavit. *Spiritus* enim quantum ad essentiam Divinitatis et Pater, et Filius, et Spiritus sanctus, recte dicitur unus Deus ; sed pro distinctione personarum est proprium Patri, quod naturaliter sine initio ante sæcula genuit Filium ; proprium est Filio, quod naturaliter a Patre generatus est; proprium est Spiritui sancto, quod a Patre et Filio procedit; quæ ineffabili charitate atque cooperatione eorum consubstantialis æternitas et potestas omnia facit quæ vult in cœlo et in terra. Sed quamvis hæc incomprehensibilia atque inexplicabilia, ita ut sunt, nobis nunc esse noscantur; tamen a nonnullis Patribus corporalium et simul existentium rerum talis similitudo proponitur. Invenimus enim in sole tres istas proprietates: prima ipsa est substantia corporalis, quod sol est; deinde splendor ejus qui in ipso permanet; tertia calor qui a splendore ejus usque ad nos pervenit. Quæ hoc modo (si tamen tantæ rei potest similitudo aliqua reperiri) arbitror æstimanda, ut quod est in sole substantia corporalis, ita intelligatur in Trinitate quodammodo persona Patris; et quod est in sole splendor ejus, hoc sit in Trinitate persona Filii, sicut Apostolus dicit: *Splendor gloriæ ejus* (*Hebr.* I, 3); quod autem est in sole calor, hoc sit in Trinitate persona Spiritus sancti, sicut legitur: *Quis se abscondit a calore ejus* (*Psal.* XVIII, 7)?

Datur etiam aliud exemplum incorporalium rerum, hoc est de anima, quæ ad imaginem Dei facta cognoscitur. Anima igitur est ipsa substantia incorporea, rationalis, in qua inest intellectus et vita ejus. Quod ergo est in anima substantia, hoc intelligatur (si dici fas est) in Trinitate persona Patris; quod autem est in anima virtus et scientia, hoc intelligatur in Trinitate Filius, qui est Dei virtus et Dei sapientia: et quod est in anima vivificandi proprietas, hoc et in Trinitate intelligatur Spiritus sanctus, per quem vivificandi opus multis locis prædicatur impleri; sicut ait Petrus apostolus in Epistola sua: *Mortificatus carne, vivificatus autem spiritu* (*I Petr.* III, 18); item Apostolus: *Littera occidit, Spiritus autem vivificat* (*II Cor.* III, 6); et in Evangelio Dominus ait: *Spiritus est qui vivificat, nam caro non prodest quidquam* (*Joan.* VI, 63). Hæc autem quæ diximus tria singulariter sequestrata nullatenus inveniuntur, quamvis intellectus noster ea distincta possit advertere; sed ita naturaliter sunt unita, ut dum unum horum se obtulerit, simul tria semper occurrant. Sic per has similitudines tantæ rei aliqua nobis imaginatio veritatis aperitur. Sunt et his aliæ Patrum disputationes simillimæ, sed quas nunc carnis infirmitas ad liquidum vetat intelligi: tunc multo præstantius poterunt comprehendi, quando in majestate sua Divinitatem viderint, quicunque beati sunt. Quas qui desiderat plenius agnoscere, sancti Hilarii, sancti Ambrosii, et sancti Augustini libros Trinitatis non desinat lectitare. Hæc enim res ad disputandum quam magna, tam longa est. Nam et beatus Hieronymus adversus hæreticos in hoc psalmo luculenter et breviter de Trinitate disseruit.

Vers. 14. *Docebo iniquos vias tuas, et impii ad te convertentur.* Quartam partem supplicationis ingreditur: ubi cum fuerit auditus, quæ fuerit gloria parentis ostendit; ut ipse quoque purgatissimus acquiratur, cum alium ab infidelitate converterit; scriptum est enim: *Quia qui converti fecerit peccatorem ab errore viæ suæ, salvabit animam ejus a morte, et cooperit multitudinem peccatorum* (*Jac.* V, 20). Duo sunt enim genera doctorum, unum quod instituit exemplis, aliud quod verbis tantum noscitur admonere peccantes; quod hic utrumque deprehenditur sentiendum. Dicit itaque: Quoniam si prophetæ parcatur, delinquentibus spes remissionis maxima concedatur. Quis enim ad conversionem non daret animum, ubi rex et propheta concessæ sibi veniæ præstabat exemplum? Sive illud secundum intelligi potest, quia liberatus a magno exitio prædicare potuit gentibus diversa magnalia Domini, quæ sequentium psalmorum textus ostendit. Pollicetur etiam compendium quæstuosum; ut quia ignoverat uni, multi per ipsum impii probarentur acquiri. Quod non elationis causa dicitur, sed providentiæ virtute prophetatur. Quanti enim per ista verba Domino supplicantes ex reis redduntur liberi, ex obligatis feliciter absoluti?

Vers. 15. *Libera me de sanguinibus, Deus, Deus salutis meæ, et exsultabit lingua mea justitiam tuam.* Sanguinibus, contra Latinam quidem linguam numerus pluralis videtur assumptus; sed quia hoc in Græcis exemplaribus continetur, translator omnino laudandus est; elegit enim aliquid contra artem sæcularium ponere, quam a veritate posita discrepare. Nam si diceret, a sanguine, unum forsitan peccatum videretur ostendere; sed cum pluralem numerum ponit, multa esse sine dubio confitetur: quod idioma Scripturæ divinæ possumus nuncupare. Hæc figura dicitur exallage, id est immutatio, quoties contra consuetudinem aut genus commutatur aut casus. *Liberari* ergo se propheta petit de carnalibus delictis, ut jam desineret in ista fragilitate peccare. *Sanguis* enim pro corpore humano ponitur, quia inter cæteros humores ejus ipse potior [*ed.*, prior] videtur existere. Nam et in Evangelio Petro dicitur: *Non tibi revelavit caro et sanguis* (*Matth.* XVI, 17). *Deus salutis meæ* significat Dominum Salvatorem, per quem salus pie credentibus datur. Addidit etiam, *exsultabit lingua mea justitiam tuam*; id est, si *me liberaveris de sanguinibus* (quod intelligitur de peccatis), laudem tuam *lingua mea* juste loquetur; propter illud quod in præterito psalmo dictum est: *Peccatori autem dixit Deus: Quare tu enarras justitias meas* (*Psal.* XLIX, 16)? Absolutus enim recte loqui potuit, unde peccatorem lex divina suspendit. Illud præterea videtur afferre nonnullis aliquam quæstionem, quare post absolutionem delicti dixerit: *Laudabo justitiam tuam*; et non magis quod aptum erat posuit: Laudabo pietatem tuam? Pietati enim gratias agere debet qui precatus est indulgenter absolvi. Sed si causam profunda ratione consideres, et *justitiæ* divinæ fuit, ut audiret ad se clamantem, parceret supplicanti, et susciperet confitentem. Sive quia duæ res istæ in judicio Domini semper adjunctæ sunt; sicut in centesimo psalmo dicturus est: *Misericordiam et judicium cantabo tibi, Domine* (*Psal.* C, 1). Quod suo loco evidentius explanabimus.

Vers. 16. *Domine, labia mea aperies, et os meum annuntiabit laudem tuam.* Labia prophetæ quæ clausa fuerant conditione peccati, beneficio absolutionis aperienda pronuntiat. In reatu enim positis ora damnata sunt; sicut et Isaias dicit : *O miser ego, quoniam immundus sum, qui cum sim homo, et immunda labia habeam,* in *medio quoque populi immunda labia habentis habitem (Isai.* vi, 5). *Os* autem dicitur et cordis arcanum, unde efficaciter laus divina cantatur. Merito ergo post absolutionem peccati, et *labia* sua *aperienda* esse pronuntiat, et *os* suum dicit Domini *annuntiare* posse præconia.

Vers. 17. *Quoniam si voluisses sacrificium dedissem utique; holocaustis autem non delectaberis.* Reum se culpa interveniente cognoscens humilis precator, insinuat potuisse quippe regem facile sacrificia pecudum offerre, quæ adhuc illo tempore pro peccatorum expiationibus pendebantur, si holocausta Dominus libenter assumeret. Nam quod dicit, *holocaustis autem non delectaberis,* significat ritus sacrorum per immolationes pecudum, qui erant adventu Domini respuendi. Unde constat prophetam sic ad Dominum tota mente translatum, ut non se sacrificiis quæ illo tempore gerebantur crederet expiandum, sed illa magis oblatione quam dicit inferius.

Vers. 18. *Sacrificium Deo spiritus contribulatus : cor contritum et humiliatum Deus non spernit.* Postquam dixit quæ sacrificia Deus respuit, nunc dicit illa quæ poscit. Istud enim *damus sacrificium Deo,* spiritum superbiæ confessionis humilitate mactatum, unde non sanguis egreditur, sed lacrymarum fluenta decurrunt. Nam *spiritus* iste, quando est lætus, nos obligat; quando est secundum Deum *contribulatus,* absolvit. Dicit enim per quintam speciem definitionis, quæ Græce, κατὰ τὴν λέξιν, Latine ad verbum dicitur, quod sit acceptius sacrificium quod offertur Deo, id est *spiritus contribulatus.* Sequitur etiam sententiæ hujus indubitata promissio, per quam jam non sibi venia petitur, sed eam Deo se humilantibus pollicetur : id est, *cor contritum et humiliatum Deus non spernit. Contritum* dicit pœnitentiæ laboribus vehementer afflictum. *Humiliatum,* Deo scilicet; ut quod ante fuerat elatione superbum, fieret pia confessione devotum. Et vide quemadmodum rerum ordo servatus est. Non enim *cor* potuerat humiliari, nisi fuisset frequenti tribulatione *contritum.* Nam quod dixit : *Deus non spernit,* jam sanctæ promissionis auctoritas est, quæ prædicatur magis quam postulatur. Constat enim tales oblationes *Deum non spernere,* sicut illa cognoscitur priora sacrificia respuisse. Perquirendum sane videtur quod frequenter in Scripturis divinis pro intelligentia *cor* ponatur; dicit enim in Evangelio : *De corde exeunt cogitationes malæ (Matth.* xv, 19); et Petrus apostolus Simoni ait : *Cor enim tuum non est rectum coram Deo (Act.* viii, 21); Isaias quoque testatur : *Induratum est cor populi hujus (Isai.* vi, 10); et in quarto psalmo : *Quousque gravi corde (Psal.* iv, 3)? et in septimo : *Scrutans corda et renes Deus (Psal.* vii, 10); hic quoque superius dixit : *Cor mundum crea in me Deus,* ut cunctis indubitanter appareat ibi esse cogitationum nostrarum fontem, inde bonum malumque venire tractatum. Nam et particula ipsa corporis nostri cogitationis sedes est [ms. G et ed., conoides est], quæ ignis habet imaginem; ut merito tali sit positione plasmatum, unde nobis potest venire consilium.

Vers. 19. *Benigne fac, Domine, in bona voluntate tua Sion, ut ædificentur muri Jerusalem.* Quinta pars quæ superest introitur, in qua jam, calamitatum anxietate deposita, memor promissionis divinæ lætus petit fieri quod Dominus dignatus fuerat polliceri. Supplicat itaque ut, quoniam Synagoga posita sub lege peccavit, per gratiam Christi succedens Sion, hoc est catholica firmetur Ecclesia. Dicitur ergo, *in bona voluntate tua fac Sion,* quasi ille mons tunc non esset effectus. Sed considera quia in eo significatur Ecclesia, per quam mundus scilicet potuisset ornari. O regio illa omnium patrona terrarum ! O civitas magni Regis, quæ cœlestis patriæ et imaginem portas et nomen ! Quis te audeat localem dicere, quæ totius orbis terminos sanctissima fide probaris implesse ? Nam si historiam velis advertere, significat forte tempora Theodosii, quando Eudoxia jugalis ejus religiosissima feminarum, benemeritam civitatem ampliavit, et meliori murorum circulo coronavit.

Vers. 20. *Tunc acceptabis sacrificium justitiæ, oblationes et holocausta; tunc imponent super altare tuum vitulos.* Frequenter sic a sanctissimis viris aliquid allegatur, ut subjungatur etiam votiva promissio; ut est illud : *Quid retribuam Domino pro his quæ retribuit mihi ? Calicem salutaris accipiam, et nomen Domini invocabo (Psal.* cxv, 12). Ita et hic dicitur Patri : *Tunc acceptabis sacrificium justitiæ,* id est Filii tui gloriosissimam passionem, qui se *sacrificium* pro omnibus obtulit; ut salutem mundus, quam suis operibus non merebatur, acciperet. Pulcherrime autem definitum est quid sit passio Domini reverenda, id est *sacrificium justitiæ.* Sequitur, *oblationes et holocausta.* Istud jam ad fideles pertinet Christianos, qui erant post adventum Domini credituri : significans immolanda corda hominum viventium, non membra pecudum mortuorum. Illa enim ignis consumptibilis absumebat, ista incendium vitale discruciat; illa redigebantur protinus in favillas, ista temporaliter animas tribulationibus exurendo, ad amœni paradisi gaudia æterna perducunt. Sequitur, *tunc imponent super altare tuum vitulos;* sacerdotes scilicet, quando Ecclesia catholica fuerit Domini passione constructa. Nam cum superius dixerit, *holocaustis autem non delectaberis,* quærendum est quare hic iterum *vitulos* immolandos esse promiserit ? Dictum est per figuram allegoriam, quæ aliud dicit, aliud significat. *Vitulo* quippe posuit, aut pro innocentibus adultis, quorum ætas prima est, et a jugo peccati cervix probatur aliena; et ideo in tali verbo permansit, ut actum illum præteritæ legis indicaret fuisse rerum imaginem futurarum. Sive illos prædicatores Evangelii promittit, quorum 175 imaginem in vituli figura Lucas Evangelista suscepit, qui non mugitibus aera verberarent, sed orbem terrarum dominicæ fidei prædicatione complerent. Sive illos magis *vitulos* debemus advertere, qui animas suas in hostiam suavitatis sacris altaribus obtulerunt. Nam et Pater Augustinus, cum de figuris illis evangelicis ageretur (*Serm.* 70 *et* 190, *de Temp.*), quodam loco ipsum Dominum vitulum dicit, qui se hostiam obtulit pro salute cunctorum. Quapropter sive de adolescentibus, sive de prædicatoribus, sive de martyribus sentiatur : tales tamen propheta *vitulos* altaribus Domini potuit promittere, quos Christianæ religioni noverat convenire.

Conclusio psalmi.

Dulcissimus nimis emanavit psalmus, de amaro compunctionis fonte descendens. Sed quid lacrymarum Israeliticum populum tunc profudisse credamus, ubi tanta princeps afflictione plangebat? Quis enim illo flente non fleret? Quis dolente non gemeret, quando pro gemmato diademate rex cinerem gestabat in capite, canus pulvere, non ætate? Noluit enim se videri forinsecus ornatum, qui se intus noverat esse fœdissimum : pulchrior sordibus suis, qui pompam sæculi respuit in delictis. Dolor unius cordis fuit nimirum correctio civitatis, quando insaniæ crimen incurrit, qui tunc lætus esse præsumpsit. Felix profecto ter quaterque civitas ubi et sæculi Dominus Deo pœnitere meruit, et gloriam crucifixionis Rex cœlestis accepit. Hinc est quod dum in hoc libro septem psalmi pœnitentium esse doceantur, Ecclesiarum usu receptum est; ut quoties peccatorum venia petitur, per istum magis Domino supplicetur, non immerito. Primum quoniam in nullo psalmorum quæ pœnitentibus maxime necessaria est, tanta virtutis humilitas invenitur, ut rex potens et in prophetali culmine constitutus, tanquam extremus hominum sua festinaverit peccata deflere. Deinde quia post absolutionis promissionem tanta se constrinxit necessitate lacrymarum, quasi ei minime fuisset ignotum. Electum est plane temperatum et expeditum supplicationis genus, quod omnis ætas vere sapiens debeat appetere, et ad subitum festinanter possit implere. Non enim hic ut in cæteris pœnitentibus aliquid difficile dicitur, quale est illud in sexto psalmo : *Lavabo per singulas noctes lectum meum; lacrymis meis stratum meum rigabo* (*Psal.* vi, 7). Nec illud quod in trigesimo primo psalmo dicit : *Gravata est super me manus tua : conversus sum in ærumna mea,* *dum configitur spina* (*Psal.* xxxi, 4). Non illud quod in trigesimo septimo psalmo ait : *Computruerunt et deterioraverunt cicatrices meæ a facie insipientiæ meæ* (*Psal.* xxxvii, 6). Nec illud quod in centesimo primo psalmo dicit : *Quia cinerem tanquam panem manducabam, et potum meum cum fletu temperabam* (*Psal.* ci, 10). Non illud quod in centesimo vigesimo nono dicit : *De profundis clamavi ad te, Domine* (*Psal.* cxxix, 1). Nec illud quod in centesimo quadragesimo secundo : *Quia persecutus est inimicus animam meam, humiliavit in terra vitam meam. Collocavit me in obscuro sicut mortuos sæculi, et anxiatus est in me spiritus meus* (*Psal.* cxlii, 3). Sed a propheta correptus, et peccati sui agnitione perterritus, petit rex a clementissimo judice ut per misericordiam ipsius ablutus, sordibus omnium peccatorum reddatur omnino mundissimus. Sic magister optimus et districtas alibi satisfactiones fortioribus viribus dedit, et infirmis ista temperata concessit : quæ merito pia mater elegit Ecclesia, ut filios suos ad gratiam blandissimæ confessionis modis omnibus invitaret. Nam potest hic et illud fortassis intelligi; ideo eum in hoc psalmo dixisse : *Doceam iniquos vias tuas, et impii ad te convertentur* : quoniam prævidebat sequentes populos per istum psalmum copiosissimæ pœnitentiæ munera petituros. Illud plane videamus, quid est hoc quod nos frequenti meditatione hunc psalmum licet iterare, nec nobis impedit ad honores ecclesiasticos expetendos; si vero a sacerdote supra nos pœnitentiæ voto dicatur : quoniam ex persona datur, juste a canonibus vetamur ultra accedere. Quidquid enim in Christi nomine percipimus, inviolabile nobis et definitivum decet esse judicium. Ita fit ut pœnitentiam unumquemque et apud se jugiter liceat agere, et quando per sacerdotem data fuerit, non nos permittat ulterius ad ecclesiasticos honores accedere. Hujus autem nec numerus vacat; pertinet enim ad annum jubilæum, qui apud Hebræos contractus veteres obligationesque solvebat, quem in Levitico Dominus annum remissionis universos habitatores terræ vocare præcepit. Pertinet quoque ad Pentecosten, quando post ascensionem Domini apostolis Spiritus sanctus advenit, miracula faciens, et charismatum dona concedens. Sic et psalmus hic calculo quinquagesimo constitutus, si corde puro dicatur, delicta dissolvit, chirographum nostræ obligationis evacuat, et nos a debitis delictorum tanquam remissionis annus, præstante Domino, reddit immunes.

PARS SECUNDA.

176 TITULUS PSALMI LI.

In finem, intellectus David, cum venit Doech Idumæus, et annuntiavit Sauli, et dixit illi : Ecce venit David in domum Abimelech.

Ut titulum nobis aperiat causa breviter intimanda est. Cum David fugeret Saulem, venit ad sacerdotem Abimelech, qui susceptus ab eo, et panes propositionis accepit et gladium quo occiderat Goliam. Panes propositionis significaverunt sacerdotem, gladius sacratus futurum potentissimum regem. Ibi casu inventus Doech Idumæus præpositus mulorum, nuntiavit omnia regi Sauli (*I Reg.* xxii, 10). Tunc iratus Saul, Abimelech cum aliis sacerdotibus ejusdem civitatis ab ipso fecit interfici. Iste autem Doech per quem talia provenerunt, patriotico nomine cognominatus est Idumæus. Quæ utraque verba conjuncta, sicut Patrum tradit auctoritas, indicant motus terrenos. Quæ significatio verborum Antichristi actibus non immerito deputatur. Doech enim Idumæus David adversarius fuit, sicut Christo Antichristus erit. Iste sacerdotes exstinxit, ille facturus est martyres: iste nominis significatione indicat motus terrenos, ille cunctum orbem moturus est, dum eum præsumptione sacrilega ad culturam sui nominis coget. Quapropter per nomen Doech Idumæi jure Antichristus intelligitur, cui tantis comparationibus similis approbatur. Et ideo totus hic titulus ad adventum Domini secundum, per tempus Antichristi jure referendus est: quoniam omnia ad Christi manifestationem competenter aptantur; ut psalmo suo titulus non discrepare, sed potius congruere videatur.

Divisio psalmi.

Spiritu sancto illuminatus propheta, respexit ante judicium Domini, Antichristi consurgere abominabilem principatum. Et ut fidelium corda roboraret, in prima parte psalmi facta in eum invectione consurgit; ne se nimium in suis iniquitatibus extolleret, cui finis gravissimus immineret. Secunda parte adhuc eum increpans dicit, et quod celeri fine rapiatur, et quod cum sanctis Domini non habeat portionem. Tertia stuporem dicit provenire sanctorum, quando diabolus, qui in hoc sæculo nimia præsumptione grassatus est, in fine miserrimus abjectusque videbitur. Quarta parte propheta confidens de Deo, in futuro sæculo cum sanctis habere se æstimat beatissimam portionem. Aliqui vero hunc psalmum generaliter in peccatores dictum esse putaverunt. Sed cum pro talibus magis præcipiatur orari, qui spem conversionis minime perdiderunt, consequens est ut de Antichristo magis et sequacibus ejus accipiatur, qui jam obstinationis suæ crudelitate noscitur esse damnatus: maxime quia, sicut dicitur inferius, in fine sæculi erit destruendus.

Expositio psalmi.

Vers. 1. *Quid gloriaris in malitia, qui potens es in iniquitate tota die?* Cum Scriptura divina nec in bonis actibus dicat esse gloriandum, sed præcipiat ut *qui gloriatur, in Domino glorietur* (*I Cor.* 1, 31): nunc propheta virum sceleratum de sola se malignitate jactantem, cum indignatione redarguit, cur velit de malis actibus gloriari, unde deberet potius, conscientia 177 teste, confundi? Est autem energiæ pars, quoniam absentem personam alloquitur quasi præsentem. Hunc enim per subsequentes versus facta invectione, mirabili proprietate describit; ut per mores suos conspici videatur, qui post longum tempus creditur esse venturus. *Potens* etiam *in iniquitatibus* ille *est qui*, in malo permissus, valet implere quod nititur. Sed quantum in nequitia validus, tantum est probis moribus exsecrandus. Sed ne hoc ad momentum fieri videretur, additum est, *tota die,* quod universæ vitæ significat tempus; ut sine aliqua intermissione malum semper et operetur, et cogitet.

Vers. 2. *Injustitiam cogitavit lingua tua: sicut no- vacula acuta fecisti dolum.* Pessimorum consuetudo mirabili brevitate describitur, qui non ante cogitant quam loquantur, sicut sapientissimus Salomon dicit: *In ore stultorum cor eorum* (*Eccli.*, XXI, 29). Hic enim dicit linguam cogitasse, non cor; ut illa quæ prudentium consilio famulari solet, in ipsis locutionibus suis cogitasse videretur. Quæ ideo inconsulta protulit, quia ea præmisso judicio non limavit. *Cogitavit* enim *lingua*, utrumque declaravit, et facilem voluntatem levissimæ mentis, et præcipitationem inconsultissimam dictionis. Possumus enim interdum mala cogitare, et lingua non dicere. Hic vero pravi hominis pessima consuetudo damnatur. Addidit, *sicut novacula acuta fecisti dolum*. Novacula est in quadam subtilitate tensum latius ferrum, radendis pilis acutissimum præparatum; quod licet barbæ segetem metat impressum, corporis tamen substantiam relinquit illæsam. Convenienter ergo sævissimi hominis dolum *acutæ novaculæ* comparavit; quia sicut illa hominem non lædit, ita nec iste animam justi sub quavis afflictione percellit. Potest enim radere omnia quæ sunt forinsecus attributa, quasi pilos; sed animæ interna tunc magis efficit pulchriora, quando ei nititur auferre mundana.

Vers. 3. *Dilexisti malitiam super benignitatem, iniquitatem magis quam loqui æquitatem.* Nunquam malum derelinquit qui cognoscitur amare quod peccat. Illas enim res absolute deserimus, quas, odio interveniente, damnamus. Nam peccator iste nequissimus *diligere* dicitur vitia sua, qui exsecrabili morbo corruptus, illud magis appetibile judicat, quod boni mores semper accusant. Et ut culpis ejus augmenta congeminet, addidit, *super benignitatem;* ut, etsi animum ejus aliquando benignitas tangeret, mox tanquam detestabile vitium repudiata [*ms. A.,* repudians] sorderet. Sequitur, *iniquitatem magis quam loqui æquitatem.* Plerumque homines qui peccata faciunt, per decorem se compositæ locutionis abscondunt. Nolunt in se deprehendi quæ norunt generalitatis exsecratione damnari. Iste autem sic professus est malum, ut loqui non erubescat quæ sapientium vota repudiant. Et respice quemadmodum multas res his tribus versibus breviter intimavit. Quæ figura dicitur leptologia, id est subtilis locutio, quando res singulæ minutatim ac subtiliter indicantur.

Vers. 4. *Dilexisti omnia verba præcipitationis, lingua dolosa.* Interposito diapsalmate, venit ad secundam partem. Sed quamvis nobis sceleratissimum aliquem proponamus, quis erit cujus tanquam de præcipitio montis dolosa verba descendant? Sed de Antichristo vere dicitur, qui præposteratis moribus atque confusis diligit iniquitatem; currit ad *omnia verba præcipitationis*, jubet quod nullum juvat; et totum cum dolo loquitur, a quo nulli profutura censentur.

Vers. 5. *Propterea destruet te Deus in finem, evellet te, et emigrabit te de tabernaculo suo, et radicem tuam de terra viventium.* Destruet Deus in hac vita prosperrime quos iterum ædificare decreverit; *in finem* autem qui destruitur, æternis suppliciis deputatur.

Nam propter illa quæ superius dicta sunt, in fine sæculi ore Domini tyrannus ille plectendus est; ut tam ingens nequitia adventu summi Judicis destruatur, cujus potentiæ tempora Daniel quoque definit dicens : *Quoniam in tempus temporum, et dimidium temporis, in consummanda dispersione fient omnia hæc* (*Dan.* XII, 7). Sequitur : *Evellet te, et emigrabit te de tabernaculo suo.* Pœna ingens, formidolosa damnatio! *de amœnissimo Domini tabernaculo evelli*, et in perpetuis ignibus mancipari : ubi nec virere cuiquam datum est, nec florere concessum; sed tanquam arbor grandæva radicitus evulsa, æterna sterilitate siccabitur. Potest etiam quosdam movere, quod verba ista Antichristo nequeant convenire. Dicit enim, *emigrabit te de tabernaculo suo*, cum homo paganissimus ibi non videatur esse plantatus. Sed hoc a membris ipsius potest accipi, qui in Ecclesia quidem corpore videntur esse, non animo; quia sicut fideles membra sunt Domini Salvatoris, ita et ille suos complices in unam colligit nequitiæ societatem. Addidit, *et radicem tuam de terra viventium.* Radices erunt Antichristi consentanei ministrique diaboli; et ideo *radicem ipsius* cum ipso *de terra viventium* dicit *esse evellendam*, quia cum sanctis Domini nec diabolus, nec Antichristus, nec sequaces eorum habebunt aliquam portionem. Respiciat ejus pœnam, qui potentiam ipsius hic putaverit admirandam; et necesse est ut habeat vilissimum, cujus dominium non dubitat amputandum.

Vers. 6. *Videbunt justi, et timebunt; et super eum ridebunt, et dicent.* Venit ad tertiam partem, in qua prophetæ prævidebat spiritus, quod adhuc datum est post longa tempora provenire. Sed quamvis *justi jugiter Deum timeant*, et de ejus potentia non desinant magnum aliquid arbitrari, tunc tamen talia videbunt, quæ super humanas cogitationes vehementius expavescant. *Timebunt* ergo, ad gloriam divinam respicit, non ad pœnæ formidinem; loquitur enim de beatis. Sequitur : *et super eum ridebunt, et dicent.* In isto sæculo justi deflent potius quos errare cognoscunt; sicut Apostolus dicit : *Ut lugeam multos ex his qui peccaverunt et non egerunt pœnitentiam* (II *Cor.* XII, 21). Sed quoniam in futuro judicio pœnitentiæ non erit locus, merito *supra eum justi ridebunt* : quoniam sancta Domini patientia a perfido iniqua voluntate contempta est. Sed ne risum ipsum, ut hic plerumque provenit, levissimum putaremus, subsequitur quæ verba dicturi sunt ; ut cum judicio Domini beatorum consentanea voluntas possit ostendi.

Vers. 7. *Ecce homo qui non posuit Deum adjutorem sibi, sed speravit in multitudine divitiarum suarum, et prævaluit in vanitate sua. Ecce* dum dicitur extensa manu, peccatoris sors nefanda monstratur; claret ad quid producta sunt **178** opera, quæ gloriosa crudelissimus æstimabat. *Divitias* vero hic universas pompas sæculi debemus accipere, quibus ille nefandissimus abundabit; sicut Daniel propheta commemorat : *Et dominabitur in occultis auri et argenti, et in omni-*

bus cupiditatibus Ægypti (*Dan.* XI, 43). Non enim tantum auro locuples erit, sed et numerositate gentium et dominatione terrarum, miraculorum quoque ostensione gaudebit, honoris etiam pravi se elatione jactabit, et cæteris vitiis plenissimus erit, quæ Ægypti nomine videntur intelligi. Sed hæc omnia erunt vana, quoniam a Domino probantur aliena. Vanum enim dicitur, quod est inane, fragile vel caducum, et ab ipsa firmissima veritate discretum. Nam quamvis principatui ejus omnia mundana famulari posse videantur, in vanum tamen *prævaluit*, qui sibi profutura nullatenus acquisivit; sicut de ipso et Doctor gentium dicit : *Extollens se sine causa inflatus amentia carnis suæ, et non tenens caput, ex quo omne corpus per conjunctiones perductum et porrectum crescit in crementum Dei* (*Col.* II, 19).

Vers. 8. *Ego autem, sicut oliva fructifera in domo Dei, speravi in misericordia Dei in æternum, et in sæculum sæculi.* Venit propheta ad quartam partem, in qua jam lætus exsultat, id est in adventu longissimæ vicinitatis. Et merito se *olivæ* comparat, quia de ejus germine Dominus Christus effloruit, qui spirituali oleo perunctus est præ consortibus suis. Sed hæc *oliva* beatissima talem fructum intulit, qui omne genus humanum peccatis aridum, misericordiæ suæ faceret largitate pinguescere. Addidit etiam : *In domo Dei*, ubi revera fructus felicis istius arboris adolevit. Sed ideo fructus ille [*ed.*, illi] mirabilis provenit, quia i te *speravit in misericordia Dei*; Antichristus enim *sperabit in multitudine divitiarum suarum.* Hoc autem contra illud ponitur, ut appareat qui fructus sit in Divinitate sperare, et qualis interitus spem in Domino non habere. Quod schema dicitur syndicasmos, id est collatio, quando res diversæ in contrarium sibimet comparantur. Et ne putaretur ista confidentia ad tempus fuisse suscepta, subjunxit, *in æternum*, quod est *in sæculum sæculi.* Quæ res ideo repetita cognoscitur, ut spem omnino fixam habuisse in illa æternitate judicetur.

Vers. 9. *Confitebor tibi, Domine, in sæculum quia fecisti; et exspectabo nomen tuum, quoniam* [*ed.*, quod] *bonum est ante conspectum sanctorum tuorum.* Dum bona suæ confessionis saluberrimus prædicator enuntiat, quemadmodum nos facere debeamus ostendit. Hic enim dicit se confiteri, ut ibi mereamur absolvi. Adjecit, *quia fecisti* : ubi intelligendum est per figuram eclipsim, misericordiam, in qua se superius sperasse testatus est. Sequitur, *et exspectabo nomen tuum, quoniam bonum est. Nomen* ejus exspectat, qui se in judicio Domini Salvatoris per misericordiam ejus credit esse salvandum, dum vocabulum tale in se æstimat esse complendum. Quod jure dicitur *bonum*, ubi et spes salutis, et totius vitæ palma suscipitur. Additum est quoque, *ante conspectum sanctorum tuorum*, quando jam gaudium generale justorum est, et concordi exsultatione laus Domini sine fine cantabitur.

Conclusio psalmi.

Post illas quinquagesimi psalmi felices lacrymas,

et expiationem beatissimam peccatorum, quam lætus sustinere, donec judicium Majestatis adveniat, ubi omnes beati indubitanter bona recipient quæ Dominus pollicetur.

propheta in adversarium Domini divinitatis amore prorupit, devotissime hostem regis sui persequitur, qui peccatorum fuerat adversitate liberatus. Sed quamvis diversis locis et laus inveniatur et vituperatio, quæ pertinent ad demonstrativum genus; in isto tamen psalmo pulcherrime partes utrasque complexus est. A principio siquidem usque ad illud, ubi ait: *Prævaluit in vanitate sua*, partem vituperationis exsequitur. Inde vero quæ sequuntur usque ad finem, laudativæ qualitatis forma monstratur. Sic perfectio demonstrativi generis utrisque lateribus constat impleta. Meminisse quoque nos congruit secundum hunc esse psalmum, qui Antichristi prophetavit adventum, mirabili sibi dispositione conjunctum. Nam sicut per Eliam et Enoch, duobus est viris sanctissimis in fine sæculi destruendus, ita et per hos geminos psalmos, ne occultus terreat Antichristus indicatur. Unde convenienter post quinquagesimum hic psalmus est positus, quoniam filius iniquitatis, de quo loquitur, terminum remissionis excedens, nullam veniam habere cognoscitur.

EXPOSITIO IN PSALMUM LII.

In finem, pro Amalech intellectus David.

Cum psalmus iste magna ex parte, similitudine versuum decimo tertio convenire noscatur, intellectus ipsorum quam maxime permutatus est diversitate titulorum. Nam cum ille habeat *psalmus David*, iste continet *in finem, pro Amalech intellectus David*: ita non mutatis versibus aliud ille, aliud iste pronuntiat esse venturum. Ille enim contra Judæos promitur, iste contra omnes peccatores insurgere generaliter indicatur; ille de incarnatione Domini, iste de adventu judicii in fine psalmi dicturus est. Pulchrum plane dicendi genus, quod per figuram allegoriam provenit, idem dicere, et aliter quæ sunt dicta sentire. Miroque modo reperitur diversitas in sensibus, ubi se non mutavit eloquium. Nunc de tituli istius sermonibus intimemus. *In finem, pro Amalech intellectus David*. *In finem* quid significet frequenti expositione jam notum est. *Amalech* autem gens fuit quæ contra Dei populum acerrima nimis et frequenti concertatione pugnavit. Hujus nominis interpretatio talis est, pro parturiente sive dolente. Quod nunc ad Ecclesiam Domini competenter aptamus, quæ tanquam dolens ac parturiens populum commonet perfidorum, ut a suis iniquitatibus conquiescat, ne in divina disceptatione dispereat; sicut Apostolus ait: *Filioli mei, quos iterum parturio, donec Christus formetur in vobis* (Gal. iv, 19).

179 *Divisio psalmi.*

In primo membro psalmi Ecclesia loquitur, increpans eos qui nolunt ad spiritualia bona sua corda convertere, sed imitatione mutua invicem sordidis actibus polluuntur. Secundo loco dicit eos recepturos mala, quæ in plebem fecerint Christianam. Tertio fideles populos monet æquanimiter molestias sæculi

Expositio psalmi.

Vers. 1. *Dixit insipiens in corde suo: Non est Deus.*

Vers. 2. *Corrupti sunt, et abominabiles facti sunt in voluntatibus suis: non est qui faciat bonum, non est usque ad unum.* Hic iterum si volumus intueri, ita nobis categoricus syllogismus enascitur. Insipientes corrupti sunt, et abominabiles facti sunt in voluntatibus suis. Omnes qui corrupti sunt et abominabiles facti sunt in voluntatibus suis, dicunt in corde suo: Non est Deus. Insipientes igitur dicunt in corde suo: Non est Deus. Nunc ad ea quæ posita sunt subtilius exponenda veniamus. Verbum *dicere*, proprium linguæ, non cordis est. Sed quia cogitationes nostras potentia Divinitatis intelligit, recte dictum est, *insipientis cor dicere*, quod ad aures Domini potuit pervenire; scilicet non ad ignoscendum, sed ad vindicandum [*ed.*, judicandum]; sicut Dominus in Genesi dicit: *Descendam et videbo utrum clamorem qui venit ad me opere compleant* (Gen. xviii, 21), etc. Nam qui omnipotenti Verbo aliqua occasione detrahit, nec catholicis regulis acquiescit, utique *insipiens* est; quia veræ sapientiæ dona contempsit. Iste ergo in corde suo negat Deum; nam si vere Deum crederet, nulla in eum pravitate peccaret. Et ut hunc *insipientem* per multiplices errores potuisses advertere, pluralem illi numerum decenter adjunxit; dicit enim: *Corrupti sunt et abominabiles facti sunt in voluntatibus suis.* Omnes hæretici uno verbo notati sunt; nam Deo recte non credidisse corruptio est: quoniam a vitali sensu discedunt qui mortiferis persuasionibus implicantur. Hos subsequitur pœna justissima; ut *abominabiles in voluntatibus suis fiant*, qui corruptis sensibus obsecundant. Addidit, *non est qui faciat bonum, non est usque ad unum.* Hæc figura dicitur anaphora, id est relatio, quoties unum verbum frequenti iteratione repetitur. Hoc est enim quod doloribus plena parturiebat Ecclesia; ut in tanta multitudine perditorum non sit qui bonum possit operari. Quod de illis tantum debet accipi qui, extra religionem positi, in detestabili obstinatione perdurant. Nam, ut hoc de ipsis possis advertere, inferius dicturus est, *qui devorant plebem meam*; eos enim ibi designat qui fidelem populum apertis faucibus persequuntur.

Vers. 3. *Dominus de cœlo prospexit super filios hominum, ut videat si est intelligens aut requirens Deum.* Prospexit reverâ Dominus de cœlo, id est de uno quoque prædicatore suo, quos tanquam cœlum insidet. *Super filios hominum*, quando ab apostolis et prophetis se fecit salutariter prædicari; ut quem gentilitas Deum ignorabat esse, per eos manifesta veritate cognosceret. Et revera *filios hominum* sub magna pietate *prospexit*; ut non errantes perderet, sed pœnitentes pia confessione salvaret. Sequitur, *ut videat si est intelligens aut requirens Deum.* Cum

Deus occultorum sit cognitor, et sciat omnia antequam fiant, hic dictum est, *ut videat*, id est videre faciat; sicut et Abrahæ dictum est: *Nunc cognovi quoniam diligis Dominum Deum tuum* (Gen. xxii, 12). Quæ figura dicitur hypallage, id est permutatio, quoties videre aut cognoscere dicimus eum qui videre vel cognoscere nos facit. Quod ideo dictum est, ut incredulis excusatio tolleretur; cum universis gentibus prædicatus Dominus Christus longis ante temporibus nosceretur.

Vers. 4. *Omnes declinaverunt, simul inutiles facti sunt: non est qui faciat bonum, non est usque ad unum.* De illis dicit qui corde durato in scelerato permansere proposito. *Omnes* enim et pro parte possumus dicere; ut ad illos tantum pertineat, qui nefariis persuasionibus excæcantur. Pulchro autem ordine verba descendunt. Prius enim fuit, ut *declinarent*; secutum est, ut *inutiles* sibi *fierent*. Addidit, *non est qui faciat bonum, non est usque ad unum.* Dolor ille cogitationum tanquam erumpens partus effusus est. Repetit verba; quia in obstinatis sensibus fructuosum non potuit invenire remedium. Merito ergo pro illis Ecclesia prodit dolorem suum, de quibus fidelis populus non poterat habere profectum. *Usque ad unum* dum dicitur, omnes negantur. Nam si aliquem bonum voluisset intelligi, non diceret *usque ad unum*, sed præter unum. Et intende quod tertii decimi psalmi quinque versus, qui ad Judæos competenter aptantur, subsequentes ademit; ut totum intellectum generaliter ad omnes incredulos populos absolute transponeret.

Vers. 5. *Nonne cognoscent omnes qui operantur iniquitatem, qui devorant plebem meam sicut cibum panis? Deum non invocaverunt.* Venit ad secundam partem, ubi Ecclesia Dei redarguit excedentes in populum Christianum. Dicendo enim: *Nonne cognoscent*, cognituros esse confirmat; quia facere non debent quod scelerata iniquitate præsumunt. Nam et ipsum verbum præposteratis syllabis patet; intelligendum est enim, ne non *cognoscent*. Quæ figura dicitur anastrophe, Latine perversio, quoties verba converso ordine proferuntur. *Operantur* vero *iniquitatem*, qui fideles Domini laniare contendunt, qui contra mandata ejus viduas opprimunt, pupillos exspoliant. *Qui devorant*, dixit, id est deglutiunt, totaque scelerum velocitate consumunt. Nec illud vacat quod dicit, *plebem meam*; ut ostenderet omnia superiora se dixisse de pessimis, quando eos in augmento sceleris plebem suam devorare testatur. Nam si illud generaliter de humano genere (ut quidam volunt) velis accipere, hic incompetens facta videbitur esse discretio. Et ut aviditatem dilacerationis ostenderet, addidit, *sicut cibum panis*; scilicet qui semper desideranter in usu est. Nam quamvis singulis quibusque temporibus escarum diversitate satiemur, jugiter nobis tamen panis edulium est. Subjunxit etiam, *Deum non invocaverunt.* Ad consolationes fidelium redit, quoniam quæ a peccatoribus contra Domini voluntatem fiunt, **180** fine celerrimo dissipantur; et quidquid præter illum fuerit, velut fumus in auras evanescit æthereas.

Vers. 6. *Illic trepidaverunt timore, ubi non erat timor.* Peccatores mundi istius bona cogitantes, in isto sæculo magis timent, ne adepta felicitate fraudentur, ne divitiis minus perfruantur inventis, ne acquisitis priventur honoribus. Hic enim vivi formidant amittere quæ se tamen norunt humana conditione relinquere. Illa enim non cogitant per quæ verissimo timore torquendi sunt, quando illis erit fletus et stridor dentium. Et ideo subaudiendum est, *ubi non erat timor*, scilicet justus.

Vers. 7. *Quoniam Deus dissipabit ossa hominum sibi placentium; confusi sunt, quoniam Deus sprevit eos.* Versus iste non est dictus in tertio decimo psalmo, sed noviter hic ad confirmandum judicii tempus apponitur; quia totum de ipso dicturus est, quod in illo (sicut dictum est) propter tituli diversitatem non videtur posse congruere. *Deus* enim in futura disceptatione ipsorum *dissipat ossa*, id est obstinationes durissimas, quorum novit atrociter induruisse proterviam. Addidit quoque, *sibi placentium*; quod sceleratorum specialiter esse dignoscitur. Justus enim vir sibi semper displicet, dum carnis suæ vitia cœlesti consideratione castigat. Intelligit enim illam partem fovendam non esse, unde se novit ad æterna supplicia pervenire. In peccatoribus vero contra est; amant unde pereant, desiderant unde damnentur; et placet illis malum per quod pœnas perpetuas sustinebunt; sicut in decimo psalmo jam dictum est: *Qui autem diligit iniquitatem, odit animam suam* (Psal. x, 6). Addidit, *confusi sunt, quoniam Deus sprevit eos.* Istos tales, qui sibi placent, necesse est confundi, quoniam illos certum est a regno Christi omnipotentis arceri.

Vers. 8. *Quis dabit ex Sion salutare Israel? dum converterit Dominus captivitatem plebis suæ.* Venit ad tertiam partem jam lætior mater Ecclesia, ad textum revertens tertii decimi psalmi; ut sicut principium posuit simile, ita finem illi termino concluderet consonantem. *Quis dabit*, addendum est, nisi tu, Domine? Credentis enim verba sunt, non dubitantis. *Ex Sion*, illam dicit speculationem felicem, in qua Dominus aspicitur, et Majestas ipsa vero lumine cordis hauritur. Hæc est *salutaris Israel*, id est quæ vitam præstat populo fideli Deum videnti. Adjecit, *dum converterit Dominus captivitatem plebis suæ*; hoc est, dum adhuc in hoc sæculo plebs devota tribulationum anxietatibus videtur esse captiva, quando ad promissæ libertatis necdum potuit pervenire remedia. Nam quandiu fideles suos hinc liberat, ipse etiam hic *dat ex Sion salutare Israel*, cum labores sanctorum suis beneficiis consolatur.

Vers. 9. *Exsultabit Jacob, et lætabitur Israel.* Versus iste futuram commemorat felicitatem, quando fideles Domini plenissima libertate gaudebunt. Et respice quod in resurrectione generali frequenter patriarcha Jacob nominatur, propter illud: *Jacob dilexi, Esau autem odio habui* (Mal. i, 2, 3). Congrue siquidem dilectus in tanta temporis commemoratione ponitur, ubi sine fine gaudetur. Intulit, *et lætabitur Israel*. Israel interpretari diximus, *Vir videns Deum*. Quod tunc Ecclesiæ sine dubitatione conceditur, quando, sicut illi promissum est, in æterna patria feliciter collocabitur.

Conclusio psalmi.

Studiosissime nobis consideranda est varietas et parilitas ista psalmorum, quando in verbis consonantia, et in intellectu probatur esse diversitas. Absolutissime siquidem prodit divini eloquii coruscabilem dignitatem; ut in iisdem sermonibus salva fide res diversas intelligere debeamus. Nam si coloribus gemmarum datum est varia luce radiare; si avibus quibusdam concessum est diversis splendere coloribus; si camaleontem in uno atque eodem corpore, modo prasinum, modo venetum, modo roseum, modo pallidum humani oculi contuentur, cur et divina eloquia diversitatem intelligentiæ non haberent, quæ frequenter et abyssis comparantur? Nam motu tremulo varia pelagus luce resplendet. Hinc est etiam quod orthodoxi Patres de uno loco diversa dicunt, et tamen omnes salutariter audiuntur: unde et quidam nostrorum ait: Margarita quippe est sermo divinus, et ex omni parte forari potest. Meminisse quoque nos convenit secundum hunc esse psalmum qui de Judæorum increpatione et conversione prolati sunt; qui sicut nunc per utraque Testamenta increpantur assidue, ita residui in sæculi fine salvandi sunt.

EXPOSITIO IN PSALMUM LIII.

In finem, in carminibus intellectus David, cum venerunt Ziphæi, et dixerunt ad Saul: Nonne ecce David absconditus est apud nos?

In finem Christum significari notissimum est. *In carminibus*, id est in psalmi præsentis opere. *Carmen* quippe est, quod metri alicujus pedibus procedens, statutis regulis continetur; sicut omne Psalterium in Hebræa lingua constat esse formatum. Istud ergo carmen Christi significat laudes. *Intellectus* autem *David* Dominum denuntiat Salvatorem, quem ille a proficue [*ed.*, perspicue] semper intelligens, nimio desiderio cupiebat salutariter advenire. Sequitur, *cum venerunt Ziphæi, et dixerunt ad Saul: Nonne ecce David absconditus est apud nos?* Hic iterum historia Regum introducitur (*I Reg.* XXIII, 19); nam Ziphei a vico Syriæ, in quo habitabat Ziph, dicti sunt Ziphæi. Qui venientes ad Saul, prodiderunt David apud se esse celatum. Sed exerentes [*ed.*, exercentes] malitiam suam, sancto viro minime nocere potuerunt. Nunc videamus quos populos nomina ista significent, ut sacramenta hujus psalmi evidentius innotescant. *Ziphæi* significant florentes, quod in isto mundo peccatoribus datum est. *David* autem figuram gerebat Domini Salvatoris, per quem declaratur populus Christianus. In hac ergo similitudine decenter exprimitur, hic perfidos esse florentes ac liberos, et fideles absconditos atque conclusos. Unde nunc propheta a talibus se liberari deprecatur, ne inimicorum manibus eorum proditionibus contradatur.

181 *Divisio psalmi.*

A Saulis periculo propheta liberatus, per totum psalmum Domino gratias agit, quia eum Ziphæorum non potuit nocere proditio. In prima parte deprecatur ne eum inimici fortissimi gravare prævaleant. Secundo loco adversarios suos spirituali pietate supplicat debere converti; quod omnem convenit petere Christianum; ut a florentibus hujus mundi ita debeat liberari, quatenus conversionis eis gratia non negetur.

Expositio psalmi.

Vers. 1. *Deus, in nomine tuo salvum me fac, et in virtute tua libera me.* Figura hirmos, id est convenientia, quæ fit quando series orationis tenorem suum usque ad ultimum servat, totam hanc psalmi partem cognoscitur obtinere. Orat enim propheta ut *in nomine* Domini Salvatoris a persequentium malignitate liberetur. Multi enim in hoc mundo salvari sibi videntur ad præsens, sed non *in nomine* Domini; ut si quis philacteriis vel incantatione sacrilega præsentibus ægritudinibus nonnullis appareat sublevatus; et ut si quis corrupto judice pecuniarum molibus a facinore commisso liberetur. Iste vero illam petit sibi tribui sospitatem, quæ venit a Domino; ut hic utique fide sincerissima perseverans, a pestilentia mundi istius concessa mentis incolumitate salvetur. Sequitur, *et in virtute tua libera me*. Superius petiit ut in hoc sæculo in nomine Domini sumeret medicinam; nunc autem rogat ut in judicio futuro ejus virtute liberetur. Nam sicut hic sub imbecillitate corporis venit, ita ibi in majestatis suæ virtutibus apparebit. Sic in uno versu hæc duo, quæ sunt a religiosis principaliter expetenda, completa sunt. Quod merito unusquisque fidelis, merito dicit populus Christianus.

Vers. 2. *Deus, exaudi orationem meam; auribus percipe verba oris mei.* Repetit iterum nomen Omnipotentis; ut cum frequenter Deus imploratur, non tardetur auxilium. Sed quia poterat exaudire orationem et tacitam, addidit, *auribus percipe verba oris mei*; ut jam non solum cordis instinctum, sed etiam vocis exaudiret affatum [*ed.*, affectum]. Insigniter autem positum est, *percipe*: quia illa proprie percipere dicimur, quæ mentis arcano recondimus.

Vers. 3. *Quoniam alieni insurrexerunt adversum me, et fortes quæsierunt animam meam; non proposuerunt Deum ante conspectum suum.* Causa nunc prædictæ orationis exponitur. Sed cum Ziphæi de tribu Juda fuisse noscantur (unde et propheta traxit originem), quare *alienos* dixit adversus se *insurrexisse?* Verum hic *alienos* non vult peregrini generis viros intelligi, sed operibus a Domino factos extraneos. Merito, quia dum ab illis auxilium defensionis quæsiverit, apud ipsos magis insidias proditionis invenit. *Fortes* enim Saulem vult intelligi cum ministris, quem et potentia regalis erigebat, et livor insanæ mentis armabat. Sequitur, *non proposuerunt Deum ante conspectum suum*. Ille *proponit Deum ante conspectum suum*, qui credit eum ubique esse praesentem, et facile agnoscere quae voluntas nititur humana complere. Perditi autem ideo *non proponunt Deum* ante oculos suos, quia ignorare illum credunt quae scelerata mente concipiunt. Haec est pia oratio quam desiderabat audiri, ne illi permitterentur suas voluntates efficere, quos constabat Deum ante oculos suos non habere.

Vers. 4. *Ecce enim Deus adjuvat me, et Dominus susceptor est animae meae*. Venit ad secundam partem, ubi post orationis devotissimam sanctitatem, auxilium sibi Domini spirituali praesumptione promittit. *Adjuvat*, dixit, utique laborantem; ut potuisset ferre quae supra eum nitebantur impii congregare. Sequitur etiam quod sit istud adjutorium; id est, *et Dominus susceptor est animae meae*. Quem ille suscipit, non solum in laboribus adjuvat, sed etiam a peccatis omnibus miseratus absolvit. Et intuere quia dicit, *animae meae*; ut, etsi corpus periculis exponitur, animae tamen salus illaesa servetur. Ipsam quippe novit in sanctis suis specialiter custodire, per quam in judicio creditur hominem larga pietate coronare.

Vers. 5. *Averte mala inimicis meis: in veritate tua disperde illos*. Cum se miseratione Domini ab inimicorum persecutione propheta cognosceret fuisse liberatum, hanc hostiam bonae voluntatis probatur offerre; ut pro inimicis suis nitatur omnimodis supplicare, quod divina pietas consuevit libenter accipere. Orat ergo ut mala voluntas removeatur ab inimicis ejus, unde eos noverat ingravandos. Sequitur enim, *in veritate tua disperde illos*. Mali cum ad veritatem veniunt, a pristina intentione dispereunt; et nisi aliquis a proposito iniquitatis discesserit, locum in bonis actibus non habebit. Dispereant ergo Ziphaei, ne prodant celatum: dispereat Saul, ne persequatur innoxium.

Vers. 6. *Voluntarie sacrificabo tibi, et confitebor nomini tuo, Domine, quoniam bonum est*. *Voluntarie sacrificat* Domino, qui pro inimicis suis studio pietatis exorat. Nam qui petit inimicorum vindictam, qui se ulcisci desiderat calamitatibus alienis, vel qui propter alia mundi desideria supplicat, *voluntarie non sacrificat* Domino; quia non ejus amore rogat, sed potentiam ipsius rerum aliquarum necessitate deprecatur. *Sacrificare* autem *voluntarie* Domino est, puritatem bonae voluntatis offerre; et propter hoc tantum illum colere, timere, vel amare quod Deus est, quod creator, quod rerum omnium pius probatur esse dispositor. *Sacrificant* etiam *voluntarie* Deo qui inter angustias passionum jugiter gratias agunt; sicut vir sanctus Job fecisse memoratur. Sequitur, *et confitebor nomini tuo, Domine, quoniam bonum est*. Congrue nimis ad superiora respondit; ut in cujus virtute salvus fuerat factus, ejus nomini hostiam confessionis offerret. *Confiteri* enim hic, laudare significat; quia verbum istud (sicut saepe diximus) homonymum est. Addidit, *quoniam bonum est*; illum enim velle laudare, inaestimabile bonum est, unde et mens sancta reficitur, et mundi istius adversitas effugatur.

Vers. 7. *Quoniam ex omni tribulatione eripuisti me, et super inimicos meos respexit oculus tuus* [ms. A., meus]. Sicut in prima parte in fine reddidit causas orationis, ita nunc subjicit rationem confessionis suae; ut quamvis ille voluntarie sacrificasse Domino videretur, Deus tamen concesserat quae profutura cognovit. *Ex omnibus* quippe *tribulationibus* virtute Domini propheta se testatur *ereptum*; quod utique in mundo isto accidere non potest, nisi eis qui in Domini dilectione persistunt. *Super inimicos* autem ejus Ziphaeos *respexit oculus* Domini, quando eos cogitationes nefarias minime complere permisit. Frequenter enim propitius Deus iniqua nos non permittit efficere; ut compuncti debeamus de nostris erroribus supplicare; sicut est Saulus prohibitus, cum a sacerdotibus ad Damascum mitteretur ut Ecclesiam Christi saevissima persecutione vastaret (*Act*. IX, 1). Magna siquidem prosperitate non est permissus agere, unde potuisset ad aeterna supplicia pervenire.

Conclusio psalmi.

Supplicatio ista prophetica, et sanctae deprecationis devota simplicitas utillimum vitae nostrae tradit exemplum; ut quando a Ziphaeis, id est a mundi istius florentibus ingravamur, non ad contentiones levissimas incitemur, sed voluntarie Domino sacrificantes, ejus beneficiis ab omni tribulatione liberemur. Contendamus illi verissime confiteri, ut etiam ignari a nostris compedibus mereamur absolvi. Magna prorsus forma petitionis expressa est; ut, imminentibus quibuslibet periculis, tranquillo et confidenti [ms. A, F, confitenti] animo supplicemus: quoniam novit ille nos ex omnibus tribulationibus eripere, si tamen hic nobis intelligit expedire. *Nos enim quid oremus, sicut oportet, nescimus* (*Rom*. VIII, 26), quos et ignorantiae tenebrosa circumdant, et noxia peccata confundunt.

EXPOSITIO IN PSALMUM LIV.

In finem, in carminibus, intellectus David.

In finem quidem frequenter dictum est; quod tamen non pigebit repetere, si hoc et aliter potuerit explanari. Bene *finis* dicitur Christus, quoniam quidquid recte ac fideliter agimus, ad ipsum constat sine dubitatione referendum; sive quia venit in temporum fine, sicut Apostolus dicit: *Novissime locutus est nobis in Filio* (*Hebr*. I, 2). Hoc etiam significabat quod Moyses dixit: *Occidetis agnum ad vesperam* (*Exod*. XII, 6). *In carminibus*, in laudibus dicit. Admonet enim nos sive in tristitia, sive in gaudio praeconia Domini jugiter personare (unde psalmus iste dicturus est) nec ab ejus aliquando laude discedere. Nam paterno affectu, quando castigat, corrigit; quando consolatur, refovet. Utrumque ergo nobis proficit, si de ore nostro gratiarum actio non recedit. Sequitur: *Intellectus David*. Iste certus *intellectus* est *David*, ut secundum carnem eum Patrem dicamus Domini Christi; sicut in Evangelio cæcus exclamat: *Fili David, miserere mei* (*Luc.* XVIII, 40). Secundum divinitatem vero servum esse fateamur; sicut ipse in centesimo nono psalmo dicit: *Dixit Dominus Domino meo: Sede a dextris meis* (*Psal.* CIX, 1).

Divisio psalmi.

Per totum psalmum duobus diapsalmatibus, quasi geminis oculis decenter appositis, verba sunt Domini Salvatoris ex forma servi, quam integra proprietate declarans, humilitatis nobis saluberrimæ donavit exemplum. In prima parte petit ne in tribulatione positi despiciatur oratio: deprecans liberationis celeritatem, quam ex carnis infirmitate probabatur expetere. Secundo loco Judæorum destrui supplicat iniquitates, quoniam in civitate ipsorum erat contradictio veritatis. Tertio loco dicit quæ obstinatis Judæis pro suis sceleribus noverat evenire. Posthæc introducitur pia consolatio, ne quis fidelium audita severitate Judicis terreretur.

Expositio psalmi.

Vers. 1. *Exaudi, Deus, orationem meam, et ne despexeris deprecationem meam.* Christus Dominus, qui ad nos venit pia miseratione salvandos, vitæ nobis formam tribuens et salutem, ex dispensatione qua passus est, in mundi perturbationibus voluntarie constitutus, primo commate *exaudiri* petit *orationem* suam. Deinde postulat ne ejus *deprecatio despiciatur.* Sed hoc totum per illud dicitur, quod homo Deus esse dignatus est. Poterat enim et *exaudiri* prius, et postea *despici.* Quod evenit eis qui mundi istius bona desiderantes, accipiunt quæ precantur, et tamen postea despiciuntur: quia nequaquam æterna præmia quæsierunt.

Vers. 2. *Intende in me et exaudi me: contristatus sum in exercitatione mea, et conturbatus sum.* Prius est *intendere*, deinde vocem supplicantis audire. Nemo enim aversus exaudit; sed cui aspectus tranquillus conceditur, ipsi et aures placidissimæ commodantur; sicut in alio psalmo dicitur: *Respice et exaudi me, Domine Deus meus* (*Psal.* XII, 4). Deinde redditur causa perfectæ orationis: *Contristatus sum in exercitatione mea, et conturbatus sum.* Pulcherrime Domini Salvatoris uno sermone vitæ cursus exponitur. *Exercitationem* quippe dicimus, quæ nulla remissione, nullo otio conquiescit, sed intenta jugi labore in virtutis gloria perseverat. Exercitabatur namque miraculis, exercitabatur sanctitate doctrinæ: sed *contristabatur* eo maxime, quia fructum justitiæ perfidi non probabantur afferre; sicut evangelista dicit: *Et contristatus est super Jerusalem*, et flevit (*Luc.* XIX, 41). O bonitatis piissimi Creatoris! ut se *contristatum et conturbatum* dicat, quod prædicationibus saluberrimis obstinati populi vesania non credebat.

Vers. 3. *A voce inimici et a tribulatione peccatoris: quoniam declinaverunt in me iniquitatem, et in ira molesti erant mihi.* A voce inimici, et a tribulatione peccatoris, subaudiendum est, libera me; ut possit nobis secundum auctoritatem Hebræam versuum constare divisio. *A voce inimici* petit se *liberari*, quando de ipso dicebat populus Judæorum: *Si Rex Israel est, descendat de cruce, et credimus ei* (*Matth.* XXVII, 42). Petit ergo ut hæc vox perfidorum conspecta resurrectione vincatur. *Tribulatio* vero *peccatoris* erat, quando eum ore sacrilego conspuebant, cædebant alapis ac flagellis, et exprobrationes illi supra verbera geminabant. Sequitur, *quoniam declinaverunt in me iniquitatem, et in ira molesti erant mihi.* Furentis populi impetus, quasi fluminis cursus exponitur. *Declinaverunt* enim in Dominum *iniquitatem*, quia nullam volentes recipere rationem, effusionem sanguinis innocentis expetebant. Et nota quam magnæ causæ verbis singulis explicantur. Judæos dicit vehementer accensos, quos ira fervida præcipitabat ad facinus. Nam quod ad se pertinet dixit, *molesti erant mihi*; quod solet nobis contingere, quando procacitate superflua reddimur inquieti. Audiant insipientes Judæi Domino se tantum fecisse molestiam, sibi autem perpetuam ruinam.

Vers. 4. *Cor meum conturbatum est in me, et formido mortis cecidit super me.* Hic iterum humilitas humanitatis exprimitur; nam quamvis lege carnis ejus animus turbaretur, divinitatis tamen suæ præsidio dolores corporis, tormentaque vincebat. Nam si hoc in martyribus Dei virtus operatur, quanto magis in illa dispensatione carnis suæ tormentorum sensus vehemens non poterat prævalere. Implevit patiendo verum hominem; sed et per se vincendo talia, idem ipse Deum se esse declaravit. Addidit, *et formido mortis cecidit super me.* Sua suis apte redduntur. Consequens enim erat ut cujus *cor conturbatum* fuerat, eum et *formido mortis* invaderet. Inspiciamus quod dicit *formido mortis cecidit super me.* Revera cecidit, quando supra eum venit, ulterius non valitura quod potuit. Morte siquidem Domini momentanea, mors perpetua victa est, quæ sibi dominatum in humano genere vindicabat; sicut Apostolus dicit. *Absorpta est mors in victoria tua. Ubi est, mors, contentio tua? ubi est, mors, aculeus tuus* (*I Cor.* XV, 54, 55)?

Vers. 5. *Timor et tremor venerunt super me: et contexerunt me tenebræ.* Exitus nostri morem certissima proprietate describit. Mortem enim prius timemus, deinde contremiscimus; quia separatio ista corporis animæque sine conturbatione maxima non potest evenire. Sequitur, *et contexerunt me tenebræ.* Vicinia mortis tenebrarum præmittebat aspectum, quia frequenter illa conspicimus animo, de quibus nos ventura solet conturbare formido.

Vers. 6. *Et dixi: Quis dabit mihi pennas sicut columbæ, et volabo et requiescam?* Post conturbationes mortiferas, et verissimæ humanitatis indigentiam, necesse fuit liberationem expetere, quam sibi noverat conferendam. Ait enim: *Quis dabit mihi*, scilicet nisi tu, Pater, qui humanam naturam usque ad cœlorum regna perducens, ad tuam dexteram collocabis? *Pennæ* a pendendo dictæ sunt, quæ corpus avium in auras æthereas sublimi levitate suspendunt. Sed inspice quod pennas non aquilæ, non accipitris, non hirundinis, quæ his omnibus celerius volant, sibi dari postulat, sed *columbæ. Columba* enim dicta est quasi cellæ alumna, quæ vitam sine alterius gravamine peragit. Avis innocens, mansueta, quæ in nullum animal fellita voluntate consurgit, nec escis sordidis ullatenus acquiescit. Merito ergo *columbæ pennas* Dominus Christus expetiit: in cujus specie supra eum baptizatum Spiritus quoque sanctus apparuit (*Matth.* III, 16). Sequitur: *Et volabo, et requiescam. Volabo,* id est celerrima me velocitate transponam. Significat enim quando molestias Judæorum vitavit, ut ab eorum iniquitate quiesceret; quod etiam versus sequens ostendit.

Vers. 7. *Ecce elongavi fugiens, et mansi in solitudine.* Illa loca Evangelii commemorat, quando crebris miraculis seditiones sibi concitavit omnimodis perfidorum. Ait enim Marcus: *Et diluculo valde surgens, egressus abiit in desertum locum, ibique orabat* (*Marc.* I, 35, 45); et paulo post sequitur, *ita ut jam non posset manifeste in civitatem introire, sed foris in desertis locis esset. Elongavit* enim a persequentibus, ut occasionem iracundiæ insanis mentibus abrogaret; *mansit in solitudine,* ut imperturbati secreti puritate frueretur: tali facto nos commonens, ut quando iniquitatis alicujus fasce deprimimur, in secreto conscientiæ quiescere debeamus. Sive illud potest intelligi: quoniam a Judæis perfidis recedens, *in solitudine* gentium *mansit. Solitudinem* vero gentes appellari propheta testatur dicens: *Lætare, desertum sitiens, et exsultet desertum, et floreat tanquam lilium, et floreant et exsultent deserta Jordanis* (*Isai.* XXXV, 1).

Vers. 8. *Exspectabam eum qui salvum me fecit a pusillanimitate spiritus et tempestate.* Venit ad secundam partem. Intercedente enim diapsalmate mutavit et causam. Dixerat quippe requievisse se in solitudine: nunc autem pronuntiat Patris se exspectare præsidium, qui eum poterat a corporea infirmitate salvare [*ms. A.,* sanare]. Non enim se securum factum solitudine putavit, qui adhuc præsidia paterna sustinuit; præbens nobis saluberrimæ institutionis exemplum, ut non in adjutorio cujusquam alterius, sed in ipsius tantum liberatione præsumamus. Et quia dixerat se superius perturbatum, ideo nunc modici animi se fuisse testatur. Hæc enim et his similia ad humanitatis sunt referenda naturam. Pusillum enim a pugillo dictum est, parvum aliquid atque brevissimum, quantum unius manus capacitas constricta possit includere. *Tempestatem* vero dicit procellas seditionum, quas Judæi præcipites, similes fluctibus commovebant.

Vers. 9. *Præcipita, Domine, et divide linguas eorum, quoniam vidi iniquitatem et contradictionem in civitate.* Illic Judæo populo salutariter imprecatur, ut divisione linguarum malitiæ suæ non impleret effectum; sicut in turri illa factum est quam metu recentis diluvii in altum homines extendere tentaverunt, ubi primo linguarum facta est confusa divisio (*Gen.* XI, 4). Ante enim mundus Hebræis tantum, sicut putamus, sermonibus utebatur. Sed specialiter mente condendum est, quia iratus linguas divisit, propitius autem in suis apostolis adunavit: ibi ne superflua vota complerent, hic ut universæ gentes per propriam linguam prædicationem veritatis agnoscerent. *Præcipita* dixit, ne muniant cogitationes suas machinatione perversa. *Divide,* ne in perniciosam confluant unitatem. Sequitur, *quoniam vidi iniquitatem et contradictionem in civitate.* Digne illos dividi postulabat, quos iniquos fore in sacrilegis congregationibus præsciebat. Et merito solitudines expetiit, quoniam *iniquitatem in civitate* eorum esse cognovit.

Vers. 10. *Die ac nocte circumdabit eam super muros ejus iniquitas; et labor in medio ejus, et injustitia.*

Vers. 11. *Et non defecit de plateis ejus usura et dolus.* In duobus istis versibus Jerusalem pristinæ, triplici modo mores pessimi rationabiliter accusantur. Dicit enim: *Die ac nocte,* id est omni tempore *circumdabit eam super muros ejus iniquitas;* ut quantum murorum machina in altum potuit crescere, multo magis ibidem malitia se proterva distenderet. Sequitur: *Et labor in medio ejus, et injustitia.* Prius muros dixit, ut cunctos habitatores includeret; nunc dicit, et medium civitatis, designans nobilissimos et primates, qui honorabili sede videri volunt semper in medio constituti. Hos non lex, non ratio, sed *labor et injustitia* possidebat. *Labor* respicit ad exercendas oppressiones, *injustitia* pertinet ad nefanda judicia. Subjungit tertium modum: *Et non defecit de plateis ejus usura, et dolus.* Intendamus quod non dixit, occulte, sed in *plateis* talia fuisse commissa, quæ lex superna damnavit. De *usura* enim dictum est: *Qui pecuniam suam non dedit ad usuram* (*Psal.* XIV, 5). De dolo autem: *Et labia tua, ne loquantur dolum* (*Psal.* XXXIII, 14). Hæc non occulte gessit, sed quodammodo libera iniquitate commisit. Omne enim malum exsecrabilius redditur, quando publica præsumptione tractatur. Memento autem illius schematis quod a parte significat totum. Multi enim illic inventi sunt qui sacras prædicationes devotis mentibus acceperunt.

Vers 12. *Quoniam si inimicus meus maledixisset mihi, supportassem utique; et si is qui oderat me, super me magna locutus fuisset, absconderem me utique ab eo.* In isto versu et duobus aliis qui sequuntur, Judas perfidus exprobratur, quia caveri potuisset, si publicus fuisset inimicus. Nam quomodo eum haberet suspectum, qui videbatur esse discipulus? Dicit enim: *Quoniam si inimicus meus maledixisset mihi, supportassem utique:* quia revera venisset adversus ad jurgia jaculanda; et debet patienter accipi quod inopinatum non probatur assumi. Et intellige quam humili verbo usus est, ut diceret, *supportassem;* quod consuetudo humanis calceamentis nomen imposuit. Non est ergo insolitum, ut ille diceret, *supportassem,* qui se etiam scarabæis et vermibus comparavit. Quæ figura, sicut sæpe memoratum est, dicitur metriasmos, id est mediocritas. Sequitur, *et si is qui oderat me, super me magna locutus fuisset, absconderem me utique ab eo.* Hinc quoque mirabilis patientiæ monstratur exemplum; ut inimicis magna, id est superba loquentibus non in contentiones erumperet, aut aliqua altercatione resisteret, sed locum verbis daret insanis. Et ne adhuc sanctam mentem malevolorum sermo sequeretur, se dixit *abscondere;* ut procacitas necessario desineret, cum adversarium non videret.

Vers. 13. *Tu vero homo unanimis : dux meus, et notus meus.* Hic et sequens versus increpative quidam legendi sunt. Sed consideremus sub qua patientia : adhuc *unanimis,* adhuc *dux,* adhuc *notus* dicitur, qui futurus hostis, et crudelissimus traditor per omnia noscebatur. *Unanimis* ad illud pertinet, quia inter apostolos fuit; *dux,* quoniam ad vicos et castella præmissus est, ut prædicatione verbi rudes animos imbuisset. *Ducem* vero bene dicimus itineris præcursorem. *Notus* autem ad illud pertinet, quod ejus proditio fuisse non probatur abscondita, quando Christus Dominus traditorem eum in convivii [*ed.*, communi] epulatione prædixit; et alio loco dicit : *Nonne ego vos duodecim elegi? sed unus ex vobis diabolus est (Joan.* vi, 71).

Vers. 14. *Qui simul mecum dulces capiebas cibos : in domo Dei ambulavimus cum consensu.* Grandescit culpa, cui [*ed.*, cum] beneficia reputantur eximia. Quod schema dicitur emphasis. Nam quævis malignitas ciborum semper comestione mitescit; nec solet esse sævus, qui dulcis mensæ gratificatione delinitur. Congrue siquidem corporales cibos stulto homini cognoscimus imputatos, quos ille tantum dulces poterat æstimare. Nam si dogmaticos cibos, quos ante perceperat, retinere voluisset, ad tantum sacrilegium non veniret : de quibus cibis fidelibus dictum est : *Gustate et videte quoniam suavis est Dominus* (*Psal.* xxxiii, 9). Sequitur, *in domo Dei ambulavimus cum consensu,* id est in templo Jerosolymitano, ubi inter ejus videbatur esse discipulos; ut simul vocatus incederet, simul ejus collegia sequeretur. *Consensus* enim perfidi hominis ad conventicula processionum pertinet, non ad propositi firmissimam sanctitatem. Et ut nobis absoluta verborum possit stare contextio, isti et superiori versui jungendum est, *cur me tradebas?*

Vers. 15. *Veniat mors super eos, et descendant in infernum viventes : quoniam nequitia in hospitiis eorum, in medio ipsorum.* Cum de Juda superius singulariter sit locutus, nunc per sententiam communis pœnæ convertitur ad Judæos. Sed movere potest quare dixerit : *Veniat mors super illos,* et subjunxit, *et descendant in infernum viventes,* quod utique fieri non potest, ut et moriatur aliquis, et vivus descendat ad inferos. Sed hoc magis spiritualiter accipiendum est; quia more suo emendationem magis quam consumptionem venire postulat inimicis. *Mors* enim dicitur vitæ finis; et qui in meliorem partem convertitur, occasum prioris conversationis merito reperisse judicatur. *In infernum autem descendunt viventes,* sicut parvitati nostræ videtur, qui cogitationes suas pessimas expavescunt, et ad melioris institutionis tramitem divinæ gratia transferuntur. Sic enim quasi *in infernum viventes descendimus,* quando malorum nostrorum recordatione terremur. Tali siquidem intellectu prædictam evadimus quæstionem. Juste quoque illos petit converti, qui in suo pectore quasi in quodam hospitio nequitiam susceperunt. Et bene dixit, *hospitio;* ut ostenderet malitiam non esse naturalem, sed adventitia quadam hospitalitate susceptam. Quod autem dixit, *in medio,* designat præcordia eorum; ut perniciosissima cogitatio monstraretur, quæ cor hominis obtinebat.

Vers. 16. *Ego autem ad Deum clamavi : et Dominus exaudivit me.* Malorum increpationibus, ut decebat, præmissis, ad sua desideria votaque remeavit, ex forma servi verba depromens. *Clamavit* enim jugiter *ad Deum,* qui se divina conversatione tractavit; et consequens erat illum exaudiri, qui a majestate sua non poterat segregari. Quod schema dicitur prosphonesis, Latine exclamatio : quoties inter alia quæ loquimur, ad Deum subito verba convertimus.

Vers. 17. *Vespere, et mane, et meridie narrabo et annuntiabo, et exaudiet vocem meam.* Intendamus animo, quia hæc verba magna sacramenta nobis denuntiant. *Vespere* significat tempus traditionis, quando eum Judas cohortibus noscitur prodidisse quærentibus. *Mane,* cum ad Pontium Pilatum perductus est audiendus. *Meridie,* quia hora sexta, ut evangelista dicit, in cruce suspensus est. *Meridies* quippe dictus est, quasi medius dies. His consequenter verba redduntur. *Narrabo* pertinet ad vesperam : quia omnia locutus constat, quæ Judas nequissimus facere disponebat. *Annuntiabo,* ad mane respondet, quando dicente Pilato : *Tu es rex Judæorum (Joan.* xviii, 33); *Annuntiavit : In hoc natus sum,* et cætera quæ ibi dicuntur a Domino. Junxit etiam, *et exaudiet vocem meam;* ad *meridiem* pertinet, quando in cruce dixit : *Consummatum est; et emisit spiritum (Joan.* xix, 30). O mira brevitas! In hoc uno versiculo tam magnus actus ille narratus est, ut quod in illa latitudine cognoscitur expositum, in hac brevitate probaretur esse collectum.

Vers. 18. *Liberavit in pace animam meam ab his qui appropinquant mihi, quoniam inter multos erant mecum.* Hoc est quod superius exauditam dicit vocem suam, ut resurrectionis beneficio ejus *anima liberaretur in pace.* Et a quibus *liberaretur* consequenter exponit : *ab his* scilicet *qui appropinquant mihi.* De illis dicit qui laudibus fictis reddere videbantur obsequium, et corde favebant nihilominus inimicis, a quibus merito animam suam dicit esse liberatam. Erat enim gravissimum inimicitiæ genus esse corde adversarios, et lingua simulare devotos.

Vers. 19. *Exaudiet Deus, et humiliabit eos, qui est ante sæcula. Exaudiet* utique superiora quæ dicta sunt. *Humiliabit eos*, scilicet ad credendum ; ut qui per superbiam fidem declinaverant Christianam, per humilitatem iterum lumen veritatis agnoscant. Nam quod additum est, *qui est ante sæcula*, Verbum significatur coæternum Patri : ne ex tempore aliquo exstitisse videretur qui sæcula creavit universa. Tempus enim tunc cœpit, quando mundus sumpsit initium. Desinat ergo Arianorum insana temeritas, Creatorem temporum prædicare sub tempore; dum coæternus Patri, et consubstantialis, cum sancto Spiritu incommutabiliter unigenitus Filius perseverat.

Vers. 20. *Non est enim illis commutatio, et non timuerunt Deum*. Interjecto diapsalmate venit ad tertiam partem. Prius enim solita pietate converti optavit errantes : nunc virtute divinitatis suæ futura cognoscens, sensum esse dicit incommutabilem perfidorum, quia duritia mentis non poterat recipere veritatem. *Commutationem* vero duplici modo debemus accipere, sive istam quæ hic fit, quando ad confessionem piam ab obstinata voluntate transitur, sive illam quam dicit Apostolus : *Omnes resurgemus, sed non omnes immutabimur* (*I Cor*. xv, 51). Quapropter qui hic commutatus non fuerit, ibi non potest immutari. Sed de istis talibus quare non commutabuntur, causa subsequitur : quia *non timuerunt Deum*. Nam qui timet Deum, a sua perfidia commutatur, dum judicii pavore et charitatis studio eligit dominicis jussionibus obedire. Et nota quod in hoc et in duobus aliis versibus qui sequuntur, pariter eorum et ultiones dicit et culpas.

Vers. 21. *Extendit manum suam in retribuendo : contaminaverunt testamentum ejus*. Ipsa nunc allegorice dicuntur, quæ in futuro judicio sunt agenda cum perfidis. *Manum* hic virtutem operationemque significat, quæ tunc fit, quando illa discretio bonorum malorumque provenerit. Subjungit etiam cur Judæos pœna justissima consequatur ; quia mandata Domini pravis actibus polluerunt, nec passi sunt credere quod eis cognoscitur Scripturarum veritas prædicasse. Ille enim *testamentum* Dei, quantum ad se est, *contaminat*, qui minime ipsius imperiis obsecundat.

Vers. 22. *Divisi sunt ab ira vultus ejus; et appropinquavit cor ejus*. Hoc dicit quod in illa judicatione futurum est. *Dividuntur* enim perfidi a populo fideli, et tanquam arsuræ paleæ segregantur a granis. *Ab ira vultus ejus*, judicii tempus exprimitur. *Ira* enim hic pro vindicta ponitur, quam pro suis actibus impii sustinebunt. Cæterum ille incommutabiliter omnia placideque decernit [*ed*., discernit]. Addidit, *et appropinquavit cor ejus*. Ipsum adhuc tempus exponit, quando *cor* Domini, id est voluntas ejus omnibus innotescit. Illo enim tempore *appropinquavit cor ejus*, quando illud quod hic per prophetas suos præcinuit, et per Apostolos prædicavit, generalitas manifestissime tunc videbit. Sed cur illa faciat quæ dicta sunt, subsequenter exponit.

Vers. 23. *Mollierunt sermones suos super oleum, et ipsi sunt jacula*. *Mollierunt* enim perfidi Judæi *sermones suos*, quando dicebant : *Magister, scimus quoniam a Deo venisti, et viam Dei in veritate doces* (*Matth*. xxii, 16). In mundo enim quid lenius oleo? Sed exaggerationem nimiam supra oleum perfidorum sermones dicit esse mollitos, ne tanto sceleri par potuisset aliquid inveniri. *Ipsi etiam fuerunt jacula*, quando dixerunt : Reus est mortis (*Matth*. xxvi, 66); hoc enim sermones illi probantur effecisse, quod *jacula*. O exsecranda diversitas potuisse homines mollia loqui, cum essent tam dura facturi!

Vers. 24. *Jacta in Deum cogitatum tuum, et ipse te enutriet; non dabit in æternum fluctuationem justo*. Cum de perfidis Judæis cœlestis justitia loqueretur, saluberrimum consilium nostris infirmitatibus dedit. Cogitatio enim sæculi nos semper affligit, quam si non abjiciamus, atterimur; sicut Salomon ait : *Quemadmodum vermis ligno, et tinea vestimento ; ita tristitia viri nocet cordi* (*Prov*. xxv, 20). Sed quando jactatur in Dominum, non solum non nos consumit, sed etiam nutrit; ut quæ solet imminuere, augmentum nobis videatur afferre. Sequitur, *non dabit in æternum fluctuationem justo*. Vera est Domini immutabilisque sententia, sed si eam qua dicta est integritate noscamus. Justis in isto solo, sæculi non admittit *fluctuationes*, quia hic eos temporaliter probat, ut ibi quos coronet inveniat. *In æternum* autem, sicut hic dicit, neminem permittit justissimum fluctuare, quando jam perpetua pace cum ipsis cognoscitur in æternitate regnare. Ibi enim nequaquam excitabitur fluctus, ubi est semper tranquillissimus portus.

Vers. 25. *Tu vero, Deus, deduces eos in puteum interitus*. Quia dixit de justis, nunc dicit de impiis, qui in gehennæ profunditatem mergendi sunt. *Puteus* quidem dicitur hiatus patens, in terræ sinibus excavatus, aquas continens humanis usibus attributas. Sed ne hunc *puteum* vitalem intelligere potuisses, addidit, *interitus* : de quo alio in loco legitur : *Neque aperiat super me puteus os suum* (*Psal*. lxviii, 16). Fovea mortalis, mersura terribilis, ubi nec spatium ullum conceditur, nec ipsa miseris respiramina præstantur; sed obscuritas tenebrosa circumdans, amœni luminis tollit aspectum. Ex putei siquidem similitudine, gehennæ tormenta nos admonet formidare. O pietas inaudita judicantis! totum hominibus prædicitur, ut culpa plectibilis evitetur.

Vers. 26. *Viri sanguinum et dolosi non dimidiabunt dies suos*. Numerum pluralem sanguis Latina lingua non recipit; sed hoc magis Scripturæ divinæ proprium esse dicimus. *Viri* siquidem *sanguinum* proprie non dicuntur qui innocenter humanum fundunt cruorem, quoniam et justi judices disciplinæ necessitate constricti, quæ quietos populos reddit, interdum puniunt nocentes; et ille qui violentum repellit, cruorem sævissimi hostis effundit : maxime cum legamus justa bella viris sanctis a Domino fuisse præcepta. Quapropter addidit, *et dolosi*; ut illum tantum intelligeres reum, qui per insidias et iniquissimum dolum, alienum quærit exitium. Hos tales implere non dicit *dies suos*, quando cum sibi longam vitam promittunt, exitum celerrimæ mortis inveniunt,

Nam omnium dies in praedestinatione noscuntur esse definiti: sed illis *dimidiabuntur dies sui*, quibus contra dispositum proprium provenire monstratur occasus. Ideo enim additum est *suos*, ut voluntarios intelligeres, non a Domino constitutos.

Ego autem in te sperabo, Domine. Illos tales quibus celerrimus evenit finis, in se sperasse non dubium est. Dominum autem Salvatorem, cujus haec verba sunt, ex forma servi in Patrem sperasse manifestum est: Passionis psalmum solito more concludens, se dicit *sperasse in Dominum*, ut significaret corda fidelium in spe Domini semper esse defixa. Frequenter enim caput loquitur, quod membris aptare debeamus. Quapropter et hujus hymni modum, sicut in trigesimo quarto psalmo jam dictum est, debemus exquirere praefinitum. Primum, quoniam ex Domini Christi persona prolatus est. Deinde, inchoavit ab oratione. Tertio dominicae passionis gesta memoravit. Quarto, verbis evangelicis assona veritate consensit. Quinto, in spe fidelium magna finitus est; ut dubium non sit praesentem psalmum praescriptis regulis convenisse.

Conclusio psalmi.

Audivimus vivificatorem creaturarum animam suam posuisse pro salute mortalium. Audivimus impassibilem Deum carne suscepisse pro peccatoribus passionem. Audivimus Patri coaeternum mortis subiisse supplicium. O inaestimabile pretium, quod redemit genus humanum! O holocaustum, quod nobis praestitit aeternas flammas evadere! Interitus, qui tulit exitium; finis, qui dedit bonum sine fine mansurum. Nam cum provenit in innocentem mortis aculeus, factum est ut jure perderet quos tenebat obnoxios. Deglutivit enim infernus more piscium exitium suum; et qui se capere praedam credidit, praedatorem suum potius deceptus excepit. Unde papa Leo sedis suae compar, pulchre locutus est dicens (*Epist.* 97, *ad Leon. Aug., cap.* 2): Quamvis multorum martyrum in conspectu Domini pretiosa mors fuerit, nullius tamen insontis occisio fuit redemptio peccatorum. Acceperunt enim justi, non dederunt coronas; et de fortitudine fidelium exempla nata sunt patientiae, non dona justitiae. Singulares quippe in singulis mortes fuerunt, nec alterius quisquam debitum suo fine persolvit. Inter filios autem hominum unus solus exstitit Christus, qui vere erat Agnus immaculatus, in quo omnes crucifixi, omnes mortui, omnes sepulti, omnes sunt etiam suscitati. Praesta, piissime Deus, ut qui in assumpta carne pro nobis dignatus es pati, regni tui consortia nobis largiaris. Memoria quoque tenendum est quod hic psalmus tertius est eorum qui de passione et resurrectione Domini latius sunt locuti.

EXPOSITIO IN PSALMUM LV.

In finem, pro populo, qui a sanctis longe factus est, David in tituli inscriptione, quando tenuerunt eum allophyli in Geth.

Titulus hic duplicia continet sacramenta. Una pars est Evangelii usque ad illud quod ait, *in tituli inscriptione*; alia Veteris Testamenti usque ad terminum tituli. Primo dicit *In finem*, quod Christum significare frequenter expositum est. Deinde *pro populo, qui a sanctis longe factus est, David in tituli inscriptione.* *Tituli inscriptionem* diximus in Passione Domini ideo non fuisse deletam, quia longe ante fuerat prophetatum: *Ne corrumpas tituli inscriptionem.* Sed Pontio Pilato Judaicus populus imminebat, ut contra vaticinia prophetarum hujus *tituli* emendaretur *inscriptio*: nolens suum Regem dici, quem insanis mentibus respuebat. Quae voluntas eos *longe fecit a sanctis*, quando fideles Christum suum Regem dici tota mentis intentione festinant. *Cum tenuerunt eum allophyli in Geth*; hoc est quod Regum textus enarrat (*I Reg.* XXVII, 2, 3): quia David Saulis insecutione perterritus, in civitate *Geth* apud allophylos se credidit occulendum. Sed quia diximus haec omnia mysticis similitudinibus exponenda, *Geth* significat torcular, id est pressuram, quam omnis patitur Christianus. Sed tunc fructum reddit uberrimum, cum tribulationum fuerit fasce depressus. Et ideo in tali superscriptione loqui rationabiliter aptatur Ecclesia, quae allophylorum, id est alienigenarum persecutionibus ingravata, tanquam nectareos liquores merita sanctorum copiosa libertate profundit.

Divisio psalmi.

Diversis afflictionibus onerata, in prima sectione psalmi mater orat Ecclesia, confidens se tamen a saevientibus inimicis esse liberandam. Secunda sectione proprias enumerat passiones, gratias agens quia de crebris periculis sit erepta; nec se dicit formidare mala, quae cognoscit esse celeriter transitura. Tertio 187 loco in futura illa beatitudine laudes se dicit Domino jugiter cantaturam, qui eam de hujus saeculi adversitate liberavit.

Expositio psalmi.

Vers. 1. *Miserere mei, Domine, quoniam conculcavit me homo; tota die bellans tribulavit me.* Virgo mater Ecclesia, quae fideles populos parit, nec a sua integritate discedit, coelestem Sponsum piis lacrymis rogat ne se patiatur ab inimicis opprimi, quae adhuc in mundi istius cognoscitur calamitate versari. *Conculcavit*, retulit quod in titulo dixit ad torcular, quia tantum vinum exprimitur, quantum enixius uva calcatur. *Hominem* hic significat absolute diabolum, sicut in Evangelio de ipso Dominus dicit: Inimicus autem homo qui superseminavit zizania, est diabolus (*Matth.* XIII, 28). Sequitur: *Tota die bellans tribulavit me.* Describit quid in hoc mundo sancta patiatur Ecclesia: quia sine aliqua intermissione diaboli cognoscitur certamina sustinere, sicut dicit Apostolus: *Non est nobis colluctatio adversus carnem et sanguinem, sed adversus principes et potestates tenebrarum harum* (*Ephes.* VI, 12). Bellum grave, quia occultum; pugna difficilis, quia cum fortiore dimicatur. Quale est enim cum hoste confligere, et ejus insidias non videre? Adversarius quoque noster nec labore deficit, nec victus aliquando discedit; sed tanto atrocior redit, quanto eum per divinam gratiam debellari posse contigerit. Bellum vero schematice per antiphrasim dicimus, sicut lucum qui non lucet, et piscinam quæ non habet pisces. Quapropter nullus se queratur fidelium frequentissima diaboli machinatione vexari, quia si Christi esse volumus, hic adversum semper diabolum sustinemus.

Vers. 2. *Conculcaverunt me inimici mei tota die, ab altitudine diei, quoniam multi qui debellant me, timebunt.* Gravissimum quidem genus injuriæ est, usque ad pedum contumeliam pervenire; sed inde procedit quod sanctis altaribus offeratur. Vinum enim non profluit, nisi pedibus uva tundatur: sic in membris suis Ecclesiam *conculcat inimicus,* ut sanctorum inde merita gloriosa nascantur. Repetit quoque, *tota die,* ut revera intelligas in hoc sæculo nullum tempus omnimodis a talibus tentationibus alienum. Nam quod dicit: *Ab altitudine diei,* mundum istum significat, ubi tumet altitudo superbiæ. Nam sicut Christi regula humilitatem præcipit, ita diaboli consuetudo ruinosæ altitudinis culmina persuadet. Et ut grande pondus suæ compressionis exprimeret, ab altitudine superbiæ se dicit fuisse calcatam, ut nec leve pondus crederes, quod tanta mole premeretur. Sequitur, *quoniam multi qui debellant me, timebunt.* Non vacat quod *multos* dicit, et non omnes *timere;* scilicet quoniam ex ipsis qui Ecclesiam debellant, plurimi convertuntur ad Dominum, et incipiunt æterna exitia non timere, cum beatorum partibus aggregantur. Illi autem qui in sua obstinatione permanserint, omnes timebunt pœnale sibi judicium, quando Domini declaratur adventus. Felix commutatio, ut hic parvo tempore caste timeant fideles, et in illa perenni exsultatione securi sint. At contra infelicium sors omnino durissima est, hic sub brevitate gaudere, et in illa perpetuitate cruciari.

Ego vero in te sperabo, Domine. Dicit causam quare sic non timere debeat, sicut impii formidabunt: quoniam sperat in Domino, qui nunquam in se decipit [ms. A., despicit] confidentes; sicut Salomon ait: *Quis speravit in Domino, et confusus est? Aut quis permansit in timore illius, et derelictus est* (Eccli. II, 11, 12)?

Vers. 3. *In Deo laudabo sermones meos tota die, in Deo* [ed., *Domino*] *sperabo; non timebo quid faciat mihi homo. In Deo laudat sermones* suos, qui omne quod bene loquitur non sibi, sed divinis cognoscitur muneribus applicare. Suos ita intelligendum est, non qui proprio proferuntur arbitrio, quoniam semper mali sunt; sed qui Domini largitate concessi sunt. Nostra enim quæ nobis data sunt recte dicimus, si tamen eadem concessa nobis Domini munere sentiamus. Sed hoc *tota die,* id est universo vitæ tempore constat esse faciendum, et cum adversis deprimimur, et cum prosperis sublevamur. Sequitur, *in Deo sperabo; non timebo quid faciat mihi homo.* Sententia ista, nisi subtiliter quæratur, superioribus videtur esse contraria. Nam cum se conculcatam diceret, et debellatam ab homine, et imminentia pericula metuens, misericordiam Domini postularet, hic iterum asserit se hominem non timere. Utrumque verum, quoniam prius dum præsentes calamitates, id est sæculi istius aspiceret, formidavit; nunc timorem, cum futura contuetur, abjecit. Quid enim poterat ab homine pati, qui spem suam posuerat in illa retributione judicii? Sæviat licet carnificum manus, præparentur incendia caminorum, omnia tormenta despicit Ecclesia in membris suis, quæ exspectat Domini munera Salvatoris.

Vers. 4. *Tota die verba mea exsecrabantur; adversum me omnia consilia* [ms. A., *omnes cogitationes*] *eorum in malum.* Venit ad secundam partem, ubi sub dolore conqueritur verba prædicationis suæ continue a perfidis exsecrata: quia cum vera diceret, detractiones abominabiles incidisset; quod ad hæreticos, vel male latentes pertinet Christianos, qui dum verba Domini audiunt, salutaria dicta contemnunt. Sequitur, *adversum me omnia consilia eorum in malum.* Consilia solent providere quæ prosint, a consulendo enim dicta sunt. Sed ut intelligeres tractatus eorum nulla bonitate subsistere, addidit, *in malum:* ne quid eos boni in illa crederes deliberatione tractasse.

Vers. 5. *Inhabitabunt et abscondent: ipsi calcaneum meum observabunt, sicut exspectavit anima mea.* Isti ergo subdoli Christiani habitare publice videntur Ecclesiam, et congregationes sequi, conventusque populorum; sed virus suæ perversitatis abscondunt; nec palam ausi sunt prodere, quod sciunt apostolicas regulas non habere. Malum intestinum, vulnus insanabile, quod quanto plus tegitur, tanto amplius incurabili putredine sauciatur. Sequitur, *ipsi calcaneum meum observabunt.* Mos iste diabolicus est, vel eorum qui ministri ipsius esse noscuntur; ut *calcaneum,* id est ultima nostra insidiosa calliditate respiciant, sicut serpenti a Domino dictum est: *Illa tuum observabit caput, et tu insidiaberis calcaneo ejus* (Gen. III, 15). Scit enim diabolus finitima nostra judicari, et ipsa vult evertere, ut possimus ad reatus discrimina pervenire. Addidit, *sicut exspectavit anima mea,* id est, sicut ante **188** prævidi, sicut instructa fui, sicut a Domino regulam prædicationis accepi.

Vers. 6. *Pro nihilo salvos facies eos; in ira populos confringes, Deus.* Illos quos superius dixit insidiatores, et venenosa se simulatione celantes, hic per gratiam Domini facile promittit esse salvandos; ut de nullo errantium desperare debeat, quamvis culpabilem esse cognoscat. Nam quod dicit, *Pro nihilo salvos facies eos,* significat quia gratis omnia sub [ed., *sua*] pietate concedit; nec cujusquam meritum exigit, ut possit proprio labore salvari. Quid enim meruit Latro, ut sic paradisum velociter introiret? Quid Publicanus, qui repente de templo absolutus exivit? Ipse dedit confessionis subitum votum, qui donavit et præmium. Constat ergo *pro nihilo* peccatores *salvos fieri,* quando certum est conversionem gratuita largitate concedi. Sequitur, *In ira populos confringes, Deus.* Prius dixerat malignam turbam esse liberandam, nunc quemadmodum salvari possit exponit. Justitia Domini, quæ putatur *ira*, *confringit populos contumaces*. Nam cum tribulationibus eorum corda quassaverit, et diversarum augustiarum numerositate compleverit, ab iniquitate revocati, compelluntur Domino confiteri; et per iram ejus videtur fieri, cum ille placidus atque immutabilis salutis nostræ causas noscatur operari.

Vers. 7. *Vitam meam annuntiavi tibi; posui lacrymas meas in conspectu tuo, sicut in promissione tua*. *Vitam suam annuntiat* Deo, qui peccata propria confitetur, sicut fecit Apostolus dicendo: *Prius fui blasphemus, et persecutor, et injuriosus* (*I Tim*. I, 13). Hoc est enim gloriam Deo dare, ut publice denuntiemus quales nos dignatus fuerit sustinere, et ad conversionem adducere, qui merebamur peccatis facientibus interire. Et inspice quod dicit, *vitam meam*, quæ semper probatur esse culpabilis. Quando enim non aut cogitando delinquimus, aut verbis offendimus, aut labili actione peccamus? *Vitam* ergo suam, sicut perfidi abscondunt, ita fideles *annuntiant*; non ut eam Deo notam faciant, qui nullatenus potest aliquid ignorare, sed ut se magis condemnantes mereantur absolvi, sicut propheta dicit: *Dic tu prius peccata tua, ut justificeris* (*Psal*. XXXI, 5). Sequitur, *Posui lacrymas meas in conspectu tuo*. *Lacrymæ* quæ in conspectu Dei ponuntur jucundæ sunt, quia non cruciant, sed a cruciatibus liberant. Pias ergo lacrymas fundebat, qui pro inimicis rogabat, et ideo meruit obtinere, quia præceptum Domini probatur implesse. Addidit, *sicut in promissione tua*. Pollicitatio quippe Domini est, ut pias lacrymas non refutet, sicut in alio psalmo dicit: *Invoca me in die tribulationis tuæ, et eripiam te, et magnificabis me* (*Psal*. XLIX, 15).

Vers. 8. *Convertentur inimici mei retrorsum; in quacunque die invocavero te, ecce cognovi quoniam Deus meus es tu*. *Convertendos retrorsum* dicit *inimicos*, ne in suo itinere perseverantes, pessimos implere doceantur errores. A malo enim qui retro redit, perfidiæ suæ culpanda derelinquit. Sic enim Petro apostolo Dominus dicit propitius, non iratus: *Redi retro, Satanas* (*Marc*. VIII, 33). Istud enim quando errantibus contingit, error pristinæ pravitatis abscedit. Sequitur, *in quacunque die invocavero te*. Hic clementiam Domini pronuntiat mirabilemque pietatem, ut *in quacunque die invocatus fuerit*, semper se miseratus indulgeat. *Quacunque die*, significat diversi temporis satisfactiones. Alter enim tota pene vita Dominum supplicat, alter in media ætate convertitur, alius in vitæ fine salvatur. Ipsum est enim *in quacunque die*, quia Dominus clementi patientia quodlibet tempus nostræ conversionis exspectat; et ideo culpabiles sustinet, exspectat errantes, dicens: *Nolo mortem peccatoris, sed ut convertatur et vivat* (*Ezech*. XVIII, 23). *Solum est enim*, ut in hac vita peccatum omne fateamur, ubi et humana fragilitate delinquimus. Addidit, *ecce agnovi quoniam Deus meus es tu*. Dulcis professio, et vera probatio, ut ipse cognosceret impletum quod magno desiderio noverat exquisitum. Sequitur, *quoniam Deus meus es tu*; licet sit generaliter Dominus omnium nostrum, tamen confidenter dicimus: *Deus meus*, quando ab eo nos respici posse gaudemus.

Vers. 9. *In Deo laudabo verbum, et in Domino prædicabo sermonem*. Revera orthodoxæ dicta cognoscuntur Ecclesiæ. In Patre se promittit Filium laudaturam, ut quidquid de illo dicitur, de isto pariliter sentiatur. Nam cum prædicamus æternum atque omnipotentem Patrem, æternum atque omnipotentem Filium sine dubio confitemur. Unum est enim in utroque præconium, quoniam una virtus amborum, individua gloria, quando indivisibilis est natura. Denique sic ipse in Evangelio testatur: *Ego in Patre, et Pater in me est* (*Joan*. XIV, 10, 11). Quid, rogo, non habeat Filii, qui naturam omnipotentis Filii habet? Aut quid non habeat Patris, qui naturam omnipotentis Patris habet? Una est revera substantia, quia nihil in eorum essentia dissimile aut discrepans reperitur. Non hic amplius minusve reperis, nisi quod sibi hæresis Ariana confingit. Hæc autem regula unitatis atque æqualitatis Spiritum quoque sanctum sine dubitatione consubstantialem Patri Filioque complectitur: quoniam sancta Trinitas unus est Deus, nec potest uni gloriam dare, qui se non intellexerit hoc communiter obtulisse. Sciendum plane quod doctissimus Augustinus in libro decimo quinto Trinitatis (*Cap*. 17) ita dicit: Spiritus sanctus secundum Scripturas divinas nec Patris est solius, nec Filii solius, sed esse constat amborum. Quapropter Patris et Filii charitas est unita, cum tamen et ipse perfecta sit charitas. Hoc etiam multipliciter probat in expositione Epistolæ sancti Joannis, apertius homilia septima dicens: Quia qui charitatem non habet fratris, utique non habet Spiritum sanctum. Sequitur, *et in Domino prædicabo sermonem*. Hic jam venit ad Dominum Christum, qui unus ex Trinitate *Verbum caro factum est, et habitavit in nobis* (*Joan*. I, 14). Cujus sermones, id est prædicationes merito se laudaturam promittit Ecclesia, quia humano generi vivendi regulam præstitit et salutem. Revera sermones ubique prædicandi, per quos mundi salus cœlesti potuit miseratione reparari. Hæc enim duo sancta mater se prædicaturam promittit, quæ nostræ fidei æternam tribuunt sospitatem; scilicet potentiam Verbi, et humanitatem ejusdem Domini Christi. Sed ne aliquis pessimorum ista nomina Dei et Domini sub discretione aliqua suscipienda judicaret, ut Patri et Filio vocabulum istud *Domini* non omnimodis diceret convenire, In centesimo nono psalmo propheta testatur dicens: *Dixit Dominus Domino meo: Sede a dextris meis* (*Psal*. CIX, 1).

Vers. 10. *In Deo sperabo, non timebo quid faciat mihi homo*. Revera non potest hominem timere, qui se mundana non formidat amittere. Quid enim potest inimicus auferre, nisi illud quod sancta mater a sua mente probatur abjicere? Hic hominem (sicut superius dictum est) diabolum debemus accipere, qui sanctam Ecclesiam iniqua semper voluntate persequitur. Versus autem iste, et in prima parte finalis est

(sicut et hic videtur esse repetitus), ut quasi margaritarum quibusdam filis relucentibus, parilitas sibi partium decora constaret.

Vers. 11. *In me sunt, Deus, vota tua, quae reddam laudationes* [ed., *laudes*] *tibi*. Venit ad tertium membrum, ubi jam liberata de malis hujus saeculi, laudaturam se Dominum profitetur Ecclesia. Dicit enim in se esse vota laudationis, Dei tamen munere contributa, quae in illa perpetuitate reddenda sunt, quando jam sancti indefessis vocibus persolvent laudis obsequium. Ista sunt enim quae, cum Deum diligimus, habemus semper intrinsecus, quae a nobis omnimodis non recedunt; sed in illa perpetuitate reddimus, cum semper solvimus et debemus. Nam de futuro nos et hunc versum debere intelligere sequentia demonstrant, quae huic mundo nequeunt ullatenus convenire.

Vers. 12. *Quoniam eripuisti animam meam de morte, oculos meos a lacrymis, et pedes meos a lapsu*. Causam reddit cur vota laudis sit piis immolationibus oblatura, scilicet quia *eripuit animam* populi fidelis *de morte* perpetua. Quae figura dicitur aetiologia, id est causae redditio. Et bene suam *animam* sancta mater *a morte* dicit *ereptam*, quae filiorum liberatione gaudebat. Sequitur, *oculos meos a lacrymis, et pedes meos a lapsu*. Singulis singula reddit. *Animam* dicit *ereptam de morte, oculos a lacrymis, pedes* vero *a lapsu*. Sed haec tria in futuro saeculo praestabuntur, quando jam nec *anima* peccando morietur, nec *oculi* mala sua deflebunt, nec *pedes* labentur. Nam hic cui beatorum aufert lacrymas, cum ipse dicat : *Beati qui lugent, quoniam ipsi consolabuntur* (*Matth.* v, 5)? Nec pedes justorum in isto saeculo a lapsu redduntur alieni, quia dum in hoc mundo ambulant, semper in lapsu sunt; sed divina misericordia continentur, sicut legitur : *Septies cadit justus, et resurgit* (*Prov.* xxiv, 16).

Vers. 13. *Ut placeam coram Deo in lumine viventium*. Dicit quemadmodum Domino *placere* possit Ecclesia in manifestatione sanctorum, hoc est, *in lumine viventium*, in quibus ipsa pulchra, ipsa sine macula, ipsa redditur sine ruga. Quidquid enim in illis acciderit, in vultu istius elucescit. Sicut hominis sana viscera reddunt faciem pulchriorem; sicut Salomon dicit (*Prov.* xv, 13) : Corde laetante vultus floret : ita oris sanctae Ecclesiae decus aspergitur, quod in beatorum meritis invenitur.

Conclusio psalmi.

Peracta sunt verba sanctae virginis et matris Ecclesiae. Illa enim nos incorrupta generat, illa casto utero profundit in perpetuam lucem. Sed utinam quales baptismate illa generat, tales nos vitae hujus terminus inveniret ! ne habeamus cum populo nefandissimo portionem, qui (sicut titulus dicit) a sanctis longe divisus est. Quinimo torcular nos istius saeculi gaudentes premat, ut copiosa de nobis vina profundat. Afflicti ergo gratias agamus, contristati minime desperemus, quando illa tormenta prosunt, quae nos ad praemia beata perducunt.

EXPOSITIO IN PSALMUM LVI.

In finem, ne disperdas David in tituli inscriptione, cum fugeret a facie Saul in speluncam.

Per *finem* frequenter diximus Dominum significari, quia ipsa est nostra perfectio ad ipsum feliciter pervenire. Nam sicut cum terminum attigeris itineris destinati, labore finito in loco desiderantissimo conquiescis, ita cum ad Dominum veneris, ulterius nil requires. *Ne disperdas David*. Prohibetur David a Saule disperdi, qui ad regnum fuerat voluntate Domini praeparatus, sicut factum esse manifestum est. Sequitur, *In tituli inscriptione*. Hoc non David, sed in passione Christo Domino provenisse, manifestum est, ne a Pontio Pilato scriptus titulus mutaretur. Sed quia diximus personam Domini nostri Salvatoris portasse David, hoc nunc de ipso dicitur, quod erat in Christi Domini passione faciendum : *ne disperderetur David* de regno deputato, sicut nec illa Domini potuit tituli inscriptio commutari. Addidit, *cum fugeret a facie Saul in speluncam*. Actus iste et David, et Domino multum videtur esse consimilis. Nam sicut David Saulem fugiens in spelunca se abscondit, ita et Domini Salvatoris deitas intra templum corporis sui Judaeis perfidis fuisse probatur abscondita. Sic singula quae de David et Christo provenerunt facta, illis sunt sub hac allusione communia. Quae imagines rerum in hoc titulo ideo praeludunt, quia totus psalmus de Domini passione dicturus est. Sic enim ille truculentum Saulem, sicut iste Judaeos nequissimos perferebat. Oportet igitur meminisse psalmum hunc quintum esse illorum qui passionem et resurrectionem Domini sub brevitate commemorant.

Divisio psalmi.

Dominus Christus in primo ordine psalmi orat de sua passione sollicitus, secundum id quod propter nos homo fieri inaestimabili pietate dignatus est. Factus enim (ut ita dixerim) humanatus Deus, qui etiam in assumptione carnis Deus esse non destitit; inconvertibilis manens, assumpto convertibili homine, naturam suam non minuens, sed conditionem mortalitatis exaltans. Unus enim atque idem est Dominus Christus, qui et in Dei forma operatus est miracula magna virtutis, et in forma servi subiit saevitiam passionis. Secundo ordine resurrectionis suae gloriam stupenda varietate describit. Tertio post beatissimam resurrectionem, laudes se Patri Domino cantare promittit; quae membra diaplasmatis quoque interpositione separantur.

Expositio psalmi.

Vers. 1. *Miserere mei, Deus, miserere mei : quoniam in te confidit anima mea*. Christus Dominus humanatus clamat ad Patrem, ex eo quod futuram metuit passionem; ut quamvis voluntariam susciperet mortem, animae suae declararet absolute formidinem. Misericordiam petit Dei Filius, qui miseretur omnibus, qui tanta ad nos liberandos humilitate descendit, ut unum ex fidelibus clamare putes, quod Creator mundi assumptae carnis infirmitate deprecatur. Nam cum dicit: *Miserere mei, Deus, miserere mei*, repetitio ista periculum futuræ mortis ostendit, ut sæpe posceret resurrectionis miraculum, qui subiturus erat discrimina passionis. Sequitur, *quoniam in te confidit anima mea.* Oratio ista forma fidelium est, ut qui propter salutem nostram talia pertulit, precationibus quoque nos suis pius doctor instrueret. Oravit enim ut regulam nobis sanctæ orationis ostenderet. Passus est propter nos, ut nullus pro ipso pati velle refugiat. Resurrexit, ut ad resurrectionem quoque ipsius spes se nostræ infirmitatis extendat. Ille enim istarum rerum indigus non fuit, sed omnia causa nostræ salutis excepit.

Vers. 2. *Et in umbra alarum tuarum sperabo, donec transeat iniquitas.* Intelligamus orationis istius purissimam sanctitatem. Primo versu misereri sibi Dominum ante omnia postulavit. Secundo dicit quare debeat obtinere. Tertio quemadmodum possit ab imminenti persecutione liberari. Alarum etenim *umbra* tecta materna sunt, quæ pullos teneros et blandimento quodam fovent, et ab irruente tempestate custodiunt. Sed quia hæc munimina magnum auxilium maternæ pietatis ostendunt, talis comparatio frequenter in Scripturis sanctis posita reperitur, sicut Dominus in Evangelio dicit: *Jerusalem, Jerusalem, quoties volui congregare filios tuos, sicut gallina pullos suos sub alis suis, et noluisti* (*Matth.* xxiii, 37)! Quæ figura dicitur parabole, id est comparatio, quoties sibi res genere dissimiles comparantur. Sequitur, *donec transeat iniquitas.* In ipsa comparatione permansit, ut sub eadem *umbra* requiesceret, donec fervida *iniquitas* æstuaret.

Vers. 3. *Clamabo ad Deum altissimum, Deum qui benefecit mihi.* Magnus ordo piæ prædicationis ostenditur, ad *Altissimum clamare*, ad quem non voce valida, sed puritate conscientiæ pervenitur. Clamabat ille ab humanitate suscepta, a quo supernæ creaturæ opem non desinunt postulare. Nam quod dicit, *Deum qui benefecit mihi*, designat excellentissimum incarnationis arcanum, quod humano generi gratia divina collatum est.

Vers. 4. *Misit de cœlo, et liberavit me; dedit in opprobrium conculcantes me.* Natura humanitatis unita Dei Filio confitetur liberatam se ab humana imbecillitate, quæ post resurrectionem meruit cœlorum regna percipere. *Misit* autem quod dicit, non significat angelum, non aliquam creaturam; illa enim per se servire, non liberare potuerunt: sed *misit*, intellige, auxilium supernæ potentiæ suæ. *Liberavit* enim Pater Filium suum, sicut Apostolus dicit: *Propter quod et Deus illum exaltavit, et donavit illi nomen quod est super omne nomen* (*Philip.* ii, 9). Liberare quoque se posse et Filius ipse testatur dicens: *Potestatem habeo ponendi animam meam, et potestatem habeo iterum sumendi eam* (*Joan.* x, 18). Verum istæ locutiones cooperationem sanctæ Trinitatis ostendunt, quæ unum vult, unum semper operatur. Addidit, *Dedit in opprobrium conculcantes me.* Opprobrium persequentibus fuit, quando illum, quem se credebant exstin-

guere, viderunt fideles populos de ipsius resurrectione gaudere. Dedecus enim suum judicat mala conscientia, quando propria non videt impleri posse disposita.

Vers. 5. *Misit Deus misericordiam suam et veritatem suam.* Januam secundæ partis ingreditur. Nam quamvis in superiori versu similia verba dixerit, hinc tamen in gratiarum actionem prorumpit, ut spem credentium de sua prosperitate firmaret. *Misit* enim de Patre dicit, quod ad humanitatem susceptam pertinet, sicut et in Evangelio ait: *Non sum missus, nisi ad oves quæ perierunt domus Israel* (*Matth.* xv, 24). *Misericordia* est ergo, quia humano generi in suscepta carne compatitur, dum clamat: *Saule, Saule, quid me persequeris* (*Act.* ix, 4)? vel his similia. *Veritas*, quoniam unicuique sua facta retribuit.

Vers. 6. *Eripuit animam meam de medio catulorum leonum; dormivi conturbatus.* Crucifixo corpore, animam suam dicit ereptam : de qua maxime nos præcipit esse sollicitos. Totum enim in tuto redditur quando illa salvatur. Resurget enim corpus ad spiritualem gloriam, si illa non fuerit obstinationis vulnere sauciata. *Catulos* enim *leonum* plebem significat Judæorum, quam principes et sacerdotes ferali voluntate genuerunt; ut leones sint qui mala consilia de nece Domini tractaverunt. *Catuli*, eorum populi qui perperam inventa secuti sunt. Addidit, *dormivi conturbatus.* Mors Domini mirabili proprietate describitur, qui *conturbatus* fremitu Judæorum, quiete altissima *dormiebat* : ostendens tam nihil fuisse persecutionem impiorum, ut occisus perduceretur ad somnum. *Dormire* enim non est *conturbati*, nisi illius qui in cruce positus, spiritum sua reddidit voluntate.

Vers. 7. *Filii hominum, dentes eorum arma et sagittæ, et lingua eorum gladius acutus.* Hæc de illis dicit qui in nece Domini impia voluntate grassati sunt. Ipse enim exponit qui sunt isti *filii hominum*, quorum *dentes* fuerunt *arma et sagittæ*; eorum scilicet qui (sicut legitur) supra eum dentibus stridebant. Quod per quintam speciem dicitur definitionis quæ Græce appellatur κατὰ τὴν λέξιν, Latine ad verbum. Singulis enim verbis definitur quid sint *dentes* hominum furentium, id est *arma et sagittæ*. Arma retulit ad consilia pessima; *sagittas* ad verba quidem volantia, sed ad operationem mortis emissa. Addidit, *et lingua eorum gladius acutus.* Acuto gladio comparantur voces illæ quæ dicebant: *Crucifige, crucifige* (*Luc.* xxiii, 21). Nam sicut ensis acutus celerrimum operatur mortis effectum, ita et illa verba citam exitii complevere sententiam. Uno enim impetu visi sunt peremisse, sicut arma solent acutissima desecare. Per quæ tamen subtiliter commonuit, quia et *lingua* sæviens possit occidere, sicut Salomon ait: *Mors et vita in manibus linguæ.*

Vers. 8. *Exaltare super cœlos, Deus, et super omnem terram gloria tua.* Dum in cruce talia Christi pateretur humanitas, et Dominum cœli Judæi viderentur habere derisui, exclamat a forma servi, quam pro nobis assumpsit: *Exaltare super cœlos,*

Deus; ut qui pendes in cruce, cognoscaris semper in majestate regnare. Non enim *Deus* supra se *exaltari* poterat, quia non est ultra quo crescat; sed exaltabatur plane inter homines, quando gloria majestatis ejus conversis mentibus apparebat. *Super coelos autem* dixit, quia Dominus et virtutes supernas noscitur habere subjectas. Sequitur, *et super omnem terram gloria tua.* Hoc utrumque completum est. *Exaltatus* enim *supra coelos* est, quando sedit ad dexteram Patris; glorificatus est *super omnem terram,* quando totum mundum catholica replet Ecclesia: in qua laudes Domino jugiter concinuntur, sicut Dominus dicit: *Vivo ego, dicit Dominus; et implebitur gloria mea universa terra* (*Num.* XIV, 21).

Vers. 9. *Laqueos paraverunt pedibus meis, et incurvaverunt animam meam.*

Vers. 10. *Foderunt ante faciem meam foveam, et ipsi inciderunt in eam.* Judæos significat insidiatores, qui prædicationibus rectis dolos se adnectere crediderunt, sicut evangelista de Pharisæis dicit, cum ante eum statuissent adulteram mulierem, dicentes: *Hanc invenimus in adulterio deprehensam. Moyses enim præcepit nobis hujusmodi lapidare: tu autem quid dicis* (*Joan.* VIII, 3)? et cætera hujusmodi, quæ maligna interrogatio commovebat. *Pedes* autem Christi sunt increpationes malorum promissionesque fidelium, quibus ille in hoc mundo evangelizans, quasi quibusdam pedibus incedebat. Sequitur, *et incurvaverunt animam meam.* Hic pietas Domini sanctitasque describitur. *Incurvaverunt* enim *animam* Christi, quando scelerati Judæi credere noluerunt. Ipsis enim condolendo (sicut et alibi dicit) jejunus et sterilis reddebatur. Anima enim ejus in suis actibus curvari non poterat, quæ peccati maculam non habebat. Adjecit, *foderunt ante faciem meam foveam.* Bene dicitur *fovea* sententia mortis, quæ mittit ad foveam. In ejus enim faciem dixerunt: *Reus est mortis* (*Matth.* XXVI, 66); et ideo dicti sunt *foveam fodere,* quia eum non visi sunt tradidisse. Addidit sententiam generalem, *et ipsi inciderunt in eam.* Omnis enim injusta vox suos prius damnat auctores, et antequam alteri noceat, se prius ipsa condemnat. Quod similiter et Salomon dicit: *Qui fodit foveam incidet in eam* (*Eccli.* X, 8).

Vers. 11. *Paratum cor meum, Deus, paratum cor meum; cantabo et psalmum dicam Domino.* Postquam dixit malorum debitas poenas, nunc venit ad tertiam partem, in qua post resurrectionem acturum se gratias pollicetur. Sed per illud gratias agit, per quod et resurrexit a mortuis. Cæterum deitas Christi cum Patre coæterna, semper præstat, semper omnipotens, semper æqualis est. Nam quamvis laqueos parasset inimicus, foveam aperuisset ingratus, *paratum* se dicit ad agendas gratias, quia sibi sciebat resurrectionis gloriam modis omnibus affuturam. Sed in quo sit paratus, per verba sequentia declaravit: *Cantabo et psalmum dicam Domino. Cantare* diximus, vocibus gratiam referre; *psalmum dicere,* prædicabili Dominum actione laudare. Quæ duo superiori geminationi merito videntur aptata, quando in utroque se profitetur esse *paratum.* Sed dum illa de se dicit, nos, quemadmodum confiteamur, instituit. Nam et apostolus Paulus sequens magistrum, paratum se profitetur, dum ait: *Gloriamur in tribulationibus, scientes quoniam tribulatio patientiam operatur, patientia probationem* (*Rom.* V, 3), etc.

Vers. 12. *Exsurge, gloria mea; exsurge, psalterium et cithara: exsurgam diluculo.* Per tropologiam *exsurge* dicitur, quasi surge ad miraculum faciendum; sicut scriptum est et in undecimo psalmo: *Nunc exsurgam, dicit Dominus* (*Psal.* XI, 6). Qui sermo ad potentiam divinam propter exprimendas causas ab humana imbecillitate translatus est. Geminat etiam: *Exsurge, psalterium et cithara.* Quæ figura dicitur epembasis, id est iteratio verbi; quod etiam in superiore versu fecit, ubi ait: *Paratum cor meum, Deus, paratum cor meum.* Hic enim natura assumptæ humanitatis exprimitur. *Psalterium* fuit, quando caro operabatur divina mandata, ut sancta se conversatione tractaret. *Cithara* vero gloriosam significat passionem, quæ tensis nervis dinumeratisque ossibus, virtutem patientiæ intellectuali quodam carmine personabat. Addidit, *exsurgam diluculo,* quod est inter tenebras noctis, et diei claritatem: quo tempore eum resurrexisse Evangelii lectio sancta testatur; ait enim: *Diluculo valde venit Maria ad monumentum* (*Luc.* XXIV, 1), et reliqua.

Vers. 13. *Confitebor tibi in populis, Domine; psalmum dicam tibi inter gentes.* Istud jam dicitur a parte membrorum, quia ipsum constat Patri *in populis confiteri,* qui caput et dux Ecclesiæ probatur intelligi. Nam quod ait, *psalmum dicam tibi inter gentes,* cœlestem significat actum universalis Ecclesiæ, quæ per omnes gentes linguis variis psalmodiam Domino devota mente persolvit.

Vers. 14. *Quoniam magnificata est usque ad coelos misericordia tua, et usque ad nubes veritas tua.* Ista est causa confessionis, ista promissio psalmodiæ: *Quoniam magnificata est misericordia* Domini *usque ad coelos;* id est quia humanitas Filii usque ad coelorum regna perducta est. Periclitanti quippe homini, qui peccatis tenebatur obnoxius, fecit misericordiam suam, ut dispensatione mirabili faceret eximium, quem nefandi populi judicio putabant extremum. Sequitur, *et usque ad nubes veritas tua. Nubes* significant prophetas, quos Spiritus sancti irrigua veritas, velut copiosus imber implevit. Merito enim *nubes* vocantur, quia coelesti fonte satiati sunt, et supra steriles peccatores spiritualis copiæ dona fuderunt; quæ duo præposterato sunt ordine collocata. *Veritas* est tempore anterior, *misericordia* vero adventu posterior; quæ ideo commutata sunt, ut sine aliqua differentia in his potuisset unum decus, unus auctor agnosci.

Vers. 15. *Exaltare super coelos, Deus; et super omnem terram gloria tua.* Hunc versum et in secunda parte jam dixit, fidem nostram tali promissione confirmans, quia super omnes creaturas ejus nominis sit gloria regnatura.

Conclusio psalmi.

Quis virtutem psalmi hujus, quis benevolentiam digne possit effari? Orat Christus, ut nos doceat; resurgit, ut nos erigat; laudes Patri dicit, ut nos instruat. Merito via nostra, merito redemptio, merito apud Patrem noster **192** legitur Advocatus. Amemus clementem defensorem, ne patiamur severum judicem. Ultra omnem esse constat amentiam reum toto corde non expetere, qui nos ad æterna gaudia tam crebris admonitionibus cognoscitur invitare.

EXPOSITIO IN PSALMUM LVII.

In finem, ne disperdas David in tituli inscriptione.

Quamvis verba ista frequenter iterentur, non pigebit tamen eadem per singula loca declarare, ut psalmorum possit dignitas æstimari. Illas siquidem domos confidenter intramus, quarum penetralia in ipsa fronte cognoscimus. *In finem* significat Christum, qui in hoc psalmo locuturus est. *Ne disperdas David in tituli inscriptione.* Et *David* sæpe diximus Christum significare, quia et rex erat, et nomen ejus manu fortis sive desiderabilis interpretatur, quod et Domino competenter aptatur. Commonetur ergo Pontius Pilatus, *ne disperdat* scriptum *titulum* qui Regem Dominum declarabat: quia reddi non poterat incassum quod divina noscebatur jussione conscriptum. Regem enim illum quis poterat abolere, quem constat esse cœli terræque creatorem? Quod adeo frequenter repetitur, ut excusatio contradicentibus auferatur.

Divisio psalmi.

Dominus Christus et virtutibus Salvator et monitis, in prima narratione psalmi Judæorum cognoscitur exprobrare nequitiam. Sed dum illis imputat quæ fecerunt, nos ne faciamus similia commonemur. Secunda narratione retributiones eorum aptissimis comparationibus declarat. Tertia qualis fiat correctio justorum de peccatorum ultione memoratur.

Expositio psalmi.

Vers. 1. *Si vere utique justitiam loquimini, justa judicate, filii hominum.* Christus Dominus Judæos invehitur [ms. A., convenit] de his quæ longa post erant ætate facturi. *Loquuntur* enim falso *justitiam* legis, qui non sunt recta judicaturi. Vere autem illi æquabilia dicunt, qui justa facturi sunt; sermo enim rectus vitæ debet esse consimilis. Voces ergo illas hic arguit Judæorum, quando captiose dicebant: *Magister, scimus quia a Deo venisti, et viam Dei in veritate doces.* (*Matth.* XXII, 16). Ista quidem *justa* erant, sed illi ea veraciter minime *loquebantur:* quoniam si fuissent certissima mente prolata, irreprehensibilia eorum potuerant esse judicia; nec postea dixissent Pontio Pilato: *Crucifige, crucifige, quia se Dei Filium esse confirmat* (*Joan.* XIX, 6, 8). Sic enim judicaverunt, ut non recte, sed ficte *locuti justitiam* comprobentur. Hoc argumentum in topicis dicitur a contrario. Contrarium est enim recta loqui, et perversa facere. Nonnulli vero hinc faciunt quæstionem, dicentes, hic quidem præceptum esse · *Justa judicate,* cum a legatur in Evangelio: *Nolite judicare, ne judicemini* (*Luc.* VI, 37). Sed ista sententia non nobis tollit in totum licentiam judicandi; nam quod dicit, *nolite judicare,* de illis factis vult intelligi quæ sensus noster non prævalet intueri. Sunt enim quædam media quæ ignoramus quo animo fiant, quia et bono et malo fieri possunt, de quibus temerarium est homini judicare. Hic autem præcipit nobis de his quæ manifesta sunt *justa judicare.* Ita fit ut sententiæ istæ, dum discussæ fuerint, nequaquam sibi contrariæ esse videantur. Quem locum Pater Augustinus de Sermone Domini in monte, libro secundo (*Cap.* 28) latius diligentiusque tractavit.

Vers. 2. *Etenim in corde iniquitates operamini in terra; iniquitatem manus vestræ concinnant.* Ac si diceret: Quomodo potuistis de me judicare, qui *in corde* vestro *iniquitates operamini,* ubi perfectum crimen est, antequam fiat, et omne malum plectibile fit, quod desiderium pravæ voluntatis accusat? *In terra* vero dicit, sive arcano pectoris, sive supra populum cui principes et Pharisæi præesse videbantur. Et vide quia supra *cordis iniquitates* posuit: nunc etiam per *manus* res significat actuales, ut non solum cogitatum scelus, sed etiam completum esse doceatur. *Concinnant* enim ad iniquitates bene positum est. Concinnatio autem significat, quando ex multis partibus sibi convenit adunata perversitas.

Vers. 3. *Alienati sunt peccatores ab utero* [ed., *a vulva*], *erraverunt a ventre, locuti sunt falsa.* Merito peccatores tanquam abortivos, projectos ab utero dicit Ecclesiæ, qui nulla doctrinæ confirmatione perfecti sunt; sed tanquam teneræ pecudis fatuata mollities, non ad lucem vitalem, sed in perfidiæ tenebras probantur abjecti. Juste quippe *uterum* habere dicitur Ecclesia, quæ nos sacro baptismate profundit in perpetuam lucem. Sed væ illis qui immaturi ab ejus visceribus exierunt! Sequitur, *erraverunt a ventre, locuti sunt falsa. Erraverunt* utique *a ventre,* qui contraria matri dogmata sunt secuti, nec alvum sanctam pia devotione venerantur. Ipsi enim et *falsa locuti sunt,* qui ab ejus sanctis traditionibus erraverunt.

Vers. 4. *Ira illis secundum similitudinem serpentis, sicut aspidis surdæ et obturantis aures suas.* Ira Judæorum per similitudinem nimis aptissimam definitur. Obstinatorum quippe hominum *ira* irrevocabilis est qui, ne docentium prædicationes exaudiant, procurant sibi voluntariam surditatem. Cui malo consuetudo *aspidis* comparatur, quæ ne verba incantantis exaudiat, suasque latebras derelinquat, unam aurem caudæ suæ inflectione dicitur obturare, alteram vero in terram deprimere. Cui merito Judæi comparati sunt, qui cordis auribus obturatis, sanctæ Scripturæ audire noluerunt saluberrimam jussionem. *Obturare* enim a sacerdotibus tractum est, qui aures suas thure replebant, ne peregrinis verbis intercedentibus, confusa carminum memoria turbaretur.

Vers. 5. *Quæ non exaudiet vocem incantantium, et veneficia quæ incantantur a sapiente.* In exponenda similitudine perseverat. Dicit enim de aspide *quæ non exaudit vocem incantantium:* utique quoniam auribus damnatis obsurduit, nec passa est audire vocem quæ illam trahere potuisset ad lucem. O humanum genus! nisi illuminetur misericordia divina, cæcissimum est: creatum **193** ad imaginem Dei, similitudinem vult habere serpentis. *Sapientem* vero hunc dicimus mundanæ artis operatorem, qui pròp sitam rem, Domino se juvante, astuta complet industria. Nota igitur quoniam dicuntur sapientes et in malo, de quibus legitur: *Ubi sapiens, ubi scriba (I Cor.* 1, 20)? et his similia.

Vers. 6. *Deus conteret dentes eorum in ore ipsorum; molas leonum confringet Dominus.* Introitus secundæ narrationis aperitur, in qua describitur quæ sint mala passuri qui contempserunt, ut aspides, divina prædicatione salvari. Primum dicit *dentes eorum* specialiter *conterendos*, quando dolosa verba ipsorum et captiosæ interrogationes deducebantur ad nihilum; sicut eis contigit quando subdole interrogabant cui nummus Cæsaris penderetur. Sed tale a Domino responsum recepere, ut unde tentaverant mordere, contritis dentibus viderentur abscedere. Ait enim: *Reddite Cæsari quæ sunt Cæsaris, et Deo quæ Dei sunt (Matth.* xxii, 21). Sequitur, *in ore ipsorum molas leonum confringet Dominus.* Hic nescio quid videtur excrescere, quando et *leones* nominavit et *molas:* illos videlicet significans, qui non jam captiosis verbis, sed belluino fremitu in necem Domini consurgere tentaverunt. Aspides erant, quando ei insidiose dixerunt: *Licet dare tributum Cæsari (Ibidem,* 17)? *Leones* fuerunt, quando cruento ore clamaverunt: *Crucifige, crucifige (Luc.* xxiii, 21). Ita insania eorum non solum veneno serpentis, sed immanibus belluis comparata describitur. *In ore* autem *ipsorum molæ confringebantur*, quando dictis non poterant respondere verissimis.

Vers. 7. *Ad nihilum devenient velut aqua decurrens: intendit arcum suum donec infirmentur.* Dixit *aspides*, dixit *leones:* nunc venit ad torrentes, qui hiemalibus imbribus concitati, subita inundatione descendunt. In hoc terribiles, quia improvisi; in hoc periculosi, quia præcipites. Sed mox ut impetu transeunte, quasi atrocia colla posuerint, sereno cœlo deficiunt, qui nubibus compluentibus intumescunt. Quæ figura dicitur synathroismos, id est congregatio, ubi multas res et crimina sub aliqua narratione colligimus. O inaudita sævitia Judæorum! Comparantur illis tot ingentia mala, unde immania novimus venire pericula. Addidit: *Intendit arcum suum donec infirmentur.* Hic clementia divinæ virtutis ostenditur, cujus *arcus* tenditur ad salutem. Deus enim contra malos arma suæ potestatis *intendit*, et tandiu terret *donec infirmati* cedant, et ad confessionis salutem meliorata se mente convertant.

Vers. 8. *Sicut cera liquefacta auferentur; super eos cecidit ignis, et non viderunt solem.* Superius dixit de his quos convertendos esse Domini terrore pronuntiat; nunc exponit eos qui, perfidia faciente, in sua obstinatione durati sunt. Istis digna vicissitudo redditur, ut illa cordis duritia *sicut cera liquefacta* dispereat. *Auferentur*, dicit, a conspectu Domini, quando in gehennæ tormenta mittendi sunt. Denique sic sequitur, *super eos cecidit ignis, et non viderunt solem. Ignem* dicit malæ mentis ardorem, quem in hoc sæculo cæcatis mentibus hauserunt; qui tenebras potius quam illuminat, qui non aperit, sed claudit aspectum. Talis enim ignis super impios cadit, ut solem verum, id est Dominum Salvatorem videre non possint; sicut et ipsi in judicio futuro dicturi sunt: *Sol non ortus est nobis, et justitiæ lumen non luxit nobis (Sap.* v, 6). Illum enim solem conspicere nequeunt, nisi qui eum mundis et sanctis mentibus intuentur.

Vers. 9. *Priusquam producant spinæ vestræ rhamnos: sicut viventes, sicut in ira absorbet eos.* Rhamnus spinarum genus est permolestum, quod prius in herbam mollissimam pubescit; sed ubi adulta ætate caluerit, ramusculos producit acuminatos, posteaque ejus sudes durescunt in arboream firmitatem. Hoc ergo Judæis præsens sententia comminatur, quod prius absorbeantur quam longa ætate eorum malitia convalescat, sicut et in alio loco de talibus dicit: *Viri sanguinum et dolosi non dimidiabunt dies suos (Psal.* liv, 24). Sequitur celeritas perditionis eorum, *sicut viventes, sicut in ira absorbet eos.* Bene dicit, *sicut viventes*, quia vivere videntur et mortui sunt. Omnis enim peccator in pravitate degens veritati moritur, sicut ait Apostolus: *Vidua quæ in deliciis est, vivens mortua est (I Tim.* v, 6). Quod autem adjecit, *sicut in ira absorbet eos*, illud significat, quia Dominus tanquam iratus, peccatores videtur percellere non iratus; de quo scriptum est: *Tu autem, Domine virtutum, cum tranquillitate judicas (Sap.* xii, 18). Nam quod dictum est, *absorbet eos*, eorum subitum significavit interitum, quia quanta Domino in sustinendo patientia fuit, tanta erit percussio in celeritate judicii. Et respice quia sicut superius duobus versibus in peccatis auxesim fecit, ita et hic per quatuor crescit in pœnis.

Vers. 10. *Lætabitur justus cum viderit vindictam impiorum; manus suas lavabit in sanguine peccatoris.* Membrum tertiæ narrationis ingreditur, in quo justorum lætitiam et sceleratorum etiam in isto sæculo dicit provenire vindictam. Videbit enim vindictam *impiorum justus*, cum eos respexerit talia facere, unde semper debeant formidare. Omne enim malum suam portat, dum committitur, ultionem, quia torquente conscientia ipse in se probatur implere vindictam. Contra *justus* lætus est, quamvis molestiarum fasce deprimatur; animo enim liber est, unde vera lætitia semper exsurgit. Sic utraque genera hominum qualitates suarum in se sustinent actionum. Sequitur, *manus suas lavabit in sanguine peccatorum.* Quid est hoc, quod ille qui præcepit orare pro inimicis, *in peccatorum sanguine* piorum *manus* asserit abluendas? Sed hoc, si diligentius intueamur, correctionis potius quam sævitiæ præstabit exemplum. Nam cum *sanguis peccatoris* effunditur, *manus*, id est actus justissimi corriguntur. Impio enim pereunte, commonetur innoxius cautius se diligentiusque tractare. Ita fit ut *manus justi non crudeliter, sed pie sanguis peccatoris emundet;* sicut Salomon dicit: *Stulto pereunte, sapiens astutior fit* (*Prov.* xxi, 11).

Vers. 11. *Et dicet homo: Si utique est fructus justo, utique est Deus judicans eos in terra.* Cum ista fiunt, quæ superius dicta sunt, tunc fidelis intelligit atque dicit: Si justi etiam hic bonorum suorum præmia consequuntur, manifestum est et in hac terra de eis judicare Dominum, qui eos degere infructuosa sanctitate non patitur. Vult enim intelligi quia nec mali in hoc sæculo omnino a poena sunt liberi, quamvis florere videantur; nec boni a beneficio sequestrati, **194** licet mundanis oneribus imprimantur. Quod argumentum dicitur a consequentibus, quando, cum justo dantur præmia, justus est Dominus.

Conclusio psalmi.

Ecce verus Sol qui tenebras nostras caliginesque discutiens, quid in veritate sentire debeamus ostendit. Jam nemo sit dubius, nemo remurmuret: quia in isto mundo Deum occulte res humanas examinare cognoscimus, quod in hoc sæculo facere manifestius comprobatur. Merito ergo istum Solem verissimum diem dicimus, qui ad numerum horarum per duodecim nobis apostolos lumen suæ veritatis infudit. Nam et ipse sic dicit: *Abraham concupivit videre diem meum: vidit, et gavisus est* (*Joan.* viii, 56). Dies iste bonarum mentium, dies iste justorum est: cui nec nubium caligo præpedit, nec nox aliquando tenebrosa succedit.

EXPOSITIO IN PSALMUM LVIII.

In finem, ne disperdas David in tituli inscriptione: quando misit Saul, et custodivit domum ejus, ut cum interficeret (*I Reg.* xix, 11).

In finem, jam dictum est sine fine. *Ne disperdas David in tituli inscriptione;* et hoc quoque frequenter ponitur, ut Passio Domini per hæc indicia declaretur. Irrite siquidem tentabat disperdere Judæorum insania, quod divina toties interdixit auctoritas. Per hujus enim *tituli* incorruptibilem *inscriptionem,* manifestat regni Domini incommutabilem firmitatem. Sequitur, *quando misit Saul, et custodivit domum ejus, ut eum interficeret.* Hoc quoque ad passionem Domini convenienter aptatur. *Domus* enim indicat monumentum ubi triduana morte requievit, ad quod custodiendum miserunt principes Judæorum, ad gloriam nominis ejus quasi disperdendam: ne per fraudem diceretur resurgere, quod auditus fuerat Christus antea prædicasse. Sed melius quod inimici per se maluerunt probrare, ut totus mundus factum firmius potuisset agnoscere. Indubitatum siquidem testimonium est, quod præstat ingratus; et non potest gratiosum dici, quod confirmat ille qui reus est. Quapropter causas istas nullus ambigat ad passionem Domini pertinere, unde psalmus iste dicturus est. Sed hoc sollicite debemus intelligere, ut quando loquitur Dominus Christus, quædam ab humilitate carnis, quædam ab excellentia divinitatis ejus accipere debeamus: non duos filios putantes, sicut Nestorii sacrilega somniat iniquitas; sed in duabus naturis unitis atque perfectis permanere Dominum Christum, sicut doctissimorum Patrum sanctæ Chalcedonensis synodalis testatur auctoritas. Ait enim (*Parte* ii, *act.* 5): Unum eumdemque Filium Dominum nostrum Jesum Christum confiteri consonanter omnes instruimur et docemur: perfectum eumdem in divinitate, et perfectum eumdem in carne; Deum veraciter hominemque eumdem, ipsum veraciter ex anima rationali et corpore; ὁμοούσιον, id est unius essentiæ Patri secundum divinitatem, et ὁμοούσιον nobis eumdem ipsum secundum humanitatem, per omnia nobis absque solummodo peccato consimilem. Ante sæcula quidem de Patre natum secundum divinitatem, in novissimis autem diebus eumdem ipsum propter nos et propter nostram salutem ex Maria Virgine natum, θεοτόκον, id est Dei Genitrice secundum humanitatem: unum eumdemque Christum Filium Dei, Dominum unigenitum, in duabus naturis sine confusione, sine conversione, sine divisione et sine separatione noscendum. Nusquam naturarum differentiam per unitatem penitus amputatam; magis autem salva proprietate utriusque naturæ, et in unam coeunte personam, unamque subsistentiam; nec in duas divisum partitumque personas, unum eumdemque Filium unigenitum, Deum verum, Jesum Christum Dominum confitemur. Sancta fides, inviolata veritas, amplectenda prædicatio, quam merito per Spiritum sanctum convenienter effusam, per totum mundum catholica confitetur Ecclesia.

Divisio psalmi.

Primo ingressu psalmi orat Dominus Christus, non ex eo quod de Patre natus est Deus, sed ex eo quod de Maria Virgine factus est homo, ne ei inimici ipsius nocere prævaleant; ad instar luminis materialis ex imo surgens, ad resurrectionis suæ paulatim conscendens excellentissimam summitatem. Secundo prosequitur, quemadmodum in fine sæculi convertendi sint Judæi, et pro eis oratio mirabili pietate depromitur. Tertio designat quæ facturi sint post conversionem, et se in sanctis suis gaudere testatur. Quæ partes diapsalmatis termino dividuntur: ut non tam exquisitæ quam minus neglectæ esse declarentur.

Expositio psalmi.

Vers. 1. *Eripe me de inimicis meis, Deus meus, et ab insurgentibus in me libera me.* Dum humanitas Domini Salvatoris *eripi* se *ab inimicorum* spiritualium insidiis postularet, quibus tamen non tenebatur obnoxia, sicut ipse dicit: *Veniet princeps hujus mundi, et in me non inveniet quidquam* (*Joan.* xiv, 30), nobis quod necessarie petamus ostendit. Ille quippe sine macula peccatorum, diabolum, vel ministros ejus Judæos averti a se proposita humilitate deprecatur; nos autem sic petimus, ut capti atque noxii ab immundis spiritibus divina misericordia liberemur. Caput nostrum hoc quidem petit, sed sine lege peccati: membra vero similiter rogant, sed delictis obnoxia. *Inimicorum* autem quatuor esse genera per hunc et alium versum evidenter ostendit. Primum dixit *eripi se ab inimicis* tantum, qui dispositum quidem nocendi habere poterant : non tamen, ut confestim læderent, ardentius appetebant. Additur secundum, *et ab insurgentibus in me libera me*. Ab *insurgentibus* dicit, quasi jam iniquitatis suæ tempestate commotis, et futuris cladibus animi indignatione præparatis.

Vers. 2. *Eripe me de operantibus iniquitatem, et de viris sanguinum libera me*. Dicit tertium genus, ut illi qui insurrexerant mente durata, scelus etiam operatione complerent; nec cogitationibus tantum iniquitatem suam, sed operis quoque ipsius consummatione monstrarent. Sequitur, *et de viris sanguinum libera me*. Venit ad quartum genus, ut isti inimici non solas contumelias appetere viderentur, sed ipsum quoque sanguinem effundere festinarent. Hic autem significat Judæos, qui innocentis sanguinem sacrilego crimine damnaverunt, quando dixerunt : *Crucifige, crucifige* (*Luc*. XXIII, 21); et iterum : *Sanguis ejus super nos et super filios nostros* (*Matth*. XXVII, 25). Qui merito *viri sanguinum* dicti sunt, quoniam supra se injuste mortis onera susceperunt. Petit ergo se ab eis pro humana infirmitate *eripi et liberari*, qui totum tamen voluntarie sustinebat. Et intende quia per figuram epembasim, quæ iteratio nuncupatur, in his duobus versibus verba geminavit, *eripe me, et libera me*.

Vers. 3. *Quia ecce occupaverunt animam meam, irruerunt in me fortes; neque iniquitas mea, neque peccatum meum, Domine*. Anima hic dicitur vita corporalis. Cæterum *animam* Domini Salvatoris nulla potuit adversitas occupare, quæ unita Deo immaculata se conversatione tractavit. Sed cum dicitur anima occupata, tempus ostenditur passionis. Sequitur, *irruerunt in me fortes*. *Fortes* diabolum significat cum ministris; sicut ipse in Evangelio dicit : *Nemo potest intrare in domum fortis, et vasa ejus diripere, nisi prius alligaverit fortem* (*Marc*. III, 27). Ipsi enim in corde Judæ ascenderunt, ut Salvator morti traderetur. Ipsi populum pessimis instigationibus incitarunt, ut Liberatorem humani generis perfida voluntate damnarent. Qui *fortes* ideo dicuntur, quia mortalium superant fragiles imbecillitates. Cæterum potentiæ Christi fortes esse non poterant, qui eos divinis viribus alligavit. Addidit, *neque iniquitas mea, neque peccatum meum*, *Domine*. Quamvis in Dominum Salvatorem diabolica fortitudo surrexerit, modo eum in pinna templi constituendo, modo offerendo divitias : tamen nihil tale in eum præsumere ausi sunt, qualia nobis vitiorum tentamenta efficaciter ingerere consuerunt. *Iniquitas* hic pro malevolentia intelligenda est; *peccatum* vero pertinet ad sceleris operationem, quæ omnimodis a Domino fuisse probantur extranea. Natura enim humanitatis a Domino assumpta probatur esse, non culpa; sed tamen ipsum fortem sustinuit tentatorem, quia carnem nostræ fragilitatis assumpsit; nec aliter fieri potuit ut jus suum exitium juste perderet, nisi ad vi ervenisset auctorem. Sic triste frigus veniente tepore dissolvitur : sic nox tenebrosa discedit, quando claritas serenæ lucis advenerit. Sed hæc de se vere dicit Caput nostrum. Cæterum ista professio membris non potest convenire subjectis.

Vers. 4. *Sine iniquitate cucurri, et dirigebar : exsurge in occursum mihi, et vide*. Potest quis currere et non *dirigi*, ut illi quorum vita tortuosis semitis irrotatur; nec ad rectum perveniunt iter qui nulla veritate diriguntur. Christus enim mundanam vitam recto tramite transcurrit; nec iniquitas illi obviare potuit, quæ actus semper humanitatis intorquet. De ipso enim octavus decimus psalmus ait : *Exsultavit ut gigas ad currendam viam : a summo cœlo egressio ejus, et occursus ejus usque ad summum ejus* (*Psal*. XVIII, 6, 7). Hoc enim erat *dirigi*, unde venerat, ut rediret. Sed sic venit a Patre, ut non recederet a Patre; sic discessit a mundo, ut non desereret fideles, sicut ipse ait : *Non vos dimittam orphanos* (*Joan*. XIV, 18); et, *Ecce ego vobiscum sum usque ad consummationem sæculi* (*Matth*. XXVIII, 20). Sequitur, *exsurge in occursum mihi*. Hic jam tropicis allusionibus potentia resurrectionis exprimitur, ut petat Patrem sibi occurrere, ad se scilicet venientem; cum nec ille ab ipso aliquando discesserit, nec iste ad eum, quantum ad supernam naturam pertinet, facie novitatis advenerit : sed sicut ipse in Evangelio dicit : *Ego in Patre, et Pater in me est* (*Joan*. XIV, 11). Quod autem addidit, *et vide*, significat, fac videri; sicut Abrahæ dictum est : *Nunc cognovi quoniam diligis Dominum Deum tuum* (*Gen*. XXII, 12); id est, cognosci feci. Tropica est enim ista locutio, et in Scripturis divinis creberrima consuetudine seminatur.

Vers. 5. *Et tu, Domine Deus virtutum, Deus Israel*,

Vers. 6. *Intende ad visitandas omnes gentes : non miserearis omnibus qui operantur iniquitatem*. Duo isti versiculi in uno exponendi sunt, quoniam de se invicem pendere noscuntur. Post resurrectionis igitur mirabilem narrationem, pius Advocatus interpellat pro nobis, dicens ad Patrem : *Et tu, Domine Deus virtutum, Deus Israel*; qui non putaris nisi *Deus solius Israel*, id est unius gentis : *intende nunc ad visitandas omnes gentes*, ut tibi credentium copia erescat ex gentibus, quia sterilitatem fidei in Judaico populo comperisti. Et respice quod *omnes gentes* dicat, quoniam de universis nationibus erant (Domino juvante) credituri; sicut est illud : *Et dabo tibi gentes hæreditatem tuam, et possessionem tuam terminos terræ* (*Psal*. II, 8). Ubi autem revertitur ad Judæos, dicit : *Non miserearis omnibus qui operantur iniquitatem*. Hæc oratio (si bene conspiciatur) præceptis ejus in nulla parte dissentit. Dicendo enim : *Non miserearis omnibus*, ostendit illis esse miserendum qui puro studio supplicabunt. Nam licet omnes homines *operentur iniquitatem*, illis tamen parcendum esse non dubium est qui prædestinati sunt, et ad eum devota mente confugiunt.

Vers. 7. *Convertentur ad vesperam, et famem patientur ut canes, et circuibunt civitatem.* Ventum est ad psalmi januam secundam, in qua Judaici populi futura conversio declaratur. Significat ergo in fine mundi ex eis innumeros Domino esse credituros; quod et Apostolus dicit: *Nolo vos ignorare, fratres, mysterium hoc, ut non sitis vobisipsis sapientes, quia cæcitas ex parte Israel contigit, donec plenitudo gentium introiret, et sic omnis Israel salvus fieret* (Rom. xi, 25), etc. Vides et ibi promissum esse, ut quamvis sera, tamen aliquando salutifera conversione salventur; et ideo ad similitudinem dici, finis mundi *vespera* competenter edicitur. Sequitur, *et famem patientur ut canes.* Illius temporis Judæorum significat voluntatem, quia sicut nunc crudelissima obstinatione durati sunt, ita et tunc fidei avidissima desideria patientur. Qui merito canibus comparantur, quoniam Antichristum illum immanissimam belluam, fidei calore raptati, religiosis latratibus insequentur. Canes enim a canendo dicti sunt. Meliores erunt tunc canes, quam nunc sint homines: quando legem in qua modo delinquunt, tunc fideliter defensare contendunt. Nam quod dicit, *famem*, cœlestis verbi significat aviditatem, sicut ait propheta: *Ecce induco famem super terram, non famem panis, neque sitim aquæ, sed famem audiendi verbum Dei* (Amos viii, 11). Addidit, *et circuibunt civitatem.* In eadem comparatione permansit. Canum enim consuetudo est illa loca defendere, in quibus se norunt alimoniam reperire: ita et Judæi jam conversi *civitatem*, id est sanctam Ecclesiam defendent, quam correctis prædicationibus *circuibunt.* Canes enim fidelibus comparatos Evangelii Scriptura testatur. Dicit quippe mulier Chananæa: *Utique, Domine: nam et canes edunt de micis quæ cadunt de mensa dominorum suorum* (Marc. vii, 28). Hoc schema dicitur ænigma, id est obscura sententia, quæ et ipsa pertinet ad allegoriam; aliud enim dicit, et aliud significat.

Vers. 8. *Ecce ipsi loquentur in ore suo, et gladius in labiis eorum: quoniam quis audivit?* Loquentur plane tunc *in ore suo*, quod nunc habere non merentur in corde, aliosque ad bona convertent, quæ ipsi prius credere noluerunt. Sequitur, *et gladius in labiis eorum.* Erit utique *in labiis eorum* gladius cœlestis, qui legitur bis acutus, ex utroque Testamento feriens, et ad sanitatem felices animas sua vulneratione perducens, de quo ait Apostolus: *Et gladium spiritus, quod est verbum Dei* (Ephes. vi, 17). Addidit, *quoniam quis audivit?* Bene præmisit *in labiis eorum* esse *gladium*, id est in ore ipsorum prædicationes frequentissimas, quoniam rarus gentilis auditurus est, cum in scelerata Antichristi religione permanserint. *Quis* enim, cum pondere proferendum est, quasi pene nullus, quasi omnino rarissimus. Significat enim hæc syllaba frequenter nullum, ut illud, *Quis similis tibi* (Mich. vii, 18)? aliquando unum, ut illud: *Quis dabit ex Sion salutare Israel* (Psal. xiii, 7)?

Vers. 9. *Et tu, Domine, deridebis eos; pro nihilo habebis omnes gentes.* Irridendos eos pronuntiat, qui prædicationes rectas audire noluerint, sicut est illud Salomonis: *Meis autem increpationibus non intendebatis, sed irrita faciebatis consilia mea; ideoque et ego in vestra perditione ridebo, gratulabor quando supervenerit vobis interitus* (Prov. i, 25, 26). Derisui enim erunt, quando inanes et fatui ab æterni regni intromissione pellentur. Sequitur, *pro nihilo habebis omnes gentes.* Gentes, et in bono et in malo poni notissimum est. Hic tamen illos dicit qui obstinatione crudeli in sua nequitia perseverant. Ipsos enim *pro nihilo habet* Dominus, qui eum creaturarum omnium non venerantur auctorem. Nam si hoc universaliter dictum intelligas, unde erit Ecclesia Domini construenda? Sed mos est Scripturæ divinæ dicere pro parte totum, secundum illud Domini dictum: *Nam cum venerit Filius hominis, putas inveniet fidem in terra* (Luc. xviii, 8)? Quod et si hoc generaliter velis accipere, quibus dicendum est: *Venite, benedicti Patris mei, possidete paratum vobis regnum a constitutione mundi* (Matth. xxv, 34)? Restat ergo ut hic *omnes gentes* eos intelligas qui perfidia faciente damnandi sunt. Sunt enim ex omnibus gentibus perituri, sicut justos constat ex omnibus nationibus congregari.

Vers. 10. *Fortitudinem meam ad te custodiam, quia, Deus, susceptor meus es.* Superius fortes diximus esse diabolum cum ministris, qui *fortitudinem* suam in se ponentes, ab æterna celsitudine corruerunt. Sed Dominus Christus humanæ ignorantiæ formam veritatis ostendens, *fortitudinem* humanitatis suæ, Domini dicit beneficiis applicandam; ut sicut per illum insidiatorem noxia didicimus, ita per verum Redemptorem, quæ sunt profutura noscamus. Nam quod ait, *ad te custodiam*, mutata syllaba significat per te *custodiam fortitudinem meam*; quod in Scripturis divinis sæpius invenitur. Quæ figura dicitur prothesios parallage, cum altera propositio pro altera ponitur. Sequitur, *quia, Deus, susceptor meus es.* Merito illi suam *fortitudinem* pronuntiat deputandam, quem *susceptorem* suum esse noscebat.

Vers. 11. *Deus meus, misericordia ejus præveniet me: Deus meus, ostende mihi inter inimicos meos.* Exponit quod superius dixit: *Fortitudinem meam ad te custodiam.* Nihil enim ei dignum obtulit humana conditio, ut mereretur muneris ejus largitate gaudere. O vere pietas stupenda Creatoris! De se nos docet quod in nobis intelligere et custodire debeamus. Sed væ illis qui hanc regulam declinantes, in hominis putant arbitrio consistere, ut mereatur ad aliqua Dei munera pervenire! Ipse enim donat, ut bona velimus; ipse perficit, ut ad ejus præmia pervenire possimus; quod Apostolus lucidissime declaravit: *Quid autem habes quod non accepisti? Si autem accepisti, quid gloriaris, quasi non acceperis* (I Cor. iv, 7)? Desinat ergo Pelagiana hæresis redivivas suscitare calumnias. Nihil boni ex nobismetipsis habere possumus, nisi hoc a Domino sumpserimus. Sequitur, *Deus meus, ostende mihi inter inimicos meos.* Secundum dicit munus beneficii, ut etiam *inter inimicos ipsius* virtus majestatis ejus possit *ostendi;* scilicet ut de blasphemis fiant religiosi, et de iniqua conversatione justissimi.

Vers. 12. *Ne occideris eos, nequando obliviscantur legis tuæ: disperge illos in virtute tua, et destrue eos, protector meus Domine.* Hoc est quod superius dixit, *ostende mihi inter inimicos meos;* quoniam ab istis inimicis, qui Deo largiente credituri sunt, ideo ira suspenditur, ne Domini legem usque in finem sæculi ignorare videantur, et incipiant sic perire, ut nullus ex eis possit bonos fructus emergere. *Obliviscitur* enim *legem* qui ejus præcepta non complet, quamvis animo verba ipsius tenere videatur. Precatur ergo ne gens Judæorum funditus pereat, sed magis errasse se gloriosa satisfactione cognoscat. Addidit, *disperge illos in virtute tua.* De Judæis hoc dictum testatur eorum facta dispersio, ut pene per totum mundum divisi dispersique declarentur. Nam quamvis juri [*ed.*, jugo] Romano sint subditi, suo tamen more vivunt ubique dispersi. Hoc est: *Ne occideris eos*; nam si fuissent, ut merebantur, exstincti, spes conversionis eorum funditus interiisset. *Dispersi* ergo sunt Judæi, sive ut ad conversionis provocarentur studia; seu (sicut quidam volunt) ut inter contentiones hæreticorum, ab inimicis suis veteris legis paratum testimonium haberet Ecclesia; dum illud indubitanter creditur, quod adversario suffragante firmatur. Sequitur, *et destrue eos, protector meus Domine.* Adhuc in iisdem supplicationibus perseverat, ut *destructi* Judæi in melius construantur, sitque salutaris elevatio post ruinam. Non enim Paulus apostolus surrexerat ad salutem, nisi ad vocem Domini cadere meruisset.

197 Vers. 13. *Delicta oris eorum, sermo labiorum ipsorum, et comprehendantur in superbia sua, et de exsecratione et mendacio evellentur. Delicta oris eorum,* id est cogitationum insaniæ fuerunt, quando consilium fecerunt ut neci traderent Dominum Salvatorem. *Sermo* quoque *labiorum ipsorum* detestabilis fuit, quando dixerunt: *Reus est mortis* (Matth. XXVI, 66). *In superbia comprehensi sunt,* quando iidem dixerunt: *Quis tibi dedit hanc potestatem? Et in qua potestate hæc facis* (Ibid., XXI, 23)? Captos enim constat *in superbia sua,* quando viderunt postea resurgentem, quem prius facientem miracula respuerunt. Sequitur, *et de exsecratione et mendacio evellentur;* scilicet quando ab eis post conversionem dedecus amovetur, quod in cunctis gentibus nunc habere noscuntur. *De mendacio* iidem *evellentur,* quando Scripturas divinas veraci illuminatione cognoverint, quas nunc sub falsa interpretatione suscipiunt.

Vers. 14. *In ira consummationis et non erunt; et scient quia Deus dominabitur Jacob, et finium terræ. Ira* Domini duobus dicitur modis: sive quando vindicat ad salutem, ut est illud: *Flagellat* enim *omnem filium quem recipit* (Hebr. XII, 6); sive quando mittit in ignem æternum, de quo alius psalmus ait: *Domine, ne in ira tua arguas me, neque in furore tuo corripias* *me* (Psal. VI, 2, et XXXVII, 2). Abusive quippe tractum est ab hominibus, quia quando aliquam culpam vindicamus, perperam factis irascimur. Cæterum Deus omnia sub tranquillitate dijudicat, quia nescit perturbationis sustinere confusa. *Consummationem* vero illam dicit, quam unusquisque patitur, quando memor peccatorum suorum interna se castigatione discruciat. *Non erunt* utique superbi, dum eos constet ad humilitatis pœnitentiam esse venturos. Sequitur, *et scient quia Deus dominabitur Jacob, et finium terræ.* Cum Judæi fuerint perfecta religione veraciter instituti, tunc agnoscent Christum Dominum esse *Jacob* patriarchæ sui, quod primitus non credebant. *Et finium terræ,* id est catholicæ Ecclesiæ, quæ toto orbe diffusa est, quod modo durato corde non sapiunt.

Vers. 15. *Convertentur ad vesperam, et famem patientur ut canes, et circuibunt civitatem.* Post secundi diaplasmatis interjectionem, ad ingressum tertium venit: ubi iterum conversio Judæorum et resurrectio Domini Salvatoris ostenditur. Et quoniam præsens versus, qui in secunda parte jam positus est iisdem verbis, sed non ipso intellectu repetitur, quod in Scripturis divinis inesse sæpe jam diximus. Ille enim primus pertinet ad finem sæculi, iste ad Domini passionem; sic enim utrorumque sequentia manifestant, et ideo secundum causas prædictas eorum est intentio perquirenda. In superiori enim divisione *vesperam* diximus finem sæculi significare; sed hic initium ipsum sextæ ætatis ostenditur, quod est *vespera,* quando Dominus Salvator mundo salutaris advenit. Sic enim de ipso dicit Moyses: *Occidetis agnum ad vesperam* (Exod. XII, 6); post cujus resurrectionis miraculum multitudo credidit Judæorum. Sequitur, *et famem patientur ut canes. Canis,* voracissimum animal atque importunum, consuevit illas domos latratibus defendere in quibus edacitatem suam novit accepto pane satiari. His merito comparantur Judæi, qui Christianæ fidei munere saginati, Ecclesiam Dei clamosa prædicatione defendere festinabunt; sicut Paulo apostolo contigit, ut qui ante fuit persecutor Christiani nominis, postea divino munere jungeretur apostolis. Addidit, *et circuibunt civitatem.* Civitatem significat Jerusalem, quæ universaliter per mundum noscitur esse diffusa. Hanc ergo *circuisse* Paulum, salutares generi humano testantur Epistolæ, quæ per universas gentes velut sacra divina tonuerunt. O *canem* istum beatum! qui populos persequitur infideles, fures abigit, et ovilia sancta custodit; cujus latratus per totum mundum quasi grandisona tuba concrepuit.

Vers. 16. *Ipsi dispergentur ad manducandum; si vero non fuerint saturati, et murmurabunt.* Isti ergo qui veram meruerunt habere doctrinam, *ad manducandum disperguntur,* cibum scilicet spiritualem; ut convertantur gentes ad fidem catholicam venientes; sicut Petro apostolo in visione dictum est: *Macta, et manduca* (Act. X, 13). Sequitur, *si vero non fuerint saturati, et murmurabunt. Saturantur* doctores, quando prædicationes suas viderint populos desideranter assumere. Contra jejuni *murmurant*, si verba sua fructificare non cognoverint in mentibus perfidorum. Hos ergo verbi Domini distributores *murmurare* posse dicit, si **non fuerint** populorum credulitate *saturati*; sicut ipse dicit et in trigesimo quarto psalmo: *Retribuebant mihi mala pro bonis, sterilitatem animæ meæ* (*Psal.* xxxiv, 12).

Vers. 17. *Ego autem cantabo virtutem tuam, et exsultabo mane misericordiam tuam : quia factus es susceptor meus, et refugium meum in die tribulationis meæ.* Postquam de Judæorum conversione locutus est, ad Patrem subito verba convertit. Quæ figura dicitur prophonesis, Latine exclamatio. Ipse enim *cantabit* in sanctis suis, dum ejus membra gaudebunt. Et quale est illud gaudium de Domini semper contemplatione gaudere! Nam sicut virtus divina nunquam deficit, ita nec gaudium quod de ipsius inspectione provenerit. Sequitur, *et exsultabo mane misericordiam tuam.* Mane scilicet, cum nox sæculi istius obscura transierit, quando jam *misericordia* Domini in sanctorum remuneratione elucescit; ibi enim ipse exsultaturus est tanquam Rex et Dominus, ubi suum populum in se gaudere conspexerit. Addidit, *quia factus es susceptor meus.* Exposuit quare in Christo Domino *exsultavit* humanitas, *quia factus est susceptor meus.* Ipse enim suscipitur, quando Ecclesia cuncta salvatur; quale est illud : *Si quis fecit uni ex minimis istis, mihi fecit* (*Matth.* xxv, 40). Adjecit, *et refugium meum in die tribulationis meæ.* O quam gratum est *refugium,* quando tribulationis tempore condonatur ! Omnis enim caro suspecta est, quandiu audiat : *Venite, benedicti Patris mei* (*Ibid.*, 34), etc. Sed tunc æternum *refugium* efficitur, quando ad istam vocem desideratissimam pervenitur. Hoc, sicut et in superioribus diximus, accipiendum est a parte membrorum.

Vers. 18. *Adjutor meus, tibi psallam, quia, Deus, susceptor meus es, Deus meus misericordia mea.* Diximus psalmum ad actualem pertinere virtutem, quam caro Domini Salvatoris etiam in hoc mundo sancta et venerabili operatione monstravit. Repetit etiam frequenter beneficia, ut nobis, quemadmodum gratias agere debeamus, ostendat. *Susceptor* enim humanitatis nostræ Verbum est, quod eam in Mariæ Virginis utero sibi sociare atque unire dignatum est, nequaquam facta confusione vel permixtione substantiarum, sed unitate ineffabili atque inenarrabili permanente. Adjecit, *Deus meus, misericordia mea.* Mirabilis et amplectenda sententia. Nam cum multa dixisset, nec tamen fuissent omnia comprehensa, ad postremum uno verbo complexus est : Quid est *Deus meus,* id est, *Misericordia mea.* Ibi omnia sunt beneficia, ubi universa munera designata. Quid enim boni non sentitur, ubi *misericordia* donata cognoscitur ?

Conclusio psalmi.

Didicimus, Domine Christe, quam multa in carne pertuleris, et quia pro persecutoribus tuis semper oraveris. O vere Judicem pium, sub quo nulli est confitentium desperandum ! O par benignitas et potestas ! Nam qui pro inimicis oras, quis tuorum possit formidare quod pereat? Dona facere quæ præcipis; dona implere quod expedit : quia sicut nihil præter te sumus, ita tecum boni totum possumus implere quod nitimur.

EXPOSITIO IN PSALMUM LIX.

In finem, pro his qui immutabuntur, in tituli inscriptione ipsi David in doctrinam : cum succendit Mesopotamiam Syriæ, et Syriam Sobal, et convertit Joab, et percussit Edom [ed., *Idumæam*] *in valle Salinarum duodecim millia.*

Titulus hic, nisi compendium quæramus, interpretatione nominum et commemoratione bellorum omnino prolixus est. In primo positum est : *In finem his qui immutabuntur.* Commutantur autem *in finem,* qui veteris hominis errore deposito, Domino Salvatori pura mentis intentione famulantur; de quibus dicitur : *Fuistis enim aliquando tenebræ, nunc autem lux in Domino* (*Ephes.* v, 8). Quemadmodum vero possint *immutari,* subter exponit, *in tituli inscriptione David in doctrinam. Tituli inscriptio,* Jesum Christum significat Regem. Sic ergo mutentur, ut deserentes diabolum, Regem sibi Christum esse cognoscant. *David* enim sæpe diximus Dominum significare. *In doctrinam,* adde scilicet Christianam : quia non sufficit cuiquam illum Regem suum dicere, nisi et ejus qui studeat præceptis obedire. Sequitur, *cum succendit Mesopotamiam Syriæ,* etc. Has victorias, postquam Sauli successit in regno, fecisse David Regum historia comprehendit (*II Reg.* viii), quas incongruum videtur sub hac concinnitate depromere, quando ibi latissime narrata noscuntur. Hoc tamen debemus advertere, bella ista figuraliter posita propter victorias Domini Salvatoris, quas in toto mundo de paganis agit et perfidis, quorum verba psalmus iste dicturus est; ut revera destructi a superstitione veteri, mereantur per gratiam novi hominis immutari.

Divisio psalmi.

Populus ille qui erat priscis erroribus illigatus, in novam gratiam sanctæ religionis adveniens, primo capite supplicat, ut post afflictionem, quam satisfaciendo passus est, beneficii novitate reparetur. Secundo, interpositione diapsalmatis collocata, idem populus rogat ut post tribulationes quas pertulit, deducatur a Domino in munitissimam civitatem, petens auxilium sibi de tribulatione concedi, quod soli Domino probatur esse possibile.

Expositio psalmi.

Vers. 1. *Deus, repulisti nos et destruxisti nos ; iratus es et misertus es nobis.* Populus ille qui erat priscis erroribus illigatus, *repulsum se et destructum* sub gratiarum actione commemorat; ut strages illas debellatarum gentium, quas titulus regem David fecisse præcinuit (sicut dictum est) manu fortis et desiderabilis Christus in universo mundo potius peregisse declaretur, non ferro, sed conversionis studio ; non per ignem visibilem, sed per charitatis ardorem; quomodo Divinitas debellare ac vincere invisibiliter consuevit. Qui populus supplicat ut a devoto. *Ostendit* enim *dura* fidelibus suis, quando vetere superstitione destructus, et in sancto proposito commutatus, novæ regenerationis gratiam consequatur. Nec moveat quod numerus pluralis adjunctus est. Populus enim cum dicitur, plures in eo significari posse non dubium est. Nam cum dicunt, *repulisti*, ostendunt divino munere a studio scelerum se fuisse revocatos, ne in pravis dogmatibus eorum vita finiretur. Sequitur, *et destruxisti nos*. Merito ad gratiarum actionem venit ista destructio, quæ sic evertit ut construat, sic deponit ut erigat, sic humiliat ut ad cœlorum regna perducat. Hæc enim verba non ingratorum suscipias, sed magis gaudentium esse cognoscas. Addidit, *iratus es et misertus es nobis*. *Iratus*, adversatos debemus advertere, quorum superstitiones et vitia justitiæ suæ virtute prostravit. Nimis congrue populus et *iratum* sibi dicit Dominum, cum peccaret, *et misertum*, dum ad conversionis remedia confugisset. Sic utrasque causas singulis sermonibus fecit intelligi. Quæ figura dicitur emphasis, id est exaggeratio, clariorem præbens intellectum quam verba per seipsa declarant. Ira misericors, indignatio salutaris, captivitas libera, adversatio fructuosa. *Iratus est* ergo, quando superstitiones eorum subvertit; *misertus*, quando eos ad cultum veræ religionis adduxit.

Vers. 2. *Commovisti terram et conturbasti eam: sana contritiones ejus, quia mota est. Terram*, universum peccatorem debemus intelligere, qui adventu Domini commotus est; sicut et in alio psalmo dicturus est : *Vidit, et commota est terra* (*Psal.* XCVI, 4). *Commoti sunt* ergo peccatores, quando culturas suas Deo cognoverunt abominabiles exstitisse, quando simulacra sua tandem aliquando intellexerunt esse lapidea. Animadverterunt etiam divitias et honores, cæteraque mundi hujus apud Deum postrema, quæ ante putavere præcipua. *Conturbati sunt* quoque, quando inter doctrinas alias audierunt. *Apprehendite disciplinam,* **199** *nequando irascatur Dominus, et pereatis de via justa* (*Psal.* II, 12). Et vide ordinem psalmi pulcherrima narratione dispositum : prius enim fuit, ut commoverentur, post, ut *conturbarentur*. Sequitur, *sana contritiones ejus, quia mota est*. Cœlesti Medico producuntur vulnera, ut contritis ægris competens medicina succurrat. Sed intelligamus quandiu eos dicit afflictos, ut usque ad contritiones pervenisse videantur. Ista est contritio quæ nos efficit fortiores : ista est debilitatio quæ reddit valentes. Conterimur enim mente, quando ad humilitatem tota animi intentione descendimus, sicut in quinquagesimo psalmo dictum est : *Cor contritum et humiliatum Deus non spernit* (*Psal.* L, 19). Et ut misericordiam clementissimi Judicis impetraret, addidit, *quia mota est*, id est a pristino errore translata est ; ut tibi Domino pareat, quæ ante idolis serviebat.

Vers. 3. *Ostendisti populo tuo dura; potasti nos vino compunctionis*. Post victorias salutares quas Dominus de mundi istius reconciliatione perfecit per gratiam, dicit *populo tuo*, id est tibi subjugato atque devoto. *Ostendit* enim *dura* fidelibus suis, quando martyrum catervas sævis passionibus acquisivit. *Ostendit* enim in hoc transituro mundo justis *dura*, ut reddat in illa æternitate pretiosa. Non enim jubet vacare famulos suos, nec de latitudine se otiosa tractare : sed ut, duris laboribus exercitati, ad palmam ejus misericordiæ mereantur adduci. Sic enim et Paulus dicit : *Nemo coronatur, nisi legitime certatus fuerit* (*II Tim.* II, 5). Addidit, *Potasti nos vino compunctionis*. *Vino* comparata est virtus, quæ in bonum propositum studium nostræ voluntatis immutat, et facit recta sapere, postquam se inde meruerint homines divina largitate complere. Contra hoc humanum poculum sanitatem mentis excutiens, intromittit verba vanitatis. Sed potus ille non oris, sed mentis est ; nec humana industria præparatur, sed divina inspiratione conceditur, sicut superius dictum est : *Et poculum tuum inebrians quam præclarum est* (*Psal.* XXII, 5) ! Nam quid sit istud poculum, pulchre breviterque definitum est, id est, *vinum* in quo non est vitiosa copia, sed *compunctionis* ubertas.

Vers. 4. *Dedisti metuentibus te significationem, ut fugiant a facie arcus*. Dedit timentibus significationem, quando per Scripturas suas edocuit in hoc mundo passiones multiplices suos fidelissimos sustinere, sicut in Evangelio dicit : *Tradent enim vos ante reges et præsides, et in synagogis suis flagellabunt vos, et eritis odio omnibus gentibus propter nomen meum* (*Matth.* X, 17, 18). Petrus quoque apostolus dicit : *Tempus est ut judicium incipiat a domo Dei* (*I Petr.* IV, 17). Vides ergo quia *significationem* dedit timentibus se. Hæc ideo fieri ut futuri judicii pœna possit evadi. Ipsa enim causa subsequitur, *ut fugiant a facie arcus*. *Facies arcus* diem judicii evidenter ostendit, ubi Novi et Veteris Testamenti quasi duobus inflexis jugis omnis populus judicatur. Sed ille ab isto *arcu* sagittam, id est sententiam non suscipit, qui se in humilitatem confessionis devota intentione prostraverit. Agamus ergo Domino gratias, qui per *significationes* prædicationum timeri fecit hunc *arcum*, per quem in judicio Domini omnis percutitur indevotus.

Vers. 5. *Ut liberentur dilecti tui : salvum me fac dextera tua, et exaudi me*. Populus ille fidelium, divinis jam virtutibus subjugatus, secundam partem supplicationis ingreditur, deprecans ut Dei virtus tribulationes eorum in gaudii alacritatem convertat. Et bene precatur populus iste ut *salvus fiat dextera*, quia in ipsa parte staturi sunt, qui perpetua felicitate gaudebunt. Poterat supplicare ut salvus fieret et in hoc sæculo, sicut in languoribus petitur, sicut in tribulationibus postulatur : sed *dextera* Domini *salvum se fieri* deprecatur, ubi æterna salus est, et sine fine lætitia.

Vers. 6. *Deus locutus est in sancto suo : Lætabor, et dividam Sichimam, et convallem tabernaculorum metibor*. *Deus Pater locutus est in sancto suo*, id est in Christo, quando Verbum caro factum est et mundi Salvator apparuit. *Locutus est* autem significat evangelicam veritatem, per quam venit redemptio fidelium et beatitudo sanctorum. Addidit, *lætabor, et dividam Sichimam.* Juste lætabatur populus, cui prospere *locutus fuerat* Dominus. Sed hæc Hebræa nomina, per hunc et alios tres versus qui sequuntur, mixta Græcis Latinisque sermonibus, figuram faciunt sardismos, quæ fit diversarum commixtione linguarum. Nunc ad exponenda verba veniamus. *Sichima* interpretatur humeri; et quoniam ad onus portandum divinum humeri decenter aptantur, hic dixit : *Dividam Sichimam,* id est onus devotionis divinæ, quod unicuique cœlesti distributione conceditur. Hoc est onus quod si defuerit cadimus, si portamus erigimur; de quo scriptum est : *Jugum meum suave est, et onus meum leve* (*Matth.* xi, 30). Lætus ergo populus *dividere se dicit supra* humeros sues gratiam servitutis et fidei, quam novit levissimos fasces portare. Addidit, *et convallem tabernaculorum metibor.* Patriarcha Jacob supellectili pecoribusque ditissimus, cum se a Laban socero suo migrare decrevisset, venit ad convallem Syriæ, ubi mansionem ponens, oves ejus quievisse narrantur, loco ipsi ex habitatione sua tabernacula nomen imponens; et quia oves Jacob hic Judaicæ plebi convenienter aptantur, populum qui typum sanctæ tenet Ecclesiæ dicit : *Metibor et convallem tabernaculorum,* id est, de Judaica collectione habebo non minimam portionem. Constat enim de variis nationibus Ecclesiam Domini, quasi ex diversis floribus, in una coronæ specie esse formatam. *Convallis* enim dicta est quasi cavata vallis.

Vers. 7. *Meus est Galaad, et meus est Manasses, et Effrem* [ms. A., *Ephraim*] *fortitudo capitis mei; Juda rex meus.* Discutiamus hæc nomina, quoniam ea, sicut jam diximus, significationes rerum continere manifestum est. *Galaad* interpretatur acervus testimonii, quod ad martyres referri posse non dubium est. Testes enim Græca lingua martyres dicuntur. Ergo acervus ille testimonii, qui cœlestium granorum numerositate collectus est, magnum significat esse martyrum congregationem. Acervus enim de imo surgens, ad summum tendit; qui juste martyribus comparatur, quoniam ad immortalia dona perducti, cœlesti summitate potiuntur. Hunc ergo acervum merito suum fidelis populus dicit, ex quo constat effectus. Sequitur, *et meus est Manasses. Manasses* interpretatur oblitus. Inter illas enim persecutiones fidelium, magnum opprobrium videbatur Ecclesia sustinere, quando quicunque **200** Christianus inventus fuisset, præcepto principum paganorum capitali crimine damnabatur. Hoc ergo opprobrium jam probatur abolitum et felici oblivione consumptum, quando Christianum esse in orbe Romano nunc gloria est. Merito ergo fidelis populus dicit oblivionem illam esse suam, quæ erat de scelerum abolitione ventura, sicut Joseph dicit : *Oblivisci me fecit Deus dolorem et domum patris mei* (*Gen.* xli, 51). Addidit, *et Effrem fortitudo capitis mei. Effrem* fructificatio dicitur; sed quæ sit ista fructificatio consequenter exponitur, *fortitudo capitis mei.* Quis alter nisi Salvator est Dominus, qui carne moriendo per glorio-

sissimam resurrectionem suam contulit spei nostræ copiosissimum fructum? sicut in Evangelio Dominus dicit : *Nisi granum tritici cadens in terram mortuum fuerit, ipsum solum manet; si autem mortuum fuerit, multum fructum affert* (*Joan.* xii, 24). Adjecit, *Juda rex meus. Juda* Christus significatur, qui secundum carnem de Judæ stirpe descendit. Iste ergo populus a tituli illa inscriptione non discrepat, qui regem sibi Judam, id est Salvatorem esse testatur. Et cum exsultatione dicendum est : *Juda rex meus,* quoniam hæc est fidelium gloriosa confessio

Vers. 8. *Moab olla spei meæ; in Idumæam extendam calceamentum meum; mihi allophyli subditi sunt. Moab* pro gentibus ponitur, unde congregandam prædicebat Ecclesiam. *Olla spei* tribulatio significatur, sed illa quam in hoc mundo sanctissimi sustinent Christiani, quæ ad spem vitæ æternæ, Domino præstante, porrigitur, sicut dicit Apostolus : *Gloriamur in tribulationibus, scientes quia tribulatio patientiam operatur : patientia autem probationem, probatio vero spem, spes autem non confundit* (*Rom.* v, 4), etc. *Olla* vero et in malam partem ponitur, eo quod in sensu pravo velut unda decoctionis exæstuat; de hac scriptum est : *Olla succensa in Aquilone* (*Jer.* i, 13); quod utique diaboli significat machinationes, qui dixit : *Ponam sedem meam ad Aquilonem* (*Isai.* xiv, 13). Sequitur, *in Idumæam extendam calceamentum meum. Idumæa* terrena significat, quibus mundus tenetur obnoxius. Ad hæc pervenit Evangelium, quando peccatoribus clementia divina subvenit. *Calceamentum* enim prædicationem Evangelii convenienter advertimus, quia sicut pedibus nostris munimina *calceamentorum* molestias spinarum aliasque injurias repellunt, ita et vitæ nostræ gloriosissimum institutum, quod frequenter gressibus comparatur, evangelica præmunit auctoritas, ut tali beneficio communiti, hunc mundum sine aliquibus læsionibus muniente Domino, transeamus. Scriptum est enim : *Quam speciosi pedes eorum qui annuntiant pacem, annuntiant bona* (*Isai.* lii, 7) ! *et calceati pedes in præparationem Evangelii* (*Ephes.* vi, 15). Hoc est ergo *calceamentum* quod nos munit contra vitia, hæc defensio quæ sæculi hujus spinosa transcendit, ut lædere non queant, quæ acuminatis insidiis probantur armata. Adjecit, *mihi allophyli subditi sunt.* Hoc idem dicit populus Christianus *allophylos,* id est alienigenas sibi *subditos,* quos jam quidem constat esse confessos. Sed istos *allophylos* fictos vult intelligi Christianos, qui inter fideles assidua quidem frequentatione conveniunt; sed quoniam vivunt animo perverso, non sunt regnaturi cum Domino.

Vers. 9. *Quis deducet me in civitatem munitam? aut quis deducet me usque in Idumæam?* Desiderio futuræ beatitudinis fidelis populus exclamat ad Dominum : *Quis deducet me?* id est nullus, nisi tu solus Deus. *Civitatem munitam* Jerusalem futuram dicit, quæ sic munita atque perfecta erit, ut nulla ulterius persecutione quatiatur, nec allophylos habeat mixtos, quos nunc sustinet patienter Ecclesia. Sequitur : *Aut quis deducet me usque in Idumœam? Idumœa,* sicut superius diximus, terrena significat. *Quis deducet me?* sub interrogatione legendum est, ipse, scilicet Deus, quem dicit inferius. Desiderat enim et illos populos sibi applicari, qui adhuc non meruerunt esse perfecti, ut completo numero prædestinatorum, simul ad æternæ beatitudinis gaudia pervenirent.

Vers. 10. *Nonne tu, Deus, qui repulisti nos; et non egredieris, Deus, in virtutibus nostris?* Dicendo, *Nonne tu, Deus?* ostendit de quo superius, *quis,* dicebat. Tu revera, Domine, perduces ad regna tua, qui nos fecisti damnare simulacra, ut prosit nobis te secutos, quem evidenter agnovimus solum Creatorem nostrum, solum debere esse propitium. Dicit enim: *Qui repulisti nos,* id est a malo prohibuisti, ne in nostra voluntate versaremur erronei. *Repulit* enim Dominus a religione perversa, quem dignatur perducere ad dogmata Christiana, sicut et in primo versu hujus psalmi dictum est: *Deus, repulisti nos et destruxisti nos: iratus es, et misertus es nobis.* Sequitur, *Et non egredieris, Deus, in virtutibus nostris.* Sensus talis est: quamvis in futuro de misericordiæ tuæ spe magna lætemur, tamen in præsenti sæculo non ita nos cernimus adjuvari, ut adversarios nostros, te opitulante, vincamus. Hæc cum non fiant, sed magis afflictionibus exponamur, æstimant inimici, quod *non egrediaris in virtutibus nostris.* Verum ista dissimulatio salutaris et gloriosa probatio est, sicut dicit Apostolus: *Id enim quod in præsenti est momentaneum et leve tribulationis nostræ, supra modum in sublimitate æternæ gloriæ pondus operatur in nobis* (*II Cor.* IV, 17).

Vers. 11. *Da nobis auxilium de tribulatione, et vana salus hominis.* Postquam dixit sancta congregatio ab inimicis se in hoc sæculo minime vindicari, venit ad consolatoriam orationem, ut de tribulatione mundi istius, quam jugiter sustinebat, Domini proveniret auxilium: sciens tanto unumquemque illic consolandum, quanto hic pro ejus nomine fuerit vehementer afflictus, sicut in Evangelio dicit: *Beati qui persecutionem patiuntur propter justitiam, quoniam ipsorum est regnum cœlorum* (*Matth.* V, 10). Sequitur, *et vana salus hominis.* Salutem non potest præstare indigus salutis, ideoque sperare in homine non debet, qui propriis viribus probatur esse infirmus. Hinc est quod Jeremias propheta dicit: *Maledictus homo qui spem suam ponit in homine, et a Domino recedit cor ejus* (*Jer.* XVII, 5).

Vers. 12. *In Deo faciemus virtutem, et ipse ad nihilum deducet tribulantes nos.* Populus beatorum, humana confidentia derelicta, *In Deo* se dicit *facere posse virtutem.* Non enim cum diabolo, incendio, gladioque certandum est, sed illis virtutibus quibus Christus ipse pugnavit, ut superbiam humilitate vincamus, divitias mundi paupertate superemus. Ad postremum ipse *in Deo* **201** *facit virtutem,* qui in mandatis ejus jugiter perseverans, diabolicas tentationes eodem miserante calcaverit. Sequitur, *et ipse ad nihilum deducet tribulantes nos.* Quid tibi, fidelis-

sime, opus sunt arma, qui habere talia probaris auxilia? Ipse enim pro te pugnat, cui nullus resistit; ipse insequitur, quem nullus declinat. *Ad nihilum* quippe *perducit inimicos* fidelium suorum, quoniam delet eos de libro viventium, ubi sibi scripti videbantur elati.

Conclusio psalmi.

Ecce mundi istius, si secundum Domini toleretur imperium, beata contritio. Ecce humilitatem terrenis culminibus celsiorem, quando non potest deficere, cui venit auxilium de tribulatione; et in ipso periculo beneficium reperit, quod atterere consuevit. Sine te enim Deus, universus mundi reus est principatus. Anxia sibi est quælibet potestas, et per te gaudet humilitas. Reconditi sunt, Domine, thesauri tui; aliud videtur ad faciem, aliud facis intus habere veritatem. Quis possit enarrare magnificentiam tuam, qui nosti temporales tribulationes in gaudia æterna convertere? Et illud apud te est pretiosum, quod in hoc mundo sceleratis hominibus videtur abjectum.

EXPOSITIO IN PSALMUM LX.

In finem, in hymnis David

Absolutum et brevissimum psalmum Latinitas et compendium tituli evidenter insinuat. Non enim, ut supra, nominibus obscuris historiaque completus est, ut evidenter appareat titulorum indicia revera salutarium præcones esse psalmorum. *In finem* significare Dominum Salvatorem nullus ignorat, cum jam hoc frequenti expositione claruerit. *In hymnis* Græcum vocabulum est; interpretatur enim in laudibus, quia totus psalmus Christi præconia personabit. *David* autem ipsum significat Dominum Salvatorem, cujus laudem decantat populus Christianus, qui toto orbe diffusus est.

Divisio psalmi.

In prima parte psalmi a finibus terræ deprecatur populus fidelis, ut ejus audiatur oratio; quatenus in sancta Ecclesia perseverans, alarum ejus velamine protegatur. Secunda parte gratias agit, quod justis hæreditatem suam pius Miserator indulsit, et nomen suum in æternam gloriam consecravit: ex qua re se laudes redditurum jugiter Domino pollicetur.

Expositio psalmi.

Vers. 1. *Exaudi, Deus, deprecationem meam; intende orationi meæ.* Fidelis populus, qui tamen membra sunt Domini, sancta charitate succensus, petit ut ejus audiatur oratio. Sed consideremus quid sit hoc, quod *exaudiri deprecationem* suam petit, et *intendi orationi* suæ: si qua hæc poterimus subtilitate dividere. *Deprecatio* est assidua quidem communisque supplicatio, quam et hominibus a quibus aliquid petimus, frequenter offerimus; hanc a Domino deprecatur audiri. *Orationi* vero suæ, quam tantum sanctæ Trinitati jure persolvimus, postulavit *intendi,* id est prospici atque misereri, quoniam eam purissimam divinis conspectibus offerebat. Cujus talis virtus est, ut cum fideliter depromitur, probabile desiderium obtinere monstretur.

Vers. 2. *A finibus terræ ad te clamavi; dum anxiaretur cor meum, in petra exaltasti me: deduxisti me.* Congregatio sancta justorum, quæ est hæreditas Domini, depressa malis sæculi, in universis sita gentibus congemiscens, *clamat* ad Dominum, quæ et carnis necessitatibus subjacebat, et ab ejus vitiis toto mentis desiderio desinere festinabat. *Clamat* enim *a finibus terræ*, id est ab universo orbe terrarum, in quo est omnipotentis Domini Ecclesia constituta. Sed non a solis *finibus* hoc *clamatur*, verum etiam ab interioribus, et umbilico ipso terrarum, sicut in decimo octavo psalmo dictum est : *In omnem terram exivit sonus eorum* (*Psal.* XVIII, 5). Clamat ergo iste populus qui superius dictus est : *Exaudi, Deus, deprecationem meam : intende orationi meæ.* Dicit etiam quando iste clamor velut sacrificium Deo fuerit immolatus in anxietate cordis : quando enixius clamatur ad Dominum, cum periclitanti animæ remedia necessaria postulantur. Sequitur clamoris exauditio, et præmium singulare justorum, *in petra exaltasti me. Petra* significat Dominum Salvatorem, sicut dicit Apostolus : *Petra autem erat Christus* (*I Cor.* x, 4). *In* hac *petra* se *exaltatum* esse pronuntiat, in qua omnis ædificatus est Christianus. Constat enim *exaltatum*, qui ibi noscitur esse fundatus. Adjectum est, *deduxisti me*; in illam scilicet futuram requiem quam beatis suis Dominus pollicetur. Nam quod dixit, *deduxisti me*, usus iste prophetiæ est, ut illa quæ ventura sunt pro præteritis dicat; sicut in vigesimo primo psalmo jam dictum est : *Foderunt manus meas et pedes meos, dinumeraverunt omnia ossa mea* (*Psal.* XXI, 18). Quæ figura dicitur prolepsis, id est præoccupatio futurorum.

Vers. 3. *Quia factus es spes mea, turris fortitudinis a facie inimici.* Causa redditur quare sit deductus ad præmium : quia spem suam constituerat sibi Dominum, qui confidentes ædificat, et in se præsumentes semper exaltat, sicut dicit Apostolus : *Gloriamur in tribulationibus, scientes quia tribulatio patientiam operatur, patientia probationem, probatio vero spem, spes autem non confundit* (*Rom.* v, 3, 4, 5), etc. Sequitur omnino magna comparatio : *Turris fortitudinis a facie inimici.* Per *turris fortitudinem* ipsum Dominum significat Salvatorem. *Turris* enim civitatis muros vindicat, et irruentes hostes ex alto vulnerat; sic virtus Domini populum suum defendit, cum aperte inimicum ejus oris sui contradictione prostraverit. Sed *turris* illa virtutibus est plena, non gladiis ; pugnat verbo, non prælio; jubens omnia, non decertans : quam non aries quassat, non aliqua machinamenta debilitant, nec localiter defendit, sed per totum mundum famulos suos invicta protectione custodit.

Vers. 4. *Inhabitabo in tabernaculo tuo in sæcula : protegar in velamento alarum tuarum.* Et hic quoque **202** categoricus syllogismus enascitur, qui eo modo colligitur Justus inhabitat in tabernaculo Domini.

Omnis qui inhabitat in tabernaculo Domini, in sæcula protegitur in velamento alarum ejus. Justus igitur in sæcula protegitur in velamento alarum ejus. Nunc ad exponenda verba redeamus. Mens sancta Domini Christi sibi beneficia largienda confidit, quo in hujus mundi periculis *in tabernaculo* Domini tutissime perseveret; et hoc non ad breve tempus, sed quousque sæcula vitæ istius divina administratione peragantur. Ita enim fidelium populus decursa sibi ætate succedens, *in tabernaculo* Domini per sæcula continetur. Sed intendamus quare frequenter *velamentum alarum* Domini sacris defensionibus comparetur. Primum, quod alæ avium in modum palmarum quasi quædam costæ pulcherrimæ porriguntur. Deinde, quia sic defendunt, ut onerare non possint. Tertio, quoniam æstus et frigoris inclementiam a dilectis pullis affectuosa protectione depellunt. Ita defensio Domini, si ad eum pie confugiamus, potestates aereas a nobis efficit alienas, ut nec furor eorum incensus noceat, nec venenum frigidum viperea qualitate percutiat. Merito ergo protectio Domini alis noscitur comparata, quæ nec subjectos onerant, et læsionem totius contrarietatis emendant.

Vers. 5. *Quoniam tu, Deus, exaudisti orationem meam : dedisti hæreditatem timentibus nomen tuum.* Interposito diapsalmate, populus fidelis venit ad secundam partem lætus et exsultans, quia orationem suam gloriatur auditam; per figuram scilicet ætiologiam, causam rei rationemque subjungit cur in velamento alarum Domini protectioneque lætetur : merito, quoniam ejus exaudita probatur oratio. Sequitur, *dedisti hæreditatem timentibus nomen tuum. Hæreditatem* significat futuri sæculi regnum, quod beatis famulis pollicetur. Hæreditas quæ non morte relinquitur, sed cum largitore suo perpetuo munere possidetur; quæ sic venit ad filios, ut a testatore minime deseratur. Hæc hæreditas non habet finem ; sed cum semel suscepta fuerit, nunquam a nobis aliqua permutatione discedit.

Vers. 6. *Dies super dies Regis adjicies; annos ejus usque in diem sæculi et sæcula.* Æternitatem significat Domini Salvatoris, qui vere Rex noster dicitur, quoniam ab ipso regimur, et ejus virtute salvamur. *Dies* enim *supra dies* more humanitatis profertur, qui ideo plurimi dicuntur, quoniam illis et noctes succedere comprobantur. In illa vero æternitate unus est dies, qui nullo termino finietur; sicut in alio psalmo dicit : *Quia melior est dies una in atriis tuis super millia* (*Ps.* LXXXIII, 11). Hoc etiam et de annis debemus accipere, quoniam talia tropice dicuntur de Domino Christo. Denique et versus ipse sic sequitur, *usque in diem sæculi et sæcula*, ut ostenderet unum diem esse apud Dominum, qui sæcula ista transcendit. Dicta sunt quippe *sæcula*, quod in se revolvant tempora.

Vers. 7. *Permanebit in æternum in conspectu Dei : misericordiam et veritatem ejus quis requiret eorum ?* Ecce illa diei æternitas evidenter expressa est; sed hoc jam a parte membrorum congruenter accipitur, sicut multis locis constat expositum : quoniam quæ sequuntur capiti convenire non possunt. Dicit enim : *Permanebit in æternum in conspectu Dei;* quod de populo fideli magis congruenter advertitur; hoc etiam et sequentia declarant. Adjecit, *misericordiam et veritatem quis requiret eorum?* Quare enim quæratur misericordia, ubi nullus est miser? Quare veritas, ubi cuncti Deum videbunt? Nullus siquidem eorum indigus erit bonorum talium, cum in æternum possideant regna cœlorum; sicut ipse Dominus apostolis suis dicit : *Nunc quidem tristitiam habetis; rursum autem videbo vos, et lætabitur cor vestrum, et gaudium vestrum nemo auferet a vobis* (Joan. xvi, 22). *In illa die non rogabitis me quidquam.* Sic fit ut nemo sanctorum *misericordiam* aut *veritatem* requirat, cum illius contemplationis inæstimabili munere perfruatur.

Vers. 8. *Sic psallam nomini tuo, Deus, in sæculum sæculi : ut reddam vota mea de die in diem.* Sic significat ita, quemadmodum in subsequentibus declarabit. *Psallere* enim se dicit populus beatorum sempiterno nomini; verum hoc non brevi tempore, sed *in sæculum sæculi,* significans devotionem suam immutabili perennitate mansuram. Sequitur, *ut reddam vota mea de die in diem.* Hæc eadem decora diversitate repetuntur. Nam quod significat *sæculum sæculi,* hoc declarat *de die in diem,* id est semper; ut et hic *vota* nostra *reddamus,* et ibi laudes Domini perpetua hilaritate cantemus. *Vota* enim sua se Domino *reddere* compromittit, ut ei æternas gratias sufficienter exsolvat; sicut et alius psalmus dicit : *Vota mea Domino reddam in atriis domus Domini, in conspectu omnis populi ejus, in medio tui, Jerusalem* (Psal. cxv, 18, 19). *Reddamus* ergo vota nostra in isto transitorio die, ut in illa perennitate laudes Domini, eodem præstante, decantare mereamur.

Conclusio psalmi.

Audiant Donatistæ *a finibus terræ* Ecclesiam clamare, et ipsi eam localem dicere protinus conquiescant. Contra vocem mundi quis possit audiri? Impudentissimum est adversum trium testimonium loqui, et contra generalem sententiam non erubescunt impudenter armari? Cur novis inventionibus animas fatigant? Accipiant certe quod credant, non quod sua iniquitate pervertant. Orat fidelis populus *a finibus terræ,* quia *factus est* Dominus *spes* ejus; posteaque se auditum hymnidica exsultatione gratulatur, quoniam in conspectu Domini jugiter apparebit. Quid jam satisfaciat, si hoc non satiat? Videmus quotidie fieri quod promisit, videmus mundum ad Christianæ fidei regulas convenire. Et, proh dolor! falsitas nititur abscondere quod decrevit veritas indicare. Hujus autem psalmi nec supputatio vacat. Sexagenarius enim numerus pertinet ad continentes et viduas, quod digitorum ipsorum mutua designat infixio [*ms. A., F.,* inflexio]. Unde psalmus iste fidelibus Domini sexagenaria præmia pollicetur; non quod ibi aut martyres aut virgines desint, qui fructu centenario gloriantur; sed in congregatione multo-

rum potest specialiter et continentes hujusmodi aliquos indicare.

203 EXPOSITIO IN PSALMUM LXI.

In finem, pro Idithum psalmus David.

Inter verba notissima tituli repetit *Idithum,* de quo proxime in trigesimo octavo psalmo jam diximus. Sub istius quippe nominis significatione semper aliquid declaratur eximium. Est enim ejus interpretatio, transiliens eos, id est amatores hujus sæculi, quos miles Christi contempta mundi voluptate transcendit. Sed quoniam ista transilitio beatum nobis videtur significare propositum, introducitur quidam sanctus, qui et mundi desideria reliquerat, et in Domino spe firmissima permanebat. Talis enim præmittit finem, id est Dominum Christum. Sequitur quoque *psalmus,* hoc est probabilis vita, quæ Domini regulis obsecundat. Conjungitur etiam *David,* ut vita laudabilis ad Dominum Christum tendere videatur, ubi est salutaris et absoluta perfectio.

Divisio psalmi.

Transilitor iste, quem diximus, sæcularium vitiorum, cum orbem terrarum plenum sævis videret erroribus, alios persecutores, alios hæreticos, alios vanis desideriis implicari. In primo membro psalmi animam suam Deo profitetur esse subjectam, quia per Filium unigenitum munus salutare suscepit, arguens eos qui solo nomine se dici desiderant Christianos. Secunda parte iterum animam suam subditam dicit esse Domino Patri, quoniam per ejus Verbum salutarem patientiam conquisivit : confirmans plebem confessione fideli, ut toto cordis affectu sperare debeat semper in Domino. Tertio membro errantes populos monet ut in Deo magis quam in mundi istius caduca debeant felicitate confidere.

Expositio psalmi.

Vers. 1. *Nonne Deo subdita* [mss. A., F., subjecta] *erit anima mea? ab ipso enim salutare meum.* Per totum psalmum pro universali parte sanctorum, unus introducitur fidelium, qui sæculi vitia relinquens, soli Deo se subditum esse commemorat. Hoc est enim Domino dici subjectum, a mundanis vitiis esse vacuum, et sancta credulitate completum. Est enim increpativus modus contra eos qui putant eum nimia prosperitate feriatum, et quasi in quadam quietis suæ otiosum esse lætitia. *Nonne convertendum est,* ut planius fiat. Dicamus enim : *Ne non Deo subdita erit anima mea?* Quæ figura dicitur anastrophe, id est conversio. Subditus est utique Deo qui semper humiliter atque strenue illud agit quod ad ejus mandata cognoverit pertinere. In ipso delectatur, in ipso reficitur, et præter eum nihil aliud mens beatissima concupiscit. *Erit* infinitum tempus significat, quod nullo fine claudendum est. Sequitur causa justissima, quare *Deo* Patri *subdita sit anima* beati. Dicit autem, *ab ipso enim salutare meum;* id est, unigenitus Filius, qui recte credentibus *salutaris* existit. *Ab ipso enim* cum dicitur, Filius significatur. Hæc enim propria unus Deus sancta Trinitas habet, quod Pater ingenitus, Filius genitus, Spiritus sanctus a

Patre et Filio procedit. Hoc fides integra, hoc catholica profitetur Ecclesia. Bene itaque *Idithum* Deo subditum te esse profiteris, a quo inæstimabile beneficium te suscepisse testaris. Sed ut sanctum Verbum una atque æquabili [*ms. A.*, æquali] veneratione coleretur, intende quid sequitur.

Vers. 2. *Etenim ipse est Deus meus et salutaris meus; adjutor meus, non movebor amplius.* Dixerat superius a Patre genitum salutis auctorem, nunc qui sit iste salutaris trina confessione complectitur. Primo ne minorem crederes dicit : *Ipse est Deus meus;* sicut supra de Patre Deum dicit. Æqualitas enim summi nominis substantiam et potentiam unitatis ostendit. Unde Pater Augustinus in libro decimo quinto de Trinitate (*Cap. 3, ante med.*) ita dicit : Ratione etiam reddita intelligentibus, clarum est in substantia veritatis, non solum Patrem Filio non esse majorem, sed nec ambos simul aliquid esse majus quam solum Spiritum sanctum; aut quoslibet duos in eadem Trinitate majus esse aliquid quam unum; aut omnes simul tres majus aliquid esse quam singulos. Sic perfectam atque singularem naturam sanctæ Trinitatis mirabili veritate monstravit. Repetit *salutaris meus* : salus enim humani generis quæ in Adam perierat, redintegrata est per Dominum Christum. Sequitur, *adjutor meus* : quia in mundi istius concertationibus implicato solus adjutorium præstitit, ut mundi vitia transcendere potuisset. *Non movebor amplius*, non superba professio est. Non enim moveri poterat, cujus Deus et salutaris et adjutor erat Dominus Christus. Quo loco figuram possumus fortassis advertere quæ dicitur epidiorthosis, Latine superioris rei correctio. Nam quod adjecit, *amplius*, significat aliquando se motum. Fuit enim tempus quando iste *Idithum* prægravatus carnis imbecillitate titubavit : sed postquam veri dogmatis illuminatione completus est, *moveri non poterat*, qui, juvante Domino, fidei firmitate constabat.

Vers. 3. *Quousque irruitis in homines, interficitis universos, tanquam parieti inclinato et maceriæ impulsæ?* Postquam fidem suam trina prædicatione vulgavit, ad persecutores Christianorum verba convertit. Dicit enim : Quandiu agmine facto supra homines innocentes *irruitis?* Non vos revocat timor divinus, ut inde magis sæviatis, quia culturas dæmonum contemptas esse cognoscitis. Et ne putares persecutionem istam aut nuditatibus fieri, aut tormentis levibus actitari, addidit, *interficitis universos*, ut usque ad mortem perducerent, quos Deo deditos esse sentirent. *Universos* autem, devotos intelligere debemus. Sequuntur aptissimæ comparationes. *Tanquam parieti inclinato*, qui etsi non impellatur occumbit : quia in casum vergit quidquid a soliditate sua fuerit inclinatum. Addidit, *et maceriæ impulsæ*. *Maceria* est saxorum sicca constructio, quæ sine aliquo ligamine impensæ, in altum ducta componitur. Et ne de ipsa novitate habere eam crederes aliquam firmitatem, dixit, *impulsæ*, ut facile ad imum vergeret quod aut ventorum flatibus, aut aliqua fuerat impulsione quassatum. Sed istæ comparationes illum nobis sensum indicare noscuntur. Putatis insecutores sacrilegi Christianum populum defensorem firmissimum non habere, quem sic passim impia voluntate trucidatis?

Vers. 4. *Verumtamen honorem meum cogitaverunt repellere, cucurri in siti ; ore suo benedicebant, et corde suo maledicebant.* Superior versus respicit ad paganos, iste autem ad Judæos et fictos pertinet Christianos. Duobus enim modis laborat Ecclesia, sive quando eam gentilis error insequitur, sive quando hæretici prava contentione dilacerant. *Honor* erat sancti viri catholica et fidelis Ecclesia, Christus ipse qui membris suis et caput et dignitas est. Hunc infideles *repellere cogitabant*, quando, ne puro corde coleretur, sacrilegis dogmatibus obviabant. Tunc sanctus vir cursum vitæ suæ in *siti* sterilitate peragebat, quia invenire non poterat quem potaret. Hoc enim *sitis* agit, ut foris positum humorem desideret in sua membra trajicere. Inde est illud evangelicum, *Sitio* (*Joan.* xix, 28); *Mulier, da mihi bibere* (*Joan.* iv, 7) ; non ut ab illa aquam tantummodo perciperet postulavit, sed ut ei fidei potum, quo ipsa satiaretur, ingereret. Sequitur etiam causa *sitis, ore suo benedicebant*. Quod illis accidit qui legem Domini fallaci meditatione pertransseunt, et non hoc operibus demonstrant quod ore pronuntiant. Additum est, *et corde suo maledicebant*. *Corde* enim *maledicunt* qui sanctas Scripturas vitio perversæ novitatis intelligunt.

Vers. 5. *Verumtamen Deo subdita erit anima mea, quoniam ab ipso est patientia mea.* Post diapsalmatis pausationem, venit *Idithum* ad secundum membrum psalmi, similia repetens quæ superius dixit, *animam suam Deo esse subjectam;* ut ipsa repetitio menti nostræ robur credulitatis infigeret. Sed istud diligentius perscrutemur, quia causa gratulationis, quantum ad verba, non videtur esse consimilis. Ibi enim dixit, *ab ipso salutare meum ;* hic ait, *quoniam ab ipso patientia mea*. Sed licet aliis verbis dicatur, unum tamen esse intelligimus si altius perscrutemur. Patientia quippe nostra Christus est Dominus, propter quem et adversa libenter patimur, et susceptæ regulæ observatione gaudemus. Sic enim et in septuagesimo psalmo cantatur : *Quoniam tu es patientia mea, Domine* (*Psal.* lxx, 5). Nam ut eumdem in hoc sermone sensum possis advertere, aperte sequentia declarare noscuntur.

Vers. 6. *Etenim ipse est Deus meus, et salutaris meus; adjutor meus, non emigrabo. In Deo salutare meum et gloria mea ; Deus auxilii mei, et spes mea in Deo est.* In his duobus versibus Christus Dominus indicatur, de quo superius dixit, *patientia mea*. Et tanquam si ei diceretur : Quis est iste patientia tua? respondit : *Ipse est Deus meus, et salutaris meus* : quia revera animæ suæ salutem jam tunc per incarnandum Verbum provenire noscebat. Addidit, *adjutor meus* : ne suis applicaret virtutibus quod evasit. Sequitur, *non emigrabo*, scilicet de hac credulitate quam teneo ; sicut in decimo psalmo jam dictum est:

In Domino confido: quomodo dicitis animæ meæ: Transmigra in montem sicut passer (Psal. x, 2)? Quapropter non se mutaturum dicit esse sententiam, quia hoc sibi utile cognoverat quod tenebat. Congeminat *in Deo* salutem, non ut gentium dii perpetuam mortem. Adjecit etiam, *et gloria mea,* ut non solum salus, sed etiam illi credidisse sit gloria. Ponit quoque, *Deus auxilii mei,* ne sibi aliquid humana deputaret infirmitas. Ad postremum quo cuncta concluderet, dixit: *Spes mea in Deo est,* ut et illa præterita, quæ perceperat, Domino deputaret, et futuram suam beatitudinem sanctus vir ipsi modis omnibus applicaret.

Vers. 7. *Sperate in eum, omnis conventus plebis; effundite coram illo corda vestra: Deus adjutor noster est.* Postquam fidei suæ sacramenta vulgavit, conversus ad plebem, quæ varia superstitionum vanitate laborabat, commonet ut spem suam debeant in Domini virtute reponere. Dicit enim: *Sperate in eum,* in illum scilicet quem sibi et Deum professus fuerat et salutem, vel cætera quæ sunt dicta superius. *Omnis conventus plebis.* Alloquendo plebem non excipit potentes, quia mos est Scripturæ divinæ sic ad partem loqui, ut nec reliquos prætermittere videatur. Adjecit, *effundite coram illo corda vestra.* Effundit ante Dominum *cor* suum, qui peccata sua uberrimis lacrymis confitetur. *Cor* enim aliter effundi non potest, nisi creberrimo imbre lacrymarum; sicut in quadragesimo primo psalmo dictum est: *Hæc recordatus sum, et effudi in me animam meam (Psal.* XLI, 5). Quod inter propria Scripturæ divinæ non immerito computamus.

Vers. 8. *Verumtamen vani filii hominum, mendaces filii hominum in stateris: ut decipiant ipsi de vanitate in idipsum.* Secundo diapsalmate decurso, venit ad tertium membrum, exprobrans hominibus nequitias suas; propter quod salutaris hujus psalmi sacramenta vulgata sunt, ut pravas persuasiones suas, emendata in melius voluntate, relinquerent. Dicit enim sententiam frequenter iteratam: *Verumtamen vani filii hominum,* ut vitium suum cognoscens humanitas, ad auctorem salutis atque veritatis celerrima supplicatione festinet. Sic enim in trigesimo octavo psalmo dictum est: *Verumtamen universa vanitas omnis homo vivens (Psal.* XXXVIII, 6). Quod et Sapiens ille frequenter repetit dicens: *Omnia vanitas vanitatum (Eccle.* I, 2). Nonnullos autem movere solet, cur et in Psalmis legatur: *Vani filii hominum*; et in Salomone: *Universa vanitas (Ibid.,* 14)? Nunquid cœlestia et terrestria, quæ Deus creavit, et omnia valde bona, cuncta in vanitate consistunt? Non utique, sed comparatione potioribus illa minora nimis et inania judicantur; sicut ait beatus Hieronymus: Lucerna lampadis comparatione pro nihilo est; lampas stellæ comparatione non lucet; stellam lunæ confer, et cæca est; lunam soli junge, non rutilat; solem Christo confer, et tenebræ sunt. Sic omnia vana fiunt, quæ dum melioribus comparantur, fulgore proprio minuuntur. Sic homines, cum ad comparationem su-pernæ veritatis veniunt, ut vani rationabiliter esse dicuntur. Sed huic rei addidit vitium quo maxime laborat humanitas. *Mendaces filii hominum in stateris;* sive illos tangit, qui ponderibus iniquis ementium decipiunt simplicitatem; sive quod homines sibi placentes, justi atque immobiles videri volunt, cum sint deceptrici mutabilitate fallaces. *In stateris* enim, hoc significat quasi in libra justitiæ collocati, non creduntur amare fallaciam. Sequitur, *ut decipiant ipsi de vanitate in idipsum.* Poterant enim non decipere, si eorum posset nequitia deprehendi; sed cum justi esse credantur, facilius tecta perversitate decipiunt. *In idipsum,* scilicet in æquitate, quam falso habere perfidi homines æstimantur.

Vers. 9. *Nolite sperare in iniquitate, et in rapinis* [ms. A., *et rapinas*] *nolite concupiscere.* Ipsos adhuc monet quos detestabili probaverat consuetudine vitiatos. Docet ne *sperare* debeant, ubi fructus boni desiderii non potest inveniri. In malitia enim qui *sperat,* seipsum decipit, quia nulla utilitas inde nascitur, sed potius æterna pœna procuratur; sicut in alio psalmo jam dictum est: *Qui autem diligit iniquitatem, odit animam suam (Psal.* X, 6). Venit etiam ad pauperes, qui necessitate victus furtivum aliquid concupiscunt. Dicit enim, *et in rapinis nolite concupiscere.* Non enim potest crimen rapinæ indigentia tollere, nec quod vindictæ subjacet excusari; sed potius continet nos ille qui pluit super justos et impios, qui dat escam omni carni. Nimis ergo ineptum est Creatoris potentiam relinquere, et ad spem criminum convolare. Sed ne solos pauperes crederes fuisse commonitos, sequenti versu venit ad divites, ut introducto salutari moderamine, nec iste ambiat, nec ille superbiat.

Vers. 10. *Divitiæ si affluant, nolite cor apponere.* Non damnat largas divitias quibus dispensatio modificata præstatur; nam si *cor* eis *non apponitur,* ut in ipsis singularis felicitas judicetur, profecto necessariæ sunt. Inde enim egentibus subvenitur, inde reficiuntur ægroti, inde pauperum nuditas operitur, inde plures ad cœlorum regna perveniunt. Nam contra, qui *divitiis apponit cor* suum, aurum non vult expendere, sed celare, patrimonia cupit semper augere; et dum ibi spes tota reponitur, fames earum rerum semper augetur. Merito ergo præcipit divitibus non amare quod possident: sicut Apostolus dicit: *Præcipe divitibus hujus mundi non superbe sapere, neque sperare in incerto divitiarum, sed in Deo vivo, qui præstat nobis omnia ad fruendum. Divites sint in operibus bonis, facile tribuant (I Tim.* VI, 17, 18), etc.

Vers. 11. *Semel locutus est Deus; duo hæc audivi: quia potestas Dei est, et tibi, Domine, misericordia: quia tu reddes singulis secundum opera eorum.* Sicut initium psalmi a Patre cœpit et Filio, ita et nunc series ejus decursa concluditur. Dicit enim: *Semel locutus est Deus.* Si litteram intendas, quæstio non parva suboritur. Locutus est enim frequenter Deus patribus nostris, Noe, Abrahæ, Isaac, Jacob, Moysi, cæterisque sanctis suis: sed *semel* atque specialiter locutus est Filio suo, sicut ait secundus psalmus: *Do-*

minus dixit ad me: Filius meus es tu, ego hodie genui te. (*Psal.* ii, 7). Hoc enim nulli alteri locutum Patrem fuisse manifestum est. Et ut quidam sentire voluerunt, *locutus est semel Deus:* quoniam unum Verbum ante tempora genuit consubstantiale sibi, immensum, coaeternum, et coaequaliter potens. Genitus est enim Deus verus de Deo vero, lumen de lumine, immortalis de immortali, invisibilis ex invisibili, omnipotens de omnipotente, et caetera, quae unitas illa incomprehensibilis vere creditur habere communia. Discutiamus etiam quae sunt ista *duo* quae se *Idithum* dicit *audiisse;* qui postquam vitia humana calcaverat, provectus ad contemplationem divinam, per aurem mentis auscultans, cognovit potestatem habere Filium in semetipso, sicut est illud Evangelii: *Potestatem habeo ponendi animam meam, et potestatem habeo iterum sumendi eam* (Joan. x, 18). Sequitur illud secundum, *et tibi, Domine, misericordia,* subaudiendum placet. Utrumque enim Deitatis est, ut et misericorditer possit [*mss. A., F.,* prosit], et potenter misereatur. Sed ut hoc de Domino Christo dictum planius potuisses advertere, sequitur tempus judicii, *quia tu reddes singulis secundum opera eorum;* sicut legitur: *Pater non judicat quemquam, sed omne judicium dedit Filio* (Joan. v, 22).

Conclusio psalmi.

Respiciamus in hoc psalmo sententiarum lumina, quasi quasdam relucere candelas. Lampat fides, coruscat veritas quam debeat Christianus populus intueri: ne mundi istius tenebris obcaecatus, rectae fidei tramitem non sequatur. Abscedat gentilis error, haereticorum murmura conquiescant, vanitas hominum fallaciaque deseratur. Non in ingenio, non in saeculi dogmatibus praesumatur; sed in vera sapientia ponatur spes, quae talia solet dare qualia nullus possit arguere. Fac, Domine, et nos vitia transilire, ut ad te possimus purgatis mentibus pervenire.

EXPOSITIO IN PSALMUM LXII.

Psalmus David, cum esset in deserto Idumaeae.

Psalmus et *David* frequenter indicant Dominum Christum, frequenter Ecclesiam: quia Christus in membris suis est, et membra in suo capite continentur. Nam si quid patiatur caput, membra compatiuntur; et iterum si membra vexentur, caput sine dubitatione compatitur; sicut et Apostolus ait: *Si quid patitur unum membrum, compatiuntur omnia membra; sive glorificatur unum membrum, congaudent omnia membra* (I Cor. xii, 26). Quapropter Ecclesiae, quae in hoc psalmo locutura est, merito proposita sunt verba, quae significant Dominum Salvatorem. Haec igitur *in deserto Idumaeae* habitat, id est in hujus saeculi ariditate, ubi sitit, ubi desiderat, ubi misericordiam Domini expetit ambienter, donec ad illam aeternam gloriam venire mereatur. *Idumaea* enim locus est ubi David fugiens persecutionem Saulis latuisse cognoscitur. Nominis enim ipsius interpretatio est (sicut jam saepe diximus) terrena; ut evidenter intelligamus desertum istud significare terrenos actus, qui bonis spiritualibus omnino nudati sunt. Hinc est quod diluculo ad Dominum vigilat Ecclesia, deprecans ne mundi hujus erroribus implicetur.

Divisio psalmi.

Sponsa illa spiritualis, quae membra continet Domini Salvatoris, primo modo insatiabili desiderio se dicit esse raptatam, ut virtutem Domini cernere potuisset: optans ut ejus anima bonorum omnium pinguedine repleatur, quatenus ejus digna possit laudibus inveniri. Secundo modo gratias agit, quia sub velamine alarum Domini, mundi istius procellas evaserit, inimicosque suos in inferiora terrae asserens esse damnandos; Regem vero Christum in Deo Patre cum sanctis praedicat esse laetaturum.

Expositio psalmi.

Vers. 1. *Deus, Deus meus, ad te de luce vigilo; sitivit in te anima mea.* Primum ipsa repetitio venerandi nominis affectum piae deprecationis ostendit. Dicendo enim, *Deus, Deus meus,* suum quodammodo dicit esse; ut ejus se magis tali desiderio possit ostendere. Addidit, *ad te de luce vigilo.* Ad ipsum vigilatur, quoties in mundi ambitione dormitur; nam illa sic consequimur, si ista deserere festinemus. Bene autem adjecit, *diluculo,* quando tempus dominicae resurrectionis eluxit, ut tunc ejus laudes caneret, quando genus humanum exemplo suae resurrectionis animavit. Sequitur, *sitivit in te anima mea. Sitivit,* propter aquam positum est, quam in Evangelio dicit: *Mulier, si scires donum Dei, et quis est qui a te aquam petit, tu petisses ab eo, et dedisset tibi aquam vivam* (Joan. iv, 10). *Sitit* ergo *anima* fidelium Deum, quando mandata ejus et virtutes eximias concupiscit, quando ipsum desiderat videre, a quo bonorum omnia fluenta constat emanare. Ipsa est ergo *anima* quae culta rebus coelestibus, desertum aestimat mundum, quae semper exaestuat, semper *sitit,* donec ad fontem illum misericordiae divinae pervenire mereatur.

Vers. 2. *Quam multipliciter tibi caro mea! in deserto, et in invio, et inaquoso.* Superius dixit in Deum sitisse animam suam; nunc et *carnem multipliciter* simile desiderium habere testatur: ut sicut utrarumque rerum auctor est Deus, ita ab utrisque partibus expetatur. Sed intendamus quod *multipliciter* dicendo, plus dicit in Deo sitisse carnem, ut quanto fragilior est, tanto ardentius pium medicum appetisse videatur. *Sitit* ergo *anima* populi beati virtutes quas sancta Scriptura commendat; sed iterum innumerabilia sunt quae caro sibi a Deo cognoscitur postulare. Utraque enim indigent salvari; sed caro plus eget cibo, potu, vestitu, vehiculo, somno, temperie humorum, salubritate aeris, sumptu, caeterisque quibus anima non indiget; sed haec necessitas corporis expetere declaratur. Addidit ubi *multipliciter sitiret caro* ejus, scilicet *in deserto* (sicut et titulus dixit), hoc est in mundi istius indigentia et sterilitate jejuna. Sequitur, *et in invio,* quia mundus in se non habet viam, nisi Dominum Salvatorem, qui iter est cæcorum, et per se errantium rectitudo salutaris. Addidit, *et inaquoso*, id est sterili atque infructuoso. Aquosum enim dicimus, quod aquis abundat irriguis; *inaquosum* vero aridum atque sterile, ut merito ejus anima nimia siccitate durescat. Unde per hæc tria nomina mundi istius necessitas indicatur.

Vers. 3. *Sic in sancto apparui tibi, ut viderem virtutem tuam et gloriam tuam.* Sustinendo sitim, quam dixerat, carnis et animæ in deserto, et in invio, et inaquoso, quod ad hujus mundi sterilitatem pertinere cognovimus: tunc *apparuisse* se dicit Ecclesia *in sancto* fidelique proposito, quando Christum verum Deum esse cognovit. Intendamus autem quod dicit, *apparui tibi, ut viderem virtutem tuam*, quia nemo veritatem videt, nisi Deo prius *apparere* potuerit. Nam si sol iste nos videre facit quando lumine suæ claritatis infulserit, quanto magis *virtus* divina, sine qua nihil bonum nec accipere possumus, nec tenere!

Vers. 4. *Quia melior est misericordia tua super vitam: labia mea laudabunt te.* Misericordiam dicit Domini præmia, quæ sanctis suis larga pietate promittit, quæ longe potior est a vita præsenti. Istam enim innumerabiles ærumnæ possident, illam tranquillitas æterna comitatur; quæ tantum distat a mundiali luce, quantum tormenta possunt ab æterna requie discrepare. Hinc est quod et martyrum catervæ mortem hujus sæculi libenter affectant, quia norunt pro isto interitu temporali perpetue se esse victuros; sicut dicit Apostolus: *Non sunt condignæ passiones hujus temporis ad futuram gloriam quæ revelabitur in nobis* (*Rom.* VIII, 18). Sequitur, *labia mea laudabunt te.* Post beneficia quæ præmisit, devotæ laudis obsequium pollicetur, quod Deo noverat esse gratissimum; sicut in Evangelio Dominus dicit, cum decem curasset: *Nonne decem mundati sunt?* et, *Non est inventus qui reverteretur, et daret laudem Deo, nisi hic Samaritanus* (*Luc.* XVII, 18)? Sancta enim mens dissimulare non voluit quod cognoverat accusandum.

Vers. 5. *Sic benedicam te in vita mea, et in nomine tuo levabo manus meas. Sic* ad superiora respicit, quæ dixerat: *Melior est misericordia tua super vitam.* Sermo brevis in syllaba, sed ingens in quantitate promissio. Quid enim majus homo dare potest quam cum Creatori suo libenter animam probatur offerre? *Benedicit* enim unusquisque *in vita* sua perfecte Deum, quando bonis operibus in hac luce versatur. Addidit, *et in nomine tuo levabo manus meas.* In nomine Domini *levat manus* suas, qui operibus sanctis insistendo, tensis manibus orat ad Dominum, ut ipsa oratio sanctæ crucis designet effigiem. Sæpe enim commonemur taliter exorare; nam et Moyses quando contra Amalecitas pugnavit, tensis ad cœlum manibus supplicabat (*Exod.* XVII, 11). Legitur et in alio psalmo: *Expandi manus meas ad te* (*Psal.* CXLII, 6); et Apostolus dicit: *Levantes puras manus sine ira et disceptatione* (*I Tim.* II, 8). Et intellige quia in hac manuum extensione commonemur operam debere nos habere sanctissimam, quam et sancta fides commendet, et actionum fœditas nulla commaculet.

Vers. 6. *Sicut adipe et pinguedine repleatur anima mea; et labia exsultationis laudabunt nomen tuum.* Scripturas divinas novimus per similitudines terrenas plerumque cœlestia sacramenta monstrare. *Adipes* igitur sunt viscerum crassa velamina, quæ interna jecoris operiunt atque concludunt. *Pinguedo* vero est saginatæ pecudis nutrita cibis obesitas. Ipsa fuit sacrificiis digna, et immolationibus congrua. Qua similitudine petit Ecclesia *animam* suam virtutum *pinguedine* saginari, ut digna Domino possit offerri. Pinguis enim anima esse non potest, nisi a Domino pasta nituerit. Sed *pinguedo* animæ divinarum rerum scientia est, recta fides, inconcussa patientia, et cætera, unde sæculi istius macies jejuna superatur. Sequitur, *et labia exsultationis laudabunt nomen tuum.* Sicca enim *labia* ariditate peccati, divinis non poterant laudibus occupari; sicut et in alio psalmo legitur: *Peccatori autem dixit Deus: Quare tu enarras justitias meas* (*Psal.* XLIX, 16)? etc. Sed cum pinguedinem misericordiæ Domini anima devota perceperit, nomen ejus digna exsultatione laudabit.

Vers. 7. *Si memor fui tui super stratum meum, in matutinis meditabor in te.* In isto et in inferiore versu, isto modo hypotheticus nobis syllogismus apparet. Si memor fui tui super stratum meum, et in matutinis meditabor in te: quia factus es adjutor meus, et in velamento alarum tuarum exsultabo. Attamen memor fui tui super stratum meum, et in matutinis meditabor in te, quia factus es adjutor meus. In velamento igitur alarum tuarum exsultabo. Hujus itaque sæculi difficultatibus enumeratis, quas in *deserto, et in invio, et inaquoso* sancta Ecclesia toleravit, venit ad secundum modum, ubi securitatem suam Domino asserit esse subjectam, quia *sub velamento alarum* ejus inimicorum potuit vitare versutias; significans et in tribulationibus ipsum expeti debere, et in securitatibus nomini ejus esse psallendum. Nam cum dicit: *Si memor fui*, ostendit se recordationem Domini semper habuisse, nec in rebus prosperis oblitam fuisse, quando solent humana corda collata beneficia in memoria non habere. Per *stratum* enim significat quietem, ubi solemus in somnos corpora nostra remittere, et ad refectionis gaudia pervenire. Aptandum est rebus prosperis et quietis, quando Deum in memoria vix habemus. Redit enim ad illud quod superius dixit, *ad te de luce vigilo.* Recte siquidem fidelis *in matutinis* vigilat, quoniam nec inter prospera sua oblivisci poterat lucis auctorem; his Apostolus dicit: *Vos estis filii lucis et filii diei* (*I Thess.* V, 5).

Vers. 8. *Quia factus es adjutor meus, et in velamento alarum tuarum exsultabo.* Versus iste continet beneficia quæ illi fuerant Domino largiente collata. In periculis quippe ei fuit *adjutor*, cum esset *in deserto, et in invio, et inaquoso.* Sub umbra *alarum* ejus *exsultat* Ecclesia, quando est *supra stratum* suum, id est in prosperis collocata. Sic intentionem totius psalmi, unius versus brevitate conclusit.

Vers. 9. *Adhæsit anima mea post te; me suscepit*

dextera tua. Respiciamus votum desiderantis, ut non se vicinam, sed *adhæsisse* Domino dicat Ecclesia; quod verbum conglutinationem quamdam cognoscitur indicare; ut nunquam recedat a bono proposito qui adhæret Domino. Quod nimia charitas, nimius facit affectus, ut ita diligamus, quatenus adhærentes Deo, semper esse possimus; sicut et Apostolus dicit: *Qui adhæret Domino unus spiritus est (I Cor.* VI, 17). Addidit, *post te,* quia peccavit Petrus apostolus cum præire voluit, dictumque est illi a Domino: *Redi retro me, Satanas (Marc.* VIII, 33). Quod proprium Scripturæ divinæ est, ut quos Dominus liberare mavult, post se redire præcipiat, ubi nullus locus erroris est. Sequitur, *me suscepit dextera tua. Dextera* Patris Christus est Dominus, qui *suscepit* Ecclesiam alarum suarum velamine protegendam.

Vers. 10. *Ipsi vero in vanum quæsierunt animam meam; introibunt in inferiora terræ. Ipsi,* cum dicit, illos significat qui contrarietatibus scelestis Christum exstinguere tentaverunt: in quo omnes sanari, omnes vivere probatissime comprobantur. *In vanum quæsierunt animam* ipsius, quando falsis criminationibus sanguinem ejus effundere decreverunt, qui post triduum resurrecturus erat in gloriam sempiternam. Sequitur pœna peccantium, *introibunt in inferiora terræ:* quia non ad cœlos evecti sunt, sed deorsum eos terræ viscera sorbuerunt. Malæ siquidem cogitationes in ima terræ verguntur, quia de ipsis exeunt, et in eamdem iterum cœnositatem volvuntur. Quod Judæis evidenter accidit, cum in blasphemiis, et in innocentis cruore versati sunt.

Vers. 11. *Tradentur in manus gladii, partes vulpium erunt. Tradita est* in *manus gladii* gens Judæa, quando eam principes Romanorum Vespasianus et Titus cæde incendioque vastaverunt. *Vulpis* enim inter feras animal est omnino subdolum, quod et fraudibus cibum quærit, et salutem suam callida illusione custodit. His merito dolosi homines comparantur, qui simulata versutia iniquitates suas efficere moliuntur. Quod bene ad Herodem refertur, de quo Dominus dixit: *Ite, et dicite vulpi illi: Non apprehendet prophetam extra Jerusalem (Luc.* XIII, 32). Et in Canticis Canticorum ait: *Capite nobis vulpes exterminantes vineam (Cant.* II, 15). Quod bestiolæ genus in malo frequenter ponitur, quoniam nimia (sicut diximus) calliditate est versutum. Judæi enim cœlestia credere noluerunt, et *partes vulpium* facti sunt, id est in subdolorum malitiam transierunt. Sive *partes vulpium erunt,* illud significat, quando in illa Jerosolymitana vastatione cadavera Judæorum escæ fuerunt *vulpium* ferarumque reliquarum. Vel, sicut aliis visum est, Judæi *partes vulpium* sunt, dum se dolosis et fraudulentis prava voluntate conjungunt.

Vers. 12. *Rex vero lætabitur in Domino; laudabuntur omnes qui jurant in eo. Regem* dicit Dominum Salvatorem; ipse enim est *Rex* in æternum, quod ipsi specialiter convenire indicavit incommutabilis *titulus* passionis. Nam et ipse interroganti Pilato de se dixit: *Ego in hoc natus sum (Joan.* XVIII, 37). Dicit etiam, *lætabitur in Domino,* id est in Patre; sicut ipse testatur: *Ego in Patre et Pater in me est (Joan.* XIV, 10). Adjecit, *laudabuntur omnes.* Cum sancti Dei Christum laudant, ipsi fiunt sine dubitatione laudabiles, quia non possunt præconia ejus digne narrare, nisi qui ad palmam indulgentiæ meruerint pervenire. Addidit, *qui jurant in eo.* [Non dixit, qui jurant per eum, ne jusjurandum crederes imperatum, quod alibi vetuisse cognoscitur. Ipse enim dicit: *Nolite jurare, neque per cœlum, neque per terram (Matth.* V, 34), etc. Sed *jurant in eo,* qui ei mentis obsequium inviolabile compromittunt. Nam et alibi verbum istud significat promissionem fidelem, sicut et in alio psalmo legitur: *Juravit Dominus David veritatem, et non frustrabitur eum (Psal.* CXXXI, 11). Jurare quippe Divinitas per alium non poterat, quæ similem non habebat.

Quia obstructum est os loquentium iniqua. Reddit causam lætitiæ, unde rex lætetur in Domino, et laudentur omnes qui ei promissionis suæ devotionem fideliter impleverunt. *Quia obstructum est os loquentium iniqua.* In isto mundo non omnino conticescunt, qui iniquis locutionibus studere monstrantur. Sed melius tempus illius judicationis advertitur, quando generaliter convicta omnis iniquitas obmutescet, et ulterius non loquetur quod nullatenus sibi prodesse cognoscit. Et intende quod in binis superioribus versibus peccatorum vindicta relata est, et sanctorum cum Domino beatitudo narrata est. Quod schema Græce dicitur syndiasmos, Latine collatio; quod hic æstimo competenter aptandum, quoniam diversarum partium bona malaque collatione facta referuntur.

Conclusio psalmi.

O vere sancta mater Ecclesia, quæ fideles Deo sacris nutris uberibus, et facis sine dolore ferre, quæ te in mundi istius colluctatione libenter asseris pertulisse. Dicis etiam gratias Domino semper esse referendas, ut nunquam tribulatio demergat, cum in ipsis nobis, quod amare possimus, exponas. Deinde quid malis, quid bonis provenire possit, ostendis; quatenus omni dubitatione detersa, vero Principi totis devotionis nisibus serviatur. Concede, Rex æterne, ut qui nunc sanctæ matris prædicatione gaudemus, indulgentiæ tuæ futuro munere perfruamur.

EXPOSITIO IN PSALMUM LXIII.

In finem, psalmus David.

Tituli hujus verba (sicut sæpe dictum est) absolute referuntur ad Dominum Christum, qui per totum psalmum locuturus est. Sunt enim sine aliqua historiæ narratione conscripta, ut ipsa claritas tituli lucem nobis venturi psalmi videatur afflare. Est enim Dominus de sua passione dicturus, quæ mundo vitam præstitit, et lumen credulitatis infudit. Audiamus ergo intentis animis, quia licet sæpe repetatur, novam tamen utilitatem ex ea semper accipimus. Qui psalmus sextus esse cognoscitur horum qui passionem resurrectionemque dominicam brevi relatione contingunt.

Divisio psalmi.

Rex et caput nostrum Dominus Christus verum hominem se assumpturum esse declarans, prima positione orat ut a populi Judaici timore liberetur : dolos eorum factaque impia, quasi jam fuerint transacta commemorans. Docens illos defecisse in persecutionibus suis, se autem ad resurrectionis gloriam pervenisse. Secunda positione irridet sævitiam Judæorum, quia magis ipsi conturbati sunt de sceleribus suis, quando resurgente Domino, ejus annuntiata est fortitudo. Tunc enim lætitia justorum, et rectæ fidei virtus apparuit.

Expositio psalmi.

Vers. 1. *Exaudi, Deus, orationem meam cum tribulor; a timore inimici eripe animam meam.* A parte humanitatis assumptæ, in qua passurus erat, postulat Dominus Christus, ut in tribulatione positi, ejus *exaudiatur oratio*, quando totis viribus petitur quod prodesse sentitur. Sed quid petat diligentius audiamus. Subdidit enim, *a timore inimici eripe animam meam*. Non postulat ut minime pro omnium salute moriatur [unde Petrum arguit dicentem : *Propitius tibi esto, Domine, non erit tibi hoc* (*Matth.* xvi, 22)], sed ut *a timore* populi persequentis *anima erepta* sanctæ dispensationis suæ compleat passionem. Sic enim proposita bona ad effectum perveniunt, quando persequens non timetur. Nam si humana cedat infirmitas, iniquitas non vincitur, sed potius aucta roboratur.

Vers. 2. *Protexisti me a conventu malignantium, a multitudine operantium iniquitatem.* Consideremus quemadmodum se protectum dicat esse qui passus est, et non doleamus mortem, quam fidelibus Domini sceleratorum voluntas inferre tentavit. *Protectus est* plane *a conventu malignantium*, quia dum illi eum crederent communiter mori, resurrectionis ejus gloria probantur esse confusi. *Protectus est* denique virtute divinitatis suæ, quia filius erat hominis, et idem Filius Dei in duabus naturis una sine aliqua dubitatione persona : *Habens in potestate ponendi animam suam, et iterum sumendi eam* (*Joan.* x, 18). *Protectus est* itaque, quia malignorum insidias potentiæ suæ virtute superavit. Addidit, *a multitudine operantium iniquitatem*. Supra dixit, *a conventu malignantium*, quod ad consilia potest referri; nunc, *a multitudine operantium iniquitatem*, ut actum exprimeret propriæ passionis.

Vers. 3. *Quia exacuerunt ut gladium linguas suas; intenderunt arcum rem amaram.* Per hos quatuor versus usque ad divisionem, per diversas allegorias Judæorum significat persecutionem. Sed hic redditur causa justissima quare *protectus sit a multitudine operantium iniquitatem*. Nam quantum illi *linguas suas velut* mortiferum *gladium exacuebant*, tantum eorum iniquitas frangebatur; ut in se potius mala converterent, quæ contra innocentis sanguinem præparabant. Iste enim peccantium mos est, ut primum sibi noceant, qui alterum gravare festinant. Sed respiciamus quod dixit, *linguas suas exacuerunt;* illud scilicet tempus ostendens quando una voce clamaverunt : *Crucifige, crucifige* (*Luc.* xxiii, 21). In vicem quippe facti est sceleris prolata sententia; nec interest qui occidat, si innocentem aliquis occidendum esse pronuntiet. Sequitur, *intenderunt arcum rem amaram;* id est occultas insidias, quæ, ut illi putabant, minime sentirentur. Perfidum siquidem Judam datis triginta argenteis sollicitaverunt ut fieret traditor, qui ejus videbatur fuisse discipulus. O *res amara* et omni felle deterior, convivam ad proditionem, discipulum ad necem, conservatorem pecuniæ præmio subito fuisse corruptum !

Vers. 4. *Ut sagittent in occultis immaculatum ; subito sagittabunt eum, et non timebunt.* De superioribus pendet iste versiculus, *intenderunt arcum, ut sagittent in occultis immaculatum. In occultis*, sic accipiendum est, ut Judæi putaverunt. Cæterum actus eorum occultus esse Christo non potuit, qui frequenter prædictus est antequam fieret. *Immaculatum* duobus dicimus modis : sunt isti communes *immaculati* qui misericordia Domini abluti redduntur omnino purissimi; sicut in quinquagesimo psalmo dictum est : *Lavabis me, et super nivem dealbabor* (*Psal.* L, 9). *Immaculatus* autem solus vere dicitur Christus, qui nullam contraxit maculam peccatorum, sed cœlesti puritate mundissimus ab omni delicto probatur alienus. Merito ergo se significans dixit : *Ut sagittent immaculatum;* quatenus Judæis timor major cresceret, qui innocentis sanguinem fundere festinarunt. Sequitur, *subito sagittabunt eum, et non timebunt. Subito*, et hic ita accipiendum est, sicut Judæi dementissimi putaverunt. Nam quomodo credendum est subitum, quod discipulis constat esse prædictum ? Sicut in Evangelio legitur : *Ecce ascendimus Jerosolymam, et Filius hominis tradetur ut crucifigatur* (*Matth.* xx, 18); et his similia, quæ de sua passione prædixit. Nam quod dixit, *sagittabunt eum, et non timebunt*, ostendit malignæ cogitationis effectum, ut non solum tractatum scelus, sed etiam impletum esse videretur.

Vers. 5. *Firmaverunt sibi verbum malum; disposuerunt ut absconderent laqueos; dixerunt : Quis videbit nos? Verbum malum firmaverunt sibi*, quando dixerunt : *Reus est mortis* (*Matth.* xxvi, 66); sive quando professi sunt : *Sanguis ejus super nos et super filios nostros* (*Matth.* xxvii, 25). *Firmaverunt* utique dictum est, obstinatione durissima, non veritatis munimine solidata. Sequitur, *disposuerunt ut absconderent laqueos; dixerunt : Quis videbit nos?* Hic describitur consuetudo peccantium. Omnis enim qui dolum parat, hominem se putat fallere, ut possit ad suas nequitias pervenire. Sic Judæi scelerata mente confusi Christum tantummodo hominem putantes, malignitatem suam non credebant agnosci, cui cuncta cœlestia vel terrena veracius patent, quam sibi ipsa sunt cognita.

Vers. 6. *Scrutati sunt iniquitates ; defecerunt scru-*

tantes scrutinium. Accedet homo ad cor a'tum, et exaltabitur Deus. In his duabus sententiis versus iste divisus est. Dicit enim quemadmodum se consilia prava confundant, et in opere cogitationis suae mens maligna deficiat. Contra bona voluntas et illuminatus sensus quem profectum habere videatur ostendit; ut quanto se Deo proximat, tanto divinitatem sibi exaltatam esse cognoscat. *Scrutati sunt* Judaei *iniquitates*, quas utique praetermittere debuissent, dum nullum ibi fructum salutis suae poterant invenire. Dixerunt enim: *Si dimiserimus eum sic, venient Romani, et tollent nobis et locum et gentem (Joan.* XI, 48). Perscrutati sunt etiam *iniquitates*, cum Dominum audissent dicentem paralytico: *Dimittuntur tibi peccata tua* (*Matth.* IX, 2); illi protinus eum blasphemare putaverunt, quibus ait Dominus: *Quid cogitatis nequam in cordibus vestris?* Perscrutati sunt quoque iniquitates, sicut Evangelium dicit, cum diversas interrogationes insidiantes adhibebant ut invenirent qua ex causa accusarent eum. Sequitur poena peccantium, *Defecerunt scrutantes scrutinium*: quia semper in cogitationibus suis deficiunt qui ad res pessimas pervenire contendunt: de quibus et alio loco dictum est: *Infirmati sunt, nec fuit qui adjuvaret eos* (*Psal.* CVI, 12). Consequitur pars secunda sententiae: *Accedet homo ad cor altum, et exaltabitur Deus.* Cum dicit: *Accedet homo ad cor altum*, illos significat qui res divinas pia intentione perquirunt. *Cor* enim *altum* tunc est, quando coelestia cogitat, et terrena devitat. Iste non deficit sicut illi qui scrutinium perscrutantur, sed magis magisque crescit, et usque ad hoc pervenit, ut ab eo summus atque omnipotens Deus esse credatur; non quod Deus altior fiat, sed quia in corde sancti hominis semper Divinitas considerata grandescat. Et nota quia superius de perfidis Judaeis dictum est, quia defecerunt in cogitationibus suis; nunc autem de apostolis dicitur cunctisque fidelibus, in quorum corde tantum exaltatus est Deus, quantum cogitationes veras atque sanctissimas puris mentibus intraverunt.

Vers. 7. *Sagittae parvulorum factae sunt plagae eorum.* Post enumerationem Judaicae pravitatis, quam in necem Domini peragere tentaverunt, venit ad secundam positionem, ubi fremitus eorum et dura consilia aptissima comparatione deridet. Quae figura dicitur ironia. Quid enim levius quidve inanius quam verum Judicem false adjudicare, quam occidere velle qui mortuos suscitabat, quam ligatum tradere qui mundi vincula dissolvebat? *Parvulorum* siquidem *sagittae* inania tela sunt, qui ludendi studio fragiles cannas in sagittarum consuetudinem jacere consueverunt. Sic Judaeorum vota inefficaci malignitate saevissima, non intulerunt flendam mortem, sed potius gloriosissimam passionem, talesque plagas dederunt quibus mors ipsa moreretur, et promissa mundi sospitas velociter impleretur.

Vers. 8. *Et infirmatae sunt contra eos linguae eorum; conturbati sunt omnes qui videbant eos.* In hoc versu Origenis est sequenda translatio, ut nobis constare possit absoluta sententia. *Infirmatae* revera sunt *linguae* Judaeorum, quando dixerunt: *Si Filius Dei est, descendat de cruce* (*Matth.* XXVII, 40). Et viderunt postea resurgentem de sepulcro, quem de crucis descendere non credebant posse patibulo. Ubi est, Judaei, infidelitas vestra? Adhuc de vivo dicebatis: *Si Rex Israel est, descendat de cruce* (*Ibid.*, 42). Vosipsos consulo, vosipsos judicium peto; quanto mirabilius est mortuum posse resurgere, quam adhuc vivum de cruce velle descendere! Parva petistis, dum majora provenerint. Sed infidelitas vestra non potuit sanari signis multo fortioribus quam petistis. Additum est, *conturbati sunt omnes qui videbant eos*; reos scilicet atque confusos, contra quorum linguas resurrectio Christi gloriosa provenit. O nova mentis et admiranda callositas! De illorum confusione turbabantur alii, et illorum protervitas ad poenitudinem non poterat inclinari. *Conturbati sunt* enim ex illis quidam credentes, quando ad apostolos venerunt et dixerunt: *Quid faciemus, viri fratres* (*Act.* II, 37)? A quibus salutaria monita percipientes, per sanctum baptismum dilui meruerunt a damnatione perpetua.

Vers. 9. *Et timuit omnis homo; et annuntiaverunt opera Dei, et facta ejus intellexerunt.* Frequenter diximus generalitatem pro parte poni. Omnis enim homo hic intelligendus est, non ille universalis, sed qui judicium futurum considerata Domini potestate formidat. Nam ut intelligas de fidelibus tantum dici, vide quid sequitur: *Et annuntiaverunt opera Dei*; scilicet gloriam resurrectionis, agnitionem in confractione panis, ascensionem in coelis, variis linguis locutos fuisse discipulos, et caetera quae per apostolos suos post resurrectionem suam Dominus Salvator ostendit. Ista enim *annuntiaverunt* praedicando diversis; et, proh dolor! gentes 210 auditis credidere miraculis, quibus illi noluerunt animum praebere nec visis. Additum est, *et facta ejus intellexerunt*; utique *intellexerunt* esse divina, quia talia implere non poterat humana fragilitas.

Vers. 10. *Laetabitur justus in Domino, et speravit in eo; et laudabuntur omnes recti corde.* Audivimus promissionem Domini, et sententiam verissime judicantis. *Justum* in futuro dicit esse laetaturum, quia hic discipulos suos noverat diversarum passionum afflictionibus ingravandos; sed *laetabuntur*, quando sedebunt in judicio judicantes duodecim tribus Israel. Contristati sunt ad tempus, laetabuntur in aeternum, quia majora sunt praemia Domini quam quae illi a fidelibus, munere tamen ipsius, probantur offerri. Sed ne crederes solis apostolis dici, sequitur sententia generalis, *et laudabuntur omnes recti corde*. Corde recti sunt qui per rectas semitas Domini gradiuntur. Ab illa enim regula qui pedem voluerit amovere distortus est; nec potest quisquam *rectus* dici, nisi qui illi veritati praedicationique consentit. Tales enim redduntur semper laudabiles, quia et Dominum laudant, et ab ipsa Veritate laudantur. Quid enim laudabilius quam ab ipso Judice in conspectu omnium angelorum gloriose et desideranter audire: *Venite,* benedicti *Patris mei* (*Matth.* xxv, 34), et reliqua, quæ nos *Evangelii* textus edocuit.

Conclusio psalmi.

Nimis proficue nos ex persona sua Dominus Christus instruxit, ut ipse exponeret passionem suam, cujus nemo potest refutare sententiam. Nam cum Judæis dicimus : Ecclesia catholica loquitur, illi forsitan negligenter accipiunt. Cum eis objicimus prophetam suum, illi nihilominus ad falsas interpretationes recurrunt, ut aliquod argumentum proveniat excusationi de assumptione mendacii. Nunc quid dicturi sunt obstinati, qui ipsum Dominum audiunt de se futura proloquentem, cui præsumpserunt ingerere crudelissimam passionem; cujus resurrectionem inter eos factam mundus agnovit, qui debitas pœnas incredulis, fidelibus autem æterna præmia compromittit? Supplicate, Judæi, dum tempus est, quærite dum potestis inter agnos potius ad dexteram recipi, ne ad sinistram cum hædis vos contingat expelli.

EXPOSITIO IN PSALMUM LXIV.

In finem, psalmus David, canticum Jeremiæ et Ezechiel de populo transmigrationis, cum inciperent proficisci.

In finem, psalmus David, verba jam nota sunt; restat ut sequentia dicere debeamus. Cum populus Hebræorum propter inobedientiam suam captivus a Chaldæorum gente duceretur, *Jeremias et Ezechiel* prophetæ dixerunt (*Jer.* xxv, 11) eos post septuaginta annos in suam patriam esse redituros, eversamque ab hostibus Jerusalem meliori statu reparaturos. Addidit : *De populo transmigrationis*, utique Hebræo, qui in Babyloniam civitatem migratus est; quod spiritualiter significat, quando peccatis facientibus in diaboli potestate traducimur. Babylonia quippe (sicut sæpe memoratum est) interpretatur confusio, quam specialiter ad diabolum manifestum est pertinere. Iste ergo populus, qui Babyloniam deserens post captivitatem, ad Jerusalem civitatem Domini festinabat, illos respicit qui mundi istius confusione damnata, ad Ecclesiam Christi venire contendunt. Quibus auctoritate Patrum totus iste psalmus aptandus est : quoniam, quando iste populus revertebatur ad Jerusalem, Jeremias et Ezechiel morte præventi sunt. Sed ut nodum quæstionis hujus evitemus, talis nobis sit ordo verborum : *In finem, psalmus David, canticum de populo transmigrationis*, per prophetiam *Jeremiæ et Ezechiel, cum inciperent proficisci.* Sic recte intelligitur, ut verba magis ad populum quam ad *Jeremiam et Ezechiel* pertinere videantur.

Divisio psalmi.

Populus iste qui sæculi peccata deseruit, revertens ad Dominum Salvatorem, primo ingressu psalmi, auctorem suum liberatus agnoscens, orationem suam postulat debere cognosci, definiens solum illum beatum esse qui ad ejus atria meruerit pervenire. Secunda sectione, spem dicit Dominum omnium finium esse terrarum (diversas laudes ipsius, potentiamque allegorica comparatione describens), sanctosque ejus hymnidica in ipsum exsultatione gaudere.

Expositio psalmi.

Vers. 1. *Te decet hymnus, Deus, in Sion ; et tibi reddetur votum in Jerusalem.* Reversa plebs ad Dominum de captivitate peccati, in magna exsultatione prorupit, asserens solum *Deum decere hymnum*, non dæmonum turbas, ut putabat ante gentilitas. Habuerat enim carmina quæ immundis spiritibus idolisque fundebat; sed ad lumen veritatis adducta, ipsum solum dicit debere laudari, qui Creator omnium probatur agnosci; nec tamen laudari nisi *in Sion*, id est in contemplatione. Sed ista contemplatio rectæ fidei lumen declarat; in ipsa enim verus *hymnus* dicitur Domino disciplinabili carmine, non linguæ clamore perverso. Sed ut hoc expressius intimaret adjecit, *et tibi reddetur votum in Jerusalem.* Ab infidelibus vota reddebantur et Marti, et Veneri, cæterisque dæmonibus; ut si quis fuisset de prælio liberatus, sacrificabat Gradivo; si quis ad fœdum adulterium pervenisset, adorandam deam libidinis æstimabat. Nunc autem veritate recognita, de bonis operibus *in Jerusalem* Deo soli *votum* dicit *esse reddendum*, quæ est visio pacis, in qua manet fixa immobilisque felicitas.

Vers. 2. *Exaudi orationem meam ; ad te omnis caro veniet.* Iste populus qui prius dixerat : *Te decet hymnus, Deus, in Sion*, nunc ad Dominum hymnidica supplicatione proclamat dicens : *Exaudi orationem meam*; ut ipse prius faceret, quod cæteris faciendum esse prædixerat. Ipse populus *orationem* suam *exaudiri* petit, quem superius diximus. Sciens enim se esse moriturum, illum rogabat ad quem se post hanc vitam venturum esse noscebat; ut hic ei parceret, ne ibi de ipso judicaret. Sic enim de illo judicio dicit Apostolus : *Omnes enim stabimus ante tribunal Christi, ut recipiat unusquisque propria corporis prout gessit, sive bonum, sive malum* (II *Cor.* v, 10). Hic enim *carnem*, non solum sanctos, sed omnem hominem debemus advertere : quia omnes ad eum constat esse venturos, sive damnandos, sive in æternam requiem collocandos. Et nota quod in Scripturis divinis frequenter et sola anima, et sola caro pro homine ponitur; ut est illud in Genesi : *Et intraverunt in Ægyptum cum Jacob animæ septuaginta quinque* [ms. A., *duæ*] (*Gen.* xlvi, 27). Et hic : *Ad te omnis caro veniet.* Quo loco utillimum est synecdoche schematis meminisse, quæ significat a parte totum.

Vers. 3. *Verba iniquorum prævaluerunt super nos, et impietatibus nostris tu propitiaberis.* Prævaluerunt quidem *verba iniquorum*, quando pagani parentes persuaserunt filiis suis antiquos ritus et sacrilegia quæ colebant. Tracti enim per infantiam, illud videntur secuti, quod rudibus animis imbiberunt. *Prævaluerunt super nos*, dictum est, tanquam aliquod altissimum mare, quod abundantia fluentorum objecta quæque submergit, et enatare non sinit quæcunque voraverit. Sed his erroribus pietas divina subvenit, quando salutem mundo adventu Domini Salvatoris indulsit. Perscrutandum est autem quid velit propitiatus intelligi. Apte dicimus hoc de sacerdotibus, quoties per immolata sacrificia peccatis nostris propitiam faciunt Divinitatem; ut ira quæ debebatur delictis, convertatur in gratiam salutis; et qui erant factis suis justissime rei, reddantur Divinitatis muneribus absoluti. Sic Divinitas propitiata est humano generi, quando nobis et sacerdotem et hostiam ipsum contulit Christum; sicut dicit Apostolus: *Deus erat in Christo mundum reconcilians sibi, non reputans illis delicta eorum* (II Cor. v, 19).

Vers. 4. *Beatus quem elegisti et assumpsisti, inhabitabit in tabernaculis* [ms. A., *in atriis*] *tuis*. Quidam hunc versum aptandum æstimant Domino Salvatori; sed nos illum magis ad communem beatum dicimus esse referendum. Dixerat enim superius, *Impietatibus nostris tu propitiaberis*; nunc sequitur, *Beatus quem elegisti et assumpsisti*; ut non hoc de illo singulariter immaculato, sed de peccatore absolute dixisse noscatur. *Beatus* est igitur *quem elegit Dominus*. Sed vide quid ait *elegisti*, ut hanc electionem nemo suis meritis applicaret; sicut ipse in Evangelio dicit: *Non vos me elegistis, sed ego elegi vos* (Joan. xv, 16). *Assumi*, est autem in æternam requiem collocari, quam sanctis suis pius Dominus compromittit. Sed quid talibus contingit ipse subsequitur, *Inhabitabit in tabernaculis tuis. Inhabitare* dicimus eos qui adeptum locum nulla permutatione derelinquunt. Sed qualis sit ista habitatio, in alio psalmo dicit: *Concupivit, et defecit anima mea in atria Domini* (Psal. lxxxiii, 3). Ibi enim habitare jam præmium est, quia nequeunt illuc introire, nisi quos cœlestis misericordia dignatur eligere.

Vers. 5. *Replebimur in bonis domus tuæ: sanctum est templum tuum*. Si bona domus Dei, id est Jerusalem futuræ ad liquidum voluerit perscrutari mens humana, non sufficit; de quibus dicit Apostolus: *Quod oculus non vidit, nec auris audivit, nec in cor hominis ascendit, quæ præparavit Deus his qui diligunt eum* (I Cor. ii, 9). Sed quia fas est pro parte audita loqui, *domus* ejus *bona* sunt tricenarius, sexagenarius et centenarius fructus, quem ibi sanctis suis fidelibus Dominus pollicetur. Sunt etiam et hic *bona domus* ejus, quæ dicit Apostolus: *Alii enim datur sermo sapientiæ, alii sermo scientiæ, alii fides in eodem Spiritu, alii gratia sanitatum, alii genera linguarum, alii interpretationes sermonum* (I Cor. xii, 8, 9), etc. Et intuere quod dixit, *Replebimur*, quasi ad mensuram nostram, quantum possumus capere, potabimur: significans illud quod idem Apostolus dicit: *Unicuique autem nostrum data est gratia secundum mensuram donationis Christi* (Ephes. iv, 7). Sequitur, *sanctum est templum tuum*. Sive hoc pertinet ad domum Dei, quæ est Ecclesia; sive ad incarnationem Domini, sicut legitur in Evangelio: *Destruite templum hoc, et in triduo ædificabo illud* (Joan. ii, 19); et paulo post ait Evangelista: *Hoc enim dicebat de templo corporis sui*.

Vers. 6. *Mirabile in æquitate. Exaudi nos, Deus salutaris noster*. Quod dixit, *Mirabile in æquitate*, ad templum respicit prædictum; multis enim modis potest esse *mirabile*. Sed addidit, *in æquitate*, ut illum adventum ipsius debuisses advertere, cum bonos segregat a malis, et unicuique digna retribuit. Verum ut hoc de ipso intelligere deberemus, sequitur: *Exaudi nos, Deus, salutaris noster*. Ipse enim Deus Salvator noster est qui mundo salutem contulit, et humano generi sua pietate subvenit.

Vers. 7. *Spes omnium finium terræ, et in mari longe*. Postquam populus ille conversus orationem suam simplici corde profundit, bonisque Domini se asseruit esse completum, venit ad secundam sectionem, in qua laudes Domini virtutesque describit. Nam sensus iste Judæorum persuasiones, et hæreticorum prava dogmata falce veritatis abscidit. *Spes* enim Domini non est localis, neque unius gentis, sed *omnium finium terræ*, quando illi per universum orbem humilia vota funduntur. Qui merito *omnium spes* est, quando fidelibus cunctis æterna præmia compromisit. Sed ne hoc tantum de sola terra intelligeres, quam magnam vocant, addidit, *et in mari longe*. Sive ad insulas respicit, quas non videbatur terræ finibus inclusisse; sive ad mare longum, id est totius sæculi habitationem: de quo alibi dicit: *Hoc mare magnum et spatiosum manibus* (Psal. ciii, 25). Longum est enim, quoniam habitatio ejus innumeras continet nationes. Nam *mare*, mundum debere intelligi Dominus quoque testatur; ait enim discipulis suis: *Faciam vos piscatores hominum* (Matth. iv, 19). Ubi enim pisces maxime, nisi in mari sunt? Mari quippe juste comparatur hic mundus, quia falsitatibus amarus est, fluctibus diabolicis quatitur, et vitiorum tempestatibus commovetur.

Vers. 8. *Præparans montes in virtute tua, accinctus potentia*. Versum istum paulo diligentius perscrutemur, est enim verborum subtilitate profundus. Quod enim dictum est, *Præparans montes in virtute*, ad terrenas altitudines omnino non pertinet. *Præparare* vero non dicimus, nisi quod ad competentes alios usus necessaria qualitate providetur. Et ideo *præparatos montes* apostolos per allegoriam decenter accipimus, qui ad verbum prædicationis electi sunt, fortitudinem habentes fidei, et altitudinem sanctitatis, humiles conversatione, sed merito celsiores. Hos Dominus *præparavit in virtute* sua, quia per eos fecit magna miracula; ut et magnitudine verbi incredulos converterent, et factorum admiratione durissima corda mollirent. Sed quemadmodum hæc *præparaverit*, consequenter exponit, *accinctus potentia*, id est indutus majestate sua. Humanitas enim Domini Verbi potestate præcincta est; ut quod homo non habuit, virtus divina præstaret. *Accingimus* enim nos honore baltei, dum tamen alia sit dignitas cinguli, quam natura cingentis. Sic et in psalmo quadragesimo quarto dictum est: *Accingere gladio tuo circa femur, potentissime* (Psal. xliv, 4); et alibi: *Præcinxisti me lætitia* (Psal. xxix, 12). Hæc enim et talia duas naturas indicant Domini Christi plenissimas atque perfectas in una eademque persona, sicut omnis catholica confitetur Ecclesia.

Vers. 9. *Qui conturbas profundum maris : sonum fluctuum ejus quis sustinebit ? Turbabuntur gentes.* Postquam per allegoriam montium dixit apostolos esse præparatos, nunc exponit quid per eos Dominus fuerit operatus. Turbavit enim apostolis prædicantibus non solum superficiem maris, sed fundum maris, id est gentilium corda demersa profundius. Nam cum sua numina conticuisse cernerent, et annihilata esse sentirent, merito corde turbati sunt, quando spes suas ad nihilum pervenisse noscebant. Nam cum sæculum mare dicatur, congrue fundo maris comparata sunt corda dementium; inde enim surgit, quod fluctus excitat peccatorum; inde venit inopinata commotio, quæ innocentiam verberat, sanctosque defatigat. Sequitur, *sonum fluctuum ejus quis sustinebit ?* Hic significat persecutores, qui licet ipsi velut fluctus altissimi concitentur, *sonus* eorum, id est dicta crudelia nullatenus ab hominibus sustinentur, nisi divina gratia concedente eorum protervia fracta superetur. *Quis sustinebit ?* quantum ad hominum pertinet fragilitatem dicitur. Nam, dono Domini suffragante, martyres eorum violentiam superare potuerunt : unde maxime conturbatæ sunt gentes, quando fidelissimos cernebant, et vivos facere virtutes, et mortuos supplicantium vota complere : contra sua numina et eorum potentiam pavescere, et responsa denegare. Tunc enim et Delphicus Apollo conticuit; tunc a Delphis Diana discessit; tunc Cytherea Venus erubuit. Sed quid, rogo, gentes facere poterant, quando sua numina trepidare cernebant?

Vers. 10. *Et timebunt omnes qui habitant fines terræ a signis tuis; exitus matutini et vespere delectaberis.* Hic tempus significat quo apostoli diversa signa faciebant. Necesse enim erat ut universitas contremisceret, quæ orbem terræ habitare videbatur, quando talia signa cernebat quæ nec lectio eorum prodiderat, nec visio ulla monstraverat. Ipse enim dixit unde timor ille concipi potuisset, id est, *a signis tuis.* Addidit, *exitus matutini et vespere delectaberis. Exitus matutini* est quando aliquis ex mundi istius felicitate ad Dominum convertitur Salvatorem. *Matutinum* enim tempus semper clarescit, et processu diei gratiam illuminationis acquirit. Quod autem dixit, *et vespere delectaberis*, significat quando gravia patientibus semper obscurum est : sed tamen ad Dominum veniunt Creatorem, qui mœrores eorum convertit in gaudium. Ita utrarumque rerum *exitu delectabitur* Dominus, quia undique devotos per abundantiam suæ largitatis acquirit.

Vers. 11. *Visitasti terram et inebriasti eam ; multiplicasti locupletare eam.* Terram hic genus humanum debemus accipere, quod satiatum atque refectum est quando Dominus advenire dignatus est. Sed unde ista terra debriata sit, alter psalmus exponit dicens : *Et poculum tuum inebrians, quam præclarum est !* Ebrietas felix, satietas salutaris, quæ quanto copiosius sumitur, tanto sobrietatem mentibus donare dignatur. Quapropter hoc genus locutionis in Scripturis divinis est proprium, quoniam in bono plerumque ponitur. In scripturis autem sæcularibus, vel in communibus fabulis ebrietas in bonam partem penitus non habetur. Subjungit, *multiplicasti locupletare eam.* Verba ista inexplicabilem modum donationis ostendunt. Nam qui *multiplicat locupletare*, quantum sit non videtur exprimere, sed in immensum ducitur quod verbis talibus pollicetur : locuples enim dicitur, loca plura tenens. Ipsa est terra quam dignatus est assumere, non quam humanitatis more calcavit. Istam siquidem quam terimus non locupletandam legimus, sed potius immutandam; sicut Isaias dicit : *Erit cœlum novum, et terra nova* (Isai. LXV, 17).

Vers. 12. *Flumen Dei repletum est aquis; parasti cibum illorum, quia ita est præparatio tua.* Bene misericordia Domini plenissimo fluvio comparatur. Non enim aliqua siccitate potest imminui, qui potationibus crebris nescit expendi. Mundialis aqua aut imbribus accipit augmentum, aut siccitate defectum ; Dei vero fluvius semper plenus, semper æqualis est; de quo dictum est : *Fluminis impetus lætificat civitatem Dei* (Psal. XLV, 5); et ipse Dominus in Evangelio ait : *Qui biberit ex aqua quam ego do ei, non sitiet unquam; sed fiet in eo fons aquæ salientis in vitam æternam* (Joan. IV, 13). Nec moveat quod alibi singulari, alibi plurali numero *flumina* sunt posita. Unitatis enim virtus est multa complecti. Nam cum dicamus pluraliter Ecclesias, unam tamen constat esse catholicam, quod innumeris vicibus cognoscitur esse memoratum. Sed postquam de potu fluminis dixit, de cibo spirituali subjecit, ne convivium Domini copiosissimum amicos suos relinqueret ex aliqua parte jejunos. Dicit enim, *parasti cibum illorum.* Cibus ille non dentibus manditur, sed animæ aviditate devoratur; de quo dictum est : *Panem cœli dedit eis ; panem angelorum manducavit homo* (Psal. LXXVII, 25). Sic totum ad communionem sacram convenienter refertur, quando et ejus sanguinem bibimus, et ejus corpore saginamur. Et ne aliquid casualiter factum putares, sicut arbitratur irridenda gentilitas, subdidit, *Quia ita est præparatio tua.* Sic enim omnia contigerunt quemadmodum sunt ab ipso disposita, sicut ipse in Evangelio dicit : *Nonne quinque passeres veneunt dipondio, et unus ex illis non cadet super terram sine voluntate Patris vestri* (Luc. XII, 6)?

Vers. 13. *Rivos ejus inebria, multiplica generationes ejus : in stillicidiis ejus lætabitur cum exorietur. Rivos* etiam hic dicit apostolos, vel alios fideles, qui de illo Dei semper repleto flumine biberunt. Sed ne potum ipsorum crederes esse tenuissimum, dicit *rivos ipsos inebriandos*, ut ad tantam satietatem perveniant, quanta et ipsis abunde sufficiat, et aliis profutura concedat. Redit igitur ad singularem numerum, quem ecclesiasticæ unitati diximus convenire. Dicit enim, *multiplica generationes ejus*, illius scilicet rivi qui de flumine sancto profluit, ut per *generationes* succedentes prædicatio beata non deficiat, sed *multiplicetur,* unde catholica semper crescat Ecclesia; ut qui modo imbuuntur sacro dogmate, post alios docere videantur; quod quotidie fieri evidenter agnoscimus. Dictum est de *rivis,* qui pertinent ad provectos [*ed.,* perfectos]: nunc dicit de stillicidiis, quæ ad inchoantes respiciunt Christianos, quando angustata primordia latissima non potest introire doctrina; de quibus dicit Apostolus: *Non potui vobis loqui quasi spiritualibus, sed quasi carnalibus. Quasi parvulis in Christo lac vobis potum dedi, non escam* (*I Cor.* III, 1, 2). **Stillicidia** enim sunt guttæ quæ de tectis cadunt, non pondere, sed assiduitate penetrantia, quæ quantum distent a rivis etiam visualis nobis ratio patefacit. Ergo in primordiis suis *lætabitur* omnis fidelis, *cum exorietur* ex aqua et Spiritu sancto, quando vere renascimur, et gloriæ Domini ipsius dignatione præparamur. Est enim nobis tunc magna lætitia, quando antiqui hominis vetustate deposita, in novæ regenerationis gaudia commutamur. Sed licet hæc Dei munera alio modo in auctoritate posita videantur, conversa tamen provectus nostri ordinem videntur monstrare certissimum. Primo enim ariditas fidei quibusdam stillicidiis animatur; post rivis affluentibus irrigamur: deinde, sicut dicit versus superior, ad fluminis illius plenitudinem, juvante Domino, pervenimus. Sic per hæc tria divini muneris ordo declaratur.

Vers. 14. *Benedices coronam anni benignitatis tuæ, et campi tui replebuntur ubertate. Corona anni* totus hic mundus convenienter advertitur, per quem catholica dilatatur Ecclesia. *Benedicit* enim Dominus quos vere fecerit Christianos *flumine, rivo, stillicidio,* quæ jam superius dixit. Deinde vide quid sequitur: *Et campi tui replebuntur ubertate. Campos* dicit fideles homines atque justos, qui æqualitati camporum æquissimo pectore comparantur. Tales enim *ubertate replentur,* quia fructum tricenarium, et sexagenarium, vel centenarium, Domino largiente, præstabunt.

Vers. 15. *Pinguescent fines deserti, et exsultatione colles accingentur. Fines deserti* populi gentium sunt, ad quos nullus propheta fuerat destinatus; sed toti in Judæa natione prophetabant. Isti ergo *fines deserti,* pingues magno munere Divinitatis effecti sunt, quando ad eos apostolorum prædicatio sancta pervenit, et gratia Domini per fidem decori facti sunt, quos pridem incredulitatis macies horrenda turpabat. Prima denique satio per prophetas in Judæa natione provenit; secunda in gentibus per apostolos longe lateque diffusa est. Sed plus de istis *finibus deserti* frumentum virtus Domini conquisivit, quam de illis terris quæ cultæ videbantur, apparuit; sicut propheta dicit: *Lætare, sterilis quæ non paris; erumpe et clama, quæ non parturis: quia multi filii desertæ magis quam ejus quæ habet virum. Colles* vero copiosos martyres debemus accipere, quia ipsi sunt post apostolos celsiores. Hoc enim significat, *exsultatione accingentur,* quia, præstante Domino, perveniunt ad æternum gaudium per tolerantiam passionum.

Vers. 16. *Induti sunt arietes ovium, et convalles abundabunt frumento: etenim clamabunt et hymnum dicent. Induti sunt,* illam vestem nuptialem significat qua *arietes ovium,* id est apostoli et sancti reliqui vestientur, qui doctrinæ bonæ [*ms. G.,* bono] duces exstiterunt populo Christiano. Sequitur, *et convalles abundabunt frumento. Convalles* populos significant humiles, quia nihil his humilius, quæ in quadam terræ concavitate descendunt. Isti ergo humiles *abundabunt frumento,* sicut ille publicanus qui nec oculos audebat ad cœlum erigere, nec aliqua meritorum præsumptione confidere. *Abundavit frumento,* quia humilis convallis fuit: erectus est quia, præstante Domino, se ipse dejecit; et ideo fortior factus est, quia vires suas invalidas esse confessus est. Adjecit, *clamabunt et hymnum dicent.* Finalis ista conclusio ostendit nobis allusiones illas quas superius dixit, mystica similitudine suscipiendas. Neque enim fines deserti *clamabunt,* nec convalles, nec arietes ovium, nec cætera quæ dixit anterius; sed *clamabunt* illi *et hymnum dicent,* ad quos res istæ comprobabili similitudine referuntur. Dixit enim prius *clamabunt,* et ne clamorem ipsum crederes esse confusum, addidit, *et hymnum dicent,* id est laudem, quæ rationabilibus creaturis noscitur convenire suaviter.

Conclusio psalmi.

Intelligamus populum illum beatum qui venit ad Dominum Christum, quali suavitate lætatus est; et sciamus inæstimabile esse beneficium, quod tanta legitur exsultatione celebratum. Hymnum quoque ejus quem primo versu psalmi promiserat, quanta gratia diversitatis ornavit! laudem incarnationis ejus mirabili brevitate describens, et quid mundo præstiterit, fidelis institutor edocuit. Ad postremum in resurrectione ventura universos sanctos ejus hymnidica in eo dicit exsultatione gaudere. Sic et præsentia mirabili brevitate narravit, et ad spem maximam concitandam futura nobis præmia compromisit. Tribue, Rex cœlestis, ut et nos erepti ab ariditate peccati, flumine misericordiæ tuæ copiosius irrigati, pinguescere mereamur, ut hymnum cum sanctis tuis tibi jugiter decantare possimus.

EXPOSITIO IN PSALMUM LXV.

In finem, psalmus David, canticum resurrectionis.

Quamvis hæc nomina quæ in capite tituli sunt posita, præmissa expositione videantur esse notissima, tamen non erit importunum scientibus interdum ipsa repetere, ut intentio totius inscriptionis evidentius possit agnosci. *In finem,* quod dictum est, respicit ad Dominum Salvatorem, sicut dicit Apostolus: *Finis enim legis Christus ad justitiam omni credenti* (*Rom.* x, 4). *Psalmus* ipsum sine ambiguitate denuntiat, quia *psalmus* ex superioribus sonat, sicut opera ejus dictaque sonuerunt. *David* autem dictum est interpretari desiderabilis et manu fortis, quæ verba specialiter pertinent ad Regem nostrum et Dominum Christum. Restat nunc ut sequentia dicere debeamus. *Canticum* istud generale, quod dici de

Domine Salvatore præmissa nomina docuerunt, de gloriosa ipsius resurrectione prædicatur, per quod Ecclesia gentes admonet, quas per gratiam Domini præsciebat esse credituras, ut communiter gaudeant, quæ erant in suo Capite reparandæ. Sed quoniam gens Judæa se tantum ad beatæ vitæ præmia putabat esse venturam, quia inter cæteras nationes, quæ adhuc idolis deditæ serviebant, sola legem veri Domini habere videbatur (sed erat infidelitatis suæ vitio peccatura) prophetiæ spiritu *canticum* istud sancta profudit Ecclesia : asserens spem illam resurrectionis non solum fideles ex Judæis, sed universitatem de cunctis gentibus habituram; sicut Dominus dicit : *Vivo ego, dicit Dominus, et implebitur gloria mea universa terra* (*Num.* xiv, 21). Denique et psalmus iste sic inchoat : *Jubilate Deo, omnis terra.*

Divisio psalmi.

Contra persuasionem Judæorum, qui se dicebant solos ad beatam vitam præ omnibus pertinere, mater Ecclesia spem generalis resurrectionis interpositis tribus diapsalmatibus læta decantat. Primo ordine hortans universitatem, ut de Domini resurrectione congaudeat, quæ cunctis erat fidelibus æterna præmia præstitura. Secundo ordine invitat omnes ut veniant ad Dei opera consideranda; quatenus una credulitas jungat quos unum præmium exspectare videbatur. Tertio iterum monet gentes ut Dominum benedicant, qui nos licet diversis probet tribulationibus, tamen ad requiem suæ miserationis adducet. Quarto ordine iterum invitat universitatem, ut commonita [*ed.*, communita] exemplo liberationis suæ, amplius confidat in Domino : benedicens eum, quoniam orationem ejus exaudire dignatus est.

Expositio psalmi.

Vers. 1. *Jubilate Deo, omnis terra; psalmum dicite nomini ejus; date gloriam laudi ejus.* Sancta Ecclesia, sicut diximus, *omni terræ* dicit esse gaudendum, quæ erat Christo Domino creditura. *Jubilatio* enim dicitur exsultatio cordis, quæ immensitate sui verbis non potest explicari. Unde merito a tali verbo sumpsit initium, ut magni beneficii incomprehensibilis probaretur esse lætitia. Nam cum dicit, *omnis terra*, non humum, sed fideles significat ac devotos, qui de tali poterant gaudere miraculo. Quæ figura dicitur metonymia, id est transmutatio, quoties per id quod continet, id quod continetur ediciter. Judæos enim tali prædicatione convincit, qui spem beatæ resurrectionis sibi tantum æstimabant esse pollicitam. Sequitur, *psalmum dicite nomini ejus*. Post illam inexplicabilem jubilationem congruum fuit ut ad psalmodiam credituros populos hortaretur; quatenus quod animo conceperat, depromptis laudibus explicaret. Illud enim soli Deo cognitum, istud fuerat et ab hominibus audiendum, sicut legitur : *Corde creditur ad justitiam; ore autem fit confessio ad salutem* (*Rom.* x, 10). Quod autem dicit, *nomini ejus*, significat Dominum Salvatorem, cujus adventu mundi vulnera probantur esse curata. Intendamus quoque quod dictum est, *date gloriam laudi ejus*, et antidotum cœleste siticulosis animis hauriamus. *Dat gloriam laudi ejus* qui præconia Domini frequentata exsultatione concelebrat, ut totum ipsi deputans, nihil humanis æstimet viribus applicandum. Vitandum est enim et omni studio fugiendum ne fragilitas humana laudibus suis ambiat erigi, quæ magis debet justa increpatione culpari.

Vers. 2. *Dicite Deo : Quam terribilia sunt opera tua! in multitudine virtutis tuæ mentientur tibi inimici tui.* Audiamus quid Ecclesia gentes uno commate doceat dicere, et magnam causam religionis sub brevitate concludere. *Quam terribilia sunt opera tua!* Quamvis opera Domini dicat esse *terribilia*, tamen quantum terroris habeant non edixit; sed *opera* Domini hac ratione arbitror esse metuenda, ut consideremus quid nobis possit accidere, si illa majestas, quæ mundum miserata respexit, peccatis nostris facientibus reddatur infensa. Deus enim pro nobis dignatus est homo fieri, sicut Leo papa ad Flavianum scribens, doctor apostolicus dicit (*Epist.* 10, *ad Flavian., cap.* 4) : Creator angelorum unus passus est esse mortalium : invisibilis in suis, visibilis est factus in nostris; incomprehensibilis voluit comprehendi; ante tempora manens, esse cœpit ex tempore. Universitatis Dominus, servilem formam obumbrata majestatis suæ immensitate suscepit. Impassibilis Deus non est dedignatus homo esse passibilis, et immortalis mortis legibus subjacere. Hæc si consideremus, *terribilia* nobis *sunt opera* Domini, quando tantæ dignationi nec illud possumus exhibere, quod pro nostra salute dignatur nos cœlestis pietas admonere. Sic enim et alibi legitur : *Domine, audivi auditum tuum, et timui; consideravi opera tua, et expavi* (*Habac.* iii, 2). Sed timor iste affectuosus et pius est, dulcedinem habens, non amaritudinis qualitatem; spem generans, non diffidentiam creans; desiderium cumulans, non ardorem charitatis exstinguens. Sequitur, *in multitudine virtutis tuæ mentientur tibi inimici tui.* Multitudo virtutis erat, quod curabat homines diversa infirmitate laborantes; sed in hac *virtute mentiebantur inimici* ejus, quando dicebant : Hæc signa in Beelzebuth facit (*Matth.* xii, 24). *Mentiti sunt* etiam *in multitudine virtutis* ejus, quando dicit : *Videbitis Filium hominis venientem in nubibus cœli* (*Matth.* xxvi, 64, 65). Et illi dixerunt : *Blasphemavit; quid adhuc egemus testibus?* Ad postremum *mentiti sunt in multitudine virtutis* ejus, quando post resurrectionis gloriam data pecunia custodibus dicebant : *Dicite quia venerunt nocte discipuli ejus, et furati sunt eum, nobis dormientibus* (*Matth.* xxviii, 13). Sic venerabilis mater sub compendio brevitatis futuræ sanctæ incarnationis mysteria declaravit.

Vers. 3. *Omnis terra adoret te, et psallat tibi; psalmum dicat nomini tuo, Altissime.* Quia superius mentitos fuisse dixit inimicos, nunc generalitas admonetur ut veraciter *adoret* Dominum Christum. Addidit, *et psallat tibi*, quod revera divinis decet virtutibus exhiberi. Subsequitur, *psalmum dicat no-*

mini tuo, Altissime. Prius dixerat, *psallat tibi*, post iterum pene ipsa verba repetiit, sed bene perquirentibus longe diversa sunt; prius enim psalmodiam intelligi voluit: hic vero opera sanctitatis admonuit. Nam cum dicit, *nomini tuo, Altissime*, significat, sicut supra dictum est, Dominum Salvatorem, qui *Altissimus* jure dicitur: quia nihil supra se altius, sicut Pater et Spiritus sanctus, quidquam habere cognoscitur. Quod nomen positum est ad convincendam specialiter superbiam Judæorum, qui sic abjectum esse crediderunt, ut eum crucifigere non paverent. Simul etiam hoc nomine convicti sunt Ariani; nam qui est *Altissimus* in deitate sua, non potest habere majorem.

Vers. 4. *Venite et videte opera Domini, quam terribilis in consiliis super filios hominum.* Sponsa Regis æterni ordine secundo gentes invitat ut miracula Veteris Testamenti devotis possint mentibus intueri; quatenus quod Hebræo populo in figura contigit, in se cognoscant verissime fuisse completum. Proprie vero dictum est, *Venite*, quasi adhuc longe positis, quasi adhuc in Babylonia civitate morantibus. *Videte* positum est, id est lumine cordis agnoscite. Cæterum carnalibus oculis videre non poterant, quæ constabant esse præterita. *Opera Domini* non ista dicit quæ omnes pariter vident, cœlum, terram, mare et omnia quæ in eis sunt; sed illa invitat eos specialiter intueri, quæ fidelissimi spiritualiter agnoverunt, Hebræis fugientibus divisum mare patuisse, quadraginta annis populos ad saturitatem pastos in eremo, siccis pedibus transitum Jordanis fluenta præbuisse, et cætera quæ Judæis figuraliter contigerunt. Subjecit, *quam terribilis in consiliis super filios hominum*. Filios hominum fecit terribiles atque metuendos [*ms. A.*, factus est terribilis atque metuendus, cum, etc.), cum per eos miracula magna monstravit. Verum quæ sint ista opera, quæ vult gentes adhuc rudes agnoscere, sequentia declarabunt.

Vers. 5. *Qui convertit mare in aridam, et flumina pertransibunt pede: ibi lætabimur in idipsum.* Ista sunt *opera Domini*, quæ superior versus admonuit. *Convertit mare in aridam*, quando Hebræum populum per medios fluctus iter fecit habere terrenum. *Flumina pertransivit pede*, quando Jordane dextra lævaque diviso, in terram repromissionis Judaicum deduxit exercitum. Sed quærendum est ad quid plurali numero *flumina* posuerit, dum legamus in Jordane tantummodo contigisse? Non immerito, quia licet in ipso solummodo contigerit, frequenter tamen ibidem accidisse monstratur. Nam et Eliæ illic talis transitus fuit, et discipulo ipsius redeunti similiter fluminis ipsius fluenta patuerunt (*IV Reg.* II, 8, 14). Sive quia Scripturæ divinæ mos est, et unum pro plurimis dicere, et plurima unitatis nomine vocitare. Sequitur, *ibi lætabimur in idipsum*. Hic jam sacramenta illorum operum festinat ostendere, quia in eorum præfiguratione veraciter post lætatus est populus Christianus. Nam quod gens Judæa per maria transivit, sequens Christi baptisma nuntiabat. Quod flumina sine altitudinis periculo siccis pedibus transmeavit, mundi hujus significabat fluenta secure posse transire, et ad pœnitentiæ tutissima pervenire. Unde necesse fuit ut Ecclesia cum sanctis viris *in idipsum* se diceret *esse lætaturam*, ubi est gaudii nostri fons et salutis æternæ origo præparata. Quod vero ait *ibi*, *in idipsum*, inter propria Scripturæ divinæ connumerandum est.

Vers. 6. *Qui dominatur in virtute sua in æternum, oculi ejus super gentes respiciunt.* Exposuit quod dixerat, *Lætabimur in idipsum*; scilicet: *Qui dominatur in virtute sua in æternum.* Dominari enim possunt et principes terrarum; sed non *in virtute sua*, neque *in æternum*. Quapropter hæc duo addita sunt, ut omnipotentis Regis virtus possit ostendi. Et ne promissiones prædictas inanes putaret adhuc cæca gentilitas, addidit, *oculi ejus super gentes respiciunt*, ut quod illæ per se videre non poterant, aspectu veri luminis intuerentur afflatæ. Dominus enim quos respicit illuminat; quos visitare disponit, et liberat.

Vers. 7. *Qui in ira provocant, non exaltentur in semetipsis.* Consuetudo fragilitatis nostræ congrua brevitate descripta est, quia dum talia facimus unde ad iram Dominum provocemus, exaltamur in nobismetipsis, peccata nostra magis cupientes defendere. Sed hos prohibet in seipsis *exaltari*, quos oportet humiles inveniri. Fideles enim non in se, sed in Christo *exaltari* oportet, ubi altitudo firma est, et nunquam ruiturus ascensus.

Vers. 8. *Benedicite, gentes, Deum nostrum, et audite vocem laudis ejus.* Venit ad tertium membrum, in quo gentes monet ut Deum verum consona prædicatione glorificent. Sequitur, *et audite vocem laudis ejus*, id est quæ dicit Pater de Filio fideli credulitate suscipite. *Vox* enim *laudis* ipsius est: *Hic est Filius meus dilectus, in quo mihi bene complacui* (*Matth.* III, 17). Quam purissimis ac devotis mentibus oportet audiri, ut unus atque idem credatur Dominus Christus, qui ante sæcula ex Patre progenitus est consubstantialis ipsi, et ex Maria Virgine procreatus, nobis dignatus est fieri in assumpta humanitate consimilis. Sancta enim Ecclesia in hac fide vivit, in hac fide proficit, ut in Domino Christo nec sine vera divinitate humanitas, nec sine vera credatur humanitate divinitas.

Vers. 9. *Qui posuit animam meam ad vitam, et non dedit commoveri pedes meos.* Nunc enumerat quibus ex causis misericordia Domini prædicetur. Duo sunt ista sacramenta liberationis nostræ: primum quod nos per munus baptismatis ducit ad vitam; non enim illuc nostris meritis pervenimus, sed ipsius beneficio miserationis attrahimur. Deinde ne nos exinde permittat expelli, qui gravibus vitiis probamur onerati. Ipse enim nos *ponit ad vitam* qui dixit: *Ego sum via, veritas, et vita* (*Joan.* XIV, 6). Ipse gressus nostros non sinit commoveri, qui manum suam Petro ne mergeretur extendit (*Matth.* XIV, 31). Et ne crederes otiose ista dici, a quibus periculis liberata fuerit, subter enumerat.

Vers. 10. *Quoniam probasti nos, Deus: igne nos examinasti, sicut igne examinatur argentum.* Hactenus singulari numero prophetasse videtur Ecclesia; nunc pluraliter loquitur ex membris suis, per hos tres versus exponens fideles Domini quantis tribulationibus affligantur. *Probari* nos facit Deus, quando per diversa **216** genera tentationum pro sui nominis confessione tolerantiam beatæ passionis indulget. Non enim ille nos probando novit, sed præsciendo cognoscit. Sequuntur diversæ martyrum pœnæ. *Igne* enim charitatis *examinatur* beata conscientia, quæ tantum Christi Domini amore succenditur, ut urentium flammarum tormenta vincantur. Sed iste *ignis* non consumptorius, sed purgatorius est. Datur enim argenti exemplum, quod igne ideo decoquitur, ut purius inde reddatur. Jaceret enim massa argenti cum sordibus suis, nisi magni caloris beneficio nativa inquinamenta deponeret.

Vers. 11. *Induxisti nos in laqueum; posuisti tribulationes in dorso nostro.* Induxisti nos in laqueum, id est intrare nos fecisti custodiæ catenas quas martyres sustinere meruerunt. *Laqueus* qui non deciperet, sed probaret : qui corpus quidem necteret, sed animæ vincula dissolveret; qui non ad reatum perduceret, sed absolutionis dona præstaret. Addidit, *posuisti tribulationes in dorso nostro*; videlicet verbera quæ et Paulus pertulit, et reliqua fidelium turba sustinuit. Ad hoc verberibus humiliati, ut diabolicam superbiam cum mundi ipsius delectatione respuerent. Nam cum dicit : *Posuisti tribulationes in dorso nostro*, significat corporeos dolores, quos de illatis verberibus sustinebant.

Vers. 12. *Imposuisti homines super capita nostra* : *transivimus per ignem et aquam, et induxisti nos in refrigerium*. Imposuisti, dicit, ut omnia ipsius voluntate facta fuisse constaret, sicut dicit Dominus Pilato : *Non haberes potestatem in me, nisi tibi data fuisset desuper (Joan. XIX, 11)*. Sequitur, *homines*, ut intelligeres peccatores, quippe qui persecutionibus sævis sanctos martyres diversis cruciatibus affligebant. *Super capita nostra*, hoc est, ut dares eis potestatem capitalem in nos ferre sententiam. Addidit, *transivimus per ignem et aquam*, quod utique factum est, quando alios martyrum ignis absumpsit, alios aqua devoravit, et per diversa elementa mors eorum probatur impleta. Sequitur sæculi illius beata promissio, *et induxisti nos in refrigerium*, ut ista omnia quæ in membris suis patiebatur Ecclesia, non ad detestabilem pœnam, sed ad quietis beatitudinem cognosceres esse collata. *Refrigerium* est enim post perurentes curas delectabilis et amœna securitas, quam in illa retributione suscipiunt qui pati pro Domini nomine meruerunt.

Vers. 13. *Introibo in domum tuam in holocaustis; reddam tibi vota mea.* Hic redeunt membra Christi ad numerum singularem. Dicit enim corpus ejus *in domum ipsius se feliciter intraturum*, id est in illam futuram Jerusalem ubi non holocausta pecudum, sed puritas quæritur animarum. Et intende quoniam sicut tribus versibus superioribus pœnas martyrum dixit, ita nunc aliis quatuor usque ad finem divisionis commemorat bona beatorum; ut fideles in duris afflictionibus roboraret, quibus tanta præmia pollicetur. *Holocaustum* enim dicitur totum incensum. Et quia se superius examinatum igne dixerat sicut argentum, juste se holocaustum oblaturum dicit, hoc est purgatam delictis animam suam. Sequitur, *reddam tibi vota mea*, id est ut laudes tuas sub perpetuitate decantem, et cum angelis et potestatibus, thronis et dominationibus hymnum misericordiæ tuæ semper edicam. Hæc sunt enim vota fidelium, hæc desideria simplicium Christianorum, ut in illa societate recipiantur, qui se fidei et operum sanctitate junxerunt.

Vers. 14. *Quæ distinxerunt labia mea, et locutum est os meum in tribulatione mea.* Illa *vota* exponit, quæ superius dixit, id est *quæ distinxerunt labia mea;* fideles enim quamvis in afflictione sint positi (sicut Job fuit), Dominum laudant, et se semper accusant. Ideoque probantur *distinguere* vota *labiis* suis, quia dubium non est divisum esse quod humanitati imputatur, et Divinitati semper offertur. Et respice beatam tolerantiæ sanctitatem, ut illa se vota laudis dicat reddere post resurrectionem, quæ in tribulatione concinuit, quando frequenter carnis imbecillitate peccatur, et doloribus victa plerumque non sinitur anima probabilia complere disposita. Hic autem Dei munere tanta copia charitatis ostenditur, ut adversa omnia superasse monstretur.

Vers. 15. *Holocausta medullata offeram tibi cum incenso et arietibus.* Adhuc ipsa *vota* quæ superius memoravit, exponit. *Holocausta medullata* sunt sacrificia quæ puro atque intimo corde divinis conspectibus damus. Nam quando in vicem holocausti contritionem cordis offerimus, oportet ut intus habeat purissimam fidem, intus habeat opera fidei, quæ ad vicem medullæ oblationem pinguissimam reddant : ne sit aridum atque vacuum quod divinis conspectibus immolamus. Quapropter talia se *holocausta* promittit offerre, quæ firmitatem habeant medullæ, et pinguedinem fidei salutaris. Addidit, *cum incenso et arietibus*. *Incensum* significat orationes, quæ ad instar thymiamatis divinis conspectibus offeruntur; sicut alibi legitur : *Intret oratio mea sicut incensum in conspectu tuo (Psal. CXL, 2)*. *Arietes* vero significant apostolos, qui duces Christiano populo piis prædicationibus exstiterunt. Et respice quoniam utrumque conjunxit, dicendo, *cum incenso et arietibus*. Ipsum revera *incensum* suavissimum est Domino, quod apostolorum traditionibus probatur adjunctum. Memento autem quod hic versus et sequens allegorice proferuntur; per significantias enim animalium declaratur oblatio devotorum.

Vers. 16. *Offeram tibi boves cum hircis*. *Boves* intelliguntur prædicatores, qui pectora humana feliciter exarantes, eorum sensibus cœlestis verbi semina fructuosa condebant. *Hirci* vero intelliguntur, qui diabolicis pravitatibus studentes, hispidis vitiis vestiuntur. *Hircus* enim dictus est quasi hirsutus. Sed et eos cum bobus offert Ecclesia, quando conversi Christo Domino confitentur. *Hircus* enim fuit ille latro qui pendebat in cruce; sed mox factus est *bos*, quando ad conversionem veritatis, Domino respiciente, pervenit. Dixit enim : *Memento mei, Domine, cum veneris in regnum tuum* (*Luc.* XXIII, 42).

Vers. 17. *Venite et audite, et narrabo vobis, omnes qui timetis Dominum, quanta fecit animæ meæ.* Venit ad quartam positionem, ubi non jam rudes, sed fideles advocat ac devotos : jam nihil de passionibus suis commemorans, sed totum de animæ suæ liberatione locutura. *Audiamus quanta fecit animæ* ipsius, ut et nos discamus expetere, quod Matri nostræ cognoverimus Dominum contulisse.

Vers. 18. *Ad ipsum ore meo clamavi, et exaltavi sub lingua mea.* His duabus rebus diligenter impletis perfectus efficitur Christianus. Primum, ut ad Dominum *clamet ore* suo, id est recta conscientia, non voluntate perversa. Sic enim de his dicimus qui aliqua ratione falluntur : Mentem suam non habet; sunt aliena quæ loquitur. Ergo *ore* suo *clamat*, qui Domino pure supplicat : quia illud non nostrum, sed omnino diabolicum est quod cognoscitur esse perversum. Secundum sequitur, *et exaltavi sub lingua mea*. *Sub lingua* dicit, in conscientia : quia cor nostrum *sub lingua* nostra est, ubi tacita cogitatione laudamus, et *exaltare* nobis illum videmur, qui semper probatur Altissimus. Et vide ordinem rerum. Primo dixit oris clamorem; deinde venit ad purissimum cordis affectum, unde et taciti solemus audiri.

Vers. 19. *Iniquitatem si conspexi in corde meo, non exaudiat Deus.* Quod dixerat : *Exaltavi sub lingua mea*, ipsum diligenter exponit. Nam qui Deum laudat in corde suo, non debet sensum varia imaginatione confundere, nec aliquam *iniquitatem conspicere*, sed totam illi mentem vigilantissime deputare, ut locum in eo diabolus nequeat invenire. Sic enim puritas orantis accipitur, si nullis cogitationum sordibus polluatur. Dicit enim : Si hoc feci, *non exaudiat Deus* : ostendens quoniam qui talia faciunt, inanibus visionibus illuduntur.

Vers. 20. *Propterea exaudivit me Deus, et intendit voci orationis meæ.* Quia non conspexerat iniquitatem in corde suo, propterea se dicit auditum. Ille enim clamor ascendit ad Dominum qui pollutionem rerum non habet humanarum. Intendentes enim ad ipsum, talem recipimus vicissitudinem, ut et ille nos miseratus *intendat*. Denique hoc sequitur, *et intendit voci orationis meæ*. Supplicemus ergo ut donet nobis orationem purissimam, quatenus fideliter exoratus, et ille nos plenissime de sacrario suæ pietatis exaudiat.

Vers. 21. *Benedictus Dominus, qui non amovit deprecationem meam et misericordiam suam a me.* Duo ista connexa sunt. Quando Deus *deprecationem non amovet*, misericordiam suam sine dubitatione concedit. Nam cum oratio nostra suspenditur, et illius misericordia protelatur. Consideremus etiam quartæ partis initium, qua fuerit veritate conceptum. Dixit enim : *Venite et audite quanta fecit animæ meæ*. Secutus est in fine veracissimæ promissionis effectus : quia nec *deprecationem* ejus amovisse cognoscitur, nec *misericordiam* suam suspendisse monstratur.

Conclusio psalmi.

Pedisequa quidem expositione psalmus iste decursus est, sed modo nobis est ejus adunanda contextio, ut virtus hujus cantici evidenter possit agnosci. Primum salutariter gentes allocuta est sancta mater Ecclesia, ut generaliter in Domini laudibus occupentur, quatenus supernum desiderium mundi nobis tollat affectum. Deinde invitat eas, ut discant miracula Veteris Testamenti ad præfigurationem illis potius visa fuisse concedi; quatenus ad spem maximam sequens populus concitetur, quando quæ veteri populo sunt præstita, futuræ regenerationis beneficia nuntiabant. Docuit nos etiam quoniam de diversis cladibus quas hic populus sustinet Christianus, Domini miseratione liberetur, et ad illam felicem patriam, ipso largiente, perveniat. Promissio singularis, sponsio desiderabilis, et hic, ipso protegente, custodiri, et ibi, eodem largiente, in æterno præmio collocari. Hoc si fixo animo semper intendimus, nunquam mundi istius pericula formidamus; sed cum lætitia summa cantabimus, quod in hujus psalmi fine conscriptum est : *Benedictus Dominus, qui non amovit deprecationem meam et misericordiam suam a me.*

EXPOSITIO IN PSALMUM LXVI.

In finem, in hymnis, psalmus cantici David.

Hymnus et canticum hæc duo nomina, nisi subtiliter inspiciantur, unum videntur propemodum indicare mysterium : quia utraque laudem Domini significare monstrantur. *Hymnum* diximus carmen esse metri alicujus lege compositum; sicut omnes psalmos in Hebræa lingua constat esse formatos. Hi quoties soli ponuntur in titulis, significantur organis et tympanis fuisse prolati. Sed iste *hymnus* quem nunc propheta canit, ideo præmisit *in finem*, quia tota oratio ad Dominum Christum sine dubitatione dirigitur. *Psalmus* vero *cantici* est qui sola humanæ vocis modulatione canebatur. Sed nunc per hæc nomina utrumque deprehenditur potuisse conjungi, ut et instrumentis musicis et humana voce caneretur; et ideo omnis cantus et *hymnus* est, non omnis *hymnus* et cantus est. Nam hoc nobis distinctionis hujus præbet indicium, quia psalmi qui canticum non habent, poterant per sola musica instrumenta cantari.

Divisio psalmi.

Post sexagesimi quinti psalmi canticum Resurrectionis, mirabili ordine deprecationem suam propheta subjunxit, ut benedicti ad divinam cognitionem deduci mereamur, ad quam nostra non possint merita pervenire. Prima ergo parte fidelibus loquens supplicat ut benedici cum ipsis mereatur a Domino; quatenus illuminati corde, in cunctis gentibus Christum Dominum prædicandum esse cognoscant. Deinde conversus ad Dominum, prophetiæ spiritu confitendum illi dicit a populis, quia gentes judicat in æquitate. Tertio eumdem versum repetit, quem superius dixit, hoc mysterium adjiciens, quia fructum suum terra jam protulit; et ideo frequentato verbo postulat nos debere benedici.

Expositio psalmi.

Vers. 1. *Deus misereatur nostri, et benedicat nos; illuminet vultum suum super nos, et misereatur nobis.* Supplicationem suam **218** propheta dirigens ad necessarii nominis cucurrit auxilium. Bene enim prius *misereri* petiit, qui de meritorum suorum opere non præsumpsit. Prius enim fuit, ut *misereretur* errantibus, et postea benedictionis suæ dona præstaret. Nam benedictio Domini nos semper augmentat: sive cum illum *benedicimus*, nos absolute proficimus; sive cum nos ille *benedixerit*, animæ nostræ profutura concedit. Sed quæramus quam benedictionem postulat, quia multæ sunt quæ, largiente Domino, conceduntur. *Benedixit* Adam ante peccatum dicens ei: *Crescite et multiplicamini, et replete terram, et dominamini ejus* (Gen. I, 28). *Benedixit* Abraham cum dixit: *Benedicens benedicam te, et multiplicans multiplicabo semen tuum sicut stellas cœli et sicut arenam quæ est ad oram maris* (Gen. XXII, 17). *Benedixit* etiam terras in varios fructus, ut indigentiam nostræ fragilitatis excluderet. Sed hic illam benedictionem petiit, quam subter exponit, ut tenebras nostræ mentis excludens, claritate nos Domini Salvatoris *illuminet*. Sequitur quippe, *illuminet vultum suum super nos*. Hæc erat petitio benedictionis, ut *illuminaret vultum suum super eos*: quia eum videre non poterant, qui in suis viribus luminis beneficia non habebant. Illum enim humanus videre non potest sensus, nisi qui splendoris ipsius fuerit claritate perfusus. Repetit, *et misereatur nobis*. Necessaria iteratio, quoniam et a misericordia Domini proficere incipimus, et in bona spe, ipso largiente, servamur. Quæ figura dicitur epembasis, id est, repetitio crebra sermonis.

Vers. 2. *Ut cognoscamus in terra viam tuam, in omnibus gentibus salutare tuum.* Evidenter expressit quod superius dixit, *benedicat nos*; et, *illuminet vultum suum super nos.* Ad hoc enim ista proficiunt, *ut* in hoc mundo *cognoscamus viam* illam veritatis, id est Dominum Salvatorem, qui nos ducit ad vitam: in qua nemo errare poterit, nisi qui ab ejus regulis deviare præsumit. Et ne nos probare hoc exemplis aliis egeremus, quis esset *via*, consequenter exposuit, *in omnibus gentibus salutare tuum*; ut nec unius loci *via* ista crederetur, et quale esset beneficium mundi, testimonio nominis sui potuisset agnosci. Quod nomen ipsi Christo Domino evidenter aptatum est, quando beatus ille Simeon eum in manibus accipiens dixit: *Nunc dimitte servum tuum in pace, quia viderunt oculi mei salutare tuum, quod parasti ante faciem omnium populorum* (Luc. II, 29), etc. Considera etiam quod in primo versu loquitur ad populum fidelem, et subito convertitur ad Dominum Christum, non injuria, quoniam hoc est membris loqui quod capiti. Hæc figura dicitur prosphonesis, id est exclamatio, quoties inter alia quæ loquimur, ad Dominum subito verba convertimus.

Vers. 3. *Confiteantur tibi populi, Deus; confiteantur tibi populi omnes.* Postquam fidem provenire populis exoravit propheta, venit ad secundam partem dicens ad Dominum: *Confiteantur tibi populi, Deus. Confiteantur* verbum æquivocum est; nam et laudes, et peccatorum deplorationes noscitur indicare confessio. Sed hic utrumque debet intelligi, ut et peccata sua *confiteantur populi*, et gloriam Domini prædicare non desinant. Denique verbum ipsum in uno versu noscitur esse geminatum, ut a fideli populo [ms. A., F., ad fidelem populum] totum cognosceres esse faciendum. Nam quod addidit, *omnes*, Donatistarum pravitates elisit, qui putant Ecclesiam Domini in orbe terrarum non esse diffusam.

Vers. 4. *Lætentur et exsultent gentes: quoniam judicas populos in æquitate, et gentes in terra dirigis.* Quærendum nobis est quare moneat gentes *lætari et exsultare*, cum judicium Dominum dicat esse facturum? Metuere enim potest rea conscientia, cum audit veracem Dominum judicaturum. Sed de illis dicit qui jam confessi peccata, formidare nequeunt ventura judicia. Illis enim non judex, sed advocatus est Christus, qui se propria confessione damnaverunt. Quapropter *exsultent gentes* et gaudeant, quæ faciem ejus in confessione prævenire meruerunt. Sequitur causa lætitiæ: quia misericordi judici probantur esse confessi, qui novit humilium corda sanare, et superborum colla concidere. Nam ut illam confessionem quam diximus, debuisses advertere, dicit, *et gentes in terra dirigis*, utique in hoc mundo, ubi eas facis delicta propria confiteri, ut diabolico nequeant errore subverti.

Vers. 5. *Confiteantur tibi populi, Deus; confiteantur tibi populi omnes.* Venit ad tertiam narrationem, in qua versum quidem secundæ partis repetit, sed omnino rem aliam subter adjecit. In superiori enim versu posuit: *Lætentur et exsultent gentes*; nunc autem dicit: *Terra dedit fructum suum*; ut etsi unum initium sonet, non tamen sensus ipse propter sequentia ad causas similes tendere videatur. Istos vero *populos* quos frequenter repetit, quidam eos duodecim tribus intelligere voluerunt, quæ in illo judicio remunerationis gratiam consequentur.

Vers. 6. *Terra dedit fructum suum: benedicat nos Deus, Deus noster. Terra dedit fructum suum*, scilicet confessiones populorum, quod superius provenire necessaria repetitione memoravit. Revera *suum*, quem pia Domini largitate percepit, non quem diabolo seminante generavit. *Dedit* etiam *terra fructum suum*, quando Dominum Salvatorem diversarum gentium turba suscepit. Illa enim quæ erat peccato Adæ spinis [ms. G., peccatorum spinis] et tribulis plena, vitalem fructum intulit, cum Domini jussionibus obedivit. Tunc enim apostolorum fides in varias linguas sancto Spiritu replente prorupit; tunc virtutes inæstimabiles mundus agnovit; tunc revera fructum suum terra protulit, quando spinas diaboli tribulosque deseruit. Et quia fructus provenire potuit, juste benedictio postulatur; dicit enim: *Benedicat nos*

Deus, Deus noster. Dixerat semel *Deus*; sed ne gentilium Dominus putaretur, quia ipsi Deum se dicunt colere, quamvis vanis erroribus implicentur, addidit tamen, *Deus noster*; ut revera ipse solus colendus *Deus* credatur, quem sancta catholica colit et confitetur Ecclesia, hoc est, **Patrem**, et Filium, et Spiritum sanctum.

Vers. 7. *Benedicat nos Deus, et metuant eum omnes fines terrae.* Geminat, *Benedicat nos*, quod saepe repetendum est, et sine fine constat optandum : quia semper necessarium, semper probatur esse proficuum. Quae figura dicitur tautologia, id est ejusdem sermonis iteratio. Intueamur etiam quemadmodum timor Dei inter **219** magna munera postuletur, quando post benedictionem petitam metus ejus concedi *terrae finibus* exoratur. Est enim inter prima Dei munera, quoniam qui illum timere norunt, et amare non desinunt. Sic enim et Salomon dicit : *Initium sapientiae timor Domini* (*Eccli.* I, 16), et in alio psalmo : *Timeat Dominum omnis terra* (*Psal.* XXXII, 8). Sed timor iste non ex humana trepidatione contingit, sed divina inspiratione praestatur. Hunc ergo timorem *terrae finibus* propheta miseratus optavit, ut et credere inciperent, et credita cauta sollicitudine custodirent.

Conclusio psalmi.

Quam latissimos fidei campos sub brevitate suavissima psalmus iste complexus est! Supplicavit enim Domino Christo, ut adventu suo benedicere nos larga pietate dignetur : quatenus salus mundi exspectata gentibus innotescat, et fructum misericordiae ipsius de plenissima religione percipiant. Sit ergo nobis et brevitate dulcissimus, et prophetiae suae dignitate praeclarus, quando illud ante tot saecula praedixit, quod jam salutariter mundus agnovit. Praesta, Rex aeterne, ut sicut te in humilitate carnis venisse cognovimus, ita et in deitatis potentia concessum nobis clementem judicem sentiamus.

EXPOSITIO IN PSALMUM LXVII.
In finem, psalmus cantici David.

Vim nominis istius hinc debemus advertere, quia dum *finis* dicatur, in initio semper apponitur ; significat enim rerum caput et aeternale principium, sicut ipse in Evangelio dicit : *Ego sum principium, propter quod et loquor vobis* (*Joan.* VIII, 26). Sequitur *psalmus cantici*, qui humana tantum solet, ut dictum est, voce cantari. *David* autem ipsum Dominum designat, quem et *finis* ille pronuntiat. Longus psalmus, et ad fastidium relevandum quinque diapsalmatibus praenotatus, per quae nos divisiones competenter impressimus. Nam licet has in aliis psalmis, quantum aspirat Dominus, humana perscrutetur industria, istae tamen incisiones absolute sequendae sunt, quas per diapsalmata divina fecit auctoritas. Sciendum est autem toto psalmo per mysticas similitudines psalmigraphum loqui, qui sacramentis evangelicis omnino repletus est, et ascensionis Christi descriptione devota monstratur esse praecipuus.

Divisio psalmi.

Providentiae spiritu propheta completus, quae inimicis Domini accidant, vel quae fidelibus in futura judicatione contingant, per optativum modum primo ingressu psalmi hujus convenienter edicit, ut et perfidos de poena terreat, et famulos Domini promissa remunerationis laetificet. Secundo ingressu virtutes significat quas contulit populo Judaeorum; ac deinde dicit quemadmodum ex his perfecit Ecclesiam. Tertio per montis speciem significat Dominum Salvatorem, asserens quae beneficia praestiterit Ecclesiae, quando eam resurrectionis suae munere sublevavit. Quarto inimicorum Domini superbiam conquassandam esse pronuntiat, et conversiones et martyria ab utroque sexu etiam ex pessimis dicit esse facienda, cum adventus Domini mundo salutaris illuxerit. Quinto dicit in ecclesiis Dominum debere benedici, ubi apostoli, et Christus ipse praedicavit : supplicans ut dona quae dedit fidelibus suis, conservare dignetur. Monet etiam ut velociter ad Dominum veniant qui in hoc mundo tanquam in Aegypto et Aethiopia commorantur. Sexto ingressu universitatem monet ut psallat Domino Christo, qui jam resurrectionis suae miracula patefecit; ac deinde psalmum dominica laude conclusit.

Expositio psalmi.

Vers. 1. *Exsurgat Deus, et dissipentur inimici ejus; et fugiant a facie ejus qui oderunt eum.* Confidenter propheta videtur optare quod novit esse venturum. Petit enim resurrectionem Christi, in qua *dissiparentur* adversi, scilicet Judaei, qui resurrectionis ejus videndo potentiam, sceleris sui facinora formidabant. Ultio quippe eorum uno verbo descripta est. Non enim in unam gentem populus ipse collectus est, sed per orbem terrarum effusa charitate dispersus est. Sequitur inaestimabilis poena maledicti: ut *ab ejus facie fugiant* cujus ubique constat esse praesentiam. Quale est enim semper fugere, et infensi judicis praesentiam non vitare? Addidit, *qui oderunt eum*, ut eos significaret qui in sua pertinacia constiterunt. Odium enim illis rebus debemus quibus nos acquiescere nullatenus posse profitemur.

Vers. 2. *Sicut deficit fumus deficiant.*

Vers. 3. *Sicut fluit cera a facie ignis, sic pereant peccatores a facie Dei.* In istis duobus versibus sub comparatione gemina peccatorum poena praedicitur. Fumus est enim ex flamma ista corruptibili surgens tenebrosa conglobatio, quae, quantum plus extollitur, tantum per inane tenuatur. Huic peccatores merito comparantur, quoniam ex flamma nequitiae suae producunt fumiferas actiones, quae licet ad altiora, superbia faciente, consurgant, necesse est ut sua magis, velut fumus, elatione deficiant. Sequitur eorum alia comparatio. *Cera* est ex favis collecta tenera mollisque substantia, quae sic ignis calore resolvitur, ut ejus corpulentia penitus absumatur. Hujus similitudo delinquentibus competenter aptatur, quoniam in judicio Dei *a facie ipsius sic dispereunt peccatores*, quemadmodum ceræ deliquatitudo proximo igne consumitur. Et intuere quod hic peccatores in substantia sua non dicit posse consumi, qui perpetuo igne torquendi sunt; sed dicit eos *a facie Dei esse perituros*, quia nunquam ad gratiam ipsius beneficiaque venturi sunt, sicut quidam errantium dicere tentaverunt. Et nota quod in his versibus figura est parabole, id est rerum dissimilium comparatio; peccatoribus enim fumus et cera comparata noscuntur.

Vers. 4. *Et justi epulentur, et exsultent in conspectu Dei; delectentur in lætitia.* Sicut superius dicta est pœna peccatorum, ita nunc justorum remuneratio ventura narratur. Epulas dicimus exquisitas et abundantes copias ciborum, quibus et corpus reficitur, et plerumque desiderium edacitatis augetur. His comparantur pabula fidelium, sagina justorum, qui saturati adhuc desiderant, et de cœlestibus deliciis inexplebiliter farciuntur. Sed ubi reperiantur istæ deliciæ, subsequenter adjungitur; scilicet in *conspectu Dei*, ubi semper est desiderabilis et vera lætitia. Quale est enim exsultare sub conspectu tanti judicis, ut illum quem hic juste metuimus, ipsius munere liberati sub ejus præsentia gaudeamus? Adjecit, *delectentur in lætitia*, ut hoc ipsum illos possit *delectare*, quod læti sunt: quia dum lætitiam suam nullo norunt fine claudendam, suavius in ea *delectantur*, quam se amissuros esse non sentiunt. Sic beatitudinis illius ventura felicitas sublucentibus quibusdam modulis indicatur.

Vers. 5. *Cantate Deo, psalmum dicite nomini ejus; iter facite ei, qui ascendit super occasum; Dominus nomen est ei; exsultate in conspectu ejus.* Postquam pessimorum pœnas justorumque præmia ventura narravit, hortatur populos propheta ut in his quæ audierant fideli mente præsumentes, laudes Deo hymnidica exsultatione concelebrent. *Cantat* enim *Deo* qui contemplationem ejus puro ac fideli semper animo contuetur. *Psalmum dicit nomini ejus*, qui opera efficit, quæ ille præcepit. Sequitur, *iter facite ei*, id est corda vestra purificata præparate, quæ dignetur sanctus Dominus introire; sive prædicationibus beatis cunctos imbuite, sicut Isaias propheta dicit: *Parate vias Domini, rectas facite semitas ejus* (*Isai*. XL, 3). Sed cui fiat istud *iter* edicitur, *qui ascendit super occasum. Ascendit* utique Dominus Christus *super occasum* a mortuis resurgendo, ut captivam duceret nostram captivitatem, et mors relinqueret liberos, quos peccatis alligantibus tenebat obnoxios. Necesse enim fuit ut *occasus* tenebrosus cederet, super quem Sol justitiæ probabatur exortus. Et ne quis ambigeret, *quis ascendit super occasum*, dicit: *Dominus nomen est ei*, ut nemo dubitaret Deum esse *Dominum* Salvatorem, quem nefandi Judæi velut communem hominem trucidandum esse putaverunt. Sequitur, *exsultate in conspectu ejus*; non in præsentia hominum, ubi est caduca lætitia, sed *in conspectu ejus*, ubi jugiter se puritas mentis oblectat; et quaslibet hic ærumnas patiatur, consideratione futuri præmii semper erigitur.

Vers. 6. *Turbabuntur a facie ejus Patris orphanorum et Judicis viduarum: Deus in loco sancto suo.* Postquam dixit in conspectu Domini beatis esse gaudendum, nunc *a facie ipsius* prædones atque impios asserit esse pellendos, qui orphanos ac viduas sæva cupiditate dilacerant. *Turbati* enim et nimium formidantes *a facie Dei* tales expelluntur, quando audierint: *Ite in ignem æternum, qui paratus est diabolo et angelis ejus* (*Matth*. XXV, 41). Sed qui sit iste a cujus facie pelluntur, exponit, id est, *Patris orphanorum et Judicis viduarum*. De quo et alibi legitur: *Pupillo et viduæ tu eris adjutor* (*Psal*. IX, 14). Quid ergo deprædator eorum pati poterit, quem judicis sui susceptos impia laceratione contrivit? *Patris* autem *et Judicis* genitivos posuit casus, ut quid sit Deus, his complexionibus possit ostendi. Addidit quoque, *Deus in loco sancto suo*, subaudiendum est, qui immutabilem servat firmamque sententiam; sicut de ipso a Patre Augustino dictum est: *Mutas tempora, nec mutas consilia* (*Lib*. I *Conf*., cap. 4).

Vers. 7. *Deus, qui habitare facit unanimes in domo; qui educit vinctos in fortitudine.* In hoc versu et duobus aliis qui sequuntur per duodecimam speciem definitionis quæ Græce κατ' ἔπαινον, Latine per laudem dicitur, declaratur quis sit Deus, id est, *Qui habitare facit unanimes in domo*; sicut legitur in Actibus apostolorum: *Multitudinis autem credentium erat cor unum et anima una* (*Act*. IV, 32). Sive quia prophetæ et evangelistæ in domo Domini unum sentientes, verbum veritatis consentanea prædicatione locuti sunt. Et alibi ipse dicturus est: *Quam bonum et quam jucundum habitare fratres in unum* (*Psal*. CXXXII, 1)! *In domo* enim illius ipsi *habitant* qui se mutua charitate consociant. *In domo* vero Ecclesiam significat. Sequitur, *qui educit vinctos in fortitudine*. Hic humanum genus significat, quod vinctum lege peccati fortitudinis suæ robore liberavit. Alligato enim diabolo, *eduxit vinctos* quos tenebat ille captivos. Bene autem dictum est, *eduxit*, quia eos ab inferno liberans, ad gaudia regni cœlestis elevavit.

Vers. 8. *Similiter eos qui in iram provocant, qui habitant in sepulcris.* Enumerat adhuc quos educit vinctos in fortitudine sua. *In iram* enim *provocant* Dominum, blasphemi et pessima se conversatione tractantes. Ipsi sunt quippe *qui vivi habitant in sepulcris*, id est qui in fetida et carnali actione sepulti sunt: de quibus et in alio loco dictum est: *Sepulcrum patens est guttur eorum* (*Psal*. V, 11). Nam licet mortuos visualiter suscitaverit, humanum tamen genus de sepulcris eripuit, quando eis per veram fidem vitæ gaudia votiva restituit.

Vers. 9. *Deus, cum egredereris coram populo tuo; dum transgredereris in deserto.* Jungendum est huic versui, cognosceris. Adhuc enim in operationis ejus laudibus perseverat. *Egressus est* quidem *Deus coram populo* Israelitico, dum in columna ignis apparuit, dum in deserto eos mannæ largitate satiavit. Sed hoc melius ad populum respicit Christianum. *Egreditur* enim *coram populo*, quando educit vinctos in fortitudine sua; quando resuscitantur *qui in sepulcris habitant*. Ipsum enim contuetur fidelis, quando in operibus magnis ejus pietatem potentiamque cognoscit. *Transgressus est* etiam *in deserto*, quando ad gentes venit, ad quas propheta nullus accessit; quae velut **eremus** desolata a verbo Domini reddebantur alienae.

Vers. 10. *Terra mota est; etenim coeli distillaverunt a facie Dei, mons Sina a facie Dei Israel*. Interjecto diapsalmate, venit ad secundum ingressum, ubi enumerat quae Israelitico populo virtus divina concessit. *Terra mota est*, id est terreni homines videndo tam magna miracula crediderunt. *Coeli distillaverunt a facie Dei*, quando in vicem stillicidiorum manna descendit *a facie Dei*, quia per columnam ignis ac nubis praesentia ipsius noscebatur. *Mons quoque Sina a facie Dei* fumavit, quando ibi Moyses in duabus tabulis legem beatus accepit. Nam et in Exodo ita scriptum est : *Totus autem mons Sina fumabat, eo quod Dominus descendisset super eum* (*Exod.* xix, 18).

Vers. 11. *Pluviam voluntariam segregans Deus haereditati tuae; etenim infirmata est : tu vero perfecisti eam*. Exponit illud quod superius dixit : *Coeli distillaverunt*. Ipsa est enim *pluvia voluntaria* quam tunc comedendi avida gens Judaea promeruit. **221** Nam ut voluntati ejus satisfieret, inexpertum miraculum mundus accepit. *Pluvia* siquidem illa *voluntaria* fuit, non ista quae generaliter ubique diffunditur. Denique sic sequitur : *Segregans Deus haereditati tuae*, quia non hoc Dominus aliis gentibus dedit, quod tunc Hebraeo populo miseratus indulsit. *Haereditas* enim ipsius fuit populus Hebraeorum, sicut legitur : *Et facta est portio Domini populus ejus, Jacob funiculus haereditatis ejus* (*Deut.* xxxii, 9). Haec si ad tempus *infirmata est*, Domino Salvatori minime credendo, *perfecit haereditatem* suam, quando gentes reliquas in supplementum credulitatis admittit.

Vers. 12. *Animalia tua inhabitabunt in ea : parasti in dulcedine tua pauperi, Deus*. Quia superius dixerat de haereditate Domini, *tu vero perfecisti eam*, nunc adjicit unde eam perficeret. *Animalia* fuerunt gentes vera religione vacuatae ; sed cum ad Dominum venerunt, *factae sunt ejus*, quae jam nihil indigeant, sed rationaliter ac pleno lumine complectantur. Haec *habitabunt* in Ecclesia, cum verae religionis cultum, ipso miserante, perceperint. Iterumque quae sint ista *animalia* consequenter exponitur ; dicit enim : *Parasti in dulcedine tua pauperi, Deus*. *Parasti* significat praedestinatos, qui ab origine mundi, ipso miserante, praeparati sunt. *In dulcedine tua*, non saeculi hujus ubi amara patiuntur, sed in illa suavitate in qua *pauperes Dei* reges ditissimos antecellunt.

Vers. 13. *Dominus dabit verbum evangelizantibus virtutes multas* [ms. A., *virtute multa*]. Versus istius ordo talis est : Dominus dabit virtutes multas evangelizantibus verbum. *Dedit* enim *virtutes multas* apostolis, qui verbum ejus veneranda confessione praedicabant, quando eis languentium turbas sanare concessum est. Nam ipsum quoque Evangelium *multarum* constat esse *virtutum*. Quid enim fortius quam animas salvare, quae errorum suorum vitiis poterant interire ? sicut Jacobus apostolus dicit : *Scire debet quis, quia qui converti fecerit peccatorem ab errore viae suae, salvat animam ejus, et operit multitudinem delictorum* (*Jac.* v, 20).

Vers. 14. *Rex virtutum dilecti, et species domus dividere spolia*. Versus iste sollicitius inquiratur, est enim verborum subtilitate perplexus. Hic enim, *dilectum, Filium* Patris debemus accipere, sicut ipse in Evangelio dicit : *Hic est Filius meus dilectus, in quo mihi bene complacui* (*Matth.* iii, 17). Quod schema dicitur antonomasia, id est vice nominis posita, quando sic aliud nomen ponitur, ut tamen illud quod necessarium fuerit sentiatur. *Dilecti* ergo Pater, Rex angelorum et potestatum est, qui virtutibus imperat ; quod et de Filio convenienter accipitur, de quo alius psalmus dicit : *Dominus virtutum ipse est Rex gloriae* (*Psal.* xxiii, 10) ; quod tamen sanctae Trinitati certum est convenire. Hic tamen Patrem vult intelligi, quia *dilecti* posuit, id est Christi. Sequitur, *et species domus dividere spolia*. Pulchritudo domus divinae cognoscitur, quando spolia diaboli, id est homines scelerati in Domini Ecclesiam transferuntur. *Spolia* siquidem diaboli sunt populi quos Dominus alligato forte liberavit, sicut in Evangelio ipse dicit : *Nemo intrat in domum fortis et vasa ejus diripit, nisi prius alligaverit fortem, et tunc domum illius diripiet* (*Marc.* iii, 27). His enim spoliis domum suae potestatis ornavit, Ecclesiam sanctam gaudere fecit, quoniam ferocis inimici vota frustravit.

Vers. 15. *Si dormiatis inter medios cleros, pennae columbae deargentatae, et posteriora dorsi ejus in specie auri*. Subaudiendum, suscipient vos. Hic *dormire*, non stuporem somni significat, aut oblivionem rerum quam pati consuevimus dormientes ; sed *dormientes* dicit, in praeceptis Domini quiescentes, et in idipsum requiem habentes. *Cleros* enim auctoritate Patrum duo Testamenta debemus accipere, inter quae monet continere atque quiescere Christianos. Sensus ergo talis est. Commonet fideles : si dormiatis inter duo Testamenta, hoc est, si animam vestram in Scripturis divinis ultima dormitione reponatis. Dormitionem vero pro morte poni Dominus in Evangelio testatur dicens : *Lazarus amicus noster dormit ; sed eamus ut a somno suscitemus eum* (*Joan.* xi, 11). Sequitur, *pennae columbae deargentatae*. Per haec commata (sicut superius diximus) subaudiendum, suscipient vos. *Pennae* significant celeritatem, quae nos in illam patriam ducunt, si hic in lege Domini quiescere mereamur. *Columbae deargentatae* Ecclesiam significant, quae merito *columba deargentata* dicitur, quia innocentiam habet *columbae*, et divinis eloquiis argenteo colore resplendet ; de qua scriptum est : *Una est columba mea, una est dilecta mea* (*Cant.* vi, 8). Hujus *columbae posteriora*, id est ultima, *in specie auri* clarificata resplendent, quia postquam de hoc mundo discesserit, supra aurum ejus gratia relucebit. Et respice quod in hoc mundo argento comparata est: in illa vero resurrectione auri eam specie illud ornandam, sicut in quadragesimo quarto psalmo dicit jam dictum est: *Astitit regina a dextris tuis in vestitu deaurato, circumamicta varietate* (*Psal.* XLIV, 10).

Vers. 16. *Dum discernit cœlestis reges super terram, nive dealbabuntur in Selmon.* Post diapsalmatis silentium, venit ad psalmi tertium membrum, ubi enumerat dona quæ contulerit Ecclesiæ resurrectionis gloria contributa Dominus. *Cœlestis reges* sunt apostoli sanctique pontifices, vel cæteri fideles, qui probabiliter regere corpora sua divino munere meruerunt. Rex ergo a regendo vocatus est. Et merito hoc illis nomen impositum est, qui cupiditates sæculi refrenare divina virtute potuerunt, sicut Apostolus quosdam increpans dicit: *Sine nobis regnatis, et utinam regnaretis; ut et nos vobiscum conregnaremus* (*I Cor.* IV, 8). Hos ergo *reges* dum *super eam* columbam quam superius dixit, *discernit* concorditer Dominus atque distribuit, *super nivem dealbabuntur in Selmon,* id est supra candorem nivis elucescunt, qui Ecclesiam regere fideliter atque ordinare noscuntur. Quod autem dictum est *in Selmon*, nomen hujus montis umbra interpretatur, quæ hic congrue divina virtus intelligitur. Ipsa enim ab æstu vitiorum nos defendit ac reficit: ipsa nobis cœlestia dona concedit, sicut sanctæ Mariæ angelus annuntiavit: *Spiritus sanctus superveniet in te, et virtus Altissimi obumbrabit tibi* (*Luc.* I, 35); et alibi: *Sub umbra alarum tuarum protege me* (*Psal.* XVI, 9). Hæc est umbra quæ in bono ponitur. Denique laudem montis sequenti versu dicturus est. *Dealbabuntur* autem ponitur et in malo; sicut in Actibus apostolorum legitur: *Percutiet te Dominus, paries dealbate* (*Act.* XXIII, 3); hoc et Evangelium quoque testatur: *Similes estis monumentis dealbatis, quæ plena sunt ossibus mortuorum* (*Matth.* XXIII, 27).

Vers. 17. *Montem Dei montem uberem; mons coagulatus,* **222** *mons pinguis.* Per quintam speciem definitionis, quæ Græce κατὰ τὴν λέξιν, Latine ad verbum dicitur, exponit propheta quis sit *mons* ille *Selmon,* quem superius dixit; ac si diceret: *Montem* dico, id est ipsum Dominum Salvatorem, de quo Isaias propheta cecinit: *Erit in novissimis diebus præparatus mons domus Domini in vertice montium, et elevabitur super colles, et ibunt ad eum omnes gentes* (*Isai.* II, 2). Addidit, *montem uberem,* ex quo perpetua et suavia fluenta descendunt, qui aquas habet irriguas, et cœlesti suavitate conditas. Subjungit, *mons coagulatus,* scilicet propter parvulos enutriendos, qui non esca corpulenta, sed coagulato lacte potandi sunt. Addidit etiam, *mons pinguis,* quia fertilitate sua semper uberrimus est. O mons breviter quidem laudatus, sed cœlestium rerum qualitate copiosus: ex quo aquæ vivæ decurrunt, lac in parvulorum salutem præparatur, pinguedo spiritualis agnoscitur, et quidquid summe bonum creditur, in montis istius est gratia constitutum!

Vers. 18. *Utquid suscepisti* [ed., *suscepisti nos*] *montes uberes? mons in quo beneplacitum est Deo habitare in eo.* Dixit superius *montem* debere intelligi Dominum Salvatorem; sed nunc reprehendit propheta, ne quis debeat *montes* istos intelligere, qui apostolorum eminentiæ comparantur, quamvis et ipsos per Dei gratiam *uberes* esse noscamus. Addidit enim, *mons in quo beneplacitum est Deo habitare in eo.* Sed quem montem deberemus advertere, evidenter designat. Christus est enim solus mons qui Patri complacuit, ut in eodem habitaret; sicut ipse testatur: *Hic est Filius meus dilectus, in quo mihi bene complacui* (*Matth.* III, 17). Nam quod dicit: *Habitare in eo*, et Patri, et Filio utrumque commune est; sicut ipse in Evangelio dicit: *Ego in Patre, et Pater in me est* (*Joan.* XIV, 10). Cum ergo dicit, *in quo beneplacitum est Deo habitare in eo, in quo,* et *in eo,* quia communi linguæ non convenit, proprium hoc Scripturæ divinæ esse dicamus; sicut et in sexagesimo quinto psalmo dixit: *Ibi, in idipsum* (*Psal.* LXV, 6).

Vers. 19. *Etenim Dominus habitabit usque in finem.* Post illos montes quos dixerat non debere intelligi, qui apostolorum eminentiæ comparantur (quia de Domino Salvatore loquebatur, qui est mons montium, et sanctus sanctorum, et Rex regum, et Dominus dominantium), redit ad salutis Auctorem dicens, montibus illis, id est apostolis *inhabitare Dominum Christum usque in finem;* scilicet usque ad majestatis suæ perfectissimum terminum, qui est finis sine fine, et bonorum omnium perfecta plenitudo.

Vers. 20. *Currus Dei decem millium multiplex, millia lætantium: Dominus in illis in Sina in sancto.* Consuetudo est Scripturæ divinæ allegorice loqui, ut cum aliud dicat, aliud velit intelligi; quod in hoc psalmo positum frequenter invenies. Unde hic *currus* significatur hominum juncta copulatio, quia ita sanctos charitas vincit, sicut loris et jugis animalia sociantur. Unde et Dominus ait: *Jugum meum suave est, et onus meum leve est* (*Matth.* XI, 30). Sanctorum ergo unanimitas *currus* est Domini, quem ille velut auriga insidet, et ad voluntatis suæ ministerium salutari lege moderatur. Sed ut istum *currum* ostenderet non equis deditum, sed humanis cogitationibus attributum, ait, *decem millium multiplex,* quod bene ad innumeros populos, non ad equos noscitur pertinere. Subjunxit, *millia lætantium,* quod utique de fidelibus debet intelligi. Et ut ostenderetur lætitiæ plenitudo, ait, *Dominus in illis,* qui magnæ exsultationis est cumulus, et bonorum omnium dulcedo mirabilis. Sequitur, *in Sina in sancto.* Sina mons est deserti in quo Moyses legem accepit, interpretaturque mandatum, ubi revera Dominus requiescit, quoniam in sanctis mandatis ejus solet præsentia contueri.

Vers. 21. *Ascendit in altum, captivam duxit capti-*

vitatem. Quam pulchre per ideam figuram triumphatoris actus describitur! Idea est enim species, cum rem futuram velut oculis offerentes motum animi concitamus. Ille enim crucifixus descendit ad inferos, et liberatos a captivitate perduxit ad coelos. Necesse enim fuit mortem perire, cujus regnum vita pervasit. Hæc sunt spolia illa quæ superius dixit, unde sancta ornatur Ecclesia, unde Domini regna [*ed.*, castra] complenda sunt. *Ascendit* ipse utique qui propter nos descendit eruendos [*ed.*, erudiendos]. *In altum*, videlicet supra coelos coelorum; et quod super omnes altitudines atque honores esse dignoscitur, sedet ad dexteram Patris. Quis jam fidelium de concessa libertate dubitet, cum sit exstinctus interitus, et captivata captivitas?

Vers. 22. *Dedit dona hominibus : etenim qui non credunt inhabitare, Dominus Deus.* Adhuc in illa triumphi similitudine perseverat, quando ad immensa gaudia concitanda festivitas inducitur, et dona præstantur. *Dona* enim Domini fuerunt super apostolos Spiritus sancti concessa magnalia; sive quod Doctor gentium dicit : *Unicuique autem nostrum data est gratia secundum mensuram donationis Christi* (Ephes. IV, 7). *Sequitur, etenim qui non credunt inhabitare, Dominus Deus.* Hic subaudiendum est, eos convertit, ut nobis possit verbis integris constare sententia. Nam *Qui non credunt inhabitare,* id est qui ad Domini negligunt penetralia pervenire, ut in domo ejus cum fidelibus habitare prævaleant, *Dominus Deus eos convertit,* qui fidem suam humano generi miseratus indulget. Ipsa enim est gratia quæ gratis datur, quia nos ipsius bona præveniunt, dum et ipsum quoque bonum velle conceditur.

Vers. 23. *Benedictus Dominus de die in diem : prosperum iter faciet nobis Deus salutaris noster.* Post triumphalem illam descriptionem, brevis quidem, sed magna dicitur laus. *Benedictus Dominus de die in diem,* id est cunctis diebus omnique tempore benedicendus est. *Qui ascendit in altum, captivam duxit captivitatem, dedit dona hominibus,* ipse etiam, *prosperum iter faciet nobis. Iter* quippe cursum vitæ significat qui jam prosper effectus est, quoniam Redemptorem suum mundus agnovit. Adjecit, *Deus salutaris noster,* ut nullus de *prospero* dubitaret *itinere,* cui dux *salutaris* est Dominus Christus. Dicant mihi quos spectacula humana delectant, quid tale in editionibus pomposis consulum videant? Huc animos, huc ora deflectant, illud salutariter corde respiciant : unde non ad fugitivam lætitiam, sed ad exsultationem destinentur æternam.

Vers. 24. *Deus noster, Deus salvos faciendi : et Domini exitus mortis.* Post diapsalmatis incisionem, ad quartum venit ingressum, ubi dicit quemadmodum morte sua nos salvos effecerit. Ait enim : *Deus noster, Deus salvos faciendi,* subaudiamus hic, habet potestatem *salvos faciendi* nos. Quapropter ipse nos *salvos fecit* qui est Deus [*ed.*, Dominus] noster Jesus Christus, qui pro nobis mori dignatus est, *qui ascendit in altum,* et fecit illa quæ dicta sunt. Denique sic sequitur, *et Domini exitus mortis. Exitus mortis* qui Domino fuit, ipse nos liberat, ipse a morte perpetua facit exire. Quo pulchre arbitror esse subjunctum, ne humana causaretur infirmitas, quare morior? quare deficio? Adhibita est querelis nostris magna curatio : *Domini exitus mortis. Exitus mortis* est Domini, hoc est resurrectio votiva fidelium. Revera *exitus* illi singularis ac mirabilis fuit, quia et ipse ab inferis egressus est, et nos inde suo munere præstitit exire.

Vers. 25. *Verumtamen Deus conquassabit capita inimicorum suorum : verticem capilli perambulantium in delictis suis.* Ne mala pertinacium inulta esse crederentur, dicit : *Verumtamen Deus conquassabit capita inimicorum suorum :* quatenus supra perfidos et pertinaces vindictam quoque prævenire cognosceres. *Capita inimicorum* sunt auctores Judaicæ quidem seditionis, sed et hæreticorum sine dubitatione doctores. Illi enim in carne Christum persecuti sunt; isti autem crudeliores in ipsam etiam (si dici fas est) Deitatem desæviunt. Sequitur, *verticem capilli perambulantium,* id est, qui tales sibi calumniarum minutias quærunt, ut ipsos *vertices capillorum perambulare* ac perscrutari posse videantur : significans versutias inanium quæstionum, quæ profutura deserunt, et non necessaria detestabili disputatione perquirunt. Et ut eorum studia inania comprobaret, addidit, *in delictis suis :* ubi cogitatio insipiens fuit, quæ peraduxit ad culpas; ut sunt Manichæi, Priscillianistæ, Donatistæ, Montani, et cæteri qui se cœnosi dogmatis fetoribus miscuerunt.

Vers. 26. *Dixit Dominus : Ex Basan convertam : convertam do profundis maris.* In hoc versu auctoritas nobis doctissimi Hieronymi absolute sequenda est, quia translatio ejus lucida cunctam nobis abrogat quæstionem. *Dixit Dominus.* Quæramus quid dixerit, quia nescio quam magna promissio est quam Dominus pollicetur. *Basan* interpretatur siccitas, quæ humanum genus possederat ariditate peccati; sed eam Dominus *convertit* ad viriditatem suam, dum illi fluvios salutis infudit, et germinare fecit vitæ fructum, quæ prius inferebat exitium. Adjecit, *convertam de profundis maris,* scilicet populos, quos de mundi istius profundo liberavit. *Mare* enim mundum istum debere suscipi, frequenti lectione jam notum est, qui et gustu amarus est, et vitiorum fluctibus inquietus.

Vers. 27. *Ut intinguatur pes tuus in sanguine : lingua canum tuorum ex inimicis ab ipso.* Illum populum quem superius convertendum dixerat ex profundis maris, nunc ad quid perducatur exponit; utique ut *pes ejus,* id est, actio boni propositi usque ad sanguinem gloriosi martyrii perveniret. Nam qui ante gradiebatur in voluptuoso mari, post ambulare fecit *in sanguine,* quod est durum iter carni, sed beata via est animæ, quam, ipso miserante, transimus, si in eo spem nostram cordaque reponimus. Addita est obscura quidem, sed nimis amplectenda sententia : *Lingua canum tuorum ex inimicis ab ipso. Canes* et in malo ponuntur, sicut Apostolus ait : *Vi-*

dete canes, videte malos operarios (*Philip.* III, 2) ; et in bono, sicut hic positum est : de quibus ait in Evangelio Chananæa : *Utique, Domine, nam et canes edunt de micis quæ cadunt de mensa dominorum suorum* (*Marc.* LVIII, 7) ; et in alio psalmo dictum est : *Convertentur ad vesperam, et famem patientur ut canes* (*Psal.* LVIII, 7). Isti enim *canes* pro Domino latrare non desinunt, domumque ejus cautissima sagacitate custodiunt. Hic ergo dicit : *Lingua canum tuorum ex inimicis ab ipso*, quia prius inimici fuerunt, qui postea clamosis latratibus Ecclesiam Domini vindicarunt. Sed hoc ipsum a quo fieri potuisset, adjecit, id est, *ab ipso*. Ab ipso utique Domino, qui amara mutat in dulcedinem, tristitiam vertit in gaudium, ægritudines detestabiles in salutem.

Vers. 28. *Visi sunt gressus tui, Deus : ingressus Dei mei Regis, qui est in sancto ipsius.* Totus hic versus incarnationem significat Domini Salvatoris. Dicit enim : *Visi sunt gressus tui, Deus*, sive per assumpti corporis formam, sive per vestigia prædicationis, quibus innocenter ille in hoc mundo sanctis gressibus ambulavit. Et ut Dominum Salvatorem evidenter ostenderet, adjecit, *ingressus Dei mei Regis*, quia ipse *Rex* in hoc mundo specialiter ingressus est, de quo scriptum est in titulo passionis : *Rex Judæorum* (*Marc.* xv, 26). Nam et corpus ipsius evidenter expressit dicens : *Qui est in sancto ipsius.* Sanctum enim fuit templum corporis Domini Christi; in eo enim erat plenitudo divinitatis, quam perfidi videre non poterant.

Vers. 29. *Prævenerunt principes conjuncti psallentibus in medio juvenum tympanistriarum.* Principes apostolos significat, qui et *principes* sunt credentium populorum, et *prævenerunt* omnes in sanctitate doctrinæ : et ideo duces effecti sunt, quia ipsos sunt populi postea subsecuti. Addidit, *conjuncti psallentibus* : ne crederes paucos fuisse, conjunctam quoque multitudinem psallentium convenienter adjunxit, qui jam laudes Domini non voce tantum, sed et bonis actibus personarent. Sequitur, *in medio juvenum tympanistriarum.* Ne sexum femineum crederes esse contemptum, *in medio* dicit istum actum *juvenum tympanistriarum*, id est juvencularum prima ætate florentium, quæ tympana sua, hoc est corporis tensionem ad Domini laudes gloriamque verterunt, macerantes se jejuniis, carnisque magis afflictione gaudentes; quod hodieque in multis virginibus divina virtus operatur. Alii vero *tympanistriarum*, ecclesiarum intelligi voluerunt, quarum atria velut quibusdam tympanis laudes Domini populorum jubilatione concelebrant : de quibus sequenti versu dicturus est.

Vers. 30. *In ecclesiis benedicite Deum Dominum, de fontibus Israel.* Interjecto diapsalmate, ad quintam psalmi translatus est sectionem, in qua dicit ubi Dominus debeat benedici. Ait enim fidelibus : *In ecclesiis benedicite Deum Dominum*, quia non per diversa conventicula paganorum, neque hæreticorum speluncas, sed *in Ecclesia* catholica *Dominus benedici debet*, ubi recta fides est, et vera confessio. Ibi enim jure laudatur, ubi non maledicitur. Nam quomodo ab illo laudem suscipiat, qui se impia superstitione commaculat ? Sequitur, *de fontibus Israel*, de doctrina scilicet Christiana, quam apostoli gentibus infuderunt. *Fons* enim religionis inde per cæteras nationes emanavit. Fons quippe a fovendo dictus est, quod corpora nostra labore fessa refoveat.

Vers. 31. *Ibi Benjamin adolescentior in pavore : principes Juda duces eorum : principes Zabulon, principes Nephthalim.* Hunc modum locutionis proprium Scripturarum divinarum esse diximus, quando Hebræa nomina ad aliquod mysteriuui significationis interserit. Dubium quippe non est omnes prophetas evangelicæ prædicationis beatum tempus optasse ; quod nunc Psalmigraphus vehementer affectans, per nomina tribuum, et Dominum Christum et ipsos indicasse probatur apostolos. *Ibi Benjamin adolescentior in pavore. Ibi*, scilicet in templo Jerusalem, ubi verba Domini Paulus audivit ; quod et textus Actuum apostolorum evidenter enarrat. Sive, ut quidam volunt, *ibi*, in Ecclesia, ubi dixit psallendum esse. *Benjamin* Paulum designat apostolum, qui fuit de tribu *Benjamin* ; ipse enim dicit : *Nam et ego Israelita sum ex semine Abraham, de tribu Benjamin* (*Philip.* III, 5). *Adolescentior in pavore*, quia scilicet ætate fuit adolescens, sicut in Actibus apostolorum in passione beati Stephani Lucas dicit : *Et falsi testes deposuerunt vestimenta sua secus pedes cujusdam adolescentis nomine Sauli* (*Act.* VII, 57). Qui quamvis esset adolescens ætate, *adolescentior* exstitit *in pavore*, quando ad vocem Domini corruit, qui ei miseratus intonuit : *Saule, Saule, quid me persequeris* (*Act.* IX, 4)? Adolescens autem ab adolendo, id est a crescendo dictus est. *Principes Juda*, Dominum indicat Salvatorem, qui de tribu Juda descendit, sicut Joannes in Apocalypsi dicit : *Vicit Leo de tribu Juda, radix David* (*Apoc.* v, 5). Addidit, *duces eorum*, id est populorum, qui erant in Ecclesia constituti, quod non solum ad Paulum vel ad Dominum, sed et ad illos aptandum est quos dixit inferius, *principes Zabulon, principes Nephthalim. Zabulon* et *Nephthalim* tribus fuerunt Judaico populo constitutæ, unde reliqui apostoli trahere leguntur originem. Et hi omnes *principes* bene appellati sunt, quia eos honore ac primatu dignissimos fidelium turba sequebatur. Dicuntur enim principes et qui reges non sunt, sicut in Exodo legitur in dedicatione tabernaculi, quomodo obtulerint dona duodecim principes, singuli de singulis tribubus Israel (*Exod.* XXXV, 27). Congruit autem ipsorum quoque nominum significationes edicere, quoniam et ipsæ probantur Ecclesiæ convenire. *Juda* confessio dicitur ; *Zabulon* habitaculum fortitudinis ; *Nephthalim* dilatatio mea. Quæ si diligenter inspicis, Ecclesiæ catholicæ competenter aptabis.

Vers. 32. *Manda, Deus, virtuti tuæ, confirma hoc, Deus, quod operatus es in nobis.* Post illam *de* adventu Domini beatissimam prædicationem, quasi jam inæstimabili accepto munere ad Patrem propheta convertitur dicens: *Manda, Deus, virtuti tuæ*. Virtus enim Patris, Christus est Dominus, sicut Apostolus dicit: *Christum Dei virtutem et Dei sapientiam* (*I Cor.* 1, 24). *Manda* ad personarum pertinet distinctionem; nam unum velle illis est, unum posse perpetue. Quid autem *mandetur*, edicit, *Confirma hoc, Deus, quod operatus es in nobis*. Magna petitio, ut *confirmet Deus in nobis* fidem suam, quam donare dignatus est. Opus enim Domini fuit, ut cæca gentilitas lumine veritatis afflata, verum Dominum Salvatorem cognoscere potuisset, secundum illud Apostoli: *Benedictus Deus, et Pater Domini nostri Jesu Christi, qui benedixit nos in omni benedictione spirituali in cœlestibus: in quo et elegit nos ante mundi constitutionem, ut essemus sancti et immaculati in ipso* (*Ephes.* 1, 3, 4).

Vers. 33. *A templo tuo quod est in Jerusalem, tibi offerent reges munera*. Cum soleant in templo munera offerri, hic *a templo Jerusalem* dicit nihilominus offerenda. *A templo ergo Jerusalem offerunt reges munera*, qui in Ecclesia Dei recta conversatione viventes, sui cordis offerunt puritatem, quando jam venitur ad præmium, quando grana segregantur a paleis, et una fit Jerusalem mater omnium qui sub Christi lege vixerunt. *Reges* utrumque possumus accipere, quia et ipsi imperatores offerunt seipsos Deo munera; sive fideles homines, qui suum corpus per Christi gratiam regere meruerunt. Et respice quod *Jerusalem* tantum dicit Domini templum, ubi et visio pacis est, et discordantium hæreticorum non miscetur adversitas.

Vers. 34. *Increpa feras silvarum; concilium taurorum inter vaccas populorum*. Ut illa sancta credulitas confessionis munimine firmaretur, dicit propheta: *Increpa feras silvarum*, id est argue superbos homines et feroces, qui in prava persuasione consistunt, ut istorum invectio fidelium sit solidata munitio. Pro iniquis enim hominibus vel diabolo feras ponit, sicut in alio psalmo dicitur: *Exterminavit eam aper de silva, et singularis ferus depastus est eam* (*Psal.* LXXIX, 14). Addidit, *concilium taurorum inter vaccas populorum*; subjunge nihilominus increpandum, hoc est hæreticos indomitos, qui erecta cervice seducunt animas innocentes, et ad suum gregem trahunt quos infelici persuasione decipiunt. *Vaccæ* quoque *populorum* sunt mulieres, ductili voluntate levissimæ, quæ perfidiæ doctores tanquam tauros sequuntur, de quibus dicit Apostolus: *Ex his enim sunt qui penetrant domos, et captivas ducunt mulierculas oneratas peccatis, quæ ducuntur variis desideriis, semper discentes, et ad scientiam veritatis nunquam pervenientes* (*II Tim.* III, 6, 7). Cur ergo tales debeant increpari, subter adjectum est.

Vers. 35. *Ut non excludantur hi qui probati sunt argento: disperge gentes quæ bella volunt*. Utilitas illius increpationis ostensa est, quia dum falsitas arguitur, nihilominus veritas comprobatur. Oportet enim feras silvarum increpare, tauros abjicere, vaccas populorum invehere; ut *hi qui approbati sunt*, id est quos charitas spiritualis, decoctis sordibus vitiorum, velut *argentum* mundissimum, ad animæ puritatem usque perduxit, corroborentur atque proficiant. Adjecta est quoque sententia quæ dissiparet hæreticos. Ipsi enim sunt *gentes quæ bella volunt*, id est quæ contentionibus non ad profectum animæ tendunt, sed ut perversis suasionibus captivent animas innocentes.

Vers. 36. *Offerunt velociter ex Ægypto: Æthiopia festinat manus dare Deo*. Non gravat et hunc versum secundum translationem Patris Hieronymi recipere, qui et propter Hebraicam veritatem sequendus est, et nexum nobis ambiguitatis absolvit. *Ægyptus* et *Æthiopia* pro incolarum suorum tenebrosa nigredine semper in malo ponuntur. Quæ figura dicitur synecdoche, id est a parte totum; significat enim mundum, qui densis tenebris vitiorum diabolo premebatur obnoxius. Hic Domini clarificatus lumine ad æternæ vitæ meruit munera pervenire. Commonet ergo propheta gentium populos ut *offerant velociter ex Ægypto Deo* munera, hoc est animas suas mundana sorde purgatas. *Æthiopia* quoque *festinet manus dare Deo*. Metaphora a bellantibus tracta, qui, ne crudeliter interearit, manus suas victoribus dedunt, ut, armis depositis, periculum mortis evadant: sic *Æthiopia* commonetur ne se tardet Deo tradere, quatenus victa floreat, quæ in sua libertate sordebat.

Vers. 37. *Regna terræ, cantate Deo, psallite Domino*. Hanc quoque partem pulchra exhortatione conclusit. Dicens enim, *Regna terræ*, omne genus humanum significare voluit; quia licet sint gentes quæ non habeant reges, tamen hoc verbo concluditur quidquid gentium esse sentitur. Quod dicit, *cantate*, ad animæ respicit puritatem; *psallite*, ad operas sanctissimas, quæ Domino probantur acceptæ.

Vers. 38. *Psallite Deo, qui ascendit super cœlos cœlorum ab Oriente: ecce dabit vocem suam, vocem virtutis suæ*. Post quinti diapsalmatis interpositionem propheta venit ad sextam partem, admonens fideles ut *Deo psallant*, qui resurrexit a mortuis. Nam cui *Deo psallere* exponitur, *qui ascendit super cœlos cœlorum*, Dominus utique Jesus, qui de cœlo descendit ad liberandam infirmitatem nostræ naturæ; ipse etiam *super cœlos cœlorum ascendit*, qui sedet ad dexteram Patris. Considerandum est autem quod frequenter in Scripturis divinis plurali numero *cœlos* dictos invenies, dum legatur, *In principio fecit Deus cœlum et terram* (*Gen.* 1, 1), cum tamen pluraliter dicti, et cœli legantur et terræ. Modus enim iste locutionis latius patet, ut abusive singularia plurali numero dicamus, et pluralia singulari. *Ab Oriente* vero quod dixit, Jerosolymam evidenter ostendit, quæ est in Orientis partibus collocata: unde Dominus, apostolis videntibus, ascendit ad cœlos: terra multis plena miraculis, ubi fidelium credulitas plus aspectibus quam lectionibus eruditur. De qua pulchre ac vere Leo pater apostolicus dixit : Et quod alibi non licet non credi, ibi non potest non videri. Quid enim laborat intellectus, cui est magister aspectus? Et cur lecta vel audita sunt dubia, ubi se et visui et tactui tota humanae salutis ingerunt sacramenta? Unde nec illud quoque judico transeundum, quod illi triumphali ascensioni, illam quoque imaginem tabernaculi in Epistola ad Hebraeos beatus apostolus Paulus mirabiliter applicavit dicens : *Christus autem assistens Pontifex futurorum bonorum, per amplius et perfectius tabernaculum non manufactum, id est non hujus creationis, neque per sanguinem hircorum et vitulorum, sed per proprium sanguinem introivit semel in sancta, æterna redemptione inventa* (*Hebr.* ix, 11). Et iterum : *Non enim in manufacta sancta Jesus introivit exemplaria verorum; sed in ipsum cœlum, ut appareat nunc vultui Dei pro nobis* (*Ibid.*, 24). Sic igitur actus iste magnificus, qui nunc per gaudia præclara describitur, illo tabernaculo congrue præfiguratus esse monstratur. Sequitur, *ecce dabit vocem suam, vocem virtutis suæ*. Hoc multis modis intelligi potest. *Dedit vocem suam*, quando paralytico dixit : *Surge et ambula;* quando Lazarum suscitavit, quando dæmonibus ut obsessos relinquerent imperavit. *Dabit* etiam *vocem virtutis suæ*, quando in novissimo die, ut resurgat humanum genus edixerit. Quid enim fortius quam revocare favillas ad corpus mobile, vivamque substantiam, et naturam illam mortalitatis ad æternæ vitæ dona perducere? sicut in Evangelio legitur : *Veniet hora, et qui sunt in monumentis audient vocem ejus, et procedent* (*Joan.* v, 28).

Vers. 39. *Date honorem Deo super Israel : magnificentia ejus et virtus ejus in nubibus*. Adhuc in ipsis exhortationibus perseverat. Cum enim dicit : *Date honorem Deo*, ipsi magis ut honorentur hortatus est; nam qui Deo dat laudes se facit esse laudabilem; sic et qui illi *dat honorem* sibi conquirit sine dubio dignitatem. *Super Israel* dum dicitur, Ecclesia catholica significatur, in qua Deus vere conspicitur, dum recta fide sentitur. *Israel* enim interpretatur vir videns Deum. Quapropter alibi non potest videri, nisi ibi ubi ei probatur verissime populus confiteri. Sequitur, *magnificentia ejus, et virtus ejus in nubibus*. *Magnificentia* pertinet ad illud, quia semper magna facit; *virtus*, quoniam imperio ejus famulatur effectus. *Omnia enim facit quæ vult in cœlo et in terra* (*Psal.* cxxxiv, 9). Sed ista *magnificentia et virtus* Domini *in nubibus* esse dicitur, non in istis visibilibus, quæ aut aquas depluunt, aut corpulenta qualitate densantur; sed aliquas potestates designat superna ratione pollentes, quæ jussis Domini intellectuali conditione famulantur; de quibus dictum est : *Mandabo nubibus meis, ne pluant super eam imbrem* (*Isai.* v, 6). Multis enim significationibus sermo iste repletus est; quod etiam respicit ad apostolos et prophetas.

Vers. 40. *Mirabilis Deus in sanctis suis, Deus Israel*. Ecce ne nubes illas intelligeres aereas, dicit : *Mirabilis Deus in sanctis suis*, sive in angelis, sive in hominibus, qui ejus jussionibus obsecundant. Iterum geminat *Deus Israel*, ut in hominum cordibus infigeret, ubi *Deus mirabilis* appareret.

Ipse dabit virtutem et fortitudinem plebi [ed., plebis] *suæ, benedictus Deus*. Ne quis de humana imbecillitate diffideret, nec se crederet ad tanta præmia pervenire, veraci promissione firmatur, quia Dominus *dabit* fidelibus suis *virtutem* patientiæ, et fidei *fortitudinem*, ut possint ad æterna præmia pervenire. Et ut designaret evidentius qui possit *dare* quæ superius dixit, addidit, *benedictus Deus*, id est, qui omnium ore semperque debeat *benedici*, ut sicut nunquam beneficiis cessat, ita et benedictiones semper accipiat. Non enim duobus verbis laudem ejus credamus breviter explicandam; nam et qui Scripturas ejus meditatur, *benedicit* Dominum; et qui jussa ipsius sancta operatione compleverit, *benedicit* Dominum; et qui ei fideliter confitetur, *benedicit* Dominum. Sic fit ut brevis ista laudatio, totius vitæ nostræ tempore sub assiduitate solvatur.

Conclusio psalmi.

Cucurrit copiosus psalmus ingentium more fluviorum, qui quantum plus terras occupant, tanto amplius agros fecundant. Fluvius qui non ore, sed magis auribus hauriatur; fluvius qui potetur mente, non corpore; fluvius qui sine aliquo humore semper irriguus est, puros sensus inebrians, et peccatis ebrios ad sobrietatem mentis adducens. Aqua quæ simul sitim tollit et famem, quæ non digestionibus effunditur, sed percepta semper augetur. Oremus ut iste nos fluvius sine intermissione possideat. Non erimus arena sterilis, sed ager fecundus, si beneficio Domini alveus ejus nos semper teneat occupatos. Memento tamen quod hic psalmus ascensionem Domini mirabili præ cæteris fulgore descripsit.

EXPOSITIO IN PSALMUM LXVIII.

In finem, pro his qui commutabuntur, David.

In finem ad Dominum respicere Salvatorem nullus ignorat, qui in hoc psalmo suam narraturus est passionem; ita ut ejus verba et evangelica testetur auctoritas, et de eo Apostolus sumere doceatur exemplum. Legitur enim in Evangelio : *Et dederunt in escam meam fel, et in siti mea potaverunt me aceto* (*Joan.* ii, 17); et alibi : *Zelus domus tuæ comedit me*. Apostolus quoque Paulus ait : *Fiat mensa eorum coram ipsis in laqueum, et in retributionem, et in scandalum; obscurentur oculi eorum ne videant, et dorsum eorum semper incurva* (*Rom.* xi, 9). Quos versus hic positos, memor lector, invenies. Unde quis dubitare possit hunc psalmum passioni dominicæ convenire, cui talis ac tanta in hunc intellectum suffragatur auctoritas? Sequitur, *pro his qui commutabuntur*. Ista igitur commutatio significat populos Christianos, qui, veteris hominis pravitate deposita, in novæ regenerationis sunt munere commutati. *Pro his* autem quod dictum est, intelligendum est quoniam revera passio Domini pro cunctis fidelibus collocata [*ms. G.*, collata] monstratur. *David* quoque subjunctum est, ut et finis et initium Domino Christo congrueret; sicut ipse de se dicit : *Ego sum Alpha et Omega, initium et finis* (*Apoc*. 1, 8). Sic totius psalmi virtus tituli hujus dispositione declaratur. Memento autem quartum hunc esse psalmorum qui passionem resurrectionemque dominicam latius eloquuntur.

Divisio psalmi.

Hactenus diapsalmatum beneficio divisiones intrepidus adnotavi, sciens segregationem ibi merito poni, ubi silentia divina provenerunt. Nunc autem oremus Dominum ut qui donat in terra viam, ipse in abyssis cauta præstet itinera. Per totum psalmum (sicut diximus) ex forma servi loquitur Christus. Primo capite deprecatur ut salvus fiat a Patre, quoniam gratis a Judæis multas tribulationes insecutionesque perpessus est. Secundo capite postulat a parte membrorum ne decipiatur spes fidelium in ejus resurrectione confisa : omnia se dicens æquanimiter sustinuisse quæ iniqui videbantur ingerere. Tertio precatur ut ipsius exaudiatur oratio, quatenus de luto hujus sæculi ejus conversatio immaculata liberetur. Scire namque dicit Deum, quantis inimicorum appetatur insidiis, ut usque ad Passionis exitum machinato discrimine perveniret. Quarto, virtute præscientiæ suæ, quæ contingere poterant inimicis, ventura pronuntiat. Quinto a forma servi se pauperem profitetur ; unde et laudes se dicit redditurum paternæ clementiæ : hortans fideles ut in Domino debeant confidere, qui Ecclesiam suam de mundi istius adversitate liberavit, et sanctis suis in ea perenni felicitate prospexit.

Expositio psalmi.

Vers. 1. *Salvum me fac, Deus : quoniam intraverunt aquæ usque ad animam meam.* Deitatem Christi impassibilem cuncta mentis sanitas confitetur ; sed assumpsit infirmitatem nostram, quæ subjacere posset exitio. Ex ipsa nunc dispensatione clamat : *Salvum me fac, Deus*, ut quia mortem refugere non debuit quam voluntarie sustinebat, resurrectionis auxilium postulavit, ut humanitas ejus celerius fieri salva potuisset. Passus est enim ille quia voluit, patiuntur martyres et nolentes ; sic enim ipse Dominus Petro dixit apostolo : *Cum senueris, alius te præcinget, et ducet quo tu non vis* (*Joan*. xxi, 18). Nunc causa redditur quare se *salvum fieri* postulabat : scilicet, *quoniam intraverunt aquæ usque ad animam meam. Aquas* pro seditionibus plebis motuque populorum debere suscipi sæpius Scriptura divina testatur, sicut est illud : *Forsitan velut aqua absorbuissent nos* (*Psal*. cxxiii, 4). Et sequitur, *Torrentem pertransivit anima nostra : forsitan pertransisset anima nostra aquam intolerabilem.* Quapropter populus ille Judaicus *usque ad animam* Domini Salvatoris *intravit*, quando eum crucifigere scelerata mente præsumpsit.

Vers. 2. *Infixus sum in limum profundi, et non est substantia ; veni in altitudinem maris, et tempestas demersit me.* Primo sciendum est schema esse characterismos, quæ Latine informatio vel descriptio nuncupatur ; passionem quippe suam futuram quibusdam allusionibus Dominus describere comprobatur. Sed hunc versum subtiliter inquiramus, quia non parvæ profunditatis esse dignoscitur. In illa conditione rerum de limo quidem terræ hominem Deus creavit, sed non de profundo. Facti sunt autem homines *limus profundi*, quando et originali et quotidianis peccatis tenentur obnoxii. Per hunc *limum profundi infixus est* Dominus, quando dementium turba Judæorum clamabat : *Crucifige, crucifige* (*Joan*. xix, 6). Quorum caro originali peccato dedita limus erat ; sed scelerata calliditas *profundi* sibi nomen adjecerat. *Limus* enim dictus est, quasi ligans humum. Sequitur, *et non est substantia*. Omne malum substantia non est, quia substantia dici non potest, quæ a Domino creata non est ; non enim subsistit, sed accidit, nec extrinsecus manet, sed tantum videtur esse dum provenit. Veraciter ergo negat fuisse *substantiam* vitiatam naturam, quam a se noverat non creatam. Sic et in alio psalmo legitur : *Et substantia mea tanquam nihil ante te est* (*Psal*. xxxviii, 6) ; non illa utique quam Deus creare potuit, sed quæ, diabolo suadente, vitiata succubuit. Sive illud simpliciter debemus advertere : Crucifixus sum iniquitate Judæorum, et non est carnis virtus evadendi mortiferam passionem Addidit, *veni in altitudinem maris, et tempestas demersit me*. Ille qui supra maria fixis gressibus ambulavit, qui Petro dexteram ne mergeretur extendit, quemadmodum se *tempestate* dicit *esse demersum* ? Hic *altitudo maris* copiosam populi significat insaniam. Item *tempestas* est seditio concitata dementium ; ipsa enim *demersit* Dominum Salvatorem, quando eum pervenire fecit ad crucem.

Vers. 3. *Laboravi clamans, raucæ factæ sunt fauces meæ : defecerunt oculi mei, dum spero in Deum meum* [ms. G. et ed., *vivum*]. Quærendum est quemadmodum hic dicit, *Laboravi clamans*, dum legatur in Evangelio : *Non respondebat eis verbum* ; quod Isaias quoque dicit : *Sicut ovis ad occisionem ductus est, et sicut agnus coram tondente se, sic non aperuit os suum* (*Isai*. liii, 7). Utrumque verum, utrumque completum est ; nam et tacuit cum traderetur, ut ejus dispositio ad mundi salutarem terminum perveniret, et omnino clamabat cum dicebat : *Pater juste, mundus te non cognovit* (*Joan*. xvii, 25) ; vel illud : *Pater, si fieri potest, transeat a me calix iste* (*Matth*. xxvi, 39) ; et iterum : *Pater, ignosce illis, quia nesciunt quid faciunt* (*Luc*. xxiii, 34). Nam et illo tempore *laborans clamavit*, quando dicebat : *Væ vobis, scribæ et pharisæi ; væ mundo ab scandalis* (*Matth*. xxiii, 13 ; *idem*, xviii, 7), et his similia. *Laborabat* ergo *clamans*, quando non audiebatur a perfidis. Labor enim inauditus significat clamorem, quia *laborare* illos non dicimus, quos votum suum implevisse testamur. Denique sic sequitur, *raucæ factæ sunt fauces meæ*. Raucedo quando fauces nostras possidet, verba nostra ad alienas aures confusa perveniunt. Merito ergo dicit *fauces* suas *raucas esse factas*, quia dicta ejus nequaquam sacrilegus populus audiebat. Adjecit, *defecerunt oculi mei, dum spero in*

Deum meum. Oculos istos carnales defecisse credamus Domino, qui morte conclusi sunt, quia cordis oculos in sua deitate semper intentos habuit, qui nunquam carnis lege peccavit.

Vers. 4. *Multiplicati sunt super capillos capitis mei qui oderunt me gratis.* Scimus *capillos* nostros ad decorem capitis esse concessos : sic Ecclesiæ apostoli sunt tributi, ut, sicut cæsaries ornat caput, ita et omnes fideles decorare probentur Ecclesiam. Ergo ut ostenderet plus esse numerum infidelium quam devotorum, dicit *multiplicatos esse* perfidos Judæos *supra* numerum *capillorum*, id est, recte credentium. Quod si ad litteram velis accipere, per auxesin dictum est, ut per hoc turbam Judaicæ multitudinis indicaret. Sequitur, *qui oderunt me gratis. Gratis* plane, quando illum persecuti sunt, quem propitium optare debuerunt. *Gratis* enim tunc *odisse* dicimur, quando quempiam sine aliquibus offensionibus exsecramur; sicut et in trigesimo quarto psalmo jam dictum est : *Quoniam gratis absconderunt mihi interitum laquei sui* (*Psal.* XXXIV, 7).

Vers. 5. *Confortati sunt inimici mei, qui me persequuntur injuste; quæ non rapui, tunc exsolvebam.* Superius dixit : *Super capillos capitis multiplicatos* inimicos; et ne crederes tantum eos numerosos, non etiam noxios fuisse, addidit, *confortati sunt*, quando id quod conabantur efficere, probantur implesse. Et ut illos inimicos sua culpa cognosceres excitatos, adjecit, *qui me persequuntur injuste*; hoc est, quod superius dixit, *gratis*. Revera injustum fuit ut qui venerat ad Judaicos populos salvandos, eos potius invenisset inimicos. Subjunxit, *quæ non rapui, tunc exsolvebam. Rapuit* Adam suasus a diabolo, quando hoc quod illi præceptum inhibuerat, præsumpsit attingere. Et merito morte damnatus est, quia vitæ delegit contemnere Præceptorem. Christus autem peccata non *rapuit*, delicta nescivit, et tamen crucem, quasi aliquod delictum perpetrasset, excepit, et solvit pro nobis quod pro se juste non pertulit; et ut nostræ mortis chirographum vacuaret, ipse totius culpæ persolvit debitam quantitatem.

Vers. 6. *Deus, tu scis insipientiam meam, et delicta mea a te non sunt abscondita.* Venit ad secundum caput, ubi jam loquitur pro parte membrorum. Insipiens enim esse non potest Christus, de quo dicit Apostolus : *Dei virtutem, et Dei sapientiam* (*I Cor.* I, 24). Sed *insipientiam* habere pro illis dicitur, qui, sicut ait titulus, *commutati* esse noscuntur. De insipientibus enim facti sunt vere sapientes, quia rectæ religionis gratiam post magna crimina perceperunt; de quibus idem dicit apostolus : *Quæ stulta sunt hujus mundi elegit Deus, ut confundat sapientes* (*Ibidem*, 27). Simili modo pro suo corpore Caput loquitur Christus dicens : *Delicta mea a te non sunt abscondita.* Certum est enim quia Deo manifesta sunt cuncta quæ gerimus, et nobis plerumque ignota sunt quæ culpis surripientibus perpetramus. De humana quippe ignorantia dictum est : *Delicta quis intelligit* (*Psal.* XVIII, 13)? Merito ergo ad illos referenda sunt *delicta* ista,

qui absolvendi sunt debitis suis. Dominus autem Christus peccata non habuit, sicut ipse dicit : *Ecce veniet princeps mundi hujus, et non inveniet in me quidquam* (*Joan.* XIV, 30); de quo et Isaias dicit : *Peccatum non fecit, nec dolus inventus est in ore ejus* (*Isai.* LIII, 9) : sed magis, sicut dicit Apostolus : *Eum qui non noverat peccatum, pro nobis peccatum fecit* (*II Cor.* V, 21); id est, Pater Filium suum hostiam pro peccatis constituit immolandum. Quod Pater Augustinus in libro Enchiridion (*Cap.* 41) subtiliter comprehendit atque disseruit. Quapropter *insipientiam* vel *delicta* a parte membrorum posita debemus accipere. Quæ figura dicitur tapinosis, id est humiliatio, cum verbis humillimis rei minuitur magnitudo.

Vers. 7. *Non erubescant in me, qui te exspectant, Domine Deus virtutum; non revereantur super me, qui requirunt te, Deus Israel.* Ecce versus iste declaravit a membris dictum quod superius ait. Precatur enim Jesus Christus, ne de se ipso *erubescant* qui resurrectionem ejus gloriose desiderio sustinebant, quam carnalibus oculis non poterant intueri; sicut ipse Dominus dixit : *Multi prophetæ et justi cupierunt videre quæ vos videtis, et audire quæ vos auditis* (*Matth.* XIII, 17). Petit ergo infirmitas carnis, ne aliter eveniat quam Spiritus sanctus prædixerat per prophetas. Cum enim dicit : *Domine Deus virtutum*, ostendit impossibile nihil esse omnipotentiæ ipsius. Nam qui virtutibus imperat, non est quod non pro sua voluntate perficiat. Et intende quemadmodum ad resurrectionis mysterium transferatur. Dicit enim : *Non revereantur super me qui requirunt te, Deus Israel*; id est, non humanas insultationes diutius de mea dormitione sustineant, qui *te requirere* comprobantur. Et bene addidit, *Deus Israel*, ut qui divinitatem ejus poterant intueri, non seducerentur infirmitate carnali.

Vers. 8. *Quoniam propter te supportavi improperium : operuit reverentia faciem meam.* Redit ad personam suam per hos sex versus pene usque ad finem divisionis, enumerans diversa convicia quæ pertulit a Judæis. Quod schema dicitur synathroismos, Latine congregatio, ubi multas res ad invidiam faciendam in unum cumulum congregamus. *Supportavit* enim *improperium*, cum ei dicebatur a Judæis : *In Belzebuth ejicis dæmonia* (*Matth.* XII, 24); et alibi : *Ecce homo vorax et potator vini, publicanorum et peccatorum amicus* (*Idem*, XI, 19); et alibi : *Nonne hic est fabri filius* (*Matth.* XIII, 35)? et his similia. Sequitur illud quod solet evenire in bono negotio laceratis, quos tanto amplius constat ad tempus tristes effici, quanto in se cognoverint iniqua confingi.

Vers. 9. *Extraneus factus sum fratribus meis, et hospes filiis matris meæ.* Judæos hic appellat *fratres*, qui erant ei sanguinis vicinitate conjuncti : quibus *extraneus factus est*, quando ei credere noluerunt. Nam cum ipse esset de semine Abraham secundum carnem, illi malis operibus abdicati, a patriarchæ sunt origine segregati, sicut ait in Evangelio : *Si filii Abrahæ essetis, opera Abrahæ fecissetis*

(*Joan.* VIII, 39). Adjecit, *et hospes filiis matris meæ.* **A** *Hospitem* dicimus quemlibet domum nostram ad tempus habitantem, qui non nomine consanguinitatis, sed tanquam peregrinus excipitur. *Matrem* vero suam Synagogam dicit, de qua ortus est, dum in Judæa gente nasci dignatus est. *Filios* ergo *matris* ipsos dicit, quos superius dixit et *fratres*. Sed isti *filii*, si fuissent veri, non ut *hospitem* habuissent, sed ut fratrem charissimum suscepissent Dominum Christum.

Vers. 10. *Quoniam zelus domus tuæ comedit me, et opprobria exprobrantium tibi ceciderunt super me.* Ipsa est sententia quam evangelistæ commemorant. Quapropter nullus ambigat hunc psalmum passionis dominicæ prædicere veritatem, quando et incarnatus Dei Filius ipsa verba locutus est. *Comedebat* enim eum *zelus domus* Dei, quando funiculo facto cathedras **B** vendentium columbas, et nummulariorum mensas evertit (*Joan.* II, 15), docens aliud esse templum sanctum, aliud negotiationis officium. Sed istum zelum quid fuerit consecutum patenter adjungitur, *et opprobria exprobrantium tibi ceciderunt super me.* Nam postquam indigni salutaribus monitis increpabantur, opprobria supra eum quasi conferta tela miserunt, ut pro admonitionibus sanctis vicissitudinem redderent jurgiorum. Dicebant enim : *Nonne hic est filius Mariæ et Joseph* (*Luc.* IV, 22). Et in alio loco : *Hunc autem nescimus unde sit* (*Joan.* IX, 29); et his similia quæ insana Judæorum turba loquebatur. Sed quod dicit, *exprobrantium tibi,* quærendum est quare dicat Patri exprobratum, dum non legamus a Judæis tempore passionis Domini Christi tale aliquid perpetratum ? Sed exprobratum est Patri ab eis, sicut in septuagesimo septimo psalmo dicturus est : *Et male locuti sunt de Deo, et dixerunt : Nunquid poterit Deus parare mensam in deserto* (*Psal.* LXXVII, 19)? Vel quando ipsani de formato vitulo dicebant : *Hi sunt dii tui, Israel, qui te eduxerunt de terra Ægypti* (*Exod.* XXXII, 5). Unde nunc recte Christus Dominus dicit *cecidisse* supra se *opprobria,* quæ Deo Patri anterioribus temporibus exprobrabant, ut ex consuetudine magis impia, quam hoc noviter aliquid putares effectum. Sequitur, *ceciderunt super me,* ut effectum mortis ostenderet, quem crucis dignatione suscepit. Tunc enim cadunt super nos mala, quando ea vitare non possumus.

Vers. 11. *Et operui in jejunio animam meam, et* **D** *factum est in opprobrium mihi. Jejunium* dicimus, quoties a cibis carnalibus abstinemus, nec esuriem nostram aliqua comestione satiamus. Ad quam similitudinem jejunasse se dicit Dominus Christus, quia hominum fidem quam valde esuriebat, minime poterat invenire, sicut et in trigesimo quarto psalmo dictum est : *Ego autem, cum mihi molesti essent, induebam me cilicio, et humiliabam in jejunio animam meam* (*Psal.* XXXIV, 13). Eodem modo et sitire se dixit, quando ad Samaritanam venit, et aquam petiit, dicens : *Sitio, da mihi bibere* (*Joan.* IV, 8); id est, ut fidem ab ea quam quærebat agnosceret. Sed quia jejunium istud ab humana indevotione trahebatur,

A *operui,* dixit, *animam meam,* quasi aliquo pallio tristitiæ circumdedi. Sequitur, *et factum est mihi in opprobrium.* Semper boni malis opprobrio sunt, quia minime eorum sceleribus acquiescunt, dum illis studiose detrahunt, quibus nulla societate junguntur. Testantur enim ista *opprobria,* alapas, flagella, consputa, quæ Dominus Salvator ab insana plebe perpessus est.

Vers. 12. *Et posui vestimentum meum cilicium, et factus sum illis in parabolam.* Per *cilicium* tristitia significatur et lacrymæ, quando Dominus humani generis imbecillitate permotus, suscitaturus Lazarum flevit. Nusquam enim legitur Dominum usum fuisse cilicio. *Factus est* quoque Judæis *in parabolam,* quando per similitudines quasdam carnalem populum docere videbatur, sicut in Evangelio legitur : Dixit **B** Dominus parabolam ad turbam (*Matth.* XIII, 34); et in alio psalmo : *Aperiam in parabolis os meum* (*Psal.* LXXVII, 2). Parabola est enim natura discrepantion rerum sub aliqua similitudine facta comparatio : more providentiæ suæ, ut qui cœlestia capere non poterant, per terrenas similitudines audita percipere potuissent.

Vers. 13. *Adversum me exercebantur* [ed., *loquebantur*] *qui sedebant in porta; et in me psallebant qui bibebant vinum. In portis sedent* qui conventibus hominum sedula curiositate miscentur. Nam sicut *porta* euntium ac redeuntium turbas excipit, ita diversa trivia, vel plateæ populorum numerositate complentur. *Porta* quippe dicta est quod inde portentur omnia. Dicit enim passionem suam gentis Judaicæ fuisse **C** fabulam, ut nullus exciperetur qui a tali collocutione redderetur alienus. Testis est hujus causæ ille locus Evangelii ubi Cleophas a Domino necdum revelato interrogatus est, et ille respondit : *Tu solus peregrinus es in Jerusalem, et non cognovisti quæ facta sunt in ea in diebus his* (*Luc.* XXIV, 18)? Omnes enim cives eamdem fabulam habuisse monstrantur, quando peregrinus dicitur, qui hujus causæ putabatur ignarus. De opprobriis ac conviciis Judæorum hactenus est locutus ; nunc, quantum mihi videtur, de fidelibus dicit . *Et in me psallebant qui bibebant vinum.* In Deum psallunt qui actione probabili diriguntur, et operibus reddunt quæ monitis cœlestia mandata suscipiunt. Nam ut hoc de fidelibus intelligere debere-

D mus, ait : *Qui bibebant vinum. Vinum* non ebrietatis, sed illud spirituale de quo legitur : *Poculum tuum inebrians quam præclarum est* (*Psal.* XXII, 5) ! Ipsi enim *psallebant,* qui per intelligentiam supernam salutari nectare potabantur. Alii hoc Judæis perfidis applicant, qui, quasi impleta cogitatione sua, de nece Domini temulentissime garriebant.

Vers. 14. *Ego vero orationem meam ad te, Domine : tempus beneplaciti, Deus, in multitudine misericordiæ tuæ.* Venit ad tertium caput, ubi contra maledicta Judæorum orationis suæ exposuit sanctitatem cœlestis Doctor, insinuans jurgiis hominum non inflammatis rixis, sed piis orationibus obviandum. Videamus nunc quid sid *tempus beneplaciti.* Illud *tempus* est *beneplaciti,* quando incarnationis suæ beneficio periclitantem mundum ab imminenti liberavit exitio. Hoc *tempus* est *beneplaciti*, de quo et Apostolus ait : *Ecce nunc tempus acceptabile, ecce nunc dies salutis* (*II Cor.* vi, 2). Tempus quod vicit omnia sæcula; tempus quod mundum reparavit labentem; tempus quod æternitatem contulit et salutem. Sed hoc tempus quomodo provenerit decenter exponit; ait enim : *In multitidine misericordiæ tuæ*. Nam si *multitudo misericordiæ* non fuisset, nequaquam redimi poteramus obnoxii. Non enim parva misericordia fuit, quæ tam ingentia peccata superavit. Multitudo quidem fuit delicti; sed multo numerosior misericordia illa quæ vicit; sicut et in quinquagesimo psalmo dictum est : *Et secundum multitudinem misericordiarum tuarum, dele iniquitatem meam* (*Psal.* L, 2).

Vers. 15. *Exaudi me in veritate salutis tuæ*. Commemorato tempore misericordiæ, quo passione sua salutem mundo præstitit, consequens fuit ut et resurrectionem sibi evenire precaretur, quam in veritate pollicitus fuerat per prophetas. Precatur ergo Patrem non natura deitatis, qua ei semper æqualis est, sed infirmitas assumpti hominis, in qua minor est Patre.

Vers. 16. *Eripe me de luto, ut non inhæream; libera me ex odientibus me, et de profundo aquarum*. Per assumptæ carnis infirmitatem, in qua miseria jaceat genus humanum, potenter exponitur. Docemur enim ut in iisdem verbis et nos Deum rogemus, quibus caput nostrum exorasse cognoscimus. Hoc plane subtiliter perscrutandum est, quare se superius infixum limo dixerit, et hic ne in ipso hærere possit exorat. Infixus utique limo fuit, quoniam susceptæ carnis infirmitate tenebatur, unde etiam mortem crucis accepit. Hic autem competenter exposcit ut anima ejus a desideriis luteis, id est hujus mundi cupiditatibus reddatur aliena. Quod bene suscipitur a parte membrorum, quia ille *luto inhærere* non poterat, qui peccati maculam non habebat. *Libera me ex odientibus me*. Istud ad Judaicum populum manifestum est pertinere, quia resurgente Christo eorum odia frustrata evanuerunt. Nam quod dicit : *De profundo aquarum*, ad populum ipsum non est dubium pertinere, qui et profundus erat malignitate consilii, et seditionibus turbulentus.

Vers. 17. *Non me demergat tempestas aquæ, neque absorbeat me profundum, neque urgeat super me puteus os suum*. Simili modo et iste versus ponitur, quemadmodum et ille superior. Dicit enim in secundo versu psalmi : *Veni in altitudinem maris, et tempestas demersit me*; et hic rogat ne demergatur a fluctibus, id est a sæculi istius tempestate sævissima, quæ in modum maris animas obruit, quando eas vitio pravitatis involverit. Denique per totum tractatum hoc decenter insinuat; ait enim : *Neque absorbeat me profundum*. Profundum utique peccatorum est, quod voracitate quadam deglutit animas impiorum, ut ad pœnitudinem redire nequeant, qui de actuum suorum iniquitate desperant; sicut legitur : *Peccator cum venerit in profundum malorum, spernit* (*Prov.* xviii, 3). Repetit iterum eumdem sensum aliis verbis quam superius dixerat : *Neque urgeat super me puteus os suum*. Puteus enim est terræ altius excavata profunditas, in quem per allegoriam vere incidunt peccatores, quando se a vitiosa voluntate non abstrahunt; *urgetque* super eos *os suum* concludere, cum usque ad mortis suæ tempus in pessima voluntate persistunt. Hoc ergo totum a se effici petit alienum, quoniam peccati contagia non habebat; ut membra sua cognoscerent quantis periculis subjacerent, nisi clementissimi Domini munere respirarent. Quæ figura dicitur metabole, id est iteratio, quando una res repetitur sub varietate verborum. Legitur etiam *puteus* in malo, ut in libro Geneseos : *Vallis autem silvestris habebat puteos multos bituminis* (*Gen.* xiv, 10); in istos sacrilegi profanique mittuntur. Sunt etiam et in bonam partem memorati, qui Scripturas divinas repositas in altissima profunditate significant, quales fuerunt patriarchæ, Abraham, Isaac, et Jacob, vel ille de quo Moyses in eremo Hebræum populum Domini jussione satiavit. Sic utrisque puteis unum quidem nomen, sed causa diversa est : illi enim in tartarum dirigunt, isti ad cœlorum regna transmittunt.

Vers. 18. *Exaudi me, Domine, quoniam benigna est misericordia tua; secundum multitudinem miserationum* [ed., *misericordiarum*] *tuarum respice in me*. Periculis humanæ fragilitatis (ut oportebat) expositis, voce membrorum ad illam salutarem revertitur deprecationem; dicit enim : *Exaudi me, Domine*, causamque quare exaudiatur adjungit: non quia meretur humanitas, sed quia *misericordia* Domini *est benigna*, semperque ad benefaciendum parata; cum tamen pie petitur, et ei purissime supplicatur. Et ut ipsam benignitatem pius doctor exponeret, adjecit, *secundum multitudinem miserationum tuarum respice in me*. Ad ipsam semper redit, quam debilibus scit patronam, cui omnia peccata cedunt, quamvis numerosissima comprobentur. Et intuere quod ubi pietas postulatur, semper homo respici dicitur; nam si peccata respiciat, nos sine dubitatione condemnat.

Vers. 19. *Ne avertas faciem tuam a puero tuo; quoniam tribulor velociter exaudi me*. Suscepti hominis forma servatur; nam sicut in se respici oravit, ita nunc ne avertat faciem suam a puero suo deprecatur. Puer enim frequenter legitur Dominus Christus ab innocentiæ puritate, cui simplex ætas hoc beneficium largitur, ut vitia mundi malitiamque non diligat; sicut ipse testatus est : *Talium est enim regnum cœlorum* (*Matth.* xix, 14). Legitur enim *puer*, secundum illud : *Ecce puer meus quem elegi, dilectus meus in quo complacuit animæ meæ* (*Isai.* xlii, 1); et alibi: *Puer natus est nobis, et filius datus est nobis* (*Idem*, ix, 6). Juste ergo remedium *velociter* petit, qui se positum in tribulatione cognoscit. Totis enim viribus salus poscitur, cum tempore necessitatis optatur.

Vers. 20. *Intende animæ meæ, et libera eam : propter inimicos meos eripe me. Intende*, dicit, *animæ* meæ, ut revera compos fiat liberationis, cum eam Divinitas propitiata respexerit. Sequitur quoque causa quare debeat intendi; scilicet, *propter inimicos meos eripe me*. Propter inimicos enim celerrimum petebat resurrectionis auxilium, ut qui contempserant crucifixum, tertio die resurgenti credere debuissent; quatenus tali beneficio liberati, a perpetua damnatione redderentur excepti.

Vers. 21. *Tu enim scis improperium meum, confusionem et verecundiam meam; in conspectu tuo sunt omnes tribulantes me.* Improperium, confusionem et verecundiam pro humano genere sic suscepit Dominus Salvator, ut mortem. Non enim ista pro suo reatu sustinuit, sed omnia hæc innocens pertulit, ut nos bonus Magister in talibus rebus positos exemplo suæ patientiæ miseratus instrueret. Improperium quippe pertulit, quando dicebant Judæi : *Blasphemavit, quid adhuc egemus testibus* (Matth. xxvi, 65)? Confusionem, cum plebs insana Judæorum clamaret : *Alios salvos fecit, seipsum salvum facere non potest* (Idem, xxvii, 42). Verecundiam, quando alapis flagellisque cædebatur, et Pontio Pilato immaculatus Agnus tanquam reus traditus est. Sequitur, *in eo spectu tuo sunt omnes qui tribulant me;* scilicet qui talia faciebant, ante conspectum Divinitatis erant jam positi, quamvis ad tempus judicii adhuc non viderentur adducti. Hoc ad invidiam pertinet excitandam, ut nefarium scelus præsente Majestate committerent.

Vers. 22. *Improperium exspectavit cor meum, et miseriam; et sustinui qui simul contristaretur, et non fuit; et consolantem me, et non inveni.* Improperium et miseriam exspectavit cor ejus, quando iniquitates Judæorum, et diversa quæ passus est, pro sua voluntate sustinuit, et consideratione humani periculi passionem suam benignus excepit, sicut in Evangelio legitur : *Desiderio desideravi hoc pascha manducare vobiscum* (Luc. xxii, 15). Aliter enim illa crucifixio provenire non potuit, nisi illius desiderium fuisset; contra cujus desiderium voluntatemque Judæorum insania minime prævalere potuisset. Sequitur, *et sustinui qui si ul contristaretur, et non fuit.* Si passionem Domini quæras, et discipulos ejus contristatos invenies quando traditus est Pilato, et multos alios fidelium quando ducebatur ad crucem. Sed hic non istam contristationem fidelium debemus accipere, quando illi eam modis omnibus habuerunt, pro qua Petrus audivit : *Redi retro, Satanas* (Marc. viii, 33) : sed hic magis persecutorum tristitiam debemus advertere, qua indevotæ mentes concorditer respuerunt, quando læti scelus suum videbantur implere; pro quibus etiam Dominus in Passione positus exorabat dicens : *Pater, ignosce illis, quia nesciunt quid faciunt* (Luc. xxiii, 34). In illorum enim tristitia socium non habuit, quos scelus peragere obstinata mente cernebat. Adjecit, *et consolantem me, et non inveni.* Doctores sanctos ille populus consolatur, in quo prædicationum verba proficiunt. Sed quia Judæorum pertinacia resistebat Domino Salvatori, juste dicit non se invenisse qui ejus animum consolaretur.

Vers. 23. *Et dederunt in escam meam fel, et in siti mea potaverunt me aceto.* Iste versus est qui consummavit venerandam Domini passionem; Matthæus enim refert (Cap. xxvii, 34), cum Dominus dixisset, *Sitio*, oblatum illi fel cum aceto permixtum; ut revera facta Judæorum amaritudo potionis ipsius et austeritas indicaret. Ille enim dixit, *Sitio*, quia fidem in ipsis desideratam non poterat invenire. Isti obtulerunt amarissimos mores suos, qui nulla compunctione conversi sunt.

Vers. 24. *Fiat mensa eorum coram ipsis in laqueum, et in retributionem, et in scandalum.* Postquam in oratione sua futuram exposuit passionem, veniens ad quartum modum non maledicendi voto, sed quod erat emersurum prædicens, per totam divisionem Judæis digna factis pronuntiat esse ventura. *Mensa* Domini est utriusque legis intellectualis epulatio, in qua convivarum more pascuntur, qui delicias Domini aviditate mentis esuriunt, et sancti Spiritus saluberrima ebrietate complentur. Ipsa *mensa* est quam apostolorum corona præcingens, dapes cœlestis muneris absumebat. *Mensa* enim et in bono et in malo ponitur, sicut dicit Apostolus : *Non potestis mensæ Domini participes esse et mensæ dæmoniorum* (I Cor. x, 21). Illam ergo sanctam habuerunt Judæi, quando mandata Domini sub integritate coluerunt. Postquam vero a fide jejunare cœperunt, *mensa eorum coram ipsis* gentibus tradita est, ut gravius doleret ipsis videntibus adempta felicitas, sicut eos in Evangelio Dominus increpat, dicens : *Auferetur a vobis regnum Dei, et dabitur genti facienti fructum ejus* (Matth. xxi, 43). Sed ne quem moveat quod dixit, *mensa eorum*, quæ revera Domini esse cognoscitur, similiter ipse Dominus in Evangelio dicit : *In lege vestra scriptum est* (Joan. viii, 17); non quia Judæorum erat, sed quia ipsis constat fuisse prolatam. Sequitur, *in laqueum*, scilicet ut de littera, in qua Judæi alios astringere conabantur, ipsi in eam potius caderent obligati. Additum est, *et in retributionem*, quia subtracta illa mensa et gentibus tradita malorum *retributio* fuit; quippe quando in ea epulari nolentes, ab ea merito videntur excludi. Adjicitur, *et in scandalum*, quia deserentes pacis auctorem, ipsi sibi et rixas et prava studia concitaverunt. Vindicta gravis, ultio vehemens, humani generis refectionem jejuniis faucibus amisisse.

Vers. 25. *Obscurentur oculi eorum ne videant; et dorsum illorum semper incurva.* Constat hanc pœnam atrocium fuisse Judæorum, ut *obscuratis oculis* Solem verissimum *non viderent*. Nam qui intendere noluerunt, ipsa illis optatur pœna, *ne videant*. Adjecit, *et dorsum illorum semper incurva.* Hoc illis evenit qui nimio delictorum pondere prægravati, cervicem suam in terram cernui semper incurvant; nec eis ad cœlum respiciendi possibilitas datur, qui gravati sunt onere peccatorum. *Dorsum* enim dictum est, quasi descendens deorsum. Nam quod dixit, *semper*, significat impios, qui nulla satisfactione conversi sunt.

Vers. 26. *Effunde super eos iram tuam, et indignatio iræ tuæ apprehendat eos.* Cum dicitur, *Effunde*, magnitudo iræ significatur, quæ in morem fluminis copiosa descendit. Hoc etiam designat, *super eos*, ut non tantum eos possit contingere, sed etiam probetur obruere. Sequitur, *et indignatio iræ tuæ*. Indignatio est iræ, quando vindicta vehemens in peccatoris nece consurgit, et illud consequitur quod timetur. Adjecit, *apprehendat eos*, quasi damnatos et territos quibusdam manibus apprehendat; ut non liceat effugere, quod datur pro sceleribus sustinere.

Vers. 27. *Fiat habitatio eorum deserta, et in tabernaculis eorum non sit qui inhabitet.* Hoc utrumque Judæis contigisse manifestum est, cum civitas illa Jerusalem frequenti captivitate deleta est. Factum est enim ut et domus privatæ fierent desertæ, et *tabernacula*, id est Domini templum, vel Regis palatium sine cultore remanerent. Et nota quod in domibus privatis *habitationem* posuit, in Domini templum inhabitationem. Ibi enim habitamus mansione corporea; hic autem *inhabitamus*, ubi frequentamus devotæ mentis affectu.

Vers. 28. *Quoniam quem tu percussisti, persecuti sunt: et super dolorem vulnerum meorum addiderunt.* Inter infidelium justissimas pœnas causa ponitur dominicæ passionis, quia percussum *persecuti sunt*, sibique traditum detestabili feritate necaverunt, sicut ipse dixit: *Non haberes in me potestatem, nisi tibi data esset desuper* (Joan. XIX, 11). Legitur etiam: *Qui proprio Filio non pepercit, sed pro nobis omnibus tradidit illum* (Rom. VIII, 32). Scriptum est quoque absolutius, quia Deus frequenter percutit ad salutem, ut est illud Deuteronomii: *Ego occidam et vivere faciam, percutiam et ego sanabo* (Deut. XXXII, 39). Quapropter percussum se dicit Dominus Jesus Christus a dispensatione qua passus est. Sed hinc Judæi detestabiles exstiterunt, quoniam quod oportuit pro mundo fieri, per ipsos crudeli voto probatur impletum. Sequitur, *et super dolorem vulnerum meorum addiderunt*. Eodem modo dicta est et ista sententia. *Dolor* erat *vulnerum* pio Domino, cur non de infideli populo sitim suam esuriemque satiabat. Addiderunt Judæi gloriosam quidem Domino, sed sibi perniciosissimam passionem, ut illi detestabile inferrent exitium, qui venerat pro salute cunctorum.

Vers. 29. *Appone iniquitatem super iniquitatem ipsorum, et non intrent in justitiam Domini. Iniquitas* prima fuit Judaicæ nationis, ut prophetas ad se missos exstinguerent. *Apposita est* autem *iniquitas super iniquitatem ipsorum*, quando ipsum quoque Dominum nostrum Jesum Christum crucifigere maluerunt; quod in Evangelio colonorum et vineæ parabola dicta testatur: *Quidam habuit vineam, et sepe circumdedit eam* (Matth. XXI, 33), usque ad locum ubi ait: *Et ejicientes eum extra vineam occiderunt.* Sic enim dicitur, *Appone iniquitatem*, per tropicam locutionem, quemadmodum lectum est: *Induravit Dominus cor Pharaonis* (Exod. X, 20); non quia rem malam Dominus apposuit, sed quia fieri permisit, quod saluti multorum expedire judicavit. Additur pœna peccati, *ne intrent in justitiam* Domini, id est ne participes Christo fiant in illo regno justitiæ. Illi enim ad justitiam, hoc est ad regnum Domini perveniunt qui hic eam sereno mentis lumine contuentur. Quod perfidis accidere non potest, qui cordis obstinatione cæcati sunt. Vel sic, *Appone iniquitatem super iniquitatem ipsorum*, quoniam occiderunt prophetas et Dominum necaverunt.

Vers. 30. *Deleantur de libro viventium, et cum justis non scribantur.* Verba talia per tropicam locutionem de Deo dici frequenti lectione notissimum est. Nam *delere*, et *scribere*, et librum habere datum est homini causa memoriæ, ut quod mentis infirmitate retinere non poterat, adjumento scripturæ, cum res posceret, potuisset agnoscere. Sic enim et Moyses dicit ad Dominum: *Si huic populo non parcis, dele me de libro viventium* (Exod. XXXII, 32). Sed *liber iste*, Domini notitia est inviolabilis firmaque sententia. Dicitur ergo de Judæis: *Deleantur de libro viventium*, non quia scripti erant, sed quia scriptos esse judicabant. Ibi enim quod scribitur deleri non potest, quia totum in prædestinatione solidatum est; et nullus eventus mutare poterit quod illa providentia superna decrevit. Sequitur, *et cum justis non scribantur.* Idem ipse locutionis est modus, ut scribere dicat Deum, quod est in illa judicatione facturus, sicut in Evangelio dicit: *Sed potius in hoc gaudete, quia nomina vestra scripta sunt in cœlis* (Luc. X, 20). Hoc enim accidere negat eis qui non sunt, sicut titulus ait, piis satisfactionibus immutati.

Vers. 31. *Pauper et dolens ego sum, et salus* [ms., *salus tua*] *vultus tui, Deus, suscepit me.* Postquam Judæis quæ fuerant emersura prophetiæ prædicatione competenter optavit, venit ad quintam partem, ubi multis modis exponit a dispensatione incarnationis sui propositi sanctitatem. Dicit enim: *Pauper et dolens ego sum. Pauper*, sicut dicit Apostolus: *Qui pro nobis pauper factus est, cum esset dives, ut illius inopia nos divites essemus* (II Cor. VIII, 9). *Dolens*, quia, sicut Isaias dicit: *Infirmitates nostras ipse portavit, et pro omnibus doluit* (Isai. LIII, 4). Et quare dicit: *Ego sum*, cum multi pauperes sint dolentes? Sed ideo sibi hanc proprietatem deputavit, quia nemo alter hunc dolorem pro totius mundi culpa sustinuit. Sed hoc per figuram dicitur metriasmon, id est mediocritatem, quando rem magnam humiliato voto dejicimus; quod personæ Domini Christi frequenter aptatur. Sequitur, *et salus vultus tui, Deus, suscepit me. Suscepit* utique humanitatem omnipotens Verbum, quando mundum Deo reconciliare dignatus est. *Salus vultus tui*, forma unigeniti Filii, in qua æqualis est Patri; quæ salutaris recte dicitur, per quam fidelibus medicina confertur. *Suscepit me*, dicitur a parte qua minor est Patre, ut collocatus ad dexteram ejus, et paupertatem deponeret et dolorem.

Vers. 32. *Laudabo nomen Dei cum cantico, et magnificabo eum in laude.* Hoc bene potest intelligi ab his qui commutati sunt, id est a parte membrorum. *Laudat* enim in Ecclesia *nomen* Domini caput nostrum *cum cantico*, quando hymnica exsultatione fit adunatio magna fidelium. Ipse enim in nobis et laudat et magnificat, quod nos veraciter laudare cognoscit. Nam si nobis esurientibus esurit, si nobis sitientibus sitit, quemadmodum et nobis laudantibus non ipse collaudat?

Vers. 33. *Et placebit Deo super vitulum novellum, cornua producentem et ungulas.* Hic psalmodiæ virtus exponitur: quia multo acceptior est laus puro corde fusa Deo, quam potest pecudum *placere* mactatio. Iste enim prioris oblationis mos fuit, ut pro peccatis offerretur *novellus vitulus*. Significabat enim hæc victima innocentis ac novæ vitæ munera secutura, quæ defensionem haberet in cornibus, pedum vero munimen in ungulis, per quas sæculi istius aspera conversatione sanctissima calcaremus. *Producentem*, quod ait, *cornua*, illud significat, quia Christianorum populus per dies singulos virtute Domini semper augetur.

Vers. 34. *Videant pauperes et lætentur; quærite Deum, et vivet anima vestra.* Postquam dixit plus esse sacrificia laudis quam pecudum immolationes, convertitur ad pauperes, commonens ut debeant *lætari*, quando jam non in solis facultatibus oblatio posita est, sed in mentis affectu, ubi et *pauper* potest esse ditissimus. Nolite ergo, divites, gloriari, qui potestis habere vitulos cornua producentes et ungulas, quia Deus ista respuit, et mundissimum cor requirit, quod illi magis habent qui divitias vestras obnoxia mente non quærunt. Sequitur, *quærite Deum, et vivet anima vestra.* Pauperes monet ut escam mentis quærant, non corporis, et illum panem desiderent angelorum, unde potius anima saginetur. Respiciamus quod dicit, *vivet anima vestra,* dum et peccatorum *vivat anima.* Sed illud proprie *vivere* dicimus, quod in beatitudinis jucunditate consistit. Illud autem licet vivat, **232** mori juste putamus, quod perpetua tristitia et gravissimis doloribus oneratur.

Vers. 35. *Quoniam exaudivit pauperes Dominus, et vinctos suos non sprevit. Exaudiri* quidem *pauperes* gratanter audimus; sed qui sint isti *pauperes* diligentius inquiramus. *Pauperes* sunt Christi, sicut sæpe diximus, qui mundi istius divitias voluptatesque despiciunt, et eligunt indigentiam humanarum rerum, ut spiritualibus epulis farciantur. Hos *exaudiri* dicit *Dominus* Christus, qui indigentia mundi repleti sunt, et tanquam si totum possideant, sic paupertatis suæ securitate lætantur; sicut Apostolus monet: *Tanquam nihil habentes, et omnia possidentes* (II Cor. vi, 10). Nam quod dicit, *et vinctos suos non sprevit,* omnes quidem communiter vincti sumus lege peccati, et quibusdam compedibus irretiti, quos desideria humana perquirimus. Sed *Dominus vinctos suos non spernit,* id est qui ejus legibus vinciuntur. Ipsos enim liberat a laqueis carnalibus, quos suis regulis connexos agnoverit.

Vers. 36. *Laudent eum cœli et terra, mare et omnia quæ in eis sunt.* Datur magnarum rerum brevis et absoluta sententia, ut in cœli commemoratione omnia eum debeant laudare cœlestia, terræ quoque terrestria, maris universa natantia. Et ut fieret perfecta conclusio, dictum est, *et omnia quæ in eis sunt.* Sic ad Domini laudes invitatur quidquid creaturarum esse cognoscitur; sic et Apostolus complectitur dicens: *Ut in nomine Jesu omne genu flectatur cœlestium, terrestrium et infernorum, et omnis lingua confiteatur quia Dominus Jesus Christus in gloria est Dei Patris* (Philip. ii, 10).

Vers. 37. *Quoniam Deus salvam faciet Sion, et ædificabuntur civitates Judæ; et inhabitabunt ibi, et hæreditate acquirent eam.* Quale opus sit Domini in Ecclesiæ suæ constructione, ex laudum ipsarum magnitudine potenter advertitur, quando cœlum, terra, mare, et omnia quæ in eis sunt, laudare Dominum commonentur, quia *salvam faciet Sion,* quæ hic multis persecutionibus, multis fatigatur angustiis. *Sion* enim Jerosolymitano templo cohæret, parvus omnino colliculus, sed nominis qualitate grandescens; significat enim speculationem, qua sola respicitur Deus, in qua diriguntur corda fidelium, et omnium creaturarum rationabilium una felicitas, si Dominum contemplentur auctorem. *Ædificatæ sunt* enim *civitates Judæ,* quando Ecclesia catholica per humilitatem piam toto orbe diffusa est. Non enim in ædificiis parietum gaudet Dominus, qui sunt utique vetustate perituri; sed fidelium devotione, hoc est lapidibus vivis, unde Jerusalem futura construitur. Et bene dictum est, *civitates Judæ,* id est Domini Salvatoris, qui ex origine *Judæ* carnis propagatione descendit; sicut de ipso legitur: *Vicit Leo de tribu Juda* (Apoc. v, 3). Sed ne tantum *civitates,* non etiam habitationes futuras adverteres, dicit, *et inhabitabunt ibi;* quod est proprie fidelium *inhabitare,* ubi constanter mentis puritate versantur. Hanc autem Ecclesiam hic habitant Christiani. *Hæreditate* vero *acquirent eam,* quando ad Jerusalem illam æternam Domini miseratione pervenerint. *Hæreditas* enim ipsa est quæ, sicut jam dictum est, non morte, sed testatore in æternum vivente præstabitur.

Vers. 38. *Et semen servorum ejus possidebit eam, et qui diligunt nomen ejus inhabitabunt in ea.* Terminum psalmi istius promissio beata concludit; sed quantum grande est præmium, tantum adhibere intelligentiæ debemus adnisum. *Semen* hic operam sanctam, non carnis progeniem debemus accipere. Nam illos reprobatos constat esse, qui se ex Abrahæ descendere gloriabantur origine, quibus dictum est a Domino: *Si filii Abrahæ essetis, opera Abrahæ fecissetis* (Joan. viii, 39). Quod si *semen* bonos actus, ut in multis locis dictum est, velimus advertere, integra nobis poterit constare sententia. Nam quicunque imitatores eorum sunt, qui Deo factorum probitate placuerunt, ipsi *possidebunt* futuram terram, quæ nullo jam fine mutanda est; regnum scilicet Domini, quod sanctis suis fideliter pollicetur. Et ne forsitan *semen* istud detraheres ad carnis originem, unde Judæi maxime gloriantur, præceptum addidit generale : *Et qui diligunt nomen ejus inhabitabunt in ea.* Ipsum est enim quod superius dixit, *semen servorum*, quod hic, *qui diligunt nomen ejus. Inhabitabunt in ea*, dixit, perpetua felicitate potientur. Terra, quæ jam non spinas tribulosque producit, quæ homines labore non pascit, quæ venena non parturit, quæ nunquam suos incolas perdit, quæ non vicissim sole atque astris, sed quod est felicius, jugiter de proprio auctore lucebit. Et nota quod ordine suo psalmus iste conclusus est. Primum quod ex persona Domini Christi prolatus est. Deinde inchoavit ab oratione. Tertio passionis dominicæ gesta memoravit. Quarto verbis Evangelii assona veritate consensit. Quinto in spe fidelis populi dicta conclusit. Sic quartus iste psalmus est qui passionem Domini prædicta lege prophetavit.

Conclusio psalmi.

Audivimus psalmum cœlesti dispensatione mirabilem, ubi quanta est in divinitate potestas, tanta in humanitate constat humilitas. Assumpsit sanctum Verbum naturam nostræ imbecillitatis, sicut titulus ait : *Pro his qui commutabuntur;* ut per indebitam mortem suam liberaret nos a morte justissima. Intravit erebi [*ms. A.*, ærea] claustra; ut panderentur inferna. Victus est interitus Salvatoris adventu, et perpetuas tenebras jure perdidit, postquam æternum lumen accepit. Debellavit diabolum per humanam naturam, quam tenebat obnoxiam; et per imbecillitatem carnis superatus est fortis, quando supra universas rationabiles creaturas extulit quod omnibus spiritualibus infirmius fuit. *Cui enim dixit angelorum*, sicut Apostolus ait, *Sede a dextris meis* (*Hebr.* 1, 13)? Nam quælibet alia natura non est unita Christo, sed sola carnis nostræ glorificata susceptio. Revera omnipotens, revera misericors, qui damnata beavit, perdita restituit, obnoxia liberavit, miserias nostras a nobis fecit alienas, et præstitit hominem per suam mortem vivere, quem creatum immortalem diabolus fecerat interire. Concede, omnipotens Deus, ut qui pro nobis carne dignatus es pati, dones nobis quod coronare digneris.

233 EXPOSITIO IN PSALMUM LXIX

In finem David, in rememorationem quod salvum me fecit Dominus.

Finis et *David*, ut sæpius dictum est, significant Dominum Salvatorem, ad quem diriguntur hæc verba fidelium ; quia totus hic psalmus ex persona martyrum dicitur, qui varia quidem persecutione laborabant, sed spem fixam habere in Domino minime desinebant. Adjectum est, *in rememorationem*. Duobus enim modis memores sumus, cum peccatorum recordatione supernam justitiam formidamus, et iterum dum concessa beneficia purissimo corde retinemus. In trigesimo septimo itaque psalmo, ubi hæc verba posita sunt, metus est futuri judicii, et recordatio peccatorum ; hic autem spes liberationis, et futuri præmii promissa securitas sustinetur. Nam ut hanc recordationem ostenderet, adjecit, *quod salvum me fecit Dominus* ; ut non de metu hæc memoria, sed de accepto beneficio probaretur esse concepta. Congruum quippe fuit, ut quoniam in superiori psalmo passionem suam narraverat Dominus Christus, spemque resurrectionis addiderat, post caput suum similiter et membra loquerentur, quatenus et passiones suas fideles ediceret, et spem votivæ resurrectionis assumerent.

Divisio psalmi.

Martyrum confessorumque populus, qui multiplici quidem, sed felici clade laborabat, prima positione Dominum deprecatur ut a persequentium periculis liberetur, et irrisiones eorum irritas faciat; quatenus conversi, dicta sua salutariter erubescant. Secunda parte supplicat ut magnificans Dominum exsultet turba fidelium, quoniam ipse pauperes et egenos suos juvare et liberare dignatur.

Expositio psalmi.

Vers. 1. *Deus, in adjutorium meum intende; Domine, ad adjuvandum me festina.* Pia confessio initium sumit a Domino, unde novit periclitantibus venire præsidium. Et ut ærumnas suas beatissimorum martyrum cœtus ostenderet, dicit, *in adjutorium meum intende*. Tunc enim *adjutorium* poscimus, quando periculis subjacemus ; ut aliquo remedio sublevati, calamitates diversarum possimus vincere passionum. *Intende*, dicit, propitius respice ; quia omnia Dominus, etiam cum non rogatur, agnoscit. Sed mos iste periclitantium est, ut ita liberari credant, si se a Domino respici posse cognoscant. Et ne longius protraheretur beneficium quod sciebat venturum esse, adjecit : *Domine, ad adjuvandum me festina.* Sic dicitur, *festina*, quasi misericordia divina tardaret, et per moram adventus ejus fierent tormenta graviora. *Festina* ergo dicit *Domino*, qui festinabat de hujus sæculi clade liberari. Nam illi conjuncta est voluntas et accelerata perfectio, dum omnia Creatori serviunt, quoniam ejus imperio cuncta famulantur. Sic in uno versiculo multa conclusa sunt. Quæ figura dicitur epitrochasmos, id est dicti rota tio, cum ea quæ latius sentienda sunt, breviter explicantur. Sed non sequendus in omnibus generaliter hunc locum facundissimus Cassianus (in decima collatione (*Cap.* 10) plurima de ejus utilitate disserens) tanto honore concelebrat, ut quidquid monachi assumpserint, sine hujus versiculi trina iteratione non inchoent. Quem repetita sæpius laude congeminans, nimis utilem probat esse ejus memoriam.

Vers. 2. *Confundantur et revereantur inimici mei, qui quærunt animam meam ; avertantur retrorsum et erubescant qui cogitant mihi mala.* Imitator capitis sui populus martyrum, emendationem inimicorum suorum expostulans, dicit: *Confundantur et revereantur inimici mei. Confundi* est, quando voluntates suas iniqua conscientia studio veritatis agnoscens, de facti sui perversitate turbatur. *Revereri* est, quando justitiam læsam nostra operatione cognoscimus, et pro his rebus pœnas nos incurrere formidamus. Quod illis accidit qui, perversitate damnata, ad pietatem Domini conversionis studio redire festinant. Sequitur, *qui quærunt animam meam*. Bene singulari numero *animam* suam posuit turba fidelium, quibus est (sicut Scriptura dicit) *anima et cor unum* (*Act.* IV, 32). *Quærebant* ergo *inimici animam* fidelium non ad venerationem, sed ut satisfacientes odiis suis eam a corpore suo segregarent. Quod factum est in martyrum passionibus, quando eos trucidabat persecutor infensus. Legitur et in bono, *quæri*, sicut est : *Periit fuga a me, et non est qui requirat animam meam* (*Psal.* CXLI, 5). Et quia hoc verbum homonymum est, addidit, *ut auferant eam*; quatenus istud in malum positum intelligere debuisses. Subjunxit, *avertantur retrorsum et erubescant qui cogitant mihi mala*. *Avertitur retrorsum* qui (sicut sæpe dictum est), a prava cogitatione discedens, Domini jussa subsequitur. Sensus ergo talis est : *Qui cogitant mihi mala*, hanc retributionem suscipiant, ne in sua iniquitate persistant. O pia sanctorum, etiam ipsa quæ putatur adversitas! Melius optabant inimicis quam sibi ipsi petere videbantur in prosperis constituti.

Vers. 3. *Avertantur statim erubescentes, qui dicunt mihi : Euge, euge.* Prioris sensus excultio est, ut a suo proposito erubescentes, velociter compellantur abscedere, qui falsis laudationibus cognoscuntur fidelissimos increpare. *Euge* enim sermo laudantis est; sed hic sub ironia, id est sub irrisione dictum adverti debet, quoniam ab inimicis videtur esse prolatum. Sive illos increpat qui afflictiones martyrum pœnasque collaudant, et non ad auctoris gloriam referunt quod eis est larga pietate concessum. Nam utrumque vitiosum est, aut alienis calamitatibus illudere, aut homines de sua possibilitate laudare.

Vers. 4. *Exsultent et lætentur in te omnes qui quærunt te, Domine, et dicant semper : Magnificetur Dominus, qui diligunt salutare tuum.* Postquam de persequentium iniquitate et conversione locutus est, secunda positione deprecatur ut *exsultent et lætentur omnes qui diligunt* Dominum Christum. Illis enim confusio et verecundia, istis exsultatio et lætitia perennis optatur; sicut in Evangelio Dominus dicit : *Et ibunt hi in supplicium æternum, justi autem in vitam æternam* (*Matth.* XXV, 46). Sed hunc veracis lætitiæ modum competenter insinuat. Dicendo enim, *in te*, fatetur caducam esse lætitiam quæ humana præsumptione gloriatur. Adjunctum est, *omnes qui quærunt te, Domine*, non suis viribus, sed tua pietate requisiti. Nam ut te quæreret genus humanum, tu illud de cœlo prospiciens misericorditer inquisisti; ipse enim ad nos venit, ut ad illum redire mereremur. Isti tamen qui *Dominum quærunt*, quid debeant dicere salutariter admonentur, id est, *dicant semper : Magnificetur Dominus.* Semper, continuum tempus ostendit, quia nunquam debet a laude Domini cessari. Et ut nobis sensus ipse manifestius elucescat, verborum ordo reddendus est; hoc est : *Dicant semper qui diligunt salutare tuum : Magnificetur Dominus.* Intelligamus hoc verbum ab humana consuetudine fuisse mutuatum. *Magnificatur* enim ille qui laudibus crescit, qui bona opinione grandescit. Cæterum Deus non habet incrementum, quia ipse in se totus, singularis, et ineffabilis intelligitur plenitudo; nec aliunde potest crescere, qui consuevit creaturis omnibus incrementa præstare. Sed magnificando, nos inde proficimus, et cum laudes Deo sancta mente persolvimus, nostra conscientia semper augetur.

Vers. 5. *Ego vero egenus et pauper sum; Deus adjuvat me : adjutor meus et liberator meus es tu, Domine : ne tardaveris.* Turba fidelium cum dominicæ passionis imitaretur exemplum, ipsa quoque verba ejus ad suam transtulit psalmodiam. Dicit enim ex persona sua Dominus in alio psalmo : *Ego vero egenus et pauper sum; Dominus curam habet mei* (*Psal.* XXXIX, 18); sicut et hic dictum est a persona beatorum. Sed dum dicit : *Ego vero egenus et pauper sum*, significat illos divites fuisse mundanos, de quibus dicit : *Confundantur et revereantur inimici mei, qui quærunt animam meam.* Sed videamus, cum sit cœlesti thesauro ditissima, ubique se egenam et pauperem dicit gloriosa paupertas; utique, quia mundanas copias non habet, et intus, ubi est dives, semper ambit, semper desiderat, semper accipit; sicut Apostolus dicit : *Fratres, ego me non arbitror apprehendisse* (*Philip.* III, 13); et iterum : *Si quis existimat se scire aliquid, necdum cognovit quemadmodum eum oporteat scire* (*I Cor.* VIII, 2). Vides merito dici tales egenos, tales pauperes, qui continue acquirere gratiam Divinitatis exoptant. Egeni enim sumus quando jugiter indigemus; *pauperes*, dum semper ad beneficia ipsius avida mente properamus. Sequitur, *Deus adjuvat me*, id est in tribulatione mundana, ubi cum vitiorum adversitate pugnamus, ubi et spiritus immundos hostes patimur, et Domini miseratione liberamur. Addidit utrumque conjunctum; ut *adjutor* sit Dominus in necessitatibus, et de hac sæculi clade *liberator.* Et intende quia dicit, *tu, Domine*, ut tota spes nostra ad eum debeat fixa respicere. Sequitur, *ne tardaveris.* Periclitantium mos est tardum judicare, quamvis celerrimum præstetur auxilium. Ille enim competenter et mensurate facit omnia; sed nos tardum putamus, quod desiderio magno requirimus.

Conclusio psalmi.

Totus hic psalmus cœlestis philosophiæ luce resplendet; est enim morali probitate formatus : petens in afflictionibus remedium, et inimicorum saluberrimam confusionem; ut erubescentes mala sua deserant, qui pravis actibus obsecundant. Deinde bonorum lætitiam et æterna gaudia compromittit, et quod est in afflictione summa præsidium, celerrime Dominum venire deprecatur, qui hujus mundi prægravantes angustias adventus sui visitatione submoveat. Illo enim viso, diaboli corruit superbia, quæ olim impia dominatione regnabat. Religatus est qui mundum peccatorum vinculis illigabat; et eousque Domini virtute perductus est, ut nunc sanctos paveat, qui pridem humano generi nequissimus imperabat. Unde desideranter et sæpe dicendum est: *Adjutor meus et protector meus es tu, Domine: ne tardaveris.*

EXPOSITIO IN PSALMUM LXX.

David psalmus, filiorum Jonadab, et priorum captivorum.

David et *psalmus* assidua iteratione notissima sunt. Quod autem dicit, *filiorum Jonadab, et priorum captivorum*, virtutem psalmi per historicas causas insinuat, in vestibulo monens, quod in penetralibus inquiratur. Jeremias enim propheta refert (*Jer.* VIII, 9) Jonadab fuisse Dei sacerdotem, qui filiis suis præcepit in templo degere, et probabili se sobrietate tractare; quod eos constat fecisse, et obedientiæ suæ apud Deum magnam gratiam comperisse; qui nunc pro fidelibus ac devotis ponuntur. Nam et ipsum nomen indicat causam. *Jonadab* quippe interpretatur Domini spontaneus, id est, qui Deo incoacto desiderio serviebat, sicut scriptum est: *Voluntarie sacrificabo tibi* (*Psal.* LIII, 8). Sequitur, *et priorum captivorum*. Hanc historiam Regum textus enarrat. Nam cum Israeliticus populus divina mandata contemneret, primæ, secundæ, et tertiæ captivitati decretus fuerat subjacere. Sed ut agnoscens ad supplicationem Domini correcta mente remearet, antequam prima captivitas proveniret, per prophetam eis hoc malum denuntiavit esse venturum. Sed illi consueta nequitia in sua obstinatione manserunt. Isti ergo nunc in loco contumacium ponuntur, qui frequenter admoniti corrigere noluerunt. Commonemur ergo in hoc titulo ut devotionem habeamus *filiorum Jonadab*, non contumaciam Judæorum, qui captivi esse meruerunt. Psalmus enim totus ad hominem pertinet fidelem qui mundi spem renuens, in Domino pura devotione confisus est: gratiam divinitatis tota nobis intentione commendans, per quam peccatorum nostrorum nexibus possimus absolvi.

Divisio psalmi.

Per figuram ethopœiam introducitur persona generalis, quæ peccatorum captivitate liberata divinis mandatis adhærebat: prædicans nobis Christi Domini eximiam charitatem, quæ nullis meritis præcedentibus gratis semper impenditur. Hæc in prima parte psalmi ab humanis iniquitatibus jugiter se petit debere liberari, ut Domino gratias referre mereatur. Secundo loco supplicat ne in senectute ejus beneficiis privetur, cujus auxilio in juventute protecta est. Tertio loco dona ejus enumerans, jugiter se agere gratias pollicetur.

Expositio psalmi.

Vers. 1. *Deus, in te speravi; Domine, non confundar in æternum.* Hic iterum hypothetici syllogismi facies nobis decora subridet eo modo. Si, Deus, in te speravi, Domine, non confundar in æternum: at tamen, Deus, in te speravi; igitur non confundar in æternum. Nunc quæ sequuntur, Domino juvante, tractemus. Eligitur quidam fidelium, qui et primis temporibus fuit, et in præsenti esse non desinit, et usque ad finem sæculi perfecta in Domino mentis soliditate consistit. Hic totam spem suam in Domino ponens, gratiæ nobis divinæ sacramenta commendat, ne false in nobis præsumentes, muneris ejus prosperitate vacuemur. Intelligamus quid est, quod se petit *non confundi in æternum*; scilicet in illa judicii retributione ubi *confundi* omnino pœnale est. Hic enim frequenter prospere *confundimur*, quando a pessima intentione revocamur, et in bonam partem traducti probabiliter erubescimus, qui pridem de nostro scelere gaudebamus. Præmisit ergo causam quare *confundi* non debeat *in æternum*, scilicet quoniam *speravit in Domino*.

Vers. 2. *In tua justitia libera me, et eripe me. inclina aurem tuam ad me, et libera me.* Cum dicit: *In tua justitia*, misericordiam petit divinam; illius quippe est justitiæ parcere supplicanti. Sic enim æquitati ipsius placitum est homini remittere, qui sua noscitur facta damnare. *Libera* ab imminentibus periculis dicit; *eripe* a potestate diaboli, ne cum eo sub æternitate damnetur. Cum enim dicit, *inclina*, humilem se jacere profitetur: quia nisi divina gratia ad hominem se liberandum inclinaverit, ad illam misericordiam suis meritis non potest pervenire quam cupit. Non est enim cujusquam meritum, quod ad illum attingat, nisi ipse misericors ad peccatores pronus adveniat.

Vers. 3. *Esto mihi in Deum protectorem, et in locum munitum, ut salvum me facias: quoniam firmamentum meum et refugium meum es tu.* Potest aliquis, nisi bene inspiciatur, offendere, quod supra protectionem divinam munitum locum noscitur addidisse: quasi vero locus defendat, quem virtus superna non vindicat. Sed prima sententia rogat ut ab inimicis spiritualibus ejus anima protegatur; deinde petit etiam corporis sospitatem, quæ ab inimicorum telis ac gladiis loco munitissimo vindicatur. Metaphora a castellis tracta, quia tunc adversarios evadimus, quando locis munitissimis vindicamur. Sed locus iste divina protectio est, sicut in alio psalmo dicit: *Sub umbra alarum tuarum protege me* (*Psal.* XVI, 9). Quando enim cum Christo sumus, nullas diaboli insidias formidamus; quoniam fraudatur nequissimus ille proprio voto, ubi est divina defensio. Et vide sua suis quam pulchre sunt reddita. *Firmamentum* pertinet ad *protectorem*; *refugium* ad *locum munitum*. Quæ duo merito sibi a Domino venire credidit, quia nihil suis viribus applicavit. Æstimo hic et aliud sentiendum, ut *firmamentum* in hoc sæculo Dominus dicatur, ubi et patientia quæritur; *refugium* in illa beatitudine æterna ubi jam aliquod periculum non timetur.

Vers. 4. *Deus meus, eripe me de manu peccatoris, et de manu contra legem agentis et iniqui.* Clamat homo ille generalis (quia captivus fuerat lege peccati: sed per divinam gratiam se confidebat absolvi) ut *eripiatur a potestate noxia peccatoris*, qui semper illud affectat facere quod nec divinæ legi, nec æquitati certum est convenire. Sed quia *peccatorem* universaliter dixerat, nunc eum partibus duabus exponit dicens : *De manu contra legem agentis et iniqui*. Contra *legem* agit qui accepta lege facit contra regulas mandatorum : ut sunt Judæi, qui inter reliquas gentes legem suscepisse noscuntur. *Iniqui* vero sunt pagani, quamvis et Judæi, qui nulla Domini lege refrenantur, sed more ferarum faciunt quodcunque libuerit. Sic omnem peccatorem duabus his partibus probatur amplexus. Ita et Apostolus loquitur de genere utroque peccantium : *Qui sine lege peccaverunt, sine lege peribunt ; et qui in lege peccaverunt, per legem judicabuntur* (Rom. II, 12).

Vers. 5. *Quoniam tu es patientia mea, Domine ; spes mea a juventute mea.* Dicit quapropter *de manu peccatoris eripi* debuisset ; scilicet, quia *patientia* ipsius *Dominus erat* ; ut cum ad ipsum intenderet, et per eum se salvandum crederet, omnia libenti animo sustineret. *Patientia* est enim honestatis aut utilitatis causa, rerum arduarum ac difficilium voluntaria et diuturna perpessio. Sequitur, *spes mea a juventute mea*. Præmisit *patientiam*, et *spes* ejus digne secuta est ; sicuti et Apostolus dicit : *Tribulatio patientiam operatur, patientia probationem, probatio autem spem* (Rom. v, 3, 4). Prius est enim, ut cum Dei gratia per *patientiam* probemur, et tunc illam fructuosam *spem*, ipso donante, habere merebimur. Nam quod addidit, *a juventute mea*, illam ætatem significat in qua Domino credidit. Nam quocunque tempore ad ipsum veniatur, merito *juventus* nostra dicitur, quia in ipsa plenissimo robore solidamur. Sive illud, *a juventute mea*, significat ex quo cœpit contra diaboli pugnare versutias. Ipsa enim ætas est quæ ad certamen dirigitur, et ad colluctationes arduas aptissima vivacitate præparatur.

Vers. 6. *In te confirmatus sum ex utero ; de ventre matris meæ tu es protector meus : in te cantatio mea semper.* Hunc versum paulo sollicitius perscrutemur, ne nobis aliqua obviare possit absurditas. Dixit enim : *Spes mea a juventute mea*. Nunquid confirmatio ejus in Deum esse potuit, quando in materno utero nulla fultus ratione vegetatus est, maxime cum legatur : *Ecce enim in iniquitatibus conceptus sum, et in delictis peperit me mater mea* (Psal. L, 7)? Sed hic *uterum* sanctæ matris Ecclesiæ debemus accipere, ubi primum fidei rudimentis concipimur, deinde ex aqua et Spiritu sancto generamur. Tunc enim confirmatio nostra potest esse Dominus, quando ad eum fidei munere venerimus. Addidit, *tu es protector meus* ; utique, quoniam adversus 236 diaboli nequitias ipse nos protegit ac defendit ; et in hoc mundo præstat evadere, ne peccatis possimus onerantibus interire. Sequitur retributio præmiorum, ut sicut semper beneficia, ita et psalmodia debeat esse continua. Nam si tempus a muneribus non vacat, quare se quispiam ab ejus glorificatione suspendat? Significat enim et præsens sæculum et futurum. Hic enim illi pro liberatione cantamus, ibi autem gratias pro æterna remuneratione peragimus. Ita fit ut Dominus laudari semper debeat, quia continuum est omne quod præstat.

Vers. 7. *Tanquam prodigium factus sum multis : et tu adjutor fortis.* Prodigium in hoc sæculo fit fidelis, quando alia sectatur quam potest amare peccantium multitudo : quærunt illi divitias, iste pauperiem ; quærunt illi epulationes, iste jejunia ; quærunt denique illi gaudia, iste tristitiam. Quemadmodum ergo non potest videri *prodigium*, qui se contra multorum cognoscitur tractare consensum? Hoc est quod oratores humile [ed., humilis] causæ genus esse dixerunt, quod sic contemptibile creditur, ut portentum potius æstimetur. Sed negligendæ sunt humanæ imputationes, quando divinæ nobis probantur favere virtutes. Caducum est enim omne contrarium, ubi *adjutor* probatur esse fortissimus. Sed cum dicit, *adjutor*, admonet ut, Dei gratia suffragante, nos quoque ad bonum niti et contendere debeamus, ne divinis beneficiis inveniamur adversi.

Vers. 8. *Repleatur os meum laude tua, ut possim cantare gloriam tuam, tota die magnificentiam tuam.* Dixit hactenus humano generi quam diversa beneficia contulisset, nunc quoque et hoc petit a Domino, ut possit ei gratias agere competenter. Nam si ille *os nostrum* non *repleat*, nec lingua movetur, nec desideria honesta flammantur. Magna (si consideremus) nostra felicitas est totum petere, nec petendo semper horrere. Creator noster inde magis offenditur, si a pia supplicationis importunitate cessetur. Sequitur causa cur *repleri* desideraverit *os suum laudibus* Christi, scilicet, *ut possim cantare gloriam tuam*. *Gloria* est multorum ore celebrata laudatio. Sed huic bono addidit perpetuitatem ; nam cum ponit, *tota die*, nunquid noctibus a laudibus Domini dicit esse cessandum, maxime cum se illo tempore laudibus Domini catholica consoletur Ecclesia? Tunc enim vespertini, tunc nocturni, tunc matutini peraguntur, cum populus fidelis invigilat. Sed dicendo diem, conclusit et noctem ; sicut et in Genesi legitur : *Factum est vespere, et factum est mane dies unus* (Gen. I, 5). Quæ figura dicitur synecdoche, id est a parte totum. *Magnificentiam* vero dicit, quia magna præstitit, ut aurem suam ad humilem inclinaret, ut protegeret periclitantem, ut eriperet de manu peccatoris, ut eam confirmaret ex utero, et de ventre matris protegere decrevisset. Sic uno *magnificentiæ* nomine prædictorum beneficiorum laus cuncta conclusa est.

Vers. 9. *Ne projicias me in tempore senectutis ; cum defecerit virtus mea, ne derelinquas me.* Venit ad secundam partem, in qua vehementius supplicat *ne tempore senectutis suæ projiciatur* a Domino, quando fessa virtus corporis plus indiget adjuvari. Sed hanc senectutem non solum ætatem finitimam debemus accipere, sed etiam cum tribulationibus crebris atque martyriis robur animæ consenescit. Hoc enim signilicat, *cum defecerit virtus mea*, id est quando patientiæ firmitas quassata mollescit, nec sustinere potest viribus suis onus tribulationis impositum. Tunc ergo se petit non debere *derelinqui*, quia cum ipso totum poterat sustinere.

Vers. 10. *Quia dixerunt inimici mei mihi, et qui custodiebant animam meam consilium fecerunt in unum.* Redditur causa cur ad subveniendum pietas Domini debeat provocari : quoniam debilitate captata insidiantium fervor accensus est, dum credunt facile decipi, a quo non potest defectis viribus obviari. Et ne crederentur leves *inimici* animæ suæ, dicit adversus eos *qui custodiebant* eum, ad decipiendi scilicet studium, non ad salutis votum. Sequitur, *consilium fecerunt in unum*. Truculentior semper est inimicorum adunata collectio, et quod non dividitur, gravius uno fasce portatur. Nam cujusmodi sit istud *consilium* subsequenter exponit : ait enim :

Vers. 11. *Dicentes : Deus dereliquit eum; persequimini, et comprehendite eum, quia non est qui eripiat eum.* Hoc est quod vir ille fidelissimus sive in afflictionibus positus, sive in senili ætate metuebat. Hostes enim carnales mundana potius contuentes, cum viderint hominem crebra calamitate fatigatum, credunt a *Deo desertum*, qui divinam putant gratiam in solis corporeis viribus constitutam. *Persequimini eum*, dixerunt, quia fugere non poterat. *Comprehendite*, quia reluctari violentissimis non valebat. Ex eo enim a Domino *derelictum* arbitrati sunt, quia eum truculentiæ suæ traditum esse senserunt. Quod quidam et Domino Salvatori applicandum esse putaverunt. Sed decentior ordo est dictionis : ne personam quam in medium deduximus, incongrua subito varietate mutemus. Sequitur, *quia non est qui eripiat eum*. Dementes prorsus, qui hoc æstimabant potius quod videbant, quasi Deus deserat præmiis, quos exponit injuriis, et non magis coronare velit, quos probari debere permittit. Sic deliberat qui ad oculum judicat. Negavit præsentem Dominum qui fidelibus suis visuale venire non putavit auxilium, dum credidit non existere quem arbitrabatur humanis conspectibus non adesse.

Vers. 12. *Deus, ne elongeris a me; Deus meus, in adjutorium meum respice.* Humana putat infirmitas elongare Deum, quando ei venire tardat auxilium. Ille enim nec motu progreditur, nec de loco ad locum transfertur; sed omnia ineffabiliter replens, universa voluntatis suæ virtutibus administrat. Petit ergo ne gratia ejus ab ipso discedat, et gravioribus iniquorum exponatur insidiis. Addidit, *Deus, in adjutorium meum respice*. Quia se noverat affligendum, orat ut per adjutorium Domini ei digna patientia tribuatur. Nam quem ille adjuvat, malorum contritione non deficit; sed tunc spe potius erigitur, quando tribulationum fasce prægravatur.

Vers. 13. *Confundantur et deficiant detrahentes animæ meæ; operiantur confusione et pudore qui quærunt mala mihi.* Venit ad increpationes saluberrimas, quales catholica facere consuevit Ecclesia. *Con-*

fundantur enim dicit, cum tua viderint disposita non mutari. *Deficiant detrahentes animæ meæ*, id est obloquentes inaniter, qui institutum rectum mordacibus derogationibus solent oblatrare. Admonet enim tales patientiæ virtute superari, quos tantum præcepit sustinere, ut ipsi magis in suis oblocutionibus deficere videantur; quatenus saltem cessent sua nimietate fatigati, si nequeant desinere ratione convicti. Sequitur, *operiantur confusione et pudore*. Pulcherrimis verbis depingitur iniquorum ventura correctio. *Operiantur* dixit, quasi quodam velo roseo verecundiæ eorum facies obtegantur; quod solet accidere his qui actiones pristinas vita meliore condemnant. Addidit, *qui quærunt mala mihi*, sicut illa mulier periclitanti Job proprio viro dicebat : *Dic verbum in Deum, et morere (Job* II, 9). Quod pravi solent facere suasores, qui blandimento salutis carneæ occulto vulnere animas videntur impetere.

Vers. 14. *Ego autem semper in te sperabo, et adjiciam super omnem laudem tuam.* Decursa emendatione, quam peccatoribus deprecatus est accidere, ad suam delectationem bonumque convertitur; ut sicut illi de divina potentia desperabant, ita iste *sperare* se *semper* dicat in Domino. Quæ figura dicitur syncrisis, id est collatio, quando quis meliorem causam suam quam adversarii esse demonstrat. Sequitur, *et adjiciam super omnem laudem tuam.* Hoc plane nisi diligentius intueamur obscurum est. Nam quamvis divinis laudibus nihil possit adjici, quando augmentum non recipit admiranda perfectio, tamen est quod ab hominibus possit nova prædicatione celebrari. Nam cum dixero Verbum Patris fecisse cœlum et terram et omnia quæ in eis sunt, perfecta Dominum devotione laudavi. Sed cum adjunxero incarnatum esse pro salute cunctorum, adjeci cumulum laudibus plenis. Sic enim inferiora testantur, quod ista laudis adjectio ad incarnationem omnipotentis Verbi absolute pertinet.

Vers. 15. *Os meum pronuntiavit justitiam tuam, tota die salutare tuum : quia non cognovi negotiationes. Justitia* Patris Salvator est Dominus, quem se *pronuntiaturum* gentibus pollicetur. Et ne forte aliam crederes esse *justitiam*, addidit *salutare tuum*. Quid enim aliud denuntiare potuit fidelis, nisi unde fides Christiana surrexit? unde Ecclesiæ in toto orbe fertiles pullularunt? unde salus mundi gloriosa incarnatione provenit? *Tota* vero *die* (sicut sæpe dictum est) continuum tempus ostendit. Sequitur, *quia non cognovi negotiationes.* Pars ista versus, nisi bene requiratur, recipere cognoscitur quæstionem. Nam si omnis negotiator omnino damnandus est, nec illi hanc pœnam refugiunt, qui artes reliquas exercere noscuntur. Quid est enim aliud *negotiatio*, nisi quæ possunt vilius constare [*ed.*, comparari], carius velle distrahere? Deinde in vitas Patrum Paphnutium illum sanctissimum virum per revelationem negotiatori legimus comparatum, et invenimus hodieque in Ecclesia Dei tractantes quidem mercimonia, sed summa fide pollentes. Actus enim pessimus, non res honesta damnatur; sicut et divitem legimus non introire in regnum cœlorum, cum tamen Job, Abraham, Isaac, Jacob, patriarchæ facultatibus quoque fuerint affluentes. Negotiatores ergo illi abominabiles æstimantur, qui justitiam Domini minime considerantes, per immoderatum pecuniæ ambitum polluuntur, merces suas plus perjuriis onerando quam pretiis. Tales Dominus ejecit de templo dicens : *Nolite facere domum Patris mei domum negotiationis, speluncam latronum* (Joan. II, 16). Ergo sensus iste taliter complectendus est, ut putamus : *Os meum pronuntiavit justitiam tuam, quia non cognovi negotiationes*, illas scilicet quæ malis actibus inquinantur.

Vers. 16. *Introibo in potentiam Domini; Domine, memorabor justitiæ tuæ solius.* Potentiam homines æstimant per negotiationes acquirere, et in hoc mundo fieri præminentes. Iste beatus, neglecto tali proposito, *introire se dicit in potentiam Domini*, id est ad regna cœlestia, ubi revera pervenisse certa felicitas est. *Introibo* autem dixit, ut ostenderet Jerusalem supernam clausam perfidis, apertam esse fidelibus. Et quid ibi facturus sit subsequenter enarrat : *Domine, memorabor justitiæ tuæ solius;* illo scilicet tempore cum agnos sequestrat ab hædis, cum totos gentium populos momentanea æquitate discernit, cum impios in gehennam, fideles mittit in requiem sempiternam. Tunc enim vere memor erit justitiæ solius Domini, quoniam eam et mirabilem, et singularem esse cognoscit.

Vers. 17. *Deus, docuisti me a juventute mea; et usque nunc pronuntiabo mirabilia tua.* Juventutem diximus debere accipi ex quo cœperit homo ad divinam gratiam pervenire, quia tunc animæ viribus firmus, tunc incipit esse robustus. *Docuisti* autem, sive ad libros pertinet divinos, sive ad infusam cœlitus fidem. Et ne tantum hanc scientiam in primordiis crederes acquisitam, dicit, quod beatis mentibus solet accidere; *et usque nunc*, ut per spatia temporum ejus doctrina crevisse videretur. Sequitur, *pronuntiabo mirabilia tua*. Utique *mirabilia* fuerunt, ut doceretur indoctus, ut ex perfido fieret devotus, ut ex peccatore justissimus. Hæc ergo se prædicaturum esse pronuntiat, quæ in ipso fecerat divina clementia.

Vers. 18. *Et usque in senectam et senium, Deus, ne derelinquas me : donec annuntiem brachium tuum generationi.* Apud Græcos duo nomina ista diversa sunt; *senectam* gravitatem vocant, *senium* ætatem finitimam. Sed quia Latinitas hæc duo dissonantia sibi non habuit, hic ætates duæ, quasi simili nomine nuncupantur, id est, *senecta et senium*. Sensus ergo talis est, ut quia se dixerat a juventute sua doctum, ut solam Domini justitiam prædicaret, nunc petit ut neque in matura, neque in senili ætate deseratur a Domino; quatenus ejus fortitudine roboratus, usque ad finem suum laudes possit debitas explicare. Sed videamus ætates istas quibus sunt assignandæ temporibus. Juventus fuit Ecclesiæ, quando Dominus crucifixus est Christus, quando martyrum turba dimicavit, et morientibus fidelibus Ecclesiæ virtus apparuit. *Senectam* vero dicimus ætatem quæ nunc agitur proxima fini, quando proficit fides, et per universas Ecclesias Dei populus augetur, cum mundi istius tempora fugitiva decrescant. *Senium* autem tempus illud occiduum intelligendum puto, quando et sævus ille tyrannus adveniet, et turba martyrum hanc vitam optato fine concludet. Sequitur, *donec annuntiem brachium tuum generationi*. Homo ille fidelis loquitur introductus, petens a Domino ut *usque ad senectam et senium* in Ecclesiæ congregatione permaneat, donec *brachium Patris*, id est Dominum Salvatorem succedenti generationi hominum debeat prædicare, sicut legitur : *Et brachium Domini cui revelatum est* (Isai. LIII, 1)? ut religio Christiana totius mundi devotione dilatetur, maxime cum in fine sæculi sanctorum prædestinatus numerus compleatur.

Vers. 19. *Omni quæ ventura est : potentiam tuam et justitiam tuam, Deus, usque in altissima. Omni quæ ventura est*, ad superioris versus extrema jungendum est, id est *generationi*. Et ne forsitan putares illis tantum denuntiandum fuisse *brachium* Domini, id est Dominum Christum, qui eodem tempore fuerunt, cum ille pro nobis incarnari dignatus est, addidit, *quæ ventura est*, ut hanc prædicationem usque ad finem sæculi cognosceres esse faciendam. Sequitur, *potentiam tuam et justitiam tuam, Deus;* hic quoque reddendum est, *donec annuntiem*. Nam *potentia* ad gratiam incarnationis respicit, per quam hominem liberare dignatus est; *justitia* ad judicium, in quo Adam inobedienti mortem adduxisse cognoscitur. Nec moveat quod ordine præposterato dicta sunt, cum hoc frequenter in Scripturis sanctis invenias. *Usque in altissima* vero illud declarat, quia utrumque mirabile, utrumque gloriosum est, reparatum hominem per gratiam, qui prius fuerat per justitiam jure damnatus. Tendamus etiam intellectum *usque in altissima*, quia Deus homo sedet ad dexteram Patris, regnans cum eo et Spiritu sancto per infinita sæcula sæculorum.

Vers. 20. *Quæ fecisti magnalia! Deus, quis similis tibi?* Postquam gratiam Creatoris et justitiam ejus usque in altissima dixit esse progressam, venit ad tertiam partem, ubi hymnica exsultatione concelebrat quantam justitiam peccantibus ostenderit, et conversis iterum clementiam suæ pietatis indulserit. Adam quippe inobedientem protinus paradisi voluptate privavit; latronem confitentem ad ejus amœna velociter intromisit. Hæc sunt magnalia quæ Dominum fecisse testatur; quoniam et ad judicandum singulariter fortis ostenditur, et ad liberandum nullus ei similis invenitur. *Quæ!* cum admiratione legendum est, quia nullus comprehendere, nullus sufficit digne laudare. *Magnalia* enim a magnitudine vocitantur, quæ stuporem humanis mentibus per suam videntur facere granditatem. Intulit quoque : *Quis similis tibi?* quia ex operibus suis cognoscitur singularis. Magnitudo siquidem facti, potentiam testatur auctoris.

Vers. 21. *Quantas ostendisti mihi tribulationes mul-*

tas et malas! et conversus vivificasti me. Quantas item sub admiratione legendum est, quasi innumerabiles passiones. Intende etiam quod dicit, *ostendisti*: quia fidelibus ad præsens duras *tribulationes* ostendit, et quamvis *malæ* vel *multæ* esse videantur, in bonum tamen recidunt, quia prodesse contendunt. Multas ergo quantitatem, *malas* indicant qualitatem. Sequitur, *et conversus vivificasti me*. Si naturam Verbi consideres, semper inconvertibilis, semper probatur immobilis; sed *conversus* dicit per tropologiam, id est converti me fecisti: quia distortus fueram lege peccati. Fidelium quippe tribulatio ducit ad vitam, sicut in Evangelio dicit: *Beati qui lugent, quoniam ipsi consolabuntur* (*Matth*. v, 5).

Vers. 22. *Et de abyssis terræ iterum reduxisti me; multiplicasti justitiam tuam, et conversus exhortatus es me.* Abyssos quidem legimus altitudines divini sensus, sicut in alio loco Psalmista dicit: *Judicia tua abyssus multa* (*Psal*. xxxv, 7). Sed hic ideo *terræ* additum est, ut profundas mensuras et voragines debuisses intelligere peccatorum, unde se frequenter ad vitæ gaudia revocatum esse profitetur. Sed advertamus quid sibi velit hoc quod *iterum* dicit. *Iterum* positum est pro frequenti, eo quod multipliciter aliquid iteretur. In sexto quippe psalmo auctoritatem secuti majorum, diximus septem modis remissionem nobis Dominum concedere peccatorum. Primo per baptismum, secundo per martyrium, tertio per eleemosynas, quarto cum debitoribus nostris debita relaxamus, quinto per conversionem fratrum, sexto per abundantiam charitatis, septimo per pœnitentiam. Forte adhuc et aliis remissionibus nostra fragilitas sublevatur. Sciendum tamen ideo *iterum* dictum, ut medicina ejus frequentior indicetur. Nam quod dicit, *multiplicasti justitiam tuam*, superiorem sensum probatur exponere: quia *justitiam* suam *multiplicat*, quando nobis per diversas causas afflictionum subvenire dignatur. Justitia enim Domini sæpe dicitur, cum misericordiam facit, et iterum misericordia ipsius justitia nuncupatur, quia sibi semper utramque conjunctum est, sicut in centesimo psalmo legitur: *Misericordiam et judicium cantabo tibi, Domine* (*Psal*. c, 1). Sequitur, *et conversus exhortatus es me*. Hoc verbum quam paternum sit debemus advertere, ut famulos suos quamvis præmissa districtione castiget, tamen tristes permanere non patitur, dum Scripturarum divinarum eos sancto alloquio consoletur. Exhortatio, consolatio debet intelligi, quæ animos componit, afflictionem relevat, et mentem sanat diversis languoribus sauciatam.

Vers. 23. *Ego autem confitebor tibi in vasis psalmorum veritatem tuam.* Cum Dominus fidelibus suis per exhortationes pias præmia æterna promiserit, hic jam justus ille generalis lætus veritatem se psallere confitetur, id est, quia Domini promissa compenda sunt, dum nescit fallere, quod æterna Veritas pollicetur. Pulchre autem definitum est *psalmos vasa* esse *veritatis*, quasi spiritualia dolia vinum Domini incorrupto sapore servantia.

Vers. 24. *Psallam tibi, Deus, in cithara, sanctus Israel.* Frequenter diximus fidelium Christianorum duas maximas esse virtutes, spiritualem ad bene credendum, actualem ad bene agendum, quas hic se per species musicas utrasque Domino oblaturum esse promittit. Nam quod ad spiritualem virtutem pertinet, in superiore versu psalmum se cantaturum esse pollicitus est; quod ad actualem, in cithara laudare se Dominum dicit. Psalmus enim (sicut sæpe dictum est) de superioribus sonat; cithara de inferioribus melos ad superna transmittit. Sed cui psallatur vel citharizetur dicit, *sancto Israel*, non quem gentilitas putabat erroneum, sed quem patribus nostris vera fides ostenderat.

Vers. 25. *Gaudebunt labia mea, dum cantavero tibi:* **239** *et anima mea quam redemisti. Labia,* os interioris hominis dicit; habet enim et mens vocem suam, qua tacite clamat ad Dominum. Nam ut hoc spiritualiter intelligeres, adjecit, *anima mea quam redemisti.* Ipsa ergo gaudet in labiis suis internis, quæ se redemptam esse cognoscit.

Vers. 25. *Sed et lingua mea tota die meditabitur justitiam tuam, cum confusi et reveriti fuerint qui quærunt mala mihi.* Sicut superius dixit: Psallam veritatem tuam in vasis psalmorum et cithara, significare volens animæ corporisque virtutes, ita et labia cordis sui cantatura promisit. Nunc autem adjecit, *linguam meditaturam esse justitiam Dei*, id est corporis sui substantiam, quæ tunc plenissime laudes Domini meditabitur, quando regnum ejus in illa resurrectione perceperit. Sed ut finem sæculi debuisses advertere, sequitur, *cum confusi et reveriti fuerint qui quærunt mala mihi*. Quod utique plenissime tunc fiet, quando a dextris justi, et a sinistris impii fuerint collocati. Duobus enim modis *confunduntur et reverentur* inimici, quando aut hic pœnitentiam gerunt, et se errasse cognoscunt; aut certe in adventu Salvatoris, dum illa quæ fieri non credebant, suis oculis manifesta conspexerint. Tunc ergo securæ exsultationis tempus est sanctis, quando jam locum dominationis impii non habebunt; et lætabuntur justi, cum malorum omnium terminus advenerit, et bona Dominus sine fine concesserit, in qua Christianorum permanet indefecta petitio.

Conclusio psalmi.

Cum totus hic psalmus gratiam Domini, quæ gratis datur, summa intentione commendet, admonet etiam nos incarnationem Verbi, per quam salus humano generi provenit, felici vicinitate declarandam: more solis, qui proxima luce consurgens, roseam præmittit auroram; ut gratiam præclari splendoris præparatus possit oculus intueri. Patres enim nostri psalmorum numerum in Veteris ac Novi Testamenti sacramentis ita crediderunt esse dividendum, septem scilicet decadas ponentes in sabbatum, quod ad primam illam pertinet sine dubitatione culturam; octa vero nostro tempore deputantes, qui resurrectionem Domini per singulas hebdomadas die octava veneramur; et ideo per utramque supputationem Vetus et Novum Testamentum sacratus iste numerus dignoscitur continere psalmorum. Quod enim centum quinquaginta possunt in numero singulorum, hoc valent significare quindecim decades in ordine denariorum ; eoque fit ut calculus iste psalmorum Novo et Veteri Testamento competenter aptetur. Sciendum est plane quod in prima parte Veteris Testamenti, et nova misceat sacramenta mysterii. Dici enim in septenario numero et passionem Domini Christi, et in octavo calculo multa ponit de Veteri Testamento, ut utrumque culturæ nostræ convenire modis omnibus sentiatur. Meminisse autem debemus arithmeticam, vel alias disciplinas psalmos commemorare frequenter, quas in subsequentibus, prout fuerit opportunum, de ipsis perstrictim aliquid commemorare curabimus ; ut quamvis breviter dicta, non tamen videantur esse præterita. Tantum est ut astrologiam sacrilegam summa intentione fugiamus, quam etiam nobilium philosophorum judicia damnaverunt. Quapropter præsenti operi terminum ponamus, quatenus et quies parumper adhibita lectoris reparet studium, et futura pars digesta psalmorum de significantia Novi Testamenti sumat competenter initium. Amen.

EXPOSITIO IN OCTO DECADAS
NOVO TESTAMENTO CONVENIENTES.

PRÆFATIO.

Explicatis septem decadibus (sicut dictum est) in figuram Veteris Testamenti, nunc ad reliquas octo veniamus, quarum numerus plenissime nobis resurrectionis dominicæ cognoscitur indicare mysterium, ut, his partibus diligenter inspectis, revera liber Psalmorum totius divinæ Scripturæ thesaurum complexus esse videatur. Nam licet sint omnia spiritualibus plena divitiis, et magnis illustrata luminibus, pene nullum tamen ex his (ut arbitror) volumen invenies, quod tantis rebus cœlestibus doceatur esse completum. Nec moveat quod pars illa quam diximus ad sacramentum Testamenti Veteris pertinere, a beatitudine Domini Salvatoris sumit initium ; et iterum in subsequentibus psalmis invenies quod primis constat temporibus actitatum. Quæ omnino non debent adversa judicari, quia et Vetus Testamentum de Novo plenum est, et Novum facit plerumque Veteris mentionem. Nunc ad titulum veniamus, qui interpretatione nominis sui ad Novi Testamenti noscitur pertinere mysterium, inscribitur enim :

IN SALOMONEM PSALMUS LXXI.

Salomon interpretatur pacificus. Quis est autem revera pacificus, nisi Dominus Christus, qui hominem diaboli versutia deceptum, ad Creatoris sui revocavit obsequium, fecitque colere salutis p:incipem, qui sequebatur miserrimus mortis auctorem? Ipse enim Mediator Dei et hominum hodieque interpellat pro nobis ; quem revera dicere nos recte pacificum ipsius verba testantur cum dicit : *Pacem meam do vobis, pacem meam relinquo vobis* (Joan. xiv, 27). Sed pax ista non est quam bella disturbent, non est quam inquietudo ulla concutiat ; sed imperturbata semper atque æterna manens, nullius inimici contrarietate dissolvitur. Ipsa est de qua propheta dicit : Dabo vobis solatium verum, pacem super pacem.

Divisio psalmi.

Per totum psalmum propheta loquens, adventum significat Domini Salvatoris ; in una eademque persona modo humanitatem ejus, modo divinitatem alternis partibus evidenter 240 ostendens. In prima parte verba facit ad Patrem, judicium Filio petens ad populos judicandos , quod tamen prædestinatum ante sæcula esse cognoscitur. Secunda, in judicio Domini filios pauperum dicit esse salvandos, et humiliandam diaboli sine dubitatione superbiam. Nam et ipsum quoque Virginis partum per quasdam similitudines mirabiliter cognoscitur indicare. Tertia parte refert quæ bona contigerint de Spiritu sancto, et Maria Virgine, nato Domino Christo. Quarta ab omnibus regibus dicit adorandum, quia humanum genus a diaboli potestate liberavit. Quinta pronuntiat, quoniam humanis oculis visus, firmamentum fuit credentium, et provectus sine dubitatione justorum. Sexta æterno Domino totius mundi consensu laudes perhibet esse solvendas. Septima hymnum Domino Christo jucundissima devotione persolvit. Sic Novi Testamenti clarum manifestumque initium per hujus psalmi seriem constat expressum.

Expositio psalmi.

Vers. 1. *Deus, judicium tuum Regi da, et justitiam tuam Filio Regis.* Cum dicitur, *Deus*, non videtur hoc nomen aliquam designasse personam ; sed quoniam sequitur, *da Filio*, certissime Pater invocatus esse cognoscitur. Illud enim nomen relativum est, et hoc, quod non dicit, indicat ; sicut servi appellatione sentitur et dominus. Scire autem debemus ad distinguendas declarandasque personas sanctæ Trinitatis sola hæc nomina posse sufficere. Nam cum dixeris, Deus Pater, Deus Filius, Deus Spiritus sanctus, plenissime sanctæ Trinitatis omnes es declaratas personas. Hæc enim nomina in sancta Trinitate sola sunt propria ; cætera vero, id est natura, potestas, æternitas, omnipotentia, et his similia probantur esse communia. Quapropter beatissimus propheta desiderio glorioso flammatus, petit a Patre *judicium dari Filio*, quod sciebat esse venturum ; sicut in Evangelio legitur : *Pater non judicat quemquam ; sed omne judicium dedit Filio* (Joan. v, 22). Judicium enim dictum est quasi juris dicium, id est quod in eo jus dicatur. Et ut veracissima probaretur esse petitio, eadem iterum sequenti commate geminavit. Hoc est enim quod dicit, *et justitiam tuam Filio Regis*, quod superius ait : *Judicium tuum Regi da.* Quod in Scripturis divinis ad exprimendam causam frequenter invenis esse repetitum; sicut est illud: *Qui habitat in cœlis irridebit eos, et Dominus subsannabit eos* (*Psal.* II, 4); et illud: *Cœli enarrant gloriam Dei, et opera manuum ejus annuntiat firmamentum* (*Psal.* XVIII, 2). Nam et sequens versus eodem modo depromitur. Quæ figura dicitur epimone, id est repetitio crebra sententiæ, quoties una res ad inculcandam causam diversis sermonibus iteratur. Meminisse autem debemus, quotiescunque aut ipse Dominus Christus sibi petit dari, aut alter ut ei concedatur expostulat, naturam humanitatis evidenter ostendi. Cæterum Verbum omnipotens cum totum habeat Patris, nihil sibi indiget dari, sicut ipse in Evangelio dicit: *Omnia Patris mea sunt* (*Joan.* XVI, 15).

Vers. 2. *Judicare populum tuum in tua justitia, et pauperes tuos in judicio.* Exponit causam quare petiverit Filio judicium dari, scilicet, ut *judicet* orbem terrarum per justitiam Patris, quam tamen et Filii esse non dubium est. Nam ideo dicit Patri, *in tua justitia,* ne quis ausu sacrilego discrepare sibimet in aliquo sanctam æstimet Trinitatem. Sequitur, *et pauperes tuos in judicio.* Dicit etiam *pauperes* Patris, dum et Christi Domini esse declarentur; ut idem intelligatur in illa majestate nihil potestatis esse divisum, sicut ipse in Evangelio dicit: *Omnia quæ habet Pater mea sunt* (*Joan.* XVI, 15). *Pauperes* ergo Dei sunt qui, mundana superbia derelicta, humilitati se per omnia tradiderunt. Nam et si pauper superbiat, non est Dei *pauper*; et si locuples humilitatem diligat, non est sæculi dives. Voluntates enim talium sunt inspiciendæ, non nomina.

Vers. 3. *Suscipiant montes pacem populo tuo, et colles justitiam.* Per *montes* significari frequenter diximus apostolos et prophetas, qui ad superna firmiter elevati cœlesti gratiæ proximantur. Isti ergo tales *pacem,* id est Christum *suscipiant* fideli populo prædicandum. Ipse est enim Domini *populus* qui ei credidit, et spirituali se conversatione tractavit. Sequitur, *et colles justitiam. Colles* dicit inferiori gradu cæteros beatos, qui recte Domini videntur prædicare mandata. Nam et *pacem* (quod superius dixit) Dominum significat Salvatorem; et *justitiam,* eum ipsum sine dubitatione designat; sicut et alibi legitur: *Justitia et pax osculatæ sunt* (*Psal.* LXXXIV, 11). Pax enim vere dicitur, quia per ipsum homo reconciliatus est Deo; *Justitia,* quoniam orbem terrarum sub æquitate judicabit, qui etiam diabolum per justitiam magis quam potentiæ virtute superavit.

Vers. 4. *In sua justitia judicabit pauperes populi, et salvos faciet filios pauperum: et humiliabit calumniatorem.* Hactenus optando locutus est, nunc veniens ad secundam partem prophetiæ virtute, quæ sint adventu Domini præstanda, diversarum parabolarum pulcherrima varietate commemorat. Nam cum superius dixerit Patri, *in tua justitia,* nunc dicit de Filio, *in sua justitia;* ut firmiter teneas nihil ibi esse aut discrepans aut divisum; sed quæ est Patris, ipsa est et Filii sine dubitatione *justitia.* Nam et aliter potest intelligi. *Pauperes* Christi sæculi istius judicio esse probantur abjecti, dum et a testimoniis remoti sunt, et a consessu honorabili submoventur. Deus autem *pauperes* non in humana, sed *in sua justitia judicabit,* quia ipsos magis elegit, quos mortalitas superba despexit. Addidit quoque, *populi,* ubi subaudiendum est fidelis. Non enim quoscunque pauperes Dominus elegit, sed quales ipse dicit: *Beati pauperes spiritu, quoniam ipsorum est regnum cœlorum* (*Matth.* v, 3). Sequitur, *et salvos faciet filios pauperum. Pauperes* Christi sunt apostoli vel prophetæ, qui mundi istius opulentiam electa Domini paupertate contempserunt, de quo scriptum est: *Qui cum dives esset, pauper factus est propter nos* (II *Cor.* VIII, 9). Quorum filii sunt populi Christiani; eorum enim prædicatione generati sunt, quibus docentibus credere meruerunt, sicut Apostolus dicit: *Filioli mei, quos iterum parturio, donec Christus formetur in vobis* (*Gal.* IV, 19); et iterum: *In Christo Jesu per Evangelium ego vos genui* (I *Cor.* IV, 15). Hos ergo salvos *faciet,* quos filios apostolorum esse cognoverit. Adjecit, *et humiliabit calumniatorem.*

241. *Calumniatorem* diabolum significat, superbum, crudelem, insatiabilem, malorum omnium principem. Discutiamus enim quare dictus est *calumniator.* K litteram judices antiqui damnationibus affigebant; et quoniam crudelis impugnator condemnationibus favet alienis, K litteræ militem *calumniatorem* appellare voluerunt. *Calumniator* itaque est qui innocentiam alienam in reatum nititur exquisita machinatione perducere; quod diabolo congrue videtur aptatum, qui humanum genus suis fraudibus tot sæculis probatur impetere [ms. A., impedire] Quid enim plus calumniosum quam auctorem esse criminum, et culturam sibi velle vindicare terrarum? Hunc enim spiritualem tyrannum humiliabit Dominus, quando illo cum perfidis damnato, fideles se viderint regnare cum Christo.

Vers. 5. *Et permanebit cum sole, et ante lunam, in sæculum sæculi.* Hic honor sanctæ incarnationis exponitur, quæ permanet unita cum Verbo; sedet enim ad dexteram Patris, regnans in gloria sempiterna. *Sol* quippe legitur Verbum Patris, Filius Dei, qui Deus homo, unus ex duabus et in duabus naturis distinctis atque perfectis permanet Christus; de ipso enim dicturi sunt impii: *Sol non ortus est nobis, et justitiæ lumen non luxit nobis* (*Sap.* v, 6). Sequitur, *et ante lunam in sæculum sæculi;* subaudiendum quod superius dixit, *permanebit.* Permanet vero Christus *ante lunam,* scilicet ante conspectum Ecclesiæ, quem cordis semper luminibus contuerit. Luna enim Ecclesiæ merito comparatur, quæ nativum non habet splendorem, sed a sole certis modis suscipit lumen; quod astronomi inter alia diligenter exponunt. Mirum prorsus et altius stupendum tot siderum cursus, tam ingentium rerum arduas subtilesque mensuras munera Creatoris usque ad humanam potuisse pervenire notitiam. Sic ergo Ecclesia a vero illo Creatore mensurate suscepit lumen, quæ modo persecutionibus videtur imminui, iterumque tranquillitate recepta, clarissimi luminis hilaritate completur. Nam quod dixit, *in sæculum sæculi,* tempus indicat omnino perpetuum, sicut legitur : *Et regni ejus non erit finis* (Isai. ix, 7).

Vers. 6. *Et descendet sicut pluvia in vellus, et sicut stillicidia stillantia super terram.* Hic ipsum mysterium gloriosæ nativitatis exponitur. Nam Dominus ille virtutum ante cujus conspectum terra tremefacta concutitur, omnis creatura turbatur, cum non potest ullatenus sustineri, quando se mavult manifesta potestate cognosci, voluit leniter in utero virginali sine aliquo strepitu, tanquam *pluvia in vellus* agnæ descendere ; ut virtutem suam hinc magis ostenderet, si illam ineffabilem potentiam temperasset ; sicut dicit Apostolus : *Qui cum in forma Dei esset, non rapinam arbitratus est esse se æqualem Deo ; sed semetipsum exinanivit formam servi accipiens, in similitudine hominum factus, et habitu inventus ut homo* (Philip. ii, 6, 7). Sed consideremus tantæ rei qualis similitudo sit posita. *Vellera* lanæ sunt ovium, quæ sic aquam recipiunt, ut nulla divisione rumpantur, et iterum sic reddunt, ut in suis integritatibus perseverent. Audite, si qui adhuc estis increduli, et pudeat hoc de summa Divinitate non credere, quod videtis minimas creaturas indicare. Sequitur, *et sicut stillicidia stillantia super terram ;* scilicet quæ in modum roris summa lenitate descendunt. Hæc si pura mente consideres, hæsitationem de partu Virginis non habebis. Illud enim ingens miraculum, ut sine aliqua dubitatione credi possit, exemplo duplici comprobavit. Hic Ambrosius ille quædam Ecclesiæ candela mirabili fulgore lampavit, dicens (*Tom. V, hym.* 24) :

Veni, Redemptor gentium,
Ostende partum Virginis,
Miretur omne sæculum,
Talis decet partus Deum.

Unde etiam beatissimi papæ Leonis corusco similis sermo resplenduit. Ait enim (*Epist.* 10, *ad Flavium, cap.* 2) : Conceptus est quippe de Spiritu sancto intra uterum Virginis matris, quæ illum ita salva virginitate edidit, quemadmodum salva virginitate concepit. Digni Patres, et pontificatus arce pollentes, quorum suavissima doctrina sermonum tantum valuit declarare miraculum [*ms. A., mysterium*].

Vers. 7. *Orietur in diebus ejus justitia et abundantia pacis, donec extollatur luna.* Nunc venit ad tertiam partem, in qua per ordinem describuntur, in ortu suo Dominus qualia quantaque præstiterit. Intelligamus ergo quod dixit : *Orietur justitia,* quasi ante non fuerit, quæ semper adoranda [*ms. A.,* in adoranda] majestate regnavit. Sed *orietur* dicit ex tempore sanctæ incarnationis, quando erat partu Virginis nascitura. *Justitia* enim Verbum Patris est, quod omnem creaturam et tempora fecit universa ; de quo legitur : *Veritas de terra orta est, et justitia de cœlo prospexit* (*Psal.* lxxxiv, 12). Addidit, *et abundantia pacis, donec extollatur luna ;* et hic quoque subaudiendum est, *orietur, Abundantia* ergo *pacis* est, dum religio Christianorum toto orbe dilatatur. *Donec extollatur luna,* dixit, id est quandiu protendatur et augeatur Ecclesia, aut constitutus prædestinatorum numerus compleatur.

Vers. 8. *Et dominabitur a mari usque ad mare, et a flumine usque ad terminos orbis terræ.* Dominabitur, dixit, cultu religionis latius innotescit utique Dominus Christus, de quo superiora canunt, et inferiora dictura sunt. Istud autem ad Salomonem filium David omnimodis non potest pertinere, qui tantum in gente Judæa rex fuisse cognoscitur. *Mare* enim Oceanum debemus advertere, qui aream totius terræ (sicut quidam dicunt) limbo suo circumactus includit. Nam si maria ista nostratia velis intelligere, totius mundi ambitum, quem versus iste significat, non prævalebis advertere. Sequitur, *et a flumine usque ad terminos orbis terræ.* Pulchra quidem brevitas, sed ingentia nobis sacramenta profudit. *A flumine,* a Jordane dicit, unde per totum orbem terrarum saluberrima regula sacri baptismatis emanavit. Hoc autem per figuram periphrasis dictum est, id est per circuitum, totius mundi ambitum per maria fluviumque significans.

Vers. 9. *Coram illo procident Æthiopes ; et inimici ejus terram lingent.* Æthiopes peccatores populos debemus advertere ; nam sicut illi teterrimo corio vestiuntur, ita animæ delinquentium scelerum obscuritate tenebrantur. Ergo isti *Æthiopes,* qui sunt peccatores, ante illum *procidunt,* quando se pœnitentiæ humilitate prosternunt. Adjecit, *et inimici ejus terram lingent.* Illos quibus est Domini miseratione parcendum, *coram ipso* dixit *procidere.* Isti autem Judæi pertinaces *inimici* nominantur, qui in sua obstinatione mansuri sunt. Quæ ergo illis est pœna ? *Terram lingunt,* id est terram sapiunt ; hoc enim sapit unicuique quod *lingit :* quibus in modum serpentis humus est esca pœnalis. Hoc ad humilitatem ipsius juste dicimus esse referendum, quoniam qui Christum Deum credere noluerunt, tali ultione damnandi sunt.

Vers. 10. *Reges Tharsis et insulæ munera offerent ; reges Arabum et Saba dona adducent. Tharsis,* referente Patre Hieronymo (*In Isai. cap.* xxix, *vers.* 1), interpretatur contemplatio ; quod ad fideles referendum esse non dubium est, qui in divina contemplatione defixi sunt. *Reges ergo Tharsis,* id est dominatores vitiorum, dona offerunt Domino, quando ei probantur animo servire devoto. *Insulæ* vero sunt, qui circumfluentia mundi vitia a suis corporibus excluserunt, nec dominatur in eis mare mundanum, quod perfidorum cordibus constat infusum. *Insula* enim dicta est, eo quod in salo sit posita. Ipsi sunt ergo puri pectoris *munera,* quæ divinis altaribus *offeruntur,* ipsum sacrificium quod Dominus suaviter assumit oblatum. Sequitur, *reges Arabum et Saba dona adducent.* Arabia ponitur pro hominibus suavi et terrena se delectatione tractantibus. Nam sicut illa patria diversis aromatibus sensum narium mulcet, ita isti ad delectationes mollissimas illecebris sæcularibus invitantur. *Reges* ergo *Arabiæ* sunt, qui blandimenta corporum rigidæ subjiciunt disciplinæ. Similiter *Saba,* unde

Sabæi dicti sunt, quamvis corporali delectatione prævaleat, et jucundis odoribus sit referta, suaviora tamen conversi ejus populi offerunt dona virtutum. Quod autem dicit, *adducent*, ad ipsos respicit offerendos; quia post adventum Domini pecudum sacrificia cessaverunt.

Vers. 11. *Et adorabunt eum omnes reges terræ; omnes gentes servient ei.* Venit ad quartum membrum, ubi adorandum Dominum a cunctis gentibus dicit, et beneficia ipsius subter exponit. Per *omnes reges*, cunctas nos voluit intelligere nationes; quia nulla gens est quæ in parte populi sui proprium non adoret auctorem. Et ideo ne tantum de regibus adverteres dictum, addidit, *omnes gentes servient ei*; scilicet quæ per universum mundum et linguis dividuntur et patriis. Sic Donati perfidia noscitur esse convicta, qui localem putat Ecclesiam, quam per totum orbem constat esse diffusam. Et intuere quia dixit, *reges adorabunt*, qui putantur adorandi; *gentes* autem *servire*, quæ terrenos dominos habere noscuntur.

Vers. 12. *Quia liberavit pauperem a potente, et inopem cui non erat adjutor.* Causam reddit quare Domino Christo ab universis gentibus serviatur: quia *pauperem*, id est fidelem populum *a potente* diabolo *liberavit*, quem supra *calumniatorem* dixit; hunc alio loco fortem nominat, sicut est istud Evangelii: *Nemo intrat in domum fortis, ut vasa ejus diripiat, nisi prius alligaverit fortem* (Matth. xii, 29). Quæ vocabula malitiam ejus significant, non honorem, nefandam astutiam, non laudabilem principatum. Sequitur, *et inopem cui non erat adjutor*. Et hic subaudiendum est a communi *liberavit*. *Inopem* vero diximus plus esse quam pauperem, qui opem non habet vitæ, nec sua prævalet facultate subsistere. Hos ergo *liberavit* Dominus Christus, dum veniens in hunc mundum diaboli justissime pressit astutiam, et inopiæ humani generis spirituais affluentiæ gratis dona concessit. Merito ergo subjunxit, *cui non erat adjutor*, quia humanum genus ad idolorum culturam exsecranda se superstitione contulerat. Et quid ab eis adjuvari poterat, quæ vel sensum pecudum non habebant?

Vers. 13. *Parcet pauperi et inopi, et animas pauperum salvas faciet.* Cum dicit, *parcet*, generaliter omnes peccatores ostendit. Illis ergo parcitur qui in aliquo reatu detinentur. *Parcet* ergo et electis suis, qui licet sancta conversatione resplendeant, aliqua sibi tamen egent dimitti. Sed ne putaretur usque ad hoc tantum Dominum parcere, ut a tormentis debitis pauperes liberaret, addidit, *animas pauperum salvas faciet*; ut quibus dimittit peccata, eis et præmia futura concedat. Ipsi enim *salvi fient*, qui regnum Dei possidebunt. Unde nec istud potest congruere Salomoni, ut *animas salvas faceret*, quod soli Divinitati certum est convenire.

Vers. 14. *Ex usuris et iniquitate liberavit animas eorum, et præclarum nomen eorum coram ipso.* Usuræ ab usu appellatæ sunt, quæ creditæ pecuniæ semper procurant augmentum. Sic in peccato versantibus usura crescit malorum, quando quod in temporali conversatione delinquunt, in æterna calamitate recipiunt. Ab istis ergo *usuris*, vel ab ipsa obligatione peccati *liberantur* fideles *animæ*, quando per pœnitentiam redduntur divinis muneribus absolutæ. Sequitur, *et præclarum nomen eorum coram ipso*. Revera *præclarum nomen*, ut Christiani dicantur, ut de suo Rege resplendeant, et accepta vocabuli dignitate glorientur. Quod tamen Isaias increpans Judæos præcinuisse dignoscitur, dicens: *Interficiet vos Dominus Deus, et servos suos vocabit nomine alio* (Isai. lxv, 15), utique Christianos. Addidit etiam, *coram ipso*, quoniam ante ipsum et in ipsius regno victuri sunt. Felix præsentia ante Deum semper esse, quem jam non formides offendere. Adde quod tale præmium est illum videre, ad quem nullo modo possit nunc vel ipsa cogitatio pervenire. Sic in istis paucissimis verbis felicitatis illius, quamvis tectum, aliquod tamen nobis designatur indicium.

Vers. 15. *Et vivet, et dabitur ei de auro Arabiæ, et adorabunt de ipso semper: tota die benedicent eum.* Ecce jam prædictæ visionis quintus est modus, ubi præsentiam Domini contulisse dicit fidei votum, et firmamenta terrarum. Nam cum dicit, *et vivet*, æternitatem ejus majestatis ostendit; sicut in Veteri Testamento crebro legitur: *Vivit Dominus*. Vivit ergo non creaturæ cujusquam vita, qua vel angeli potiuntur, sed beatitudine singulari, qua sola Trinitas sancta perfruitur. Sequitur, *et dabitur ei de auro Arabiæ*. Aurum Arabiæ præ cæteris terris fertur esse purissimum, et summo splendore pretiosum. Quod bene ad sapientiam refertur, quoniam legimus: *Accipite prudentiam sicut argentum, et sapientiam sicut aurum probatum* (Prov. viii, 10). De ista ergo sapientia quæ per *aurum Arabiæ* significatur, *dabitur* Domino munus, cum ad eum devoti purgatissimo corde pervenerint. Sive magorum munera fortasse significat, quæ merito *auro Arabiæ* comparantur, quoniam puritate cordis oblata sunt. Antiqui aureum colorem pulcherrimum vocaverunt; et ideo aurum ab aura dictum esse voluerunt, quod nimis gratissimo colore resplendeat. Nam hodieque aureum dicimus, quod pulchrum volumus æstimare. Sequitur, *et adorabunt de ipso semper*. Hoc ad humanitatem ipsius constat referri, quando ore proprio quemadmodum oraretur instituit. Notum est enim dominicæ orationis beneficium, quo utitur semper Ecclesia, quam sanctissimus Pater Cyprianus Carthaginiensis antistes et martyr, primus exponens, brevitatem illam profundissimam mirabili eloquentiæ decore dilatavit. Adjecit, *tota die benedicent eum*. *Tota die*, totius vitæ nostræ tempus ostendit, quæ merito dies dicitur, quia fidelium corda nullis tenebris obcæcantur.

Vers. 16. *Et erit firmamentum in terra in summis montium; superextolletur super Libanum fructus ejus.* Summa *montium* excellentiam significant prophetarum, quos frequenter dicimus accipi debere pro *montibus*. *Firmamentum* autem istorum *montium* est utique Dominus Christus, quoniam quod per illos de ipso prædictum est, eodem veniente constat impletum. Sequitur, *superextolletur super Libanum fructus ejus*. Quia superius sanctos Dei *montibus* comparavit, et ipse est mons montium; hic electus est mons, cujus fructus comparetur Domino Christo. In Libano siquidem (sicut saepe diximus) cedri nascuntur eximiae, summaque proceritate pollentes. Sed quid potest fructibus Domini simile reperiri, a quo sancti producuntur excelsi? Neque enim tale est, quamvis proceras arbores in quamlibet altitudinem crescere, vel nubila tangere, quale beatos ad coelestis regni gaudia pervenire.

Vers. 17. *Et florebunt de civitate sicut fenum terrae: sit nomen ejus benedictum in saecula*. Nonnullam videtur facere quaestionem, quia *fenum terrae* nunc aeternae vitae simile facit, quod frequenter impiis legitur comparatum; quod omnino non debet permovere. Sicut enim dicitur Christus leo, quia potens rex ferarum est; ex alia vero parte diabolus intelligitur leo, quia ferox et truculentus esse dignoscitur; ita et *fenum*, quia primitivus terrae fructus est, virens atque gratissimus, sanctis Domini non incongrue comparatur: ex illa vero parte qua cito arescit et succiditur, peccatoribus jure similatur. Ita fit ut diversis qualitatibus inspectis, una eademque res aptissime [*ed.*, diversimode] comparetur. *Florebunt* ergo *de civitate* justi, id est de Ecclesia Dei, *sicut fenum terrae*, cujus non aetas sanctis, sed decora viriditas comparatur. Et inspiciendum quod dicit, *de civitate florebunt*, non in civitate, quia *de ista civitate* hujus saeculi, in illa *florebunt* beatitudine sempiterna. Hic enim tribulationibus afficiuntur, ut ibi perpetua gratulatione coronentur. Sequitur, *sit nomen ejus benedictum in saecula*. Postquam descripsit beatitudinem sanctorum, revertitur ad laudem Domini, quo illi beati sunt; ac si diceret: In aeternum glorificetur Deus, qui aeternam gloriam praestaturus agnoscitur.

Vers. 18. *Ante solem permanet nomen ejus; et benedicentur in ipso omnes tribus terrae: omnes gentes magnificabunt eum*. Janua sextae partis aperitur, ubi et aeternitas Domini significatur, et terrarum omnium generale servitium. Et ne sanctum Dei Filium temporalem aliquis blasphema cogitatione sentiret, ante omnem creaturam *nomen ejus permanere* professus est, sicut Evangelium dicit: *In principio erat Verbum, et Verbum erat apud Deum, et Deus erat Verbum. Hoc erat in principio apud Deum* (Joan. 1, 1, 2). Ecce nomen ejus quod *permanet* in aeternum. Nam ut illud Verbum intelligas, quod est positum *ante solem*, sequitur, *omnia per ipsum facta sunt, et sine ipso factum est nihil* (*Ibidem*, 3). Vides ergo *nomen ejus* exstitisse ante creaturas universas; quippe qui creator est omnium. *Nomen* enim dictum est, quod notam rem faciat. Hic *solem* pro omnibus creaturis ponit, quia conspectibus nostris gratior elucescit. Haec est enim species schematis synecdoche, quae significat a parte totum. Sequitur, *benedicentur in ipso omnes tribus terrae*. In ipso, Domino Christo dicit; sicut et Abrahae dictum est: *In semine tuo benedicentur omnes tribus terrae* (Gen. xxii, 18). Et quia *tribus* nominavit, ne hoc de paucis gentibus intelligere potuisses, quae sub hoc nomine populum habuerunt divisum, addidit, *omnes gentes magnificabunt eum. Magnificabunt eum* dicit, laudabunt utique significat. Nam illum quis potest facere grandiorem, cui omnes virtutes summitatesque deserviunt? Sed illum praedicando nos *magnificamur*, quia ipsius laude proficimus. Hoc enim ad praeconium Deitatis ejus dici nulla potest perversitas diffiteri.

Vers. 19. *Benedictus Dominus Deus Israel, qui facit mirabilia magna solus*. Septima vero pars, quae superest, introitur, ubi decursis omnibus Dominus Christus magna exsultatione laudatur. Quando Dominum praedicamus, benedicere quidem illum dicimur, non quod per nos aut sanctificetur, aut crescat; sed cum nos ille sua benedictione sanctificat, tunc et tuitio provenit, et augmenta procedunt. Et qui sit iste dominus per quintam speciem definitionis evidenter insinuat: *Deus Israel*, id est Deus universae terrae; sicut alius propheta dicit: *Qui eruit te, Deus Israel, ipse Deus universae terrae vocabitur* (Isai. LIV, 5). Addidit, *qui facit mirabilia magna solus*, quia nullo indiget adjutore. Nam licet et angeli et multi justi miracula faciant, non soli, sed Domino juvante, perficiunt.

Vers 20. *Et benedictum nomen majestatis ejus in aeternum, et in saeculum saeculi; et replebitur majestate ejus omnis terra: fiat, fiat*. Superiore versu *Deum* dicit esse *benedictum*; secundo nomen majestatis ejus, scilicet quia de Christo dicti sunt Christiani, quod vocabulum totius orbis terminum sacra veneratione complevit. Nam sicut ipse aeternus est, ita et nominis ejus praeconia perseverant. Nam quod sequitur, *et replebitur majestate ejus omnis terra*, sanctos dicit, qui ipsius clarificatione repleti sunt. *Terram* enim hic omnem fidelem debemus accipere, qualem revera Dominus *replere* dignatur. Adjecit, *fiat, fiat*. Optantis est quidem dicere *fiat*, sed nimium desiderantis ipsum repetere. Quod magis ad mysterium aliquorum psalmorum positum debemus advertere, non (sicut aliquibus visum est) libri unitatem ad multas perducere sectiones. Magnificus psalmus, quem geminata vota secuta sunt; adventus enim Domini omnino debuit desideranter optari.

244 *Conclusio psalmi.*

Perpendamus, auditores eximii, contra Eutychis et Nestorii bella nefaria olim nobis arma rectae fidei fuisse provisa; ut in duabus naturis verissimis atque perfectis in una persona existere et permanere credatur Deus, Dei Filius, Dominus Jesus Christus: ne ad eos comprimendos laborare possimus, qui tantae auctoritatis robore commonemur. Nam cum utramque naturam in hoc psalmo reperiamus expressam, Eutychis pravum dogma unam naturam defendentis expellitur. Cum vero una persona Christi Domini praedicatur, Nestorii venena damnantur, quia cum hic psalmus duas operationes dicat, unam tamen Domini

Christi cognoscitur prædicare personam. Non enim quidquam plurali numero dixit, quia unum Filium credi voluit. Ipse est enim qui ex Patre ante sæcula natus est, qui in utero Virginis carnem nostræ mortalitatis assumpsit, homousion Patri secundum divinitatem, homousion quoque nobis secundum humanitatem, invisibilis deitate, factus est humanitate visibilis. Pati homo propter nos dignatus est, per se impassibilis Deus, non summitatem divinitatis imminuens, sed humilitatem carnis exaltans. Hoc sancta prophetia dicit, hoc Evangeliorum frequenter textus insinuat, hoc per totum mundum beata canit Ecclesia, ut a catholica fide ille cognoscatur extraneus, qui tali non fuerit stabilitate fundatus. Memento præterea quod hic quartus est psalmus ex his quos de duabus naturis locuturos esse prædiximus.

EXPOSITIO IN PSALMUM LXXII.

Defecerunt laudes David filii Jesse, psalmus Asaph.

Dum in titulis superioribus *David* tantum videatur ascriptus, hic addidit, *filii Jesse;* scilicet ut illum *David* patrem Salomonis intelligere debeamus; quod ad personam exprimendam prophetæ competenter adjectum est. Hæc nona est species definitionis, quam Græci καθ' ὑποτύπωσιν, Latini per quamdam imaginationem [*ed.*, imaginem] dicunt, quando nominata matre vel patre, ad intelligentiam individuæ personæ sensus noster adducitur. Congregantur etiam multæ res ad personas communiter [*ed.*, comiter] exprimendas; ut est illud : Socrates filius Sophronisci, cujus mater est Phænarete, calvus, ventrosus, simus. Hæc enim omnia solum Socratem indicare ac definire noscuntur. Sed in hac re tanta ponenda sunt, quanta possunt individui de quo quæritur, ab omnibus cæteris sequestrare personam. *Laudes* ergo istius *David defecisse* dicit; quod nisi perscrutemur, omnino contrarium est, ut in medio pene opere prophetæ dicat præconia defecisse. Sed causam hujus dicti ab origine perquiramus. Cum Israeliticus populus de terra Ægypti per miracula humanis oculis apparentia liberaretur, pro collatis beneficiis Deo laudes per sacrificia pecudum, et instrumentorum musicorum consonatione reddebat; quæ in figuram facta sunt usque ad plenitudinem temporis quo Christus Dominus adveniret. Istæ ergo *laudes* temporales, quæ pro divinis beneficiis reddebantur, *defecerunt* atque mutatæ sunt, quia nunc Ecclesia catholica immolationem corporis et sanguinis Christi, et sanctam peragit psalmodiam. Sequitur, *psalmus Asaph. Asaph* significare Synagogam Hebræa lingua testatur, quæ Dominum quidem colebat; sed videndo florere malos, in pessimas cogitationes inciderat; ex cujus persona in hoc psalmo ipse *Asaph* loquitur, qui in suo nomine Synagogæ continet significationem. De gentilibus enim populis, et de his qui legem Domini susceperunt, multa dicturus est, quæ ad emendationem nostram utiliter dicuntur, ne talibus cogitationibus polluamur.

Divisio psalmi.

Sicut diximus, *Asaph* ex typo Synagogæ per totum loquitur psalmum. In prima parte zelasse se dicit felicitatem mundi, pacem contuens peccatorum : admirans cur inimicis Dei et paganis prosperitas tanta provenerit, ut os suum usque ad cœlum extollere viderentur. Secunda parte reversurum dicit populum suum ad salubre consilium, et pristinæ cogitationis erubescere pravitatem, donec ultima impiorum intelligere atque conspicere mereatur. Tertia parte, propter dolos suos mala impiis provenire testatur, quia sanctos viros felicitate sua scandalizare videbantur, se tamen beneficio Domini de his malis asserit esse liberatum. Quarta dicit, quomodo ad perfectum intellectum, Domino miserante, pervenerit.

Expositio psalmi.

Vers. 1. *Quam bonus Israel Deus his qui recto sunt corde* [*ed.*, *rectis corde*]! Recordatus *Asaph*, quoniam istius sæculi felicibus invidisset, et usque ad nimiam tristitiam inde pervenerit, quia Dominus peccatores in hoc sæculo florere pateretur, se ipse condemnans eructavit veram suavemque sententiam, dicens : *Bonum esse Deum, sed his qui recto sunt corde*, id est qui opera ejus studio pietatis intelligunt. Unde advertitur pravis distortisque mortalibus dispositionem ejus sacrilegis cogitationibus displicere. Sic sanis oculis serenissimus sol refulget, econtra obscurus videtur illis quorum lumina infirmitate detinentur.

Vers. 2. *Mei autem pene moti sunt pedes, pene effusi sunt gressus mei.* Ut intelligeres sanctum virum contra se superiorem protulisse sententiam, quod familiare semper est justis, suum profitetur errorem; ut pene lapsum se diceret, cui administratio Domini irrationabiliter displicebat. Scriptura frequenter per tropologiam appellat pedem arbitrium mentis, quo fixa voluntate consistit. Hunc dicit pene fuisse commotum, quando a vero intellectu ejus animus discrepabat. Nam cum dicit, *pene*, cito se ad viam veritatis rediisse commemorat; ut damnaret errorem qui surripere festinabat. Sequitur, *pene effusi sunt gressus mei. Gressus* significare diximus actus humanos, quibus per vitæ nostræ semitas ambulamus. Ergo *gressus* isti bonæ conversationis pene in aliam partem fuerunt dilapsi, quando sub ingratitudine animi videbantur impiis tanta concedi. Et respice quia *pene effusos* dicit *gressus* suos, non lapsos; ut intelligas vigorem mentis nostræ tanquam liquidum elementum dispergi posse, cum a vera cogitatione cœperit discrepare. Unde intelligimus et sanctis viris cogitationes pravas frequenter surripere; sed iterum in sanitatem pristinam eos reverti, quando a semetipsis fuerint celeriter, Domino præstante, correcti.

Vers. 3. *Quia zelavi in peccatoribus, pacem peccatorum videns.* Secuta est causa cur gressus ejus viderentur effundi, quia peccatoribus sic fuit invidus, ut eos graviter ferret quietos. O incongruum zelum invidere perituris, et eos putare felices, quos æterna certum est damnatione percelli. Sequitur, *pacem peccatorum videns.* Revera quia pax ista non intelligitur, sed videtur, aspectus nostros eludens, sed in sua nece grandescens. Nam cum peccatores videntur locupletes, multisque dominari popu'is, et in mundo non esse quod timeant, putantur habere pacem; sed pax ista cum conscientia semper litigat, rixatur intrinsecus; et cum hostem non habeat, secum ipsa decertat.

Vers. 4. *Quia non est declinatio morti eorum, et firmamentum in plaga eorum.* Adhuc dicit de prosperitatibus impiorum. Ait enim : *Quia non est declinatio morti eorum,* id est, quia in mortem citius non declinant, nec die protinus urgentur extremo : sed cum eis ad poenitendum detur spatium vitae, illi magis scelera probantur augere. Sequitur, *et firmamentum in plaga eorum,* subaudiendum *non est :* quoniam vel si eos hic contingat aliqua adversitate perstringi, diutina illis non videtur permanere tristitia ; et ideo ad medicum non recurrunt, quia nequaquam in mundanis languoribus longo tempore jacuerunt.

Vers. 5. *In laboribus hominum non sunt, et cum hominibus non flagellabuntur. Homines* hic sanctos viros intelligamus, qui et labores in hoc saeculo sustinent, et diversarum afflictionum flagella patiuntur, ut correcti ad Dominum redire mereantur. Istud peccatoribus obstinatis non provenit, quod ad salutem datur devotis. Si vero dictum contra spirituales nequitias aestimamus, potest de ipsis convenienter adverti, qui in hoc mundo sceleribus suis congruas non recipiunt ultiones. *Nec cum hominibus flagellantur,* qui cum sequacibus suis divina jussione damnandi sunt. Tribulatio siquidem istius saeculi fidelibus votiva correctio est, quam impii non accipiunt, quoniam a futuris muneribus arcebuntur.

Vers. 6. *Ideo tenuit eos superbia eorum; operti sunt iniquitate et impietate sua.* Intendamus quo pervenerit peccatorum resoluta securitas, et desinamus illorum gaudiis *invidere,* quos in foveam cognoscimus irruisse. Malorum quippe libertas confert absolute superbiam, dum contemptum semper nutrit impunita protervitas, et subjectum se malis esse non credit, qui nihil quod obviare possit expaverit. *Tenuit* autem dixit, id est, quasi quibusdam manibus apprehendit, ut elabi nequeant, cum jam tenentur astricti. *Superbia eorum dixit,* quae revera diaboli est ; ipso enim auctore hoc facinus exstitit, quod eum aeterna cruciatione damnavit. Sequitur, *operti sunt iniquitate et impietate sua.* Si dixisset amicti, esset illis forsitan vel liberum caput ; sed cum dicit *opertos,* totos eos intelligamus esse demersos. *Iniquitas* enim potest esse mediocris ; sed addidit *impietatem,* quae malorum omnium probatur extrema. Et considera quoniam hic versus et subsequentes malorum scelera moresque describunt.

Vers. 7. *Prodiit* [ms. G., *provenit*] *quasi ex adipe iniquitas eorum; transierunt in dispositionem cordis.* Ex macie provenit malitia, quando scelus aliquod quisquam mundanis opibus desolatus excogitat. *Ex adipe* autem procedit *iniquitas,* quando hi qui affluentia praesentis saeculi, Domino praestante, repleti sunt, quidquam in divinam detractionem delinquunt. Pin-

gue est enim validumque peccatum, quod arbitrio magis quam necessitate committitur. Nam ut exaggeraretur culpa, in abundantia rerum eos magis dicit deliquisse, quam aliquod scelus inopiae excusatione cogitasse. Addidit, *transierunt in dispositionem cordis. Transierunt,* quasi a rectis semitis erraverunt. Nam hodieque sic dicimus : Transivit nos, quando ab aliqua veritate sensus noster erraverit. Peccatores enim, *in dispositionem cordis transierunt,* id est erraverunt, quando sorte teterrima rationabiles homines insensatis idolis serviebant.

Vers. 8. *Cogitaverunt et locuti sunt nequitiam ; iniquitatem in Excelso locuti sunt.* Duplex malum est nequitiam *cogitare,* eamque tanquam bonum aliquod palam proferre; nam quem decuerat propter cogitationem sceleris poenitere, culpam geminat, dum facinora cogitata divulgat. Illud maxime quod sensisse nefarium est, dixisse sacrilegium. Sequitur, *iniquitatem in Excelso locuti sunt.* Hoc est quod mens perfida parturiebat, ut contra suum auctorem blasphema verba loqueretur; ut illum quem laudare nemo digne sufficit, ad iram provocet injuriosa loquacitas.

Vers. 9. *Posuerunt in coelo* [ed., *in coelum*] *os suum, et lingua eorum transivit super terram.* Ponit in *coelo os suum* qui Jovem, Mercurium, caeteraque portenta quae numina Deo putat esse similia. *Ponit* etiam *in coelo os suum* qui res humanas tyrannica voluntate transgressus, malorum suorum nullum fore putat ultorem ; sed potius superba iniquitate subjectus, Deum credit non cognoscere quod differt in tempore vindicare. Sequitur, *et lingua eorum transivit super terram. Super terram* utique *transeunt,* qui ultra mensuram humanitatis loquuntur ; et dum sint ipsi imbecillitate fragiles, tenere se immortales aestimant dignitates.

Vers. 10. *Ideo revertetur huc populus meus, et dies pleni invenientur in eis.* Postquam malorum licentiam descripsit et consuetudines pessimorum, nunc veniens ad secundam partem, ad viam veritatis ideo *reversurum populum* dicit, quoniam Domini illuminatione complendus est. Sed quia illos *reversos* dicimus qui de locis patrioticis exierunt, congruum est illos populos hic advertere, qui aliquando in accepta Domini lege manserunt, sed per varia desideria mundana dispersi sunt, et iterum correcti ad Domini praecepta redierunt. Quapropter *Asaph* hunc *populum* ad se rediisse dicit, qui ad agnitionem veritatis, Domino praestante, reversus est. Sequitur, *et dies pleni invenientur in eis. Dies pleni* sunt, quando Christus Dominus in plenitudine temporis, quam prophetae cecinerunt, advenire dignatus est ; sicut Apostolus dicit : *Cum autem venit plenitudo temporis, misit Deus Filium suum* (Galat. iv, 4). Tunc ergo *dies pleni* Judaicum populum perfidia sua vacuatum repererunt, quando inter eos aliqui corde revelato Christum Dominum conspicere meruerunt.

Vers. 11. *Et dixerunt : Quomodo scivit Deus : et si est scientia in Excelso?* Illos quos superius reversos esse memoravit, nunc ex qua cogitatione transeant evidenter exponit; ut Domini misericordia declaretur, qui de blasphemis facit justos, et de insipientibus populi prudentes efficit ac devotos. Dubitaverunt enim sciisse Deum tot mala sceleratissimos commisisse, quibus videbant omnia mundi secunda provenire: nescientes pœnas eos graviores incurrere, qui tandiu exspectati, in sua probati sunt obstinatione mansisse; sicut et nonagesimus tertius psalmus dicit de talibus: *Et dixerunt: Non videbit Dominus, nec intelliget Deus Jacob* (Psal. XCIII, 7). Sequitur, *et si est scientia in Excelso?* Blasphemus iste sensus est, et in insipienti voluntate conceptus, dubitasse scientiam esse in eo qui sapientiam humano donat ingenio, qui et angelos ipsos, et potestates cœlorum providentiæ luce locupletat. Scitus enim dictus est, quasi scire citus. Unde supra memoratus psalmus dicit: *Qui plantavit aurem non audiet, qui finxit oculum non considerat, qui corripit gentes non arguet* (Ibid., 9)?

Vers. 12. *Ecce ipsi peccatores et abundantes in sæculo obtinuerunt divitias.* Proditum est quod insipientium corda fatigabat, quorum ratiocinatio est sine ratione, tractatus sine consilio, cogitatio sine sapore; ut ideo non putaret Deum sciisse quod agitur, quia peccatores divitias possidebant; quasi illis justis ac fidelibus talia sit pollicitus, et non magis pauperes in mundo esse voluit, quibus cœlorum regna promisit.

Vers. 13. *Et dixi: Ergo sine causa justificavi cor meum, et lavi inter innocentes manus meas?* Asaph se quoque fatuis cogitationibus profitetur illusum; sicut superius dixit: *Mei autem pene moti sunt pedes, pene effusi sunt gressus mei;* ut cum se profitetur talia repudiasse, in nostris sensibus pravas cogitationes non sinat ullatenus introire. Quapropter increpative pronuntiandum est: *Ergo sine causa justificavi cor meum?* quasi inani spe aliquis se putet elusum, si in hoc sibi mundo fructum justitiæ non sentiat esse collatum. *Causa* enim a *casu* dicta est, quod sæpe bona sit, sæpe mala. Hoc genus causæ ab oratoribus anceps dicitur, quod maxime in deliberationibus provenit, quando dubius est animus quid sequatur. Addidit, *et lavi inter innocentes manus meas*. Adhuc hoc ipsum quod cœpit exsequitur. Ac si diceret: Quid mihi profuit probabili me conversatione tractasse, si divitias possident qui vitia non relinquunt? *Lavat* enim *inter innocentes manus* suas qui pias operationes laudabili peragit instituto. Nam Pilatus non *lavit inter innocentes manus* suas quando flagellatum Dominum cruci tradidit affligendum.

Vers. 14. *Et fui flagellatus tota die: et index meus* [mss. G. et F., *castigatio mea*] *in matutino*. Quasi pœnas suas adhuc commemorat, quas, ut illi videbatur, irrite sustinebat; ut iste *flagellatus* pauper esset, cum impius securus suas divitias possideret. Pessima reputatio, sed vicina correctio. Sicut ægrotis fieri solet, qui tunc diutino languore liberantur, quando in ægritudinis fine eos copiosior febrium flamma succenderit. Sequitur, *et index meus in matutino*. Ecce jam ad temperiem sanitatis rediit, qui morbosis caloribus æstuabat. *Indicem* dicit sibi Dominum Christum, qui nobis viam veritatis evangelicis prædicationibus indicavit; et tempore *matutino* resurgens, spem nostram de isto mundo auferens, ad cœlorum regna protendit.

Vers. 15. *Si dicebam: Narrabo sic: ecce natio filiorum tuorum, cui disposui*. Jam vicina veritate commonitus secum ipse deliberat, et ad tantam rem perductus cogitatione multiplici fluctuat. Dicebat enim: Si annuntiavero plebi Deum mortalia non curare, occurrere sibi putat prædicationes priores, quas Israelitis ante prædixerat, ut Deum colerent, cœli terræque Creatorem, qui per suam sapientiam universa disponit, bonis malisque pro suorum actuum qualitate restituens. Quomodo ergo poterat aliter *narrare*, qui talia visus est ante docuisse?

Vers. 16. *Existimabam ut cognoscerem, hoc labor est ante me*. Primus gradus est scientiæ, quando cœperimus intelligere minime nosse, quod ante nos scire putabamus. Prius enim persuaserat sibi Deum non curare mortalia, quoniam peccatores videbat divitias possidere; modo autem *existimat* esse quærendum, ut veritatem rei mereatur agnoscere. Constat ergo repudiatum priorem sensum, quando alter ut agnoscatur exquiritur. Sequitur, *hoc labor est ante me*. Revera æstuanti laboriosum erat tantam rem lucida veritate cognoscere; ut et prosperitates peccatorum despiceret, et Domini patientiam veritatis ipsius consideratione laudaret. *Ante me*, quod dixit, fortitudinem difficultatis ostendit. Quis enim molem istam ignorantiæ, nisi per gratiam possit Divinitatis irrumpere? Sicut et in alio psalmo legitur: *Et in Deo meo transgrediar murum* (Psal. XVII, 30).

Vers. 17. *Donec intrem in sanctuarium Dei, et intelligam in novissima* [ed., *novissimis*] *eorum*. Advertit aliquando *Asaph*, quod intelligere festinabat. Repetit enim prædictæ quæstionis aliter veritatem se non potuisse cognoscere, nisi legem divinam, quod est *sanctuarium Dei*, contuens, intelligeret novissima peccatorum: quoniam in futuro judicio felicitas humana damnabitur, quæ hic ad tempus florere monstratur. Quo remedio hæsitatio cuncta sublata est, quia non debet pius animus offendi, cum se magis rebus talibus sentiat edoceri. Quod genus orationis dicitur deliberativum, quando et partes ponuntur, quæ nos dubios reddunt, et eligitur sententia, quæ et utilitati conveniat et decori. Dixit enim quod eis scrupulum commovebat: *Si dicebam, Narrabo sic*. Occurrebat utique illa fœda varietas: *Ecce natio filiorum tuorum, cui disposui*. Ad postremum eligitur sententia quæ cuncta salvaret: *Hoc labor est ante me, donec intrem in sanctuarium Dei, et intelligam in novissima eorum*. Sic deliberativum genus partibus suis regulari observatione completum est. Sciendum est sane de topicis omnia quidem argumenta procedere; sed quando generaliter dicuntur, **247** ad dialecticos pertinent; quando autem particulatim et specialiter exprimuntur, oratoribus convenire non dubium est.

Vers. 18. *Verumtamen propter dolos posuisti eis mala; dejecisti eos dum allevarentur.* Asaph venit ad tertium membrum, ubi peccatorum commemorat ultiones, quas superius eis dixerat in futurum graviter infligendas. Et ne omnino in mundo mali putarentur immunes, aut scelera sua crederentur habere modis omnibus impunita, dicit: *Posuisti eis mala;* ut quamvis mundana felicitate potiantur, reatum in se gestent, qui non potest deserere omnino criminosos. Nam tales etiam hic frequenter incurrunt ruinas, quas eorum vel suspicio non habebat. Sequitur, *dejecisti eos dum allevarentur. Dejecisti* dum dicit, ex alto significavit elisos. Et ut hoc intelligeres, addidit, *dum allevarentur,* id est, dum in cothurnum superbiæ amplitudine ruinosa conscenderent. Et perpende quia ipsum tempus elevationis significat quod ruinæ. Non enim dixit, postquam elevati sunt; sed, *dum allevarentur,* quorum erigi cadere est, et sublevare demersio: quoniam ad illam summitatem tendunt, quæ subita præcipitatione dissolvitur; sicut jam et in alio psalmo dictum est: *Vidi impium superexaltatum et elevatum sicut cedros Libani: et transivi, et ecce non erat (Psal.* xxxvi, 35), *et reliqua.*

Vers. 19. *Quomodo facti sunt in desolationem! subito defecerunt; perierunt propter iniquitatem suam. Quomodo* admirantis est, ut subito desolatus appareat, qui tanta felicitate pollebat. Desolatus, utique desertus ab illis rebus quæ eum tanquam numerosa familia circuibant. Hoc enim contingere malis posse non dubium est, quando debitum pavendæ mortis incurrunt. Sequitur, *subito defecerunt.* Exponit etiam quemadmodum ad *desolationem* pervenerint, qui prius felicia malis evenisse mirabantur. Nam quod dicit, *subito defecerunt,* significat repentinæ mortis adventum. Et ne illos crederes communiter mori, addidit, *perierunt propter iniquitatem suam:* quia mali sic in hoc sæculo deficiunt, ut tamen iterum in illa damnatione perpetua clade moriantur.

Vers. 20. *Velut somnium exsurgentis, Domine, in civitate tua imaginem ipsorum ad nihilum rediges.* Pulchra comparatio. Talem dicit esse felicitatem malorum, quale *somnium* evigilantium. Præstigiis enim quibusdam elusi, frequenter ad illa nos pervenire somniamus, quæ nimia cupiditate perquirimus. Pauper enim subito dives efficitur, criminosus honorabilis invenitur, fruitur alter optato conjugio, nonnullus desiderato potitur imperio. Et his omnibus subito derelictis, patentibus oculis non respicimus, quæ clauso lumine cernebamus. Ecce illa admiranda felicitas impiorum pervenit ad somnium. Sic enim jam mortui divitias possidere non possunt, sicut evigilantes sua gaudia perdiderunt. In hoc autem commate distinctio plena figenda est, quoniam de superioribus pendet. Sequitur, *Domine, in civitate tua imaginem eorum ad nihilum rediges.* Hic jam dicit quemadmodum in illa Jerusalem cœlesti impii divinis non possint apparere conspectibus; sed sicut in isto sæculo *imaginem* in se Domini polluerunt, ita in illa futura patria eorum effigies non videbitur, qui in gehennæ sequestratione mittendi sunt. Peribit ergo *imago,* quando se eis ipsa veritas alienata subtraxerit; nec similitudinem retinere possunt, de cujus beatitudine nil habebunt. *Imago* enim est alicujus rei existentis similitudo formata.

Vers. 21. *Quia delectatum est cor meum, et renes mei resoluti sunt.* Superius prophetavit impios a regno Domini submovendos, nunc causam reddit quia per ipsos factum fuerat, ut cor ejus noxia delectatione mundanis felicitatibus invideret. Unde apparet gravissimum esse peccatum, quando aliquis occasionem præbuerit unde alterius conscientia polluatur; sicut nec illa res parva est, quæ juvante Domino bonis præstat exemplum. Addidit, *et renes mei resoluti sunt. Renes* frequenter diximus pro mentis constantia poni. Nam sicut isti corpus continent, ita animæ stabilitatem et illa custodit. *Renes* ergo suos dixit esse *resolutos,* quia mundanarum rerum felicitatem incauta voluntate quæsierat.

Vers. 22. *Et ego ad nihilum redactus sum, et nescivi; ut jumentum factus sum apud te.* Merito ad nihilum redactus fuerat, qui talibus desideriis inhærebat, ut peccatoribus invidendo, auctori suo facere videretur injuriam. Ad nihilum enim pervenit qui fructu veræ intelligentiæ vacuatus agnoscitur. Et hoc quoque nescisse se dicit. Ipsa est enim profunda ignorantia *nescire* quod pecces: unde in alio psalmo dictum est: *Delicta quis intelligit* (Psal. xviii, 13)? Sequitur, *ut jumentum factus sum apud te.* Jure se *jumentum* dicit, quem carnalis æmulatio quasi irrationabile animal insidebat. Apud Deum enim in vice sunt pecudum, qui ejus præceptis resistunt, et aliud sentire volunt quam sanctis regulis continetur; sicut in alio psalmo dictum est: *Nolite fieri sicut equus et mulus, quibus non est intellectus* (Psal. xxxi, 9).

Vers. 23. *Et ego semper tecum; tenuisti manum dexteram meam.* Cum dicit, *Et ego semper tecum,* ostendit se ab idolis alienum auctori Domino pura mente credidisse. Sed in hoc errabat, quia de peccatorum felicitate Domini judicia discernere nesciebat. Quapropter hic distinctio plena ponenda est, quoniam est completa sententia. Sequitur, *tenuisti manum dexteram meam.* Dixit, *tenuisti manum;* et ne putares sinistram (quia et ipsa pars habet corporis manum), addidit, *dexteram meam.* Cujus enim hæc pars a Domino tenetur, semper absolvitur atque liberatur; sicut Petro mergenti *dexteram tenuit* Dominus, eumque fecit elementum liquidum fixo calcare vestigio.

Vers. 24. *In voluntate tua deduxisti me, et cum gloria assumpsisti me.* Hic quoque gratia Domini significatur, qua redemit peccatores. Non enim dixit, meritis meis, sed *voluntate tua deduxisti me;* ad intellectum scilicet saluberrimum, ad quem post mortiferas cogitationes tanquam de loco sepulcri, Domino vivificante, reversus est. Sequitur, *et cum gloria assumpsisti me.* Hic denuntiat Domini incarnationem futuram, in qua hominem *assumere* pietate sua dignatus est. Quid enim mirabilius quam mortalem naturam incarnatione Verbi ad Patris dexteram collocatam, et eam vivos et mortuos judicaturam, quæ post delictum primi hominis diabolicis tentationibus subjacebat? Unde etiam probatissime atque expresse Joannes Constantinopolitanus episcopus ait (*In homil. de Ascens.*): Cognoscamus **248** quæ natura est, cui dixit: Esto meæ particeps sedis; illa natura quæ audivit: *Terra es et in terram ibis* (Gen. III, 19).

Vers. 25. *Quid enim mihi restat in cœlo, et a te quid volui super terram?* Postquam dixit quemadmodum a pravo sensu voluntate Domini fuerit absolutus, ad quartum venit ingressum: ubi jam bona misericordiæ [ed., bonam misericordiam] ipsius liberatus enumerat. Nam cum dicit, *Quid restat in cœlo*, subaudiendum est, quid amplius petam, id est, quam quod mundo daturus es? Beneficium scilicet sanctæ incarnationis tuæ; ut Deus homo ex duabus et in duabus naturis distinctis atque perfectis unus Christus appareat, et damnatum lege peccati per gratiam redemptionis absolvat. Increpative autem contra se dicit quod sequitur, *et a te quid volui super terram?* quasi diceret: Ego veritatis ignarus, qualia super terram sperabam, ut peccatorum bona cuperem habere communia, cum tu beneficia parares in æternitate mansura? Istæ sunt potius divitiæ quas salubriter cupere debeamus; ista felicitas de qua se Christianus gaudeat esse locupletem; ut sit pauper in hoc sæculo, dives in cœlo.

Vers. 26. *Defecit caro mea et cor meum: Deus cordis mei, et pars mea Deus in sæcula.* Defectus dictus est, quoniam deest illi effectus. Et jure cogitatio carnalis *defecerat*, quæ se errasse noscebat. Sed illi confitetur, cui culpam revelare remedium est: delicta confiteri securitas. Et nota quod in uno versu, cor et in bono ponitur et in malo. *Defecit cor*, utique mala cogitatio. *Deus cordis*, bonum intellectum significat, cum se errasse salubriter sentiebat. Illud quoque notandum est, quod frequenter Scriptura divina de corporis istiusmodi parte dicit emanare consilia; sicut scriptum est: *De corde hominis procedunt cogitationes malæ* (*Matth.* xv, 19). Quamvis aliqui dicant in cerebro esse sapientiæ sedem. Sed illi potius dicenti de corde nostro credendum est, qui corda nostra formavit. Sequitur, *et pars mea Deus in sæcula*. Illius hominis pars Deus est, qui se majestati ipsius et credulitate consociat, et probabili actione commendat. *In sæcula* vero quod addidit, semper se ipsi adhærere promisit. Quod revera perfectorum est nunquam ab illo velle discedere; sine quo contingit semper errare.

Vers. 27. *Quia ecce qui elongant se a te peribunt; perdidisti omnes qui fornicantur abs te.* Illorum memor est de quibus superius dixit: *Subito defecerunt; perierunt propter iniquitatem suam.* Illi enim se *elongaverunt* ab eo, qui idolis servientes, Deo vero nullam reverentiam reddiderunt. Iste enim credens Deo paulisper recesserat, ut rediret, quando, sicut sæpe dictum est, cogitationes pravas de peccatorum felicitate contraxerat. Sequitur, *perdidisti omnes qui fornicantur abs te. Fornicari* est a Domino, quando adulterinis cogitationibus ab ejus amore casto deviamus, et luxuriam sæculi præponentes præceptorum cœlestium non recipimus disciplinam. Quod illos facere manifestum est, qui culturas idolorum vanasque superstitiones impietatis affectant; et quidquid postremo contra catholicam fidem creditur, pollutis sensibus fornicatur.

Vers. 28. *Mihi autem adhærere Deo bonum est, ponere in Deo spem meam: ut annuntiem omnes laudes tuas in portis filiæ Sion.* Ecce declaratus est sensus ille quem diximus: quia licet prava se cogitatione polluerit, tamen a cultura Domini non recessit. Dicit enim, *bonum* sibi esse *adhærere Domino*. Is enim Divinitati *adhæret* qui se illi vera fide atque operum probitate conjungit. Nam sicut impios dicit elongatos, ita se Domino adhærere profitetur; ut illis contraria faciendo, disparem vicissitudinem remunerationis inveniat. Sequitur, *ponere in Deo spem meam*. Exponit verbum quod superius dixit. Ille enim *adhæret* Deo qui spem suam ponit in Domino: quia nihil potest esse beatius quam illi omnia committere, qui novit suis cultoribus congrue profutura præstare. Addidit, *ut annuntiem omnes laudes tuas in portis filiæ Sion*. Sion frequenter diximus montem esse Jerosolymis constitutum, qui nostra lingua speculatio interpretatur. Istius ergo contemplationis filiam, catholicam constat esse Ecclesiam, ubi revera laudes Domino reddit, qui pura mente crediderit. *In portis*, ipsum ingressum Christianitatis mavult intelligi, quando ad veram fidem percipiendam populus novæ regenerationis adducitur.

Conclusio psalmi.

Quam mirabiliter Asaph iste cujus nomen indicat Synagogam, et præteritos errores respuit, et futuræ bona credulitatis assumpsit! Deliberavit enim sapienter, elegit eximie, ut non immerito post illam superioris psalmi de adventu Domini salutiferam promissionem, septuagesimi secundi psalmi ei numerus convenisse videatur, quando utrasque cogitationum partes, velut justa libra discernens, æquabili totum moderatione pensavit. Completa est his admonitionibus institutio Christiani, ut nec cogitationibus malis delinquat, qui se Domino commendare festinat. Præsta, Domine, ne nos talibus invidere facias, quos tua veritate condemnas, sed exsecremur quos horres, et amemus certe quos diligis; quia tecum nequeunt habere portionem, nisi qui voluntates tuas mente devotissima subsequuntur.

EXPOSITIO IN PSALMUM LXXIII.
Intellectus Asaph.

Intellectus significat inspectionem divinam, quam psalmus iste studio pietatis omnimodis intuetur. *Asaph* (sicut sæpe jam dictum est) interpretatur Congregatio, quæ nunc vocatur Ecclesia. Ista futuras clades civitatis Jerusalem miseranda lamentatione deplorat. Mira pietas, stupenda clementia, malum futurum praesentem sibi facere planctum; et sic dolere ventura, quasi jam probentur esse suscepta! Quod genus dictionis charitate plenum, proximique dilectione compunctum et in hoc psalmo, et in septuagesimo octavo, et in centesimo trigesimo sexto reperies fuisse cantatum. Scire autem debemus quid intersit inter poenitentes et lamentantes, quoniam sunt tristes lacrymae utrisque communes. Poenitentes pro suis peccatis, aut pro generalitatis excessibus rogant; ut Dominus delicta dimittat, ne puniat errata cum judicat. Lamentantes vero pietatis intuitu deflent civitatis ruinas, et interitum suorum civium, quem [ms. A., quae] aut jam passi, aut certe passuri sunt. Unde monet Apostolus charitatem proximi persuadens, *Gaudere cum gaudentibus, flere cum flentibus* (*Rom.* XII, 15). Respiciamus nunc ordinem ipsum positionemque psalmorum. Septuagesimus primus psalmus promisit incarnationem Domini esse venturam. In septuagesimo secundo, postpositis erroribus, Asaph elegit quid sequatur. In praesenti autem civitatis subversio deploratur; ut durissimus animus Judaeorum vel ipsius civitatis suae calamitatibus terreretur. Totum fecit Medicus bonus, si sanitatem recipere voluisset aegrotus. Meminerimus autem quod ecclesiastica tradit auctoritas his diebus vastatam Jerusalem, quando Christum Dominum crucifixit plebs crudelissima Judaeorum; ut non sit dubium quod temporis malum receperit praesumptionis excessus. Nunc ad reliqua transeamus.

Divisio psalmi.

Israelitarum populus, qui figuram continet devotissimae Synagogae, per totum loquitur psalmum. In prima sectione deplorat cur traditi fuerint gentibus, ita ut sanctuarium Domini inimicorum profanaret audacia, memorans quorumdam Judaeorum cor impoenitens Domini provocasse censuram; ex quibus tamen in fine saeculi convertendos esse prophetat. Secunda dicit, adventu Christi superstitiones et iniquitates hominum fuisse destructas: enumerans diversa eum fecisse magnalia, inter quae petit ut Judaeis errantibus subveniret. Tertia sectione rogat ut memor promissionum suarum ab interitu semen eripiat Abrahae, et ad ipsum ascendat superbia Romanorum qui se immaniter (*ms. A., F.,* se inaniter] extulerunt. Quem psalmum sollicitis mentibus audiamus; est enim in excidii Jerosolymitani lamentatione mirabilis.

Expositio psalmi.

Vers. 1. *Utquid, Deus, repulisti in finem? iratus est furor tuus super oves gregis tui.* Introducitur populus Judaeorum Deo supplicans, ut averteret ab Israeliticis quod imminebat exitium. *Utquid?* quaerentis est, non imputantis. Merito enim territus quaerebat cur sanctuarium Domini passurum esset nefandissimam vastitatem; timens ne, quia permissa est templi vastatio, Judaicus quoque populus funditus interiret. Nam quis jam reservari creditur, quando sanctis locis reverentia non habetur? *Repulisti,* abjecisti est, quasi alienos a tua defensione fecisti. *In finem,* hic interitum significat et captivitatem, quam Jerusalem temporibus Vespasiani atque Titi principum a Romanis legitur pertulisse. Sequitur, *Iratus est furor tuus super oves gregis tui. Oves* dicit populum Judaeorum, ut nominatus *grex* pii Pastoris misericordiam commoveret. Addidit *tui,* quia semper in eis temperantius vindicamus, quos aliquando nostros fuisse meminimus.

Vers. 2. *Memento congregationis tuae, quam creasti ab initio: liberasti virgam haereditatis tuae, montis* [ms. A., *mons*] *Sion, in quo habitasti.* Intuere sollicite quot modis benevolentiam Judicis quaerat, ut oratorum argumenta hinc invenias fuisse progressa. Praestita enim dona numerantur, ut ad beneficia consueta animus boni Judicis invitetur. Quapropter rogat ut sua potius beneficia in eis, quam eorum considerare velit errata. *Congregatio* enim Judaeorum evidenter ipso adjuvante praevaluit, cum eos sub Aegyptio populo crescere faciebat, et quando placuit miraculis insignibus liberare dignatus est. Nam cum omnes creet atque disponat, Judaeos quasi specialiter *creasse* dicitur, quibus et legem dedit, et prophetas contulit, et miracula magna concessit. *Ab initio* dixit, fidei scilicet culturaeque prolatae, quam per Moysen populus accepit Hebraeus. Sequitur, *liberasti virgam haereditatis tuae. Haereditas* Domini fuit populus Judaeorum, quandiu in puro animo serviebat. Hanc *haereditatem virgam* appellavit propter Moysen famulum ejus, cui jussum est per *virgam* magnalia facere, ut divina fortitudine roborati, de terra Aegypti egrederentur intrepidi. Per hanc enim *virgam* Pharaonis est quassata duritia, per eam maris Rubri fluenta divisa sunt, per ipsam de sicco lapide flumina manaverunt; et merito *haereditas* ista vocata est *virga,* quae tanta valuit implere miracula. Haec ideo in commemorationem venit, ut per eam quanta praestitisset ostenderet. Addidit quoque cumulum perfectionis insignem, id est *montis Sion, in quo habitasti.* Illa enim quae praecessere miracula usque ad montis hujus munera pervenerunt. Dubium quippe non est omnia Veteris Testamenti ideo [*mss.,* a Deo] fuisse facta, ut Novi veritas promissa sequeretur. Nam quod dicit, *montis Sion, in quo habitasti,* Jerosolymam utique significat civitatem, in qua Israeliticus populus insidebat, ubi *habitasse* declarat Christi Domini praesentiam corporalem, ut haec loca non sineret incurrere teterrimam vastitatem, in quibus humanis oculis apparere dignatus est. Fulgens plane terra miraculis, dominica visitatione venerabilis, ubi datum est oculis carnalibus videre, quod est summa beatitudo vel credere. Quod argumentum dicitur a laude rei laesae; ut tanto plus hostibus cresceret invidia, quanto loca sancta fuerant eorum praesumptione vastanda.

Vers. 3. *Eleva manum tuam in superbiam eorum in finem: quanta malignatus est inimicus in sanctis tuis!* Haec verba non sunt irati, sed remedium magis correctionis optantis. Praevaluit revera Israelitae petitio.

Ubi enim amplius religionis Christianæ cultus effloruit quam in Romana urbe, quæ præ cæteris terris superstitiones sibi ante gentium vindicavit? *Elevata est* ergo in ipsis potentia Domini, quando superbiam eorum humilitatis gratia commutavit, perducens eos *in finem,* id est ad Dominum Salvatorem. Quanta enim nefandissima illic sunt signa templorum! Quot Ecclesiarum cœlestium et beatorum martyrum dona micuerunt! Ut utrisque conspectis, revera potentia intelligatur Domini Christi, qui ex tam superstitiosa plebe reddidit sanctissimam civitatem. Sequitur, *quanta malignatus est inimicus in sanctis tuis!* Inimicus significat populum Romanorum, qui illo tempore (sicut dictum est) insignis idolorum cultor habebatur. Qui *malignatus est* in locis *sanctis ejus,* quando sacerdotes totaque ministeria templi in prædam missa patuerunt, cunctaque gens Hebræorum aut gladio subjacuit, aut captivitati subjugata servivit. Hoc enim nimis acerrimum bellum Josephi Historia septem libris celebrata describit.

Vers. 4. *Et gloriati sunt qui oderunt te in medio atrio tuo; posuerunt signa sua signa, et non cognoverunt.* Hinc jam per contemptum sacratissimi templi major in præsumentes crescit invidia; ut ipsam quodammodo Divinitatem contempsisse videatur, quando sanctæ religionis violator arguitur. Sed cum omne scelus debeat subsequi pœnitudo, hic positum est, *gloriati sunt,* ut non solum peccasse, sed ipsum quoque malum ad gloriam suam traxisse viderentur. Addidit etiam, *qui te oderunt,* ut patienter non debeat sustineri, quod ab inimicis cognoscitur perpetratum. Sequitur, *in medio atrio tuo.* Hoc ad magnum contemptum pertinet exprimendum, ut non in extremo aliquo loco, sed *in medio atrio,* sacrilegium commisisse dicantur. Quod autem addidit, *signa sua signa, et non cognoverunt,* scilicet aquilas, dracones, cæteraque quibus in prælio uti solebat Romanus exercitus; aut certe statuas monimenta victoriæ, quas imperatores supra fornices portarum in suis laudibus erigebant. Sequitur etiam cum dolore dictum, *signa;* ut ipsa repetitio ad vindictam celerem justum Judicem commoveret. Quæ figura dicitur epembasis, quoties ad auxesim faciendam de vicino eadem verba geminantur, ostendens quia humanis est viribus applicatum, quod divina fuerat dispensatione permissum. Nam ut hunc sensum intelligas esse conceptum, intulit, *et non cognoverunt.* Quod si cognovissent, tibi utique reddidissent sacrificia; non autem elegissent ad dæmonum redire culturas. Quæ captivitas vel ruina longis post temporibus facta est, quam cognoscitur esse prophetata. Tunc enim quando ista dicebantur, templum adhuc Jerosolymis non erat constitutum, quippe quod a Salomone filio ipsius legitur fabricatum. Unde revera cœlestis prophetiæ magna virtus apparuit, ut ante ipsius eversio prædiceretur quam ejus constructio provenire potuisset.

Vers. 5. *Sicut in via super summum: quasi in silva lignorum securibus exciderunt januas ejus in idipsum: bipenni et ascia dejecerunt eam.* Quantum plus inimicorum contemptus exprimitur, tantum venire vindicta celerius postulatur. Nam in his duobus versiculis dolentis animus vehementer ostenditur, ut dicat, sic *posuerunt signa sua* in templo tuo, quemadmodum solent statuæ principum in plateis per loca edita collocari, ut viantium memoria visis talibus instruatur. Quid enim exsecrabilius quam ut hoc auderent facere in penetralibus templi, quod a sacrilegis præsumitur in plateis? Sequitur alia comparationis miseranda conquestio, ut ita dicat *januas* illas templi reverendissimi *securibus* comminutas, quemadmodum excisoribus lignorum silvæ solent præbere licentiam, ut nullus custos, nullus contrarius invenitur. Antiqui autem *januas* a Jano dictas esse voluerunt, quod per ipsum anni (ut putabant) præberetur ingressus. Addidit quoque, *in idipsum,* in templo scilicet, ut facti qualitas de loci reverentia plus doleret. Sequitur, *bipenni et ascia dejecerunt eum. Bipennis* est in plagis lignorum ferrum ab utraque parte formatum, quod in excidendis trabibus competenter aptatur. Dicta est autem ab eo quod bis acuta sit. Pinnum enim antiqui acutum dicebant. *Ascia,* id est ferrum in obunci nasi more curvatum, per quam manus artificis diligentius persequitur quod constat minutius abscidendum. Ergo ut civitatem illam ostendat funditus fuisse vastatam, per hæc instrumenta fabrilia, et magnas res simul et parvissimas dicit esse dejectas. Quidquid enim aut *bipennis* excidere, aut *ascia* persequi potuit, manus truculenta dejecit. Quo loco ad exprimendum dolorem prophetæ, Jeremiæ sensus ille ponendus est: *Videte si est dolor secundum dolorem meum qui factus est mihi. Dedit me Dominus in manibus, et non potero stare* (Thren. 1, 12, 14).

Vers. 6. *Incenderunt igni sanctuarium tuum; in terro polluerunt tabernaculum nominis tui.* Crescit dolor, ubi calamitas eversionis augetur. Potuit enim *bipennis* et *ascia* sola ligna concidere, sed ad postremum ignem contigit omnia simul devorare. Sed quid, rogo, de privatis domibus fieri potuit, ubi furor hostilis *sanctuario* Domini non pepercit? Quod autem dicit, *igni incenderunt,* in sæcularibus litteris schema dicitur pleonasmos, ubi et superfluum aliquid poni fas est. In Scripturis vero divinis (ut mihi videtur) hæc figura non convenit, ubi totum utile, totum necessarium, totum que perfectum est; sed magis per hunc modum locutionis dictum debemus advertere, sicut usu dicimus: Auribus meis audivi, oculis meis vidi; cum tamen nec alienis videre oculis, nec auribus audire possit extraneis. Sequitur, *in terra polluerunt tabernaculum nominis tui. Tabernaculum nominis* ejus, templum fuit quod Salomon mirabili ædificatione construxit, in cujus dedicatione orans ait: *Ego autem ædificavi domum nomini ejus (III Reg.* VIII, 21), et cætera. Istud ergo *tabernaculum* quod visitabat virtus cœlestis, manus polluit vastatoris, et usque in terram deduxit culmina, quæ ad laudem Domini probabantur esse constructa. Et nota quod in his quatuor versibus schema illud nobilissimum ponitur auxesis, quæ Latine augmentum nuncupatur. Crescit enim subinde atrocitas facti, ut tam immaniter excedentibus ab omnipotenti Judice debeat obviari. Quod sive in laudibus, sive in vituperationibus utiliter nimis ac decenter apponitur, sicut fecit Apostolus dicens : *Scientes quod tribulatio patientiam operatur, patientia autem probationem, probatio vero spem, spes autem non confundit* (Rom. v, 3, 4, 5), etc.

Vers. 7. *Dixerunt in corde suo cognatio eorum inter se : Venite comprimamus omnes solemnitates Domini a terra.* Potuissent mala superius enumerata misericordiam Domini commovere, nisi adhuc fuisset in Judaeis obstinata superbia. Nam licet talia perpessi sint, a blasphemiis eorum animus non recessit. *Dixerunt* enim *in corde suo.* Et ne pauci viderentur esse, addidit, *cognatio eorum inter se;* ut impoenitenti cordi merito non fuerit suspensa calamitas. Sequitur, *Venite, comprimamus omnes solemnitates Domini a terra.* Hic verba referuntur irascentium Judaeorum, quoniam viderant **251** eversam civitatem suam, et Dei sanctuaria profanata, insipienter et furiose dixerunt : Abjiciamus legem Domini, qui nos vindicare contempsit : non aestimantes multo eos graviora potuisse mereri, qui crucifigere nisi sunt Dominum Christum. Talia enim *Asaph* ex sua persona dicere non poterat, quem praemissus tituli *intellectus* ornabat.

Vers. 8. *Signa nostra non vidimus* [ed., *videmus*], *jam non est propheta : et nos non cognoscet amplius.* Dementissimi hominum qui talia sibi putabant post reatum *signa* posse praestari, qualia videbantur ante culpam tam immanissimam promereri. Veniebat utique illis in animum quantas gentes patres eorum Domino juvante prostraverint, quae regna momentanea concertatione subdiderint; et in reatu maximo constituti, ipsa sibi subtracta dicebant *signa*, quae patribus suis tunc devotis noverant esse collata. Sequitur, *jam non est propheta : et nos non cognoscet amplius.* Adhuc ipsa sunt verba desperantium Judaeorum. Nam quoties antiquis temporibus Israelitae aliqua calamitate premebantur, euntes ad prophetas instruebantur ab eis jussu Domini quid facere debuissent; quibus tamen eorum duritia obedire contemnebat. Sed cum eos completo adventu Domini non haberent, dicebant a Domino se fuisse derelictos, quando eos, per quos admoneri consueverant, non videbant. De talibus enim scriptum est : *Peccator, cum venerit in profundum malorum, spernit* (Prov. XVIII, 3). Haec omnia dici non potuerunt, nisi a populo Judaeorum, quia Romanis ista contraria erant, qui tunc nefandis idolis serviebant. Revera *Asaph* intelligens et sanctitate praecipuus fudit pro Judaeis mirabilem supplicationem. Sed ne inclementia Divinitatis putaretur, quod pro ipsis non probatur auditus, subjunxit culpas desperationesque Judaeorum ; ut debitas ultiones susceperint merito, in quibus nulla fuit inter tam multa crimina congrua poenitudo.

Vers. 9. *Usquequo, Deus, improperabit inimicus; irritat adversarius nomen tuum in finem?* Clamat tanquam qui adjutorem petit, gemit quomodo vulneratus qui medicum quaerit, dicens Domino : Quandiu istas improperationes sustinebis, quas Judaeus tibi movet incredulus? Non ut eos perderet, quos flendos esse judicabat, sed ut confessiònis beneficio mutaret in melius. Sequitur, *irritat adversarius nomen tuum in finem.* Hoc exponit quod superius dixit. Tandiu Dominus murmurationes patitur perfidorum, donec adversarios suos ad confessionem sui nominis miseratus adducat. Ille enim potens est sic corrigere derogantes, ut qui prius mortifere locuti sunt, postea praedicare salutariter audiantur. *Irritat* enim a canibus tractum est, quorum latratibus R littera plurimum sonat. *In finem* significat mundi vesperam, quando gens Judaeorum pro maxima parte creditura est.

Vers. 10. *Utquid avertis faciem tuam et dexteram tuam de medio sinu tuo in finem?* Quasi offenso, quasi irato Domino dicit, qui nolit peccatores populos intueri, ut adhuc in sua videantur perseverare nequitia. Ille enim quos dispensatione mirabili placatos attenderit, corrigit : quos propitius intuetur, emendat. Sequitur, *et dexteram tuam de medio sinu tuo in finem.* Aliud sacramentum tangitur Veteris Testamenti. Nam sicut Moysi datum fuerat per virgam miracula facere (Exod. IV, 6, 7), ita illi praeceptum est ut *dexteram* suam in sinum mitteret, exindeque prolata, leprosa conspecta est. Jussumque illi est, ut iterum manum mitteret in sinum, et statim curata est. Significans quia populus Judaeorum exiens a Domino Christo immundus fieret; ad eum vero conversus reciperet pristinam sospitatem. Quod factum ideo commemoratur, ut Judaeorum populum in antiquam redire praediceret sospitatem. Hoc argumentum dicitur ab eventu, quando ad illud supplicatio tendit, ad quod rei ordinem pervenire cognoscit. Sed ne in tali relatione diutius moraretur, ad laudes Domini festinus accedit, ut omnia possibilia dicat illi qui tam ingentia cognoscitur operari.

Vers. 11. *Deus autem Rex noster ante saecula; operatus est salutem in medio terrae.* Venit ad secundam sectionem *intellectus* ille *Asaph,* quem titulus praenibat, et spiritu prophetiae Dominum Salvatorem praedicit esse venturum, enumerans per demonstrativum genus orationis quanta miracula fecerit in coelo et in terra. Et quia de ejus erat incarnatione dicturus, ne quis eum Dominum crederet temporalem, ante constitutionem mundi *Regem* eum jam fuisse testatur, sicut ipse in Evangelio ait : *Ego in hoc natus sum* (Joan. XVIII, 37). *Saecula* enim dicta sunt, quod in se revolvant tempora. Sequitur, *operatus est salutem in medio terrae.* Quamvis hoc et de factis miraculis possit intelligi, quae coram hominibus visualiter cognoscitur operatus, tamen melius hoc de animarum salute suscipiamus, quam operatus est praedicatione vitali. *In medio terrae*; cunctis scilicet cernentibus populis, quos per *terrae* vocabulum datur intelligi. Quae figura dicitur metonymia, quando per id quod continet, id quod continetur ostenditur.

Vers. 12. *Tu confirmasti in virtute tua mare; contrivisti capita draconum super aquas.* Ut revera ostenderet quod superius dixit, *ante saecula Regem* fuisse

Dominum Salvatorem, qui pro nobis pati dignatus est; ut mortem moriendo destrueret, captivis libertatem, reis præmia condonaret, refert miracula quæ quondam fecit in gente Judæorum. *Confirmavit* enim *Rubri maris liquidas abyssos, quando in duobus lateribus sic aqua defixa est, ut mare navigerum iter faceret esse terrenum.* Sequitur, *contrivisti capita draconum super aquas.* Mysterium superioris miraculi decenter exponit, quia illa præfiguratio transitus maris Rubri aquas sancti baptismatis indicabat, ubi *capita draconum,* id est spirituum immundorum perducuntur ad nihilum, quando animas quas illi peccatorum sordibus inquinant, fons salutaris emundat. Et nota quod in hoc et in aliis quatuor versibus per figuram synathroesmos singulas congregat laudes; ut enumeratio ipsa virtutum animum offensi potentissimi Judicis temperaret.

Vers. 13. *Tu confregisti caput draconis; dedisti eum in escam populo Æthiopum.* Cum superius dixerit plurali numero *capita draconum,* significare volens nequitias spirituales, modo singulari numero ponit *draconem,* ut ipsum Satanam indicare videatur, qui quantum fortior, tantum nequior; et cum singulari numero ponitur, inter malignos spiritus habere similem penitus abnegatur. **252** *Confractum est* enim *caput* ejus, quando superbia ipsius de cœlo dejecta est; et nativam claritatem retinere non meruit, qui se voluntaria obscuritate maculavit. Addidit, *dedisti eum in escam populo Æthiopum. Æthiopes* bene peccatores advertimus, qui ante fuerant tenebrosa mente teterrimi; sed ad Dominum conversi, escam cœperunt habere diabolum, cum de ejus detractione satiantur. Nam hodieque quem pessimum intelligi volumus, diabolum nuncupamus. Omnibus enim culpis exsufflatur admissis, totius dicitur auctor erroris, et sicut ille Christianos insequitur, ita ab omnibus exsecrabili horrore discerpitur. Sic fit ut qui paganis ante venerabilis, nunc a Christianis detractionum morsibus corrodatur. Sive conversi jam fideles escam possunt habere diabolum, quando per ipsius machinamenta tentationesque proficiunt; ipso enim persequente martyres fiunt, ipso affligente patientiæ munere coronantur. Quapropter merito diabolus illorum esca dicitur, quos fatigationibus crebris ad desideria votiva perducit.

Vers. 14. *Tu dirupisti fontes et torrentes, tu siccasti fluvios Ethan.* Hoc totum per allegoriam de peccatoribus dicit. *Fontes* illos appellat, quorum mala jugiter influebant; *torrentes,* qui subito concitati rapidis excursibus irruebant. Hæc enim duo genera peccantium Dominus *dirumpet,* cum eos a diaboli famulatione diviserit. Sequitur, *siccasti fluvios Ethan.* Priorem excolit sensum, ut *fluvios,* id est inundationes diabolica iniquitate collectas non solum *dirumpat* ac dividat, verum etiam desiccet et auferat. *Fluvius* enim quando siccatur, ad nihilum sine dubitatione perducitur. Quod tunc contingere manifestum est, quando donans multitudinem peccatorum, diaboli constat inundantia periisse consilia. *Ethan* Hebræa lingua fortis interpretatur, quod sæpe diabolum significare jam diximus.

Vers. 15. *Tuus est dies et tua est nox; tu fecisti solem et lunam.* Versus iste et sequens omnibus ad litteram patent. Cunctarum quippe rerum creator est Dominus; sed aptius videntur, si spiritualiter exquiruntur. *Diem* ponamus justos viros, quibus semper sapientiæ lumen irradiat; *noctem* homines terrenos, qui peccatis facientibus obscurantur; sicut in alio psalmo dictum est : *Dies diei eructat verbum, et nox nocti indicat scientiam* (Psal. xviii, 3). Sed cum dicit : *Tuus est dies et tua est nox,* significat quoniam in utrisque Deus miracula magna facit, ut et illum munere suæ pietatis illuminet, et istum peccatis emendatum, regni sui faciat esse participem. Addidit, *tu fecisti solem et lunam.* Hæc omnia nomina per exempla magis planius exponuntur. *Sol* sapientem significat, *luna* stultum, sicut scriptum est : *Sapiens permanet sicut sol; stultus autem sicut luna mutatur* (Eccli. xxvii, 12). Pulchra narratio, ut per similitudines rerum Omnipotentis stupenda magnalia declarentur. In omnibus tamen intelligendum est Creatorem Dominum solitam nimis et copiosam ostendere pietatem.

Vers. 16. *Tu fecisti omnes terminos terræ : æstatem et ver tu fecisti ea : memor esto hujus creaturæ tuæ.* Non incongrue *terminos terræ* dicimus omnes apostolos et prophetas. Nam sicut termini agrorum fines [ed., funes] distinguunt, ita et prædicatores Christi veræ fidei jura custodiunt. Sequitur, *æstatem et ver tu fecisti ea.* Per hæc tempora significat fideles diversa morum qualitate pollentes; alii enim sunt tanquam æstus fidei calore ferventes ad martyrium usque perducti; alii mansuetudine temperati tanquam *ver*, æquabili Domino devotione famulantes. Omnia enim et ista et talia ipse fecit, cujus gratia conceditur, quod in hominum bona voluntate monstratur. Addidit, *memor esto hujus creaturæ tuæ.* Reddit causam cur enumeratio illa præmissa sit; scilicet, ut qui facere consuevit magna, Judæis quoque delinquentibus miseratus indulgeat. Et ut benevolentiam pii Domini provocaret, beneficia ejus frequenter enumerat; ut memor esse dignetur eorum quos creare dignatus est.

Vers. 17. *Inimicus improperavit Domino, et populus insipiens exacerbavit nomen tuum.* Illorum verborum meminit, quæ superius dixit : *Venite, comprimamus omnes dies festos Domini a terra,* etc. *Inimicus* utique fuit iste populus Judæorum, qui talia dixit in Dominum, ut illi videretur exprobrare, cui vel ex aliqua parte gratias agere nulla potest creatura sufficere. Sequitur, *et populus insipiens exacerbavit nomen tuum. Insipiens* utique qui agebat indignè, ut illa patienter audiret, quæ debuisset omnino refugere. Et ex hoc Dominum ad iram provocaverunt, quia non pro suis peccatis talia sibi accidisse dixerunt, sed putaverunt injustum Deum, qui quasi non merentibus dominari permittebat interitum. Consideremus igitur ordinem saluberrimum supplicantis. Sic pro culpabilibus orat, ut eorum semper confiteatur errata. Hoc si Judæi fecissent mente devota, potuerant generaliter debita vitare supplicia.

Vers. 18. *Ne tradas bestiis animas confitentes tibi: animas pauperum tuorum ne obliviscaris in finem.* Asaph venit ad tertiam sectionem, cui merito præmissus est *intellectus*: quando sic peccata populi superius confessus est, ut tamen devotos a Domino liberandos esse præsumat. Supplicat enim vir sanctus quod sciebat esse venturum, ut fidelium animas non tradat, ne diabolus ad sua vota perveniat. Erant enim in illo populo etiam tunc vasa misericordiæ, ex quibus fuit Simeon, Nicodemus, Nathanael, de quo Dominus testimonium perhibet, dicens: *Ecce vere Israelita, in quo dolus non est* (Joan. I, 47); et reliqui qui Domino cordis puritate placuerunt. *Bestias* enim posuit *diabolum* cum ministris, quorum capita (sicut superius dixit) contrivit super aquas. Sequitur, *et animas pauperum tuorum ne obliviscaris in finem.* De illis dicit qui superbia mundi repudiata, ad humilitatem se sanctissimam contulerunt: rogans ut eis Domini Salvatoris beneficia non negentur; sed quia pauperes ejus facti sunt, ipsius largitate ditescant.

Vers. 19. *Respice in testamentum tuum: quia repleti sunt qui obscurati sunt terræ domorum iniquitatum.* Respice, dixit, ut digneris implere quæ cognosceris ante promisisse; sicut scriptum est: *Ecce dies venient, dicit Dominus, et consummabo domui Israel et domui Juda testamentum novum, non secundum testamentum quod disposui patribus eorum* (Jer. XXIII, 5). In illo enim pollicitationes temporales sunt, ut fuit terra repromissionis et inimicorum 253 subjectio. Talia enim rudi populo debuit concedere, ut ad spiritualia intrepidus potuisset subinde festinare. In Novo autem Testamento promittitur imperturbabilis vita, regnum cujus non erit finis, beatitudo perpetua, et Domini contemplatio gloriosa. In hoc ergo *testamento respicere* dicit Dominum debere, ut cito erranti populo debeat profutura præstare. Revera intelligens factus est *Asaph*, qui talia petit, unde totus mundus potuisset absolvi. Et vide qua sapientia cuncta discurrit: quia non erant bona, quæ delinquentis populi commemorare potuisset, meminit promissionis Dominicæ quæ semper impletur. Sequitur alia causa miserendi, quæ dicitur qualitas absoluta: *Quia repleti sunt qui obscurati sunt*, id est peccatores qui ignorantiæ obscuritate demersi sunt; sicut et ipse pro eis in cruce positus supplicavit, dicens: *Pater, ignosce illis, quia nesciunt quid faciunt* (Luc. XXIII, 34). Sed repetamus hunc versum, ut contextio verborum facilius debeat apparere. Dixit, *Respice*, quia *repleti sunt qui obscurati sunt*. *Repleti* enim fuerant iniquitatibus, et necesse erat ut eos sequeretur obscuritas, qui merito tenebris comparantur, quoniam lumen sapientiæ perdiderunt. Addidit, *terræ domorum iniquitatum*. Isti sunt *terræ domorum iniquitatum*, id est terreni de domo iniquitatum. Et ne forte hic *terram* in bono voluisses accipere, pulchre definitum est quid sit corpus infidelium, hoc est *domus iniquitatum*: quia cuncta vitia velut quodam hospitio recipiunt, qui malis actibus polluuntur.

Vers. 20. *Ne avertatur humilis factus confusus: pauper et inops laudabunt nomen tuum.* In loco eorum qui offendere videbantur, ponit eos qui gratiam Domini habere consueverunt: ut dilectio devotorum odium contumacium temperaret. Quod argumentum nimis accommodum est, quando pro aliquo detestabili ponitur persona gratiosa. *Confundi* autem non est humilis, sed superbi, qui Dei gloriam non agnoscens, humanis meritis applicat, si quid boni (Domino præstante) susceperit. Contra, humiles Deum jugiter *laudant*, se semper accusant: intelligentes Divinitatis esse quod sapiunt, proprium utique quod delinquunt. Istos rogat non debere *confundi*; quoniam quidquid boni perceperint, Domini muneribus intelligunt applicandum. Sequitur, *pauper et inops laudabunt nomen tuum*. Videamus quam sit ista gloriosa paupertas, quam felix probetur inopia, quæ Dominum etiam tacita *laudat*, et de patientiæ suæ virtute concelebrat. Mutus est si psallat superbus; *pauper et inops laudant* Dominum, et cum videntur habere silentium. O inæstimabile bonum, si perpendatur intrinsecus! *Pauper* Dei dicitur, dives sæculi nuncupatur; iste est Regis æterni, ille temporis utique fugitivi. Non sibi habet qui foris dives est, iste potius idoneus dicendus est, qui in thesauris animæ probatur virtutes eximias condidisse.

Vers. 21. *Exsurge, Domine, judica causam tuam: memor esto improperiorum tuorum, eorum quæ ab insipiente sunt tota die.* Post cuncta quæ dixit, nunc facit Judicis causam; ut eum efficacius commoveret, cui negotii sui qualitas intimatur. Nunc ad ipsum Dominum verba convertit, expetens ut causam suam contra illos dijudicet, qui non desinunt pravis murmurationibus insonare. *Judicat* enim *causam* suam, dum errantes facit manifesta cognoscere, ut conversi prædicent quod stultis cogitationibus abnuebant. Sequitur, *Memor esto improperiorum tuorum*, illorum scilicet quæ superius dicta sunt: *Jam non est propheta, et nos non cognoscet amplius.* Adjecit, *eorum quæ ab insipiente sunt tota die.* Et hoc de superioribus pendet, quoniam ista opprobria *ab insipientibus* dicta venerunt. Et ne putarentur ad tempus effusa, addidit, *tota die*; ut ipsa continuatio mansuetudinem patientissimi Judicis indicaret.

Vers. 22. *Ne obliviscaris voces quærentium te: superbia eorum qui te oderunt ascendat* [ed., *ascendit*] *semper ad te.* In primo commate miscuit iterum vota fidelium, ne abjiciat preces eorum qui ad ipsum toto cordis affectu clamare noscuntur; ut inveniant quem quærunt, et mereantur cernere [ms. G., ed., *certe*] quem expetunt. Sequitur, *superbia eorum qui te oderunt ascendat semper ad te.* Hoc congrue dictum de Romanis advertimus, de quibus superius ait: *In medio atrio tuo posuerunt signa sua*; ut contra hostes Jerusalem omnipotentem Judicem vehementissime commoveret. Superbia est enim quam Dominus specialiter exsecratur, per quam et angelus corruit, et primi hominis beatitudo discessit. Et considera quam prudenter acerrimum vitium in fine positum est, ut post omnia diceret quod memoriæ finibus conderetur. Sic deplorant simpliciter et prudenter qui pura Domino mente devoti sunt: sic per dolorem quamvis nimium falli nesciunt qui piis regulis obsequuntur.

Conclusio psalmi.

Cognovistis, auditores egregii, quam suavia sint fidelissimis viris officia pietatis: quemadmodum nolint proximos suos tristitiam sustinere, ut de futuris eorum cladibus tantis lacrymis affligantur. Hæc est revera charitatis sancta perfectio præsentare futura sibi pericula, quæ proximis formidantur esse ventura. Quid ageret iste de conspecta clade, quam [*ms. A.*, quando] futuram sic cognoscitur compuncto corde doluisse? Respiciamus ergo Scripturæ sanctæ quali sibi veritate consentiant; ut ante *Asaph* adhuc florentem Jerusalem deploraverit, quam post tot annos Jeremias peracta captivitate deflevit. Utrumque pium, utrumque gloriosum; sed plus iste nescio quo pacto misericors fuisse cognoscitur, qui adhuc in prosperis constitutus, amarissimo dolore noscitur esse perculsus. Quapropter considerare nos convenit, quod refulgente varietate contextus modo lætantium jubilatione, modo pœnitentium gemitu, modo institutione salutari, modo lamentantium dolore, modo salutari incarnatione prædicta, modo pollicitatione præmiorum, modo terrore pœnarum, modo laudibus dominicis cunctus Psalterii textus ornatus est. Ut sicut corona suavissimis conserta floribus spiramen efficit gratiosam, ita et hic liber diversis virtutum fragrare sentiatur odoribus.

254 EXPOSITIO IN PSALMUM LXXIV.

In finem, ne corrumpas, psalmus cantici Asaph.

Verba tituli hujus, nisi ordine suo considerentur, obscura sunt. *Asaph* (sicut sæpe diximus) Synagoga significatur, id est congregatio quæ credidit, non quæ obstinata permansit. Nam post resurrectionem Domini confessa legimur multa millia Judæorum, sicut inter alia testantur Actus apostolorum. Quapropter hunc populum *Asaph* iste nunc admonet, ne fidem suam *corrumpat in finem*, id est, in Dominum Salvatorem, qui ejus credulitatem accipere meruit, et fructum salutis invenit. Ista enim munera quandiu non disperguntur, manemus illæsi; quando fuerint vitiata, a conspectu Regis reddimur alieni. *Psalmum cantici* vero diximus esse, cum res actuales spirituali contemplatione discernimus; quod totum in hoc psalmo, diligens lector, invenies.

Divisio psalmi.

Primo ingressu fideles Judæi dicturos se omnia ejus mirabilia profitentur. Secundo Rex ipse loquitur Jesus Christus, justitiam se judicaturum promittens, cum tempus generalis resurrectionis advenerit. Commonet etiam ne quis audeat aliquid contra divina mandata præsumere, ne eum possit æterna pœna torquere.

Expositio psalmi.

Vers. 1. *Confitebimur tibi, Deus; confitebimur tibi, et invocabimus nomen tuum: narrabo omnia mirabilia tua.* In hoc uno versu per ordinem regula sanctæ devotionis exponitur; nam populus ille Judaicus qui erat Christo Domino crediturus, quem titulus monet: *Ne corrumpas in finem*, erumpit in vocem, et in confessionem suam devotissime pollicetur. *Confiteri* est (sicut sæpe diximus) multorum confatione (*sic*) aliquid profiteri. Nam etsi unus confessus dicatur, aliis jam in fide præcedentibus, vel subsequentibus cognoscitur esse sociatus. Sequitur iterum, *confitebimur tibi*. Soliditatem promissionis repetitio ipsa testatur, quæ nunquam transitorie ponitur, nisi ubi mentis firmitas indicatur; sicut est illud: *Paratum cor meum, Deus; paratum cor meum* (*Psal.* LVI, 8), et his similia. *Tibi* dictum est, ut aliorum cultura negaretur; quia illa est vera devotio quæ solum justissime veneratur auctorem. Et illud inspiciamus, quoniam mortem plerumque generat, vel semel terreno judici crimina confiteri: Deo autem frequentata confessio non parturit periculum, sed salutem. Pulcherrimus currit ordo verborum. Prius se dicit *confiteri*, id est peccata deflere; postea *invocare nomen* Domini. Sic enim dignum est, ut ipsius munere prius corda nostra confessione purgemus, et sic ad auxilium suscipiendum *nomen* Domini *invocare* debeamus. Nam ad quos venire poterit, nisi quos jam proprios esse cognoscet? Quod si eum *invocet* indevotus, judicium sibi videtur postulare, non veniam. Præmittenda sunt ergo talia, ut confidenter divinam possimus *invocare* clementiam. Adjecit, *Narrabo omnia mirabilia tua.* Cum superius plurali numero dixerit, *Confitebimur*, hic singulari dicit, *narrabo*: quia populo Dei utrumque convenit, et singulariter dicere, et de pluralitate sentire. Sed ista narratio vox introducta est fidelium, quia non merentur magnalia divina revolvere, nisi qui se cognoscunt pura devotione Deo servire. Sic enim in alio psalmo legitur: *Peccatori autem dixit Deus: Quare tu enarras justitias meas* (*Psal.* XLIX, 16)? etc. Sed quis possit *omnia mirabilia* superna *narrare*, nisi ille qui sanctam Trinitatem breviter rerum omnium profitetur auctorem, et individuæ voluntati ejus applicat quidquid in cœlo et in terra ineffabili administratione peragitur?

Vers. 2. *Cum accepero tempus, ego justitias judicabo.* Mutatio personæ fecit nobis alteram partem. Sed hinc datur intelligi quemadmodum *Asaph* primo versu perfectæ religionis regulam comprehendit, ut tam cito mereretur audiri. Loquitur enim jam Dominus Christus: *Cum accepero tempus*, dicit, per id quod factus est homo, sicut ait in Evangelio: *Dedit ei potestatem judicium facere, quoniam filius hominis est* (*Joan.* V, 27). A natura vero deitatis audi quid dicat: *Omnia quæ habet Pater mea sunt, et mea Patris sunt* (*Joan.* XVI, 15). Sed et illa natura quæ accipit, et illa quæ dat, unus est Dominus Christus; sicut dicit Apostolus: *Et unus Dominus Jesus Christus, per quem omnia, et nos per ipsum* (*I Cor.* VIII, 6). Sequitur, *ego justitias judicabo;* ut compuncta corda mortalium ante tempus judicii in hoc se mundo studiosius precarentur absolvi, ne venientes in futura illa disceptatione inopinatam Judicis sententiam sustinerent.

Vers. 3. *Liquefacta est terra, et omnes habitantes in ea; ego confirmavi columnas ejus.* Dicit Dominus ante adventum suum *terram* esse genus humanum, quod ab illa soliditate veritatis in peccatorum labe resolutum est; quippe quod derelicto auctore nefandis idolis serviebat. Sed quemadmodum salutari incarnatione subvenerit *terræ liquefactæ*, subsequitur, *ego confirmavi columnas ejus. Columnas* apostolos debemus accipere, qui *confirmati sunt* resurrectione, cum in Domini passione nutaverunt. Nam et ipse eos confirmavit, quando Petro apostolo dixit: *Petre, quoties expetivit vos Satanas ut cribraret sicut triticum! et ego rogavi pro te, ne deficeret fides tua; et tu aliquando conversus confirma fratres tuos* (*Luc.* XXII, 31, 32). Et respice verborum aptissimam contrarietatem. *Liquefactæ* enim *terræ*, *confirmatæ columnæ* merito subvenire potuerunt. *Columnis* enim merito apostoli comparantur, quia terrena vitia in imo deprimunt, et supernæ virtutes ad gratiam regni cœlestis extollunt.

Vers. 4. *Dixi iniquis: Nolite inique agere; et delinquentibus: Nolite exaltare cornu.* Hoc est quod superius dixit: *Ego confirmavi columnas ejus. Dixit* enim per prophetas atque apostolos monita Novi et Veteris Testamenti, ne scelerati male agerent, sed ad Dominum cito se humili satisfactione converterent. Pius revera medicus observantiam salubritatis dedit, ne usque ad morbos noxios humana infirmitas perveniret. Sequitur, *et delinquentibus nolite exaltare cornu.* Subaudiendum est et hic quoque, *Dixi*, sed prius *iniquis* ait, ut omnia peccata concluderet. Nunc venit ad maximum vitium excusationis, quo valde laborat humanitas; ut cum se quis non patitur dicere culpabilem, ad excusandas excusationes in peccatis, peregrinas quascunque sibi causas excogitet in suo delicto, modo diabolum arguens, modo suasoris verba dilacerans, qui cornu suum videtur erigere, quia peccatum suum proprium per alios [*ed.*, alias] nititur excusare. Quapropter tales ad veniam redire non possunt, quia confessionis remedia perdiderunt.

Vers. 5. *Nolite extollere in altum cornu vestrum; nolite loqui adversus Deum iniquitatem.* Repetita contestatio formidinem magnæ ultionis ostendit, quia semper gravius vindicatur quod iterata jussione præcipitur. Nam cum dicit: *Nolite exaltare in altum cornu vestrum*, suadet ut a blasphema cogitatione cessetur, quoniam ille *in altum erigit cornu* qui contra Deum concepta iniquitate remurmurat. Nam vide quid sequitur, *nolite loqui adversus Deum iniquitatem.* Adhuc in excusationis curando vitio perseverat. *Loquitur* enim *contra Deum iniquitatem*, quando aliquis sic æstimat constitutum, ut peccata minime declinare potuisset, dicens: Non culpa sua, sed necessitate stellarum ad aliquod flagitium se pervenisse, ut hoc magis imputet Conditori, quod propria voluntate peccavit. Sed quanto veracius quantoque utilius, ut suum confiteatur scelus, qui cum nefarium perpetraret facinus, ut liberaretur a crimine, invocare neglexit omnium Redemptorem.

Vers. 6. *Quia neque ab Oriente, neque ab Occidente, neque a desertis montibus.* Versus iste aliquid expetit subaudiendum, ut ejus nobis lucida possit apparere sententia. Dicit enim: *Quia neque ab Oriente, neque ab Occidente, neque a desertis montibus*, addendum, deest Dominus, ut te possit agnoscere, cum eum totum ubique constet esse præsentem, sicut alibi legitur: *Spiritus Domini replevit orbem terrarum* (*Sap.* I, 7). Quæ figura in sæcularibus litteris dicitur eclipsis, id est defectus, quoties pleno intellectui verba aliqua subtrahuntur. Sed hoc factum est non indigentia sermonis, sed ut studiosius quæratur quod fuerit necessaria taciturnitate suppressum. Quapropter desinant blasphemi sacrilega verba cogitare, quando se Judex profitetur esse præsentem, cui subjacet omnia sub veritate cognoscere. Et ne aliquis miretur in complexion mundi duas tantum partes positas fuisse, hoc melius spiritualiter, si possumus, exponamus. *Orientem*, ponamus homines jam divina claritate conspicuos; *Occidentem*, peccatores quibus adhuc lumen veritatis absconditur; *desertos montes*, falsos prædicatores forsitan debemus advertere; qui licet *montium*, id est prædicantium sibi usurpent locum, tamen veritate deserti sunt, sicut sunt omnes hæretici vel pagani. Ergo cum omnibus generibus hominum Deus præsens et cognitor esse monstretur, nihil tale quisquam debet præsumere, quod eum possit in illa judicatione damnare.

Vers. 7. *Quoniam Deus judex est: hunc humiliat, et hunc exaltat.* Ecce omnis quæstio de medio profana sublata est: *Quoniam Deus judex est*, et cum sit *judex*, justum illum esse non dubium est. *Judex* enim dum dicitur, æquissimus sine dubitatione sentitur. Et ut hoc in isto verbo declaretur inclusum, causa redditur sincera judicii: *Hunc humiliat, et hunc exaltat.* Humiliat utique superbum, exaltat humilem, quia ille in se, iste confidit in Domino. Sic et in Evangelio legitur: *Omnis qui se exaltat humiliabitur, et qui se humiliat exaltabitur* (*Luc.* XIV, 11). Vides ergo justum *judicem* congruam partibus proferre sententiam.

Vers. 8. *Quia calix in manu Domini vini meri plenus est mixto; et inclinavit ex hoc in hoc.* Sæpe diximus *calicem* mensuram esse potabilem, qua ægra siti corpora reparantur: dictus a calida potione, qua frequenter utimur convivantes [*ed.*, combibentes]. Ita lex Domini pulchre *calix* dicitur, quæ ambienter ebibita atque recondita, animabus præstat suavissimam sospitatem. Sequitur, *vini meri plenus est mixto. Vinum* in divinis Scripturis significat cœleste mysterium, sicut in illis hydriis factum est quas Dominus aqua fecit impleri; ut latices fontium ruborem vini mutata qualitate susciperent, quem natura non habuit. Unde beatus Ambrosius in hymno sanctæ Epiphaniæ mirabiliter declamavit splendidissima luce verborum (*Tom.* V, *pag.* 356). Quod autem dixit, *meri*, sinceritatem designat, quod semper purum, semper est limpidum. Nam refectos homines ad gloriam virtutis, non ad vitium ebrietatis adducit, sicut in alio psalmo dicit: *Et poculum tuum inebrians, quàm præclarum est* (*Psal.* XXII, 5)! *Plenus est mixto* utique Domini *calix*: unde quamvis jugiter bibatur, nunquam tamen expenditur. Quod autem dixit, *mixto*, Novum Vetusque significat Testamentum, quæ utraque permixta animarum efficiunt saluberrimam potionem. Judæi enim *vinum* biberunt, sed non *mixtum*, quia Novi Testamenti noluerunt recipere sospitatem. Itemque Manichæi non biberunt *mixtum vinum*, quia Novum Testamentum ex parte recipientes veteris legis sacramenta ausu temerario respuerunt. Addidit, *et inclinavit ex hoc in hoc.* Hic duos populos absolute significat, Judæorum scilicet et gentium, quoniam ex ore tulit non credentium Judæorum quod potandum conversis populis gentium *inclinavit*. Felix et secura refectio ab illo calicem salutis accipere, qui semper novit profutura præstare. Hic modus locutionis proprius est in litteris sacris, quoniam in scripturis sæcularibus (ut arbitror) vix prævalet inveniri.

Vers. 9. *Verumtamen fœx ejus non est exinanita; bibent ex eo omnes peccatores terræ. Fœces* dicuntur reliquiæ vini considentes in densissimam crassitudinem, ad quas solet pervenire quando liquor ille superior probatur expensus. Sed quia anterius *plenum calicem* diximus, juste hic negavit *fœcem ejus exinanitam*, ad quam perveniri [*ed.*, pervenire] non potuit; quoniam cunctis potantibus ejus plenitudo non deficit. *Fœces* enim hic non sordes, sed ima illa atque ultima vini debemus accipere. Nam quomodo *fœces* habere potuit, quod merum atque purum ante declaravit? Sed ut ad istam fæcem cognosceres minime fuisse perventum, redit ad poculum plenum dicens: *Bibent ex eo omnes peccatores terræ.* Hic significat (quod sæpe diximus) Judæos in fine sæculi cum aliis peccatoribus de isto calice bibituros, quando credere meruerint, seque **256** Ecclesiæ catholicæ adunata fide conjunxerint. Omnes enim ad illam partem pertinent, quæ credere (Domino præstante) meruerit. Multi enim peccatorum in sua obstinatione mansuri sunt.

Vers. 10. *Ego autem in sæcula gaudebo; cantabo Deo Jacob. Gaudebo et cantabo.* Christus dicit de membris suis, qui gaudet dum ab eis gaudetur; qui *cantat Deo Jacob*, dum psalmodiam dicit Ecclesia. Quæcunque enim membra bene gerunt, hæc (sicut sæpe dictum est) Capiti rationabiliter applicantur.

Vers. 11. *Et omnia cornua peccatorum confringam; et exaltabuntur cornua justi.* Ecce vox Judicis, ecce vox Omnipotentis insonuit. Nam qui ante psallebat in membris suis, modo *confringit cornua peccatoris*. In illa quippe judicatione omnis potestas humiliabitur impiorum, et confracta dispereunt, quæ hic ma-gnis sublimitatibus eriguntur. Respiciant ergo superbi, quam sit hic turpe mutilum pecus imitari, et erubescant se inde præferre, unde futura illis deformitas cognoscitur imminere. Sequitur, *et exaltabuntur cornua justi.* Quæ figura dicitur catachresis, id est abusio, quoties aliena rerum nomina non habentibus commodantur. *Cornua* enim *justi* munera sunt futuri judicii, quæ revera firmiter eriguntur, quoniam in æterna pulchritudine permanebunt. *Peccatorum* hic *cornua* videmus, quæ ibi non erunt: justorum hic non cernimus, quæ ibi perpetuo munere conceduntur. O humilitas eximie decoranda, quæ hic cerneris destituta! Quod majus pretium habere poterit decus tuum, quam ut ille eam hic assumpserit, de quo cuncta beatitudo sine fine gaudebit?

Conclusio psalmi.

Audivimus verba Domini non de altitudine cœli, sed de sancta scriptura Psalterii: cui tanto libentius pareamus, quanto nos communiter monuisse dignatus est. Nam cum Dominus Moysi locutus est (*Exod.* XIX, 16), fulgura micuerunt, concrepuerunt tonitrua, mons quoque Sina totus fumavit, cunctos terror mortis invasit, et vitale mandatum sic pervenit ad populos, ut magno se putarent discrimine perituros. En beneficia Domini Salvatoris, si intelligantur, jugiter admiranda, linguam ipsius quotidie gestamus in manibus. Voluntas dominica patet nobis litteris comprehensa divinis, et per corporalem præstat aspectum, ut intus cordis oculus salutariter instruatur. Nunquam tacet si eum in Scripturis suis consulere festinemus: semper ad salutaria responsa paratus est, nec absens aliquando redditur, si eum puris mentibus appetamus. Quapropter abjiciamus (ut psalmus monet) superbiam, quæ sceleratos ab ipso dividit: amemus humilitatem, quæ sanctos illi cœlesti charitate conjungit.

EXPOSITIO IN PSALMUM LXXV.

In finem, in laudibus, psalmus Asaph, canticum ad Assyrios.

Omnia verba hujus tituli ex præcedentibus expositionibus debent esse notissima. Restat ergo quod novum intulit *ad Assyrios* explanare. *Assyrii* dirigentes interpretantur, qui jam fidei regulis docti, rectis semitis ambulare contendunt. Hos alloquitur *Asaph*, laudes Domini mirabili varietate decantans.

Divisio psalmi.

Asaph, cujus vocabulum interpretari diximus Synagogam, in prima parte dirigentes, id est, fideles alloquitur Judæos: designans ubi nomen Domini factum sit virtutum declaratione notissimum. Secunda parte dicit admiranda quæ gesserit. Tertia omnes devotos admonet, ut Deo terribili munera offerre non desinant, qui spiritum principum salutari emendatione purificat. Quæ partes diapsalmatum sunt interpositione divisa.

Expositio psalmi.

Vers. 1. *Notus in Judæa Deus; in Israel magnum nomen ejus.* Potest hic versus nonnullam facere quæstionem, cur dictum sit, in *Judæa notum Deum*, ubi magis Christum Dominum constat esse crucifixum. Sed quid sit *Judæa* debemus inquirere, ut nobis possit veritas sententiæ relucere. Quamvis enim in duodecim tribubus Judæorum fuerit populus distributus, a Juda tamen filio Jacob Judæos constat esse vocatos; ex cujus genere reges sibi divina dispensatione creaverunt; ut vena illa regalis origine carnis proveniret usque ad Principis cœlestis adventum. Quapropter *Judæam* veram Christi constat esse Ecclesiam. *Judæa* enim confitens interpretatur: credens in illum Regem qui per Virginem Mariam venit ex tribu Juda. Nam illi Judæi proprie non dicuntur, qui se a Christo, id est a Judæ genere extraneos reddiderunt, unde eis nomen constat impositum. Ipsi enim in Domini traditione dixerunt: *Nos regem non habemus, nisi Cæsarem* (*Joan.* xix, 15). Unde ergo Judæi veraciter dici possunt, qui non Regem Christum, sed Cæsarem se habere professi sunt? Sequitur, *in Israel magnum nomen ejus*. *Israel* interpretari diximus, vir videns Deum. Et quomodo sibi istud nomen rationabiliter vindicare possunt, qui Deum non agnoscentes, tanquam hominem crucifigere decreverunt, sicut dicit Apostolus: *Si cognovissent, nunquam Dominum gloriæ crucifixissent* (*I Cor.* ii, 8)? Amiserunt ergo et istud nomen, qui majestati ejus nequaquam credere voluerunt. Miserrimi hominum! qui cum muneribus sacris simul et nomina perdiderunt. Ad illos ergo (ut diximus) hic psalmus loquitur, qui vero lumine radiati a perfidorum iniquitate discreti sunt: quibus revera *magnum nomen* est Domini, quando eum puro corde confitentur *Regem regum, et Dominum dominantium* (*Apoc.* xix, 16).

Vers. 2. *Et factus est in pace locus ejus, et habitatio ejus in Sion*. Mirabilis brevisque sententia, quando *locum* Domini *pacem* esse professus est, quia nescit in alio requiescere, nisi qui se novit (Domino præstante) tranquilla conversatione tractare, sicut scriptum est: *Super quem requiescit Spiritus meus, nisi super humilem, et quietum, et trementem verba mea* (*Isai.* lxvi, 2)? Sed ille probatur *pacem* habere cum Domino, qui adversum mandata ejus contraria voluntate non litigat, qui sequitur jussa dominantis, et ad omne præceptum divinum suum flectit arbitrium. *Pax* enim vera est concordiam habere cum moribus probis, et litigare cum vitiis. Inspiciendum quoque quod *locum* Domino dedit, qui loco non clauditur; sed cum ubique sit totus, nec aliquibus spatiis ambiatur, localiter tamen inesse dicitur quibus propitius adesse dignatur. Sequitur, *et habitatio ejus in Sion*. *Sion* (sicut sæpe diximus) mons est Jerosolymis constitutus, cui nominis interpretatio est speculatio, per quam Deus fidelium corde prospicitur [ms. A., corda prospicit]. Nam cum se oculis carnalibus Deitas reverenda non pandat, cogitationi tamen purissimæ se Divinitas summa non denegat; ex ipsa enim videtur parte, unde ejus portamus imaginem. Nam et ipse mons fit *Sion*, qui eum meruerit sincera mente conspicere. In illo ergo habitat, a quo probatur intelligi; miroque modo in sanctis tantum mentibus requiescere dicitur, qui omnem locum spatiosa largitate complectitur.

Vers. 3. *Ibi confregit cornua arcuum, scutum, gladium et bellum*. *Ibi*, in illa pace scilicet, et in illa contemplatione Deitatis quam superius dixit. Nam ubi Dominus pacis habitare dignatur, ista franguntur, nec possunt talia prævalere, nisi ubi se humana concertatio probatur accendere. *Cornua arcuum* significant malitiam superborum, ex quibus veniunt innoxiis vulnera et nefanda discrimina. *Scutum* hic accipiendum est ad concertationes iniquissimas et diabolica fraude præsumptas. *Gladius* ad periculosa atque manifesta vulnera. Postremum intulit *bellum*, quod absolute paci monstratur esse contrarium. Hæc omnia notum est *confracta* atque minuta discedere, ubi venire certum est pacis auctorem. Quæ figura dicitur energia, id est imaginatio, quæ actum rei incorporeis oculis subministrat.

Vers. 4. *Illuminans tu mirabiliter a montibus æternis*. Venit ad secundam partem, ubi diversa Domini miracula consequenter exponit. Et ne quæreretur ista illuminatio unde provenire potuisset, addidit, *a montibus æternis*, id est prædicatoribus, qui vere *montes æterni* sunt, quia perpetua et incommutabili sublimitate consistunt. Terreni enim *montes* temporales et inanimati sunt: illi munere Domini semper sapientes norunt esse perpetui. Et pulchre veritatis ordinem custodivit. *Illuminare* dixit Dominum per *montes æternos*, quia ipse prophetis atque apostolis dedit, quod per totum mundum prædicatione sancta vulgatum est. Et memoria reconde quia per hoc epitheton, *æternis*, veros prædicatores a falsis sequestravit hæreticis. Illi enim *æterni* dici non possunt, qui perversitatis caduca docentes, cum suis dogmatibus abolentur.

Vers. 5. *Turbati sunt omnes insipientes corde; dormierunt somnum suum, et nihil invenerunt omnes viri divitiarum in manibus suis*. Superius dixit fideles a Domino illuminatos esse per montes, nunc *insipientes corde turbatos* posuit atque confusos. Non immerito, quoniam de prædicationibus sanctis unde illuminati sunt justi, *insipientes* inde *turbati sunt*, et recedentes a vero lumine, tenebrosa mundi desideria sunt secuti. Isti *dormierunt* vigilantes, *somnumque* in bonis actibus habuerunt, qui confusis semper *turbabantur* erroribus. Bene autem *somnum* appellavit infidelium vitam, quia vigilare non est profutura negligere et caduca perquirere. Et bene addidit *suum*, ut eos a beatorum quiete discerneret. Nam iste *somnus* fallax atque deceptor est, ut modo se gaudeant divitiis acquisiisse, modo nobilissimo conjugio copulatos, modo claris honoribus fuisse subvectos. Sed vide qualis eos confusio subsequatur, *et nihil invenerunt viri divitiarum in manibus suis*, ut soli hominum perdant [ms. A., quærant] quod minime possederunt, fiatque illis in insana amissione luctus, qui non habuerunt fruendo lætitiam. Et intende quemadmodum avaros designat atque definit. Dicit enim, *viri div-*

tiarum, scilicet qui pecuniis suis captiva mente deserviunt. Sequitur pulchra emphasis, ut adhuc *in manibus* suis quærant, cum se nihil tenuisse cognoscant. Emphasis quippe est exaggeratio duplex : una quæ plus significat quam dicit, altera quæ demonstrat etiam id quod non dicit. Sed hic illa pars ejus est, quæ significat etiam quod non dicit. Nam ponendo *viros divitiarum*, totius mundi desideria eos habuisse designat, ut per similitudinem *somni* diversa desiderii sui perceptione luderentur.

Vers. 6. *Ab increpatione tua, Deus Jacob, dormitaverunt qui ascenderunt equos.* Cum soleat increpatio strenuos viros cautos atque vigilantes efficere, hic *ab increpatione* Domini, qui est *Deus Jacob, dormitasse* dicit incredulos; utique, quia sancta monita negligenter atque stupidis mentibus audierunt. Sed qui sint isti qui *dormitaverunt*, consequenter exponit: *qui ascenderunt equos*, id est qui in superbiam crescentes, quasi equis currentibus mundi istius illecebras pervagantur. Et si causam tantæ præcipitationis excutias, fervor ille *dormitat*, festinatio stertit, actusque ipse tam præceps somno sepultus est. Talis fuit ille Pharao qui ascendens currus atque equos, increpationes Domini obstinata mente contempsit, et *dormitando* pervenit ad æternum somnum, ubi nulla requies invenitur.

Vers. 7. *Tu terribilis es, et quis resistet tibi? tunc ab ira tua* [ms. A., *ex tunc ira tua*]. Paulo attentius intueamur quid versus iste pronuntiet. Superius dixit increpare Dominum eos qui ascenderunt equos, id est qui ad superbiam prosiliunt. In illa autem judicatione cunctis dicit esse terribilem, quando in gloria majestatis suæ veniens superbos addixerit, et humilibus corde perpetuam contulerit dignitatem. Hic enim multi resistunt præceptis ejus, quando illa magis appetunt quæ ipsius monitis inhibentur : tunc autem *quis resistet tibi?* Hoc negative legendum est, quia nemo ibi potest improborum resistere, ubi cognoscunt Dominum omnia scelerata damnare. *Tunc* enim dicit, id est tempore judicii, qui etiam dies iræ dicitur et furoris : quia nihil ulterius per patientiam dissimulabitur, quando jam in impios vindicatur.

Vers. 8. *De cœlo judicium jaculatus* [ms. A., *jaculatum*] *est; terra tremuit et quievit*. Hic virtus ipsa judicationis exponitur, quia de illa summitate potentiæ sic descendit *judicium* tanquam fortissima certaque manu jaculum destinatum. Sed lancea ista plagam efficit temporalem : illud autem *judicium* impios æterno vulnere sauciabit. Sequitur, *terra tremuit et quievit*. *Terra* (sicut sæpe dictum est) hic significat corpulentos et gravissimos peccatores, qui divinæ sententiæ auctoritate damnandi sunt. Illi tremefient cum audierint : *Ite in ignem æternum* (Matth. xxv, 41). *Quiescent*, cum in perpetua damnatione recipientur. Sed quies ista sine requie est : quiescunt enim a malis operibus, sed in supplicio non quiescunt, quippe qui æterna flamma cruciandi sunt.

Vers. 9. *Cum exsurgeret in judicio Deus, ut salvos faceret omnes quietos* [mss. G., A., *mansuetos*] *terræ*. Versus iste ad superiora jungendus est. Dicit enim : *Terra tremuit et quievit*, *cum exsurgeret in judicio Deus*. Bene autem dicitur *exsurgere in judicio* suo, quoniam hic quietus omnia pertulit, cum judicatus est Christus, quamvis et ibi cuncta sub tranquillitate dijudicet. Sed *exsurge* tractum est a judicibus mundi, qui, quando aliquid districta severitate censuerint, dicuntur *exsurgere*, quia commoti videntur commissa crimina vindicare. Et ne *judicium* illud ad solam damnationem malorum crederes esse faciendum, addidit, *ut salvos faceret omnes quietos terræ*. *Quieti terræ* sunt qui nullis vitiis mundi hujus inflammata voluntate rapiuntur, sed æquabili se moderatione tractantes (sicut superius dictum est), pacem mentis probantur habere tranquillam. Hi salvi fiunt, cum dono Domini præmia promissa recipiunt.

Vers. 10. *Quia cogitatio hominis confitebitur tibi, et reliquiæ cogitationum diem festum agent tibi*. Venit ad tertiam partem, monens ut, quia solus est Dominus cui festivitas summa debeatur, reddant [ms. A., *reddantur*] vota Deo terribili, qui superbiam principum convertere potest ad humillimam sanctitatem. *Cogitatio* vero nostra primum *confitetur* Deo, quando peccata præterita humili satisfactione damnaverit. Sed quia fragilitas humana semper debet lugere quod peccat, addidit, *et reliquiæ cogitationum diem festum agent tibi*. *Reliquiæ cogitationum* sunt, post effusas lacrymas et assiduam contritionem cordis, præteritorum criminum recordata pernicies. Hæc Domino *agit diem festum*, quando se ab illo interitu peccatorum sentit esse liberatam. Hinc est quod Hebræi emundati sordibus peccatorum, festivum munus Domino jubentur offerre; quod et quinquagesimus psalmus mihi videtur tangere. Nam cum dicit : *Usquequaque lava me ab injustitia mea, et a delicto meo munda me* (Psal. L, 4), præteriti temporis pernicies metu venturi judicii Domino confitetur. Vis etiam audire *agentem* prophetam in spiritu *diem festum*? Post multa consequitur : *Tunc acceptabis sacrificium justitiæ, oblationes et holocausta; tunc imponent* [mss. G. et ed., *imponam*] *super altare tuum vitulos* (Ibid., 21). Sic beata germanitas psalmorum mutua sibi veritate consentit.

Vers. 11. *Vovete et reddite Domino Deo vestro, omnes qui in circuitu ejus offertis munera terribili*. Cum omnia præcepta Domini nos implere conveniat, sitque nobis necesse vocem ejus jussionis audire, hic admonet *Asaph* ut primum *vovere*, postea *reddere* debeamus. Non immerito, quia sunt multa quæ etiam non promittentes debeamus exsolvere, ut est illud, *Non occides, non mœchaberis, non furtum facies* (Exod. xx, 13), et cætera delicta quæ vetamur efficere. Alia sunt quæ nisi voveamus, implere nulla lege constringimur, ut virginitatem servare, eremum petere, et quotidiana nos maceratione jejunii constringere. Talia ergo invitat promitti, quæ nisi polliceamur, omnimodis non debemus. Licet enim et conjugium quærere, et in sancta Ecclesia commorari, et competenti refectione gaudere : sed tamen his meliora cum promissa fuerint, jubet *esse reddenda*, sicut dicit Apostolus : *Qui matrimonio jungit virginem suam, bene facit ; et qui non jungit, melius facit* (*I Cor.* vii, 38). Addidit, *Deo vestro*, ut significet fideles, qui cultura sanctæ Trinitatis exsultant. Sequitur, *omnes qui in circuitu ejus offertis munera*. Isti sunt *omnes* quibus dixit : *Vovete et reddite*, non hæreticis utique nec paganis, sed eis qui altari ejus munera reddere catholica institutione festinant. *In circuitu* quippe res agitur, cum *munera* fidelium sacratissimis altaribus *offeruntur*. Nam quod ait, *terribili*, specialiter respicit ad devotos, quibus etiam suavis esse dignoscitur, sicut legitur : *Servite Domino in timore, et exsultate ei cum tremore* (*Psal.* ii, 11). Nam pravis et contemptoribus *terribilis* non est ; nam si Dominum metuerent, utique honesta se conversatione tractarent.

Vers. 12. *Et ei qui aufert spiritum principum, terribili apud reges terræ*. Adhuc magnificentiam Domini fidelis prædicator exponit. Dicit enim *vovendum illi terribili, qui aufert spiritum principum*, id est superbiæ vel tumoris. Et ut conversos deberes advertere, intulit, *apud reges terræ*, utique qui corpus suum regere ac moderari Domini munere meruerunt. Hic enim superbiæ spiritu vacuatos *reges* intelligamus, non potestate prætumentes, quia magis in ista parte miraculum est quod superbia tumidi non sunt puniti, sed potius indulta conversione liberati.

Conclusio psalmi.

Ecce ille *Asaph*, qui in titulo dictus est commonere dirigentes, usque ad Domini Christi sacramenta pervenit : terribilem regibus pronuntians, quem crucifigendum Hebræorum clamavit insania. Quapropter intelligite, pertinaces, quia dirigentes non estis, sed potius errantes, qui audire noluistis tam saluberrimum per cuncta monitorem. Et ideo dispersi per aliena *regna* vivitis, sacrificia non habetis, qui sceptrum noluistis patrioticum diligere, sed Romanum. Nam dum confitentes Latino sermone dicantur Judæi, quemadmodum sic appellari potestis tam graviter obstinati ? Cur ergo ultionem tantam non advertitis, qui ipsum quoque nomen post omnia perdidistis ? Dimidiatus est hic textus Psalmorum, et quantos Domini largitate transivimus, tanti nobis ad finem superesse noscuntur. Oremus ut qui nobis gratiam præstitit in præteritis, ipse nobis auxilium concedat efficaciter in futuris.

259 EXPOSITIO IN PSALMUM LXXVI.

In finem, pro Idithum, psalmus Asaph.

In finem, notum est significari Dominum Salvatorem. *Idithum* quoque transiliens eos, in superioribus titulis diximus nomen istud quid debeat indicare. *Asaph* congregationem appellari manifestum est. Sic istorum nominum expositione tractata, congregatio debet adverti, quæ vitia istius sæculi gloriosis passibus transilivit, et ad illum *finem* pervenit, cui nihil potest simile reperiri. Totus ergo psalmus hic a fideli congregatione cantabitur, quæ *Asaph* nomine continetur.

Divisio psalmi.

Asaph iste, quem diximus vitiorum transilitorem, in prima narratione psalmi ad Dominum se clamare testatur, et tribulationibus suis (quod solet fidelibus accidere) se magis insinuat eruditum. Secunda narratione cogitationes enumerat, quæ solent pulsare in hoc mundo corda laborantium. Tertia beneficio Divinitatis in meliorem sensum se asserit permutatum, ut operam potentiamque Dei fixa mente cogitaret : quibus rebus cognoscitur assidua exercitatione profecisse. Quarta narratione prosequitur, quemadmodum per Dominum Salvatorem facta sint in populis divina miracula.

Expositio psalmi.

Vers. 1. *Voce mea ad Dominum clamavi : vox* [ms. A., *voce*] *mea ad Deum, et intendit mihi.* Asaph iste mundanorum desideriorum transilitor eximius, non pro incolumitate corporis, non pro divitiis acquirendis, non pro honore capiendo, sed amore Domini, qui jam perfectis infunditur, *clamat ad Dominum ;* ut in hoc gymnasio confessionis contemplatio Divinitatis eum spiritualiter consoletur. Nam quod dicit : *Voce mea*, modus ille locutionis est, quem jam in septuagesimo tertio psalmo posuimus, ubi ait : *Incenderunt igni sanctuarium tuum* (*Psal.* lxxiii, 7), et his similia. Quæ figura in litteris sæcularibus pleonasmos appellatur ; quam nos quoque ponamus intrepidi, cum et Pater Augustinus, in modis locutionum frequentissime eam commemorasse noscatur. Sed animadvertendum est quoniam ille tantum *clamet ad Dominum*, qui eum talia petit, qualia se daturum fidelibus pollicetur. Nam qui eum pro rebus transitoriis rogat, non *ad Dominum clamare* cognoscitur, quamvis ipsum petere videatur. Repetit, *et vox mea ad Deum*, subaudiendum pervenit. Sed quid tamen expeteret non designat ; merito, quia non est illi necessarium dicere quod præstet, qui solus novit largiri quod expedit. Quapropter vere sapientes sunt, qui se potestati Divinitatis ordinationique committunt ; ipsum solum expetunt, et omnia prospera consequuntur. Sic Isaias propheta dicit : *Domine Deus noster, pacem tuam da nobis : omnia enim præstitisti nobis* (*Isai.* xxvi, 12). Sequitur, *et intendit mihi*. Ecce vox illa brevis, sed pietate magnifica, ad Dominum missa hoc egit, ut dignaretur *intendere*. Sed quid ibi non præstitit, quando talia miseratus indulsit ? Illius quippe respicere, liberare est, et tam magna conferre, qualia non prævalet avidus precator expetere.

Vers. 2. *In die tribulationis meæ Deum exquisivi manibus meis nocte coram eo, et non sum deceptus : negavi consolari animam meam*. Solent mundanis desideriis occupati in tribulationibus optare, ut ab illa possint, quam sustinent, necessitate liberari : ut si ægrotus est, sanitatem quærat ; si peregrinus, patriam ; si pauper, expensas. Iste, ut brevi petitione omnia profutura concluderet, nihil de suis angustiis vociferatus est, nec impatienter quæ sustinebat ingessit ;

sed tanquam quietus ac malorum suorum nescius, *in die tribulationis suæ* toto desiderio contemplationem Domini perquirebat. Addidit, *manibus meis nocte coram eo, et non sum deceptus*. Hic complectitur quemadmodum Dominum viriliter inquisivit, et quis fructus ejus actionis apparuit. *Manibus meis*, operibus dicit bonis, quæ divinis noscuntur convenire mandatis. *Nocte* mundi istius significat vitam, quæ quamvis lucem habere videatur, peccatorum tamen obscuritate fuscata est. *Coram eo*, id est non ad faciem hominum, sed in abscondito, sicut ipse dicit : *Nolite facere justitiam vestram coram hominibus* (*Matth.* VI, 1), etc. Illo enim præsente fit, quando humanus non affectatur aspectus, ut vanis laudibus intumescat, cum se aliquis boni quidquam fecisse disseminat. Sequitur, *et non sum deceptus*. Ille revera non decipitur, cui promissa complentur. Sollicitius autem perquirendum est quare dicat : *Negavi consolari animam meam*, qui jam Domini contemplatione gaudebat. Sanctus vir jure *negat* illis rebus *consolari animam* suam, quæ humanis desideriis appetuntur ; ut si fatigatur vigiliis, remissam vagationem quærat ; si jejuniis, corpus suum congrua hilaritate reficiat ; si tristis est, amicorum confabulationibus transferatur. Isti vero una fuit consolatio, intentionem suam ponere semper in Domino.

Vers. 3. *Memor fui Dei et delectatus sum ; exercitatus sum, et defecit paulisper spiritus meus*. Ecce quemadmodum refectus est, qui mundanis rebus animam suam consolatam fuisse denegavit. Nam cum *Dei memores sumus*, totius munere suavitatis explemur ; nec potest aliquid par esse, quando nos cœperit gratia divina satiare. Sequitur, *exercitatus sum, et defecit paulisper spiritus meus*. *Exercitatum* se dicit in illa contemplatione divina, cum tractaret qua sapientia cuncta disponat, quali potentia universa contineat : omnia simul faciens, et tam multa mirabili ordinatione dispensans. Et necesse erat ut intellectus ejus deficeret, cum se in una retractatione tam innumerabilia, tam ingentia congregassent, sicut alibi legitur : *Consideravi opera tua, et expavi* (*Habac.* III, 2). Bene autem posuit, *paulisper*, quoniam etsi ad tempus visus est *defecisse*, paulo post intelligitur potuisse recreari.

Vers. 4. *Anticipaverunt vigilias oculi mei : turbatus sum, et non sum locutus*. Venit ad secundam narrationem, in qua cogitationum suarum æstus **260** enumerat. Dicit enim *oculos suos anticipasse vigilias*, quas in Dei laudibus solemniter exhibebat. Istas usus noster consuevit vocare nocturnos. Hoc enim illis necesse est contingere, qui ad spirituales cogitationes semper intenti sunt. Reddit enim cura pervigiles sensus, nec somnum capiunt, nisi qui universa sollicitudine vacuantur. Sequitur, *turbatus sum, et non sum locutus*. Ostendit revera tempus fuisse nocturnum, quando ipse homo recogitans animi sui secreta perquirit. *Turbatus est* quippe recordatione peccantium, quia humanum genus in delictorum præcipitia corruebat, et pio dolore pro aliis cruciabatur, qui jam vitia mundana transcenderat. Tacuit ergo, quoniam profunda nocte non habebat solatium humani colloquii : quo tempore cautius cogitat quicunque deliberat.

Vers. 5. *Cogitavi dies antiquos, et annos æternos*. Ingreditur deliberativum dicendi genus, quod suis membris diligenter explicitum, in hujus partis fine monstrabimus. Dicit enim quare turbatus est : quoniam *dies cogitavit antiquos*, Adæ videlicet, quibus humanum genus peccatis tenebatur obnoxium : de quibus et alio loco dicit : *Ecce veteres posuisti dies meos* (*Psal.* XXXVIII, 6). Sed isti temporales atque caduci sunt, et labili varietate fugitivi. Sed contra *dies antiquos, annos* ponit *æternos*, quia sicut isti momento pereunt, sic futuri perenni longævitate consistunt : in istis mors dominatur, in illis regnat vita perpetua ; isti edaci tristitia corroduntur, in illis justi secura felicitate gaudebunt ; in istis denique fugit omne quod venerit, in illis stabit quidquid accesserit. Sed quid est hoc, quod iste vir jam Deo deditus, contra *dies antiquos* æternitatem ponit annorum ? *Cogitabat* enim cur labentes *dies*, et quos tenere nemo possit, tantopere desideret et quærat humanitas ; et illos *æternos* qui soli nobis sunt specialiter appetendi negligamus, contemnamus, nec credamus esse, dum eos impræsenti non valemus aspicere ? Merito ergo *turbatus* est, qui tam pravis persuasionibus peccatores cognoverat subjacere.

Vers. 6. *In mente habui ; et meditatus sum nocte cum corde meo : exercitabar et ventilabam in me spiritum meum*. Caput istius versus superiori jungendum est. Est enim ita : *Et annos æternos in mente habui* ; non sicut stulti, qui hoc quod audiunt, neque credunt, neque in sua memoria reponunt, sed oblivioni mandant, quod negligentius acceperunt. Iste enim (*in mente habuit annos æternos*, quoniam credebat esse venturos. *Meditatur* etiam *cum corde suo*, qui animam suam facit aliquid cum ratione tractare. Cum illa enim loquimur taciti, cum illa exercemur quieti, nec soli sumus, quando cum ipsa suscepta altercatione confligimus. Sequitur, *exercitabar et ventilabam in me spiritum meum*. Proprie actus ipse deliberationis exprimitur. Exercemur enim, quando per retractationes innumeras æstuamus, et quasi in palæstra animæ spirituali concertatione fatigamur. *Ventilatur* autem *spiritus*, cum huc atque illuc in venti more celerrima cogitatione transfertur. Spiritus enim virtus est animæ, quæ intentiones ejus implere coptendit.

Vers. 7. *Et dixi : Nunquid in æternum projiciet Deus, aut non apponet ut beneplacitum sit ei adhuc?* Cum iste *Asaph* transilitor vitiorum totius mundi cogitaret angustias, et spiritus ejus divinis meditationibus exerceretur, dixit : *Nunquid Deus in æternum projiciet* genus humanum, ut non ei adventus sui miserationem prospiciat ? Ille enim jam beneficia Domini futura sentiebat, qui de cœlestis misericordiæ promissa pietate tractabat. Sequitur, *aut non apponet, ut beneplacitum sit ei adhuc ?* Istud *non*, nequaquam negantis, sed potius affirmantis est. *Apponet* enim, id est *præstabit ut ei beneplacitum sit* genus humanum, quando dignabitur incarnationis suæ declarare mysteria. Quod autem ait, *adhuc,* exspectantis est, non dolentis. Nam quamvis fieri posse crederet, emergere tamen subsequenti tempore confidebat.

Vers. 8. *Aut in finem misericordiam suam abscidet, a sæculo et generatione? Misericordia* Domini est, quod de Maria Virgine nasci secundum carnem pro nostra infirmitate dignatus est. Hanc Dominus non *abscidit,* quam pro hominum salute per prophetas cecinit esse venturam. De quo loco Stephanus episcopus in encyclicis ad Leonem principem scribens, mirabiliter dicit : Indutus est Filius tunicam corporis, hoc est integrum hominem de sancta Virgine, quam sanctus Spiritus texuit ineffabiliter, in ingressu inenarrabiliter, in egressu comprehensibiliter. Ingressus est invisibilis, egressus est visibilis ; ingressus est Deus Verbum, egressus est idem et homo. *In finem* vero significat plenitudinem temporis, quando venire dignatus est ; de quo tempore Joannes apostolus dixit : *Filioli, novissima hora est* (I Joan. II, 18). *Addidit, a sæculo et generatione. A sæculo,* in quo decretum fuerat ut veniret. *A generatione,* Judaica scilicet, quos carnis cognatione etiam fratres appellare dignatus est. O promissio gloriosa ! o perceptio [mss. præceptio] salutaris, si agnoscere meruissent quod eis singulari munere præstabatur !

Vers. 9. *Nunquid obliviscetur misereri Deus, aut continebit in ira misericordiam suam? Oblivisci* illud possumus quod nobis accidit et recedit ; Deo autem, cui *misericordia* substantialiter inest, quemadmodum potest *oblivisci,* quod ab ipso non probatur auferri ? Hinc ergo prænuntiabat *misereri Deum,* quia ejus prævidebat adventum. Nam quæ fortior *misericordia* quam unde mundi clades cognoscitur esse sublata ? Sequitur, *aut continebit in ira misericordiam suam.* Respice quam mirabili ordine adventus iste describitus est ? Ubique *misericordia* ponitur, quia miseris res tanta præstatur. Facilius est enim Domino *continere iram,* quæ ab ejus tranquillitate cognoscitur aliena ; sed magis ad *misericordiam* pronus esse credatur, quæ nunquam ab ejus majestate dividitur ; sicut per Isaiam dicit : *Non in æternum vindex in vobis ero, neque per omne tempus irascar vobis* (Isai. LVII, 16). Quapropter non *in ira continebit misericordiam,* sed in misericordia iram potius abstinebit, si tamen in hoc sæculo conversio devota proveniat. Et memento quod *ira* in Domino abusive, non proprie, dicatur. Peractum est deliberativum dicendi genus, cujus membra suis versibus apta reddamus. Cogitatio ipsius habuit dies antiquos et annos æternos suis qualitatibus et efficientiis comparare, quas partes in sua mente reposuit, et in eis spiritum suum diutinis fluctuationibus ventilavit : elegit tamen tertiæ partis (sicut in deliberationibus fieri solet) certam absolutamque sententiam. Dixit enim : *Nunquid in æternum projiciet Deus, aut non apponet ut beneplacitum sit ei adhuc?* et reliquos duos versus, qui in prædictam videntur et comprobantur convenire sententiam.

Vers. 10. *Et dixi : Nunc cœpi ; hæc mutatio dexteræ Excelsi.* Interjecto diapsalmate secundo venit ad tertiam narrationem : ubi post cogitationem bonorum translatus ad saluberrimum sensum, competenter se asserit immutatum. Dicit enim primo : *Nunc cœpi,* quasi sapere, quasi intelligere, quasi ad lumen splendidissimum pervenire ; quippe qui læaturus erat in operibus Domini. Sed quid sit istud, *Nunc cœpi,* sequenti sententia declaratur. Quæ figura dicitur epexegesis, id est explanatio dicti superioris. Dicit enim : *Hæc est mutatio dexteræ Excelsi.* Mutatio nomen æquivocum est ; nam mutati dicimur, quando in pessimam partem errore aliquo faciente dilabimur. Sed ne tale hic aliquid sentiretur, commutationem in se dicit factam, quam *dextera* Domini consuevit operari. *Dextera* enim *Excelsi* Christus est Dominus, per quem sic sumus commutati, ut de conditione servili mereamur etiam ejus filii nuncupari. Hanc in se commutationem fieri sentiebat, quam concedi Christiano populo quandoque gaudebat.

Vers. 11. *Memor fui operum Domini, quia memor ero ab initio mirabilium tuorum.* Commutationem de se factam in sua dicit permanere memoria, quia meliora meretur suscipere, qui collata bona de corde non probatur amittere. Sed ne tantum de se exsultare videretur, sequitur, *quia memor ero ab initio mirabilium tuorum ;* utique quæ humano generi pius miserator induisit. Primum, quod Adam fecit ad imaginem et similitudinem suam ; deinde, quod oblationem Abel justi susceperit ; quod in Arca Noe crescente diluvio in mysterium Ecclesiæ animalia diversa salvaverit ; ut Abraham filium suum offerente, typum sui adventus cœlesti pietate monstraverit ; postremo, quod ipse ad liberandum hominem venire dignatus est. Hæc erant *ab initio,* credo, mirabilia quæ sanctum virum sua recordatione mulcebant.

Vers. 12. *Et meditabor in omnibus operibus tuis, et in observationibus tuis exercebor.* Cognoscamus quo pervenerit mundi istius transilitor egregius. Promittit enim se, misericordia Domini suffragante, *in ejus operibus,* id est in Scripturis divinis assidua cogitatione *meditari :* ubi nullum tædium, nulla satietas est ; sed quantum quis plus hauserit, tanto amplius dulcia sensa perquirit : unde centesimus octavus decimus psalmus multa dicturus est. Sed quia fidelibus non sufficit solummodo legere, nisi etiam bonorum operum fructus sedula pietate monstrare, dicit : *In observationibus tuis exercebor,* id est in præceptis tuis salutaribus humili devotione versabor. Exercitatio enim bene nostra dicitur, quando jussa Domini ipso miserante peragimus.

Vers. 13. *Deus, in sancto via tua : quis Deus magnus sicut Deus noster?* Venit ad laudes Domini, quibus fortitudinem ejus mansuetudinemque commemorat ; ut benevolentiam piissimi judicis facilius impetrarent iterata præconiá. Apparet quippe sanctum virum certissima fuisse pollicitum. Constat enim et libris eum et operibus eruditum, quando ad paternas laudes devota exsultatione prorupit. Dicit enim : *Deus, in sancto via tua*. **Sanctus**, Christus est Dominus, sicut ipse dicit : *Custodi animam meam, quoniam sanctus sum* (*Psal*. LXXXV, 2). Idem ipse *viam* se dicit, ut est illud : *Ego sum via, veritas, et vita* (*Joan*. XIV, 6). Sed cum fidem hominibus præbuit, qua Pater perfectissime nosceretur, *via* Patris juste dicitur, quia per ipsum, quemadmodum Trinitas coleretur, accepimus. Ipse enim dixit : *Ite, baptizate omnes gentes in nomine Patris, et Filii, et Spiritus sancti* (*Matth*. XXVIII, 19). Sequitur, *quis Deus magnus sicut Deus noster?* Jam quasi eruditus, in Spiritu sancto lætus exsultat, potentiamque Domini universis præferens simulacris, quæ falsa persuasione in terra colebantur; illa enim erant vilissima, infirma, despicienda ; Dominus autem noster magnus, fortis et terribilis, omnia faciens quæcunque vult in cœlo et in terra. Ergo hic versus contra illos increpandos dicitur, qui adhuc superstitionum errore cæcabantur ; ut infelices agnoscant quem refugiunt, quos sequuntur. Hoc schema dicitur syndyasmos, quod Latine interpretatur collatio, sive conjunctio ; fit autem ex comparatione contrariorum, quando aut personæ, aut causæ sive in contrarium, sive in simile comparantur.

Vers. 14. *Tu es, Deus, qui facis mirabilia solus : notam fecisti in populis virtutem tuam*. Cum dicit : *Tu es, Deus*, essentiam divinæ Majestatis ostendit ; sicut ipse dicit : *Ego sum qui sum* (*Exod*. III, 14). Esse enim ipsi proprie convenit, qui ut sit, nullius adjutorio continetur ; sed naturæ suæ potentia semper magnus, semper excelsus, semper incommutabilis perseverat. Quapropter ipse est *qui facit mirabilia solus*. Nam licet hæc et sanctis suis facere sæpe præstiterit, solus tamen est qui mirabiles operationes ad effectum suæ voluntatis adducit. Sed videamus quare dixerit, *solus*, cum et Filius et Spiritus sanctus cooperentur in omnibus? *Solus* dixit, quia Trinitatem sanctam unum Dominum, unum Deum veraciter confitemur, sicut ipse dicit : *Audi, Israel : Dominus Deus tuus, Deus unus est* (*Deut*. VI, 4). Sequitur, *notam fecisti in populis virtutem tuam*, id est, cum in hunc mundum misit Dominum Salvatorem, qui, sicut dicit Apostolus, *Dei virtus est, et Dei sapientia* (1 *Cor*. 1, 24). *Notum* enim *fecit*, quando eum et illi notum habuerunt qui facie tenus sciebant, et illi altius contemplati sunt, qui eum Patris Filium fideli mente crediderunt. Notus ergo factus est populis infidelibus solummodo corpore, fidelibus autem et Divinitate ; sicut in Evangelio dicit : *Beati mundo corde, quoniam ipsi Deum videbunt* (*Matth*. V, 8).

Vers. 15. *Liberasti in brachio tuo populum tuum, filios Israel et Joseph*. Sensum excolit superiorem. Dicit enim quid præstiterit humano generi paterna clementia : quoniam *in brachio* suo, id est in Domino Salvatore *liberavit populum* suum ; sicut legitur : *Et brachium Domini cui revelatum est* (*Isai*. LIII, 1)? Et ne haberes ambiguum quem populum liberavit, sequitur, *filios Israel et Joseph*. Populum sæpe diximus intellectu pluralem numerum continere, quamvis singulariter prolatus esse videatur. Quapropter *filios Israel* **262** Judaicam plebem, quæ tamen credidit, debemus accipere ; *Joseph* alteram quæ venit ex gentibus. Sed sive quæ credidit de Judæis, sive quæ de gentium vocatione collecta est, unus est Dei *populus* ; quamvis tempore credulitatis suæ divisus esse videatur, sicut in Evangelio dicit : *Sunt autem oves quæ non sunt ex hoc ovili, et oportet me eas adducere, ut sit unus grex et unus Pastor* (*Joan*. X, 16). Nam nomine *Joseph*, gentium fidem non inconvenienter advertimus, quia iste *Joseph*, quamvis filius fuerit Jacob qui primo vocatus est Israel, tamen quia traditus est a fratribus et pervenit ad gentes, ubi honorabilis habebatur et potens, ita ut ejus arbitrio Ægyptiorum terra regeretur, rationabiliter ejus nomine gentes indicantur, quæ Domino Salvatori devota mente crediderunt. Nam et ipsum nomen *Joseph* indicat crescens, quod gentibus convenienter aptatur, ex quibus Christi Ecclesia semper augetur. Ergo sensus iste est ; quia et de populo Israelitarum, et de gentium congregatione *liberavit* eos *in brachio* suo, id est in Domino Salvatore, qui ei credere puro corde maluerunt.

Vers. 16. *Viderunt te aquæ, Deus ; viderunt te aquæ : et timuerunt, et conturbatæ sunt abyssi*. Venit ad quartam narrationem, ubi jam lætus refert quas virtutes Christi Domini majestas effecerit. Nam de quo prius dixerat : *Notam fecisti in populis virtutem tuam*, nunc dicit de ipso : *Viderunt te aquæ, Deus*. Per aquas populos significari frequenter Scriptura divina testatur, quando eas et videre commemorat et timere. Ipsæ sunt enim *aquæ* quæ sensu rationabili Dominum cognoscere vel metuere potuerunt. Nam vide quid addidit : *Viderunt te aquæ, et timuerunt* ; quando utique in bruto elemento non poterat evenire, ut tantam miraculorum manifestationem cognoscerent et timerent. Sequitur, *et turbatæ sunt abyssi* ; id est, populos et in hoc sermone debemus numerosiores advertere, qui more liquidi elementi vitiorum flatibus commoventur. Sed feliciter tunc *turbati sunt*, quando ad conversionis studia pervenerunt. Et intende quod subsequentia usque ad finem psalmi per figuram parabolen dicuntur, quando res genere dissimiles sibimet comparantur.

Vers. 17. *Multitudo sonitus aquarum ; vocem dederunt nubes : etenim sagittæ tuæ pertransierunt*. Multitudo sonitus aquarum est, quando psalmodia dulcis offertur, quando gemitibus ac lacrymis culpa diluitur, quando gratiæ pro suscepto munere referuntur, et quasi mare confragosum, ita in sanctis Ecclesiis resonant diversa vota populorum. Sed quare sit factus *sonitus multitudinis aquarum*, pulchre subjecit : quia *vocem dederunt nubes*. *Nubes*, prædicatores significare sæpe jam diximus ; de quibus scriptum est : *Mandabo nubibus meis ne pluant super eam imbrem* (*Isai*. V, 6). Qui vocem suam magnam *des-*

runt, cum præcepta Domini vulgaverunt in toto orbe terrarum, sicut et alius psalmus ante prædicavit: *In omnem terram exivit sonus eorum, et in fines orbis terræ verba eorum* (Psal. xviii, 5). Hinc *sonitus* venit *aquarum*, hinc *turbatæ sunt obyssi*: quia verba ista prædicationum errantibus populis devotionis studia contulerunt. Sequitur, *etenim sagittæ tuæ pertransierunt*. Sagittas hic evangelistas decenter advertimus, qui prædicationibus suis devotos populos usque ad cordis intima medicinaliter transfoderunt, non inflicto vulnere, sed salute.

Vers. 18. *Vox tonitrui tui in rota: illuxerunt coruscationes tuæ orbi terræ: commota est et contremuit terra.* Et hoc quoque comparative dicitur: quia *tonitrui vox* ita revolvitur, quasi de rotis venire perstrepentibus audiatur. Sic enim cum de summo funditur, spatio cœlorum volubili murmuratione pertranseunt, ut rotatus atque sinuosus ipse sonitus sentiatur. Sive magis *in rota*, orbem terrarum debemus accipere, qui in speciem *rotæ* absoluta rotunditate concluditur. *In rota* ergo, id est in mundo, *vox tonitrui ejus egressa est*, quando prædicatores Christi circulum totius orbis verbis tonantibus impleverunt. Sed illæ nubes, illa tonitrua, sequitur quid fecerunt. *Illuxerunt coruscationes tuæ orbi terræ*. Dignis comparationibus beneficia divina narrantur, ut res cœlestes supernis similitudinibus exponantur. *Illuxerunt coruscationes*, divina præcepta dicit veritatis lumine radiantia, quæ tenebras hominum per totum mundum salutari illuminatione fugaverunt. Dicit enim *tonitrua et coruscationes* istæ quid egerint; ut *terra*, id est corpora nostra commoverentur et contremiscerent audito tanto miraculo. Commotos quippe et tremefactos illos dicit, qui verbum Dei fideliter audientes ad conversionis studium Christi munere pervenerunt.

Vers. 19. *In mari viæ tuæ, et semitæ tuæ in aquis multis: et vestigia tua non cognoscentur.* Si ad litteram hoc velis accipere, *in mari* fuit *via* ejus, quando super dorsa pelagi visualiter ambulans, Petrum apostolum ut ad se veniret evocavit. Sive magis illud intelligendum est: *In mari viæ tuæ*, in cogitationibus hominum, quæ velut mare perfidum fluctuant: ubi tamen ille vias habet, quando eos sibi larga pietate subdiderit. *Aquæ multæ*, eadem conversorum est turba gentium: ubi sunt *semitæ* Domini, id est viæ ipsius, dum ad eos venire dignatur. Sequitur, *et vestigia tua non cognoscentur*. Hoc cum imputatione legendum est; ut cum palam venerit, tantisque se demonstraverit miraculis, non sit tamen cognitus ab infidelibus Judæis. Merito ergo illis exprobrat, qui tantæ majestati et tam præsentibus beneficiis credere noluerunt. *Vestigia* siquidem significant præsentiam corporalem; nam vestigium est plantæ signum, quod facimus ambulantes.

Vers. 20. *Deduxisti sicut oves populum tuum, in manu Moysi et Aaron.* Cum hoc miraculum nulli alteri possit aptari, sine dubio et illa imputatio quæ præcessit, quia non cognoverunt vestigia ejus, ad populum pertinet Hebræorum. *Deducti enim sunt in Moysi et Aaron manu*, id est operatione quam diversorum miraculorum novitate faciebant. Et bene dixit: *Sicut oves*, non tamen oves, quia non credendo facti sunt hædi. Hic enim, *sicut*, veritatem non significat, sed imaginationem. *Moyses* autem interpretatur assumptus, quoniam de flumine collectus est a filia Pharaonis. *Aaron* vero fortitudinis mons. Quæ nomina ipsas quoque virtutes quas fecerunt videntur exprimere. *Moyses* enim inter alia, jubente Domino, in aquis est operatus, quando in mari Rubro Hebræos viam fecit habere terrenam, significans per baptismatis donum liberandum esse populum fidelem. *Aaron* Ecclesiæ tenebat imaginem, quam 263 bene monti fortissimo comparavit, quæ et honore sancto præminet, et fidei soliditate consistit. His enim ducibus Israelitarum populum divina virtute legimus esse liberatum.

Conclusio psalmi.

O Idithum vere humanarum rerum transilitor egregie, qui psalmum mirabili institutione cantasti, in tribulationibus exercitatus negasti te ullo modo consolatum. Deinde deliberatio tua ad perfectam nosciitur pervenisse sententiam. Tertio sentis te jam feliciter immutatum; nec tamen prosperis animum relaxas: sed cum te semper intentum ad magnalia Domini profiteris, augmento quodam sapientiæ jugiter profecisse cognosceris. Quarto miracula Christi sub magna exsultatione concelebras, et cum diversa percurris, institutionem Christiano populo qua salvetur ostendis. Præsta, Domine, ut solita nos jubeas pietate purgari; quatenus qui sumus actuum qualitate dissimiles, clementia tua faciat esse consortes.

EXPOSITIO IN PSALMUM LXXVII.

Intellectus Asaph.

Quoties *intellectus* invenitur in titulis, magnæ cujusdam rei nobis significantia declaratur. Nam cum *intellectum* generaliter dicamus quidquid nos advertere bonum malumque facit, hic tamen tunc *intellectus* ponitur, quando sensus noster perfecta intelligentia tendit ad Dominum. *Asaph* vero diximus Hebræa lingua significare Synagogam, Latine collectionem. Sed quia *intellectum* præmisit, fidelem hic Synagogam loqui posse declaravit. Exprobrare enim malis nequeunt, nisi corda fidelium.

Divisio psalmi.

Quanto psalmus hic probatur esse longissimus, tanto studiosius debet numerosis divisionibus aperiri; ut et per distinctionem melius elucescat, et ipsa partium sectione fastidium longinquitatis abstergat. In prima parte psalmi, duo tantum versiculi personæ Domini probantur aptari, ut reverentia cresceret sequentium dictorum, ubi ipse rex facere videbatur initium. Secunda parte latius loquitur *Asaph*, imputans Judæis quod tantis beneficiis Domini exstitisse probarentur ingrati: illi tamen pravitate distorti, cor suum nequaquam Domini jussionibus admoverunt. In tertia vero numerantur quanta munera Israelitico populo virtus divina præstiterit; nec tamen illi a murmurationibus cessaverunt. Quarta dicit qualis in eis vindicta provenerit, et quemadmodum sit miseratione Domini mollita sententia. Quinta parte propter murmurationes eorum vindicatum in eis est; sed iterum ad supplicationem Domini, cognoscentes ejus magnalia, redierunt. Sexta, denuo illi dolose locuti sunt, et errores solitos sunt secuti : misericordia tamen Domini non eos passa est dissipari, quod malis eorum juste potuisset infligi. Septima dicit quemadmodum Dominum concitaverint in deserto, cum tamen propter ipsos decem plagis Ægyptiorum populus fuerit vehementer afflictus. Octava, beneficia Domini referuntur, et Judaicæ obstinationis iterum culpa subjungitur. Nona, ultio gravissima subsequitur, ita ut captivitati populum tradiderit, et tabernaculum Silo, in quo habitare inter homines videbatur, abjecerit; posteaque elegit montem Sion, et David servum suum, de cujus semine Christus Dominus nasceretur, qui mundo salutaris medicus adveniret. Sic per hunc psalmum ab initio electionis gentis Hebraicæ usque ad adventum Domini Salvatoris facta descriptio est.

Expositio psalmi.

Vers. 1. *Attendite, populus* [ms. A., *popule*] *meus, legem meam : inclinate aurem vestram in verba oris mei.* In hoc principio loquitur Deus, qui per Moysen legem dedit Hebræis. Et dum dicit : *Legem meam attendite*, non tantum vult quod dicitur auribus percipi, quantum veritatem dicti cordis oculis intueri. Attendit enim audita, qui res dictas devota mente respexerit. Dum dicit autem : *Populus meus*, illos profecto significat qui ejus mandatis obedientes fuerunt. Non enim aut prophetæ, aut alii justi a nostra fide dici potuerunt alieni, qui actus illos primi temporis spiritualiter acceperunt, sicut dicit Apostolus : *Nolo enim vos ignorare, fratres, quia patres nostri omnes sub nube fuerunt*; et paulo post : *Et omnes eumdem cibum spiritualem manducaverunt, et omnes eumdem potum spiritualem biberunt* (*I Cor.* x, 1, 3). Sequitur, *inclinate aurem vestram in verba oris mei.* Hic affectus præcipitur audiendi, quoniam qui toto corde vult audita percipere, *aurem* suam cognoscitur *inclinare*, ut humilis ac paratus accipiat quod de ore sanctæ potestatis emanat. Sed nota quod jam inter fideles accipitur, cui auscultandi tanta cura delegatur.

Vers. 2. *Aperiam in parabolis os meum; loquar propositiones ab initio.* Attentum sibi reddidit auditorem, cum se parabolis dicit esse locuturum, ut non remisse possit audiri, qui se tam granditer promittebat effari. Parabola enim Græco vocabulo dicitur similitudo, quando illud quod intelligi volumus per comparationes aliquas indicamus. Sic enim ferreum quempiam dicimus, quando durum ac fortem desideramus intelligi; cum velocem, ventis aut avibus comparamus. Et intuere quod Dominus os suum dicit *Asaph*, qui est inferius locuturus. Unde merito eum intellectus præcessit, cui tam magna erat testimonii gratia conferenda. Sequitur, *loquar propositiones ab initio.* Loquitur utique ipse, qui loqui facit. Nam quamvis alieno ministerio sermo depromatur, Spiritus sanctus loquitur cujus præcepta vulgantur, sicut dicit apostolus Petrus : *Non enim unquam voluntate humana allata est prophetia : sed Spiritu sancto acti, locuti sunt sancti homines Dei* (*II Petr.* 1, 21). *Propositiones* autem, obscuras et abditas significant quæstiones, quæ adhibita disputatione solvendæ sunt. Has suo loco positas competentius admonemus. *Ab initio* videlicet Veteris Testamenti dicitur, sicut *Asaph* infra locuturus est.

Vers. 3. *Quanta audivimus et cognovimus ea : et patres nostri narraverunt nobis.* In persona Domini psalmi hujus honorabili capite constituto, venit ad secundam partem, ubi *Asaph* introducitur loquens, cujus non tanquam humana verba, sed cœlestem debemus suscipere jussionem. *Quanta* multitudinem rerum demonstrat; *audivimus* pertinet ad prophetas; *cognovimus* ad Novum respicit Testamentum. *Audita* sunt enim cum prophetarentur; *cognita* dum implerentur per Dominum Christum. Sequitur, *et patres nostri narraverunt nobis. Patres* suos Moysen dicit et alios prophetas Veteris Testamenti, qui de Domini adventu multa locuti sunt, et illuminati prædicaverunt, quod et iste fieri prævidebat. Justi enim non essent, nisi probarentur credere quæ dicebant.

Vers. 4. *Non sunt occultata a filiis eorum, in generatione altera.* Hæc quæ refert patres suos de adventu Domini prædicasse, dicit nec *a filiis eorum* absconditæ fuisse magnalia, id est *a spiritualibus filiis*, qui eorum imitatores fuerunt. Nam quod dixit : *In generatione altera*, jam non Hebræorum, sed gentium significat congregationem : quia [*ms.*, qui] ex aqua et Spiritu sancto individuæ Trinitatis beneficio regenerantur; unde et illi intelligentiæ vero lumine sunt repleti.

Vers. 5. *Narrantes laudes Domini et virtutes ejus, et mirabilia ejus quæ fecit.* Ordo verborum talis est : Annuntiaverunt nobis patres nostri, narrantes laudes Domini. Facta quippe Domini narrare, laudasse est : cujus dum opera referuntur, gloria semper augetur. *Virtutes ejus*, significat liberationes, quas fecit in populo Judæorum, quando eos de Pharaonis impia potestate liberavit. *Mirabilia* vero, quod eos in deserto magnalibus pavit, quod eis gentes potentissimas levissima concertatione subjecit. Addidit, *quæ fecit*, ut non tantum promissa, verum etiam completa esse viderentur. Hæc autem cuncta ex Testamenti Veteris referuntur historia. Historia est enim præteritarum rerum fida commemoratio, ab ætatis nostræ memoria remota.

Vers. 6. *Et suscitavit testimonium in Jacob, et legem posuit in Israel.* Venit ad illud quod superius dixit : *Loquar propositiones ab initio.* Initium quippe, Vetus est Testamentum, unde inferius dicturus est. Illud fortasse commemorat *in Jacob testimonium su-*

scitatum, quando cum angelo colluctans, in præfiguratione futurorum tactus uno femore claudicavit : significans Israeliticum populum partim fidei firmitate constare, partim a sua potius salute discedere. Hoc enim fuit populi erraturi, vel credituri *testimonium*, quod *Jacob* concertatio illa prædixit. *Suscitatum* autem dixit, quasi in lucem redditum, quod somno ignorantiæ videbatur oppressum. Ipsum est quod superius promisit : *Aperiam in parabolis os meum;* scilicet quoniam ab isto initio erat talia locuturus. Sequitur, *et legem posuit in Israel*, ut eos utique devotos esse suo Domino commoneret, ne vaga voluntate permissi in devios laberentur errores. Proprie dictum est, *legem posuit*, quasi peccatoribus jugum, levibus pondus, erraturis vero contestationis exemplum. Unde alio loco ait : *Quia justo lex non est posita* (*I Tim.* 1, 9). Hoc est quod superius dixit : *Loquar propositiones ab initio.* Sed hæc congrue suis locis, diligens lector, aptabis : quia ubique ista commemorare fastidium est.

Vers. 7. *Quanta mandavit patribus nostris nota facere ea filiis suis : ut cognoscat generatio altera.*

Vers. 8. *Filii qui nascentur exsurgent, et narrabunt ea filiis suis.* Versus isti significant per generationes hominum mandata Domini fuisse transmissa, ne quis putaret uni datum, quod omnibus cognoscitur attributum. Acceperunt enim Judæi quod ad Christianos non est dubium pervenisse. Ideo enim additum est, *ut cognoscat generatio altera*, non utique Judaica, sed quam de gentibus constat electam. Altera enim hic extraneos significat, non propinquos. Nam quod sequitur, *filii qui nascentur exsurgent, et narrabunt ea filiis suis*, vult intelligi sine dubio Christianos, qui prædicationes sanctas ad animarum salutem conferendam suis posteris utique tradiderunt.

Vers. 9. *Ut ponant in Deo spem suam, et non obliviscantur operum Dei sui, et mandata ejus exquirant.* Utilitas paternæ prædicationis hic evidenter ostensa est, ut posteri eorum *spem suam* non ponant in lege quæ punit, sed in gratia concessa quæ redimit. Sequitur, *et non obliviscantur operum Dei sui*, sicut fecerunt perfidi Judæi, qui, oblito auctore suo, ad culturas se dæmonum transtulerunt. Addidit, *et mandata ejus exquirant.* Ipsa est enim Dei summi vera recordatio, si mandata ejus devotis mentibus impleamus.

Vers. 10. *Ne fiant sicut patres eorum, genus pravum et peramarum.*

Vers. 11. *Genus quod non direxit cor suum, et non est creditus cum Deo spiritus ejus.* His versibus duobus sub definitionibus pulchris notatur perfidia Judæorum. Dicit enim : *Ne fiant sicut patres eorum*, quod fuit *genus pravum et peramarum. Genus pravum*, quia veritatem recipere noluerunt. Necesse est enim distorti permaneant, qui regulam rectam non sequuntur. *Peramarum* dixit, id est supra cunctas acerbitates asperrimum, ut qui ad eos venerat salvandos, in ejus potius armarentur exitium. Sequitur, *genus quod non direxit cor suum*, hoc est, quod superius dixit,

pravum; nam si utique *direxisset cor suum*, nec exstiterat *pravum*, nec a Deo redditum fuerat alienum. Ille enim dirigit mentem, qui ad divinas se correxerit jussiones; nec aliquid superbia humanæ præsumptionis excogitat, cum regi omnia Divinitatis administratione cognoscit. Nam quod repetendo dicit, *genus*, ad illos tantum respicit qui in sua obstinatione manserunt. Cæterum fuerunt ex Judæis qui Domino pura mente famulati sunt. Addidit, *et non est creditus cum Deo spiritus ejus.* Illius *spiritus* non creditur esse *cum Deo*, qui operas ejus visuales non intelligit mysteriis spiritualibus applicandas; sed totum ad illud vult referre quod cernitur : sicut Judæi fecerunt, qui tantum miraculis præsentibus intenti, nihil ad spiritualem intelligentiam salubriter retulerunt.

Vers. 12. *Filii Ephraim intendentes arcum, et mittentes sagittas, conversi sunt in die belli. Ephraim* interpretatur frugifer, sive ubertas. Hic filius fuit Joseph junior, quem Jacob avus suus primario loco præposteratis manibus benedixisse legitur in Veteri Testamento (*Gen.* XLVIII, 15). Ejus *filii* abundantes muneribus divinis, et paterna benedictione pollentes, defectu fidei corruerunt. *Intenderunt* enim *arcum, et miserunt sagittas*, quando admonente Moyse dixerunt : *Quæcunque locutus est Dominus Deus noster, faciemus et audiemus* (*Exod.* XIX, 8). *Conversi sunt* autem *in die belli*, quando Aaron dixerunt : *Fac nobis deos quos adoremus* (*Ibidem*, XXXII, 1). Vides omnia parabolis et propositionibus explicari. Nam iste sensus ad illos pertinet qui aliquid præcipitata festinatione promittunt, nec tamen in ea cupiunt perseverare sententia, sicut Petro apostolo contigit, qui ter negavit eum, cum quo se promiserat esse moriturum (*Matth.* XXVI, 35).

Vers. 13. *Non custodierunt testamentum Dei, et in lege ejus noluerunt ambulare.*

Vers. 14. *Et obliti sunt benefactorum* [ed., *beneficiorum*] *ejus, et mirabilium ejus quæ ostendit eis.* Causa redditur quomodo *filii Ephraim* conversi fuerint in die belli; scilicet quia *Non custodierunt testamentum Dei, et in lege ejus noluerunt ambulare, et obliti sunt benefactorum ejus, et mirabilium ejus quæ ostendit eis.* Hoc sic planum est, ut expositione non egeat.

Vers. 15. *Coram patribus eorum fecit mirabilia in terra Ægypti, in campo Taneos.* Venit ad tertiam partem in qua, post transitum maris Rubri, beneficia collata describit. Isti sunt quos superius dixit, *genus pravum et peramarum.* Narrat enim, *coram patribus eorum* facta miracula, id est, Moyse, Aaron, aliisque senioribus; ut manifestis rebus constantius credere debuissent, cum patrum dulcis ac firma soleat esse relatio. Et ut omnem scrupulum dubitationis adimeret, et provinciam dixit et locum ubi noscuntur facta quæ dicta sunt. Sed nec hoc vacat quod dicit : *In campo Taneos. Tanis* enim significat humile mandatum, quod in terris positus Christus docuisse cognoscitur, dicens : *Discite a me quia mitis sum et humilis corde : et invenietis requiem animabus vestris* (*Matth.* XI, 29).

Hoc etiam *coram patribus fecit*, quando Novi Testamenti mandata prædicavit.

Vers. 16. *Interrupit mare et perduxit eos; statuit aquas quasi in utrem.* Cum sit mare liquidum elementum, ruptum potius maluit dicere quam divisum : quia revera ruptum est, quando in geminum latus peregrina sibi soliditate permansit ; ut non tam pelagus quam rupes putarentur excisæ. *Perduxit eos,* ad promissam scilicet terræ securitatem, ubi jam communi sorte sine metu pelagi viderentur incedere. Nam quod sequitur, *statuit aquas quasi in utrem,* hoc ad illud pertinet quod dixit, *Interrupit mare;* ut sic staret unda immobilis, tanquam fuisset inclusa in vasis. Et nota quemadmodum resignantur promissæ parabolæ.

Vers. 17. *Et eduxit eos in nube diei, et tota nocte in illuminatione ignis.* Exponit quod superius dixit : *Et perduxit eos in nube diei,* siquidem *diei* significat Dominum Christum : quia cum ipse esset verus dies, tamen perfidis carnis suæ nube celatus est. Unde mirabile genus locutionis eluxit, sic antiqua facta narrare, ut magis quæ sunt ventura videatur exprimere ; ut aliter audiendum, aliter sit nihilominus sentiendum : in nullo tamen dubia , quia sunt utraque verissima. Hæ sunt promissæ parabolæ cœlesti integritate dispositæ [*ed.*, depositæ], hæc indicia certissima veritatis. Sequitur, *et tota nocte in illuminatione ignis.* Hic evidentius significat Christianos, quos in hac nocte sæculi, luminis sui claritate custodit. Omnia enim Judæis in figura contigisse testatur Apostolus dicens : *Nolo enim vos ignorare , fratres , quia patres nostri omnes sub nube fuerunt, et omnes mare* [mss. A., G., *per mare*] *transierunt , et omnes in Moyse baptizati sunt in nube et in mari (1 Cor.* x, 1, 2), etc. Unde a nobis magnæ semper gratiæ referendæ sunt, quia miraculis prædixit tantis ac talibus , quæ nobis erat immeritis præmia largiturus.

Vers. 18. *Interrupit in eremo petram , et adaquavit eos velut in abysso multa.* Consideremus quam ex contrariis rebus fuerint ostensa miracula. Undam maris fecit primitus quasi saxeam pendere rupem, nunc dicit petram manasse fontes irriguos; ut ostenderet universas creaturas ejus jussionibus obedire, licet contraria naturaliter inter se videantur existere. *In eremo* dum dicit, collati muneris gratiam duplicavit ; ut ibi faceret tale miraculum , ubi non erat aliud in necessitate remedium. *Adaquavit* autem posuit , ut jumenta magis videretur significare, non homines, qui tantis beneficiis gratias agere nescierunt. Quod autem dixit, *velut in abysso multa,* copiam largissimæ undæ declaravit, quæ velut de abysso pelagi ita multa profluxit. Et nota quoniam abyssum secundum Græcos generis ponit ubique feminini.

Vers. 19. *Et eduxit aquam de petra, et deduxit tanquam flumina aquas.* Hoc ad gratiam inculcandam magnæ admirationis iteravit, ut de illa re aqua prodiret, quæ naturali siccitate duruerat. Et ne putares parum aliquid emanasse, addidit : *tanquam flumina,* quæ de uberibus montium copiosa inundatione procedunt. Significabat enim nobis *de petra,* id est de Christo aquam prodire, quæ nulla imminutione deficeret, sicut ipse in Evangelio dicit : *Qui biberit ex aqua quam ego dabo ei, non sitiet unquam, sed fiet in eo fons aquæ salientis in vitam æternam (Joan.* IV, 13, 14). *Petram* vero significare Christum dicit Apostolus : *Bibebant autem de spirituali, consequente eos, petra : petra autem erat Christus (1 Cor.* x, 4).

Vers. 20. *Et apposuerunt adhuc peccare ei : in iram concitaverunt Excelsum in siccitate. Apposuerunt* dicit, adjecerunt, ut inter tanta miracula non crederent, cum etiam ipsorum elementorum conversa natura proclamaret. *Peccare* dixit, non credere, quod nimis improbum constat esse delictum, a Deo beneficia petere, eisque perceptis debitas gratias non referre. Sequitur, *in ira concitaverunt Excelsum in siccitate.* Sæpe diximus tropicas esse istas locutiones, quæ Domino verba tribuunt infirmitatis humanæ; ut res arduæ nostræque conceptioni difficiles possint evidentius explanari. *In iram concitaverunt,* quando eum non credebant difficilia sibi facere, quem videbant tam ingentia posse complere. Hoc enim in Deo gravissimum constat esse peccatum, ut quidquam illi impossibile dicatur, qui summe valet efficere, quod decernit implere. Bene autem dictum est, *in siccitate,* non tantum terræ quam mentis, qui tot miraculis compluti, perfidiæ suæ sterilitate siccati sunt : quia totum carnalibus desideriis applicantes, ventre tantum, non sensibus explebantur.

Vers. 21. *Et tentaverunt Deum in cordibus suis, ut peterent escas animabus suis.* Aliud est petere tentando, aliud confitendo. Isti utique tentando petierunt, qui posteaquam acceperunt, indigna locuti sunt. *Tentare* enim dicimus aliquid dolosis sermonibus postulare ; ut simplicitas videatur in verbis, cum sit in corde malitia. Isti ergo animabus suis non spirituales, sed carnales escas subdole poposcerunt. Sic enim dicimus ægrotis dari escas propter animas in corpore retinendas, non quia pabulum sit animarum , sed quia per ipsas videtur in hac vita vigor corporis contineri.

Vers. 22. *Et male locuti sunt de Deo ; dixerunt : Nunquid poterit Deus parare mensam in deserto?* Utique male , quia falsa *locuti sunt.* Quid autem dixerint, subsequenter explanat : *Nunquid poterit Deus parare mensam in deserto? Nunquid* imputative legendum est; positum est enim pro non. O nefarium scelus, de [*ed.*, Deo] Omnipotenti non credere, quæ quotidie passim probatur efficere ! Scriptum est enim : *Qui dat escam omni carni (Psal.* CXXXV, 25). Quid ergo illi tam contrarium, quam ut non credatur implere quod jusserit? Et ideo vehemens culpa , quia talis diffidentia supernam tangit injuriam. *Mensa* vero significat pastionem in qua reficimur esurientes. Et dum dicit, *parare mensam in deserto,* quasi quod solet in copia fieri, non potuisset in rerum solitudine procurari ! Stulta nimis absurdaque vecordia humanam impossibilitatem ad divinam transtulisse virtutem !

Vers. 23. *Quoniam percussit petram et fluxerunt aquae, et torrentes inundaverunt: nunquid et panem poterit dare, aut parare mensam populo suo?* Nimis fatua cogitatio exemplum magni miraculi dare, et ejus auctorem in reliquis arbitrari posse deficere. Nam qui de petra jussit aquas effluere, cur non faceret escas aerem esurienti populo ministrare? Quasi vero illa jutus aliquo adminiculo potuerit facere, ista solus non valuisset implere! Sed hanc vecordiae culpam paulo post sequitur vindicta justissima, ne quis post haec talia cogitare praesumeret.

Vers. 24. *Ideo audivit Dominus et distulit, et superposuit, et ignis accensus est in Jacob, et ira ascendit in Israel.* Venit ad quartam partem, ubi per figuram synathroismos, quae Latine dicitur congregatio, Judaeorum crimina colliguntur. Deus enim cogitationes murmurantium, etiam lingua quiescente, cognoscit, qui solus potest internum tacitumque tractatum tanquam clamorem magnae vocis audire. Sed intende quod prius dixit, *distulit*; nunc addidit, *superposuit*; ne si vindicaret ad praesens, crederetur murmurantes minime satiare potuisse. Sed *distulit* vindictam, ut ostenderet patientiam: *superposuit* autem moras, ut manifestaret potentiam; et tunc competenter ultus est culpas, quando incredulas mentes rerum ipsarum perfectione convicit. Sequitur, *et ignis accensus est in Jacob*. Jacob significatur supplantator, qui frequenter a parte ponitur gentium, quae venientes ad Christum, Israeliticum populum supplantasse monstrantur, quando illis introeuntibus, istos constat expulsos. Ergo in gentibus istis quas diximus *Jacob* nomine significari, *ignis charitatis accensus est*; et quanto illi murmuratione profanati sunt, tanto isti confessionis ardore profecerunt. Addidit, *et ira ascendit in Israel*. Sicut *in Jacob* charitatem accensam dicit, ita *in Israel iram ascendisse* pronuntiat, ut illi accenderentur ad gratiam, isti perducerentur ad culpam.

Vers. 25. *Quia non crediderunt in Deo suo, nec speraverunt in salutari ejus.* Ideo superius dixit: *Ira ascendit in Israel*, ut ostenderet pertinaces; nunc autem causa ipsius obstinationis exponitur. Dicit enim: *Non eos credidisse in Deo suo*. Et ne alterum putares esse Deum, sequitur, *nec speraverunt in salutari ejus*, id est in Domino Salvatore; ut non solum eis illa murmuratio invidiam faceret, verum etiam duritiam mentis post secutam damnaret.

Vers. 26. *Et mandavit nubibus desuper, et januas coeli aperuit.* Haec sub parabolis et propositionibus dici, in initio ipse testatus est. Ideoque quamvis per historiam facta videantur, oportet tamen referri ad Dominum Salvatorem, ut nobis constet praedicta sententia. *Mandatum est* enim *nubibus*, id est praedicatoribus, ut *per januas coeli*, hoc est per Scripturas sanctas praedicatio gloriosa adventum salutaris [ed., Salvatoris] Domini nuntiaret, qui vere manna sumitur, quando adorabili communicatione gustatur.

Vers. 27. *Et pluit illis manna manducare: panem coeli dedit eis.*

Vers. 28. *Panem angelorum manducavit homo: frumentationem misit eis in abundantia.* Caput primi versus istius de superioribus pendet; dixit enim: *Januas coeli aperuit*, et consequitur, *pluit illis manna manducare*. *Pluit*, dixit, ut ostenderet escae nimiam largitatem, quae tanquam pluvia de coelo descendit. Et ne dubitares quae fuerit illa pluvia, sequitur, *manna manducare*. *Manna* interpretatur quid est hoc? quod sanctae communioni decenter aptamus: quia dum admirando cibus iste perquiritur, corporis dominici munera declarantur. Addidit, *panem coeli dedit eis*. Quis est alter panis coeli, nisi Christus Dominus, unde coelestia spiritualem escam capiunt, et delectatione inaestimabili perfruuntur? Denique sic sequitur, *panem angelorum manducavit homo*. Panis ergo angelorum bene dicitur Christus, quia revera ipsius laude pascuntur. Neque enim corporalem panem angeli manducare credendi sunt, sed illa contemplatione Domini, qua sublimis creatura reficitur. Verum hic panis in coelo replet angelos, et nos pascit in terris: illos contemplatione delectans, nos sancta visitatione reficiens. Addidit: *Frumentationem misit eis in abundantia*. Adhuc in superioribus perseverat, *manna* illud *frumentationem* dicens, non frumentum; ut illam copiam exprimeret, quae aviditatem populi praevaluit superare. Denique sic sequitur, *in abundantia*; illud enim abundat, quod non potest aliqua aviditate consumi.

Vers. 29. *Transtulit Austrum de coelo, et induxit in virtute sua Africum; et pluit super eos sicut pulverem carnes, et sicut arenam maris volatilia pennata.* Quantum ad historiam pertinet, hos ventos tanquam vehicula dicit esse procuratos, qui jussam copiam ad destinata castra perducerent. Sed quia sunt et spiritualiter exponendi, nunc eos positos sub quibusdam figurationibus inquiramus. Austrum et Africum ventos scimus esse meridianos, qui a parte lucidiore et ferventiore proveniunt; quibus flantibus pigrum frigus expellitur, et aeris temperamenta praestantur. Sic ergo et verba Domini charitatis igne flagrantia, in *Austri* similitudine atque *Africi*, mundo salutarem temperantiam praestiterunt, plueruntque super populos pabula, unde fidelium animae satiarentur uberrime. *Pulvis* enim hic significat intelligentiae subtilitatem, quae ad supernas cogitationes commota semper ascendit; *arena* vero innumerabilem prudentiae copiam salsi maris sapore conditam: *volatilia pennata*, coelestia desideria, quibus anima devota velut carnibus referta pinguescat. *Arena* vero *maris*, epitheton est decenter appositum, quoniam et fluviorum esse potest, quae non habet hunc saporem.

Vers. 30. *Et ceciderunt in medio castrorum eorum: circa tabernacula eorum.* Ut ipsam quoque difficultatem capiendi cibi murmurantibus abrogaret, non solum *circa tabernacula*, verum etiam *in mediis castris* eorum dicit *cecidisse* quod magno desiderio requirebant. *Castra* enim a castitate dicta sunt, quod bellis exercitus occupatus foedo luxui non vacaret. Nobis autem significatur, quod intra septa sanctae

Ecclesiæ omnia superna munera possumus accipere, si expleri bona desideria nostra divino munere postulemus. Unde inæstimabilis virtus sermonis est, et historiæ fidem complere, et spiritualibus rebus intelligenda contradere.

Vers. 31. *Et manducaverunt et saturati sunt nimis; et desiderium eorum attulit eis.* Ecce convicti sunt qui Deo aliquid difficile putaverunt. Expleverunt desiderium carnis ratione jejuni, ventre pleni, sed mente vacui. Hæc figura dicitur synchoresis, id est concessio, quoties aliqua importune desiderantibus conceduntur, quæ ad utilitatem ipsorum pertinere non possunt.

Vers. 32. *Non sunt fraudati a desiderio suo; adhuc escæ eorum erant in ore ipsorum: et ira Dei ascendit super eos.*

Vers. 33. *Et occidit plurimos eorum; et electos Israel impedivit.* Venit ad quintam partem. Hoc est enim quod dixit superius: *Distulit et superposuit,* ut *non fraudarentur a desiderio suo :* ne impotentiam Dei, quam sacrilega mente conceperant, per difficultatem desiderii sui forsitan comprobarent. *Fraudati a fraude* venit; fraus enim dicitur quasi fracta fides. Satiati sunt ergo ad suam ruinam; non ut inde viverent, sed potius interirent. Nam vide quid sequitur: *adhuc escæ eorum erant in ore ipsorum;* scilicet dum manna et coturnicum carnibus vescerentur. *Esca* enim ab edendo dicta est. Addidit, *et ira Dei ascendit super eos. Et occidit plurimos eorum, et electos Israel impedivit.* Hic illam Exodi historiam tangit (*Exod.* XXXII, 1). Absente quippe Moyse, qui legem Domini suscipiebat in monte, contra Aaron populus surrexit insanus, expetens sibi debere deos fieri, sicut omnis videbatur habere gentilitas. Factumque est tunc, ut vitulus ille nefandus exiret, cujus cultura ipsi erant utique mugituri. Tunc iratus Deus dixit Moysi, graviter peccasse populum Judæorum: quo descendente facto conventu viginti tria millia eorum leguntur exstincta; et Aaron, qui erat electus Domini, propter eos cecidit in reatum. Sic enim dixit: Percussus est populus propter peccatum vituli quem fecit Aaron. Quorum pessima murmuratio et ipsum quoque Moysen impedivit, quando dixit: *Nunquid de petra hac vobis aquam poterimus ejicere* (*Num.* XX, 10)? Propter quod verbum prohibitus est in terram promissionis intrare. Sic ergo factum est, ut *electos Israel peccantium protervitas impediret.*

Vers. 34. *In omnibus his peccaverunt adhuc, et non crediderunt in mirabilibus ejus.*

Vers. 35. *Et defecerunt in vanitate dies eorum, et anni eorum cum festinantia* [ms. A., *festinatione*]. Illa potius peccata exaggerant Deum, quæ augmentis gravibus semper accrescunt. Et quoniam, *nec mirabilibus ejus credere voluerunt, dies eorum defecisse dicit,* quasi languida tabe consumptos. *Dies* enim *peccatorum cum festinatione* transeunt, sicut et alibi scriptum est: *Viri sanguinum et dolosi non dimidiabunt dies suos* (*Psal.* LIV, 24).

Vers. 36. *Cum occideret eos, tunc inquirebant eum; et convertebantur ante lucem, et veniebant ad eum.*

Vers. 37. *Et memorati sunt quia Deus adjutor eorum est, et Deus excelsus liberator eorum est.* Non ipsi inquisierunt Deum quos dicit occisos; sed exemplo talium turba reliqua supplicavit. Justorum itaque consuetudo est, sive antequam mala patiantur, sive cum patiuntur, Deum fideliter quærere. Scelerati autem tunc ad ipsum instabili voluntate concurrunt, quando aliqua necessitate turbantur. Judaicus itaque populus tunc timuit iram Dei, quando socios suos cernebat exstingui; eo scilicet tempore cum ignis de cœlo descendens (sicut in Numerorum libro (*Cap.* XVI, 49) legitur) quatuordecim millia septingentos occidit, quoniam Moysi et Aaron propter interitum Core sociorumque ejus seditiones injustissimas commovebant. Nam quod sequitur, *et convertebantur ante lucem, et veniebant ad eum; et memorati sunt quia Deus adjutor eorum est, et Deus excelsus liberator eorum est,* illud significat, quando Domino irascente Judaici populi extrema castrorum divino igne consumpta sunt; quo facto Moysen rogaverunt ut pro eis Domino supplicaret. Pius ergo in luce rogat, impius *ante lucem,* sicut scriptum est: *In vanum vobis est ante lucem surgere* (*Psal.* CXXVI, 1). Sed hoc pro formidine videntur fecisse periculi, non timoris superni : quoniam inferius adhuc de eorum infidelitate dicturus est. Et nota quod hic legitur *liberatorem* Patrem, liberat quoque et Filius, sicut in Evangelio legitur: *Si vos Filius liberaverit, tunc vere liberi eritis* (*Joan.* VIII, 36). Liberat etiam Spiritus sanctus, sicut Apostolus dicit: *Spiritus vitæ in Christo Jesu liberavit me a lege peccati et mortis* (*Rom.* VIII, 2). Unde dubium non est sanctam Trinitatem æqualiter posse, æqualiter implere quod vult.

Vers. 38. *Et dilexerunt eum in ore suo, et lingua sua mentiti sunt ei.*

Vers. 39. *Cor autem eorum non est rectum cum eo; nec fides* [ms. A., *nec fideles habiti sunt*] *habita est illis in testamento ejus.* Venit ad sextam partem, ubi Judæos iterum ad culpas rediisse commemorat : Deum tamen misertum illis esse declarat. Dicit enim : *Et dilexerunt eum in ore suo, et lingua sua mentiti sunt ei.* Sic contigit eis qui se putant per solum credere timorem. Nam si Deus mixto amore non metuatur, toto corde non quæritur. Hoc enim peccatum constat acerrimum, ut lingua se illi confiteri dicat, dum cordis ima dissentiant. Quasi vero ille non omnia cognoscat quæ aguntur intrinsecus, qui, sicut legitur, *Scrutator est cordis et renum* (*Psal.* VII, 10), et more humanitatis illud solum audiat, quod lingua proclamat. Nam qui ejus testimoniis fideliter credit, ipse eum veraciter diligit. Fides enim dicta est, ab eo quod fiant dicta. Sic etiam Dominus ipse testatur dicens: *Populus hic labiis me honorat, cor autem eorum longe est a me* (*Isai.* XXIX, 13). De quibus merito Isaias propheta testatur dicens: *Et nervus ferreus collum tuum, et frons tua ærea* (*Idem,* XLVIII, 4).

Vers. 40. *Ipse autem est misericors, et propitius fit peccatis eorum, et non disperdet eos.*

Vers. 41. *Et abundavit ut averteret iram suam ab eis:* 268 *et non accendit omnem iram suam.* Illud hic exemplum non inconvenienter apponitur, quando Moyses pro transgressore populo supplicans, dixit ad Dominum: *Obsecro, dimitte peccatum populi hujus; sin autem, dele me de libro quem scripsit manus tua (Exod.* xxxii, 32, 33). Oravit pro ipsis in cruce positus et Dominus Christus: *Pater, ignosce illis, quia nesciunt quid faciunt (Luc.* xxiii, 34). Sic istis supplicationibus actum est, ut Domini in eis ira placaretur. *Et propitius* enim *factus est peccatis eorum,* cum ad ipsius satisfactionem non quidem omnes, sed multi ex his redire meruerunt.

Vers. 42. *Et memoratus est quia caro sunt: spiritus vadens, et non rediens.* Movit pium judicem fragilitas considerata peccantium, quod carnalis caecitas lumen coelestis sapientiae non videbat; et ideo exspectandos dicit, quia si confestim fuisset eorum spiritus abrogatus, locum poenitentiae perdidissent. *Caro* enim dicta est, quod cara sit animae suae. Mirabili autem brevitate definitur mors hominis, id est, *Spiritus vadens et non rediens,* subaudiendum, in hoc mundo, quoniam ad suum corpus in resurrectione constat esse rediturum.

Vers. 43. *Quoties exacerbaverunt eum in deserto, in iram* [ed., in ira] *concitaverunt eum in terra sine aqua?*

Vers. 44. *Et conversi sunt, et tentaverunt Deum: et sanctum Israel exacerbaverunt.* Venit ad septimam partem, in qua breviter obstinationem eorum acerbitatemque designat. Consequenter enim enumerans quanta illis in eremo vel apud Ægyptios virtus divina praestiterit: ostendens quia dum delinquentibus semper praestet, immemores tamen beneficiorum peccare non desinunt.

Vers. 45. *Non sunt recordati manus ejus, die qua liberavit eos de manu tribulantis.* Tribulatio fixam solet habere memoriam; sed infidelibus nec ipsa recordatio stare potuit, quam validissime nostris cordibus tristitia semper affigit. *Recordari* enim dictum est, revocare ad cor. Pulcherrime vero positum est *manus* Domini, et *manus* tribulantis. Hoc enim nomine operatio significatur amborum. Sed quam longe disparia sunt, quae unum videntur habere vocabulum! Illa populum liberare praevaluit, ista in suam necem retinere tentavit.

Vers. 46. *Sicut posuit in Ægypto signa sua, et prodigia sua in campo Taneos.* Unam em duobus nominibus designavit. *In Ægypto* enim *signa* fecit, quae inferius ipse dicturus est; sed et prodigia ibidem demonstravit *in campo Taneos. Tanis* enim civitas est Ægypti, ubi sunt facta prodigia quae leguntur. *Signa* utique fuerunt in Ægypto duris cordibus, quasi characteris impressa vestigia. *Prodigia* vero quasi porro dicentia, id est, quae praefigurabantur esse ventura. Omnes enim illae plagae ad aliquam significantiam priscis temporibus contigerunt. Me-

rito ergo *signa et prodigia* sunt appellata, quae in Ægypto facta monstrantur. *Tanis* humile mandatum diximus interpretari, quod in isto saeculo necessarium nobis ac salutare cognoscitur, ubi humiles ac prostrati esse debemus, qui veniae semper suffragia postulamus. Tunc autem erecti erunt justi, quando in illa resurrectione jugiter bona mansura susceperint.

Vers. 47. *Convertit in sanguinem flumina eorum, et pluviales aquas eorum ne biberent.* Hinc prima plaga inchoat Ægyptiorum. Nam sicut aqua in vinum conversa in Evangelio (*Joan.* II, 9) legitur, quae populorum permutationem significavit in melius, ita hic, *in sanguinem conversa,* denuntiat rerum spiritualium causas peccatores sentire carnaliter. *Sanguis* enim ad carnem ponitur exprimendam; quod Judaicum populum respexisse non dubium est. Dicit etiam et *flumina et pluviales aquas eorum in sanguinem* commutatas (*Exod.* VII, 17), ne praedicationem coelestem spiritualiter intelligerent, qui erant carnalibus sensibus occupati. Haec et sequentia ad litteram omnino manifesta sunt, quae in Ægypto contigisse divinae historiae textus ostendit.

Vers. 48. *Misit in eos muscam caninam, et comedit eos; et ranam, et exterminavit eos.*

Vers. 49. *Et dedit aerugini fructus eorum, et labores eorum locustae. Musca canina* est improborum petulantium vindex datus aculeus. *Rana* est loquacissima vanitas haereticorum, quae coenosis sensibus commorata, improbis clamoribus garrire non desinit. *Ærugo* est amor turpis, honestatem occulta imminutione consumens. *Locusta* est malevola atque assidua detractio, actus alienos invida oblocutione corrodens.

Vers. 50. *Et occidit in grandine vineas eorum, et moros eorum in pruina.*

Vers. 51. *Et tradidit grandini jumenta eorum, et possessiones eorum igni.* Grando est comminatio Domini quae verberat contumaces, eosque umbraculis suae delectationis exspoliat. *Pruina* vero est praecurrens anticipansque malitia, quae alienos labores pervenire non permittit ad fructus. Sequitur, *et tradidit grandini jumenta eorum.* Morte pecudum stultorum significatur occasus, qui malis innumeris caesi, tanquam vilia jumenta funduntur. Addidit, *et possessiones eorum igni. Ignis* quidem et in bono ponitur et in malo. Sed quia hic pro indignatione constat inflictus, *ignem,* cupiditatem ignobilem debemus accipere, qui possessionem nostram, id est mentis statum exsecrabili ambitione devastat. Restat decima de primitivis, quam suo loco dicemus: quoniam duo versus ad exaggerationem mali sequentis interpositi esse noscuntur. Notandum est autem quod hae tres plagae, id est, *aerugo, pruina et ignis* (quas hic dixit), in Exodo penitus non legantur. Ignem enim ibi dicit mixtum descendisse cum grandine, ut fructus laederet, non tamen ut *possessiones eorum* incendere potuisset. Pro istis vero tribus aliae ibi tres sunt positae, ciniphes, ulcera et tenebrae. Quod in litteris divinis pro congrua intelligentia rerum frequenter invenis, esse variatum, ut est titulus trigesimi tertii psalmi. Dicit enim : *Psalmus David, cum mutavit vultum suum coram Abimelech, et dimisit eum et abiit.* In Regum enim volumine Abimelech Palæstinorum rex non legitur fuisse, sed Achis, quæ nomina (ut diximus) pro sacramentorum qualitate mutata sunt; quod hic quoque similiter debemus accipere. Nam et in Concordia Evangeliorum Patrem Augustinum similia collegisse manifestum est.

Vers. 52. *Misit in eos iram indignationis suæ, indignationem, et iram, et tribulationem : immissiones per angelos malos.* Ordo vindictæ verissima descriptione narratur. Prius enim Dominus peccatis nostris irascitur, quando nulla compunctione convertimur; ac deinde malitiam hominis in sua *indignatione, et ira, et tribulatione* derelinquit; ut propriis adversitatibus affligantur qui divinis jussionibus obedire contemnunt; sicut scriptum est : *Propterea tradidit illos Deus in desideria cordis eorum, in immunditiam, ut faciant quæ non conveniunt* (Rom. I, 24), etc. Scelerati quippe hominis *indignatio* pertinet ad tumidam superbiam, *ira* ad audaciam nefandam, *tribulatio* ad confusam desperationem. Tunc *per angelos malos* ad *immissiones* præcipitantur illicitas, et quasi nudati defensione divina, in prædam cadunt perniciosissimam bestiarum. Perscrutandum est etiam quod dicit *immissiones* factas *per angelos malos,* quasi et per bonos angelos non deleverit peccatores. Per bonos enim angelos Sodomam subvertit et Gomorrham (Gen. XIX, 1), quos Abraham et Loth suscipere suis hospitiis meruerunt. Tentatus est etiam transgressor per angelum malum, sicut in Regum volumine dicit : *Et introivit spiritus Dei malus in Saul* (I Reg. XVIII, 10). Justi quoque tentati sunt a diabolo, ut Job et Paulus apostolus, et cæteri hujuscemodi. Constat enim cuncta quæ creata sunt, Creatoris aut permissioni, aut imperio subjacere.

Vers. 53. *Viam fecit semitæ iræ suæ, et non pepercit a morte animabus eorum; et jumenta eorum in morte conclusit.* Cum dicit, *viam fecisse* Dominum, qua possit ad vindictam infelicium pervenire, ostendit non esse ad eos veniendum, nisi Domini fuerint defensione privati. *Ira* enim Domini per tropologiam dicitur; sed ipsa est quam superius dixit, *immissiones per angelos malos.* Ista enim non licet diabolo facere, nisi cum Domini voluntate permittitur. Quid autem ista *ira* fecerit, consequenter exponit : *et non pepercit a morte animabus eorum.* Quod dixit, *animabus eorum,* pro hominibus accipiendum est, quos in illa clade cognoscitur occidisse. Nam pro toto homine solam animam poni (sicut jam dictum est) Exodi scriptura testatur, dicens : *Omnes ergo animæ quæ egressæ sunt de femore Jacob, animæ septuaginta* (*Exod.* I, 5). Unde per figuram synecdoche provenit ista locutio, quæ significat a parte totum. Sequitur, *jumenta eorum in morte conclusit.* Respice quemadmodum cuncta quæ vel ad victum humanum, vel ad solatium pertinent, dicit esse vastata; ut impiis atque duris digna judicentur [*ed.,* indicentur] provenisse supplicia.

Vers. 54. *Et percussit omne primogenitum in terra Ægypti : primitias laboris eorum in tabernaculis Cham.* Ecce decima illa plaga primogenitorum, quam ira Dei *per angelos malos* minabatur, exponitur. Talis enim tantaque fuit, ut Israeliticum populum, quem nolebant Ægyptii ante dimittere, ultro potius exire compellerent. *Primogenita* sunt quæ primo loco sensibus nostris reverenter occurrunt, ut est illud mandatum summum, Deum ex toto corde diligere, proximi quoque habendam modis omnibus charitatem. Hæc quando pereunt, *primogenitorum* amissione percutimur, et in ipsa prole rationis orbamur. Respiciamus plane quod populum Ægyptiorum decem plagis afflixerit, Hebræorum gentem Decalogi munere decoraverit; ut hoc sacramento numeri et ultionem datam reperias, et gratiam præstitam fuisse cognoscas. Sequitur, *primitias laboris eorum.* Hoc est quod superius dixit, *omne primogenitum.* Primitiæ quippe *laborum* ad totum pertinet quidquid humana possibilitas habere potuerit. Et sicut supra dixit, *in terra Ægypti,* ita et hic repetit, *in tabernaculis Cham. Cham* quippe fuit pater Chanaam, cujus posteritas terram ipsam possedisse cognoscitur.

Vers. 55. *Et abstulit sicut oves populum suum, et perduxit eos tanquam gregem in deserto.*

Vers. 56. *Et eduxit eos in spe, et non timuerunt : et inimicos eorum operuit mare.*

Vers. 57. *Et induxit eos in montem sanctificationis: montem hunc quem acquisivit dextera ejus.* Venit ad octavam partem, ubi Domini beneficia referuntur, et Judaicæ obstinationis culpa subjungitur. Sed quamvis superioribus videantur esse conjuncta, hic tamen ostenditur quid illa decima plaga compleverit : scilicet ut populus Domini ab impia servitute liberatus, ad terram repromissionis incolumis perveniret. Sed potest hic nonnulla quæstio suboriri, quia non illos quos *abstulit* de terra Ægypti, eosdem *in montem sanctificationis* adduxit. Significat enim Sion montem, ubi constat Jerosolymam constitutam. Sed dum ageretur de populo Judæorum, ipsos notum est ad hanc civitatem fuisse perductos, qui suis patribus succedentes, et nomen et gentem Hebræorum continuisse noscuntur. Significat tamen (sicut revera factum est) quia multi eorum ad Ecclesiam catholicam, quam mavult hic intelligi, conversionis beneficio pervenerunt. Ipsa est enim quam Christus noster, qui est *Patris dextera, conquisivit.* Patet enim ut et figurate superiores versus intelligere debeamus. Nam quod dixit, *oves et gregem,* significat populum Christianum, qui in hoc sæculo *tanquam in deserto* pascitur, si mundanarum rerum desideria non sequatur. *Educti* autem nos *sumus in spe* a terra Ægypti, id est a tenebris peccatorum, qui fidei lumen accepimus. *Et inimicos* nostros, hoc est diabolum cum ministris suis *operuit mare,* dum nos sanctæ regenerationis lavacra diluerunt. Sic illis in figura facta sunt (sicut dicit Apostolus) quæ nostræ salutis indicia nuntiabant.

Vers. 58. *Et ejecit a facie eorum gentes; et sorte divisit eis terram in funiculo distributionis.*

Vers. 59. *Et habitare fecit in tabernaculis eorum tribus Israel.* Ejicit a facie nostra gentes, quando barbarici et immites a nobis fugantur errores. Dividit autem nobis *terram* illam repromissionis, cum pro sua dignatione unicuique beatam dederit portionem. *Funiculus* autem *distributionis*, tractus est ab illis qui terram tenso fune dividebant. Sequitur, *et habitare fecit in tabernaculis eorum tribus Israel.* Divinæ nobis Scripturæ tradiderunt in eorum loco vel numero electorum *populum* congregandum, unde superbi angeli probantur expulsi. Ergo *tribubus Israel*, id est videntibus Deum dabit *tabernacula*, quæ ante superbiæ ruinam adhuc innocentes angeli possidebant.

Vers. 60. *Et tentaverunt, et exacerbaverunt Deum excelsum; et testimonia ejus non custodierunt.*

Vers. 61. *Et averterunt se, et non servaverunt pactum, quemadmodum patres eorum; et conversi sunt in arcum perversum.* Nunc dicit contumaciam Judæorum, et quid eis irato Domino contigerit, consequenter exponit; ut talia inobedientes debeant exempla metuere. *Arcus perversus est* **270** malitia peccatorum, quæ non eminus vulnera jaculatur, sed in se magis spicula directa convertit. Quod utique dolosos pati manifestum est, qui dum aliis ingerere nituntur plagas, in se convertere suas potius probantur insidias.

Vers. 62. *Et in ira concitaverunt eum in collibus suis, et in sculptilibus suis æmulati sunt eum.* Colles superbas ac tumidas significant cogitationes hominum, quibus semper Dominus invenitur adversus, quando in culturas dæmonum iniqua præsumptione prosiliunt. *Æmulati sunt* quippe *eum*, cum honorem Domini simulacris detestabilibus contulerunt. Æmulatio enim ista in malam partem, non in bonam debet intelligi; nam vide quid sequitur.

Vers. 63. *Audivit Dominus et sprevit, et ad nihilum redegit nimis Israel.* Nona pars, quæ superest, introitur, in qua vindictæ genera numerantur, et post, adventus Domini Salvatoris edicitur. Solet autem inter nonnullos facere quæstionem, quare cum peccata fuerint aliquorum, ille tamen in omnibus vindicasse dicatur? quod religiosis mentibus scrupulum non debet injicere. Nam etsi gentem captivitati tradidit, tamen sibi placitos conscientiæ integritate servavit; sed eos magis in tribulationibus exercuit, quos æterno honore coronandos esse decrevit. Nam si veritatis intima perscrutemur, captivitatem passi non sunt qui animo liberi fuerunt, nec interno hosti traditi, quorum conscientia non potuit a Divinitate subduci.

Vers. 64. *Et repulit tabernaculum Silo, tabernaculum suum, in quo habitavit inter homines.* Silo civitas erat ubi arca Domini fuisse legitur constituta: unde per sacerdotes supplicantes, Hebræi divina responsa capiebant, antequam templum esset Jerosolymis fabricatum. Hoc ergo *tabernaculum repulisse* dicit Dominum: *in quo inter homines habitare* dignatus est, sicut in alio propheta legitur: *Vide quid feci Silo, ubi erat tabernaculum meum* (Jer. vii, 12). Sed metuendum est nobis, ne offensus corporis nostri tabernacula deserat, quæ Spiritus sanctus, cum Dei munere bene nos tractamus, inhabitat, sicut dicit Apostolus: *Templum enim Dei sanctum est, quod estis vos* (I Cor. III, 17).

Vers. 65. *Et tradidit in captivitatem virtutem eorum, et pulchritudinem eorum in manus inimici.* Illud tempus memorat, quando ab Allophylis Hebræi victi sunt, et cædibus eorum direptionique patuerunt. Quapropter *virtutem* et *pulchritudinem* significat arcam testamenti, per quam sibi inter gentes videbantur invicti, et summa decoris laude præcipui.

Vers. 66. *Et conclusit in gladio populum suum, et hæreditatem suam sprevit.* Consequens fuit ut populus gladio caderet turpiter in ruinam, cui arcæ dignitas probabatur ablata. Ille enim quos spernit annihilat; nec quisquam potest subvenire, cui se probantur solatia divina subtrahere. *Sprevit* enim *hæreditatem suam*, quando populum, quem inter multas nationes elegerat, pro scelerum suorum immanitate projecit. Hæreditas quippe ab hero dicta est, quoniam eam jure legitimo Dominus noscitur possidere.

Vers. 67. *Juvenes eorum comedit ignis, et virgines eorum non sunt lamentatæ. Ignem* hic iram bellantium debemus advertere, quæ traditos sibi tanquam consumptrix flamma devoravit. Sequitur, *et virgines eorum non sunt lamentatæ.* Lamentari enim vacantis est. Nam cum omnes imminentia pericula formidarent, nulli licuit alterius funeri justa persolvere. Lamenta enim dicta sunt intra lares monumenta, sicut antiquis sepelire mos erat.

Vers. 68. *Sacerdotes eorum in gladio ceciderunt, et viduæ eorum non plorabantur.* In ipsa igitur captivitate filii Heli sacerdotis ab Allophylis gladio leguntur exstincti; quorum unius uxor vidua facta, post subitum partum morte præventa est. Ita contigit ut ejus vidua minime *ploraretur*, dum universos communis interitus occupasset. Nam talia in illo populo multis accidisse credenda sunt, quando pluralem numerum auctoritas sancta memoravit, quæ nihil noscitur referre superfluum.

Vers. 69. *Et excitatus est tanquam dormiens Dominus: tanquam potens crapulatus a vino.* Consuetudines istas hominum diximus propter res explanandas sæpe Domino contributas. Dicitur enim a persona dementium, qui ita putant quando periclitantibus non subvenit, quasi *vino esse crapulatum.* Sed ille tantum negligentibus atque infidelibus *dormit*, qui nulla psalmodia, nullis bonis operibus excitant Christum. Et jure ab ipsis redditur alienus, qui eum sibi quasi *dormire* dementer intelligunt. *Excitatur* etiam ad vindictam malis actibus provocatus, cujus patientia *dormisse* credebatur; quod magis hic agnoscimus sentiendum. *Excitaverunt* enim eum Allophyli, quando arcam testamenti ejus inter simulacra posuerunt. Et sequitur quæ illis tali facto provenerint. Discutiendum est autem quod dixerit, *tanquam potens*, quia tunc sunt homines ad iram faciles et ad virtutem potentes, quando post crapulam vini de somno surgere consueverunt. Denique beatus Hieronymus, inter alios veridicus interpres, pro *potente* fortis posuit.

Vers. 70. *Et percussit inimicos suos in posteriora; opprobrium sempiternum dedit illis.* Hoc in primo libro Regum legitur (*I Reg.* v, 6), quia pro sacratæ arcæ injuria Allophyli *in posteriora* percussi sunt, ut etiam vivi a soricibus exsecrabili sorte roderentur. Quod *opprobrium* eis permanet *sempiternum*, quia nullus alter taliter punitus est. Sic peccatores in posteriore vita percutit, quando eis sua debita non relinquit, et quasi a soricibus consumuntur, dum eos diaboli cohors inimica vallaverit.

Vers. 71. *Et repulit tabernaculum Joseph, et tribum Ephrem non elegit.*

Vers. 72. *Sed elegit tribum Juda, montem Sion quem dilexit.* Judicia Domini ipsorum quoque nominum astipulatione declarantur. *Joseph* significat augmentum, quod et in malo et in bono ponitur; sed modo in contrarium accipiendum est, quia constat esse repudiatum. *Ephrem* frugifer interpretatur sive ubertas; *Juda* confitens sive glorificans. Memoria quoque condendum est, quod per Hebræa nomina Scriptura sancta causas nobis sæpius declarat occultas. Quod genus locutionis sacrarum litterarum proprium esse non dubium est, quando tale aliquid mundanis litteris minime continetur. *Repulit* ergo *tabernaculum Joseph*, quia licet ipse fuisset justus, tamen ejus posteri qui ad semen carnis pertinuerunt, augmenta mundana et 271 provectum carnalem desiderasse noscuntur, *tribum* quoque *Ephrem non elegit*, quia in fruge sæculi hujus carnali ubertate præsumebant. *Tribum* autem *Juda* merito delegit, quæ et confessione fuit humilis, et conversatione laudabilis: unde nobis secundum carnem Dominus Salvator advenit. Sequitur, *montem Sion quem dilexit*. Ecclesiam catholicam significat, de qua in Canticis canticorum Dominus dicit: *Una est columba mea, una est dilecta mea* (*Cant.* VI, 8).

Vers. 73. *Et ædificavit sicut unicornium sanctificationem suam, in terra quam fundavit in sæcula.* Unicornium significat unam spem habentium in sanctissimam Trinitatem, ad quam fidelium sacratæ mentes humiliter eriguntur, et tanquam validissimo cornu fidei firmitate consistunt. Sequitur, *in terra quam fundavit in sæcula*. Quamvis in *sæculo* futuro Jerusalem prædestinata consistat; *in terra* tamen, id est in hominibus sanctis *sub æternitate* [*ed.*, spe æternitatis] probatur esse fundata, sicut in Evangelio Petro dictum est: *Tu es Petrus, et super hanc petram ædificabo Ecclesiam meam, et portæ inferi non prævalebunt adversus eam* (*Matth.* XVI, 18). Ecce quomodo *in terra sub æternitate* cognoscitur esse fundata. Nam et alibi de Ecclesia legitur: *Deus fundavit eam in æternum* (*Psal.* XLVII, 9).

Vers. 74. *Et elegit David servum suum, et sustulit eum de gregibus ovium: de post fetantes accepit eum.*

Vers. 75. *Pascere Jacob populum* [ms. A., *servum*] *suum, et Israel hæreditatem suam.* Aptissima nimis et decora introducta est narratio; ut quia dixerat, *elegit Judam*, nunc diceret, *David*, qui ab humanitate suscepta Christo Domino proximabat. Sed melius hoc de ipso suscipimus Domino Salvatore; nam in Evangelio cæci clamaverunt: *Fili David, miserere nobis* (*Matth.* xx, 30). Et quia confidenter verum dixerant, sub celeritate sanati sunt. Sequitur, *et sustulit eum de gregibus ovium; de post fetantes accepit eum*. Per istam similitudinem David filii Jesse (sicut et in aliis locis) Domini Salvatoris nobis sacramenta panduntur. Nam ille sublatus ab ovibus pervenit ad regnum: Dominus noster functus officio pastoris, sedet ad dexteram Patris, qui est vere *Rex regum et Dominus dominantium* (*Apocal.* XIX, 16). Nec vacat quod dixit, oves ejus fuisse fetosas. Domini enim grex spirituali gratia fecundus, filios noscitur habere copiosos; sicut in Canticis canticorum de Ecclesia legitur: *Dentes tui sicut grex tonsarum ascendens de lavacro, quæ omnes geminos creant, et sterilis non est in eis* (*Cant.* IV, 2). Addidit, *Pascere Jacob populum suum, et Israel hæreditatem suam.* Hoc jam manifestius advertimus dictum de Domino Salvatore, qui gregem suum solus valuit cœlesti pane satiare, et hæreditatem suam maxime a periculis animarum cunctis eripere. *Jacob* enim possumus intelligere populum Christianum, qui hic degit in terris. *Hæreditatem* vero *Israel*, futuram congregationem quæ Domini contemplatione pascenda est; quod ad temporalem regem omnimodis non potest pertinere.

Vers. 76. *Et pavit eos sine malitia cordis sui, et in sensu manuum suarum deduxit eos.* Absolute totum ad Dominum pertinet Salvatorem; solus enim fuit qui peccata non habuit. Dicendo enim, *sine malitia*, ostendit quia ita sint dicenda peccata. Illa enim puritas, illa sanctitas, illa e cœlo veniens Majestas, hoc probata est docuisse quod gessit, hoc gessit sine dubitatione quod docuit. *Pavit* enim præceptor egregius quos docere dignatus est, sicut ipse testatur: *Non in solo pane vivit homo, sed in omni verbo Dei* (*Matth.* IV, 4). *Sine malitia cordis*, sicut alibi dicit: *Nec est in ore ejus dolus* (*Isai.* LIII, 9). *Sensus* vero *manuum*, actualem significat sanctitatem, ad quam fideles suos, prout ipse tribuit, gloriosa imitatione perduxit. Sed nec istud David potest temporali regi ullatenus convenire; sed cum ad Dominum Christum referuntur, cuncta sibi decora parilitate consentiunt.

Conclusio psalmi.

In nonnullis psalmis solemus exquirere quid nos admoneat cœlestis auctoritas. Hic tale fecit initium, ut expositio magis quam principium psalmi esse videatur. Dixit enim parabolis se et propositionibus esse locuturum, ut unusquisque velociter cognosceret faciem psalmi, cum forma ipsius expressa fuerit dictionis. Quapropter sic pro suis delictis expulsos Hebræos, et intromissos asserit Christianos, ut utriusque legis intentionem quasi in unius faceret botri decore pendere. Amemus ergo prolixitatem ejus, in quo dum historia refertur, Novi Testamenti gratia declaratur: more abyssi fluctuantis, quæ tot lumina reddit quot tremores effecerit. Modo enim ibi claritas lampat, modo umbratilis imago circumvolat, et in eodem elemento videntur esse varia, cum nihil illic coloris accedat, nec recedat. Sic psalmi hujus admiranda diversitas et historiam narrat, et longe alia quæ spiritualiter sentiantur, insinuat. Cujus similitudinem centesimus quartus quoque psalmus subsequitur. Et sicut in David actibus declarantur Domini futura mysteria, ita et per miracula quæ Judæis concessa sunt, Christiani populi sacramenta panduntur.

EXPOSITIO IN PSALMUM LXXVIII.
Psalmus Asaph.

Sicut sæpe diximus hæc [*ed.*, hic] significatio nominis ad actus illos pertinet qui ad mandata Domini gratiamque referuntur. Asaph vero significat Synagogam, quæ tamen catholicæ convenire possit Ecclesiæ. Neque enim Christianis alieni credendi sunt, qui gratiæ dominicæ claritate fulserunt. Adde prophetas, patriarchas et populum illum jam Christo devotum ante tempora Christiana. Est ergo et iste psalmus totus in lamentatione positus, sicut et septuagesimus tertius, qui futura tempora velut præterita deplorat, et propter duritiam cordis sui genti graviter affligendæ, pietatis studio precatur Christum Dominum subvenire.

Divisio psalmi.

Priusquam de divisione dicamus, oportet gestarum rerum breviter insinuare notitiam, ut dum causa præmittitur, textus psalmi intelligibilius audiatur. Machabæorum nobis primus liber insinuat Antiochum regem cum 272 Jerosolymam venisset, hostiliter civitate opibus enudata, in templo Dei idola posuisse, Hebræosque dum diis suis sacrificare cogeret, multos martyres effecisse. Quapropter *Asaph* (quem diximus personam gestare fidelium populorum) per totum loquitur psalmum. In prima parte dinumerans quanta temporibus prædicti regis Antiochi pertulerit Jerusalem populusque Judæorum. Secunda parte Dominum rogat ut supra potentes inimicos iram suæ indignationis effundat, et peccatis servorum suorum dignetur esse propitius. Tertio prophetiæ spiritu postulat vindicari non peremptionis voto, sed correctionis studio.

Expositio psalmi.

Vers. 1. *Deus, venerunt gentes in hæreditatem tuam.* Quamvis longis ante temporibus David fuerit, quam rex existeret Antiochus, omnia tamen more suo quasi transacta refert, quæ Spiritu sancto repletus prævidebat esse ventura. Hinc est quod Asaph deflens subito clamabat ad Dominum: *Venerunt gentes*, tanquam jam muros erumperent, et formidata captivitas introiret. *Gens* enim dicta est, quod uno sit genere procreata. In *hæreditatem*, Jerusalem significat, ubi erat *hæreditas* Dei in sanctis hominibus constituta: qualis fuit Matathias, Eleazar, septem fratres cum sancta matre; quales fuerunt mille, qui, ne sabbatum violarent, omnes se passi sunt ab hostibus quietis manibus interire; et cæteri quos notitia minime comprehendit. Addidit, *tuam*, ut excitaret judicis animum contra adversarios truculentos: dicens eos *venisse* ad læsionem rei, quæ ad judicem pertinebat. Hæc oratores latius copioseque dixerunt, cum adversariis suis odium facere invidiamque niterentur.

Vers. 2. *Coinquinaverunt templum sanctum tuum, posuerunt Jerusalem velut pomorum custodiarium.* Aptissime sancto viro sacrati templi prius occurrit injuria: ut hoc inter initia defleret, quod ad divinam noverat contumeliam pertinere. *Coinquinaverunt*, dixit, polluerunt: quoniam illo tempore non est eversum sanctuarium Domini, sed impiæ gentes in sanctissimis locis simulacra nefanda præsumptione posuerunt; ut ubi colebatur verus Deus, ibi immundus adoraretur spiritus. Sic enim de Antiocho in Machabæorum libro legitur: *Jussit coinquinari sancta, et sanctum populum Israel; jussit ædificari aras et templa et idola, ut immolarent carnes suillas* (*1 Mach.* 1, 49, 50), etc. Sequitur dolenda nimis et injuriosa comparatio: *Posuerunt Jerusalem velut pomorum custodiarium.* Quod schema dicitur parabole, quando res sibi genere dissimiles comparantur. *Custodiaria* siquidem *pomorum* dicuntur tuguria, quæ sibi hortorum cultores ad depellendam solis injuriam, et ad custodiendas forum improbas manus frondibus liscisque [*ed.*, foliisque] communiunt; quæ mox ut pomorum tempus abscesserit, tanquam inutilia derelinquunt. Quapropter gentes quæ Jerosolymam vastaverunt, illam templi pulchritudinem singularem sic contemptibilem putaverunt tanquam casellulam pomorum, quæ vilis atque despecta transacta æstate deseritur. Unde et Isaias dicit: *Relinquetur filia Sion velut umbraculum in vinea, et sicut tugurium in cucumerario* (*Isai.* 1, 8).

Vers. 3. *Posuerunt mortalia servorum tuorum escas volatilibus cœli, carnes sanctorum tuorum bestiis terræ.* Postquam de divini templi conquestus est injuria, venit ad hominum neces; ut eos post sacrilegii culpas, homicidii reatus argueret. His tamen aliquid majus adjicitur, ut crudeli immanitate trucidatos, feris etiam abjicerent insepultos. Contemptus siquidem corporum mortuorum non ad parvam refertur invidiam [*ms. A.*, injuriam]; nam si sepelire est pietatis officium, *volatilibus cœli* abjicere, magnæ crudelitatis constat exemplum. Dicendo autem, *servorum tuorum*, martyres significat, qui in illa captivitate copiosa persecutione floruerunt, sicut in libro ipso legitur: *Multi de populo Israel obtinuerunt, et confortati sunt in eis, ut non manducarent immunda; et elegerunt mori magis quam cibis a Domino vetitis coinquinari* (*1 Mach.* 1, 65). Sequitur, *carnes sanctorum tuorum bestiis terræ.* Una res duplici varietate describitur, ut diversitas crudelis facti auditum possit judicis exaggerare piissimi. Non enim suffecerat mortuos volatilibus tradere, nisi et feras permitterent eorum corpora laniare.

Vers. 4. *Effuderunt sanguinem eorum sicut aquam in circuitu Jerusalem, et non erat qui sepeliret.* Adhuc in ipsa exaggeratione remoratur : ne cito transiret ab animo, quod atroci commissum videbatur exemplo. Dicendo enim, *sicut aquam*, crudelibus factis auget invidiam, ut ita sibi crederent humanum sanguinem effundere licuisse, quemadmodum solet aqua sine alicujus culpa decurrere. Nam quod addidit, *in circuitu Jerusalem, et non erat qui sepeliret*, nefandissimam copiam sceleratæ cædis ostendit, ut non solum intra urbem, verum etiam circa muros civitatis tantum provenisset exitium ; quatenus devotionem sepulturæ nullus implere valuisset, dum par conditio cunctos involveret ; sicut in anteriore psalmo dicit : *Juvenes eorum comedit ignis, et virgines eorum non sunt lamentatæ* (*Psal.* LXXVII, 63).

Vers. 5. *Facti sumus opprobrium vicinis nostris, derisui et contemptui his qui in circuitu nostro sunt.* Gloriam illam Jerosolymorum toto orbe mirabilem usque ad *opprobrium* dicit venisse *vicinorum*, ut quanta prius nobilitate resplenduit, tanta postea abominatione sorderet ; sicut et Jeremias in Lamentationibus ait : *Quomodo sedet sola civitas quæ abundabat populis, facta est ut vidua quæ multiplicata erat in nationibus : princeps in regionibus facta est in tributo* (*Thren.* 1, 1). Et paulo post : *Hæc est civitas quæ dicebatur corona gloriæ, jucunditas universæ terræ* (*Ibid.* II, 15). Sequitur *derisui, et contemptui his qui in circuitu nostro sunt*. Eadem repetita diversitate congeminat, ut illud quod dixerat *opprobrium*, clarius monstraretur. Dicit enim Hebræos fuisse *derisui*, qui prius fuerant Domini devotione reverendi. *Contemptui* vero tunc sunt habiti, quando eos captivitati traditos videbant, quibus pridem tot regna cessisse cognoverant. Nec vacat quod additum est, *qui in circuitu nostro sunt* : quia semper graviora sunt opprobria quæ vicinitas novit, dum assidua reputatione suscipitur, quod longinquitatis beneficio minime sustinetur. Sic totus iste textus a principio crescens, schema istud nobilissimum facit quod vocatur auxesis, Latine vero nuncupatur augmentum. Ubi sunt oratores qui ad artem verisimilem veritatis officia transtulerunt? **273** Ecce quibus argumentis agit simplicitas ingeniosa, non malitiosa calliditas.

Vers. 6. *Usquequo, Domine, irasceris in finem ; accendetur velut ignis zelus tuus?* Venit ad secundam partem, in qua pium judicem rogat ne usque ad finem irascatur genti Judaicæ, quando se venturum prophetarum sacris prædicationibus indicavit. Sancti enim viri quamvis mala paterentur, sciebant se a Domino minime deserendos ; sicut alius psalmus dicit : *Castigans castigavit me Dominus*, *et morti non tradidit me* (*Psal.* CXVII, 18). Prophetiæ quoque spiritu denuntiari fieri quæ prævidebat esse ventura. Tempore siquidem ipsius captivitatis Mathathias unus Hebræorum zelo paternæ traditionis incensus (*I Mach.* II, 23), quia videbat ad idolorum culturam civicum populum trahi, collegit reliquos fideles, atque in exercitum regis Antiochi cum filiis suis tanta indignatione prosilivit, ut se et a jugo servitutis exueret, et imperata sacrificia gloriosissime respuisset ; intantum ut quemdam Judæum idolis immolantem supra ipsas aras amore sanctæ devotionis exstingueret.

Vers. 7. *Effunde iram tuam in gentes quæ te non cognoverunt, et in regna quæ nomen tuum non invocaverunt.* Postquam narravit Hebraicæ gentis gravissimas calamitates, nunc petit a justo judice ut vastatores eorum afflictiones sustineant, qui nomen ejus omnimodis nesciebant. *Effunde iram tuam*, dicit, id est, supra adversarios indignationem tuam abundanter emitte ; ut sicut nos illi comprimunt, ita tuis virtutibus obruantur. Sciebat enim humanam victoriam tandiu posse prævalere, quandiu divina potentia permisisset. Et cum dicit, *quæ te non cognoverunt*, culpas mitigat Judæorum : quoniam etsi multi deliquerant, erant tamen inter eos qui dominicis jussionibus serviebant. Istos enim dicit merito persequendos qui nomen Domini omnimodis ignorabant. Sic culpa quæ excusari non potest, superioris criminis collatione levigatur. Nec vacat quod ante dixit, *in gentes*, postea *in regna* ; prius enim populis imprecatus est, deinde ipsis regis quæ talia fieri crudeliter imperabant.

Vers. 8. *Quia comederunt Jacob, et locum ejus desolaverunt.* Pro gente quæ peccaverat, gratissimi patriarchæ nomen objectum est ; ut recordatio sanctissimi viri populi delicta mitigaret. Quæ figura dicitur anteprosopon, (quando pro homine ingrato ponitur persona gratissima. Dicendo enim, *comederunt*, significat comedi fecerunt. Sævitiam impiæ gentis ostendit, dum cadavera mortuorum ferarum comestionibus exponebant. Sive *comedi* significat eos qui, lege Domini derelicta, impia superstitione glutiti sunt. Sequitur, *et locum ejus desolaverunt*. Eversionem et solitudinem deplorat pulcherrimæ civitatis, quando impia dominatione, persuasione gentilium civium suorum habitatione nudata est.

Vers. 9. *Ne memineris iniquitates nostras antiquas, cito nos anticipet misericordia tua, quia pauperes facti sumus nimis.* Confessione delictorum propitium sibi judicem reddit, ut qui se per justitiam vindicare non poterat, per supplicationes necessarias expiaret. Sed cum sciret *Asaph* Antiochi regis tempore nonnullos Judæorum esse seducendos, ut Domini cultura derelicta, nefanda idola sequerentur, non poterat pro antiquis tantum rogare culpis, quos sciebat futuris quoque temporibus ingentia scelera perpetrare. Sed hic, *antiquos*, similes antiquis culpis æstimo debere sentire, quibus per innumeros annos nefanda mundi pravitate peccatum est ; sicut et alius psalmus dicit : *Ecce veteres posuisti dies meos* (*Psal.* XXXVIII, 6). Sequitur, *cito nos anticipet misericordia tua*. Qui timet judicium Domini *anticipari* se ejus *misericordia* recte desiderat, quia nisi indulgentia prævenerit peccatorem, in judicio non absolvet errantem. Addidit, *quia pauperes facti sumus nimis*. Paupertas est enim in nobis exiguitas bonorum operum, et non habemus quod possimus offerre justitiæ, si nos incipiat vigor æquitatis inquirere. Super hoc ponit et, *nimis :* ne quis se putaret de probitate actuum suorum debere præsumere, **cum** se bonis meritis *nimis pauperem* esse cognosceret.]

Vers. 10. *Adjuva nos, Deus salutaris noster, propter honorem nominis tui.* Cum dicit, *Adjuva nos,* significat forsitan illud certamen quod Mathathias assumpturus erat ut Hebræos a superstitionum clade liberaret; ut causa humanis viribus desperata Domini virtute juvaretur. Et bene infirmitatem suam intellexit, qui Salvatorem medicum totis viribus invocavit; quatenus erepti Judæi honorem ejus nomini reddere potuissent. Utiliter autem se *adjuvandum propter honorem* Domini dicit, non propter aliquod meritum suum.

Vers. 11. *Domine, libera nos, et propitius esto peccatis nostris propter nomen tuum.* Qui de propriis viribus desperat, necessarie ad auxilium omnipotentis judicis currit, ut quod actibus propriis conferri non potest, pietate sancti nominis tribuatur. Ideo enim Salvator dicitur, quia in se sperantes salvat, et imminentes peccatorum pœnas commutat in præmia.

Vers. 12. *Nequando dicant gentes : Ubi est Deus eorum? et innotescat in nationibus coram oculis nostris.* Reddit causam cur petiverit plebem Domini debere liberari, scilicet ne illud usitatum dicatur a perfidis : *Ubi est Deus eorum?* Nam quamvis fideles diversa flagella patiantur, istud tamen ab eis non potest ferri, quando creaturarum omnium insultatur auctori. Dicendo enim, *Ubi est?* putatur aut præsens non esse, aut non posse defendere. Et respice quam necessarie inter calamitates suas illud opprobrium commemorat, quod ad divinam pertinebat contumeliam. Sequitur, *et innotescat in nationibus coram oculis nostris.* Hic est subaudiendum, vindicta, quam solet Dominus de perfidis facere, quando eos cogit desideria prava damnare. Cum dicit, *coram oculis nostris*, celeritatem postulat ultionis; ut videat fieri quod aliquando noverat posse concedi.

Vers. 13. *Vindica sanguinem servorum tuorum, qui effusus est.* Tertiam partem quæ restabat exsequitur, ut *vindicet sanguinem* fidelium, qui pro ejus nomine martyria pertulerunt. Vindicatio est enim per quam vis et injuria justa retributione defenditur. Sed hic illud videtur optari, quod ad conversionem respicit inimici. Nam cum hic in eis temporaliter vindicatur, interitum æternæ damnationis evadunt; sic enim in Apocalypsi legimus (*Apoc.* vi, 10) : Sub ara Dei martyrum animas postulare ut divino judicio vindicentur. Quæ **274** vindicta accipienda est ad modum quem diximus, **quia** beati viri crudeliter se non expetunt vindicari, cum acceperint monita : *Orate pro inimicis vestris, benefacite his qui oderunt vos* (*Matth.* v, 44), et his similia. Ad postremum ipse Dominus præceptorum suorum potentissimus exsecutor in cruce positus ait : *Pater, ignosce illis, quia nesciunt quid faciunt* (*Luc.* xxiii, 34).

Vers. 14. *Intret in conspectu tuo gemitus compeditorum; secundum magnitudinem brachii tui posside filios morte punitorum* [ms. A., *mortificatorum*]. De illis dicit quos pro nomine Domini vinxerat irreligiosa gentilitas, qui crebris gemitibus omnipotenti Domino supplicabant ut ejus Ecclesia in fratribus non deficeret, etiamsi ipsos imminens pœna consumeret. Sancti enim viri talia semper petunt, quæ ad fidei augmenta proficiunt. Sequitur, *secundum magnitudinem brachii tui posside filios morte punitorum.* Nimis pia suboritur et affectuosa precatio, ne *filios* eorum Dominus a sua possessione projiciat, qui pro ejus religione *morte puniti* sunt. Innumera enim tunc ibi turba martyrum fuit, quorum posteri Dominum desiderant possidere, ne aliquo errore vitientur. Ille siquidem quando nos possidet, diabolica in nobis jura non prævalent.

Vers. 15. *Redde vicinis nostris septuplum in sinu eorum : improperium ipsorum, quod exprobraverunt tibi, Domine.* Tale est *Redde* quale quod superius dixit, *Vindica;* quod etsi afflictionem tribuit corporum, salutem tamen efficit animarum. *Vicinos,* finitimos dicit, de quibus superius ait : *Facti sumus opprobrium vicinis nostris. Septuplum* perfectionem significat muneris cœlestis, quod accipimus quando Spiritus sancti illuminatione complemur, de quo et alio loco dictum est : *Argentum igne examinatum, terræ purgatum septuplum* (*Psal.* xi, 7). Quod ad conversionem ipsorum non est dubium pertinere, quando sic recipiunt, ut in bonis partibus commutentur. *In sinu eorum,* utique in animarum secreto debemus accipere, ubi semper fit gloriosa conversio. Sequitur, *improperium ipsorum, quod exprobraverunt tibi, Domine.* Fecerunt injurias, dicant laudes; fuerunt increduli, sint devoti; exstiterunt superbi, fiant humiles. Tunc enim Dominus gloriose vindicatus agnoscitur, quando maledicorum ore laudatur.

Vers. 16. *Nos autem populus tuus et oves gregis tui, confitebimur tibi in sæculum.* De illis (sicut arbitror) dicit reliquis qui Mathathiæ studio congregati, legem Domini custodire meruerunt. Istæ revera sunt *oves* Domini, quæ ejus gloriam confitentes in fidei firmitate manserunt. Potest autem hoc et generaliter accipi, ut ibi mixtus videatur et populus Christianus : quoniam (sicut sæpe dictum est) ex duobus populis congregatio facta est una sanctorum. Intuendum autem est lamentationem suam qua suavitate conclu-serit, ut Domini dicat esse *gregem,* pro quo devotissimus supplicabat, ne diutius irasceretur eis, quos suos esse meminerat.

Et in sæculum sæculi narrabimus laudem tuam. Hic illam tangit futuri sæculi beatissimam psalmodiam, quam chorus sanctorum sine cessatione dicturus est; non ut alios instruat, quia ibi nullus erit indoctus; sed ut honorem debitum reddentes, præconiorum ipsorum suavitate pascantur.

Conclusio psalmi.

Secundus iste jam psalmus est qui honorabilem Jerusalem pia lamentatione deflevit. Sed sciendum quod septuagesimus tertius captivitatem continet quam pertulit sub Romanis : iste vero Antiochi regis deflet sacrilegam et crudelissimam vastitatem. Considerandum quoque et alta mente condendum est quod charitatis studio commonemur Ecclesiæ Dei bonis lætari, et iterum calamitatibus ejus vehementer affligi. Legitur enim : Felices qui gaudent in pace tua, et felices omnes qui contristabuntur in omnibus flagellis tuis ! Quapropter convenit ut quod unicuique fidelium provenerit, ad nostros dolores proximitatis studio transferamus, sicut Apostolus dicit : *Si quid patitur unum membrum, compatiuntur omnia membra; sive glorificatur unum membrum, congaudent omnia membra (I Cor.* XII, 26). Hinc enim charitas illa præcelsa conquiritur, hinc prædicata unitas invenitur. Et si causam boni istius altius perscruteris, hinc et illa cœlestis affectio gignitur, quæ Domini Ecclesiam locupletare monstratur.

EXPOSITIO IN PSALMUM LXXIX.

In finem, pro his qui immutabuntur, testimonium Asaph, psalmus.

Doctis viris et in auditorio Christi salutariter eruditis si quis usitata repetere conetur, offendit. Nam cum omnia tituli istius verba jam nota sint, restat ut hoc quod noviter dixit *testimonium Asaph* perquirere debeamus. Iste *Asaph* ante trepidus, ante sollicitus, qui pro Synagogæ peccatis visus est psalmis prioribus exorare, tanta nunc præsumptione completur, ut jam commutatis in melius testimonium conversionis præbere videatur. Dicit enim de primo adventu Domini Salvatoris, qui hominem deterioratum lege peccati, ad sanctæ conversationis dona perduxit, translatamque vineam de Ægypto potentiæ suæ radice solidavit. Hoc est quod dicit *testimonium pro his qui immutabuntur.* Cantatur ergo hymnus iste de adventu viri agricultoris, et vinea Domini, ut jam non obscuris, sed manifestis precibus ejus postuletur adventus. Qui psalmus ejusdem rei secundus esse dignoscitur.

Divisio psalmi.

Asaph iste quem titulus præcinuit commutatum, in prima sectione Domini deprecatur adventum. Secunda testatur quemadmodum vinea, quæ est Ecclesia, toto orbe sit dilatata. Tertio loco incarnationis ejus beneficio per similitudinem vineæ visitari deprecatur Ecclesiam, seque Domino postulat adhærere.

Expositio psalmi.

Vers. 1. *Qui regis Israel, intende; qui deducis velut oves* [ms. A., *ovem*] *Joseph; qui sedes super cherubim, appare.* Per secundam speciem definitionis quæ Græce ennoematice **275** dicitur, Latine notio nuncupatur, magno desiderio venire Christus Dominus postulatur; ut per id quod facit, planissime indicatus esse videatur. Nam ista species definitionis non per substantiam, sed per actus suos unamquamque personam indicare cognoscitur. Recte igitur dicitur Regi cœli et terræ : *Qui regis Israel,* cujus arbitrio et creata sunt et administrantur universa. Sed quamvis omnia in ejus potestate sint posita, illa tamen regere dicitur, quæ se tractare cœlesti conversatione noverunt.

Ideo enim subjunctum est *Israel,* quia ipsos propitius regit qui eum puro corde respiciunt. *Israel* enim interpretatur (sicut sæpe dictum est) vir mente videns Deum. *Intende;* ac si diceret : Supra nos lumen tuæ pietatis infunde, ut qui per nos sumus tenebrosi, aspectus tui reddamur claritate conspicui. Sequitur, *qui deducis velut oves Joseph. Joseph* fidelem populum debemus advertere, qui sic in caulas Domini deducitur, quasi oves ad pascua congregantur. Nam et ipsum nomen *Joseph* significat sine opprobrio, quod devoto populo certum est convenire. Et nota propria verba singulis data fuisse personis. *Regitur qui Israel* est; *deducitur qui Joseph* est. Addidit, *qui sedes super cherubim, appare.* Cherubim, plenitudo scientiæ interpretatur, in qua Christum Dominum insidere manifestum est. Sed quoniam adhuc in secreto suæ majestatis erat, rogat ut beneficio sanctæ incarnationis *appareat;* quatenus fideles suos firmissima credulitate consolidet. Et vide quia trina invocatione versus iste contextus est, ut omnia cooperari sanctam significet Trinitatem.

Vers. 2. *Coram Ephrem, et Benjamin, et Manasse. Excita potentiam tuam et veni, ut salvos facias nos.* Ista nomina constat esse gentis Hebraicæ, ante quos ut appareat, spirituali virtute deprecatur; hoc est, ut (sicut promissus fuerat per prophetas) ex Judæorum gente nascatur. Sed quoniam non incassum hæc nomina more Scripturæ divinæ videntur aptata, interpretationes eorum studiosissime requiramus. *Ephrem* interpretatur fructificatio; *Benjamin,* filius dexteræ; *Manasses,* oblitus. Has virtutes inesse constat Domino Salvatori; fructificavit enim quando ad tempus corpore trucidato, ad perpetua cœlorum regna surrexit. Filius dexteræ, id est Filius omnipotentis Patris. Oblitus, illud indicat quando injuriarum suarum oblitus, in cruce positus pro Judaico populo supplicavit. Orabat ergo ut in his virtutibus veniret, quas eum facturum esse nullatenus ambigeret. Sequitur, *excita potentiam tuam et veni, ut salvos facias nos.* Quantam nobis utilitatem per incarnationem Domini noverat esse tribuendam, tanto studiose deprecatur ut *excitet potentiam suam, et veniat* ad peccata humani generis abluenda. Quod enim desiderium, quæ preces, quæ vota sufficiant illud expetere, quod mundum possit a sua impietate salvare ?

Vers. 3. *Deus virtutum, converte nos, et ostende faciem tuam, et salvi erimus.* Quoniam credebat in se mirabilia facienda, juste *Deum* invocavit *virtutum,* qui solus prævalet de incredulitatis morte liberare. Et quia se noverat esse distortum, *converti* se magnopere postulavit. Hoc enim cui conveniat facere, nisi virtutum Domino, qui solus potens est quæ vult universa complere ? Post conversionis autem beneficium, apte sequitur, *ostende faciem tuam;* quia solet Divinitas homines jam converso corde respicere. Quod enim addidit, *et salvi erimus,* evidenter significat Dominum Salvatorem, cujus revera sumus incarnatione salvati.

Vers. 4. *Domine Deus virtutum, quousque irasceris*

in orationem servi tui? Hoc de illo tempore sentiendum est quo *Asaph* venire Dominum postulabat. Et quia pro dispensatione divina erat aliquatenus differendum, dicit : *Quousque irasceris in orationem servi tui,* ut non illa jam provenire facias, quæ promisisse cognosceris? Et intuere pietatem ac desiderium supplicantis. *Iratum* sibi Dominum credebat, quoniam humano generi subvenire tardabat.

Vers. 5. *Cibabis nos pane lacrymarum, et potum dabis nobis in lacrymis in mensura?* Postquam se differri posse præsenserat, enumerat mala quæ passurus erat populus Hebræorum. Dicit enim, *Cibabis nos pane lacrymarum,* significans eos sub afflictione victuros. *Panis* enim *lacrymarum* vita est plena doloribus; sed tamen in ea Domini miseratione *cibamur,* quando cladibus ærumnisque non exstinguimur, sed potius erudimur. Sequitur, *et potum dabis nobis in lacrymis.* Prius dixit *panem;* nunc dicit et *potum*. Ista enim duo sunt quibus vivit omnis humanitas, ut panem pro qualibet esca ponas, *potum* pro omni potione. Nam quod tempus a lacrymis esse poterat vacuum, quibus et ipsa refectio videbatur esse ploratio? *In mensura,* in distributo modulo dicit, sicut ait Apostolus : *Fidelis Deus, qui non patietur vos tentari supra id quod potestis, sed faciet cum tentatione etiam proventum vestrum, ut possitis sustinere* (*I Cor.* x, 13).

Vers. 6. *Posuisti nos in contradictionem vicinis nostris, et inimici nostri deriserunt nos.* Contradictio illa gentilis cogitanda est, quæ adversum prædicatores Christi pravis contentionibus erigebatur, credentes illa se posse defendere, quæ in templis suis videbatur adorare gentilitas. Sive magis illud tempus commemorare videtur, quod in superioribus dixit : quia sub rege Antiocho dum aliqui Judæi sacrificarent idolis, contradicebant his qui legem Domini custodire videbantur. Et ideo *vicinos,* parentes debemus advertere, qui eis proximitate generis adhærebant. Sequitur, *et inimici nostri deriserunt nos*. Merito inimici deridebant, inter quos tam nefarium videbant esse certamen, ut pars eorum in pristina religione constaret, pars autem idolis coacta serviret.

Vers. 7. *Domine Deus virtutum, converte nos, et ostende faciem tuam, et salvi erimus*. Repetitur versus quem jam superius ante hos tres posuisse monstratur : quia desiderantis mos est frequenter repetere quæ magnis precibus postulat advenire. Ipsa est ergo facies, id est præsentia Christi, per quam *salvi facti sumus,* per quam laqueos mortis evasimus : ipsa denique quæ et indignis et confitentibus cœlorum regna largitur.

Vers. 8. *Vineam ex Ægypto transtulisti; ejecisti gentes, et plantasti eam.* Venit ad secundam sectionem, in qua per mysticas figurationes, quæ fuerunt gesta commemorat. Quod schema dicitur metabole, unius rei frequens iteratio sub varietate verborum. Per hos enim sex versus 276 usque ad tertiam divisionem, vinea ista describitur. Vineam enim dicit Hebræorum gentem, quam positam in typo constat Ecclesiæ, unde fidelium nata est congregatio populorum. *Vinea* quippe a vitibus dicta est. Hanc *ex Ægypto* deduxit magnis notisque miraculis, et expulsis gentibus, id est, Amorrhæis, Gethæis, Jebusæis, cæterisque aliis finitimis eorum, tanquam mirabilis plantavit agricola. Hoc est *testimonium* redditum de immutatis Hebræis, quod continetur in titulo. *Vinea* siquidem Ecclesiæ et hic pulcherrime comparatur : quoniam sicut illa inter folia caduca necessarios infert fructus, sic et ista inter turbas umbratiles peccantium ornatur fruge sanctorum, qui sæculi hujus afflictione tanquam torcularibus pressi, saporem norunt emanare dulcissimum. Sive quia fossa plus proficit, et putata multiplicatur, quod soli merito datur Ecclesiæ, quæ solet passionis falce crescere, et persecutionum plagis in sancto populo semper augeri. Sed hæc *vinea* quemadmodum per universum mundum dilatata sit, subter edicitur.

Vers. 9. *Viam fecisti in conspectu ejus, et plantasti radices ejus, et repleta est terra.* Isti vineæ fructuosæ, quæ mundi spatia comprehendit, *viam fecit* Dominus, dum ejus conspectibus apparere dignatus est. Ipsa enim proficiendi fuit causa, ut suum videret agricolam, et ab eo imbrem prædicationis acciperet, quatenus fructus suavissimos procrearet. Sequitur, *et plantasti radices ejus, et repleta est terra. Radices ejus* sunt prophetæ cœlestis Regis operatione plantati : ex quibus illa felices palmites tendens, universum mundum quasi amœnis fidei umbraculis occupavit.

Vers. 10. *Operuit montes umbra ejus, et arbusta ejus cedros Dei*. Latitudo et altitudo istius vineæ decenter exponitur. Illos enim novit operire quos nutrit, quoniam *ejus umbra* fructificat, et amplius facit crescere, quæ magis tegere comprobatur. Sed qualis est ista vinea quæ *montes operit?* Utique superna, quoniam quælibet altitudo terrarum cuncta sub cœlo est. Sequitur, *et arbusta ejus cedros Dei*. Quia *cedros* dicit, bene *arbusta* posuit ; vites enim quando in arbores ascendunt, *arbusta* nominantur. Sed quamvis in trigesimo psalmo *cedros* pro superbia designanda positas dixerimus, tamen quoniam hic est additum *Dei,* martyres debemus advertere, qui in Ecclesia Christi in altissima sunt cacumina constituti. Et hos Ecclesia protegit, quoniam in ejus esse gremio comprobantur.

Vers. 11. *Extendisti palmites ejus usque ad mare, et usque ad flumen propagines ejus. Palmites* significant discipulos Domini, quibus ipse in Evangelio dicit : *Ego sum vitis vera, et vos palmites* (*Joan.* xv, 5). *Mare,* cunctarum gentium vult intelligi sanctissimam credulitatem. *Extendisti* enim dicit, quoniam ab Jerosolymis hæc vinea per apostolorum prædicationes in cunctas mundi partes extensa est. Accipere enim non possumus localem, de qua jam dictum est : *Plantasti radices ejus, et repleta est terra. Propagines* autem *ejus* filios regenerationis dicit, qui a flumine Jordane emanaverunt, ubi Dominus in exemplum nostræ salutis baptizari dignatus est.

Vers. 12. *Utquid deposuisti* [mss. A., F., *destruxisti*] *maceriam ejus, et vindemiant eam omnes qui transeunt viam?* Istius vineæ quæ a Judaico populo ducit originem, miratur cur fuerit eversa munitio, hoc est, Domini subtracta defensio. *Maceria* est enim de solis lapidibus constructa custodia, quæ solet vineas defensabiliter circuire. Et merito tali verbo in superiori translatione permansit. Sequitur, *et vindemiant eam omnes*. Hic *vindemiant*, in malo positum debemus accipere, sicut et Jeremias dicit : *Vide, Domine, et considera quia vindemiasti nos. Sacerdos et propheta de sanctuario tuo defecerunt* (*Thren.* II, 20). *Vindemiant* ergo dicit, diripiunt atque conculcant; quod a transeuntibus fieri solet, qui prædandi studio labores auferre nituntur alienos. Vindemia dicitur, quando uva viti demitur; quod etiam isti vineæ Deus per Isaiam prophetam minatur : *Destruam maceriam ejus, et erit in direptionem, et destruam parietem ejus, et erit in conculcationem* (*Isai.* V, 5). Addidit, *qui transeunt viam*. Gentes significat, quæ *viam*, id est Christum Dominum *transeuntes*, in idolorum sacrificiis jugiter permanebant.

Vers. 13. *Exterminavit eam aper de silva, et singularis ferus depastus est eam*. *Exterminavit,* extra terminos atque patriam suam ubique dispersit, quod in gente contigit Judæorum; hoc est quod superius ait, *vindemiant eam*. *Aprum,* Vespasianum forsitan debemus accipere, qui illis exstitit et fortis et sævus. Per hoc autem nomen significatur Judæis fuisse contrarium, qui hoc animal inter cætera habere videbantur immundum. *De silva,* scilicet de gentibus, quæ merito *silvis* squalidis comparantur, quæ adhuc insitæ de fructuoso germine non fuerunt. *Aper* enim dictus est ab eo quod in locis asperis commoretur. *Singularem autem ferum,* Titum ejus filium memorat, qui reliquias belli tanta populatione contrivit, ut gentem et civitatem quasi herbarum pabula terribili depastione consumeret. Necesse enim fuit hoc vineæ contingere, cujus maceria videbatur esse deposita. Spiritualiter autem *aper* propter ferocitatem et fortitudinem nimiam diabolus intelligi potest. *De silva* autem dixit, quia cogitationes ejus agrestes aviæque semper existunt. Et nota quod his sex versibus qui prædicti sunt, vinea ista describitur per quartam speciem definitionis, quæ Græce hypographice, Latine descriptionalis appellatur. Hæc, adhibita circuitione dictorum factorumque, rem de qua quæritur competenti significatione declarat.

Vers. 14. *Deus virtutum, convertere; respice de cœlo et vide, et visita vineam istam*.

Vers. 15. *Et perfice eam, quam plantavit dextera tua; et super filium hominis, quem confirmasti tibi*. Relatis omnibus quæ superius contigerunt, *Asaph* venit ad tertiam sectionem, in qua rogat ut omnipotens agricola *visitet vineam* dissipatam quam *plantare* dignatus est, *et respiciat super filium hominis, quem confirmavit* sibi. Commutatus quippe in melius, hoc singulare remedium rebus omnibus expetebat, ut Christo Domino supplicaret. Cum dicit : *Deus virtutum convertere*, petit eum ut supplices suos serenus aspiceret, et periclitantibus subveniret. Sequitur, *respice de*

cœlo et vide; 277 scilicet quibus fluctibus laboret humanitas, quibus peccatis ad inferna rapiatur, et delectetur vitiis, unde eam perpetua morte constat exstingui. Cum autem dicit : *Visita vineam istam, et dirige eam quam plantavit dextera tua,* adventum sanctæ incarnationis expostulat, ut præsente cultore suo vinea plantata proficiat, sine quo nec fructus inferre poterat, nec proficuam habere culturam. Addidit, *et super filium hominis, quem confirmasti tibi*. Omnino declaratum est quod superius dixit, *visita*. Filius quippe *hominis* Christus est Dominus ex Maria Virgine genitus, a Patre natus ante omnia sæcula. Qui utique confirmatus est, quando de ipso veritas paternæ vocis insonuit, dicens : *Hic est Filius meus dilectus, in quo mihi bene complacui; ipsum audite* (*Matth.* III, 17).

Vers. 16. *Incensa igni et effossa manu ab increpatione vultus tui peribunt*. *Incensa igni et effossa manu,* humana vitia significata debemus advertere. Incenditur quippe aliquis igne cupiditatis, sive calore superbiæ, quando crimina nefanda commiserit. *Effossa* vero *manu* sunt, cum per operationem sceleratam aliis præparamus insidias, et decipere volumus nescientes, dum nos in ipsam magis foveam corruamus. Hæc ergo peccata, *ab increpatione vultus* Domini *peribunt,* quando illis dicendum est : *Ite in ignem æternum, qui paratus est diabolo et angelis ejus* (*Matth.* XXV, 14). Non enim ulterius visuri sunt, quem propter sua scelera perdiderunt.

Vers. 17. *Fiat manus tua super virum dexteræ tuæ, et super filium hominis quem confirmasti tibi*. Grande sacramentum, grande munus Divinitatis exponitur : quia tandiu forsitan dubitari potuit, quod Israel salvus fieret, donec salutaris Dominus adveniret. Illo enim veniente promissio tota completa est, nec ulterius ab ipso discedit Ecclesia, quæ Sponsi sui spirituali dilectione conjuncta est. Nam cum dicit : *Fiat manus tua super virum dexteræ tuæ,* operationem sanctæ incarnationis exposcit. Ipse est enim *dextera* Patris, de quo alio loco dicit : *Non enim in arcu meo sperabo, et gladius meus non salvabit me ; sed dextera tua, et brachium tuum, et illuminatio vultus tui* (*Psal.* XLIII, 7, 4). Deinde more suo propter explanationem repetit quod superius dixit, *et super filium hominis*. A communi jungendum est, *Fiat manus tua,* id est operatio sancta ad effectum promissa perducat. *Filius* enim *hominis* idem ipse est Dominus Christus, qui etiam *dextera* Patris est. Sequitur, *quem confirmasti tibi*. Confirmatus est utique apud homines (sicut jam dictum est) quando de ipso vox paternæ veritatis insonuit, dicens : *Hic est Filius meus dilectus, in quo mihi bene complacui; ipsum audite* (*Matth.* III, 17). Quod non piget ejusdem exempli iteratione declarare, quando et in auctoritate eadem verba constat esse repetita.

Vers. 18. *Et non discedimus a te; vivificabis nos, et nomen tuum invocabimus*. Ad superiora respicit pars ista versiculi. Dicit enim : *Fiat manus tua super virum dexteræ tuæ,* id est, ut mittere digneris Filium tuum, qui reum mundum liberet a crimine peccatorum. *Et non discedimus a te*; id est, quem semel mente concepimus, cordis oculis jugiter intueamur; nec a te devotionem nostram possimus amovere, cujus advenire Filium magnopere cognoscimur expetisse. Et quæ sit utilitas ab ipso *non discedere* consequenter exponitur, *vivificabis nos, et nomen tuum invocabimus*. *Vivificabis nos*, quando, peccatorum morte deposita, ex aqua et Spiritu sancto renascimur. *Nomen* autem ejus *invocabimus*, hoc significat, quoniam Domini Christi institutione salutari in oratione quotidiana nomen Patris jugiter invocamus.

Vers. 19. *Domine Deus virtutum, converte nos; et ostende faciem tuam, et salvi erimus.* Quæ suavitas, quæ sit utilitas versiculi hujus hinc datur intelligi, quoniam in hoc psalmo triplici eum repetitione memoravit; ut quasi prati floriferi planitiem tensam per ordines certos jucunditas rosei coloris ornaret. In ista siquidem brevitate regulam totius religionis exponit. Primum est enim, ut *nos Dominus convertat*; deinde, ut *ostendat faciem* suam; tertio, ut *salvos* efficiat. Non enim antequam *convertat*, ostendit *faciem* suam; nec *salvat*, nisi nos prius lumine suæ pietatis inspexerit. Quapropter versus iste mente condendus est, quia per ipsum sub brevitate petimus, quidquid nobis expedire monstratur.

Conclusio psalmi.

Nimis *Asaph* istum *commutatum* constat in melius, qui veniam Christi dilatatam toto orbe conspexit, et palmites ejus montes obumbrare vidit et cedros. Spectaculum revera beatum, cujus amœnitas ipsa cogitata refectio est: ut toto mundo una vinea umbram faciat suis frondibus, ne quis fidelium reddatur sole fuscatus; de quibus scriptum est: *Per diem sol non uret te, neque luna per noctem* (Psal. cxx, 6). Verum ista vinea pro botris mustuosis sanctos infert fructus, martyres creat, prophetas educit, apostolos gignit, fideles edit innumeros; et quidquid in Ecclesia sancta gloriose geritur, isti similitudini decenter aptatur.

EXPOSITIO IN PSALMUM LXXX.

In finem, pro torcularibus, Asaph, quinta sabbati.

Pro torcularibus, Ecclesiam significari superioribus est titulis indicatum; sed quoniam ibi hanc præfigurationem in uvarum expressione posuimus, nunc in baccarum vindemiis explicemus. Cum tunsus acervus olivarum subjectus fuerit agricolarum arte ponderibus, nimiaque cœperit pressura torqueri, et amurcam cœnosam, et oleum pinguissimæ puritatis emanat. Quod in Ecclesiæ persecutionibus fieri posse non dubium est, quando et Deo puras mentes declarat, et fæcilentas conscientias evidenter assignat. *Quinta* vero *sabbati*, significat a sabbato quintum diem, quando Dominus in conditione rerum ex aquis creavit animalia, sicut Genesis lectio decursa testatur: *Dixit Deus: Producant aquæ reptilia animarum vivarum* (Gen. 1, 20). Hoc ad baptismatis gratiam similitudine decora conjungitur; quæ revera animalia viva sua fecunditate producit, dum sanctificatæ aquæ immaculatos reddunt, quos pollutos propriis sceleribus acceperunt. Sed ut partibus res expositas in unam seriem colligamus, intentio tituli talis est, ut *In finem* designet Dominum Christum; *pro torcularibus* Ecclesiam; *Asaph* congregationem; *quinta sabbati* baptizatos. Unde colligitur psalmum in Ecclesia Domini regeneratæ congregationi esse locuturum. Hic enim *Asaph* ad historiam quidem loquitur Judæis; sed melius spiritualiter intelligitur de populo Christiano.

Divisio psalmi.

In prima parte psalmi loquitur *Asaph* fidelibus, ut per organa diversa musicorum laudes debeant Domino personare: quoniam multa beneficia suo populo præstare dignatus est. Secunda, verba sunt Domini comminantis ne idola colantur, sed ipse solus adoretur qui præstare profutura munera consuevit. In tertia parte *Asaph* ex sua iterum persona reloquitur, arguens infideles, cur fallaces exstiterint, cum eis dona Domini copiosa largitate collata sint.

Expositio psalmi.

Vers. 1. *Exsultate Deo adjutori nostro: jubilate Deo Jacob.* *Asaph* iste, quem sæpe diximus significare Synagogam, populos commonet fideles, ut non desinant cum summa lætitia Deo laudes dicere, qui eos a sævissimis periculis est dignatus eripere. *Adjutori* autem quod dixit, verus Deus tali verbo declaratur: quia fictitius deus non est adjutor, sed elisor; non sanans, sed vulnerans; non sublevans, sed valde demergens. *Nostro* enim dum dicit, devotos se commonere testatur. *Jubilate* dictum est a juvando, id est delectando; ut quibus non poterat exsultatio verborum sufficere, in abundantissimam atque inexplicabilem lætitiam prosilirent: docens gaudentibus animis Domino debere gratias agere, non confusos aliqua anxietate cantare. Nam si terrena despicimus, semper ex illo læti sumus, ad quem mens incerta atque titubans non potest pervenire. *Jacob* significat populum Christianum, cui anterior Synagoga consentit, dum ad istum per gratiam translatum est, quod illi constat ablatum. Hi sunt quos dixit: *Quinta sabbati*, qui de sacra scilicet regeneratione nascuntur.

Vers. 2. *Sumite psalmum, et date tympanum; psalterium jucundum cum cithara.* Organa quidem ista utraque musica sunt, sed causas continere probantur egregias. Dicit enim: Accipite psalmum, et date bonas operas. *Psalmus* enim ad divina verba pertinet intimanda, quoniam conformatio ipsius canorum ventrem (sicut sæpe diximus) habet in capite; quod merito ad psalmum refertur, qui semper resonat superna mysteria. *Tympanum* est, quod tenso corio quasi supra duas (ut ita dixerim) metas sibi ab acuta parte copulatas solet resonare percussum; sic hominum corpus, dum pro Domino tribulatione quatitur, ad superna mandata dulcius temperatur. Hoc ergo commonet, ut accipientes divina verba Domino debeamus offerre terrena; quia tunc Deo bene damus tympanum dum eleemosynas facimus, cum jejuniis corpus affligimus, cum vitia sæculi cum suo nihilominus auctore despicimus. Addidit, *psalterium jucundum cum cithara*. Admonet etiam et hæc duo jucundissime copulari ; ut et verba Dei quæ in *psalterio* continentur, et *cithara* quæ humanos actus significare cognoscitur, in unam societatem debeant convenire : quia utrumque melos sibimet copulatum Domino probatur acceptum. *Psalterium* enim idem significat quod *psalmus*, *cithara* quod *tympanum* ; sed diversitate nominum easdem res sub brevitate conclusit. Nam quemadmodum *cithara* contra *psalterium* conformata sit, frequenter expositum est. In hoc autem et sequenti versu iterum nobis enthymematicus, id est rhetoricus syllogismus elucescit eodem modo : Canere præceptum est in Israel, et judicium Deo Jacob : cantandum est igitur in initio mensis tuba, in die insigni solemnitatis eorum. Modo reliqua perscrutemur.

Vers. 3. *Canite initio mensis tuba, in die insigni solemnitatis vestræ*. Præceptum fuerat inter alia Judæis, ut a prima die septimi mensis, septem diebus tuba *canerent*, quod hodieque carnaliter faciunt, non intelligentes ideo fuisse jussum, quoniam Spiritus sancti gratia septiformis baptizandis erat toto orbe prædicanda. Unde nunc fideles admonet Christianos, ut laudes Domini præconiali debeant voce cantare, cum novæ regenerationis fuerint gaudia consecuti. *Tuba* enim cum ponitur, grandisonis aliquid prædicari clamoribus indicatur. Sic et alius propheta dicit : *Exclama et exalta sicut tuba vocem tuam* (Isai. LVIII, 1). Considerandum est quoque quod per organa musicæ disciplinæ et psallere Domino, et diem præcipimur solemnitatis implere, ut sicut illa rediguntur ad dulcisonum melos, et in unam convenientiam suaviter colliguntur, ita omnis actus noster redigatur ad Dominum, et jucundissima modulatione ejus auribus offeratur. Est enim disciplinæ ipsius magna vis delectabilisque cognitio, quam doctores sæcularium litterarum (largiente Deo, qui concedit omne quod utile est) fecerunt doctrinabili lectione cognosci, quæ in rerum natura prius tenebatur abscondita. Prima ergo hujus disciplinæ partitio est harmonica, rhythmica, metrica. Secunda partitio instrumentorum ejus est in percussionalia, in tensibilia, in flatilia. Tertia dividitur in symphonias sex. Quarta dividitur in tonos quindecim. Sic totius virtus pulcherrimæ istius disciplinæ talibus priscorum distinctionibus explicatur; per quos modos in sæcularibus libris multa quidem legimus ostensa fuisse miracula. Sed ut fabulosa forte taceamus, per citharam canoram David legimus a Saule fugasse dæmonium (*I Reg.* XVI, 23) ; muros Jericho clangentibus tubis protinus corruisse (*Jos.* VI, 20), lectio divina testatur ; ut dubium non sit musicos sonos (jubente tamen ac permittente Domino) magnas plerumque fecisse virtutes.

Vers. 4. *Quia præceptum in Israel est, et judicium Deo Jacob*. Dicit causam quare debeant tuba canere : quia lex data est per Moysen in Israelitico populo, qua cognita nullus peccare debuisset. *Judicium autem Deo Jacob*, id est Deo Christianorum. Ipse enim rationalem creaturam cœlesti veritate [mss. A., virtute] judicavit ; sicut in Evangelio ait : *Pater non judicat quempiam ; sed omne judicium dedit Filio* (*Joan.* V, 22). Hac ergo dispensatione mirabili Dominum constat esse laudandum, qui et legem **279** dedit, et judicium futurum suæ majestatis innotuit. *Jacob* enim diximus significare populum sequentem, qui adoptatus per gratiam Christi primæ districtionis præcepta superavit.

Vers. 5. *Testimonium in Joseph posuit illud, cum exiret de terra Ægypti ; linguam quam non noverat audivit*. Joseph significat augmentum, cujus nominis interpretatio testimonium est Hebræi populi, qui *de terra Ægypti* multiplicatus *exivit*. Sed hoc ad nostram generationem competenter aptatur. Nam sicut ille per maris Rubri undas salvatus ejectus est, sic nos a terra Ægypti, id est a vitiis carnalibus absoluti, sacra unda regenerante, renascimur. Nec nomen ipsum maris Rubri vacat : quia sicut illud Rubrum constat dici, ita et hæc aqua rubra potest nuncupari, quæ una cum sanguine de latere Domini Salvatoris exivit. Sequitur, *linguam quam non noverat audivit*. Linguam hic Novi Testamenti præcepta debemus advertere. Nam si sermones intelligas, quomodo *linguam quam non noverat* populus Hebræus *audivit*, dum Christum Dominum locutum constet Hebraice ? Hoc ergo dicit, quia per Evangelium audierunt *linguam*, id est præcepta, quæ prius eorum notitia non habebat. Sive illud significat tempus, quando apostoli *Spiritu sancto repleti, linguis ignotis et variis sunt locuti* (*Act.* II, 4) •

Vers. 6. *Divertit ab oneribus dorsum ejus ; manus ejus in cophino servierunt*. Et hoc quamvis ad historiam dici videatur, quando in Ægypto Judæorum populus diversis necessitatibus serviebat, modo ut lateres faceret, modo ut terram cophinis exhiberet, tamen istud Christianorum partibus diligentius applicamus, a quorum dorso avertit Deus onera peccatorum, quando se felici humilitate prosternunt, sicut ipse dicit : *Venite ad me, omnes qui laboratis et onerati estis, et ego reficiam vos* (*Matth.* XI, 28). *Cophinos* autem dicimus per quos sordium purgamenta projicimus, ut loci puritas elucescat. *Manus* ergo suas in eis tenent qui peccatorum immunditiis occupantur : sed de hac servitute liberamur a Domino, quando scelerum nostrorum sordibus expiamur.

Vers. 7. *In tribulatione invocasti me, et liberavi te : exaudivi te in abscondito tempestatis : probavi te ad aquam contradictionis*. Jam quidem Domini Salvatoris verba referuntur, et poterat esse divisio, nisi post versum istum diapsalma sequeretur : ubi magis competentius credimus esse faciendam. Sed quoniam persona mutata est, hoc schema dicitur ethopœia, quoties aliquem introducimus ad loquendum. Imputantur enim beneficia, ut gravior æstimetur offensa. Ipse enim nos de *tribulatione liberat*, ipse *in abscondito* angustiam [mss. G. et F., *in abscondita angustia*] nostræ *tempestatis* [ms. A., *tentationis*] *exaudit* : sed *probat* nos in contradictionibus haereticorum, quando aliquibus altercationibus velut ventis flantibus excitamur. Nam si ad historiam referas, *aquam contradictionis* dicit, quando in deserto fluenta Israeliticus populus incredulis mentibus expetebat.

Vers. 8. *Audi, populus meus, et loquar Israel, et testificabor tibi : Israel, si me audieris, non erit in te deus recens, neque adorabis deum alienum.* Interjecto diapsalmate (quod nobis est in divisionibus magnopere custodiendum), venit ad secundam partem. Sed cum sit anterius loqui quam audire, hic prius positum est, *Audi*; ut advertas ad intelligentiam potius dictum, non ad aurium transitorium sonum. Dicit etiam, *populus meus*, ut illam sequestraret amurcam, quae torcularibus Ecclesiae tanquam pars faecilenta projicitur. Ille est enim *populus* Dei, qui nescit cum malis aliqua morum permixtione confundi; sed in olei pinguedine ac puritate in Christi gratia mundissimus perseverat. Sequitur, *Israel, et testificabor tibi.* Cum hic ante judicem soleant testes produci, ipse Dominus judicii testem se dicit esse veritatis; ut nullus de factorum suorum compensatione dubitaret, ubi talis astipulator existeret; quod tamen consequenter exponit. *Testificatur* enim Dominus quando in illo judicio majestatis suae unicuique dederit pro factorum suorum qualitate sententiam : ubi testibus opus non erit ut judicetur, sed ipsum judicium actuum nostrorum testimonium dabit. Dicturus est enim justis : *Esurivi, et dedistis mihi manducare; sitivi, et dedistis mihi bibere* (*Matth.* xxv, 35), et reliqua. Impiis autem quod talia non fecerint imputabit; ita fit ut judicium ejus non sine testimonio esse videatur. Addidit, *Israel, si me audieris, non erit in te deus recens.* Repetit *Israel*, ut se familiarem intelligat, et ad jussa Domini obedienter vota convertat. Magnum enim sacramentum uno verbo concluditur, ut jam tunc ventura haeresis veritatis sententia vinceretur. Dixit enim, *non erit in te deus recens*, ne Verbum Patris quisquam putaret esse sub tempore. Nam ille *recens* est qui antiquiorem habet. Quapropter si *recens* non potest dici, coaeternum debet mentis sanitas confiteri. Et ne possit aliquis Deum Christum *recentem* dicere, quem de Maria Virgine natum esse cognoscit, cujus humanitas facta probatur esse sub tempore, dicit, *non erit tibi deus recens :* quoniam ipse est qui ante omne principium genitus de Patris substantia, aequali cum eo coaeternitate consistit, regnans per infinita saecula saeculorum. Unde mirabili sanctoque compendio Patres nostri duas naturas permanere in uno Domino Christo unitas atque perfectas dici et credi maluerunt; ut omnium haereticorum morbosa ac fetida eructatio tanquam hiatus pestifer salubri remedio clauderetur. *In te* autem quod dixit, significat *in corde tuo*, ubi debet veritas, non falsitas inveniri. Adjecit, *neque adorabis deum alienum*. Cum supra interdixerit coli *recentem deum* non debere, hic *adorare deum* vetuit *alienum*; ut pene par sit scelus *recentem deum* putare, et nefanda idolis devotione servire. Intelligant ergo Ariani quibus sociati sint, qui se a catholica sanitate disjungunt.

Vers. 9. *Ego enim sum Dominus Deus tuus, qui eduxi te de terra Ægypti. Dilata os tuum, et implebo illud.* Redduntur justae causae quare deus adorari non debeat alienus. Primum quod Deus noster immutabilis atque aeternus est, qui de se dixit : *Ego sum qui sum* (*Exod.* III, 14). Deinde, ut omnia intelligeremus ab ipso fieri quaecunque nobis profutura succedunt, ait, *qui eduxi te de terra Ægypti.* Quae secunda species definitionis Graece ennoematice dicitur, Latine notio nuncupatur. Haec isto modo semper efficitur, cum unusquisque de factis propriis judicatur, quae et ipsi tantum, non et aliis videantur accidere. Sed hoc cum Judaeis ad historiam dicitur, Christianorum generalitas commonetur. *Educit* enim nos *de terra Ægypti*, quando per regenerationis gratiam a peccatis teterrimis liberat, quibus tenebamur obnoxii, cum manus nostrae (sicut ait superius) *in cophino serviebant.* Sequitur, *Dilata os tuum, et implebo illud.* *Dilata*, divulga, dissemina, confitendo utique, vel admonendo; ut illa velis loqui quae digna videantur auditu. Tunc enim sensus spirituali gratia repletur, quando in laudes Domini os *dilatatum* esse cognoscitur; ut hoc per ejus gratiam inchoemus, et ejus munere compleamus; sicut dicit Apostolus : *Dilatamini et vos. Nolite jugum ducere cum infidelibus* (*II Cor.* VI, 13, 14).

Vers. 10. *Et non audivit populus meus vocem meam, et Israel non intendit mihi.*

Vers. 11. *Et dimisi eos secundum desiderium cordis eorum, et ibunt in voluntatibus suis.* Quamvis impleverit Dominus prophetarum ora dilatata, dicit eos auditos non fuisse ab Israelitico populo, dum ejus minime jussa compleverit. Ille enim suae plebi tanquam oleo loquebatur; sed amurca non poterat audire, quae erat velut inutilis respuenda. Addidit, *Et dimisi eos secundum desiderium cordis eorum, et ibunt in voluntatibus suis.* Sequitur ultio digna peccati. Non enim dimittitur impunitus, qui a Domini tuitione deseritur. Ille enim quos relinquit, affligit : quia malorum omnium retributio est tanta bonitate fraudari. Putat enim peccator genus esse beneficii, si [*ed.*, dum] suis voluntatibus permittatur expleri, dum dicat Apostolus : *Tradidit illos Deus in concupiscentias cordis eorum, in immunditiam* (*Rom.* I, 24), et reliqua.

Vers. 12. *Si plebs mea audisset me, Israel si in viis meis ambulasset, pro nihilo inimicos eorum humiliassem, et super tribulantes eos misissem manum meam.* Quaerendum est quare *plebem* dixerit suam, quae eum non erat auditura? Suam dixit, quia ei legem dedit, miracula magna monstravit; ut culpa cresceret, cum in eum plebs electa peccasset. Et nota quemadmodum se in hoc primo versu subsequentia verba declarant. Quod dixit, *plebs mea*, hoc significat *Israel.* Quod ait, *audisset me*, hoc vult intelligi, *si in viis meis ambulasset.* Ille enim et audit Dominum, et in viis ejus ambulat, qui mandatis ipsius non reperitur adversus. Et vide ordinem fuisse servatum.

Prius enim est doceri nos, ac deinde audita compleri. Sequitur praemium quod mereri non potuit indevotus: *Ad nihilum inimicos eorum humiliassem, et super tribulantes eos misissem manum meam.* Generaliter sunt accipienda quae dicta sunt, quia tunc ille resistit inimicis nostris, quando ei fuerimus humili satisfactione devoti. Nam si Deo male agendo resistimus, ille iterum nostris non contradicit inimicis; nec manum defensionis super eos ponit, qui se ab ipso superba reluctatione subduxerint. Unde intelligere debemus, quando a nobis avertitur, non esse pietatis defectum, sed magnae ultionis aculeum. Suspenditur enim interdum a defensione sanctorum, quando tribulationibus et afflictione tentantur. Sed justos sic tentari patitur, ut non deserat; impios autem sic tribulari permittit, ut se ab eis reddat alienum.

Vers. 13. *Inimici Domini mentiti sunt ei; et erit tempus eorum in aeternum.* Post verba Domini redit Asaph ad tertiam partem, inimicos ejus digna exsecratione redarguens. *Mentiuntur* enim qui bonis se pollicitationibus obligantes, in pessimos iterum relabuntur errores. De paganis enim dici non potuit, qui nulla fuerant Domini promissione constricti. Et ne forsitan quod eos florentes in hoc mundo vides, crederes jam relictos, addidit, *in aeternum erit tempus eorum*, scilicet punitionis, quando illis dicetur: *Ite in ignem aeternum* (Matth. xxv, 41); de quibus etiam legitur: *Vermis eorum non morietur, et ignis eorum non exstinguetur* (Isai. LXVI, 24). Quod schema eclipsis Graece, Latine defectus dicitur: sed non qui per ignorantiam deficit, sed qui se, ut potissimum quaeratur, abscondit.

Vers. 14. *Cibavit eos ex adipe frumenti, et de petra melle saturavit eos.* Hic pietas Creatoris exponitur; ut *inimicos*, id est ingratos beneficiis suis repleverit, quos superius dixit fuisse *mentitos. Ex adipe frumenti*, sive manna significat, sive corpus Domini Christi. *Adipem* quippe dicimus animalium pinguedinem corpulentam; quod nomen ad frumentum abusive translatum est, ut significaret et interius aliquam inesse bonitatem. *De petra melle*, hoc est de sapientia Christi: quoniam ipse *Petra* est de quo supernae doctrinae mella manaverunt. *Saturavit eos* dixit, id est sancta praedicatione complevit. Sed perfidi jejuni fuerunt fide, qui auribus aggravati audire noluerunt [*mss.*, ad satias audierunt].

Conclusio psalmi.

Redeamus nunc ad sententiam superiorem, et more apum dulcissimis floribus insidentes, assidua repetitione suavia mella carpamus: quia res salutaris quotiescunque repetitur, necessaria semper inde sumuntur. Quapropter studiosissime perquiramus quare sit dictum: *Non erit in te deus recens*, si revera volumus esse Israel? In hoc enim verbo fidei totius virtus sanctissima continetur: in hoc sermone ineffabili illa majestatis natura declarata est. Nam si deus recens non accipitur, coaeterna sibi sancta Trinitas sine dubitatione sentitur: quia junior ibi non est, ubi senior non probatur. Aeternus est igitur Pater, aeternus Filius, aeternus Spiritus sanctus. Distinctio enim in personis, unitas cognoscitur in natura. Omnipotens Pater, omnipotens Filius, omnipotens Spiritus sanctus; trinum quidem nomen, sed una virtus, una potentia. Filius a Patre incomprehensibiliter genitus; Spiritus sanctus a Patre et Filio ineffabiliter procedens: potestas non accidens, sed individua manens. Summitas sociabilis, regnum sine fine, gloria sempiterna, quae sola creat, sola peccata dimittit, et coelorum regna concedit. Sequitur, *Neque adorabis deum alienum.* Deus alienus est, qui in sacrilegas culturas dementium hominum pravitate pervenit; non essentiam deitatis habens, sed honorem falsae majestatis accipiens; non qui homines creavit, sed qui est ab hominibus fabricatus. Alienus revera, quoniam alienata mente repertus est. Hoc si utrumque refugimus, veri Dei gratiam promeretur, quia [*ed.*, qui] novit de se male sentientes abjicere, et recte credentibus beneficia digna praestare.

281 EXPOSITIO IN PSALMUM LXXXI.

Psalmus Asaph.

Dictum est in praefatione psalmos universos esse Davidicos; sed hos qui vocabulorum diversitate praenotantur, propter intelligentiam nominum suorum in titulis fuisse praescriptos [*ms.* A., perscriptos]. Ponitur enim hic *Asaph*, quod indicat Synagogam, quae Dominum Salvatorem corporea quoque praesentia meruit intueri, quando dignatum est Verbum caro fieri, et in gratiam nostrae vivificationis occidi. Denique psalmus ipse sic inchoat: *Deum stetisse in synagoga deorum.* Nec illud omittendum esse dijudico, quare Synagogam antiqui vocitaverint, quam nunc Ecclesiam Christianis temporibus nuncupamus. Synagoga est generaliter dicta congregatio, non satis exprimens hominum coetum; Ecclesia vero convocatio nuncupatur, quae de diversis gentibus aggregata colligitur. Convocari enim ad illos pertinet qui ratione praecellunt; ut intelligamus Ecclesiam Dei et nomine crevisse semper et meritis.

Divisio psalmi.

Asaph, quem pro significatione sui nominis in titulo constat appositum, contra Judaeos de Christi adventu per totum loquitur psalmum. In prima parte commonens eos Deum in eorum medio constitisse, et ideo non debere illos consortium suscipere peccatorum. Secunda parte admonet ut intelligant ipsum esse Christum, qui in assumptione carnis pauper et egenus esse videbatur. Tertio loco dicit eos honoratos ut filii Dei fierent, sed ipsos in mortis laqueos suo vitio corruisse.

Expositio psalmi.

Vers. 1. *Deus stetit in synagoga deorum; in medio autem deos discernit.* Uno verbo Jesus Christus mirabili nobis brevitate declaratur. Ipse enim *Deus stetit in synagoga*, qui et sedet ad dexteram Patris. Situs enim isti corporales sunt. Nam si majestatem ejus intendas, ubique totus, ubique plenus est; nec potest dici a natura deitatis stare vel sedere, qui nulla loci determinatione concluditur. Sed iste Asaph divina inspectione illuminatus, *Deum* clamat Jesum Christum *in synagoga stetisse*, cui nisa est impiorum turba resistere; ut affectu paterno corrigeret quos in seipsos potius cognoverat insanire. Sic enim de ipso et Joannes Baptista dicit : *Medius autem vestrum stat, quem vos nescitis (Joan.* 1, 26). Addidit etiam, *deorum*, ut evidentius de hominibus dictum adverteres, inter quos corporaliter habitasse cognoscitur Christus ; sicut Baruch propheta prædixit : *Post hæc in terris visus est, et cum hominibus conversatus est (Baruch* III, 38). Nam hoc de hominibus dictum sæpius invenimus ; unde et ad Moysen dicit : *Constitui te deum Pharaonis (Exod.* VII, 1). Et inferius psalmus ipse dicturus est : *Ego dixi: Dii estis, et filii Excelsi omnes.* Sic enim et filios Dei homines vocamus. Quod si ad naturam deitatis referas, unum est Verbum quod veraciter ac proprie sic debeat nuncupari. Dicimus nonnunquam abusive deos, **et** superas potestates, sicut ait Apostolus: *Etsi sint qui dicantur dii, sive in cœlo, sive in terra : nobis tamen unus est Deus Pater* (1 *Cor.* VIII, 5, 6). Sequitur : *In medio autem deos discernit.* Ecce adhuc incarnatio ejus situ corporeo declaratur. Nam cum dicit, *in medio*, locale spatium significat, quod turbis ambientibus cingebatur. *Deos discernit*, id est apostolos atque justos, qui majestatis ejus monita fidemque secuti sunt. *Discernere* enim ad præscientiam pertinet intellectumque divinum, qui nos de massa peccati eripit, et ad cœlorum regna perducit. Unde etiam Apostolus dicit : *Quis enim te discernit* (1 *Cor.* IV, 7)?

Vers. 2. *Quousque judicatis iniquitatem, et facies peccantium* [ms. A., *peccatorum*] *sumitis*? Dicendo, *Quousque*, pravam consuetudinem longi temporis accusavit. Susceptæ siquidem legi durissime restiterunt; directis prophetis mortes pessimas intulerunt; venientem Dei Filium crucifigere quam honorare maluerunt; ut merito sit dictum : *Quousque*, cum etiam et ipsum Creatorem, quantum ad voluntatem eorum attinet, interficere decrevissent. *Facies* autem *sumitis peccantium* dictum est, propter eos qui se in illa seditione crucifixionis discernere noluerunt; sed cum furentibus furuerunt, cum insanientibus clamaverunt, faciemque illam peccantium tetris vultibus induerunt. Nam si facie fuissent divisi, et actibus quoque poterant segregari.

Vers. 3. *Judicate egeno et pupillo; humilem et pauperem justificate.* Interjecto diapsalmate venit ad secundam partem, in qua commonet enixius Judæos, ut debuissent intelligere quem videbant, et adverterent *humilem* propter se factum, cui cœlorum potestates dominationesque deserviunt; *pupillum* fuisse, qui rector est omnium; *egenum*, qui donando nescit expendi; *pauperem*, cujus sunt omnia quæ in cœlo et in terra creata sunt. Ipsum ergo commonet *justificari*, quem Judæorum protervia desiderabat exstingui. Pulchre autem dictum est, *pupillo*, cui pater carnalis humana solatia non præhebat. Nam sicut ante mundi constitutionem Verbum sine matre fuit, ita tempore incarnationis suæ idem ipse Dominus Christus exstitit sine patre terreno.

Vers. 4. *Eripite pauperem, et egenum de manu peccatoris liberate.* Ad illos hæc verba fieri sentiuntur, qui manus suas quidem in nece Domini minime miscuerunt, sed contra sceleratas præsumptiones obviam ire noluerunt, ut et illum a pernicie corporali liberarent, et se a consensu pravitatis exuerent; de quibus et alibi dicitur : *Canes muti nescierunt latrare (Isai.* LVI, 10). Ipsi ergo commonentur, ne desinant injuste traditum eripere, qui erant iniquo facinore peccaturi. Nam cum possis obviare perversis, si desinas adversari, consensus erroris est. *Pauperem* vero *et egenum* de Domino Salvatore dici posse frequenter expositum est : quia cum humanitatem suscepit, simul et indigentiam nostræ paupertatis assumpsit, sicut et alibi dicitur : *Pauper et dolens ego sum* (*Psal.* LXVIII, 30).

Vers. 5. *Nescierunt, neque intellexerunt, in tenebris ambulant : movebuntur omnia fundamenta terræ.* Vera conclusio, brevisque sententia : non illos intellexisse auctorem luminis, qui *in tenebris ambulabant*; de quibus dicit Apostolus : *Si enim cognovissent, nunquam Dominum gloriæ crucifixissent* (1 *Cor.* II, 8). Sequitur, *movebuntur omnia fundamenta terræ*, ut veraciter de quo dicta sint superiora possis advertere. Signum dicit quod in crucifixione Domini constat evenisse; sicut Evangelii doctrina testatur : *Terra mota est, petræ scissæ sunt (Matth.* XXVII, 51), et reliqua. Hoc enim si in causas alias tranferatur, sicut perfidi Judæi volunt, nullatenus poterit convenire. *Terra* vero *mota potest et* spiritualiter accipi : quia illo tempore multi peccatores, id est terreni homines viso tanto miraculo crediderunt, ex quibus Centurio exclamavit dicens : *Vere Filius Dei erat iste* (*Ibidem*, 54).

Vers. 6. *Ego dixi : Dii estis, et filii Excelsi omnes.* Venit ad tertiam partem, ad apostolos et justos reliquos verba convertens. Hoc enim honorabile nomen solis fidelibus datur, de quibus superius dixit : *Deus stetit in synagoga deorum.* Promissiones ergo tales acceperant, ut si mandata Domini custodirent, *filii* vocarentur *Excelsi*, per gratiam utique, non per naturam. Solum enim Verbum est, quod substantialiter et proprie dicitur Dei Filius; sicut est illud : *Dominus dixit ad me : Filius meus es tu (Psal.* II, 7). Omnes autem filii ejus vocantur, qui sanctis jussionibus acquiescunt; sicut in Evangelio legitur : *Quotquot autem receperunt eum, dedit eis potestatem filios Dei fieri* (*Joan.* I, 12). Intende vero quod per decimam tertiam speciem definitionis, quam Græci κατ' ἀναλογίαν, Latini juxta rationem dicunt, homines dicuntur dii et filii Dei; quæ tunc exoritur, quando majoris rei nomine res definitur inferior. Hoc etiam argumentum comparationis refertur a minore ad majus. Minores sunt enim homines quam dii.

Vers. 7. *Vos autem sicut homines moriemini, et sic*

ut unus de principibus cadetis. Superiorem versum dixit ad justos, nunc verba deflectit ad impios. Increpat enim incredulos, qui mori potius per superbiam quam per obedientiam vivere maluerunt. Dicendo enim : *Sicut homines*, significat utique peccatores, qui nullo pretio sunt redempti, nec de obnoxiis facti sunt liberi. Adjecit, *et sicut unus de principibus cadetis.* Unus de principibus significat diabolum, qui de cœlo projectus corruit, et pœnam suæ perversitatis invenit.

Vers. 8. *Exsurge, Deus, judica terram : quoniam tu hæreditabis in omnibus gentibus.* Cui dicitur, *Exsurge*, nisi illi qui prævidebatur occidi? *Judica terram*, eidem ipsi dicitur de quo scriptum est : *Cum autem venerit Filius hominis in majestate sua, et omnes angeli cum eo, tunc sedebit super sedem majestatis suæ, et congregabuntur ante eum omnes gentes* (Matth. xxv, 31, 32). *Hæreditabis in gentibus*, terram scilicet quam superius dixit, illam quam beati possidebunt, et æternam jucunditatem magnæ felicitatis accipient.

Conclusio psalmi.

Audite, Judæi; intelligite, pertinaces, quanta de adventu Domini *Asaph* iste locutus est. Quid colitis, si prophetarum vestrorum dicta nescitis? Venite ad catholicos sacerdotes, aperiantur aures vestræ ut possitis dono Domini diuturnam evadere surditatem. Vos quoque, psalmi hujus primo versu curamini, qui Nestorii et Eutychis pestifero vapore fervetis. De quo enim dicitur : *Deus stetit in synagoga deorum; et sequitur, in medio autem deos discernit?* *Stetit* utique ab humanitate, *discrevit* a deitate unus atque idem Dominus Christus; utrumque verum, utrumque perfectum est. Talis enim error est duas naturas divisas secundum duas personas in Christo Domino profiteri, qualis unam confusam credere, quamvis in unitate personæ. Vobis enim Sedulii versus ille dicendus est :

Ambo errore pares, quanquam diversa sequantur.

Nam si hominem ad cœlos non extulit, dicite quem redemit? Formam siquidem servi assumptam, legis non absumptam. Nulli autem datum est tunc perire, quando ne aliquando perire possit, accepit. Nam si jam una natura sub confusione magis vestra, o Eutychiani, facta est, ut putatis, quomodo Filius hominis ad judicandum prædicitur adhuc esse venturus? Aut quomodo *videbunt* impii *in quem compunxerunt* (Zach. xii, 10)? Denique ut hæc persuasio funditus tolleretur, post resurrectionem Thomæ dubitanti ipse respondit : *Mitte manum tuam et vide, quoniam spiritus carnem et ossa non habet, sicut me videtis habere* (Joan. xx, 27; Luc. xxiv, 39). Considerate etiam quæ vos sequatur absurditas. Nam cum ex duabus naturis unam factam dicitis, aut confusionem provenisse creditis, aut unam periisse sine pudore firmatis. Quid refugitis confiteri quod Patribus nostris, Spiritu sancto revelante, complacuit? Certe si non vultis duas naturas inconfusas, immutabiles, indivisas, inseparatasque credere, dicite duas substantias, dicite duas formas, sicut Apostolus ait : *Qui cum in forma Dei esset, non rapinam arbitratus est esse se æqualem Deo; sed semetipsum exinanivit formam servi accipiens, et habitu inventus ut homo* (Philip. ii, 6, 7). Tantum est, ne refugientes dogma salutiferum, exitium vobis præparetis æternum. Sciendum vero est quod hic psalmus quintus est eorum quos de duabus naturis Domini Christi conscriptos esse prædiximus.

EXPOSITIO IN PSALMUM LXXXII.

Canticum psalmi Asaph.

Cantici psalmi significantiam in præfatione posuimus, et per titulos, ubi locus exegit, frequenter ediximus : quoniam nominum istorum virtus ad illum nos intellectum trahit, ut in rebus actualibus ad divinam contemplationem animos jugiter erigamus. *Asaph* vero congregationem Latina lingua resonare non dubium est. Sed iste *Asaph*, quoties in medium deducitur, sicut jam diximus, non est auctor ipse carminis, sed propter nominis sui significationem virtutesque psalmorum apte titulis est appositus.

Divisio psalmi.

Asaph, qui multa jam in superioribus psalmis de Domini incarnatione prædixerat, nunc in primo membro de adventu ejus secundo dicturus est : expetens ut quoniam in fine sæculi inimici ejus per Antichristum nimis erigendi sunt, ipsius cito debeat venire judicium : ne gravissimi hostis diuturna licentia cunctam vastare possit Ecclesiam. Secundo membro in eos per similitudines quasdam nominum supplicat vindicari, correctionis voto, non maledictionis instinctu.

Expositio psalmi.

Vers. 1. *Deus, quis similis erit tibi? Ne taceas, neque compescaris, Deus.* Hæc figura dicitur epanalepsis, id est verbi in principio versus positi, et in ejusdem fine repetitio. Considerandum est quid sibi velit istud initium, quoniam summa brevitate magnarum rerum sacramenta concludit. *Quis enim similis erit illi qui cœlum et terram, vel cuncta quæ in eis sunt, momentanea celeritate perfecit?* Nam licet Dominus Christus, qui inter Judæos conversatus est, a perfidis hominibus tantummodo creditus est esse simillimus, in tantum ut eum et flagellis cæderent, et sententiæ pravitate damnarent, iste tamen vir egregius qui Christum potentiæ suæ magnitudine contuebatur, merito nullum ei similem esse profitetur, qui carnis veritate vestitus, divinitatis suæ jura non minuit : sed cum Patre semper manens, nobiscum habitare dignatus est. Veraciter ergo positum est : *Quis similis erit tibi?* Sequitur, *Ne taceas, neque compescaris, Deus.* Hic jam potentia illa futuri declaratur adventus, quando *nec tacet* qui judicat, *nec compescitur* qui virtutis suæ manifestatione declaratur. Talia enim in primo adventu non fuisse manifestum est, quando *Sicut ovis ad occisionem ductus est, et sicut agnus coram tondente se, sic non aperuit os suum* (Isai. liii, 7). *Compescunt* etiam virtutem suam, quando se passus est quasi reum teneri, et Pontio Pilato sine aliqua reluctatione contradi. Ista enim in futura judicatione cessabunt, ubi potentia divinitatis elucescet.

Vers. 2. *Quoniam ecce inimici tui sonuerunt, et qui oderunt te extulerunt caput.* Singula singulis reddit. Nam contra illud quod ait, *Ne taceas,* subjungit, *Quoniam ecce inimici tui sonuerunt;* contra illud autem quod dixit, *neque compescaris,* causam reddit, *et qui oderunt te extulerunt caput.* Sed hoc totum ad Antichristi magis tempora competenter aptatur, quando *inimici* Domini tumultuosis seditionibus insonabunt. Et bene non posuit, locuti sunt, sed *sonuerunt;* ut eis hominum merito negarentur verba, qui voces rationabiles non habebant. Intende etiam quod plurali numero dixit, *qui oderunt;* et sequitur, *extulerunt caput,* dum capita dicere potuisset: sed omnibus insanis unum est caput Antichristus. Quod ideo dicit *elatum,* quia multa potestate gloriabitur, ut se etiam deum dicere præsumat excelsum.

Vers. 3. *In plebem tuam astute cogitaverunt consilium, et cogitaverunt adversus sanctos tuos.* Risoria potius quam dolenda conquestio, contra plebem Domini cogitasse perituros, et astuta falsitate, id est dolosa voluntate nisos esse decipere, quos probantur veritatis studia communire. Sed ut amplius eorum levitas exponeretur, addidit : *Adversus sanctos tuos;* ut non solum mediocribus dolum, verum etiam ipsis quodammodo cœlestibus viris inferre conarentur exitium.

Vers. 4. *Dixerunt : Venite, disperdamus eos de gente, et non memoretur nomen Israel amplius.* Refert inania verba dementium, quæ merito superius sonuisse posuit quam locutos Hac enim intentione facienda est Antichristi persecutio illa sævissima, ut Christianum nomen de orbe terrarum quasi malum aliquod funditus abrogetur : nescientes quia dum servos Christi necare cupiunt, sanctorum numerum assidua persecutione complebunt. De gente autem quod posuit numero singulari, significat populum Christianum; nam quamvis de multis gentibus doceatur esse collectus, merito *gens* dicitur una, quæ de uno fonte baptismatis noscitur esse procreata. Sive ille persecutor unam gentem dicere potuit, quos in unam voluntatem sociatos esse cognovit. Seu per figuram exallage potest accipi, id est per mutationem, quando pro numero plurali ponitur singularis.

Vers. 5. *Quoniam cogitaverunt consensum in unum: adversum te testamentum disposuerunt.* Testamentum in divinis Scripturis non solum dicitur mortuorum, sed etiam pactum inter vivos habitum : quoniam mentes paciscentium interveniens Scriptura testatur. Sic enim Laban et Jacob fecisse legimus testamentum *(Gen.* xxxi, 44), dum aliqua inter se vivi pepigisse doceantur. Pactum enim quodammodo et perditi fecisse dicuntur, quando adunato studio persequuntur eos qui ab eorum errore dissentiunt. Et inspice quoniam dicendo, *contra te,* adversariis fecit invidiam. Quod argumenti genus oratores ad sua studia transferentes, animos judicum soliti sunt omnimodis commovere.

Vers. 6. *Tabernacula Idumæorum, et Ismahelitum* [ms. A., F., *Ismahelitæ*].

Vers. 7. *Moab, et Agareni, Gebal, et Ammon, et Amalec : et alienigenæ cum habitantibus Tyrum.*

Vers. 8. *Etenim Assur simul venit cum illis : facti sunt in susceptionem filiis Lot.* Enumeratio istorum nominum quam hi tres versus amplectuntur, Christi declarat inimicos, quorum significationes aperiamus, ut omnia temporibus Antichristi congruere videantur. *Idumæi* interpretantur vel sanguinei vel terreni; *Ismahelitæ* obedientes mundo, non Domino; *Moab* ex patre, quod tali modo significat peccatorem, ut ad patrem Adam ejus inobedientia referatur; *Agareni,* id est advenæ; *Gebal,* vallis vana; *Ammon,* populus turbidus; *Amalech* populus lingens, id est fallaciter blandiens; *Tyrus* angustia ; *Assur* pro ipso diabolo positus est, qui revera simul cum eis venit ad oppugnationem fidelium ; *Lot* declinans interpretatur; unde merito tale nomen in fine positum est, ac si diceret : *Omnes declinaverunt, simul inutiles facti sunt : non est qui faciat bonum, non est usque ad unum* (*Psal.* xiii, 3). Hæc enim turba perditorum quæ sub Antichristo congreganda est, allusione talium nominum evidenter expressa est, ut merito tot malorum vocabula in illa intelligeres plebe congesta. Meminisse autem debemus hos versus per figuram polysyntheton fuisse decursos; quos si sollicite relegas, reperies eos multis conjunctionibus esse copulatos.

Vers. 9. *Fac illis sicut Madian, et Sisaræ; sicut Jabin in torrente Cisson.*

Vers. 10. *Disperierunt in Endor ; facti sunt sicut stercus terræ.* Venit ad secundam partem, ubi prophetiæ spiritu eis retribui deprecatur secundum ordinem futurorum. Et quia superius mores eorum per nomina collecta descripserat, nunc quoque retributiones eis per similitudines gentium fieri deprecatur, quas Israeliticus populus, Domino juvante, superavit. *Madian* interpretatur declinans judicium; *Sisara,* gaudii exclusio; *Jabin,* sapiens, sed iste mundanus; de quo Apostolus ait : *Ubi sapiens, ubi scriba* (*I Cor.* i, 20)? Qui omnes *in torrente Cisson,* et *in Endor* fonte perierunt. Factique *sunt ut stercus terræ,* dum cadavera eorum corporali putredine solverentur; sicut legitur : *Terra es et in terram ibis* (*Gen.* iii, 19). His igitur qui in sua pertinacia mansuri sunt, similis optatur occasus : quia sicut illi contra Israeliticum populum, ita isti bellabunt contra fidelissimos illius temporis, utique Christianos.

Vers. 11. *Pone principes eorum sicut Oreb, et Zeb, et Zebee, et Salmana, omnes principes eorum.* In eisdem enumerationibus perseverat, ubi sola nominum explanatio necessaria est. Cæterum ad quas causas posita sunt, proxime nos dixisse retinemus. *Oreb* siccitas interpretatur; *Zeb,* lupus, et *Zebee* victima; *Salmana* autem umbra commotionis. Hæc omnia exercitui optat Antichristi, qui nulla conversione salvandi sunt, quorum in ipsis quoque nomini- bus tenebrosis detestabilis jam eorum sentitur interitus. Quod genus locutionis proprium dicimus esse Scripturarum divinarum, ut per interpretationes nominum virtutes possimus sentire dictorum.

Vers. 12. *Qui dixerunt : Hæreditate possideamus nobis sanctuarium Dei.* Ipsum est quod et superius dixerat : *Venite et disperdamus eos de gente, et non memorabitur nomen Israel amplius.* Hic enim principes malorum consiliorum significantur auctores. *Hæreditate possideamus,* contra illud ponitur, quia Domini dicitur *hæreditas* ; ut illi magis hæreditatem invadere niterentur, quam jure sibi Dominus vindicavit. Sed quæ sit ista *hæreditas* consequenter exponitur, *sanctuarium Dei,* id est populus Christianus; de quo Apostolus ait : *Templum enim Dei sanctum est, quod estis vos (I Cor.* III, 17).

Vers. 13. *Deus meus, pone illos ut rotam; et sicut stipulam ante faciem venti.*

Vers. 14. *Sicut ignem qui comburit silvas; velut flamma comburens montes.* Hos duos versus propter similitudinem rerum junximus, in quibus multiplices calamitates prædicuntur incredulis. Impii enim dum in mala cogitatione volvuntur, *rotis* fiunt similes, quæ posterioribus elevatis anteriora sua transmittere videntur ad tergum; nec quidquam proficiunt, dum suis rotationibus atteruntur. Sequitur secunda comparatio, ut levitas peccantium quasi *vento* meabili transferatur, et huc atque illuc volitans incerta semper voluntate moveatur. Venti autem facies præsentia ipsius venti ponitur; non enim nobis ventus aliqua figuratione prænotatur, sed corporeum in hoc tantum sentimus, quod ejus impetu et transcursionibus verberamur. Ignem quoque et flammam posuit judicii tempus, quando et silvæ densissimæ peccatorum, et montes superbiæ cremabuntur.

Vers. 15. *Ita persequeris eos in tempestate tua, et in ira tua conturbabis eos. Ita persequeris eos,* respicit ad illa quæ superius dixit; ut sic debeant exterminari, quemadmodum comparationes antefatæ commemorant. Adducuntur aliæ similitudines, *in tempestate tua, et in ira tua conturbabis eos. In tempestate tua,* id est judicii tempore, quod tempestati merito comparatur : primum, quia improvisum est; deinde, quod subito fragore conturbat, et locum tollit consilio repentina periculi magnitudo. Tempestas enim imbrium, aeris est quædam concitata seditio, in qua vehementer terremur, dum aquarum nimietate vexamur. Sequitur, *et in ira tua conturbabis eos.* Sæpe jam diximus *iram* Divinitati non posse congruere, sed ab hominibus tractum est, qui quando sceleratos judicant, fervore animi commoventur; nec aliter ad damnandum homines veniunt, nisi de commissis eorum criminibus excitentur.

Vers. 16. *Imple facies eorum ignominia, et quærent nomen tuum, Domine.* Hactenus futuras pœnas illis peccatoribus prophetavit, qui in suis remanserunt sceleribus pertinaces; nunc ad illos convertitur qui sunt Domino præstante credituri. Nam *illorum facies impletur ignominia,* qui peccatorum suorum non invenerint laudatores ; sed potius eis in præsenti reputatur, quod in mala actione gesserunt. Istos plerumque opprobrium corrigit, dum se viderint a generalitate culpari.

Vers. 17. *Confundantur et conturbentur in sæculum sæculi ; et revereantur et pereant.* Redit iterum ad pertinaces, qui Dei munera non habebunt. Possunt enim aliqui in hoc sæculo salutariter confundi et erubescere, quando conversionis dona percipiunt. *Confunduntur autem et conturbantur in sæculum sæculi,* qui æterna ultione damnandi sunt. Sequitur, *et revereantur et pereant.* Ipse sensus est quem superius dixit : quia ibi reverendo non proficiunt, sed pereunt qui ad æternum supplicium destinantur.

Vers. 18. *Et cognoscant quia nomen tibi Dominus: tu solus Altissimus in omni terra. Cognoscant* ad genus respicit utrumque peccantium, sive qui obstinatione sua perituri sunt, sive qui adhibita satisfactione liberantur. Omnes enim cognoscunt omnipotentiam Domini, quia ipse est *solus Altissimus,* dum ipsum cognoverint et conversis parcere, et obduratos æterna ultione damnare.

Conclusio psalmi.

Meminerimus hunc *Asaph* non frustra undecim psalmis superioribus introductum, ut corda durissima Judæorum frequenti Synagogæ ipsius voce verberata mollescerent, crescerentque vel ipsi nomini cui videbantur esse devoti. Quapropter adest cura prædicantium, si sibi non impediat obstinatio perditorum. Omnia de Domini incarnatione perfecta, omnia de gentium credulitate manifesta sunt. Judicii tempus restat, quod omnes generaliter sustinemus ; sed antea oportet credere, ne ibi possit impios ultio prædicta damnare.

285 EXPOSITIO IN PSALMUM LXXXIII.
In finem, pro torcularibus filiis Core, psalmus.

Quid significet *In finem,* frequenter expositum est, et cum superioribus titulis *pro torcularibus* dixerimus ad Ecclesiam pertinere, congruit tamen diligenter inspicere cur Ecclesia visa est tale nomen accipere. Uva pendens atque intacta, et olivæ bacca in arbore constituta suavissimi saporis sui non indicant dignitatem, sed cum ad torcular utraque pervenerint, nimioque pondere compressa detumuerint, tunc fructus dulcissimi liquoris emanant, qui in follibus suis reconditi non patebant. Sic Ecclesia Dei cum afflictionibus persecutionibusque conteritur, declarantur merita sanctorum, quæ quietis temporibus cognita non fuerunt. Istius ergo torcularis pressura sanctificat, contritio meliorat, cujus labor cœlestis fructus est, et pœna præsens requies sempiterna. Nec illud vacat quod in octavo et in octogesimo, et hic, tantum *pro torcularibus* positum est. Significat enim ad sanctam Trinitatem hoc mysterium Ecclesiæ pertinere, quod trini numeri repetitione sacratum est. *Core* vero calvitium interpretari supra jam dictum est. Cujus nominis interpretatio denuntiat Calvariæ locum, ubi Christum Dominum constat esse crucifixum. Et ideo *filii Core*, Christiani modis omnibus indicantur, ex quorum persona psalmus iste cantatur. Et intende quod de pretiosissima charitate Domini psalmus iste secundus est, quæ nos supra omnia gratiæ divinæ consociat.

Divisio psalmi.

Filiorum Core, quos per significationem Calvariæ ad Christum Dominum diximus pertinere, una introducitur persona generalis, quæ in prima fronte psalmi inæstimabile sibi desiderium demonstrat Ecclesiæ. Secundo modo beatum esse profitetur cui Dominus præstat auxilium, eumque facit ad confessionis gratiam pervenire. Tertio multo præstantius dicit esse in domo Domini abjectum habitare, quam peccatorum tabernacula cum quibuslibet mundanis honoribus introire.

Expositio psalmi.

Vers. 1. *Quam amabilia sunt tabernacula tua, Domine virtutum!* Filius Core spirituali fecunditate regeneratus, et torcularibus Ecclesiæ competenter expressus, ad futuram Jerusalem desiderat pervenire: in qua jam nulla sint pondera tribulationum, sed beatitudine secura, imperturbata felicitate potiatur. Dicendo, *Quam*, magnitudinem rei exprimere non potuit; sed dedit hoc infinitissime sentiendum. Quis enim possit comprehendere quo ambitu aut afflictus requiem, aut æternitatem conditio mortalitatis exposcat? Nam quod dicit, *Domine virtutum*, nescio quam ibi magnam sensit inesse potentiam; ut quamvis tale munus non potuisset verbis exponere, aliquod tamen ibi bonum ingens esse monstraret. Quæ figura dicitur *emphasis*, quæ plus intellectu relinquit utique quam dicatur.

Vers. 2. *Concupiscit et deficit anima mea in atria Domini; cor meum et caro mea exsultaverunt in Deum vivum.* Quidquid contra humanas vires assumitur, defectus ibi pro rerum magnitudine reperitur. In illud enim necesse est *deficiat*, quo mens directa ad præsens non potest pervenire. Cogitabat quippe vir iste sanctissimus Domini virtutes et præmia, beatitudines illas cœlestes et gaudia, Jerusalem ex mortalibus populis immortaliter lætantem; et necesse erat ut in suis gaudiis sensus ipse succumberet, qui ad rem desideratam e vestigio non poterat pervenire. Sed quam robustus sit iste defectus, quam fortissima lassitudo, consequenter exponit, dicendo: *Cor meum et caro mea exsultaverunt in Deum vivum*. Quamvis enim utraque pertinere videantur ad carnem, *cor* tamen ad intelligentiam referri posse non dubium est. Nam cujus sapientiam proferre volumus, ejus *cor* sine dubitatione laudamus. Utraque enim quibus constat humanitas, id est corpus et anima, in cœlestem dicit erupisse lætitiam. Sed advertendum est vir iste quanta fuerit sanctitate præclarus, ut non solum ejus *anima*, verum etiam *caro*, quæ plus prævaricationis vitio probatur obnoxia, in exsultationem Domini fe-

lici sorte proruperit: prævidens bona futuri sæculi, quæ ejus se credebat largitatibus adipisci.

Vers. 3. *Etenim passer invenit sibi domum, et turtur nidum sibi ubi ponat pullos suos.* Cum superius animam corpusque dixerit in Domini exsultatione gaudere, hic avium ista duo genera ad quamdam similitudinem commendandam posuisse dignoscitur. *Passer* est nimia velocitate celerrimus, qui in silvis habitare non patitur, sed domum sibi in parietum foraminibus desideranter exquirit, quam dum invenerit nimio gaudio lætus exsultat, quia se diversarum adversitatum ulterius patere non credit insidiis. Sic anima jucundatur, dum in cœlorum regna mansionem suam senserit esse præparatam. *Turtur* vero abstinentiæ moderatione castissimus est, qui una tantum copulatione contentus, filiis suis nidum ædificare cognoscitur; qui non ut *passer* præparatam domum reperit, sed novam sibi de quibusdam particulis fabricare contendit. Huic caro nostra non irrite comparatur, quæ opera sua in Domini gaudet posuisse mandato. Per hanc enim evenit, ut jejuniorum sacrificia suaviter offerantur, ut cibum pauperibus demus, et sepeliamus defunctos, ægrotis serviamus, positos in carcere visitemus, et cætera pietatis officia, quæ corporalibus noscuntur ministeriis explicari. Alii *turturem* sanctæ applicaverunt Ecclesiæ: quoniam præter Christi Domini alterius nescit habere consortium.

Vers. 4. *Altaria tua, Domine virtutum: Rex meus et Deus meus.* Versus hic ad superiora respondet. Ait enim: *Altaria tua, Domine virtutum*, ubi jungendum est quod in primo versu psalmi dictum est, *Quam amabilia sunt!* Quæ figura dicitur ἀπὸ κοινοῦ, id est, a communi, quando dicta superius ad inferiora respondent. Sed quoniam anterius dixerat *domum passeris, et turturis nidum*, quid in eis intelligere debuissemus ostendit. In his enim *altaribus* quasi in domum gratissimam gratulatur [*ms*. G. et ed., fritinnit] fidelis anima: in his *altaribus* carnis opera, quæ tamen sunt sancta, reponuntur. In illo altari spes firmissima collocatur, in quo beatorum animæ velut in quodam perenni prandio conviviis cœlestibus epulantur: ubi satietas magis incitat, nec beata esuries aliquando discedit. Addidit etiam, *Rex meus et Deus meus*. *Rex* a regendo dicitur; *Deus* videlicet a creando; quamvis et timorem tale nomen indicare monstretur.

Vers. 5. *Beati qui habitant in domo tua, Domine; in sæculum sæculi laudabunt te.* Quid muneris conferant altaria illa prædixit. Nam si beatus hic habeatur, cui ad tempus omnia secunda procedunt, nec aliqua adversitate concutitur, quid de illa beatitudine sentiamus, cui nec in qualitate, nec in perennitate quidquam simile reperitur? Sed quia humanis verbis hoc bonum non potest explicari, tamen unde proveniat non tacetur. Dicit enim, *laudabunt te*. Inde est quippe illa beatitudo mirabilis, quam ut æternam intelligeres, subjecit, *in sæculum sæculi*. Sed qualis, rogo, illius sæculi ventura lætitia est, ubi dabitur copiose gaudere, et nunquam ab ea posse discedere?

Vers. 6. *Beatus vir cujus est auxilium abs te, Domine; ascensus in corde ejus.* Decursa contemplatione felicitatis futuræ, venit ad secundum modum, ubi Dei famulum etiam hic ostendit beatum : ne putarentur fidelibus præmia vel hic in totum fuisse subtracta. Dicendo enim, *auxilium abs te, Domine*, prodidit hic labores colluctationesque difficiles. Adjecit, *ascensus in corde ejus.* Utique illi beato cui est auxilium a Domino, *ascensus* est *in corde*, quia semper proficit, semper ascendit, et quantum Dominus præstat auxilium, tanto altius elevatur ad cœlum. Tale est enim (verbi causa) quod dicimus, cum vicerit quis libidinem auxilio Domini, ascendit primum gradum; cum dominatus fuerit superbiæ, salit alterum; dum superaverit avaritiam, subit tertium; et tot gradibus evehitur quot vitiis fuerit absolutus. Sic per quintam speciem definitionis, quæ Græce κατὰ τὴν λέξιν, Latine ad verbum dicitur, beati facta definitio est; complectitur enim quid sit beatus, *cui est auxilium abs te, Domine.*

Vers. 7. *Disposuit in convalle lacrymarum, in locum quem disposuit : etenim benedictionem dabit qui legem dedit.* Convallis lacrymarum pœnitentis humilitas est, de qua tantum quis ad superiora conscendit, quantum in illa satisfactione descenderit. Sed ne forsitan quæreres ubi ascenderetur, subjunxit, *in locum quem disposuit.* Locus utique ille *dispositus* regnum Domini significat futurum, quem contingere felici sorte merebimur, si ad eum pervenire dispositis a Domino regulis appetamus. Ipse enim disposuit gradus qui ordinavit et locum. Qui vult accipere præmium, audiat quid jubetur. Sequitur, *etenim benedictionem dabit qui legem dedit.* Cum prophetiæ tempus esset sub lege Domini constitutum, nec adhuc venisset gratiæ donum, eumdem dicit *benedictionem daturum,* id est gratiam suam, *qui legem dedit* ante justitiam: docens Dominum Christum utriusque Testamenti evidenter auctorem, cum dicit, *benedictionem dabit qui legem dedit.*

Vers. 8. *Ambulabunt de virtute in virtutem; videbitur Deus deorum in Sion.* Virtus primum erat in lege, nunc est virtus in gratia; sed jucundior ista quæ redimit [ms. F., remittit], quam illa quæ judicat. Præstet ipse qui utrumque dedit, ut quoniam bona per legem peccatores suscipere non meremur, absolutionem nobis per gratiam conferre dignetur. Intelligat tamen Christianus *de virtute in virtutem* sibimet ambulandum, ne se remittat ad otium. Sequitur, *videbitur Deus deorum in Sion.* Ecce duas illas virtutes in unam dicit Christi convenire personam. Ipse enim *visus est* Jerosolymis *in Sion* monte, qui legem dedit et gratiam. *Deum* vero *deorum* quemadmodum debeamus advertere, proxime in octogesimo primo psalmo jam dictum est : quia et sanctos viros Scriptura divina *deos* appellare non desinit. Sic enim dicitur *Deus deorum*, quemadmodum Rex regum, Sanctus sanctorum, et Dominus dominantium. Vi-

debitur, dixit, non, intelligitur, quia illud erat omnium, istud vero paucorum.

Vers. 9. *Domine Deus virtutum, exaudi precem meam; auribus percipe, Deus Jacob.* Ut revera unum Deum intelligeres illarum esse virtutum quas superius dixit : *Ambulabunt de virtute in virtutem*, exclamans ipse quoque professus est : *Domine Deus virtutum.* Et quis est iste *Deus virtutum?* *Deus Jacob*, id est Dominus Christus, qui inimicorum suorum clementissimus supplantator agnoscitur, quando eorum pravas nequitias, ad virtutum semitas facit pervenire directas. Sive illud mavult intelligi, ut sicut *Jacob* fecit Israel vocari, quia viderat Deum, et istum quoque fidelissimum, qui hic loquitur, faceret majestatis suæ æternam gloriam contueri.

Vers. 10. *Protector noster, aspice, Deus; et respice in faciem Christi tui.* Venit ad tertium modum, ubi deprecatur innotescere mundo Dominum Salvatorem. Hæc non tanquam dubitans vir sanctissimus optat, sed postulat cito fieri quæ noverat esse ventura. Et quia per redemptorem nostrum mundum sciebat esse salvandum, petit ut sic aspiciat genus humanum, quatenus *in faciem Christi sui respiciat* Pater; non quod ille aliquando eum non respicit, sed ut præsentia incarnationis gentibus illum innotescere faceret, qui eis facie probabatur incognitus. Hæc figura dicitur hypallage, Latine permutatio, quoties dicitur respici magis ille qui respicit, vel his similia, quæ in Scripturis divinis frequenter adhibentur; ut est illud : *Dominus de cœlo prospexit super filios hominum, ut videat si est intelligens aut requirens Deum* (Psal. LII, 3). *Ut videat* enim dixit, id est, videre faciat. Simile est et illud : *Intellige clamorem meum;* non quod ille deprecatus intelligat, qui novit omnia sicuti sunt, sed intelligi faciat ab his qui ignorare noscuntur.

Vers. 11. *Quia melior est dies una in atriis tuis super millia.*

Vers. 12. *Elegi abjectus esse in domo Dei magis quam habitare in tabernaculis peccatorum.* Ipsa sunt atria Domini, in quibus superius concupiisse se et defecisse testatus est, in quibus una dies juste desideratur : quia semper æterna est, quæ solis adventu non oritur, nec ejus finitur occasu; quam non sequitur crastina, nec præcedit hesterna, sed immutabilis manens constat unitate perpetua. *Super millia*, mundum istum significat, ubi millia dierum sustinent finem, et ab uno illo vincitur quidquid in istorum multiplicationibus aggregatur. Merito ergo talibus desideriis quæritur, cui nihil simile reperitur. Hæc figura dicitur parison, id est æquatio sententiæ, quando duæ res e diverso ponuntur, sed una magis eligitur; sicut et hic, et superius fecit, et inferius ipse facturus est. Sequitur, *Elegi abjectus esse in domo Dei, magis quam habitare in tabernaculis peccatorum.* Vir sapiens non judicabat ad carnis oculum, sed ad ipsius veritatis aspectum; ut *esset abjectus in domo dominica,* quam in gloria sæculi vivere criminosa. O abjectio illa pulchra! o sublimitas ista fœdissima! Ipsa est scilicet quæ superius dicitur, *con-*

vallis lacrymarum, palatiis omnibus sine dubitatione superior: ubi etsi ad tempus plangitur, inde tamen sine fine gaudetur. Abjectus enim dicitur, qui humana aestimatione habetur extremus. Sed apud Deum ille magis honorabilis judicatur, qui propter nomen ipsius inter homines videtur esse despectus.

Vers. 13. *Quoniam misericordiam et veritatem diligit Dominus Deus; gratiam et gloriam dabit Dominus.* Causa redditur quare domus Domini plus debeat diligi quam tabernacula peccatorum. In Ecclesia enim ipsius primum *misericordia* est, quia de peccatoribus efficit justos, et veritatem illis promissi praemii non negavit; sicut dicit Apostolus: *Qui prius fui blasphemus, ac persecutor et injuriosus; sed misericordiam consecutus sum* (I Tim. 1, 13); et paulo post: *Bonum certamen certavi, cursum consummavi, fidem servavi; superest mihi corona justitiae, quam reddet mihi Dominus in illo die justus judex* (II Tim. iv, 7, 8). Ecce utrumque complexus est, et *misericordiam* Domini *et veritatem*. Subjungit etiam, *gratiam et gloriam dabit Dominus.* Ne solam *gratiam* in hoc saeculo sanctis putares esse collatam, sequitur, *et gloriam dabit Dominus.* Hic enim primo praestat *gratiam*, ut peccatores convertantur ad vitam; in futuro *dabit gloriam*, ut divino munere justificati, angelorum mereantur esse consortes. Gratia enim dicitur gratis data, sicut ait Apostolus: *Si autem gratia non ex operibus, alioquin gratia jam non est gratia* (Rom. xi, 6). Ipsa est quippe Domini Christi gratia, quae nos praeparat, adjuvat, corroborat, et coronat.

Vers. 14. *Non privabit bonis ambulantes in innocentia.* Malorum tantum poena est a munere Divinitatis arceri. Innocentiam vero plenam Dei constat esse muneribus, sed haec *innocentia* sui debet vocabuli fine cognosci. Ipse est enim innocens qui nulli nocet. Talis ergo non potest privari muneribus Dei, qui jam hic dona beatae conversionis [*ms. A. et ed.*, conversationis] accepit. Innocens autem est qui hic disponitur in convalle lacrymarum, qui *eligit abjectus esse in domo Dei magis quam habitare in tabernaculis peccatorum;* et his similia quae superius dixit.

Vers. 15. *Domine Deus virtutum! beatus homo qui sperat in te.* Tot bona explicare non potuit, quae sanctus suus animus sentiebat; et ideo sub admiratione legendum est: *Domine Deus virtutum!* qui tanta bona facis, quanta homines referre non possunt. Ad postremum intulit aliquid aliud quam praemisit: *Beatus homo qui sperat in te.* Quod schema dicitur paraprosdocia, Latine inopinatus exitus; hoc est, cum aliud proponitur, et aliud subjungitur. Intelligamus ergo quantum possumus sensum divinum quam multiplici decore reluceat; ut illud quod multis verbis explicare non poterat, in paucitate concluderet. *Beatus* est enim qui spem suam in aeterna felicitate posuerit. *Beatus* cujus bona non occidunt. Sed postremum perfecte *beatus* est cujus spes in Domino jugiter perseverat.

Conclusio psalmi.

Mirabilis psalmus et omni mundana suavitate ju cundior, qui sic nobis Ecclesiae torcularia fecit omnino dulcescere, ut optabilius habeamus tali fasce deprimi, quam hujus felicitatibus sublevari. Unde jam merito dicimus: *Concupiscit et deficit anima mea in atria Domini.* Sed sanctam petamus Trinitatem, ut quemadmodum sensus nostros dulcedo praesentis lectionis affecit, ita jugiter in nobis maneat, quod ipse miseratus infudit.

EXPOSITIO IN PSALMUM LXXXIV.

In finem, filiis Core, psalmus.

In finem, Dominum Salvatorem significare constat in titulis, sicut dicit Apostolus: *Finis enim legis Christus ad justitiam omni credenti* (Rom. x, 4). *Filiis Core, psalmus.* Quid significet *Core*, saepe jam diximus. Hoc tamen in summa commonere sufficiat, hunc psalmum de illis dici qui jam Domino Salvatori sincera mente crediderunt: de cujus primo adventu praesens psalmus tertius approbatur.

Divisio psalmi.

In prima parte psalmi propheta Domino breviter gratias agit, quoniam de illa antiquitate Judaicae nationis pervenit populus ad culturam Domini Salvatoris. Secunda parte refert quemadmodum iram suam Dominus in populo Judaeorum mitigare dignatus est: expetens adventum Christi, in quo humana caecitas evidentissimum lumen credulitatis accepit. Tertia parte ad se ipsum verba convertit, et prophetiae spiritu incarnati Verbi praedicat evidenter adventum.

Expositio psalmi.

Vers. 1. *Benedixisti, Domine, terram tuam · avertisti captivitatem Jacob.* Praevidens Psalmista futura miracula, tanquam de praeterito laetus exsultat: adventu Domini *benedictam terram* esse pronuntians, id est carnem utique quam ipse est dignatus assumere. Per *Jacob* enim patriarcham frequenter diximus significari populum fidelem, qui liberatus est a captivitate diaboli, quando meruit Domini miseratione salvari. Dicendo: *Avertisti captivitatem*, ostendit eam pro humanis quidem iniquitatibus fuisse crassatam, sed divina miseratione submotam.

Vers. 2. *Remisisti iniquitatem plebis tuae; operuisti omnia peccata eorum. Remittere* est debitum relaxare, non causae alicujus interventu, sed pietatis intuitu. Sic Dominus remisit culpam, dum reos pervenire fecit ad veniam. Hoc est quod superius dixit: *Avertisti captivitatem Jacob. Captivitas* enim peccati fuit, quando mundus idolis serviebat obnoxius; sed veniente Domino Salvatore tecta esse, id est oblitterata non dubium est; cujus adventu et libertas nostra caput extulit, et superbia diaboli confracta succubuit. Sequitur, *operuisti omnia peccata eorum.* Propitiatio Domini sic evidenter agnoscitur, quando peccata nostra cooperta esse monstrantur. Illorum enim abominatio, nostra absolutio est, et tunc securi reddimur, quando illa ad judicium non vocantur. Hoc humano generi constat esse collatum, cum salutaris Dominus dignatus est advenire. Et intende quod per hos duos versus figura fit homœoteleuton, quia similibus litteris dictiones plurimæ terminantur; dixit enim : *Benedixisti, avertisti, remisisti, operuisti*.

Vers. 3. *Mitigasti omnem iram tuam; avertisti ab ira indignationis tuæ*. Interjecto diapsalmate venit ad secundam partem, referens quemadmodum *iram* suam Dominus *mitigare* dignatus est, et salus proveniret quibus desperatio pro factorum suorum qualitatibus imminebat, sicut in Evangelio ipse testatur : *Non sum missus nisi ad oves quæ perierunt domus Israel* (Matth. xv, 24). Sed inspice qua mensura sit positum, *Mitigasti*. Prosequitur iterum culpas, quas in Dominum Salvatorem Judæorum nefanda protervia studio perversitatis exercuit. *Ab ira* autem *indignationis suæ*, subaudiendum est, quoniam Judæorum avertit interitum, dum ad ægrotos medicus, ad pestilentia plenos auctor salutis advenit. Quod non solum ad unam gentem, sed ad beneficium totius orbis aptandum est.

Vers. 4. *Converte nos, Deus salutaris noster; et averte iram tuam a nobis*. Cum superius dixerit, *operuisti omnia peccata eorum;* modo quasi noviter petit, *averte iram tuam à nobis*. Sed utraque conveniunt, si consideremus tempora peccatorum. Pro illis itaque iniquitatibus quas ante fecerat populus Judæorum, prius gratias egit, quoniam adventu Domini omnia probantur esse mitigata. Hic autem pro futuris culpis iterum rogat, quia eos in passione Domini crudelia scelera prævidebat iterum esse facturos. Denique hoc dicit, *Converte*, ut de persecutoribus defensores fiant, de blasphemis prædicatores, de contradictoribus discipuli. Dicendo autem *nos*, personam populi, de quibus loquitur sumit. Simili modo accipiendum est, *averte iram tuam a nobis*, ne gentem Judaicam debita possit pœna percellere.

Vers. 5. *Non in æternum irascaris nobis, neque extendas iram tuam a progenie in progeniem*. Sciebat Domini patientiam impia hominum sustinere peccata, et ideo rogat ut non eos æterna damnatione percellat, sed invitando demulceat, sustinendo lucretur, commonendo recorrigat, quod tamen eum facturum esse noscebat. Perscrutandum est autem quod duas *progenies* posuit : prima est enim (ut quibusdam placet) ab Adam usque ad Christum, secunda quæ per gratiam baptismatis usque ad finem sæculi peracta concluditur. Petit ergo, ut quia priori generationi pro pertinaciæ suæ qualitate juste iratus est Dominus, ne secundæ generationi idem velit irasci; quæ, etsi a peccato immunis esse non potest, tamen per gratiam baptismatis, et satisfactionem confessionis culparum suarum sordibus desiderat expiari.

Vers. 6. *Deus, tu convertens vivificabis nos; et plebs tua lætabitur in te*. Mirabili Dominum pietate deprecatur : probans quia conversionem nostram de meritis non habemus, sed ejus munere provenit, quando pro se aliquid animus salutariter concupiscit. Dicit enim : *Deus, tu convertens vivificabis nos;* id est, quia tu præmittis conversionis votum, ut ad vitæ pervenire possimus introitum. Quod cum donaveris, tunc illa *plebs* prospere *lætabitur in te*, quæ infeliciter gaudebat in se. Hoc enim provenit conversis, quando suscipere cœperint beneficia Salvatoris.

Vers. 7. *Ostende nobis, Domine, misericordiam tuam, et salutare tuum da nobis*. Sciebat quidem Dominum esse venturum, sed rogat ut hæc beneficia non tantum oculis carnalibus videat (sicut cæteri non credentes), sed purissimo cordis intueatur aspectu. *Misericordia* enim Patris salvator est Dominus, quem sibi illuminatione veræ fidei cohors beata poscebat ostendi, non tantum carnis velamine coopertum, sed potentiæ suæ claritate conspicuum. Nam idem cum de ipso diceret, addidit, *da nobis*, id est, concede *salutare tuum* quasi amplectendum, quasi possidendum, quasi munere æternæ gloriæ perfruendum. Perfidis enim tantum apparuit, non etiam datus. Da ergo dicit, ut cum in mente nostra cœlesti dono recipitur, nullis tentationibus auferatur.

Vers. 8. *Audiam quid loquatur in me Dominus Deus : quoniam loquetur pacem in plebem suam, et super sanctos suos*. Venit ad tertiam partem, in qua pulcherrimo schemate prædicat Domini Salvatoris adventum. Nam postquam deprecatus est ut ei Dominus appareret, quasi petitionis suæ compos, subita illuminatione completus, dicit : *Audiam*, id est, non mihi loquendo officium, qui jam sentio me accepisse quod credam. Quod genus locutionis Scripturæ divinæ proprium esse cognoscimus, quando nihil tale (ut arbitror) in libris sæcularibus invenitur. Vides prophetiæ potentiam hoc dicto fuisse revelatam. Intus enim loquitur Dominus, id est Spiritus sanctus, ut Psalmista foris fari posse videatur; intrinsecus audit, ut extrinsecus audiatur; dicit tacitus propheta, quod verberato aere a populis possit audiri. Sequitur, *quoniam loquetur pacem in plebem suam, et super sanctos suos*. Pax Dei Christus est Dominus, quam locuturum dicit Spiritum sanctum, quoniam est de ejus incarnatione dicturus. *Plebi* dixit, sed *suæ*, non indevotæ, id est sanctis qui Deo Domino probabili conversatione placuerunt. His enim *pax* est Dominus Christus, infidelibus autem scandalum et stultitia, qui bellum in sacrilega mente patiuntur, quia pacis auctorem rectis semitis non sequuntur. Sed hunc versum paulo diligentius perscrutemur, quoniam scelestas mentes veritatis ipsius attestatione convincit. Hic [*ed.*, hinc] enim evidenter expressum est quid sit Spiritus sanctus, id est *Dominus Deus*. Ubi sunt qui dicunt Spiritum sanctum Patre et Filio esse minorem, et ita esse subjectum, ut putetur voluntatis suæ judicium non habere? Audiamus Spiritum sanctum, qui in propheta suo sponte loquebatur *Dominum* esse *Deum*. Nam et in Actibus apostolorum de ipso aperte legitur Deum esse Spiritum sanctum, dicente Petro Ananiæ : *Cur tentavit Satanas cor tuum mentiri te Spiritui sancto* (Act. v, 3)? Et post paululum, ostendere volens qui sit Spiritus sanctus, dicit: *Non es mentitus hominibus, sed Deo* (Ibid., 4). Nam idem Petrus in Epistola sua dicit: *Spiritu sancto misso de cœlo, in quem con-*

cupiscunt angeli prospicere (I Petr. 1, 12). Qui si æqualis non esset, non in baptismo in nomine Deitatis Patri et Filio reverendissimo honore coæquaretur, sicut ab ipsa Veritate prolatum est : *Ite, baptizate omnes gentes in nomine Patris, et Filii, et Spiritus sancti* (*Matth.* xxviii, 19). Quod solum testimonium debet humano generi valde sufficere, quia ubi unum nomen Deitatis dicit, ibi aut naturæ aut potentiæ diversitas non habetur.

Vers. 9. *Et in eos qui convertuntur ad ipsum : verumtamen prope timentes eum salutare ipsius, ut inhabitet gloria in terra nostra.* Qui convertuntur ad ipsum, significat pœnitentes, qui mundi pestifera libertate derelicta, felicia ejus eligunt subire servitia. Nam cum orbis universus idolorum turpissima devotione flagraret, soli Judæi putabantur *prope timere* Dominum, qui per Moysen lege suscepta, uni Deo videbantur esse devoti. Sed ideo dictum est : *prope timentes*, quia carnaliter omnia gerentes, diversis eum culpis contumaciter irritabant. Non enim *timere*, sed *prope timere* dicti sunt qui legem ipsius carnaliter, non spiritualiter acceperunt. Ut autem hoc de ipsis dictum intelligas, sic et Apostolus ait : *Et veniens evangelizavit pacem vobis, qui eratis longe; et pacem his qui prope* (*Ephes.* ii, 17). Sed quamvis tales fuissent, tamen Dominus Salvator de ipsorum elegit carnaliter gente procreari. Inde enim Virgo Maria quæ peperit Christum : ibi conversatus est Dominus; ibi miracula, quæ a fidelibus et leguntur et creduntur, effecta sunt.

Vers. 10. *Misericordia et veritas obviaverunt sibi : justitia et pax complexæ sunt se.* Hoc schema dicitur somatopœia, id est corporis attributio, quando rebus incorporeis corpora tribuuntur. Nam cum *misericordia et veritas, pax et justitia* incorporea sint, duabus gressum, duabus dedit amplexum, quod utique constat esse corporeum. Postquam vero dixit ex qua gente esset Dominus nasciturus, nunc quæ præstiterit adventus sanctæ incarnationis exponit. Ipso quippe præstante, duo Testamenta in unius seriem copulationis adducta sunt ; in Novo enim *misericordia* est, in qua per gratiam liberatur genus humanum ; in Veteri *veritas*, ubi lex et prophetarum annuntiatio continetur; sicut in septuagesimo psalmo jam dictum est. Hæc autem duo *sibi obviaverunt*, non ad exercendam contrarietatem, sed ad gratiam promissæ perfectionis implendam. Unum quippe constat factum, quod temporibus probabatur esse divisum. Et ut genus ipsum fœderis evidenter exprimeret, hoc ipsum varia nominum iteratione geminavit, amplexu quodam dilectionis duas res, id est *justitiam et pacem* in mutuam protinus venisse concordiam. Quod fieri solet, quando se homines post longum tempus videntes, nexu brachiorum studio charitatis astringunt.

Vers. 11. *Veritas de terra orta est, et justitia de cœlo prospexit. Veritas de terra orta est*, quando ex Maria Virgine Verbum caro factum est; sicut ipse dicit : *Ego sum via, veritas et vita* (*Joan.* xiv, 6). *Justitia de cœlo prospexit*, quando humano generi periclitanti Filius Dei mirabili dispensatione subvenit. Potest et aliter hic sensus intelligi. *Veritas de terra oritur*, quando confessio peccatoris offertur ; *justitia de cœlo prospicit*, quando fit remissio peccatorum. Quod in publicani illius oratione provenit. *Veritas* enim *de terra orta est*, quando ima respiciens, confitendo peccata sua Deum rogabat ; *justitia* vero *de cœlo prospexit*, cum descendit justificatus publicanus magis quam ille pharisæus.

Vers. 12. *Etenim Dominus dabit benignitatem, et terra nostra dabit fructum suum.* Et iste quoque versus ad pœnitentis humilitatem competenter aptatur. Ipse enim sua benignitate donat confessionis affectum, id est imbrem prosperrimum lacrymarum ; ut caro nostra piis fletibus irrigata, præmia possit afferre copiosa.

Vers. 13. *Justitia ante eum ambulabit; et ponet in via gressus suos.* Pari etiam modo et hunc versum ad illos aptandum esse dicimus, qui supplicationibus piis a Domino corriguntur. *Justitia* quippe *ambulabit ante eos*, quando, malorum suorum veritate recognita, remitti sibi humiliter petunt quod sceleratis ausibus perpetrarunt ; et quod gaudentes male ligaverunt, per beneficia piæ lamentationis absolvant. Tunc enim vere *ponunt in via*, id est in Christo *gressus suos*, qui ante semitis detestabilibus erraverunt.

Conclusio psalmi.

Audivimus, beate David, quid intus tibi locutus fuerit Dominus. Pax ista et super nos veniat, quæ in tuo corde regnabat. Ecce verum Regem, quem virtus talis regebat; templum justitiæ, palatium pietatis, thesaurarium misericordiæ. Jure tibi subjacebant terrena, cui talis Dominus imperabat. Ecce quod ultra omne imperium, supra omne possit esse præconium : de tuo semine omnipotens Verbum carnem sumpsit, per quod humanum genus salutare donum redemptionis accepit.

EXPOSITIO IN PSALMUM LXXXV.
Oratio David.

Oratio nomen homonymum est, cujus etymologia est oris ratio ; quæ quando inter humana judicia dicitur, a disertis artificiosa nimis [*mss.* A., F., animi] subtilitate componitur ; quando Deo funditur simplici atque humili supplicatione profertur. Sed hæc humilitas atque puritas deprecationis sancto Verbo sic convenit ; si duas naturas in Christo Domino (ut mater docet Ecclesia) confiteamur perfectas atque verissimas, id est, Dei et hominis. Tunc enim veracium verborum nulla contrarietate turbabimur, si sanctis proprietatibus apta reddamus. Nam si vis nosse potentiam Deitatis ejus, audi Evangelium : *In principio erat Verbum, et Verbum erat apud Deum, et Deus erat Verbum. Hoc erat in principio apud Deum. Omnia per ipsum facta sunt, et sine ipso factum est nihil* (*Joan.* i, 1). Et si vis infirmitatem hominis cognoscere, audi Paulum apostolum dicentem ; *In similitudinem hominum factus, et habitu in-*

ventus, ut homo. Humiliavit semetipsum factus obediens usque ad mortem, mortem autem crucis (*Philip.* II, 7, 8). Et ideo quando a parte humanitatis suæ loquitur, Divinitatis [*ed.*, humilitatis] fragilitas non putetur [*mss. A., F.,* Divinitati fragilitas non imputetur]; quia sic humana extulit, ut nullatenus divina minuerit. Idem ergo atque unus Dominus Christus oratur, quia Filius Patris est : orat, quia Filius hominis est. Inde Creator, hinc creatus; inde Dominus, hinc servus; hinc mortalitatis nostræ particeps, inde mortis ipsius interemptor. Hinc est quod per libros divinos aptissimis locis duas operationes suas semper ostendit. Quod si hæc, devotus lector, fideli mente servaveris, omnia veraciter tibi constare posse cognosces. Illud præterea debemus agnoscere firmoque animo continere, quod *oratio* quando a Domino Christo funditur, institutio est sancta fidelium, forma bonorum, sinceræ humilitatis exemplum; cum a subjectis agitur, satisfactio delictorum, confessio criminum, lavacra culparum. Ibi magisterium est docentis; hic abolitio postulatur erroris. Nam sic innocens oravit, quemadmodum et crucem sine aliqua culpa sustinuit. Lazarum ploravit, ut nobis proximi ostenderet charitatem. Persecutores fugit, ut nobis audaciam inconsultæ temeritatis auferret. Hæc enim et his similia providus Doctor effecit, quatenus et veritatem sanctæ incarnationis ostenderet, et futuris Manichæis cæterisque talibus obviaret. *David* autem quod positum est, Dominum significat Salvatorem; sive quia interpretatio ejus (ut sæpe dictum est) manufortis ac desiderabilis habetur; sive quia ex ejus generatione descendit; humanitate enim ejus est filius, divinitate Dominus et Creator. Quod si hoc gubernaculum imprudens nauta reliqueris, in asperrimas cautes navim tuæ fidei sine dubitatione confringes. Et nota quod hic psalmus secundus est, qui orationis titulo prænotatur.

Divisio psalmi.

Per totum psalmum orat Dominus Christus, in prima sectione dicens quæ ipsi tantum probantur aptari. Secunda pro membris suis, quorum ipse caput est, humilius deprecatur. Tertia ex sua iterum persona reloquitur, quod ad eum specialiter intelligas pertinere. Sed hæc omnia unus atque idem Deus homo loquitur Christus.

Expositio psalmi.

Vers. 1. *Inclina, Domine, aurem tuam ad me, et exaudi me, quoniam egenus et pauper sum ego.* Ex forma servi (sicut præfati sumus) Christus omnipotenti supplicat Patri, ut ejus exaudiatur oratio. Nam quod dicit : *Inclina,* ostendit quia se ad ipsum extendere non poterat humana conditio, nisi ipse suam Majestatem piissimus *inclinaret. Aurem* enim dicit, non istam corpoream, sed auditum illum spiritualem, quo petentium vota cognoscit. Nam per tropologiam talia de Deo dici, frequenti expositione jam nota sunt. *Exaudi* autem *me,* significat, ut mea desideria compleantur; quatenus resurrectione ego quoque *salvus* fiam, cujus morte mundum constat esse salvandum. Dicendo enim *egenum se esse et pauperem,* conditionem, quam susceperat humanitatis, ostendit, quæ ex se nihil habere potest, nisi quod largitate Divinitatis acceperit. Audiant egeni et pauperes, suosque animos tali gloria consolentur, quando rerum Dominus hoc de se dicit, quod pusillanimes frequenter applicandum putant esse miseriis. Sed nec illos excludit, qui in divitiis suis pura Domino mente famulantur; *egenus* enim *et pauper* Dei est, quisquis meruerit mundi istius perversitate vacuari.

Vers. 2. *Custodi animam meam, quoniam sanctus sum : salvum fac servum tuum, Deus meus, sperantem in te.* Potenter exsequitur qui sit *egenus et pauper,* scilicet Dominus Christus, qui se veraciter *sanctum* dicit, quia mundi istius illecebras cœlestis vitæ conversatione calcavit. Audiant Apollinaristæ habere animam Dominum Christum, et perfecti hominis sumpsisse naturam; quia non poterat non habere eam, ad quam specialiter probatus est venisse salvandam. Nemo enim liberat quod de pervasoris potestate non cripit; etsi non sit apud defensorem quod vindicat, captivitatis susceptæ conditio perseverat. Et respice quam salutaris nobis forma proposita est. Ille qui se veraciter dixerat esse *sanctum,* et a mundi illecebris alienum, *salvum* se a Divinitate *fieri* deprecatur, ut nos instrueret salutem non esse in humanis viribus constitutam, sicut et propheta Jeremias dicit : *Maledictus homo qui spem suam ponit in homine, et a Deo recedit cor ejus* (*Jerem.* XVII, 5), etc.

Vers. 3. *Miserere mei, Domine, quoniam ad te clamavi tota die.* Unus atque idem Deus et homo Christus Jesus misericordiam petit, qui misericordiam donat; docens perseverantia deprecationis pietatem Domini modis omnibus impetrandam; sicut ipse in Evangelio docet : *Bonum est orare, et non deficere* (*Luc.* XVIII, 1). Audiant hunc locum, qui pœnitentiam agere in vitæ suæ termino prava voluntate desperant, et se ad excusandas excusationes impia voluntate convertunt, cum in evangelica lectione cognoscant latroni affixo jam cruci momentanea celeritate subventum; et cætera similia, quæ textus Scripturæ divinæ ad spem nutriendam mortalium mirabili benignitate concedit. Semper supplicare nos decet, qui frequenti culpa delinquimus. Inæstimabile malum est ipsos homines spem sibi saluberrimam tollere, cum divina clementia sine cessatione nos sibi jubeat supplicare. Petamus hoc et ætate florida, petamus in juventute positi, petamus et in occidua senectute perducti. Nunquam cessare debet a precibus, qui punienda pravitate peccavit; ne dum tempus supplicationis quærimus, misericordiam Domini nobis tali persuasione tollamus. Nam cum dicitur, *tota die,* totius vitæ tempus ostenditur, ut per multa tempora annorumque curricula quasi unius diei continuus clamor esse monstretur. Magna siquidem voce ille clamat ad Dominum, qui quamvis lingua taceat, bonis tamen operibus perseveranter exclamat.

29] Vers. 4. *Lætifica animam servi tui, quoniam ad te, Domine, levavi animam meam.* Jucundari petit animam suam fons hilaritatis et origo lætitiæ, ab illa scilicet parte qua *servus* est. *Servum* se enim merito dixit, quoniam ex Maria Virgine natus est, quæ se profitetur ancillam. Nam dum ei angelus ex ipsa nasciturum Christum Dominum nuntiaret, illa respondit: *Ecce ancilla Domini, fiat mihi secundum verbum tuum* (*Luc.* I, 38); sicut et in alio psalmo dicit: *Ego servus tuus, et filius ancillæ tuæ* (*Psal.* cxv, 16). *Lætificari* ergo petit *animam* suam, quia non eam deorsum inclinavit ad terram, sed *levavit* semper ad Dominum, ubi est vera lætitia, et sine fine securitas. Sic caput Ecclesiæ referens gesta propria, membris cæteris donavit exempla.

Vers. 5. *Quoniam tu, Domine, suavis ac mitis es; et copiosus in misericordia omnibus invocantibus te.* Non substantialiter, quod nulla potest creatura comprehendere, sed per quintam speciem definitionis, quæ Græce dicitur κατὰ τὴν λέξιν, pulcherrime nobis ostenditur quid sit Deus. *Suavis*, quia post amaritudinem hujus mundi dulcis est ad se recurrentibus. *Mitis*, quia diu sustinet peccatores. *Copiosus in misericordia*, quia licet sint nostra numerosa peccata, multo abundantior est pietas, quæ tot relaxat offensas. Restat ut ei jugiter supplicemus, quando eum audivimus *omnibus invocantibus se* non negare præsidium.

Vers. 6. *Auribus percipe, Domine, orationem meam, et intende voci deprecationis meæ.* Intueamur quam convenienter orationis istius ordo decurrat. Prius enim fuit ut vox supplicationis ascenderet, ac deinde rogatus audiret. *Percipe* vero cum dicitur, non aliquid suscipi transitorie postulatur; sed in illis [ed., illius] majestatis sinibus mavult recondi, quemadmodum per aures ab homine memoriæ probatur infigi. Additum est, *intende voci deprecationis meæ*, ut intentus animus aperiret auditum. Quod totum per allegoriam dicitur, ut potentia Divinitatis per humanas consuetudines intimetur.

Vers. 7. *In die tribulationis meæ clamavi ad te; quoniam exaudisti me.* Cum superius dixerit: *Clamavi ad te tota die;* hic quoddam facere videtur magnæ petitionis augmentum, dicendo: *In die tribulationis meæ clamavi ad te.* Nam licet a sanctis viris jugiter Domino supplicetur, in tempore tamen tribulationis enixius petitur, quando subvenire necessarie postulatur. Considerandus est autem hic modus locutionis, qui in Scripturis divinis frequentissime reperitur, ut ideo se dicat *clamasse*, quoniam exauditus est, dum clamor præcedat, ut Deus possit audire. Quæ figura dicitur anastrophe, id est perversio, quæ fit quoties aut sensus aut verba pro aliquo decore vertuntur.

Vers. 8. *Non est similis tibi in diis, Domine; et non est secundum opera tua.* Magna laus brevi definitione conclusa est. Dicendo enim: *Non est similis tibi in diis*, idola significat paganorum, quæ adhuc in mundo nefanda devotione colebantur; sicut et alibi dicit: *Quoniam omnes dii gentium dæmonia* (*Psal.* xcv, 5). Potest hoc et ad homines aptari, qui dii vocati sunt. Sed inspice quia non dicitur quid sit Deus, sed ei similis abnegatur. Quæ species definitionis Græce dicitur κατ' ἀφαίρεσιν τοῦ ἐναντίου, Latine per privantiam contrarii ejus quod definitur. Addidit quoque, *et non est secundum opera tua*, id est similis. Et hoc quoque comma sub illa, quam superius dixit, definitione complexus est. Quis enim (ut ille fecit) cœlum terramque vel omnia quæ in eis sunt, momentanea possit celeritate perficere, aut eorum existentias continere?

Vers. 9. *Omnes gentes quascunque fecisti venient, et adorabunt coram te, Domine, et honorificabunt nomen tuum.* Cum adhuc sola esset gens Judaica quæ unum Deum colere videbatur, prædicit omnes gentes, quæ idolis tenebantur obnoxiæ, ad culturam ejus esse venturas; quia Patrem vere colit qui honorat et Dominum Christum: errorem eorum omnino destruens qui putant per universum mundum religionem Domini non esse diffusam. Dicendo enim: *Omnes gentes quascunque fecisti*, absolute probat universitatem; quia nulla gens existit, nisi quam ipse plasmavit, sicut alibi dicit: *Qui fecit cœlum et terram, mare et omnia quæ in eis sunt* (*Psal.* cxlv, 6). Addidit quoque, *et honorificabunt nomen tuum*. Cum Deo dicitur, *et honorificabunt nomen tuum*, figuraliter significat honorabuntur devoti ex nomine tuo, quia cultus hominum non facit honorabilem Deum, quem constat bonorum omnium proculdubio largitorem.

Vers. 10. *Quoniam magnus es tu, et faciens mirabilia: tu es Deus solus.* Hymnum Deitatis, quem superius inchoavit, istius versus fine conclusit. Nam et diabolus magnum se putavit, quando dixit: *Ponam sedem meam ad aquilonem, et ero similis Altissimo* (*Isai.* xiv, 13, 14); et superbi hodieque cunctis se æstimant grandiores. Sed *magnus* dici vere non potest, nisi *Deus solus*, cujus potestati nullatenus valet aliquid comparari, qui nulla mutabilitate convertitur, sed semper in naturæ suæ gloria perseverat. Addidit, *et faciens mirabilia: tu es Deus solus.* Cum legamus et magos Pharaonis miracula diversa fecisse, hic dicitur quod ipse solus miracula possit efficere. Veriloquum dictum, si qualitatem rei verbi ipsius veritate pensemus. Illa enim vere nequeunt dici miracula, quæ ad nullam utilitatem simulata deceptis oculis blandiuntur. *Solus* enim dictum est, quia sancta Trinitas unus est Deus, personis tantum distincta, non naturæ discretione separata; sicut et alibi dictum est: *Audi, Israel, Dominus Deus tuus, Dominus unus est* (*Deuter.* vi, 4); sic et Isaias dicit: *Quoniam justus es, et non est Deus præter te* (*Isai.* xlv, 21).

Vers. 11. *Deduc me, Domine, in via tua, et ambulabo in veritate tua: lætetur cor meum, ut timeat nomen tuum.* Oratione decursa, et laude Divinitatis competenter impleta, venit ad secundam sectionem, in qua pro membris suis orat, ut eis Dominus profutura concedat. Dum dicit : *Deduc me, Domine, in via tua*, adhuc ibi non fuisse monstratur; et hoc Domino Christo non potest convenire, cum ipse dicat : *Ego sum via, veritas et vita* (*Joan*. xiv, 6). Sed hoc magis congruenter accipitur a parte fidelium, quorum caput est Dominus : qui nisi *deducantur in viam*, id est in Christum, *in veritate* videlicet *ambulare* non possunt. Sequitur, *lætetur cor meum*, **292** *ut timeat nomen tuum*. Quid sit timor Domini mirabili ordine declaratur. Nam in timore isto mundano præcedit prius causa periculi, aut alicujus angustiæ; in timore autem Domini præmittitur lætitia cordis, ut aliquis ad ejus timoris dulcedinem venire mereatur. Et revera talem decet habere introitum, quem ad salutem suam humanitas sentit indultum. Hunc judicem qui formidaverit reus est, illum qui timuerit sanctus est. Et ideo utraque miscenda sunt, ut et sub spe timeamus, et sub timore lætemur, sicut in alio psalmo legitur : *Servite Domino in timore, et exsultate ei cum tremore* (*Psal*. II, 11).

Vers. 12. *Confitebor tibi, Domine Deus meus, in toto corde meo, et honorificabo nomen tuum in æternum*. Hoc competenter de omni dicitur Christiano, quia illa est vera confessio, quæ toto promitur mentis arcano, sicut et lex docet : *Diliges Dominum Deum tuum ex toto corde tuo, et ex tota anima tua* (*Deuter*. vi, 5). Sed et ille ex toto corde confitetur, qui totam spem suam ponit in Domino; nec in caducis sæculi solatiis præsumit, cum se ad Dominum universa mentis integritate transtulerit. Nam quod addidit, *in æternum*, illud significat, quoniam inter sanctos ejus laudes Domino jugiter personabit, dum in illa beatitudine præmia promissa receperit.

Vers. 13. *Quoniam misericordia tua magna est super me, et eripuisti animam meam ex inferno inferiori*. Et confessio laudis offertur, et misericordiæ causa subjungitur. Dicendo enim : *Quoniam magna est misericordia tua super me*, beneficium magnum nescio quod edicit. Subjungendo autem, *eripuisti animam meam ex inferno inferiori*, causa beneficii declaratur. Sed consideremus quia cum dicat *infernum inferiorem*, infernum demonstrat esse superius. Argumenta talia in topicis dicuntur conjugata, quæ orta ab uno nomine, varie commutantur, ut hic positum est, *infernum inferius*. Infernum vero non irrationabiliter forsitan arbitramur esse sub terris, cum in Veteri Testamento de Dathan et Abiron legatur : *Aperuit se terra, et deglutivit eos, et vivi descenderunt ad inferos*. Sed quo itinere illuc animæ transferantur, quoniam in auctoritate divina non legitur, habemus incertum. *Infernum* autem habere inferiorem partem Evangelii locus ille testatur (*Luc*. xvi, 23), qui dicit, cum impium divitem ultrix flamma torqueret, levasse oculos suos, et in sinu Abrahæ vidisse Lazarum. Unde apparet utrosque apud inferos fuisse, ut se videre valuissent, et illum ex inferiore loco ad superiora oculos elevasse. Sed licet utrique apud inferos esse viderentur, pro meritorum tamen discretione superiorem locum sanctis, inferiorem peccatoribus doctor Augustinus æstimat esse deputandum. Unde nunc gratias agens fidelis populus, dicit animam suam ab inferno inferiori, id est pœnali, esse liberatam.

Vers. 14. *Deus, injusti insurrexerunt super me, et synagoga potentium inquisierunt animam meam : et non proposuerunt te ante conspectum suum*. Venit ad tertiam sectionem, ubi passionis suæ mysterium et gloriam resurrectionis exponit. Loquitur enim Deus homo ex forma servi per id quod de Maria Virgine natus est. Cum dicit *injustos*, significat Judæos, qui ei reddiderunt mala pro bonis. Quod autem ait, *super me*, ut reum scilicet dicerent innocentem, regemque suum plebs insana trucidaret. *Synagoga* vero *potentium*, congregatio superborum est, quæ belluino fremitu, et dolosa machinatione consilii justitiam abjicientes, animam ejus adimere quæsierunt. Addidit quod sceleratis solet semper mentibus provenire : *Quia non proposuerunt Deum ante conspectum suum*. Nam quicunque facinus perpetrat, *Deum ante conspectum suum* omnimodis *non proponit*, quoniam si illum credat præsentem, protinus a cogitato facinore revocatur.

Vers. 15. *Et tu, Domine Deus miserator et misericors, patiens et multum misericors, et verax*. Per singula verba laudis, majestas paterna definitur. Quæ species duodecima definitionis est, quam Græci κατ' ἔπαινον, Latini per laudem dicunt. *Miserator* enim est, quia singulis rebus misericordiam facit. *Misericors*, quia semper pia est ipsa natura Deitatis. *Patiens*, quia peccatores sustinet, et ad votum conversionis invitat. Sequitur, *et multum misericors*. Quod ideo tale verbum adjecit, quia imbecillitas nostra ipsam plus semper accipit, cum eam frequenti remissione promereatur. Intulit, *et verax*, quia nescit promissa sua aliqua imbecillitate subducere. Quod tamen de Patre sic dicitur, ut totum inesse et in Filio, et in Spiritu sancto sentiamus.

Vers. 16. *Respice in me et miserere mei, da potestatem puero tuo, et salvum fac filium ancillæ tuæ*. Misericordem Patrem, et patientem, et veracem, a parte qua passus est Filius rogat, ut respiciat in eum, et celerrima illi resurrectione subveniat. Sic enim misertus est, ut in ipso illam naturam mortalem in gloriam resurrectionis et æternitatis eveheret; quod tamen sic a Patre postulat fieri, ut a se factum esse declaret. In Evangelio quippe sic ait : *Solvite templum hoc, et in triduo ædificabo illud* (*Joan*. II, 19). Quod ne aliter potuisset intelligi, evangelista subsequitur : *Hoc autem dicebat de templo corporis sui* (*Ibid*. 21). Sequitur, *da potestatem puero tuo*; illam scilicet quam ipse testatur : *Pater non judicat quemquam, sed omne judicium dedit Filio* (*Joan*. v, 22). *Puer* autem in Scripturis sacris propter innocentiam mentis sæpe ponitur Christus, ut Isaias dicit : *Quoniam puer natus est nobis, et Filius datus est nobis* (*Isa*. IX, 6). Et iterum : *Ecce puer meus, suscipiam eum, electus meus, complacuit sibi in illo anima mea* (*Isa*.

xli, 1). Addidit, *et salvum fac filium ancillæ tuæ*; ancillæ utique, quia de Maria semper virgine erat veraciter et proprie nasciturus; quæ (sicut superius diximus) angelo sibi partum annuntiante, Domini se profitetur ancillam.

Vers. 17. *Fac mecum, Domine, signum in bono, ut videant qui me oderunt et confundantur: quoniam tu, Domine, adjuvisti me et consolatus es me*. Signum dicitur ab eo quod ventura significet, ex hoc quod videtur quiddam nos aliud sentire commonetat. Et ideo illum eventum Jonæ (*Jonæ* II, 1) possumus hic fortassis advertere, qui triduo in ventre ceti demoratus, ad similitudinem dominicæ resurrectionis est in littore salvus evomitus. Nam et in Evangelio ita dictum est: *Generatio mala et adultera signum quærit, et signum non dabitur ei, nisi signum Jonæ prophetæ* (*Matth.* XII, 39). Vides ergo aliud esse negatum; sed hoc tantummodo compromissum. Possumus et hoc *signum* quod fieri postulavit, **293** ad resurrectionem ejus competenter aptare, maxime cum sequatur, *in bono*. Quid enim illo bono præstantius, quo virtus divina declarata, et spes credentium veraci pollicitatione firmata est? Sequitur, *ut videant qui me oderunt et confundantur*; Judæi scilicet qui oderunt Christum, quos petit resurrectionis miraculum videre, ut eorum duritia se debeat immutare. *Confundantur* enim, ad bonum respicit; quoniam qui hic de suo malo confunditur, in meliorem partem sine dubitatione transfertur. In isto quippe sæculo si confundimur, emendamur; qui autem non fuerint confusi, in illa judicatione damnabuntur. Adjecit, *quoniam tu, Domine, adjuvisti me, et consolatus es me*. Hic ordo verborum talis est: *Ut videant qui me oderunt; quoniam tu, Domine, adjuvisti me, et consolatus es me. Et confundantur*, scilicet quando me viderint esse gloriosum, quem illi despiciendum esse putaverunt. *Adjuvisti*, pertinet ad contradictionem altercantium et ad injusta certamina Judæorum; in quibus illi semper veritatis testimonio superabantur. *Consolatus es*, ad persecutiones sævissimas insanorum, quas ille velut tempestatis impetum patientissime sustinebat.

Conclusio psalmi.

Consideremus Domini Salvatoris, a parte qua passus est, quam humilis ad Patrem fundatur oratio, qui omnimodis peccata non habuit, sed informans imbecillitatem nostram, eripi se ab hujus sæculi periculis postulat. Quapropter erubescat humana temeritas esse superba, quæ se non dubitat ream. Christus pro inimicis oravit, mortem patienter excepit; et nos injurias nostras ulcisci volumus, si detrahentium sermonibus appetamur. Det ipse patientiæ munus, qui donavit exemplum; ut ejus vestigia sequentes, mortiferos vitare valeamus errores.

EXPOSITIO IN PSALMUM LXXXVI.

Filiis Core, psalmus Cantici.

Propter memoriam reparandam breviter commoneamus quæ sæpe jam dicta sunt; quia pene in nullam utilitatem putatur esse narratum, quidquid fuerit in abolitionem transmissum. *Filiis Core* significant fideles Christianos, quibus propheta civitatem Dei prædicat, ut eis tantæ gloriæ major augeatur affectus. Nam cum dixit: *Filiis Core*, ostendit ipsis dicendum, non ipsos esse locuturos. Sequitur, *Psalmus Cantici*, ut de hujus sæculi tabernaculis ad intelligentiam supernæ civitatis elevemur. *Psalmus* enim de superioribus sonans, commonet nos cœlestia cogitare, et in eis hymnica exsultatione gaudere.

Divisio psalmi.

Brevis quidem psalmus, sed duobus diapsalmatibus cognoscitur esse divisus; quam nos, propositi nostri memores, suis quodammodo divisionem terminis explicamus. In prima parte propheta loquitur ad fideles, cœlestem prædicans civitatem. Secunda Dominus Salvator eam diversorum nominum allusione credituram esse pronuntiat, increpans Synagogam, quare ipsa non cognoverit Deum, dum ei fides gentium devota crediderit? Tertia parte propheta uno versu futuri sæculi beatitudinem tangit. Sic distincta permutatio personarum caliginem nobis cunctam confusionis abstergit.

Expositio psalmi.

Vers. 1. *Fundamenta ejus in montibus sanctis*. Consuetudo humanæ cogitationis est, ut cum se copiosa perscrutatione collegerit, in aliquam partem suæ deliberationis erumpat. Tale enim hujus psalmi videtur initium, ut cum adhuc propheta de civitate Dei nulla præmiserit, ita de *fundamentis ejus* disserere videatur, quasi aliqua de culmine ipsius ante jam dixerit. Novus ordo factus est laudis eximiæ, ut de *fundamentis* civitatis supernæ propheta sumere videretur initium, quatenus magna soliditas totius culminis appareret, cujus prius *fundamenta* laudata sunt. Non immerito, quoniam *fundamentum* ejus Christus est Dominus, qui sic Ecclesiam suam continet, ut nulla possit quassatione titubare, sicut dicit Apostolus: *Fundamentum enim aliud nemo potest ponere, præter id quod positum est, quod est Christus Jesus* (*I Cor.* III, 11). Merito ergo ab ipso sumpsit exordium, quem rerum omnium constat esse principium. Josephus quoque (sicut a quodam dictum est) vernaculus Judæorum in libro octavo Antiquitatum titulo tertio multa de templi constructione locutus est, quod a Salomone fabricatum esse dignoscitur. Nos enim et tabernaculum, quod ejus imago primitus fuit, et templum ipsum fecimus pingi, et in corpore pandectæ nostræ grandioris fecimus collocari; quatenus, quod Scripturæ divinæ textus de ipsis eloquitur, oculis redditum clarius panderetur. *In montibus* autem *sanctis*, significat apostolos et prophetas, qui soliditate fidei et excellentia sanctitatis *montes* vocantur. Merito ergo tali vocabulo nuncupati sunt, in quibus est vera Dei Ecclesia constituta.

Vers. 2. *Diligit Dominus portas Sion super omnia tabernacula Jacob*. Ecce jam de illa civitate loquitur, cujus ante fundamenta laudavit. Quæ figura dicitur anastrophe, id est inversio: quoties ea quæ superius dicenda sunt, ponuntur inferius. Dicit enim: *Diligit Dominus portas Sion.* Sion (sicut sæpe diximus) mons est Jerosolymitanus, interpretatus specula, per quem Jerusalem illa futura decenter advertitur. Cujus *portas diligit Dominus*, id est fidem, charitatem, baptisma, pœnitentiam, et quidquid in illam civitatem acquisitos populos intromittit. Sive (ut quidam volunt) duodecim apostolos significant, quorum sancta prædicatio fidelibus æterni Regis palatia reseravit. Studiose vero perquirendum est quod addidit, *super omnia tabernacula Jacob. Tabernacula Jacob*, significant Ecclesiam catholicam, quæ modo construitur. Hæc contra sæculi hujus adversitates expeditionali semper exercitatione confligit. **294.** Et quoniam ista futuræ illius Jerusalem portat imaginem, ubi est beata vita et æterna felicitas, merito supra istam illa spiritualis diligi dicitur, in qua jam nihil confusionis, nihil perturbationis esse declaratur. Et intuere quia illa sic plus amari prædicitur, ut et ista sine dubio diligi sentiatur.

Vers. 3. *Gloriosa dicta sunt de te, civitas Dei*. More suo futura pro præteritis ponit. Nam ista civitas in secunda parte Domini attestatione laudabitur: de qua merito *gloriosa dicta* referuntur, quæ Creatoris sui cognoscitur voce prædicanda.

Vers. 4. *Memor ero Raab et Babylonis scientibus me: ecce alienigenæ, et Tyrus, et populus Æthiopum, hi fuerunt in ea.* Secunda pars psalmi hujus velut quædam nubes aperitur, de qua Dominus tonans, fidelibus recordationis suæ munera pollicetur, significans per allusiones nominum eos de variis gentibus colligendos. *Raab* meretrix fuit, quæ exploratores Jesu Nave ad Jericho venientes occulte suscepit, et per aliam partem, ne deprehenderentur, emisit. Cujus vocabulum significat superbiam, quæ divina largitate conversa, Domini meruit impetrare clementiam. Hæc ergo figuram gestat Ecclesiæ, quæ suscipiens animas superbiæ vitio periclitantes, alio itinere, id est humilitatis et patientiæ dimittit ad vitam. *Babylon* quoque civitas est mundi, quæ confusio interpretatur. Indicat enim sæculi istius populos, qui probrosis idolis cæcatis mentibus serviebant; sed misericordia Domini illuminati facti sunt Christiani. Hoc ergo dicit *Raab et Babylonis* se *memorem*, id est mundi istius populos, qui tamen ad ejus se culturam humiliter transtulerunt. Sic Pharisæis superbientibus in Evangelio ipse respondit: *Amen dico vobis, quia publicani et meretrices præcedent vos in regnum cœlorum* (Matth. XXI, 31). Sequitur, *Ecce alienigenæ, et Tyrus, et populus Æthiopum, hi fuerunt in ea.* In sensu eodem perseverat. *Alienigenæ* sunt a Judaico populo quidem extranei; sed illis non credentibus in penetralia Ecclesiæ sunt recepti: sicut in Actibus apostolorum dicit: *Vobis quidem oportebat loqui verbum Dei; sed quia repulistis illud, et indignos vos judicastis æternæ vitæ, ecce convertimur ad gentes* (Act. XIII, 46). *Tyrus* significat angustiam quæ de pœnitentium afflictione procreatur. *Populus Æthiopum*,

qui peccatorum fuerant obscuritate teterrimi; sed in ista Domini civitate collecti sunt, de quibus refulgentium sanctorum numerus in illa patria compleatur. Ecce ipsa sunt quæ prædixit versus ille superior: *Gloriosa dicta sunt de te, civitas Dei.* Nam quid gloriosius, quam ut tanta fœditas prius errantium populorum in unam sanctæ civitatis pulchritudinem conveniret? Et memento quod genus istud locutionis Scripturæ divinæ proprium esse jam diximus; scilicet ut per nominum interpretationes voluntas possit intelligi dictionis.

Vers. 5. *Mater Sion dicet: Homo, et homo factus est in ea: et ipse fundavit eam Altissimus*. Ecclesiæ catholicæ *Matrem* Synagogam forsitan hoc loco non inconvenienter advertimus, quam per *Sion* montem frequenter intelligendam esse jam diximus, quæ ex maxima parte populorum solum hominem dicebat Dominum Salvatorem; quia Deum nec credere, nec intelligere merebatur. Et hic figenda est media, quoniam illud quod sequitur sensum alterum videlicet intromittit. Sequitur quippe, *et homo factus est in ea*; quod jam confirmative legendum est. Non enim hic sic dicit *hominem factum*, sicut superius Synagoga dixit; illa enim errando solum hominem putavit; nunc autem Dominus de se confirmat definitiva sententia, *et homo factus est in ea:* quoniam revera assumpta carne Deus factus est homo; sicut et Evangelista dicit: *Verbum caro factum est* (Joan. I, 14), id est Filius Dei factus est homo; non ut Divinitati aliquid immineret, sed ut humanitatis naturam, quam liberare prædestinaverat, dignanter eveheret. Et ne forsitan Dominum Christum crederes temporalem, addidit, *et ipse fundavit eam Altissimus;* ille scilicet qui tantum putabatur homo Jesus Christus Synagogam ipse sua dispositione fundavit. Et non solum legem per Moysen dedit, verum etiam ante mundi initium ipse noscitur fuisse principium; sicut ipse in Evangelio testatur: *Ego sum principium, propter quod et loquor vobis* (Joan. VIII, 26). Merito ergo dictus est *Altissimus*, ut nulla hæresis Patrem diceret esse majorem.

Vers. 6. *Dominus narravit scripturas populorum et principum: horum qui fuerunt in ea*. Illa prænuntiat quæ sit ipse tempore incarnationis de scripturarum veterum commemoratione dicturus. Commonet enim frequenter in Evangelio quæ de ipso prædixerit Moyses, et quæ prophetæ, ut et minus credentes instrueret, et se earum auctorem esse monstraret. Ipsi enim sunt *principes* Moyses et prophetæ qui fuerunt in Synagoga, quorum erat testimonium narraturus. Et ne alios principes fortassis adverteres, dicit, *horum qui fuerunt in ea*, id est in Synagoga.

Vers. 7. *Sicut lætantium omnium nostrum habitatio est in te*. Venit ad tertiam partem, in qua iterum propheta reloquitur, quam in uno versu et cœpit et finit: breviter comprehendens quod sermonibus quamvis longis non poterat explicari. Quæ figura dicitur brachylogia, id est, brevis locutio, cum plura paucis amplectimur. Vis enim audire quam sit incomprehensibilis illa lætitia, dicit Apostolus: *Quod nec oculus vidit, nec auris audivit, nec in cor hominis ascendit, quæ præparavit Deus diligentibus se.* Quapropter pulchre hic dictum est: *Sicut lætantium*, quia non erit ipsa lætitia qualis hic agitur; ut modo filiorum susceptione lætemur, modo divitiarum et honorum munere gaudeamus, et cætera quæ exsultationem faciunt, quando magnis nisibus temporaliter acquiruntur. Sed illud tanto est majus, ut istius mundi quamvis plenissimum gaudium, vix aliqua imago aut similitudo futuri sæculi esse dicatur. Addidit, *omnium nostrum habitatio est in te*. Omnium nostrum significat fideles, qui Dominum Christum aut venturum, aut venisse crediderunt. *Habitatio est in te*, ad Jerusalem loquitur, cui superius dixit: *Gloriosa dicta sunt de te, civitas Dei*. Sed in hac habitatione justorum cessavit afflictio: orare transit, sed laudare succedit: perpetua securitas manet, quia perversitas nulla miscetur: æterna lætitia perseverat, quoniam nequaquam contrarietate aliqua constat esse violandam.

295 *Conclusio psalmi.*

Laudata est demonstrativo genere civitas illa fidelium, non temporalibus bonis, sed æterna felicitate mirabilis, de qua pauca visa sunt dici, et tamen omnium animi probantur stupore completi. Hæc siquidem laus non extenditur argumentatione verborum, nec humana crescit industria, sed magna potius brevitate constringitur, ut vel aliquid exinde capi posse videatur. Beatus nimis qui illuc Domino ducente pervenerit, ubi cogitatio cuncta vincitur, quælibet desideria superantur; et quod est dulcissimæ securitatis genus, talis ibi felicitas accipitur, quæ nulla contrarietate perdatur. Præsta, Domine, ut quod hic verbis explicare non possumus, ibi te donante cernamus. Ista quoque Jerusalem quæ adhuc in terris est et typum gerit illius cœlestis arcani, in secunda divisione laudata est; merito ubi est tantarum rerum domicilium visuale virtutum. Ibi enim piscinam natatoriam in figura sacri baptismatis, ut curaret infirmos, descendens Angelus commovebat. Ibi Siloa (imperante Domino) cæci tenebras lavit, et damnatis oculis lucis dona restituit. Ibi mensa Christi cœlestibus plena deliciis spiritualiter saturavit apostolos; et ne nos ab illa cœna relinqueremur impasti, sacer calix et communicationem nobis præstitit et salutem. Ibi lapis durissimus vestigia pii Redemptoris ostendit, quando ante Pilatum judicem constitit audiendus. Ibi columna religati in se Domini flagella testatur. Ibi spinea corona cernitur, quam ideo salutari Domino constat impositam, ut totius mundi aculei collecti frangerentur. Ibi arundo servatur, quæ caput Domini percussit, ut ipsum esse initium rerum terris omnibus nuntiaret. Ibi crux illa salutis et gloriæ loci reverentiam consecravit. Ibi manet lancea, quæ latus Domini transforavit, ut nobis illius medicina succurreret. Ibi credentes hodie ipsius sepulcra vivificant. Ibi resurrectionis locus ad cœlos evehit corda fidelium. Ibi Sion ille montium præcipuus, ubi residentibus discipulis in cœnaculo, clausis januis, mirabiliter Salvator intravit; et cætera quæ dives illa patria Domini passione promeruit. Sed cum tot miraculis decora resplendeat, et in modum stellarum alterum possideat cœlum, quis eam parvam audeat dicere, quæ sanctissima fide orbis terminos probatur implesse? Ibi siquidem humanum pascit aspectum, quod est credere beatorum.

EXPOSITIO IN PSALMUM LXXXVII.

Canticum psalmi, filiis Core, in finem, pro Maheleth [mss., *Meleth*] *ad respondendum, intellectus Eman Israelitæ.*

Cum memoriam tuam, studiosissime lector, frequenti expositione formatam retinere non ambigam, quid significet *Canticum psalmi, filiis Core, in finem,* restat ut quæ nova sunt hujus tituli sequentia perscrutemur. *Maheleth* interpretatur chorus divina verba decantans. Subjecit, *ad respondendum*, significans organa musica prævenisse, et chorum respondisse solemniter. Sequitur, *Intellectus Eman Israelitæ. Eman* interpretatur frater ejus; quo vocabulo Dominus Christus appellat eos qui præceptis ejus operibusque devoti sunt, sicut ait in Evangelio: *Ite, dicite fratribus meis* (Matth. xxviii, 10). *Israelitæ* Deum videntes, quod utique illis accidere manifestum est, qui per obedientiæ mysterium sancta Domini luce radiantur. Sed cum de passione Regis Christi sit psalmus iste dicturus, et ad imitationis exemplum trahat fidelissimos Christianos, ideo præmissus est chorus *ad respondendum*; ut sicut illi ex multis vocibus unum concentum faciunt, sic Christo Domino respondeat devotorum adunata collectio. Hi sunt etiam *Israelitæ*, qui ejus fratres nuncupari cœlesti largitate meruerunt.

Divisio psalmi.

Per totum psalmum Dominus Salvator eloquitur a dispensatione qua passus est. In prima narratione Patris deprecatur auxilium: per similitudines varias contemptum suum refert, quem illi illaturus erat populus Judæorum. Secunda quæ sit passurus enumerat, asserens mortuos non esse a medicis suscitandos, ut possint Domino confiteri. Tertia narratione negat misericordiam Domini sepultos edicere, aut perditos laudes Domini personare: propterea resurrectionem sibi celerrimam venire deprecatur. In orationis suæ vero tramite perseverans, loquitur a parte membrorum, diversas commemorans passiones, quas tam ipse pertulit quam ejus plebs devota sustinuit.

Expositio psalmi.

Vers. 1. *Domine Deus salutis meæ: in die clamavi, et nocte coram te.* In octogesimo quinto psalmo diximus orasse Christum per id quod de Maria Virgine natus est: designans humilitatem imbecillitatis humanæ, quam est dignatus assumere. Qui simili modo etiam hic cum Patrem precatur, nobis quemadmodum supplicare debeamus ostendit. Nam qui salutis suæ Deum profitetur auctorem, omnia quæ oportuerant dici plenissime ac breviter explicavit. Sic magister optimus frequenter admonere non desinit, quod humano generi novit profuturum. *In die* autem lætitiam significat, *et nocte* adversitatem declarat; ut quoniam utrumque tempus humanam vitam complectitur, jugiter se ad Dominum *clamasse* declararet.

Vers. 2. *Intret oratio mea in conspectu tuo : inclina aurem tuam ad precem meam, Domine.* Magna virtus hic sincerissimæ orationis ostenditur ; ut verba veracia non in auras tenues dissipentur, sed quasi quædam persona ad conspectum Domini introire videatur, et mandatum opus agere, quo caro nostra non valet pervenire. *Inclinat* autem *aurem* suam *Dominus*, cum misericors dignatur audire, non ex parte corpulentiæ suæ, quam eum frequenter diximus non habere, sed virtutis suæ operatione mirabili.

Vers. 3. *Quia repleta est malis anima mea, et vita mea in inferno appropiavit.* Considerandum est quod novo modo ideo se postulat audiri, quoniam animam suam *malis* dicit esse completam ; *malis* utique non suis, qui peccata non habuit, sed delictis mundi quibus laborabat humanitas. Hæc enim pius miserator ad animæ suæ molestiam traxerat, dum omnibus condolebat, sicut et in trigesimo quarto psalmo dixit : *Retribuebant mihi mala pro bonis, sterilitatem animæ meæ* (*Psal.* xxxiv, 12) ; non quia ipse sterilis erat, sed quia de illorum incredulitate se perhibebat esse jejunum. Potest et ad hujus propriam tristitiam trahi, si hoc verbum ad illas iniquitates referas, quas ei Judaicus populus inferebat. Sequitur, *et vita mea inferno appropiavit.* Hoc ad tempus gloriosæ pertinet passionis ; sicut in Evangelio dicit : *Tristis est anima mea usque ad mortem* (*Matth.* xxvi, 38). Nam propter nos doluit, et mortem nostram propter nos excepit.

Vers. 4. *Æstimatus sum cum descendentibus in lacum : factus sum sicut homo sine adjutorio.* Culpat eos qui putabant eum mortuum fuisse communiter. Quæ figura dicitur parabola, id est rerum genere dissimilium comparatio. Multum enim discrepans fuit, illam singularem et mirabilem passionem morientibus reliquis hominibus comparare. Quod schema multos versus inferiores amplectitur. *Lacum* enim dixit vel sepulcri locum, vel inferni altissimam profunditatem. Sequitur, *factus sum sicut homo sine adjutorio. Factus sum*, apud eos scilicet qui deitatem ejus insanis mentibus non credebant, qui putabant eum cum reliquis mortalibus interiisse.

Vers. 5. *Inter mortuos liber.* Sicut *vulnerati dormientes projecti in monumentis* [ms. A., *in sepulcris*], *quorum non meministi amplius : et ipsi de manu tua expulsi sunt.* Hic specialiter designat personam suam ; solus enim *inter mortuos liber* fuit, qui ipsa quoque mortis claustra confregit. Ipsius enim tantum mors libera, quia et voluntaria fuit, *qui potestatem habebat ponendi animam suam et iterum sumendi eam* (*Joan.* x, 18). Sed cum ille esset *inter mortuos liber*, æstimatus est tamen a dementibus *sicut vulnerati dormientes.* Vere autem dictus est Dominus *liber*, qui huma-

num genus liberare dignatus est. Adhuc enim de illis vanissimis dicit, qui putabant Dominum lancea vulneratum, occisum pariter et sepultum, sic quasi unum ex hominibus sceleratis generaliter transiisse. Sed ad discretionem suam addidit, *quorum non meministi amplius*, id est de quibus non habes curam ; quoniam peccatis facientibus a te redduntur alieni. Quod etiam in alio psalmo de impiis dicit : *Periit memoria eorum cum sonitu* (*Psal.* ix, 8). Addidit, *et ipsi de manu tua expulsi sunt.* Justa redditur pœna proterviæ ; ut qui Dominum Christum *sine adjutorio* Divinitatis esse putaverant, ipsi *a manu* Domini probarentur *expulsi*, dum a gubernatione ejus peccatis facientibus reddebantur extorres.

Vers. 6. *Posuerunt me in lacu inferiori : in tenebris* [mss. G., F, *in tenebrosis*] *et in umbra mortis.* Adhuc æstimationes referuntur dementium Judæorum. *Lacus* enim et pro inferno ponitur, et pro sepultura foveali, et pro mundi istius profundissima calamitate sentitur. Quod hic voluit intelligi, quia eum persecutores sui in abjecta mortis conditione posuerunt ; ut quamvis injuste probarent mortuum, non crederent vindicandum. *In tenebris*, id est sub oblivionis cæcitate derelictum atque præteritum, quem nemo requireret, nemo salvaret. *In umbra mortis*, peccatorum indicat locum, quia mors delinquentium umbrosos ac tenebrosos patitur manes, dum eis gaudium non relucet, qui perpetua tristitiæ suæ obscuritate demersi sunt. *Umbra* vero ponitur et in bono, ut est illud : *Sub umbra alarum tuarum* (*Psal.* xvi, 9) ; et alibi : *Vivemus in umbra ejus* (*Thren.* iv, 20). Et ideo pro locorum qualitate verbum hoc multifaria significatione variatur.

Vers. 7. *In me confirmata est ira tua, et omnes elationes tuas super me induxisti.* Sic putabant illi qui in suam perniciem potius prævalere permissi sunt, quia per iram Dei Jesus Christus ad Passionis pericula pervenisset ; sicut evangelista dixisse infidelem populum refert : *Eripiat eum si vult* (*Matth.* xxvii, 43). Sequitur, *et omnes elationes tuas super me induxisti.* Hoc adhuc dicitur quantum ad deliberationem pertinuit nefariam Judæorum. Credebatur enim Deus *induxisse* super Christum *elationes*, id est amplissimas indignationes, quando eum pertulit crucifigi : mortem illam putantes pœnalem, cum dispensationis ejus gloriam non viderent.

Vers. 8. *Longe fecisti notos meos a me : posuerunt me abominationem sibi : traditus sum, et non egrediebar.* Venit ad secundam narrationem, in qua per augmentum molestiarum actum suæ memorat passionis. Nam cum superius dixerit persecutorum suorum nefandissimum contemptum, nunc dicit *notorum* [ed., *fugatorum*], significans apostolos. *Notos* enim ipsos appellat, qui eum perspicuis sensibus conspicere meruerunt. Ille enim omnes *notos* habuit virtute divinitatis suæ ; ipse autem sciebatur a paucis. Isti ergo *noti longe facti sunt*, quando ipsius passione dispersi sunt ; sicut legitur : *Percutiam pastorem, et dispergentur oves gregis* (*Zach.* xiii, 7). In *abominationem* vero tunc *positus est*, quando prætereuntes scribæ et pharisæi crucifixo imputabant dicentes: *Vah! qui destruit templum Dei, et in triduum ædificat illud* (Matth. xxvii, 40), etc. Sequitur, *traditus sum, et non egrediebar*. Mirabilis subtilisque sententia. *Traditus est* a Juda cohortibus insanorum, sed se permittente detentus. Sustinuit infirmas manus potentissimus Dominus, ligatus est vinculis qui loco non potest claudi, audivit exsecrandas injurias, quem angeli cum tremore collaudant. Verumtamen non est egressus de illa nube corporis sui, nec apparere voluit quid posset, qui totum pertulit quod crudelitas Judaicæ pravitatis ingessit. *Non est enim egressus*, quando minime quid prævaleret ostendit. Sive de custodia dicit in qua eum Pontius Pilatus quasi hominem retrusit invalidum.

Vers. 9. *Oculi mei infirmati sunt præ inopia; clamavi ad te, Domine, tota die: expandi manus meas ad te*. Cum *oculos* corporales Christi Domini nusquam *infirmatos fuisse* legerimus, multo magis nec interiores ejus ægrotasse putandi sunt, qui semper sanctitate micuerunt. Restat ut *oculos* Christi apostolos intelligere debeamus, qui in corpore ejus, id est in Ecclesia, tanquam oculi cœlesti lumine viguerunt. Hi tamen *infirmati sunt præ inopia*, quia necdum acceperant Spiritum sanctum, quo confortati postea nullatenus humana tormenta timuerunt. *Inopia* enim dicitur econtrario, ubi nulla est copia. Additum est, *clamavi ad te, Domine, tota die*. Hic distinctio ponenda est, ut ista continuatio totius diei ad clamorem, id est orationem et bonorum actuum operam debeat pertinere. *Expandi manus meas ad te*. More suo operas mavult intelligi, quas bonis semper actibus tetendit ad Dominum. Nam si hoc cruci (ut quidam volunt) putaverimus esse jungendum, quæ sequuntur omnimodis discrepabunt.

Vers. 10. *Nunquid mortuis facies mirabilia, aut medici resuscitabunt et confitebuntur tibi?* Hoc sub negatione legendum est. Sed perscrutandum quod dicit: *Mortuis non facies mirabilia*, dum constet resuscitatos innumeros. Sed *mortuis*, id est non credentibus *mirabilia* nequaquam *fecit*, dum eos ad conversionem perducere non potuit infidelitas sua. *Mirabilia* enim illis fiunt, qui magnalia Domini sub credulitate conspiciunt. Sequitur, *aut medici resuscitabunt et confitebuntur tibi?* Idem et hoc dicitur negative, quia *medici* quos credidit humanitas artis beneficio salutem dare languentibus, mortuos *resuscitare non possunt*; ut Domino debeant confiteri, quamvis sine Dei munere nec ipsam corpoream prævaleant ægris tribuere sospitatem. Sive hoc magis subtilius intelligendum est; quia *medici*, dum corporibus adhibeant curam, animas tamen peccatis mortuas resuscitare non prævalent; ut confessione verissima vivificentur, quos infidelitatis suæ vulnera perculerunt.

Vers. 11. *Nunquid enarrabit aliquis in sepulcro misericordiam tuam, aut veritatem tuam in perditione?* Venit ad tertiam narrationem, ubi per istum versum et alterum qui sequitur figuram emphasim ponit, cujus illa pars hic intelligenda est, quæ adverti facit id quod non dicit. Ait enim: *Nunquid enarrabit aliquis in sepulcro misericordiam tuam?* Hoc negative legendum est, ut illud possit intelligi, quia vivi homines et fideles misericordiam ejus narrare consuerunt. Sepulcrum enim significat infidelium mentes, de quibus supra dictum est: *Sepulcrum patens est guttur eorum* (Psal. v, 11). Et merito *sepulcrum* dicitur, ubi anima peccatis mortua continetur; id est, illos vult intelligi qui non sunt Domino credituri; quia nullus eis misericordiam Domini videtur narrasse, quam non voluerunt devota mente percipere. Illic enim provenisse dicimus actum, ubi aliquem audiens præstat effectum [ed., affectum]. Tale est et istud quod sequitur, *aut veritatem tuam in perditione;* quia nemo putatur veritatem dixisse, quam videtur negligens præterire. *Perditio* quippe juste vocata est, ubi veritas non admittitur, sed sola obstinatio custoditur.

Vers. 12. *Nunquid cognoscentur in tenebris mirabilia tua, aut justitia tua in terra oblivionis?* Sub eodem ordine variatis sermonibus cuncta descendunt; ut negando quæ non sunt, econtrario sentiantur illa quæ sunt. Nam *mirabilia* Domini a tenebrosis mentibus non videntur, quia prætermittentes Deum sapientiæ lumina perdiderunt. Nec *justitia* ejus potest in terrena oblivione cognosci, id est in corporis crassissima cæcitate, quæ spiritalia monita deserit, dum ejus desideria carnalibus vitiis occupantur. Memento vero quod hæc omnia ideo dicta sunt, ne in inferno ejus anima relinqueretur, sed ei celerrima resurrectio proveniret; quatenus laus Domini per beneficia ejus posset agnosci.

Vers. 13. *Et ego ad te, Domine, clamavi: et mane oratio mea præveniet te*. Contra illa quæ superius dicta sunt, Dominus Christus cum fidelibus suis per id quod resurrecturus erat, *clamare* se dicit *ad Dominum:* enumerans tribulationum diversarum gloriosissimas qualitates, ut talibus institutis commoniti firmarentur populi utique Christiani. Dicendo enim: *Et ego*, significat cum membris suis se *clamasse*, quorum ipse caput est Christus. Nam quando ipse *clamat* et Ecclesiam docet, quando cum fidelibus orat, unum corpus ostendit. Memento ergo quod usque ad finem psalmi varias calamitates enumerat, quas in martyribus suis ipse sustinuit. Ubi synathroesmos figuram arbitror apponendam, quando multæ res in unum et multa pericula colliguntur. Sequitur, *et mane oratio mea præveniet te*. Sollicite verba ista tractanda sunt, ne regulæ illi veracissimæ, quod Domini gratia cuncta præveniat, aliquid videntur esse contrarium. *Orationem* suam corpus Ecclesiæ, quæ *mane*, id est bonis dilucidatur operibus, *prævenire* secundum adventum Domini dicit, hoc est diem judicii; quæ tamen oratio Domino præstante donata est. Merito ergo dictum est *prævenisse orationem* suam, quando ante multa sæcula sub assiduitate petebatur, quod adhuc exspectamus esse venturum. Veniet enim ille tempore competenti ; sed desiderium nostrum flagrantibus petitionibus oportet ostendi. Non enim nos suos esse dijudicat, si non votis maximis a nobis expetitus adveniat. Sed cum de ipso clarissime dicatur, ipse ex sua persona istud non potest loqui, nisi hoc dictum a membris Ecclesiæ velimus advertere.

Vers. 14. *Utquid, Domine, repellis* [ed., *repulisti*] *orationem meam, avertis* [ed., *avertisti*] *faciem tuam a me?* Hic desiderium sanctissimæ mentis exprimitur, quia impatienter sustinebat differri, unde mundus poterat jure salvari. *Repellere* enim putatur petitionem nostram, et *avertere faciem* suam Dominus, quando vota nostra distulerit ; et quamvis ille profutura faciat, nos tamen graviter dilata contristant. Sed et hoc congruenter a persona martyrum dicitur, qui talibus desideriis in hoc mundo fatigantur. Differuntur enim ad augmentum suum, procrastinantur ad gloriam ; quia non tantum prodest audiri, quantum expedit pro muneris augmentatione differri. Sic ignis flatu venti repellitur, ut vivacius animetur.

Vers. 15. *Egens sum ego, et in laboribus a juventute mea : exaltatus autem humiliatus sum et confusus.* Hoc merito dicit Ecclesia, quæ in egestate mundi et in laboribus a sua juventute fatigatur ; sicut in alio psalmo legitur : *Sæpe expugnaverunt me a juventute mea* (*Psal.* cxxvii, 1). Hæc crescit persecutionibus, pressura temporum sublevatur, humilitate semper extollitur : cujus longior ætas non est debilis lassitudo, sed matura perfectio. Sequitur, *exaltatus autem humiliatus sum et confusus.* Hoc specialiter membris probatur convenire, non capiti. *Exaltatus*, dicit, quando prius unusquisque fidelium res humanas tumido corde cogitabat. *Humiliatus sum*, quando ad confessionis medicabile donum, divina gratia miserante, pervenit. *Confusus*, quando illa quæ **298** male gesserat pœnitentiæ professione damnavit. O beata confusio quæ æternum tollis opprobrium ! Nam quidquid in reatum venerit pœnitentium, perpetuis sæculis redditur absolutum.

Vers. 16. *In me pertransierunt iræ tuæ : et terrores tui conturbaverunt me.* Pulchre dictum est, *pertransierunt*, quasi non mansuræ diutius contigerunt. Nam quando fidelis se affligit, iram Domini castigatus evadit. *In me* autem dicendo, afflictionem fidelium more suo illatam sibi esse testatur. Sequitur, *et terrores tui conturbaverunt me.* Terrores utique venturi judicii, quos omnis caro peccatrix formidare dignoscitur ; quod idem solis membris convenire manifestum est.

Vers. 17. *Circumierunt me sicut aqua tota die : circumdederunt me simul.* Delicta utique quæ legis districtione damnantur, hæc velut aqua homines circumeunt, quando undique scaturire noscuntur. Ex quo enim latere non credamus venire peccata, quæ nec momentis horarum a nobis redduntur aliena ? Merito ergo aquis comparata sunt, quæ nos copiosissima inundatione concludunt. Quod apte totum accipitur a parte membrorum.

Vers. 18. *Elongasti a me amicum et proximum, et notos meos a miseria.* Hæc frequenter piis martyribus contigerunt, a quibus terrore mortis officia humana subtracta sunt. *Amicos* enim significat, qui honestis studiis morum vicinitate conjuncti sunt ; *proximos* qui nobis parentelæ ordine sociantur ; *notos*, qui neque amici neque proximi sunt, sed sola nos opinione vel visione didicerunt. Quæ genera hominum frequenter longe fecit a fidelibus servis formidata calamitas passionis.

Conclusio psalmi.

Ipse chorus est Christi quem præmissus titulus pro Maheleth nominis interpretatione præcinuit, quando fidelis populus ejus secutus sanctissimam passionem gloriosa nimis imitatione respondit. Hinc enim confessores tenuit carcer inclusos ; hinc martyrum purpura et bysso pretiosior sanguis emanavit; hinc apostolorum per totum orbem dicta tonuerunt ; hinc tanquam sol purissimus fides sancta processit ; hinc ad temporales mortes hodieque concurritur, ut æternæ vitæ præmia conquirantur. Quapropter nullus pavescat miserias, quæ faciunt beatos ; nullus tormenta formidet, quæ donant perpetuam sospitatem ; nullus timeat tristitiam, quæ gaudium tribuit sempiternum. Quantum est enim temporaliter mori, ut perpetua vita possit acquiri ? Quantum humanam sustinere sententiam, ut absolutionem mereamur impetrare divinam ? Quis autem erubescat pœnas, quas Christus Dominus perferre dignatus est ? Quis putet opprobrium, quod elegit Creator sustinere cunctorum ? Quocirca pro eo subeamus mundanam calamitatem, si cum ipso volumus perennem habere portionem.

EXPOSITIO IN PSALMUM LXXXVIII.

Intellectus Ethan Israelitæ.

Non tam secundum ordinem tituli, quam ad commoditatem intelligentiæ exponenda sunt verba quæ posuit, ut facilius nobis rei veritas elucescat. *Ethan* interpretatur robustus ; *Israelita* videns Deum. Et quia psalmus iste erat laudes et promissiones Domini narraturus, ideo illi tale nomen constat appositum, ut fidelium verborum indicaret incommutabilem firmitatem. *Intellectus* enim (ut sæpe diximus) ad superna referendus est, ubi revera recte intelligens tendit mentis intuitum. Est enim de Christianorum spe et de magnificentia Domini multa dicturus ; per quæ nemo decipitur, si supplicantis animus in istius *Ethan* constantissima voluntate roboretur.

Divisio psalmi.

Ethan iste quem diximus indicare robustum, tanta mentis illuminatione completus est, ut *Israelita* verissime nuncupetur. Primo ingressu psalmi dicit se misericordias Domini cantaturum, quoniam multa promisit fideli populo profutura. Secunda parte diversis modis laudes Domini potentiamque describit. Tertia in Christum Dominum paternas pollicitationes enumerat. Quarta Dominus Christus propter passionem quam pertulit, traditus inimicis esse memoratur. Quinta fragilitati humanæ postulat subveniri, quia non in vanum filios hominum ab ipso asserit esse plasmatos. Sexta rogat Dominum, ut promissiones suas impleat, quas David servo suo fecisse declaratur, et memor sit qualia servi ejus ab impiis opprobria sustinebant.

Expositio psalmi.

Vers. 1. *Misericordias tuas, Domine, in æternum cantabo : in generatione et progenie pronuntiabo veritatem tuam in ore meo.* Jure robustus dicitur, qui tam firma dicturus est. Iste enim *Ethan* Domini est *misericordias cantaturus,* quæ et æterna semper stabilitate consistunt, et perpetuis sunt celebrandæ præconiis. Fecit enim mirabilem in humano genere pietatem, ut quod perierat requireret, et vulnerata salvaret. *In generatione* vero *et progenie* quod addidit, duos significat populos, Judaicum scilicet et gentilem, quibus se *veritatem pronuntiaturum* esse testatur, quam dicit inferius. Sequitur, *et veritatem tuam in ore meo;* revera ut quam sensu perceperat, ore loqueretur. Et bene dictum est, *in ore meo,* quia quod ex ore progreditur, cito dilabitur ; quod vero *in ore* versatur, diutina devotione celebratur.

Vers. 2. *Quoniam dixisti : In æternum misericordia ædificabitur : in cœlis præparabitur veritas tua.* Ipsa est *veritas* quam vir sanctus se pronuntiaturum esse prædixerat. Et merito illam confidenter prædicabat, quando eam Dominus absolute promiserat ; non enim potest falli qui sequitur verba veritatis. Sed videamus quid significet, **299** *in æternum misericordia ædificabitur.* Sunt enim ædificationes quæ consurgere nequeunt, nisi eis fuerit præmissa destructio, ut idolorum cultores, ut pessimarum consuetudinum sequaces. Isti enim, nisi a malis suis fuerint destructi, in bonum nequeunt ædificari, sicut dictum est Jeremiæ : *Ecce posui te, ut ædifices et destruas (Jerem.* 1, 10). Ista vero misericordia non destruitur, sed semper viget, semper augetur. Sequitur, *in cœlis præparabitur veritas tua. Cœli* (sicut sæpe diximus) significant apostolos, quorum prædicationibus actum est, ut inculcaretur gentibus religio Christiana. Verum hæc omnia usque ad diapsalma mediis subdistinctionibus protrahenda sunt : quia totum ad illud respicit, quod ait : *Quoniam dixisti.* Quæ figura dicitur, ἀπὸ κοίνου, id est, a communi, quando superiora ad inferiora respondent.

Vers. 3. *Disposui testamentum electis meis ; juravi David servo meo.* Nunc verba Domini refert, quæ superius eum dixisse memoravit. Nam quamvis omnibus denuntiasse videatur, *electis* tamen suis tantum ista *disposuit,* qui ei dono ipsius credere maluerunt ; ne ad promissionem talem et illi tenerentur, qui de David semine se descendere carnaliter præferebant. Addidit, *juravi David servo meo.* Divinum sacramentum promissionis noscitur esse securitas, quia solus juste et definitive promittit, cui subjacet implere quod dixerit. Humana enim fragilitas ideo prohibetur sacramentorum se promissionibus obligare, quia non est in potestate ipsius quæ pollicetur efficere. Jurat ergo justissime Deus, cum jure suo promittit omnia. Nam et ipsum nomen indicat causam : juravit enim dicimus, jure oravit, id est juste locutus est.

Vers. 4. *Usque in æternum præparabo semen tuum : et ædificabo in sæculum sæculi sedem tuam.* Perventum est ad illa quæ Pater promiserat servo suo David. Præparatus est enim Dominus Christus, qui ex semine ipsius descenderet carnis origine, *usque in æternum* Rex regum et Dominus dominantium. Sed quod dixit, *Præparabo,* ad humanitatem ejus pertinet, non ad deitatem, qua consubstantialis, omnipotens et coæternus est Patri. Sequitur, *et ædificabo in sæculum sæculi sedem tuam.* Pollicitatio ista tota pertinet ad Dominum Salvatorem. Ipsi enim tunc *sedes* promittebatur, quæ postea in sanctorum erat facienda pectoribus. *Sedes* enim est Domini omnis sanctus, quem quasi splendidissimum thronum dignatione suæ majestatis insederit ; sicut de Spiritu sancto legitur : *Et apparuerunt illis dispertitæ linguæ tanquam ignis, seditque super unumquemque eorum : et repleti sunt omnes Spiritu sancto* (*Act.* 11, 3).

Vers. 5. *Confitebuntur cœli mirabilia tua, Domine, et veritatem tuam in ecclesia sanctorum.* Venit ad secundam partem, divinæ potentiæ sacramenta dicturus. *Confitebuntur* enim *cœli,* qui sunt veri prædicatores, quantis miraculis Dominus mundum, prout ipsi placitum fuerit, administret : quemadmodum omnis creatura ejus imperiis obsecundet ; conversionesque rerum non casualiter agi (ut quidam vanissimi putaverunt), sed ejus ineffabili virtute prædicant contineri. Addidit, *et veritatem tuam in ecclesia sanctorum.* Mirabilia dixit ubique prædicanda ; *veritatem* autem *in sanctorum ecclesia confitendam,* ubi creditur, *Verbum caro factum* (*Joan.* 1, 14), ubi sancta Trinitas sic suscipitur, ut unus, sicuti est Deus, Dominus cunctorum ore laudetur.

Vers. 6. *Quoniam quis in nubibus æquabitur Domino, aut quis similis erit Deo inter filios Dei ? Nubes* frequenter diximus verbi Dei esse prædicatores, qui per Spiritum sanctum populos divina gratia compluebant ; sed tamen erant obnoxii lege peccati ; potentes quidem in miraculis, in prædicatione terribiles. Sed quis eorum esse poterat Christo similis, quanquam et ipse carnis velamine tegeretur ? Aliud est enim qui de proprio potest, aliud qui de altero clarus est. Simili modo nec *inter filios Dei* habere potuit æqualem ; quoniam Ille per naturam est Filius, sancti vero per gratiam ; ille sine aliquo peccato, isti per ipsum a peccatis probantur exuti. Quæ ideo dicta sunt, ne quis illum tantum hominem sacrilegis ausibus æstimaret.

Vers. 7. *Deus qui glorificatur in consilio sanctorum, magnus et metuendus super omnes qui in circuitu ejus sunt.* Exponit quod superius dixit, quia similem habere non poterat, qui omnia continebat.

Ipse enim Dominus Christus qui prædicatur a sanctis, *magnus* dicitur propter quod Deus est; *metuendus a potestate mirabili.* Super omnes qui in circuitu ejus sunt; sancti scilicet, quos superius Dei filios dixit, qui dono ipsius gratiæ proximantur. Sed jure supra eos ille probatur excelsus, per quem omnes noscuntur esse gloriosi. Considera vero quod per duodecimam speciem definitionis, quæ Græce κατ' ἔπαινον, Latine per laudem dicitur, usque ad divisionem subjectos versus decurrit, et per diversa præconia quis sit iste Dominus indicatur.

Vers. 8. *Domine Deus virtutum, quis similis tibi? potens es, Domine, et veritas tua in circuitu tuo.* Post illa quæ superius dixit, aptissima est sententia subsecuta, *Quis similis tibi?* id est, quia *virtutum es Dominus.* Sancti enim ditantur virtutibus, non dominantur; tu autem illis rebus imperas, quibus illi te præstante præclari sunt. Merito repetitum est, *quis similis tibi?* Tu ex te potens es, illi de te; illi veritate tua illuminati sunt, tibi autem veritas tua individue semper inest.

Vers. 9. *Tu dominaris potestati maris: motum autem fluctuum ejus tu mitigas.* Nunc dicit multifarias enumerationes, per quas singularem potestatem Domini evidenter ostendat. *Potestas maris,* hujus sæculi honor est, qui frequenter in martyres Christi rapido tumore surrexit. Sed tamen ne putaretur voluntas illa ex sua potestate grassari, dicit etiam his: *Tu dominaris,* quando feroces motus pro sanctorum utilitate convertis; sicut ipse in Evangelio dicit: *Non haberes in me potestatem, nisi tibi data esset desuper* (*Joan.* xix, 11). Et quia dixerat, *dominaris,* sequitur digna probatio; quoniam *fluctus ejus* ipse *mitigat.* Et considera quia *mitigat* dixit, non tollit; quoniam si eam funditus adimeret, coronam martyres non haberent. Quod et si historice malis advertere, Dominum *mitigare fluctus maris* (*Matth.* viii, 26) Evangelii locus ille testatur, quando periclitantibus discipulis, vento ut quiesceret, mari ut tranquillum fieret, imperavit.

Vers. 10. *Tu humiliasti sicut vulneratum, superbum: et in virtute brachii tui dispersisti inimicos tuos.* Alii sunt qui humiliantur ad ruinam, alii qui inclinantur ad gratiam. Sed ut in malo dictum debuisses advertere, posuit: *Sicut vulneratum superbum.* Diabolum enim significat, qui elatus supra id quod poterat, humiliatus est suo vitio intra illud quod per naturam non erat, percussus mente, non corpore. Sic ille iniquissimus tanquam vulneratus de cœlo corruit in hanc aeris densissimam crassitatem, sicut in Evangelio Dominus dicit: *Vidi Satanam sicut fulgur de cœlo cadentem* (*Luc.* x, 18). *Inimicos* autem dicit infideles Judæos, qui per innumeras gentes Christi Domini virtute dispersi sunt, quem Patris *brachium* (sicut sæpe diximus) auctoritas divina testatur.

Vers. 11. *Tui sunt cœli, et tua est terra: orbem terrarum et plenitudinem ejus tu fundasti.* Quia superius gemina dixerat facta miracula, nunc ea istius versiculi probatione confirmat. Ideo enim triumphavit in cœlo de superbo diabolo: ideo in terra de perfido Judæo, quoniam ipsius erat utique cœlum et terra. Cur enim diabolus, aut Judæus in alienis rebus superbirent, dum utraque habere suum probarentur auctorem? Sequitur, *orbem terrarum et plenitudinem ejus tu fundasti.* Hæc increpatio adhuc pertinet ad Judæos. Sensus ergo talis est: Cur voluerunt stulti in te sævire in hoc mundo, cujus tu, Christe, fundator es; ut nimia dementia videantur talia præsumere, quæ humanas vires probantur excedere? *Orbis terrarum,* pertinet ad totius spatium mundi; *plenitudo ejus,* ad omnes scilicet creaturas quæ in eo esse noscuntur. Sic per commemorationes talium rerum breviter cuncta complexus est.

Vers. 12. *Aquilonem et mare tu fundasti: Thabor et Hermon in nomine tuo exsultabunt. Aquilonem,* adhuc diabolum significat, qui dixit: *Ponam sedem meam in Aquilone, et similis ero Altissimo* (*Isai.* xiv, 13, 14). *Mare sæculi hujus elatas et iniquas hominum potestates competenter advertimus, quæ contra Domini mandata sacrilegis voluntatibus eriguntur, non ut proficiant, sed ut vehementer occumbant: increpans utrosque præsumptionem in se ponere non debere, dum eos a Domino suo constet esse plasmatos. Creatura enim superbire non debet Auctori, quæ ab eo ut existere potuisset, accepit. Sequitur, *Thabor et Hermon in nomine tuo exsultabunt. Thabor et Hermon,* montes sunt Syriæ provinciæ, quorum nomina ingentia sacramenta parturiunt. Thabor enim dicitur *veniens lumen;* quod specialiter ad adventum pertinet Domini Salvatoris, de quo dictum est: *Erat lumen verum quod illuminat omnem hominem venientem in hunc mundum* (*Joan.* i, 9). *Hermon* significat *anathema ejus,* id est diaboli, quod a Christianis Domino veniente suscepit. Dignum enim fuit, ut præsente lumine tenebrosus diabolus vinceretur. Isti ergo *exsultabunt in nomine* Domini, sicut alibi fideles dicunt: *Non nobis, Domine, non nobis, sed nomini tuo da gloriam* (*Psal.* cxiii, 1, 8).

Vers. 13. *Tuum brachium cum potentia: firmetur manus tua, et exaltetur dextera tua. Brachium* frequenter quidem legimus humanam significare virtutem, sicut propheta dicit: *Maledictus homo qui ponit carnem spem brachii sui, et a Domino recedit cor ejus* (*Jerem.* xvii, 5). Sed non potest habere potentiam, nisi quanta ei pro tempore fuerit attributa. Hic autem, ut significaret Dominum Salvatorem, dictum est: *Brachium tuum cum potentia;* hoc est illi esse quod posse; nec aliquando potentia ejus tepescit, qui jugiter omnia facit quæ vult in cœlo et in terra. Addidit, *firmetur manus tua, et exaltetur dextera tua. Manus et dextera,* si subtiliter inspiciamus, longe diversa sunt. Rogat enim ut manus, id est operatio firmetur in superbos, quatenus inclinati tribulationibus celerrime ad conversionis studia perducantur. *Exaltetur* autem *dextera tua* · hic fortasse dictum est, id est clarificetur numerus prædestinatorum, qui est ad dexteram collocandus.

Vers. 14. *Justitia et judicium præparatio sedis tuæ: misericordia et veritas præibunt faciem tuam.* Sedes quidem Domini semper æterna est : sed tunc nobis apparebit præparata, quando ipsum cernemus judicare justitiam. Eo siquidem tempore sancta nobis æquitas patescet, et verus Judex ostendetur, quo angelorum mysteria videbuntur. Fit *præparatio sedis* ejus, quando hæc ab hominibus in generali resurrectione cernentur. Sequitur, *misericordia et veritas præibunt faciem tuam.* Hoc ad tempus istius mundi non incompetenter aptatur. *Faciem* enim ipsius, id est declarationem judicii *misericordia et veritas præibunt. Misericordia* est, quia parcit conversis ; *veritas,* quia promissa restituit. Sic utrumque tempus evidenter his sermonibus indicatur.

Vers. 15. *Beatus populus qui intelligit jubilationem : Domine, in lumine vultus tui ambulabunt.* Ethan ille sanctissimus, quem titulus præmisit, postquam Dei visus est prædicasse mysteria, beati populi multifarias laudes aggreditur per id quod rhetores demonstrativum dicendi genus appellant. Exclamat enim : *Beatus populus qui intelligit jubilationem,* id est qui immensam lætitiam suam non in propriis viribus, sed in Dei cognoscitur virtute posuisse. *Jubilatio* est enim copiosa mentis exsultatio, quæ verbis non potest explicari. Hanc ergo perscrutari cordis arcano beati est populi; quam sic feliciter advertimus, si auctorem ejus pura mente fateamur. Est etiam omnino utilis, si et sic intelligatur dicta sententia, quia ille *beatus populus* est, *qui* laudes Dei non solum ore cantat, sed etiam lumine mentis *intelligit. Intelligere* autem est, si Scripturas sanctas catholicis regulis perscrutetur; si dicta Patrum salutari dogmate quis comprehendat, totumque ad pietatem rectæ fidei trahat, quam hæreticorum pravitatibus acquiescat. Addidit præmium quod tales consequitur viros : *Domine, in lumine vultus tui ambulabunt.* Populus ille beatus, quem dixit intelligere jubilationem, *in lumine vultus ejus ambulat,* cum in contemplatione sanctæ Trinitatis jugiter perseverat. *Ambulat* enim, significat vivit, quia tempus istud vitæ nostræ quadam commeatione peragitur.

Vers. 16. *Et in nomine tuo exsultabunt tota die : et in justitia tua exaltabuntur.* Adhuc in illo præmio perseverat, quod datur huic *populo, qui intelligit jubilationem.* Nam cum dicit Domino, *in nomine tuo exsultabunt,* vetat in propria præsumptione gaudere ; ne decepta mortalitas ibi ponat lætitiam suam, ubi omnia sunt caduca. Sequitur, *tota die,* totius vitæ tempus ostendit, quia non decet aliquando inde desinere, unde constat perpetua et copiosa gaudia provenire. Quod cum ita factum fuerit, evenit ut *exaltentur in Domini justitia,* 301 quando in illa resurrectione ad dexteram fuerint collocati. Ecce qualia dona parata dicit *intelligentibus jubilationem.* Quapropter negligentiam noxiam projiciamus, et ad intelligentiæ beata studia concitemur ; ut et hic, donante Domino, suavi exinde epulatione pascamur, et ibi perpetuæ lætitiæ munere perfruamur.

Vers. 17. *Quoniam gloria virtutis eorum tu es : et in beneplacito tuo exaltabitur cornu nostrum.* Merito *cornu* eorum, id est, potestas *exaltabitur,* qui in Domino Salvatore, de quo dicit Pater : *Hic est Filius meus dilectus, in quo mihi bene complacui (Matth.* III, 17), virtutem suam gloriamque posuerunt : quia dum ad illum refertur omne quod datum est, ipse fit laus nostra et perfecta lætitia. Et nota quod in hoc loco *cornu,* in bono posuit : alibi vero in malo, ut est illud : *Et a cornibus unicorniorum humilitatem meam (Psal.* XXI, 22) ; non immerito, quoniam data potestas bona malaque facit.

Vers. 18. *Quoniam Domini est assumptio, et sancti Israel Regis nostri.* Exposuit quare *exaltetur cornu* in ipsum credentium : *Quoniam assumptio,* id est gloria illa incarnationis a *sancto Israel* probatur impleta ; in qua omnes spem habentes de profundo peccati sursum erigimur, dum ipsius misericordia sublevante in æterna gaudia collocamur. Ecce exposita sunt munera, quæ promittuntur *populo intelligenti jubilationem.* Peracta est demonstrativi generis admiranda laudatio, ut in singulis rebus et potentia ipsius narretur, et quis sit iste Dominus, evidentius approbemus. Nunc aliquid de tertia divisione noscamus.

Vers. 19. *Tunc locutus es in aspectu filiis tuis, et dixisti : Posui adjutorium super potentem, et exaltavi electum de plebe mea.* Hactenus Ethan a sua persona locutus est, nunc venit ad tertiam partem, prædicans verba Patris, quæ dicta sunt de Domino Salvatore ; ut superior laus indubitata doceretur, quam paterna etiam firmavit auctoritas. Sæpe diximus sanctos appellari filios Dei non natura, sed gratia. Istis ergo *filiis,* id est prophetis et prædicatoribus verbi *locutus est Dominus in aspectu,* dum eos fecit conspicere quæ dicebant. Per hoc enim verbum illud ostenditur, quia quidquid prophetæ dixerunt, non ignoranter locuti sunt : sed in contemplatione certissima constituti, viderunt mente quod ore prædicaverunt. Hinc est quod etiam videntes prophetæ nuncupantur. Sequitur : *Posui adjutorium super potentem.* Quæramus quid velit intelligi *adjutorium positum super potentem;* nam qui adjutorium quærit potens non est ; qui potens est, non indiget adjuvari. Sed hoc dictum, aut de generali corpore Ecclesiæ possumus non incompetenter advertere, quod potens et electum esse nullus ignorat ; et huic dicit *adjutorium* Christum Dominum datum, qui de se in secundo psalmo dixit : *Ego autem constitutus sum Rex ab eo super Sion montem sanctum ejus (Psal.* II, 6). Aut certe si hoc de Christo Domino velimus advertere quod ait : *Posui adjutorium super potentem,* ita intelligendum est, ac si diceret : Pater perhibuit testimonium potenti, id est Filio ; sicut in Evangelio vox ad eum facta testatur, dicens : *Et clarificavi et iterum clarificabo (Joan.* XII, 28). Hoc est enim fortasse quod dicit, *adjutorium positum super potentem.*

Adjecit, *exaltavi electum de plebe mea. Electum* dici Dominum Christum Isaias propheta commemorat, dicens : *Ecce puer meus suscipiam eum, electus meus complacuit sibi in illo anima mea* (Isai. XLII, 1). *Exaltatus est* autem, sicut dicit Apostolus : *Propter quod et Deus exaltavit* (illum, *et donavit illi nomen quod est super omne nomen ; ut in nomine Jesu omne genu flectatur cœlestium, terrestrium et infernorum* (Philip. II, 9). *De plebe mea,* significat gentem Judæorum, undè natum constat Dominum Christum.

Vers. 20. *Inveni David servum meum : in oleo sancto meo unxi eum.* Quod dicit : *Inveni David,* Jesum Christum evidenter insinuat, quem superius dixit *Potentem.* Hoc enim nomen frequenter constat ad ipsum referri, quia et manu fortis dicitur, et desiderabilis invenitur ; maxime cum talia sequantur, quæ neque *David,* neque alteri cuiquam justo præter Domino Salvatori possint ullatenus convenire. De ipso enim in alio psalmo jam dictum est : *Propterea unxit te Deus Deus tuus oleo exsultationis præ participibus tuis* (Psal. XLIV, 9).

Vers. 21. *Manus enim mea auxiliabitur ei, et brachium meum confortabit eum.* Hoc secundum formam servi dicitur, quæ assumpta est in utero virginali. Cui *auxiliata est manus* divina in passionibus suis, et fortitudo Domini firmavit eam ; ut quam pro salute mundi pius Redemptor susceperat, propositam perageret passionem. Hoc schema dicitur characterismos, quod Latine informatio vel descriptio nominatur, quando personam absentem quibusdam indiciis velut præsentem facimus intueri. Hæc ergo figura totam partem divisionis hujus decora varietate complectitur.

Vers. 22. *Nihil proficiet inimicus in eo, et filius iniquitatis non nocebit eum.* Istud certe ad David quemadmodum pertinere poterit, qui et inimicos fortiores pertulit, et diabolo instigante peccavit ? Sed hoc veraciter de Christo animadverti necesse est ; nam licet in eum sævierit diabolus, qui est protervus humanitatis inimicus : licet Juda *filius iniquitatis nocere* præsumpserit, nullus tamen eorum peccatum, quod juste accusare potuisset, invenit ; sicut ipse dicit : *Ecce veniet princeps hujus mundi, et in me non inveniet quidquam* (Joan. XIV, 30).

Vers. 23. *Et concidam inimicos ejus a facie ipsius, et odientes eum in fugam convertam. A facie* Christi *conciduntur* inimici, quando ejus præsentia conversionis beneficio a propriis criminibus culpisque separantur. Nam *facies ipsius* cum peccatores dignata fuerit intueri, a pravitatibus suis *conciduntur* ; nec consensum ulterius tenebrosis delictis præbere possunt, qui ad præsentiam veri luminis, Domino miserante, perveniunt. *Odientes* autem *eum in fugam convertuntur,* quando impia vita derelicta, ad ejus cœperint festinare remedia. Peccati enim memores sua facta refugiunt, et ad beneficia Domini saluberrima se festinatione convertunt. Felix itaque fuga criminum Domini quæsiisse refugium, sicut in alio psalmo jam dictum est : *Tu es mihi refugium a pressura quæ circumdedit me* (Psal. XXXI, 7).

Vers. 24. *Et veritas mea, et misericordia mea cum ipso : et in nomine meo exaltabitur cornu ejus.* Pater dicit de Filio, *veritas mea et misericordia mea cum ipso* est ; ut intelligamus nihil esse divisum, sed virtutes quas habet Pater, habere simul et Filium, sicut ipse testatur : *Omnia Patris mea sunt, et mea Patris sunt* (Joan. XVII, 10). *Veritas* pertinet ad judicium, in qua judicaturus est mundum ; *misericordia* vero ad pietatem, qua peccata dimittit, et omnia quæ præstat gratuita largitate concedit. Sequitur, *et in nomine meo exaltabitur cornu ejus. Cornu* hic significat invictissimam potestatem, de qua ipse in Evangelio dicit : *Data est mihi omnis potestas in cœlo et in terra* (Matth. XXVIII, 18).

Vers. 25. *Et ponam in mari manum ejus, et in fluminibus dexteram ejus. Mare* significat universas gentes, in quibus Salvator noster gloriam dominationis accepit, quando ejus nomini humiliter devotis mentibus crediderunt. *In fluminibus,* fontium forsitan fluenta significat, ubi Domino Salvatori populus regenerationis acquiritur. Sive Jordanem fluvium pro *fluminibus* ponit, in quo sui baptismatis Dominus consecravit exemplum. Sic et cœlos dicimus pro cœlo, et terras pro terra, et maria pro mari, et si adhuc velis quærere Athenas, Thebas, Mycenas et his similia.

Vers. 26. *Ipse invocabit me : Pater meus es tu : Deus meus et susceptor salutis meæ.*

Vers. 27. *Et ego primogenitum ponam illum, excelsum præ regibus terræ.* In his duobus versibus absolute debellatur iniquitas Judæorum. Quid enim evidentius, quid planius, quam ut esse credatur Filius qui *invocat Patrem,* et rursum credatur esse Pater qui appellat Filium ? Nam quamvis hæc duo nomina relativa sibi sint, unumque sufficiat dici, et amborum virtus possit intelligi, tamen ut omnem scrupulum ambiguitatis excluderet, utraque posuit, utraque firmavit, et adhuc non desinit Judæorum insana deviare protervia, dum erroris causa fuerit sublata. Hæc enim quarta decima species definitionis est, quam Græci κατὰ τοῦ πρόστι, Latini ad aliquid vocant, quoties unum nomen sic dicitur, ut aliud ex eo intelligi posse videatur. Sequitur : *Et ego primogenitum ponam illum, excelsum præ regibus terræ.* Perscrutandum etiam nobis est, quare dixerit, *primogenitum,* quasi vero Pater sic genuerit substantialiter Filium, ut subsequeretur et alius. Sed hoc locutionis genus Scripturæ divinæ constat esse proprium ; sicut est et illud in Evangelio de Joseph et Maria, ubi ait : *Et non cognovit eam, donec peperit filium suum primogenitum* (Matth. I, 25). Nunquid consequens erit, ut virgo semper Maria post Dominum Jesum Christum alterum peperisse credatur ? Sed bene dicitur *Primogenitus,* quamvis solus probetur ex Patris substantia genitus. Ipse enim dicit : *Ego sum Alpha et Omega, primus et novissimus, initium et finis, princeps et origo David* (Apocal. XXII, 13,

16) ; **ut merito** sermo iste quæstionem habere non debeat, quando ipsum et principium constat esse et finem. *Ponam*, constituam dicit ; sicut in secundo psalmo ait: *Ego autem constitutus sum Rex ab eo. Excelsum præ regibus terræ* (*Psal.* II, 6), sicut in septuagesimo primo psalmo dictum est : *Et adorabunt eum omnes reges terræ* (*Psal.* LXXI, 11).

Vers. 28. *In æternum servabo illi misericordiam meam : et testamentum meum fidele ipsi.* Et hoc a forma dicitur servi, quia misericordiam Patris æterno videlicet honore suscepit, cui perpetua data est potestas in cœlo et in terra. Testamentum vero *fidele* est illi, quando quæcunque prophetæ de ipso prædixerunt, integerrima veritate completa sunt.

Vers. 29. *Et ponam in sæculum sæculi semen ejus, et thronum ejus sicut dies cœli.* Sæculum sæculi significat æternitatem. Semen vero David Christus est Dominus, qui in æterna gloria collocatus regnat cum Patre et Spiritu sancto per omnia sæcula sæculorum. *Thronus* autem ejus, potestas est futuri judicii, quæ tanta veritate peragenda est, ut sanctis omnibus cœlesti claritate præfulgeat. Sciendum sane alios esse *dies* istos, qui sibi vicaria revolutione succedunt, et illum futurum qui continua luce perpetuus est ; de quo in octogesimo tertio dictum est : *Quia melior est dies una in atriis tuis super millia* (*Psal.* LXXXIII, 11) ; ut merito *dies cœli* sit dictus, qui objectu telluris tenebras non potest habere nocturnas.

Vers. 30. *Si dereliquerint filii ejus legem meam, et in judiciis meis non ambulaverint.*

Vers. 31. *Si justitias meas profanaverint, et mandata mea non custodierint.* Hos duos versus dicit de populo Christiano, qui vere dicuntur filii Sponsi : quoniam Ecclesia matre ex aqua et Spiritu sancto regenerantur. Isti *si legem Domini dereliquerint, si in judiciis ejus non ambulaverint, si justitias ipsius profanaverint, si mandata ejus non custodierint*, in subsequentibus digna eis promittitur evenire vindicta.

Vers. 32. *Visitabo in virga iniquitates eorum, et in verberibus peccata eorum.* Venit ad sententiam quam superiora minabantur. *Visitat in virga*, quando districte vindicat ; sic et Apostolus scribens Corinthiis dicit : *Quid vultis, in virga veniam ad vos, an in charitate et spiritu mansuetudinis* (*I Cor.* IV, 21) ? *Visitat quoque in verberibus,* quando in nobis levius vindicatur. Aliter enim virga percutit, aliter flagella verberant. Quod utrumque fieri manifestum est in populo Christiano pro qualitate peccati, quibus tamen proficit ad salutem, sicut Salomon dicit : *Quem enim diligit Dominus increpat ; flagellat autem omnem filium quem recipit* (*Prov.* III, 12). Nam vide quid sequitur.

Vers. 33. *Misericordiam autem meam non dispergam ab eo, neque nocebo in veritate mea.* Cum superiora de membris dixerit, nunc redit ad caput. Dicit enim Pater *misericordiam* non se a Christo *dispergere,* sed tota plenitudine condonare : sicut Apostolus dicit : *In quo habitat omnis plenitudo Divinitatis corporaliter* (*Coloss.* II, 9), id est substantialiter atque manifeste. Sive quoniam in corpore Domini plenitudo Divinitatis habitare dignoscitur ; unde et in trigesimo psalmo jam dictum est. Sequitur, *neque nocebo in veritate mea.* Promiserat enim in superioribus Pater : *Manus enim mea auxiliabitur ei, et brachium meum confortabit eum.* Et quomodo poterat nocere, cui talia visus est promisisse ? Et intuere quod dictum est, *neque nocebo in veritate mea.* Nam etsi inimici permissi sunt *nocere, in veritate* Patris non est læsus Filius, cujus passio totum mundum glorificata complevit.

Vers. 34. *Neque profanabo testamentum meum, et quæ procedunt de labiis meis non faciam irrita.* Hoc est quod superius dixit, *neque nocebo in veritate mea ;* quoniam omnia veritatis ordine constat fuisse completa ; quia nec *testamentum* suum mentiendo *profanavit*, sed rerum fide honorabile fecit, dum quæ de labiis ejus progressa sunt, id est per sanctos prophetas prædicavit, nulla falsitate destructa sunt. Competenter enim prophetæ labia dicti sunt Domini, per quos ipse loqui dignatus est.

Vers. 35. *Semel juravi in sancto meo, si David mentiar.* Hominum consuetudo est frequenter jurare, ut eis possit aliquis credere : Deus enim *semel jurat*, quia nulla varietate temporis immutatur. Jurare autem illius diximus esse ventura promittere. Nam cujus se religione constringat qui non habet fortiorem ? Dicit etiam : *In sancto meo,* id est in Christo qui dixit : *Custodi animam meam, quoniam sanctus sum* (*Psal.* LXXXV, 2). Addidit quoque, *si David mentiar. Si,* negative positum est, quod etiam usus communis habet.

Vers. 36. *Semen ejus in æternum manebit, et thronus ejus sicut sol in conspectu meo. Semen* Christi sunt omnes qui ei mente fideli crediderint ; quia in ipsis futurum regnum seminatum est, quod ventura messis ostendat, sicut et in vigesimo primo psalmo ipse dicit : *Semen meum serviet illi* (*Psal.* XXI, 31). Manebunt ergo sancti *in æternum,* qui in excellenti ac beata conversatione demorantur. Unde illos proprie *manere* non dicimus qui a regno Domini respuuntur. *Thronus* autem Dei hic intelligendus est anima fidelis, in qua revera insidet, quando eam majestatis suæ illuminatione compleverit ; sic enim scriptum est : *Sedes sapientiæ anima justi.* Addidit, *sicut sol in conspectu meo,* erit scilicet anima illa justi, quam sedem diximus Domini Salvatoris. Dicendo autem, *sicut sol,* comparationem rerum visibilium facit. Nam si magnum est de creatura clarescere, multo melius de Creatore lucere.

Vers. 37. *Et sicut luna perfecta in æternum, et testis in cœlo fidelis.* Superius dixit de sole, quod ad animam justi diximus pertinere : nunc de *luna* dicit, quæ humano corpori hic convenienter aptatur, quia per varias ætates attenuatur et proficit. Sed ideo addidit, *perfecta,* ut in illo spirituali corpore jam non temporale aliquid intelligeres, sed de sola plenissima æternitate sentires. Nam et ipsum corpus nostrum *in æternum* sic claritate complebitur, ut *luna perfecta*; quæ *luna*, id est compago corporis nostri, testis erit *fidelis*, utique in qua promissa complentur. Sed vide quid posuit, *in cœlo*, id est in sancto viro. Ipsorum enim corpora sic lucebunt, quorum et animæ divina illuminatione resplendent; sicut Salomon ait: *Fulgebunt justi, et tanquam scintillæ in arundineto discurrent* (*Sap.* III, 7). Frequenter enim *luna* Ecclesiæ comparatur.

Vers. 38. *Tu vero repulisti et sprevisti, et distulisti Christum tuum.* Hactenus Christus paterna voce laudatus est; nunc venit *Ethan* ad quartam partem, in qua jam ex sua persona velut adversa superioribus dicit. Ibi enim Christum ab inimicis suis Pater asserit vindicandum, quod etiam jurisjurandi promissione confirmat; hic autem spretus ac traditus esse memoratur. Quod duplici modo intelligendum est, ut illud advertamus ad resurrectionis gloriam pertinere: sive magis, quod Pater Augustinus invenit, illud pertinere dicamus ad Dominum Salvatorem; hoc autem ad David servum ejus, qui multis calamitatibus probatur afflictus, quando et Christi nomen, quod ab unctione venit, utrisque certum est convenire. *Repulisti* pertinet (ut mihi videtur) ad illam parabolam quam ei Nathan propheta dixit, in qua *repulsus* a dignitate regia cuidam injusto comparatus est, qui ovem pauperis devoravit. Bene ergo dictus est *repulsus*, qui etiam proprio judicio constat esse damnatus. *Sprevisti* autem dixit, contemptibilem esse fecisti, quando de regno ejectus, a filio Absalom fugiens nudis pedibus ambulavit, et increpationes filii Jemini sub durissimis opprobriis sustinebat. *Distulisti* non ad veniam pertinet, cui statim propheta respondit: *Et Dominus abstulit peccatum tuum* (*II Reg.* XII, 13): sed dilatus est in tribulationibus suis, quandiu regnum repararet invasum. *Christum tuum*, significat unctum; quoniam illo tempore principes Hebræorum ungebantur in regem.

Vers. 39. *Avertisti testamentum servi tui; profanasti in terra sanctitatem ejus.* Hoc jam ad gentem pertinet Judæorum, quod usque ad finem divisionis exsequitur. Humanitatis enim more dicitur: *Avertisti*, id est in aliam partem transtulisti; ut quod Judæis fuerat promissum, ad utilitatem gentium utique perveniret. Non enim eis remansit sacerdos, non templum quod constat esse subversum; sed Christiani omnia sunt plenissime consecuti. Merito ergo dictum est: *Avertisti*, quando perfidis ablatum, fidelibus probatur esse concessum. *Testamentum*, dixit, *servi tui*, non quia David testatus est; sed cui fuerat per testamentum nativitatis Domini dignitas compromissa. Sequitur, *profanasti in terra sanctitatem ejus*. Profanum dictum est irreligiosum, quod porro a fano, id est a templi reverentia pellebatur. Immolatio siquidem pecudum et observantia sabbatorum, quæ prius figuraliter agebantur, veniente veritate submota sunt. *In terra* enim quod dixit, intelligere debemus in toto orbe terrarum, ubi est Ecclesia catholica constituta.

Vers. 40. *Destruxisti omnes macerias ejus: posui-*

sti munitiones ejus in formidinem. Maceria est, quæ loca ad aliquam utilitatem præparata defensionis causa communit. Hæc non commixtione rei alterius ædificatur, sed in parietis modum saxorum tantum adunatione construitur. Ad cujus similitudinem ponit simplicem illam invictamque defensionem divinam, quam necesse fuit amoveri, ut gens Judæorum potuisset hostium incursione vastari. Pulcherrime autem dictum est, *munitiones ejus posuisti formidinem*, ut culpis facientibus ipsum Dominum formidarent, cujus solebant munitione vallari. Et nota quod per hos tres versus in similibus sonis exierunt verba diversa; dixit enim: *Repulisti, sprevisti, distulisti, avertisti, profanasti, destruxisti, posuisti*. Quæ figura dicitur homœoteleuton, cum similibus litteris dictiones plurimæ terminantur.

Vers. 41. *Diripuerunt eum omnes transeuntes viam: factus est in opprobrium vicinis suis.* Status ille regni Judaici et fide noscitur direptus et opibus. Nam per eum *transeuntes* sublatis facultatibus ejus religionis copias ad se violentissime transtulerunt: illi magis credentes ad quos Dominus corporaliter non venerat commonendos; sicut ipse dixit: *Populus quem non cognovi servivit mihi: obauditu auris obaudivit mihi* (*Psal.* XVII, 45). Merito ergo Judæi *facti sunt vicinis opprobrium*, qui in Dominum gloriæ credere noluerunt.

Vers. 42. *Exaltasti dexteram inimicorum ejus: lætificasti omnes inimicos ejus.* Ista sine dubio contigerunt, quando Judæi hostibus suis traditi, direptiones et cædes vastissimas pertulerunt. Tunc enim lætus efficitur inimicus, quando ejus voluntatibus humiliatur adversarius.

Vers. 43. *Avertisti adjutorium gladii ejus, et non es auxiliatus ei in bello.* Merito ei gladius ille adjutorium non præbuit, qui fortitudinem Divinitatis amisit. Nam licet ferrum humana videatur esse defensio, tamen nihil prævalet, nisi eum dextera superna corroboret; sicut in alio psalmo jam dictum est: *Non enim in arcu meo sperabo, et gladius meus non salvabit me* (*Psal.* XLIII, 7). Sic ergo populus ille armatus, inermis effectus est; ut cum pauci plures vicerant, nec plures paucis resistere valuissent.

Vers. 44. *Dissolvisti eum ab emundatione, et sedem ejus in terram collisisti.* Frequenter emundat Divinitas quos flagellat, ut purgatum recipiat quem peccatis sordidum respuebat: quos vero *ab emundatione dissolvit*, id est removit, hos jam et damnare decrevit. Quapropter illos hic significat Judæos, qui obstinatione mentis Christum spernere maluerunt. *Sedes quoque eorum in terra collisa est*, quando respuentes Regem Dominum Salvatorem, nequaquam de gente sua principem ulterius habere meruerunt. *Sedes* enim pro regno posita est, quæ merito dicitur *in terra collisa*, quando divisus populus atque confractus particulatim toto orbe dispersus est.

Vers. 45. *Minorasti dies temporum ejus, perfudisti eum confusione.* Status ille quem diximus regni Judaici, cui promissa fuerat (si Domino serviret) æternitas, *minoratus est* utique diebus angustis ; quia pollicitationem Abrahæ promissam obtinere non meruit. Et merito in brevitatem redactus est, qui sibi irrite longam seriem promittebat annorum. Addidit etiam, *perfudisti eum confusione*, quia sordes illas incredulitatis suæ in facie sustinet, hodieque dum inter gentes omnes abominabili horrore confusus, in vultu suo gestat opprobrium. Hæc quidem *Ethan* ille robustissimus mirabili varietate narravit ; sed in his omnibus non agnovit Dominum fuisse mentitum. Ille enim quod promisit David, id est, Christo suo, omnibus Christianis exhibuit. Nec habent Judæi quæ juste murmurent, qui se maluerunt a promissione verissima [*ms. A.*, veritatis ¹ segregare.

Vers. 46. *Usquequo, Domine, avertis in finem ? exardescet sicut ignis ira tua ? Ethan* venit ad quintam partem, ubi Dominum breviter rogat, ut Judaico populo miseratus indulgeat ; quia nullus est qui animam possit ab inferno liberare. *In finem* hic, sæculi terminum debemus advertere, quando (sicut sæpe dictum est) exspectatur innumera conversio Judæorum, propter illud quod ait Apostolus : *Quia cæcitas ex parte Israel contigit, donec plenitudo gentium intraret, et sic omnis Israel salvus fieret* (Rom. xi, 25). Rogat ergo, ne *in finem avertatur*, quando exspectatur fidelis agnitio Judæorum. Addidit, *exardescet sicut ignis ira tua.* Irascimur mediocriter, quando aliquem sermone corripimus : *exardescimus* autem *ira*, cum vindicare disponimus. Adjecit etiam, *Sicut ignis*, qui objecta consumit.

Vers. 47. *Memorare, Domine, quæ mea substantia* [ed., *justitia*] : *non enim vane constituisti filios hominum.* Ille *Ethan* mentis firmitate roboratus rogat Dominum, ut istam carnem peccatis obnoxiam adventus sui gloria liberare dignetur ; quia non est ad hoc creata, ut eam permitteret quasi vanum aliquid interire. Nam cum memor fuit substantiæ nostræ, et a morte filios hominum eripuit, et in spe magnæ beatitudinis collocavit.

Vers. 48. *Quis est homo qui vivit, et non videbit mortem ? aut quis eruet* [ed., *eruit*] *animam suam de manu inferi ? Quis est ?* interrogative legendum est. Quæ figura dicitur erotema, id est interrogatio : ubi subaudiendum est, nullus. Omnes enim homines sive justi, sive peccatores, mortem videbunt, quæ primo homini inflicta est lege peccati ; sicut Apostolus dicit : *Propterea sicut per unum hominem in hunc mundum peccatum intravit, et per peccatum mors, ita in omnes homines mors pertransiit, in quo omnes peccaverunt* (Rom. v, 12). Quæ nunc ideo commemorat, ut calamitatibus suis misericordiam Creatoris mereatur humana conditio. Unde qui originale peccatum mala præsumptione credere nolunt, quanto se liberos ab hac conditione dicunt, tanto amplius miserabili sorte constringuntur. Sequitur, *aut quis eruet animam suam de manu inferi ?* Et hic quoque subaudiendum est, nullus. *De manu*, id est de potestate inferi. Nam cum omnes homines mori contingat, necesse est ut ipsi animas suas de inferni potestate non auferant, nisi per illum qui nos de dominatione diaboli eripuit, et mortem moriendo prostravit.

Vers. 49. *Ubi sunt misericordiæ tuæ antiquæ, Domine, sicut jurasti David in veritate tua ?* Venit ad sextam partem, ubi Dominum deprecatur, ut genti afflictæ et humana conditione [*ms. A., F.*, humanæ conditioni] fragilissimæ debeat subvenire, et impleat promissiones quas se David fecisse noscebat. *Ubi sunt*, non sub dolore dicitur, sed quasi tardans Dominus postulatur. Nam quemadmodum de illo dubitaret, cui dicitur, *in veritate tua* ; scilicet ut cito præstet quod eum noverat esse facturum. *Antiquas* enim *misericordias* illas dicit, quas Abrahæ patriarchæ fecisse retinebat ; *antiquas* enim non diceret, nisi ante Davidica tempora factas esse cognosceret.

Vers. 50. *Memor esto opprobrii servorum tuorum, quod continui in sinu meo, multarum gentium.* Ordo verborum talis est, Memor esto opprobrii servorum tuorum, id est multarum gentium, quod continui in sinu meo. Illi dicitur : *Memor esto*, cui transacta vel futura præsentia sunt. Sed more humanitatis hoc dicitur, quia Dominus, dum præstare differt, oblitus fuisse judicatur. *Opprobrium* vero contigit servis Dei, quando gentibus idolorum amore raptatis, erant pro crimine Christiani, et insecutione dignos judicabant, quos novæ culturæ studiosos esse cognoverant. Hoc erat *in sinu* Christianorum, id est in secreto mentis affectu, quia palam timebant loqui, unde probabantur exstingui.

Vers. 51. *Quod exprobraverunt inimici tui, Domine : quod exprobraverunt commutationem Christi tui.* Exponit quod superius dixit : *opprobrium multarum gentium. Exprobraverunt* enim sub imputatione legendum est, id est imputaverunt, quod magis credere ac prædicare debuissent. Sed ne haberes ambiguum a quibus ista dicerentur, addidit, *inimici tui, Domine*, id est idolorum cultores, qui prædicationibus sanctis adversum ire modis omnibus festinabant. Repetit quoque, *quod exprobraverunt*, ad exaggerationem sceleris eorum ; ut *commutationem* Christi fidelibus imputarent, quam summa colere veneratione debuissent. *Commutatio* vero *Christi* est, quia veterem hominem in novam gratiam regenerationis evocavit, et de tenebris peccatorum ad veræ fidei lumen usque perduxit : quia mortali homini perennis vitæ gaudia præparavit ; et his similia, quæ Dominus noster Christus peccatoribus donare dignatus est. Ipsa est *commutatio Christi*, quæ obstinatos deseruit, et fideles dono suæ pietatis ascivit.

Vers. 52. *Benedictus Dominus in æternum : fiat, fiat.* Post illam felicissimam [*ms. G.*, fidelissimam] sanctissimamque commutationem, dignum fuit ut laus Domini subderetur, qui eam immeritis agnoscitur contulisse mortalibus. Pulchre autem contra maledictiones gentilium temporales positum est, *Benedictus Dominus in æternum* : quoniam quæ dicunt illi caduca sunt ; laus enim Domini permanet in æternum, quia talia donare novit, quæ nullo fine clauduntur. Sequitur, *fiat, fiat,* ut de tantis promissionibus nemo dubitaret, ubi confirmatio iterata succederet, et tanquam subscriptio boni principis sacris jussionibus adderetur. Sed hoc magis ad psalmorum laudem debemus accipere, non (sicut quibusdam visum est) ad liberi aliquam sectionem.

Conclusio psalmi.

O vere robustum illum *Ethan* non corporis valitudine, sed animæ [*ed.*, animi] firmitate constantem, qui præceptum nobis vitæ subscriptum de illis sacris altaribus tanquam fidelissimus humani generis procurator explicuit. Nunc oremus ut, quod auribus percipimus, mente condamus. Sic enim victoria nostra peragitur, si post talia sacra non adversum extraneos, sed contra nostra vitia litigemus ; et respuentes quæ sunt terrena, quæramus sine aliqua cunctatione cœlestia. Interpretatio enim istius nominis fideles et patientes commonet Christianos, ut nulla adversitate frangantur, sicut Apostolus ait, hujus maximum virtutis exemplum ; de se enim dicit : *In laboribus plurimis, in carceribus abundantius, in plagis supra modum, in mortibus frequentius. A Judæis quinquies quadragenas una minus accepi. Ter virgis cæsus sum, semel lapidatus sum, ter naufragium feci, nocte et die in profundo maris fui* (*II Cor.* XI, 23, 24). Sequuntur etiam cæteræ passiones, quæ istum *Ethan* opere magis quam nomine compleverunt. En, beate apostole, honoris tibi vicissitudo tributa est ; ut sicut sanctam prædicationem tuam psalmorum attestatione firmasti, ita et psalmi de tuis operibus exponantur.

EXPOSITIO IN PSALMUM LXXXIX.

Oratio Moysi hominis Dei.

Non est dubium (sicut sæpe diximus) talia nomina titulis adhiberi, quæ textum psalmorum interpretatione sua videantur aperire. In primis *oratio* posita est, per quam ira Domini suspenditur, venia procuratur, pœna refugitur, et præmiorum largitas impetratur, cum Domino loquitur, cum Judice fabulatur, præsentem sibi facit quem videre non prævalet, et illum per eam placat, quem suis actibus vehementer exaggerat [*ed.*, exacerbat]. Hæc Domini quodammodo præstat secretum, præbet suggestionibus locum, ad penetralia Judicis peccator admittitur ; et nullus inde respuitur, nisi qui in ea tepidus invenitur. Quod mavult petit, supra quam meretur acquirit ; tristis ad eam venit, sed lætus abscedit. *Oratio* quippe sancta sic devotos salvat, ut beatos reddat, dum criminosos accipiat. Innumera sunt hujus bonitatis exempla ; sed illud sufficiat, quod ipse quoque Dominus, exempla nobis vitalia tribuens, orare dignatus est. Unde merito tali ac tanto viro præmissa est *oratio*, qui frequenter indignantem Dominum mirabili supplicationis placavit exemplo. Hunc autem psalmum tertium noverimus esse eorum qui *orationem* in titulo suo continere monstrantur. *Moysen* enim illum celeberrimum virum per quem Dominus legem Israelitico populo dedit, manifestum est ministrum fuisse Testamenti Veteris, et prophetam Novi. De ipso enim in Evangelio dicit : *Si crederetis Moysi, crederetis et mihi, de me enim ille scripsit* (*Joan.* V, 46). Et quia utraque psalmus iste conjunxit, merito illi tale nomen appositum est, quod duo sacramenta vi sui nominis indicaret. *Moyses* quippe interpretatur assumptus, eo quod de aquis a filia Pharaonis fuerit elevatus ; quod propter mare Rubrum Israelitas significat : propter gratiam vero baptismatis pertinet ad populum Christianum. Additum est etiam, *hominis Dei*, ne alterum fortasse cogitares, nisi eum qui divinis colloquiis honoratus, meruit esse primarius ; ut jam non servus, sed *homo* ipsius esse diceretur. Hoc enim non de famulis, sed de liberis dicimus et amicis, sicut in Exodo legitur : *Loquebatur autem Dominus ad Moysen facie ad faciem, sicut loqui solet homo ad amicum suum* (*Exod.* XXXIII, 11).

Divisio psalmi.

Moyses vir sanctissimus, et operibus mirabilis, et colloquio divino reverendus, in prima sectione inchoat a laude Judicis, beneficia ejus breviter potestatemque commemorans. Deinde infirmitati nostræ, quam et ipse multis modis ostendit, postulat subveniri. Tertio exorat adventum Domini Salvatoris celerius innotescere, quem sciebat humano generi profutura præstare.

Expositio psalmi.

Vers. 1. *Domine, refugium factus es nobis, a generatione et progenie.* Moyses ille venerabilis in typo sanctæ Ecclesiæ, quam præfiguratione gestabat, Domino fusa oratione gratias agit, quod in hoc sæculi salo *factus fuerit* ejus insigne *refugium*. Primum quod inter Hebræorum filios est, ut moreretur, abjectus ; deinde quod regis Ægyptiorum pertulit nefanda certamina ; tertio maris Rubri inaudita miracula ; postremum murmurantis populi contumaciam formidandam : sed in his omnibus *factus est illi refugium*, cum ab universis discriminibus noscitur esse liberatus. Merito ergo periculorum suorum recordatus, tale cognoscitur fecisse principium. Verum ut hoc non tantum de uno **306** homine, sed de universali Ecclesia debuissemus advertere, *nobis* posuit, non mihi : quoniam cunctæ Ecclesiæ, quæ in hac sæculi tempestate versatur, tutissimum *refugium* semper est *Dominus*. Nam vide quid sequitur, *A generatione et progenie. A generatione*, significat ex quo generari cœptum est genus humanum. *Progeniem* vero dixit usque ad finem sæculi, cum progenies sibi humani generis per ætates singulas reparata succedit ; ac si diceret, semper.

Vers. 2. *Priusquam fierent montes, et formaretur orbis terræ, a sæculo et usque in sæculum tu es.* Quia in primo versu dixerat : *Refugium factus es nobis*, ne temporalem adverteres esse Deitatem, nunc de ejus æternitate disseruit. Sed ut hanc perennitatem apertissime possimus advertere, *montes* hic non aliquid terrenum, sed cœlorum potestates eximias, quoniam de universa terra subsequitur ; ut revera dicatur Domino congruenter, *tu es*, antequam cœlestia terrenaque formares. Istud enim *prius* non habet principium, sed immensum atque incomprehensibile esse declaratur, quando ab ipsis quoque principiis prius esse dignoscitur. Sequitur, *a sæculo et usque in sæculum tu es*; quasi aut ante sæculum, aut post sæculum non est Deus. Sed hic, *a sæculo et usque in sæculum*, æternitatem debemus advertere. Græci enim codices æternitatem habent, quod patres nostri *a sæculo et usque in sæculum* transtulerunt. *Tu es* competenter dicitur Deo, quia non habet præteritum nec futurum; sic enim et ipsi Moysi dictum est: *Dices filiis Israel: Ego sum qui sum: et qui est, misit me ad vos* (Exod. III, 14). Unde merito vir sanctus posuit, *tu es*, quod ab ipso se audisse meminerat. Sed hoc ad Patrem, hoc ad Filium, hoc ad Spiritum sanctum pertinere non dubium est. Essentia enim individuæ Trinitatis, quæ ab eo quod est, esse veraciter et proprie dicitur, præsentia semper habet, quæ inter nos aut præterita dicimus aut futura.

Vers. 3. *Ne avertas hominem in humilitatem; et dixisti: Convertimini, filii hominum*. Venit ad secundam partem, in qua ille vir sanctus a Domino petit quæ illum præcepisse cognovit. Dicit enim: *Ne avertas hominem in humilitatem*, id est, ne in mundi istius concupiscentiam ambitionemque projicias. *Humilitatem* quippe hic terrenam concupiscentiam debemus advertere, quæ apud Deum abjecta atque contemptibilis est, non illam gloriosam qua peccata nostra Domino confitemur. Hoc ergo vir sanctus deprecatur quod Divinitas jubet, ne voluntas hominum a cœlesti sublimitate dejecta, amare mundi permittatur humillima, humilia utique quæ sua vilitate [ed., humilitate] sordescunt. Sequitur, *et dixisti: Convertimini, filii hominum*. Illic *et* pro quia positum est, ut unum nobis sensum aperiat adunata sententia. Vides quam sit probabilis superior illa petitio: quia cum Dominus præceperit *filios hominum converti*, ipso debeant miserante salvari. Quis enim alter potest a mundi ambitu liberare, nisi is qui docuit fideles cœlorum regna perquirere? Merito ergo petit ne deserantur homines in lubricis lapsibus, quibus dictum est: *Convertimini*.

Vers. 4. *Quoniam mille anni ante oculos tuos, tanquam dies hesterna, quæ præteriit, et sicut custodia in nocte*. Causa redditur quare sæculi ambitio debeat declinari: *Quoniam mille anni* non solum pauci sint *ante oculos* Dei, sed *tanquam hesterna dies* habeantur omnino præteriti. Quæ figura dicitur tapinosis, id est humiliatio, quando cujuslibet rei magnitudo minuitur in exiguam parvitatem. Non enim vel ipsi uni diei præsenti, sed præterito comparatur tam longissimus ordo sæculorum. *Mille* enim finitum pro infinito posuit, ætatem veterum fortasse designans, qui magna longævitate repleti sunt. Sequitur, *et sicut custodia in nocte*. Ut illos mille annos (quos superius dixit) annulatos esse cognosceres, non jam uni diei præterito, sed etiam nocturno tempori brevissimo comparantur. *Custodia* enim nocturna, quæ humanas assolet exercere vigilias, ternis horis excubantibus deputatur, ubi sibi succedentibus turmis nihil longinquum agitur nec morosum. Pulchre autem humanam vitam nocturnis comparavit excubiis, ubi totum sub obscuritate et trepidatione geritur, quando mens hominum vitiis carnalibus circumdata pulsatur. Huic autem versui subdistinctiones ponendæ sunt, quoniam subsequitur plenitudo sententiæ.

Vers. 5. *Quæ pro nihilo habentur, anni erunt eorum: mane sicut herba transeat*. Hoc erat quod de versu superiori pendebat: quoniam sicut duo illa quæ superius dixit, hoc est, *diem præteritum, et custodiam nocturnam, quæ pro nihilo habentur*, intulit: *Anni erunt eorum*. Et ideo sicut paulo ante dixit supplicandum est, *Ne avertas hominem in humilitatem*, addidit, *mane sicut herba transeat*. Adhuc illa fugitiva et transitoria vitæ hominum comparantur. Frequenter enim herba intra momentum aut pastu animalium, aut aliqua tritura consumitur: sic sunt anni hominum qui pro nihilo habentur. *Mane*, id est in ipsa vita qua fruuntur, transeunt atque peraguntur; nec de longinquitate eorum potest esse satietas, ubi terminus festina celeritate suscipitur.

Vers. 6. *Mane floreat et prætereat; vespere accidat, induret et arescat*. Bene carnis infirmitas fugitivis herbarum ætatibus comparatur. *Mane* significat totam hominis vitam, in qua et *florere et præterire* dignoscitur. *Vespere* autem quod indicat lucis occasum, tempus dicit quo transit homo de sæculo; mox enim ut in mortem deciderit, post durescit in cadaver, ac deinde arescit [ed., crescit] in pulverem, quod et herbis et corporibus humanis noscitur esse commune. Sed hic *mane* et *vespere* (ut mihi videtur) non unum diem debemus advertere; partes enim istæ non sunt jungendæ, quia singulæ pro brevitatis intellectu sunt positæ. Hæc autem ideo diligentius excoluntur, ne quis sibi hominum de vita longissima blandiatur.

Vers. 7. *Quoniam defecimus in ira tua, et in furore tuo conturbati sumus*. Vir sanctus memor actuum priorum illum furorem Dei recordatur, quem pro Judaica murmuratione sustinuit, quando ei Dominus dixit: *Cerno quod populus iste dura cervice sit: dimitte me ut irascatur furor meus contra eum, et deleam eos, faciamque te in gentem magnam* (Exod. XXXII, 9, 10). Quapropter formidabili recordatione turbatus est, qui pro tali populo supplicabat. *Defecimus* enim dictum est, humana infirmitate fatigati; *Conturbati sumus* mortis cogitata formidine, quam metuebant propter debitas ultiones.

Vers. 8. *Posuisti iniquitates nostras in conspectu tuo; sæculum nostrum in illuminatione vultus tui*. De sæculo transacti temporis dicit, quando Judaicus populus et miraculis visitabatur et **307** pœnis. Non credendo enim quæ videbant, ultoris Judicis patiebantur aspectum. Nam in alio loco dicit: *Beati quorum remissæ sunt iniquitates, et quorum tecta sunt peccata* (Psal. XXXI, 1). Illa enim tegebantur, quæ ad veniam perveniebant : hæc autem illuminabantur, quæ vindictam protinus sustinebant.

Vers. 9. *Quoniam omnes dies nostri defecerunt : et in ira tua defecimus : anni nostri sicut aranea meditabantur.* Brevitatem vitæ humanæ dicit per iram Domini provenisse : quoniam longioris vitæ præsumptione peccabant. Ad quam enim brevitatem pervenerint post illam numerositatem prioris sæculi infra dicturus est. Nam quod dicit : *Omnes dies nostri defecerunt*, ad annos pertinet imminutos. Quod vero sequitur, *et in ira tua defecimus*, ad tribulationes ærumnasque respicit, quas in ipsa vita parvissima sustinemus : quoniam insolentia nostra aliter non poterat corrigi, nisi per flagella Domini probaremur affligi. Sequitur nimis apta comparatio : *Anni nostri sicut aranea meditabantur*. Malignitatem vitæ nostræ posita similitudo declarat. *Aranea* enim est animal debile ac tenuissimum, quod transeuntibus muscis ad escam sibi procurandam quædam retia dolose contexit : sic anni eorum qui sceleratis operibus dediti sunt, inanibus et subdolis machinationibus occupantur. *Aranea* enim dicta est, quod sit arida nimisque subtilis. Et vide quemadmodum actus ipsos [*ed.*, ipsius] positum verbum declaret. *Meditabantur*, dixit, non operabantur ; ut ostenderet eos sine aliqua utilitate transisse, qui sub nullo fructu bonorum, sed sub ancipiti meditatione vixerunt.

Vers. 10. *Dies annorum nostrorum in ipsis septuaginta anni ; si autem in potentatibus octoginta anni, et plurimum eorum labor et dolor.* Si annos illos ad litteram velimus advertere, multos hominum et nonagenarios bene vigentes invenies, et iterum necdum septuagenarios debilitate confectos ; ut quod hic dicitur, constare minime posse videatur. Sed numerum septuagenarium legi potius decenter aptamus, quæ sabbatum diem septimum observandum esse præcepit. Octogenarium vero populo Christiano aptissime deputamus, qui octavum diem Resurrectionis dominicæ sancta festivitate veneratur : ut duo Testamenta (sicut in septuagesimo psalmo jam diximus, ubi opus istud divisimus) per hunc numerum significasse videatur. Ipsa sunt enim præcepta, in quibus fideles animæ saluberrima mentis valetudine reguntur. Octogenario vero numero addidit *in potentatibus*, quia tunc revera cœpimus habere potentiam, quando nobis Dominus Salvator apparuit. Isti sunt ergo *dies annorum nostrorum*, qui nobis probabilis vitæ conferunt claritatem ; ut merito *dies* dicantur, per quos Dominum in verbis suis illuminata mente conspicimus. Et intende quid sequitur : *Et plurimum eorum labor et dolor*; id est, qui hæc duo Testamenta transcenderit, laboribus maximis et doloribus implicatur. Non enim illic est aliquid (sicut hæretici faciunt) plus minusve sentire, ubi cœlestem regulam servat moderata distinctio.

Vers. 11. *Quoniam superveniet super nos mansuetudo, et corripiemur. Quis novit potestatem iræ tuæ, aut præ timore iram tuam dinumerare ?* Quia dixerat : *Plurimum eorum labor et dolor*, nunc ipsum excolit dicens, non debere legis præcepta transcendi : quia superveniens Jesus Christus, qui est *mansuetudo* perfecta, nos corripit et emendat, si Testamenta ejus contumaciter negligamus. Et quoniam dixit, *corripiemur*, præmisit mansuetudinem, ut intelligamus omnes emendationes Domini fidelibus pietatis intentione provenire. Sequitur, *Quis novit potestatem iræ tuæ, aut præ timore iram tuam dinumerare ?* Merito ille Moyses, qui expertus fuerat quanta Dominus peccanti populo reddidisset, dum eum crebris murmurationibus incitasset, exclamat nullius considerationis ad vindictæ ejus pervenire mensuram, nec dinumerari posse quanta ille prævalet iratus efficere. Et nota quod in utraque parte prædicatur virtutis immensitas. Nam sicut præmia Domini plenissime nequeunt intelligi, ita nec vindictæ mensura prævalet apprehendi. Bene autem addidit, *præ timore*, sicut et alius propheta dicit : *Consideravi opera tua, et expavi* (*Habac.* III, 2).

Vers. 12. *Dexteram tuam, Domine, notam fac nobis, et eruditos corde in sapientia.* Vir ille sanctissimus et utriusque Testamenti intellector egregius venit ad tertiam partem, in qua deprecatur Patrem, ut Jesus Christus Judaico populo et gentibus salutariter appareret. Nam ut utrumque populum complecteretur, plurali numero posuit, *nobis*, sicut et in primo versu psalmi jam factum est. *Dexteram* enim dicit ipsum Dominum Salvatorem, de quo alibi scriptum est : *Dextera manus tuæ, Domine, confregit inimicos* (*Exod.* xv, 6); petens ut ipse illis notus efficiatur, per quem omnia profutura discuntur. *Et eruditos corde in sapientia.* Desiderio ipsius non sufficit adventum Domini postulare, quia multi eum corporaliter videntes, Deum minime crediderunt, ideoque addidit, *Eruditos corde in sapientia* ; id est intellectum habentes in Dominum Christum. *Eruditus* enim dicitur quasi ex omni rude elicitus. Ipse est enim virtus et sapientia Patris, quem hic postulat non corporeis oculis, sed erudito corde cognoscere : quia hoc profuit revera illum videre, qui eum meruerunt illuminata mente conspicere.

Vers. 13. *Convertere, Domine, aliquantulum, et deprecabilis esto super servos tuos.* Consuetudinem suam vir sanctus operatur, qui dicit in Exodo : *Esto placabilis super nequitiam populi tui* (*Exod.* xxxii, 12). Ipso affectu, ipsa gratia rogat Dominum, ut justitiam suam aliqua lenitate retemperet ; quatenus exorari possit a peccatoribus, quibus juste noscebatur iratus. Intuendum est autem quod non dixit ex toto *convertere*, sed *aliquantulum* : quia hoc magis nobis expedit, quando nos aliquis stimulus tribulationis affligit ; ut sæpe commoniti saluberrima conversione valeamus peccatorum veniam promereri.

Vers. 14. *Repleti sumus mane misericordia tua ; exsultavimus et delectati sumus in omnibus diebus nostris.* Misericordiam dici Dominum Salvatorem nullus ignorat, qui miseris datus est, ut per ipsum viverent, qui per se cognoscebantur omnimodis interiisse. *Repletum* se ergo dicit hac *misericordia mane*, id est lucida contemplatione, quoniam vir sanctus Christi Domini prævidebat adventum. Et necesse fuit ut **308** ejus cor *exsultaret* in laude, *delectaretur* in contemplatione *omnibus diebus* vitæ suæ, cujus anima tali munere repleta, cœlesti exsultatione gaudebat. Quæ figura dicitur idea, cum rem futuram velut oculis offerentes, motum animi vivaciter incitamus.

Vers. 15. *Delectati sumus pro diebus quibus nos humiliasti, annis in quibus vidimus mala.* Tribulationes quas hominibus providentia divina concedit, quam veraci æstimatione perpenderat, ut delectatum se in eis diceret, per quas humiliandum populum salutariter sentiebat. Sciebat enim fidelibus viris noxiam esse superbiam; et inde Domino gratias agit, unde credentes profecisse cognovit. Quapropter in illis *annis se delectatum esse* confitetur, *in quibus viderat mala;* mala scilicet quæ gravia putabat, dum pateretur humanitas. Nam viro sancto et contemplanti veritatem non solum gravia non fuerunt, sed etiam suavia sibi exstitisse professus est.

Vers. 16. *Respice in servos tuos et in opera tua, Domine; et dirige filios eorum.* Sancta conscientia non desinit facere in opere alieno quod exercebat in proprio. Quibus enim orationibus pro Israelitis supplicaverit Domino, omnino notissimum est. Nunc eadem simili fine concludit, ut peccantibus Judæis parcat, et filios eorum sancta credulitate recorrigat; quatenus si illi (iniquitate sua faciente) dispersi sunt, saltem eorum soboles in fine sæculi conversa, ad veniam pervenire mereatur. Quod prophetiæ spiritu (sicut sæpe diximus) noverat esse faciendum. Et considera quibus verbis pietatem boni Judicis invitavit, ut primo diceret, *in servos tuos;* deinde, *in opera tua;* quatenus etsi factis suis veniam non mererentur accipere, eam Creatoris opera valde laudabilis impetraret. Quod argumentum apud rhetores dicitur a laude judicis.

Vers. 17. *Et sit splendor Domini Dei nostri super nos; et opera manuum nostrarum dirige super nos.* Splendor Domini *super nos* est, quando crucis ejus impressione decoramur, et vexillum triumphi ipsius in fronte portamus; sicut Apostolus dicit: *Mihi autem absit gloriari, nisi in cruce Domini nostri Jesu Christi, per quem mihi mundus crucifixus est, et ego mundo* (Galat. vi, 14). Hinc et in alio psalmo dictum est: *Signatum est super nos lumen vultus tui, Domine* (*Psal.* iv, 7). Sequitur, *et opera manuum nostrarum dirige super nos.* Opera nostra dirigit super nos, quando nobis donaverit veniam peccatorum, ut cum fuerimus perversi, efficiamur ejus correctione rectissimi.

Conclusio psalmi.

Consideremus, viri prudentissimi, quam multa nobis legis divinæ mysteria per diversos numeros indicentur, quod hic vitas hominum septuagenarii et octogenarii numeri supputatione recolligat; quod cunctus ordo Psalmorum mystico sit calculo comprehensus; quod omnes libros divinos numerus arcanus includit; quod et alia legis divinæ mysteria multifario calculo continentur. Arenam maris, pluviarum guttas, hominum capillos legimus esse sub numero. Et ut brevi compendio disciplinæ ipsius laudem virtutemque noscamus, Salomon ait: *Omnia in mensura, et numero, et pondere Deum fecisse* (*Sap.* xi, 21); ut cunctis indubitanter appareat arithmeticam disciplinam ubique esse diffusam. Hanc auctores sæcularium litterarum diligentius perscrutantes in multis partibus diviserunt, id est in pari et impari, in perfecto et imperfecto, in superfluo et imminuto, et cæteris quæ in ipsis auctoribus evidentissime continentur; quas studiosis legere et sana mente tractare nostri quoque permisere majores. Deum tamen in omnibus rogemus ut sensus nostros aperiat, et ad veram sapientiam sua nos illuminatione perducat. Quidquid enim legeris, quidquid excogitaveris, ita dulcescere poterit tibi, si sapore superni muneris condiaris.

EXPOSITIO IN PSALMUM XC.

Laus cantici David.

Quando *laus cantici* dicitur, non commune aliquid sentiatur. *Laus* intelligi potest et humana prædicatio; sed *laus cantici* animadverti non potest nisi divina laudatio. *David* autem hic, ipsum prophetam debemus advertere, qui primam partem hujus psalmi suavi relatione dicturus est. Amœnus admodum et ipsarum promissionum varietate dulcissimus: cujus undecimum et duodecimum versum diabolus ipsi Domino Salvatori, cum eum tentasset, objecit. Hunc hymnum dæmonibus pia confidentia semper opponimus, ut a nobis potius inde vincantur, unde contra Creatorem suum dolose aliqua dicere tentaverunt.

Divisio psalmi.

In prima parte Psalmista profitetur omnem fidelissimum divina protectione vallari. Secunda laudem decantat Domino Salvatori. Tertia verba sunt Patris ad omnem fidelem, quem in se devotissime sperare cognoscit, et in mundo isto defensionem, et in futuro illi [*ed.*, ille] præmia compromittens.

Expositio psalmi.

Vers. 1. *Qui habitat in adjutorio Altissimi, in protectione Dei cœli commorabitur.* Hic denuo categoricus syllogismus ita sublevat caput: Justus habitat in adjutorio Altissimi. Omnis qui habitat in adjutorio Altissimi, in protectione Dei cœli commorabitur. Justus igitur in protectione Dei cœli commorabitur. Nunc verba psalmi tractemus. Posito sancto David in contemplatione cœlesti, talis subito persona monstrata est, quæ tota mentis puritate devota superna jugiter protectione gauderet: cui multa beneficia divinitus asserit esse collata, ut ad devotionem Domini mens nostra ardentius incitetur, quando fidelibus spes magna promittitur. Quæ figura dicitur diatyposis, id est expressio habitus, ubi rebus personisve subjectis et formas ipsas et habitus exprimimus. Qui *habitat*, confirmative pronuntiandum est, id est qui jugiter commoratur. *Habitare* enim permanentis est, non discedentis; sed qui totam spem suam non in propriis viribus ponit, sed in Altissimi voluntate constituit, sequitur absoluta promissio, quoniam talis vir modis omnibus protegatur a Domino. Et inspiciendum est quod dicit, *in adjutorio*, ut designet intentionem verissimi Christiani laboriosa Domino contentione servire. Et intuere quemadmodum singulis verbis res magnæ resignatæ sunt. Dicit enim: *Qui hic habitat, illic commorabitur*; id est, qui in isto sæculo ab ipso non discedit, in illa semper perennitate mansurus est.

Vers. 2. *Dicet Domino: Susceptor meus es, et refugium meum Deus meus, et sperabo in eum*. Hoc dicit ille qui de animo suo noxias præsumptiones abjiciens, solum sibi credit utile, quod dignatur pietas superna præstare. Nam qui dicit: *Susceptor meus es*, totum se confirmat in ejus beneficia projecisse, ut de felici quadam familiaritate glorietur. Item qui dicit: *et refugium meum Deus meus*, nullum sibi aliud esse profitetur auxilium: sed quando hujus sæculi tempestatibus quatitur, ad portum divinæ misericordiæ se confugere velle testatur. Et ne crederes post susceptionem beatam et refugium salutare non esse jam aliquid expetendum, sequitur, *et sperabo in eum*: ne quis in se fragilissimo debeat aliquando præsumere, sed in illo semper qui probatur omnia continere. Hoc si Adam fuisset secutus, nec sibi conquisiisset reatum, nec suis posteris transmisisset interitum.

Vers. 3. *Quoniam ipse liberavit me de laqueo venantium, et a verbo aspero*. Causam dicit divini muneris, quia ipse nos ab inimicorum sive spiritualium sive carnalium potest liberare versutiis, comparatione facta venantium, qui ad capiendas feras retium laqueos ponunt, ut ignorantes possint dolosis insidiis irretire. Sequitur, *et a verbo aspero*. Verbum asperum est omne dictum quod contra regulas divinas tanquam lethiferum poculum propinatur. Nam etsi per injurias aut irrisiones a bono proposito divertamur, *verbum* est utique *asperum*, suaque acerbitate durissimum. Et iterum si audiatur sermo blandus fellito melle conditus, acerbe illud debemus suscipere, quia divinis probatur jussionibus obviare. Nam frequenter illa plus decipiunt quæ mollissimis sermonibus intimantur. Ab hac ergo asperitate gravissima et amara dulcedine liberat Dominus nos, quando in via ipsius gradimur, nec dextera lævaque divertimus, ubi a diabolo positos laqueos esse cognoscimus. In via enim, id est in ipso Christo ausus non est ponere, ubi fideles non prævalet sauciare.

Vers. 4. *Scapulis suis obumbrabit tibi, et sub pennis ejus sperabis; scuto circumdabit te veritas ejus*. Per hunc versum et duos alios qui sequuntur, personæ illi sanctissimæ quam propheta superius introduxit, quam pulcherrimis allusionibus Domini beneficia compromittit! ut cujus prius mores probaverat, ejus præmia digna narraret; quæ nostra debet curiositas indagare, si tamen (ipsius gratia suffragante) dignum possimus aliquid invenire. *Scapulæ* Domini sunt operationes mirabilium, per quas velut quibusdam humeris virtus divina monstratur. *Pennæ* sunt monita prophetarum, quæ si pura mente recipiantur, fideles animas ad cœlos usque perducunt. Quæres forsitan quid ista præstabit obumbratio, ut per diem sol non urat te, neque luna per noctem? Item quid pennæ Dominicæ conferant? Utique protectionem Domini, quam velut maternam pietatem inter mundi pericula te habere cognoscas, sicut et alibi scriptum est: *Jerusalem, Jerusalem, quoties volui congregare filios tuos sicut gallina pullos suos sub alis suis, et noluisti* (Matth. XXIII, 37)? *Scuto circumdabit te veritas ejus*. Scutum istud humanum illam partem tantum ex qua opponitur, tegit: clypeus vero divinus undique nos quasi murali munitione circumdat atque defendit. Veritas autem incarnatio Christi Domini advertenda est, sicut legitur: *Veritas de terra orta est* (Psal. LXXXIV, 12); quæ nos et *scapulis obumbrat*, et *sub pennis suis sperare* facit, et scuti protectione custodit.

Vers. 5. *Non timebis a timore nocturno.*

Vers. 6. *A sagitta volante per diem, a negotio perambulante in tenebris, a ruina et dæmonio meridiano*. Sicut dixit superius genera defensionum, ita nunc in his duobus versibus denuntiat periculorum modos: quia multo gratior salus fit, cum evitata cognoscitur discriminum multitudo. *Timor* itaque *nocturnus* est hæreticorum tenebrosa suasio. *Sagitta volans per diem* manifesta persecutio tyrannorum. *Negotium in tenebris*, cum pravo studio perquiritur, unde bene credentium cordis oculus obcæcatur. *Dæmonium meridianum* est immane periculum fervore persecutionis accensum: ubi ruina plerumque metuitur, quando infirmitas humana superatur. *Ruina* enim dicta est, quasi repetens ima. Sed per has omnes allusiones definitionesque rerum illud evidenter ostenditur, quia nihil horum metuere possumus, quando Domino protegente salvamur.

Vers. 7. *Cadent a latere tuo mille et decem millia a dextris tuis: ad te autem non appropinquabit*. Cum de viro fidelissimo in prima parte loqueretur, quoniam membra capiti suo connexa sunt, in secunda parte venit ad Dominum Christum, ut illos quos Dei famulis insidiatos esse dixerat, peccatorum suorum retributionem subituros esse monstraret. Sed hunc versum paulo sollicitius inquiramus. Non enim possunt *a latere* Domini, vel *a dextris* ejus *cadere*, qui jam in beatorum numero prædestinati esse noscuntur: sed hoc de præsumptoribus bene dicitur, qui illud consequi credunt, quod minime promerentur. *Cadent* dixit, quasi de alta beatitudine corruent, quam sibi temeraria, non fidelis anima promittebat. *Latus* autem est Domini Salvatoris corona justorum, quæ cum ipso (sicut promisit apostolis) in resurrectione judicabit. Nam hodieque quando judices petimus ab imperatore vel rege, sic eis dicimus: Mittite a latere vestro, id est qui vobiscum habet fidelissima devotione consilium. *Latus* enim dictum est, eo quod sub brachio lateat. Et quia spes hominum inaniter sibi promittit excelsa, ex illa gloria eos dicit esse casuros, qui sibi supra merita sua talia pollicentur. Et quoniam isti rari sunt qui tantam ac talem spem habere noscuntur, *mille a latere* ejus asserit esse *casuros*, ab illa scilicet summitate judicationis. *A dextris* autem, quia multi putant se ad dexteram collocandos, *decem millia* testatur inde ruituros, quoniam et ipsi falsa opinione conceperant, quod in suis **310** meritis non habebant. Hæc autem sententia illos specialiter verberat qui aliquo bono prosperitatis inflantur, et sanctos se putant esse, cum non sint. Mille autem *et decem millia* finitum pro infinito numerum ponit. Sequitur, *Ad te autem non appropinquabit*; hoc est quilibet ex ipsis qui sibi regnum Dei fallaciter pollicentur: qui revera longe erunt a Domino, quoniam dum spem habent in meritis suis, ad satisfactionis remedia non recurrunt.

Vers. 8. *Verumtamen oculis tuis considerabis, et retributionem peccatorum videbis*. Oculis tuis, dixit divinum illum lucidum perspicabilemque conspectum, quo hominum merita judicantur. Justitia enim divina considerantur homines, qui sunt ad sinistram vel ad dexteram collocandi. Sequitur, *Et retributionem peccatorum videbis*; hoc est quod superius dixit: *Oculis tuis considerabis*. Illa enim consideratio erit *retributio* meritorum. *Videbis*, id est, videri facies; sicut est illud: *Dominus de cœlo prospexit super filios hominum, ut videat si est intelligens aut requirens Deum* (*Psal.* LII, 3).

Vers. 9. *Quoniam tu es, Domine, spes mea; altissimum posuisti refugium tuum*. Cum supra de peccatorum retributione loqueretur, subito intulit, *Quoniam tu es, Domine, spes mea*, quod sensus superior non habebat. Quæ figura dicitur paradoxon, quando exitus inopinatus vel non exspectatus ingeritur. Intendamus autem sollicitius quid sit quod dicit propheta, *Quoniam tu es, Domine, spes mea*: quia resurgente Domino spem resurrectionis membra reliqua perceperunt, quæ erant posita in morte peccati. Præcessit enim in Capite, quod corpus reliquum in se sperare debuisset. Verum ista *spes* resurrectionis sancto viro ideo facta est, quia et ipse Dominus Salvator per id quod mortuus est, *refugium* suum noscitur in Altissimo posuisse, sicut in trigesimo psalmo jam dictum est: *Esto mihi in Deum protectorem, et in domum refugii, ut salvum me facias* (*Psal.* xxx, 3). Unde merito sequitur illius exemplum, per quem se in æternum noverat esse victurum.

Vers. 10. *Non accedent ad te mala, et flagellum non appropinquabit tabernaculo tuo*. Hic beatitudo assumptæ humanitatis potenter exponitur: quia dum in hoc mundo a Judæis et convicia pertulerit et flagella, dicit, *tabernaculo* ejus, id est, sancto corpori nihil mali *appropinquare* potuisse. Merito, quia *flagellum est* ultio divina, quod solet humana crimina resecare; sicut alibi legitur: *Multa flagella peccatorum* (*Psal.* xxxi, 10). Hoc ergo supra illum verissime dicitur non venisse, qui se probatus est immaculata conversatione tractare. Hic enim *flagellum* positum est, quod delicta castigat, quod improbos actus ulciscitur; et ideo negatum est per *flagellum* Christo Domino proximasse peccatum. Quod genus locutionis schema dicitur hypallage, quæ et in sæcularibus frequenter invenitur voluminibus et divinis.

Vers. 11. *Quoniam angelis suis mandavit de te, ut custodiant te in omnibus viis tuis*.

Vers. 12. *In manibus portabunt te, ne unquam offendas ad lapidem pedem tuum*. In his duobus versibus verba sunt quæ Domino Christo diabolus, de ejus divinitate dubitans, cum eum tentare præsumpsisset, objecit. Sed ubi ille cecidit, nos sollicite gradiamur: quoniam cautela sequentis est præcedens lapsus alienus. Sæpe diximus in Domino Salvatore duas naturas, id est Dei et hominis unitas atque perfectas in una eademque permanere persona, ita ut unus esse Dei Filius et prædicetur ab omnibus et credatur, sicut et Patres nostri veritatis ipsius illuminatione docuerunt, dicentes: Solus ex Trinitate Filius formam servi accepit, quæ forma illi ad unitatem personæ coaptata est; id est, ut Filius Dei et Filius hominis unus sit omnipotens Jesus Christus: ne non Trinitas, sed (quod absit) quaternitas prædicetur. Hinc est quod quando humilia de ipso dicuntur, humanitati sunt sine dubio deputanda: quando aliquid potentius tonat, divinis virtutibus convenit applicari; quod hic et inferius utrumque servatum est. Nam quod legitur, *angelis mandatum*, ut eum debeant *custodire*, infirmitatis humanæ est, sicut Evangelium quoque testatur: *Apparuit autem illi angelus de cœlo confortans eum* (*Luc.* xxii, 43). Et ut ipsam hominis naturam perfectissime declararet, adjecit, *ne offendas ad lapidem pedem tuum*; id est, ne in legem quæ in lapideis tabulis scripta videbatur incurreret, quam venerat gentes edocere, ejusque plenitudinem salutari integritate firmare.

Vers. 13. *Super aspidem et basiliscum ambulabis, et conculcabis leonem et draconem*. Hic jam divina virtus exprimitur, quæ tantis rebus sævientibus imperavit. Nam omnia ista nomina diabolo congruenter aptantur: *aspis* est, dum occulte percutit; *basiliscus*, cum palam venena disseminat; *leo*, dum persequitur innocentes; *draco*, cum negligentes impia voracitate deglutit. Verum hæc omnia glorioso adventu Domini pedibus ipsius prostrata jacuerunt. Solus enim tam ferocia valuit subdere, qui Patri coæternus et consubstantialis secundum divinitatem probatur existere. Hæc si diligenter sanctorum Patrum prædicatione tractemus, nec aliqua dementium hæretica pravitate turbemur, omnia nobis, sicut dicta sunt, absoluta veritate constabunt.

Vers. 14. *Quoniam in me speravit, liberabo eum; protegam eum, quoniam cognovit nomen meum*. Venit ad tertiam partem, ubi Dominus Pater justissimo illi viro qui in prima parte noscitur introductus, clementi dignatione respondit, ut corda fidelium tali promissione roboraret. Hunc ergo beatum, *qui ha-*

bitat *in adjutorio Altissimi*, liberaturum se a malis sæculi istius compromittit, quoniam spem suam in ipsius virtute reposuit. Sequitur, *protegam eum quoniam cognovit nomen meum*. Exponit quomodo *eum liberandum esse* promiserit; scilicet ut protectus ab omnibus insidiis diaboli reddatur alienus. Causam quoque piæ liberationis adjunxit, *quoniam cognovit nomen meum*. Cognoscit nomen Patris, qui Filium non putat esse minorem, nec creaturam æstimat (ut quidam dementissimi volunt), sed Creatorem potius mentis integritate profitetur.

Vers. 15. *Invocabit me, et ego exaudiam eum; cum ipso sum in tribulatione, eripiam eum et glorificabo eum*. Beato isti qui in ipsius protectione confidit, singulare præmium Dominus compromittit, ut *eum invocatus exaudiat*, et duplici modo profutura concedat. Dicit enim, *cum ipso sum in tribulatione*, quod ad istum respicit mundum, **311** ubi ferventius angustiis mens devota tribulatur; sic et ipse in Evangelio promittit: *Ecce ego vobiscum sum usque ad consummationem sæculi* (*Matth.* XXVIII, 20). Et vide quid sequitur, *eripiam eum et glorificabo eum*. Ereptus utique ex hoc mundo glorificandus est justus, quando in illa beatitudine collocatur, ubi jam locum tribulatio non habebit.

Vers. 16. *Longitudine dierum adimplebo eum, et ostendam illi salutare meum*. Adhuc exsequitur præmia quæ promittit beato. *Longitudo* enim *dierum* vita æterna est, quam nullus terminat finis; sed in firmamento suo stabili robore perseverat. Sequitur totius præmii finis, qui non habet finem, *et ostendam illi salutare meum*. Hoc est enim quod fidelibus in summa remuneratione promittitur, quia salutarem Christum Dominum contuentur. Apparens enim ille et cordis illuminatione conspectus, totam spem justorum desideriumque complebit. Sic se et ipse in Evangelio bene credentibus pollicetur: *Ostendam me ipsum illis* (*Joan.* XIV, 21). Hoc enim (ut quidam volunt) ipsi Christo non poterat dici, qui et salutaris est Dominus, et spes desiderata credentium: sed melius (ut frequenter dictum est) intelligatur potius a parte membrorum.

Conclusio psalmi.

Mirabilis virtus psalmi hujus, quæ immundos spiritus fugat. Nam unde tentare diabolus voluit, inde a nobis superatus abscedit. Memor est enim iniquus præsumptionis suæ, memor est divinæ victoriæ. Ipse quippe et in nobis vincit, qui eum et in se propria virtute superavit. Dicatur ergo a nobis post omnes actus diei noctis adventu; cognoscat nos ipsius esse, cui se recolit ante cessisse. Nec frustra tantam gloriam psalmi hujus in tali numero æstimo collocatam, quæ ter trina revolutione denarii ad omnipotentem atque indivisibilem cognoscitur tendere Trinitatem.

EXPOSITIO IN PSALMUM XCI.
Psalmus cantici in die sabbati.

Psalmus cantici commonet nos ut in universis actibus nostris Divinitati gratias referre debeamus.

Psalmus enim (sicut sæpe dictum est) significat operas spirituales, quæ sursum tendunt ad Dominum Christum. In his enim cantare debemus et gratias semper agere, quando ejus beneficio reddimur liberi, qui per nos sumus peccatorum nexibus obligati. Ipse enim cantat in psalmo, qui omnem vitam suam in gratiarum actione constituit. *Dies* autem *sabbati* requies-interpretatur, per quam commonemur ab omni prava actione cessare, et feriatos animos a vitiis reddere operum cœlestium sanctitate. Hanc recte Judæi non colunt, cum observantiam ejus ad intellectum litteræ transtulerunt. Sed illis est *in die sabbati* requies, qui præcepta Domini ad Novi Testamenti significantiam ducunt, et veraciter intelligunt quod in præfiguratione dictum esse cognoscunt. Et ideo verba Ecclesiæ in hoc psalmo debemus accipere, quæ nobis per *diem sabbati* futuram requiem cognosc tur intimare.

Divisio psalmi.

Primo ingressu Ecclesia loquitur, bonum esse commemorans laudes Domino dicere, quod insipientem et irreligiosum profitetur modis omnibus ignorare. Secundo peccatores sicut fenum velociter asserit esse perituros. Tertio dicit justos florere ut palmam, crescere autem sicut cedros Libani: ut et pertinaces metus corrigat, et devoti felici pollicitatione congaudeant.

Expositio psalmi.

Vers. 1. *Bonum est confiteri Domino et psallere nomini tuo, Altissime*. Sancta mater Ecclesia dicit *bonum esse Domino confiteri*, ut in ipso capite breviter profutura censeret. *Confitemur* autem (sicut sæpe dictum est) duobus modis: quando peccata nostra damnantes, misericordiam Domini jugiter postulamus; *confitemur* etiam, cum beneficia quæ suscipimus ejus semper muneribus applicamus, nec meritorum nostrorum esse dicimus quod ipsius miseratione præstatur. Quapropter, quidquid horum fiat, *bonum est Domino confiteri*. Deinde conversa dicit ad Dominum, *et psallere nomini tuo, Altissime*. A communi intelligendum *bonum est*. *Psallere* enim significat piis operibus Domini mandata peragere, ut sicut psalterium de superioribus sonat, ita operatio nostra ad aures Divinitatis ascendat. Quapropter uno versiculo comprehensum est quod sanctas et multiplices concluderet actiones.

Vers. 2. *Ad annuntiandum mane misericordiam tuam, et veritatem tuam per noctem*. Mirabiliter vita nostra duobus est sermonibus conclusa. *Mane* significat gaudium, *nox* autem cognoscitur indicare tristitiam. Et ideo quando in beneficiis ejus læti sumus, *misericordiam* ipsius *annuntiare* debemus: quia præstat indignis et malis, bonus est. *Per noctem* vero, id est per tribulationem, quando nos asperitates aliquæ castigare noscuntur, *veritatem* ipsius similiter *annuntiare* debemus: quia merito patimur quod delictis gravantibus sustinemus. Ita fit ut utroque tempore justissime debeamus laudes Domini confiteri.

Vers. 3. *In decachordo psalterio : cum cantico et cithara.* Decachordum psalterium decem præcepta legis significare manifestum est, quia ipsa chordæ sunt; quas si bonorum actuum qualitate tangamus, salutare melos efficiunt et ad cœlorum regna perducunt. Scire autem debemus cur iste numerus tantæ rei videatur adjunctus. Ipse est quem Pythagorici τετραδαξάτων vocant, id est quaternitatem divinam : quoniam breviter comprehendit quod per infinitas summas noscitur posse dilatari. Unus enim, duo, tres et quatuor faciunt decem, qui semper revolutus atque repetitus, in extensas et infinitas supputationes egreditur. Neque enim in quibuslibet summis ultra istum ordinem novi aliquid reperitur, sed ita probatur esse compositus, ut ipse fiat semper numerabilis, cum nullis novitatibus immutetur. Merito ergo talis calculus totius **312** redemptionis nostræ continet formam, qui per obliquas lineas charactere suo sanctæ crucis imitatur figuram, et in digitis decori circuli rotunditate concluditur. Addidit, *cum cantico et cithara. Canticum et cithara* est gaudium boni operis, id est eleemosynarum jucunda præbitio, sicut ait Apostolus : *Hilarem datorem diligit Deus* (II Cor. ix, 7). *Cithara* vero res indicat actuales, quæ licet cum labore et tensione fiant, tamen habebunt fructum maximum, si juncto gaudio complexantur. Ipse enim cantat cum cithara, qui operas bonas perficit sine asperitate tristitiæ.

Vers. 4. *Quia delectasti me, Domine, in factura tua, et in operibus manuum tuarum exsultabo.* Intuere hanc regulam veritatis ubique servari, ne humanis viribus applicetur quod fuerit divina largitate collatum. Tunc enim elatio noxia provenit; tunc superbia Deo inimica turgescit, quando aliquid infirmitas humanæ de sua possibilitate præsumpserit. Quocirca *delectatam* se dicit mater Ecclesia *in factura* Domini, quoniam quidquid boni acceperat ipsi sancto proposito modis omnibus applicabat. Et ut prædictæ regulæ integritas servaretur, non in sua felicitate, sed in ipsius operibus se exsultare profitetur, sicut et Apostolus ait : *Ipsius enim sumus figmentum, creati in operibus bonis* (Ephes. II, 10).

Vers. 5. *Quam magnificata sunt opera tua, Domine! nimis profundæ factæ sunt cogitationes tuæ.* Omnia quidem opera Dei humanis sensibus profunda noscuntur, et quodcunque eorum quæsieris, altissimum sine dubitatione cognoscis. Sed melius est per verba ipsius prædictas operationes cognoscere, ne peregrinum aliquid in medium videamur adducere. Postquam dixerat : *Mane misericordiam, et veritatem annuntiandam esse per noctem, in decachordo psalterio, cum cantico et cithara,* ipsa opera Domini, ipsa miracula dispositionis vehementius obstupescit, et magnificentiam ejus cum summa admiratione prosequitur : ut tali imitatione formati, mundi istius discrimina salutariter possimus evadere. In qua re *nimis profundæ sunt factæ cogitationes ejus :* ut sicut diabolus per superbiam corruit, ita humanum genus humilitatis beneficio possit absolvi. Dicendo enim, *nimis*

profundæ, significat tanto plus hanc æstimationem altescere, quanto de ipsa potuerit aliquis sedule vehementiusque tractare. Quapropter illud hic perfectæ scientiæ genus est, nosse Deum talia tantaque præstare, quæ humanus sensus non possit attingere, sicut in Habacuc propheta legitur : *Consideravi opera tua, et expavi* (Habac. III, 1).

Vers. 6. *Vir insipiens non cognoscet, et stultus non intelliget ea.* Diversis causis apta redduntur. Nam sicut de se dixit : *Quia delectasti me, Domine, in factura tua, et in operibus manuum tuarum exsultabo,* et reliqua : ita incredulos profitetur beneficia Domini non posse cognoscere. Quæ figura dicitur parison, id est æquatio sententiæ, quæ sæpe paribus, plerumque constat imparibus. *Insipiens* est qui cœlesti sapientia vacuatus, humanis versutiis probatur esse plenissimus. Iste utique *non cognoscet* opera Dei, quia casuale credit esse quod geritur, sicut quidam philosophi dixerunt. Adjecit, *et stultus non intelliget ea. Stultus* utique est qui nec divina cognoscit, nec ipsos sæculi actus intelligit, quos vulgo brutos vocamus. Merito ergo isti non intelligunt ea quæ superius dicta sunt, quia supernæ contemplationis nulla ratione flammantur.

Vers. 7. *Cum exorientur peccatores sicut fenum, et apparuerint omnes qui operantur iniquitatem, ut intereant in sæculum sæculi.* Venit ad ingressum secundum, in quo peccatores in isto quidem sæculo sub brevitate temporis *sicut fenum* dicit florere; sed in illa judicatione, ubi factis digna recipiunt, eos asserit celeriter interire, sicut Jeremias propheta dicit : *Omnis homo fenum, et omnis claritas hominis ut flos feni* (Isai. XL, 6). Nam quod dicit : *Et apparuerint omnes qui operantur iniquitatem,* futurum judicii tempus ostendit. Hic enim etsi intelligantur multorum criminum rei, omnes tamen nobis apparere non possunt qui *operantur iniquitatem,* maxime quando spiritus immundos hic videre non possumus. Ibi enim cum ad judicium venerint, humanis conspectibus apparebunt. Sequitur causa quare appareant, non utique ad gloriam, sed ad ruinam, id est, *ut intereant in sæculum sæculi.* Et pulchre exposita est pœna damnatorum : non enim sic pereunt, ut esse jam desinant; sed in *sæculum sæculi* pereunt, qui nunquam a suis afflictionibus exuuntur.

Vers. 8. *Tu autem Altissimus in æternum, Domine.* Subaudiendum, permanebis, non, ut Judæi putaverunt, tanquam hominem solum communi sorte trucidandum. Aptum est enim hoc de Domino Salvatore sentire, ut econtrario convincatur perfidia nefanda Judæorum.

Vers. 9. *Quoniam ecce inimici tui, Domine, peribunt, et dispergentur omnes qui operantur iniquitatem. Inimici* Dei sunt dæmonum cultores, vel quicunque præceptis ejus obviare monstrantur. Hæc inimicitia Dei quidem dicitur, sed resistenti potius noxia comprobatur. Se enim persequitur, qui Domini jussa non sequitur. Ille enim nescit pius Creator irasci, nisi quando nobis existere videmur adversi. Denique subjungit qui sint isti *inimici*, id est, *qui operantur iniquitatem*. Hi *dispergentur*, quando a grege Domini fuerint segregati, quando regnum ejus non meruerint introire : quia illic congregari nequeunt, nisi qui Domino devotissima intentione placuerunt.

Vers. 10. *Et exaltabitur sicut unicornis cornu meum, et senectus mea in misericordia uberi*. *Unicornis* interdum superbiam indicat, sicut in alio psalmo jam dictum est : *Et a cornibus unicornuorum humilitatem meam* (*Psal.* xxi, 22). Hic autem exaltationem significat unitatis, quam merito dicit Ecclesia [*ed.*, qua merito dicit Ecclesiam] in fine sæculi exaltandam esse, quando fideles munera probantur digna recipere. Illa autem unitas fortitudo sublimis est; et sicut in hoc sæculo cornua ornant jumenta, ita ibi sanctorum gloria decorat Ecclesiam. *Exaltabitur* enim dixit, quia peccatoribus in tartarum humiliatis, illius sublimitas celsior apparebit. Sequitur, *et senectus mea in misericordia uberi*. *Senectus* candidum caput habet. Quæ similitudo (ut arbitror) hic juste datur Ecclesiæ, quoniam omnia merita sanctorum tanquam cani capitis purissima luce fulgebunt. Nec incassum addidit *mea*, quia *senectus* humana morbis gravissimis sauciata tendit ad finem, querelis onerosa, colore deformis est. Contra *senectus* Ecclesiæ ad vitam ducit perpetuam, ad beatitudinem mirabilem, ad pulchritudinem singularem, ut luceant sicut angeli Dei meruerint in illa congregatione numerari. Subjunxit etiam, *in misericordia uberi*, ut et multa intelligeres dona et beneficia sine dubitatione perpetua; quod totum contra sæculi istius senectutem dicitur, quæ malis ingravantibus oneratur.

Vers. 11. *Et respexit oculus meus inimicos meos : et insurgentes in me malignantes audivit auris mea*. *Inimici* scilicet sunt Ecclesiæ, quos superius dixit operari iniquitatem. Tunc aperte in illa judicatione videbuntur, quando qui hic celati sunt, ibi cum suis operibus apparebunt; quos tunc iratus respicit, quando in sinistram partem segregatos esse cognoscit. Sequitur, *et insurgentes in me malignantes audivit auris mea*. *Insurgentes* sunt malignantes divites hujus sæculi, qui hic paupertatem Ecclesiæ impia elatione despiciunt. Hos audibunt [*ed.*, audiunt] aures omnium fidelium, quando increpationibus propriis sua desideria factaque condemnabunt : dicturi sunt enim (sicut Salomon dicit) : *Quid nobis profuit superbia, aut quid divitiarum jactantia contulit nobis* (*Sap.* v, 8)? et cætera. Ibi enim audiuntur sua vota damnantes, qui se in hoc sæculo beatissimos æstimabant.

Vers. 12. *Justus ut palma florebit, ut cedrus Libani multiplicabitur*. Ad ingressum tertium sancta venit Ecclesia, ubi sic per comparationes memorat præmia beatorum, sicut superius dixit damnari posse facta peccantium. Feno enim comparati sunt peccatores, quod delectabili quidem viriditate oritur, sed celerrimo fine siccatur; *justus* vero dignissime comparatur *palmæ*. Palma enim dicta est quasi pacis alma, quæ præmium est in agone vincentibus, sicut Apostolus dicit : *Nunc tendo ad palmam supernæ vocationis* (*Philip.* iii, 14). Hæc supra terram hispida est, et quibusdam tumoribus inæqualis; sed ubi ad superna processerit, dulcissimorum fructuum suavitate completur, et quasi quibusdam radiis ornata distenditur. Sic justorum conversatio in hoc mundo duris est laboribus plena, sed in supernis probatur esse pulcherrima. Sequitur *cedri* secunda comparatio, quæ multo palmis probatur excelsior. Lignum bene olens, ad pondera portanda fortissimum; quod licet procerum ubique nascatur, in *Libano* tamen monte celsius invenitur. Ita justus multiplici laude celebratus, et *cedri* proceritatem et pulchritudinem dictus est habere palmarum. Quæ figura dicitur ison, id est æqualitas, quando res aliquæ parilitate similes, adhibita laude vel detractione, junguntur.

Vers. 13. *Plantati in domo Domini, in atriis domus Dei nostri florebunt*. Quoniam justos viros electis arboribus comparavit, nunc amœnitatem et pulchritudinem Ecclesiæ catholicæ brevissime commemoratione designat; in qua, dum plantatio dicitur, prædestinatio Domini significatur : quia nisi quis in ea plantatus fuerit, crementum felicissimum non habebit. Considera etiam quod *plantatos in domo Domini*, *in atriis florere* manifestat : scilicet quoniam qui in ista Ecclesia per gratiam Domini *plantatur*, in illo ingressu Jerusalem modis omnibus florebunt. *Atrium* enim initium dicitur mansionis; *domus* autem interiora membra designat; et utrumque simul uni rei non potest convenire. Hic enim justus bene dicitur *plantatus*, qui *radicibus* virtutum terrenis visceribus firmiter continetur. *In atriis* enim merito *florebit*, quando in illo resurrectionis initio auditi muneris felicitate gaudebit, id est, *Venite, benedicti Patris mei, percipite regnum quod vobis paratum est ab origine mundi* (*Matth.* xxv, 34).

Vers. 14. *Adhuc multiplicabuntur in senecta uberi, et bene patientes erunt*. Senecta hominum arida atque sterilis est; Ecclesia vero tunc magis incipit esse uberrima, quando ad finem sæculi fuerit, Domino miserante, perducta. O senectus viridis, et floribus comparata maturitas! Apparet quoniam domus ista cœlo tegitur, in qua homines plantantur ut floreant. In fine siquidem sæculi sanctorum numerus crescit, et persecutionibus crebris agitur, ut cito prædestinatorum numerus impleatur. Sic et superius dixit : *Et senectus mea in misericordia uberi*. Addidit, *et bene patientes erunt*, quia beatorum passiones cœlorum regna conquirunt.

Vers. 15. *Ut annuntient : Quoniam justus Dominus Deus noster, et non est iniquitas in eo*. Sancti quos superius dixit, *bene patientes erunt*, dum cœperint præmia divina suscipere. Annuntiabunt : *Quoniam justus est Dominus*, id est qui servis suis promissa dona complevit. *Et non est in eo iniquitas*, ut in hoc mundo pro se pertulerit periclitari, quos ibi ornabit corona martyrii.

Conclusio psalmi

Commonuit nos sancta mater Ecclesia quemadmodum peccatores ut fenum pereant, et justi ut palma floreant. Dixit etiam qua vicissitudine gaudeant qui hic crebris afflictionibus ingravantur. Ipsa est *dies sabbati* quam titulus prædixit, in qua justi sub exsultatione laudes Domini celebrabunt, et liberati a mundi hujus persecutionibus feriata securitate gaudebunt. Ne desperemus, bona promisit; ne peccemus, graviter comminata est. Sic totum pro nobis agitur, quod nos admonere dignatur.

EXPOSITIO IN PSALMUM XCII.

Laus cantici ipsi David, in die ante sabbatum, quando terra fundata est.

Canticum ad laudem Divinitatis sæpe diximus pertinere. Nam quod addidit, *ipsi David*, Christo Domino probatur aptatum, qui vere dicitur manu fortis ac desiderabilis: quoniam et solus potest præstare quæ vult, et a suis cultoribus unica affectione desideratur. Sequitur, *in die ante sabbatum, quando fundata est terra*. In die ante sabbatum, sexta feria significatur, quæ sabbatum sine dubitatione præcedit. Sed dum legatur in Genesi tertio die aridam apparuisse (*Gen.* I, 9), inquirendum est cur *terram* sexto die dicat esse *fundatam*. Sed hic hominem debemus accipere, qui per *terram* congruenter advertitur, sicut est illud: *Terra es, et in terram ibis* (*Gen.* III, 19), quem inter initia rerum sexto die Creatorem legimus condidisse. Et sicut eum sexta luce fecit, ita illum veniens eadem ætate reparavit. Prima enim ætas auctoritate Patrum ab Adam usque ad Noe legitur comprehensa. Secunda a Noe usque ad 314 Abraham. Tertia ab Abraham usque ad David. Quarta a David usque ad transmigrationem Babyloniæ. Quinta a transmigratione Babyloniæ usque ad prædicationem Joannis. Sexta vero ætas a prædicatione Joannis agitur usque ad finem sæculi: in qua Dominum Salvatorem venisse manifestum est, quando homini variis casibus fluctuanti fundamenta suæ fidei propitiatus indulsit. Tunc enim *fundata est terra*, quando in eum humani generis est firmata credulitas. Et ideo laus sanctæ incarnationis ejus psalmi istius contextione cantatur.

Divisio psalmi.

Primus locus est a pulchritudine ipsius, deinde a fortitudine, tertio ab operibus, quarto a potestate, quinto a laudibus universitatis, sexto a veritate dictorum, postremum a laude domus ipsius, quam decet æterna exsultatione gaudere. Sic istis septem sedibus argumentorum demonstrativi generis est formata laudatio. Sed pro divisionibus (sicut in aliis psalmis fecimus) quantitatem numeri sufficit poni, quando et ipse calculus apte dispositus res continuas separare dignoscitur.

Expositio psalmi.

Vers. 1. *Dominus regnavit, decorem induit.* Hic primus est locus argumentationis, quem diximus a pulchritudine. Nam quæ ventura erant propheta respiciens, regnaturum Dominum magna exsultatione concelebrat; non quia dominari cœpit ex tempore, sed quia humano generi Rex æternus manifestatione sanctæ incarnationis innotuit. Sequitur, *decorem induit*, id est pulchritudinem suæ majestatis ostendit, sicut in Evangelio legitur, quando transfiguratus est in monte Thabor coram discipulis suis: *Et resplenduit facies ejus ut sol, vestimenta autem ejus facta sunt alba ut nix* (*Matth.* XVII, 2), qualia fullo non potest facere super terram.

Induit Dominus fortitudinem, et præcinxit se. Iste locus est secundus, quem diximus a fortitudine. Et respice quod prius comma in eodem verbo finivit, unde posterius inchoavit. Quæ figura dicitur epembasis, quoties ad decorem dictionis sermo aliquis iteratur, sicut est illud: *Psallite Deo nostro, psallite; psallite Regi nostro, psallite*, et his similia. *Fortitudinem* vero induit, quando in passione sua Judæis se tenere quærentibus respondit: *Ego sum* (*Joan.* XVIII, 5, 6). At illi *abierunt retrorsum;* et terrore magno perculsi, qui ad vim faciendam venerant, ipsi potius corruebant. Si ista duo spiritualiter accipiamus, omnino conveniunt; *decorem induit* eis quibus fidei veritate Dei Filius apparebat; *fortitudinem* autem *induit* adversus eos qui ei credere noluerunt, judicium comminando prædicens eis debitas pœnas impios esse passuros. *Præcinxit se*, illud forte significat, quando præcinxit se linteo et pedes discipulis lavit (*Joan.* XIII, 4). Illa enim humilitas et *decorem* habuit, quia dignatus est cœlorum Dominus humillimum obsequium suis famulis exhibere. Habuit et *fortitudinem*, quia per humilitatem diaboli malitiam superbiamque prostravit.

Vers. 2. *Etenim firmavit orbem terræ, qui non commovebitur.* Tertiæ argumentationis locus oboritur, quem superius diximus ab operibus. *Firmavit* enim *orbem terræ*, id est Ecclesiam, quando in Evangelio dixit: *Tu es Petrus, et super hanc petram ædificabo Ecclesiam meam, et portæ inferi non prævalebunt adversus eam* (*Matth.* XVI, 18). Vera laus, mirabile præconium, ut terra illa quæ significat Ecclesiam toto orbe diffusam non commoveatur ullatenus, quamvis ista frequenti concussione vexetur.

Vers. 3. *Parata sedes tua, Deus, ex tunc; a sæculo tu es.* Ipse est quartus locus quem supra diximus a potestate. Sive illam sedem vult intelligi qua sedet ad dexteram Patris, sive istam quam habet in mente fidelium, sicut legitur: *Super quem requiescit Spiritus meus, nisi super humilem, et quietum, et trementem verba mea* (*Isai.* LXVI, 2)? *Parata* significat prædestinationem, quia totum in illa veritate consistit quidquid in administratione mundi evenire contigerit. *Ex tunc* significat Christi incarnationem, quæ fuit ex Maria Virgine, quando apostolos suos et cæteros fideles plenitudine [*ed.*, plenitudinem] suæ majestatis edocuit. *A sæculo* deitatem significat, qua coæternus regnans cum Patre, nescit esse sub tempore. Per hæc enim verba, una quidem persona, sed duæ significantur naturæ Domini Christi. Unde necessarium est hanc regulam per loca congrua (sicut Patrum firmat auctoritas) sæpius commonere. Atque utinam sic dementium hæreticorum conquiescat improbitas, ut hoc magis importune quam necessarie repetere videamur.

Vers. 4. *Elevaverunt flumina, Domine, elevaverunt flumina voces suas, a vocibus aquarum multarum.*

Vers. 5. *Mirabiles elationes maris; mirabilis in excelsis* [ms. A., *in altis*] *Dominus.* Iste quintus est argumentationis locus a laudibus universitatis, ubi propheta intuitu divinæ charitatis exsultans, flumina dicit emanare Domini præconia. Quæ figura dicitur prosopopœia, quoties inanimatis rebus verba tribuuntur. Quod schema in Scripturis divinis creberrime reperitur. Sed bonum est ut quæramus quæ sint ista *flumina*, quæ *voces suas elevant* in clamorem. Apostoli scilicet, qui de Spiritu sancto potati sunt, sicut in Evangelio, caput fluminum et fons aquarum, Dominus ipse testatur : *Qui credit in me, flumina de ventre ejus fluent aquæ vivæ* (Joan. VII, 38). Ipsa ergo *flumina* manaverunt sermones irriguos, ipsa in prædicationibus suis voces erexere sanctissimas. Quæ merito *elevatæ* dictæ sunt, quoniam Auctori laudes suas salutariter obtulerunt. Mundana enim *flumina* cursus suos non erigunt, sed potius in inferiora demergunt. Nam postquam de apostolorum prædicatione dixit, nunc exponit quemadmodum Ecclesia Domini largitate proficiat. *A vocibus aquarum multarum*, gentes significat, quæ ad catholicam fidem Dominum laudando conveniunt. Ab istis ergo vocibus *mirabiles* factæ sunt *elationes maris*, id est de sæculi istius salo animarum provenit salutaris ascensus. *Mare* enim est salsarum aquarum copiosa collectio : sic Ecclesia sapientes populos in catholica unitate complectitur, quorum *mirabiles elationes* tunc fiunt, quando in mandatis Domini firma mente consistunt. Et hæc omnia ad ipsum referunt, per **315** quem universa quæ sunt bona proveniunt, sicut Jacobus apostolus dicit : *Omne datum optimum, et omne donum perfectum desursum est, descendens a Patre luminum* (Jac. I, 17). Ait : *Mirabilis in excelsis Dominus*, quia mortalium laudabilis vita non est, nisi illorum quos ipse facit excelsos.

ers. 6. *Testimonia tua credibilia facta sunt nimis.* Dixit de adventu Domini propheta quæ fieri veracissime prævidebat; nunc ipsum genus laudis exponit, quando *testimonia* prophetarum *nimis credibilia facta sunt*, dum incarnatio Verbi quæ prædicta fuerat mundo salutaris apparuit. Hujus enim glorioso adventu revelata sunt quæ in sacris libris tenebantur occulta. Quis enim sapientium de promissione munerum dubitare posset, quando ipsa plenitudo quæ promittebatur advenit?

Vers. 7. *Domum tuam decet sanctificatio, Domine, in longitudinem dierum.* Septimus locus qui restabat adjunctus est, quem diximus a laude domus ipsius debere signari. *Domus* itaque Domini est universalis Ecclesia, quæ per mundi ambitum noscitur constituta; hanc *decet sanctificatio*, id est adventus tui copiosa benedictio. Ipsum enim decus est, quod ornamenta omnia possit excedere : quia sic ornat, ut nunquam deserat; sic componit, ut nullatenus dissipetur. Verum hæc *sanctificatio* (quod est præstantissimum decus) non ad momentum tribuitur, sed sub æternitate præstatur. *Longitudo* enim *dierum* æternitatem significat, quæ nullo potest fine concludi. Nam (sicut quidam dixit) longum non est, in quo est aliquid extremum. Sic totius demonstrativi generis septem partibus dominici adventus est laudata perfectio.

Conclusio psalmi.

Ecce sexta sabbati in incarnatione Domini, quam titulus prædixit, ostensa est. Audiant insipientes hunc psalmum, qui putant splendidum adventum Domini aliqua derogatione fuscandum. Per ipsum declarata est hominibus potentia sanctissimæ Trinitatis; per ipsum sacri baptismatis lavacra provenerunt; per ipsum beatæ communicationis dona collata sunt; per ipsum diversa charismatum munera floruerunt; per ipsum mors occubuit, vita surrexit; per ipsum diabolus victus; per ipsum homo noscitur esse liberatus. Exsultant angeli, gloriantur cœli, et, proh nefas! adhuc homo ingratus redditur, cui singulariter subvenisse monstratur.

EXPOSITIO IN PSALMUM XCIII.

Psalmus ipsi David, quarta sabbati.

Dum illa verba nota sint quæ præcedunt, quid sit *quarta sabbati* oportet nos diligentius perscrutari. *Quarta sabbati* est a sabbato quarta feria, quo die Dominus in principio mundi luminaria cœli mirabili dispositione constituit. Hoc aptandum est ad sanctos viros, de quibus psalmus iste dicturus est; qui merito cœli luminaribus comparantur, quoniam in terra cœlesti conversatione resplendent. Magno autem mysterio hunc et duos præcedentes psalmos talium dierum commemoratione prænotavit, ut per significantias rerum virtutem videretur indicare psalmorum.

Divisio psalmi.

Cum respiceret propheta humanum genus detestabili persuasione confundi, ut putaret Deum curam non habere mortalium, quando versa vice justos videbat contrarietate premi, et impios prosperitatibus elevari : in prima parte Dominum rogat ut retribuat superbis, per quos mundum tali æstimatione cognovit esse vitiatum. Secunda parte ipsos invehitur, qui stultis murmurationibus blasphemabant, ut Deum putarent humanarum rerum sollicitudinem non habere, dum ipse creaturis suis probetur intelligentiam præstitisse : beatum illum existimans qui, mundi istius felicitate despecta, in divina reverentia perseverat. Tertia ad eorum animos invitandos Dominum sibi dicit fuisse refugium, et futurum vindicem fore peccantium.

Expositio psalmi.

Vers. 1. *Deus ultionum Dominus; Deus ultionum libere egit.* Videns propheta blasphemorum iniquitates in magnum prosiluisse licentiam, districtionem eis **Domini** quasi terribilia fulmina comminatur; ut tantæ majestatis timore perterriti, a suis perversitatibus redderentur alieni. Dicit enim, *Deus*, terribile nomen, quoniam ex timore descendit. Et ut Dominum intelligas Salvatorem, sequitur, *ultionum Dominus*, id est qui judicaturus est mundum, et ultionibus justis affligere veniet obstinatos. Quis ergo tali non terreatur auditu? Quis non pavescat vindicem [*ed.*, judicem], qui se potest intelligere peccatorem? Repetit, *Deus ultionum libere egit*, id est, nullo impediente judicavit; sicut fecit quando Pharisæis et potestatem habentibus suas nequitias imputavit. *Libere* quoque *egit*, quando in templo docuit populos tanquam potestatem habens. Sic et in alio loco Pater de ipso dicit: *Ponam super salutari meo; fiducialiter agam in eo* (*Psal.* xi, 6). Quapropter constat eum *egisse libere*, cujus nec veritas reprehendi poterat, nec potestati obviari posse constabat. In illo enim voluntaria humilitas, non patientiæ necessitas fuit.

Vers. 2. *Exaltare, qui judicas terram; redde retributionem superbis*. *Exaltare* dicitur humili, qui ab impiis comprehensus noscitur esse crucifixus. Sed quamvis ista pro nostra redemptione pertulerit, tunc *exaltatus est* coram discipulis in majestate sua, quando eum ad gloriam constat resurrexisse perpetuam. Orat ergo sanctissimus, quod scit esse venturum. Non enim imperativa verba sunt; sed per hæc sententia certi animi et devotio desiderantis ostenditur. Sequitur, *qui judicas terram*; ut aperte demonstraret Dominum Christum, qui *terram*, id est homines terrenos majestatis suæ ditione judicabit. Et ut hoc de impiis debuisses advertere, subjunxit, *redde retributionem superbis*. *Superbi* enim illi sunt qui in sua malignitate deficiunt, nec aliqua satisfactione ad Domini videntur misericordiam pervenire. *Superbus* autem et **316** diabolus dicitur, et qui ejus perversitatibus obsecundat. Istis ergo retributio reddenda est, cum audierint: *Ite in ignem æternum, qui paratus est diabolo et angelis ejus* (*Matth.* xxv, 41).

Vers. 3. *Usquequo peccatores, Domine, usquequo peccatores gloriabuntur?* Adhuc in sensu superiore persistens, de illis peccatoribus dicit qui obstinata voluntate durescunt. Dicendo enim, *usquequo peccatores gloriabuntur?* istud sæculum significat, in quo superbiæ suæ non habent modum. Nam in die judicii gloriari non possunt, qui pœnas debitas consequuntur. Repetitio enim ista dolorum diuturnæ exspectationis ostendit, quia semper innocentibus gravis est criminosorum conspecta jactantia.

Vers. 4. *Pronuntiabunt, et loquentur iniquitatem: loquentur omnes qui operantur injustitiam*. *Pronuntiare* est aliquid coram aliis publica voce narrare. Dicit enim de illis qui non solum corde concipiunt mala, verum etiam ea sub libertate disseminant, ut et se perdant, et alios deceptos inficiant. Sequitur, *et loquentur iniquitatem*. Cum sit *pronuntiare, loqui*, illud mihi significare videtur, ut pronuntiationes publicas suasiones debeamus accipere. *Loqui* autem,

licet nobis privatas collocutiones advertere: ne quod tempus esset, quod a culpis improborum redderetur alienum. *Iniquitatem* vero ad utrumque pertinere non dubium est, quia de illis dicitur, qui perversis loquacitatibus efferuntur. Verum ne illud *loqui* solummodo sermonum esse sentires, addidit, *qui operantur injustitiam*; ut et sermone et opere detestabiles jugiter apparerent. Diligenter autem intende quemadmodum usque ad finem divisionis hujus augmenta semper scelerum facit. Quod schema dicitur climax, id est gradatio. Exaggerantibus enim ad superiora crescere decorus ascensus est. Quod etiam in virtutibus fecit Apostolus dicendo: *Quis nos separabit a charitate Christi? Tribulatio, an angustia, an fames, an nuditas, an persecutio, an gladius* (*Rom.* viii, 35)? et cætera.

Vers. 5. *Populum tuum, Domine, humiliaverunt, et hæreditatem tuam vexaverunt*. *Populum tuum*, viros [*ed.*, veros] dicit fideles, quos idem perhibet humiliatos, quoniam Deo fieri contumelias audiebant. Necesse est enim devotum famulum dolore cruciari, quando irreverentissimum aliquid de Domino contingit audire. *Hæreditatem* vero populos significat Christianos, quos ideo dicit esse vexatos, quia innumeris cladibus eos superbi persecutores atterere tentaverunt. Et respice quam moderato verbo *vexatos* dicit esse, non perditos, quia semper fideles tentatione proficiunt, et quanto plus illis humana vis ingeritur, tanto amplius defensio superna præstatur; sicut Salomon dicit: *Argentum probat ignis, et homines acceptos tentatio tribulationis* (*Eccli.* xxvii, 6).

Vers. 6. *Viduam et advenam interfecerunt, et pupillos occiderunt*. Legitur quoque: *Esto pupillo ut pater, et pro marito matri illorum* (*Ibid.*, iv, 10). De advena quoque in Pentateucho sic jubetur: *Peregrinum et advenam non nocebis: advenæ enim et ipsi fuistis in terra Ægypti* (*Deut.* x, 18). Hic ergo ut crimen exaggeret, *interfectas* ait *viduas, advenas et pupillos*; ut quos Dominus tuendos atque juvandos esse præcepit, eis manus scelerata non parceret. Ecce argumentum quod dicunt oratores a laude rei læsæ, quam bene tunc veritas profudit, quod nunc ad usus verisimiles subtilitas humana convertit.

Vers. 7. *Et dixerunt: Non videbit Dominus, nec intelliget Deus Jacob*. Exaggeraverunt superbi nequitias suas, ut homicidiis atque oppressionibus innocentum, ad cumulum mali blasphema quoque verba subjungerent. Quæ figura dicitur sarcasmos, quasi usque ad pulpas penetrans hostilis irrisio. Dicebant enim, Dominum non videre quæ probabantur sub iniquitate peragere: æstimantes mala sua non respici, quando se non sentiebant sub celeritate percelli. Dementes, qui patientiam Domini traxerunt ad infirmitatis injurias, cum facta sua nec videre eum dicerent, nec intelligere posse sentirent; dum ille pius moderator exclamet: *Nolo mortem peccatoris, sed ut convertatur et vivat* (*Ezech.* xviii, 23). *Deus* autem *Jacob* dicit, Deus Christiani populi. Solet enim hoc nomen

Scriptura divina repetere, quia per ipsum subsequens catholica significatur Ecclesia.

Vers. 8. *Intelligite nunc, qui insipientes estis in populo; et, stulti, aliquando sapite.* Exposita consuetudine malignorum, venit ad secundam partem, in qua eos commonet ut tandem aliquando a nefanda persuasione discedant. *Insipientes* illos appellat qui in Ecclesia constituti, sæculi istius felicitate mordentur. *In populo* autem ideo subjunxit, quia pravas intelligentias suis conventiculis publica voce denuntiant, et docere videntur, quod ipsi pessima intentione didicerunt. *Stultos* autem illos dicit, qui veræ religionis expertes aperta contradictione blasphemant, dicentes: Nec videre Deum quod homines faciunt, nec intelligere quæ delinquunt. Sequitur, *et, stulti, aliquando sapite;* id est, dementes, advertite Domini pietatem, qui talia putatis Dominum negligere, quæ suis præceptis cognoscitur inhibere.

Vers. 9. *Qui plantavit aurem, non audiet; aut qui finxit oculum, non considerat?*

Vers. 10. *Qui corripit gentes, non arguet; qui docet hominem scientiam?* Illis duobus versibus per singulas sententias decurrit pulcherrima nimis et absoluta probatio: quæ tamen increpative legenda est. Dicit enim: Qui tribuit aurem diversis creaturis suis, sibi denegavit auditum! Qui plasmavit oculum, non habebit aspectum! Qui prædicationibus prophetarum gentes arguit, ipse minime judicabit! Qui docuit hominem scientiam ipse rationis indigus permanebit! Quin potius artifex rerum modum uniuscujusque dispensans, nulli creaturarum tantum tribuit, quantum in se esse cognoscit. Desinat ergo vana præsumptio imaginari velle falsissima. Sola enim Divinitas est quæ omnia veraciter, omnia potest nosse perfecte. Inspiciamus etiam quam pulchre locutionis ordo decurrat. Dicit enim: *Qui plantavit aurem,* et non sequitur, non habet aurem, sed dixit, *non audiet.* Talis etiam modus locutionis sequitur, *aut qui finxit oculum,* non dixit, non habet oculum, sed dixit, *non considerat;* ut ostenderet virtutes audiendi videndique in Deo esse, non membra. Quas argumentationes breves atque lucidissimas enthymemata, id est mentis conceptiones dialectici appellare voluerunt. Has pro brevitate sui oratores frequenter propriis distinctionibus aptaverunt. Hic autem syllogismus constat ex propositione et conclusione, sibi tamen utrisque contrariis; 317 sicut hic factum est; nam proposuit, *Qui plantavit aurem;* conclusit ex contrario, *non audiet,* et reliqua quæ in eo versu sequuntur hujusmodi.

Vers. 11. *Dominus novit cogitationes hominum quoniam vanæ sunt.* Post illa quæ dixerat, sequitur vera sententia: quoniam talium hominum cogitationes omnino sunt vanissimæ. Et bene dictum est, *Dominus novit,* quia ipsi se per se nosse non possunt, qui pravis cogitationibus occupantur. Vanum enim dicimus quidquid a veritate discedit, quidquid proficuum non habet fructum.

Vers. 12. *Beatus homo quem tu erudieris, Domine,* *et de lege tua docueris eum.* Contra vanos bene ponitur, *Beatus;* nam sicut illi caducis cogitationibus illuduntur, ita isti doctrinæ cœlestis veritate firmantur. Venit ergo ad illos quos in titulo psalmi cœli luminaribus comparavit. Sed hoc beatitudinis genus, quemadmodum proveniat, consequenter exponit, dicens: *Et de lege tua docueris eum.* Isti enim non vanitatibus illuduntur, sed vera doctrinæ qualitate complentur, fiuntque revera beati, quoniam cœlestis sapientiæ munera perceperunt.

Vers. 13. *Ut mitiges eum a diebus malis, donec fodiatur peccatori fovea.* Istud jam sanctæ legis constat esse beneficium, ut in adversis mundi istius discat Christianus patientiam, qua mitigantur semper adversa; legitur enim: *Exspectans exspectavi Dominum, et respexit me* (*Psal.* xxxix, 2), et his similia. *Dies* autem *mali* sunt, quando insultare cernuntur injusti, quando persecutoribus favet mundana felicitas. Sed vide quid sequitur, exspectandum esse *donec fodiatur peccatori fovea;* hoc est, cum dies ejus sepulturæ provenerit, quando jam non superbiunt impii, nec ulterius de prosperitate gaudebunt; sed tunc recipiunt quod hic corrigere distulerunt.

Vers. 14. *Quia non repellet Dominus plebem suam, et hæreditatem suam non derelinquet.* Quoniam superius dixerat, *ut mitiges eum,* nunc asserit *non esse repellendum,* quem propter coronale præmium parvo tempore commemorat esse fatigatum. *Plebem* vero *suam* designat fidelissimos Christianos, qui ad Dominum pura mentis intentione festinant. Sequitur, *et hæreditatem suam non derelinquet. Hæreditas* est humana, quæ ad successorem prioris Domini migratione transfertur. Nam *hæreditas* Christi, licet sit ejus sanguine conquisita, nunquam suum perdit auctorem, sed cum ipso nihilominus possidetur.

Vers. 15. *Quoadusque justitia convertatur in judicium; et qui tenent eam omnes qui recto sunt corde. Justitia* hominum tunc *convertitur in judicium,* quando apostoli, vel qui eorum meritis proximantur (sicut eis promissum est in Evangelio) *sederint super duodecim sedes judicare* (*Matth.* xix, 28) cum Christo. Ista enim *justitia* fidelium, quæ in hoc mundo examini subjacet impiorum, ibi omnes protervos superbosque judicabit, sicut dicit Apostolus: *Nescitis quoniam angelos judicabimus, quanto magis sæcularia* (I *Cor.* vi, 3)! Et ne isti qui essent fortasse dubitares, sub interrogatione requiritur, *qui tenent eam,* id est *justitiam.* Respondit, *omnes qui recto sunt corde. Recti corde* sunt omnes sancti, qui divinæ regulæ conjuncti avios non sequuntur errores.

Vers. 16. *Quis exsurget mihi adversus malignantes, aut quis stabit mecum adversus operantes iniquitatem?* Venit ad tertiam partem, in qua sibi contra malignos spiritus solum Deum adjutorem esse testatur. Et quia nullus est hominum qui propriis viribus adversus eos conflictare prævaleat, interrogative legendum est: *Quis exsurget mihi?* id est, nemo pro me adversum dæmones certaturus assistit, dum eos potius homines malis imitationibus subsequantur. Adversari enim hostis est, non sequacis. Addidit, *aut quis stabit mecum adversus operantes iniquitatem?* Quasi in acie certaturus, quasi diversis jaculis vulnerandus; ut non manus inserendo vincat, sed ad victoriam magis patiendo perveniat. Istud enim tale certamen est, ut vincat qui sustinet, et perdat ille qui vulnerat. Quem sensum et Apostolus dicit: *Non est nobis colluctatio adversus carnem et sanguinem, sed adversus principes et potestates tenebrarum harum, adversus spiritualia nequitiæ in cœlestibus* (*Ephes.* VI, 12).

Vers. 17. *Nisi quia Dominus adjuvit me, paulo minus habitaverat* [ed., *habitasset*] *in inferno anima mea.* Attendens prius ad humanam imbecillitatem, nusquam sibi reperit adjutorem; sed conversus ad Dominum, statim quod opitulari posset, invenit. Dicit enim, *Nisi quia Dominus adjuvit me,* in illam foveam protinus incidissem in qua peccatores certum est posse demergi; hoc est, *paulo minus habitaverat in inferno anima mea.* Vanis enim persuasionibus potuisset decipi, nisi meruisset a Domino liberari.

Vers. 18. *Si dicebam: Motus est pes meus, misericordia tua, Domine, adjuvabat me.* Hic beneficium celerrimæ confessionis ostenditur, ut cum se lapsum diceret, statim munera divina sentiret; qui felici sorte liberatus, inde reatum evadere prævaluit, quia culpam Judici non negavit. Sic Petrus cum vocatus gressibus suis calcaret undas maris, expavit (*Matth.* XIV, 30); sed ideo cito meruit liberari, quia infirmitatem suam obrui protinus exclamavit: cui statim adfuit misericordia divina, dum tensa manus eripuit, quem diffidentia cavenda mergebat. Tantum enim valet in principiis accelerata confessio, ut ante indulgentia subveniat, quam pœna percellat.

Vers. 19. *Secundum multitudinem dolorum meorum in corde meo, consolationes tuæ lætificaverunt animam meam.* Multa quidem vulnera, sed sufficiens omnino medicina, quando secundum dolores asperos consolatoria dicit venisse remedia. Nam quod ait, *in corde meo,* suas significat saluberrimas cogitationes; ut cum retributiones æternas mente revolveret, mala temporalia sine dubitatione despiceret; et confortatus inde sumeret remedium, unde se pervenire judicabat ad Christum. Ipsæ sunt *consolationes* quæ *lætificant animas,* quamvis corpora videantur afflicta.

Vers. 20. *Nunquid adhæret tibi sedes iniquitatis, qui fingis dolorem in præcepto?* Negative dicendum est: *Nunquid* particeps tui erit thronus insidiarum? Quia justo Domino non potest esse proximare, nisi quod ejus constat regulis convenire. Sic per speciem octavam definitionis, quæ Græce κατ' ἀφαίρεσιν τοῦ ἐναντίου, Latine per privantiam contrarii, negando quod non est, definitur quid sit Christus Dominus. *Sedes* enim *iniquitatis* est mundi istius voluptuosa possessio, quæ Domino adhærere non potest, quando suos 318 famulos, ne rebus talibus caperentur admonuit. Præceptum enim ipsius continet: *Beati qui lugent, quoniam ipsi consolabuntur;* et iterum: *Beati qui persecutionem patiuntur propter justitiam, quoniam ipsorum est regnum cœlorum* (*Matth.* V, 5, 10). Fingere enim, advertimus plasmare; unde et figulum bene solemus vasorum dicere formatorem; nam et ille qui mentitur, aliquid sibi videtur posse confingere. Unde hoc verbum multis rebus apponitur; sed congrue tunc intelligitur, quando causis aut personis convenienter aptatur.

Vers. 21. *Captabunt in animam justi, et sanguinem innocentem condemnabunt.* Hoc frequenter legimus in martyribus factum, ut truculenti persecutores aliquo dolo intercipere nitantur animas innocentes. *Captabunt* enim dixit, quasi captiose tractabunt: quia veram causam criminis in talibus invenire non possunt. Istud autem quod sequitur, sub exsecratione legendum est, *et sanguinem innocentem condemnabunt;* ut quod sceleribus datum est, improbitas hominum virtutibus tribuere non recuset. Sanguis enim pro dolore petitur sancti, cui laus et obsequium debuisset offerri. Hoc et ad Dominum Salvatorem potest referri, qui vere *innocens* atque immaculatus pro nostra redemptione sententiam injustæ condemnationis excepit.

Vers. 22. *Et factus est mihi Dominus in refugium, et Deus meus in auxilium spei meæ.* Ut ostenderet persecutiones hominum nil valere, eo tempore magis dicit divinum sibi provenisse *refugium,* quando superbia humanæ persecutionis inflata est. Per hanc enim sanctæ martyrum germinant palmæ; per hanc coronalis illa beatitudo præparatur; per hanc nuptialis stola conceditur; per hanc cœlorum regna reserantur; et quidquid desiderio magno petitur, ipsa potius sæviente præstatur. Sequitur, *et Deus meus in auxilium spei meæ.* Dum dicit, *auxilium,* ostendit se adhuc esse passurum. Propter hoc denique addidit, *et spei meæ,* quoniam hic adhuc spem habemus, non rem tenemus; sed cum illud tempus revelationis illuxerit, spem relinquemus, quia jam nostrum desiderium possidebimus, sicut dicit Apostolus: *Nam quod videt quis, quid sperat? Si autem quod non videmus speramus, per patientiam exspectamus* (*Rom.* VIII, 24, 25). Quapropter sicut clamorem sanctorum in superioribus propheta declaravit, dicendo: *Usquequo peccatores, Domine, usquequo peccatores gloriabuntur?* ita nunc ponendo, *Et factus est mihi Dominus in refugium, et Deus meus in auxilium spei meæ,* causam totius hæsitationis abscidit.

Vers. 23. *Et reddet illis iniquitatem ipsorum, et in malitia eorum disperdet eos Dominus Deus noster.* Ecce omnis dubitatio saluberrimo fine curata est. Nam illos quos dicebatur Dominus non videre, neque intelligere, opportuno tempore retribuet illis operationes suas. Sed intelligamus quid sit quod dicit, *et reddet illis iniquitatem ipsorum,* id est retribuet malis secundum vota nequitiæ suæ, non secundum illud bonum quod videntur facere nescientes. Nam qui sanctissimos persequuntur, ad cœlorum quidem regna transmittunt; sed credunt se perdere, quos statuerunt iniqua voluntate trucidare. Verum isti tales in illa parte judicandi sunt, in qua malitiam concepisse noscuntur. Et nota quod hoc nomen *malitiæ* omnium criminum capax esse dicatur. Nam sicut charitas multifarias virtutes continet, ita *malitia* crimina diversa complectitur. *Disperdet eos,* id est, a suo regno efficiet alienos, ubi incomprehensibilem pœnam sustinent mali, cum a tanto munere redduntur extranei.

Conclusio psalmi.

Respiciamus hunc psalmum quo decore resplendeat : quemadmodum illi murmurationi competenter objectus est, qua maxime laborat humanitas. Nullus invideat perituris ; nullus felices æstimet qui sub æternitate damnandi sunt. Amemus potius afflictiones, quæ faciunt perpetuo felices. Nam si amaram medici potionem non respuimus, ut mereamur temporalem suscipere sospitatem, quis istud sanæ mentis affectare non debeat, quod se propter æterna gaudia subire posse cognoscat ; maxime cum in ipsis miseriis amplius opituletur nobis dextera Creatoris ? Et ideo non debemus esse solliciti, quia non nos talis impugnat, qualis est ille qui vindicat.

EXPOSITIO IN PSALMUM XCIV.

Laus cantici ipsi David.

Virtus psalmi istius nec obscura nominum interpretatione prædicitur, nec historiæ alicujus similitudine declaratur ; sed hoc aperte breviterque præ foribus legitur, quod in penetralibus invenitur. *Laus,* vocis significat devotionem ; *canticum,* mentis hilaritatem ; quod in opere psalmodiæ utrumque debet esse sociatum, quatenus officium linguæ nostræ conjuncto gaudio compleatur. *Ipsi David,* significat Dominum Salvatorem, cui *laus* ista cantatur. Nam principia psalmi de ipso canunt ; posteriora vero ab ipso Domino proferuntur. Considera quia laudes humanæ augmentis et exaggerationibus efferuntur : præconium vero divinum qualibet excellentia dicatur, retractatum tamen semper altius invenitur.

Divisio psalmi.

Prævidens propheta turbam Judæorum Christo Domino posse resistere, primo ingressu ad psalmodiam invitat populos Hebræorum, laudes Domini dulcissima veritate describens. Secundo ipse loquitur Dominus Christus, ne cor suum induret idem populus Judæorum, et hoc eis contingat quod patribus eorum, qui non meruerunt terram repromissionis intrare. Sic mirabili dispensatione perfectum est, ut invitationibus blandis primum propheta populos hortaretur ; deinde ipse Dominus obstinatissimos admoneret, quatenus corda eorum lapidea considerata Domini sui majestate mollescerent.

319 *Expositio psalmi.*

Vers. 1. *Venite, exsultemus Domino ; jubilemus Deo salutari nostro.* Velut quidam præco judicis, excitator populi gallus Ecclesiæ orantes invitat, ut de somno hujus sæculi evigilantes, laudes Domino debeant jucunda exsultatione concinere. *Venite* enim illis dicitur, qui longe positi sentiuntur, qui se necdum fidei integritate junxerunt. Nam quamvis a Domino non reddamur absentes, quoniam ubique totus est, tamen longinqui efficimur, cum actuum nostrorum qualitatibus submovemur, sicut per prophetam Dominus dicit : *Populus hic labiis me honorat, cor autem eorum longe est a me* (Isa. xxix, 13). Deinde ad quas epulas invitet ostendit ; ait enim, *exsultemus.* Sed quoniam est et sæculi istius exsultatio, quæ maxime animos occupat infideles, addidit, *Domino :* de quo vera præsumptione gaudetur, ubi exsultatio ædificationem reperit, non utique ruinam. Sequitur, *Jubilemus Deo salutari nostro. Jubilare* sæpe diximus magnum motum [*ed.,* modum] esse lætitiæ, qui quamvis verbis nequeat explicari, tamen amplissima voce declaratur, intus esse designans gaudium cui sermo non sufficit. Nam cum dicit, *salutari nostro,* significat Dominum Salvatorem, qui nobis salutem moriendo concessit, patiendo exemplum tribuit, resurgendo salutaria munera condonavit. Hoc enim verbo satis abundeque monstratum est cui laus ista diceretur.

Vers. 2. *Præoccupemus faciem ejus in confessione, et in psalmis jubilemus ei. Præoccupare* est ante aliquid facere quam ille videri possit qui creditur advenire. *Faciem* dicit conspectum ejus, quando tempore judicii sui cunctis impiis terribilis apparebit. *Confessionem* vero diximus duobus modis accipi debere. Confitemur enim, cum Dei laudes religiosa devotione persolvimus. Confitemur etiam quando peccata nostra pœnitentiæ satisfactione damnamus. Quod hic admonet fieri debere, ut ante judicialem adventum debeamus nostra facinora confiteri : ne veniens discutiat quod nos sine dubitatione condemnat. Sequitur, *et in psalmis jubilemus ei.* Inspice quo moderamine cuncta disponat : confessioni tribulationem dedit, jubilationi lætitiam, ut utraque rerum vicissitudine defæcatus, fidelium devotus animus offeratur. Nec vacat quod iterum *jubilemus* ait ; ut rem nimis necessariam ex ipsa repetitione cognosceres.

Vers. 3. *Quoniam Deus magnus Dominus, et Rex magnus super omnes deos.* Hinc jam per tres versus causæ referuntur quare debeat Domino jubilari. Quæ figura dicitur ætiologia, id est causæ redditio. Dicendo enim, *Quoniam Deus magnus Dominus,* ostendit nullum esse potiorem. *Magnus* quippe non dicitur, nisi qui summæ potestatis arcem tenere monstratur. Sequitur, *et Rex magnus super omnes deos. Deos* frequenter legimus ab hominibus confictos, ut Jovem, Martem, Saturnum, cæteraque idola, sicut et in subsequenti psalmo dicturus : *Quoniam omnes dii gentium dæmonia ; Dominus autem cœlos fecit* (Psal. xcv, 5). Legimus etiam *deos,* sanctos viros a Domino constitutos, ut est illud : *Deus stetit in synagoga deorum ; in medio autem deos discernit* (Psal. LXXXI, 1). Super illos autem, sive quos homines finxerunt, sive quos ipse fecit, *Rex* est *magnus* omnipotens Christus, qui eos amplius excellit, quam potest privatis regia potestas eminere. Qui revera proprie dicitur *Rex,* quoniam et creat omnia, et regit universa.

Vers. 4. *Quoniam non repellit Dominus plebem*

suam; *quoniam in manu ejus omnes fines terræ, et altitudines montium ipsius sunt.* Post magnitudinem Domini prædictam, venit ad ejus mirabilem infinitamque clementiam. Dicit enim Judæam *plebem Dominum non repellere,* quam sibi cognoscitur elegisse. Inde enim prophetæ, inde apostoli et multi fideles, qui Domino sincera mente crediderunt, sicut dicit Apostolus: *Quid dicemus, fratres: nunquid repulit Dominus plebem suam, quam præscivit? Absit. Nam ego Israelita sum ex semine Abraham, de tribu Benjamin* (Rom. xi, 1, 2). Sequitur, *quia in manu ejus omnes fines terræ.* Istud ad gentes pertinet universas, quæ Christo Domino fideli devotione subjectæ sunt. Unus enim paries fuit plebs Judæorum, alter vocatio gentium, qui in angulari lapide, id est in Christo Domino venientes ora quodammodo sua insolubili charitate junxerunt; de quo scriptum est: *Lapidem quem reprobaverunt ædificantes, hic factus est in caput anguli* (*Psal.* cxvii, 21, *et Matth.* xxi, 42). Adjecit, *et altitudines montium ipsius sunt. Altitudines montium* sunt potestates sæculi honoresque terreni, quos ideo dicit esse Domini, ne de ipsorum elatione turbemur. Nam licet mare ventis sævientibus intumescat, habet tamen terminum littus suum: sic potestates sæculi mensuram dominationis accipiunt, quamvis incaute de sua potestate glorientur.

Vers. 5. *Quoniam ipsius est mare, et ipse fecit illud; et aridam manus ejus fundaverunt.* Mare significat gentes, quæ in hoc sæculo diversis vitiorum flatibus commoventur; quas ideo dicit factas a Domino, ut omnia voluntati ipsius subjecta esse cognosceres. Omnis enim qui res aliquas operatur, in sua potestate habet illa quæ facit, sicut et alius psalmus dicit: *Omnes gentes quascunque fecisti venient, et adorabunt coram te, Domine* (*Psal.* lxxxv, 9). Sequitur, *et aridam manus ejus finxerunt.* Dixit, *mare;* nunc dicit, et *aridam,* quæ terra merito intelligitur, quia per se semper arida est, nisi aut fluviorum, aut imbrium inundatione rigetur. Sic et corda nostra ad bonos fructus sterilia atque arida sunt, nisi Domini misericordia compluantur, et instabiles nos atque titubantes dono suæ misericordiæ fundare dignetur. Quapropter, sicut superius dictum est, his omnibus jungendum est, *jubilemus ei.*

Vers. 6. *Venite, adoremus et procidamus ante eum; ploremus ante Dominum, qui fecit nos.* In principio psalmi invitat populum ad jubilationem, nunc hortatur ad pœnitentiæ sospitatem; merito, quia prius ad exsultationem rudes populos invitavit, ne adhuc trepidantibus imponeret, quod pavescere potuissent. Sed postquam Domini gloria potentiaque narrata est, apte confessionem plorationis imposuit, quando instructus animus non potuisset respuere saluberrimam potionem. Et nota quod hic sanctæ orationis forma tribuitur. *Adoremus* enim dicit, corporis nos inflexione curvemus. *Procidamus* autem, ante ipsum nos **320** prosternamus, totaque membrorum effusione tendamur; quod fieri solet, quando animus nimia compunctione flammatus, precum humilitate deponitur. Adjecit, *et ploremus ante Dominum, qui fecit nos.* Magna fiducia est ante illum gemere qui nos dignatus est sua pietate plasmare. Cito enim cognoscit facturam suam, si ad se nostra viderit corda conversa. *Ante Dominum* est ergo *plorare,* pios fletus effundere, et pessima facta damnare; ut earum rerum indulgentiam mereamur, quas Domini timore deserimus. Nam si tota cordis puritate deprecemur, facile nos qui fecit et reficiet. Sic per figuram characterismon orantium imago descripta est.

Vers. 7. *Quia ipse est Dominus Deus noster; et nos populus ejus, et oves pascuæ ejus. Hodie si vocem ejus audieritis.* Triplex causa redditur quare Dominus debeat adorari. Primum, *Quia ipse est Dominus Deus noster,* ut juste illi videatur munus adorationis offerri. Deinde, quia *nos sumus populus ejus.* Sequitur, *et oves pascuæ ejus;* hoc est tertium quod constat esse promissum. Dicitur enim iterum quid sint fideles, utique *oves pascuæ* Domini. *Pascua* significant superna dona, quibus anima suavi epulatione saginatur. Et bene definitum est quid sit populus Christianus, *oves pascuæ,* quia æternis deliciis felici sorte satiatur. *Oves* significant cordis simplicitatem, quam habere constat populum qui pastori suo mansueta pietate consentit. Sed his omnibus proponitur una conditio: *Hodie si vocem ejus audieritis;* scilicet quam subter dicturus est. Nam qui vocem ipsius non audit, nec grex ipsius dicitur, nec in pascuis collocatur, sicut in Evangelio legitur: *Oves meæ vocem meam audiunt, et sequuntur me meæ, et ego cognosco eas, et nullus rapit eas de manu mea* (*Joan.* x, 27, 28), etc. *Hodie* significat semper, quia jugiter audiendus est qui salutariter monet. Cujus sermonis vim Apostolus potenter expressit: *Sed adhortamini vosmetipsos per singulos dies, donec hodie cognominatur* (*Hebr.* iii, 13). Hactenus propheta locutus est, nunc subsequentia videamus.

Vers. 8. *Nolite obdurare corda vestra, sicut in exacerbatione secundum diem tentationis in deserto.* Perventum est ad ingressum secundum, ubi Judæos Dominus Salvator alloquitur, ne parentum suorum obstinationibus imitatis, a requie Domini reddantur alieni. Dicit enim, *Nolite obdurare corda vestra,* quia non credentium corda omnino lapidea sunt, et vere silicibus comparanda, quæ imbrem fructiferum non recipiunt, quia sterilitatis suæ ariditate durescunt. Ponit quoque exempla celeberrima, ut qui eos obstinatos esse noverat, notissima calamitate terreret. *Tentatio* enim Judaica (sicut in Exodo legitur) contra Moysen gravi murmuratione surrexit, dicens: Nec escam sibi in deserto dari, nec aquam potabilem divina largitate concedi (*Exod.* xvi, 3). Rem quidem necessariam postulabant; sed ideo fuit eorum detestabilis voluntas, quia non est credita in Divinitate potentia. Quapropter culpa illis parentum necessarie repetitur, ut debita vindicta timeatur.

Vers. 9. *Ubi tentaverunt me patres vestri; probaverunt me, et viderunt opera mea. Ubi* (sicut superius dixit) significat in deserto; illic enim fragilitas humana Deum tentavit; sed statim virtus Divinitatis apparuit, quando esca venit ex aere, potus ex lapide. Sed petra produxit aquas; corda vero infidelium duruerunt in lapideam siccitatem. Sed quæ dementia est adhuc sequi pravitates illorum in quibus tam vehementer cognoscitur vindicatum? Nam cum dicit, *patres vestri*, et eos quoque significat obstinatos, quia illum unusquisque habet patrem quem cognoscitur imitari, sicut Judæis in Evangelio ipse Dominus dicit: *Vos ex patre diabolo estis* (Joan. VIII, 44). Sequitur, *probaverunt me, et viderunt opera mea. Probaverunt* utique, quando manna esurientibus pluit, quando illis coturnicum tributa est multitudo, quando irriguæ aquæ de saxorum siccitate fluxerunt. Nam quod addidit, *et viderunt opera mea*, infidelitas eorum arguitur, qui carnalibus oculis intuiti sunt, quod cordis lumine minime crediderunt: et ideo *viderunt* dixit, non, crediderunt.

Vers. 10. *Quadraginta annis proximus fui generationi huic; et dixi: Semper isti errant corde, et ipsi non cognoverunt vias meas.* Tempus hoc in magnum sacramentum probatur esse memoratum. Nam cum quadraginta diebus ad mysticum numerum Dominus jejunaverit, cum alios quadraginta dies cum apostolis post resurrectionem fecerit, ut totus mundus crederet, Judæi obstinati reperti sunt, qui quadraginta annorum beneficiis acquiescere noluerunt. Quibus ideo paratur major ruina, quia in eis grandescit diuturna superbia.

Vers. 11. *Quibus juravi in ira mea: Si introibunt in requiem meam.* Duobus modis jurare dicitur Deus. *Jurat* placidus atque mitis, sicut in alio psalmo legitur: *Semel juravi in sancto meo si David mentiar* (Psal. LXXXVIII, 36). Hic autem *jurare* dicitur iratus, quia vindictam noscitur comminari. Sed hoc jusjurandum ad firmitatem pollicitationis manifestum est pertinere. Nam si homines jurant ut promissa custodiant, quanto magis *jurare* dicitur Deus, ut res prædictæ necessaria stabilitate consistant! Sed ille per se jurat qui non habet potiorem, sicut et ipse Abrahæ dicit: *Per memetipsum juravi, dicit Dominus: nisi benedicens benedicam te* (Gen. XXII, 16, 17). Humanitas autem invocat Deum, quia ipsum perfidiæ novit ultorem. Hinc est quod homines prohibentur *jurare*, quoniam propria possibilitate non valent promissa complere. Quid ergo *jurat* Dominus? quoniam non *intrabunt* in ejus *requiem* obstinati; sed æterna mors suscipiet qui non meruerunt ad satisfactionis ejus munera pervenire. Merito siquidem *ad requiem intrare* non possunt qui ipsum Christum januam tranquillitatis offendunt. Perscrutandum est autem quid sibi velit quod dicit, *si introibunt in requiem meam?* Quem locum gentium Doctor tali modo explanat, dicens: *Et requievit Deus in die septima ab omnibus operibus suis* (Hebr. IV, 4). Qui ergo ingressus est in requiem ejus, etiam ipse requievit ab operibus suis, sicut et a suis Deus. Significat enim beatitudinis illius tempus quando justi post agonem sæculi istius æterna requie perfruentur; quod impiis utique non dabitur qui sua malignitate ruerunt.

321 *Conclusio psalmi.*

Audite, Judæi sacrilega mente durati, ut si beneficia non recolitis, saltem debita supplicia formidetis. Quid est aliud in requiem Domini non introire, nisi perpetua tormenta suscipere? Non vos implicet, quæsumus, error alienus, patrum vestrorum desideria meliore conditione mutate. Si aquas in siccitate poscitis, ad fontem Domini convenite; si manna desideratis, corpus Domini Salvatoris accipite. Illa dederunt vestris patribus pœnam, vobis ista tribuunt requiem sempiternam. Quinimo priores vestros fide superata, incredula eorum corda respuite; audientes illuminatione divina credite, quod illi etiam videntes cæcata noluerunt voluntate recipere. Nolite dissimulare dum tempus est; nam sustinebitis postea judicem, si modo nolueritis agnoscere monitorem.

EXPOSITIO IN PSALMUM XCV.

Canticum David, quando domus ædificabatur post captivitatem.

Quantum ad litteram pertinet, tempus illud significatur in titulo cum a Zorobabel filio Salathiel post captivitatem templum Jerosolymitanum constat esse reparatum, quod usque ad superficiem terræ Chaldæorum manus inimica destruxit. Sed cum nihil tale in subsequentibus dicat, nec aliquando titulus discrepet a narratione psalmorum, restat ut eum spiritualiter exquirere debeamus. Destructa *domus ædificatur*, quando anima post captivitatem peccati ad intelligentiam veritatis cœperit (Domino præstante) remeare. *Domus* enim ista, id est universalis Ecclesia, in qua Christus inhabitat, vivis lapidibus semper exstruitur, quia quotidie de confitentibus ædificationis sumit augmentum; nec ædificari desinit donec usque ad finem sæculi prædestinatorum numerus impleatur. Mente sane condendum est psalmum hunc secundum esse eorum qui de primo et secundo adventu Domini proloquuntur.

Divisio psalmi.

In prima parte psalmi commonet propheta generalitatem cantare Domino, et in toto orbe terrarum annuntiare dominicæ incarnationis adventum: quoniam super omnes deos ipse verus est Dominus. Secunda parte diversas admonet gentes ut primo semetipsos offerant, postea munera prædicationis exsolvant: Domini adventum utrumque commemorans, quando est judicatus ab homine, et quando judicaturus venerit mundum.

Expositio psalmi.

Vers. 1. *Cantate Domino canticum novum; cantate Domino, omnis terra.* Superiore psalmo commonuit propheta Judæos, ut deposita duritia cordis ad credulitatem venirent Domini Christi. Sed quia in illis permansura erat obstinata malignitas, convenienter nunc admonet gentes, ut *canticum novum* debeant ei dicere. *Cantat* enim *Domino canticum novum* qui, vetere homine deposito, per gratiam baptismatis feliciter innovatur. Et tunc de ipso domus Domini ædificatur, quando post imperium diaboli in numerum beatissimæ congregationis acquiritur. Iste cantus est qui mentem purissimam consolatur; ista modulatio quæ medullitus delectat, quando vere cantat anima, quæ se a peccatis per Dei gratiam æstimat esse liberandam. Sequitur, *cantate Domino, omnis terra*. Repetitio ipsa suavis est, nec in tali verbo potest esse fastidium, ubi se nullius explere valet affectus. Dicendo enim, *omnis terra*, catholicam significavit Ecclesiam, quæ per cunctum orbem noscitur esse diffusa. Brevi enim compendio et Judæum confutavit, quia gentes admisit; et Donatum destruxit, quia generalitati confessionis gratiam non negavit. Nam ut homines intelligeres, *cantate* dixit, qui revera possunt laudes Domini personare; deinde quia pluralem numerum aptavit ad terram, quod utique non conveniret, si tellurem voluisset intelligi.

Vers. 2. *Cantate Domino, et benedicite nomen ejus; bene nuntiate de die in diem salutare ejus.* Non vacat quod ista repetitio trino decore constructa est. Laus enim Christi totius honor est Trinitatis. Ipsius quippe nomen benedicimus, quando salutare nostrum per omnia confitemur. Quæ figura dicitur epimone, id est, repetitio crebra sententiæ, quæ sive in laudibus, sive in vituperationibus decenter adhibita, magnam vim exaggerationis accumulat. Sequitur, *bene nuntiate de die in diem salutare ejus. Dies de die*, duos significat dies absolute; quod pertinere ad Scripturas Testamenti Novi et Veteris æstimamus, quia utræque æterni Solis claritate resplendent. Et inde *bene nuntiatur salutaris* Dominus, per quas et venturus et venisse monstratus est. Prophetæ siquidem promiserunt adventum, evangelistæ venisse declararunt. Itaque factum est ut duo cœlestes *dies* annuntiasse ejus gloriam comprobentur.

Vers. 3. *Annuntiate inter gentes gloriam ejus, in omnibus populis mirabilia ejus.* Cum superius dixerit, *nuntiate salutare ejus*, hic dicit, *Annuntiate gloriam ejus*; quod utrumque aptissime positum est. Dominus enim Salvator nuntiandus erat; *gloria* vero *ejus annuntianda* per *gentes*, quia tanti miraculi prædicabat auctorem. Audiat Judæus, seque intelligat contumaciæ suæ iniquitate contemptum, quia non dicit Hebræis, *Annuntiate*, sed gentibus. Et ne hoc aliter possis advertere, addidit quoque, in *omnibus populis*; quo dicto universas gentes absoluta ratione complexus est. Sequitur, *mirabilia ejus*, id est incarnationis ejus arcanum; qui dum sit altissimus, factus est pro nobis liberandis humillimus. Intelligamus autem quantum profecerit ædificatio sanctæ domus, quæ totum orbem noscitur complexa terrarum.

Vers. 4. *Quoniam magnus Dominus, et laudabilis nimis; terribilis est super omnes deos.* Hic dicit quare miracula ejus debeant et gloria prædicari, *Quoniam magnus est Dominus*. Quæ figura dicitur ætiologia, id est causæ redditio. *Magnus* ad **322** potestatem pertinet, quia super cuncta potentior est. *Laudabilis* ad pie-

tatem, quoniam dum essemus captivi, pretioso sanguine nos redemit. *Nimis* autem congruit ad utrumque, quia nec quantum *magnus*, nec quantum *laudabilis* sit poterat explicari. Sed quoniam consideranti æstimatio deficit, pulchre addidit *nimis*. Ita non exponendo quod intendebat, significavit uberrime, et declaravit non comprehendendo quod voluit. Sequitur, *terribilis est super omnes deos*. Hic debemus advertere *deos* quos sibi gentilitas impia præsumptione composuit. Nam eos in sequenti versu manifestat, quoniam quamvis illi stultis mentibus adorabiles [*ed.*, exorabiles] et metuendi esse videantur, multo terribilior est Dominus, cujus nec multitudo miraculorum potest intelligi, nec plenitudo majestatis agnosci.

Vers. 5. *Quoniam omnes dii gentium dæmonia : Dominus autem cœlos fecit.* Mirabiliter per quintam speciem definitionis, quæ Græce κατὰ τὴν λέξιν, Latine ad verbum dicitur, comprehensum est quid sint *dii gentium*, id est *dæmonia*. Dæmonia sunt enim, quæ nulli præstant; sed in se credentes semper decipiunt, semper illudunt. Nam quamvis dæmones, Latine scientes vocentur, quasi dii manes [*ed.*, δαήμονις], in humano tamen sermone convicium est, dum ita dicimus quos exsecratione dignos esse judicamus. Non immerito, quoniam in illis vera scientia non est, quæ Creatoris sui non obsecundat arbitrio. Sic et sapientes philosophos esse dicimus; sed hos consequitur Apostoli definitiva sententia : *Sapientia hujus mundi stultitia est apud Deum* (*1 Cor.* 1, 20). Unde necesse est ut hos scientes pro non intelligentibus habeamus. Dæmonum est igitur a Deo quidem, sicut et bonorum angelorum excellens homines creata substantia, quæ (propria faciente superbia) eousque pervenit, ut naturali dignitate deposita, malis operibus semper insistat. Hæc sunt *dæmonia* quæ alios perdunt, et seipsa decipiunt. Hæc sunt utique *dii gentium*, qui per infructuosas vaticinationes et futurorum vana præstigia festinant animas decipere consulentium. Sequitur, *Dominus autem cœlos fecit*. Ecce revera Domini digna laudatio. Nam cum dicit, *cœlos fecit*, omnes in ipsis factas creaturas sufficienter ostendit. Sic enim in majoribus minora complectimur, cum dicimus civitatem ædificatam, domum constructam; ibi enim reliquæ partes comprehenduntur, ubi generale dicitur nomen. Et respice quo tendat, *cœlos fecit*. Dii falsa hominum imaginatione reperti sunt : Deus autem *cœlos fecit*, ubi illi nec accedere, nec habitare promerentur. Sive *cœlos*, apostolos et sanctos viros significat, qui dæmonibus imperare Domini munere consuerunt. Sic demonstrativum dicendi genus sub brevitate completum est. Vituperavit enim superius deos gentium, et laudes Domini subsequenter adjunxit : quia gratior diei splendor est, cum nox obscura præcesserit.

Vers. 6. *Confessio et species in conspectu ejus; sanctitas et magnificentia in sanctificatione ejus.* Generalitatem quam instituit admonere utilitatis catholicæ religionis ostendit. Dicit enim quemadmodum et speciosi et magnifici reddantur, qui ad indulgentiam peccatorum pervenire meruerint. *Confessionem* siquidem bene sequitur pulchritudo, quia nemo potest esse speciosus, nisi qui Domini fuerit miseratione mundatus. Fœdos nos peccata nostra faciunt; sed pœnitentiæ reddunt lavacra decoros. Et ideo mundissimam *speciem* ante Domini dicit stare conspectum, quæ fuerit fideli confessione purgata. Sequitur, *sanctitas et magnificentia in sanctificatione ejus*. Excolit quod superius dixit. Ipsa est enim *species* quæ fidelibus datur, *sanctitas et magnificentia*, id est honor et beatitudo perpetua. *In sanctificatione* vero ejus, significat illam vocem quam audituri sunt electi : *Venite, benedicti Patris mei, percipite regnum quod vobis paratum est ab origine mundi* (*Matth.* xxv, 34). Ecce *species* quæ nec sole reddatur fusca, nec vetustate deterior : semper fulget, semper nova est; nec aliquid sustinet adversum, quæ non habet in perennitate defectum. Nam quod dixit *et magnificentia*, illud significat, quia semper magni sunt, semper excelsi, qui honorari ejus sanctificatione meruerunt.

Vers. 7. *Afferte Domino, patriæ gentium, afferte Domino gloriam et honorem*. Postquam magnalia Domini et beatorum dona prædicavit, in secunda parte studiosius commonet gentes ut, omni cunctatione deposita, *Afferant Domino gloriam et honorem*. Nam cum dicit, *patriæ gentium*, plus significat quam si solas diceret gentes. *Gens* enim aliquos potest habere peregrinos, et dum natio dicitur, non advenas complectimur, sed tantum gentem unius sanguinis indicamus. Hic vero dictum est, *patriæ gentium*, ut nullus indigena, nullus hospes, nullus peregrinus redderetur exceptus. *Patria* enim dicta est quasi patris atria. Sequitur, *Afferte Domino gloriam et honorem*. Admonet etiam ut illa generalitas *Domino gloriam afferat et honorem*. *Gloria* est Domini, cum se aliquis laudabili conversatione tractaverit. Glorificatur enim Dominus in talibus, quando de fidelium fuerit conversatione laudatus, sicut in Evangelio discipulis suis dicit : *Sic luceat lux vestra coram hominibus, ut videant vestra bona opera, et glorificent Patrem vestrum qui est in cœlis* (*Matth.* v, 16). *Honor* est autem Domini, quando in donis suis ei gratias referimus; et si quid boni suscepimus, ab ipso profitemur esse collatum, sicut in Evangelio legitur : *Nonne decem mundati sunt? et non est inventus qui daret honorem Deo, nisi hic Samaritanus* (*Luc.* xvii, 17, 18).

Vers. 8. *Afferte Domino gloriam nomini ejus; tollite hostias, et introite in atria ejus*. Sicut supra dixit trina repetitione *cantate*, ita hic tertio ponit *Afferte*, ut sacramenta sanctæ Trinitatis in dogmate Christiano inesse semper agnosceres. *Afferunt* itaque *gloriam nomini ejus*, qui devotionis studio commutantur in melius, et consubstantialem sibi Trinitatem atque omnipotentem per omnia confitentur, personis tantum, non naturæ diversitate discretam. Sequitur : *Tollite hostias, et introite in atria ejus*. *Hostias* non victimas pecudum dicit, sed conscientiæ pura libamina, unde non sanguis currat, sed piæ lacrymæ defluant. Istæ sunt *hostiæ* quas in quinquagesimo psalmo dixit : *Cor contritum et humiliatum Deus non spernit* (*Psal.* l, 19). Sed considera quia prius posuit, *tollite*, et sic *introite :* quia qui tales *hostias* non portant, *in atria* Domini non judicantur *intrare*. Non est autem otiose suscipiendum, quod plurali numero posuit *atria*. *Atria* enim Domini sunt apostoli vel prophetæ, per quos fidelis populus intrat ad Dominum.

323 Vers. 9. *Adorate Dominum in atrio sancto ejus; commoveatur a facie ejus universa terra*. Tunc revera *Dominus adoratur*, quando fuerint hostiæ portatæ, quas superius intimavit; ut supplicatio confitentis mereatur ad aures pervenire Creatoris. Nec vacat quod in anteriore versu *atria* posuit; hic vero singulariter *atrium* dicit, quia ex illis *atriis*, id est, patriarchis, apostolis et prophetis in istud *atrium* catholicæ duntaxat Ecclesiæ pervenitur, ubi ejus potentia majestatis adoratur. Sequitur, *commoveatur a facie ejus universa terra*. Quoniam dixerat fidelibus bona opera *tollite, et introite*, nunc dicit *a facie* ipsius amatores sæculi submovendos. Non enim dixit, *commoveatur* ante faciem ejus *universa terra*, sed *a facie ejus;* quod hodieque illis dicimus, quos a conspectu nostro reddimus alienos. Qui bene *terra* dicti sunt, quia terrena vitia non relinquunt. Quamvis hoc alii in bonam partem accipi debere dixerunt, ut tunc *terra commoveatur*, quando peccator ad pœnitentiam fuerit, Deo miserante, perductus. Sic Scripturæ divinæ incomprehensibilis profunditas, et diversis modis intelligitur, et una constare veritate monstratur.

Vers. 10. *Dicite in nationibus : Dominus regnavit a ligno; etenim correxit orbem terræ qui non commovebitur; judicabit populos in æquitate, et gentes in ira sua*. Illos admonet reverenda mysteria gentibus prædicare, quos in atrio sancto Dominum adorare præcepit; ut *in nationibus a ligno* crucis *Dominum* debeant *dicere regnaturum*, non ab illo ligno paradisi, unde diabolus genus humanum videbatur tenere captivum; sed ab isto scilicet *ligno* unde libertas caput extulit, et vita surrexit. In illo siquidem *ligno* mors transgressionis pependit, in isto fides confessionis emicuit: illud perduxit ad inferos, istud mittit ad cœlos. *Regnavit* autem, intelligamus innotuit, quando mundo Dominus Salvator apparuit. Nam quando ille non *regnavit*, qui semper cum Patre et Spiritu sancto potestate suæ omnipotentiæ perseverat? *A ligno* alii quidem non habent translatores; sed nobis sufficit quod Septuaginta Interpretum auctoritate firmatum est. Crux enim Domini pravum atque distortum *correxit orbem terræ*, dum per regulam fidei paganorum corda convertit. *Terram* enim hic in bono debemus accipere, quod in Scripturis divinis frequenter pro locorum qualitate invenis esse variatum. Hanc autem *terram* dicit *non esse penitus commovendam*, quæ in soliditate fidei perseverat; non sicut illa quam superius dicit, *Commoveatur a facie ejus omnis terra*. Illa, *commovetur*, ut a manis convertatur operibus; ista non *commovetur*, quæ veræ fidei soliditate consistit. Sequitur, *judicabit populos in æquitate*. Populos hic mavult homines fideles intelligi, qui *judicandi sunt* sub tranquillitate supernæ misericordiæ, quando eis præmia promissa restituet. Nam quod addidit, *gentes in ira sua*, superbos iniquosque designat, qui portionem cum diabolo sortiuntur. Et vide quemadmodum duobus sermonibus tantarum rerum designat arcana. *Æquitas* pertinet ad beatos, *ira* ad pœnas perpetuas impiorum. Et nota quia per omnia commata versus hujus jungendum est a communi: *Dicite in nationibus*.

Vers. 11. *Lætentur cœli et exsultet terra; moveatur mare et plenitudo ejus*. Quoniam superius dixit: *Judicabit populos in æquitate, et gentes in ira sua*, per quæ futuri judicii tempus ostendit, modo fit pulchra nimis et jucunda digressio. Dicit enim tunc *lætari cœlos, et exsultare terram, et commoveri mare*. *Cœlos* significat (sicut sæpe dictum est) apostolos et prophetas, vel reliquos fideles, quos divina majestas tanquam cœlum noscitur insidere; *terra* vero indicat peccatores, qui tamen satisfactionis beneficio ad gratiam Domini redire meruerunt. Ipsa enim *terra exsultare* potest in adventu Judicis sui, quæ se a peccatis propriis intelligit absolutam. Sequitur, *moveatur mare et plenitudo ejus*. *Mare* hic pro populis ponit, qui in salo hujus sæculi constituti, diversis tempestatibus agitantur. Isti *moventur* ad gaudium, quando conversionis dona susceperint. Nam ut universitatem gentium intelligere debuisses, posuit, *plenitudo ejus*.

Vers. 12. *Gaudebunt campi, et omnia quæ in eis sunt: tunc exsultabunt omnia ligna silvarum*. *Campos* hic similiter in bono debemus accipere, quia illa plana dicimus, quæ pulcherrima æqualitate tenduntur. *Campos* ergo dicit viros justitiæ laude pollentes, non superbia tumidos, non asperos iracundia, sed mansueta lenitate planissimos. Sequitur, *tunc exsultabunt omnia ligna silvarum*. *Tunc*, secundum dicit adventum, quando judicaturus est mundum. *Ligna silvarum* per se amaros et steriles afferunt fructus; sed cum fuerint insita, dulcissima ubertate pinguescunt. Sic gentes, quæ prius fuerant velut *ligna silvarum*, ad culturam fructiferam perductæ, ante faciem Domini magno sunt gaudii munere lætaturæ. Sed cum dicit, *omnia ligna*, illam partem vult intelligi quæ inseri bonis præceptis potuit ac mutari.

Vers. 13. *Ante faciem Domini, quoniam venit: quoniam venit judicare terram*. Quia dixerat credentes esse lætaturos, non dicit in angulis, non in secretis, sed *ante faciem* Judicis, quando inæstimabilis et copiosa lætitia est, quando præmia tribuuntur, et securitas sine fine præstatur. Et ne primum illum incarnationis Domini putares adventum, dicit, *quoniam venit*; et subsequitur: *Quoniam venit judicare terram*. Nam si in illo primo commate sententiam terminasset, potueras illum adventum, qui jam transacius est, forte sentire; sed cum addidit, *quoniam venit judicare terram*, illum nos tantum voluit intelli-

gere, quem adhuc noscimur sustinere. De quo etiam Ezechiel propheta testatur: *Hæc dicit Dominus Deus ossibus istis: Ecce ego induco in vos spiritum, et vivetis. Et dabo in vos nervos, et inducam super vos viscera carnis, et extendam super vos cutem; et dabo spiritum meum in vos, et vivetis, et scietis quia ego sum Dominus* (Ezech. xxxvii, 5, 6). Daniel quoque dicit: *Et multi dormientium in terra per fissuras exsurgent, hi in vitam æternam, et hi in opprobrium et confusionem* (Dan. xii, 2). *Terram* vero hic universum mundi populum dicit; ut bonis præmia, malis supplicia æterna restituat.

Vers. 14. *Judicabit orbem terræ in æquitate, et populos in veritate sua*. Prius posita est complexio generalis, quia *orbem terrarum*, id est universum hominem æquitas divina *judicabit*. Subsequenter autem quemadmodum judicetur, exponit dicendo, *populos in veritate sua*: quoniam in illa sequestratione dextræ partis et sinistræ duo erunt populi, quibus veritatis suæ sententiam [*ed*., sententia] dabit; 324 ut qui ei fideliter crediderunt, ejus regni beatitudine perfruantur; qui vero pertinaciter mundi vitia sunt seculi, pœnas debitas cum suo auctore sustineant. Perquirendum est sane quod et hic *orbem terrarum* dicat, et in sequenti psalmo ponat, *illuxerunt fulgura ejus orbi terræ*, et in aliis plurimis locis ipso schemate terram perhibeat esse conclusam; iterumque centesimus sextus psalmus quatuor cardinibus terræ spatia comprehendat, dicens: *A solis ortu et occasu, ab aquilone et mari* (Psal. cvi, 3). Cujus rei evidentissimum quoque Evangelii exstat exemplum, ubi dicit, *Emittet angelos suos cum tuba et voce magna, et congregabit* [ed., *congregabunt*] *a quatuor angulis terræ* (Matth. xxiv, 31). Unde merito æstimo perquirendum quemadmodum terræ possit et quadratio et circulus convenire, dum schemata ipsa (sicut geometrici dicunt) videantur esse diversa. Formam terræ ideo Scriptura orbem vocat, eo quod respicientibus extremitatem ejus circulus semper appareat, quem circulum Græci ὁρίζοντα vocant. Quatuor autem cardinibus eam formari dicit, quia quatuor cardines, quatuor angulos quadrati significant, qui intra prædictum terræ circulum continetur. Nam si ab orientis cardine in austrum et in aquilonem singulas rectas lineas ducas, similiter quoque et si ab occidentis cardine ad prædictos cardines, id est austrum et aquilonem, singulas rectas lineas tendas, facis quadratum terræ intra orbem prædictum. Sed quomodo quadratus iste demonstrandus intra circulum scribi debeat, Euclides in quarto libro Elementorum evidenter insinuat. Quapropter recte Scriptura sancta faciem terræ, et orbem vocat, et quatuor eam dicit cardinibus contineri.

Conclusio psalmi.

Audiamus quæ nos propheta commoneat cantare Domino, afferte ad eum hostias viventes. Non sit nobis pars cum diabolo, et erit sine dubitatione cum Christo. Tunc enim (sicut titulus ait) post captivitatem peccatorum Domini domus ex nobis potest ædificari, si meruerimus vivi lapides inveniri. Obsecremus jugiter, deprecemur incessanter : agnoscet humilem, cum ad damnandum venerit contumacem; nec puniet peccatorem, cum probaverit jugiter confitentem.

EXPOSITIO IN PSALMUM XCVI.

Psalmus ipsi David, cum terra ejus restaurata est.

Psalmus ipsi David, constat ad Christum Dominum esse referendum. Sequitur, *cum terra ejus restaurata est*, id est, cum peccatores, qui ab ipso declinaverant errore pravitatis, gratia suffragante ad ipsum defæcata mentis sinceritate redierunt; sicut factum est in Judæis, qui post illam impietatem crucifixionis, conversionis sunt gratiam consecuti. Potest et aliter accipi, ut *terra restaurata* resurrectionis ejus videatur indicare mysteria. Mortuum est quippe corpus ipsius lege communi, sed restauratum est in gloriæ munere singulari. Quapropter meminerimus hunc psalmum quartum esse de primo ejus adventu, per quem mundus noscitur esse liberatus.

Divisio psalmi.

In primo membro psalmi propheta per resurrectionem Domini, virtutes ejus diversa prædicatione describens, idolorum cultores digna increpatione redarguit. Secundo ad Dominum verba convertit, gaudens Ecclesiam catholicam auctori suo recte credidisse. Commonet etiam fideles ut lætentur in Domino, quia consuevit eos eripere qui videntur crudelium insecutionibus subjacere.

Expositio psalmi.

Vers. 1. *Dominus regnavit, exsultet terra, lætentur insulæ multæ*. Videns propheta mundum exsecranda hominum superstitione confusum, laudes Domini mirabili varietate describit, ut infideles agnoscentes verum Deum, ulterius spem in rebus vanissimis non haberent. Factumque est initium, quod et breviter cuncta concluderet, et deliramenta omnia submoveret. *Dominus regnavit*. Quis ergo alter colendus est, nisi ille qui solus cognoscitur imperare? Sequitur, *Exsultet terra*. Quid jam remaneat idolis, si universa terra nomen veneretur auctoris? *Terra* enim sensibilis lapidem non debet adorare brutissimum : quia ipse sibi negat effectum [*ed.*, affectum] qui ab insensatis petit auxilium. Unus tamen lapis est angularis, qui spiritualiter coli debeat et timeri. Adjecit, *lætentur insulæ multæ*. Regnante itaque Domino per totum mundum, dispositæ lætentur Ecclesiæ : quæ merito insulis comparantur, quia mundi fluctibus ambitæ circumlatrantium persecutionum numerositate tunduntur. Sed sicut istæ sævientibus fluctibus nesciunt lædi, ita nec sanctæ Ecclesiæ perturbationibus adversariorum probantur imminui; quin potius illos suis cautibus frangunt, qui in eas undosis culminibus irruerunt. Et vide quia dicit, *multæ*, non, omnes, propter hæreticas pravitates, quæ erroribus suis ecclesiarum nomen imponunt.

Vers. 2. *Nubes et caligo in circuitu ejus; justitia et judicium correctio sedis ejus*. In hoc versu qualis sit Dominus impiis religiosisque narratur. Nubilosus et caliginosus cernitur indevotis, dum cordi tenebroso nulla claritate resplendet; sicut lippis oculis sol umbrosus aspicitur : quia nebulas illas non habet origo luminis, sed debilitas contracta carnalis, sicut ipse dicit in Evangelio : *Ego in hunc mundum veni, ut qui non vident videant, et qui vident cæci fiant* (Joan. IX, 40). Contra subsequitur, *justitia et judicium*. Hoc illis videtur Dominus, qui sunt puro corde mundissimi, quos bene correctionem vocavit, quia errore pravitatis exuti, sedes sunt Domini Salvatoris, quos ille sua majestate jam possidet, sicut legitur : *Sedes sapientiæ anima justi*. Ordo autem verborum talis est, *sedis ejus correctio*; revera, quia tortis mentibus non potest insidere justitia. Et nota quod per istum et quatuor versus alios qui sequuntur, adventus Domini primus variis allusionibus indicatur. Quæ figura dicitur characterismos, quæ Latine informatio vel descriptio nuncupatur.

Vers. 3. *Ignis ante ipsum præibit, et inflammabit in circuitu inimicos ejus*. Ante adventum Domini *ignis præcessit*, quando prædicatione prophetarum infidelium corda fremuerunt; ut iracundiæ ardore succensi, de prædicantium nece tractarent. Ipse est ergo *ignis* qui *ante ipsum præibit*, sed suos potius consumpsit auctores, sicut Isaias propheta dicit : *Et nunc ignis adversarios consumet* (Isai. XXVI, 11). Sequitur, *et inflammabit in circuitu inimicos ejus*. *Inflammabit* (sicut diximus) ad indignationem pertinet, et subitum animi calorem, quem illo tempore sanctæ Ecclesiæ patiebantur inimici. *In circuitu*, undique debemus advertere, quia dum pauci essent prædicatores, adversariorum erat circumdans et innumerabilis multitudo.

Vers. 4. *Illuxerunt fulgura ejus orbi terræ : vidit, et commota est terra*. Pulcherrima nimis facta est aptaque comparatio. Nam sicut commotæ nubes atque collisæ (sicut physici dicunt) fulgura jaculantur, ita prophetarum verba veritatis indicia lampaverunt. Denique eos in Scripturis divinis frequenter legis nubibus comparatos, ut est illud : *Et nubibus mandabo ne pluant super eam imbrem* (Isai. V, 6). Intendamus etiam quod hic iterum schema terræ (sicut in superiori psalmo jam dictum est) in orbe descriptum est. Ipse est enim *orbis* qui appellatur et circulus. Circulus autem est (sicut geometrici definierunt) forma plana, quæ ex una circumducta linea continetur, ad quam ab uno puncto de his quæ in medio formæ constituta sunt, omnes deductæ rectæ lineæ æquales sibi invicem sunt. Qua complexione recognita, valde nota nobis efficitur forma terrarum. Significatur etiam totus mundus et per directam lineam cœli, quæ diametros mundi ab astronomis vocitatur, ut est illud : *A solis ortu usque ad occasum laudate nomen Domini* (Psal. CXII, 3). Linea autem intelligibilis est longitudo sine latitudine, a puncto inchoans, in punctum desinens. Punctum vero est cujus pars nihil est. Meminisse ergo debemus quod hæc omnia, sive punctum, sive linea, sive circulus, sive trigonus, sive quadrangulus, vel alia hujusmodi theoremata, quoties ad aspectum veniunt, corporalibus definitionibus concluduntur, id est sensibilibus: quoties vero sola mente capiuntur, intelligibilia tantum esse non dubium est. Quorum notitiam pleniorem in libris geometricæ disciplinæ, diligens lector, invenies. Sequitur, *vidit et commota est terra.* Vidit terra, illud significat, quoniam homines Verbum Domini cordis lumine cognoverunt. Commota est, magnæ prædicationis novitate perterrita est; ut deprehenderet se insensata idola colere, dum haberet adorabilem Dominum summum Creatorem.

Vers. 5. *Montes sicut cera fluxerunt a facie Domini; a facie Domini tremuit omnis terra.* Hic montes significant homines qui et sæculi hujus altitudines appetunt, et insensata superstitione durescunt. His mirabiliter comparata est cera liquens, quoniam tanto facilius in pœnitentiam defluunt, quanto [mss., quanta] se duritia immobiles esse crediderunt. Nam cum dicit, *a facie Domini,* ostendit unde *sicut cera fluxerunt montes*; quod et in alio psalmo legitur: *Nec est qui se abscondat a calore ejus* (Psal. xviii, 7). Sed cum repetit, *a facie Domini tremuit omnis terra,* illos significat qui ipsius miseratione conspecti, ad satisfactionis remedia pervenerunt. Quod hodieque fieri comprobamus, cum potestates sæculi, vel pagani, vel hæretici vocati, damnantes superstitiosum votum, divinum magis eligunt subire servitium.

Vers. 6. *Annuntiaverunt cœli justitiam ejus, et viderunt omnes populi gloriam ejus.* Post nubes prædictas, quas intelligi diximus in prophetis, venit ad cœlos, quos apostolos debemus advertere, quorum prædicationibus sanctis *justitia* Domini mundo salutaris innotuit. Sequitur, *et viderunt omnes populi gloriam ejus. Viderunt* hic, non carnalibus oculis, sed cordis lumine debemus accipere. *Gloria* enim audiri, non videri solet; nam et alibi legitur quod sic intelligendum est: *Et vidimus gloriam ejus, gloriam quasi unigeniti* (Joan. i, 14). Sive, ut quidam volunt, præconspicabilis [ed., perspicabilis] Domini significatur adventus. Intueamur etiam hujus Domini quam diversis modis primus indicetur adventus. Dixit ignem, dixit fulgura, dixit montes, dixit cœlos; et per hæc omnia unum votum est annuntiare Dominum Salvatorem. Quod schema dicitur ænigma, id est obscura sententia, quando aliud dicit, et aliud vult intelligi.

Vers. 7. *Confundantur omnes qui adorant idola, qui gloriantur in simulacris suis: adorate eum, omnes angeli ejus.* Adventu Domini prophetato, idolorum cultores increpat, qui tanta manifestatione declarata, non erubescunt adhuc colere nescio quas ineptias. *Idolum* quippe dictum est, quod ipsum sit dolum, id est, hominum falsitate repertum. *Simulacrum,* a simulatione sacra compositum, quod illis detur honor alienus. Sic utraque fugienda ipsorum nominum interpretatione declarantur. Et quoniam spiritus immundi se cupiunt adorari, dum falsos sibi honores vindicant, quos eorum iniquitas non meretur accipere, vide quid sequitur: *Adorate eum, omnes angeli ejus.* Bonus enim angelus adorat Dominum, quia recto corde suum cognoscit auctorem; nec se ab hominibus adorari permittit, sicut in Apocalypsi angelus Joanni procidenti ad pedes suos dicit: *Vide ne feceris, conservus enim tuus sum et fratrum tuorum* (Apoc. xix, 10). Mali enim præcipiunt se adorari, sicut in Evangelio Satanas dixit Domino Christo, cum eum assumpsisset in montem, et ostendisset regna mundi: *Hæc omnia tibi dabo, si procidens adoraveris me* (Matth. iv, 9).

Vers. 8. *Audivit, et lætata est Sion; et exsultaverunt filiæ Judæ propter judicia tua, Domine.* Venit ad secundum membrum, in quo conversus ad Dominum propheta lætus exsultat: quia *Sion,* id est Ecclesia catholica judicia Domini puro corde percepit. Nam verbum qui crediturus audit, se audiisse lætatur; qui vero subdola mente perceperit, contristatus abscedit: quia contra voluntatem suam quod non esset creditur us audivit. *Sion* (sicut sæpe diximus) mons est Jerosolymis constitutus, cujus interpretatio significat speculationem: quæ bene sanctæ datur **326** Ecclesiæ, quoniam in contemplativa virtute præsentem Dominum semper aspectat. Sequitur, *et exsultaverunt filiæ Judæ. Filiæ Judæ* significant religiosas mentes probatasque personas; quæ ideo *filiæ Judæ* dicuntur, quoniam Christo credere maluerunt, quæ ex origine Judææ descendisse monstrantur [ms. G., qui, etc., monstratur], unde dicti sunt et Judæi. Et quare *lætata sit Sion* consequenter exponitur, *propter judicia tua, Domine;* id est, quia tristitiam servorum tuorum convertis in gaudium, et superbum diabolum humilitatis virtute prosternis.

Vers. 9. *Quoniam tu es Dominus altissimus super omnem terram; nimis exaltatus es super omnes deos.* Supra omnem terram, hic bene intelligimus peccatores; *supra omnes deos,* justos homines competenter advertimus, quos *deos* recte dici frequenti expositione probatum est. Sive quoniam per hæc duo significat eum et terrenis creaturis et cœlestibus imperare; sicut et alius psalmus dicit: *Quoniam omnia serviunt tibi* (Psal. cxviii, 91).

Vers. 10. *Qui diligitis Dominum, odite malum. Custodit Dominus animas sanctorum suorum, de manu peccatorum liberabit eos.* Videtur et hic categoricus syllogismus ita posse formari: Sancti diligunt Dominum, quoniam custodit Dominus animas eorum, et de manu peccatorum eripit eos; omnes qui diligunt Dominum, quoniam custodit Dominus animas eorum, et de manu peccatorum eripit eos, odiunt malum: sancti igitur odiunt malum. Nunc psalmi verba tractemus. Hic bonos alloquitur et fideles, ut a diaboli malitia segregentur; ipse enim jure dicitur malus, per quem venit omne peccatum. Quid est ergo Dominum diligere? odisse diabolum; quia, sicut scriptum est: *Nemo potest duobus dominis servire* (Matth. vi, 24). Quæ figura dicitur parison, id est æquatio sententiæ, constans dissimilibus membris. Et ne quis diabolum timuisset offendere, sequitur, *custodit Dominus animas sanctorum suorum, de manu peccatorum liberabit eos.* Jam nemo dubitet *odisse malum*, quando Dominus *animas* cognoscitur *custodire sanctorum*. Sed vide quia dicit *animas*, ne te teneres [ms. A., ne tenderes] ad corpora, quæ passim tradit ad pœnas, ut martyribus reddat coronas. *Liberat* enim *de manu peccatorum animas*, quando eas non sinit aliqua pravitate subverti, sed ita illæsas eripuit, quemadmodum sibi beneplacitas esse cognoscit.

Vers. 11. *Lux orta est justo, et rectis corde lætitia. Justo* dicit ortam lucem, id est verissimam fidem; ut illuminatus talia credat, quæ eum ad cœlorum regna perducant. Est quidem et sanctorum lux ista communis, quam indiscrete vident et homines et jumenta. Sed illa lux eorum propria dicitur, quæ Christo Sole præstatur: de qua dicturi sunt impii: *Erravimus a via veritatis, et justitiæ lumen non luxit nobis, et Sol non est ortus nobis* (Sap. v, 6). *Rectis* vero *corde* oritur sine dubitatione *lætitia*, quando, Deo præstante, talia gerunt, quæ sibi profutura cognoscunt. Sic et in isto loco indicatum est quia muudi amatores nec firma lætitia, nec vero lumine perfruuntur.

Vers. 12. *Lætamini, justi, in Domino, et confitemini memoriæ sanctitatis ejus.* Cum superius dixerit quæ bona justi (Domino præstante) suscipiant, nunc iterum ipsos commonet, ut *in Domino lætari* debeant, non in humano desiderio, aut in hujus sæculi ruinosa jactantia, sicut ait Isaias propheta: *Non est gaudere impiis, dicit Dominus* (Isai. XLVIII, 22). *Confitentur* autem *justi memoriæ sanctitatis ejus,* quando in illo regno perpetuo fuerint collocati: recordantes de quanta clade hujus sæculi (Domino miserante) sint subtracti.

Conclusio psalmi.

Consideremus hunc psalmum quam salubri nos institutione componat. Ab idolorum culturis prohibet, unde æternam mortem potuissemus incurrere. Laudes Domini competenter insinuat, unde vita nostra sine dubitatione succedat. Docet afflictiones non pavescere, nec mala hujus sæculi formidare. Omnia enim periculosa, omnia mortifera magno compendio possumus evadere, si salutis nostræ diligamus auctorem; sicut dicit Apostolus: *In omnibus tribulationem patimur, sed non angustiamur; deficimus, sed non perimus: semper mortificationem Jesu in corpore nostro circumferentes, ut et vita Jesu manifestetur in carne nostra mortali* (II Cor. IV, 8, 9, 10), et cætera quæ Doctor egregius ad instruendum humanum genus salutariter noscitur elocutus.

EXPOSITIO IN PSALMUM XCVII.
Psalmus ipsi David.

Simplices isti tituli planissima nobis verborum positione subrident. Referuntur enim ad Dominum Salvatorem, de cujus incarnationis gloria et secundo adventu psalmus iste dicturus est; qui tanta varietatis gratia describuntur, ut licet sint sæpius prædicti, novi semper et mirabiles humanis sensibus elucescant. Hunc enim de his rebus tertium esse non dubium est. Sed isti qui utrumque adventum Domini sub una relatione complexi sunt, magna nobis sacramenta declarant. In uno quippe commonet, ut misericordem Dominum quærere debeamus; in altero, ut venturum Judicem formidemus. Sic ista salutaris pretiosaque conjunctio et spei nobis causas tribuit et timoris.

Divisio psalmi.

Per totum psalmum propheta loquitur. In prima parte commonet ut populus Christianus cantici novi exsultatione lætetur, quando mirabilis est Christi Domini concessus adventus. Secunda parte diversis modis uberius dicit esse lætandum: quia exspectatum justis ejus noscitur provenire judicium, in quo sunt misericordia Domini præmia digna sumpturi.

Expositio psalmi.

Vers. 1. *Cantate Domino canticum novum.* Propheta fideles admonet Christianos, ut novæ regenerationis sacramenta sumentes, *novum canticum* de Domini incarnatione concelebrent. Novus enim homo *cantare* debet *canticum novum*, non ille vetustus qui necdum Adæ peccata deponens, in prævaricatione veteris hominis perseverat. *Novum* utique, quia nunquam aliquid simile mundus audivit. *Novum,* quod nulla vetustate sordescit, sed semper in suæ dignitatis gratia perseverat. Sed unde veniat istud *canticum novum*, subter aperitur.

Vers. 2. *Quia mirabilia fecit Dominus; salvavit eum dextera ejus, et brachium sanctum ejus.* Causa redditur cantici novi, *Quia mirabilia fecit Dominus;* scilicet quando cæcis lumen, claudis gressum, surdis etiam donavit auditum, et cætera hujuscemodi quæ contra usum naturæ humanæ facta, Evangeliorum textus insinuat. Sed ista fecerunt et sancti ejus. Audi quod sequitur, ut revera intelligas rem singularem novo cantico fuisse concessam: *salvavit eum* dicit, id est Christum Dominum, dum mundi istius peccata nescivit, dum triduana velocitate surrexit a mortuis. Sed qui *eum salvavit*, subsequitur, *dextera ejus*, id est omnipotens Verbum; non quia alter est Christus, et alter omnipotens Verbum, quod sibi Nestoriana confingit insania; sed hoc vult intelligi, ut ipsum salvasse cognosceres, qui dixit: *Potestatem habeo ponendi animam meam, et potestatem habeo iterum sumendi eam* (Joan. x, 18). *Brachium* vero quod addidit, sic et Isaias propheta de Filio dicit: *Et brachium Domini cui revelatum est* (Isai. LIII, 1)? *Dextera* pertinet ad operationes mirabiles; *brachium* ad fortitudinem singularem.

Vers. 3. *Notum fecit Dominus salutare suum, ante conspectum gentium revelavit justitiam suam. Notum fecit Dominus salutare suum*, id est Dominum Salvatorem; ipse est enim salutaris quem Simeon suscipiens in manibus suis dicit in templo: *Nunc dimittis, Domine, servum tuum in pace, quoniam viderunt oculi mei salutare tuum* (*Luc.* II, 29). Ad exprimendam quoque rei clarissimam veritatem, sequitur, *ante conspectum gentium*; sicut et Jeremias dicit : *Post hæc in terris visus est, et cum hominibus conversatus est* (*Baruch* III, 38). Addidit, *revelavit justitiam suam :* quia prius sub quodam velamine prædicatus fuerat per prophetas, quo subducto in adventu ejus ipsa facies veritatis apparuit. Et nota quod ipse *dextera*, ipse *brachium*, ipse *salutare*, ipse Patris dicatur esse *justitia*; ut unam illic substantiam, unam intelligas esse potentiam. In qua enim parte potest esse divisus, qui non similia [*ms. A.*, dissimilia], sed omnia ipsius habere firmatur? sicut ipse in Evangelio dicit : *Omnia Patris mea sunt, et omnia mea Patris sunt* (*Joan.* XVII, 10).

Vers. 4. *Memor fuit misericordiæ suæ Jacob, et veritatis suæ domui Israel; viderunt omnes fines terræ salutare Dei nostri. Memor fuit* dictum est, quia promissa complevit. Hæc est autem promissio quam Isaias prophetavit, dicens : *Videbit omnis caro salutare Dei* (*Isai.* LII, 10). Huic autem promissioni aptum nomen impositum est, *misericordiæ suæ*; ut Creator cœli terræque homo fieri dignaretur, et humanum genus peccatorum vinculis obligatum adventus sui beneficio liberaret. *Jacob* (sicut sæpe diximus) populum Novi Testamenti non incongrue videmur accipere : quia sicut *Jacob* fratri benedictione anterior exstitit, cum postea natus fuerit, ita et Christiana plebs priorem populum Synagogæ fidei gressibus antecessit. Et ne intellectum nostrum diversa nominum dissimilitudo confundat, perscrutemur quare additum sit, *et veritatis suæ domui Israel*; ut non solum hoc datum intelligeremus populo qui post adventum Domini dictus est Christianus, sed etiam illi qui eum de Virgine nasciturum esse crediderunt. *Israel* enim significatur omnis fidelis qui Deum pura mente conspexerit. Misericordiam posuit in Jacob, et veritatem in Israel. *Misericordia* quippe fuit, quando hominem liberaturus advenit; *veritas*, quando sancti facie ad faciem videbunt, quem hic (sicut dicit Apostolus) *in ænigmate per speculum* (*I Cor.* XIII, 12) contuentur. Addidit, *viderunt omnes fines terræ salutare Dei nostri*. Quo dicto hæreticorum pravitas omnis exclusa est, qui putant Domini Salvatoris localem concessam terris fuisse culturam. *Viderunt*, dicit, mente conspexerunt, quod per totum mundum constat effectum. Quanti sunt enim qui eum carnalibus oculis in Judæa gente videre potuerunt? Sed cum hic dicat, *omnes fines terræ*, dubium non est ad fidem esse referendum, ut nobis possit veritas constare verborum.

Vers. 5. *Jubilate Deo, omnis terra; cantate, et exsultate, et psallite*. Venit ad secundam partem, in qua commonet diversis modis a devotis esse gaudendum. Sed ad judicium Domini competenter ista referuntur, in quo et psalmus iste noscitur terminatus. *Jubilate* dictum est, cum magna delectatione in vocis gaudium prosilire, ut quod non potest explicare sermo confusæ vocis, declaret eruptio devota gaudentis. *Omnis terra*, universalem designat Ecclesiam, quæ in adventu Domini spem suam integra devotione reposuit. Sequitur, *cantate, et exsultate, et psallite*. Verba enim hæc quamvis videantur esse similia, aliqua tamen discretione separantur. *Cantare* est gravissimi Christiani oris officio laudes Domino personare ; *exsultare*, cum magna affectione animi vota declarare ; *psallere*, bonis operibus Domini mandata complere. Quod ideo commonet multipliciter fieri, quia diversa ibi gaudendum est varietate virtutum. Quæ figura dicitur homoptoton, quia in similes sonos exierunt verba diversa, id est, *jubilate, exsultate, cantate, et psallite*.

Vers. 6. *Psallite Domino in cithara, in cithara et voce psalmi*. Pulcherrima sibi copulatione verba ista sociata sunt, ut quamdam harmoniam et ipsa de se facere videantur. Adhibentur enim instrumenta artis musicæ ad exercendum opus cœleste; quod necessarie dicitur, ut illa perfectio per quasdam similitudines indicetur. *Psallit* enim *Domino in cithara*, qui per actum carnalem mandata Divinitatis operatur, qui esurienti panem fregit, nudum vestivit, præstitit solatium destituto, et cætera quæ possunt supernis jussionibus applicari. Sequitur, *in cithara et voce psalmi*. Eadem præposterata verba subjunxit, ut quodvis prius eorum facias, totum tamen ad Domini gratiam pertinere cognoscas.

Vers. 7. *In tubis ductilibus et voce tubæ corneæ; jubilate in conspectu Regis Domini*. Respiciamus omnia hæc verba divinis mysteriis esse plenissima. Duo genera fuisse tubarum ad quasdam similitudines exprimendas apud Hebræos, Numerorum nobis liber insinuat (*Num.* X, 2). Unum quod argento ductili formabatur ; hoc ad Spiritum sanctum, qui per prophetas locutus est, competenter aptatur. Argenteus enim a munditia dicitur et candore verborum ; sicut alibi ipse dicit : *Eloquia Domini eloquia casta, argentum igne examinatum, terræ purgatum septuplum* (*Ps.* XI, 7). *Ductilibus* autem significat quia fideles diversis passionibus tunsi (Domino largiente) proficiunt, et tanto plus crescunt, quanto amplius duri mallei fuerint iteratione percussi. Malleus enim est diabolus, de quo propheta dicit : *Contritus est malleus universæ terræ* (*Jer.* L, 23). Vox est autem *tubæ corneæ* patientiæ fixa tolerantia, quæ velut cornea substantia in viris fidelibus amore Domini perseverat. His ergo tubis psallit Domino, qui utrisque virtutibus devotus exsultat, qui et Dominum mundo corde prædicavit, et ejus misericordiam patientiæ virtute sustinuit. Sequitur, *Jubilate in conspectu Regis Domini*. Completa est in hoc commate, quæ in superioribus partibus suspensa videbatur esse sententia. Hic enim dicit ubi sit jubilandum, ubi cantandum, ubi exsultandum, ubi psallendum, ubi in psalmo citharizandum, ubi in cithara psalmizandum, ubi jubilandum in tubis ductilibus et corneis; scilicet *in conspectu Regis Domini*, quando in illa judicatione justi præmia promissa recipient. Per has enim varietates significatur diversis sanctis operibus, diversis donis in conspectu Domini esse gaudendum. Sive ista sic dicit hic esse facienda, ut semper ad eum mentis dirigatur intentio.

Vers. 8. *Commoveatur mare et plenitudo ejus : orbis terrarum, et universi qui habitant in ea.* Hic jam terror futuri judicii et impiorum formido describitur, quando *mare* illud quod est in pectoribus impiorum, delictorum suorum recordationibus *commovetur. Plenitudo* autem *ejus* merito dicta est, scilicet quia multa peccata ingentes excitant fluctus, et tunc magis plenissime *commovetur*, quando se reus novit esse damnandum. Sequitur, *orbis terrarum;* utique et ipse *commovendus est*, quando in novam faciem venire praedictus est, sicut legitur : *Erit coelum novum et terra nova (Isai.* LXV, 17). Addidit, *et universi qui habitant in ea*, ut revera hoc intelligeres de hominibus dictum, de quibus superius figuratim dixit, *commoveatur mare.*

Vers. 9. *Flumina plaudent manibus in idipsum, montes exsultabunt ante faciem Domini, quoniam venit judicare terram.* Frequenter diximus Scripturas divinas per diversas similitudines loqui, ut et impiis celata sint quae dicuntur, et fideles ad ea perquirenda studiosius incitentur. Unde et hic per allegorias multiplices Domino dicit esse cantandum. Allegoria est enim aliud dicens, aliud significans. Mare siquidem superius peccatoribus comparavit, nunc *flumina* sanctos viros significant, qui bonas operas coelesti ubertate manaverunt. *In idipsum,* id est in Domino Salvatore, cui praedictam operam exhibuisse monstrantur. Sed respice quoniam haec omnia sub allusione sunt : quando enim manus habent *flumina*, nisi fuerint sanctis hominibus comparata? de quibus dictum est : *Qui credit in me, flumina de ventre ejus fluent aquae vivae (Joan.* VII, 38). Sequitur, *montes exsultabunt ante faciem Domini. Montes* et in bono et in malo plerumque poni manifestum est. Impii enim superbis nisibus intumescunt, et ad duritiam saxorum obstinato corde perveniunt. Mansueti autem mentis soliditate firmissimi sunt; et quamvis pia humilitate curventur, spe futurae beatitudinis in summitates solidissimas eriguntur. Hi sunt qui Domino adveniente gaudebunt, quoniam in futuro judicio promissionis ipsius dona recipient. Addidit, *quoniam venit judicare terram.* Hic *terram*, omnem peccatorem competenter advertimus, quia terrena semper vitia concupiscunt. Vides totum sensum ad illud judicii tempus esse perductum, ut omnia quae dicta sunt illi intelligeres posse congruere.

Vers. 10. *Judicabit orbem terrae in justitia, et populos in aequitate.* Hic *orbis terrarum* impiis est nihilominus applicandus, qui frequenter *terrae* appellatione declaratur. Isti sub justitia judicandi sunt, qui pertinacia sua nulla remissione liberantur. *Populos* autem significat eos qui ex Hebraeis fideles probati sunt, et qui devoti ex gentibus advenerunt, de quibus ait : *Habeo autem et alias oves, quae non sunt ex hoc ovili; oportet me et eas adducere, ut fiat unus grex et unus pastor (Joan.* X, 16). Isti ergo *populi in aequitate judicandi sunt*, quoniam ibi praemia recipient, qui hic propter nomen Domini gravissima pericula pertulerunt, sicut dicit Apostolus : *Omnes enim stabimus ante tribunal Dei, ut recipiat unusquisque propria corporis, prout gessit, sive bonum, sive malum (*II *Cor.* V, 10). Istud tamen judicium ubi fiat evidenter expressum est; dicit enim Joel propheta : *Congregabo omnes gentes, et educam eas in convallem Josaphat, et disceptabo cum illis ibi pro populo meo, et pro haereditate mea Israel (Joel* III, 2).

Conclusio psalmi.

Quid est hoc quod instrumenta musica frequenter posita reperimus in psalmis, quae non tam videntur mulcere aurium sensum, sed provocare potius cordis auditum? Sed quoniam ille sonus et modulatio tibiarum a sacris mysteriis nostra nihilominus aetate discessit, restat ut intelligentiam hujus rei spiritualiter perquirere debeamus. Musica est disciplina quae rerum sibi congruentium, id est sonorum differentias et convenientias perscrutatur. Haec merito ponitur ad rerum spiritualium similitudines explicandas : quoniam concentus ejus virtute inconvenientiae subsistit. Nam sive quando psalmodiam dicimus , sive quando mandatis Domini operam navanter [*ed*., voluntarie] impendimus, dulcissimae harmoniae gratia temperamur. Et si causas hujus rei alta deliberatione perpendas, quaelibet creatura rationabilis, si auctoris sui vivat imperio, ab hac convenientia non probatur excepta. Merito ergo incessanter praecipimur Domino psallere, in psalmo citharizare, in cithara psallere, jubilare in tubis ductilibus et corneis; ut dubium non sit haec instrumenta dulcisona probabilium actuum nobis indicare concordiam,

EXPOSITIO IN PSALMUM XCVIII.
Psalmus David.

Dignitatem istius nominis satis admirari non possum, quod in titulis semper affixam aciem nostrae mentis erigit ad Dominum Christum. Ipsius enim honor in hoc psalmo potentiaque cantatur. Sed quanta laus est sanctissimi viri, ut per ejus nomen eximium tantae significetur majestatis arcanum ! Per *David* enim **329** et personam loquentis advertimus, et Christum manu fortem desiderabilemque sentimus. Quapropter, eximio praecone recognito, magni Judicis praestolemur adventum.

Divisio psalmi.

In prima sectione commonet propheta universos populos Christo Domino confiteri, quia judicium et justitiam in Jacob fecisse declaratur. Secunda commonet plebem ut adoret Dominum Salvatorem, qui Moysi et Aaron et Samuel propitius fuisse dignoscitur, quia praecepta ejus custodiisse monstrantur. Unde exaltandum et adorandum dicit esse Dominum, qui fideles suos exaudire dignatus est.

Expositio psalmi.

Vers. 1. *Dominus regnavit, irascantur populi; qui sedes super cherubim, moveatur terra.* Cum dicit enim : *Dominus regnavit*, exponit quoniam gloriam suae resurrectionis ostendit; non ut ante creditus est non posse regnare, quem Judæi videbantur exstinguere; sed hic illud tempus ostenditur quando ipse post resurrectionem suam dicit : *Data est mihi omnis potestas in cœlo et in terra* (*Matth.* xxviii, 18). Sequitur, *irascantur populi*, nihil ultra nocituri. Magno enim gravitatis pondere derideniur, quorum doli atque versutiæ nihil penitus nocuisse declarantur. Nam quod dixit, *irascantur*, non præcipit propheta ad aliquod facinus populos commoveri ; sed ut sibi potius *irascantur*, qui rem probati sunt fecisse nefariam; ut cito ad conversionis salutem veniant, cum propria voluntate sua cœperint facta damnare. Quod si ad litteram velis accipere, quædam videtur urbanitas : sicut et in Actibus apostolorum legitur pontifici Paulum dixisse percussum : *Feriat te Deus*, *paries dealbate.* Et paulo post increpatus dixit : *Nesciebam, fratres, quod princeps populi esset. Scriptum est enim: Principem populi tui ne maledixeris* (*Act.* xxiii, 3 et 5 ; *Exod.* xxii, 28); non quia nesciebat, sed quia principem eum populi sub quadam urbanitate denegavit. Ita et hic dictum est : *Dominus regnavit, irascantur populi, id est*, nihil ultra nocituri; quod non ad exhortationem, sed ad derisionem videtur potius pertinere. Quæ figura dicitur astismos, Latine urbana dictio, venustatis et facetiæ causa composita. Sequitur, *qui sedes super cherubim, moveatur terra.* Tu *qui sedes*, indicativus modus est secundæ personæ ; ad ipsum enim Dominum verba convertens hanc sententiam finit. *Cherubim* Hebræum nomen est significans plenitudinem scientiæ ; ubi quasi in throno suo Dominum insidere manifestat. Nam et homines insidet [*id.*, insident], qui plenissima fide atque operum probitate complentur. Adjunxit, *moveatur terra.* Sive illud significat quod superius dixit, *irascantur populi*, sive magis ad conversionem peccatores postulat commoveri, qui (sicut jam dictum est) *terra* merito nuncupantur, quia terrena vitia concupiscunt.

Vers. 2. *Dominus in Sion magnus, et excelsus super omnes populos.* Ut Deum illum quem dixit *sedere super cherubim*, Dominum Christum evidenter adverteres, expressit, *Dominus in Sion magnus*, qui in Jerosolymitanis partibus homo apparere dignatus est. Et intende verba quæ dicit, *Dominus magnus*, ne quis cum pro passionis humilitate putaret esse temnibilem. Addidit, *et excelsus super omnes populos* : quoniam ille quem irreligiosa mente contempserant, Rex excelsus super omnes populos eminebat. Sion autem interpretatur speculatio, quod est Ecclesia, in qua Dominus spiritualiter inesse reverenda semper contemplatione monstratur.

Vers. 3. *Confiteantur nomini tuo magno et terribili, quoniam sanctum est.* Post apparitionem carnis quæ facta est in Sion, confitendum dicit populis Domino Salvatori, de quibus superius dictum est, *irascantur populi.* Sic enim in Ecclesia catholica quotidie fieri videmus, ut qui prius fuerunt blasphemi, paulo post sint (Domino præstante) correcti. *Magnum* autem *dictum est nomen* ejus, quia ubique dilatatum est ; *terribile,* quia ipse venturus est judicare vivos et mortuos ; *sanctum*, quia immaculata et cœlesti conversatione permansit : sicut et alibi dicitur de ipso : *Quoniam magnificavit Dominus sanctum suum* (*Psal.* iv, 4): sicut et Mariæ dictum est ab angelo : *Propterea quod nascetur ex te sanctum vocabitur Filius Dei* (*Luc.* i, 35).

Vers. 4. *Et honor Regis judicium diligit : tu parasti æquitatem.* Superius dixerat : *Confiteantur* populi *nomini tuo* : modo quemadmodum confiteri debeant evidenter exponit. *Honor* enim *Regis* est prædicatio gloriosa, quam illi semper offerimus confitendo. *Judicium diligit*, hoc est, ut deliberando atque tractando debeamus diligere Creatorem. Non enim ille aut labili voluntate, aut caduca mente colendus est; sed fixa et perspicabili deliberatione sententiæ, sicut solet semper puris cordibus apparere. Sequitur, *tu parasti æquitatem*, ut agnoscerent homines ab ipso hoc munus attribui, quo possint hanc intelligere, vel facere constanter *æquitatem.* Denique sensum istum evidentius sequens versus ostendit. Sive (ut quibusdam placet) *honor Regis* est damnatio justa nocentium, quoniam iniquitate punita gloria regis semper augetur.

Vers. 5. *Judicium et justitiam in Jacob tu fecisti.* *Judicium fecit* in populo fideli, quando ei donavit bonum malumque discernere; *justitiam* vero, cum relictis idolis Creatori suo meruit humili devotione servire. *In Jacob* autem, in unoquoque fideli dicit, quia nominis istius commemoratione populus devotus ostenditur. *Tu fecisti*, quia nemo est alius præter ipsum qui instituit et firmavit [*ms. A.*, formavit] Ecclesiam; sicut dicit Apostolus : *Fundamentum enim aliud nemo potest ponere, præter id quod positum est, quod est Christus Jesus* (*II Cor.* iii, 11).

Vers. 6. *Exaltate Dominum Deum nostrum, et adorate scabellum pedum ejus, quoniam sanctum est.* Venit ad secundam sectionem propheta, in qua populos devotos commonet ut nomen Domini magnificare non desinant; quatenus illum prædicando, ipsi potius exaltari posse videantur. Cæterum ille humanis viribus (sicut sæpe dictum est) non indiget adjuvari, qui est summa virtus, et totius Majestatis adoranda perfectio. Sequitur, *et adorate scabellum pedum ejus, quoniam sanctum est.* Quoniam beatus Augustinus, diligentissimus exquisitor, corpus Domini quod de Maria Virgine sumpsit, *scabellum* divinitatis ejus asseruit (*Enar. in psal.* xcviii, *ante med.*) debere sentire, propter naturam humanitatis, quam est dignatus assumere : illi enim virtuti esse subjectum atque unitum, omnibus creaturis constat excelsius, sicut dicit Apostolus : *Quod infirmum est Dei fortius est hominibus* (*I Cor.* i, 25); et alibi de eodem Mediatore Dei et hominum homine Christo Jesu Apostolus dicit : *Propter quod Deus exaltavit illum, et donavit illi nomen quod est super omne nomen : ut in nomine Jesu omne genu flectatur cœlestium, terrestrium et infernorum* (*Philip.* ii, 9) : nunc dicendum nobis est quid in isto versu *pedes* ejus significare videantur, scilicet stabilitatem Divinitatis, quæ semper in naturæ suæ omnipotenti gloria tanquam pedum indefecta stabilitas perseverat. Hujus ergo Verbi assumptum corpus, quamvis gloriosum, quamvis magnum, quamvis sit adorabile; tamen propter humilitatem humanitatis, *scabellum pedum* competenter accipimus. Nam cum ipse dicat : *Cœlum mihi sedes est; terra autem scabellum pedum meorum* (*Isai.* LXVI, 1); corpus terrenum quod de Maria Virgine sumpsit, bene (ut opinor) eadem similitudine *scabellum pedum ejus* probatur intelligi. Et nota quia non dixit : Quoniam sanctus est; sed, *quoniam sanctus est*; scilicet ut corpus a deitate mentis contemplatione discerneres, sed ad unam personam referres, id est ad *Verbum quod caro factum est, et habitavit in nobis* (*Joan.* I, 14). *Pedes* etiam Divinitatis per tropologiam dicit, sicut et *scabellum* dictum est. Etiam sic forsitan debemus accipere, ut extrema temporis designet, quando Dominus incarnari dignatus est. Unde et Joannes evangelista dicit : *Filioli*, *novissima hora est* (*I Joan.* II, 18); Paulus quoque apostolus dicit : *Cum venisset plenitudo temporum*, *misit Deus Filium suum factum ex muliere, factum sub lege* (*Gal.* IV, 4).

Vers. 7. *Moyses et Aaron in sacerdotibus ejus, et Samuel inter eos qui invocant nomen ejus; invocabant Dominum, et ipse exaudiebat eos*. Ideo priscæ auctoritatis magnos viros posuit, eisque gratiam Domini asserit fuisse concessam, ut ad similem devotionem fideles populos incitaret. Et nota quia hic *Moysen sacerdotem* dicit, dum sic in Heptateucho non legatur; qui etsi hostias non offerebat, sicut *Aaron* frater ipsius, vota tamen populorum coram Deo semper exhibuit, quod sacerdotis officium esse monstratur. Quapropter merito et hic *sacerdos* dicitur, qui magnis precibus, irascente Domino, pro populo supplicavit. *Samuel* autem in templo Domini prædicabili sanctitate conversatus est, qui David unxit in regem. Sed quoniam sacerdotis non accepit officium (quia erat de tribu Ephraim, unde sacerdotes fieri non licebat), addidit de ipso, *inter eos qui invocant nomen ejus* : quia nominatim percurrere non poterat, quos multitudo infinita dilatabat. Adjecit, *invocabant Dominum, et ipse exaudiebat eos*. Quantum valeat sinceritas orationis in brevitate declaratum est, quia fideliter supplicantes efficaciter audiebat.

Vers. 8. *In columna nubis loquebatur ad eos : quia custodiebant testimonia ejus, et præcepta ejus quæ dedit illis*. Non vacat quod dictum est, *in columna nubis*, quia semper ista in ædificatione domus pro fortitudine ponitur et decore. In hac ergo specie loquebatur illis Dominus, quæ venturam fabricam Ecclesiæ nuntiabat. Sed quia illis tunc per *nubem* verba fecit, nobis per sanctum scabellum suum, id est per incarnationem et loqui evidentius, et apparere dignatus est. O scabellum omnibus templis excelsius, omnibus spiritualibus creaturis multo præstantius ! sicut dicit Apostolus : *Cui autem dixit angelorum : Sede a dextris meis* (*Hebr.* I, 5)? Sed quid mirum, si ille scabellum dicitur, qui se vermi, scarabæo, herbæ fullonum, et angulari lapidi comparavit, non vilitatis [*ed.*, utilitatis] intuitu, sed humilitatis affectu; quam sumendo tantum fecit excelsam, quantum prius fuit in hoc mundo parvissima? Sequitur, *quia custodiebant testimonia ejus, et præcepta ejus, quæ dedit illis*. Reddit causas quare eos exaudire Dominus dignaretur : quia ipse illum vere diligit, qui ejus mandata custodit, sicut ipse discipulis dicit : *Si me diligitis, mandata mea servate* (*Joan.* XIV, 15). *Testimonium est* per signa aliqua præcedentis rei posita significatio, sicut in Heptateucho dicit : *Hoc erit vobis in testimonium*. Præcepta enim pertinent ad legem quam per Moysen visi sunt accepisse. Unde ostenditur efficacissime placere Deo, quando a nobis ejus completur imperium.

Vers. 9. *Domine Deus noster, tu exaudiebas eos; Deus, tu propitius fuisti illis, et vindicans in omnia studia eorum*. Dicendo, *tu exaudiebas*, et *tu illis propitius fuisti*, ostendit quidem desideria sanctorum in bonis petitionibus fuisse completa, eosque beneficia suscepisse, quæ videbantur necessario postulari. Sed addidit, *et vindicans in omnia studia eorum*. Hoc propterea positum est, ne semper nos quæreremus audiri, quando utrumque in ipsis videtur impletum. Cognoscimus enim eos, et interdum exauditos fuisse cum peterent prospera, et iterum *in studia eorum vindicatum*, ne humana illis elatio surripere potuisset. Nam quamvis aliqui fideles sint, et magna devotione venerandi, oportet in eos pro tempore *vindicari* : ne cor eorum ad superbiam videatur posse deduci, sicut et Apostolus dicit : *Et ne magnitudo revelationum extollat me, datus est mihi stimulus carnis meæ angelus Satanæ, qui me colaphizet. Propter quod ter Dominum rogavi ut discederet a me ; et dixit mihi : Sufficit tibi gratia mea : nam virtus in infirmitate perficitur* (*II Cor.* XII, 7, 8, 9). Quapropter audivimus exauditos, et in eis intelligamus etiam vindicatum; ut cognoscamus misericordem Christum utrumque fecisse propitium.

Vers. 10. *Exaltate Dominum Deum nostrum, et adorate in monte sancto ejus : quoniam sanctus est Dominus Deus noster*. Et superius quidem pars versus istius legitur, ubi facta divisio est ; sed ibi subjunctum est, *et adorate scabellum pedum ejus*; hic autem non montem, sed *in monte sancto Dominum* præcepit adorari. Quod ad montem Sion (qui est Ecclesia) referri posse non dubium est, quæ est montium mons, et sancta sanctorum, cujus ipse habitator est Christus. Sic utrumque in sancta Ecclesia dicit esse faciendum. Notandum est autem quod sanctum Dominum in sancto monte præcepit adorandum, quoniam sicut laus ejus non convenit ori pravo, ita nec ejus culturæ loci potest congruere turpitudo.

Conclusio psalmi.

Consideremus faciem hujus psalmi, quasi duobus luminibus splendere pulcherrimis. Incredulos terret, ut ad supplicationem devotissimam perducantur; fidelibus Christum Dominum adorare præcipit, quia ipse novit exaudire quos diligit. Beata plebs quæ de tali gaudet imperio : vitale quippe desiderium est agnoscere et amare Creatorem. Quapropter exsultationem nobis moveat auditus Dominus Christus. Fidelis servi est diligere dominantem. Nam qui non habet charissimum gubernatorem suum, ipse se profitetur horrendum. Natura quippe rerum est, ut ab eo te diligi posse nullatenus arbitreris, quem chara mente non appetis. Diligamus igitur, ut amemur ; quæramus, ut inveniamus; pulsemus, ut ad eum accedere valeamus. Contra omnes amentias est eum tepide quærere, quem tibi cognoscis æterna beneficia posse præstare.

EXPOSITIO IN PSALMUM XCIX.

Psalmus in confessione.

Cum frequenter in psalmis posita sit pro rerum opportunitate *confessio*, hic tamen in titulo singulariter probatur ascripta : revera, quia totus hic psalmus ad utrasque pertinet confessiones. Una est quando peccata nostra deplorantes [ed., deprومentes], culpabiles nos reosque profitemur, et misericordiam Domini concedendam nobis piis fletibus exoramus. Altera, cum sive nobis beneficia collata laudamus, sive aliis præstita cum magna exsultatione veneramur. Confessio enim quasi confatio dicitur, sive pœnitentia, sive laus multorum ore celebrata ; quæ ideo sic dicitur, ut ad plurimos pertinere monstretur.

Divisio psalmi.

In prima parte psalmi propheta commonet universitatem, ut Dominum debeat sub magna jucunditate laudare, quia tanti Domini triste non decet servitium. Et ne semper hoc genere confessionis utendum crederet Christianus, secunda parte dicit, ut malorum nostrorum delicta pœnitentes, indulgentiæ ipsius portas intrare mereamur, quia misericordia ejus permanet in æternum.

Expositio psalmi.

Vers. 1. *Jubilate Deo, omnis terra.* Sollicitus propheta de populo fideli, ne se putaret sub anxietate tristitiæ Christo Domino serviturum, primum a jubilatione cœpit, quia ipsa est justi perfecta devotio Domino sub mentis jucunditate famulari, sicut et Apostolus monet : *Semper gaudete, sine intermissione orate, in omnibus gratias agite (I Thess.* v, 16, 17, 18). Et ne quis se minime crederet evocatum, addidit, *omnis terra ;* ut ipse inter homines non videatur existere, qui hanc vocem detrectat audire. Jubilatio est enim (sicut sæpe diximus) magno mentis gaudio commoveri, non tamen in articulata verba prorumpere. Nam quod dixit, *jubilate*, et subjunxit, *omnis terra*, frequenter et per casus nominum discrepantes, magnos indicat sensus. Nam cum *terra* singulari numero denuntietur, *jubilate* dicit, quod ad pluralem numerum certum est pertinere ; ut hanc *terram* ad homines, non ad tellurem æstimares esse referendam, quod allegorice constat intelligi. Allegoria est enim figura aliud dicens, et aliud significans.

Vers. 2. *Servite Domino in lætitia ; intrate in conspectu ejus in exsultatione.* Licet servitia Domini diversis videantur officiis expediri, ut sunt ordines ecclesiastici, monasteria fidelium, eremitæ solitarii, laici devoti ; omnia tamen ad ista tria verba proprie referuntur, ut Domino sub lætitia serviatur, non in murmuratione aut amaritudine mentis, sicut factum est in deserto, quando contra Dominum Judaicus populus murmuravit. Sed ista *lætitia* utique charitas est, quæ (sicut dicit Apostolus) *non inflatur, non agit perperam, non est ambitiosa (I Cor.* xiii, 5), et reliqua quæ hanc virtutem egregiam mirabili narratione describunt. Quapropter illi sub lætitia Domino serviunt qui eum supra cuncta diligunt, et invicem se fraterna charitate respiciunt. O libera servitus ! o servitium supra cunctas dominationes eximium, quibus talis lætitia tribuitur, qualis in regnorum gloria non habetur ! Sed istam lætitiam quæ in hoc mundo præcipitur, vide quale præmium subsequatur. Dicit enim : *Intrate in conspectu ejus in exsultatione.* Multo difficilius, multo præstantius est ante tanti judicis gaudere conspectum, ubi sic convenire conscientia commonetur, ut gaudia tunc sumat humilitatis, quando superbis omnibus probatur esse terribilis.

Vers. 3. *Scitote quod* [ms. A., *quoniam*] *Dominus ipse est Deus ; ipse fecit nos, et non ipsi nos : nos autem populus ejus, et oves pascuæ ejus.* In capite versus hujus contra perfidiam loquitur Judæorum, qui Dominum Salvatorem non putando Deum, in Creatorem suum manus injicere præsumpserunt. *Scitote*, dixit, intelligite, *quod iste Dominus* quem Dei Filium minime credidistis, *ipse est Deus* qui fecit cœlum et terram, qui nos quoque ad suam imaginem similitudinemque plasmavit. Et ne putarent humanam creationem patrum semini esse deputandam, adjecit, *et non ipsi nos.* Nam quamvis nativitati nostræ ministerium præbeat carnalis operatio, tamen ille in hunc mundum nos probatur adducere, qui cuncta facit ad existentiam pervenire. Sequitur, *nos autem populus ejus, et oves pascuæ ejus.* Venit ad populum fidelem per comparationes pulcherrimas, quid sit ostendens. *Oves*, quia simplices sunt, et ipse earum pastor est verus. *Pascua ejus*, id est divinarum Scripturarum copiosa et dulcis epulatio. Ipsa sunt pascua quibus fidelis anima saginatur, et ad futuræ beatitudinis amœna perducitur. Sic istis tribus versibus complexus est quid agere, quid credere, quid intelligere debeat Christianus.

Vers. 4. *Intrate portas ejus in confessionem, atria ejus in hymnis confessionum. Laudate nomen ejus.* Venit ad secundam partem, ut quia superius dixerat in Domini laudibus esse jubilandum, nunc doceret quemadmodum illi unusquisque debeat confiteri. *Portæ* Domini sunt humilis pœnitentia, baptismum sacrum, charitas sancta, eleemosynæ, misericordia, cæteraque mandata, per quæ ad ejus possumus pervenire conspectum. Hortatur ergo propheta ut per hanc humilitatis confessionem, primo januas misericordiæ Domini intrare debeamus : ne nos extra ovilia sævientis lupi possit rapacitas invenire. Adjecit, *atria ejus in hymnis confessionum*. *Atria ejus*, et hic subaudis, *intrate*. Significat enim prophetas, evangelistas, et quicunque (Domino aspirante) docuerunt. Dicta enim illorum Domini constat esse palatia, quando ipse in eis invenitur, si devota mente perquiritur. Sed ut hanc confessionem divideres a priore, posuit, *in hymnis*, qualis fuit illa Domini Salvatoris cum dixit : *Confitebor tibi, Pater Domine cœli et terræ* (Matth. xi, 25). Non enim pro suis peccatis aliquid confessus est, sed laudes Patri sincera dilectione persolvit. Congruus enim ordo servatus est, quia dum illa prius offertur, ista jam secura subsequitur. Addidit, *laudate nomen ejus*; ubi ponenda subdistinctio est, quia sequenti versui constat esse jungendum.

Vers. 5. *Quoniam suavis est Dominus, in æternum misericordia ejus, et usque in sæculum sæculi veritas ejus.* Ne quis se putaret laudando fatigari, aut continuo labore flaccescere, causam reddidit quare prædicandum est nomen ejus; id est, *quoniam suavis est Dominus.* Quando enim provenit in suavitate defectus, aut potest animus expleri, ubi semper proficit appetitus? Delectatio ista nescit habere fastidium, ubi sic mens consolata reficitur, ut nullatenus tamen ejus desideria deponantur. Et ne suavitatem, **quam dixit**, crederes esse temporalem, *in æternum* dicit *ejus misericordiam* permanere, quia cum semel præstiterit futura bona, ab ipso tamen perpetue servantur illæsa. Adjecit, *et usque in sæculum sæculi veritas ejus. Sæculum sæculi*, et istud significat quod nunc agitur, et illud quod credimus esse venturum : quoniam et hic est *veritas* Domini, sicut legitur : *Veritas de terra orta est* (Psal. lxxxiv, 12), et in illo sæculo, ubi promissionum ejus dona complentur, et ipse cum sanctis suis gloriosa perennitate regnabit.

Conclusio psalmi.

Mirabiliter hic psalmus utrasque nos confessiones edocuit, ut et alacres Domino jubilemus, et peccatorum nostrorum vulnera sine intermissione plangamus. In hoc enim mundo utrumque necessarium est, ut nec in tristitia desperet Dei servus, nec iterum animus ejus prosperis reddatur elatus. Nam sicut sanitas hominis humorum pace consistit, ita perfectus est Christianus qui fuerit inter harum rerum vicissitudinem immobiliter temperatus. Suscipiamus ergo alacri mente quæ dicta sunt. Qualis enim sit ista deploratio ex hoc datur intelligi, ut in ea præcipiatur Dominus esse laudandus; merito, quia inde provectus evenit, non reatus; non pœna, sed præmia; non deformis servitus, sed pulchra libertas.

EXPOSITIO IN PSALMUM C.
Psalmus ipsi David.

Quamvis tituli ab historiis tracti virtutem videantur indicare psalmorum, tamen et simplices idem continere noscuntur. Est siquidem textus iste mirabilis, et in forma perfectæ sanctitatis inclusus, qui centenarium fructum debeat exspectare præmiorum.

Sed ideo verba noscitur præmisisse potissima, ut ejus virtus simplex atque perspicua sensus lucidissimos ac nimis honorabiles indicaret. *Psalmus* enim sanctam significat operationem. *Ipsi David* ubi ponitur, totum Christi virtutibus applicatur, ut nihil de isto terreno rege intelligas, sed omnia de illo cœlesti dicta fuisse cognoscas.

Divisio psalmi.

Congregatio illa sanctorum quam per universum mundum catholica parit et multiplicat, semper Ecclesia. In prima parte psalmi *cantare* se dicit *Domino misericordiam et judicium*, consortiaque refugere pessimorum. Secunda parte fideles se asserit diligere, et cum eis gratissima habitatione versari; dæmones autem cum suis immissionibus de suo corde repellere, quos novit cum Dei famulis non habere ullatenus portionem; ut tali institutione formati, et appetere bona, et mala renuere debeamus.

Expositio psalmi.

Vers. 1. *Misericordiam et judicium cantabo : tibi, Domine, psallam.* Cœlestis in terra multitudo beatorum protulit initium, quod breviter cuncta concluderet. Potestas enim Domini semper aut misereretur, aut judicat. Sed neque *misericordia* ipsius sine *judicio*, neque *judicium* sine *misericordia* reperitur; utraque enim se mutua societate conjungunt; nec factum ejus aliquod provenit, quod non plenum cunctis esse virtutibus sentiatur. Nam sicut hic dixit, *misericordiam et judicium*, alibi dicit pro his duobus nominibus, *justitia et pax*; et iterum, *misericordia et veritas*; vel, *justitia et judicium præparatio sedis tuæ*; ut ubique Deum pium demonstret et justum. Quod genus locutionis inter propria Scripturæ divinæ connumerari posse non dubium est. Nam et in illo adventus sui tempore glorioso, primo loco *misericordiam* facit, quando dicit : *Venite, benedicti Patris mei* (Matth. xxv, 34), et cætera; sed non sine æquitate, quia fidelibus suis promissa restituit. Postea vero *judicium* sequitur, cum dixerit impiis : *Discedite a me, maledicti, in ignem æternum* (Ibidem, 41); quod tamen non est sine pietate, quoniam post multam patientiam noscitur proferre vindictam. Vides ergo hæc duo et consentanea sibi esse, et suis ordinibus collocata radiare. Audiant itaque misericordem Dominum peccatores, qui de sua **333** nequiter salute desperant; intelligant superbi Judicem, qui malum suum non æstimant esse puniendum. Ita hic totum compendiose plenissimeque cantatum est, quoniam in his duobus sermonibus, et cuncta opera Domini, et totius Ecclesiæ ædificatio probatur esse narrata. Adjecit, *tibi, Domine, psallam. Domino psallit* qui bonis factis suis eum placare contendit. Ipsa est enim suavissima virtus harmoniæ, quando vox cognoscitur operibus consonare. Nam si hæ duæ res discrepabili sibi varietate dissentiant, nequaquam possunt psalmodiæ temperatam efficere cantilenam, nec ad aures Domini venit, quod se mutua contrarietate confundit.

Vers. 2. *Et intelligam in via immaculata, quando venies ad me.* Hic versus de superioribus pendet. Nam si disciplinabilis illa psalmodia competenter dirigatur ad Dominum, vide quid præstat; ut *intelligat in via immaculata*, quando ad se Dominus venire dignetur, quem magnopere sustinebat. *Intelligam* dicit, id est credam, puro cordis affectu; ut quod oculis carnalibus non videbat, vivaciter conspiceret animæ desiderantis adnisu. Et quoniam tale desiderium spiritualiter jam videntis erat, dicit quemadmodum venire disponat; in via scilicet *immaculata*, quia Christus Dominus peccata non habuit, qui et per hunc mundum immaculatis gressibus ambulavit. Hoc est enim quod dicit, *Et intelligam in via immaculata, quando venies ad me*.

Vers. 3. *Perambulabam in innocentia cordis mei, in medio domus meæ*. Hypotheticus denuo syllogismus aperitur : Si justus perambulat in innocentia cordis in medio domus Domini, non proponit ante oculos suas rem malam; attamen justus perambulat in innocentia cordis in medio domus Domini ; non proponit igitur ante oculos suos rem malam. Nunc sequentia videamus. Dicendo, *perambulabam*, ostendit vitam mundi istius non se studiosissime perquisiisse, sed tanquam transitoriam fuisse decursam. Ac deinde, quid possit *innocentia* paucis verbis absolvitur; ut *in media domus* Dei habitare mereretur; quatenus et reliquis bonum exemplum præbeat, et ipsa honorabili conversatione reluceat. Nam quantum valeat *innocentia* hinc datur intelligi, ut propter gratissimam simplicitatem in columbæ specie Spiritus sanctus appareret, et propter mansuetudinem beatam Agnum se vocare Dei Filius elegisset : designans quoniam illa cœlestis et vera sapientia in pectoribus placidis atque humilibus conquiescat.

Vers. 4. *Non proponebam ante oculos meos rem malam; facientes prævaricationes odivi. Non adhæsit mihi*. Quoniam superius dixit *ambulasse se in medio Ecclesiæ in innocentia cordis sui*, nunc per figuram ætiologiam, quæ Latine appellatur causæ redditio, hoc duobus modis exponit : primo dicens usque ad positam divisionem cum vitiosis se non habuisse consortium ; deinde usque ad finem psalmi, asserit cum fidelibus suam se posuisse nihilominus portionem, et de corde suo diaboli fugasse versutias. Sic maximam partem hujus psalmi hæc figura cognoscitur esse complexa. Nunc ad exponenda verba redeamus. Qui Deum credit ultorem, rem malam ante cordis sui lumina non proponit : quia necesse est ut despiciat terrena qui noscitur considerare cœlestia. Sed qui in mundo erat, *rem malam ante oculos suos* quomodo poterat non habere, nisi quia illi talia displicebant, nec eorum vitiosa delectatione capiebatur? Juste ergo dixit sancta congregatio, ante oculos cordis sui se non posuisse nequitias, quas de penetralibus suæ mentis excluserat. Recte siquidem illas res videre non dicimur, quas nullis delectationibus intuemur. Sequitur, *facientes prævaricationes odivi*. Exposuit quemadmodum mala ad ejus non potuerint internos oculos pervenire ; quia *prævaricationes* hominum jugiter habuit odiosas. Illas enim res unusquisque respicere dicitur, quas et diligere posse

judicatur; nam quamvis ante faciem nostram veniant, tamen in conspectu mentis nostræ non sunt, quæ abominabili exsecratione refugimus. Addidit, *non adhæsit mihi*. Hoc comma omnino suspensum est; desiderat enim caput versus sequentis, id est, *cor pravum*; quod frequenter factum secundum Hebræos in Psalterii versibus invenimus. Cor enim pravum adhærere non potest, nisi peccatorum iniquitate distortis. Invicem quippe sibi æqualia vota glutinantur, et e diverso dividuntur quæcunque contraria sunt; nec pravum recto convenit, quia morum varietate dissentit. Hic autem status incidit conjecturalis, ubi quæritur aut cum quibus convivat, aut quomodo vivat.

Vers. 5. *Cor pravum; declinantes a me malignos non agnoscebam*. Diximus *cor pravum* superioribus esse jungendum, ut absoluta sententia subsequatur. *Declinantes a me malignos non agnoscebam*. *Declinantes a me malignos*, hæreticos dicit, qui pravis dogmatibus a catholica prædicatione dissentiunt, et *declinantes* semitas rectas, per vias pessimas se auditoresque deducunt. *Non agnoscebam* dixit, quoniam cum se baptizatos atque signatos asserant, non in eis agnoscitur divina dilectio, qui blasphemi probantur in Domino. Illi enim Christiani veraciter recognoscuntur, qui se fidei pravitate non polluunt.

Vers. 6. *Detrahentem adversus proximum suum occulte, hunc persequebar*. Detrahit hæreticus catholico, quando absentem aliqua oblocutione dilacerat; nec audet palam contendere, qui se novit irrationabilia vindicare. Hos dicit persequendos, ut ad veritatis studia convertantur, qui decepti variis quæstionibus eluduntur. *Proximum* enim dicimus et carnis nobis societate conjunctum, et aliqua legis vicinitate sociatum. Nam dum quidam eorum nobiscum Vetus ac Novum Testamentum suscipere videantur, recte tamen intelligere Scripturas divinas detestabili voluntate contemnunt.

Vers. 7. *Superbo oculo et insatiabili corde, cum hoc simul non edebam*. Duo esse dicit genera perfidorum. Unum (sicut superius posuit) quod proximis detrahit; sed illud jam, quemadmodum curari possit, ostendit. Aliud vero quod *superbo oculo*, id est voluntate prætumida *et insatiabili corde* a blasphemiis non recedit, sic dicit esse vitandum, ut jam nec ipsum cum eodem debeamus inire convivium, ne aures Christianorum abominandis sermonibus inquinentur. Sed et hoc, acrius quidem tamen genus curationis indultum est, ut cum se mens impia sanctis viris exsecrabilem viderit factam, errorem suum adhibita satisfactione recorrigat. Nam si Apostolus dicit de Christianis male viventibus, cum his *nec cibum sumere* (*1 Cor*, v, 11), quanto magis hoc fieri convenit de truculentis atque obstinatis hæreticis! Sive hoc spiritualiter intelligendum est de corpore Domini Salvatoris, ut cum illis communicatio non edatur, a quibus fides Christiana discerpitur. Et intende quia sive superiora quæ dicta sunt, sive quæ in secunda divisione dicenda sunt, omnia pertinent ad statum conjecturalem, in quo maxime diserta oratorum exercentur ingenia.

Vers. 8. *Oculi mei super fideles terræ, ut sedeant hi mecum; ambulans in via immaculata, hic mihi ministrabat.* Sancta illa congregatio venit ad secundam partem, et sicut superius abominabiles sibi reddidit infideles, ita nunc recte credentium virorum desiderat habere consortium. Illos enim cordis oculos quos avertebat a pessimis, nunc se profitetur sociare cum sanctis. *Fideles terræ* dicit, qui per totum mundum habitant Christiani. *Sedeant* autem *mecum*, id est, in fidei unitate permaneant. Per hunc enim situm et requies designatur, et immobilitas mentis ostenditur. Volunt hoc aliqui propter excellentiam dictorum et Christo Domino evidenter aptare; sed subito non est permutatio facienda, ubi se tantum [*ed.*, tamen] introducta potest explicare persona. Sequitur, *ambulans in via immaculata, hic mihi ministrabat.* Hæc est revera fidelium Christianorum manifesta probatio, et sua vita clarescere, et ministrorum conversatione relucere, sicut jam in decimo septimo psalmo dictum est: *Cum sancto sanctus eris, et cum viro innocente innocens eris, et cum electo electus eris, et cum perverso subverteris* (*Psal.* XVII, 28). Sed quamvis hoc nec a laicis videatur exceptum, tamen specialiter sacerdotibus probatur impositum, ut tales ministros habeant, qui divinis regulis non repugnent.

Vers. 9. *Non habitabit in medio domus meæ qui facit superbiam.* Adhuc in dictis superioribus perseverat; negat enim cum superbis sibi fuisse aliquam portionem: ne crederetur eos probasse, quorum familiaritatem sibi videbatur adjungere. Istud autem quod posuit, *in medio domus meæ*, hoc vult intelligi: quia nihil commissum talis habuit, nullo honore præminuit, nulla potestate lætatus est; ut quasi *in medio domus* esse videretur, cui patrisfamilias serenus animus arridebat. Unde cognoscimus talia nos habere debere in susceptis judicia, ut nullatenus pessimis hominibus faveamus; nec nobis grati videantur esse, qui morum pravitate vitandi sunt.

Vers. 10. *Qui loquitur iniqua, non direxit in conspectu oculorum meorum.* Et hic quoque versus ad superiora respondet. Dicit enim sibi non placuisse, qui aut iniquis detractionibus, aut pravis noscebatur studere colloquiis. *Iniquum* enim ad totum pertinet quod divina pietas exsecratur. *Non direxit*, significat, non profecit. Illos enim dirigi dicimus, qui accedendo proficiunt, aut aliqua prosperitate meliorantur; quod utique non solet eis contingere qui tortuosis student semitis ambulare.

Vers. 11. *In matutinis interficiebam omnes peccatores terræ.* Postquam dixit malorum se fugisse consortia, unde plerumque possunt evenire peccata, nunc ad mentis suæ interiora conversus, illam pestem tyrannicam, vastatricem generis humani, id est pravam dæmonum suggestionem, quemadmodum de penetralibus suis expulerit, decenter exponit. *In matutinis*, in ipsis videlicet initiis dicit, quando in nobis suggestiones diabolicæ velut dubia crepuscula cœperint apparere, tunc oratione debent ejici, tunc abominabili exsecratione detrudi: ne paulatim noxie crescentes, velut dies nos nebulosissima comprehendat. *Peccatores* autem *terræ* sunt dæmones, qui universam carnem deducunt pravis immissionibus ad reatum. *Peccatores* enim juste dicuntur, quoniam peccatores faciunt. Ipsi ergo cum suis operibus interficiuntur, animæ hominum sine dubitatione salvantur. Hoc autem fieri manifestum est, quando nobis compunctio lacrymarum divini roris miseratione confertur. Neque enim eam, quando volumus offerre, prævalemus; sed tunc impenditur, quando ipsius largitate præstatur.

Vers. 12. *Ut disperdam de civitate Domini omnes qui operantur iniquitatem.* Civitatem Domini animam piam Patres esse dixerunt: unde diabolus disperditur, quando a sua intentione removetur. O crudelis, o tyrannicæ voluntatis iniquitas! Non sufficit quia homines mori fecit, sed adhuc ne recuperati possint vivere, vehementer insistit. Sed tu, Domine, qui vides impudentissimum hostem, præsta validam defensionem, ne ille ad votum suum perveniat, qui te nobis infensum facere insatiabili calliditate festinat. Tuis te verbis, tuis commonitionibus exoramus: *Judica, Domine, nocentes me, expugna impugnantes me. Apprehende arma et scutum, et exsurge in adjutorium mihi.*

Conclusio psalmi.

Cognovimus qualis fuerit iste sanctissimus qui in medio domus divinæ misericordiam et judicium Domini pura mente cantavit; quemadmodum malos absolute vitaverit, bonis autem fuerit gratissima societate conjunctus; concupiscentias cordis sui saluberrima deliberatione projecerit, ut merito hunc numerum obtinuisse videatur, qui speciem desiderabilis coronæ digitorum, dexteræ manus inflexione designat. Hoc donum martyrum, hoc est virginum munus, et quidquid est eximium in Ecclesia, tali fructu pervenire demonstratur ad præmium; sicut dicit Apostolus: *De reliquo reposita est mihi corona justitiæ, quam reddet mihi Dominus in illa die justus judex* (*II Tim.* IV, 8). Orbis ipse terrarum hoc schemate fertur ambiri. **335** Cœlum innumeris auctoribus legimus esse convexum. Stellas videmus sphærica rotunditate fulgentes; solem ipsum circuli pulchritudine radiare; lunam quoque certum est in hanc venire formam, quando noscitur esse perfecta. Et ideo consideremus cujus hæc persona sit meriti, cujus elegantiæ comprobetur; ut in calculo posita esse videatur, qui et præmiorum ingentium continet dignitatem, et creaturarum cœlestium portat imaginem. Pudet enim dicere peccatis obnoxium centenarii numeri fecunditate provectum; et quod sanctorum diximus meritis applicatum, indigno mihi fuisse collatum. Sed præstet divina potentia, ut ad judicationem suam gaudere nos faciat remissione procul dubio peccatorum, et non pro meritis nostris damnet, qui liberare solus prævalet confitentes.

PARS TERTIA.

336 TITULUS PSALMI CI.
Oratio pauperis, cum anxius fuerit, et coram Domino effuderit precem suam.

Quamvis aliqui præsentem psalmum Domini Salvatori aptandum esse putaverint, conveniens tamen videtur afflicti magis et gementis pauperis, sicut et titulus ipse continet, introducere in hac relatione personam; quia multa sunt quæ illi immaculatæ sanctæ incarnationi nequeunt convenire. Et primum, quod *anxius* nusquam fuisse legitur Dominus Christus. *Anxius est* enim qui in gravi discrimine constitutus, nullam partem, quam sequi debeat, novit eligere. Deinde quod in textu psalmi habet: *Oblitus sum manducare panem meum*; et illud: *Quia cinerem sicut* [ed., *tanquam*] *panem manducabam, et potum meum cum fletu temperabam. A facie iræ et indignationis tuæ: quia elevans allisisti me.* Et alia quæ cum labore maximo vindicantur, si ipsi Domino consentiamus aptari. Sed quoniam graviter vulneratum, et duris calamitatibus plenum, orationem fundere conveniebat assiduam, anxii pauperis persona congruenter apposita est; cujus vocem nec verecundia ulla comprimeret, nec indigentiæ necessitas abstineret. Nam cum dicit, *coram Domino,* talem orationem vult intelligi, quæ de sacculis animæ ante pedes regios quasi aurei metalli copia decora fundatur. Vix enim reperies (sicut quidam dixit) ut oranti cuiquam non aliquid inane et alienæ cogitationis incurrat obstaculum, et intentionem qua in Deum mens dirigitur, declinet ac frangat. Et ideo certamen magnum atque saluberrimum est orationi cœptæ jugiter imminere, et cum adjutorio Dei obsistere vivaciter suggestionibus inimici, quatenus fixa semper ad Deum mens stabili intentione contendat; ut merito possit dicere quod ait Apostolus: *Certamen bonum certavi, cursum consummavi, fidem servavi (II Tim. IV, 7).* Tales sunt *pauperes* Christi, qui non solum pro suis malis, verum etiam pro totius mundi calamitatibus intercedere comprobantur. Egent in hoc sæculo, sed sunt locupletes Deo; vitiis vacui, sed virtutibus pleni; despecti hominibus, sed acceptabiles Christo [ms. A., *Deo*]. Nam iste qui se primum lamentabili afflictione discruciat, tanta gloria prophetiæ in subsequentibus refulget, ut evidenter possit agnosci quo [mss. A., F., B., quod] ibi munere coronetur, quando jam hic spe tanta reficitur.

Et nota quia dum ubique in titulis nomina sint posita, hic *pauper* sine nomine introducitur ad loquendum; scilicet ut cum uni datur, omnes sibi pauperes Christi cognoscerent attributum. Animo præterea condendum est hunc psalmum quartum esse ex his qui notantur *Oratio,* quamvis pœnitentium quintus esse videatur. Sciendum est plane orationum duo esse genera. Unum quando Dominus Christus orat ad Patrem, non pro peccatis suis, quæ omnino non habuit; sed humanam naturam ab adversitatibus hujus sæculi postulat liberari, quam est dignatus assumere, sicut in sexto decimo psalmo, et in octogesimo quinto constat effectum. Aliud vero cum in psalmo octogesimo nono introducitur Moysis persona reverenda in typo sacerdotali, qui pro peccatis tam suis quam generalibus deprecatur; nec non in præsenti psalmo persona pauperis adhibetur, qui sub pœnitentiæ humilitate anxius clamat ad Dominum. Et ideo omnis pœnitentia est oratio, non autem omnis oratio pœnitentia est, quando et ille oravit qui nihil admisit quod **337** reatui potuisset ascribi. Sic isti psalmi qui orationis titulo prænotantur, cum suis proprietatibus probantur expliciti.

Divisio psalmi.

Pauper iste mundanis divitiis egens, sed supernis virtutibus abunde ditissimus, in exordio psalmi multipliciter Dominum rogat, ut ejus clamor ad ipsum pervenire mereatur: quoniam jugi afflictione contritus, ossa sua sicut in frixorio dicit esse confrixa. Sequitur flebilis nimis et dolenda narratio, quæ est manifestatio necessitatum et probabilium lingua causarum. Et ne post tot asperas calamitates de castigatione sua videretur ingratus, tertia parte Domini laudes dulcissima nimis intentione prosequitur, cujus adventu construendam dicit Ecclesiam; et cum sint omnia permutanda, ipse tamen permaneat in æternum. Infertur etiam sub hilaritate nimis votiva conclusio, sanctorum semen ibi esse dirigendum, ubi habitat Dominus in gloria sempiterna. Sic lex illa pœnitentium regularis plenissime noscitur fuisse completa; inchoavit enim a lacrymis, finivit in gaudio.

Expositio psalmi.

Vers. 1. *Domine, exaudi orationem meam, et clamor meus ad te perveniat.* Videns propheta ante adventum Domini humanos crescere indesinenter errores, personam pauperis convenienter assumpsit, qui calamitates mundi pœnitentiæ humilitate defleret; ut cito illi misericors subveniret, quem tot mala adunato fasce deprimebant. Dicit enim: *Domine, exaudi orationem meam,* scilicet eam quam pius allegator pro totius mundi liberatione fundebat. Sanctorum enim consuetudo est sic dolere calamitates alienas ut proprias, sicut Apostolus ait: *Quis infirmatur, et ego non infirmor? Quis scandalizatur, et ego non uror (II Cor. XXI, 29)?* Sequitur, *et clamor meus ad te perveniat.* Noverat hic pauper doctus lege divina, precibus peccatorum nubem quamdam frequenter opponi; de qua Jeremias dicit: *Opposuisti nubem, ne transeat oratio nostra (Thren. III, 44).* Habacuc quoque propheta idem dicit: *Usquequo, Domine, clamabo, et non exaudies, vociferabor ad te injuriam accipiens, et non intendes (Habac. I, 2)?* Quapropter memor istarum rerum anxius suum *clamorem* festinabat ad *Dominum pervenire,* ne delictis impedientibus remedium a Domino tardaret accipere, qui multis proba- batur calamitatibus subjacere. Primo enim posuit *orationem*, nunc adjecit *clamorem*; ut studia supplicationis crevisse cognosceres, cujus orationem in clamorem maximum prorupisse sentires. Hunc autem modum sanctæ orationis servandum devotissimus Christianus intelligat, ut idipsum cogitet quod orat, ipsum respiciat mente cui supplicat, omnes superfluas cogitationes excludat, aliud non admittat extraneum : ne (ut ait quidam) purissimis fontibus apros immittere videatur improvidus. Hinc etiam sancti Ambrosii secundum Apostolum (1 *Cor.* XIV, 15), horæ sextæ roseus hymnus ille * redoluit; ait enim : « Orabo mente Dominum, orabo simul spiritu : ne vox sola Deo canat, sensusque noster alibi ductus aberret fluctuans, vanis præventus casibus. » Tunc enim Deo accepta est oratio canentium, si pura mens idem gerat quod explicat vox cantici.

Vers. 2. *Ne avertas faciem tuam a me, in quacunque die tribulor*. Recolebat pauper iste beatissimus, renuisse Dominum per Isaiam prophetam pertinacium munera peccatorum, cum dicit : *Sanguinem vitulorum et agnorum et hircorum nolo. Cum veneritis ante conspectum meum, quis quæsivit hæc de manibus vestris* (*Isai.* 1, 11, 12)? Talia metuens iste atque recogitans, petit ne sacrificium quod immolabat, id est pœnitentiam suam ita despiceret, sicut supra meminit de immolationibus pessimorum. Sic et quinquagesimus psalmus ait : *Cor contritum et humiliatum Deus non spernit* (*Psal.* L, 19). Supplicat itaque ne a conspectu Domini reddatur alienus. Ista enim regula rectæ petitionis est, ut nos respiciens, peccata nostra despiciat : quia sic nos miseratus absolvit, si illa non conspicit, sicut jam in quinquagesimo psalmo dictum est : *Averte faciem tuam a peccatis meis* (*Ibidem*, 11). Quapropter non incongrue de psalmo pœnitentiæ pœnitentis mutuamur exempla, cum et sensus par probetur, et causa consimilis. Addidit, *in quacunque die tribulor*. Quacunque die, non continuationem significat, sed intervalla temporis fuisse declarat, quando urgebatur maximis vulneribus peccatorum, quando eum detestabilis premebat inimicus; ut quasi sub crudeli fera posito Liberator piissimus subveniret.

Vers. 3. *Inclina ad me aurem tuam; in quacunque die invocavero te, velociter exaudi me*. Multis quidem modis, sed una petitio est, ut orationem pauperis Dominus exaudire dignetur. Quæ figura Græce dicitur epimone, Latine repetitio, quoties diversis verbis eadem dicitur sub iteratione sententia; quod per hos tres versus a principio factum esse declaratur. *Inclina aurem*, præbe, dicit, auditum; unde et auris ipsa ab auditu dicta est; quia non erant merita, quæ se ad ipsum erigere potuissent. *Auris* vero Domini pro clementia ponitur, qua preces supplicum benignus exaudit. Nam cum totos audiat, totos videat, solos illos audire dicitur, quibus præstare dignatur. Sequitur, *in quacunque die invocavero te, velociter exaudi me*. Quantum se in humilitate pœnitens iste prona mente prostraverat, tantum in ipsa supplicatione crescebat. Nam dum prius dixisset, *Inclina ad me aurem tuam*, jam confidentius petit ut celerius mereatur audiri; nam qui velocitatem postulat, de impetratione securus est.

Vers. 4. *Quia defecerunt sicut fumus dies mei, et ossa mea sicut in frixorio confrixa sunt*. Subjunxit causam deprecationis suæ, ut illud orationum tam ingens desiderium miseriarum cognosceretur fuisse multarum, et facilius benevolentiam pii judicis obtineret magnarum calamitatum allegata necessitas. *Fumum* videmus de flamma quidem egredi, sed in auras liquidas tenuissime dissipari; nec substantia ejus manet, quamvis ex corporali incendio generatus esse videatur. Merito ergo *dies peccatorum* globis fumiferis exæquantur, quos involutis ac tetris actionibus decepti homines perdiderunt. Quod maxime ad superbiam mundi respicit, quæ quanto plus extollitur, tanto amplius evanescit. Iste 338 enim pauper ad humilitatem salutiferam Christi vehementer intentus erat [mss. A., F., inhæserat], qui diabolicam arrogantiam superbiamque damnabat. Sequitur, *Et ossa mea sicut in frixorio confrixa sunt*. Sicut opinione prospera bene meritorum ossa, id est animi fortitudo pinguescit, quando eorum conscientia felici recordatione lætatur, sicut dicit Salomon : *Fama bona impinguat ossa* (*Prov.* XV, 30), ita recordatione contraria peccatorum, virtus tanquam frixa contrahitur, dum obloculiones hominum, et conscientiæ suæ judicia graviter expavescit. Sive hic *confrigitur* peccator, quoniam futuros ignes incendiaque formidat; nam qui se pavescit arsurum, ipsius incendii terrore jam frigitur. Quæri solet quid sibi velit, quod talia se dicant pœnitentes perpeti, qualia humana natura non prævalet sustinere. Primum est, quod per exaggerationem positam magnitudo delicti bene potest intelligi, cui tanta satisfactio videtur offerri; deinde, quod ad nova vitia non trahuntur, qui se de præteritis plurima debere cognoscunt.

Vers. 5. *Percussus sum sicut fenum, et aruit cor meum, quia oblitus sum manducare panem meum*. Per operationes humillimas benevolentiæ Judicis comparata, venit ad miseriarum suarum flebilem narrationem; ut cito remedium sumeret, si passionem suam pio medico non taceret. Bene autem genus humanum *feno* transitorio comparatur, quod et viriditatis habet lætitiam temporalem, et percussum facile sentit injuriam; sic quandiu in lege Domini mandatisque consistimus, tanquam viridia feta vegetamur; sed mox ut ab ejus præceptis fuerimus diabolica falce succisi, statim arescimus, et cor nostrum peccati sterilitate siccatur. Non enim beneficii ejus pabulum habere potest anima, a quo delictis facientibus probatur esse divisa. Illi autem semper hilares, semper amœni sunt, qui a jussis Domini non recedunt. Sequitur, *quia oblitus sum manducare panem meum*. Reddit causam cur *percussum cor ejus aruerit:*

---

* Hymnus iste Ambrosii desideratur.

quia oblitus fueram panem suum manducare, unde se A noverat spiritualiter posse satiari. De isto enim pane Dominus dicit : *Ego sum panis vitæ, qui de cœlo descendi* (*Joan.* VI, 51). Nam quemadmodum poterat de amissione panis conqueri corporalis, qui se jejuniis gaudebat affligi ? Hic [*ed.*, hinc] enim exprimitur natura peccantium , quia dum delictum appetitur, contemplatio Domini non habetur.

Vers. 6. *A voce gemitus mei adhæserunt ossa mea carni meæ.* Perscrutandum est quid velit intelligi, *a voce gemitus mei.* Est enim vox gemitus ei qui filium perdit, cui sui possessio invaditur, aut cui sæculi istius delectatio grata subtrahitur. Sed vox ista non est gemitus beatorum ; illi enim gemunt propter talia quibus sæculum placet , quia peritura desiderant, et ad Domini minime promissa festinant. Illo autem gemitu affligebatur iste sanctissimus, quem mundi amatores potius irriderent. Ideo enim addidit, *mei*, ut se a mundanis desideriis monstraret exceptum. Sequitur : *adhæserunt ossa mea carni meæ*. Istud (si ad litteram velis advertere) afflictis nimium non potest convenire, quia et pinguibus et deliciosis hoc accidit, ut *caro ipsorum* cognoscatur *ossibus adhærere.* Sed *carnem* hic cutem non improbe videmur accipere, quia et ipsa caro est ; ut revera exaggerata macies possit ostendi, dum cutis ossibus adhæsisse narratur. Sic [*ed.*, Sed] et Jeremias propheta dicit : *Confixa est cutis eorum a dorso ipsorum ; aruerunt, facti sunt ut lignum* (*Thren.* IV, 8). Sed ut magis ad spiritualem intelligentiam subeamus, C *ossa sua dicit* fidei firmitatem, qua consistimus, qua valemus; quam merito *carni* dicit *adhæsisse* propter fratrum mediocritatem, quæ necdum firmata in Domini Christi confidentia permanebat. His itaque *adhærebat*, quando pro ipsis sollicitus jugiter anxius erat, ne a regno Domini redderentur alieni.

Vers. 7. *Similis factus pelicano solitudinis* [*ed.*, *in solitudine*] : *factus sum sicut nycticorax in domicilio.* Per hæc nomina volucrum (ut arbitror) diversa nobis pœnitentium genera declarantur. *Pelicanus* enim avis Ægyptia est, ciconiis corporis granditate consimilis, quæ naturali macie semper affecta est , quoniam (sicut physiologi volunt) tenso intestino per viscera quidquid escarum accipit, sine aliqua decoctione transmittit. Hinc fit ut adipe proprio minime farciatur, D quia parvissimo ciborum succo reficitur ; quæ non gregatim et cæteræ aves volat, sed delectatione se solitaria consolatur. Eorum unum genus dicitur esse quod stagnis inhabitat , aliud (sicut dictum est) quod in desertis locis secretisque versatur. Per hoc igitur avium genus pulcherrime significantur eremitæ, qui hominum consortio derelicto, timore Domini remota se afflictione discruciant. Sequitur, *factus sum sicut nycticorax in domicilio.* Aliud genus introducitur pœnitentis [*ed.*, pœnitentium]. *Nycticorax* Græco vocabulo dicitur noctis corvus, quem quidam bubonem, quidam noctuam esse dixerunt : alii magis corvo magnitudine et colore consimilem, quem specialiter in Asiæ partibus inveniri posse testantur. Istum sicut

diei fulgor abscondit, ita adventus noctis producit ; et contra consuetudines avium, tunc magis vigilare et escas quærere incipit, quando se in soporem animantia cuncta componunt. Ita et pœnitens iste nocturno tempore escas animæ sollicita curiositate perquirit : modo psalmodiæ operam dando , modo eleemosynas faciendo, modo carceres occulte visitando, solum Deum vult habere testem, cui caligo noctium non tollit aspectum. Et nota quia sicut *pelicanus* designat eremitam atque solitarium , ita *nycticorax* illum declarat qui se domicilio suo retinens a publica visione remotus est.

Vers. 8. *Vigilavi, et factus sum sicut passer unicus in ædificio.* Venit ad tertium genus, quod idem similitudine passeris indicatur ; ut qui mundi crimina fugebat, per omnium satisfactionum modos discurrere videretur. *Passer* est avis parva, sed nimia sagacitate sollicita, quæ nec facile laqueis irretitur, nec per ingluviem ventris escarum ambitione decipitur. Hæc propter infirmitatem suam, ne aut ipsa a prædatore capiatur, aut fetus ejus serpentinis devorentur insidiis, inter aves unica cautione munita, ad domorum fastigia celsa concurrit, ut a suspectis casibus reddatur aliena, quæ multis periculis probatur obnoxia. Huic merito comparatur, qui diaboli insidiosa [*mss.* A., F., insidias] formidans, specialiter ad Ecclesiæ septa se conferens, in ejus fastigio vigilans tutissime perseverat. *Unicum* dixit, propter charitatem quæ ex multis unum facit. *In ædificio*, propter altitudinem fidei et fortitudinem mentis. Considerandum est etiam quemadmodum iste supplicans a majoribus avibus pelicano et nycticorace cœpit, et pervenit usque ad passeris minutissimam parvitatem : quoniam gradatim pœnitudo descendens, primo loco grandis est, secundo mediocris, tertio consuetudine ipsa omnino tolerabilis. Hæ autem aves per figuram parabolen hominibus comparantur, genere discrepantes , sed consuetudinum qualitate consimiles. Quod argumentum comparationis dicitur ex majore ad minus ; multo enim major est homo quam passer.

Vers. 9. *Tota die exprobraverunt me inimici mei ; et qui laudabant me adversum me jurabant.* Diabolicæ constat esse malitiæ, ut servos Dei quos tyrannica non potest præsumptione comprimere , artificiosa potius illusione decipiat ; ut qui apertis terroribus non cedunt, derisoria magis increpatione flectantur. Quæ figura dicitur ironia, id est irrisio, quæ aliud quam conatur ostendit. Quapropter istum affligentem se et velut inaniter laborantem peccatores graviter irridebant. Et ut cresceret ipsius opprobrii magnitudo, dicit eos in ipsa detestatione jurasse. Sic enim consuetudo est perversis dicere : Si talem vitam non habeam qualem iste sustinet, qui jam non vivis hominibus, sed cadaveribus potius videtur esse consimilis. Laudaverant enim prius, cum sæculari vita frueretur ; postea sub jurejurando detestati sunt, quando eum similem mortuis æstimaverunt.

Vers. 10. *Quia cinerem tanquam panem mandu-*

cabam, et potum meum cum fletu temperabam. Causam reddit cur ab inimicis, vel a notis in ejus facie malediceretur, sicut et Job pertulisse manifestum est, cujus vita proximis vel amicis gravissimo squalore sordebat. Sollicitius autem versus iste tractandus est, ne contra humanam consuetudinem favillas lignorum escam putemus esse pœnitentium. *Cinerem* novimus exustorum reliquias esse carbonum, quas merito peccatis dicimus comparari; ut ipsa quoque tenuitas delictorum afflictionum doloribus absumatur. Nam quamvis exiguum de peccato remaneat, non perducit ad vitam; unde et in quinquagesimo psalmo propheta clamat : *Usquequaque* [ed., *Amplius*] *lava me ab injustitia mea, et a delicto meo munda me* (*Psal.* L, 4). Merito ergo et ipsos cineres peccatorum sanctissimus pœnitens consumere festinabat, ne quid esset residuum, quod eum promereri non sineret regna cœlorum. Sequitur, *et potum meum cum fletu temperabam.* Istud quamvis interdum videatur posse contingere, tamen et hoc quoque spiritualiter æstimo requirendum. *Potus* est animarum illa satietas quæ, sicut in septuagesimo quarto psalmo dicit : *Calix in manu Domini vini meri plenus mixto, et inclinavit ex hoc in hoc* (*Psal.* LXXIV, 9). Ipse ergo potus est, quem bene fletibus temperamus; ipse calix, quem lacrymæ nostræ faciunt dulciorem. Tunc enim animæ penetralia cœlestis ille potus ingreditur, quando piis fletibus irrigatur. Hoc erat poculum quod irrisoribus videbatur indignum; hic cibus qui deliciosis judicabatur horrendus. Sed hoc magis bonus Christianus debet amare, unde possit ad illa cœlestis Regis convivia pervenire. Et intende quia totus hic versus per figuram dictus est tapinosin, quæ hanc noscitur habere virtutem, ut humilitatis affectu magnam rem dejiciat usque ad vilissimam parvitatem. Quæ figura in Scripturis sanctis frequentissime reperitur, sicut dicit Apostolus : *Elegit Deus infirma hujus mundi, ut confundat fortia* (*I Cor.* I, 27).

Vers. 11. *A facie iræ et indignationis tuæ : quia elevans elisisti* [mss. A., B., *allisisti*] *me.* Comma istud ad superiora connectitur, ut grandis illa pœnitentiæ magnitudo ex ira et indignatione Domini nasceretur. Dicit enim : *A facie iræ et indignationis tuæ.* Ira et indignatio faciem non habent corporalem, sed timentibus sub imaginatione semper apparent. Unde hic potenter ipsa energia formidantis expressa est : quia eum peccatoribus noverat comminari, dicente Jeremia : *Voravit eos leo de silva, et lupus ad vesperam vastavit eos* (*Jer.* V, 6). Et apostolus Petrus commonet : *Vigilate* (inquit) *et orate, quia adversarius vester diabolus ut* [ed., *tanquam*] *leo rugiens circuit, quærens quem devoret* (*I Petr.* V, 8). Merito ergo irati Domini faciem formidavit, quem per prophetas suos talia peccatoribus prædixisse cognovit. *Ira* enim ad ultionem pertinet, *indignatio* ad motum animi mediocrem. Indignamur siquidem et filiis, irascimur autem impetu grandiore jure puniendis. Addidit, *quia elevans elisisti me.* Quamvis unius pauperis persona introducta videatur, tamen (sicut sæpe diximus) bona malaque generis humani prudentissimus enumerator insinuat. *Elevat* enim Dominus suis beneficiis creberrime peccatores, quibus opes confert, vitam concedit, sæculi gloriam [ed., *gloriosa*] largitur, et in omnium facit celebritate versari. Sed dum in superbiam tumida mortalium corda conscenderint, tanquam moderator eximius a collata largitate subtrahitur; ut illi solerter advertant non fuisse propria bona, quæ subito probantur erepta. Sed hanc elisionem felicem esse non dubium est, sicut alibi dictum est : *Bonum mihi quod humiliasti me, ut discerem justificationes tuas* (*Psal.* CXVIII, 71). Inde enim compunctio nascitur, inde animarum medicina præstatur. Quod et iste pœnitens non ingratus, sed potius emendatus, enumerat.

Vers. 12. *Dies mei sicut umbra declinaverunt, et ego sicut fenum arui.* Pulcherrime dixit homo post prævaricationem Adæ, *dies* suos *sicut umbram declinasse,* quia eos Sol verus Dominus reliquerat Christus, sine quo vita omnis umbrosa est, et tanquam illa non habens substantiam, ita dies nostri inutili conversatione dispereunt. *Declinaverunt* ergo *dies* ejus, quia ipse declinavit a Domino. Tanto enim quis imminuitur, quanto ab illa plenitudine segregatur. Sequitur, *et ego sicut fenum arui.* Consequens fuit, ut cujus dies declinaverant, sicut fenum arescere debuisset. Beneficio enim vitali subducto, quod nos vegetat, et virentes ac floridos reddit, in ariditatem peccati absolute perducimur, nisi iterum rore divinæ misericordiæ in novam gratiam pullulemus. Completa est ingentium afflictionum enumeratio luctuosa : nunc videamus quid nobis tertia pars indicare videatur.

Vers. 13. *Tu autem, Domine, in æternum permanes; et memoriale tuum in sæculum sæculi.* Post dignissimam satisfactionem, et generalibus malis competenter defletis, pœnitens ille jam quasi caput elevans, et aliqua libertate respirans, tertiam partem sublevatus ac recreatus ingreditur, et quantum se condemnans humiliaverat, 340 tantum nunc in laudibus Domini confidenter exsultat. Quapropter optime ab adventu Domini laudis fecit initium, per quem mundum noverat esse salvandum. Sequitur, *et memoriale tuum in sæculum sæculi. Memoriale* dictum est salutare promissum de Domini incarnatione venturum, quod nulla sæcula, nulla immutare possit oblivio; sed in memoriæ sinu reconditum, immobile semper per infinita sæcula perseverat.

Vers. 14. *Tu exsurgens misereberis Sion, quia venit tempus miserendi ejus.* Commonet nos pauper iste sanctissimus quantum simplicis ac fidelis viri prævalere possit oratio; ut ille qui prius nec hominum se dignum aspectibus æstimabat, ne vel diei ipsius libertate gauderet, qui cinerem sicut panem manducabat, et potum suum cum fletu temperabat. Nunc (si fas est dicere) quasi ipsum Dominum ad promissa compellit, ut laboranti mundo adventus sui pietate prospiciat. *Exsurgens* dicitur quasi dormienti, qui diutius subvenire distulerat. Et ut omnia Dominus voluntatis suae ordine facere sentiretur, dicit, *venit tempus miserendi ejus*; non quia illum tempus admoneat, sed quia ipse tempora aptissima deliberatione disponat. Istud *tempus* fuit de quo Apostolus dicit: *Cum autem venit plenitudo temporis, misit Deus Filium suum factum ex muliere, factum sub lege, ut eos qui sub lege erant redimeret* (*Galat.* IV, 4). Et alibi: *Ecce nunc tempus acceptabile, ecce nunc dies salutis* (II *Cor.* VI, 2). Quod argumentum dicitur a tempore; hoc efficacissimum inter oratores haberi solet. Quid enim impediat, quando congruum tempus invitat? *Sion* vero mons est Jerosolymis constitutus, per quem (sicut saepe dictum est) significatur Ecclesia; cui revera misertus est, quando eam et de gentibus collegit, et sacratissima institutione fundavit.

Vers. 15. *Quoniam beneplacitos habuerunt servi tui lapides ejus, et terrae ejus miserebuntur*. Subtiliter versus iste tractandus est, ut possit agnosci quos *servos*, quos *lapides*, quos *terram*, per allegoriam velit intelligi. *Servos* Domini dicit apostolos et prophetas, qui devotis mentibus ejus implevere servitium. Isti *lapides*, id est Christianos, qui divina firmitate viguerunt, *beneplacitos habuerunt*, quando in eis praedicationem suam proficuam esse cernebant. *Miserti sunt* etiam et *terrae*, id est peccatoribus, qui erant in Sion de gentibus congregandi; *terrae* utique similes, quoniam carnalia sapiebant. Et vide quam proprie [*ed.*, propria] verba rebus aptata sunt. *Lapides* dicit *beneplacitos*, quia de ipsorum erant soliditate (Domino praestante) securi. Addidit, *terrae miserebuntur*, quia per misericordiam Christi mundandi erant, qui terrena labe sordebant.

Vers. 16. *Et timebunt gentes nomen tuum, Domine, et omnes reges terrae gloriam tuam*. Haec contra saeculi istius superstitiones nefarias depromuntur: quia tunc non timebatur verus Dominus, quando mundus devotus idolis serviebat; postquam vero adventus ejus salutaris infulsit, gentes conversae sunt per timorem: de quibus superius ait, *et terrae ejus miserebuntur*. *Reges* quoque terrarum ejus *gloriae* crediderunt, id est qui corpora sua divinis regulis infrenantes, sui imperatores esse (Domino praestante) valuerunt. Et hi sunt de quibus superius dixit, *Quoniam beneplacitos habuerunt servi tui lapides ejus*. Ipsi enim jam gloriam Domini verissime cognoscunt, qui in assumpta fidei firmitate consistunt.

Vers. 17. *Quia aedificavit Dominus Sion, et videbitur in majestate sua*. Versus iste de superioribus pendet; quoniam omnes gentes ideo timebunt Dominum, et reges ejus gloriam formidabunt: quia aedificata est Sion, hoc est mater Ecclesia, de vivis lapidibus fabricata, in qua Domini cultura usque ad finem mundi sine intermissione proficiet. Iste autem *Dominus qui aedificavit Sion*, idem assumpti corporis veritate *videbitur in majestate sua*, quando haedos sequestrat ab agnis, in gehennam impios mittens, justis donans beatitudinem sempiternam.

Vers. 18. *Respexit in orationem pauperum, et non sprevit preces eorum*. *Pauperes* appellat fideles Christi, qui (sicut saepe dictum est) mundo egeni, ipso solo sunt divites. Isti ergo Spiritu sancto repleti (sicut iste qui nunc loquitur) orationem Domino fundebant, ut jam venire praeciperet, ne diutius sanctorum vota tardaret. Dicit enim *respectam esse orationem pauperum*, quia omnia ille incorporalia contuetur, cujus oculis nil probatur occultum. Hoc est enim ipsius respicere, quod non spernere.

Vers. 19. *Scribantur haec in generatione altera, et populus qui creabitur laudabit Dominum*. Pauper ille peccatorum recordatione contritus, vigiliis et anxietate confectus, jam quasi prophetali honore decoratus, praecipit ut Scripturae testimonio aetas futura discat quod in praesenti se praedicasse cognoverat; ut ambiguum non esset videntibus, quando ante tot saecula cognoscerent esse praedictum. Altera enim generatio significatur populus utique Christianus, qui ab illo priore secundus est. Nam vide quid sequitur, *et populus qui creabitur laudabit Dominum*. *Creabitur*, de futuro dixit, id est, per gratiam baptismatis regenerabitur. Iste sine dubio *laudabit Dominum*, ad cujus salutem venit, pro quo pertulit occidi, ad cujus spem tertio die resurrexit a mortuis. Hic *laudabit Dominum*, novo scilicet cantico, sicut in alio psalmo dictum est: *Cantate Domino canticum novum* (*Psal.* XCVII, 1).

Vers. 20. *Quoniam prospexit de excelso sancto suo. Dominus de caelo in terram prospexit*. Hoc est quod dicebat superius scribendum. Nam ut virtutem ipsius veritatis agnosceres, quod erat futuris saeculis actitandum, jam dixit esse perfectum. *Prospexit* enim praeteritum significat tempus. Sed quaeramus unde *prospexit*? *De excelso sancto suo*, id est de caelo. *Prospexit* enim nobis, dum fragilitatem nostrae humanitatis assumpsit: quia per ipsum facti sumus liberi, facti immortales, et in spe maxima collocati, si ad eum mereamur prona mente converti. Et ut sensus ipse nobis evidentius appareret, sequitur, *Dominus de caelo in terram prospexit*. Legitur enim, *Dominus in caelo sedes ejus* (*Psal.* X, 5). Inde igitur *prospexit in terram*, id est ad nostri corporis fragilitatem, quae mundi vitiis tenebatur obnoxia. Et respice quod in utroque *prospexit*, posuit, ut similitudine ipsa verborum unam sententiam esse declararet.

Vers. 21. *Ut audiret gemitum vinculatorum* [mss. A., B., *compeditorum*], *ut solvat filios interemptorum*. Causam reddit cur *Dominus de caelo in terram prospexit*, scilicet, *Ut audiret gemitum vinculatorum*. *Vinculatos* hic non significat humanis nexibus illigatos, sed viros sanctos qui legalibus vinculis astricti, libertatis noxiae relinquere probantur errores. De quibus ait Salomon: *Audi, fili, et excipe sententiam, et ne abjicias consilium meum, et infer pedem tuum in compedes illius, et in torquem illius collum tuum subjice* (*Eccli.* VI, 24, 25, 26). Et paulo post sequitur, *Et erunt tibi compedes in protectionem forti-*

tudinis, *et torques illius in stolam gloriæ* (*Ibidem,* 30), etc. Ipsi sunt ergo *vinculati*, quos gementes atque ad se clamantes Dominus audire dignatus est; ut mundum peccatis propriis irretitum beneficio suæ miserationis absolveret, *et filios interemptorum*, qui diabolica fraude perempti sunt, a paternis erroribus divina fortitudine liberaret; quod in Ecclesia quotidie fieri per charismata solemnia declaratur.

Vers. 22. *Ut annuntietur in Sion nomen Domini, et laus ejus in Jerusalem.* Quod venturum erat mirabili brevitate descripsit. *Annuntiatum est* enim *in Sion nomen Domini* Christi, dum ibi primum diversis linguis magnalia Dei locuti probantur apostoli. Hinc factum est ut a locali *Jerusalem* velut a purissimo fonte per Ecclesiam generalem pia Domini præcepta decurrerent. Ideo enim auditum constat gemitum vinculatorum, ut salutaris Dominus adveniret, et Ecclesiam suam sanctissima religione firmaret.

Vers. 23. *In conveniendo populos in unum et regna* [mss. A., B., *reges*], *ut serviant Domino.* Causas adhuc enumerat cur gemitus vinculatorum auditus est, scilicet ut *conveniens populus in unum* laudes Domini personaret. Dicendo enim, *in unum*, virtus catholicæ unitatis ostenditur; nam quamvis populus iste de diversis mundi partibus aggregetur, ad unum tamen *conveniunt*, dum una fidei regula continentur. Sic Ezechiel propheta testatur: *Hæc dicit Dominus Deus: Ecce ego accipio omnem domum Israel de medio gentium, in quas intraverunt ibi, et congregabo eos ab omnibus qui in circuitu sunt eorum, et inducam eos in terram suam, et dabo eos in natione una* (*Ezech.* XXXVII, 21, 22). Et Apostolus ait : *Unus Dominus, una fides, unum baptisma, unus Deus et Pater omnium, qui super omnes, et per omnia, et in omnibus nobis* (*Ephes.* IV, 5, 6). Quapropter illi vere dicendi sunt *convenire in unum*, qui inseparabili Trinitati, id est uni Deo credere devota mente festinant. Sequitur etiam felix commutatio, ut *regna* terrarum cœlorumque *serviant Domino*; tunc magis libera, quando auctori suo fuerint fideli servitute devincta.

Vers. 24. *Et respondit ei in via virtutis suæ.* Quam bene duobus verbis expressum est quid sit religio Christiana ! id est, *via virtutis*, quam in doloribus quidem gradimur, in tribulationibus commeamus; sed hæc omnia in Christi nomine cum spe maxima sustinemus. Huic igitur *virtuti*, quam Christus Dominus prædicavit, sanctorum congregatio devota *respondet*. Nam cum ille vocet ad bonam vitam, ipse illi *respondere* cognoscitur, qui imperiis ejus obsequens esse monstratur. Quapropter respondetur illi non lingua, sed vita; non voce, sed fide; non clamore, sed corde. Quæ omnia ad Ecclesiam catholicam pertinere manifestum est.

Vers. 25. *Paucitatem dierum meorum enuntia mihi.* Inter laudes Domini multiplici varietate decursas nunc pauper iste cupit agnoscere finem sæculi; ut cito ad illam beatitudinem quam sanctis promisit Dominus, accedere mereatur. Non enim amore vitæ lucis suæ desiderat scire finem; sed ut in ipsis confessionibus perseverans, ad requiem illam cœlestis regni velociter perveniret. *Paucitatem* ergo *dierum* dixit, quia quandoque finiendos esse constabat. Æternitati enim comparata vel totius mundi ætas nimis videtur exigua, quia quodcunque finiendum est, longum dicere non debemus.

Vers. 26. *Ne revoces me in dimidio dierum meorum; in sæculum sæculi anni tui.* Prioris petitionis voluntas aperta est : quia non pro vitæ ambitu supplicabat qui petiit ne ad *dimidium dierum* suorum, id est ad transactam ætatem *revocetur*. *Revocatur* enim *in dimidio dierum* suorum qui ad antiqua delicta revertitur. Significat enim juventutem, in qua lubrica plerumque voluntas appetitur, et ætatis fervore crimina plus amantur. Sed hoc qui orat, magno se jam intelligit beneficio liberatum; et non vult amittere quod divino munere cognoscitur acquisiisse. Sequitur, *in sæculum sæculi anni tui.* Merito se postulaverat ad dimidios dies suos minime revocari, qui pervenire ad æternitatem Domini magna cupidine festinabat; ibi enim sancti perpetua cum Domino jucunditate gaudebunt, quando (sicut dicit Apostolus) *Erit Deus omnia in omnibus* (*I Cor.* XV, 28). *Anni* vero *tui* Domino per tropologiam dicitur : quoniam *anni* proprie illorum sunt quibus et tempora commutantur. Sed istam Domini æternitatem tribus versibus subter exponit, quos ideo simul ponimus, ut æternitas Domini et operatio illius sæculi sub una expositione declarentur.

Vers. 27. *Initio terram tu fundasti, Domine; et opera manuum tuarum sunt cœli.*

Vers. 28. *Ipsi peribunt, tu autem permanes; et omnia sicut vestimentum veterascent.*

Vers. 29. *Et sicut opertorium mutabis ea, et mutabuntur : tu autem idem ipse es, et anni tui non deficient.* Cum dicit, *Initio terram tu fundasti, Domine*, ostendit quod a sanis mentibus non potest abnegari, quia Creator ante creaturas suas sine aliquo initio cognoscitur exstitisse. Et intende quia hic opiniones philosophorum mirabili brevitate destruxit; quarum prima est, mundum a nullo esse creatum; secunda, sine fine mansurum. Sed cum dicitur, *Initio terram tu fundasti, Domine; et opera manuum tuarum sunt cœli*, prima illa persuasio nefanda convincitur; cum vero pronuntiatur, *ipsi peribunt*, finem eos habere declaravit; ut nullus in stellis gentili errore confideret, cum eas immutandas esse sentiret. Illud autem æstimo sollicitius intuendum, quare cum Verbo facta sint omnia, opera manuum cœlos dixit esse fundatos? Sed hic *manum*, virtutem jussionis debemus accipere. Alio enim loco dicit : *Quoniam ipse dixit, et facta sunt; ipse mandavit, et creata sunt* (*Psal.* CXLVIII, 5). Sic enim provenit, ut Scriptura sibi non sentiatur esse contraria, quando verba locis suis aptissima expositione redduntur. Adjecit, *tu autem permanes;* ut sicut æternitatem Domini ostendit dum crearet omnia, sic post cœlos mutatos ipsum diceret in majestatis suæ gloria permanere. Dicendo enim, *omnia* (ut arbitror), non ibi **342** angelos, non spirituales creaturas designat, quæ in sua dignitate mansuræ sunt, sed illa quæ commutationi probantur obnoxia. Hoc schema dicitur synecdoche, id est a toto pars, quod in Scripturis divinis creberrime reperitur. Quod autem dicit, *sicut vestimentum veterascent*, hoc ad carnis fragilitatem videtur aptandum, quod etiam in Evangelio noscitur comparatum, ubi ait: *Nonne anima plus est quam esca, et corpus quam vestimentum* (*Matth.* v, 26)? Ipsum enim *veterascit*, quod more vestis morte consumitur. Addidit, *et sicut opertorium mutabis ea, et mutabuntur*. Opertorium cœlos forsitan debemus advertere, qui ad vicem velaminis terras operiunt, qui similiter ut alia commutantur. Et ut facta Domini ostenderet jam sub æternitate mansura, dicit, *mutabis ea et mutabuntur*: quia nunquam erunt ad hoc corruptibile reditura. Nam si corruptioni ulterius subjacerent, non dicerentur esse mutata, sicut Daniel propheta testatur: *Quoniam sapientia et virtus, et intellectus ipsius sunt, et ipse mutat tempora et sæcula* (*Dan.* II, 20, 21). Subjecit, *tu autem idem ipse es, et anni tui non deficient*. *Idem* positum est contra illa quæ dicta sunt: quoniam dum illa sint commutabilia, Dominus semper immutabilis perseverat. *Ipse* omnipotentiam ejus designat, quia revera ipse est, cum se digna semper operatur. *Es* naturam ejus sub brevitate declarat: quia ipse solus per se novit esse, qui ut sit, alio non eget adjutore. Sic istis tribus versibus et mutatio creaturarum, et æternitas Domini mirabili brevitate descripta sunt.

Vers. 30. *Filii servorum tuorum inhabitabunt ibi, et semen eorum in sæculum sæculi dirigetur*. Prudentissime nimis atque utiliter oratione completa, pauper ille sanctissimus, de peccatorum suorum remissione, et de spe futura resurrectionis exsultans, venit ad terminum psalmi: ubi omnia sub brevitate concludens, se cum sanctis ejus habitaturum esse congaudet, ubi est spes gloriosa fidelium, et requies æterna justorum. *Filios servorum tuorum*, discipulos prophetarum et apostolorum dicit, quos per fidei uterum sancta prædicatione genuerunt; quibus ait Apostolus: *Filioli mei, quos iterum parturio* (*Gal.* IV, 19); hoc etiam ad Timotheum scribens in capite dixit Epistolæ: *Filio charissimo* (*II Tim.* I, 2), quem utique genuerat fide, non corpore. *Inhabitabunt ibi*, locum beatitudinis significat quem Dominus habet; de quo dicit: *Pater, volo ut ubi ego sum, ibi sint et hi mecum* (*Joan.* XVII, 24), in regno scilicet illo perpetuo ubi gaudium æternum est, et nunquam finienda securitas. Sed ita *filios servorum* ibi cum Domino esse cognosce, ut et ipsos servos, id est apostolos et prædicatores ejus esse non dubites. Nam si discipulis locus beatitudinis datur, nunquid ipsis magistris est forsitan abnegandus? Sed usus Scripturæ est aliquando minora dicere, ut et majora ibidem complexa videantur, ut in alio psalmo dictum est: *Si videbas furem, currebas cum eo, et cum adulteris portionem tuam ponebas* (*Psal.* XLIX, 18). Ibi enim minora dicta sunt, ut simul et majora crimina sentirentur. Sequitur, *et semen eorum in sæculum sæculi dirigetur*. *Semen eorum* significat opera fidelium, quæ in hoc mundo seminantur, ut in illa æternitate eorum laudabilis fructus appareat. Et intende quare sit positum, *dirigetur*; scilicet quoniam quæ ibi suscepta fuerint, in æterna directitudine collocantur, ubi nihil pravum, nihil potest esse distortum, sed sancti ejus cum Domino Salvatore recta atque stabili voluntate gaudebunt.

Conclusio psalmi.

Quam feliciter anxius iste deflevit, quousque ad gaudia se discruciando pervenit! Pridem similis pelicano fuit, in subsequentibus phœnici comparandus; pridem nycticorax, post aquila; ante passer, inde factus est columba præclara. Tales commutationes habent qui se Domino pura mente subjiciunt. Regna dicantur, exigua sunt; purpuræ laudentur, frequenter utentibus sorduerunt. Ecce in pannis vincitur mundus, diabolus plorando superatur; et cui nullæ cohortes ad repugnandum sufficiunt, oratione unius pauperis inclinatur. Isti sapientes, isti diserti, isti revera gloriosi dicendi sunt oratores, qui talem possessionem victores accipiunt, de qua inimici adversitate nullatenus excludantur. Talem postremo hæreditatem sumunt, quam sine labore semper obtineant, nec aliquando morte derelinquant. O conditio beata pœnitentium, quæ de reis efficis justos, de tristibus perenniter lætos, de mortalibus absolute perpetuos! Hic malorum societatem ad tempus habent, ibi angelorum consortia æterna felicitate suscipient. Quapropter quintum pœnitentium istum esse noscamus, qui se non defendendo defendit, non diluendo diluit, non purgando purgavit; ad cujus paupertatem si venire meruerimus, omnia mundi regna sine dubitatione superamus.

EXPOSITIO IN PSALMUM CII.
Psalmus ipsi David.

Post illas beati pauperis humillimas preces et tam magnæ pœnitentiæ gemitus explicatos, totus hic psalmus Domini laude [*mss. A., B., F.,* laudatione] repletus est; ut pia dispositione præcedentes lacrymas præconiorum gaudia sequerentur. Et ideo (sicut sæpe diximus) *ipsi David* positum est, ne quid ad istum terrenum regem referre deberemus, quia superna laus manifestis sensibus explanatur. Est enim lucidus et tituli sui claritate consimilis, ut sine difficultate dictorum psalmi continentiam intelligere debeamus.

Divisio psalmi.

Per totum quidem psalmum propheta loquitur. Prima narratione ad animam suam verba facit, ut benedicat Dominum, et beneficia ejus nullatenus debeat oblivisci. Secunda narratione dicit qualia Moysi præstiterit, et reliquis fidelibus suis, ut ipse intelligatur a sæculis semper fuisse munificus. Tertio loco ad angelos verba convertit, virtutes supernas alloquitur, et reliquas rationales creaturas invitat, ut Domini jugiter laudibus occupentur.

343 *Expositio psalmi.*

Vers. 1. *Benedic, anima mea, Dominum, et, omnia interiora mea, nomen sanctum ejus.* Sciens propheta mentes hominum variis illusionibus subjacere, nec semper in vera contemplatione defixas, animam suam vir sanctus alloquitur, ut cum fuerit diversis cladibus liberata, beneficiorum omnium recordetur auctorem : ne sibi aut alteri cuiquam putet esse tribuendum, quod a solo Domino constat esse concessum. Est enim gratum et honestissimum dicendi genus cum anima loqui, ut universi intelligant omnimodis appetendum, quod sibi saluberrimum propheta noscitur dedisse consilium. Sequitur, *et omnia interiora mea nomen sanctum ejus. Interiora* sunt animæ, cogitatio multiplex, virtusque rationis. Ipsam quippe voluit cum anima convenire, ut harmonia fideli laus Domini adunatis viribus assonaret. Sæpe enim anima vult aliquid agere, et per phantasticas imaginationes eluditur. Sed vir sanctus in Domini laude nihil a se voluit deviare, sed omnia uno concentu canere, quæ culpabiliter sibi poterant discrepare.

Vers. 2. *Benedic, anima mea, Dominum, et noli oblivisci omnes retributiones ejus.* Primum versum repetit decora replicatione verborum, ut studium maximum concitaret geminata sententia : ne ad opus tale anima dissimulatione noxia segnior esse videretur : ante omnia monens, ut se cuncta ab eodem meminerit accepisse. Ille enim laudare nunquam desinit, qui collata beneficia non potest *oblivisci.* Intuere præterea quod dictum est, *retributiones :* quoniam aliud debebatur hominum delictis, aliud retributum [*mss. A., B.,* retribui] cognoscitur absolutis. Hoc est enim quod *oblivisci* nulli fas est, ut qui erat obnoxius pœnæ, dignus fieret mox honore. Sed quæ istæ sint *retributiones* Domini consequenter enarrat, quas si homo cogitat, beneficia ipsius tota mente collaudat.

Vers. 3. *Qui propitius fit omnibus iniquitatibus tuis, qui sanat omnes languores tuos.*

Vers. 4. *Qui redimit de interitu vitam tuam, qui satiat in bonis desiderium tuum.*

Vers. 5. *Qui coronat te in miseratione et misericordia : renovabitur sicut aquilæ juventus tua.* In his tribus versibus exponuntur sub quinaria divisione retributiones futuri sæculi, quas sanctis suis Dominus pia miseratione [*mss. A., B., F.,* misericordia] largitur. Quæ figura dicitur synathroismos, id est congregatio, quando in unum cumulum aspera crimina aut nimis suavia beneficia colliguntur. Primo enim *fit propitius peccatis* eorum, quando remissis delictis in pace dignatur suscipere peccatores. Secundo, *sanat omnes languores* fidelium, cum securitas et immortalitas æterna in resurrectione conceditur, id est, *Cum corruptibile hoc induerit incorruptionem, et mortale hoc induerit immortalitatem* (*I Cor.* xv, 54). Tertio, *redimet de interitu vitam* nostram, quando nos ab æternæ mortis calamitate submoverit; scilicet, ut non audiamus : *Ite in ignem æternum, qui paratus est diabolo et angelis ejus* (*Matth.* xxv, 41). Quarto, *satiat in bonis desiderium* beatorum, cum eis dicitur : *Venite, benedicti Patris mei* (*Ibidem,* 34). Quinto, *coronat in miseratione et misericordia* sua, quando jam beatis præmia digna restituit [*ed.,* restituet], sicut dicit Apostolus : *De cætero superest mihi corona justitiæ, quam reddet mihi Dominus in illa die justus judex* (*II Tim.* iv, 8). Hoc forte significant quinque panes, unde populi longa jejunia satiavit : quoniam hæc et his similia in magnum mysterium præcessisse noscuntur. Sed perscrutandum est cur *aquilæ* introducatur exemplum. Huic avi jam ætate provectæ, supernum labium cornea inflexione nasutum, tantum fertur excrescere, ut ei non sit liberum escas solita libertate decerpere, quæ intelligens unde sibi periculum vitæ possit accidere, os suum in saxo [*ed.,* in saxum] dicitur expolire, usquequo omnia sibi ejus impedimenta submoveat. Quo facto in antiquam valetudinem corporis sui, escarum solita perceptione revocatur. Sic anima in pristinam sanitatem revertitur, si peccata sua in petra quæ est Christus Dominus expolire non desinat. Revertitur enim ad cibos salutares, quando delicta, quæ sunt impedimenta æternæ vitæ, Domino præstante, respuerit.

Vers. 6. *Faciens misericordias Dominus, et judicium omnibus injuriam patientibus.* Postquam dixit retributiones Domini, quas hic conversis in illo sæculo veraciter creditur posse præstare, nunc dicit breviter, quia *Dominus misericordias faciat* sperantibus, et vindictam præstet *patientibus* cunctis *injuriam ;* ut nullus in eis possit dubitare quæ dicta sunt, quando ipsum Dominum tali definitione monstratum esse cognosceret. Hic enim versus per modum definitionis edictus est, quando per illud quod singulariter efficit, aliquis indicatur. Nam interroganti tibi quid sit *Dominus ?* respondes : *Faciens misericordias et judicium omnibus injuriam patientibus.* Quapropter abunde designatus est Dominus Deus, cum nulli alteri possit convenire quod dictum est. Illis autem *misericordias facit* qui miserti fuerint, sicut in Evangelio dicit : *Beati misericordes, quoniam ipsi misericordiam consequentur* (*Matth.* v, 7). Sequitur, *et judicium omnibus injuriam patientibus.* Hoc illis promittitur qui patientiæ munere decorantur, de quibus ait : *Mihi vindictam, et ego retribuam* (*Rom.* xii, 19, *et Hebr.* x, 50). Nam qui se manu desiderant ulcisci, furoremque suum inimici persecutione satiare contendunt, vindictam Domino non reservant, quia se credunt posse distringere, quod deberent a Judice postulare [*ed.,* præstolari]. Dedisti, sanctissime propheta, animæ tuæ salubre consilium, in quo se et mundus sentiat consolatum ; sic enim tibi locutus es, ut nobis diceres ; sic tibi profuisti, ut et nos sine dubitatione salvares.

Vers. 7. *Notas fecit vias suas Moysi, filiis Israel voluntates suas.* Superius dixerat quas retributiones in illo sæculo plebs beata mereretur ; nunc autem veniens ad secundam narrationem, per unius exemplum probat quanta et hic præstiterit servis suis ne quis de futura retributione dubitare potuisset. Sed intende quemadmodum *Moyses* et *Israel* indicatus est distinctione verborum. *Notas fecit vias suas Moysi*, quando ei justitiæ suæ potestatis [ed., pietatis] aperuit, ut legem conscriberet, mores doceret, et in vias [ed., in via] Domini perfectæ fidei gradibus ambularet. Sequitur, *filiis Israel voluntates suas*. Hic *voluntates* posuit, non vias, quia non omnis Israel, suscepto verbo Domini, in ejus jussionibus ambulavit. Scimus enim quas seditiones populus ille fecerit, ut voce judicis mereretur audire : *Populus hic dura cervice est* (*Exod.* xxxii, 9). Ideoque ergo illis *voluntates* Domini, non vias innotuisse dicit, quia multa pars eorum viam Domini declinare præsumpsit. Sic autem Moysi exemplum hic positum intellige, ut tamen hoc quotidie Dominum et operantem, et usque ad finem sæculi operari posse cognoscas.

Vers. 8. *Misericors et miserator Dominus, patiens et multum misericors*. *Misericors* est qui natura sua clementissimus approbatur. *Miserator*, quando misericordiæ suæ dona largitur. Potest enim aliquis *misericors et miserator* esse in una duabusque causis ; *misericors* autem *et miserator* naturaliter præter Dominum nullus poterit inveniri. Sed hic ideo *misericors* præmissum est, ut miseratorem Dominum non ad tempus, sed jugiter approbares. Hæc figura dicitur paronomasia, id est denominatio, quæ similitudine sermonis concitat audientis affectum. Adjecit, *patiens*, quod necesse est consequi misericordem ; nullus enim *misericors*, nisi qui et *patiens*. Sic enim et Apostolus dicit : *An divitias bonitatis ejus et longanimitatis contemnis ? Ignoras* [mss. G., F., *ignorans*] *quoniam benignitas Dei ad pænitentiam te adducit* (*Rom.* ii, 4)? Ipse autem de se dicit : *Hæc fecisti, et tacui. Existimasti iniquitatem, quod ero tibi similis* (*Psal.* xlix, 21). Sequitur, *et multum misericors*. Multum revera *misericors*, qui audiens omnino blasphemas voces, *Solem suum facit oriri super bonos et malos, et pluit super justos et impios* [ed., *injustos*] (*Matth.* v, 45) : vitalem spiritum magna pietate largitur; exspectat errantes, ut debeant sua perperam commissa [mss. A., B., F., perpetrata commissa] damnare.

Vers. 9. *Non in finem irascetur, neque in æternum indignabitur*. Illis scilicet qui devota satisfactione cognoscunt, qui ad eum redire diligunt, qui illecebras sæculi cum suo auctore contemnunt. Contra, illis *in finem irascetur*, quibus dicturus est : *Ite in ignem æternum* (*Matth.* xxv, 41). Magna infelicitas perire sub pio Domino, ut tardes illi satisfacere cui te cognoscis errasse; maxime cum supplicationem tuam vacuam non sentias, si tamen eam integro animo te obtulisse cognoscas. Potest hoc et de populo Judaico sentiri, quem convertendum constat in fine sæculi ; de quo et Apostolus dicit : *Cæcitas ex parte Israel contigit, ut plenitudo gentium introiret, et sic omnis Israel salvus fieret* (*Rom.* xi, 25 et 26).

Vers. 10. *Non secundum peccata nostra fecit nobis, neque secundum iniquitates nostras retribuit nobis*. Sententia generalis est, quia nemo est qui ejus gratiam gratis non habeat, dum lex sub peccato cuncta concludat, sicut testatur Apostolus : *Omnia Deus conclusit in incredulitate, ut omnium misereretur* (*Ibidem*, 32). Ille tamen communiter bonis malisque spiritum donat, salutem tribuit, indigentias admit, et generaliter bonus est. Addidit, *neque secundum iniquitates nostras retribuit nobis ;* scilicet quoniam supplicantibus ita pius est, ut tunc magis eum dignetur absolvere, quando se studuerit unusquisque, adhibita satisfactione, damnare.

Vers. 11. *Quia secundum altitudinem cœli a terra, confirmavit Dominus misericordiam suam super timentes eum.* Diligentius perscrutemur quid sibi velit ista comparatio. Tanto majorem dicit a meritis eorum misericordiam Domini quam retribuit fidelibus suis, quantum potest a terra cœli summitas elevari. Qua comparatione illud quoque significatur, quia sicut cœlum terras operit, et competentia beneficia temporibus suis homini tribuit, modo pluvias influendo, modo præstando serena, modo ipsum aerem ventis saluberrimis temperando : ita et misericordia Domini fragilitati nostræ noscitur diversa præstare; sustinet enim ut corrigat, flagellat ut erudiat, probat ut præstet, et per diversas operas beneficiorum una voluntas est subvenire peccantibus. Sed ut totius sententiæ virtus possit intelligi, breviter dicendum est : Si fas est ut cœlum non cooperiat terras, potest fieri ut Dominus non protegat sibi purissime servientes.

Vers. 12. *Quantum distat oriens* [mss. A., B., *ortus*] *ab occasu, elongavit a nobis iniquitates nostras.* Dedit aliam pulcherrimam comparationem beneficio divino. *Oriens* est initium bonæ vitæ nostræ, *occasus* malæ conversationis affectus. In *occasu* enim eramus, cum peccati vinculo tenebamur astricti ; in *oriente* autem sumus, quando per aquam regenerationis nos Sol verus invisitat, et tenebras facit nostrorum discedere peccatorum. Tantum ergo iniquitates nostræ a nobis longe sunt, cum nobis peccata nostra donantur, quantum potest clara dies a tenebrosa nocte distare. Sive per *orientem* significat regnum Dei ; per *occasum* vero gehennam, quæ tantum a beatorum sede dissociata est, quantum dicit ille pauper in Abrahæ sinibus constitutus : *Inter nos et vos chaos magnum firmatum est* (*Luc.* xvi, 23).

Vers. 13. *Sicut miseretur pater filiis, ita misertus est Dominus timentibus se.* Ecce jam non extraneis neque longinquis comparationibus agitur ; sed ad ipsa viscera pietatis vocabula sociantur. Sic enim miseretur ut pater, sed quibus ipse pater est ; sic corripit ut filios, sed qui regni ejus hæredes esse meruerint. Sequitur, *ita misertus est Dominus timentibus se.* Dum dicit, *ita*, designat nobis paternæ correctionis affectum. Pater enim carnalis qui vult filium suum bonis actibus erudire, frequenter eum corripit, frequenter flagellat, sicut Salomon ait : *Si diligis filium tuum, frequenta ei flagella* [ed., *frequenter eum flagella*], *cum adhuc tener est* (*Eccli.* xxx, 1), etc. Ipsi enim parentes vere diligunt filios suos qui eis sub pietate districti sunt. Sic et Dominus noster flagellat omnem filium quem recipit, et timentes se ad studium bonæ voluntatis adducit.

Vers. 14. *Quia ipse scit figmentum nostrum. Memento, Domine, quod pulvis sumus.* Hoc comma ad superiora jungendum est. Causa enim redditur cur misereatur ut pater : scilicet quoniam nosmetipsos ab illa naturali dignitate dejecimus, et a factura Creatoris repulsi, *figmentum* esse monstramur. Merito ergo subveniri sibi postulat, qui spem in viribus propriis non habebat. Sequitur, *Memento, Domine, quod pulvis sumus.* Dicit enim, Memor esto, Domine, non quia nos ex limo creasti [*ed.*, formasti], non quia immortales tua largitate fecisti, non quod ad imaginem et similitudinem tuam plasmare dignatus es, quia ista omnia invidiam magis excitare poterant peccatori: sed quia in pulverem nunc redacti sumus ariditate peccati. Miserere eis qui se infeliciter perculerunt: subveni qui in illo munere tuo minime consistere voluerunt. Tu enim solus pius es peccatoribus, quia delinquentes se graviter perculerunt.

345 Vers. 15. *Homo sicut fenum dies ejus, et sicut flos agri ita floriet* [mss. A., B., F., *florebit*]. Sunt species definitionum quæ per rerum similitudines aliquas explicantur, ut est illud : *Ego sum via, veritas et vita (Joan.* xiv, 6). Sic et in hoc et in subsequenti versu constat esse formatum. Quemadmodum si interroges, quid est homo? respondetur, *fenum dies ejus,* quod summa hilaritate pullulat, sed celerrima velocitate desiccatur. *Fenum* est quod pluviis velociter in auras caput erigit, sed in ardoribus colla deponit. Et ne forsitan aliquid soliditatis hanc comparationem putares habere, addidit, *et sicut flos agri ita floriet. Flos agri* multo celerius transit quam feni viriditas permanere monstratur. Sed quamvis pulcherrimum videatur esse dum pubet, multum fugitivum cernitur esse dum corruit. Ita enim et imbecillitas humana pulchre crescit, ita sæculi honores divitiæque gratissimæ sunt, sed non ad finem longissimum perducuntur. Veraciter ergo his rebus transitoriis humanitas comparatur, quia robustis viribus destituta, in casum mortis prona semper celeritate festinat.

Vers. 16. *Quia spiritus pertransibit in eo, et non erit; et non cognoscet amplius locum suum.* Ad hanc similitudinem comparatio superioris versus expressa est. Describit enim quid sit homo, id est, *spiritus pertransiens* mundum, scilicet præsentem, in quo diutissime non potest permanere. Audiant qui superbiunt et se gaudent mundana felicitate subvectos, sic spiritus relinquere nostra corpuscula, quemadmodum solent flumina loca inundata transire. Illa enim spatia quæ plena videntur esse torrentibus, quam sunt vacua cum recedunt. Non est ergo de fugitivo flatu præsumendum, sed hic potius agendum, quod prodesse novimus in futurum. Et ne forsitan aliquis per metempsychosim crederet ad hunc mundum animas esse redituras (sicut nonnulli putaverunt dementium),

addidit, *et non cognoscet amplius locum suum*, hoc est in hoc sæculo non potest redire, ubi suam vitam possit iterare. Convicta est imbecillitate sua humana fragilitas. Audisti, homo, quid sis, audi quid eris, si Dominum minime timere despexeris. Quæ figura dicitur parison, id est æquatio sententiæ, quoties bona vel mala conjunctim membris dissimilibus alligamus.

Vers. 17. *Misericordia autem Domini a sæculo est, et usque in sæculum sæculi super timentes eum : et justitia ejus super filios filiorum.* Exposita est prius veraciter humana conditio propter insolentium præsumptiones illicitas; nunc insinuat spem, quæ fideles debeat consolari : quia licet per nos simus fragiles et caduci, per misericordiam Domini reddimur absolute perpetui; ut et quam fragiles simus debeamus advertere, et quid per Domini gratiam consequamur, possimus audire. Et nota quod dixit, *a sæculo,* id est, cum administrari cœptus est mundus, et diversæ creaturæ auctoris sui munere proruperunt. Unde et mihi videtur hic convenienter adverti, et Adam (sicut multi Patrum dixerunt) a Domini fuisse gratia [*ms. G., ed.,* ad Domini fuisse gratiam] revocatum, quando ipse primus in sæculo fuit, sicuti etiam Abel, Noe, Abraham et cæteri Patres, qui tamen in sæculo, sed non *a sæculo* fuerunt. Nam quod sequitur, *et usque in sæculum sæculi,* æternitatem Domini absolute designat : quoniam et ille ante sæculum, et in sæculo, et post istud sæculum misericors esse monstratur. Considera etiam quod addidit, *super timentes eum,* ne et illi hoc in se crederent esse faciendum, qui ei sceleratis ausibus obedire contemnunt. Sequitur, *et justitia ejus super filios filiorum.* Filios (sicut sæpe jam dictum est) uniuscujusque actus debemus advertere; *filios filiorum,* operum nostrorum justissimam retributionem. Nam sicut nos operam nostram quodammodo generamus, ita nobis retributiones rerum nostræ generant actiones. Hanc unusquisque justus recipiet, cum in æterna fuerit beatitudine collocatus. Multi enim fidelium filios non habuerunt, aut sterilitatis eventu, aut virginitatis studio. Quod si ad litteram velis advertere (quod absit) plurimi sanctorum ista promissione fraudantur. Nam et in subsequentibus spiritualiter dictum esse declaratur.

Vers. 18. *Custodientibus testamentum ejus, et memoria retinentibus mandata ejus, ut faciant ea.* Isti sunt filii quos superius dixit, qui præcepta Domini custodiunt, qui mandatorum ejus operibus sunt memores, non studio cantilenæ. Nam et si quis Psalterium voce reddat, memor ejus non est, nisi quæ præcipiuntur effecerit. Ideo enim dicta sunt, ut fiant, non ut sola vociferatione cantentur. Unde doctissimus Pater Augustinus in hoc psalmo disputans, Psalterium se non tenere professus est, nec totius legis dicta recolere; scilicet ut non solum ad audiendum, sed maxime ad faciendum cunctorum studium concitaret. *Memoria* est enim per quam animus repetit, quæ audita, visa, factaque cognoscit.

Vers. 19. *Dominus in cælo paravit sedem suam :*

et regnum ejus omnium dominabitur. Venit ad futuri judicii formidabilem prædicationem : ne peccantium mentes insolescerent, cum ultionem venturam malorum actuum non timerent. Dicit enim, *paravit sedem suam.* Hoc ad illud pertinet, quando Dominus Jesus ascendit in cœlum, sedet ad dexteram Patris, inde venturus judicare vivos et mortuos. Et ne aliqua impotentia Domini mordereris, ipsum dicit *parasse sedem suam*, qui judicaturus est mundum. Addidit, *et regnum ejus omnium dominabitur.* Ne putarent pagani dæmones suos quoquo modo regnaturos, ipsum dicit *dominaturum*, qui *paravit sedem suam*, id est Dominum Christum.

Vers. 20. *Benedicite Dominum, omnes angeli ejus : potentes virtute, qui facitis verbum ejus, ad audiendam vocem sermonum ejus.* Cum superius de hominibus propheta loqueretur, venit ad tertiam narrationem, ubi cœlestes creaturas alloquitur, ut Domini laudes debeant celebrare. Et quoniam inter ipsos angelos est magna discretio, illos tantum dicit præconio Domini dignos existere, qui ejus probantur jussionibus obedire : ostendens neque homines, neque spirituales substantias ad ministerium tantæ majestatis accedere, nisi qui ejus voluntatibus obsecundant. Sic enim commonet, *omnes angeli ejus. Ejus* quippe de illis dicitur qui ab ipsius imperio nequaquam recedere voluerunt. Sequitur aliquid expressius, *potentes virtute, qui facitis verbum ejus.* Ipsi enim virtute possunt, qui ejus jussis obediunt. Potest autem et diabolus non virtute, sed pravitate; non honore, sed præsumptione. *Potentes* siquidem illi vere dicendi sunt, qui verbo Domini parere contendunt. Et ne aliquid relinqueretur ambiguum, calcatius insinuat, *ad audiendam vocem sermonum ejus*, scilicet ut sint humiles, non superbi. Ipsi sunt enim digni *benedicere*, qui suum et cognoscunt, et venerantur auctorem.

Vers. 21. *Benedicite Dominum, omnes virtutes ejus, ministri ejus, qui facitis voluntatem ejus.* Rem magnam, rem omnino sublimem iterata judicavit invitatione solidandam, ut infirmitas humana cognosceret quam saluberrimum esset obedire Domino, quando ipsius voluntati cœlorum militat fortitudo. Et intende proprietates emicare verborum. Prius dixit, *qui faciunt verbum ejus.* Et ne verbum intelligeres, quod verberato aere ab hominibus solet proferri, addidit, *qui facitis voluntatem ejus.* Angelis enim verbum Domini est voluntas ejus : quoniam illa sublimi spiritualisque substantia beatorum angelorum, cum Dominum contuetur, ibi veritatem ejus voluntatis agnoscit. Nec opus est loqui, quibus se Divinitas propitiata patefacit; non enim eis Deus verberato aere loquitur, sed inspiramine suo voluntates eorum ad suum velle convertit. Sic erunt, ut credimus, et beati homines postquam regni æterni fuerint præmia consecuti.

Vers. 22. *Benedicite Dominum, omnia opera ejus, in omni loco dominationis ejus; benedic, anima mea, Dominum. Benedicite*, nunc tertia iteratione geminatur. Quæ figura dicitur *epembasis*, decorum schema sive in laudibus, sive in vituperationibus ad animos erigendos verbum sæpius iterare, quod dictum est. Dixit autem prius illos debere *benedicere*, qui Domini jussiones efficiunt; nunc admonet ipsam operam Domini auctorem suum debere laudare, ut terrena cœlestiaque concluderet. Nam cum totum opus ejus sit, omnia debent suum *benedicere* creatorem. Sequitur, *in omni loco dominationis ejus.* Sicut nulla creatura a laudibus Domini jubetur excipi, ita nec locus quisquam relinquitur, qui a tali munere segregetur. Nam cum dicitur, *in omni loco dominationis ejus*, nihil excipitur, quia ubique dominatur. Significans forte Ecclesiam catholicam, quæ per totum mundum erat (Domino præstante) creditura; ipsa enim ubique *Dominum benedicit*, ubique collaudat, et gratias maximas hymnidica exsultatione concelebrat. Addidit, *Benedic, anima mea, Dominum.* Ipsa sententia conclusit psalmum, quæ pulcherrimum fecit initium. Sed quoniam in Scripturis divinis omnia sacramentorum ubertate pinguescunt, hæc similitudo (sicut jam dictum est) in octavo psalmo illos indicat, ut opinor, qui atria fidei sinceris mentibus ingressi sunt, et vitam suam glorioso fine (Domino præstante) concludunt. Digna commonitio, per quam se fidelis anima consoletur, quæ contra omnes casus tanquam clypeus inexpugnabilis assumatur. Nam si eum semper *benedicimus*, ab eo jugiter custodimur.

Conclusio psalmi.

Benedictio Domini timentibus eum quanta largitate concedatur agnovimus. Festinemus ad mandata complenda, ut pervenire mereamur ad præmia. Habemus Dominum et per naturam pium, et per misericordiarum dona largissimum. Quis dubitet ab illo postulare, qui, si non petatur, offenditur? Benedicamus ergo omnes in commune Dominum, opera ejus hymnidica exsultatione celebremus. Quale enim sacrilegium est, ut cum omnis creatura jubeatur benedicere Dominum, si homo desinat laudare Dominum, qui ad imaginem et similitudinem ipsius noscitur esse procreatus? Audivimus, benedictio Domini quibus virtutibus applicetur, castis utique, humillimis, charitate plenis, et qui Domini reliqua mandata perficiunt. Arceatur ergo hinc omne quod pravum est; excludatur universa malitia mundi; emendentur illecebræ; diabolus foras mittatur cum sequacibus suis. Quapropter audito tanto munere, completi tanta spe, sanctis operibus benedicamus Dominum, religiosis factis cantemus Auctori. Non nos electio Judicis repudiabit, si quæ præcepit hic nos peregisse cognoverit.

EXPOSITIO IN PSALMUM CIII.

Psalmus ipsi David.

Frequenter diximus *psalmum* illos actus significare mortalium qui ad rerum divinarum intellectum pro sua probitate respiciunt. Ad cujus similitudinem et organum ipsum aptatum [*ms. F.*, aptum] est, quod specialiter *psalmus* vocatur, sursum habens tympanum, ubi melos dulcissimum canoro sonitu temperatur. *David* autem tantum persona loquentis adhibetur. Cæterum omnia constat de Domino Salvatore narranda, qui in principio fecit cœlum et terram. Est enim psalmus iste tanta dispositione perfectus, ut aliqua hic dicta intelligas, quæ in libro Geneseos tacita fuisse cognoscas. Quapropter quæ sunt apta exponemus ad litteram; quæ vero fidei nostræ possunt indicare notitiam, spirituali intellectu (sicut a majoribus accepimus) explanabimus. Unde solliciti esse debemus, paratique ad audiendum : quia ipse quoque vir eloquentissimus Pater Augustinus hunc psalmum et sedule dicit perquirendum, et de eodem laboriosissime disputandum.

Divisio psalmi.

Propheta volens ostendere conditiones rerum divina significare mysteria, primo modo per fabricam cœli et terræ quædam nobis cognoscitur indicare dogmata [ms. G., dogmatica], ut agnoscamus omnia sibi revera tanquam ab uno Auctore condita posse congruere, quando aliquas similitudines suas invicem probantur aperire; secundo opera Domini diversis figuris tecta enumerat; tertio profitetur in illo æterno sæculo 347 præconia Domini jugiter se esse dicturum, quæ etiam in hac vitæ suæ brevitate cantaverat.

Expositio psalmi.

Vers. 1. *Benedic, anima mea, Dominum : Domine Deus meus, magnificatus es vehementer. Confessionem et decorem induisti.* Invitat propheta semetipsum ad benedicendum Dominum; et quoniam noverat in catholica fide unitatis gratiam plurimum prævalere, sibi tantum loquitur, quod omnes debeat admonere. *Benedicere* autem Deum, est ejus magnalia confiteri, ut cum de illo dicitur aliquid magnum, unusquisque veritati præstet officium. Hæc igitur sententia ad totum respicit textum, ubi psalmi hujus prolixitas terminatur. Sed cum ad suam (ut dictum est) animam loqueretur, subita conversione dicit : *Domine Deus meus.* Quæ figura dicitur proanaphonesis, quando inter alia quæ loquimur, ad Deum subito verba convertimus. Generalem utique Dominum confidenter suum asserit Deum, ut ex ipsius servum esse profitetur, nullam se habere cum diabolo comprobet portionem : ne in eo quidquam prævaricator ille requireret, quem alienum esse cognosceret. Sequitur, *magnificatus es vehementer.* Oportet nos vim istorum nominum diligenter inquirere; nam quando ille magnus non est, ut hominum laudibus magnificetur ? Aut quid illi potest addi, qui est mirabilis et incomprehensibilis plenitudo virtutum ? Sed *magnificatur* Dominus apud homines, quando eis magnus atque excelsus esse claruerit; ut ipsum sentiant creatorem, ipsum bonorum omnium largitorem, ipsum redemptorem, ad postremum ipsum et judicem. Ex qua parte provenit, ut recte dicatur redemptorum [*ed.*, redemptor] Dominus *magnificari*, qui quotidie fit credentium devotione mirabilis. Sic etiam dicitur sanctificari, sic glorificari, sic benedici, et his similia. Adjecit, *vehementer.* Revera, quando converso-

rum ore laudatur, et in sanctorum cœtum veniunt, qui se pridem nefandis sceleribus polluerunt. *Vehementer* enim aptissime dictum est, quod toto geritur cordis adnisu. Sed unde *magnificatus sit vehementer*, consequenter exponitur, *Confessionem et decorem induisti. Induere* est aliquem quod non habebat assumere. Et quando Deus *decorem* non habuit, qui creaturis suis omnia speciosa semper indulget ? Sed hic incarnatio Domini Christi evidenter exponitur, quam sumpsit ex tempore, per quam *confessionem* mortalium largitor suæ pietatis invenit. Recesserant enim homines a cultu veræ Divinitatis, cum simulacrorum studiis et vanis religionibus serviebant. Sed eo veniente, qui tamen absens nunquam exstitit Divinitate, *et confessio et decus* supernæ Majestatis innotuit, eisque rebus *indutum* dicit Dominum, quibus Ecclesiam catholicam constat esse ornatam.

Vers. 2. *Amictus lumine sicut vestimento* [ms. G. et ed., *lumen sicut vestimentum*], *extendens cœlum sicut pellem.* Versus isti viginti duo usque ad divisionem futuram per figuram parabole pulcherrimis allusionibus explicantur; quæ fit quando res sibi genere dissimiles comparantur. *Lumen* enim Ecclesiam significat, de qua scriptum est : *Quæ est ista quæ ascendit dealbata* (*Cant.* iii, 6)? Dealbata enim intelligitur illuminata, quæ recte velut vestis advertitur Domini Salvatoris, non habens maculam neque rugam. Ipsa est enim candida dealbata, de cujus membris dicit Apostolus : *Fuistis enim aliquando tenebræ, nunc autem lux in Domino* (*Ephes.* v, 8). Hanc etiam tunica illa significavit, quæ non potuit dividi tempore passionis. Hæc est de qua dicitur, *Amictus lumine sicut vestimento.* Sequitur, *extendens cœlum sicut pellem.* Bene dicitur Dominum *cœlos extendere*, ubi meretrices et publicanos eum constat admittere. Nam cum sint per justitiam cœli justorum, facti sunt et gratiæ largitate peccantium. Nec frustra comparata est *cœlo pellis*; quia sicut omnia membra nostra pellis tegit, ita et creaturas cœlorum ambitus circumactus includit. Senserunt aliqui cœlum et de justo dictum, quem sic per gratiam probatur extendere, quemadmodum potest tensa pellis excrescere.

Vers. 3. *Qui tegit in aquis superiora ejus, qui ponit nubem ascensum suum, qui ambulat super pennas ventorum.* Quamvis ordinem conditionis exponere sentiatur, quia et super cœlos aquæ sunt positæ, sicut et in Genesi legitur, et ipse alibi dicit : *Et aquæ quæ super cœlos sunt laudent nomen Domini* (*Psal.* cxlviii, 4): tamen et sacri baptismatis nobis reseratur indicium; ut cœlum (sicut frequenter dictum est) omnem justum debeamus accipere, cujus superiora, id est emendatio fidelis animæ aquis salutaribus irrigatur. Ita enim hæc omnia ab illo auctore deposita sunt, ut et actus ecclesiastici dicta cœlestia indicare videantur, et iterum conditiones rerum veracissima narratione testentur. Sequitur, *qui ponit nubem ascensum suum.* Hoc quidem et ad litteram congruenter accipitur, quando Dominus post resurrectionem videntibus apostolis ascendit in coelum; sic enim in Actibus apostolorum legitur: *Hæc cum dixisset, nubes suscepit eum ab oculis eorum* (*Act.* I, 9). Sed et illud aptissime probamur accipere, ut nubem ponamus verbi Domini prædicatorem, per quem Christus in membris suis ascendit, cum mentem peccatorum a mundi istius pravitate mundaverit. Addidit, *qui ambulat super pennas ventorum.* Venti in isto aeris fluctu quasi quibusdam pennis volare noscuntur; sed Dominus *ambulat super pennas eorum*, dum voluntates suas multo velocius operatur, quam potest esse excursus ventorum. Sive magis *ventos*, justorum animas debemus accipere: quia utroque Testamento perdocti, velut duabus alis ad superna gaudia transferuntur. Supra quos Dominus *ambulare* recte dicitur, in quibus misericordiam suæ operationis ostendit. Et nota quod in hoc versu, et aliis qui sequuntur, Dominum mavult ostendere per id quod egit. Hæc secunda species definitionis dicitur apud Græcos ennoematice, Latine autem notio nuncupatur. Nam cum Dominus per naturam suam nequeat definiri, per illud tamen pulchre cognoscitur, quod singulariter operatur.

Vers. 4. *Qui facit angelos suos spiritus, et ministros suos ignem urentem.* Commendandum est animo, quia hic specialiter de angelis dicitur, **348** quod in libro Geneseos evidentius non habetur. Nam et verba ipsa sunt discutienda subtilius. *Spiritus* generale nomen est incorporalis potentisque substantiæ, visibiliter sive invisibiliter operans, quod ei divinitus inspiratur. *Angelorum* enim nomen non significat naturam, sed obedientiam. *Angelus* enim Græca Lingua dicitur, qui Latine nuntius interpretatur: nam quando mittuntur *angeli* fiunt, cum tamen natura spiritus esse noscantur. Addidit, *suos*, ut illos ostenderet qui recta mente Domini voluntatibus obsecundant. Ordo enim verborum talis est: *Qui spiritus suos facit angelos*. Sequitur, *et ministros suos ignem urentem*. Minister Dei est omnis qui divinas exsequitur voluntates, et charitatis fervore semper accensus est. Talis enim vir coelestis ignis efficitur, quando verbo prædicationis peccantium nequitias urere et consumere posse monstratur. Sic enim ipse Dominus dicit: *Ignem veni mittere in terram* (*Luc.* XII, 49), ignis utique vitalis, ignis salutis, qui dum peccata consumit, animas nutrit.

Vers. 5. *Qui fundavit terram super stabilitatem ejus* [mss. A., B., *suam*], *non inclinabitur in sæculum sæculi.* Versus iste ad litteram non videtur posse constare; nam cum terram istam mutandam esse legerimus, quomodo fieri potest ut *non inclinetur in sæculum sæculi*? Sed hic magis firmatam *terram*, solidatam advertamus Ecclesiam; quæ *terra* ideo dicitur, quia ex terrenis hominibus collecta esse monstratur, sicut in alio loco ait: *Domini est terra et plenitudo ejus* (*Psal.* XXIII, 1). Hujus *stabilitas* recte dicitur Christus, qui est immobile fundamentum et inviolabilis petra; de quo dicit Apostolus: *Fundamentum enim aliud nemo potest ponere, præter id quod positum est, quod est* Christus Jesus (*I Cor.* III, 11). Supra quem si jugiter manserimus, nullatenus *inclinamur*. Superjecta enim nesciunt titubare, dum sint fixa quæ continent. Sic veritas hujus sententiæ absoluta nobis ratione constabit. Spiritus enim sanctus ideo interdum difficillima dicit ad litteram, ut majori ambitu spiritualem intellectum quærere debeamus. Hoc ergo quod dictum est, *non inclinabitur in sæculum sæculi*, per omnia commata trium versuum superiorum constat esse reddendum. Quæ figura dicitur hyperbaton, quoniam ordo verborum longius explicatur.

Vers. 6. *Abyssus sicut pallium amictus ejus, super montes stabunt aquæ.* Nec iste versus ad historiam potest referri, quamvis de superducto diluvio dicere videatur. Præteritum enim tempus diluvii fuit, et nunc propheta de futuro prædicat esse faciendum. Unde necesse est ut hoc magis spiritualiter inquiramus, quando sibi ad litteram tempora convenire non possunt. *Abyssus* enim dicitur aquarum copiosissima multitudo; quæ et in bono et malo plerumque ponitur. Hæc merito hic superstitiosis atque persecutoribus comparatur, quia sicut *pallium* subjecta cooperit, ita illi mundum foedissima superstitione texerunt; ut non solum mediocres homines, sed in perniciem suam ipsos quoque sanctos viros atque eminentissimos tormentis corporum obruere viderentur. Sed hic *abyssus* in malo posita est, dum legatur et in bono, ut est illud: *Judicia Domini velut abyssus multa* (*Psal.* XXXV, 7). Quod genus locutionis inter propria divinæ Scripturæ constat esse deputandum. Denique sic sequitur, *Super montes stabunt aquæ.* Steterunt quippe *super eos*, qui *montes* fidei firmitate vocati sunt, quando eos diversis poenis et mortibus affecerunt. *Aquas* enim et *abyssos*, impios hic debemus accipere, qui sic ad obruendam properant sanctitatem, quemadmodum potest cumulus undarum subjecta contegere. Sed ut hoc magis de superbis atque sceleratis potuisses advertere, sequens versus ostendit. Volunt etiam aliqui hoc ad litteram vindicare, ut *abyssum* dicant terræ marginem circumire; nam sicut exteriora corporis nostri pallio cooperiuntur, ita et orbis terrarum Oceani ambitu fertur includi.

Vers. 7. *Ab increpatione tua fugient, a voce tonitrui tui formidabunt.* Qui fugient nisi abyssi, nisi aquæ, quæ montibus Christi supereminere videbantur? Nam quamvis sanctos ejus diversis cædibus affecissent, ipsi tamen increpati voce apostolorum, derelicta superstitione, fugati sunt; et quod est maximum victoriæ genus, contra sua vota senserunt. Sequitur, *a voce tonitrui tui formidabunt.* Prædicatio sanctorum sub hac allegoria pulcherrima relatione descripta est. Dicit enim, *a voce tonitrui tui*; ut non illud humanum eloquium, sed coelestis virtutum sonitum fuisse sentires. *Formidaverunt* utique homines passim tonitrua prædicationum, quando judicii terror edictus est, quando diabolum periturum audierunt cum sequacibus suis; et quamvis habuerint in hoc mundo licentiam, ipsi sua scelera correcta mente damnabant.

Vers. 8. *Ascendunt montes, et descendunt campi in locum quem fundasti eis.* Adhuc in tropicis allusionibus perseverat : quoniam superbos et impios, quandiu voluit Dominus, permisit in montes crescere; atque iterum quando placuit, fecit in convallium humilitate residere. Sic et persecutoribus tempus datum est ut in altum surgerent, ac deinde inclinati Christiano populo subjacerent : docens omnia ipsius ordinatione fieri, cujus voluntati non potest obviari, sicut ipse Dominus in Evangelio Pontio Pilato dixit : *Non haberes in me potestatem, nisi tibi data* [ed., *datum*] *esset desuper* (Joan. XIX, 11). Et intende quoniam hic *montes* in malo positi sunt, cum superius *montes* significent fidelissimos viros; quod plerumque in Scripturis divinis diximus inveniri. Sequitur *in locum quem fundasti eis.* Illi scilicet qui *campi* jam facti sunt, ad locum fundatissimæ descendunt Ecclesiæ, et in ejus penetralibus permanebunt. Nam et ipsis quoque peccatoribus modus est positus, nec ultra permittuntur excedere, quam eis datum est licentiæ suæ frena laxare. Denique sic legitur : *Completa sunt peccata Amorrhæorum* (Gen. XV, 16), ut omnia sub voluntate Domini posita esse cognoscas. Hoc enim et subsequentia evidenter explanant.

Vers. 9. *Terminum posuisti eis, quem non transgredientur, neque convertentur* [ms. G., *revertentur*] *operire terram.* Hoc si ad litteram velis accipere, de aquis abundantibus dicit, quæ diluvio recedente ulterius terras nequeunt occupare, sicut in Genesi scriptum est : *Statuam pactum meum vobiscum, et nequaquam ultra interficietur omnis caro aquis diluvii, neque erit deinceps diluvium dissipans terram* (Gen. IX, 11). Si vero spiritualiter quæras, potest hoc et de paganorum ritu accipi congruenter; qui licet a sua pravitate recesserint, nunquam in illam licentiam Deo sibi obviante remeabunt, ut humanum genus superstitionum suarum inundatione cooperiant. *Terminus* quippe eorum adventus fuit Domini Christi, cujus crescente religione, cuncta idola [mss., *idolatria*] cum suis auctoribus corruerunt. Inspiciamus quoque sub qua increpatione ista referuntur, ut rationales homines putent se præcepta Domini non debere contemnere, cum ipsa elementa cognoscantur ejus jussionibus obedire.

Vers. 10. *Qui emittit fontes in convallibus, inter medium montium pertransibunt aquæ.* Cum natura terrarum describitur, causa nobis occultior pulcherrimis allusionibus indicatur. Certum est enim *convalles* aquis abundare copiosis, fontiumque ibi esse frequentiam magnam, ubi sunt arva jacentia. Sed illud potius debemus advertere, quia in humilitate hominum, qui loco *convallium* ponuntur, aquæ divinæ semper exæstuant. Spiritualiter autem *montes* hic accipere debemus hæreticos ac superbos, inter quos Scripturæ divinæ perenni ubertate decurrunt, quia in hoc mundo eas audire bonis malisque commune est. Et bene dictum est : *Pertransibunt*, quia tales viros nullo fecundasse beneficio sentiuntur. Nam si (ut quidam dicunt) *montes* hic justos prædicatores voluisset intelligi, dixisset de ipsis montibus aquas fluere, non eis in medio constitutis transire potuisse.

Vers. 11. *Potabunt ea omnes bestiæ silvarum, exspectabunt onagri sitim* [mss. A., B., F., *in sitim*] *suam. Bestias silvarum* hic gentes intelligere debemus, quæ de illa idolorum cultura tanquam de silvis umbrosis, projectis ferocissimis moribus, exierunt, ad potandas scilicet aquas quas in Evangelio est Dominus Samaritanæ pollicitus, dicens : *Qui biberit ex aqua quam ego dabo ei, fiet in eo fons aquæ salientis in vitam æternam* (Joan. IV, 13, 14). Sequitur, *exspectabunt onagri sitim suam.* Cum dixerit *bestias silvarum* aquis decurrentibus esse *potatas*, *onagros* tantum posuit *sitim suam exspectare*; scilicet Judæos qui neglexerunt fluenta divinæ pietatis haurire. *Onager* enim asinus est silvestris, qui inter reliqua animalia cor dicitur habere pinguissimum; quod genus quantum patiens est domitum, tantum sævissimum redditur cum silvis retinentibus efferatur. His obstinati Judæi merito comparantur, qui ferocia mentis et callosa fatuitate durati sunt, nec satiari cito poculis vitalibus acquiescunt. Nam quod dicitur, *exspectabunt*, illud significat quod frequenter dictum est : quia in finem sæculi Elia et Enoch venientibus, creditura est multitudo Judæorum. Miseri qui tandiu sitiunt, qui satiari minime concupiscunt. His vita pœnalis est, qui tanta exspectatione cruciantur.

Vers. 12. *Super ea volucres cœli habitabunt, de medio petrarum dabunt vocem suam.* Super illa scilicet quæ superius dixit : *Qui emittit fontes in convallibus, cœli volucres habitabunt.* Hæc siquidem et convalles et aquas irriguas [mss. A., B., F., *aquis irrigata*] amare noscuntur. Sed non vacat quod addidit, *cœli*, nam si tantum aves voluisset adverti, volucres sufficeret dici : sed potius animas sanctas pontificum cœlesti se conversatione tractantes mavult intelligi, qui supra populos Domini prædicationibus sanctis inhabitant. Addidit, *de medio petrarum dabunt vocem suam.* Istæ volucres quæ dictæ sunt cœlestes, non de terra, non de arboribus, sed *de medio petrarum dabunt vocem suam*, quando apostolorum et prophetarum exemplis aliqua prædicare noscuntur. Omnes enim fideles *petræ* merito dicuntur, quia ipse quoque petra dicitur Christus; sic enim ipse Dominus Petro apostolo dixit : *Tu es Petrus, et super hanc petram ædificabo Ecclesiam meam* (Matth. XVI, 18). Quapropter omnes de petrarum firmitate prædicant, qui apostolorum ac prophetarum traditionibus sua dicta confirmant.

Vers. 13. *Rigans montes de superioribus suis, de fructu operum tuorum satiabitur terra.* Superius dixit altos montes fuisse præteritos, et convalles humillimas fontibus irrigatas; nunc ipsos quoque *montes* supernis aquis prædicat esse complutos [mss. A., B., F., *completos*], ne quid a Domini munere videretur exceptum. Paulus enim prius ingens atque arduus persecutor Ecclesiæ, irrigatus aqua spirituali, quam fecundos fructus probatus est edere Christianis! Quod quotidie Dominus agit, ut doctores paganorum post conversionem magistros faciat esse fidelium. Sed isti tales *de superioribus* irrigantur, quando conversi se errasse cognoscunt. Sequitur, *de fructu operum tuorum satiabitur terra.* Cum fructum terra pariat, quemadmodum poterit ex fructibus calcabilis ista terra satiari? *Fructibus* autem *terra satiatur,* quando peccatores in melius commutati, utilia nimis et salutaria ipso largiente percipiunt. Sic enim *terra satiatur,* quando aliquis ab obstinatione liberatus, præconia Domini didicisse cognoscitur.

Vers. 14. *Producens fenum jumentis, et herbam servituti hominum, ut educat* [mss. A., B., F., *educas*] *panem de terra.* Excolit quod superius dixit, ut terra illa cœlesti imbre satiata *producat fenum jumentis,* id est eleemosynas faciat his qui passim petunt, de quibus dictum est : *Omni petenti te tribue* (*Luc.* vi, 30). *Jumenta* enim appellati sunt, quia verecundiam non habentes propter ingluviem ventris, in egestionum voces petulanter erumpunt sicut jumenta, quæ dum esuriunt, nequaquam possunt a propriis vocibus abstinere. *Herbam* vero *servituti hominum,* hoc est, ut illi necessaria tribuantur, de quo scriptum est : *Desudet eleemosyna in manu tua, donec invenias justum cui eam tradas.* Hic enim *homines* appellati sunt, qui ratione plenissimi indigentiam suam tolerantiæ viribus tegunt. Sic duo genera egentium talibus allusionibus exprimuntur. Sequitur, *ut educat panem de terra. Educitur panis de terra,* quando Domini præcepta complentur, ut de istis carnalibus atque visualibus cibus fiat unde anima cœlesti refectione pascatur. *Panis* enim vere noster est Christus, qui tunc de terra *producitur,* quando aliquid indigentibus ejus consideratione præstatur. Sive hoc potest de prædicatoribus dici, qui cœlestibus divitiis imperitorum hominum indigentias misericorditer expleverunt.

Vers. 15. *Et vinum lætificet cor hominis, ut exhilaret faciem in oleo, et panis cor hominis confirmet.* Dixerat superius, *ut educat panem de terra;* sed ne istum *panem* communem deberes accipere **350** de quo caro nostra reficitur, subjungit hæc tria spiritualiter sentienda. Nam *cor* pro rationabili intellectu poni frequens Scriptura testatur; quapropter *vinum lætificat cor hominis,* cum sacratum fuerit in sanguinem Domini Christi. Hinc nos inebriari licet, sicut *scriptum est : Et poculum tuum inebrians, quam præclarum est* (*Psal.* xxii, 5)! Ipsum est enim revera merum quod lætificat mentem, non quod ad reatum vitiaque perducit. Ebrietas sobria, satietas felix, quæ merito lætificare dicitur, quia nihil ibi culpabile reperitur. *Exhilaratur* quoque *facies in oleo,* cum regale chrisma conficitur, sed illa facies de qua dictum est : *Accedite ad eum et illuminamini, et vultus vestri non erubescent* (*Psal.* xxxiii, 6). Sequitur, *et panis cor hominis confirmet.* Iterum *cor* ponitur, ut dictum pro sapientia sentiatur. Nam si corporaliter velis advertere, nunquid *panis cor hominis,* non etiam reliqua membra *confirmat?* Nam inspice proprietates verborum, ut hæc revera cognoscas ad intellectum rerum posita fuisse cœlestium. De *vino* dicit, *lætificat cor hominis.* Si vinum mundiale velis accipere, non solum *cor,* sed omne corpus ad tempus *lætificare* cognoscitur, cum tamen frequenter et ad rixas incitet, et ad excessum aliquem præsumptionis instiget. Sed *cor* pro mente positum est, unde sapere dicimur, unde et intelligere bona malaque sentimur. Item si et istud *oleum* putemus quo generaliter mundus utitur, quomodo potest *exhilarare faciem,* dum semper animi sit gaudium, quod exit in vultus? Panis autem quemadmodum poterit confirmare cor solum, quod pro totius corporis refectione percipitur? Sed hæc potius ad animæ partes referenda sunt, quæ perfectos efficiunt Christianos.

Vers. 16. *Saturabuntur ligna silvarum, et cedri Libani quas plantasti. Ligna silvarum* plebem significant ingentium populorum, qui Ecclesiæ catholicæ de dumosis atque incultis nationibus advenerunt. Hæc indicant homines utique mediocres. *Cedri* autem *Libani* declarant nobiles ac potentes, qui in humano genere tanquam cedri eminere noscuntur. Sed ut ipsos quoque sequestraret ab hæreticis et paganis, qui in hoc sæculo maxima potestate subvecti sunt, addidit, *quas plantasti :* id est, quæ tua prædestinatione sunt in religionis amœnissimo paradiso constitutæ, sicut dicit in Evangelio : *Omnis plantatio quam non plantavit Pater meus cœlestis, eradicabitur* (*Matth.* xv, 13). Sed nec interpretatio nominis ipsius prætereunda est, quando nobis aliquam significantiam prodere declaratur. *Libanus* interpretatur candidatio. Sæculi autem hujus potestas quædam videtur esse festivitas, ubi divites homines ac potentes excelsi atque proceri, quasi in *Libano* monte nascuntur, qui tamen ad veram religionem Domini munere pervenerunt.

Vers. 17. *Illic passeres nidificabunt, fulicæ domus dux est eorum. Illic,* in cedris videlicet quas plantasti, *passeres nidificabunt. Passer* enim minuta et cautissima nimis avis est, monachorum significans parvitatem, qui in cedris Libani, id est in patrimonio potentium Christianorum velut in quibusdam ramis monasteria sibi quasi nidos aliquos ædificare monstrantur, eorumque robore sustentati, velut passeres laudes Domini assidua voce præcinunt. Cœlestis in terra vita, imitatio fidelium angelorum, spiritualiter in carne vivere, et mundi vitia non amare; vitam præsentem contemnere, et futuræ beatitudinis gaudia semper exquirere : ad postremum ipsius templum fieri, cujus imaginem conditio humana suscepit. Amœnus revera paradisus, in quo tanta florent poma virtutum. His enim tale propositum est, hostes suos non reluctando vincere, sed patiendo superare. Triumphus omnis illis est in proprii corporis passione; et tunc adversarios efficaciter vincunt, quando laudabili humilitate succumbunt [mss. A., B., F., *florent*]. Revera milites Christi, qui nullam præsumptionem in humanis viribus ponunt, sed adversa omnia virtute Domini superare se posse confidunt. Iii cum aliis non habent jurgia, sed secum semper litigant : miserentur omnibus, sibi solis non parcunt; et cœlesti charitate flammati, bona quæ sibi evenire cupiunt, aliis communicare contendunt. Sed magna est gloria illi arbori ubi nidus iste compingitur. Audiat enim a Domino se fuisse plantatum, qui tale continere noscitur institutum. Sequitur, *fulicæ domus dux est eorum*. *Fulica* mansueta avis et nigra est, anate quidem parvior, sed corporis positione consimilis, quæ in stagnis delectabiliter commoratur. Hæc ad baptizandos bene refertur, qui in sacratissimi fontis gratia perseverant. Horum itaque mansiones, id est baptismatis perseveratio, dux est passerum qui in cedris nidificant; scilicet quia omnium Christianorum sacer fons dux est, dum eos ad cœlorum regna perducit.

Vers. 18. *Montes excelsi cervis, petra* [ms. G. et ed., *petræ*] *refugium herinaciis*. *Cervus* est (ut diximus) venenosorum serpentium vorax, spinosa transcendens, ei summa agilitate præditus, habitare diligit in montibus altissimis. Huic merito comparantur fideles, qui diabolum vorant, quando nequitias ejus ad Domini laudem gloriamque convertunt, vitiique hujus sæculi quasi spinas bona conversatione transiliunt; et habitant in montibus, id est apostolis et prophetis, qui sanctis prædicationibus suis in hoc mundo solida cacumina esse meruerunt. *Herinacius* vero est quem vocamus hericium, animal omnino timidum, natura providente semper armatum; cujus cutem in vicem setarum sudes acutissimæ densissimæque communiunt: cui tamen non sufficit nativa munitio, sed ne aliqua fraude possit intercipi, refugium habet semper in saxis. Huic competenter aptatur, qui peccatis suis hispidus futura judicia metuens, petram Christum firmissimum noscitur habere refugium. Merito ergo ista animalia tales nobis indicant viros, qui nunquam se a Domini soliditate disjungunt. Et vide quia *passeres* cedrorum alta petunt; *fulicæ* aquarum se habitatione defendunt; *cervi* montes eligunt; *hericii* petrarum se tuitione communiunt. Sic per diversas aves atque animalia, Christianorum nobis vitæ diversitas indicatur.

Vers. 19. *Fecit lunam in tempora* [ms. G. et ed., *tempore*], *sol cognovit occasum suum*. De terrenis ad cœlestia transitum facit; sed et ipsa quoque sub quibusdam allusionibus indicantur. *Luna* (sicut sæpe jam diximus) significat Ecclesiam, quæ in temporibus facta est, quando eam minui contingit et crescere; quæ tamen sic minuitur, ut semper redeunte 351 integritate reparetur. *Solem* vero in hoc loco merito accipimus Dominum Salvatorem, de quo impii in fine mundi dicturi sunt: *Erravimus a via veritatis, et justitiæ lumen non luxit nobis, et sol non ortus est nobis* (Sap. v, 6). Quod utique de isto sole communi non poterat dici, quando scriptum est: *Qui solem suum oriri facit super bonos et malos* (Matth. v, 45). Iste ergo *cognovit occasum suum*, id est, gloriam suæ passionis agnovit, cum suis discipulis diceret: *Venit hora, et Filius hominis tradetur in manus peccatorum* (Marc. xiv, 41). Merito ergo *post* illa genera Christianorum, quæ superius per diversas significantias videntur expressa, ad crementum rerum de Ecclesia et de ipso Domino constat esse subjunctum.

Vers. 20. *Posuisti tenebras, et facta est nox; in ipsa pertransibunt omnes bestiæ silvarum*.

Vers. 21. *Catuli leonum rugientes ut rapiant, et quærant a Deo escam sibi*. Hic duos versus simul sociavimus pro necessaria contextione verborum. *Posuit* enim *tenebras*, quando tempore passionis sexta hora obscuritatem mundus accepit. Tunc revera *nox facta est* discipulis atque credentibus, quando Petrus anxio errore confusus negando tertio, fidei perdiderat claritatem. *Nox* ergo et illis fuit, qui carnaliter intuendo, in illa cruce Christum mori communiter æstimabant. In hac itaque *nocte bestiæ silvarum*, id est dæmonia, et *catuli leonum*, quos diaboli corrupta voluntate genuerunt, ad devorationem quærentes aliquos exierunt, ut escam malitiæ suæ (permittente tamen Domino) reperirent. Nihil enim a quoquam fieri potest, nisi quod ipse secreto judicio aut ad probationem, aut ad vindictam faciendum esse permiserit. *Catuli* enim dicti sunt eo quod calleant sensu narium. Nec moveat quod superius diximus *bestias silvarum* multitudines accipi debere nationum; et hic videtur significare diabolum cum ministris, quando [ed., quoniam] iste in Scripturis divinis creberrimus usus est, ut una res personis sibi discrepantibus applicetur, sicut de monte diximus et leone.

Vers. 22. *Ortus est sol, et congregati sunt; et in cubilibus suis se collocabunt*. Cum in passione Domini factæ fuissent tenebræ, dæmones ad escam sibi quærendam, permittente Domino, proruperunt: quia ad invenire poterant corda titubantium. Tunc autem quando *ortus est sol*, id est Resurrectio sancta declarata est, in majestatem ejus minime sustinentes, in suis se trepidi cubilibus abdiderunt, id est in pertinacium pectoribus collocarunt; ut quia cunctis suadere non poterant, saltem quos deceperant, possiderent. *Sol* enim dictus est, quod solus ita lucet, ut ex eo dies fiat.

Vers. 23. *Exiet* [mss. A., B., F., *Exiit*] *homo ad opus suum, et ad operationem suam usque ad vesperam*. Quoniam superius dixerat ortum solem, congruenter adjunxit unumquemque hominum in hac vita egredi ad suas operas exercendas. Iste enim usus est mortalium, ut quandiu in hoc mundo sumus, veniente die diversarum actionum qualitatibus occupemur; unus enim agrum colit, alter se bellis exercet, iste discit, ille docet; nonnulli regnant, multi serviunt; et quidquid fragilis mortalitas agit, *vespera*, id est sæculi fine probatur concludi.

Vers. 24. *Quam magnificata sunt opera tua, Domine! omnia in sapientia fecisti; repleta est terra creatura tua*. Post enumerationem figuratam rerum, fideique nostræ narrata mysteria, venit propheta ad modum secundum, ubi laudes paternas post tanta miracula convenienter exclamat. Dicendo enim, *Quam*, admirari se posse magis quam explicare professus est. Et merito sic cœpta est laus ejus, cujus præconia nulla sufficienter prævalet complere creatura. Nam non solum hoc hominibus arduum, verum etiam ipsis quoque angelis probatur immensum. Quantum enim magnificata sint opera ejus, inferiora declarant. Sequitur enim, *omnia in sapientia fecisti*. Ista igitur *sapientia* Filius est, sicut dicit Apostolus : *Christum Dei virtutem et Dei sapientiam, per quem omnia facta sunt, et sine ipso factum est nihil* (*I Cor.* I, 24; *Joan.* I, 3). Et ut cooperationem ejus virtutis [*ed.*, virtutemque] ostenderet, Patri dicit operante Filio : *Tu fecisti*. Hoc etiam et de Spiritu sancto idem ait Apostolus : *Omnia cooperatur unus atque idem Spiritus, dividens singulis prout vult* (*I Cor.* XII, 11). Unde datur colligi [*ed.*, intelligi] quod cooperatio sanctæ Trinitatis his exemplis evidenter possit agnosci. Addidit, *repleta est terra creatura tua*. Non quidem similibus rebus ubique terra completa est, sed tamen quamvis eremus propter solis ardorem, vel propter nimium frigus animantibus vacuus esse videatur, quibuscunque tamen rebus creatura Domini terra completa est. Sive magis illud debet intelligi : quia *creatura* religionis catholicæ, quam Dominus Salvator instituit, *omnis terra repleta est*, quando universalis Domino deservit Ecclesia. De ipsa enim dicit Apostolus : *Si qua ergo in Christo nova creatura est; vetera transierunt, ecce facta sunt omnia nova* (*II Cor.* V, 17). Et alibi : *Exuentes vos veterem hominem cum actibus suis, induite novum, qui secundum Deum creatus est in justitia* (*Ephes.* IV, 22, 24). Ipsa scilicet creatura totus orbis impletus est; unde et alius psalmus dicit : *Et dominabitur a mari usque ad mare, et a flumine usque ad terminos orbis terræ* (*Psal.* LXXI, 8).

Vers. 25. *Hoc mare magnum et spatiosum manibus; illic reptilia quorum non est numerus, animalia pusilla et magna*. Et in hac quoque parte usque ad divisionem, figura est parabolæ, quæ diversis ac decoris comparationibus explicatur. Sed quamvis in capite hujus versus de mari navigero dicere videatur, tamen de hoc sæculo congruenter accipitur, ubi diabolicæ sine numero serpere probantur insidiæ, malitiaque dæmonum velut quibusdam fluctibus animarum voluntas instabilis [*ed.*, inæstimabili] commovetur. *Mare* enim ipsi reddunt, dum naufragare compellunt : quia dubium non est illum undas immanissimas pati, qui mergitur gurgite peccatorum. *Mare* quippe a meando dictum est, quod semper eat ac redeat [*mss. A., B., F.*, accedat et recedat]. Sed isti spiritus innumerabiles nobis, Deo comprehensi sunt, qui arenam maris et pluviarum guttas enumerat; et ne omnino incomprehensibiles linquerentur, quantitate, non qualitate eos definivit. Denique de eis dicitur, *animalia pusilla et magna*; quoniam inter ipsos et majores esse nequitiæ probantur omnimodis et minores.

Vers. 26. *Illic naves pertransibunt; draco iste quem formasti ad illudendum ei*. *Illic*, in mundo scilicet, quem superius mare dixit. *Naves* autem merito significantur Ecclesiæ, quæ periculosos fluctus mundi per lignum gloriosæ crucis evadunt, portantes 352 populos, qui signo fidei crediderunt. In his *navibus* habitat Christus, qui si a credentibus excitetur, dicit immanissimæ tempestati, ut quiescat, et quiescit. Sequitur, *draco iste quem formasti ad illudendum ei*. Hic aperte diabolum significat, qui vere *draco* dicitur propter venenum quod Evæ primæ mulieri pestiferis suasionibus inspiravit. Iste creatus bonus est, sicut in Genesi legitur, *Fecit Deus omnia valde bona* (*Gen.* I, 31); sed postquam sua voluntate peccavit, a Deo ita formatus est, ut ei illuderetur ab angelis, quando propter exsecrabilem perversitatem nativa dignitate privatus est. Sic enim dicit Dominus in libro Job : *Non est quidquam simile ei factum super terram* (*Job* XLI, 24). *Ad illudendum ei*, ab angelis meis. *Illuditur* enim ei ab angelis Dei, sive per justissimas increpationes, ut qui creatus est ad obsequium Domini, fœdis videatur perversitatibus implicari. Sive magis *illuditur*, quando ei animæ confitentium imperio superno de perniciosa potestate tolluntur. *Illuditur* etiam et a fidelibus viris, dum incentiva vitiorum ejus detestabili horrore refugiunt. Audis *draconem*, sed non omnino timeas atrocem; sic enim formatus est, ut ei beneficio Domini et ab ipsis quoque hominibus possit *illudi*. Invoca qui illum calcat, et incipis non timere qui devorat; scriptum est enim : *Super aspidem et basiliscum ambulabis, et conculcabis leonem et draconem* (*Psal.* XC, 13).

Vers. 27. *Omnia a te exspectant, ut des illis escam in tempore opportuno*. Versus iste illud significat, quod et alibi dictum est : *In voluntate tua, Domine, universo sunt posita; et non est qui possit resistere voluntati tuæ* (*Esth.* XIII, 9). Nam cum dicit, *Omnia*, ostendit quoniam universa Dei nutu vivunt, quo et auctore creata sunt. Nam et draco spiritualis, cujus esca hominum deceptio est, nisi Domino permittente non prævalet quidquam sua potestate perficere. Deus enim quem pro malis suis abjicit, fit diaboli pabulum. Quapropter si in escam inimici nolumus dari, non debemus esse terreni : quia sic in principio maledictus est, ut terram comedat, sicut scriptum est : *Super pectus tuum et ventrem gradieris, et terram comedes omnibus diebus vitæ tuæ* (*Gen.* III, 14). Quod si misericordia Domini cœlestes efficimur, ab esca diaboli omnimodis reddimur alieni. Addidit quoque, *in tempore opportuno*, ut non solum Dominus creaturis suis escam tribuat, verum etiam illam sub opportunitate temporis largiatur. Volebat enim Job tentare diabolus, sed hoc non potuit efficere, nisi id potestas Dominica permisisset. Nam et ille sanctissimus cognoscebat se Domini permissione tentari, et ad omnia respondebat : *Dominus dedit, Dominus abstulit, sicut Domino placuit ita factum est : sit nomen Domini benedictum* (*Job* I, 21). Hæc est enim vera firmaque sententia, quod in Domini voluntate (sicut dictum est) cuncta sint posita.

Vers. 28. *Dante te illis, colligent; aperiente te manum tuam, universa replebuntur ubertate*. Adhuc in exponenda superiore sententia perseverat; ut cum diabolica iniquitate vexamur, non illum credamus hoc ex sua potestate præsumere, sed potius ad illum recurramus sine cujus permissu nec facere quidquam potest, et celerius victus abscedit. Dicit enim : *Dante te illis colligent*, ut intelligas quia nisi datum fuerit illis, quidquam colligere non valebunt. Sequitur etiam quod et ad prospera possis aptare, *aperiente te manum tuam, universa replebuntur ubertate*. Constat enim ibi esse rerum omnium causas, unde ubertas conceditur, et copia sine fine præstatur. *Manus* autem significat potestatem, per quam abunde cuncta replet, et mirabiliter universa disponit.

Vers. 29. *Avertente autem te faciem tuam, turbabuntur; auferes spiritum eorum et deficient, et in pulverem suum revertentur*. De illis modo dicit qui concessa Dei munera minime profitentes, quod poterant suis viribus applicabant. Contra quos Apostolus dicit : *Quid enim habes quod non accepisti? Si autem accepisti, quid gloriaris quasi non acceperis (I Cor. iv, 7)*? Et in alio psalmo de tali legitur : *Ego dixi in mea abundantia : Non movebor in æternum (Psal. xxix, 7)*. Ab his ergo talibus dum *averterit* Dominus *faciem* suam, nudati magno præsidio sine dubitatione turbantur; et mox ut ille *spiritus* superbiæ, quem de rerum ubertate conceperant, *ablatus fuerit*, omnino *deficiunt*, et ad conversionem [ed., confessionem] saluberrimam redeunt, qui in suis præsumptionibus erraverunt. Petant ergo isti remedia, sua vulnera propria detegant, ut curentur, et dicant : *Exaudi me, Domine, quoniam defecit spiritus meus : ne avertas faciem tuam a me (Psal. cxlii, 7)*. His præstat Dominus proficuam medicinam. Sublato enim spiritu nequitiæ, quo inflammabantur errantes, necesse est ut ad pulverem suum redeant, id est ad humilem confessionem, in qua indigentiam suæ fragilitatis agnoscunt; et feliciores esse incipiunt, cum a sua præsumptione discedunt. Inspicienda est autem hoc loco administratio Domini, qua mundus regitur, quali brevitate, vel qua proprietate discripta sit [*mss.* A., B., F., omnia descripta sunt]. Nam cum nos respicit, omnia profutura succedunt; et cum se averterit, humana indigentia salutari præsidio nudata succumbit.

Vers. 30. *Emitte spiritum tuum, et creabuntur, et renovabis faciem terræ*. Ecce illa quæ exspectabatur medicina provenit. Recreati sunt utique, qui se pulverem humiliter agnoverunt; his enim istud accidit qui divina gratia reparati, mortis probantur evasisse pericula. Toties enim nos Dominus creat, quoties de vetustate peccati in novum hominem instaurare dignatur, sicut in quinquagesimo psalmo legitur : *Cor mundum crea in me, Deus (Psal. l, 12)*. Respice etiam quia ubi defecimus nostrum pulverem dixit; ubi reparamur, Spiritum Domini esse profitetur, ut nemo suis meritis applicare possit quod munere Creatoris acceperit. Audiant sacrilegi Spiritum sanctum esse Creatorem; dicit enim : *Emitte spiritum tuum et creabuntur*. Audi et alibi, ubi Creator Spiritus sanctus edicitur; ait enim Job : *Spiritus divinus qui fecit me (Job xxxiii, 4)*; nam cum divinum appellat, et Deum et Creatorem Spiritum sanctum evidenter ostendit.

Vers. 31. *Sit gloria Domini in sæculum sæculi; lætabitur Dominus in operibus suis*. Adhuc ipsum docet magister bonus, ne erremus elati : optans esse quod nunquam potest aliquando deficere. Dicitur enim : *Sit gloria Domini*, non cujuslibet alterius. *In sæculum sæculi*, id est in æternum, quia laudis ejus nullus est finis, quando et in hoc sæculo apud fideles Domini perpetua laus **353** habetur, et post istud sæculum a beatis æterna persolvetur. *Lætabitur* enim quod dictum est, promissio futuri temporis est, non præsentis. Et inspice quod ubicunque commemorat *operibus, suis* dixit, non tuis : ne toties admoniti insanum Pelagii sequeremur errorem, cujus nefandum venenum hinc evidenter agnoscimus, contra quod toties antidotum cœleste porrigitur, ne futura pericula grassarentur.

Vers. 31. *Qui respicit terram, et facit eam tremere, qui tangit montes, et fumabunt* [ed., *fumigabunt*]. Jam de illis dicit qui per Domini gratiam illuminati, peccata sua præterita contremiscunt, cum se graviter errasse cognoscunt. Sed securior est illa humilium tremefactio, quam superborum insana præsumptio. Petrus enim tunc ad veniam redire meruit, quando se admisisse magnum crimen expavit. Sic enim et alius propheta dicit : *Super quem requiescit Spiritus meus, nisi super humilem, et quietum, et trementem verba mea (Isai. lxvi, 2)*? Hoc etiam monet Apostolus : *Cum timore et tremore vestram ipsorum salutem operamini (Philip. ii, 12)*. Vides ergo quam votivus, quam stabilis [ed., spiritualis] sit tremor iste, qui et veniam parturit et salutem. Sed vide quibus ista contingunt, scilicet quos ipse dignatus fuerit intueri. Sequitur, *tangit montes et fumabunt* [ed., *fumigabunt*]. Montes hic peccatores nimia elatione turgentes debemus accipere, qui dum fuerint Domini indignatione percussi, rerumque mundanarum amissione privati, tunc ad salutares lacrymas currunt, et quosdam fumiferos de se tristitiæ globos tanquam incensum suavitatis emittunt, qui ad superna conscendunt, misericordiam impetrare probantur Domini Christi. *Fumus* enim hic in bono positus est; quippe qui nos ad absolutionis facit gratiam pervenire.

Vers. 32. *Cantabo Domino in vita mea; psallam Deo meo quandiu ero*. Decursis duabus partibus sub varia allusione verborum, venit ad tertium modum, ubi se sub æternitate dicit laudes Domini cantaturum. Nam cum ait : *Cantabo Domino in vita mea*, tempus significat, cum in hoc mundo degere videbatur. Sic enim fit vita ista revera vitalis, si laudes Domini continua exsultatione cantentur. Et ne crederes laudes istas morte posse finiri, adjecit, *psallam Deo meo quandiu ero*; scilicet in futuro sæculo, ubi et esse perpetuum est, et psalmodia non habet finem. Pulchre autem positum est, *quandiu ero*; nam dum immortalis jam factus, *quandiu est* cupit *psallere*, semper utique laudes Domini velle probatur edicere. Quo indicio declaratum est quid sint acturi qui in illam patriam meruerint feliciter intromitti. Laudabunt jugiter Dominum, quia eum semper videbunt, dum illa pulchritudo inenarrabilis excitat præconium sine fine diligentis.

Vers. 33. *Suavis sit ei laudatio mea ; ego vero delectabor in Domino.* Duae quidem res sunt, sed utraeque sibi parili societate consentiunt. Sic enim Domino fit suavis nostra *laudatio*, si nos *delectemur in Domino;* quantumque ille nobis dulcescit, tanto [mss. A., B., F., tantum] illi efficimur chariores. In se enim unusquisque reperit, qualis apud majestatem illam esse possit. Amans diligitur, negligens spernitur, desiderans sustinetur. Sit ergo nobis Divinitas dulcissima, ut vita nostra ei reddatur accepta. Pro nobis enim jubemur ut ex toto corde, ex tota anima, ex tota virtute Deum diligamus ; ut in ea iterum mensura ipsius dono dilectionem recipere mereamur.

Vers. 34. *Deficiant peccatores a terra, et injusti ita ut non sint. Benedic, anima mea, Domino. Deficiunt a terra peccatores,* dum terrena cupiditate privati, per Dei gratiam ad meliora studia concitantur ; et iniqui simili modo deficiunt, quando mali jam esse desinunt. Haec enim magis oratio quam maledictio est : quia omnis justus cum Dei Ecclesiam cupit augeri, peccatores optat sine dubitatione converti, maxime cum noverit desiderabilem adventum Domini usque ad praedestinatorum numerum posse suspendi. Sequitur, *Benedic, anima mea, Domino.* Dignum initium psalmi, dignus et finis, illum semper *benedicere* qui nequaquam desinit fidelibus aliquando praestare. Haec quoque similitudo sententiae (nisi fallor) sicut illa superior, ad illos referenda est qui, praestante Domino, religiosa principia vitae suae cum glorioso fine junxerunt.

Conclusio psalmi.

Audivimus, bone rex, quanta nobis de veritatis arcano sacramenta profuderis, docuisti quemadmodum tendatur coelum, supra coelos autem aquae sint positae, lunam factam in tempora [*ed.,* in tempore], solem occasum suum in magnum mysterium cognovisse. Discant potius hanc esse veracem conditionem rerum superflue studiosi, qui de stellarum cursu vanis supputationibus eluduntur. Audiant magistrum coelestem, doctorem veracem, narratorem creaturae suae, qui ad ineptas exquisitiones currunt; qui dum discipuli falsarum opinionum esse cupiunt, cognoscendae veritatis tempora perdiderunt.

EXPOSITIO IN PSALMUM CIV.

Alleluia.

Hoc verbi decus a praesenti psalmo fecit initium, nec ante a quoquam reperis positum, quamvis multi scripteres fuerint primitus Hebraeorum. Scire autem debemus *Alleluia* neutri generis esse definitum ; quod et sanctus Hieronymus in expositione ejusdem psalmi evidenter designat, quod eum in Hebraicis fontibus credimus invenisse. Et ideo ubicunque se locus attulerit, a doctissimo viro praefixam regulam subsequemur : quoniam unum atque integrum manere debet, quod nullius linguae praesumptione mutatum est. *Alleluia* enim apud ipsos dicitur, laudate Deum ; id est, *allelu,* laudate; *ia* quippe invisibilem significat Deum; quod unum ex decem nominibus esse Dei, in epistola ad Marcellam Hieronymo traditur exponente, qui dixit : Primum Dei nomen est El, id est, fortis. Deinde Eloim et Eloe, quod utrumque dicitur Deus. Unde geminatum frequenter invenitur, ut est, *Deus Deus meus, respice in me* (*Psal.* XXI, 2): et illud, *Deus Deus meus, quare me dereliquisti?* et, *Deus Deus meus, ad te de luce vigilo* (*Psal.* LXII, 2), et his similia. Quartum Sabaoth, quod est exercituum. Quintum Helion, quem nos excelsum dicimus. Sextum Eserebeie, quod in Exodo legitur : *Qui est misit me* (*Exod.* III, 14). Septimum Adonai, quem nos Dominum generaliter appellamus. Octavum Ia, quod Deo tantum applicatur, et in *Alleluia* extrema syllaba sonat. Nonum Tetragrammaton, quod ineffabile nuncupatur. Decimum Saddai, id est robustum et sufficientem ad omnia perpetranda, et caetera. Novus plane titulus et dicti ipsius brevitate conspicuus ; hoc Ecclesiis votivum, hoc sanctis festivitatibus decenter accommodum. Hinc ornatur lingua cantorum : istud aula Domini laeta respondet, et tanquam insatiabile bonum tropis semper variantibus innovatur. Et ideo exspecianda [*ed.,* expetenda] sunt suavia dicta psalmorum, quibus tam dulcis praeco praemittitur. Quid enim sequi potest, hinc datur intelligi, ubi et titulus ipse laudatio est. Notandum praeterea quod per omnes hos viginti psalmos qui *Alleluia* titulo praescribuntur, id est praesentem CIV, CV, CVI, CX, CXI, CXII, CXIII, CXIV, CXV, CXVI, CXVII, CXVIII, CXXXIV, CXXXV, CXLV, CXLVI, CXLVII, CXLVIII, CXLIX, CL, Domini magnalia describantur, et copiosa in eis exsultatione gaudetur [*mss.* A., B., F., gaudendum]. Quorum numerus parili societate Novi et Veteris Testamenti gloriam fortasse designat, ut potentia Creatoris semper debeat et ubique laudari. Evidentiorem vero causam non invenimus, cur in his tantum psalmis *Alleluia* sit positum.

Divisio psalmi.

Sciens propheta populum Hebraeorum offendisse frequenter Dominum (quoniam spem suam in temporalibus rebus beneficiisque posuerunt), prima parte fideles admonet ut eum spiritualiter semper exquirant. Secunda per patriarcharum exempla eorum corda confirmat, ostendens illos a Domino non fuisse derelictos, qui ejus imperio servierunt. Tertia parte dinumerat quanta et qualia patribus eorum virtus divina praestiterit : pericula Joseph honoresque describens, introitum in Ægyptum commemorans Hebraeorum. Quarta refert quemadmodum Israeliticus populus ab inimicis suis jussione Domini per Moysen et Aaron diversis plagis Ægyptiorum fuerit vindicatus. Quinta describit quanta Hebraeis praestiterit in deserto; ut non in temporalibus bonis gauderent, sed ut magnis beneficiis deliniti, justificationes ejus et legem devoto pectore custodirent. Sic longitudo psalmi compendio divisionum per partes missa dulcescit.

Expositio psalmi.

Vers. 1. *Confitemini Domino, et invocate nomen ejus; annuntiate inter gentes opera ejus.* In hoc versu tribus constat partibus ordo dictorum. Primo dicit, *Confite-*

mini *Domino*, id est, laudate eum, et bonis factis gratiam *vobis* Divinitatis acquirite : quia idipsum est laudare Dominum, ore illi honorem deferre, et operibus ejus jussiones efficere. Illa enim confessio hic intelligenda est, quæ Domini præconia celebrare non desinit, quando et subsequentia tale votum actionemque declarant. Deinde *Dominum* commonet *invocari;* ut post ministerium sanctissimæ laudis grate possimus audiri. Præmittendum est enim boni aliquid, ut Judex nos placatus exaudiat. Tertio dicit, *annuntiate inter gentes opera ejus;* quod bene potest gloriosis evangelistis, et sanctissimis apostolis, et nunc sacerdotibus convenire, qui per gentes universas magnalia ejus annuntiare noscuntur.

Vers. 2. *Cantate ei et psallite ei, narrate omnia mirabilia ejus.* Exponit quod superius dixit, *Confitemini Domino. Cantate* enim ad hymnos pertinet offerendos; *psallite* ad pias operas explicandas. Et tunc dixit *narranda mirabilia*, quando fuerint duo ista præmissa. *Omnia* enim, significat ista quæ dicturus est. Non est enim humanarum virium *omnia narrare* quæ virtus Divinitatis operatur, sicut in centesimo quinto psalmo dicturus est : *Quis loquetur potentias Domini, auditas faciet omnes laudes ejus* (*Psal.* cv, 2)? Sed istud schema dicitur a parte totum, quod in Scripturis divinis frequenter invenies; nec aliter recte potest Evangelii dictum illud intelligi : *Verbum caro factum est, et habitavit in nobis* (*Joan.* I, 14); quasi non et animam simul assumpserit, quam specialiter liberare dignatus est.

Vers. 3. *Laudamini in nomine sancto ejus; lætetur cor quærentium Dominum.* Ne quis forsitan suis viribus applicaret, cum boni aliquid operatur, cautus doctor fragiles monet dicens, non in sensu proprio, sed in Domino esse gloriandum; ut jactantiam falsam refugiant, cum hæc a Divinitate concessa esse cognoscant; sicut et in alio psalmo legitur : *In Domino laudabitur anima mea* (*Psal.* XXXIII, 3). Non ergo vetat ut laudemur, quia bonis actionibus non potest res ista denegari; sed ut in Domino laudemur, qui præstat illa quæ bene gerimus. Et ut consolationem de tali re sumerent, adjecit : *Lætetur cor quærentium Dominum;* scilicet inde *lætetur*, si prædicatur in Domino; non autem si de suo posse laudatur. Præcipuum nobis et gloriosum siquidem esse debet, quando nomen ejus extollitur, qui nobis beneficia profutura largitur. Unde nimiæ impudentiæ fuit aliquid quosdam adversus hoc dicere, contra quos non tam crebra testimonia, sed pene lex tota prolata est.

Vers. 4. *Quærite Dominum, et confirmamini; quærite faciem ejus semper.* Hortatur ut se ad præmia futura confirment, qui eum quærere delegerunt. Sed istud desiderium, ista inquisitio non est hic aliquo tempore finienda : quoniam addidit, *semper*, maxime cum legatur : *Qui petit accipit, et qui quærit invenit, et pulsanti aperietur* (*Luc.* II, 10). Nam quod dicit, *quærite faciem ejus*, præsentiam significat, quam solus quærit humilis ac devotus. Judicem enim desiderare non potest, nisi qui de ipsius pietate confidit; et cum præsentiam ejus cupit, a prava se actione suspendit. *Quæsivit* enim *faciem* Judicis, quando dixit Apostolus : *Bonum certamen certavi, cursum consummavi, fidem servavi : de cætero reposita est mihi corona justitiæ, quam reddet mihi Dominus in illa die justus Judex* (*II Tim.* IV, 7, 8). Talis ergo juste *faciem* judicis *quæsivit*, qui se coronandum esse Domini miseratione præsensit.

Vers. 5. *Mementote mirabilium ejus quæ fecit; prodigia ejus, et judicia oris ejus.* Venit ad secundam partem, ubi patriarcharum nomina et beneficia refert; ut plebs devota possit advertere, nullum Domino inani devotione serviisse. *Mirabilia* itaque pertinent ad divisionem maris Rubri; **355** *prodigia* ad plagas quas misit in Ægyptum; *judicia oris ejus*, quoniam cuncta complevit quæ Moysi suo famulo promisisse dignoscitur. Sic in uno versiculo quæ subter latius dicturus erat, propositionis loco breviter ante præfatus est. Hoc tamen totum sentiri mavult de Christo Domino. Quod argumentum dicitur a persona.

Vers. 6. *Semen Abraham servi ejus; filii Jacob electi ejus.* Subaudiendum est quod superius dixit, *Mementote*. Perscrutandum est autem quod in magna discretione propheta *Abrahæ semen, servos* appellat, *filios Jacob electos* Domini esse commemorans. Judæi enim contumaces quos hic mavult intelligi, carnis *Abrahæ semen* fuerunt; quos merito *servos* dicit, quoniam perfidia faciente filii esse noluerunt, quibus ipse Dominus dicit : *Vos si filii Abrahæ essetis, opera Abrahæ fecissetis* (*Joan.* VIII, 39). *Filios Jacob* vero significat fidelissimos Christianos, qui hæredes Domini esse noscuntur.

Vers. 7. *Ipse Dominus Deus noster, in universa terra judicia ejus.* Monetur semen Abrahæ et semen Jacob, ut Salvatorem nostrum non unius gentis Deum, sed Dominum credant esse terrarum. Nam sicut ubique dilatata est Ecclesia, ita per orbem propagata sunt ejus sine dubitatione *judicia*. Dicendo enim, *Ipse Dominus*, commonet illum intelligi debere, quem populi Judæorum crucifigendum esse decreverunt. Sed qui hanc vocem non advertunt, ipsi se specialiter a patriarchis alienos esse profitentur.

Vers. 8. *Memor fuit in sæculum testamenti sui, verbi quod mandavit in mille generationes. Memor fuit*, cum promissa complevit. *In sæculum*, in æternitatem, quia quidquid Dominus promisit perenni firmitate mansurum est. *Testamenti sui*, prophetarum significat prædicationes, quas de Verbi incarnatione prædixerunt. Sequitur, *quod mandavit. Mandare* est per alium aliquid dicere; quod utique factum est, quando prophetis datum est futura prophetare. *In mille generationes;* finitum pro infinito positum est, quod tamen sæculi istius fine concluditur, ubi generatio humana sequenti sibi ætate succedit.

Vers. 9. *Quod disposuit ad Abraham, et juramenti sui ad Isaac.*

Vers. 10. *Et statuit illud Jacob in præceptum, et Israel in testamentum æternum.* Ad illud respondet quod superius dixit *testamenti sui*. Illa enim quæ in

Veteri Testamento *Abrahæ* et *Isaac* patriarchis promissa sunt vel jurata, *statuit* ea, id est firmavit *Jacob et Israel*, in Novo scilicet Testamento quod est æternum. *Jacob* enim et *Israel* Christiana tempora plerumque significare sæpe jam dictum est. Novum vero Testamentum proprie dicitur æternum, quia nullum illi aliud aliquando succedit, in quo est omnium promissorum completa perfectio.

Vers. 11. *Dicens: Tibi dabo terram Chanaan, funiculum hæreditatis vestræ.* Chanaan interpretatur humilis. Ergo humilium terram convenienter Christianos accepturos esse significat. Hoc est quod superius dixit, *testamentum æternum*. Hæc enim terra humilitatis et inclinationis sic a fidelibus accipitur, ut æterno munere teneatur. *Funiculus* autem *hæreditatis*, hujus mundi significat tortuosas angustias, quas Dominus pro salute cunctorum sua passione dissolvit. Illius enim susceptio carnis nostra probatur hæreditas, in qua æterna patrimonia vitæ cœlestis accipimus, si ea fixe atque integerrime credere mereamur. Nam ista comparatio ab eis tracta est, quibus agri ac possessiones tenso fune dividebantur.

Vers. 12. *Cum essent numero brevi, paucissimi et incolæ in ea.*

Vers. 13. *Et pertransierunt de gente in gentem, et de regno ad populum alterum.* Venit ad tertiam partem, in qua consequenter enumerat quanta patriarchis virtus divina præstiterit. Denique vide quid sequitur.

Vers. 14. *Non permisit hominem nocere eis, et corripuit pro eis reges.*

Vers. 15. *Nolite tangere christos meos, et in prophetis meis nolite malignari.* Hic tempus illud significat, quando rex Ægyptiorum divinitus admonitus est ne Abrahæ nocere præsumeret; quod simili modo de Isaac constat effectum. Quapropter evidenter ostenditur divina protectio, ut eorum salus non humanis viribus, sed superno munere præstaretur. Illud quoque perscrutandum est quod supra memoratos patriarchas christos appellare delegerit, cum adhuc non fuisset unctio celebrata. A Saul enim hæc res sumpsit initium. Sed quoniam erant in spiritu Christiani, ejusque fidei probantur esse devoti, sicut de Abraham Dominus dicit: *Concupivit diem meum videre; vidit et gavisus est* (*Joan.* VIII, 56), merito ergo appellati sunt sacro nomine, quos jam Christi fides probabatur amare. Nam et ipsa Domini verba sunt posita dicentis: *Nolite tangere christos meos, et in prophetis meis nolite malignari.*

Vers. 16. *Et vocavit famem super terram, et omne firmamentum panis contrivit.* Significat tempora Pharaonis, quando in Ægypto septem annis *fames* sæva grassata est. Et quamvis *fames* substantialis non sit, sed sola est discessio copiarum, sicut nox appellatur solis absentia: vocata tamen dicitur tanquam aliqua persona subsistens quæ potuisset audire. Sed Scripturarum divinarum mos est taliter loqui, ut est illud Apostoli: *Qui vocat ea quæ non sunt, tanquam ea quæ sunt* (*Rom.* IV, 17). Sequitur, *et omne firmamentum panis contrivit*, id est triticeum fructum perduxit ad nihilum; quod revera hominum esse noscitur firmamentum, sicut in superiori psalmo dixit: *Et panis cor hominis confirmat* (*Psal.* CIII, 15).

Vers. 17. *Misit ante eos virum; in servum venundatus est Joseph.* Ante patriarchas quos superius memoravit, *misit Joseph*, quem merito dixit *virum*, quia multa passus viriliter cuncta sustinuit. Considerandum est etiam quod dicit eum Dominum misisse, qui fratrum suorum iniquitate distractus est. Novit enim Deus bene uti malis alienis; et sicut peccatores præcepta ejus exsecrabiliter convertunt, ita illo disponente facta pessimorum ad eventus prosperos transferuntur. Nam *venundatus Joseph* ad servitium pervenit ad gloriam, et ipse postea fratrum misertus est, qui eum crudeliter perdere decreverant. Sic enim omnia illi adversa feliciter contigerunt, ut missio facta sit Domini, Joseph dolosa venditio; sicut et ipse suis fratribus dixit: *Pro salute enim vestra misit me Deus in Ægyptum* (*Gen.* XLV, 5); et iterum ipse dicit: *Vos quidem cogitastis de me malum, sed Deus vertit illud in bonum* (*Gen.* L, 20). Quæ vero pertulerit, consequenter exponit. Ordo autem verborum talis est: *Misit ante eos virum Joseph, qui in servum venundatus est.* Istud enim, Qui, subaudire debemus, ut nobis constet absoluta locutio.

Vers. 18. *Humiliaverunt in compedibus pedes ejus, ferrum pertransivit anima* [ms. F., *animam*] *ejus.* A præposito Pharaonis Putiphar, Joseph quidem redactus est in carcerem; *compedes* autem accepisse non legitur. Sed fieri potuit ut qui in ergastulo retrusus est, et ferreis nexibus ligaretur, maxime qui in tanto crimine fuerat accusatus. Nec illud discrepat quod ibi narratum est, miseratione custodis carceribus fuisse prælatum; fieri enim potuit ut et ista præcederent, et illa sequerentur. Quapropter ipse Scripturas divinas probabiliter intelligit, qui singulis quibusque locis crediderit inesse veritatem. Nam et in centesimo tertio psalmo dictum est: *Qui facit angelos suos spiritus*, quod utique in Genesi non legitur. Sed Spiritus sanctus aliqua in præcedenti relatione prætermittit, ut subsequentia gratiam reperiant, cum causæ veritate servata aliquid novitatis edicunt. Refert ergo humiliatos pedes in compedibus, ut afflictionem corporis indicaret. Addidit, *ferrum pertransivit anima ejus*, ut nec ipsa anima a pœnis probaretur excepta. Nam quamvis condolendo corpori subjecta sit passioni, habet tamen et proprias pœnas, cum gravi cogitatione torquetur. *Pertransivit anima ipsius ferrum*, quando in has redigebatur angustias: ne inter mala quæ injuste passus est, prævalerent in cum et crimina falsitatis. *Ferrum* autem hic indicat tribulationem duræ necessitatis, quæ in æstuante anima pervagatur, dum de futuris sollicita, jam mala patitur quæ timere non desinit. Talis illa in Evangelio locutio est, ubi Simeon dicit ad Mariam: *Et tuam ipsius animam pertransibit gladius* (*Luc.* II, 35): significans habituram matrem gloriosam tristitiam dominicæ passionis. Quod genus locutionis inter propria Scripturæ divinæ credimus adnotandum.

Vers. 19. *Donec veniret verbum ejus. Eloquium Domini inflammavit eum.* Superiori sententiæ hic versus adjunctus est. Dicit enim tandiu cogitationem Joseph fuisse gravissimam, donec tempus veniret, ubi *verbum ejus a rege Pharaone pro interpretando somnio quæreretur.* Tunc enim et gloriam reperit, et claustra carceris lætus evasit. Sed quod dixit, *verbum ejus,* loquentis indicat propriam vocem. Cæterum ipsius non fuit, quod ei divina inspiratione collatum est. Denique sic sequitur, *Eloquium Domini inflammavit eum. Inflammavit,* utique ad loquendum vivaciter incitavit, ut coram principe futura diceret eum fiducia veritatis. Intus enim cœlestis flammæ lumen accepit, ut prævideret talia quæ regni illius sapientes doctoresque superarent.

Vers. 20. *Misit rex et solvit eum; princeps populorum et dimisit eum. Misit* significat ministros qui regiis jussionibus obsecundant. *Regem,* Pharaonem dicit, in cujus regno fuerat carceri mancipatus. *Solvit,* scilicet a reatu quo tenebatur astrictus. Sequitur, *Princeps populorum et dimisit eum.* Ipse est *princeps* Pharao, quem superius *regem* dixit; sed propter gratiam locutionis verba variavit. *Dimisit eum,* id est claustra carceris fecit exire; ut qui terrarum Dominum a cogitationum angustiis liberaverat, ipse jam nullatenus ergastula pateretur. Sed ne sola illi concessa videretur esse dimissio, dicit etiam quo honore ditatus est.

Vers. 21. *Et constituit eum dominum domus suæ, et principem omnis possessionis suæ.*

Vers. 22. *Ut erudiret principes suos sicut seipsum, et seniores suos prudentiam doceret.* In his duobus versibus, quam potestatem dederit Pharao Joseph, evidenter exponit. *Constituit eum dominum domus suæ, et principem omnis possessionis suæ,* quando eum currum fecit ascendere, et præconis voce celeberrima nuntiari hunc secundum dominum esse post regem. Quæ potestas a præfectis hodieque retinetur, qui et vice sacra judicant, et cunctarum provinciarum potestatem maximam habere noscuntur. Sed in his rebus ditionem dedit illi, quam sibi. In subsequenti autem versu, supra ipsum cognoscitur esse quod tribuit; dicit enim, *ut erudiret principes suos sicut seipsum.* Hoc secundum gentilem intellectum Pharaonis debemus accipere, qui credebat primarios populi sui in hanc sapientiam pervenire potuisse, ut et ipsi somniorum interpretes esse mererentur, et ad tantam doctrinam scientia eorum potuisset adduci, ut consulti de re dubia certa loquerentur. Nam si eos sancto viro in discipulatum fidei tradidisset (unde illum Domino placuisse manifestum est), fuisset utique illis Synagogæ ordo noviter institutus. Sed cum talia non legantur, minime religionem desiderasse, sed tantum divinationis ejus gloriam quæsiisse credendus est more gentilium, qui futurorum [*ms. G. et ed.,* ad futura] cupidi, unde proveniat ipsa revelatio, non appetunt intueri.

Vers. 23. *Et introivit Israel in Ægyptum, et Jacob habitavit in terra Chanaan.* Ordinem rerum competenter exsequitur, quia post illa quæ dicta sunt, jubente Pharaone cognatio Joseph ad terras Ægypti eodem ordinante deducta est; quod Genesis suavis textus explanat (*Gen.* XLVI). Sed *Israel* qui dictus est, ipse est et *Jacob.* Verum ne eadem verba repeteret, diversitate nominum revelationis suæ dicta variavit; nam *Israel* egressus ex Ægypto *habitavit in terra Chanaan.* Chanaan vero fuit filius Cham nepos Noe, ex quo Ægyptii trahere leguntur originem.

Vers. 24. *Et auxit populum suum nimis, et confirmavit eum super inimicos ejus. Auxit populum suum* fecunditate nascendi, quando ibi rarissima fuit mulier quæ non habuit partum. *Confirmavit* autem *eum super inimicos suos,* quando illis crescentibus, Ægyptiorum turba notissimis plagis vehementer affecta est. Hic enim per quamdam propositionem dicuntur in summa quæ gesta sunt. Cæterum, quemadmodum singillatim facta sint, consequenter exponit.

Vers. 25. *Convertit cor eorum, ut odirent populum ejus, et dolum facerent in servos ejus.* Venit ad quartam partem, ubi Ægyptios memorat Hebræis invidiam habuisse sævissimam, atque eos operibus subjecisse durissimis. Præstando enim felicia populo Israelitico, convertit Dominus ad odium et dolos cor Ægyptiorum, non quia ipse mali auctor est, sed præstando aliis beneficia, mentes excitavit obliquas. Necesse est enim ut scelerati homines alienis prosperis intumescant, qui se norunt mereri non posse similia; sicut in sacrificiis Cain et Abel factum est, quando unius sacrificium respuit, alterius libenter accepit. Sequitur, *dolum facerent in servos ejus.* Consequens erat ut post conceptum odium sæviens populus ad dolosas machinas perveniret. Illud enim significat, quando eis lateres facere præceperunt, et pro labore geminando negatæ sunt paleæ, et cætera quæ in illo sævissimo dominatu plebs Hebræorum Domino devota sustinuit.

357 **Vers. 26.** *Misit Moysen servum suum, et Aaron quem elegit ipsum.* Istos ad Pharaonem quasi quosdam testes constat a Domino destinatos, ut populum sibi placitum abire permisisset illæsum. O inæstimabilis pietas Omnipotentis! Ab homine fragili petebat fieri, cujus ordinationi a nulla creatura poterat obviari, ut revera nos infirmos doceat qua moderatione vivere debeamus, quando voluntates suas Creator sanctus sub tanta clementia peregisse cognoscitur. Intendamus quoque et istud genus locutionis Scripturæ divinæ esse proprium. Suffecerat enim dici, *quem elegit*; sed addidit, *ipsum,* ut hoc quoque evidentius explanaret. Quæ forma locutionis in Scripturis divinis creberrime reperitur, sicut est et illud : *In quo habitavit in ipso* (*Psal.* LXXIII, 2).

Vers. 27. *Posuit in eis verba signorum suorum, et prodigiorum in terra Chanaan. Posuit* significat collocavit in eis, Moyse scilicet et Aaron, *verba signorum et prodigiorum,* quæ ab eis prædicabatur Dominus esse facturus. *Signa* sunt quasi vestigia aliqua

futurarum sive præteritarum rerum; *prodigia* vero quis Ægyptiis locus a perniciosa clade sentiretur exceptus.
pertinent ad mirabiles eventus, qui in rerum ordine antea non fuerunt. *Prodigium* enim dictum est ab eo quod porro dicat. Sed hæc *signa et prodigia* in Ægyptiis facta sunt, ut, sicut multorum Patrum dicit auctoritas, aliquid portenderent Christiano populo subsequenti; quod suis locis aptissime commonemus.

Vers. 28. *Misit tenebras et obscuravit eos: quia exacerbaverunt sermones ejus.* Leguntur quidem Ægyptii aerias tenebras inter plagas reliquas pertulisse; sed melius intelligamus corda eorum fuisse potius obscurata, qui Domini præcepta contemnebant. *Exacerbaverunt* autem significat acerbe acceperunt, aut certe injuriosis abominationibus respuerunt. Nam in plagarum ipsarum enumeratione competens fecit initium. Non enim ad reliqua venire potuissent, nisi obscuratis sensibus incurrissent profundissimam cæcitatem; quod et hodie sic fieri peccantium usus ostendit.

Vers. 29. *Convertit aquas eorum in sanguinem, et occidit pisces eorum.* Dicit secundam plagam, quæ in historia Exodi prima legitur; sed ipsæ plagæ futuræ cladis indicia nuntiabant. *Convertit* enim *aquas eorum in sanguinem,* quoniam erant inter maris Rubri fluenta perituri. *Pisces eorum occisi sunt,* ne spes vivendi hominibus relicta videretur, quando illud est inter latices mortuum, quod nativo elemento probatur enutritum.

Vers. 30. *Misit in terram eorum ranas, et in cubilibus regum ipsorum.* Hæc tertia est. Ranarum eis societatem dedit, quia et ipsi lacum accepturi probabantur aquatilem; a quo signo nec reges eorum, id est priores excepti sunt, quando erant altissimæ abyssi demersione morituri. Sed hoc inter cætera plus videtur esse mirabile, ut nec regum domus ab hac plaga cernerentur exceptæ, quibus multorum ministeria talia poterant submovere portenta; ut evidenter detur intelligi, nullis opibus nullisque solatiis divinis posse jussionibus obviari.

Vers. 31. *Dixit, et venit cynomyia et ciniphes in omnibus finibus eorum.* Quarta plaga subsequitur, *Dixit, et venit.* In magnam significantiam duo ista conjuncta sunt, quia Divinitatis imperium nullum potest sustinere tarditatis obstaculum. Nam si evidenter intendas vel ipsa verba quæ sibi videntur esse sociata, tamen per syllabas suas aliqua mora protrahuntur. Jussio autem Domini non dilatat tempus, quando jam ipsa voluntas effectus est. *Cynomyia* significat muscam caninam, quæ cæteris muscis omnino mordacior est, et importunitate sua violentior, unde infesti ac sævissimi animalis derivativum nomen accepit. *Ciniphes* genus est culicum fixis aculeis permolestum, quas vulgus consuevit vocare zinzalas. Agnoscant homines qui fatuis elationibus intumescunt, quoniam Pharao ille sævus et durus nec muscis par esse poterat, qui se de tanta regni elatione jactabat. *In omnibus* autem *finibus eorum* dicit, ne

Vers. 32. *Posuit pluvias eorum in grandinem, ignem comburentem in terra* [ms. E. et ed., *terram*] *ipsorum.*

Vers. 33. *Et percussit vineas eorum et ficulneas eorum, et contrivit omne lignum finium eorum.* Ultio quinta narratur. Similis est superiori sententiæ et ista locutio, ubi ait: *Posuit in eis verba signorum suorum. Posuit,* statuit significat ac decrevit. Ægyptiorum enim adhuc plagarum enumeratio perseverat, ut pluvia quæ ad fecunditatem terræ datur, converteretur in grandinis noxiam vastitatem; cujus ictus non minus intercipit, quam ubi lapidum copia densa ceciderit. Hæc agrorum liquoreum probatur incendium, cum tactu noxio fructus arefacit, quoscunque saxatilis unda percusserit. *Ignem* vero *comburentem,* fulmina significat, quæ solent excitata tempestate desævire. Sequitur, *et percussit vineas eorum et ficulneas eorum, et contrivit omne lignum finium eorum.* Quod dicit, *percussit,* ad superiora respicit, sive grandinem, sive fulmina, quæ cœlestis potentia terris velut tela infesta jaculatur. Et ne tantum ficulneas putares, aut *vineas* esse percussas, addidit, *omne lignum finium eorum;* ut et sata non dubitares eversa, ubi arborum quæque robora cognosceres fuisse contrita. Majora enim continent intellectum minorum.

Vers. 34. *Dixit, et venit locusta et bruchus, cujus non erat numerus.*

Vers. 35. *Et comedit omne fenum terræ eorum et omnem fructum terræ ipsorum.* Sexta inchoat plaga. Sed et hæc locutio superiori sententiæ similis approbatur, id est, *Dixit, et venit cynomyia et ciniphes.* Locusta vero mater bruchi est, quem mala fecunditate progenerat, quæ ad illam prædam quasi convocatus exercitus cum sua prole descendit. Et ne crederes inaniter deductum, *omnem fructum terræ* illius ab eis dicit esse consumptum.

Vers. 36. *Et percussit omne primogenitum in terra Ægypti, primitias omnis laboris eorum.* Venit ad septimam, quantum ad hunc psalmum pertinet, novissimam plagam, ubi jam victi Ægyptiorum populi malorum numerositate cesserunt. Nam quemadmodum amplius tolerare poterant, qui et omnia dulcia perdiderant, et desolatos se ipsis quoque victualibus sentiebant? Sic graviter per partes perit, qui divinis jussionibus reluctandum esse putaverit. Hic nonnulla quæstio videtur oboriri, cur septem Ægyptiorum plagas tantum psalmus iste commemoret, cum decem sint in Exodi narratione descriptæ. Frequenter diximus in Scripturis divinis a parte totum debere sentiri, sicut in Evangelio legitur, *Verbum caro factum est, et habitavit in nobis* (Joan. I, 14); quasi non et animam simul assumpserit, quam specialiter liberare dignatus est. Sic, commemorata carne, simul et anima suscipi debere cognoscitur; quod multis locis invenis esse prædicatum. Deinde quod septenarius numerus Spiritus sancti virtute probatur esse perfectus. Merito ergo decem plagas in septenarii numeri relatione conclusit, ut totum perfectum intelligeres, cujus partem dictam esse sentires. Deinde congruum fuit ut rem notam varia relatione describeret, cum Ægyptiorum pœnas, et totidem Hebræorum beneficia prædicaret. Sic non diversum, sed causa varietatis videtur esse pulcherrimum. Sive (ut Patri Augustino placet) libera est laudatio a lege narrantis : nam qui texit historiam, necesse habet omnia commemorare plenissime; qui vero laudat, pauca de plurimis tetigisse sufficiet. Breviter ergo priora dicit, quia non hic nescientes docet, sed commemorat utique retinentes. Et quoniam est in subsequenti divisione dicturus septem beneficia Dominum Hebræo populo præstitisse, præmisit septem plagas inimicos Ægyptios accepisse, ut numerus ipse (sicut arbitrari possum) bonarum et malarum rerum in hoc psalmo comprobabilis haberetur.

Vers. 37. *Et eduxit eos in argento et auro, et non erat in tribubus eorum infirmus*. Enumeratis plagis quas dedit Ægyptiis, venit ad quintam partem, in qua totidem beneficia Hebræis dicit esse collata. Ait enim : *Et eduxit eos in argento et auro*. Primum itaque beneficium fuit, ut populus longa servitute confectus, non egenus inanisque discederet. *Aurum et argentum* Israeliticum populum ab Ægyptiis præcepto Domini discedentem legimus accepisse, ut non repentina subreptio, sed longæ operationis merces esse videatur. Et quia dubitari non potest omnia Dominum justa præcipere, sine culpa videtur factum, quod ejus imperio constat impletum. Quapropter sequitur secundum beneficium, ut illa necessitate migrationis nullus infirmitate corporea potuisset affligi; quatenus omnia navanter [*Mss.* A., B., F., *ovanter*] implerent quæ illis præcipiebantur a Domino.

Vers. 38. *Lætata est Ægyptus in profectione eorum, quia cecidit timor eorum super eos*. Diligenter hunc versum debemus inquirere. Constat enim discedente populo Hebræorum Ægyptum non fuisse lætatam, quando eum persequendum esse judicavit; sed postquam illi demersi sunt qui ad insequendos Hebræos ire decreverant, tunc qui in Ægypto remanserant omnino lætati sunt, quia similia minime pertulerunt. Reddit enim hanc causam cum dicit, *quia cecidit timor eorum super eos*. Ipse enim *timor* fuit, ut in favore gentis Hebraicæ ipsa quodammodo viderentur elementa pugnasse. Et intende quia per figuram metonymiam, quæ Latine transnominatio dicitur, *Ægyptum*, non *Ægyptios* memorat fuisse lætatos. Per id enim quod continet, id quod continetur ostensum est.

Vers. 39. *Expandit nubem in protectionem eorum, et ignem ut luceret eis per noctem*. Utrumque munus contra temporis inclementiam probatur esse concessum. *Nubes* data est, ut solis temperaret ardorem; *ignis* concessus est, ut tenebrarum potuisset auferre caliginem. Hoc est tertium, quod Israelitico populo constat esse concessum.

Vers. 40. *Petierunt carnes, et venit coturnix, et pane cœli saturavit eos*. Intuere quemadmodum superata sunt vota desiderantium. *Carnes petit* populus Hebræorum, et *coturnices* accepit. Constat enim tam in volatilibus quam in quadrupedibus carnes esse sine dubio dulciores. Deinde unum postulavit, et geminata venerunt. Sequitur enim, *et pane cœli saturavit eos*. Sunt enim ista Exodi lectione notissima, quando coturnices in modum imbris densissimi depluebant [*ed.*, defluebant]; manna quoque ut Judæus populus satiaretur, accepit. Sed ut hæc in præfigurationem facta monstraret, non dixit, manna, sed *pane cœli*, quatenus in illo munere Domini Salvatoris sentiretur adventus. Ipse est enim *panis vivus qui de cœlo descendit* (*Joan*. VI, 51). Manna quippe dicitur, sicut in septuagesimo septimo psalmo declaratum est, quid est hoc ? Cujus nominis auferens quæstionem, quod interrogatio illa mannæ perquirebat, expressit dicendo, *pane cœli saturavit eos*. Sic enim et cœli Dominus indicatur, et quid sit manna evidenter agnoscitur [*ed.*, ostenditur].

Vers. 41. *Disrupit petram, et fluxerunt aquæ, abierunt in sicco flumina*. Hoc quoque in figuram gerebatur Domini Christi, ut petra aquas profudisset irriguas. Christus enim Dominus petra spiritualis est, qui vitales aquas emanat, unde satiatum desiderium animæ sitim nesciat ulterius sustinere. *Abierunt in sicco flumina*, significat gentium peccatores, qui merito sicci dicuntur; quoniam delictis siccabuntur urentibus [*ed.*, arentibus]; isti imbre Domini virescentes, in novum hominem pullularunt, de quibus Dominus dicit : *Venit enim Filius hominis quærere et salvum facere quod perierat* (*Luc*. XIX, 10).

Vers. 42. *Quia memor fuit verbi sancti sui, quod locutus est ad Abraham puerum suum*.

Vers. 43. *Et eduxit populum suum in exsultatione, et electos suos in lætitia*. In his duobus versibus, miraculorum quæ superius dixit causa narratur; ideo enim dicuntur facta, quoniam Abrahæ constabant esse promissa. Et respice quod dicit, *electos suos eduxit in lætitia*: quoniam illi qui murmuraverunt Domini furore percussi sunt.

Vers. 44. *Et dedit eis regiones gentium; et labores populorum possederunt*.

Vers. 45. *Ut custodiant justificationes ejus, et legem ejus requirant*. Venit ad septimum beneficium. Dixit enim primum, eductos in auro et argento; deinde ex eis nullum infirmatum; tertio expansam nubem, quæ et lumen præstaret in tenebris, et in die removeret solis ardorem; quarto coturnicem datam; quinto refert cœlesti pane satiatos; sexto in locis aridissimis aquas irriguas emanasse; et postremum promissionum veritatem fuisse completam, ut eis et regiones gentium traderet, et labores inimicorum pietate copiosissima largiretur. Quod enim dixit, *regiones gentium*, ad possessionem videtur pertinere terrarum; *labores* vero *populorum*, ad divitias longo tempore congregatas. Et ne in præsentibus rebus hærerent corda mortalium, intulit spiritualia bona, ut ejus debeant et requirere et custodire mandata, ne tantum in illis spem haberent; quæ si ad tempus deliniunt, non tamen ad cœlorum regna perducunt, sicut Apostolus dicit: *Quod si in hac vita tantum in Christo sperantes sumus, miserabiliores sumus omnibus hominibus* (*I Cor.* xv, 19). *Justificationes* autem ejus sunt, ut Deum toto corde diligamus, proximos tanquam nos amemus, patrem veneremur, filium charum habeamus, et cæteræ justitiæ, quæ in diverso rerum genere sunt præceptæ. Has admonet custodire [*ed.*, *custodiri*], quia earum rerum evidens est et absoluta præceptio. *Lex* vero ejus fuit die sabbato debere requiesci, in Pascha agnum anniculum immolari, sacerdotes cum veste mystica ad altare accedere, et cætera quæ in hunc modum a Domino præcepta noscuntur. Sed hæc et his similia non corporaliter, sed spiritualiter sunt quærenda. Ideo enim addidit, *requirant*, quia novit præcepta legis umbram et speculum esse futurorum.

Alleluia.

Hoc non otiose percipias, quod aliis psalmis *alleluia* in capite et in fine ponitur, aliis vero in solo titulo prænotatur. Isti enim qui in capite fineque concordant (ut opinor) ad illam intelligentiam referendi sunt quam in psalmis esse diximus qui capite et fine similiter terminantur, ut sunt præcedentes centesimus secundus et centesimus tertius. Sive quia expressius semper infunditur, quod sententia iterata geminatur, ut est, *Non sic impii, non sic*; et, *fiat, fiat*; vel, *Amen, amen, dico vobis*; et *Abba, Pater*; hoc est enim Abba, quod Pater. Sit forte et alia causa quæ latet. De hac autem re nec a doctoribus nostris aliud potuimus accipere, nec nobis est aliquid amplius sentire concessum.

Conclusio psalmi.

Ecce utrumque *alleluia* cantatum est, decursus est psalmus cœlesti laude plenissimus, qui et præterita veraciter referret, et in futuris nos salubriter commoneret. Passi sunt Ægyptii dignissimas ultiones; acceperunt Judæi dona cœlestia. Nunc unusquisque nostrum exspectet eorum retributionem, quorum imitatur exemplum. Inspiciendum est autem lumine cordis quod in fine psalmi positum est, ut ad justificationes Domini, et in lege ejus tota mentis intentione dirigamur. Nam et si bona temporalia suscipimus, sicut Abraham, Isaac, Jacob cæterique fideles qui abundanti facultate floruerunt, in illam partem esse potius debemus intenti, unde ad cœlorum possimus regna perduci. Ista enim quæ delectabilem videri faciunt mundum, in æternitate non habent locum. Meminisse autem debemus hunc psalmum secundum esse horum qui dum miracula Hebræis collata describunt, per figuram allegoriam [*ms. G. et ed.*, *allegoricam*], quæ aliud dicit, aliud significat, ventura Christiani populi sacramenta declarant.

EXPOSITIO IN PSALMUM CV.

Alleluia.

Ecce iterum alleluiatica nobis gaudia redierunt; ecce breviter præcipitur ut Domino totius psalmi jubilatione cantetur. Sed inspiciamus quod a superioribus dictis nec titulum nobis cognoscitur mutasse, nec causam. Titulus est enim *Alleluia*, causa confessio, quæ miro modo ad laudes Domini omnino fecunda est. Quantorum enim hinc ora soluta sunt? Hinc Moyses cum viris, germana ejus Maria cum feminis transitum Rubri maris divina laude celebrarunt. Hinc Debbora jucunda exsultatione præcinuit. Multi etiam prophetæ canticos diversos tanti miraculi confessione profuderunt. Non immerito, quia magnalia ista totius humanæ redemptionis sacramenta testantur. Ab Ægyptiis enim eripimur, quando ab operibus diabolicis divino munere liberamur. Mare Rubrum transimus, quando baptismatis sacramenta percipimus. In deserto pascimur, quando divina gratia concedente in mundi istius rerum bonarum largitate satiamur. Ad terram promissionis perducimur, quando in illa felici patria munere supernæ pietatis intramus, ut merito talis causa frequenter iterata prædicetur, quæ tantorum magnalium præfiguratione decoratur.

Divisio psalmi.

Introducitur confitens populus Hebræorum, qui, relicta perfidia patrum suorum, ad pietatem Domini (ipso miserante) perductus est, ut intelligamus, cum fuerint conversi, et ipsos *Alleluia* merito pro sua redemptione cantare. In prima igitur narratione deprecatur propheta ut societur populo beneplacito, qui erat Domini Salvatoris adventu de gentibus congregandus. Secunda patrum suorum peccata dinumerat quæ fecerunt in Ægypto: mirabilia Domini recto corde minime contuentes, pium tamen Dominum ab inimicis suis eos liberasse confirmans. Tertia, ad peccandi studia refert eos reversos; Dominum tamen electi sui Moysi precibus dicit fuisse delinitum. Quarta, iniquitates eorum asserit iteratas, Dominumque illos decrevisse perdere, nisi Phinees servi sui supplicatione placaretur. Quinta, ad aquam contradictionis Moysen ab illis exacerbatum esse commemorat, posteaque filios suos in cultura idolorum crudeliter occidisse. Unde Dominus vehementius iratus, tradidit eos gentium servituti, ac deinde misertus in conspectu inimicorum eos reddidit gloriosos. Sexta, precatur quod noverat esse venturum, ut de universis nationibus Ecclesia catholica congregetur, et laudes Domino æterna exsultatione concelebret. Nunc partes psalmi per apertas divisionum semitas ambulemus.

Expositio psalmi.

Vers. 1. *Confitemini Domino, quoniam bonus, quoniam in sæculum misericordia ejus.* **360** Sicut superior psalmus in primo versu declaravit, quia confessio illa ad laudes Domini debuisset aptari: ita et hic designat confessionem istam ad medicinam pœnitudinis applicandam. Sed et hoc quoque ad præconia Domini pertinere non dubium est, quando major gloria est pietatis confitenti parcere, quam viventi sine offensione præstare. Hebræorum siquidem com puncta congregatio, et divina inspiratione correcta, loquitur ad reliquam plebem, ut antiqui erroris pravitate damnata, ad divinam debeat redire clementiam. Et ne aliquis de culparum suarum numerositatibus [ed., numerositate] terreretur, addidit, *Quoniam bonus.* Quis enim dubitet ad eum recurrere, quem sibi audit posse celerrime subvenire? *Bonus* enim Dominus recte dicitur, qui delinquentem pascit, qui exspectat errantem, *Qui solem suum facit oriri super bonos et malos, et pluit super justos et injustos* (ms. G. et ed., *impios*) (*Matth.* v, 45). Hoc etiam ipsius Veritatis voce declaratur : *Nemo bonus, nisi solus Deus* (*Marc.* x, 18). Addidit, *quoniam in sæculum misericordia ejus*. Audito bono Domino, ne se humana negligentia ab studiosa et sedula supplicatione suspenderet, remedii causam dicit : ut ad confessionem celerem Domini debeat munere festinare. *In sæculum*, vitæ hujus significat cursum, ubi miseri sunt quicunque delinquunt; ubi fas est corda nostra converti, et misericordiam postulare. Ibi enim damnatio est confiteri peccatum, ubi jam constat esse judicium.

Vers. 2. *Quis loquetur potentias Domini, auditas faciet omnes laudes ejus?* Populus iste quem diximus, divinorum operum æstimatione completus, negat humanum sensum comprehendere, quod de illa plenissime [mss. A., B., F., *plenissima*] debeat Majestate narrare. *Quis* enim, significat nullum. Cui enim aut ingenium suppetit ad cogitandum, aut lingua ad depromendum, ut tanta immensitas unius possit ore narrari? Ubi merito dicendum est : Non mihi si linguæ centum sint, oraque centum, ferrea vox. Addidit etiam, *auditas faciet omnes laudes ejus.* Et hic quoque subaudiendum est, *quis*, ut perfecta nobis possit constare sententia. Pulchra autem varietate dictum est : *quis auditas faciet omnes laudes ejus?* Illa enim possunt audiri, quæ probantur et dici. Hic quoque modus inter proprias locutiones habendus est.

Vers. 3. *Beati qui custodiunt judicium et faciunt justitiam in omni tempore.* Postquam negavit laudes Domini posse comprehendi, sententiam dicit qua se consoletur genus humanum, ut cùm illa nequeat implere, hoc saltem *custodire* festinet. *Custodire* enim *judicium* est, qui inter alios recte judicat; *justitiam* autem *facit*, qui æquabiliter agit. Sive ille *beatos* dicit, qui *judicium* in fide *custodiunt; justitiam* vero in opere demonstrant. Sed vide quoniam addidit, *in omni tempore*, sicut in Evangelio dicit : *Qui perseveraverit usque in finem, hic salvus erit* (*Matth.* xxiv, 13). Merito ergo isti tales *beati* dicti sunt, qui præcepta Domini pura mente custodiunt. Hæc tertia species definitionis est, quæ Græce ποότης, Latine qualitativa dicitur, quæ dicendo quid quale sit, id quid sit ostendit.

Vers. 4. *Memento nostri, Domine, in beneplacito populi tui; visita nos in salutari tuo.* Orant devoti, ut inter eos debeant æstimari, qui Domino fideli opere placuerunt. Novimus enim Israeliticum populum partim contumacem fuisse, partim in Domini constitisse mandatis. Unde isti suppliciter precantur ut in illorum societate debeant annumerari, quibus potest æterna beatitudo gratia Divinitatis attribui. Et ut fides eorum perfectissima nosceretur, optant se *visitari* a Domino Salvatore, cujus adventu se noverant esse salvandos. Ipse est enim *salutaris*, de quo beatus Simeon ait : *Nunc dimittis* [ed., *dimitte*] *servum tuum, Domine, secundum verbum tuum in pace : Quia viderunt oculi mei salutare tuum, Quod parasti ante faciem omnium populorum; Lumen ad revelationem gentium, et gloriam plebis tuæ Israel* (*Luc.* II, 29, 30, 31).

Vers. 5. *Ad videndum in bonitate electorum tuorum, ad lætandum in lætitia gentis tuæ, ut lauderis cum hæreditate tua.* Hoc est quod se petebant a salutari Domino visitari, ut bonitatem ejus viderent, quam electis erat adventus sui munere præstaturus; quatenus cum Christiano populo gauderent, qui de ejus erat [ed., *erant*] incarnatione lætaturus [ed., *lætaturi*]. Ipsa est enim *gens* Domini, quæ de gentium est diversitate collecta, ut esset grex unus, et pastor unus. Sequitur harum rerum suavissimus fructus, *ut laudetur* Dominus *cum hæreditate* sua. Utrumque enim conjunctum est, quia in præconio Domini sui fidelis famulus [ed., *populus*] sine dubitatione laudatur, sicut in superiore psalmo dictum est : *Laudamini in nomine sancto ejus.* Quapropter fidelis iste populus tanto desiderio ad conspectum Domini festinabat, tanta se Christianæ plebi charitate miscebat, ut nefas sit putare eum spiritu non fuisse conspectum, quem tanta gratia cognoscimus expetitum, sicut ipse in Evangelio dicit : *Abraham desideravit videre diem meum; vidit et gavisus est* (Joan. VIII, 56).

Vers. 6. *Peccavimus cum patribus nostris; injuste egimus, iniquitatem fecimus.* Venit ad secundam narrationem, ubi prædictus populus humili satisfactione prosternitur; ut illa in principio psalmi declarata videatur esse confessio. Dicit enim, *peccasse se cum patribus*, quoniam in eorum erant lumbis et origine constituti. Nam cum fuerit tempus longe divisum, quando in Ægypto patres eorum miracula facta carnaliter acceperunt, cum nulla Domino satisfactione responderent; et ætas ista multum posterior esset, quam præsentis psalmi series cantaretur, dubium non est illa eos peccata gemere, quæ ex parentum suorum probabantur nequitia sustinere. Hoc hæresis Pelagiana non accipit, dum putat originale peccatum ad prolem Adæ nullatenus pervenire potuisse. Cum majoribus enim suis peccant, qui se per gratiam Domini ab eorum delicto non separant. Quod Pater Augustinus diligentissima librorum disputatione convicit (*Lib.* I *contra Julianum*). Nunc autem quando Domino aspirante mens compuncta resipuit, merito a se peccata parentum volebat abstergi, qui ab ipso cœperat obligationibus segregari. Et ut purissimæ confessionis firmitas appareret, hæc eadem trina iteratione confirmat. Hoc est enim *Peccavimus* quod *injuste egimus*; hoc est *injuste egimus*, quod *iniqui tatem fecimus.* Tanto enim unusquisque celerius absolvitur, quanto a semetipso vivaciter damnetur. Quæ figura dicitur schesis onomaton, id est multitudo nominum conjunctorum diversis verbis unam rem significantium. Est et alia nobis in hoc loco tradita expositio : quia cum majoribus suis peccat, qui delicta similia non 361 declinat, sed eadem facit quæ priores suos fecisse cognoscit; ita tamen ut a posteris reatus originalis peccati, nisi per gratiam Domini non possit excludi.

Vers. 7. *Patres nostri in Ægypto non intellexerunt mirabilia tua, et non fuerunt memores multitudinis misericordiæ tuæ, et irritaverunt ascendentes in Rubrum mare.* Duo sunt quæ beneficia donata commendant, intellectus et memoria; quod utrumque in perfidis fuisse denegatur. *Non intellexerunt,* pulcherrima locutione signatum est. Videbant enim præstari; sed qua causa fieret, non ab eis probabatur agnosci. Nam decem plagis percussi sunt Ægyptii, ut Decalogo futuro Hebræorum gens devota serviret. Dimissi sunt a Pharaone, ut et illi relinquerent diabolum cum ministris. Sed illi carnaliter quæ gesta sunt intuentes, spiritualis gratiæ minime præmia quæsiverunt. *Non fuerunt* autem *memores misericordiæ Domini,* quando videntes Pharaonis exercitum antequam mare Rubrum divideretur, credebant se evadendi subsidia perdidisse; et contra Moysen locuti sunt melius tibi fuisse duro subjacere servitio, quam tota gens perire potuisset in eremo. Post hæc consequens fuit, ut *irritarent* Dominum *ascendentes in Rubrum mare,* quando non crediderunt posse fieri, quod ejus audiebant omnipotentiam polliceri. Ita factum est, ut nec intelligerent virtutem Domini, nec ejus beneficia devota mente retinerent. Bene autem positum est, *irritaverunt,* quasi per se quietum atque placatum, infensum et iracundum sibimet reddiderunt. *Ascendentes* autem *in Rubrum mare,* dictum constat positione terrarum : quoniam cunctis regionibus Ægyptus perhibetur humilior, et inde discedentes loca petere visi sunt altiora.

Vers. 8. *Et liberavit eos propter nomen suum, ut notam faceret potentiam suam.* Dicendo, *propter nomen suum,* designare mihi videtur Dominum Salvatorem, cujus vocabulo convenit salvare periclitantes. Deus enim quando liberat peccatores, non propter merita eorum præstat, sed propter nominis sui potentiam demonstrandam; ut pius evidenter appareat, si immeritis beneficia larga concedat. Quod enim dicit, *notam fecit potentiam suam,* non carnalibus utique oculis, sed spirituali cogitatione videntibus. Nam si omnibus *notam fecisset,* nequaquam durus populus de incredulitate peccasset.

Vers. 9. *Et increpavit mare Rubrum, et exsiccatum est; et deduxit eos in aquis multis sicut in deserto.* Increpationem vocavit occultum Divinitatis imperium : quia mare in Exodo voce Domini nusquam legitur increpatum. Agit enim ille occultis motibus universa quæ præcipit, et quasi ad audientes loquitur, quæ sensum non habent attributum. Tanta enim virtus jussionis est, ut parere prævaleant, quæ audire non noverunt. Siccatum mare non pro universitate debemus accipere, sed tantum quantum illis iter aperiret. Nam plus inde miraculum fuit ut undæ liquidæ excisis lateribus constitissent, nec fluenta fluerent, sed montium quadam firmitate consisterent. Sequitur, *et deduxit eos in aquis multis sicut in deserto. Desertum* est maxime quod aquarum inundatione deseritur, ut nullum ibi animal possit habitare periculo siccitatis ingenito. Educti sunt ergo Hebræi per abyssum tanquam per loca deserta, quæ nimia sterilitate siccantur : ostendens quoniam sic aruit illa via fluentorum, ut usque ad iter potuisset pervenire pulvereum.

Vers. 10. *Et liberavit eos de manu odientium, et redemit eos de manu inimicorum.* Quamvis esset et hoc beneficium, si eos de potestate aliena liberaret, tamen auxit muneris quantitatem dicendo, *de manu odientium;* quibus utique parcere non poterant, quos immaniter impetebant. Horrebant plane propter quos et tantas plagas susceperant, et rerum suarum amissione privabantur. Intelligitur etiam de conspirata dæmonum cohorte, quæ humanum genus stimulo peccatorum et odit et percutit. Sequitur, *et redemit eos de manu inimicorum.* Hoc si ad litteram velis accipere, non videtur posse congruere; nam, ut liberaret Hebræos, nullum Ægyptiis pretium dedit, quibus magis pro sua contumacia plagarum dura geminavit. Sed hoc propheticæ spiritu dictum credamus de temporibus Christianis, quando Dominus Salvator peccatores obnoxios pretioso sanguine suo a diaboli redemit imperio.

Vers. 11. *Et operuit aqua tribulantes eos : unus ex eis non remansit.* Hoc quidem ad litteram sine controversia videtur intelligi, quia nota est in Exodo commemorata descriptio. Verum *unus ex eis non remansit,* non ad universam Ægyptiorum gentem respicit, sed tantum ad insequentium multitudinem tendit, quæ ibi usque ad minimum probatur exstincta. Remanserant enim de Ægyptiis, qui lætarentur in profectione eorum; sicut in psalmo superiore dixit : *Lætata est Ægyptus in profectione eorum;* sed illi scilicet qui in casu simili non fuerunt.

Vers. 12. *Et crediderunt in verbis ejus, et cantaverunt laudes ejus.* Post miraculum tale dicendo, *crediderunt,* duritiam cordis demonstrat; quod non ante eventum rei, sed post effectum miraculorum credere maluerunt. Nam etsi bonum sit visis rebus acquiescere, multo melius promissa credidisse; sicut in Evangelio Thomæ dicit : *Quia vidisti credidisti : beati qui non viderunt et crediderunt* (Joan. xx, 29). Quod vero addidit, *et cantaverunt laudes ejus,* hymnum significat Exodi qui ait : *Cantemus Domino, gloriose enim honorificatus est* (Exod. xv, 1), et cætera quæ Hebræus populus peracto miraculo magna exsultatione cantavit, sicut in tituli expositione narratum est.

Vers. 13. *Cito fecerunt; et obliti sunt operum ejus; non sustinuerunt consilium ejus.* Venit ad tertiam narrationem. *Cito fecerunt;* ac si diceret, summa celeritate mutati sunt, ut qui laudes Domino de collatis mirabilibus canebant, paulo post contra eum nefandas murmurationes assumerent. *Non sustinuerunt consilium ejus,* quando prius conceperunt desperationem, quam ejus parata beneficia provenissent. Dominus enim, qui eos liberaverat talibus tantisque miraculis, nullam eos victualium rerum passus fuerat penuriam sustinere. Sed illi anticipaverunt consilium supernum, qui ejus noluerunt exspectare dispositum; more fragilitatis humanæ, quæ dum sibi nimia festinatione providere putat, incaute dispositionem Divinitatis anticipat.

Vers. 14. *Et concupierunt concupiscentias in deserto, et tentaverunt Deum in siccitate.* Hoc erat quod consilium ejus minime sustinuerunt, ut in deserto comestionem sub diffidentia peterent, et aquam sibi dari sub murmurationibus postulassent. Quæ figura dicitur cacozelon, id est mala affectatio, quoties ingenium judicio caret, et spe boni fallitur præcipitata velocitas. *Concupierunt* autem *concupiscentias.* Genus hoc locutionis in Scripturis sanctis omnino creberrimum est; ut est, *Desiderio desideravi manducare vobiscum pascha* (*Luc.* XXII, 15); et illud, *Qui maledixerit patri vel matri, morte morietur* (*Exod.* XXI, 17); sive, *Castigans castigavit me Dominus* (*Psal.* CXVII, 18), et his similia. Ostendit enim nimietatem desiderii positio geminata verborum.

Vers. 15. *Et dedit eis petitiones* [mss. A., B., *petitionem*] *ipsorum; et misit saturitatem in animas eorum.* Temporalia petentes, merito carnea beneficia susceperunt. Duobus enim modis dicimus animam esse satiatam, cum escis corporalibus pro carnis infirmitate reficitur, et cum spirituali jucunditate completur. Sed hic *animas eorum* carnibus potuque dicit esse saginatas, ut ipsa voluntas quæ desperatione peccaverat, rebus emergentibus vinceretur.

Vers. 16. *Et irritaverunt Moysen in castris, et Aaron sanctum Domini.* Saturitatem ventris secuta seditio est, quæ plerumque causas excitat, unde pericula perniciosa proveniant. *Irritari* aliquem dicimus, ad iracundiam provocari aut actionibus aliorum improbis, aut verbis asperrimis. Illud enim significat, quando Dathan et Abiron honorem sibi contra Moysen et Aaron excitatis contentionibus assumebant. Unde eorum pœna prosequitur, *irritaverunt* enim viros sanctos ad interitum suum : quia per invidiam loquebantur, quod Domino displicuisse agnoscitur. Quod congrue inter laudes Domini ponitur, quia suos famulos vindicasse declaratur.

Vers. 17. *Aperta est terra et deglutivit Dathan, et operuit super congregationem Abiron.* Hæc, ut testatur Numerorum liber (*Cap.* XVI, 31, 32), supra illos contigisse manifestum est qui gratiam supernam Aaron et Moysi collatam venenosis invidiæ dentibus appetebant, ut sibi honorem contumaciter assumerent, quem supradictis cognoverant misericordiam Domini contulisse. Quibus similis exitus provenit, quia causa una schismatis fuit; deglutiti sunt a terra, quia terrena sapuerunt, ut ipsa pœnæ qualitas scelerata facta testetur.

Vers. 18. *Et exarsit ignis in synagoga eorum, et flamma combussit peccatores.* Hoc factum est supra ducentos quinquaginta complices Dathan et Abiron, qui eorum infeliciter vota secuti sunt, ut thuribula tenere præsumerent, quod idem Numerorum textus eloquitur (*Num.* XVI, 35). *Synagoga* vero hic non templum significat, sed adunationem, quam perustam divino constat incendio, ut qui in incensi præsumptione peccaverant, cœlesti flamma cremarentur. Ideo enim addidit, *eorum,* ut eam a populo Domini separatam fuisse sentires. *Flamma* vero dicta est a flagello comarum suarum.

Vers. 19. *Et fecerunt vitulum in Horeb* [mss., *Coreb*], *et adoraverunt sculptile.* Hoc quoque notissimæ historiæ narratione declaratur, quando Moysi absentiam Judæi minime tolerantes, prodigioso sensu in Horeb monte deserti, deum metallicum sibimet effecerunt. Sed quanto ipsis jumentis deteriores erant, qui nec vivum pecus æstimabant irridendis devotionibus adorandum! *Horeb* vero interpretatur *Calvaria,* ubi postea Dominum crucis patibulo carne constat occisum; ut in ipso eodemque nomine jam tunc et in illo deserto Horeb culturam Domini perfidi nefanda præsumptione violarent, quorum posteritas erat in Calvariæ loco crucifixura Dominum Christum. Illud quoque æstimo considerandum quod dixit, *adoraverunt sculptile,* quia in Exodo legimus vitulum conflatilem collatis ornamentis monstruoso quodam indicio fuisse formatum. Sed duas res hic dictas debemus advertere, ut vitulum adoraverint in deserto, et postea sculptilia simulacra in repromissionis terra coluerint; quod in subsequentibus ipse dicturus est.

Vers. 20. *Et mutaverunt gloriam suam in similitudinem vituli manducantis fenum. Gloria* eorum fuit adorata Divinitas, quam infelici commutatione perdentes, usque ad hoc pervenire meruerunt, ut deserentes cœli terræque Creatorem, deum sibi facerent similitudinem *vituli fena comedentis.* O nefarium scelus sic potuisse decipi, qui tanta miraculorum fuerant visione cumulati! Quale enim piaculum fuit, mutum animal Deo simile credere, quod sacrilegium fuisset vel hominibus comparare? Sed hoc totum impatientia fecit levissimorum hominum, quæ semper ducit ad culpas et præcipitat ad ruinam. Nam si causam rei sub veritate discutias, nullum crimen est quod non impatientia matre nascatur. Contra hoc illud vere remedium est, illud fixum indubitatumque præsidium : *Exspectans exspectavi Dominum, et respexit me* (*Psal.* XXXIX, 2).

Vers. 21. *Obliti sunt Deum, qui salvavit eos, qui fecit magnalia in Ægypto, mirabilia in terra Cham* [ms. G. et ed., *Chanaam*], *terribilia in mari Rubro.* Magna crescit super Judæos oblivionis invidia; ut quod beneficium in mente habere potuissent, quibus liberatio sua in memoria permanere non valuit. Et ne putaretur parvum, quod ab animo videbatur ex clusum, **dicit**, *magnalia;* quæ etsi pro beneficiis collatis a perfido animo retinere non poterant, certe vel pro ipsa rerum magnitudine recolere [*ms. G et ed.,* recoli] **debuerunt.** Addidit etiam, *mirabilia,* quæ nullo modo excusabiliter, quamvis mutabiles de suis mentibus **excludere debuissent.** Ad postremum cumulavit et *terribilia,* quæ solent humanis animis vivacius insidere, **quorum** dum pavor revolvitur, memoria non deletur. Sed qualis hic stupor, qualis accusatur amentia, ut inter tanta magnalia declinare potuissent, quæ a tanto operabantur auctore. Et considera quam multas res singulorum verborum adjectione cumulavit. Quæ figura dicitur auxesis, id est augmentum paulatim ad superiora conscendens. Hoc sive in laudibus, sive in vituperationibus omnino prævalidum est.

Vers. 22. *Et dixit ut disperderet eos : si non Moyses electus ejus stetisset in confractione in conspectu ejus, ut averteret iram ejus, ne disperderet eos.* Hæc omnia **Exodi textus** enarrat, quando Dominus ad Moysen locutus est, ut tam acriter peccantem populum ira sua consumere permisisset; sed ille *in confractione,* id est in perditione illa quam populus merebatur* excipere,* stetit contra Dominum dicens : *Si dimittis illis peccatum, dimitte; sin autem, dele me de libro tuo* (*Exod.* xxxii, 31, 32). O sanctum virum, et omni laude dignissimum, quando a monte Sina ad castra **descendit,** et ante simulacrum vidit populum nefanda gesticulatione gaudentem, commotus adversus eos tabulas fregit, et gladio alterutrum jussit interfici; sed ubi universalis calamitas imminebat, se potius precatur exstingui, ne pateretur gentem generaliter 363 interire. Utrumque pium, utrumque gloriosum; ut merito loqueretur cum divina clementia, qui ejus dilexit facere constituta. Simul et illa virtus ostenditur, quia precibus sanctorum sæpe pœnas debitæ mortis evadimus; non quia valet aliquis Domini mutare disposita, sed, ita ut eveniunt. ab eo noverit esse præscita.

Vers. 23. *Et pro nihilo habuerunt terram desiderabilem; non crediderunt in verbo ejus.* Venit ad quartam narrationem, in qua Judæos nec futuras promissiones in animo dicit habuisse, nec transacta miracula. Ideo enim nulla videbantur, quia semper carnaliter et visa et audita cogitabant. Desiderium siquidem **corporale** cito fastiditur acceptum. Sed adverte quam magna *terra* intelligentibus fuerit, ut *desiderabilis* esse diceretur; illis tamen nulla visa est, quia nihil in ea spirituale senserunt. Sequitur, *non crediderunt in verbo ejus.* Filium significat, cui plebs nefandissima non credebat. Sive hoc ad litteram congruenter aptatur, quia ideo murmuraverunt, quod ejus promissionibus minime credere maluerunt. Multa enim de se eorum perfidia facit intelligi, sed ubique reatus est.

Vers. 24. *Et murmuraverunt in tabernaculis suis; non exaudierunt vocem Domini.* Dum murmurationes exercent, *vocem Domini* nullatenus *audierunt.* Istud enim illis plerumque contingit, qui dum aliis vocibus occupantur, alia exaudire non possunt. Et nota quod hoc verbum exauditionis communi usu supplicibus tantum, non superioribus applicatur. Unde, quia hic dicit non exauditum Dominum, constat inter proprias elocutiones Scripturæ divinæ rationabiliter esse referendum. Addidit, *in tabernaculis suis,* ut non hoc laborantibus, sed otiosis contingere videretur. Major enim criminis crescit invidia, cum murmurare contigit otiosis.

Vers. 25. *Et elevavit manum suam super eos, ut prosterneret eos in deserto.*

Vers. 26. *Et ut dejiceret semen eorum in nationibus, et dispergeret eos in regionibus.* Hic justitia Domini præmittitur, ut secuta pietas majore gloria sentiatur. Dicit enim insurrexisse Domini potestatem, ut in excedentibus vindicaret, eosque *in deserto prosterneret,* qui præcepta Domini audire noluerunt. Deinde ut *semen eorum,* id est reliquos eorum humiliatos inter nationes redderet, qui pridem gloriosi cunctis gentibus exstiterunt. Ad postremum inclinatos atque despectos per *regiones dispergeret,* ne quidquam ulterius de sua congregatione præsumerent.

Vers. 27. *Et consecrati sunt Beelphegor, et manducaverunt sacrificia mortuorum.*

Vers. 28. *Et irritaverunt eum in studiis suis, et multiplicata est in eis ruina.* In his versibus et excessus major, et vehementior ira subjungitur; ut non solum ad tempus sacrificasse, sed etiam ipsi quoque idolo gentium *Beelphegor consecrati* esse viderentur. Sic enim in culturas dæmonum ritusque transierant, ut jam non Domini, sed dæmonum servi esse probarentur. Pulcherrime autem dictum est, *sacrificia mortuorum,* quia defunctis hominibus impendi cultura ipsa probabatur, quos gentilitas immortales deos esse judicabat. Sed intende sollicite quod *multiplicatam ruinam* supra eos dicit quibus erat sancti sui precibus parciturus. Illud enim quod debebatur, multiplicatum dixit mole peccati; ut major fieret clementia quibus numerosior relaxabatur offensa.

Vers. 29. *Stetit* [mss. A., B., *et stetit*] *Phinees, et exoravit, et cessavit quassatio.*

Vers. 30. *Et reputatum est illi ad justitiam, in generationem et generationem usque in sæculum. Stetit,* verbum ipsum soliditatem mentis ostendit: ut in illa generali perturbatione solus ausus fuerit confidentiam deprecantis assumere. Nam cum legatur (*Num.* xxv, 7, 8) telo transfixisse Judæum qui mulieri Madianitidi contra vetitum Domini miscebatur, tamen quoniam hoc zelo divino fecisse cognoscitur, oratio magis dicta est quam operatio. Quisquis enim bonis actibus occupatur, exorat. Cujus homicidium non horruit, quoniam adulterii maculam vindicavit. In tantum enim post effusum sanguinem innocens fuit, ut ipsius quoque judicis meruerit voce laudari.

Vers. 31. *Et irritaverunt eum ad aquas contradictionis, et vexatus est Moyses propter eos, quia exacerbaverunt spiritum ejus. Et distinxit in labiis suis.* Venit ad quintam narrationem, ubi illa refertur offensio, quando post tot ostensa miracula sub nefandis murmurationibus aqua petebatur, quæ sic noscitur expetita, ut *contradictio* magis videretur esse quam postulatio. Ibi enim Moyses, sicut in libro legitur Numerorum (Cap. xx, 10), nimia Judaici populi importunitate succensus, diffidenter excrepuit dicens : *Audite me, rebelles et increduli ; num de petra hac vobis aquam poterimus ejicere?* Quo sermone et ipse quoque peccavit, qui jam tantis miraculis præacceptis non credidit Dominum quæ fecit esse facturum. Quod dictum *labiis suis* a priore constantia omnino *distinxit* atque separavit, quando istud ambigue locutus est, dum illa certissima fide promisisset. Quod locutionis genus Scripturæ divinæ proprium esse dicimus, quando hoc nec litteræ sæculares, nec communis usus exercet. Hic autem Moyses, sanctitate servata, hac tantum meruit ultione percelli, ne in terram introiret promissionis, qui de Domino magna promittere non præsumpsit. Nam post obitum ejus cum ad Jesum Nave loqueretur Dominus dixit : *Confortare igitur, et esto robustus valde, ut custodias et facias omnem legem quam præcepit tibi Moyses servus meus* (Jos. i, 7). Dicendo enim *servus meus*, gratiam in eo mansisse suæ pietatis ostendit.

Vers. 52. *Non disperdiderunt gentes quas dixerat* [mss. A., B., dixit] *Dominus illis.*

Vers. 53. *Et commixti sunt inter gentes, et didicerunt opera eorum; et servierunt sculptilibus eorum, et factum est illis in scandalum.* Tanquam parum [ed., parvum] fuisset quod peccaverat in deserto populus Hebræorum, sic postquam terras promissionis intravit, oblitus Domini mandatorum, cum illis se magis gentibus vetita societate conjunxit, quas propter idolorum culturas eis fuerat delere præceptum : addentes malum sceleribus suis, ut se eorum quoque superstitione polluerent; *factaque illis est scandalum* [ed., *in scandalum*] repromissionis terra, quæ fuerat in magnum præmium, Domino largiente, concessa. Miserrimi hominum, qui Dei munus in peccata verterunt, ut quod ille donaverat ad gratiam, excedentibus fieret ad ruinam. Sic monemur recte uti beneficiis divina largitate concessis : ne magis inde pereamus, unde sublevati fuisse cognoscimur. *Scandalum* Græcum nomen est, significans sinistrum, quod mentes eorum in lævam partem perversa imitatione deduxit.

364 Vers. 54. *Et immolaverunt filios suos, et filias suas dæmoniis.*

Vers. 55. *Et effuderunt sanguinem innocentem, sanguinem filiorum suorum et filiarum.* Quamvis in Scripturis divinis effusum sanguinem humanum ab Hebræis qui in terram repromissionis ingressi sunt, in sacrificiis dæmonum non legatur, tamen ab ætate sequenti hoc fieri potuisse non dubium est, quando et præsens Scriptura index probatur esse veritatis. Et inspice quemadmodum veraci relatione peccantium exaggeratur iniquitas. Primo enim dixit : *Effuderunt sanguinem innocentem;* et ne putarentur extranei, addidit, *filiorum suorum et filiarum,* quorum salus in humana conversatione dulcissima est, ut illis non parcerent pro quibus pii parentes etiam interfici non recusant.

Vers. 36. *Quos sacrificaverunt sculptilibus Chanaan.*

Vers. 37. *Et interfecta est terra in sanguinibus, et contaminata est in operibus eorum; et fornicati sunt in observationibus suis.* Adhuc in ipsa auxesi in his duobus versibus perseverat; quod schema Græce dicitur climax, Latine gradatio, quia per gradus quosdam, sive in laude, sive in vituperatione sensus noster ascendit; quam proxime quidem diximus, sed non piget frequenter repetere quod auctoritas ipsa cognoscitur iterare. Et quia dixerat *filiorum filiarumque sanguinem fusum,* adhuc crescit invidia, adhuc grandescit scelus, quando illa monimenta charitatis horrendis sculptilibus sacrificata memorantur. *Interfectam igitur terram* crudeles homines debemus accipere, qui se magis iniqua devotione trucidarunt; interficiendo enim filios suos, tam nefario scelere parentes potius videbantur exstingui. Tropica enim locutione positum est *interfectam terram,* dum terreni homines dicantur malis actionibus interempti. Exposuit enim quemadmodum *interfectam* dixerit *terram* cum carnales et insipientes pessima fuerint actione demersi. Nam illi *fornicati* videntur in Domino, qui se adulterinis superstitionibus polluerunt.

Vers. 38. *Et iratus est animo Dominus in populo suo, et abominatus est hæreditatem suam.*

Vers. 39. *Et tradidit eos in manus gentium, et dominati sunt eorum qui oderunt eos.*

Vers. 40. *Et tribulaverunt eos inimici eorum, et humiliati sunt sub manibus eorum.* Hoc quoque tropica locutione dictum est; quia perturbatio animi cadere non probatur in Dominum, sed vindictæ ejus excitata potentia, humana consuetudine ira vocitatur. Sed quid fecit iratus? Aversus est ab illis, quod malorum omnium constat extremum. Sic quando illud quod continet subducitur, necesse est ut earum quæ continentur rerum ruina protinus consequatur. Traditi sunt enim opprobrio servitutis, qui gloriari videbantur in idolis. Sequitur, et *dominati sunt eorum* [ms. G. et ed., *eis*] *qui oderunt eos.* Quamvis omnis dominatus gentilis videatur esse molestissimus, addidit, *qui oderunt eos,* ut gravius esset cum serviret infenso. Nullis enim obsequiis talis Dominus placari potest; nam qui semper odit, semper iratus est. Denique vide quid sequitur, *et tribulaverunt eos inimici eorum, et humiliati sunt sub manibus eorum.* Talis ergo vicissitudo recipiatur, ut qui amanti Domino servire noluerunt, odientibus inimicis justo judicio probarentur esse subjecti.

Vers. 41. *Sæpe liberavit eos. Ipsi autem exacerbaverunt eum in consilio suo; et humiliati sunt in iniquitatibus suis.*

Vers. 42. *Et respexit eos cum tribularentur, cum exaudiret orationem eorum.* Duplici modo hic misericordia Divinitatis [ed., Domini] exponitur. Præmisit beneficia, et humana non cessavit iniquitas; intulit vindictam, et afflictis iterum dignata est donare clementiam; ut intelligamus ipsum et bona præmittere, et flagellatis denuo subvenire. Hoc enim in his versibus reperis, si diligenter intendis.

Vers. 45. *Et memor fuit testamenti sui, et pœnituit eum secundum multitudinem misericordiæ suæ.* Causam dicit quare fuerit Israeliticus populus, cum sæpius peccaret, auditus; nec usque ad perditionem debitam Domini miseratione pervenerit; propter *Testamentum* scilicet novum quod est æternum, ubi Domini adventus eluxit, qui nulla successione mutabitur. Ipse enim promissus est Abrahæ, quia de ejus erat semine nasciturus; hoc erat absconditum in prophetis, sed Evangelii tempore revelatum est. *Pœnituit* autem, more humanitatis edicitur, quæ dum pœnitet, consuevit mutare dispositum. Apud Dominum enim cuncta certis modis ordinata discurrunt; nec aliquid novum contra præscientiam ejus evenit, dum omnia quæ sunt facienda cognoscit. Necesse enim fuit ut nobis nostro more loqueretur, qui naturam mortalitatis, ut nos in æternum vivificaret, assumpsit. Sed considera quia ista pœnitentia Domini tunc fieri dicitur, quando et nos pœnitentes esse cognoscit. Talis enim nobis ille efficitur, quales nos sibi esse probaverit. Addidit, *secundum multitudinem misericordiæ suæ.* Ipsa est quæ cuncta peccata superat, ipsa quæ usque ad nostram carnem venire dignata est. *Multitudo* enim *misericordiæ* juste dicitur, per quam mundus noscitur esse liberatus.

Vers. 44. *Et dedit eos in misericordias, in conspectu omnium qui eos ceperant. In misericordias* dicit *eos datos,* quia diversa charismatum munera susceperunt. Alii enim prophetæ, alii apostoli, alii martyres, alii confessores ex ipso populo Domini miseratione floruerunt, ut eosdem postea miraculorum intuitu venerarentur gentes, quos ante velut abjecta mancipia possederunt. Sive magis ad diabolum vel ministros ejus referri potest, ut eoram iis redderentur liberi, quorum pravitate prius videbantur esse captivi. Unde Apostolus dicit: *Principem potestatis aeris hujus, qui operatur in filiis* [ed., *in filios*] *infidelitatis* (*Ephes.* II, 2); et alibi: *Ut resipiscant a diaboli laqueis captivati* [mss. A., B., F., *capti*] *ab ipso secundum ipsius voluntatem* (*II Tim.* II, 26).

Vers. 45. *Salvos fac nos, Domine Deus noster, et congrega nos de nationibus.*

Vers. 46. *Ut confiteamur nomini sancto tuo, et gloriemur in laude tua.* Populus ille cui ab initio psalmi istius verba dedimus, postquam se copia Dominicæ laudis explevit, sexta narratione Patrem Dominum deprecatur ut Ecclesiam suam de gentium congregatione perficiat. Illud quoque subjungens, *et gloriemur in laude tua,* non in humana jactantia, sed in te, ubi est revera fixa gloria, et sine fine lætitia. Et intuere quod hic salvare dicitur *Pater*; legitur etiam et Filium salvare, ut est illud: *Venit Filius hominis salvum facere quod perierat* (*Luc.* XIX, 10). Prædicatur etiam salvare Spiritum sanctum, ut est illud ad Titum: *Salvos nos fecit per lavacrum regenerationis et renovationis Spiritus sancti* (*Tit.* III, 5). Sic Individisibilis Trinitatis æqualitas atque unitas, et ver-

A bis similibus et virtutibus indicatur.

Vers. 47. *Benedictus Dominus Deus Israel a sæculo et usque in sæculum; et dicet omnis populus: Fiat, fiat.* Hæc est laus quam superiore versu congregatus optavit populus [ms. G. et ed., congregatos optavit populos] personare. Hoc etiam nunc sancta canit Ecclesia, quæ se de tanto bono præsenti tempore consolatur. Sed hoc dicit ab isto sæculo usque ad illud perpetuum sæculum esse faciendum, ut continuata laus nunquam debeat habere fastidium. Sed cum prædictos hymnos devotus Judæorum populus canat, quis est iste alter qui dicit: *Fiat, fiat,* scilicet (ut mihi videtur) populus ille præputii est, qui eo tempore in fide non erat, quando psalmus iste canebatur; qui tamen prophetiæ virtute futurus introductus est, ut amore universitatis diceret: *Fiat, fiat.* Sic hodieque in ecclesiis orantibus sacerdotibus respondetur *Amen,* id est, *Fiat.* Sic jam illis temporibus ipsi indicabantur, qui nunc idem faciunt. Convenit enim magis hæc verba ad talem intellectum trahere, quam librorum determinationes advertere, sicut quibusdam placet.

Conclusio psalmi.

Cantatum est *Alleluia* festivum, responderunt omnia titulo suo. Nam licet diversa dicta sint, in unam tamen gratiam tanquam voces canori organi convenisse noscuntur. Quapropter summo desiderio supplicemus, ut nos de beneplacito sibi populo esse concedat, qui de pravis recta, de amaris dulcia, de temporalibus facere consuevit æterna; quatenus et nos in Christo Domino gloriantes communiter dicere mereamur: *Benedictus Dominus Deus Israel a sæculo et usque in sæculum.* Meminisse autem debemus quod hic psalmus, quamvis habeat, *Peccavimus cum patribus nostris, injuste egimus, iniquitatem fecimus,* ad pœnitentes tamen non debeat applicari. Primum, cui festivum *Alleluia* præmissum est; deinde quia loquitur populus Hebræorum, cum singulæ personæ pœnitentibus dentur; tertio plus historiam continet quam delicta deplorat. In multis præterea psalmis de peccati satisfactione breviter invenis dici; cum tamen non ad ipsam causam videantur aptari.

EXPOSITIO IN PSALMUM CVI.
Alleluia.

Quoniam psalmus iste cum aliis duobus superioribus simili titulo prænotatur, convenire putamus ut nos quoque ipsorum relationes sub una expositione memoremus; quatenus munus tanti secreti facilius possit intelligi. In primo *Alleluia* commendatur populus Judæorum, de quo nulla querela est. Secundo eos commemorat, qui in eadem gente creberrimis offensionibus erraverunt, et ad Domini gratiam ipsius miseratione reversi sunt. Hic autem commonetur populus Christianus, ut laudes Domini pro collatis sibi beneficiis debeat personare. Sic [ed., hic] breviter potest intelligi, quod in unoquoque eorum debet inquiri. Unde nunc propheta (ut dictum est) commonet populum Christianum, qui Domini redemptione salvatus est, ut confitendo præterita, novum cantet *Alleluia*. Vox ista suavis est, hic sermo festivus est. Quapropter veneranter audiamus stupenda magnalia, quæ tanti tituli splendore prænotantur.

Divisio psalmi.

Post Hebraici populi confessionem, de quibus præcedentes psalmi locuti sunt, propheta venit ad populum Christianum, qui per spatia totius orbis superstitionum solitudine atque errore vagabatur : in prima sectione commonens eum ut laudes Domini debeat confiteri, quoniam ejus glorioso sanguine redemptus Ecclesias accepit, qui per aras dæmonum lucosque stulto rapiebatur errore. Secunda gratias dicit Domino peragendas, qui gentilium animas veritatis pabulo jejunas, religionis suæ ubertate satiavit, et eorum vincula peccatorum inexsuperabili virtute dirupit. In tertia Patri gratias præcipit esse referendas, quia Dominus Christus adveniens, diaboli portas æneas vectesque ferreos omnipotentiæ suæ majestate confregit. Quarta Domino Christo sacrificium laudis a sacerdotibus commonet offerendum, qui inter sæculi hujus immanissimos fluctus Ecclesiarum gubernationi quasi quibusdam navibus præsidere noscuntur : describens quemadmodum et ipsorum tentationibus virtus divina subvenire digna tur. Quinta iterum dicit a sacerdotibus et senioribus Dominum esse laudandum, qui squalentem mundum ariditate peccati in amœnissimam jucunditatem cœlesti munere commutavit ; quod videntes recti corde nimia exsultatione gaudebunt. Illud autem considerandum est, quod prædictæ partes similibus versibus inchoare noscuntur. Quod genus carminis a magistris sæcularibus intercalare vocitatur : ubi adeo repetitio crebra geminatur, ut necessaria commonitio frequenti repetitione dulcescat.

Expositio psalmi.

Vers. 1. *Confitemini Domino, quoniam bonus, quoniam in sæculum misericordia ejus.* Prævidens propheta populum Christianum adventu Domini gratiam percepturum : ne securitate tanti beneficii aliqua negligentia lentaretur, commonet eum et prodere peccata sua, et laudes Domini personare : quia hoc verbum, *confiteri*, ad utrumque diximus pertinere. Ille enim præconia Domini salutariter assumit, qui prius eum delictorum suorum confessione placaverit. Subsequitur etiam, *quoniam bonus*, ut peccatoribus sit confidentia post satisfactionem pio Domino supplicare. *In sæculum* vero hic, significat in æternum : quia nullum tempus est quod ab ejus misericordia reperiatur exceptum. Nam et hic consuevit parcere, et ibi fidelibus dignabitur æterna præmia condonare. Ita fit ut semper *bonus* supplicibus suis, semper misericors approbetur ; nam et cum judicat bonus est, quia justitia bona est.

Vers. 2. *Dicant nunc qui redempti sunt a Domino, quos redemit de manu inimici. Dicant* utique *Alleluia*, quod titulus ait, et se jucunditer exsultationibus consolentur qui ad Domini gratiam venire me-

ruerunt. Significat autem specialiter populos gentium, qui sanguine Domini redempti, et de potestate diaboli ipsius miseratione sublati sunt. Tanta enim duritia rigens atque stupida manus illius fuit, ut nisi fuso sacro sanguine laxari nullo tempore potuisset. Nam ad eos pertinere quod dicitur, sequentia declarant.

Vers. 3. *De regionibus congregavit eos : a solis ortu et occasu, ab aquilone et mari.* Per figuram periphrasim, quæ Latine dicitur per circuitum, exponit diabolicæ dexteræ quæ fuerit potestas in toto orbe diffusa ; ut beneficium sanctæ incarnationis hominibus innotescat, quæ et auctorem perniciosum majestatis suæ potentia religavit, et vincto vasa mortis eripuit. Dixit prius, *De regionibus*. Et ne putares de paucis provinciis congregatos, addidit, *a solis ortu et occasu, ab aquilone et mari*. Cum tres cardines mundi designaverit, pro quarto, id est pro australi posuit mare : ab illa parte Oceanum volens intelligi, qui cunctam mundi marginem dicitur circumire. Similis est et illa descriptio in Genesi, ubi semini Abrahæ universum orbem promittit, dicens : *Leva oculos tuos, et vide a loco in quo nunc tu es, ad aquilonem et austrum, et ad orientem et ad mare, quod est occasus* (Gen. XIII, 14). *Occasus* enim dicitur, quasi horarum casus. Ita mare quod hic posuit pro austro, ibi pro occidente constat esse nominatum. Vocabulum siquidem istud pro qualibet parte mundi potest competenter aptari, quando universam terram circulo fertur suæ pervagationis includere. Unde evidenter advertitur hanc generalem adunationem non de Judæis dici, sed de Ecclesia catholica, quæ ex toto orbe noscitur congregata.

Vers. 4. *Erraverunt in solitudine in siccitate, viam civitatis habitationis non invenerunt.*

Vers. 5. *Esurientes et sitientes, anima eorum in ipsis defecit.* Quamvis diversæ gentes gauderent numerositate populorum, tamen in solitudine versabantur, cum nullos verissimos doctores, nullam Ecclesiam habere probarentur ; quia superstitiosa gentilitas *viam civitatis* Domini, ubi habitare debuisset, necdum cum idolis sacrificaret, invenerat. *Esurientes* autem *et sitientes* curiosos hujus sæculi significat viros, qui veritatis semitas diversis opinionibus exquirebant. Sed quoniam non crediderant ejus Auctori, in vera sapientia non poterant inveniri. Sequitur, *anima eorum in ipsis defecit. In ipsis*, utique laboribus atque studiis eorum animositas lassata succubuit : quia sic Deum desiderabant quærere, quemadmodum non poterant invenire.

Vers. 6. *Et clamaverunt ad Dominum cum tribularentur, et de necessitatibus eorum liberavit eos.*

Vers. 7. *Et eduxit eos in viam rectam, ut irent in ivitatem habitationis.* Quemadmodum duobus versibus superioribus descripsit errantes, ita nunc duobus aliis refert ad Domini dona redeuntes. *Clamaverunt*, significat magno desiderio quæsierunt. Quæ tamen compunctio a Domino venit, ut illud desideranter petatur, quod cognoscitur esse proficuum. Et ut vim ipsius nominis indicaret, addidit, *cum tribularentur.* Quo tempore clamor cordis totis viribus excitatur, quando et imminens periculum timetur, et præsumptio humana subducitur. Sed vide quid clamor iste præstiterit; videlicet ut *et de necessitatibus liberarentur,* et semitas veritatis agnoscerent; quatenus qui pridem in invio errore vagabantur, accepta via sanctissimæ religionis ad Ecclesiæ beatæ feliciter atria pervenirent.

Vers. 8. *Confiteantur Domino misericordiæ ejus, et mirabilia ejus filiis hominum.* Venit ad secundam sectionem, in qua commonet jam fideles ut Domino gratias referre non desinant, qui ejus copiosa beneficia perceperunt. Veraciter autem et salutariter dictum est debere *Domino confiteri misericordias suas,* quia quidquid in nobis videtur laudabile, ejus constat esse clementiæ, qui peccata relaxat, spem tribuit, et ad bonitatis suæ dona perducit. Nam quod dicit pluraliter, *misericordias,* illud significat, quoniam multis quidem, sed diversa largitur, sicut dicit Apostolus : *Sed unusquisque proprium donum habet ex Deo, unus quidem sic, alius autem sic (I Cor.* vii, 7). Quapropter pio Domino semper dignum est *confiteri,* qui nos et a periculis liberat, et splendore suæ pietatis illuminat. Miracula vero quæ fecit tempore incarnationis suæ, per evangelistas et apostolos posteris dicit esse prædicanda, sicut constat effectum. Memento autem quod hic versus per quatuor divisiones usque ad finem sine aliqua permutatione repetitur, ut sicut de quatuor mundi partibus dicit Ecclesiam congregatam, ita de totidem cardinibus orbis laudes misericordiæ ipsius devotis mentibus offerantur.

Vers. 9. *Quia satiavit animam inanem, et animam esurientem satiavit bonis. Inanis* est *anima,* quando mundi perversitatibus occupata, ad Creatorem suum reverti nulla devotione festinat. *Animam* vero *esurientem* dicit, quando jam divina gratia visitata ad Domini [mss. A., B., F., a Domino] desiderat venire medicinam. Quod factum est in gentibus, quæ intentionem suam primum in idolorum vanis desideriis occupabant; tunc enim erant inanes et vacuæ, quando bonis fructibus privabantur elusæ. Secundo *esurientes satiatæ* sunt, quando Domini miseratione commonitæ, vota sua ad pœnitentiæ studia transtulerant.

Vers. 10. *Sedentes in tenebris et umbra mortis: vinculis ligatos, in mendicitate et ferro.* Gentium quæ ante adventum Domini fuerunt, In hoc versu vita describitur; *sedebant* enim *in tenebris,* quoniam [mss. A., B., F, quando] vacuatæ lumine fidei, perfidiæ cæcitate reddebantur obscuræ. Et cum dicit, *sedentes,* ostendit eas longo situ ibidem fuisse versatas. *Umbra mortis* fuit sæculi istius vita vitiosa, quæ illius futuræ mortis teterrimam portabat imaginem, *Vinculis* utique *ligati* erant, qui dominatione diaboli, peccatorum tenebantur nexibus obligati. *Mendicitas* ad indigentiam boni pertinet : ubi multo gravior est omnino penuria, quæ non corpus, sed, quod est gravius, animam probatur affligere. *Ferrum* significat duritiam malorum, quoniam ferreum plerumque dicimus quod durum esse monstramus.

Vers. 11. *Quia exacerbaverunt eloquia Domini, et consilium Altissimi irritaverunt.*

Vers. 12. *Et humiliatum est in laboribus cor eorum; et infirmati sunt, nec fuit qui adjuvaret.* Intuendum est quod in his duobus versibus figura sit parison, id est æquatio sententiæ; exponit enim in primo versu quemadmodum peccaverint, et in secundo quæ receperint. Quod schema in hoc psalmo frequenter, diligens lector, invenies. De illis enim dicit qui *sedebant in tenebris et umbra mortis,* quia contra Domini eloquia facientes, in ejus regulis vivere respuebant. Et necesse erat ut paterentur iratum, quem judicabant esse temnendum. Denique vide quid sequitur, *et consilium Altissimi irritaverunt. Irritaverunt* plane, ut qui superbi in prosperitatibus exstiterunt, in tribulationibus et angustiis humiles redderentur. Justum consilium, saluberrima medicina, ut morbus sæculi contrario remedii munere curaretur. Adjecit, *infirmati sunt,* id est a. sæculi præsumptione dejecti sunt ; ut facilius ad pœnitentiæ remedia pervenirent, si incitamenta contumaciæ perdidissent. Additum est, *nec fuit qui adjuvaret,* subaudiendum , alter. Nemo enim præstat periclitanti, nisi cui omnipotens Deus præceperit subvenire.

Vers. 13. *Et clamaverunt ad Dominum cum tribularentur, et de necessitatibus eorum liberavit eos.*

Vers. 14. *Et eduxit eos de tenebris et umbra mortis, et vincula eorum disrupit.* Ecce quare humiliati sunt, quare infirmati; scilicet ut *ad Dominum clamarent,* delicta propria confitentes. Silebant enim in elatione positi, velut insensata pecora nullum verbum salutare fundebant. Compunctio facta est, et tunc vocem proficuam reddiderunt. Et inspice misericordiæ Domini quibus distinctionibus exponuntur. Primo, *de necessitate* [ed., *necessitatibus*] *liberavit eos,* qui premebantur servitute diaboli. Deinde, a superstitionum suarum *tenebris eduxit* animas peccatorum sorde pollutas. Tertio, non dixit, *vincula eorum solvit,* sed, *disrupit.* Sic diaboli tyrannica potestas Christo veniente disrupta est, ut nunquam in illam qua fuit dominationem redire prævaleat.

Vers. 15. *Confiteantur Domino misericordiæ ejus, et mirabilia ejus filiis hominum.* Venit ad tertiam sectionem, ubi illum versum repetit, quem in secunda parte jam dixit. Hi sunt intercalares, quasi in medio calle positi, id est in carminis itinere constituti. Admonet enim liberatos [mss. A., B., F., liberatori] gratias agere, quia januas peccatorum et malorum omnium claustra virtus divina confregit.

Vers. 16. *Quia contrivit portas æreas, et vectes ferreos confregit.* Hæc est causa qua dicit Domino confitendum, quia pro liberatione nostra *portas æneas vectesque confregit,* ut ipso nobis viam præbente, vitam istam possimus sub securitate transire. *Portæ* sunt *æneæ* hominum consuetudines vitiosæ, quæ nos ita in peccatorum atriis recludunt, ut exeundi nequeant praebere licentiam. *Vectes* autem *ferreos*, spiritus immundos non improbe videmur accipere, qui illas januas peccatorum, ne circumdatos exire liceat, obserare [mss. A., B., F., observare] noscuntur. Haec enim duo metalla pro fortitudine delictorum videntur adhibita. Sed ista hominum viribus desperata virtus divina *confregit*, quando periclitantes adventus sui lumine miserata respexit.

Vers. 17. *Suscepit eos de via iniquitatis eorum: propter injustitias enim suas humiliati sunt.* Quamvis omnia Dominus majestatis suae praesentia complere videatur, tamen sic a peccatoribus longinquus redditur, ut non ei fiant proximi, nisi quando ad eum ipsius miseratione venerint compuncti. Sed quantum noceat ista desertio, patenter exponitur; dicit enim, *propter injustitias suas humiliatos;* non illa humilitate vitali: alia est enim illa humilitas quae erigit, non ista quae dejicit. Humiliatur quippe in interitum, qui ad illam non meruerit pervenire medicinam.

Vers. 18. *Omnem escam abominata est anima eorum, et appropiaverunt* [mss. A., B., F., *appropinquaverunt*] *usque ad portas mortis.* Quantum ad litteram pertinet, languentium consuetudo describitur, qui per fastidia cibi, discrimen incurrere probantur exitii. Sed hic spiritalem *escam*, id est legem Domini et salutaria praecepta potius debemus advertere, unde fidelis anima vivit, et copia superna reficitur: de qua impiorum mens exitiosa fame jejuna est, dum aegrotante anima bonarum rerum noscitur sustinere penuriam. Gravis morbus et exsecranda calamitas, divinae legis appetentiam non habere; nam unde possit vivere, si suam vitam coeperit non amare? Hinc factum est ut ad illa claustra mortifera venirent [ms. G. *et ed.*, veniretur]; quae ideo non sunt ingressi, quoniam erant Domini miseratione liberandi.

Vers. 19. *Et clamaverunt ad Dominum cum tribularentur, et de necessitatibus eorum liberavit eos.* Istum versum constat esse repetitum, quoniam in simili causa unam decuit esse sententiam.

Vers. 20. *Misit verbum suum et sanavit eos, et eripuit eos de interitionibus eorum.* Hic agnoscimus qualis languor sit spirituales delicias fastidire, ut sola coelestis Medici praesentia tale potuisset periculum aegritudinis amputare. Venit enim Dominus Salvator, qui nos reficeret ac sanaret: ne spiritualis cibi jejunia peccatorum corda consumerent. Nam quod ait, *Misit verbum suum*, ad charitatem dicitur Patris, non ad imparilitatem potentiae; nam mittitur et a Filio Spiritus sanctus, sicut et ipse in Evangelio ait: *Expedit vobis ut ego vadam: si enim non abiero, Paraclitus non veniet ad vos; si autem abiero, mittam eum ad vos* (Joan. XVI, 7). Et iterum Filius mittitur ab Spiritu sancto, sicut Isaias de Christo ait: *Spiritus Domini super me, propter quod unxit me, evangelizare pauperibus misit me* (Isai. LXI, 1). Mittitur etiam potior a minore, sicut Tobias angelum misit. Sed neque minor est Filius dum a Patre mittitur, nec Spiritus sanctus Filio, quoniam ab eodem destinatur. Iste siquidem sermo ad concordiam pertinet, non ad distantiam potestatis; nam aequalitatem esse in Trinitate potentiae vel naturae, in Scripturis divinis frequenter asseritur; quod inter alios decenter a Patre nostro Augustino in libro Testimoniorum constat esse collectum (*Et ser.* 181, *de Temp.*).

Vers. 21. *Confiteantur Domino misericordiae ejus, et mirabilia ejus filiis hominum.* Quarta sectio repetitis versibus introitur, quibus expositio praedicta sufficiet. Commonet autem sacerdotes ut Domino sacrificent, et mirabilia ejus populis non desinant praedicare.

Vers. 22. *Et sacrificent sacrificium laudis, et pronuntient opera ejus in exsultatione.* Domino sacrificium reddit qui laetus hostiam laudis obtulerit: quia multo praestantius est cum bonis actibus psalmodiae illi jubilationes offerre, quam pecudum victimas immolare. Nam qualia sacrificia sint praebenda consequenter exponit; scilicet ut 368 praedicatores beneficia ejus tacere non debeant; quatenus et ipsi reddant debitum, et fidelibus competens doctrina [mss. A., B., F., medicina] monstretur. Sed qualis sit ista pronuntiatio aptissimo verbo declaratur, id est *in exsultatione;* non tristis, non diffidens, sed laetus atque promptissimus, ut ab audientibus possit intelligi confidentia praedicantis. Illa enim celerius acquiescimus credere, quae doctores videmus fixa et grata mente praedicare.

Vers. 23. *Qui descendunt mare in navibus, facientes operationem in aquis multis.* Cum dicit, *descendunt mare*, significat sacerdotes qui saeculi istius procellosa descendunt. Nam cum dicit, *descendunt*, ostendit inferiora loca esse saeculi, ad quae *descendi* posse testatur. *In navibus* autem (ut saepe diximus) Ecclesias significat, quae ligno crucis mundi istius tempestates enavigant. Sic enim *mare descenditur* atque transitur, si tutissimis navibus insideatur, ubi gubernator est Christus, ubi remiges apostoli, et sanctorum pontificum beata collectio. Sequitur, *facientes operationem in aquis multis*. Adhuc in eadem comparatione persistit. Sacerdotes sunt enim qui operantur in aquis multis, id est praedicant populis Christianis. *Aquas* enim *multas*, populos significare non dubium est, quando in Apocalypsi, quid essent *aquae* interroganti Joanni responsum est: *Populi sunt* (Apoc. XVII, 15). Quis autem verior potest esse intellectus, nisi quem tantae veritatis confirmat auctoritas?

Vers. 24. *Ipsi viderunt opera Domini, et mirabilia ejus in profundo.* Ipsi praedicatores qui operas ejus spirituali intelligentia cognoverunt; ut mare Rubrum, baptismum; ut Jonae triduanam illam ferini ventris innoxiam habitationem sepulcrum Domini significare cognoscerent; et his similia, quae Scripturarum divinarum praefigurationibus agebantur. Eoque fit ut *mirabilia ejus in profundo* respiciant qui operas ejus spirituali aestimatione considerant.

Vers. 25. *Dixit, et stetit spiritus procellae, et exaltati sunt fluctus ejus.*

Vers. 26. *Ascendunt usque ad cœlos, et descendunt usque ad abyssos: anima eorum in malis tabescebat.* Ne illi, quos superius dixit operam Domini in profundo posse conspicere, aliqua elatione turgescerent, nunc eorum procellas et fluctus consequenter exponit. *Dixit, et stetit spiritus procellæ*, significat quando Dominus tempestates tribulationum nostrarum pia miseratione suspendit: ne malis crescentibus obruamur, sed iterum nisi ipso protegente liberemur. Hæc dilatio nobis fit majoris causa periculi. *Exaltantur enim fluctus* in mentibus humanis, quando putamus meritis nostris attribui, unde sola videmur divina gratia posse liberari. Sed isti *fluctus* narratione pulcherrima describuntur. *Ascendunt enim usque ad cœlos*, quando sæculi elationibus eriguntur; *descendunt usque ad abyssos*, cum in desperationem metumque pervenerint. Et vide quid sequitur, *anima eorum in malis tabescebat*; utique, quoniam usque ad profundas abyssos formidine faciente descenderant. *Tabescebat* enim et in bono positum est, sicut trigesimus octavus psalmus dicit: *Et tabescere fecisti sicut araneam animam ejus* (*Psal.* XXXVIII, 12). Sed hic ideo additum est, *in malis*, ut in qua parte positum sit, absolute debuisset intelligi.

Vers. 27. *Turbati sunt, et commoti sunt sicut ebrius, et omnis sapientia eorum devorata est.* De ipsis adhuc dicit de quibus superius ait, *anima eorum in malis tabescebat. Turbati sunt*, ad confusionem pertinet sensus; *commoti sunt*, ad iras protinus evomendas. Quapropter talium *sapientiam* dicit esse deglutitam, quia sapientia non potest nisi apud quietos et imperturbatos animos inveniri. *Sapientia eorum* bene de illis dicitur qui sibi ante videbantur esse doctores: sed eam constat esse deglutitam, quæ perturbatis mentibus non prævalet apparere. His igitur exemplis monentur sacerdotes, ut Domino supplicent; quatenus cor eorum in humilitate consolidet, ne diabolicis tentationibus ventilentur.

Vers. 28. *Et clamaverunt ad Dominum cum tribularentur, et de necessitatibus eorum liberavit eos.*

Vers. 29. *Et statuit procellam ejus in auram, et siluerunt fluctus ejus.* Illi velut ebrii, quorum sapientia deglutita videbatur, clamore salubri ad vitalia consilia redierunt. Ad Dominum quippe conversi, cœperunt esse jam sobrii. Quid autem egerit auxiliaris clamor exponitur, *et de necessitatibus eorum liberavit eos*. Ipsæ autem necessitates, quemadmodum remotæ sint, allegorica descriptione narrantur. Sequitur enim, *et statuit procellam ejus in auram, et siluerunt fluctus ejus*. Tempestas illa sævissima, quæ ab humana fragilitate non poterat sustineri, in auras jussa disparuit, confestimque fragor ille sævientium malorum imperio Dominantis obmutuit.

Vers. 30. *Et lætati sunt quia siluerunt; et deduxit eos in portum voluntatis eorum, et de necessitatibus eorum liberavit eos.* Dicit quod solet post pericula labore fessis emergere, ut se gaudeant ingenti clade liberatos, quando ad portum cœperint venire tutissimum. *Portus* enim a portandis navibus est dictus.

Subjungitur repetita quidem, sed nimis grata conclusio, ut *de necessitatibus* cunctis *liberaretur* animus æstuantis.

Vers. 31. *Confiteantur Domino misericordiæ ejus, et mirabilia ejus filiis hominum.* Venit ad quintam sectionem, ubi gratias agere Domino sanctam monet Ecclesiam: quia diversa beneficia humano generi pius miserator indulsit. Sed inspice quod eumdem versum quarto repetiit; ut quadrifaria illa mundi divisio, quam superius dixit, *a solis ortu et occasu, ab aquilone et mari*, his concordans partibus redderetur; quatenus fidelis confessio ubique eadem, ubique celeberrima cantaretur. Congruebat enim ut unam religionem, unum populum, unam Ecclesiam, una quoque sanctitas prædicationis includeret.

Vers. 32. *Et exaltent eum in ecclesia plebis, et in cathedra seniorum* [ms. G et ed., *senum*] *laudent eum.* Exaltari dicit Dominum, qui supra omnes cœlorum terrarumque potestates excelsus est; non quod illi quidquam possit addi, sed ut nos in ipsius exaltatione debeamus augeri. Nam quando eum cogitamus atque laudamus, immensus et incomprehensibilis apparet Altissimus. Hic autem *plebem*, non quodcunque abjectum hominum genus debemus accipere, sed illam nobilem veraque religione pollentem, quæ Dominum religiosis actibus semper exaltat. Nam cum dicit, *et in cathedra seniorum laudent eum*, omnes doctores præcipit laudes Domini personare, qui *in cathedra seniorum* residere noscuntur; id est qui successores veterum pontificum esse meruerunt. Cathedram siquidem doctoribus dari, in primo psalmo sufficienter expositum est.

Vers. 33. *Quia posuit flumina in desertum, et exitus aquarum in sitim.* Causam reddit quare debeat Domino confiteri turba fidelium: quia reprobata perfidia Judæorum, omnis plenitudo venit ad populum Christianum. Illa siquidem *flumina*, id est prophetæ vel apostoli non credentibus Judæis ad deserta gentium transierunt. Nam cum verba Dei contumax populus Hebræorum spiritualiter nequaquam suscipere voluisset, velut fons irriguus derivatus ad gentes omnes divinus sermo translatus est, et facti sunt uberrimi, qui prius siccati fuerant ariditate peccati. Mirabiliter autem dictum est, *exitus aquarum in sitim*, id est, ad gentes quæ aquas cœlestes sitienter haurirent, non ut Judæi exitiabili contemptu respuerent.

Vers. 34. *Terram fructiferam in salsilaginem, a malitia inhabitantium in ea.* Quia prius dixerat gentium evocationem, quæ pertinet ad Christianos, nunc dicit expulsionem Judæorum, quæ illis per superbiam provenisse declaratur. *Terra* enim erat *fructifera*, quando superna religione florebat; sed facta est salsilago, cum Domini præcepta contempsit. Humor enim salsus fructibus probatur adversus: quia ubicunque dominatus fuerit, gratiam fecunditatis intercipit. Sed quare illis contigerit causa subjuncta est: propter *malitiam* scilicet eorum qui terram illam fructiferam, id est Domini tabernaculum subdolosis [ed., subdolis] mentibus habitare videbantur.

Vers. 35. *Posuit desertum in stagna aquarum, et terram sine aqua in exitus aquarum.*

Vers. 36. *Et collocavit illic esurientes; et constituerunt civitatem habitationis.* Iste versus ad populum pertinet Christianum, quorum siccitati sacri baptismatis data est unda salutaris. *Stagna* enim pro fontibus Ecclesiarum arbitror posita, a quibus suscepta aqua, quieto lacu retinetur, donec novæ regenerationis dignitas impleatur. *Stagna* siquidem a stando dicta sunt. *Terra* enim *sine aqua*, incredula significat corda gentilium, quæ rigata unda baptismatis, sancta prædicatione floruerunt. Sed in isto beneficio *collocati sunt* qui Domini munera gloriosa nimis aviditate complexi sunt. *Civitas* autem *habitationis* est Ecclesia catholica, in qua firmiter se constituunt qui supernis jussionibus obsequuntur.

Vers. 37. *Et seminaverunt agros, et plantaverunt vineas; et fecerunt fructum nativitatis.*

Vers. 38. *Et benedixit eos, et multiplicati sunt nimis, et jumenta eorum non sunt minorata.* Seminant agros et plantant vineas, qui corpora sua mundatis sentibus peccatorum cœlesti institutione purificant; ut fructus illos inveniant, qui Domino placere noscuntur. Felix labor, proventus mirabilis, sic operari ut Redemptor gentium placatus possit agnosci. *Ager* enim dictus est ab agendo, quod ibi diversa victus causa peragantur. Addidit, *et fecerunt fructum nativitatis, et benedixit eos, et multiplicati sunt nimis.* Fructus a fruendo dicitur; et ideo qui fructum spiritualem faciunt, benedictione Domini perfruuntur: quos vero infecundos esse contigerit, absciduntur; sicut Evangelii illa ficulnea, quæ luxuriantibus foliis sterilis videbatur in pomis. *Multiplicati sunt autem*, quando fideles benedicti sanctas operas [mss. A., B., opulentias] intulerunt, et gloriosiores facti sunt per Dei gratiam fecunditate meritorum. Sequitur, *et jumenta eorum non sunt minorata. Jumenta* simplices homines debemus accipere, fidei quidem probitate pollentes, sed nulla disertitudine gloriosos, meliores vita quam lingua: plurimum valentes, non sermone, sed corde, qualem Paulum legimus simplicem qui dæmonibus imperavit. Tales ergo non sunt minores facti, qui magnam videntur Domini gratiam consecuti. Sic ista hominum duo genera habere sanctam testatur Ecclesiam.

Vers. 39. *Pauci facti sunt, et vexati sunt a tribulatione malorum et dolore.*

Vers. 40. *Et effusa est contentio super principes eorum: et seduxerunt eos vana eorum, et seduxit eos in invio, et non in via.* In his duobus versibus illos describit qui hæretica pravitate decepti, Ecclesiam Domini derelinquunt; de quibus Joannes Apostolus dicit: *A nobis exierunt, sed non erant ex nobis; nam si essent ex nobis, mansissent utique nobiscum* (I Joan. ii, 19). Isti ergo *pauci* sunt, quamvis multi sibi esse videantur; nam ad illam universalem Ecclesiam comparati, omnimodis probantur exigui. *Hi vexati sunt a tribulatione malorum et dolore; vexati* utique, quando eos diabolicæ insidiæ perculerunt. Necesse est enim hos *dolor* et *tribulatio* subsequatur, qui auctorem salutis reliquisse noscuntur. Sequitur, *et effusa est contentio super principes eorum.* Breviter sacerdotes hæreticorum designati atque notati sunt, a quibus merito dicitur *effusa contentio*; quia non salutari doctrina, sed tantum mortifera loquacitate contendunt; quippe qui Scripturas divinas locis aliquibus suscipiunt, et pro parte maxima derelinquunt. Hi quoniam sua vanitate seducti sunt, per invia labuntur erroris: quippe qui viam salutis deserunt, et tortuosis semitis immorantur. Audiant ergo ubi ambulant, et quo possint pervenire cognoscant.

Vers. 41. *Et adjuvit pauperem de inopia, et posuit sicut oves familias.*

Vers. 42. *Videbunt recti, et lætabuntur, et omnis iniquitas oppilabit os suum.* Superius de arrogantibus hæreticis dixit, nunc ad humiles catholicos redit, principes illorum jejunos deserens, et istorum *pauperes* adjutorio cœlesti reficiens. Iste enim *pauper* est unus ex [ms. G. et ed., in] omnibus, qui mundanis illecebris derelictis, continue januam cœlestis misericordiæ pulsat, ut in illam familiam mereatur admitti, quæ sicut *oves* innoxiæ simplicitatis honore decorantur. Hoc cum sancti viderint, sine dubitatione gaudebunt, quia fidelem respiciunt suis cœtibus acquisitum. Quo facto diaboli iniquitas obmutescet, quando electis Domini non erit quod possit opponi.

Vers. 43. *Quis sapiens et custodiet hæc, et intelliget misericordias Domini?* Mirabilis psalmus decoro fine conclusus est. *Quis sapiens?* ac si diceret: Qui vere sapiens est custodit ista quæ dicta sunt, ut Christi se magis velit esse pauperem, quam hæreticorum principem; ut eligat se cœlestis Regis pulsare januam, quam docere verba nocentia. Iste enim qui potuerit sic eligere, sic judicare, tunc accipiet *misericordias Domini*, quæ nullo possunt tempore terminari.

Conclusio psalmi.

Licet omnia psalmi hujus suavi fuerint prædicatione narrata, ille tamen locus animum meum præcipua delectatione permulsit, qui Dei Ecclesiam brevi complexione de cunctis dicit mundi partibus adunandam. Ait enim: *De regionibus congregavit eos. A solis ortu et occasu, ab aquilone et mari.* Sed operæ pretium est hunc versum paulo diligentius perscrutari; est enim astronomicæ disciplinæ optimus indicator. Dicendo enim quatuor cardines mundi, schemate quadranguli terrarum orbem depinxit. Hunc autem psalmum a doctissimo Patre Augustino reperi fuisse divisum; quem ita se populo commemorat explanasse, ut eum jam non adeo crederet exponendum. Hoc nos, in quantum concessum est, imitantes, universos psalmos adhibitis divisionibus credidimus partiendos: **judicantes explanationibus nostris** non

EXPOSITIO IN PSALMUM CVII.

Canticum psalmus David.

In hoc psalmo perquirenda novitas inesse cognoscitur, quoniam eum de quinquagesimi sexti et quinquagesimi noni partibus constat esse contextum. Sed cum ipsa verba sint posita, quæ in illis ante jam dicta sunt, ad intellectum tamen alium perducuntur: quoniam mutatus titulus, qui semper continentiam psalmi indicare monstratur, aliterque partes ipsas, quam superius dictæ sunt, persuadet intelligi. *Canticum* enim frequenter diximus ad divinarum rerum contemplationem referri; *psalmum* vero ad actuales operas, quæ tamen divinis noscuntur convenire mandatis; quod in primo versu etiam ipse testatur: *Cantabo et psalmum dicam Domino.* David autem significat Regem Christum, qui in hoc psalmo locuturus est. Quapropter singula magna debemus intentione perquirere: quoniam psalmi in quibus ex persona sua loqui dignatur, reverentissima subtilitate profundi sunt, ut tanti secreti dignitas densiore velamine protegatur.

Divisio psalmi.

Per totum psalmum (sicut dictum est) loquitur Dominus Christus. Primo ordine per id quod homo est paternæ gloriæ gratiam laudis exsolvens: quoniam suscipiens mirabile passionis arcanum resurrexit in gloriam sempiternam. Secundo humiliat semper humanitatem suam, ubi tamen et potentiam propriæ majestatis ostendit; ut duas naturas veraciter in una Domini Christi cognoscas esse persona; non quod in duos filios dividatur Christus (sicut quorumdam sentit impietas), sed quod unus atque idem Filius Dei, nunc secundum carnem pro nobis assumptam, nunc secundum potentiam Verbi loquatur et gloriam. Discerne enim naturas tam Dei quam hominis, et omnia sine offensione transibis, sicut a Patribus sub brevitate præceptum est: Da passiones carni, da Divinitati miracula.

Expositio psalmi.

Vers. 1. *Paratum cor meum, Deus, paratum cor meum; cantabo et psalmum dicam Domino.* Sanctitas illa gloriosæ incarnationis, dum suam puritatem refert, quemadmodum laudes Domino dicantur, ostendit. *Paratus* enim ille ad talia semper erat, qui ad præconia Patris peccatorum discrepantiam non habebat. Nam et ipsa repetitio confidentiam promissionis ostendit: quia firmissime constat dici, quod repetita noscitur professione solidari. Sed quod ille vere de se promittit, nos bene dicimus si nobis peccata relaxari ipsius munere confidamus. Sequitur, *cantabo, et psalmum dicam Domino.* Merito ille de se talia dicebat, cujus et sermo et actus divinis regulis consonabat. In illo siquidem psalterio non erat chorda minus, nec vox ejus aliqua malorum actuum raucedine perstrepebat; sed jucunda exsultatione cum spirituali cantico jungebantur et opera, eratque illud dulcisonum revera psalterium, quod sanctis modulationibus consonaret.

Vers. 2. *Exsurge, gloria mea; exsurge, psalterium et cithara; exsurgam diluculo.* Postquam se Dominus Christus secundum carnem Patri cantare dixit et psallere, nunc ait, *Exsurge, gloria mea*, quæ per *psalterium* indicatur et *citharam. Psalterium* ad morum pertinet probitatem, *cithara* ad afflictionem corporis et dolorem, per hæc ostendens et actus laudabiles, et gloriosissimam passionem. Addidit, *exsurgam diluculo.* Pulcherrimus sequitur ordo dictorum; nam post significationem passionis, hoc necessarie de resurrectione Domini probatur intelligi: quia tali tempore (Evangelio teste) surrexit a mortuis. Quod si hoc et de membris ejus velis accipere, etiam de quolibet fideli congruenter advertitur: quia *diluculo* semper *exsurgit,* qui piis operibus in ecclesia Dominum laudaturus assistit. Nam licet profunda nocte vigilet, nescit tenebras pati qui tanto radiatur splendore præconii.

Vers. 3. *Confitebor tibi in populis, Domine; psalmum dicam tibi inter gentes.* His dictis universalis significatur Ecclesia: quia (sicut sæpe dictum est) primum multi de Judæo populo crediderunt, postea intromissa est gentium plenitudo. Et vide quemadmodum singulas causas congruentia verba distinguant. *Confiteri* se dicit *in populo* Judæorum, ubi propria voce locutus est; *psallere* autem *in gentibus*, ad quas directi apostoli mandata ejus sanctis prædicationibus impleverunt: se dicens revera psallere, quod per ministros suos cognoscitur effecisse.

Vers. 4. *Quoniam magnificata est usque ad cœlos misericordia tua, et usque ad nubes veritas tua.* Hoc quoque dicitur Patri: *Magnificata est enim misericordia ejus usque ad cœlos*, quando supernæ potestates ejus beneficiis perfruuntur. Nam licet bonorum angelorum et diversarum potestatum summa dignitas habeatur, ipso tamen præstante beati sunt. *Magnificata est* autem *usque ad nubes veritas* ejus, quando prædicatores verbi, velut imbriferæ nubes, infideles populos compluerunt.

Vers. 5. *Exaltare super cœlos, Deus; et super omnem terram gloria tua.* Hoc excolit quod superius dixit: quoniam præmisit magnificatam esse usque ad cœlos misericordiam Domini; secutum est, *Exaltare super cœlos, Deus;* ut cujus misericordiam manifestum est cœlestia continere, juste *super cœlos* debeat *exaltari.* Et iterum quia dixit, *usque ad nubes veritas tua*, merito subjunctum est, *et super omnem terram gloria tua.* Ipsa enim se evidenter exponunt, quæ alterutra declaratione panduntur.

Vers. 6. *Ut liberentur dilecti tui. Salvum fac dextera tua, et exaudi me.* Venit ad secundam narrationem, quam diximus quinquagesimi noni psalmi esse ultimam partem. Unde merito hic facta divisio est, ubi pars alterius psalmi noscitur esse conjuncta. Et ut evidenter intelligas passionem Domini ad utilitatem fidelis populi fuisse collatam, *salvum se fieri* deprecatur, ut credentium turba liberetur. Quo tempore resurrectionis evenisse non dubium est, quando apostoli vel omnes credentes deitatem Domini Salvatoris tali manifestatione senserunt.

Vers. 7. *Deus locutus est in sancto suo : lætabor et dividam Sichimam, et convallem tabernaculorum metibor.* Per hunc et alios tres versus qui sequuntur, mixta Græcis Latinisque sermonibus, figuram faciunt sardismos, quæ fit diversarum commixtione linguarum, sicut jam in quinquagesimo nono psalmo diximus. Nunc ad exponenda verba redeamus. Cum dicit, *in sancto suo Deum locutum,* se significat evidenter. Et intellige quam vim habeat, *in sancto suo;* non enim dixit, per sanctum suum, sicut per prophetas, per apostolos, aliosque ut Domino placuerunt; sed hic dicit, *in sancto suo,* ut Verbum caro factum una voluntate cum Patre loqueretur. Sequitur, *lætabor et dividam Sichimam.* Significationes omnium istorum nominum sollicite debemus exquirere, quoniam occultarum rerum revelare nobis probantur arcana. Sichima interpretatur humeri; humeri autem significant opera quibus adnitentibus atque gubernantibus solemus aliquid manibus operari. Sensus ergo talis est : post resurrectionem suam *lætaturum* se dicit, quoniam operam, id est gratiam suam apostolis et fidelibus divisit, qui passionis ipsius et prædicationis gloriam sunt secuti. Addidit, *et convallem tabernaculorum metibor. Convallem* significat humilitatem. *Tabernaculorum* ecclesiarum dicit, quarum specialiter sanctissimam constat esse virtutem. Hanc ergo humilitatem metitus est Dominus, quando unicuique fidelium, prout voluit, charismatum dona distribuit, sicut dicit Apostolus : *Unicuique autem nostrum data est gratia secundum mensuram donationis Christi* (*Ephes.* IV, 7).

Vers. 8. *Meus est Galaad, et meus est Manasses, et Ephrem fortitudo capitis mei. Juda rex meus. Galaad* Latina lingua dicitur transmigratio, quæ revera Domini est, quando gentes, ipsius vocatione compuncta, ad eum feliciter emigrarunt. *Manasses* interpretatur oblivio, quo verbo significatur populus Judæorum, qui oblitus beneficia divina, Christum Dominum sacrilega præsumptione crucifixit; postea tamen ejus miseratione ad ipsius religionem culturamque remeavit. Sic utrumque populum nominum istorum commemoratione suum esse testatur. Sequitur, *et Ephrem fortitudo capitis mei. Juda rex meus.* Istud de sua passione locutus est. *Ephrem* fructificatio dicitur; significat enim spineam coronam quam supra caput impositam in sua passione suscepit. Hæc fertilis ultra omnes fructus fuit, ut totum mundum illa humilitate lucraretur. *Judam* vero *regem* juste suum dixit, quia de ejus origine carnis propagatione descendit.

Vers. 9. *Moab olla spei mei. In Idumæam extendam calceamentum meum : mihi allophyli subditi sunt. Moab,* sicut Hieronymo placet, significat ex patre, quod est sine patre. Unde diabolum vult intelligi, qui malis operationibus Deum non habet patrem, sed justum judicem. Iste ergo *ollæ* comparatur, quæ carnes susceptas decoquit, et in quamdam suavitatem fervido vapore perducit; sic ille sibi traditos incessabili consumptione [*ed.,* consummatione] castigat, eosque nolens in humilitatem confessionis assidua insecutione perducit. Ergo more humanitatis Dominus dicit de diaboli persecutione spem sibi esse, quia multi quos ille festinat affligere, conversi nituntur ad Domini beneficia remeare. Sequitur, *In Idumæam extendam calceamentum meum. Idumæa* terrena significat et sanguinea, quam Dominus per Evangelii prædicationem possessurum se esse significat. *Calceamentum* enim in quinquagesimo nono psalmo, Evangelium diximus significari, quod Dominus usque ad homines terrenos extendens, lege sua mundum universali prædicatione complevit. Adjecit, *mihi allophyli subditi sunt. Allophyli* alienigenæ interpretantur; significant autem populum Christianum, qui de diversis gentibus ipsius miseratione collectus est. *Subditos* enim quod dicit, futuros fideles esse testatur.

Vers. 10. *Quis deducet me in civitatem munitam, aut quis deducet me usque in Idumæam?* A parte [*mss. A., B., F.,* et *ed.,* aperte] humanitatis aptissima interrogatio præmittitur, ut consequens responsio subsequatur. Negat enim hominem se solatio perduci posse, ubi ipse ad liberandos fideles suos desiderat pervenire. Ipsa enim natura hoc humiliter dicit, quæ ait : *Deus Deus meus, respice in me: quare me dereliquisti* (*Psal.* XXI, 2)? Ipsa quæ dixit : *Qui misit me major me est* (*Joan.* XIV, 28). Ad postremum quæ ait : *Pater, si fieri potest, transeat a me calix iste* (*Matth.* XXVI, 39). Ab ipsa enim parte totum humiliter accipitur, ut homo Deus perfectissimus sentiatur. *Civitas munita* forte significat infernum, quam nulla humana vis potuit aperire, nisi qui portas ejus cognoscitur infregisse. Unde in præcedenti psalmo dictum est : *Quia contrivit portas æreas, et vectes ferreos confregit* (*Psal.* CVI, 16). Urbs ad suscipiendum patens, ad dimittendum clausa consistens : quæ tunc munitionis suæ legem perdidit, quando eam gentium Redemptor intravit. Nam portas in malo et in bono poni psalmus vigesimus tertius testatur, qui ait : *Tollite portas principes vestras* [*ed.,* principis vestri], *et elevamini, portæ æternales* (*Psal.* XXIII, 7). *Idumæam* diximus terrena significare; ad quam Dominus post resurrectionem venit, quando inæstimabili gloria patefacta, universis gentibus omnipotens innotuit regnator. Ipso enim modo et ista petit fieri, sicut illa quæ superius dixit.

Vers. 11. *Nonne tu, Deus, qui repulisti nos, et non egredieris, Deus, in virtutibus nostris.* Secuta est illa, quam in superiori versu suspenderat, absoluta confessio : quoniam hæc quæ in resurrectione facta sunt, a sola potuerunt deitate compleri. Quis enim claustrum mortis infringeret? Quis januas munitæ civitatis aperiret, nisi ipse Dominus Christus, qui contra ordinem humanæ naturæ tertia die surrexit a mortuis, et gloriam suæ majestatis ostendit? Et intuere subtiliter quia superiora singulari numero percurrit; hic autem pluraliter perhibet se *repulsum*, ut caput cum membris suis talia dicere sentiatur. *Repulisti nos* significat distulisti, quia et ipsum ad glorificationem suam constat esse dilatum cum in hac vita moraretur; et omnium fidelium hodieque gloria suspenditur, donec ad resurrectionis praemia veniatur. Sequitur, *et non egredieris, Deus, in virtutibus nostris*. Tempus illud significat quando tentus et traditus est a turba Judaeorum, quando flagellis a praeside caesus, dementium Judaeorum sputa sustinuit. Tunc enim si voluisset divinitas ista repellere, omnis adversitas confracta cecidisset. Sed distulit miraculum suae potestatis ostendere, ut dispensatum ordinem proficuae passionis impleret. Hoc et fidelibus usu provenit, cum ad probationem suam diversis cladibus affliguntur.

Vers. 12. *Da nobis auxilium de tribulatione : et vana salus hominis.* Hic cum membris suis Domini clamat humanitas, ut de tribulationibus istius mundi resurrectionis securitas concedatur; quatenus tandem aliquando tempestas hujus saeculi conquiescat. Non enim *auxilium* petit de deliciis, sed *de tribulatione*, unde hominibus per divinam clementiam novit provenire remedia. Et ne in potestatibus mundi spes ulla remaneret, adjecit, *et vana salus hominis*, quia revera infirma talis est et caduca praesumptio.

Vers. 13. *In Deo faciemus virtutem, et ipse ad nihilum deducet tribulantes nos.* Haec et Domini Salvatoris et cunctorum fidelium vox est, quoniam spiritualibus atque carnalibus inimicis efficaciter divinis virtutibus obviatur. Audiant quoque hunc psalmum, qui carnem Domini dicunt et divinitatem unius esse naturae; quos merito coelestis orator Ambrosius in libro de Incarnatione Domini (*Cap.* 6) increpat dicens: Quae tantum sacrilegium inferna vomuerunt? Jam tolerabiliores sunt Ariani, quorum per istos perfidiae ipsius robur adolescit; ut majore contentione asserant Patrem, et Filium, et Spiritum sanctum unius non esse substantiae : quia isti divinitatem Domini et carnem substantiae unius dicere tentaverunt, et caetera quae locus ipse noscitur continere mirabilis. Quapropter intelligant illis se scelestiores potissimum dictos, quos a se universalis Ecclesia reddit extraneos. Non immerito; nam cum Verbum caro factum Christi nomen acceperit, aliudque sit Verbum, aliud caro : in una natura positus (sicut ipsi volunt) dici Christus, non potest inveniri nequior perfidia (nisi fallor) cunctis haeresibus. Nam cum diversae particulatim tangant majestatis injuriam, haec sola (proh dolor!) causa est praesumere, unde et ipsum nomen fidei nostrae nitatur funditus abrogare. Sciendum sane hunc psalmum sextum esse ex his quos de duabus naturis locuturos esse praediximus.

Conclusio psalmi.

Quam bene sibi copulantur quae ad salutem operandam generis humani ab uno fonte descendunt! Quis enim non miretur in superioribus diversisque psalmis dictum, quod hic in tantam convenientiam probatur esse perductum? Sic et ipse David in Paralipomenon (*I Paral.* XVI), psalmorum partibus adunatis, hoc est, centesimi quarti, et nonagesimi quinti, et centesimi quinti, Spiritu sancto repletus, ante arcam foederis laudes Domini magnis exsultationibus personavit; ut tanquam ex diversis aromatibus suave incensum fieret, quod ad conspectum Domini feliciter perveniret. Sine difficultate quippe conjungitur, quod sibi nullatenus repugnare monstratur. Quapropter et hunc psalmum ex aliis ideo credamus esse formatum, ut anima esuriens saporum diversitatibus pasta recreetur. Unde et hodieque de partibus psalmorum aliquid cantoribus compaginare arbitror esse permissum. Nam et hoc huic loco convenire dijudico, quod operatio dominica ex duobus populis unam fecit Ecclesiam.

EXPOSITIO IN PSALMUM CVIII.

In finem, psalmus David.

Titulus iste psalmi praecedentium verborum expositione jam notus est; et ideo referendus est ad Regem supernum : quoniam omnes sermones ipsius tendunt ad Dominum Christum. Ipse enim in hoc psalmo locuturus est iniquitatem Judae vel populi Judaici, et passionis suae sacramenta praedicens.

Divisio psalmi.

Per totum quidem textum (sicut dictum est) loquitur Dominus Christus. Prima parte Judaeos increpat, qui mala pro bonis Creatori suo reddere maluerunt. Secunda Judae traditoris et perfidi populi narratur iniquitas, et quae illis erant [*ed.*, erunt] pro tanta detestatione ventura praedicuntur. Tertia precatur per id quod homo est, ut liberatus periculo passionis, cito resurrectionis gloriam consequatur.

Expositio psalmi.

Vers. 1. *Deus, laudem meam ne tacueris, quia os peccatoris et os dolosi super me apertum est. Locuti sunt adversum me lingua dolosa.* Dominus ac Salvator noster petit per id quod formam servi est dignatus assumere; ut laudem ejus resurrectionis silere [*ed.*, sileri] non faciat Pater, qui secundum carnis humilitatem Judaeorum erat convicia dura passurus. Hoc est enim, *Laudem meam ne taceas*, id est ne tacere [*ed.*, taceri] facias. Est enim decora diversitas; ut qu niam inimici mendacia loquebantur, contra eos toto orbe veritatis testimonia canerentur. Sic enim illos per gloriam suae resurrectionis convinci desiderat, ut reatum propriae perversitatis agnoscant, et celerius recurrant ad remedia confessionis, ne in aeternum perire debeant contumaces. Quae figura dicitur syncrisis, id est collatio, quae fit quando comparatione quadam justiorem causam nostram quam adversarii demonstramus. Sed ista laus certa erat, quia de veritate manabat. Sermo autem ille falsissimus cognoscebatur esse, qui de ore dolosi et perfidi probabatur exire. Nam quemadmodum potest dici verum, quod ipsi veritati docetur adversum? *Apertum* itaque *os*, contumelias designat quas pertulit a Judaeis. Sed hic singularem numerum ideo ponit, quia (sicut sæpe dictum est) populum utroque modo appellari fas est; nam licet nomine unus audiatur, intellectu tamen plurimi esse noscuntur. Sequitur, *Locuti sunt adversum me lingua dolosa*. Locuti sunt igitur *lingua dolosa*, quando sanctam Domini simplicitatem verbis captiosissimis appetebant, dicentes : *Licet tributum dare Cæsari?* Et illud : *Magister, scimus quia verax es* (*Marc.* XII, 14). Hæc enim verba subdola cogitatione proferebant.

Vers. 2. *Et sermonibus odii circumdederunt me, et expugnaverunt me gratis*. Dicendo, *sermonibus odii circumdederunt me*, tempus illud significat quando iniqua conspiratione Pilato dixerunt, *Crucifige, crucifige* (*Luc.* XXIII, 21). Nam *sermones* utique *odiorum*, non veritatis fuerunt, qui mortem immaculati expetere videbantur. *Circumdederunt* autem, insanam multitudinem significat, quæ quaquaversum verba nequissima personabat. *Expugnaverunt gratis*, quando ante præsidem innocentis sanguinem falsis accusationibus impetebant. *Gratis* vero dixit, quia factum eorum nullum illis potuit afferre compendium, sed magis detestabilem pullulavit interitum. Nam sicut justi gratis amant Dominum, cum eum propter se tantum diligant, non propter aliquod temporale beneficium quærunt : ita impii gratis exsecrantur, quia causas justi odii reperire non possunt; sicut et in sexagesimo octavo psalmo dictum est : *Multiplicati sunt super capillos capitis mei qui oderunt me gratis* (*Psal.* LXVIII, 5).

Vers. 3. *Pro eo ut me diligerent, detrahebant mihi; ego autem orabam.*

Vers. 4. *Posuerunt adversum me mala pro bonis, et odium pro dilectione mea*. In his duobus versibus facienda est rerum positarum distincta separatio, ut ea quæ occulte dicta sunt manifestius innotescant. Tribus igitur modis peccatum omne contrahitur. Primus delictorum gradus est, non reddere bona pro bonis. Secundus reddere mala pro malis. Tertium extremum est vitiorum, tribuere mala pro bonis. Contra, tali numero laudabilia peraguntur, impendere bona pro bonis; secundo malum pro malo non reddere; tertio perfectissimum virtutis genus est, bonum pro malo tribuere. Et nota quoniam sicut Judæi extremam illam vitiosissimam partem facere decreverunt, ut cum diligere debuissent, ad odia iniqua prosilirent : ita Dominus summum illud bonum perfecta pietate restituit; ut in cruce positus pro illis oraret qui eum decreverunt impia voluntate trucidare.

Vers. 4. *Constitue super eum peccatorem, et diabolus stet a dextris ejus*. Venit ad secundam partem, in qua primum de Juda malorum omnium capace multa dicturus est. Deinde plurali numero miscet et impios Judæos, qui filii ipsius imitatione sceleris exstiterunt. Quapropter certissimus futurorum prædicit supra Judam traditorem *constituendum esse diabolum*; qui merito *peccator* dicitur, quoniam delictum traditionis ab ipso sumpsit initium. Et ne forsitan dubitares de quo diceretur, adjectum est, *et diabolus stet a dextris ejus*; scilicet quia nulla meruit confessione salvari, sed desperatione malorum laqueo præfocatus occubuit; nec potuit habere dexteram liberam, qui tota sinistræ partis scelera sapiebat. Sic enim unusquisque facere significatur, qualis est ille qui ejus dexteram tenet, ut est illud in malo : *Dextera eorum, dextera iniquitatis* (*Psal.* CXLIII, 11); in bono : *Providebam Dominum in conspectu meo semper, quoniam a dextris est mihi* (*Psal.* XV, 8). Quapropter hujus significationibus totius vitæ nostræ qualitas indicatur.

Vers. 5. *Cum judicatur exeat condemnatus, et oratio ejus fiat in peccatum*. Hoc dicitur de futuro judicio, quando peccatores justissima pronuntiatione damnabuntur, ut est illud Evangelii : *Discedite a me, maledicti, in ignem æternum, qui paratus est diabolo et angelis ejus* (*Matt.* XXV, 41). Et considera quod dixit, *exeat*, scilicet de congregatione justorum, unde omnis qui egreditur impiorum partibus aggregatur. *Oratio* vero *ejus*, quam inter alios apostolos susceperat peragendam, in gravissimum illi peccatum probatur esse conversa, quando ibi continetur : *Et dimitte nobis debita nostra sicut et nos dimittimus debitoribus nostris* (*Matth.* VI, 12). Sed quid ille debentibus dimitteret, qui beneficiorum omnium tradebat auctorem? Merito ergo *in peccatum* illi conversa est sancta *oratio*, qui detestabili peccavit exemplo.

Vers. 6. *Fiant dies ejus pauci, et episcopatum ejus accipiat alter*. Sic dicit *paucos dies Judæ fieri* debere, quasi longa ætas ejus per crudelissimum peccatum imminuta esse videatur, sicut et alibi dixit : *Viri sanguinum et dolosi non dimidiabunt dies suos* (*Psal.* LIV, 24). Sed hoc fieri merito videtur, cum juniores senioribus comparantur. Nam cum alii centenis annis vivant, dimidiata illorum ætas conspicitur, qui nec quinquaginta vixerunt. Sic et Judæ apostolatus *pauci dies facti sunt*, quando alii post ipsum apostoli custodita Domini voluntate manserunt. Et ne numerus ille sacratissimus apostolorum Juda mortuo rumperetur, jam tunc prædictus est in ejus loco alter fieri, ut duodenarius calculus custodia integritate constaret. *Episcopatus* autem summus in Ecclesia gradus est. Episcopus dictus superinspector, eo quod Domini gregem, ipsius gratia suffragante, quasi pastor cautissimus alta sede custodiat, sicut Ezechiel propheta dicit : *Speculatorem te posui domus* [ed. *domui*] *Israel* (*Ezech.* III, 17). Et nota quia in Veteri Testamento hic primum hoc nomen positum est. Cujus rei virtutem Apostolus evidenter insinuat, dicens : *Qui episcopatum desiderat, bonum opus desiderat*, (*I Tim.* III, 1), etc. Quapropter nomen istud non tam honoris est quam laboris. Nam qui alios speculandos suscepit, se jugi debet excubatione conspicere, ut non illi contingat quod dicit Apostolus : *Ne aliis prædicans, ipse reprobus efficiar* (*I Cor.* IX, 27). Illudque meminisse nos convenit in Actibus apostolorum evidentissime declaratum, hunc versum de Juda esse conscriptum; ait enim Petrus : *Viri fratres, oportet implere Scripturam, quam prædixit Spiritus sanctus per os David de Juda, qui fuit dux eorum qui compre-*

henderunt Jesum (Act. 1, 16). Et paulo post sequitur, Scriptum est enim in libro Psalmorum : Fiat habitatio ejus deserta, et non sit qui habitet [ed., inhabitet] in ea; et episcopatum ejus accipiat alter; ut nulli dubium sit de ipso hoc omnimodis sentiendum. Sic istum psalmum de passione Domini, et evangelicis verbis, et Petri apostoli attestatione cognoscimus esse prophetatum. In hoc autem versu figura est intelligenda hypexæresis, quæ Latine dicitur exceptio : quoniam Judas ab honore episcopatus, id est apostolatus excipitur.

Vers. 7. *Fiant filii ejus orphani, et uxor ejus vidua.* Quamvis alibi non legatur Judam uxorem habuisse vel filios, tamen ex ista prophetia eum maritum patremque fuisse datur intelligi. **374** Illo enim occumbente, affectibus ejus sine dubio talia contigerunt, ut *vidua fieret uxor* relicta, et *filii orphani* cum patre caruissent. Quod si ad spiritualem sensum velis referre, *filii* possunt intelligi qui eum in illa traditione secuti sunt : *uxor* voluntas, quæ nobis tanquam conjux semper adjuncta est : de qua filios parimus, cum opera nostra, quasi quodam ventre generamus.

Vers. 8. *Commoti amoveantur filii ejus, et mendicent: ejiciantur de habitationibus suis.* Ad utrumque quod dictum est poterit pertinere, sive ad carnales filios, sive ad opera nostra. *Commoti* significat violenter expulsi; ut hoc graviter doleant, quod patiuntur inviti. *Mendicent*, bonarum rerum indigentiam significat, ut omnibus pateat nullam eos opem habuisse rationis, qui talia sunt secuti. *Ejiciuntur* vero *de habitationibus suis*, quando de congregatione Dominici populi redduntur alieni : ubi non mente, sed tantum corpore prius habitasse videbantur.

Vers. 9. *Scrutetur fenerator omnem substantiam ejus, et diripiant alieni omnes labores ejus.* Per comparationes factas versus iste declarandus est, ut totius nobis confusionis removeatur obscuritas. Debitor quando ad persolvendum idoneus non est, *fenerator ejus*, a judice percepta fiducia, ingreditur domum obnoxii sui, et omnia quæcumque habere potest *diripit*, et satisfacit sibi pro pecunia mutuata : sic et diabolus, quando peccata hominibus multa congregaverit, et in eis obstinata voluntate perstiterint, accipit potestatem ut obnoxii substantiam diripiat, et pro libito suo de humana sibi laceratione satisfaciat. Hoc nunc optatur Judæ, ut datus in potestate diaboli bonis omnibus enudetur. *Alieni* quoque sunt spiritus immundi, quibus diabolus tanquam mancipiis imperat ad nocendum. Et bene dicti sunt *alieni*, qui a regno Domini probantur extranei. Isti *labores diripiunt* mandata Domini transgredientium, dum eos bonis omnibus privaverint, percepta licentia.

Vers. 10. *Non sit illi adjutor, nec sit qui misereatur pupillis ejus.* Quoniam et boni viri diaboli quidem tentatione pulsantur; sed Dominum *adjutorem* habere non desinunt, ut ab imminenti periculo liberentur. Malos dicit tali adjutorio deserendos, ut remaneat iniquitas desperata, cui subtrahitur saluberrima medicina. *Pupilli* vero dicti sunt quasi pusilli, qui parvitate ætatis ad regendum se probantur infirmi. Unde et pupilla oculorum dicta est, quia omnino in corpore nostro videtur exigua.

Vers. 11. *Fiant nati ejus in interitum; in generatione una deleatur nomen ejus.* Eosdem *natos* dicit, quos superius pupillos ait; et quoniam solent aliqui peccatorum genus propagare longinquum, ipsam quoque spem illis posteritatis abscidit, ne quo se bono [mss. A., B., quovis bono] mentes pessimæ consolentur. Sive magis *una generatio* illa dicenda est, quando nascimur in peccatis. Et ideo petit ut ad secundam, id est regenerationem non perveniant (qui tamen in prædestinatione repulsi sunt), ut in prima peccatorum suorum fæce dispereant, nec secundæ nativitatis beneficio laqueum mortis evadant. Sed hæc et his similia de illis dicuntur qui in Domini judicatione damnandi sunt.

Vers. 12. *In memoriam redeat iniquitas patrum ejus in conspectu Domini, et peccatum matris ejus non deleatur.* Per tropologiam dicitur, *In memoriam* Domini peccata *redire* majorum; ut et novis [mss. A., B., F., suis] delictis nefarius Judas et parentum erroribus torqueatur. Priscorum enim peccatis (sicut sæpe diximus) ita quis reus est, quando eorum sceleribus sequacissimus invenitur. *In conspectu Domini*, id est in disceptatione judicii : quoniam dum peccata Dominus respicit, auctores eorum sine dubitatione percellit. Inde et propheta clamat : *Averte faciem tuam a peccatis meis* (Psal. L, 11). *Peccatum* vero *matris ejus*, est Synagogæ nota protervitas, ut et prophetas occideret, nec ab ipsis dæmonum sacrificiis abstineret. Sacrilegi enim Judæ traditoris illam partem dicit esse genitricem, non quæ viros sanctos protulit, sed quæ innocentium sanguinem fudit.

Vers. 13. *Fiant contra Dominum semper, et dispereat de terra memoria eorum.* Nunc pluralem numerum ponit, quia Judæos mavult contumaces intelligi. Nam sicut in uno sancto multos beatos advertimus, ut est illud : *Tu es Petrus, et super hanc petram ædificabo Ecclesiam meam* (Matth. XVI, 18) : sic iterum in uno pessimo multi detestabiles continentur. Petrus enim gerit Ecclesiæ typum, Judas vero damnandæ Babyloniæ portat imaginem. Unde merito post eum de perfidis dicit, quia ipsum scelerati malis facinoribus subsequuntur. Fiunt ergo peccatores *contra Dominum semper*, quando a regno ejus alienati in gehennæ contrarietatem, justitia faciente, mittendi sunt. Nam cum Dominus sit æterna beatitudo, contra ipsum fieri bene dicitur, qui perenni ultione damnatur. *Disperit* autem *de terra* viventium, qui in beata patria non videtur. Nec in commemorationem veniunt, quando nullam ulterius misericordiam consequuntur. Illos enim dicimur memorari, quibus sumus aliqua præstituri.

Vers. 14. *Pro eo quod non est recordatus facere misericordiam.* Dicit justissimæ ultionis causam : quoniam pietatem non potest invenire qui eam aliis contempsit impendere, sicut scriptum est : *Beati misericordes, quoniam ipsis miserebitur Deus* (Matth. v, 7). Sed quamvis ad singularem numerum reversus sit, adhuc tamen intelligere debemus populum Judæorum, qui misericordiam non fecit apostolis vel fidelibus Christi, quando eos post passionem Domini iniqua persecutione vexavit : quia istud de Juda non potest intelligi, quando ante crucifixionem Domini de hac luce transivit; et affligere non potuit fideles ejus, quia tempus non habuit eos persequendi.

Vers. 15. *Et persecutus est hominem pauperem et mendicum, et compunctum corde morti tradidit.* Et istud adhuc de Judæorum est populo sentiendum, qui et Christum et discipulos ejus nefanda præsumptione trucidavit. *Persequi* plerumque facit homines, aut divitiarum ambitus, aut superbiæ odiosa jactantia. *Pauperem* vero *et mendicum* insequi sola sævitia est, cujus nec honor quæritur, nec abundantia facultatis ambitur. More autem suo a natura humanitatis assumptæ *pauperem se Dominus et mendicum* esse commemorat. *Mendicus* de nostro, dives de suo, sicut dicit Apostolus : *Qui propter nos pauper factus est, cum esset dives : ut illius inopia nos divites essemus* (II Cor. vIII, 9). *Compunctum* vero de ipso Capite dici posse non arbitror, quia tale non occurrit exemplum; sed magis *compunctum* ad peccatorem æstimo referendum, **375** qui delictorum recordatione compungitur, ut ad satisfactionem redire mereatur ; quod innumeris locis Scriptura testatur. Necessarie itaque de membris accipiendum est, quia Christus Dominus peccata non habuit. Populus enim Judæorum *compunctos corde* persecutus est, sicut de beato Stephano vel Paulo apostolo constat effectum.

Vers. 16. *Et dilexit maledictionem, et veniet ei : et noluit benedictionem, et prolongabitur* [mss. A., B., F., *elongabitur*] *ab eo.* Adhuc de perfido populo dicit, quia *dilexit maledictionem,* tunc scilicet quando ait : *Sanguis hujus super nos et super filios nostros* (Matth. xxvII, 25). Quod eis provenisse manifestum est, qui contra Dominum impia voluntate durati sunt. *Noluit* autem *benedictionem* prædictus populus, quando a cæco illuminato interrogatus est : *Nunquid et vos vultis discipuli ejus fieri* (Joan. IX, 27, 28)? At illi quasi maledicto acerrimo provocati responderunt : *Tu sis discipulus ejus ; nos autem Moysi discipuli sumus.* Quo dicto *prolongata est ab eis benedictio*, quando illis derelictis venit ad gentium fidem ; sicut dicit Apostolus : *Vobis quidem oportebat loqui verbum Dei ; sed quia repulistis illud, et indignos vos judicastis æternæ vitæ, ecce convertimur ad gentes* (Act. xIII, 46).

Vers. 17. *Et induit se maledictionem sicut vestimentum, et intravit sicut aqua in interiora ejus, et sicut oleum in ossibus ejus.* Subtiliter intuendum est quemadmodum peccati ipsius qualitas quibusdam dictionibus indicetur. Primo *induit se* prædictus populus *maledictionem sicut vestimentum*, quando instigante diabolo consensum præbuit, ut Dominum Pontio Pilato tradere maluisset. Ibi enim quodam onere vestis indutus est, uoi tali voluntate noscitur involutus. Secundo *intravit* maledictio *in interiora ejus sicut aqua*, quando deliberavit facere quod ei fuerat iniquissima inspiratione suggestum. *Aqua* enim quando visceribus vitiosis recipitur, semper ingreditur ad nocendum. Tertio influxit iniquitas *sicut oleum in ossibus ejus*, quando effectum rei inaudita perversitate complevit ; ut jam non interiora carnis, sed etiam ipsa *ossa* penetrasse videretur. Dicendo enim *oleum* significat delectationem facinoris, quod sic corpus nostrum molliter ingreditur, ut nos quadam jucunditate permulceat. Quod constat malis mentibus accidere, quando in scelere suo aliqua delectatione gloriantur.

Vers. 18. *Fiat ei sicut vestimentum quo operitur* [mss. G. et ed., *operietur*], *et sicut zona qua semper præcingitur.* Adhuc in ipsis comparationibus perseverat, ut hoc peccatum quo ille involvi maluit, similitudine vestis alterius indicetur. Supra enim dixit, *induit*, quod pertinet ad tunicam ; nunc dicit, *operitur*, quod videtur pallio convenire, ut geminata vestis ingentium significet onera peccatorum. Sequitur, *et sicut zona qua semper præcingitur. Zona* hic, non illa muliebris accipienda est, sed istud balteum quo nostros lumbos accingimus, sicut in Evangelio de Joanne, de Elia vero in Regum volumine legitur : *Et zona pellicea circa lumbos ejus* (Matth. III, 4 ; IV Reg. I, 8). Hoc enim nomen utraque significatione donatum est ; qua similitudine dicit sic peccatis alligantibus fuisse constrictum, ut nunquam suis oneribus exueretur, obstinationis perfidia prægravatus. O infelix populus, quam male vestitus est ! Istæ vestes sunt quæ peccatores ardere faciunt, non calere ; quæ in flammam mittunt, non a frigoris necessitate defendunt.

Vers. 19. *Hoc opus eorum qui detrahunt mihi apud Dominum, et qui loquuntur mala adversus animam meam.* Hunc versum contra omnes quidem perfidos debemus accipere ; sed tamen specialiter duas hæreses videtur impetere. Apud Deum Patrem detrahunt Ariani, quando et Filium minorem esse testantur, et impudenter inferiorem dicunt, quem Creatorem omnium communiter confitentur. Apollinaristæ quoque *loquuntur mala adversus animam* Domini, cum dicunt deitatem ejus solam carnem hominis sumpsisse, non animam ; nec tot exemplis perfidia ipsorum superata discedit. Quapropter non solum contra istos, sed contra omnes hæreticos superius dicta bene intelliguntur, qui portionem in regno Domini non habebunt.

Vers. 20. *Et tu, Domine, Domine, fac mecum misericordiam propter nomen tuum, quia suavis est misericordia tua. Libera me.* Venit ad tertiam narrationem, in qua precatur a parte qua passus est, ut gloriam resurrectionis acceleret, et inimici ejus confusionis dedecore vestiantur. Dum dicit, *Et tu, Domine*, subjungitur superioribus dictis, hoc est, si Judas tradidit, si Judæus crucifixit, *et tu fac misericordiam*; ut contra illa quæ facta sunt resurrectio gloriosa proveniat. Sive Filius ad Patrem dicit : *Et tu fac*, ut virtutem suæ cooperationis ostendat; omnia enim quæ facit Pater, operatur et Filius, sicut dicit ipse : *Omnia enim quæ Pater facit, hæc et Filius similiter facit*. Et : *Sicut habet Pater vitam in semetipso, sic dedit et Filio habere vitam in semetipso, ut omnes honorificent Filium sicut honorificant Patrem* (Joan. v, 19, 26, 23). *Domine, Domine*, dum repetit, affectum suavissimæ precationis ostendit. Quæ figura dicitur epezeuxis, quoniam in uno versu sermonem sine aliqua interpositione geminavit. *Propter nomen tuum*, ut ejus cultura toto orbe dilatetur. Ubi magna clementia Divinitatis asseritur : quia nullis humanis meritis potuit contingere, ut natura mortalis tam ingentibus elevata probetur esse miraculis. *Misericordiam* vero dicit, quia carnem est dignatus assumere, per quam humano generi auctor piissimus subveniret. Sequitur, *libera me*; a passione sævissima utique Judæorum.

Vers. 21. *Quoniam egenus et pauper ego sum, et cor meum conturbatum est in me*. Egenum se dicit et pauperem humilitate carnis, sicut superius constat expositum. Audiant pauperes, audiant egentes, et gloriosum sibi cognoscant esse quod dicitur Christus. *Cor denique ejus potuit conturbari*, cujus caro pro nobis cognoscebatur exstingui, sicut ipse vicina passione professus est : *Tristis est anima mea usque ad mortem* (Matth. xxvi, 38). Quæ omnia salutari dispositione narrantur, ut propter hæreticos et perfecta natura hominis in Christo Domino valeat ostendi, et nos, quemadmodum supplicemus, possimus edoceri.

Vers. 22. *Sicut umbra cum declinat, ablatus sum, et excussus sum sicut locusta*. Hic facilitatem persecutionis ostendit : quia tanta celeritate de medio discipulorum raptus est a turba Judæorum, quanta solet velocitate *umbra* noctis solis lumine veniente discedere. *Excussus est* autem *sicut locusta*, dum persecutionibus crebris loca videbatur mutare diversa; scilicet quando de Nazareth venit ad Capharnaum, de Capharnaum in Bethsaida, de Bethsaida in Jerusalem, quæ loca prospiciendo magis peccatoribus circumibat, ne scelus suum populus persecutor impleret. *Locusta* enim manus apprehendentis evitans, quibusdam saltibus evolat : cui se et propter parvitatem comparat, et propter celeritatem discessionis associat; quod humilitati non potest videri [ms. G., esse] indecorum, qui se etiam vermibus comparavit dicendo : *Ego sum vermis et non homo* (Psal. xxi, 7).

Vers. 23. *Genua mea infirmata sunt præ* [mss. A., B., a] *jejunio, et caro mea immutata est propter oleum*. Cum Evangelio teste (Matth. iv, 2) doceatur quadraginta diebus et quadraginta noctibus Christum Dominum jejunasse, *genua* tamen ejus *infirmata* esse non legimus, sed tantum esuriisse declaratur. Unde si hanc esuriem ad genua referas, id est corporis stabilitatem, quibus semper insistimus, potest congruenter aptari minus : nisi hoc scrupulum movet, melius *genua* ad ipsius membra referantur, quæ revera *infirmata sunt*, quando apostoli ejus passione dispersi sunt. Quid enim plus esse potuit infirmius quam ut Petrus negaret, et reliqua fidelium turba latuisset [ed., latitaret]? Sequitur, *et caro mea immutata est propter oleum. Oleum* hic significat gratiam divinam, sicut in quadragesimo quarto psalmo de ipso jam dictum est : *Propterea unxit te Deus Deus tuus oleo lætitiæ præ consortibus tuis* (Psal. xliv, 8). Ipsa est enim gratia, quæ carnis infirmitatem in immortalitatis gloriam commutavit. Quod etiam membris Christi haud improbe videtur aptari.

Vers. 24. *Et ego factus sum opprobrium illis ; viderunt me, et moverunt capita sua*. Illa tangit quæ plebs erat Judæorum sub detractione dictura, sicut ait in Evangelio : *In Beelzebuth principe dæmoniorum ejicit dæmonia* (Matth. xii, 24). Et alio loco : *Nonne hic est filius Joseph fabri* (Luc. iv, 22)? Et iterum dicunt : *Vah! qui destruit templum Dei, et in triduo reædificat illud* (Matth. xxvii, 40) ; et cætera quæ insanis quidem mentibus videbantur opprobria, sed ipsa fuerunt quæ nobis probata sunt conferre medicinam. *Moverunt* autem *capita*, ad consuetudinem pertinet nimis irascentium; nam quoties furore succendimur, turbulenta commotione capitis comminamur.

Vers. 25. *Adjuva me, Domine Deus meus : salvum me fac propter misericordiam tuam*. Adjuvari se suscepta deprecatur infirmitas. Ipsam enim misericordiam petit, qui et auxilium tribuit. Rogat ut homo, præstat ut Deus ; quod nullum potest confundere qui duas naturas in Domino Christo salutariter confitetur. Innumerabilia enim talia reperiuntur, quæ nequeunt alia ratione constare.

Vers. 26. *Ut sciant quia manus tua hæc ; et tu, Domine, fecisti eam*. Ne sibi Judaicus populus arrogaret potestate propria persecutum Dominum Salvatorem, per id quod passus est dicit ad Patrem : Sciant homines hanc dispensationem a te, Domine, fuisse præparatam : ne applicent stulti viribus suis quod tu ad salutem mundi fieri magna pietate decrevisti. *Ut sciant*, dicit, persecutores, qui utique nesciebant. Ipso enim resurgente evidentissime cognoverunt : quia nisi Dominus permisisset fieri, nequaquam potuisset impleri. Sequitur, *quia manus tua hæc*, id est potestas, et subaudiendum operata est.

Vers. 27. *Maledicent illi, et tu benedices ; qui insurgunt in me confundantur* [ed., confundentur], *servus autem tuus lætabitur*. Per figuram syncrisin quæ in hujus psalmi principio posita est. *Maledicent illi*, significat eos de quibus Matthæus evangelista dicit : *Transeuntes autem blasphemabant eum, moventes capita sua* (Matth. xxvii, 39). Pater Filium *benedicit*, cum dicit : *Et clarificavi, et iterum clarificabo* (Joan. xii, 28). Sed vide qui *maledicent*, qui pleni sunt falsitate, qui crudeliter sæviebant, qui malum pro bono reddere festinabant. *Benedicit* autem Pater fons et origo veritatis, totius auctor bonitatis, et virtutum omnium plenitudo. Admirandum in utraque parte præconium; ut et perfidus populus malediceret, et Christum Dominum gloria paterna laudaret. Addidit, *qui insurgunt in me confundantur.* Judæi sunt qui *insurrexerunt* adversus Dominum Salvatorem, ut neci eum traderent, qui ad eos venerat pro sua pietate salvandos. Isti *confusi sunt*, quando resurrectionis ejus miracula cognoverunt. Sequitur, *servus autem tuus lætabitur.* Agnoscamus quæ natura loquitur, quæ se dicit et *servum.* Nunquid Deus potest esse cuiquam *servus?* Sed in hoc *servus* est, sicut dicit Apostolus: quia *semetipsum exinanivit formam servi accipiens* (Philip. II, 7). Sic et Isaias propheta de Christo dicit: *Ecce servus meus, suscipiam eum; electus meus, complacuit sibi in eo anima mea* (Isai. XLII, 1), etc. Desinant ergo hæretici minorem Filium in deitate sentire, quando sic expressam audiunt humilitatem carnis, ut et nomen ei sit positum servitutis.

Vers. 2^. *Induantur qui detrahunt mihi reverentia, et operiantur sicut diploide confusione sua.* Hic quoniam populi interest credituri, oratio potius quam maledictio datur. Nam qui *reverentia induitur*, jam pene conversionis munere gratulatur; ut illum timeat Deum, quem prius credebat hominem esse temnendum. *Diplois*, duplex genus est pallii. Petit ergo ut utriusque legis intelligentia vestiantur, qui nunc utraque perfidia faciente nudati sunt. *Confusio* enim Judæorum est legem non intelligere, quæ toties Salvatorem Dominum præcinuit advenire. Sive illud genus vult exprimere, quod solet in proverbiis dici; id est, confusionis duplici pallio vestiantur, dum ante Deum et homines erubescunt.

Vers. 29. *Confitebor Domino nimis in ore meo, et in medio multorum laudabo eum.* Hoc dicitur a parte membrorum, quoniam post resurrectionis manifestationem toto orbe diffusam ipse deprecatur, et ore Ecclesiæ catholicæ confessio Patri competens exhibetur. *In medio multorum*, universalem designat Ecclesiam, quæ laudes Domini, circumjectis adhuc perfidis, non desinit confiteri. Quandiu enim mundus agitur, Ecclesia Christi maledicorum turba præcingitur.

Vers. 30. *Quia astitit a dextris pauperis, ut salvam faceret a persequentibus animam meam.* Causam dicit quare Patri in membris suis debeat confiteri; scilicet quoniam confusis persecutoribus ipse salvatus est. Superius dixit a dextris Judæ astare diabolum, quoniam erat delictorum fæce pollutus; sibi autem dicit *astitisse a dextris* Patrem, quia peccatum non habuit. Sic et fidelibus assistit, cum delicta remittit [*ed.*, remiserit]. Sequitur, *ut salvam faceret a persequentibus animam meam.* Utique *salva facta est a persequentibus anima* ejus, quando persecutorum nequitiæ nulla pravitate consensit. Hoc et ad membra ejus competenter aptatur, qui nesciunt persecutoribus cedere, **377** quamvis diversis cruciatibus affligantur. Non enim *salva fit anima*, quando a temporali morte subducitur: sed quando ab hujus sæculi carcere prosperrima dissolutione [*mss. A., B., F.*, per asperrimam dissolutionem] liberatur, sicut dicit Apostolus: *Compellor autem ex duobus: desiderium habens dissolvi et esse cum Christo, multo magis melius; permanere autem in carne necessarium propter vos* (Philip. I, 23). Et alibi: *Quis me liberabit de corpore mortis hujus? Gratia Dei per Jesum Christum* (Rom. VII, 24, 25).

Conclusio psalmi.

Quintus iste psalmus est eorum qui prædictis regulis latius de Domini passione locuti sunt, id est vicesimus primus, tricesimus quartus, quinquagesimus quartus, sexagesimus octavus, et præsens centesimus octavus. Primo inchoaverunt omnes ex persona Domini Christi; secundo ab oratione probantur fecisse sermonem; tertio passionis dominicæ gesta dixerunt; quarto verbis Evangelii assona veritate consentiunt; quinto in spe fidelium magna exsultatione finiti sunt: ut mystico huic numero, qui quinque virginibus datus est, quinque libris ascriptus est, dignitas se præsentis psalmi sociata conjungeret. Sed quamvis et illa sint salutis nostræ magna miracula, nihil tamen evidentius, nihil acceptius est, quam incarnati Domini adorandam suscipere passionem. Omnia congruunt, omnia sibi lucida parilitate respondent. Virgo peperit, Messias venit, Agnus immaculatus occisus est, Redemptor surrexit a mortuis, orbis audita credidit, et adhuc Judæus simulat se nescire quod totus mundus agnovit. Præsta, Domine, obstinatis conversionem, lumen obscuris, incredulis fidem; ut pro quibus in cruce positus orasti, periclitantibus subvenire digneris. Nam quibus suadere justa non possumus, recte pro illis tibi, Domine, supplicamus.

EXPOSITIO IN PSALMUM CIX.

Psalmus David.

Verba quidem ista notissima sunt, quæ velut pro scripto regali prænotata foribus affiguntur. Sed iste titulus non dicit: Lege et recede; sed, Lege et accede. Quapropter magnalia Domini veneranter intremus, quia omnino psalmus hic et de sacra incarnatione Domini, et de omnipotenti ejus deitate plenissime breviterque dicturus est; ut in quibusdam locis simili altitudine vel decore, initio illius Evangelii eructatus esse videatur, ubi ait: *In principio erat Verbum, et Verbum erat apud Deum, et Deus erat Verbum* (Joan. I, 1). Quapropter (ut ita dixerim) est quidam sol fidei nostræ, speculum cœlestis arcani, armarium sanctarum Scripturarum: ubi totum summatim dicitur quod utriusque Testamenti prædicatione narratur. Quapropter amando tenendus est, cujus dulcedo crescit ad meritum, quod et compendiosa brevitate colligitur. Nunc divisionem ipsius, quoniam est personarum varietate distinctus, audiamus intrepidi.

Divisio psalmi.

Sanctissimus propheta in secretum altissimæ contemplationis evectus, in primo versu inæstimabilia verba refert, quæ omnipotens Pater omnipotenti et coæterno sibi Filio dixerit, naturam simul Deitatis et humanitatis ostendens. Nam cum pronuntiat, *Dixit Dominus Domino meo*, naturam ejus deitatis ostendit. Cum subjungit, *Sede a dextris meis, donec ponam inimicos tuos scabellum pedum tuorum;* et, *Virgam virtutis tuæ emittet Dominus ex Sion, et dominaberis in medio inimicorum tuorum*, humanitatis ejus substantia declaratur, quæ potuit quod non habebat accipere. In secunda vero divisione inchoat Pater naturam ejus divinitatis pro modulo nostræ capacitatis aliquatenus indicare. Dicit enim : *Tecum principium in die virtutis tuæ in splendoribus sanctorum : ex utero ante luciferum genui te*. Tertio loco propheta loquitur usque ad finem, formam iterum ejus humanitatis ostendens, cum dicit : *Juravit Dominus, et non pœnitebit eum*, etc. ; ut in his capitulis Verbum caro factum, quod est Dominus Christus, triplici illuminatione potuisset agnosci.

Expositio psalmi.

Vers. 1. *Dixit Dominus Domino me : Sede a dextris meis, donec ponam inimicos tuos scabellum pedum tuorum*. Congruum videtur primum figuram ponere, per quam initia hujus psalmi intrinsecus possimus intendere. Idea figura est quæ Latine dicitur species, per quam res invisibiles cernendæ sensibus offeruntur. Ait enim : *Dixit Dominus Domino meo : Sede a dextris meis*. Una deitas, una potestas, una æternitas. Pater dicit ad Filium quod nec ille ore protulit, nec ipse auribus intentis [ms. G. et ed., intentus] audivit. Vult enim Pater, et novit Filius; vult Filius, et novit Pater. Sed nec ipsa voluntas nobis comprehensibilis est, nec ipsa notio humanis sensibus potest apparere. Merito ergo ad nostram consuetudinem descensum est, quatenus imbecilla instrueretur humanitas, quando usque ad illam secretam integritatem hominum non poterat cogitatio pervenire. *Dominus Domino*. His nominibus æqualitas substantiæ et virtutis potentia declaratur. Geminatio siquidem ista unius nominis et personas competenter expressit, et unam naturam deitatis evidenter ostendit. Nec moveat quod nonnunquam Jesus Christus ipse dicitur et Filius, ipse et Dominus David. Nam si causas discutias, utraque verissima sunt. Filius secundum carnis originem, sicut in initio Matthæi scriptum est : *Liber generationis Jesu Christi, filii David (Matth. I, 1);* et alibi clamabatur a cæcis : *Fili David, miserere nobis (Idem, xx, 50)*. Hic autem *Dominus* dicitur David, secundum deitatem qua creator est ipsius; quod etiam in hac nostra conversatione hodieque contingit, ut filius episcopus factus, patris sui pater vocetur, non nascendi ordine, sed honore. Illud enim quod natum est ex semine David sic honoratū, sic magnificatum est, ut esset idem et Dominus David et filius. Sequitur, *Sede a dextris meis*. Victori Filio et per sanctam incarnationem totius mundi triumphatori, post resurrectionis gloriam honorabilis consessus **378** offertur, ut per hunc situm susceptæ humanitatis gloria declaretur. Nam verbum hoc illud designat, ut Caput nostrum ad Patris cognosceretur dexteram collocatum : in qua parte ponendi sunt qui a perfidis Divinitatis munere segregantur, propter illud : *Pater, volo ut ubi sum ego, ibi sint et hi mecum (Joan. xvii, 24)*. Nam si naturam deitatis excogites, quem locum potest habere partis sinistræ vel dextræ qui omnia ubique plenissima majestate complectitur? Nam quod dicit Filio dexteram datam, non ut majorem quisquam credere debuisset, sed ne Ariani minorem (sicut prædicant) concepto scelere mentirentur. Adjecit, *donec ponam inimicos tuos scabellum pedum tuorum*. *Scabellum* dictum est ab eo quod scandatur, id est ascendatur. Et considera quod hic *donec*, finitum pro infinito sit positum ; quasi vero ad dexteram Patris non est ille sessurus, postquam *inimici* ipsius ut *scabellum* pedibus ejus fuerint inclinati. Usus enim Scripturæ divinæ est verbum istud et pro brevi tempore dicere, et pro æternitate depromere. Temporaliter, ut est illud Isaiæ : *Claude ostium tuum pusillum, donec transeat ira Domini (Isai. xxvi, 20)*. Donec autem et alibi, sicut hic, significat tempus æternum; nam sic in centesimo vigesimo secundo psalmo dicturus est : *Ita oculi nostri ad Dominum Deum nostrum, donec misereatur nobis (Psal. cxxii, 3)*. Et in Evangelio similiter dictum est de Joseph : *Non cognovit eam donec peperit filium suum primogenitum (Matth. I, 25)* : quasi vero post partum eam cognoverit, quæ virgo permansit. Hoc etiam suo loco repetita cura tractabimus; quod idioma, id est proprium, Scripturæ divinæ possumus nuncupare. Per *pedes* autem Domini stabilitas æterna significatur, ubi ille tanquam vestigiis positis omnipotentiæ suæ virtute consistit. His *pedibus* constat esse subdendos, qui quotidie vitiorum contrarietate derelicta revertuntur ad Dominum, et tanquam *scabellum pedibus*, ita ejus prædicationibus inclinantur. O beatum scamnum quod pedibus sanctis apponitur, supra omnia regna evehitur, cui subjectio tanta præstatur. Nam cum sedenti ad dexteram scabellum subditur, sine dubio de illis inimicis dicitur, qui conversi ad dexteram collocantur.

Vers. 2. *Virgam virtutis tuæ emittet Dominus ex Sion, et dominaberis in medio inimicorum tuorum*. Et hunc versum propheta loquitur ex persona sua, laudem in eo offerens Domino Christo. *Virga virtutis* est sceptrum regiæ potestatis, qua sustentantur fideles, affliguntur increduli, terrentur ingrati. Et ut ostenderet Filium cujuslibet rei indigentiam non habere, *tuæ* dixit, quia potestas illa deitatis suæ propria atque æterna est. Sed ut hoc manifestius possis advertere, addidit, hanc *virgam emittet Dominus ex Sion*, qui est utique omnipotens Pater. *Dominus* autem *ex Sion* dicitur, et Filius, sicut Isaias dicit : *Quia de Sion exibit lex, et verbum Domini de Jerusalem (Isai. ii, 3)*. Audiat hæreticus Patrem loqui de potestate et majestate Filii. Quo jam dicente possit imbui, si nec ipsi credat auctori? Addidit, *et dominaberis in medio inimicorum tuorum*. Exposuit emissa virtutis virga quid faciet, scilicet ut *domineris in medio inimicorum tuorum.* Considera clementissimum verbum, ut hic Christum supra inimicos *dominari* dixerit, non vindicare : quia tunc illis *dominatur,* quando ad ipsum delinquentium turba convertitur. Aliter enim *dominatur* fidelibus, aliter regnat ingratis : istos beneficiis et correctione educat, illos vindictæ districtione percellit. *In medio* autem dixit, in anima, in præcordiis, ubi Dominus requiescit, emundatis sordibus utique peccatorum. Sive Christum *dominari* dicit in Ecclesia, quæ est inter hæreticorum ac superstitionum rabiem in isto sæculo constituta. Hactenus de natura deitatis et humanitatis ejus propheta locutus est, nunc secundæ partis discutiamus initium.

Vers. 3. *Tecum principium in die virtutis tuæ in splendoribus sanctorum.* Venit ad secundum caput, ubi per hos duos versus verba Patris accipienda sunt, ut fas fuit de generatione Filii sancta locuturus. Nam ut coæternitatem evidenter ostenderet, dicit omnipotens Pater de omnipotente Filio suo : *Tecum principium in die virtutis tuæ.* Nam et ipse Pater *principium* est, ut est illud : *In principio erat Verbum* (Joan. I, 1). Ibi enim Patrem designat esse *principium* ubi erat Verbum. Filius quoque in Evangelio *principium* declaratur, dum ait : *Ego sum principium, propter quod et loquor vobis* (Joan. VIII, 26). Verum non duo principia, sed sicut unus Deus, ita et unum constat esse *principium.* Hoc etiam et de Spiritu sancto constat sine dubio sentiendum. Nam cum de *principio* loqueretur, subjunxit : *Et Spiritus Dei superferebatur super aquas* (Gen. I, 2). Sed hic sancti, quemadmodum sit *principium,* in principio nequeunt intueri. Nam cum Filium videret Philippus, dixit : *Ostende nobis Patrem.* Quibus ait Integritas : *Qui me videt, videt et Patrem* (Joan. XIV, 8). Tunc enim, quando per gratiam Domini plenissimo cœperint splendore radiari, vident *principium* Christum in *principio* esse Patre cum sancto Spiritu. Quapropter perfidia desinat Ariana consurgere. Ideo enim *principium* Pater et Filius dicitur, ut eorum coæternitas declaretur; nam si esset tempus quando non erat Filius, solus Pater dici potuit esse *principium.* Sequitur, *in die virtutis tuæ in splendoribus sanctorum.* Respice singula verba quam vim habeant, quem honorem. *In die* significat æternitatem, ubi unus est dies, ubi jam a beatis claritas et virtus divina conspicitur, de quo scriptum est : *Beati mundo corde, quoniam ipsi Deum videbunt* (Matth. v, 8). Et de impiis legitur : *Tollatur impius, ne videat gloriam Dei* (Isai. XXVI, 10). Omnes enim videbunt Filium hominis judicare vivos et mortuos, sed deitatem ipsius soli beatissimi contuentur. Ubi sunt illi qui etiam nunc duas naturas in Christo Domino minime confitentur? Peccator videt humanitatem, beatus conspicit simul et deitatem. Quod si una esset (ut confingunt) natura, non poterant peccatores carnem quam compunxerunt in resurrectione solam respicere, et deitatem ipsius pariter non videre. *Splendores* autem *sanctorum* sunt, quando in resurrectione lucebunt sicut angeli Dei, et ita purificati atque perspicui erunt, ut illam majestatem queant cordis oculis intueri. Illud enim lumen nisi in melius immutati videre non possunt, sicut dicit Apostolus : *Omnes resurgemus, sed non omnes immutabimur* (I Cor. xv, 51).

Vers. 4. *Ex utero ante luciferum genui te.* Postquam dixit in splendoribus sanctorum Filium esse genitum, nunc de ejus sancta generatione dicturus est, quæ, licet sit inenarrabilis, aliqua tamen commemoratione perstringitur. Narratio ineffabilis, intellectus incomprehensibilis, cogitatio supra omnium creaturarum vires, quæ angelorum quoque superat sensum; et tamen nobis se, prout capere potuissemus, indulgens. Deus enim æternus atque incommutabilis in sua natura permanens, dignatus est assumere humanitatem nostram, ut veterem hominem innovaret, ut ex mortali faceret immortalem, de peccatore justum, de alienato sui regni juberet esse participem : ne imaginem suam in confitentibus pateretur perire pius, quam annihilare voluit crudelis inimicus. Nunc ad versus istius exponenda verba veniamus. Dicit enim Pater ad Filium : *Ex utero genui te,* id est ex arcano substantiæ meæ, ex ipsa scilicet deitate, totum ex toto, omnipotentem de omnipotente, lumen ex lumine, summum ex summo, quod nulla investigatio, nullus sensus possit attingere. Nam quemadmodum valeat comprehendi, de qua scriptum est : *Generationem autem ejus quis enarrabit* (Isai. LIII, 8)? Mira brevitas, et sufficiens pro nostra infirmitate mensura : quia nec plus possumus capere, et hoc abunde sufficit utique credidisse. *Ante luciferum* cum dicit, immensitatem æternitatis ostendit. *Lucifer* enim pro omnibus stellis ponitur, quasi a parte totum, qui diem significat esse venturum. Et ut ostenderet incomprehensibile nescio quid, dicit. prius esse *genitum* antequam illud existeret quod solet venturum diem sæculo nuntiare. Non enim potest principium ejus comprehendi, a quo cuncta creata sunt. Nunc ad tertiæ partis veniamus initium, in qua iterum propheta reloquitur.

Vers. 5. *Juravit Dominus, et non pœnitebit eum : Tu es Sacerdos in æternum secundum ordinem Melchisedech.* Hic iterum propheta (sicut dictum est) promissionem memorat Patris. Juravit enim Filio, sed jam Christo, qui ex Maria Virgine natus est. Nam soli Verbo quid potuit promittere, qui omnia cum ipso semper noscitur possidere? *Jurare* est enim aliquid firmum sub attestatione promittere. Et cui melius convenire poterit, nisi illi qui sermonis sui effectum divina potestate complevit? sicut Apostolus dicit in Epistola quæ scribitur ad Hebræos : *Ut ostenderet Deus pollicitationis hæredibus immobilitatem consilii sui, interposuit jusjurandum, ut per duas res immobiles, quibus impossibile est mentiri Deum, fortissimum solatium habeamus, qui confugimus ad tenendam propositam spem, quam sicut anchoram habemus animæ tutam ac firmam* (Hebr. VI, 17, 18, 19). Hinc est (sicut jam dictum est) quod homines jurare merito prohibentur, dum quod efficere nequeunt, temerarie sub Dei attestatione promittunt. Jurat autem per se Deus, sicut Abrahæ promisit : *Vivo ego, dicit Dominus : quoniam audisti vocem meam, et non pepercisti filio tuo unico propter me : nisi benedicens benedicam te* (Gen. xxii, 16, 17), etc. Nec pœnitebit eum; utique, quoniam de tali ac tanta dispensatione cuncta gavisa sunt. Legis etiam, *Pœnitet me fecisse hominem* (Gen. vi, 7), quando ante diluvii adventum corda mortalium demerserant in gurgitem peccatorum. Hoc autem dicitur pro humanitatis consuetudine, cui aliter res quam videbatur sperare succedit. Sequitur, *tu es Sacerdos in æternum secundum ordinem Melchisedech*. Hoc etiam propheta promisisse Filio commemorat Patrem. Cui enim potest veraciter et evidenter aptari, nisi Domino Salvatori, qui corpus et sanguinem suum in panis ac vini erogatione salutariter consecravit? sicut ipse in Evangelio dicit : *Nisi manducaveritis carnem Filii hominis, et biberitis ejus sanguinem, non habebitis vitam æternam* (Joan. vi, 54). Sed in ista carne ac sanguine nil cruentum, nil corruptibile mens humana concipiat : ne (sicut dicit Apostolus) *Qui enim corpus Domini indigne manducat, judicium sibi manducat* (I Cor. xi, 29); sed vivificatricem substantiam atque salutarem, et ipsius Verbi propriam factam, per quam peccatorum remissio et æternæ vitæ dona præstantur. Quem sub nomine per mysticam similitudinem Melchisedech justissimus rex instituit, quando Domino panis et vini fructus obtulit. Constat enim pecudum victimas periisse, quæ fuerunt ordinis Aaron et Melchisedech manere potius institutum, quod toto orbe in sacramentorum erogatione celebratur; quod adhuc Judæi non intelligunt obstinati, cum eorum et sacerdos et sacrificia de medio probentur ablata. *Sacerdos* autem præcipue dicitur Christus, qui semel se pro nobis obtulit immolandum, de quo dicit Apostolus : *Talis enim decebat, ut nobis esset pontifex, sanctus, innocens, impollutus, segregatus a peccatoribus, et excelsior cœlis factus* (Hebr. vii, 26). Quem sensum mirabiliter et evidenter exsequitur. *In æternum* vero cum dicitur, ipse significatur Dominus Christus, qui permanet in gloria sempiterna.

Vers. 6. *Dominus a dextris tuis : confregit in die iræ suæ reges*. Quod Pater dicitur fecisse, hoc et Filium, hoc et Spiritum sanctum sine dubio constat operatum. Illud autem movere potest, cum in psalmi hujus initio Pater dixerit Filio : *Sede a dextris meis;* nunc iterum propheta dicit *a dextris* Filii Patris operatam fuisse virtutem. Quod ideo dictum est, ut cum hæc vicissitudo æqualis ponitur, majus hic aut minus aliquid nullo modo sentiatur. *Reges confregit*, illos significat de quibus secundus psalmus ait : *Astiterunt reges terræ; et principes convenerunt in unum adversus Dominum et adversus Christum ejus* (Psal. ii, 2). Hos *confregit*, quando superbiam eorum omnipotentiæ suæ virtute prostravit : quia nisi fuissent confracti, in malitiæ suæ iniquæ noxio rigore constiterant.

Vers. 7. *Judicabit in nationibus, implebit ruinas,*

conquassabit capita multa in terra copiosa. Proprietates intuere verborum. Reges confringendos in superiore versu dixit propter superbiam tyrannicam, nunc populos *judicari* perhibet propter peccata communia; utrique tamen a suis intentionibus feliciter cadunt, dum a priore malignitate bono proposito conversionis abscedunt. Et considera quomodo hic dicitur, *judicare* ut *impleat ruinas*. Implet enim ruinas, quando de cordibus humanis facit peccata corruere, delictaque noxia emendatione saluberrima disperire. Quod per illud exemplum potest intelligi, ubi ait : *Destrues eos, et non ædificabis eos* (Psal. xxvii, 5); quod utique non diceretur, nisi destruerentur aliqui prosperius innovandi. Sequitur, *conquassabit capita multa in terra copiosa*. Capita illorum utique qui caput non habent Christum; nam qui diabolum diversis sequuntur erroribus, cum fuerint correcti, capite suo sine dubitatione quassantur. *Caput* vero dicitur sublime atque honorabile culmen corporis nostri, appellatum a capiendo, quod sensus nostros capiat universos, id est visum, auditum, gustum, olfactum, tactum, quod utique alia membra nostra excepto tactu non capiunt. Et ideo *caput* nostrum recte possumus dicere, quem decernimus sequi. *Terram* vero *copiosam* dicit, quæ peccatores abundantes enutrit, quasi messem gerit eamque vitiorum.

Vers. 8. *De torrente in via bibet* [mss. A., B., F., *bibit*]; *propterea exaltabit caput*. Torrens fuit turbulenta persecutio Judæorum, de qua Dominus Christus *bibit in via*, id est in hac vita dum corpore pertulit. Sed dum *in via* dicitur, illata vis ostenditur, et velocissimus transitus indicatur, per quem itinerantes velli solent ad aliam mansionem. Ipse est autem qui audivit, *Sede a dextris meis;* ipse est cui dicitur, *Tu es Sacerdos in æternum secundum ordinem Melchisedech;* ipse qui *conquassat capita peccatorum;* cui propter meritum gloriosæ passionis *datum est nomen quod est super omne nomen, ut in nomine ejus omne genu flectatur cœlestium, terrestrium et infernorum* (Philip. ii, 9, 10). Audis passum, pagane vel Judæe; lege et ipsum esse futurum judicem, ut contremiscas omnipotentem Deum, qui hominem judicas negligendum.

Conclusio psalmi.

Septimus quidem psalmus est quem de duabus naturis Domini Christi prædicatum esse memoravimus. Sed quoniam dicit Apostolus ad Timotheum scribens : *Prædica verbum, insta opportune, importune : argue, exhortare, increpa cum omni patientia et doctrina* (II Tim. iv, 2); velim vobiscum qui unam naturam in Christo Domino factam putatis adhuc miscere colloquia. Nobiscum certe creditis quod in utero Matiæ semper Virginis *Verbum caro factum est, et habitavit in nobis* (Joan. i, 14); eumque in assumpta humanitate passum et sepultum, qui tertia die resurrexit a mortuis; visum deinde corporaliter apostolis ac credentibus sibi; ascendisse quoque in cœlos cum carne qua resurrexit a mortuis, hactenus omnino prædicatis. Sed quid in posterum terrena sapitis, qui usque ad cœlestia pervenistis? Ubi est ergo illa natura cum qua Dominus ascendit in cœlos? Morte jam perire non potuit, testante Apostolo : *Hoc scientes quod Christus resurgens* [ed., *surgens*] *a mortuis, jam non moritur, mors ei ultra non dominabitur. Quod enim mortuus est peccato, mortuus est semel; quod autem vivit, vivit Deo* (*Rom.* vi, 9, 10). Quare diceret, *vivit Deo*, et non vivit Deus, si una facta est natura quæ vivit? Sed est aliud, videlicet quod *vivit Deo*, utique quod mortuum est semel peccato. Audis denique, Sedet ad dexteram Patris, et dubitas eum retinere quod humanitati ejus potest solummodo convenire? Permittite, quæsumus, spem salutis nostræ Christum Dominum semper dici, qui recte potest tali nomine nuncupari, cum in duabus naturis adunatis atque perfectis in gloria Patris permanet in sæcula sæculorum. Nam si dicta vestra diligenti examinatione pensetis, quoties Jesum Christum unius esse naturæ dicitis, toties eum filium sanctæ Virginis abnegatis. Et videte unde jam vobis salus veniat, si a vobis Dominum Salvatorem perversitas confessionis abscidat.

EXPOSITIO IN PSALMUM CX.

Alleluia.

Quamvis hoc nomen laudis generale esse videatur, tamen ibi maxime apponitur, ubi magna exsultatione gaudetur. Laudat enim Dominum populus suus, qui a mundi clade liberatus, vitiorum nescit sustinere servitium. Quæ laus futuræ figuram noscitur portare lætitiæ, ubi Dominus a fidelibus suis absque intermissione conspicitur et sine fine laudatur, sicut in alio psalmo legitur : *Beati qui habitant in domo tua : in sæcula sæculorum laudabunt te* (*Psal.* LXXXIII, 5). Est etiam psalmus iste apud Hebræos alphabeti ordine decoratus, qui per capita commatum sive divisionum primus cunctis litteris adnotatur : illos nobis justos indicans, qui (divina gratia tribuente) perfectis virtutibus elucescunt. Nam sicut superiores psalmi alphabetodes quasdam litteras minus habentes, illos designant qui non adeo universis meritis repleti sunt, sed tamen in sancto concilio habitare noscuntur, ita et isti, completis litteris omnibus, excellentium merita videntur indicare justorum. Est et alia causa, ut Pater Hilarius dicit (*Prolog. in Psal.*), positi hujus alphabeti : Scimus parvulos et rudes per litteras erudiri, ut sapientiæ præcepta conquirant; sic hujusmodi psalmi pueris et incipientibus dantur, ut primordia eorum quasi quibusdam elementis docentibus instruantur. Nam quamvis quosdam et sine litteris Scripturas divinas didicisse legerimus, facilior tamen res est Dei gratia fragilitati nostræ per litteras prudentiam discere, quam illud miraculum sustinere. Commonemur ergo per hoc sacramentum, quatenus pronissimi ad eruditionis studia festinemus : quando ut elementa meditari ac discere debeamus, ordo ipse ponitur litterarum.

Divisio psalmi.

Populus beatorum diversis mundi partibus aggregatus, primo ingressu psalmi confiteri se dicit Domino in congregatione justorum, ubi est æterna laus et sine fine præconium. Continet autem hæc pars prædicti alphabeti litteras sex. Secundo fideles ejus dicit copioso munere satiatos, adventum Domini compromittens, ut hæreditatem pollicitam avidissima intentione perquirant; in quo aliæ decem litteræ sunt digestæ. Tertio redemptos asserit Christianos, et Testamentum Novum æterna gratia consecratum. Ista vero residuas sex litteras recipiens, totum alphabetum decora perfectione complevit.

Expositio psalmi.

Vers. 1. ALEPH, BETH. *Confitebor tibi, Domine, in toto corde meo, in consilio justorum et congregatione. Confitebor* (sicut sæpe diximus) æquivocum nomen est, sed pro locorum diversitate **381** suscipitur. *Confitentur* enim et qui peccata deplorant, item et qui Domino gratias referunt confitentur; sed illud in lacrymis, istud in gaudio est; illud in afflictione, istud in sancta mentis alacritate noscitur constitutum. Unde hic profusa lætitia exsultat populus fidelis, quamdam imaginem futuri sæculi designans, ubi voces istæ continuæ sunt, et laudes Domini devota mente concelebrantur. Nam ut sinceritatem suæ intentionis ostendat, laudaturum se dicit eum toto cordis affectu, ut nihil cogitatio adversa subripiat, nec splendidam lucidamque mentem diabolica videantur fuscare præstigia. Sequitur, *in consilio justorum et congregatione*. Si *consilium justorum et congregationem* hic velis exquirere, omnino videtur difficile ut in hoc sæculo electos omnes invenias, ubi Ecclesia permixtione bonorum malorumque completa est. Sed qui hic *toto corde confitentur*, jam videntur in illa *congregatione justorum* psallere, quam de cunctis gentibus in futurum manifestum est Dominum congregare. Et videamus quid nobis ista verba denuntient. *Consilium justorum* est, quando beati cum Domino resurrectionis tempore judicabunt, sicut in primo psalmo dictum est : *Ideo non resurgunt impii in judicio, neque peccatores in consilio justorum* (*Psal.* I, 5). Hoc enim in Evangelio apostolis et sanctis suis specialiter Dominus compromisit, dicens : *Sedebitis super duodecim sedes, judicantes duodecim tribus Israel* (*Matth.* XIX, 28). *Congregatio* vero significat totius Ecclesiæ beatam coronam, de diversis mundi partibus adunatam.

Vers. 2. GIMEL, DALETH. *Magna opera Domini; exquisita in omnes voluntates ejus.* Hinc jam enumerationes sincerissimæ confessionis ingreditur, magnam immensitatem bonitatis ostendit. Quid enim magnificentius quam de impio facere justum, de hoste filium, de captivo liberum? Ut in eis compleatur quod Apostolus dicit : *Ubi autem abundavit peccatum, superabundavit et gratia* (*Rom.* V, 20). *Exquisita*, id est singularis, exacta, cui nihil potest simile reperiri. Permittit enim diabolum sævire, ut ex illius iniquitate sibi debeat fidelissimos invenire; novoque modo nascitur de afflictione gaudium, de persecutione temporali æterna securitas. Et ne putares pro parte laudatum, adjecit, *in omnes voluntates ejus*. Quidquid enim facit, eximie atque incomprehensibiliter operatur, sicut in Genesi scriptum est : *Fecit Deus omnia valde bona* (Gen. I, 31). Sic illa investigabilis, illa inæstimabilis laus sub brevitate conclusa est.

Vers. 3. HE, VAU. *Confessio et magnificentia opus ejus, et justitia ejus manet in sæculum sæculi*. Opera illa Domini, quæ superius dixit, nunc iterum quemadmodum intelligantur exponit. Gloria enim et decor (sicut Pater Hieronymus transtulit) est *opus ejus*: quoniam et laudabilia sunt nimis, et decora quæ facit. Diximus enim *Confessionem* illam hic accipiendam, quæ verbis præconialibus explicatur. Sequitur, *et justitia ejus manet in sæculum sæculi*. Hic *justitiam* Domini, sententiam futuri judicii debemus advertere, quæ omnino perpetua est. *Justitia* quippe *ejus manet in sæculum sæculi*, cum peccatoribus dixerit : *Ite in ignem æternum, qui paratus est diabolo et angelis ejus* (Matth. xxv, 41). Iterumque *justitia ejus manet in sæculum sæculi*, quando fideles advocaverit, dicens ; *Venite, benedicti Patris mei, percipite regnum quod vobis paratum est ab initio mundi* (Ibidem, 34). Sic in utraque parte *justitia* Domini perpetua et incommutabilis perseverat.

Vers. 4. ZAIN, HETH. *Memoriam fecit mirabilium suorum misericors et miserator Dominus*. Ad secundum venit ingressum, ubi ostendit esca cœlesti fidelissimos pastos, id est adventu Domini utique Salvatoris. *Memoriam ergo fecit mirabilium suorum*, quando plurima nova et inusitata monstravit. Tunc enim omnia Deum regere potuit evidenter adverti, quando visæ sunt consuetudines rerum sacris jussionibus immutari. Convertere enim veraciter non potest ordines rerum, nisi qui eas et fecisse et administrare cognoscitur. Et ut ostenderet qui *fecit memoriam mirabilium suorum*, sequitur, *misericors et miserator Dominus*. *Misericors* naturam ejus pietatis ostendit ; *miserator*, tempus quo adventu suo misericordiam fecit, et humano generi larga pietate subvenit.

Vers. 5. TETH, JOD. *Escam dedit timentibus se; memor erit in sæculum testamenti sui*. Quod dixit, *Escam dedit timentibus se*, significat utique spiritualem cibum. Quis enim escam communem putet fidelibus ad præmium datam, quæ et peccatoribus passim cognoscitur attributa ? Sed ut magis hoc de adventu Domini Salvatoris debuisses advertere, sequitur, *memor erit in sæculum testamenti sui*. *Memor erit*, humanitatis consuetudine dicitur, quia tunc quis aliquid in mente habuisse putatur, cum promissa compleverit. *In sæculum* æternitatem significat, quia verba testamenti sui solidissima veritate custodit. Nam sicut promissus est in Veteri Testamento Dominus Salvator, ita in Novo advenire dignatus est, in quo *esca data est timentibus* eum, id est communicatio corporis et sanguinis sacri, quæ est salus gentium et remissio peccatorum.

Vers. 6. CAPH, LAMED. *Virtutem operum suorum annuntiavit populo suo, ut det illis hæreditatem gentium*. Hic est impleta sententia, quæ tribus versibus continetur. *Virtus operum* fuit, quam dicit in Evangelio : *Cæci vident, surdi audiunt, leprosi mundantur, mortui resurgunt : et beatus qui non fuerit scandalizatus in me* (Matth. xi, 5). *Annuntiavit*, manifestam fecit, populo scilicet Christiano, quem redemit sanguine pretioso. Sed hoc illi prophetiæ spiritu dicunt, qui ante adventum Domini in eum sancta fide crediderunt. *Dedit* autem eis *hæreditatem gentium*, quando Ecclesiam catholicam de cunctis nationibus vivis lapidibus fabricavit. Ipsa est *hæreditas* quæ promissa est Abrahæ : *Multiplicabo semen tuum sicut stellas cœli et sicut arenam quæ est ad oram maris* (Gen. xxii, 17). Aperuit enim causam quare *virtutem operum* suorum *annuntiabit populo suo*; scilicet ut *daret eis hæreditatem gentium*. Ipsa enim intentio fuit miraculorum ut crederent, et præmia compromissa credentes acciperent.

Vers. 7. MEM, NUN. *Opera manuum ejus veritas et judicium : fidelia omnia mandata ejus*. Pulcherrimis variisque sententiis in hoc et sequenti versu laudes Domini describuntur. Quæ duodecima est species definitionis, quam Græci κατ' ἔπαινον, Latini per laudem dicunt. *Opera* quippe virtutis ejus est, quando confitentibus parcit, et beatos ex impiis facit, deinde cum obstinatis pœnas debitas reddit. Quapropter proprie dictum **382** est, *Opus ejus veritas et judicium*. *Veritas* est enim cum fidelibus promissa restituit ; *judicium*, quod impiis comminatur : quoniam qui hic præcepta ejus facere negligunt, ibi vindictam perpetuam sustinebunt. Sequitur, *fidelia omnia mandata ejus*. Scriptum est : *Serva mandata, et servabunt te* (Eccli. xv, 16). *Fidelia* vero sunt, quoniam nullo mendacio dicta variantur ; sed absolute nos custodiunt, cum ea custodire Domini munere festinamus.

Vers. 8. SAMECH, AIN. *Confirmata in sæculum sæculi, facta in veritate et æquitate*. Humana verba incassum missa solvuntur : Domini autem sermo confirmatus permanet in æternum. Nescit enim titubare quod Veritas loquitur. Sequitur, *facta in veritate et æquitate*. Mandata illa, quæ superius dixit, ut ea crederes certissimis effectibus esse plenissima, *facta* dixit esse quam* *dicta*. Et ut dignitas eorum amplius appareret, adjecit, *in veritate et æquitate*. *Veritas* est, quia dicta complentur ; *æquitas* est, quia justitiæ pondere proferuntur. Has enim virtutes manifestum est ejus continere mandata.

Vers. 9. PHE, SADE, COPH. *Redemptionem misit populo suo ; mandavit in æternum testamentum suum. Sanctum et terribile nomen ejus*. Hic enthymematicus syllogismus jam nobis frequentatus oboritur ; cujus propositio est : *Redemptionem misit populo suo, mandavit in æternum testamentum suum*. Sequitur exspectata conclusio : *Sanctum est igitur et terribile nomen*

---

* Hic aliqua videtur deesse conjunctio. EDIT.

ejus. Audiamus reliqua quæ sequuntur. Perventum est ad ingressum tertium, in quo Dominum Salvatorem pronuntiat esse venturum, qui timendus, amandus et continua exsultatione laudandus est. Convenienter autem dicitur, *Redemptionem misit*, quoniam hoc videbantur indigere captivi. Sed tale pretium fuit quod tyrannus non sumeret, sed ille qui absolvebatur acciperet. Lucratus est captivus *redemptionem* suam, et ipse est magis inde ditatus qui tenebatur obnoxius. Sequitur, *mandavit in æternum testamentum suum. Mandare* dicimus, absentibus verba per medias destinare personas. Quod factum constat, quando *Testamentum Novum* per apostolos atque evangelistas suos transmisit ad gentes. *In æternum* autem recte dicitur, quia nullum illi aliud successurum significatur, sicut in Veteri Testamento constat effectum. Hoc est enim quod cuncta conclusit, quia plenitudinem suam, quæ prius fuerat promissa, restituit. Merito ergo *æternum* dicitur, quod nullo alio indigere cognoscitur. Addidit, *Sanctum et terribile nomen ejus. Sanctum* pertinet ad incarnationem, sicut ipse dicit : *Custodi animam meam, quoniam sanctus sum* (*Psal.* LXXXV, 2). *Terribile* ad omnipotentiam Deitatis excelsæ, sicut in alio psalmo dicitur : *Tu terribilis es, et quis resistet tibi* (*Psal.* LXXV, 8)? Quæ duo ad illud pertinent, ut amemus advocatum, judicantem timere debeamus. Hæc enim competenter utraque conjuncta sunt, ne nos aut solus amor negligentes reddat, aut tantum timor desperatos efficiat.

Vers. 10, RES, SIN, TAU. *Initium sapientiæ timor Domini. Intellectus bonus omnibus facientibus eam* [mss. A., B., F., *eum*]. *Laudatio ejus manet in sæculum sæculi.* Pulchre definitum est quid sit *timor Domini* ; scilicet *Initium sapientiæ*, ad Dominum velut quibusdam januis introitur. Nam si metus ejus judicii nesciatur, conversionis medicina negligitur. Timeamus ulciscentem, ut mereamur Redemptoris [ed., redemptionis] gratiam reperire. Sequitur, *Intellectus bonus omnibus facientibus eum.* Ne sapientiam putares humanam, quæ incertis casibus nutat et fluctuat, dicit de ista cœlesti sapientia : *Intellectus bonus*, id est verus atque salutaris, quem constat in illa non esse, de qua scriptum est : *Sapientia hujus mundi stultitia est apud Deum* (I *Cor.* III, 19). Iste ergo *intellectus* qui in timore Domini probatur intentus, utilis atque fructuosus est : quoniam inde nascitur, quod ad perennem gloriam perducere videatur. Adjecit, *laudatio ejus manet in sæculum sæculi*. Ecce intentio psalmi tota declarata est. Populus ille fidelis a diabolica pravitate liberatus, gratias agens Domino, sententiam religiosæ mentis expressit ; quod et hic facere debent qui devoti sunt, et in illa cœlesti Jerusalem a beatis constat esse peragendum. *Laudatio* enim *ejus* non clauditur termino, quia nec finem habere potest beneficium. Hic laudatur, quia peccatores liberat ; ibi prædicatur, quia devotos coronat. Merito ergo *Alleluia* in titulo psalmus iste cognoscitur suscepisse, qui et a laude Domini fecit initium, et in ejus laude finitus est.

Conclusio psalmi.

Quam bene fidelissimus populus iste lætatus est! Fuit et nostrum gaudium audire gaudentem. Alacritas enim mentis augetur, quando alterius lætantis prolata verba suaviter hauriuntur. Sed nec hoc quoque putetur otiosum, quod post centesimum nonum psalmum hæc exsultatio fidelium tali numero collocatur. Respice enim dulcedinem securitatemque canentium, et invenies hic imaginem illius præmii contributam, quam operariis in Evangelio Dominus pollicetur, quos ad laborem vineæ vocationis suæ muneribus invitavit. Ipse est enim denarius qui et mane et sero venientibus dabitur. Denarius, quoniam coronalis est ; unus, quia finem penitus non habebit. Addita est huic psalmo et alphabeti decora perfectio, ut gratiæ tantæ exsultationis litterarum institutio jungeretur.

EXPOSITIO IN PSALMUM CXI.

Alleluia, conversionis Aggæi et Zachariæ.

Cum jam frequenter solum posuerit *Alleluia*, videamus adjectio ista nominum quid velit intelligi. *Aggæus et Zacharias* prophetæ fuerunt qui post transmigrationem Babyloniæ sub Dario rege longo post tempore prophetaverunt quam ista sint cantata. Reversi enim in Jerusalem patriam suam, cum reparari templum viderent, laudes Domini magna exsultatione profuderunt. Ad quam similitudinem et hic psalmus integerrimi alphabeti litteris, quasi regulis aureis noscitur esse contextus ; quem post absolutionem peccatorum perfectissima debeat Christianus alacritate cantare. Et memento quod institutor fidelium hic quartus est psalmus ; ostendit enim post liberationem **383** delictorum quanta sint bona fidelium, et quæ sit retributio perfidorum.

Divisio psalmi.

Per totum psalmum propheta loquitur. Prima admonitione quid faciat beatus vir, et quanta bona Domini gratia mereatur, ostendit ; continet autem litteras sex. Secunda adventum Domini significat Salvatoris, per quem homines ex peccatoribus et impiis in æternum beati esse promerentur ; quæ divisio tredecim litteras Hebraicas noscitur continere. In tertia parte contraria impiis provenire testatur quæ residuas habet litteras tres.

Expositio psalmi.

Vers. 1. ALEPH, BETH. *Beatus vir qui timet Dominum : in mandatis ejus cupiet* [mss. A., B., F., *cupit*] *nimis.* Diversis modis *Beatus vir* in medium deducitur : ne dissimulatione aliqua ejus appetentia negligatur. Decet enim animo nos frequenter revolvere, unde probamur sub æternitate gaudere. Sed cum beatitudo nulla sit sub timore mundano, qui potius miseros facit, manifestum est tamen nulla æterna reperiri gaudia, nisi quæ Domini fuerint timore præparata. Ipso enim compellente, desideramus quod nos beatos possit efficere. Denique sic sequitur, *in mandatis ejus cupiet nimis* ; quod per timorem Domini certum est posse contingere, quando Dominum diligendo metuimus : ne nos a regno suo reddat extraneos. *Beatus ergo qui timet Dominum*, etc., species duodecimæ definitionis Græce dicitur κατ᾽ ἔπαινον, Latine per laudem.

Vers. 2. GIMEL, DALETH. *Potens in terra erit semen ejus ; generatio rectorum benedicetur.* Jam illius beati quem superius dixit, præmia describuntur. Sed cum ipse prædicit humiles sibi esse gratissimos, ita ut justi ejus pauperes dicantur, quæramus in qua terra *potentes* dicantur effici, qui hic probantur esse derisui. In illa scilicet qua cum Domino regnaturi sunt sancti, ubi non divitiæ humanæ, nec honores temporales faciunt potentes, sed contemplatio Domini et sine fine laudatio. Ipsa revera est potentia cui non succedit infirmitas ; sed quod esse meruerit, æterna felicitate custodit. *Semen* opera significat bonarum rerum, quæ in hoc sæculo velut semina jaciuntur, ut fructus futuræ messis adolescat. *Generatio* autem *rectorum* bene dicitur, non ista carnis, sed illa quæ imitatione justorum per similitudines operum noscitur esse propagata. Unde et diabolus peccatores filios habere memoratur, quibus dictum est : *Vos a patre diabolo estis* (Joan. VIII, 44).

Vers. 3. HE, VAU. *Gloria et divitiæ in domo ejus, et justitia ejus manet in sæculum sæculi.* Adhuc in bonis beati præmissa descriptio perseverat. Beati domus est mentis secretum, ubi divitias sanctas et *gloriam* perpetuam reponit quisquis Domini præcepta impleverit. Sed illa *gloria* non habet finem ; illæ *divitiæ* non maligna subreptione dispereunt, sed de Domini mandatis veniunt ; unde quidquid acquiritur, perenni integritate servatur. Denique sic sequitur, *et justitia ejus manet in sæculum sæculi. Justitia* quidem hominis dicitur, sed quæ, Deo largiente, præstatur. Nam cum sit nomen generale, advertitur tamen propria, cum divina dispensatione ad unumquemque hominem res concessa pervenerit. Et ne aliquis se temporaliter existimaret fieri beatum, addidit, *manet in sæculum sæculi.* Hactenus beati illius bona narrata sunt ; nunc unde fieri possit beatus ediciture : ne tantum desiderium movisse, non etiam et causam docuisse videretur.

Vers. 4. ZAIM, HETH. *Exortum est in tenebris lumen rectis corde ; misericors, et miserator, et justus Dominus.* Venit ad admonitionem secundam, in qua Domini primus significatur adventus, qui confitentes beatos fecit, et superbos pro sua iniquitate damnavit. Sed iste adventus Domini mirabili proprietate describitur. Venit enim lux quæ superat omnem lucem ; et ut gratior esset, adjecit, *in tenebris,* non istas quas solis facit absentia ; sed quæ peccatorum magis præsentia tenebrescunt. Intus sunt enim in corde istæ tenebræ, ubi sol mundanus non possit accedere, quas illud lumen expellit, quod mortem vicit, et delicta contrivit. Sed cum *rectis corde* dicitur, perversi ab isto lumine separantur. Sequitur, *misericors, et miserator, et justus Dominus.* Pauca sunt quidem verba, sed omnium creaturarum rationabilium actus amplexantia. Nam qui confitentur, habent misericordiam [mss. A., B., F., misericordiam] ; qui contem-

nunt justum sine dubio sustinebunt [*fidem,* sustinebunt judicium].

Vers. 5. TETH, JOD. *Jucundus homo qui miseretur et commodat ; disponet sermones suos in judicio.* Jucundum dicit non tam hominibus acceptum quam Deo gratum. *Qui miseretur,* id est, qui egentibus donat. *Commodat* vero, qui recepturus aliquid in hoc mundo sperantibus in necessitate mutuatur, sicut dicit in Evangelio : *Omni petenti te da, et volenti mutuari abs te, ne prohibeas eum* (Matth. v, 42) : quia et hæc non minima merces est ad præsens eruere [*ed.,* servare] periclitantem, et fideliter recipere solam præstitæ pecuniæ quantitatem. Potest autem intelligi, ut hoc quod *miseretur,* id est quod pauperibus donat, *commodare* videatur, quando dat homo temporalia, recepturus æterna. Sed licet utraque ad manuales videantur operas pertinere, tamen non solum de pecunia miserendum dicit pauperi, aut sperantibus *commodandum,* sed de omni beneficio quo indigere cognoscitur destitutus. Unde impigri debemus facere omne quod potest alteri subvenire. Sequitur, *Disponet sermones suos in judicio.* Dispositio sermonum ordinem significat imperturbatum atque tranquillum, qui probabili ratione narratur. Venienti quippe Patrifamilias dicendum est : *Domine, quinque talenta dedisti mihi, ecce alia quinque superlucratus sum* (Matth. xxv, 20). Ipse ergo *disponit in judicio sermones suos,* qui se Domini dona geminasse probaverit ; non ut ille qui suffossum talentum cautela sterili et noxia parcitate servavit. Quod potest etiam et ad illum pertinere qui divinas Scripturas munere Domini perscrutatus, aut infructuosa taciturnitate retinet, aut pia voluntate disseminat.

Vers. 6. CAPH, LAMED. *Quia in sæculum non commovebitur : in memoria æterna erit justus.* Reddit causam quare vir justus disponat sermones suos in judicio ; scilicet quia *in sæculum non commovebitur,* id est, a gloria Domini nullatenus separabitur. Sequitur, *in memoria æterna erit justus. In memoria* utique *æterna erit justus,* quia vocatur ad præmium. Impiis enim dicitur : *Non novi vos* (Luc. XIII, 25). Quapropter **384** sicut illi qui deputantur ad pœnam de mente perhibentur excedere, ita isti propter beatitudinem percipiendam *in memoria* dicuntur Domini permanere.

Vers. 7. MEM, NUN. *Ab auditu malo non timebit : paratum est cor ejus sperare in Domino.* Illum *auditum malum* dicit, quem audituri sunt impii : *Ite in ignem æternum* (Matth. XLV, 41), et reliqua. Malus enim illis videtur qui justa severitate plectendi sunt ; quia fas dici non est, nisi justum Domini semper esse judicium. Et ne solum beatos putares pœnas noxias non timere, sequitur, *paratum cor ejus sperare in Domino,* ut promissa ipsius percipiant, qui sæculi illecebras ejus juvamine calcaverunt ; quibus ipse dicturus est : *Venite, benedicti Patris mei, percipite regnum quod vobis paratum est ab origine mundi* (Ibidem, 34). Cor autem positum est pro rectæ mentis affectu, quod sine aliqua cunctatione promissa novit expetere.

Vers. 8. SAMECH, AIN. *Confirmatum est cor ejus ; non commovebitur donec videat inimicos suos.* Quia paratum fuerat cor beati *sperare in Domino*, consequenter adjunctum est, *confirmatum est cor ejus.* Omnia enim caduca contemnit, qui illa fuerit delectatione completus. *Confirmatur* ergo *cor* justi, cum nulla sæculi felicitate mollescit ; et peccatorum hic respiciens potentiam, exspectat potius eorum ruinam. In hoc enim mundo *inimicos* patitur potentes *videre*, ut ibi eos possit humiliatos aspicere. Sed cum hic *videamus inimicos* nostros esse carnales, qui nobiscum aliqua adversitate confligunt, spirituales vult intelligi nequitias, quas hic penitus non videmus, sed in illa nos certum est judicatione cognoscere. Et cum dicit, *donec videat inimicos suos*, subaudiendum est, humiliatos atque contritos. O dispositio [*ed.*, dispensatio] sancta Creatoris, qui tunc eos fractos facit videri, cum possint esse derisui, non timori !

Vers. 9. PHE, SADE, COPH. *Dispersit, dedit pauperibus : justitia ejus manet in sæculum sæculi ; cornu ejus exaltabitur in gloria.* Hæc sententia ad illud præceptum dominicum pertinet : *Si vis esse perfectus, vende omnia tua ; et da pauperibus ; et veni, sequere me* (*Matth.* XIX, 21). Ipsa est dispersio quæ feliciter congregat ; ipsa erogatio quæ cœlorum regna mercatur. Hæc qui fecerit justitiam operatur, quia Domini præcepta complevit ; et in hoc ille semper manet, quoniam ab illo auctore æterna recipit dona, qui condidit sæcula. Sequitur, *cornu ejus exaltabitur in gloria.* *Cornu* pro potestate poni sæpe jam dictum est, sicut Daniel propheta testatur, dicens : *Quatuor autem cornua, quatuor regna sunt* (*Dan.* VII, 17). Quam necesse est illis ibi dari, qui hic videbantur pia humilitate prostrati ! Hactenus de beatorum bonis locutus est : nunc psalmum de impiorum afflictione concludit.

Vers. 10. RES, SIN, TAU. *Peccator videbit, et irascetur ; dentibus suis fremet et tabescet : desiderium peccatorum peribit.* Postquam beati definitionem dixit et præmia, in tertia parte peccatorum notavit invidiam. Quæ figura dicitur paradigma, quoties beatorum hortamur bonis, malorum autem deterremur exemplis. Hoc enim schema in his psalmis omnibus invenitur, qui loquuntur de institutione beatorum ; quamvis et alibi interdum reperiatur aptatum ; sicut et in primo psalmo constat effectum. *Irascetur*, dixit, scilicet sibi, qui noluerunt a pravitate suspendi. *Videbant* [*ed.*, vident] enim se præsumpsisse quondam de gloria caduca, de potestate fugitiva, et alios beatitudinem accipere, quæ nescit aliquando desinere ; ira justa, indignatio vera, sed non proficua temporibus ultionis. Potuerant enim ibi non indignari, si hic suis vitiis redderentur infensi. Sequitur, *dentibus suis fremet et tabescet.* Peccator et invidus in sua fluctuans malignitate describitur : iracundiæ quidem suæ retinens malum, sed nulli ultra nociturus. Hic enim impie commovebatur, ut alterum læderet : ibi juste sibi irascitur, quoniam pro sua malignitate punitur. Sic et Isaias ait : *Non est pax impiis, dicit Dominus* (*Isai.* LVII, 21). Nam fremitus ejus hoc agit ut *tabescat* ;

impetus ut deficiat ; se jam dentibus suis mordet, se proprio dolore castigat, exigens a se cruciatus quos hic sustinere cogebat innoxios. Adjecit, *desiderium peccatorum peribit* ; scilicet quia sicut illic vota beatorum in regno Domini plantata florebunt, ita peccatorum desideria succisa marcescent.

Conclusio psalmi.

Quam pulchre alphabeto descendente beatus iste descriptus est, ut simul facta ejus narrarentur et præmia ! Quis se videre non credat quæ sancta veritas pollicetur ? Sed ipse nos faciat accipere, quod jam concessit audire. Hoc enim alphabetum, quo carmen istud impletum est, ad perfectionem sapientiæ pertinere non dubium est, per quod et divinarum rerum intellectus agnoscitur, et imperitiæ culpa declinatur. Sic constat psalmos diversa suavitate variatos, ut humana imbecillitas discendi non possit sustinere fastidia.

EXPOSITIO IN PSALMUM CXII.
Alleluia.

Ecce verba tituli sui subsequens psalmus exponit, nam cum sit, *Alleluia*, laudate Dominum, ita et ipse fecit initium magister verus, doctor egregius, cujus nescit sermo fallere, quia de veritatis fonte constat emanare. Quid enim dici potest certius quam ubi rerum præceptor, proprius probatur expositor ?

Divisio psalmi.

Propheta David psalmi textum sub brevitate transcurrens, prima parte commonet devotos, ut laudes Domino jugiter exsolvant, et in toto orbe prædicare non desinant. Secunda parte ipse facit quod alios monet, ut magister verus non tam verbo, quam docere videatur exemplo.

Expositio psalmi.

Vers. 1. *Laudate, pueri, Dominum ; laudate nomen Domini.* Constat hoc nomen simplicibus et purissimis dari, quando et ipse Dominus puer vocatur, sicut est illud : *Puer natus est nobis* (*Isai.* IX, 6). Istam siquidem ætatem pro innocentia **385** sua a Domino constat electam ; dicit enim discipulis suis : *Sinite parvulos venire ad me, talium est enim regnum cœlorum* (*Matth.* XIX, 14). Merito ergo hos propheta commonet laudes Domino debere cantare, qui corde puro ad eas videntur accedere. Non enim hic ætas est electa, sed puritas. Respice quoque in hac repetitione quamdam esse distantiam. *Dominum laudat*, qui se probabili actione commendat : *Nomen Domini* idem *laudat*, qui virtutes ejus sancta prædicatione concelebrat.

Vers. 2. *Sit nomen Domini benedictum, ex hoc nunc et usque in sæculum.* Ne forte sibi momentaneam laudem pueri crederent imperatam, dicit et modo in hoc sæculo prædicandum, et in illa quoque æternitate laudandum. Sed ne vel hoc localiter possit intelligi, subter dicit quemadmodum ubique laudetur.

Vers. 3. *A solis ortu usque ad occasum, laudate*

nomen Domini. Hic universalem designat Ecclesiam, ut per totum mundum, cujus fabricator est Christus, ejus præconia debeant non taceri. Justa commonitio [*ms. G.*, communitio] est Domini, salutaris injunctio; ut Creatorem suum creatura cognoscat, eumque magnificare debeat, quatenus ejus laudibus semper accrescat. Hoc schema dicitur periphrasis, Latine per circuitum. In aliis quippe locis, per orbem, in aliis ex quatuor cardinibus, hic autem per solis cursum, quasi per quamdam lineam declaratus est mundus.

Vers. 4. *Excelsus super omnes gentes Dominus, et super cœlos gloria ejus.* Per has duas partes, universas vult intelligi creaturas. *Gentes*, terrena cuncta suscipiamus. *Cœlos*, advertamus universa cœlestia: quoniam super omnia probatur *excelsus*, cui ipsi quoque cœli subjecti sunt, sicut in alio psalmo legitur: *Exaltare super cœlos, Deus, et super omnem terram gloria tua* (*Psal.* CVII, 6). Sive gentes, carnales homines; cœlos vero spirituales debemus accipere; ut super omnes creaturas Altissimus sentiatur, qui cunctarum rerum conditor esse dignoscitur.

Vers. 5. *Quis sicut Dominus Deus noster, qui in altis habitat?* Venit ad secundam partem, in qua jam ipse laudes dominicas ex factis ejus lætus exsolvit. Dum *quis dicitur*, nemo alius significatur, quam qui tantum propria potentiæ suæ majestate glorietur. *Qui in altis habitat*, id est, in excelsis creaturis suis, quas ipse magnas facit, cum in eis *habitare* dignatur; ut sunt angeli boni, sancti ejus, et reliquæ potestates, quæ præsentiæ ipsius dignitate grandescunt. Sed ne putares istam amplitudinem humilia velle despicere, vide quid sequitur.

Vers. 6. *Et humilia respicit in cœlo et in terra.* Exponitur quod superius dictum est, *qui in altis habitat.* Ipse enim *humilia respicit*, ut fiant ejus dono semper altissima. Illi enim supra piam humilitatem sedes est; ipsam visitat quæ nihil in se sperans, sed de sola Domini largitate præsumit. Sed istam humilitatem in qualitate mentis accipe, non in positione terrarum. Sequitur enim, *in cœlo et in terra.* Quæ est *in cœlo* humilitas, nisi illa scilicet in qua humilitate sua sancti angeli placuerunt? Virtutes omnes cœlorum ipsa laude præcelsæ sunt; et quidquid fideliter humile fuerit, ibi Dei sedes et æterna potentia reperitur. *In terra* enim quod dicit, significat sanctos viros, de quibus scriptum est: *Super quem requiescet* [*cod.*, roquiescit] *Spiritus meus, nisi super humilem, et quietum, et trementem verba mea* (*Isai.* LXVI, 2)? Sic *in cœlo et in terra* humilitas Deo placita reperitur, sicut superbia probatur exosa, per quam diabolus cecidit, per quam homines in tartari penetrale merguntur. Erubescant elati, et seipsos accepta ratione convincant. Ubi credant locum habere superbiam, cum cœlum et terram ab humilitate videant occupata?

Vers. 7. *Suscitans a terra inopem, et de stercore erigens pauperem.* Hoc beneficium non sibi soli inopes vindicent et egentes; nam *de stercore* et paupertate erigitur, quisquis de hac labe corporis per Dei gratiam sublevatur. Rex denique ipse mundanus inops est munerum Dei, et in stercore volvitur, cui carnis vitia dominantur. Elevat ergo ab istis Dominus quoslibet ordines, quaslibet ætates, cum misericordiæ suæ dona largitur.

Vers. 8. *Ut collocet eum cum principibus, cum principibus populi sui.* Declarat ad quid pauperis et inopis pervenire possit erectio, scilicet *ut collocetur cum principibus populi sui. Principes* enim *populi* sunt patriarchæ, prophetæ, apostoli, et quicunque Deo probabili conversatione placuerunt. Sed hic principatum, non honorem credas qui hominum suffragio conquiritur, sed illum qui Domino largiente præstatur, qui humilitate altus est, qui fide certus, qui mentis robore solidatus. Nam quod addidit, *populi sui*, significat Ecclesiam catholicam, quæ toto orbe diffusa est.

Vers. 9. *Qui habitare facit sterilem in domo, matrem filiorum lætantem.* Hic facta est conclusio superiorum sensuum, et descendentium pulchritudo verborum. Nam quod dixit: *Suscitans a terra inopem, et de stercore erigens pauperem: ut collocet eum cum principibus, cum principibus populi sui,* exponit ubi hoc fieri possit; scilicet in Ecclesia, quæ ante adventum Sponsi sui *sterilis* fuerat; sed facta est *mater læta filiorum,* quando prædicationibus apostolorum ex aqua et Spiritu sancto copiosos filios in toto orbe procreavit. Quondam fusca, nunc pulchra; quæ per aquam fecundissimam parit, et virginitatem suam gloriosa integritate custodit. Ipsa fuit igitur *sterilis,* quam Dominus *in domo sua habitare facit lætantem,* de partu scilicet et numerositate sanctorum.

Conclusio psalmi.

Vehementer admiror quoties istum numerum reperio ingentium sacramentorum honore plenissimum. Ipse enim calculus apostolos complectitur; ipse Israeliticum populum divisit in tribubus, futuram illam, sicut Pater Hieronymus ait (*In cap.* XXXI *Ezech.*), significans beatitudinem duodenaria quantitate distingui. Verbi gratia, ut primum locum habeant apostoli, secundum prophetæ, tertium martyres, quartum infantes post baptismum rapti, quintum virgines, sextum recte pœnitentes; ut sic usque ad duodecim partes per diversas meritorum distantias gradiatur. Hoc tangere videtur Apostolus cum dicit: *Alia claritas solis, alia claritas lunæ, alia claritas stellarum* (I *Cor.* XV, 41); et alibi: *Stella a stella differt in claritate: sic erit et resurrectio mortuorum.* Quapropter iste psalmus post centesimum duodenario numero constitutus, futuræ nobis beatitudinis imaginem compromittit, quando ad illam æternæ lætitiæ similitudinem jugiter Dominum a pueris præcipit esse laudandum.

EXPOSITIO IN PSALMUM CXIII.

Alleluia.

Cum jam multi psalmorum præcesserint, et alii quoque secuturi sint qui *Alleluia* prænotantur, non incassum tot psalmi tali capite videntur ornari. Nam sicut in melodia hoc compositum nomen diversos tonos recipit, ita et multiplices causas ad vim suæ prædicationis assumit. Non enim uno modo dicitur: *Laudate Dominum*; sed, sicut ex diversis actibus laus ista colligitur, ita et *Alleluia* variis negotiis et competentibus narrationibus applicatur. Est enim intentio psalmi istius, ut ab initio Hebraici populi per magna miracula plenitudinem legis (qui est Christus Dominus) mundo præstitam nuntiaret, per quas similitudines rerum, et hodie unumquemque liberari approbat Christianum.

Divisio psalmi.

Per totum psalmum propheta loquitur. Primo modo commemorat quæ miracula Dominus Hebræis præstiterit, et populo Christiano. Secundo sub interrogatione dicit cur fugerit mare, quare cursum suum Jordanis abstinuit [ed., retinuit]: responsionem gratissimam jungens, a facie Domini terram fuisse commotam. Tertio simulacra gentium inutilia demonstrat adoratoribus suis; et religio Domini quam sit utilis et saluberrima propriis cultoribus consequenter exponit.

Expositio psalmi.

Vers. 1. *In exitu Israel de* [ms. G. et ed., *ex*] *Ægypto, domus Jacob de populo barbaro.* Hic *exitum* illum debemus accipere, quando nos a peccatorum vinculis contingit exire. Tunc enim ab Ægyptiorum, id est a dæmonum turba liberamur, quando barbaricæ severitatis illius jura non patimur; et vere reddimur Israelitæ, cum pompæ mundi hujus a nostra cœperint mente discedere. *Barbarus* autem a barba et rure dictus est, quod nunquam in urbe vixerit, sed semper ut fera in agris habitasse noscatur. *Domus* vero *Jacob* veraciter efficimur, quando Christiani dogmatis præcepta servamus.

Vers. 2. *Facta est Judæa sanctificatio ejus, Israel potestas ejus: Israel regnabit in ea.* Tria ista commata versus hujus divisa expositione noscamus, *Judæam* [ms. G. et ed., *Judam*] diximus non solum ad Hebræorum pertinere nationem, sed ad omnes fideles posse respicere. Verus enim Judas Salvator est Dominus, in quo regnum et potestas Israelitarum, id est videntium Deum noscitur esse perpetua; ita qui eum circunciso corde sequuntur, Judæi veraciter nuncupantur. *Potestas* autem *ejus Israel* dicta est, quoniam in ipso magna miracula propriæ virtutis ostendit. Nam ubi ille non habet potestatem, qui omnia quæ vult facit in cœlo et in terra? Sequitur, *Israel regnabit in ea*; scilicet quoniam vir videns Deum in beata illa congregatione *regnabit*, ubi sancti sunt omnimodis congregandi.

Vers. 3. *Mare vidit, et fugit; Jordanis conversus est retrorsum.* Videns propheta ingentium miraculorum se mole superari, vitiorum omnium causas duabus allusionibus plenissima brevitate conclusit. *Mare,* frequenter diximus peccatores istius sæculi debere suscipi, qui more undarum tumidis cogitationibus fluctuant; *Jordanem* vero pro quolibet flumine debemus accipere, qui variis desideriis homines rapiunt, et in mare illud magnum nefanda præcipitatione deducunt. Ista enim duo quæ genus humanum diversa delectatione rapiebant, adventu Domini respecto, a suis consuetudinibus retrorsum præcipitata redierunt. Et licet hæc historia referatur in Veteri Testamento, aliis tamen hic verbis et similitudinibus indicatur; ut evidenter adverteremus antiqua illa facta spirituali intelligentia salutis nostræ indicia nuntiasse.

Vers. 4. *Montes exsultaverunt ut arietes, et colles velut agni ovium.* Paulatim evidentius descendit ad tempora Christiana. *Montes* apostolos et evangelistas, vel omnes verbi prædicatores accipi posse manifestum est, qui et supernam lucem a terris cæteris primitus acceperunt. Et merito *montes* appellati sunt, propter sanctitatis amplissimum cacumen, et fidei solidissimum firmitatem. Isti enim *exsultaverunt* in operibus suis *tanquam arietes*, qui fidelissimum gregem ad caulas Domini divino juvamine perducebant. *Colles* autem mediocritatem significant late credentium, quorum pectora fidei semina efficaciter acceperunt. *Colles* enim dicti sunt a colendo. Ista enim spiritualiter advertere nos debere ratio ipsa compellit, quando ad litteram omnimodis probantur absurda. Et ideo respice qua suavitate priores similitudines ad hanc intelligentiam videntur esse perductæ, ut sibi omnia pulcherrima collatione respondeant.

Vers. 5. *Quid est tibi, mare, quod fugisti; et tu, Jordanis, quare conversus es retrorsum?* Secundum ingreditur modum, in quo decora interrogatio præmittitur, ut dulcissima responsio subsequatur. Quæ figura dicitur peusis et apocrisis, Latine percunctatio atque responsio. Requiritur enim *mare*, discutitur *fluvius* cur suas consuetudines perdiderunt; ut ipsa gressus defixerint, quæ pridem involuta omnia rapiebant. Et bene additum est, *retrorsum*: quoniam universæ correctiones tunc nobis proveniunt, quando Domini beneficio nostra se instituta convertunt. Nam quod pene ipsa repetiit quæ superius dixit: *Quid est tibi, mare, quod fugisti; et tu, Jordanis, quare conversus es retrorsum?* alia figura est, epanodos, id est repetitio rerum quæ junctim dictæ sunt.

Vers. 6. *Montes, quare exsultastis ut arietes; et, colles, velut agni ovium?* Priorum versuum ordinem custodivit; sic enim sub alio modo et hic sunt positi, sicut in prima divisione videntur esse narrati. Interrogat enim sæculum per mare vel fluvium, quid fuerit quod ejus ligamenta soluta sint. Et quoniam erat una responsio secutura, et illos quoque interrogat qui *exsultasse* præcipue videbantur. Unus enim Auctor et illa fecit obstupescere, et hæc præstitit fixa prosperitate gaudere.

387 Vers. 7. *A facie Domini commota est terra, a facie Dei Jacob.* Secuta est competens quæ parabatur utriusque responsio. Audite, conversi; audite, fidelissimi Christiani, commotionem istam, id est permutationem, quæ humanæ terræ feliciter evenit, non factam tremore montium, sed prospera conversione populorum. Nam si quæras quid sit Dominus, audi, *Deus Jacob.* Ipso enim misericorditer apparente ab ejus facie, id est præsentia salutariter *terra commota est*, quæ mortis stupore pigra riguerat; quæ tamen sic a sua superstitione *commota est*, ut in cultura Domini æterno fixa robore permaneret.

Vers. 8. *Qui convertit petram in stagna aquarum, et rupes in fontes aquarum.* Petram (ut arbitror) Judæorum duritiam debemus advertere, quam *in* sacri baptismatis *stagna convertit*, cum eos ad religionem fecit venire tranquillam. Quam similitudinem Dominus in Evangelio dicit: *Potens est Dominus de lapidibus his suscitare filios Abrahæ* (*Matth.* III, 9). Idem *rupes*, hoc est arida et dura corda gentilium, divini eloquii *manare fecit fontes irriguos*; ut qui ante sterilibus superstitionibus siccabantur, post auditi [*mss. A., B., F.*, avidi] fuerint verbi cœlestis prædicationes influere copiosas. Hactenus superiores versus per figuram parabole noscuntur esse decursi.

Vers. 9. *Non nobis, Domine, non nobis; sed nomini tuo da gloriam. Super misericordiam* [ed., *misericordia*] *tuam et veritatem* [ed., *veritate tua*] *tuam.* Cum multa beneficia dixerit quæ nobis Christus Dominus profutura concessit, nimis vera subsequitur et affectuosa petitio; ut propter nomen suum humano generi præstaret utilia, qui probabilia merita in peccatoribus nequaquam poterat invenire. Nam cum bona largiatur immeritis, ipsius gloriæ probatur esse quod concedit. Sequitur, *Super misericordiam tuam et veritatem tuam.* His duabus rebus *gloriam* Domini postulat debere concedi. *Misericordia* est enim, cum miseris ac delinquentibus peccata dimittit; *veritas*, cum beatitudinis futuræ promissa restituit; sive (ut alii volunt) eum judicaturus est impios. Utrasque enim res, sive dum parcit, sive dum judicat, ad gloriam Domini pertinere manifestum est.

Vers. 10. *Nequando dicant gentes: Ubi est Deus eorum?* Subsecuta est causa quare dignetur Dominus devotis misericordiæ suæ dona præstare. Quæ figura dicitur ætiologia, id est causæ redditio. Nefandam quippe imputationem petit amoveri, quam in isto sæculo patiuntur creberrime Christiani. Nam quoties martyrum corpora diversis suppliciis affliguntur, ipsa vox est tyrannorum, ipsa gentilium: *Ubi est Deus eorum?* Quasi non possit eripere quos ut coronet gentium patitur sustinere.

Vers. 11. *Deus autem noster in cœlo sursum; in cœlo et in terra omnia quæcumque voluit fecit.* Contra dementium verba gentilium, qui dicunt: *Ubi est Deus tuus?* veracissima nimis infertur et absoluta sententia, *Deum nostrum omnia facere quæ vult in cœlo et in terra.* Nam cum dicitur, *in cœlo sursum*, supra omnes creaturas potens esse monstratur. Sequitur, *omnia* eum *facere quæcumque* vel in minimis, vel in maximis creaturis suis voluerit operari, ut eum omnipotentem esse cognoscas, dum ubique effectum suæ voluntatis ostendat.

Vers. 12. *Simulacra gentium argentum et aurum, opera manuum hominum.* Venit ad tertium modum, ubi propheta *simulacra gentium* irridet, et Dominum Israel congrua laude concelebrat. Hoc genus causæ dicitur demonstrativum, quod et vituperationem et laudem dignoscitur continere. Nam quinque versibus vituperat deos paganorum: decem vero Deum laudat excelsum, ut et in ipsa quantitate dictorum, rerum discrepantiam monstraret ambarum. Sed quoniam superius invisibilem Deum dixerat, quæ vult omnia facientem, hic merito irridenda dicit idola, quæ ad humanitatis formam composita, vel ipsis corporeis sensibus probantur extranea. Nam licet inveniantur et ænea et lignea *simulacra*, utilius tamen illud elegit, quod gentilitas judicabat reverentius adorandum; ut erubesceret colere viliora, quorum et pretiosa probantur irrisa. Sed ne putares hæc signa naturæ alicujus vivam habere substantiam, ad vilitatem dicitur exprimendam, deos illos gentilium mortalium manibus fabricatos. Pudor est dicere *simulacrum* ab illo coli, cujus ipse auctor potuit inveniri; utquid mortali valeat præstare, qui nisi voluisset homo, idolum non potuisset existere? Sic et Jeremias talia deliramenta pulchra definitione conclusit, dicens: *Nihil aliud erit, nisi id quod volunt esse aurifices* (*Jer.* X, 9). Quibus etiam Sedulii (ut ita dixerim) poetæ veritatis versus illi repetendi sunt:

Lignee, ligna rogas: surdis clamare videris:
A mutis responsa petis.

Nam si quæris scire quid sit veraciter Deus, audi Isaiam dicentem: *Ego Dominus, hoc est nomen meum in æternum: gloriam meam alteri non dabo, neque virtutes meas sculptilibus. Quæ a principio sunt, ecce fiunt: ut nova quæ ego annuntiabo, et priusquam manifestarem ea audire vos feci* (*Isai.* XLII, 8, 9). *Quoniam ego sum. Ante me enim non fuit alius Deus, et post me non erit* (*Ibid.* XLIII, 10).

Vers. 13. *Os habent, et non loquentur; oculos habent, et non videbunt.*

Vers. 14. *Aures habent, et non audient; nares habent, et non odorabunt.*

Vers. 15. *Manus habent, et non palpabunt; pedes habent, et non ambulabunt: non clamabunt in gutture suo; neque enim est spiritus in ore ipsorum.* Et in his tribus versibus verissima descriptione notati sunt, qui falsis numinibus suis membra hominum inaniter assignare voluerunt. Nam quid, rogo, illi opus fuit *os*, qui *loqui* non poterat? Quid *oculi*, qui conspicere non valebat? Quid *aures*, qui non erat auditurus? Quid *nares*, qui nullatenus fragrantiam sentiebat? *Nares* autem a gnaritate dictæ sunt, quod nos faciant odoratus agnoscere. Quid *manus*, qui res palpabiles ignorabat? Quid *pedes*, qui se movere minime prævalebat? Et ut talibus rebus augeretur irrisio, addidit; ut nec ipsis quoque animalibus ratione carentibus debeant comparari, quando *in gutture suo* non habent vel confusum clamorem, quem pecora emitiere propriis quibusdam vocibus consuerunt. Sequitur sententia quæ cuncta concludat, et hominibus et pecoribus ideo illos incomparabiles inveniri : quia *non est spiritus in ore ipsorum.* Voces enim reddere, sive articulares, sive confusas animantium esse non dubium **388** est : in quibus aptissime longa enumeratio facta est, ne cito paganorum opprobria finirentur.

Vers. 16. *Similes illis fiant qui faciunt ea, et omnes qui confidunt in eis.* Audit forsitan paganus et gaudet se suis numinibus comparatum ; sed intelligat quantum tali patrocinio potuit proficere, ut de rationabili homine usque ad insensibilia metalla meruerit pervenire. Intelligat culturam suam in damnationem propriam fuisse conversam, et refugiat illud adorare, unde plectibile judicium cognoscitur excepisse. *Similes* quippe *illis fiunt,* qui sequi talia decreverunt. Nec illud omittendum est, quod fabricatores et cultores hujus rei una perculsi probantur esse sententia. Similis est enim iniquitas alios suis operibus decipere, et culturis se pessimis obligare. De his etiam dicit Apostolus : *Qui commutaverunt veritatem Dei in mendacium, et coluerunt et servierunt creaturæ potius quam Creatori, qui est benedictus in sæcula* (Rom. I, 25). Hic etiam illa figura convenire monstratur, quæ appellatur sarcasmos, id est adversarii derisio violenta, quæ ipsas quoque culpas penetrare dignoscitur.

Vers. 17. *Domus Israel speravit in Domino : adjutor eorum et protector eorum est.* Damnatis iniquitatibus perfidorum, ad celebranda præconia Domini lætus accedit. *Domus Israel* Ecclesiam cognoscitur fidelium significare populorum. Ipsa enim *sperat in Domino,* quæ mundana desideria semper abjiciens, sola ipsius delectatione perfruitur. Et quid ei proveniat, consequenter exponit : *adjutor* enim *et protector* ejus efficitur, cui omnia servire demonstrantur. *Adjutor,* quia carne laborantes in hoc mundo, in quantum utile novit, adjuvat ; *protector,* quoniam animas sanctas nulla sinit diabolica fraude subverti.

Vers. 18. *Domus Aaron speravit in Domino : adjutor eorum et protector eorum est.* Quod priore versu generaliter dixit, hoc nunc de sacerdotibus decora iteratione retexuit, ut excelsus ordo pontificum non in generali commemoratione, sed speciali præconio laudaretur. *Aaron* enim in populo Judæorum primus sacerdos electus est, cujus commemoratione merito ordo ipse declaratur.

Vers. 19. *Qui timent Dominum sperent* [ed., *speraverunt*] *in Domino : adjutor eorum et protector eorum est.* Exponit quod superius dixit, *Domus Israel, et domus Aaron.* Ipsi sunt enim *qui timent Dominum, et sperant in Domino.* Duo enim ista sunt quæ beatos faciunt et felices, quos consequitur quod superius dixit, ut eis et *adjutor* sit Dominus *et protector.*

Vers. 20. *Dominus memor fuit nostri, et benedixit nos.*

Vers. 21. *Benedixit domum Israel, benedixit domum Aaron.* Hæc eadem pulchra varietate congeminat, ut benedictionem Domini præstari talibus inculcata ratione crederemus. Nam cum dicit, *memor fuit nostri,* gratiam divinæ pietatis ostendit. Quibus enim meritis debebatur, ut Christus Dominus adveniret, qui et errantes populos doceret, et conversos sua benedictione salvaret ? *Benedixit* enim *domum Israel,* de sanctæ Mariæ virginitate nascendo. *Benedixit* quoque *domum Aaron,* sacerdotii honore præcinctus, sicut de ipso in alio psalmo dictum est : *Tu es Sacerdos in æternum secundum ordinem Melchisedech* (*Psal.* CIX, 4).

Vers. 22. *Benedixit omnes timentes Dominum, pusillos cum majoribus.* Post speciales enumerationes ad benedictionem generalitatis ascendit : ubi simul omnes benedicuntur qui servire Domino pura mente delegerunt. Hoc enim fecit in piscatoribus, hoc fecit in regibus, nec ullum genus hominum ei credens probatur exceptum, quod sit ab ejus muneribus alienum. Quæ figura dicitur anacephaleosis, id est recapitulatio, quæ fit quando ea quæ superius dicta sunt latius, breviter in memoriam postea revocantur.

Vers. 23. *Adjiciat Dominus super vos, super vos et super filios vestros. Adjiciat,* duplici modo videtur intelligi : sive benedictionem quam in hoc sæculo sanctis suis Dominus pro parte concedit, sive *adjiciat* numero vestro populos fideles. Quod et nostris temporibus facit, et usque ad finem sæculi non desinit operari ; ut de gentibus Ecclesia prædestinata in unum gregem redacta congaudeat, et unius pastoris glorioso regimine perfruatur.

Vers. 24. *Benedicti vos a Domino, qui fecit cœlum et terram.* Cum superius optaverit propheta ut benedicerentur fideles, jam ipsa prædestinatione consisus benedictos dicit esse justissimos. Et vide genus benedictionis, *Domino,* posuit : quia ipsa est perfecta beatitudo non sibi quemquam præparari, sed *Domino.* Hoc enim verbo et fidelium corda roborantur, et futura beatitudo, unde provenire possit ostenditur. *Qui fecit cœlum et terram :* sive verbum significat, cujus operatione omnis creatura perfecta est, sive pusillos et majores, quos superius dixit, qui ejus misericordia ad catholicæ religionis gaudia pervenerunt.

Vers. 25. *Cœlum cœli Domino ; terram autem dedit filiis hominum.* Cum justi cœlum dicantur, Dominus Christus Cœlum cœlorum convenienter accipitur, sicut Sanctus sanctorum, Deus deorum, et cætera quæ in hunc modum granditer efferuntur. *Cœlum* autem dictum est, quod intra se celet universa. Cum enim *cœlum cœlorum* datum sit *Domino,* sicut in sexagesimo septimo psalmo legitur : *Qui ascendit super cœlos cœlorum ab oriente ; terra est hominum filiis* attributa, ubi se per gratiam Domini multiplici collactatione purificent, et ad æternam vitam ex istius mundi agone perveniant. *Dedit autem,* ad humanitatem pertinet incarnationis ; nam Verbo quid dari potuit, qui cum Patre et Spiritu sancto semper cuncta possedit et possidet?

Vers. 26. *Non mortui laudabunt te, Domine, neque omnes qui descendunt in infernum.* Mortuos hic illos dicit qui perpetuis cruciatibus affligendi sunt; eorum voces non suscipit Dominus, quia beati tantum sunt, qui ejus praeconia personabunt, sicut Salomon dicit: *A mortuo, quasi ex eo qui non est, perit confessio* (*Eccli.* XVII, 26). Et paulo post: *Nos autem viventes et sani laudamus nomen tuum.* Dicendo autem, *neque omnes qui descendunt in infernum,* ostendit et sanctos ad inferna quidem descendere, sed in Domini exsultatione gaudere. Mori enim justis et peccatoribus probatur esse commune, sed nimis longa discretione separantur, sicut in octogesimo quinto psalmo dictum est: *Et eripuisti animam meam ex inferno inferiori* (*Psal.* LXXXV, 13).

389 Vers. 27. *Sed nos qui vivimus, benedicimus Dominum, ex hoc nunc et usque in saeculum.* Exposita parte damnatorum, aptum fuit ut pulchritudinem psalmi beatorum bona concluderent. Vivorum enim est Dominus, non mortuorum, sicut in Evangelio legitur: *Non est enim Deus mortuorum, sed vivorum* (*Matth.* XXII, 32). Vivorum autem accipiendum est, non ista vita viventium, quam communem sanctis constat esse cum impiis; sed illa de qua in alio psalmo legitur: *Placebo Domino in regione vivorum* (*Psal.* CXIV, 9). Et ne ad terrena bona mens humana descenderet, ad illa coelestia congruenter ascendit, quae nec in laudibus possunt habere terminum, nec in praemiis sustinere probantur occasum.

Conclusio psalmi.

Luxerunt nobis quasi granati mali minuta pulcherrima, quae historiae corio revelata dulcissima mella sudaverunt. Quod enim versus, tot gratiae; quot verba, tot poma sunt animae. Monemur enim per similitudines veteris populi, hujus mundi quasi Ægyptiacam dominationem relinquere; ut possimus ad terram promissionis baptismatis itinere pervenire. Festinemus intrepidi, adventu Domini adversitates nostrae solutae sunt. Mare fugit, Jordanis retro timore conversus est, simulacra gentium quasi metalla insensata contempta sunt; Domini autem nostri gloria ubique colitur, ubique praedicatur. Et ideo, juvante Deo, psalmorum virtutes studiosissime perquiramus: quoniam se et fidelibus aperiunt, et incredulis semper abscondunt.

EXPOSITIO IN PSALMUM CXIV.

Alleluia.

Excitat nos de somno hujus saeculi solemnis ac vera commonitio, et velut quidam spiritualis gallus ad opera nos cogit venire fidelium. Audiamus sanctam vocem, pium sequamur imperium [*In mss. A., B., F., imperium deest*], et relinquamus impium [*Ab ed. et ms. G., et relinquamus impium aberat*]. Laudatio enim Domini dignitas operum et pretium est laborum, quando nec suavius quidquam potest dici, nec salubrius actitari

Divisio psalmi.

Liberatus propheta de profunda fovea peccatorum, etiam in illa petra misericordiae constitutus, primo membro gratias agit: quoniam se exauditum esse cognoscit, et contra omnia pericula mortis efficaciter se Dominum invocasse testatur. Secundo iterum clamat ad Dominum, ut liberatus perveniat ad illam requiem sempiternam, quam fidelibus promittit Domini munere concedendam.

Expositio psalmi.

Vers. 1. *Dilexi, quoniam exaudivit Dominus vocem orationis meae.* Amorem Domini hominibus duobus provenire constat articulis. Est unus quando pro collatis beneficiis et ab infidelibus diligitur atque laudatur, sicut in alio psalmo de peccatore legitur: *Confitebitur tibi, cum benefeceris ei* (*Psal.* XLVIII, 19). Alter est certissimus atque perfectus, cum devoti animus nulla accidentium malorum adversitate dejicitur: sed in miseriis suis spe futurorum, in charitate Domini semper accenditur, sicut dicit Apostolus: *Quis nos separabit a charitate Christi? tribulatio? an angustia? an persecutio? an fames? an nuditas* (*Rom.* VIII, 35)? etc. Hunc ergo modum propheta subter exponit: quoniam in tribulationibus et angustiis suis *dilexit*, quando illi tribulationes et dolores praestiterint, ut Dominum invocare mereretur. Quapropter David non in regni amplitudine laetus exsultat, non de mundi felicitate gratulatur, quam noverat transituram; sed gaudet orationem suam in angustiis a clementissimo Domino fuisse susceptam, quod prodesse sibi perpetue sentiebat. Et vide quo compendio et causam posuit, et rationem causae momentanea celeritate subjunxit. Quod schema dicitur epitrocasmos, id est dicti rotatio, quae breviter et succincte ea quae sunt dicenda perstringit.

Vers. 2. *Quia inclinavit aurem suam mihi; et in diebus meis invocabo eum.* Auris, sicut jam dictum est, appellata est ab auditu, quam merito ad nos *inclinare* dicitur Deus, quia ut nos dignetur audire, nulla ad ipsum humana merita videntur attingere. Quod factum in adventu Domini veritatis ipsius tradit auctoritas, quando mundi sceleribus miseratus, medicinam beatae incarnationis attribuit. Et quoniam ejus circa se uberrimam coeperat sentire pietatem, in diebus suis cum multis tribulationibus angeretur (sicut inferius dicit) *invocasse* se Dominum profitetur. Nostros enim illos dies dicimus, ubi propria iniquitate peccamus, et anxios dolores pravis cogitationibus sustinemus. Mirabilis sententia, beata vicissitudo, et fidelem semper beneficia quaerere, et clementem Dominum continua benignitate praestare.

Vers. 3. *Circumdederunt me dolores mortis, et pericula inferni invenerunt me.* Causas adhuc reddit aptissimas, cur vir sanctus dilexerit Dominum, non illas in quibus se amari putat humanitas, si inflatis honoribus evehatur, si divitiarum mole grandescat; sed ideo se dicit divina gratia visitatum, quia doloribus et periculis probabatur affectus; merito, quando ista perducunt ad gloriam, illa præcipitant ad ruinam. Et inspice verba simplicia magnis sensibus esse farcita. *Circumdatum* se dicit *doloribus;* et ne putares mediocres, addidit, *mortis.* Adjecit etiam, *inferni pericula,* quæ constat tormentis omnibus esse graviora. Sequitur quoque, *invenerunt me,* quasi inopinatum, quasi securum, quasi a Domini defensione sepositum ; ut facile potuerit capi, quem a tanto contigerit munimine segregari.

Vers. 4. *Tribulationem et dolorem inveni, et nomen Domini invocavi.* Audis *tribulationem et dolorem,* et fortassis offenderis; sed quas divitias gerat intrinsecus thesaurus iste, cognosce. Hæ sunt tribulationes quæ ad Dominum exclamare fecerunt, hi dolores qui medicinaliter corda punxerunt, ut ad verum medicum clamaret ægrotus, unde venire indubitatum constat auxilium. Et inspice quid mutata hæc verba parturiant; superius ubi captus est, a doloribus inventum se dicit : hic ubi remedium reperit, *invenisse* seipsos *dolores* asseruit. Ille enim causas calamitatis suæ cognoscit, qui se afflictum, ut convertatur, intelligit. Nam et medicus tunc quæritur, quando viscera humana morbus aliquis gravare sentitur. Sequitur, *et nomen Domini invocavi,* quo præstante et dolor et tribulatio celeriter vincerentur.

Vers. 5. *O Domine, libera animam meam ! misericors Dominus, et justus, et Deus noster miserebitur* [mss. A., B., F., *miseretur*]. Enumeratis passionibus suis, propheta venit ad secundum membrum, ubi exclamat ad Dominum, ut *anima* ejus a peccatorum profunditate liberetur, sicut dicit Apostolus : *Quis me liberabit de corpore mortis hujus? Gratia Dei per Jesum Christum Dominum nostrum* (Rom. vii, 24, 25). Quæ figura dicitur proanaphonesis, Latine exclamatio, quoties inter alia quæ loquimur, ad Deum subito verba convertimus. Quapropter tribulationes nostras et dolores diligentissime divino munere perscrutemur; latent enim altius, et plerumque sæculi delectatione velata sopiuntur, quæ nisi divino adjutorio quæramus, intrinsecus vocem istam salutarem eructare non possumus. Nam cum dicit, *libera animam meam,* confitetur eam sine Domino semper esse captivam. Sequitur, *misericors Dominus, et justus, et Deus noster miseretur.* In superiori commate liberari petiit animam suam, hic autem promittit *Dominum misericordem et justum ;* ut nec ipse in illa petitione [*mss.* A., B., F., liberatione] dubitasse videretur, nec alios faceret anxia voluntate pendere. *Misericors, quia illi inclinavit aurem suam ; justus,* quoniam corripuit peccatorem ad veniam requirendam. *Miserebitur,* cum recipit filium quem flagellat. Unde cognosce hæc tria posita ad fragilitatem humani generis instruendam, quæ sæculi delectationibus inhiando, asperos putat dolores qui pro salute animæ conferuntur.

Vers. 6. *Custodiens parvulos Dominus ; humiliatus sum, et liberavit me.* In magnam significationem præposteravit ordinem, quem superius dixit. Liberari enim primo petiit animam suam, et postea miseri-cordem Dominum generaliter esse professus est : nunc autem universaliter parvulorum se dicit esse custodem, et postea *humiliatum et liberatum esse* proclamat, ut per hunc ordinem rerum ostenderet quod in Evangelio legitur ; quamvis de multis gentibus sit aggregatus, unum gregem Domini, et unum illi esse pastorem. *Parvuli* sunt qui sibi certissime videntur exigui ; sed sola Domini largitate grandescunt. Et vide quale verbum est positum : *custodiens,* dixit, tanquam pastor eximius, qui gregem suum a rapaci lupi incursione defendit. Sed inspice quod ordinem congruum servans, prius *humiliatum,* postea se dicit *esse liberatum ;* ut vulnera dolere [mss. A., B., F., dolores esse] non possint, quæ ad sanitatem cœlestis Medici munere pervenerunt.

Vers. 7. *Convertere, anima mea, in requiem tuam ; quia Dominus benefecit tibi* [ms. G. et ed., *mihi*]. Cantet hoc anima cum propheta, quæ peregrinatur a Domino. Cantet hoc ovis illa quæ erraverat, et Custodis revecta humeris, ad caulas meruit redire Pastoris. Cantet hoc filius ille qui mortuus fuerat et revixit, perierat et inventus est. Cantet hoc populus devotus qui, pretioso sanguine redemptus, ad desideratam requiem pervenire Domini largitate promeruit. Quapropter animam suam hortatur propheta ut *convertatur* ad Dominum, unde illi et tranquilla venit requies et abolitio peccatorum. Suam ergo *requiem* dicit, quæ illi data est per gratiam, non meritorum compensatione possessa. Denique sic sequitur : *Quia Dominus benefecit tibi.*

Vers. 8. *Quia eripuit animam meam de morte, oculos meos a lacrymis, pedes meos a lapsu.* Declarantur causæ quare superius dixerit : *Quia Dominus benefecit tibi.* Sed hæc intelligamus præscientiæ virtute prophetam dicere de futuro : quoniam adhuc in isto sæculo viventibus convenire non possunt. Ait enim : *Eripuit animam meam de morte.* Animæ quippe justorum, cum de isto sæculo transeunt, ab illa morte liberantur, de qua in Evangelio dictum est : *Sine mortuos sepeliant mortuos suos* (Luc. ix, 60). Et cum dicit, *eripuit,* beneficium divinæ virtutis ostendit, quia nisi per ejus potentiam non valuisset a morte perpetua liberari. Sequitur, *oculos meos a lacrymis.* Cessant utique lacrymæ sanctorum, quando jam mors animæ non probatur esse suspecta ; non enim in securitate plangitur, sed in isto agone ubi calamitas ventura metuitur. Addidit, *pedes meos a lapsu.* Cum dicit, *a lapsu,* ostendit lubricum et pronum esse peccatum. Sed bene illic non formidatur ruina, ubi jam est æterna prosperitas. Nam in isto sæculo constituti (sicut dictum est) et mortem animæ justi timent, et assidue lacrymas fundunt, *et pedes* suos *a lapsu* non credunt ullatenus alienos. Hic enim colluctatio est, et ideo cuncta sub metu sunt ; unde intelligimus his tribus periculis subjacere genus humanum, quod adhuc in istius vitæ colluctatione versatur. Nam vide quid sequitur.

Vers. 9. *Placebo Domino in regione vivorum.* Perscrutandum est quare dixerit de futuro, *Placebo Do-*

mino in regione vivorum, quasi non et hic in regione mortuorum placeant sancti, qui sunt Judicis ore laudati ; cum et in Genesi legatur : *Placuit Enoch coram Deo, et transtulit illum Deus* (*Gen.* v, 24). Job quoque Domini voce laudatus est (*Job* 1, 8). Et in Evangelio de Nathanaele ipse Dominus dicit : *Ecce vere Israelita, in quo dolus non est* (*Joan.* 1, 47). Sed hic, placebo, dixit, jam securus, jam qui displicere non possim, nec quidquam dubium sustinebo, quando, sicut Apostolus dicit, *Mors absorpta fuerit in victoriam, et corruptibile hoc induerit incorruptionem, et mortale hoc induerit immortalitatem* (*I Cor.* xv, 54) ; tunc enim justi ita *placebunt Domino*, ut ulterius de peccatorum adversitate nihil metuant. *In regione vivorum*, dixit, in congregatione sanctorum, ubi omnis vivens revera colligitur, et a morientium sorte separatur, sicut in Evangelio Dominus dicit : *Qui credit in me, transiet de morte ad vitam* (*Joan.* v, 24).

Conclusio psalmi.

Salutaris psalmi istius intentione tractata, contra mundi dolores animi fortitudinem debemus objicere. Dicamus, sicut psalmus inchoat : *Dilexi, quoniam exaudivit Dominus vocem deprecationis meæ* : quia non est pœna quæ promovet, non est dolor qui perducit ad requiem ; nec durus æstimandus est fletus, qui æterna gaudia subministrat. Intendamus enim non quod patimur, sed quod speramus, et temporale malum sine dubitatione mollescit, cujus prosperrimus intenditur finis. Rogemus ergo omnipotentiam Christi, qui hæc solus valet inæstimabili virtute superare ; ut acie malignitatis infracta, nec illa nobis omnino fiant aspera, quæ nunc videntur austera. Sic enim Domino in regione vivorum placebimus, si in hoc sæculo mortificare nostra corpora pro ipsius gloriæ nomine festinemus.

EXPOSITIO IN PSALMUM CXV.

Alleluia.

Sic debet nobis aliquando Domini laus increscere, ut non alleluiatica possimus gaudia fastidire. Vox fidelium, sermo beatorum, modulatio sancta canentium, unde et auditus corporeus suaviter delinitur, et anima fessa cœlesti delectatione recreatur. Introducenda sunt enim martyrum verba, qui et confessione gloriosa [mss. A., B., F., confessionis gloria] viguerunt, et passione mirabili munera sunt Domini consecuti.

Divisio psalmi.

Per totum hunc psalmum invictorum martyrum verba referuntur. Prima positione beneficia Domini commemorant, quibus cum hæsitarent quid eis dignum potuisset reddi, occurrit utique gloriosus calix ille martyrii, qui tamen Domini largitate præstatur. Secunda, chorus ipse servum se Domini, et filium Ecclesiæ catholicæ profitetur : ne præter fidelissimos viros Deo placitos hæreticorum quoque quispiam putaret esse martyrium.

Expositio psalmi.

Vers. 1. *Credidi, propter quod locutus sum : ego autem humiliatus sum nimis.* Martyrum populus ille reverendus ordinem veri dogmatis servans, prius se dicit *credidisse*, et postea fuisse prolocutum, propter illos scilicet destruendos, qui veraciter non credentes, affectant de ejus aliqua prædicare magnalibus. Post veram siquidem fidem sancta debet venire confessio, ne illud audiat importunus : *Peccatori autem dixit Deus : Quare tu enarras justitias meas* (*Psal.* xlix, 16) ? Sequitur, *ego autem humiliatus sum nimis*. Ne intelligeres prædicationes veracissimas humiliatas, quæ tanto plus enitescunt quanto amplius persecutorum studio comprimuntur. Se dicit *esse humiliatum*, quia sancta religione crescente, ipsi videbantur pœnis temporalibus subjacere.

Vers. 2. *Ego dixi in excessu* [mss. A., B., meo] *mentis meæ : Omnis homo mendax.* Ne illam veracissimam confessionem quam, Domino præstante, susceperat, aliquis putaret mortalium viribus applicandam, quid proprium humanitas habeat, ipse profitetur, *omnem hominem* scilicet *esse mendacem*. Sed vide quod hanc considerationem non facile potuit invenire, nisi ad supernam contemplationem per excessum mentis evectus : quando anima corporea sorde purgata, causas rerum manifestis speculationibus intuetur. Magna siquidem prudentia geritur, ut sibi aliquis imprudens esse videatur. Nam sicut leves ac fatui se esse veracissimos mentiuntur, ita illuminati *mendaces* se esse cognoscunt. Quapropter hæc nos regula certa constringat, ut quando carnis fragilitate *mendaces* sumus, nostrum esse fateamur ; quando veraces, divinis muneribus applicemus. Hæc autem sententia pertinet ad figuram paroemiam, quoniam hoc proverbium humani sermonis frequentatione celebratur. Tale est illud quod in Actibus apostolorum Saulo dictum est : *Durum est tibi contra stimulum calcitrare* (*Act.* ix, 5) ; revera durum, quoniam suis nisibus percutitur, qui in acutum calces elisisse monstratur. Notandum vero quod *excessus mentis* et in malo ponatur, sicut est in Paralipomenon : *Et dedisti eos in exstasi*, id est in excessu mentis, *et in commotione et in interitu* (*II Par.* xxix, 8).

Vers. 3. *Quid retribuam Domino pro omnibus quæ retribuit mihi ?* Bene dubitavit *quid retribuere* possit humanitas, quæ boni proprium nihil habebat. Nam cum dicitur, *quid ?* hæsitatio magna (ed., nostra) monstratur. Quid enim illi ab homine potest reddi, dum semper ejus nos constet munere contineri ? Merito ergo dubitabat, cui dignum de suo nihil occurrerat. Verum ne omnino redderetur sterilis, confisus de misericordia Domini, *quid retribuat*, subsequenter exponit. Sed istud est magnopere perquirendum quod dicitur, Deum nobis retribuisse quæ contulit ; quasi boni aliquid ei prius dederimus, et sic ab ipso collata suscepimus, cum Apostolus clamet : *Quid enim habes quod non accepisti ? Si autem accepisti, quid gloriaris quasi non acceperis* (*I Cor.* iv, 7) ? Dominus enim *retribuit* nobis bonum pro malo, ut quod prædicavit verbo, monstraret exemplo. Ille enim alapis cæsus, ille judici traditus, ille flagellis immeritis verberatus, nobis resurrectionis spem tribuit, et cœlorum regna promisit.

Vers. 4. *Calicem salutaris accipiam, et nomen Domini invocabo.* Digna quidem promissio; sed si in humanis viribus ponatur, periculosa præsumptio. Quis enim potest confessoribus tormentorum patientiam dare, nisi ille qui pro nobis dignatus est calicem passionis accipere? Nam ut hoc impossibile humanæ virtuti absolute monstraret, secutus est, *et nomen Domini invocabo.* Cujus fretus auxilio credebat se complere, cui carneam fragilitatem non putabat posse sufficere. Pulcherrime vero ac breviter definita est martyrum mors, *calix salutaris : calix,* quia sub mensura bibitur ; *salutaris,* quia in æternam salutem, Domino præstante, propinatur. De isto calice dixit et Dominus in Evangelio : *Potestis bibere calicem quem ego bibiturus sum* (*Matth.* xx, 22)?

Vers. 5. *Pretiosa in conspectu Domini mors sanctorum ejus.* Bene dicitur, *pretiosa,* quæ Domini sanguine noscitur comparata ; illius enim passione glorificata est, ut *in conspectu* ejus esset eximia. Hanc enim cognoscimus Dominum famulis suis magna gratiæ ubertate conferre, quam ipse est dignatus assumere. O mors vitalis, o interitus ambiendus, o transitus gloriosus, qui membra Christi imitatores sui capitis facis, et ut sit *pretiosa,* non divitiis oblatis efficitur, sed effusione sanguinis comparatur!

Vers. 6. *O Domine, quia ego servus tuus ; ego servus tuus et filius ancillæ tuæ! Dirupisti vincula mea.* Venit ad positionem secundam, ubi munere singulari suscepto exclamat dicens : **392** *O Domine, ego servus tuus!* Admiratur enim se talia beneficia suscepisse, qualia ipse pro redemptione mundi est dignatus assumere. Quemadmodum enim non miraretur *servus,* et conditione primi hominis implicatus ad illa venire quæ tanta majestas dignata est elegisse? Pavor est dicere quæ beneficia suscipiat, qui suis actibus meretur offensam. Nam ut admirationis istius declararet augmentum, repetit, *ego servus tuus.* Adjecit, *et filius ancillæ tuæ,* ut humilitatem suam triplicatis confessionibus indicaret. *Filius* autem *ancillæ* ideo videtur adjectum, ut Ecclesiam catholicam omnimodis indicaret, quæ ancilla est dum servit, sponsa dum jungitur. Et ideo competenter advertimus non esse martyrium, nisi quod servus Domini, et catholicæ filius meretur Ecclesiæ. Sequitur, *Dirupisti vincula mea.* Virtutem hic martyrii sentimus exponi, cujus impetu triumphali *dirumpuntur* omnia *vincula* peccatorum. Nulla enim in homine macula remanere potest, quam pius sanguis abluerit. Notandum autem quod versus hic tantam virtutem creditus est habere, ut a nonnullis diceretur posse hominibus peccata dimitti, si eum in fine vitæ suæ tertia confessione congeminet.

Vers. 7. *Tibi sacrificabo hostiam laudis.* Quia dirupta fuerant vincula peccatorum, *sacrificare* se dicit *hostiam laudis;* quod sacrificium nimis Domino videtur acceptum. Ipse enim in Evangelio docet : *Decem sanati sunt, et non est inventus qui daret gloriam Deo, nisi hic Samaritanus* (*Luc.* xvii, 18). Non enim iste de illis fuit qui beneficium Domini ingrata taciturnitate presserunt ; sed iste accepti boni gratiarum actionem se restituere Deo compromittit.

Vers. 8. *Vota mea Domino reddam in atriis domus Domini.* Postquam dixerat oblaturum se hostiam laudis, ne crederetur ubicunque esse solvendam, dicit, *in atriis domus Domini,* id est in Ecclesia catholica toto orbe diffusa, qua continentur omnes verissimi Christiani, non hæretici qui sunt vana pravitate discreti. Nam quod dicit, *Vota mea Domino reddam,* seipsum offerre videlicet pollicetur. Omnium enim fidelium votum est Christo se offerre, et in ejus Ecclesia recta credulitate consistere. Sed ut agnosceres quæ esset ista *domus Domini,* vide quid sequitur.

Vers. 9. *In conspectu omnis populi ejus, in medio tui, Jerusalem.* Ecce instruxit quam domum Domini dixerit superiore versiculo, *In conspectu* scilicet *omnis populi ejus.* Dignum enim est ut publice debeat laudari, qui pati pro omnium salute dignatus est. Dominus enim perfectissime novit, etiamsi in cordis secreto fiat. Sed hoc ad ædificationem populi pertinet, ut bona confessio generalitatis auribus imbibatur, sicut in Evangelio dicit : *Qui me confessus fuerit coram hominibus, confitebor et ego illum coram Patre meo qui est in cælis* (*Matth.* x, 32). Addidit, *in medio tui, Jerusalem,* ubi pax Domini conquiescit, et unitas sancti populi Domini contemplatione lætatur.

Conclusio psalmi.

Psalmus hic magnifico martyrum honore sacratus est, qui nobis et ad exemplum datus, et ad patrocinia largienda tributus est. Veneremur talium dolores, hujusmodi pœnas studio nobis charitatis optemus ; ut si non meremur tali consummatione coronari, saltem in studiis possimus similibus inveniri. Cur enim tales dolores Christianus velit effugere, per quos se novit ad cœlorum gaudia pervenire ?

EXPOSITIO IN PSALMUM CXVI.

Alleluia.

Duobus quidem versibus, sed plenarius tituli honor apponitur, ut intelligamus quamvis pauca verba in Domini laudibus semper esse plenissima. Quis enim dubitet exiguum non debere dici, unde potest magnificentia superna laudari ? Cui congrue apponitur schema quod Græce dicitur hyrmos : quoniam seriem orationis usque ad ultimum servans, nec personam noscitur mutasse, nec causam ; sed uno sensu usque ad terminum quod cœpit exsequitur.

Continentia psalmi.

Licet hic psalmus pro paucitate versuum divisionem non recipiat, omnes tamen compendio suæ locutionis exsuperat. Est enim primus quidem atomus psalmorum, puncti præferens dignitatem, unde linea oritur, et diversæ schematum species doctissima varietate formantur.

Expositio psalmi.

Vers. 1. *Laudate Dominum, omnes gentes, et collaudate eum, omnes populi.* Et istum quoque psalmum ad personam martyrum debemus aptare. Dicunt enim sancti viri, quasi jam gloriosa passione perfuncti, ut *omnes gentes* ad laudes Domini debeant excitari, qui talia præstitit servis suis, ut ipsius potius imbuerentur exemplis. Ubi sunt Donatistæ, qui tantum suæ congregationi fidem præstitam mentiuntur? Clamat chorus ille sanctorum, *omnes gentes Dominum debere laudare*; atque utinam vel nobiscum facerent, quod se agere singulariter mentiuntur! Sequitur, *et collaudate eum, omnes populi.* Collaudatio est cunctorum fidelium in unum redacta laudatio; hæc enim Ecclesiæ catholicæ apta cognoscitur, quæ de diversis mundi partibus aggregatur. *Omnes* enim *gentes* in suis populis generaliter commonentur, ne quis se in judicio Domini dicat esse præteritum.

Vers. 2. *Quoniam confirmata est super nos misericordia ejus, et veritas Domini manet in æternum.* Causa redditur quare debeat Dominus toto orbe laudari: quoniam promissiones suas, quas per sanctos prophetas effecerat, adventus sui visitatione complevit. *Confirmata est* enim in populo Christiano *misericordia ejus,* et non commovebitur *in æternum,* quando ille qui præstitit, ipse nos (ut credere dignum est) etiam sua miseratione custodit. Addidit, *et veritas Domini manet in æternum.* Hic *veritas Domini* Filius significatur, 393 sicut ipse dicit: *Ego sum via, veritas et vita (Joan.* xiv, 6). Nam, sicut putat dementissimus Arianus (quod dici nefas est), erat tempus quando non erat Filius: fuerat utique tempus quando esset Pater sine veritate, sine via, sine vita. Sed quoniam sine his rebus Pater nunquam fuisse credendus est, saluti nostræ et ipsi convenit veritati coæternum et consubstantialem Patri per omnia Filium confiteri. Deinde scriptum est: *Omnia per ipsum facta sunt, et sine ipso factum est nihil (Joan.* i, 3). Nam si tempus est factum per Filium, quomodo existere potuit tempus, quando non erat auctor ejus? Sic errores pravos sequitur semper absurditas. Subjiciunt quoque tertiam falsitatem: Pater semper anterius Filio prædicatur. Et ubi est illud? *In principio erat Verbum, et Verbum erat apud Deum* (*Ibidem,* 1). Vides nihil ibi fuisse præpositum; nam et multis locis primus Filius nominatur, ut est illud Apostoli ad Ephesios: *An nescitis quia omnis fornicator et immundus non habet hæreditatem in regno Christi et Dei (Ephes.* v, 5)? Et ad Galatas: *Paulus apostolus non ab hominibus, neque per hominem, sed per Jesum Christum et Deum Patrem (Galat.* i, 1). Et ad Thessalonicenses: *Ipse autem Dominus Jesus Christus, et Deus Pater noster, qui dilexit nos (II Thess.* ii, 13). Et ad Corinthios secunda: *Gratia Domini nostri Jesu Christi, et charitas Dei (II Cor.* xiii, 13). Et ut istam æqualitatem de tota intelligeres Trinitate, addidit, *et communicatio sancti Spiritus cum omnibus vobis.* Legitur etiam Spiritum sanctum et Dominum, et priore loco fuisse nominatum; ait enim Paulus ad Thessalonicenses: *Dominus autem dirigat corda vestra in charitate Dei et patientia Christi (II Tim.* iii, 5). Oratur enim Spiritus sanctus ut corda credentium dirigat et in charitate Dei et in patientia Christi. Quapropter unus ex Trinitate ante vel postea nominatus, audienti nullum præjudicium poterit exhibere, quia humana locutio aliter se non valet expedire. In Deo enim nulla est disparilitas vel diversitas æstimanda: quia ubi unus Deus recte creditur, ibi minor et major non potest inveniri. Nescit enim numerum unitas, nec gradum admittit æqualitas, sicut scriptum est: *Non ascendes per gradus ad altare meum (Exod.* xx, 26).

Conclusio psalmi.

Parvus quidem psalmus plenissima brevitate conclusus est. Quid enim amplius potuit dici, quam ut Creator debeat toto orbe laudari? Fecunda brevitas, constricta copia, arctum latissimum, et sine fine angustum. O dulcis et admiranda diversitas! modo paucis sententiis salutaria dicere, modo magnalia diffusa oratione narrare, ut tædiosa mortalitas nec in ipsa cura sustineret fastidium, cui præstat amœna varietas [mss. A., B., F., veritas] appetitum. Quæri forsitan potest cur duos tantum versus psalmus iste contineat, cum e diverso centesimus decimus octavus centum septuaginta sex versibus productus esse monstretur, aliique complures dispari modo pro rerum qualitate formati sunt. Sed illud fortassis indicare res ista cognoscitur; quoniam sicut harmonia, id est, musicæ virtutis pulchra modulatio, ex diversis sonis atque accentibus unam perfectam faciunt cantilenam, sic et isti psalmi modo breves, modo mediocres, modo longissimi, in unum concentum suavitate dulcissima rediguntur. Sive (quod credere dignum est) futurum regnum Domini significatur, ubi diversa merita sanctorum pro actuum qualitate fulgebunt, cum tamen omnibus una beatitudo et suavitas æterna præstetur.

EXPOSITIO IN PSALMUM CXVII.

Alleluia.

Legimus in Apocalypsi Joannis apostoli (*Cap.* xix, 1, 4), Alleluia in cœlo cantare multitudinem copiosam; quod etiam quatuor animalia et viginti quatuor seniores adorantes Dominum dicunt, quod totus ille cœlestis exercitus in voce tubæ grandisonæ hymnica exsultatione concelebrat. Quapropter ad hoc laudis officium et nos alacriter accedamus. Quod si puro corde canimus, sanctis virtutibus pia devotione miscemur; fitque honor et gratia terrenorum, quæ beatitudo probatur esse cœlestium. Quocirca intueamur hunc psalmum speciosa fronte relucentem; in ipsis quippe principiis quatuor versus pari fine conclusit, ut evangelico numero totum mundum uni Domino laudes debere reddere, adhortatione quadrifaria commoneret. Hos intercalares non possumus dicere, quia nullos alios miscet, sed unifines eos apto forsitan nomine vocitamus, qui simili verborum consonantia terminantur. Hoc et in centesimo trigesimo quinto psalmo per omnes versus absolute facturus est; quod quemadmodum se habeat, suo loco evidentius commonemus.

Divisio psalmi.

Fidelis populus peccatorum nexibus absolutus, in prima sectione generaliter hortatur, ut unusquisque Domino debeat confiteri : quoniam in tribulationibus exauditus, professus est hominem nullatenus formidandum. Secunda in solo dicit Domino confidendum, per quem gentium inimicitias probatur evasisse, et ad veracissimæ vitæ pervenisse remedia. Tertia sectione aperiendas sibi portas dicit esse justitiæ, ubi dicit etiam de angulari lapide, id est de Domino Salvatore. Quarta reliquis Christianis frequentanda Domini atria persuadet, de adventu sanctæ incarnationis suavi delectatione congaudens.

Expositio psalmi.

Vers. 1. *Confitemini Domino quoniam bonus, quoniam in sæculum misericordia ejus.* Populus ille beatorum qui a propria fuerat clade liberatus, reliquos commonet fideles ut Domini laudibus constanter invigilent. Ista enim confessio ad laudem pertinet absolute : sive quia illi est Alleluia præpositum, sive quia a diversis angustiis ereptum se Domini miseratione lætatur. Laudis quoque causa subjungitur, *quoniam bonus,* quod nomen Deo proprie certum est convenire ; nam cum ab incredulis Judæis secundum carnis aspectum Christus *Magister bonus* diceretur, respondit ipse : *Quid me interrogatis de bono (Matth.* xxix, 17, *et Marc.* x, 18), qui me cœlorum Dominum esse non creditis ? Adjiciens, *Nemo bonus nisi solus Deus.* Sed cum legatur, *Bonus homo de bono thesauro suo profert bona* (*Matth.* xii, 35), **394** quasi videtur esse contrarium. Sed hominem bonum dicimus per Domini gratiam factum ; nam ille solus proprie per se dicitur bonus, qui eos facit implere quod boni sunt. Sequitur *quoniam in sæculum misericordia ejus.* Ipsius quoque boni quem dixerat, expositio dilucidatur : quia non solum præstat immeritis, sed in æternum misericordiæ suæ dona concedit. *In sæculum* enim, perpetuitatem significat futuram, ubi unum est sæculum, et una dies, nec permutatio ulla succedit.

Vers. 2. *Dicat nunc Israel quoniam bonus, quoniam in sæculum misericordia ejus.*

Vers. 3. *Dicat nunc domus Aaron quoniam bonus, quoniam in sæculum misericordia ejus.*

Vers. 4. *Dicant nunc omnes qui timent Dominum quoniam bonus, quoniam in sæculum misericordia ejus.* Cum in his versibus legantur similes fines, præmissa eos expositio competenter amplectitur. Illud tamen altius perscrutandum est, cur in principiis versuum tantum nomina variavit. Ait enim : *Dicat nunc Israel,* quod totum populum complectitur beatorum. Secundo versu ponitur, *Dicat nunc domus Aaron,* significans sacerdotes, quos propter honoris sui reverentiam singulariter æstimavit esse memorandos. Tertius quoque versus ait : *Dicant nunc omnes qui timent Dominum,* ut illos ostenderet quos in centesimo decimo tertio psalmo dixerat : *Pusillos cum majoribus* (*Psal.* cxiii, 13), qui in unam societatem Christo Domino pura mente devoti sunt. Sic diversitas ista nominum generalitatem complectitur absolute fidelium.

Vers. 5. *In tribulatione invocavi Dominum, et exaudivit me in latitudine.* Exemplum proprium ponitur, ut audientium animus excitetur : quia magnum credulitatis incitamentum est, ipsum gratias agentem audire qui pertulit. Sed considera quod addidit, *in latitudine :* quoniam nos de sæculi quidem angustiis liberat, sed in magna præmiorum suorum *latitudine* miseratus acceptat. Eripit de temporalibus malis, sed bonis nos potens est implere perpetuis. Sæviant ergo quantumlibet transitura discrimina, tumescant adversitates caducæ ; latissime redditur quod in hac mundi brevitate fidelis populus ingravatur.

Vers. 6. *Dominus mihi adjutor est, non timebo quid faciat mihi homo.*

Vers. 7. *Dominus mihi adjutor, et ego videbo inimicos meos.* Quamvis versus isti pene videantur esse consimiles, singulis tamen verbis omnino discreti sunt. Nam cum se dicit auxilio Domini hominem non timere, carnales designat inimicos, qui visualiter religiosorum propositum persequuntur. Cum vero ait, *videbo inimicos meos,* spirituales nequitias vult intelligi, quas in illo judicio dicit esse videndas, ubi jam diabolus cum cæteris ministris suis destructus atque damnatus humanis conspectibus apparebit. Nam cum modo maxima pars hominum inimicos suos carnales aspiciat, illud magis optasse credendus est, quod hic videre non poterat. Sive orat ut latentem inimicum valeat intueri, quatenus cautior effectus ab ejus insidiis reddatur alienus. Et nota quod in principiis amborum versuum eadem verba geminavit. Quæ figura dicitur anaphora, quæ etiam in sequentibus versibus invenitur.

Vers. 8. *Bonum est confidere in Domino quam confidere in homine.* Populus ille beatorum divino munere liberatus, fideliter ac pie docens, venit ad secundam sectionem, dicens : In Deo solo, non *in homine confidendum* ; in illo scilicet qui veraciter promittit, non in isto qui fallaci præsumptione se decipit. Quanti enim stulti dicunt : Facio quod volo, nec dominum meæ voluntatis habeo, putantes quia per arbitrium liberum utilitas sit explicanda mortalium ; quos arguit Jacobus apostolus dicens : *Nonne ex concupiscentiis vestris dicitis : Cras ibimus in illam civitatem, et mercabimur, et lucrum faciemus ; quam ut dicatis : Si voluerit Dominus, et si vixerimus, faciemus hoc aut illud (Jac.* iv, 13, 15), et reliqua. Est quidem in mala parte exsecrabilis libertas arbitrii ; ut prævaricator Creatorem deserat, et ad vitia se nefanda convertat. In bona vero parte arbitrium liberum Adam peccando perdidimus, ad quod nisi per Christi gratiam redire non possumus, dicente Apostolo : *Deus est enim qui operatur in vobis et velle et perficere pro bona voluntate* (*Philip.* ii, 13). Unde assidua oratione precandum est, ne nos voluntas perversa rapiat, sed inspiratio divina possideat: quoniam quidquid ex nobismetipsis sapimus, mortifera contra nos audacia concitamus. Jure ergo vetuit *in homine confidendum*, qui per se nec alteri, nec sibi praevalet dare remedium, sicut et Jeremias dicit: *Maledictus vir qui confidit in homine, et ponit spem carnem brachii sui, et a Domino recedit cor ejus* (Jer. XVII, 5). Quapropter desinant praesumptores illas sibi partes assumere, unde eos justius possit sententia divina damnare. Hinc etiam Pater Augustinus contra Pelagium, Coelestium et Julianum haereticos copiosis libris mirabiliter disputavit, et venenosi dogmatis arma confregit.

Vers. 9. *Bonum est sperare in Domino, quam sperare in principibus.* Duo verba mutata omnino aliam fecere sententiam. Superius enim *confidere* se dicit, hic *sperare*; ibi *in homine*, hic *in principibus*; ut illic de carnalibus, hic de spiritualibus dixisse videatur. Princeps enim et diabolus appellatur, ut est illud Evangelii: *Ecce venit princeps hujus mundi, et in me non inveniet quidquam* (Joan. XIV, 30). Sic et bonus angelus dictus est princeps, sicut in Daniele legitur: *Michael princeps vester* [ed., *magnus*] (*Dan.* XII, 1). Quapropter nec in bonis, nec in malis angelis, sed in solo Domino spem hominis dicit esse ponendam. Nam etsi bonos pro impensa nobis pietate diligimus, beneficia in ipsis Domini, non propriae possibilitatis jura laudamus.

Vers. 10. *Omnes gentes circumdederunt me, et in nomine Domini ultus sum eos.* Hoc populus ille merito dicebat, qui spem suam in Domini protectione posuerat, significans labores Ecclesiae, quos primum in Capite suo, id est in Domino Christo pertulerat, et post in suis passionibus sustinebat. Primo enim quando religio innotuit Christiana, *omnes gentes*, in ejus persecutione surgentes, diversis cladibus affecerunt fidelissimos viros: qui tamen in suis persecutoribus (juvante Domino) vindicarunt, quando eos conversione mirabili subdiderunt, ut de se poenitentiae poenas exigerent, quas pridem innocentibus ingerebant. Nam quod dixit, *gentes*, et subjungit genus masculinum, *ultus sum eos*, sive ad intellectum pertinet, quia in gentibus populi significantur; sive schema est exallage, **395** id est immutatio, quoniam genus hic nominis immutavit.

Vers. 11. *Circumdantes circumdederunt me, et in nomine Domini ultus sum eos.* Perscrutandae sunt minutiae verborum, quoniam discussa (sicut saepe diximus) non minima nobis sacramenta parturiunt. Primo posuit, *gentes*, quod ad Ecclesiam propter martyrum populos pertinebat, qui studentes culturis daemonum, passim lacerabant populos fideles. Modo autem sub ipsa repetitione verborum noluit *gentes* ponere, ut magis passionem Domini subtiliter indicaret, quam a solis Judaeis specialiter constat impletam. In quibus tamen est *in nomine Domini* vindicatum, quando multi ex his poenitentes mala quae fecerunt, vocabulum Christianorum sumere meruerunt. Et isti quoque versus appellandi sunt unifines, sicut et illi qui in capite psalmi sunt positi. Et notandum est quia sicut Caput plerumque de membris loquitur, ita nunc membra de suo Capite proloquuntur.

Vers. 12. *Circumdederunt me sicut apes favum, et exarserunt sicut ignis in spinis; et in nomine Domini vindicavi in eis.* Adhuc et isti versus de Domino loquuntur. Ipse enim a saevientibus Judaeis circumdatus, passionis suae per totum mundum mella profudit. *Apes* enim favum circumdant, quando per domos cereas liquores dulcissimos recondunt; et cum sibi putant victualia reponere, faciunt unde homines possint sua desideria satiare. Quod Judaeos manifestum est implesse, quando rem cuncto orbi dulcissimam amaris conatibus effecerunt. *Apes* enim quasi a pedibus dictae sunt, quod sine pedibus nascantur. *Spinae* saeculi peccata designant, quibus Judaeorum populus ferociter incitatus, in deliciis suis velut ignis concrepans aestuavit. Sed *in eis* quoque Domini gratia *vindicatum est*, quando de illo melle quod conciderant nescii, conversi ad Dominum suavissime sunt repleti.

Vers. 13. *Impulsus versatus sum ut caderem, et Dominus suscepit me.* Hoc jam de se omne corpus fidelium verissima voce testatur. *Impulsus* enim ille cadit, cui Domini fortitudo subtrahitur. Et inspice vim verborum; *Impulsum* se dicit et *versatum ut caderet*; sed Domini susceptione firmatus est. Soli enim *versati* non cadunt, qui Christi virtutibus continentur, ut frequenter fieri solet quando bene meriti traduntur ad poenas. Ideo enim tradi videntur ut cadant, id est ut a recta credulitate mutentur: sed Domini dextera confirmati non cadunt, quoniam in fidei sanctitate consistunt. Alloquin infideles cadunt, etiam cum stare in pertinaciae suae obstinatione cernuntur.

Vers. 14. *Fortitudo mea et laudatio* [mss. A., B., *laus*] *mea Dominus, et factus est mihi in salutem.* Non potest impulsus cadere, cui auxilium Domini fortitudo videtur praestare. Sed ne putaretur sola pericula declinare, quem Domini dona servabant, adjecit, *factus est mihi in salutem*: quia per ipsum aeternam vitam suscipiunt, per quem et saeculi hujus ruinas evadere promerentur. Ipse enim est et *fortitudo et laudatio* aeterna beatorum.

Vers. 15. *Vox laetitiae et salutis in tabernaculis justorum; dextera Domini fecit virtutem.* Chorus ille fidelium laetus exsultat, quoniam dum persecutores eorum putarent eos moerore confici et tribulatione consumi, illi divina contemplatione gaudentes de sua poena laetabantur, quam sciebant sibi ad aeterna gaudia profuturam. Hic enim *tabernacula justorum* humani pectoris secreta designant, ubi semper laeti sunt, quamvis forinsecus affligantur. Et cognosceres unde istud gaudium venit, adjecit, *dextera Domini fecit virtutem*, id est Christus, per quem Pater virtutem operatus est in exaltatione sanctorum; quod inferius ipse dicturus est.

Vers. 16. *Dextera Domini exaltavit me. Dextera Domini exaltat*, cum terrenis hominibus cœlorum regna concedit. Quid enim potentius quam mortales induere immortalitatem, corruptibiles incorruptionem, peccatoribus beatitudinem, de hoste fortissimo infirmis dare victoriam?

Vers. 17. *Non moriar, sed vivam; et narrabo opera Domini*. Contra illa hæc dicuntur, quæ adversum Ecclesiam Christi persecutorum loqui solet insana procacitas, quæ cum se delere nomen æstimat Christianum, præstare potius videtur augmentum. Cui merito dicitur a fideli: *Non moriar, ut tu putas; sed vivam* vita quam nescis; ad quam mente prætumidi pervenire non possunt. *Narraturum* se etiam *opera Domini* pollicetur, ut semper augeatur Ecclesia tali prædicatione vulgata. Quid potest crudelibus persequi, quos vident semper persecutionibus augeri? Quanto melius et ipsi viverent, si conversi facta propria deplorarent!

Vers. 18. *Castigans castigavit me Dominus, et morti non tradidit me*. Ne sibi aliquid persecutorum superbia vindicaret, tormenta ipsorum sævitiamque ferocissimam castigationem Domini esse confirmat, ut tota illa iniqua potentia ad correctionem fidelium videatur esse concessa. Quid se de potestate jactant, quibus nihil pro sua utilitate conceditur? Crudelitas illorum nostra correctio est, furoris flamma probatio. Non se meliores æstiment quod delinquunt: filio non parcitur, ut erudiri posse videatur. Sed hæc bene castigatus edicit; solus enim *morti non traditur*, cujus hic vitia commissa purgantur. Et nota quod ait, *castigans castigavit*. Hoc enim genus locutionis in Scripturis divinis sæpius invenitur: ut est illud, *Benedicens benedicam te. Multiplicans multiplicabo semen tuum*, et his similia. Quod argumentum (ut sæpe diximus) dicitur a conjugatis.

Vers. 19. *Aperite mihi portas justitiæ, et ingressus in eas confitebor Domino*. Populus ille fidelium [*ed.*, fidelis] venit ad tertiam sectionem: Jerusalem cupiens introire, januas ejus fervore spirituali sibi postulat aperiri. Quibus ergo dicitur, *Aperite*, nisi prophetis atque apostolis, qui cœlorum claves mysticis virtutibus acceperunt? Per has enim doctrinæ januas introducti, intus jam positi veraciter *Domino confitemur*. Cæterum quidquid extra Ecclesiam catholicam geritur, nequaquam Domini laudibus applicatur. Bene autem per allegoriam prophetæ atque apostoli *portæ* appellati sunt: *portæ* enim dictæ sunt, per quas victualia civitatibus importantur, sicut et per illos animarum pabula constat illata.

Vers. 20. *Hæc porta Domini, justi intrabunt per eam*. Cum superius dixerit *portas*, quærendum est quare hic *portam* voluit ponere numero singulari; scilicet ut designaret prophetas atque **396** apostolos januas quidem esse cœlorum, sed has omnes ad unam posse perducere: quia universæ consueverunt ad Dominum intromittere Salvatorem, qui et *porta* potest

appellari, sicut ipse in Evangelio dicit: *Ego sum ostium ovium* (Joan. x, 7), etc. Sequitur, *justi intrabunt per eam*. Et hoc quoque subtiliter inquiramus, cur superius dixerit, *portas justitiæ*, et hic posuit, *justi intrabunt per eam*? significans (ut mihi videtur) jam non Scripturas divinas, per quas transeunt et injusti; sed illam Jerusalem quæ portam habet Dominum Salvatorem, per quem justi tantum homines introibunt. Quod bene utrumque complexus est, ut et istud, et illud futurum sæculum significare videretur.

Vers. 21. *Confitebor tibi, Domine, quoniam exaudisti me, et factus es mihi in salutem*. Istam confessionem non afflicti populi debemus advertere, sed lætantis. Gratias enim agit, quia illi Dominus salutaris illuxit, et Redemptor gentium oculis humanis apparuit. Unde revera intelligimus et a prioribus justissimis Domini adventum fuisse jugiter expetitum, sicut ipse in Evangelio dicit: *Multi prophetæ et justi cupierunt videre quæ vos videtis, et audire quæ auditis* (*Matth.* XIII, 17), etc.

Vers. 22. *Lapidem quem reprobaverunt ædificantes, hic factus est in caput anguli*. Sub allusione fabricantium exponitur inanis opera Judæorum. Soli quippe hominum adhuc in mundo unum Deum colentes ædificare videbantur, dum cæteræ nationes idolorum se cultura destruerent. *Ædificantes* enim tendunt semper ad angulum, ut commissorum parietum soliditas impleatur. Judæi vero fidei suæ fabricam minime perfecerunt, quoniam ipsum, qui erat *lapis* fortissimus, angularis, more dementium putaverunt esse temnendum. Dominus autem Christus per tropologiam (sicut innumeris locis constat expositum) ideo *lapis* dicitur angularis, quia duos ad se populos e diverso venientes gentilium atque Judæorum tanquam geminos parietes in unam soliditatis gratiam colligavit [*ed.*, collocavit]. De hoc *lapide* prophetæ, de hoc apostoli, de hoc diversi multa dixerunt. Angulus enim tractus est ex Græco sermone, id est, a γόνυ, quod Latine dicitur genu. Hoc inflexum speciem anguli conformi qualitate restituit; nam apud Græcos originem sui nominis in derivationibus omnino custodit, ut tetragonus, pentagonus, et his similia.

Vers. 23. *A Domino factus est hic, et est mirabilis* [mss. A., B., F., *factum est hoc mirabile*] *in oculis nostris*. Ne lapidem istum saxeis montibus putares excisum, in salutem mundi *factum* dicit *a Domino*. Sed dum memorat *factum*, natura humanitatis ostenditur, quæ et creata esse monstratur. Sic et Apostolus ait: *In similitudinem hominum factus, et habitu inventus ut homo* (*Philip.* II, 7). Et alibi, *Qui factus est ei ex semine David secundum carnem* (*Rom.* I, 3). Iste quippe lapis qui est fabricæ decora copulatio, fibula parietum, in fundamentis perpetua fortitudo, *mirabilis* est in oculis fidelium, qui non solum eum corporaliter vident, verum etiam illuminata mente conspiciunt. Viderunt enim et Judæi, sed non *mirabilem*, quia solum intuebantur carnem, quam videbant esse communem. Fidelium autem sensibus, qui eum **Filium Dei** esse professi sunt, *mirabilis* et *terribilis apparebat*, sicut Petro apostolo, qui dixit : *Tu es Christus Filius Dei vivi* (*Matth.* xvi, 16).

Vers. 24. *Hæc dies quam fecit Dominus: exsultemus et lætemur in ea.* O quam suavia verba sancta nobis probatur eructare credulitas ! Nam licet Deus cunctos dies creaverit, singulariter tamen *diem* fecisse dicitur, qui Christi Domini nativitate sacratus est. In quo merito *exsultare* convenit et *lætari*, quoniam in eo et diabolus jus perdidit, et salutem mundus accepit.

Vers. 25. *O Domine, salvum me fac! o Domine, bene prosperare!* Interjectiones istæ desiderium magnæ petitionis ostendunt, ut et hic de mundi istius clade liberentur, et ibi prosperrima sorte ad dexteram collocentur. Duo enim ista sunt quæ fidelis expetit Christianus, ut et hic eripiatur a peccatorum morte, et illic collocetur in requie sempiterna. Nam istas afflictiones quas hic patiuntur, istos dolores quos hic amore Domini sustinent, ibi sine dubio *prosperantur*, quando jam ad gaudia æterna perveniunt. Prosperari enim , est aliquid asperum facere tranquillum, ut grata nobis fiant mala præterita , quæ credimus in æterna gaudia commutanda.

Vers. 26. *Benedictus qui venit in nomine Domini : benediximus vos* [mss. A., B., F., *vobis*] *de domo Domini.* Quarta sectio quæ superest introitur : ubi de adventu Domini suave munus laudis offertur, et subtiliter Antichristi præsumptio iniqua damnatur. Hæc figura dicitur emphasis, quæ significat etiam id quod non dicit. Dicendo enim , *Benedictus qui venit in nomine Domini*, illum constat esse maledictum qui in suo nomine creditur esse venturus. Et ut Christum omnipotentem Dominum esse cognosceres, dicit eum *venisse in nomine Domini*, ne aliquid de ipso carnaliter mens humana sentiret. Hoc etiam et Evangelii textus ostendit, dicens: *Ego veni in nomine Patris mei, et non accepistis me : si alius venerit in nomine suo, illum accipietis* (*Joan.* v, 43). Sequitur , *benediximus vos de domo Domini.* Ab illo populo fideli quem præfati sumus, hoc dicitur reliquis Christianis, qui quasi sacerdotali dignitate subvecti loquuntur ad plebem, ostendentes Domini benedictionem devotæ plebi per antistites salubriter dari. Et ne hoc dubitanter acciperes, dicit, *de domo Domini*, id est de Ecclesia catholica, unde salutare baptisma venit, unde communicatio sancta procedit, unde olei sacrati unctione mundamur, unde omnis denique benedictio vera præstatur.

Vers. 27. *Deus Dominus et illuxit nobis : constituite diem solemnem in confrequentationibus, usque ad cornu altaris.* Cum dicit, *Deus Dominus*, ad superiora respondet, ut sic intelligas : *Benediximus vos de domo Domini* ; imo non nos, sed *Deus Dominus*. Ipse enim benedicit ore sanctorum, et lucescit nobis, quando nos a peccatorum obscuritatibus alienat. Sequitur, *constituite diem solemnem in confrequentationibus, usque ad cornu altaris.* Illud jam dicitur benedictis, qui poterant dies festos celebrare solemniter. Constituite, dicit, id est deliberata custodite sententiam *diem solemnem*, qui honore Domini et sanctorum confessione sacratus est. *In confrequentationibus*, id est processionibus crebris, quas populi turba condensat, et reddit celeberrimas devotione festiva. Quod vero addidit, *usque ad cornu altaris*, prohibentur aliqui forsitan (quod multis in usu est) audita Evangelii lectione discedere. Non enim *ad cornu altaris* accedent qui communicationis gratia non replentur. Hoc de isto altari visuali (ut mihi videtur) competenter accipimus, quod corpus et sanguinem Domini solemni nobis frequentatione largitur. Illud vero altare est ante conspectum Domini, ubi purificatis animis per contemplationem sanctam jubemur accedere ; ut in hac actuali solemnitate illud semper debeamus inspicere, sicut jam in quadragesimo secundo psalmo constat expositum, ubi ait : *Et introibo ad altare Dei, ad Deum qui lætificat juventutem meam* (*Psal.* xlii, 4). Cornu vero significat potestatem, quam sanctum altare habere manifestum est.

Vers. 28. *Deus meus es tu, et confitebor tibi; Deus meus es tu, et exaltabo te.* Quam bene veritas ista professionis iteratur, ut Dominum nostrum dicamus esse, quem pura mente non desinimus adorare ! In primo enim commate dicit, *confitebor tibi*, quod ad gratiarum pertinet actionem. In secundo, *exaltabo te*, quia prædicationibus beatorum per cunctas gentes exaltatur Dominus Christus, qui reddit bonum pro malo, qui inimicos dum possit exstinguere patienter exspectat; et conversis talia reddit qualia sanctis suis misericordia gratuita compromisit.

Vers. 29. *Confitebor tibi, Domine, quoniam exaudisti me, et factus est mihi in salutem.* Hic quidem versus quoniam repetitus est, jam superius in tertia parte probatur expositus ; hoc tamen breviter edicimus, ut hanc confessionem lætissimam post percepta beneficia fusam intelligere debeamus, sicut nos commonuit et titulus *Alleluia*.

Vers. 30. *Confitemini Domino quoniam bonus, quoniam in sæculum misericordia ejus.* Et hic quoque versus in capite psalmi probatur esse jam dictus, ut sicut a Christo fecit initium, ita ipsi concordare videatur et finis. Ipse enim in Apocalypsi dicit : *Ego sum Alpha et Omega* (*Apoc.* i, 8). Merito ergo et in capite confessio posita est, et in fine repetita, quia in omni vita nostra ipsam nos oportet assumere, et in ipsius delectatione finire.

Conclusio psalmi.

Recordemur hunc psalmum non incassum velut quibusdam fulgoreis coloribus esse contextum. In capite enim quatuor versus unifines posuit, et iterum in fine primum versum psalmi decora iteratione geminavit, atque iterum quem vicesimum primum posuit, eumdem pene ultimum repetiit, ut quasi vestis illa pontificis aureis quibusdam filis, et vermiculata pulchritudine contexta fulgeret. Illa enim in fimbriis habuit tintinnabula, isti in fine eadem retinnuunt, quæ in capite dicta sonuerunt. Pontifex igitur quando ingrediebatur Sancta sanctorum habebat hanc vestem, ut antistitis reverendi nullatenus ignoraretur adventus, cum etiam tacitus vocalis [mss. A., B., vocabulis] incederet. Iste sic decora varietate dispositus est, ut præconia sanctæ incarnationis pulcherrimis quibusdam sentiantur indiciis. Cooperiat nos, pie Rex, ista vestis eloquii tui, et hoc resonent te præstante actus [mss. A., B., hac remanente præsentiant actus] nostri, quod tua, Domine, præcepta jusserunt. Meminerimus autem hunc psalmum quintum esse eorum qui de primo adventu Domini mirabili narratione prolati sunt : quinque fortasse panibus comparandi qui esuriem observantium populorum copiis cœlestibus expleverunt.

EXPOSITIO IN PSALMUM CXVIII.
Alleluia.

Festivo psalmo et divinarum rerum virtute plenissimo, desiderabile *Alleluia* præmittitur, ut meritum divini carminis honore tituli possit agnosci. Est enim altissimus profunditate sensuum, et contextus quasi similium repetitione verborum, modo profitendo quod accepit, modo iterum eadem sperando quæ meruit. Qui more nobilium fluviorum lenis ire conspicitur, cum nimis profundus esse noscatur ; quem tamen oportet (juvante Deo) instituti nostri mensura percurrere, ne qui nos hactenus constrinximus, subita inundatione fundamur. Est etiam Hebræis elementis ad rudes et docibiles in schola Christi populos instruendos tali ordine depictus, ut versum quem prima littera sortita fuerit, eadem et in septem subsequentibus affigatur, sacramentum illud forsitan in cordis circumcisione designans. Sic iste psalmus in sua lingua per singulas litteras octonis versibus gregatim decurrens, sibi undique collatus partium æqualitate finitus est. Quod nos dicimus et divisionis causa positum, et ut perfectum numerum possit indicare justorum. Istis enim litteris et Hebræa sapientia discitur, et divinorum librorum sacratus numerus continetur. Has enim litteras significationes suas habere (beato Hieronymo testante) cognovimus, quod nunc repetere videtur esse superfluum, cum sit jam alterius labore collectum. Hunc autem psalmum et centesimum quadragesimum quartum, et Deuteronomii canticum Josephus refert elegiaco metro esse compositos.

Divisio psalmi.

Psalmo isti morali Hebræas litteras ad suum numerum [ed., sui numeri] divisiones illustrabiles non incongrue dicimus contulisse : in quo sibi octonos versus (ut supra memoratum est) singulæ vindicantes, cunctum carmen pulcherrima parilitate describunt ; qui nulla permixtione confunditur, sed novitates rerum mutatis sibi litteris explicat. Per totum itaque psalmum universalis sanctorum chorus eloquitur, qui ab initio mundi sive fuerunt, sive sunt, sive futuri esse creduntur. Inter quos reperiuntur apostoli, prophetæ, martyres, confessores, ecclesiastici ordines, et omnes qui sancta Domino integritate famulantur : *Genus electum, regale sacerdotium, gens sancta, populus acquisitionis* (*I Petr.* II, 9), ab origine generis humani usque ad finem sæculi colligendus. Sed quamvis horum sit innumera multitudo, unus tamen ubique introducitur ad loquendum, ut virtus unitatis in Ecclesia concordi [mss. A., B., F., concordatim] possit agnosci. Nunc videamus quæ in hoc cœlesti paradiso spiritualia poma nascantur.

398 *Expositio psalmi.*

Vers. 1. — I. ALEPH. *Beati immaculati in via, qui ambulant in lege Domini.* Cum omnium desideria nominis istius ardore rapiantur, nec quisquam possit reperiri, qui nolit præmia beatitudinis adipisci, congruum fuit viros sanctos votis probabilibus iter ostendere, ne mens confusa mortalium ignorata via possit errare. Nam et illi beatos se æstimant, qui sæculi ambitionibus eluduntur. Sed ne aliquid tale putaretur eligendum, primum posuit plurali numero *immaculati*, ut de fidelibus hoc, non de Christo debuisset adverti. Ille enim solus naturaliter *immaculatus* est, qui peccatum non habuit. Sancti autem *immaculati* fiunt, quando indulgentiæ munera consequuntur, sicut propheta in quinquagesimo psalmo dicit : *Lavabis me, et super nivem dealbabor* (*Psal.* L, 9). Sequitur, *in via,* id est in ipso Domino Salvatore, qui dixit : *Ego sum via, veritas et vita* (*Joan.* XIV, 6). Ibi enim *ambulare* justorum est, non pedibus corporeis, sed gressibus probabilis actionis. Nam ut adverteres non eum illam viam dixisse in qua possit errari, subjunxit, *qui ambulant in lege Domini,* id est qui aut non peccant, aut per gratiam cœlestem digna sibi satisfactione prospiciunt. Nec illud vacat quod dicit, *in lege Domini ;* est enim et lex peccati, sicut Apostolus ait : *Video aliam legem in membris meis repugnantem legi mentis meæ, et captivum me ducentem in lege peccati* (*Rom.* VII, 23). Et ideo additum est, *Domini,* ut eam discerneret a lege peccati.

Vers. 2. *Beati qui scrutantur testimonia ejus, in toto corde exquirunt eum.* Superioris adhuc sensus est et ista sententia. Nam licet *beati* sint *immaculati qui ambulant in via,* id est in ipso Domino Salvatore, et in lege ejus devota mente gradiuntur, additum est tamen illis virtutibus, *qui scrutantur testimonia ejus.* Et quæ sit ista perscrutatio subsequenter aperitur, id est qui *in toto corde* suo Dominum *exquirere* maluerunt. Videntur enim perscrutari *testimonia ejus* et tergiversatores hæretici, sed toto corde suo Dominum non requirunt, quoniam per humanas versutias affectant novas invenire calumnias. Totum enim cor suum ad Scripturas sanctas merito posuisse non dicitur, qui ad falsitatis ambitum plectibili errore transfertur. Unde sanctus Primasius Justinianopoleus disertus antistes, sub titulo Quid hæreticum facit, librum unum conscripsisse dignoscitur. Nec illi videntur totum cor suum ad Domini testimonia posuisse, qui neglecta disciplina mandatorum ejus mundana gaudia concupiscunt. Et vide ordinem sanctæ veracisque doctrinæ : prius dicit *beatos* esse *qui ambulant in lege Domini* ; deinde *qui scrutantur* sacrarum testimonia litterarum : quia non est dignus ista perquirere, nisi qui se probabili cognoscitur actione tractare. Utrasque vero sententias tertia species definitionis amplectitur, quæ Græce pœotes, Latine qualitativa dicitur. Beatus enim vir quid sit, per actuum suorum hic ostenditur qualitatem.

Vers. 3. *Non enim qui operantur iniquitatem, in viis ejus ambulaverunt.* Cum Joannis apostoli veracia verba sint : *Si dixerimus quia peccatum non habemus, nos ipsos seducimus, et veritas in nobis non est (I Joan.* I, 8), videntur nec sancti *in viis ejus ambulare*, quos cognoscimus habere peccata. Verum hæc quæstio veritatis ipsius voce dissolvitur. Sunt enim illicita desideria quæ originalis peccati necessitate committimus, sed in eis consensu animi non tenemur : in istis mens beata non ambulat, quæ dono Domini cordis probitate superantur ; ut (verbi gratia) repente pulchrum aliquid concupiscere, cibum desideranter expetere, bonis odoribus commoveri, iniqua subito suggestione confundi, et his similia quæ oratione sancta et crucis signaculo destruuntur. Ita fit ut et peccata sancti suggestione carnis habeant, et tamen dum eis minime relaxatur effectus, ea non operari veraciter æstimentur. Hæc enim Pauli apostoli testimoniis evidentius approbantur : *ambulavit in viis Domini,* quando dicebat : *Bonum certamen certavi, cursum consummavi, fidem servavi (II Tim.* IV, 7), et reliqua. Peccatum autem non voluntarium faciebat, quando clamabat : *Non enim quod volo bonum hoc facio, sed quod nolo malum hoc ago (Rom.* VII, 19). Sequitur ejus expositio quæ omnem nævum dubitationis abstergit : *Si autem quod nolo,* inquit *(Ibid.,* 20), *illud facio, jam non ego operor illud, sed quod habitat in me peccatum.* Vides tantum illos accusatos qui operationibus peccatorum nefanda delectatione consentiunt. Quapropter merito dicuntur *in viis Domini non ambulare,* qui operantur iniquitatem. Operatio enim iniquitatis est consensus malorum, qui tamen a sanctorum cordibus dono Domini probatur alienus. Nam et ipse Apostolus hoc monet : *Non ergo regnet peccatum in vestro mortali corpore ad obediendum desideriis ejus ; nec exhibeatis membra vestra arma iniquitatis peccato (Rom.* VI, 12). Et Salomon : *Post concupiscientias cordis tui ne abieris (Eccli.* XVIII, 30). Obedientiam ergo peccati vetuit, non suggestiones quas caro propriis viribus vitare non prævalet. Respiciamus autem cur hic *vias* plurali numero posuit, et superius singulariter dixit : *Beati immaculati in via.* Ibi significat Dominum Salvatorem, qui certa via est ad Patrem venientium, sicut ipse dixit : *Nemo vadit ad Patrem, nisi per me (Joan.* XIV, 6). Nam quod hic dixit, *in viis,* designat prophetas et apostolos, vel quicunque populum vera prædicatione docuerunt.

Vers. 4. *Tu mandasti mandata tua custodiri nimis.* Dixerat beatum esse cui hæc talia suffragantur, ut sit immaculatus, ambulet in lege Domini, scrutetur testimonia ejus, et quod est perfectissimum vivendi genus, in toto corde exquirat Dominum. Et ne hæc tanta negligenda viderentur, sequitur jussionis dominicæ veneranda præceptio, ut mandata ejus non solum sedule, sed et nimie requirantur. Nimius enim dictus est, in nulla re dubius, qui propositæ rei intentus semper assistit. Ubi est sententia gentilium toto orbe celebrata : *Ne quid nimis.* Ecce nimium nobis a Veritate præcipitur ; ecce a Moderatore rerum omnium sine defectu aliquid fieri debere sancitur. Istud enim *nimis* significat multum atque infinitum, sicut et in alio psalmo dicit : *Nimis profundæ factæ sunt cogitationes tuæ (Psal.* XCI, 6). Et alibi : *Nimis exaltatus es super omnes deos (Psal.* XCVI, 9). Sive mandata Domini nimium custodire præcipimur, quando ipsi quoque saluti nostræ corporeæ ea præferre debere censemur. Quapropter vires nostræ possibilitatis excedere divina militia est, quia totum ibi nimium decet, quoniam et illud infinitum est quod nobis tribui postulamus. Perquirenda est quoque nominum istorum distincta cognitio, ne quis ea credat esse confusa. In priori versu dixit, *legem Domini* ; lex autem Domini est, sicut Apostolus ait, *umbra futurorum (Colos.* II, 17), quam non decet [mss. A., B., docet] ad litteram, sed spirituali ordine custodiri. Ut (verbi gratia) lex sacrificiorum, observantia novæ lunæ, ritus circumcisionis, et cætera hujuscemodi, quæ typum magis quam speciem certum est habuisse veritatis. Secundo versu ponit *testimonia* : testimonium est evidens et præfinita conditio, cujus statuto commoniti, res præteritas non possumus oblivisci, ut in Genesi ait Jacob : *Testimonium erit vobis* [ed., nobis] *collis iste,* et, *Testimonium erit lapis iste (Gen.* XXXI, 52). Scriptum est etiam et in libro Jesu Nave : *Duodecim lapides afferte de medio Jordanis, ut sint hi in testimonium filiis vestris (Jos.* IV, 5, 6). Sic nobis præcepta divina *testimonia* sunt, quando commonent ne peccare debeamus, sicut apostolus Paulus ait : *Testificor coram Deo, qui vivificat omnia, et Jesu Christo, et electorum angelorum, ut hæc custodias (I Tim.* V, 21). In præsenti quoque versu *mandata* posuit, quæ non sunt umbræ futurorum ut lex, sed præsentem habent manifestæ operationis effectum. Quod Dominus in Evangelio absolute declarat, dicens : *Primum mandatum est, Diliges Dominum Deum tuum ex toto corde tuo, et ex tota anima tua, et ex tota virtute tua (Matth.* XXII, 37), etc. Hoc enim sic uni dictum est, ut ab omnibus debeat et per cuncta tempora custodiri. Quapropter sive lex, sive testimonia, sive mandata Domini custodiantur, ad beatitudinis certum est munera perveniri. Quæ verba cum prædictis definitionibus suis mente condenda sunt, quia in subsequentibus versibus frequenter ea posita reperimus.

Vers. 5. *Utinam dirigantur viæ meæ ad custodiendas justificationes tuas !* Cum vitam superius beati viri evidenter expresserit, nunc etiam populus fidelis bonorum sibi proventum votis intercedentibus postulavit. *Utinam* verbum semper optantis est, ut quod nostris non possumus viribus adipisci, divina misericordia largiente, mereamur. Cum dicit, *dirigantur viæ meæ*, ostendit eas, quantum ad humanam imbecillitatem pertinet, tortuosas. *Viæ meæ* actus significant quos in hac vita peragimus. Addidit, *ad custodiendas justificationes tuas*. Hic jam, quod superius optavit, aperuit; *ad custodiendas* enim *justificationes* Domini nemo poterit pervenire, nisi cujus viæ a Domino *dirigi* comprobantur. Sed discutiamus quid significent *justificationes*. Justificationes igitur Domini apud priscum populum fuerunt multæ atque diversæ: ut sex annis tantum famulus serviret Hebræus, filius affectu et disciplina patris erudiretur, pater ut reverenter in omnibus haberetur, Deus ut summo timore et amore coleretur, sacerdos honorabilis esset, proximus ut tanquam propria utilitas amaretur, et his similia quæ fieri sancta Scriptura præcepit. Hæc ergo nequeunt custodiri, nisi misericordia Domini probentur attribui.

Vers. 6. *Tunc non confundar, dum respicio in omnia mandata tua.* Causa redditur quemadmodum possint justificationes Domini jugiter servari, id est, si mandata respiciantur universa. Sed cum dicit *omnia*, in nullo commonet esse peccandum: quoniam scriptum est: *Si quis de lege minimum non fecerit, reus est totius legis.* Respicere autem est mandata semper ante oculos habere quæ jussa sunt, ut si quid tortum committitur, salutari emendatione protinus corrigatur. Cæterum qui *in mandata non respicit*, in quo erret modis omnibus ignorabit. Hanc quoque similitudinem Jacobus ponit apostolus dicens: *Si quis auditor est verbi et non factor, hic comparabitur viro consideranti vultum nativitatis suæ in speculo: consideravit enim se et abiit, et statim oblitus est qualis fuerit. Qui autem perspexerit in legem perfectam et permanserit, non auditor obliviosus factus, sed factor operis, hic beatus in facto suo erit* (Jac. I, 23, 24, 25). Tales ergo laudantur a quorum conspectu mandata Domini non recedunt.

Vers. 7. *Confitebor tibi, Domine, in directione cordis, in eo quod didici judicia justitiæ tuæ.* Confessio hic significat laudem quam decet populum dicere beatorum. *Directio cordis* est fidei catholicæ sancta regula, quia eum confiteri non potest hæreticorum distorta versutia. *In eo*, quod dicit, *didici*, indicat a beatis Patribus sibi traditam disciplinam, non autem (ut quidam faciunt) studio perversitatis inventam. *Judicia* vero *justitiæ Dei* sunt, quia famulos suos liberare dignatur a diabolica persecutione laborantes.

Vers. 8. *Justificationes tuas custodiam: non me derelinquas usquequaque.* Perfecta est propositæ beatitudinis decora constructio. Petit enim a Domino ut justificationibus concessis dignetur devotum populum suo munere custodire. *Justificationes* enim quid significent, in quarto versu superiore jam dictum est. Et quoniam noverat tentationes diabolicas undique circumire, ut legitur: *Adversarius vester sicut leo circuit quærens quem devoret* (I Petr. V, 8), petit se quaquaversus undique custodiri, ne possit locum nocendi hostilis atrocitas invenire. Nunc videamus quid littera secunda contineat.

Vers. 9. — II. BETH. *In quo corrigit juvenior suam viam? In custodiendo sermones tuos.* In prima littera partes beatitudinis fidelis populus indicavit, in quibus se deprecatus est custodiri; nunc idem in secunda littera conversionis tempus ostendit, exponens etiam in sermonibus Domini quibus delectationibus perfruatur. Quapropter per figuram erotesis sub interrogatione proponit: *In quo corrigit juvenior viam suam?* Ætas electa est Novi, non Veteris Testamenti, quando de seniori homine in robusta sumus ætate reparati. *Juvenior* enim dicitur veteribus comparatus, quia comparativus gradus frequenter vim obtinet positivi. Sed iste *juvenior* quemadmodum *correxerit viam suam*, subsequenti responsione confirmat dicens: *In custodiendo sermones tuos*, tunc scilicet cum evangelicam disciplinam populus Christianus accepit. Eo siquidem tempore homo correctus est, quando, vetere pravitate damnata, ad rectæ fidei dona pervenit. *Custodit* autem *sermones* Domini qui non eos tantum memoria retinet, sed actionum probitate restituit.

Vers. 10. *In toto corde meo exquisivi te: ne repellas me a mandatis tuis.* Hoc quoque munus est Domini quod eum se *toto corde* asserit *exquisiisse*: non enim quæreret, nisi inquisitus fuisset, sicut in Ezechiele legitur: *Quod perierat requiram, et quod erraverat revocabo* (Ezech. XXIV, 16). In omni siquidem bono Domini gratia prævenimur, et ut velimus rogare, ipse se dignatur infundere. Sequitur, *ne repellas me a mandatis tuis*, tanquam indignum beneficiis tuis; ut quem te fecisti toto corde petere, tu etiam digneris audire. *Repellit* enim *a mandatis* suis subdole se rogantes, sicut in alio psalmo legitur: *Virum sanguinum et dolosum abominabitur Dominus* (Psal. V, 7). Et Salomon dicit: *Sanctus enim spiritus disciplinæ effugiet fictum, et subtrahet se a cogitationibus quæ sunt sine intellectu* (Sap. I, 5). Rogat ergo ne ab intelligentia legis divinæ repellatur sicut indignus, ut agnoscamus hanc intelligentiam non mereri, nisi eos qui noscuntur toto corde deprecari.

Vers. 11. *In corde meo abscondi eloquia tua, ut non peccem tibi.* Cum legamus opera Domini esse prædicanda, sicut Petrus in Actibus apostolorum dicit: *Non enim possumus quæ vidimus et audivimus non loqui* (Act. IV, 20); hic dicit *in corde suo eloquia* Domini, *ne peccaret, abscondita*. Sed utrumque verum est; nam sicut decet fidelibus ea opportune prædicare, sic non credentibus oportet abscondere, sicut in Evangelio dictum est: *Ne dederitis sanctum canibus, neque miseritis margaritas vestras ante porcos* (Matt. VII, 6). Et alius psalmus dicit: *Posui ori meo custodiam; dum consistit peccator adversum me. Obmutui, et humiliatus sum, et silui a bonis* (Psal. XXXVIII, 2); ut intelligamus peccati genus esse obstinatis eloquia Domini prædicare. Unde et Paulus apostolus dicit: *Hæreticum post primam et secundam correctionem devita* (Tit. III, 10), etc.

Vers. 12. *Benedictus es, Domine: doce me justifica-*

tiones tuas. Ne aliquis eruditionem sanctam propriis viribus applicaret, præmittit, *Benedictus es, Domine,* id est, qui gratis præstas : quia in homine non potes invenire quod eligas. Sed hic benedictionem, laudem significat Domini; nam cum nos Deum benedicimus, ejus facta laudamus; cum ille benedicit, nos sanctificare dignatur. Sequitur, *doce me justificationes tuas.* Cum superius dixerit, *In corde meo abscondi eloquia tua,* nunc dicit, *doce me justificationes tuas,* quasi nihil ante didicerit. Verum sanctæ congregationi esurienti sitientique justitiam non sufficit mandata Domini verbo didicisse; sed petebat ut ea factis potuisset ostendere, ubi noverat plenitudinem se gratiæ reperire. Dicitur ergo, *doce me justificationes tuas :* hoc est, præsta me facere unde electos tuos justificare consuesti.

Vers. 13. *In labiis meis pronuntiavi omnia judicia oris tui.* Chorus ille sanctorum *pronuntiasse* se dicit *judicia oris* Domini, quæ locutus est per prophetas et apostolos suos, quando ea labiis suis recensuit, et populo prædicavit. *Omnia judicia,* significat quæ scripta vel dicta sunt. Cæterum universaliter non potest pronuntiari, quod nulla notitia prævalet apprehendi, sicut in alio psalmo dictum est : *Judicia tua abyssus multa* (*Psal.* xxxv, 7). Apostolus quoque testatur : *O altitudo divitiarum sapientiæ et scientiæ Dei, quam inscrutabilia sunt judicia ejus, et investigabiles viæ ipsius* (*Rom.* xi, 33)! Et ipse passione vicina dicit apostolis : *Non omnia dixi vobis.* Quapropter figuraliter pro parte dicitur totum, quod in Scripturis divinis frequenter constat effectum.

Vers. 14. *In via testimoniorum tuorum delectatus sum, sicut in omnibus divitiis. Via testimoniorum* est Dominus Christus, quoniam de ipso loquentia ad ipsum ducunt : via certa, iter infatigabile, quæstuosus labor, ubi quisquis pervenerit, inæstimabilium divitiarum delectatione mulcetur. Et intuendum quod sequitur, *sicut in omnibus divitiis.* Hic divitias, spirituales debemus accipere, de quibus Apostolus ait : *Quoniam in omnibus divites facti estis in ipso, in omni verbo et in omni scientia, sicut testimonium Christi confirmatum est in vobis* (*I Cor.* i, 5, 6). Cæterum cohors sancta sæculares divitias non poterat testimoniis Domini comparare, quas ipsa velut sordes aliquas cognoscitur abjecisse.

Vers. 15. *In mandatis tuis exercebor, et considerabo vias tuas.* Ecclesiasticæ disciplinæ ordo servatus est. Prius enim fuit, ut exerceretur in mandatis divinis, id est, frequenti operatione usum rerum necessariarum assiduo labore peragere, et sic ad intellectus ejus penetralia pervenire. Nemo enim meretur tantum secretum conspicere, nisi cui datum fuerit bona conversatione cœlestibus se beneficiis proximare. Et nota quod exercitatio in Scripturis divinis plerumque in bono ponitur.

Vers. 16. *In tuis justificationibus meditabor, non obliviscar sermones tuos.* Oblivio non natura nobis venit, sed ab originalis peccati infirmitate descendit. Huic remedialis opposita est meditatio, ne memoriæ culmen oblivio nefanda destrueret. *Meditari* enim se dicit *justificationes* Domini, ne possit quod retinere expetit oblivisci. Noverat enim quo vitio mens humana premeretur, et contra hoc auxilium reperit, unde oblivio violenta debuisset excludi. Respice quemadmodum diversis causis propria verba subjuncta sunt. In superiori quippe versu, id est, *In mandatis tuis exercebor,* dixit : ubi parte opus est actuali ; mandata enim sunt Domini : *Non mœchaberis, Non falsum testimonium dices* (*Exod.* xx, 14, 16), etc. Hæc enim oportuit non tantum audire, sed facere; ideoque posuit, *exercebor :* hic autem dicit, *justificationes meditabor. Justificationes* quippe dictæ sunt (sicut superius expositum est), Hebræum puerum non amplius quam sex annis debere servire, ad significantiam beati populi, qui in hoc sæculo servit, ut in illa resurrectione a cuncta obnoxietate liberetur. Hoc ergo quia fuit in ænigmate constitutum, *meditabor,* dixit, ut frequens iteratio intellectum futuræ rei evidentius aperiret.

Vers. 17. — III. GIMEL. *Retribue servo tuo, vivam, et custodiam sermones tuos.* Venit ad tertiam litteram, in qua humanam indigentiam confitetur, et gratiam Domini per cuncta commendat. Increpatos asserit superbos, qui fideles Domini iniquis motibus persequuntur. *Retribue* siquidem dicit, non meritis redde, sed iterum da, ut qui præstitisti petitionis affectum, effectum quoque postulationis attribuas. Denique hunc sensum declarat sermo subjunctus cum dicit, *servo suo. Servus* enim Christi dici non potest, nisi qui non suis meritis, sed divinæ gratiæ reputat quod boni aliquid fecisse cognoscitur. Domini autem custodire mandata, revera viventis est : 401 contra, mortuus jure dicitur, qui inobediens approbatur, sicut in Evangelio de infidelibus legitur : *Sine mortuos sepelire mortuos suos* (*Luc.* ix, 60). Sepelire enim mortuos viventium erat; sed quia infideles videbantur, recte mortuos appellatos esse cognoscimus. Et adverte confessionem sanctam; sic se judicavit esse victurum, si potuisset Domini *custodire sermones :* merito, quoniam qui eos *custodit* ab ipsis sine dubio custoditur, et mors ei non dominabitur, quæ in impiorum depopulatione grassatur.

Vers. 18. *Revela oculos meos, et considerabo mirabilia de lege tua.* In hoc versu infirmitas humanitatis, et beneficium supernæ majestatis exponitur. *Revelare* enim dictum est, removere velum. Quodam enim operimento ignorantiæ interior aspectus obducitur ; et nisi misericordia ipsius fuerit hoc velamen ablatum, Scripturas sanctas lumine cordis non possumus intueri. Petit ergo auferri sibi imperitiæ cæcitatem, ut illuminatus gratia divina queat Domini videre miracula. Quæ sunt autem ista miracula ipse testatur dicens, *de lege tua.* Superius diximus *legem* umbram fuisse futurorum, quæ significantiam venturæ plenitudinis continebat. Immolabatur quippe paschali festivitate agnus immaculatus, qui Christum Dominum significabat occidi. Sacerdos veste pulcherrima et coruscabili tegebatur, ut futuri Pontificis et cœlestis

Regis indicia nuntiaret. Promissiones quoque Domini fuerunt, ut Israeliticus populus in terram perduceretur fluentem lac et mel, quod ad illud futurum sæculum pertinere non dubium est, ubi summæ beatitudinis gaudia copiosa dulcescunt. Rogat ergo populus ille sanctorum, ut revelato corde ista consideret, quæ superducto velamine non poterat intueri.

Vers. 19. *Incola ego sum apud te in terra: non abscondas a me mandata tua.* In hac terra justi sunt *incolæ*, qui propriam in mundo non habent mansionem; corpore siquidem in terra positi sunt, in cœlis autem probabili conversatione consistunt, sicut Apostolus dicit: *Conversatio autem nostra in cœlis est* (Philip. III, 20). Et merito hic dicuntur *incolæ*, quibus in aliena patria nullus affectus est, sed ad tempus terram sui corporis colunt. Non enim erat ille dives *incola*, qui horrea construebat, et longævitatem vitæ suæ in multa congregatione posuerat. Sed isti sunt vere *incolæ*, qui thesaurum suum in cœlo reponunt, ut cor eorum futuram patriam semper affectet. Petit ergo fidelis populus mandatorum Domini conscium se fieri, quia non deprehenditur in Babyloniæ parte versari [*ed.*, conversari]. Illius enim potest scire quisque votum, cui et famulari velle cognoscitur. *Mandata* enim esse diximus: *Diliges Dominum Deum tuum ex toto corde tuo, et ex tota anima tua* (Deut. VI, 5), etc. Hæc petit *non* a se *abscondi*, id est subtrahi atque denegari, unde salutem animæ suæ noverat esse venturam. Rogat ergo ut ei nullatenus celentur, quæ peccatoribus probantur absconsa, quamvis generaliter pronuntiata esse videantur.

Vers. 20. *Concupivit anima mea desiderare justificationes tuas, in omni tempore.* Concupiscentia in malo et in bono ponitur: in malo: *Non concupisces rem proximi tui* (Exod. XX, 17); in bono: *Concupiscentia sapientiæ perducit ad regnum* (Sap. VI, 21); ita et hic positum est: *Concupivit anima mea desiderare justificationes tuas.* Violenta res, et in utraque parte fortissima; non enim facile labitur, quod concupiscentiæ radicibus alligatur. Nam ut ipsam vim sermonis potuisset ostendere, adjecit, *in omni tempore*, ut huic desiderio nulla intermissio, nullum tempus valuisset obsistere. Potest enim et infidelis ad tempus rem bonam concupiscere, sed hoc perfectis desideriis populus sanctus attribuit, quod omni tempore concupivit. Hoc est enim *concupiscere*, quod desiderare; nemo enim desiderat, nisi qui concupiscit; nec iterum concupiscit, nisi qui desiderat. Quapropter plenissimam voluntatem indicat geminata professio.

Vers. 21. *Increpasti superbos: maledicti qui declinant a mandatis tuis.* Cum sint hominum innumerabilia crimina, *superbos* hic asserit *increpatos*, qui Deo semper probantur odibiles. Superbia est enim per quam angelus cecidit, per quam Adam de naturæ suæ dignitate dejectus est. Nam sicut humilitas omnium pax probatur esse virtutum, ita superbia vitiorum mater esse dignoscitur. De ipsis enim scriptum est: *Superbis Deus resistit, humilibus autem dat gratiam* (Jac. IV, 6). *Increpare* enim dicimus, quasi de taciturnitate crepare, et in mordacia dicta prosilire; quod Deus per Scripturas divinas frequenter facit, cum terrorem eis suæ indignationis ostendit. Sequitur generalis et absoluta sententia, *maledictos* esse qui ejus tentant *mandata declinare.* Nam ut præcepta Domini non compleat humana fragilitas, levius malum est; istud vero nefarium est per superbiam *declinare*, unde animam suam a peccatorum nexibus possit eripere. Nam et illum Adam qui *declinavit mandata* Domini constat esse maledictum, hodieque maledicti sunt qui simili scelere polluuntur. *Mandata* enim quæ sint, jam sunt dicta superius.

Vers. 22. *Aufer a me opprobrium et contemptum, quia testimonia tua exquisivi.* Ecce de illo choro sanctorum et martyrum verba sonuerunt, qui diversis pœnis subjecti [*ed.*, subacti], superbis et improbis opprobrio et contemptui esse videbantur: nunc rogant ut manifestatione misericordiæ Domini, eorum derisio et vilitas auferatur. Quod et in alio psalmo legitur, ubi ait: *Quia multum repleti sumus contemptione, et, multum repleta est anima nostra opprobrium abundantibus* [ed., *abundantium*]*, et despectio superbis* (Psal. CXXII, 4). *Testimonia* vero divina *exquisierunt*, ut talia paterentur, quando constat esse præceptum: *Beati qui persecutionem patiuntur propter justitiam, quoniam ipsorum est regnum cœlorum* (Matth. V, 10). Sed hic diligentius intuendum est quare a se petant martyres *opprobria* removeri, unde se noverant Domini munere coronari. Sed hæc oratio pro persecutoribus funditur; ut dum conversi fuerint ad Dominum, martyribus tollatur *opprobrium*, quando et illi ipsam religionem coluerint, quam in aliis persequendam esse putaverunt. Quod, præstante Domino, frequenter factum esse cognovimus.

Vers. 23. *Etenim sederunt principes, et adversum me loquebantur, servus autem tuus exercebatur in tuis justificationibus.* Auditum se a principibus martyrum chorus exponit, qui judiciario more residentes de innocentium perditione tractabant. Et ut [*ed.*, Et quod] gravius terrere potuissent, ipsi erant accusatores et judices. Se vero merito dicit *servum* Domini, qui inter vitæ pericula de ejus justificatione cogitabat quid in illa vita recepturus esset qui in ista temporaliter gravissima sustinebat. *Exercebatur* enim ad provectum suum, non cruciabatur ad pœnam. Tales animæ mundum vicerunt, quæ sensum doloris sui æterni præmii cogitationibus molliebant.

Vers. 24. *Nam et testimonia tua meditatio mea est, et consolatio mea justificationes tuæ sunt. Consilium* inventum est contra malignantium concilium, ut adversum improbos furores Domini *testimonia* meditata sufficerent. Eorum quippe cogitatio quoslibet mitigat dolores, nec timori relinquis locum qui in promissionibus Domini jugiter occupatur; sicut dicit Apostolus: *Timor non est in charitate, sed perfecta dilectio foras mittit timorem* (I Joan. IV, 18). *Consolationem* vero suam esse professus est Domini *justificationes*, quas suis martyribus pollicetur. Consolantur enim in afflictione praesentium rerum, spe venientium praemiorum.

Vers. 25 — IV. DALETH. *Adhæsit pavimento anima mea: vivifica me secundum verbum tuum.* Ad quartam litteram venit fidele concilium, in qua se dicit corporali quidem necessitate constrictum, sed sola Domini pietate salvandum, petens ut ab eo vias iniquitatis amoveat, quoniam viam veritatis elegerat. Pulcherrimis autem allusionibus exponitur humana conditio. *Pavimentum* est soli alicujus in lenitate maxima constructa soliditas, quæ merito nostro corpori comparatur, quoniam et ipsum simili nitore levigatur. *Adhæsisse* se ergo dicit carni suæ, quod vitiosum esse non dubium est. *Anima* enim si *adhæreat* corpori, delictis favet; si voluntate sit divisa, virtutibus. Quapropter merito se petebat per *verbum*, id est per Christum Dominum *vivificari*: quia per consensum carnis se noscebat exstingui. Sed perscrutandum est quare illud concilium beatorum, quod superius dixerat: *Servus autem tuus exercebatur in tuis justificationibus*, hic confiteatur adhæsisse pavimento animam suam. Ut revera intelligamus quamvis sancti gratia Domini perfruantur, multaque virtutum varietate colluceant, quandiu sunt in hac carne mortali, esse tamen unde se deprecentur absolvi, sicut in Evangelio Magister optimus dicit: *Postquam omnia feceritis, dicite: Servi inutiles sumus, quod debuimus facere fecimus* (*Luc.* XVII, 10). Et alibi Scriptura dicit: *Justus in principio sermonis accusator est sui* (*Prov.* XVIII, 17).

Vers. 26. *Vias meas enuntiavi, et exaudisti me: doce me justificationes tuas.* Qui se *pavimento adhæsisse* professi sunt, merito in consequentibus sua peccata prodiderunt; et ideo sequitur, *exaudisti me*. Mira compensatio, stupenda vicissitudo, Domino sua propria mala dicere, et ab eodem præmia salutis accipere. Quis non bonis talibus incitetur illi ad præmium confiteri, cui non possis negare quod feceris? Perscrutandum quoque quod dixit: *Doce me justificationes tuas*, non ad audiendum, sed ad faciendum. Ille enim divinarum rerum doctus ostenditur, qui sibi credita fecisse monstratur. Sive petit ut illas *justificationes* adverteret, quæ præceptæ figuraliter esse videbantur.

Vers. 27. *Viam justificationum tuarum instrue me, et exercebor in mirabilibus tuis.* Merito cohors sancta justificationum viam intelligere quærebat, quæ suas vias, id est peccata prodiderat: quia nisi illas damnemus, ad illam pervenire non possumus. *Instrue me*, ad intellectum pertinet; ut adverteret, quod sæpe jam dictum est, quali mysterio post sex annos servus relaxaretur Hebræus; septimus terræ fructus pecoribus egentibusque donaretur; quod post annum quinquagesimum quodlibet illud priori reddi Domino jubebatur, et his similia quæ justificationibus Domini convenire monstrantur. Haec enim merito desiderabat agnoscere, quæ futuræ spei nostræ probantur mysteria continere. Sequitur, *et exercebor in mirabilibus tuis*. Utique *exercetur* sensu et prudentia singulari, qui dicta Domini ad spiritualem significantiam trahit. *Mirabilia* vero ipsa vocat, quæ superius dicit *justificationes*. Præbent enim intellecta miraculum, quando sic in præsenti sunt posita, ut longe futura significare videantur.

Vers. 28. *Dormitavit anima mea præ tædio: confirma me in verbis tuis.* Post illam petitionem sanctam cognoscimus eum fuisse dilatum, quando *animam suam* dicit *dormitasse præ tædio*, quod accidere solet eis qui longis exspectationibus differuntur; ut intelligeremus per patientiæ bonum, divinum nobis venire præsidium. *Dormitat* ergo *anima*, quando a sua intentione flaccescit, et in otium fessa remittitur, dum ad illud quod intendebat minime pervenire monstratur. Et vide quia *dormitavit* posuit, non dormivit; dormire enim obliviosi atque socordis est, *dormitare* fessi et exspectantis. Quod verbum et alter psalmus edicit: *Si dedero somnum oculis meis, et palpebris meis dormitationem* (*Psal.* CXXXI, 4). Et alibi, *Ecce non dormitabit neque dormiet qui custodit Israel* (*Psal.* CXX, 4). Sed ut hunc quoque defectum ab anima fatigata removeret, sequitur, *confirma me in verbis tuis*: quatenus si adhuc exspectatio differenda erat, in verbis Domini fixa atque immutabilis anima permaneret. Cognoscimus enim tali remedio quasvis moras, quævis tædia, quoslibet labores omnimodis consolandos, si legem Domini frequenti iteratione meditemur. Hanc autem animæ dormitationem Cassianus servorum Dei optimus institutor accidiam vocat (*Lib.* X *Instit.*, *cap.* 4), quam magno studio monachis persuadet esse fugiendam.

Vers. 29. *Viam iniquitatis amove a me, et in lege tua miserere mei.* Ad illam contemplationem veritatis evectus, petit quod in isto sæculo necessarium fuit, ut *via iniquitatis*, hoc est diabolus ab ejus infestationibus tolleretur, et *in lege* Domini optatam misericordiam reperiret. Per legem siquidem nemo justificabitur, sicut Apostolus dicit: *Scientes quia nemo justificabitur ex operibus legis, sed ex fide Jesu Christi* (*Rom.* III, 20). Et iterum, *Per legem enim cognitio peccati* (*Ibidem*). Juste ergo ibi petit misericordiam, ubi se per legis vincula non credebat absolvi.

Vers. 30. *Viam veritatis elegi; judicia tua non sum oblitus.* Via veritatis Dominus Christus est, sicut ipse dicit: *Ego sum via, veritas et vita* (*Joan.* XIV, 6). *Elegisse* se dicebat sanctissimus chorus culturam Domini Salvatoris inter diversas mundi superstitiones, quibus insipienter mundani populi serviebant. *Eligere* enim non est, nisi de multis unum legere. Sed videamus quare se dicit *elegisse*, cum dicatur in Evangelio: *Non vos me elegistis, sed ego elegi vos* (*Joan.* XV, 16). Jure igitur populus beatus is a dicebat, qui jam electus fuerat, ut eligere potuisset; sicut in alio loco dicit: *Elegi abjectus esse in domo Domini* (*Psal.* LXXXIII, 11). Merito ergo se *oblitum* Domini non dicebat esse *judicia*, qui tali electione gaudebat.

Vers. 31. *Adhæsi testimoniis tuis, Domine: noli me confundere.* Ille qui se *pavimento prius adhæ-*

isse dixerat, nunc se Domini *testimoniis adhæsisse* commemorat ; ut ostendat provectum se vitæ divino munere percepisse. Sed quoniam totum in divina tuitione consistit, rogat ut de muneribus collatis non cadat, ne ad verecundiæ confusa perveniat. Non enim se sancta conscientia negligenti securitate remiserat, sed magis quod acceperat humilis amittere formidabat. Sic enim confundi poterat, si perderet quod tenebat.

Vers. 32. *Viam mandatorum tuorum cucurri, cum dilatares cor meum.* Via ista quam multifarie dicitur, quam diversa qualitate tractatur ! Dixit enim superius : *Vias meas enuntiavi ;* deinde, *Viam justificationum tuarum instrue me ;* et iterum, *Viam iniquitatis amove a me ;* repetit, *Viam veritatis elegi ;* ad postremum, *Viam mandatorum tuorum cucurri ;* ut sive bonæ, sive malæ vitæ *viam* dici omnimodis instruamur. Veritatis ordinem servans, *cucurrisse* se dicit *viam mandatorum,* quoniam *cor* suum a Domino asserit *esse dilatatum.* Non enim potuisset vel ambulare vel currere, nisi *cor* ejus in latitudine scientiæ fuisset extensum ; nam cum *via mandatorum* ejus legatur angusta, nisi dilatato corde non curritur. Anima enim quando lumen veritatis acceperit, in multifarias agnitiones aperitur ; et latior redditur virtutibus cognitis, quæ prius fuerat angustata peccatis. Bene autem dixit, *cucurri,* ut ostenderet se ad fidem rectam velociter Domini munere pervenisse. *Cucurrit* enim viam justus, donec (sicut dicit Apostolus) perveniat ad palmam supernæ vocationis (*Philip.* III, 14).

Vers. 33. — v. HE. *Legem pone mihi, Domine, viam justificationum tuarum, et exquiram eam semper.* Ad quintam litteram plebs beata processit, multis modis expetens ut in lege Domini ejus debeat munere custodiri. Inquirendum plane quam sibi *legem* petat populus iste constitui, qui superius dixit, *et in lege tua miserere mei.* Illud dictum est de Veteri Testamento ; nunc autem novam *legem* postulat sibi debere poni, veniente scilicet Domino Christo ; ut illo adventu sanctæ incarnationis expleto [ms. G. et ed., expletus], perfecto Christianæ fidei robore firmaretur ; sicut dictum est : *De Sion exibit lex, et verbum Domini de Jerusalem* (*Isai.* II, 3). Denique jugiter se eam dicit *exquirere.* Illud enim desiderio inardescente semper exquiritur, quod venire magnis precibus postulatur.

Vers. 34. *Da mihi intellectum, et scrutabor legem tuam ; et custodiam illam in toto corde meo.* Considerandum est quid sibi velit quod iterum petit, quæ prius se accepisse memoravit, id est, *Viam mandatorum tuorum cucurri ;* scilicet quia dona Domini continue sunt petenda. Semper enim præstat qui donata conservat ; et probabili desiderio continue petimus, quod in nobis permanere jugiter postulamus. Ipse enim perscrutatur hanc legem, cui intellectus præstatur a Domino. Et ut constantiam piæ perfectionis ostenderet, eam se dicit *in toto corde* suo Divinitatis munere *custodire :* declarans per universas subtilesque minutias omne bonum et a Domino tribui, et per ipsum servari, et ejus gratia semper augeri. Et vide quam pulchro ordine cuncta descendant. Prius petit, ut *lex ei poneretur,* id est Novi Testamenti, quia Veteris jam tenebat ; deinde, ut legis ipsius intentionem cognoscere meruisset, quatenus eam cordis integritate servaret.

Vers. 35. *Deduc me in semitam mandatorum tuorum, quia ipsam volui.* Cum in quarta littera *cucurrisse* se dicat *viam mandatorum,* hic se in eamdem *deduci* iterum postulavit. Sed *mandata* ista Novi Testamenti debemus accipere, ubi se perduci magnopere precabatur, quoniam Veteris Testamenti cucurrerat. Ita fit, ut et fidei compleatur desiderata perfectio, et sancta Scriptura nihil sibi contrarium dixisse videatur. Nam cum dicit : *Ipsam volui,* Novi Testamenti spiritualem gratiam probatur expetere, per quam se ad cœlorum regna noverat pervenire.

Vers. 36. *Inclina cor meum in testimonia tua, et non in avaritiam.* Diligenter verba ista tractanda sunt. *Inclinari* cor suum petit *in testimonia* Domini, ubi non per rapacem avaritiam, sed per laudabilem humilitatem præstante Domino pervenitur. *Inclinati* enim melius conspicimus quæ ante oculos nostros esse monstrantur ; nam illi qui erecti et vanitate supini sunt, nequaquam possunt subjecta oculis intueri. Addidit, *et non in avaritiam.* Sciens illa cohors sanctorum *avaritiam* capacem esse vitiorum, hanc a se expetit amoveri, ut potuisset toto corde ad Scripturas sacratissimas salubriter *inclinari.* Avaritia enim est temporalium rerum flagrans omnino desiderium, unde et primus homo peccavit, et suis posteris vitia incentiva dereliquit. Hinc et diabolus accusavit Job, dicens (*Job.* I, 10) : Propter divitias quas illi dederat, non propter ipsam contemplationem qua bonus est, ab eo Dominum fuisse dilectum. Quod sequens impugnavit eventus, quando vir sanctus in omnibus adversis Domino gratias actitavit. Petit ergo populus beatus ut hanc *avaritiam* de corde ejus amoveat, et ad testimonia Domini solo probitatis invitetur affectu.

Vers. 37. *Averte oculos meos ne videant vanitatem, in via tua vivifica me.* Multi hujus sæculi prudentes continentiæ se lege moderati sunt, ut hominum magis quam Domini judicio complacerent. Sed isti operam suam vano studio perdiderunt ; quoniam scriptum est : *Ne faciatis justitiam vestram coram hominibus* (*Matth.* VI, 1). Unde nunc plebs beata deprecatur ut *oculos* cordis ejus a tali proposito Dominus dignetur *avertere :* ne perversa consuetudine mundanis possit delectationibus implicari : quia nos et per oculos peccare non dubium est, dum conspectarum rerum ambitione traducimur. Ab hac enim se vanitate fieri deprecatur alienum, quoniam sciebat inde maximum venire peccatum. Hinc notantur et illi qui diversis spectaculis occupantur ; hinc qui mulierum fœdo amore rapiuntur ; hinc qui alienarum rerum possessionem improbe concupiscunt. Sed huic petitioni additur et illa perfectio, ut *in via sua*, id est in Domino Christo eum *vivificare* dignetur, in quo vere *vivificatur*, quia mors ejus virtute superatur.

Vers. 38. *Statue servo tuo eloquium tuum in timore tuo.* *Statue*, dicit, stare fac, id est, infige, consolida atque confirma : ne sanctum eloquium fugaci oblivione dilabatur; quod in nostris semper debet sensibus stabiliter permanere. Cui rei bene addidit, *timorem*, ut semper oremus ne suscepta munera possimus amittere, et gravius sit dulcedinem didicisse quæ pereat. Subjunxit, *tuo*, qui ab humano timore longe discretus est. Iste enim sic tormidat, ut diligat; sic quærit, ut nunquam desinat amare quem metuit. Et quia plurimi eloquia Domini suscipiunt negligenter, et tanquam fabulas inutiles audire declinant, merito addidit, *in timore tuo*, ubi nec culpa conquiritur, nec ad desidiæ discrimina pervenitur.

Vers. 39. *Amputa opprobrium meum quod suspicatus sum, quia judicia tua jucunda.* In hac sententia maximum vitium humanitatis exponitur. Multi enim in *opprobrium* cadunt aliter quam habeat veritas suspicando; quam culpam a se desiderat amputari. Pro multis enim malis sæpe bonum testimonium damus, atque iterum de bonis mala dicimus nescientes; et necesse est verecundiam incurrat, qui ignorans aliquid asseverat. Suspicio enim sæpissime probatur incerta, quæ viro non convenit Christiano; hæc ergo suspicio ducit ad opprobrium, quod ex peccato nascitur. Jure ergo sibi quærebat *amputari*, unde reus poterat inveniri. Primo confessus est infirmitatem suam, nunc Domini cognoscitur laudare judicia, cujus verbum verum est firmaque sententia. Quapropter amator veritatis merito sibi jucundum Domini dicebat esse decretum, per quem se et requiem reperire noverat et coronam; sicut Apostolus dicit : *Bonum certamen certavi, cursum consummavi, fidem servavi ; de reliquo reposita est mihi corona justitiæ (II Tim.* iv, 7).

Vers. 40. *Ecce concupivi mandata tua; in æquitate tua vivifica me.* Diversa beneficia superius sibi cohors sancta tribui postulavit ; sed in hoc versu consecutam se dicit plenitudinem gratiarum, quia *concupiverat mandata* Domini, quæ veram prudentiam conferunt et salutem. Petit autem *in æquitate* Domini se *vivificari*, qui adhuc superstes esse videbatur, ut intelligamus non esse veracissimam, vitam , nisi quam Dominus Christus fuerit præstare dignatus. Æquitas autem Patris Verbum caro factum est, cui omne judicium dedit, ut orbis terrarum in ejus examine judicandus assistat; sicut Apostolus dicit : *Qui factus est sapientia nobis a Deo, et justitia, et sanctificatio, et redemptio (I Cor.* 1, 30).

Vers. 41. — vi. Vau. *Et veniat super me misericordia tua, Domine ; salutare tuum secundum eloquium tuum.* Ad sextam litteram congregatio sancta pervenit : in qua sibi postulat salutarem Dominum debere concedi, ut inimicos de tanta remuneratione confundat, et in lege Domini assidua meditatione proficiat.

Precatur ergo ut supra eam Dominus Salvator adveniat, qui est *misericordia* peccatorum, et vita fidelium. Et ut hanc misericordiam specialiter ipsum debuisses advertere, secutum est , *salutare tuum;* revera per quem salus gentibus venit, qui mundo ægrotanti medicinam suæ pietatis attribuit. *Secundum eloquium tuum*, dixit, id est secundum promissionem tuam, quam per prophetas cognosceris fuisse pollicitus.

Vers. 42. *Et respondebo exprobrantibus mihi verbum, quia speravi in sermonibus tuis.* Hæc nobis indicat absoluta [*ms. G. et ed.*, absolute] sententia, cum adversantium fuerit objecta versutia; qui tamen possunt recipere rationem, non nobis tacendum, sed respondendum esse viriliter : ne sibi malignantium præsumptio superior esse videatur. *Exprobrant* enim verbo, qui Filium dicunt esse minorem, vel qui eum carne passum minime crediderunt ; sicut dicit Apostolus : *Si enim cognovissent, nunquam Dominum gloriæ crucifixissent (I Cor.* ii, 8). His præsumptione Domini respondendum est, qui doctrinam salutarem non ad reverentiam audiunt, sed ad injuriam potius exprobrationis adducunt. Sequitur, *quia speravi in sermonibus tuis.* Atque [*ed.*, utique] ideo dicit respondendum, *quia speravit in sermonibus* Domini, qui dicit : *Cum veneritis ante principes et potestates, nolite cogitare quomodo aut quid loquamini ; dabitur enim vobis in illa hora quid loquamini. Non enim vos estis qui loquimini, sed Spiritus Patris vestri qui loquitur in vobis (Matth.* x, 19, 20).

Vers. 43. *Et ne auferas de ore meo verbum veritatis usquequaque, quia in judiciis tuis speravi* [mss. A., B., F., superspiravi]. Rogat ut confessionem veritatis de ejus ore nullæ pœnæ, nullus terror extorqueat ; sed quælibet tormenta fuerint inflicta in una voce constantiæ perseveret : quia non in viribus humanis, sed in divinis cognoscitur sperasse judiciis. Sed cum dicit, *usquequaque*, significat *verbum veritatis* ad tempus aliquibus fuisse sublatum, ut Petro apostolo contigit, qui ante galli cantum ter Dominum denegavit (*Luc.* xxii, 37). Sed *non usquequaque ablatum est verbum veritatis* de ore ipsius, quando culpam suam et fletibus diluit, et sanguinis effusione mundavit. Sequitur quare non debeat de ore ipsius veritas confessionis auferri, *quia in judiciis tuis speravi. Judicia* erant Domini, quod turbæ martyrum diversis cruciatibus agebantur. Sed in his se magis spem gerere profitetur, quia scriptum est : *Flagellat omnem filium quem recipit (Hebr.* xii, 6). Iniqui enim cum molestantur desperant ; sancti viri, si affligantur, spem magis suæ dilectionis accipiunt. Hactenus litteræ istius versus habuerunt orationem, subsequentes vero usque ad finem narrationis ordine depromuntur.

Vers. 44. *Et custodiam legem tuam semper, in sæculum et in sæculum sæculi.* Iste et alii versus usque ad finem litteræ non habent deprecationem, sed narrationem. Superius enim petiit ut acciperet, hic jam de perceptis beneficiis gratias agit. *Custodire* se *legem*

Domini *semper* affirmat, quia in ipsa variari [ed., variare] nefandum est. Sic enim *custodire* potest, si (quod superius dixit) *non auferat de ore ipsius veritatis verbum*. Interdum *semper* ponitur usque ad finem hujus sæculi. Sed hic cum dicit *in sæculum sæculi*, illam perennitatem significat quæ non habet finem. Sed cum superius dixerimus legem umbram fuisse futurorum, id est, immolare agnum immaculatum, octavo die ritum circumcisionis adhibere [ed., adhiberi], vel his similia: quemadmodum in æternum *legem se custodire* dicit, cum non solum post resurrectionem futuram necessaria non sint ista, sed hic quoque jam videantur abolita. Sed ibi alia *lex* erit Domini, quam se promittit populus *custodire* sanctissimus; scit enim per hanc umbram legis ad mysterium æternæ legis ascendi; novit etiam consuetudinem angelorum et potestatum Dominum sine fine laudare; scit summæ beatitudinis esse solemnitatem jugiter Dominum contueri; scit denique fidelium ibi esse leges, quas se professus est sine fine servare.

Vers. 45. *Et ambulabam in latitudine, quia mandata tua exquisivi.* Ipsa est *latitudo*, quam in quarta littera dixit: *Viam mandatorum tuorum cucurri, cum dilatares cor meum;* scientia scilicet multiplex atque salutaris, quam ideo meruit, quia mandatorum intelligentiam requisivit; quam merito dicimus esse charitatem, de qua scriptum est: *Charitas Dei diffusa est in cordibus nostris per Spiritum sanctum, qui datus est nobis* (Rom. v, 5). Contra peccatorum corda in bonitate coangusta sunt, quod tangit Apostolus cum dicit: *Non angustiamini in nobis, angustiamini autem in visceribus vestris* (II Cor. vi, 12); quia Deum mens coangusta, id est polluta non recipit; sed *in latitudine* mentis suscipitur, a quo cœlum terraque completur. Patulum enim domicilium debet esse, ut tantam mereatur recipere majestatem.

Vers. 46. *Et loquebar de testimoniis tuis in conspectu regum, et non confundebar.* Loquebatur de testimoniis Domini, quoniam petiverat et acceperat ut responderet exprobrantibus sibi verbum. Qua firmitate roboratus ante reges sæculi, qui poterant elata potestate terrere, non se dicit fuisse confusum, sed veritatem, quam mente conceperat, intrepidis sermonibus exercebat. *Confunditur* autem ille, cujus per ratiocinationem dicta vincuntur. Ad verecundiam enim venire non potest, qui veritatis ipsius testimonio roboratur. Non enim ille sub qualibet necessitate negandus est, qui dicit: *Qui me negaverit coram hominibus, negabo et ego eum coram Patre meo, qui est in cœlis* (Matth. x, 33).

Vers. 47. *Et meditabar in mandatis tuis, quæ dilexi vehementer.* Hic ostendit frequentatæ meditationis ardorem. *Meditari* enim *mandata* non potest nisi qui ea assidua lectione cucurrerit. Et ut hanc frequentiam evidentius declararet, addidit, *quæ dilexi*. Negligere enim nunquam potest homo quæ diligit. Sed ne hanc quoque dilectionem tepidam forsitan æstimares, addidit, *vehementer*, supra quam nulla potest dilectio reperiri. Non enim ut alia dilectio mandatorum Domini mediocris esse potest, nisi *vehementer* (quod hic expetitur) *diligatur*. Quapropter mandata Domini jure *vehementer dilexit*, per quæ in cordis latitudine fiducialiter ambulabat.

Vers. 48. *Et levavi manus meas ad mandata tua quæ dilexi nimis, et exercebar in justificationibus tuis.* Superiori versu dixit: *Meditabar in mandatis tuis*, quod ad virtutem respicit inspectivam; modo autem dicit: *Lavabo manus meas*, quod ad partem pertinet actualem. *Levare* enim *manus* significat bonis operibus occupari. Cæterum qui malis actionibus detinetur, non *levat manus* suas, sed dejicit. Et vide, quia in utrisque partibus ponit, *quæ dilexi*; ibi, *vehementer*; hic, *nimis*; quoniam utrumque opus sub magna ambitione faciendum est, ut fructum possit habere, Domino miserante, qui perficit. Addidit, *et exercebar in justificationibus tuis*. Ibi *meditabatur*, ubi mentis intentione translatus est; hic *exercebatur*, ubi quærebat operis frequentatione proficere. Et nota quod exercitatio in Scripturis divinis plerumque in bono ponitur; in litteris autem sæcularibus, vel in communi locutione, in bono aut nunquam aut raro ponitur. Quam locutionem Scripturarum divinarum propriam esse dicimus. *In justificationibus tuis* pertinet ad utrumque; ut et mandata Domini cum delectatione meditaretur, et operas manuum cum charitate perficeret. Ista enim duo sunt (ut sæpe dicimus) quæ perfectos faciunt utique christianos. Finita est cum littera narratio, quam a versu quarto scilicet inchoavit.

Vers. 49. — VII. ZAIN. *Memento verbi tui servo tuo, in quo mihi spem dedisti.* Ad septimam litteram venit chorus ille sanctorum, in qua spem promissionum Domini sensibus nostris omnino commendat, ut firmum in mente nostra permaneat quod gloriosa veritas pollicetur, asserens propter eam fideles adversa hujus mundi tolerabiliter et libentissime sustinere. Quis enim mortem temporalem metuat, cui æterna vita promittitur? Quis orbitates pignorum cogitet, cum se jungendum choris noverit angelorum? Quis labores carnis timeat, cum se in perpetuam requiem noverit collocandum? Ex humana vero consuetudine *memento* dicitur Deo, qui nihil potest ullatenus oblivisci; non quia dignum erat in illa majestate ponere oblivionis injuriam, sed precatur ut cito *servo* suo conferat clementissimæ promissionis effectum. Has enim tropologias in Scripturis divinis frequenter invenies, ut est illud in Genesi: *Recordabor fœderis mei* (Gen. ix, 15); vel in Exodo: *Et recordatus est Dominus quod* [ed., *fœderis quod*] *pepigerat cum Abraham et Isaac et Jacob* (Exod. ii, 24). *Verbi tui* fortasse significat promissionem quam in Evangelio dicit: *Beati qui lugent, quoniam ipsi consolabuntur. Beati qui persecutionem patiuntur propter justitiam, quoniam ipsorum est regnum cœlorum* (Matth. v, 5). Et alio loco: *Non vos dimittam orphanos* (Joan. xiv, 18); et his similia. *Servo tuo*, subaudiendum, imple promissum: quia si velis sine aliqua adjectione superioribus aptare quod *dictum est*, verba sibi nequeunt convenire. Quæ figura dicitur ellipsis, id est defectus, quoties verbum suspenditur, ut vivacius inquiratur. Sequitur, *in quo mihi spem dedisti;* in illa scilicet promissione verbi tui, quam jure a veraci Domino compleri fidelis populus expetebat [*ed.*, exspectabat].

Vers. 50. *Hæc me consolata est in humilitate mea: quia eloquium tuum vivificavit me.* Spem quam sibi dicit de Domini pollicitationibus exstitisse, ipsam se in necessitatibus hujus mundi *consolatam* fuisse testatur, quoniam inter quaslibet calamitates animus fidelium reficitur, quando talis retributio cogitatur. Quis enim temporales insidias metuat, cum ad æterna Domini promissa respiciat? Nam cum dicit, *consolata est*, ostendit inter ærumnas sæculi hoc sibi solatii fuisse, ut in præsenti vita affligeretur, et de futura spei promissione gauderet. Hoc etiam significat, *in humilitate mea;* quia sancta revera probatur humilitas omnia patienter, omnia cum gratiarum actione sustinere. Hanc etiam spem tribuit in Evangelio dicens apostolis: *In patientia vestra possidebitis animas vestras* (*Luc.* XXI, 19). Sequitur, *quia eloquium tuum vivificabit me.* Causam reddit quare humilitas ejus fuerit consolata. Promissio quippe tanti Judicis firmavit animum sustinentis; et ne temporalem timeret interitum, spes consolationis *vivificavit* afflictum.

Vers. 51. *Superbi inique agebant usquequaque, a lege autem tua non declinavi.* Tempus significat quando a superbis persecutoribus vehementer humilis Ecclesia vexabatur. Sed hæc omnia dicit esse frustrata, cum ei malignorum non potuit nocere sævitia. Et respice quoniam humilitatem suam fidelis populus vivificatam dicit: *superbos* autem, id est malignos atque tyrannos crudeliter egisse commemorat, qui non vivificandi, sed potius mortificandi sunt. Per hæc enim duo verba designat genus humanum; *humiles* quippe dicendi sunt, qui mandatis Domini obedire contendunt; *superbi*, qui diabolicis suggestionibus intumescunt. Sequitur, *a lege autem tua non declinavi;* scilicet ut illi putabant qui persequebantur innoxios. Et cum dicit, *non declinavi*, significat in veritatis jugiter se mansisse sententia.

Vers. 52. *Memor fui judiciorum tuorum a sæculo, Domine; et consolatus sum.* Memor judiciorum plectibilia non præsumit, quia metu pœnarum revocatur qui incentiva pravitate succenditur. Cum dicit, *a sæculo*, significat cum administrari cœptus est mundus. Hoc enim illa cohors potuit dicere, quæ per successiones generationum longis ætatibus cognoscitur exstitisse. Nam si æternum tempus voluisset ostendere, sæculum sæculi diceret, sicut frequenter insinuat. Qua cogitatione *consolatum* se dicit, quia famulos suos virtus divina non deserit, sicut et alibi dicit: *Junior* [mss. A., B., Junior] *fui et senui, et non vidi justum derelictum.*

Vers. 53. *Defectio animi tenuit me*, pro [mss. G., F., præ] *peccatoribus derelinquentibus legem tuam.* Hic pietas sanctæ conversationis exponitur, ut dolore A se defecisse dicat, quia peccatores legem Domini deserere cernebantur. Necesse est enim ut sanctum virum alterius culpa contristet, dum animus pius salvos fieri desiderat universos; et quem non optat excedere [ms. G., excidere], affligitur cum ei pœnas cognoverit imminere. Scit enim quia gratuite illatum malum suum potius gravet auctorem. Unde sancta cohors non tantum pœnis suis, quantum tyrannicis torquebatur excessibus.

Vers. 54. *Cantabiles mihi erant justificationes tuæ, in loco incolatus mei.* Cum dicitur, *cantabiles*, significat psalmodiam cum magna delectatione peragendam, sicut dicit Apostolus: *Cantantes et psallentes in cordibus vestris Deo* (*Ephes.* V, 19). Cantus enim semper relevat labores, et non facit animo surripere tædium, qui contemplationis magna suavitate mulcetur. Nam quod addidit, *in loco incolatus mei* (sicut sæpe diximus), significat hunc mundum, ubi peregrinatur omnis qui Christo Domino devotus est. Expulsi siquidem in Adam de sede paradisi, in hac terra *incolatum* gerimus, quia patriæ illius beatitudinem non habemus. Ita fit ut in hoc mundo peregrini esse videamur, sicut et Apostolus dicit: *Quandiu sumus in hoc corpore, peregrinamur a Domino* (II *Cor.* V, 6).

Vers. 55. *Memor fui in nocte nominis tui, Domine, et custodivi legem tuam.* Per *noctem*, mundum istum significare posse non dubium est, in quo peccatorum regnat obscuritas. Sed utinam oculos corporeos clauderet, et non cordis lumina periculosius obcæcaret. Hanc *noctem* Dominus depellit, quando judicii tempore veniens *illuminat abscondita tenebrarum, et manifestat consilia cordis* (I *Cor.* IV, 5), quæ nunc excessibus nutriuntur illicitis. Sed *in hac nocte* memorem se dicit fuisse *nominis Domini*, cum omnia beneficia ipsius non meritis suis, sed divinis muneribus applicaret; sicut et in alio psalmo legitur: *Adjutorium nostrum in nomine Domini, qui fecit cœlum et terram* (*Psal.* CXXIII, 8). Et Apostolus memorat: *Qui gloriatur, in Domino glorietur* (II *Cor.* X, 17). Sic enim fidelis noctis istius tenebris non involvitur, quia cordis lumine clarificatur. Consequitur digna professio; ideo enim *custodivit legem* Domini, quia fuit memor in nocte nominis ejus. Non enim *custodire* valuisset *legem* Domini, si suis aliquid meritis applicasset.

Vers. 56. *Hæc facta est mihi, quia justificationes tuas exquisivi. Hæc facta est mihi*, subaudi, consolatio. Quod magis de nocte quam de lege debet intelligi, ut quæ peccatoribus est cæcitas, ipso viris sanctis illuminatio esse videatur. Sic enim credentes non patiuntur tenebras, quamvis in hujus mundi cæcitate versentur. Sequitur causa quare illi nox facta sit consolatio, *quia justificationes tuas exquisivi.* Si enim dixisset, meas, sustinuisset adhuc densissimam cæcitatem; sed quia dixit, *tuas*, mundi tenebris non potuit obcæcari.

Vers. 57. — VIII. HETH. *Portio mea, Domine, dixi custodire legem tuam.* Agmen beatum ad octavam litteram venit, in qua desiderat videre faciem Domini, quia ejus mandatis noscitur obsecutus. Portio a parte dicta est. Illius enim partis sumus, cujus voluntatibus obedimus. Quod verbum frequenter invenis dictum, ut est illud : *Filiis Levi non erit portio, neque sors* **407** *in medio fratrum eorum, quia Dominus Deus pars est eorum* (*Deut.* x, 9). Unde merito *portio* piorum Deus dicitur, quia in regni ejus felicitate victuri sunt. Sequitur, *dixi custodire legem tuam. Dixi*, id est, statui, decrevi, atque promisi Domini præcepta servare : unde factus fuerat in Domini portione, id est in Jerusalem beata, non in Babyloniæ parte confusa.

Vers. 58. *Deprecatus sum faciem tuam in toto corde meo : miserere mei secundum eloquium tuum.* Duplici modo hæc *facies* Domini probatur intelligi. Christum quem credebat esse venturum indubitata cogitatione desiderans, incarnationem ipsius quærebat aspicere, quæ mundo salutaris poterat apparere, sicut et in alio psalmo dictum est : *Deus virtutum, converte nos, et ostende faciem tuam, et salvi erimus* (*Psal.* LXXIX, 8). *In toto corde*, sine ulla hæsitatione, ut non tanquam [*ed.*, ut nunquam] de futuro suspensus, sed velut præsentem videretur rogare certissimus. Postulat etiam misericordiam adventus ejus debere compleri, qui per prophetas innumera noscitur annuntiatione promissus. Sive magis *deprecari* videtur, ut in futura illius resurrectione ejus faciem possit inspicere, sicut legitur, *Beati mundo corde, quoniam ipsi Deum videbunt* (*Matth.* v, 8). Et Apostolus : *Videmus nunc per speculum in ænigmate; tunc autem facie ad faciem* (*I Cor.* XIII, 12). Sed quia peccatorem se noverat, sibi postulat debere misereri ; quatenus per gratiam liberatus, videat quod suis non poterat meritis intueri. *Secundum eloquium tuum*, illud scilicet quo Deitatis suæ promittit sanctis beatam nimis et incomparabilem per omnia visionem.

Vers. 59. *Quia cogitavi vias meas, et converti pedes meos in testimonia tua.* Ordinem humanæ conversionis [*mss.* A., B., F., conversationis] exponit. Prius est enim ut nosmetipsos districtius arguamus, et sic ad Domini mandata migremus. Cogitaverat proinde examen illud gloriosum *vias suas*, id est actus humanos; sed quoniam ei omnimodis displicebant, *pedes suos convertit ad testimonia* Domini gradienda : in quibus si aliquis ambulat, firma potest habere vestigia. Videbat siquidem in humanis actibus esse peccata; in divinis autem mandatis florere justitiam : et sapienter illud deseruerat, quod expositum periculis sentiebat. Dicendo enim, *converti pedes meos*, ostendit primitus fuisse perversos.

Vers. 60. *Paratus sum, et non sum turbatus, ut custodiam mandata tua.* Cum dicit, *paratum*, ostendit deliberasse se pro mandatis Domini quælibet pericula sustinere. Paratum se enim ad præcepta Domini custodienda ille testatur, qui nec persecutores metuit, et illecebras hujus sæculi a suis sensibus effugavit ; sicut et Apostolus Paulus ait : *Ego enim pro nomine Jesu non solum alligari, sed et mori paratus sum* (*Act.* 21, 13). Unde similiter et in alio psalmo dictum est :

Paratum cor meum, paratum cor meum (*Psal.* LVI, 8). Sequitur, *um turbatus*. Improvisa forte conturbant. Non enim facit formidare animum deliberata sententia. Unde et Dominus in Evangelio præmonens dicit : *Non turbetur cor vestrum* (*Joan.* XIV, 1); quoniam non potest dici *paratus*, qui trepida cogitatione confunditur. Infert etiam ad quid *paratum* se esse dicebat, scilicet *ut mandata* Domini *custodiret;* quæ sic bene atque integre servantur, cum adversitas nulla metuitur.

Vers. 61. *Funes peccatorum circumplexi sunt me ; et legem tuam non sum oblitus.* Cum dicit, *funes peccatorum*, ostendit tot esse laqueos quot peccata committimus. *Funes* enim sunt implicita et tortuosa ligamina, quibus se delinquentes semper astringunt, sicut Isaias dicit : *Væ qui trahunt peccata tanquam funem longum* (*Isai.* v, 18). Et alibi : *Vinculis suorum peccatorum unusquisque constringitur* (*Prov.* v, 22). Sed hoc referendum est ad corporis pravitatem. Nam cum dicit, *legem tuam non sum oblitus* (quod est beatorum), cur se ipse peccatorum nexibus dicat esse complexum? sed fieri potuit ut caro delictorum funibus complexa ligaretur : animus autem sanctus incentivis vitiis reluctans, *legem* Domini *non fuisset oblitus*, sicut Apostolus dicit : *Ego ipse mente servio legi Dei, carne autem lege peccati* (*Rom.* VII, 25).

Vers. 62. *Media nocte surgebam ad confitendum tibi, super judicia justitiæ tuæ.* Non vacat quod dicit, *Media nocte surgebam;* scit enim hoc tempore primogenita Ægyptiorum fuisse percussa (*Exod.* II, 4, 5); scit etiam ea tempestate Petri et Pauli et Silæ in carcere positorum vincula resoluta (*Act.* XII, 6), scit quoque sponsum media nocte esse venturum (*Matth.* XXV, 8); ideoque eodem tempore surgit ad laudes, ne inter fatuas virgines janua clausa remaneat. Nec vacat quod dicit, *surgebam*, quia semper surgitur, cum ad Domini præconia festinatur. *Ad confitendum* hic significat ad laudandum : quia sequitur, *super judicia justitiæ tuæ.* Nam si pœnitentiæ confessionem voluisset intelligi, super misericordiam tuam dixisset, non *super judicia justitiæ tuæ*.

Vers. 63. *Particeps ego sum omnium timentium te et custodientium mandata tua.* Hic evidentius dixit, quod superius in capite litteræ posuit, *portio mea, Domine.* Sic enim erat *Domini portio*, ut et famulorum ipsius *particeps* esse probaretur. Et respice quemadmodum virtutem ecclesiasticæ unitatis ostendit, ut omnium fidelium se dicat esse *participem*, non unius Ecclesiæ, sed quæ in totius mundi capacitate diffusa est. Et merito se ubique partes habere dicit, quando universalis congregatio talia loquebatur. Pars enim ipsius erat, quidquid Deo placere poterat in toto orbe terrarum. Et respice quam humiliter *participem* se dicit *timentium Deum*, cum legatur in Apostolo : *Participes Christi facti sumus* (*Hebr.* III, 14). Et in quadragesimo quarto psalmo, quosdam participes Christi significatos esse meminimus, cum dicit : *Propterea unxit te Deus, Deus tuus oleo lætitiæ præ consortibus tuis* (*Psal.* XLIV, 8). Quisquis enim in novitate vitæ ambulaverit, erit particeps Christi. Sic et humiliter locutus est, et tamen ad ipsam significantiam, quid sit *particeps* Christi, animum bene intelligentis extendit. Et quia dixit, *omnium timentium te:* ne illos debuisses advertere qui Domini judicia servili timore formidant, addidit, *et custodientium mandata tua,* qui devotissimi comprobantur timore castissimo et amore reverendo.

Vers. 64. *Misericordia tua, Domine, plena est terra: justificationes tuas doce me.* Cum dicit: *Misericordia tua, Domine, plena est terra,* ostendit utique dilatationem fidei Christianæ, quam sic misericorditer implevit, ut undique nomen vanissimæ superstitionis evacuasse doceatur. Et nota quod *justificationes* Domini quam sedule petit *discere,* cum frequenter eas se fuerit custodiisse professus; scilicet ut ostendat mandata Domini infatigabiliter exquirenda, quatenus sub tali desiderio profectus noster possit semper augeri, sicut in quintæ litteræ primo versu dixit: *Legem pone mihi, Domine, viam justificationum tuarum, et exquiram eam semper.*

Vers. 65. — IX. THETH. *Bonitatem fecisti cum servo tuo, Domine, secundum verbum tuum.* Populus beatus nonam litteram cantaturus ingreditur: in qua gratias agit humiliatum se fuisse, ut ad justificationes Domini devotissimus perveniret, testimonia ejus asserens sibi supra omnes esse divitias. Cum autem dicit: *Bonitatem fecisti cum servo tuo, Domine,* collata sibi munera profitetur. Bonus quippe Dominus servis suis tribuit bonitatem. Sed quæ sit ista *bonitas* subter exponit, dicens: *Bonum mihi quod humiliasti me, ut discerem justificationes tuas.* Non enim de felicitate mundana gratias agit, sed de afflictione salutari. Meminit enim piam districtionem esse quæ corripit. Intelligebat quippe *bonitatem* illam debere dici unde proficitur, non unde inani exsultatione gaudetur. Sic facit et medicus bonitatem cum secat vulnera; sic pater cum filium cædit: qui licet ad tempus inferant pœnas, conferunt tamen de afflictione remedia. Noverat ergo Dominum piis supplicationibus honorandum, cujus clementia tribulationes nostræ permutantur in gaudium, quamvis ad tempus graves esse videantur. Sequitur, *secundum verbum tuum;* illo scilicet quo dicitur: *Qui se humiliat exaltabitur, et qui se exaltat humiliabitur* (*Matth.* XXIII, 12).

Vers. 66. *Bonitatem et disciplinam et scientiam doce me, quia mandatis tuis credidi.* Perquirendum est cur adhuc petit *doceri,* quod jam superius accepisse professus est. Scilicet quoniam bonarum rerum nulla satietas est, quæ more flagrantis incendii, quanto amplius per arida ligna cucurrerit, tanto copiosius æstuabit. Nam et Apostoli fidei calore ferventes dicebant: *Auge nobis fidem* (*Luc.* XVII, 5). *Docet* ergo Deus *bonitatem,* inspirando charitatis desiderium. *Docet disciplinam,* cum in tribulationibus patientiam donat. *Docet scientiam,* cum salutarium rerum ipse cognoscitur attributor. Sed aliter docet Deus, aliter magister humanus: ille verba promit,

sed intellectum non potest earum rerum præstare quæ præcipit; Deus autem prius cor illuminat, ut in sensus electorum ejus verba descendant. Sequitur, *quia mandatis tuis credidi.* Cum mandata ideo prædicentur ut fiant, perquirendum est quare dixerit, *mandatis tuis credidi.* Propter illam promissionem Domini quæ dicit: *Qui audit verba mea et facit ea, similis est viro ædificanti domum suam supra petram* (*Matth.* VII, 24), etc. Merito ergo subjunxit, *credidi,* quia præmia sibi obedientibus maxima compromisit.

Vers. 67. *Priusquam humiliarer ego deliqui; propterea eloquium tuum custodivi.* Respiciamus quemadmodum in hoc versu humana vita describitur: prius enim peccasse se dixit, cum originali vitio teneretur obnoxius; post humiliatum se esse professus est, ut culpa careret, quam contraxerat in radice; ad postremum Domini eloquium custodivit, quia *humiliari* meruit, sicut dicit Jacobus apostolus: *Humilibus autem dat gratiam* (*Jac.* IV, 6). Et ut frequenter excedentium licentiam cohiberet, post humiliationem suam eloquium Domini, id est Scripturas sanctas se dicit ejus dono toto mentis conamine custodiisse.

Vers. 68. *Bonus es tu, Domine, et in bonitate tua doce me justificationes tuas.* Petit bonum magistrum ut in sua bonitate dignetur docere discipulum. Quæ figura dicitur paronomasia, Latine denominatio, quæ similitudine verbi convertit in se auditorum affectum.

Vers. 69. *Multiplicata est super me iniquitas superborum; ego autem in toto corde meo scrutabor mandata tua.* Apte petit bonitas auxilium, qui subiturus erat colluctationis incertum; ut justificationes Domini, quas lectione didicerat, in suo certamine declararet. Tunc enim perfecte discuntur mandata, cum fiunt. Dicit enim *multiplicatam* super se persequentium *iniquitatem;* et ideo petit ne pœnis gravibus superborum devota ejus macularetur humilitas. Sed contra illam sævissimam factionem, vide quid sequitur: *ego autem in toto corde meo scrutabor mandata tua;* ut quantum illi contendebant seducere, tantum iste videretur mandatis Dominicis adhærere. Sic gloriose vincuntur qui pœnis temporalibus sanctos vincere tentaverunt; et quanto eos a lege Domini dividere nisi sunt, tanto illos mandatorum scrutatores amplius effecerunt.

Vers. 70. *Coagulatum est sicut lac cor eorum; ego vero legem tuam meditatus sum. Coagulatum* et in bono et in malo ponitur: in bono, sicut in sexagesimo septimo psalmo jam dictum est: *Mons coagulatus, mons pinguis* (*Psal.* LXVII, 17); hic autem in malo dictum debemus accipere: nam *iniquitatem superborum,* quam superius *multiplicatam* supra se fuisse testatus est, vult intelligi conduratam, quæ more lactis in crassiorem substantiam fuerat impia deliberatione constricta. Lac dictum est a liquore, quod de interna substantia naturali potius liquore decurrat; *a* enim in *i* convertitur, ut *amicus, inimicus,* et his similia. Sed quantum illi in malo durescebant, tanto iste a lege Domini se segregare non poterat; ut illorum crudelis obstinatio pia perseverantia vinceretur.

Vers. 71. *Bonum mihi quod humiliasti me, ut discerem justificationes tuas.* Bonum dicebat sibi quod pœnis sævientibus subdebatur, non præsentia cogitans, sed futura desiderans. Cœperat enim de illa dulcedine gustare, quæ omnes suavitates probatur excedere. Humilitas enim ista Jerusalem tangit gloriosa fastigia; nam sicut superbia mergit ad tartarum, ita ista tollit ad cœlum. Ista quippe humiliatio quale prælium habeat consequenter exponitur; dicit enim, *ut discerem justificationes tuas*, id est, ut facerem quæ docuisti. Tunc enim perfecte discitur, quando præcepta Domini fideli actione monstrantur.

Vers. 72. *Bonum mihi lex oris tui super millia auri et argenti.* Quoties in hac littera bonitatem memorat cohors illa sanctorum, quam ideo frequenter petiit, quoniam magis ac magis crescebat ei dulcedo bonitatis. Consideremus autem vim istius verbi quod dicit, *oris tui*, non tam prophetarum, non apostolorum, sed præcepta evangelica sibi testatur esse pretiosissima, quæ Christi Domini sunt ore prolata. Sequitur, *super millia auri et argenti.* Aurum et argentum cupiditatibus hominum videtur esse præcipuum. Sed quia bonitas illa comparationem similem non poterat invenire, præmisit, *super millia*, quod infinitum atque incomprehensibile est; ut auri argentique comparatio tali adjectione vilesceret; quidquid enim dixeris, *super* semper excedit. Facta est ergo comparatio absque similitudine, pretium sine modo, amor sine fine. Sic enim dilectio tanta indicari [*mss. A., B., F.,* indagari] meruit, ut nulla res ei potuisset æquari.

Vers. 73. — א JOTH. *Manus tuæ fecerunt me et plasmaverunt me: da mihi intellectum ut discam mandata tua.* Ad decimam litteram cohors gloriosa progreditur, in qua petit intellectum mandatorum sibimet dehere concedi, ut veracissimæ vitæ munere perfruatur; expetens ut Domini misericordia fiat immaculata, ne possit in illa judicatione confundi. Si velimus igitur de hoc versu disputationes colligere, singulorum librorum magis edimus quantitatem, quam aliquid promissa brevitate narramus. Sed sufficiat nobis (præstante Domino) intellectum rei compendiosis sensibus aperire. Legitur enim : *Opera manuum tuarum sunt cœli* (*Psal.* ci, 26). Legitur etiam : *Et aridam terram manus ejus finxerunt* (*Psal.* xciv, 5). Idem et hic : *Manus tuæ fecerunt me, et plasmaverunt me.* Sed hæc omnia tropice dicta sunt. Nam manus habere corporeum est. Si vero proprietatem operationis Dominicæ velis advertere, audi : *Dixit, et facta sunt; mandavit, et creata sunt* (*Psal.* cxlviii, 5). Quapropter operationis ejus virtus humano more *manus* vocantur, per quas nos consuevimus operari. *Fecerunt* autem, quidam volunt ad animam pertinere; *plasmaverunt* ad corpus, quod de limo terræ cognoscitur fuisse formatum. Justa voce factura sua clamat Auctori : *Da mihi intellectum*, a quo cognoscor esse plasmata. Sed perquiret qualem intellectum quærebat, quem humanitatis ratione non poterat invenire; illum scilicet purum, contemplabilem, devotum, quem ante peccatum adhuc Adæ incorrupta simplicitas possidebat, non istum de quo sibi homines videntur esse sapientes, et pecoribus ex aliqua parte præeminere. Petit ergo *intellectum*, ut Domini *mandata* cognoscat; quatenus quem Adam per inobedientiam perdiderat, cohors sancta per devotionis obsequia mereretur.

Vers. 74. *Qui timent te videbunt me, et lætabuntur, quia in verbo tuo superspuravi.* Pulcherrima pio Domino causa miserationis oblata est ; quoniam si cuilibet de sancta congregatione præstiterit, cunctorum animos magna hilaritate complebit. Sciebat enim clementiam ejus velle facere, quod fidelium corda roboraret; et petit talia in se fieri, unde omnium devotio possit augeri. Videndo enim alterius præmia proficit sancta conscientia, dum ad imitationem laudabilium rerum proposita semper exempla proficiunt. Addidit etiam propter quid omnino debeat impetrare, *quia in verbo*, id est in Christo Domino se *sperare* profitetur : ubi nunquam decipit spes, nec potest animus quasi caducis desideriis eludi, qui in tanta veritate meretur infigi.

Vers. 75. *Cognovi, Domine, quia æquitas judicia tua, et in veritate tua humiliasti me.* Cum legatur alibi, *judicia tua abyssus multa* (*Psal.* xxxv, 7) : Et iterum, *judicia Dei investigabilia* (*Rom.* xi, 33), quærendum est cur hic dixerit : *Cognovi, Domine, quia æquitas judicia tua.* Sed quoties immensum atque incomprehensibile legitur, illud æternum judicium debemus accipere, quod ex toto hic non valemus advertere. Istud vero præsentis mundi est, quod se *cognovisse* testatur; ut hominem animi tumore peccantem humiliatum corrigat, et supplicantem sibi misericordia divina recipiat. Quis enim dubitet summæ æquitatis esse judicium, ut qui per superbiam delinquunt, devota humilitate purgentur? Et intuere quia hic non dicit, credidi, sed *cognovi*, id est expertus sum; ut in suis passionibus atque beneficiis hanc se æquitatem Domini cognovisse monstraret.

Vers. 76. *Fiat nunc misericordia tua ut consoletur me, secundum eloquium tuum servo tuo.* Merito petiit *misericordiam*, qui prius in humilitate sua confessus fuerat justa Domini fuisse judicia. Nam inter ærumnas multiplices et sæva certamina tormentorum consolatricem rerum istarum *misericordiam* petit : ut adversitates sæculi ferre potuisset, quas sibi ad purgationem vitiorum proficue noverat contributas. Non enim auferri sibi talia postulavit, sed in eis se expetit consolari. Consolatio enim est, quando miseriarum patientiam donat, tormenta sæva retemperat, et afflicti animi mœrores beatitudinis promissione confortat. Sequitur, *secundum eloquium tuum servo tuo.* A communi subjunge, *fiat*, id est secundum illam promissionem qua spopondit in Evangelio se tribulatos in passionibus minime relicturum.

Vers. 77. *Veniant mihi miserationes tuæ, et vivam;*

quia *lex tua meditatio mea est.* Sufficienter expressum est quid per misericordiam Domini consequamur, vitam scilicet æternam. Nam cum istud sibi diceret esse tribuendum, postulavit ut veraciter *vivere mereretur;* quia sola illa bene dicitur vita, quam nec molestia ulla sollicitat, nec mors suspecta contristat; de qua in Evangelio dictum est: *Si vis venire ad vitam, serva mandata* (*Matth.* xix, 17). Nec moveat quod non addidit æternam; tanta est enim vis ejus nominis, ut cum sola vita dicitur, æterna potius sentiatur. Hanc ergo vitam dicit se debere promereri, quia meditatio ejus bonis monstrabatur operibus occupata. Nam *meditationem* hic non solam accipias lectionem, sed magis opera legis. Non autem per istam solam *meditationem* beati efficimur, quæ lectionis repetitione tractatur; illa enim *meditatio* beatos facit, quæ operibus sanctis cœlorum regna conquirit, sicut Apostolus dicit: *Non enim auditores legis justi sunt apud Deum, sed factores legis justificabuntur* (*Rom.* ii, 13).

Vers. 78. *Confundantur superbi, quia injuste* [ms. G. et ed., *injusti*] *iniquitatem fecerunt in me; ego autem exercebor in mandatis tuis.* Non convenit plebi sanctæ in adversarios suos maledictionis voto [mss. A., B., F., motu] prosilire, cum ipse dicat: *Diligite inimicos vestros, et orate pro calumniantibus vobis* (*Matth.* v, 44). Ipse quoque subjecit, *ego autem exercebor in mandatis tuis,* ut nihil eum contra regulam fecisse cognosceres. Sed, *confundantur,* ad emendationem pertinet, non ad supplicium sempiternum. Tunc enim conscientia peccantis bene *confunditur,* quando mala pristina propria voluntate damnantur; et incipit odisse quod videbatur ante diligere. Istud enim orat provenire superbis, ne diutius bacchari ausibus [mss. A., B., F., usibus] videantur illicitis. Sequitur causa probabilis quare *superbi* debeant *confundi;* scilicet, *quia injuste iniquitatem fecerunt in me.* Quid enim injustius dici potest, quam eos velle persequi qui mandatis videbantur sacratissimis occupari? Sequitur, *ego autem exercebor in mandatis tuis.* Contra insidias inimicorum et superbiam prætumida se iniquitate jactantem, ponit salutare remedium, exercitium utique mandatorum. Non enim adversus perfidos et crudeles aliqua obluctatione pugnavit, aut verborum litigiosa contentione se miscuit; sed tanquam vento flabili dictis inanibus verberatus, propositum suum quieta mente peragebat, ut inde magis adversarii celerius caderent, dum nullis eis humanis viribus restitisset. Quod patientiæ genus ornat sine dubio Christianos.

Vers. 79. *Convertantur ad me qui timent te, et qui noverunt testimonia tua.* Ad distinguendas personas propria verba signata sunt. Supra enim de superbis dictum est, *confundantur;* hic autem de incipientibus dicitur, *Convertantur ad me,* id est ad te. Ad Dominum enim bene intelligitur converti, qui in Ecclesiastica cœpit congregatione versari; illi scilicet, qui jam timere cœperant, sed nondum fuerant tota mentis intentione conversi. Addidit, *et qui noverunt testimonia tua;* quos lectio quidem divina jam imbuit, sed necdum opera salutaris instruxit. *Convertantur* enim de perfectis non poterat dici, qui et lectione sacra, et pia operatione fulgebant.

Vers. 80. *Fiat cor meum immaculatum in tuis justificationibus, ut non confundar.* Cor suum *immaculatum* petit *fieri* peccatorum remissione, non meriti qualitate. Nam sicut in principio psalmi dictum est: Cui peccatum suum dimittitur, sine dubitatione mundatur; nec potest illam stolam induere nuptialem, nisi qui per divinam gratiam indulgentiæ meruit accipere puritatem. Ibi enim solus ille non confunditur, cui peccata donantur. Et intende quod post virtutes eximias chorus ille sanctorum *cor* suum *immaculatum fieri* deprecatur, ut nullus hominum præsumeret, quod solam Christi Domini habuisse certum est sanctitatem. Nam qui confessus fuerat manibus se Domini factum atque plasmatum, qui humiliatum juste se dixerat ad creberrimas passiones, qui exercitatus est in mandatis Domini, in ejus quoque lege meditatus, non audet dicere *immaculatum cor* sibi esse; sed petit ut fiat quod necdum in illa resurrectione perceperat, ubi audituri sunt: *Venite, benedicti Patris mei, percipite regnum quod vobis paratum est ab initio mundi* (*Matth.* xxv, 34), etc. Et vide quemadmodum unum verbum diversis causis adhibitum est. Supra petiit impios debere confundi, ut corrigantur; se vero postulat non debere confundi, ut interitum damnationis evadat.

Vers. 81. — xi. Caph. *Defecit in salutare tuum anima mea, et in verbum tuum speravi* [mss. A., B., F., *supersperavi*]. Undecimam litteram peregrinus in hac terra populus decantat, in qua nimium desiderium suum in adventu Domini feliciter confitetur. Enumerat quoque quantas superborum insecutiones pertulerit. Ad postremum petit ut in mandatis Domini ipsius munere perseveret. Defectus et pro fine alicujus rei dicitur, ut est illud: *Inimici defecerunt frameæ in finem* (*Psal.* ix, 7). Nonnunquam ponitur et pro desiderii nimietate declaranda, ut est illud: *Concupivit et deficit anima mea in atria Domini* (*Psal.* lxxxiii, 3). Idem et hic sancta congregatio *defecisse* dicit *animam* suam in Domini Salvatoris ardentissimam charitatem. Mos enim iste humanitatis est, ut quod omnino concupiscimus, in eo lassari ac *deficere* videamur, quando dilatione suspensi, ad vota nostra pervenire non possumus. Ut si charissimum filium clementissimus pater longa exspectatione dilatum anima festinante sustineat, si uxor castissima dulcissimum maritum, nonne amore fatigante deficiunt, quos videre desiderantur exposcunt? Quapropter *Defecit anima mea,* significat, lassata est atque fatigata; quod per nimia solet desideria provenire. Consideremus ergo sanctissimi desiderii magnitudinem, tanta se mentis intentione fatigasse, ut usque ad defectum felicissimum pervenirent. Sed ne defectus iste fidei videretur occasus, *in salutare* se *defecisse* dicit, quod Hebræa lingua dicitur *Jesus.* Et ne aliquis ita sentiendum forsitan dubitaret, addidit, *et in verbum tuum speravi,* id est in unigenitum Filium, qui est *Dei virtus et Dei sapientia* (*I Cor.* 1, 24), de quo et alibi legitur : *Verbum caro factum est, et habitavit in nobis* (*Joan.* 1, 14).

Vers. 82. *Defecerunt oculi mei in eloquium tuum, dicentes : Quando consolaberis me.* Repetitur salutaris et confirmativa defectio, quæ non ab infirmitate mentis venit, sed a gloriosa potius animi virtute descendit. Supra enim dixit, nimio desiderio Domini Salvatoris, *defecisse animam* suam ; nunc *oculos* cordis tali ambitione *defecisse* commemorat. Ipsi enim sunt qui interius loqui possunt, sicut scriptum est : *Clamavi in toto corde meo, exaudi me, Domine.* Nam cum lingua loqui soleat, hic legitur *oculos dixisse : Quando consolaberis me.* Constat ergo oculos istos esse intellectuales, id est lumina cordis [mss. A., B., luminaria] intrinseca, quæ Domino efficaciter supplicant et silentioso quodam sermone proclamant. *Oculos* aliquid *dicere*, non est communis aut usitata locutio ; sed istum compositionis modum Scripturæ divinæ necesse est ut proprium esse fateamur. Et respice vim syllabæ : *In eloquio* dixit, non *ab eloquio.* *Deficere* enim ab eloquio Domini, totius boni revera privatio est ; nam *in eloquio ejus deficere,* semper augere est. Tandiu enim se dicit defectum istum robustissimum pertulisse, donec exspectata incarnatio Domini cordis aspectibus appareret. Unde evidenter agnoscimus justos viros, etsi carnalibus oculis adventum Domini non viderint, fidei lumine ab eis semper intuitum ; sicut et ipse Dominus discipulis suis in Evangelio dicit : *Abraham cupivit videre diem meum, vidit, et gavisus est* (*Joan.* VIII, 56).

Vers. 83. *Quia factus sum sicut uter in pruina : justificationes tuas non sum oblitus.* Quoniam superius se petiverat consolandum ; nunc causam reddit cur illis Dominus debeat subvenire. *Uter in pruina* nativo calore desertus, glaciali rigore contrahitur, sic corpus sanctorum incentivo vitiorum calore vacuatum, beneficio conversionis attrahitur ; et cum sic fuerit felici sorte maceratum, provenit quod sequitur, ut *justificationes* Domini possit nullatenus *oblivisci.* *Uter* enim corpus mortale significat, *pruina* beneficium conversionis [mss. A., B., F., conversationis] ostendit, per quam evenit, ut caro nostra lasciviens afflictione pœnitentiæ contrahatur. Tantum enim crescit calor fidei, quantum de flamma subtractum fuerit corporali. Sed *uter* iste beatorum est, qui animam confitentem de propria facit contritione proficere. Nec æstimes indecorum vivos homines utribus comparatos, cum Dominus in Evangelio dicat de prædicatione fidei locuturus : *Nemo mittit vinum novum in utres veteres, alioquin rumpuntur utres, et vinum effunditur, et utres peribunt ; sed vinum novum in utres novos mittunt, et ambo conservabuntur* (*Matth.* IX, 17).

Vers. 84. *Quot sunt dies servi tui* [ed., *servo tuo*] *: quando facies de persequentibus me judicium?* Sciens sanctorum cœtus usque ad finem sæculi tentationibus diabolicis membra Domini subjacere, interrogat quando mundus iste finietur, ut de persecutoribus, id est diabolo cum ministris [mss. A., B., F., diabolicis ministris] præparata ultio compleatur ; non quia vitæ suæ tempus volebat agnoscere : sed celeritatem futuri judicii postulabat, in quo jam beatis erit requies, et gaudium sine fine mansurum. Movere autem potest, quare finem sæculi desideravit agnoscere, cum legatur in Actibus apostolorum : *Non est vestrum scire tempora vel momenta quæ Pater posuit in sua potestate* (*Act.* 1, 7)? Primum, quia et discipuli hanc rem interrogaverunt Dominum Christum ; et congruum fuit, ut in typo apostolorum, quod dicturi erant, cohors sancta loqueretur. Deinde, sic intelligendum est : quia finem malorum beatus populus expetebat, quem nisi post mundi istius terminum videre non poterat.

Vers. 85. *Narraverunt mihi iniqui fabulationes, sed non ut lex tua, Domine* [*Domine* abest a mss. A., B., F.]. *Iniqui* sunt evidenter hæretici, vel Judæi, quorum perversa loquacitas nescio quas sibi narrare videtur ineptias, quando relicto ordine veritatis, inventionibus probantur studere falsissimis. Hæc sunt a lege Domini omnino discrepantia, quando illa veritatem docent, isti nituntur suadere fallacias. Intelligite, dementes, qui a veritate catholica discediti, dogmata vestra inanibus fabulis comparata. Cui vos placere [ed., *complacere*] creditis, cum a Spiritu sancto notatos vos tali nomine sentiatis?

Vers. 86. *Omnia mandata tua veritas : iniqui persecuti sunt me, adjuva me.* Contra illud quod de hæreticis dixit : *Narraverunt mihi iniqui fabulationes ;* hic profitetur *omnia mandata* Domini esse *veritatem.* *Veritas* enim verum loquitur ; sed perfidi eam quibusdam nebulis obcæcare contendunt. Sequitur enim, *iniqui persecuti sunt me,* scilicet jubendo perversa, falsa suadendo, et quocunque modo persequentium grassari solet iniquitas. Adjecit, *adjuva me,* quasi contra immanem belluam, hostem crudelissimum, leonem sævum, et cætera quæ nos vitare suspicio formidolosa compellit.

Vers. 87. *Paulo minus consummaverunt me in terra : ego autem non dereliqui mandata tua.* Cum dicit : *Paulo minus consummaverunt me,* et nimietatem persecutionis ostendit, et se tamen non defecisse Domini munere declaravit. Verbum autem *consummaverunt,* et perfectionem significat et defectum ; ut si vim rei diligenter intendas, magis eos perfectos fuisse cognosces, sicut Evangelium dicit : *Consummatum est,* id est perfectum est : *Et hæc dicens, emisit spiritum* (*Joan.* XIX, 39). Si vero strages morientium cogites, pene *consummatos* immisericorditer æstimabis. *In terra,* in hoc sæculo, ubi martyres pertulerunt. Addidit, *ego autem non dereliqui mandata tua ;* scilicet ut usque ad finem ejus constantia perveniret, sicut legitur : *Qui perseveraverit usque in finem, hic salvus erit* (*Matth.* X, 22).

Vers. 88. *Secundum misericordiam tuam vivifica me, et custodiam testimonia oris tui.* Post desiderium singulare Domini Salvatoris, post afflictionem corporis utris similitudine declaratam; post gloriosa supplicia passionum videtur petere se vivificari, tanquam adhuc non vivat; *et custoditurum se testimonia oris Domini pollicetur*, velut adhuc non custodiat. Sed *vivifica me* dixit, in illa rae æterna vita constitue, ubi sanctis vita est, quia nulla contrarietate pulsantur. Quod autem dixit, *custodiam testimonia oris tui*; non quia in præsenti nor custodiebat, sed usque ad finem vitæ suæ adjuvante Domino custoditurum se talia promittebat. Sive, ut quibusdam placet, sanctorum vox est qui martyrium desiderabant, qui paulo ante dixerunt: *Iniqui persecuti sunt me, adjuva me*; sequitur etiam, *paulo minus consummaverunt me in terra*; ideoque ad desiderium martyrii æstimant esse referendum. Ipsi enim *vivificari* se petebant morte gloriosa, ut amittendo pro fide hanc vitam, mercarentur requiem sempiternam; et tunc potius acciperent honores æternos, cum eos perfidi credebant esse consumptos. Considerans tamen imbecillitates humanas, istud dicit *secundum misericordiam* Domini tribuendum, qui mortua vivificat, et imbecilla confirmat.

Vers. 89—XII. LAMED. *In æternum, Domine, verbum tuum permanet in cœlo.* Ad duodecimam litteram plebs cœlestis advenit, in qua virtutem Domini factaque describens, dicit omnia temporalia finem posse suscipere; mandata vero ejus nequaquam terminum reperire. Sed quoniam superius dixerat: *Paulo minus consummaverunt me in terra*, admiratus potentiam Domini, qui non permittit statum Ecclesiæ quamvis atroci persecutione consumi, pia exclamatione prosiliuit dicens: *In cœlo verbum* Domini *permanere*; id est, in unoquoque sancto, quos de morte facit vivere, et de tribulatione gaudere, qui mandatis ejus pia humilitate famulantur. Est enim in illis *cœlum*, qui se conversatione cœlesti tractare noscuntur: sive in angelis, et archangelis, virtutibusque cœlestibus, quas pro sinceritate voluntatis suæ sancta majestas inhabitat. Manet enim in eis semper *Verbum*; quoniam et illi jugiter in ministerio dominico firmissima deliberatione consistunt. Verum hic aliqui nonnullam faciunt quæstionem, quemadmodum, *In æternum Verbum permaneat in cœlo*, cum ipse dicat: *Cœlum et terra transibunt, verba autem mea non præteribunt* (Luc. XXI, 33). Sed quamvis ista mutentur, *in cœlo permanet verbum*, quia omnia cœlestia dignatione suæ majestatis inhabitat.

Vers. 90. *In sæculum sæculi veritas tua: fundasti terram, et permanet. In sæculi sæculi*, tempora significat in quibus duo populi, Domino præstante, crediderunt; quorum unus est legis et prophetarum, alius evangeliorum et apostolorum, in quibus est *Veritas*, id est ipse Dominus Christus, qui eis et donavit credere, et in fundamento 412 fidei permanere. Sed cur istis sæculis *veritas* non defuerit consequenter exponit, dicens: *Fundasti terram et permanet*. Quod melius de sanctis hominibus datur intelligi, qui sic *fundati sunt*, ut in Christi Domini credulitate permaneant; quoniam si ipse non *fundasset*, nec prius sæculum in patriarchis, nec secundum in apostolis vel credere vel *permanere* potuisset. Nam si hoc ad terram referas universalem, quæ mirabili mole legitur esse suspensa, quemadmodum eam dicamus permanere, quam mutandam ut cœlum lectio divina confirmat?

Vers. 91. *Ordinatione tua perseverat dies, quoniam omnia serviunt tibi.* Quoties singulari numero *dies* ponitur, venturus ille significatur, qui unus atque æternus est et non habet noctem: de quo scriptum est: *Et erit illis Dominus lumen æternum* (Isa. LX, 19). Et ne quis de tanto miraculo crederet disputandum, addidit [*ed.*, adjecit], *omnia servire* Creatori, qui pro sua voluntate et temporalia et æterna disponit. Potest autem de infidelibus nonnulla quæstio oboriri, qui non videntur *servire* Domino, quando ab ejus devotione discreti sunt. Sed et ipsi *serviunt* cum judicantur; non enim liber dimittitur, qui puniendus esse monstratur. Sive, *omnia*, intelligere debemus de quibus loquebatur, quibus dies perpetuus erit; quia infidelitatis tenebras nullo tempore patiuntur.

Vers. 92. *Nisi quod lex tua meditatio mea est, tunc forte periissem in humilitate mea. Nisi* beneficia legalis meditationis habuisset, ut pœnis non cederet, et constantiam fidei periculorum despectione servaret, inter calamitates quas perpessus est, asserit se perire potuisse; ut intelligamus quantum nobis præstet *meditatio legis*, quæ potuit a tam ingentibus liberare periculis. *Meditatio* quippe *legis* est illa quæ præcepit vel cogitare, vel facere; ut interiore quasi consiliario [*mss.* A., B., F., consolatorio] formatus, sævientia tormenta superare possit intrepidus. *In humilitate* vero sua, in afflictionibus dicit, quas pia intentione toleravit: a quibus se gaudet ereptum, quando ad sanctum meruit pervenire martyrium. *Humilitas* enim et necessitate subitur, et voluntate suscipitur; illam sustinent criminum rei; istam exercent puritate sanctissimi.

Vers. 93. *In æternum non obliviscar justificationes tuas, quia in ipsis vivificasti me.* Devotionem promittit absolute post dona, quæ Domini meruit impetrare clementia. Possunt alia memoria fortasse decidere; beneficium autem nullus fidelium obliviscitur, in quo vita præstatur. Quapropter necesse fuerat illarum *justificationum* semper esse memorem, a quibus vitale munus noscitur accepisse. *Justificationes* autem sunt (sicut jam supra dictum est) per temporales causas intellectus futurarum significationum; quod occidebatur agnus immaculatus in Pascha; quod mare Rubrum iter præbuit ad salutem; quod populus terram repromissionis per Jesum Nave intromissus accepit. Hæc enim omnia venturæ perfectioni constat indicia præstitisse. Has ergo *justificationes* non debemus ullatenus *oblivisci*, quæ nobis fidei primordia præstiterunt. Nemo enim potest perfecte gratiam donationis agnoscere, nisi et initia rerum meminerit, cur visa sint inchoasse.

Vers. 94. *Tuus sum ego, salvum me fac, quoniam justificationes tuas exquisivi* (Psal. XXIII, 1). Cum legatur: *Domini est terra, et plenitudo ejus, orbis ter-*

rarum, et universi qui habitant in eo, chorus iste nescio qua Domini specialis gratiæ remuneratione confidens, ait : *Tuus sum ego. Tuus enim sum*, non ille potest vere dicere, qui aliqua se cognoscitur obscenitate tractare. Vitiorum quippe servus Dominum non meretur habere sanctorum. Apostolus enim Paulus non impudenter [*ms. F.*, prudenter] hac voce potuit uti, qui clamabat : *Mihi vivere Christus est, et mori lucrum* (*Philip.* I, 21); et illud : *Vivo jam non ego*, *vivit autem in me Christus* (*Gal.* II, 20); et his similia. Illud quoque considerandum est, quod cum professus fuerit se esse Domini, adhuc petit ut *salvus fiat*, utique in illa judicatione futura, cum beati intromittuntur in requiem sempiternam. Sed quare ista salus petatur assidue, subter adjunxit, *quoniam justificationes tuas exquisivi*. Alii enim honores appetunt, conjugia quærunt, mundi gaudia concupiscunt; iste sibi inæstimabiles putabat esse divitias, si Domini *justificationes* jugi studio probaretur exquirere. Perscrutandum est quoque, cur istas *justificationes* toties repetit; scilicet ut Veteris Testamenti significantias non putaret aliquis negligendas.

Vers. 95. *Me exspectaverunt peccatores ut perderent me : testimonia tua intellexi. Exspectaverunt ut perderent*, ad illud respicit, quod mali suasores blandiendo agebant, ut ejus animam pravitatis vulnere sauciarent. Nam si pœna fuisset præcipitata, non diceretur *expectaverunt*, sed acceleraverunt. Gravior est enim ista persecutio, quæ et coronam martyrii suspendit, et mortem animæ suadere non desinit. Sed quo remedio illa vitare potuisset ostendit; intelligens enim *testimonia* Domini, non poterat ad vitia nefanda perduci. Unde claret illos soles eripi, qui a tali periculo [*mss. A., B.*, martyrio] Domini fuerint illuminatione liberati. *Intellexi* autem, accipiamus operatus sum, sicut in alio psalmo dicit : *Beatus qui intelligit super egenum et pauperem* (*Psal.* XL, 2). Quid enim poterat pauperi prodesse, si eum tantum egentem intelligeret, et nullo munere sublevaret? Quapropter intellectus mandatorum sancta operatio est.

Vers. 96. *Omnis consummationis vidi finem : latum mandatum tuum nimis*. Intraverat in divitias altitudinis Dei : viderat quod per partes non poterat explicari : ad postremum brevi sententia quæ fuerant dicenda conclusit; profitetur enim totius *consummationis se vidisse finem. Consummatio* est enim virtutum omnium completiva perfectio : cui *consummationis* Christus est *finis*; quem se merito *vidisse* dicit ; quoniam eum illuminata mente tunc credidit esse venturum. Si autem ad litteram hoc velis advertere, potest et sic accipi : quoniam rebus sæcularibus terminus semper videtur impositus; mandata enim Domini non habent finem; quia latissima se virtute distendunt. Quod ideo sic positum est, ut nec ambitiones sæculi aliquis desideranter expeteret, quibus finem datum esse sentiret; et mandata Domini nimia festinatione perquireret, quæ latissima comprobaret. Nec vacat quod *latum mandatum tuum po-*

suit *nimis*, scilicet significare charitatem, quam circa Deum habere jubemur et proximum. Nam quid latius dici potest, quam quod universam legem et cunctorum prophetarum dicta concludit? De qua 413 et Apostolus dicit : *Charitas Dei diffusa est in cordibus nostris per Spiritum sanctum, qui datus est nobis* (*Rom.* V, 5).

Vers. 97.—XIII. MEM. *Quomodo dilexi legem tuam, Domine? tota die meditatio mea est*. Populus beatus, qui prophetarum atque Evangelii plurima meditatione profecerat, in hac littera introducitur ad loquendum : super docentes se ac seniores asserens divina intellexisse mandata; et ideo super mel et favum ori suo Scripturarum divinarum testatur provenisse dulcedinem. Dicendo, *Quomodo*, promittit se dicturum quemadmodum *legem* Domini præcipua intentione *dilexerit*. Dilexit ergo *legem*, non timuit : quoniam per dilectionem, non per timorem mundanum præceptum Domini sanctos viros decet operari. Plus enim acceptum est amantem aliquid facere, quam solum infideliter timentem. *Quomodo autem dilexerit*, consequenter exponit, dicens : *Tota die meditatio mea est. Tota die* continuum tempus debemus accipere, sicut et alibi legitur : *Benedicam Dominum in omni tempore : semper laus ejus in ore meo* (*Psal.* XXXIII, 2). Sancta enim conscientia semper habuit diem, quæ clarificato corde incredulitatis tenebras ignoravit. O indefecta meditatio, cui sæculi istius non sufficit dies! Et ut humanam fragilitatem continue meditando credamus potuisse sufficere, hac nobis, ut opinor, ratione constabit; quoniam si quis quaslibet causas respectu Domini sub moderatione disponat, si cibos temperanter accipiat, si somnum convenienter capiat, legem Domini meditatur in omnibus; quoniam se honesta et probabili actione commendat, sicut apostolus dicit : *Sive enim manducatis, sive bibitis, sive aliud aliquid facitis, omnia in gloriam Dei facite* (*I Cor.* X, 31).

Vers. 98. *Super inimicos meos prudentem me fecisti mandato tuo ; quia in æternum mihi est*. Inimici intelligendi sunt obstinati Judæi, hæretici, vel pagani, qui præcepta Domini aut minime intellexerunt, aut ea pravo studio non probantur operari. Supra istos *prudentem* se dicit effectum; quoniam jussa Domini et devotus accepit, et veram illis integritatem servavit [*ms. G. et ed.*, vera illis integritate servivit]. Sed unde *factus prudens* fuerit *super inimicos suos*, addidit, *mandato tuo* : quoniam dum illi fideliter obedivit, cunctos errantes sine dubitatione transcendit. Ecce revera beatus honor, ecce regnum bonorum superbos transcendere, potestatibus sæculi præeminere, et in sancta humilitate fixa mente consistere. Adjecit, *quia in æternum mihi est*; id est mandatum tuum. Sed quæramus quod *mandatum* est, quod sæculo isto deficiente permaneat. scilicet dilectio Dei et proximi; ibi enim et Dominum supra omnia diligimus, et proximum quemadmodum nos perfectissime tunc amamus. Merito ergo hoc *man-*

datum in æternum sibi dicebat esse servandum, quo A *tua*]. Ex hoc versu evidenter apparet, et superius beati sancta conscientia jugiter perfruuntur.

Vers. 99. *Super omnes docentes me intellexi: quia testimonia tua meditatio mea est.* Videtur a beatorum humilitate sanctissima discrepare, si super Moysen atque prophetas vel apostolos qui Ecclesiam Domini integerrima fide docuerunt, hoc dictum velimus advertere. Sed intendamus superiorem versum, et omnis quæstio calumniosa discedit. Non enim dixit super patres, sed *super inimicos meos*, utique qui legem Domini prava intentione docuerunt. Hic enim arguit, non reprobat [*ed.*, probat] magistros; scilicet pharisæos designans, qui se ad litteram tenentes, spiritualem intelligentiam negligebant; quos et Dominus in Evangelio frequenter arguit; sed cor eorum lapideum rationem veritatis sentire non meruit. Supra B tales igitur omnes doctores merito cohors Evangelica *intellexisse* se melius dicit; quia pravitatibus eorum repudiatis, sinceram doctrinam Domini Salvatoris accepit. Sed cur melius *intellexerit*, causam designat, *quia testimonia tua meditatio mea est*. Illis enim *testimonia* Domini non *erant meditatio*, qui persuasione falsissima longe aliud quam dictum fuerat sentiebant.

Vers. 100. *Super seniores intellexi: quia mandata tua exquisivi.* Non est hic jactantia superba, sed veritas. *Seniores* dicimus et sapientiæ maturitate præclaros, et longa nos ætate præcedentes; de quibus dictum est: *Interroga patrem tuum, et annuntiabit tibi: seniores tuos, et dicent tibi* (*Deuter.* xxxii, 7). Dicimus etiam *seniores*, ætate quidem maturos, sed vitiorum C affectatione [*ed.*, affectione] levissimos; sicut fuerunt illi, de quibus in Evangelio scriptum est: *Fecerunt sacerdotes consilium cum senioribus, ut eum morti traderent* (*Matth.* xxvi, 3, 4). Tales nunc *seniores* dicit, non canos mente, sed corpore. Ab istis ergo merito se amplius dicit *intellexisse*, quando quem illi sacrilega mente contempserunt, iste suum venerabatur auctorem. Frequenter enim Scripturas divinas juniores melius intelligunt senioribus. Sicut Jacob qui se ad benedicendum præbuit et germano suo promissum fructum primæ benedictionis accepit. Sicut Samuel melius Heli sacerdote; vel Daniel melius falsis senioribus, quos ipse Spiritu Dei plenus morte damnavit. Melius utique intellexit populus novus, quam senior ille Judaicus, qui feliciter [*mss.* D A., B., fideliter] suscepit Christum Dominum, quam ille qui mortifere credidit esse temnendum. Et ut ea ipsa veritatis testimonio comprobaret, sequitur quare *intellexerit supra seniores*; scilicet, *quia mandata tua exquisivi*. Illi enim si *exquisiissent mandata* Domini, nequaquam prudentiores se potuerant habere juniores. Et vide quemadmodum veritatis ordinem servat. Dicit enim *mandata tua*, non hominum perversorum, de quibus dictum est: *Ignorantes enim justitiam Dei, et suam volentes constituere, justitiæ Dei non sunt subjecti* (*Rom.* x, 3).

Vers. 101. *Ab omni via mala prohibui pedes meos, ut custodiam verbum tuum* [mss. A., B., F., *verba tua*]. Ex hoc versu evidenter apparet, et superius illos dictos inimicos qui legem Domini nesciebant, et doctores imperitiæ cæcitate detentos, et seniores non habuisse gravissimam fidei firmitatem, quando se dicit *ab omni via mala ipsorum pedes suos prohibuisse*, ne eorum potuisset perversitate subverti. Illa est enim certior explanatio, quando se ipsa corusco similis declarat auctoritas. Sed videamus quid nobis istius versus verba parturiant. *Ab omni via mala*, significat hæreticorum pravas et pessimas suasiones, quibus illi exitiabili dulcedine blandiuntur. Addidit quoque, *prohibui pedes meos*, quasi desiderantes illuc ire, ubi in atram foveam corruere potuissent. Originalis siquidem peccati culpa pronos nos trahit semper ad vitia; et nisi gratia Domini muniamur, **414** facillime perversa suasione decipimur. Illa est enim Domino juvante salubris prohibitio, cum hoc fieri non patimur, quod plenum periculis invenitur. *Pedes autem meos*, significat mentis assensum, quæ nos quodam vestigio ducit ad culpam, et ad vias malas compellit, nisi nos pietas Divinitatis abstraxerit. Sequitur, *ut custodiam verbum tuum*. Aliter enim verbum Domini non potuit custodiri, nisi cum illa pestifera suasio probatur expulsa, sicut Apostolus dicit: *Non potestis calicem Domini bibere, et calicem dæmoniorum; non potestis mensæ Domini participes esse et mensæ dæmoniorum* (*1 Cor.* x, 20, 21).

Vers. 102. *A judiciis tuis non declinavi, quia tu legem posuisti mihi.* Declaravit illud quod superius dixit: *Ab omni via mala prohibui pedes meos*, utique ut ejus minime *judicia declinaret*. Sic enim perfectæ beatitudinis integritas custoditur, quando hæreticorum iniquitas perversa respuitur. *A judiciis* ergo *tuis* dicit, id est quæ tua voluntas sancta constituit, et vivendi nobis regulam dedit. Ab eis utique *non declinare*, hoc est in via recta consistere; hoc est ad cœlorum gaudia pervenire. Sequitur causa probabilis, *quia tu legem posuisti mihi*. Cum legem per Moysem Dominus dederit, eamque jusserit inviolabiliter observari, non incongrue hic Evangelium intelligimus cum dicit: *Tu legem posuisti mihi*. Illa enim quam per Moysem dedit, pædagogi nobis præsentavit officium; ista vero totius plenitudinis donavit effectum. Merito ergo sanctus populus de ipsa lege gaudebat, quam jam credendo susceperat. Denique vide quid sequitur.

Vers. 103. *Quam dulcia faucibus meis eloquia tua, super mel et favum ori meo!* Comparationes istæ, quamvis aliquid videantur habere præcipuum, tamen non possunt rebus spiritualibus exæquari, nisi semper ponatur, *super*, sicut in nona littera jam dictum est: *Bonum mihi lex oris tui super millia auri et argenti*; ut ea quidem inter homines præcipua, sed divinæ jucunditati inferiora esse cognoscas. Spiritualibus itaque deliciis magna ubertate saginatus populus beatus exclamat: *Quam dulcia faucibus meis eloquia tua!* Dicendo: *Quam*, magnam quidem dulcedinem sibi esse professus est, sed non quam lingua potuisset exprimere. Nam cum omnis gustus sapiat in palato, considerandum est hoc quare dixi, *faucibus meis. Fauces* enim sunt gutturis nostri via, ubi jam deglutita dulcedo nulla sentitur. Sed qui de eloquiis Domini erat absolute dicturus, mirabiliter illam partem posuit; ut cito ad cordis nostri penetralia perveniret. *Eloquia* enim Domini non in palato sapiunt, sed magis cum fuerint deglutita dulcescunt. Sequitur, *super mel et favum ori meo. Mel* ad Vetus, *favum* ad Novum pertinet utique Testamentum. Nam licet utraque sint *dulcia*, tamen *favi* sapor est suavior, quia gratia novitatis majore cumulatur. Potest etiam et *mel* intelligi aperta doctrina sapientiae: *favum* vero, quae in quibusdam profundis cellulis probatur esse recondita. Quod utrumque in Scripturis divinis non est dubium reperiri. Addidit, *ori meo*: quando revera ipsam sapientiam, quam faucibus deglutiverat, ore praedicabat. Sic et Ezechiel propheta dicit de Domino: *Et ait ad me: Fili hominis, quod invenisti manduca, et devora volumen hoc, et vade et loquere ad domum Israel. Et manducavi illud, et factum est in ore meo sicut mel dulce* (Ezech. III, 1, 2, 3).

Vers. 104. *A mandatis tuis intellexi: propterea odivi omnem viam iniquitatis.* Legem Domini edoctus acceperat: *Fili, noli ambulare viam cum impiis: diverte autem pedem tuum ab itineribus eorum; pedes enim eorum in malitiam currunt, et veloces sunt ad effundendum sanguinem* (Prov. I, 15, 16). Audiverat ·tiam : *Perdidisti omnes qui fornicantur abs te* (Psal. LXXII, 27). Et alibi : *Qui diligitis Dominum, odite malum* (Psal. XCVI, 10). Et caetera quae in hunc molum divina lectione prolata sunt. Talia quippe dum audiisset in mandatis Domini, *viam iniquitatis* intellexit omnimodis exsecrandam, quae justo Domino placere non poterat. Odio enim debent esse quae saeculi sunt, ut rebus coelestibus totus impendatur affectus. Decet enim nos exsecrari quae mala sunt, quia interdum a pravis necessitate prohibemur; quoniam conscius eorum videtur animus, qui aliqua illis delectatione consenserit. Sequestratur autem ab illis rebus voluntas fidelium, quae odio intercedente damnaverat; ut nec voto nec operatione se polluat, qui mentem suam tali exsecratione purificat.

Vers. 105.—XIV. Nun. *Lucerna pedibus meis verbum tuum, Domine, et lumen semitis meis.* Post tertiam decimam litteram ad quartam decimam cohors beata pervenit, in qua *pedibus* suis Dominici verbi *lumen* radiare congaudet, animam suam humillima satisfactione commendans : expetens retributiones Domini praemiorum desiderio, non terrore vindictae. Sciens ergo hujus saeculi noctem diversis offensionibus irretitam, ut alibi laqueos, alibi scopulos, alibi contineat profundissimas vastitates, *pedibus* suis *verbum* Domini lucere testatur; ne absentia veri luminis incidat in ruinam, quam per suam providentiam vitare non poterat. Sed hic *verbum* illud debet intelligi, quod per Scripturas sanctas prophetarum ore seminatum est. Quod bene appellavit *lucernam*, quae humanis usibus data est ad depellendam noctis profundissimam caecitatem; sicut Petrus apostolus dicit: *Habemus certiorem propheticum sermonem, cui bene-*

facitis intendentes velut lucernæ loco (II Petr. I, 19). Sic et ipse Dominus dicit : *Sint lumbi vestri praecincti, et lucernae ardentes* (Luc. XII, 35). Bene autem *ardentes* addidit propter virgines fatuas, quibus cum oleum defecit, ad adventum Sponsi non potuerunt praestolari. *Verbum* autem illud consubstantiale Patri a natura deitatis suae *lucerna* non potest dici, *quod illuminat omnem hominem venientem in hunc mundum* (Joan. I, 9); sicut et ipse de se dicit : *Ego sum lumen mundi* (Id., VIII, 12). Nam ista discretio et in Evangelio facta est, ubi de Joanne dictum est : *Ille erat lucerna ardens et lucens* (Id., V, 35). Et iterum : *Non enim erat ille lumen, sed utique missus est, ut testimonium perhiberet de lumine* (Id., I, 8). Sequitur, *et lumen semitis meis.* In eadem translatione permansit, ut *verbum* Domini, id est dicta prophetarum *lumen* dica' suis *semitis* praestitisse. Per ipsas siquidem, dum ad vitae bonae cursum instruimur, clarificati corde rectis [ed., directis] gressibus ambulamus.

Vers. 106. *Juravi et statui custodire judicia justitiae tuae.* Post illam illuminationem verbi, quam suis pedibus lucere professus est, videamus si populus beatus contra praeceptum potuerit *jurare*, cum scriptum sit in Evangelio : *Non jurabis neque per coelum, neque per terram, neque per Jerosolymam, neque per caput tuum* (Matth. V, 34), et caetera. Sed *jurare* non semper significat sacramenta praestare, in quibus invocando Divinitatem pollicemur, ne promissiones nostras mutabiliter excedamus. Sic et sancta devotio decreverat sibi atque constituerat inter quaelibet pericula Domini *custodire judicia.* Nam et ipsum nomen indicat causam; *jurare* enim est *jure orare*, id est aequitatem dicere : ne velit quispiam quod promisit in partem alteram seductus avertero. Sic enim jurant, id est firme constituunt sancti, qui jam sunt dono Domini roborati. In evangelio vero prohibet Dominus infirmos, qui venerat ad parvulos sauciosque salvandos, ne velint temere promittere, quod nequaquam poterant suis viribus adimplere *Judicia* vero *justitiae* sunt, cum exaltat humiles, dejicit superbos, et misericordiae suae dono relevat humili satisfactione prostratos. Quod sequens versus ostendit.

Vers. 107. *Humiliatus sum usquequaque, Domine, vivifica me secundum verbum tuum.* Cum se dicant Christi membra nimis *humiliata*, multarum persecutionum se ostendunt sustinuisse pericula; et ideo petunt se secundum promissiones Domini *vivificari* : quoniam in morte videbantur constituti conditione carnali [mss. A., B., F., carnales]. *Secundum verbum tuum*, scilicet promissionem illam quae dicit : *Venite ad me, omnes qui laboratis et onerati estis, et ego reficiam vos* (Matth. XI, 28), et his similia. Sciunt etiam per hanc humilitatem Dominum Christum diaboli vicisse superbiam : sciunt per patientiam mortis ipsius fortia superata : sciunt omnia perpessum Dominum, quae sanctis suis praecepit sustinere. Et merito humilitate sua petunt remedia, per quae se noverant esse salvandos. Per hanc igitur fideles supra regna proficiunt, per hanc superbia tyrannica superatur, per hanc in æternum martyres vivunt; nec potest dici perfectus qui hac virtute privatus est.

Vers. 108. *Voluntaria oris mei beneplacita fac, Domine, et judicia tua doce me.* Cum se humiliatum superius dixerit *usquequaque*, ne illam inclinationem necessitatis potius fuisse sentires, addidit, *voluntaria oris sui sacrificia* justo Domino fieri posse gratissima, quæ inter sævientes angustias pius animus offerebat. Laudes enim vel in otio Domino exhibere gratissimum est; sed in tribulatione amplius probatur eximium, quando infirmitas corporis dolore pressa non vincitur, sed tunc magis anima felix in Domini laudibus excitatur. *Oris* autem *voluntaria* sacrificia sunt, devotionem laudis offerre, non alicujus mundanæ utilitatis respectu, sed propriæ devotionis intuitu; ut ipsum propter se Dominum diligamus : veneremur Auctorem, *qui pluit super justos et injustos* (*Matth.* v, 45), qui inæstimabiliter bonus est. Petit ergo ut ejus devotio Domino reddatur accepta; quatenus hac oblatione placatus, *judicia* sua eum *doceat*, quæ fidelibus dignatur mentibus aperire. Sed consideremus gloriosum cordis ardorem, ut illa semper avide petat, quæ se sæpius accepisse commemorat, sicut in nona littera dicit : *Bonitatem fecisti cum servo tuo.* Et iterum : *Bonitatem, et disciplinam, et scientiam doce me.* Quod per hunc modum utraque probantur intelligi. Jugiter enim sperandum est, ubi petendo semper acquiritur.

Vers. 109. *Anima mea in manibus tuis semper : et legem tuam non sum oblitus.* Cum *animam* justi latrocinantium persequeretur iniquitas, eamque vellent diversis laqueis irretire, sapientissima illam in *manibus Domini* dicit collocatam, ubi nulla nocentium vis possit accedere, sicut legitur : *Justorum animæ in manu Dei sunt, et non tanget illos tormentum mortis* (*Sap.* III, 1). Et iterum : *Oves meæ vocem meam audiunt (Joan.* x, 27, 28); et paulo post : *Et non rapit eas quisquam de manu mea.* Addidit, *semper*, ut nullum tempus dolosis subreptionibus relinquere videretur. Quod autem dicit, *in manibus*, significat in potestate, quia novit salutariter regere, qui se ejus probantur commisisse sententiæ. Sequitur cur anima ipsius credatur *in manibus* Domini constituta; scilicet quoniam *legem* ipsius non docetur *oblitus.* Sic enim sub defensione ipsius sumus, dum a præceptis salutaribus minime deviamus. Hoc ubique semper præcipitur, hoc specialiter commonemur, ut sic redeamus ad legem, ne discedamus a lege.

Vers. 110. *Posuerunt peccatores laqueum* [ms. G. et ed., *laqueos*] *mihi : et a mandatis tuis non erravi. Posuerunt*, significat tetenderunt atque armaverunt; non enim tantum poni poterant otiosi. Neque enim *laqueus* capit avem, qui non habet escam; sed illud efficacius decipit, quod aliqua oblectatione blanditur. Fuit enim laqueus diaboli armatus triginta argenteis (*Matth.* xxvII, 3), cum Judam cepit atque in interitum suffocavit; ipse Saulem vinxit zelo superbiæ (I *Reg.* xv, 20); ipse Cain livore fratris astrinxit (*Gen.* IV, 8), et his similia quæ in hujus sæculi longissimam vitam diabolica jugiter grassatur insania. In hac enim mundi silva tot laqueos invenis, quot vitia contueris. Sed collegio isti sancto nihil terrenum prævalere potuit, qui se cœlesti conversatione tractavit, sicut in alio psalmo dicit : *Anima nostra sicut passer erepta est de laqueo venantium. Laqueus contritus est, et nos liberati sumus* (*Psal.* cxxIII, 7). Sequitur antidotum cœleste, quod contra istius sæculi cognoscitur venena pugnare; scilicet quoniam *a mandatis Domini* minime *declinavit.* Ab illis enim qui non declinat, ulla deceptione non capitur : quia juxta ipsa, non in ipsis insidiæ sunt.

Vers. 111. *Hæreditate acquisivi testimonia tua in æternum : quia exsultatio cordis mei sunt.* Multis quidem modis *acquiri* dicitur lucrativa possessio; sed ille honorabilis habetur filius, qui successione paterna gloriatur. Hoc enim legitimum nomen est, hoc summæ charitatis indicium, et judicia seniorum suscipere, et de firmissima possessione gaudere. *Testimonia* enim sunt Domini præcepta sanctissima, quæ Moyses populo in Deuteronomii libro sub testificatione commemorat, dicens : *Testor vobis hodie cœlum et terram* (*Deut.* xxx, 19). Et alibi : *Estote mihi testes, et ego vobis testis, dicit Dominus* (*Isa.* XLIII, 10). Sic et Apostolus : *Testificor coram Deo, et Christo Jesu, et angelis ejus* (*I Tim.* v, 21). Quapropter hæc sunt *testimonia*, quæ se *hæreditate* populus beatus *in æternum* acquisiisse gaudebat; scilicet quoniam talis *hæreditas in æternum* capitur, non ad brevitatem temporis introitur. Sequitur, *quia exsultatio cordis mei sunt.* Merito *exsultationem* sui cordis dicebat *hæreditatem* regni cœlestis, æternis temporibus *acquisitam.* Ipse enim meretur ad eam pervenire, qui probatur de tali acquisitione gaudere.

Vers. 112. *Inclinavi cor meum ad faciendas justificationes tuas in æternum propter retributionem.* Audiverat cohors ista sanctissima quam meditatio frequens jugiter instruebat : *Discite a me quia mitis sum et humilis corde* (*Matth.* XI, 29). Et necesse fuit ut cor suum *ad faciendas justificationes* Domini modis omnibus inclinaret, quæ tali magisterio instructa, vitaliter superba mundi fastigia respuebat. *Justificationes* est quippe facere, mandata Domini humilitatis sensibus operari, ut esurienti panem frangas, nudum vestias, condoleas calamitatibus alienis, et cætera quæ humanum genus [ed., humano generi commendare] Creatoris pietas commonere dignata est. Sed considerandum est quod dicit *in æternum*, dum omnia quæ supra diximus, tandiu fieri possunt, quandiu hujus mundi calamitatibus indigentiaque vexamur. Quis enim in futuro misereatur afflicto, cum in illo regno nulla probetur esse miseria? Sed qui hic ista facit studio charitatis *in æternum* illa facere comprobatur, quia fructum earum rerum sub [ed., pro] æternitate recipiet. Addidit, *Propter retributionem*; scilicet illam quam audituri sunt sancti : *Venite, benedicti Patris mei, percipite regnum quod vobis pa-*

ratum est ab initio mundi (*Matth.* xxv, 34), etc. Magna retributio, quæ, tamen de Domini largitate proveniet, incolam fieri regni perpetui, consortem bonorum angelorum, patriam suscipere quæ semper delectet, nec ulla peregrinatione deseratur; eruntque in illa contemplatione defixi, ut illum jugiter appetant, de quo semper exsultant.

Vers. 113. — xv. SAMECH. *Iniquos odio habui, et legem tuam dilexi.* Ad quintam decimam litteram catholicum venit examen, in qua dicit, *Iniquos*, id est adversarios legis odio sibi fuisse; legem vero Domini se dilexisse commemorat, et petit ut ab ejus pietate susceptus mala sæculi possit evadere, postulans etiam carnem suam timore [*mss. A., B., F.,* timori] dominico debere subdi, ne possit in divino judicio de ejus prævaricatione damnari. Hic etiam quæstio illa caput erigit, cur populus fidelis contra evangelica videtur aliquid pronuntiasse mandata? Dicit enim: *Iniquos odio habui,* dum præceptum sit: *Orate pro inimicis vestris, benefacite his qui vos oderunt* (*Matth.* v, 44). Sed si tempora consideres, omnia sibi concordare cognosces. Quando enim præcepit amare inimicos nostros, adversitatis fervor et calor injuriæ temperatur: ut malum pro malo minime reddere videamur, ut patientes simus ad omnes contumelias, sicut et ipse qui consputa pertulit, et flagella suscepit. Quando vero martyrii tempus occurrit, *iniquos* suasores *odio habere* præcipimur, cum et ipsos quoque filios et parentes, si adversi sunt, alienata debemus voluntate contemnere. Sæpe enim quos flamma non terruit, quos ferrum non subdidit, necessitudinum blandimenta flexerunt; et ideo dictum est: *Si quis venit ad me et non odit patrem suum, et matrem suam, et uxorem, et filios, et fratres, et sorores, adhuc etiam et animam suam, non potest meus esse discipulus* (*Luc.* xiv, 26). Contra Deum quippe persona nulla debet recipi; sed ipsius dilectione præposita, decet necessitudines tunc amari, cum eis nulla fidei repugnat adversitas. Quapropter habita temporis ratione, utraque nobis poterunt absoluta veritate constare; scriptum est enim: *Tempus amplectendi, et tempus longe fieri ab amplexu* (*Eccles.* iii, 5); et post multa: *Omni rei tempus.* Scire autem debemus in hoc versu argumentum illud esse, quod dicitur in topicis ex contrario, quando sententiam nostram ex rebus diversis una propositione concludimus.

Vers. 114. *Adjutor meus et susceptor meus es tu, et in verbum tuum speravi. Adjutor* pertinet ad implenda mandata, quoniam sine ejus adjutorio nec inchoare quidquam boni possumus, nec implere prævalemus. *Susceptor* autem noster [*mss. A., B., F.,* animæ nostræ] factus est per sanctæ incarnationis arcanum: qua præstante suscepit hominem, ne peccati lege possit funditus interire. Denique istum susceptionem vide quid sequitur, *et in verbum tuum speravi,* id est in deitatis tuæ præsidium summum meum desiderium collocavi, ubi *sperare* licet, et spes firmissime constituta non decipit, sicut legitur: *Quis speravit in Domino et confusus est* (*Eccles.* ii, 11)? et iterum: *Sperantes autem in Domino misericordia circumdabit* (*Psal.* xxxi, 10). Sperat ergo Redemptorem gentium venire, qui mundi maculas possit abstergere, qui vivificet mortuos, sanet ægrotos; et quod ligatum fuerat lege peccati, possit morte ipsa moriente dissolvi. Sic in uno versiculo totius religionis nostræ conclusa perfectio est.

Vers. 115. *Declinate a me, maligni: et scrutabor mandata Dei mei.* Sicut hæretici, cupientes tamen cognoscere veritatem, in mandatis Domini nos proficue frequenter exercent, ita ad perscrutandas sacras lectiones obstinati, perstrepere nobis atque impedire noscuntur. Hos declinandos esse pronuntiat, qui insensatis contentionibus Scripturas Domini lacerare contendunt. Quid enim illic humanus sermo proficiat, ubi talia sunt vota ne credat? Quibus alio loco dicitur: *Discedite a me, omnes qui operamini iniquitatem* (*Psal.* vi, 9). Remedium est enim, quem converti velle non videris, vitare si possis. Ipsis enim præsentibus dum contentiosa semper malignitate confligunt, dum calumnias exquisita vanitate concipiunt, ad scrutanda mandata Domini idonei non possumus inveniri, ubi totis debemus animæ [*ed.* animi] viribus occupari.

Vers. 116. *Suscipe me secundum eloquium tuum et vivam, et non confundas me ab exspectatione mea.* Perfidis effugatis, et malorum hominum conversatione purgatus, a Domino se petit suscipi, ut possit ejus verbi promissione salvari. Esset enim fortasse temerarium Domino dicere: *Suscipe me,* nisi adjungeret promissionem, quæ nescit aliquando decipere. Sed cum dicit, *Vivam,* futurum tempus ostendit; hic enim vere non vivitur, ubi carnis fragilitate peccatur. *Exspectatio* quoque ipsius erat, ut misericordiam Christi devotissimus inveniret; quam spem in judicio venturo se postulat adipisci: ne confusione deceptus, a sua possit *exspectatione* fraudari. Sed cum dicit: *Ab exspectatione mea,* nullum tempus ponit quo exspectare non debeat. Res enim ista in pectoribus sanctis non habet finem, nisi cum pollicitatio superna provenerit. Sic enim et alibi dicit: *Exspectans exspectavi Dominum, et respexit me.* Beata ergo *exspectatio* (*Psal.* xxxix, 2), ubi est certa promissio. Cur enim defectum spes fidelis sustinere possit, cum is qui promittit nesciat immutari? *Exspectatio* itaque sanctorum est cœlorum regna, 417 angelorum consortia promereri; et quod supra totum est, ipsum [*mss. A., B.,* totum] jugiter videre, qui in beatorum solet semper corde dulcescere.

Vers. 117. *Adjuva me, et salvus ero: et meditabor in justificationibus tuis semper.* Quamvis verba ista sæpe videantur esse repetita, magna nobis tamen assiduitatis istius sacramenta declarantur. Hoc enim ad amplissimum desiderium mentis debet aptari, quod nulla inde poterat intermissione suspendi; quia quamvis accipiamus a Domino, semper rogandus est ut jugiter donet, ne collata beneficia possint a nobis fidei tempore discedere. Non enim repetitum verbum otiose debemus accipere, ne videamur incaute, quod scire nos expedit, omisisse. Addidit, *et meditabor in tuis justificationibus semper.* Causam reddit obsequii, ne post susceptam salutem collato munere videretur ingratus. Sed cum promittit *meditari justificationes semper*, salutem suam jugiter desiderat contineri; sic enim faciendo locus tollitur absolute diabolo. *Justificationes* enim duplici modo possumus accipere: sive istas quas hic quotidie in peccatorum nostrorum confessione peragimus, ut est illud Evangelii (*Luc.* XVIII, 13, 14), cum publicanus peccata sua confitens, de templo justificatus exivit. Decet enim quandiu in isto sæculo sumus, et a peccatis liberi esse non possumus, in ista nos *semper justificatione* prosternere. Sed quia sequitur, *semper*, quod supra omne tempus esse dignoscitur; ne non tibi videatur isti sæculo convenire, sed aliquid te delectet de illa æternitate concipere. *Meditantur* sancti *justificationes* Domini *semper*, quando angelorum choris sua desideria sociabunt; quando laudes Domini perenni exsultatione cantabunt; quando, sicut dicit Apostolus: *Corruptibile hoc induerit incorruptionem, et mortale hoc induerit immortalitatem* (*I Cor.* XV, 54).

Vers. 118. *Sprevisti omnes discedentes a justificationibus tuis, quia injusta cogitatio eorum.* Declaratum est cur assumebatur *justificationum* Domini frequens assiduaque meditatio. Merito enim timorem movebat talis secutura sententia; quoniam spernuntur a Domino, qui *ab ejus justificatione discedunt.* Nam cum sit justificatio peccatorum mentis pura confessio, merito superbi spernuntur a Domino, qui tali se remedio sanare despiciunt. *Injusta* quippe est *eorum cogitatio* et velle peccare, et justissimo Judici nolle satisfacere. Merito ergo tales ab absolutionis gratia submoventur, qui toties commoniti, hic pio Domino supplicare tempserunt.

Vers. 119. *Prævaricantes reputavi omnes peccatores terræ: ideo dilexi testimonia tua.* Hæc sententia nisi diligentius perquiratur, Apostolo videtur esse contraria. Ille enim dicit: *Qui sine lege peccaverunt, sine lege peribunt* (*Rom.* II, 12); hic autem *omnes peccatores terræ prævaricatores* esse testatur. Nam quomodo potest aliquis esse sine lege, si omnes *prævaricatores* esse credendi sunt? *Prævaricari* enim non est, nisi legem transgredi constitutam. Sed utrumque verum est, quoniam ab uno veritatis fonte descendit. *Sine lege peribunt*, de illa tantum constitutione dicit Apostolus, quæ tabulis lapideis in monte Sina digito Domini probatur ascripta. Nam et aliæ leges sunt, per quas populi divinæ sententiæ subjacebunt; ut est illa prævaricatio Adæ, de qua nisi Christi beneficio liberetur, humanum genus constat esse judicandum. Constringuntur etiam gentes per naturalem legem, ne faciant alteri quod nolunt fieri sibi; unde idem dicit Apostolus: *Gentes quæ legem non habent, naturaliter quæ legis sunt faciunt* (*Rom.* II, 14). Vides ergo merito hic dictum *prævaricatores omnes esse*, qui potuerunt aliquo errore delinquere. Nam sive transgressæ primum legis, sive quæ per Moysen data est,

omnis prævaricator redditur; quoniam ab his nullus terrigena probatur exceptus. Consequens autem erat ut enixius *diligeret testimonia* Domini, qui *prævaricatorum* nomine visus est *omnes* addicere *peccatores.* Per ipsa enim *testimonia* credebat sibi venire posse remedium, per quæ ad Christi gratiam desiderio festinante tendebat. Nam cum lex nos addicat, sola gratia est absolute quæ liberat, ipsa quæ compeditos solvit, ipsa quæ de servis filios facit.

Vers. 120. *Confige* [mss. G., F., *infige*] *timore tuo carnes meas, a judiciis enim tuis timui.* Sciens congregatio spiritualium virorum, unde humano generi prævaricatio legis supradicta provenerat, tanquam sævissimum latronem et indomabilem feram, carnem suam non solum religandam, sed etiam *configendam*, nova atque inusitata supplicatione deprecatur. *Carnis* enim vitia sunt terrena delicta, quæ nos legem transgredi faciunt mandatorum, dum a proposito veritatis abducunt. Quam merito deprecatur *timore* Domini debere *configi*, ne ab eo possit noxia libertate dissolvi! Sic uno verbo significatum est, quemadmodum caro tractari debeat Christiani, et qua pietate contra corpus suum nimie ac violenter oraret, exposuit; timore scilicet futuri judicii, ut hic mortificatum, ibi reddatur æternum: hic temporaliter moestum, illic esset sub perpetuitate lætissimum. Et illud inspice quod dicit: *timore tuo*; casto scilicet atque perfecto, qui non tantum habet ante oculos formidinem vindictæ, sed vehementer metuit amissionem gratiæ, in qua fidelis vivit, per quam omnis reficitur Christianus. Sed videamus qui clavi sunt, qui nos in illa Domini crucifixione configunt; charitas utique, quæ nos facit et tormenta nostra negligere, et mortis ipsius pericula plus amare. Felix qui clavo isto configitur, qui tali vulnere sauciatur. Ipso clavo transfixus est qui dicebat: *Mihi vivere Christus est, et mori lucrum* (*Philip.* I, 21). Ipsa compunctione foratus est qui orabat: *Nunc dimitte servum tuum in pace, quia viderunt oculi mei salutare tuum* (*Luc.* II, 29). Ad postremum in Canticis canticorum Ecclesia profitetur: *Vulnerata charitate ego sum* (*Cant.* II, 5). *Configi* ergo se *timore* Domini sanctus populus deprecatur, ut moriendo vivat, qui prius vivendo moriebatur.

Vers. 121. — XVI. AIN. *Feci judicium et justitiam: ne tradas me persequentibus me.* Ad sextam decimam litteram in æternum membra Domini viventia pervenerunt, in qua una voce petunt sacræ incarnationis adventum, tempus esse dicentia, ut ad destruendos superbos divina potentia debuisset ostendi. Intendamus itaque verba quæ dicta sunt, ut arrogantiam sanctis odiosam nulla possit cogitare perversitas. *Facit judicium* quisquis judicat contra se, et pravitates suas ante examen Domini justa exsecratione condemnat. Sed ne hoc *judicium* adulatorium magis putares esse quam verum, addidit, *et justitiam*, quoniam per justitiam nos judicamus, quando delictorum nostrorum vindices sumus. Ipsa est ergo æquitas quæ nos absolvit a pœna: ipsa quæ liberat a reatu, si nosmetipsos cognoscimus sceleribus involutos. Et quoniam peracta fuerat devotæ satisfactionis integritas, petit modo ne tradatur peccatoribus, qui peccata damnavit. Hoc est enim quod superius postulavit : *Infige timore tuo carnes meas*, ut res noxia animæ judicio subderetur, et serviret potius affixa quæ lascivire poterat effrenata. *Persequentes* vero sunt diabolus cum ministris, qui nos indefecta malitia persequuntur, et traditos sibi crudeli laceratione discerpunt. Meminimus enim quæ pertulerit Job ille sanctissimus, quantis cladibus patienter subjacuit, quia illis se traditum esse cognovit. Scimus etiam quanta Joseph passus fuerit, vel Susanna, dum traditi fuerint manibus impiorum. Hinc etiam quotidie rogamus admoniti : *Ne inducas nos in tentationem* (*Matth*. VI, 13). Traduntur quoque peccatores, ut digna commissis flagella patiantur, sicut Apostolus de impiis dicit : *Tradidit eos Deus in reprobum sensum, ut faciant quæ non conveniunt* (*Rom*. I, 28). Et alibi de peccatoribus ait : *Quos tradidi Satanæ, ut discant non blasphemare* (*I Tim*. I, 20). Petit ergo populus sanctus, ne *tradatur persequentibus se*, quibus ideo spiritus irascebantur immundi, quia videbant ab eis suas immissiones instigationesque damnari. Hoc est odium quod Christi meretur affectum; ab illo enim amari non potest quis, nisi ab ejus inimicissimis horreatur.

Vers. 122. *Suscipe servum tuum in bonum : non calumnientur me superbi*. *Suscipe*, diabolico brachio impulsus videtur dixisse, ne corruat. Domini enim misericordia suscipimur, quando peccatorum nostrorum compulsione percutimur. Apte enim dictum est: Domine, in bonum *suscipe*, quia in malum se adversam partem noverat impulisse. *Servus* autem liberationis indicium est. *Servus* enim a servando dicitur, quod eum captum ab imminenti interitu domini sui manus miserata servaverit. Sic et iste merito se *servum* dicit, qui fuerat ab animæ deceptione liberatus. Quapropter hic *servus* et liberationis professio cognoscitur et honoris. Illius enim non est *servus*, nisi qui sanctorum fuerit cœtibus aggregatus. *Calumniantur* autem *superbi*, quando hæreticas contentiones violento pondere falsitatis objiciunt, ut merito se a Domino deprecatus fuerit suscipi, ne eorum potuisset altercatione prosterni. Sive hoc magis de spiritibus immundis melius dicitur, qui nobis improbe *calumniantur*; et cum ipsi sint maxime nostrorum criminum rei, nolunt nos concessa venia liberari; nam cum ipsi decipiant, ipsi nos semper accusant. Sed quid mirum si peccatoribus *calumnietur*, qui Christo Domino dicere tentavit : *Omnia hæc tibi dabo, si procidens adoraveris me* (*Matth*. IV, 9)? Et illud : *Ponam sedem meam ad aquilonem, et ero similis Altissimo* (*Isa*. XIV, 13). Merito ergo dicitur *calumniator*, qui dum facit crudelia, pios semper accusat. De ipso enim et alio loco Scriptura dicit : *Et humiliabit calumniatorem, et permanebit cum sole* (*Psal*. LXXI, 4). Justissime itaque petit, ne humilis tradatur superbo, ne simplex calumnioso, ne devotus ingrato : quoniam supra ipsos magis atrociter sæviunt, quos minime seducere valuerunt.

Vers. 123. *Oculi mei defecerunt in salutare, tuum et in eloquium justitiæ tuæ*. Movere aliquos solet, cur plurali numero posuerit *oculos*, cum sit unus cordis aspectus; nec potest hoc ad istos oculos carnales referri, qui in illa longinquitate temporis nihil tale potuerunt intueri. Sed quoniam cohors sancta loquitur, quam esse constat Ecclesiam, merito pluraliter dicit : *Oculi mei*, sicut et alibi de ipsa legitur : *Oculi tui sicut columbæ super abundantiam aquarum* (*Cant*. V, 12); et alibi : *Oculi tui sicut columbæ extra taciturnitatem tuam* (*Cant*. IV, 1). Istos ergo dicit *oculos in salutare* Domini *defecisse*, propter sanctum incarnationis adventum, quem tanto desiderio sustinebat, ut nullam requiem potuisset admittere. Unde merito *defecit*, quia nullum tempus vacationis accepit. *Salutare* enim significat Dominum Salvatorem, de quo scriptum est : *Salvum fac populum tuum, Domine, et benedic hæreditatem tuam* (*Psal*. XXVII, 9). Sequitur, *et in eloquium justitiæ tuæ*, id est evangelica verba, quæ dicturus erat populo credituro.

Vers. 124. *Fac cum servo tuo secundum misericordiam tuam, et justificationes tuas doce me*. In assiduis precibus perseverat, quia petendi nunquam debet esse fastidium, ubi largitas donatoris non potest habere defectum. Infinita petit, qui sibi bona fieri secundum misericordiam Domini postulavit. Nam sicut illa æterna est, sic ejus munera probantur esse perpetua. Bene addidit, *servo tuo*, quia statim corruet, qui alterius esse voluerit. *Justificationes* vero more suo ipsas semper petit, quas jam devotus accepit. Hanc enim assiduitatem et oratio dominica designat quæ dicit : *Panem nostrum quotidianum da nobis hodie* (*Luc*. XI, 3). Justum est enim, ut jugiter rogetur, qui si non petatur offenditur. Et respice, res is'æ quali verborum proprietate distinctæ sunt. *Misericordiam* supra se *fieri* petiit : *justificationes* autem *doceri* se suppliciter postulavit.

Vers. 125. *Servus tuus sum ego, da mihi intellectum ut sciam testimonia tua*. Quamvis universa quæ expediunt continuis precibus sint a Domino postulanda, maxime tamen divinarum Scripturarum intellectus jugiter expetendus est; qui quanto plus percipitur, tanto suavior sanctis mentibus invenitur. Sed quia novit omnipotentem Dominum subjectis suis esse largissimum, dicit : *Servus tuus sum, da mihi intellectum*, qui solitus es donare quæ juste ac fiducialiter peteris. Nam cum obnoxia se cuncta cognoscant, magni tamen meriti est ipsius famulum nuncupari. *Servus* quippe ipsius veraciter nequaquam dici potest, nisi qui ejus famulatur arbitrio. Et vide quid dicat, *ut sciam*, id est ut accepta retineam. *Scire* enim illud est, quod in notitiam nostram manifeste veniens, nulla oblivione deletur.

Vers. 126. *Tempus faciendi, Domine : dissipaverunt iniqui legem tuam*. Prævidens populus devotus temporibus Antiochi a plebe Judaica legem Domini cultura dæmonum polluendam, velut ad medicum clamat ægrotus *tempus* esse subveniendi; ne morbis ingravantibus salus populi potuisset absumi. Dicit enim : *Tempus* est *faciendi*, non differendi quod expedit. Jusserat enim per legem et prophetas, ut verus Dominus reverentissima devotione coleretur; sed quoniam hoc in suam perniciem contempsit obstinatio Judæorum, clamat populus fidelis, *Tempus faciendi*, id est ut mundo salutaris appareas, peccata dissolvas, mortem vincas, ipsumque diabolum cum sua cohorte prosternas. Hoc est enim Domini facere, prædictis temporibus advenire. Unde et per prophetam dictum est : *Tempore accepto exaudivi te, et in die salutis adjuvi te* (*Isai.* XLIX, 8). Et Apostolus : *Ecce nunc tempus acceptabile, ecce nunc dies salutis* (*II Cor.* VI, 2). Omnia enim quæ Dominus facit, aptissima dispositione complentur; ut ante fieri non debeant, nisi quando ille miseratus indulserit. Hinc est quod nobis semper expedit habere patientiam, exspectare quæ jussa sunt, rogare quæ prosunt [*mss. A., B., F.,* promissa sunt]. *Tempus* autem *faciendi* novit ille, qui rogatur. Addidit causam cur debeat facere quæ rogatur, quia *Judæi legem dissipaverunt*, quam ille eos inviolabiliter custodire præceperat. *Dissipare* enim est *legem*, aliter vivere quam ipsius præcepta monuerunt; et hoc magis facere, quod illa cognoscitur sub omni exsecratione damnasse. Hoc argumentum rhetores inter violentissima præcepta posuerunt, quando ut preces audiantur, adjuvat tempus aptissimum.

Vers. 127. *Ideo dilexi mandata tua, super aurum et topazion.* Quantum legem Domini dissipaverat nefanda præsumptio, tantum devotus animus ad mandata ejus festinabat implenda. Grandis enim religionis crescit affectus, quoties eam improborum impugnare tentat audacia. Pro hoc enim additum est, *ideo*. Erat itaque sanctissimo choro *super aurum* et gemmas, quas pretiosissimas habet humanitas, *mandatorum* Domini reverentiam custodire. Istud enim temporaliter humanis blanditur aspectibus : inde autem in æternam requiem mens beata perducitur. *Topazion* vero, sicut quidam scribere voluerunt, genus est lapidis, quantum inventione rarum, tantum mercium quantitate pretiosum; qui duos fertur habere colores, unum auri purissimi, et alterum ætherea claritate relucentem : pinguedo rosea, verecundaque puritas, vicinus lapidi chrysoprasso magnitudine vel colore; quia maxime lampat cum solis splendore percutitur; omnium gemmarum superans pretiosissimas claritates; in aspectum suum singulariter provocans oculorum cupidissimam voluptatem. Quam si polire velis, obscuras; si naturæ propriæ relinquas, irradiat. Hæc regibus ipsis fertur esse mirabilis, ut inter divitias suas nihil se simile possidere cognoscant. Nasci dicitur in insula Topazion quæ est provinciæ Thebaidæ, unde et nomen accepit; de quo non sunt multa dicenda : ne quod Scriptura dicit esse contemptibile; nos desiderabile affectata laude faciamus.

Vers. 128. *Propterea ad omnia mandata tua diri-gebar : omnem viam iniquam odio habui.* Qui super aurum et gemmas legem Domini diligebat, necesse fuit ut ad omnia mandata ejus rectissimus appareret. Talia enim negligere non potes', nisi qui divina fuerit inspiratione correctus; ut aurum habeat velut terrenas sordes, gemmas ut calculos viles. Amare siquidem non profutura dementis est; sed illud decet viros sanctissimos concupiscere, quæ possint præmia nunquam peritura conferre. Congruum ergo fuit ut odisset perversam viam, qui meruit amare rectissimam. *Iniqua* siquidem *via* est, quæ nos perducit ad vitia; recta vero virtutum, quæ nobis indulgentiam tribuit et salutem. Sed hoc quam studiose, quam frequenter infunditur! ut intelligamus beatos viros qualium rerum delectatione pascantur, qui hoc habent supra cuncta dulcissimum, quod sæpius credunt esse repetendum.

Vers. 129. — XVII. PHE. *Mirabilia testimonia tua, Domine : ideo scrutata est ea anima mea.* Septimam decimam litteram sancti populi intrat oratio, asserens aperuisse os suum et attraxisse spiritum, ut ejus audiatur oratio, exitusque aquarum transiisse lacrymas pias, quia non sit a Judæis custodita lex Domini. Et intuere quemadmodum definitionem rei uno verbo complexus est dicendo : *Mirabilia testimonia tua, Domine. Mirabilia* plane, quoniam per ea cœlestis virtus hominibus terrenis innotuit, et nosse dederunt parvulis unde et angelorum sublimis natura beata delectatione completur. Hæc semper *scrutari* licet, et assidua meditatione perquiri. Hic autem illud timere non convenit : *Altiora te ne quæsieris, et fortiora te ne scrutatus fueris* (*Eccles.* III, 22). Ideo enim nobis prædicata sunt, ut ea pie atque diligenter noster semper animus indagaret. Altiora enim et fortiora talia dici non possunt, quæ ut perquirerentur edicta sunt. Hæc autem quinta est species definitionis, quæ Græce κατὰ τὴν λέξιν, Latine ad verbum dicitur. Declarata sunt enim quæ sunt *testimonia* Domini, id est *mirabilia*.

Vers. 130. *Declaratio sermonum tuorum illuminat me : 420 et intellectum dat parvulis. Sermones* sunt Domini, quos justorum prophetavit auctoritas; sic enim scriptum est : *Ecce Virgo concipiet, et pariet filium, et vocabitur nomen ejus Emmanuel* (*Isai.* VII, 14). Et alibi : *Videbit omnis caro salutare Dei* (*Idem* LII, 10). Sed istos sermones qui fuerant longi temporis obscuritate reconditi, adventus Domini illuminatio declaravit, quia per ipsum manifesta sunt facta, quæ sacris litteris tenebantur abscondita. Tunc enim Verbum caro factum est, Virgo peperit : tunc muti locuti sunt, surdi audierunt, claudi recto incessere vestigio, et cætera miracula quæ Domino serviere virtutum. Hæc *declaratio* obscuritatem naturæ nostræ quæ jacebat in tenebris, vi suæ potestatis *illuminare* dignata est; *et intellectum dedit parvulis*, id est qui se humiles atque egentes suis viribus agnoverunt. Sed isti *parvuli* non de ætate metiendi sunt, sed de simplicitate conscientiæ, de quibus dictum est : *Sinite parvulos venire ad me; talium est enim regnum cœlo-*

rum (Marc. x, 14). Ipsis enim hic præstat purum atque innocentissimum *intellectum,* quibus ibi æternum donaturus est præmium.

Vers. 131. *Os meum aperui, et attraxi spiritum, quia mandata tua desiderabam.* Si hoc ad litteram velis advertere, consuetudo loquentis expressa est. Prius enim *os aperitur,* spiritus contrahitur, ac deinde in sonum vocis linguæ mobilitas adhibetur. Si vero spiritualiter, ut oportet, intelligas, *os* dicit mentis introitum, qui tunc aperitur, quando aliquid discere festinamus. *Attrahit* autem *spiritum,* cum jam munere divino salutaris desiderii completur affectu, et incipit firma mente velle, quod ante per gratiam tamen Domini visus est appetiisse. *Aperuit* ergo *os* cordis sui infirmus et parvulus, *et attraxit spiritum,* id est virtutem faciendi, quam per se non poterat adipisci. Sed ut hoc magis ad intelligentiæ bonum, non ad loquendi officium cognoscas esse præmissum, sequitur, *quia mandata tua desiderabam.* Ardorem siquidem voluntatis præmisit, ut postea consequenter exponeret desideria mandatorum. Consequi quippe non poterat, ut prius se diceret locuturum, et postea desiderare quæ prosunt.

Vers. 132. *Aspice in me, et miserere mei, secundum judicium diligentium nomen tuum.* Frequenter Dominus *aspicit* iratus, sæpius intuetur ut perdat, sicut Sodomam et Gomorrham respexit, sicut castra Ægyptiorum. *Aspicit* etiam propitius, sicut in muneribus fecit Abel. Respexit quoque super filios pauperum, et non sprevit preces eorum (*Psal.* ci, 18). Et ideo ne in partem susciperetur adversam, statim subjunxit, *et miserere mei;* quæ merito (sicut sæpe memoratum est) misericordia dicitur; quia miseris larga pietate præstatur. Nec solum hic hæsit fusa precatio, sed addidit, *secundum judicium diligentium nomen tuum. Judicium* quippe *est* Domini, ut nomen suum diligentibus misericordiæ largiatur auxilium, ne exspectatio fidelium decipiatur, quæ ipsius semper consideratione suscipitur.

Vers. 133. *Gressus meos dirige secundum eloquium tuum: et non dominetur mei omnis injustitia. Gressus meos* significat motus animæ; nam sicut per istos de loco ad locum transferimur, ita et in illis quibusdam passibus, sive ad meliora, sive ad deteriora progredimur. Hos sancta cohors *secundum eloquium* Domini *dirigi* postulabat, ne vitiorum pravitatibus seducta, in mortiferos laberetur errores. *Secundum eloquium tuum* dicit, id est secundum jussa quæ præcipis ad vitam humani generis corrigendam. Sequitur, *et non dominetur mei omnis injustitia.* Necesse enim erat ut, *si gressus ejus secundum eloquium* suum Dominus *dirigere* dignaretur, nulla illi *injustitia* prævalere potuisset. Et vide quam caute petit ne *dominetur* ejus quæ non poterat sic excludi, ut ulterius pulsare non posset; sed cum non *dominatur* evadimus, quia servitus illa nos præcipitat ad ruinam. Nec illud vacat quod ait, *omnis injustitia;* scit enim quia si qua horum *dominetur* intercipit; nec prodest aliquid in multis servare legem, si eam in aliqua parte videamur offendere; scriptum est enim: *Si quis totam legem servaverit, offendat autem in uno, factus est omnium reus (Jac.* ii, 10).

Vers. 134. *Redime me a calumniis hominum, et custodiam mandata tua. Calumnia* per antiphrasim, id est per contrariam locutionem dicitur capitis alumna, dum magis petat caput alienum, eique contraria sit; sicut bellum quod non est bonum, et lucus qui non habet lucem. Calumnia est enim commentum aliquod periculosæ falsitatis objectum, quod bonis semper hominibus studio perversitatis objicitur, decolorare contendens quod recta conscientia fuerit actitatum. Hanc patiebantur videlicet justi, ut eos ab æquitatis tramite studio infestationis [*ms.* G. *et ed.*, inficiationis] averterent. Quanta enim, ut antiquiores taceam, pertulit David, cum Sauli parceret, et apud injustum regem eo ipso fieret reus, quoniam illi probabatur esse propitius? Qualis illi, rogo, calumnia est excitata, quando juvenculæ dixerunt: *Saul occidit mille, et David decem millia* (*I Reg.* xviii, 7)? Quapropter *calumniæ* sunt *hominum* contra veritatis honorem controversiæ requisitæ; quas merito a se sancta cohors deprecabatur auferri, ut mandata Domini amotis adversitatibus indagaret.

Vers. 135. *Faciem tuam illumina super servum tuum: et doce me justificationes tuas.* Legimus sancti Moysi (*Exod.* xxxiv, 35) vultum ita a Domino fuisse clarificatum, ut eum Israeliticus populus respicere non valeret; unde velamine superducto loquebatur ad eos: quia non poterant in ipso cœlestem conspicere claritatem. Vultus enim Moysi fulgor erat legis, quem illi sustinere non poterant, quia velatis eam cordibus audiebant. Hoc ergo sanctus populus petit, ut *illuminatam* Domini *faciem* possit conspicere, non velatam; quatenus puri [*ed.*, pura] gratia luminis mereatur afflari, nec jam aliquod patiatur obstaculum, qui veritatis ipsius desiderabat aspectum. Potest magis cohors sancta desiderare Domini Salvatoris adventum, cujus facie illuminata sunt tenebrosa peccati: vitam conferens mortuis, et certissima remedia desperatis.

Vers. 136. *Exitus aquarum transierunt oculi mei, quia non custodierunt legem tuam. Exitus aquarum* significat lacrymas copiosas, quas tantas dicit fuisse, ut ipsa quoque fontium fluenta transcenderent. *Transeunt* plane quando illa sine sensu currunt, ista cordis afflictione funduntur. Nam quod vincere quantitate non poterant, felicissimæ compunctionis qualitate superabant. Has tunc profundimus, quando peccatorum nostrorum recordatione mordemur. Nam si mandata Domini custodiremus, lætitiam utique haberemus, non plorationis ardorem. Sed quoniam talia carnis necessitate vitare non possumus, donec Dominus lacrymas quibus peccatorum sordium abluamur. Sed illud quoque æstimo considerandum, quoniam dicit per *oculos* satisfactionem venisse, per quos nos plerumque illecebras hujus sæculi constat attrahere; ut merito per illos culpa mundetur, per quos et excessus admittitur. Qui modus in Scripturis divinis frequentissime reperitur, sicut sextus psalmus ait : *Lavabo per singulas noctes lectum meum : lacrymis meis stratum meum rigabo* (*Psal.* VI, 7). Et alibi : *Fuerunt mihi lacrymæ meæ panes die ac nocte* (*Psal.* XLI, 4). Quæ figura dicitur hyperbole, quoties relationis qualitas majore pondere exaggerata profertur. Sancto enim choro sic erat deflendum, ut omnia peccata dilueret copioso imbre lacrymarum.

Vers. 137. — XVIII, SADE. *Justus es, Domine, et rectum judicium tuum*. Triumphatrix carnis suæ cohors sanctorum ad octavam decimam litteram venit, in qua justitiam Domini confitetur, et eloquia ejus ignita continua se dicit dilectione venerari : ad postremum petens intellectum testimoniorum, unde vivificari debeat in æternum. Sed postquam peccata sua superius irriguis dixit lacrymis expiata, nunc judicia Domini fideli mente collaudat, dicens : *Justus es, Domine, et rectum judicium tuum*, qui peccatores se semper jubes affligere, ut eos tua debeat medicina salvare; quia nec illi aliquando probarentur sub lætitia corrigi, nec beneficia possent aliter divina cognosci. Suis quippe meritis putaret datum, si peccator jugiter floreret illæsus. Sed utrumque justum, utrumque dignissimum ; quoniam et delinquens per satisfactionem corrigitur, et judicia Domini humili confessione declarantur. Hoc enim dicto Daniel inter ferocissima leonum ora salvatus est, his verbis trium puerorum flamma superata est, hanc sententiam Jeremias in Lamentationibus suis frequenter iteravit. Dicamus igitur et nos hunc versum in quibuslibet periculis, dicamus in gaudiis; quia talis confessio et ab ærumnis eripit, et in prosperitate custodit.

Vers. 138. *Mandasti justitiam testimonia tua, et veritatem tuam nimis. Mandasti*, significat præcepisti. *Testimonia* vero sunt (sicut jam dictum est) quæ sub testificatione prolata sunt. Hæc continent justitiam et veritatem : justitiam, quoniam æquabiliter omnia discernunt; veritatem, quia promissa retribuunt. Merito ergo tantum amabat, tantum repetebat ista *testimonia*, quando incomprehensibilis atque reverenda virtus Domini per talia concedebatur agnosci. *Nimis*, ad utrumque potest laudabiliter pertinere, sive ad *justitiam*, sive ad *veritatem* : quia *justitiam* Dominum *nimis mandare*, profutura districtio est ; *veritatem* vero nimis animis inculcare, cautela est.

Vers. 139. *Tabescere me fecit zelus domus tuæ, quia obliti sunt verba tua inimici mei*. Tabes est morbi alicujus contracta necessitas, quæ nos facit paulatim defluere, dum corporis soliditatem pœnali afflictione consumit; quod sibi accidisse testatur *zelo domus* Domini, quam non patiebatur perfidorum laceratione violari. *Zelus* enim et in malo et in bono ponitur. In malo, ut est illud : *Zelus et invidia comedit domum Jacob*. Et in Actibus apostolorum legitur : *Videntes autem Judæi impleti sunt zelo, et injecerunt manus suas in apostolos* (*Act.* V, 17). Iste enim ducit semper ad culpas, laqueos nectit, viam salutis intercipit. In bono vero positum est : *Zelus domus tuæ comedit me* (*Psal.* LXVIII, 10). Et Elias dicit : *Zelans zelavi pro Domino Deo exercituum : quia dereliquerunt pactum tuum filii Israel* (III *Reg.* XIX, 10). Phinees quoque sacerdos cum videret Hebræum cum Moabitide muliere misceri, zelatus præceptum Domini, utrosque gladio perforavit (*Num.* XXV, 8). Cujus zelus tantum præstitit, ut iram Domini solus averteret. Iste siquidem zelus tribuit salutem, fidem retinet, pudicitiam servat, et Ecclesiam Dei gloriosa vivacitate custodit.

Vers. 140. *Ignitum eloquium tuum vehementer, et servus tuus dilexit illud*. *Ignitum* est *eloquium* Domini, quia purgat corda mortalium mundana fæce sordentia ; et ut fornacis ardor exæstuans metalla decoquit, eorumque vitia necessaria purificatione consumit, ita eloquium Domini, peccatorum maculis detersis, humilium sensus emundat. Isto quippe igne cor Cleophæ ardebat, quando dicebat : *Nonne cor nostrum ardens in nobis erat, cum aperiret nobis Scripturas* (*Luc.* XXIV, 32) ? Hoc etiam igne successus Jeremias enuntiat : *Et erat ignis flammigerans in ossibus meis* (*Jerem.* XX, 9). Isto etiam igne et reliqui succensi sunt, qui triumphali charitate floruerunt. Quapropter ignis iste sermo Christi est, sicut ipse in Evangelio dicit : *Ignem veni mittere in terram, et quem* [ed., *et quid*] *volo ut ardeat* (*Luc.* XII, 49). Addidit, *vehementer*, ut hoc non ad mortem exaggeratum crederes, sed ad salutem. Sequitur quoque, *et servus tuus dilexit illud* : utique diligebat quod vitam conferre noverat, et honorem dabat, quod sciebat ad remedium humani generis attribuum

Vers. 141. *Adolescentior sum ego et contemptus : justificationes tuas non sum oblitus*. Multis sanctis hic versus videtur posse congruere. Nam hunc bene accipimus ex persona Joseph, qui a majoribus fratribus contemptus, tanquam vile mancipium mangonibus venundatus esse dignoscitur : qui tamen *justificationes* Domini in se factas *non est oblitus*, quando se pia in omnibus voluntate tractavit. Ille enim cognoscitur liberatoris sui meminisse, qui ejus præceptis probatur obedientiam commodare. Hoc etiam David ex persona sua potest dicere, qui ad regni culmina inter fratres suos pro imbecilla ætate non sperabatur posse sufficere ; sed tamen iste *justificationes* Domini tanta devotione in memoria tenuit, ut ipse Dominus diceret : *Inveni David filium Jesse, qui facit omnes voluntates meas secundum cor meum* (*Act.* XIII, 22). Ad postremum quod firmamentum esse totius constat Ecclesiæ, potest hoc dicere populus adoptivus, populus gratiæ, populus novus, qui ætate sequitur, sed fidei dignitate præcedit. Unde bene suscipitur loquens per totum psalmum cohors beata sanctorum, quæ 422 cunctos fideles, cunctos beatissimos probatur amplecti.

Vers. 142. *Justitia tua, justitia in æternum : et lex tua veritas*. Hic versus et *justitiam* Domini et *legem* adhibita proprietate discernit. Hominum quippe *justitia* quantacunque sit, est sine dubio temporalis, ut est justitia philosophorum, qui se videntur morum probitate tractare, quæ sine Dei cultura veraciter vana gloria nuncupatur. Nam *justitia* Domini in æter-

num manet, quia quisquis eam custodiverit, æterna felicitate gaudebit. Videbatur etiam et justitia Judæorum, qui litteram potius contuentes, futura in ea putaverunt non esse mysteria. *Justitia* vero *Domini* quam intellexit populus Christianus, *in æternum* servat; quoniam ipsa semper æterna est. Ita et *de lege* arbitror sentiendum, quoniam quicunque eam intelligere meruerunt, cœlesti veritate completi sunt. *Veritas* enim legis est Dominus Christus, qui de se ait: *Ego sum via, veritas et vita (Joan.* xiv, 6). Quapropter merito definitive dictum est: *Lex tua veritas*, quod est Dominus Christus.

Vers. 143. *Tribulatio et angustia invenerunt me: mandata autem tua meditatio mea est. Tribulatio et angustia* sanctis viris magna sunt munera, quia norunt se pondere talium compressi exsudare peccata, et ad illa gaudia tendere, quæ non habent finem; sicut Apostolus ait: *Quis nos separabit a charitate Christi? Tribulatio, an angustia, an persecutio, an fames (Rom.* viii, 35)? etc. Hæc enim beatis viris velut quoddam antidotum est, quod dum aspere bibitur, fomenta [*ms. G.*, momenta; *ed.*, monimenta] salutis operatur. Sequitur, *invenerunt me*, quasi exspectantem [*ed.*, expugnantem], quasi fixum, quasi ad earum certamina præparatum. Subjungit quoque illud adjutorium, unde se sine dubio in diversis passionibus suis noverat esse curatum: *Mandata autem tua meditatio mea est.* Quibus enim tribulationibus, quibus angustiis opprimi poterat, qui tali meditatione gaudebat? Nam licet affligeretur corpus invalidum, cruciaretur caro passibilis, in requiem noscebatur esse transpositus, cujus in Scripturis divinis erat animus occupatus.

Vers. 144. *Æquitas testimonia tua in æternum: intellectum da mihi, et vivam.* Iterum per definitionis modum virtutem *testimoniorum* designat. Nam si interroges, quid sint *testimonia* Domini? respondetur, *æquitas in æternum.* Pulchre autem contra tribulationem et angustias, quæ temporalia esse noscuntur, posita est *æquitas in æternum*, ut tali spe unusquisque contemneret, quæ temporalia esse sentiret. Sic enim et in superiori littera definivit: *Mirabilia testimonia tua, Domine.* Addidit, *intellectum da mihi, et vivifica me.* Qui se superius adolescentem dixerat esse contemptum, nunc maturior senioribus inter adversa petit intellectum, ut agnoscat mundi istius pericula pro ventis transitoriis æstimanda. Sic enim vivificari poterat, si judicaret talia non curanda; ut martyrii morte viveret, et perpetua exsultatione gauderet. O mors illa vitalis, o sanguis purpuris omnibus pretiosior, qui tribulationes et angustias mereris finire, et insuper exspectas cœlorum regna suscipere!

Vers. 145. —xix. Copн. *Clamavi in toto corde meo, exaudi me, Domine: justificationes tuas requiram.* Nonam decimam litteram ingreditur reverentissimus chorus, in qua justificationes Domini se pollicetur exquirere, et in verbo ejus anticipata confessione gaudere: adjiciens se cognovisse testimonia Domini in æternum esse fundata. Nunc redeamus ad versum.

Fidelium itaque clamor devotæ mentis affectus est, qui non tantum sermone promitur, sed magna cordis intentione profertur. *Clamabat* enim populus murmurans Judæorum, et non exaudiebatur a Domino. Tacebat Moyses, et Dominus ei dicebat: *Quid clamas ad me (Exod.* xiv, 15)? scilicet, quoniam illas cogitationes exaudit Altissimus, quæ pia intentione volvuntur. Additum est, *in toto corde meo:* ne reputares aliud cogitandum, quando clamatur ad Dominum. In sola enim religiosa cogitatione totus debet spiritus occupari, ne mens divisa effectum nequeat impetrare quem postulat. Et intende quid toto corde, quid totis viribus expetebat, non divitias sæculi, non conjugia nobilium feminarum, non transitorias dignitates, *sed justificationes* Domini, quas mens sancta super aurum et topazion semper desiderat, semper exquirit. Nam quod dixit, *requiram*, utique quas facere debuisset, non quas tantum lectione cognosceret. *Justificationes* enim veraciter non *requirit*, nisi ille qui eas devota mente compleverit.

Vers. 146. *Clamavi ad te, salvum me fac, et custodiam mandata tua.* Clamorem illum exponit quem superius dixit. Hoc est enim, *Clamavi in toto corde meo*, quod, *Clamavi ad te.* Ad illum enim non clamat, nisi qui petitionem suam dirigit toto cordis affectu. Sed cum dicit, *salvum me fac*, in anima vult intelligi, non in corpore, unde revera Domini poterat custodire mandata. Neque enim salutem carnis petere poterat, qui libenter corporeis passionibus subjacebat.

Vers. 147. *Præveni in maturitate, et clamavi: et in verbo tuo speravi. Prævenit in maturitate* quisquis in annis puerilibus modestiam senectutis anticipat, et ante facit gravissimam mentem, quam possit annorum numerositate canescere. Qualis enim senibus laus est, si deficientes in longo luxu, lassati potius conquiescant? Contra, quæ gloria est juvenibus, si in ipso ætatis fervore morum regimine temperentur? sicut Jeremias ait: *Bonum est viro, qui grave portavit jugum a juventute sua. Sedebit singulariter et silebit, quia sustinuit jugum grave* (Thren. iii, 27, 28). Sequitur, *et in verbo tuo speravi.* Hoc est utique quod *in maturitate prævenerat*, et clamavit ad Dominum, quia *in verbo* ipsius, id est in adventu Domini Salvatoris fixa mente *sperare* non destitit. Sancti enim viri, quamvis desiderio magno flammentur, exspectationi suæ ardorem semper adjiciunt, dum tanto plus ventura felicitas expetitur, quanto amplius eorum exspectatio protelatur.

Vers. 148. *Prævenerunt oculi mei ad te diluculo, ut meditarer eloquia tua.* In superiori versu *prævenisse* se dicit *in maturitate*, significans tempus juvenilis ætatis; nunc autem de hora diei commemorat. *Prævenerunt oculi mei ad te diluculo*, significans utique oculos cordis sui ante credidisse venturo Domino Salvatori, quam ejus irradiaret adventus. *Diluculo* enim significat initium lucis, id est diei monstratus adventus, quando post tenebras peccatorum quibus hic mundus tenebatur obnoxius, Domini vitalis præsentia emicuit; sive resurrectionem *Domini* quæ *diluculo* facta est; ait enim Evangelium : *Et cum esset valde diluculo, venit Maria ad monumentum* (*Luc.* XXIV, 1), etc. Sequitur, *ut meditarer eloquia tua.* Causa redditur cur ante diluculum mens devota surrexerit, non ut agrum coleret, non ut salutationes potentium præveniret, sed *ut* Domini *meditaretur eloquia*, quæ nunquam possunt pia vota refugere, dum suavitas eorum semper videtur accrescere, sicut in decima tertia littera dictum est : *Quam dulcia faucibus meis eloquia tua!*

Vers. 149. *Vocem meam exaudi, Domine, secundum misericordiam tuam, et secundum judicium tuum vivifica me.* Respiciamus quam mirabili modestia veri famuli Domini Dominum deprecentur; et intelligamus nihil esse præsumendum si aliquid nobis per Dei gratiam prosperitatis arriserit. Ille enim qui vincens ætatem puerilibus annis clamavit ad Dominum, qui diluculo surrexit, semper ad laudes *misericordiam* petit, et ut *vivificetur* exorat, quia in nullis est operibus, nisi in sola Domini pietate præsumendum. Cum dicit enim : *Vocem meam exaudi, Domine, secundum misericordiam tuam*, non habet quod contra peccata sua confidenter objiciat; sed illam tantum petit misericordiam quæ ex miseris beatos facit, ex captivis liberos, ex mortuis vivos, ex temporalibus sempiternos. Sequitur, *secundum judicium tuum vivifica me*, scilicet illo quo supplicantibus parcis, quo se damnantes clementer absolvis. Et cum addidit, *vivifica me*, confitetur se mortuum esse lege peccati. Vivificari enim non potest, nisi qui in se propriam non habet vitam.

Vers. 150. *Appropinquaverunt* [ms. G. et ed., *appropiaverunt*] *persequentes me injuste; a lege autem tua longe facti sunt.* Noverat propheticus spiritus beatorum quæ pericula graviter imminerent; et misericordiam ante petiit, ut in eis nulla possint atrocitate superari. *Appropinquant* enim *persequentes*, quando post omnia usque ad carnis lacerationem videntur accedere; sicut in vicesimo primo psalmo de Passione Domini dictum est : *Ne discedas a me, quoniam tribulatio proxima est* (*Psal.* XXI, 12). Et in Evangelio : *Surgite eamus, appropinquavit* [ms. G., *appropriavit*] *enim qui me tradet* (*Matth.* XXVI, 46). Pulchre autem addidit propter discretionem, *injuste*, quia possunt et persecutionem pati qui rei sunt, in quibus latrocinia commissa puniuntur, sicut et in Evangelio dicit, *Beati qui persecutionem patiuntur* (*Matth.* V, 10), sed addidit, *propter justitiam*. Bene autem hic dictum est, *injuste;* quoniam patiebantur mala pro bonis; ut quibus salutem prædicabant, morti eos putarent esse subdendos. Sequitur, *a lege autem tua longe facti sunt.* Isti scilicet persecutores quanto ad sanctorum pœnas *appropinquabant*, tanto a lege Domini *recedebant.* Necesse enim est ut deserant justitiam, qui ad pravas semitas malitiamque festinant, quia Domino proximare non possunt, nisi qui ejus regulis obsecundant. Quæ figura dicitur syncrisis, quoties meliorem causam nostram, quam adversariorum esse monstramus. Dicit enim se persecutionem injuste pertulisse, adversarios autem a lege Domini factos esse longinquos.

Vers. 151. *Prope es tu, Domine, et omnia mandata tua veritas.* Contra illam proximitatem violentissimæ persecutionis, vicinitatem Domini sibi dicit esse remedium, unde salutis auxilium noverat esse venturum. Dicit enim, *prope es, Domine*, quia ubique plenus, ubique totus es, non spatiis inclusus, sed ipse spatia cuncta replens atque complectens. Nam cum propheta vellet ostendere ubique ejus esse præsentiam, alibi dicit : *Si ascendero in cœlum, ibi es* [ed., *tu illic es*] *: si descendero in infernum, ades. Si sumpsero pennas meas ante lucem, et habitavero in postremo maris: etenim illuc manus tua deducet me* (*Psal.* CXXXVIII, 8, 9, 10). Sed cum dicit : *Prope es, Domine*, confitetur non eum ignorare si perverse gerimus, nec declinare cum fugimus. Una est ergo salus ad ipsum festinare, quem non possis effugere. Addidit quoque, *et omnia mandata tua veritas.* Hoc ille potest dicere qui *veritati*, id est Domino Christo credidit, et mandata ejus salutari perfectione suscepit. Judæus autem talia non potest loqui, qui noluit credere *veritati.*

Vers. 152. *Ab initio cognovi de testimoniis tuis, quia in æternum fundasti ea. Ab initio* significat a rudimentis sæculi, quando a justo Abel (*Gen.* IV, 8) nomen cœpit esse sanctorum, qui innocens a nefario fratre in exemplum Domini Salvatoris occisus est. *Cognovit* quoque *ab initio*, quando Melchisedech sacerdotis oblata munera in dominici corporis præfiguratione suscepta sunt. *Cognovit* etiam *ab initio*, quando Abraham filium suum in mysterium Domini Salvatoris obtulit immolandum, et his similia, quæ sacrarum litterarum lectionibus continentur (*Gen.* XXII, 10). Hæc sine dubio *in æternum fundata sunt*, quoniam veritatis ipsius testimonio comprobantur. Et bene dixit, *fundata sunt*, quippe quæ ad fundamentum Christi Domini pertinebant. Ipse enim fundamentum singulare ac solidum est, sicut dicit Apostolus, *Fundamentum enim aliud nemo potest ponere præter id quod positum est, quod est Christus Jesus* (*I Cor.* III, 11). Unde evidenter apparet, quod sæpe dictum est, fideles mente conspexisse Dominum Christum, ejusque sanctum adventum in præfigurationibus Testamenti Veteris agnovisse.

Vers. 153. — XX. RES. *Vide humilitatem meam, et eripe me, quia legem tuam non sum oblitus.* Ecce jam vicesimam litteram populus vitiorum victor ingreditur, in qua se petit vivificari; quoniam mandata Domini summo studio requisivit. Longe autem a peccatoribus salutem esse commemorat, quia similia non fecerunt. Principium quoque verborum Domini veritatem esse testatur. Sed ut ad litteræ hujus principia redeamus, dicit : *Vide humilitatem meam.* Quod hic videtur ad martyres pertinere, quorum corpus ita ingentibus tormentis affligitur, ut non in ipsis natura hominum, sed velut pecudum vilitas æstimetur. De hac humilitate sequens psalmus dicturus est : *Quia multum repleti sumus contemptione* (*Psal.* CXXII, 4); et, *multum revelata est anima nostra* ' *opprobrium abundantium, et despectio* **424** *superbis.* Audi et Apostolum humiliantem se : *Ego autem sum minimus apostolorum (I Cor.* xv, 9). Sed ut hanc humilitatem purpureo quodam pallio vestiamus, Dominus quoque dicit : *Ego autem sum vermis et non homo, opprobrium hominum et abjectio plebis (Psal.* xxi, 7). De ista humilitate diaboli victa superbia est, ut ex contraria parte caderet, ne quid se proficuum præsumpsisse gauderet. Sequitur, *et eripe me;* unde scilicet, nisi de pœnarum urgentium necessitate, de periculo mortis, et quidquid possunt in illa concertatione beati martyres sustinere ? Non enim poterat sanctus populus petere liberari se ab otiosa humilitate, cujus erat inclinis ac devota professio. *Legem* vero hic illam sententiam dicit, quæ ait : *Omnis qui se exaltat, humiliabitur, et qui se humiliat, exaltabitur (Luc.* xiv, 11). Quapropter merito se hanc non dicebat *oblitum,* qui in ea usque ad vitæ perseveravit extremum.

Vers. 154. *Judica judicium meum, et redime me: propter eloquium tuum vivifica me.* Hic versus sollicita pietate quærendus est, ne (quod absit) cohors sanctorum per arrogantiam judicari quæsiisse videatur : de quibus scriptum est : *Justus in principio sermonis accusator est sui* (*Prov.* xviii, 17). Sed *judicium* suum illud dicit, quo verbo credidit, quo incarnationem Domini pura mente suscepit. Securum utique judicium, de quo nullus possit Domini formidare judicium. Nam in his quæ per Dei gratiam bene credendo judicant sancti, securi semper efficiuntur : et merito in eis examinationem divinam petunt, quia se in ipsis glorificandos esse cognoscunt. Et respice quam pulcherrime facta denominatio est. Quod argumentum dicitur a conjugatis, quando nomen de nomine concordi assonatione formatur. Sequitur, *redime me.* Quem *redimere* poterat, nisi credentem : aut pro quo maxime sanguinem redemptionis effunderet, si fidelis famulus non fuisset? Addidit, *propter eloquium tuum vivifica me.* Illo scilicet ubi promittit : *Qui credit in me, non morietur, sed habebit vitam æternam (Joan.* xi, 26).

Vers. 155. *Longe est a peccatoribus salus, quia justificationes tuas non exquisierunt.* In primo versu litteræ hujus dixerat eripiendum se a persecutoribus esse, quia legem Domini non fuisset oblitus; nunc aptissima contrarietate a superbis persecutoribus salutem esse longinquam, quoniam justificationes Domini minime quæsierunt, ut et devotos spe bonæ conversationis animaret, et perfidos proposita damnatione terreret. Quod specialiter intelligendum æstimo de Judæis, qui *salutem,* id est Dominum Salvatorem, non ei credendo, a se longius effecerunt. Nam ut credere potuissent, *justificationes* Testamenti Veteris minime perquirere voluerunt, in quibus (ut sæpe dictum est) præfiguratus est Domini Salvatoris adventus. Merito ergo a salute longe facti sunt, qui respuerunt salutis auctorem. Nam dum illis a Pilato Christus Dominus offerretur, illi latronem Barabbam, quales ipsi fuerunt, dimitti sibi obduratis mentibus elegerunt (*Matth.* xxvii, 17).

Vers. 156. *Miserationes tuæ multæ, Domine. secundum judicium tuum vivifica me. Miserationes* sunt Domini, per quas afflictis et sauciis diversis modis subvenire dignatur : sicut Joseph qui carcereis nexibus tenebatur inclusus; sicut Jonam quem cetus absorbuit; sicut Susannam, quam falso crimine laborantem per sententiam Danielis absolvit; latronem quoque momentanea confessione salvavit; et cætera *miserationum* genera, quæ nullius potest explicare notitia. Sequitur, *secundum judicium tuum vivifica me.* Ubique quale *judicium* petatur cautissime debemus advertere, quia non est humanæ confidentiæ illud poscere, de quo dictum est : *Ne intres in judicium cum servo tuo (Psal.* cxlii, 2). Judicium est utique quod petere debemus, quando nos humili satisfactione prosternimus, quando peccata nostra, remotis excusationibus, confitemur. Tunc enim *judicium* est Domini talibus misereri, quod ille bene petit, qui se humiliatum atque supplicem vivificari *secundum judicium* Domini postulavit. Ille enim quando judicat miseretur, quando miseretur et Judicat: quia neque sine judicio misereretur, neque sine misericordia judicat : cui Psalmigraphus dicit : *judicium et misericordiam cantabo tibi, Domine (Psal.* c, 1). Omnes enim virtutes illi inesse manifestum est, nec ei accedunt aut recedunt in quo substantialiter esse noscuntur.

Vers. 157. *Multi qui persequuntur me et tribulant me; a testimoniis tuis non declinavi.* Exaggeratur nimis sævæ persecutionis injuria, quando unus se passum dicit, quod multi detestabiles intulerunt. Inde et numerosa palma venit Ecclesiæ, inde martyrum sanguis toto orbe sacratus est : quia furor sævientium non est in innocentium persecutione lætatus. Electorum numerus crevit, quantum se tyrannorum ira succendit. Verum inter hæc omnia nullatenus se *a testimoniis* Domini *declinasse* testatus est. Gratius enim devotio suscipitur, quæ inter vitæ pericula custoditur.

Vers. 158. *Vidi non servantes pactum, et tabescebam, quia eloquia tua non custodierunt. Pactum* est inter dissidentes affectu gratiæ definita conditio; a pace dictum, quasi pacis actum. Unde merito utriusque legis constitutum *pactum* vocatur, quod genus humanum a divina gratia segregatum in pacem Domini concordiamque revocavit. Quapropter *pactum* Domini est, ut quicunque persecutiones superaverit, gloriosa debet electione coronari. Hoc illi minime servaverunt, qui fragili remissione conversi, in persecutorum suorum gaudia corruerunt. Quod cohors sancta respiciens, affligebatur se fidei socios perdidisse. Et ut nimietatem doloris ostenderet, *tabescebam,* dixit, quod solet longa ægritudine fatigatis corporibus evenire. Sed unde *tabescebat* ostendit : quia prævaricator nequaquam Domini *eloquia custodivit. Eloquia* autem sunt Domini, *Qui perseveraverit usque in finem, hic salvus erit (Matth.* x, 22). Sive illud *pactum* dicit Veteris Testamenti, quando populus Hebræus audiens verba Domini dixit : *Omnia quæ-*

cunque locutus est Dominus, et audiemus, et faciemus (*Exod.* xix, 8). Sed ubi deos alienos adoravit, fœdissimaque se dæmonum cultura maculavit, *pactum illud primæ promissionis detestabili oblivione dereliquit*. Quod necesse fuit sanctis viris usque ad tabem dolere corpoream, qui cives suos ac parentes *eloquia Domini neglexisse* cernebant, traditosque in reprobum sensum piissimo dolore luxerunt.

425 Vers. 159. *Vide quia mandata tua dilexi, Domine: in tua misericordia vivifica me*. Intende quemadmodum utrasque causas ornaverit similitudo verborum. Superiore versu dixit : *Vidi non servantes pactum, et tabescebam*; nunc dicit : *Vide quia mandata tua dilexi*; ut ideo mereatur a Domino conspici, quia ille inimicos ejus zelo pietatis intendit. Sed postquam persecutorum sævitiam illataque supplicia memoravit, venit ad charitatem quæ cuncta commendat. Nam si non diligens mandata Domini talia pateretur, non erat felix corona, sed vitiosa jactantia, sicut dicit Apostolus : *Si tradidero corpus meum ut ardeat, charitatem autem non habeam, nihil mihi prodest* (*I Cor.* xiii, 3). Nam legi Dominicæ quodammodo videtur ingratus, si quis tormenta martyrii cum murmuratione pertulerit : sed debet hoc ipsum diligere, per quod se credit ad æterna gaudia pervenire. Dominus enim animorum qualitates gratius respicit, quam cruciatum carnalis passionis intendit; sicut et eleemosynas illas habet gratas, quæ sub animi hilaritate præstantur. Merito ergo *vivificandum se petebat* a Domino, qui vitam sæculi pro vera religione contempserat.

Vers. 160. *Principium verborum tuorum veritas: in æternum omnia judicia justitiæ tuæ*. *Principium verborum tuorum*, significare mihi videtur initium Scripturarum divinarum. Et quid est aliud nisi inchoatio Geneseos, quæ dicit : *In principio fecit Deus cœlum et terram* (*Gen.* 1, 1)? ubi tamen omnia inclusa ac significata noscuntur; nam quæ sunt cœlestia cœlo continentur : terrena vero creata per terræ significationem debemus accipere. Sic illud *principium verborum totius veritatis* probatur esse perfectio. *Veritas* enim a principio vera loquitur, et verba sua usque ad finem veritatis adducit. De his enim scriptum est : *Cœlum et terra transibunt, verba autem mea non præteribunt* (*Matth.* xxiv, 35). Quidquid enim ex illo veritatis fonte descenderit, incommutabili virtute consistit. Nam sicut dictum est : *Initium sapientiæ timor Domini* (*Eccli.* 1, 16), ita et hic locutionis ordo formatus est : *Principium verborum tuorum veritas*. Et quoniam tetigerat quod in principio gestum est, sequitur et illud quod post mundi istius finem constat esse faciendum, quando judicia Domini in æterno sæculo permanebunt. Dicit enim justis : *Venite, benedicti Patris mei, percipite regnum quod vobis paratum est ab initio mundi*. Impiis autem dicturus est : *Ite in ignem æternum, qui paratus est diabolo et angelis ejus* (*Matth.* xxv, 34). Quæ *judicia justitiæ* ipsius erunt sine dubitatione perpetua, quando sententiam ejus nec tempus aliquod mutabit, nec res ulla subvertet. Sic in uno versu, et initia nostræ fidei, et adhuc ventura conclusit.

Vers. 161. — xxi. Sin. *Principes persecuti sunt me gratis : et a verbis tuis formidavit cor meum*. Vicesimam primam litteram sanctorum cœtus ingreditur, in qua persecutiones sævientium charitate Domini sibi dicit esse gratissimas. Septies se quoque in die laudes Domino dixisse commemorat, cui etiam vias suas notas esse profitetur. *Principes*, hic quoque persecutores debemus accipere, qui cruentas Christianorum insecutiones regnantium auctoritate fecerunt, sicut prædictum est : *Tradent vos in synagogis suis, et flagellabunt vos, et ante reges et præsides stabitis propter me, in testimonium illis et gentibus* (*Matth.* x, 17, 18). Sic enim et diabolum principem dicimus, qui sibi primatum in sceleribus vindicavit. *Gratis*, quia nullum vexat religio Christiana, sed magis præcepto dominico pro omnibus orat, qui eam nituntur incompetenter affligere; scriptum est enim: *Orate pro inimicis vestris, benefacite iis qui oderunt vos* (*Matth.* v, 44). *Gratis* revera insecutionem patiebantur a principibus, quando nec contemni, nec eis subtrahi tributa præcepta sunt. Dicit enim, *Omnibus potestatibus sublimioribus subditi estote, non est enim potestas nisi a Deo* (*Rom.* xiii, 1). Et in Evangelio de tributo interrogatus Dominus dixit : *Reddite Cæsari, quæ Cæsaris sunt; et Deo quæ Dei sunt* (*Matth.* xxii, 21). Tributum quoque de ore piscis pro se et Petro ipse persolvit (*Ibid.* xvii, 26); ut cunctis indubitanter appareat *gratis* in illos impudentissimam persecutionem factam, qui se conversatione innoxia tractare maluerunt. Sed non timendo talia, Domini se subjunxit *formidasse* mandata; nam cum illi temporale minarentur exitium, iste æternum pavescebat interitum : ne absolutus humana sententia, incurreret æterna judicia. Illa enim verba formidabat, quæ Dominus in Evangelio dixit : *Nolite timere eos qui corpus occidunt, animam autem non possunt occidere; sed potius eum timete qui habet potestatem et corpus et animam perdere in gehennam* (*Matth.* x, 28).

Vers. 162. *Lætabor ego super eloquia tua : sicut qui invenit spolia multa*. Comparatio est facta bellantium, qui et hostem se vicisse gaudent, et exuvias multas invenisse gratulantur. Sed consideremus ille animus pius qua ratione viris se comparasse videatur immanibus. Martyres enim, quamvis humili sorte morerentur, *inveniebant spolia multa*, quando et præmia divina recipiebant, et ipsos quoque persecutores suos conversos Domini miseratione gaudebant; ut ipsi magis fierent spolium, qui vitas ademerant innocentium. Et ideo lætari se dicit in eloquiis Domini, id est in admonitionibus factis, sicut victor qui occisorum prædam rapere nimia cupiditate festinat Ista enim similitudo ad lætitiam triumphantium trahitur, non aviditati effusi sanguinis comparatur. Positum est enim hoc frequenter in litteris sacris ad significationes aliquas exprimendas. Spoliavit quippe Ægyptios populus Hebræorum, cum de longa servitute Domino præstante liberatus est. *Spolia* tuli

David, superbiam Goliæ malitiamque prosternens. Triumphavit ipse Dominus de diabolo, quando alligata fortitudine ipsius vasa mortis eripuit, quæ transtulit ad salutem. Ipse denique populus Christianus *lætatus est*, tanquam *qui invenit spolia multa super eloquia* Domini, quæ Judæis non credentibus ad compendium propriæ salutis eripuit.

Vers. 163. *Iniquitatem odio habui, et abominatus sum: legem autem tuam dilexi.* Mente condendum est quod amorem bonorum malarum rerum **426** odio comprobavit: quoniam animus noster, si iniquitatem recipere voluerit, nequaquam se legi dominicæ sub integritate conjungit, sicut in Evangelio dicit: *Nemo potest duobus dominis servire* (*Matth*. vi, 24). Ille autem verus amor est, qui veritatis affectum sic rigida deliberatione custodit, ut omnino exsecretur quod ei potest esse contrarium. Quapropter non hominem iniquum, sed *iniquitatem* se dicit odisse, quod fas est, atque eam sic abominatum fuisse, ut a se longe redderet alienam; quatenus *legem* Domini perfecta voluntate *diligeret*. Quod argumentum ex contraria rerum diversitate colligitur. *Lex* autem Domini est (sicut sæpe dictum est) quæ sub ænigmatibus agebatur, ut sex annis puer serviret Hebræus, agnus immolaretur anniculus, et his similia, quæ ad Novi Testamenti possunt significantiam pertinere; quæ merito se *dilexisse* commemorat, ne quis ea sub neglectu aliquo crederet audienda.

Vers. 164. *Septies in die laudem dixi tibi, super judicia justitiæ tuæ.* Si ad litteram hunc numerum velimus advertere, septem illas significat vices quibus se monachorum pia devotio consolatur, id est matutinis, tertia, sexta, nona, lucernaria, completoriis, nocturnis. Hoc et sancti Ambrosii hymnus in sextæ horæ decantatione testatur. Si vero spiritualiter intendas, continuationem magis dictam sapienter advertis, ut est illud: *Benedicam Dominum in omni tempore: semper laus ejus in ore meo* (*Psal*. xxxiii, 2). Sic est etiam hebdomas, quæ in hoc semper numero revoluta, longissimum nobis tempus extendit, dum hoc numero clauditur quidquid in mundi istius ætate versatur. Nam et ibi pro infinito ponitur, ubi ait: *Septies cadit justus, et resurgit* (*Prov*. xxiv, 16); non enim justo definitus est cadendi numerus: sed hoc est necessarium quotiescunque ceciderit ut resurgat. Tale est et illud, *redde vicinis nostris septuplum in sinu eorum* (*Psal*. lxxviii, 12); hoc est multipliciter. Et apud Moysen: *Omnis qui occiderit Cain septuplum punietur* (*Gen*. iv, 15), id est multipliciter; et his similia. Verum ut has laudes continuas debeas intelligere, subter adjunxit: *Super judicia justitiæ tuæ*: quia parcit videlicet supplicanti; et sic humilibus pius est, ut non solum culpas dimittat, sed etiam eis æterna præmia largiatur.

Vers. 165. *Pax multa diligentibus legem tuam: et non est illis scandalum.* Cum sit Deus imperturbata puritate tranquillus, necesse est ut *diligentibus legem* ejus *pacis* gaudia concedantur. Sed *pax multa*, mentis puritas et fidei copia debet intelligi, quæ contra vitia decenter opponimus. Cæterum tribulationibus et periculis in hoc mundo subjacet, qui se Domini famulum esse profitetur. Nam et apostolis qui erant diversa persecutione lacerandi, dicit Dominus: *Pacem meam do vobis, pacem meam relinquo vobis* (*Joan*. xiv, 27); ut indubitanter appareat famulos Domini tranquilla semper mente frui, quamvis videantur diversis corporum afflictionibus ingravari. Sequitur: *Et non est illis scandalum*, utique, quoniam qui vere *diligit legem* Domini, non in ea patitur *scandalum*, id est aliquid sinistrum; sicut Judæi, de quibus scriptum est: *Judæis quidem scandalum, Gentibus autem stultitia* (*I Cor*. 1, 23). *Scandalum* est enim mens offensa aliud sentiens quam monetur, quod a diligentibus legem [*ed.*, Deum] Domini probatur alienum. Totum enim in ipsa debemus diligere, quidquid noscitur continere; alioquin non amat legem, qui in ea offenditur pro parte vel minima. Sed orandum est, ut Domini misericordia possit intelligi, quod non permittit nostra imbecillitas intueri. *Scandalum* enim illic pati, hoc est ab electis Domini segregari; sicut omnibus contingit hæreticis, qui se ab unitate sanctæ Ecclesiæ vitio pravitatis abscidunt.

Vers. 166. *Exspectabam salutare tuum, Domine, et mandata tua dilexi.* Versus iste tali ordine et antiquis fidelibus convenit et modernis, si utrumque adventum Domini velimus accipere. Pertinet enim ad antiquos fideles, si ab illis exspectantium intelligas Incarnationis adventum. Convenit autem ad sanctos, qui credere cœperunt post evangelicam jussionem, cum adhuc futuri judicii præstolantur adventum. Quia neque illi *mandata* Domini *diligere* potuerunt, nisi desiderassent plenitudinem mandatorum; nec isti mandata amare possent, nisi adventum Domini Salvatoris timore castissimo sustinerent. *Salutare* quippe Domini est salus Gentibus attributa, quæ per angelum prædicta est ad Joseph, quam Simeon in pace remittendus agnovit.

Vers. 167. *Custodivit anima mea testimonia tua, et dilexit ea vehementer. Custodivit*, ad tolerantiam martyrii pertinet, ne amittere videretur quod ejus religio continebat. *Dilexit* vero, ad charitatem tormentis omnibus fortiorem, quæ flammas vincit, gladios superat, et cœlesti virtute cuncta transcendit. Sed ipsa dilectio non utcunque peragenda est, sed *vehementer*, quod totius animi nisibus explicatur; ut nec tempore se aliquo subducat, nec animi torpore tenescat. Sic enim ad illud pervenit, quod ait Apostolus: *Bonum certamen certavi, cursum consummavi, fidem servavi. De reliquo reposita est mihi corona justitiæ, quam reddet mihi Dominus in illa die justus Judex* (*II Tim*. iv, 7, 8).

Vers. 168. *Servavi mandata tua et testimonia tua, quia omnes viæ meæ in conspectu tuo, Domine.* Superioribus versibus singillatim posuit mandata et testimonia: hic litteram concludens, utrumque conjunxit, ut utraque simul custodita cognosceres. Dicit ergo *servasse* se quidem *mandata et testimonia*; sed cur ea potuerit custodire, subter adjunxit, scilicet quia *omnes vias* ipsius Dominus dignatus est intendere, ut non suis viribus, sed divinae potentiae suum posse deputaret. Fuissent enim caeca nocte confusae, nisi eas verum lumen dignaretur aspicere. Sed haec beatorum omnino vox est, ut ante Solem perpetuum atque lumen aeternum vias suas esse fateantur. Negat enim errorem praevalere potuisse, qui se respicere luminis profitetur Auctorem. Abscondebat enim post culpam Adam viam suam, abscondebat Eva, abscondebat Cain necem fratris; nec quisquam eorum poterat dicere: *Omnes viae meae in conspectu tuo, Domine*, qui se noverant cognitos interire.

427 Vers. 169. — XXII. TAU. *Appropiet* [mss. A., B., *appropinquet*] *oratio mea in conspectu tuo, Domine; secundum eloquium tuum da mihi intellectum.* Ad vicesimam secundam litteram, Domino juvante, perventum est, in qua sanctorum chorus quantum ad finem psalmi vicinus est, tanto se Christo desiderat proximari. Totum enim pertinet ad adventum Domini Salvatoris, quem fidelium devotio ineffabili desiderio sustinebat, ut ovem perditam revocare pietatis suae munere dignaretur. Nam cum petit *orationem* suam *conspectui* dominico propinquare, multum longe peccatorum praesentiam ab eodem esse monstravit: quoniam illi nulla fiunt proxima, nisi quae purissima fuerint sanctitate purgata. Sequitur, *secundum eloquium tuum da mihi intellectum.* Petit itaque ut *secundum eloquium* Domini sapiat, ne per humanam prudentiam vanitate submergat: studiosius se purgans a vitiis, quanto jam fruebatur vicinitate virtutis. Non enim intellectum mundanum petiit, sed *intellectum secundum eloquium* Dei, qui proficit semper ad vitam, cujus est vera cognitio et aeterna sapientia. Est autem et intellectus hujus saeculi, ut quorumdam labor infructuosus inanisque disputatio; scrutantur enim cursus astrorum, vitas hominum in potestate siderum collocantes. Quod si admitti liceat aut doceri, ad Creatoris potentiam non erit recursus, ad quem omnis sensus confugiens noscitur esse perfectus.

Vers. 170. *Intret postulatio mea in conspectu tuo, Domine; secundum eloquium tuum eripe me.* Gradatim ascendit sancta petitio. Nam qui ante dixerat, *Appropiet*, nunc dicit, *Intret*. Prius enim fuerat ut appropinquaret, deinde ut ad conspectum Domini intrare potuisset; ut nihil applicemus humanae virtuti, sed omnia per ipsius gratiam cognoscamus impleri. Sed per hanc praesentiam quanta sit virtus piae orationis ostenditur: quia nos per ipsam praesentamur, quando illa conspectibus Domini offerri posse cognoscitur; sicut et alio loco dictum est: *Dirigatur oratio mea sicut incensum in conspectu tuo* (Psal. CXL, 2). Et cum superius dixerit, *secundum eloquium tuum da mihi intellectum*, hic dicitur, *secundum eloquium tuum eripe me;* ut et ibi superna videat quae desiderat, et hic a terrenae concupiscentiae labe purgetur. *Eloquium* siquidem Domini prae-

stat utrumque, quia novit nos multiplici virtute salvare, sicut scriptum est: *Quis speravit in Domino et confusus est* (Eccli. II, 11).

Vers. 171. *Eructabunt* * *labia mea hymnum, cum docueris me justificationes tuas.* Ructare a rumpendo dictum est, quod digestio quaedam stomachi nostri claustra dirumpens, in auras aethereas oris strepitu proferatur. Sed quanto ille prophetarum deliciis fuerat utique saginatus, qui *hymnum* Domini jucunda exsultatione ructabat? Evaporatio siquidem ista de imis mentibus venit. Nam cum intus Dominus sensum inopem saginaverit, provenit ut *hymnus ejus* salutari crapula proferatur. Et notandum quod frequenter eloquium prophetiae hoc verbo significatur; ut est illud: *Eructavit cor meum verbum bonum* (Psal. XLIV, 2); et illud, *Eructabo abscondita a constitutione mundi* (Matth. XIII, 35); et alibi, *Dies diei eructat verbum* (Psal. XVIII, 3). *Eructatur* ergo *hymnus*, quando Spiritu Domini repleta [ed., repleti], non ad humani animi sententiam lingua famulatur (ut in communi locutione fieri solet), sed ad supernum intellectum divini sensus sermo disponitur. Sequitur, *cum docueris me justificationes tuas.* Ordo verborum talis est: Cum docueris me justificationes tuas, eructabunt labia mea hymnum. Promittit enim gratiam devotionis, cum Domini dona susceperit. Quod argumenti genus inter oratores habetur eximium.

Vers. 172. *Pronuntiavit lingua mea eloquium tuum: quia omnia mandata tua aequitas.* Sciens sancta cohors de otioso verbo reddendam esse rationem, eloquia Domini se dicit pronuntiare quaerentibus; unde et animae salus acquiritur, et offensionum pericula non habentur. Nimis enim culpabile est, ut cum nobis Scripturae divinae tantis plenae muneribus offerantur, et tanta miracula Domini ubique praefulgeant, nos, relicto vitali sermone, ad ineptas mundi fabulas transferamur; et sic de noxiis rebus simus solliciti, quasi per ipsas nobis aliquid boni videatur acquiri. Hinc est quod Scriptura minatur, dicens: *De otioso verbo nos reddituros esse rationem* (Matth. XII, 36). Quapropter mens sancta Domini pronuntiabat eloquia, unde gloriam magis acquireret, non reatus ignominiam reperiret. Sequitur quare semper *pronuntiari* debeant *eloquia* Domini; scilicet, *quia omnia mandata* ipsius *aequitatis* honore praefulgent. Et illud aptissime continua voce pronuntiandum est, quod et loquentem juvat, et audientium sensus aedificat.

Vers. 173. *Fiat manus tua ut salvum me facias, quia mandata tua elegi.* Cum dicit, *Fiat manus tua*, designat Dominum Salvatorem, *qui factus est ex semine David secundum carnem* (Rom. I, 3), per quem facta sunt et reguntur universa. *Manum* enim hic dexteram debemus accipere, quia diversis nominibus ipse Dominus significatur, sicut Isaias dicit: *Et*

---

* Hic et alibi possim illud verbum apud Cassiodorum constanter sic scriptum invenimus, *eructuare :* nos vero, juxta usitatissimum apud auctores loquendi modum et ipsam Vulgatae editionis lectionem, rescripsimus ubique *eructare*. EDIT.

brachium Domini cui revelatum est (*Isai.* LIII, 1)? Et alibi: *Dextera Domini fecit virtutem, dextera Domini exaltavit me* (*Psal.* CXVII, 16). Quapropter sive manum, sive brachium, sive dexteram dicas, significatur Dominus Christus. Modus autem iste locutionis frequenter invenitur in psalmis, quem proprium Scripturæ divinæ non immerito dixerimus, ut est illud: *Fiant aures tuæ intendentes in orationem servi tui* (*Psal.* CXXIX, 2). Qui modus dicitur optativus. Postulat ergo venire Dominum Salvatorem, per quem cum reliquis se noverat esse salvandum. Quod autem dicit: *Elegi mandata tua*, omnia se pericula amore Domini postposuisse testatur. Nullus enim aliquid eligit boni, nisi his contraria contempsisse doceatur.

Vers. 174. *Concupivi salutare tuum, Domine, et lex tua meditatio mea est.* Pervenit ad Christum Dominum sanctorum manifestior et absoluta deprecatio. Aperuit adunatio beatorum, quod prius per ænigmata petere videbatur. Ipsum enim videre *concupiverat*, quem de utero virginali illis adhuc temporibus credebat esse venturum. Et ut sibi hanc scientiam de Scripturis divinis provenisse monstraret, sequitur, *Et lex tua meditatio mea est.* In prophetia enim *concupiverat* Christum Dominum, a quibus nasciturum eum cognoverat esse prophetatum; et necesse erat amore magno expeti, quem ante tot sæcula ad salutem humani generis didicerat indicatum.

Vers. 175. *Vivet anima mea et laudabit te, et judicia tua adjuvabunt me.* Ad ipsum loquitur quem desideraverat intueri, promittens *animam* suam in æternum *vivere*, quam salutariter noverat credidisse. *Laudabit te*, cantico scilicet novo, quod homo ille debet salutariter innovatus. *Judicia* vero illa dicit, quæ se in famulis suis Dominus promisit esse facturum, id est, *Venite, benedicti Patris mei, percipite regnum quod vobis paratum est ab origine mundi* (*Matth.* XXV, 34). Tunc enim perfecte se credit juvandum, quando erit justorum numerus ad dexteram collocandus.

Vers. 176. *Erravi sicut ovis quæ perierat: require servum tuum, quia mandata tua non sum oblitus.* Licet diversas personas psalmus iste contineat loquentes, modo fidelissimos Veteris Testamenti, modo novæ regenerationis electos, alios martyria sustinentes, alios in lege Domini assidua meditatione constantes; declaratum est tamen in membris Christi Ecclesiam catholicam loqui, quando talis sententia in fine psalmi dicitur, quæ sponsæ Domini convenire monstratur. Ait enim homo ille generalis qui in Adam erraverat lege peccati, et ad caulas Domini suis viribus redire non poterat, quoniam munus illud sapientiæ perdiderat quod habebat, *Erravi*, quasi a via discessi, et vitiorum invias solitudines cæcus intravi; ut facile direptioni pateat, qui Pastoris sui custodiam non habebat. Et subjunxit illam evangelicam comparationem (*Matth.* XVIII, 12), *sicut ovis quæ perierat*, propter quam pastor ejus nonaginta novem dimisit in montibus, et eam quærens Judaicis est appetitus insidiis: quam tamen ille per crucem suam multiplicans non omittit quærere, nec desinit congregare. Una ovis est cunctorum fidelium sancta congregatio; quoniam unus grex et unus est pastor. Et respice quam infirmæ rei comparati sunt homines, quando a Christi gratia deseruntur, ovi videlicet erranti, quæ periculis patet, quæ direptionibus luporum exposita est, quam non fuga eripiat, nec corporis valetudo defendat: sed quidquid libitum est insidianti perferat, cum eam vis corporis nulla defendat. Et bene dictum est: *Quæ perierat*, ut agnosceres misericordia Domini fuisse repertam, qui errantia recolligit, et perdita bonitate suæ pietatis acquirit. Sed illa natura facta imbecillis et omnibus monstrata fragilior, incarnatione Domini omnia vicit, omnia superavit, et omnibus reddita est excelsior, quæ pridem videbatur humilior, sicut dicit Apostolus: *Cui autem angelorum dixit aliquando: Sede a dextris meis, donec ponam inimicos tuos scabellum pedum tuorum* (*Hebr.* I, 13)? Sequitur, *require servum tuum*. Christo dicitur *require*, quoniam te non potest imbecillitas humana perquirere. Additum est quod sæpe quidem dictum est, sed merito cuncta concludit: quoniam justus iste requiritur, qui mandata ejus *non probatur oblitus*.

Conclusio psalmi.

Amplectendus suaviter omnino psalmus, qui tali confessione finitus est, prolixitate magnus, admiratione profunditatis Oceanus, excellentium rerum amœnitate paradisus, quem virtutum floribus ornatum, per alphabetum Hebræorum sanctorum omnium immarcescibilis corona cantavit. Et ut similitudines aliquas de rebus naturalibus exquiramus: sicut grues litteris Græcis volatus suos depingunt; et tanta hujus rei vis est, ut quamvis aves apices nesciant, tamen eos naturali institutione componant. Vidimus igitur ejus sententias quasi stellas clarissimas in cœlo altissimo collocatas; vidimus amplissimum mare illis piscibus plenum, quos apostolorum retia Domino præcipiente traxerunt. Intendamus etiam, quod ordo ipse psalmorum non minima nobis futuri sæculi sacramenta declarat. Conveniebat enim ut Ecclesiam de toto orbe collectam, et in Domini laudibus commoratam, graduum cantica sequerentur; quatenus illa similitudo indicaretur, quæ est in sæculi fine facienda. Nam postquam omnium beatorum numerus Domino fuerit præstante collectus, necesse est ut ad illam Jerusalem supernam beatus populus elevatus ascendat. Et ideo meminisse debemus eorum alphabetodum, qui completis litteris adnotantur, tertium esse hunc psalmum, id est centesimum decimum, centesimum undecimum, et præsentem, qui trino honore signati, perfectæ fidei Trinitatem nobis indicare noscuntur. Et merito ad futuram Jerusalem calculus iste deputatur, qui totius integritatis robore communitur. Quatuor vero alphabetodes, id est, vicesimus quartus, tricesimus tertius, tricesimus sextus, et centesimus quadragesimus quartus, qui formati sunt litteris imminutis secundum quatuor cardines mundi, non incongrue Ecclesiam catholicam, quæ adhuc in isto mundo geritur indicare noscuntur; quando adhuc imperfecta est, donec prædestinatorum numerum competenter acquirat. Sic magnarum rerum mysteria psalmorum istorum noscitur indicare collectio. Est etiam hic psalmus et institutor fidelium quintus (sicut in anterioribus psalmis jam dictum est), ubi quidquid ad ecclesiasticam disciplinam pertinet, cohors beata cantavit, qui merito tali numero noscitur collocatus. Nam et ipsa arca Noe, quæ specialiter typum gestavit Ecclesiæ, centum annis legitur fabricata. Iota vero et Ita (sicut apud Græcos scribitur) octavi decimi calculi obtinet quantitatem. Sic iste numerus et coronæ præmium, et sancti nominis decus in se continere monstratur.

429 EXPOSITIO IN PSALMUM CXIX.
Canticum graduum.

Novi quidem tituli et mirabiles inchoan ur, sed in psalmi superioris explanatione reperti sunt; ut beatitudinem fidelium populorum, quam ille unita meritorum varietate cantavit, isti in sacramentum Novi et Veteris Testamenti ordinatis quindecim gradibus explicarent. Septenarius enim numerus (sicut sæpe dictum est) significat hebdomadam propter sabbatum Veteris Testamenti: octonarius dominicum diem, in quo Dominum resurrexisse manifestum est, quod ad Novum pertinet Testamentum. Qui simul juncti quintum decimum numerum complere noscuntur, inchoatā sæculi renuntiatione: quoniam mundanas conversationes tanquam malorum suorum gravamen exhorruit. Hinc quibusdam meritorum gradibus ascendens, ad perfectam atque æternam Domini pervenit charitatem, quæ in summo virtutum fastigio noscitur collocata; quod suo loco evidentius explicamus. Illud tamen æstimo commonendum, quod (divina gratia concedente) varia significatione meritorum et in istis psalmis quindecim gradus ponuntur, sicut in illo templo Jerosolymitano, quod a Salomone notum est fuisse perfectum; ut præsens ordo psalmorum, et in illa constructione præfiguratus, videatur esse prædictus. Terrena siquidem illa fabrica cœlestis templi similitudinem gestare videbatur. Quapropter cum gradus audimus in psalmis, non terrenum aut corporeis gressibus subeundum nobis aliquid suspicemur, sed mentis accipiamus ascensum. Ideo enim præmissum est, *Canticum*, ut hoc potius ad animæ provectum applicare debeamus. Sed *gradus iste* humilitatis est ascensus, confessio peccatorum, sicut in octogesimo tertio psalmo dictum est: *Ascensus in corde ejus disposuit in convalle lacrymarum* (*Psal.* LXXXIII, 6, 7). Sic enim istos gradus ascendere merebimur, si pro delictis nostris prostrati, Domino jugiter supplicemus. Sciendum est autem quod *gradus* isti ascensum tantum, non etiam putentur habere descensum. Nam quod nos *cantica graduum* vocamus, apud Græcos ᾠδὴ τῶν ἀναβαθμῶν positum esse cognoscitur, significans gradus istos tantum ad superna tendentes. Quapropter jam beatorum esse credendi sunt, qui præstante Domino nulla possunt deceptione submergi. Unde scalam illam Jacob pro parte aliqua his gradibus fortasse non immerito dicimus comparandam; illa enim et ascendentes habuit et descendentes: in istis vero gradibus beatorum solus ascensus est. A nonnullis etiam et quindecim anni qui regi Ezechiæ sunt additi, huic similitudini videntur aptati, ut hic numerus et ibi perfectæ vitæ cursum indicasse monstretur.

Divisio psalmi.

Per totum psalmum propheta loquitur. In prima parte clamat ad Dominum, ut liberetur a labiis iniquis et a lingua dolosa. Secunda, vehementer affligitur, quod in hac vita diutius commorans aliena vitia sustinendo, malorum permixtione prægravatur.

Expositio psalmi.

Vers. 1. *Ad Dominum cum tribularer clamavi, et exaudivit me.* Inchoat primus virtutum gradus; in quo propheta terrena vitia derelinquens, confessione lacrymabili petit se de mundi istius tribulatione liberari. Initium enim provectus est delicta carnalia relinquere, et sic Domino supplicare. Nam qui unum gradum conscendit, terram utique relinquit, et in quodam adhuc humili loco recipitur, cui elevatio prima præstatur. Sed jam proculdubio habebit meritum beati, qui vel in isto gradu potuerit inveniri, sicut legitur: *Beati quorum remissæ sunt iniquitates* (*Psal.* XXXI, 1). Quapropter exauditum se dicit, quoniam in tribulatione clamaverat. Dominus enim nescit differre, quem compuncto corde sibi senserit supplicare, sicut in Isaia legitur: *Adhuc invocante te dicam: Ecce adsum.* Et inspice quam sit pulcherrimus ordo dictorum. Primum posita est tribulatio, deinde exclamatio, tertio exauditio, ut per ordines certos ad Dominum constet vota pervenire fidelium.

Vers. 2. *Domine, libera animam a labiis iniquis et a lingua dolosa.* Positus in illa convalle plorationis (quæ tamen jam gradus fidelium esse cognoscitur animarum) *liberari* se petit ab imputationibus asperis et blandimentis callida suasione compositis. Nam qui mundum cœperit vitiorum abominatione deserere, prima fronte conversionis *iniqua labia* patitur, dum ejus propositum sceleratis oblocutionibus irridetur. Dicitur enim ei ab iniquis: Quid te crucias, ut sæculi honores fugias, et humana blandimenta derelinquas, ut et istum mundum perdas, nec ibi ad quod desideras aliquando pervenias? Sed hæc sunt in labiis constituta fallacibus: quia nulla videlicet cordis deliberatione firmata sunt. Postquam ista minus valuerint, tunc suasores ad dolosa se blandimenta convertunt, dicentes: Noli te claudere, noli te jejunio fatigare, restat tempus cum ista facias; qui dum se putant loqui pro corpore, causas animæ noscuntur omnimodis ingravare. Ipsa sunt ergo *iniqua labia et lingua dolosa*, quæ prima fronte ille patitur, qui ad Domini jussa transfertur. Sed quamvis levia putet esse quæ dicta sunt, inde humanum genus corruit, inde conditionem mortis accepit. Nam cum serpens venisset ad Evam, primo illi dixit per *labia iniqua*: *Quare præcepit vobis Dominus, ut non manducetis de hoc ligno paradisi* (*Genes.* III, 3)? Et cum illa respondisset, a Domino fuisse prohibitum, ait per *linguam dolosam: Manducate, et eritis sicut dii.* Vides ergo merito summis viribus expetitum, ut ab his suasionibus propheta liberaretur, unde humanum genus noverat fuisse deceptum.

Vers. 3. *Quid detur tibi, aut quid apponatur tibi ad linguam dolosam?* Post exclamationem præmissam et metum imminentium periculorum, propheta revertitur ad interrogationem suam, quod facere nimium cogitantes solent. Hæsitat, quærit contra tam facinus immanissimum, quod sibi remedium crederet esse præstandum, ut opposito quodam munimine, transmissa tela tutus evaderet. Et cum duas res supra posuerit, *a labiis iniquis et a lingua dolosa,* hic tantum dicit: *Ad linguam dolosam,* quæ res utrumque complectitur. *Lingua* enim *dolosa,* et *iniqua labia* semper assumit. Sed ne tardaret auxilium, medicina sequitur postulata. Quæ figura dicitur erotesis, id est interrogatio, quando ad exercitationem suam aliquis proponit sibi quæ ipse respondet.

Vers. 4. *Sagittæ potentis* [ms. G. et ed., *potentes*] *acutæ, cum carbonibus desolatoriis.* Ecce illud remedium quod anxius quærebat, invenit; ecce beneficium competens quod et labia iniqua destruat, et linguam dolosam Domini virtute confundat. *Sagittæ potentis acutæ,* verba legis divinæ sunt, quibus aut hæreticorum, aut subdole blandientium corda, velut quibusdam jaculis transforantur, sicut scriptum est: *Sagittæ parvulorum factæ sunt plagæ eorum* (Psal. LXIII, 8). *Potentis,* quia nulli fas est obsistere quem virtus voluerit divina salvare. *Acutæ,* propter celerrimum operationis effectum: quoniam nulla tarditas objicitur, ubi illa medicina præstatur. *Carbones* autem *desolatorios* nonnulli peccatores teterrimos atque malis actibus exstinctos intelligere voluerunt, quorum formido et recordatio nostra vitia desolare noscuntur; dum metuimus talia committere, quæ illos cognovimus pertulisse. Potest autem et illud intelligi, ut *carbones desolatorios,* orationes accipiamus charitatis igne succensas, quæ nos vitiis ita mundant atque purificant, ut quod in nobis diabolus construxerat, desolatum atque eversum divino beneficio sentiatur. Sive magis illud est quod Isaias ait: *Et volavit ad me unus de seraphim, et in manu habebat carbonem ignis, quem forcipe acceperat de altari, et tetigit os meum, et dixit: Ecce tetigit hoc labia tua, et ait: Ecce abstuli iniquitates tuas, et peccata tua circumpurgavi* (Isai. VI, 6, 7). Quod nunc beneficio sanctæ crucis efficitur, quando labia nostra Domini recordatione signamus. Nec immerito forsitan signum crucis desolatorium dicimus esse carbonem, quando fugat peccata credentium, cum tamen perfidis videatur exstinctum.

Vers. 5. *Heu me! quod incolatus meus prolongatus est: habitavi cum habitantibus Cedar.* Venit ad secundam partem, ubi damnans sæculi vitia, vitam se pœnitet habere longinquam. *Heu me,* sermo dolentis est, quod hujus mundi prolixitate fatigetur. Quam

querelam diversos sanctos habuisse non dubium est, sicut Ecclesiastes dicit: *Et laudavi omnes qui mortui sunt super omnes qui vivunt usque nunc* (Eccl. IV, 2). Apostolus quoque Paulus exclamat: *Cupio dissolvi et esse cum Christo* (Philip. I, 23). Merito ergo et propheta in hac parte congemuit, qui simillimo Domini amore flagravit. *Incolatus* autem significat peregrinationem. Incolas enim dicimus qui ad tempus terras alienas colunt, sed a patria sua longe sejuncti sunt. Quod de illis merito dicitur, quorum conversatio semper in cœlis est, sed adhuc hic corpore detinentur. Quod autem dixit, *prolongatus est,* affectum nimium desiderantis expressit. Cupienti siquidem felicem patriam videre, quamvis hic breve tempus probetur esse, longinquum est. Sequitur, *habitavi cum habitantibus Cedar. Cedar* Hebræum nomen est quod nostra lingua interpretatur tenebræ. Hoc ad sæculi hujus pertinet amatores, qui tenebrosis actibus involuti, illa magis diligunt unde perire noscuntur. Sed ut verbi hujus breviter noscamus originem, *Cedar* Ismael filius fuit, qui genti suæ nomen dedit, cujus fines usque ad Medos Persasque prolati [*ed.,* protelati] sunt: hi nunc Sarraceni appellantur. Quo vocabulo competenter significat peccatores, inter quos se adhuc habitare suspirat. Necesse est enim ut bonus animus affligatur, quoties malorum permixtione concluditur. Hoc autem bene dicit, qui in primo gradu constitutus terram contempsit, eamque felici variatione deseruit.

Vers. 6. *Multum incola fuit anima mea, cum his qui oderunt pacem.* Repetit cum dolore quem superius dixerat incolatum; ut non solum longus, sed etiam gravis esse videretur. Et ne istam peregrinationem corporis tantum fuisse judicares, adjunxit, *Anima mea:* quia sanctorum mens hic patitur incolatum, ubi sub nulla delectatione habitare cognoscitur. Sequitur causa durissima cur iste incolatus acerbus existeret, ut ipse patiens et benignus cum rixantibus et hæretica pravitate distortis in hoc mundo habitare videretur. Ille enim *odit pacem* qui non amat Christum, quia ipse pax nostra esse dignoscitur, sicut dicit Apostolus: *Ipse est enim pax nostra, qui fecit utraque unum* (Ephes. II, 14). Et quale est audire illum blasphemari, cui humili semper debemus oratione prosterni?

Vers. 7. *Eram pacificus; cum loquebar illis, impugnabant me gratis.* Qui superius dixerat: *Incola fuit anima mea, cum his qui oderunt pacem:* ne putaretur iratus aut aliquibus contentionibus turbulentus, addidit, *eram pacificus,* cum pacis scilicet inimicis, cum adversariis suis, cum odio se habentibus, implens illud quod dictum est per Apostolum: *Si fieri potest, quod ex vobis est, cum omnibus hominibus pacem habentes* (Rom. XII, 18). Deinde ipse Dominus in Evangelio ait: *Diligite inimicos vestros, benefacite iis qui oderunt vos* (Matth. V, 44). Quæ summa virtus est utique Christiani, inter turbulenta præsentis sæculi semper placabilem reperiri. Verumtamen ne ipsa pax noxia videretur errantibus, dum non prohiberentur a malis, subjunxit : *Cum loquebar illis, impugnabant me gratis*. Loquebatur enim *pacificus*, non persequens, non injurians, sed honorans verbis utique blandissimis et suavissimo poculo comparandis. Sed illi qui erant obstinata mente durati, *impugnabant gratis* quasi inimicum, quasi hostem, quasi male suadentem. Impugnare enim a pugna tractum est, quod furiosis revera convenit et superbis. *Impugnabatur gratis*, dum contentiones falsissimas inflammata iniquitate pateretur. Gratis enim dicimus, quod nullis culpis præcedentibus sustinemus, sed sola in nobis nefanda voluntate grassatur. Ipsi sunt enim a quibus se petiit debere liberari, de quibus ait : *A labiis iniquis et a lingua dolosa*.

Conclusio psalmi.

Vides prophetam terrena deserentem, jam tenere gloriosæ virtutis ascensum ; sed tamen adhuc gemere, quod cum malis se cognoscit habitare. Quapropter videamus qui sit provectus secundi gradus, quia nobis jam primus, Domino juvante, monstratus est.

431 PSALMUS CXX.
Canticum graduum.

Sicut nihil est novi quod de istis titulis loqui possimus, ita superest ut de psalmis gradatim ascendentibus dicere debeamus. Primo enim in tribulatione positus propheta, ad exemplum publicani illius qui tunso pectore oculos elevare non audebat ad cœlum, liberare se petit a labiis iniquis et a lingua dolosa. Nunc autem respirans ad secundum gradum provectus, oculos levavit ad montes, ad intercessores utique sanctos, quorum suffragio munera superna mereretur. Hoc enim ex persona sua loquitur propheta, qui tamen et ipse mons erat et patriarcha mirabilis. Sed ideo per istos gradus competenter ascendisse se retulit, ut nobis ignorantibus cœlestium virtutum genera distincta [*ed.*, districta] narratione monstraret.

Divisio psalmi.

Propheta (sicut diximus) ad cœlestem Jerusalem divina largitate conscendens, primo membro ad sanctorum merita elevasse se dicit oculos suos, ut eorum precibus auxilia postulata mereretur, ne mens ipsius hostili impugnatione succumberet. Secundo ordine indubitanter sibi promittit, quod se integre noverat postulasse, docens ut quoties bona fixo corde petimus, concedi nobis sine aliqua dubitatione credamus.

Expositio psalmi.

Vers. 1. *Levavi oculos meos ad montes, unde veniet* [*ed.*, *veniat*] *auxilium mihi*.

Vers. 2. *Auxilium meum a Domino, qui fecit cœlum et terram*. Hinc categoricus syllogismus fotu quodam more avis excluditur ita : Adjutorium meum a Domino, qui fecit cœlum et terram. Omnis cujus adjutorium a Domino est, qui fecit cœlum et terram, a vero Deo est adjutorium ejus. Adjutorium igitur meum a vero Deo est adjutorium. Nunc verba psalmi A tractemus. Quamvis esset in secundo gradu jam positus, festinans tamen altiora conscendere, *oculos suos propheta se levasse* dicit *ad montes*, ut ostenderet tanto plus desiderari præmia Domini, quanta probantur largitate concedi, sicut in centesimo decimo octavo psalmo inter alia dictum est: *Concupivit anima mea desiderare justificationes tuas in omni tempore* (Psal. CXVIII, 20). Et in octogesimo tertio psalmo positum est : *Concupiscit et deficit anima mea in atria Domini* (Psal. LXXXIII, 3). Nam cum dicit, *Levavi*, ostendit se ad contemplationem aliquam fuisse provectum. Levare enim est aliquid ad altiora transferre. *Oculos meos*, utique cordis aspectum ; de quibus scriptum est : *Revela oculos meos, et considerabo mirabilia de lege tua* (Psal. CXVIII, 18); et illud, *Præceptum Domini lucidum, illuminans oculos* (Ps. XVIII, 9). Nam si istos carnales advertas, quid potuisset inde proficere, si *montes* consitos silvis aut saxis squalentibus elegisset intendere ? Sed hoc si spiritualiter inquiras, omnino proficuum est; ut *oculos* cordis sui, sive ad sanctos viros, sive ad libros divinos, sive ad sublimes angelos credatur elevasse, qui magnitudine et firmitate sua vere *montes* sunt, unde etiam competens sustinebatur auxilium. Sed ne forsitan spem nostram *in montibus* poneremus prædictis, secundus versus ostendit unde nobis veraciter *venire* possit *auxilium* : salutari ordine cuncta disponens, quatenus sic speretur *in montibus*, ut tamen per illos *auxilium* nobis Dominum præstare noscamus, a quo est necessarium beneficium et salutare præsidium, inconvulsa felicitas, sicut dicit Apostolus : *Neque qui plantat est aliquid, neque qui rigat ; sed qui incrementum dat, Deus* (I Cor. III, 7). Et ne putares alterum Dominum, quoniam hoc æquivocum nomen est, dicit, *qui fecit cœlum et terram*: significans Verbum, per quod facta sunt omnia.

Vers. 3. *Non det in commotionem pedem tuum, neque dormiet qui custodit te.* Cum superius a Domino sibi venire præsidium postulasset, subito conversus animæ suæ loquitur, ut in salutari petitione constanti robore perseveret. *Pes* enim est pars ultima corporis nostri, imperio mentis locorum nos permutatione transponens. Ad cujus similitudinem cogitationes quoque nostras pedes vocamus, per quas in bonas malasque partes accedimus. Hos ergo pedes, unde et diabolus lapsus est, unde primus homo corruit, ad animam suam loquens optat propheta, ne peccatorum lubricatione vertantur, et stante corpore ruinam sustinere videatur in corde. Sed iste lapsus elatio est, quæ jam provectos famulos Dei frequenter impellit ad culpam, et dum aliquid sibi videntur esse, pessimo labuntur errore. Sequitur, *neque dormiet qui custodit te*. Hoc ab humana consuetudine translatitia figura dicitur. Solent enim custodes fessi furtum pati, quibus gravis somnus obrepserit ; nec luminibus clausis videre queunt, quando gregis damna patiuntur. Subtiliter autem optat animæ suæ, ne Domino negligente infesti hostis deprædatione vastetur. *Dormitare* autem dicitur Dominus quando nos in ejus fide tepescimus : in quo enim non dormit fides, vigilat Christus. Nam si nos ab ejus contemplatione discedimus, ipse quoque a nostra defensione subtrahitur, sicut in illa navi factum est, quando negligentibus discipulis Dominus dormiebat (*Matth.* VIII, 24) ; sed ubi fides eorum excitata est, Dominus quoque de somno surrexit, et statim ab eis pericula marina submovit. Precatur ergo ut vigilet semper ad Dominum, quatenus intenta supra se lumina sui pastoris habere mereatur.

Vers. 4. *Ecce non dormitabit neque obdormiet* [ed., *dormiet*] *qui custodit Israel.* Hæc sententia superioris dicti similitudo est. Optavit enim anterius animæ suæ, quod hic fideli populo pronuntiat esse servandum. *Israel* enim (sicut sæpe diximus) interpretatur vir videns Deum. Ergo supra eos qui Deum vident, Dominus non dicitur *dormitare* : quia revera talis in nobis redditur ejus aspectus, qualis in ipso fuerit nostræ mentis intuitus. Sed illi veracissime vident Deum qui non solum ejus humanitatem, sed etiam divinitatis contemplantur absque dubitatione potentiam. Incarnatio siquidem ejus est (sicut dicit Evangelium) *Verbum caro factum est, et habitavit in nobis* (*Joan.* I, 14) : deitas autem ipsius (sicut idem evangelista testatur) : *In principio erat Verbum, et Verbum erat apud Deum, et Deus erat Verbum* (*Joan.* I, 1). Hæc qui ita crediderit, erit veracissimus *Israel*; et *non dormitabit neque obdormiet,* Dominus *custodiens* eum.

Vers. 5. *Dominus custodit te, Dominus protectio tua, super manum dexteræ tuæ.* Venit ad ordinem secundum, ubi jam sibi confidenter promittit, quod videbatur fideliter expetiisse. Notandum quoque quod sic ad animam verba ista diximus fuisse conversa, ut tamen ad membra Ecclesiæ aptissima collatione referantur. Dicit enim : *Dominus custodit te,* ille videlicet qui fecit cœlum et terram. Et ne ista custodia aliquid dubietatis habere potuisset, addidit, *Dominus protectio tua.* Ubi est enim divina *protectio,* quis dubitet securam illic esse custodiam ? Nam quod dixit, *Dominus custodit te, Dominus protectio tua,* figura est epembasis, quæ Latine iteratio nuncupatur. Hanc autem quam memorat *protectionem* ubi esse possit, evidenter ostendit, id est, *super manum dexteræ tuæ. Manus* commune nomen est ; ita enim et dextera dicitur, et sinistra ; sed hic merito *dextera* ponitur, ubi Dominus omnia prospera promisisse monstratur ; scriptum est enim in Proverbiis : *Longitudo dierum et anni vitæ in dextera ejus* (*Prov.* III, 16), quod est æterna felicitas. *In sinistra autem ejus divitiæ et gloria,* quod sæculi hujus bona significat, quæ tamen ab ipso dari posse non dubium est. Est quoque *dextera* ejus, quando sancti in ipsam partem ad percipienda munera segregantur. Est sinistra, quando peccatores æterna pœna damnandi sunt : illi, quia cœlestia desideraverunt ; isti, quia mundana secuti sunt. Legimus quoque peccatores dexteram sibi fecisse, quæ tamen sinistra est, de quibus idem propheta in centesimo quadragesimo tertio psalmo dicturus est : *Os eorum locutum est vanitatem, et dextera eorum dextera iniquitatis* (*Psal.* CXLIII, 8). Sed illa vere dicenda est *dextera,* ubi gratia Domini collata monstratur.

Vers. 6. *Per diem sol non uret te, neque luna per noctem.* Elementa quidem ista hanc habent naturam, ut corpora nostra adurant, quando æstivo fuerint calore ferventia. Sed quoniam non est hæc prophetæ voluntas, ut omnino de qualitate corporis sentiatur, qui animabus vult semper esse consultum, *diem* et *noctem,* quod est *sol* et *luna,* intelligamus adversa vel prospera, quibus vita humani generis varia vicissitudine continetur, sicut et alio loco dictum est : *In die clamavi, et nocte coram te* (*Psal.* LXXXVII, 2) ; significat enim totius vitæ tempus, quia clamandum est semper ad Dominum. Ergo Dominus non permittit tales in reatum deduci, aut scandalo interveniente peruri, quando eis custodiæ suæ præstat auxilium. Sic enim Israeliticum populum beneficiorum suorum munere custodivit, ut eum per diem nube protegeret, et nocte ignea columna lustraret. Quod nunc facit occulte in servis suis, quando eos ab hoste sævissimo in prosperis tribulationibusque defendit.

Vers. 7. *Dominus custodit te ab omni malo ; custodiat animam tuam Dominus.* Diversis modis promittitur divina custodia, quæ non solum ab adversis vindicat, sed etiam beatos facit, et ad cœlorum regna perducit. Addidit quoque, *ab omni malo ;* sed hoc *malum* non sic intelligendum est, quemadmodum mortalitas putat, orbitates suscipere, damnis copiosissimis ingravari, inopia premi, et cætera quæ hujus sæculi amatores æstimant esse gravissima. Sed illud *malum* dicit, quod divinam gratiam tollit, animam perdit, totasque Domini promissiones evacuat. Et quoniam noverat hic sanctos viros doloribus ingentibus fuisse cruciatos, corporisque dispendio ad martyrii præmia pervenisse, adjecit, *custodiat animam tuam Dominus,* quam solam servat in sanctis, qui corporis detrimento æternæ lucis munera consequuntur.

Vers. 8. *Dominus custodiat introitum tuum et exitum tuum, ex hoc nunc et usque in sæculum.* Postquam varie diverseque optatum est ut Domini misericordia custodiret, venit ad finem psalmi, et cuncta conclusit. Dicit enim : *Dominus custodiat introitum tuum.* Hoc martyribus dictum competenter advertimus, quorum *introitus* a Domino custodiendus est, ne aut tormentorum violentia cedant, aut blandimentorum illectione seducantur. Quapropter merito optat propheta eorum *introitum custodiri,* qui sine Domino nullatenus possunt esse cautissimi, sicut in Evangelio dicitur : *Dum veneritis ante principes et potestates, nolite cogitare quomodo aut quid loquamini ; dabitur enim vobis in illa hora quomodo aut quid loquamini* (*Matth.* X, 19). Subjungit quoque, *et exitum tuum ;* ubi est tota perfectio, quando usque ad finem vitæ permanet in eis vera irreprehensibilisque confessio, sicut ait in Evangelio : *Qui perseveraverit usque in finem, hic salvus erit* (*Ibid.,* 22). Ipse ergo tuetur *introitum, ipse custodit et exitum,* ut et vera profiteantur martyres, et ut nulla pœnarum nimietate vincantur. Sed isti consummationi vide quid addidit : *ex hoc nunc et usque in sæculum* : quoniam quicunque perseveraverit, æterna beneficia possidebit; nec potest illic esse terminus, ubi erit sine fine gaudendum.

Conclusio psalmi.

Quam bene secundus gradus propheticos pedes intitubabili firmitate continuit ! quam bene supra se crevit, qui ad merita fortiora conscendit ! Videamus quid in tertio gerat, qui hic custodiam Domini magno desiderio postulavit.

PSALMUS CXXI.
Canticum graduum.

Audivimus gradum, intelligamus ad altiora conscensum ; sed iste ascensus firmus est, qui Domino custodiente servatur ; qui quanto meritis proficit, tanto se mentis subjectione prosternit. Ecce jam sublevatur propheta tertio gradu, secundis altior factus, et de ipsa lætitia principium psalmi sumpsisse declaratur.

433 *Divisio psalmi.*

In prima parte gaudet se propheta commonitum ad supernam Jerusalem esse venturum, ubi jam sancti secura prosperitate consistunt, et cum Domino, misericordia ipsius largiente, judicabunt. In secunda parte loquitur ad cives Jerusalem, optans eis abundantiam pacis, quam se dicit charitate fratrum et Domini amore prædicasse.

Expositio psalmi.

Vers. 1. *Lætatus sum in his quæ dicta sunt mihi : in domum Domini ibimus.* Decora nimis et salutaris causa lætitiæ, quæ prima fronte præmissa est, ut et hilares et attentos redderet auditores. Sed ne more humanitatis mediocre gaudium fuisse sentires, de quo perfecto bono *lætari* se profiteatur ostendit, quia *in domum Domini iturum* se esse testatur. O digna exsultatio illuc ire contendere, unde nunquam aliquis velit exire! Sed perscrutandum est quis hæc prophetæ dixerit ? Scilicet Spiritus sanctus, qui cordi ejus tacita voce loquebatur. Audierat ergo propheta non aure, sed mente, non sermone, sed divino inspiramine; intus enim præmonitus, ad hæc exsultationis verba prorupit. Sequitur, *in domum Domini ibimus.* Domus quæ justos tantum recipit, angelos continet, et ipsum creaturarum omnium conspicere meretur Auctorem ; domus desiderabilis, domus de vivis lapidibus fabricata ; de qua in alio psalmo dictum est : *Unam petii a Domino, hanc requiram, ut inhabitem in domo Domini omnibus diebus vitæ meæ* (*Psal.* XXVI, 4).

Vers. 2. *Stantes erant pedes nostri in atriis tuis, Jerusalem.* Quoniam sibi propheta æternam illam domum dixerat compromissam, jam ipsa præfiguratione futurorum in ea se dicit *stare*, ad quam desiderabat summo studio pervenire ; ut agnoscamus sanctos viros, et hic jam in illa Jerusalem animo consistere, qui probantur in præceptis Domini permanere. In illa autem vere dicitur *stare,* in qua nullus potest cadere. Denique respice quod dicit : *Stantes erant pedes nostri.* Ibi enim *statur,* ubi semper firma voluntate consistitur. Sed istud *stare* non habet defectum, non aliquo labore conficitur : sed in suo robore perseverans, nulla lassitudine fatigatur. Sequitur, *in atriis tuis, Jerusalem.* Hic atria pro penetralibus ponit ; *atrium* enim introitus domus est, in quo commorari nequeunt habitantes. Sed hoc schematice dictum est a parte totum.

Vers. 3. *Jerusalem quæ ædificatur ut civitas, cujus participatio ejus in idipsum.* Ne Jerusalem quam dixerat terrenam potuisses advertere, *civitatem* illam cœlestem mirabili dividens subtilitate significat. Dicit enim primum : *Jerusalem quæ ædificatur ut civitas. Ædificatur* plane, quæ quotidie usque ad mundi consummationem vivis lapidibus spirituali operatione construitur, id est confessoribus, martyribus et qui Domino sincera mente devoti sunt. Addidit, *ut civitas,* quatenus similitudinem civitatis in illa esse monstraret. Nam cum omnis civitas dicatur a civibus, verius tamen illa civitas dicitur, quæ unanimes cives continere monstratur. Scire autem debemus quod ista quæ nunc agitur, continet indiscretos populos atque permixtos ; illa vero quæ futura est, solos recipit sine dubitatione perfectos ; ista contrarietatibus quatitur, illa jugi securitate lætatur ; ista plena pœnitentium, illa nescia lacrymarum ; ista spe credit, illa Deum facie ad faciem videt, eoque fit ut, cum duæ civitates sint, unus tamen populus futurus credatur esse fidelium. Sequitur apta nimis, sed obscura sententia : *Cujus participatio ejus in idipsum*, id est, civitatis istius *participatio* est in Domino Salvatore, qui est proprie *in idipsum. In idipsum* quippe significat æternitatem, quæ nunquam desinit esse quod est, sed semper uno atque eodem modo est : virtus indefecta, potestas incommutabilis, substantia per se manens, omnia quæ vult efficaciter potens. Sic et ipse de se Moysi dixit : *Ego sum qui sum* (*Exod.* III, 14); et paulo post : *Qui est misit me ad vos* (*Psal.* CI, 27, 28); et in alio psalmo ipsi dicitur : *Omnia sicut vestimentum veterascent, et sicut opertorium mutabis ea et mutabuntur ; tu autem idem ipse es, et anni tui non deficient.* Quapropter soli convenit Creatori esse *in idipsum.* Nam angelus qui se hoc putavit esse, mox corruit ; ille enim ex se non erat quod erat, ideoque in idipsum esse non poterat. Hoc etiam in quarto psalmo dictum est : *in pace in idipsum dormiam et requiescam* (*Psal.* IV, 9). Quod locutionis genus Scripturarum divinarum proprium esse cognoscimus. Civitatis ergo istius *participatio,* consortium atque communio est (ut diximus) cum Domino Salvatore, sicut et ipse in Evangelio testatur : *Pater, volo ut ubi sum ego, ibi sint et hi mecum* (*Joan.* XVII, 24). In illa enim civitate erit Dominus, cui sancti erunt (prout ipse concesserit) sine dubitatione participes. Hanc civitatem Isaias propheta mirabili laude describit dicens : *Vocabuntur salutare muri tui, et portæ tuæ lætitia. Nec erit tibi sol in lumine diei, neque ortus lunæ lucebit tibi nocte; sed erit tibi Dominus lumen æternum, et Deus tuus gloria tua. Non enim occidet tibi sol tuus, et luna tibi non deficiet; erit enim tibi Dominus Deus lumen æternum, et complebuntur dies luctus tui, et populus tuus omnis justus erit, et in æternum hæreditate possidebunt terram* (*Isai.* LX, 18, 19, 20, 21). Cujus civitatis stupenda mysteria apostolus quoque Joannes in Apocalypsi sua mirabili prædicatione distinguit, ut præsentiam tuam pene interesse credas, cum tamen alibi te positum esse cognoscas. Quod vero in fine superioris versus *Jerusalem* posuit, et hoc in præsenti capite geminavit, schema est anadiplosis, id est congeminatio dictionis; quæ hoc differt ab epembasi quam in superiore psalmo diximus, quoniam ibi potest sermo post aliqua verba geminari; hic autem nullo alio intercedente repetitur.

Vers. 4. *Illuc enim ascenderunt tribus, tribus Domini : testimonium Israel ad confitendum nomini tuo, Domine.* Dicendo, *illuc,* significat civitatem Jerusalem, quam superius dixit : *Cujus participatio ejus in idipsum.* Et ut cœlestem esse cognosceres, addidit, *ascenderunt.* Ad quam beati semper ascendunt, quoniam jugi exercitatione proficiunt. Subjunxit *tribus,* in quibus erat Israeliticus populus distributus : sic enim illi genti ad numerum filiorum Jacob duodecim tribus fuerunt, sicut Romano populo triginta quinque curiæ. In istis ergo tribubus significat sanctos, qui Dominum Salvatorem Deum esse confessi sunt; nam ut ab *infidelibus tribus* istas fidelium segregaret, addidit, *tribus Domini,* quæ utique ipsius esse non poterant, nisi ei pura mente credidissent. Alias enim *tribus* constat fuisse diaboli, quæ a Christo maluerunt impia voluntate separari; quibus ipse in Evangelio dixit : *Vos a patre diabolo estis* (*Joan.* VIII, 44). Verum quales essent istæ *tribus Domini* breviter indicavit : *Testimonium Israel,* id est, qui *testimonium* præbeant sanctitati, et sint probatio eorum qui Deum vident. *Testimonium* enim confirmationem præstat ignorantibus, ut credant esse revera Dei famulos, qui viderint beatos viros actuum probitate conspicuos. Nam ut hoc non haberes ambiguum, subjecit, *ad confitendum nomini tuo. Ad confitendum* enim dicit, ad laudandum, quia cum angelis omnes sancti laudes Domini celebrabunt. Ipsum est enim verum *testimonium Israel,* cum laudes Domini devotissimo amore cantantur. Sic illa futura civitas beatitudine sublucenti et honore præmisso descripta est.

Vers. 5. *Quia illic sederunt sedes in judicio, sedes super domum David.* Illos quos superius dixit, *Illuc ascenderunt,* ne eos crederes minus fortassis honorandos, dicit, *Quia illic sederunt. Illic* utique, ubi et ascenderunt, et cum Domino judicabunt. Tantus enim honor sanctis promittitur, ut etiam cum illo cœlesti judice judicare mereantur, sicut et in Evangelio ipse testatur : *Sedebitis super duodecim sedes, judicantes duodecim tribus Israel* (*Matth.* XIX, 28). Honorabilis sessio, dignitas admiranda, per Dei gratiam homines judices fieri, qui fuerant peccatis facientibus rei ! Sed cum Dominus dicat utrumque quod legitur : *Ite in ignem æternum;* et, *Venite, benedicti Patris mei, percipite regnum* (*Matth.* XXV, 41, 34), etc.; quomodo sancti cum Domino judicabunt? Cum ipso revera judicabunt, quando jam mente purgati, et in contemplatione perfectissima constituti, hoc sine dubio judicabunt esse faciendum, quod a Domino cognoverint constitutum. Voluntas enim compar audientium, unum facit esse judicium, quamvis reliqui tacuisse noscantur. *Sederunt* autem quod dictum est, præteritum tempus ponitur pro futuro, quia omnia verba Dei sic firma sunt; ut quamvis credantur esse ventura, stabilitate sui æstimes esse jam facta. Sed perscrutemur quid sit hoc quod *sedes sedisse* dicat? Merito, quoniam sancti viri *sedes* sunt Dei; in ipsis enim sedendo gratia eos suæ majestatis illuminat, sicut legitur : *Sedes sapientiæ anima justi* (*Isa.* LXVI, 12) ; et alibi : *Super quem requiescit spiritus meus, nisi super humilem, et quietum, et trementem verba mea?* Sequitur, *in judicio,* quo scilicet, nisi illo futuro de quo legitur : *Pater non judicat quemquam, sed omne judicium dedit Filio* (*Joan.* V, 22)? Sed quamvis non posuerit quale judicium velit intelligi, absoluta tamen ratione cognoscimus illud esse ubi et sancti sedebunt, et simul cum Domino judicabunt. Quod in Scripturis divinis frequenter invenis dictum, ut non exprimatur res ipsa quæ dicitur; sed tamen det hominibus intelligendum quod rationabiliter sentiatur, sicut jam in alio psalmo dictum est : *Quis est homo qui vult vitam* (*Psal.* XXXIII, 13) ? Et in Evangelio Dominus : *Si vis venire ad vitam, serva mandata* (*Matth.* XIX, 17); non enim dixit, æternam, quod est omnimodis sentiendum. Hæc figura dicitur ellipsis, et quia illi deest necessarius sermo, defectus vocatur. Sed tamen quæ sint istæ *sedes,* laudando consequenter exponit, dicens : *Sedes super domum David. Super domum* dicit, super familiam Christi, quia clariores ibi erunt aliqui sanctorum a reliquis fidelibus, sicut dicit Apostolus : *Stella ab stella differt in claritate, sic erit et resurrectio mortuorum* (*I Cor.* XV, 41, 42). Nam si alicui servorum hic inter confamulos suos de domini sui animo aliquid amplius scire gloriosum est, quanto magis in illa domo Christi potest esse mirabile aliquam contemplationem Domini plus habere, ut tanto magis ab alio distet, quanto eum divinitatem ejus contigerit amplius intueri. *David* vero significat Christum, nomen ex parente carnis assumptum. Et intuere quemadmodum civitatis illius facta descriptio est, ut diceret quid ibi agendum sit, quemadmodum construitur, qui illuc ascendant, quid ibi acturi sint? Quod schema dicitur characterismos, quæ Latine informatio vel descriptio nuncupatur.

Vers. 6. *Rogate quæ ad pacem sunt Jerusalem, et abundantia diligentibus te.* Ad secundam narrationem propheta pervenit, ubi eos alloquitur qui sunt, Domino præstante, judicaturi. Nomen istud æquivocum est. In hoc enim loco, *Rogate*, interrogate significat, non supplicate. Perquirere enim et rimari cuncta convenit judicantem; sed hoc ibi non fit sermonibus, neque interrogatione vocis, sed tacita mentis consideratione. Omnes sunt cum Domino (sicut dictum est) judicaturi, quando illuminati atque sanctificati illam revera cognoscent esse veritatem, quam Dominus proprio ore dicturus est. Pacificos enim quærit Dominus : pacificos quærit et cohors tota sanctorum, qui charitate plenissimi sunt, qui modestia pollent, qui pia humilitate præcelsi sunt. Hæc enim et sanctos vult quærere, quæ novit Dominum posse diligere. Sed istam *pacem* cujus esse dicit? *Jerusalem* utique, id est populi fidelis, qui tempore judicii in pacis æternitate recipitur. Admonet ergo propheta quod scit esse venturum; ut illi qui cum Domino judicabunt, talibus viris in illa patria congaudeant, qui et hic pacem diligunt, et ibi æternæ pacis præmia consequuntur. Et quia in fine sententiæ *Jerusalem* posuit, conversus ad ipsam brevissima demonstratione complexus est : *Abundantia diligentibus te*. Omnia enim bona illis abundare manifestum est, qui diligunt Jerusalem ; nam qui hic pauperes fuerint, ibi bonorum omnium divites erunt; qui hic fragiles, ibi indefecti; qui hic temporales, ibi æterni ; et quidquid bonorum esse potest, ista cœlesti *abundantia* videtur inclusum.

Vers. 7. *Fiat pax in virtute tua, et abundantia in turribus tuis*. Adhuc ad Jerusalem loquitur, cui optat talia qualia scit esse ventura. *Virtus* quippe ipsius *pax* sine dubitatione sanctorum est, quæ vocatur et charitas ; de qua scriptum est : *Deus charitas est* (I Joan. iv, 16). Per hanc enim fiunt unum, per hanc templum merentur esse Creatoris ; et quidquid eis promittitur, ipsius consideratione præstatur. *Pax* ista est quam nulla bella concutiunt, quam seditio nulla conturbat : sed sine fine possidebitur quod ibi Christi miseratione confertur. *Pax* enim a parcendo, sive a pascendo dicta est. Sequitur, *et abundantia in turribus tuis*. Hæc est *abundantia* de qua superius dixit : *Et abundantia diligentibus te*. Sed hic per *turres* aliquid significantius videtur expressum, ut hanc *abundantiam* non æqualem omnibus, sed intelligeres esse potiorem. *Turres* enim sunt quæ objectu et altitudine sua civitates defendunt, et venientes inimicos prima fronte suscipiunt. Unde non improbe *martyres* significatos advertimus, qui oppositione corporis sui, civitatem Dei pia confessione defendunt, et quasi eminentia ædificia ita hostibus fidei repugnare noscuntur.

Vers. 8. *Propter fratres meos et proximos meos, loquebar pacem de te*. More perfectorum virorum pacem prædicans, pacis suæ signa demonstrat. Dicit enim *pacem* istam Ecclesiæ ideo se prædicasse *propter fratres et proximos* suos, ut instructi hac virtute concordiæ diligerent ac quærerent unitatem. Fecit ergo quod docuit, ut amore fratrum prædicaret, quod suadebat [ms. G. et ed., sciebat] omnibus profuturum. Hoc ergo commonet, ut non propter laudes aut commoda sua quisquam doceat; sed misericordi animo *propter fratres* laboret *et proximos*, sicut ait Apostolus : *Non quærens quod mihi utile est, sed quod multis* (I Cor. x, 33). Non ergo propter utilitatem suam temporalem *locutum* se dicit *pacem* illam futuri sæculi, sed *propter fratres et proximos*, ut eam salutariter desiderantes, unanimitatis se vinculo colligarent [ed., colligerent]. Cum vero dicit *de te*, ad Jerusalem se adhuc significat loqui, in qua sanctorum cœtus est, id est adunatio beatissima populorum.

Vers. 9. *Propter domum Domini Dei mei* [mss. A., B., nostri] *quæsivi bona tibi*. Ne quis putaret alicui rei sic affectum deberi, ut Domini charitatem prætermittere videretur, addidit quare bona quæsiverit Jerusalem ; scilicet quia *domus* est *Domini*, ad quem bene refertur quidquid dilectionis impenditur.

Conclusio psalmi.

Respiciamus prophetam qualia in tertio gradu charitatis verba profuderit, et in profectu ejus, præstante Domino, gaudeamus. Quantum enim sanctorum quis ascendendo proficit, tantum altiora et dulciora verba depromit.

PSALMUS CXXII.
Canticum graduum.

Libet respicere quemadmodum prophetalis ascensus iste proficiat, et paulatim altiora petens, indicia nobis suæ perfectionis ostendat. Nam qui prius ad montes oculos levavit, nunc ad ipsum Dominum lumina sui cordis erexit : ut qui spiritualibus gressibus celsiora nitebatur ascendere, divinæ se misericordiæ feliciter proximaret. Pulchrum spectaculum, subire homines ad Deum, pigramque istam molem ad supernæ gratiæ præmia sublevare! Quod tamen ille solus efficit, qui de sepulcro Lazarum venire præcepit (Joan. xi, 43), qui mergentem Petrum porrecta dextera liberavit (Matth. xiv, 31) : qui Eliam atque Enoch viventes transtulit (IV Reg. ii, 11; Gen. v, 24), et his similia, quæ quotidie virtus Divinitatis operatur. Istos autem gradus illi conscendunt, qui hic charitate unum sunt. Ad caput enim festinare nequeunt, nisi qui Christi membra esse meruerunt. Quapropter sicut hunc mirabilem ascensum corde respeximus, ita nunc psalmi altitudinem sollicita mente tractemus.

Divisio psalmi.

Propheta metuens amittere quod tenebat, et cautus ex ipsa parte qua creverat, primo ingressu perseverantiam precum devotus exsequitur, ut suscepta munera divino præmio contineret. Secundo Dominum deprecatur, ut donet ei misericordiam ; quia instigatione diaboli ab insultantibus multa patiebatur adversa ; ut quem consortio suo maculare non poterant, saltem superbis despectionibus sauciarent.

Expositio psalmi.

Vers. 1. *Ad te levavi oculos meos, qui habitas in cœlo*. [mss. A., B., F., cœlis]. Salutariter admonetur humanitas ut inde petat auxilium unde inexpugnahic præsidium credit esse venturum. Nam qui sunt corde prætumidi, et mundana se potestate jactantes, si qua fuerint læsione provocati, ad divitias recurrunt, ad patrocinia peritura confugiunt, ut exigant de inimico pœnam, qui irrogare præsumpsit injuriam. Dei vero famuli patientissima se conversatione moderantes, quidquid scandali, quidquid tribulationis pertulerint, *oculos* ad Dominum *levant*, et ad illum respiciunt, a quo se veraciter salvari posse confidunt. Sequitur, *qui habitas in cœlo. Habitare* Dominum multis legimus modis, ut est illud in Evangelio: *Ego in Patre, et Pater in me* (Joan. XIV, 10). Dicitur etiam habitare in sanctis, ut in Levitico legitur: *Habitabo in his, et ambulabo in ipsis, et ipsi erunt mihi populus, et ego illis in Deum* (Levit. XXVI, 12). De quibus et Apostolus ait: *Vos estis templum Dei, et Spiritus Dei habitat in vobis* (I Cor. III, 16). Sic etiam de utroque testatur Evangelium: *Ut omnes unum sint, et ego in illis, et tu in me* (Joan. XXVII, 21). Legitur quoque in cœlo sedere Dominum, ut est illud: *Cœlum mihi sedes est: terra autem scabellum pedum meorum* (Isa. LXVI, 1), et alibi: *Cœlum cœli Domino, terram autem dedit filiis hominum* (Psal. CXIII, 16).

Vers. 2. *Ecce sicut oculi servorum in manibus dominorum suorum*. Respiciamus intrinsecus quid nobis similitudines istæ designent. Attendunt servi ad manus dominorum suorum, sive quando per eos desiderant enutriri, ut totius indigentiæ necessitates evadant; sive quando pro culpis suis vapulare jubentur, *donec audiant*, parce. Utraque enim ponuntur in potestate dominorum, sive spes continentiæ, sive finis aliquando vindictæ. Quæ nos utraque convenit facere, ut oculos nostros semper levemus ad Dominum, et cum aliquam indigentiam sustinemus, et cum pro aliquibus verberamur excessibus. Sed hic versus et sequens per figuram homœosis depromuntur, per quam minus notæ rei, ex similitudine ejus quæ magis nota est, demonstratio declaratur.

Vers. 3. *Et sicut oculi ancillæ in manibus dominæ suæ, ita oculi nostri ad Dominum Deum nostrum, donec misereatur nobis* [mss. A., B., F., *nostri*]. Quidam et istum versum sic ad Dominum aptare volunt, ut ipsum Deum Dominum dicerent, propter illud exemplum: **436** *Christum Dei virtutem, et Dei sapientiam* (I Cor. 1, 24). Sed ne discrepantia sexus aliquibus abhorreat, potest sub hoc modo fortassis intelligi. Superius de servis fecit comparationem et dominis; et ne se sexus femineus putaret exceptum, huic [*ed.*, hinc] quoque similitudines aliæ conferuntur; quia sic attendit *ancilla in manibus dominæ suæ*, sicut et *servi in manibus dominorum suorum*. Sequitur autem sententia quæ sexum utrumque concludit, *ita oculi nostri ad Dominum Deum nostrum, donec misereatur nobis. Ita*, dum dicitur, similitudo præmissa declaratur, ut sive aliquid a Domino prosperum petamus; sive cum tormenta animi vel corporis sustinemus, ad Dominum semper oculos elevemus. Addidit etiam *nostri*, ut hoc de se dictum uterque sexus acciperet.

Subjecit *donec misereatur nobis*, ut ostenderet, sive feminas, sive masculos sub patientia [mss. A., B., F., pœnitentia] debere beneficia divina perquirere et ei jugiter supplicare. Istud autem, *donec*, in Scripturis divinis homonymum est; interdum quippe significat aliquid temporaliter agi, interdum, semper. Temporaliter, ut est illud in psalmo centesimo nono: *Donec ponam inimicos tuos scabellum pedum tuorum* (Psal. CIX, 1). Semper autem significat, ut præsens psalmus declarat, *donec misereatur nobis*, quasi vero oculi nostri in manibus ejus esse non debeant, etiam postquam nobis fuerit misertus. Tale est et illud Evangelii, *Non cognovit eam, donec peperit filium suum primogenitum* (Matth. I, 25), quam constat virum nullo tempore cognovisse. Quapropter, *donec* merito hic semper advertitur, quamvis temporaliter dictum esse videatur. Quod locutionis genus inter divinæ propria Scripturæ enumerandum est.

Vers. 4. *Miserere nobis, Domine, miserere nobis, quia multum repleti sumus contemptione* [mss. A., B., F., *despectione*]. Venit ad ingressum secundum, ubi misereri sibi contemptus et opprobrii sui considerationis deprecatur. Nam ille famulus qui assidua malorum afflictione vapulabat, oculosque suos in Domini miseratione posuerat, erumpit in necessariam vocem, sibique miserendum gemina petitione deplorat, quia corpus ejus passionibus, anima laborabat opprobriis. Quod merito ad martyres refertur, qui (præstante Deo) vivacitate animi injuriam superant passionum. Huic ergo repetitæ misericordiæ causa subjungitur, *quia multum repleti sumus contemptione. Replentur* enim *contemptione*, quando Dei famuli verberibus lacerantur, quando flammis sævientibus exuruntur, quando gurgitibus necantur altissimis; nisi enim contemnerentur abunde, talia non poterant sustinere. *Multum repleti*, significat abundantiam passionum, quam tamen se cupide ac libenter pertulisse testantur.

Vers. 5. *Et multum repleta est anima nostra: opprobrium abundantibus, et despectio superbis*. Cum superius se repletum dixerit contemptu eorum qui sibi videbantur esse felices, et hoc corpus suum pœnali assereret verberatione laceratum, dicit etiam *animam* quoque suam *opprobriis et despectionibus* fuisse completam, ne quid restaret quod non gravissimæ passionis subderetur injuriæ. *Opprobrium* autem *abundantibus* ideo posuit, quia cum persecutores essent divites ac lætantes, viris sanctis paupertatem suam et humilitatem iniqua invectione reputabant, dicentes: Quid vobis prodest mundi divitias non habere, et futura nescio quæ perquirere, præsentia gaudia deserere, et tristitiam plus amare? Ecce ego quæ video, teneo; tu spera quæ inaniter potius suspicaris. Sequitur, *et despectio superbis*. Despiciunt superbi humiles, quando tales prædicationes eorum audiunt, quibus obedire contemnunt. Nam eum superbi præsentia diligant, futura non tractant, et acrius in illos iniquitate suæ pravitatis insurgunt, qui regulis Domini servire contendunt. Verum his in judicio venturo fit alterna conversio; in opprobrium et despectionem veniunt abundantes atque superbi, sicut Salomon de talibus ait: *Quid nobis profuit superbia, aut quid divitiarum jactantia contulit nobis* (Sap. v, 8)? etc. Sciendum plane quia communis eloquentiæ ordo poscebat ut diceret: Multum repleta est anima nostra opprobrio abundantium, et despectione superborum. Sed cum dixerit, *multum repleta est anima nostra, opprobrium abundantibus, et despectio superbis*, hoc videtur esse proprium Scripturæ divinæ, quod tamen trahi non debet ad vitium, sed quoniam non est adhuc humanis regulis apprehensum.

Conclusio psalmi.

Merito iste qui jam quatuor gradus ascenderat, dementium invidiam sustinebat, quia res prosperæ mordent semper adversos, dum vanis imputationibus retardari creditur qui animæ provectibus studere monstratur. Intueamur virum et in precum perseveratione mirabilem, et nullis irrisionibus intepentem; sed diversas molestias, diversa vulnera uno medicamine curantem; quod oculos suos levat semper ad Dominum.

PSALMUS CXXIII.
Canticum graduum.

Gradus istos et in multis unum, et in uno multos ascendere propheta testatur, quando plurali et singulari numero in his psalmis locutus fuisse declaratur. Non injuria, quia et populus Dei unum corpus est Christi, et plebs iterum devota per unumquemque fidelium probatur effusa. Quapropter, sive hoc unus, sive plures loquantur, una tamen decantat Ecclesia. Sed isti gradus in illo sunt itinere constituti, ubi ipse Rex patriæ viam se nobis cognoscitur præbuisse; quam si, ipso præstante, fideliter atque humiliter gradimur, ad ejus sancta tribunalia pervenimus.

Divisio psalmi.

Memores sancti confessores quanta pericula per divinam misericordiam velut impetum torrentis evaserint, primo capite fatentur se de tot sævientibus ærumnis sola Dei misericordia fuisse liberatos. Secundo, gratias 437 agunt, quia non sunt decepti a persecutoribus suis; sed versa vice insidiæ magis ipsorum contritæ sunt, eosque constat ereptos.

Expositio psalmi.

Vers. 1. *Nisi quia Dominus erat in nobis, dicat nunc Israel.* Subita lætitia quæ de præteriti periculi recordatione descendit, solet verborum ordinem non tenere. Admirantur enim confessores quomodo evaserint insequentes, quemadmodum fragilitatem humanam tormenta non vicerint: quomodo, deficiente corpore, mens fide solidata non cesserit; et exiguam partem verborum, quæ de sensu magno descenderat, in capite posuerunt: quæ tamen subsequenter explanant, ut et periculis tantis [*ed.*, periculi instantis] non tolleretur admiratio, et paulo post sermonum redderetur integritas. Consueta quippe sententia fuerat dicere: Nullatenus potuimus pericula inflicta superare, nisi quod *Dominus erat in nobis*. Simul et præsumptionis humanæ perniciosa consuetudo de medio tollitur, quando non divitiæ nostræ, non consilium, non virtus nobis subvenisse dicitur; sed miseratio Domini sola nos liberasse monstratur. Sequitur, *dicat nunc Israel*. Saluberrimum nimis esse cognoscitur, quod tanta ut fiant [*ms. F. et ed.*, fiat], auctoritate Domini censetur. Nam unde ipsi fuerant salvati, merito reliqui beati gratias agere monebantur. Hæc est enim charitatis et unitatis virtus, ut si quid uni prosperum concedatur, omnes sibi provenisse congaudeant; rursumque si quid contrarium ingeritur, universi sibi accidisse condoleant. Quapropter quid *dicat Israel*, subter adjunxit. Ideoque qui vult esse Israel, puro corde dicere talia non recuset.

Vers. 2. *Nisi quia Dominus erat in nobis: cum insurgerent homines in nos.* Et hunc versum, et alios tres qui sequuntur, pii confessores Israelem commonent dicere, qui in psalmi capite loqui cœperunt; quoniam etsi unusquisque aliquo casu propriis periculis exuitur, ab omnipotente Domino liberatur. Sed quamvis in istis omnibus pendeat una sententia, nos tamen more nostro singulos versus ponimus, ut quod de alio pro sensu explicando subjungendum est commoneamus. Inchoat itaque secundus versus pendente sensu (sicut in primo jam factum est), ut dicat se Israel per Domini gratiam fuisse liberatum, quando eos scelerati homines insequebantur atrociter. Quomodo enim aut caro fragilis sufficeret, aut mutabilitas humani animi firma constaret, *nisi quia Dominus erat in eis?* Ille enim quando in nobis est, nec vitio nostræ pravitatis abscedit, semper salvi, semper manemus illæsi, quia persequentium iniquitas non prævalet contra eum pro quo se gratia divinæ virtutis opponit. Quapropter intuendum est in his duobus versibus qui dicti sunt, et in tribus aliis qui sequuntur, figuram esse anaphoram; quoniam eadem verba per principia versuum repetita esse noscuntur. Quod schema plurimum valet ad animos commovendos.

Vers. 3. *Forsitan vivos deglutissent nos, cum irasceretur animus eorum adversum nos.* Medietas versus istius ad superiora respondet. Ita est enim sensus iste jungendus: *Nisi quia Dominus erat in nobis, cum insurgerent homines in nos, forsitan vivos deglutissent nos.* Hic enim distinctionem plenam ponere debemus, ut reliqua nobis iterum absoluta verborum copulatione respondeant. Nam quod dicit *vivos deglutissent nos*, humana consuetudo non est vivos deglutire contrarios; sed vivi deglutimur, quando aut in hæreticas pravitates, aut in profundam præcipitationem culparum nefanda pravitate demergimur. Quod sanctis viris potuisset accidere, nisi eos virtus superna liberasset. Sequitur medietas versus hujus, quam tamen ad inferiorem sententiam constat esse jungendam. Dicit enim: *Cum irasceretur animus eorum adversum nos. Irasceretur*, dixit, quia justissimas causas non habebant. Ira enim et invidia judicio carent, dum voluntates suas mente præcipiti subsequuntur, sicut et Job dicit : *Stultum occidit iracundia, et parvulum necat invidia.* (*Job.* v, 2). Quid enim adversum Dei famulos habere justum poterant, qui in eis Auctorem omnium contemnere præsumebant? Animus, Græcus sermo est ἀπὸ τοῦ ἀνέμου, id est quod mobilitas ejus ventis celerrimis comparetur : sive ἄναιμος quod sanguinem non habeat, utique qui corporalis non est; sicut in libro dictum est, quem de Anima, Domino præstante, conscripsimus.

Vers. 4. *Forsitan velut aqua absorbuissent nos : torrentem pertransivit anima nostra.* Simili modo contexti sunt et isti versiculi. Est enim, si ita legatur, plena et indubitata sententia : *Cum irasceretur animus eorum adversum nos, forsitan velut aqua absorbuissent nos.* Aquam hic iniquos populos vult intelligi paganorum, qui idolorum culturis, quasi nimia quadam inundatione, terrena corda occupasse videbantur. Hi servos Dei absorbere cupiebant, cum in suas culturas Christianos perducere nitebantur. Sed eos virtus divina liberavit, quæ Petro apostolo manum, ne mergeretur, extendit. *Aquam* vero dixerunt antiqui, a qua sunt omnia, credentes exinde omnia fuisse procreata. Sequitur, *torrentem pertransivit anima nostra. Torrens* est (sicut jam diximus) fluvius hibernis imbribus subito concitatus, qui et rapidus cognoscitur et cœnosus, quia non puro fonte profunditur, sed terrenis infectionibus sordidatur. Huic merito comparatur sæculi istius turbidus cursus, qui nullo veritatis fonte defluit, sed malorum omnium tempestate coalescit. Iste torrens est unde bibit et Dominus, de quo jam dictum est : *De torrente in via bibit, propterea exaltabit caput* (*Psal.* cix, 7). Merito ergo et Israel ipsum pertransiisse perhibetur, unde et caput ejus potasse prædictum est. Sed in his omnibus una est veraque confessio; quoniam de tantis periculis sola Domini miseratione liberamur.

Vers. 5. *Forsitan pertransiisset anima nostra aquam intolerabilem.* Debemus ad inquirendum esse solliciti, quare ista pars orationis, *forsitan,* fuerit toties iterata, cum dubitare fidelibus non conveniat mundi pericula per nosmetipsos non potuisse transire, *nisi quia Dominus erat in nobis.* Hoc enim vera, hoc catholica confitetur Ecclesia; sed usus est magni periculi, ut quoties a maxima clade liberamur, sub dubitatione dicamus : Putas evasimus? cum nos nequaquam evasisse dubitemus. Nam et alibi in re certa sic ponitur : *Nisi quod lex tua meditatio mea est, tunc forsitan periissem in humilitate mea* (*Psal.* cxviii, 92). Tobias quoque propheta sic ait: *Convertimini, peccatores, et facite justitiam coram Domino; quis scit si velit vos, et faciet vobiscum misericordiam* (*Tob.* xiii, 8)? Et alibi scriptum est : *Et elevate cum fletu oculos vestros in cœlum, forsitan miserebitur nostri Dominus, et salvabit vos* (*Judith.* vii, 18, 24). Vides tantis locis positum, *forsitan,* ubi non erat ullatenus ambigendum; unde non merito hanc verborum titubantiam, sed fidei magnam absolutamque constantiam proprium Scripturæ divinæ dicimus;

quod usus mundanus in rebus dubiis atque incertis tantum ponere consuevit. Quapropter aliquid hujusmodi dictum, non est defectus robustissimæ fidei, sed exaggeratio magna periculi. Nam cur dubitarent *aquam intolerabilem* evasisse *animas suas,* cum ipsi in superioribus professi sunt : *Torrentem pertransivit anima nostra?* Subjecit, *aquam intolerabilem.* Ipso modo *aquam intolerabilem* dicit, quam se tolerasse professus est. Aliter enim evadere non potuit, nisi confortatus per Dei gratiam omnia tolerasset. *Intolerabilis* ergo *aqua* dicitur, quando nostra infirmitas cogitatur. Nam peccatorum gurges criminumque tempestas tolerari non potest, quando a defensione Domini segregatos invenerit. Econtra omnia tolerabilia fiunt, cum Deus in sanctis suis habitat; tunc enim nec error subripit, nec luxuria trahit, nec superbia ventosa prævalet, nec hostis antiqui suggestio maligna grassatur.

Vers. 6. *Benedictus Dominus, qui non dedit nos in captionem dentibus eorum.* Venerunt pii confessores ad narrationem secundam, in qua Domino gratias agunt, quia minime pro inimicorum voluntatibus corruerunt; sed illi potius contriti sunt, qui eos perdere maluerunt. Et vide quemadmodum inimicorum voluntas sæva describitur, ut more ferarum humanam innocentiam dentibus appetere viderentur. Quod etiam de diabolo dictum est : *Inimicus vester diabolus tanquam leo rugiens circuit, quærens quem devoret* (*I Petr.* v, 8).

Vers. 7. *Anima nostra sicut passer erepta est de laqueo venantium.*

Vers. 8. *Laqueus contritus est, et nos liberati sumus.* Bene istud sancti dicunt, quorum etsi corpus afflictum, anima tamen, Domino custodiente, servata est. *Passer* enim (sicut sæpe diximus) avis est omnino cautissima, in parietibus habitans, quæ insidias positas solerter evitat, nec facile capitur, quæ ad escas quærendas semper noscitur venire sollicita. *Laqueus* est autem *venantium,* quidquid istius quælibet dulcedo proposita, in qua tunc capimur, quando suavis esse judicatur, sicut de mulieribus scriptum est : *Oculus meretricis laqueus peccatoris* (*Prov.* vii). Sic de avaritia, sic de superbia, sic de cunctis vitiis sentiendum. Sed vide quid adjecerint, *contritum laqueum, et se fuisse liberatos.* Revera, quia se gravat qui alium onerare festinat; et sicut legitur : *Ipse in foveam incidit, qui eam alteri parare contendit* (*Eccli.* xxvii, 29). Præterea respice quod non ruptum, sed *contritum laqueum* dicit. *Contritum* enim nec loreum aliquid, nec stupeum dicimus, nisi quod alicujus metalli duritiam habere monstratur; et ideo *contritus* dictus est, ut in ipso ostenderet fortitudinem passionis, et potentiam liberantis. Quapropter *contrito laqueo,* merito se dicunt *esse liberatos,* quando insidiatores perducuntur ad nihilum, cum capere nequeunt quos decipere tentaverunt.

Vers. 9. *Adjutorium nostrum in nomine Domini, qui fecit cœlum et terram.* Reddunt causam quare laqueus ille contritus est, quia nihil illi prævalere potest adversum, cui divina virtus præstat auxilium. Quid dementes quæritis, contra illius servos insidias tendere, quem audistis cœlum et terram jussione momentanea condidisse? Facile illi est insidias vestras [*ed.*, nostras] destruere, qui consuevit iniqua omnia cum voluerit dissipare.

Conclusio psalmi.

Quam bene in quinto gradu confessorum ascendit beata devotio, ut qui corporeos sensus, juvante Domino, superare valuerunt, quinarii loci provectione gauderent! Sed hi ne caderent, ne corporis infirmitate titubarent, illa humani generis remedialis præstabat humilitas, ut spem suam totam in Domino ponerent, nec sibi boni aliquid ruinosis præsumptionibus applicarent.

PSALMUS CXXIV.
Canticum graduum.

Sciens Dominus infirmitatis humanæ labilem gressum, iter istud virtutum quibusdam gradibus fabricavit, ut securius ad ardua tenderet desiderium nostrum, cum vestigium poneretur in plano. Sic enim calcamus dorsa graduum, ut inæqualem non patiamur ascensum. Sed quamvis scala ista salutaris competenti remedio videatur esse constructa, nulla tamen firmitate consistimus, nisi illic Domini regimine teneamur [mss. A., B., F., tueamur]. Quæ tamen ascensio fit mente, non corpore. Nam in uno magis loco sedentes, et cellulæ situ retrusi, efficacius istos gradus ascendimus, quam si per hominum ora volitemus; et ideo clamat propheta nobis esse in Domino confidendum, ne laboremus incassum.

Divisio psalmi.

Conscendens propheta senarium gradum, qui perfectus habetur in disciplina numerorum, populum fidelem prima commonitione confirmat, dicens nullatenus commoveri posse, qui confidentiam suam in Domini virtute posuerunt; reddens causam, quare peccatores supra sortem justorum non permittat excrescere. Sec undo deprecatur, ut rectis prosperitas pravis vindicta proveniat.

Expositio psalmi.

Vers. 1. *Qui confidunt in Domino sicut mons Sion: non commovebitur in æternum, qui habitat in Jerusalem.* Generaliter cunctos alloquitur sermo propheticus, quoniam qui hic fuerint in vera religione constantes, et spem suam in Domini defensione posuerint, sicut Sion, Jerosolymæ mons, ita firmissima soliditate consistunt. Sed hic nominis est interpretatio perquirenda. *Sion* enim dicitur speculatio 439, quæ convenit Pastori Domino Jesu Christo. Non enim tantæ majestati insensatum aliquid poterat comparari, nisi sub aliqua significatione probabili, quod in Scripturis divinis frequenter invenies; nam et alibi dictum est : *Montes exsultaverunt ut arietes, et colles velut agni ovium* (Psal. CXIII, 4); et his similia. Dicit ergo de homine, *qui confidit in Domino, non commovendum esse in æternum, sicut montem Sion;* cum tamen et ipsum in fine mundi credamus inter cætera commutari. Sed ille *Sion,* id est Dominus Christus *non commovebitur,* qui hac significatione declaratur. Et considera quia supra posuit, *qui confidunt;* et postea singulariter dixit, *non commovebitur;* videlicet ut numerosam Christiani populi ostenderet unitatem. Addidit, *qui habitat in Jerusalem.* Cum sciamus Jerusalem a diversis gentibus funditus fuisse subversam, ejusque cives frequenter ductos esse captivos, quemadmodum hic habitatores ejus dicit nullatenus commovendos? Sed hic quoque *Jerusalem,* cœlestem patriam debemus advertere, quæ significat visionem pacis : de qua nullus potest ullo modo *commoveri,* qui meruerit in ejus soliditate constitui. Sic enim nobis veritas patet, et ratio absoluta constabit, si nomina hujusmodi ad congruam significantiam transferamus.

Vers. 2. *Montes in circuitu ejus : et Dominus in circuitu populi sui, ex hoc nunc et usque in sæculum.* Sic forma terrenæ Jerusalem præsenti versu describitur, ut illa nobis cœlestis patria potius indicetur. Etenim Jerusalem ista, quamvis et ipsa in monte sit, circumjectis montibus, in medio constituta, quæ celsis cacuminibus velut quædam area circuitur. Hæc forma dictionis Græce dicitur topothesia, Latine loci positio. *Montes* enim et in bono et in malo ponuntur, quoniam utrique super communem naturam magna altitudine præeminere cernuntur. In malo sunt positi : *In Domino confido : quomodo dicitis animæ meæ : Transmigra in montem sicut passer* (Psal. X, 2)? In bono : *Suscipiant montes pacem populo tuo, et colles justitiam* (Psal. LXXI, 3). Sicut et hic *montes* sanctos viros designant, qui Jerusalem illam cœlestem quaquaversus inhabitant. Nam ut beatos viros debuisset advertere, sequitur, *et Dominus in circuitu populi sui.* Ille enim non circuit, nisi quem sibi fidelem esse cognoscit; circuit enim ad æternæ defensionis auxilium, et totius honoris cumulum conferendum. Adest enim per ineffabilem naturam suam ubique totus, omnia penetrans, cunctaque continens; nec more creaturarum, ut alibi sit aliunde discedit; et cum tamen omnia compleat, bonis præsens, malis absens esse dignoscitur. Quod de tota Trinitate intelligere ac credere sine dubitatione debemus. Nam quod adjecit, *ex hoc nunc,* istud sæculum significat, de quo dicit Dominus : *Ecce ego vobiscum sum omnibus diebus usque ad consummationem sæculi* (Matth. XXVIII, 20). *Usque in sæculum,* illud dicit, ubi jam sanctis potentissima majestate sui luminis apparebit. Sed cur præbeatur ista defensio consequenter exponitur.

Vers. 3. *Quia non derelinquet* [mss. A., B., relinquet] *Dominus virgam peccatorum super sortem justorum : ut non extendant justi ad iniquitatem manus suas.* Virga boni malique potestas significatur. Sic enim in bono dictum est de ipso Domino Salvatore : *Virgam virtutis tuæ emittet Dominus ex Sion* (Psal. CIX, 2); *et dominaberis in medio inimicorum tuorum* (Exod. VII). Accepit etiam Moyses virgam, de qua miracula numerosa faciebat. Datur siquidem et illis in malo, qui semper fideles studio pravitatis affligunt; nam et persecutores sunt virga martyribus; item et iracundi domini famulis suis, ut fuit Pharao, Nabuchodonozor, et cæteri qui asperrima dominatione regnarunt. Sed hanc iniquam potestatem non permittit Dominus diutina libertate grassari; ut intelligant fideles ad patientiæ suæ probationem hoc superbis brevissimo tempore fuisse concessum. Poterant enim servi Dei animos suos ad iniquitates forsitan extendere, si persecutionem crederent longis temporibus permanere. Sors vero justorum est hæreditas Domini, id est religio Christiana, supra quam non sinit diutius crudeles tyrannos insurgere, ne possint Ecclesiam Domini longissima persecutione conterere. Dicendo enim, *non derelinquet*, significat quoniam, etsi ad tempus tentatio permittatur, non tamen libera in sua potestate deseritur, cui potius finis malus et lamentabilis præparatur interitus.

Vers. 4. *Benefac, Domine, bonis, et rectis corde.* Confirmato populo et fidei firmitate solidato, venit ad secundam partem, in qua breviter Dominum deprecatur, quod scit eum esse facturum; ut bonis bona, malis digna restituat. *Boni* autem sunt homines, cum gratia divina præventi, cœperint desiderare et implere quæ jussa sunt. Legimus enim : *Nemo bonus, nisi solus Deus* (*Marc.* x, 18). Sed utrumque verum, utrumque perfectum est. Nam si nostris viribus relinquimur, mali sine dubio comprobamur; si divina misericordia suffragante respicimur, donec obedientes sumus, *boni* utique reperimur. Sequitur, *et rectis corde*. *Rectis corde* sunt qui Dominum sequuntur, non præire contendunt, ut Petro apostolo dictum est humana sapienti : *Redi retro, Satanas* (*Marc.* viii, 33). Illi enim qui præcedere volunt, errare non desinunt; qui subsequi desiderant, *rectis corde* sine dubio comprobantur. His igitur optat propheta bonum fieri, qui nesciunt a Domino prava voluntate separari.

Vers. 5. *Declinantes autem ad* [ed., in] *obligationem, adducet Dominus cum operantibus iniquitatem : pax super Israel.* Sicut bonis et rectis corde bene fieri postulavit, ita nunc *declinantes ad obligationem* dicit posse perduci. Pulchre autem definita est opera iniquitatis, *obligatio* scilicet quæ nos vinculis pravitatis innectit; ut esse liberi nequeamus, cum talibus laqueis tantisque constringimur. Et nota quod dicit *declinantes*, id est jussa Domini non sequentes. Pari enim sententia pereunt, qui et declinare jussa principis, et operari malitiam velle contendunt. Adjicitur certa promissio, *pax super Israel*. Verum ista pace omnia promittuntur eximia, quæ universum intellectum superant, quæ omnia vota transcendunt; et ut breviter multa claudamus, hæc *pax* ipse Salvator est Dominus. Sed istam *pacem* omnimodis non habebunt, qui cum unitate litigant, et catholico populo probantur adversi.

Conclusio psalmi.

Consideremus quam bene gradus iste firmatus est, ut et præterita mala propheta recoleret, et in omnibus diceret Dominum præstitisse. Ipse enim ad meliora parat ascensum, qui sibi in præteritis adfuisse Domini cognoscit auxilium. Ultra enim non potuisset ascendere, si **440** quid de se præsumere voluisset. Quapropter salutarem regulam complectamur toto mentis affectu, ut ipse nobis concedat gradus istos ascendere, qui nos magnalia sua fecit audire.

PSALMUS CXXV.
Canticum graduum.

Post captivitatem omnium peccatorum, voces beatorum ascendentium ad supernam Jerusalem quam suaviter offeruntur, ut in itinere arduo positi, sancto se carmine consolentur! Iter felicissimum, fructuosus labor, nec aliquando decipiens, si ille ad quem tenditur, in corde semper habeatur. Quapropter animæ ponamus aurem, mentem purissimam commodemus. Aliquid enim de illa beatitudine sumimus, si sanctum carmen cordis penetralibus hauriamus.

Divisio psalmi.

Sanctissimi viri divina miseratione liberati, prima parte psalmi gratias agunt, quod de obnoxietate sævissima peccatorum in tantam gratiam sunt recepti, ut inter gentes probarentur esse laudabiles. Secunda parte deprecantur, ut captivitas eorum commutetur in gaudium : subjungentes mirabilem veramque sententiam : quia *Qui seminant in lacrymis, in gaudio metent.*

Expositio psalmi.

Vers. 1. *In convertendo Dominus captivitatem Sion, facti sumus sicut consolati.* Hic spiritualis expositio probatur esse necessaria. Nam cum nullam desolationem temporibus David Sion sustinuisse declaretur, restat perquirere qualem *captivitatem* versus iste indicare videatur; utique illam diaboli, qua mundus tenebatur obnoxius. *Captivitas* enim Sion fuit, cum Ecclesiam Dei, quæ tunc in paucis erat, idolorum premebat iniquitas. Sed conversa est in libertatem, quando adventu Domini inferni vincula dirupta sunt. Sequitur, *facti sumus sicut consolati*; scilicet quoniam *captivitas* illa quæ fuit, quamvis a nobis fuerit auxilio Divinitatis explosa, *sicut consolatos* nos reddit, non omnino securos. Illic est enim certa consolatio, ubi erit jam et complenda promissio. Habemus tamen inter istas mundi ambiguitates maximam consolationem, quando illum conservare dona sua credimus, quem nobis gratis pepercisse sentimus.

Vers. 2. *Tunc repletum est gaudio os nostrum, et lingua nostra exsultatione.* Tunc scilicet quando Domini Salvatoris adventus (sicut jam dictum est) captivitatem nostram commutavit in gaudium, vitia in virtutes, ignorantiam in cognitionem divinarum rerum, interitum in vitam sempiternam [ed., vivere sempiternum]; ut merito *impleretur os gaudio, et lingua exsultatione*, quibus talia Domini munere præstabantur. Sed hic *os* significat cordis arcanum, ubi primum gaudia seminata coalescunt, et officio linguæ in fructum vocis erumpunt. De ipso ore dicitur : *Gu-*

state et videte quoniam suavis est Dominus (Psal. XXXIII, 9). Ipse etiam clausis labiis clamat ad Dominum, et otioso ore efficaciter vox compuncti cordis auditur.

Vers. 3. *Tunc dicent inter gentes : Magnificavit Dominus facere cum illis.* Omnino certa laus est quam adversarii profitentur, et magnum pondus veritatis illum bonum testimonium dare, qui probatur contra sensisse. Et intende diligentius, quia non dicit gentes, sed *inter gentes.* Non enim in adventu Domini gentes universaliter crediderunt ; sed *inter gentes* erant qui compuncti talia dicere potuissent. Videntes ergo religionem florere in populo Christiano, jam bene intelligentes professi sunt revera Dominum esse cum talibus, qui studentes rectæ conscientiæ nulla se cupiebant superstitione polluere. Et quoniam illos videbant etiam virtutes operari, dicebant : Decrevit Dominus magnalia facere cum illis, quorum precibus cernebant expetita compleri.

Vers. 4. *Magnificavit Dominus facere nobiscum : facti sumus lætantes.* Ne superiores sermones gentilium sub dubietate relinquerent, nunc ad suam personam trahentes eorum dicta confirmant. Faciebat enim Dominus cum ipsis magnalia, quando eos propitius dignabatur audire. Et nota genus locutionis quod dicit : *Magnificavit Dominus facere nobiscum,* id est decrevit magnos nos ostendere gentibus donatione virtutum. Quod et genus locutionis inter Scripturæ divinæ propria suscipiendum competenter accipimus. Sequitur, *facti sumus lætantes ;* utique de tanta gratia. Erat nimirum copiosa lætitia, quando se videbant specialiter diligi, qui fuerant a pessima captivitate liberati. Quæ figura dicitur diatyposis, id est expressio habitus. Habitum autem hunc appellamus animi aut corporis constantem, et absolutam aliqua in re perfectionem.

Vers. 5. *Converte, Domine, captivitatem nostram, sicut torrens in austro.* Adventus Domini redemptione prædicata, fideles populi veniunt ad secundam partem, deprecantes sua iterum peccata dimitti. Scriptum est enim : *Justus in principio sermonis accusator est sui* (Prov. XVIII, 17). Et rursum : *Dic tu primum iniquitates tuas, ut justificeris* (Isa. XLIII, 26). Merito ergo et in generali remissione gavisi sunt, et sibi veniam precantur attribui. Sequitur decora comparatio, *Sicut torrens in austro.* Auster ventus est calidus, qui frigore ligatas aquas vaporis sui virtute dissolvit, et torrentem facit currere de suæ afflationis ardore ; sic ergo delicta mortis gelu constricta, quia [ed., quæ] in se non habent vitam, cœlestis misericordiæ calore solvuntur, et velut turbidus torrens sub celeritate dicedunt. Sed ut nobis sensus possit constare plenitudo, pronuntiandum est : *Converte, Domine, captivitatem nostram, sicut torrens in austro* convertitur in liquorem.

Vers. 6. *Qui seminant in lacrymis, in gaudio metent.* Duas seminationes esse in hoc sæculo, Apostolo docente, cognovimus, sicut ipse ait : *Qui in carne seminat, de carne metet corruptionem ; et qui seminat in spiritu, de spiritu metet vitam æternam* (Gal. VI, 8). Spiritualis ergo seminatio semper in lacrymis est, quia licet fideles, Domino præstante, virtutes operentur, aut præterita peccata deplorant, aut futuris se culpis involvere pertimescunt. Sic enim dictum est de ipsis : *Beati qui lugent, quoniam ipsi consolabuntur* (Matth. V, 5). Isti ergo tales qui seminant in lacrymis, futuræ promissionis gaudia consequuntur. Quibus etiam Osee propheta dicit : *Serite 441 vobis ad justitiam, et metite misericordiam.* (Ose., X, 12). Seminatio vero eorum est pacem quærere, charitatis studio omnia sustinere, jejuniis corpus edomare, eleemosynis se et pietate reficere, et quidquid ad disciplinam potest fidelium pertinere. Contra temporalium rerum cupidi, et vana sæculi desiderantes cum lætitia seminant, quando adulteria committunt, avaritiam diligunt, deliciosas comessationes exquirunt, idololatriam colunt, et cætera quæ fiunt diaboli instigatione peccata. Sed in illo die judicii cum tristitia et fletu operas suas metent, de quibus scriptum est : *Ibi erit fletus et stridor dentium* (Matth. VIII, 12). Sic uno versiculo et bonarum rerum compensatio, et malarum retributio declarantur. Quæ figura dicitur antistathmisis, hoc est recompensatio, quando justa factis recipit, qui se aut recta, aut prava conversatione tractaverit.

Vers. 7. *Euntes ibant et flebant, mittentes semina sua.*

Vers. 8. *Venientes autem venient in* [mss. A., B., cum] *exsultatione portantes manipulos suos.* Quamvis et hic versus ad generales videatur bonas operas pertinere, tamen eleemosynas maxime (sicut et aliis visum est) dignoscitur commonere ; unde scriptum est : *Sicut aqua exstinguit ignem, ita eleemosyna exstinguit peccatum* (Eccli. III, 33). Nam cum dicit : *Euntes,* provectus vitæ sanctissimæ significatur, in qua bene ambulando semper acceditur. *Flebant* ergo quando pauperes conspiciebant nuditate detectos, frigore constrictos, inopia sæva maceratos ; ut prius pietatem corde facerent, antequam manus aliquid larga præstaret. Sequitur, *mittentes semina sua. Mittentes,* in illo sæculo præmittentes, ubi ante facta nostra perveniunt, quam nos illuc ire possimus, sicut scriptum est : *Thesaurizate autem vobis in cœlo, ubi neque ærugo, neque tinea demoliuntur, neque fures effodiunt et furantur* (Matth. VI, 20). Nec vacat quod addidit *sua,* ut de propriis laboribus, non de rapinis eleemosynas facere debeamus. Misericordia enim illa est, de qua alter non gemit, de qua nullus contristatus abscedit ; quia illud offerendum est majestati, quod potest sub pietate conquiri. Nam cum dicit Dominus sibi dari, considera si illi aliquid de pravitate possit offerri. Addidit, *Venientes autem venient in exsultatione, portantes manipulos suos. Venientes,* illi *veniunt in exsultatione,* quibus jam misericordia divina præparatur, qui hic taliter egerunt, qualiter superna jussa præcipiunt. Illi autem ad gaudium venientes non veniunt, qui hic se nequissimis actibus polluerunt. Omnibus enim venire commune est ; sed ad gaudium pervenire, beatorum. Haec dicuntur nomina conjugata, quae fiunt ex verbis generis ejusdem. Et quoniam superius dixerant metere unumquemque operam suam, in eadem metaphora veraci sententia perseverant. Addiderunt quoque, *portantes manipulos suos.* Messores enim, opere consummato, gremio [*mss.*, grernia] portant ad aream quae in agro spicarum congregatione ligaverint; sic beati ferunt in aream Domini fructuosissimas actiones. Sed felix illud gremium, quod triticeis ponderibus ingravatur, ne levitas stipularum vota messoris eludat; et tunc deprehendat inanitatem laboris sui, quando jam non praevalet operari.

Conclusio psalmi.

Quam bene septimus iste gradalium in figuram Veteris Testamenti primum adventum nobis Domini prophetavit, laetitiamque populis salutarem largiendam esse praecinuit, ut ogdoas esset in reliquis, quam ad resurrectionem Domini pertinere praediximus. Nam et distinctionem hanc sequens titulus manifestat; scribitur enim Canticum graduum Salomonis. Salomon autem interpretatur pacificus, quod nomen ad Dominum Christum maxime pertinet, qui mundum reconciliavit Deo, qui dixit: *Pacem meam do vobis, pacem meam relinquo vobis* (*Joan.* XIV, 27). Denique psalmus ipse jam non futuram prophetiam, sed ipsum fructum ventris ostendere comprobatur, ut cunctis indubitanter appareat, in septuagesimo primo psalmo per decadas totius operis Novi et Veteris Testamenti indicia contineri; hic autem per singularem numerum eadem fuisse declarata.

PSALMUS CXXVI.

Canticum graduum Salomonis.

Diximus non vacare quod et isti titulo *Salomonis* quoque nomen adjunctum est, cujus interpretatione in Latina lingua pacificus est. Et cui aptius hoc vocabulum poterit convenire, nisi qui populum circumcisionis et praeputii unitatis gratia colligavit; et quasi angularis lapis venientes ad se e diverso parietes stabilitatis robore solidavit; de quo dicit Apostolus: *Ipse est enim pax nostra, qui fecit utraque unum* (*Ephes.* II, 14). Additur quoque quod octavus usque ad finem gradalium est, qui numerus pertinet ad resurrectionem Domini Christi, de quo omnino locuturus est: indicans Novum Testamentum, ad quod haec praedicta mysteria referuntur. Et nota quod hic et in septuagesimo primo psalmo propter distinctionem Testamentorum *Salomonis* nomen constat ascriptum, ut utraque sibi assonare cognoscas.

Divisio psalmi.

Exsultans propheta quod Spiritu sancto completus Novi Testamenti gratiam praevidisset, ne aut sibi aut aliis de tanto munere forsitan surriperet perniciosa praesumptio, primo ingressu docet sanctissimos viros, ne quis propriis viribus aliquid boni applicare contendat, cum omnia in divina potestate sint posita: nec praecurrere quis velit tempus, quod intelligit Domini ordinatio dispositum. Secundo modo de ipso Domino loquitur Jesu Christo, et de apostolis ejus, vel quicunque ipsius mandata perficiunt.

Expositio psalmi.

Vers. 1. *Nisi Dominus aedificaverit domum, in vanum laboraverunt aedificantes eam.* Planum est ad quosdam aedificatores Psalmistam loqui; sed non est dignum ut credamus hoc de structoribus caementorum, aut saxorum quadratariis dictum; sed illos potius aedificatores debemus accipere, qui unumquemque Christianum veritate fidei fabricare contendunt. Ipsi enim sunt *domus*, quibus dicit Apostolus: *Vos enim estis templum Dei, et Spiritus Dei habitat in vobis* (*I Cor.* I, 16). Sed si isti homines suis viribus aedificare contendunt, laborare videntur in vacuum, nisi gratia Domini donet 442 verissimae credulitatis affectum [*ed.*, effectum]; sicut et Apostolus dicit: *Neque qui plantat est aliquid, neque qui rigat, sed qui incrementum dat Deus* (*Ibidem*, 7). Debemus enim ad haec facienda studium commodare, sed ita ut Dominum credamus posse perficere, ne vanis praesumptionibus elusi, Auctorem et Perfectorem rerum in nostram perniciem praetermittere videamur. Meminerimus autem hunc et alterum versum sub argumento dictos quod dicitur a necessario. Necessaria quippe est Domini aedificatio, sine quo nihil boni ad culmen perfectionis adducitur.

Vers. 2. *Nisi Dominus custodierit civitatem, in vanum vigilabunt qui custodiunt eam.* De domo ad civitatem transitum facit, ut nec in singulis elatio detestanda surripiat, nec in Ecclesia sancta jactantia perniciosa praevaleat. *Civitas* enim Domini Jerusalem intelligitur coelestis, cujus adhuc pars peregrinatur in terris, in qua episcopi vigilare contendunt, ut commissum sibi gregem pervigili cura custodiant. Quibus idem [*ed.*, item] dicitur: ne noxiis cogitationibus incitentur, et credant aliquid humanas vigilias praevalere, cum sola Divinitas incursionis pericula possit arcere. Intelligimus quam sit impudens Pelagiana, quam iniqua praesumptio, ut contra eam decreverit toties Spiritus sanctus dicere, quod tamen ipsa passa non sit audire.

Vers. 3. *In vanum est vobis ante lucem surgere: surgite postquam sederitis.* Adhuc ipsos doctores alloquitur, ut efficacius populi corrigantur, cum etiam magistros viderint esse praemonitos. Dicitur enim: *In vanum est vobis ante lucem surgere.* Surgit scilicet *ante lucem* qui in hoc saeculo desiderat beatitudinem promereri, cum vera lux, id est Dominus Christus hic multa pertulerit, et usque ad crucis patibulum pro nostra salute dignatus fuerit pervenire. Quod pulcherrima comparatione monstratum est. Nam qui *ante lucem surgit*, adhuc in tenebris ambulat, et iter suum propter obscuritatem noctis expedire non praevalet: sic et illi sunt qui hic degere sub securitate contendunt, antequam resurrectionis gaudia consequantur. Quibus dicitur: *Surgite postquam sederitis*, id est prius humiliationem sustinete, et post ascensum præmia quærite gaudiorum. Hic enim sessio humilitatem significat, non honorem. Quod sic esse omnimodis sentiendum sequens versus ostendit. Nam ut capitis nostri evidentibus instruamur exemplis, sedit quando dixit: *Tristis est anima mea usque ad mortem* (*Matth.* xxvi, 38). Surrexit cum ait: *Data est mihi omnis potestas in cœlo et in terra* (*Ibid.* xxviii, 18). Legitur et in bono, *ante lucem;* ut Jeremias ait: *Ego autem locutus sum ad vos ante lucem, et non audistis me. Et misi ad vos omnes servos meos prophetas ante lucem, dicens: Revertimini unusquisque a via sua maligna* (*Jer.* vii, 13, 25). Sed si aciem mentis intendas, uterque de Christo loquitur, quamvis videatur esse divisum. Præsens enim psalmus, *ante lucem,* id est ante secundum adventum Domini nihil gaudiorum dicit esse præsumendum. Jeremias vero, *ante lucem,* id est ante primum adventum Christi populos commonet a pravitate discedere: ne possint in tortuosis itineribus inveniri. Sic ambo prophetæ adventum Domini utrumque tetigerunt.

Vers. 4. *Qui manducatis panem doloris: cum dederit dilectis suis somnum.* Declaravit quibus dixerit: *In vanum vobis est ante lucem surgere,* quando, ipso teste, *panem doloris* perfecti comedunt Christiani, de quibus alius psalmus ait: *Fuerunt mihi lacrymæ meæ panes die ac nocte* (*Psal.* xli, 4). Et alibi: *Cibabis nos pane lacrymarum, et potum dabis nobis in lacrymis in mensura* (*Psal.* lxxix, 6). Quibus revera ipse dolor panis est, cum se de afflictione reficiunt, et de mundana tristitia consolantur. Panis enim pertinet ad nutrimentum, quod in illa puritate contingit, quando fideles sibi dari pœnas non ad interitum æstimant, sed ad salutem. Sequitur quando debeant surgere, qui prius jussi sunt sedere; illo scilicet tempore cum fideles suscipiuntur in requiem, quibus mors somnus est, et secura pausatio. *Dilecti* enim Dei sunt qui eum nimia charitate perquirunt. Sed quanta illis præstantur, hinc potest intelligi, ut tale nomen acceperint; nam qui *dilectus* Dei dicitur, æterna sine dubio prosperitate cumulatur.

Vers. 5. *Ecce hæreditas Domini, filii, merces fructus ventris.* Ut ostenderet se propheta de fidelibus Christi superiora dixisse, venit ad secundum modum, in quo jam demonstrat ipsum Dominum Christum. Dicit enim: *Ecce hæreditas Domini,* filii scilicet Ecclesiæ, ex aqua et Spiritu sancto generati, qui *hæreditas Domini* esse noscuntur. Et qui sint isti *filii,* consequenter exponitur: *Merces fructus ventris.* Hujus *fructus ventris,* id est uteri virginalis partus, *merces* est omnis ejus *hæreditas,* quæ resurgens in cœlorum possessionem mittitur, et æterna cum Domino felicitate gaudebit. *Merces* enim humanitati reddita dicitur, de qua et secundus psalmus ait: *Postula a me, et dabo tibi gentes hæreditatem tuam* (*Psal.* ii, 8). Et Apostolus dicit post alia: *Propter quod exaltavit illum Deus, et dedit illi nomen, quod est super omne nomen* (*Philip.* ii, 9). Cæterum divinitas ejus nihil accepit unde cresceret, sed mundo contulit unde periculum mortis evaderet. Sic enim et populum acquisitionis dicimus, et animas conversorum lucrum [*ed.,* lucratum] esse profitemur; ut eodem modo et mercedem recipere dicatur, quam aliquando acquisiisse testamur. Ista enim et his similia convenienter accipiuntur ab illa parte qua passus est.

Vers. 6. *Sicut sagittæ in manu potentis, ita et filii excussorum.* Sagitta telum est, quæ et cito pervenit ad destinata, et pervolat omnino rectissima. Hæc quando egreditur de *manu potentis,* et magna velocitate discurrit, et appetita percutit. Non enim *potens* est ille qui dirigit, si sagittæ cursus erraverit. Quapropter additum est, *de manu potentis,* ut nec de effectu dubitares, nec de celeritate diffideres. His bene apostoli comparantur, quia de *manu potentis,* id est Domini Salvatoris transmissi, celeriter ad destinata perducti sunt, et jussa fideliter impleverunt. Nam ut hoc evidenter adverteres, sequitur, *ita et filii excussorum. Excussores* recte dicimus prophetas, qui penetralia Domini perquirentes, prophetaverunt populis stupenda miracula. Excutere enim est tectum aliquid inquirere, palamque facere; quod illis accidisse non dubium est, qui vita probabili meruerunt sancti luminis veritate compleri. Istorum *filii* merito dicuntur apostoli, quorum prædicatione credentes, eorum quodammodo fide generati sunt. Nam generationem quamdam ex doctrina descendere beatus Paulus absolute testatur, dicens: *Filioli mei, quos iterum parturio, donec formetur Christus in vobis* (*Gal.* iv, 19); et alibi: *Nam in Christo Jesu per Evangelium ego vos genui* (*I Cor.* iv, 15).

443 Vers. 7. *Beatus vir qui implevit desiderium suum ex ipsis.* Excussorum filii, id est apostoli, desiderium illud habuerunt, ut serviret Domino credens populus Christianus. Hos ergo *beatos* dicit, cum eorum labor ad gloriosa vota pervenerit; sive magis, quoniam ipsi desideraverunt atria Domini festinanter intrare, quemadmodum in quadragesimo primo psalmo jam dictum est: *Sicut desiderat cervus ad fontes aquarum, ita desiderat anima mea ad te, Deus* (*Psal.* xli, 2). Sic et Apostolus ipso desiderio flammabatur cum diceret: *Cupio dissolvi et esse cum Christo* (*Philip.* i, 23). Quapropter ter quaterque *beati* sunt qui pervenire ad talia vota meruerunt. Quod tamen *desiderium* non est humana festinatione completum; sed ille concitat tale votum, qui donat effectum.

Vers. 8. *Non confundentur cum loquentur inimicis suis in porta.* Et hoc ad filios pertinet excussorum, qui mundi terminos sanctis prædicationibus impleverunt. *Porta* vero civitatis Jerusalem Christus est Dominus, sicut ipse dicit: *Ego sum janua* (*Joan.* x, 9). In ipsa enim loquitur, qui recte prædicat de Domino Salvatore, ut per ejus baptismum atque pœnitentiam introeuntes, cœlorum regna possideant. Sed et illud perscrutandum est quare talis locus prædicatoribus est electus; scilicet ut qui non credit exeat, qui acquiescit introeat. Tali ergo loco pius prædicator et infideles exire facit, et devotos introire permittit; sive quia publica vox est, quæ *in porta loquitur*, dum a commeantibus semper auditur.

Conclusio psalmi.

Quam bene in altum usque ad verum Solem quasi Elias alter ascendit, non curru igneo subvectus, sed virtutum gradibus elevatus, nec auras motu corporis carpens, sed animo sanctum culmen ascendens! Gloria Domino Salvatori, qui in servis suis miracula diversa monstravit. Iter habuit per aera illius mortale corpus, propheta terram non deserens ad superna conscendit. Rogemus ut pennis misericordiæ suæ nos evehat, qui carnis fragilitate deprimimur. Nihil illi difficile est, nisi cum boni aliquid non putatur posse hoc implere. Perscrutemur ergo seduli Scripturas divinas: revolvamus libros Novi et Veteris Testamenti, si *filii esse* volumus *excussorum*; ibi enim Dominum reperimus, si hæc veraciter excutere mereamur.

PSALMUS CXXVII.
Canticum graduum.

Quam sit magnificus nonus gradus, numerus ipse declarat, qui trina triplicatione protentus, sanctum nobis Trinitatis culmen ostendit. Sed cum *timorem Domini* legerimus *initium sapientiæ* (*Eccli.* I, 16), perquirendum est cur propheta in tali loco eum judicaverit esse memorandum. Duo timores sunt qui corda nostra compungunt: unus humanus, per quem timemus aut pericula carnis pati, aut mundi bona deserere. Sed iste cognoscitur temporalis, quoniam tandiu hæc metuimus, quandiu in hujus sæculi conversatione versamur. Divinus autem timor per omnes provectus in hac vita nobiscum semper ascendit. Nam cum illa hujus sæculi formido in primo gradu cum mundo deseratur, iste semper nobiscum manet, et in omni ascensu quasi fidelissimus comes assumitur; sicut in centesimo decimo octavo psalmo jam dictum est: *Infige timore tuo carnes meas: a judiciis enim tuis timui* (*Psal.* CXVIII, 120). Merito ergo et in tali gradu et ubique timor Domini debere nobis inesse præcipitur; quoniam nobis custos necessarius approbatur.

Divisio psalmi.

Primo membro propheta sub quibusdam allusionibus enumerat bona timentium Deum, ut animos devotorum cœlestis præmii calore succendat. Secundo benedicit eos, ut gaudia æterna recipiant: ne quis hunc timorem suavissimum pertimescat.

Expositio psalmi.

Vers. 1. *Beati omnes qui timent Dominum, qui ambulant in viis ejus.* Primo sermone timorem Domini ab hujus sæculi terrore divisit. Dicendo enim, *Beati omnes qui timent Dominum*, ostendit non esse beatos qui mundi hujus pericula in amissione temporalium rerum sollicita mente formidant. Illa enim miseros efficiunt, cum homines inani pavore discruciant; provectum non habent, sed immutationem; ascensum nesciunt, sed ruinam. Contra timor Domini ex amore descendit, ex charitate nascitur, ex dulcedine procreatur. Devotus timor timentem consolans, afflictumque reficiens: nesciens carere gaudio, nisi tali fructu deposito; de quo scriptum est: *Venite, filii, audite me, timorem Domini docebo vos* (*Psal.* XXXIII, 12). Quam proficuus timor est, quo filii docentur: qualis d'sciplina, quæ dulcibus donatur affectibus [*ed.*, effectibus]! Et alibi de ipso præcipitur: *Et nunc, Israel, quid Dominus Deus tuus postulat a te, nisi ut timeas Dominum Deum tuum ex toto corde tuo, et ambules in omnibus viis ejus, et diligas eum, et custodias præcepta ejus ex toto corde tuo, et ex tota anima tua, ut bene sit tibi* (*Deut.* X, 12)? Dictum est quoque de eodem: *Timor Domini sanctus permanens in sæculum sæculi* (*Psal.* XVIII, 10). Sed ne forsitan *timendum* solummodo putares Dominum cum tonat, cum coruscat, cum terras tremore concutit, cum criminosis minatur interitum, addidit, *qui ambulant in viis ejus*, ut non solum suspendamur ab actibus pravis, verum etiam in fide probemur ambulare rectissima. Illi autem timent Dominum, qui ambulant *in viis ejus*, et mandata ipsius devota mente perficiunt. Sed videamus cur alibi singulari numero ponatur via, et alibi plurali, sicut hic factum est. Cum de se loquitur Dominus Christus, viam se dicit, ut est illud: *Ego sum via, veritas et vita; et iterum: Nemo enim potest ad Patrem venire, nisi per me* (*Joan.* XIV, 6). Cum vias plurimas dicit, apostolos significat et prophetas, per quos venitur ad unam viam, id est, ad Dominum utique Salvatorem. Quod utrumque Jeremias testatur dicens: *State in viis Domini, et interrogate semitas Dei æternales, et videte quæ est via bona, et ambulate in ea* (*Jer.* VI, 16). Hoc etiam et in alio loco sic intelligendum esse monuimus.

Vers. 2. *Labores fructuum tuorum manducabis: beatus es, et bene tibi erit.* In isto et duobus aliis versibus qui sequuntur, enumerat bona timentium Deum. Sed primum considerandum est cur superius plurali numero posuerit, *beatos*, et nunc singulariter dixerit, *manducabis*. Usus iste Scripturæ divinæ proprius est ad singularem numerum redigere, quod pluraliter videtur esse propositum; scilicet quia mater Ecclesia (sicut sæpe dictum est), quamvis plurimos beatos contineat, sancta unitate lætatur. Deinde perscrutemur quid velit dicere, *labores fructuum tuorum*, cum non de fructibus labores, sed de laboribus fructus sine dubitatione nascantur. Sed *labores* significare voluit opera bona, quæ in hoc mundo ita fiunt, ut epulum suave in futura retributione concedant. *Manducare* est enim aliqua esca refici, et de ipsa satietate gaudere. Isti ergo *labores* qui sunt bonorum operum, percipiuntur in illa resurrectione, quando auditum fuerit: *Venite, benedicti Patris mei, percipite regnum quod vobis paratum est ab initio mundi* (*Matth.* XXV, 34). Felix comestio quæ non ventre digeritur, sed inconsumptibili perennitate servatur. Nam et animas habere pabulum suum psalmus alter ostendit, dicens: *Gustate et videte quoniam suavis est Dominus* (Psal. XXXIII, 9). Et ne istud pabulum carneum putares, addidit: *Beatus es.* Nemo enim de carnali comestione beatus efficitur, nisi qui per spiritualia dona saginatur. Et ne istum beatum mediocrem fructum crederes possidere, subjunxit, *et bene tibi erit.* Ubi bene est, omnia bona confluunt, et ad gaudium suavitatis adducunt. Significat enim illa præmia, *quæ nec oculus vidit, nec auris audivit, nec in cor hominis ascendit, quæ præparavit Deus diligentibus se* (I *Cor.* II, 9).

Vers. 3. *Uxor tua sicut vitis abundans in lateribus domus tuæ.*

Vers. 4. *Filii tui sicut novellæ olivarum, in circuitu mensæ tuæ.* Simili modo intellectus ad litteram et hic quoque vitandus est. Nam cum plures sanctissimos viros uxores et filios perspicias non habere, et iterum sceleratos hæc omnia possidere, quomodo in istam partem beatitudinis applicabis, quæ subtracta plerumque bonis, et iniquis potius attributa cognoscis? *Uxor* enim dicta est, quasi ut soror. Quapropter *uxorem* hic beati viri sapientiam debemus accipere, sicut Salomon dicit: *Qui voluerit sapientiam ducere sibi sponsam* (Sap. VIII, 2); et alibi: *Ama illam, et amplexabitur te; et circumda illam, et servabit te* (Prov. IV, 6). Ipsa ergo *uxor* est justorum, quæ casto amplexu complectitur maritum. *Vitis* vero mater est uvarum, quæ dulcia vina profundens, corda nostra recreat: sic et ista uxor, id est sapientia, fructus inferens jucundos, suavi nos delectatione lætificat. *Domus* autem nostra recte dicitur propria cogitatio, quando in eadem defixi, quasi in quibusdam ædibus commoramur. Istius autem domus parietes, duo sunt testamenta, in quibus mens sancta velut quibusdam lateribus firmata solidatur. Sequitur, *Filii tui sicut novellæ olivarum in circuitu mensæ tuæ.* De uxore sapientia merito dicuntur filii nati esse, non filiæ. Per sexum enim virilem plerumque mentis firmitas indicatur: sive quia hic sexus nominatus utrumque complectitur, sicut et alibi dicit: *Beatus vir qui timet Dominum* (Psal. CXI, 1); non enim solum vir beatus est qui timet Dominum, sed et mulier beata est quæ Dominum timet. Ipsi ergo circumdant spiritualem mensam, hoc est altare Domini, quando cœlesti pane saginantur. Sed ideo *tua* dictum est, ut honor pontificis clarius appareret; sic enim de ipsis dicimus: Præsidet Ecclesiæ suæ: Redi ad Ecclesiam tuam; quod verbum in usu constat esse cunctorum. Illud quoque discutiendum est, quod filios beatorum olivis novellis comparare maluerit; ipsæ enim sunt viridiores ac fortiores, et ex omni parte firmissimæ, fructum quoque copiosius inferentes: de quo fructu et cibus conditur, et lumen accenditur, et fesso corpori subvenitur. Nec putes incassum *olivam* atque *vitem* his comparationibus fuisse sociatam; nam ille qui a latronibus in Evangelio vulneratus fuerat, infuso vino et oleo legitur esse curatus (*Luc.* X, 34): quoniam hæc duo vitæ nostræ mystica præsidia subministrant; in vino austeritas justitiæ est, in oleo lenitas misericordiæ; illud ad Vetus, istud ad Novum potest respicere Testamentum. Nam quod *uxori vitem, filiis* similavit *olivas,* parabolæ figura esse dignoscitur, quoniam res sibi genere dissimiles comparavit.

Vers. 5. *Ecce sic benedicetur omnis homo qui timet Dominum.* Secuta est beati illius qui timet Dominum perfecta conclusio. Nam cum dicit: *Sic benedicetur,* significat (sicut superius constat expositum), sic enim mereri benedici, qui suum timet auctorem, qui formidare desinit inania, qui casto Domini timore complectur. Et vide ordinem dictorum; ait enim prius: *Ecce sic benedicetur omnis homo;* et ne sibi hanc benedictionem usurparent contumaces ac fatui, addidit, *qui timet Dominum.*

Vers. 6. *Benedicat te Dominus ex Sion, et videas quæ bona sunt in Jerusalem omnibus diebus vitæ tuæ.* Venit ad secundum membrum, ubi pietate sanctissima illos postulat benedici, qui ad omne bonum studium Domini timore flammantur, ut agnoscamus quam sit timor iste proficuus, cui benedictio sancta geminatur. Dicit enim, *Benedicat te Dominus ex Sion,* id est Dominus Christus, qui in hoc monte hominibus apparere dignatus est, et pro nominis sui qualitate tanquam pastori optimo semper ascribitur. *Sion* enim (sicut sæpe dictum est) interpretatur speculatio. Sequitur, *et videas quæ bona sunt in Jerusalem.* Necesse nobis est ista verba frequenter exponere, quia positi sensus ex ipsis maxime pendere noscuntur. *Jerusalem* indicatur visio pacis. *Pax* hic invisibilis res est, quæ tunc videbitur, quando auctor ejus Christus Dominus beata mente conspicitur; optat ergo ut *in Jerusalem videat* cuncta *quæ bona sunt.* Aspicitur enim illic ipse Dominus, qui et ipsos intuentes æternos facit, et se jugi perpetuitate demonstrat. Hoc ergo prophetiæ spiritu sanctis optatur, quod eis evenire posse cognoscitur. Sed ne hoc crederes temporale, additum est, *omnibus diebus vitæ tuæ,* ut ineffabili dono æternitatis cumulus adderetur.

Vers. 7. *Et videas filios filiorum tuorum: pax* [mss. A., B., F., *pacem*] *super Israel.* Adjecit et hunc versum benedictionibus suis; ut ille qui hic timet Dominum *videat* in illa beatitudine *filios filiorum* suorum; quod etiam et spadonibus accidere posse non dubium est. *Filii* sunt (sicut jam dictum est) qui spirituali doctrina generantur. Sed minus gaudii fuerat filios acquisiisse spirituales, nisi etiam et ipsi qui docti sunt, alios filios generasse viderentur. *Filios* enim *filiorum* significat nepotes, quod utique beatis viris contingere potest, qui prædicationibus sanctis populos instruere consuerunt. Et intuere quod inter summa gaudia 445 memorat hoc videndum. Necesse est enim ut acquisitus fidelis magnum gaudium pariat acquirenti, quia magna inde probatur mercede cumulandus. Ad quos illud talentum respicit, quod paterfamilias duplicatum lætus invenit. Sequitur sententia quæ beatitudinis illius culmen suavitatemque declarat; ut supra illam beatam Jerusalem *pax,* id est Dominus Salvator insideat, et cuncta beata faciat, quæcunque majestatis suæ virtute complectitur. Hoc est quod superius dixit : *Videas quæ bona sunt in Jerusalem.* Ista enim *pax* est quam omnis desiderat devotus, cui suspirat, cui gemit, pro qua ipsam animam libenter effundit.

Conclusio psalmi.

Cognovimus in præsenti psalmo quæ Deum timentibus sint promissa, quos fructus recipiat qui Dominum sincera mente formidat. Studio ergo maximo deprecemur, ut istum timorem accipere mereamur, qui non ad pœnam petitur, sed ad salutem; unde talia proveniunt, qualia nunquam de mundi oblectatione nascuntur. Decet enim peti nimia supplicatione quod summum est. Quapropter (ut dictum est) Dominum jugiter expetamus, ut ipsius largitate mereamur ad talia munera pervenire. Nam qui peccatores opportune et importune præcipit supplicare, promisit quod etiam et nos immeritos possit audire.

PSALMUS CXXVIII.
Canticum graduum.

Gradus iste decimus denario jam promovetur ascensu, terrena deserens, et supernis se gloriosa vicinitate conjungens. Audiamus eum in alto positum dulcius canentem, quoniam altitudo graduum psalmorum nobis intelligendorum præstat ascensum. Subiit quippe merito, qui ad Domini proximatur aspectum. Sed tamen hæc omnia humilitas præstat, quæ Dei famulos decenter exaltat. Videamus quid sit positum in hoc numero præmiali, quia ipse est denarius quem laborantibus in vinea sua dives Dominus pia largitate concedit (*Matth.* xx, 9). Docet enim propheta toleranter nos sæculi molestias sustinere, quando Ecclesiæ crebras fuisse comprobat passiones.

Divisio psalmi.

Spiritu sancto propheta completus, in prima positione monet Israel ut dicat quanta certamina et quales insidias a suis pertulerit inimicis, ne quis fidelium de propriis tribulationibus desperare videretur. Secunda positione prophetiæ spiritu pertinacibus et inimicis Ecclesiæ per quasdam parabolas imprecatur, quod eis in judicio futuro noverat esse venturum.

Expositio psalmi.

Vers. 1. *Sæpe expugnaverunt me a juventute mea, dicat nunc Israel.* Admonetur *Israel*, id est Ecclesia Dei, ut dicat *expugnatam se sæpe* et *a juventute.* *Sæpe* significat frequentiam passionum. *A juventute*, primum tempus ætatis, quando ab ipsis primordiis sævissimas contrarietates, diabolo instigante, sustinuit. Sic enim alius psalmus ait : *Juvenior fui et senui, et non vidi justum derelictum, nec semen ejus egentem pane* (*Psal.* xxxvi, 25). Neutro generi masculinum genus adjunxit; quod inter idiomata Scripturæ divinæ constat esse numerandum. *Egentem pane*, non enim vel puer, vel adolescens hoc viderat quod dicebat. *A juventute* ergo significat, quando a fratre perverso Abel justus occisus est. Pertulit quoque temporibus Loth, quando multas iniquitates Sodomorum vir fidelis expertus est. Pertulit in Job notissimas illas et creberrimas calamitates, quando diaboli machinamenta gloriosæ tolerantia passionis victa cesserunt. Pharaonis quinetiam populus Dei acerbam dominationem sustinuit. Multi vero sanctissimi tribulationibus et periculis appetiti, certamen atrocissimum sustinentes, martyrii coronam consummata clade meruerunt. Ipsius quoque Christi Domini passione expugnata est Ecclesia, quando imprudentibus visa est Dominum perdere, quem vitæ suæ prædicavit auctorem; sed inde potius crevit, unde eam infideles putabant nihilominus inclinari. Nec illud vacat quod sequitur, *dicat nunc Israel*; scilicet in hoc sæculo, quando tempus est pœnitentiæ, ut instruantur reliqui fideles. Nam post resurrectionem generalem solas Domini laudes cantabit semper Ecclesia. Istud enim quod positum est, *dicat nunc Israel*, per tres versus qui sequuntur ubique subaudiendum est.

Vers. 2. *Sæpe expugnaverunt me a juventute mea: etenim non potuerunt mihi.* Et in quinto psalmo gradalium superiore factum est simile principium. Quæ figura dicitur anaphora, id est relatio ejusdem verbi per principia versuum plurimorum. Nunc enim intelligenda est senectus Ecclesiæ, dicente apostolo : *Filioli, novissima hora est* (*I Joan.* ii, 18). Quidquid enim in fine mundi geritur, senectus aptissime nuncupatur. Quapropter *a juventute* sua bene se *expugnatam* dicit Ecclesia; ut intelligas quia nunquam finita quæ semper *expugnata est.* Crescit enim persecutionibus improborum, suaque contritione grandescit. Nam etsi videatur sanctos viros in hac vita amittere, tamen eos futuræ patriæ probatur acquirere; et ideo non potest finiri, quando illam detrimentis suis constat augeri. Nam et sequentia sic declarant; dicit autem, *etenim non potuerunt mihi.* Non potuisse sibi prævalere dicit, quos se superius *expugnasse* commemorat. Imperfecta est enim expugnatio, quæ iterum ad certamen redit; nec victoria debet dici, postquam iterum constat posse confligi. Quod tamen comma sequens versus exponit.

Vers. 3. *Supra dorsum meum fabricaverunt peccatores; prolongaverunt iniquitatem suam.* Consuetudo est nequissima perfidorum, ut quando aliquid universo populo publice nequeunt imponere, occulte nitantur singulis aliqua suadere; ut vel paucos decipiant, qui [mss. A., B., F., quia] Ecclesiam Dei nulla potuerunt perversitate subvertere. *Fabricatum* vero *supra dorsum* suum *a peccatoribus* esse testatur, qui dolos facere a tali parte festinant; ut qui a facie videri non possunt, a tergo minime sentiantur. Hinc superventus inimicorum graviter formidatur, cum *dorsum* nituntur subita incursione turbare. Et ut patientiæ suæ robur ostendat, ipsum certaminis genus exsequitur; quod nonnunquam et a superioribus plus timetur. Et ut iterum ipsas subreptiones momentaneas non putares, prolongatas dicit insidias, quas assidue hostes fidei armatis sensibus ingerebant.

Vers. 4. *Dominus justus concidet cervices peccatorum.* Cum sit Dominus patiens, et magnanimis, et sustinens peccatores, de illis delinquentibus mavult intelligi, qui ipsius misericordia ad satisfactionem desiderant redire salutarem. *Cervices* autem pro superbia positas Scriptura testatur, dicens : *Cerno quod populus hic duræ cervicis sit (Exod.* xxxii, 9). Et beatus Stephanus in passione sua Judæos arguens, dicit : *Dura cervice, et incircumcisis cordibus et auribus, vos semper Spiritui sancto restitistis, sicut et patres vestri (Act.* vii, 51). Istis ergo hæc vicissitudo redditur, ut *cervices* quas contra Dominum lethaliter extulerunt, jugo ipsius suavi salutari humilitate subdantur. Quod sæpe de persecutoribus factum esse meminimus, ut fierent prædicatores sanctissimæ religionis, qui prius idola nefandissimis persuasionibus [*ms. G. et ed.*, persecutionibus] vindicabant.

Vers. 5. *Confundantur et revereantur omnes qui oderunt Sion.* Venit ad positionem secundam, ubi usque ad finem psalmi per figuram parabolen, quibusdam comparationibus adversariis obstinatis prædicit esse venturum; quod eis in Domini constat evenire posse judicio. *Confundentur,* cum perfidiam suam viderint in illa veritate damnari. *Reverebuntur* judicantem, quem hic temnendum esse putaverunt. Ipsi enim *oderunt Sion,* id est Ecclesiam, qui incarnationem Domini insanis mentibus respuerunt.

Vers. 6. *Fiant sicut fenum ædificiorum, quod priusquam evellatur arescit.* Solent *ædificia* deserta in cacuminibus suis caduca *fena* producere, quæ ante tempus collectionis arefacta dispereunt : quia nulla firmissima radice viguerunt. His peccatores obstinati aptissima societate junguntur : quoniam et hic frequenter dispereunt, antequam de hac luce tollantur; nascuntur enim in cacuminibus superbiæ, ubi nulla soliditate consistunt. Nam si in convalle lacrymarum germinarent, fructus suos usque ad maturitatem (Domino juvante) perducerent.

Vers. 7. *De quo non implevit manum suam qui metit, et sinum suum qui manipulos colligit.* In feni specie perseverat; et sicut superius in alio psalmo de beatorum fructibus dicit : *Venientes autem venient in exsultatione, portantes manipulos suos (Psal.* cxxv, 6), ita nunc de peccatoribus pronuntiat, nec manu, nec sinu aliquid ex eis a messoribus, id est ab angelis, qui ad judicium Domini populos congregabunt, esse portandum : quoniam illa messis spiritualis fuit quæ fructum intulit, ista vero carnalis est, quæ nulla triticei muneris fecunditate lætatur; ut nec unam manum repleat, nec sinum onerare prævaleat. Talis est ista messis quæ in dominico agro non seritur, sed in pectoribus superborum quasi in culminibus caducis enascitur. Nam quos fructus afferre potuit *quæ priusquam evelleretur exaruit?* Nec illud vacat quod *manum* posuit *et sinum: manus* pertinet ad operationem, *sinus* ad conscientiam; in malorum quippe actibus neutrum frugi aliquid po'uit inveniri.

Vers. 8. *Et non dixerunt qui præteribant: Benedictio Domini super vos: benediximus vobis in nomine Domini.* Consuetudo inter Hebræos erat ut si agentes viam, laborantes in aliquo agrorum opere reperissent, gratia indulta benedicerent; sicut in libro Ruth legitur : *Dixitque Booz juveni qui messoribus præerat : Dominus vobiscum. Qui responderunt ei : Benedicat tibi Dominus (Ruth.* ii, 4, 5). De quo ritu magnificus hic a contrario sensus assumptus est : quoniam sceleratis inaniter operantibus benedictio nulla præstatur. *Prætereuntes* autem significat sanctos viros, qui mundi istius confusa et perturbata temnentes, ad sæculi illius pacifica et quieta festinant; ut revera *præterire* videantur, quæ Domini amore contemnunt. Nam si istos *prætereuntes* velis tibi auctoritate divina firmari, audi Moysen : *Transibo et videbo visionem hanc (Exod.* iii, 3). Et in alio psalmo superius dictum est : *Vidi impium superexaltatum et elevatum sicut cedros Libani : et transivi, et ecce non erat (Psal.* xxxvi, 35). Vides hoc verbum sæpe sanctis mentibus attributum. Sed ne ipsa *benedictio* putaretur humanis viribus applicanda, sequitur, *benediximus vobis in nomine Domini.* Ipsa est enim firma et vera benedictio, quæ sub Domini commemoratione præstatur, a quo venit omne quod expedit.

Conclusio psalmi.

Respiciamus hunc psalmum quasi duabus alis evectum, decimum conscendisse fastigium. Dextera quippe ala ipsius est, post persecutiones multas Ecclesiæ superborum denuntiata conversio. Sinistra, odientium Sion optata confusio. Quod propheta non maledicendi studio loquitur, sed futuræ veritatis instinctu : quoniam licet et pro inimicis nostris præcipiatur orandum, de obstinatis tamen ac perituris, quod veritas habebat, exposuit; nec tamen sine fructu magnæ pietatis hæc dicta sunt. Multi enim de prædicta pœna se corrigunt, quando obstinatis talia imminere cognoscunt.

PSALMUS CXXIX.
Canticum graduum.

Nisi consuetudo Ecclesiæ sollicita mente recolatur, potest quæstio nonnulla suboriri, cur in gradu undecimo collocatus propheta, se pœnitentiæ satisfactione prosternat. In tali enim culmine constitutus, et evectus ad gloriam sempiternam, trepidationem adhuc habere potuit, non ruinam. Similis enim ratio in centesimo vigesimo septimo psalmo reddita est, cum timorem Domini per omnes gradus in hoc mundo sanctis diximus convenire personis. Dicit etiam Ecclesia in centesimo vigesimo octavo : *Sæpe expugnaverunt me a juventute mea;* et paulo post, *Supra dorsum meum fabricaverunt peccatores,* multasque calamitates ascendens populus iste dinumerat, quas adhuc sustinebat in mundo. Ita et hic quidquid in excelsum propheticus animus tendit, amplius se pia humilitate prosternit; ut adhuc mente curvatus ascenderet, **447** si præsumptionem de meritis non haberet. Conscius enim conditionis humanæ adhuc se humilius quam pridem subdiderat, inclinavit, quia nemo potest effugere peccatum, qui in fragili probatur corpore constitutus. Quando enim non aut cogitatione delinquimus, aut verborum superfluitate peccamus, aut improvida actione delabimur? Una est ergo securitas in hoc sæculo viventi, jugiter piis precibus inclinari; ut qui a culpa esse non possumus liberi, per munera pietatis mereamur absolvi.

Divisio psalmi.

Videns propheta plus mente quam corpore, ne magnis delictorum fluctibus obrueretur, exordio facto clamat ad Dominum, ut de profundo peccatorum liberetur, benevolentiam boni Judicis quærens de calamitatibus indicatis: quoniam nullus potest esse salvus, nisi qui divina clementia fuerit absolutus. Sequitur compendiosa conclusio, narrationem et cætera prætermittens: quoniam si opportune adhibeantur, exornant; si incongrue intromittantur, horrescunt. Secutus est ergo bonus magister utile devotumque compendium; cito ad gratulationis gaudia venit, ut agnoscerent pœnitentes quanta gratia suscipiuntur, quibus tam velox medicina præstatur.

Expositio psalmi.

Vers. 1. *De profundis clamavi ad te, Domine, Domine, exaudi orationem* [mss. A., B., *et* ed., *vocem*] *meam.* Profundum est quasi porro fundum, cujus ima omnino demersa sunt. Hinc ad Dominum propheta *clamavit*, ut facilius potuisset audiri. De isto *profundo* gloriosas fudit lacrymas Petrus; de isto Publicanus pectora culpanda tundebat, qui sic in altum venerat peccatorum, ut nec oculos levaret ad cœlum: de isto denique loco Jonas tacitus vociferabatur ad Dominum, qui in ventre ceti positus, infernum vivus intraverat. Cetus enim prophetæ oratorium fuit, naufrago portus, inter undas domus, felix in desperatione subsidium. Non enim glutitus est in escam, sed in requiem possidendam; et miro novitatis exemplo venter ille ferinus reddidit pabulum illæsum, non solita injuria decoctionis absumptum; sicut in libro suo ipse testatur, dicens: *Et præcepit Dominus pisci magno ut deglutiret Jonam: et erat Jonas in ventre piscis tribus diebus et tribus noctibus*, etc. (*Jonæ* II, 1): ubi orationes quoque suas prophetica veritate narravit. O pœnitentia nimis et absolute gloriosa, humiliatio quæ nescit cadere, luctus qui corda lætificat, lacrymæ quæ animam rigant. *Profundus* denique iste nescit inferos, qui transmittit ad cœlos. Quapropter virtutem sanctæ orationis intende: quia tanto se credit celerius audiendum, quantum de imis penetralibus clamabat ad Dominum. Denique sic sequitur, *Domine, exaudi orationem meam.* Ipsi sunt enim Altissimo viciniores, qui sanctæ humilitatis se visceribus abdiderunt. Sic cum *de profundo* oraret, ad Altissimi Redemptoris celeriter dona pervenit.

Vers. 2. *Fiant aures tuæ intendentes in orationem servi tui.* Pulcherrima supplicatione placatum sibi Judicem reddit, ut petitionibus suis clementissimus præstaretur auditus. Sed cum sit oculorum *intendere*, hic *auribus* datum est; scilicet quia virtus ejus et naturæ potentia singularis nec auribus audit, nec pedibus ambulat, nec oculis videt, nec ore gustat, nec naribus odoratur, sed incomprehensibili virtute operatur ista quæ dicta sunt. Nam cum sit Deus spiritus, sicut de ipso legitur: *Spiritus est Deus* (*Joan.* IV, 24), æternus, omnipotens, penetrans et continens omnia quæ ab ipso creata sunt, ubique plenus, ubique totus, de se et per se coruscus; ex nostra tamen consuetudine virtus qua videt oculi dicuntur, virtus qua audit aures appellantur, virtus qua perficit manus vocantur, et his similia quæ per allegoriam divinis operationibus applicantur. Cum enim dicit, *servi tui*, misericordia boni Judicis commovetur [*ed., commonetur*]: ne patiatur abjicere, quem se cognoscit fideliter invocare.

Vers. 3. *Si iniquitates observaveris, Domine, Domine, quis sustinebit?* Ecce jam profundus ille detectus est, unde clamabat ad Dominum. *Iniquitatem* enim vult intelligi omne peccatum quod potest aliqua pravitate committi. Iniquum est enim quod justum non est. Et quis a tali complexione reddatur exceptus, nisi solus ille qui jugiter potuit implere justitiam? Nam et sancti viri cum devota se conversatione tractare videantur, tamen culpas ex toto declinare non possunt, quando et otiosus sermo reatus est, et in crastinum cogitare peccatum est, somnis eludi, incongrua subito cogitatione compleri, et cætera hujuscemodi. Videns ergo propheta nullum esse qui non aut cogitationibus superfluis excedat, aut vacuo sermone delinquat, aut inanibus actibus occupetur, territus clamat ad Dominum, justitiæ ipsius non sufficere genus humanum, nisi misericordiæ suæ præstet auxilium. *Quis sustinebit?* quasi pondus immensum, quasi molem intolerabilem, quasi flammam consumptibilem. Merito enim justitiam Domini sibi importabilem dicebat, qui actuum suorum consideratione ejus judicia formidabat. Quæ figura Græce dicitur *diaporesis*, Latine *dubitatio*, cum habemus ambiguum, si possit inveniri quod quæritur.

Vers. 4. *Quia apud te propitiatio est, et propter legem tuam sustinui te, Domine.* Territus autem justitia Domini, per quam pœnas nulli fas est evadere, ad patronam misericordiam convolavit. Non est enim in nostris actibus ut mereamur absolvi, sed ipsius propitiatio est, ut confitentem reum liberare dignetur. Sed si nomen istud diligentius perscruteris, *propitiatio* fuit quando pereunti mundo Deus Filii sui incarnatione subvenit; ut humanum genus absolveret, quod erat peccatis nectentibus obligatum. Sequitur, *et propter legem tuam, sustinui te, Domine.* Propitiationi lex videtur esse contraria, quia lex peccatum detegit, reum designat, totumque sibi hominem reddit obnoxium, sicut Apostolus dicit: *Peccatum autem non cognovi, nisi per legem; nam concupiscentiam nescie-*

bam, *nisi lex diceret* : *Non concupisces* (*Rom.* VII, 7). Sed illam legem hic debemus advertere, id est evangelicam jussionem, quae dicit : *Invicem onera vestra portate, et sic adimplebitis legem Christi* (*Galat.* VI, 2). Haec est ergo lex, quam se propheta commemorat *sustinere*, per quam se jure credebat esse salvandum. Nam et ipsum quod dicit, *sustinui*, indicat charitatem, quae totum sustinet, totum patitur, et spem suam desideranter exspectat; haec salutariter inflammat corda fidelium, haec perfectos efficit utique Christianos.

Vers. 5. *Sustinuit anima mea in verbum tuum; speravit anima mea in Domino.* Repetitio ista superioris sensus explanatio est; ut in anteriore versu legem Novi Testamenti dictam fuisse cognosceres, quando et ipsum *Verbum*, id est Dei Filium hic positum evidenter cognosceres. *Sustinuit* ergo *Verbum*, quia incarnationem Domini credebat esse venturam. Nemo enim sustinet, nisi qui promissum cupit accipere. Et ne hoc *verbum* transitorium aliquem putares esse sermonem, addidit, *speravit anima mea in Domino*. *Verbum* enim Dei, omnipotens est Filius, de quo scriptum est : *In principio erat Verbum, et Verbum erat apud Deum, et Deus erat Verbum. Hoc erat in principio apud Deum* (*Joan.* I, 1, 2); quod ultimis temporibus de Maria Virgine incarnationem sumens, propter interitum generis humani auferendum, nasci dignatum est.

Vers. 6. *A custodia matutina usque ad noctem speret Israel in Domino.*

Vers. 7. *Quia apud Dominum misericordia, et copiosa apud eum redemptio.* Explicitis sub omni decore principiis, ad conclusionem psalmi laetissimus venit. Nam securus de suis delictis redditus, jam populis praedicat, ut per universam vitam in Domino Christo debeant sperare, quia Ecclesiae suae molestissimas passiones in aeterna potest gaudia commutare. *Custodia matutina* est manifestatio illa Domini Salvatoris, quando sepulcrum custodientibus Judaeis resumpti corporis veritate surrexit. *Noctem* vero significat hujus saeculi terminum, ut usque ad mundi finem in spe Domini debeat universalis Ecclesia perdurare. Sed dum hoc *Israeli* generaliter dicitur, unusquisque fidelissimus de fine proprio commonetur. Et considera quia dixit : *A custodia*, ut ab adventu Domini ejus manifestato nomine amplius debeat obediri. Sequitur, *Quia apud Dominum misericordia, et copiosa apud eum redemptio.* Reddita est causa mirabilis quare *Israel* debuisset *sperare in Domino* : quia in ejus manu *misericordia* est, quae potest ex perverso justum facere, ex imbecillo immortalem, ex carneo angelis similem. Hoc enim ille de nobis consuevit ostendere, ad quod humana natura per se non potest pervenire. Addidit etiam, *copiosa redemptio*, ut pretiosus ille sanguis tanta fuerit ubertate ditissimus, quatenus totius mundi peccata redimeret; et velut quodam diluvio salutari orbem terrarum a suis sordibus expiaret. Versus autem duos ideo in uno posui-

mus, quia sic sibi copulati sunt, ut mutua conjunctione declarentur.

Vers. 8. *Et ipse redimet Israel ex omnibus iniquitatibus ejus.* Ille quem superius dixerat misericordem atque copiosum, hic jam quid sit facturus ostenditur. *Redimet* itaque *Israel* sanguine pretioso : sanguis qui purificat non cruentat, qui non maculat sed emundat; sicut Joannes apostolus dicit : *Sanguis Jesu Christi mundat nos ab omni delicto* (*I Joan.* I, 7). Sed cum dicitur, *ipse redimet*, nullam possibilitatem in homine ut evadere potuisset, ostendit. Ipsae sunt *iniquitates* quas superius nolebat intendi : quoniam si illae fuissent respectae, *redimi* nullatenus iste potuisset. Sive (ut quidam dicere voluerunt) redemptio Israel tempus illud significatur quando in fine saeculi, Elia conspecto, Judaeorum creditura est multitudo; sicut et Malachias propheta commemorat, dicens : *Et ego mittam vobis Eliam prophetam, antequam veniat dies Domini magnus et praeclarus* (*Malac.* IV, 5). Sed quid istis proderit cum alter evaserit, quando gravius torquebitur qui solus reus correctis posteris invenitur? Multo melius si praecederent fide, qui praelati sunt tempore.

Conclusio psalmi.

De profundo quidem psalmus iste fecit initium, sed ad altitudinem magnam velut sol provectus ascendit; ut agnoscamus quam utilitatem habeat poenitentia, quae in tali culmine cognoscitur collocata. Et ideo consideremus quam noxia sit superbia, cui non desinit frequens obviare medicina. Violento morbo non unum medicamen apponitur, sed contra eum multiplici curiositate tractatur. Nam et illa arbor saepius securibus caeditur, quae per auras tenues magna libertate luxuriat. Hoc enim malum superbiae sexta poenitentiae bipenne percussum est, et nutantia ramorum membra tremuerunt, sed in subsequenti septima sic conciditur, ut in terram protinus elisa frangatur. Redeo ad illos qui poenitentiam agere in vitae suae fine fastidiunt. Ecce nusquam legis esse prohibitum quod a perditis hominibus dicitur negligendum; imo semper commonemur ut nunquam ab ea, desidia faciente, cessemus. Horreamus ergo superbiam quae angelum de gratia supernae suavitatis ejecit; amemus humilitatem quae ad coelos fideles extulit; velociter confiteamur quod male fecimus, ne possimus incurrere quod meremur.

PSALMUS CXXX.
Canticum graduum.

Sollicti sensus agricolae dum curvis aratris camporum pinguium densa prosciderit, cultisque arvis semina fecunda commiserit, arboreum culmen solatoriis cantibus laetus ascendit, exinde jumentis suis frondea pabula ramorum desecationibus subministrat; ut quae labor assiduae seminationis addixerat, copiosa comestione reficiat. Sic propheta, poenitentiae laboribus peractis, spiritualium graduum ascensione subvectus, suavia canticorum nobis alimenta transmittit. Totus enim hic psalmus de mansuetudine atque humilitiæ cantatur; eoque fit, ut quos labor præmissæ confessionis afflixerat, gloriosæ devotionis dulcedo reficiat. Suscipiamus itaque transmissum cibum, et tanti muneris dona gustemus: atque utinam boves simus qui agrum Domini nostri sulcis regularibus exaremus! Memento autem quod totus hic psalmus (ut diximus) ad superbiam pertinet destruendam, et humilitatem modis omnibus ædificandam, sicut et Dominus in Evangelio dicit: *Omnis qui se exaltat humiliabitur, et qui se humiliat exaltabitur* (*Luc.* XIV, 11). Quæ sententia rerum summas utrasque complectitur. In superbia enim **449** designat diabolum, in humilitate vero Dominum Christum. Ita sub brevitate dictorum, et quid desiderare debeant homines, et quid eos refugere competat, evidenter insinuat.

Divisio psalmi.

Primo ordine propheta exemplo suo humilitatem et mansuetudinem docens populum utique Christianum, pœnam sibi gravissimam ponit, si mandata Domini non cum summa humilitate susceperit. Secundo conversus, hortatur Israel ut jugiter speret in Domino; quatenus tali spe roborata, cunctas adversitates sæculi tolerare prævaleat.

Expositio psalmi.

Vers. 1. *Domine, non est exaltatum cor meum; neque elati sunt oculi mei.*

Vers. 2. *Neque ambulavi in magnis, neque in mirabilibus super me.* Taliter hic hypotheticus syllogismus enascitur. Si non est exaltatum cor meum, neque elati sunt oculi mei, a superbia scilicet reddor alienus; attamen non est exaltatum cor meum, neque elati sunt oculi mei: a superbia igitur reddor alienus. Nunc reliqua perscrutemur. Psalmus hic humilitatem quidem prædicat, temperantiam docet, patientiam monet. Sed cum propheta negat vitiosa, confitetur omnino laudanda. Quæ figura dicitur anastrophe, quando respuendo contrariam partem, illa vult intelligi quæ monita divina jusserunt. Dicit enim *non esse exaltatum cor* suum, quod factum est a Pharaone, quando præsumens in numerositate gentis suæ, Hebræos devotissimos per Moysen toties prohibitus, crudeliter affligebat. Sequitur, *neque elati sunt oculi mei.* Elati sunt oculi divitis illius qui in Evangelio legitur (*Luc.* XII, 18) horrea sua parva cogitasse destruere, et ad copiam congregandam ingentia fabricare voluisse. Addidit, *neque ambulavi in magnis.* Ambulavit in magnis Pilatus, qui dixit Domino Salvatori: *Nescis quia potestatem habeo dimittendi te, et potestatem habeo crucifigendi te* (*Joan.* XIX, 10). Ad postremum subjunxit ad cumulum, *neque in mirabilibus super me. Ambulavit* Simon Magus *in mirabilibus super se,* quando Spiritum sanctum ab apostolis Christi pecunia credidit esse redimendum, ut pretio mercaretur quod ejus merita non habebant. Sic dum talia negat, illa dantur intelligi quæ Domino juvante faciebat. Denique ita sentiendum sequens versus ostendit.

Vers. 3. *Si non humiliter sentiebam; sed exaltavi animam meam.*

Vers. 4. *Sicut ablactatus super matrem suam, ita retribues in animam meam.* Nimis competenter edictum est, *Si non humiliter sentiebam,* quia summum sapientiæ genus est non per elationem sibi aliquid persuadere, sed devoto animo sentire quod expedit. Monet ergo Scripturas divinas simplici ac puro corde se fuisse meditatum, non ut Ariani, Manichæi, Donatistæ fecerunt, et cæteri qui a vera religione divisi sunt. Illi enim *si humiliter sentire* voluissent, suam non eligerent defendere pravitatem; sed ad doctores verissimos et sanctissimos venientes, fidei rectæ intelligentiam percipere meruissent. Iste ergo se dicit *humiliter sensisse,* quemadmodum monet Apostolus: *Noli altum sapere, sed time* (*Rom.* XI, 20); et alibi in psalmo: *Non habitabit in medio domus meæ faciens superbiam* (*Psal.* C, 7); iterumque contra hoc vitium orans, Domini deposcit auxilium, dicens: *Non veniat mihi pes superbiæ* (*Psal.* XXXV, 12). Sequitur, *sed exaltavi animam meam.* Hic negat *exaltatam animam* suam, id est in superbiæ culmen evectam, ubi ascendere ruinosum est, promovere periculum. Nam sancti viri *exaltant animas* suas, quando eas contendunt ad divinas prædicationes erigere. Quemadmodum enim aut de sancta Trinitate possumus aliquid intelligere, aut salubriter de beata incarnatione sentire, nisi cum magna humilitate animam nostram levemus ad Dominum? Nam licere animam ad superna se tendere, testis est alius psalmus ubi dictum est: *Ad te levavi animam meam* (*Psal.* XXIV, 1). In illis enim rebus animam levari fas est, unde vivat, unde floreat, unde cœlesti pane pascatur. In istis autem exquisitionibus pravis et infelici doctrina turgentibus exaltari non decet animam, ubi mortem reperit, infernum subit, et æterna infelicitate damnatur. Adjecit decoram nimis et subtilissimam comparationem, ut ita se Dominum desiderasse dicat, *Sicut ablactatus super matrem suam.* Consuetudo est enim parvuli, quoties ad alios cibos ætate crescente præparatur, lac illi quo solebat vesci a pia matre denegari, quatenus ad solidiores cibos transeat: ne ejus substantia in teneritudine quadam relicta mollescat. Sed tunc qua puritate, quo desiderio, qua gratia matrem quærit, ut animo ipsius ad lamenta permoto ejus pene doleatur amissio. Hoc desiderium, hoc votum propheta sibi comparans, ostendit quanta spes, quanta simplicitas, quantus debeat esse ardor in Domino. *Ablactati* enim dicuntur qui sunt a lacte prohibiti. Et merito talis facta est comparatio: quia sicut infantes ubera materna sugunt, ita fideles parvuli Scripturæ divinæ simplicitate nutriuntur, donec præparentur ad solidum cibum, dicente Apostolo: *Non potui loqui vobis quasi spiritualibus, sed quasi carnalibus; tanquam parvulis in Christo lac vobis potum dedi, non escam* (*I Cor.* III, 1, 2). Nec vacat quod addidit, *super matrem suam,* dum adhuc teneri sunt, et supra ubera materna portantur. Ipsis enim gravior est consuetudo subtracti cibi, qui [*ed.,* quia] se escis aliis nesciunt consolari. Addidit, *ita retribues in animam meam.* More dictum est humanitatis. Ipsi enim nobis ponimus pœnam, quando de aliqua causa juste [*ed.*, *justa*] confidimus, sicut et in septimo psalmo dictum est: *Domine Deus meus, si feci istud, si est iniquitas in manibus meis, si reddidi retribuentibus mihi mala, decidam merito ab inimicis meis inanis* (*Psal.* VII, 4, 5). Sed hic ordo nobis verborum faciendus est, ut versus hujus decarminata contextio ipsa se magis exponere videatur. Si *non humiliter sentiebam, sicut ablactatus super matrem suam, sed exaltavi animam meam.* Sequitur compensativa conditio, *ita retribues in animam meam. Ita* dum dicitur, illud significatur, ut si ego te præsumpsi contemnere, tu me merito videaris abjicere. Sive sic forsitan accipi debet, ut psalmus iste contra illos videatur esse prolatus qui in aliquibus tribulationibus atque adversitatibus constituti, impatienter agunt, et nolunt remedia sustinere divina. Contra hæc itaque dicit humilis et fidelis, quia differebatur audiri, cor suum in contemptum minime prosilliisse; neque suos elatos oculos dicit, quia maxime parvuli hoc faciunt, qui parentes suos contemnere furiosa voluntate præsumunt. Nam et ipsa comparatio posita in malo potest accipi: quoniam ablactatus infans super matrem exaltat animam suam, quando mamillas ejus manibus lacerare præsumit, et vagitibus atque fletibus agit, ut ejus indignatio possit agnosci. Deinde sequitur pœnalis illa conditio, ut si fecit ea quæ superius dixit; a Domino projiciatur, quemadmodum ablactatus infans maternis uberibus probatur excludi. Nam ut hunc psalmum ad virtutem patientiæ atque humilitatis (ut dictum est) intelligamus esse prolatum, subjecit, *Speret Israel in Domino, ex hoc nunc et usque in sæculum:* ne præceps desperatio nostra ablactatis infantibus merito comparata videatur.

Vers. 5. *Speret Israel in Domino, ex hoc nunc et usque in sæculum.* Postquam humilitatem et mansuetudinem sequendam competenter edocuit, tanquam bonus magister secunda parte conversus, unumquemque fidelium monet ut confidentiam suam ponat semper in Domino, et in ea cunctis sæculis perseveret. In hoc enim mundo licet *sperare*, illic autem desiderata præmia contueri. Nam *sæculum* interdum mundum istum significat, interdum regnum illud Domini quod credimus esse venturum. Dicit enim, *ex hoc nunc et usque in sæculum*, id est a præsenti tempore usque ad æternitatem futuram; cum unum sæculum erit, et vicissitudo temporum in unitatem perpetuam feliciter immutatur. Sic textum psalmi compendioso fine conclusit, ut sanctæ humilitati conveniret et ipsa brevitas dictionis.

Conclusio psalmi.

Mirabilis est nimis humilitas, quæ culmine commendatur excelso. Nam si aliquis eremita cellulæ suæ vacans talia diceret, magna tamen patientiæ laude fulgeret. Hoc purpuratus, hoc prophetarum dicebat eximius, ut tanto studiosius refugeret superbiam, quanto amplius honorum claritate radiabat. Sed quid a nobis exigitur, si ab illo talia pendebatur? Præsta, Domine, humilitatem regis, prophetæ patientiam, quoniam in quacunque persona ista vere tua sunt præmia. Non enim hoc passim humana voluntate sumitur, sed misericordiæ tuæ largitate præstatur. Quæ ideo maxime inter virtutes eximias honorata consurgit, quoniam eam dignatio tuæ majestatis assumpsit. Denique consideremus quantum honorata sit humilitas, quæ superbiæ contraria, in duodecimo gradu noscitur collocata; illa enim demergit in tartarum, hæc perducit ad cœlum.

PSALMUS CXXXI.
Canticum graduum.

Cum prophetam omnia cantica graduum ad provectum spei celsioris evexerint, istud tamen eum omnimodis elevavit, quia incarnationis dominicæ sacramenta describit. Dignum enim fuerat ut post duodenarium apostolorum numerum, tanquam caput omnium ipse tertius decimus adveniret, quem non arbitror personæ propheticæ posse congruere, quia gloria tanti psalmi nisi Domino Christo rationabiliter alteri non potest applicari. Nec enim ille humilis, qui hactenus clamaverat de profundis, subito se in tantam laudem potuisset erigere, ut humanum modum videretur excedere. Quapropter David ille desiderabilis, ille manu fortis hic a nobis intelligendus est, in quo et humilitas assumptæ incarnationis convenit, et omnipotentia Deitatis excellit.

Divisio psalmi.

Cum frequenter propheta in psalmis de incarnatione Domini fuerit locutus, in hoc maxime gradu tantum mysterium evidenter edicit; ut merito valuisset ad gloriam perfectionis ascendere, qui humani generis salutem non desinit indicare. Prima igitur narratione Domini Christi verba refert, quibus Patri suo cognoscitur promisisse requiem se nullatenus sumere, nisi veræ religionis affectum humanis pectoribus infudisset. Secunda narratione dicit esse cognitum, quod veraciter fuerat a Domino Salvatore pollicitum, preces suas adjiciens, ut cito adventum salutarem præbeat, qui adhuc venturi temporis dilatione pendebat. Tertia parte promissionem quæ illi a Patre facta fuerat, perhibet esse complendam, ut fructus uteri virginalis thronum sedeat dominationis æternum, quatenus Ecclesiam ejus benedicat, pauperes pascat, sacerdotes glorificet, et potestatem ejus perducat, inimicos induat confusione, super eum floreat sanctificatio æterna justitiæ. Quapropter hunc psalmum intentis animis audiamus, est enim et sensibus profundus, et verborum ipsorum significatione copiosus.

Expositio psalmi.

Vers. 1. *Memento, Domine, David et omnis mansuetudinis ejus.* Usus est prophetæ frequenter per humanas consuetudines Domino supplicare. *Memento* enim illi dicitur, qui nihil aliquando potuit oblivisci. Non enim ut ad memoriam redeat Divinitas commonetur, ante quam omne præsens est præteritum et futurum. *David* autem significatur Dominus Christus, qui per carnis semen de creaturæ suæ descendit origine. Sic enim avorum proavorumque nomina subsequenti ætate ponimus, ut eum majorum suorum filium fuisse declaremus. Nam Jesum Christum *David* dici, testis est Jeremias cum ait : *Et David regem ipsorum suscitabo illis* (*Jer.* xxx, 9); et iterum, *Suscitabo illis David regem Orientem justum* (*Jer.* xxiii, 5), etc. Item Ezechiel, *Et excitabo super eos pastorem unum altum, et pascet eos servus meus David, et erit eis pastor, et ego ero illis in Deum, et David princeps in medio eorum* (*Ezech.* xxxiv, 23). Unde constat non esse dictum de *David* filio Jesse, quando isti prophetæ longo tempore post ipsum fuisse declarantur, et prophetia ipsorum dicere cognoscitur de futuro. Deinde potuit dicere : *Memento* mei; sed ut alterum significaret, dixit : *Memento, Domine, David*. Quapropter confidenter debet accipi, quod tantis testimoniis cognoscitur approbari. Nam quod sequitur, *et omnis mansuetudinis ejus*, immensæ patientiæ virtus ostenditur, de quo Isaias dicit : *Sicut ovis ad occisionem ductus est, et sicut agnus coram tondente se, sic non aperuit os suum* (*Isa.* liii, 7). Hoc certe quomodo poterat de se propheta dicere, cum se meminisset Uriam Hethæum propter uxorem ejus crudeliter occidisse (*II Reg.* xii, 9)? Unde et pœnitentiæ ipsius gloriosum exstat exemplum.

Vers. 2. *Sicut juravit Domino, votum vovit Deo Jacob.* Juravit, de Christo Domino dicitur, cujus sacramentum est firma promissio. Nam et ipsa verbi etymologia (sicut jam dictum est) significat jure oravit, id est veraciter firmeque promisit; tunc scilicet quando Petro carnaliter sapienti ipse Dominus ait : *Reconde gladium tuum in locum suum. Calicem quem dedit mihi Pater, non bibam illum* (*Joan.* xviii, 11) ? Et iterum ne a suo proposito videretur excedere, alio loco Petro dixit : *Vade retro me, Satana, scandalum mihi es* (*Matth.* xvi, 23). Sed ne minorem putes quem jurasse cognoscis, audi de ipso Patre : *Juravit Dominus, et non pœnitebit eum* (*Psal.* cix, 4). Et, *Juravit Dominus ad Abraham* (*Deut.* xxx, 20). Et hoc ipsum de Patre dicit inferius : *Juravit Dominus David veritatem.* Nam et illud quod ait, *Juravit Dominus*, ostendit alteram, non suam intelligi debere personam. *Votum* itaque Filii fuit, ut propriæ incarnationis adventu reconciliaret Patri genus humanum, quod peccatis facientibus reddebatur infensum. Quod tamen *votum* non est a Patre divisum, omnia enim quæ vult Pater, vult et Filius, vult et Spiritus sanctus : quoniam una natura, una potestas, una cognoscitur et voluntas. Quid sit tamen istud votum, subter exponitur.

Vers. 3. *Si introiero in tabernaculum domus meæ, si ascendero in lectum stratus* [mss. A., B., *strati*] *mei.* In hoc versu et duobus aliis qui sequuntur, propheta referente verba intelligenda sunt Domini Christi a parte humanitatis ejus. Negat enim et *tabernaculum se introire*, et *stratum lecti* conscendere, donec illa quæ Patri promisit, cognoscatur implere. *Tabernaculum* dicit, nisi fallor, cœlestem habitationem, ubi post resurrectionem suam cum assumpta carne vi- dentibus apostolis ascendit; quam se ante ingressurum esse non perhibet, quam Domino Patri reperiat religiosorum pectorum locum. Ideo enim addidit, *domus meæ*, ut cœlestem significaret habitationem; sicut alio loco dicit : *Cœlum mihi sedes est, terra autem scabellum pedum meorum* (*Isai.* lxvi, 1). Sequitur, *si ascendero in lectum stratus mei*. More suo res cœlestes per humanas consuetudines dignoscitur indicare. Lectus enim noster stratus quietem nobis confert et finem laborum : unde lectus ipsius, id est requies, consummatio intelligenda est beatissimæ passionis. Nam et ipsum quod dixit, *si ascendero*, significat ascensionem, quando ascendit in cœlos et sedit ad dexteram Patris. Tunc enim jurationis, id est promissionis ipsius vota completa sunt ; quod et ipse in passione sua dixit cum aceto potatus esset : *Consummatum est ; et inclinato capite emisit spiritum* (*Joan.* xix, 30).

Vers. 4. *Si dedero somnum oculis meis, aut palpebris meis dormitationem, aut requiem temporibus meis.* Quamvis nec illa superiora quæ diximus, ad naturam deitatis ejus applicari posse videantur, hoc tamen omnimodis discrepare cognoscitur, ut illa potentia Divinitatis aut *oculis suis somnum, aut palpebris dormitationem dedisse* videatur. Sed hæc omnia rationabiliter humanitati ejus convenire noscuntur. Dicit enim : *Si dedero somnum oculis meis.* Somnus iste intelligendus est requies mortis : de quo et in alio psalmo jam dictum est : *Ego dormivi et soporatus sum ; et surrexi, quoniam Dominus suscepit me* (*Psal.* iii, 6), etc. Sequitur, *aut palpebris meis dormitationem.* Consuetudo somni potenter exprimitur. *Palpebræ* enim a palpitando dictæ sunt, quæ nisi tremula quadam remissione quieverint, somnus oculos non potest introire. Item sequitur, *aut requiem temporibus meis* : quoniam revera *tempora* capitis nostri *requiem* habere non possunt, quando oculi crebris motibus agitati, vigilare noscuntur. Prius enim posuit *somnum*, et postea quemadmodum ipse *somnus* impleatur exposuit. Revera *somnus*, quoniam triduana tantum pausatione susceptus est, qui nullam corpori corruptionem intulit, sed quietem.

Vers. 5. *Donec inveniam locum Domino, tabernaculum Deo Jacob.* Ventum est ad illam promissionem quæ in superioribus dictis suspensa quærebatur. Dicit enim votum suum in hoc fuisse semper intentum, donec Ecclesiæ firmitas sanctæ prædicationis ordine fundaretur. *Locus* enim *Domini*, est tabernaculum pectoris Christiani, et atria Ecclesiæ catholicæ, quæ ille tanquam cœlum semper inhabitat. Hæc *inventa* sunt, postquam Domini adventu constructa viguerunt. *Inventa* plane, quando ipse nos quæsivit, ipse reperit, ipse sua pietate construxit ; et *tabernaculum* sibi ex nobis et in nobis fecit, quando ipse nos æternæ vitæ propria miseratione restituit. Et illud memento, quia sicut superius dixit promisisse Christum Deo Jacob, ita et hic ipsi eum votum asserit reddidisse, quatenus impleta veritas jurationis ipsius appareret. Sed ne perfidia Judæorum hæc apposita, quam exposita tumultuetur (quæ Scripturas divinas in suam perniciem aliis quibusdam confictionibus a via veritatis derivare præsumit, ut integritatem rei abscondere videatur), audiat quid sequitur, et confusa tandem aliquando resipiscat.

Vers. 6. *Ecce audivimus eam in Ephrata, invenimus eam in campis silvæ.* Post Domini sacramentum, post studium ejus quod tota veritate complevit, propheta venit ad narrationem secundam, in qua ex sua persona promissionem **452** Domini quam in *Ephrata audierat, in campis silvæ* se asserit *invenisse. Ephrata* lingua Latina significare memoratur *speculum. Campi* vero *silvæ* indicant corda gentilium, quæ ex peccatis quasi silvestribus ac dumosis, mundante Domino, campestri puritate patuerunt. *Campi* siquidem a capacitate et spatio diffuso dicti sunt. Facti sunt enim ex hispidis nitidi, ex agrestibus mansueti, ex sterilibus fructuosi, ex cubilibus dæmonum templa Dominantis. Et ideo *in campis silvæ,* id est in gentibus dicit esse compertum, quod in imagine prophetiæ Judæis fuerat repromissum. Nam et ipsa quoque Bethlehem, ubi Dominus natus est, appellata est *Ephrata,* sicut Michæas propheta dicit: *Et tu, Bethlehem, domus Ephrata, nunquid minima es in tribubus Juda; ex te enim exiet princeps qui regat populum meum Israel (Mich.* v, 2). Et in Genesi scriptum est, *Sepultam esse Rachel juxta Ephrata, quæ est Bethlehem (Gen.* xxxv, 19). Unde evidenter apparet auditum fuisse nasciturum Dominum in Bethlehem, sed propter fidem gentium *in campis silvæ* fuisse compertum.

Vers. 7. *Introivimus in tabernacula ejus, adoravimus in loco ubi steterunt pedes ejus.* Cum superius dixerit in Ephrata se audiisse, quæ in campis silvæ reperierat, nunc ad confirmandum totius devotionis effectum, *introiisse* se dicit *in tabernacula* Domini; ut quod in spe firmissima gerebat, in hoc se profiteretur modis omnibus introiisse. Perscrutandum plane quod superius dicit Dominum singulari numero *tabernaculum* promisisse, et hic propheta cum fidelibus Christianis *tabernacula* se asserit *introire.* Quam Christus Dominus catholicam promisit Ecclesiam, propheta numero plurali dixit: quoniam tunc se fide miscuit populo Christiano, quando jam innumerabiles Ecclesiæ toto orbe promissæ sunt. Sed non sufficit eum professum fuisse intrasse tantum Ecclesias, nisi et *adorasse* se diceret, *ubi Domini Christi pedes sanctissimi constiterunt. Pedes* significant *evangelicas jussiones,* sicut scriptum est: *Quam speciosi pedes evangelizantium pacem (Isai.* LII, 7). Ibi enim steterunt *pedes ejus,* ubi fidei veritas approbatur esse fundata. In hoc enim nobis in æternum standum est, ubi plenitudo legis et prophetarum Dominus Christus insistit. *Stare* enim plerumque ad constantiam refertur, sicut in Evangelio scriptum est: *Qui habet sponsam sponsus est; amicus autem sponsi stat, et audit eum (Joan.* III, 29). *Stare* enim pertinet ad solidissimam mentem, unde scriptum est: *Qui perseveraverit usque in finem hic salvus erit (Matth.* x, 22). Nam peccatores in fide constare non posse alter psalmus ostendit, dicens: *Ibi ceciderunt qui operantur iniquitatem: expulsi sunt, nec potuerunt stare (Psal.* xxxv, 13). Quod si hoc et ad historiam pie velis referre, significat forte sanctam crucem ubi corporaliter stetit, quando in ea confixus apparuit: in qua stetisse recte dicitur, ubi corpus ejus infixum fuisse monstratur. Merito ergo hunc propheta locum dicit adorandum, qui nobis et fidei signum præstitit et salutem.

Vers. 8. *Exsurge, Domine, in requiem tuam, tu et arca sanctificationis tuæ.* Postquam Domini Christi promissiones quæ superius dictæ sunt, propheta perfectas esse cognovit: ne quidquam debitum esse constaret, exclamat ad Dominum: *Exsurge in requiem tuam;* ut eventum rerum perfectæ veritatis ordine declararet, id est, ab inferis resurgeret in deitatis suæ beatitudinem sempiternam. Et vide quod addidit, *tuam,* quam tibi tua majestas attribuit, quæ regnat cum Patre potestate æquali et gloria sempiterna. Et ne putares caput membra sua posse derelinquere, adjecit, *tu et arca sanctificationis tuæ,* hoc est Ecclesiam, quam membra tua faciens, sanctificare dignatus es. Non enim dixit, arcam Noe, non arcam testamenti, quæ tamen utraque typum portare videbatur Ecclesiæ; sed ipsam specialiter designavit, cum addidit, *sanctificationis tuæ.* Denique vide quid sequitur.

Vers. 9. *Sacerdotes tui induantur justitia* [mss. A., B., *justitiam*], *et sancti tui exsultent.* Adhuc de illis membris loquitur quæ a Domino recipi deprecatur in requiem sempiternam. Sed videamus quid significet, *Sacerdotes tui induantur justitia,* id est, tanquam armis cœlestibus vestiantur; sicut Apostolus dicit: *Induti loricam justitiæ et charitatis, ut possitis ignita jacula inimici exstinguere (Ephes.* vi, 14, 15, 16); scilicet ut intrepide hæreticorum jaculis valeant obviare. Sive *justitia* ipsum significat Dominum Christum, sicut Apostolus dicit: *Qui factus est sapientia nobis a Deo et justitia (I Cor.* I, 30). Ipsum ergo decet *sacerdotes induere,* et semper corde gestare, qui tamen sic induitur, ut intus esse dignetur, sicut baptizatis idem dicit Apostolus: *Omnes qui in Christo baptizati estis, Christum induistis (Gal.* III, 27). Sequitur, *et sancti tui exsultent.* Consequens erat ut *sancti exsultarent,* cum ipsum Christum Dominum induissent. Nam si mundanum gaudium est vestem sumere pretiosam, quid de illa majestate potest oboriri lætitiæ, quæ et honorabilem facit, et circumdat modis omnibus ad salutem?

Vers. 10. *Propter David servum tuum, non avertas faciem Christi tui.* Recordans propheta quæ mala Judaicus populus fecerit in deserto, vel postea quanta Domino iniquitate peccaverit; prævidens etiam quam ingesturus erat salutarem quidem mundo, sed ipsis lamentabilem passionem, in Dei Patris se supplicatione prosternit: *ne faciem Christi sui,* id est præsentiam avertat a gente Judaica, quam olim promiserat per prophetas; ut qui erat reconciliaturus mundum, offensam quoque abstergeret Hebræorum [ed., Judæorum].

Vers. 11. *Juravit Dominus David veritatem, et non frustrabitur eum: De fructu ventris tui ponam super sedem tuam.* Post illam supplicationem quæ Domini adventum breviter quidem, sed magno desiderio postulavit, tertiam narrationem sermo prophetalis ingreditur, ubi ea quæ Filio promissa fuerant a Patre, lætus enumerat. Quid enim firmius quidve potest dici constantius, quando ille *jurat* per quem juratur, ille promittit qui non potest falli? Sed non isti *David* filio Jesse, quia dicere potuit: Juravit Dominus mihi, sicut et in hujus psalmi principiis dixit. Nam cum dicit: *Juravit* **453** *Dominus David*, alterum significavit; illum scilicet de quo in alio psalmo jam dictum est: *Posui adjutorium super potentem, et exaltavi electum de plebe mea. Inveni David servum meum: in* [*in* abest a mss. A., B., F.] *oleo sancto meo unxi eum.* Et paulo post: *Ipse invocabit me: Pater meus es tu, Deus meus et susceptor salutis meæ. Et ego primogenitum ponam illum, excelsum præ regibus terræ* (*Psal.* LXXXVIII, 20, 21, 27, 28). Hoc est quod hic posuit, *non frustrabitur eum*. Frustrare est enim in irritum promissa deducere; quod hic merito negat posse provenire, quoniam deceptionis locus esse non potuit, ubi promissio veracissimi declaratur auctoris. Sequitur, *De fructu ventris tui ponam super sedem tuam. Fructus ventris* est Domini Salvatoris doctrina cœlestis, de qua populus Christianus noscitur esse generatus. Frequenter enim diximus institutione fideli, quasi quodam ventre generari posse credentes. Hos ergo promittit Pater *super Domini Christi* esse *sedem ponendos*, quando conversi auctoris sui mandatis, docere similia comprobantur. In illius enim sede recte sedere quis dicitur, cujus et præcepta docere monstratur.

Vers. 12. *Si custodierint filii tui testamentum meum, et testimonia mea hæc quæ docebo eos : et filii eorum usque in sæculum sæculi sedebunt super sedem tuam.* Explanavit quod superius dixit. Nam et hic de apostolis loquitur cæterisque fidelibus, qui Christi *filii* dici fidei integritate meruerunt; ipsis enim dicitur: *Sedebitis super duodecim sedes, judicantes duodecim tribus Israel* (*Matth.* XIX, 28). His ergo sedes Domini dabitur, qui et participes ejus regni esse meruerunt, sicut in Evangelio ipse dicit: *Pater, volo ut ubi sum ego, et ipsi sint mecum* (*Joan.* XVII, 24). Et ne ambigeres quibus esset dandum, illis scilicet dicit qui *testamentum* Domini *et testimonia*, omnemque doctrinam pura devotione *custodiunt*. Sed ne hoc præmium putares esse forsitan temporale, dicit, *usque in sæculum sæculi sedebunt super sedem tuam.* Cujus sæculi non erit finis, quia omne præmium ibi incommutabili æternitate perdurat.

Vers. 13. *Quoniam elegit Dominus Sion, præelegit eam in habitationem sibi.*

Vers. 14. *Hæc requies mea in sæculum sæculi; hic habitabo, quoniam præelegi eam.* Hoc secundum litteram nullatenus vindicatur, cum sciamus Jerusalem vetustam eversiones desolationesque frequentissime pertulisse: de qua scriptum est: *Sion sicut ager arabitur* (*Jer.* XXVI, 18). Sed per hoc vocabulum Jerusalem superna declaratur, concors in populis, unita virtute charitatis, purificata per gratiam remissionis, quæ divinitate ejus atque potentia æterna speculatione perfruitur. Illa enim majestas summe bona, summe beata, summe potens, quamvis ubique tota sit, beatorum pectora possidens, habitacula sibi facit, quæ suæ misericordiæ virtute præelegerit. Ipsa est enim *requies* Domini, ipsum speciale tabernaculum in hominum religiosissimis pectoribus insidere, et sic ubique esse, ut in his dicatur immensus et incomprehensibilis habitare.

Vers. 15. *Viduam ejus benedicens benedicam, pauperes ejus saturabo panibus.* Vidua Christi dicitur Ecclesia: quia omni auxilio destituta mundano, solam spem suam ponit in Domino, patiturque quod vidua improbitates malorum, direptiones crudelissimas impiorum; et tanquam maritali auxilio destituta semper mœret, semper atteritur, sed mentis castissimæ fruitur inmutata constantia. Ad cujus similitudinem viduam laudat Apostolus, dicens: *Quæ autem vidua est, et desolata, speret in Dominum* (*I Tim.* V, 5). Hæc quamvis et conjugatas et virgines continere videatur, *vidua* tamen dicitur, quia præsidio destituta sæculari, spem suam in cœlesti Sponso reposuit, qui eam fecit de fusca pulchram, de erronea rectam, de crudeli piam, de caduca firmissimam. Sive (ut quibusdam placet) *vidua* dicitur Synagoga, quæ nunc Ecclesia est: quoniam desinente lege, sub qua velut quodam marito tenebatur obnoxia, veniente gratia Christo est sine dubio copulata; et quasi a priori conditione liberata, nuptias cœlestes salva castitate promeruit. Quam comparationem et Apostolus fecit, dicens: *An ignoratis, fratres (scientibus enim legem loquor), quoniam lex dominabitur homini in quantum temporis vivit? Quæ enim sub marito est mulier, vivo marito vincta est lege mariti* [ed., *juncta est legi*] : *si autem mortuus fuerit maritus, evacuata est a lege mariti. Ergo vivente marito adultera vocabitur, si jungitur cum alio viro*, etc. (*Rom.* VII, 1, 2). Intendamus etiam quod dicit, *benedicens benedicam.* Qui semel *benedicit*, in ea tantum se testatur benedictione desinere; *benedicens* autem *benedicit*, qui jugi benedictione sanctificat, modo in istam partem, modo in aliam gratiam suæ donationis indulgens. Quod argumentum dicitur A conjugatis, quoniam nominum ipsorum copulatio noscitur esse conjuncta; quod etiam in subsequenti versu factum esse monstratur. Sequitur, *pauperes ejus saturabo panibus.* Revera *pauperes* Christi cœlesti pane saginantur, quoniam in mundanis copiis semper esuriunt; sicut in superiori psalmo dictum est: *Divites eguerunt et esurierunt; inquirentes autem Dominum non deficient omni bono* (*Psal.* XXXIII, 11). Ipsi sunt ergo *pauperes* Christi, qui terrenis rebus quidem indigent, sed cœlesti copia perfruuntur.

Vers. 16. *Sacerdotes ejus induam salutari* [ed., *salutare*], *et sancti ejus exsultatione exsultabunt. Sacerdotes induuntur salutari*, quando Dominum Salvatorem summa fidei integritate recipiunt, et ipsius honoralili misericordia vestiuntur; sicut de baptizatis Apostolus dicit: *Omnes qui in Christo baptizati estis, Christum induistis* (*Gal.* III, 27). Unde licet proxime dixerimus, non piget tamen repetere quod nobis potest divina mysteria declarare. Tales enim oportet esse doctores, ut primo ipsi irreprehensibiles sint, et sic reliquorum instruant corda fidelium, sicut Dominus in Evangelio dicit : *Qui autem docuerit, et fecerit sic, magnus vocabitur in regno cœlorum* (*Matth.* v, 19). Nam quod dicit, *exsultatione exsultabunt*, perpetuam lætitiam vult significare sanctorum, quando eos non solum exsultare, sed lætitia dicit gaudere perpetua. Potest enim quilibet in magna animi jucunditate prosilire, et iterum aliquando desinere; *exsultatione* autem illi *exsultant*, qui nunquam a collatis præmiis amoventur.

Vers. 17. *Illuc producam cornu David : paravi lucernam Christo meo.* Illuc cum dicitur, illa beatitudinis requies significatur de qua superius Pater dixit : *Hæc requies mea in sæculum sæculi.* Ipsa enim requies Patris quæ Filii, ipsa Filii quæ Spiritus sancti : quoniam sancta Trinitas, quæ est unus Deus, nec beatitudine separatur, nec potestate, **454** nec natura dividitur. Sequitur, *producam cornu David.* Et hic *David* intelligendus est (sicut supra diximus) Dominus Salvator, cujus *cornu*, id est fortitudo potestatis in illa judicatione monstranda est, ubi ab ipso sanctis æterna præmia conceduntur. Neque enim hoc de se poterat *David* dicere, qui et ipse inter reliquos beatos non daturus est munus, sed a Domino accepturus est præmium. Et ut Dominum Christum debuisses advertere, sequitur, *paravi lucernam Christo meo*, id est lumen prædicationis Baptistæ Joannis, qui fuit revera lucerna Christi, mundanis tenebris cœleste lumen ostendens; de quo ait ipse Dominus : *Ille erat lucerna ardens et lucens* (*Joan.* v, 35). Lucerna sine dubio lucens, quæ non carnalibus oculis, sed spiritualibus appareret, et in toto mundo emitteret de Domini sui oleo saginata copiosissimam claritatem.

Vers. 18. *Inimicos ejus induam confusione, super ipsum autem florebit sanctificatio mea. Inimicos ejus*, hæreticos significat et paganos, vel quicunque contra ipsius instituta vixerunt. *Ejus* autem quod sequitur, *Christi Domini* designat adversarios. Et sicut sacerdotes Domini salutari gloria induti sunt, ita inimici ejus confusionis velamine vestiuntur, quando illi audient : *Venite, benedicti Patris mei*; istis vero dicetur : *Ite in ignem æternum* (*Matth.* XXV, 34, 41). Et ut agnosceres hoc et Patrem facere quod Filius operatur, hic Patrem dicit inimicos ejus confundere, quod Filium constat esse facturum. Ipse enim in Evangelio dicit : *Pater non judicat quemquam, sed omne judicium dedit Filio* (*Joan.* v, 22). Sed Patris testimonio Filii gloria decenter exponitur. Nam et alibi de unitate cooperationis dicitur : *Pater meus usque modo operatur, et ego operor* (*Ibidem*, 17); quod etiam de Spiritu sancto intelligi debere non dubium est. Sæpe enim de una persona dicitur, quod de totius Trinitatis potentia sentiatur. Sequitur, *super ipsum autem florebit sanctificatio mea. Florebit* ad exprimendam sanctitatem *gloriosæ* incarnationis edicitur, quæ sic floruit, sicut dicit Apostolus, ut *omne genu flectatur cœlestium, terrestrium et infernorum; et omnis lingua confiteatur quia Dominus Jesus Christus in gloria est Dei Patris* (*Philip.* II, 10). Quod ad comparationem dictum constat agrorum; tunc enim magnum visentibus decus exsurgit, quando amœnitates camporum floridis coloribus induuntur. Verum tanta laus continui floris quomodo potest alteri convenire, cum propheta effugatus a filio legatur esse de regno, et in quibusdam more humanitatis gravissima crimina commisisse monstretur? Dominus autem Christus quidquid egit, quidquid pertulit, *floruit* in ipso semper paterna *sanctificatio* : unde illi merito præsens psalmus aptatur, qui sine aliqua offensione fuisse cognoscitur.

Conclusio psalmi.

Audistis quid ascendens iste profecerit, audistis qua nos jucunditate compleverit. Nam licet ab initio cantica graduum universa grandescant: licet ista dicere celsiora, quæ de Domini adventu clarissimo lumine lampaverunt. Creatore quippe prophetato, necesse fuit gradum crescere, per quem augmenta sumere constat universa. Restat nobis in sequentibus gradalibus psalmis dilectio proximi et charitas Dei; quæ si pura mente conscendimus, tunc ad ejus gloriosissimum perveniemus aspectum.

PSALMUS CXXXII.
Canticum graduum.

Post illam præcedentis psalmi sanctissimam prædicationem, in decimo quarto gradu jam positus propheta populis beatam prædicat unitatem; ut qui se Christiana religione constringunt, in una charitatis convenientia perseverent. Quod licet ad monachos quidam aptandum esse judicaverint, nos tamen dicimus et ad generalitatis concordiam pertinere : quoniam hoc non tantum monasteriis, sed universæ pronuntiatur Ecclesiæ, spirituali tuba in unum colligens quidquid est Christi militum in toto orbe terrarum. Non enim reluctor beatis monasteriis dictum, sed nec generalitati æstimo subtrahendum. Dignus ergo locus qui collectionem fidelis populi contineret, quam constat ante factam quam incarnatio Domini pretioso sanguine de gentibus acquisiisset. Et merito post illam ponitur, per quam mundo præstitum fuisse declaratur.

Continentia psalmi.

Ecce alter psalmus qui divisionem cognoscitur non habere. Congruum siquidem fuit ut qui de unitate loquebatur, divisionis non reciperet sectionem : simplex manens sine aliqua diversitate causarum, quos recte atomos nuncupamus. Non enim aut personam mutat, aut causam, aut locutionem suam convertit ad aliud; ista enim tria sunt, quæ divisionem videntur generare psalmorum. Qui atomi ad duo illa forte pertinent minuta, quæ mulier in gazophylacium mittens, plenissimæ misericordiæ probatur munera consecuta (*Matth.* XXI, 2). Sic et nos, si virtutem psalmorum istorum piis mentibus hauriamus, remissionem omnium suscipimus peccatorum. Ille enim ad laudes Domini invitat, iste hortatur ad proximi charitatem.

Expositio psalmi.

Vers. 1. *Ecce quam bonum et quam jucundum habitare fratres in unum!* Ecce, ostendentis est potius quam loquentis; quod solet magna mentis intentione protenta manu fieri, quam sermonibus explicari. *Bonum* respicit ad charitatem, quoniam perfecti viri communibus se hortantur exemplis, et alter alterius virtutes imitando, mutuæ dilectionis se incendio comprehendunt. Frequenter enim bonum facimus, et adversitate animi dissidemus. Est enim perfecta virtus, ut ipsum bonum debeat tibi placere quod feceris. *Habitare,* id est in bono proposito permanere. Ipsa est enim habitatio quam Dominus quærit, non tecta parietum quæ consociant corpora, sed quæ animas religiosa societate conjungit. Tali enim dicto prohibet circumcelliones, qui diversa monasteria voluntate **455** mutabili pervagantur. Dicendo autem, *fratres in unum,* significat eos qui fidei societate sub uno patre sunt constituti, quibus est (sicut in Actibus apostolorum legitur) *cor unum et anima una (Act.* IV, 32). Sed et illi in uno habitant, qui eremi solitudines pervagantur; qui quamvis corpore videantur esse discreti, fidei tamen concordia non probantur esse divisi. Quod si ad litteram intelligas, bona est et ista societas, quæ fratrum cœtibus congregatur, sicut in Actibus apostolorum legimus : *Et distribuebatur unicuique prout opus erat; nec enim dicebat aliquis* [ed., *aliquid*] *suum proprium inter illos, sed erant illis omnia communia (Ibidem,* XXXV, 32). Sic tamen pars ista laudabitur, si illa animi concordia quam superius diximus, non negetur. Nam ut hanc adunationem non mediocre aliquod bonum, sed intelligeres esse mirabile, sub mysticis comparationibus usque ad finem, laus eam digna prosequitur, ut res pretiosissima cum sui præconii gratia jungeretur.

Vers. 2. *Sicut unguentum in capite, quod descendit in barbam, barbam Aaron, quod descendit in oram vestimenti ejus.* Incipit superioris versus per comparationes subtilissimas facta declaratio. Priscis enim temporibus alii ungebantur in reges, alii in prophetas, alii in pontificum reverentissimam dignitatem ; qui tamen similitudinem pronuntiabant Domini Christi, sicut et alia multa quæ illis temporibus figuraliter agebantur. Veniens autem invisibiliter et incorporaliter unctus est Dominus Christus. Cæterum corporaliter unctus fuisse non legitur Rex omnipotens, Propheta mirabilis, Pontifex æternus, qui se immaculatum pro peccatoribus obtulit immolandum. De isto autem unguento quadragesimus quartus psalmus dicit : *Propterea unxit te Deus Deus tuus oleo lætitiæ præ consortibus tuis (Psal.* XLIV, 8). Quod si adhuc evidentius quæras quid sit istud oleum lætitiæ, aut *unguentum* spirituale, non abs re est illud advertere, quando Spiritus sanctus secundum lectionem evangelicam in columbæ specie descendens, supra baptizatum Christum Dominum mansit (*Joan.* I, 32), qui est caput corporis Ecclesiæ, crucifixum, tertio die suscitatum, quod ascendit in cœlos, et sedet ad dexteram Patris. Sequitur, *quod descendit in barbam,* id est Spiritus sanctus, qui supra apostolos inæstimabili potentiæ suæ virtute descendit (*Act.* II, 4), quando nationum diversarum linguis sub varietate locuti sunt. *Barbam* siquidem bene dicimus apostolos, quoniam hæc robustissimæ virilitatis indicium est, et fixa sub suo capite perseverat. Multis enim passionibus divino munere superatis, apostoli viros se constantissimos per Dei gratiam probaverunt : servantes etiam regulas quas a Domino acceperunt, sub suo se mansisse capite monstraverunt. Sed ne hanc *barbam* cujuscunque hominis fortassis adverteres, addidit, *Aaron,* qui Christi speciem præferens, jam ipsum in sacerdotio suo sub quadam imaginatione gestabat. Frequenter enim nomina de ipso translatitia dicimus, sicut Salomon, David, Samson : ita et hic *Aaron.* Adjecit, *quod descendit in oram vestimenti ejus. Ora vestimenti* Domini Salvatoris significatur Ecclesia, quia usque ad extremitates ejus descendit Spiritus sanctus, quando baptizatos usque in finem sæculi misericordiæ suæ dignatione sanctificat. Ipsa est enim Ecclesia, quæ et per tunicam illam designata est, quæ dividi non potuit tempore passionis. De hac igitur veste Patres nostri spiritualiter et copiosa dixerunt. Nam Josephus in libro tertio Antiquitatum titulo octavo, magnarum rerum exinde sacramenta patefecit : probans quatuor colores earum, id est, byssum, purpuram, hyacinthum et coccum, elementa mundi rationabiliter indicasse. Hieronymus etiam ad Fabiolam scribens (*Epist.* 128), et de hac quoque re non destitit esse proficuus.

Vers. 3. *Sicut ros Hermon, qui descendit in montem Sion.* Venit ad aliam laudis comparationem, quæ iterum (sicut solet) significatione nominum ingentia nobis arcana patefacit. *Ros* est tenuis ac levis pluvia, non per guttas veniens, sed per quasdam minutissimas partes duritiam terrenæ ariditatis infundens. Per hunc cuncta germinantia coalescunt, et in varios fetus temperationis munere perducuntur. *Hermon* Hebræum nomen est montis ultra Jordanem fluvium constituti, cujus interpretatio (sicut a Patribus traditum est) significat anathema. *Ros* ergo montis istius nutriens peccatores, qui sub anathematis exsecratione jacuerunt, *descendit in montem Sion,* quando ad conversionis remedium Domino largiente pervenerint. *Sion* enim significat Ecclesiam catholicam, quæ recipit gentes, quæ erant sub anathematis periculo constitutæ. Quæras forsitan quare dixerit, *qui descendit,* dum magis dicere potuisset, ascendit : quoniam ad meliora translatus est. Sed usus iste communis est dicere de his qui ad cognitionem aliquam tarde [ed., trahendo] veniunt : Descendit ad veritatem, descendit ad justitiam; utique quasi de culmine illo superbiæ perveniunt ad planam lucidamque rationem. Hoc est enim rorem de Hermon ad montem Sion descendere, gentes de impietatis sede ad beatitudinis amœna transire. Hoc est quod et versus primus edixerat : *Ecce quam bonum et quam jucundum habitare fratres in unum!*

Vers. 4. *Quoniam illic mandavit Dominus benedictionem et vitam usque in sæculum*. *Illic*, in monte scilicet Sion, id est Ecclesiæ, quæ fratrum adunatione consistit, *mandavit benedictionem*, hoc est, misit Dominum Salvatorem, qui credentium vita est et beatitudo perpetua. Verum hoc montis nomen sæpe diximus cœlestem illam Jerusalem significare, cujus et hæc terrena portat imaginem. Ipsa est enim quæ vitam continet sine fine, quæ gaudium sine intermissione; et quod omne genus felicitatis excedit, a suo beneficio regitur et possidetur auctore. Dicendo enim *illic*, ubi concordia significata est ostenditur, quia discordibus benedictio nulla præstatur. Vides congregatio illa quibus similitudinibus, et quanta admiratione laudata sit; ut nullus dubitet ingens esse donum, quando ab ipso laudatur qui daturus est præmium. Considerandum est etiam quemadmodum uno sensu, una complexione psalmus iste cucurrerit [*mss.*, *concurrerit*]. Quod schema dicitur hyrmos, quando series orationis tenorem suum usque ad ultimum servat: ubi nec persona alia, nec causa mutatur, quam jam et in centesimo decimo sexto psalmo propter indivisibilem textum posuisse dignoscimur.

456 *Conclusio psalmi.*

Ostensa nobis est unitatis utilitas, declaratum quid fraternus præstare possit affectus. Diligamus fratrem tanquam nos; amemus Dominum supra nos, ut ista dilectio proximorum ad illam nos perducat Domini perfectissimam charitatem. Nam quid jucundius esse potest quam hic imitari quod in illa beata patria summo munere constat attribui? Ferantur hic qui ibi nimis amandi sunt. Hoc monasteriis, hoc Ecclesiis, hoc civitatibus, hoc villis, hoc eremis esse prædicatum. Nullus enim ab ista fraternitate dividitur, qui affectum sanctæ religionis habere monstratur. Sed nec illud indiscussum relinquendum est, quod hic primo charitas ponitur fratrum, et post sequitur divina dilectio, dum in mandato primum locum teneat: *Diliges Dominum Deum tuum ex toto corde tuo, et ex tota anima tua* (*Deut.* vi, 5); et post sequitur, *et proximum tuum sicut teipsum* (*Matth.* xxii, 57). Habet hoc consuetudo docentium, ut pro explicanda utilitate causarum aptissime convertatur ordo dictorum. Dignum enim fuit (quoniam hic in psalmis semper ascensum est) ut ad summum post cuncta poneretur, quod rebus omnibus præstantius esse declaratur.

PSALMUS CXXXIII.
Canticum graduum.

Respiciamus oculo cordis intento, quemadmodum vestigia summa virtutum transmissis gradibus propheta conscenderit. Illi enim beatæ fraternitati, quam in unum dixerat congregandam, nunc quod superest salubriter persuadet, ut felix adunatio in laudes Domini flagrantissimo charitatis studio concitetur, qua-

tenus fideles viros perfecta operatio consequatur; et hic imitentur suavitatem, quæ in illa patria in sanctis creditur mentibus esse mansura. Dignum est enim ut benedictio illi persolvatur, ad quem summo studio constat ascensum. Nunc de ipsius mandati virtute tractandum est, ut intellecta sententia utilitatem nobis possit aperire discussa. Præceptum est enim, *Diliges Dominum Deum tuum ex toto corde tuo, et ex tota anima tua, et ex tota virtute tua, et proximum tuum sicut teipsum. In his* enim duobus præceptis *tota lex pendet, et prophetæ* (*Matth.* xxii, 37, 39, 40). Admiranda complexio in uno capite dicere, quod in Scripturis sanctis possis omnibus invenire! Nam qui Deum ex toto corde, ex tota anima, ex tota virtute diligit, locum vitiis non relinquit. Ubi enim intret scelus, cum Deo totus occupatus est animus? Diabolus enim vacantia desiderat, nudata perquirit; sed ubi Deum præsentem reperit, sub magna confusione discedit. Ita si Deum toto corde diligimus, ejusque nos potestati affectuosa devotione contradimus, nec locum culpis dare possumus, et in viis semper rectissimis ambulamus. Vascula ipsa cum aliquo liquore plena sunt, supervenientium augmenta non capiunt: ita nos si divina charitas totos repleat, non erit quo crimen introeat. Sequitur, *et proximum tuum sicut teipsum*. Proximum diligimus sicut nosipsos, cum nulli malum facimus, sed omnes simili ut nosmetipsos affectione tractamus. Nullus enim acquiescit ingenium, aut pericula sibi calamitatis optare, aut dolosis insidiis velle concludi; sed ita sibi omnes prospici cupiunt, ut nullis adversitatibus appetantur. Hæc si in alios compari voluntate servemus, si quæ nobis impendi volumus, fratribus similia faciamus, omne delictum, omne flagitium, omne cessat sine dubitatione peccatum; talesque præsens regula reddit, quales nos cœlestis magister esse præcepit. Istud mandatum et bonos angelos fortasse amplectitur, qui dum nobis qualia ipsi possident provenire cupiunt, consortes nos æternæ illius societatis acquirunt. Memento præterea quod charitatis dominicæ hic tertius psalmus est, ut ex ipso numero virtus possit sanctæ Trinitatis agnosci.

Divisio psalmi.

Prima parte invitat propheta ad benedicendum Deum: ubi plurali numero prædictam plebem cognoscitur admonere. Deinde conversus populum singulariter benedicit: quia sancta unitas decus est ac virtus Ecclesiæ.

Expositio psalmi.

Vers. 1. *Ecce nunc benedicite Dominum, omnes servi Domini; qui statis in domo Domini, in atriis domus Dei nostri.*

Vers. 2. *In noctibus extollite manus vestras in sancta, et benedicite Dominum.* Ideo duo versus simul posuimus, quoniam sibi invicem mutua connexione junguntur, ut nobis impletus sensus evidentius appareret. Primum quæramus cur et hic et in superiori psalmo, *Ecce* posuerit; scilicet ut rebus certis atque perfectis non solum sermo, sed etiam articularis præstaretur ostensio. *Nunc autem dictum est, quia tot gradibus ascensis, ille solus laudari debuit, qui tanta concessit.* Primum enim fuit, quod proficienter ascenderat : deinde quod super hunc ascensum, alium non habebat. Tunc enim majori studio prædicandus est Dominus, quando facit sua largitate securos. Sive (ut aliis placet) tempus istud significat mundiale, quando hic exercendus est animus, ut ibi æternis ac perpetuis laudibus occupetur. *Benedicite Dominum,* significat laudate : quia nos illum benedicendo laudamus ; ille autem nos benedicendo sanctificat. Audisti *servum;* et ne aliquid putares abjectum, addidit *Domini;* ut de potentia summi principis dignitas cresceret servientis. Hoc se nomine Paulus honorabilem gentibus fecit ; sic enim Epistola ejus præfatur : *Paulus servus Christi (Rom.* I, 1) ; et iterum : *Si hominibus placere vellem, Christi servus non essem* (*Gal.* I, 10). De Moyse quoque in alio psalmo : *Misit Moysen servum suum* (*Psal.* CIV, 26). Quapropter istud jam de perfectis proprie dicitur, qui et amici sine dubio nuncupantur. Sequitur, *qui statis in domo Domini, in atriis domus Dei nostri.* Servum quidem prius dixerat ad honorem; sed ne incerta corda mortalium hoc et ad alios traherent, qui indevoti esse noscuntur, dum omnes Domino creaturæ conditione subjecti sunt, addidit, *qui statis in domo Domini,* id est quorum animus in Domino religionis firmo vestigio perseverat. **457** *Stare* enim de illis dicitur, qui a bono proposito facilitatis crimine non labuntur, sicut dictum est de diabolo qui archangelus fuit, *et in veritate non stetit* (*Joan.* VIII, 44). Nominata quidem *domus,* concludit et *atria;* quoniam atrium ingressus est mansionis. Significat enim eos, sive qui jam in penetralibus sunt Ecclesiæ, sive qui in ingressu ejus esse meruerunt. Diversa enim loca sub unitatis gratia habere constat Ecclesiam. His quoque dictis aliud genus firmitatis adjecit, *Dei nostri;* hoc est, non quem gentilitas colit, sed quem vera catholica religio confitetur. Addidit, *In noctibus extollite manus vestras in sancta, et benedicite Dominum. In noctibus,* mundi istius significat teterrimum tempus, quod semper creberrimis tribulationibus obscuratur. In hoc ergo sæculo levandæ sunt manus ubi bona operatio Domini mereturauxilium. Sic Moyses quandiu manus tendebat, Amalech audacia superba premebatur (*Exod.* XVII,11) : præsagans crucem beatissimæ passionis. Nam quod digitos extendebat, Decalogum fortasse significabat. Qui cum brachia remisisset, inimici superbia desperata surgebat. Et ideo bonis operibus levandæ nobis sunt manus ad Dominum, ut adversarius diabolus superna majestate vincatur. Sed intende quid significet, *extollite,* id est uberius eleemosynam facite; Dominus enim non tantum a nobis exigit pia verba, sed facta. Addidit, *in sancta,* ut eam manus seminet Christiani. Nam si illam hæretici faciant aut pagani, manus eorum non extolluntur in sancta ; quoniam ipsam solam eleemosynam Christus accipit, quam ejus nomini fidelis Christianus obtulerit. In quo tamen actu, ne quis sibi aliquid arroget, *Dominum* dicit esse *benedicendum,* quando ipse donat et animum misericordem et substantiam largiorem. Sic charitatem Domini et laudibus sacris, et pia docet operatione complendam. His peractis, respice quam digna retributio subsequatur.

Vers. 3. *Benedicat te Dominus ex Sion, qui fecit cœlum et terram.* Explicata commonitione, qua dixit charitatis studio in Domini laudibus et bonis operibus permanendum, venit ad partem secundam, in qua uno versu populum benedicit, qui in unitatis constantia et dilectione Domini perseverat. Prius enim omnia pluraliter dixit, nunc autem psalmum sub singularitate conclusit; ut qui ante fideles fratres in unitate collegerat, modo illi populo jam diligenti Dominum benedictionis munera præstarentur. Quapropter si volumus esse benedicti, amor nos sanctæ Trinitatis, et unitas beatæ complectatur Ecclesiæ. Et intende quam competenter hunc psalmum perfectus finis amplexus est; ut qui usque ad Jerusalem cœlestem conscendit, benedictionem supernam loco remunerationis acceperit.

Conclusio psalmi.

Libet referre quemadmodum usque ad supernam Jerusalem gradus isti pervenerint. Primo siquidem gradu, sæculi designat horrorem, post quem ad virtutum omnium studia festinatur. Secundo, virtus divinæ defensionis exponitur, cui nihil obviare posse monstratur. Tertio, magnum gaudium esse dicitur in Ecclesia Domini pura mente versari. Quarto, inter quaslibet angustias docet constanter de Domino præsumendum, donec miseratus exaudiat. Quinto monet ut liberati periculis, non nobis aliquid, sed omnia Domini virtutibus applicemus. Sexto, montibus solidissimis comparatur confidentia fidelissimi Christiani. In septimo dicitur quam copiosos fructus metant in lacrymis seminantes. Octavo, nihil permanere dicitur, quod voluntate propria unusquisque fuerit operatus ; sed illa tantum esse firmissima, quæ auctore Domino construuntur. Nono, timore Domini pronuntiatur homo beatus fieri, et universa illi profutura concedi. Decimo, infundit patientiam devotis, quam per Ecclesiæ verba commendat. Undecimo, de profundis pœnitens clamat ad Dominum, ut in liberandis hominibus quanta sit Divinitatis potentia sentiatur. Duodecimo, virtus mansuetudinis et humilitatis ostenditur. Tertio decimo, sanctæ incarnationis promissio et dictorum veritas approbatur. Quarto decimo, fratribus spiritualis adunatio prædicatur, supra quos benedictio Domini, et æterna vita provenire monstratur. Quinto decimo, in laudibus Domini perfecta illa charitas excitatur, supra quam nihil potest nec majus dici, nec gloriosius inveniri, sicut apostolus testatur : *Deus charitas est* (*I Joan.* IV, 8). Quapropter tanti miraculi jugiter consideremus arcanum ; ut talia semper inspicientes, mortiferos sæculi vitemus errores. Continet siquidem hic numerus et illud præterea sacramentum ; ut cum quinque sensus corporei, per quos fragilis humanitas contrahit omne peccatum, Trinitatis fuerint virtute superati, ad quintum decimum gradalium psalmorum nos culmen educat; eoque fiat, ut corporis imbecillitate submota; donentur victoribus præmia sempiterna.

PSALMUS CXXXIV.

Alleluia.

Post gradalium pulcherrimam constructionem, quæ usque ad illam pervenit summitatem quæ in æternum securos efficit et felices, congrue nimis ponitur, *Alleluia;* ut laudibus Domini sancta perfruatur Ecclesia, cui tale munus noscitur præparatum. Quapropter sinceris mentibus alacres *Alleluia* dicere festinemus, ut illi sancto populo per divinam gratiam misceamur.

Divisio psalmi.

Per totum psalmum propheta loquitur. Primo ingressu propter nominis ejus potentiam, laudes Domino dicit esse solvendas, quia fecit quæ voluit in cœlo et in terra, magnalia ipsius diversa commemorans. Secundo, quoniam veritatis perfecta laus est destruere falsitatem, idolorum cultores sub irrisione redarguit. Tertio, diversos ordines admonet, ut Dominum laudare non desinant. Sic genus demonstrativum in utraque parte mirabili exsecutione completur.

458 *Expositio psalmi.*

Vers. 1. *Laudate nomen Domini, laudate servi Dominum.*

Vers. 2. *Qui statis in domo Domini, in atriis domus Dei nostri.* Post præteritos (sicut dictum est) psalmos, quibus ad omnium virtutum culmen divina miseratione propheta conscendit, in domo Domini stantes alloquitur, ut post collata tam ingentia beneficia laudare non desinant cœli terræque Creatorem. Et respice præcepta ista in his duobus versibus qua distinctione creverunt. Primo dixit: *Laudate nomen Domini.* Et ne quibuslibet hoc putares injunctum, addidit, *laudate servi Dominum,* id est, qui *servi* ipsius estis prona voluntate devoti, et Dominum vos habere sentitis, quem nulla superstitione contemnitis. Tertio dicit; *Qui statis in domo Domini,* hoc est, qui perseveranti et intitubabili voluntate in ipsius sancta credulitate consistitis. Contra illos scilicet dictum, qui patientes defectum de collato subito honore ceciderunt. Sequitur, *In atriis domus Dei nostri.* Atrium dicitur amplissimæ domus primus ingressus, ubi sibi habitantes propter expellendum frigus focos facere noscebantur; et ab atri fumi nebulosissimis globis appellata atria, quasi atra, tradit antiquitas. Et quia nullus sermo vacat, qui non aliquod mysterium continere videatur; et illos etiam dicit Dominum debere laudare, qui in primum membrum domus dominicæ videntur ingressi.

Vers. 3. *Laudate Dominum, quoniam benignus est Dominus: psallite nomini ejus, quoniam suavis est.* Considera quod *laudate* tertio posuit, ut per laudis similem qualitatem sanctæ Trinitatis indivisibilem nobis ostenderet unitatem. Laudis enim dominicæ usque ad divisionem positam multiplex causa narratur. Nam cum sint omnia valde bona quæ fecit, cujus ipse sit bonitatis advertitur, a quo talia manasse noscuntur. Addidit quoque, *suavis*, ut non solum *benignum*, sed et dulcem esse sentires. Sic enim et alibi dicit: *Gustate et videte quoniam suavis est Dominus* (*Psal.* xxxiii, 9). *Psallite* vero dum ponitur, ad bonas corporis operationes refertur; ut in hac mundi conversatione Dominum videamur de nostra probitate laudare.

Vers. 4. *Quoniam Jacob elegit sibi Dominus, Israel in possessionem sibi.* Et hic versus adhuc ad illam partem pertinet, cur Dominus debeat prædicari. Nonnullos autem titillare cognoscitur, quare non sit hic Abraham positus, cui primum hæc possessio a Domino promissa declaratur? Sed Abrahæ vocabulum non hoc videbatur significare, quod de isto nomine potuisset adverti. *Jacob* siquidem supplantatorem interpretari sæpe jam dictum est, qui benedictionem fraternam gloriosa nimis cupiditate præripuit. Quod ad evocatam numerositatem gentium competenter aptatur, quæ adventum Domini Salvatoris ad se credulitate trahens, Synagogæ munera promissa percepit, et priorem populum religiosa festinatione superavit. Sed post illam patriarchæ mysticam luctam quam Jacob cum angelo constanter exercuit, ipse quoque *Israel* appellari meruit; quia tantæ concertationis fixa mente pondera toleravit. *Israel* autem interpretatur vir videns Deum, quod ad illam pertinet significationem quam Dominus possidet in beatis. *Elegit* itaque *Jacob,* dum Ecclesiæ populum diversarum gentium congregatione subadunavit. Possidet Israel, quando in illa beatorum resurrectione, ipse in omnibus probatur habitare.

Vers. 5. *Quia ego cognovi quod magnus est Dominus, et Deus noster præ omnibus diis.* Omnis relatio certa redditur, quando is qui refert, quod dicit se probasse testatur. Atque ideo cognovisse se dicit propheta quod prædicat, non aliqua visione carnali, sed in illa altitudine scientiæ positus, ibi magnum contemplatus est Dominum. Videbat enim vir sanctissimus Majestatem illam mirabilem cunctis potestatibus, et cœlorum virtutibus imperantem; et necesse fuit ut diceret: *Quia cognovi quod magnus est Dominus, et Deus noster præ omnibus diis;* non quia præter ipsum aliquis Deus est, sicut in alio psalmo legitur: *Quoniam quis Deus præter Dominum, aut quis Deus præter Deum nostrum* (*Psal.* xvii, 32): sed quia potestatibus diversis hoc nomen abusive constat impositum, sicut in Exodo legitur: *Constitui te deum Pharaonis* (*Exod.* vii, 1); et Apostolus dicit: *Nam etsi sunt qui dicantur dii, sive in cœlo, sive in terra (sicut sunt dii multi et domini multi) nobis tamen unus Deus Pater, ex quo omnia; et unus Dominus Jesus Christus, per quem omnia, et nos per ipsum* (*II Cor.* viii, 5, 6). Unde merito præ omnibus diis magnus dicitur Deus, a quo cuncta creata sunt.

Vers. 6. *Omnia quæcunque voluit, Dominus fecit in cœlo, et in terra, in mari, et in abyssis.* Post illa quæ superius dixit, in altum se tetendit vera nimis et excelsa prædicatio. Quod schema dicitur epiphonema, id est post narratas res crescens ad majora sententia. Nam quamvis sint inenarrabilia opera Domini totusque mundus referre non prævaleat quod operatur in mundo, hic tamen universa stupenda brevitate conclusa sunt : *omnia Deum fecisse quæ voluit in cœlo, et in terra, in mari, et in abyssis*; ut et creata quæ vides, ejus voluntate facta esse cognosceres; et illa quæ humanis nequeunt conspectibus apparere, ipsius potentia contineri posse sentires. *Cœlum* positum est pro cunctis cœlestibus, *terra* pro omnibus quæ in terra gignuntur, *mare* commemoratum dicamus pro istis sinibus quos commeantium discursus invisitat, *abyssus* vero Oceanum designat, qui et nobis ignotus, et (ut quidam referunt) altitudine magna profundus est. In his autem omnibus voluntas Domini sine aliqua dubitatione completur. Quid autem fecerit Dominus, subsequenter enarrat.

Vers. 7. *Educens nubes ab extremo terræ : fulgura in pluviam fecit. Qui producit ventos de thesauris suis.* Hoc si ad litteram intendas, secreta naturæ Domini testatur administratione compleri. Sed quoniam de Hebræo populo dicit inferius, convenit hoc quoque hominibus applicare. *Eduxit nubes ab extremo terræ*, quando prophetas ab humili proposito ad prædicationis fecit fastigia pervenire. Qui merito nubibus comparantur; quoniam imbre sui eloquii a futuri judicii nos calore defendunt, dum animabus nostris profutura depromunt. *Nubes* enim (sicut frequenter dictum est) prophetas accipi deLere Scriptura testatur, dicens : *Mandabo nubibus meis, ne pluant super eam pluviam*. Sequitur, *fulgura in pluviam fecit*. Prædicationes itaque prophetarum *fulgura* sunt, cum percutiunt inimicos : *pluviæ*, cum devotos a peccatis diluunt, et imbrem eis salutis infundunt, unde spirituales germinant fructus, et in maturam messem, Domino præstante, coalescant. Addidit, *qui producit ventos de thesauris suis*. Ventos enim non improbe ponimus apostolos, quorum prædicatio totum mundum tanquam ventus celerrimus percucurrit ; de quibus alio loco scriptum est : *Sagittas suas ardentibus effecit* (*Psal.* VII, 14). Nam ipsis quoque ventis pennæ pro discursus celeritate tribuuntur; ait enim : *Et ascendit super cherubim, et volavit : volavit super pennas ventorum* (*Psal.* XVII, 11). Subnectit, *de thesauris suis*, unde revera spirituales poterant prodire divitiæ. Et nota quod per hos octo versus diversis modis augmento quodam laudis magnalia Domini dulcissima varietate describit. Quod schema dicitur auxesis, Latine augmentum ; quoniam per certos gradus semper ascendit. Quapropter explanationem sensuum non piget frequenter iterare, quando ipsa quoque auctoritas sine fastidio eadem monstratur assumere.

Vers. 8. *Qui percussit primogenita Ægypti ab homine usque ad pecus.* Ista miracula frequenter ad intelligendam Domini potentiam repetit sermo propheticus; ut advertamus non casualiter facta, sed in magnam intelligentiam sequentis ætatis fuisse præmissa. Nam si consideremus altius, et hodie talia fiunt. *Ægyptus* hic mundus est qui diversis cladibus affligit populum Christianum; sed Domini virtute potentiaque terretur. *Ægyptus* autem significat afflictionem, quæ [alias, qui] non aliter dimittit animas fideles, nisi in ipsa [alias, ipso] duris laboribus ingraventur. *Primogenita* enim mundi, quasi Ægypti percutit, quando natos homines in originali peccato potentiæ suæ inspiratione correxerit. *Ab homine usque ad pecus*, id est a prudentioribus hujus sæculi usque ad mansuetos et simplices viros. Omnes enim nisi per gratiam Domini liberentur, a diabolo velut Pharaonis impia dominatione deprimuntur.

Vers. 9. *Misit signa et prodigia in medio tui, Ægypte; in Pharaonem et in omnes servos ejus. Misit signa et prodigia*, quando in passione ipsius terra contremuit, saxa dirupta sunt, et multi sanctorum ad civitatem Domini, superata mortis lege, venerunt; quod in medio mundi, id est palam atque visibiliter evenisse manifestum est. *Signum*, est res præter speciem quam ingerit sensibus nostris aliud aliquid ex se faciens in cogitationem venire; sicut, vestigio viso, transiisse animal cujus vestigium est cogitamus. Dictum est vero signum ab eo quod significet. *Prodigia* quasi porro digia, id est longe prædicentia. Hoc et hodie facit, quando animas fideles per aliqua præmissa signa convertit. *Pharao* interpretatur dissipatio. Et cui aptius dabitur nisi diabolo, qui humanum genus crudeli voto persequitur ? *In omnes servos ejus*, homines significat, qui ipsius voluntatibus obsecundant. Illius enim famuli dicimur cui consentanea mente servimus. Et ideo diabolus cum ministris submergitur, quando fonte salutari Christianus populus a nefando errore liberatur.

Vers. 10. *Qui percussit gentes multas, et occidit reges fortes*. *Gentes* dicit vitiorum noxias catervas, quæ nos intus, velut barbaræ nationes, semper affligunt. Has percussas dicit, quando satisfactione pœnitentium vulnerantur. Nam quod nobis salus, illis vulnus est. *Occidit* etiam in nobis *reges fortes*, cum spiritus immundos peccatorum labe dominantes, emundatione delictorum reddit extraneos. Qui merito in voluntate sua dicuntur occisi, quia nos exstinguere minime valuerunt.

Vers. 11. *Sehon regem Amorrhæorum, et Og regem Basan, et omnia regna Chanaan occidit*. Cum multos reges filii Israel, Domino favente, prostraverint, hic duo tantum memorantur; scilicet ut per interpretationem istorum nominum, ad il am significantiam duceremur quæ hodie in nobis agitur. *Sehon* interpretatur tentatio colorum, *Amorrhæi* amaricantes designant. Amara siquidem vitia sunt, quæ nos ab illa beatitudine jucundissima deducunt. Hæc habent diabolum regem, qui est tentatio colorum, quando se transformat in angelum lucis (*I Cor.* XI, 14); ut per colorem atque speciem bonitatis devotorum animas assidua tentatione subvertat. Ista Divinitas in nobis occidet, quando fidelium mentes a tali servitute liberaverit. Sequitur, *Et Og regem Basan. Og* conclusio dicitur, *Basan* confusio. Merito ergo confusionis rex conclusio perhibetur. Diabolus enim quando nobis iter illud salutare concludit, in confusione nos nefanda derelinquit, in qua ille teterrimus regnat. Unde et civitas ejus Babylonia dicitur, quæ item confuso nominatur. Sed hæc omnia virtus divina destruit, quando nos ad misericordiæ suæ dona perducit. Addidit, *et omnia regna Chanaan occidit. Chanaan* interpretatur humiliatio: sed non illa quæ perducit ad Dominum. Nam et illi humiliati dicuntur, qui de honore sancto decidunt, et pessima conversatione merguntur; sicut in alio psalmo dicitur: *Et humiliabit calumniatorem* (*Psal.* LXXI, 4). Nam si humiliatio et ad pœnam minime pertineret, non legeretur: *Qui se exaltat, humiliabitur* (*Matth.* XXIII, 12). Quapropter hanc humiliationem, quæ in malo intelligenda est, ille solus occidit, qui crucem pro omnium salute suscepit.

Vers. 12. *Et dedit terram eorum hæreditatem, hæreditatem Israel populo suo.* Versus iste declarat priora illa non ad litteram debere suscipi, sed spirituali expositione sentiri. Nam terra promissionis Israelitico populo non est hæreditas data, quia eam suis offensionibus amiserunt; sed sub illorum præfiguratione terra repromissionis datur sine dubio Christianis, quam æterna pace possideant. Nam ut istam deberes advertere, repetit, *hæreditatem Israel populo suo. Israel* enim interpretatur (sicut sæpe jam dictum est) vir videns Deum. *Populo suo,* utique Christiano, qui ejus merebitur dici, cum præcepta ipsius salutari devotione servaverit.

Vers. 13. *Domine, nomen tuum in æternum: Domine, memoriale tuum in sæculum sæculi.* Post beneficia Domini laus digna consequitur. Dicit enim: *Domine, nomen tuum in æternum;* quasi optemus illi quod non est, aut per nostra vota proficiat. Sed usus iste mortalium est, optare Deo quod aliter evenire nefas putetur. Sic enim dicimus: *Sanctificetur nomen tuum* (*Matth.* VI, 9); quod utique sanctum est: **460** *Adveniat regnum tuum;* cujus regnum sine dubitatione venturum est. Sed ista talia cum dicimus, nostrum velle declaramus. Precatur ergo ut in humano genere semper nomen ejus debeat permanere; quatenus ab adventu Christi perenniter dici debeant utique Christiani. Sequitur, *Domine, memoriale tuum in sæculum sæculi. Memoriale* Domini est quidquid in Scripturis sanctis commonitione saluberrima continetur. Hoc semper in nobis permanet, cum fidelissima devotione servatur, sicut scriptum est: *Cœlum et terra transibunt, verba autem mea non præteribunt* (*Matth.* XXIV, 35). *Sæculum* vero *sæculi* (sicut sæpe dictum est) diem significat sempiternum.

Vers. 14. *Quia judicabit Dominus populum suum: et in servis suis consolabitur.* Præmissæ laudis causa narratur: *Quia judicabit populum suum,* Hebræum scilicet, cui præstitit magna miracula, cui prophetas suos, ne peccaret, attribuit; ad quem ipsum quoque Filium misit, ut ejus tandem aliquando scelerata duritia solveretur. Sed quia detestabili obstinatione duratus est, judicabit eum utique; quia noluit esse ipsius, quem de cunctis nationibus elegerat possidendum. Cui dicit: *Audi, populus meus, et loquar* (*Psal.* XLIX, 7); et alibi: *Popule meus, quid feci tibi* (*Mich.* VI, 3)? Istos ergo judicabit. De fidelibus autem audi quid sequitur: *Et in servis suis consolabitur;* utique dum illis præmia promissa restituet, qui hic propter nomen ejus laboriosa contemptione [ms. *F.* et *ed.*, contentione] vexati sunt; de quibus scriptum est: *Beati qui lugent, quoniam ipsi consolabuntur.* Sic enim et alibi de ipsis dicitur: *Qui credit in me non judicabitur, sed transiet de morte ad vitam; qui autem non credit, jam judicatus est* (*Matth.* V, 5; *Joan.* III, 18). Vides quid profecerit gradatio illa quam diximus; ut enumeratis magnalibus Domini, usque ad ejus venerit sanctum tremendumque judicium. Nunc alterius partis dicta requiramus.

Vers. 15. *Simulacra gentium argentum et aurum, opera manuum hominum.* Postquam se Domini laudibus sufficienter explevit, secundo ingressu propheticus sermo convertitur ad errorem gentium destruendum. Quæ figura apud grammaticos dicitur sarcasmos, id est hostilis irrisio, quæ usque ad palmam penetrat, cum manifesta veritate convincit. Quapropter *Simulacra gentium* ritusque deridet, ne aurea signa deosque colat argenteos, et putetur homini præstare quod cœpit ab homine. Quanto melius consulunt, si elisa frangantur? Tunc vere aliquid prosunt, si ad pecunias translata descendunt. Quocirca deus ipsorum non exaudit integer, sed præstat potius imminutus. Et considera, quoniam per species diversarum definitionum pulcherrimus dictorum ordo descendit. Hic enim designantur simulacra per illud unde sunt, id est aurum et argentum, metallorum scilicet qualitate formata.

Vers. 16. *Os habent, et non loquentur: oculos habent, et non videbunt.*

Vers. 17. *Aures habent, et non audient: nares habent, et non odorabunt.*

Vers. 18. *Manus habent, et non palpabunt, pedes habent, et non ambulabunt, non clamabunt in gutture suo: neque enim est spiritus in ore ipsorum.* Venit etiam ad alias species definitionum; simulacra significans atque determinans per id quod implere non possunt. Dicit enim: *Os habent et non loquentur.* Quid prodest os quod non loquitur? quid *oculus qui non videt?* quid auris quæ non audit? quid *nares* quæ non odorantur? quid *manus* quæ non palpant? quid *pedes* qui non moventur? Vocabula enim sunt vana, non officia profutura; nomina sine rebus; præsumptio caduca, non veritas firma. Quid homines in vestro exitio noxia deliramenta perquiritis? Cur quæ vos destruant fabricatis? Quanto dignius ut Auctori vestro subdamini, et desinatis errorem colere quem fecistis. Unde Jeremias propheta in epistola sua Judæos commonens, dicit: *Nam linguæ eorum politæ a fabro; ipsa autem inaurata et inargentata falsa sunt, et non possunt loqui (Baruch.* VI, 7). Et iterum : *Bestiæ meliores sunt illis, quæ possunt fugere sub tectum, aut prodesse sibi (Ibid.,* 67). Intende autem quod istis versibus et in centesimo tertio decimo psalmo abunde gentium simulacra derisa sunt; ut quos prima commonitio non correxisset, repetita denuo verecundia permoveret.

Vers. 19. *Similes illis fiant qui faciunt ea, et omnes qui confidunt in eis.* Post irrisam gentilium numinum falsitatem, sententia digna prolata est; ut collatis sensibus careant, qui deos insensatos sibimet effecerunt. Conveniunt talibus personis revera quæ dicta sunt. Omni enim ratione deseritur, omni prudentia vacuatur, qui usque ad hoc pervenit, ut non profutura, sed sua potius colere videatur exitia. Et intuere, quoniam fabricatores et cultores idolorum complectitur una damnatio.

Vers. 20. *Domus Israel, benedicite Dominum; domus Aaron, benedicite Dominum.*

Vers. 21. *Domus Levi, benedicite Dominum; qui timetis Dominum, benedicite Dominum.* Postquam gentilium simulacra derisit, in tertio ingressu laudes dominicas sanctorum dicit ore celebrandas. Sed in his duobus versibus per officia diversa discurrens admonet, ut vero Domino laus fidelium debeat personare. In Israel, generaliter omnis ponitur justus, qui divina contemplatione gratulatur, quos postea numerat speciatim; in Aaron enim sacerdotes, in Levi reliqui ministri. Ad postremum qui Domino in qualibet probabili conversatione famulantur. Sic omnis populus per diversas partes devotus Dominum laudare præcipitur.

Vers. 22. *Benedictus Dominus ex Sion, qui habitat in Jerusalem.* Laudes Domini superius aliis celebrare præcepit, nunc exemplo boni magistri ipse quoque quod admonebat implevit. Dicit enim : *Benedictus Dominus.* Et quem Dominum dixerat evidenter designat, Regem scilicet Christum, qui *ex Sion,* id est Ecclesiam suam sancta incarnatione visitavit. Ipse est *qui habitat in Jerusalem,* quæ diversorum sanctorum congregatione construitur, et Regis sui præsentia æterna felicitate lætatur.

Conclusio psalmi.

Mirabilis psalmus ad devotissimos populos instruendos. Nihil enim post tanta beneficia reddere possumus, nisi ut (sicut in principiis dictum est) Dominum nostrum trina confessione **461** prædicemus. Laudemus Patrem, laudemus Filium, laudemus Spiritum sanctum, unum atque omnipotentem Deum; ut sicut non est in illa natura distantia, ita non sit et in ipsa laude diversitas. Hæc est revera laus quæ nos reficit, hoc pabulum quo anima devota saginatur. Ipsa est enim remuneratio nostra quæ et operatio, in qua tantum reficimur, ut nulla delectatio similis esse videatur. Prædicemus itaque modo, ut eum in æternum cum angelis laudare mereamur. Sed ipse hic donet votum, qui ibi collaturus est præmium.

PSALMUS CXXXV.
Alleluia.

Iterum nobis *Alleluia* dicendum est, gratia quidem semper novum, sed præcedentibus expositionibus omnino notissimum. Huic psalmus subjectus est, qui simili verborum assonatione cantatur. Diversas enim res inchoat; sed in unam convenientiam vociferationis exsultat; cujus versus unifines non improbe dicimus vocitandos, sicut in centesimo decimo septimo psalmo jam diximus, ubi quatuor versus simili sententia terminantur. Quidquid enim dicitur, ad misericordiam Domini refertur, sine qua subsistere nullatenus prævalemus. Merito ergo sæpius ipsa repetitur, quæ omnia in nobis indulgentissimis muneribus operatur. Nam si causam tanti secreti discutias, clementia est Domini omne quod vivimus, misericordia quod valemus. Quapropter nec ab ore nostro debet, nec a corde discedere; quatenus et ipsa nos dignetur jugi tuitione servare. Hoc imitati poetæ assona carminum floscula condiderunt, supernarum virtutum sonos ad mundana studia transferentes. Sed quoniam universi psalmi multifarias videntur continere virtutes, iste perfectam vitam non improbe judicabitur declarare justorum, qui mandata Domini salutariter auspicantes, in misericordia ejus jugiter perseverant. Unde animo recolamus has similitudines versuum, et in octavo, vigesimo tertio, quadragesimo primo, quadragesimo quinto, quadragesimo octavo, quinquagesimo sexto, sexagesimo sexto, centesimo secundo, centesimo tertio, centesimo sexto psalmis diversas nobis subtiliter indicasse virtutes, sicut locis eorum constat expositum. Cujus autem virtutis præsens psalmus esse noscatur, plenius in ejus conclusione dicemus.

Divisio psalmi.

Per universum psalmum propheta loquitur, qui quamvis totus velut cœleste canistrum, decoris repetitionibus quasi aureis regulis videatur intextus, unde spiritualia bona tanquam dulcia poma convivis ecclesiasticis offerantur : tamen in illis capitaneis versibus qui varie dicuntur, prima parte magnificentia Domini exponitur, et totius orbis conditio declaratur. Secunda parte miracula referuntur, quæ fecerat in Ægypto et in gente Judæorum. Tertia descendit ad Christianos, beneficia Domini consequenter enumerans, ut per hanc repetitionem unum auctorem rerum omnium esse cognosceres.

Expositio psalmi.

Vers. 1. *Confitemini Domino quoniam bonus, quoniam in sæculum misericordia ejus.* Diximus per capita versuum inesse pulcherrimam varietatem, in fine autem consimilem repetitionem, et ideo capita tantum versuum exponenda sunt; fines autem eorum, qui uno tenore repetuntur, semel tantum declarasse sufficiat. Hoc tamen mente condendum est, quod ad cunctas operas quæ dicuntur inferius, Domini misericordia sit competenter adjuncta. Confessionem sæpe diximus et ad laudes Domini, et ad deploranda peccata communiter pertinere. Hic autem non unum ex duobus, sed utrumque accipiendum est; docet enim beatos viros et laudes Domino jugiter dicere, et præterita peccata deflere. Sic enim justos intelligimus, si conversi a malo illa damnent, quæ aliquando gesserunt, sicut Paulus apostolus de præteritis ait : *Non sum dignus vocari apostolus, quia persecutus sum Ecclesiam Dei (I Cor.* xv, 9). Sequitur, *quoniam bonus,* qui et laudes suas clementer audiat, et supplicantibus miseratus indulgeat. Addidit, *quoniam in sæculum misericordia ejus. In sæculum,* scilicet in perpetuum dicit : quoniam misericordia ipsius æternum occupat tempus. Hic præstat ut recreet [*mss. G., A., B.*, creet; *ms. F.*, crescat], parcit ut corrigat; ibi misericordiam bonis tribuit ut coronet.

Vers. 2. *Confitemini Deo deorum, quoniam in sæculum misericordia ejus.* Superiore psalmo corda gentilium, simulacrorum suorum irrisione quassavit, nunc autem quantus qualisque sit omnipotens Dominus prædicatione verissimæ majestatis ostendit, ut non solum Deus credatur qualis aut angelus dicitur, aut virtutum homo sæpe memoratur; sed Deus ille *deorum est,* cui nullus similis invenitur. Deus quippe propter honoris excellentiam potest et creatura dici; lectum est enim in octogesimo primo psalmo : *Ego dixi, Dii estis, et filii Excelsi omnes (Psal.* LXXXI, 6). Et in Exodo : *Deum te posui Pharaoni (Exod.* VII, 1). Deus autem deorum non potest, nisi sola sancta Trinitas nuncupari.

Vers. 3. *Confitemini Domino dominorum, quoniam in sæculum misericordia ejus.* Superiori sententiæ similis est et ista locutio. Sic enim dicitur *Dominus dominorum,* quemadmodum et *Deus deorum.* Nam et dominos sanctos dicimus angelos; sed *Dominus dominorum* ille solus est cui cuncta deserviunt. Ipse etiam Sanctus sanctorum, ipse Rex regum, et omnium potestatum ineffabiliter culmen excelsum. Quis enim dubitet supra omnia esse, qui et creare omnia, et universa prævalet continere?

Vers. 4. *Qui fecit mirabilia magna solus, quoniam in sæculum misericordia ejus.* Sicut in illis tribus versibus supra positum est, confitemini, ita et per hos omnes versus qui variantur usque ad finem, confitemini subaudiendum est. Quæ figura dicitur ἀπὸ κοινοῦ, id est a communi, ut nobis plena possit constare sententia ; maxime quando et in hac similitudine desinit psalmus. Dicitur itaque *fecisse mirabilia magna solus,* quasi non per angelos et per apostolos servos suos diversarum virtutum signa monstraverit. Sed hic memoratur fecisse solus, ubi Verbo suo conditiones rerum fabricasse monstratur, quando et ipsa ministeria eum creasse non dubium est. Sic enim sentiendum sequentia declarant.

Vers. 5. *Qui fecit cœlos in intellectu, quoniam in sæculum misericordia ejus.* Usque ad finem psalmi laus depromitur per narrationem præconialem. Narratio est enim rerum gestarum collecta expositio. Domini autem res gestas narrare, laudare est. Ipsum est ergo quod superius dixit : *Qui fecit mirabilia magna solus :* quoniam hoc non per creaturas, sed sola virtute suæ divinitatis operatus est. Nam quod dixit, *cœlos in intellectu fecit,* potentiam ipsam dispositionis expressit. Ille enim non facit aliqua videndo, nec aliorum fabricas æmulando; sed quidquid in intellectu suæ majestatis disposuit, hoc et ad effectum momentanea operatione perducit. Perfectio enim rerum voluntas ipsius est ; nec moram recipit quod ille decreverit. Sic enim in superiore psalmo dictum est : *Omnia quæcunque voluit Dominus fecit in cœlo et in terra (Psal.* CXXXIV, 6). *In intellectu* ergo *cœlos fecit,* quia nulla confusione, nulla inordinatione, nulla informitate creati sunt, sed distincti atque compositi Creatoris sui voluntate peraguntur. Nec moveat quod cœlos plurali numero nuncupavit, quando et alibi legitur : *Laudate eum, cœli cœlorum (Psal.* CXLVIII, 4). Et Apostolus ait : *Raptus sum usque ad tertium cœlum (II Cor.* XII, 2). Quapropter definire nobis non licet quanti sint, quod in Scripturis sacris non legitur explicatum.

Vers. 6. *Qui firmavit terram super aquas, quoniam in sæculum misericordia ejus.* Postquam de cœlis dixit, consequens fuit ut de terra quoque loqueretur; nam et hanc fecit in intellectu. Ipse est enim intellectus qui cuncta complexus est, et per potentiam suæ dispositionis implevit. Sed perquiramus cur hic dixerit, terram positam super aquas, cum dicat Job : *Qui suspendit terram in nihilo (Job* XXVI, 7). Et alibi : *Qui suspendit tribus digitis molem terræ, quod nomen est ei (Isai.* XL, 12)? Sed neutrum sibi noscitur esse contrarium, quoniam terram dicere potuit super aquas esse, etiam cum multo spatio distare videretur ; sic enim et cœlum dicimus supra nos, dum tamen aeris magna spatia interesse noscantur. Sive (ut aliis videtur) *super aquam,* juxta aquam intelligendum est ; nam hodieque dicimus civitatem super mare positam, cum non in mari, sed juxta mare sit constituta. Vel certe spiritualiter accipiendum est, quia super aquam sacri baptismatis terra nostra, id est corpus reficitur, dum religionis stabilitate formatur.

Vers. 7. *Qui fecit luminaria magna solus, quoniam in sæculum misericordia ejus.* Quamvis ad litteram *luminaria* cœli, astra videantur intelligi, convenit tamen ut ea paulo altius inquiramus. *Magna luminaria* forte significat angelos, potestates, thronos, dominationes, qui pietate sanctissima cœlesti lumine radiantur. Dicendo enim *magna,* omnibus videntur anteposita quæ corporaliter lucent.

Vers. 8. *Solem in potestatem diei, quoniam in sæculum misericordia ejus.* Potestas est diei solis adventus, quia per eum omnis visibilis creatura declaratur. Usus est enim divinarum Scripturarum hujusmodi sermone loqui, sicut ait alibi : *Dedit eis potestatem filios Dei fieri (Joan.* I, 12). Spiritualiter autem potest intelligi, quando sanctis suis solem sapientiæ miseratus infundit, ut illa videant quæ ad ipsius pertinere certum est jussiones.

Vers. 9. *Lunam et stellas in potestatem noctis, quoniam in sæculum misericordia ejus.* Audite, astrologi, qui summam rerum stellarum administrationibus datis, *lunam et stellas in potestate noctium* fuisse concessas. Nunquid ad imperium, non ad obsequium ista sunt condita? Nam quid Creator ageret, si vitas hominum stellis transigere permisisset? Merito vos repudiant ipsi quoque philosophi, qui tantam potestatem visibilibus rebus inesse dicitis, ut arbitrium tollatis Auctori. Nobis autem ex his alter spiritualis sensus aperitur. *Lunam* forsitan Ecclesiam debemus accipere; *stellas* diversos ejus ordines sanctitate pollentes, ut sunt episcopi, presbyteri, diaconi, subdiaconi et cæteri qui velut stellæ cœlesti noscuntur conversatione radiare. Hæc omnia *in potestate noctis*, id est in sæculi istius tenebris data sunt, ut per eos saliginosa reluceant corda mortalium.

Vers. 10. *Qui percussit Ægyptum cum primitivis* [mss. A., B., F., *primogenitis*] *eorum, quoniam in sæculum misericordia ejus.* Hactenus dicta sunt quæ per se creaverit sancta Divinitas, nunc in secunda parte referuntur qualia in mundo per angelos servosque suæ pietatis effecerit. Quæ duodecima est species definitionis quam Græci κατ' ἔπαινον, Latini per laudem dicunt. Hæc per hos duodecim versus tracta, permanet usque ad divisionem. Et quoniam historia nota est, videamus quid hic spiritualiter magis possit intelligi. Percussit Ægypti primitiva, quando sæculi istius damnavit gloriam, quæ putabatur esse præcipua; nam luxus, superbia, avaritia, quasi primitiva sunt mundi. Ipsa enim primo generat pessimus venter, et velut charos filios amplectitur, dum rerum istarum cupiditate gratulatur. Hæc Dominus percussit, quando a regulis suæ divinitatis exclusit. Mortua enim jacent quæ a vitæ Auctore submota sunt.

Vers. 11. *Qui eduxit Israel per medium eorum, quoniam in sæculum misericordia ejus.* Per medium Ægyptiorum deducit Israel, quando sanctos suos a conversatione liberat pessimorum, et a mundi istius habitatione teterrima in lucem suæ veritatis adducit.

Vers. 12. *In manu forti* [mss. A., B., *potenti*] *et brachio excelso, quoniam in sæculum misericordia ejus.* Manus fortis, ad invincibilem pertinet actionem; *brachium excelsum*, ad omnipotentiam Domini singularem. Fortis enim actio a brachio venit excelso, quoniam effectus rerum suum demonstrat semper auctorem.

Vers. 13. *Qui divisit mare Rubrum in divisiones, quoniam in sæculum misericordia ejus.* Priscæ auctoritatis viri *mare Rubrum in* duodecim *divisiones* dixerunt esse partitum, quantas tribus constat fuisse Judæorum. In eo enim hic plurali numero positum est, *in divisiones*, ne putaremus mare Rubrum uno itinere fuisse transmissum. Sed potest hoc et spiritualiter congruenter adverti. Rubrum mare est sæculi istius permixta profunditas, quam multis divisionibus transimus, quando conversi ad terram viventium 463 Domini munere festinamus. Alter enim per eleemosynas, alter per assiduam supplicationem, alter per virginitatem, alter per excellentissimam charitatem. Sic multis divisionibus per sæculi hujus mare transitur ad Dominum.

Vers. 14. *Et eduxit Israel per medium ejus, quoniam in sæculum misericordia ejus.* In hoc versu, quoniam repetitus est, expositio superius dicta sufficiat.

Vers. 15. *Qui excussit Pharaonem et exercitum ejus in mare Rubrum, quoniam in sæculum misericordia ejus.* Diabolum cum ministris suis in fontem salutis excutit, quando eos a nobis potentiæ suæ virtute removerit. *Excutit* autem dixit, tanquam pulverem projicit, ut de hac celeritate et virtutem divinitatis ostenderet, et illos terrenas sordes esse monstraret.

Vers. 16. *Qui transduxit populum suum per desertum, quoniam in sæculum misericordia ejus.* Per desertum nos trajicit, quando per hoc sæculum transire facit illæsos; soli enim evadunt qui mundi istius mala pertranseunt. Cæterum qui in istis hæserit, ad præmia divina non pervenit. Desertus enim ideo dicitur mundus, quia divina electione privatus. Et merito sic vocatur, quia ad se venientem non recepit Auctorem.

Vers. 17. *Qui eduxit aquam de petra rupis, quoniam in sæculum misericordia ejus. Educit* [ms. G. et ed., *ejicit*] *aquam de petra rupis*, quando sterilia corda mortalium salutares rivulos fecerit proferre lacrymarum; ut qui sunt propria siccitate steriles, reddantur divina largitate manabiles. *De petra rupis* ad auxesim positum est, quoniam non parva, sed ingentia et dura saxa sunt, quæ in magnitudinem rupis eriguntur.

Vers. 18. *Qui percussit reges magnos, quoniam in sæculum misericordia ejus.* Percutit reges magnos, quando in corde nostro impia desideria cœlestis miserator exstinxerit. Tunc enim nos vivimus, dum illa moriuntur; et contraria sorte necesse est nos occumbere, si contingat illa superare.

Vers. 19. *Et occidit reges fortes, quoniam in sæculum misericordia ejus.* Reges fortes occidit, quando a nobis expellit dæmonia, varia immissione grassantia; quorum voluntas nequam tunc exstinguitur, si fidelium animæ ab eorum potestate tollantur. *Occide*, Domine, *fortes reges*, ut liberes servos humiles: eripe tibi devotos, ne ille nefandissimus eos sibi faciat esse subjectos.

Vers. 20. *Sehon regem Amorrhæorum, quoniam in sæculum misericordia ejus.* Ista quidem in superiore psalmo jam videntur exposita, quæ non pigebit repetere, quando ea sancta auctoritas ad salutem nostram probatur iterasse. Sehon quidem interpretatus est tentatio colorum, aliter vero arbor infructuosa; Amorrhæus exacerbationem; quæ omnia videntur ad diabolum pertinere; ipse est enim arbor infructuosa, ipse exacerbatio. Sed hæc in nobis Dominus occidit, quando nos ad instituta sua morum sanctitate perduxerit.

Vers. 21. *Et Og regem Basan, quoniam in sæculum misericordia ejus. Og* interpretatur coacervans, *Basan* confusio. Qui enim coacervat peccata nostra, absolute diabolus est. Ipse etiam recte dicitur confusio, quoniam et sequaces suos confundit, et ipse de

Domini judicio confusus abscedit. Verum hæc et talia Domini virtute interfecta jacent, quando nos eripere a tam pessima obnoxietate dignatur.

Vers. 22. *Et dedit terram eorum hæreditatem, quoniam in sæculum misericordia ejus.* Locum tertiæ narrationis ingreditur. Et quamvis historia de Hebræis dicere videatur, tamen hoc et ad populum Christianum aptissime refertur: quoniam beatitudo illa quæ illis fuerat pollicita, expulsis qui sua iniquitate ceciderunt, sanctis ac fidelibus Christianis promissæ hæreditatis præmia conferuntur. Meminerimus autem quod et in hac quoque divisione per quinque versus duodecima species definitionis permaneat, quam in secunda parte jam diximus.

Vers. 23. *Hæreditatem Israel servo suo, quoniam in sæculum misericordia ejus.* Cum dicit, *servo suo,* illos sequestrat qui Domini jussionibus iniquis conatibus restiterunt. Qua significatione et devota plebs Judæorum, et populus includitur Christianus.

Vers. 24. *Quia in humilitate nostra memor fuit nostri Dominus, quoniam in sæculum misericordia ejus.* Humilitas proprie pertinet ad tempora Christiana, quæ tunc latius desiderari cœpit, quando eam in se Dominus Salvator ostendit. Ipse enim monstravit et humilitatis viam et patientiæ disciplinam. Quapropter ille humilitatis servorum suorum memor est, qui et ejus præceptor esse dignoscitur. *Memor fuit* significat sanctæ incarnationis arcanum, quando adventu suo credentes liberare dignatus est.

Vers. 25. *Et redemit nos de manu inimicorum nostrorum, quoniam in sæculum misericordia ejus.* Si ad historiam attendas, nullum pretium Ægyptiis dedit, quando Hebræos de manibus eorum liberare dignatus est. Sed quia in potestate diaboli vel ministrorum ejus tenebamur obnoxii, tunc se immolando magnum pretium dedit, ut nos ab eis redderet absolutos. Redemit enim nos diversis injuriis et passionibus suis, claustra passus, alapis cæsus, flagellis verberatus est. Redemit nos utique sanguine pretioso, et ad postremum redemit nos miraculo resurrectionis ostenso, sicut dicit Apostolus cuncta complectens: *Magno pretio redempti estis (I Cor.* vi, 20). Hoc enim fuit pretium quod pretium non haberet.

Vers. 26. *Qui dat escam omni carni, quoniam in sæculum misericordia ejus. Omni carni,* non tantum de hominibus voluit intelligi, sed et quidquid natat, quidquid volat, quidquid repit, quidquid graditur: quoniam universa ejus largitate satiantur. Nam sicut creator est omnium, ita et pastor animantium probatur esse cunctorum. Pascit etiam omnia spiritualia incorporeo cibo misericordiæ suæ. Nam cum generaliter indigeatur ab omnibus, ipsius munere geritur, ut universa continere atque existere comprobentur. Sive *omni carni dat escam,* fidelibus tantum forsitan debemus accipere, quos corpore et sanguine suo saginare dignatur.

Vers. 27. *Confitemini Deo cœli, quoniam in sæculum misericordia ejus.*

Vers. 28. *Confitemini Domino dominorum, quoniam in sæculum misericordia ejus.* Cum hos versus superius eisdem verbis dixerit, hic tantum *Deo cœli,* mutasse declaratur; superius autem habet, *Deo deorum.* Unde videntur per significationem cœli omnia potuisse concludi. Et ut cuncta ad ejus confessionem revocare videretur, in fine iterum memorat confitendum: ne quid præter ejus laudem et misericordiam agi posse crederetur.

Conclusio psalmi.

Mirabilis psalmus et nimia virtute profundus, qui velut stellis micantibus misericordia Domini ubique cognoscitur esse radiatus. Cujus enim virtutis sit atque potentiæ in Paralipomenon ostenditur, ubi ait: *Cum Dominum laudare cœpissent et dicere: Confitemini Domino quoniam bonus, quoniam in æternum misericordia ejus; implebatur domus Dei nube, ne possent sacerdotes stare et ministrare propter caliginem. Compleverat enim gloria Domini domum Dei (II Paral.* v, 13, 14). Proinde quid potest a nobis simile dici, quam quod de se auctoritas cognoscitur ipsa testari? Nam licet in omnibus psalmis, si pure canantur, divinam nobis certum sit adesse præsentiam, hoc tamen evidentius creditur, quod legis auctoritate firmatur.

PSALMUS CXXXVI.
Psalmus David.

Ad præteritum morem rediit ordo titulorum. Significat enim misericordes et sanctissimos actus ad Dominum Salvatorem esse referendos. Considerandum est autem quoniam hymnus iste non a gaudentibus dicitur, sed sola dolorum compunctione cantatur. Hæc autem historia, Jeremia propheta referente, completa est, quando captivitas Jerusalem Nabuchodonozor rege veniente perfecta est. Exstat enim de hac re pietatis hujus compunctissimus liber, qui quadrifario prænotatur alphabeto. Sed nos oportet spiritualiter ista suscipere, quia in figura illis, sicut dicit Apostolus *(I Cor.* x, 11), hæc omnia certum est contigisse.

Divisio psalmi.

Populus Hebræorum, qui obstinationis suæ vitio in captivitate erat sub Nabuchodonozor rege post sæcula longa passurus, introducitur ad loquendum, ut mala sua futura sic defleat, quasi jam videantur esse præterita. Prima sectione calamitates suas enumerat, subjungens inter quaslibet sæculi hujus angustias, nunquam se Jerusalem ullatenus oblivisci, quamvis evertendam esse constaret. Secunda sectione ad Dominum verba convertit, ut memor sit insultationum contra Ecclesiam pessima voluntate grassantium, beatos asserens qui de corde suo incipientes malas cogitationes abjiciunt.

Expositio psalmi.

Vers. 1. *Super flumina Babylonis illic sedimus et flevimus, dum recordaremur tui, Sion.* Nimis dulcis est recordatio patriæ, quæ in hostili terra probatur existere; nam quantum hæc amara sentitur, tantum fit illa suavior. De loco enim peregrinationis, proprii domicilii crescit affectus. Sed quamvis propheta

Israelitici populi captivitatem quæ sub Assyriis contigit exponere videatur, convenit tamen ut eam spiritualiter advertere debeamus. Duas enim civitates in hoc mundo esse crebra lectione comperimus: una est Domini, quæ dicitur Jerusalem, id est visio pacis. Ista hic pressuram patitur, et multis malis irruentibus sauciatur: humilis, afflicta, spem habens in illa æternitate quæ nunquam novit defectui subjacere. Econtra diaboli civitas, quæ Babylonia dicitur, cujus interpretatio significat confusionem, hic florida, superba, lætissima est, quæ istius sæculi vitiis tanquam magnis fluminibus irrigatur. Super ista ergo flumina sedent fideles, qui captivitatem in hoc mundo patiuntur, et suspirantes desiderio patriæ suæ amaras lacrymas fundunt, quoniam ad illam promissam pacem hic pervenire non prævalent. Contemplandum est autem quod non dicit, in fluminibus, sed *Super flumina*; nam qui adhuc in fluminibus istis sunt, peccatorum inundatione rapiuntur, qui vero super ripas alvei sedent, jam ab illis fluctibus divino sunt munere liberati. Situm quoque ipsum respice temperatum; nec erectos dicit, ut arrogantiam fugeret; nec jacentes, ut ruinam vitaret, sed sedentes in humilitate pias lacrymas supra peccatorum impia fluenta transmittere.

Vers. 2. *In salicibus in medio ejus suspendimus organa nostra.* Hic doloris exaggeratur acerbitas, quando delectationem suam, qua se populus poterat consolari, velut non necessaria suspendebatur arboribus. Quid enim illic agerent organa dulcia, ubi tempora vitæ amaris erant lamentationibus occupata? Verum hæc historia ad spiritualem intelligentiam transferatur. *Salices* sunt arbores supra ripas fluminis pinguissima viriditate gaudentes, quæ frequenter excisis palis, atque humidæ terræ reconditis, altissima radice merguntur; et fluentis necari nequeunt, quamvis copiosa irrigatione satientur. His comparantur sancti ac fideles homines, sicut Isaias dicit: *Exorietur tanquam fenum in medio aquæ, et tanquam salix super defluentem aquam (Isai.* XLIV, 4). Talibus ergo viris organa nostra suspendimus, quando communicata gratia de Scripturarum divinarum lectione conferimus. Ipsa sunt enim nostra organa, quæ et psalmodiæ gratiam præstant, et alterna nos collatione lætificant. *In medio ejus*, Babyloniæ civitatis dicit, non fluminis, quia necesse est in medio mundi sit sanctissimus Christianus, quamvis ad superna animo videatur esse translatus.

Vers. 3. *Quia illic interrogaverunt nos, qui captivos duxerunt nos, verba cantionum.*

Vers. 4. *Et qui abduxerunt nos : Hymnum cantate nobis de canticis Sion.*

Vers. 5. *Quomodo cantabimus canticum Domini in terra aliena?* Addunt aliud pondus doloribus suis, ut usque ad hoc ludibrium se pervenisse defleant; quatenus Dei carmina reverenda hominum passim voluptate [*mss.* A., B., F., voluptates] profundant, fiatque illis necessitas paganis dicere, quod sola plebs Domini consuevit audire. Superbus enim et arrogans victor vult sibi lusus et delicias de Dei canticis exhiberi. Quibus respondendum est, **465** *Quomodo cantabimus canticum Domini in terra aliena?* Sed ut magis illam partem quam cœpimus exsequamur, concupiscentiam mundi obnoxios nos tenere testatur Apostolus, dicens: *Video aliam legem in membris meis repugnantem legi mentis meæ, et captivum me ducentem in lege peccati, quæ est in membris meis* (*Rom.* VII, 23). Istæ igitur concupiscentiæ quæ nos jure captivitatis illaqueant, frequenter nobis suadent, ut psalmodiæ verba in locis profanis atque spectaculis gesticulatione nefandissima canere debeamus. Sed eis non esse consentiendum præsens doctrina declarat, quando admonet in terra aliena, id est inter actus vitiosos qui sunt a Deo alieni, hymnum Domini non esse cantandum. Verba enim Domini sancta, debent esse sanctorum; scriptum est enim: *Ne miseritis margaritas vestras ante porcos* (*Matth.* VII, 6). His ergo monet nullatenus esse consentiendum.

Vers. 6. *Si oblitus fuero tui, Jerusalem, obliviscatur me dextera mea.* Pollicetur se propheta Ecclesiam Dei nunquam penitus oblivisci, conditionem sibi gravissimam ponens, quia necesse est ita fieri, si Jerusalem contigerit non amari. Dextera quippe bonorum est Christus Dominus, sicut in quintodecimo psalmo dictum est: *Providebam Dominum in conspectu meo semper, quoniam a dextris est mihi, ne commovear* (*Psal.* XV, 8). Astringit se itaque propheta duris quidem vinculis, sed nequaquam novis, ut ipse a Domini Salvatoris memoria decidat, si Jerusalem ab ejus mente discesserit. Ipsa est mater fidelium, patria felicium, regio beatorum, quam qui hic obliviscitur, ibi in regno Domini minime collocatur.

Vers. 7. *Adhæreat lingua mea faucibus meis, si non meminero tui.*

Si non præposuero [*mss.* A., B., F., *proposuero*] *Jerusalem in principio lætitiæ meæ.* Proponitur pœnalis secunda conditio, ut in Domini laudibus obmutescat, si oblitus fuerit Jerusalem, quod magnum habent præmium Christiani. Quid enim probatur esse deterius quam illud non posse loqui, unde consuevit medicina præstari? Psalmodia est enim consolatio flentium, cura dolentium, sanitas ægrotorum. Hoc animæ remedium, hoc miseriarum omnium cognoscitur esse suffugium. Nam qui tali munere privatur, ab omni beneficio consolationis excluditur. Sequitur, *si non præposuero Jerusalem in principio lætitiæ meæ.* Sunt quidem principia mundanæ lætitiæ, ut avaro aurum invenire, luxurioso pulchram feminam, superbo jactantiam. Sed absit ut hæc principia lætitiæ prophetali conveniant sanctitati; quinimo dicamus quæ honesta sunt, sed tamen Ecclesiæ sanctæ non debeant ullatenus anteferri. Gravibus viris et summa se honestate tractantibus, principium lætitiæ est filius natus, sicut Zachariæ de Joanne contigit, qui ei angelica voce promissus est (*Luc.* I, 13). Est etiam de filio, qui post tempora longa reversus est, quod idem in Evangelio per parabolam dictum legitur, quando lætissimus pater vitulum saginatum in ejus convivatione mactavit (*Luc.* xv, 18, 23). Vel post infirmitatem sanitas corporis restituta, ut Ezechiæ regi contigit, cui post ægritudinem validissimam quindecim annorum quoque spatia legimus (*IV Reg.* xx, 6) attributa. Verborum quoque ipsorum dicta pensanda sunt. Nam principium lætitiæ semper validum, semper amplissimum est, quando in ipsis initiis voluntas accenditur gaudiorum, dum calore animi in lætitiam rapimur, quam vix provenire credebamus. Omnia siquidem subita violenta sunt, et quod diuturnum in hoc sæculo fuerit, intepescit. Quapropter ad exaggerandum fidei calorem, principio lætitiæ illam dicit præponi, quam decet supra omnia plus amari. Hic tamen versus et superior potest etiam illis convenire, quos supra diximus esse captivos.

Vers. 8. *Memento, Domine, filiorum Edom, in die Jerusalem.*

Vers. 9. *Qui dicunt: Exinanite, exinanite, quousque ad fundamentum in ea.* Venit ad secundam sectionem populus Hebræorum: ubi conversus ad Dominum deprecatur ne inultos discedere patiatur, qui Ecclesiam Dei sævissima increpatione dilacerant. *Edom,* alii sanguineum, alii terrenum interpretandum esse putaverunt; quod tamen utrumque ad carnalia vitia referri posse non dubium est. Isti sunt ergo *filii Edom* qui Christianum populum sunt gravissime persecuti, nec aliqua satisfactione conversi sunt. Hos in illa sequestratione bonorum deprecatur in memoriam redire, ut eos debita possit pœna suscipere. Hoc enim dicitur (sicut sæpe memoratum est) prophetiæ affectu, non maledicendi voto. In illis enim pietas nostra non quæritur, qui Domini æstimatione damnandi sunt. Addidit, *Qui dicunt: Exinanite, exinanite, quousque ad fundamentum in ea.* In his sermonibus addendum est, perveniamus, ut nobis integra possit constare sententia. Quæ figura apud magistros sæcularium litterarum dicitur ellipsis, id est defectus, quando verba ex industria suspendimus, ut prætermissa desiderabilius exquirantur. Verba sunt ergo ista filiorum Edom persequentium populum Christianum, a similitudine tracta cisternæ, unde si aqua sedule tollitur, usque ad fundamentum ejus sine dubio pervenitur. Sed quid illis proderat sæculi istius lucem adimere talibus, quando magis in ipso fundamento æternam vitam possidere videbantur occisi? Fundamentum siquidem fidelium Christus est Dominus, qui non potest justis eripi, quamvis cuncta eis hujus sæculi probentur auferri. Sic dum persecutores catholicam religionem exhaurire cupiunt, felicissimas atque copiosas coronas martyribus contulerunt.

Vers. 10. *Filia Babylonis misera: beatus qui retribuet* [ms. G. et ed., *retribuit*] *tibi retributionem tuam, quam retribuisti nobis. Filia Babylonis* bene caro nostra dicitur, quia confusionem nobis probatur ingerere peccatorum. Huic additum est proprium epitheton, ut *misera* diceretur. Quid enim miserius, quam ut res fragilis tantis ausibus insolescat, et per concupiscentias illicitas sauciet animas vulnere peccatorum? sicut dicit Apostolus: *Caro concupiscit adversus spiritum* (*Gal.* v, 17). Sed postquam de Babyloniæ filia dixit, justissimam compensationem ei asserit esse reddendam; ut sicut nos luxuria concitat ad vitia, ita repressam jejuniis atque tribulationibus subditam faciamus esse virtutibus. Reddimus enim illi dignam retributionem, ut coacta faciat quod in deliciis implere dissimulat. Tales enim retributiones carni reddere beatorum est, ut quæ traxit ad culpam, **466** adjutorio Domini perducatur ad gloriam.

Vers. 11. *Beatus qui tenebit et allidet parvulos tuos ad petram.* Adhuc ad ipsam loquitur carnem, beatum esse commemorans qui filios ejus, id est vitia nocentia tenet, quia illa jam tenere provectus est. Nam quando aliquid tenemus, hoc in potestate nostra redigimus, et desinit fieri liberum, quod nobis cœperit esse captivum. Addidit, *et allidet ad petram,* ut non moretur tenens, ne voluptas blanda subripiat. *Allidet,* ait, *ad petram,* in Dominum utique Salvatorem, de quo scriptum est: *Petra autem erat Christus* (*I Cor.* x, 4); ut statim confracta dispereant, quæ nos teterrimis motibus instigabant. Bene autem discutiendum est quod dixit, *parvulos tuos;* carnis scilicet errores, qui misera matre nascuntur. Hi dum parvuli fuerint, facilius tenentur, atque in petram illam cœlestem efficaciter eliduntur; nam si jam cœperint adulti esse, et robustissima ætate juvenescere, gravior pugna cum eis nascitur, nec facile a nostra infirmitate superantur. Quam rem nos et centesimus psalmus monuisse declaratur, ubi dictum est: *In matutinis interficiebam omnes peccatores terræ* (*Psal.* c, 8). Sed quamvis psalmus iste animos nostros pia lamentatione permulserit, et in prima parte captivitatem quoque nostram mystica expositione narraverit, in præsenti tamen versu sævissimi atque occultissimi vitii secreta vulgavit, ut et pestem proderet, et remedia non taceret. Mittitur enim in mentem nostram, diabolo instigante, quod nolumus; recipimus quod nostra æstimatione damnamus, et tyrannide quadam peccati a nostra reddimur exsecratione sine dubitatione captivi. Sed istæ cogitationes, dum sunt parvulæ, percutiantur in petram, comminuantur (sicut dictum est) in lapidem angularem, ubi omne malum cito dissolvitur, si in ipso fortiter allidatur.

Conclusio psalmi.

Completa est lamentantium psalmorum pia nimis et laudanda devotio. Supra enim in septuagesimo tertio et in septuagesimo octavo psalmis futura legitur Jerusalem deplorata captivitas; hic autem tertius ejusdem rei psalmus est, ut sacratissimo numero Trinitatis pietas devotissimæ compunctionis possit offerri. Est quidem magnum charitatis genus, quod proximis jubet Dominus exhibere, si tamen in eo modo mensuraque plangatur, ut nec resurrectionis spes adimi possit, A *exaudisti me* (*Psal.* cxvii, 21). Sed considera meritum orationis, ut omnia verba sua profiteatur audita; illa enim fuerunt vota justorum, ut Christus Dominus adveniret, per quem eos constat augmentis ingentibus excrevisse. Merito ergo verba populi ipsius omnia probantur audita, per quem mundi redemptio cognoscitur impetrata. Addidit, *et in conspectu angelorum psallam tibi.* Hic psalmodiæ virtus ostenditur, **467** ut qui puro corde inter homines psallit, etiam sursum cum angelis canere videatur. Adjecit quoque, *in conspectu angelorum,* ut eam angeli non solum audire, verum etiam probentur intendere. Illud enim dicimus respici, quod potest serenis mentibus intueri. Sive illud tempus significat, quando populus beatorum post resurrectionem cum cœlestibus creaturis laudes Domino sub communione cantabit.

nec injuste fecisse aliquid Dominum suspicemur. Nam etsi affectuoso dolore succendimur, modestiæ tamen terminum excedere non debemus. Humile quippe ac mansuetum decet esse, quod studio pietatis offertur. Nam cujus temperamenti sint justæ lacrymæ, testatur Dominus Christus, qui considerata fragilitate humani generis, quamvis esset suscitaturus Lazarum, flevit; ut bonus Magister et pietatem doceret, et veritatem assumptæ humanitatis ostenderet (*Joan.* xi, 35).

PSALMUS CXXXVII.
Ipsi David.

Quamvis superioribus titulis dixerimus *David* significare manu fortem atque desiderabilem, quod Domino Salvatori proprie convenire probatum est, tamen hic Christum evidentius indicavit, quando istud pronomen apposuit. *Ipsi* enim reverentius pronuntiandum est, quasi Altissimo, quasi Omnipotenti, quasi cœlesti Regi. Et tunc *David* iste jungendus est, quod vocabulum non ex deitate sumitur, sed per assumptæ carnis originem venire monstratur. Ipse tamen Verbum incarnatum, unus est Dominus Christus, ad quem psalmi istius refertur universa confessio.

Divisio psalmi.

Per totum quidem psalmum populus catholicus loquitur, qui est collectus de universo orbe terrarum. Prima narratione beneficia Domini sibi attributa collaudat, postulans in futuris patientiam, ut adversa mundi ejus possit munere sustinere. Secunda deprecatur ut reges terræ Dominum confiteantur excelsum, quoniam in omnibus majestatis suæ miracula dignatur ostendere : orans ne peccatores conversos despiciat, quos creare dignatus est.

Expositio psalmi.

Vers. 1. *Confitebor tibi, Domine, in toto corde meo, quoniam exaudisti omnia verba oris mei; et in conspectu angelorum psallam tibi.* Quam valida atque plenissima sit ista confessio, totius cordis adunatione monstratur. Nam cum dicitur, *in toto corde meo,* nulla pars occupata in sæculi hujus ambitione relinquitur, sed universum et solidum Creatoris tantum, ut dignum est, laudibus applicatur. *Cor* significat mentis arcanum, unde taciti clamamus ad Dominum, et preces nostræ multo efficacius audiuntur, quam si magnis clamoribus personemus. Sive enim vox aerem verberet, inde cantandum est; sive lingua taceat, inde clamandum est. Illud enim libenter audit Dominus, quod ad suam imaginem et similitudinem in nobis cognoscitur operatus. Sequitur, *Quoniam exaudisti omnia verba oris mei.* Ad ostendendam Domini pietatem Psalmistæ usus est, prius sanctos viros auditos dicere, et eos postea divina præconia personare. Quod etiam nunc fideli populo judicat applicandum, sicut et in centesimo decimo septimo psalmo dictum est : *Confitebor tibi, Domine, quoniam*

Vers. 2. *Adorabo ad templum sanctum tuum, et confitebor nomini tuo.*

Vers. 3. *Super misericordiam tuam et veritatem tuam, quoniam magnificasti super nos nomen sanctum tuum.* Templum sanctum est Domini beatæ incarnationis adventus, quem etiam nunc quotidie adorat Ecclesia, dum corpus et sanguinem ipsius inter summi mysterii sacramenta veneratur. Sed adoratio illa perfecta est, quam confessio beata comitatur; dicit enim, *Super misericordiam et veritatem* Domino confitendum. *Misericordia* est, quod sine cujusquam meritis ad liberandum nos venire dignatus est. *Veritas,* quia prophetarum suorum promissa complevit. Ista enim qui puro corde confitetur, revera templum ejus adorasse cognoscitur. Addidit, *quoniam magnificasti super nos nomen sanctum tuum,* ut ostenderetur hic populus et de universis mundi partibus esse collectus; cum superius singulariter fuerit locutus, nunc pluraliter posuit, *super nos,* quia sicut omnium sanctorum una vox est, ita et fidelis populi sunt verba multorum. Nam et inferius iterum redeunt ad numerum singularem, quod in declarando mysterio pluraliter positum debemus advertere. *Magnificatum est enim super nos nomen* Domini, cum nobis culturæ ipsius virtus innotuit. Omnia enim sæcula designat, cum et in sanctis Patribus nostris nomen ejus magnificatum est; et maxime temporibus Christianis, quando frons nostra sacri chrismatis unctione signata est. Et intende quia duos versus simul posuimus pro contextione verborum, ut una complexio contineret quos unus sensus amplectitur.

Vers. 4. *In quacunque die invocavero te, exaudi me : multiplicabis in animam meam virtutem multam.* Dies hic significatur lucida sinceraque petitio, quam non cupiditas nubilat, non avaritia ulla confundit; sed de illo Sole radiat, qui omnes caligines mortalitatis emendat [ed., emundat]. In talibus ergo petitionibus devotus se populus precatur audiri, quatenus virtute Domini completus, persecutorum evadere mereatur insidias. Nam si ad litteram velis accipere, nunquid nobis tempore noctis orandum non est, maxime cum tunc diabolicis fraudibus impetamur? Fideli autem Christiano semper est dies, cum splendidis ac claris supplicationibus contendit audiri. Sed cum dicit: *Multiplicabis in animam meam virtutem multam*, passurum se ostendit innumera, contra quæ tam multiplicia postulavit auxilia.

Vers. 5. *Confiteantur tibi, Domine, omnes reges terræ, quoniam audierunt omnia verba oris tui*. Venit ad secundam partem, in qua deprecatur populus beatorum ut reges terrarum in humilitate Domino confiteantur, quoniam illi omnis superbia probatur exosa. *Reges terræ* sunt qui corporibus suis Divinitatis munere dominantur. Nam ille rex vere non dicitur, qui vitiis servire monstratur. Quod vero addidit, *omnes*, specialiter religiosos ac moderatos viros designat, quando multos reges gentium videmus aut vitiis feralibus subdi, aut prava religione maculari. Addidit, *quoniam audierunt omnia verba oris tui*. Dicit qui reges debeant Domino confiteri, scilicet qui *verba ejus audire* meruerunt. *Audire* enim ad illos pertinet qui obedientes esse noscuntur: quoniam illos audiisse non dicimus, quos contumaces sacris jussionibus approbamus. Et considera quia se non videtur sine magno malo a devotione subducere, qui gloriam potuit ejus prædicationis audire. Intelligant ergo Judæi quanto reatu teneantur obnoxii, cujus verba non mente capere, sed tantum auribus audire maluerunt.

Vers. 6. *Et cantent in canticis Domino, quoniam magna est gloria Domini*. Cantica Domini sunt quæ superius dixit, misericordia et veritas, sicut et alibi ait: *Universæ viæ Domini misericordia et veritas* (Ps. XXIV, 10). Ipsa ergo cantica reges præcipit cantare corporum suorum, qui pompas sæculi respuentes, ad misericordiam Domini toto se desiderio contulerunt. Subjungit, *quoniam magna est gloria Domini*. Gloria quippe Domini est, ut sæculum respuentes, ejus laudes cantare non desinant, qui primi hominis invia deserentes, ad salutares se regulas transtulerunt.

Vers. 7. *Quoniam excelsus Dominus, et humilia respicit, et alta a longe cognoscit*. Superioris dicti cura secuta est. Dicit enim, cum sit *Dominus excelsus, humilia respicit*: ne quis subjectorum putaret non se ab excelso Domino respici, cum se cognosceret magna devotione prosterni. Non est enim similis humanæ conditioni divina potentia. Hic despicitur humiliatus prostratus, quoniam spatio longo dividitur, Domino autem vicinior efficitur magnis nisibus inclinatus. Et ut hanc humilitatem in conspectu ejus pretiosam esse sentires, sequitur, *et alta a longe cognoscit*. *Alta* superba significat, quæ ideo a longe cognoscit, quoniam ejus gratiæ minime proximantur. Et ut terreret superbos, posuit, *cognoscit*, ne putarent dementes incognitum esse Deo quod malignis cogitationibus operantur. Quod argumentum dicitur ex contrario pulcherrima diversitate collectum. Proximantur enim illi humiles, et fiunt superbi omnino longinqui.

Vers. 8. *Si ambulavero in medio tribulationis, vivificabis me; et super iram inimicorum meorum extendisti manum tuam, et salvum me fecit dextera tua*. Cum dicit beatus populus tribulationes suas Domini virtute superandas, ostendit in hoc sæculo fideles ejus multis cladibus premi, sciens aurum ignibus esse purgandum, præmium militi post labores maximos dari, ipsam quoque fidem præmisso certamine coronandam. Nam si ad tempus persecutorum suspendatur iniquitas, diabolicis tamen jugiter tentationibus subjacetur; eoque fit ut Christianus vir, dum patriam futuram desiderat, ad gaudia dilata suspiret. Vivificatur ergo populus, dum in talibus fuerit angustiis constitutus. *Vivificabis* enim, lætificabis debet intelligi, 468 quod est contrarium tribulanti: quia revera ille vivus benedicitur, qui est æterni gaudii hilaritate complendus. Sequitur, *et super iram inimicorum meorum extendisti manum tuam, et salvum me fecit dextera tua*. De persecutoribus dicit, qui quamvis irati multa faciant populo fideli, sed longe majora recipiunt, divina retribuente justitia. Nam et hi conversi gravius quam contristaverant affliguntur, et incipiunt se juste persequi, qui prius innocentibus parcere noluerunt: qui tamen se profitentur esse salvandos, quando inter pœnas persecutorum superari nulla contrarietate potuerunt. *Dextera* vero virtus significatur ipse Dominus Christus, qui *est Dei virtus et Dei sapientia* (I Cor. I, 24).

Vers. 9. *Domine, retribues pro me; Domine, misericordia tua in æternum: opera manuum tuarum ne despicias*. Perfecta nimis et qualem fundere monemur oratio est, causam suam Domino commendare, qui novit unicuique digna rependere. Sed ut hoc non iracunde dictum, quod deprecationi videtur esse contrarium, potuisses accipere, sequitur, *misericordia tua in æternum*, quam facias et illis qui nos persequuntur immaniter; ut sicut nos pro tuo nomine videntur affligere, ita et illi confessionis munere cruciari debeant ad salutem. Recipiunt enim proficuam pœnam, quando et ipsi propter vitam torquentur æternam; totumque illis hic misericorditer tribuitur, quibus hæc confessionis medicina præstatur. Sequitur, *opera manuum tuarum ne despicias*. Expressit voluntatem, quæ superius videbatur esse suspensa. Rogat pius populus pro inimicis suis, quos sibi noverat aggregandos; qui licet suo vitio pravi videantur effecti, tamen eos divina opera esse non dubium est. Nam cum petit ut in eis suam operam respiciat, exorat ut miseratus indulgeat. Ipsius enim in nobis opera bona est, sed nostra facta omnino perversa sunt. Quapropter miseretur cum suam respicit creaturam; damnat autem cum nostras operas intuetur. Breviter ergo cauteque oratum est, quod et pietatem deprecantis ostenderet, et illos convertendos esse monstraret.

Conclusio psalmi.

Intendamus quali nos prædicatione populus sanctus imbuerit, quanto instinctu pietatis oraverit. Nam ut omnem contra inimicos zelum cordis excluderet, ipsos rogavit sibi fieri socios, quos habere videbatur adversos. Sequamur sententiam piam, amemus potius affligentes. Non debemus inimicos æstimare qui prosunt; nam si æquo animo perferantur, frequenter nobis talia conferunt, qualia dulcissimi amici præstare non possunt. Isti enim sæpe nos a virtute blandiendo deducunt; illi vero in eadem affligendo constituunt. Quapropter ama patientiam, et plus invenis in inimico quod diligas.

PSALMUS CXXXVIII.
In finem, psalmus David.

Post tot psalmos istud *In finem* repetitur, ut merito iterum exponi debere videatur. Proxima est enim oblivioni protracta longinquitas. *In finem* diximus dupliciter dici. Est unus iste mortalis occasus ac terminus aliquarum rerum, qui humanæ conditioni simillimus spatio peracto concluditur. Alter vero perfectus atque æternus, id est Dominus Christus, qui finis non ad occasum respicit, sed ad totius integritatis culmen attendit. Nam cum ad illum perventum fuerit, non est ultra quod quærere debeamus: quoniam ipse ad omnia sufficit, in quo est majestatis cuncta perfectio et omnium plenitudo virtutum. Quapropter universus hic psalmus, sicut et Patri doctissimo Hilario placuit (*In præfat. hujus psalmi*), ex Christi Domini persona dicendus est. Sed ne humilitas ejus quemquam turbare ac confundere videatur, ad illam regulam redeat catholicæ disciplinæ, ut duas naturas unitas atque perfectas in Domino Christo esse meminerit: una qua Deus et coæternus est Patri; altera qua ex Maria Virgine natus, unus atque idem in tempore homo fieri pro nostra salute dignatus est. Et ideo quod humiliter loquitur, non deitati debet applicari, sed pro mysterio sanctæ incarnationis intelligi. Qua ratione tractata, inoffense cognoscimus divina mysteria.

Divisio psalmi.

Per totum psalmum loquitur Dominus Christus. Primo modo de pausatione et resurrectione propria verba facit ad Patrem, omnes cogitationes suas illi dicens esse notissimas. Secundo modo, potentiam paternæ divinitatis exponit, quia in id quod homo est, nullo loco, nulla longitudine ab ejus notitia se possit abscondere: addens quoniam ab utero Matris suæ ipso protegente servatus est, qui mundi vitia gloriosa sanctitate superavit. Tertio, se laudaturum a parte sua subjectus est, Patrem Dominum profitetur, cujus opera in eum potens et mirabilis esse monstrata est, prædicationes quoque suas et sanctorum omnium voluntates dicens illi esse notissimas. Quarto modo, confirmatum asserit beatorum omnium principatum, jubens a se impios obstinatosque discedere, qui tamen nulla erant pœnitudinis humilitate salvandi. Hunc autem psalmum multo sollicitius arbitror audiendum, est enim mysteriorum profunditate plenissimus.

Expositio psalmi.

Vers. 1. *Domine, probasti me, et cognovisti me: tu cognovisti sessionem meam et resurrectionem meam.* **Domine**, clamat ad Patrem Jesus Christus ab illa parte qua servus est. *Probavit* autem, id est manifestam fecit **469** humilitatem ipsius, quando a Joanne baptizari voluit, qui peccata non habuit. Non enim peccator fuit, sed peccata potius curanda suscepit, sicut propheta dicit: *Peccata suscepit nostra, et infirmitates nostras portavit* (Isai. LIII, 4). *Cognovit* eum, id est ostendit, quando dixit: *Hic est Filius meus dilectus, in quo mihi complacui: ipsum audite* (Matth. XVII, 5), scilicet dicentem: *Ego et Pater unum sumus* (Joan. X, 30). Est et alia verborum istorum apta cognitio. *Probatus est*, quando eum tentavit diabolus in deserto; *agnitus est*, cum tentatione recedente ministerium habuit angelorum. Accidit tertia, quam in Evangelio ipse testatur; *probatus est* enim tempore passionis, qua pietate sit præditus, ut in cruce positus pro inimicis oraret; *cognitus*, quando gloriam mirandæ resurrectionis ostendit. Tunc quippe deitas ejus etiam illis innotuit, qui eam antea credere dubitabant; ait enim evangelista: *Hoc tertio manifestavit se Jesus discipulis suis ad mare Tiberiadis, postquam resurrexit a mortuis; et crediderunt in eum discipuli ejus* (Joan. XXI, 14). Bene autem appellata est *sessio* mors Domini Salvatoris, in qua non pœna, sed requies fuit. Sive (ut alii putant) *sessio* pertinet ad doctrinam quam Dominus cœlesti sanctitate prædicavit, sicut ipse quoque in Evangelio doctores significans, dicit: *Super cathedram Moysi sederunt scribæ et pharisæi* (Matth. XXIII, 2). *Cognovisti* autem per figuram hypallage dictum est, quæ Latine dicitur permutatio, id est cognitum me fecisti, quia Divinitati omnia non solum quando fiunt, sed etiam in prædestinatione noscuntur esse manifesta.

Vers. 2. *Intellexisti cogitationes meas a longe, semitam meam et directionem meam investigasti.*

Vers. 3. *Et omnes vias meas prævidisti, quia non est dolus in lingua mea.* In his duobus versibus præscientia sanctæ Divinitatis ostenditur: *a longe* enim non locum probatur significare, sed tempus, quia non solum facta nostra prævidet, verum etiam cogitationes nostras antequam nos ipsi existamus agnoscit. Quod totum convenit, si ad incarnationem Domini competenter aptetur. A divinitate enim sua, creator; a substantia corporali, creatus est. Nemo ergo calumnias ineptas moveat, sed quod est certissimum studio pietatis intelligat: ne inde miserrimi corruamus, unde spem salutis accepimus. Sequitur, *semitam meam et directionem meam investigasti. Et omnes vias meas prævidisti. Semitæ* pertinent ad cogitationes tacitas, *directio* ad justa judicia, *viæ* ad actus humanos; quæ ille omnia immaculata puritate complevit, quem in utraque natura unum eumdemque veraciter existentem fides catholica confitetur. Nam quod dicit, *investigasti*, justitiam suæ actionis ostendit: quoniam quamvis fuerit scrupulosissime perquisitum, nihil in eo culpabile constat inventum. *Vias meas prævidisti.* In tantum prævisæ sunt, ut et prophetatæ esse noscantur. Scriptum est enim de mansuetudine ipsius: *Sicut ovis ad occisionem ductus est, et sicut agnus coram tondente se, sic non aperuit os suum (Isai.* LIII, 7). Adjecit, *quia non est dolus in lingua mea :* utique, quia veritas non habet dolum; ipse enim professus est : *Ego sum via, veritas et vita (Joan.* XIV, 6). Non enim quidquam sub aliqua falsitate locutus est, sed sicut a Patre accepit, ita et populis salutariter praedicavit. Dicit enim a natura humanitatis : *Qui me misit major me est (Ibidem,* 28). Dixit etiam de aequalitate majestatis suae : *Ego et Pater unum sumus (Joan.* X, 30). Utrumque verum, utrumque sine dolo prolatum est; ut et majestatem suae divinitatis ostenderet, et sanctae incarnationis humilitatem veraciter aperiret.

Vers. 4. *Ecce tu, Domine, cognovisti omnia novissima et antiqua; tu formasti me, et posuisti super me manum tuam.* Intuere quam veraciter superius dictum est, *non est dolus in lingua mea,* ut hic duas naturas evidenter exprimeret. Dicit enim Patri : *Ecce tu cognovisti omnia novissima :* quod pertinet ad incarnationem ipsius, quae facta est novissimis temporibus, sicut legitur : *Agnus occisus ad vesperam (Exod.* XII, 6). Et apostolus : *Filioli, novissima hora est (I Joan.* II, 18). Subjunxit, *et antiqua.* Hoc certe ad deitatem pertinere non dubium est; unde scriptum est : *In principio erat Verbum, et Verbum erat apud Deum, et Deus erat Verbum (Joan.* I, 1), etc. Antiqua enim dicit, id est aeterna, quae nec initio nec fine clauduntur, sicut in Daniele legitur : *Throni positi sunt, et Antiquus dierum sedit (Dan.* VII, 9), etc. Et ut hoc iterum humanis sensibus evidentius intimaret, eadem mutata verborum qualitate repetiit. *Tu formasti me* significat genuisti. Hoc enim verbum dici solet et de deitate, sicut dicit Apostolus : *Qui cum in forma Dei esset, non rapinam arbitratus est esse se aequalem Deo (Philip.* II, 6). Sequitur, *et posuisti super me manum tuam.* Posuit Pater super eum manum suam, quando in ipso virtutem suae majestatis ostendit, sicut in alio psalmo dictum est : *Inveni David servum meum : in oleo sancto meo unxi eum. Manus enim mea auxiliabitur illi, et brachium meum confortabit* [ed., *confirmabit*] *eum. Nihil proficiet inimicus in eo, et filius iniquitatis non apponet nocere ei (Psal.* LXXXVIII, 21, 22, 23). Ecce quomodo super eum manum suam posuit Pater.

Vers. 5. *Mirabilis facta est scientia tua ex me : confortata est, nec potero ad eam.* Scientiam dicit Patris, quae per eum praedicata est ubique terrarum; haec confortata est in pectoribus humanis, de qua prius incerta credulitate dubitabatur. Quem sensum et in Evangelio dicit : *Pater, manifestavi nomen tuum hominibus (Joan.* XVII, 6). Ipsius enim revelatione gestum est, ut potuisset sanctae Trinitatis unitas apparere reverenda; ea facta est per Jesum Christum *mirabilis scientia* Patris, dum terrigenis sanctae legis sacramenta narrata sunt. Et ut conditionis humanae veritas panderetur, adjecit, *nec potero ad eam :* quia natura hominis quam est dignatus assumere, divinae substantiae se non poterat adaequare. Sic enim et evangelica voce declarat : *Pater major me est (Joan.* V, 19); et iterum : *Non potest Filius facere quidquam, nisi quod viderit Patrem facientem (Joan.* XIV, 28). Sed hoc intelligat dementissimus Arianus, quia non debuit aliter a carne dici, quae etiam exspectabatur occidi.

Vers. 6. *Quo ibo a spiritu tuo? et a facie tua quo fugiam?* Venit ad secundum modum, in quo ostendit per enumerationes mysticas a nulla creatura divinam falli posse praesentiam. Nam cum ubique totus plenissime sit, qui eum putat declinari, quo possit abscondi? Illic enim aliquis potest esse celatus, ubi praesens non fuerit ille qui fugitur. Dicendo enim : *Quo ibo?* significat natura humanitatis non se habere quo fugiat, cum Spiritus sanctus ubique sit totus, sicut Salomon dicit : *Spiritus Domini replevit orbem terrarum (Sap.* I, 7). Sed hoc dictum est per schema quod dicitur diaporesis, cum quaerimus quod potissimum facere debeamus. Sed cum tali praedicatione ubique Spiritum sanctum esse noscamus, dubium non est Spiritum sanctum coaeternum et coaequalem Patri et Filio reperiri. Nam ubique et tota esse non potest, nisi sola Trinitas. Quapropter cesset irreligiosa praesumptio, nihil hic majus minusve fingatur. Ad illud remedium salutare redeamus. Pater, et Filius, et Spiritus sanctus, omnipotens Creator, incomprehensibilis, unus est Deus. Facies autem per tropologiam pro praesentia ponitur : quoniam sicut facies nostra tantum videt, ita omnis substantia Domini visione perspicabili atque inenarrabili cuncta cognoscit, omnia complectitur, omnia penetrat, omnia contuetur.

Vers. 7. *Si ascendero in coelum, tu illic es; si descendero in infernum, ades.*

Vers. 8. *Si sumpsero pennas meas ante lucem* [ms. A., *diluculo*]*, et habitavero in postremo maris.*

Vers. 9. *Etenim illuc manus tua deducet me, et tenebit me dextera tua.* Hic mihi videtur argumentum illud esse dilemma, quod fit ex duabus propositionibus pluribusve, ex quibus quidquid electum fuerit, contrarium esse non dubium est, sicut et in Evangelio Christus Judaeos calumniantes interrogat, dicens : *Baptismum Joannis unde erat, de coelo an ex hominibus (Matth.* XXI, 25)? Quidquid enim illi eligere voluissent, contra illos nihilominus erat futurum. Sic etiam de bonis rebus Apostolus facit : *Desiderium habens dissolvi et esse cum Christo, multo magis melius : permanere autem in carne necessarium propter vos (Philip.* I, 23, 24). Et adjecit : *Et quid eligam ignoro (Ibidem,* 22). Sic et in isto loco de tribus rebus contrariis humanitas ejus quid eligeret, ambigebat. Nunc ad exponenda verba veniamus, quoniam altitudine nimia sunt profunda. Ait enim per id quod homo est : *Si ascendero in coelum, tu illic es,* ubi erat scilicet ad Patris dexteram collocandus. Nam ut intelligas Dominum ubique esse praesentem, audi Jeremiam prophetam : *Deus appropinquans ego sum, dicit Dominus, et non Deus a longinquo. Si absconderit se homo in absconso, ego non videbo illum, dicit Dominus? Nunquid non coelum et terram ego impleo, dicit Dominus (Jer.* XXIII, 23, 24)? Sequitur, *si descendero in infernum, ades.* Hoc quippe factum est lege humanitatis, ut crucifixo corpore ad rumpenda infernorum claustra descenderet, et laboranti humano generi Redemptor piissimus subveniret. Subjungit etiam, *ades,* quoniam triduana celeritate surrexit. Addidit tertiam partem, *Si sumpsero pennas meas ante lucem, et habitavero in postremo maris. Etenim illuc manus tua deducet me, et tenebit me dextera tua.* Quæ figura dicitur ætiologia, id est causæ redditio; reddit enim causam quemadmodum Dei præsentiam non potuisset effugere. *Pennas* suas dicit divinæ majestatis efficacissimam celeritatem, quæ sanctum corpus ad superna virtute Deitatis elevavit. Sed cum audis *meas,* gloriam propriæ potestatis intellige. Has itaque pennas suas cum sumpserit ante lucem, id est tempore resurrectionis, et habitaverit in postremo maris, hoc est supra sæculi istius amplissimum finem, ibi manus paterna deducet eum. Et ut ostenderet cooperationem, sequitur, *et tenebit me dextera tua.* Dextera est siquidem Patris omnipotens Verbum, quod assumptam et unitam sibi humanitatem in æterna sæcula continebit. Et si minime convenire videtur, ut cum ipse sit dextera Patris, ejus se dicat dextera Domini contineri : hoc potius dictum accipiendum est a parte membrorum; quæ forma locutionis frequenter assumpta est. Illud tamen regulariter est tenendum, ut quod dubitat, humanitas ; quod præsumit, Deitas esse videatur. Sequitur :

Vers. 10. *Et dixi : Forsitan tenebræ conculcabunt me, et nox illuminatio mea in deliciis meis.* Prima pars versus istius sub ironia pronuntianda est. Frequenter enim aliqua quasi sub ambiguitate proferimus, de quibus dubitare non possumus, sicut in alio psalmo jam dictum est : *Forsitan vivos deglutissent nos* (*Psal.* CXXIII, 3), et reliqua. Quomodo enim *tenebræ conculcare* poterant, quæ jus in tanta gloria non habebant? Ipse enim dicit de se : *Ego sum lux hujus mundi* (*Joan.* VIII, 12). Sed *conculcavit* ille potius *tenebras,* qui cæcitatem primi hominis ad ejus posteros transeuntem, misericordiæ suæ luce superavit. Quapropter hoc commate quo ait, *Forsitan tenebræ conculcabunt me,* irridentur illi qui de ipso poterant timoris alicujus nebulas suspicari. Cujus sensus sequitur explanatio, cum dicit : *Et nox illuminatio in deliciis meis.* Quomodo poterat a tenebris conculcari, cui erat *nox illuminatio in deliciis* suis? Noctem significat inferni claustrum, quod revera illuminavit, quando potestatem diaboli contrivit, et hominem sua miseratione liberavit, quem ad imaginem et similitudinem suam plasmare dignatus est. *In deliciis* autem *meis,* paradisum significat, unde primum hominem peccata pepulerunt; sed confessionis beneficio animæ sanctorum ad ejus amœnitatem Domino præstante reversæ sunt. Sic enim credenti latroni dictum est : *Amen dico tibi, hodie mecum eris in paradiso* (*Luc.* XXIII, 43). Paradisus enim significatur amœnissimus locus et felicissimæ jucunditatis æterna securitas.

Vers. 11. *Quia tenebræ non obscurabuntur a te, et nox sicut dies illuminabitur : sicut tenebræ ejus, ita et lumen ejus.* Superioris sententiæ causa redditur, quare nox sit illuminatio in deliciis ejus; scilicet, quia *tenebræ non obscurabuntur a te,* sed potius illuminabuntur. Tenebras enim dicit mystica quæque et profunda Scripturarum divinarum, juxta illud quod legimus in Proverbiis : *Intelligit quoque parabolam et tenebrosum sermonem* (*Prov.* I, 6); sic et in alio psalmo legimus : *Tenebrosa aqua in nubibus aeris* (*Psal.* XVII, 12). Ergo istæ *tenebræ non obscurabuntur,* sed potius illuminantur a Domino, quoniam prædicatio prophetarum ipso veniente completa est. Solet enim ad Patrem referre quod ipse facit, ut possit cooperatio sanctæ Trinitatis intelligi. Sequitur, *et nox sicut dies illuminabitur.* Illa enim quæ fuerant quasi nox sub mystica complexione tenebrosa, tanquam dies illuminata sunt, cum in adventu Domini Salvatoris prophetarum dicta patuerunt. Et bene utrumque conjunctum est, *sicut tenebræ ejus, ita et lumen ejus,* quia in utroque veritas fuit, sive cum obscura viderentur, sive cum illuminata patuerunt.

Vers. 12. *Quoniam tu possedisti renes meos, Domine; suscepisti me de utero matris meæ. Renes* significant fortitudinem corporalem, qui dum bene vigent, corpus nostrum eorum ministerio vegetatur; cum fuerint saucii, imbecilla nimis fragilitate succumbit. Quapropter *renes* suos merito **471** a Patre dicit *esse possessos,* qui cœlestis justitiæ firmitate consistens, peccatum fragilis corporis ignoravit. *De utero vero matris,* de Synagogæ finibus dicit, quia ipse per susceptam carnem a Synagoga generatus est, quando eum ritu Judæorum octavo die circumcisum esse cognovimus : susceptum se perhibens a deitate Patris, sive sua, quoniam utrumque unum est. Nam si hoc tantummodo de virginali utero velis advertere, non solum quando egressus, sed quando Spiritu sancto conceptus est, a Domino probatur assumptus, ut ex hoc Nestoriana destruatur iniquitas. *Ex utero* enim significat in utero, sicut Dominus ait Jeremiæ : *Priusquam te formarem in utero novi te, et in vulva sanctificavi te* (*Jer.* I, 5). Verum hæc omnia a natura suscepta hominis in sancti Patris honore referuntur, sicut Evangelii textus ostendit, deliberationis ejus fuisse Patrem prædicare, voluntatem ejus implere, acceptum ab eo calicem bibere, et in nulla parte ab ipsius dispensationis gloria discrepare.

Vers. 13. *Confitebor tibi, Domine, quoniam terribiliter mirificatus es : mira opera tua, et anima mea novit* [mss. A., B., *magnificatus es, mirabilia...... cognoscit*] *nimis.* Venit ad tertium modum, ubi laudat Patrem, qui in eum miracula tanta monstravit. *Terribiliter* enim *mirificatus est* Pater, quando passionem Domini Christi tenebræ sunt secutæ, terra contremuit, saxa dirupta sunt, sepulcra patuerunt, mortui resurrectione lætati sunt, cum ipse iterum in eodem corpore sancta resurrectione conspectus est, dum ad discipulos suos januis clausis intravit, dum cœlos sub hominum visione conscendit; quæ licet propria deitate compleverit, more suo paternis hoc virtutibus applicavit, ut (sicut sæpe dictum est) sanctæ cooperationis patefaceret unitatem. Sequitur, *mira opera tua, et anima mea novit nimis.* Operam Patris miram noverat, quia (sicut superius dixit) nox illuminatio in deliciis ejus erat, quia possederat renes ipsius, quia illum susceperat ex utero matris suæ; necesse enim fuit ut illum mirabilem cognosceret, quem tantorum beneficiorum pissimum largitorem humanitas ejus plena divini luminis claritate cernebat: quia, sicut in Evangelio dicit: *Nemo novit Patrem nisi Filius, et cui voluerit Filius revelare* (*Matth.* xi, 27); et aliter, ideo noverat nimis operam Patris, quia, sicut ipse dicit: *Ego in Patre, et Pater in me est* (*Joan.* xiv, 11); non enim sic potest nosse, qui separatur extrinsecus. Istud enim nosse inæstimabile, singulare atque incomprehensibile est, quando in se alterutrum manere noscuntur.

Vers. 14. *Non est occultatum os meum a te, quod fecisti in occulto; et substantia mea in inferioribus terræ. Os* hic non ora significat, sed illud quod venit ab ossibus; quod revera in occulto factum est, dum in interioribus corporis nostri constat esse reconditum. Quis enim ossa in homine videat, dum et caro illa vestiat, et superducta cutis abscondat? Quod si hoc magis spiritualiter velimus accipere, facilius nobis quæ dicta sunt intimantur. Postquam in conditione rerum Eva de Adæ costa formata est, dixit vir ejus : *Hoc os de ossibus meis, et caro de carne mea* (*Gen.* ii, 23). Apostolus autem ad conjugatos loquens, istud mysterium ad quid pertinere possit, exponit, dicens: *Hoc magnum est sacramentum, ego autem dico in Christo et in Ecclesia* (*Ephes.* v, 32). Unde constat os Domini Ecclesiam hic debere intelligi. Et ut prædicto exemplo plenius aptemus illa quæ dicta sunt, ante adventum Domini occulta fuerunt quædam Ecclesiæ sacramenta, ut baptismum sacrum, ut corpus et sanguis Domini, et cætera quæ plenitudine veniente claruerunt. Addidit, *et substantia mea in inferioribus terræ.* Inferiora terræ fuerunt gentium culturæ sordentes, quæ longe tunc a Judæorum religione distabant. Sed ipsis facta est nota substantia Domini Salvatoris, quando in ipso intelligentes divinitatem Verbi, per apostolicam doctrinam devotis mentibus acceperunt. Nam licet essent diversæ nationes, per superstitiones suas *inferiora terræ,* superiores tamen redditæ sunt Judæis, Christianæ religionis salutares regulas imbibentes.

Vers. 15. *Imperfectum meum viderunt oculi tui, et in libro tuo omnes scribentur: die* [ed., *dii*] *firmabuntur.* [mss. A., B., *formabuntur*], *et nemo in eis.* Natura illa hominis, quæ se in Evangelio ignorare dixit finem hujus mundi, et quæ ait: *Tristis est anima mea usque ad mortem* (*Matth.* xxvi, 38), et his similia, ipsa et *imperfectum suum* Patrem vidisse testatur. *Imperfectum* siquidem ejus est, quod adhuc Ecclesia usque ad finem sæculi congregatur, quod in illa resurrectione beatis præmia promissa daturus est, quod erit *omnia in omnibus* (*I Cor.* xv, 28). Sed Deitas ista jam vidit, quæ adhuc longis post temporibus futura servantur. Nam de beato populo istud dici sequentia declarant.

Adjecit enim, *et in libro tuo omnes scribentur,* utique qui æterna felicitate gaudebunt. Nam sicut illud quod in libro scribitur, scriptura continente servatur, ita hoc multo firmius fixum manet, quod memoria Domini continetur. Sequitur, *die firmabuntur, et nemo in eis;* illi scilicet beati de quibus fecit superius mentionem, *die firmabuntur,* id est, de vero illo Sole perfecta luminis claritate complendi sunt, ut fiat illud quod dictum est: *Sicut stella ab stella differt in claritate, sic erit resurrectio mortuorum* (*Ibidem,* 41, 42). Et nota quia non dixit, die clarificandi sunt, sed *die firmandi sunt;* nam si dixisset, clarificandi sunt, poterat fortassis et ad breve tempus intelligi. Nam cum dicit *firmabuntur,* æternitatem beneficii testatur esse mansuram. Subjunxit, *et nemo in eis;* subaudiendum, infirmabitur, quia jam omnis fragilitas carnis explosa discedet, et omnis mortalitas consumpta disperiet.

Vers. 16. *Mihi autem nimis honorificati sunt amici tui, Deus; nimis confortati sunt principatus eorum.* Quartus modus psalmi qui superest introitur: honorem sanctorum suum atque Patris asserens esse præconium. Nam cum dicit, *mihi,* se designat; cum dicit, *amici tui,* Patrem declarat, sicut ipse in Evangelio dicit: *Omnia mea Patris sunt, et omnia Patris mea sunt* (*Joan.* xvii, 10). Amicos vero Domini primum dictos legimus patriarchas, id est Abraham, Moysem; et post, apostolis suis Dominus Salvator dixit: *Jam non dico vos servos, sed amicos* (*Ibid.* xv, 15). Isti ergo tales amici sunt Patris, quorum honor ad Dominum revertitur Salvatorem: quia nemo sanctos ejus veneratur, nisi qui Christo Domino pura mente devotus est. Addidit, *nimis confortati sunt principatus eorum. Nimis* valde significat. *Confortatus* vero principatus apostolorum episcopales cathedras dicit, quas in Ecclesiis instituendis, divisis per mundum sedibus, sanctarum prædicationum opere fundaverunt. Ipsi enim, præstante Deo, leguntur duces Ecclesiarum, arietes gregum, et principes fidelium esse populorum; **472** merito, quorum laboribus sancto Spiritu conferente totius orbis adunata et solidata devotio est.

Vers. 17. *Dinumerabo eos, et super arenam multiplicabuntur : exsurrexi, et adhuc sum tecum.* In promissionibus Abrahæ quas ei Dominus in Genesi fecit, legitur (*Gen.* xxii, 17) multiplicandum semen ejus sicut arenam maris, et sicut stellas cœli; hic autem dicit, *et super arenam maris,* ut ibi coæquare arenæ factam comparationem, hic autem transcendere videatur. *Arena* enim maris significat Judæos, propter intellectum terrenum et sterilitatem fidei. *Arena* enim ab ariditate dicta est. Stellas autem cœli ad populum respicit Christianum, propter claritatem scilicet religionis et splendorem fidei. Dinumeraturum se ergo promittit Christus Dominus populum fidelem, qui super illum Judaicum multo numerosior invenitur. Necesse enim fuit ut vinceret unam gentem numerositas aggregata nationum. Addidit, *exsurrexi et adhuc sum tecum.* Hic occultis omnino verbis atque paucissimis adventum suum secundum designat, quando judicaturus est mundum. *Exsurrexi* tempus significat resurrectionis (suæ. *Adhuc tecum sum*, dum sedet ad dexteram Patris quasi in occulto, dum adhuc me homines videre non prævalent, usque ad illud scilicet tempus quando regnum meum evidentissime hominibus innotescat. *Adhuc* enim futurum significat tempus, non quod ab ipso aliquando dividendus est, sed quoniam qui est modo nobis invisibilis, omnibus postea gentibus apparebit.

Vers. 18. *Si occidas, Deus, peccatores : viri sanguinum, declinate a me.*

Vers. 19. *Quia dicitis in cogitationibus : Accipient in vanitate civitates suas.* In his duobus versibus, primo loco dicamus hyperbaton, ut juvante Domino facilius eorum expositionem per partes explicare valeamus. Est enim talis ordo verborum : *Si occidas, Deus, peccatores.* Ante omnia nobis cavendum est ne putemus Dominum Christum deprecari interitum peccatorum, qui ad peccatores venerat sine dubitatione salvandos, sicut ipse in Evangelio dicit : *Non veni vocare justos, sed peccatores* (*Matth.* ix, 13). Quod si hoc spiritualiter inquiramus, cuncta nobis removetur adversitas. Dicit ergo : *Si occidas, Deus, peccatores.* Occidit Deus peccatorem, cum moritur peccato, ut vivat Domino, sicut ait Apostolus : *Mortuus sum legi, ut vivam Christo* (*Gal.* ii, 19). Occiduntur ergo peccatores, quando a cogitationibus malis in bonum dispositum transferuntur. Quod dum eis beneficio conversionis emerserit, tunc *in vano accipiunt* priores *civitates* suas, id est vitiosissimas superstitiones, quæ pertinent ad Babyloniam, quando jam Dei beneficio ad Ecclesiæ catholicæ septa pervenerint. Et quoniam non merentur omnes ad fidem catholicam pervenire, illis perfidis ac duratis, qui credere noluerunt, quod est in medio dicitur : *Viri sanguinum, declinate a me, quia dicitis in cogitationibus.* Isti ergo viri sunt sanguinum, quia carnaliter vivunt, et quæ sunt sanguinis peragunt; quibus merito dicitur, *discedite*, quia locum non desideraverunt in Ecclesia reperire. Sequitur : *Quia dicitis in cogitationibus,* id est, contra illa murmuratis quæ vobis Spiritus sancti virtute prædicata sunt. Et ideo si prædictum ordinem teneas, omnem a te caliginem confusionis emendas.

Vers. 20. *Nonne odientes te odio habui, et super inimicos tuos tabescebam?*

Vers. 21. *Perfecto odio oderam illos, et inimici facti sunt mihi.* Non superflue videtur inquiri cur inimicos nostros amare præcipimur, Dei autem odisse devotum est : quoniam in utrisque magna distantia est. Nostri quippe inimici interdum contra nos justa indignatione consurgunt, et irritantur quare illis officia debita non præbemus, quare detrahimus, quare bonis eorum nisibus invidemus. Merito ergo adversarios nostros jubemur diligere, quos nos nostro vitio contingit offendere. Dei vero inimici, quando obstinati sunt, competenti et religiosa exsecratione damnantur, quoniam cum ab ipso creati sint, ipsique debeant omne quod vivunt, suo tamen contumaces redduntur auctori; quapropter juste tales horrendi sunt, qui tantorum beneficiorum memores non fuerunt. Consideranda est etiam distinctio facta verborum. Primo enim dixit, *odientes te odio habui.* Possunt enim in maligno pectore prius odia occulta versari; sed jam validissimæ nequitiæ est, qui profitetur inimicum. Significat enim persecutores apertos et obstinatos, qui sanctos Dei scelerata præsumptione dilacerant. Et merito se supra eos tabescere dicit sancta pietas, quoniam dum hic sustinentur diutius ad correctionem, illi Ecclesiam Dei temerariis ausibus insequuntur; sicut et alibi dictum est : *Tabescere me fecit zelus domus tuæ* (*Psal.* cxviii, 139). Hoc verbum magni doloris indicium est. Tabescere enim illos dicimus qui curis jugibus affliguntur, et pene usque ad interitum vitæ corpore deficiente perveniunt. Sequitur de secundo versu : *Perfecto odio oderam illos, et inimici facti sunt mihi.* Perfectum odium est homines diligere et eorum vitia semper horrere. Nam in illa parte qua creatura Dei sunt, amandos esse non dubium est, quia considerata opera Dei, boni sunt; in illa vero iniquitate horrendi sunt, in qua se fœdis sceleribus polluerunt, quoniam tales placere non possunt, nisi eis qui factis similibus implicantur. Et ut tibi divinitatis suæ ostenderet unitatem, illos dicit sibi inimicos factos, qui contrarii paternis jussionibus exstiterunt. Et nota quod per quintam speciem definitionis, quæ Græce dicitur κατὰ τὴν λέξιν, Latine ad verbum, definit quo odio inimicos oderat Patris, perfecto scilicet, quod non livore humano, non invidia carnali, sed Domini charitate generatur. Odium quippe dictum est, quasi oris repudium.

Vers. 22. *Proba me, Deus, et scito cor meum; interroga me, et cognosce semitas meas.*

Vers. 23. *Et vide si via iniquitatis in me est; et deduc me in viam æternam.* Istud nullus potest alter de se dicere, nisi qui et illud ait : *Ecce venit princeps mundi hujus, et in me non inveniet quidquam* (*Joan.* xiv, 30). Solus enim absque peccato esse dignoscitur qui etiam tulisse peccata hominum comprobatur. *Proba* patientiam demonstrat. *Scito,* quia delinquere in tanta rerum fluctuatione nescivi. *Interroga* ad inquisitionem pertinet minutissimam, quia nemo scienti interrogatus potest negare quæ gesta sunt. *Semitæ* quoque ad operationes respiciunt, quas ille jugiter cœlesti sanctitate transegit. Sequitur : *Et vide si via iniquitatis in me est, et deduc me in viam æternam.* Considera, magister bonus **473** quemadmodum perfectum ordinem docet. Prius se dixit probari, sciri, deinde interrogari, ut quando iniquitas non fuisset inventa, perduceretur in illam viam ubi regnat cum sancto Spiritu potestate mirabili et gloria sempiterna. *Via iniquitatis* diabolicus actus est, quem in hujus sæculi cursu malis instigationibus exercere non desinit. Hanc viam juste in se negavit esse, qui petra est, quia vestigium serpentis antiqui in ejus soliditate nullatenus valuit inveniri. Merito ergo humana substantia in æternam viam petiit se deduci, in qua diaboli semita non potuit inveniri. Frequenter enim Dominus Christus petit a Patre quae propria sunt, ut unitas charitatis, potentiae vel naturae inter eos possit agnosci.

Conclusio psalmi.

Ecce jam duarum naturarum octavus nobis psalmus emicuit, quibus errantium perfidia praesumpta retunditur. Qui certe vel illo circumcisionis curentur exemplo, ut sicut Judaei octavo die praeputia deponebant, ita et isti octavo psalmo commoniti [*ed.*, communiti], obstinationis suae superflua derelinquant. Est enim de hac re (sicut dictum est) secundus, octavus, vigesimus, septuagesimus primus, octogesimus primus, centesimus septimus, centesimus nonus et praesens centesimus trigesimus octavus. Et quamvis altissima surditas eis immineat, nec tot praeconibus superata discedat, tamen si adhuc nefanda persuasione durati sunt, dicamus illis syllogisticas probationes, quoniam se maxime dialecticos videri volunt. Prima igitur probatio est, quoniam ex duabus naturis Christus Dominus consistit, ita: Si Christus unus atque idem perfectus Deus est, et perfectus homo, sicut omnium sanctorum Patrum fatetur assensus, ex deitate et humanitate adunata et perfecta consistit. Quidquid autem ex deitate et humanitate adunata et perfecta consistit, ex duabus naturis adunatis et perfectis constet necesse est, scilicet divinitatis et humanitatis. Christus igitur unus atque idem permanens, ex duabus naturis adunatis et perfectis consistit, scilicet deitatis et humanitatis. Secunda probatio, quia in duabus naturis est Dominus Christus, ita: Si Christus unus atque idem permanens, ex duabus naturis adunatis et perfectis consistit, sicut demonstratum est, ex deitate et humanitate. Quidquid autem ex duabus naturis adunatis et perfectis consistens deitatis et humanitatis, et in duabus naturis adunatis et perfectis essentiam habet. Christus igitur unus atque idem constans, in duabus naturis adunatis et perfectis essentiam habet. Tertia probatio, quia duas naturas in se Dominus Christus habet semper, ita: Si Christus unus atque idem constans, in duabus naturis adunatis et perfectis deitatis et humanitatis essentiam habet, sicut demonstratum est. Quidquid autem in duabus naturis adunatis et perfectis deitatis et humanitatis essentiam habens, duas naturas perfectas atque adunatas in se habet. Christus igitur unus atque idem permanens, duas naturas perfectas atque adunatas in se habet, scilicet deitatis et humanitatis. Quarta probatio, quae ostendit quoniam si quis confessus fuerit Christum Deum perfectum et hominem perfectum, denegans duas naturas, rectam doctrinam et hoc quod confessus est, perimit, id est, Christum Deum perfectum et hominem perfectum, ita: Si Christus unus atque idem perfectus Deus est et perfectus homo, duas naturas perfectas et adunatas in se habet deitatis et humanitatis. Si enim in se non habet duas naturas perfectas et adunatas deitatis et humanitatis, sicut quidam dementium dicunt, non est perfectus Deus et perfectus homo, sed aut solum Deus, aut solum homo, aut nec Deus nec homo: sed cum illud inconsequens sit atque nefarium, Christus autem unus atque idem perfectus Deus est et perfectus homo, sicut habet communis confessio, habet in se igitur duas naturas perfectas et adunatas deitatis et humanitatis. Unde etiam Facundus venerabilis episcopus, haereticorum penetrabili subtilitate destructor, nuper ad Justinianum principem scribens, de duabus naturis Domini Christi duos libellos caute nimis luculenterque tractavit, quos vobis transcriptos reliqui, ut nec antiquis egeatis tractatoribus nec modernis. Quapropter relinquamus aliquando adversantium contentiones illicitas. Nemo nos audebit dicere fortasse culpabiles, si post octavam correctionem illud eis dicimus, quod Apostolus scribens ad Titum post secundam increpationem judicavit esse faciendum; dicit enim: *Haereticum hominem post primam et secundam correptionem evita, sciens quia subversus est hujusmodi et peccat, et est a semetipso damnatus* (*Tit.* III, 10, 11). Quid sit autem haereticus quidam Patrum pulchre definivit: Haereticus est qui divinae legis vel ignorantia vel contemptu raptatus, aut novi pertinax inventor erroris, aut alieni sectator, catholicae unitati mavult adversari quam subjici.

PSALMUS CXXXIX.

In finem, psalmus David.

Quamvis in superiore psalmo titulus iste videatur expositus, tamen non piget breviter repetere quod nos constat salutariter semper audire. *In finem* Dominum significat Christum, sicut dicit Apostolus: *Finis enim legis Christus ad justitiam omni credenti* (*Rom.* x, 4). Ad quem corda nostra totis viribus erigamus, quia nobis in hoc psalmo quasi praeconis voce Judex terribilis, omnipotens, pius et nimium desiderabilis advenire praedicitur.

Divisio psalmi.

Per totum psalmum sancta Ecclesia loquitur. Primo membro Dominum deprecatur ut ab iniquo diabolo eam liberare dignetur, qui multis fraudibus atque insidiis devotionem populi fidelis conatur evertere. Secundo postulat ne tentatori nequissimo tradatur, quam jam constat acerbis periculis ipso protegente liberatam. Tertio, in judicio futuro vindictam supra eos dicit esse venturam, qui pauperes ejus insanis motibus persequuntur.

Expositio psalmi.

Vers. 1. *Eripe me, Domine, ab homine malo; a viro iniquo libera me.* Sciens mater Ecclesia quanta in membris suis diaboli infestatione pateretur, sollicite clamat ad Dominum, qui solus potest ejus superare nequitiam, ut ab ipsius multiplici tentatione liberetur, ne diutius fatigata succumbat. Hominem siquidem malum pro diabolo poni Evangelio teste didicimus, dicente: *Malus autem homo est diabolus* (*Matth.* XIII, 39). Et merito sic dicitur, qui peccatorum contagione polluitur, ut jam non coelestis angelus, sed homo ab humo dictus esse videatur: qui tamen vicaria sibi permutatione succedunt. Nam et hominem malum appellamus hodieque diabolum, et e diverso diabolum (sicut supra probatum est) malum hominem nuncupamus. Sequitur ad discretionem faciendam, *virum iniquum*, ut specialiter terrigenam designet, quasi diaboli militem, ut et ab auctore criminum, et a sequacibus ejus eripi se perfectissima supplicatione deprecetur. Nam et ipsæ proprietates diversas personas designant. Malignus appellatur diabolus: iniquus dicitur homo sequax ejus. Duo enim simul epitheta uni personæ non poterant convenire, quod eloquentiæ lege prohibitum est.

Vers. 2. *Qui cogitaverunt malitias in corde, tota die constituebant prælia.* Graviora sunt semper pericula quæ habentur occulta: quia subita irruunt, quando velut torrentia flumina improvisa descendunt. Significat enim illos qui de Ecclesiæ visceribus exeuntes, pravis dogmatibus in sacrilega certamina proruperunt. A quibus merito se postulat eripi, ne possit eorum pravitatibus sauciari. Et ut nequitiam ipsorum continuam esse monstraret, dixit: *Tota die*, ut nulla eos lassitudo, nulla temporis longinquitas mitigaret.

Vers. 3. *Acuerunt linguas suas sicut serpentes, venenum aspidum sub labiis eorum.* Pulchre hic malitia hæreticorum dolusque describitur. *Linguas* enim verba significat, quæ nequitiæ cotibus expolita, vulnerare contendunt corda simplicium. Quæ merito serpentibus exæquantur, quia sermonibus suis virus evomunt, unde surdis aspidibus comparantur. Tali enim proposito contendunt, ut pertinacia mentis nunquam velint a veritate superari. Hæc figura dicitur parabole, quoniam res sibi genere dissimiles perniciosis qualitatibus comparantur.

Vers. 4. *Custodi me, Domine, de manu peccatoris, et ab hominibus iniquis libera me.* Peccatorem iterum hic diabolum significat, qui inter omnes creaturas primus excessit, et de iniquitate sua Adam noscitur sauciasse. De hujus potestate nequissima (quoniam omnino validus est) ut etiam hujus mundi princeps dicatur, petit se sancta Ecclesia *custodiri*, quia multis dolis, multis fallit insidiis, ut præcaveri nequeat, qui lubrico se vestigio semper tectus insinuat. Sequuntur etiam ejus ministri, quoniam quod non potuerit per se inspirando mentibus nostris subripere, per suos sequaces publice conatur implere.

Vers. 5. *Qui cogitaverunt supplantare gressus meos, absconderunt superbi laqueos mihi.* Supplantare proprie dicimus, quando plantis nostris terra subducitur, ut in tenebrosis cavernis graviter incidamus. Quod nobis facit inimicus, qui in via Domini gradientibus vicinas peccatorum foveas parat, ut quando nos ab illa rectissima intentione deduxerit, elusos deceptosque submergat. Ad illam siquidem viam non audent accedere, quæ sola justorum est. Superbi autem sunt elati hæretici, qui viam Domini deserentes, pravis dogmatibus populos decipere potius quam docere festinant. Isti sanctæ plebi laqueos ponunt, quando eos vanis ænigmatibus obligare contendunt.

Vers. 6. *Et funes extenderunt in laqueum pedibus meis: juxta iter scandalum posuerunt mihi.* In exponendis hæreticorum pravitatibus perseverat. Ponunt enim funes, id est dolosas et tortuosas objectiones, quibus capiant sensus humanos, ut quasi pedibus laqueum, ita mentibus tendere probentur scandalum. *Laqueus* enim funis ideo positus est, quia vincula sua gravius semper astringit, nec amplexus ejus aliqua lenitate dilabitur, cum nodosis quibusdam sinibus illaqueata concludit. *Juxta iter* proprie dictum est, quoniam non capiunt nisi illos qui a recto virtutum calle discedunt. Sequitur primum diapsalma, ubi divisionem nobis pausatio jucunda concedit.

Vers. 7. *Dixi Domino: Deus meus es tu; exaudi, Domine, vocem deprecationis meæ.* Post crudeles laqueos præparatos, post tortuosos funes positos, post iniqua scandala diabolica fraude machinata, venit ad secundam partem, ad Dominum verba convertens, ne pessimis tradatur insidiis. Dicit enim Ecclesia purissima fide resplendens, et indemutabili virtute consistens: *Dixi Domino: Deus meus es tu.* Quod certe non potest dicere quæ caducis probatur erroribus implicari; non enim Ariana congregatio, non Sabelliana, non Manichæorum, non Pelagiana, non Apollinaris, non Eutychiana, non Nestoriana, non cætera portenta potius dicenda quam dogmata, hoc possunt vere dicere Domino: *Deus meus es tu.* Dicat ergo Ecclesia catholica, dicat Sponsa de gentibus advocata, quæ sanctam Trinitatem fide veracissima confitetur. Sequitur, *exaudi, Domine, vocem deprecationis meæ.* Suffecerat dici: Exaudi precem meam, nisi altius aliquid voluisset intelligi. *Vox* enim *deprecationis* est puritas orationis, et clamor ille tacitus qui ascendit ad Dominum. Dicitur enim tacenti Moysi: *Quid clamas ad me* (*Exod.* XIV, 15)? Dicitur Cain: *Vox sanguinis fratris tui clamat ad me de terra* (*Gen.* IV, 10). Quapropter sanctæ operationis vox est rerum ipsarum loquacissimus clamor, non hominibus notus, sed soli Deo cognitus. Et ideo petit *exaudiri vocem deprecationis* suæ, quia se noverat munera justissimæ petitionis offerre.

Vers. 8. *Domine, Domine virtus salutis meæ, obumbrasti super caput meum in die belli.* Repetitio ista, *Domine Domine,* affectum piæ precationis ostendit. Quæ figura dicitur epizeuxis, id est, in eodem versu ejusdem verbi sine aliqua dilatione facta congeminatio. Quod schema (sicut sæpe dictum est) plurimum valet ad animos commovendos. Cum enim dicit: *Virtus salutis meæ,* patientiam suam perseverantiamque demonstrat. In certamine vero tribulationum salus esse non potest, nisi misericordia Domini virtus tolerantiæ fuerit attributa. Virtus enim a viriditate dicta est, quæ nescit aliquo labore marcescere. Sequitur, *obumbrasti caput meum in die belli.* Cum dicit Ecclesia caput suum obumbratum in die belli, significat beatam Domini passionem, qui in illo die crucifixionis suæ sic obumbratus atque defensus est, ut nec animus ejus confusionem aliquam pateretur, nec caro ipsius corruptionis injuriam sustineret, quando et ipse sibi in vigesimo primo psalmo venire deprecatur auxilium. *Decursa* enim passione sua ait:

Tu autem, Domine, ne longe facias auxilium tuum a me: ad defensionem meam respice, etc. *(Psal.* xxi, 20). Bene autem definita est passio Domini, dies belli, scilicet quando, diabolo victo, infernorum claustra dirupta sunt, captivi liberati sunt, solusque moriendo triumphavit, qui novo more mortem destruxit.

Vers. 9. *Ne tradas me, Domine, a desiderio meo peccatori : cogitaverunt adversum* [mss. A., B., F., contra] *me, ne derelinquas me, ne unquam exaltentur.* A desiderio suo traditur peccatori, quisquis per concupiscentias carnis diabolo relinquitur possidendus. De quibus dicit Apostolus : *Propterea tradidit illos Deus in desideria cordis eorum, in immunditiam (Rom.* I, 24). Sed ne hoc fiat, sequitur res omnino probabilis, ut sicut inimici consilium faciunt in malum, ita virtus divina praestare dignetur auxilium. Ad postremum dicitur causa justissima, ne revera exaltentur perditione justorum, qui de fidelis populi subversione glorientur. Sequitur secundum diapsalma, ubi divisionem, sicut consuevimus, apponemus.

Vers. 10. *Caput circuitus eorum, labor labiorum ipsorum operiet eos.* Post preces habitas ne traderetur inimicis, sancta mater Ecclesia venit ad tertium membrum, in quo impiorum inexplicabiles designat errores. Nam sicut superius, in die belli caput suum obumbrari dixit a Domino, ita istorum caput, quod est diabolus, notabilem refert habere circuitum, qui nunquam ad rectam viam pervenit, quoniam per vestigia sua rediens se semper involvit. Ordo autem verborum talis est : Caput eorum circuitus. De quo similiter Petrus dicit apostolus : *Adversarius vester sicut leo rugiens, circuit quaerens quem devoret* (I *Petr.* v, 8). Pulcherrima species definitionis est, uno verbo declarare quid sit res illa quae quaeritur. Hoc Graece, κατὰ τὴν λέξιν, Latine ad verbum dicitur. *Labor* vero *labiorum*, est prolatum ore mendacium, quod laboriose fingitur; quoniam exquisita machinatione formatur. Veritas enim sine labore dicitur, quia simpliciter et sine difficultate profertur. Quapropter oris eorum mendacium eos operit, cum perfidi de sua assertione superantur. Nunquam enim sic est cauta malitia, ut ipsa sibi non loquatur adversa.

Vers. 11. *Cadent super eos carbones ignis, in ignem ejicies eos, in miseriis non subsistent.* Primo inexplicabiles eorum dixit errores : nunc poenas memorat omnino salutares. *Carbones ignis,* sunt poenitentiae cruciatus, quod tamen incendium nascitur ex imbre lacrymarum; sicut et in centésimo decimo nono psalmo dictum est : *Sagittae potentis acutae cum carbonibus desolatoriis (Psal.* cxix, 4). Primo enim supra eos cadit luctuosa compunctio, post in ignem dejiciuntur, quando jam miserationе Domini flamma charitatis accensi sunt ; et fervere sanctis operibus incipiunt, qui pridem desidioso nimis tepore vixerunt. His evenit ut in miseriis suis non subsistant, quando in bonam partem divino munere transferuntur.

Vers. 12. *Vir linguosus non dirigetur super* [mss. A., B., F., in] *terram : virum injustum mala capient in interitum* [ms. F., interitu]. Quamvis linguosi possint dici et illi qui linguae ubertate facundi sunt, tamen illis hoc specialiter nomen constat impositum, qui inconsiderata locutione verbosi sunt. Sunt enim contrarii sapientibus, et diverso se more tractantes. Monet enim Jacobus apostolus : *Sit omnis homo velox ad audiendum, tardus ad loquendum* (Jacob. I, 19). Tales enim super terram minime diriguntur, qui a levitate sua frequenter excedunt. Difficile est enim indeliberatum rectum esse sermonem, sicut scriptum est : *In multiloquio non effugies peccatum* (Prov. x, 19). *Injustus* autem vir est, qui divinas regulas contemnens, voluntatis propriae fervore traducitur. Iste capitur malis suis, et in profundum altissima voracitate submergitur, quia semper sibi noxia cogitat, qui Domini praecepta declinat.

Vers. 13. *Cognovi quoniam faciet Dominus judicium inopum, et vindictam pauperum.* Sancta Ecclesia breviter et veraciter loquitur, quales revera debuit culpare linguosos. Hoc enim se dicit per fidem dono Dei cognovisse, quod certissime creditur esse faciendum. *Faciet* ergo *judicium inopum,* quando in illa disceptatione promissa restituet, et vindicabit pauperes, de quibus in Apocalypsi scriptum est : *Vidi sub ara Domini animas occisorum.* Et paulo post : *Clamantes : Quousque sanctus et verus non judicas, et vindicas sanguinem nostrum de his qui habitant super terram (Apoc.* VI, 9, 10)?

Vers. 14. *Verumtamen justi confitebuntur nomini tuo, et habitabunt recti cum vultu tuo.* Designatur hoc debere fieri inter quaslibet temporis graves amarasque pressuras. Tunc enim magna virtus est laudare Dominum, quando se istius saeculi blandimenta subducunt. Bonus enim fuit Job, cum Dominum dives colebat, sed quanto melior, dum eum sub multiplici afflictione laudabat ! Tunc ergo amplius desideremus gratias agere, quando nos tentator conatur affligere. Facilius enim inimicus discedit, cum viderit excedere non posse quos deprimit. Nam vide quid sequitur, quia *cum vultu* ejus *habitare* non desinunt, qui recti sunt. Visio infastidibilis atque perpetua illum semper videre, a quo se solet omnis rationabilis creatura reficere, sicut et in quintodecimo psalmo jam dictum est : *Adimplebis me laetitia cum vultu tuo (Psal.* xv, 10). Ille enim vultus praemiorum omnium munus est, nec potest esse cujusquam bonitatis indigus, qui illum meruerit habere conspectum. Sed cum legatur : *Nemo Deum vidit unquam* (Joan. I, 18), istud ad illud tempus referendum est, quando beati Dominum non *per speculum,* sed, ut ait Apostolus, *facie ad faciem contuentur* (I *Cor.* XIII, 12).

Conclusio psalmi.

Quam salutaria, quam suavia verba sanctae matris audita sunt ! Oravit pro nobis, ut a tentationibus diabolicis exuamur, quas nobis omnino noverat esse violentas. Liberatis autem vultum Domini pollicetur, ut nihil laboriosum, nihil triste metuamus, quibus tale munus tantumque promittitur. Praesta, Domine, ut sicut servis tuis es desiderabilis, indulgentiæ tuæ claritate monstreris. Non impediant peccata, quæ propria exsecratione damnamus. Fatemur culpas, ut te placatum habere possimus. Solus enim judex es qui veniam tribuis confitenti; et cum te nihil lateat, ab homine tamen publicari quæris, quod multo veracius nosse declararis.

476 PSALMUS CXL.

Psalmus David.

Quoniam verba tituli frequenti repetitione jam nota sunt, intentionem nostram ad Dominum debemus erigere Salvatorem. Nam dubium est interdum, quod semel dicitur: certissimum vero atque indubitatum est, quod frequenti repetitione prædicatur. Ideo enim præcedentibus quibusdam præconibus admonemur, ut aciem mentis nostræ ad res venturas opportuna devotione præparemus: ne dum incognita fuerint quæ dicuntur, negligentius forsitan audiantur. Supplicat enim propheta, ut cautioribus visum est, quatenus inter actus istos mundanos a diversis liberetur erroribus: ne in peccatorum retiaculum cadat, cum quibus se non optat habere aliquam portionem.

Divisio psalmi.

Intelligens propheta humanam fragilitatem diversis peccatorum nexibus implicatam, prima sectione Dominum rogat ut ejus audiatur oratio, subjungens a quibus se maxime liberari deprecetur erroribus. Secunda, eligit se a justo argui quam a peccatore laudari, supplicans ut custodiatur a laqueis peccatorum, quoniam nullam communionem cum eis se habere testatur.

Expositio psalmi.

Vers. 1. *Domine, clamavi ad te, exaudi me; intende voci orationis meæ, cum clamavero ad te.* Hic quæramus enthymema. Proponit enim, Domine, ego clamavi ad te; sequitur conclusio, Exaudi igitur me. Sic virtus illa enthymematici syllogismi brevi complexione peracta est. Volens enim propheta humano generi affectum continuæ orationis infundere, duo tempora videtur discrepantia posuisse. Dicit enim de præterito, *clamavi,* quod perfectam significat orationem. Et iterum repetit, *dum clamavero ad te,* quod utique constat positum de futuro; ut sicut nullum tempus a culpis est vacuum, ita nec a devotis precibus reddatur otiosum. Contra peccata siquidem continua, salutare remedium est jugiter pio Domino supplicare. Nam quid proderit dimitti præterita, si videantur obligare ventura? Finis ergo bonus quæritur Christiani, ut in extremis cum venia transeat, ne vita sit ultima quæ delinquat. Respice quod hic et in sequenti versu orationes suas quarto modo geminavit, quia sancto viro tantæ rei nulla poterat esse satietas. Oratio est enim quæ nos a culpis liberat, judicis animum conciliat, delicta mundat; nec oranti deesse potest misericordia, quod nos humilitas, ut jugiter deprecemur, instigat. Sed hoc totum pius facit Dominus, dum non vult damnare quos præmonet; clamat enim opifex rerum: *Nolo mortem peccatoris, sed ut convertatur et vivat* (Ezech. XVIII, 32).

Vers. 2. *Dirigatur oratio mea sicut incensum in conspectu tuo; elevatio manuum mearum sacrificium vespertinum.* Incensum est odoriferi pigmenti suavis adustio, quæ carbonibus concremata, gratissimum fumum porrigit ad superna, et odorantes se delectabili jucunditate permulcet. Sic beatorum oratio igne charitatis incensa, divinis conspectibus ingeritur, quæ magis humilitatis et compunctionis pondere sublevatur. Virtutibus enim Dominus nostris tanquam bonis delectatur odoribus. Nam orationem sanctam velut odorem suavissimum suscipere Dominum et in Apocalypsi legitur, ubi dictum est: *Stetit angelus super aram Domini habens thuribulum aureum; et ascendit fumus supplicationum de manu angeli in conspectu Domini; ut daret de orationibus sanctorum, quod est ante Deum* (Apoc. VIII, 3). Sequitur, *elevatio manuum mearum sacrificium vespertinum.* Elevatio manuum significat operam piam, quæ aut in eleemosynis exercetur, aut in aliqua probabili conversatione peragitur. *Sacrificium vero vespertinum,* illam oblationem fortasse significat, quam in fine vitæ Domino solet offerre religiosa devotio, cum pœnitentiam gerimus, et humili nos supplicatione purgamus, sicut in quinquagesimo psalmo dictum est: *Sacrificium Deo spiritus contribulatus* (Psal. L, 19). Vespera nostra est, quando istam lucem morte veniente deserimus. Ecce quod frequenter admonuimus neminem debere desperare, si ultima sua potius lacrymarum fonte detergat.

Vers. 3. *Pone, Domine, custodiam ori meo: et ostium circumstantiæ labiis meis.* Petit sanctissimus propheta ne quid tale dicat quod pervenire debeat ad reatum. Sed hoc duplici supplicat tutamine communiri; ut nec cogitatio ejus iniqua sapiat, nec prava voluntas in fatua verba prosiliat. In utroque enim noverat esse peccatum, unde se fieri deprecatur alienum, sicut Salomon dicit: *Circumvalla possessionem tuam in spinis, argentum et aurum tuum constitue, et ori tuo fac ostium et seram, et verbis tuis fac jugum et mensuram* (Eccli. XXVIII, 28, 29). Ostium quippe ab obstando dictum est, quod dum clauditur obstat intrantibus. Inspiciebat enim vir sanctus magnis precibus esse muniendum, unde tam facile noverat venire peccatum. Proxime quippe in superiori psalmo dixerat: *Vir linguosus non dirigetur super terram* (Psal. CXXXIX, 12).

Vers. 4. *Non declines cor meum in verba mala, ad excusandas excusationes in peccatis.* Sequitur secunda precatio; ut etsi eum contingeret pœnitendum aliquid loqui, non se per falsitates sceleratissimas contenderet excusare. Hoc enim maximum vitium est quo laborat humanitas, ut post peccatum suum ad excusationes confugiat, quam pœnitudinis se confessione prosternat. Quod facinus inter summa peccata constat esse numerandum, quia inde revera nascitur, unde ad pœnitentiam reus tardius venire videatur; sicut in libro primo Regum dictum est: *Quasi peccatum ariolandi est repugnare, et quasi scelus idololatriæ nolle acquiescere* (*I Reg.* xv, 23). Nam quod dicit, *ad excusandas excusationes in peccatis,* consuetudinem significat impudentium, qui quando fuerint deprehensi, primum se aliqua falsitate excusare noscuntur, et cum fuerint inde convicti, alias semper excusationes assumunt, nequando veritati acquiescat inverecunda protervitas: modo enim tempori, modo necessitati, modo aliis imputando quod peccant. Quæ figura dicitur metastasis, id est translatio, dum culpam nostram in alium transferre contendimus.

Vers. 5. *Cum hominibus operantibus iniquitatem: et non combinabor cum electis eorum.* Tertia supplicatio est, ut liberetur a collegio eorum qui operantur iniquitatem: ne cum ipsis quasi *combinatus* debeat implicari. Combinati enim dicuntur rei, quando duo simul in uno vinculo colligantur, ut alter alterum præpediens, fugam liberam habere non possit. Orat ergo propheta, ne cum talibus illigetur, qui implicatione mutua alterutrum sibi impedire noscuntur. *Non combinabor* respicit ad utrumque, et ad homines operantes iniquitatem, et ad electos eorum. Et nota quod addidit, *eorum,* ne putares revera electos Domini, qui tali nomine vocabantur. Multo enim sceleratiores sunt illi qui inter malos videntur esse præcipui, quasi duces criminum, quasi principes latronum, et caput omnium perditorum.

Vers. 6. *Corripiet me justus in misericordia, et increpabit me; oleum autem peccatoris non impinguet caput meum.* Postulata linguæ custodia, et criminum excusatione damnata, venit ad secundam sectionem, in qua vir sanctus increpationes eligit justorum, quam blandimenta peccantium. Sed quæ sit correctio justi breviter intimavit, dicendo, *in misericordia;* quoniam vir sanctus non in ira corripit, sed per dilectionem increpator accedit. Nam etsi vultum irati ostendit, cor tamen placati semper assumit; sicut monet Apostolus: *Fratres, si præoccupatus fuerit homo in aliquo delicto, vos qui spirituales estis, instruite hujusmodi in spiritu lenitatis, considerans teipsum, ne et tu tenteris* (*Gal.* vi, 1). Quapropter hæc consuetudo bonorum est, ut malint se a bonis corripi, quam sceleratorum adulatione prædicari; sicut scriptum est: *Meliora sunt vulnera amici quam voluntaria oscula inimici* (*Prov.* xxvii, 6). Sequitur, *oleum autem peccatoris non impinguet caput meum.* Oleum et in bono et in malo plerumque ponitur. In bono, ut est illud Evangelii: *Tu autem cum jejunas, unge caput tuum oleo, et faciem tuam lava* (*Matth.* vi, 17); et in quadragesimo quarto psalmo: *Propterea unxit te Deus Deus tuus oleo lætitiæ præ consortibus tuis* (*Psal.* xliv, 8). Est enim oleum in bonam partem causa splendoris, pabulum luminis, præstans nitorem pariter et salutem. In malam vero partem, sicut hic ponitur: *oleum peccatoris* est dilectio simulata verborum, quæ adulationibus et blandimentis nostras mentes velut olei pinguedo leniter

ingrediens, rigorem veritatis emollit, et ad noxias cogitationes amoris ficti potius ostentatione perducit; sicut in alio psalmo dictum est: *Mollierunt sermones suos super oleum, et ipsi sunt jacula.* Et Salomon ait: *Verba adulatorum mollia, novissima autem eorum perveniunt in intima ventris* (*Prov.* xviii, 8). Quapropter illa monita semper eligenda sunt, quæ non ad dilectionem sæculi trahunt, sed ad præcepta nos Divinitatis invitant. Potest autem et illud evangelicum de decem virginibus hic decenter aptari (*Matth.* xxv, 1), quod quinque virgines, quæ actus suos probatissimos Domino dedicaverunt, et conscientias lucidas conservantes charitatis oleo refertæ, semetipsas tanquam lampades ardentissimas Domini conspectibus obtulerunt. Istæ (sicut hic dicit) merito credendæ sunt a justis hominibus fuisse correctæ, et misericordiæ studio nihilominus esse reprehensæ. Reliquæ vero aliæ quinque virgines, quæ adulantium vocibus infelici sorte crediderunt, caput earum factum est in sua deceptione pinguissimum; et ideo exstinctis lampadibus non sunt receptæ: quoniam tetram vitam ante Dominum veri luminis non decebat offerri. Quam parabolam beatus Augustinus in libro Quæstionum quinquagesimo nono latius et decenter exposuit. Et ideo consideremus quam periculosa sit adulatio, quæ excludere probatur a Domino.

Vers. 7. *Quoniam adhuc est oratio mea in beneplacitis eorum.* De superiore sensu pendet iste versiculus; ait enim: *Oleum autem peccatoris non impinguet caput meum;* et subsecutus adjunxit: *Quoniam adhuc est oratio mea in beneplacitis eorum.* Nam cum dicit *adhuc* esse orationem suam *in beneplacitis eorum,* id est iniquorum, indicat se perfecte nondum fuisse conversum: quando et sibi orando talia provenire desiderabat, qualia illorum vota esse cognoverat. A quibus omnibus se alienum effici precabatur: ne caput suum oleo peccatoris, id est malæ suasionis adulatione pinguesceret.

Vers. 8. *Absorpti sunt juxta petram judices eorum: audient verba mea quoniam potuerunt.* Petra hic, sicut multis locis significatur, Dominus Christus est, juxta quem stantes doctores hæretici, quasi judices populi sui subita voracitate merguntur; qui ideo corruunt in profundum, quoniam supra petram stare non eligunt. Nam quid illis prodest juxta soliditatem stare, quando in ipsa fortitudine non videntur insistere? Quod verbum Hieronymus translator posuit, et expositor Pater Augustinus secutus est; ut nemo audeat accusare quod talium virorum auctoritate probatum est. Hæc enim verbi translatio nimis hæreticorum videtur designare perfidiam; nam cum baptizent, cum communicent, cum sacras nobiscum litteras legant, dicuntur juxta petram stare, non in petra. Soli enim in hac soliditate consistunt, qui super arenam fragilia fundamenta non ponunt. Sequitur, *Audient verba mea quoniam potuerunt.* Verba sua ab hæreticis dicit audita, quæ præsentis libri textus eloquitur. Quantis enim locis arguuntur, quantis admonitionibus increpantur, ut debeant corrigi, et in suis pravitatibus non morari? Qua sententia plenissime docemur illos esse omnimodis reos, qui et verba Domini audiunt, et ea facere iniqua perversitate contemnunt. Potuerunt enim toties admoniti cognoscere, si non decrevissent suis magis persuasionibus inhaerere.

Vers. 9. *Sicut crassitudo terrae eructata est super terram: dissipata sunt ossa nostra secus infernum.* Cum plus ut haereticis diceret et tyrannis qui verba Domini audire noluerunt: nunc venit ad martyres, quos ferali insecutione laniabant. *Crassitudo enim terrae,* quando eructat, morbos facit, aerem corrumpit, et lues hominibus periculosa longe lateque diffunditur. Sic tyrannorum nefanda superbia tabe suae malitiae corpora martyrum sauciabat, quos congrue propheta dixit ossa sua, quia constat eos Christianae fidei esse validissima firmamenta; quorum praedicanda constantia (juvante Domino) nec poenis victa, nec longa insecutione mollita est. Et respice proprietates verborum velut suavissima mella decurrere. Non dixit, in infernum: quia licet mori communi sorte videantur, vita illis aeterna conceditur.

Vers. 10. *Quia ad te, Domine, Domine, oculi mei: in te speravi, ne auferas animam meam.* Postquam dixit humani generis fragilitatem, nunc ad remedia divina confugit, converso ordine petens, **478** quia spem suam habuit in Domino, animam suam debere liberari. Quod in Scripturis divinis (sicut saepe diximus) frequenter invenies; ut modo causam ratio praecedat, modo eam protinus subsequatur. Sed cum beatorum consuetudo sit de hoc saeculo velle liberari, sicut et alius psalmus dicit: *Educ de carcere animam meam* (Psal. CXLI, 8); et, *Desiderium habens dissolvi, et esse cum Christo, multo magis melius* (Philip. I, 23); quomodo hic propheta petit: *Ne auferas animam meam. Ne auferas,* scilicet bonis tuis; sed spes mea jugiter in te sit, et oculi mei te semper intendant.

Vers. 11. *Custodi me a laqueo quem statuerunt mihi, et ab scandalis operantibus iniquitatem.* Per laqueos et scandala, totius mundi mala breviter propheta complexus est; a quibus se supplicat custodiri, ne per insidias eorum possit intercipi. Laquei sunt diversa carnis desideria, quibus mentes humanae blandis nexibus illigantur. Scandala, quae per fratres proveniunt inquietos, qui lite, superbia sanctam refugiunt charitatem. Quid habituri sunt simile, si eos tam praecipuum munus contingat amittere? Et respice quia post laqueos scandala ponit: quoniam inveteratorus ille pessimus, quando per laqueos non potuerit decipere, scandalis nititur gratiam nobis Divinitatis auferre.

Vers. 12. *Cadent in retiaculum ejus peccatores: singulariter sum ego donec transeam.* Ecce unde se superius petebat eripi, ne debuisset combinari cum talibus. Et vide quemadmodum comparationi factae apta verba consentiunt. In diaboli retiaculum cadent qui peccatorum circuitione clauduntur. Legimus tamen et bona retia illa, quae centum quinquaginta tres pisces, Domino jubente, clauserunt; quae [ed., qui] typus esse sanctae probantur Ecclesiae. Sed beati qui in illis piscibus annumerantur, infelices qui cadunt in istum numerum perditorum. Retia enim dicta sunt quasi retinentia. Addidit, *singulariter sum ego donec transeam.* Singularis est qui (sicut superius dixit) cum pessimis hominibus non ambulat, combinatus, qui Trinitatis sanctam unum Deum et Dominum confitetur, qui spem suam in nullo alio, sed tantum ponit in Domino. *Donec transeam,* id est quandiu in hoc mundo fuero commoratus. Hoc enim saeculum beati velut viantes transire dicuntur, quia nullis ejus delectationibus occupantur.

Conclusio psalmi.

Cognovimus, charissimi fratres, quale sit periculum, si loquamur incaute; cognovimus quantum nos metuere debeamus, quod sanctissimus propheta formidat. Quando enim non aut vaniloquium subripit, aut desiderium falsitatis inducit*. Lingua est quae nos trahit frequenter ad vitia, quam uno modo tutissime vincimus, si eam semper Domini laudibus occupemus. Loquatur illud semper, ubi nescit errare, agat opus animae profuturum, serviat veneranter auctori. Tunc enim ori nostro custodiam ponimus, si jugiter Domini mandata meditemur. Silet enim in malo, qui non tacet bonum; nec error subripit, ubi se veritas coelestis infuderit. Nam si a nobis cogitatio mala subducatur, si actus turpissimus segregatur, si a malorum conversatione dividamur, tunc (ut propheta dicit) Domino singulares efficiemur, quando minime pessimis cogitationibus implicamur.

PSALMUS CXLI.

Intellectus David, cum esset in spelunca oratio.

Psalmi causa praesenti quidem titulo continetur: sed per similitudines corporalium rerum spiritalis rei nobis competens praebetur indicium. *David* enim filius Jesse Saulem principem fugit, et cum in spelunca lateret oravit (I *Reg.* XXIV), quod Dominum Christum in corpore ante passionem suam significabat esse facturum. Nam cum huic *orationi intellectus* praemittitur, ad illum talis comparatio referri debere monstratur, qui persecutores suos orando vitans, diversorum locorum permutatione celatus est; quatenus et Dei Filius, quod de se per prophetas promiserat adimpleret, et veritatem assumptae incarnationis ostenderet. Sunt enim in hoc psalmo verba Domini Salvatoris, cum sceleratissimam Judaeorum vitaret insaniam. Unde merito factum est, ut propter significandam Hebraeorum persecutionem, fuga David poneretur in titulo. David enim (sicut saepe diximus) et regem terrenum indicat et coelestem. Sic in uno nomine duarum causarum significatio continetur. Illud autem meminisse debemus, hunc psalmum quintum esse de his qui inscribuntur *Oratio.*

---

* Melius ibi poneretur punctum interrogans. EDIT.

Divisio psalmi.

Prima parte Dominus Christus clamat ad Patrem, nefandos dolos Judaicæ persecutionis exponens. Secunda liberari se de carcere inferni deprecatur: quoniam omnium sanctorum fides in ejus resurrectione pendebat.

Expositio psalmi.

Vers. 1. *Voce mea ad Dominum clamavi, voce mea ad Deum deprecatus sum.* Sanctitas illa reverendæ incarnationis communi usu voce sua se clamasse dicit ad Dominum. Quæ figura dicitur pleonasmos, id est superabundantia, sicut dicere solemus: Manibus meis feci, Auribus meis audivi, et his similia. Et ne clamor intelligeretur transitorius, addidit: *deprecatus sum*; quod frequentata supplicatione peragitur.

Vers. 2. *Effundam in conspectu ejus orationem meam, et tribulationem meam ante ipsum pronuntio.* Quam pura, quam suavis erat oratio, quæ in conspectu Patris velut perspicui fontis copia fundebatur! Fundebatur plane, non ut ima peteret, sed ut ad pietatis supernæ altitudinem perveniret. Dictum est autem, *in conspectu ejus*, quia bonas orationes velut aliquid vultuosum Divinitas inspicit; et cum voluntas nostra ab hominibus non possit conspici, ab illa tamen constat intendi. Sed quæ sit ista *oratio* subter exponitur, *tribulatio* scilicet, quæ sinceras et continuas efficit orationes. Et nota quoniam innocentiæ securitate dicitur: *Tribulationem meam ante ipsum pronuntio*. Illæ siquidem afflictiones coram ipso poterant pronuntiari, quæ injuste probabantur infligi. *Pronuntiat* itaque pius advocatus ante Patrem *tribulationes* suas, ut veniam pro nostris possit obtinere peccatis. Et nota quod in his duobus versibus quatuor modis oratum est, sicut dicit Apostolus: *Exhortare ergo primo omnium fieri precationes, orationes, postulationes, gratiarum actiones* (I Tim. II, 1).

Vers. 3. *In deficiendo ex me spiritum meum, et tu cognovisti semitas meas.* De superioribus pendet pars ista versiculi; nam quod dicit: *In deficiendo ex me spiritum meum*, sic intelligendum est, ac si diceret: Tribulationem meam ante ipsum pronuntio, cum deficit ex me spiritus meus. Multas enim et gravissimas tribulationes vult intelligi, quas ante Deum se pronuntiare profitetur. Sed quoniam spiritus ejus nunquam legimus defecisse, quia cuncta voluntaria passione complevit, hoc potius à parte membrorum debemus accipere. Quod expositionis genus provide a majoribus constat inventum, quando aliquis sic loquitur, quod ejus non possit convenire personæ, ut est illud: *Et delicta mea a te non sunt abscondita* (Psal. LXVIII, 6). Nam fideles taliter et in octogesimo tertio psalmo locuti sunt: *Concupiscit et deficit anima mea in atria Domini* (Psal. LXXXIII, 3). Et alibi: *Defecerunt oculi mei in eloquium tuum, dicentes: Quando consolaberis me* (Psal. CXVIII, 82). Et in sequenti psalmo dicturus est: *Velociter exaudi me, Domine: Defecit spiritus meus* (Psal. CXLII, 7).

Vers. 4. *In via hac qua ambulabam absconderunt laqueos mihi.* Diabolus (sicut sæpe dictum est) juxta viam abscondit laqueum, ut eos decipiat qui rectas semitas declinare præsumpserint. Sed quia Dominus Christus nunquam a sua sanctitate discessit, necesse erat ut in ipsa via rectitudinis suæ tentationes pateretur invalidas, a qua minime probabatur exire. Tangit enim, quando illi a diabolo mundi regna monstrata sunt, quando ejus tentabatur esuries, et cætera quæ diabolica fraus, et malorum hominum præsumpsit iniquitas. Necesse enim erat Christum Dominum taliter loqui, ut assumendæ carnis jam tunc veritas panderetur.

Vers. 5. *Considerabam ad dexteram, et videbam, et non erat qui cognosceret me. Periit fuga a me, et non est qui requirat animam meam.* Cum dicit: *Considerabam ad dexteram*, illud tempus intelligit quando ibat ad crucem: quia nullum illic fidelium potuit intueri. Ideo enim non sunt visi ad dexteram stare, quia carnali trepidatione dispersi sunt, sicut scriptum est: *Percutiam pastorem, et dispergentur oves gregis* (Zach. XIII, 7). Sequitur, *et non erat qui cognosceret me*; qui cognosceret illam scilicet in ipso deitatem, quæ hæc omnia in assumpta carne voluntarie sustinebat, quæ dixit: *Potestatem habeo ponendi animam meam, et potestatem habeo iterum sumendi eam* (Joan. X, 18). Nam si in illa perturbatione Christum Dominum cognovissent, utique poterant et ad dexteram videri. Addidit, *Periit fuga a me, et non est qui requirat animam meam*. Periisse fugam dicit, cum se impiorum manibus permisit occidi. Nam ubi fuga perit, mortis periculum nullatenus evitatur. Nemo autem requisivit animam ejus, dum ei nulla consolatio præberetur; sed solus ad passionem relictus est, qui erat pro omnium salute moriturus. Ita sub ista brevi ac subtilissima significatione verborum traditionis ipsius ordo narratus est.

Vers. 6. *Clamavi ad te, Domine; dixi: Tu es spes mea, portio mea in terra viventium.* Venit ad partem secundam, in qua inimicorum se insidias petit evadere; ut corda fidelium resurrectionis ejus munere gratulentur. Clamavit autem, spem suam ponens in Dominum, quando dixit: *Pater, in manus tuas commendo spiritum meum* (Luc. XXIII, 46). Sequitur, *portio mea in terra viventium*. Probat hoc specialiter locus ille, quando in cruce positus latroni dixit: *Amen, dico tibi: Hodie mecum eris in paradiso* (Ibidem, 43). Paradisus est enim terra viventium, quam soli beati feliciter introibunt, qui sub æternitate et securitate victuri sunt. Humiliter enim et communiter dicit, portionem sibi esse in terra viventium, cum tota ipsius esse noscatur. Simile est et illud quod dictum est de apostolis: *Pater, volo ut ubi sum ego, et ipsi sint mecum* (Joan. XVII, 24).

Vers. 7. *Intende in orationem meam, quia humiliatus sum nimis.* Merito dicit: *Humiliatus sum nimis*, qui, sicut ait Apostolus, *semetipsum exinanivit formam servi accipiens, in similitudine hominum factus, et habitu inventus ut homo* (Philip. II, 7). Ad hoc certe amplius humiliatus est, qui obediens factus est usque ad mortem, mortem autem crucis. Nam si illud deitatis suæ culmen mirabile non inclinasset sumpti corporis veritate, quemadmodum pro salute omnium crucifigi potuerat, qui cœlum terramque admirandis virtutibus administrat?

Vers. 8. *Libera me a persequentibus me, quoniam confortati sunt super me.* Cum dicit, *Libera me*, non infirmitas propriæ deitatis ostenditur, sed charitas paterna monstratur; nam cum *haberet potestatem (sicut ipse dicit) ponendi animam suam, et iterum sumendi eam* (Joan. x, 18), tamen ad informationem nostram, reverentiam dilecti ac bene complaciti Filii tenens, honorem Paternæ majestatis congruenter exhibuit. Dicit enim in Evangelio : *Pater, clarifica me* (Joan. xvii, 5). Clamat etiam de cruce : *Deus, Deus meus, respice in me : quare me dereliquisti* (Matth. xxvii, 46)? ut humilitatem carnis evidenter ostenderet, quatenus Manichæi nefanda dogmata confutaret. Orat ergo ut a persequentibus Judæis divina virtute liberetur, qui usque adeo corporaliter facti fuerant fortiores, ut et manus injicerent, et de ejus morte gauderent. Sed hæc omnia miserrimi hominum tentaverunt, quia in eo non intuebantur Divinitatis virtutem, sed speciem corporalem; de quibus dicit Apostolus : *Si enim cognovissent, nunquam Dominum majestatis crucifixissent* (I Cor. ii, 8).

Vers. 9. *Educ de carcere animam meam ad confitendum nomini tuo.* Hic carcerem duplici modo majores intelligere voluerunt : aut sæculi istius pœnales angustias, quas patimur in isto corpore constituti; aut magis custodias inferni, quas evadere non licet lege humanitatis infirmæ. Sed melius si hoc loco referatur ad inferos propter resurrectionis spem, quam frequenti supplicatione provenire deprecatur, sicut in alio psalmo petit : *Non urgeat super me puteus os suum* (Psal. lxviii, 16). Carcer enim dictus est, quasi arcer, quod a se arceat exire conclusos. Sed cur se de isto carcere liberare desideret, causa subsequitur : *ad confitendum nomini tuo.* Tunc enim a cunctis fidelibus Patri confessio laudis exhibita est, quando eum resurrectionis miraculo de inferni carcere constat eductum. Nam et ipsum *educ* significat a parte qua mortuus est, de imis penetralibus ad superna translatum.

Vers. 10. *Me exspectant justi, donec retribuas mihi.* Ista est illa quæ præmissa est de Domini resurrectione confessio. Nam dum omnes apostoli Christi fuissent morte confusi, exspectabant utique donec gloriam promissæ resurrectionis agnoscerent, et omnium se trepidantium corda firmarent. Sed intuere quod dictum est, *donec retribuas* : quia resurgentis gloria retributio fuit, utique beatissimæ passionis. De qua retributione dicit Apostolus : *Propter hoc exaltavit illum Deus, et donavit ei nomen quod est super omne nomen : ut in nomine Jesu omne genu flectatur cœlestium, terrestrium, et infernorum, et omnis lingua confiteatur quia Dominus Jesus in gloria est Dei Patris* (Philip. ii, 9, 10). Nam quod ait, *donec*, triduani diei tempus ostendit, quando justorum devotio ejus resurrectione lætata est. Quod certe singulariter a parte humanitatis assumptæ constat Christo Domino contributum, cujus resurrectio justorum corda firmavit. Nunc consideremus Domini nostri, si possimus, aliqua speculatione clementiam, quæ nos et ab hoste redemit, et ne iterum captivemur, docere non desinit. Ecce regulam suam quotidie nostram facit esse medicinam, quando se propterea humiliare dignatus est, ne diabolicus ille superbiæ spiritus ullatenus appeletur. Illic enim ruina, hic semper ascensus est : inde mori provenit, hinc æterna vita succedit. Rogemus ergo omnipotentem Filium, ut qui orandi salutare præstitit exemplum, donet nobis propitius sanctissimæ hujus imitationis effectum.

Conclusio psalmi.

Finitus est quidem ordo psalmorum, qui orationis titulo prænotantur : nunc oportet in eorum termino aliqua sub brevitate complecti; quatenus præstante Domino salutariter incitemur ad nostrum festinare remedium. Imprimis agentes illa quæ jussa sunt, et labia nostra crucis impressione signantes, Domino supplicemus ut os nostrum abluat humana fæce pollutum. Dicit enim Isaias : *Immunda ego labia habeo, et in medio populi immunda labia habentis habito* (Isa. vi, 5). Deinde orandum est verbis, non quæ humana desideria subministrant, sed quæ ipsa Divinitas ad remedium nostræ pravitatis indulsit. Oratio vero ipsa ex humili, ex mansueto, ex sincero debet corde procedere : peccata sua sine excusatione confitens, et inter amaras lacrymas de dulcissima Domini miseratione confidens. Terrena non expetat, sed cœlestia concupiscat : sit segregata desiderio corporeo, et tantum juncta divino; sit tota denique spiritualis, habens solas lacrymas carnis. Nam quem oras, contemplatione mentis (quantum fas est) appete contueri, et agnoscis qualis ante ipsum debeas prostratus offerri. Ille enim est, sicut dicit Apostolus, *Beatus et solus potens, Rex regum, et Dominus dominantium, qui solus habet immortalitatem, et lucem habitat inaccessibilem, quem nemo hominum vidit, sed nec videre potest* (I Tim. vi, 15, 16). Quapropter ad talem tantumque Dominum cum omni timore vel dilectione debemus accedere, et ita in eum dirigere mentis intuitum, ut quidquid potest splendoris, claritatis, fulgoris, majestatis, mens humana concipere, super hæc omnia cognoscas esse Deum, qui omnes creaturas suas incomparabili bonitate dispensat. Nec falsa præsumptione nobis aliquid imaginemur : quoniam arcana substantia Dei quæ fecit omnia, sicuti est, creaturarum scientia non potest comprehendi. Nulla enim forma in Deo, nulla circumscriptio est. Natura inæstimabilis, virtus incomprehensibilis, pietas singularis. De quo nimis congrue pronuntiatum est : Deus potest dici quod non est, non potest comprehendi quod est. Ad hunc igitur omnipotentem, sine initio, sine fine, qui universas mundi omnemque creaturam suam commeat atque replet, sic tamen ut in seipso ubique sit totus, malos non præsentia, sed gratiæ suæ virtute derelinquens : Quod Pater Augustinus ad Dardanum scribens, latius explicavit (Epist. 57, in resp. ad quæst. 1). Salutariter nos admonet festinare sermo propheticus, dicens : *Venite adoremus, et procidamus coram Domino; ploremus ante Deum* (Psal. xciv, 6). Et ne omnino fluctuantes ac trepidi linqueremur, addidit, *qui fecit nos*; ut cum nos ab ipso creatos esse cognoscimus, factorem nostrum fiducialiter exoremus. Tunc quod a nobis humillter in divina laude dicendum est, in ipsa pene oratione sentitur, cum a Domino clementer audimur, si nobis tamen expediat obtinere quod petimus. Nullus enim ingratus a superna donatione repellitur, cui petere simplici ac devota mente conceditur. Tantum se enim aliquis impetrasse veniam sentit, quantum pias lacrymas fudisse cognoscit. Est et aliud nostræ provectionis indicium; ut quanto quis se plus amare et timere cognoverit Deum, tanto necesse est ut illi divinum propinquet auxilium. Sic beneficio Domini omnis diabolica fraus vincitur, sic ipso miserante peccata superantur. Dicta sunt quidem de oratione quantum et mediocritas ingenii, et loci qualitas postulavit. Si quis vero de hac re plenissima cupit ubertate satiari, legat facundissimum Cassianum, qui in nona et decima collationibus, tanta et talia de orationum generibus disputavit, ut evidenter per ipsum Spiritus sanctus locutus fuisse videatur.

PSALMUS CXLII.

Psalmus David, quando eum filius suus persequebatur.

Historia hæc Regum quidem lectione notissima est (*I Reg.* xv). Nam filius David Abessalon regno fugatum patrem suum impie cognoscitur persecutus. Quæ similitudo (sicut quidam volunt) ad omnem porrigitur Christianum, qui peccatis sævientibus, tanquam a filiis propriis in mundi istius acerbitate vexatur. Sed contra hæc pœnitudo remedialis opponitur, quam hic psalmus continere monstratur. Memento tamen quod hæc historia, et in tertio psalmo jam posita est; sed ibi Abessalon propterea nominatus est, quoniam exemplum ejus ad solum Judam voluit pertinere. Hic vero nomen ipsius positum non est, ut sicut jam prælocuti sumus, ad vitia sua æstimaret dictum unusquisque fidelium.

481 *Divisio psalmi.*

Quamvis propheta plurimorum pœnitentium meditatione fuerit exercitatus, tamen quantum futuris laudibus reddebatur vicinus, tanto compunctione cordis ad pœnitentiæ lavacra convertitur, ut salutari suffugio competenter ablutus, conspectibus Domini mundissimus appareret. Merito, ne illam sententiam confusionis audiret : *Peccatori autem dixit Deus : Quare tu enarras justitias meas* (*Psal.* xlv, 16)? Prima itaque deprecatione rogat Dominum Christum, ne cum servo suo velit intrare in judicium : sed perturbationi suæ misericordiam ipsius supplicat subvenire. Secunda, velociter pervenire se petit ad veniam; ut deductus in viam veritatis, ab inimicorum liberetur insidiis.

Expositio psalmi.

Vers. 1. *Domine, exaudi orationem meam; auribus percipe deprecationem meam in veritate tua; exaudi me in tua justitia.* Nisi altius perscrutemur, commata versus istius sibi videntur esse contraria. Nam cum primum propheta petat humiliter admitti orationem suam, postea se exaudiri in ejus justitia deprecatur. Sed totum ad lacrymabilem confessionem pertinere non dubium est, maxime cum hic psalmus ad humilitatem pœnitentium probetur aptatus. Veritas enim et justitia ipsius est : ne cum rogante disceptet, ne ad judicium illum trahat, qui se hic prius ipse condemnat. Superbos enim Dominus ad examen adducit, qui se bona putant habere negotia; et solus ille judicium probatur evadere, qui recurrit ad preces. Non enim divina majestas austera potestate severa est, ut illos velit affligere qui se hic peccatorum suorum recordatione discruciant. Nam vide quid sequitur.

Vers. 2. *Et non intres in judicium cum servo tuo, quoniam non justificabitur in conspectu tuo omnis vivens.* Apertum est qua voluntate justitiam Domini petebat, qui nunc dicit : *Non intres in judicium cum servo tuo.* Nam si justitia judicium significasset, hoc petere non poterat quod pavebat. Nec moveat quod Judici dicitur : *Non intres in judicium cum servo tuo.* Ipse enim hanc formam locutionis ostendit, dicendo : *Judicate inter me et vineam meam* (Isa. v, 3). Sequitur, *quia non justificabitur in conspectu tuo omnis vivens.* Causa reddita est quare noluerit ad judicium venire cum Domino; ut non sola potestatis reverentia, sed etiam ipsa videatur justitiæ regula formidata. Sic enim scriptum est : *Conclusit Deus omnia in incredulitate, ut omnium misereatur* (Rom. xi, 32). Sed cum dicitur, *omnis vivens*, hominem significat generalem, ubi et infantum vita concluditur, qui originali peccato nisi aqua regenerationis abluantur, obnoxii sunt. Unde et Job veracissime dicit : *Nemo mundus ante te, nec infans cujus est unius diei vita super terram* (Job xv, 14). Et in quinquagesimo psalmo jam dictum est : *Ecce enim in iniquitatibus conceptus sum, et in delictis peperit me mater mea* (*Psal.* l, 7). Cujus enim erat tanta justitia, ut non aliquo tempore, aliqua ætate peccaverit, qui et per traducem delicti tenemur obnoxii, et quotidianis lapsibus addimus, ut nunquam per nos, nisi per divinam gratiam liberi esse possimus? Quapropter desinat hæresis Pelagiana desipere, quæ tam multis Scripturæ divinæ sententiis priusquam inciperet, ante damnata est.

Vers. 3. *Quia persecutus est inimicus animam meam; humiliavit in terra vitam meam.* Quamvis titulus de Abessalon dicere videatur, tamen bene inimicus impersonaliter ponitur, ut hoc de diabolo sentiamus. Humiliatur autem in terra, cujus carnalibus actionibus vita polluitur, non illa humilitate probabili, sed declinatione vitiosa. Quod merito propter afflictionem specialiter exprimendam pœnitens ait, qui in alio psalmo dixit : *Quia cinerem sicut panem mandu-*

cabam, et potum meum cum fletu temperabam (Psal. CX, 10).

Vers. 4. *Collocavit me in obscuris sicut mortuos sæculi; et anxiatus est in me spiritus meus, in me turbatum est cor meum. Memor fui dierum antiquorum.* Collocavit deputavit significat, more furentium inimicorum, qui sic hominem contemnunt odiosum, quasi jam judicent et sepultum. *In obscuris* enim revera *collocatus est*, qui post regni culmina persecutionis patiebatur injuriam. Et *sicut mortuus sæculi habitus est*, in quo nec prophetalis, nec regni reverentia, nec ipse quoque paternus considerabatur affectus. Mortui enim sæculi sunt, qui in peccatis suis defecisse noscuntur. Et ideo vir tot bonorum juste se deflet sic fuisse despectum, ut crederetur nullatenus vindicandus. Sequitur, *Et anxiatus est in me spiritus meus, in me turbatum est cor meum.* Anxius spiritus vicinitatem periculi prodit; turbatum cor, humanam sapientiam testatur esse confusam; ut spem suam amplius in Domino reponeret, cum virium suarum confidentiam non haberet. Addidit, *Memor fui dierum antiquorum.* Juste cor ejus fuerat turbatum, quoniam memor erat ingentium peccatorum. Ipsi sunt enim antiqui dies, veteris illius hominis antiquitate fuscati. Nam sicut hic novitas prodit innocentiam vitæ, sic antiquitas scelera facta testatur.

Vers. 5. *Et meditatus sum in omnibus operibus tuis, et in factis manuum tuarum meditabar.* Ad curam rediit salutaris agnitio, quatenus cum divina opera recoleret, ærumnarum suarum memoriam non haberet. *Opera* enim Domini dicit, quibus cœlum terramque mirabili dispositione fundavit, quibus cum patriarchis bona fecit, quibus populum per mare transtulit Hebræorum; quæ se dicit frequenter iterasse, ut amaritudinem mundi suavitas excluderet lectionis. Quod exemplum pro maximo remedio positum debemus accipere, ut nos quoque similis possit medicina salvare.

Vers. 6. *Expandi manus meas ad te; anima mea sicut terra sine aqua tibi.* Licet innumeris locis prophetaverit Domini Salvatoris adventum, hic etiam extensione manuum sanctæ crucis designavit effigiem. Nam qui expansis manibus orat, illam crucem Redemptoris imitatur, quæ licet a perfidis Judæis pro pœna data est, concessa tamen est credentibus ad salutem. Sic et Moyses, quando cum Amalecitis pugnabat, efficit: vincebat cum manus expanderet, perdebat si brachia remisisset (*Exod.* XIX, 11). Sequitur comparatio, in qua dicit sic animam suam desiderare Deum, quemadmodum solet sicca terra copiosas pluvias sustinere. Tale est et illud quadragesimi primi psalmi initium: *Sicut cervus desiderat ad fontes aquarum, ita desiderat anima mea ad te, Deus* (Psal. XLI, 2). Intuere quod dixit, *tibi*, non alteri, ne istud desiderium malis voluntatibus applicares.

Vers. 7. *Velociter exaudi me, Domine: defecit spiritus meus. Ne avertas faciem tuam a me; et similis ero descendentibus in lacum.* Post exordium decursum, venit ad luctuosissimam narrationem, petens sibi imbre misericordiæ celerrime subveniri, ne spretus a Domino redigeretur in pulverem, et vento superbiæ dissipatus, a terra promissionis redderetur alienus. Et ut velocius potuisset audiri, *defecisse dicit in se spiritum suum.* Quod per nimias tribulationes solet contingere his qui passionum diversarum pondere prægravantur, sicut et in trigesimo septimo psalmo idem pœnitens dicit: *Cor meum conturbatum est in me, et deseruit me fortitudo mea* (Psal. XXXVII, 11). Sequitur, *Ne avertas faciem tuam a me; et similis ero descendentibus in lacum.* Averterat prius faciem suam Deus propter insolentiam peccatorum, sed nunc petit ut ad ipsum respiciat, quia se compunctis supplicationibus inclinabat. Convenit enim misericordiæ ipsius ut humiles respiciat, qui superborum corda contemnit. Lacum vero inferiorem locum intelligere debemus inferni, ubi impii æterna pœna mergendi sunt. His ergo pares sunt qui divinam potentiam respuerunt, et vitiantes illam imaginem in qua creati sunt, forma diabolicæ damnationis induti sunt. Bene autem dictum est, *descendentibus*, quoniam ad ima merguntur qui illuc intrare merebuntur. Petit ergo ne superbis similis fiat, qui peccata sua humili satisfactione deplorat.

Vers. 8. *Auditam fac mihi mane misericordiam tuam, quia in te speravi.* Auditam misericordiam, clementiam dicit Domini toto orbe notissimam, qua supplicantibus præstat, indulget afflictis; et ut ipse audiat quod in Evangelio dictum est: *Fili, dimissa sunt tibi peccata* (Matth. II, 5). *Mane* tempus veniæ designat; tunc enim menti elucescit, quando ad eam felici sorte pervenerit. Nam post noctem peccatorum, merito *mane* dicitur, quando culpa laxatur. Sive ad resurrectionem pertinet audiendam, quando angelus Mariæ dixit: *Ite, dicite discipulis ejus et Petro: quoniam, sicut dixit, resurrexit a mortuis* (Idem, XVI, 7). Causa quoque sequitur quæ debeat obtinere, quando spes in illum fuit, qui nescit probabiliter in se decipere confidentes. Et intuere quia et alias petitiones suas in consequentibus tali ratione confirmat. Quæ figura dicitur ætiologia, id est causæ redditio.

Vers. 9. *Notam fac mihi viam in qua ambulem, quia ad te, Domine, levavi animam meam.* Cum a Deo petit *notam sibi fieri vitæ viam*, ostendit quoniam hæc via hominibus habetur incognita. Illius enim lucerna hoc iter ostendit, illius lumen semitas istas aperit *qui illuminat omnem hominem venientem in hunc mundum* (Joan. I, 9); sicut et in trigesimo primo psalmo jam dictum est pœnitenti: *Intellectum tibi dabo, et instruam te in via hac qua gradieris* (Psal. XXXI, 8). Quapropter merito rogat propheta ut ei Dominus viam salutis ostendat, et sic semper notam habeat, ne de ejus corde aliquando discedat. Subjungitur quoque solemnis illa confessio: quoniam illud nos postulata mereri facit, si animam nostram non carnali gravamine inclinemus ad mundum, sed spirituali juvamine levemus semper ad Dominum.

Vers. 10. *Eripe me de inimicis meis, Domine; ad te confugi.* Hoc quamvis propheta secundum propositum titulum de inimicis carnalibus dicere videatur, tamen ad dæmones inimicos debet referri, qui jugiter circumdant fideles, ut eis possint spem Divinitatis auferre; sicut Apostolus dicit : *Non est vobis colluctatio adversus carnem et sanguinem, sed adversus principes et potestates, rectores tenebrarum harum* (*Ephes.* VI, 12). Dicit enim : *ad te confugi*, quod illi soli faciunt, qui ejus jussionibus obsequuntur, Adam enim postquam inobediens fuit, Dominum refugit; et ideo hic contrario modo religiosæ mentis declaratur indicium, quoniam post reatum peccati non fugisse Dominum, sed confugisse se dicit ad Dominum.

Vers. 11. *Doce me facere voluntatem tuam, quia tu es Deus meus.* Nolebat prorsus errare qui tanti magistri cupiebat esse discipulus. Dicit enim : *Doce me*, tanquam ignarum, tanquam imperitum, tanquam nihil de sua virtute præsumentem. Quem sensum Apostolus ponit cum dicit : *Si quis existimat se scire aliquid, necdum cognovit quemadmodum eum oporteat scire* (*I Cor.* VIII, 2). Addidit, *quia tu es Deus meus.* Fida petitio, competens ratio, a clemente Domino ideo postulare beneficium, eo quod ipse sit Dominus supplicantis.

Vers. 12. *Spiritus tuus bonus deducet me in viam* [ed., *terram*] *rectam.* Intueamur quid sibi velit quod dicit : *Spiritus tuus bonus.* Designatur enim per hoc nomen Deum esse Spiritum sanctum : scriptum est enim : *Nemo bonus nisi solus Deus* (*Marc.* x, 18). Legitur et Pater bonus, ut est illud : *Pater bone* (*Joan.* XVII, 11). Legitur etiam de Filio, ut est illud : *Ego sum Pastor bonus* (*Ibid.*, x, 11). Sic per istam communionem nominum sanctæ Trinitatis æqualitas semper virtusque declaratur. *Spiritus autem bonus deducet nos in viam rectam*, quando corpus nostrum suis regulis subdit, et fit illis institutionibus indevium, quod peccatorum fuerat pravitate distortum. Sed hoc humana non potest virtute compleri. Ipse enim nos recreando efficit rectos qui est, et creare dignatus. Sive *terram rectam*, illam significat futuri sæculi, ubi recti ambulabunt, et cum Domino magna semper exsultatione gaudebunt.

Vers. 13. *Propter nomen tuum, Domine, vivificabis me in æquitate tua; educes de tribulatione animam meam.* Hic gratia clementissimæ Divinitatis ostenditur, quæ nihil nostris meritis reddit, sed totum indulgentiæ suæ largitate concedit. Nam *vivificandum se propheta non dicit ex propriis factis, sed ex nomine Domini Christi*, cujus est revera nominis salvare fideliter postulantes. Sed cum gratia commendetur, et æquitatis ibidem mirabiliter momenta miscentur. Nam quamvis omnia gratis donet, justitiæ ipsius est supplicantes vivificare, quos spiritus immundos crudeliter cernit impetere. Sequitur, *educes de tribulatione animam meam.* Educuntur de tribulatione tanquam de carceribus animæ sanctæ, quando concessa venia de isto sæculo præcipiuntur exire. Hic enim affliguntur devoti, cruciantur justi; sed defectus istius lucis sanctis terminus est laborum. Ideo enim **493** clamat Apostolus : *Cupio dissolvi et esse cum Christo* (*Philip.* I, 23).

Vers. 14. *Et in misericordia tua disperdes inimicos meos, et perdes omnes qui tribulant animam meam, quoniam ego servus tuus sum.* Completa est illius lætitiæ plenitudo mirabilis. *In misericordia enim disperduntur inimici*, quando compunctionis studio ab sceleratis cogitationibus abstrahuntur. Quod ad illos pertinere non dubium est, qui pœnas debitas remedio supplicationis evadunt. Addidit, *et perdes omnes qui tribulant animam meam, quoniam ego servus tuus sum.* Hic jam tempore judicii per justitiam perdendos dicit esse diabolum et omnes impios qui in sua obstinatione moriuntur. Quos ideo dicit *tribulasse animam suam*, quia ipse in Dei servitio permanebat; et necesse est istos in judicio perire, qui tales animos probantur assumere, ut innocentes viros ideo persequantur, quia Dei famulos esse cognoscunt. Ecce regula illa pœnitentis impleta est, ut post afflictiones ærumnasque cruciabiles exsultatione conclusa sit.

Conclusio psalmi.

Finita est quidem afflictio supplicantium, et felicium cursus ille lacrymarum. Sed diligentius perscrutandum est quid sibi velit pœnitentium istorum septima deprecatio. Inchoavit enim a psalmo sexto, venit ad trigesimum primum, deinde ad trigesimum septimum, inde ad quinquagesimum, inde ad centesimum primum, deinde ad centesimum vigesimum nonum, ac postremum ad præsentem centesimum quadragesimum secundum. Forte ut, sicut in hac hebdomada peccamus, quam mundi istius temporis ductus excurrit, ita et in eodem numero remedialis pœnitentiæ munere salvaremur. Illud autem (sicut sæpe monuimus) magnopere contuendum est, quia psalmi ipsi ab afflictionibus inchoant, et in gaudiis desinunt : ne quis de venia desperaret, quam in ipsis precibus positam esse cognosceret. Oratores sanctissimi, cœlestes patroni, qui peccatorum nexibus implicatis salutis iter aperiunt. Sed cum isti singillatim delicta nostra nos deflere commoneant, et ad spem gaudiorum Domini promissione perducant, exstat tamen et illud Ninivitarum efficacissimum supplicationis exemplum, ubi cuncta ætas ingemuit, ubi sensit pecus omne jejunium; et tantum valuit afflictio generalis, ut veritatem potuisset propheticam superare sermonis. Facti sunt enim de formidantibus securi, de tristibus læti; et vitæ sunt redditi, qui probabantur morte damnati. Quapropter desideremus pœnitentiam humani generis salutare remedium, flentium consolationem, semen solatium gaudiorum, quæ et singulis quibusque spem certissimam tribuit, et superæ gratiæ donum supplicantibus in commune concedit.

PSALMUS CXLIII.
David ad Goliam.

Cum historia præsentis tituli primis prophetæ temporibus, id est ante regnum ejus fuerit peracta: tamen pro magnitudine sacramenti sui, locis emeritis vocatur ad medium; ut totum in psalmis mystice et dictum et positum esse cognosceres, quod expressius in conclusione dicemus. Illud tamen meminisse nos convenit, bellum istud Davidicum, ad designandum certamen Domini Christi fuisse præmissum; ut sicut iste Goliam saxei teli dimicatione prostravit, ita per petram, qui est Dominus Christus, fortitudo diabolica vinceretur. Unde et in hoc psalmo similitudines istæ servatæ sunt. Non enim hic sola victoria illa describitur quæ Regum volumine continetur (*I Reg.* XVII), aut pro ipsa tantum gratiæ referuntur; sed multa sunt quæ certamini conveniunt Domini Christi; quod suis locis congruenter exponemus. Quapropter sciamus hunc psalmum quartum esse eorum qui per actus David significant Domini futura mysteria; ut evangelici calculi honore sacrati, per totum mundum reverendi atque mirabiles redderentur.

Divisio psalmi.

Post interfectionem Goliæ quam mystica diximus operatione completam, in prima parte propheta Domino gratias agit, peracti belli discrimine se fuisse liberatum : deprecans ut cito Domini declaretur adventus, per quem diabolus victus est, et quasi spiritualis belli quod Golias figuraliter gessit, est secuta perfectio : tunc enim fideles sunt a magno discrimine liberati. Secunda in Novo et Veteri Testamento propheta Domini se psallere compromittit, liberatus a pessimis inimicis, qui beatitudinem suam in sæculi istius felicitate posuerunt; beatos autem illos tantum definiens quorum est Dominus Deus eorum.

Expositio psalmi.

Vers. 1. *Benedictus Dominus Deus meus, qui docet manus meas ad prælium, et digitos meos ad bellum.* Victor hostis sævissimi, et superator immanium vitiorum, post triumphum patratum, quando maxime insolens peccat humanitas, nulla se propriæ præsumptionis elatione jactavit; sed Domini virtutibus totum applicans, laudes ejus devota exsultatione concelebrat. Nam quæ sit causa benedictionis adjecit : *Qui docet manus meas ad prælium.* Docuit manus ejus ad prælium, quando sic opportune omnia fecit, ut desideratæ victoriæ consequeretur effectus. Non enim exercitio armorum aut aliqua prælusione constat imbutum; sed hosti suo subito apparuit egregius, qui etiam in domo patris sui pridem videbatur esse despectus. Sequitur, *et digitos meos ad bellum.* Sicut superius manus operationem, ita et hic digitos salutaria consilia possumus fortassis advertere, quæ de corde nostro velut quidam radii prosiliunt, dum aliqua subtilitate causas necessarias obtinere contendunt. Est enim istud nomen multarum significationum, sed pro locorum diversitate accipiendum esse cognoscitur, ut est illud Isaiæ : *Qui appendit tribus digitis molem terræ* (*Isaiæ* XL, 12); quod ad sanctam Trinitatem nonnulli æstimant esse referendum. Et in Exodo : *Hic digitus Dei est* (*Exod.* VIII, 19); quem Spiritum sanctum Patres intelligere voluerunt. Item ibi : *Accepit autem Moyses duas tabulas scriptas digito Dei* (*Ibid.*, XXXI, 18); et cætera quæ in hunc modum reperies esse variata. Sive idem significat, *digitos meos ad bellum,* quod, *manus meas ad prælium.* Quæ figura dicitur epimone. Latine repetitio crebra sententiæ. Quod et nos quoque bene dicimus, cum hostis antiquus crucis signo destruitur, et petræ soliditate quassatur.

Vers. 2. *Misericordia mea et refugium meum; susceptor meus et liberator meus; protector meus, et in ipso speravi : subjiciens populos sub me.* Nomina ista de beneficiis collatis sine dubitatione venerunt; ut quia multiplices causas in uno psalmo retexere prolixum fuit, brevitatis compendio proderentur. Quæ figura dicitur hypozeuxis, quando diversa verba causis singulis apta redduntur. *Misericordiam* quippe cum ipso fecit Dominus, quando eum de fratribus suis ultimum per Samuelem prophetam ad regale culmen elegit. *Refugium,* quando contra tam immanissimum hostem consilium dedit, ut eum petra dejiceret cum quo non poterat armorum pondere dimicare. *Susceptor* fuit, quando eum fecit a Saule in generum suscipi, ut suo Domino jungeretur, qui prius fuerat servientium conditione subjectus. *Liberator* fuit, dum eum a periculo regiæ indignationis eripuit. *Protector,* quando in spelunca latens in Saulem regem jus ultionis accepit. Unde singulis nominibus decenter expressum est, quod ei fuerat Domini largitate concessum. Et vide quid sequitur : *et in ipso sperabo.* Post tanta beneficia vir sanctus scivit a tali spe non esse cessandum; sed quanto plus ab eo acceperat, tanto magis amplius expetebat. Addidit, *subjiciens populos sub me.* Sive hoc de futuro dicit, quia populis imperaturus erat; sive magis populos sibi memorat esse subdendos, quos in spiritu videbat semini suo, id est, Christo Domino subjugandos, sicut in secundo psalmo ait : *Postula a me et dabo tibi gentes hæreditatem tuam* (*Psal.* II, 8).

Vers. 3. *Domine, quid est homo? quod innotuisti ei, aut filius hominis? quoniam reputas eum.* Audiamus regem plus suis motibus imperantem; ut post tot insignia virtutum tanta gratia Domini protectus, non solum se fateatur exiguum, sed etiam humanum genus divinis beneficiis per se demonstret indignum. Annulat enim cum dicit : *Quid est homo?* quasi pulvis qui vento flante transfertur : quasi limus in terram liquidam resolutus, qui habere non potest firmitatem. Quapropter *quid est homo?* sub interrogatione et despectu pronuntiandum est. Huic infertur laudativa responsio, *quod innotuisti ei.* Quale est enim, ut ille cœli terræque fabricator per assumpti corporis veritatem, usque ad hominum dignatus fuerit venire notitiam, et rectis fide innotuerit inæstimabile deitatis arcanum? Quæ figura dicitur erotesis, id est opposita a contrario interrogatio. Simili modo interrogandum est: *aut filius hominis?* Idem respondeatur, *quoniam reputas eum;* utique in ovibus tuis, in numero praedestinatorum, in illa Jerusalem beata ubi semper justi de Domini contemplatione gaudebunt.

Vers. 4. *Homo vanitati similis factus est; dies ejus sicut umbra praetereunt.* Exponit definitive quod superius breviter dixit: *Quid est homo?* id est] *vanitati similis factus*, non plasmatus. Adam enim quando creatus est, verax, simplex, purus, immortalis fuit; sed postquam femina suggerente peccavit, *factus est vanitati similis*, quoniam et mutabilis et mortalis effectus est. Vanum enim illud dicimus, quod de sua substantia cadens, in auras tenues evanescit, ut fumus, ut umbra. Cujus rei ipse comparationem dedit, dicens: *Dies ejus sicut umbra praetereunt.* Merito quando umbra videtur, videtur quidem, sed firmitatem non habet permanendi; nam discedente corpore per quod fit, ipsa quoque evanescit ac disperit. Talis ergo est post peccatum Adae hominum vita, nisi beneficio Domini fuerit confessione reparata.

Vers. 5. *Domine, inclina coelos tuos, et descende; tange montes, et fumigabunt.* Erupit in apertam prophetiam de Domino Christo: illam sententiam paulo latius aperiens, quam superius breviter dixit, id est *quod innotuisti ei.* Tunc utique aspectu innotuit homini, quando in humilitate sanctae incarnationis apparuit: quia *cum in forma Dei* maneret, essetque Deo Patri coaeternus atque aequalis, *exinanivit seipsum, formam servi accipiens* (*Philip.* II, 7). Unde merito dicitur: *Inclina coelos, et descende:* quoniam ista fieri nisi inclinata divina potestate non poterant. Inclinatio enim coelorum fuit, quando ad hominem liberandum honor supernorum virtusque descendit. *Montes* hic superbos homines debemus accipere, et diabolica iniquitate praetumidos, quos Dominus tetigit, quando eis compunctionem piae conversionis attribuit. *Fumigaverunt* autem, dum [ed., quando] crebris suspiriis continuisque gemitibus sua peccata ploraverunt. Crassus enim fumus ore vomitur, cum se in planctum vitalem mortalis corporis compago commoverit.

Vers. 6. *Corusca coruscationes tuas, et dissipabis eos; emitte sagittas tuas, et conturbabis eos.* Ecce jam Christi dicitur bellum, et quemadmodum diabolica turba fuerit superata narratur. Sed quamvis coruscationibus et sagittis dicat esse pugnatum, petra tamen hoc fecit, qui est Dominus Christus. Venit a contrario in frontem diaboli, quoniam semper mandatis ejus adversus est. Confracta est frons illa durissima, inverecunda, importuna, quae ante adventum Domini veritati resistebat invicta. Hoc revera Christi dicendum est bellum, quia illud David figurativum fuit praelium, imaginem portans istius veritatis impletae. Dicit enim: *Corusca coruscationes tuas, et dissipabis eos.* Quod argumentum dicitur a conjugatis. *Coruscavit* enim *coruscationes* suas, quando tenebrosis peccatoribus prophetarum praedicationibus lumen suae veritatis infudit. *Dissipavit* autem **485** dispersit signi-

ficat; ut qui ante fuerant idolorum culturis dediti, subinde ad Ecclesiae catholicae septa confugerent. Sequitur, *emitte sagittas tuas, et conturbabis eos.* Sagittas apostolos significat, qui veritate praedicationum tanquam jacula pennata hominum pectora transfoderunt, sanitatem mentium sacris vulneribus operantes. *Eos* autem, ad montes referendum est, quos in versu superiori memoravit.

Vers. 7. *Emitte manum tuam de alto, eripe me et libera me de aquis multis, de manu filiorum alienorum.* Hic ad Patrem verba convertit. *Manum* dicit Dominum Salvatorem; ipse enim manus est Patris, per quem facta constant universa: quem venire deprecatur, ut liberari [mss. G., A., liberare] possit genus humanum. *De alto*, de potestatis excelso, ubi cum Patre regnat parilitate virtutis et unitate substantiae. Petit ergo se de multitudine aquarum propheta liberari, id est a populis undosis, et velut procella saevissima concitatis. *Aquas* enim populos significare notissimum est, sicut Isaias dicit: *Propter hoc ecce Dominus inducet super vos aquam fluvii validam et multam, regem Assyriorum* (*Isai.* VIII, 7). Sed a quo populo se petiverit *liberari* subjecit dicens, *de manu filiorum alienorum*, id est de potestate eorum qui fidelibus parcere nesciunt, quoniam adverso patre nascuntur. Sed quamvis hoc historice de allophylis dicere videatur, tamen melius intelligitur de his qui diabolo patre generantur; de quibus in Evangelio dictum est: *Vos a patre diabolo estis* (*Joan.* VIII, 44). Ipsi sunt enim filii alieni, qui ab Ecclesia matre catholicorum habentur extranei.

Vers. 8. *Quorum os locutum est vanitatem, et dextera eorum dextera iniquitatis.* De ipsis adhuc populis dicit a quibus se petiit debere liberari, ut quanto illi sunt crudeles et pessimi, tanto iste celerius audiatur. Os eorum vana loquitur, quoniam a divinis regulis discrepare praesumunt. Vanum est enim omne quod veritati contrarium est. Et quamvis dextera frequentissime ponatur in bonis, impiorum tamen sic iniquam dicit, ut potius sinistra esse videatur. Nam cum mundanas res praecipuas atque appetibiles putant, prospera aestimant quaecunque virtuti contraria sunt.

Vers. 9. *Deus, canticum novum cantabo tibi; in psalterio decem chordarum psallam tibi.* Venit ad ordinem secundum, in quo se post liberationem spiritualium nequitiarum et immanium populorum, per *novum canticum* propheta gratias agere Domino pollicetur: ubi est novi hominis institutio et legis veteris plenitudo. *Novum* vero *canticum* est de quo in alio psalmo dictum est: *Cantate Domino canticum novum* (*Psal.* XCVII, 1). Et ut ipsam ostenderet novitatem, subjecit, *cantate Domino, omnis terra.* Novum enim merito dicitur, quia dum non sit a Judaeis receptus, quibus promissus fuerat ut veniret, transivit ad gentes. Novum est etiam, quod nos corpore et sanguine suo saginare dignatur. Novum quod per aquam regenerationis absolvit, et his similia, quae per adventum Domini nova institutione patuerunt. Sequitur, *in psalterio decem chordarum psallam tibi.* Psalterium decem chordarum est Decalogus, qui datus est tribubus Hebræorum. Et ut ambo Testamenta unum habere manifestaret auctorem, in utrisque se Christo Domino psallere compromisit.

Vers. 10. *Qui das salutem regibus, qui liberas* [mss. A., B., F., *redemisti*] *David servum tuum de gladio maligno. Reges*, homines justos significat et veraces, qui regunt, ut diximus, adjutorio Domini corpora sua. Istis ergo *regibus* Dominus *dat salutem*, cum eos a vitiis carnalibus liberos facit; de quibus in Sapientia dicitur : Dat regnum regibus (*Sap.* ix, 7). *Liberas David*, ad pugnam respicit Goliæ; ut qui liberatus fuerat corporaliter, spiritualiter victor esset immanium quoque vitiorum. *De gladio maligno*, diaboli significat potestatem. Quia et Domini gladius legitur; sed illum benignum esse non dubium est, sicut dicit in Evangelio : *Non veni pacem mittere in terram, sed gladium* (*Matth.* x, 34). Quapropter malignus est gladius diaboli, quia dividit a bonis; benignus est autem gladius Domini, quoniam separat a malis.

Vers. 11. *Eripe me, et libera me de aquis multis, et de manu filiorum alienorum, quorum os locutum est vanitatem : et dextera eorum, dextera iniquitatis.* Hunc versum et in prima parte jam dixit; quem ideo repetit, ut detestabiliores iniquos homines reddat ipsa geminatio.

Vers. 12. *Quorum filii sicut novellæ plantationes, stabilitæ a juventute sua.* Primis versibus de malis disputans impiorum, eos detestabiles reddit : nunc etiam bona ipsorum quæ videntur, accusat; ut ubique dedecus habeant, cum et ipsa gloria ipsorum abominata respultur. Filios eorum dicit, qui pravi dogmatis prædicatione generantur. Isti novellis plantationibus exæquantur, quia nulla a Patribus tradita prædicatione viguerunt, sed exquisitis novellis erroribus pullularunt, male stabiliti pessima radice defiguntur. Non enim de prophetis, non de apostolis, non de aliqua divina auctoritate firmati sunt; sed voluntaria perversitate novitatis, a sanctæ Ecclesiæ unitate discreti sunt. Et intuendum est quod in centesimo vicesimo septimo psalmo dederit fidelibus hanc similitudinem; sed ibi filios sanctorum circa mensam dicit Domini constitutos, hic vero quia communicationem non habent rectam, altare eis sacratissimum submovetur.

Vers. 13. *Filiæ eorum compositæ : circumornatæ ut similitudo templi.* Consideremus quam subtiliter et frequenter a catholicis segregavit hæreticos. In prima comparatione altare eis abstulit, nunc in secunda filias introducit, quas in memorato psalmo catholicæ non dedit Ecclesiæ. Primum quod sexus iste frequenter variis ac fluxis cogitationibus datur; quia constantiæ non habet vires, cum frequenter in diversa vota traducitur. Deinde dicit eas non naturaliter pulchras, sed hominum voluntate compositas. Tertio cogitationes vel prædicationes eorum, quas feminis comparaverat, non dicit habere veram Ecclesiam, sed similitudinem templi. Similitudo quippe non habet veritatem, sed alicujus subsistentis rei portat imaginem.

Vers. 14. *Promptuaria eorum plena, eructantia ex hoc in illud, Promptuaria* quæ cellaria vulgus appellat, hæreticorum corda significant, ubi diversarum rerum species epulæque repositæ sunt. Ista quantum copiose farcita sunt, tantum diversas eructationes pessimæ exaltationis [*Leg.* exhalationis] emittunt. Quos si auctoritate convincas, ad interpretationum nequitias transferuntur. Cum inde quoque fuerint (Domino juvante) superati, ad sophistarum se versutias calumniasque convertunt, vagi, instabiles, quia radicem nequeunt habere veritatis. Sic merito asperis odoribus comparata sunt, quæ simplicium corda fetido sermone decipiunt.

Vers. 15. *Oves eorum fetosæ, abundantes in egressibus suis.* Hoc magis ad litteram congruenter accipimus : quia propositum prophetæ est tales ostendere, caduca tantum et temporalia possidere. Hi fetosum videntur habere peculium, dum ipsi fide steriles esse doceantur. Abundans quippe dictus est, ab unda quasi redundans. Ipsa quoque pecora, quæ habere cernuntur, non dixit eos in ingressibus, sed *in egressibus* possidere, quia totum ab eis egreditur, quando ipsi quoque perituri esse monstrantur.

Vers. 16. *Boves eorum crassi* [ms. F. et ed., *crassæ*]. *Non est ruina maceriæ, neque transitus, neque clamor in plateis eorum.* Hic affluens facultas ostenditur, quorum boves non assiduo labore macri, sed deliciosa otiositate pinguissimi sunt : sed ipsi veritate tenues atque jejuni esse monstrantur. Sequitur, *Non est ruina maceriæ.* Adhuc felicitas describitur impiorum, quæ tamen in rebus transitoriis esse convincitur. *Maceries* est paries ex sola compositione saxorum, qui aut vineas claudit, aut hortorum culta communit. Quapropter eorum commemoratur tanta prosperitas, ut nec ipsa ruant, quæ in aliquam utilitatem videntur erecta. Subjicitur, *neque transitus, neque clamor in plateis eorum.* Hoc quoque vult ad sæculi istius felicia pertinere; ut quando se patres familias cupiunt reficere per quietem, non sit transitus per domos eorum, aut clamor oriatur turbidus in plateis : ne somnus eorum importuna loquacitate rumpatur, sed silentium sit cum voluat quiescere, occursus cum se amicos salutare præcipiunt. Quæ figura dicitur climax quando dictio gradatim ad superiora conscendit.

Vers. 17. *Beatum dixerunt populum cui hæc sunt; beatus populus cujus est Dominus Deus ejus.* Hic versus duas quidem, sed diversas probatur continere sententias. Una est eorum qui sibi videntur felices, altera vero beatorum. Ait enim : *Beatum dixerunt populum cui hæc sunt;* scilicet superiora quæ dicta sunt. Sic judicant qui veritatis discipuli non fuerunt, mundi divitias præferunt, et cœlestia regna contemnunt : beatitudinem putantes, aut oves fetosas aspicere, aut boves crassissimos possidere. Audite, male persuasi; audite, dementes, in sinistra poni quæ putatis esse magnifica. Sic enim de sapientia legitur: *In dextera ejus anni vitæ; in sinistra ejus divitiæ et gloria* (*Prov.* III, 16). Audiamus nunc quid dicatur de turba fidelium: *Beatus populus cujus est Dominus Deus ejus.* Post illam irrisionem quæ de sceleratis facta est, venit ad penetralia sapientiæ, hoc est ad vocem ipsam sanctissimæ veritatis. Definit enim veraciter qui sit *beatus populus*; scilicet, *cujus est Dominus Deus ejus.* Dicendo, *cujus est Dominus,* sanctos viros significat, et probabili se conversatione tractantes. Illorum enim Dominus non dicitur, qui ejus nequaquam prædicationibus acquiescunt. Ipsi enim Dominum habent Christum, qui et ejus servi specialiter nuncupantur. Addidit quoque, *Deus ejus,* id est quibus propitius esse dignatur. Sæpe enim sic legimus a fidelibus dictum: *Deus meus, et Dominus meus* (*Joan.* XX, 28). Nam si nos servi ejus integre dicimur, ille Dominus noster veraciter nuncupatur. Sic paucis verbis beati populi definitio plenissima veritate completa est.

Conclusio psalmi.

Triumphalis quidem psalmus auditus est; sed videamus quo pertineat ista victoria quæ specialiter ad similitudinem Ecclesiæ constat esse perfecta. Nam licet per istum sanctum virum multa Dominus religionis suæ sacramenta monstraverit, hoc tamen evidenter ad pugnas Ecclesiæ declarandas, quas spiritualiter patitur, probatur effectum; ut pastorali petra superbus caderet, cum se virium suarum præsumptione jactaret. Quapropter exemplar istud totius fidei gravidum hujusmodi debemus accipere. Golias ad diabolum pertineat cum ministris, David ad universum respiciat populum Christianum, qui inimicum suum terribilem petræ noscitur soliditate superasse. Illud quoque magnopere contuendum est, quod post tot psalmorum longissimam seriem, hic mundanarum rerum quasi quidam terminus videtur appositus. Neque enim post hunc aliquid aut de Ecclesiæ persecutionibus, aut de amaritudine sæculi, aut de passionibus martyrum, aut de tribulatione pœnitentium, aut de lamentatione fidelium, aut de Antichristi abominanda elatione narratur; sed reliqui septem in magnum mysterium divinis præconiis aptati, cœlesti lætitia videntur esse plenissimi. Nunc ad laudes Domini repulsis nubibus peccatorum, serenis mentibus accedamus.

PSALMUS CXLIV.
Laudatio ipsi David.

David Christum Dominum significare et nominis ipsius interpretatione docuimus, et per descensum carnis ex parente sic appellatum esse monstratum est. Sed dum hoc nobis constare videatur, illud magis diligenter arbitror perscrutandum, cur hic titulus singulariter contineat: *Laudatio ipsi David,* cum in omnibus psalmis ejus gloria prædicetur. Sed hic ideo distinctior clariorque posita est, quia completis omnibus quibus humana ignorantia fuerat instruenda, nunc ad sola præcipitur Domini vacare præconia, quæ laudes quadam distinctione suisque virtutibus in his septem psalmis sequentibus mirabiliter explicantur. Quorum proprietas in suis conclusionibus (sicut factum est et in præcedentibus) aperitur. Nec vacat quod hic septenario numero laudes Domini concluduntur, quod pœnitentium confessio tali calculo prænotatur, quod ipse Spiritus sanctus septenaria virtute prædicatus est: illud forsitan indicans sacramentum, quando Moysi Dominus præcepit ut in tabernaculo suo septem lucernas apponeret perpetuo lumine lucentes (*Exod.* XXV, 37). Sed cum nihil in Scripturis divinis probetur otiosum, maxime Hebræi alphabeti ordinem et hic non incassum arbitror per versuum capita custoditum, quem in duobus generibus hominum in vigesimo quarto psalmo diximus accipiendum. Nam cum totis litteris explicatur, justos designat, quibus nulla virtus per gratiam Domini deesse monstratur; cum vero non totis characteribus adnotatur, illos videtur ostendere qui in Ecclesia quidem sunt Domini, sed non adeo cunctis bonis operibus probantur esse perfecti. De hac enim mistura legitur: *Oves et boves universas, insuper et pecora campi* (*Psal.* VIII, 8). Sic isti alphabeto littera tantum una subtrahitur, ut non illos summos indicare videatur. Nam et Dominus in Evangelio dixit homini, qui se probabili conversatione tractabat: *Unum tibi deest: sed si vis esse perfectus, vende omnia tua, et sequere me* (*Marc.* X, 21). Sed cum omnes hoc non faciant, a perfecto aliquid minus habere noscuntur. Quapropter gratias agentes Domino jugiter supplicemus, qui tale nobis hic mysterium suæ pietatis ostendit; ut et nos qui maxima sumus meritorum parte curati, similia postulare præsumamus, quatenus ad laudes ejus æternas indulgentiæ ipsius munere pervenire mereamur. Sive magis quod postea reperi, imperfecti alphabetides indicant Ecclesiam, quæ hic adhuc agitur, et necdum est iniquorum sequestratione purgata; plenarii vero futuram significant Jerusalem, ubi jam perfectorum cœtus sanctorum electione complebitur. Quod etiam ipsi psalmi qui Hebræis litteris prænotantur, si diligenter inspicias, indicare noscuntur.

Divisio psalmi.

Laudatio Christi quæ a beato propheta proposita est, alphabeti Hebræi ordine decurrens, tribus narrationibus explicatur. Prima est laudis ejus infinita promissio, continens prædicti alphabeti litteras tres. Secunda dicit laudem Domini novem modis esse peragendam, habens litteras quatuor. Tertia parte quæ in secunda de præconio Christi breviter proposuit, paulo latius atque evidenter explanat, in fine commonens ab omni carne Dominum debere laudari; quæ pars retinet litteras quatuordecim. Illud tamen præ omnibus debemus intendere: quia sic dictum est unde Dominus laudari possit, ut tamen partes ipsæ inexplicabiles esse videantur. Verbi gratia, dicitur laudandus esse in operibus suis: sed quis ejus possit opera, ut dignum est, explicare? Dicitur de potentia: sed quis ejus potentiam enarrare prævaleat? Una ergo veritas est, sic per partes laudem dici Domino, ut tamen non credas eam sufficienter posse compleri.

Expositio psalmi.

Vers. 1. ALEPH. *Exaltabo te, Deus meus Rex, et benedicam nomen tuum in sæculum, et in sæculum sæculi.* Beatus propheta Spiritu divino completus, erupit in vocem, non humana sapientia præsumens, sed superna contemplatione illuminatus. Neque enim locale aliquid aut speciale dicitur, sed unde mundi imbecillitates cunctæ salventur. *Exaltabo te*, dictum est, notum te faciam prædicando quod es. Nam quemadmodum putetur aliqua laude Deus altior fieri, cum divina perfectio non possit augeri? *Rex meus* professio fidei est, quoniam ab ipso se dicebat regi, cui se noverat pura mente famulari. *Benedicere nomen* ejus est *in sæculum*, hic illi per psalmodiæ gratiam supplicare; quod qui dignus est facere, et in illa eum merebitur æternitate laudare. Sic enim sequitur, *Et in sæculum sæculi*, ubi jam nullus est finis; sed quod feliciter incipitur, perpetua jucunditate servatur.

Vers. 2. BETH. *Per singulos dies benedicam te, et laudabo nomen tuum in sæculum et in sæculum sæculi.* Superius dixit: *Exaltabo te, Deus.* Et ne forsitan humana negligentia semel crederet esse faciendum, necessarie commonitum est, *per singulos dies* : ubi revera mutua sibi alternatione succedunt. Sed qui hic per istos singulos dies benedicit Dominum, ibi in illo æterno uno die qui venturus est, cum beatis continua exsultatione laudabit. Ad reliqua vero verba hujus versus quoniam sunt similia, superior expositio dicta sufficiat.

Vers. 3. GIMEL. *Magnus Dominus et laudabilis nimis, et magnitudinis ejus non est finis.* Miranda complexio, vera prædicatio, sic laudare Dominum, ut quantum est magnus, non æstimes explicandum. Sensus enim totius creaturæ deficit, et adhuc illa retractatio semper excrescit. Nam sicut nullo loco clauditur, ita nec eloquentia quamvis amplissima ejus possunt præconia terminari. Virtus inexplicabilis, pietas incomprehensibilis, sapientia ineffabilis, cujus vera definitio est, finem in sanctis laudibus non habere. Et nota quia dum dicitur: *Magnitudinis ejus finem non esse*, nunquam te præcipit ab ejus prædicatione cessare. Nam et taciti gratias agimus, cum nos probabili conversatione tractamus. Qui cum nullis possit laudibus comprehendi, singulis tamen sermonibus indicatur, cum dicitur: *Magnus nimis*; et iterum, *Magnitudinis ejus non est finis*. Qui definitionis quintus est modus; hic Græce dicitur κατὰ τὴν λέξιν, Latine ad verbum, quando singulis vocabulis rem quam scire quærimus, intimamus.

Vers. 4. DALETH. *Generatio et generatio laudabunt opera tua, et potentiam tuam pronuntiabunt.*

Vers. 5. HE. *Magnificentiam majestatis tuæ et sanctitatem tuam loquentur, et mirabilia tua narrabunt.*

Vers. 6. VAU. *Et virtutem terribilium tuorum dicent, et magnitudinem tuam narrabunt.*

Vers. 7. ZAIN. *Memoriam abundantiæ suavitatis tuæ eructabunt, et justitiam tuam exaltabunt.* Venit ad secundam narrationem, ubi species dominicæ laudis sacrato calculo prænotatur. Sed quamvis ista repetitio generationum infinitum tempus ostendere videatur, quia Domini opera semper constat esse laudanda: tamen *generatio et generatio* ad duos magis debent populos applicari: una ad Hebræorum, quæ per signum circumcisionis electa est; altera quæ venit ex gentibus. Ipsæ sunt enim quæ Domini beneficia susceperunt. Et merito dicuntur præconia ipsius canere, quæ ad ejus devotionis probantur munere pervenisse. Sed quoniam hæc novem, id est opera, potentia, magnificentia, **488** sanctitas, mirabilia, virtus terribiliorum, magnitudo, memoria, justitia, in modum propositionis hic dicta sunt, ut eisdem lineis consequenter debeat laus dominica decantari; convenit ut ibi de ipsis evidentius dicere debeamus, ubi et auctoritas judicavit latius exponenda: quæ nos istis nominibus forsitan possumus appellare cataractas divini eloquii, fontes verborum cœlestium, ubera beata præconii, unde et humanum genus pia confessione reficitur, et angelis beatitudo sine fine præstatur. Quæ argumenta in summa ita arbitror esse definienda: Ratio quæ rei incomprehensibilis atque altissimæ summatim et breviter in quantum valet, non quantum est, efficit mentionem. Hinc enim nihil extrinsecus, nihil verisimile, nihil proferri videtur ambiguum; sed omnia talia procedunt, qualia et veritas loquitur, et de veritate dicuntur. In magnum quoque sacramentum hæc novem loca, unde laudes dominicæ nascuntur arbitror apprehensa; ut Trinitatis honor tertio in se triplicato numero possit agnosci. Iste quoque numerus continetur et in codicibus sacris, quos sancta Domini legit et veneratur Ecclesia; id est in Octateucho [*mss.* A., B., F., Pentateucho], in Regum, in Prophetis, in Psalterio, in Salomone, in Agiographis, in Evangeliis, in Epistolis apostolorum, in Actibus apostolorum cum Apocalypsi. Sic numerus iste cœlestium rerum commemoratione secundus est.

Vers. 8. HETH. *Misericors et miserator Dominus.* Tertia narratio quæ superest, introitur: in qua loca illa argumentorum latius exsequitur, quæ in secunda parte breviter intimavit; ea nunc singillatim mente sollicita perquiramus. Ab operibus Domini fecit initium, ut *miserator* dicatur. Nam quod *misericors* dicitur, naturæ ipsius virtus est; quod *miserator*, fragilitati nostræ causa salutis est. *Misericors* est enim cum creat, quia nullis beneficiis provocatur ut præstet, sed clementiæ suæ dispositione universa facit ad existentiam pervenire. *Miserator* quoque est, cum res cadentes sua pietate reconstruit, quatenus qui per culpam corruunt, per gratiam subleventur. Quis enim actibus suis meretur munera Domini Salvatoris, dum absolute legatur: *Omnes peccaverunt et egent gloria Dei* (*Rom.* III, 23)? *Misericors* autem et *miserator* figura paronomasia est, quæ et denominatio dicitur.

Patiens et multum misericors. Venit ad secundum

argumenti locum, qui appellatur a potentia, quam non laudavit quod terras suspendit, maria coercuit, stellis coelum depinxit; sed tolerantem dixit excessus humanos; ut qui puniri possent lege justitiae, probentur per patientiam Domini non perire, sicut legitur: *Nolo mortem peccatoris, sed ut convertatur et vivat* (*Ezech.* xviii, 32).

Vers. 9. TETH. *Suavis Dominus universis, et miserationes ejus super omnia opera ejus.* Tertius argumenti locus est a magnificentia. Quid enim magnificentius quam *suavem* esse *universis*, qui tamen eum devotis sensibus ipsius munere gustaverunt? Sicut Petrus apostolus dicit: *Si tamen gustastis quoniam dulcis est Dominus* (*I Petr.* ii, 3). Dulcis enim dici non potest, nisi eis qui bona ipsius spiritualiter imbiberunt. Quid iterum magnificentius quam *miserationes supra omnes operas* suas impendere, quae eo gloriantur auctore? Dicat aliquis: Cur ergo damnandi sunt peccatores, quos ejus creaturam esse non dubium est? Sed respice quia miserationes conferendas dicit supra operas Domini. Ipsum enim coronat, quod in nobis occulto judicio gratia praerogante largitur; illud damnat quod diabolo machinante construitur. Vis enim posita verborum solvit absolutissime quaestionem. Opera enim Domini semper eliguntur, nostra vel diaboli sine dubitatione damnantur.

Vers. 10. JOD. *Confiteantur tibi, Domine, omnia opera tua, et sancti tui benedicant tibi.* Quartus locus a sanctitate narratur. Ipsa est enim sanctitas quam superius dixit, ut ei sancti sui debeant confiteri, id est boni angeli, dominationes, potestates, et principatus, vel justi homines, et quidquid beatum esse cognoscitur. Sed quia omnes creaturae non sunt in intellectuali dignitate sublimes, ut jumenta, saxa, ligna, terra, vel his similia, quomodo illum poterit omnis creatura praedicare? Confitetur plane in hoc quod est, dum suum glorificare facit auctorem, qui omnia admirabili dispositione perfecit; ut aut per se ipsae creaturae laudent, aut per rationales substantias opera Domini valde bona praedicentur.

Vers. 11. CAPH. *Gloriam regni tui dicent, et potentiam tuam loquentur.* Quintus a mirabilibus producitur locus. Quam mirabilis enim Deus, qui fecit coelum et terram, eaque diversis bonis stupenda varietate complevit! In parvis enim est mensura sufficiens, in mediocribus aequabile temperamentum, in magnis abundantia copiosa donorum. Et necesse est totum esse mirabile, quando universarum rerum omnipotentem constat auctorem.

Vers. 12. LAMED. *Ut notam faciant filiis hominum potentiam tuam, et gloriam magnificentiae regni tui.* Sextus locus qui est a virtutibus introitur. Hoc est enim quod in secunda parte dixit: *Virtutem terribilium tuorum.* Sanctis enim praedicantibus [ed. praedicatoribus] *nota facta est potentia* Domini *et gloria regni ejus*, ne ignorata minus forsitan quaereretur. *Nota quoque facta est potentia* ejus, cum Petrus et Joannes ex utero matris claudum ambulare fecerunt, dicentes: *Viri Israelitae, quid miramini in hoc, quasi nostra virtute aut pietate fecerimus hunc ambulare* (*Act.* iii, 12)? Et paulo post dicunt: Quod in nomine Jesu Christi salvus sit factus. 'Nota etiam *facta est potentia* Domini, quando diversas virtutes apostoli invocato ejus nomine perfecerunt.

Vers. 13. MEM. *Regnum tuum, Domine, regnum omnium saeculorum, et dominatio tua in omni generatione et progenie.* Venit ad septimum locum, qui trahitur a magnitudine. Nam si magnum est ad tempus imperare, quanto magnificentius dominationis terminum non habere? Primum enim signum Domini de perpetuitate laudavit, postea de ipsius dominationis effectu. Sunt enim regna humana, sed non aeterna; sunt et aliorum comparatione fortia, sed non diutius dominantia; et ideo perpetuitas ista commemoratur, ne regnum tale putares, quale in mundo forsitan esse cognoscis.

Vers. 14. SAMECH. *Fidelis Dominus in omnibus verbis suis, et sanctus in omnibus operibus suis. Allevat Dominus omnes qui corruunt, et erigit omnes elisos.* Octavus locus aperitur, qui dicitur ab abundantia. Ipsa est: *Memoriam abundantiae suavitatis tuae eructabunt*, quam superius in antefata secunda parte memoravit. *Fidelis* ergo dicitur, quoniam sui adventus promissa complevit; et non in paucis, sed *in omnibus verbis suis*. Quod revera ipsi soli convenit qui dixit: *Coelum et terra transibunt, verba autem mea non praeteribunt* (*Matth.* xxiv, 35). Qui sicut verax in promissionibus, ita et sanctus in omni sua operatione dignoscitur. Hoc quoque ad abundantiam Domini non est dubium pertinere, quando elevantur ruentes, absolvuntur rei, eriguntur elisi. Tunc enim recordatio suavitatis ipsius habetur, cum factorum talium virtus aspicitur, et eructatur in laudibus ejus, qui dignatus est de potestate diaboli eripere peccatorem. Et vide quoniam et hic duae res Domino deputantur; ipse enim allevat ruentes, qui adhuc minime corruerunt; ipse erigit elisos, qui jam ruinam sustinuisse noscuntur. Merito, quoniam ne cadamus ipso custode defendimur; ut vero prostrati surgere valeamus, virtute ipsius nihilominus sublevamur. Haec enim et talia per abundantiam suavitatis ipsius fieri posse non dubium est.

Vers. 15. AIN. *Oculi omnium in te sperant, Domine, et tu das escam illis* [mss. A., B., *illorum*] *in tempore opportuno.*

Vers. 16. PHE. *Aperis tu manum tuam, et imples omne animal benedictione.* Ecce nonus locus intratur, qui dicitur a justitia. Hic in his duobus et alio versu qui sequitur latius explanatur; ut qui Dominum misericordem audiunt, justum quoque judicem contremiscant. Justitiae enim ipsius est, ut qui in ipso sperare non desinunt, ab ipso satietatis munera consequantur. Sed ista *esca* uniuscujusque rei continentia debet intelligi. Alia enim corporaliter, alia spiritualiter expetunt gubernari; sed his omnibus una *esca* est largitas dispensata Creatoris. Et ne crederes semper dandum esse quod petitur, adjecit, *in tempore opportuno*. Multi enim petunt, sed feliciter differuntur. Quapropter unum hoc assidue deprecemur, ut illa nobis Dominus propitius tribuat, quæ expedire cognoscit. *Nos enim* (sicut dicit Apostolus) *quid oremus, sicut oportet, nescimus* (Rom. VIII, 26). Cognoscimus etiam in potestate ipsius omnia constituta, quando ipso manum aperiente, omne animal benedictione completur. Sed melius, ut hoc animal rationabilem creaturam debeamus accipere, quam revera constat posse benedici.

Vers. 17. SADE. *Justus Dominus in omnibus viis suis, et sanctus in omnibus operibus suis.* Manifestata est pars illa justitiæ, quando ipsum quoque nomen cognoscimus esse memoratum. *Viæ Domini* sunt dispositiones atque voluntates, quas, si vere intelligimus, semper justas esse sentimus. Nam cum nos verberat, æquitatem facit, quia peccatis digna restituit; et ideo dum nobis petimus parci, prius ejus justitiam confiteamur; et sic ab ipso exspectemus munera pietatis. *Sanctus,* et pium significat, et patientem, et bonorum omnium largitorem: quoniam quidquid ab illo elicitur, virtutum laude completur. *Viæ* pertinent ad dispositiones, *operatio* ad effectum; sed hoc pro nostra imbecillitate dividitur. Cæterum apud illum, hoc est velle quod facere, hoc disponere quod jubere.

Vers. 18. COPH. *Prope est Dominus omnibus invocantibus eum in veritate.*

Vers. 19. RES. *Voluntatem timentium se faciet, et orationes eorum exaudiet, et salvos faciet eos.* Et hæc quoque probantur ad justitiam Domini pertinere. Proximus dicitur propitius, iratus vero longinquus. Nam præsentia ejus semper et ubique est, sicut et in superiori psalmo dictum est. *Si ascendero in cœlum, tu illic es; si descendero in infernum, ades* (Psal. CXXXVIII, 8), etc. Sed quoniam et illi invocant, qui sua cupiunt desideria vana compleri, additum est, *in veritate,* quod omnes superfluitates excluderet: quia solus veraciter invocat, quisquis ab eo petit, quæ ipse magis postulanda constituit. Revera enim hunc exaudit, cui probantur profutura concedi. Nam quale est nimietatem precum exigere, quod importunum petitorem pœniteat accepisse? sicut filiis Israel contigit, quando regem sibi dari more gentium postularunt (*I Reg.* VIII, 5).

Vers. 20. SIN. *Custodit Dominus omnes diligentes se, et omnes peccatores disperdet.* Jam concluditur in brevitate pars illa justitiæ, quia utrumque ad Domini pertinet æquitatem, ut *diligentes se custodiat, et peccatores pro eorum iniquitate disperdat.* Quod autem dicit, omnes peccatores esse perdendos, illos significat qui in sua obstinatione persistunt. Nam qui se ad Dominum puro corde convertunt, peccatores esse jam desinunt, sicut in alio psalmo dictum est: *Beati quorum remissæ sunt iniquitates* (Psal. XXXI, 1).

Vers. 21. TAU. *Laudem Domini loquetur os meum; et benedicat omnis caro nomen sanctum ejus in sæculum et in sæculum sæculi.* Expositis omnibus locis quæ laudem Domini generare ac producere censue-

runt, nunc ejus repetit brevissimam conclusionem; ut quod nullis libris, nullis valet humanis viribus explicari, mirabili compendio probetur esse conclusum. Laudem Domini os suum, id est cordis arcanum promisit efferri, unde se propheta noverat libenter audiri. Componet etiam humanam carnem universam Dominum benedicere Salvatorem; quod dictum constat per figuram synecdochen, id est a parte totum. Per carnem enim significat homines, sicut idem homines significat, quando solas animas dicit, ut est illud Exodi: *Omnes autem animæ quæ intraverunt in Ægyptum, animæ septuaginta quinque* (Exod. I, 5). Ipsa enim caro est quæ potest Dominum digna laude benedicere. Si quam vero partem supra ista quæ diximus, sive in futuris, sive in præteritis psalmis diligens perscrutator invenerit, quæ ad laudes Domini debeat applicari, ad supradictorum aliquem modum (ut tamen nos opinamur) non dubitet pertinere; nec accuset a nobis ad liquidum minime comprehensum, quod profitemur immensum. Hoc Aristoteles acer ingenio (ut arbitror) æmulatus, argumentorum secularium loca mirabili subtilitate collegit; ut sicut universus sermo litteris, ita et illa complexione omnis humanitas prolata [*mss.* A., B., F., probata] sententia clauderetur. Hinc dialectici disputationes suas compendiosis collectionibus arctaverunt; hinc oratores velut quædam flumina cucurrerunt; hinc poetæ decoris floribus ambiuntur; hinc satyrici, hinc historici, hinc comici tragicique ditati sunt, ut pene ab humana lingua videatur exceptum, quod ab hac fuerit complexione divisum. Huic 490 rei Topica nomen imposuit. Topica vero sunt argumentorum sedes, ex quibus ad faciendam fidem velut elementis quibusdam conficitur intentio disserentis. Quod legere atque tractare religio nulla condemnat, quoniam innexie requiritur, quidquid sacris litteris non probatur adversum.

Conclusio psalmi.

Audivimus in uno psalmo breviter complexa, quæ in Scripturis sanctis late diffusa sunt. Ubi enim non legitur aut opera ipsius, aut potentia, aut magnificentia, aut sanctitas, aut mirabilia, aut virtus terribilium, aut magnitudo, aut abundantia, aut justitia; ut merito dici possit supernum horreum, ubi talis entheca rerum probatur esse cœlestium. Solent enim omnia simul non poni; laus autem Domini (ut opinamur) sine aliquo istorum non potest inveniri. Sed cum hic formulam dominicæ laudis diligenter expresserit, significavit utique et sequentes psalmos ad ejus sine dubio præconia pertinere, quibus talis regula complexioque præmissa est. Nec putes fortuitum, quod septem psalmis laudes Domini continentur; hoc est forsitan quod in centesimo decimo octavo psalmo dictum est: *Septies in die laudem dixi tibi* (Psal. CXVIII, 164). Ipsa forsitan septem candelabra sunt, sicut Apocalypsis refert, quæ ante Dominum lucent (Apoc. I, 12, 11). Ipsæ septem Ecclesiæ ad quas liber Domini jussus est destinari. Ipse denique Spiritus septiformis, qui ipsas laudes cœlesti largitate concessit (*legi.* xi, 2). Quapropter exsultemus copiose dedisse nobis Dominum, quod ejus auribus offeramus, tantum pura conscientia præbeatur. Nam quis dubitet, grate suscipi, quod ipse sibi præcipit immolari? O pietas immensa Creatoris! et laudari se jubet, et ne nostris delinquamus eloquiis, quemadmodum prædicetur [*ed.*, præcipitur], ostendit. Non quod ille talibus indiguit, sed quia nobis hoc utile fuisse prospexit. Totum dixit, totum monuit, ne velimus errare. Ad postremum et ipsam naturam humanitatis, ne fragilis periret, assumpsit. Sed consideremus, si qui tam ingentia dona suscipimus, peccare tantæ gratiæ debeamus.

PSALMUS CXLV.
Alleluia.

Ecce iterum auribus nostris insonat cœlestis auctoritas, pulsatque *Alleluia* januas cordis, ne vacuis atque inanibus cogitationibus occupemur : quoniam otiosum tempus habere non decet militem Christi. Habet enim et lingua fructus suos; uberrima siquidem messis inde colligitur, si in laudes Domini pura mente moveatur. Spirituale membrum est, cum famulatur auctori; ipsam quoque animam commendat, dum veritatem loquitur. Quapropter compleamus aerem dulcissimis sonis; nam musica ista salutaris non solum mortalium permulcet auditum, sed etiam intellectum delectat angelicum.

Divisio psalmi.

Cupiens propheta laudes Domini ex toto corde cantari [*ed.*, cantare], primo ingressu dicit in hominibus minime confidendum, ne aliquid ab eo peteretur tepide, si et alius crederetur posse præstare. Secundo pronuntiat totam spem in omnipotente Domino reponendam; et cum sit iste Dominus, ex factis suis pulcherrime definitur; ut gentilitas tam frequenti ratione convicta, errores suos fideli devotione derelinquat.

Expositio psalmi.

Vers. 1. *Lauda, anima mea, Dominum.* Ne terrenis desideriis voluntas otiosa vacaret, et in fatuis (ut assolet) curis mentis occuparetur intentio, dat sibi propheta salubre consilium, unde generalitati [mss. A., B., F., gentilitati] noverat consulendum, ut anima laudaret Dominum, non sonus concrepantium labiorum. Sæpe enim sic meditata proferimus ut peregrina cogitatione translati, non nos sentiamus dixisse quæ loquimur. Est enim virtus animæ spirituali vigore flammata, per diversa discurrens, quæ causas cœlestium sive terrestrium creaturarum indagabili ratione perquirit, modo se superis, modo inferis miscens. Sed ista quemadmodum se habeant, prout Dominus donare dignatus est, in libro Animæ, qui in Variarum opere tertius decimus continetur, a nobis latius videntur exposita. Quapropter animam suam propheta hortatur laudare Dominum, ut explosis cogitationibus supervacuis, in ipso tantum negotio laudis totis viribus occupetur.

Vers. 2. *Laudabo Dominum in vita mea, psallam Deo meo quamdiu ero* [mss. A., B., F., *fuero*]. Intueamur quid sibi velit ista repetitio. Prius imperat animæ suæ laudare Dominum, nunc acquiescens duplici se promittit ordine laudaturum. Laudare in vita est, in illa æternitate Domino confiteri, quæ verius vita dicitur, quoniam nulla curarum pressura conteritur. Ideo enim *laudabo* dixit, ut futurum tempus ostenderet, quando angelis justisque hominibus sors ista communis est. De ista vero præsenti vita *psallam* dicitur, quod ad bonas operas (sicut sæpe diximus) manifestum est pertinere. Sic ergo accipiendum est, ut illic perpetue, hic psallatur assidue. Nam et ipsum *quandiu ero* istud sæculum significat, quia futurum erat, quando hic esse non poterat.

Vers. 3. *Nolite confidere in principibus, neque in filiis hominum in quibus non est salus.* Cœlestis medicus humana pectora prius mundat pestiferis curis, ut salutaria remedia competenter infundat. Dicit enim, nec in dæmonibus, nec in hominibus esse præsumendum, qui salutem dare non possunt, quam jure proprio minime possidere noscuntur. *Principes* hic, spirituales nequitias debemus advertere, de quibus dicit Apostolus : *Quia non est nobis colluctatio adversus carnem et sanguinem, sed adversus principes et potestates tenebrarum harum* (*Ephes.* VI, 12). *Filios hominum* significat sine dubitatione mortales, qui salutem dare non possunt, quia debita morte succumbunt. Solus est enim Filius hominis, id est sanctæ Virginis, qui tribuat salutem, quoniam ipsum constat humani generis existere Salvatorem.

Vers. 4. *Exiet spiritus ejus et revertetur in terram suam : in illa die peribunt omnes cogitationes eorum.* Causam reddit cur dixerit in hominibus non esse præsumendum. Hic spiritum, animam debemus accipere, sicut ait in Evangelio : *Pater, in manus tuas commendo spiritum meum* (*Luc.* XXIII, 40). Egressa itaque anima de claustro corporis sui, in terram remeat caro defluens, unde sumpsit initium. Ideo enim addidit, *suam*, ut significaret inde fuisse procreatam, sicut legitur in Genesi : *Fecit Deus hominem de limo terræ* (*Gen.* II, 7). Mortis igitur tempore pereunt humanæ cogitationes, quæ se in diversos ambitus semper extendunt : modo possessionibus studentes, modo divitias congregantes, modo honores magnopere perquirendo. Sed hæc omnia dispereunt, quando earum rerum vota frustrantur; sicut divitem in Evangelio legimus increpatum : *Stulte, hac nocte auferetur a te anima tua : quæ autem præparasti cujus erunt* (*Luc.* XII, 20)?

Vers. 5. *Beatus cujus Deus Jacob adjutor ejus, spes ejus in Domino Deo ipsius.* Explosis noxiis cogitationibus, quibus humanum genus tanquam gravissimis morbis inficitur, propheta ad secundum venit ingressum, in quo tanquam salutare poculum humanis mentibus porrigit ebibendum. Non enim tantum prohibuit inutiles præsumptiones, sed etiam quæ fuerant appetenda præmonuit. Dicit enim de ipsa cogitatione fieri beatum, qui sperat in Dominum. *Jacob* vero patriarcham ideo sæpe diximus poni, quoniam post illam angeli luctam primus ipse appellatus est Israel, id est *vir videns Deum.* Quod vocabulum ad omnes electos competenter aptatur. *Adjutor* enim ideo positum est, ut nos ad bonos nisus nominis ipsius intelligentia concitaret. Illis enim adjutor est, qui ipso donante virtutum gradus ascendere bonis intentionibus enituntur. Sequitur, *spes ejus in Domino Deo ipsius,* Ad superiorem sententiam pertinet ista prosecutio : quia *Beatus* est *cujus spes* esse cognoscitur *in Domino Deo suo.* Dicendo enim, *spes,* patientiam præsentium significat, et desideria futurorum. Nam quodlibet istud in hoc mundo Christianus patiatur, æternæ beatitudinis cogitatione reficitur. Sed quoniam esse poterat et cultoribus dæmonum spes in deo suo, singulis variisque commatibus per unam speciem definitionis usque ad finem psalmi Dominum Christum designat, in quo debeat spes esse fidelium.

Vers. 6. *Qui fecit cœlum et terram, mare et omnia quæ in eis sunt. Qui custodit veritatem in sæculum, facit judicium injuriam patientibus, dat escam esurientibus. Dominus erigit elisos.* Diximus in psalmo centesimo quadragesimo quarto posita esse loca ex quibus laus dominica formaretur, nunc eadem commemoranda locis aptissimis æstimamus. Ait enim : *Qui fecit cœlum et terram, mare et omnia quæ in eis sunt;* quod ab operibus ejus laudem prodiisse non dubium est. Quid enim gloriosius, quidve potest esse magnificentius, quam *cœlum et terram fecisse, et omnia quæ in eis sunt?* Illud præterea quod dicit, *facit judicium injuriam patientibus, dat escam esurientibus,* ad justitiam ejus manifestum est pertinere, quando æquitatem suam hominibus [mss. G. et ed., omnibus], prout vult, judicii sui dono concedit. Secunda autem est ista species definitionis quæ Græce dicitur ennoematice, Latine notio nuncupatur. Non enim dicit substantialiter quid sit Deus, sed quid agat, vel quid egerit. Actûs enim ejus ex parte aliqua, quantum tamen ipse concedit, potest notitia nostra comprehendere, substantiam vero ipsius non prævalet indagare. Dicit enim primum : *Qui fecit cœlum et terram.* Ipse est in quo spem suam debeant ponere Christiani. Sed licet cœli et terræ appellatione cuncta concluserit, addidit tamen, *Et omnia quæ in eis sunt* : ne quem alium putares vel minutissimarum rerum existere Creatorem. Sequitur, *qui custodit veritatem in sæculum.* Ipse est scilicet Dominus Christus qui dixit : *Ego sum via, veritas, et vita* (*Joan.* xiv, 6). Necesse est enim ut ille loquatur veritatem in sæculo, qui cœlestis veritas approbatur. De hominibus autem qui sub peccato sunt, dictum est : *Omnis homo mendax* (*Psal.* cxv, 11). Adjecit, *facit judicium injuriam patientibus.* Christus est verus judex et gubernator æternus, qui afflictos propter nomen suum vindicat, et miseretur innoxiis. Ipsi quippe sunt qui injuriam, id est injustitiam patiuntur, quando veritatem prædicantes, pœnis vehementibus affliguntur. Intulit, *Dat escam esurientibus.* Ipse enim dat escam esurientibus, qui Creator est mundi. Sed oportet nos escas spirituales expetere, ne sicut Judæi saturitatem solum ventris delectemur accipere. Dicit enim Amos propheta : *Ecce introduco famem super terram ; non famem panis, neque sitim aquæ, sed famem audiendi verbum Dei* (*Amos* viii, 11). Subjecit, *Dominus erigit elisos.* Nec hoc quoque dubium est, quia elis os erigat : nam cum diabolus elidat, Dominus sublevat. In ipso ergo ponenda est spes, qui non elidere, sed erigere consuevit.

Vers. 7. *Dominus solvit compeditos, Dominus illuminat cæcos. Dominus diligit justos, Dominus custodit advenam.* In hoc et sequenti versu ille locus aptandus est : *Memoriam abundantiæ suavitatis ejus.* Quid enim suavius quam ut misericordiæ ejus facta memorentur, ut dicat : *Dominus solvit compeditos, Dominus illuminat cæcos, Dominus diligit justos, Dominus custodit advenam; pupillum et viduam suscipiet, et viam peccatorum exterminabit?* Solvit utique compeditos Dominus Christus, sicut in Evangelio dictum est : *Nonne oportebat hanc filiam Abrahæ, quam alligaverat Satanas decem et octo annis solvi ab infirmitate sua* (*Luc.* xiii, 16)? Sed hoc non solum de vexatione immundi spiritus potest intelligi, sed etiam de omnibus vitiis, quibus mens nostra quasi quibusdam funibus illigatur. Nam sicut ligat diabolus qui peccata connectit, ita solvit Christus qui delicta dimittit. Sequitur, *Dominus illuminat cæcos.* Omnes vitiosi cæci sunt, quia peccatorum obscuritatibus implicantur. Sed istos ille solus illuminat qui in Evangelio luto facto perunxit oculos (*Joan.* ix, 6), et contenebratum hominem ad gaudium perfectæ sanitatis adduxit. De quo etiam dictum est : *Qui illuminat omnem hominem venientem in hunc mundum* (*Joan.* i, 9). Addidit quoque, *Dominus diligit justos.* Cujus est enim justos diligere, nisi qui eos prævalet in æternam beatitudinem collocare? Nam sicut diabolus affectat impios, ita *Dominus diligit justos.* Subjecit etiam, *Dominus custodit advenam,* id est qui de Babylonia civitate diaboli ad Jerusalem civitatem Domini Salvatoris advenerit. Hunc *custodit,* si tamen in electorum habitatione permanserit, sicut in alio psalmo dicitur : *Incola ego sum apud te in terra, et peregrinus sicut omnes patres mei* (*Psal.* xxxviii, 13).

Vers. 8. *Pupillum et viduam suscipiet, et viam peccatorum exterminabit.* Pupillus et vidua sunt, qui Dominum pura mente respiciunt, humanis solatiis destituti; hos recipit Christus suo munimine vindicandos. Sed cum istos pro sua pietate receperit, diabolum, qui est *via peccatorum, exterminabit,* id est a termino regni sui reddet alienum, quod unicuique impiorum in illa sancta judicatione venturum est. Sic istis decem sententiis præconialibus, in quo Domino debeat spes esse fidelium, abundanter ostensum est. Et ne forsitan putes esse contrarium, quod in superiori psalmo diximus novem loca dominicæ laudis disposita : nunc autem in præconiis ejus denarium calculum memoravimus esse decursum. Scias aliud esse argumentorum sedes, aliud definitionum regulas ; ibi enim singula quæque generali distinctione sunt posita, hic autem sub una specie definitionis variis sententiis quid sit Dominus intimatur; et, ut fieri solet, de uno loco argumentorum duæ definitiones pluresve collectæ sunt.

Vers. 9. *Regnabit Dominus in æternum, Deus tuus, Sion, in sæculum sæculi.* Hoc ex magnificentia Domini probatur intelligi. Quid enim magnificentius quam regnare Dominum Sion in sæculum sæculi, cujus regni non erit finis? *Regnabit* futurum tempus videtur ostendere, quando jam in ipso corda nostra firmissima stabilitate consistunt. Modo enim in membris suis plenissime regnare non dicitur Christus, quia corda eorum interdum inanibus cogitationibus occupantur. Sed cum hoc mortale corpus induerit immortalitatem, et noxias istas cogitationes cum mundi istius amissione reliquerit, tunc perfecte in sanctis regnaturus est Christus, quando (sicut scriptum est) *Erit Deus omnia in omnibus* (I Cor. xv, 28). Cujus autem sit iste Dominus evidenter exponitur: *Deus tuus, Sion.* Sion Ecclesiam catholicam significare sæpe jam dictum est, propter speculationem quam exhibet populo Christiano. Ipse enim et cum ea, et in eadem regnabit, qui est benedictus in sæcula sæculorum.

Conclusio psalmi.

Contemplationis beneficio propheta circa finem quasi sæculi constitutus, ubi jam mundi cognoscitur potius damnanda perversitas, universitatem docuit Domini laudibus occupari: ne caduca desideria quæreret, quæ proxime finienda constaret. Sed cum illud tempus venturum dicitur nobis, istud nostrum sine dubio nuntiatur. In mundi enim fine sumus, quando eum non longo intervallo suscepta morte deserimus. Transeant a nobis cupiditates caducæ, illecebræ sæculares abscedant, illud potius desideremus quod æternum esse cognoscimus.

PSALMUS CXLVI.

Alleluia.

Verba tituli sui subsequens textus exponit, ut peregrina locutione non egeat, quem declaratio proprii sermonis explanat ; lege enim initium psalmi, et exposuisti titulum. *Alleluia* siquidem significat *Laudate Dominum* ; quod sibi utrumque sic consona voce respondet, ut titulum initium putes esse psalmi; initium vero psalmi titulum rationabiliter arbitreris. Quapropter confidenter atque hilares ingrediamur hunc psalmum, cujus notitiam salutarem in ipsis quoque foribus absolute cognoscimus.

Divisio psalmi.

Primo modo hortatur propheta populum devotum laudare Dominum, qui humiles erigit, et superborum colla concidit. Secundo alacriter Domino dicit esse psallendum, qui supplicantibus beneficia profutura concedit, quoniam qui de suis viribus præsumunt, ei placere non possunt.

Expositio psalmi.

Vers. 1. *Laudate Dominum, quoniam bonus est psalmus*, *Deo nostro jucunda sit laudatio.* Omnis opera bona mercedem sibi postulat debere retribui, ut quod laboriose peragimus, spe propositi muneris consolemur. In laudationibus vero Domini actus ipse habet præmium suum, quando ipsa erit retributio quæ nunc est exercitatio. Nam cum bonum sit Dominum prædicare, inde unusquisque noscitur promissa dona recipere. Recipit plane, quando in illa angelica societate singulare fit munus sanctorum perpetuum Domini subire præconium. Laudemus ergo devotione qua possumus, et hic illa beata dona meditemur. Quid enim felicius quam modo exercere, quod te speras in futura beatitudine posse peragere? Psalmus autem est, ut a majoribus traditur, organum musicum, sicut cithara, pandurium, aliaque quæ vocibus nostris dulcissima modulatione respondent; quod sæpe diximus ad actus nostros probatissimos pertinere. Quapropter laudationem Domini et psalterium in unam præcipit venire concordiam, ut sicut lingua Divinitatis præconia dicimus, ita eum bonorum actuum operatione laudemus. Sequitur, *Deo nostro jucunda sit laudatio.* Divinitati quippe est jucunda laudatio, quando actus nostri a sanctorum verborum qualitate non discrepant. Nam quale est ut psalmus castitatem dicat, et cantor ab obscenitate se non subtrahat? Si humilitatem prædicet, et narrator ejus superbiæ flatibus intumescat? Quapropter non potest a Domino bene percipi, quod contraria inter se noscitur adversitate luctari. Tunc est enim Domino jucunda laudatio, quando in unam societatem vox et vita convenerint.

Vers. 2. *Ædificans Jerusalem Dominus, et dispersiones Israel congregans.* Per hunc et duos versus alios qui sequuntur ex mirabilibus factisque gloriosis Dominus jure laudatur. Nam cum dicit : *Ædificans Jerusalem Dominus, et dispersiones Israel congregans. Qui sanat contritos corde, et alligat contritiones eorum. Qui numerat multitudinem stellarum, et omnes nomine suo vocat*, de factis utique suis mirabilis approbatur. Ostenditur autem in primo versu discrepantia Dominum non amare, quando eum constat dispersa colligere. Nam quemadmodum in nobis patiatur alios esse actus, aliam cantilenam, qui totius mundi populos in sanctam colligit unitatem? Sic enim de vivis lapidibus ædificat Dominus civitatem Jerusalem, quando *dispersiones Israel congregat*, quæ in toto mundo habitare noscuntur, sicut in Evangelio dictum est : *Et mittet angelos suos cum tuba et voce magna, et congregabit* [ed., *congregabunt*] *electos a quatuor angulis terræ* (Matth. xxiv, 31).

Vers. 3. *Qui sanat contritos corde, qui alligat contritiones eorum.* Mirabile genus curationis edicitur, ut si restaurari volumus, nosmetipsos vivacissime conteramus. Sed ista contritio ad redintegrationem pertinet, ad soliditatem deducit; et quod supra omne bonum est, illum medicum introducit, qui æternam tribuit sospitatem. Sequitur, *qui alligat contritiones eorum.* Metaphora ab artificibus medendi, qui ossa fracta atque contrita quando solidare cupiunt, linteorum illigatione constringunt, ut in soliditatem pristinam ad locum suum redeuntia membra coalescant. Sic cœlestis medicus pœnitentium corda gravi afflictione contrita, quasi quadam fascia pietatis suæ superducta constringit atque consolidat, et ad firmissimam spem sanitatis adducit, sicut et in quinquagesimo psalmo dictum est : *Cor contritum et humiliatum Deus non spernit* (*Psal.* L, 19). Nam et ille publicanus qui pectus suum assidua percussione tundebat (*Luc.* XVIII, 13), ipsam in se contritionem probatus est effecisse, quam reo pectori non desinebat ingerere.

Vers. 4. *Qui numerat multitudinem stellarum, et omnes nomine suo vocat.* Sed quamvis et istud ad litteram Domini potentiam videatur ostendere, ut nobis innumerabiles stellas Divinitati dicat esse numerabiles, earumque nomina propriis vocabulis nuncupari, quoniam illi omnia comprehensibilia sunt, cui arena maris, et guttæ pluviarum, et capilli hominum dinumerati esse noscuntur : nam cum dicit, *nomine suo,* astrologos arguit, qui eas vocant nominibus alienis, ut Veneris, Mercurii, Jovis, Martis, Saturni, et his similia ; illud tamen aptius est, ut ea magis intelligere debeamus. Superius enim dixerat : Contritos corde esse salvandos, quos jam post indulgentiæ medicinam stellas debemus accipere. Lucent enim velut astra in nocte hujus sæculi, qui meruerunt in sanctorum numero congregari. Sed quamvis multos hic continere videatur Ecclesia, illi tamen a Domino numerantur, qui regni ejus participatione gaudebunt. Nam stellas, sanctos viros nos posse intelligere Genesis locus ille testatur, qui ait : *Multiplicabo semen tuum sicut stellas cœli* (*Gen.* XXII, 17). Et Salomon dicit : *Justi autem fulgebunt sicut stellæ cœli* (*Sap.* III, 7). Scimus autem a Domino nomina vocari posse sanctorum, quando eos in cœlo legimus esse conscriptos, sicut in Evangelio dicit : *Nolite gloriari quia dæmonia subjecta sunt vobis ; gaudete autem et exsultate, quia nomina vestra scripta sunt in cœlis* (*Luc.* X, 20).

Vers. 5. *Magnus Dominus noster, et magna virtus ejus, et sapientiæ ejus non est numerus !* In hoc et sequenti versu a magnitudine, Domini laus decora cantatur. Dicendo enim, *Magnus Dominus et magna virtus ejus, et sapientiæ ejus non est numerus. Suscipiens mansuetos Dominus, humilians autem peccatores usque ad terram,* magnitudo ejus absolute declaratur. Nam cum superius propheta per diversas partes laudis excurreret, admiratione completus exclamat : *Magnus Dominus noster !* utique cujus nec facta numerari, nec laus prævalet apprehendi : congregans dispersiones Israel, sanans contritos corde, numerans multitudinem beatorum, et omnes nomine suo vocans. Quis enim possit comprehendere quanta sit de cunctis collecta laudatio, cum sit in unaquaque re mirabilis magnitudo ? Dicendo enim, *noster,* culturas dementissimæ paganitatis excludit. *Virtus* autem *magna,* quia singularis, quia omnipotens, quia rerum omnium gubernator et conditor est. Sequitur, *et sapientiæ ejus non est numerus.* Hic numerum pro fine debemus accipere, quia omnia calculus quæ sunt numerat et definit. Sapientia vero Dei quemadmodum potest habere numerum, quæ auctor calculi esse cognoscitur ? Nam si numerari posset, jam videretur esse sub numero. Quod si nec ipse numerus totus a nobis potest sciri, quomodo, qua ratione prævalet divina sapientia comprehendi ? Creaturis enim suis incomparabiliter potior est Creator, et ideo veraciter dictum est : *Sapientiæ ejus non est numerus.* Nam de his quæ creavit, Sapiens dicit : *Omnia in mensura, numero et pondere Deum fecisse* (*Sap.* XI, 21).

Vers. 6. *Suscipiens mansuetos Dominus, humilians autem peccatores usque ad terram.* Mansueti sunt quos superius dixit tribulatione contritos et afflictionis consuetudine patientes. Et intuere quam pulcherrima sit facta diversitas. Mansueti suscipiuntur in cœlum, superbi dejiciuntur in terram, ut per mutationem vicariam unde humilis levatus est, ibi superbus corruat, et unde Satanas elatus cecidit, fidelis homo sublevatus ascendat.

Vers. 7. *Incipite Domino in confessione; psallite Deo nostro in cithara.* Venit ad modum secundum, ubi hortatur hærentes, impellit dubios, increpat negligentes. *Incipite* enim illis dicitur qui adhuc tacere noscuntur. *Domino in confessione,* subaudiendum est, cantate. Sed ista confessio laudem monet, et probitatis actionem hortatur. *Cithara* enim significat virtutes morales consona operatione præcinentes, quæ tunc veram citharam reddunt, quando se fœderata societate conjungunt. Nam sicut integra lyra dici non potest cui aliqua chorda subtrahitur, sic ne vir sanctus perfectus æstimatur, cui virtus ulla minuitur.

Vers. 8. *Qui operit cœlum nubibus, et parat terræ pluviam. Qui producit in montibus fenum et herbam servituti hominum.* In hoc et sequenti versu denuo Domini opera memorantur. Dicit enim : *Qui operit cœlum nubibus, et parat terræ pluviam. Qui producit in montibus fenum et herbam servituti hominum. Qui dat jumentis escam ipsorum, et pullis corvorum invocantibus eum.* Quid enim potentius quam Creatorem creaturis suis competenti modulo subvenire ? Frequenter autem Scriptura divina hanc speciem definitionis amplectitur, ut per id quod Dominus operatur, virtus ejus potestasque monstretur. Quod nunc per istum et alium versum consequenter efficitur. Nam cum superius posuisset : *Incipite Domino in confessione,* nunc cui Domino sit confitendum evidenter ostendit. Sed quamvis ista et ad litteram bene videantur intelligi, melius tamen si allegorice dicta sentimus. *Cœlum* hic sanctam prophetiam congruenter advertimus ; hanc divina provisione similis nubibus tegit obscuritas, ut sensus nostros incitet ad quærendum, dum gratius accipitur, ad quod fatigato desiderio pervenitur. Sequitur quid *nubes* istæ parturiant, scilicet ut copiam videantur præstare pluviarum; hoc est divinæ prædicationis fontes irriguos. Sed cui terræ hæc pluvia paratur, utique sitienti. Ille enim verbum Domini efficaciter suscipit, qui se ad audiendum superno munere desideranter obtulerit. Nec vacat quod dixit, *parat,* quia nisi ille eam præparaverit, nullus ad ipsam potest suis *meritis* pervenire. Sequitur, *Qui producit in montibus fenum et herbam servituti hominum.* Hoc quoque spiritualiter accipiendum est. *Montes* significant viros sanctos, in quibus Dominus fenum herbamque producit, unde simpliciores in Ecclesia catholica tanquam simplicia jumenta pascantur. *Fenum* pertinet ad prædicationes robustas, *herba* ad monita molliora. *Fenum* siquidem fuit, quando dixit Apostolus : *Volo omnes homines esse sicut meipsum* (I Cor. vii, 7). Herba : *Qui se non continet, nubat* (Ibidem, 9). Et iterum, *Volo adolescentulas viduas nubere* (I Tim. v, 14). Et rursus, *Lac vobis potum dedi, non escam* (I Cor. iii, 2). Ista enim minora præcepta herbis merito comparantur. Nam quod dicit, *servituti hominum,* significat usui humano deputata. Unde absolute cognoscitur, superiora quæ dicta sunt, ad homines esse referenda.

Vers. 9. *Qui dat jumentis escam ipsorum, et pullis corvorum invocantibus eum.* Jumenta ecclesiasticos significant greges, qui competenti refectione pascuntur, alii lacte, alii cibo solido, prout dispensatori visum fuerit, qui solus novit quæ sunt profutura præstare. *Corvi* sunt irreligiosi viri, qui peccatorum nigredine inseparabiliter vestiuntur, nec aliquo splendore conversionis elucescunt. *Pulli vero corvorum* (ut physiologi volunt) cœlesti rore vescuntur, et adiræ paternas escas, id est cadaverum fetores beneficio ætatis ignorant. Quapropter paganorum filiis atque perversorum dat escam, quia paternam vitam innocentiæ munere non sequuntur. Et vide quid addidit, *invocantibus eum* : quoniam soli ipsi eum invocant qui regulas Scripturarum nulla hæretica pravitate subvertunt. Hoc nisi ad homines referas, *invocare Dominum,* quemadmodum potest pullis convenire corvorum ?

Vers. 10. *Non in viribus equi voluntatem habebit, nec in tabernaculis viri beneplacitum est ei.* Postquam narravit illa quæ fecit Dominus, nunc dicit quæ ei possunt omnimodis displicere. Equus ad superbiam plerumque ponitur indicandam ; nam et ipsum animal cervice præsumens, frenis semper incumbit, et ad cursus rapidos spumosa concertatione festinat. Huic superbus homo atque prætumidus comparatur, cui Divinitas non potest esse placabilis, quia mansuetos eligit et devotos, sicut et alius psalmus dicit : *Fallax equus ad salutem* (Psal. xxxii, 17). Et alibi : *Hi in curribus, et hi in equis ; nos autem in nomine Domini Dei nostri magnificabimur* (Psal. xix, 8). *Tabernacula* virorum infidelium sunt conventicula dementium paganorum, quæ se in culturas pessimas semper extendunt. Respice vim verborum, quia *virorum* dixit tabernacula, non divina, id est præsumptiones filicitas, quas sibi audaces homines propria voluntate constituunt. Vir enim et in malo ponitur, sicut est illud : *Virum sanguinum et dolosum abominabitur Dominus* (Psal. v, 7).

Vers. 11. *Beneplacitum est Domino super timentes eum, et in eis qui sperant super misericordia ejus.* Superius dixit qui ei poterant displicere, nunc dicit quales sint illi qui placent. Amat itaque eos Dominus qui eum formidant, sed non timore degeneri. Multi enim timent ; sed quia desperant de misericordia ejus, minime diliguntur : sicut Judas, qui post timorem culpæ recognitæ, non supplicandum, sed desperandum potius æstimavit. Ille enim timor Deo probatur acceptus, qui cum amore maximo et pia præsumptione conjungitur. Timeat ergo unusquisque ne peccet, amet ut supplicet. Nam si rogaturus non est, hoc facit et ille qui non timet.

Conclusio psalmi.

Et hunc quoque psalmum ad finem sæculi pertinere non dubium est, quando dispersiones Israel in unum populum congregantur, ut fiat unus grex et pastor unus (Joan. xi, 16). O beatum tempus, quando lapides illi vivi pretiosiores omnibus margaritis in cœlestem fabricam et æternam beatitudinem colliguntur ! Tunc unicuique sanctorum erit dulcissimus labor suus, quibus pariet luctus consolationem, persecutio æternam requiem, paupertas pia dabit regna cœlestia, et quidquid hic graviter pertulerunt, ibi se talia sustinuisse gaudebunt. Dona, Domine, hic patientiam malorum, ut illic facias nobis gaudium esse perpetuum.

PSALMUS CXLVII.

Alleluia.

Ad consuetum quidem *Alleluia* revertimur, sed hoc nullatenus repetere fastidimus : gustus qui semper appetitur, auditus qui non habet tædium, intellectus qui sine labore percipitur. Cujus verbi tantus honor est, ut cum sit in Hebræa lingua reconditum, nullo tamen constet alio sermone translatum. Hoc Græcus, hoc Latinus, hoc Chaldæus, hoc Syrus, hoc Persa, hoc Arabs, hoc tenet natio cuncta terrarum ; et quidquid est deditum Divinitati, dignitatem hujus nominis pia devotione veneratur. Nulli absonum, nulli videtur absurdum ; sed omnes celebrant gaudia sua hujus nominis suavitate prolata. Hoc ergo pura mente cantemus, totisque in eo viribus occupemur ; ut sicut corporeis auribus dulcissimus sonus redditur, ita et cordis sinceritate proferatur.

495 *Divisio psalmi.*

Primo capite propheta ad Jerusalem, id est supernam breviter loquitur civitatem, ut secura jam reddita in civibus suis, Dominum debeat jugi exsultatione laudare. Secundo mysticis allusionibus latius enumerat, quanta populo suo pius miserator indulserit.

Expositio psalmi.

Vers. 1. *Lauda, Jerusalem, Dominum ; lauda Deum tuum, Sion.* Psalmus hic a primo versu usque ad finem potentiam Domini prædicandam commemorat, quod psalmi ipsius relatione cognoscis. *Jerusalem* (sicut jam sæpe dictum est) interpretatur visio pacis, quæ proprie ad illam civitatem pertinet quæ vitiorum et scandalorum consortia non habebit. Sed ista visio pacis erit Domini contemplatio Salvatoris, quam nemo alter merebitur, nisi qui ab universa mentis perturbatione liberatur. Unde merito hæc duo nomina futuræ illi conveniunt civitati, adepti præmii munus, et vocabulum sublime pastoris.

Vers. 2. *Quoniam confortavit seras portarum tuarum; benedixit filios tuos in te.* Patenter causa futuræ beatitudinis indicatur. Nam cum res ista multorum prophetarum ore promissa sit, lucidissime tamen præsenti narratione declaratur. Cum enim seras confirmatas dicit esse portarum, clausas januas beatæ civitatis ostendit. *Sera* enim a sero dicta est, quo tempore in ostium mittitur, ut intrandi licentia denegetur. Quod illo tempore accidet quando sponsus intraverit, sicut in Evangelio de virginibus dicit : *Et quæ paratæ erant, intraverunt cum eo ad nuptias, et clausa est janua* (*Matth.* xxv, 10). Clausa scilicet non ad custodiæ pœnam, sed in beatitudinem sempiternam : quia nec inde quisquam ulterius sanctus exibit, nec aliquis postea novus intrabit. O beatitudo secura justorum, quæ tali lege probatur suscipi, ut nunquam possit amitti ! Merito, quoniam civitas illa contuibilem Deum intus habet; et ideo nemo inde desiderat egredi, quia præter ipsum nihil prævalet intueri. Sequitur, *benedixit filios tuos in te.* Magna est quidem benedictio filiorum, sed multo gratior, quando inter viscera materna præstatur. Quale est enim matri semper videre florentes filios suos? Quale filiis genitricis gratiam jugiter contueri? Ideo enim dictum est, *in te,* quia nunquam ab illa Jerusalem exire poterunt, qui æterno munere consecrantur.

Vers. 3. *Qui posuit fines tuos pacem, et adipe frumenti satians* [mss. A., B., F., *satiat*] *te.* Civitas illa magna inæstimabilis, sub quanta laudis brevitate descripta est ! Nam quid illa præstantius dici potest, cujus fines pacis munere terminantur ? Unde absolute colligi potest, quia æterna tranquillitate perfruitur, quod intus habitare monstratur. Contra quidquid præter ipsam contigerit esse, gehenna est ; et sicut beata Jerusalem pacem possidet, sic infelix Babylonia dolorum pugnam procul dubio sustinebit. Unius enim partis definitione, alterius causæ evidenter prodidit qualitatem. Hoc schema dicitur emphasis, quæ significat etiam id quod non dicit. Sed quemadmodum pax ista proveniat, consequenter exponitur, dum fideles Christi Domini contemplatione saginantur. Adipem quippe frumenti dicit ipsam contuibilem Deitatem, unde sic justorum sensus reficitur, ut omnem satietatem superare noscatur. *Ipse est verus panis, qui de cœlo descendit* (*Joan.* VI, 41). Nam si nos hic corporis sui participatione reficit, quemadmodum ibi satiabit, quos toto lumine suæ deitatis impleverit ? Revera secura pax et inviolata tranquillitas, quando indigentia nobiscum ulla non litigat, nec aliquem lassitudo defatigat, non frigus contristat, non esuries gravat, et cætera quæ hic nostræ imbecillitati bellum semper infligunt. Ibi autem corporis animæque talis est societas, ut nulla inter se adversitate discordent, sed sibi utraque gloriosa voluntate consentiant.

Vers. 4. *Qui emittit eloquium suum terræ, velociter currit sermo ejus.* Descripta civitate futuri sæculi, propheta venit ad secundum caput, in quo munera hic nobis conferenda prædicit, ut veritas tunc futuræ rei per beneficia præsentia jam possit agnosci. *Eloquium* Domini Verbum Patris est, quod ad terras descendit, quando humilitatem piæ incarnationis assumpsit. *Emittit*, prophetiæ spiritu præsens tempus ostendit, quamvis hoc de futuro dicere videretur. Sed cum dicit, *emittit*, non minorem prodit, sed concordiam sanctæ unitatis ostendit. Hujus enim omnipotentis Verbi sic *cucurrit sermo velociter*, ut sanctæ Trinitatis agnitio celerrima mirabili mundum velocitate compleverit, idolorum culturas veritatis ipsius manifestatione convertens.

Vers. 5. *Qui dat nivem sicut lanam, nebulam sicut cinerem spargit.*

Vers. 6. *Mittit crystallum suum sicut frusta panis : ante faciem frigoris ejus quis subsistit* [mss. A., B., *sustinebit*]*?* Postquam adventum Christi Domini prophetavit, nunc quid ejus beneficia præstent per allusiones tropicas consequenter exponit. Quæ figura dicitur parabole, quoniam res sibi genere dissimiles comparantur. Hæc igitur omnia, nix, nebula, crystallum, frigus, mala sunt hujus sæculi, quæ peccatorum gelu mortalia corda constringunt, et in stupore saxeo faciunt permanere, nisi Domini calore solvantur. Sed videamus quemadmodum singulis rebus competens medicina præstetur. Dicit enim : *Qui dat nivem sicut lanam. Dat* facit significat, sicut vulgo dicimus : Dedit nobis indicium, quando aliquid monstratum atque edoctum esse declaramus. Quapropter facit nivem sicut lanam, ut quod ante frigoris acerbitate gelatum est, in laneam mollitiem perducatur. Quod fit utique, quando frigidissima peccatis corda mortalium ad ardorem satisfactionis adduxerit. *Nix* enim est homo cum recedit a Domino; *lana* est ad ejus meruerit venire medicinam. *Nebula* idem significat omne peccatum, quod semper caliginosa obscuritate peragitur ; sed velut cinis, Domino præstante, dispergitur, dum ejus cumulus confessionis gratia dissipatur. *Crystallum* vero est in modum vitri per numerosas hiemes glacies condurata, et in duritiam saxi liquens admodum perducta substantia. Cui obstinati peccatores merito comparantur, qui algore perfidiæ constricti, per dies singulos congelescunt. Hos quoque Dominus *velut frusta panis emittit*, quando conversos sua facit prædicare magnalia, unde populus esurientes cœlesti pane vescatur. Frusta enim panis dicimus corporis alicujus. Significant quippe doctrinæ diversa dona, quæ ex peccatoribus in sanctis suis Dominus sæpius monstrare dignatus est. Sequitur, *ante faciem frigoris ejus quis subsistit ?* Ante præsentiam frigoris ejus dicitur, non quod ab ipso veniat, sed quod forte fieri permittat. Quale est illud : *Induravit Deus cor Pharaonis* (*Exod.* x, 20). Et alibi : *Ego Dominus faciens bonum, et creans malum* (*Isai.* XLV, 7). Quapropter ante illud frigus, quod ipse non removet, nemo valet subsistere, quoniam potest homines pigra fatuitate damnare. Exaggeratur enim periculum, ut liberationi gloriosissimæ major gratia debeatur.

Vers. 7. *Mittit verbum suum et liquefaciet ea; et flavit spiritus ejus, et fluent aquæ.* Veniente Verbo nulla obscuritas, nullum frigus, nec ipsa quoque debet desperare duritia : quoniam resoluta malis suis quæ vocata fuerint, perducuntur in saluberrimum liquorem. Sic quæ exstiterant peccatorum gelu constricta, pietate Domini defluunt in medelam, sicut et alibi dictum est : *Nec est qui se abscondat a calore ejus* (*Psal.* XVIII, 7). Nam spiritu ejus quasi austrino flatu duritia periculosi frigoris evanescit, dum acervi scelerum dissoluti, in humilitatis gratiam tabida colla deponunt, et in liquores saluberrimos adducti, spiritualis beneficii fluenta profundunt. Sic factum est de persecutore Saulo, sic fit hodieque de plurimis, ut qui modo sunt obstinata voluntate sicci, fiant postea fluxu prædicationis irrigui.

Vers. 8. *Pronuntians verbum suum Jacob, justitias et judicia sua Israel.* Per Jacob et Israel significatur Ecclesia. Hæc enim duo nomina unius exstitere personæ, sicut ex duobus populis factus est unus, qui et Israel bene dicitur, et Jacob proprie nuncupatur. Nam et modo Israelita est quicunque fidelis est, et ante Jacob fuit qui Domino pura devotione complacuit. Ipsi enim verbum suum, ipsi noscitur pronuntiasse justitias.

Vers. 9. *Non fecit taliter omni nationi, et judicia sua non manifestavit eis.* Hic versus sic videtur intelligi, quia licet omnes gentes religio Christiana complexa sit, nulli tamen facie ad faciem est locutus, aut mare divisit, aut manna pluit, aut tabernacula nube complevit, aut holocausta ipsorum cœlesti igne consumpsit, et cætera quæ illi populo visibiliter superno munere præstabantur. Nobis enim spiritualiter fiunt, quæ illorum oculis corporaliter apparebant.

Alleluia.

Permovere solet quod in fine quorumdam psalmorum *Alleluia* positum reperimus. Significat forsitan eos totos ad præconia Domini pertinere, nec alicujus alterius causæ relatione permixtos; sed sicut a capite incipiunt, ita usque ad finem in laude dominica terminantur. Sed hoc asseverare non possumus, quia in rebus talibus aliquid definire periculum est. Melius est enim altiora sibi hominem confiteri, quam aliqua præsumptione culpari; atque ideo quod de hac re vel de aliis novitatibus (præstante Domino) putavimus offerendum, in arbitrio sit legentis sequi quod eligit.

Conclusio psalmi.

Hactenus de istis quatuor psalmis, qui de laudibus Domini præcesserunt, in conclusionibus eorum dictum est qua intentione formati sint, ut toti ad præparationem sequentium positi esse videantur. Ordo enim ipse psalmorum dispositionem rerum noscitur indicare mirabilem. Decorum enim fuit, ut prius de præceptis divini præconii; post, de mundi perversitate fugienda; tertio, de congregatione Ecclesiæ diceretur; quarto, qui nunc finitus est collectæ Jerusalem præcepit laudes Domini celebrare, quæ de mundi istius diversis periculis liberata, in æterna requie noscitur constituta. Quapropter choro illi sanctissimo, et de mundi partibus aggregato, trina subnectit exsultatione gaudendum, ut in opere sanctissimo Trinitatis gratia ubique fulgeret.

PSALMUS CXLVIII.

Alleluia.

Pars ista orationis paucis quidem syllabis arctatur, sed cogitata semper extenditur. Novitates enim suavissimas de se ejicit, cum eam acies mentis inspexerit. Nam dum a lectore dicitur, prædicatio laudis est; cum a populo respondetur, hymnus est. Sic una voce peragitur tam diversum mysterium, cum in ipsa nihil appareat immutatum. Subtiliter autem psalmus iste tractandus est, quoniam propheta per paucarum commemorationem omnes creaturas hortatur laudes Domini debere cantare, rationales et intellectuales per se; eas vero quæ sunt intellectu vel sensu carentes, per illas scilicet quæ opera Domini sapientissima consideratione collaudant.

Divisio psalmi.

Considerans propheta in cœlestibus et terrestribus rebus omnes operas Domini contineri, prima parte cœlestia hortatur ad laudes; secunda vero allegoricis allusionibus terrena commonet, ut Dominum devota mente concelebrent : unam causam probabilem utrisque subjungens, quia dignum est ut creatura suum debeat laudare creatorem.

Expositio psalmi.

Vers. 1. *Laudate Dominum de cœlis, laudate eum in excelsis.* Cum omnia cœlestia hymnos Domini jugiter profundant, perscrutandum est quare propheta illud primum admonet fieri, quod continue probatur impleri? Usus iste humanus est, ut cum videmus in agro laborantes dicamus : Laborate; cum legentes, legite; cum fabricantes, fabricate; ut exhortatio ista ad augendum magis studium quam ad inchoandum aliquid dici posse videatur. Sed quæ sunt ista de cœlis, quæ laudare provocantur? Scilicet illa quæ ad contemplandum Dominum purissimo intellectu ipsius largitate valentia sunt, et perpetua charitate succensa, auctorem suum suavi exsultatione concelebrant. Nam sicut sunt immortalia, ita nec eorum laudes aliquo fine clauduntur. *In excelsis* significat substantias digniores, quas merito sibi excelsas imbecillitas humana profitetur, quia carnis fragilitate deprimitur. Dignum est enim ut unaquæque res secundum percepti muneris modum suum laudet artificem.

Vers. 2. *Laudate eum, omnes angeli ejus; laudate eum, omnes virtutes ejus.* Quod angelus Græca lingua dicitur, Latine nuntius interpretatur. Sed cum ad aliquid perficiendum mittitur virtus cœlorum, ab officio suo hoc nomen assumit. Angelus enim ab officii dicitur nomine, non naturæ. Sequitur, *laudate eum, omnes virtutes ejus.* Hoc generale nomen est;

ibi enim concluduntur omnia quæ cœlestis militiæ dignitate grandescunt. Sed ideo forsitan hoc loco angeli virtutibus sunt prælati, quia honorabilior æstimandus est per quem Domini jussa complentur. Pulcherrime autem in laudibus Domini ab angelis fecit initium, qui inter creaturas æstimantur eximii.

Vers. 3. *Laudate eum, sol et luna; laudate eum, omnes stellæ et lumen.* Sol, luna, stellæ (ut quidam dicunt), etsi aliquo spiritu proprio regantur, tamen quia carnalibus oculis patescunt, inferiores esse virtutibus quæ non videntur, non absurda æstimatione colligitur, quamvis cœli speciem decoro lumine ornare videantur. Nam illa ad quæ pervenit noster aspectus, licet sint lucida atque subtilia, tamen corpora esse manifestum est : et necesse est ut illis cedant, quæ invisibili virtute subsistunt. Quapropter solem, lunam et stellas, sive per propriam rationem, sive per alias sensibiles et indicabiles substantias propheta laudare præcepit Dominum, quia Creatoris beneficio existere meruerunt. Considerata enim tot lumina ingentes admirationes poterunt commovere, quando et mortales oculos videre faciunt, et ipsa in tam splendida claritate consistunt. His rebus *lumen* generaliter adjunctum est, ut cætera in se lumen habentia, quæ dinumerata non sunt, tali complexione ad laudes dominicas incitaret.

Vers. 4. *Laudate eum, cœli cœlorum et aquæ quæ super cœlos sunt.* Quamvis in Genesi unum cœlum fabricatum esse legerimus, tamen eos plurali numero et Paulus apostolus appellavit, qui refert (*II Cor.* XII, 2) in tertium se cœlum raptum, ibique talia cognovisse quæ homini non licebat effari; et hic plurali numero nuncupantur, quod tali forsitan ratione concordat. Dicimus unum esse palatium, quod multis membris, multis spatiis ambiatur : ita forsitan et cœli partes dicimus cœlos, dum complexio atque sinus ejus unus esse monstretur. Aquas vero super cœlos esse Genesis refert; ait enim : *Divisitque aquas quæ erant sub firmamento, ab his quæ erant super firmamentum* (*Gen.* I, 7). Quod utrumque nimiæ laudis designat arcanum, ut et cœlorum tenuitas firma consistat, et aquæ supra ipsum positæ, cum sint graviores, nisi quando fuerint jussæ, non defluant. Cœli vero substantia, quamvis pura, lucida atque egregia esse putanda sit, dignaque talibus ac tantis habitatoribus suis, tamen animal esse non comperi; et temerarium est ex opinione hominum dicere, quod cœlestium litterarum non tradit auctoritas. Aquæ vero *quæ super cœlos sunt*, ut arbitror, istas quæ depluunt esse non dubium est, testante Genesi : *Cataractæ cœli apertæ sunt, et facta est pluvia super terram quadraginta diebus et quadraginta noctibus* (*Gen.* VII, 11, 12), et cætera. Quod non adeo quærere necessarium est, quando aut per se, aut per substantias rationales laudare Dominum omnia commonentur.

Vers. 5. *Laudent nomen Domini : quia ipse dixit, et facta sunt; ipse mandavit, et creata sunt.* In hoc versu ex operibus suis Dominum præcipit esse laudandum. Quid enim dignius quam ut creatura creatorem suum, id est conditio rerum proprium laudet auctorem ? Et ut sententias philosophorum veritatis ipsius voce convinceret, ait : *quia ipse dixit, et facta sunt.* Dicendo, *ipse*, Dominum significat Salvatorem. Ipse est enim Verbum caro factum, cujus jussione cuncta creata sunt, sicut veritas Evangelii dicit : *Omnia per ipsum facta sunt, et sine ipso factum est nihil* (*Joan.* I, 3). Et Apostolus ait : *Qui est imago Dei invisibilis, primogenitus omnis creaturæ : quia in ipso condita sunt omnia in cœlis et in terra, visibilia et invisibilia, sive sedes, sive dominationes, sive principatus, sive potestates, omnia per ipsum et in ipso condita sunt* (*Coloss.* I, 15, 16). Quapropter philosophorum falsissima sententia conquiescat, qui mundum putant coæternum Divinitati per se existere potuisse. *Dixit* ergo quando ait : *Fiat lux, et facta est* (*Gen.* I, 3). *Mandavit* autem significat constituit atque firmavit, sicut et alius indicat psalmus : *Mandavit in æternum testamentum suum* (*Psal.* CX, 9). Facta vero et creata habent aliquam distantiam si subtilius inquiramus. Facere enim possumus etiam nos, qui creare non possumus. Sed quoniam dixerat generale verbum, addidit quod erat Divinitatis proprium, quatenus sic facta intelligeres, ut creata esse sentires.

Vers. 6. *Statuit ea in æternum, et in sæculum sæculi; præceptum posuit, et non præteribit.* Hic quoque locus potentiam Domini virtutemque declarat, dicens : *Statuit ea in æternum, et in sæculum sæculi; præceptum posuit, et non præteribit;* ut dubium non sit omnipotentem esse Dominum, quando quæ ille constituit, nulla mutabilitate vertuntur. In parte siquidem cœlestium rerum facta conclusio est. Sed cum legatur de futuro sæculo : *Erit cœlum novum et terra nova* (*Isai.* LXV, 17), quemadmodum de isto cœlo dicitur : *Statuit ea in æternum?* Sed omnia Deo statuta esse non dubium est. Nam et homo ipse quamvis moriatur, Divinitati statutus est cum resurgit; sic et cœlum et terra Deo permanent cum novantur. Deposita enim (ut Patres dicunt) inclementia sive corruptibili qualitate, natura ipsa meliorata permanet, cum jussa fuerit in æternitate consistere, sicut et de corporis nostri permutatione dicit Apostolus : *Dum corruptibile hoc induerit incorruptionem, et mortale hoc induerit immortalitatem* (*I Cor.* XV, 53). *Præceptum*, legem dicit, sive conditionem, ut omnia sub ipsius potestate esse noscantur. *Præterire* autem non potest, quod omnipotens statuit, et veritas repromisit.

Vers. 7. *Laudate Dominum de terra, dracones et omnes abyssi.* Decursis cœlestibus substantiis, propheta venit ad secundam partem, ubi terrena commonet, sive animata, sive inanimata, ut laudes Domini per naturas sapientissimas debeant explicare. *Draco* est sulcata squamis, in **498** modum serpentis producta nimis corporea magnitudo, qui naturali fervore succensus, in remedium temperamenti sui, aquosis speluncis inhabitat. Qui non humi repit, sed cum moveri placuerit, volitare narratur. Huic ruptus [*mss.* A., B., raptus] elephas cibus est, qui virtute mirabili nexibus suis ita ingentium belluarum membra constringit, ut eis spiritum vitalem velut muscis eripiat. *Abyssorum* vero, id est marinorum fluctuum considerata profunditas, universos debet rationales ad laudes Domini concitare. Et respice ordinem dictionis : quia unam substantiam de sensibilibus, alteram de insensibilibus posuit, ut Dominus debeat omnium creaturarum virtute laudari. Sed quoniam auctoritate Patrum diximus hunc psalmum hymnum esse beatorum, qui post hujus sæculi permutationem cantatur : dracones et abyssos personas hic truculentas et validas debemus accipere, quæ hic conversæ, in illa patria dominicis laudibus honorantur.

Vers. 8. *Ignis, grando, nix, glacies, spiritus procellarum, quæ faciunt verbum ejus.* Ignis, grando, nix, glacies per allegoriam (sicut dictum est) homines significant, qui in hoc sæculo ex turbulentis et pessimis ad devotionis tranquillissima studia pervenerunt. Denique vide quid sequitur, *spiritus procellarum, qui faciunt verbum ejus.* Qui faciunt verbum ejus, nisi qui ex tempestuosis et improbis ad confessionis ipsius gratiam venire meruerunt ?

Vers. 9. *Montes et omnes colles, ligna fructifera et omnes cedri.*

Vers. 10. *Bestiæ et universa pecora, serpentes et volucres pennatæ.* Montes significant homines prætumida potestate sublimes; *colles,* mediocres æqualitate tractantes; *ligna fructifera,* qui ex duritia peccatorum conversi, fructus morum intulere dulcissimos. *Cedri,* absolute superbos significant et elatos; *bestiæ,* crudeles atque indomitos; *universa pecora,* communem scilicet et infinitam plebem. *Serpentes,* venenosos dicit et callidos. *Volucres pennatæ* philosophos significant, qui cogitationum suarum velocitate naturas rerum discurrere consuerunt. De quibus omnibus generibus hominum Christus sibi electos parat, qui in illa resurrectione angelorum possint cœtibus aggregari.

Vers. 11. *Reges terræ et omnes populi, principes et omnes judices terræ.*

Vers. 12. *Juvenes et virgines, seniores cum junioribus.* Reges terrarum frequenter diximus sanctos viros esse, regentes corpora sua, qui carni propriæ imperantes, eam non permittunt illecebras suæ voluntatis implere. *Omnes populi* turbas significat, quæ ad Dominum numerosa simul voluntate conveniunt. *Principes,* sæculi potestates excelsas non indecenter advertimus. Et ut nobiles intelligeres ac potentes, vide quid sequitur : *et omnes judices terræ.* Quod frequenter evenire cognovimus, ut subito mundi potestate derelicta, Domini diligant subire servitia. *Juvenes* dicit, qui ætatis calore ferventes, ad modestiæ se temperamenta convertunt. *Seniores cum junioribus permixtam* significat ætatem : quia de omni sexu, de omni ætate potens est Dominus evocare quos eligit. Nam, ut hæc omnia ad homines potuisses referre, vide quid sequitur.

Vers. 13. *Laudent nomen Domini : quia exaltatum est nomen ejus solius; confessio ejus super cœlum et terram.* Et hic quoque locus ex magnificentia ipsius et singularitate prædicatur. Nam cum dicatur, *quia exaltatum est nomen ejus solius; confessio ejus super cœlum et terram,* sine dubio magnificentia ipsius in toto orbe declaratur. Sed usque ad hanc sententiam superiora suspensa sunt, ut laudet Dominum populus fidelis, in illa scilicet patria constitutus, qui jam peccatorum noscitur nexibus absolutus. Sequitur causa justissima quare Dominus debeat prædicari, utique *quia exaltatum est nomen ejus solius. Exaltatum est* quippe, dum illi, sicut dicit Apostolus, *Omne genu flectitur cœlestium, terrestrium et infernorum* (*Philip.* II, 10). Adjecit, *confessio ejus super cœlum et terram.* Hic confessio laudem illam significat quæ illi post sæculi istius innovationem ab omnibus rationabilibus creaturis exsolvitur. *Super cœlum et terram* dixit, quia nec cœlestia nec terrena illis prædicationibus possunt æqualia reperiri.

Vers. 14. *Et exaltabit cornu populi sui; hymnus omnibus sanctis ejus : filiis Israel, populo appropinquanti sibi.* Hic ex sanctitate Domini hymnus absolute profunditur. Nam cum dicit : *Exaltabit cornu populi sui; hymnus omnibus sanctis ejus : filiis Israel, populo appropinquanti sibi,* sine dubio sanctitas Domini muneraque laudantur, qui sanctos suos participatione sui muneris glorificare dignabitur. Et *cornu* pro potestate positum, sæpe jam diximus, quod hic humiliatum est propter afflictiones et dolores, quos patitur populus fidelis; ibi autem *exaltabitur,* ubi omnis gloria manifesta præstatur : primum, quia dexteram merentur; deinde cum Domino judicabunt ; tertio, in æternam pacem gaudiumque transibunt; ut merito exaltati dicantur, qui usque ad ipsius Domini contemplationem mirabili ejus pietate perveniunt. Quod tunc fit (sicut dicit Apostolus) *cum tradiderit regnum Deo Patri, cum evacuaverit omnem principatum, et omnem potestatem, et virtutem* (*I Cor.* xv, 24). Oportet enim eum regnare, donec ponat omnes inimicos sub pedibus ejus. Sequitur, *hymnus omnibus sanctis ejus.* Vox ista promissio est et totius beatitudinis summa perfectio. Nam quod merebuntur sancti, hymnus est Domini, quem tunc canunt quando et æterno munere coronabuntur. Isto enim percepto, ulterius nil egebunt; sed illic erit quidquid modo non valet apprehendi : manna cœlestis, satietas infastidibilis, incomprehensibile donum, assidue hoc agere, et in eo studio semper ardere. *Hymnus est* ergo sanctorum cantus in laude Domini constitutus, cui anima corpusque perfecta puritate consentit. Quem etsi hic modo videmur dicere cupide, tamen non possumus sine defectione peragere. Adjecit, *filiis Israel, populo appropinquanti sibi.* Quibus sanctis hymnus ille præstetur, ostendit, *filiis* utique *Israel,* qui non solum genere, sed fide nomen istud habere declarantur. Illos enim Israelitas vere dicimus, qui recte credendo, cordis lumine Dominum respicere meruerunt. Sunt enim Israelitæ, qui mandatorum obedientia Christo Domino appropinquare monstrantur; illi enim ab ipso longe sunt qui ejus jussa non faciunt. Nemo ergo illi proximus, nisi qui et membrum ipsius est. Membrum enim a capite suo nescit esse separatum.

499 De *Alleluia* vero ultimo quod in superiori psalmo diximus, et hic debet intelligi : quoniam ipsa de vicino repetere, tædium magis quam intellectum generat audienti.

Conclusio psalmi.

Contueamur psalmum istum, quo decore, qua virtute præfulgeat. Referuntur enim supernæ voces, quæ adhuc nequeunt pro ista infirmitate corporalitatis audiri. Dicunt coelestes creaturæ laudem Domino, dicunt terrenæ substantiæ; et melodiæ cantibus agitur, ut Dominus creaturarum suarum consona exsultatione laudetur. In ipsis quippe primordiis opinabilem illam astronomiæ posuit disciplinam, quam sæculi doctores minutissime perquirentes, ita definiendam esse putaverunt : Astronomia est disciplina quæ cursus coelestium siderum, et figuras contemplatur omnes, et habitudines stellarum circa se et circa terram indagabili ratione percurrit. Cujus operatione solemni annum dicunt quadrifaria temporum divisione compleri. Hinc imbres fieri, hinc perhibent terrena procreari, hinc frigora venire, hinc aeris aiunt esse temperiem ; et quidquid terris necessarium probatur, jussione Domini earum ministerio posse suppleri. Quam scientiam veteres nostri non adeo refugiendam esse dixerunt, quandiu tamen esse cognoscitur disciplina, et motus astrorum naturali solemnitate perquirit. At ubi se in astrologiæ partem labilis error infuderit, et vitas mortalium de cursu stellarum putaverit colligendas, tunc abominandi, tunc potius cæci sunt, cum se æstimant prævidere quæ Creator nobis utiliter decrevit abscondere. Planetas etiam dicunt contra polum currere per certissimos meatus. Fabricam quoque coeli, quæ semper rotabili mobilitate se sustinet, habere quamdam harmoniæ delectationem, quæ suavis et jugis est. Sed nos obsequia naturalium rerum ad auctoris referamus imperium, qui creaturas suas ipsa potentia sibi parere jubet qua fecit existere.

PSALMUS CXLIX.
Alleluia.

Hoc nomen in usu habere omnimodis commonemur, quando Novo et Veteri Testamento cognoscimus decenter aptatum. Veteri prælatum est in centesimo quarto psalmo, ubi Ægypti miracula et maris Rubri beneficia describuntur : hic novo cantico docetur esse præpositum, ubi est totius religionis absoluta perfectio. Sic ubique positum est, quod semper constat esse dicendum. O nomen magna devotione venerandum, quod et angeli canunt, et in terris vota fidelium frequenter assumunt.

Divisio psalmi.

Superioribus psalmis innumeris admonitionibus laudes Domini propheta commendans, nunc etiam prima positione canticum novum Christo Domino diversis modis dicit esse cantandum, qui de toto orbe terrarum universalem Jerusalem sua pietate construxit. Secunda, gaudia sanctorum virtutesque describens, vindictam peccantium gloriam dicit esse justorum.

Expositio psalmi.

Vers. 1. *Cantate Domino canticum novum : laudatio ejus in ecclesia sanctorum*. In hoc et in aliis tribus versibus qui sequuntur, ex operibus Domini magnitudo laudatur. Dicendo enim : *Cantate Domino canticum novum : laudatio ejus in ecclesia sanctorum*, etc., ex operibus suis dicit esse prædicandum. Nam propheta in hoc mundo tantum corpore constitutus, intellectu et fide in illa patria cum angelica multitudine miscebatur, in qua commonet populum beatum *novum canticum* debere *cantare*. *Canticum* autem *novum* est, sanctæ incarnationis arcanum, nativitas mirabilis, doctrina salutaris, passio magistra tolerantiæ, resurrectio spei nostræ certissimum documentum, sessio ad dexteram Patris, virtutem significans et potentiam singularem. Et ne crederes istam laudem ubicunque aut a quibuslibet posse celebrari, sequitur, *laudatio ejus in ecclesia sanctorum*. Sive istam dicas, catholicam significat, quæ revera sanctorum est ; sive illam Jerusalem cœlestem, et ipsa sine dubitatione sanctorum est. Ecclesia enim interpretatur collectio, quod ad utramque referri posse non dubium est.

Vers. 2. *Lætetur Israel in eo qui fecit ipsum, et filii* [mss. A., B., F., *filiæ*] *Sion exsultent super regem suum*. *Israel* et *Sion* diversa quidem vocabula, sed virtus una sanctorum est ; nam *Israel* interpretatur vir videns Deum ; *Sion* speculatio dicitur. Quod utrumque ad beatum populum pertinere manifestum est, qui lætari et exsultare in Rege suo Christo Domino commonentur, quando ipsum viderint omnipotentem, ipsum æterni præmii largitorem, quem hic crediderunt in sua majestate venturum. Quis enim erit illius gaudii modus conspicere illum Dominum rerum, qui hic mori creditus est pro salute cunctorum ? Mensuram quidem istius lætitiæ jure nescimus, sed tamen ultra omnia bona esse confidimus, quod tanta veritas pollicetur.

Vers. 3. *Laudent nomen ejus in choro ; in tympano et psalterio psallant ei*. In superiori versu in Domino Christo dicit esse lætandum, nunc dicit *in choro* nomen Domini esse laudandum. *In choro* utique, qui jam nullam patitur dispersionem, nullum tædium, nullum scandalum ; sed meritorum probitate collectus, charissima semper unitate consistit. Sed qualis quantusque sit iste chorus alius psalmus exponit : *A solis ortu usque ad occasum laudate nomen Domini* (*Psal.* CXII, 3). Chorus qui a mundi initio de numerositate gentium congregatur, et nisi in illa patria totus non potest esse collectus. Sequitur, *in tympano et psalterio psallant ei*. Tympanum et psalterium, probabiles hic actus esse dicimus, qui ad divina munera referuntur, qui jam in illa patria non videntur ; sed tamen erunt, cum de eorum exsultatione gaudebitur. Nam quod hic contristat, ibi lætificat ; quod hic conterit, ibi nos erigit, sicut legitur : *Beati qui persecutionem patiuntur propter justitiam, quoniam ipsorum est regnum cælorum* (*Matth.* v, 10). Hæc ergo omnia sive tympanum, sive psalterium ibi psallunt Domino, quoniam hic pro ipsius nomine exercitata vel tolerata noscuntur.

Vers. 4. *Quia beneplacitum est Domino in populo suo, et exaltabit mansuetos in salutem*. Legitur quidem Creatori omnia opera sua in rerum conditione placuisse; sed pro rerum qualitatibus immutatis et pœnitere et gaudere legitur Deus, ut est illud : *Pœnitet me hominem fecisse* (*Gen.* vi, 6). Et in alio loco : *Gaudebo super unum pœnitentem, quam supra nonaginta novem justos, non indigentes pœnitentia* (*Luc.* xv, 7). Has enim permutationes Divinitati ex nostra infirmitate tropicis allusionibus applicamus. Dicit enim : *Quia beneplacitum est Domino in populo suo*, id est, quando illum fecerit perfecta suavitate gaudentem, quando angelis parem, quando revera suum, quem tanto judicaverit munere coronandum. Tunc enim erit beneplacitum, quando *erit*, sicut Apostolus dicit, *omnia in omnibus* (*I Cor.* xv, 28). Mansuetos autem significat patientes, qui in hoc mundo diversas toleravere nequitias, sed pro Dei regno fuerunt sanctissima devotione contenti. *In salutem* dicit, in vitam æternam, quam illis justus Dominus in illa judicatione restituet.

Vers. 5. *Exsultabunt sancti in gloria, lætabuntur in cubilibus suis*. Hinc usque ad finem psalmi virtus Domini potentiaque prædicatur. Quidem enim fortius quam tantam potestatem sanctis suis tribuere, ut de inimicis sumant, ipso largiente, victorias? Sed cum dicit : *Exsultabunt sancti in gloria, lætabuntur in cubilibus suis*, introitur jam secunda positio, quæ continet gaudia sanctorum et potestatem Christo credentium. Sed intendamus nunc quomodo sanctorum exsultatio describatur. Gloria est bonorum actuum frequentata laudatio. De qua justi *lætantur in cubilibus suis*, id est in secreto pectoris; sicut Apostolus dicit : *Nam gloria nostra hæc est testimonium conscientiæ nostræ* (*II Cor.* i, 12). Ibi enim lætantur, ubi solus ille cognoscit qui donare dignatus est. Lætantur utique, quando sic bonum Dominum se habere perpendunt, ut reis donet veniam, peccantibus gratiam, non merentibus gloriam sempiternam. Contra in hoc sæculo stultus a se foras egrediens, exsultat in hominum fabulis, et mereri se putat, quod eum sermo falsus exaltat. Est ergo sanctis disciplina gloriandi et modus gaudii, ut ad illum referantur bona qui tribuit universa. Nam si mensura desit lætitiæ, non est gaudium, sed ruina.

Vers. 6. *Exsultationes Dei in faucibus eorum, et gladii ancipites in manibus eorum*.

Vers. 7. *Ad faciendam vindictam in nationibus, increpationes in populis*. Intuendum est quam pulchra, quam sit utilis ista diversitas. Superius dixit sanctos exsultationem suam habere in cubilibus suis, nunc dicit Domini exsultationes in eorum faucibus constitutas : significans, quoniam sive cogitatione, sive lingua laudare non desinunt, a quo æterna dona percipiunt. Transit quoque ad exponendam potestatem ipsorum, dicendo : *et gladii ancipites in manibus eorum*. Anceps gladius est sermo Domini Salvatoris, de quo in Evangelio ipse dicit : *Non veni pacem mittere in terram, sed gladium* (*Matth.* x, 34). Anceps ideo, quoniam duo continet Testamenta. Primo enim a gentibus separavit Judæos; postea segregavit et divisit a totius mundi illecebris utique Christianos. Unus ensis, sed duas desecationes habet, quas populis electis distributa temporis opportunitate concedit. In manibus ergo dicit gladios istos esse, id est in potestate sanctorum; sicut legitur : *Factus est sermo Domini in manu Aggæi prophetæ* (*Agg.* i, 1). Hanc igitur potestatem beati suscipientes, cum Domino judicabunt, sicut scriptum est : *Sedebitis super duodecim sedes, judicantes duodecim tribus Israel* (*Matth.* xix, 28). Nam vide quid sequitur, *Ad faciendam vindictam in nationibus, increpationes in populis*. Ista enim tunc vere fiunt, quando cum Domino judicabunt.

Vers. 8. *Ad alligandos reges eorum in compedibus, et nobiles eorum in vinculis ferreis*.

Vers. 9. *Ut faciant in eis judicium conscriptum : gloria hæc est omnibus sanctis ejus*. Exponit quid ille gladius faciat bis acutus. *Alligat reges terræ in compedibus*, unde liberum non sit exire. Vincula quoque ferrea supra mundi nobiles ponit, ut et cum portantur sint gravia, et nexus eorum rumpere nulla virtute prævaleant. Hoc est revera canticum novum, ut illi pauperes qui in mundo fuere derisui, de principibus possint judicare terrarum. Sequitur, *Ut faciant in eis judicium conscriptum*, utique quod dicit Apostolus : *An nescitis quoniam angelos judicabimus* (*I Cor.* vi, 3)? Quis possit æstimare tale miraculum? quis tantam gloriam mente complecti, ut illos superbi et iniqui peccatores judices patiantur, quos hic tanquam vilia pecora trucidandos esse putaverunt? Et ne forsitan solos apostolos judicaturos putares, quibus hoc Dominus in Evangelio compromisit, adjecit, *gloria hæc est omnibus sanctis ejus*. Omnes enim cum Christo judicant, qui ejus regulis non repugnant : quoniam quidquid illi placitum fuerit, et ipsi pia voluntate consentiunt. Sed quamvis sanctorum potestas et gloria multiplici relatione narrata sit, nullus tamen eorum plenissime habere omnia virtutum præmia reperitur. Solus est enim Jesus Christus, de quo Apostolus dicit : *In quo habitat omnis plenitudo divinitatis corporaliter* (*Colos.* ii, 9), id est substantialiter. Nam cum habeat Dominus omnia perfecte ac summe bona, dat unicuique prout vult; et ipse est omnium sanctorum (secundum Joannem) manifesta plenitudo (*Joan.* i, 16).

Conclusio psalmi.

Subtiliter intuendum est quemadmodum præcedens psalmus huic præsenti et in laudis officio conjunctus, et quadam distinctione divisus est. In illo enim ad præconia Domini omnes creaturas hortatus est, hic autem distinctius propriusque significavit Israel novum canticum debere cantare, et de proprio Domino lætum fieri, qui eum fecit de gentium multitudine congregari. Commemoratur etiam potestas, quæ sanctis est in illa judicatione tribuenda; ut vir-

501 PSALMUS CL.
Alleluia.

Ecce iterum salutaris ille præco remittitur, non de victu carnali, sed de copia superna locuturus. Admonemur enim civitas Dei, ut de mundi ambitu congregata, et ore cantet et animo. Quapropter hoc *Alleluia* plenissima intentione cantemus, quæ universam psalmodiam in excelsum culmen Domini dispensatione perduxit. Nam sicut ignis iste mortalis ad superiora festinans, comas rutilas erigit in cacumen, ita carmen istud paulatim crescens, ad cœlestia fastigia virtutum gradibus evolavit. Quod si et nos cum ipso, Domini dextera sublevante, animi devotione conscendimus, usque ad ipsum salutarem finem venire dabitur, qui nullis limitibus terminatur.

Continentia psalmi.

Psalmus iste levatus ad illam concordem sanctorum omnium unitatem, divisionem habere non debuit : quia finem totius operis perduxit ad virtutem inseparabilis Trinitatis. Deinde uno sensu omnia percurrit, ut nec personam videretur mutare nec causam. Quod schema dicitur hyrmos, quando series orationis tenorem suum usque ad ultimum servat. Brevis est, ut fastidium non haberet; musicis organis plenus, ut spiritualibus thalamis redderetur aptissimus, et in cœtu supernæ Jerusalem nuptiali dulcedine cantaretur. Intentio vero ejus ipsa est, ut Dominus de sanctorum congregatione laudetur, qui eos imagini suæ restituens, fragilitatem fecit deponere carnis et sanguinis. Jam conformes gloriæ suæ in illa beatitudine collocavit, ut bonorum omnium abundantia compleantur; de quibus dicit Apostolus : *Qui benedixit nos in omni benedictione spirituali, ut essemus sancti et immaculati coram ipso* (*Ephes.* i, 3, 4).

Expositio psalmi.

Vers. 1. *Laudate Dominum in sanctis ejus; laudate eum in firmamento virtutis ejus.* Diligenter inspiciendum est liber iste Psalmorum qua suavitatis gratia terminetur, et quemadmodum respiciat ad principium suum. Dicit enim propheta, receptis in illa Jerusalem *sanctis* suis, *Dominum* debere *laudare*; scilicet quibus ipse formam conversationis ostendit. De quo dictum est : *Beatus vir qui non abiit in consilio impiorum* (*Psal.* i, 1), etc. Ipsi sunt enim sancti, qui eodem largiente ejus imitatores esse meruerunt. Sed qualis veneratio sanctis debeatur, congruenter exponitur, ut non ipsi, sed Dominus debeat de eorum justificatione prædicari. Ille enim primo loco glorificari debet, qui prædicanda concedit. Justis autem habenda reverentia est, quia divina munera perceperunt. Sequitur, *laudate eum in firmamento virtutis ejus*. Firmitas virtutis ejus est, quia exitium pro omnium salute suscipiens, mortem ipsam cum auctore nequissimo potentiæ suæ virtute superavit, inferni claustra dirupit, hæsitantes resurrectione sanavit, et firmiter credentes usque ad cœlorum regna perduxit.

Vers. 2. *Laudate eum in potentatibus ejus, laudate eum secundum multitudinem magnitudinis ejus.* Hic jam ex potentia et magnitudine sua Dominum præcipit debere laudari. Ait enim : *Laudate eum in potentatibus ejus; laudate eum secundum multitudinem magnitudinis ejus.* Et quemadmodum debeat laudari, usque ad finem psalmi per mysticas allusiones consequenter exponit. *Potentatus* ipsius est, sicut in octavo psalmo dictum est : *Omnia subjecisti sub pedibus ejus, oves et boves universas, insuper et pecora campi* (*Psal.* viii, 8). Et Apostolus : *Cui omne genu flectitur cœlestium, terrestrium et infernorum* (*Philip.* ii, 10). Consideremus etiam qualis res populo beato quantaque præcipitur. Sequitur enim, *laudate eum secundum multitudinem magnitudinis ejus*. Quis, rogo, possit eum laudare secundum multitudinem magnitudinis ejus, cum in centesimo quadragesimo quarto psalmo dictum sit : *Magnus Dominus et laudabilis nimis, et magnitudinis ejus non est finis* (*Psal.* cxliv, 3)? Sed vide quibus dicitur, et dubietas nulla remanebit, utique spiritualibus, et de ipsa potius laudis operatione valentibus. Nam cum potentiæ Domini nullus sit finis, secundum magnitudinem suam prædicatur, quando sine fine laudabitur.

Vers. 3. *Laudate eum in sono tubæ, laudate eum in psalterio et cithara.* Hic instrumenta musica significabili modo ad aliquid ponuntur in ordinem, ut tuba concrepet Regi, psalterium canat Deo, cithara cum reliquis Sponso. Ista enim ibi non esse manifestum est, sed hæc omnia mysticis allusionibus ad Christum Dominum constat esse referenda. *Tuba* est corneis partibus adunatis, aut aliquo metallo productus tubulus, a patulo circulo inchoans, et desinens in angusto foramine. Hæc spiritu retracto completa, terribili personatione dilatatur, quæ aut bellorum temporibus sumitur, aut regiis adventibus apparatur. *Psalterium* vero est in modum citharæ conversa positio. Buccas enim quasdam sonoras ligni gestat in capite : ubi ab imo venientes, chordarum sonos in altum rapit, et gratissima, quantum dicitur, modulatione respondet. *Cithara* enim ligni quodam ventre inferius constituto, a summo chordarum filis venientibus sonos recipit, atque in unam gratiam jucunditatis emittit. Quæ omnia humanis actibus comparata, figuraliter ibi dicuntur laudes Domini personare.

Vers. 4. *Laudate eum in tympano et choro, laudate eum in chordis et organo.* Isti quoque versus (sicut dictum est) usque ad finem ad hymnos pertinent nuptiales. *Tympanum* est quasi duobus modiis solis capitibus convenientibus supra eos tensi corii sonora resultatio, quod musici disciplinabili mensura percutientes, geminata resonatione modulantur. *Chorus* est plurimarum vocum ad suavitatis modum temperata collectio. Sequitur, *laudate eum in chordis et organo*. Quoniam præter psalmum et citharam (ut quidam dicunt) alia inveniri poterant, quæ chordarum tensionibus personarent, generaliter chordas posuit; ut omne ipsum instrumentum musicum Domini laudibus deputaret. *Organum* itaque est quasi turris quædam diversis fistulis fabricata, quibus flatu follium vox copiosissima destinatur; et ut eam modulatio decora componat, linguis quibusdam ligneis ab interiore parte construitur, quas disciplinabiliter magistrorum digiti reprimentes, grandisonam efficiunt et suavissimam cantilenam.

Vers. 5. *Laudate eum in cymbalis bene sonantibus, laudate eum in cymbalis bene tinnientibus: omnis spiritus laudet Dominum.* Ut illa superiora per allusiones quasdam de sanctis dicta deberemus accipere, ad ipsum quoque os hominis venit. Sed consideranda est verborum istorum facta discretio, ut *cymbala bene sonantia,* labia nostra debeamus accipere; quæ non immerito inter instrumenta musica posita sunt, quia et similitudo quædam est cymbalorum, et per ea voces humanæ harmoniam reddere suavissimam comprobantur. Harmonia est enim diversarum rerum in unam convenientiam redacta copulatio; quod et in voce humana constat accidere, quando et tempora ipsa et syllabæ ad unam vocis concordiam perducuntur. Cymbala ergo nostra sunt labia percussa ad sonum vocis distinctissime temperandum, quæ tunc salutariter sonant, quando in laudes Domini devotissime commoventur. *Cymbala* quoque *bene tinnientia,* sunt ex permixtis metallis parvissimæ phialæ compositæ, ventricula sua in lateribus habentes, quæ artificiosa modulatione collisæ, acutissimum sonum delectabili consonatione restituunt. Sed quoniam sanctissimus propheta universa quæ dicta sunt, spiritualiter volebat intelligi, aptissimo librum fine conclusit, *omnis spiritus laudet Dominum.* Non utique caro et sanguis, non mundi ambitus, non illecebra sæcularis; sed illud quod est in natura rerum sublimius, hoc laudet Dominum; quod cœlestia utique sapit, quod æterna præmia concupiscit. Quapropter universo operi brevem perfectamque sententiam dedit, ut Dominum Salvatorem spiritualiter debeant cuncta laudare. His igitur decursis totius musicæ disciplinæ assignata perfectio est. Flatus in tuba, pulsus in cithara, tinnitus in cymbalis, vox in choro, spirituali harmonia dulcissime ille concentus, qui non auribus carneis auditur, sed contemplatione purissimæ mentis advertitur. Nam commemoratio syllogismorum, sicut in primo psalmo cœpta est, parili nobis fine claudatur. A categorico siquidem, qui est purissimus et princeps omnium syllogismorum, dedimus prout oportebat initium: nunc etiam opus nostrum in ipso concludimus. Decet enim finem respondere principio suo, quando in litteris sacris debent sibi omnia convenientia reperiri. Hic autem categoricus syllogismus est nobis taliter colligendus: Dominum laudet omnis spiritus. Quem debet laudare omnis spiritus, Deus verus est. Dominus igitur Deus verus est. Mirabile plane dicendi genus, ut ad illud reluctantem confitendo trahat, ad quod prius aliquis acquiescere respuebat. Ecce de grammatica et de etymologiis, de schematibus, de arte rhetorica, de topicis, de arte dialectica, de definitionibus, de musica, de geometria, de astronomia, et de propriis locutionibus legis divinæ, seriem refertam esse monstravimus, quantum Dominus præstare dignatus est, ut qui talia legerint, gratanter agnoscant, et qui adhuc rudes sunt, planissime dicta sine offensione percipiant.

Conclusio Psalmorum.

Explicitus est decorus et mirabilis ordo Psalmorum, numero quidem mystico terminatus, sed sacris virtutibus infinitus; solummodo illi ad dimensum cognitus, qui arenam maris, pluviarum guttas, creaturarum omnium naturas dinumerabili quantitate complectitur. Sed quamvis a nobis ex toto comprehendi non possit, tamen utiliter quæritur, quia perscrutatus semper copiosior invenitur. Quanta enim adhuc hinc nova dicenda sunt, quantorum fidelium ingenia usque ad finem sæculi curiosa sedulitate laborabunt. Sed tamen ista veritas tunc plenissime dignoscenda est, quando ipse Dominus contemplationem suam præstare dignabitur. Hic autem totus ordo Psalmorum, quantum humanum ingenium vestigare prævaluit, duplici mysterio noscitur esse decursus. Primum, sicut auctoritate Patrum dictum est, Novi et Veteris Testamenti sacramenta complectitur. Septem quippe decades referuntur ad sabbatum, quod ad primam illam pertinet sine dubitatione culturam. Octo vero nostro tempori deputantur, qui resurrectionem Domini die octava pia devotione veneramur. Secundo quoque, Domino largiente prospeximus, quod centum quinquaginta diebus superducto diluvio criminum suis terra diluta est. Sic Psalmorum spiritualis abyssus peccatis inquinata corda mortalium usque ad judicii tempus perpetua emundatione purificat; et fit nobis ex ipso salutare diluvium, quod nostrum sensum delictis sordidum reddit ablutum. Quid enim in isto cœlesti armario Scripturarum divinarum invenire non possis? Genesim quæras, hic quemadmodum fuerit mundus fabricatus exponitur. Prophetam dicas, quis de incarnatione Domini tanta locutus est? Evangelium cupias, passionem et resurrectionem Christi Domini innumeris locis evidenter ostendit. Apostolum velis, audi doctorem, audi miserentem, qui et futura judicia propter correctiones prædicat, et pro peccatoribus frequenter exorat. Et ne longius differam, quidquid in cœlo, in terra, in mari, vel apud inferos agitur, si cautissime legas, omnia suis locis posita competenter agnoscis. Testis est Athanasii episcopi sermo magnificus (*Tom. I, epist. ad Marcellinum, pag.* 959), qui virtutes Psalmorum indagabili veritate discutiens, omnia illic esse probat, quæcunque sanctæ Scripturæ ambitu continentur. Naturam quoque Dei, si fas est, duobus verbis facit subintelligi; *Ego hodie,* quæ nullis libris, nullis codicibus prævalet comprehendi, sicut et explicatum est quod breviter dicitur, et ex aliqua parte sensibile quod tacetur. In secundo quippe psalmo Pater dicit ad Filium: *Ego hodie genui te* (*Psal.* II, 7). In istis siquidem duobus verbis subtiliter significat, quod humanum intellectum transcendere posse videatur. Novum et Vetus Testamentum tanta proprietate complectitur, ut revera spiritualem bibliothecam in hoc libro intelligas esse constructam. Nam si paradisus desiderabilis habetur, quod eum quatuor fluminum lapsus amœnare [*ed.*, emanare] noscuntur, quanto beatior est anima quæ centum quinquaginta Psalmorum fontibus irrigatur. Nec solum intra hunc numerum divina virtus operata est, multa latius patent, sive quæ pro parte intellecta sunt, sive quæ adhuc funditus ignorantur diversa miracula. Nam et in illis centum quinquaginta tribus piscibus quos apostolorum retia de pelagi profunditate traxerunt (*Joan.* XXI, 11), sanctorum numerus comprehensus exponitur. Et arca Noe in typum sanctæ Ecclesiæ trecentis cubitis in longitudine, quinquaginta in latitudine, et triginta in altitudine legitur fabricata (*Gen.* VI, 15) : unde multa Origenes mystica (ut solet) expositione tractavit. Quapropter indubitanter apparet Creatorem atque Opificem rerum, cum cœlestia cuncta terrenaque disponeret, sub mensura, et numero, et pondere fecisse omnia quæcunque creata sunt, sicut Sapientissimus dicit : *Omnia in mensura, et numero, et pondere disposuisti* (*Sap.* XI, 21). Nunc propter virtutem memoriæ breviter intimemus, quæ supra latius videntur effusa. Primum meminisse nos convenit quod de titulorum diversa varietate narratum est. Recordari etiam debemus personas in textu Psalmorum aptissime commutatas, conclusionesque eorum contra hæreticos maxime fuisse formatas. Vel quare alphabetum Hebræum ponatur in psalmis. Cur de partibus psalmorum unus confectus esse videatur. Quare intercalares psalmi sint positi. Quare repetitio versuum reperitur in psalmis. De interpretatione nominum Hebræorum. De his qui unifines appellantur. De quindecim psalmis gradalibus. Quare pœnitentium septem psalmi esse doceantur. Quare lamentantium pro civitate Jerusalem cum lacrymis verba funduntur. Quare ordo psalmorum in laudibus Domini fuerit terminatus ; ubi quot modis prædicitur exponitur, cum tamen præconia ipsius nullis libris, nullis possint humanis viribus explicari. Sic varietas ista Psalmorum, aut pretiosissimo lapidi topazio, aut pulcherrimo pavoni congrue forsitan comparatur, qui toties diversos reddunt colores corporis sui, quoties in eis delixus fuerit oculus intuentis. Hæc, quantum Dominus præstare dignatus est, pro nostra mediocritate decursa sunt. Vos autem, magistri, qui cœlestium litterarum copiosa lectione pinguescitis, parcite rudi, dimittite confitenti, estote benevoli. Difficile opus humanum reperitur, quod non patiatur aliquam quæstionem, Jacobo apostolo protestante : *Si quis in verbo non offenderit, hic perfectus est vir* (*Jac.* III, 2). Quod si nonnulli sacris litteris calumnias parant, quid infirmis non faciant, quos audacter accusant ? Prolata semper ad animum dicentis aptanda sunt. Nam si omnia contentiosa altercatione destruere volumus, piam devotionem incauta potius contradictione damnamus. Sed jam tempus est ad Dominum corda convertere, ad quem magis debet omnis intentio tendere, et laboris terminus pervenire.

ORATIO.

Tu, Domine verus doctor et præstitor, advocatus et judex, largitor et monitor, terribilis et clemens, corripiens et consolator, qui cæcis mentibus donas aspectum ; qui facis infirmis possibile quod præcipis; qui sic pius es, ut assidue rogari velis ; sic munificus ut neminem desperare patiaris : dona quod te præstante bene quærimus, et illa maxime quæ nostra infirmitate nescimus. Quod ex tuo diximus, suscipe ; quod ex nobis ignoranter protulimus, parce; et perduc nos ad illam contemplationem ubi jam non possimus errare. Dona facere quæ te inspirante loqui præsumpsi ; dona compleri quæ alios observare commonui : ut qui præstitisti pium sermonem, probabilem quoque conferas tuis famulis actionem. Libera nos, amator hominum, ab illo periculo, *ne*, sicut dicit Apostolus, *dum aliis prædico, ipse reprobus inveniar* (I *Cor.* IX, 27). Quam infirmi sumus tu veraciter nosti; quali hoste deprimamur agnoscis. Te quærit certamen impar, te expetit mortalis infirmitas : quia majestatis tuæ gloria est, si leo rugiens ab infirma ove superetur ; si spiritus violentissimus a debilissima carne vincatur, ille qui de cœlo cecidit, et hic te pugnante subdatur ; ut si potestatem ipsius ad tempus tua permissione patimur, nequaquam ejus insatiabilibus faucibus sorbeamur. Fac illum tristem de humana lætitia, qui de offensione nostra semper exsultat. Amen.

Hactenus quæ ad expositionem Psalmorum pertinere videbantur, Domino largiente, decursa sunt [*ed.*, discussa] : nunc Salomonis dicta videamus, quæ proprios expositores habere noscuntur.

EXPOSITIO IN CANTICA CANTICORUM
M. AURELIO CASSIODORO ATTRIBUTA.

MONITUM.

Cassiodori nomen huic opusculo præfigunt tam manuscripti codices quam editi, saltem quos videre licuit ; bibliothecarii quoque omnes, si unum exceperis, aliique etiam melioris notæ auctores quamplurimi absque ulla controversia auctori nostro illud ascribunt. Mihi tamen Cassiodori non esse certissimum videtur : sed quibus potissimum argumentis in eam adducar sententiam, præfatio nostra, quam hujus operis capiti præmisimus, satis ostendet. Hanc igitur, si lubet, consulas, amice lector.

PROLOGUS.

Salomon inspiratus divino Spiritu composuit hunc libellum de nuptiis Christi et Ecclesiæ, et quodammodo epithalamium fecit Christi et Ecclesiæ, id est canticum super thalamos. Unde et Cantica canticorum vocavit hoc opus : quia omnia cantica superexcellit. Sicut enim dicitur, *Rex regum, et Dominus dominantium* (*Apoc.* XVII, 14), et solemnitas solemnitatum : sic dicitur Canticum canticorum ob excellentiam et dignitatem. Est autem in hoc obscurior iste libellus, quia nullæ ibi commemorantur personæ, et quasi comico stylo compositus est.

CAPUT PRIMUM.

Vers. 1. *Osculetur me osculo oris sui.* Vox est Synagogæ desiderantis Christi adventum. Quasi diceret : Toties mihi adventum suum promisit per prophetas; veniat ergo jam et *osculetur me osculo oris sui*, id est, per seipsum mihi loquatur.

Quia meliora sunt ubera tua vino. Repente ad ipsum cujus desiderio flagrabat, verba convertens, subdit, *Quia meliora sunt ubera tua vino.* Per ubera Christi dulcedo Evangelii intelligitur : quia eo veluti lacte nutritur infantia credentium. *Vinum* autem austeritatem legis significat : sed ubera Christi meliora sunt vino, quia dulcedo Evangelii melior est austeritate legis. In lege enim nulla reservatur pœnitentia, sed præcipitur ut qui peccat occidatur : Evangelium autem dicit : *Nolo mortem peccatoris* (*Ezech.* XVIII, 32), etc.

Vers. 2. *Fragrantia unguentis optimis.* Unguenta sunt dona Spiritus sancti, vel etiam operationes virtutum ; de quibus Apostolus : *Christi bonus odor sumus* (II *Cor.* II, 15).

Oleum effusum nomen tuum. Nomen tuum, o Christe, *effusum est.* Chrisma Græce, Latine unctio, unde Christus. Nomen Christi ab unctione dicitur. Solet enim Spiritus sanctus *olei* nomine appellari, juxta quod Psalmista ait : *Unxit te Deus Deus tuus oleo* (*Psal.* XLIV, 8), id est Spiritu sancto. Hoc oleum effusum est, quando hæc gratia quam Christus singulariter habuit, data est omnibus electis. Unde et a Christo Christiani dicuntur, participio nominis Christi. Et bene non stillatum, sed *effusum oleum* dicitur, quia abundanter hæc gratia omnibus data est fidem Christi recolentibus.

Ideo adolescentulæ dilexerunt te. Adolescentulæ dicuntur animæ electorum, quæ in baptismo reliquerunt sordes veteris hominis, et renovatæ sunt in Christo. Bene autem feminino genere dicuntur : quia animæ sanctorum, quo majoris fragilitatis sibi consciæ sunt, eo amplius Christum diligunt.

Vers. 3. *Trahe me post te, curremus.* Vox Ecclesiæ. Hic est permutatio personæ ; nam hactenus locuta est Synagoga, hic incipit loqui Ecclesia de gentibus : *Trahe me post te, curremus.* Quia (inquit) meam infirmitatem cognosco, et video me nihil meis viribus boni posse agere, tua gratia *trahe me* ad tui imitationem ; vel etiam cum 506 cœlum ascenderis, *Trahe me post te*, ut te sequi merear.

Introduxit me Rex in cellaria sua. Hic loquitur Ecclesia de Christo sponso suo ad animas fideles. *Cellaria* Dei sunt æterna beatitudo, et supernæ patriæ gaudia, in quæ *introducta est* jam Ecclesia per fidem et spem, et quandoque *introducetur* per rem.

Exsultabimus et lætabimur in te. De donis (inquit) tuis *exsultabimus et lætabimur.* Sed quia scimus hoc non nostri esse meriti, *in te*, non in nobis *exsultabimus.* Hoc est quod Apostolus ait : *Qui gloriatur, in Domino glorietur* (I *Cor.* I, 31).

Memores uberum tuorum super vinum. Id est *Memores* gratiæ tuæ, et misericordiæ qua salvati sumus. *Ubera* enim sunt ipsa gratia qua salvamur. Recordantes etiam, quod tu austeritatem legis uberibus doctrinæ evangelicæ temperare dignatus es.

Recti diligunt te. Illi (inquit) sunt recti cordis sunt diligunt te ; id est, illi qui nihil suis meritis tribuunt, sed omnia tuæ gratiæ deputant. Nullus enim te diligit nisi rectus, et nullus est rectus, nisi qui te diligit.

Vers. 4. *Nigra sum, sed formosa, filiæ Jerusalem.* Hic rursus loquitur Ecclesia de suis pressuris ad sanctas animas. *Nigra sum*, quia persecutiones patior ; *sed formosa* sum virtutibus, o filiæ Jerusalem, id est animæ fideles. *Nigra sum*, id est, deformis persecutionibus et ærumnis quas sustineo ; *sed formosa* sum decore virtutum. Quomodo autem *nigra* sit, et quomodo *formosa* ostendit, cum subdit :

Sicut tabernacula Cedar, sicut pelles Salomonis. Ita enim distinguitur : *Nigra sum sicut tabernacula Cedar*, *formosa sicut pelles Salomonis. Cedar* filius Ismaelis fuit, qui interpretatur tenebræ. Ismaelitæ vero semper in tabernaculis habitare soliti sunt, et non habent domos. Dicit ergo Ecclesia se *nigram esse sicut tabernacula Cedar*, propter persecutiones quas patiebatur a filiis tenebrarum, quod interpretatur Cedar. Hinc Psalmista dicit : *Habitavi cum habitantibus Cedar* (*Psal.* CXIX, 5), id est, conversatus sum inter persecutores et peccatores *infidelitate* nigros. *Formosam* vero dicit se *sicut pelles*, id est tabernacula Salomonis, qui pacificus interpretatur : quoniam digna erat visitatione et consolatione sponsi sui Christi inter angustias. Et sicut *tabernacula* ex pellibus mortuorum animalium fiunt, ita Ecclesia, tabernaculum videlicet Dei, ex his construitur qui seipsos cum vitiis et concupiscentiis mortificant (*Galat.* v, 24).

Vers. 5. *Nolite me considerare quod fusca sim, quia decoloravit me sol.* O animæ fideles et devotæ Deo, *Nolite me considerare quod fusca sim*, id est, quod tribulationibus afficiar, quod persecutionibus opprimar ; *quia decoloravit me sol*, id est, persecutionis fervor meum splendorem quodammodo offuscavit. Ac si diceret : Interiorem pulchritudinem meam cogitate, et illam attendite, non illa quæ foris pati videor. Tale est quod et Apostolus dicit : *Nolite deficere in tribulationibus meis pro vobis, quæ est gloria vestra. Non enim sunt condignæ passiones* (*Ephes.* III, 13), et reliqua. Sol autem in Scripturis multos habet sensus. Aliquando significat ipsum Dei et hominum Mediatorem ; unde scriptum est : *Vobis timentibus nomen meum orietur sol justitiæ* (*Malach.* IV, 2), id est Christus. Significat et Ecclesiam, sicut Dominus dicit : *Tunc fulgebunt justi sicut sol* (*Matth.* XIII, 43). Aliquando fervorem persecutionis, sicut hic et in Evangelio, ubi dicitur de semine quod cecidit supra petram, et orto sole exæstuavit ; quod ipse Dominus aperit exponens : *Facta autem persecutione propter verbum scandalizantur* (*Matth.* XIII, 6, 21).

Filii matris meæ pugnaverunt contra me. Unde cœperit hæc persecutio ostendit, cum subdit : *Filii matris meæ pugnaverunt contra me.* Vox est primitivæ Ecclesiæ, cujus Synagoga mater est, cui per prophetam dicitur : *Et vocaberis civitas fidelis* (*Isai.* I, 26), et mater civitatum filia Sion. Hujus *filii* sunt Judæi, qui *pugnaverunt* contra Ecclesiam primitivam, quando excitaverunt persecutionem contra credentes, *et omnes dispersi sunt per regiones Samariæ* (*Act.* VIII, 1).

Posuerunt me custodem in vineis. Vinea una fuit primitiva Ecclesia Jerosolymis ; sed ob Judaicam persecutionem dispersis credentibus omnibus, multæ vineæ factæ sunt, id est multæ Ecclesiæ constructæ per universum mundum. Dicit ergo primitiva Ecclesia : *Posuerunt me* (scilicet apostoli et doctores) *custodem*, id est, ut essem custos Ecclesiarum. Unde et in Græco bene dicitur, *disseminati sunt*, ubi nos legimus, *dispersi sunt* (*Act.* VIII, 1); ad hoc enim divinitus dispersi sunt, ut plures Ecclesiæ fierent per universum mundum.

Vineam meam non custodivi, id est, unam illam Ecclesiam quæ Jerosolymis fuit, non custodivi. Hoc non ad votum, neque ad mentem est referendum, sed ad locum. *Non custodivi*, subaudi, ut esset ibi ubi cœpit.

Vers. 6. *Indica mihi quem diligit anima mea, ubi pascas, ubi cubes in meridie.* Vox Ecclesiæ est ad sponsum suum Christum. O sponse, quem diligit anima mea, id est quem tota mentis intentione diligo, *indica mihi ubi pascas*, id est ubi oves tuas pascere facias ; ipse est enim *Pastor bonus*, sicut ipse dicit in Evangelio (*Joan.* X, 14). *Indica mihi ubi pascas et ubi cubes*, id est requiescas, et hoc *in meridie*, id est in fervore persecutionis vel tentationis. Laborans enim Ecclesia in persecutionibus, obsecrat sponsum suum ut ei dicat in quorum mentibus requiescat. Nam cubare sponso requiescere est, sicut ipse dicit : *Super quem requiescit spiritus meus* (*Isai.* LXVI,

2), etc. Ne enim sancti æstu tentationis arescant, ipse in eorum cordibus cubat et requiescit, atque ab omni fervore tentationum et persecutionum protegit. Quare hoc?

Ne vageri incipiam post greges sodalium tuorum. Greges sodalium appellat conventicula hæreticorum, qui sodales Christi sunt, quia et ipsi greges suos pascunt. Et est sensus : O sponse, indica mihi sanctos et electos tuos, ne forte offendam et incurram in hæreticos, putans te ibi posse inveniri. Hunc versum male hæretici distinguebant, tanquam sponsa interrogaret : Ubi pascas, ubi cubes? Et ipse responderet : In meridie cubo, et in australi parte.

Vers. 7. *Si ignoras te, o pulchra inter mulieres, egredere, et abi post vestigia gregum.* Vox sponsi ad sponsam suam Ecclesiam. Ac si diceret : Tu quereris te quasi a me derelictam et persecutionum fervoribus denigratam ; nec consideras quam pulchra sis inter mulieres, id est, non attendis virtutum spiritualium pulchritudinem, qua præ cæteris decoraris, licet tentationibus denigreris. *Si ignoras ergo te,* id est, si hanc dignitatem et formositatem tuam non recognoscis, *egredere* de meo consortio, *et abi post vestigia gregum,* hoc est, sequere et imitare doctrinam errantium hæreticorum, qui contempto vero Pastore unius gregis, multos sibi coacervaverunt greges.

Et pasce hædos tuos, id est peccatores et erroneos auditores ; et hoc *juxta tabernacula pastorum,* id est secundum dogmata hæreticorum. Unus enim pastor est Christus, qui unum habet gregem, id est unitatem catholicæ Ecclesiæ. Pastores vero multi sunt hæretici, qui gregem deceptorum hominum sibi aggregant, quos diabolo pascunt ; de quibus et Psalmista : *Sicut oves in inferno positi sunt* (*Psal.* XLVIII, 15). Oves vocantur in hoc loco mali, non propter simplicitatem vel innocentiam, sed propter hebetudinem : quia nesciunt resistere pravæ doctrinæ : sed omnia quæ sibi imponuntur a pravis doctoribus, sustinent non bona patientia.

Vers. 8. *Equitatui meo assimilavi te, amica mea, in curribus Pharaonis.* Equitatum suum appellat exercitum filiorum Israel, videlicet sexcenta et sex millia qui egressi sunt de Ægypto, et transierunt mare Rubrum (*Num.* II, 52; *Exod.* XIV, 22). *Equitatum* autem suum illam multitudinem dicit ; quia sicut auriga currui præest, ita Deus illi plebi præerat, protegens illam et defendens, et ad terram repromissionis introducens. Huic suo *equitatui assimilavit* amicam suam ; quoniam sicut ille populus per mare Rubrum salvatus est, Pharaone demerso (*Exod.* XIV, 27, 28), ita Ecclesia gentium per baptismum de diaboli servitio liberata, et ad veram repromissionis terram, et evangelicam libertatem introducta est ; sicque quæ erat ancilla vitiorum, facta est amica Christi, emundata et abluta per baptismum a sordibus peccatorum.

Vers. 9. *Pulchræ sunt genæ tuæ sicut turturis.* Turturis natura est, ut si casu conjuges perdiderit, alium ultra non requirat. Turturi ergo assimilatur Ecclesia : quia ex quo Christus mundum præsentia corporali deseruit, et cœlos petiit, Ecclesia in ejus amore tenacissime perseverat ; nec recipit ullum adulterinum amatorem : quia contemnit mundum et omnes concupiscentias ejus, et solius sponsi sui pulchritudinem mente contemplatur. Genis autem turturis genas Ecclesiæ comparat : quia in genis maxime verecundia apparet, et per hoc pudor et verecundia Ecclesiæ ostenditur : quia erubescit omne fœdum, et quod sponso suo displiceat, perpetrare formidat. Et est sensus : noli timere ne vageris per greges sodalium tuorum, quia tanto te amoris mei pudore, et tanta verecundia donavi et munivi, ut certus sim te me non posse deserere et ad alienos deflectere.

Collum tuum sicut monilia. Per *collum* Ecclesiæ doctores sancti designantur ; nam per collum cibi reficiendo corpori ministrantur. Sermones etiam quibus arcana mentium designantur, per colli fistulam egrediuntur. Sic doctores sancti et cibum nobis salutaris doctrinæ monstrant, et etiam secreta Scripturarum nobis manifestant. Hoc ergo *collum* Ecclesiæ quasi monile est, quia castæ doctrinæ gemmis et virtutum ornamentis sancti doctores decorantur. *Monile* enim ornamentum est virginum vel matronarum.

Vers. 10. *Murenulas aureas faciemus tibi, vermiculatas argento.* *Murenulæ* juxta litteram ornamentum sunt colli virginalis et puellaris, videlicet virgulæ auri perplexæ, intermixtis nonnunquam pulchra varietate subtilissimis argenti filis ; et hoc est quod dicit : *Vermiculatas argento,* id est in modum vermium terrenorum, quos lumbricos dicunt, distinctas et inter se conjunctas. *Murenulæ* autem dicuntur a similitudine piscis marini, qui murena vocatur. Mystice, *murenulæ* sunt perplexa Scripturarum dogmata, ex diversis sanctorum Patrum sententiis inter se conjuncta. Aurum quippe claritatem significat sensus spiritalis : argentum vero nitorem eloquii designat. Murenulas ergo aureas sponsus sponsæ suæ facit, cum Christus Ecclesiam suam doctrinis sanctorum Patrum sensu et eloquio fulgentibus instruit, atque ad illorum fidem et virtutem imitandam accendit. Notandum quod pluraliter dicit, *faciemus tibi;* quasi enim Christus se personis doctorum conjungit, per quos ipsæ *murenulæ* concatenantur, ut illis Ecclesia exornetur.

Vers. 11. *Dum esset rex in accubitu suo.* Vox sponsæ regem sponsum suum Christum dicit, qui per divinitatem suam omnia regit, et etiam secundum humanitatem de regia Davidis stirpe natus est. *Accubitus regis* fuit incarnatio ejus. Accumbere enim est reclinari vel discumbere. Et tunc Christus accubuit, quando pro nostra redemptione se usque ad suscipiendam naturam nostram inclinavit. Et tunc *Nardus mea odorem suum dedit,* quando virtus Ecclesiæ magis enituit. Cum enim consideret Deum pro se hominem factum, amplius ad spiritualium virtutum studium et amorem sui conditoris accenditur. *Nardus* enim fragrantiam virtutum spiritualium designat. Erant quidam ante incarnationem sancti Dei, sed (sicut dictum est) sanctitas magis a tempore incarnationis excrevit, et tunc quodammodo *nardus* Ecclesiæ, id est odor virtutum fortius dedit odorem suum. Juxta litteram *nardus* herba est aromatica, crassa et fragili radice, folioque parvo et denso, cujus cacumina in aristas se spargunt. Hoc unguento Maria Magdalene pedes et caput Domini perunxisse in Evangelio legitur in domo Simonis (*Matth.* XXVI, 7; *Marc.* XIV, 5; *Luc.* VII, 38; *Joan.* XII, 5).

Vers. 12. *Fasciculus myrrhæ dilectus meus mihi.* Myrrha species est aromatica nimiæ amaritudinis, qua mortuorum corpora condiuntur. Hoc loco passio Christi et sepultura designatur : nam depositum corpus Domini de cruce a Nicodemo et Joseph, myrrha et aloe conditum est, et involutum linteis cum aromatibus, ac sepulturæ traditum (*Matth.* XXVII, 59; *Marc.* XV, 46; *Luc.* XXIII, 53; *Joan.* XIX, 40). Dicit ergo Ecclesia sponso suo : *Fasciculus myrrhæ dilectus meus mihi* factus est : quia propter me mortuus et sepultus est.

Inter ubera mea commorabitur. Nemo dubitat locum cordis inter ubera esse. Dicit ergo : *Inter ubera mea commorabitur,* id est, in cordis mei memoria æternaliter habebitur, et nunquam tantorum ejus beneficiorum obliviscar ; sed sive in prosperis, sive in adversis sim, tamen recordabor ejus qui me tantum dilexit, et pro me mortuus est.

Vers. 13. *Botrus Cypri dilectus meus mihi, in vineis Engaddi. Cyprus* insula est ubi vites nobiles esse feruntur, maximos botros procreantes. *Engaddi* similiter locus esse fertur habens arbusculas liquorem balsami desudantes. Loquitur ergo sponsa de resurrectione Christi sponsi sui : *Botrus Cypri dilectus meus mihi;* ac si diceret : Sponsus meus, qui mortis amaritudinem pro me gustavit, et quasi fasciculus myrrhæ mihi fuit, in resurrectione sua factus est *mihi botrus Cypri*, quando me gaudio resurrectionis suæ lætificavit. *Vinum* enim *lætificat cor hominis* (*Psal*. cıı, 15); et hoc *in vineis Engaddi* : quia sua resurrectione, quasi suavissimo balsami odore per universum mundum redolevit, et fragrantiam suæ fidei late dispersit. Engaddi autem fons hædi interpretatur, per quod significatur baptisma, et sacrificium in quo peccata omnia abluuntur. Hædus namque peccatores significat. Baptismus ergo fons est hædi; quia peccatores suscipit, sed immaculatos et mundatos ab omnibus peccatis reddit.

Vers. 14. *Ecce tu pulchra es, amica mea* : *ecce tu pulchra es*. Vox sponsi Christi ad sponsam suam Ecclesiam. Bis eam repetit esse pulchram, propter perfectionem operis et munditiam cogitationis. *Ecce tu pulchra es*, id est in bonis operibus perfecta es, sancte, et pie, et juste vivendo secundum Apostolum (*Tit*. ıı, 12). *Ecce tu pulchra es*, mundam et simplicem cordis habens intentionem : quia non propter terrena commoda, vel mundi gloriam, sed ut solis oculis Dei placeas, bona operaris.

Oculi tui columbarum. Columba simplicissima avis est, et per hanc simplicitas atque innocentia Ecclesiæ figuratur. Quasi enim *oculos columbarum* habet, quia ab omni fictione et simulatione se immunem custodit. Vel etiam *oculos columbarum* habet, quia scientiam divinarum Scripturarum casto et simplici intuitu intelligit, spirituales et divinos sensus in ea requirens. Nam quoniam Spiritus sanctus in specie columbæ apparuit (*Matth*. ııı, 16), recte doctrina cœlestis in oculis columbæ intelligitur.

Vers. 15. *Ecce tu pulcher es, dilecte mi, et decorus*. Ac si diceret : Tu quidem me pulchram in opere et cogitatione esse dicis; sed ego omnem hanc pulchritudinem a te me credo habere et cognosco. *Tu enim es pulcher et decorus*, tu es fons totius boni, et quidquid boni habeo, tua gratia habeo. *Pulcher* autem *et decorus* dicitur : quia et divinitatis perpetuitate et etiam susceptæ humanitatis dignitate mirabilis est.

Lectulus noster floridus. Lectulus Ecclesiæ est qualiscunque tranquillitas, vel requies præsentis vitæ. Nam quasi in bello est Ecclesia, dum pro Christo diversa tolerat certamina : quasi vero in lectulo requiescit, cum aliquantula pace sibi concessa fruitur. Sed hic *lectulus floridus est*, hoc est, varietate virtutum quasi vernantibus floribus distincta est requies Ecclesiæ. Tunc enim liberius contemplationi divinæ insistit; tunc jejunia, vigilias et cætera bonorum operum exercitia liberius exsequitur.

Vers. 16. *Tigna domorum nostrarum cedrina, laquearia nostra cypressina*. Domus Ecclesiæ sunt conventicula fidelium per totum orbem dispersa. *Tigna* vero et *laquearia* sunt ipsæ personæ fidelium, ex quibus Ecclesia constat. Sed attendendum quod *Tigna* ad munimentum sunt domus, *laquearia* ad ornatum. Ideoque per *tigna* designantur doctores, quorum doctrina fulcitur et sustentatur Ecclesia; per laquearia vero sancti simplicitate gaudentes, qui suis virtutibus exornant Ecclesiam, non autem doctrina muniunt. Et hoc attendendum quod laquearia tignis affixa sunt : sic et vita fidelium in Ecclesia e doctoribus pendet, quia illorum doctrina instruitur et roboratur. Bene autem *Tigna cedrina*, et *laquearia cypressina* dicuntur; nam utræque arbores imputribiles naturæ sunt, sanctos designantes qui immarcescibili desiderio flagrant amore sui Conditoris, et contemptis transitoriis ad æterna festinant. Cedrus etiam serpentes odore suo fugat : sic sancti doctores dæmones vel hæreticos fragrantia doctrinæ suæ repellunt.

CAPUT II.

Vers. 1. *Ego flos campi, et lilium convallium*. Postquam sponsa qualem domum ipsa et sponsus ejus habeant ostendit, ipse quoque sponsus de se qualis sit ostendit, dicens : *Ego flos campi*, et reliqua; videlicet quia odorem meæ virtutis per latitudinem totius mundi diffundo. *Ego flos campi*, id est sum decus mundi. Sicut enim campus floribus adornatur et vernat, ita totus mundus Christi fide et notitia decoratur. Sum etiam *lilium convallium* : quia illis mentibus præcipue meam gratiam tribuo, quæ nullam in se spem habentes, mihi se humili devotione submittunt. *Convalles* enim significant humiles vel humilium mentes, quarum lilium Christus est, quia pulchritudo humilium mentium ipse est qui dixit : *Discite a me quia mitis sum et humilis corde* (*Matth*. xı, 29). Potest et hoc quod dicit, *Ego sum flos campi*, ad incarnationem referri. Campus enim non aratur, non scinditur, non ullo vomere prosulcatur. Dicit ergo, *Ego sum flos campi*, id est filius Virginis : non ergo ruris, sed *campi florem* se vocat : quia virgineæ carnis fructus est secundum vaticinium Isaiæ : *Egredietur virga de radice Jesse* (*Isai*. xı, 1). Lilium convallium est idem Christus, hoc est filius humilium parentum : convalles enim humiles et pauperes parentes ejus significant. Veniens enim Dei Filius in mundum, non solum homo fieri dignatus est, sed etiam pauper homo pro nobis; nec divites, sed pauperes elegit habere parentes; ut particeps factus paupertatis nostræ, divitiarum et gloriæ suæ nos participes faceret.

Vers. 2. *Sicut lilium inter spinas, sic amica mea inter filias*. Videns sponsam suam ad requiem festinare, et labores æternos fugere, ac per quietem præsentis temporis ad æternam beatitudinem tendere, monet eam tali comparatione et prædicatione, ut norit se per pressuras et labores hujus sæculi illuc pervenire debere. *Sicut*, inquit, *lilium inter spinas, sic amica mea inter filias*. Spinæ quæ pungunt et lacerant, significant perversos quosque vel intra vel extra Ecclesiam. Et est sensus : Sic tibi vivendum est ad tempus in mundo, et sic parata esse debes contra omnia adversa, *sicut lilium inter spinas est*, et tamen florere, et gratum odorem ex se emittere non cessat : *sic amica mea inter filias*; quia non solum ab his qui extra Ecclesiam sunt, mala pateris : verum etiam ab illis qui regenerati per baptismum in filiationem Dei venisse videntur. Et nota quod se superius sponsus *lilium* appellavit *convallium* : nunc sponsam suam dicit, *Quasi lilium inter spinas*; quia ipse qui vere est *lilium*, per gratiam facit Ecclesiam suam esse *lilium*, candidatam videlicet virtutibus, vel ab omni vitiorum labe immunem.

Vers. 3. *Sicut malus inter ligna silvarum, sic dilectus meus inter filios*. Nunc sponsa laudata a sponso vicem ei reddit et dicit qualis quoque ipse sit. *Sicut malus*, inquit, et reliqua. *Sicut malus* 509 pulchritudinem habet pomorum, et gratum odorem inter agrestia ligna silvarum : ita et *Mediator Dei et hominum, homo Christus Jesus* (*I Tim*. ıı, 5) speciali refulget gratia inter filios, id est inter electos. Ipse enim Dei Filius per naturam est, reliqui electi per gratiam, potestate accepta ab unico Filio Dei, ut sint filii Dei. Hinc Joannes : *Vidimus gloriam ejus, gloriam quasi Unigeniti a Patre* (*Joan*. ı, 14); non qualemcunque, sed *quasi Unigeniti a Patre*.

Sub umbra illius, quam desiderabam, sedi : quia in ejus protectione confido, et ab eo inter adversa gubernari spero. Umbra enim Christi protectio est Divinitatis, qua electos tuetur et defendit.

Et fructus ejus dulcis gutturi meo, id est Divinitatis contemplatio, qua me satiari confido; hæc enim est sanctorum exspectatio, hoc præmium et satietas, visio conditoris sui. Desiderat ergo umbram conditoris sui Ecclesia : quia protectionem illius exoptat inter præsentis vitæ adversa. *Fructus illius dulcis gutturi meo est*, quia exspecto perfrui specie visionis illius, et satiari dulcedine charitatis illius.

Vers. 4. *Introduxit me rex in cellam vinariam, ordinavit in me charitatem*. Cella vinaria est Ecclesia, in qua est vinum evangelicæ doctrinæ. In hanc ergo *cellam* amica sponsi introducitur, quando ex omnibus gentibus in unam Ecclesiam fideles adunantur. Or-

dinavit, inquit, *in me charitatem.* Inter omnes virtute primatum tenet charitas, qua ipsa subsistit Ecclesia. Charitas ergo in Ecclesia ordinatur : quia non temere, nec confuse, sed ordinate tenenda est Dei ??? hominis dilectio. Deus enim diligendus est super omnia toto corde, tota anima, totis viribus, omni mente. Proximus diligendus est denique sicut se unusquisque diligit (*Deut.* vi, 5; *Matth.* xxii, 39; *Marc.* xii, 30, 31; *Luc.* x, 27). Nam confundere vult charitatem qui proximi charitatem Dei dilectioni præponit : de quibus Dominus in Evangelio : *Qui amat patrem aut matrem plus quam me, non est me dignus* (*Matth.* x, 37). Vel etiam *ordinavit in me charitatem*, id est, ipse prior me dilexit. Deinde qualiter eum diligere deberem, docuit, unde ipse dicit : *Non vos me elegistis, sed ego elegi vos* (*Joan.* xv, 16). Et Joannes dicit : *Diligamus Deum, quoniam ipse prior dilexit nos* (*Joan.*, iv, 19).

Vers. 5. *Fulcite me floribus, stipate me malis, quia amore langueo.* Postquam Ecclesia vel anima Deo dilecta in se charitatem ordinatam dixit, qualiter velit requiescere, vel in quo lecto cum dilecto sponso suo pausare, ostendit dicens : *Fulcite me floribus*, et reliqua. Alloquitur animas jam perfecte divino amori inhærentes. Per *flores* initia sanctæ conversationis intelliguntur : Per *mala* vero, perfecta bonorum operum exempla; et est sensus : O sanctæ animæ, quæ dilectioni conditoris vestri inhæretis, *fulcite me* bonorum operum exemplis, et qualiter in exordio virtutum, vel in provectu, vel in perfectione bonorum operum vixeritis, ostendite, *quia amore langueo.* Tunc enim anima Dei amore languet, quando ejus dilectioni nihil præponit; imo quasi ad sæcularia opera languida et imbecillis efficitur, nihilque eam delectat, nisi meditatio cœlestium, et contemplatio conditoris sui.

Vers. 6. *Læva ejus sub capite meo, et dextera illius amplexabitur me.* Cum (inquit) in tali lecto jacuero, *Læva ejus*, id est sponsi, erit *sub capite meo.* Per *lævam* præsentis temporis prosperitas, vel etiam dona Dei intelliguntur, quæ sanctis in præsenti vita conferuntur. Per *dexteram* vero cœlestis patriæ beatitudo accipitur. *Læva* Dei est pignus Spiritus sancti, Scripturarum divinarum intellectus, et cætera talia dona ac charismata, quibus sancta Ecclesia in præsenti consolatur. *Caput*, principale mentis accipitur. *Læva* ergo sponsi *sub capite* sponsæ est, quia hæc omnia dona ad hoc percipit Ecclesia, ut per hæc discat suspirare ad æterna. Dextra vero sponsi eam amplexatur : quia tota intentio Ecclesiæ vel animæ fidelis hæc est, ut ad æternam beatitudinem quandoque perveniat, et specie sui conditoris gaudeat. Et bene prius *læva sub capite* sponsæ, post sponsi *dextra* eam *amplectitur*; quia nemo ad amplexus æternæ beatitudinis poterit pervenire, nisi hic mysteriorum cœlestium et donorum divinorum studeat esse particeps.

Vers. 7. *Adjuro vos, filiæ Jerusalem, per capreas cervosque camporum, ne suscitetis, neque evigilare faciatis dilectam, donec ipsa velit.* Vox sponsi adjurantis filias Jerusalem, id est amicas æternis desideriis intentas, et visionem pacis requirentes, ne quiescentem sponsam suscitent et inquietent. *Adjuro vos* et reliqua, ut *dilectam*, hoc est animam divinæ contemplationi deditam, orationibus vel lectionibus divinis occupatam inquietare, et ad exteriora opera *suscitare* ne velitis, *donec ipsa velit*, hoc est, donec expleto contemplationis tempore, admonente corporis fragilitate, ipsa velit suscitari a somno æternæ quietis, et ad temporalia agenda procedere. Videamus autem per quid *adjuret filias Jerusalem*, *per capreas* videlicet *cervosque camporum.* Capreæ et cervi munda animalia sunt, serpentibus et venenis inimica. Significant virtutes sanctorum, quæ munditia spirituali refulgent, et venena fraudis diabolicæ non solum cavent, sed etiam insectantur, et ad nihilum redigunt. Et est sensus : *Adjuro vos, filiæ Jerusalem* per virtutes vestras, quas divina gratia vobis collatas gaudetis; ut animam contemplationi meæ deditam non inquietetis, donec contemplationis hora finita, ipsa aliud quid agere velit.

Vers. 8. *Vox dilecti mei.* Vox Ecclesiæ. *Vox dilecti mei*, subaudis, hæc est. Lætabunda enim Ecclesia quod tantum diligatur a sponso, ut etiam filias Jerusalem pro illa adjuret, ut non eam requiescentem inquietent, dicit : hæc est *vox dilecti mei* pro me loquentis. Quem desiderans videre dilectum, sed non valens, adnectit :

Ecce iste venit saliens in montibus, transiliens colles. Montes et colles intelliguntur perfecti quique sancti, conversationis sublimitate a terrenis sublevati, et quasi camporum planitiem melioris vitæ meritis excedentes. De his montibus Isaias dicit : *Erit mons domus Domini præparatus in vertice montium, et elevabitur super colles* (*Isai.* ii, 2). Loquitur ergo sponsa de dilecto suo : *Ecce iste venit saliens in montibus, et transiliens colles*, hoc est, etiam secundum humanitatem omnem sanctorum excellentiam, omnem contemplationis divinæ puritatem excedens, nec stare in montibus, sed transilire dicitur : quia etsi ad horam per internam inspirationem cor sanctorum visitat, subito tamen recedit, ut eos in sui 510 dilectionem accendat. Potest etiam hoc ad incarnationem Christi referri; qui veniens quosdam saltus dedit : quia de cœlo venit in uterum Virginis, de utero Virginis in præsepe, de præsepi in baptismum, de baptismo in crucem, de cruce ad sepulcrum, de sepulcro ad cœlum; hinc Psalmista : *Exsultavit ut gigas ad currendam viam* (*Psal.* xviii, 6), et reliqua.

Vers. 9. *Similis est dilectus meus capreæ hinnuloque cervorum.* Capreæ et cervi, quamvis in sua natura multa habeant quæ allegoricis sensibus conveniant, hoc habent tamen singulare, quod in planioribus non morantur, sed in arduis et excelsis locis quosdam saltus dare solent. Recte ergo his assimilatur Christus propter subtilem contemplationem; et quia a nullo intellectu divinitatis ejus majestas comprehendi potest. Non autem cervis, sed capreis assimilatur, minoribus videlicet animantibus propter humilitatem incarnationis suæ : quia non solum homo fieri, sed humilis homo fieri dignatus est. *Hinnulo* autem *cervorum* similis dicitur : quia secundum humanitatem de cervis, hoc est de patriarchis duxit originem; vel etiam propter varietatem virtutum et innocentiam hinnulo cervorum comparatur.

En ipse stat post parietem nostrum. Paries, mortalis nostra conditio appellatur : quia quodammodo inter nos et Deum quasi crassus quidam paries constitutus, non permittit nos ejus contemplatione perfrui; namque primus homo ita conditus est, ut visione et alloquio Dei frueretur (*Gen.* i, 26) : sed postquam peccavit (*Gen.* iii, 6), appositus est quidam paries, ipsa videlicet mortalitas, qua prægravamur. Nam (ut Sapiens dicit) *Corpus quod corrumpitur aggravat animam, et deprimit terrena inhabitatio sensum multa cogitantem* (*Sap.* ix, 15). Sponsum ergo suum, quem superius capreis vel hinnulis cervorum comparavit, nunc dicit post suum parietem stare : quia Christus aliquando vicinus fit cum se, quantum humana mens capere potest, contemplari permittit : aliquando vero elongatur, et quasi caprea vel cervus quibusdam saltibus effugit. Quia ergo paries oppositus erat inter nos et ipsum, nec videre illum poteramus, dignatus est in ipso pariete facere fenestras et cancellos, per quos utcunque sentiri, utcunque perspici possit. Unde et sequitur.

Respiciens per fenestras, prospiciens per cancellos. Quasi enim fenestræ et cancelli in pariete fiunt, cum ipse sua gratia se contemplari permittit, licet in speculo et ænigmate. Potest et hoc quod dicit : *Ipse stat post parietem nostrum*, ad humanitatem ejus referri; quasi enim *post parietem nostrum stetit*, cum carnem nostram sibi apposuit, in qua divinitas ejus latuit. Quod vero sequitur, *Respiciens per fenestras, prospiciens per cancellos*, hoc ad divinitatem ejus refertur. Ille enim qui per fenestras vel cancellos intuetur, cuncta quæ foris aguntur videt, et ipse a nemine videtur; ita Deus, cum omnia videat, ipse investigari et comprehendi non potest.

Vers. 10. *En dilectus meus loquitur mihi*, ad prædicandum hortatur me, dicens : *Surge, propera, amica mea, columba mea, formosa mea, et veni.* Vox sponsi ad publicæ operationis studia provocantis. *Surge, propera, amica mea*, per fidem et dilectionem ; *columba mea*, per innocentiam et simplicitatem ; *formosa*, per virtutum pulchritudinem festina et veni. Ac si diceret : *Surge* de strato tuo illo dulcissimo, hoc est de quiete, in qua soli mihi placere in psalmis, hymnis et orationibus desideras, festina et veni, id est, festina ad utilitatem proximorum ; ut illos quoque prædicationis officio, et bonorum operum exemplo tui imitatores facias, et ad salutem tecum perducas. Et notandum quod superius filias Jerusalem adjurabat, ne excitarent neque evigilare facerent dilectam : hic vero ipse eam suscitat et surgere ad laborem hortatur ; quia omnia tempus habent, et omnium rerum tempus est sub cœlo, tempus contemplationis, tempus vitæ actionis. Alio enim tempore debent sancti prædicatores divinæ contemplationi insistere, et mentem suam cœlesti quiete oblectare : alio vero tempore per charitatem debent curam proximorum agere, et eis bonorum operum exempla præbere, ac divinæ contemplationis doctrinam impendere.

Vers. 11. *Jam enim hiems transiit, imber abiit, et recessit*. Hiemis et imbris nomine asperitas infidelitatis exprimitur, quæ totum mundum tenebat usque ad adventum Christi : Dicit ergo sponsus : *Surge, amica mea, et veni*, quia *hiems transiit* Sole justitiæ apparente ; et *imber* infidelitatis *recessit*, ac serenitas veræ fidei in mundo resplenduit. Tale est quod Apostolus ait : *Nox præcessit, dies autem appropinquavit* (*Rom.* XIII, 12).

Vers. 12. *Flores apparuerunt in terra nostra, tempus putationis advenit.* Finita hieme et imbre, flores in terra apparuerunt, decor videlicet virtutum et pudicitiæ ; et transeunte asperitate infidelitatis, verna fidei successit temperies, *tempus putationis venit*, hoc est purgationis sanctorum. Putatio enim vinearum sanctorum significat purgationem, quæ in Christo et per Christum est ; de qua ipse : *Ego sum vitis, vos palmites* (*Joan.* XV, 5).

Vox turturis audita est in terra nostra. Hoc est, vox prædicantium apostolorum. Turtur enim avis est castissima ; et quoniam in excelsis semper arboribus morari solet et nidificare, apostolos vel cæteros doctores significat, qui possunt dicere : *Nostra conversatio in cœlis est* (*Philip.* III, 20). Quod etiam gemitum pro cantu habet, sanctorum ploratum significat, qui suos ad fletum et lamenta hortantur, dicentes: *Miseri estote, et lugete, risus vester in luctum convertatur* (*Jac.* IV, 9). *Vox turturis audita est in terra nostra*, id est vox prædicantium apostolorum ; *in terra nostra*, hoc est in Ecclesia, de qua Psalmista, *Domini est terra et plenitudo ejus* (*Psal.* XXIII, 1).

Vers. 13. *Ficus protulit grossos suos.* Ficus Synagogam significat ; *grossi* autem dicuntur primitivæ et immaturæ ficus, inhabiles ad edendum, qui ad pulsum venti facile cadunt. Voce autem turturis insonante *ficus protulit grossos suos* : quia apostolis prædicantibus emerserunt multi de Synagoga Judæorum, qui et in Christum crederent, et tamen legem carnaliter observare vellent, magisque auctoritate legis delectarentur quam dulcedine Evangelii : volentes circumcisionem, sabbatum, et alia legis præcepta juxta litteram observare ; de quibus Apostolus dicit : *Æmulantur vos non bene ; sed volunt vos circumcidi, ut in carne vestra gloriemur* (*Galat.* VI, 13).

Vineæ florentes dederunt odorem. Postquam vox turturis audita est, postquam ficus protulit **511** *grossos suos, vineæ florentes dederunt odorem* : quia multitudo Ecclesiarum per latitudinem orbis diffusa est,

quæ flores virtutum et odorem bonæ operationis late de se spargerent.

Surge, propera, amica mea, speciosa mea, et veni. Noli (inquit), sponsa mea, quam mihi per fidem et dilectionem amicam feci, otioso torpore lentescere ; sed *surge et veni*, et exempla virtutum foris proximis ostende.

Vers. 14. *Columba mea in foraminibus petræ.* Si petra est Christus, juxta quod Apostolus ait : *Petra autem erat Christus* (*I Cor.* x, 4) ; foramina petræ sunt vulnera quæ pro salute nostra in cruce suscepit, fixuræ videlicet clavorum et lanceæ percussura (*Joan.* XIX). In his ergo foraminibus columba, id est Ecclesia moratur : quia totam spem salutis suæ in passione sui Redemptoris constituit. Ibi ab insidiis malignorum spirituum quasi a raptu accipitris secura delitescit ; ibi nidificat, il est fetus bonorum operum congerit.

In caverna maceriæ. Maceriæ ex siccis lapidibus ad munimenta vinearum solent fieri, ad repellendas vulpes vel cæteras nocivas bestiolas. Per maceriam ergo significatur cœlestium custodia virtutum, angelicum videlicet præsidium ; sicut Isaias de Domini vinea ait : *Et maceriam circumdedit, et circumfodit vineam* (*Isai.* V, 2). In caverna ergo maceriæ moratur, quia præsidio angelorum undique circumdatur, et a tentationibus diaboli custoditur.

Ostende mihi faciem tuam, sonet vox tua in auribus meis : quia vox tua dulcis, et facies tua decora. Tu (inquit) dilecta mea quæ in lecto contemplationis dulcissime quiescis, veni et *ostende mihi faciem tuam*, id est, a secreto quietis egredere ad publicam actionem, et pulchritudinem bonorum operum tuorum aliis ad exemplum demonstra. *Ostende mihi*, dicit ; quasi enim Deo faciem suam ostendit Ecclesia, cum proximis ad utilitatem et profectum per virtutum opera, quantam intrinsecus habeat pulchritudinem, demonstrat. Hoc est quod Dominus dicit in Evangelio : *Videant opera vestra bona, et glorificent Patrem vestrum, qui in cœlis est* (*Matth.* V, 16). *Sonet vox tua in auribus meis.* Vox videlicet prædicationis, vel divinæ laudis, qua alios facias proficere. *In auribus* enim Domini vox Ecclesiæ sonat, cum per prædicationem ex multorum conversione delectatur Deus. Bene autem dicit : *Ostende mihi faciem tuam, et sonet vox tua*, non aliena ; *Tuam* videlicet *faciem mihi ostende*, quam in baptismo tibi dedi, quando mundavi te ab omni peccato. *Vox tua*, dicit, *in auribus meis sonet*, ut ex sincera intentione dilectionis meæ procedat ; ut non propter aliud prædices, nisi propter me.

Vers. 15. *Capite nobis vulpes parvulas quæ demoliuntur vineas, nam vinea nostra floruit*. Vox sponsi præcipientis sponsæ suæ et filiabus Jerusalem, sanctis videlicet doctoribus, vel animabus fidelibus. *Capite* (inquit) *nobis vulpes parvulas*. Vulpes est dolosum animal et fraudulentum, in cavernis et specubus habitans, nec recto, sed tortuoso incedens itinere ; ideoque designat hæreticos, vel schismaticos, qui demoliuntur vineas, hoc est Ecclesiam Dei, plebem videlicet fidelium lacerare et decipere non cessant. Præcipit ergo ut *parvulas vulpes capiant*, id est, ut hæreticam pravitatem in ipso initio debellare et destruere non cessent, ne robusta facta fortius impugnet. Nam *vinea nostra floruit*, id est, Ecclesia per universum mundum flores virtutum emisit. Et nota quod cum superius vineas pluraliter dixerit, modo dicit singulariter, *vinea nostra floruit* : quia ex multis Ecclesiis una est electa Ecclesia.

Vers. 16. *Dilectus meus mihi, et ego illi, qui pascitur inter lilia donec aspiret dies, et inclinentur umbræ.* Vox sponsæ. *Dilectus meus mihi*, subaudi, societur vinculo charitatis et amoris, *et ego illi* conjungar, et consentiam vicissitudine mutuæ dilectionis. Vel *Dilectus meus*, subaudi, det verba exhortationis et divinæ promissionis ; *et ego*, subaudi, ostendam illi faciem meam. Vel etiam, *Dilectus meus* dignetur mihi conjungi glutino charitatis, *et ego illi* conjungar vinculo dignæ obedientiæ, obtemperans præceptis ejus. *Qui pascitur inter lilia*, hoc est, delectatur et jucundatur inter candidas et odoriferas virtutes sanctorum. Et notandum quod superius lilium singulariter dicitur; hic vero pluraliter *lilia*, quia multæ sunt virtutes sanctorum, una tantum fides est, et una charitas, quibus præcipue Deus delectatur. Sive etiam *pascitur inter lilia*, hoc est, suavissime delectatur inter virgineos choros. Candor enim liliorum recte munditiæ virginali comparatur. *Donec aspiret dies*, hoc est, donec transeant nubila præsentis vitæ, et appareat dies, hoc est, veniat claritas sempiternæ beatitudinis. Et est sensus: *Dilectus meus mihi præstat auxilium, et ego illi* dignam præbeo obedientiam, qui virtutibus sanctorum delectatur, quousque transcursa nocte præsentis vitæ, in qua per speculum et in ænigmate cernitur, appareat dies sempiternæ claritatis, ut facie ad faciem videatur (*I Cor.* XIII, 12).

Vers. 17. *Revertere; similis esto, dilecte mi, capreæ aut hinnulo cervorum super montes Bethel.* Vox Ecclesiæ sponsi sui speciem desiderantis. O dilecte mi, qui de lecto quietis me surgere præcipis, et ut tibi faciem meam ostendam, hortaris, *revertere*, hoc est, claritatem divinitatis tuæ me speculari permitte, et hoc quod mihi perfecte promittis in alia vita, beatitudinem videlicet et cognitionem tuam in hac adhuc peregrinatione me saltem in figura et ænigmate habere permitte. *Similis esto capreæ aut hinnulo cervorum super montes Bethel.* Jam dictum est superius, quod *capreæ* campos despiciunt, et ad alta montium enituntur. Christus ergo capreis comparatur, quia secundum carnem resurgens a mortuis, cœlorum alta petiit. *Hinnulus* vero *cervorum* vocatur, hoc est filius antiquorum Patrum. Cervi enim sunt patriarchæ et prophetæ, de quibus Christus carnis duxit originem. Fertur *hinnulus* hanc habere naturam, ut fervente sole opaca et umbrosa loca requirat, in quibus ab æstu protegatur : sic et Christus in eorum mentibus requiescit, qui rore Spiritus sancti ab æstibus carnalium voluptatum temperantur. Ac si diceret : *O dilecte mi, revertere*, hoc est, sæpius me tua visitatione illustrando lætifica, qui per carnem quam assumpsisti, jam cœlorum sublimia penetrasti. *Montes* autem *Bethel* mentes sanctorum significant, a terrenis per superna desideria elevatas. Nam *Bethel* domus consurgens, vel domus vigiliarum interpretatur, et vigiles mentes sanctorum significat, quæ ad desideranda superna consurgunt, et ad ea percipienda invigilant : habentes in se Deum inhabitatorem, qui dicit per prophetam : *Inhabitabo in illis et inambulabo* (*Levit.* XXVI, 12). Super hos ergo *montes Bethel dilectus similis est capreæ* vel *hinnulo cervorum*: quia illas visitare dignatur quæ domus Dei esse student.

CAPUT III.

Vers. 1. *In lectulo meo per noctes quæsivi quem diligit anima mea; quæsivi illum et non inveni.* Vox est Ecclesiæ de gentibus congregatæ. *In lectulo* (inquit) *meo*, hoc est, cum adhuc in desideriis carnalibus requiescerem, et cum adhuc infidelitatis et ignorantiæ tenebris posita essem, *quæsivi quem diligit anima mea.* Multi enim philosophorum Deum ignorantes, studio tamen summo illum requirebant, per creaturam Creatorem cognoscere volentes, sicut Plato, qui in Timæo multa de anima disputavit, et sicut Aristoteles, Socrates et cæteri, qui omne vitæ suæ tempus in studiis causa exquirendæ veritatis expendebant. *Quæsivi illum, et non inveni*; non enim per mundanam sapientiam Deus cognosci potuit.

Vers. 2. *Surgam, et circuibo civitatem : per vicos et plateas quæram quem diligit anima mea : quæsivi illum, et non inveni.* Exsurgam (inquit) de strato corporis et carnalis delectationis, et circuibo civitatem hujus mundi, maria ac terras peragrando. *Per vicos et plateas quæram quem diligit anima mea*, hoc est, per lata itinera gradientes hujus sæculi, et suis voluptatibus deditos aspiciam, si forte dilecti mei vestigia inveniam. Hoc cum causa exempli de multis dici possit, præcipue tamen in illo Eunucho impletum est, qui a finibus terræ venit Deum cœli Jerosolymis adorare, quem Philippus invenit, eique Christum in prophetia Isaiæ ostendit (*Act.* VIII, 27). Hoc quoque in Cornelio adimpletum est, qui adhuc paganus et ignorans Deum, eleemosynas faciebat, et orationibus vacabat, quem Petrus cum omni domo sua baptizavit (*Ibid.* x, 22). Itera autem difficultatem inventionis, et dicit : *quæsivi, et non inveni.*

Vers. 3. *Invenerunt me vigiles qui custodiunt civitatem.* Vigiles sunt sancti apostoli et cæteri doctores Ecclesiæ, qui civitatem, id est sanctam Ecclesiam custodiunt, et ab insidiis infidelium et spiritualium hostium defendunt, quos interrogat.

Num quem diligit anima mea vidistis ? Quasi vigiles Ecclesia interrogat, cum intenta aure eorum prædicationem percipit.

Vers. 4. *Paululum cum pertransissem eos, inveni quem diligit anima mea.* Pertransire vigiles, est eorum dicta et doctrinam diligenter perscrutari. Solemus namque dicere : Transcurri librum legens, vel pertransivi. *Cum* (inquit) *pertransissem eos, inveni quem diligit anima mea :* quia cum sollicita meditatione dicta vel scripta sanctorum requirimus, statim dilectum invenimus : quia Deum in eorum dogmatibus reperimus. Potest et sic intelligi : *Cum pertransissem eos, inveni quem diligit anima mea;* hoc est, cum intellexissem Christum omnem sublimitatem et gratiam superare, tunc inveni quem diligit anima mea, hoc est, tunc vere intellexi quantum ipse a cæterorum sanctorum meritis distet.

Tenui eum, nec dimittam donec introducam illum in domum matris meæ et in cubiculum genitricis meæ. Hoc est, ardentissima fide ac devotione illi inhæsi ; *nec dimittam eum*, sed in ejus amore et fide perseverabo, *donec introducam eum in domum matris meæ et in cubiculum genitricis meæ;* hoc est, donec illum Synagogæ, quæ est mater mea spiritualiter, prædicem, et eam quoque ad ejus fidem perducam. Hoc fiet in fine mundi, quando (ut ait Apostolus) *plenitudo gentium introierit, tunc omnis Israel salvus fiet* (*Rom.* XI, 25, 26). Tantum ergo sibi de charitate sponsi sui Ecclesia promittit, ut etiam se credat Synagogam posse convertere. Quod autem dicit, *donec introducam illum*, non est putandum quod tunc relictura sit illum, cum in cubiculum matris introduxerit; sed, *donec pro sempiterno*, id est, semper illi inhærebo, semper in ejus fide et dilectione perseverabo. Tale est in psalmo : *Ita oculi nostri ad Dominum Deum nostrum, donec misereatur nostri* (*Psal.* CXXII, 3). Nunquid postquam nostri misertus fuerit, non erunt oculi nostri ad eum ? Utique erunt.

Vers. 5. *Adjuro vos, filiæ Jerusalem, per capreas cervosque camporum, ne suscitetis neque evigilare faciatis dilectam, quoadusque ipsa velit.* Bis repetitur iste versiculus; nam jam superius positus est : sed supra ad Ecclesiam primitivam de Judæis collectam pertinet; hic vero ad Ecclesiam de gentibus congregatam et amoris vinculo Christo arctius copulatam. Una enim eademque cura est Deo de sanctis, qui vel in circumcisione, vel etiam tempore baptismatis coruscante gratia Evangelii, illi placuerunt. Quia vero iste versiculus superius expositus est, jam videndum est quare veluti dormientem inducat Ecclesiam, unde et adjurat filias Jerusalem ne eam excitent, cum paulo superius non dormientem vel quiescentem, sed studio laboriosissimæ inquisitionis insistentem, qua sponsum inquirebat introducat. Si ergo requirebat sponsum, quomodo requiescebat ? sed dulcissimus et suavissimus somnus est Christum quærere. Dormit ergo Ecclesia, et Christum quærit; dormit videlicet a desideriis terrenis et ab actibus sæculi : vigilat autem et requirit sponsum, quia ejus contemplationi inhæret, cum solum desiderat, ad illum pervenire contendit. Adjurat ergo sponsus filias Jerusalem, animas videlicet desideriis supernæ patriæ inhærentes, ne illam excitent ab hoc somno suavissimæ quietis et contemplationis, *donec ipsa velit.* Somnus autem merito amor appellatur : quia sicut dormiens a visibilibus oculos claudit, et invisibilia contemplatur : ita is qui divinæ contemplationi insistit, quasi alienus exterioribus dormit, et sola spiritualia et cœlestia videt. Nec mirum si amor somnus vocetur, cum in sequentibus mors amor appelletur : *Fortis est ut mors dilectio.* Cum autem dicit, *donec ipsa velit,* ostendit Ecclesiam de gentibus voluntarie se præparaturam ad labores et persecutiones pro Christo perferendas.

Vers. 6. *Quæ est ista quæ ascendit per desertum sicut virgula fumi ex aromatibus myrrhæ, et thuris, et universi pulveris pigmentarii?* Vox filiarum Jerusalem, id est sanctorum primitivæ Ecclesiæ, admirantium pulchritudinem Ecclesiæ de gentibus congregatæ. *Quæ est* (inquiunt) *ista? Quæ,* **513** id est qualis. Quanta laude et admiratione digna, quæ circumcisione mundata, nec adhuc baptismo sanctificata jam currit ad Deum? *Ascendit* (inquit) *per desertum;* hoc dicitur ad imitationem priscæ plebis Judaicæ, quæ liberata de Ægyptia servitute, *per desertum,* mari Rubro transito, venit ad terram repromissionis : sic et Ecclesia *per desertum* nationum ascendebat jam de Ægypto, hoc est, de confusione idololatriæ liberata, et Pharaone, id est diabolo submerso, ut cœlesti manna pasceretur, et veram terram repromissionis ingrederetur. Ascendit (inquit) ad montes virtutum, vel etiam ad ipsum cœlum virtutibus sublevata; quæ in psalmo dicit : *Levavi oculos meos in montes* (*Psal.* cxx, 1), etc.; et alibi : *Ad te levavi oculos meos, qui habitas in cœlis* (*Psal.* cxxii, 1). Montes isti sunt patriarchæ, prophetæ, apostoli et cæteri sancti Dei, qui merito virtutum appellantur montes. Primo enim ad montes, id est ad sanctos sublevat oculos Ecclesia, vel anima fidelis quæ istorum doctrinam actusque considerat, illorum exemplo et intercessione muniri gaudet. Postea proficiens ad ipsum quoque qui fecit montes, audet cordis aspectum dirigere, et dicit : *Ad te levavi oculos meos, qui habitas in cœlis;* id est, gratanter requiescis in sanctis. *Sicut* (inquit) *virgula fumi ex aromatibus myrrhæ et thuris.* Fumus ex igne nascitur, et mox altiora aeris expetit, donec aspectibus intuentium subtrahatur. Fumus igitur significat sanctum desiderium igne divini amoris perfusum; nec absolute fumo comparatur, sed *virgulæ fumi :* quia sancta Ecclesia vel anima Deum amans, gracilis est et delicata, disciplinis Spiritus sancti attenuata, non habens grossitudinem carnalium desideriorum. Sive *virgulæ fumi,* non sparso fumo comparantur propter unitatem Ecclesiæ, quæ in Christo unum est. Unde vero esset ille fumus ostendit, cum subdit, *Myrrhæ et thuris et universi pulveris pigmentarii. Myrrha* conduntur mortuorum corpora ; *thus* vero adoletur in sacrificio Dei ; ideoque per myrrham carnis mortificatio designatur ; per thus munditia orationum exprimitur. *Virgulæ* ergo *fumi myrrhæ et thuris* Ecclesia assimilatur : quia sancti mortificatione carnis suæ et orationibus mundo et simplici corde profusis, Deo placere student. *Et universi* (inquit) *pulveris pigmentarii,* id est congerie omnium virtutum. Non enim integra fuisse aromata, sed in pulverem redacta dicuntur : quia sanctorum actiones magna discretione considerandæ sunt, et tanquam cribro subtilissimæ considerationis eventilandæ, ne quid forte in illis durum aut inconveniens existat : ne saltem per ipsas virtutes adversarius milleformis subrepat, qui callidus per bona etiam consuevit nocere.

Vers. 7. *En lectulum Salomonis sexaginta fortes ambiunt ex fortissimis Israel, omnes tenentes gladios, et ad bella doctissimi.* Quo hæc dilecta et mirabilis ascenderit, ostenditur cum subditur, *En lectulum Sa-* *lomonis,* et reliqua. *Lectus Salomonis* quamvis superna illius supernæ beatitudinis requies accipi possit, in qua Deus cum suis sanctis requiescit, probabilius tamen præsens accipitur Ecclesia, in qua sancti Dei sopitis tumultibus vitiorum, amplexu Salomonis, id est viri pacifici delectantur. Unde et Psalmista de Christo dicit : *Factus est in pace locus ejus, ei habitatio ejus in Sion* (*Psal.* lxxv, 3). *Lectulum* ergo *Salomonis,* id est Ecclesiam, *sexaginta fortes ambiunt ex fortissimis Israel.* Per sexaginta fortes ordo doctorum intelligitur, qui vel prædicando Ecclesiam muniunt, vel contemplando ad illam supernam beatitudinem pervenire desiderant. Sexagenarius autem numerus ex senario et denario constat; sexies enim deni, vel decies seni, sexaginta fiunt. Senarius vero perfectionem significat operis : quia sex diebus perfecit Deus opera sua : denarius vero remunerationem et præmium quod in fine electis dabitur; unde et hi qui in vineam venerunt, denarium leguntur accepisse (*Matth.* xx, 10). Sexaginta ergo fortes significant (ut dictum est) sanctos doctores, fortes et animo constantes. Additur vero *ex fortissimis Israel,* omnes in Christum credentes, et Christum diligentes, Israel, id est vir videns Deum, appellantur. *Fortissimi* vero *Israel* sunt, qui Ecclesiam tueri prædicando, et ab incursibus dæmonum, vel impugnatione hæreticorum defendere noverunt. Hi enim *ambiunt lectulum Salomonis :* quia illis commissa est Ecclesia, et ab illis vigilanti cura est custodienda. *Omnes tenentes gladios, et ad bella doctissimi. Tenent* enim *gladium* spiritualem, verbum Dei, de quo Apostolus : *Et galeam* (inquit) *salutis assumite, et gladium spiritus, quod est verbum Dei* (*Ephes.* vi, 17). *Ad bella* vero *sunt doctissimi :* quia necesse est ut spiritualis prælii ars instructi sint, qui *adversus mundi principatus et potestates, adversus mundi rectores tenebrarum harum, contra spiritualia nequitiæ in cœlestibus* bella gerunt (*Ibid.,* 12). Versutissimus enim iste est hostis, et tam subtilitate spiritualis naturæ, quam etiam temporis longævitate doctissimus contra quem sancti bella suscipiunt.

Vers. 8. *Uniuscujusque ensis super femur suum propter timores nocturnos.* Per femur propagatio sobolis accipitur; super femur ergo enses habent, qui timore Dei omnes comprimunt et coercent motus carnalis voluptatis. Et hoc propter timores nocturnos, id est propter occultas insidias maligni hostis, qui in nocte hujus sæculi sanctis maxime, qui in Ecclesia præeminent, insidiatur; ut illis deceptis, lectulum Salomonis, id est requiem sanctorum fœdare possit. Et notandum quod superius tenere gladios dicuntur ; hic vero *super femur enses* habere. Gladios enim tenent, ut adversariis resistant, ut eos superent, et ut hæreticos et omnes sanæ fidei contradicentes confodiant. Super femur ergo enses habent, ut suimet curam gerant, ut fluxus carnalium voluptatum reprimant : ne aliis prædicantes, ipsi reprobi efficiantur (*I Cor.* ix, 27).

Vers. 9. *Ferculum fecit sibi rex Salomon de lignis Libani.* Quod superius per lectulum Salomonis, sic nunc designatur per *ferculum,* sancta videlicet Ecclesia, in qua velut in lecto requiescunt sancti Dei, et velut in lecto discumbunt ad epulas æternæ beatitudinis et satietatis. *De lignis Libani fecit Salomon ferculum.* Libanus mons est Phœnicis, cujus arbores et proceritate et pulchritudine et durabilitate cunctis præeminent, ideoque significant sanctos virtutum specie fulgentes, et ad æterna festinantes. *Libanus* enim candidatus, vel candidatio interpretatur, vel dealbatio. *Ligna* ergo *Libani* sunt sancti candidati, vel dealbati in baptismo, et exornati omnium virtutum pulchritudine.

Vers. 10. *Columnas ejus fecit argenteas.* Per columnas **514** doctores ejusdem Ecclesiæ significantur, qui eam verbo et exemplo sustinent et roborant; unde et in Actibus apostolorum dicitur : *Jacobus et Joannes et Cephas, qui videbantur columnæ esse* (*Gal.*

n, 9). Hæ *columnæ* sunt *argenteæ*, quia nitore cœlestis eloquii refulgent; *Eloquia* enim *Domini eloquia casta* (*Psal.* xi, 7)', et reliqua.

Reclinatorium aureum, ascensum purpureum. Per *reclinatorium aureum* requies æterna accipitur, quæ sanctis in Ecclesia repromittitur; ad quam tamen *ascensus* est *purpureus*. Purpureus ascensus est passio Christi : quia purpura colorem sanguinis imitatur. Ascensu ergo purpureo ad reclinatorium pervenitur : quia illi ad æternarum epularum discubitum, et ad supernæ quietis requiem veniunt, qui in præsenti passionem Redemptoris digne venerari et imitari satagunt. Quia nisi quis actiones ac vitam Christi imitatus fuerit, ad æternam requiem pervenire non poterit.

Media charitate constravit propter filias Jerusalem. Media charitate constravit : quia omnibus fidelibus suam charitatem Christus commendavit patiendo pro nobis, et requiem nobis præparando, juxta quod Apostolus dicit : *Commendat autem Deus suam charitatem in nobis : quoniam cum adhuc peccatores essemus, pro nobis Filium suum in mortem tradidit* (*Rom.* v, 8). Aliter, per columnas argenteas apostoli et apostolici viri designantur; per reclinatorium aureum doctorum ordo, qui cum ineffabilia æternæ vitæ gaudia promittunt, utique nos suaviter requiescere faciunt. Et hoc reclinatorium bene aureum dicitur : quia ineffabile est illud præmium, quod sancti exspectant. In rebus enim caducis nihil pretiosius est auro. Per ascensum vero purpureum ordo signatur martyrum, qui passionem Christi imitati, pro illo suum sanguinem fuderunt. Sed quid nos faciemus, dicit beatus Gregorius, qui nullius meriti sumus, non inter doctores, non inter martyres locum nos habere videmus? Sequitur, *media charitate constravit*. Habeamus ergo charitatem, qua media hujus ferculi constrata sunt, quæ et idcirco latum mandatum vocatur, quia omnibus observatoribus suis æternam salutem parat. Hanc efficaciter teneamus, et per hanc salvabimur, et hoc *propter filias Jerusalem*, hoc est, propter animas simplices et nullius sibi virtutis conscias; quæ quanto majoris fragilitatis sibi sunt consciæ, tanto amplius Salvatorem et Redemptorem suum diligere satagunt.

Vers. 11. *Egredimini, et videte, filiæ Sion, regem Salomonem in diademate quo coronavit eum mater sua in die desponsationis illius, et in die lætitiæ cordis ejus.* Vox Ecclesiæ invitantis animas fidelium ad intuendum quam mirabilis et speciosus sit sponsus ejus. *Filiæ* namque *Sion* Ecclesiæ sunt, quæ et filiæ sunt Jerusalem, sanctæ videlicet animæ, supernæ illius civitatis cives, quæ et perpetua cum angelis pace fruuntur, et per contemplationem gloriam Dei speculantur. *Egredimini*, inquit, *filiæ Sion*, hoc est, exite de turbulenta hujus sæculi conversatione; ut mente expedita eum quem diligitis, contemplari possitis. *Et videte*, inquit, *regem Salomonem*, hoc est verum pacificum Christum, *in diademate quo coronavit eum mater sua*. Ac si diceret : Considerate Christum pro vobis carne indutum, quam carnem de carne Virginis matris suæ assumpsit. *Diadema* namque vocat carnem quam Christus assumpsit pro nobis, in qua mortuus destruxit imperium mortis, in qua etiam resurgens, resurgendi nobis spem contulit. De hoc diademate Apostolus ait : *Vidimus Jesum per passionem gloria et honore coronatum* (*Hebr.* ii, 9). *Mater vero sua eum coronasse dicitur*, quia Virgo Maria illi de sua carne carnis materiam præbuit. *In die desponsationis ejus*, hoc est in tempore incarnationis ejus, quando sibi *Ecclesiam* conjunxit, non habentem maculam aut rugam (*Ephes.* v, 27); vel quando Deus homini conjunctus est. *Et in die lætitiæ cordis ejus*. Lætitia enim et gaudium Christi, salus et redemptio humani generis est; juxta quod in Evangelio multos ad fidem suam cernens confluere. *In illa*, inquit evangelista, *hora exsultavit et dixit* : *Confiteor tibi, Pater cœli et terræ, quia abscondisti hæc a sapientibus et prudentibus, et revelasti ea parvulis* (*Matth.* xi,

25). Et in evangelica parabola, inventa ove, convocavit amicos dicens : *Congratulamini mihi* (*Luc.* xv, 6). Potest hoc et simpliciter totum ad passionem Christi referri juxta litteram. Prævidens enim Salomon in spiritu passionem Christi, longe ante præmonebat filiam Sion, id est plebem Israeliticam : *Egredimini*, inquiens, *et videte regem Salomonem*, id est Christum, *in diademate*, in spinea corona *qua coronavit eum mater sua* Synagoga, *in die desponsationis ejus*, quando videlicet sibi conjunxit Ecclesiam, *et in die lætitiæ cordis ejus*, quo gaudebat per suam passionem redimi mundum de diaboli potestate. *Egredimini* ergo, hoc est, exite de tenebris infidelitatis, *et videte*, hoc est, mente intelligite : quia ille qui ut homo patitur, verus est Deus; vel etiam *egredimini* extra portam civitatis vestræ, ut eum in Golgotha monte crucifixum videatis.

CAPUT IV.

Vers. 1. *Quam pulchra es, amica mea; quam pulchra es et decora.* Vox Christi bis repetit, *quam pulchra es*, in opere videlicet et prædicatione. In opere, quia nihil fœdum, nihil oculis meis indignum agis; in prædicatione, quia ad considerandum incarnationis meæ mysterium etiam sodales tuas filias Jerusalem invitare non cessas.

Oculi tui columbarum. Per *oculos* intelligitur acumen sensuum spiritualium, quibus divina et sempiterna contemplatur Ecclesia. *Columbæ* autem *oculi* Ecclesiæ comparantur propter spiritualem gratiam : quia Spiritus sanctus in specie columbæ apparuit (*Matth.* iii, 16). Sequitur autem.

Absque eo, quod intrinsecus latet, id est, absque supernæ illius retributionis gloria, quam in fine sæculi es perceptura; quam etsi in præsenti per fidem contemplaris, latet tamen intrinsecus; nec enim in præsenti videri potest, sed in futuro perficietur.

Capilli tui sicut greges caprarum, quæ ascenderunt de monte Galaad. Per capillos Ecclesiæ, subtiles Ecclesiæ cogitationes accipiuntur, quibus temporalia plerumque disponuntur. Comparantur vero gregibus caprarum, quia hæc animalia munda sunt, et in rupibus, sive in excelsis locis resupinata pascuntur : quia cogitationes sanctorum, etsi pro corporali necessitate in temporalibus fiunt, tamen in in ternorum intentione non discedunt; et in ista etiam cura, quam necessitati corporeæ impendunt, quasi cœlum semper intuentur. Possumus etiam per *oculos* doctores Ecclesiæ et prædicatores accipere, qui in corpore cui caput Christus est, summum locum tenent, et cœlestia ac spiritualia præ cæteris membris vident. Per *capillos* vero innumerabilem multitudinem simplicium fidelium in laicali ordine constitutorum intelligimus : qui etsi minus vident spiritualia, sua tamen multitudine et numerositate magnum decus præstant Ecclesiæ. Et bene *greges* comparantur *caprarum*. *Capra* peccatoribus convenit, per quam plebes fidelium actionibus sæculi deditæ, quæ sine peccato agi non possunt, intelliguntur. Bene autem sequitur, *Quæ ascenderunt de monte Galaad*. Galaad acervus testimonii interpretatur, juxta litteram quidem; ideo quia cum Jacob recederet de Mesopotamia, persecutus est eum Laban, et die tertia reperit eum, ibique in testimonium mutui fœderis acervum lapidum erexerunt (*Gen.* xxxi, 46). Mystice acervus testimonii Christus est, in quo multitudo consistit omnium sanctorum, qui sunt lapides vivi, adhærentes illi vero lapidi, de quo Petrus dicit : *Ad quem accedentes lapidem vivum, et isti tanquam lapides vivi superædificamini* (*I Petr.* ii, 4). Greges ergo caprarum de monte Galaad ascenderunt, quia sanctorum multitudines ad excelsa virtutum conscendunt, et Christi doctrinam ac præcepta in omnibus sequi satagunt.

Vers. 2. *Dentes tui sicut greges tonsarum ovium, quæ ascenderunt de lavacro.* Sicut per *capillos* Ecclesiæ innumerabilis multitudo simplicium fidelium intelligitur, ita et per *dentes* Ecclesiæ doctores intelliguntur. Dentibus enim cibos commolimus; et sancti doctores bene dentibus conformantur : quia spirituales cibos, quos simplices capere nequeunt, ipsi quodammodo exponendo comminuunt. Dens Ecclesiæ præcipuus erat Petrus, cui dictum est in visione : *Surge, occide, et manduca* (*Act.* x, 13); ac si diceretur, eos quos ad fidem convertis, *occide* ab eo quod sunt, id est, ut desinant esse peccatores; *et manduca*, hoc est transfer, vel transforma in corpus Ecclesiæ. Bene autem hi dentes ovibus tonsis et lavacro lotis comparantur. Solent enim oves post tonsionem currenti aqua ablui, ne illotus sudor corpori adhærescat et scabiem generet. Tonsi ergo sunt sancti doctores et magistri Ecclesiæ, qui ex lavacro baptismi abluti, vellera, id est facultates et substantias suas pro Christo amiserunt. Omnibus quidem fidelibus convenit quod dicit : *Quæ ascenderunt de lavacro*; nullus enim sine lavacro baptismi fidelis esse potest. Non autem omnibus tonsio convenit : quia non omnes ita sunt perfecti, ut sua pro Christo valeant amittere : sed illis specialiter hoc congruit, qui secundum verbum Domini vendunt omnia sua, et dant pauperibus (*Matth.* xix, 21), et nudi atque expediti sequuntur Christum. Tales ergo sunt *dentes* Ecclesiæ sanctæ, id est prædicatores et ministri ejus, oves per innocentiam abluti baptismo : voluntaria paupertate et rerum spoliatione gaudentes. Sequitur.

Omnes gemellis fetibus, et sterilis non est inter eas. Quia gemina charitate et dilectione Dei et proximi præeminent, et hanc observari docent : vel etiam quia fidem et operationem prædicant. *Et sterilis non est in eis*; nullus videlicet alienus est a bonis operibus.

Vers. 3. *Sicut vitta coccinea labia tua, et eloquium tuum dulce.* Per *labia* Ecclesiæ, sancti prædicatores accipiuntur, qui et per dentes figurantur. Coccus autem sanguinis vel ignis habet speciem. *Labia* ergo Ecclesiæ (id est sancti prædicatores) *vittæ coccineæ* comparantur : quia passionem Christi assidue prædicant qui pro nostra redemptione sanguinem suum fudit. Sive *vittæ coccineæ* assimilantur, quia prædicatores ardent dilectione : diligentes eos quibus verba prædicationis impendunt, et etiam a quibus mala patiuntur. Ad hoc etiam pertinet quod Spiritus sanctus in linguis igneis apparuit (*Act.* ii, 1, 3), quia loquentes et ardentes fecit apostolos : ardentes dilectione, loquentes prædicatione. Et bene *vitta coccinea* dicitur; vitta enim capillos ligat et constringit, et sancti doctores sua prædicatione ad unitatem fidei et dilectionis multitudinem fidelium in Ecclesia nectunt, et in unum decorem redigunt. Possunt etiam per capillos, subtiles cogitationes mentis accipi. Vitta ergo coccinea crines ligamus, quando cogitationes nostras disciplina timoris Dei constringimus et coercemus. *Et eloquium tuum dulce.* Dulce est eloquium Ecclesiæ, cum sancti doctores vel passionem sui Redemptoris ad memoriam reducunt, et prædicant quantum Deus hominem dilexerit, vel etiam cum cœlestia præmia audientibus annuntiant.

Sicut fragmen mali punici, ita genæ tuæ, absque eo quod intrinsecus latet. Per genas superius diximus Ecclesiam figurari. Nam cum verecundamur, rubor sanguinis in genis effunditur. Malum autem punicum rubicundum habet corticem, interius vero multitudine granorum plenum est, unde et malum granatum vocatur. Per fragmen mali punici, memoria ejusdem passionis dominicæ accipitur, quæ et in cocco superius figuratur. Solet enim una res diversis exprimi figuris. Genæ ergo Ecclesiæ fragmini mali punici comparantur, quia sancti doctores venerabiliter agunt memoriam passionis Redempioris sui, nec erubescunt crucem ejus, imo gloriantur, dicentes cum Apostolo : *Mihi autem absit gloriari, nisi in cruce Domini nostri Jesu Christi* (*Gal.* vi, 14); et alibi Apostolus ad discipulum suum scribens : *Noli* (inquit) *erubescere crucem Christi, neque me vinctum ejus* (*II Tim.*

1, 8). Bene autem *genæ* non integro malo punico, sed fragmini comparantur. Malum enim punicum cum frangitur, exterius rubor, interius candor apparet : sic et sancti prædicatores et doctores cum passionem Christi annuntiant, quasi rubor est exterius : cum vero quanta utilitas nostræ redemptionis inde provenerit, et quod homo per passionem Christi non solum a peccatis justificari, sed etiam quod divinum consortium meruerit, demonstrant, quasi candidum est *quod intrinsecus latet.* Possunt etiam per *genas* Ecclesiæ, martyres figurari, qui rubicundi sunt effusione sanguinis sui veluti malum punicum; sed fracto malo punico, candor interius apparet, quia post mortem miraculis coruscant.

Vers. 4. *Sicut turris David collum tuum, quæ ædificata est cum propugnaculis.* Collum sanctæ Ecclesiæ prædicatores sancti et doctores ejus sunt. Iidem enim hic designantur per *collum*, qui superius per *oculos*, vel per *dentes*, sancti videlicet prædicatores, qui veluti colla acceptos de verbi Dei cibos nutriendo corpori transmittunt, et vocem prædicationis divinæ auditoribus proferunt. Vel etiam sancti doctores per collum signantur, quia sicut per collum caput et cætera membra corpori conjunguntur, ita sancti doctores quasi mediatores sunt inter Christum et reliquos quos instruunt fideles, et quasi Christum corpori suo, id est Ecclesiæ conjungunt. Hoc autem *collum turri David* comparatur, qui interpretatur manu fortis, vel visu desiderabilis, Christum significat. Et tota quidem Ecclesia civitas David, id est magni Regis Christi est, qui est manu fortis : quoniam diabolum devicit, juxta quod Psalmista dicit : *Dominus fortis et potens, Dominus potens in prœlio* (*Psal.* xxiii, 8). Est et visu desiderabilis : quia (ut Apostolus dicit) in eum *desiderant angeli prospicere* (*I Petr.* 1, 12). Turris autem civitatis hujus, illi sunt qui vel scientia vel operationis perfectione cæteris præeminent. *Quæ ædificata est cum propugnaculis.* Propugnacula sunt divinarum Scripturarum sacramenta, de quibus veluti jacula procedunt, quibus adversariæ repelluntur potestates.

Mille clypei pendent ex ea, omnis armatura fortium. Mille *clypei* intelliguntur innumera defensionis divinæ præsidia, quibus sancta vallatur et defenditur Ecclesia. *Omnis armatura fortium*, id est omnis instructio vel sanctæ operationis vel divinæ prædicationis. Et bene collum Ecclesiæ, hoc est prædicatores et doctores turri David comparantur, quia semper quasi in bello sunt, pro defensione sanctæ Ecclesiæ pugnantes.

Vers. 5. *Duo ubera tua sicut duo hinnuli capreæ gemelli.* Duo ubera Ecclesiæ eosdem significant sanctos doctores. Nec mirum quod una eademque res diversis figuratur modis. Sancti enim doctores *oculi* sunt, quia vitæ vias quas ingredi debeant, subjectis demonstrant. *Dentes* sunt, quia cibos divinarum Scripturarum molunt et comminuunt, ut mandi possint, scilicet a simplicibus, hoc est intelligi. *Collum* sunt, quia caput et membra, hoc est Christum et Ecclesiam conjungunt; ipsi ergo doctores sunt et *ubera* Ecclesiæ quia parvulos et simplices fideles lacte verbi Dei nutriunt, juxta quod Apostolus simplicioribus loquens, dicit : *Non potui vobis loqui tanquam spiritualibus, sed quasi carnalibus; et parvulis in Christo lac vobis potum dedi, non escam* (*I Cor.* iii, 1, 2). Et bene non absolute ubera, sed cum additamento dicit, *duo ubera*, cum femina neque plus neque minus habeat quam *duo ubera* : quia nimirum sancti doctores parvulos ex utroque populo, Judaico videlicet et gentili, lacte verbi Dei nutriunt. Nam et Paulus de seipso dicit : *Qui operatus est Petro in apostolatu circumcisionis, operatus est et mihi inter gentes* (*Gal.* ii, 8). Et apte *duo ubera*, sicut duo hinnuli gemelli capreæ esse dicuntur, qui videlicet fetus sunt et filii Salvatoris nostri Jesu Christi qui superius per capreas designatus est; hæc enim animalia et acutissime vident, et nimia velocitate altiora conscendunt : sic et sancti doctores quæ agenda sunt et ipsi vident, et aliis monstrant, et despectis terrenis ad superna ascendere nituntur.

Vers. 6. *Qui pascuntur in liliis, donec aspiret dies, et inclinentur umbræ.* Qui pascuntur in liliis, hoc est, delectantur purissimis et nitidissimis sensibus Scripturarum. *Donec aspiret dies,* hoc est dies illa æterna veniat, quam desiderabat Psalmista, dicens : *Melior est dies una in atriis tuis super millia* (*Psal.* LXXXIII, 11) : *Et inclinentur umbræ*, hoc est, transeant mœrores et perturbationes hujus sæculi. *Donec aspiret dies*, id est oriatur dies ; aspirabit enim dies, id est orietur, quando verus ille Sol justitiæ, id est Christus apparebit ; et tunc *inclinabuntur umbræ*, hoc est, omnia nubila mœroris et tenebræ præsentis sæculi pertransibunt. Sed et si ipsam litteram velimus aspicere, pulchre expressit ortum diei et noctis : nam nox nihil est aliud nisi umbra terræ, quæ sole descendente sub terras consurgit ; sole autem iterum super terras ascendente, inclinantur umbræ, id est, cedit nox. Pascuntur ergo in liliis donec aspiret dies et inclinentur umbræ, quia sanctorum doctorum in præsenti tantum vita necessaria est prædicatio et doctrina ; nam in alia vita postquam apparuerit æterna dies, et finita fuerit nox præsentis sæculi, non necesse erit doceri aliquem : quia *omnes revelata facie gloriam Domini* (*II Cor.* III, 18) contemplabuntur. Unde et Dominus per prophetam Jeremiam dicit : *Non ultra docebit vir fratrem suum dicens : Cognosce Dominum ; omnes enim cognoscent me a minimo usque ad maximum* (*Jer.* XXXI, 54).

Vadam ad montem myrrhæ, et ad collem thuris. In myrrha carnis mortificatio, vel passionum pro Christo tolerantia ; in thure vero sanctarum orationum devotio accipitur. *Mons* ergo *myrrhæ, et collis thuris,* mentes sanctorum sunt, excelsæ per contemplationem. Promittit ergo sponsus se ad montem myrrhæ venturum, et ad collem thuris : quia illas mentes sua visitatione visitare dignatur, quæ membra sua cum vitiis et concupiscentiis mortificant (*Gal.* V, 24), quæ etiam seipsas per sanctarum orationum studia gratum Deo sacrificium faciunt.

Vers. 7. *Tota pulchra es, amica mea, et macula non est in te.* Vox sponsi ad amicam suam sponsam. *Tota pulchra es.* Omni (inquit) ex parte nullam recipis maculam, neque rugam. Non enim soli doctores vel perfecti quique pulchri sunt ante oculos Dei, qui summa scientia et contemplatione præeminent ; sed etiam simplices quique fideles, qui recta fide et bonis operibus exornantur, pulchri in oculis sponsi habentur. Nam, ut Psalmista dicit : *Benedixit omnibus qui timent Dominum, pusillis cum majoribus* (*Psal.* CXIII, 13) ; ideo dicit : *Tota pulchra es,* non tantum una pars tua. Hoc ideo dicimus, non quod aliquis in præsenti vita sine peccato esse possit, cum scriptum sit : *Nemo est super terram sine peccato, nec infans unius diei* (*Job* XIV, 4) : sed ideo quia fides perfecta et cœleste desiderium omnem absterget maculam levioris peccati ; non enim de gravioribus nunc ratio est, quæ qui committunt, jam sponsa Christi non sunt, nec ullam habent particulam hujus sanctæ pulchritudinis. Hinc est quod Joannes dicit : *Qui natus est ex Deo non peccat* (*I Joan.* III, 6), subaudi, peccato ad mortem ; non quod levi peccato quis careat, sine quo vita ista non ducitur. Tota ergo pulchra est Ecclesia , in quantum se castam et immunem ab omni peccato custodit. Si quando autem levi peccato fuscatur, cita pœnitudine et fide recta ad cœleste desiderium in ea prisca pulchritudo reparatur.

517 Vers. 8. *Veni de Libano, sponsa mea, veni de Libano, veni.* Libanus mons est Phœnicis : interpretatur autem de Hebræo dealbatio vel candiditas ; ex Græco autem thus interpretatur. Unde et supra ubi loquitur : Vadam ad montem myrrhæ et ad collem thuris, collis habetur Libani. Vocat ergo sponsus sponsam suam candidatam baptismate, dealbatam nitore omnium virtutum, flagrantem studio sanctarum orationum. Vocat autem eam, ut veniat, id est, ut in virtutibus proficiat. Non solum vocat Deus animam, quando eam a vinculis carnis exutam ad cœlestia præmia ducit ; sed etiam per internam inspirationem, ut in virtutibus proficiat, hortatur. Quot enim in virtutibus sancti proficiunt, quasi tot passibus ad Deum tendunt. Et tertio dicit, *veni,* quia vult eam perfectam esse in cogitatione, locutione et opere. Vel eam vocat primo, ut ad se veniat per fidem ; vocat secundo, ut dignam cœlestium præmiorum retributionem jam liberata a corpore accipiat ; vocat tertio, ut in die generalis resurrectionis jam resumpto corpore, duplici stola perpetuo coronata gaudeat.

Coronaberis de capite Amana, de vertice Sanir et Hermon, de cubilibus leonum, de montibus pardorum. Amana ipsum dicunt esse montem Ciliciæ Amanum, qui et Taurus appellatur. Sanir vero et Hermon montes sunt Judeæ in quibus leones et pardi feruntur habitare ; per quos autem montes, sæculi potestates, reges videlicet et principes intelliguntur, qui veluti montes in superbia extolluntur, et malignis spiritibus quasi leonibus et pardis cubilia præbent. Maligni enim spiritus leones vocantur propter superbiam, pardi propter ferocitatem, vel etiam propter mille artes nocendi, quia pardus varium animal est. De his ergo montibus coronatur Ecclesia, quando principes sæculi ad fidem Christi convertuntur ; et non solum propter suas virtutes, sed etiam propter talium conversationem ad salutem remuneratur Ecclesia. Potest et hoc in præsenti accipi. Nam coronatur Ecclesia de vertice horum montium, quando subjectis principibus catholicæ fidei, Ecclesia, quæ antea premebatur, coronatur et gloriatur in Christo ; sicut factum est tempore Constantini, quando illo converso mirabiliter glorificata est Ecclesia. Coronatur et de cubilibus leonum, et montibus pardorum, quando superbos et quosque sævos ac dolosos convertit, et pro illorum quoque conversione æterna præmia recipit.

Vers. 9. *Vulnerasti cor meum, soror mea sponsa ; vulnerasti cor meum.* Sponsam et sororem suam sanctam dicit Ecclesiam, quæ et sponsa est, quia eam sibi Christus incarnatus despondit, eamque emundatam sordibus peccatorum, dote Spiritus sancti sibi conjunxit. Soror vero est, quia propter eam incarnatus frater ejus fieri dignatus est, sicut resurgens a mortuis dixit mulieribus : *Ite, nuntiate fratribus meis* (*Matth.* XXVIII, 10). Cum ergo dicit vulneratum se cor habere, magnitudinem amoris expressit, quo sanctam suam diligit Ecclesiam. Affirmat autem hoc iterans et inculcans : *Vulnerasti cor meum*, ut tali iteratione quantum Ecclesiam suam diligit, ostendat. Qua autem re vulneratum sit, subjungendo demonstrat.

In uno oculorum tuorum, et in uno crine colli tui. Per oculos Ecclesiæ, spirituales sensus vel doctores sanctos accipimus : per crines vero multitudines subjectarum plebium, quibus sancta decoratur Ecclesia. Et est sensus : cum tota sis pulchra, o Ecclesia, et cum te ob multa diligam, præcipue tamen nitor spiritualium sensuum, et doctorum tuorum sinceritas me delectat, simplicitas etiam vitæ subjectarum plebium, quæ pie et fideliter verbis doctorum obtemperant. Bene autem cum superius pluraliter dixit oculos et capillos, hic singulariter dicit *in uno oculo,* et *in uno crine* ; ut per hoc unitas sanctorum doctorum exprimatur. Unitas est enim cœlestis doctrinæ quam subjectis impendunt. Unus enim Dominus, ut Apostolus dicit, *una fides, unum baptisma* (*Ephes.* IV, 5), nec non et una devotio subjectorum fidelium. Potest et hoc quod dicit, *Vulnerasti cor meum*, de passione Christi accipi. *Vulnerasti cor meum*, id est, tuo amore fecisti ut ego in cruce vulnerarer. Notandum vero quod dicit, *In uno crine colli tui.* Per collum enim diximus doctores significari, et crinis Ecclesiæ collo adhæret, quo subjectæ plebes a sanctis doctoribus nutriuntur, et eorum sanae doctrinae inhaerent, ac secundum illorum praecepta vivere satagunt.

Vers. 10. *Quam pulchrae sunt mammae tuae, soror mea sponsa!* Per mammas superius eosdem doctores diximus figurari, qui et per oculos designantur; nam sancti doctores *mammae* sunt, id est simplici doctrina humiles nutriunt; *oculi* sunt cum summa quaeque et coelestia praedicant. Ait ergo: *Quam pulchrae sunt mammae tuae, soror mea sponsa!* id est, quam pulchri sunt doctores tui! quoniam sermo illorum et eloquio praeminet, et pondere sensuum pretiosus est.

Pulchriora sunt ubera tua vino. Hic versiculus jam superius expositus est, ubi dicitur: *Meliora sunt ubera tua vino*. Et hoc notandum quod Ecclesia superius ubera sponsi sui laudavit, dicens: *Meliora sunt ubera tua vino*; nunc vero vicissim sponsus sponsae suae ubera extollit, ut per hoc unitas Ecclesiae commendetur. Christus enim caput est, et Ecclesia corpus ejus; praecellit enim initium praedicationis evangelicae legalem sententiam.

Et odor unguentorum tuorum super omnia aromata. Unguenta Ecclesiae sunt doctrinae coelestis charismata vel etiam fama virtutum, quae de Ecclesia fragrat; *aromata* vero intelliguntur legales observationes. Super aromata ergo est odor unguentorum Ecclesiae: quia dignitas et fama evangelicae perfectionis transcendit omnem laudem legalis observationis.

Vers. 11. *Favus distillans labia tua, sponsa*. Favus est mel in cera; mel autem in cera est spiritualis intelligentia in littera. Labia ergo Ecclesiae favus distillans vocantur, quia sancti doctores, qui per labia designantur, spiritualia documenta proferunt instruendis fidelibus. Non solum favus, sed etiam distillans vocantur Ecclesiae labia; distillat enim favus, cum mellis copia exuberans, jam non potest cereis capsulis contineri. Recte ergo divina Scriptura favus distillans vocatur, quia multipliciter intelligitur, et variis sensibus exponitur, nunc juxta litteram, nunc juxta allegoriam, nunc juxta moralitatem, nunc juxta anagogem, id est superiorem sensum.

Mel et lac sub lingua tua. Lac parvulis convenit, ideoque per *lac* designatur simplex doctrina, qua initium credentium imbuitur. *Mel* vero, quod de rore coeli confici creditur, coelestem et spiritualem doctrinam significat, quae perfectis et instructis convenit. *Sub lingua* ergo Ecclesiae *mel et lac est*: quia aliquando coelestia mysteria perfectis, aliquando rudibus plana et simplicia annuntiat.

Et odor vestimentorum tuorum sicut odor thuris. Vestimenta Ecclesiae sunt bonorum operum ornamenta, juxta quod Joannes in Apocalypsi dicit: *Byssinum enim justificationes sanctorum sunt* (*Apoc*. xix, 8); et in Job dicitur: *Justitia indutus sum, et indui me sicut ornamento et diademate judicio meo* (*Job*. xxix, 14). Thure autem diximus sanctarum orationum munditiam designari. Vestimenta ergo Ecclesiae thuri comparantur: quia omnia opera Ecclesiae quasi orationes sunt; in cunctis enim quae agit, semper Dominum deprecatur, et tali modo impletur illud quod Dominus dicit: *Oportet semper orare* (*Luc*. viii, 1). Nec semper ante Dominum hoc aliter impleri potest, nisi tota nostra vita et conversatio talis sit, ut in conspectu Dei oratio deputetur. Thus arbor est Arabiae, cortice et folio lauro similis, succum amygdalae modo emittens, qui his in anno colligitur, in autumno et vere. In autumnali collectione praeparantur arbores incisis corticibus flagrantissimo aestatis ardore, ac sic prosiliente sponte pingui quae concreta densatur, ubi natura loci poscat, tegete palmea excipiente. Quod in arbore haesit, ferro depecitur; ideoque videtur corticeum esse purissimum, id est candidum thus. Secunda vindemia est vere, ad eam hieme incisis corticibus, rubrum hoc exit, nec comparandum priori. Creditur et novellae arboris candidius esse, sed veteris odoratius. Quod ex eo rotunditate guttae pependit, masculum vocamus; guttam concussu elisam, mannam vocamus.

Vers. 12. *Hortus conclusus soror mea sponsa, hortus conclusus, fons signatus*. Sororem et sponsam suam Ecclesiam dicit, quam ex ancilla sororem sibi esse constituit, et dote Spiritus sancti pigneratam, sibi sponsam effecit. Haec ergo Ecclesia *hortus* est: quia spiritualium virtutum germina profert, quae in consequentibus aromatum vocabulis designatur. *Conclusus* vero *hortus* est iste: quia sancta Ecclesia Redemptoris Domini sui adjutorio munita est, et praesidio angelicarum virtutum vallata, pullis malignorum spirituum patet insidiis. Haec ipsa Ecclesia est *fons signatus*: fons ideo, quia doctrinae coelestis fluentis manat, quibus omnes in Christo credentes a peccatis lavat, et veritatis scientia potat. *Signatus* vero *fons* est iste: quia sermo fidei evangelicae veritatis signaculo munitus est, ita ut neque haeretici, neque maligni spiritus fidem catholicam violare aut irrumpere valeant. Hic hortus, vel hic fons, id est Ecclesia, primum in parvo Judeae locello plantatus vel exortus est: deinde per universum mundum disseminata praedicatione areolas suas, vel rivulos suos emisit; unde sequitur:

Vers. 13. *Emissiones tuae paradisus malorum punicorum cum pomorum fructibus*. Emissiones Ecclesiae (ut dictum est) incrementa sunt fidei et disseminatio praedicationis; quae *emissiones paradisus* sunt. *Paradisus* Graece, hortus Latine dicitur: quia illa primitiva Ecclesia, quae in Judaea quasi hortus fuit, per universum mundum multos hortos, id est Ecclesias emisit. *Mala* autem *punica*, quae rubicundum habent corticem, eos significant qui non solum generali baptismo sanctificati sunt, verum etiam qui proprio sanguine in passione baptizati, martyres effecti sunt. *Fructus* vero *pomorum*, opera significant virtutum, sive eos qui ipsas virtutes opere exercent. *Emissiones* ergo Ecclesiae *paradisus malorum punicorum* fuerunt: quia primum locum in Ecclesia post apostolos martyres obtinuerunt, qui ipsam Domini passionem patiendo imitari studuerunt; quamvis generaliter omnis multitudo *paradisus malorum punicorum* possit accipi, qui mala punica sunt, quia passionem sui Redemptoris semper in memoria retinent. Et sicut malum punicum intra unum corticem multitudinem continet granorum: ita in Ecclesia multitudo fidelium intra fidem dominicae passionis continetur. Hinc Apostolus dicit: *Quotquot baptizati estis in Christo Jesu, in morte ipsius baptizati estis* (*Rom*. vi, 3).

Vers. 14. *Cypri cum nardo, nardus et crocus, fistula et cinnamomum cum universis lignis Libani*. Cyprus arbor est aromatica, semen simile coriandri habens, id est album et sublucidum, quod oleo coquitur, et inde exprimitur quod cyprus vocatur, unde regium unguentum paratur. Legimus in Exodo quod manna erat quasi semen album coriandri (*Exod*. xvi, 31). Cyprus ergo et manna unam habent significationem: significant enim gratiam coelestem tanquam manna de coelestibus venientem. *Cyprus* ergo in horto Ecclesiae nascitur, cum fideles quique docentur gratiam coelestem omnibus praeferre, et per illam salutem sperare. Nemo enim suis virtutibus, sed sola gratia Dei salvari potest. Nardus typus est dominicae passionis, unde et Maria Magdalena nardo pistica caput et pedes Jesu unxit (*Joan*. xii, 3). Nardus ergo in horto Ecclesiae est, cum sancti quique memoriam dominicae passionis venerantur, eique gratias agunt quod in tantum eos dilexerit, ut pro eorum salute et liberatione mortem susciperet. *Nardus et crocus*. Crocus aurosi coloris habet florem, ideoque significat charitatem. Sicut enim aurum inter omnia metalla pretiosius est, ita charitas inter omnes virtutes primatum tenet, dicente Apostolo: *Nunc autem manent fides, spes, charitas, major autem his est charitas* (*I Cor*. xiii, 13). Cum nardo ergo crocus in horto Ecclesiae nascitur, cum membra Christi, hoc est fideles quique charitatem Dei et proximi efficaciter tenere student. *Crocus* autem fertur ignitas febres refrigerare : sic vera charitas ardorem concupiscentiæ sæcularis et carnalis refrigerat, et dilectionem Dei et proximi in mente accendit. *Fistula et cinnamomum. Fistula* brevis est arbuscula quæ et casia vocatur, cortice purpureo; significat sanctos in Ecclesia humilitate et patientia præcipuos, pauperes videlicet spiritu, quorum est regnum cœlorum (*Matth.* v, 3). Purpureus autem cortex significat similitudinem passionis Christi, quam humiles spiritu semper in corde retinent, vel quam illi qui in vera humilitate fundantur, in corde semper retinentes, imitari satagunt. *Cinnamomum* et ipsa brevis est arbuscula, sed miræ virtutis et odoris, ideoque profectum designant humilitatis, quæ et per fistulam designatur. *Fistula* ergo *et cinnamomum* in Ecclesia sunt, cum sancti Dei humilitatem et patientiam, **519** et in corde veraciter tenent, et foris aliis ostendunt. Quod autem *fistula* rubicundum habet corticem, *cinnamomum* vero cinericeum habet colorem, significat quod sancti Dei quanto plus sunt memores passionis Redemptoris sui, tanto in oculis suis viliores et despectiores sunt, dicentes cum Abraham : *Loquar ad Dominum meum quamvis sim cinis et pulvis* (*Gen.* XVIII, 27); et cum Job : *Idcirco me reprehendo, et ago pœnitentiam in favilla et cinere* (*Job* XLII, 6). *Cum universis lignis Libani.* Ligna Libani pulchritudine et proceritate ac robore præeminent, ideoque significant doctores et perfectos quosque in Ecclesia, de quibus superius domus Ecclesiæ legitur facta, dicente eadem Ecclesia : *Ligna domorum nostrarum cedrina, laquearia nostra cypressina* (*Cant.* I, 16) : quia videlicet sancti doctores prædicatione sua Ecclesiam muniunt. Cum fistula ergo et cinnamomo universa ligna Libani in horto Ecclesiæ memorantur : quia sive humiles et patientes, sive perfecti quique doctores eamdem fidem habent in Ecclesia, et eamdem beatitudinem exspectant.

Myrrha et aloe cum omnibus primis unguentis. Myrrha arbor est cujus succus stacte dicitur, tantæ virtutis, ut quidquid eo tactum fuerit, ab omni putredine et vermibus servetur illæsum. *Aloe* arbor est suavissimi odoris, adeo ut vice thymiamatis altaribus adoleatur. Habet vero succum amarissimum, resistentem putredini et vermibus. Hinc et in passione Domini Nicodemus detulisse dicitur mixturam myrrhæ et aloes quasi libras centum (*Joan.* XIX, 39). Per has ergo arbores designatur carnis continentia et castimonia. Nam putredo luxuriam solet designare, juxta quod propheta de quibusdam dicit : *Computruerunt jumenta in stercore suo* (*Joel.* I, 17). In horto ergo Ecclesiæ sunt *myrrha et aloe,* hoc est, mentes cœlestes et omnis corruptionis immunes, audientes ab Apostolo : *Pacem sectamini cum omnibus, et castimoniam, sine qua nemo videbit Deum* (*Hebr.* XII, 14). *Cum omnibus primis unguentis.* Prima unguenta, quid melius quam charitas intelliguntur? de qua Apostolus dicit : *Adhuc excellentiorem viam vobis demonstro* (*I Cor.* XII, 31); ac deinde : *Si linguis* (inquit) *hominum loquar et angelorum, charitatem autem non habeam, nihil mihi prodest* (*I Cor.* XIII, 1). Post myrrham autem et aloen bene prima unguenta ponuntur: quia post carnis continentiam succedit vera charitas quæ Deus est, qua Deus super omnia diligitur (*I Joan.* IV, 16). Neque enim illi qui mundana dilectione tenentur, hoc est, qui voluptatibus et illecebris adhuc delectantur, hujus charitatis participes esse possunt.

Vers. 15. *Fons hortorum, puteus aquarum viventium, quæ fluunt impetu de Libano. Fons hortorum,* ipsa est primitiva Ecclesia, quæ veritatis scientia hortos, id est Ecclesias per universum mundum disseminata irrigat; ipsa est et *puteus aquarum viventium :* quia scientia veritatis quæ est Ecclesia, in quibusdam quasi *fons* est ubi patet, in quibusdam quasi *puteus* ubi latet, et ad liquidum percipi non potest. Nam inter fontem et puteum hoc distat, quod fons et in imo et in superficie terræ dicitur esse, puteus vero semper est in imo. Ecclesia ergo *fons* est et *puteus :* quia mysteria Dei in quibusdam veluti fons facile capiuntur; in quibusdam vero cum difficultate tanquam aquæ puteo extrahuntur. *Aquæ viventes* ipsa mysteria designant Scripturarum, quæ in se cœlestem habent virtutem. At contra cisternæ vocantur, id est collectiones aquarum, documenta hæreticorum, de quibus Dominus per prophetam : *Me dereliquerunt fontem aquæ vivæ, et foderunt sibi cisternas, cisternas dissipatas, quæ continere non valent aquas* (*Jer.* II, 13). Hæ fluentes *aquæ fluunt impetu de Libano,* hoc est, manant de Ecclesia, quæ albata est et candidata baptismate et bonis operibus, quod Libanus interpretatur. De hoc Libano (hoc est de Ecclesia) *fluunt,* hoc est, emanant *aquæ* doctrinarum cœlestium, et hoc cum *impetu,* id est cum quadam virtute, qua omnia hæreticorum figmenta destruantur et subvertantur. Hinc et Psalmista : *Fluminis impetus lætificat civitatem Dei* (*Psal.* XLV, 5), id est virtus divinorum eloquiorum.

Vers. 16. *Surge, Aquilo, et veni, Auster : perfla hortum meum, et fluant aromata illius.* Enumeratis Ecclesiæ virtutibus sub nomine aromatum, sciens Dominus qui est sponsus et redemptor Ecclesiæ, ipsam Ecclesiam persecutionibus esse multiplicandam, subsequenter ipsam quodammodo jubet venire, persecutionem non præcipiendo, sed permittendo. *Surge* (inquit), *Aquilo, et veni, Auster.* Per Aquilonem et Austrum flatus persecutionum et perturbationum intelliguntur contra Ecclesiam sævientium. Aquilo quidem frigidissimus ventus est, Auster calidus; et ideo per *Aquilonem* terrores et minæ designantur, per *Austrum* blandimentorum decipulæ, quibus duobus modis probatur Ecclesia, terroribus videlicet et blandimentis. Quod autem dicit : *Surge, Aquilo, et veni, Auster,* non imperat malis, nec cogit eos ad mala facienda ; sed permittit, et facultatem illis dat, ut possint sævire contra Ecclesiam ; quatenus per illorum malitiam Ecclesia probetur, et illi gravius puniantur. Novit enim Dominus malis hominum bona quædam facere; sed ipsam persecutionem in potestate sua habet, non tantum sæviant quantum volunt ; unde scriptum est : *Qui facit ventis pondus* (*Job* XXVIII, 25) : quia videlicet flatibus persecutionum modum imponit quemdam, juxta quod Apostolus dicit : *Faciet cum tentatione etiam proventum, ut possitis sustinere* (*I Cor.* X, 13). *Perfla* (inquit) *hortum meum,* hoc est Ecclesiam meam, *et fluant aromata illius,* hoc est, fragrantia virtutum et odor bonorum operum ex illa procedat. Quo enim acerbius Ecclesia concutitur, eo majorem virtutum odorem ex se emittit.

CAPUT V.

Vers. 1. *Veniat dilectus meus in hortum suum, ut comedat fructum pomorum suorum.* Audiens Ecclesia persecutionem vocari, tanquam se præparans contra adversa, dicit : *Veniat dilectus meus in hortum suum,* hoc est, Christus sponsus meus veniat, quem toto corde diligo, ad Ecclesiam suam, *ut comedat fructum pomorum suorum,* hoc est, delectetur atque pascatur bonis operibus fidelium suorum. Nam cibus Domini, bona nostra opera sunt, sicut ipse fidem Samaritanorum vel gentium intuens, dixit discipulis suis : *Ego cibum habeo manducare quem vos nescitis* (*Joan.* IV, 32).

Veni in hortum meum, soror mea sponsa. Desideranti Ecclesiæ ut ad se veniat sponsus respondet se jam hoc fecisse. Ego (inquit) jam veni. Nam *veni,* hic, non est imperantis, sed præteriti temporis indicativum. O soror mea sponsa, **520** jam veni in hortum meum, jam visitavi Ecclesiam meam; sed et quotidie visito, et virtutum illius pomis pascor atque odore fruor. Venio ad eam, ut errantes corrigam, infirmantes roborem, dubios confirmem, et perfectos quosque præmiis cœlestibus donem.

Messui myrrham meam cum aromatibus meis. Per *myrrham* designantur illi qui martyrio vitam finierunt, vel etiam carnem suam cum vitiis et concupiscentiis crucifixerunt (*Gal.* v, 24). Aromata vero sunt opera sanctarum virtutum, bonæ operationis odoribus fragrantia. *Metit* ergo Dominus *myrrham cum aromatibus* suis, quando sanctos martyres vel reliquos electos bonis operibus insignes, ab hac vita falce mortis præcidit, atque ad maturitatem bonorum operum perductos in horrea supernæ patriæ recondit.

Comedi favum meum cum melle meo, bibi vinum cum lacte meo. Per *favum* et *vinum* sancti prædicatores figurantur : per *mel* vero et *lac* boni auditores. *Favus* enim sunt prædicatores, qui arcana et intima Scripturarum mysteria quasi mella de favis producunt, cum ea prædicando aliis manifestant. *Mel* vero boni auditores sunt : quia dulcedinem verbi Dei attente suscipere, eaque delectabiliter pasci student. *Vinum* sunt ipsi prædicatores, qui et *favus* : quia fortia sacramenta Scripturarum annuntiant. *Lac* vero sunt infirmi quique auditores, quibus aperta mysteria quasi lac conveniunt. Cum ergo horum omnium vita diversis studiis agatur, et horum omnium bona intentione Redemptor pascitur et delectatur; et sic quasi *favum cum melle comedit, et vinum cum lacte bibit*. Possumus hoc etiam ad mortem electorum referre, quos Dominus comedit, cum ad æternam vitam per mortem vocat, et corpori suo, hoc est societati electorum in illa jam cœlesti felicitate lætantium conjungit. Quod si hoc de morte sanctorum accipimus, debemus in *vino* eos accipere, quorum animæ jam cœlesti felicitate gloriantur; in *favo* vero eos qui jam corpore et anima in illa beatitudine gaudent, quales sunt illi qui cum Domino surrexerunt (*Matth.* xxvii, 52).

Comedite, amici, et bibite, et inebriamini, charissimi. Non solum Dominus profectu sanctorum gaudet, verum etiam nos hortatur ut illorum virtutibus gaudeamus, et illos imitemur : *Comedite* (inquiens), *amici*, hoc est fideles mei, qui amici estis faciendo quæ jubeo; *charissimi* mei estis, perfecta me animi charitate diligendo. *Comedite* ergo (inquit) *et bibite*, id est, sanctorum bonis actibus congaudete, et illos vobis ad imitandum proponite. Notandum vero quod dicit, *bibite et inebriamini*. Ebrietas aliquando in Scripturis pro saturitate ponitur, sicut de fratribus Joseph dictum est : *Biberunt et inebriati sunt coram eo* (*Gen.* xliii, 34); et Psalmista : *Visitasti terram, et inebriasti eam* (*Psal.* lxiv, 16), id est, satiasti et replesti. Hortatur ergo nos ut non solum comedamus et bibamus, verum etiam saturemur : quia sunt quidam qui comedunt et non saturantur, quia videlicet delectabiliter prædicationem divinam audiunt, sed negligenter obliviscuntur, nec ad effectum boni operis quod audierint perducunt. Comedunt autem et saturantur qui verba vitæ quæ audiunt, in internis sensibus recondunt et opere implere satagunt; de quibus Psalmista dicit : *Edent pauperes et saturabuntur* (*Psal.* xxi, 27). Si vero (ut superius dictum est) de morte sanctorum hoc acceperimus, *amici* et *charissimi* ipsi sunt angelici spiritus, quos jubet Dominus congratulari electis suis, cum ab hac vita ad æternæ beatitudinis requiem transferuntur, juxta quod in evangelica parabola legitur : *Congratulamini mihi, quia inveni ovem meam quæ perierat* (*Luc.* xv, 6).

Vers. 2. *Ego dormio et cor meum vigilat.* Vox Ecclesiæ, *Ego dormio* : quia aliquantula pace largiente sponso meo requiesco, nec tales patior pressuras quales primitiva Ecclesia, et ideo *cor meum vigilat*, quia securitas concessa mihi pace amori sponsi mei inhæreo, et ad illum oculos cordis mei intendo. Sed quia hoc tempus non est requiei, sed potius laboris et certaminis, rursus sponsus Ecclesiam ad labores excitat, et ad prædicationis certamen hortatur.

Vox dilecti mei pulsantis. Pulsat dilectus, cum Christus fideles suos ad profectum virtutum hortatur; sive *pulsat*, cum eos ut proximos prædicando lucrentur, admonet. Et est tertia pulsatio, qua pulsat electos suos Dominus, cum per ægritudinis molestiam esse mortem vicinam designat; de qua pulsatione in Evangelio dicitur : *Ut cum venerit et pulsaverit confestim aperiant ei* (*Luc.* xii, 36). Sed hoc loco *pulsare* dicitur, hoc est, Ecclesiam ad opus prædicationis instigare.

Aperi mihi, soror mea, amica mea, columba mea, immaculata mea. Aperi mihi, soror mea. *Soror*, quia cohæres es regni mei facta; *amica mea*, quia de jugo servitutis liberata, arcana veritatis meæ cognovisti; *columba mea*, quia Spiritus mei dote es sanctificata; *immaculata mea*, quia effusione mei sanguinis ab omni peccatorum macula purgata es. *Aperi mihi*, hoc est, de quiete et otio dulcedinis et contemplationis egredere ad opus prædicationis.

Quia caput meum plenum est rore, et cincinni mei guttis noctium. Caput Ecclesiæ (ut Apostolus dicit) Christus est (*Ephes.* v, 23); *cincinni* vero sunt intimæ cogitationes sanctorum, quæ non laxe ei dissolute fluunt, sed vinculo timoris et amoris Dei colligantur. *Ros* vero et *guttæ noctium* hoc loco tenebrosas et infidelitate plenas, frigidasque mentes designant. *Caput* ergo sponsi *plenum est rore*, cum sæculares quique a charitate Dei torpescunt, et juxta quod Dominus dicit : *Abundante peccato refrigescit charitas* (*Matth.* xxiv, 12). Et cum tales sanctos Dei cœlestia meditantes persequuntur et odiunt, quasi *cincinni* sponsi *pleni sunt guttis noctium*. Cum ergo tales multiplicantur et gravant Ecclesiam, tunc sponsus admonet sponsam surgat ut surgat et operi prædicationis insistat.

Vers. 3. *Exspoliavi me tunica mea, quomodo induar illa?* Provocata Ecclesia a sponso suo ad officium prædicationis, respondet : *Exspoliavi me tunica mea : quomodo induar illa?* Exui me curis et occupationibus hujus sæculi, sine quibus officium prædicationis aut vix aut nullatenus agitur, et quomodo fieri potest ut iterum ad ea quæ deserui revertar? Nam qui se ad officium prædicationis adaptat suscipiendum, debet quoque temporalia subditis providere, quæ sine magna sollicitudine agi non possunt. Quod autem tunica sollicitudines et curas sæculi significet, Dominus ostendit in Evangelio : *Et qui in tecto est non descendat tollere tunicam suam* (*Matth.* xxiv, 18); quod est aperte dicere : Qui in sublimi contemplationis arce consistit, non descendat ut tollat tunicam suam, id est, non descendat tollere curas sæculi; hoc est, ne iterum occupationibus sæculi implicetur. Timet ergo Ecclesia vel anima quæque sancta hac tunica exui, et in contemplatione sui Conditoris requiescens, iterum reindui et sæcularibus negotiis occupari.

Lavi pedes meos, quomodo inquinabo illos? Lavi pedes meos, hoc est, actiones quibus nunquam pulverem tangere, hoc est, terrena agere consueveram, dignis pœnitentiæ fletibus ablui, adeo ut nihil nunc nisi divina me libeat cogitare. *Quomodo inquinabo illos?* id est, quomodo fieri potest, ut iterum ad cogitanda caduca et terrena redeam, quæ nunc in occupato et libero corde divino fruor contuitu?

Vers. 4. *Dilectus meus misit manum suam per foramen, et venter meus intremuit ad tactum ejus. Dilectum manum per foramen mittit* et *ventrem tangit*, cum interna Conditor inspiratione cor visitat, et ad profectum virtutum accendit : seu etiam cum nos ad memoriam operum suorum revocat, ut cogitemus : quia cum Deus esset, pro nobis homo fieri dignatus est; ut terrena nostra suscipiens, cœlestes nos faceret, et moriendo pro nobis vitam æternam nobis donaret. Quod cum id, *venter intremit* : quia cum talia cogitare incipimus, cordis nostri arcana se concutiunt, dum stupere incipimus, quanta dignatione hæc Conditor pro nobis agere dignatus est

Nam quod venter cor significet, ostendit propheta dicens : *Ventrem meum, ventrem meum doleo* (Jer. IV, 19); quod quid esset ostendit, dicens : *Sensus cordis mei dissipati sunt.*

Vers. 5. *Surrexi, ut aperirem dilecto meo.* Aperimus dilecto non solum cum adventum ejus suscipimus, verum etiam cum aliis prædicamus ; et eos qui per malitiam pectus clauserant, nostra prædicatione conversos, facimus ut ipsi quoque januam cordis Christo aperiant. Bene autem primo dicitur, *Surrexi*; deinde, *ut aperirem dilecto meo.* Qui enim prædicando aliorum corda Christo vult aperire, prius debet surgere, hoc est, ad studium bonorum operum erigi, et opere implere quod prædicat : *ne forte aliis prædicans, ipse reprobus efficiatur* (I Cor. IX, 27); hinc et Lucas de Domino dicit : *Quæ cœpit Jesus facere et docere* (Act. I, 1); prius dicit facere, deinde docere.

Manus meæ distillaverunt myrrham, et digiti mei pleni myrrha probatissima. Per manus quibus operamur, ipsa operatio designatur; per digitos vero discretio operationis : quia in nullo membro tantæ sunt distinctiones articulorum, quantæ in digitis. *Manus Ecclesiæ myrrham stillant*, cum prædicatores ejus continentiæ et mortificationi carnis suæ operam dant, dicentes cum Apostolo : *Castigo corpus meum, et in servitutem redigo* (II Cor. IX, 27). Sive cum pro Christo mori parati sunt; sicut Joannes dicit : *Si Christus pro nobis animam suam posuit, et nos debemus pro fratribus animas ponere* (I Joan. III, 16). Digiti vero sunt pleni myrrha probatissima, cum ipsum opus mortificationis subtiliter discernimus, utrum pro intuitu supernæ mercedis fiat, an pro laudibus sæculi. Qui enim pro humanis favoribus jejunat, vel abstinentiæ sive continentiæ operibus insistit, in manibus quidem myrrham habet, sed in digitis non habet : quia non discernit quare hoc faciat ; de quibus Dominus dicit : *Amen dico vobis, receperunt mercedem suam* (Matth. VI, 2). Sive manus sponsæ distillant myrrham, cum doctoribus sanctæ Ecclesiæ, castimoniæ vel sanctæ continentiæ seipsos aptant.

Vers. 6. *Pessulum ostii mei aperui dilecto meo, at ille declinaverat atque transierat.* Pessulum ostii aperit, cum Ecclesia vel fidelis quæque anima cor advenienti Conditori pandit. *At ille declinaverat atque transierat.* Plerumque enim cum spiritualia quæque tractare volumus, quanto subtilius intendimus, tanto acies cordis reverberatur; unde Salomon dicit : *Dixi, sapiens efficiar, et ipsa longius recessit a me* (Eccl. VII, 24); Psalmista quoque dicit : *Accedet homo ad cor altum, et exaltabitur Deus* (Psal. LXIII, 8). Quanto enim quisque magis ad contemplationem divinam purificatione carnis cor sustollit, tanto altius quod quærebat, esse invenit. Dicit ergo : *Ille declinaverat atque transierat*, quia nemo eum in præsenti vita, sicuti est, comprehendere potest.

Anima mea liquefacta est, ut dilectus locutus est. Quanto (inquit) vicinius adventum sponsi mei persensi ad tactum secretæ inspirationis, tanto magis quidquid in me erat frigidum, incaluit, ita ut nihil jam libeat nisi in lacrymas resolvi. Loquitur enim sponsus, cum interna sui inspiratione Christus sanctam animam inspirat, eique cœleste desiderium suggerit, et ita eo loquente liquefit : quia quo magis cœlestibus afflatur desideriis, eo amplius terrenis emoritur et quasi insensibilis mundo efficitur, solumque cœlesti desiderio vivit. Hoc est quod etiam per prophetam dicitur : *Quis cæcus nisi servus meus ? Quis surdus, nisi ad quem nuntios meos misi ?* (Isai. XLII, 19).

Quæsivi, et non inveni illum : vocavi, et non respondit mihi. Ingeminat iterum causam doloris sui. Omnibus quidem se pie quærentibus adest Dominus semper : se invocantibus respondet, id est, ad salutem exaudit; sed plerumque fidelem animam se desiderantem, et ad se venire cupientem non exaudit, ad hoc ut ita se ei præsenti ostendat, sicut se in fu-

turum ostensurum promittit : vel etiam *non respondet*, id est, non exaudit, ad hoc ut libito suo sanctus quisque vinculis corporis exuatur et liber amplexibus sponsi sui demulceatur. Nam quando Apostolus dicebat : *Cupio dissolvi et esse cum Christo* (Philip. I, 23), quasi quærebat inhærere sponso suo, et vocabat illum desiderio mentis ; sed tamen *non respondebat* illi, quia non sistim de corpore eum liberabat, sed adhuc laboribus exerceri, et utilitatibus Ecclesiæ insudare permittebat.

Vers. 7. *Invenerunt me custodes qui circumeunt civitatem; percusserunt me et vulneraverunt me.* Vigiles qui custodiunt civitatem, sancti sunt doctores, qui civitatem Dei (id est Ecclesiam) circumeunt, pervigilem ejus curam agentes, quo illam et ab adversariis tueantur, et verbo suo vel exemplo ad cœlestia desideria accendant. Inveniunt ergo sponsam dilectum quærentem, cum sancti doctores animam cœlestibus desideriis intentam, et præsentes verbo vel absentes, sacris Scripturis suis instituunt et informant. *Percusserunt* (inquit) *et vulneraverunt me.* Verbum Dei gladius est, dicente Apostolo : *Vivus est sermo Dei et efficax, et penetrabilior omni gladio ancipiti, et pertingens usque ad divisionem animæ ac spiritus* (Hebr. IV, 12). Hoc gladio sponsa percutitur et vulneratur, quando prædicatoris sermo de Deo loquitur, et auditores veluti quodam spiculo compunctionis et amoris transfodit.

522 *Tulerunt pallium meum mihi custodes murorum.* Hoc hic *pallium*, quod superius tunica intelligitur, ubi dicitur : *Exspoliavi me tunica mea*, tegmine videlicet sæcularium desideriorum, quod custodes auferunt : quia quidquid de amore præsentis sæculi in mente alicujus remanserit, totum sancti doctores auferunt, et eam solummodo sponsum suum Christum diligere faciunt. Hi tales possunt dicere cum Apostolo : *Mihi mundus crucifixus est, et ego mundo* (Gal. VI, 14). *Custodes murorum.* Muri civitatis sunt sancti doctores Ecclesiæ. *Custodes* autem *murorum* illi sunt qui etiam eos instruunt qui aliis quoque prædicare possunt, qualis erat Paulus, qui Timotheum et Titum, muros utique hujus civitatis, instruebat et custodiebat, hoc est, exhortabatur ad perfectionem boni operis.

Vers. 8. *Adjuro vos, filiæ Jerusalem, si inveneritis dilectum meum, ut nuntietis ei quia amore langueo.* *Filiæ Jerusalem* sunt animæ fideles, quæ vel adhuc in præsenti peregrinantur, vel etiam Christo fruuntur, vel quæ quandoque facie ad faciem contemplaturæ sunt Christum. Vel *filiæ Jerusalem* sunt cives illius supernæ civitatis, in qua est summa pax et felicitas divinæ contemplationis. Sed hoc loco *filias Jerusalem*, animas debemus accipere Deum desiderantes, sed adhuc in hac peregrinatione versantes. *Adjurat* ergo sponsa filias Jerusalem ut nuntient sponso quia amore languet, cum anima fidelis fideles alios Deum desiderantes adjurat ut Christo insinuent, eique nuntient suo illam amore teneri. Bene autem se amore languere dicit. Quanto enim magis superna desiderare cœperit, tanto erga ea quæ mundi sunt, languescit. Nec mirum si tales languere dicuntur, cum Apostolus eos mortuos dicat : *Mortui*, inquiens, *estis, et vita vestra abscondita est cum Christo* (Coloss. III, 3). Ita ergo adjuranti sponsæ respondent filiæ Jerusalem.

Vers. 9. *Qualis est dilectus tuus ex dilecto, o pulcherrima mulierum ? qualis est dilectus tuus ex dilecto, quia sic adjurasti nos ?* Hoc tunc fit, quando quis fidelis fratrem fidelem alloquitur, et invicem sibi cœlestium desideriorum verba suggerunt, quibus se ad supernorum amorem accendunt. Indica mihi, inquit, jam desideranti, jam ad visionem Conditoris mei pervenire cupienti, *qualis est dilectus tuus*, hoc est, qualiter Christus amari debeat. Jam dudum, inquit, illum timere cœpi ; sed jam charitate timorem expellente, opto audire verba quibus ad amorem illius accendar. Tu ergo quæ illum jam amore quæris, ejusque amore langues, dic mihi : *Qualis est dilectus tuus ex dilecto. Dilectus ex dilecto,* Filius est ex Patre, sicut est Deus de Deo, lumen de lumine. Vel etiam, *dilectus tuus ex dilecto,* Christus est ex ea parte qua diligendus est, non ex ea qua timendus. Nam timere magis imperfectorum est, quos timor a peccatis revocat : amare vero perfectorum. Jam ergo interrogat, *Qualis sit dilectus ex dilecto,* id est, qualiter Christus amari debeat, vel qualis sit erga illos qui illum tantum amare noverunt.

Vers. 10. *Dilectus meus candidus et rubicundus, electus ex millibus.* Vox respondentis Ecclesiæ : *Dilectus meus candidus et rubicundus : candidus* virginitate, *rubicundus* passione. *Candidus,* quia sine peccato; nam sine peccato est conversatus : *Peccatum enim non fecit, nec inventus est dolus in ore ejus* (I Petr. II, 22). *Rubicundus,* quia *lavit nos a peccatis nostris in sanguine suo* (Apoc. I, 5). *Electus ex millibus.* Singulari enim gratia homo Christus in omni humani generis massa refulsit : quia per illum propusuit Deus salvare genus humanum, et ipse est *Mediator Dei et hominum homo Jesus Christus* (I Tim. II, 5); de quo Psalmista : *Non est qui faciat bonum, non e t usque ad unum* (Psal. XIII, 3); et Salomon : *Virum de mille unum reperi* (Eccle. VII, 29), id est Christum ; et ipse in psalmo : *Singulariter sum ego donec transeam* (Psal. CXL, 10). *Electus ergo ex millibus,* quia ex omni multitudine sanctorum solus dignus fuit audire : *Hic est Filius meus dilectus, in quo mihi complacui* (Matth. III, 17).

Vers. 11. *Caput ejus aurum optimum.* Caput sponsi Deus est, juxta quod Apostolus dicit : *Caput Christi Deus* (I Cor. XI, 3) ; quod auro optimo comparatur, quia sicut aurum omnibus metallis pretiosius est, ita Deus omnipotens a se factis bonis præcell t et supereminet; unde Dominus : *Nemo bonus, nisi solus Deus* (Marc. X, 18). Caput ergo sponsi *aurum optimum* est, quia Dei bonitas est ineffabilis, omnium rerum bonitatem transcendens : quia nihil bonum nisi participatione hujus summi boni.

Comæ ejus elatæ sicut palmarum. Comæ sponsi sunt multi udines fidelium, per fidem et dilectionem Deo adhærentes, quæ elatis palmarum comparantur. *Elatæ palmarum* sunt rami productiores et excellentiores, interdum aureoli coloris, crispantes et semper ad excelsa tendentes, et nunquam virorem suum amittentes. Tales ergo dicit comas sponsi sui Ecclesia, crispas videlicet et rutilas. Nonnulli dicunt elatas palmarum speciem arboris esse aromaticæ, quam Latine abietem sive spatas vocant ; nam Græce abies δάτα dicitur. Est autem species hæc apta conficiendis unguentis. Abietem vero hic non magnam illam arborem quæ est navigiis et domibus apta, sed (ut diximus) speciem aromaticæ arboris debemus accipere. Sicut enim litterarum de elatis palmarum. *Comæ* ergo sponsi *elatis palmarum* comparantur : quia fidelium multitudines et virore fidei gaudent, et ad æterna desideranda extolluntur, atque dulcedinem supernæ suavitatis degustant ; quam quanto magis percipiunt, tanto magis in oculis suis peccatores sibi et contemptibiles esse videntur ; unde sequitur :

Nigræ quasi corvus. Comæ enim sponsi *nigræ* sunt *quasi corvus,* quia fidelium multitudines suæ fragilitatis sibi consciæ sunt, et nihil se boni ex se habere noverunt ; vel etiam, elatæ palmarum sunt in spe et victoria, *nigræ* vero *quasi corvus,* quasi despecti et contemptibiles sunt pressuris hujus sæculi. Elatæ palmarum sunt sancti, quia per gratiam Dei ad cœlestis victoriæ palmam tendunt ; *nigræ* vero *quasi corvus,* quia per se infirmos et peccatores se esse cognoscunt. Possunt etiam comæ sponsi angelicæ virtutes accipi, quæ Deo specialiter inhærent, sicut comæ capiti, eumque a vicino contemplantur. Quæ bene *elatis palmarum* comparantur : quia nunquam a statu sui rectitudine inclinantur, sed in dignitate officii sui immaculatæ permanent ; quæque quanto magis claritatem sui Conditoris contemplantur, eo amplius quam vile sit omne creatum, in ejus comparatione aspiciunt, et ideo *nigræ quasi corvus* esse dicuntur.

523 Vers. 12. *Oculi ejus sicut columbæ super rivulos aquarum, quæ lacte sunt lotæ.* Oculi ejus dona sunt Spiritus sancti ; quod ostendit Joannes in Apocalypsi, dicens : *Vidi agnum tanquam occisum, habentem cornua septem, et oculos septem, qui sunt septem spiritus Dei missi in omnem terram* (Apoc. V, 6). Unde et bene columbis super rivulos aquarum comparantur, quia Spiritus sanctus puris et sinceris mentibus delectatur. Non enim super stagna vel paludes, sed super rivulos aquarum columbæ resident : quia (ut dictum est) Spiritus sanctus castas et mundas mentes sibi habitaculum facit. *Quæ lacte sunt lotæ :* quia (ut dictum est) Spiritus sanctus lactis nomine, id est Dei gratia intelligitur, quæ per Spiritum sanctum Ecclesiæ tribuitur, et qua veluti lacte parvuli, ita Ecclesia nutritur. Possumus et per oculos sponsi doctores Ecclesiæ accipere, qui columbis comparantur propter innocentiam et simplicitatem. Hæ *columbæ* super rivulos resident, ut adventum accipitris a longe prospiciant et præcaveant : sic et sancti doctores aqua baptismatis perfusi, nitore castitatis et sanctimoniæ dealbati sunt.

Et resident juxta fluenta plenissima, hoc est, juxta Scripturarum exuberantem scientiam. Si quid vero putamus distare inter rivulos et fluenta plenissima, dicendum est per rivulos, Veteris Testamenti scripturas designari ; per fluenta plenissima, copiosam sancti Evangelii doctrinam accipi. Istæ ergo columbæ et super rivulos aquarum sunt, et juxta fluenta plenissima resident : quia sancti doctores assidu · tam Veteris Testamenti quam Novi mysteria perscrutantur.

Vers. 13. *Genæ illius sicut areolæ aromatum consitæ a pigmentariis. Genæ* sponsi, modesta Christi pietas, vel severitas, sive habitus vultus illius accipitur; nam in genis viri lætitia, vel modestia, severitas quoque, et pietas deprehenditur. Ideoque in genis sponsi juste habitus vultus Redemptoris nostri accipitur. *Genæ* enim illius erant, cum exsultaret in spiritu, ut Evangelium dicit, vel cum fleret super mortuum Lazarum (Joan. XI, 35), vel cum doleret super perituram Jerusalem (Luc. XIX, 41), et plura id genus. Hæ *genæ* sponsi areolis aromatum comparantur; sicut enim areolæ aromatum optime compositæ et ordinatæ, aspectum intuentium delectant, eisque odoris sui gratiam propinant : ita Christi mansuetudo et absentes fama, et præsentes reipsa delectabat, et ad sui dilectionem provocabat. Hæ *areolæ a pigmentariis consitæ sunt. Pigmentarii* sunt prophetæ vel apostoli, quorum alteri hæc omnia futura, alteri jam facta descripserunt.

Labia illius lilia distillantia myrrham primam. Per labia sponsi, verba Domini nostri Jesu Christi accipiuntur, quæ liliis comparantur : quia candoris æterni præmia annuntiant. *Distillant myrrham primam,* quia per carnis mortilicationem ad hæc perveniendum docent. Vel etiam *liliis labia* Domini comparantur, quia castitatis illa et munditiæ opera docent. *Distillant primam myrrham,* quia quæcunque adversa patienter perferenda insinuant. *Labia* Domini *lilia* erant, cum docens in monte diceret : *Beati pauperes spiritu, beati mites, beati misericordes, beati mundo corde* (Matth. V, 3, 4, 7, 8, 10). *Distillant myrrham primam,* cum post hæc subjungeret : *Beati qui persecutionem patiuntur propter justitiam.*

Vers. 14. *Manus ejus tornatiles aureæ.* In manibus namque sponsi dignæ operatio Salvatoris accipitur. Sicut enim quis torno facile operatur, nec regula ulla indiget, sic operatio Salvatoris facilis erat; quidquid enim volebat, illico perficiebat : *quia dixit, et facta sunt* (Psal. XXXII, 9), et de quo evangelista (Matth. VII, 29) : *Erat quasi in potestate habens sermonem.* Aureæ enim erant, quia operatio illius divinitatis peragebatur potentia ; nam in auro Divinitas figuratur : quia sicut aurum cætera metalla antecellit et pretiosius est, ita Divinitas suis omnibus operibus ineffabili modo præcellit.

Plenæ hyacinthis. Hyacinthus lapis est aerii coloris. Quid ergo in hyacinthis, nisi spes et desiderium cœleste accipitur? Et manus Domini plenæ sunt hyacinthis, quia omnis ejus operatio nos ad spem et desiderium supernorum excitat. Hyacinthus est etiam flos aromaticus, coloris purpurei, bonique odoris. Manus Domini plenæ hyacinthis, quia in cruce clavis perforatæ, et rubore sui sanguinis quasi colore purpureo respersæ sunt. Sed superior expositio de hyacintho lapide melius hic convenit. In alia translatione lapis habetur. Dicuntur enim manus ejus tornatiles, plenæ Tharsis. Tharsis lapis est quem nos chalcedonium dicimus.

Venter ejus eburneus. In membris humani corporis nihil ventre fragilius, nihil tenerius; ideoque per ventrem fragilitas assumptæ humanitatis in Christo accipitur. Ebur autem est os elephantis, quod animal dicunt esse castissimum, et naturæ frigidissimæ : unde et a dracone, qui calidæ naturæ est, vehementer appetitur. Venter ergo sponsi eburneus est, quia assumpta humanitas Redemptoris nullam corruptionem, nullam labem admisit; *peccatum enim non fecit, nec dolus inventus est in eo ultus* (Isai. LIII, 9). Fragilitatem quidem carnis assumpsit; sed tamen totius peccati immunis fuit; sicut serpens æneus a Moyse in deserto exaltatus (Num. XXI, 9), figuram quidem serpentis habuit, sed malitia veneni caruit.

Distinctus sapphiris. Sapphirus lapis est cœli sereni habens colorem. Unde in visione Domini dicitur : *Et viderunt Deum Israel, sub pedibus ejus quasi opus lapidis sapphiri, et quasi cœlum cum serenum est* (Exod. XXIV, 10). Per sapphiros ergo opera divinæ Majestatis intelliguntur, quæ in carne perficiuntur. Venter ergo sponsi distinctus erat sapphiris : quia humanitas Christi cœlestibus virtutibus refulgebat. Nec plenus dicitur esse sapphiris, sed distinctus; ita videlicet, ut inter sapphiros appareret eboris candor: quia sic Dominus operabatur ea quæ divinitatis erant, ut nihilominus perficeret ea quæ erant humanitatis, et non relinqueret ea quæ erant divinitatis. Distincta est enim operatio in Christo, divinitatis et humanitatis. Nam quod esuriebat, quod sitiebat, quod flebat, quod lassabatur, quod ad ultimum crucifigi et mori poterat, humanitatis opera erant; quod vero mortuos suscitabat, quod omnibus infirmantibus succurrebat, quod seipsum a mortuis resuscitabat, evidentissima erant opera divinitatis.

Vers. 15. *Crura illius columnæ marmoreæ, quæ fundatæ sunt super bases aureas.* Crura sponsi itinera sunt Salvatoris, quibus homo fieri et ad nos venire dignatus est; quæ recte columnis marmoreis comparantur, quia nihil marmore fortius, nihil columna rectius. Et crura sponsi columnæ marmoreæ sunt : quia omnia itinera Domini et fortia et recta sunt. De ejus fortitudine **524** dicit Psalmista : *Exsultavit ut gigas ad currendam viam, a summo cœlo egressio ejus* (Psal. XVII, 6). De rectitudine alibi : *Justus Dominus et justitias dilexit; æquitatem vidit vultus ejus* (Psal. X, 8); et, *Universæ viæ Domini misericordia et veritas* (Psal. XXIV, 10). Hæc crura super bases aureas fundata sunt, quia omnia quæ per Christum vel in Christo agenda erant, divinitatis consilio ante mundi constitutionem præordinata et præfinita sunt. Aurum enim, quod (ut sæpe dictum est) splendidius et pretiosius est cæteris metallis, divini consilii sincerissimum secretum significat. De basibus ergo aureis columnæ marmoreæ procedunt, quia ab initio sæculi præordinata est incarnatio, nativitas, passio et resurrectio Salvatoris, cæteraque mysteria quibus humanum genus redimebatur. Unde et propheta laudans Deum, dicebat : *Domine Deus meus, honorificabo te, laudes dicam nomini tuo, qui facis mirabiles res : consilium tuum verum fiat* (Isai. XXV, 1).

Species ejus ut Libani, electus ut cedri. Libanus Phœnicis est mons, terminus Judeæ contra septentrionem, et est excelsior cæteris montibus. Arbores etiam illius montis et proceritate et specie ac robore cæterarum silvarum ligna præcellunt. Sicut (inquit) *Libanus* cæteris montibus Judeæ terræ præcelsior est : ita Redemptor noster speciosior est omnibus electis : quia *speciosus est forma præ filiis hominum* (Psal. XLIV, 3). Et sicut *cedrus* pulchrior est et procerior cæteris arboribus, ita et ille gratia divinitatis præcellit omnes ab initio sæculi sanctos.

Vers. 16. *Guttur illius suavissimum.* Superius per labia sponsi verba illius intellecta sunt, nunc per guttur, ipsorum verborum interior dulcedo significatur, qua intellectus noster reficitur; unde et Psalmista : *Gustate et videte quoniam suavis est Dominus* (Psal. XXXIII, 9.) Et multi quidem verba Domini facile intelligere possunt; sed pauci sunt qui dulcedinem illorum valeant penetrare, hoc est, qui præcepta Dei ex amore et desiderio studeant adimplere.

Et totus desiderabilis. Ac si diceret : Quid per singula membra ejus describendo immoror? Totus est desiderabilis sponsus meus. Totus (inquit), quia perfectus Deus, perfectus homo. Totus ergo desiderabilis est, quia angelos et electos quosque ad suum accendit desiderium, juxta quod Apostolus dicit : *In quem desiderant angeli prospicere* (I Petr. I, 12); et quo vicinius aspicitur, hoc majori desiderio ad se aspiciendum provocat intuentes.

Talis est dilectus meus, et ipse est amicus meus, filiæ Jerusalem. Dilectus, quia per fidem et charitatem illi inhæreo; *amicus* vero, quia me de vinculo peccati redemptam, amicam suam, et secretorum suorum consciam facere dignatus est; quem quanto plus quisque diligit, tanto amicitia ejus dignior efficitur.

Vers. 17. *Quo abiit dilectus tuus, o pulcherrima mulierum?* Vox est filiarum Jerusalem, id est Ecclesiarum, sive etiam animarum sanctarum. Nam sponsa Christi Ecclesia est, filiæ Jerusalem ipsa Ecclesia est, quæ ex singulis fidelium animabus constat. Aiunt ergo : *Quo abiit dilectus tuus, o pulcherrima mulierum?*

Quo declinavit dilectus tuus? et quæremus eum tecum. Adjuraverat enim superius ipsa sponsa filias Jerusalem, ut nuntiarent sponso quod amore ejus langueret; interrogaverant cædem filiæ Jerusalem, qualis esset sponsus, et illa consequenter formam sponsi sui exposuerat; nunc interrogant ipsæ filæ Jerusalem, quo abierit sponsus ille, ut quærant eum cum ea. Hoc faciunt sanctæ animæ, quando adinvicem de æterna salute colloquuntur : flagrantes amore Christi, et ejus aspectum desiderantes; sive cum diligenter investigant in quorum maxime cordibus Christus requiescat; ut eorum exemplo et conversatione ædificentur. Notandum autem quod dicitur, *Quo abiit,* vel, *Quo declinavit dilectus tuus?* Quasi enim ad tempus declinat dum quæritur; ut majus ad se quærendum desiderium excitet. Ad hoc enim plerumque differt vota et orationes sanctorum, ut ardentius eum desiderare incipiant; sicut et quondam Mariæ se quærenti non statim se ostendit, sed in specie hortulani apparens (Joan. XX, 15), tandem quod ipse qui quærebatur esset, ostendit. Exaudit ergo Christus semper electos suos, sed semper quasi *declinat,* cum non statim postulata concedit. Bene autem dicitur : *quæremus tecum;* nam qui sine Ecclesia Christum quærit, errare et fatigari potest, proficere non potest.

CAPUT VI.

Vers. 1. *Dilectus meus descendit in hortum suum ad areolam aromatis, ut pascatur in hortis, et lilia colligat.* Jam supra docti sumus quis sit hortus Christi, sancta videlicet Ecclesia, de qua superius dictum est : *Hortus conclusus soror mea sponsa. Descendit* (inquit) Christus *in hortum suum ad areolam,* quem ipse præparavit et excoluit, quem virtutum germinibus consevit, quem sua gratia illustravit, quem muro suæ custodiæ ab incursu malignorum spirituum defendit. Et bene *in hortum suum descendisse* dicitur; nam in horto sepeliri voluit (*Joan.* xix, 41), et primum Mariæ Magdalenæ in horto apparuit (*Joan.* xx, 15), ibique quodammodo primitias Ecclesiæ consecravit. *Descendisse* dicitur, quando de superioribus et cœlestibus sedibus in hortum descendit, quem ipse humili loco plantavit, sed ad hoc ipse descendit, ut hortus (id est Ecclesia) ejus ad ipsum ascenderet. Unde et in sequentibus de horto, id est Ecclesia sua, dicit : *Quæ est ista quæ ascendit per desertum? Ad areolam* (inquit) *aromatis.* Per areolam, anima cujusque fidelis intelligitur, quæ disciplina cœlesti exculta et diligenter composita, ac laterum parilitate exquadrata est. *Ut pascatur* (inquit) *in hortis,* id est, ex piis sanctorum laboribus delectetur. Ipse enim bonis nostris pascitur, in tantum, ut in paupere ipse reficiatur. *Et lilia* (inquit) *colligat*, hoc est, ut sanctas animas virtutis maturitate ad perfectum candorem perductas, ab hoc mundo ad se colligat, et secum in æterna beatitudine gaudere faciat. *Lilia* enim sanctæ sunt animæ, virtutum studiis et bonis operibus candidatæ.

Vers. 2. *Ego dilecto meo, et dilectus meus mihi, qui pascitur inter lilia.* Ego dilecto meo, subauditur, gratiam pastionem præparo; *et dilectus meus mihi* gratiam perfectionis, vel præmium æternæ remunerationis præstabit. Sive, *Ego dilecto meo* in me ipsa mansionem paro; *et dilectus meus mihi*, quia ipse in me habitat, et me in se habitare facit; sicut ipse in Evangelio dicit : *Ego in vobis, et vos in me* (*Joan.* xiv, 20).

Vers. 3. *Pulchra es, amica mea, suavis et decora sicut Jerusalem.* Quærebat Ecclesia sponsum suum tanquam absentem; sed ille ut se semper præsentem ostenderet, eique de se colloquenti, seque desideranti semper adesse demonstraret, cito respondet : *Pulchra es, amica mea, suavis et decora sicut Jerusalem. Pulchra es*, quia maculam et rugam non habes peccati, sed omni nitore virtutum vernas. *Amica mea*, Ecclesia vel anima quæque fidelis. *Suavis et decora sicut Jerusalem*. Jerusalem, quæ visio pacis interpretatur, illam supernam civitatem designat in qua est vera pax et felicitas : quia ibi sic gaudent sancti de munere; ut non sit quod doleant de corruptione. Ergo Ecclesia, quæ adhuc in terris est, vel anima quæque fidelis, ad similitudinem illius Jerusalem suavis est et decora : quia illam pacem in quantum potest imitatur. Sequitur :

Terribilis ut castrorum acies ordinata. Terribilis est Ecclesia malignis spiritibus, et est *ordinata ut castrorum acies;* cum videlicet unusquisque fidelis ordinem suum et vocationem suam recte custodit. Tres enim sunt ordines Ecclesiæ, doctorum, continentium, et conjugatorum, quæ species in tribus viris illis demonstratæ sunt, Noe, Daniel et Job. Noe enim, qui inter fluctus arcam rexit, sanctos doctores significat; Daniel cælebs et castus, continentium ordinem significat; Job, qui uxorem habuit et filios, ordinem conjugatorum exprimit. Ergo Ecclesia ordinata est sicut acies castrorum, quia unusquisque ordo Ecclesiæ velut in acie contra hostes malignorum spirituum consistit, dum sancti doctores prædicationi et doctrinæ operam impendunt. Continentes quæ mundi sunt contemnentes, tantum quæ Dei sunt cogitant, et libera a terrenis occupationibus mente, soli Deo vacant. Conjugati eleemosynis et cæteris actualis vitæ operibus bonis insistunt; sicque utuntur mundo, ut quæ Dei sunt, non deserant. Hæc ergo ordinatissima dispositio Ecclesiæ *terribilis* est immundis spiritibus, *velut acies castrorum* ad bellum *ordinata*. Sive pulchra est Ecclesia et decora sicut Jerusalem in virtutibus : *terribilis* vero *ut castrorum acies ordinata* : quia imperium suum et potestatem proferre non cessat usque ad terminos totius orbis. Sive *terribilis* est *ut castrorum acies ordinata* : quia sic unitate charitatis connexa est et conjuncta, ut nulla vi maligni hostis, nulla peste discordiæ possit penetrari; nihil enim sic terret malignos spiritus quomodo charitas.

Vers. 4. *Averte oculos tuos a me, quia ipsi me avolare fecerunt.* Ac si diceret : Ego quidem dedi tibi oculos columbinos, quibus me intueri et arcana Scripturarum acutissime penetrare valeres; sed cave ne illos ad me videndum modo intendere velis : quia dum in præsenti vivis, non potes; *Non enim videbit me homo, et vivet* (*Exod.* xxxiii, 20). Cum autem vinculis carnis absoluta ad me perveneris, tunc me aperta visione videbis, et implebitur quod in Evangelio promittitur : *Qui autem diligit me, diligetur a Patre meo, et ego diligam eum, et manifestabo ei meipsum* (*Joan.* xiv, 21). Quod autem dicitur, *quia ipsi me avolare fecerunt*, non est putandum quod Deus quærentes se deserat, et ab illis recedat, cum ipse præcipiat : *Quærite et invenietis* (*Luc.* xi, 9); sed ita potius accipiendum, quia quanto amplius quisque divinitatem majestatis Dei perscrutari voluerit, eo amplius intelligit, quam imperscrutabilis atque incomprehensibilis sit. Et hoc est quod Psalmista dicit : *Accedet homo ad cor altum, et exaltabitur Deus* (*Psal.* lxiii, 7). Ac si diceret : Licet homo ad videndum Deum cor sublevet, exaltabitur Deus, quia quantus sit comprehendi non potest.

Capilli tui sicut grex caprarum quæ apparuerunt de Galaad. Hi versiculi sæpius expositi sunt; sed non pigeat iterato exponere, quos non piguit Spiritum sanctum repetere. Ideo enim bis istos versiculos posuit, ut certissimum et stabile teneremus, quod sub repetitione confirmari audiremus. Capilli Ecclesiæ sanctæ, multiplices sunt subtilium cogitationum varietates. Et bene comparantur gregi caprarum; nam capra peccatoris figura est; unde et in lege præcipitur, ut quicunque per ignorantiam peccaverit et cognoverit reatum suum, offerat pro delicto suo capram in holocaustum (*Lev.* iv, 28). Capilli ergo Ecclesiæ gregi caprarum comparantur, quia sancti, qui sunt membra Ecclesiæ, omnes reatus cogitationis suæ per dignam pœnitentiam et per lacrymas justæ compunctionis delere satagunt. Bene autem *de monte Galaad apparuisse* dicuntur. Galaad interpretatur acervus testimonii, ideoque per Galaad mens sanctorum designatur, quæ sunt acervus testimonii quoniam omnia quæ sæculi sunt negligere, et solum Deum desiderare evidentissimis attestatur indiciis. Potest etiam per Galaad ipse Dominus et Redemptor noster intelligi. Galaad enim et montis et civitatis nomen est. *De monte ergo Galaad grex caprarum apparuit*, quia Ecclesia super Christum est fundata, sicut ipse dicit : *Non potest civitas abscondi supra montem posita* (*Matth.* v, 15). Ipse est acervus testimonii : quia multitudo prophetarum et patriarcharum gestis et scriptis ei testimonium perhibent.

Vers. 5. *Dentes tui sicut greges ovium, quæ ascenderunt de lavacro, omnes gemellis fetibus, et steriiis non est in eis.* Per dentes Ecclesiæ firma sermonum ejus stabilitas intelligitur. Qui bene gregi ovium comparantur quæ de lavacro ascenderunt, quia verba Ecclesiæ nihil nisi innocentiam et mansuetudinem sonant, nihilque in se fœdum, nihilque turpe vel immundum retinent; sed lavacro sinceritatis et puritatis lavantur, audientes ab Apostolo : *Sermo malus ab ore vestro non procedat* (*Ephes.* iv, 29). Bene autem *omnes gemellis fetibus* esse dicuntur, quia sermo sanctorum nihil aliud sonat nec loquitur, nisi quod ad dilectionem Dei et proximi pertinet. Solummodo enim ea sancti loqui debent, quæ ad perpetuam corporum et animarum pertineant sanitatem.

Vers. 6. *Sicut cortex mali punici, sic genæ tuæ absque occultis tuis.* In genis diximus superius sanctorum castam verecundiam figurari; in *cortice mali punici*, mysterium passionis Christi, audientes a Paulo apostolo : *Noli erubescere crucem Christi*, neque me vinctum ejus (*II Tim.* i, 8). Et hæc quidem magna sunt, quæ in aperto sunt : maxima vero sunt illa quæ sunt intrinsecus, hoc est, quæ in futuro sanctis reservantur.

Vers. 7. *Sexaginta sunt reginæ, et octoginta concubinæ, et adolescentularum non est numerus.* Reginæ sunt doctores sanctæ Ecclesiæ, qui merito fidei et scientiæ thoro Regis æterni propinquant, et spirituales Deo filios pariunt. Sexagenarius numerus ex denario et senario perficitur. Denarius enim per senarium multiplicatus **526** in sexagenarium consurgit. Et denario significantur divina præcepta propter Decalogum legis; senarius vero pro perfectione ponitur, quia sex diebus perfecit Deus opera sua. *Reginæ* ergo *sexaginta esse dicuntur,* quia eos significant, ut diximus, qui perfectione scientiæ et operis pollent, et propter solum amorem Conditoris sui, et intuitum supernæ remunerationis prædicant. Hic etiam numerus, id est sexagenarius ex duodenario quinquies ducto conficitur; nam quinquies duodeni, vel duodecies quini sexaginta fiunt. *Reginæ* ergo *sexaginta esse dicuntur,* quia illos significant qui in Ecclesia constituti, quinque sui corporis sensus juxta institutionem duodecim apostolorum caste disponere noverunt. *Concubinæ* eos significant qui non sincere Christum prædicant, sed propter lucra temporalia, vel propter laudes populares. Nam et istæ sicut reginæ ad thorum Regis per scientiam accedunt, et filios spirituales generant; sed a corona æterni regni alienæ existunt. Et bene octogenario numero comprehenduntur; nam hic numerus ex denario et octonario conficitur. Octogenarius vero in malo accipitur aliquando propter quaternarium, quo multiplicato consistit. Quaternarius enim temporalia quæque et præsentia significat propter quatuor mundi climata vel quatuor anni tempora. Recte ergo *concubinæ* istæ *octoginta* esse dicuntur: quia (ut dictum est) propter sola temporalia et visibilia prædicant, et spiritualia minus curant. De talibus Apostolus dicebat: *Sunt quidam Christum annuntiantes non sincere,* etc. (*Philip.* I, 17, 18); donec dicit: *in hoc gaudeo, sed et gaudebo. Adolescentularum non est numerus.* Adolescentulæ sunt animæ jam in Christo regeneratæ, quæ deposita primi hominis vetustate in Christo renovatæ sunt, necdum tamen sunt nubiles, necdum thoro Regis aptæ; quia necdum ad perfectionem Christum prædicandi pervenerunt. Quarum *non est numerus,* quia infinitus est numerus animarum in Christo credentium, nec ab ullo homine comprehendi potest. Cæterum Deo numerati sunt omnes electi; nam apud quem etiam stellarum numerus comprehensus est (*Psal.* CXLVI, 4), ignorari non potest electorum numerus.

Vers. 8. *Una est columba mea, perfecta mea.* Hoc est, una est catholica per universum mundum diffusa Ecclesia, quæ ex reginis et adolescentulis, sive adolescentibus constans, etiam concubinas habet, hoc est, quosdam qui nomine tenus Christiani vel doctores dicuntur. *Una est* ergo Ecclesia, quia scissuram et schismata non recipit; sed sicut *unus est Deus, una fides, unum baptisma* (*Ephes.* IV, 5), ita una est generalis Ecclesia, quæ recte et columba vocatur: quia Spiritus sancti dote, qui in specie columbæ apparuit, Christo sponsata et sanctificata est.

Una est matri suæ, electa genitricis suæ. Mater nostra illa est cœlestis Jerusalem, de qua Apostolus dicit: *Illa autem quæ sursum est Jerusalem, libera est, quæ est mater nostra.* Hæc ergo Ecclesia *una est matri suæ,* quia ad exemplum illius Ecclesiæ, quæ jam Christo fruitur, ipsa in hac peregrinatione instituitur et informatur, atque ad illam beatitudinem in qua cum Christo conregnat, pervenire nititur.

Viderunt illam filiæ Sion, et beatissimam prædicaverunt reginæ, et concubinæ laudaverunt eam. Quas superius adolescentulas, hic filias appellat. *Reginas* vero et *concubinas* in hoc loco, ut superius, intelligamus. Filiæ ergo, reginæ et concubinæ prædicant Ecclesiam et laudant, quia universitas fidelium catholicam admiratur Ecclesiam. Ipsa enim Ecclesia, quæ ex multis fidelium constat personis, catholicam, id est universalem Ecclesiam conficit.

Vers. 9. *Quæ est ista quæ progreditur quasi aurora consurgens?* Vox est Synagogæ. In fine siquidem sæculi cum plebs Judaica ad prædicationem Eliæ et Enoch conversa fuerit ad Christum, ipsa quoque Ecclesiam admirabitur, dicens: *Quæ est ista?* id est, quanta et qualis est Ecclesia, *quæ progreditur?* hoc est, proficit de virtute in virtutem. Non enim stare, sed progredi dicitur Ecclesia: quia non in uno loco contenta, sed totum mundum cœlesti prædicatione occupavit. *Quasi aurora progreditur,* quia transactis tenebris infidelitatis, lumen veritatis habere ostendit.

Pulchra ut luna. Lunam ferunt physici a sole illuminari. Et ecce Ecclesia pulchra est ut luna: quia claritate sponsi sui Christi illuminatur, et ejus gratia resplendet. Sive *pulchra est ut luna* in præsenti vita, ubi aliquando concessa sibi pace et tranquillitate sive securitate crescit, aliquando adversitatibus obtrita decrescit.

Electa ut sol. In alia vita, ubi perpetuo resplendebit gaudio de visione Conditoris sui. Sive *electa est ut sol:* quia illum iterum Solem imitari nititur, de quo scriptum est: *Vobis timentibus nomen meum orietur sol justitiæ* (*Malach.* IV, 2). Hunc Solem imitatur vivendo in humilitate, et justitia, et pietate.

Terribilis ut castrorum acies ordinata. Terribilis aeris potestatibus, ordinata ut castrorum acies, id est charitatis unitate unita, ut nullis tentationibus penetrari valeat.

Vers. 10. *Descendi ad hortum nucum.* Laudata Ecclesia a Synagoga respondet: *Descendi ad hortum nucum. Hortus nucum* est vita præsens. Nam sicut in nuce tegmen quidem durissimum videtur, sed nucleus latet: ita in præsenti vita nostræ conscientiæ clausæ sunt, et non apparent, donec fracta testa corporis manifestentur. *Descendit* ergo *ad hortum nucum* Ecclesia, quando per doctores suos vitam singulorum considerat; unde sequitur:

Ut viderem poma convallium. Poma convallium sunt virtutes quæ humilitate conduuntur. Descendi (inquit) ad hortum, ut viderem poma convallium, id est ut considerarem sanctos, excellentia quidem virtutum præditos, sed humilitate depressos.

Et inspicerem si floruisset vinea. Hoc est, ut considerarem qui in studio sanctarum virtutum proficerent.

Et germinassent mala punica, hoc est, ut eos quoque perquirerem qui jam apti sint ad imitandam passionem Christi. Nam *mala punica* (ut sæpe dictum est) mysterium passionis Christi significant. Considerat ergo Ecclesia per prælatos suos, qui in virtutibus crescant, vel qui jam ita perfecti sunt, ut imitantes passionem Christi, pro illo quoque idonei sint sanguinem fundere, quales erant illi quibus Apostolus dicebat: *Vobis datum est non solum ut credatis in Christum, sed ut pro illo patiamini* (*Philip.* I, 29).

527 **Vers. 11.** *Nescivi.* Vox est Synagogæ, quæ videns tantam Ecclesiæ gratiam, inspecta veritate Evangelii, dolet quod antea non cognoverit fidem Christi; et quasi excusans se quod tam tarde conversa sit, dicit: *Nescivi,* o sponsi Christi Ecclesia. *Nescivi,* id est non cognovi tantam gratiam, et tanta dona spiritualium virtutum tibi a sponso tuo collata.

Anima mea conturbavit me propter quadrigas Aminadab. Conturbata (inquit) sum nimia animi sollicitudine propter tam subitam Evangelii prædicationem. Sciebam enim legem et prophetas divinitus datos, et ideo cum subito vidissem prædicari Evangelium, *conturbata sum propter quadrigas Aminadab. Aminadab,* abnepos fuit Judæ, per quem generatio Christi contexitur. Interpretatur autem *Aminadab,* populi mei spontaneus; ideoque significat Christum, qui spontaneus fuit populi sui: quia ipse cum esset Deus, sponte factus est homo: cum esset Conditor et Creator, sola benignitate sua factus est portio populi sui. Et est sensus: Conturbata (inquit) sum propter subitam Evangelii prædicationem, quæ veluti velocissima quadriga totum subito mundum pervolavit. Et bene hanc prædicationem non currus, sed quadrigas appellat: quia Evangelii prædicatio quatuor evangelistarum auctoritate consistit, et quatuor Evangelia quasi quatuor quadrigæ sunt Novi Testamenti, cui præsidet auriga ipse Christus, temperans et disponens ipse currum Evangeliorum.

Vers. 12. *Revertere, revertere Sunamitis.* Vox est Ecclesiæ Synagogam ad fidem invitantis: *Revertere, revertere Sunamitis. Revertere,* o Synagoga, ab infidelitate ad fidem, *revertere* ab odio ad dilectionem. *Sunamitis* interpretatur captiva vel despecta. Talis erat Synagoga ante adventum Christi, captiva videlicet vinculo diaboli, et despecta a Deo: quia Christum ad salutem suam missum non cognovit.

Revertere, revertere, ut intueamur te, id est, ut pulchritudinem tuæ castitatis aspiciamus.

CAPUT VII.

Vers. 1. *Quid videbis in Sunamite, nisi choros castrorum?* Vox est sponsi, qui audiens invitari Synagogam a sponsa sua Ecclesia ad fidem, dicit: *Quid videbis in Sunamite, nisi choros castrorum?* ac si diceret: Tu quidem, o sponsa, doles de perditione Synagogæ, et quod tarde ad fidem veniat; sed absit tempus quo convertatur, et tunc nihil *videbis in ea nisi choros castrorum,* id est, nisi charitatis concordiam et stabile robur fidei, quo pro defensione meæ fidei pugnabit. Nam chori, canentium sunt: castra vero, militum pugnantium. *In Sunamite* ergo chori castrorum videbuntur, quia conversa Synagoga et concorditer Christum prædicabit cum Ecclesia, et pro fide Christi usque ad mortem pugnabit.

Quam pulchri sunt gressus tui! Ab hoc loco incipit sponsus exponere laudes sponsæ suæ. Et notandum quod a gressibus incipit ejus pulchritudinem texere, et in ore laudes ejus finit, sicut superius ab oculis cœperat. Hoc autem fecit vel ad pulchritudinem carminis variandam, vel etiam quia sic mysteriis aptissimum est. *Quam pulchri* (inquit) *sunt gressus tui!* Vidit Ecclesiam non otiose in uno loco stantem, sed veloci prædicatione totum mundum peragrantem, ideoque a gressibus cœpit eam laudare. *Gressus* enim Ecclesiæ sunt velox prædicatio apostolorum, per quos in omnem terram Evangelium insonuit.

In calceamentis, id est in patrum præcedentium exemplis. *Calceamenta* enim ex mortuis fiunt animalibus. Et *calceamenta* Ecclesiæ sunt patrum præcedentium exempla, quibus gressus habet munitos; ut securius eum imitando, et sine offensione gradiatur.

Filia principis. Alia translatio, *filia Aminadab* dicit. Aminadab (ut sequens dictum est) populi mei spontaneus dicitur, qui recte figuram Christi tenet. Nam Ecclesia et filia est, et sponsa: filia, quia ejus sanguine redempta, ejus baptismate regenerata; sponsa, quia dote Spiritus sancti illi est conjuncta.

Juncturæ femorum tuorum sicut monilia quæ fabricata sunt manu artificis. In feminibus, vel in lumbis solet sacra Scriptura generationis propaginem designare. Unde de Jacob legimus: *Omnes animæ quæ egressæ sunt de femore Jacob* (*Exod.* I, 5). Femina ergo Ecclesiæ sunt spiritualis generatio credentis populi per verbum prædicationis et lavacrum regenerationis. *Juncturæ femorum* est conjunctio duorum populorum in una fide, Judaici et gentilis. Et bene hæc *junctura monilibus* comparatur: quia fides utriusque populi maxime in operibus manifestatur; nam *fides sine operibus mortua est* (*Jac.* II, 26). *Fabricata* autem *sunt manu artificis,* hoc est, Dei omnipotentis, *cujus* munere virtus boni operis credentibus tribuitur. Hic est ille artifex de quo Paulus dicebat, quando memoriam Abrahæ patriarchæ faciebat:

Exspectabat enim manentem civitatem, cujus conditor et artifex Deus est (*Hebr.* XI, 10).

Vers. 2. *Umbilicus tuus crater tornatilis, nunquam indigens poculis.* Umbilicus, fragilissima est pars corporis, et ideo per umbilicum fragilitatem nostræ mortalitatis debemus accipere. Crater vero est calix major aliis hinc inde habens. Umbilicus ergo Ecclesiæ, crater est tornatilis: quia quanto magis doctores Ecclesiæ suæ fragilitatis meminerint, tanto magis verbo prædicationis insistunt; ut eleemosynam verbi Dei præbentes, ipsi misericordiam a Deo consequantur. Et bene *crater tornatilis* dicitur: torno enim facilius operatur; per quod significatur facilitas erogandi verbum, vel eleemosynam dandi. Non enim morose, nec hæsitando eleemosyna danda est; juxta quod Salomon dicit: *Ne dixeris amico tuo: Vade et revertere, cras dabo tibi, cum statim possis dare* (*Prov.* III, 28). Quod etiam torno fit, non eget exterius adhibita regula vel linea: sed inerrate ex seipso perficitur. *Umbilicus* ergo Ecclesiæ *crater est tornatilis,* quia quicunque vel prædicat, vel eleemosynam dat, pro sola dilectione et supernæ me cedis exspectatione hoc facere debet. Nam quicunque vel prædicat, vel proximis miseretur pro remuneratione temporali vel laude, *crater* est, sed non *tornatilis.* Et hic *crater nunquam indiget poculis,* quia prædicatoribus nunquam deest prædicatio verbi Dei: quia ipse quem prædicant, pocula scientiæ, et virtutem constantiæ illis subministrat; unde et Psalmista: *Dominus dabit verbum evangelizantibus virtute multa* (*Psal.* LXVII, 12).

528 *Venter tuus sicut acervus tritici, vallatus liliis.* Eadem fragilitas quæ per *umbilicum* designata est, ostenditur hoc loco per *ventrem,* quia *venter* nulla ossium firmitate præmunitur. Bene ergo *venter* Ecclesiæ *acervo tritici* comparatur, quia sancti quique quanto magis memores sunt suæ fragilitatis, eo studiosius ad proferendos bonorum operum fructus insistunt. Et recte non copiam tritici, sed *acervum tritici* dicit, ut per hoc significet incrementa virtutum, quæ veluti *acervus,* ab inferioribus ad superiora crescendo conscendunt. Nam sicut *acervus* in inferioribus lata amplitudine spatiatur, superius vero quadam brevitate contrahitur et acuminatur: ita in Ecclesia multi sunt qui indulgentius vivunt, pauci vero qui summæ perfectionis insistunt. Plures enim inveniuntur qui de bonis suis eleemosynam faciunt, quam qui sua pro Deo relinquunt. Hic *acervus liliis vallatus* dicitur, quia sancti bona quæ faciunt, pro desiderio supernæ claritatis et candoris agunt. Nam per lilia cœlestis illa claritas designatur. Potest etiam per *ventrem* Ecclesiæ divinus fons baptismatis accipi, quo fideles in novam creaturam regenerantur. Hic ergo *venter acervo tritici vallato liliis* comparatur, quia regenerati fonte baptismatis docentur bonis insudare operibus, et ad intuendam supernæ claritatis gloriam semper inhiare.

Vers. 3. *Duo ubera tua sicut duo hinnuli gemelli capreæ.* Ubera Ecclesiæ (sicut jam superius dictum est) sanctos doctores significant, qui parvulos quosque (hoc est, nuper in Christo regeneratos) lacte apertioris et facilioris doctrinæ instruunt. Bene autem *duo ubera* dicuntur, quia de duobus populis, Judaico videlicet et gentili fideles congregantur; et lacte spiritualis doctrinæ aluntur. *Hæc duo ubera, sicut duo hinnuli capreæ gemelli* esse dicuntur. *Duo hinnuli* sunt duo Testamenta, quibus eorumdem doctorum omnis prædicatio subsistit, quorum Testamentorum unus est auctor et promulga or Christus, juxta quod Solomon dicit: *Verba sapientium quasi stimuli, et quasi clavi in altum defixi, quæ data sunt a pastore uno* (*Eccli.* XII, 11), Christo videlicet. Caprea enim recte Christum significat, quia et intuitu et velocitate cæteris animantibus præeminet, et mundum est animal, ungulam dividens et ruminans. Tales enim sunt membra Christi, doctores videlicet, intuitu scientiæ insignes, et ea velocitate terrena deserentes, atque ad cœlestia festinantes. Dividens ungulam, id est habens boni et mali discretionem; et ruminans, hoc est sedula memoria præcepta Dei meditans.

Vers. 4. *Collum tuum sicut turris eburnea.* Doctores sancti, qui designantur per ubera, ipsi designantur et per *collum.* Nam et per arterias colli vox egreditur, et *colli* ministerio cæteris membris vitalia alimenta ministrantur: sic et sancti doctores et verba vitæ populis annuntiant, et alimento doctrinæ cœlestis eos nutriunt. *Collum* ergo Ecclesiæ *turri eburneæ* comparatur: quia sancti doctores eidem Ecclesiæ et pulchritudinem et robur præstant; pulchritudinem quidem, quæ per candorem eboris designatur, caste et sincere vivendo; robur vero præstant, quod significatur per turrim, quando eamdem Ecclesiam contra tentationes diaboli vel impetus hæreticorum muniunt.

Oculi tui sicut piscinæ in Hesebon, quæ sunt in porta filiæ multitudinis. Id est ipsi doctores, qui per collum designati sunt, designantur et per oculos. Ipsi enim quasi *oculi* universo corpori Ecclesiæ provident, et iter quod ingredi debeant ostendunt. Hi *oculi* Ecclesiæ comparantur *piscinis* ædificatis in porta civitatis *Hesebon*, quia sancti doctores populos in Christum credentes, vitali lavacro abluunt, et salutaris doctrinæ potu reficiunt. *Filia* autem *multitudinis* vocatur *Hesebon* juxta litteram, ob multitudinem confluentium inibi populorum. Sic et sancta Ecclesia recte dicitur *filia multitudinis*, quia numerositatem quotidie colligit gentium. *Hesebon* autem interpretatur cingulum mœroris. *Oculi* ergo Ecclesiæ *piscinis Hesebon* comparantur, quia sancti doctores, neglectis caducis sæculi gaudiis, cingulo mœroris se constringunt: quia *caste et sobrie vivunt in hoc sæculo* (Tit. II, 12), et pro suis erratibus deflent; quatenus in præsenti sæculo lugentes, ad vera æternaque possint pervenire gaudia. In *porta* autem *Hesebon* hæ *piscinæ* esse dicuntur: quia nullus Ecclesiam ingredi valet, nisi prius aqua baptismatis abluatur, et nisi fonte salutaris doctrinæ potetur. Hoc etiam significabat labrum æneum quod Salomon in porticu templi posuerat, ut sacerdotes ingressuri templum, et hostias immolaturi, ibi corpora abluerent (*III Reg.* VII, 23).

Nasus tuus sicut turris Libani, quæ respicit contra Damascum. Quia *naso* fetores et bonos odores discernimus, recte per nasum Ecclesiæ iidem sancti doctores intelliguntur. Ipsi enim sagaciter discernere noverunt fragrantem catholicæ fidei doctrinam, et lethiferum hæretici erroris fetorem. Nam et in divinis charismatibus, quæ per Spiritum sanctum distribuuntur, dicitur: *Alii datur per Spiritum discretio spirituum* (I Cor. XII, 10). *Nasus* ergo Ecclesiæ *turri Libani* comparatur, quia sancti doctores et summum locum in Ecclesia tenent, ac veluti in Libano monte consistunt, et defendunt Ecclesiam a malignorum spirituum incursibus. Hæc *turris* contra Damascum esse dicitur. Damascus metropolis civitas est Syriæ, quæ quondam contra filios Israel, ut pote fortissimos et crudelissimos reges habens, dimicabat. Interpretatur autem Damascus, sanguinis potus, vel sanguinis oculus. Ferunt ibi Abel interfectum, ideoque significat potestates hujus sæculi, quæ sanguinis potum sitiunt: quia voluptatibus et illecebris carnis et sanguinis delectantur. Significat etiam aereas potestates, quæ animarum nostrarum cruorem sitiunt. Contra Damascum ergo est hæc turris: quia hæc Ecclesia semper diabolo et membris illius, adjutorio Christi munita, resistit.

Vers. 5. *Caput tuum ut Carmelus.* Caput ergo Ecclesiæ, principalitas mentis fideliam intelligitur; nam sicut capite membra reguntur cætera; ita mente cogitationes disponuntur. Bene autem *caput* Ecclesiæ *Carmelo* comparatur. Carmelus enim, qui et Carmel dicitur, interpretatur cognitio vel scientia circumcisionis. Ergo caput Ecclesiæ Carmelo assimilatur: quia novit circumcisionem aliquando corporaliter celebratam, nunc se spiritualiter observare debere, juxta quod propheta dicit: *Circumcidimini Domino in cordibus vestris* (*Jer.* IV, 2). Hanc sententiam circumcisionis non habuerunt Judæi, ideoque reprehenduntur a beato Stephano protomartyre **529** dicente: *Dura cervice et incircumcisi cordibus et auribus, semper Spiritui sancto restitistis* (*Act.* VII, 51). In libro quoque Regum legitur (*III Reg.* XVIII, 45) quod Elias in montem Carmeli ascenderit, et ibi orando aridam terram cœlestibus pluviis irrigaverit post longam trium annorum et semis siccitatem. Quæ historia pulchram redolet allegoriam; nam Elias, qui interpretatur Deus meus Dominus, Christum significat, qui cum sit Deus et Dominus omnium et totius creaturæ, specialiter suus, id est proprius est Deus et Dominus Ecclesiæ. Hic in Carmelum ascendit, quando per gratiam suam mentes fidelium suorum conscendit, et per eos arenti mundo gratiarum suarum pluvias tribuit. Recte ergo (ut dictum est) caput Ecclesiæ Carmelo monti comparatur: quia mens sanctorum quadam conversatione sublimis est, et Christo in se ascensum præbet per profectum virtutum.

Et comæ capitis tui ut purpura regis vincta canalibus. Si per caput Ecclesiæ mens accipitur, per comas capitis cogitationes mentis debemus accipere, quæ assidue de illa prodeunt. Purpureus vero color, qui sanguinis habet speciem, mysterium dominicæ passionis significat. Juxta litteram quod dicit, *purpura regis vincta canalibus*, significat lanam jam purpureo colore confectam, et necdum in fila deductam, sed adhuc in canalibus constitutam, quas Græci βάτια vocant, in quibus sanguis conchyliorum solet defluere, et lanam in purpureum colorem vertere. Mystice canales isti humilitatem sanctorum significant, in quibus æterni Regis purpura tingitur, cum sancti quique humilitatem sui Redemptoris imitando, passionum illius conformes fieri satagunt; quatenus in purpuræ dignitatem vertantur, id est laborantes pro Christo, mereantur coronari et regnare cum Christo. *Vincta* autem hæc purpura esse dicitur, quia sanctorum præcordia fixa sunt et stabilita in timore et amore Redemptoris sui, nec unquam a charitate ejus separari possunt.

Vers. 6. *Quam pulchra es, et quam decora, charissima, in deliciis!* Quam pulchra es, scilicet in fide, et decora in operatione, charissima, in deliciis. Supra dictum est de eadem Ecclesia: *Pulchra ut luna, electa ut sol, terribilis ut castrorum acies ordinata*; hic vero dicitur, *pulchra et decora, charissima, in deliciis.* Quæ quasi contraria esse videntur; nam ordinatam esse velut castrorum aciem, et esse in deliciis, repugnat, quia deliciæ fortitudinem militum solent enervare. Sed sancta Ecclesia utrumque agit; ordinata est velut castrorum acies, quia infidelibus hæreticis resistit, et malignos spiritus sua sanctitate et perfectione terret; in deliciis etiam est, quia suavitatem supernæ dulcedinis assidue palato mentis degustat, et inter pressuras hujus sæculi illas adipisci desiderat, et continue illis satiari. Unde merito illa quæ talis est, sponso suo Christo charissima esse dicitur.

Vers. 7. *Statura tua assimilata est palmæ.* Statura Ecclesiæ est perfecta ejus rectitudo; neque enim ad vitia incurvatur, sed recta et immobilis persistit. Unde Psalmista ex persona peccantium dicebat: *Incurvatus sum et humiliatus usquequaque* (*Psal.* CXVIII, 107). Et propheta sub specie Jerusalem, peccanti animæ de malignis spiritibus dicit: *Quia humiliaverunt te, et dixerunt animæ tuæ: Incurvare ut transeamus* (*Isa.* LI, 23). At contra sancta Ecclesia recta stat, nec unquam incurvari consentit, audiens ab Apostolo: *Vigilate, state in fide, viriliter agite, et confortamini, et omnia vestra in charitate fiant* (I Cor. XVI, 13). Et Dominus filiis Israel loquitur: *Ego sum Dominus Deus vester, qui eripui vos de ergastulo Ægyptiorum, ut incederetis recte* (*Exod.* VI, 8). Statura ergo Ecclesiæ palmæ assimilantur, quæ in omnibus quæ agit, semper in memoria supernam retinet remunerationem. Palma enim victricem ornat manum, et ideo significat præmium illud quod victoribus sanctis in cœlestibus est dandum.

Et ubera tua botris. Ubera Ecclesiæ (ut superius dictum est) sunt doctores sancti, qui lacte simplicis doctrinæ regeneratos in Christo nutriunt. Sed hæc ubera botris assimilantur, quando iidem doctores perfectis perfectiora denuntiant, sicut Apostolus loquens simplicioribus dicebat : *Non potui vobis loqui tanquam spiritualibus, sed tanquam carnalibus; tanquam parvulis in Christo lac potum vobis dedi, non escam (I Cor.* III, 1). Ecce ubera lactis plena; quæ ubera in botros sunt versa, cum diceret : *Nos prædicamus Christum Dei virtutem et Dei sapientiam, et loquimur sapientiam inter perfectos.*

Vers. 8. *Dixi : Ascendam in palmam, et apprehendam fructus ejus.* Ut ostenderetur omnis hæc excellentia et magnitudo donorum Ecclesiæ de Dei gratia venire, introducitur idem sponsus dicens : *Ascendam in palmam;* quasi diceret : Inde habes ubera ad nutriendos parvulos, unde etiam habes botros, quibus perfectioribus perfectiorem propines doctrinam : quia ego mea gratia in te ascendi, et hanc tibi perfectionem concessi. *Ascendam* (inquit) *in palmam.* Palma Ecclesiam significat, vel etiam animam cujuscunque fidelis, qui memor est Domini Dei sui, qui dicit : *Confidite, ego vici mundum* (Joan. XVI, 33). Ipsa quoque omnium vitiorum et iniquitatis victrix esse studet. Bene autem in palmam hic ascendisse dicitur, cum superius in hortum descendisse legatur. Dixit enim Ecclesia : *Dilectus meus descendit in hortum suum.* Idem est hortus quod et palma, videlicet una eademque Ecclesia. Sed in eam Dominus descendit, et ad eam ascendit : descendit in eam, copiam suæ gratiæ illi de cœlestibus mittendo; ascendit ad illam, dona sua in ea incrementando eamque quibusdam profectibus, veluti quibusdam gradibus, ad celsiora sublevando. Sed et hoc de natura palmæ est sciendum, quod in inferioribus aspera est, in superioribus pulcherrima decore foliorum, et pulchritudine fructuum. Sic et sancta Ecclesia in inferioribus asperitatem laborum et passionum sustinet pro Christo : in superioribus vero, hoc est in cœlestibus, pulchritudinem et suavitatem exspectat præmiorum. Potest et per palmam arbor dominicæ crucis exprimi, in quam Redemptor noster pro humani generis redemptione ascendit, et in qua hostem humani generis superavit. Ait ergo, *Ascendam in palmam,* id est, per meos prophetas locutus sum, et promisi me ad passionem venturum, et meam Ecclesiam redempturum. *Apprehendam* (inquit) *fructus ejus,* id est, fructus bonorum operum et laborum, quibus Ecclesia desudat, remunerando. Vel etiam secundum meam sensum, quo per palmam crux intelligitur : *Apprehendam fructus* **530** *ejus,* id est, impleto triumpho passionis, veniam ad gloriam resurrectionis, et apostolis meis spiritualia dona concedam.

Et erunt ubera tua sicut botri vineæ. Hoc superius jam expositum est; nam ubera Ecclesiæ doctores sunt, cum parvulos simplici doctrina nutriunt : sed botri vineæ efficiuntur, cum perfectioribus sublimia quæque annuntiant. Nam beatus Paulus uno eodemque tempore ubera et botros habuit, quando de Christo loquens dixit : *Quorum patres, et ex quibus Christus* (Rom. IX, 5); ecce ubera, id est simplex de Christo prædicatio : sed hæc ubera in suavissimum et fortissimum vinum conversa sunt, cum subjunxit : *Qui est Deus super omnia benedictus in sæcula.*

Vers. 9. *Et odor oris tui sicut malorum.* Guttur tuum sicut vinum optimum. Os et odor Ecclesiæ est præsens ejus prædicatio, quæ fama vel scripto ad absentes ejus pervenit : *guttur* vero est vox ipsa prædicatoris, quæ in præsenti auditur. *Odor ergo oris Ecclesiæ odoribus malorum comparatur,* quia ipsa fama prædicationis plena est suavitatis et gratiæ. *Guttur* vero *vino optimo assimilatur,* quia ipsa vox prædicantium magnam in se virtutem auditoribus ostendebat. Quod vero malorum odor in novitate est, vini vero in vetustate, significat prædicationem Ecclesiæ et in sui novitate, et etiam in sui perfectione omnem habere suavitatem et gratiam.

Dignum dilecto meo ad potandum, labiisque et dentibus illius ad ruminandum. Vox Ecclesiæ est, quæ audiens se laudari a sponso, gratulabunda respondet, dicens : *Dignum dilecto meo ad potandum;* ac si diceret : Sponsus meus guttur meum vino optimo comparavit, et illud *vinum dignum* est *ad potandum* ipsi dilecto meo ; hoc est prædicatio evangelica, quam in ore meo posuit, per ipsum, et non per alium annuntiari debet in mundo ; neque enim per alium decebat mysteria regni cœlestis prædicari mundo, quam per *Mediatorem Dei et hominum* (I Tim. II, 5). *Et labiis* (inquit) *et dentibus illius ad ruminandum.* Labia et dentes sponsi, ut supra dictum est, doctores sancti sunt. Illud ergo vinum optimum ruminandum est labiis et dentibus sponsi, quia prædicatio evangelica tradita a Deo, doctoribus tractanda et exponenda est. Nec absurdum est quod cum vinum potetur et non ruminetur, hic tamen dicitur *labiis et dentibus ruminandum,* quod magis ad cibum quam ad potum pertinet ; nam sancti doctores vinum spirituale ruminant, quando præcepta evangelica diligenter exquirunt, et crebra meditatione investigant atque invicem conferunt.

Vers. 10. *Ego dilecto meo, et ad me conversio ejus. Ego dilecto meo,* subaudi, obsequium justitiæ et devotionis impendo, illi et non alteri fidem et servitutem meam promitto. *Et ad me conversio ejus,* ut me in præsenti inter labores et ærumnas hujus vitæ tueatur, et in futuro ad gaudia vitæ cœlestis introducat. Potest etiam hæc esse vox Synagogæ ex persona sanctorum Patrum, adventum Christi desiderantium. Ac si diceret : Scio (inquit) illum spirituali præsentia mihi semper adesse, et ideo *ego dilecto meo* omni devotione famulari cupio ; sed tandem *ad me conversio ejus,* quia opto ut tandem, sicut promisit, in mea substantia mihi appareat. Nam dixerat supra sponsus : *Ascendam in palmam,* id est promiserat se in carne venturum, et in mea substantia hominem mundo manifestandum.

Vers. 11. *Veni, dilecte mi ; egrediamur in agrum, commoremur in villis.* Ejusdem Synagogæ vox est. *Veni, dilecte mi,* id est appare per assumptum hominem. Tale est et illud Psalmistæ : *Excita potentiam tuam, et veni* (Psal. LXXIX, 3). Et Isaias : *Utinam dirumperes cœlos, et venires* (Isai. LXIV, 1). *Egrediamur in agrum.* Ager mundus iste est. *Egrediamur* (inquit) *in agrum,* id est prædicemus mundo. *Commoremur in villis,* hoc est ipsis quoque paganis fidem tuam annuntiemus. Nemo nescit Paganos a villa dictos : quia πάγος Græce, villa dicitur Latine ; inde Pagani dicti, quia longe sunt a civitate Dei. Potest et vox Ecclesiæ esse : *Veni, dilecte mi ;* ac si diceret : Jam mysterio ascensionis assumptum hominem ad cœlos sublevasti ; sed *veni,* divinæ majestatis præsentia me sæpius visitando. *Egrediamur in agrum,* eodem sensu quo et superius : prædicemus tuæ incarnationis fidem mundo. *Commoremur in villis,* id est etiam ignorantibus te paganis tuam fidem annuntiemus, nec in transitu tantum, sed commoremur ibi, donec illos ex paganis catholicos, ex alienis tibi proprios faciamus.

Vers. 12. *Mane surgamus ad vineas. Mane,* exortus est novæ gratiæ, quando videlicet transeuntibus tenebris infidelitatis Evangelium mundo cœpit prædicari.

Videamus si floruit vinea, hoc est, inspiciamus Ecclesiam, si jam prima fidei rudimenta suscepit.

Si flores fructus parturiunt. Inspiciamus etiam *si flores parturiunt fructum,* id est si illi qui jam in Christum crediderunt, idonei sunt ad bene operandum. Nam flores emittit Ecclesia, cum primum fideles ad fidem veniunt : flores vero fructus parturiunt, cum jam ipsa fide et dilectione bene operantur, ne ipsa fides otiosa sit, vel mortua sine operibus, nam, ut Jacobus dicit : *Fides sine operibus mortua est* (*Jac.* II, 26).

Si floruerunt mala punica. Mala punica (ut supra dictum est) rubicundum vel sanguineum habent corticem, et ideo significant passionem Domini, vel membrorum ipsius. Dicit ergo, *Si floruerunt mala punica*, hoc est si sancti qui jam fide et opere perfecti sunt, idonei etiam sint imitari passionem Christi, et pati pro illo. *Mala punica* erant illi quibus Apostolus dicebat : *Vobis datum est non solum ut in illum credatis, verum etiam ut pro illo patiamini* (*Philipp.* I, 29).

Ibi dabo tibi ubera mea. Ubera Ecclesiæ doctores sunt, qui fideles primum ad fidem erudiunt. Cum (inquit) ad vineas exierimus, *ibi dabo tibi*, o sponse, *ubera mea*, hoc est, spirituales tibi filios generabo. Unde adhuc subditur.

Vers. 13. *Mandragoræ dederunt odorem in portis nostris. Mandragora* herba est aromatica, cujus radix similitudinem habet humani corporis. Poma ejus optimi sunt odoris in similitudinem pomi Matiani, quod nostri terræ malum vocant. Hæc herba rebus medicinalibus aptissima est. Nam ferunt eos qui incommodo vigiliarum laborant, haustu hujus pomi relevari, et posse dormire. Item ferunt eos qui ob curam secandi sunt, si exteriorem hujus pomi corticem biberint, non sentire sectionem vel adustionem; **531** quæ omnia si quis mystice disquirere voluerit, spirituales sensus et Ecclesiæ convenientes ibi inveniet. Dicit ergo, *Mandragoræ dederunt odorem in portis nostris.* Portæ Ecclesiæ sunt apostoli et eorum successores : quia nemo civitatem Dei (id est Ecclesiam) intrat, nisi per sanctos doctores aqua baptismatis regeneratus et vitali doctrina instructus fuerit. De his portis Psalmista dicebat : *Diligit Dominus portas Sion super omnia tabernacula Jacob* (*Psal.* LXXXVI, 2). *Mandragoræ* autem fragrantiam virtutum designant. *In portis* ergo Ecclesiæ *mandragoræ odorem dederunt*, quando apostoli vel successores eorum famam suavissimæ opinionis, et odorem virtutum longe lateque sparserunt. Ideoque invitat sponsum suum Ecclesia ut veniat, quia jam nomen ejus longe lateque per apostolos annuntiatur, et odor prædicationis Christi longe lateque dispergitur.

Omnia poma nova et vetera, dilecte mi, servavi tibi, id est præcepta vel promissa Veteris Testamenti et Novi servavi tibi, o dilecte mi. Sciebat enim omnia quæ in Veteri Testamento annuntiata sunt, nonnisi per Christum et in Christo posse compleri, ideoque dicebat : *Servavi tibi poma nova et vetera*, hoc est te exspecto, ut per te impleantur in Novo Testamento quæ prædicta sunt in Veteri. Unde et in passione sua jam pendens in cruce, *Cum gustasset acetum, dixit, Consummatum est* (*Joan.* XIX, 30); Et post resurrectionem apostolis : *Necesse est impleri omnia quæ scripta sunt in Lege, et Prophetis, et Psalmis de me* (*Luc.* XXIV, 44). Possunt etiam poma nova et vetera justorum personæ intelligi, qui vel in Veteri vel in Novo Testamento fuerunt. Dicit ergo Ecclesia, *Servavi tibi nova et vetera*, id est, justos qui in Veteri Testamento præcesserunt, vel in Novo subsecuti sunt, tibi servavi; ut per te laborum suorum præmia perciperent. Nullus enim justorum regnum cœlorum intrare valuit, nisi per Christum : quia ipse primus ascendit, et sequentibus suis membris cœlum aperuit.

CAPUT VIII.

Vers. 1. *Quis mihi det te fratrem meum sugentem ubera matris meæ?* Ex his verbis intelligitur totum hoc carmen divinum esse et spirituale, et nihil in se quod juxta litteram intelligi possit, habere. Quæ enim unquam amatrix hoc optavit, ut is quem diligit parvulus efficiatur, et ejus frater; et in earumdem versus, sugat ubera matris suæ? Est ergo vox illius Ecclesiæ, quæ adventum Christi præcessit, quam Synagogam, id est congregationem appellamus. *Quis* (inquit) *mihi det te fratrem meum sugentem ubera matris meæ?* Et est sensus : Tu *qui modo es in sinu Patris* (*Joan.* I, 18), quis det ut homo efficiaris, et particeps ac consors meæ naturæ existens, frater meus appelleris? Nam ipse se fratrem apostolorum vocare dignatus est, dicens per Psalmistam : *Narrabo nomen tuum fratribus meis* (*Psal.* XXI, 23); et post resurrectionem mulieribus : *Ite* (inquit) *nuntiate fratribus meis* (*Matth.* XXVIII, 10). *Sugentem ubera matris meæ*, inquit, hoc est implentem omnia quæ naturæ humanæ conveniunt, excepto peccato. Nam mater Synagogæ in hoc loco ipsa natura humana intelligitur, de qua ipsa Synagoga exorta est. *Sugentem* (inquit) *ubera matris meæ*, id est sustinentem omnia quæ humanæ fragilitati conveniunt.

Ut inveniam te foris, hoc est ut hominem factum in aperto videam. Quasi enim intus erat Deus, cum jam in sinu majestatis paternæ lateret; sed foris inventus est, quando homo factus visibilem se hominibus præbuit, et incomprehensibilis voluit comprehendi.

Et deosculer te. Et deosculer te, inquit, id est manifesta te aspiciam visione, quem nunc tantum in fidei teneo osculo; quod initio hujus carminis optavit, dicens : *Osculetur me osculo oris sui* (*Cant.* I, 1), id est per semetipsum jam veniat, ut mihi appareat. Quasi enim per prophetas osculabatur Ecclesiam dilectus, cum adventum suum per eos repromitteret. Optat ergo ut per seipsum veniens illam osculetur, hoc est, ut in carne sua præsentiam exhibeat.

Et jam me nemo despiciat. Quasi enim despecta erat ante Synagoga quam Christus veniret : quia jam legalibus observationibus dedita, sub typo et figura, et non in veritate adventum Christi prædicabat. At postquam Jesus apparuit, et adventus sui gratia mundum illustravit, *Jam nemo despexit eam*; quinimo *terribilis ut castrorum acies* hostibus suis fuit : quia per universum mundum Christum prædicavit, et mundanum imperium sibi subdidit. Nec mirum videri debet, si nunc Ecclesiam Synagogam dicimus; una est enim Ecclesia in præcedentibus et in sequentibus partibus.

Vers. 2. *Apprehendam te, et ducam te in domum matris meæ.* O dilecte! per fidem et charitatem tibi adhærendo, *ducam te in domum matris meæ*. Mater Ecclesiæ, hoc in loco cœlestis illa Jerusalem intelligitur de qua Paulus dicit : *Illa autem quæ sursum est Jerusalem, libera est, quæ est mater nostra* (*Gal.* IV, 26). *Ducam te* (inquit) *in domum matris meæ*, id est, prosequar te revertentem in cœlum, post actum incarnationis tuæ et passionis mysterium. *Ducam autem te*, inquit, pro eo quod est, deducam et prosequar : quia ascendentem Dominum in cœlos apostoli oculis deduxerunt, et quousque eum nubes suscepit, pio aspectu prosecuti sunt, donec angeli assistentes dixerunt : *Viri Galilæi, quid statis aspicientes in cœlum? Hic Jesus qui assumptus est a vobis in cœlum, sic veniet quemadmodum vidistis eum euntem in cœlum* (*Act.* I, 11).

Ibi me docebis. Hoc ad superiora refertur, ubi dicitur, *inveniam te foris.* Cum (inquit) te foris invenero, hoc est, cum te in assumpta carne aspexero, *ibi docebis me* : quia ad omnia quæ interrogare voluero, respondebis. Nam sæpe etiam volentes interrogare apostolos Dominus præveniebat, eosque instruebat (*Marc.* IX). Potest et ad hunc locum jungi, ubi dicit, *Ducam te in domum matris meæ, ibi me docebis.* Cum (inquit) cœlo receptus fueris, et me quoque in cœlum tecum assumpseris, *ibi me docebis*, et in omnem veritatem induces, quod impossibile est homini in præsenti vita posse consequi. Hinc est quod Dominus repromittit apostolis dicens : *Venit hora cum jam non in proverbiis loquar vobis, sed palam de Patre annuntiabo vobis* (*Joan.* XVI, 25). Ergo *ibi me docebis*, id est, te et Patrem mihi aperta visione revelabis, hoc est divinitatem tuam mihi facie ad faciem ostendes.

Et dabo tibi poculum ex vino condito. Per vinum fervor charitatis et dilectionis intelligitur. **532** *Dabo* (inquit) *tibi vinum*, hoc est ostendam quam ferventissima charitate te diligam. Et hoc *vinum non sim-*

plex erit, sed *conditum*, bonis videlicet operibus et virtutibus. Nam amor Dei, sicut beatus Gregorius dicit (*S. Gregorius*, homil. 30 *in Evang.*), nunquam est otiosus, operatur magna si est; si enim operari renuit, amor non est. Vinum enim conditum est dilectio cum operatione. Unde et Dominus in Evangelio : *Si quis diligit me, sermonem meum servabit* (*Joan.* xiv, 23). Probatio ergo dilectionis exhibitio est operis.

Et mustum malorum granatorum meorum. Malum granatum idem est quod et malum punicum. Dicitur autem malum granatum, eo quod multitudine granorum sit plenum ; malum punicum, eo quod in Africa plurimum abundat. *Punica* enim ipsa est Africa. Habet autem corticem sanguinei coloris, et ideo (ut sæpe dictum est) figuram tenet dominicæ passionis. *Mustum* enim malorum granatorum est dilectio sanctorum martyrum, qui in tantum Deum dilexerunt, ut pro illo mori non dubitarent. Et bene mustum dicitur, non aliud quodlibet poculum, quia mustum ferventissimum est, ita ut in nimio fervore omnem sordem ex se excoquat et purget. Dabit ergo Ecclesia Dilecto mustum malorum granatorum suorum, id est, ostendet in passionibus sanctorum martyrum quanta charitate Christus diligatur.

Vers. 3. *Læva ejus sub capite meo, et dextera illius amplexabitur me.* Per *lævam* (ut beatus Gregorius dicit) omnia prospera præsentis vitæ accipiuntur (*S. Greg. in cap.* ii *Cant. cant.*) ; per *dexteram* vero futura beata vita in cœlis accipitur. *Lævam* ergo sponsi Ecclesia *sub capite* habet, *et dextera* illam *amplexatur :* quia quæcunque prospera præsentis sæculi blandiuntur, pro nihilo deputat : cuncta quæ temporaliter arrident, despicit ; et dum ad solam supernæ beatitudinis visionem tendit, illam solummodo amplexari desiderat.

Vers. 4. *Adjuro vos, filiæ Jerusalem, ne suscitetis neque evigilare faciatis dilectam, donec ipsa velit.* Habet Ecclesia quosdam in se, qui baptismo Christi sunt renati, et nomine christianitatis titulati moribus tamen et conversatione sæculo serviunt, et Ecclesiam suavissima sopitam quiete inquietare, atque ad perferendos tumultus excitare nituntur. Hi ergo propter gratiam mysteriorum Christi, quæ perceperunt, *filiæ Jerusalem* appellantur in hoc loco, cum tamen moribus contraria agant. Et *adjurat* eos sponsus *ne suscitent vel evigilare faciant dilectam,* hoc est, ne illam in somno dulcissimæ quietis positam, hoc est in contemplatione sui Conditoris, sua inquietudine *excitent,* et ad sollicitudines et curas sæculi *evigilare* compellant. *Donec ipsa velit,* hoc est donec peracto officio debitæ servitutis, qua in psalmis, hymnis et canticis spiritualibus Deo famulatur, admoneatur iterum cura corporeæ fragilitatis ad usum sæculi redire.

Vers. 5. *Quæ est ista quæ ascendit de deserto, deliciis affluens, innixa super dilectum suum?* Vox Synagogæ admirantis Ecclesiam de gentibus congregatam. *Quæ est,* inquit, *ista,* id est qualis est, quanti meriti, *quæ ascendit de deserto?* Derelicta enim fuerat a Deo per idololatriam et veritatis ignorantiam. Ascendebat ergo virtutum gradibus de deserto, hoc est de errore infidelitatis, in quo ad tempus derelicta fuerat. *Deliciis affluens,* id est virtutibus abundans. *Innixa,* inquit, *super dilectum suum,* id est, fiducialiter agens in Christo, et omnes virtutes suas et cuncta bona ad ejus gratiam referens. Sciebat se nihil suis viribus boni implere posse, ideoque cum Apostolo dicit : *Gratia Dei sum id quod sum* (*I Cor.* xv, 10). Et notandum quod dicit, *super dilectum suum :* nam Synagoga sola putabat se habere cognitionem Dei, cæteris gentibus in ignorantia destitutis. *Notus* enim, ut ait Psalmista, *in Judæa Deus, in Israel magnum nomen ejus* (*Psal.* lxxv, 2). Sed ita miranti respondet Synagogæ ipsius sponsus et dilectus quod sequitur.

Sub arbore malo suscitavi te. Arborem *malum,* crucem dominicam debemus accipere, sub qua arbore *suscitata est* Synagoga : quia ipsa a prævaricatione originalis peccati, et a potestate diaboli per crucem Christi redempta est : ibi *suscitata est* quæ peccatis mortua erat. Et bene arborem mali dicit ; nam et supra dilectum huic arbori Christum comparavit, dicens : *Sicut malum inter ligna silvarum, sic dilectus meus inter filios.*

Ibi corrupta est mater tua, ibi violata est genitrix tua. Matrem et genitricem Synagogæ, majorem et principaliorem Judaicæ plebis partem dicit, quales erant scribæ et pharisæi, qui Christum Pilato tradiderunt (*Matth.* xxvii, 2), qui reliquam plebem tanquam mater et genitrix regere debebant et erudire ; et quales erant illi qui suadentibus illis principibus improbe acclamabant : *Crucifige, crucifige eum* (*Joan.* xix, 6). Hæc ergo *mater* Synagogæ *sub arbore malo corrupta est et violata,* quando se suosque posteros crudeli maledictione constrinxit, dicens : *Sanguis ejus super nos et super filios nostros* (*Matth.* xxvii, 25). Nam et ipsi sub cruce Christi erant, licet non fide et devotione, tamen crudelis vindictæ sibi et suis posteris imprecatione.

Vers. 6. *Pone me ut signaculum super cor tuum, ut signaculum super brachium tuum.* Quia (inquit) *sub arbore malo suscitavi te,* hoc est quia in passione mea in cruce te redemi, *Pone me ut signaculum super cor tuum,* hoc est habeto me semper in memoria, et ne obliviscaris mei, quanta pro tua salute pertulerim. *Pone me* (inquit) *ut signaculum super cor tuum* per fidem, *pone me ut signaculum super brachium tuum* per dignam operationem. Nam et nos quando aliquid in memoria habere volumus, signaculum digito vel brachio imponere solemus ; ut illo admoniti, illius rei, cujus curam habemus, recordemur. Et nos ut signaculum super cor et brachium Christum ponere debemus, ut ejus memoriam semper habeamus, et ut recte in illum credentes, fidem ipsam bonis operibus exornemus. Quod si fecerimus, ipse quoque nos velut signaculum assumet, et nostri recordabitur, juxta quod Zorobabel duci Judææ repromittit : *In die illa suscipiam te, Zorobabel serve meus, et ponam te sicut signaculum in conspectu meo* (*Aggæi* ii, 24). Nam si nos beneficiorum ejus obliti fuerimus, nec ei dignas gratiarum actiones retulerimus, ipse quoque nostri obliviscetur, sicut de impio rege Jechonia dicitur : *Si fuerit Jechonias filius Joachim regis Juda, annulus in manu dextera mea, inde evellam eum* (*Jer.* xxii, 24).

Quia fortis est ut mors dilectio, dura ut infernus æmulatio. Dilectio Christi fortis est ut mors. Sicut enim mors animam a corpore separat, et jam nihil concupiscere, nihil in præsenti vita licet ambire : ita dilectio Christi quem vere pervaserit, totum huic sæculo mortificat, et quasi insensibilem reddit, solumque pro Christo vivens, mundo mortuus est. Idem sensus est cum dicit, *dura ut infernus æmulatio*. Nam sicut infernus eos quos semel recipit, nunquam restituit, sed semper retinet : ita verus Christi amor quem semel acceperit, nunquam dimittit ; unde Apostolus dicit : *Quis nos separabit a charitate Christi, tribulatio, an angustia, an persecutio, an fames, an nuditas, an periculum, an gladius* (*Rom.* viii, 35) ? Sed et dilectio Christi hoc loco potest accipi, cujus dilectio fortis fuit ut mors : quia in tantum dilexit nos, ut pro nobis immortalis mortem susciperet. *Dura fuit æmulatio ejus ut infernus,* quia infernus nescit misereri, aut a pœnis miserorum mitigari : sic et Christi dilectio non potuit a misericordia cessare, aut ullis improbitatibus persecutorum removeri ab amore humani generis. Quidam hoc quod dicitur, *dura est ut infernus æmulatio,* ad Synagogam proprie referunt, quæ gentes æmulabatur, et invidebat saluti eorum. Monet ergo Christus hoc dicens, ut ab invidia cesset, et saluti Ecclesiæ congaudeat.

Lampades ejus, lampades ignis atque flammarum. Id est, dilectionis lampades sunt lampades ignis atque flammarum. Lampades dilectionis sunt præcordia sanctorum, in quibus veluti in vasis dilectio habitat. Hæ ergo *lampades* sunt *ignis et flammarum :* lampades quidem sunt ignis, quia in corde ardent per amorem : lampades vero flammarum, quia exterius lucent per operationem.

Vers. 7. *Aquæ multæ non poterunt exstinguere charitatem, nec flumina obruent illam.* Aquæ et flumina sunt violentæ persecutorum minæ, vel etiam blandimenta, quibus sanctos a charitate Dei separare nituntur. De quibus Dominus in Evangelio dicit, de viro qui ædificavit domum suam supra petram : *Venerunt flumina, flaverunt venti, et impegerunt in domum illam, et non cecidit ; fuit enim ædificata supra petram* (*Matth.* vii, 25). *Aquæ ergo multæ non poterunt exstinguere charitatem*, quia nulla tribulatio, nulla angustia sanctos a charitate Dei separare valebit.

Si dederit homo omnem substantiam domus suæ pro dilectione, quasi nihil despiciet eam. Hic versiculus non eget expositione; nam nullius mundi substantiæ, nullæ opes comparatione dilectionis aliquid sunt. Legimus quidem sanctos sua dimisisse pro amore Christi, sed tamen nihil sibi videbantur dimittere in comparatione charitatis Christi, quem amabant. Unde Apostolus cum non solum terrenam substantiam, sed et paternas traditiones dimitteret pro Christo, dicebat : *Hæc omnia contemno et arbitror ut stercora, ut Christum lucrifaciam* (*Philip.* iii, 8), id est, ut amorem illius acquiram.

Vers. 8. *Soror nostra parva est, et ubera non habet. Quid faciemus sorori nostræ in die quando alloquenda est?* Vox dilecti Synagogam alloquentis pro Ecclesia gentium. *Soror nostra*, inquit, id est gentium Ecclesia, *parva est, et ubera non habet*; et magna dignatione communicato cum Synagoga nomine, dicit, *Soror nostra;* quia enim ex Judæis carnem assumpsit, ideo se quasi Synagogæ contemperat et exæquat. *Parva est* (inquit) *soror nostra.* Sicut alicujus hominis ætas describitur, sic et ætas describitur Ecclesiæ. *Parva* enim erat Ecclesia adhuc de gentibus congregata sub ipsis Domini et apostolorum temporibus : quia et parvitate credentium *parva* existebat ; et ubera necdum habebat, id est, nequaquam prædicando spirituales Deo filios generare valebat. Dicit ergo quasi consilium Synagogæ requirens : *Quid faciemus sorori nostræ in die quando alloquenda est?* Allocutio Ecclesiæ est, vel cum intrinsecus occulta inspiratione, vel exterius aperta prædicatione admonet Deus animam cujusque fidelis. Et est sensus: *quando per apostolos meos* alloquar *Ecclesiam de gentibus congregatam,* quid faciemus? quomodo illi præcepta cœlestia committemus? Utrum videlicet minima quæque præcepta illi committimus, an quo major efficiatur, perfectiora illi secretorum cœlestium mysteria tradimus ? Nam Deus omnipotens pro mensura et capacitate mentis humanæ temperat verbum prædicationis, considerans vires et capacitatem auditoris. Sed Synagoga tacente, ipse sponsus pro ea respondit.

Vers. 9. *Si murus est, ædificemus super eum propugnacula argentea; si ostium est, compingamus illud tabulis cedrinis.* Si (inquit) *soror nostra est murus, ædificemus super eum propugnacula argentea.* Ac si dicat : Cum cœperint apostoli mei prædicare Ecclesiæ de gentibus congregatæ, si tales fuerint auditores, qui merito perfectionis murus appellari possint, dum videlicet vel naturali ingenio præditi, vel philosophica eruditione præstantes, quasi alios defendere et munire possint vice muri, *ædificemus super hunc talem murum propugnacula argentea*, id est, addamus illis eloquia divinarum Scripturarum. Nam, ut Psalmista dicit : *Eloquia Domini eloquia casta, argentum igne examinatum* (*Psal.* xi, 7). Si vero tales fuerint auditores qui nequaquam hostibus resistere possint, nec tela contra venientia repellere, sed fuerint velut *ostium*, ut simplicia annuntiantes, possint aliquos in Ecclesiam et ad fidem adducere, quales sunt sacerdotes minoris gradus, qui baptizando in Ecclesia, et divinis mysteriis initiando homines in Ecclesiam introducunt, *compingamus illud ostium tabulis cedrinis,* id est, proponamus eis exempla præcedentium Patrum, qui veluti cedri, imputribilia videlicet ligna, id est immarcescibilia opera habent, et veluti tabulæ scientiæ et charitatis latitudine diffusi sunt. Latitudo enim tabularum latitudinem cordis (in quo debet esse latitudo charitatis vel scientiæ) significat, dicente Psalmista : *Viam mandatorum tuorum cucurri, cum dilatares cor meum* (*Psal.* cxviii, 32). His ergo cedrinis tabulis (id est sanctorum exemplis) compingamus illud ostium ; ut videlicet illorum imitando exempla, aliis Ecclesiam introeundi veluti ostium, januam aperiant.

Vers. 10. *Ego murus, et ubera mea sicut turris.* Vox Ecclesiæ. Quæ cum audisset pro sua salute consulentem dilectum suum, ipsa læta respondit : *Ego sum murus, et ubera mea sicut turris. Ego* (inquit) *murus:* quia ego super firmam petram fundata sum (*Matth.* xvi, 18), et glutine divinæ charitatis solidata. Sive murus sum, quia de *vivis* et electis lapidibus (hoc est sanctis) ædificata sum. *Et ubera mea sicut turris*, quia tales intra me contineo, qui vice uberum alios nutrire possunt spirituali doctrina, et vice turris possunt alios defendere et munire; quique, sicut turres in muro eminenti, sic ipsi merito doctrinæ et conversationis inter reliquos membra mea præcellunt. Hoc autem non meis meritis, neque libertate mei arbitrii habeo, sed dono et gratia sponsi mei.

Ex quo facta sum coram eo quasi pacem reperiens. Id est, ex quo ille sanguinem suum pro me fudit, et repropitiando mihi Deum Patrem, dissolvit inimicitias quæ erant inter Deum et hominem, mihique cœlestia pacificavit. Ex quo ergo hanc *pacem reperi*, murus esse et ubera habere vice turrium merui.

Vers. 11. *Vinea fuit pacifico*, id est dilecto meo, qui est verus pacificus : quia per eum pacificata sunt omnia quæ sunt in cœlis et in terra. Unde et a propheta : *Pater futuri sæculi, Princeps pacis* (*Isai.* ix, 6) appellatur : in cujus veri *pacifici* typo Salomon, id est *pacificus*, auctor hujus carminis præcessit. Huic ergo *fuit vinea*, id est sancta Ecclesia.

In ea quæ habet populos. Hoc dicit, ut se de Ecclesia gentium, non de Synagoga ostenderet canere. Nam Synagoga unius gentis fuit tantum, Ecclesia vero habet populos : quia omnes gentes intra capacissimum suum gremium capit et recipit.

Tradidit eam custodibus. Custodes hujus vineæ (id est sanctæ Ecclesiæ) sunt prophetæ, apostoli, apostolorumque successores. Sive etiam custodes hujus sæculi sunt angelicæ virtutes, quæ ab incursibus tentationum et dæmonum Ecclesiam custodiunt.

Vir affert pro fructu ejus mille argenteos. Viros fortes dicit et perfectos, nam *vir* a virtute dicitur. Fructus Ecclesiæ est cœlestis vitæ remuneratio, pro qua sancta Ecclesia in præsenti vita laborare non cessat. *Mille* autem *argentei* quos pro fructu *vir affert*, significant omnia quæ in hoc mundo possideri possunt. Millenarius enim numerus pro summa perfectione et plenitudine ponitur. *Vir* ergo *pro fructu* hujus vineæ *mille argenteos affert*: quia sancti omnia sua relinquunt, et pauperibus erogant ; ut fructum hujus vineæ (hoc est supernam mercedem) consequantur. Tale est et illud quod Dominus in Evangelii parabola dicit : *Simile est regnum cœlorum thesauro abscondito in agro, quem qui invenit homo, abscondit, et præ gaudio illius vadit, et vendit omnia quæ habet, et emit agrum illum* (*Matth.* xiii, 44).

Vers. 12. *Vinea mea coram me est.* Vox sponsi. Tu (inquit) dicis quod vineam meam tradidi custodibus : tamen *vinea semper coram me est;* quia licet eam custodibus meis commiserim, ego tamen semper curam illius habeo, nec pro illa semper sollicitus esse desisto, sed sum cum illa usque ad consummationem sæculi.

Mille tui pacifici, et ducenti his qui custodiunt fructus ejus. Mille subauditur *argenteos*, quos pro vineæ dedisti fructu, *pacifici tui* sunt; quasi diceret : O anima fidelis, noli dubia esse pro æterna mercede, pro qua omnia tua dedisti ; quia *mille* argentei *paci-*

fici tui sunt, id est, manet te certa illa remuneratio, et verum inde fructum consecutura es. Et *ducenti*, subaudi, argentei pacifici sunt, *his qui custodiunt fructus ejus.* Sicut per millenarium plenitudo perfectionis, sic et per centenarium summa perfectio designatur : quia centenarius de læva in dexteram transfertur. Ducenti ergo argentei, qui est duplicatus centenarius, significant eos qui doctrina et sancta operatione perfecti sunt, qui juste et pie vivendo semetipsos custodiunt, et etiam prædicando alios convertunt. His ergo talibus ducenti argentei sunt pacifici : quia duplicata in cœlis eos manet remuneratio ; de qualibus per Danielem dicitur : *Et qui ad justitiam erudiunt multos, fulgebunt quasi stellæ in perpetuas æternitates* (Dan. xii, 3). Hos enim Apostolus dupliciter jubet honorari, dicens : *Presbyteri qui in vobis sunt, duplici honore digni habeantur, maxime qui præsunt vobis et laborant in verbo* (I Tim. v, 17).

Vers. 13. *Quæ habitas in hortis, amici auscultant: fac me audire vocem tuam.* Vox dilecti sponsam, id est Ecclesiam alloquentis : O Ecclesia *quæ habitas in hortis*, id est quæ excolendis virtutum germinibus insistis. *Hortus* etenim sponsi ipsa Ecclesia est, quam (ut superius dictum est) crebro se promittit invisere. Ecclesia ergo *in hortis* habitat : quia plantaria virtutum assidue nutrit ; nec transitorie quasi post modicum recessura, ibi tugurium ponit, sed fixa statione ibi habitat. *Fac me* (inquit) *audire vocem tuam*, id est, prædica quibus vales Evangelium, præcepta meæ legis, simul et promissum cœlestium præmiorum annuntia. Hoc enim mihi jucundum et delectabile est, ut audiam vocem tuam, hoc est, ut audiam te verba salutis æternæ annuntiantem. Sed *amici auscultant te*, id est, angelici spiritus vocem tuam audire delectat, quos tibi amicos feci effusione sanguinis mei, quosque adjutores et protectores contra malignos spiritus institui. Sive *amici*, id est, justorum spiritus *auscultant*, quos de tuo cœtu ad me in cœlestia assumpsi. Ipsi enim de tua prædicatione et fratrum salute congaudent. Respondet confestim ipsa sponsa dilecto suo.

Vers. 14. *Fuge, dilecte mi, et assimilare capreæ hinnuloque cervorum super montes aromatum.* Mira responsio. Invitatur ad prædicandum, et ut sponsus audiat vocem ejus; illa vero hortatur sponsum suum ut fugiat. Sed magna est mysterii consequentia. Nam quia superius prædicta fuerat Christi nativitas cum dixit : *Quis det te fratrem meum sugentem ubera:* prædicta enim fuerat ejus passio, ubi dictum est : *Sub arbore malo suscitavi te*; nunc consequenter hortatur sponsum ut fugiat, hoc est, velocissime per ascensionem ad Patrem redeat. Et est sensus : jubes me prædicare, vis vocem meam audire, *fuge, dilecte mi*, id est, impleto incarnationis tuæ et passionis mysterio, *revertere* ad cœlum ; ut non jam te sicut hominem, sed sicut Deum super omnia cogitare incipiam. Tunc enim audies vocem meam, quia tunc te liberius omni mundo prædicabo. Et hoc est quod Dominus in Evangelio dicit : *Ego veritatem dico vobis, expedit vobis ut ego vadam* (Joan. xvi, 7). Expediebat enim apostolis et omni Ecclesiæ ut Christus rediret, et præsentiam corporalem absentaret : quia dum in corpore præsens erat, non poterant eum spiritualiter amare, nec poterant eum, quem hominem cernebant, ut Deum invisibilem et ubique præsentem cogitare. At postquam ipse cœlos ascendit, cœpit eum Ecclesia spiritualiter diligere, et sic jam Deum cogitare et prædicare. Et hoc est quod Apostolus dicit : *Etsi noveramus Christum secundum carnem, sed nunc jam eum non novimus* (II Cor. v, 16). Ergo, *dilecte mi*, si vis ita me te prædicare, *fuge*, id est, recede ad cœlestia ; et qui fuisti comprehensibilis per humanitatem, efficere incomprehensibilis per divinitatem. Verumtamen ne me in præsenti sine tua visitatione deseras, sed dignare me crebra tua visitatione requirere, mihique te sæpius videndum præbere. Et hoc est quod dicit : *Similis esto capreæ hinnuloque cervorum super montes aromatum.* Capreæ (inquit) capreæ et hinnuli cervorum, indomita animalia, humanum consortium refugiunt, et tamen crebrius in montibus videntur : sic et tu post tuam ascensionem, licet invisibilis sis, dignare mihi tamen sæpius dono tuæ gratiæ apparere, et hoc dico *super montes aromatum. Montes aromatum* sancti Dei sunt, excellentia sanctæ conversationis cœlo proximi, et odore ac fama virtutum longe lateque fragrantes ; hinc Apostolus de se suique similibus dicit : *Nostra conversatio in cœlis est* (Philip. iii, 20) ; et alibi : *Christi bonus odor sumus Deo in omni loco* (II Cor. ii, 1).

M. AURELII CASSIODORI
DE INSTITUTIONE DIVINARUM LITTERARUM.

PRÆFATIO.

Cum studia sæcularium litterarum magno desiderio fervere cognoscerem, ita ut multa pars hominum per ipsa se mundi prudentiam crederet adipisci, gravissimo sum (fateor) dolore permotus, quod Scripturis divinis magistri publici deessent, cum mundani auctores celeberrima procul dubio traditione pollerent. Nisus sum ergo cum beatissimo Agapito papa urbis Romæ, ut, sicut apud Alexandriam multo tempore fuisse traditur institutum, nunc etiam in Nisibi civitate [a] Syrorum ab Hebræis sedulo fertur exponi, collatis expensis in urbe Romana professos doctores scholæ potius acciperent Christianæ, unde et anima susciperet æternam salutem, et casto atque purissimo eloquio fidelium lingua comeretur.

Sed cum per [ed., propter] bella ferventia et turbulenta nimis in Italico regno certamina, desiderium meum nullatenus valuisset impleri, quoniam non habet locum res pacis temporibus inquietis ; ad hoc divina charitate probor esse compulsus, ut ad vicem magistri introductorios vobis libros istos, Domino præstante, conficerem; per quos (sicut æstimo) et Scripturarum divinarum series, et sæcularium litteret. Ad hæc ego respondi vidisse me quemdam Paulum nomine, Persam genere, qui in Syrorum schola, in Nisibi urbe est edoctus : ubi divina lex per magistros publicos, sicut apud nos in mundanis studiis grammatica et rhetorica, ordine regulariter traditur, etc. Tom. I Bibl. Patr. pag. 2.

---

[a] Hujusce scholæ Syrorum in Nisibi meminit etiam Junilius episcopus Africanus in epistola quam præfixit duobus suis libris de Partibus divinæ legis ad Primasium episcopum. Tu autem (ait) more illo tuo nihil ante quæsisti, quam si quis esset inter Græcos qui divinorum librorum studio intelligentiæque flagra-

rarum compendiosa notitia Domini munere panderetur. Minus fortasse disertos, quoniam in eis non affectata eloquentia, sed relatio necessaria reperitur; **utilitas vero magna inesse cognoscitur, quando et per eos discitur, unde et salus animæ, et sæcularis eruditio provenire monstratur.** In quibus non propriam doctrinam, sed priscorum dicta commendo, quæ posteris laudare fas est, et prædicare gloriosum : quoniam quidquid de priscis sub laude Domini dicitur, odiosa jactantia non putatur. Huc accedit quod **magistrum gravem pateris, si frequenter interroges; ad istos autem quoties redire volueris, nulla asperitate morderis.**

Quapropter, dilectissimi fratres, indubitanter ascendamus ad divinam Scripturam per expositiones probabiles Patrum, velut per quamdam scalam visionis; ut eorum sensibus provecti, ad contemplationem Domini efficaciter pervenire mereamur. Ista est enim fortasse scala Jacob per quam angeli ascendunt atque descendunt (*Genes.* XXVIII, 12), cui Dominus innititur, lassis porrigens manum, et fessos ascendentium gressus sui contemplatione sustentans. Quocirca, si placet, hunc debemus lectionis ordinem custodire; ut primum tirones Christi, postquam psalmos didicerint, auctoritatem divinam in codicibus emendatis jugi exercitatione meditentur, donec illis fiat, Domino præstante, notissima : ne vitia librariorum impolitis mentibus inolescant, quia difficile potest erui, quod memoriæ sinibus radicatum constat infigi.

Felix quidem anima quæ tanti muneris secretum memoriæ sinibus, Domino largiente, condiderit; sed multo felicior, quæ vias intelligentiæ vitali indagatione cognoverit; eoque fit, ut et humanas cogitationes a se gnaviter expellat, et divinis eloquiis salubriter occupetur. Multos enim nos vidisse retinemus memoriæ firmitate pollentes, de locis obscurissimis inquisitos, exemplis **538** tantum auctoritatis divinæ solvisse propositas quæstiones : quoniam in alio libro clarius est positum, quod alibi dictum constat obscurius. **Testis est Paulus apostolus, qui ex maxima parte in Epistola quæ scribitur ad Hebræos, Testamenti Veteris scripturas novorum temporum perfectione dilucidat.**

Postquam ergo se milites Christi divina lectione compleverint, et frequenti meditatione firmati, cognoscere cœperint loca librorum opportune notata; tunc vias operis instituti quispiam fortasse non inaniter transibit : ubi quæ legenda sunt his duobus libris aptissime suis locis et breviter indicantur; eoque provenit, ut studiosi cognoscant a quibus Latinis expositoribus singula quæque declarata sint. Quod si aliquid in eisdem negligenter dictum reperit, tunc, quibus illa lingua nota est, a Græcis explanatoribus, quæ sunt salubriter tractata, perquirat; quatenus in schola Christi negligentiæ tepore sublato, vitalis agnitio flammatis mentibus inquiratur.

Ferunt itaque Scripturas divinas Veteris Novique Testamenti ab ipso principio usque ad finem Græco sermone declarasse Clementem Alexandrinum cognomento Stromateum, et Cyrillum ejusdem civitatis episcopum, et Joannem Chrysostomum, Gregorium et Basilium, nec non et alios studiosissimos viros, quos Græcia facunda [*ed.*, Græca facundia] concelebrat. Sed nos potius Latinos scriptores, Domino juvante, sectemur; ut quoniam Italis scribimus, Romanos quoque expositores commodissime indicasse videamur. Dulcius enim ab unoquoque suscipitur, quod patrio sermone narratur. Unde fieri potest, ut per magistros agatur antiquos, quod impleri non potuit per novellos.

Quapropter tractatores vobis doctissimos indicasse sufficiet, quando ad tales remisisse competens plenitudo probatur esse doctrinæ. Nam et vobis quoque erit præstantius præsumpta novitate non imbui, sed priscorum fonte satiari. Hinc consequitur, ut ocius edoceam [*mss.*, otiose doceam], et sine culpabili præsumptione vos instruam). Quod genus doctrinæ et nobis arbitror esse proficuum, sic alios imbuere, ut insidias calumniantium commodissime declinasse videamur. Habetis igitur in primo volumine antiqui sæculi magistros præsentes semperque paratissimos, qui non vos doceant tam suis linguis quam vestris potius oculis. Moderamini ergo, studiosi fratres, sapienter desideria vestra, per ordinem quæ sunt legenda discentes, imitantes scilicet eos qui corpoream desiderant habere sospitatem. Nam qui sanari volunt a medicis, quærunt quas escas primum, quas secunda refectione percipiant : ne tenuissimas vires debilium membrorum oneret potius quam reficiat confusa voracitas. In secundo vero libro de Artibus ac disciplinis liberalium litterarum pauca libanda sunt : ubi tamen minore periculo delinquitur, si quid salva fidei stabilitate peccetur. Quidquid autem in Scripturis divinis de talibus rebus inventum fuerit, præcedenti notitia melius probatur intelligi. Constat enim quasi in origine spiritalis sapientiæ rerum istarum indicia fuisse seminata, quæ postea doctores sæcularium litterarum ad suas regulas prudentissime transtulerunt, quod apto loco in expositione psalterii fortasse probavimus.

Quapropter Domino supplicantes, a quo venit omne quod expedit, legite (precor) assidue, recurrite diligenter. Mater est enim intelligentiæ frequens et intenta meditatio. Nec me præterit eloquentissimum Cassianum in quinto Collationum dixisse volumine, quemdam senem et simplicem de obscurissimo loco Scripturæ divinæ fuisse requisitum, eumque oratione creberrima superno lumine cognovisse; ut quod ante per humanos magistros non didicerat, subito divina inspiratione completus, quærentibus res difficillimas explanasset. Simile est et illud sancti Augustini dictum quod in libris de Doctrina Christiana commemorat (*In præfatione*), quemdam famulum barbarum litteris imperitum, orationibus crebris ita sibi traditum codicem subito legisse, quasi in schola fuerit longis meditationibus eruditus. De qua re sic ipse subsequens dicit : Licet hæc fuerint stupenda miracula, et omnia possibilia credentibus (*Marc.* IX, 22) approbentur, non nos tamen debere talia frequenter expetere, sed in usu communis doctrinæ satius permanere : ne cum illa quæ sunt supra nos audacter exquirimus, culpam tentationis contra præceptum Domini potius incurrere videamur, dicentis in Deuteronomio : *Non tentabis Dominum Deum tuum* (*Deut.* vi, 16). Et iterum in Evangelio ait : *Generatio mala et adultera signum quærit* (*Matth.* xii, 39), etc. Quapropter oremus ut nobis aperiantur illa" quæ clausa sunt, et ab studio legendi nullatenus abscedamus. Nam et David cum esset in lege Domini jugiter occupatus, tamen clamabat ad Dominum dicens : *Da mihi intellectum, ut discam mandata tua* (*Psal.* cxviii, 73). Tale est enim hujus rei suavissimum donum, ut quanto plus accipitur, tanto amplius expetatur.

Sed quamvis omnis Scriptura divina superna luce resplendeat, et in ea virtus Spiritus sancti evidenter irradiet, in Psalterio tamen, et Prophetis, et Epistolis apostolorum studium maximum laboris impendi, quoniam mihi visi sunt profundiores abyssos commovere, et quasi arcem totius Scripturæ divinæ atque altitudinem gloriosissimam continere. Quos ego cunctos novem codices auctoritatis divinæ (ut senex potui) sub collatione priscorum codicum, amicis ante me legentibus, sedula lectione transivi. Ubi me multum laborasse, Domino adjuvante, profiteor; quatenus nec eloquentiæ modificatæ [*ed.*, eloquio modificato] deessem, nec libros sacros temeraria præsumptione lacerarem.

Illud quoque credimus commonendum, sanctum Hieronymum simplicium fratrum consideratione pellectum, in Prophetarum præfatione dixisse, propter eos qui distinctiones non didicerant apud magistros sæcularium litterarum; colis et commatibus translationem suam, sicut hodie legitur, distinxisse. Quod nos quoque tanti viri auctoritate commoniti [*ed.*, commoti], sequendum esse judicavimus, ut cætera distinctionibus ordinentur [*mss.*, ornentur]. Ista vero sufficiant simplicissimæ lectioni, quæ supradictus vir, sicut dictum est, ad vicem distinctionum colis et commatibus ordinavit, ne supra judicium tanti viri vituperabili præsumptione venisse videamur.

Reliquos vero codices qui non sunt tali distinctione signati, notariis, diligenti tamen cura sollicitis, relegendos atque emendandos reliqui. Qui etsi non potuerint in totum orthographiæ minutias custodire, emendationem tamen codicum antiquorum (ut opinor) adimplere modis omnibus festinabunt. Habent enim scientiam 539 notarum suarum, quæ ex maxima parte hanc peritiam tangere atque admonere noscuntur. Sed ut error inolitus aliquatenus de medio tolleretur, factum est ut in sequenti libro de orthographiæ regulis perstrictim pro captu ingenii nonnulla poneremus : ne præcipitanter emendantium impolita præsumptio posteris carpenda traderetur. Paravi quoque, quantum potui, priscos orthographos invenire, per quos etsi non omnino correcti, tamen ex maxima parte meliorati esse videantur. Orthographia siquidem apud Græcos plerumque sine ambiguitate probatur expressa ; inter Latinos vero sub ardua difficultate relicta monstratur; unde etiam modo studium magnum lectoris inquirit. Instituti operis ordine celebrato, nunc tempus est ut veniamus ad religiosæ doctrinæ saluberrimum decus, devotarum lumen animarum, cœleste donum, et gaudium sine fine mansurum. Quod, ut ego arbitror, duobus libris qui sequuntur, est breviter intimatum.

CAPUT PRIMUM.
De Octateucho.

Primus Scripturarum divinarum codex est Octateuchus, qui initium illuminationis nostræ historica relatione fecit a Genesi. Hujus principia sanctus Basilius Attico sermone lucidavit, quem Eustathius [a], vir disertissimus, ita transtulit in Latinum, ut ingenium doctissimi viri facundiæ suæ viribus æquiparasse videatur. Qui usque ad hominis conditionem novem libros tetendit : ubi et cœli et terræ naturam, aeris et aquarum vel creaturarum pene omnium qualitates aperuit; ut quod in auctoritate brevitatis studio prætermissum est, tractatum latius, minutissime atque clarissime discerneretur. Nam et Pater Augustinus contra Manichæos duobus libris disputans, ita textum Genesis diligenter exposuit, ut pene nihil relinquere probaretur ambiguum. Unde contigit ut nolens præstaret nobis hæresis confutata, quatenus dum illa fortiter vincitur, catholici diligentius instruantur. Quos libros in codice supradicti Basilii, ut opinor, forsitan competenter adjunximus, ut textus prædictæ Genesis lucidius legentibus panderetur.

Deinde sanctus Ambrosius, ut est planus atque suavissimus doctor, exinde sex libros eloquentiæ suæ more confecit, quos Hexaëmeron appellavit. De eisdem principiis sanctus quoque Augustinus disertus atque cautissimus disputator duodecim volumina conscripsit, quæ doctrinarum pene omnium decore vestivit, hæcque vocavit De Genesi ad litteram. Qui quamvis de eadem re tractaverit de qua beatus Basilius et sanctus Ambrosius celeberrima laude fulserunt, tamen quod post disertos viros difficile contingere solet, opus suum longe in aliam summitatem, Domino largiente, perduxit. Scripsit etiam contra Faustum Manichæum triginta tres libros, ubi et ejus nequissimam pravitatem manifesta ratione convicit, et de libro Genesis iterum mirabiliter disputavit. Pari quoque modo duos libros vir prædictus effecit, quibus titulum posuit, Contra inimicum legis et Prophetarum, ubi simili modo multa de legis divinæ quæstionibus enodavit. Contra quos ita fervore pietatis incanduit, ut diligentius atque vivacius adversus eos dixerit, quam contra hæreses alias disputavit. In libris quoque Confessionum posterioribus tribus voluminibus de Genesis explanatione disseruit, confessus altitudinem rei quam toties repetita expositione tractavit. Quæstiones etiam quæ in voluminibus sacris ardua difficultate poterant operiri, libris septem necessariis nimis et syllogistica probatione declaravit : enisus magister optimus et vir acer ingenio, ut quod

---

[a] Translatio Eustathii impressa Lutetiæ beneficio Nicolai Fabri in nova editione operum S. Basilii.

ad salutem animarum constat esse concessum, nequaquam indiscussum mortifera negligentia linqueretur.

Scripsit etiam de Modis locutionum septem alios mirabiles libros, ubi et schemata sæcularium litterarum, et multas alias locutiones divinæ Scripturæ proprias, id est quas communis usus non haberet, expressit : considerans, ne compositionum novitate reperta, legentis animus nonnullis offensionibus angeretur [*mss.*, urgeretur]. Simulque ut et illud ostenderet magister egregius, generales locutiones, hoc est schemata grammaticorum atque rhetorum exinde fuisse progressa, et aliquid tamen illis peculiariter esse derelictum, quod adhuc nemo doctorum sæcularium prævaluit imitari. Dicitur enim et de septem diebus Genesis septem fecisse sermones, quos et sedula cura perquirimus, et invenire desideranter optamus.

Item sanctus Ambrosius de Patriarchis septem libros edidit, qui multa loca Veteris Testamenti factis quæstionibus suaviter enodavit. Sanctus etiam Hieronymus uno volumine de libro Geneseos Hebraicas solvit quæstiones propositas, quæ per utriusque Testamenti Scripturas divinas tanquam linea uno calamo deducta, parili nitore descendunt. Hæc a catholicis necessario perleguntur, quando tantis quæstionibus resolutis, textus planissimus relinquitur et clara luce vulgatur. Explanationes quoque Hebræorum nominum et locorum, quæ ad magnam intelligentiæ partem, in librorum veterum auctoritate sunt positæ, uno volumine sua nobis in Latinum interpretatione lucidavit. De Novo quoque Testamento fecit alterum librum, ubi quæstiones ad eamdem legem pertinentes diligentissimus doctor enodavit.

Sanctus quoque Prosper sedula cura legendus est, qui tres libros totius auctoritatis divinæ in centum quinquaginta tribus titulis comprehendit, ad instar piscium quos evangelica retia de huius sæculi tempestuosa profunditate traxerunt.

Item in Octateucho eloquentissimæ nimis homiliæ sunt Origenis in codicibus tribus, quem multorum quidem Patrum sententia designat hæreticum. Sanctus vero Hieronymus ejus aliqua opuscula sermone disertissimo transtulit in Latinum. Hunc licet tot Patrum impugnet auctoritas, præsenti tamen tempore et a Vigilio papa viro beatissimo denuo constat esse damnatum. Theophilus autem Alexandrinæ Ecclesiæ pontifex triginta quinque sensus ejus hæretica pravitate distortos, catholica veritate convicit. Nec non et Epiphanius Cyprius Salaminæ Ecclesiæ multa eum detestatione persequitur, cum dolore maximo dicta ipsius iniquissima calliditate perversa, pontificis auctoritate redarguens. Sed quemadmodum legi debeat, in epistola quam **540** scripsit ad Tranquillum sanctus Hieronymus (*Epist.* 76), probabiliter indicavit; ut nec studiosos ab ejus necessaria lectione removeat, nec iterum incautos præcipitet ad ruinam.

Quem quidam non immerito more anethi habendum esse dixerunt, qui dum sacrarum condiat pulmentaria litterarum, ipse tamen decoctus exsuccatusque projicitur. De quo conclusive dictum est : Ubi bene, nemo melius : ubi male, nemo pejus ᵃ. Et ideo caute sapienterque legendus est, ut sic inde succos saluberrimos assumamus, ne pariter ejus venena perfidiæ, vitæ nostræ contraria sorbeamus. Cui et illud convenienter aptari potest quod Virgilius, dum Ennium legeret, a quodam quid faceret inquisitus, respondit : Aurum in stercore quæro. Quapropter in operibus ejusdem Origenis, quantum transiens invenire prævalui, loca quæ contra regulas Patrum dicta sunt, ἀχρήστων repudiatione signavi; ut decipere non prævaleat, qui tali signo in pravis sensibus cavendus esse monstratur. Posteriores autem in toto dicunt eum esse fugiendum, propterea quia subtiliter decipit innocentes; sed [*ed.*, quod] si adjutorio Domini adhibeatur cautela, nequeunt ejus nocere venenosa.

Reliqui etiam vobis, præstante Domino, si legere volueritis, homilias prædicti Origenis, id est, in Genesi sexdecim, in Exodo duodecim, in Levitico sexdecim, in Numerorum triginta, in Deuteronomio sermones quatuor, in quibus est minuta nimis et subtilis expositio; in Jesu Nave triginta, in Judicum novem; in Ruth vero priscas explanationes nequaquam potui reperire. Novellas autem virum religiosissimum presbyterum Bellatorem condere persuasi, qui multa de præconiis hujus feminæ aliarumque subsequentium duobus libris copiosa laude celebravit. Quos libros expositionibus Origenis forsitan competenter adjunxi, ut explanatio totius codicis Octateuchi consummato termino clauderetur.

Sed ut textus memorati Octateuchi quodam nobis compendio panderetur, in principiis librorum de universa serie lectionis titulos eis credidimus imprimendos, a majoribus nostris ordine currente descriptos; ut lector utiliter admonitus, salubriter reddatur attentus, et facile unamquamque rem dum quærit inveniat, quam sibi cognoscit breviter indicatam.

CAPUT II.
De libro Regum.

In secundo Regum codice, quoniam continui textus expositionem reperire non potui, quædam frusta disertissimorum virorum, velut in uno quodam vestimento contexui, ut membratim possit adunata collectione cognosci, quod sub uno corpore nequaquam potuit inveniri. Primi siquidem voluminis quatuor homilias Origenis inveni. De quo libro etiam beatus Augustinus ad Simplicianum episcopum Mediolanensem scribens, sex solvit propositas quæstiones. Quarum prima est de loco ubi ait : *Et insiluit Spiritus Domini malus in Saul* (1 *Reg.* XVI, 10). Secunda vero quæstio est ejusdem libri, quomodo dictum sit : *Pænitet me quod constituerim regem Saul* (1 *Reg.* XV, 11).

ᵃ Vide Severum Sulpicium, dialogo 1, cap. 3; et Vincentium Lirinensem in Commonitorio.

Tertia quoque, utrum spiritus immundus qui erat in pythonissa potuisset agere ut Samuel a Saul videretur, et cum ipso verba misceret (*I Reg.* xxviii). Quarta est de secundo libro Regum, ubi ait : *Intravit rex David, et sedit ante Dominum* (*II Reg.* vii, 18). Quinta est de tertio libro Regum, quod ait Elias : *O Domine, testis hujus viduae cum qua ego habito apud ipsam, et tu male fecisti, occidens filium ejus* (*III Reg.* xvii, 20). Sexta est in eodem libro de spiritu mendacii, per quem deceptus est Achab rex (*III Reg.* xxii). Invenimus etiam in secundo libro ejusdem sancti Augustini sermonem unum de Absalom, qui patrem suum David ob regni cupiditatem decrevit exstinguere. Reperi etiam de eodem codice beati Augustini tres opinatissimas quaestiones. Quarum prima ante omnes est de primo libro Regum, ubi David Goliam expugnavit (*I Reg.* xvii). Secunda est tertii libri Regum de Elia et vidua Sareptana (*III Reg.* xvii). Tertia est de quarto libro Regum, ubi Elizeus fontem mortiferum benedixit (*IV Reg.* ii).

Nam et beatus Hieronymus ad Abundantium scribens, obscurissimas tres alias exposuit quaestiones. Quarum prima est, cur David, qui ad expugnandum Saul cum Achis Allophylorum rege ultroneus veniebat, hominem qui ejusdem Saulis mortem postea nuntiavit, occiderit (*II Reg.* i). Secunda est, cur David moriens praecepit filio suo Salomoni magistrum militiae suae Joab interficere (*III Reg.* ii). Tertia vero quaestio est de Semei, qui fugienti David intolerabiles maledictionum injurias, missis etiam lapidibus irrogavit (*II Reg.* xvi). In secundo quoque volumine codicis ejusdem, Origenis unam reperi nihilominus homiliam. In tertio igitur libro antefati codicis sanctus Ambrosius Mediolanensis episcopus sermonem fecit de judicio Salomonis. De quo loco sanctus quoque Hieronymus dulcissima, sicut solet, explanatione disseruit. Unde etiam et sanctum Augustinum disertissimum comperimus edidisse sermonem; ut miraculum tale relatum dignis constaret auctoribus.

De quo libro etiam memoratus sanctus Hieronymus ad Vitalem scripsit episcopum (*Epist.* 132); quomodo Salomon et Achaz, cum essent in undecimis annorum curriculis constituti, filios genuisse dicantur, quod natura minime probatur habere communis. Nam et sanctus Augustinus in libro Civitatis Dei decimo septimo, titulo quarto, dum inter alia de Regum temporibus facundissimus disputator eloquitur, canticum Annae dilucidavit ex ordine. In Paralipomenon autem libro secundo unam tantum homiliam prolixam Origenis inveni. Quae tamen omnia in unius codicis corpore congregavi; ut in vicem commentariorum ad libros ipsos pertinentia (Domino praestante) relegatis. Cui codici etiam puros quaterniones adjunxi; ut quod de praefato opere adhuc repertum fuerit, praedictis expositionibus aggregetur. In memoratis autem Paralipomenon libris duobus (quorum a Patribus magna praedicatur utilitas, qui rerum gestarum notitiam breviter quidem, sed plenissime continere noscuntur) quoniam titulos antiquos non reperi, novos ad praecedentium similitudinem locis singulis, ut aestimo, consequenter impressi; ut qualicunque obsequio sermonis, devotionis nostrae qualitas potuisset agnosci.

541 CAPUT III.
De Prophetis.

Ex omni igitur Prophetarum codice tertio sanctus Hieronymus primum adnotationes faciens, propter tirones et parvulos competenter eos et breviter explanavit; quos vobis in adnotato nuper codice, Domino praestante, dereliqui. In quo botryonum formulae ex ipsis adnotationibus forsitan competenter appositae sunt; quatenus vinea Domini coelesti ubertate completa, suavissimos fructus intulisse videatur. Maturis autem et aliqua jam meditatione valentibus, supradictus vir alias copiosas atque plenissimas expositiones, Christo Domino largiente, profudit, Qui Prophetarum abstrusos ac latebrosos sermones, modo per varietates translationum, modo resolutis aenigmatum nodis, ita facit intelligi, ut magnum arcanum coelestis Regis humanis sensibus pius doctor aperiat. Nam Isaiam, qui aperte referendo Christi Ecclesiaeque mysteria, non tam propheta quam evangelista dicendus est, decem et octo libris mirabiliter supradictus sanctus Hieronymus explanavit.

Jeremiam vero, qui civitatis suae ruinas quadruplici flevit alphabeto, quadraginta quinque homiliis Attico sermone Origenes exposuit. Ex quibus quatuordecim [a] translatas inveni, vobisque dereliqui. Quem etiam sanctus Hieronymus viginti libris commentatus esse monstratur : ex quibus sex tantum nos potuimus invenire; residuos vero adhuc, Domino juvante, perquirimus. Ezechielem vero (cujus in Hebraeo sermo nec omnino disertus, nec admodum rusticus est) quatuordecim libris sanctus Hieronymus explanavit. Itemque Daniel (licet apud Hebraeos nequaquam prophetico choro recipitur, sed inter eos annumeratur qui Hagiographa conscripserunt) tribus libris a supra memorato sancto Hieronymo noscitur explanatus. Residuos vero duodecim prophetas, quos vulgus [ed., sermo vulgaris] propter brevitatem librorum suorum minores appellat, viginti libris supradictus sanctus Hieronymus commentatos esse dignoscitur : id est, Osee libris tribus, Abdiam libro uno, Amos libris tribus, Joel libro uno, Jonam libro uno, Nahum libro uno, Habacuc libris duobus, Sophoniam libro uno, Aggaeum libro uno, Zachariam libris tribus, Michaeam libris duobus, Malachiam libro uno. De quibus ut nihil relinqueretur ambiguum, nomina quoque eorum quemadmodum Latina lingua

---

[a] Interpres harum 14 homiliarum erat S. Hieronymus, ut ipse testatur in praef. Comm. in Ezechielem, et in lib. de Script. eccles. Exstant illae homiliae in operibus S. Hieronymi. Corderius sub nomine Cyrilli Alexand. edidit 19 homilias in Jeremiam Graeco-Latinas, quae sunt Origenis. Inter eas referuntur 12, quae translatae fuerunt a S. Hieronymo. Eas restituit Origeni V. C. D. Huetius in sua edit. Graec. Lat. operum Origenis.

intelligi debeant, etymologiis propriis pulcherrimo fenderit, fratrum vero curiositas partibus se expleat decore patefecit.

Sic nobis ager dominicus quasi quibusdam laboriosis mercenariis exaratus, et coelesti rore complutus, spiritales fructus, Domino largiente, concessit. Dicitur etiam et sanctus Ambrosius Prophetarum commentaria eloquii soliti dulcedine confecisse, quae tamen adhuc nullatenus potui reperire, quae vobis magno studio quaerenda derelinquo, ut expositio multiplicata peritorum copiosam vobis doctrinam et animae felicissimam conferat sospitatem.

CAPUT IV.
De Psalterio.

Sequitur Psalterium codex quartus, qui nobis primus est in commentatorum [*mss.* commemoratorum] labore, sed bis binum locum tenet in ordine. Hunc in quibusdam psalmis beatus Hilarius, beatus Ambrosius et beatus Hieronymus, in omnibus tamen beatus Augustinus studiose nimis latiusque tractavit. Ex quibus jam duas decadas, Domino praestante, collegi: a quo (ut fieri solet) mutuans lumen de lumine, aliqua de ipso, Domino largiente, conscripsi; ut illud in me dictum Mantuani vatis veraciter impleretur: *Et argutos inter strepere anser olores.* Ubi nullam causam digressiva [*ed.*, digressi a sua] relatione miscuimus, sed in vicem adnotationum breviter de singulis locis diximus, quod textus ipsius qualitas expetebat. Quem post tales viros fortasse, si aliquis dignatus fuerit relegere, cognoscet (sicut et alii Patres sententia indubitata dixerunt) de Scripturis divinis emanasse, quod doctores saecularium litterarum ad sua studia postea transtulerunt. Quae nos, ut se locus attulit, Domino juvante, quantum valuimus, ni fallor, ostendimus.

Legendus est etiam libellus Athanasii Alexandrinae civitatis episcopi, quem Marcellino post aegritudinem in locum refectionis dulcissimae destinavit, qui inscribitur: De libro Psalmorum; ubi diversa commonens, virtutem operis ipsius minutissima discussione patefecit, diversos hominum casus cum suis remediis suaviter introducens. Psalterium est enim quaedam coelestis sphaera, stellis densa micantibus, et (ut ita dixerim) quidam pavo pulcherrimus, qui velut oculorum orbibus et colorum multiplici et decora varietate depingitur; paradisus quinetiam animarum, poma continens innumera, quibus suaviter mens humana saginata pinguescat. Quod tamen Psalmorum corpus universum, et in tribus codicibus per quinquagenos psalmos judicavimus conscribendum, ut jubilaei anni quantitas triplicata sanctae Trinitatis votiva nobis remissionis beneficia renuntiaret; et quoniam unus codex onerosus quibusdam fratribus poterat inveniri, tali distributione completa, spem pretiosae salutis acciperent, et multi compendia lectionis (praestante Domino) salubriter invenirent. Habeat ergo bibliotheca vestra unum ex his codicem, ad quem recurratis, si vos mendositas fortassis of-fenderit, fratrum vero curiositas partibus se expleat distributis.

CAPUT V.
De Salomone.

Quintus codex est Salomonis, cujus primum librum, qui appellatur Proverbia, quadrifaria reperi divisione partitum: de quibus partibus in prologo ejusdem voluminis aestimavi aliqua commonenda, ut ejus intentio praedictis complexionibus breviter innotescat. In quo libro Didymum expositorem in Graeca lingua reperimus, qui ab amico nostro viro disertissimo Epiphanio in Latinum sermonem diligentissime, Domino juvante, translatus est. Quem Didymum, quamvis carne caecum, merito beatus Antonius Pater monachorum prophetali lumine vocavit Videntem, quando perspicuo corde conspexit, quod corporeis oculis non valet intueri. Mirum est enim dicere quantis disciplinis atque artibus audiendo imbutus fuerit, qui ipsos apices quoque litterarum privatus carnali lumine nequibat inspicere. Quod mihi pene impossibile, fateor, videbatur esse, cum legerem, nisi de partibus Asiae quemdam ad nos venire Eusebium nomine contigisset, qui se infantem quinque annorum sic caecatum esse narrabat, ut sinistrum ejus oculum fuisse excavatum orbis profundissimus indicaret; dexter vero globus vitreo colore confusus, sine videndi gratia infructuosis nisibus volvebatur. Hic tantos auctores, tantos libros in memoriae suae bibliotheca condiderat, ut legentes probabiliter admoneret, in qua parte codicis quod praedixerat invenirent. Disciplinas omnes et animo retinebat, et expositione planissima lucidabat. Commonuit etiam tabernaculum templumque Domini ad instar coeli fuisse formatum; quae depicta subtiliter lineamentis propriis in pandecte Latino corporis grandioris competenter aptavi. De veste quoque sacerdotali plurima Domini sacramenta texebat, asserens nihil otiose positum, quod non alicujus rei pulcherrimam portaret imaginem. Hoc etiam Josephum, Origenem et Hieronymum commemorasse in suis opusculis asserebat. Quid plura? Fecit credi de Didymo, quem suo praesentabat officio [*ed.*, exemplo]: cujus etiam instructione commonitus, multos codices antiquos reperi, qui apud me habebantur incogniti. Quem tamen adhuc Novatianae pravitatis errore detentum, misericordia Domini suffragante, rectae fidei credimus illuminatione complendum; ut quem Scripturas suas animo fecit discere, jubeat catholicae fidei integritate pollere.

Secundus vero liber Salomonis, qui appellatur Ecclesiastes, a beato Hieronymo potenter expositus est, quem Latino sermone nuncupat Concionatorem, quod loquatur ad populum, et sermo ejus non specialiter ad unum, sed ad universos generaliter dirigatur. Ecclesiastes autem noster est Dominus Christus, qui medio pariete destructo, inimicitias carnis evacuans, *fecit utraque unum* (*Ephes.* II, 14). Hic super omnia sequenda licit jussa divina, cuncta mundi istius vanitatem vanitatum esse commemorans. De quo libro et Victorinus ex oratore episcopus nonnulla disseruit. In Cantico canticorum duabus homiliis expositionem Origenis idem sanctus Hieronymus Latinæ linguæ multiplicator egregius, sua nobis, ut consuevit, probabili translatione prospexit. Quos item Rufinus interpres eloquentissimus, adjectis quibusdam locis usque ad illud præceptum, quod ait: *Capite nobis vulpes pusillas exterminantes vineas* (*Cant.* II, 15), tribus libris latius explanavit. Post quos Epiphanius ª antistes Cyprius totum librum Græco sermone uno volumine sub brevitate complexus est. Hunc nos, ut alios, in Latinam linguam per amicum nostrum virum disertissimum Epiphanium fecimus, Domino juvante, transferri. Quapropter prædicti libri diligentissimos expositores sub uno codice comprehendi; ut simul omnes legentibus offerantur, qui tractatores unius voluminis exstiterunt. Unde etiam et sanctus Ambrosius in libro tertio Patriarcharum, ubi de persona Isaac loquitur, multa salubriter luculenterque disseruit. Sæpe dictus autem Pater Hieronymus asserit Sapientiæ librum, non a Salomone (ut usus habet), sed a Philone doctissimo quodam Judæo fuisse conscriptum, quem pseudographum prænotavit, propterea quod usurpationem nominis portat alterius. Cujus voluminis expositionem presbyter Bellator octo libris se assumpsisse testatus est, quem cum aliis opusculis ejus pariter sustinemus. De quo et Pater Augustinus et sanctus Ambrosius homiliarum nomine nonnulla dixerunt. Dictio nimis suavissima et revera nominis dignitate resplendens. Ecclesiasticum vero librum supradictus Hieronymus Jesu filii Sirach esse commemorat, qui Congregator potest Latino sermone vocitari. Sed inter Ecclesiasten et Ecclesiasticum istam Patres posuere distantiam, quod Ecclesiastes ad Christum Dominum solummodo debet referri; Ecclesiasticus vero cuicunque justo prædicatori potest absolute congruere, qui Ecclesiam Domini sanctissimis solet monitis congregare. Quod librum utique præsentem fecisse manifestum est, quem propter excellentiam virtutum suarum πανάρετον appellat (*Tom.* I, *præfat.* 115), id est virtutum omnium capacem. Cujus tanta claritas tantaque Latinitas est, ut sibi textus ipse commenta sint. Atque utinam quam cito mente capitur, tam facile actuum qualitate reddatur. Quibus libris, juvante Domino, capitula insignire curavimus, ne in tam necessaria lectione (ut sæpe dictum est) confusa tironis novitas linqueretur.

CAPUT VI.
De Hagiographis.

Sequitur Hagiographorum codex sextus, habens libros octo, qui in capite suo continet Job præclarum patientiæ gloriosumque documentum. Quem labore beati Hieronymi Latina lingua, sicut et alia multa cautissime translatum expositumque promeruit: cujus explanationibus actum est, ut, sicut Dominus de ipso testari dignatus est, inculpabiliter cuncta locutus fuisse doceatur. Quanta enim liber ille continet suavia sacramenta verborum, sicut beatus Hieronymus dicit in epistola quam dirigit ad Paulinum (*Epist.* 103, *circa medium*)? Prosa incipit, versu labitur, pedestri sermone finitur, omnesque leges dialecticæ propositione, assumptione, confirmatione, conclusione determinat. Quod si ita est, nec aliter esse potest quam quod tanti viri celebrat auctoritas, ubi sunt qui dicunt artem dialecticam a Scripturis sanctissimis non cœpisse? Singula in eo verba plena sunt ænigmatibus, propositionibus et quæstionibus sacris; et (ut de cæteris sileam) resurrectionem carnis sic prophetat, ut nullus de ea vel manifestius, vel cautius aliquid scripsisse videatur. Sic enim ait: *Scio quod Redemptor meus vivit, et in novissimo die de terra surrecturus sum; et rursus circumdabor pelle mea, et in carne mea videbo Deum Salvatorem meum; quem visurus sum ego ipse, et oculi mei conspecturi sunt, et non alius; reposita est hæc spes mea in sinu meo* (*Job.* XIX, 25). Sanctus quoque Augustinus in eodem libro adnotationes faciens, eum solita curiositate tractavit. Quidam etiam est anonymus, ex cujus stylo beatum esse suspicamur Hilarium, qui commenta libri ipsius conscripsit in ordinem. Quæ si legatis attente, poterunt vos diligenter instruere. Magnus plane liber Job, et in solamen humani generis utilitatemque conscriptus, quando sanctus vir tanta et talia pertulisse monstratus est, ut levia sibi unusquisque peccator faciat, quæcunque se sustinere cognoscit.

Tobiæ autem in libris quinque, Esther in libris sex, Judith in libris septem, et Machabæorum in libris decem, expositio in Latinum sermonem prædicti Bellatoris presbyteri, ut prævalet, labore collecta est. Quorum tamen librorum titulos sub brevitate collegi, quando instructionis non minimum creditur esse compendium res fusas latissime paucis sermonibus indicare. His enim remediis lectoris animus introductus saluberrimam Scripturarum seriem provocatus excurrit. Sed eos, licet historici sint, et planissima relatione fundantur, tamen propter virtutes excellentissimas morum conscriptos esse cognoscite; ut patientiam, ut spem, ut charitatem, ut etiam in feminis fortitudinem, ut pro Deo contemptam præsentis sæculi vitam, vel cætera quæ illic virtutum genera, Domino præstante, floruerunt, nostris animis competenter infunderent.

In Esdræ vero libris duobus Græco sermone singulas homilias expositas Origenis inveni, quæ ejusdem religiosi viri Bellatoris labore translatæ sunt. Nam et sanctus Ambrosius in libro Patriarcharum, ubi de persona Joseph [*ed.*, Esdræ] ipse loquitur,

---

ª Vel potius Philo ordinatus episcopus urbis Carpasi in insula Cypro a S. Epiphanio Salaminæ antistite, ut in ipsiusmet sancti Vita legitur. Vidi hujusce commentarii textum Græcum in manibus V. C. Em. Bigot cum translatione Latina, cujus hic meminit Cassiodorus. At neutrum hactenus prelo commissum est.

secundum librum Machabæorum exempli causa commemorat: cujus maximam partem, ad demonstrandam tolerantiam, eloquentiæ suæ dulcissimo liquore patefecit. Libri vero Machabæorum a supradicto amico nostro Bellatore sedula expositione, Domino juvante, confecti sunt : ne tam magna lectio inexplanata forsitan linqueretur, quæ nobis tot virtutum exempla declaravit.

CAPUT VII.
De Evangeliis.

Septimus igitur codex Scripturæ divinæ, qui est Novi Testamenti primus, nobisque dedit adorabile principium ac vitale remedium, quatuor evangelistarum superna luce resplendet. Quorum omnium propria discutiens sanctus Hieronymus diligenti cura disseruit; quæ in uno volumine comprehendi, ne legentis intentio divisis codicibus tardaretur [*ed.*, traheretur]. Matthæum beatus Hieronymus iterum bis binis libris exposuit, quem etiam sanctus Hilarius in uno volumine declaravit : de quo et Victorinus ex oratore episcopus nonnulla disseruit. Lucam sanctus Ambrosius mirabiliter explanavit. Joannem beatus Augustinus copiosa et insigni expositione lucidavit; qui etiam de Concordia evangelistarum quatuor libros subtilissima nimis et necessaria disputatione complexus est. Eusebius quoque Cæsariensis Canones evangelicos compendiosa brevitate collegit ; ut in quibus locis communia dicunt, in quibus propria tangunt, verissima distinctione monstraret : ubi quanta est plenitudo fidei, tanta floret et diversorum tractantium doctrina mirabilis.

CAPUT VIII.
De Epistolis apostolorum.

Octavus codex canonicas Epistolas continet apostolorum. Sed in Epistolis tredecim sancti Pauli adnotationes conscriptas in ipso initio meæ lectionis inveni, quæ in cunctorum manibus ita celebres habebantur, ut eas a sancto Gelasio papa urbis Romæ doctissimi viri studio dicerent fuisse conscriptas. Quod solent facere [a] qui res vitiosas cupiunt gloriosi nominis auctoritate defendere; sed nobis ex præcedentibus lectionibus diligenti retractatione patuerunt subtilissimas quidem esse ac brevissimas dictiones, sed Pelagiani erroris venena illic esse seminata. Et ut procul a vobis fieret error hæreticus, Epistolam ad Romanos qua potui curiositate purgavi, reliquas in chartaceo codice conscriptas vobis emendandas reliqui. Quod facile subjacebit, quando præcedenti exemplo audacior redditur sequentis imitatio. Sed inter has sollicitudines graviter æstuatus, quemdam anonymum codicem subnotatum divina reperi provisione collatum, qui tredecim Epistolas sancti Pauli non ignobili adnotatione tractavit. Hic diligenter excussus [*mss.* excursus], secundum vobis ac securum genus commentorum, Domino largiente, præstabit.

Ad Hebræos vero Epistolam, quam sanctus Joannes Constantinopolitanus episcopus triginta quatuor homiliis Attico sermone tractavit, Mutianum virum disertissimum transferre fecimus in Latinum, ne Epistolarum ordo continuus indecoro termino subito rumperetur. In Epistolis autem canonicis Clemens Alexandrinus presbyter, qui et Stromateus vocatur, id est, in Epistola sancti Petri prima, sancti Joannis prima et secunda, et Jacobi quædam Attico sermone declaravit. Ubi multa quidem subtiliter, sed aliqua incaute locutus est ; quæ nos ita transferri fecimus in Latinum, ut exclusis quibusdam offendiculis, purificata doctrina ejus securior potuisset hauriri. Sanctus quoque Augustinus Epistolam Jacobi apostoli solita diligentiæ suæ curiositate tractavit, quam vobis in membranaceo codice scriptam reliqui. Sed cum de reliquis canonicis Epistolis magna nos cogitatio fatigaret, subito nobis codex Didymi Græco stylo conscriptus in expositionem septem canonicarum Epistolarum, Domino largiente, concessus est, qui ab Epiphanio viro disertissimo, Divinitate juvante, translatus est. In Epistola vero prima beati Joannis sanctus Augustinus decem sermonibus multa et mirabiliter de charitate disseruit.

Tertium vero codicem reperi Epistolarum sancti Pauli, qui a nonnullis beati Hieronymi adnotationes brevissimas dicitur continere, quem vobis pariter, Christo largiente, dereliqui. Post hæc vero tria paria quæ diximus, commentorum, Petrus abbas Tripolitanæ provinciæ, sancti Pauli **544** Epistolas, exemplis opusculorum beati Augustini, subnotasse narratur ; ut per os alienum sui cordis declararet arcanum : quæ ita locis singulis competenter aptavit, ut hoc magis studio beati Augustini credas esse perfectum. Mirum est enim sic alterum ex altero dilucidasse ; ut nulla verborum suorum adjectione permixta, desiderium cordis proprii complesse videatur, qui vobis inter alios codices, divina gratia suffragante, de Africana parte mittendus est. Sic totus ordo Epistolarum canonicarum tam sancti Pauli quam diversorum apostolorum Domini favore completus est. Dicitur etiam et beatum Ambrosium subnotatum codicem Epistolarum omnium sancti Pauli reliquisse suavissima expositione completum ; quem tamen adhuc invenire non potui, sed diligenti cura perquiro.

Dictæ sunt igitur adnotationes Epistolarum a nonnullis breviter comprehensæ. Nunc per ordinem dicamus (sicut et in Prophetis factum est) qui eas latius exponere maluerunt ; ut illud datum inchoantibus, hoc reservatum videatur esse perfectis. Sancti Pauli prima omnium et admirabilior destinata cognoscitur ad Romanos, quam Origenes viginti libris Græco sermone declaravit ; quos tamen supradictus

---

[a] Solent tergiversatores, ut fallant, sub nomine clari alicujus viri epistolam fingere, ut auctoritas nominis possit commendare, quod per seipsum recipi non potest, ut ait D. Ambrosius in epist. ad Thessalonic. II, cap. II.

Rufinus in decem libros redigens, adhuc copiose transtulit in Latinum. Sanctus vero Augustinus ipsam Epistolam inchoaverat exponendam, in cujus tantum salutatione unum librum se profudisse commemorat, et (ut verbis ejus utar) operis ipsius magnitudine ac labore deterritus, in alia faciliora deflexus est. Qui etiam scribens ad Simplicianum episcopum Mediolanensem, sublimes et exquisitas de eadem epistola tractavit aliquas quæstiones, quas nos prædicto codici judicavimus inserendas, ne dum expositio divisa quæritur, legentis intentio noxie differatur.

Ad Galatas autem idem sanctus Augustinus latius explanavit, de qua et sanctus Hieronymus tribus libris expositionem tetendit. Idem Pater Hieronymus tribus libris Epistolam ad Ephesios diligenter aperuit. Ad Titum quoque expositionem uno volumine comprehendit. Ad Philemonem etiam uno libro patefecit. Residuas vero Epistolas sancti Pauli, id est, ad Corinthios duas, ad Thessalonicenses duas, ad Colossenses unam, ad Timotheum duas, sanctus Hieronymus dicitur explanasse. Unde multa pars scientiæ tribuitur, cum provenerit ignorantibus nosse quod quærant. Quas tamen continuo de diversis partibus, ubi direximus inquirendas, suscepturos nos esse Domini miseratione confidimus; et ideo studiose sustinere debemus, quod nobis transmittendum esse cognovimus. Eoque fiat, ut si cuicunque vestrum, antequam veniant, aliquid eorum fortassis occurrerit, studeat diligenti cura transcribere et prædictis expositoribus aggregare; quatenus, juvante Domino et labore vestro, monasterii bibliotheca proficiat, quibus tanta noscuntur esse præparata. Quod si forsitan senectus nostra, priusquam hæc compleantur, jussione Domini cum remissione peccatorum (sicut vos orare deprecor) votivo fine transierit, ad vos (ut credere dignum est) quandoque res sperata perveniet. Commemoratas tamen Epistolas a Joanne Chrysostomo expositas Attico sermone, in suprascripto octavo armario dereliqui, ubi sunt Græci codices congregati; ut si Latina non potuerint latiora commenta procurari, de istis subinde transferatur, quod plenissimam poterit præstare notitiam; quatenus in omnibus septuaginta uno libris canonicis, sicut a sancto Patre Augustino noscitur comprehensum (*Lib.* II *de Doctrina Christiana, cap.* 8), antiquorum expositiones, Domino largiente, velut spiritalia poma Paradisi sumenda vestris epulis offerantur.

Quod si in his quæ dicta sunt aliqua fortasse loca dubia sint relicta, nec explanatione planissima [*mss.* plenissima] satisfacere potuerint, nequaquam vobis modernos expositores interdico. Caute tamen quærendos esse catholicos, quoniam accessu temporum multis noviter gratia Divinitatis infunditur, quæ forsitan priscis doctoribus celata monstratur.

CAPUT IX.
De Actibus apostolorum et Apocalypsi.

Nonus igitur codex Actus apostolorum et Apocalypsin noscitur continere: quoniam et hæc quoque Apocalypsis, id est revelatio, probatur Joannis apostoli. Sed in Actibus apostolorum sancti Joannis episcopi Constantinopolitani in Græco sermone commenta reperimus, quæ amici nostri in duobus codicibus quinquaginta quinque homiliis, juvante Domino, transtulerunt. Apocalypsis vero, quæ studiose legentium animos ad supernam contemplationem deducit, et facit mente cernere quod angeli videndo beati sunt, sancti Hieronymi expositione conspicua est: de quo libro et Victorinus sæpe dictus episcopus difficillima quædam loca breviter tractavit. Vigilius quoque Afer antistes de mille annorum intelligentia quæ in prædicta Apocalypsi continetur, unde magna quæstio nonnullis oboritur, plenissima et diligenti narratione disseruit. Ticonius etiam Donatista in eodem volumine quædam non respuenda subjunxit, quædam vero venenosi dogmatis sui fæculenta permiscuit. Cui tantum in bonis dictis χρίσιμον, in malis ἄχρηστον, quantum transiens valui reperire (ut arbitror) competenter affixi. Quod et vobis similiter in suspectis expositoribus facere suademus, ne lectoris animus fortasse turbetur nefandi dogmatis permixtione confusus.

De quo volumine sanctus quoque Augustinus in libris Civitatis Dei plura præstantius et diligenter aperuit. Nostris quoque temporibus Apocalypsis prædicta beati episcopi Primasii antistitis Africani studio minute ac diligenter quinque libris exposita est: quibus etiam liber unus, Quid faciat hæreticum, cautissima disputatione subjunctus est; quæ in templo Domini sacrata donaria sanctis altaribus offerantur. Sed quoniam diximus expositores quantos vel invenire priscos potuimus, vel nuper per amicos nostros de Græca lingua transferri, vel nova cudi fecimus: nunc de sex modis intelligentiæ aliquid disseramus, ut sæpius illuc redeuntes, pestiferos vitemus errores.

545 CAPUT X.
De sex modis intelligentiæ.

Primum est post hujus operis instituta, ut ad introductores Scripturæ divinæ, quos postea referemus [*mss.* reperimus], sollicita mente redeamus, id est, Ticonium Donatistam, sanctum Augustinum de Doctrina Christiana, Hadrianum, Eucherium et Junilium [a] quos sedula curiositate collegi; ut quibus erat similis intentio, in uno corpore adunati codices clauderentur. Qui modos elocutionum explanationis causa formantes, per exemplorum diversas similitudines intelligi faciunt, quæ prius clausa manserunt.

Quod si ab introductoribus fortasse aliqua prætermissa sunt, tunc librorum expositores sedulo re-

---

[a] Hujus auctoris opera inserta habentur tomo I Bibliot. SS. Patrum.

quiramus, et aperire nobis incipiunt, quæ prius clausa manserunt. Deinde studiosissime legamus catholicos magistros, qui propositionibus factis solvunt obscurissimas quæstiones. Quinto, per *[mss. post] libros singulos atque epistolas diversorum Patrum, loca præcipua, quæ exempli causa commemorant, diligenti cura notanda sunt. Ita fit, ut diversorum catholicorum libri commodissime perlegantur, quando et intentiones suas decenter aperiunt, et ex incidentibus apud illos quæstionibus nobis notitia magna præstatur. Postremo, collocutio peritissimorum seniorum crebrius appetatur, quorum confabulatione subito, quod non opinabamur, advertimus; dum nobis studiose referunt, quod longis ætatibus suis discere potuerunt. Utile est enim per istos sex modos intelligentiæ studiosa voluntate discurrere potius quam irreligioso stupore torpere.

CAPUT XI.

De quatuor synodis receptis.

Dicamus nunc quemadmodum universalia sanctaque concilia fidei nostræ salutaria sacramenta solidaverint; ut ibi cognoscentes veræ religionis arcanum, pestiferos vitemus errores. Primo loco Nicæna synodus legitur constituta, deinde Constantinopolitana, tertia Ephesina prior, quarta Chalcedonensis. Quas merito sancta probat Ecclesia; quæ tanta fidei nostræ lumina præstiterunt, ut in nullum perversitatis scopulum (si tamen Domino protegente custodimur) cæcatis mentibus incidere [ed., incedere] debeamus. Nam sanctissimi Patres injuriam rectæ fidei non ferentes, regulas quoque ecclesiasticas ibidem statuere maluerunt, et inventores novarum hæresum pertinaces divino gladio percullerunt, decernentes nullum ulterius debere novas incutere quæstiones; sed probatorum veterum auctoritate contentos, sine dolo et perfidia decretis salubribus obedire. Sunt enim nonnulli qui putant esse laudabile, si quid contra antiquos sapiant, et aliquid novi, unde perire videantur, inveniant.

Chalcedonensis autem synodi testis est codex Encyclius, qui ejus reverentiam tanta laude concelebrat, ut sanctæ auctoritati merito judicet comparandam. Quem codicem ἐνκύκλιον, id est totius orbis Epistolarium, a viro disertissimo Epiphanio fecimus in Latinum de Græco sermone converti. Sed quoniam sacras litteras in novem codicibus cum introductoribus, et pene cum omnibus Latinis expositoribus suis, ut dictum [mss., datum] est, Domino juvante, collegimus, nunc videamus quemadmodum lex divina tribus generibus divisionum a diversis Patribus fuerit intimata, quam tamen veneratur et concorditer suscipit universarum Ecclesia regionum.

CAPUT XII.

Divisio Scripturæ divinæ secundum Hieronymum.

Auctoritas divina secundum sanctum Hieronymum in Testamenta duo ita dividitur, id est, in Vetus et Novum. In Legem, id est, Genesim, Exodum, Leviticum, Numerorum, Deuteronomium. In Prophetas, qui sunt Jesu Nave, Judicum, Ruth, Samuel, Isaias, Jeremias, Ezechiel, Daniel, libri duodecim prophetarum. In Hagiographos, qui sunt Job, David, Salomon, Proverbia, Ecclesiasticus, Canticum canticorum. Verba dierum, id est, Paralipomenon, Esdras, Esther. In Evangelistas, qui sunt Matthæus, Marcus, Lucas, Joannes. Post hos sequuntur Epistolæ apostolorum, Petri duæ, Pauli quatuordecim, Joannis tres, Jacobi una, Judæ una, Actuum apostolorum Lucæ liber unus, et Apocalypsis Joannis liber unus.

Sciendum est plane sanctum Hieronymum ideo diversorum translationes legisse atque correxisse, eo quod auctoritati Hebraicæ nequaquam eas perspiceret consonare. Unde factum est ut omnes libros Veteris Testamenti diligenti cura in Latinum sermonem de Hebræo fonte transfunderet, et ad viginti duarum litterarum modum, qui apud Hebræos manet, competenter adduceret; per quas omnis sapientia discitur, et memoria dictorum in ævum scripta servatur. Huic etiam adjecti sunt Novi Testamenti libri viginti septem, qui colliguntur simul quadraginta novem. Cui numero adde omnipotentem et indivisibilem Trinitatem, per quam hæc facta, et propter quam ista prædicta sunt, et quinquagenarius numerus indubitanter efficitur; qui ad instar jubilæi anni magna pietate beneficii debita relaxat, et pure pœnitentium peccata dissolvit. Hunc autem pandecten propter copiam lectionis minutiore manu in quaternionibus quinquaginta tribus æstimavimus conscribendum, ut quod lectio copiosa tetendit, scripturæ densitas adunata contraheret. Meminisse autem debemus memoratum Hieronymum omnem translationem suam in auctoritate divina (sicut ipse testatur) propter simplicitatem fratrum colis et commatibus ordinasse; ut qui distinctiones sæcularium litterarum comprehendere minime potuerunt, hoc remedio suffulti, inculpabiliter pronuntiarent sacratissimas lectiones.

CAPUT XIII.

Divisio Scripturæ divinæ secundum Augustinum.

Scriptura divina secundum beatum Augustinum in Testamenta duo ita dividitur, id est in Vetus et Novum. In historia sunt libri viginti duo, id est, Moysi libri quinque, Jesu Nave liber unus, Judicum liber unus, Ruth liber unus, Regum libri quatuor, Paralipomenon libri duo, Job liber unus, Tobiæ liber unus, Esther liber unus, Judith liber unus, Esdræ libri duo, Machabæorum libri duo. In Prophetis libri viginti duo, David Psalmorum [mss. Aud., Psalterium] liber unus, Salomonis libri quatuor, Jesu filii Sirach liber unus. Prophetæ majores quatuor, id est, Isaias, Jeremias, Ezechiel, Daniel; et minores duodecim, id est, Osee, Joel, Amos, Abdias, Jonas, Michæas, Nahum, Habacuc, Sophonias, Zacharias, Aggæus, Malachias. In Epistolis apostolorum viginti una, id est, Pauli apostoli ad Romanos una, ad Corinthios duæ, ad Galatas una, ad Ephesios una, ad Philippenses una, ad Thessalonicenses duæ, ad Colossenses una, ad Timotheum duæ, ad Titum una, ad Philemonem una, ad Hebræos una; Petri duæ, Joannis tres, Judæ una, Jacobi una. In Evangeliis quatuor, id est, secundum Matthæum, secundum Marcum, secundum Lucam, secundum Joannem. In Actibus apostolorum liber unus. In Apocalypsi liber unus. Beatus igitur Augustinus secundum præfatos novem codices, quos sancta meditatur Ecclesia, secundo libro (*Cap.* 8) de Doctrina Christiana, Scripturas divinas septuaginta unius librorum calculo comprehendit: quibus [*ed.*, cui] cum sanctæ Trinitatis addideris unitatem, fit totius libri competens et gloriosa perfectio.

CAPUT XIV.

Divisio Scripturæ divinæ secundum antiquam translationem et secundum Septuaginta.

Scriptura sancta secundum antiquam translationem in Testamenta duo ita dividitur, id est, in Vetus et Novum. In Genesim, Exodum, Leviticum, Numerorum, Deuteronomium, Jesu Nave, Judicum, Ruth, Regum libros quatuor, Paralipomenon libros duos, Psalterii librum unum, Salomonis libros quinque, id est, Proverbia, Sapientiam, Ecclesiasticum, Ecclesiasten, Canticum canticorum, Prophetas, id est, Isaiam, Jeremiam, Ezechielem, Danielem, Osee, Amos, Michæam, Joel, Abdiam, Jonam, Nahum, Habacuc, Sophoniam, Aggæum, Zachariam, Malachiam [a], qui et Angelus, Job, Tobiam, Esther, Judith, Esdræ duos, Machabæorum duos. Post hæc sequuntur Evangelistæ quatuor, id est, Matthæus, Marcus, Lucas, Joannes, Actus apostolorum, Epistolæ Petri ad gentes, Judæ, Jacobi ad duodecim tribus, Joannis ad Parthos, Epistolæ Pauli ad Romanos una, ad Corinthios duæ, ad Galatas una, ad Philippenses una, ad Colossenses una, ad Hebræos una, ad Thessalonicenses duæ, ad Timotheum duæ, ad Titum una, ad Philemonem una, Apocalypsis Joannis.

Tertia vero divisio est inter alias in codice grandiore, littera clariore [*ed.*, grandiore] conscripto, qui habet quaterniones nonaginta quinque: in quo septuaginta Interpretum translatio Veteris Testamenti in libris quadraginta quatuor continetur. Cui subjuncti sunt Novi Testamenti libri viginti sex, fiuntque simul libri septuaginta: in illo palmarum numero fortasse præsagati, quas in mansione Elim invenit populus Hebræorum (*Exod.* xv, 27). Hic textus multorum translatione variatus (sicut in prologo Psalterii positum est) Patris Hieronymi diligenti cura emendatus, compositusque relictus est. Ubi nos omnia tria genera divisionum judicavimus affigenda, ut inspecta diligenter atque tractata, non impugnare, sed invicem se potius exponere videantur. Unde licet multi Patres, id est, sanctus Hilarius Pictaviensis urbis antistes, et Rufinus presbyter Aquileiensis, et Epiphanius episcopus Cypri, et synodus Nicæna, et Chalcedonensis non contraria dixerint, sed diversa; omnes tamen per divisiones suas libros divinos sacramentis competentibus aptaverunt. Sicut et in Evangelistarum Concordia probatur effectum: ubi una quidem est fides rerum, sed ratio diversa sermonum. Sed quoniam prædictus Pater Augustinus in libro secundo (*cap.* 15) memorati operis, id est de Doctrina Christiana commonet, ita dicens: Latini codices, id est, Veteris Novique Testamenti, si necesse fuerit, Græcorum auctoritate corrigendi sunt, unde ad nos post Hebræum fontem translatio cuncta pervenit. Ideoque vobis et Græcum pandecten reliqui comprehensum in libris septuaginta quinque, qui continet quaterniones nonaginta in armario supra dicto octavo: ubi alios Græcos diversis opusculis necessarios congregavi, ne quid sanctissimæ instructioni vestræ necessarium deesse videretur. Qui numerus duobus miraculis consecratur; nam et septuaginta quinque animæ de terra Chanaan cum patriarcha Jacob fines Ægyptios intraverunt (*Gen.* xlvi, 26); et septuaginta quinque Abraham fuit annorum, quando promissionem Domini lætus accepit (*Gen.* xii, 4). Restat nunc ut dicere festinemus quemadmodum in Scripturis divinis librariorum vitia corrigere debeamus; nam quid prodest multas transcurrere lectiones, et ea quæ sunt probabiliter corrigenda nescire?

CAPUT XV.

Sub qua cautela relegi debeat cœlestis auctoritas.

Vos igitur, qui divinarum et sæcularium litterarum cognitione polletis, et scientia vobis est ab usu communi reperire quod dissonat, tali modo sacras percurrite lectiones; a paucis enim doctisque faciendum est, quod simplici et minus eruditæ congregationi noscitur esse præparandum. Quapropter prius introite diligenter, et sic scriptorum delicta corrigite, ne juste arguamini, si præcipitanter alios emendare tentetis. Istud enim genus emendationis (ut arbitror) valde pulcherrimum est, et doctissimorum hominum negotium gloriosum. Imprimis igitur 547 idiomata Scripturæ divinæ nulla præsumptione temeretis [*ed.*, temnetis], ne eum ad intellectum communem, quæ dicta sunt, trahere cupitis (quod absit), cœlestium verborum puritas dissipetur. Idiomata enim legis divinæ dicuntur propriæ locutiones, quas communis usus non habere cognoscitur; ut est illud: *Secundum innocentiam manuum mearum* (*Psal.* vii, 9); vel: *De vultu tuo judicium meum prodeat* (*Psal.* xxxviii, 13). *Auribus percipe lacrymas meas* (*Psal.* lxi, 9). Et, *Effundite coram illo corda vestra* (*Psal.* lxii, 9). *Adhæsit anima mea post te* (*Psal.* lxiv, 10). *Multiplicasti locupletare eam. Ibi lætabimur in idipsum* (*Psal.* lxv, 6). *Et inclinavit ex hoc in hoc* (*Psal.* lxxiv, 9). *Misit Moysen servum suum, et Aaron, quem dilexit ipsum* (*Psal.* civ, 20). *Defecerunt oculi mei in*

---

[a] Hebraice Malachi, idem est ac Angelus, et sic redditur a LXX Interp., ἄγγελος. Hoc Origenem in errorem traxit, qui scripsit Malachiam non fuisse hominem, sed angelum; et hujus erroris arguitur a sancto Hieronymo. Vide Quiros in Biblia.

eloquium tuum (*Psal.* CXVIII, 82). *Fiat manus tua, ut salvum me faciat* (*Psal.* CXVIII, 137). Hæc et his similia quæ nimis putantur vel probantur esse numerosa, licet communis usus refugiat, tamen, ne dissipare liceat, auctoritas illa procul dubio sancta commendat. Quod si enucleatius [*ed.*, ea latius] hæc nosse desideratis, legite sancti Augustini septem libros de Modis locutionum quos fecit de quinque libris Moysi, et uno Jesu Nave, et altero Judicum, et tunc de tali re poteritis abundantissima largitate satiari. In sequenti vero auctoritate vobis similia reperire copiosissime subjacebit.

Hebræa vero quædam nomina hominum vel locorum nulla declinatione frangatis; servetur in eis linguæ suæ decora sinceritas. Illas tantum litteras commutemus quæ vocabuli ipsius possunt exprimere qualitatem, quoniam interpretationem nominis sui unumquodque eorum magno sacramento rei alicujus constat appositum: ut est Seth, Enoch, Lamech, Noe, Sem, Cham, et Japhet, Aaron, David, et his similia. Locorum autem nomina, ut est Sion, Oreb, Geon, Hermon, vel his similia, pari devotione linquamus.

Tertio res quæ in bono et in malo ponuntur, non sunt ullatenus temerandæ, ut mons, leo, cedrus, catulus leonis, clamor, homo, fructus, calix, vitulus, pastor, thesaurus, vermis, canis, et his similia. Nec illa nomina mutanda sunt, quæ pro aliis nominibus apponuntur, ut Satanas, qui a recto calle discedit. Manus lavare significat non esse participem. Quod pedes pro actu ponuntur. Quod frequenter exspectationem pro spe ponit. Semel, pro incommutabili sententia denuntiatur. Jurare Dominum [*ed.*, Deum], pro confirmare dicitur. Ista enim nobis ab expositoribus aperienda desideremus, non aliquid eorum sacrilega voluntate truncemus. Nec illa verba tangenda sunt, quæ interdum contra artem quidem humanam posita reperiuntur, sed auctoritate multorum codicum vindicantur; corrumpi siquidem nequeunt quæ, inspirante Domino, dicta noscuntur; ut est: *Obliti non sumus te* (*Psal.* XLIII, 18). Et illud: *Viri sanguinum et dolosi* (*Psal.* LIV, 14). *Fabricatus est templum. Et, radetur caput suum* (*Num.* VI, 9). *Et, inflabitur ventrem* pro, inflabitur ventre. Et, *Protulerunt exploratores pavorem terræ, quam exploraverant eam. Vir, si prævaricata fuerit uxor ejus* (*Num.* V, 12). Et: *Imponent super altare omnia vasa ejus, in quibus ministrant in ipsis* (*Ibid.*, 23). *Terra, in qua habitant in ea* (*Psal.* XXIII, 1). Et: *De manu canis unicam meam* (*Psal.* XXI, 21). Et: *Flumina plaudent manibus in se* (*Psal.* XCVII, 8). *Tunc exsultabunt omnia ligna silvarum* (*Psal.* XCV, 12).

Et quoniam interdum casus generaque nominum vel temporum humanis regulis nequeunt convenire, sed tamen eorum usum ecclesiasticus consensus amplectitur, duorum vel trium priscorum emendatorumque codicum auctoritas inquiratur [scriptum est enim: *In ore duorum vel trium testium stabit omne verbum* (*Matth.* XVIII, 16)], et præsumi non liceat quod divino vindicatur eloquio, ut est in psalmo vigesimo primo: *Populo qui nascetur, quem fecit Dominus* (*Psal.* XXI, 32); et illud Evangelii: *Euntes docete omnes gentes, baptizantes eos in nomine Patris, et Filii, et Spiritus sancti* (*Matth.* XXVIII, 19). Similiter et in centesimo quadragesimo tertio psalmo: *Beatus populus cujus est Dominus Deus eorum* (*Psal.* CXLIII, 15); et his similia.

Regulas igitur elocutionum Latinarum, id est [*forte*, ut est], quadrigam Messii omnimodis non sequaris, ubi tamen priscorum codicum auctoritate convinceris. Expedit enim interdum prætermittere humanarum formulas dictionum, et divini magis eloquii custodire mensuram. In prosa caput versus heroici finemque non corrigas, id est, quinque longas totidemque breves non audeas improbare; trochæum triplicem laudabilis neglectus abscondat; iotacismos et hiatus vocalium omnino derelinque, quoniam hic locum habere non possunt, quæ doctores litterarum liberalium regulariter custodire noscuntur. Istud enim inter humanas dictiones convenit præcaveri, in divinis autem eloquiis tales compositiones nullatenus accusantur. Maneat ubique incorrupta locutio, quæ Deo placuisse cognoscitur, ita ut fulgore suo niteat, non humano desiderio carpenda subjaceat. Hæc enim et simplices suaviter instruit, et doctos pro sua reverentia decenter delectat.

Post superiorem igitur divisionem, ubi diximus idiomata legis divinæ non esse tangenda, vel cætera quæ sequuntur, locus admonet more majorum hanc quoque ponere subdivisionem, ut ad particulas partium distinctius venire debeamus. Unde enim doctissimus Aristoteles περὶ ἑρμηνείας suas ad liquidum perducere [*ed.*, producere] potuisset, nisi divisionum et subdivisionum, iterumque particularium divisionum ordine custodito cuncta tractasset? Quem secuti nunc dicimus in quibus litteris sunt librariorum vitia corrigenda. In verbis quæ accusativis et ablativis præpositionibus serviunt, situm motumque diligenter observa, quoniam librarii grammaticæ artis expertes, ibi maxime probantur errare. Nam si *m* litteram inconvenienter addas aut demas, dictio tota confusa est. Casus vero nominum, exceptis monoptotis declinationesque verborum quæ defectiva non sunt, totasque partes orationis (ubi tamen sacra non impugnat auctoritas) considera diligenter, suisque locis aptata custodi: ne locutionis ordine permixto, totum (quod absit) possideat indecora confusio. B pro v, v pro b, o pro u, n pro m, contra orthographiæ præcepta vitiose positas non relinquas. Aspirationem vero superfluam deme aut adjice competenter. Casus nominum temporaque verborum, ubi tamen permitteris, custodi diligenter. Reperies enim frequenter in auctoritate consuetudini dissona, quæ tibi non liceat immutare. Sed in his emendatorum codicum servetur exemplum. Cætera vero quæ sunt male præsumpta recorrige: quoniam antiquarii [a] exinde potius probantur offendere, dum elocutioni Latinæ linguæ

---

[a] Vide Sidon. Apollin., lib. IX, ep. 16; et cod. Theod. lib. XIV, tit. 9, l. 2.

nesciunt servire disposite. Æ in fine adverbii **548** non relinquas; æ iterum casui genitivo non subtrahas. Multa etiam respectu euphoniæ propter subsequentes litteras probabiliter immutamus, ut illuminatio, irrisio, immutabilis, impius, improbus. G litteram a narratione tolle superfluam; a gnaro enim, id est scito seu perito venit nominis ista compositio. Quod, cum pronomen est, per *d*, non per *t* litteram; cum vero adverbium numeri est, per *t* litteram, non per *d* scribendum est. Quicquam, magis in prima syllaba *c* ponendum est quam *d*, propter euphoniam, quam præcipimur sequi. Quid plura? secundum regulas artigraphorum, quæ tamen sunt emendanda percurre, ne articulatæ vocis pulchra modulatio, peregrinis litteris maculata, absona potius et indecora reddatur.

Orthographos priscos frequenter relege, quos ego inferius titulo trigesimo, qui de antiquariis legitur, propter notitiam librariorum utiliter instruendam, deflorandos esse judicavi, et extrinsecus huic libro de Orthographia titulum dedi. Ita contigit ut et istud studioso prosit legere, ubi cognoscit quæ in Scripturis sanctis minime debeat violare; et illud necessario latius discitur, ubi generaliter præsumpta vitia corrigantur. Quod si tamen aliqua verba reperiuntur absurde posita, aut ex his codicibus quos beatus Hieronymus in editione Septuaginta Interpretum emendavit, vel quos ipse ex Hebræo transtulit, intrepide corrigenda sunt; aut, sicut beatus Augustinus ait, recurratur ad Græcum pandecten, qui omnem legem divinam dignoscitur continere collectam; vel quibus possibile fuerit, Hebræam scripturam, vel ejus doctores requirere non detrectent. Decet enim ut unde ad nos venit salutaris translatio, inde iterum redeat decora correctio. Merito enim patribus nostris de hac re maxima cura fuit, ne tunica Domini Salvatoris, quam truculentis militibus scindere non licuit, lectoribus subjaceat imperitis. Audiat Spiritus sanctus sinceris sima quæ donavit, recipiat ille beata quæ contulit. Tunc nos fideles sibi esse cognoscit, si dicta ipsius nulla præsumptione carpamus. Nam quemadmodum salvari volumus, si (quod dictu nefas est) remedium salutare pro nostra voluntate corrumpamus?

Sed ut in his omnibus addere videaris ornatum, posituras, quas Græci θέσεις vocant, id est puncta brevissima, pariter et rotunda, et planissima (ut in præfatione jam dictum est) singulis quibusque pone capitibus, præter translationem sancti Hieronymi, quæ colis et commatibus ordinata consistit : quoniam illustrem et planissimam faciunt orationem, quando suis locis (sicut inferius exponetur) aptata resplendent. Quale est enim inoffenso gradu per sensus ire sanctissimos, venasque præceptorum saluberrimas subtiliter introire, terminos suos modulatæ voci competenter affigere, totamque dictionem sic per membra dividere, ut suis partibus considerata pulchrescant? Nam si corpus nostrum indiget per membra cognosci, cur lectio, cum suis partibus videatur esse distincta, confusa relinquitur? Istæ siquidem positur æ seu puncta, quasi quædam viæ sunt sensuum, et lumina dictionum, quæ sic lectores dociles faciunt, tanquam si clarissimis expositoribus imbuantur. Prima est media, secunda subdistinctio, tertia plena; quas a majoribus nostris ideo constat inventas, ut spiritus longa dictione fatigatus, vires suas per spatia discreta [*ed.*, decreta] resumeret. Quas si mavis cupidus lector agnoscere, Donatum lege, qui te possit de hac re brevi compendio diligenter instruere. Has dictiones in Psalterio archetypo nos posuisse retinemus, cujus obscuritates talibus remediis ex maxima parte, Domino præstante, lucidavimus. Ita septenarius numerus ab utraque parte completus est, ut a quibus rebus abstineamus, et quas res in auctoritate emendare præsumamus (sicut opinor) evidenter appareat. Quod si tamen hoc desiderium alio modo potuerit adjuvari, adjiciatur studiis vestris, ne more humanitatis nos aliquid necessarium prætermisisse videamur.

Nunc quemadmodum extra auctoritatem reliquas lectiones debeamus emendare, dicendum est. Commentaria legis divinæ, epistolas, sermones, librosque priscorum unusquisque emendator sic legat, ut correctiones eorum magistris consociet sæcularium litterarum. Et ubicunque paragrammata in disertis hominibus reperta fuerint, intrepidus vitiosa recorrigat : quoniam viri supradicti sic dicta sua composuisse credendi sunt, ut regulas artis grammaticæ quas didicerant, custodiisse judicentur. Epistolæ quoque Patrum, sermones et libri diversorum, nec non et homiliæ, vel cum hæreticis altercationes fidelium (quoniam diversa loca Scripturæ divinæ suaviter ac diligenter aperiunt) magno studio relegantur; quatenus in Ecclesia Domini quasi quibusdam lampadibus competenter accensis, totum nitidum, totum splendidum (Domino præstante) colluceat. Si quid tamen in eis ad Scripturas divinas exponendas conveniens invenitur, non dubitetis sociare voluminibus divinis, sicut et nos in libris Regum fecisse cognoscimur. Multa enim reperiuntur a probatissimis hominibus per occasionem alterius operis latius de libris dicta divinis, quæ auctoritati videlicet sacræ competenter aptantur. Unde supplico, ut quod nos parva [*ed.*, parum] legendo minus explicare potuimus, vos copiosissima lectione saginati, tam de istis codicibus quos dereliquimus, quam quos potueritis feliciter invenire, perfectius in Christi nomine compleatis.

Precor etiam vos, qui tamen emendare præsumitis, ut super adjectas litteras Ita pulcherrimas facere studeatis, ut potius ab antiquariis scripta fuisse judicentur. Non enim in illo decore quidquam turpe convenit invenire, quod postea studiosorum oculos videatur offendere. Considerate igitur qualis vobis causa commissa sit : utilitas Christianorum, thesaurus Ecclesiæ, lumen animarum. Studete ergo, ne qua remaneat in veritate mendositas, in puritate falsitas, in integritate perversitas litterarum. Sed quoniam novem codices legis divinæ prima fronte posuimus, eorumque introductores cum expositoribus suis (juvante Domino) quanta valuimus curiositate memoravimus: ad postremum tres divisiones a majoribus datas totius legis divinæ tetigimus; deinde adjecimus quemadmodum emendari caute debeat cœlestis auctoritas: ne discerperetur præsumpta licentia, aut traderetur sequentium manibus indecora confusio. Nunc de virtute lectionis divinæ est omnimodis [*ed.*, omnino] disserendum, ut sua quæque loca propria dulcedine farciantur [*ms. Aud.*, vestiantur].

549 CAPUT XVI.
De virtute Scripturæ divinæ.

Intuemini, sodales egregii, quam mirabilis, quam dulcis in divinis Scripturis decurrit ordo dictorum; desiderium semper excrescens, satietas sine fine, esuries gloriosa beatorum: ubi nimietas non arguitur, sed magis importunitas crebra laudatur. Et merito, quando et notitia rerum salutarium inde discitur, et credentibus atque eadem operantibus æterna vita præstatur: præterita sine falsitate describunt, præsentia plusquam quod videntur, ostendunt; futura quasi jam perfecta narrant. Ubique in eis veritas regnat, ubique divina virtus irradiat, ubique panduntur humano generi profutura. Et dum hæc ita se habeant, in terris nobis pro captu ingenii, parabolis et propositionibus sumptis, cœlestis veritas intimatur; sicut ipse in septuagesimo septimo psalmo testatur: *Aperiam in parabolis os meum; loquar propositiones ab initio* (*Psal.* LXXVII, 2). Tradunt etiam nobis (ut munera cuncta vincantur) sanctæ Trinitatis adorabilem cognitionem, quam per tot sæculorum tractus idolis dedita, cæca et flebilis ignoravit humanitas; Patrem scilicet, et Filium, et Spiritum sanctum unum Deum creaturarum omnium conditorem atque rectorem, potentem facere *quæ vult in cœlo et in terra*. Cujus si pietatem quæris, audi breviter comprehensam: *Adjutor in opportunitatibus, in tribulatione* (*Psal.* XLV, 2). Si patientiam, ausculta: *Et quis resistit potestati tuæ?* Si justitiam, lege: *Quia judicabit orbem terræ in æquitate* (*Psal.* XCV, 13). Nam et ubique esse totum Deum manifestissime declaratur, dicente Psalmographo: *Quo ibo a spiritu tuo, et a facie tua quo fugiam? Si ascendero in cœlum, tu illic es; si descendero in infernum, ades* (*Psal.* CXXXVIII, 7, 8). Et cætera, quæ de illa majestate sacris lectionibus continentur.

Istas siquidem litteras non ratio humana reperit, sed hominibus sanctis virtus cœlestis infudit; quas tunc bene datur intelligi, quando eas vera et utilia prædicare mens devota crediderit. Quid enim in illis litteris utilitatis et suavitatis non invenietis, si purissimo lumine mentis intendatis? Lectio divina cuncta virtus est, verbum non inaniter cadens, nec tardat effectus quod promittit affectus [*ed.*, affatus], obedientibus conferens æternam salutem, superbis restituens perenne supplicium; atque ideo eam non solum audire, sed implere sanctis operibus commoneo. Modo siquidem charitatem Dei et proximi monet, modo ut sæculi peritura contemnas insinuat, modo ut illam patriam recorderis, in qua es perpetuo mansurus, infundit. Patientiam monet, spem tribuit, humilitatem proficuam laudat, superbiam ruinosam semper accusat, pias eleemosynas creberrime fieri persuadet. Tunc quod supra omnes pietates indulgentissimum est, acceptam sibi pœnitentiam Judex ipse testatur, quando etiam verba quibus rogetur, clementissimus Redemptor indulget. Terret, ut corrigat: judicium minatur, ut parcat. Et sic nos præcipit vivere, ut piis angelis mereamur esse consortes, fiatque illud in nobis, quod nimis suave atque perpetuum est: *Ut sit Deus omnia in omnibus* (*I Cor.* XV, 18); deinde, ut *eum videamus sicuti est* (*I Joan.* III, 2); et sic de gloriæ ipsius copia compleamur, ut nulla ulterius indigentiæ sterilitate fatigemur. Talibus ergo jussis quis parere non ambiat, nisi qui omnimodo in æternum perire festinat? Ultra omnes dementias est Redemptoris sui jussa negligere, et crudelissimi hostis vota complere. Quot verba, tot præmia; quot sententiæ, totidem ultiones; nihil vacat ab utili doctrina, nisi cum silet lingua Dei magnalia. O si nunquam cessaretur a talibus! Peccatis profecto tolleretur locus, si otiosum tempus non haberet mens inquieta mortalium. His beneficiis larga pietate collatis, addita est nobis sanctæ Trinitatis adoranda et veneranda cognitio; quod vitæ genus peccatis mortua gentilitas funditus ignorabat.

Restat nunc ut memoriam faciamus illorum qui libris suis aliquid venerabiliter de sancta Trinitate dixerunt [*ed.*, docuerunt]. Ad confirmationem igitur fidei nostræ et hæreticorum præcavendas insidias, legendi sunt tredecim libri beati Hilarii, quos de sancta Trinitate, profunda et disertissima nimis oratione conscripsit. Sancti quoque Ambrosii, quos de eadem re ad Gratianum principem multum claros et venusto sermone compositos designavit. Deinde sancti Augustini quindecim libri, quos idem de sancta Trinitate mirabili profunditate conscripsit, curiosa vobis intentione meditandi sunt. Si quis vero de Patre, et Filio, et Spiritu sancto, aliquid summatim præoptat attingere, nec se mavult longa lectione fatigare, legat Niceti episcopi librum quem de fide conscripsit, et doctrinæ cœlestis claritate completus, in contemplationem divinam compendiosa brevitate perducetur. Qui voluminibus sancti Ambrosii sociatus est quos ad Gratianum principem destinavit. O inæstimabilis pietas virtusque Creatoris! aperti sunt cœli, sancta Trinitas cordibus fidelium patefacta resplenduit; et paganitas, quæ honorem occupaverat alienum, a vero Domino confutata discessit!

Utiles etiam sunt ad instructionem ecclesiasticæ disciplinæ memorati sancti Ambrosii de Officiis melliflui libri tres, nec non et beati Augustini de Vera Religione liber unus, et de Doctrina Christiana libri quatuor. Item ejusdem liber unus, quem de Agone Christiano composuit, maxime vobis necessarius, qui calcato sæculo desudatis in certamine Christiano. Similiter etiam liber ejusdem quasi philosophiæ moralis, quem pro moribus instituendis atque corrigendis ex divina auctoritate collegit, Speculumque nominavit, magna intentione legendus est. Nam et sancti Augustini viginti duos libros quos de Civitate Dei confecit, infastidibili sedulitate percurramus : ubi et Babylonia confusa civitas diaboli, et splendida Jerusalem, urbs Domini Christi in hominum conversionem [*ed.*, conversatione] competenti diversitate monstratae sunt. Scripsit etiam quinque quaestiones de Novo Testamento ad Honoratum presbyterum, et octoginta tres alias mirifica deliberatione formatas. Si quis autem dicta sua diligenti cupit examinatione purgare, nec incauta temeritate delinquere, duos libros Retractationum sancti Augustini studiosa lectione percurrat : unde et se comat imitando, et agnoscat quantum sapientiae copiam beatissimo Patri indulgentia divina contulerit; ut quem nemo poterat fortasse reprehendere, ipse se videatur cautissima retractatione corrigere. Longum est illius viri singula quaeque memorare, dum de ejus opusculis indicandis codex non parvus 550 existat; qui quamlibet dicta ipsius breviter commemoret, tamen in numerosas progressus est paginas lectionum.

CAPUT XVII.
De historicis Christianis.

Habent etiam post tractatores, diversos relatores temporum et studia Christiana, qui ecclesiastica gravitate compositi, per vicissitudines rerum, mutabilitatesque regnorum [*mss. Aud.*, temporum], lacteo quidem, sed cautissimo nitore decurrunt. Qui cum res ecclesiasticas referant, et vicissitudines accidentes [*ed.*, accedentes] per tempora diversa describant, necesse est ut sensus legentium coelestibus semper rebus erudiant, quando nihil ad fortuitos casus, nihil ad deorum potestates infirmas (ut gentiles fecerunt), sed arbitrio Creatoris applicare veraciter universa contendant. Ut est Josephus [a] pene secundus Livius in libris Antiquitatum Judaicarum late diffusus, quem Pater Hieronymus scribens ad Lucinum Beticum propter magnitudinem prolixi operis, a se perhibet non potuisse transferri. Hunc tamen ab amicis nostris, quoniam est subtilis nimis et multiplex, magno labore in libris viginti duobus converti fecimus in Latinum. Qui etiam et alios septem libros captivitatis Judaicae mirabili nitore conscripsit. Quorum translationem alii Hieronymo, alii Ambrosio, alii deputant Rufino; quae dum talibus ascribitur, omnino dictionis eximiae merita declarantur.

Post haec autem legenda est historia quae ab Eusebio quidem decem voluminibus Graeco sermone conscripta, a Rufino autem cum adjectione temporum quae secuta sunt, undecim libris monstratur explicita. Post historiam vero Eusebii apud Graecos Socrates, Sozomenus et Theodoretus sequentia conscripserunt, quos a viro disertissimo Epiphanio in uno corpore duodecim libris fecimus, Deo auxiliante, transferri : ne insultet se habere facunda Graecia necessarium, quod nobis judicet esse subtractum. Orosius quoque Christianorum temporum paganorumque collator praesto vobis est, si eum volueritis legere. Marcellinus etiam quatuor libros de Temporum qualitatibus et positionibus locorum pulcherrima proprietate conficiens, itineris sui tramitem laudabiliter percurrit, quem vobis pariter dereliqui. Chronica vero, quae sunt imagines historiarum brevissimaeque temporum commemorationes, scripsit Graece Eusebius, quem transtulit Hieronymus in Latinum, et usque ad tempora sua deduxit eximie. Hunc subsecutus est suprascriptus Marcellinus Illyricianus, qui adhuc patricii Justiniani fertur egisse [*mss.*, rexisse] cancellos [b] : sed meliore conditione [*ed.*, dictione] devotus, a tempore Theodosii principis usque ad finem [*ed.*, fores] imperii triumphalis Augusti Justiniani opus suum, Domino juvante, perduxit; ut qui ante fuit in obsequio suscepto gratus, postea ipsius imperio copiose amantissimus appareret. Sanctus quoque Prosper Chronica ab Adam ad Genserici tempora et urbis Romae depraedationem usque perduxit. Forte invenietis et alios subsequentes, quia non desunt scriptores temporum, cum saecula sibi jugiter peracta succedant.

Sed cum te de memoratis rebus, diligens lector, expleveris, ingeniumque tuum divina fuerit luce radiatum, lege librum de Viris illustribus sancti Hieronymi, ubi diversos Patres atque opuscula eorum breviter et honoravit et tetigit. Deinde alterum Gennadii Massiliensis, qui de Scriptoribus legis divinae, quos studiose [*ed.*, studio] perquisiverat, certissimus indicavit. Hos in uno corpore sociatos reliqui, ne post diversos codices cognoscendae rei tarditas afferatur; sequuntur enim multarum lectionum venerabilium conditores. Modo enim doctissimi viri aut libros divina inspiratione conficiunt, aut invicem se epistolarum gratia consolantur, aut populos dulcissimo sermone deliniunt, aut cum haereticis vivacissima nimis altercatione confligunt; ita ut quidam eorum singulari certamine controversias subeant, et judicibus mediis gloriosa disceptatione confligant [*forte leg.* convincant]. Sic cum pravus quisque destruitur (praestante Domino) fidelissimus inde solidatur. Tunc in illo choro sanctissimo atque facundissimo Patrum, tibi eum eligere poteris, cum quo suavissime colloquaris. Difficile quoque dictu est quam frequenti occasione reperta, Scripturas sanctas locis aptissimis potenter aperiant; ut subito transiens discas quod te negligenter praeteriisse cognoscis.

CAPUT XVIII.
De sancto Hilario.

Testes sunt doctissimi viri diversa laude praecipui, quibus, velut stellis micantibus coelum, fulget Ecclesia; inter quos sanctus Hilarius Pictaviensis urbis episcopus, nimia profunditate subtilis, et cautissimus disputator incedit, altasque divinarum Scripturarum

---

[a] S. Hieronymus Josephum vocat Graecum Livium.
[b] Tale est quod Constantius in Vita S. Germani episc. Antissiodor. lib. II, cap. 17, de Volusiani filio, qui praeerat cancellis patricii Segisvulti. Cancellos agere vide Cassiodorum lib. XII, epist. 1.

abyssos in medium reverenter adducens, facit (præstante Deo) illuminata mente conspici quæ prius parabolis velabantur obscuris.

CAPUT XIX.
De sancto Cypriano.

Impossibile est omnino complecti quantum inter alios scriptores, præter iterationem baptismatis, quam usus atque ratio repudiavit Ecclesiæ, conferat beatissimus Cyprianus, velut oleum decurrens in omnem suavitatem, lingua composita, declamator insignis, doctorque mirabilis. Quantos enim ille dubitantes non pertulit labi, lapsos vero firmissima prædicatione solidavit, confessores ad martyrium usque perduxit? Et ne minor esset prædicationibus suis, ipse quoque martyrii corona (Domino præstante) decoratus est. Nam inter alia quæ nobis facundiæ suæ clara monimenta dereliquit, in expositione orationis dominicæ, quæ contra subrepentia vitia, velut invictus clypeus semper opponitur, libellum declamatoria venustate conscripsit.

551 CAPUT XX.
De sancto Ambrosio.

Sanctus quoque Ambrosius lactei sermonis emanator, cum gravitate acutus, inviolenta persuasione dulcissimus: cui fuit æqualis doctrina cum vita, quando ei non parvis miraculis gratia Divinitatis arrisit.

CAPUT XXI.
De sancto Hieronymo.

Beatus etiam Hieronymus Latinæ linguæ dilatator eximius, qui nobis in translatione divinæ Scripturæ tantum præstitit, ut ad Hebræum fontem pene non egeamus accedere, quando nos facundiæ suæ multa cognoscitur ubertate satiasse, plurimos libros [a], copiosas epistolas fecit. Beati quibus scribere (Domino præstante) dignatus est. Planus, doctus, dulcis, parata copia sermonum ad quamcunque partem convertit ingenium. Modo humilibus suaviter blanditur, modo superborum colla confringit, modo derogatoribus suis vicem necessaria mordacitate restituens, modo virginitatem prædicans, modo matrimonia casta defendens, modo virtutum certamina gloriosa collaudans, modo lapsus in clericis atque monachis pravitatis accusans. Sed tamen ubicunque se locus attulit, gentilium exempla dulcissima varietate permiscuit: totum explicans; totum exornans, et per diversa disputationum genera disertus semper et æqualis incedens. Nam cum aliquos libros magna ubertate protendat, tamen pro dulcedine dictorum suorum finis ejus semper gratus est. Quem in Bethleem habitasse otiosum non arbitror, nisi ut in terra illa miraculorum ad instar solis, ejus quoque ab Oriente nobis lamparet [b] eloquium.

Is epistolam suam ad Paulinum ex Senatore [c] presbyterum mirificam destinavit, docens quemadmodum Scripturas divinas adhibita cautela perlegeret; ubi breviter virtutem uniuscujusque libri Veteris et Novi Testamenti mirabiliter indicavit. Quam si ante reperissem, eloquentiæ ipsius cedens, contentus fortasse fueram de eadem parte nihil dicere. Sed quia et ille alia, et nos diversa in opere jam confecto (Domino largiente) conscripseramus, credo quod lector diligens et in hoc opusculo non inutiliter occupetur. Ille enim scripsit ad divinæ legis novum lectorem, qui tantum erat litteris sæcularibus eruditus, ut etiam librum de Theodosio principe [d] prudenter ornateque confecerit. Nec illa tempestate (ut datur intelligi) tantos scriptores suæ partis habuit, quos eum in ordine legere commoneret: quoniam illo tempore milites Christi in gymnasio legis divinæ salutari adhuc sudore laborabant, inter quos et ipse postea multa conscripsit. Nobis vero fuit causa diversa. Primum, quod ad fratres simplices et impolitos scripsimus instruendos, ut per multos auctores, qui jam nostra ætate declarati sunt, cœlestium Scripturarum plenitudine compleantur; ut non tam ex nobis, qui hujus rei pauperes sumus, quam ex copiosis et antiquis Patribus laudabiliter imbuantur.

Sed ne aliquid eis deesse possit qui ad studia hujus sæculi non fuerunt, tam de artibus quam de disciplinis sæcularium litterarum in secundo volumine breviter credidimus admonendos; ut simplicibus viris famuletur etiam mundanarum peritia litterarum, quæ præter additamenta quorumdam doctorum a Scripturis divinis cognoscitur esse progressa. Ita fit ut nec vituperatio de nova præsumptione nos carpat, et de parvo voluminis obsequio [mss., de parvulo nimis obsequio] gratiæ forsitan momenta proveniant.

CAPUT XXII.
De sancto Augustino.

Ipse etiam doctor eximius beatissimus Augustinus, debellator hæreticorum, defensor fidelium, et famosorum palma certaminum, in quibusdam libris nimia difficultate reconditur, in quibusdam sic est planissimus, ut etiam parvulis probetur acceptus; cujus aperta suavia sunt, obscura vero magnis utilitatibus farcita pinguescunt. Hujus autem ingenii vivacitatem si quis nosse desiderat, libros ipsius Confessionum legat: ubi refert omnes mathematicas disciplinas sine magistro se comprehendisse quas aliis sub doctis expositoribus vix datur attingere. Symbolum quoque nostrum, vadem fidei, testimonium recti cordis, promissionis insolubile sacramentum, frequenti [mss., sequenti] expositione patefecit; ut profundius intel-

---

[a] Ed., *plurimis libris, copiosis epistolis fecit beatos, quibus scribere (Domino præstante) dignatus est.*

[b] *Lampare* pro *splendere* sæpe utitur Cassiod.

[c] At Baronius tom. IV, ad an. Chr. 394, pag. 718, edit. Antuerp., dissentit, et hunc Paulinum diversum esse affirmat a Paulino Nolano episcopo.

[d] Hujus etiam libri meminit S. Hieronymus epist. ad Paulinum de Institutione monachi, et ipse Paulinus epist. 9 ad sororem. Gennadius in Catalogo appellat eam scriptionem Panegyricum super victoriam tyrannorum, scilicet Maximi et Eugenii.

ligentes illa quæ credere nos profitemur, cautissime promissa servemus. Legendus est etiam liber ejusdem ubi diversas hæreses post Epiphanium pontificem compendiosa brevitate complexus est; quando nullius sanæ mentis acquiescit ingenium in illas cautes incidere, in quas alterum cognoverit pertulisse naufragium. Illorum siquidem sensus omnino cavendus est, quos provida damnavit Ecclesia. Et si quid tale modo præsumitur, cauta nimis observatione declinetur.

CAPUT XXIII.
De abbate Eugipio et abbate Dionysio.

Convenit etiam ut presbyteri Eugipii [a] opera (Vide R. P. Chiffletium ad Ferandum pag. 332) necessario legere debeatis, quem nos quoque vidimus, virum quidem non usque adeo sæcularibus litteris eruditum, sed Scripturarum divinarum lectione plenissimum. Hic ad parentem nostram Probam virginem sacram ex operibus sancti Augustini valde altissimas quæstiones ac sententias, ac diversas res deflorans, in uno corpore necessaria nimis dispensatione collegit, et in trecentis triginta octo capitulis collocavit. Qui codex (ut arbitror) utiliter legitur, quando in uno corpore diligentia studiosi viri potuit recondi, quod in magna bibliotheca vix prævalet inveniri.

552 Generat etiam hodieque catholica Ecclesia viros illustres, probabilium dogmatum decore fulgentes. Fuit enim nostris temporibus et Dionysius monachus, Scytha natione, sed moribus omnino Romanus, in utraque lingua valde doctissimus : reddens actionibus suis quam in libris Domini legerat æquitatem. Scripturas divinas tanta curiositate discusserat atque intellexerat, ut undecunque interrogatus fuisset, paratum haberet competens sine aliqua dilatione responsum. Qui mecum dialecticam legit, et in exemplo [mss., templo] gloriosi magisterii plurimos annos vitam suam (Domino præstante) transegit. Pudet me de consorte dicere quod in me nequeo reperire. Fuit enim in illo cum sapientia magna simplicitas, cum doctrina humilitas, cum facundia loquendi parcitas; ut in nullo se vel extremis famulis anteferret, cum dignus esset regum sine dubitatione colloquiis [b]. Interveniat pro nobis, qui nobiscum orare consueverat, ut cujus hic sumus oratione suffulti, ejus possimus nunc meritis adjuvari. Qui petitus a Stephano episcopo Salonitano ex Græcis exemplaribus canones ecclesiasticos [c] moribus suis pares, ut erat planus atque disertus, magna eloquentiæ suæ luce [ms. Aud., dulcedine] composuit, quos hodie usu celeberrimo Ecclesia Romana complectitur. Hos etiam oportet vos assidue legere, ne videamini tam salutares ecclesiasticas regulas culpabiliter ignorare. Alia quoque multa ex Græco transtulit in Latinum, quæ utilitati possunt ecclesiasticæ convenire. Qui tanta Latinitatis et Græcitatis peritia fungebatur, ut quoscunque libros Græcos in manibus acciperet, Latine sine offensione transcurreret, iterumque Latinos Attico sermone relegeret; ut crederes hoc esse conscriptum, quod os ejus inoffensa velocitate fundebat.

Longum est de illo viro cuncta retexere, qui inter reliquas virtutes, hoc habuisse probatur eximium, ut cum se totum Deo tradidisset, non aspernaretur sæcularium conversationibus interesse. Castus nimium, cum alienas quotidie videret uxores; mitis, cum furentium vesano turbine pulsaretur. Fundebat lacrymas motus compunctione, cum audiret garrula verba lætitiæ; jejunabat sine exprobratione prandentium. Adeo conviviis gratanter intererat, ut inter epulas corporales inquisitus, spiritales semper copias exhiberet. Quod si tamen aliquando comederet, parvo quidem cibo, sed tamen escis communibus utebatur. Unde summum genus æstimo patientiæ, inter humanas esse delicias, et abstinentiæ custodire mensuram. Sed ut bona mentis infucata laude referamus, erat totus catholicus, totus paternis regulis perseveranter adjunctus [ed. advinctus]; et quidquid possunt legentes per diversos quærere, in illius scientia cognoscebatur posse fulgere. Cujus nomini glorioso aliqua pravi homines calumniose nituntur ingerere, unde sua videantur errata aliquatenus excusare. Sed ille, jam sæculi perversitate derelicta (præstante Domino) in Ecclesiæ pace susceptus [ed., sepultus], inter Dei famulos credendus est habere consortium.

Dicerem adhuc fortasse reliqua de sancto viro, quæ nobis totius probationis veritate comperta sunt; sed necesse est ut propositum nostrum potius exsequamur; ne cum simus debitores alterius promissionis, aliud diu referre importuna loquacitate videamur. Et ut vobis in regulis fidei nulla possit nocere subreptio, legite quas habetis in promptu synodum Ephesinam et Chalcedonensem, nec non et encyclia, id est epistolas confirmationis supradicti concilii. Quæ si diligenter excurritis, versutiæ improborum nulla vobis occasione prævalebunt.

CAPUT XXIV.
Quo studio Scriptura sancta cum expositoribus legenda sit.

Demus itaque operam, et post introductorios libros auctoritatem cum expositoribus suis sedula intentione curramus, viasque intelligentiæ Patrum labore repertas, pio studio subsequamur, non ad quæstiones vanissimas avida superfluitate tendamus. Quod dictum rationabiliter in tractatoribus probatissimis invenitur, hoc procul dubio credamus esse divinum; si quid dissonum aut discordans Patrum regulis contigerit inveniri, vitandum esse judicemus. Origo enim sævissimi erroris est, in suspectis auctoribus amare

---

[a] De quo Baronius tomo VI Annal. Eccles. ad an. Chr. 504, pag. 574 edit. Antuerp.

[b] Regum colloquia summo in honore lib. III Var., epist. 22.

[c] Hi canones Dionysii habentur in manuscripta collatione Canonum Cresconii, ut notat Baronius tomo I Ann. sub anno Christi 58, § 24, pag. 526.

totum, et sine judicio defendere velle quod invenis; scriptum est enim : *Omnia probate, quod bonum est tenete* (*I Thess.* v, 21). Sed ut in summa quæ sunt dicenda complectar, cuncta quæ antiqui expositores probabiliter dixerunt, sollicita mente tenenda sunt; illa vero quæ ab eis intractata relicta sunt (ne infructuoso labore fatigemur), primum rimanda sunt quas virtutes habeant, aut ad quæ nos etiam instituta perducant, deinde quid nos velint de se legendo contrahere.

Nam licet textus planissimus esse videatur, et historica relatione reluceat, modo tamen aut justitiam [*mss.*, tristitiam] persuadet, aut impietatem redarguit : aut tolerantiam prædicat, aut vitia mobilitatis accusat; aut superbiam damnat, aut bona humilitatis exaltat; aut impacatos reprimit, aut charitate plenissimos consolatur; aut aliquid tale commemorat, quod ad probos mores incitet, a nefariis cogitationibus respectu pietatis abducat. Deus enim, si solis bonis præmia polliceretur, benignitas ipsius neglecta tepesceret : si vero malis jugiter minaretur exitium, desperatio salutis præcipitaret [*mss.*, præstaret] ad vitia. Et ideo pius Redemptor pro salute nostra utrumque moderatus est, ut et peccatores denuntiata [*ms. Aud.*, de invita] pœna terreat, et bonis digna præmia compromittat.

Quapropter ad intentiones librorum generaliter animus erigatur, mentemque nostram in illa contemplatione defigamus quæ non tantum auribus sonat, sed oculis interioribus elucescit. Nam etsi simplex videatur esse relatio, nihil vacuum, nihil otiosum divinis litteris continetur; sed semper ad utilitatem aliquam dicitur, quod rectissimis sensibus salubriter hauriatur. Et ideo quando bona referuntur, ad imitationem protinus nos erigamus; quando facinora punienda narrantur, operari talia formidemus. Ita fit ut semper aliquid utilitatis acquiramus, si quapropter referuntur advertimus.

553 CAPUT XXV.
Cosmographia a monachis legenda.

Cosmographiæ quoque notitiam vobis percurrendam esse non immerito suademus, ut loca singula quæ in libris sanctis legitis, in qua parte mundi sint posita evidenter agnoscere debeatis. Quod vobis proveniet absolute, si libellum Julii Oratoris [a], quem vobis reliqui, studiose legere festinetis; qui maria, insulas, montes famosos, provincias, civitates, flumina, gentes, ita quadrifaria distinctione complexus est, ut pene nihil libro ipsi desit quod ad cosmographiæ notitiam cognoscitur pertinere.

Marcellinus quoque (de quo jam dixi) pari cura legendus est, qui Constantinopolitanam civitatem, et urbem Jerosolymorum quatuor libellis minutissima narratione [*mss.*, minutissima ratione] descripsit. Deinde Pinacem Dionysii discite breviter comprehensum, ut quod auribus in supradicto libro percipitis, pene oculis intuentibus videre possitis.

Tum si vos notitiæ nobilis cura flammaverit, habetis Ptolemæi codicem, qui sic omnia loca evidenter expressit, ut eum cunctarum regionum pene incolam fuisse judicetis. Eoque fiat ut uno loco positi (sicut monachos decet) animo percurratis quod aliquorum peregrinatio plurimo labore collegit.

CAPUT XXVI.
De notis affigendis.

Illud etiam indicandum esse curavimus, ut vos labor noster instrueret, et qualicunque munusculo studium vestræ sanctitatis ornaret (præstante Domino) quantum aut senex, aut longa peregrinatione fatigatus relegere prævalui, quibusdam codicibus Patrum præsentes notas minio designatas, quæ sunt indices codicum, singulis quibusque locis (ut arbitror) competenter impressi. Nam expositionibus Octateuchi hanc dedimus notam, Oct. Alteram Regum, Reg. Tertiam Psalterii, Ps. Quartam Salomonis, Sal. Quintam Prophetarum, Proph. Sextam Hagiographorum, Hag. Septimam Evangeliorum, Ev. Octavam Epistolis apostolorum, Ap. Nonam, Actibus apostolorum et Apocalypsi, Act. et Aaa. Quas in primordiis codicum, quos tamen sub ipso studio transire prævalui, semper ascripsi, ut vos illas in textu positas sine ambiguitate possitis agnoscere, si paginas singulas studiosa mente curratis.

Tunc si placet, qui tamen plurima lectione præsumitis, per tractatores probatissimos imitatio vobis facile subjacebit. Ita fiet, ut aliud genus expositionis acutissimum pulcherrimumque nascatur, et quod forsitan priores nostri in commentis suis minime dilucidaverunt, ibi aliquatenus reperiatur esse declaratum. Idiomata quoque legis divinæ, id est proprias dictiones tali pp. charactere signavimus ; ut ubicunque reperta fuerint, verba ipsa nulla præsumptione violentur.

CAPUT XXVII.
De schematibus ac disciplinis quæ in Scripturis sacris et earum expositoribus inveniuntur.

Illud quoque commonendum esse credidimus, quoniam tam in sacris litteris quam in expositoribus doctissimis multa per schemata, multa per definitiones, multa per artem grammaticam, multa per artem rhetoricam, multa per dialecticam, multa per disciplinam arithmeticam, multa per musicam, multa per disciplinam geometricam, multa per astronomicam intelligere possumus ; non abs re esse instituta sæcularium magistrorum, artes scilicet ac disciplinas

---

[a] Ausonius in epist. 16 ad Probum præfectum prætorio meminit Titiani, quem scripsisse Apologos refert, eumque appellat fandi artificem, et paulo post Julium. De eodem accipienda sunt ista verba Capitolini de filio Maximini Augusti loquentis. Oratore (ait) usus est Julio Titiano, filio Titiani senioris, qui provinciarum libros pulcherrimos scripsit, et qui dictus est simia sui temporis, quod cuncta imitatus esset. Vide quæ notat Jacob. Sirmondus in epist. 1 lib. I Sidonii Apollin. Cosmographiæ liber, qui vulgo Æthico tribuitur, in ms. Thuanæo tribuitur Julio Oratori.

cum suis divisionibus in sequenti libro paucis attingere; quatenus et qui talia didicerunt, breviter admoneantur; et qui latius fortasse legere minime potuerunt, aliquid exinde compendiosa brevitate cognoscant. Est enim rerum istarum procul dubio (sicut et Patribus nostris visum est) utilis et non refugienda cognitio, quando eam in litteris sacris tanquam in origine generalis perfectæque sapientiæ ubique reperis esse diffusam. Nam cum ibi reddita fuerint atque monstrata, sensus vester ad intelligendum modis omnibus adjuvatur.

Sit ergo antiquorum labor opus nostrum; ut quod illi latius plurimis codicibus ediderunt, nos brevissime (sicut jam dictum est) secundo volumine collecta pandamus. Et quod illi ad exercendas versutias derivarunt, nos ad veritatis obsequia laudabili devotione revocemus; quatenus quæ inde furtive sublata sunt, in obsequium rectæ intelligentiæ honesta conditione reddantur. Opus quidem (ut arbitror) necessarium, sed considerata difficultate perarduum, in duobus libris comprehendere velle divinarum et humanarum fontes copiosissimos litterarum. Ubi Sedulii versus illi dicendi sunt:

Grandia posco quidem : sed tu dare grandia nosti,
Quem magis offendit, quisquis sperando tepescit.

CAPUT XXVIII.

Quid agendum a monachis qui artes in libro sequenti positas non intelligunt.

Quod si quorumdam simplicitas fratrum non potuerit quæ sunt in sequenti libro deflorata cognoscere, quia pene brevitas omnis obscura est, sufficiat eis summatim rerum divisiones, utilitates, virtutesque perpendere, ut ad cognoscendam legem divinam fervida mentis intentione rapiantur. Per diversos enim sanctissimos Patres invenient, unde desiderium suum plenissima possint ubertate satiare. Tantum sit legendi sincerus affectus, et intelligendi sobrium votum. Tunc salutaris assiduitas eruditos efficiet, quos in prima fronte profunditas lectionis exterruit : quia non tantum litterati, sed etiam qui litteras nesciunt, accipiunt a Deo sapientiam.

Sciamus tamen non in solis litteris positam esse prudentiam, sed perfectam sapientiam dare Deum unicuique prout vult. Nam si tantum in litteris esset scientia rerum bonarum, qui litteras nesciunt, utique rectam sapientiam non haberent. Sed cum multi agrammati [*mss.*, agra mentis, *id est*, a gratia mentis] ad verum intellectum perveniant, rectamque fidem percipiant cœlitus aspiratam, dubium non est puris ac devotis sensibus Deum concedere, quod eis judicat expedire. Scriptum est enim : *Beatus homo quem tu erudieris, Domine, et de lege tua docueris eum* (*Psal.* xcɪɪɪ, 12). Quapropter actibus bonis et orationibus assiduis hoc petendum est, ut ad veram fidem operaque sanctissima, ubi est vita nostra perpetua (Domino comitante) veniamus. Legitur enim : *Nisi Dominus ædificaverit domum, in vanum laboraverunt qui ædificant eam* (*Psal.* cxxvi, 1).

Verumtamen nec illud Patres sanctissimi decreverunt, ut sæcularium litterarum studia respuantur, quia exinde non minimum ad sacras Scripturas intelligendas sensus noster instruitur; si tamen, divina gratia suffragante, notitia ipsarum rerum sobrie ac rationabiliter inquiratur; non ut in ipsis habeamus spem provectus [*ed.*, profectus] nostri, sed per ipsa transeuntes, desideremus nobis a Patre luminum proficuam salutaremque sapientiam debere concedi. Quanti enim philosophi hæc solummodo lectitantes, ad fontem sapientiæ non venerunt, et vero lumine privati, ignorantiæ cæcitate demersi sunt! Quoniam, sicut a quodam dictum est : Nunquam potest plenissime investigari, quod non per viam suam quæritur.

Multi iterum Patres nostri talibus litteris eruditi, et in lege Domini permanentes, ad veram sapientiam pervenerunt, sicut beatus Augustinus in libro de Doctrina Christiana meminit (*Lib.* ɪɪ, *cap.* 40), dicens : Non aspicimus quanto auro et argento et veste suffarcinatus exierit de Ægypto Cyprianus, et doctor suavissimus, et martyr beatissimus; quanto Lactantius, quanto Victorinus, Optatus, Hilarius; nos addimus Ambrosium, ipsumque Augustinum, atque Hieronymum, multosque alios innumerabiles Græcos. Hoc etiam ipse fidelissimus Dei famulus Moyses fecit; de quo scriptum est (*Act.* vɪɪ, 22), quod eruditus fuerit omni sapientia Ægyptiorum. Quos [*ms. Aud.*, Quod] nos imitantes, cautissime quidem ac incunctanter utrasque doctrinas, si possumus, legere festinemus. Quis enim audeat habere dubium, ubi virorum talium multiplex præcedit exemplum? Scientes plane (sicut sæpe jam dictum est) rectam veramque sapientiam Dominum posse concedere, sicut ait liber Sapientiæ : *Sapientia a Domino Deo est, et cum illo fuit semper, et permanet in æternum* (*Eccle.* ɪ, 1).

Quapropter toto nisu, toto labore, totis desideriis exquiramus, ut ad tale tantumque munus, Domino largiente, pervenire mereamur. Hoc enim nobis est salutare, proficuum, gloriosum, perpetuum, quod [*ed.*, quoniam] nulla mors, nulla mobilitas, nulla possit separare oblivio; sed in illa suavitate patriæ, cum Domino faciet æterna exsultatione gaudere. Quod si alicui fratrum (ut meminit Virgilius)

Frigidus obstiterit circum præcordia sanguis,

ut nec humanis nec divinis litteris perfecte possit erudiri, aliqua tamen scientiæ mediocritate suffultus, eligat certe quod sequitur :

Rura mihi, et rigui placeant in vallibus amnes.

Quia nec ipsum est a monachis alienum hortos colere, agros exercere, et pomorum fecunditate gratulari; legitur enim in psalmo centesimo vigesimo septimo : *Labores manuum tuarum manducabis : beatus es, et bene tibi erit* (*Psal.* cxxvɪɪ, 2).

Quod si hujus studii requirantur auctores, de hortis scripsit pulcherrime Gargilius Martialis [a], qui et Martialis affirmat. Idem in mense Martio tit. 9 : Hæc omnia Gargilius Martialis asseruit.

---

[a] Hujus meminit Lampridius in Vita Alexandri Severi pag. 359. Et Palladius Rutilius in mense Aprili sub titulo 3, de hortis : Rem miram (ait) de ocimo

nutrimenta olerum, et virtutes eorum diligenter exposuit, ut ex illius commentarii lectione (præstante Domino) unusquisque et saturari valeat et sanari; quem vobis inter alios codices reliqui. Pari etiam modo in agris colendis, in apibus, in columbis, nec non et piscibus alendis inter cæteros Columella et Æmilianus auctores probabiles exstiterunt. Sed Columella sexdecim libris per diversas agriculturæ species eloquens ac facundus illabitur, disertis potius quam imperitis accommodus; ut operis ejus studiosi non solum communi fructu, sed etiam gratissimis epulis expleantur. Æmilianus [a] etiam facundissimus explanator duodecim libris de hortis, vel pecoribus aliisque rebus plenissima [ed., planissima] lucidatione disseruit; quem vobis inter alios lectitandum (Domino præstante) dereliqui.

Hæc tamen cum peregrinis atque ægrotantibus præparantur, fiunt cœlestia, quamvis videantur esse terrena. Quale est enim languentes aut dulcibus pomis reficere, aut columbarum fetibus enutrire, aut piscibus alere, aut mellis suavitate mulcere? Nam cum vel aquam frigidam Dominus in nomine suo pauperibus præcipiat offerri (*Matth.* x, 42), quanto gratius erit diversis egentibus escas suavissimas dare, pro quibus in judicio fructum multiplicata possitis mercede percipere! Non debet negligi undecunque potest homini probabiliter subveniri.

CAPUT XXIX.

De positione monasterii Vivariensis sive Castelliensis.

Invitat siquidem vos locus Vivariensis monasterii ad multa peregrinis et egentibus præparanda, quando habetis hortos irriguos, et piscosi amnis Pellenæ fluenta vicina; qui nec magnitudine undarum suspectus habetur, nec exiguitate temnibilis. Influit vobis arte moderatus, ubicunque necessarius judicatur, et hortis vestris sufficiens et molinis [*lege* molendinis]. Adest enim cum desideratur, et cum vota compleverit, remotus abscedit. Sic quodammodo ministerio [ed., monasterio] devotus existens, ut nec oneret [mss., horret] importunus, nec possit deesse cum quæritur. Maria quoque vobis ita subjacent, ut piscationibus variis pateant; et captus piscis, cum libuerit, vivariis possit includi. Fecimus enim illic (juvante Domino) grata **555** receptacula, ubi sub claustro fideli vagetur piscium multitudo; ita consentanea montium speluncis, ut nullatenus se sentiat captum, cui libertas est escas sumere, et per solitas se cavernas abscondere. Balnea quoque congruenter ægris præparata corporibus jussimus ædificari, ubi fontium perspicuitas decenter illabitur, quæ et potui gratissima cognoscitur et lavacris. Ita fit ut monasterium

vestrum potius quæratur ab aliis, quam vos extranea loca juste desiderare possitis. Verum hæc, ut scitis, oblectamenta sunt præsentium rerum, non spes futura fidelium; istud transiturum, illud sine fine est mansurum. Sed illic positi, ad illa potius desideria transferamus, quæ nos faciant regnare cum Christo.

Cassianum presbyterum, qui conscripsit de Institutione fidelium monachorum sedulo legite, et libenter audite. Qui inter ipsa initia sancti propositi, octo principalia vitia dicit esse fugienda. Hic noxios motus animorum ita competenter insinuat, ut excessus suos hominem pene videre faciat et vitare compellat, quos antea confusione caliginis ignorabat. Qui tamen de libero arbitrio a beato Prospero jure culpatus est. Unde monemus ut in rebus talibus excedentem sub cautela legere debeatis. Cujus dicta Victor Martyritanus [mss., Martaritanus] Afer episcopus ita (Domino juvante) purgavit, et quæ minus erant addidit, ut ei rerum istarum palma merito conferatur. Quem inter alios de Africæ partibus cito nobis credimus esse dirigendum. Cætera vero genera monachorum vehementer accusat. Sed vos, charissimi fratres (Deo juvante), eas partes eligite, quas salubriter cognoscitur ille laudasse.

Nam si vos in monasterio Vivariensi (sicut credere dignum est), divina gratia suffragante, cœnobiorum consuetudo competenter erudiat [ed., audiat. Baron., adjuvat], et aliquid sublimius defæcatis animis optare contingat, habetis montis Castelli secreta suavia, ubi velut anachoritæ (præstante Domino) feliciter esse possitis. Sunt enim remota et imitantia [ed., emicantia] eremi loca, quando muris pristinis ambientibus probantur inclusa. Quapropter vobis aptum erit eligere exercitatis jam atque probatissimis, illud habitaculum, si prius in corde vestro fuerit præparatus ascensus. Legendo enim cognoscitis unum de duobus, quid aut desiderare aut tolerare possitis. Tantum est, ut conversationis probitate servata, qui non valet alios sermonibus docere, morum videlicet instruat sanctitate.

CAPUT XXX.

De antiquariis et commemoratione orthographiæ.

Ego tamen fateor votum meum, quod inter vos quæcunque possunt corporeo labore compleri, antiquariorum [b] mihi studia (si tamen veraciter scribant) non immerito forsitan plus placere; quod et mentem suam relegendo Scripturas divinas salubriter instruant, et Domini præcepta scribendo, longe lateque disseminent. Felix intentio, laudanda sedulitas, manu hominibus prædicare, digitis linguas aperire, salutem mortalibus tacitam dare, et contra diaboli

---

[a] Existimo intelligi illum qui dicitur Palladius Rutilius Taurus Æmilianus vir illustris, qui scripsit libros de Rerustica, et hodie exstant editi. Hic etiam nominatur ab Isidoro Originum lib. XVII, cap. 1. Vide quæ de propriis nominibus mediæ ætatis observavit Jac. Sirmondus in Præfat. ad Sidonium Apollin.

[b] In fragmento damnationis Theodori episcopi Cæsareæ Cappadociæ facta a Vigilio papa: *Qui domui tuæ sedens antiquarios pretio charo indultos, ea quæ jurata te voce non esse facturum usque constitutum tempus frequentius firmaveras, conscripsisti.* Ubi puto legi debere, *antiquarios pretio charo conducens.* Petrus Damiani in epistola apud Baronium tom. XI, pag. 294: *Licet ego dictare forte quid valeam, deest antiquarius qui transcribat.*

subreptiones illicitas calamo atramentoque pugnare. Tot enim vulnera Satanas accipit quot antiquarius [a] Domini verba describit. Uno itaque loco situs, operis sui disseminatione per diversas provincias vadit. In locis sanctis legitur labor ipsius : audiunt populi, unde se a prava voluntate convertant, et Domino pura mente deserviant. Operatur absens de opere suo. Nequeo dicere vicissitudinem illum de tot bonis [*ed.*, doctorum bonis] non posse percipere, si tamen non cupiditatis ambitu, sed recto studio talia noscatur efficere. Verba coelestia multiplicat homo, et quadam significatione comprobabili (si fas est dicere) tribus digitis scribitur, quod virtus sanctae Trinitatis effatur. O spectaculum bene considerantibus gloriosum ! Arundine currente verba coelestia describuntur, ut unde diabolus caput Domini in passione fecit percuti, inde ejus calliditas possit exstingui. Accedit etiam laudibus eorum, quod factum Domini aliquo modo videntur imitari, qui legem suam (licet figuraliter sit dictum) omnipotentis digiti operatione conscripsit. Multa quidem sunt quae de tam insigni arte referantur ; sed sufficit eos dici librarios qui libere [*ed.*, librae Domini] Domino justitiaeque deserviunt.

Sed ne tanto bono mutatis litteris, scriptores verba vitiosa permisceant, aut ineruditus emendator nesciat errata corrigere, orthographos antiquos legant, id est, Vellium Longum, Curtium Valerianum, Papyrianum, Adamantium Martyrium de V et B, ejusdem de primis, mediis atque ultimis syllabis, ejusdem de *B* littera trifariam in nomine posita, et Eutychen de aspiratione, sed et Focam de differentia generis. Quos ego, quantum potui, studiosa curiositate collegi. Et ne quempiam memoratorum codicum obscuritas derelicta turbaret : quoniam antiquarum declinationum permixtione pro maxima parte confusi [*ed.*, propriae partes confusae] sunt, magno studio laboris incubui, ut in libro sequestrato atque composito qui inscribitur de Orthographia, ad vos defloratae regulae pervenirent, et dubietate sublata liberior animus viam emendationis incederet. Diomedem quoque et Theoctistum aliqua de tali arte conscripsisse comperimus ; qui si inventi fuerint, vos quoque eorum deflorata colligite. Forte et alios invenire possitis, per quos notitia vestra potius instruatur. Isti tamen qui memorati sunt, si assiduo studio relegantur, omnem vobis caliginem ignorationis abscindunt ; ut quod hactenus ignoratum est, habeatur ex maxima parte notissimum.

His etiam addidimus in codicibus cooperiendis doctos artifices ; ut litterarium sacrarum pulchritudinem facies desuper decora vestiret : exemplum illud dominicae figurationis ex aliqua parte forsitan imitantes, qui eos quos ad coenam aestimavit invitandos, in gloria coelestis convivii stolis nuptialibus operuit. Quibus multiplices species facturarum in uno codice depictas (ni fallor) decenter expressimus ; ut qualem maluerit studiosus tegumenti formam ipse sibi possit eligere. Paravimus etiam nocturnis vigiliis mechanicas lucernas, conservatrices illuminantium flammarum, ipsas sibi nutrientes incendium, quae humano ministerio cessante, prolixe custodiant uberrimi luminis abundantissimam claritatem : ubi olei pinguedo non deficit, quamvis flammis ardentibus jugiter torreatur.

Sed nec horarum modulos passi sumus vos ullatenus ignorare, qui ad magnas utilitates humani generis noscuntur inventi. Quapropter horologium vobis unum, quod solis claritas indicet, praeparasse cognoscor ; alterum vero aquatile, quod die noctuque horarum jugiter indicat quantitatem : quia frequenter nonnullis diebus solis claritas abesse cognoscitur, miroque modo in terris aqua peragit, quod solis flammeus vigor desuper modulatus excurrit. Ita, quae natura divisa sunt, ars humana fecit ire concorditer : in quibus fides rerum tanta veritate consistit, ut quod ab utrisque geritur, per internuntios aestimes esse constitutum. Haec ergo procurata sunt, ut milites Christi certissimis signis admoniti, ad opus divinum exercendum, quasi tubis clangentibus evocentur.

CAPUT XXXI.
De monachis curam infirmorum habentibus.

Sed et vos alloquor fratres egregios, qui humani corporis salutem sedula curiositate tractatis, et confugientibus ad loca sanctorum, officia beatae pietatis impenditis : tristes passionibus alienis, de periclitantibus moesti, susceptorum dolore confixi [b], et in alienis calamitatibus moerore proprio semper attoniti ; ut sicut artis vestrae peritiam decet [*ed.*, peritia docet], languentibus sincero studio serviatis, ab illo mercedem recepturi, a quo possunt pro temporalibus aeterna retribui. Et ideo discite quidem naturas herbarum, commixtionesque specierum sollicita mente tractate : sed non ponatis in herbis spem, non in humanis consiliis sospitatem (*Eccli.* xxxviii, 4). Nam quamvis medicina legatur a Domino constituta, ipse tamen sanos efficit, qui vitam sine dubitatione [*ed.*, fine] concedit ; scriptum est enim : *Omne quod facitis in verbo aut in opere, in nomine Domini Jesu facite, gratias agentes Deo et Patri per ipsum* (*Coloss.* iii, 17). Quod si vobis non fuerit Graecarum litterarum nota facundia, imprimis habetis herbarium Dioscoridis, qui herbas agrorum mirabili proprietate disseruit atque depinxit. Post haec, legite Hippocratem atque Galenum Latina lingua conversos, id est Therapeutica Galeni ad philosophum Glauconem destinata, et anonymum quemdam, qui ex diversis auctoribus probatur esse collectus. Deinde Aurelii Coelii de Medicina, et Hippocratis de Herbis et curis, diversosque alios medendi arte compositos, quos vobis in biblio-

---

[a] Hic fere D. Hieronymus in Epitaphio Nepotiani in fine : *Hoc ipsum quod dicto, quod scribitur, quod relego, quod emendo de vita mea tollitur, quot puncta notarii, tot meorum sunt damna temporum.*

[b] Sic Paulinus epist. de Gazophyla. Symmachus lib. iii, epist. 59.

thecæ nostræ sinibus reconditos, Deo auxiliante, dereliqui.

CAPUT XXXII.

Exhortatio Cassiodori ad monachos et abbates Chalcedonium et Geruntium.

Quapropter omnes, quos monasterii septa concludunt, tam Patrum regulas quam præceptoris proprii jussa servate, et libenter quæ vobis salubriter imperantur efficite : quia magnæ remunerationis est præmium sine aliquo murmure præceptis salutaribus obedire. Vos autem viros sanctissimos abbates Chalcedonium et Geruntium deprecor, ut sic cuncta disponatis, quatenus gregem vobis creditum (præstante Domino) ad beatitudinis dona perducere debeatis. Peregrinum igitur ante omnia suscipite, eleemosynam date, nudum vestite, esurienti panem frangite: quoniam iste vere dicendus est consolator, qui miseros consolatur. Ipsos autem rusticos qui ad vestrum monasterium pertinent, bonis moribus erudite, quos adjectarum pensionum pondere non gravetis; scriptum est enim: *Jugum meum suave est, et onus meum leve* (Matth. XI, 30). Illud vero quod familiare rusticis comprobatur, furta nesciant, lucos colere prorsus ignorent, vivant innoxio proposito et simplicitate felici. Secundo illis ordo conversationis purissimus imponatur, frequenter ad monasteria sancta conveniant, ut erubescant vestros se dici, et non de vestra institutione cognosci. Sciant etiam Deum ubertatem agris eorum dignanter infundere, si eum fideliter consueverint invocare.

Facta [*ed.*, Data] est itaque vobis quædam urbs propria, cives religiosi : in qua si concorditer et spiritualiter (Domino præstante) transigitis, cœlestis jam patriæ præfiguratione gaudetis. Nolite amare desidiam, quam Domino cognoscitis odiosam. Præsto vobis sunt sanctarum Scripturarum instrumenta dogmatica cum expositoribus suis, qui vere sunt florigeri campi, cœlestis paradisi poma suavia, unde et fideles animæ salubriter imbuantur, et linguæ vestræ non caduco, sed fructifero nimis instruantur eloquio. Quapropter desideranter introite mysteria Domini, ut sequentibus iter indicare possitis : quia magnæ verecundiæ pondus est habere quod legas, et ignorare quod doceas. Et ideo futuræ beatitudinis memores, vitas Patrum, confessiones fidelium, passiones martyrum legite constanter (quas inter alia in epistola sancti Hieronymi ad Chromatium et Heliodorum destinata [a], procul dubio reperitis) qui per totum orbem terrarum floruere; ut sancta imitatio vos provocans, ad cœlestia regna perducat. Scientes quia non solum in agone sanguinis, aut in virginitate carnis positæ sunt coronæ, sed et omnes qui (juvante Deo) vitia sui corporis vincunt, recteque credunt, palmam sanctæ remunerationis accipiunt. Sed ut facilius (sicut dictum est) mortiferas mundi delectationes, noxiaque blandimenta, Domino præstante, vincatis, et sitis hujus sæculi (sicut de beatis legitur) transeuntes, ad illud semper primi psalmi festinate remedium salutare, ut legem Domini diebus noctibusque meditemini. Tunc non inveniet inimicus protervus locum, cum totum Christus occupaverit animum. Nam et Pater 557 Hieronymus pulchre complexus est, dicens (*Epist.* 4 *ad Rusticum*) : Ama lectionem Scripturarum, et carnis vitia non amabis.

Dicite nihil, viri prudentissimi, quid beatius quam illum habere propitium, quem iratum non valemus effugere? Nam si præfectum vox præconis enuntiet, si carpentum [b] ipsius strepentibus rotis transire noscamus, nonne omnes voluptates cordis abjicimus, dum aspectum ipsius reverentiamque metuimus? Deus intonat per convexa cœli, fulgura demonstrat in nubibus, frequenter commovet fundamenta terrarum, et, proh dolor! præsentia ipsius non timetur, qui ubique totus et omnipotens esse cognoscitur. Quapropter absentem Judicem non credamus, et rei ad ipsius tribunalia non veniemus. Qui minus peccat, gratias agat, quoniam non est desertus a Domini misericordia, ut præceps laberetur ad vitia. Qui plurimum deliquit, incessanter exoret; nemo se ad excusationes perfidas et subdola vota convertat. Reos nos fateamur, qui absolute delinquimus. Nihil est stultius quam illi velle mentiri, cui nullatenus probatur illudi. Parata est misericordia, si petatur mente purissima. Nulla est causa deterior apud pium Judicem, nisi quando subjectus suam negligit sospitatem.

Oremus ergo, fratres charissimi, quatenus qui humano generi tam magna largitus est, ut ovem perditam reportare suis humeris dignaretur, et per incorporationis beneficium rumperet vincula peccatorum, ut ignaris atque alienatis fidei arcana patefaceret, baptisma donaret, martyrium concederet, eleemosynas fieri suaderet, sancta quoque nos orationis institutione purgaret, remittere nos fratribus peccata præciperet, ut ipse quoque similiter debita nostra laxaret, ut converteremus errantes, quatenus erroris nostri ligamina solverentur ; ut pœnitentiam summo studio quæreremus, ut haberemus abundantiam charitatis erga Deum et proximum nostrum. Super his etiam communicationem corporis et sanguinis sui clementissimus Redemptor indulsit ; quatenus pietas Creatoris hinc maxime possit intelligi, cum nos tantis beneficiis (si tamen eum puro corde quæramus) fecisset absolvi. Addat ipse quoque nunc cumulum muneribus suis, sensus nostros illuminet, corda nostra purificet, ut Scripturas sanctas mente purissima cognoscere mereamur, et mandata ipsius suffragante nobis ejus gratia compleamus.

CAPUT XXXIII.

Oratio Cassiodori.

Præsta, Domine, legentibus provectum [*ed.*, profectum], quærentibus legem tuam peccatorum omnium

---

[a] Baronius Præfat. in Martyrolog. Roman. cap. 7, dubitat an sit Hieronymi.

[b] Præfectus Urbis carpento ferebatur. Vide Variar lib. VI, cap. 3.

remissionem; ut qui desiderio magno ad lumen Scripturarum tuarum pervenire cupimus, nullis peccatis caligantibus obscuremur. Attrahe nos ad te virtute omnipotentiæ tuæ; non relinquas sua voluntate vagari quos pretioso sanguine redemisti. Imaginem tuam in nobis non sinas obscurari, quæ si te præstante [*ed.*, præsente] defendatur, semper egregia est. Non diabolo, non nobis liceat tua dona subvertere, quia totum fragile est quidquid tibi nititur obviare. Audi nos, pie Rex, contra peccata nostra, et prius illa a nobis remove, quam nos per ea juste possis in tua examinatione damnare.

Quid nostra nobis insidiatur iniquitas, quid contra nos delicta configunt, creaturam tuam evertere cupiunt, quæ nulla substantiæ firmitate consistunt? Dicat certe diabolus, cur nos insaturabili dolore persequitur. Nunquid illi consilium dedimus, ut tibi Domino superbus existeret, et de beatitudine collata caderet, cum tantæ per te virtutis insignia possideret? Sufficiat quod nos in Adam perculit. Quare nos quotidianis deceptionibus impius calumniator insequitur? Et sicut ille a gratia tua per culpam suam cecidit, nos quoque ut ab eadem separemur, exquirit. Concede, Domine, contra hostem crudelissimum, pium tuæ defensionis auxilium; ut sicut ille fragilitatem nostram non desinit impetere, ita tuis possit viribus confusus abscedere. Non permittas, bone Rex, in nobis sævissimum hostem sua vota complere, qui te graviter elegit offendere. Quid nos sicut leo rugiens circuit, quærens quem devorare contendit (*I Petr.* v, 8)? Semel illi in baptismate sacro renuntiavimus, semel tibi, Domine, credere professi sumus; tales nos per tuam defensionem concede servari, quales nos fieri per aquam regenerationis, Creator altissime, præstitisti. Qui tui esse cœpimus, alium dominum nesciamus. Tua gratia redempti sumus, tua mandata te donante faciamus. Si nos relinquis, ille nos tergiversator invadit; indefectus atque impudens semper assistit, lucra sua computans humanas ruinas. Blanditur, ut decipiat: instigat, ut perimat; maxime per corpus nostrum animas decipit; et ita labilis per desideria humana diffunditur, ut nulla pene providentia, nullo prorsus consilio sentiatur. Longum est per cuncta discurrere. Tali quis possit obsistere, nisi tu, Domine, illi decreveris obviare? Quid enim de nobis possit facere, qui te in nostro corpore ausus fuit per subdola machinamenta tentare? Exaudi nos, o custos hominum! hic nos ab illo indulgentia tua libera, qui nos trahere nititur ad gehennam. Cum illo sortem non habeamus, ut tecum, Domine, habere possimus. Vindica fabricam tuam ab illo qui destruit; damnari alios non faciat, qui seipsum damnavit; sed potius ille cum suis pereat, qui perdere cuncta festinat.

EPILOGUS. — Eia nunc, charissimi fratres, festinate in Scripturis sanctis proficere, quando me cognoscitis pro doctrinæ vestræ copia, adjutorio dominicæ gratiæ, tanta vobis et talia congregasse. Conferte nunc egentes vicissitudinem rerum, ut pro me jugiter Domino supplicare dignemini : quoniam scriptum est : *Orate pro invicem, ut salvemini* (*Jacob.*, v, 16). O inæstimabilis pietas virtusque Creatoris, quando in commune utile esse promittitur, si pro nobis invicem pio Domino supplicemus!

M. AURELII CASSIODORI
DE ARTIBUS AC DISCIPLINIS LIBERALIUM LITTERARUM.

PREFATIO.

558 Superior liber, Domino præstante, completus, Institutionem videlicet divinarum continet lectionum; hic triginta tribus titulis noscitur comprehensus. Qui numerus ætati dominicæ probatur accommodus, quando mundo peccatis mortuo æternam vitam præstitit, et præmia credentibus sine fine concessit. Nunc tempus est ut aliis septem titulis sæcularium lectionum præsentis libri textum percurrere debeamus; qui tamen calculus per septimanas sibimet succedentes in se continue revolutus, usque ad totius orbis finem semper extenditur.

Sciendum est plane quoniam frequenter quidquid continuum atque perpetuum Scriptura sancta vult intelligi, sub isto numero comprehendit; sicut dicit David : *Septies in die laudem dixi tibi* (*Psal.* XCVIII, 164); cum tamen alibi profiteatur : *Benedicam Dominum in omni tempore, semper laus ejus in ore meo* (*Psal.* XXXIII, 2). Et Salomon : *Sapientia ædificavit sibi domum, excidit columnas septem* (*Prov.* IX, 1). In Exodo quoque dixit Dominus ad Moysen : *Facies lucernas septem, et pones eas super candelabrum, ut luceant ex adverso* (*Exod.* XXV, 37). Quem numerum Apocalypsis in diversis rebus omnino commemorat (*Apoc.* I, 4, 11, 12); qui tamen calculus ad illud nos æternum tempus trahit, quod non potest habere defectum. Merito ergo ibi semper commemoratur, ubi perpetuum tempus ostenditur.

Sic arithmetica disciplina dotata est, quando rerum opifex Deus dispositiones suas sub numeri, ponderis et mensuræ quantitate, constituit; sicut ait Salomon : *Omnia in numero, mensura et pondere fecisti* (*Sap.* XI, 21). Creatura siquidem Dei sic numero facta cognoscitur, quando ipse in Evangelio ait : *Vestri autem et capilli capitis omnes numerati sunt* (*Matth.* X, 30). Sic creatura Dei constituta est in mensura, sicut ipse in Evangelio testatur : *Quis autem vestrum cogitans potest adjicere ad staturam suam cubitum unum* (*Matth.* VI, 27)? Item Isaias propheta dicit : *Qui cœlum metitur palmo, et terram tenet clausa manu* (*Isai.* XL, 12). Rursus creatura Dei probatur facta sub pondere; sicut ait in Proverbiis Salomon : *Et librabat fontes aquarum*, et paulo post : *Quando appendebat fundamenta terræ, cum eo eram* (*Prov.* VIII, 28, 29). Quapropter, opere Dei singularizato, magnificæ res necessaria definitione conclusæ sunt; ut sicut eum omnia condidisse credimus, ita et quemadmodum facta sunt aliquatenus discernemus.

Unde datur intelligi mala opera diaboli nec pondere, nec mensura, nec numero contineri : quoniam quidquid agit iniquitas, justitiæ semper adversum est; sicut et tertius decimus Psalmus meminit, dicens : *Contritio et infelicitas in viis eorum, et viam pacis non cognoverunt : non est timor Dei ante oculos eorum* (*Psal.* XIII, 3). Isaias quoque dicit : Dereliquerunt Deum Sabaoth, et ambulaverunt per vias distortas. Revera mirabilis et summe sapiens Deus, qui omnes creaturas suas singulari moderatione distinxit, ne aliquid eorum fœda confusio possideret. Unde Pater Augustinus in libro IV de Genesi ad litteram minutissime disputavit.

Modo jam secundi voluminis intremus initia, quæ paulo diligentius audiamus [*Hic incipiunt mss. cod.*] : Intentus nobis est de arte grammatica, sive rhetorica vel de disciplinis aliqua breviter velle conscribere; quarum rerum principia necesse est nos inchoare; dicendumque prius est de arte grammatica, quæ est videlicet origo et fundamentum liberalium litterarum.

Liber autem dictus est a libro, id est arboris cortice dempto atque liberato, ubi ante copiam chartarum antiqui carmina describebant. Scire autem debemus, sicut Varro dicit, utilitatis alicujus causa omnium artium exstitisse principia.

Ars vero dicta est, quod non suis regulis arctet **559** atque constringat. Alii dicunt a Græcis hoc tractum esse vocabulum, ἀπὸ τῆς ἀρετῆς, id est a virtute doctrinæ, quam diserti viri uniuscujusque bonæ rei scientiam vocant.

Secundo de arte rhetorica, quæ propter nitorem ac copiam eloquentiæ suæ, maxime in civilibus quæstionibus, necessaria nimis et honorabilis æstimatur.

Tertio de logica, quæ dialectica nuncupatur. Hæc, quantum magistri sæculares dicunt, disputationibus subtilissimis ac brevibus vera sequestrat a falsis.

Quarto de mathematica, quæ quatuor complectitur disciplinas, id est arithmeticam, geometricam, musicam et astronomicam. Quam mathematicam Latino sermone doctrinalem possumus appellare; quo nomine licet omnia doctrinalia dicere valeamus quæcunque docent hæc sibi tamen commune vocabulum propter suam excellentiam proprie vindicavit; ut Poeta dictus, intelligitur Virgilius; Orator enuntiatus, advertitur Cicero; quamvis multi et poetæ et oratores in Latina lingua esse doceantur; quod etiam de Homero atque Demosthene Græcia facunda concelebrat.

Mathematica vero est scientia quæ abstractam considerat quantitatem. Abstracta enim quantitas dicitur, quam intellectu a materia separantes, vel ab aliis accidentibus, sola ratiocinatione tractamus. Sic totius voluminis ordo quasi quodam vade [*ed.*, vado] promissus est.

Nunc quemadmodum pollicita sunt, per divisiones definitionesque suas, Domino juvante, reddamus : quia duplex quodammodo discendi genus est, quando et linealis descriptio imbuit diligenter aspectum, et per [*ed.*, post] aurium præparatum intrat auditum. Nec illud quoque tacebimus, quibus auctoribus tam Græcis quam Latinis, quæ dicimus, exposita claruerunt; ut qui studiose legere voluerit, quibusdam compendiis [*mss. Reg. et Sang.*, competentiis] introductus, lucidius majorum dicta percipiat.

CAPUT PRIMUM.
INSTITUTIO DE ARTE GRAMMATICA.

Grammatica a litteris nomen accepit, sicut vocabuli ipsius derivatus sonus ostendit; quas primus omnium Cadmus sexdecim tantum legitur invenisse, easque Græcis studiosissimis tradens, reliquas ipsi vivacitate animi suppleverunt. De quarum formulis atque virtutibus, Helenus atque Priscianus subtiliter Attico sermone locuti sunt. Grammatica vero est peritia pulchre loquendi ex poetis illustribus, oratoribusque [*mss.*, auctoribus] collecta. Officium ejus est sine vitio dictionem prosalem metricamque componere. Finis vero elimatæ locutionis vel scripturæ, inculpabili placere peritia.

Sed quamvis auctores superiorum temporum de arte grammatica ordine diverso tractaverint, suisque sæculis honoris decus habuerint, ut Palæmon, Phocas, Probus et Censorinus, nobis tamen placet in medium Donatum deducere, qui et pueris specialiter aptus, et tironibus probatur accommodus. Cujus gemina commenta reliquimus, ut supra quod ipse planus [*ms. Sanger.*, Latinus] est, fiat clarior dupliciter explanatus. Sed et sanctum Augustinum propter simplicitatem fratrum breviter instruendam, aliqua de eodem titulo scripsisse reperimus, quæ vobis lectitanda reliquimus : ne quid rudibus deesse videatur, qui ad tantæ scientiæ culmina præparantur.

Donatus igitur in secunda parte ita disceptat.

De voce articulata.
De littera.
De syllaba.
De pedibus.
De accentibus.
De posituris seu distinctionibus.
Et iterum de partibus orationis octo.
De schematibus.
De etymologiis.
De orthographia.

Vox articulata est aer percussus, sensibilis auditu, quantum in ipso est.

Littera est pars minima vocis articulatæ.

Syllaba est comprehensio litterarum, vel unius vocalis enuntiatio, temporum capax.

Pes est syllabarum et temporum certa dinumeratio.

Accentus est vitio carens vocis artificiosa pronuntiatio.

Positura sive distinctio est moderatae pronuntiationis apta repausatio.

Partes autem orationis sunt octo, nomen, pronomen, verbum, adverbium, participium, conjunctio, praepositio, interjectio.

Nomen est pars orationis cum casu, corpus aut rem proprie communiterve significans; proprie, ut *Roma*, *Tiberis*; communiter, ut *urbs*, *fluvius*.

Pronomen est pars orationis quae, pro nomine posita, tantumdem pene significat, personamque interdum recipit.

Verbum est pars orationis cum tempore et persona sine casu.

Adverbium est pars orationis quae, adjecta verbo, significationem ejus explanat atque implet; ut, *jam faciam* vel *non faciam*.

Participium est pars orationis dicta quod partem capiat nominis, partemque verbi; recipit enim a nomine genera et casus, a verbo tempora et significationes, ab utroque numeros et figuras.

Conjunctio est pars orationis adnectens ordinansque sententiam.

Praepositio est pars orationis quae, praeposita aliis partibus orationis, significationem earum aut mutat, aut complet, aut minuit.

Interjectio est pars orationis significans mentis affectum voce incondita.

Schemata sunt transformationes sermonum **560** vel sententiarum, ornatus causa positae; quae a quodam artigrapho nomine Sacerdote collecta, fiunt numero nonaginta octo : ita tamen ut quae a Donato inter vitia posita sunt, in ipso numero collecta claudantur. Quod et mihi quoque durum videtur vitia dicere, quae auctorum exemplis, et maxime legis divinae auctoritate firmantur. Haec grammaticis oratoribusque communia sunt : quae tamen in utraque parte probabiliter reperiuntur aptata.

Addendum est etiam de etymologiis et orthographia, de quibus alios scripsisse certissimum est. Etymologia est aut vera aut verisimilis demonstratio, declarans ex qua origine verba descendant.

Orthographia est rectitudo scribendi nullo errore vitiata, quae manum componit et linguam. Haec breviter dicta sufficiant.

Caeterum qui ea voluerit latius pleniusque cognoscere, cum praefatione sua codicem legat, quem nostra curiositate formavimus, id est Artem Donati, cui de Orthographia librum et alium de Etymologiis inseruimus, quartum quoque de Schematibus Sacerdotis adjunximus; quatenus diligens lector in uno codice reperire possit, quod arti grammaticae deputatum esse cognoscit.

Sed quia continentia magis artis grammaticae dicta est, curavimus aliqua de nominis verbique regulis pro parte subjicere, quas recte tantum Aristoteles orationis partes asseruit.

DE NOMINIBUS.

Nominis partes sunt :
Qualitas, ποιότης,
Comparatio, σύγκρισις,
Genus, γένος,
Numerus, ἀριθμὸς,
Figura, σχῆμα,
Casus, πτῶσις.

Pronominis partes.

Qualitas,
Genus,
Numerus,
Figura,
Persona,
Casus.

Nomina quae apud nos in *us*, ut *vulgus*, *pelagus*, *virus*, Lucretius viri dicit; quanquam rectius inflexum maneat. Secundae species sunt quae per obliquos casus crescunt, et genitivo singulari in *is* litteras exeunt; ut *genus*, *nemus* : ex quibus quaedam *u* in *e* mutant, ut *olus oleris*, *ulcus ulceris* : quaedam in *o*, ut *nemus nemoris*, *pecus pecoris*. In dubitationem veniunt *fenus* et *stercus* in *e* an in *o* mutent : quoniam quae in *nus* syllabam finiunt, *u* in *e* mutant; ut *vulnus*, *scelus*, *funus*, et *funeratos* dicimus. *Fenus* enim exemplo non debet nocere, cum inter dubia genera ponatur. Item veteres *stercoratos* agros dicebant, non *stercoratos*.

In *s* littera finita nomina, praecurrentibus *n* vel *r*, omnia sunt unius generis, nisi quae ante *s*, *r* habent, interdum *d* recipiunt, ut *socors socordis*; interdum *i*, ut *solers*, *iners*.

In plurali quoque, excepto genitivo et accusativo, omnibus casibus similiter declinantur. Nam quaedam in *um* genitivo, accusativo in *es* exeunt, ut *Mars*, *ars*; quaedam in *ium*, ut *sapiens*, *patiens*, et ob hoc accusativi eorum in eis exeunt. Pleraque autem ex his nomina tribus generibus communia sunt, et in litteram quam habent, neutra in nominative plurali dant etiam genitivis reliquorum generum, cum quibus communia sunt.

In *t* littera, neutra tantum nomina quaedam, pauca finiuntur; ut *git*, quod non declinatur; ut *caput*, *sinciput*. Quidam cum *lac* dicunt, adjiciunt *i*, propter quod facit *lactis*; sed Virgilius :

Lac mihi non aestate novum, non frigore defit.

Quippe cum nulla apud nos nomina in duas mutas exeant, et ideo veteres *lacte* in nominativo dixerant.

X littera terminat quaedam in quibus omnia communia in *ium* exeunt in genitivo plurali; ob hoc accusativo in *i* et *s*. Plurima vero genitivo in *u* et *m*, non praecurrente *i*, et ob hoc in *e* et *s* accusativo exeunt; nam in reliquis consentiunt. Ut pote cum singulariter omnia nominativa et vocativa habeant genitivum in *i* et *s*, agant dativum in *i* littera; ablativum in *e* vel *i* definiant, adjectaque *m* accusativum definiant impleantque; pluraliter vero dativum ablativumque in *bus* syllaba finiunt.

Nam de cæteris, quibus dissident veteres, quidam *atrocum* et *ferocum*, qua ratione omnium *x* littera finitorum una species videbitur. Huic *x* litteræ omnes vocales præferuntur; ut *capax, frutex, pernix, atrox, redux*. Ex iis nominibus quædam in nominativo producuntur, quædam corripiuntur; quædam consentiunt in nominativo, in obliquis dissentiunt. *Pax* enim, et *rapax*, item *rex* et *pumex*, item *nux* et *lux*, etiam primam positionem variant ad *nix* et *nutrix*. Item *nox* et *atrox* sic in prima positione consentiunt, ut discrepent per obliquos.

Et illud animadvertendum est, quædam ex iis *x* litteram in *g*, quædam in *c* per declinationes compellere. *Lex* enim *legis, grex gregis* facit, ut *pix picis, nux nucis*. Nam in his quæ non sunt monosyllaba, nunquam non *x* littera genitivo in *c* convertitur; ut *frutex fruticis, ferox ferocis*. Supellex autem, et *senex*, et *nix*, privilegio quodam contra rationem declinantur, quoniam *supellex* duabus syllabis crescit, quod vetat ratio; et *senex* ut in nominativo item genitivo disyllabus manet, cum omnia *x* littera terminata crescant. Et *nix* nec in *c* convertitur, ut *pix*; nec in *g* ut *rex*; sed in *u* consonans, in vocalem transire non possit.

In plurali autem genitivo, ablativus singularis formas vertit. Nam in *a* aut *o* terminatus, in *rum* exit, *e* correpta in *um*; producta, in *rum*; *i* terminatus in *um*. Dativus et ablativus pluralis *a* in *is* exeunt et in *bus*. Quæ præcepta in scholis sunt tritiora; sed quoties in *is* exeunt, longa syllaba terminantur; quoties in *bus*, brevi. Decursis nominum regulis, æquum est consequenter adjicere canones verborum primæ conjugationis.

561 DE VERBIS.

Partes verbi sunt:

Qualitas,
Conjugatio,
Genus,
Numerus,
Figura,
Tempus,
Persona,

Qualitas verbi:

Modi,
Indicativi, ὁριστική,
Imperativi, προστακτική,
Optativi, εὐκτική,
Conjunctivi, ὑποτακτική,
Infinitivi, ἀπαρέμφατος,

Genus verbi:

Activa, ἐνεργητικά,
Passiva, παθητικά,
Communia, κοινά.

Tempus, χρόνος:

Præsens, ἐνεστώς,
Præteritum, παρεληλυθώς,
Futurum, μέλλων,
Imperfectum, παρατατικός,
Perfectum, παρακείμενος,
Plusquam perfectum, ὑπερσυντελικός,
Infinitum, ἀόριστος.

Verba quæ vel in *o* littera, vel alia præcedente vocali terminantur, vel præeunte vocali qualibet, formas habent quatuor.

Secundæ conjugationis correptæ verba formas habent viginti. Sic quæcunque verba indicativo modo, tempore præsenti, persona prima, in *o* littera terminantur, formas habent sex, quæ voces formas habent duas. Quæ nulla præcedente vocali in *o* littera terminantur, formas habent duodecim.

Tertiæ conjugationis productæ verba, quæ indicativo modo, tempore præsenti, persona prima in *o* littera terminantur, formas habent quinque. Quæcunque autem verba cujuscunque conjugationis indicativo modo, tempore præsenti, persona prima, vel nulla præcedente vocali, vel qualibet alia præcedente in *o* littera terminantur, eorum declinatio hoc numero formarum continetur. De quibus singulis dicam.

Primæ conjugationis verba indicativo modo, tempore præsenti, persona prima, aut in *o* littera nulla alia præcedente vocali terminantur, ut *amo, canto*; aut *eo*, ut *commeo, calceo*; aut *io*, ut *lanio, satio*; aut *uo*, ut *æstuo, continuo*. Primæ conjugationis verba imperativo modo, tempore præsenti ad secundam personam in *a* littera producta terminantur; ut *amo, ama; canto, canta;* infinito modo ad imperativum modum, in *re* syllaba, manente productione, terminantur: ut *ama, amare; canta, cantare*. Item prima conjugatio, quæ indicativo modo, tempore præterito, specie absoluta, adjecta ad imperativum *vi* syllaba, manente productione terminantur; ut *commeo, commea, commeavi; lanio, lania, laniavi; satio, satia, satiavi*. Eodem modo, eodem tempore, specie inchoativa, adjecta ad imperativum modum in *bam* syllaba terminantur: ut *commea, commeabam; lania, laniabam; æstua, æstuabam*. Prima conjugatione, eodem modo, eodem tempore, specie recordativa, adjectis ad imperativum modum *veram* syllabis, terminantur partes: ut *commea, commeaveram; lania, laniaveram; æstua, æstuaveram*. Prima conjugatione, eodem modo, tempore futuro, adjecta ad imperativum modum *bo* syllaba, terminantur: ut *commea, commeabo; lania, laniabo; æstua, æstuabo*.

Quæ vero indicativo modo, tempore præsenti, ad primam personam in *o* littera, nulla alia præcedente vocali, terminantur, ea indicativo modo, tempore præterito, specie absoluta et exacta, quatuor modis proferuntur.

Et est primus qui similem regulam his habet. Qui indicativo modo, tempore præsenti, prima persona penultimam vocalem habet: ut *amo, ama, amavi, amabam, amaveram, amabo, amare*.

Secundus est qui *o* in *i* convertit ultimam in præterito perfecto, penultimam in plusquam perfecto *e* corripit; ut *adjuvo, adjuvi, adjuveram*.

Tertius qui similem quidem regulam habet primi

modi, sed detracta a littera disjungit : ut *seco, secavi, secaveram, secabo, secare*. Facit enim specie absoluta *secui*, et exacta *secueram*.

Quartus est qui per geminationem syllabæ profertur : ut *sto, sta, steti, steteram, stabo, stare*. Huic simile *do, da, dedi, dabam, dederam, dabo, dare*, correpta littera *a* contra regulam, in eo quod est, *dabam, dabo, dare*.

Proferuntur secundæ conjugationis verba, quæ indicativo modo, tempore præsenti, persona prima, in eo litteris terminantur : ut *video, vides; moneo, mones*. Secundæ conjugationis verba, indicativo modo, tempore præsenti, ad secundam personam in *e* littera producta, terminantur : ut *video, vide; moneo, mone*. Secundæ conjugationis verba, infinito modo, adjecta ad imperativum modum *re* syllaba, manente productione terminantur : ut *vide, videre; mone, monere*. Secundæ conjugationis verba, indicativo modo, tempore præterito, specie absoluta et exacta, septem modis declinantur; et est primus, qui formam regulæ ostendit. Nam forma hæc est, cum secundæ conjugationis verbum, indicativo modo, tempore præterito quidem perfecto, adjecta ad imperativum modum *vi* syllaba, manente productione. *Cætera desiderantur in mss.*

CAPUT II.
DE ARTE RHETORICA.

Artium aliæ sunt positæ in inspectione, id est cognitione et æstimatione rerum, qualis est astrologia : nullum exigens actum, sed ipso rei cujus studium habet, intellectu contenta, quæ θεωρητική vocatur. Alia in agendo, cujus in hoc finis est, ut ipso actu perficiatur, nihilque post actum operis relinquat, quæ πρακτική dicitur, qualis saltatio est. Alia in effectu, quæ operis, quod oculis subjicitur consummatione, finem **562** accipiunt, quam ποιητικήν appellamus, qualis est pictura.

Duo sunt genera orationis : altera perpetua, quæ rhetorica dicitur; altera concisa, quæ dialectica; quas quidem Zeno adeo conjunxit, ut hanc compressæ in pugnum manus, illam explicatæ similem dixerit.

Initium dicendi dedit natura; initium artis observatio. Homines enim, sicut in medicina, cum viderent alia salubria, alia insalubria ex observatione eorum effecerunt artem.

Facultas orandi consummatur natura, arte, exercitatione; cui partem quartam adjiciunt quidam imitationem, quam nos arti subjicimus.

Tria sunt quæ præstare debet orator : ut doceat, moveat, delectet. Hæc enim clarior divisio est quam eorum qui totum opus in res et in affectus partiuntur.

In suadendo ac dissuadendo tria primum spectanda sunt : quid sit de quo deliberetur, qui sint qui deliberent, quis sit qui suadeat rem de qua deliberatur. Omnis deliberatio de dubiis fit. Partes suadendi sunt honestum, utile, necessarium. Quidam, ut Quintilianus, δυνατόν hoc est possibile, approbat.

Quare proœmium a Græcis dicitur.

Clare partem hanc ante ingressum rei de qua dicendum sit ostendunt. Nam sive propterea quod οἶμα cantus est, et citharœdi pauca illa, quæ antequam legitimum certamen inchoent, emerendi favoris gratia canunt, proœmium cognominarunt. Oratores quoque ea quæ priusquam causam exordiantur, ad conciliandos sibi judicum animos præloquuntur, proœmii appellatione signarunt. Sive quod οἶμον Græci viam appellant id quod ante ingressum rei ponitur, sic vocari est institutum. Causa proœmii hæc est, ut auditorem, quo sit nobis in cæteris partibus accommodatior, præparemus. Id fit tribus modis, si benevolum, attentum, docilemque feceris; et in reliquis partibus haud minus, præcipue tamen in initiis necesse est animos judicum præparare.

Quid differt proœmium ab epilogo.

Quidam putarunt quod in proœmio præterita, in epilogo futura dicantur. Quintilianus autem eo quod in ingressu parcius et modestius prætentanda sit judicis misericordia; in epilogo vero liceat totos effundere affectus, et fictam orationem induere personis, et defunctos excitare, et pignora reorum perducere, quæ minus in proœmiis sunt usitata.

De Narratione.

Narratio aut tota pro nobis est, aut tota pro adversariis, aut mixta ex utrisque. Si erit tota pro nobis, contenti simus his tribus partibus, ut judex intelligat, meminerit, credat, nec quidquam reprehensione dignum putet.

Notandum ut quoties exitus rei satis ostendit priora, debemus hoc esse contenti, quo reliqua intelliguntur; satius est narrationi aliquot superesse quam deesse; nam supervacua cum tædio dicuntur, necessaria cum periculo subtrahuntur. Quæ probatione tractaturi sumus, personam, causam, locum, tempus, instrumentum, occasionem narratione delibabimus. Multæ sæpe in una causa sunt narrationes. Non semper eo ordine narrandum, quo res gesta est. Ἐπιδιήγησις fit ad augmentum vel invidiæ, vel miserationis, vel in adversis. Initium narrationis a persona fiet, et ea si nostra est, ornetur; si aliena, infametur. Et hæc cum suis accidentibus ponitur. Finis narrationis fit, cum eo perducitur expositio, unde quæstio oriatur.

De egressionibus.

Egressus est, vel egressio, hoc est παρέκβασις, cum intermissa parum re proposita, quiddam interseritur delectationis utilitatisve gratia. Sed hæ sunt plures, quæ per totam causam varios excursus habent : ut laus hominum locorumque, ut descriptio regionum, expositio quarumdam rerum gestarum, vel etiam fabulosarum.

Sed indignatio, miseratio, invidia, convicium, excusatio, conciliatio, maledictorum refutatio, et similia : omnis amplificatio, minutio, omnis affectus, genus de luxuria, de avaritia, religione, officiis cum suis argumentis subjecta similium rerum, quia cohærent, egredi non videntur. Areopagitæ damnaverunt puerum, corniculo oculos eruentem; qui putantur nihil aliud judicasse, quam id signum esse perniciosissimæ mentis, multisque malo futuræ si adolevisset.

De credibilibus.

Credibilium tria sunt genera : unum firmissimum, quia fere semper accidit, ut, liberos a parentibus amari.

Alterum velut propensius, eum qui recte valeat, in crastinum perventurum.

Tertium tantum non repugnans, ab eo in domo furtum factum, qui domui fuit.

Argumenta unde ducantur.

Ducuntur argumenta a personis, causis, tempore; cujus tres partes sunt, præcedens, conjunctum, insequens. Si agimus, nostra confirmanda sunt prius; tum ea quæ nostris opponuntur refutanda. Si respondemus, sæpius incipiendum a refutatione. Locuples et speciosa et imperiosa vult esse eloquentia.

De conclusione.

Conclusio, quæ peroratio dicitur, duplicem habet rationem : ponitur enim aut in rebus, aut in affectibus rerum, repetitio et congregatio, quæ Græce ἀνακεφαλαίωσις dicitur, a quibusdam Latinorum renumeratio dicitur, et memoriam auditoris reficit, et totam simul causam ponit ante oculos ; ut etiam si per singulos minus valebant, turba moveantur, ita tamen ut breviter eorum capita cursimque tangantur. Sed tunc fit ubi multæ causæ vel quæstiones inseruntur; nam si brevis et simplex est, non est necessaria.

De affectibus.

Affectuum duæ sunt species, quas Græci ἦθος καὶ πάθος vocant, hoc est, quasi mores et affectus **563** concitatos; et πάθος quidem affectus concitatos; ἦθος vero mites atque compositos; in illis vehementes motus, in his lenes : et πάθος quidem imperat, ἦθος persuadet; hi ad perturbationem, illi ad benevolentiam prævalent. Et est πάθος temporale, ἦθος vero perpetuum; utraque ex eadem natura; sed illud majus, hoc minus, ut amor πάθος, charitas ἦθος; πάθος concitat, ἦθος sedat.

In adversos plus valet invidia quam convicium, quia invidia adversarios, convicium nos invisos facit. Nam sunt quædam quæ si ab imprudentibus excidant, stulta sunt; cum simulamus, venusta creduntur. Bonus altercator vitio iracundiæ careat; nullus enim rationi magis obstat affectus, et fert extra causam plerumque, et deformia convicia facere ac mereri cogit, et nonnunquam in ipsos judices incitatur; quoniam sententiæ, verba, figuræ, coloresque sunt occultiores quæstiones ingenio, cura, exercitatione.

Conjectura omnis, aut de re est, aut de animo.

Utriusque tria tempora sunt, præteritum, præsens, et futurum. De re et generales quæstiones sunt, et definitæ; id est, et quæ non continentur personis, et quæ continentur. De animo quæri non potest, nisi ubi persona est; et de facto, cum de re agitur, aut quid factum sit in dubium venit, aut quid fiat, aut quid futurum sit, et reliqua similia.

De amphibologia.

Amphibologiæ species sunt innumerabiles, adeo ut philosophi quidam putent nullum esse verbum quod non plura significet genera, aut admodum pauca; aut enim vocibus singulis accidi per ὁμωνυμίαν, aut conjunctis per ambiguam constructionem.

Vitiosa oratio fit, cum inter duo nomina medium verbum ponitur.

Oppositiones etsi contrariæ non sint, sed dissimiles, verumtamen si suam figuram servant, sunt nihilominus antitheta.

Naturalis quæstio est, quæ est temporalis; sicut cum quæ sunt per ordines temporum acta, narrantur. Nunc ad artis rhetoricæ divisiones definitionesque veniamus; quæ sicut extensa atque copiosa est, ita a multis et claris scriptoribus tractata dilatatur.

Quid sit rhetorica.

Rhetorica dicitur a copia deductæ locutionis influere. Ars autem rhetorica est, sicut magistri tradunt sæcularium litterarum, bene dicendi scientia in civilibus quæstionibus. Orator igitur est vir bonus, dicendi peritus, ut dictum est in civilibus quæstionibus. Oratoris autem officium est apposite dicere ad persuadendum. Finis, persuadere dictione, quatenus rerum et personarum conditio videtur admittere in civilibus quæstionibus : unde nunc aliqua breviter assumemus, ut nonnullis partibus indicatis, pene totius artis ipsius summam virtutemque intelligere debeamus.

Civiles quæstiones sunt, secundum Fortunatianum artigraphum novellum, quæ in communem animi conceptionem possunt cadere, id est, qua unusquisque potest intelligere, cum de æquo quæritur et bono. Dividuntur in causam et quæstionem. Causa est res quæ habet in se controversiam in dicendo positam, personarum certarum interpositione; quæstio autem est res quæ habet in se controversiam in dicendo positam sine certarum personarum interpositione [a].

DE PARTIBUS RHETORICÆ.

Partes rhetoricæ sunt quinque.

Inventio,
Dispositio,
Elocutio,
Memoria,
Pronuntiatio,

Inventio est excogitatio rerum verarum aut verisimilium, quæ causam probabilem reddunt.

---

[a] Hæ sunt quæstiones an huic, an cum hoc, an hoc tempore, an hac lege, an apud ipsum. Quidquid præter istas quinque partes in oratione dicitur, egressio est. Hæc παρέκβασις, quoniam a recto dicendi itinere deflectitur quælibet inserendo.

DE ARTIBUS AC DISCIPLINIS LIBERALIUM LITTERARUM.

Dispositio est rerum inventarum in ordinem pulchra distributio.

Elocutio est idoneorum verborum ad inventionem accommodata perceptio.

Memoria est firma animi rerum ac verborum ad inventionem perceptio.

Pronuntiatio est ex rerum et verborum dignitate, vocis et corporis decora moderatio.

De generibus causarum.

Genera causarum rhetoricæ sunt tria principalia: demonstrativum, deliberativum, judiciale:

Demonstrativum et ostentativum Ἐγκωμιαστικόν Ἐπιδεικτικόν	In laude, In vituperatione.
Deliberativum et suasorium dicitur Συμβουλευτικόν	In suasione, In dissuasione.
Judiciale Δικανικόν	In accusatione et defensione, In præmii pensione et negatione.

Demonstrativum genus est cum aliquid demonstramus, in quo est laus et vituperatio, hoc est, quando per hujusmodi descriptionem ostenditur aliquis, atque cognoscitur; ut psalmus xxviii et alia vel loca vel psalmi plurimi, ut: *Domine, in cœlo misericordia tua, et usque ad nubes veritas tua. Justitia tua sicut montes Dei,* et reliqua.

Deliberativum genus est in quo est suasio et dissuasio, hoc est quid appetere, quid fugere, quid docere, quid prohibere debeamus.

Judiciale genus est in quo est accusatio et defensio, vel præmii pensio et negatio.

De statibus.

Status Græce στάσις. Status causarum sunt aut rationales, aut legales. Status vero dicitur ea res, in qua causa consistit. Fit autem ex intentione et depulsione, vel constitutione.

Statum alii vocant constitutionem, alii quæstionem, alii quod ex quæstione appareat.

Status rationales secundum generales quæstiones sunt quatuor:
Conjectura.
Finis.
Qualitas.
Translatio.

1. Conjecturalis status est, cum factum quod ab alio objicitur, ab adversario pernegatur.

2. Finitivus status est, cum id quod objicitur, non hoc esse contendimus; sed quid illud sit, adhibitis definitionibus approbamus.

3. Qualitas est, cum qualis res sit, quæritur; et quia de vi et genere negotii controversia est, constitutio generalis vocatur.

Qualitas generalis				
	Juridicialis Δικολογική	Absoluta		
			Concessio	Purgatio, Deprecatio,
				Imprudentia, Casus, Necessitas.
			Remotio criminis	aut causæ, aut facti.
	Negotialis Πραγματική	Assumptiva	Relatio criminis Ἀντέγκλημα.	Cui juste in alio committitur, quia et ille in te sæpius commisit.
			Comparatio Ἀντίστασις.	Quando melius id factum peragitur.

Juridicialis est in qua æqui et recti natura, et præmii et pœnæ ratio quæritur.

Negotialis est in qua, quid juris ex civili more et æquitate sit, consideratur.

Absoluta est quæ ipso in se continet juris et injuriæ quæstionem.

Assumptiva est, quæ ipsa ex se nihil dat firmi, aut recusationem foris, aut aliquid defensionis assumit.

Concessio est, cum reus non id quod factum est, defendit, sed ut ignoscatur postulat [a] quod nos ad pœnitentes probavimus pertinere (*Comment in Psal.* col. 169 *et* 103 [218 et 258].

Remotio criminis est, cum id crimen quod infertur ab se et ab sua culpa, vi et potestate in alium reus dimovere conatur.

Relatio criminis est, cum ideo jure factum dicitur, quod aliquis ante injuriam lacessierit.

Comparatio est, cum aliud aliquod alterius factum honestum aut utile contenditur, quod, ut fieret illud quod arguitur, dicitur esse commissum.

Purgatio est, cum factum quidem conceditur, sed culpa removetur. Hæc partes habet tres, imprudentiam, casum, necessitatem. Imprudentia est, cum scisse se aliquid is qui arguitur, negat. Casus est, cum demonstratur aliquam fortunæ vim obstitisse voluntati. Necessitas est, cum vi quadam reus id quod fecerit, fecisse se dixerit.

Deprecatio est, cum et peccasse, et consulto peccasse reus confitetur, et tamen ut ignoscatur postulat. Quod genus perraro potest accidere.

---

[a] **Ubi** adversariis omnia conceduntur, et per solas lacrymas supplices defenditur reus.

4. Translatio dicitur, cum causa ex eo pendet, cum non aut is agere videtur, quem oportet, aut non cum eo qui oportet; aut non apud quos, quo tempore, qua lege, quo crimine, qua pœna oporteat. Translationi adjicitur constitutio, quod actio translationis et commutationis indigere videtur.

Status legales sunt quinque :

Scriptum et voluntas.
Ῥητὸν καὶ διάνοια.
Leges contrariæ.
Ambiguitas. Ἀμφιβολία.
Collectio, sive ratiocinatio.
Συλλογισμός.
Definitio legalis.

Scriptum et voluntas est, quando verba ipsa videntur cum sententia scriptoris dissidere.

Legis contrariæ status est, quando inter se duæ leges aut plures discrepare videntur.

Ambiguitas est, cum id quod scriptum est duas aut plures res significare videtur.

Collectio, quæ et ratiocinatio nuncupatur, est quando ex eo quod scriptum est invenitur.

Definitio legalis est, cum vis verbi quasi definitiva constitutione, in qua posita sit, quæritur.

Status ergo tam rationales quam legales a quibusdam decem et octo connumerati sunt. Cæterum secundum Rhetoricos Tullii decem et novem inveniuntur, propterea quod translationem inter rationales principaliter affixit status. Unde seipsum etiam Cicero (sicut superius dictum est) reprehendens, translationem legalibus statibus applicavit.

De controversia.

Omnis controversia, sicut ait Cicero, aut **simplex** est, aut juncta, aut ex comparatione.

Simplex est quæ absolutam continet unam quæstionem, hoc modo : Corinthiis bellum indicemus, an non.

Juncta est ex pluribus quæstionibus [a], in qua plura quæruntur hoc pacto : Carthago diruatur, an Carthaginiensibus reddatur, an eo colonia deducatur.

Ex comparatione, utrum potius, an quod potissimum quæritur ad hunc modum : utrum exercitus contra Philippum in Macedoniam mittatur, qui sociis sit auxilio, an teneatur in Italia, ut quam maximæ contra Annibalem copiæ sint.

DE GENERIBUS CAUSARUM.

Genera causarum sunt quinque :

Honestum,
Admirabile,
Humile,
Anceps,
Obscurum.

Honestum causæ genus est cui statim sine oratione nostra favet auditoris animus.

Admirabile, a quo est alienatus animus eorum qui audituri sunt.

Humile est quod negligitur ab auditore, et non magnopere attendendum videtur.

Anceps in quo aut judicatio dubia est, aut causa et honestatis et turpitudinis particeps, ut benevolentiam pariat et offensionem.

Obscurum, in quo aut tardi auditores sunt, aut difficilioribus ad cognoscendum negotiis causa implicata est.

DE PARTIBUS RHETORICÆ.

Partes orationis rhetoricæ sunt sex :

Exordium,
Narratio,
Partitio,
Confirmatio,
Reprehensio,
Conclusio, *sive*
Peroratio.

Exordium est oratio animum auditoris idonee comparans ad reliquam dictionem.

Narratio est rerum gestarum, aut ut gestarum expositio.

Partitio est, quæ si recte habita fuerit, illustrem et perspicuam totam efficit orationem.

Confirmatio est per quam argumentando nostræ causæ fidem, et auctoritatem, et firmamentum adjungit oratio.

Reprehensio est per quam argumentando adversariorum confirmatio diluitur aut elevatur.

Conclusio est exitus et determinatio totius orationis, ubi interdum et epilogorum allegatio flebilis adhibetur.

Hæc licet Cicero, Latinæ eloquentiæ lumen eximium, per varia volumina copiose nimis et diligenter effuderit, et in Arte rhetorica duobus libris videatur amplexus, quorum commenta a Mario Victorino composita, in bibliotheca mea vobis reliquisse cognoscor.

Quintilianus etiam doctor egregius, qui post fluvios Tullianos singulariter valuit implere quæ docuit, virum bonum dicendi peritum a prima ætate suscipiens, per cunctas artes ac disciplinas nobilium litterarum erudiendum esse monstravit. Libros autem duos Ciceronis de Arte rhetorica, et Quintiliani duodecim Institutionum judicavimus esse jungendos, ut nec codicis excresceret magnitudo, et utrique dum necessarii fuerint, parati semper occurrant.

Fortunatianum vero doctorem novellum, qui tribus voluminibus de hac re subtiliter minuteque tractavit, in pugillari codice apte forsitan congruenterque redegimus, ut et fastidium lectori tollat, et quæ sunt necessaria competenter insinuet. Hunc legat qui brevitatis amator est, nam cum opus suum in multos libros non tetenderit, plurima tamen acutissima ratiocinatione disseruit. Quos codices cum præfatione sua in uno corpore reperietis esse collectos.

---

[a] Et si juncta erit, considerandum erit utrum ex pluribus quæstionibus juncta sit, an ex aliqua comparatione.

DE RHETORICA ARGUMENTATIONE.

Rhetorica argumentatio fit.

Ἐπαγωγή.

Rhetorica argumentatio tractatur

Ἀπόδειξις est certa quædam argumenti conclusio vel ex consequentibus, vel repugnantibus.

aut per Inductionem, cujus membra sunt hæc :
- Propositio,
- Illatio quæ et assumptio dicitur,
- Conclusio.

aut per Ratiocinationem de argumentis, in quo nomine complectuntur quæ Græci dicunt,
- Ἐνθυμήματα.
- Ἀποδείξεις.
- Ἐπιχειρήματα.

Ἐνθύμημα est commentum vel commentio, hoc est mentis conceptio.

Παρενθύμημα, qui est imperfectus syllogismus, atque rhetoricus, sicut Fortunatianus dicit, in generibus explicatur :
- Convincibili,
- Ostentabili,
- Sententiabili,
- Exemplabili,
- Collectitio.

Ἐπιχείρημα est sententia cum ratione ; Latine dicitur exsecutio, vel approbatio, vel argumentum.

Παρεπιχείρημα vero, qui est rhetoricus et latior syllogismus est,
- aut tripertitus,
- aut quadripertitus,
- aut quinquepertitus.

566 Argumentatio dicta est quasi argutæ mentis oratio.

Argumentatio est enim oratio ipsa, qua inventum probabiliter exsequimur argumentum [a].

Inductio est oratio qua rebus non dubiis captamus assensionem ejus cum quo instituta est, sive inter philosophos, sive inter rhetores, sive inter sermocinantes.

Propositio inductionis est quæ similitudines concedendæ rei unius inducit, aut plurimarum.

Illatio inductionis est quæ et assumptio dicitur, quæ rem de qua contenditur, et cujus causa similitudines adhibitæ sunt introducit.

Conclusio inductionis est quæ aut concessionem illationis confirmat, aut quid ex ea conficiatur ostendit.

Ratiocinatio est oratio qua id de quo est quæstio comprobamus.

Enthymema igitur est quod Latine interpretatur mentis conceptio, quam imperfectum syllogismum solent artigraphi nuncupare. Nam in duabus partibus hæc argumenti forma consistit : quando id quod ad fidem pertinet faciendum, utitur syllogismorum lege præterita, ut est illud : Si tempestas vitanda est, non est igitur navigandum. Ex sola enim propositione et conclusione constat esse perfectum : unde magis oratoribus quam dialecticis convenire judicatum est. De dialecticis autem syllogismis suo loco dicemus.

Convincibile est quod evidenti ratione convincitur [*ms.* convincit] ; sicut fecit Cicero pro Milone : Ejus igitur mortis sedetis ultores, cujus vitam si putetis [*ed.*, possetis] per vos restitui posse, noletis.

Ostentabile est quod certa rei demonstratione constringit ; sic Cicero in Catilinam : Hic tamen vivit, imo etiam in senatum venit.

Sententiale est quod sententia generalis addicit ; ut apud Terentium : Obsequium amicos, veritas odium parit.

Exemplabile est quod alicujus exempli comparatione eventum similem comminatur, sicut Cicero in Philippicis dicit : Te miror, Antoni, quorum facta imitere [*M. G.*, imitaris], eorum exitus non perhorrescere [*M. G.*, pertimescere].

Collectivum est, cum in unum, quæ argumentata sunt, colliguntur ; sicut ait Cicero pro Milone : Quem igitur cum gratia noluit, hunc voluit cum aliquorum querela, quem jure, quem loco, quem tempore non est ausus ; hunc injuria, alieno tempore cum periculo capitis non dubitavit occidere.

Præterea secundum Victorinum enthymematis altera est definitio. Ex sola propositione, sicut jam dictum est, ita constat enthymema, ut est illud : Si tempestas vitanda est, non est navigatio requirenda. Ex sola assumptione, ut est illud : Sunt autem qui mundum dicant sine divina administratione discurrere. Ex sola conclusione, ut est illud : Vera est igitur divina sententia [*ms.*, scientia]. Ex propositione et assumptione, ut est illud : Si inimicus est, occidit. Inimicus autem est ; et quia illi deest conclusio, enthymema vocatur. Sequitur epichirema.

Epichirema est, quod superius diximus, descendens de ratiocinatione latior excursio rhetorici syllogismi, latitudine distans et productione sermonis a dialecticis syllogismis, propter quod rhetoribus datur.

Tripertitus epichirematicus syllogismus est qui constat membris tribus, id est propositione, assumptione, conclusione.

Quadripertitus est qui constat membris quatuor : propositione, assumptione et una propositionis sive assumptionis conjuncta probatione et conclusione.

Quinquepertitus est qui constat membris quinque, id est propositione, et probatione, assumptione, et per exempla confirmans, ut est : *Noli æmulari in malignantibus, quoniam tanquam fenum*, etc.

---

[a] Argumentum est argutæ mentis indicium quod per indagationes probabiles rei dubiæ perficit fidem.

ejus probatione et conclusione. Hunc Cicero ita facit in Arte rhetorica : Si deliberatio et demonstratio genera sunt causarum, non possunt recte partes alicujus generis causæ putari. Eadem enim res, alii genus, alii pars esse potest : idem genus et pars esse non potest, vel cætera, quousque syllogismi hujus membra claudantur. Sed videro quantum in aliis partibus lector suum exercere possit ingenium.

Memoratus autem Fortunatianus in tertio libro meminit de oratoris memoria, de pronuntiatione et voce, unde tamen monachus cum aliqua utilitate discedit, quando ad suas partes non improbe videtur attrahere, quod illi ad exercendas controversias utiliter aptaverunt. Memoriam siquidem lectionis divinæ recognita cautela servabit, cum in supradicto libro ejus vim qualitatemque cognoverit : artem vero pronuntiationis in divinæ legis effatione concipiet. Vocis autem diligentiam in psalmodiæ decantatione custodiet. Sic instructus in opere sancto redditur, quamvis libris sæcularibus occupetur.

Nunc ad logicam, quæ et dialectica dicitur, sequenti ordine veniamus, quam quidam disciplinam, quidam artem appellare maluerunt, dicentes : quando apodicticis, id est probabilibus disputationibus aliquid disserit, disciplina debeat nuncupari ; quando vero aliquid verisimile tractat, ut sunt syllogismi sophistici, nomen artis accipiat. Ita utrumque vocabulum pro argumentationis suæ qualitate promeretur.

CAPUT III.
DE DIALECTICA.

Dialecticam primi philosophi in dictionum suarum quidem argumentationibus habuerunt, non tamen ad artis redegere peritiam. Post quos Aristoteles, ut fuit disciplinarum [ed., doctrinarum] omnium diligens inquisitor, ad regulas quasdam hujus doctrinæ argumenta perduxit, quæ prius sub certis præceptionibus non fuerunt. Hic libros faciens exquisitos, Græcorum scholam multiplici laude decoravit ; quem nostri non perferentes diutius alienum, translatum expositumque Romanæ eloquentiæ contulerunt. Dialecticam vero et rhetoricam Varro in novem Disciplinarum libris tali similitudine definivit : *Dialectica et rhetorica est quod in manu hominis pugnus astrictus et palma distensa : illa brevi oratione argumenta concludens, ista facundiæ campos copioso sermone discurrens ; illa verba contrahens, ista distendens.*

Dialectica siquidem ad disserendas res acutior, rhetorica ad illa quæ nititur docenda facundior. Illa ad scholas nonnunquam venit, ista jugiter 567 procedit in forum ; illa requirit rarissimos studiosos, hæc frequentes [mss., frequenter] populos. Sed priusquam de syllogismis dicamus, ubi 'totius dialecticæ utilitas et virtus ostenditur, oportet de ejus initiis, quasi quibusdam elementis, pauca disserere : ut sicut est a majoribus distinctus ordo, ita et nostræ dispositionis currat intentio. Consuetudo itaque est doctoribus philosophiæ, antequam ad Isagogen veniant exponendam, divisionem philosophiæ paucis attingere : quam nos quoque servantes, præsenti tempore non immerito credimus intimandam.

Philosophiæ divisio.

Philosophia dividitur, secundum Aristotelem,
- in Inspectivam, θεωρητικήν. Hæc dividitur
  - in Naturalem, Doctrinalem. Hæc dividitur
    - in Arithmeticam, Musicam, Geometricam, Astronomicam.
    - Divinam.
  - Moralem, ἠθικήν.
  - Dispensativam, οἰκονομικήν.
  - Civilem, πολιτικήν.
- et Actualem, πρακτικήν. Hæc dividitur in
  - Ἀρετή
    - ἠθική, οἰκονομική, πρακτική,
    - νομοθετικόν, δικαστικόν.

Definitio philosophiæ
- θεωρητική { φυσική.
- πρακτική { λογική, ἠθική.

Φιλοσοφία ὁμοίωσις Θεῷ κατὰ τὸ δυνατὸν ἀνθρώπῳ. Philosophia est divinarum humanarumque rerum, inquantum homini possibile est, probabilis scientia : aliter, philosophia est ars artium et disciplina disciplinarum. Rursus, philosophia est meditatio mortis, quod magis convenit Christianis, qui sæculi ambitione calcata, conversatione disciplinabili, similitudine futuræ patriæ vivunt, sicut dicit Apostolus : *In carne enim ambulantes, non secundum carnem militamus* (II Cor. x, 3); et alibi : *Conversatio nostra in cœlis est* (Philip. III, 20). Philosophia est assimilari Deo secundum quod possibile est homini.

Inspectiva dicitur, qua supergressi visibilia de divinis aliquid et cœlestibus contemplamur, eaque mente solummodo contuemur, quantum corporeum supergrediuntur aspectum. Naturalis dicitur, ubi uniuscujusque rei natura discutitur : quia nihil contra naturam generatur in vita, sed unumquodque his usibus deputatur in quibus a Creatore productum est, nisi forte cum voluntate divina aliquod miraculum provenire monstretur. Doctrinalis dicitur scientia, quæ abstractam considerat [mss., significat] quantitatem. Abstracta enim quantitas dicitur, quam intellectu a materia separantes vel ab aliis accidentibus, ut est, par, impar ; vel alia hujuscemodi in sola ratiocinatione tractamus. Divinalis dicitur, quando aut ineffabilem naturam divinam, aut spirituales creaturas ex aliqua parte, profundissima qualitate disserimus. Arithmetica est disciplina quantitatis numerabilis secundum se. Musica est disciplina quæ de numeris loquitur, qui ad aliquid sunt his qui inveniuntur in sonis. Geometrica est disciplina magnitudinis immobilis et formarum. Astronomia est disciplina quae cursus coelestium siderumque figuras contemplatur omnes, et habitudines stellarum circa se et circa terram indagabili ratione percurrit. Actualis dicitur, quae res propositas operationibus suis explicare contendit. Moralis dicitur, per quam mos vivendi honestus appetitur, et instituta ad virtutem tendentia praeparantur. Dispensativa dicitur, domesticarum rerum sapienter ordo dispositus. Civilis dicitur, per quam totius civitatis administratur utilitas. Philosophiae divisionibus definitionibusque tractatis, in quibus generaliter omnia continentur, nunc ad Porphyrii librum qui Isagoge inscribitur accedamus.

De Isagoge Porphyrii.

Isagoge Porphyrii tractat,
De genere, γένος.
De specie, εἶδος.
De differentia, διαφορά.
De proprio, ἴδιον.
De accidente, συμβεβηκός.

Genus est ad species pertinens, quod de differentibus specie, in eo quod quid sit praedicatur, ut animal. Per singulas enim species, id est hominis, equi, bovis et caeterorum, genus animal praedicatur atque significatur.

Species est quod de pluribus et differentibus numero, in eo quod quid sit, praedicatur; nam de Socrate, Platone et Cicerone homo praedicatur.

Differentia est quod de pluribus et differentibus specie, in eo quod quale sit, praedicatur; sicut rationale et mortale, in eo quod quale sit, de homine praedicatur.

568 Proprium est quod unaquaeque species vel persona certo additamento insignitur, et ab omni communione separatur.

Accidens est quod accidit et recedit praeter subjecti corruptionem, vel ea quae sic accidunt, ut penitus non recedant. Haec qui plenius nosse desiderant, introductionem legant Porphyrii; qui licet ad utilitatem alieni [*ed.*, alicujus] operis se dicat scribere, non tamen sine propria laude visus est talia dicta formasse.

Categoriae Aristotelis.

Sequuntur Categoriae Aristotelis, sive Praedicamenta, quibus mirum in modum per varias significantias omnis sermo conclusus est : quorum organa sive instrumenta sunt tria.

Organa vel instrumenta Categoriarum sive Praedicamentorum sunt aequivoca, univoca, denominativa.

Aequivoca dicuntur, quorum nomen solum commune est, secundum nomen vero substantiae ratio diversa, ut, animal, homo, et quod pingitur.

Univoca dicuntur, quorum et nomen commune est, et secundum nomen discrepare eadem substantiae ratio non probatur : ut, animal, homo, atque bos.

Denominativa, id est derivativa, dicuntur quaecunque ab aliquo sola differentia casus secundum nomen habent appellationem : ut, a grammatica grammaticus, et a fortitudine fortis.

Aristotelis Categoriae vel Praedicamenta decem sunt:
Substantia, οὐσία.
Quantitas, ποσότης.
Ad aliquid, πρὸς τί.
Qualitas, ποιότης.
Facere, ποιεῖν.
Pati, πάσχειν.
Situs, κεῖσθαι.
Quando, πότε.
Ubi, ποῦ.
Habere, ἔχειν.

Substantia est quae proprie et principaliter et maxime dicitur, quae neque de subjecto praedicatur, neque in subjecto est, ut aliquis homo vel aliquis equus. Secundae autem substantiae dicuntur, in quibus speciebus, illae quae principaliter substantiae primo dictae sunt, insunt atque clauduntur, ut, in homine, Cicero.

Quantitas aut discreta est, et habet partes ab alterutra discretas, nec communicantes secundum aliquem communem terminum, velut numerus et sermo qui profertur; aut continua est, et habet partes quae secundum aliquem communem terminum ad invicem convertuntur, velut linea, superficies, corpus, locus, motus, tempus.

Ad aliquid vero sunt quaecunque hoc ipso quod sunt, aliorum esse dicuntur, velut majus, duplum, habitus, dispositio, scientia, sensus, positio.

Qualitas est secundum quam aliqui quales dicimur, ut bonus, malus.

Facere est, ut secare, vel urere, id est aliquid operari. Pati est, ut secari, vel uri.

Situs est, ut stat, sedet, jacet. Quando est, ut hesterno, vel cras.

Ubi est, ut in Asia, in Europa, in Libya. Habere est, ut calceatum, vel armatum esse.

Hoc opus Aristotelis intente legendum est, quando, sicut dictum est, quidquid homo loquitur, inter decem ista Praedicamenta inevitabiliter invenitur : proficit etiam ad libros intelligendos, qui sive rhetoribus, sive dialecticis applicantur.

Incipit Perihermenias, id est de Interpretatione.

Sequitur liber Perihermenias subtilissimus nimis, et per varias formas iterationesque cautissimus, de quo dictum est : Aristoteles, quando librum Perihermenias scriptitabat, calamum in mente tingebat.

In libro Perihermenias, id est de Interpretatione, praedictus philosophus de his tractat :
De nomine,
De verbo,
De oratione,
De enuntiatione,
De affirmatione,
De negatione,
De contradictione.

Nomen est vox significativa secundum placitum, sine tempore : cujus nulla pars est significativa separata, ut Socrates.

Verbum est quod consignificat tempus, cujus pars nihil extra significat, et est semper eorum quæ de altero dicuntur nota : ut, ille cogitat, disputat.

Oratio est vox significativa, cujus partium aliquid separatim [*mss.*, separatum] significativum est, ut, Socrates disputat.

Enuntiativa oratio est vox significativa de eo quod est aliquid, vel non est, ut, Socrates est, Socrates non est.

Affirmatio est enuntiatio alicujus de aliquo, ut, Socrates est.

Negatio est alicujus de aliquo negatio, ut, Socrates non est.

Contradictio est affirmationis et negationis oppositio, ut, Socrates disputat, Socrates non disputat.

Hæc omnia per librum supra memoratum minutissime divisa et subdivisa tractantur, quæ nos breviter intimasse sufficiat, quando in ipso competens explanatio reperitur : maxime cum eum sex libris a Boetio viro magnifico constet expositum, qui vobis inter alios codices est relictus.

Nunc ad syllogisticas species formulasque veniamus, in quibus nobilium philosophorum jugiter exercetur ingenium.

De formulis syllogismorum.

Formulæ categoricorum, id est prædicativorum syllogismorum sunt tres :

In prima formula modi novem.
In secunda formula modi quatuor.
In tertia formula modi sex.

Modi formulæ primæ sunt novem.*

Primus modus est qui concludit, id est qui colligit ex universalibus dedicativis, dedicativum universale directum, ut, Omne justum honestum, omne honestum bonum, omne igitur justum bonum.

569 Secundus modus est qui conducit [*ed.*, concludit] ex universalibus dedicativa et abdicativa abdicativum universale directum : ut, Omne justum honestum, nullum honestum turpe, nullum igitur justum turpe.

Tertius modus est qui conducit ex dedicativis particulari et universali, dedicativum particulare directum : ut, Quoddam justum est honestum, omne honestum utile, quoddam igitur justum utile.

Quartus modus est qui conducit ex particulari dedicativa, et universali abdicativa, abdicativum particulare directum : ut, Quoddam justum honestum, nullum honestum turpe, quoddam igitur justum non est turpe.

Quintus modus est qui conducit ex universalibus dedicativis particulare dedicativum per reflexionem : ut, Omne justum honestum, omne honestum bonum, quoddam igitur bonum justum.

Sextus modus est qui conducit ex universali dedicativa, et universali abdicativa, abdicativum universale per reflexionem : ut, Omne justum honestum, nullum honestum turpe, nullum igitur turpe justum.

Septimus modus est qui conducit ex particulari et universali dedicativis dedicativum particulare per reflexionem : ut, Quoddam justum honestum, omne honestum utile, quoddam igitur utile justum.

Octavus modus est qui conducit ex universalibus abdicativa et dedicativa particulare abdicativum per reflexionem : ut, Nullum turpe honestum, omne honestum justum, quoddam igitur justum non est turpe.

Nonus modus est qui conducit ex universali abdicativa et particulari dedicativa abdicativum particulare per reflexionem : velut, Nullum turpe honestum, quoddam honestum justum, quoddam igitur justum non est turpe.

Modi formulæ secundæ sunt quatuor.

Primus modus est qui conducit ex universalibus dedicativa et abdicativa abdicativum universale directum : velut, Omne justum honestum, nullum turpe honestum, nullum igitur justum turpe.

Secundus modus est qui conducit ex universalibus abdicativa et dedicativa abdicativum universale directum : velut, Nullum turpe honestum, omne justum honestum, nullum igitur turpe justum.

Tertius modus est qui conducit ex particulari dedicativa et universali abdicativa abdicativum particulare directum : velut, Quoddam justum honestum, nullum turpe honestum, quoddam igitur justum non est turpe.

Quartus modus est qui conducit ex particulari abdicativa et universali dedicativa abdicativum particulare directum : velut, Quoddam justum non est turpe, omne malum turpe, quoddam igitur justum non est malum.

Modi formulæ tertiæ sunt sex.

Primus modus est qui conducit ex dedicativis universalibus dedicativum particulare, tam directum quam reflexum : ut, Omne justum honestum, omne justum bonum, quoddam igitur honestum bonum, vel quoddam bonum honestum.

Secundus modus est qui conducit ex dedicativis particulari et universali dedicativum particulare directum : ut, Quoddam justum honestum, omne justum bonum, quoddam igitur honestum bonum.

Tertius modus est qui conducit ex dedicativis universali et particulari dedicativum particulare directum : ut, Omne justum honestum, quoddam justum bonum, quoddam igitur honestum bonum.

Quartus modus est qui conducit ex universalibus dedicativa et abdicativa abdicativum particulare directum : ut, Omne justum honestum, nullum justum malum, quoddam igitur honestum non est malum.

Quintus modus est qui conducit ex dedicativa particulari et abdicativa universali abdicativum particulare directum : ut, Quoddam justum honestum, omne honestum bonum, igitur quoddam honestum non est malum.

Sextus modus est qui conducit ex dedicativa universali et abdicativa particulari abdicativum particulare directum : ut, Omne justum honestum, quoddam justum non est malum, quoddam igitur honestum non est malum.

Has formulas categoricorum syllogismorum qui plene nosse desiderat, librum legat qui inscribitur Perihermenias Apuleii, et quæ subtilius sunt tractata, cognoscet. Nec fastidium nobis verba repetita congeminent; distincta enim atque considerata ad magnas intelligentiæ vias, præstante Domino, nos utiliter introducent. Nunc ad hypotheticos syllogismos, ordine currente, veniamus.

Modi syllogismorum hypotheticorum qui fiunt cum aliqua conjunctione, septem sunt.

Primus modus est, velut : Si dies est, lucet; est autem dies, lucet igitur.

Secundus modus est ita : Si dies est, lucet; non lucet, non est igitur dies.

Tertius modus est ita : Non et dies est et non lucet; atqui dies est, lucet igitur.

Quartus modus est ita : Aut nox, aut dies est; atqui dies est, non igitur nox est.

Quintus modus est ita : Aut dies est, aut nox; atqui nox non est, dies igitur est.

Sextus modus est ita : Non et dies est, et non lucet; dies autem est, nox igitur non est.

Septimus modus est ita : Non et dies est et nox; atqui nox non est, dies igitur est.

Modos autem hypotheticorum syllogismorum si quis plenius nosse desiderat, legat librum Marii Victorini qui inscribitur de Syllogismis hypotheticis. Sciendum quoque quoniam Tullius Marcellus Carthaginensis de Categoricis et hypotheticis syllogismis, quod a diversis philosophis latissime dictum est, septem libris breviter subtiliterque tractavit ; ita ut primo libro de regula, ut ipse dicit, colligentiarum artis dialecticæ disputaret; et quod ab Aristotele de categoricis syllogismis multis libris editum est, ab isto secundo et tertio libro breviter expleretur; quod autem de hypotheticis syllogismis a Stoicis innumeris voluminibus tractatum est, ab isto quarto et quinto libro colligeretur. In sexto vero de mixtis syllogismis, in septimo autem de compositis disputavit; quem codicem vobis legendum reliqui.

570 *De definitionibus.*

Hinc ad pulcherrimas definitionum species accedamus, quæ tanta dignitate præcellunt, ut possint dici orationum maximum decus et quædam lumina dictionum.

Definitio vero est oratio uniuscujusque rei naturam a communione divisam propria significatione concludens : hæc multis modis præceptisque conficitur.

Definitionum prima est οὐσιώδης, Latine substantialis, quæ proprie et vere dicitur definitio; ut est, Homo animal rationale mortale, sensus disciplinæque capax ; hæc enim definitio per species et differentias descendens, venit ad proprium, et designat plenissime quit sit homo.

Secunda est species definitionis quæ Græce ἐννοηματική dicitur, Latine notio nuncupatur : quam notionem communi, non proprio nomine possumus dicere. Hæc isto modo semper efficitur : Homo est, quod rationali conceptione et exercitio præest animalibus cunctis. Non enim dixit, quid est homo, sed quid agat, quasi quodam signo in notitiam denotato. In ista enim et in reliquis notio rei profertur : non substantialis, ut in illa primaria explanatione declaratur; et quia illa substantialis est, definitionum omnium obtinet principatum.

Tertia species definitionis est quæ Græce ποιότης dicitur, Latine qualitativa. Hæc dicendo quid quale sit, id quod sit evidenter ostendit. Cujus exemplum tale est : Homo est qui ingenio valet, artibus pollet, et cognitione rerum : aut quæ agere debeat eligit, aut animadversione quod inutile sit contemnit; his enim qualitatibus expressus ac definitus homo est.

Quarta species definitionis est quæ Græce ὑπογραφική, Latine descriptionalis nuncupatur : quæ adhibita circuitione dictorum factorumque, rem quid sit descriptione declarat; ut si luxuriosum volumus definire, dicimus : Luxuriosus est victus non necessarii et sumptuosi et onerosi appetens, in deliciis affluens, in libidine promptus : hæc et talia definiunt luxuriosum. Quæ species definitionis, oratoribus magis apta est quam dialecticis, quia latitudines habet; hæc simili modo in bonis rebus ponitur, et in malis.

Quinta species definitionis est quam Græce κατὰ λέξιν, Latine ad verbum dicimus : hæc vocem illam de qua requiritur, alio sermone designat uno ac singulari, et quodammodo quid illud sit in uno verbo positum, uno verbo alio declarat : ut, Conticescere est tacere ; item cum terminum dicimus finem, aut terras populatas interpretemur esse vastatas.

Sexta species definitionis est quam Græci κατὰ τὴν διάφοραν per differentiam dicimus : id est, cum quæritur quid intersit inter regem et tyrannum, adjecta differentia quid uterque sit, definitur : id est, rex est modestus et temperans, tyrannus vero impius et immitis.

Septima est species definitionis quam Græci κατὰ μεταφοράν, Latini per translationem dicunt : ut Cicero in Topicis, Littus est, qua fluctus eludit. Hoc varie tractari potest : modo enim ut moveat, sicut illud, caput est arx corporis; modo ut vituperet, ut illud, divitiæ sunt brevis vitæ longum viaticum; modo ut laudet, ut adolescentia est flos ætatis.

Octava species definitionis est quam Græci κατ' ἀφαίρεσιν τοῦ ἐναντίου vocant, Latini per privantiam contrarii ejus quod definitur, dicunt : ut, bonum est quod malum non est; justum est quod injustum non est; et his similia : quod se ita naturaliter ligat, ut necessariam cognitionem sibi unius comprehensione connectat. Hoc autem genere definitionis uti debemus, cum contrarium notum est; nam certa ex incertis nemo probat. Sub qua specie sunt hæ definitiones. Substantia est, quod neque qualitas est, neque quantitas, neque aliqua accidentia : quo genere definitionis Deus definiri potest; etenim cum quid sit Deus nullo modo comprehendere valeamus, sublatio omnium existentium, quæ Græci ὄντα appellant, cognitionem Dei nobis circumcisa et ablata notarum rerum cognitione supponit; ut si dicamus, Deus est, quod neque corpus est, neque ullum elementum, neque animal, neque mens, neque sensus, neque intellectus, neque aliquid quod ex his capi potest; his enim ac talibus sublatis, quid sit Deus, non poterit definiri.

Nona species definitionis est quam Græci κατὰ τύπωσιν, Latini per quamdam imaginationem dicunt: ut, Æneas est Veneris et Anchisæ filius. Hæc semper in individuis versatur, quæ Græci ἄτομα appellant. Idem accidit in eo genere dictionis ubi aliquis pudor aut metus est nominare: ut Cicero, Cum me videlicet sicarii illi describant.

Decima species definitionis est quam Græci ὡς τύπῳ, Latini veluti, appellant; ut si quæratur quid sit animal, respondeatur, homo; non enim manifeste dicitur animal solum esse hominem, cum sint alia innumerabilia; sed cum dicitur homo, veluti ipsum hominem animal designat: cum tamen huic nomini multa subjaceant. Rem enim quæsitam prædictum declaravit exemplum. Hoc est autem proprium definitionis, quid sit illud quod quæritur declarare.

Undecima species definitionis est quam Græci κατὰ τὴν ἔλλειψιν, Latini per indigentiam pleni ex eodem genere vocant: ut si quæratur Quid sit triens, respondeatur, Cui dodrans deest ut sit assis.

Duodecima species definitionis est quam Græci, κατὰ ἔπαινον, Latini per laudem dicunt; ut Tullius pro Cluentio: Lex est mens, et animus, et consilium, et sententia civitatis. Et aliter pax est tranquilla libertas. Fit et per vituperationem, quam Græci ψόγον vocant: servitus est postremum malorum omnium, non modo bello, sed morte quoque repellenda.

Tertia decima est species definitionis quam Græci κατ' ἀναλογίαν, Latini juxta rationem dicunt: sed hoc contingit cum majoris rei nomine res definitur inferior: ut est illud, Homo minor mundus. Cicero hac definitione sic usus est: Edictum, legem annuam dicunt esse.

Quarta decima est species definitionis quam Græci πρός τι, Latini ad aliquid vocant: ut est illud, pater est cui est filius; dominus est cui est servus: et Cicero in Rhetoricis, genus est, quod plures partes amplectitur; item pars est, quod subest generi.

Quinta decima est species definitionis quam Græci κατὰ αἰτιολογίαν, Latini secundum rei rationem vocant: ut, Dies est sol supra terras; nox est sol sub terris. Scire autem debemus prædictas species definitionum topicis merito esse sociatas, quoniam inter quædam argumenta sunt positæ, et nonnullis locis commemorantur in topicis. Nunc ad topica veniamus, quæ sunt argumentorum sedes, fontes sensuum, origines dictionum; de quibus breviter aliqua dicenda sunt, ut et dialecticos locos et rhetoricos, sive eorum differentias agnoscere debeamus; ac prius de dialecticis dicendum est.

De dialecticis locis.

Propositio est oratio verum falsumve significans, ut si quis dicat cœlum esse volubile: hæc enuntiatio et proloquium nuncupatur. Quæstio vero est, in dubitationem ambiguitatemque adducta propositio; ut si qui quærant, an sit cœlum volubile. Conclusio est argumentis approbata propositio, ut si quis ex aliis rebus probet cœlum esse volubile. Enuntiatio quippe sive sui tantum causa dicitur, sive ad alios affertur ad probandum, propositio est; cum de ipsa quæritur, quæstio; si ipsa est approbata, conclusio. Idem igitur propositio, quæstio et conclusio, sed differunt modo.

Argumentum est oratio rei dubiæ faciens fidem. Non vero idem est argumentum quod et argumentatio. Nam vis sententiæ ratioque ea quæ clauditur oratione, cum aliquid probatur ambiguum, argumentum vocatur; ipsa vero argumenti elocutio argumentatio dicitur; quo fit ut argumentum quidem mens argumentationis sit atque sententia, argumentatio vero argumenti per orationem explicatio.

Locus vero est argumenti sedes, vel unde ad propositam quæstionem conveniens trahitur argumentum. Quæ cum ita sint, singulorum diligentius natura tractanda est, eorumque per species ac membra figurasque facienda divisio.

Ac prius de propositione est disserendum: hanc esse diximus orationem, veritatem, vel mendacium continentem. Hujus duæ sunt species: una affirmatio, altera vero negatio. Affirmatio est, si quis sic efferat, cœlum volubile est; negatio, si quis ita pronuntiet, cœlum volubile non est. Harum vero aliæ sunt universales, aliæ sunt particulares, aliæ indefinitæ, aliæ singulares. Universales quidem, ut si quis ita proponat: omnis homo justus est, nullus homo justus est. Particulares vero, si quis hoc modo: quidam homo justus est, quidam homo justus non est. Indefinitæ sic: homo justus est, homo justus non est. Singulares vero sunt, quæ de individuo aliquid singularique proponunt: ut, Cato justus est, Cato justus non est: etenim Cato individuus est ac singularis.

Harum vero alias prædicativas, alias conditionales vocamus. Prædicativæ sunt quæ simpliciter proponuntur, id est, quibus nulla vis conditionis adjungitur: ut si quis simpliciter dicat cœlum esse volubile. At, si huic conditio copuletur, fit ex duabus propositionibus una conditionalis, hoc modo: cœlum si rotundum sit, esse volubile; hic enim conditio id efficit ut ita demum cœlum volubile esse intelligatur, si sit rotundum. Quoniam igitur aliæ propositiones prædicativæ sunt, aliæ conditionales, prædicativarum partes terminos appellamus. Hi sunt prædicativus atque subjectus. Terminos autem voco verba et nomina quibus propositio nectitur; ut in ea propositione qua dicimus: Homo justus est: hæc duo nomina, id est, homo et justus, propositionis partes vocantur. Eosdem etiam terminos dicimus, quorum quidem alter subjectus est, alter vero prædicativus. Subjectus est terminus qui minor est, prædicativus vero qui major: ut in ea propositione qua dicitur,

Homo justus, homo quidem minus est quam justus. Non enim in solo homine justitia esse potest, verum etiam in corporeis divinisque substantiis; atque ideo major est terminus, justus, homo vero, minor; quo fit ut homo quidem subjectus sit terminus, justus vero prædicativus.

Quoniam vero hujusmodi simplices propositiones alterum habent prædicativum terminum, alterum vero subjectum, a majoris privilegio partis propositio prædicativa vocata est. Sæpe autem evenit ut hi termini sibimet inveniantur æquales, hoc modo, homo risibilis est; homo namque et risibilis uterque sibi æquus est terminus. Nam neque risibile ultra hominem, nec ultra risibile homo porrigitur; sed in his hoc evenire necesse est, ut si quidam inæquales termini sunt, major semper de subjecto prædicetur: si vero æquales utrique, conversa de se prædicatione dicantur. Ut vero minor de majore prædicetur, in nulla propositione contingit. Fieri autem potest ut propositionum partes, quas terminos dicimus, non solum in nominibus, verum etiam in orationibus inveniamus. Nam sæpe oratio de oratione prædicatur hoc modo: Socrates cum Platone et discipulis de philosophiæ ratione pertractat; hæc quippe oratio, quæ est, Socrates cum Platone et discipulis, subjecta est; illa vero, quæ est, de philosophiæ ratione pertractat, prædicatur. Rursus aliquando nomen subjectum est, oratio prædicatum, hoc modo: Socrates de philosophiæ ratione pertractat; hic enim Socrates solus subjectus est; oratio vero, quam dicimus, de philosophiæ ratione pertractat, prædicatur. Evenit etiam ut supponatur oratio, et simplex vocabulum prædicetur hoc modo: Similitudo cum supernis divinisque substantiis, justitia est; hic enim oratio per quam profertur similitudo, cum supernis divinisque substantiis subjicitur; justitia vero prædicatur. Sed de hujusmodi propositionibus in his commentariis quos in Perihermenias Aristotelis libros scripsimus, diligentius disseruimus.

Argumentum est oratio rei dubiæ faciens fidem: hanc semper notiorem quæstione esse necesse est. Nam si ignota nobis probantur, argumentum vero rem dubiam probat, necesse est ut quod ad fidem quæstionis affertur, sit ipsa notius quæstione. Argumentorum vero omnium alia sunt probabilia et necessaria, alia vero probabilia quidem, sed non necessaria; alia necessaria, sed non probabilia; alia nec probabilia, nec necessaria. Probabile vero est, quod videtur vel omnibus, vel pluribus, vel sapientibus, et his vel omnibus, vel pluribus, vel maxime notis atque præcipuis, vel unicuique artifici secundum propriam facultatem; ut de medicina medico, gubernatori de navibus gubernandis; et præterea quod ei videtur cum quo sermo conseritur, vel ipsi qui judicat. In quo nihil attinet verum falsumve sit argumentum, si tantum verisimilitudinem tenet.

Necessarium vero est, quod ut dicitur, ita est, atque aliter esse non potest: et probabile quidem, ac necessarium est; ut hoc si quid cuilibet rei sit additum, totum majus efficitur. Neque enim quisquam ab hac propositione dissentiet, et ita sese habere necesse est. Probabilia vero ac non necessaria, quibus facile quidem animus acquiescit, sed veritatis non tenet firmitatem; ut hoc, si mater est, diligit. Necessaria vero sunt, ac non probabilia, quæ ita quidem esse, ut dicuntur se habere, necesse est, sed his facile non consentit auditor: ut, ob objectum lunaris corporis, solis evenire defectum. Neque necessaria vero neque probabilia sunt, quæ neque in opinione hominum, neque in veritate consistunt; ut hoc, habere quæ non perdiderit cornua Diogenem, quoniam habeat id quisque quod non perdiderit; quæ quidem nec argumenta dici possunt, argumenta enim rei dubiæ faciunt fidem. Ex his autem nulla fides est, quæ neque in opinione, neque in veritate sunt constituta. Dici tamen potest, ne illa quidem esse argumenta, quæ cum sint necessaria, minime tamen audientibus approbantur. Nam si rei dubiæ fit fides, cogendus est animus auditoris, per ea quibus ipse acquiescit, ut conclusioni quoque, quam nondum probat, possit accedere. Quod si quæ tantum necessaria sunt, ac non probabilia, non probat ille qui judicat, est necesse ut ne illud quidem probet quod ex hujusmodi ratione conficitur. Itaque evenit ex hujusmodi ratiocinatione, ea quæ tantum necessaria sunt ac non probabilia, non esse argumenta. Sed non ita est, atque hæc interpretatio non rectæ probabilitatis intelligentiam tenet. Ea sunt enim probabilia, quibus sponte atque ultro consensus adjungitur; scilicet ut mox audita sint, approbentur.

Quæ vero necessaria sunt ac non probabilia, aliis probabilibus ac necessariis argumentis antea demonstrantur, cognitaque et credita, ad alterius rei, de qua dubitatur, fidem trahuntur; ut sunt speculationes, id est theoremata, quæ in geometria considerantur. Nam quæ illic proponuntur, non sunt talia ut in his sponte animus discentis accedat; sed quoniam demonstrantur aliis argumentis, illa quoque scita et cognita ad aliarum speculationum argumenta ducuntur. Itaque probabilia non sunt, sed sunt necessaria his quidem auditoribus, quibus nondum demonstrata sunt, ad aliud aliquid probandum, argumenta esse non possunt; hi autem qui prioribus rationibus eorum quibus non acquiescebant, fidem cœperunt, possunt eas quæ non ambigunt, ad argumentum vocare.

Sed quia quatuor facultatibus disserendi omne artificium continetur, dicendum est quæ quibus uti noverit argumentis; ut, cui potissimum disciplinæ locorum atque argumentorum pariatur ubertas, evidenter appareat. Quatuor igitur facultatibus, earumque velut opificibus, disserendi omnis ratio subjecta est, id est, dialectico, oratori, philosopho, sophistæ. Quorum quidem dialecticus atque orator in communi argumentorum materia versantur; uterque enim, sive necessaria, sive minime, probabilia tamen sequitur argumenta. His igitur illæ duæ species argumenti famulantur, quæ sunt probabile ac non necessarium: philosophus vero ac demonstrator de sola tantum veritate pertractant. Atque ideo sive sint probabilia, sive non sint, nihil refert, modo dum sint necessaria; hic quoque his duabus speciebus utitur argumentis, quæ sunt probabile ac necessarium, necessarium ac non probabile. Patet igitur in quo philosophus ab oratore ac dialectico in propria consideratione dissideat; in eo scilicet quod illis probabilitatem, huic veritatem constat esse propositam. Quarta vero species argumenti, quam ne argumentum quidem recte dici supra monstravimus, sophistis sola est attributa. Topicorum vero intentio est, verisimilium argumentorum copiam demonstrare; designatis enim locis e quibus probabilia argumenta ducuntur, abundans et copiosa necesse fiat materia disserendi.

Sed quoniam, ut supra dictum est, probabilium argumentorum alia sunt necessaria, alia non necessaria, cum loci probabilium argumentorum dicuntur, evenit ut necessariorum quoque doceantur; quo fit ut oratoribus quidem ac dialecticis hæc principaliter facultas paretur, secundo vero loco philosophis. Nam in quo probabilia quidem omnia conquiruntur, dialectici atque oratores juvantur : in quibus vero probabilia ac necessaria docentur, philosophicæ demonstrationi ministratur ubertas. Non modo igitur dialecticus atque orator, verum etiam demonstrator, ac veræ argumentationis effector, habet quod ex propositis locis sibi possit assumere. Cum inter argumentorum probabilium locos, necessariorum quoque principia traditio mixta contineat. Illa vero argumenta, quæ necessaria quidem sunt, sed non probabilia ; atque illud ultimum genus, scilicet nec probabile, nec necessarium, a proposito operis consideratione sejunctum est : nisi quod interdum quidam sophistici loci exercendi gratia lectoris adhibentur. Quocirca topicorum pariter utilitas intentioque patefacta est; his enim et dicendi facultas, et investigatio veritatis augetur.

Nam quid dialecticos atque oratores locorum juvat agnitio? Orationi per inventionem copiam præstant. Quid vero necessariorum doctrinam locorum philosophis tradit? viam quodammodo veritatis illustrat. Quo magis pervestiganda est rimandaque ulterius disciplina ea quæ cum cognitione percepta sit, usu atque exercitatione firmanda. Magnum enim aliquid locorum consideratio pollicetur, scilicet inveniendi vias ; quod quidem hi qui sunt hujus rationis expertes, soli prorsus ingenio deputantur; neque intelligunt quantum hæc consideratione quæratur, quæ in artem redigit vim potestatemque naturæ. Sed de his hactenus, nunc de reliquis explicemus.

De syllogismis.

Syllogismorum vero alii sunt prædicativi, qui categorici vocantur; alii conditionales, quos hypotheticos dicimus. Et prædicativi quidem sunt qui ex omnibus prædicativis propositionibus connectuntur, ut is quem exempli gratia superius adnotavi, ex omnibus enim propositionibus prædicativis texitur. Hypothetici vero sunt quorum propositiones conditione nituntur, ut hic : Si dies est, lux est; est autem dies, lux igitur est. Propositio enim prima conditionem tenet hanc, quoniam ita demum lux est, si dies est. Atque ideo syllogismus hic, hypotheticus, id est conditionalis vocatur. Inductio vero est oratio per quam fit a particularibus ad universale progressio, hoc modo : Si in regendis navibus non sorte, sed arte legitur gubernator; si regendis equis auriga non sortis eventu, sed commendatione artis assumitur; si in administranda republica non sors principem facit, sed peritia moderandi; et similia, quæ in pluribus conquiruntur, quibus impertitur [ed., inferuntur]; et in omni quoque re quam quisque regi atque administrari gnaviter volet, qui non sorte accommodat, sed arte, rectorem.

Vides igitur quemadmodum per singulas res currat oratio, ut ad universale perveniat. Nam cum non sorte regi, sed arte navim, currum, rempublicam collegisset, quasi in cæteris sese quoque ita habeat, quod erat universale conclusit : in omnibus quoque rebus, non sorte ductum, sed arte, præcipuum debere præponi. Sæpe autem multorum collecta particularitas aliud quiddam particulare demonstrat; ut si quis sic dicat : Si neque navibus, neque curribus, neque agris sorte præponuntur; nec rebus quidem publicis rectores esse sorte ducendi sunt. Quod argumentationis genus maxime solet esse probabile, etsi non æquam syllogismi habeat firmitatem. Syllogismus namque ab universalibus ad particularia decurret. Estque in eo, si veris propositionibus contexatur, firma atque immutabilis veritas.

Ut inductio habet quidem maximam probabilitatem, sed interdum veritate deficitur; ut in hac : Qui scit canere cantor est; et qui luctari luctator; quique ædificare, ædificator : quibus multis simili ratione collectis, inferri potest : Qui scit igitur malum, malus est, quod non procedit; mali quippe notitia deesse non potest bono ; virtus enim sese diligit, aspernaturque contraria, nec vitare vitium nisi cognitum queat.

His igitur duobus velut principiis et generibus argumentandi, duo quidem alii deprehenduntur argumentationis modi : unus quidem syllogismo, alter vero inductioni suppositus. In quibus quidem promptum sit considerare, quod ille quidem a syllogismo, ille vero ab inductione ducat exordium ; non tamen aut hic syllogismum, aut ille impleat inductionem; hæc autem sunt enthymema atque exemplum. Enthymema quippe est imperfectus syllogismus, id est oratio, in qua non omnibus antea propositionibus constitutis, infertur festinata conclusio ; ut si quis sic dicat : Homo animal est, substantia igitur est ; prætermisit enim alteram propositionem, qua proponitur omne animal esse substantiam. Ergo cum enthymema ab universalibus ad particularia probanda contendit, quasi simile syllogismo est. Quod vero non omnibus quæ conveniunt syllogismo propositionibus utitur, a syllogismi ratione discedit, atque ideo imperfectus vocatus est syllogismus.

Exemplum quoque inductioni simili ratione et copulatur, et ab ea discedit. Est enim exemplum, quod per particulare propositum, particulare quoddam contendit ostendere, hoc modo: Oportet a Tullio consule necari Catilinam, cum a Scipione Gracchus fuerit interemptus; approbatum est enim Catilinam a Cicerone debere perimi, quod a Scipione Gracchus fuerit occisus: quæ utraque particularia esse, ac non universalia, singularum designat interpositio personarum. Quoniam igitur ex parte pars approbatur, quasi inductionis similitudinem tenet id, quod exemplum vocamus: quoniam vero non plures quibus id efficiat colligit partes, ab inductione discedit. Ita igitur duæ quidem sunt argumentandi species principales: una, quæ dicitur syllogismus, altera que vocatur inductio; sub his autem, et velut ex his manantia, enthymema atque exemplum. Quæ quidem omnia ex syllogismo ducuntur, et ex syllogismo vires accipiunt: sive enim sit enthymema, sive inductio, sive etiam exemplum, ex syllogismo quam maxime fidem capit; quod in prioribus resolutoriis, quæ ab Aristotele transtulimus, demonstratum est. Quocirca satis est de syllogismo disserere, quasi principali, et cæteras argumentandi species continente.

Restat nunc quid sit locus aperire. Locus namque est, ut Marco [mss., Manimio] Tullio placet, argumenti sedes; cujus definitionis quæ sit vis, paucis absolvam. Argumenti enim sedes partim maxima propositio intelligi potest, partim propositionis maxime differentia. Nam cum sint aliæ propositiones, quæ cum per se notæ sint, cum nihil ulterius habeant, quo demonstrentur, atque hæ maxime et principales vocentur, suntque aliæ quarum fidem primæ ac maximæ suppleant propositiones: necesse est ut omnium quæ dubitantur, illæ antiquissimam teneant probationem, quæ ita aliis fidem facere possunt, ut ipsis nihil queat notius inveniri. Nam si argumentum est, quod rei dubiæ faciat fidem, idque notius ac probabilius esse oportet, quam illud quod probatur, necesse est ut argumentis omnibus illa maximam fidem tribuant, quæ ita per se nota sunt, ut aliena probatione non egeant. Sed hujusmodi propositio aliquotiens quidem intra argumenti ambitum continetur; aliquotiens vero extra posita, argumenti vires supplet ac perficit.

Omnes igitur loci, id est, maximarum differentiæ propositionum, aut ab his ducantur necesse est terminis qui in quæstione sunt propositi, prædicato scilicet atque subjecto; aut extrinsecus assumantur, aut horum medii atque inter utrosque versentur. Eorum vero locorum qui ab his ducuntur terminis de quibus in quæstione dubitatur, duplex modus est: unus quidem ab eorum substantia, alter vero ab his quæ eorum substantiam consequuntur; hi vero qui a substantia sunt, in sola definitione consistunt. Definitio enim substantiam monstrat; et substantiæ integra demonstratio, definitio est. Sed, id quod dicimus, patefaciamus exemplis; ut omnis vel quæstionum, vel argumentationum, vel locorum ratio conquiescat. Age enim quæratur, an arbores animalia sint, flatque hujusmodi syllogismus: Animal est substantia animata sensibilis; non est arbor substan- tia animata sensibilis; igitur arbor animal non est. Hic quæstio de genere est; utrum enim arbores sub animalium genere ponendæ sint, quæritur; locus qui in universali propositione consistit, huic generis definitio non convenit, id ejus cujus ea definitio est, species non est loci superioris differentia: qui locus nihilominus nuncupatur a definitione.

Vides igitur ut tota dubitatio quæstionis syllogismi argumentatione tracta [ed., tractata] sit per convenientes et congruas propositiones, quæ vim suam ex prima et maxima propositione custodiunt; ex ea scilicet quæ negat esse speciem, cui non conveniat generis definitio. Atque ipsa universalis propositio 574 a substantia tracta est unius eorum termini qui in quæstione locati sunt, ut animalis, id est, ab ejus definitione, quæ est substantia animata sensibilis. Igitur in cæteris quæstionibus strictim ac breviter locorum differentiis commemoratis, oportet uniuscujusque proprietatem vigilantis animi alacritate percipere.

Hujus autem loci qui ex substantia ducitur, duplex modus est; partim namque a definitione, partim a descriptione argumenta ducuntur. Differt autem definitio a descriptione, quod definitio genus ac differentias assumit; descriptio vero subjectam intelligentiam claudit, quibusdam vel accidentibus unam efficientibus proprietatem, vel substantialibus præter genus conveniens aggregatis. Sed definitiones quæ ab accidentibus fiunt, tamen videntur nullo modo substantiam demonstrare: tamen quoniam sæpe veræ definitiones ita ponuntur, quæ substantiam monstrant, illæ etiam propositiones, quæ a descriptione sumuntur, a substantiæ loco videntur assumi. Hujus vero tale sit exemplum: quæratur enim an albedo substantia sit, hic quæritur an albedo substantiæ velut generi supponatur. Dicimus igitur: substantia est, quod omnibus accidentibus possit esse subjectum: albedo vero nullis accidentibus subjacet, albedo igitur substantia non est. Locus, id est maxima propositio, eadem quæ superius. Cujus enim definitio vel descriptio ei, quod dicitur, species esse non convenit, id ejus quod esse species perhibetur, genus non est. Descriptio vero substantiæ albedini non convenit, albedo igitur substantia non est.

Locus differentia superior a descriptione, quam dudum locavimus in ratione substantiæ. Sunt etiam definitiones quæ non a rei substantia, sed a nominis significatione ducuntur, atque ita rei de qua quæritur applicantur; ut si sit quæstio utrumne philosophiæ studendum sit, erit argumentatio talis: Philosophia sapientiæ amor est, huic studendum nemo dubitat: studendum igitur est philosophiæ. Hic enim non definitio rei, sed nominis interpretatio argumentum dedit. Quod etiam Tullius in ostensione ejusdem philosophiæ usus est defensione, et vocatur Græce quidem ὀνοματοποιία, Latine autem nominis definitio. Hæc de his quidem argumentis quæ ex substantia terminorum in quæstione positorum sumuntur, claris, ut arbitror, patefecimus exemplis:

nunc de his dicendum est qui terminorum substantiam consequuntur.

Horum vero multifaria divisio est; plura enim sunt, quæ singulis substantiis adhærescunt : ab his igitur quæ cujuslibet substantiam comitantur, argumenta duci solent, aut ex toto, aut ex partibus, aut ex causis, vel efficientibus, vel materia, vel fine. Et est efficiens quidem causa, quæ movet atque operatur, ut aliquid explicetur; materia vero, ex qua fit aliquid, vel in qua fit; finis, propter quod fit. Sunt etiam inter eos locos qui ex his sumuntur quæ substantiam consequuntur, aut ab effectibus, aut a corruptionibus, aut ab usibus, aut præter hos omnes ex communiter accidentibus. Quæ cum ita sint, eum prius locum qui a toto sumitur inspiciamus.

Totum duobus modis dici solet : aut ut genus, aut ut id quod ex pluribus integrum partibus constat. Et illud quidem quod ut genus, totum est, hoc modo sæpe quæstionibus argumenta suppeditat, ut si sit quæstio, an justitia utilis sit, fit syllogismus : Omnis virtus utilis est, justitia autem virtus est, ergo justitia utilis est. Quæstio de accidenti, id est, an accidat justitiæ utilitas. Locus is, qui in maxima propositione consistit. Quæ generi adsunt et speciei. Hujus superior locus a toto, id est a genere, virtute scilicet, quæ justitiæ genus est. Rursus sit quæstio, an humanæ res providentia regantur. Cum dicimus, si mundus providentia regitur; homines autem pars mundi sunt : humanæ igitur res providentia reguntur. Quæstio de accidenti. Locus quod toti evenit, id congruit etiam parti. Supremus locus a toto, id est ab integro. Quod partibus constat, id vero est mundus, qui hominum totum est.

A partibus etiam duobus modis argumenta nascuntur : aut enim a generis partibus, quæ sunt species ; aut ab integri, id est, totius, quæ partes tantum proprio vocabulo nuncupantur. Et de his quidem partibus quæ species sunt, hoc modo sit quæstio, an virtus mentis bene constitutæ sit habitus : quæstio de definitione, id est, an habitus bene constitutæ mentis, virtutis sit definitio. Faciemus itaque ab speciebus argumentationem sic : Si justitia, fortitudo, moderatio, atque prudentia, habitus bene constitutæ mentis sunt; hæc autem quatuor uni virtuti velut generi subjiciuntur : virtus igitur bene constitutæ mentis est habitus. Maxima propositio; quod enim singulis partibus inest, id toti inesse necesse est. Argumentum vero a partibus, id est a generis partibus, quæ species nuncupantur; justitia enim, fortitudo, modestia et prudentia, virtutis species sunt.

Item ab his partibus quæ integri partes esse dicuntur, sit quæstio, an sit utilis medicina. Hæc in accidentis dubitatione constituta est. Dicimus igitur, si depelli morbos, salutemque servari, mederique vulneribus utile est : igitur medicina est utilis. Sæpe autem et una quælibet pars valet, ut argumentationis firmitas constet, hoc modo : ut si de aliquo dubitetur an sit liber : si eum vel censu, vel testamento, vel vindicta manumissum esse monstremus, liber ostensus est; atque aliæ partes erant dandæ libertatis. Vel rursus, si dubitetur an sit domus quod eminus conspicitur : dicimus quoniam non est; nam vel tectum ei, vel parietes, vel fundamenta desunt, ab una rursus parte factum est argumentum.

Oportet autem non solum in substantiis, verum etiam in modo, temporibus, quantitatibus, totum partesque respicere. Id enim quod dicimus aliquando in tempore, pars; rursus si simpliciter aliquid proponamus, in modo totum est; si cum adjectione aliqua, pars fit in modo. Item si omnia dicamus in quantitate, totum dicimus; si aliquid quantitatis excerpimus, quantitatis ponimus partem. Eodem modo et in loco : quod ubique est, totum est; quod alicubi, pars. Horum autem omnium communiter dentur exempla. A toto ad partem secundum tempus : si Deus semper est, et nunc est. A parte ad totum secundum modum; si anima [mss., animal] aliquo modo movetur, et simpliciter movetur; movetur autem cum irascitur; universaliter igitur et simpliciter movetur. Rursus a toto ad partes in quantitate ; si **575** verus in omnibus Apollo vates est, verum erit Pyrrhum Romanos superare. Rursus in loco, si Deus ubique est, et hic igitur est.

Sequitur locus qui nuncupatur a causis. Sunt vero plures causæ, id est, quæ vel principium præstant motus atque efficiunt; vel specierum formas subjectæ suscipiunt; vel propter eas aliquid, vel quæ cujuslibet forma est.

Argumentum igitur ab efficiente causa; ut si quis justitiam naturalem velit ostendere, dicat : congregatio hominum naturalis est; justitiam vero congregatio hominum fecit : justitia igitur naturalis est. Quæstio de accidente. Maxima propositio : quorum efficientes causæ naturales sunt, ipsa quoque sunt naturalia. Locus ab efficientibus; quod enim uniuscujusque causa est, id efficit eam rem cujus causa est.

Rursus, si quis Mauros arma non habere contendat, dicit idcirco eos minime armis uti, quia his ferrum desit. Maxima propositio, ubi materia deest, et quod ex materia efficitur, defit locus a materia : utrumque vero, id est, ex efficientibus atque materia, uno nomine a causa dicitur. Æque enim id quod efficit, atque id quod operantis actum suscipit, ejus rei quæ efficitur causæ sunt.

Rursus a fine sit propositum, an justitia bona sit, fiet argumentatio talis. Si beatum esse, bonum est, et justitia bona est ; hic est enim justitiæ finis, ut qui secundum justitiam vivit, ad beatitudinem perducatur. Maxima propositio, cujus finis bonus est, ipsum quoque bonum est. Locus a fine.

Ab eo vero, quæ cujusque forma est, ita non potuisse volare Dædalum, quoniam nullas naturalis formæ pennas habuisset. Maxima propositio, tantum quemque posse, quantum forma permiserit. Locus a forma.

Ab effectibus vero, et corruptionibus, et usibus hoc modo : nam si bonum est domus, constructio bonum est, bonum est domus. Rursus si malum est destructio domus, bona est domus, et si bona est domus, mala est destructio domus. Item si bonum est equitare, bonum est equus, et si bonum est equus, bonum est equitare. Est autem primum quidem exemplum a generationibus, quod idem ab effectibus vocari potest. Secundum a corruptionibus, tertium ab usibus. Omnium autem maximæ propositiones : cujus effectio bona est, ipsum quoque bonum est, et e converso ; et cujus corruptio mala est, ipsum bonum est, et e converso ; et cujus usus bonus est, ipsum bonum est, et e converso.

A communiter autem accidentibus argumenta fiunt, quotiens ea sumuntur accidentia, quæ relinquere subjectum, vel non possunt, vel non solent; ut si quis hoc modo dicat : sapiens non pœnitebit, pœnitentia enim malum factum comitatur : quod quia in sapiente non convenit, ne pœnitentia quidem. Quæstio de accidentibus. Propositio maxima : cui non inest aliquid, ei ne illud quidem, quod ejus est consequens, inesse potest. Locus a communiter accidentibus.

Expeditis igitur locis his qui ab ipsis terminis, in propositione positis, assumuntur, nunc de his dicendum est qui licet extrinsecus positi, argumenta tamen quæstionibus subministrant : hi vero sunt vel ex rei judicio, vel ex similibus, vel a majore, vel a minore, vel a proportione, vel ex oppositis, vel ex transumptione. Et ille quidem locus qui rei judicium tenet, hujusmodi est ; ut id dicamus esse, vel quod omnes judicant, vel plures, et hi vel sapientes, vel secundum unamquamque artem penitus eruditi. Hujus exemplum est, cœlum esse volubile : quod ita sapientes atque in astronomia doctissimi dijudicaverint. Quæstio de accidente. Propositio, quod omnibus, vel pluribus, vel doctis videtur hominibus, ei contradici non posse. Locus a rei judicio.

A similibus vero hoc modo, si dubitetur an hominis proprium sit esse bipedem, dicimus similiter : inest equo quadrupes, et homini bipes ; non est autem equi quadrupes proprium, non est igitur hominis proprium bipes. Quæstio de proprio. Maxima propositio. Si quod similiter inest, non est proprium, ne id quidem de quo quæritur, esse proprium potest. Locus a similibus : hic vero in gemina dividitur. Hæc enim similitudo, aut in qualitate, aut in quantitate consistit ; sed in quantitate paritas nuncupatur, id est æqualitas.

Rursus ab eo quod est majus, si an sit animalis definitio, quod ex se moveri possit, dicimus, si magis oportet esse animalis definitionem, quod naturaliter vivat, quam quod ex se moveri possit. Non est autem hæc definitio animalis, quod naturaliter vivat : ne hæc quidem, quæ minus videtur esse definitio, quod ex se moveri possit, animalis definitio esse putanda est. Quæstio de definitione. Propositio maxima. Si id quod magis videbitur inesse, non inest, ne illud quidem quod minus inesse videtur, inerit. Locus ab eo quod est majus.

A minoribus vero converso modo. Nam si est hominis definitio, animal gressibile bipes : cumque id bipes videatur esse definitio hominis minus quam animal rationale mortale ; sitque definitio ea hominis quæ dicit animal gressibile bipes, erit definitio hominis, animal rationale mortale. Quæstio de definitione. Maxima propositio : Si id quod minus videtur inesse, inest ; et id quod magis videtur inesse, inerit. Multæ autem diversitates locorum sunt, ab eo quod esse magis ac minus, argumenta ministrantium : quos in expositione Topicorum Aristotelis diligentius persecuti sumus.

Item ex proportione : ut si quæratur, an sorte sint legendi in civitatibus magistratus, dicamus minime : quia ne in navibus quidem gubernator sorte præficitur : est enim proportio ; nam ut sese habet gubernator ad navem, ita magistratus ad civitatem. Hic autem locus distat ab eo quod ex similibus ducitur. Ibi enim una res quæ cuilibet et alii comparatur : in proportione vero non est similitudo rerum, sed quædam habitudinis comparatio. Quæstio de accidenti proportione. Quod in quaque re evenit, id in ejus proportionali evenire necesse est. Locus a proportione.

Ex oppositis vero multiplex locus est. Quatuor enim sibimet opponuntur modis : aut enim ut contraria adverso sese loco constituta respiciunt ; aut ut privatio, et habitus ; aut relatio ; aut affirmatio et negatio. Quorum discretiones in eo libro qui de decem Prædicamentis scriptus est, commemoratæ sunt; ab his hoc modo argumenta nascuntur.

A contrariis si quæratur, an sit virtutis proprium laudari, dicam minime : quoniam ne vitii quidem vituperari. Quæstio de proprio. Maxima propositio : quoniam contrariis contraria conveniunt. Locus ab oppositis, id est ex contrario.

Rursus sit in quæstione positum : An sit proprium oculos habentium videre, dicam minime : eos namque qui vident, alias etiam cæcos esse contingit. Nam in quibus est habitus, in eisdem poterit esse privatio ; et quod est proprium, non potest a subjecto discedere. Et quoniam veniente cæcitate visus abscedit, non esse proprium oculos habentium videre convincitur. Quæstio de proprio. Propositio, ubi privatio adesse potest et habitus, proprium non est. Locus ab oppositis, secundum habitum ac privationem.

Rursus sit in quæstione positum, an patris sit proprium procreatorem esse, dicam recte videri : quia filii est proprium procreatum esse ; ut enim sese habet pater ad filium, ita procreatus ad procreatorem. Quæstio de proprio. Propositio maxima : ad se relatorum propria, et ipsa ad se referuntur. Locus a relativis oppositis.

Item sit in quæstione positum, an sit animalis proprium moveri, negem : quia nec inanimati [ed., in animali] quidem est proprium non moveri. Quæstio de proprio. Propositio maxima : oppositorum opposita esse propria oportere. Locus ab oppositis, secundum affirmationem ac negationem ; moveri enim et non moveri, secundum affirmationem negationemque sibimet opponuntur.

Ex transumptione vero hoc modo fit : cum ex his

terminis in quibus quæstio constituta est, ad aliud quidem notius dubitatio transfertur; atque ex ejus probatione ea quæ in quæstione sunt posita, confirmantur; ut Socrates, cum quid posset in unoquoque justitia, quæreret, omnem tractatum ad reipublicæ transtulit magnitudinem; atque ex eo quod illa efficeret in singulis, etiam valere firmavit. Qui locus a toto forsitan esse videretur; sed quoniam non inhæret in his de quibus proponitur terminis, sed extra posita res, hoc tantum quia notior videtur, assumitur; idcirco ex transumptione locus id convenienti vocabulo nuncupatus est. Fit vero hæc transumptio et in nomine, quoties ab obscuro vocabulo ad notius transfertur argumentatio, hoc modo; ut si quæratur, an philosophus invideat, sitque ignotum quid philosophi significet nomen, dicemus ad vocabulum notius transferentes, non invidere qui sapiens sit; notius enim est sapientis vocabulum quam philosophi. Ac de his quidem locis qui extrinsecus assumuntur, idonee dictum est : nunc de mediis disputabitur.

De mediis.

Medii enim loci sumuntur vel ex casu, vel ex conjugatis, vel ex divisione nascentes. Casus est alicujus nominis principalis inflexio in adverbium : ut a justitia inflectitur juste, casus igitur est justitia, id quod dicimus juste, adverbium. Conjugata vero dicuntur, quæ ab eodem diverso modo ducta fluxerunt : ut a justitia, justum; hæc igitur inter se et cum ipsa justitia conjugata dicuntur, ex quibus omnibus in promptu sunt argumenta. Nam si id quod justum est, bonum est; et id quod juste est, bene est; et qui justus est, bonus est, et justitia bona est; hæc igitur secundum proprii nominis similitudinem consequuntur.

Mixti vero loci appellantur : quoniam si de justitia quæritur, et a casu vel a conjugatis argumenta ducuntur; neque ab ipsa proprie atque conjuncte, neque ab his quæ sunt extrinsecus posita videntur trahi, sed ex ipsorum casibus, id est, quadam ab ipsis levi immutatione deductis. Jure igitur hi loci medii inter eos qui ab ipsis, et eos qui sunt extrinsecus, collocantur.

Restat locus a divisione, qui tractatur hoc modo. Omnis divisio vel negatione fit, vel partitione; ut si quis ita pronuntiet : omne animal aut habet pedes, aut non habet. Partitione vero, velut si quis dividat: omnis homo aut sanus, aut æger est. Fit autem universa divisio, vel, ut generis in species, vel totius in partes, vel vocis in proprias significationes, vel accidentis in subjecta, vel subjecti in accidentia, vel accidentis in accidentia. Quorum omnium rationem in meo libro diligentius explicavi quem de divisione composui; atque idcirco ad horum cognitionem congrua petantur exempla. Fiunt vero argumentationes per divisionem, tum ea segregatione quæ per negationem fit, tum ea quæ per partitionem. Sed qui his divisionibus utuntur, aut directa ratiocinatione contendunt, aut in aliquid impossibile atque inconveniens ducunt, atque ita id quod reliquerant, rursus assumunt.

Quæ facilius quisque cognoscet, si prioribus analyticis operam dederit : horum tamen in præsenti talia præstabunt exempla notitiam. Sit in quæstione propositum, an ulla origo sit temporis : quod qui negare volet, id nimirum ratiocinatione firmabit, nullo modo esse ortum : idque directa ratiocinatione monstrabit, hoc modo : quoniam mundus æternus est (id enim paulisper argumenti gratia concedatur), mundus vero sine tempore esse non potuit, tempus quoque est æternum; sed quod æternum est, caret origine : tempus igitur originem non habet. At si per impossibilitatem idem desideretur ostendi, dicetur hoc modo : Si tempus habet originem, non fuit semper tempus : fuit igitur, quando non fuit tempus, sed fuisse significatio est temporis; fuit igitur tempus, quando non fuit tempus : quod fieri non potest; non igitur est ullum temporis principium positum. Namque, ut ab ullo principio cœperit, inconveniens quiddam atque impossibile contingit fuisse tempus, quando non fuerit tempus. Reditur igitur ad alteram partem, quod origine careat; sed hæc quæ ex negatione divisio est, cum per eam quælibet argumenta sumuntur, nequit fieri ut utrumque sit, quod affirmatione et negatione dividitur : itaque sublato uno, alterum manet; positoque altero reliquum tollitur; vocaturque hic a divisione locus, medius inter eos qui ab ipsis duci solent, atque eos qui extrinsecus assumuntur. Cum enim quæritur an ulla temporis sit origo, sumit quidem esse originem; et ex eo per propriam consequentiam a re ipsa, quæ quæritur, fit impossibilitatis et mendacii syllogismus; quo concluso reditur ad prius, quod verum esse necesse est; siquidem ad quod ei oppositum est, ad impossibile aliquid inconveniensque perducit. Itaque quoniam ex ipsa re de qua quæritur, fieri syllogismus solet, et quasi ab ipsis locus est ductus : quoniam vero non in eo permanet, sed ad **577** positum redit, quasi extrinsecus sumitur : idcirco igitur hic a divisione locus inter utrumque medius collocatur.

At vero hi qui ex partitione sumuntur, multiplici fiunt modo. Aliquotiens enim quæ dividuntur, simul esse possunt; ut si vocem in significationes dividamus, omnes simul esse possunt : veluti cum dicimus amplector, aut actionem significat, aut passionem; utrumque simul significare potest. Aliquotiens velut in negationis modo, quæ dividuntur simul esse non possunt; ut sanus est, aut æger. Fit autem ratiocinatio in priore quidem modo divisionis, tum quia omnibus adest quod quæritur, vel non est; tum vero idcirco alicui adesse, vel non adesse quod aliis adsit, vel minime.

Nec in his explicandis diutius laboramus, si priores resolutorii, vel topica diligentius ingenium lectoris instruxerint. Nam si quæratur utrum canis substantia sit, atque hæc divisio fiat : canis vel latrabilis animalis est, vel marinæ belluæ, vel cœlestis sideris nomen; demonstrareturque per singula et canem latrabilem substantiam esse, marinam quoque belluam, et cœleste sidus substantiæ posse supponi, monstravit canem esse substantiam. Atque hic quidem ex ipsis in quæstione propositis, videbitur argumenta traxisse. At in talibus syllogismis, aut sanus est aut æger; sed sanus est, non est igitur æger; sed sanus non est, æger igitur est; vel ita : si æger est, sanus igitur non est; vel ita : si æger non est, sanus igitur est. Ab his quæ sunt extrinsecus [*mss.*, intrinsecus] sumptus est syllogismus, id est ab oppositis. Idcirco ergo totus hic a divisione locus inter utrosque medius esse perhibetur : quia si negatione sit constitutus, aliquo modo quidem ex ipsis sumitur, aliquo modo ab exterioribus venit. Si vero a partitione argumenta ducuntur, nunc quidem ab ipsis, nunc vero ab exterioribus copiam præstant.

Et ea Græci quidem Themistii diligentissimi scriptoris ac lucidi, et omnia ad facultatem intelligentiæ revocantis talis locorum videtur esse partitio. Quæ cum ita sint, breviter mihi locorum divisio commemoranda est, ut nihil præterea relictum esse monstretur, quod non intra eam probetur esse inclusum. De quo enim in qualibet quæstione dubitatur, id ita firmabitur argumentis; ut ea vel ex his ipsis sumantur, quæ in quæstione sunt constituta, vel extrinsecus ducantur, vel quasi in confinio horum posita vestigentur. Ac præter hanc quidem divisionem nihil extra inveniri potest; sed si ab ipsis sumitur argumentum, aut ab ipsorum necesse est substantia sumatur, aut ab his quæ ea consequuntur, aut ab his quæ inseparabiliter accidunt, vel eis adhærent, et ab eorum substantia separari sejungique vel non possunt, vel non solent. Quæ vero ab eorum substantia ducuntur, ea aut in descriptione, aut in definitione sunt; et præter hæc, a nominis interpretatione. Quæ vero ea velut substantias continentia consequuntur, alia sunt, vel ut generis, vel differentiæ, vel integræ formæ, vel specierum, vel partium loco circa ea quæ inquirantur, assistunt; item, vel causæ, vel fines, vel effectus, vel corruptiones, vel usus, vel quantitas, vel tempus, vel subsistendi modus. Quod vero proprie inseparabile, vel adhærens, accidens nuncupatur, id in communiter accidentibus numerabitur. Et præter hæc quid aliud cuiquam inesse possit, non potest inveniri.

Quibus ita propositis, inspiciamus nunc eos locos quos dudum extrinsecus pronuntiabamus assumi ; et enim quæ extrinsecus assumuntur, non sunt ita separata atque disjuncta, ut non aliquando quasi e regione quadam, ea quæ quæruntur aspiciant. Nam et similitudines et opposita ad ea sine dubio referuntur, quibus similia vel opposita sunt, licet jure atque ordine videantur extrinsecus collocata. Sunt autem hæc, similitudo, oppositio, magis ac minus, rei judicium. In similitudine enim tum rei similitudo, tum proportionis ratio continetur. Omnia enim similitudinem tenent.

Opposita vero in contrariis, in privationibus, in relationibus, in negationibus constant. Comparatio vero majoris ad minus quædam quasi similium dissimilitudo est; rerum enim per se similium in quantitate discretio majus fecit ac minus. Quod enim omni qualitate, omnique ratione disjunctum est, id nullo modo poterit comparari. Ex rei vero judicio quæ sunt argumenta, quasi testimonium præbent, et sunt inartificiales loci atque omnino disjuncti, nec rem potius quam opinionem judiciumque sectantes. Transumptionis vero locus nunc quidem in æqualitate, nunc vero in majoris minorisve comparatione consistit; aut enim ad id quod est simile, aut ad id quod est majus aut minus, fit argumentorum rationumque transumptio.

Hi vero loci quos mixtos esse prædiximus, aut ex casibus, aut ex conjugatis, aut ex divisione nascuntur : in quibus omnibus consequentia et repugnantia custoditur. Sed ea quidem, quæ ex definitione, vel genere, vel differentia, vel causis argumenta ducuntur, demonstratione maxime syllogismis vires atque ordinem subministrant : reliqua vero verisimilibus ex dialecticis. Atque hi loci maxime, qui in eorum substantia sunt, de quibus in quæstione dubitatur, ad prædicativos ac simplices; reliqui vero ad hypotheticos et conditionales respiciunt syllogismos.

Expeditis igitur locis, et diligenter tam definitione quam exemplorum etiam luce patefactis, dicendum videtur quomodo hi loci maximarum sint differentiæ propositionum, idque brevi; neque enim longa disputatione res eget. Omnes enim maximæ propositiones, vel definitiones, in eo quod sunt maximæ, non differunt; sed in eo quod hæ quidem a definitione, illæ vero a genere, vel aliæ veniant ab aliis locis, et his jure differre, hæque earum differentiæ esse dicuntur.

De topicis.

Topica sunt argumentorum sedes, fontes sensuum, origines dictionum. Itaque licet definire locum esse argumenti sedem, argumentum autem rationem quæ rei dubiæ faciat fidem. Et sunt argumenta aut in ipso negotio de quo agitur, aut ducuntur ex his rebus quæ quodammodo affectæ sunt ad id de quo quæritur, et ex rebus aliis tractæ noscuntur : aut certe assumuntur extrinsecus. Ergo hærentia loca argumentorum in eo ipso negotio sunt tria, id est, a toto, a partibus, a nota.

A toto est argumentum etiam, cum definitio adhibetur ad id quod quæritur; sicut ait Cicero, Gloria est laus recte factorum, magnorumque in rempublicam fama meritorum : ecce [*ed.*, ex se] quia gloria totum est, per definitionem ostendit quid sit gloria.

578 Argumentum a partibus sic ; ut puta, si oculus videt, non ideo totum corpus videt.

A nota autem sic ducitur argumentum, quod Græce etymologia dicitur : Si consul est qui consulit reipublicæ, quid aliud Tullius fecit cum affecit supplicio conjuratos?

Nunc ducuntur argumenta et ex his rebus quæ quodammodo affectæ sunt ad id de quo quæritur, et ex rebus aliis tractæ noscuntur : et sunt loca tredecim, id est, alia a conjugatis, alia a genere, alia a forma generis, id est specie, alia a similitudine, alia a differentia, alia ex contrario, alia a conjunctis, alia ab antecedentibus, alia a consequentibus, alia a repugnantibus, alia a causis, alia ab effectibus, alia a comparatione minorum, majorum aut parium.

Primo ergo a conjugatis argumentum ducatur. Conjugata dicuntur, cum declinatur a nomine, et fit verbum; ut Cicero Verrem dicit everrisse provinciam; vel nomen a verbo, cum latrocinari dicitur latro: aut nomen a nomine; ut Terentius: Inceptio est amentium, haud amantium.

A genere argumentum est, quando a re generali ad speciem aliquam descendit: ut illud Virgilii, Varium et mutabile semper femina: potuit et Dido, quod est species, varia et mutabilis esse. Vel illud Ciceronis, quod fecit argumentum, descendens a genere ad speciem: nam cum omnium provinciarum sociorumque rationem diligenter habere debeatis, tum præcipue Siciliæ, judices.

A specie argumentum ducitur, cum generali quæstioni fidem species facit; ut illud Virgilii:

> An non sic Phrygius penetrat Lacedæmona pastor?

quia Phrygius pastor species est; et si istud ille unus fecit, et alii hoc Trojani generaliter facere possunt.

A simili argumentum est, quando de rebus aliquibus similia proferuntur; ut Virgilius:

> Suggere tela mihi, nam nullum dextera frustra
> Torserit in Rutulos, steterintque in corpore
> Grajum
> Iliacis campis.

A differentia argumentum ducitur, quando per differentiam aliquæ res separantur; Virgilius:

> Non Diomedis equos, nec currum cernis Achillis.

A contrariis argumentum sumitur, quando res discrepantes sibimet opponuntur; ut Terentius:

> Nam si illum objurges, vitæ qui auxilium tulit,
> Quid facies illi qui dederit damnum aut malum?

A conjunctis autem fides petitur argumenti; cum quæ singula infirma sunt, si conjungantur, vim veritatis assumunt; ut, quid accedit ut tenuis ante fuerit, quid si ut avarus, quid si ut audax, quid si ut ejus qui occisus est inimicus? Singula hæc quia non sufficiunt, idcirco congregata ponuntur, ut ex multis junctis res aliqua confirmetur.

Ab antecedentibus argumentum est, quando aliqua ex his quæ prius gesta sunt comprobantur; ut Cicero pro Milone: Cum non dubitaverit aperire quid cogitaverit, vos potestis dubitare quid fecerit? Præcessit enim prædictio, ubi est argumentum, et secutum est factum.

A consequentibus vero argumentum est, quando positam rem aliquid inevitabiliter consequitur; ut si mulier peperit, cum viro concubuit.

A repugnantibus argumentum est, quando illud quod objicitur, aliqua contrarietate destruitur; ut Cicero dicit: Is igitur non modo a te periculo liberatus, sed etiam honore amplissimo ditatus, arguitur domui suæ te interficere voluisse.

A causis argumentum est, quando ex consuetudine communi res quæ tractatur, fieri potuisse convincitur; ut in Terentio:

> Ego nonnihil veritus sum dudum abs te, Dave, ne faceres
> Quod vulgus servorum solet, dolis ut me deluderes.

Ab effectibus ducitur argumentum, cum ex his quæ facta sunt, aliquid approbatur; ut in Virgilio:

> Degeneres animos timor arguit;

nam timor est causa ut degener sit animus, quod timoris effectum est.

A comparatione argumentum ducitur, quando per collationem personarum sive causarum, sententiæ ratio confirmatur, et a majori ratione hoc modo, ut in Virgilio:

> Tu potes unanimes armare in prælia fratres.

Ergo qui hoc in fratribus potest, quanto magis in aliis? A minorum comparatione; sicut Publius Scipio pontificem maximum Tiberium Gracchum non mediocriter labefactantem statum reipublicæ privatus interfecit.

A parium comparatione; sic Cicero, in Pisone nihil interesse, utrum ipse consul improbis concionibus, perniciosis legibus rempublicam vexet, an alios vexare patiatur.

Extrinsecus vero assumentur argumenta hæc quæ Græci ἄτεχνα vocant, id est inartificialia, quod testimonium ab aliqua externa re sumitur ad faciendam fidem; et prius.

A persona, ut non qualiscunque sit, sed illa quæ testimonii pondus habet ad faciendam fidem, sed et morum probitate debet esse laudabilis.

A natura auctoritas est, quæ maxima virtute consistit; et a tempore sunt, quæ afferant auctoritatem; ut sunt ingenium, opes, ætas, fortuna, ars, usus, necessitas, concursio rerum fortuitarum.

A dictis factisque majorum petitur fides: cum priscorum dicta factaque memorantur.

Et a tormentis fides probatur, post quæ nemo creditur velle mentiri.

De syllogismis.

Prima figura modos habet quatuor, qui universaliter vel particulariter affirmativam vel negativam concludent.

Secunda item quatuor modos, qui ab negativa concludent, sive universaliter sive particulariter.

Tertia figura habet sex modos, qui affirmative vel negative, sed particulares facient conclusiones.

Ergo primæ figuræ modus primus est qui conficitur ex duabus universalibus affirmativis, habens conclusionem universaliter affirmativam, hoc modo:

> Omne bonum est amabile.
> Omne justum est bonum.
> Omne igitur justum est amabile.

Secundus modus figuræ primæ conficitur ex universali abnegativa et universali affirmativa, habens conclusionem universaliter, hoc modo:

> Nullus risibilis est irrationalis.
> Omnis homo est risibilis.
> Nullus igitur homo est irrationalis.

579 Tertius modus primæ figuræ est qui conficitur ex universali affirmativa et particulari affirmativa, particularem affirmativam concludens, hoc modo:

Omne animal movetur.
Quidam homo est animal.
Quidam igitur homo movetur.

Quartus modus primæ figuræ est qui conficitur ex universali abnegativa et particulari affirmativa, particularem abnegativam concludens, hoc modo :

Nullum insensibile est animatum.
Quidam lapis est insensibilis.
Quidam igitur lapis non est animatus.

Secundæ vero figuræ primus modus est qui ex universali abnegativa et universali affirmativa concludit hoc modo universale abnegativum :

Nullum malum est bonum.
Omne justum est bonum.
Nullum igitur justum est malum.

Secundæ vero figuræ secundus modus est in quo ex universali priore affirmativa et posteriore universali abnegativa conficitur universalis abnegativa conclusio, hoc modo :

Omne justum est æquum.
Nullum malum est æquum.
Nullum igitur malum est justum.

Tertius secundæ figuræ modus, qui ex priore universali negativa et posteriore particulari affirmativa, negationem colligit particularem, hoc modo :

Nullus lapis est animal.
Quædam substantia est animal.
Quædam igitur substantia non est lapis.

Quartus modus est secundæ figuræ qui ex affirmativa priore universali et posteriore particulari negativa particularem negationem concludit, hoc modo :

Omne justum est rectum.
Quidam homo non est rectus.
Quidam igitur homo non est justus.

Primus modus tertiæ figuræ est qui ex duabus universalibus affirmativis particularem affirmativam concludit : quia universalem affirmativam licet in particularem affirmativam converti, hoc modo :

Omnis homo est animal.
Omnis homo est substantia.
Quædam igitur substantia est animal.

Item secundus modus tertiæ figuræ est in quo ex universali negatione et universali affirmatione fit particularis negativa conclusio :

Nullus homo est equus.
Omnis homo est substantia.
Quædam igitur substantia non est equus.

Tertius modus est tertiæ figuræ, qui ex particulari et universali affirmativis particularem affirmativam concludit, hoc modo :

Quidam homo est albus.
Omnis homo est animal.
Quoddam igitur animal est album.

Quartus vero modus tertiæ figuræ est qui ex universali et particulari affirmativis particulare affirmativum concludit, hoc modo :

Omnis homo est animal.
Quidam homo est albus.
Quoddam igitur album est animal.

Quintus vero modus tertiæ figuræ est qui ex particulari negativa et universali affirmativa negationem particularem concludit, hoc modo :

Quidam homo non est albus.
Omnis homo est animal.
Quoddam igitur animal non est album.

Sextus modus tertiæ figuræ est qui ex universali negativa et particulari affirmativa particularem negativam concludit, hoc modo :

Nullus homo est lapis.
Quidam homo est albus.
Quoddam igitur album non est lapis.

Demonstrati sunt omnes modi trium figurarum categorici syllogismi, licet quidam primæ figuræ alios quinque modos addiderint.

De paralogismis.

Paralogismi vero primæ figuræ ita fiunt, ex priori affirmativa universali et secunda negativa universali : Omnis homo est animal; nullum animal est lapis : nullus igitur homo lapis est. Et quia mutato termino et universale et particulare concludet et negativam et affirmativam, ob hoc est inutilis approbatus idem paralogismus, qui ex duabus negativis universalibus fit, hoc modo : Nullus lapis animal est; nullum animal immobile est : nullus igitur immobilis est lapis.

Idem paralogismus, qui ex duabus particularibus affirmativis fit hoc modo : Quidam equus animal est; quoddam animal bipes est : quidam igitur equus bipes est. Rursum ex duabus particularibus negativis hoc modo : Quidam homo albus non est; quoddam album non movetur : quidam igitur homo non movetur.

Dein, si prior affirmativa particularis, et secunda negativa particularis fuerit, hoc modo : Quidam equus animal est; quoddam animal quadrupes non est : quidam igitur equus quadrupes non est.

Idem, si prior negativa particularis, secunda affirmativa fuerit particularis, hoc modo : Quidam homo equus non est; quidam equus immobilis est : quidam igitur homo immobilis est.

Idem, si major propositio affirmativa fuerit universalis, et minor propositio negativa fuerit particularis, paralogismus erit, hoc modo : Omnis homo animal est; quoddam animal rationabile non est : quidam igitur homo rationabilis non est.

At vero si major fuerit propositio universalis negativa, et minor particularis fuerit negativa, nullus poterit esse syllogismus, hoc modo : Nullus lapis animal est; quoddam animal pinnatum est : nullus igitur lapis pinnatus est.

Rursus, si prima fuerit particularis, secunda vero universalis, et utræque affirmativæ propositiones, non erit syllogismus, hoc modo : Quidam lapis corpus est; omne corpus mensurabile est : quidam igitur lapis mensurabilis est.

Idem, si prima fuerit particularis propositio negativa, et secunda universalis negativa, non erit syllogismus, hoc modo : Quoddam animal bipes non est; nullum bipes hinnibile est : quoddam igitur animal hinnibile non est.

Idem, si prior affirmativa particularis, secunda negativa universalis propositio fuerit, syllogismum non facit, hoc modo : Quidam lapis insensatus est; nullum insensatum vivit : quidam igitur lapis non vivit.

Idem, si prior negativa particularis propositio fuerit, et secunda affirmativa universalis, paralogismus erit, hoc modo : Quoddam nigrum animatum **580** non est; omne animatum movetur : quoddam igitur nigrum non movetur. Et de finitis propositionibus syllogismus non fit, quia particulares similes sunt.

Omnes propositiones his modis constant :

Id est, *simplices*, ita :
Omnis homo justus est. Quidam homo justus est. Omnis homo rationalis est. Quidam homo rationalis est.

Contrariæ :
Nullus homo justus est. Quidam homo justus non est.

Contradictoriæ :
Nullus homo rationalis est. Quidam homo rationalis non est.

Ex utrisque terminis infinitis. Omnis non homo non rationalis est. Nullus non homo non rationalis est. Quidam non homo non rationalis est. Quidam non homo non rationalis non est.

Item ex infinito subjecto. Omnis non homo rationalis est. Nullus non homo rationalis est. Quidam non homo rationalis est. Quidam non homo rationalis non est.

Item ex infinito prædicato. Omnis homo non rationalis est. Nullus homo non rationalis est. Quidam homo non rationalis est. Quidam homo non rationalis non est.

Item quæ conveniunt. Omnis homo rationalis est. Nullus homo non rationalis est. Omnis homo non rationalis est. Nullus homo non rationalis est. Quidam homo rationalis est. Quidam homo non rationalis est. Quidam homo non rationalis non est. Quidam homo non rationalis non est.

Item. Omne non animal non homo est. Nullum non animal non homo est. Quiddam non animal non homo est. Quiddam non animal non homo non est.

Item conversæ ex prædicato infinito. Omne non animal homo est. Nullum non animal homo est. Quoddam non animal homo est. Quoddam non animal homo non est.

Item conversæ ex infinito subjecto. Omne animal non homo est. Nullum animal non homo est. Quiddam animal non homo est. Quoddam animal non homo non est.

Item propositiones indefinitæ. Homo justus est. Homo justus non est.

Indefinitarum propositionum cum subjecto infinito. Non homo justus est. Non homo justus non est.

Ex prædicato infinito. Homo justus non est. Homo non justus non est.

Ex utrisque terminis infinitis. Non homo non justus est. Non homo non justus non est.

Propositiones singulares vel individuæ. Plato justus est. Plato justus non est.

Ex infinito subjecto. Non Plato justus est. Non Plato justus non est.

Ex infinito prædicato. Plato non justus est. Plato non justus non est.

Ex utrisque terminis infinitis. Non Plato non justus est. Non Plato non justus non est.

De locis rhetoricis.

Rhetorica oratio habet partes sex, procœmium, quod exordium est, narrationem, partitionem, confirmationem, reprehensionem, perorationem. Quæ partes instrumenta sunt rhetoricæ facultatis, quoniam rhetorica in omnibus suis speciebus inest, et species eidem inerunt. Nec potius inerunt, quam eisdem ea quæ peragunt administrabunt. Itaque et in judiciali genere causarum necessarius est ordo procœmii, et narrationis, atque cæterorum; et in demonstrativo deliberativoque necessaria sunt. Opus autem rhetoricæ facultatis docere et movere : quod nihilominus iisdem fere sex instrumentis, id est orationis partibus, administratur. Partes autem rhetoricæ, quoniam partes sunt facultatis, ipsæ quoque sunt facultates; quocirca ipsæ quoque orationis partibus, quasi instrumentis, utentur.

Atque ut his operentur, eisdem inerunt. Nam in exordiis nisi quinque sint supradictæ rhetoricæ partes : ut inveniat, eloquatur, disponat, meminerit, pronuntiet, nihil agit orator. Eodem quoque modo et reliquæ fere partes instrumenti, nisi habeant omnes rhetoricæ partes, frustra sunt. Hujus autem facultatis effector orator est, cujus est officium dicere apposite ad persuasionem; finis tum in ipso quidem bene dixisse, id est, dixisse apposite ad persuasionem; altera vero persuasisse. Neque enim si qua impediant oratorem quominus persuadeat, facto officio, finem non est consecutus; sed is quidem qui officio fuit contiguus et cognatus, consequitur, facto officio. Is vero qui extra est, sæpe non consequitur, neque tamen rhetoricam suo fine contentam, honore vacuavit. Hæc quidem ita sunt mixta, ut rhetorica insit speciebus, species vero insint causis.

Causarum vero partes status esse dicuntur : quos etiam aliis nominibus tum constitutiones, tum quæstiones nominare licet : qui quidem dividuntur ita, ut rerum quoque natura divisa est. Sed a principio quæstionum differentias ordiamur, quoniam rhetoricæ quæstiones circumstantiis involutæ sunt omnes, aut in scripti alicujus controversia versantur, aut præter scriptum ex re ipsa sumunt contentionis exordium.

Et illæ quidem quæstiones, quæ in scripto sunt, quinque modis fieri possunt. Uno quidem, cum hic scriptoris verba defendit, et ille sententiam; atque hic appellatur scriptum et voluntas.

Alio vero, si inter se leges quadam contrarietate dissentiunt, quarum ex adversa parte aliæ defendunt, aliæ faciunt controversiam; atque hic vocatur status legis contrariæ.

Tertio, cum scriptum de quo contenditur sententiam claudit ambiguam, ambiguitas ex suo nomine nuncupatur.

Quarto vero, cum in eo quod scriptum est aliud non scriptum intelligitur; quod quia per ratiocinationem et quamdam syllogismi consequentiam vestigatur, ratiocinativus vel syllogismus dicitur.

Quinto, cum sermo scriptus est, cujus non facile vis ac natura clarescat, nisi definitione detecta sit; hic vocatur finis in scripto; quos omnes a se differre, non est nostri operisve rhetorici demonstrare. Hæc autem speculanda doctis, non rudibus discenda proponimus : quamvis de eorum differentia in topicorum commentis per transitum disseruerimus.

Earum autem constitutionum, quæ præter scriptum in ipsarum rerum contentione sunt positæ, ita differentiæ segregantur, ut rerum quoque ipsarum natura divisa sit. In omni enim rhetorica quæstione dubitatur an sit, quid sit, quale sit; et propter hæc, an jure, vel more possit exerceri judicium. Sed si factum, vel res quæ intenditur ab adversario, negatur, quæstio est utrum sit ea quæ conjecturalis constitutio nominatur. Quod si factum quidem esse constiterit, sed quidnam sit id quod factum est ignoretur, quoniam vis ejus definitione monstranda est, finitiva dicitur constitutio. Ac si et esse constiterit, et de rei definitione conveniat, sed quale sit inquiratur : tunc quia cui generi subjici debet ambigitur, generalis qualitas nuncupatur. In hac vero quæstione et qualitatis, et quantitatis, et comparationis ratio versatur. Sed quoniam de genere quæstio est, secundum generis formam in plura necesse est hujus constitutionis membra distribui.

Omnis enim quæstio generalis, id est, cum de genere, et qualitate, vel quantitate quæritur facti, in duas tribuitur partes. Nam aut in præterito quæritur de qualitate propositi, aut in præsenti, aut in futuro. Si in præterito, juridicialis constitutio nuncupatur; si præsentis vel futuri temporis teneat quæstionem, negotialis dicitur.

Juridicialis vero, cujus inquisitio præteritum respicit, duabus partibus segregatur. Aut enim in ipso facto vis defensionis inest, et absoluta qualitas nuncupatur : aut extrinsecus assumitur, et assumptiva dicitur constitutio.

Sed hæc in partes quatuor derivatur : aut enim conceditur crimen, aut removetur, aut refertur, aut, quod est ultimum, comparatur. Conceditur crimen, cum nulla inducitur facti defensio, sed venia postulatur. Id fieri duobus modis potest, si depreceris aut purges. Deprecaris, cum nihil excusationis attuleris. Purgas, cum facti culpa his ascribitur quibus obsisti obviarique non possit, neque tamen personæ sint; id enim in aliam constitutionem cadit. Sunt autem hæc, imprudentia, casus atque necessitas.

Removetur vero crimen, cum ab eo qui incessitur transfertur in alium. Sed remotio criminis duobus fieri modis potest : si aut causa refertur, aut factum. Causa refertur, cum aliena potestate aliquid factum esse contenditur; factum vero, cum alius aut potuisse, aut debuisse facere demonstratur. Atque hæc in his maxime valent, si ejus nominis in nos intendatur actio, quod non fecerimus id quod oportuit [mss., potuit] fieri. Refertur crimen, cum juste in aliquod facinus commissum esse conceditur [mss., contenditur] : quoniam is in quem commissum sit injuriosus sæpe fuerit, atque id quod intenditur meruit pati.

Comparatio est, cum propter meliorem utilioremve rem factum quod adversarius arguit, commissum esse defenditur. Atque hæc hactenus ; nunc de inventione tractandum est.

De inventione.

Etenim prius quidem dialecticos dedimus, nunc rhetoricos promimus locos, quos ex attributis personæ ac negotio venire necesse est. Persona, quæ in judicium vocatur, cujus dictum aliquod factumve reprehenditur. Negotium, factum dictumve personæ, propter quod in judicium vocatur. Itaque in his duobus omnis locorum ratio constituta est; quæ enim habent reprehensionis [mss., excusationis] occasionem, eadem nisi ad excusabilem partem vergant, defensionis copiam non ministrant; ex eisdem enim locis accusatio defensioque consistit.

Si igitur persona in judicium vocatur, neque factum dictumve ullum reprehenditur, causa esse non potest. Nec vero factum dictumve aliquod in judicium proferri potest, si persona non existet. Itaque in his duobus omnis judiciorum ratio versatur, in persona scilicet, atque negotio. Sed, ut dictum est, persona est quæ in judicium vocatur; negotium, factum, dictumve personæ, propter quod reus statuitur. Persona igitur et negotium suggerere argumenta non possunt, de ipsis enim quæstio est; de quibus autem dubitatur, ea dubitationi fidem facere nequeunt. Argumentum vero erit ratio rei dubiæ faciens fidem. Faciunt autem negotio fidem ea quæ sunt personis ac negotiis attributa. Ac si quando persona negotio faciat fidem, velut si credatur contra rempublicam sensisse Catilinam, quoniam persona est vitiorum turpitudine denotata, tunc non in eo quod persona est, et in judicium vocatur, fidem negotio facit, sed in eo quod ex attributis personæ quamdam suscipit qualitatem. Sed ut rerum ordo clarius colliquescat, de circumstantiis arbitror esse dicendum.

De circumstantiis.

Circumstantiæ sunt quæ convenientis substantiam quæstionis efficiunt. Nisi enim sit qui fecerit, et quod fecerit, causaque cur fecerit, locus tempusque quo fecerit, modus, etiam facultas; quæ si desint, causa non stabit. Has igitur circumstantias in gemina Cicero partitur, ut eam quæ est, quis, circumstantiam in attributis personæ ponat, reliquas vero circumstantias in attributis negotio constituat. Et primum quidem ex circumstantiis, eam quæ est, quis, quam personæ attribuit, secat in undecim partes. Nomen, ut Verres; natura, ut barbarus; victus, ut amicus nobilium; persona, ut dives; studium, ut geometra; casus, ut exsul; affectio, ut amans; habitus, ut sapiens; consilium, facta, et orationes. Eaque extra illud factum dictumque sunt, quæ nunc in judicium devocantur. Reliquas vero circumstantias, quæ sunt, quid, cur, quando, ubi, quomodo, quibus auxiliis, in attributis negotio ponit. Quid et cur, dicens continentia cum ipso negotio : cur, in causa constituens; ea enim causa est uniuscujusque facti, propter quam facta est.

Quid vero, secat in quatuor partes. In summam facti, ut parentis occisio. Ex hac maxime locus sumitur amplificationis ante factum, ut concitus rapuit gladium; dum fit, vehementer percussit. Post factum, in abdita sepelivit. Quæ omnia cum sint facta, tamen quoniam ad gestum negotium, de quo quæritur, pertinent, non sunt ea facta quæ in attributis personæ numerata sunt. Illa enim extra negotium, quod extra posita personam informantia fidem ei negotio præstant, de quo versatur intentio; hæc vero facta, quæ continentia sunt cum ipso negotio, ad ipsum negotium de quo quæritur pertinent.

Postremas vero quatuor circumstantias Cicero ponit in gestione negotii, quæ est secunda pars attributorum negotiis. Et eam quidem circumstantiam, quæ est quando, dividit in tempus, ut modo fecit; et in occasionem, ut cunctis dormientibus. Eam vero circumstantiam quæ est ubi, locum dicit, ut, in cubiculo fecit; quomodo vero, ex circumstantiis modum, ut, clam fecit : **582** quibus auxiliis circumstantiam facultatem appellat, ut, cum multo exercitu. Quorum quidem locorum etsi ex circumstantia rerum, naturalis discretio clara est, nos tamen benevolentius faciemus, si uberiores ad se differentias ostendamus.

Nam cum ex circumstantiis alia M. Tullius proposuerit esse continentia cum ipso negotio, alia vero in gestione negotii, atque in continentibus cum ipso negotio, illum annumeraverit locum quem appellavit, dum fit; ex ipsa prolationis significatione idem videtur esse locus hic, dum fit, cum eo qui est in gestione negotii; sed non ita est, quia dum fit, illud est quod eo tempore admissum est, dum facinus perpetratur, ut percussit. In gestione vero negotii, ea sunt quæ et ante factum, et dum fit, et post factum quod gestum est continent; in omnibus enim tempus, locus, occasio, modus, facultas inquiritur. Rursus dum fit, factum est, quod administratur, est negotium; quæ vero sunt in gestione negotii non sunt facta, sed facto adhærent; in illis enim tempus, occasionem, locum, modum, facultatem, facta esse consenserit : sed, ut dictum est, quæ cuilibet facto adhærentia sint, atque in nullo modo derelinquant, quia quadam ratione subjecta sunt ipsi quod gestum est negotio.

Item ea quæ sunt in gestione negotii, sine his quæ sunt continentia cum ipso negotio, esse possunt. Potest enim et locus, et tempus, et occasio, et modus, et facultas facti cujuslibet intelligi, etiamsi nemo faciat quod illo loco, vel tempore, vel occasione, vel modo, vel facultate fieri posset. Itaque ea quæ sunt in gestione negotii sine his quæ sunt continentia cum ipso negotio esse possunt. Illa vero sine his esse non possunt; factum enim præter locum, tempus, occasionem, modum facultatemque esse non poterit. Atque hæc sunt quæ in attributis personæ ac negotio consistunt, velut in dialecticis locis ea quæ in ipsis cohærent, de quibus quæritur; reliqua vero quæ vel sunt adjuncta negotio, vel negotium gestum consequuntur, talia sunt qualia in dialecticis locis ea quæ secundum Themistium quidem partim rei substantiam consequuntur, partim sunt extrinsecus, partim versantur in mediis; secundum Ciceronem vero inter affecta numerata sunt, vel extrinsecus posita.

Sunt enim adjuncta negotio ipsa etiam quæ fidem faciunt quæstioni, affecta quodammodo ad id de quo quæritur, respicientia negotium de quo agitur, hoc modo. Nam circumstantiæ septem quæ in attributis personæ vel negotio numeratæ sunt, hæc cum cœperint comparari et quasi in relationem venire, si quid ad se continens referatur, vel ad id quod continet, fit aut species, aut genus; si id referatur quod ab eo longissime distet, contrarium; at si ad finem suum atque exitum referatur, tum eventus est.

Eodem quoque modo ad majora, et minora, et paria comparantur. Atque omnino tales loci in his quæ sunt ad aliquid considerantur. Nam majus, aut minus, aut simile, aut æque magnum, aut disparatum, accedent circumstantiis quæ in attributis negotio atque personæ numeratæ sunt; ut dum ipsæ circumstantiæ aliis comparantur, fiat ex iis argumentum facti dictive, quod in judicium trahitur. Distat autem a superioribus, quod superiores loci vel facta continebant, vel factis ita adhærebant, ut separari non possint, ut locus, tempus, et cætera quæ gestum negotium non relinquunt.

Hæc vero quæ sunt adjuncta negotio non inhærent ipsi negotio, sed accedent circumstantiis; et tunc demum argumenta præstant, cum ad comparationem venerint : sumunt vero argumenta non ex contrarietate, sed ex contrario; et non ex similitudine, sed ex simili, ut appareat ex relatione sumi argumenta in adjunctis negotio, et ea esse adjuncta negotio, quæ sunt ad ipsum de quo agitur affecta.

Consecutio vero, quæ pars quarta est eorum quæ negotiis attributa sunt, neque in ipsis sunt rebus, neque rerum substantiam relinquunt, neque ex comparatione reperiuntur; sed rem gestam vel antecedunt, vel etiam consequuntur. Atque hic locus extrinsecus est. Primum enim in eo quæritur id quod factum est, quo nomine appellari conveniat : in quo non de re, sed de vocabulo laboratur. Qui deinde auctores ejus facti et inventores, comprobatores, atque æmuli, id totum ex judicio et quodam testimonio extrinsecus posito ad subsidium confluit argumenti. Deinde et quæ ejus rei sit ex consueto pactio, judicium, scientia, artificium. Deinde natura ejus, quid evenire vulgo soleat: an insolenter et raro homines id sua auctoritate comprobare, an offendere in his consueverint; et cætera quæ factum aliquod similiter confestim aut intervallo solent consequi: quæ necesse est extrinsecus posita ad opinionem magis tendere quam ad ipsam rerum naturam.

Itaque in hæc quatuor licet negotiis attributa dividere, ut sint partim continentia cum ipso negotio, quæ facta esse superius dictum est; partim in gestione negotii, quæ non esse facta, sed factis adhærentia dudum monstravimus; partim adjuncta negotio: hæc, ut dictum est, in relatione ponuntur; partim gestum negotium consequuntur: horum fides extrinsecus sumitur. Ac de rhetoricis quidem locis satis dictum.

Nunc illud est explicandum quæ sit his similitudo cum dialecticis, quæ vero diversitas; quod cum idonee convenienterque monstravero, propositi operis explicetur intentio. Primo adeo ut in dialecticis locis, sicut Themistio placet, alii sunt qui in ipsis hærent de quibus quæritur; alii vero assumuntur extrinsecus, alii vero medii inter utrosque locati sunt: sic in rhetoricis quoque locis, alii in persona atque negotio consistunt, de quibus ex adversa parte certatur; alii vero extrinsecus, ut hi qui gestum negotium consequuntur; alii vero medii.

Quorum proximi quidem negotio sunt hi qui ex circumstantiis, reliqui in gestione negotii considerantur. Illi vero qui in adjunctis negotio collocantur, ipsi quoque inter medios locos positi sunt, quoniam negotium de quo agitur quadam affectione respiciunt. Vel si quis ea quidem quæ personis attributa sunt, vel quæ continentia sunt cum ipso negotio, vel in gestione negotii considerantur, his similia locis dicat, qui ab ipsis in dialectica trahuntur, de quibus in quæstione dubitatur. Consequentia vero negotio ponat extrinsecus. Adjuncta vero inter utrumque constituat.

Ciceronis vero divisioni hoc modo fit similis. Nam ea quæ continentia sunt cum ipso negotio, **583** vel ea quæ in gestione negotii considerantur, in ipsis hærent de quibus quæritur. Ea vero quæ adjuncta sunt inter affecta ponuntur. Sed ea quæ gestum negotium consequuntur, extrinsecus collocata sunt. Vel si quis ea quidem quæ continentia sunt cum ipso negotio, in ipsis hærere arbitretur: affecta vero esse ea quæ sunt in gestione negotii, vel adjuncta negotio; extrinsecus vero ea quæ gestum negotium consequuntur. Nam jam illæ perspicuæ communitates, quod quidem ipsi pene in utrisque facultatibus versantur loci, ut genus, ut pars, ut similitudo, ut contrarium, ut majus ac minus. De communitatibus quidem satis dictum.

Differentiæ vero illæ sunt quod dialectici etiam thesibus apti sunt; rhetorici tantum ad hypotheses, id est quæstiones informatas circumstantiis assumuntur. Nam sicut ipsæ facultates a semetipsis universalitate et particularitate distinctæ sunt, ita earum loci ambitu et contractione discreti sunt. Nam dialecticorum locorum major est ambitus; et quoniam præter circumstantias sunt quæ singularas faciunt causas, non modo ad theses utiles sunt, verum etiam ad argumenta quæ in hypothesibus posita sunt, eosque locos qui ex circumstantiis constant, claudunt atque ambiunt. Itaque fit ut semper egeat rhetor dialecticis locis, dialecticus vero suis possit esse contentus.

Rhetor enim quoniam causas ex circumstantiis tractat, ex iisdem circumstantiis argumenta præsumit, quæ necesse est ab universalibus et simplicioribus confirmari, qui sunt dialectici. Dialecticus vero, qui prior est, posteriore non eget, nisi aliquando inciderit quæstio personæ; ut cum sit incidens dialectico ad probandam suam thesim, causam circumstantiis inclusam, tunc demum rhetoricis utatur locis. Itaque in dialecticis locis (si ita contingit) a genere argumenta sumuntur, id est ab ipsa generis natura; sed in rhetoricis ab eo genere quod illi genus est de quo agitur, nec a natura generis, sed a re scilicet ipsa quæ genus est.

Sed ut progrediatur ratio, ex eo pendet quod natura generis ante præcognita est: ut si dubitetur an fuerit aliquis ebrius, dicitur, si refellere velimus, non fuisse, quoniam in eo nulla luxuries antecesserit. Idcirco nimirum, quia cum luxuries ebrietatis quasi quoddam genus sit, cum luxuries nulla fuerit, ne ebrietas quidem fuit: sed hoc pendet ex altero. Cur enim si luxuries non fuit, ebrietas esse non potuit, ex natura generis demonstratur, quod dialectica ratio subministrat. Unde enim genus abest, inde etiam species abesse necesse est, quoniam genus species non relinquit.

Et de similibus quidem, et de contrariis, eodem modo, in quibus maxima similitudo est inter rhetoricos ac dialecticos locos: dialectica enim ex ipsis qualitatibus, rhetorica ex qualitatem suscipientibus rebus argumenta vestigat: ut dialecticus ex genere, id est ex ipsa generis natura; rhetor ex ea re quæ genus est; dialecticus ex similitudine, rhetor ex simili, id est ex ea re quæ similitudinem cepit. Eodem modo ille ex contrarietate, hic ex contrario.

Memoriæ quoque condendum est, topica oratoribus, dialecticis, poetis et jurisperitis communiter quidem argumenta præstare; sed quando aliquid specialiter probant, ad rhetores, poetas, jurisperitosque pertinent; quando vero generaliter disputant, ad dialecticos attinere manifestum est.

Mirabile plane genus operis, in unum potuisse colligi quidquid mobilitas ac varietas humanæ mentis in sensibus exquirendis per diversas causas poterat invenire, concludi liberum ac voluntarium intellectum. Nam quocunque se verterit, quascunque cogitationes intraverit, in aliquid eorum quæ prædicta sunt necesse est ut humanum cadat ingenium.

Illud autem competens judicavimus recapitulare breviter quorum labore in Latinum eloquium res istæ pervenerint, ut nec auctoribus gloria sua pereat, et nobis plenissime rei veritas innotescat. Isagogen transtulit patricius Boetius, commenta ejus gemina derelinquens. Categorias idem transtulit patricius Boetius, cujus commenta tribus libris ipse quoque formavit. Perihermenias supra memoratus patricius transtulit in Latinum : cujus commenta ipse duplicia minutissima disputatione tractavit. Apuleius vero Madaurensis syllogismos categoricos breviter enodavit. Supra memoratus vero patricius de syllogismis hypotheticis lucidissime pertractavit. [*Hæc desunt in mss.*] Topica Aristotelis uno libro Cicero transtulit in Latinum, cujus commenta prospector atque amator Latinorum patricius Boetius octo libris exposuit. Nam et prædictus Boetius patricius eadem Topica Aristotelis octo libris in Latinum vertit eloquium.

Considerandum est autem quod jam, quia locus se attulit in rhetorica parte, libavimus quid intersit inter artem et disciplinam, ne se diversitas nominum permixta confundat. Inter artem et disciplinam Plato et Aristoteles, opinabiles magistri sæcularium litterarum, hanc differentiam esse voluerunt, dicentes : Artem esse habitudinem operatricem contingentium, quæ se et aliter habere possunt; disciplina vero est quæ de his agit quæ aliter evenire non possunt. Nunc ergo ad mathematicæ veniamus initium.

DE MATHEMATICA.

Mathematica, quam Latine possumus dicere doctrinalem, scientia est quæ abstractam considerat quantitatem. Abstracta enim quantitas dicitur, qua intellectus a materia separatur vel ab aliis accidentibus : ut est, par, impar, vel alia hujuscemodi, quæ in sola ratiocinatione tractamus. Hæc ita dividitur :

Divisio mathematicæ in
Arithmeticam.
Musicam.
Geometriam.
Astronomiam.

Arithmetica est disciplina quantitatis numerabilis secundum se.

Musica est disciplina quæ de numeris loquitur, qui ad aliquid sunt his qui inveniuntur in sonis.

Geometria est disciplina magnitudinis immobilis et formarum.

584 Astronomia est disciplina cursus cœlestium siderum, quæ figuras contemplatur omnes, et habitudines stellarum circa se et circa terram indagabili ratione percurrit. Quas suo loco paulo latius exponemus, ut commemoratarum rerum virtus competenter possit ostendi. Modo de disciplinarum nomine disseramus.

Disciplinæ sunt quæ, sicut jam dictum est, nunquam opinionibus deceptæ fallunt; et ideo tali nomine nuncupantur, quia necessario suas regulas servant. Hæ nec intentione crescunt, nec subductione minuuntur, nec aliis varietatibus permutantur; sed in vi propria permanentes, regulas suas inconvertibili firmitate custodiunt. Has dum frequenti meditatione revolvimus, sensum nostrum acuunt, limumque ignorantiæ detergunt, et ad illam inspectivam contemplationem, si tamen sanitas mentis arrideat, Domino largiente, perducunt.

Scire autem debemus Josephum Hebræorum doctissimum, in libro primo Antiquitatum, titulo nono, dicere arithmeticam et astronomiam Abraham primum Ægyptiis tradidisse; unde semina suscipientes (ut sunt homines acerrimi ingenii) excoluisse sibi reliquas latius disciplinas. Quas merito sancti Patres nostri legendas studiosissimis persuadent : quoniam ex magna parte per eas a carnalibus rebus appetitus noster abstrahitur, et faciunt desiderare quæ, præstante Domino, solo possumus corde respicere. Quocirca tempus est ut de eis singillatim ac breviter disserere debeamus.

CAPUT QUARTUM.
DE ARITHMETICA.

Scriptores sæcularium litterarum inter disciplinas mathematicas primam omnium arithmeticam esse voluerunt, propterea quod musica, et geometria, et astronomia, quæ sequuntur, indigent arithmetica ut virtutes suas valeant explicare. Verbi gratia, simplum ad duplum, quod habet musica, indiget arithmetica; geometria vero, quod habet trigonum, quadrangulum, vel his similia, item indiget arithmetica. Astronomia etiam, quod habet in motu siderum numeros punctorum, indiget arithmetica. Arithmetica vero, ut sit, neque musica, neque geometria, neque astronomia egere cognoscitur. Propterea his fons et mater arithmetica reperitur; quam disciplinam Pythagoras sic laudasse probatur [*ed.*, monstratur], ut omnia sub numero et mensura a Deo creata fuisse memoret, dicens : Alia in motu, alia in statu esse formata : ut tamen nulla eorum, præter ista quæ dicta sunt, substantiam percepissent. Credo trahens hoc initium, ut multi philosophorum fecerunt, ab illa sententia prophetali quæ dicit : Omnia Deum mensura, numero et pondere disposuisse (*Sap.* xi, 21).

Hæc itaque consistit ex quantitate discreta, quæ parit genera numerorum, nullo sibi communi termino sociata. 5 enim ad 10, 6 ad 4, 7 ad 3, per nullum communem terminum alterutra sibi societate nectuntur. Arithmetica vero dicitur, eo quod numeris præest. Numerus vero est ex monadibus multitudo composita, ut 3, 5, 10, 20 et cætera. Intentio arithmeticæ est docere nos naturam abstracti numeri et quæ ei accidunt, ut, verbi gratia, parilitas, imparilitas et cætera.

Prima divisio numeri.

Numerus, qui congregatio monadum est,
- vel par, qui est
  - Pariter par.
  - Pariter impar.
  - Impariter par.
- vel impar, qui est
  - Primus et simplex.
  - Secundus et compositus.
  - Tertius mediocris, qui quodam modo primus, et incompositus, alio vero modo secundus et compositus.

Par numerus est qui in duas partes æquales dividi potest, ut 2, 4, 6, 8, 10 et reliqui.

Impar numerus est qui in duas partes æquales dividi nullatenus potest, ut 3, 5, 7, 9, 11 et reliqui.

Pariter par numerus est cujus divisio in duabus æqualibus partibus fieri potest usque ad monada, ut, verbi gratia, 64 dividitur in 32, 32 in 16, et 16 in 8, 8 in 4, 4 in duo, 2 vero in 1.

Pariter impar numerus est qui similiter solummodo in duas partes dividi potest æquales, ut 10 in 5, 14 in 7, 18 in 9, et his similia.

Impariter par numerus est qui plures divisiones secundum æqualitatem partium dividere potest, non tamen usque ad assem perveniat, ut, verbi gratia, 24 in bis 12, 12 in bis 6, sex in bis tres, et amplius non procedit.

Primus et simplex numerus est qui monadicam mensuram solam recipere potest, ut, verbi gratia, 3, 5, 7, 11, 13, 17, et his similia.

Secundus et compositus numerus est qui non solum monadicam mensuram, sed et arithmeticam recipere potest, ut, verbi gratia, 9, 15, 21, et his similia.

Mediocris numerus est qui quodam modo simplex et incompositus esse videtur, alio vero modo secundus et compositus, ut, verbi gratia, 9 ad 25 dum comparatus fuerit, primus est et incompositus, quia non habet communem numerum, nisi solum monadicum; ad 15 vero si comparatus fuerit, secundus est et compositus, quoniam inest illi communis numerus præter 585 monadicum, id est ternarius numerus, qui novem mensurat ter terni, et 15 ter quini.

Altera divisio, de paribus et imparibus numeris.

Numerus, { aut par est, { aut superfluus, aut indigens, aut perfectus. } aut impar. }

Superfluus numerus est qui descendit de paribus; is dum par sit, superfluas partes quantitatis suæ habere videtur, ut 12 habet medietatem 6, sexta pars duo; quarta pars, tria; tertia pars 4, et duodecima pars unum : qui omnes assumpti fiunt 16.

Indigens numerus est qui et ipse de paribus descendit, quantitatis suæ summam partium inferiorem habet, ut 8, cujus medietas 4, quarta pars 2, octava pars 1 : quæ simul congregatæ partes fiunt 7.

Perfectus numerus est qui tamen et ipse de paribus descendit : is dum par sit, omnes partes suas simul assumptas æquales habet, ut 6, cujus medietas tria ; tertia pars 2, sexta pars unum. Quæ assumptæ partes faciunt ipsum senarium numerum.

Tertia divisio numeri.

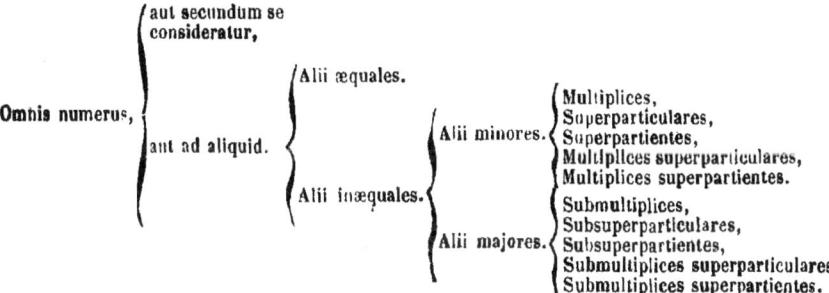

Per se numerus est qui sine relatione aliqua dicitur, ut 3, 4, 5, 6, et reliqui similes.

Ad aliquid numerus est, qui relative ad alios comparatur, ut, verbi gratia, 4 ad 2, dum comparatus fuerit, duplex dicitur; et 6 ad 3, et 8 ad 4, et 10 ad 5, et iterum 3 ad 1 triplex, 9 ad 3, et cætera.

Æquales numeri dicuntur, qui secundum quantitatem æquales sunt, ut, verbi gratia, duo ad duo, tres ad tres, decem ad decem, centum ad centum, etc.

Inæquales numeri sunt qui ad invicem comparati inæqualitatem demonstrant, ut tres ad duo, 4 ad 3, 5 ad 4, 10 ad 6, et universaliter major minori, aut minor majori. Hujusmodi dum comparatus fuerit inæqualis dicitur.

Minor numerus est qui vel replicatione minuitur, aut ratione membrorum aut partium.

Major numerus est qui habet in se illum numerum minorem ad quem comparatur, et aliquid plus, ut, verbi gratia, quinarius numerus trinario numero fortior est, eo quod habeat quinarium numerum in se, et ternarium numerum, et alias partes ejus duas, et reliqui tales.

Multiplex numerus est qui habet in se minorem numerum bis, aut ter, aut quater, aut multipliciter, ut, verbi gratia, duo ad unum, dum comparati fuerint, duplex est; 3 ad 1, triplex; 4, quadruplex, reliqui contra.

Submultiplex numerus est qui intra multiplicem continetur bis, aut ter, aut quater, aut multipliciter, verbi gratia, unum a duobus bis continetur, a tribus ter, a quatuor quater, et ab aliis multipliciter.

Superparticularis numerus est, dum fortior continet infra se inferiorem numerum, circa quem comparatur similiter et una pars ejus, ut, verbi gratia, 3 ad 2 dum comparati fuerint, continent in se duo et alium 1, qui media pars est duorum; 4 ad 3 dum comparati fuerint, continent in se 3 et alium 1, qui est tertia pars trium, et cæteri tales.

Subsuperparticularis numerus est minor qui continetur in fortiori numero cum aliqua parte sua una aut media, aut tertia, aut quarta, aut quinta, ut, verbi gratia, 2 ad 3, 4 ad 5, et cæteri.

Superpartiens numerus est qui in se inferiorem numerum totum continet, et super hoc alteras partes ejus 2, aut 3, aut 4, aut 5, aut alias, ut, verbi gratia, 5 ad 3, dum comparati fuerint, habet in se quinarius numerus trinarium numerum, et insuper alias duas partes ejus. 7 ad 4, dum comparati fuerint, habent in se 4 et alias tres partes ejus.

Subsuperpartiens numerus est qui continetur in numero superpartienti cum aliquibus partibus suis duabus, aut tribus, aut pluribus, ut, verbi gratia, 5 continentur a 5 cum aliis duabus partibus suis; 4 a 7 cum tribus partibus suis; 5 a 9 cum quatuor partibus suis.

586 Multiplex superparticularis numerus est qui, dum comparatus ad inferiorem sibi numerum fuerit, continet in se totum inferiorem numerum multipliciter cum aliqua parte ejus, ut, verbi gratia, quinque ad duos dum comparati fuerint, continent bis binos et unam partem ejus. Novem ad quatuor similiter, et cæteri tales.

Submultiplex superparticularis numerus est qui, dum ad fortiorem sibi numerum comparatus fuerit, continetur a fortiore sibi multipliciter cum alia una parte sua, ut, verbi gratia, 2 ad 5 dum comparati fuerint, continentur ab eo bis cum una parte sua.

Multiplex superpartiens numerus est qui, dum comparatus ad inferiorem sibi numerum fuerit, continet eum multipliciter cum aliis partibus ejus, ut, verbi gratia, 8 ad 3 comparati, continent in se bis ternos cum duabus partibus ejus. 16 ad 6 comparati continent in se bis senos et quatuor partes ejus.

Submultiplex superpartiens numerus est qui, dum ad fortiorem sibi comparatus fuerit, continetur ab eo multipliciter cum aliquibus partibus suis, ut, verbi gratia, 3 ad 8 continentur bis cum duabus partibus suis; 4 ad 15 continentur tertio cum tribus partibus suis.

Sequitur quarta divisio totius numeri.

Numeri { aut discreti sunt, aut continentes : qui sunt { Lineales, Superficiales, Solidi.

Discretus numerus est qui a discretis monadibus continetur, ut, verbi gratia, 3 a 4, 5 a 6, et reliqui.

Continens numerus est qui a conjunctis monadibus continetur, ut, verbi gratia, ternarius numerus, si in magnitudine intelligatur, id est in linea, aut spatium, aut solidum, dicitur continens. Similiter quaternarius et quinarius numeri.

Linealis numerus est qui inchoans a monade linealiter scribitur usque ad infinitum. Unde alpha ponitur pro designatione linearum, quoniam hæc littera unum significat apud Græcos.

Superficialis numerus est qui non solum longitudine, sed et latitudine continetur : ut trigonus numerus, quadratus numerus, quinqueangulus numerus, circularis numerus, et cæteri qui semper in superficie continentur.

Circularis numerus est qui dum similiter multiplicatus fuerit, a se inchoans ad se convertitur, ut, verbi gratia, quinquies quini, vicies quinque.

Solidus numerus est qui longitudine, et latitudine, vel altitudine continetur, ut sunt pyramides, quæ in modum flammæ consurgunt : cubi, ut sunt tesseræ; sphæræ, quibus est æqualis undique rotunditas.

Sphæricus autem numerus est qui a circulato numero multiplicatus, a se inchoans ad se convertitur, ut, verbi gratia, quinquies quini, viginti quinque. Hinc circulus, dum in se ipsum multiplicatus fuerit, facit sphæram, id est quinquies 25, 125.

His igitur rebus sollicita mente tractatis, memento quod hæc disciplina ideo cæteris antefertur, quoniam ipsa, sicut superius dictum est, nullius alterius indiget disciplinæ. Reliquæ vero quæ sequuntur, sicut ejus jam qualitas virtutis ostendit, ut sint atque subsistant, indigent arithmetica disciplina, quam apud Græcos Nicomachus diligenter exposuit. Hunc primum Madaurensis Apuleius, deinde magnificus vir Boetius Latino sermone translatum Romanis contulit lectitandum. Quibus, ut aiunt, si quis sæpius utitur, quantum hominibus fas est, lucidissima procul dubio ratione perfunditur.

Datum est etiam nobis ex magna parte sub ipsa vivere disciplina, quando horas discimus, quando mensium curricula supputamus, quando spatium anni redeuntis agnoscimus. Per numerum siquidem, ne confundamur, instruimur. Tolle sæculo computum, et omnia ignorantia cæca complectitur. Nec differre potest a cæteris animalibus, qui calculi non intelligit quantitatem; et ideo tam gloriosa res est, quantum vitæ nostræ necessaria comprobatur : quoniam per ipsam et substantia nostra certissime discitur, et expensarum modus librata supputatione erogatur. Numerus est qui cuncta disponit. Per ipsum discimus quid primo, quid secundo facere debeamus. Nunc veniamus ad musicam, quæ ipso nomine et propria virtute suavis est.

CAPUT QUINTUM.
DE MUSICA.

Gaudentius quidam, de musica scribens, Pythagoram dicit hujus rei invenisse primordia ex malleorum sonitu et chordarum extensione percussa. Quam amicus noster vir disertissimus Mutianus transtulit in Latinum, ut ingenium ejus assumpti operis qualitas indicaret. Clemens vero Alexandrinus presbyter in libro quem contra paganos edidit, musicam ex musis dicit sumpsisse principium; musasque ipsas, qua de causa inventæ fuerint, diligenter exponit. Quæ musæ ipsæ appellatæ sunt ἀπὸ τοῦ μασευειν, id est a quærendo, quod per ipsas, sicut antiqui voluerunt, vis carminum et vocis modulatio quæreretur. Invenimus etiam Censorinum, qui ad Q. Cerellium scripsit de natali ejus die, ubi de musica disciplina, vel de alia parte mathesis non negligenda disseruit : quoniam non inutiliter legitur, ut res ipsæ penetrabilius animo frequenti meditatione condantur.

Musica ergo disciplina per omnes actus vitæ nostræ hac ratione [*ed.. a creatione*] diffunditur. Primum si **Creatoris** mandata faciamus, et puris mentibus statutis ab eo regulis serviamus. Quidquid enim loquimur, vel intrinsecus venarum pulsibus commovemur, per musicos rhythmos harmoniæ virtutibus probatur esse sociatum. Musica quippe est scientia bene modulandi; quod si nos bona conversatione tractemus, tali disciplinæ probamur semper esse sociati; quando vero iniquitates gerimus, musicam non habemus. Cœlum quoque et terram, vel omnia quæ in eis dispensatione superna peraguntur, non sunt sine musica disciplina, cum Pythagoras hunc mundum per musicam conditum et gubernari posse testetur.

In ipsa quoque religione valde permixta est, ut Decalogi decachordus, tinnitus citharæ, tympana, **587** organi melodia, cymbalorum sonus; ipsum quoque Psalterium ad instar instrumenti musici nominatum esse non dubium est, eo quod in ipso contineatur cœlestium virtutum suavis nimis et grata modulatio.

Nunc de musicæ partibus, sicut est a majoribus traditum, disseramus. Musica est disciplina vel scientia quæ de numeris loquitur, qui ad aliquid sunt his qui inveniuntur in sonis; ut duplum, triplum, quadruplum, et his similia, quæ dicuntur ad aliquid.

Musicæ partes sunt tres, nam vel est illa
Harmonica,
Rhythmica,
Metrica.

Harmonica scientia est musica quæ discernit in sonis acutum et grave.

Rhythmica est quæ requirit in concursione verborum, utrum bene sonus, an male cohæreat.

Metrica est quæ mensuras diversorum metrorum probabili ratione cognoscit; ut, verbi gratia, heroicum, iambicum, elegiacum et cætera.

Instrumentorum musicorum genera sunt tria:
Percussionale,
Tensibile,
Inflatile.

Percussionalia, ut sunt acitabula ænea et argentea, vel alia quæ metallico rigore percussa, reddunt cum suavitate tinnitum.

Tensibilia sunt chordarum fila, sub arte religata, quæ amodo plectro percussa mulcent aurium delectabiliter sensum: in quibus sunt species cithararum diversarum.

Inflatilia sunt quæ spiritu reflante completa, in sonum vocis animantur, ut sunt tubæ, calami, organa, panduria, et cætera hujusmodi.

Restat nunc ut de symphoniis dicere debeamus. Symphonia est temperamentum sonitus gravis ad acutum, vel acuti ad gravem, modulamen efficiens, sive in voce, sive in percussione, sive in flatu.

Symphoniæ sunt sex:
Prima, diatessaron,
Secunda, diapente,
Tertia, diapason,
Quarta, diapason simul et diatessaron,
Quinta, diapason simul et diapente,
Sexta, disdiapason.

Diatessaron symphonia est quæ constat ex ratione epitrita, et fit ex sonitibus quatuor, unde nomen accepit.

Diapente symphonia est quæ constat ex ratione hemiolia, et fit ex sonitibus quinque, unde etiam nomen accepit.

Tertia, diapason, symphonia est, quæ etiam diocto dicitur, constat ex ratione diplasia, hoc est dupla; fit autem per sonitus octo, unde et nomen accepit, sive diocto, sive diapason: quia apud veteres citharæ ex octo chordis constabant. Diapason ergo dicta est, quasi ex omnibus sonitibus constans.

Quarta, diapason simul et diatessaron, symphonia est quæ constat ex ratione quam habet 24 numerus ad 8 numerum; fit autem ex sonitibus undecim.

Quinta, diapason simul et diapente, symphonia est quæ constat ex ratione triplasia; fit autem per sonitus duodecim.

Sexta, disdiapason, id est dupla diapason, symphonia est quæ constat ex ratione tetraplasia; fit autem per sonitus quindecim.

Tonus est totius constitutionis harmonicæ differentia et quantitas, quæ in vocis accentu sive tenore consistit.

Toni sunt quindecim:

Hypodorius,
Hypojastius,
Hypophrygius,
Hypoæolius,
Hypolydius,
Doricus,
Jastius,
Phrygius,
Æolius,
Lydius,
Hyperdorius,
Hyberjastius,
Hyperphrygius,
Hyperæolius,
Hyperlydius,

1. Hypodorius tonus est omnium gravissime sonans, propter quod et inferior nuncupatur.

2. Hypojastius autem, hypodorium hemitonio præcedens.

3. Hypophrygius est hypojastium hemitonio, hypodorium tono præcedens.

4. Hypoæolius est hypophrygium hemitonio, hypojastium tono, hypodorium tono semis præcedens.

5. Hypolydius est hypoæolium hemitonio, hypophrygium tono, hypojastium tono semis, hypodorium ditono præcedens.

6. Dorius est hypolydium hemitonio, hypoæolium tono, hypophrygium tono semis, hypojastium ditono, hypodorium duobus semis tonis, hoc est, diatessaron symphonia præcedens.

7. Jastius est dorium hemitonio, hypolydium tono, hypoæolium tono semis, hypophrygium ditono, hy-

pojastium duobus semis, hoc est diatessaron symphonia, hypodorium tribus tonis præcedens.

8. Phrygius est jastium hemitonio, dorium tono, hypolydium tono semis, hypoæolium ditono, hypophrygium duobus semis tonis, hoc est diatessaron symphonia; hypojastium tribus tonis, hypodorium tribus semis tonis hoc est diapente, symphonia præcedens.

9. Æolius, phrygium hemitonio, jastium tono, dorium tono semis, hypolydium duobus semis, hoc est diatessaron symphonia; hypophrygium tribus tonis, hypojastium tribus semis, hoc est diapente symphonia; hypodorium quatuor tonis præcedens.

10. Lydius est æolium hemitonio, phrygium tono, jastium tono semis, dorium duobus tonis, hypolydium duobus semis tonis, hoc est, diatessaron symphonia: hypoæolium tribus tonis, hypophrygium tribus semis tonis, hoc est diapente symphonia; hypojastium quatuor tonis, hypodorium quatuor semis tonis præcedens.

11. Hyperdorius est lydium hemitonio, æolium tono, phrygium tono semis, jastium duobus tonis, dorium duobus semis, hoc est diatessaron symphonia: hypolydium tribus tonis, hypoæolium tribus semis tonis, hoc est diapente symphonia; hypophrygium quatuor tonis, hypojastium quatuor semis, hypodorium quinque.

12. Hyperjastius, est hyperdorium hemitonio, lydium tono, æolium tono semis, phrygium duobus tonis, jastium duobus semis tonis, hoc est diatessaron symphonia; dorium tribus tonis, hypolydium tribus semis tonis, hoc est diapente symphonia; hypoæolium quatuor tonis, hypophrygium quatuor semis, hypojastium quinque tonis, hypodorium quinque semis.

13. Hyperphrygius est hyperjastium hemitonio, hyperdorium tono, lydium tono semis, æolium duobus, phrygium duobus semis, hoc est diatessaron symphonia; jastium tribus tonis, dorium tribus semis, hoc est diapente symphonia; hypolydium quatuor tonis, hypoæolium quatuor semis, hypophrygium quinque, hypojastium quinque semis, hypodorium sex, hoc est, diapason symphonia præcedens.

14. Hyperæolius est hyperphrygium hemitonio, hyperiastium tono, hyperdorium tono semis, lydium duobus tonis, Æolium duobus semis, hoc est diatessaron symphonia; phrygium tribus tonis, jastium tribus semis tonis, hoc est diapente symphonia; dorium quatuor tonis, hypolydium quatuor tonis, hypoæolium quinque tonis, hypophrygium quinque semis, hypojastium sex tonis, hoc est diapason symphonia: hypodorium sex semis tonis.

15. Hyperlydius est novissimus et acutissimus omnium, hyperæolium hemitonio, hyperphrygium tono, hyperjastium duobus tonis, hyperdorium duobus semis tonis, hoc est diatessaron symphonia; æolium tribus tonis, phrygium tribus semis tonis, hoc est diapente symphonia; jastium quatuor tonis, dorium quatuor tonis, hypolydium quinque, hypoæolium quinque semis tonis, hypophrygium sex tonis, hoc est diapason symphonia; hypojastium sex semis tonis, hypodorium septem tonis. Unde claret quoniam hyperlydius tonus omnium acutissimus, septem tonis præcedit hypodorium omnium gravissimum: in quibus, ut Varro meminit, tantæ utilitatis virtus ostensa est, ut excitatos [mss., ut excitaret] animos sedaret, ipsas quoque bestias, nec non et serpentes, volucres atque delphinas ad auditum suæ modulationis attraheret.

Nam ut Orphei lyram, Sirenarum cantus, tanquam fabulosa taceamus: quid de David dicimus, qui ab spiritu immundo Saulem disciplina saluberrimæ modulationis eripuit, novoque modo per auditum sanitatem contulit regi, quam medici non poterant herbarum potestatibus operari (*I Reg.* xvi, 23)? Asclepiades quoque medicus, majorum attestatione doctissimus, phreneticum quemdam per symphoniam naturæ suæ reddidisse memoratur. Multa sunt autem in ægris hominibus per hanc disciplinam facta miracula. Cœlum ipsum, sicut supra memoravimus, dicitur sub harmoniæ dulcedine revolvi. Et ut breviter cuncta complectar, quidquid in supernis sive terrenis rebus convenienter secundum auctoris sui dispositionem geritur, ab hac disciplina non refertur exceptum.

Gratissima ergo nimis utilisque cognitio, quæ et sensum nostrum ad superna erigit, et aures modulatione permulcet; quam apud Græcos Alypius, Euclides, Ptolomæus, et cæteri probabili institutione [mss., instructione] docuerunt. Apud Latinos autem vir magnificus Albinus librum de hac re compendiosa brevitate conscripsit; quem in bibliotheca Romæ nos habuisse, atque studiose legisse retinemus. Qui si forte gentili incursione sublatus est, habetis hic Gaudentium Mutiani Latinum; quem si sollicita intentione relegitis, hujus scientiæ vobis atria patefacit. Fertur etiam Latino sermone et Apuleium Madaurensem instituta hujus operis effecisse.

Scripsit etiam et Pater Augustinus de musica sex libros, in quibus humanam vocem, rhythmicos sonos et harmoniam modulabilem in longis syllabis atque brevibus naturaliter habere monstravit. Censorinus quoque de accentibus voci nostræ adnecessariis subtiliter disputavit, pertinere dicens ad musicam disciplinam; quem vobis inter cæteros transcriptum reliqui.

CAPUT SEXTUM.

DE GEOMETRIA.

Nunc ad geometriam veniamus, quæ est descriptio contemplativa formarum, documentum etiam visuale philosophorum; quod, ut præconiis celeberrimis efferrent, Jovem suum in operibus propriis geometram [mss., geometriare] fuisse testantur. Quod nescio utrum laudibus an vituperationibus applicetur, quando quod illi pingunt in pulvere coloreo, Jovem facere mentiuntur in cœlo. Quod si vero Creatori et omnipotenti Deo salubriter applicatur, potest hæc sententia forsitan convenire veritati. Geometra etenim, si fas est dicere, sancta Divinitas, quando creaturæ suæ, quas hodieque facit existere, diversas species formulasque concedit : quando cursus stellarum potentia veneranda distribuit, et statutis lineis facit currere quæ moventur, certaque sede quæ sunt fixa constituit. Quidquid enim bene disponitur atque completur, potest disciplinæ hujus qualitatibus applicari.

Geometria Latine dicitur terræ dimensio, quoniam per diversas formas ipsius disciplinæ, ut nonnulli dicunt, primum Ægyptus dominis propriis fertur esse partita; cujus disciplinæ magistri, mensores ante dicebantur. Sed Varro peritissimus Latinorum hujus nominis causam sic exstitisse commemorat : dicens, prius quidem homines dimensiones terrarum terminis positis, vagantibus [ed., vacantibus] populis, pacis utilia præstitisse; deinde totius anni circulum menstruali numero fuisse partitos; unde et ipsi menses, quod annum metiantur, dicti sunt. Verum postquam ista reperta sunt, provocati studiosi ad illa invisibilia cognoscenda, cœperunt quærere quanto spatio a terra luna, a luna sol ipse distaret, et usque ad verticem cœli quanta se mensura distenderet; quod peritissimos geometras assecutos esse commemorat. Tunc et dimensionem universæ terræ probabili refert ratione collectam; ideoque factum est ut disciplina ipsa geometriæ nomen acciperet, quod per sæcula 589 longa custodit. Unde Censorinus in libro quem scripsit ad Q. Cerellium, spatia ipsa cœli terræque ambitum, per numerum stadiorum distincta curiositate descripsit. Quem si quis recensere voluerit, multa philosophorum mysteria brevi lectione cognoscet.

Geometria vero est disciplina magnitudinis immobilis et formarum.

Geometria dividitur :

In planum,
In magnitudinem numerabilem,
In magnitudinem rationalem et irrationalem,
In figuras solidas.

Planæ figuræ sunt quæ longitudine et latitudine continentur.

Numerabilis magnitudo est quæ numeris arithmeticæ dividi potest.

Magnitudines rationales et irrationales sunt : rationales, quarum mensuram scire possumus; irrationales vero, quarum mensuræ quantitas cognita non habetur.

Figuræ solidæ sunt, quæ longitudine, latitudine et altitudine continentur; his partibus atque divisionibus totius Geometriæ disciplina tractatur. Et numerositas illa formarum, quæ sive in terrestribus, sive in cœlestibus est, tali expositione concluditur.

Cujus disciplinæ apud Græcos Euclides, Apollonius, Archimedes, nec non et alii scriptores probabiles exstiterunt : ex quibus Euclidem translatum in Romanam linguam idem vir magnificus Boetius dedit. Qui si diligenti cura relegatur, hoc quod divisionibus prædictis opertum est, manifesta intelligentiæ claritate [ed., intelligentia et clara veritate] cognoscetur.

Principia geometriæ disciplinæ.

Punctum est cui pars nulla est.

Linea vero, præter latitudinem longitudo : lineæ fines puncta sunt.

Recta linea est, quæ ex æquo in suis punctis jacet.

Superficies vero, quod longitudinem ac latitudinem solas habet. Superficiei finis lineæ sunt.

Plana superficies est quæ ex æquo in suis rectis lineis jacet.

Planus angulus est duarum linearum in plano invicem sese tangentium, et non in directo jacentium, ad alterutram conclusio. Quando autem quæ angulum continent, lineæ rectæ sunt, tunc rectilineus angulus nominatur. Quando recta linea super rectam lineam stans, circum se angulos æquos sibi invicem fecerit, rectus est uterque æqualium angulorum, et quæ superstat linea super eam, quam insistit, perpendicularis vocatur. Obtusus angulus est major recto, acutus autem minor recto.

Figura est quæ sub aliquo vel a quibus terminis continetur.

Terminus porro est quod cujusque est finis.

Circulus est figura plana quæ sub una linea continetur, ad quam ab uno puncto eorum quæ intra figuram sunt posita, omnes quæ incidunt rectæ lineæ, æquæ sibi invicem sunt. Hoc vero punctum centrum circuli nominatur.

Diametrus circulus est recta quædam linea per centrum ducta, et ab utraque parte ad circumferentiam circuli terminata, quæ in duas æquas partes circulum dividit.

Semicirculus est figura plana quæ sub diametro, et ea quam diametrus apprehendit, differentia continetur.

Rectilineæ figuræ sunt quæ sub rectis lineis continentur.

Trilatera quidem est figura quæ sub tribus rectis lineis continetur.

Quadrilatera vero quæ sub quatuor lateribus; multilatera vero quæ sub pluribus quam quatuor lateribus continetur.

Æquilaterum igitur triangulum est quod tribus æquis lateribus clauditur.

Isosceles est quod duo tantummodo habet latera æqualia.

Scalenum quod tria latera inæqualia possidebit.

Amplius trilaterarum figurarum. Orthogonium id est rectangulum quidem triangulum est, quod habet triangulum rectum.

Amblygonium vero, quod habet obtusum angulum, in quo obtusus angulus fuerit.

Oxygonium vero, id est acutum angulum, in quo tres anguli sunt acuti.

Quadrilaterarum vero figurarum quadratum vocatur, quod est æquilaterum atque rectangulum, parte vero altera longius, quod rectiangulum quidem est, si æquilaterum non est.

Rhombus vero, quod æquilaterum quidem est, sed rectiangulum non est.

Rhomboides autem, quod in contrarium collocatum, lineas atque angulos habet æquales : id autem nec rectis angulis, nec æquis lateribus continetur. Propter hæc autem omnes quadrilaterarum figuræ trapezia nominantur.

Parallelæ, id est alternæ rectæ lineæ nominantur, quæ in eadem plana superficie collocatæ, atque utrinque in neutra parte concurrent.

Petitiones sunt quinque, quæ petuntur ab omni puncto. In omne punctum rectam lineam ducere. Item definitam lineam in continuum rectumque producere. Item omni centro et omni spatio circulum designare, et omnes rectos angulos æquos sibi invicem esse ; et si in duas rectas lineas lineam scindens, interiores et ad ejusdem partis duos angulos duobus rectis fecerit minores productas in infinitum rectas lineas concurrere ad eas partes quibus duobus rectis angulis terminantur.

Communes animi conceptiones sunt hæ : Quæ eidem sunt æqualia, et sibi invicem sunt æqualia. Et si ab æqualibus æqualia auferantur, quæ relinquuntur æqualia sunt. Et si æqualibus addantur æqualia, tota quoque æqualia sunt, et quæ sibimet conveniunt æqualia sunt.

Gnomon autem parallelogrammi spatii est eorum quæ circa eamdem sunt diametrum, quodlibet unum duorum cum supplementis duobus.

Magnitudo minor majoris magnitudinis pars est, quando minor majorem magnitudinem permetitur ; major vero magnitudo minoris magnitudinis multiplex est, quoties a minore major integra dimensione suppletur.

Proportio est duarum magnitudinum cognatarum ad se invicem ex comparatione veniens habitudo ; proportionem vero ad se invicem magnitudines 590 habere dicuntur, quæ possunt sese invicem multiplicatæ transcendere.

Eamdem vero proportionem prima magnitudo ad secundam magnitudinem, tertiaque ad quartam tenere perhibetur, quando primæ ac tertiæ magnitudinum æque multiplices, eæque sunt secundæ atque quartæ æque multiplices, vel pariter transcendunt, vel ab his pariter transcenduntur, vel his pariter exæquantur, cum scilicet in alterna comparatione sumantur : quæ vero eamdem retinent proportionem, proportionaliter esse dicantur. Quando vero earum quæ sunt æque multiplices, primæ quidem magnitudinis multiplex secundæ magnitudinis multiplicem superat. Tertiæ vero magnitudinis multiplex quartæ magnitudinis multiplicem minime transcendit ; tunc prima magnitudo ad secundam magnitudinem majorem proportionem, quam tertia ad quartam tenere perhibetur.

Proportionalitas vero in tribus ut minimum terminis invenitur, cum proportionales eidem ejusdem magnitudinis proportiones esse dicuntur, præcedentes præcedentibus, et consequentibus consequentes.

Quando autem tres magnitudines proportionaliter fuerint constitutæ, tunc prima ad tertiam duplicem proportionem quam ad secundam dicitur possidere : quando autem quatuor magnitudines proportionaliter fuerint constitutæ, tunc prima ad quartam triplicem proportionem, quam ad secundam dicitur obtinere.

Conversim sumere est sic se habere consequens ad præcedens, sicut est præcedens ad consequens.

Alternatim sumere est, ut se habet præcedens ad præcedens, sic se habet consequens ad consequens.

Componentem sumere est, ut sese habet præcedens cum consequente, velut unum ad id ipsum quod consequitur.

Dividentem vero sumere est, ut sese habet eminentis præcedentia qua eminet, ab eo quod consequitur, ad id ipsum quod consequitur ; ita sese habere eminentiam præcedentis qua eminet, ab eo quod consequitur, ad id ipsum quod consequitur.

Retrorsum vero sumere est ; ut sese habet præcedens ad eminentiam, qua præcedens eminet eo quod est consequens : ita se habere præcedens ab eminentia, qua præcedens eminet, ab eo quod consequens.

Confusa proportionalitas appellatur, quando fuerit ut præcedens ad consequens, sic consequens ad præcedens ; et ut consequens ad aliud aliquid : sic aliud aliquid ad præcedens, ex æquo est sumptio, extremorum mediis intermissis.

CAPUT SEPTIMUM.
DE ASTRONOMIA.

Astronomia superest, quam si casta ac moderata mente perquirimus, sensus quoque nostros, ut veteres dicunt, magna claritate perfundit. Quale est ad cœlos animo subire, totamque illam machinam supernam indagabili ratione discutere [*ed.*, discurrere], et inspectiva mentis sublimitate [*ed.*, subtilitate], ex aliqua parte colligere, quod tantæ magnitudinis arcana velaverunt ? Nam mundus ipse, ut quidam dicunt, sphærica fertur rotunditate collectus ; ut diversus rerum formarumque ambitus sui circuitione concluderetur. Unde librum Seneca consentanea philosophis disputatione formavit, cui titulus est de Forma mundi ; quem vobis item relinquimus relegendum.

Astronomia itaque dicitur, unde nobis sermo est, astrorum lex : quia nesciunt ullo modo, quam a suo Creatore disposita sunt, vel consistere vel moveri : nisi forte quando aliquo miraculo facto Divinitatis arbitrio commutantur ; sicut Jesus Nave, tribus horis soli in Gabaon ut staret, legitur (*Jos.* x, 12) imperasse ; et temporibus Ezechiæ regis retrorsum decem gradibus reversum fuisse (*IV Reg.* xx, 11) ; et in passione quoque Domini Christi tribus horis sol tenebrosus effectus est (*Luc.* xxiii, 44, 45), et his similia. Ideo enim miracula dicuntur, quoniam contra rerum consuetudinem admiranda contingunt. Feruntur enim, sicut dicunt astronomi, quæ cœlo fixa sunt ; moventur vero planetæ, id est erraticæ, quæ cursus suos certa tamen definitione conficiunt.

Astronomia est itaque, sicut jam dictum est, disciplina quæ cursus cœlestium siderum et figuras contemplatur omnes, et habitudines stellarum circa se et circa terram indagabili ratione percurrit.

Divisio astronomiæ est, ut sit vel

Sphærica positio.
Sphæricus motus.
Orientalis locus.
Occidentalis locus.
Septentrionalis locus.
Australis locus.
Hemisphærion quod est super terram.
Hemisphærion quod dicitur esse sub terris.
Numerus circulatoris.
Præcedentia, vel antegradatio stellarum.
Remotio, vel retrogradatio stellarum.
Status stellarum.
Augmentum computi.
Ablatio computi.
In magnitudinem solis, lunæ et terræ.
Eclipsis et cætera schemata quæ in his continentur.

Sphærica positio est per quam cognoscitur positio sphæræ qualiter sit.

Sphæricus motus est per quem sphæræ rite moventur.

Orientalis locus est unde aliquæ stellæ oriuntur.

Occidentalis locus est ubi nobis occidunt aliquæ stellæ.

Septentrionalis locus est ubi sol pervenit in fortioribus diebus.

Australis locus est ubi sol pervenit in fortioribus noctibus.

Hemisphærion est quod est super terram, pars cœli quæ tota a nobis videtur.

Hemisphærion sub terra est, ut aiunt, quod videri non potest.

Numerus stellarum circularium est per quem cognosci dicitur, per quantum tempus unaquæque stella circulum suum implere potest, sive per longitudinem, sive per latitudinem.

Præcedentia vel antegradatio stellarum est quam Græci προτόδισμον vocant : dum stella motum suum consuetum cogere videtur, et aliquid præter consuetudinem præcedit.

Remotio vel retrogradatio stellarum est quam Græci πόδισμον aut ἀναπόδισμον vocant, in quo stella, dum motum suum agat, simul et retrorsum moveri videtur.

Status stellarum est quod Græci στίργμον vocant : quia dum stella semper moveatur, attamen in aliquibus locis stare videtur : nam et Varro, libro quem de Astrologia conscripsit, stellam commemorat ab stando dictam.

Augmentum computi est, quotiens astronomi secundum astronomicas regulas computantes, computum computo addere videntur.

Ablatio computi est in qua astronomi secundum astronomicas regulas computantes, computum a computo judicant auferendum.

Magnitudo solis, lunæ et terræ est, quando ostendunt quia sol fortior est terra, terra fortior est luna, per aliquam quantitatem.

Eclipsis solis est quotiens in luna tricesima, ipsa luna nobis apparet, et per ipsam nobis sol obscuratur.

Eclipsis lunæ est quotiens in umbram terræ luna incurrit.

De astronomica vero disciplina in utraque lingua diversorum quidem sunt scripta volumina ; inter quos tamen Ptolomæus apud Græcos præcipuus habetur, qui de hac re duos codices edidit, quorum unum minorem, alterum majorem vocavit Astronomum. Is etiam et canones quibus cursus astrorum inveniantur instituit : ex quibus, ut mihi videtur, climata forsitan nosse, horarum spatia comprehendere, lunæ cursum pro inquisitione paschali, solis eclipsin, ne simplices aliqua confusione turbentur, qua ratione fiant, advertere non videtur absurdum.

Sunt enim, ut dictum est, climata, quasi septem lineæ, ab oriente in occidentem directæ, in quibus et mores hominum dispares, et quædam animalia specialiter diversa nascuntur ; quæ vocitata sunt a locis quibusdam famosis ; quorum primus est Meroe [mss. Merobis], secundus Syene, tertius Catochoras, id est Africa, quartus Rhodus, quintus Hellespontus, sextus Mesopontus, septimus Borysthenes.

Horologia quoque, quæ solis claritate monstrantur, distinctis quibusdam regulis, per singulos tractus climatum, veraciter aptata consistunt. Quod utiliter priorum, et maxime Ptolomæi constat diligentia perquisitum esse. Est alia quoque de talibus non despicienda commoditas, si opportunitatem navigationis, si tempus arantium [ed., assensuum], si æstatis caniculam, si autumni suspectos imbres inde discamus. Dedit enim Dominus unicuique creaturæ suæ aliquam virtutem, ut tamen innoxie de propria qualitate noscatur.

Cætera vero, quæ se ad cognitionem siderum conjungunt, id est ad notitiam fatorum, fidei nostræ sine dubitatione contraria sunt, et sic ignorari debent, ut nec scripta esse videantur. Unde doctissimus quoque pater Basilius libro sexto [lege homilia 6], quem appellavit Hexameron, cautissime diligenterque tractavit, ab animis hominum hujusmodi curas sanctissima disceptatione detruncans ; quem prima fronte in Octateucho diximus legi. Hinc et Pater Augustinus in secundo libro de Doctrina Christiana (Cap. 29) meminit dicens : Quia familiaris est perniciosissimo errori fatua fata cantantium : unde commodius honestiusque contemnitur, si talis persuasio nesciatur.

Mundi quoque figuram curiosissimus Varro longæ rotunditati in Geometriæ volumine comparavit, formam ipsius ad ovi similitudinem trahens, quod in latitudine quidem rotundum, sed in longitudine probatur oblongum. Sed nobis sufficit, quantum in Scri-

COMMENTARIUM
DE ORATIONE ET DE OCTO PARTIBUS ORATIONIS,
M. AURELIO CASSIODORO ATTRIBUTUM.

592 Oratio dicta est quasi oris ratio : cujus partes octo numerantur; de quibus duas primas partes jure dictas Aristotelici esse voluerunt, nomen, et verbum : cæteræ vero velut appendices sunt, siquidem pronomen vice nominis fungitur; adverbium absque verbo non plenum est, participium de nomine verboque nascitur; conjunctio autem nomen conjungit, aut verbum; præpositio nomini præponitur, aut verbo; interjectio locutioni nostræ interjecta profertur; quam elocutionem docuimus necessario ex nomine verboque constare. Deinde quod ex cæteris partibus orationis nequaquam plena est elocutio, ut si dicamus ante templum, et non jungamus ambulo, pendet oratio. Nam cum dicimus, Cicero scripsit, orator docuit, quod certe ex nomine et verbo per se plenum est.

Stoici vero quinque dicunt partes orationis, nomen, pronomen, verbum, adverbium, participium. Plures vero partes orationis dicunt esse qui articulum inter has numerant. Articulus sane, quem Græci inter partes orationis enumerant, apud Latinos in pronomine est. Interjectio quam Latini inter partes orationis enumerant, apud Græcos in adverbio est.

Sciendum est autem quod quatuor partibus accidunt casus, nomini, pronomini, participio et præpositioni.

Tres sunt quæ per casus declinantur, nomen, pronomen, participiumque; una per tempus, et per personas, ut verbum; una per tempus et casum, ut participium; quatuor nec per tempora, nec per casus declinantur, ut adverbium, conjunctio, præpositio, interjectio. Sed ne forte nos turbet, quod Virgilius mane adverbium cum genere posuerit dicendo : Cum mane illuxisset novum; quod utique genus habet casum, nullum autem genus absque casu est.

Sciendum est quod nomen et adverbium quamdam inter se habent cognationem, alterum pro altero positum significare aliud, sed tenere vim suam. Nam quemadmodum nomina, cum pro adverbiis po-ita fuerint, casus accipiunt; ut torvum repente clamat, horrendumque resonat, dulce sapit; dicitur enim hoc torvum hujus torvi, etc, et non tamen perdunt casus cum pro adverbiis ponuntur : ita econtrario adverbia cum pro nominibus posita fuerint sequente genere, quamvis significationem nominum subeant, tamen non perdunt legem adverbiorum, ut declinentur.

Quærunt nonnulli cur ita partes orationis Donatus ordinaverit. Sed nos dicimus quod nomen idcirco anteposuerit, quia ante nomen nihil potest esse; tolle enim vocabulum nominis, quemadmodum voces cæteras partes orationis, non habes. Pronomen ideo secundum obtinet locum, quod de nomine pendens, vice hujus fungitur. Verbum ideo tertio loco ponitur, quia simul (ut superius diximus) cum nomine principalis pars orationis reperitur; quod tamen secundum locum tenere potuisset, nisi pronomen impenderet ex nomine. Adverbium ideo quarto loco constituitur, quia sine verbo plenum significatum sui non explicat. Participium ideo quinto loco ponitur, quod obnixum sit tam verbo quam nomini. Conjunctio ideo sexto loco ponitur, quia nisi præcedant supradictæ partes orationis, quod conjungat, non habet. Præpositio ideo septimo loco ponitur, quia nisi præcedat nomen, pronomen, verbum, adverbium, participium, conjunctio, quibus præponatur non habet, quibus etiam solis præposita esse constat. Interjectio necessario remanet in ultimo, quod post nomen, non nisi pronomen; post pronomen, nonnisi verbum; post verbum, nonnisi adverbium; post adverbium, nonnisi participium ; post participium , nonnisi conjunctio; post conjunctionem nonnisi præpositio esse debeat. Interjectio quasi interjecta inter octo partes orationis nonnisi octavo loco poni potuit.

CAPUT PRIMUM.
De nomine.

Nomen dictum est quasi notamen, quod notam nobis unamquamque rem faciat. Nomen est pars orationis cum casu, corpus aut rem proprie communiterve significans. Separatur autem definitio nominis a cæteris partibus orationis hoc modo; nam cum dictum est cum casu, separat ab aliis quinque partibus orationis, quæ non habent casum ; id est, a verbo, ab adverbio, a conjunctione, a præpositione et ab interjectione. **593** Ab aliis vero duabus casum habentibus pronomine scilicet et participio separat Donatus, cum dicit proprie aut communiter nomen aliquid significare; nullum autem pronomen, neque participium proprium invenitur. Constat autem aut corpus, aut res, aut proprie, aut communiter, aut casus; sed non omne nomen necesse est, ut simul ista quinque contineat, sed semper tria continet; ut homo habet casum, corporale est et appellativum; item habet casum pietas, incorporale est et appellativum. Necesse est autem omne nomen habere casum; ideo dixit Donatus partem orationis cum casu : non enim cum casibus dixit, sciens quod quædam essent nomina quæ non flecterentur per omnes casus; et quod nullum nomen esset quod usquequaque omnibus careret casibus. Inveniuntur enim nomina monoptota, ut sponte, tabo, natu; diptota, ut Jupiter ; triptota, ut templum; tetraptota, ut ditionis, ditioni, ditionem, ditione; cujus nominativum et vocativum non proferunt, nisi adjecta consyllaba, ut conditio. Pentaptota ideo inveniri non possunt, quod ubi nominativus deest, necesse est ut vocativus non inveniatur. Exaptoton, ut doctus-magister.

Nominum qualitas in duas dividitur partes : aut propria, aut appellativa sunt nomina. Illud autem sciendum est, quod quando appellativa nomina in personas cadunt proprietatis, appellativa esse jam desinunt; ut si quis felix vocetur, quia quantum ad illum pertinet, unus est, ideo proprium invenitur. Propria appellativa esse non possunt; econtra sunt propria, exceptis montium fluminumque nominibus, quæ ipsa interdum facimus appellativa, ut si aliquos Mercurios vocemus. Sed cum nos communia singulis personis opponimus, sic est ordinata proprietas. Nam si essent nomina specialiter propria, cum audiremus, Alexander hoc fecit, non interrogaremus ulterius, quis Alexander hoc fecit? Sed quia scimus Alexandros multos dici, sic dubitamus quis Alexander hoc fecit.

Sciamus autem hoc non recte dici, quod ad unum hominem pertinet, aut appellationem, aut vocabulum, sed nomen, ut Alexander; non iterum (quod rerum est) aut nomen, aut appellationem, sed vocabulum ;

sed modo pro appellationibus et pro vocabulis confusa nomina apponi scimus.

Propriorum nominum quatuor sunt species. Prænomen, quod idcirco dictum est, quia præcedit nomen, ut **Publius** Cornelius. Nomen, quod ex familia venit, ut **Anicius**. Cognomen, quod proprie nostrum est, ut **Sylla, Catilina**. Agnomen, quo aut ex virtute, aut ex vitio aliquo utimur: ex virtute, ut Africanus, qui vicit Africam; ex vitio, ut Naso, quod grandem nasum habuit; unde dicitur Ovidius Naso; Sura, quod a sura grandi dicitur, ut Publius Lentulus Sura. Meminerimus autem non necesse esse ista quatuor propriorum generum nomina simul inveniri. Aliquando enim unum ex his invenimus, ut Romulus; aliquando duo, ut Anicius Marcus; aliquando tria, ut Lucius Cethegus Catilina; aliquando quatuor, ut Publius Cornelius Scipio Africanus.

Sit itaque ordo interrogandi, ut cum dicimus, Africanus, quæ pars est orationis? non statim respondeamus, agnomen est; sed, nomen est. Deinde, quale sit nomen? respondeamus proprium est. Postremo quæ pars proprii? respondeamus agnomen. Quemadmodum dicemus de 27 nominibus appellativis; ut si interrogemus: homo, quæ pars est orationis? dicimus nomen. Deinde, quæ pars est nominis? dicimus, appellativum. Deinde, quæ pars est appellationis? dicimus, specialis.

Scimus autem nomina, prænomina aut ternis constare litteris, ut Sex. Roscius; vel binis, ut Gn. Pompeius; vel singulis, ut C. Caius Verres.

Et in quæstionem venit quare C. Caius ponimus, cum dicimus Gaius et non Caius? Quia antiqui G non habuerunt, sed ponentes C in quibusdam nominibus per sonos sensum discernebant. Scimus nos, quod quædam sonare aliter deberent, ut puta cemma cum per *c* scriptum esset, dicebant gemma per *g*, quod deberent sic sonare per *g*.

Verum solent hæc ipsa prænomina fieri cognomina, ut si quis vocetur Lucius, vel Gaius; sed quando ad unumquemque pertinent, proprie vocantur cognomina; quando præposita sunt cognominibus, hoc est nominibus propriis, vocantur prænomina, ut Lucius Sylla. Verum hoc prædictæ rationi nullum debet præferre judicium. Talis est et illa cavillatio recollecta, quare cum propria nomina pluralem numerum non admittant, legimus Curios, magnosque Camillos Scipiadas. Sed sciendum est non ab eo quod est Curius unus, hi Curii, vel ab eo quod est hic Camillus, venire hi Camilli; sed a multitudine Curiorum vel Camillorum, Curios Camillosque dicimus. Non enim unus fuerat tantum Curius vel Camillus, sed si quis tres servos habeat qui vocentur Alexandri, necesse est ut vocet illos Alexandros; qui casus plures veniunt, non a singulari numero, qui est hic Alexander, sed a plurali, qui sunt Alexandri.

Appellativorum nominum sunt species 27: sunt enim corporalia, ut lignum, et marmor; sunt incorporalia, ut honor, medicina; sunt primæ positionis, hoc est unde derivativa et diminutiva veniunt, ut schola, scholasticus, scholasticulus.

Sciamus autem tres gradus diminutionis esse secundum Donatum, per quos cum diminuuntur nomina, sæpe crescit numerus syllabarum, ut scholasticulus, scholasticellus, scholasticellulus. Apud antiquos vero aliter dicebantur, agnus, agnulus, agnellus, agnicellus, agnicellulus, agnicellulus. Quam rem Donatus videns (ne in infinitum diminutio fœde procederet), voluit diminutionis dicere tres tantum gradus esse. Sæpe autem idcirco dixit augeri numerum syllabarum, quod inveniuntur quædam nomina quorum numerus in diminutione non modo non crescit, sed etiam minus habet syllabarum gradus ulterior, ut homo, homuncio, homunculus, homulus.

Sunt autem diminutiva specie, quæ idcirco specie putata sunt diminutiva, quia quasi diminutivorum nominum speciem gerunt, ut fabula, macula, tabula, ferula; ideo autem non sunt jure diminutiva, fabula, macula, tabula, ferula, quia horum non invenitur prima positio. Sciendum est quod diminutivorum forma lectione potius quam arte colligitur.

Sunt ad integrum Græca nomina, et per omnes casus Græce perveniunt declinatione, ut Euterpe, Melpomene. Sunt quædam quæ dum in Latinitatem cadunt, Græcitatis totum amittunt; nam cum dicit Græcus Ὀδυσσεύς, Latine dicitur Ulysses. Sunt quædam quæ in Latinum versa eloquium ex parte aliquam formam Græcitatis amittunt; quæ etiam notha dici voluerunt; dicit enim Græcus Agamemnon, Latinus Agamemno. Scimus quia omnia nomina apud Græcos in *on* syllaba terminata, cum in Latinum transferuntur *n* perdere, et ω in *o* correptum mutare. Item omnia nomina apud Græcos per *e* exeuntia, cum in Latinum veniunt, ipsa *e* in *a* solent commutare, in nominativo scilicet singulari, ut Helene, Helena; sed quia de femininis nominibus diximus, ea nomina non patiuntur illud; quæ autem aliter lecta sunt, aut quæcunque ita transformantur, ut asperum resonare non possint, ut Agane, non facit per duritiam Agana.

Sunt quæ plurimis nominibus rem unam demonstrant, quæ Græci synonyma vocant; ut si terram velimus multis significare nominibus, et dicamus humus, tellus, solum, terra; sunt quæ econtrario per unum nomen plura significant, quæ Græci vocant homonyma, ut si dicamus aciem, incertum est enim cujus rei dixerimus; nam dicitur et oculorum acies, hoc est intentio; et ferri, hoc est acumen; et exercitus, hoc est ordo. Sunt quæ a patribus et matribus avisque descendunt, cum tamen significatione Græca. Hæc nomina patronymica vocantur, quorum patronymicorum masculina tres habent regulas, quibus terminantur; exeunt enim aut per *des*, aut per *ius*, aut per *on*, ut Atrides, Atrius, Atrion; sed in *on* terminata apud Latinos usum non habent.

Feminina quoque tres formas habent; exeunt enim aut per *eis*, aut per *ias*, aut per *ne*, ut Atreis, Atrias, Atrine, ut apud Virgilium, Nerine Galatea. Sane considerandum est quia patronymica Græca cujuscunque generis Græca melius regula proferuntur.

Sunt alia Thetica, quæ etiam possessiva dicuntur, quæ de patronymicorum regula descendunt, et ad eorum similitudinem in *ius* terminantur, sed in hoc discernuntur, ut Evandrius Pallas, patronymicum est; quando dicimus Evandrius gladius, possessivum, hoc est, et hoc non est illud.

Sunt alia mediæ significationis quæ aliis adjecta nominibus alii epitheta esse voluerunt, ut magnus, fortis: quibus nisi adjungamus, aut vir, aut exercitus, plena esse non possunt. Sunt alia qualitatis, ut doctus, magnus, felix, pulcher; sunt alia quantitatis, ut longus, brevis, latus; sunt alia gentis, ut Græcus, Italus, Gallus; sunt alia patriæ, ut Alexandrinus, Romanus; sunt alia numeri, ut unus, duo; sunt alia ordinis, ut primus, secundus. Sed constat quemadmodum dicimus de multis alium, de duobus alterum, ita dicimus de multis primum, de duobus priorem.

Sunt alia ad aliquid dicta, ut soror, frater; non enim dicitur soror cui nullus est frater; nec frater cui soror nulla est. Alia ad aliquid dicta qualiter se habentia, ut dies, lumen, nox, tenebræ, nigrum, album; non enim dicerentur tenebræ nisi ad collationem luminis. Verum inter illa nomina quæ dicuntur ad aliquid dicta, et ista quæ dicuntur ad aliquid qualiter se habentia, hoc interest, quod illa sic usurpantur, ut non sint inter se usquequaque contraria; in istis vero, quid tam contrarium est quam tenebris lumen, quam nocti dies, quam nigro album, quam sinistro dextrum; quorum nominum comparativus gradus in usu est, ut dexter dexterior, sinister sinisterior, niger nigrior.

Sunt alia generalia, ut ars, et reliqua; sunt alia specialia, ut medicina, rhetorica, grammatica; sunt alia verbalia, quæ de verbis fiunt, ut dictor, procurator; et sciendum est quod ex verbis talia nomina hac lege descendunt, ut gerendi modi ultimi temporis ultimam litteram in *or* vertamus, ut dicendi, dicendo, dicendum, dictum dictu, et dicamus dictor, commutato scilicet *u* in *o*, et adjecto *r*. Item procurandi, procurando, procurandum, procuratum, procuratu, facit nomen procurator, et reliqua ad hanc rationem pertinentia, quæ inventa sunt. Præterea sunt nomina quæ incertum est utrum verbialia sint, ut quæ in quæstionem veniunt : quæritur enim utrum cantor dicatur an cantator, quæ utraque firmamus dici supradicta ratione; nam ab eo quod est canto, gerendi modus cantandi, do, dum, cantatum, cantatu, inde cantator. Item ab eo quod est cano, gerendi modus canendi, do, dum, cantum, cantu, inde cantor.

Item quæritur auctor utrum per se aut de verbo oriatur, sed sciendum est quod a se nascitur; non enim habet originem verbi. Nam illud quod est augeo, non nos seducat, quod inde veniat ; aliud est enim augere, aliud auctorem esse. Omne enim verbum nomini ex se descendenti respondere debet, ut scriptor venit ab eo quod est scribo; omnis enim scriptor scribit, ut procurator venit ab eo quod est procuro ; omnis enim procurator procurat. Deinde quæ est alia regula quæ hoc nomen ex verbo oriri prohibet : quia nomina verbialia aut in *sor* exeunt, ut præcursor; aut in *tor*, ut scriptor, lector ; at quæ in *sor* exeunt feminina in *trix* non mittunt : quæ vero in *tor*, necesse est ut feminina in *trix* mittant, ut procurator, procuratrix. Hoc si a verbo venerit in *tor* scilicet terminatum, necesse habuit femininum in *trix* mittere, et facere auctrix ; sed quia non dicatur auctrix, Virgilius testatur dicens : Auctor ego sum videndi.

Alia participii similia, ut sapiens, potens, demens, clemens, si comparationem recipiant, nomina sunt ; participia vero, quando non recipiunt comparationem, ut lugens non facit lugentior; at econtra demens, or, mus, facit.

Sunt alia verbis similia, ut comedo ; quæ, cum casum habuerint nomina sunt ; cum tempus habuerint, verba esse certissimum est; et est comedo, tinea, si nomen ; si verbum, prima persona est verbi activi, conjugationis tertiæ.

Comparationis definitio hæc est, elocutio alterum præferens, quanquam aliter definiant alii. Alii quatuor dicunt gradus esse comparationis : positivum, qui est doctus; comparativum, qui est tam doctus ; prælativum, qui est doctior; superlativum, qui est doctissimus, dicentes non posse illum dici comparativum, qui est doctior, quia non tam comparare quam præferre videtur. Quod superius est sic definitum : Comparatio est elocutio quæ ex alterius collatione alterum præfert. Videtur enim hic comparativus gradus, qui est tam doctus, non tam præferre aliquos quam similes facere.

Quæritur quare positivus gradus dicitur, cum reliqui soli gradus positivi comparationis proprietatem obtineant? Respondendum est quod non agnosceremus illos gradus, nisi esset alter **595** gradus, qui comparationis situ careret?

Quæritur etiam et de nominativo casu singulari, quare dicitur casus ? siquidem idcirco cæteri casus dicuntur, quia faciunt nomen cadere, ut doctus, docti, to, tum, te, to. Sed hac ipsa ratione, quod non diceretur aliquid cadere, nisi esset unde caderet, nec inflexum, nisi esset ante rectum : ergo quia hic cadere nomen per cæteros casus ostendat, dictus est casus.

Positivus gradus multas habet formas : aut enim in *us* exit, ut doctus; aut in *a*, ut docta; aut in *um*, ut doctum; aut in *is* correptam, ut fortis; aut in *is* productam, ut dis, ditior, ditissimus ; aut in *e*, ut forte ; aut in *ens*, ut sapiens ; aut in *ans*, ut elegans ; aut in *ix*, ut felix; aut in *er*, ut pulcher; aut in *es*, ut dives, divitior, divitissimus, et reliqua si qua sunt quæ invenire poterimus.

Comparativus vero duas formulas tantum habet, aut enim in *ior* exit, ut doctior, melior, et genus facit commune, excepto uno senior, non enim senior mulier dici potest; aut in *ius*, ut doctius, melius; et est comparativus gradus generis neutri, ut doctius mancipium, melius templum. Est comparativus gradus adverbii; dicimus enim doctius scripsit, dicimus melius fecit; sed doctius quando ad nomen tendit, est generis neutri comparativus ; quando tendit ad verbum, comparativus adverbii est.

Superlativus per tres formas exit, aut in *us*, ut doctissimus; vel in *a*, ut doctissima; vel in *um*, ut doctissimum. Illud sane prætermittendum esse non videtur, quod cum ab omni superlativo *rimus*, vel *simus* tollimus, positivus qualis sit invenitur ; ut pulcherrimus ; sublato enim a fine disyllabo, remanet pulcher positivus : unde fit ut ea nomina quæ in quæstionem veniunt, tunc possimus agnoscere.

Quæritur enim utrum acris dicatur, an acer ; constat autem hodie utrumque dici, de viro, ut in Virgilio : Humero Pelops insignis eburno acer. Acris vero de femina dicitur, ut apud Horatium : Solvitur acris hiems.

Comparantur autem nomina appellativa, et ea appellativa, quæ aut a qualitate veniunt, in tres partes sunt divisa : in animum, ut prudens, honestus ; in corpus, ut niger, pulcher; extrinsecus, ut fortunatus, felix ; aut a quantitate, id est a mensura, quæ a corpore tantum descendunt, ut longus, brevis. Sed non omnia nomina quæ aut qualitatem aut quantitatem significant, comparantur ; sed quæ comparantur, qualitatis aut quantitatis sunt. Invenitur enim nomen qualitatis, et non comparatur, ut mediocris. Aliquando aut unus invenitur gradus, aut duo, aut tres ; sed ubi comparativus non invenitur, adverbium sciamus esse ponendum ad positivum, ut vicem comparativi impleamus, ut in hoc nomine pius, quia non facit pior, sed magis pius.

Meminerimus ita nos respondere cum interrogamur, qualis est ille vir ? quia de qualitate sumus interrogati, unum aliquid ex illis tribus dicimus, aut doctus, aut pulcher est, aut mendicus ; non dices a qualitate longus est, aut brevis. Quando enim interrogamur, quantus est? non possumus respondere nisi a mensura, aut longus, aut latus, aut brevis est. Nec nos terreat quod Virgilius dixit quantitatis nomen ad animam applicans : Magnanime Ænea ; sed hic Græcum voluit imitari; non quia quantitas ab animo venerit, sed qualitatem animi per quantitatem laudare voluerit.

Nomina in comparatione anomala hoc signo probabimus, cum primam syllabam quam in positivo habuerint, in comparativo perdiderint : ut bonus facit melior, optimus; malus pejor, pessimus ; magnus, major, maximus. Et hæc tria tantum in comparatione defectiva esse certum est.

Positivus gradus perfectus et absolutus ideo dictus est, quia vis comparationis proprie in comparativo et superlativo gradu ponitur, et non in positivo. Sæpe invenitur comparativus ita positus, ut plus significet a superlativo, ut si dicamus, Doctior ille est a quovis doctissimo. Sæpe ita comparativus invenitur, ut minus significet a positivo; ut si velimus dicere, Dulcius est mare Ponticum quam cætera; nullum enim mare non modo dulcius est, sed ne dulce quidem. Invenitur sæpe ita comparativus, ut vim positivi suscipiat, ut apud Virgilium : Senior Charon, sed cruda Deo viridisque senectus fuit; sed senior pro eo quod est senex ponitur ; non enim fuerat Charon, cujus comparatione hic senior vocetur.

Inveniuntur autem nomina sono diminutiva, intellectu comparativa, ut grandiusculus, majusculus, minusculus. Comparativo et superlativo quinque hæc comparationis adverbia non ponimus, ut tam, minus, minime, magis, maxime, quæ tamen soli positivo adjiciuntur. Verum hæc ipsa adverbia inventa sunt propter ea nomina quæ aut comparativum, aut superlativum habere non possunt, ut puta mediocris, quia mediocrior non facit, dicetur magis mediocris; item quia non facit mediocrissimus, dicetur maxime mediocris. Nam superfluum est his nominibus adjungere hæc quæ sine his comparativum et superlativum sumunt, ut si quis dicat magis doctus, cum possit dicere doctior; aut maxime doctus, cum sit superlativus doctissimus.

Gradus comparativus tribus casibus servit; nominativo scilicet interposita particula quam, ut doctior hic quam ille; ablativo, doctior illo; septimo, ut doctior ab illo. Verum hic gradus tam singulari numero quam plurali servire dignoscitur; sed hodie per septimum casum comparativus melius esse proferendus censetur. Sed ne supervacua quis dicat forte non necessarium eum esse septimum casum, quia significat tantumdem quantum et ablativus; istos multum a se distare cognoscat. Aliud est enim cum dicimus, illo præsente suscipi; aliud, ab illo præsente suscipi; per septimum casum significat se accepisse aliquid, nescio quo præsente; per ablativum vero ab eo accepisse qui fuerat præsens.

Sciendum est autem hoc, quia si per comparativum aliquem præponere voluerimus, liceat nobis eum suo generi et extraneo posse præponere et dicere, doctior orator oratoribus, et doctior orator grammaticis. Cum vero per superlativum præferre voluerimus, qui certe servit genitivo tantum plurali, præponere eum suo tantum generi debemus, et dicere : doctissimus orator oratorum, doctissimus grammaticus grammaticorum. Verum illud non nos turbet, quia legimus superlativum servire genitivo singulari, ut apud Virgilium, ditissimus agri, fortissimus gentis; sed hæc **596** quamvis sono singularia sint, tamen intellectu pluralia sunt. Nam cum dicimus ditissimus agri, fortissimus gentis, intelligendum est quia res ista ex pluribus constet. Invenitur hic superlativus significans idem ac positivus, et nulli comparatur; ut si dicamus Jupiter, Optimus, Maximus, non enim sunt alii Joves, quorum unus bonus, alter melior sit, unde hic posset dici Optimus et Maximus.

Genera nominum sunt sex : masculinum, ut hic Cato; femininum, ut hæc musa; neutrum, ut hoc monile; commune duorum generum, ut hic et hæc sacerdos : trium generum, ut hic, et hæc, et hoc felix; epicœnon, quod Latine promiscuum dicitur, ut passer, aquila. Verum inter commune et epicœnon hoc interest, quia in communi pro sexu articulum variamus; in epicœno vero idem nomen est, et unus articulus. Ipsum vero epicœnon ita definitur : genus in quo facile non deprehenditur sexus, ut hic piscis; nam licet sint nautæ qui arte colligunt femininam piscem, tamen quia non sexu discernitur, ideo non mutatur articulus. Verum sic talis incidat elocutio, ut si quis duos habens passeres dicat, verbi causa, meus masculus sit, et subjungat, femina autem tua sit, ne is quidem per genera solœcismum incurrit. Si enim dixerit femina tua, cum superius dixerit, masculus meus, facit commune de epicœno, ut si dicat, hic et hæc passer; sed sciamus ita oportere dici, masculus meus sit, femina tua hic passer.

Verum ex generibus duo genera principalia reperimus, masculinum et femininum, ab his enim duobus generibus cuncta descendunt : nam neutrum est, quia nec masculinum nec femininum, ut si dicamus hoc scamnum; ideo quia quemadmodum sunt masculina sive feminina, aut non gignit, aut non creatur. Sed ne quis objiciat dicendo : quare paries cum nec creet, generis masculini sit? Sciendum est quia in nominibus hujusmodi lectio, vel ipsa Latinitas imponit articulum : vel quare cum mancipium sit aut masculini, aut feminini generis, neutri esse dicatur; sed cum dicimus mancipium sive masculinum, sive femininum, nisi statim subjunxerimus puerum puellamve, tale est ac si nec masculinum sit, nec femininum, sed neutrum; commune est, quia sub uno nomine mutati sunt articuli, sive marem feminamve signifi-

cet : omne, quia masculinum, et femininum, et neutrum significat; quia (ut supra diximus) non esse potuisset, nisi fuissent illa duo genera, unde hoc diceretur; nam et hoc et illud uno nomine comprehendit. Epicœnon, quia aut masculinum, aut femininum est utroque sexu.

Sunt præterea nomina quæ masculina sonant, intelliguntur autem feminina, ut si dicamus Eunuchum comœdiam. Sunt item contraria quæ feminina sonant, sapiunt vero masculina, ut Sylla, Catilina. Sunt alia neutra sonantia, feminina quidem probantia, ut si dicamus Phronesium mulier, Glycerium meretrix. Sunt alia econtra sono feminina, intellectu neutra, ut poema, toreuma. Sunt alia quæ masculinum quidem sonum, et intellectu neutra habent, ut vulgus, pelagus. Inveniuntur etiam nomina quæ in pluralitate ab eo genere dissentiunt, quod in singulari numero tenuerunt, ut hoc balneum, hæ balneæ; hic tartarus, et hæc tartara; hoc cœlum, hi cœli.

Sunt nomina incerti generis inter masculinum et femininum, ut finis, dies. Legimus enim : Quem das finem, rex magne, laborum? et alibi ut, hæc finis Priami fatorum. De hac die dicit : venit summa dies; et alibi, ut hunc diem lætum tristis exspecta. Sunt alia sunt incerti generis inter masculinum et neutrum, ut vulgus, frenum, nam frenus et vulgus incerti generis sunt; legimus enim : stabulo frenos vidi sonantes; et : frena Peletronii Lapithæ. Vulgus masculini generis; hinc, spargere voces in vulgum ambiguas, neutrum est, ignobile vulgus. Item inter femininum et neutrum, ut buxus, prunus, malus; legimus enim, tympana vos, buxusque vocat. Et alibi dicitur, tornatile buxum; cæteraque in lectione lata poterunt agnosci. Verum hæc ubi de fructibus loquimur, neutra sunt; cum vero de arboribus, feminina. Nonnunquam ita inveniuntur arborum nomina, ut masculina sint, ut oleaster; nam legimus, sacer oleaster.

Sunt etiam genera nominum fixa quæ alterum genus ex se facere non possunt, ut pater, mater; non enim dici possunt patra et matra. Sunt mobilia, quæ aut propria sunt, et duo tantum genera faciunt, ut Marcius, Marcia; aut appellativa, ut bonus, bona, bonum. Sunt alia quæ ex aliqua parte in aliud genus transferuntur, ut gallus, gallina; draco, dracæna; rex, regina; et quia non dicimus gallus galla, draco draca, rex rega, ideo dicta sunt nec in totum fixa, nec in totum mobilia. Ideo autem in totum fixa non sunt, quia faciunt gallus, gallina; draco, dracæna; rex, regina; ideo autem nec in totum mobilia, quia convertuntur in femininum, et primæ syllabæ similitudinem tenent.

Invenientur etiam nomina primæ positionis quæ, dum ex se diminutiva faciunt, mutant genus, ut rana non facit ranuncula, sed ranunculus; pistrinum non facit pistrillum, sed pistrilla facit.

Interdum inveniuntur nomina diminutiva quæ plus significant a nominibus primæ positionis, ut acus, acicula : acus enim dicitur a qua vestes sarciuntur, acicula, qua mulieres utuntur ad ornatum capitis.

Sunt in *a* terminata nomina aut masculina, ut Sylla; aut feminina, ut musca; aut neutra ut toreuma, quod Græcum est. Nullum enim Latinum nomen neutrum in *a* terminatur in nominativo singulari, excepto uno Thoria, quod nomen est fluminis, quodque apud Sallustium lectum est; aut communia, ut rana, advena.

Nomina in *e* vocalem exeuntia, aut feminina sunt, sed tamen Græca, ut Agane; aut neutra sunt, sed Latina, ut monile : nam masculina in istam regulam non veniunt.

Nomina in *i* vocalem exeuntia peregrina duo sunt generis neutri, ut gummi, sinapi; anomala duo, ut frugi, nihili.

Nomina in *o* vocalem exeuntia in nominativo, aut masculina sunt, ut Cicero; aut feminina, ut imago.

Nomina in *u* vocalem exeuntia neutra tantum sunt,

ut cornu, gelu, tonitru, genu, veru. Hæc nomina in consonantes desinentia multiplices habent regulas: de quibus Donatus idcirco tacuit, quia de eorum nominum ratione Probi plenior libellus existat.

597 Numeri nominum duo sunt, singularis et pluralis, usurpat etiam tertium dualis numerus, qui venit in duobus tantummodo nominibus, in duo et ambo. Nam neque unum significo cum dico, duo venerunt, neque plures; non enim de duobus loquens possum dicere, omnes venerunt.

Sunt etiam nomina quæ nominativum singularem et pluralem similes habent, ut nubes, dies, quæ propter hoc dicta sunt numero communia. Sunt etiam nomina non habentia numerum pluralem, masculina, ut pulvis; non enim dicuntur pulveres, quamvis apud Horatium legimus: Novennales dissipare pulveres. Sunt item generis masculini tantum pluralia, ut Quirites; quamvis legerimus, hunc Quiritem, ut, quis te redonavit Quiritem? Sunt item generis feminini tantum singularia, ut pax, lux, quamvis legerimus has paces, has luces. Sunt item semper pluralia, ut calendæ, nundinæ. Sunt semper singularia generis neutri, ut pus, virus, aurum, ferrum. Et sciendum est quod pene omnia quæ mensurantur vel ponderantur, non admittant numerum pluralem, quamvis multa sibi jam vindicaverit consuetudo, velut dicimus, vina, mella, hordea.

Sunt item semper pluralia generis neutri, ut, hæc arma, hæc mœnia, non facit armum vel mœnium; Saturnalia non facit hoc Saturnale: sed si fuerit templum, sic declinatur per utrumque numerum, hoc saturnale templum, hæc saturnalia templa; si vero fuerit hoc nomen, ut, quasi diem festum significet, tantum numeri pluralis erit. Sane sciamus quod his nominibus quæ non admittunt numerum singularem, apponimus masculinis uni, femininis unæ, neutris una; dicimus enim uni cancelli, unæ nuptiæ, una mœnia, ut apud Terentium, ex unis nuptiis geminas mihi facias; et apud Sallustium: hi postquam in una mœnia convenere. Sciamus vero quod superfluè loquimur, quando dicimus: homo unus advenit; siquidem jam prædictus homo unum significat.

Inveniuntur etiam nomina positione singularia, intellectu pluralia, ut populus, concio; nam cum dicimus populus currit, sic sonat quasi omnis currat, nec tamen pluralem significat numerum. Nonnullis videtur in his nominibus pluralis numerus esse superfluus, cum horum singularis pluralem numerum in se contineat, ut dicimus, hic populus singulariter, et hi populi pluraliter; sed quamvis populus pluralem numerum significet, tamen unius gentis est; populi vero gentium sunt diversarum. Sunt econtrario positione pluralia, intellectu singularia, ut Papiæ, Puteoli: quæ vero nomina non ideo plurali numero proferuntur, quia multæ Papiæ aut multæ Puteoli; sed quia horum singularis numerus nunquam lectus exstiterit.

Figuræ nominum quot sunt? duæ, simplex et composita. Simplex nomen est, cum divisum nomen nihil dat Latinitatis, ut medicina; a cum dederit, non erit simile significationi unde descendit. Sic dividamus magister, magis, in adverbium comparationis, ter, in adverbium numeri; cum dicimus magister, figuræ compositæ non est; et quamvis divisum fuerit in duo adverbia, tamen dicitur figuræ simplicis, quia nihil dedit simile principalitati, sed quid dissimile ad magistrum; magis adverbium tamen non est, quamvis dividatur. Semper enim littera cum in medio fuerit sermone, transit in principium sequentis syllabæ; unde apud Græcos ἀρχικὸν στερεόν vocatur, hoc est inchoativum elementum.

Composita est, quia cum divisum est nomen, dat aliquid Latinum, vel simile sui, ut indoctus: duo enim sunt integra consentientia significationi ejus nominis, unde separata sunt. Verum hæc figura composita fit quatuor modis: quia aut duo invenimus integra, ut suburbanus; aut corrupta, ut municeps; aut ex integro et corrupto, ut insulsus; aut ex corrupto et integro, ut nugigerulus.

Quærunt nonnulli quare cum dicat Donatus componuntur nomina, subjecit ex duobus corruptis; ideo enim non potest esse compositum quid, nisi aut ex duobus integris, aut ex integro et corrupto, aut ex corrupto et integro. Sed sciendum est corruptum ita definire nomen, quod solutum potest integrum reverti; et revera non diceretur corruptum, nisi aliquando fuisset incolume, ut si dicamus municeps, est quidem dictum munera capiens; sed postea sub unius nominis contractione corruptum est. Ergo non nos fallat, cum interrogamus, municeps cujus figuræ est? non dicamus, simplicis; putantes quod nihil sit municeps, quemadmodum paries; non enim est hoc verum, nam paries idcirco dicitur figuræ simplicis, quia solutum (ut superius diximus) in integrum redire non potest. Ergo cum audierimus nomen esse figuræ simplicis, ulterius non interrogamus ex quibus modis.

Est verbum compositum ex aliquibus integris, ipsam divisionem accipiens, non eumdem accentum eumdemque pedem, quemadmodum habuerit nomen illud unde descendunt ista; ut puta si quis quærat, Lucifer cujus figuræ? et dicat hoc nomen esse figuræ compositæ ex integro et corrupto, ut si quasi huic luci; et nesciat quod cum dicimus Lucifer, ci syllaba correpta sit, cum autem dicimus huic luci, modo esse productam.

His ita se habentibus, illud maxime nosse debemus, quod in divisione figuræ compositæ, nullum alium casum nisi nominativum singularem quærere debeamus. Meminisse etiam debemus, quod composita nomina ulterius non possint componi, ut impius: quamvis Donatus doceat ex pluribus posse componi nomina, ut inexpugnabilis, imperterritus. In duplicibus nominibus animadvertendum est, ut si fuerint duo nominativi, utramque partem declinemus, ut homo bonus; si nominativum sequitur quicunque casus, priorem declinemus partem, ut Dominus servorum; si priorem casum quemcunque fuerit sequens nominativus, sequentem declinabimus partem, ut jurisperitus: quæ tamen observanda sunt in quantovis nomine et numero, ut Jupiter, Optimus, Maximus, Capitolinus.

Sciendum est propria nomina non posse componi; appellativa vero ea componi posse, quæ aut lecta sunt composita; aut dum componuntur, placidum ad aures vocis sonum emittunt.

De casibus.

Casus sunt sex, ex quibus nominativus quare dicatur casus, superius dictum est. Antiqui **598** nominativum et vocativum similes habent; inde est quod etiam in Virgilio invenimus, Fluvius regnator aquarum: Duc, ait, et Rutulos equites Messapus in armis. Unde etiam Donatus hos rectos casus appellari commemorat, et reliquos obliquos. Ablativus non est apud Græcos, et ideo ab aliis Latinus, ab aliis vocatus est sextus. Assumunt quidam casum, quem septimum vocant, qui quantum differat ab ablativo, et quantum necessario sit inventus, præmissa ratione demonstravimus.

Sunt etiam formæ casuales sex; ex quibus intelligimus per quot varietates nomina inflectantur, vel quot casus similes unumquodque nomen obtineat. Inveniuntur enim nomina quæ per omnes casus quasi unum trahant declinationis colorem, ut si dicamus, nequam. Hic nequam, hujus nequam, huic nequam, hunc nequam, o nequam, ab hoc nequam. Sunt quæ duas tenent varietates, ut est cornu, nam nominativus, et accusativus, et vocativus correptum u habent; genitivus, dativus et ablativus producti sunt. Sunt quæ varietates habent tres, ut templum; nominativus enim, accusativus et vocativus unum faciunt colorem, ut hoc templum, hoc templum, o templum.

Sunt quæ quatuor habent varietates, ut species; nam nominativus et vocativus unum faciunt colorem, ut hæc species, et o species; genitivus et dativus unum faciunt colorem, ut hujus speciei, huic speciei; accusativus unum, hanc speciem; ablativus unum, ab hac specie. Inveniuntur quæ quinque varietates habent, ut hic doctus: nam solus nominativus unum facit colorem; genitivus unum, ut hujus docti; dativus et ablativus unum, ut huic docto et ab hoc docto; accusativus unum, ut hunc doctum; vocativus unum, ut o docte. Sunt quæ sex varietates habent, ut est unus; per singulos enim casus variat.

Sunt præterea nomina quæ aptota dicuntur, non quod unum casum habeant, sed quod non flectantur. Quæ etiam monoptota dicuntur, propterea quod similes casus per totam sui declinationem servant, nullum enim numerum privatum habent; nam cum dico frugi, incertum est, vel quem casum, vel quem numerum proferam.

Sciendum est etiam illud, quod ab uno usque ad tres declinemus; nam a quatuor usque ad centum declinatio non sequitur, a ducentis autem usque ad infinitum omnia declinantur, excepto mille, quod in singulari numero non declinatur: in plurali vero numero, cum tamen scriptum sit per unum *l*, sic declinatur. Sunt nomina quibus dum in elocutione utimur, alia genitivum casum ducunt, ut ignarus belli, sive bellorum; alia dativum tantum, ut amicus bono, quanquam Terentius in nominativo casu junxerit dicens: Amicus meus summus popularis Getha. Alia accusativum, sed per figuram, ut præscius futura, recte enim dicitur, ut præscius futurorum; alia ablativum, ut dignus munere, mactus virtute; alia septimum casum, ut secundus a primo, nam non possumus dicere secundus primo, aut secundus primi, vel secundus primorum, aut tale aliquid.

De declinationibus.

Quinque genera declinationum sunt. Prima est quæ genitivum singularem per *æ* diphthongum profert tam in masculino genere quam in feminino, ut hic Æneas, hujus Æneæ; hæc musa, hujus musæ: in neutro vero genere aut non invenitur, aut ita invenitur, ut habeat communionem cum genere masculino vel feminino, ut advena. Hæc prima declinatio nominativum terminat modis tribus; exit enim aut per *a*, aut per *es*, aut per *as*, ut musa, Anchises, Æneas. Verum ne quis nobis nominativum per *es*, genitivum per *æ*, ita præmittentibus, putet quia quæcunque nomina *a*, *es*, *as*, fuerint terminata, necesse est primæ esse declinationis; sed quæ sunt primæ declinationis sciendum est, quod nominativum singularem nonnisi his litteris terminent.

Secunda declinatio est quæ genitivum singularem per *i* profert; et est generis masculini et feminini, et neutri, ut Virgilius Virgilii, fraxinus fraxini, prandium prandii. Sciendum plane est quod in hac declinatione omnia nomina genitivum singularem per unum *i* proferunt, exceptis his quæ in *ius* fuerint terminata, facit enim Mercurius Mercurii; aut *ium*, ut convivium convivii. Verum hæc secunda declinatio nominativum singularem terminat modis quinque, exit enim aut per *er*, aut per *ium*, aut *eus*, aut per *ir*, aut per *us*, ut piger pigri, negotium negotii, Tydeus Tydei, vir viri, doctus docti: ita tamen ut non separemus, ut dicamus Tydeus Tydei, ut significet potius quintam quam secundam declinationem; sed sub una istius syllabæ diphthongo concludamus dicentes Tydeus Tydei, et hoc Græca nomina sortiuntur: in Latinis enim non invenitur hæc diphthongus. Et de hac declinatione illud indicabimus, quod non quicunque nominativus singularis his quinque modis fuerit terminatus, necesse est ut sit secundæ declinationis; sed quæcunque nomina secundæ fuerint declinationis, necesse est ut nominativum his quinque modis terminent.

Tertia declinatio est quæ genitivum singularem per *is* syllabam profert, est enim generis masculini, feminini, neutri, ut Cicero Ciceronis, Juno Junonis, marmor marmoris; est etiam communis, ut sacerdos sacerdotis, est etiam trium generum, ut demens hujus dementis. Ista hæc tertia declinatio nominativum singularem terminat modis quadraginta uno: in *a*, in *e*, in *o*, in *c*, in *t*, in *al*, in *el* correptum, in *il* correptum, *il* *ol* productum, in *ul* correptum, in *an*, in *en* correptum, in *en* productum, in *on* productum, in *ar* utrumque, in *er* correptum, in *er* productum, in *or* et in *ur* utrumque, in *as* et in *es* productum, in *es* correptum, in *is* utrumque, in *os* correptum, in *os* productum, in *us* productum, in *us* correptum, in *ax* et in *ex* correptum, in *ex* productum, in *ix* et in *ox* correptum, in *ox* productum, in *ux* correptum, in *ux* productum, in *ans* et in *ens* productum tantum, in *ons* correptum, et in *ons* productum, in *uns* productum. In *a* neutrum, ut toreuma toreumatis, dulce dulcis, ordo ordinis, lac lactis, caput capitis, tribunal tribunalis, fel fellis, pugil pugilis, sol solis, consul consulis, Titan Titanis, far faris, **599** cadaver cadaveris, ver veris, marmor marmoris, ebur eboris, fur furis, libertas libertatis, miles militis, pes pedis, navis, lis litis, os ossis, os oris, vetus veteris, senectus senectutis, capax capacis, senex senis, lex legis, pix picis, nox noctis, vox vocis, crux crucis, lux lucis, infans infantis, sapiens sapientis, insons insontis, pons pontis aruns aruntis.

Sciendum est autem quod omnia nomina in *ons* et in *ens* terminata per *tis* proferant genitivum, exceptis duobus nominibus, ut frons et lens: nam cum partem capitis significare volumus, dicimus frontis; cum vero folium, dicimus frondis; item si animal, lendis, si legumen, lentis. Verum ne quis putet hujus glandis dici, putans quod ita in Virgilio lectum est; sciat quod per nominativum dixerit. Sed hic lector agnoscat quod non quæcunque nomina ab his quadraginta et uno modis fuerint terminata, necesse est tertiæ declinationis esse; sed quæ sunt tertiæ declinationis, necesse est ut ab his quadraginta et uno modis ducant nominativum.

Quarta declinatio est quæ genitivum singularem per *us* profert, vel per *u*; sed per *us* in genere masculino et feminino, ut hic versus, hæc porticus, hujus versus, hujus porticus; per *u* vero in genere neutro tantum, ut hoc cornu, hujus cornu, hoc veru, hujus veru, hoc gelu, hujus gelu, etc. Verum hæc quarta declinatio nominativum singularem terminat duobus modis, *us* et *u*: ut hic gradus, hujus gradus, hoc gelu, hujus gelu. Et hic intelligendum est quod non quæcunque nomina in *us* et *u* fuerint terminata, necesse est quartæ esse declinationis; sed quæ sunt quartæ declinationis, necesse est ut habeant nominativum singularem in *us* vel *u* terminatum.

Quinta declinatio est quæ genitivum singularem per *e* et *i* separatas syllabas profert, et est generis feminini tantum, excepto uno dies, qui est generis incerti; e autem quæ est ante *s*, tunc in genitivo producta est, cum nominativus singularis *i* et *es* fuerit, ut series seriei; et tunc correpta est, cum aliquam ante se habuerit consonantem, ut fides fidei, res rei. Verum hæc quinta declinatio nominativum terminat uno modo; exit enim in *es*, ut species speciei. Verum non quicunque nominativus genere feminino in *es* fuerit terminatus, necesse est ut quintæ sit declinationis; sed nomen quod fuerit quintæ declinationis, necesse est ut nominativum singularem in *es* habeat terminatum.

Omnia nomina (exceptis aptotis quæ interdum consonantibus terminantur, ut nequam) aut in *a* terminantur ablativo singulari, ut ab hac musa; aut *e*, ut ab hoc fonte; aut *i*, ut ab hac puppi; aut *o*, ut ab hoc docto; aut *u*, ut ab hoc fluctu. Sed quæ *a* terminantur, genitivum pluralem in *rum*, dativum et ablativum in *is* terminant, ut ab hac musa, harum musarum, his et ab his musis. Sed quaedam sunt nomina quibus discernendi sexus gratia corripimus regulam, ut a filia, filiarum, filiabus. Quod si voluerimus sequi Donatum, dicturi sumus, Romanabus, casabus. Sed cautum est ut in his hoc faciat, quae in testamentis faciunt quaestiones, ut si quis habeat utriusque sexus liberos, scribat: Dimitto hoc filiis meis, et incertum est utrum filios significaverit an filias. Sed in usu est ut dicamus equabus, mulabus, et fere hoc quatuor nominibus produxit jure loquela, equa, equarum, equabus; mula, mularum, mulabus; filia, filiarum, filiabus; dea, dearum, deabus; quae regula primae declinationis est.

Quae vero in *e* correpta fuerint terminata, genitivum pluralem hac ratione faciunt, ut *e* perdant, et *um* accipiant, ut ab hoc pariete, horum parietum. Ideo enim ita cavemus ne quis nobis objiciat, quare dixit, quae in *e* producta terminata fuerint, in *rum* mittunt genitivum pluralem; inveniuntur enim quae in *e* correpta terminata in *rum* mittunt, ut ab hac muliere, harum mulierum; ab hoc munere, horum munerum; ab hoc funere, horum funerum. Sed hac illi ratione respondendum est, quod *e* excluso simul sonat in eadem syllaba quaecunque consonans fuerit inventa; quod si non excluso *e* junxeris *rum*, et dixeris, muliere, mulierum, merito quaestio videtur. Tale est enim quod in his nominibus dubitet, quale est si quaerat, quare ab hoc pariete horum parietum, in *tum* non in *um*, nomine nominum, in *num* non in *um*, ut ab hoc codice codicum, in *cum* non in *um* mittat; sed tamen *t*, vel *r*, vel *n*, vel *c*, non sunt simul cum *um* appositae, sed sunt naturales, et per omnes casus fere decurrentes.

Verum haec omnia idcirco quaestionem non pensius commoveant, quoniam non dixit artigraphus, illa in genitivo plurali in *tum* exeunt, illa in *num*, illa per *rum*, illa per *cum*; sed quia verbo non cautum est, ideo nasci videtur haec quaestio. Sane sciendum est quod contra hanc regulam unum nomen venit, ab hoc vase, vasorum, vasis; causa euphoniae ad secundam declinationem tres casus excepti sunt, casus genitivi pluralis, qui in *rum* abit, exire debuit in *um*, ut horum vasum; dativi et ablativi plurales, qui in *is* exeunt, in *bus* exire debuerunt, ut his et ab his vasibus; sed quia dictu asperum est, auditus expellit. Quae regula est tertiae declinationis; non quia omnia nomina tertiae declinationis per istam regulam declinentur, sed quae per istam regulam declinantur, tertiae sunt declinationis.

Quae vero in *e* producta terminantur, genitivum pluralem per *rum*, dativum et ablativum per *bus* proferunt, ut ab hac re, harum rerum, his rebus; quae regula femininorum nominum servit declinationi quintae, excepto uno dies, quod nomen feminini generis esse sic probatur, quod nullum nomen sit masculini generis, quod ablativo singulari in *e* producta terminetur; masculini vero generis ita esse monstratur, quod facit adverbium hodie, quasi enim est hoc die. Quae regula est quintae declinationis.

Quae vero in *i* fuerint terminata, genitivum pluralem permanente *i* in ablativo casu, sed adjuncto *um*, in *ium* faciunt, dativum vero et ablativum in *bus*; genitivus vero qui per *ium* exit, tot habet formas; nam venit ab ablativo singulari in *i* terminato, qui ipse per *i* toties exit, cum nominativus singularis per *is* fuerit terminatus, genitivus singularis parem numerum syllabarum per *is* miserit, ut hic ignis, hujus ignis, ab hoc igni; quamvis Lucanus dixerit igne viam scandens: exceptis tribus nominibus, ut hic mensis, juvenis, canis. Aut cum nominativus singularis in *is* terminatus, **600** fuerit generis communis, ut hic et haec agilis; aut cum nominativus singularis in *e* correpta fuerit terminatus in genere neutro, et ablativus per *i* mittat; ideo ne faciat tetraptoton nomen, ut est hoc nubile, nominativus hoc nubile, accus. hoc nubile, voc. o nubile, abl. ab hoc nubile; quod neutrorum nominum natura non patitur. Aut cum nominativus singularis in *ens* syllaba fuerit terminatus, sed in nomine; nam si participium fuerit, non ita erit, in *e* correptum mittit; ut ab hoc parente; si vero nomen, ablativus in *i* exit, ut dicas ab hoc parenti; quamvis antiqui tertiae declinationis nomina in ablativo singulari per *e* correptum proferre voluerunt, ut hujus rationis, ab hac ratione.

Sed nonnulla nomina ab hac regula visa sunt aberrare; idcirco illorum non declinatur auctoritas; veniunt enim contra, vis, Tiberis; non enim potest dici ab hac vire, vel ab hoc Tibere. Aut exit genitivus supradictus pluralis in *ium*, ab ablativo in *e* correpto terminato veniens: qui et ipse ablativus venit aut a nominativo singulari in *ons* terminato, ut pons, ponte, pontium; vel a genere feminino, ut ab hac arte, artium, clade, cladium.

Sciendum est autem quod non omnia nomina in *ns* terminata, vel omnia nomina generis feminini ablativo casu singulari in *e* correpto terminato, genitivum pluralem necesse est ut habeant per *ium* mittere; sed quae in *e* correpta terminantur ablativo singulari, et genitivum pluralem per *ium* mittunt, necesse est veniant a nominativo casu singulari in *ns* terminato, vel a genere feminino. Haec autem nomina quae accusativum casum singularem per *m* proferebant, ut hanc navem, hanc puppem, hanc clavem, nos hodie dicimus hanc navim, hanc puppim, hanc clavim; sane accusativum pluralem nominum horum per *eis*, quae genitivum pluralem per *ium* mittunt, nominativum per *es* melius proferimus, ut dicamus has claveis per *eis* accusativum, per *es* nominativum pluralem hae claves. Et revera, ne in confusione veniat dubia elocutio, ut si quis dicat, puppes regunt, incertum enim est utrum puppes alios regant, an puppes alii regant: quae regula est tertiae declinationis.

Quae vero in *o* fuerint terminata in ablativo casu singulari, ut ab hoc egregio, genitivum pluralem per *rum* proferunt, ut horum egregiorum, his et ablativum per *is*, his et ab his egregiis. Duo contraria contra hanc legem inventa esse monstrantur, ut ab hac domo, harum domorum, his et ab his domibus; item ab hoc jugero, horum jugerorum, his et ab his jugeribus.

Sed sciendum est antiquos declinasse omnia haec nomina, quaestione sublata, ut dicerent quartam declinationem esse ab hac domu, harum domuum, his et ab his domibus; ab hoc jugere, horum jugerum, his et ab his jugeribus, ratione tertiae declinationis: ut esset nominativus hic juger, et careat secunda declinatione juger jugeris, ut tuber tuberis; sed in eo, domus, nomine, ideo corruptus est ablativus tantum, quod minus salva quartae declinationis ratione decurreret; et dum corruptus est ablativus singularis, necessario simul et genitivus; et in eo quod est hoc jugerum, hujus jugeri, et ab hoc jugero, corruptus est genitivus pluralis, qui cum facere debuisset jugerorum, fecit jugerum. Item dativus et ablativus pluralis, qui cum facere debuissent his et ab his jugeribus, fecerunt his et ab his jugeribus. Verum in his nominibus non artis aliqua ratione, sed euphoniae dignitate hos casus excipimus, quae regula est secundae declinationis.

Quae vero in *u* fuerint terminata ablativo casu singulari, ut ab hoc genu, cornu, genitivum pluralem semper per *uum* proferunt, ut horum cornuum; dativo vero et ablativum per *bus*, his et ab his cornibus. Verum in dativo et ablativo plurali in penultima syllaba *u* litteram nomina illa servant, ne singula cum prolata fuerint, aliud significare videantur; ut si volentes significare artus, his et ab his artubus, ne confusionem faciamus inter artus et artes; similiter dicendum est arces, arcibus; arcus, arcubus.

Sciendum est quod non cadunt in has quas supra diximus regulas nomina aptota, ideo quod in ablativo casu singulari aut per consonantes exeunt, quod certe ablativi natura non recipit, ut ab hoc nequam; aut si per vocales exeunt, non mittunt genitivum pluralem in *ium*, ut frugi non facit frugium, nihili non facit nihilium, quemadmodum puppi puppium facit. Inveniuntur nomina tamen singularia quae in genitivo plurali regula non potiuntur, ut hic pulvis, horum pulverum; inveniuntur tamen pluralia quae ablativum non habent singularem, quae aliter exeunt in genitivo plurali, ut **Vulcanalia**, utrum horum Vulcanaliorum, an horum Vulcanalium dicamus, incertum est. Sed hoc sciendum est, quod cum talia occurrunt nomina, ad alia nos his similia conferre debemus, quorum declinatione docti sumus, etiam ista simili ratione declinemus: ut puta, si nesciamus utrum horum Vulcanaliorum an Vulcanalium faciat, ponamus econtrario sedile nomen, quod habet in ablativo casu singulari sedili, et ad hanc collationem incipiamus declinare, ut haec sedilia, horum sedilium, haec Vulcanalia, horum Vulcanalium; quamvis contra hanc artem possit dici Vulcanaliorum, quomodo anciliorum, dicente Horatio: Anciliorum nominis et togae oblitus est.

Sciendum est quod neutra nomina in nominativo plurali in *a* terminata genitivum pluralem per *ium*, non per *orum* proferunt, ut agilia, agilium, fortia, fortium. Illud praeterea nosse debemus, quod ea nomina quae in numero singulari genere dissentiunt, genitivi pluralis et ablativi singularis legem non suscipiunt, quamvis illud habeant, ut hoc caepe, hae caepae; sed haec nomina tali arte, quali illa superius declinabimus, ut hae caepae, harum caeparum: tamen nomina numeri pluralis sunt. Quae vero singularis numeri genere dissentiunt a plurali, ac si essent tantum numeri pluralis, non veniunt ad supradictas regulas quas a Graecis sumpsimus, ut poema, thema, schema, ideo quod ablativum Graeci non habent, unde possint regulas ista nomina suscipere, quia invenimus haec ipsa apud antiquos feminino genere declinata.

Analogia est rerum similium collatio, quae nos docet, cum nobis in aliis velut similium nominum objicitur declinatio, quid quaeramus et probemus, hujus comparationis an firma sit quaestio. Igitur in analogia ista requiruntur tria: accidentia nominum, exitus syllabarum, et penultimae consonantes; ut si quis nobis objiciat lupus, et lepus, dicens: Quare facit lupus lupi, et lepus **601** leporis, currendum est ad analogiam, et scrutandum est si omnes praedictae partes inter se conveniant; nam si una pars harum titubaverit, jure vincitur contendentis objectio. Curramus ergo per singulas partes ita: Lepus appellativum nomen est, et illud appellativum; lupus non comparatur, nec lepus; lupus numeri singularis, et lepus similiter numeri singularis est; lupus figurae simplicis est, et lepus figurae simplicis; lupus casus nominativi, et lepus ejusdem; lupus per *pus* exit, et lepus per *pus*; sed quia in solo genere titubat analogia, declinatur illud per duo genera, et illud per unum. Illud praeterea nosse debemus, quod Graeca nomina a sua melius declinatione proferuntur, ut haec Dido, hujus Didos, huic Dido, hanc Didon, o Dido, ab hac Dido.

Nominativus in Latinis aut in *a* terminatur, ut musa; aut in *e*, ut sedile; aut in *i*, ut frugi; aut in *o*, ut Cicero; aut in *u*, ut cornu; aut in *l*, ut mel; aut in *um*, ut scamnum; aut in *en*, ut carmen; aut in *r*, ut puer; aut in *s*, ut doctus; aut in *x*, ut pix; aut in *t*, ut caput; aut in *c*, ut halec: cujus declinatio in dubitationem cecidit; incertum est enim utrum halec an halect dicatur, ideo quod nullum nomen in *c* terminetur, nisi lac; quod et ipsum in majorem venit dubitationem. Lac enim dici non potest ideo, ne in genitivo faciat lacis, lactis enim non est; huic siquidem in nominativo nominis litteram non invenimus *t*, lact autem dici non potest, quia nullum nomen reperiri potuit duabus mutis terminatum, unde posset facere lactis apposita *t* littera in nominativo singulari; lacte solum remansit, quod quasi ex arte diceretur, quod terminetur quasi nomina neutri generis, ut monile, sedile et caetera hujusmodi nomina; et auctoritate Plauti, qui dixit: sicut lacte lactis simile est: sed quamvis non arte, sed ex auctoritate firmetur, tamen sciendum est quod hodie usu ita loqui debeamus, quomodo locutus est Virgilius:

Lac mihi non aestate novum, non frigore defit.

De pronomine.

Pronomen est pars orationis; atque ideo dictum est pronomen quia cum pro nomine positum fuerit, pene idem quod et nomen significare videtur. Ideo autem dictum est pene, quia si dicatur tantumdem; pronomen pars videretur esse superflua. Sed constat quia nomen majorem sibi significationis vindicet partem. Vim enim suam tunc pronomen obtinet, quando praecesserit nomen; ut si dicamus, Cicero defendit Roscium; ipse etiam Syllam. Hic enim, ipse, sic est positum, tanquam si de novo repetissemus Cicero: sed pro illo nomine propter fastidium iterationis nominis pronomen videtur inventum.

Verum ne quis hoc in quaestionem ducat, quare dicatur pronomen, et pro nomine sciat dictum esse sermonem; si vero pronomen non esset, nomen sub una conclusione collectum esset; sed non est pronomen, et nomen, quomodo curatorem non dicimus procuratorem. Separat autem eam partem Donatus a caeteris partibus orationis, cum dicit pronomen partem esse orationis quae fungitur vice nominis; nulla enim de illis tribus partibus orationis hoc sustentat officium.

Verum haec ipsa particula personam suscipit certam in tribus, nec amplius pronominibus, ut ego, tu, ille. Accidunt pronomini sex, qualitas, genus, numerus, figura, persona, casus. Sed qualitas bifarie dividitur in ea pronomina quae vocantur finita, quae idcirco finita dicuntur, quia suscipiunt personas; et in ea quae sunt infinita, quae ideo infinita dicta sunt, quod significationis certae non habeant finem; et sunt septem, quis, qualis, talis, quantus, tantus, quotus, totus.

In hac re Plinius Secundus grammaticos reprehendit, quare accidens commune dicunt, cum aliud sit accidens, et id cui accidit; hinc dicunt pronomina finita esse, quae sunt et am personae. Nam cum quaeramus finitum pronomen, invenimus, ego; et cum primam personam, invenimus iterum, ego: itaque fiat, ut unum sit accidens, atque illud, cui accidit. Sed scire debemus quod hujusmodi definitores non tam in ratione quam in ordine erravere verborum; dicentes personas pronominibus accidere, cum dicere debuissent finita pronomina esse, et easdem personas, quia infinita non recipiunt personas; nunquam enim inveniuntur absque personis. Constat tamen finita pronomina non esse nisi duo, ego et tu; verum, ille, tunc finitum est, cum rem praesentem ostendimus; si autem de absente sit relatio, minus quam finitum erit, ut hic. Minus quam finita pronomina dicta sunt, quia minus quam finita significant, ut sunt sex, is, idem, se, ipse, iste, hic. Etenim, ipse, non potest dici, nisi sicut de eo qui jam notus est, aut de eo de quo jam nominatio est facta sermonum. Nam cum audio, ipse venit, plus est quam finitum apertissime; licet jam eum non videam, de quo dicatur; minus autem a finito, quam ultro potest admittere in quaestionem, ut si quis dicat, ipse venit, sed ad hos qui ignorant, de quo audiunt.

Sunt etiam quinque possessiva, meus, tuus, suus, noster, vester; quae idcirco dicta sunt, quia per haec nos aliquid ostendimus possidere; nemo enim dicit, meus, nisi sit quod possideat.

CAPUT II.
De verbo.

Verbum dictum est, quia verberato aere faciat sonum; et ex illa causa ista pars sibi hoc nomen specialiter sumpsit, quod hac frequenter utimur in oratione. Nam frequenter in sermone composito duo verba invenimus, unum nomen, vel unum participium; ut puta, Virgilius habet recitare; ecce, habet et recitare duo verba sunt : illæ sunt singulares partes.

Verbum est pars orationis cum tempore et persona. Scire debemus quod verbum illud est maxime, quia habet personam simul et tempus; si enim aliter fuerit, non est verbum; nam si tempus solum habuerit, participium est; si personam solam, pronomen est; si utrumque simul fuerit, verbum est.

Verbum aut agentis aut patientis habet significationem, ut scribo, scribor; scribo, agentis; scribor, patientis. Neutrale vero, et deponens, aut agentis, aut patientis, ut curro, vapulo, loquor, luctor. Commune, agentis et patientis, ut osculor te, et osculor a te.

Qualitas verborum in modis et in formis est. **602** Donatus quidem quidem præpostere posuit, ut prius de modis diceret, et sic de formis, de quibus hic prius tractare debemus; nam formæ proprie sensum tenent vel genus. Scire autem debemus quia formæ inde dictæ sunt, quod nos in unamquamque rem informent : quia per eas ostendimus quid geramus. Quid enim significat verbum, per formas agnoscimus. Formæ verborum sunt quæ tenent sensum; modi autem sunt qui ad declinationem pertinent. Unde scio quid sit declinatio, nisi prius didicero quid sit sensus? Ideo dixit Donatus, quas formas alii verborum generibus, vel significationibus permiscent. Nam forma proprie sensum tenet, vel genus; ut puta, meditativa declinatio, quasi meditantis sensus est, id est, legere cupio. Nunc de singulis formis tractabimus.

Inchoativæ formæ sunt quinque regulæ quæ ostendunt formam inchoativam : si a neutrali verbo originem sumant; si in *sco* syllabam exeunt; si tertiæ sint conjugationis correptæ; si careant tempore præterito perfecto et plusquam perfecto (nam quod perfectum est inchoativum esse non potest); si careant participio futuro, ut fervesco, fervesciturus nemo dicit.

Frequentativa verba tunc sunt primæ conjugationis, quoties verba in *to* exeunt, ut lectito lectitas, cursito cursitas; quoties vero in *so* terminantur, in tertiam transeunt, ut facesso, lacesso. Consuesco, consuevi videtur non esse inchoativum, quia præteritum perfectum habet; quidquid enim inchoatur, præteritum non habet.

Sunt etiam frequentativa a nomine venientia. Hic Donatus erravit, nam patrizat, idem est ac patri similis est. Perfecta forma est, ut sorbeo, sugo, fit inde quasi diminutio, sorbillo, sugillo. Sunt sine origine perfectæ formæ, ut vacillo, pitisso, non enim facit pito, vaco. Inchoativis sunt similia, ut compesco; sed quia compescui facit, non est inchoativum, quia nescit perfectionem inchoatio.

Inchoativa sunt in *sco* a perfecta forma, ut horreo perfecta est; nam horreo perfectum, horresco inchoativum est. Sunt quæ originem non habent, ut consuesco, quiesco; et hic Donatus erravit, quia hæc inchoativa verba dixit; nam præteritum habent consuevi, quievi; ergo nec inchoativa sunt.

Notandum est quia modi ipsi significationes suas habent; indicativus, ut lego, ex hoc dictus, quia per ipsum indico quid dicam vel faciam, et hoc de cæteris, ut legitur; permissivus modus excludi debet, quare? Quid enim prodest modum dicere, cum habeamus futurum tempus, ut legam? Infinitivus, ut legere, non accipit pronomina finita; nemo enim dicit, legere a me, a te, ab illo : ideo Donatus sic docuit. Impersonalis vero accipit, ut legitur a me, a te, ab illo, a nobis, a vobis, ab illis. Quidam hunc modum pro genere ac significatione accipiunt; nam sic impersonalis habet, quia omne verbum recipit genus verbi; quomodo enim dico, ego lego, tu legis, ille legit; sicut, legitur a me, a te, ab illo.

A se veniunt hæc verba quæ in *et* exeunt, ut pudet; nam pudeo nemo dicit. Alia aliunde veniunt, ut latet, nam lateo facit; ergo quasi aliunde suscipit declinationem. Scire autem debemus quod nullum participium ab *eo* in *us* exit.

Quinque rebus intelligitur conjugatio, si temporis præsentis sit, si numeri singularis, si indicativi modi, si in activo habuerit ante *s* litteram in secunda persona unam ex tribus, ut puta *a*, *e*, *i*; si in passivo ante *ris*, syllabas easdem habuerit. Prima et secunda conjugatio habent regulas simplices : de tertia scire debemus, quod si *i* correptam habuerit, futurum tempus in *am* tantum mittet, ut lego, legam; si productam, in *am* et in *bo*, ut nutrio, nutriam, nutribo facit. Scire autem debemus quia tunc est correpta, quando *i* secundæ personæ activi temporis præsentis transit in *e* in passivo, ut lego legis, legor legeris; quando permanet *i* et in activo et in passivo ante syllabam, producta est, ut audio audis, audior audiris. Odi, sum, possum, neutra defectiva sunt.

Scire autem debes quod ipsa recta verba sunt, quæ in declinatione servant species suas, ut puta, lego, legebam, legi, etc., et sic in passivis. Gaudeo vero, fio, soleo, quia mutant præteritum, non sunt vera verba, sed neutra passiva dicenda sunt; quæ ideo Donatus ita appellavit, quod inæqualia dicantur. Cedo, vel ave non declinantur, sed quemadmodum lecta sunt, dicimus. Incertæ vero significationis verba sunt, quæ pro arbitrio nostro dicimus, ut condio, condis, condior, etc. Adulor participia etiam recipit omnia; facit enim adulans, adulaturus, adulandus. In verbis quidam dualem numerum dicunt, id est communem, ut leger, sed falso; nemo enim dicit ego leger, nos legere.

Præteriti temporis differentiæ sunt tres : imperfecta, quam statim dimittimus; perfecta, quam dudum dimisimus; plusquam perfecta, quam jam dudum dimisimus, legebam, legi, legeram. Donatus dicit non posse inveniri ante *o* in indicativo modo primam personam, præter tres litteras vocales aut *e*, aut *i*, aut *u*; etiam est *o* quarta, sed Græce, ut boo, boas, boat, unde est illud : Reboant silvæque, et magnus Olympus. Ko non præponitur, verum est, sed *k* præponitur, ut kalendæ.

Sunt verba defectiva, alia per modos, ut cedo, id est dic, non facit cedebam, quanquam lectum sit in plurali numero, cedite, id est, dicite; alia per formas, ut facesso, quod perfectum non habet, nam facio, factito facit; alia per conjugationes, ut adsum, ades; non potest colligi conjugatio, quia nec habet *a* ante ultimam litteram, nec *e* productam, sed correptam, nec *i* correptam, nec productam; alia per genera, ut gaudeo, gavisus sum; alia per numeros, ut faxo : faximus enim nemo dixit; alia per figuras, ut impleo; alia per tempora, ut ferveo, fervebo; nemo dicit, et ferviturus; ne nos turbet, quod eadem repetit.

CAPUT III.
De adverbio.

Adverbium est quod verbo accidit, ut puta, docte fecisti : docte, adverbium; fecisti, verbum. A nomine et verbo veniunt adverbia, ut pedetentim; nomen est pes, tento, verbum. Verum unam partem fecerunt orationis a participio veniens adverbium, ut indulgens, indulgenter. Hic erravit Donatus, nam indulgens non est participium, quia comparatur, facit enim indulgens, **603** indulgentior. Aliqua in *o* productam exeunt, ut falso; nam adverbium esse potest; ut falso ad me relatum est; et falso locutus est. Item dativus et ablativus casus, huic et ab hoc falso. Facile et difficile nomina melius dicimus quam adverbia, licet pro adverbiis sint posita. Cæterum si essent adverbia, faciliter et difficiliter facerent; nam quæcunque nomina dativo singulari in *i* exeunt, adverbia in *ter* mittunt, ut huic sapienti, sapienter; sic et huic facili, faciliter.

Regula adverbiorum talis est, ut nomen quod in dativo casu singulari in *o* fuerit terminatum, in *e* mittat, ut huic docto, docte; si in *i*, in *ter* mittit adverbium, ut huic sapienti, sapienter. Sed hanc infirmavit regulam auctoritas; nam dixit Virgilius, sanguinei lugubre rubent, pro lugubriter; et Terentius, parce ac duriter urgebat, pro dure. In dativo manent, ut falso, vel sedulo : sed faciunt adverbia false, sedule. Quaedam contra faciunt, ut a duro, duriter; sed in his potius ars dicenda est. Intus et foris, quoties ad locum significant, non habent praepositiones; nulli enim adverbio separatim additur praepositio; nemo dicit ad intus, ad foris.

Comparantur etiam adverbia, ut docte, doctius, doctissime; sed non omnia adverbia per omnes gradus exeunt, ideo his ad augendam significationem jungimus magis, maxime, quae augentis sunt: ad minuendam vero significationem minus, minime, quae minuentis sunt; quemadmodum enim comparantur, ita diminuuntur. Aut a positivo veniunt, ut primum, primule, longe, longule. Aut a comparativo, ut longius, longiuscule, melius, meliuscule. A superlativo gradu non inveniuntur talia adverbia, ideo dixit, rara vel nulla sunt.

Sunt item multae dictiones dubiae; nam adverbium in omnibus partibus invenitur societate conjunctum cum nomine, ut falso; huic et ab hoc falso, nomen est; at si dicamus falso locutus est, adverbium est. Item cum pronomine, ut si dicas, cui viro, pronomen est; si dicas, qui convenit, adverbium est. Cum verbo, ut pone, quod accentu discernimus; nam cum producimus ultimam, adverbium est; quando corripimus, verbum. Cum participio, ut profecto; nam adverbium est affirmantis, profecto, ut, profecto audit; quanto magis suspicor esse participium profecto, a verbo proficiscor? Cum conjunctione jungitur, ut, at audi; nam conjunctio ita est, ut, at illud contigit; id, nisi fallor, adverbium est, ut at at veni, hoc dictum est, id est, statim veni. Cum praepositione jungitur, ut ante, vel propter: ut, ante omnes homines, praepositio est : ante fecit, adverbium; propter te hoc facio; praepositio est; ille propter erat, id est juxta, adverbium est. Cum interjectione jungitur, ut heu! nam si dicas, heu! quid contingit? interjectio est dolentis. Heu! etiam mensas consumimus, heu adverbium est.

Verum est quod dicit Donatus, nominibus civitatum non addimus praepositiones, ut puta, Roma venio, et reliqua. Sed hoc confundit auctoritas; nam Sallustius dixit, cum Brutus a Roma abierat. Sed hanc regulam tenere debemus, ut, quoties nominativus in *us* syllaba fuerit terminatus, tunc secundum genitivum melius dicamus, ut puta Adrumetus, Adrumeti sum; quoties aliter, secundum dativum dicimus, ut Carthago, Carthagini sum. Sed etiam hoc confundit auctoritas; Sallustius, Narbone consilia Gallorum, pro Narboni; et Virgilius : Tyria Carthagine, quae nunc exspectat, pro Carthagini. De praepositio adverbiis non applicatur. De adverbio soloecismus est, si dicamus de mane; mane adverbium est, de autem praepositio. Nec nobis praejudicant illa adverbia dehinc, desubito, si uno proferuntur accentu.

CAPUT IV.

De participio.

Participium dictum est, quasi parti-capium, quia duarum partium sibi vindicat leges; habet enim partes a nomine, et a verbo, ut hic amans; duo recipit a nomine, genus et casus; nam quando dico, hic amans, vel haec amans, genus est; casus vero facit, hic amans, hujus amantis, et reliqua : et a verbo duo tempora et significationes recipit; nam temporis est praesentis amans, aliud enim amans, aliud amaturus, aliud amatus. Significationem activam habet, ut docens et docturus; passivam, ut doctus docendus; ab utroque numerum et figuram accipit.

Numeri nomini vel verbo accidunt, ut homo, homines; lego, legimus. Figura duplex, ut, felix, infelix : similiter verbo, ut scribo, describo; ergo ista participia recipiunt numerum singularem, ut hic legens; pluralem, ut hi legentes : figuram, quia simplicia sunt, ut legens; composita, ut negligens. Sane participia ab activo et neutro veniunt duo praesentis temporis scilicet et futuri, ut amans, amaturus; stans, staturus. Verum est : nam si sic declinatur neutrum, quomodo activum, rite ista tempora habet, quae activum verbum.

Inchoativa verba participia praesentis tantum temporis habent, ut horresco, horrescens, horrescitura nemo dicit, et reliqua. Defectiva verba unum interdum habent tempus, praeteritum scilicet, ut soleo, solitus. Memini, nullum tempus habet, quanquam defectivum sit. A non defectivo verbo participia defectiva sunt, ut studeo, studebam, studui, et reliqua; studens quippe non deficit, studiturus quippe nemo dicit. Ut breviter colligamus, habere quatuor res participium dixit, aliquando praesentis temporis tantum, ut horrescens; interdum nullius, ut memini; interdum unius, ut solitus; interdum a non defectivo verbo participia defectiva sunt, ut a lavor, lotus : ab impersonalibus verbis non inveniuntur participia, nemo enim dicit poenitens. Tunicatus non est participium, quia non facit tunicor verbum, sed potius nomen est. Pransus, coenatus similia sunt, quemadmodum tunicatus, quae non solum dicimus nomina, sed etiam participia; nam licet prandeo, prandeor non faciat, tamen pransus nomen facit; tunica autem nullum verbum facit, sed dicamus participia sine verbi origine. Sunt velut participia, quae licet a verbo veniant, tamen quia tempus non habent, nomina sunt; ut puta furibundus, moribundus, nam facit morior, furio. Sed est alia ratio qua intelligis ista non esse participia : quia participia praesentis temporis *s* litteram in *dus* vertunt, et faciunt futurum passivi, ut legens, legendus; et iterum si tollas *dus* de novissimo, et ponas *s* praesentis temporis, participium facis, ut legendus, tolle inde *dus*, et facis legens; pone moriens, moribundus non facit, sed moriendus; nam nemo dicit esse ab eo, quod est morior. Passus et usus, participia sunt et nomina : nomen est, usus mei pallii; participium est, usus malefacere.

Participium defectivum est, quod non potest ire per omnia tempora, ut coeptus, coepiendus nemo dicit. Sunt participia, quae accepta compositione fiunt nomina, ut acceptus, incensus, incensior, acceptior, dum comparantur, nomina sunt. De participiis adverbia non fiunt, quod impugnavit Donatus, verum est; auctoritatem non de se dedit, cum dixit id a se fuisse lectum. Caeterum nemo dicit videnter, legenter.

CAPUT V.

De conjunctione.

Conjunctio dicta est, quia conjungit elocutiones. Hae sunt conjunctivae, ut ego et tu eamus. Disjunctivae sunt, quae quasi disjungunt res, vel personas, ego aut tu; nam quando dico ego aut tu, sensum quidem disjungo, verba vero conjuncta sunt; qui enim dicit, non dicit, faciam ego, et tu, sed unus e duobus. Expletivae sunt, ut si dicas : si hoc non vis, saltem illud fac, quasi explevit rem. Praepositiva conjunctio est, ut est, at pater Aeneas; nemo dicit, pater at Aeneas. Subjunctivae sunt, ut est, primusque Machaon; non, que primus Machaon. Communis est, ut, igitur, quia ubivis ponitur; igitur hoc facio, facio igitur hoc.

Sunt conjunctiones quae adverbia possunt esse : ut est, ante firmissimum virum accipio, adverbium est; item conjunctio est ut, An te malus abstulit error? Nam et si omnes partes possunt esse adverbia, rite conjunctioni hoc cadit. Conjunctiones pro significationibus suis poni debent : causales in causa, rationales in ratione; nam ante causa praecedit, et sic ratio sequitur; ut puta, occido illum, qui habet tunicam, causa est; itaque veneno illum occidi, non ferro, ne agnosci possit, ratio est : causalis, si illum occidero, habebo tunicam; rationalis, itaque veneno illum occidi, ne agnosci possit. Sed hanc rationem mutat auctoritas; nam et Virgilius conjunctionem pro alia posuit dicens : subjectisque urere flammis, pro ve.

CAPUT VI.
De præpositione.

Præpositio est dicta, eo quod in loquendo præponitur, ut puta, ante templum, non templum ante. Præpositio autem aut mutat aliquid in contrarium, ut felix, infelix; aut implet, ut fractus, infractus; aut minuit, ut validus, invalidus, et cætera quæ Donatus posuit. Diximus, quod præpositio semper præponitur; tamen invenitur postposita, ut mecum.

Præpositiones aut casibus applicantur, et non conjunguntur, ut, apud amicum causatum est; apud præpositio non conjungitur, quia nemo dicit conjuncte apud amicum : aut loquelis serviunt, et conjunguntur, ut di, dis, re, se; nam facit diduco, distraho, recubo secubo. Ergo aut præpositiones loquelares sunt, et semper junguntur; aut separantur et conjunguntur, ut præ me, secum. Et con hanc habent regulam cum præcesserint, ut si eas vel *f* vel *s* litteræ sequantur, superiorem naturaliter brevem faciant longam, ipsisque dent accentum, ut infula, consilium. Usque, præpositio non videtur, quia cum altera præpositione præfertur, præpositionique jungitur, ut si dicamus : usque ad forum vado, usque sola, præpositio non est. Præjudicet circumcirca, ibi jam una est sibi præposita. Tenus quoque præpositio per soni dulcedinem subjungitur, ut puppe tenus, debuit enim dicere præ, tenus puppe.

Cæteræ vero super, subter, ablativo junguntur, et ad locum significant, velut super cathedra sedit; quando hoc dicimus solœcophanes, id est species solœcismi est. Super et subter accusativum regunt; sed super, quotiescunque designat aliquem, ablativum regit, ut puta : Multa super Priamo rogitans. In et sub variant; quemadmodum in accusativum regit : ut si dicamus, in adulterum, hoc est contra adulterum. Varia autem exempla istarum præpositionum, vel integra, vel composita sunt, quæ subjecit Donatus.

Præpositiones verba corrumpunt, ut conficio, nam ante fuit con et facio; aut ipsæ corrumpuntur, ut suffero, nam ante fuit sub et fero; aut corrumpunt, et corrumpuntur, ut sufficio; nam ante fuit sub et facio; vel suscipio et suspicio, nam ante fuit sub et capio, et sub et aspicio.

Antiqui præpositiones genitivo, accusativo et ablativo jungebant, ut crurum tenus, et longo post tempore. Scire autem nos debemus quia præpositio cum præposita non fuerit, vel cum mutaverit casum, vel non habuerit, desinit esse præpositio, et fit adverbium : ut longo post tempore, mutavit casum, post tempus enim dici debuit; deinde casum non habet, ut ante fecit. Separatæ præpositiones separatis præpositionibus non cohærent, ut si quis dicat ante juxta eum, in hoc jam, ante, adverbium non est. Dicunt etiam præpositioni accidere figuram, ut abs, absque; et ordinem, et subjectivæ sunt, ut puppetenus, mecum. Sed propter duas res non debemus frangere regulam : dicimus potius hæc anomala esse, id est extra regulam.

CAPUT VII.
De interjectione.

Interjectio dicta est, quod interposita aliis partibus orationis varios animi affectus exprimat : nam aut exsultantis est, ut eia; aut optantis, ut, o mihi præteritos referat si Juppiter annos! aut increpantis est, ut, o qui res hominumque deumque; aut dolentis, ut heu! aut timentis, ut ah! ah! Hoc apud Græcos fit, ut interjectiones subjungant in adverbia : apud Latinos autem non fit; nemo dicit : Papæ feci.

M. AURELII CASSIODORI
DE ORTHOGRAPHIA.

PRÆFATIO.

605 Cum inter nos talia gererentur et de Complexionibus apostolorum nonnulla nasceretur intentio [*ed.*, mentio], monachi mei subito clamare cœperunt : Quid prodest cognoscere nos, vel quæ antiqui fecerunt, vel ea quæ sagacitas vestra addenda curavit nosse diligenter, si quemadmodum ea scribere debeamus omnimodis ignoramus; nec in voce nostra possumus reddere quæ in Scriptura comprehendere non valemus? Quibus respondi : Hæc quæ dicerent, designata esse, quemadmodum et intelligi debeant et proferri. Sed labor nobis antiquorum omnino servandus est, ne nos auctores earum rerum mentiamur, qui [*ed.*, quarum] sequaces esse cognoscimur. Et ideo duodecim auctorum opuscula deducimus in medium, quæ ab illis breviter et copiose dicta sunt; ut et nos ea compendiosius dicamus, et a priscis auctoribus sine varietatis studio dicta recolantur; quatenus et vobis plenissime satisfacere videamur, et auctoritate firma sit relatio, quam duodecim auctorum textus insinuat. Jam tempus est ut totius operis nostri conclusionem facere debeamus; ut melius in animo recondantur, quæ septenaria conclusione distincta sunt.

1. Post Commenta Psalterii, ubi (præstante Domino) conversionis meæ tempore primum studium laboris impendi.

2. Deinde post institutiones quemadmodum divinæ et humanæ debeant intelligi lectiones, duobus libris (ut opinor) sufficienter impletis, ubi plus utilitatis invenies quam decoris.

3. Post Expositionem Epistolæ quæ scribitur ad Romanos, unde Pelagianæ hæreseos pravitates amovi, quod etiam in reliquo commentario facere sequentes admonui.

4. Post codicem in quo artes Donati cum commentis suis, et librum de Etymologiis, et alium librum Sacerdotis de Schematibus (Domino præstante) collegi; ut instructi simplices fratres (ubi necesse fuerit) similia dicta sine confusione percipiant.

5. Post librum quoque titulorum, quem de divina Scriptura collectum, Memorialem volui nuncupari, ut breviter cuncta pereurrant, qui legere prolixa fastidiunt.

6. Post Complexiones in Epistolis apostolorum, et Actibus eorum, et Apocalypsi, quasi brevissima explanatione decursas.

7. Ad amantissimos orthographos discutiendos anno ætatis meæ nonagesimo tertio (Domino adjuvante) perveni. Ex quibus si in unum valuero deflorata colligere, quantum ad eos pertinet, quos breviandos esse suscepi, confusionem emendator atque scriptor, si bene intellexerit (arbitror), ulterius non habebit.

Minutus labor syllabis litterisque tractandis [*ms.*, tractandus], modo factus ex nominum derivatione, modo ex casibus sermonum, modo ex motu atque situ, modo ex euphoniæ consonantia, modo ex Græcarum litterarum similitudine : probans quid scribere debeas, et quid vitare contendas : modo ut *l* quoque littera simplex in quibusdam sermonibus recte quidem scribi dicat, sed *n* litteræ sonum plerumque illi succedere posse testetur. Itaque quod ante scribebatur per *u* et *o*, per duo *u u* modo scribere nobilis rectitudo scribendi per vias certissimas investigata esse videtur; et ideo præsens opus non desit directum, ut volnus, vulnus; *i* pro *e*, ut quod antiqui magnai, nos magnæ; *c* pro *q* : veteres quum, moderni cum scribi rectius æstimarunt; et cætera quæ subtili quidem, sed necessaria distinctione narrantur, non velociter transcurri, sed sollicita mentis intentione tractavi; ut quæ incipis bene discere, ad finem perfectionis inoffensa debeas pronuntiatione perducere. Nam si vobis adsit capiendi desiderium, quæ prius per moram quæsistis, protinus inoffensa velocitate transcurretis.

Gloriosum profecto studium, et humanis ac divinis litteris (ut videtur) accommodum, quod loqui debeas, competenter scribere; et quæ scripta sunt, sine aliqua erroris ambiguitate proferre. Vox enim articulata a pecoribus nos sequestrat; scribendi vero ratio ab imperitis dividit et confusis : ita perfectum hominem duo ista sibi vindicant ac defendunt. Nam cum sibi talia, quæ sunt duo lumina, consentiunt, utraque recta, utraque decora sunt : cum vero a se discrepare cœperint, vitium strabæ fœditatis incurrunt.

Erit itaque propositum nostrum, quæ competenter modernæ consuetudini ab antiquis tradita sunt, quasi in unam coronam redigere, et usui celeberrimo deputare; illa vero quæ antiquitati magis conveniunt, expedit sine dubitatione relinquere, ne labor assumatur incongruus, qui præsenti sæculo videtur inutilis. Sit ergo in primo libro Institutionum nostrarum, titulo decimo quinto, quemadmodum legi debeat cœlestis auctoritas : ubi idiomata legis divinæ communi usui repugnantia non permisimus dissipari. Hic autem, in libro scilicet Orthographiæ, liberius et generaliter appetatur, quemadmodum ex regulis artium humanarum, salva auctoritate seniorum, cuncta lectio decora nimis et correcta reddatur. Si quis autem auctores orthographos in textu suo legere fortasse voluerit, transcriptos inveniet, quos ego, quantos potui reperire, monasterio meo, præstante Domino, dereliqui ; ut latius dicta probare possetis in auctoribus suis, quos non propter fastidium vestrum deflorandos esse putavimus. Illud etiam vos magnopere credidi commonendos, ut distinctiones sensuum sollicita mente perquirere ac ponere debeatis, sine quibus neque legere quidquam competenter, neque intelligere prævalemus.

Scire autem debemus Donatum artigraphum de posituris ita tractasse, ut non ibi ordinem, sed virtutes earum potius exprimere videatur. Nam si distinctionum seriem per gradus cognitos sequeretur, primo plenam, deinde mediam nequaquam ponere potuisset, deinde magis inciperet, ubi prædictæ posituræ ad finem tendere comprobantur. Sequitur subdistinctio, deinde media, quæ plenam semper præcedunt potius quam sequuntur. Sed (sicut visum constat esse doctissimis) hunc debemus ordinem custodire; ut primo de subdistinctione dicamus, quæ ibi semper apponitur, ubi in commate sermo suspensus adhuc reddendus esse cognoscitur ; ut, Arma virumque cano; ubi totius operis summa conclusa est. Arma enim, ancilia Virgilius, virumque dicturus est. Sed quoniam, cano, respicit ad utrumque, hic, id est, arma, subdistinctio recte ponenda est. Mediam vero affigendam esse constat in commate, cum nullus sermo deest, sed gradatim tendit ad plenam, ut,

Dividimus muros, et mœnia pandimus urbis :

Plena est autem, ubi finitur perfecta sententia : ut est illud,

Tantæ molis erat Romanam condere gentem.

Subdistinctionem vero vel mediam non credas ipsum ordinem semper tenere, quem diximus, ut subdistinctio præcedat, et media consequatur : sed pro ratione supradicta locis congruis apponuntur ; ut distinctiones istæ bene positæ sensum nobis lectionis evidenter aperiant. Nam si aliter distinguas, sine dubitatione cuncta confundis.

Has vero distinctiones, seu posituras (Donato testante) Græci θέσεις vocant. Periodus est autem per longum plenæ sententiæ ducta pausatio ; cujus partes sunt cola et commata. Sed antequam opus Orthographiæ inchoare videamur, præfationem Phocæ artigraphi, exempli causa, judicavimus apponendam ; quæ cuncto operi nostro, quasi a nobis prolata sit, ita omnibus modis videtur accommoda.

Ars mea multorum es, quos sæcula prisca tulerunt :
   Sed nova te brevitas asserit esse meam.
Omnia cum veterum sint explorata libellis,
   Multa loqui breviter sit novitatis opus.
Te relegat juvenis, quem garrula pagina terret
   Aut si quem paucis seria nosse juvat.
Te longinqua petens comitem sibi ferre viator
   Ne dubitet, parvo pondere multa vehens.
Te si quis scripsisse volet, non ulla queretur
   Damna, nec ingrati triste laboris onus.

Est quod quisque petat : nunquam censura diserti
Hoc contemnet opus, si modo livor abest.

Commemorati sunt auctores Orthographiæ, ex quibus alii ipso, alii præposterato ordine similia dicunt, alii vero diversa describunt ; sed omnia nobis absolute nosse convenit. Nam et illi qui paria dicunt, communia dicta confirmant ; et isti qui varia ponunt, per verba multiplicia commonent quemadmodum scribere debeamus, et loqui. Nunc ordo scripturæ qui ab antiquis positus cognoscitur, nihilominus est dicendus.

CAPUT PRIMUM.
Cnæi Cornuti de Enuntiatione vel Orthographia ista relata sunt.

Animadverti quosdam, Emili amice, eruditos etiam m litteram, nec ubi oporteat dicentes, nec ubi oporteat supprimentes. Hoc ne fiat, hinc observari poterit, si simul subjiciam, si quid ad rectam scripturam pertinet, et ad divisionem syllabarum. Igitur si duo verba conjungantur, quorum prius *m* consonantem novissimam habeat, posterius a vocalibus incipiat, *m* consonans perscribitur quidem ; cæterum in enuntiando durum et barbarum sonat. At si posterius verbum quamlibet consonantem habuerit, vel vocalem positam loco consonantis, servat *m* litteræ sonum ; par enim atque idem est vitium, ita cum vocali sicut cum consonante *m* litteram exprimere.

Est quædam littera in F litteræ speciem figurata, quæ digamma nominatur, quæ duos apices ex gamma littera habere videtur. Ad hujus similitudinem soni nostri conjunctas vocales digammon appellare voluerunt, ut est votum, virgo. Itaque in prima syllaba digamma et vocalem oportuit poni, fotum, firgo : quod et Æoli fecerunt et antiqui nostri, sicut scriptura in quibusdam libellis declarat. Hanc litteram Terentius Varro dum vult demonstrare, ita perscribit VA : qui ergo in hac syllaba sonus est, idem litteræ erit. Nos hodie *u* litteram in duarum potestatem coegimus ; nam modo pro digamma scribitur, modo pro vocali. Vocalis est, cum ipsa per se est. Hoc enim cum cæteris quoque vocalibus patitur. Si cum alia vocali est, digamma est, quæ est consonans. Tres vocales quibusdam videntur esse sub una syllaba vacuæ. Errant si ita putant; nam nusquam apud Græcos, neque apud Latinos ex tribus vocalibus syllaba constat : quare similiter hic quoque digamma erit, et duæ vocales similiter.

Sed cadit in quæstionem, et aliis per *t*, aliis per *d*, placet scribi. Apud antiquos enim scio sed sedum fuisse : unde nos, duabus litteris novissimis ablatis, reliquas litteras, salva *d*, in usum habemus : quemadmodum si quæreretur, sat, qualiter scribi oportet, diceremus per *t*, quod integrum ejus sit satis.

Q littera tunc recte ponitur, cum illi statim *u* littera, et alia quælibet una, pluresve vocales conjunctæ fuerint, ita ut una syllaba fiat. Cætera per *c* scribuntur. Hoc Lucio [a] quoque videtur. Nonnulli putant auribus deserviendum, atque ita scribendum, ut auditur. Est enim fere certamen de recta scriptura, in hoc, utrum quod audimus, an quod scribi oportet, scribendum sit ; ego non omnia auribus dederim. Quotidie, sunt qui per eo, cotidie scribant : quibus peccare licet ; desinerent si scirent quotidie inde tractum esse, a quot diebus, hoc est, omnibus diebus. Qui, syllaba per *q*, *u*, *i*, scribitur : si dividitur, ut, si cui, ut huic, per *c*. Hoc item in cæteris notabimus, ut in divisione *c* littera sequatur (si tamen secundum antiquam enuntiationem fuerit), quoniam genitivus et ablativus non dividitur.

Causam, per unam *s* ; nec quemquam moveat antiqua scriptura ; nam et accusare per duo *ss* scripserunt ; sicut fuisse, ivisse, esse et caussasse per duo *ss* scriptum invenio. In qua enuntiatione quomodo duarum consonantium sonus exaudiatur non invenio.

Vostra olim ita per *o*, hodie per *e* : ut, advorsa adversa, pervorsa perversa, votare vetare, vortex vertex, convollere convellere, amploctere amplectere.

Malo, qui putant ab eo quod est Græce μᾶλλον comparativo modo descendisse, et per duo *ll* scribunt, peccant. Non enim a Græco translatum est, sed ab antiquorum consuetudine, qui primo magis volo dixerunt, postea a pluribus elisionibus hoc verbum angustaverunt ; ut, mage volo, deinde mavolo, quod frequentissimum apud illos est : novissimo hoc subsistit, ut malo esset. Sed malle per duas *ll*, magis enim velle est. Item nolo per unum *l* : nolle per duo *ll* ; nolo enim ne volo est, nolle, ne velle. Denique ut se verbum habet, ita ea quæ ex illo componuntur.

Alia sunt quæ per duo *u* scribuntur, quibus numerus quoque syllabarum crescit. Simili enim vocali vocalis adjuncta, non solum non cohæret, sed etiam syllabam auget ; ut, vacuus, ingenuus, occiduus, exiguus. Eadem divisio vocalium in verbis quoque est, metuunt, statuunt, tribuunt, acuunt. Ergo hic quoque *c* littera, non *q* apponenda est.

Lacrumæ, an lacrimæ ; maxumus an maximus ; et si quæ similia sunt, quomodo scribi debeant, quæsitum est. Terentius Varro tradit Cæsarem per *i* ejusmodi verba solitum esse enuntiare et scribere : inde propter auctoritatem tanti viri consuetudinem factam ; sed ego in antiquiorum multo libris, quam Caius Cæsar est, per *u* pleraque scripta invenio. Optumus, intumus, pulcherrumus, lubido, dicundum, faciundum, maxumæ, monumentum, contumelia, minumæ. Melius tamen est, et ad enuntiandum, et ad scribendum, *i* litteram pro *u* ponere, in quod jam consuetudo inclinavit.

Vineas, per *e* quidam scribendas tradiderunt, si hæ significarent quas in agris viderimus : ac contra per *i* vinias illas sub quibus latere miles solet, quod

---

[a] Est is Lucius Cæcilius vindex.

discrimen stultissimum est. Nam neque aliunde vineæ castrenses dictæ sunt, quam quod vineis illis agrestibus similes sunt.

Exstinguunt, per *u* et *o* : qualem rationem supra reddidi de *q* littera, quam dixi oportere in omni declinatione duas vocales habere, talis hic quoque intelligenda est, exstinguo ; est enim, ab ex, et stinguo, et ob hoc exstinguont, licet enuntiari non possit.

Intervallum duas *ll* habet ; vallum enim ipsum non aliter scribitur, a quo intervallum. Varro dicit intervalla esse spatia quæ sint inter capita vallorum, id est stipidum, quibus vallum fit, unde cætera quoque spatia dicunt.

Observanda pusillo diligentius præpositionum cum verbis a vocalibus compositio, ut consonantes novissimas præpositionum sciamus non durare, sed mutari plerumque. Itaque nonnunquam quæ consonantes verborum aut vocabulorum primo loco sunt, easdem necesse est fieri et in præpositionibus, quæ propter lenitatem quoque omnino enuntiari sæpe litteræ præpositionum non possunt : quando autem fiat, quando non, sono internoscimus.

Accedo duo *cc*, attuli duo *tt*, assiduus duo *ss*, arrideo duo *rr*, apparo duo *pp*, annuo duo *nn*, alligo duo *ll*. In his non solum propter lenitatem consonantes mutantur, sed etiam quod nullo modo sonare *d* littera potest. Ubi sonat, et ibi scribitur, cum *f* consonanti adjungitur ; ut adfluo, adfui, adfectus ; contra *b* non sonat, offui, offero, offendo. In aliis etiam consonantibus idem patitur, ut suggero ; ostendi enim supra digamma consonantis vim habere.

Est ubi *b*, quamvis incredibile est, in *s* cogatur ; ut suscipere, sustinere, suspendere, suscitare : et quod antiqui dixerunt sustollere, nos præterito sustuli.

Item præpositio ad *f* litteram formatur : ut, effluo, effodio, effero, efficio, nec minus informatur escendo : alicubi tamen sonat, et ob hoc necessario scribitur exsilio, exsicco. Itaque ubi sonaverit ibi ponemus.

Tamtus et quamtus in medio *m* habere debent, quam enim et tam est : unde quamtitas, quamtus, tamtus. Nec quosdam moveat, si *n* sonat ; jam enim supra docui *n* sonare debere, tametsi in prima scriptura *m* posita sit.

Exsilium cum *s* (ex solo enim ire est) quasi exsolium, quod Græci ἐξορισμόν dicunt : antiqui exsoles dicebant.

H, sicut in quæstione est littera sit, necne ; sic nunquam dubitatum est secundo loco a quacunque consonante poni debere, quod solus Varro dubitat. Vult enim auctoritate sua efficere, ut *h* prius ponatur ea littera, quæ aspirationem conferat ; et tanto magis hoc tentat persuadere, quod vocalibus quoque dicat anteponi : ut, hæres, hircus. Sed Varronem præterit, consonantem ideo secundo loco *h* recipere, quod non possit ante aspirationem nisi vocales habere. Itaque et ante, et post, si *h* littera cuicunque tali adjungatur, non sonabit. Hæc enim natura vocalium est, ut sive ante se, sive post se habeant *h*, quoquo genere, enuntiationem non impediant. Præterea in libro quem de Grammatica Varro scripsit, cum de litteris dissereret, ita *h* inter litteras non esse disputavit. Quod multo minus mirum, quam quod *x* quoque litteram esse negat. In quo quid viderit, nondum deprehendi : ipsius verba subjiciam. Litterarum partim sunt et dicuntur : ut, *a* et *b* ; partim dicuntur et non sunt, ut *h* et *x* ; partim sunt, neque dicuntur, ut φ, ψ. Vehemens et vemens apud antiquos, et apud Ciceronem lego ; æque prehendo, et prendo, et hercule et hercle, nihil et nil. Hæc observari eatenus poterunt consuetudine potius quam ratione, in his præcipue verbis quæ aspirationem habere debent.

Y littera antiqui non semper usi sunt, sed aliquando loco illius *u* ponebant. Itaque in illorum quoque libris hanc scripturam observandam censeo, Suriam, Suracusas, sumbola, sucophantas ; at in nostris corrumpi non debet. Illud etiam non video, quare huic litteræ *h* aspirationis gratiam amoveam ; ipsa enim per se aspirativa est, et quocunque vocabulo primum locum habuerit, aspiratur, Yacinthus, Yllus, Ymetus ; et tanto magis aspiratio addenda non est, quanto apud Latinos vocabula non sunt hac littera notata.

Varroni enim placet *r* litteram, si primo loco ponatur, non aspirari. Lector enim ipse, inquit, intelligere debet Rodum, tametsi *h* non habeat, Rhodum esse ; retorem esse rhetorem. Sed eadem observatio non necessaria est in *r* littera ; sunt enim verba primo loco *r* litteram habentia, non minus Latina quam Græca. Itaque merito auferemus aut amovebimus aspirationem a Roma, regina, rapa, Rodus.

Z in antiquis libellis modo scripta est, modo non ; sed pro illa duæ *ss* ponebantur, ut crotalizo crotalisso ; malacizo malacisso, et his similia. Sed viderint illi, qui cum verbis integris Græcorum uti non erubuerint, erubescendum crediderunt litteras Græcas intermiscere. Nobis satius est alieno bene uti, quam nostro [*ed.*, nostra apponere] ineleganter.

CAPUT II.
Ex Velio Longo ista deflorata sunt.

At, si conjunctio fuerit, per *t* scribendum est, ut est,

At te nocturnis juvat impallescere chartis.

Si præpositio, per *d*, ut est,

Fando aliquid si forte tuas pervenit ad aures.

Atque, item conjunctio composita, per *t* similiter scribenda est. Apud præpositio per *d* scribi debet ; sicut, ad patrem : quoniam veteres sæpe apud pro ad usi sunt ; et duabus ex eis mediis litteris sublatis, id est, *p* et *u*, ad remanet.

Item quit, per *t* scriptum, verbum est tertiæ personæ, cujus prima est queo, secunda quis, tertia quit : ex quibus componuntur nequeo, nequis, nequit, inquio, inquis, inquit. Per *d* autem adverbium : ut, quid faciat lætas segetes ; et quæ ex eo componuntur ; ut, quidquid, siquid, aliquid, nunquid, et his similia. Id, per *d* scriptum, pronomen est neutri generis, ab eo quod est, is, ea, id ; per *t* vero signatum, indicat verbum tertiæ personæ, ab eo quod est, eo, is, it. A arcubus; ab eo autem quod sunt arces, arcibus; et rursum ab eo quod sunt artus, id est membra, artubus; ab eo autem quod sunt artes, artibus.

Placet etiam Delmatiam scribamus, non Dalmatiam; quoniam a Delminio [ms., Delmino] maxima ejusdem provinciæ civitate tractum nomen existimatur.

Feriæ quoque, non fereæ scribendæ sunt: quia apud antiquos feriæ non fereæ dicebantur.

Actuarii et actarii, utrumque dicitur. Sed actuarii nominantur diversis actibus generaliter occupati; actarii vero scriptores tantum dicuntur actorum.

Item aliud est esse Cilonem, aliud Chilonem. Cilones vocantur homines angusti capitis et longi, et h aspirationem non habet: Chilones vero, cum h aspiratione scripti, a brevioribus labiis homines vocitantur; quod est a Græco vocabulo derivatum, παρὰ τὰ χείλη: unde Achillem quoque ferunt esse nominatum.

Conjux sine n putat Nisus artigraphus esse scribendum: quoniam in genitivo casu facit conjugis. Mihi autem videtur non evellendam exinde hanc litteram, qua sonus enuntiationis exprimitur. Nam quamvis asserat non esse onerandam supervacuis litteris dictionem, ego tamen non fraudandum sonum æstimo suis litteris, quibus integre et plenius [ed., integer et plenus] auribus intimatur.

CAPUT III.
Ex Curtio Valeriano ista collecta sunt.

Q littera tunc recte ponitur, cum eam statim u littera sequitur, juncta cum alia vocali vel vocalibus diphthongis, ita ut unam syllabam faciat, ut: Quirites, quæstio, quærite. Cætera vero per c scribi debent; ut, cujus, Cumæ, et reliqua hujusmodi. Cum, quando præpositio erit, per c scribitur; ut est illud:

Divisum imperium cum Jove Cæsar habet.

quando autem adverbium est, per q scribendum. Veteres enim quando, quum dixerunt; ut est: Quum navis ex Asia venerit: cæteraque hujusmodi adverbia similiter scribenda sunt; ut, quoquumque, ubiquumque.

Hujuscemodi per c litteram scribendum est; Antiqui enim pronominibus ce addebant; ut, hicce, illicce, isticce: unde subtracta eadem novissima littera, c relictum est; ut, hic, illic, istic; sed hoc in solo genitivo casu articularis pronominis, qui est hujusce, adhuc eadem syllaba ce integra manet.

Cur, alii per c scribendum putaverunt, dicentes non posse q litteram poni, ubi u esset sine alia vocali, secundum regulam supradictam; alii per q, eo quod originem trahat ab interrogativis adverbiis, quæ sunt, quando, quorsum. Usus autem obtinuit ut cur per c scribatur.

Partubus et partibus, arcubus et arcibus, artubus et artibus, veteres quidem indifferenter scripserunt: nos possumus observare, ut ab eo quod sunt partus, id est fetus, partubus scribamus; ab eo autem quod sunt partes, partibus. Itemque ab eo quod sunt arcus,

Tres litteræ sunt apud Græcos ζ, ξ, ψ; ex his in usum nostrum transtulimus z; item pro ξ, nos x utimur: ψ nullo modo transferri potuit, sed vis ipsius translata est in ps: ut quæ per ψ scribuntur, per ps scribamus. In cæteris casibus, aut in bis exeunt, aut in pis: ut, cæleps, cælibis; auceps, aucupis; cinips, ciniphis.

Divisionem præterea syllabarum ad b s, et p s pertinentem, hanc observabimus: quod ubicunque p s erunt, dividi non possunt; sed ad sequentem aut antecedentem syllabam applicabuntur, tanquam unius litteræ potestatem habeant: apstinui, aps, et tenui; apscessi, aps et cessi, apscondo, aps et condo. At ubi b s fuerint, dividantur necesse est; ut: obstupui, obstupeo, obsum, obstrepo. Præterea b s nunquam conjunctas invenies, non enim possunt facere syllabam, etsi primam quidem vocalem habeant: fallunt quasi ipsæ consonent; ut, trabs, quam dicimus trabem. Cæterum si ante vocalem ponantur, nullo modo enuntiationem capiunt: contra p s etiam præpositæ sic sonant, ut apud Græcos ψ.

Eamdem rationem puto observandam et in verbis quæ præterito tempore et futuro incertum est p an b habere debeant. Nam sicut in casibus nominum p littera in b commutatur, ut est cæleps, cælibis, ita in temporibus quoque verborum econtrario b in p commutatum videmus; ut scribo, scripsi, scripturus; labor, lapsus, lapsurus; nubo, nupsi, nuptura. Z in antiquis libris Latinorum scripta non est; sed pro illa, duo ss ponebantur, crotalizare, crotalissare. Sed viderint illi qui [ms., quod] cum verbis quibusdam integris Græcorum uti in Latina lingua non erubuerunt, erubescendum crediderunt litteras Græcas intermiscere. Nam satius est alienis bene uti quam nostra ineleganter apponere.

Præsto nos per o scribimus, veteres per u scripserunt; sed præsto dicendum est, ut, sedulo, et optato, et sortito. Inde et præstolari, non præstulari. Nec mirum est veteres u littera pro o usos, nam et o pro u usi sunt. Poblicum enim, quod nos publicum, et quod nos culpam, illi colpam dixerunt. Supter per p scribendum, non per b. Neglegere per g, non per c scribendum. Eutalium, Eupolim, et alia hujusmodi, quidam per y litteram putaverunt, eo quod Græca esse dicerent; sed apud nos y littera nunquam vocali conjungitur.

CAPUT IV.
Ex Papiriano [a] ista collecta sunt.

Æ syllaba, quam nunc in fine sermonis diphthongon scribimus, ut, cogitationes magnæ, apud antiquos per ai scribebatur, ut esset distantia genitivorum a dativis. Nam genitivo hanc divisionem dabant, ut non esset disyllabus similis dativo, sed trisylla-

---

[a] Hunc grammaticum præter cæteros advocat aliquando Priscianus.

bus inveniretur, ut, magnai, Asiai, aulai, rugai, ferai [*ms.*, frugiferai].

Reliquiæ et reliqui per *c* scribebantur : ut relicuus et vacuus, sic relicui et vacui; sic mortuus et mortui, strenuus, strenui; at nunc reliquiæ vel exsequiæ, per *q* scribuntur.

Cotidie, per *c* et *o* dicitur, ut scribitur, non per *q*; quia non a quoto die, sed a continenti die dictum est.

Haud, quando adverbium est negandi, *d* littera terminatur, et aspiratur in capite; quando autem conjunctio disjunctiva est, per *t* litteram sine aspiratione scribitur.

Malo per unum *l*, quod est magis volo. Malle, per duo *ll*, quod est magis velle. Nolo per unum *l*, est enim non volo. Nolle, per duo *ll*, quod est non velle. Primo querela apud antiquos per unum *l* scribebatur, sicut suadela, tutela, candela, corruptela : quamvis usus sibi etiam apud eos vindicaret, ut aliqua in figura diminutivorum per duo *ll* scriberentur : ut, capella, fabella, tabella. Nunc autem etiam querela per duo *l* scribitur.

Narare per unum *r* scribitur, ut Varroni placet, secutus est enim etymologiam nominis ejus, qua gnarus dicitur quis, qui scit et accepit quod loqui debeat. Denique compositio verbi ita scribitur, ignorare, quod non per duo *r*, sed per unum scribitur. Ideo et naratio unum *r* habere debet.

Quot, quando numerus est, per *t*; quando pronomen, per *d* scribendum est. Nam totidem per *t* scribitur, quia numerus est.

Quæcunque verba ab *s* littera incipiunt, si composita sint, ut ex præpositionem accipiant, servata *s* littera scribuntur : ut, specto, exspecto; salio, exsilio. At cætera verba quæ *s* in principio non habent, onerari non debent : æstimo, existimo; acuo, exacuo; agito, exagito.

Prendo dicimus et prehendo, ut hercle et hercule, nihil et nihili. Sed in his verbis, quæ aspirationem habere debent, hæc observari eatenus poterunt, quatenus consuetudo permiserit; sed tamen libellus nos evidenter docet, qui inferius de aspiratione scriptus est.

Traps ab eo quod dicitur trabis, et urps, per *p* debent scribi, licet Varro per *b* scribendum putet quod in reliquis casibus *b* habent. Sed etiam cum ψ littera Græca nullo modo transferri potuerit in usum nostrum, et vis ejus per *p* et *s* litteras transferri, necessarium est ut ubi ψ Græcum sonat apud nos (quod vitari non potest) per has litteras scribatur, id est *p s*, licet in obliquis casibus *b* habeant : ut, cæleps cælibis, urps urbis; item in aliis ipsam retineat : ut, auceps aucupis. Unde apparet in his casibus mutare nos debere *p* et *b*, in quibus se etiam ambæ consequuntur, interposita vocali. Hanc etiam regulam sequitur in φ, quæ et ipsa per *p* et *h* constat : ut, cinips, 610 ciniphis, quæ in nominativo casu *p* et *s*, in aliis casibus per *p* et *h* scribitur.

Quicquam, in medio per *c*, non per *d*, scribi debet.

In compositione enim plerumque *d* in *c* commutatur, ut in præpositionibus, accedo, accumulo.

Formosus sine *n*, secunda syllaba scribendum est, ut, arenosus, frondosus, aquosus, herbosus; participia vero habent *n*, ut tonsus, tunsus, mensus, pransus. Antiquorum nulla observantia fuit, cum *n*, an sine *n* scriberent, illi enim totus, tusus, prasus plerumque scribebant.

Y Græcum nos in quibusdam in *u* convertimus, ut Cymas, Cumas, cyminum, cuminum; in quibusdam non vertimus, ut, Syria, Cyriacus, symbolum, sycophanta.

Forfices secundum etymologiam debemus dicere et scribere : ut si a filo dicamus, *f* debeamus ponere, ut forfices, quæ sunt sartorum; et si a pilo, per *p*, ut forpices, quæ sunt tonsorum; si a capiendo, per *c*, ut forcices, eo quod formum capiant, quæ sunt fabrorum; formum enim dixerunt antiqui calidum, unde est formosus.

Vulgus, vultum, parvum, torvum, sunt qui putant per duo *u* scribi non debere : quod similis vocalis vocali adjuncta, non solum non cohæreat, sed etiam syllabam augeat, ut est vacuus, ingenuus, occiduus, exiguus, perspicuus, et in verbis, metuunt, tribuunt, statuunt. Sed Velius Longus per rationem præsumptam decipi eos putat, quod primitivus, et adoptivus, et nominativus, et alia per *u* et *o* scribantur. Nam aliter scribere, et aliter pronuntiare vecordis est. Cum enim per *o* scribant, per *u* enuntiant. Præterea qui contra sentiunt, non respexerunt unum *u* toties consonantis vim habere, quoties pro consonante ponitur, quod apud Græcos digammon vocatur : ac sic fieri, ut nominativus duas quidem *u* litteras habeat, sed priorem pro consonante, posteriorem pro vocali scilicet positam. Sic et Donatus dicit, quoties *u* et *i*, seu sibi, seu aliis vocalibus præponuntur, loco habendas esse consonantium. Hiemps, ut Cæcilio [*ms.*, Sellio] videtur, *p* habere propter *m* litteram non debet, quod satis sine ea littera *m* sonet; vel quod per omnes casus ne vestigium quidem illius appareat. Sumpsi autem quæritur an possit sine *p* littera, ut hiemps sonare : sed quia et in alia declinatione *p* respondit, cum dicimus sumptus, sumpturus, necessario per *p* scribi debet.

A, et ab, et abs, et au præpositiones unius generis sunt : velut cum dicimus, a me, ab illo, abstuli, aufugi. Sed observandum, ut tunc ab præpositio jungitur, quoties parti cuilibet orationis conjungitur, quæ vocali incipiat, ne dictio multis consonantibus oneretur. Si vero a consonante pars aliqua, cui præponitur incipiat, non est ponenda ab præpositio, sed a solum; ut, a fratre, a vicino, ab homine, ab urbe. Abs vero apud nos nominibus, cum quibus in compositione [*ms.* conclusione] venit, respuenda est; ut est, ab urbe venio, non abs urbe venio. Nam in compositione non est evitanda, ut abscondo, abstineo. Au quoque his præponenda est, quæ a consonantibus incipiunt.

In præpositio si composita sit, et *p*, aut *b*, vel *m*, sequatur, *n* in *m* convertit; ut improbus, imbuit, immutat. Quoties vero *g* illam sequitur, *n* amittit; ut, **ignarus**, **ignotus**, nam **gnarus** et **gnotus** simplices sunt.

Ad præpositio interdum retinet *d* litteram; ut, **adfert, adfuit**; interdum variat, ut, **ammonet, ammiciculum**. Plerumque evenit, ut consonantes quædam **verborum** aut vocabulorum conjunctæ huic præpositioni, mutentur; quando autem fiat, quando non, sono internoscemus. Accedo duo *cc*, attuli duo *tt*, ut, assiduus duo *ss*, appareo duo *pp*, alligo duo *ll*, annuo duo *nn*. Est etiam ubi necesse est hanc litteram interire, id est, *d*, ut, aspiro, aspicio; nulla enim consonans per *d* intercedit, sed omnino *d* deperit.

Ex præpositio sequentibus *b, d, g, l, m, n*, litteris, et *u* et *i*, cum pro consonantibus sunt, *x* litteram amittit, ut, ebibit, edidit, egessit, elusit, emicuit, enarravit; sequente vero *f*, nostra consuetudine in eamdem litteram mutat, ut effundo.

Ob præpositio interdum ponitur plena, ut est, obire, oberrare; interdum in eamdem litteram transit, a qua sequens sermo incipit, ut offulsit, ommutuit, opposuit; sequente vero *u*, loco consonantis posita, integra custoditur, ut, obversus, obvius.

Sub præpositio, ut superior, interdum *b* litteram servat, ut, subire, subesse, subauscultare; interdum mutat in eamdem litteram a qua sequens inchoat verbum, ut suflicit, suffigit, summovit, subministrat, supponit, supprimit, suggerit; sequente *r* littera integra manet, ut, subrado, subremigo, subrideo, nec unquam sequente *r* littera corrumpitur.

B in *s* mutatur, sequentibus *t* et *c*, ut, sustulit, suscepit.

De præpositio aut plena in compositionibus ponitur, ut deducere, demonstrare, detrudere; aut correptione *e* litteræ corrumpitur, ut, deorsum. Nam quando in *i* litteram transit, ut est:

Aera dimovit tenebrosum, et dispulit umbras,

non est a præpositione de, sed dis, ut, distraho, dispereo.

Dis præpositio sequentem litteram *s* non amittit, ut, **dispicio**: sequentibus vero *b, d, g, l, m, n, r*, amittit, ut, dibucinat, diducit, digerit, dilacerat, dimovet, dinoscit, diripit. Interdum *s* littera, sequente *r*, in eamdem litteram mutatur, ut, dirumpo; sequente *f*, consuetudine in eamdem mutat litteram, ut diffundo.

Re præpositio non tantum plena præponitur quibusdam partibus orationis, ut, removet, refricat, respirat; sed et *d* litteram assumit, ut est, redire, redolere. Sed interdum *d* littera geminatur, quoties ab eadem littera sequens incipit syllaba, et una pars orationis expletur, ut, reddere dicimus, geminata *d*; reducere autem simplici utimur.

Trans præpositio interdum plena est, ut, transtulit, transactum, transeo, transitus: interdum minuitur, ut, trajicit, traducit.

Sine præpositio interdum assumptione litteræ *d* corrumpitur, ut, seditio, sedulo.

Pro præpositio, cum sit naturaliter longa, interdum in compositione corrumpitur, partim correptione, ut, proavus; partim assumptione litteræ *d*, ut, prodest, proditus, prodigus; interdum integra est et ipsa, et pars cui conjungitur, ut, procuro. Sequentibus *i* et *u*, cum pro **611** consonantibus sunt, nonnunquam litteram perdit, aut mutat, ut, providens; aut adsumit, aut corripitur, ut, profertur.

Circum præpositio, sequentibus vocalibus, *m* litteram in enuntiatione amittit, in scriptura servat; sed cum *i* et *u* vocales loco consonantium positæ sequuntur, et scribitur, et enuntiatur: ut, circumvenit, circumjacet.

Ante præpositio interdum integra manet, ut anteactum, antevenit, antecedit; interdum mutatione in *i* litteram corrumpitur, ut, antistat, anticipat.

Inter præpositio in una voce sequente *l* littera, *r* in eamdem mutat, ut, intellego; cæteris litteris sequentibus vocalibus, pro voce integra manet, ut, interius.

Cujus, et cui pronomina per *q* scribebantur, nos autem et ad brevitatem festinavimus scribendi, et illam pinguedinem limare maluimus.

Accerso per *c*, et arcesso per *r*; sed accerso significat advoco; arcesso, repello, prohibeo.

Coqui, Gratus artigraphus per *c* primam syllabam, secundam per *q* scribendam putavit; non enim dicimus cocere, sed coquere; ut Virgilius,

Apricis coquitur vindemia saxis.

V littera in quibusdam partibus orationis vitiose inseritur, ut in eo quod est urguere; urgere enim dicimus, non urguere. Virgil. Urgentur pœnis, sine *u* positum est. Et illud,

Ungere tela manu, ferrumque armare veneno.

Nam quominus unguo debeat dici, evidenter apparet: quod nullum verbum est *vo* terminatum, sive junctim, sive solute, ut non eamdem *u* servet in præterito; ut, volvo, volvi; eruo, erui. Ungo vero, non ungui, sed unxi facit: quomodo pingo, pinxi; et tamen non utique nomini quod hinc fingitur, sic insertam videmus *u* litteram, ut evelli non possit, sicut apud eumdem Virgilium, Et pingues unguine tædas; et in consuetudine usurpatum unguentum dicitur: quod tamen sine *u* debet scribi.

Leprosi, a pruritu nimio ipsius scabiei dicti sunt, et ideo per *p* scribi debent.

Mille numerus, a quibusdam per unum *l* scribitur, quod milia dicimus, non millia; alii melius per duo *ll* existimant scribendum.

CAPUT V.

Ex Adamantio Martyrio de u et b.

Va syllaba præfulgens in capite nominis per *u* vocalem loco positam consonantis scribetur, quoniam apud Latinos hæc littera plus valet quam *b* muta, quia et vocalis est: et dum crassiorem exprimit sonum, transit in consonantium potestatem: ut vates, vanus, vagus, validus, vacuus: exceptis basio, balineo et baculo, a quo bacillus nascitur diminutivus. Illa quoque nomina, quorum secunda syllaba in *a* litteram desinit, per *b* mutam scribentur; ut, balathro ἄσωτος, balatus βληχηθμός, baratrum, barbarus, ac talia.

Ve correpta, nominis principium obsidens, u digammon similiter habebit in scriptura; ut, venenum, vena, verecundus, venerabilis, vetus, vehemens, vehiculum : ita tamen, si non ab adverbio, quod est bene, compositionem habuerint nomina. Hæc namque per *b* mutam notabuntur, eo quod adverbium bene per *b* mutam scribi ratio regularis compellit hac de causa, quia constat quædam adverbia a nomine venire; et si nominis dativus casus singularis in *o* desinat, ultima *o* littera in *e* tam brevem quam longam conversa facit adverbium; ut, doctus, docti, docto, docte; malus, mali, malo, male. Ergo et bonus, boni, bono, bone debuit facere. Sed ne vocativus casus non adverbium putetur; ut est, o bone vir, visum est etiam penultimam *o* litteram in *e* convertere, ut hoc adverbium, illud nomen indicet. Igitur a bono factum est adverbium bene. Bonum vero per hanc litteram significari monstrabunt sequentia. Itaque si ab adverbio, quod est bene, composita fuerint nomina, per *b* mutam scribuntur : ut, benignus, benevolus, beneficus, duntaxat a benefaciendo; nam a veneno per *u* scribi nullus ignorat.

Meminerimus tamen beatum a superiore abhorrere regula, quod primam syllabam nulla sequitur consonans. Et quoniam huic opponitur regulæ vehemens, et vehiculum, admonemus hoc facere aspirationem, ut in multis; hic quoque *u* prælatam videmus, quam poni pro consonante possibile est.

Væ diphthongus sive sola est; ut, væ misero mihi, sive cum nomine componit usus; ut væsanus per *u* digammon scribitur.

Ve producta, similiter in capite nominis constituta, siquidem masculini vel neutri generis erunt nomina, in quibus hæc præposita syllaba per *u* vocalem pro consonante signabitur; ut, venator, velum, verum, venabulum. Si vero erunt feminina tantummodo, quorum origo a masculino genere venire non cernitur, per *b* mutam scribentur; ut, besica, belua, bestia : ita tamen, si non duarum fuerint syllabarum, nam mutabunt scripturam : ut, vena, vespa, et his similia. His quoque opponitur beta, quam Græci σεῦτλον appellant : quoniam in Græco idem genus observari non potuit.

Præterea quærimus cur veritas, et feminini generis existens, et superans disyllaborum mensuram [ed., naturam], per *u*, non per *b* scribatur. Sed dicimus, quod non est primæ nomen positionis, sed descendit a mobili genere; est enim verus, vera, verum, ex quo nascitur appellativum, veritas; et ideo primiformis sui regulam necessario defendit. Simili modo et venatrix masculini sui originem sequitur.

Vi longa, vel brevis, nomini præbens initium, si a numero bis, id est secundo, composita fuerit, per *b* mutam scribetur; discretionis enim gratia, bis numerus per hanc litteram scribitur, ut separetur a nomine monosyllabo, quod est vis, et necessitatem significat; veluti, biceps, bilinguis, biformis, bipatens, biennium, bimum, biga, biduum, bicolor, bipennis, bijugum, ac talia. Si autem pura remaneant numero, *u* traductam in consonantium potestatem habebunt positam; ut, victor, vinum, vitis, victus, vinitor, vita, vidua, vipera, viator, vilisator; præter bitumen, quod neutri generis consistens, numerum disyllaborum excessit. Bile etiam discretionis causa dicitur. Nam si fel significat, per *b* mutam; si abjectum aliquid, ac parvi pretii, per *u* scribetur. Bibula autem a verbo, quod est bibo, traducitur, cujus postea regulas dabimus.

Vo brevis, vel producta, servans principium nominis, per *u* litteram, vocalis amissa potestate, scribetur; ut, voluntas, vorago, vocabulum, vomitus, votum : bono tantummodo regulam superante, eo quod in tria genera dispertitum sit, cum prædictorum nihil figuram mobilium recipiat.

Bu, seu producta, seu correpta fuerit, præpositam *b* mutam habebit; ut, buxus, buffo, bustum, buccina, bucula, et hujuscemodi omnia; nullo enim modo poterat ipsa sibi *u* littera præponi, non conjuncta etiam aliæ consonanti in prima syllaba : cum tamen dissimilis continuo littera fuerit subsecuta; ut, vultus, vulgus, Vulcanus, per *u* digammon scribentur. Nam si prima syllaba desinat in consonantem, ex qua etiam secunda incipiat, *b* mutam retinet in scriptura; ut, bucca, bulla et similia.

Vac syllaba, quoties præposita fuerit, *u* vocalem habet pro consonante; ut, vacca, id est, jumentum; vaccinium, scilicet flos. Nam Bacchus, et bacha, bacchar, per *b* scribenda sunt.

Bec et bic, syllabas cognovi deficere.

Boc, unum barbarum didici, ut est, Bocchos, quod *b* mutam habere cognovi in scriptqra. Et sciendum quod nomina peregrina, si trahantur ad Latinum sermonem, *b* mutam sibi plerumque defendunt. Ideo autem diximus plerumque, quia sunt quæ Latinis regulis serviunt; ut, Massiva; hoc enim nomen, licet barbarum esse constet, tamen regulam Latinam in scriptura conservat, quam suus locus monstrabit.

Buc syllabam in uno reperi solummodo nomine, hoc est bucca, quod per *b* mutam scribitur.

Val, prima syllaba, si quidem *l* littera fuerit consecuta, per *u* scribetur; ut valles, et vallum; nam balæna et ballistra per *b* scribenda sunt. Si vero *l* non sequatur littera, per *b* mutam signabitur; ut, balteus, balbus, balvæ, id est januæ : præter adverbium valde, eo quod per detractionem *i* litteræ, dictum esse non dubium est; valide enim integra dictio consistit, ut arbitror : et hoc namque evenit de nomine; facit enim validus, validi, valido : ergo valide adverbium facere debet. Unde si voluerimus incorruptam emittere dictionem, primæ syllabarum subjaceat regulæ.

Vel syllaba, si quidem sola permaneat, erit conjunctio disjunctiva, quæ per *v* omnifariam scribetur : si vero caput fuerit nominis, *b* mutam habeat in scriptura; ut, bellum, bellissimum, et bellaria : præter vellus, discretionis gratia. Nam si per *u* vellus scribatur, genere neutro ac declinatione tertia nuncupetur, ut lanam significet, hoc vellus enim hujus velleris facit; si autem per *b* mutam notetur, genere masculino ac declinatione secunda declinabitur, ut scitum denuntiet: hic enim bellus, hujus belli, id est, scitus, vel jocosus, per casus declinabitur.

Vil syllaba, si fuerit antecedens, *u* vocalem habebit pro consonante, ut, villus vestimenti; villa, id est possessio.

Bam etiam vocalibus aliis intervenientibus in prima syllaba nullius nominis enuntiari cognovi: nisi in glossematibus, bammum, ὀξυτάριον, atque bambalo, ψελλιστής: quæ per *b* mutam scribuntur.

Van, et ven, et vin, syllabæ, *u* vocalem habebunt pro consonante, ut, vannus, ventus, vindicta.

Vap, præfinita syllaba, *u* vocalem habebit pro consonante; ut, vappa, ὑδαρής. Alias vocales inter *u* et *p* collocatas inveni deficere.

Ban, cum incipit syllaba, *b* mutam habebit positam; ut, barrus ἐλέφας, bardus ἀναίσθητος, bargus ἀφυής, barba. Excipitur nomen proprium Varro tantummodo.

Ver et Vir, syllabæ longæ vel breves, *u* vocalem loco positam consonantis habebunt; ut, vertex, virgiliæ, πλειάδες, verbum, virus, virga, virgo, virtus, virbius. Excipitur ab hac regula tantummodo berna, quod nomen licet ego invenerim per *u* scriptum, tamen quia illustris memoriæ audivi Mennonium, hominem omnis facundiæ judicem, se dicentem de hoc reprehensum a Romano quodam disertissimo, quod per hanc enuntiaverit litteram: nos quoque notamus ac tentamus rationem reddere, quasi diversitatis causa: si enim berna, domi genitum significet, id est οἰκογενής, commune est duum generum secundum veteres, trium vero secundum meam sententiam; et per *b* mutam scribetur. Si vero temporale quoddam denuntiet, erit mobile; a vere namque vernus, verna, vernum fit, ut si quis dicat, vernus sol, verna hirundo, vernum tempus; et *u*, sicut prototypon ejus, in scriptura tenebit. His ita se habentibus, possumus etiam intelligere bernam dictum esse eum qui in bonis hæreditariis natus est. Bona vero per *b* litteram scribi supradicta ratio demonstrat.

Vor syllabam neque brevem neque longam in Latino sermone, ulli inveni præpositam nomini, nisi vortex, pro eo quod est vertex; sicuti volnus antiquos figurasse meminimus.

Bur similiter cognovi deficere, præter hoc quod in proprio dicimus nomine, id est burra; quod etiam per *b* mutam scriptum esse secundum regulam novimus in supradictis expositam.

Bes longam similiter nomen monosyllabum reperi; significat autem uncias octo; quod *b* mutam tenere consuetudo tradidit in scriptura, brevem invenire non potui. Nam vesper, vestis, ac similia, licet per *u* vocalem pro consonante scribantur, tamen juxta rationem supradictam, ubi fecimus *bes* longam, debent per *v* scribi: quoniam *s* littera sequenti syllabæ sine dubio jungitur.

Vos, si pronomen fuerit, in monosyllaba per *u* litteram scribitur; cum vero disyllabum fuerit, id est vobis, prima syllaba per *v*, secunda per *b* scribetur, quando autem jumenti nomen invenitur, ut est, Procumbit humi bos, *b* mutam habebit in monosyllabo nominativi et vocativi casus. Cum vero per alios casus cœperit geminari, in prima syllaba *b* continet, in secunda *u*; ut, bovis, bovi, bovem, a bove, sicut in supradicto pronomine variatis contrario litteris constat effectum.

Bat, in uno tantum reperi nomine generis neutri, pluraliter enuntiatio, id est battualia, quæ vulgo battalia dicuntur, quæ *b* mutam habere cognovimus, exercitationes autem militum vel gladiatorum significant: inde etiam battuatores τοὺς βασανιστάς, dici puto.

Vit, per *u* scribitur; ut, vita, vix et vox, monosyllabas didici tantummodo quæ per *u* litteram scribantur. Alias vocales *x* quidem litteræ antepositas, *b* autem litteræ cohærentes, Latina nescit omnino facundia.

CAPUT VI.

De mediis syllabis ejusdem Adamantii Martyrii.

De syllabis in capitibus nominum positis (quantum potuimus) sine prætermissione tractavimus. Notum enim omnibus esse credo quia necesse est *b* litteram syllabæ præpositam, si consonans fuerit consecuta in quacunque dictione, eam sine dubio scribi; ut blandus, gibbus, κυρτὸς, braveium, latebræ, tenebræ, atque omnia talia. Nunc rationabiliter mediæ syllabæ nostrum sortientur laborem.

Va syllaba, in medio nominis posita, per *u* scribetur; ut avarus, calvare, præter carbasum, quod nomen Græcum magis quam Latinum arbitror. Ambages enim per *b* mutam notatur: aut quod præposita est *m* littera, aut quod ex duobus corruptis nomen arbitramur compositum, quasi amboactæ; unde dicitur etiam ambire. Ergo composita vel appellativa, vel traductitia, sive factitia, id est quæ ex aliis facta sunt, notare debemus, ut sequantur prototypa, id est pr:mas positiones, ut novus, novalis, rivus, rivalis; et derivativa ab Alba, Albanus; a silva, silvanus; a privo, privatum; a libo, libatum vel illibatum.

Ve correpta, sive sola fuerit, sive adjuncta consonanti, per *u* vocalem, loco positam consonantis notetur; ut, juvenis, alveus, fovea, advena, juvencus, caverna, noverca, et adversus præpositio, præter trabeam. Gubernator enim, licet per *b* mutam scribatur, tamen hoc nomen arbitror a guberno verbo figuratum consistere; cujus regulas postea meditabimur, cum ad tractatum *b* litteræ trifariam in nomine positæ venerimus: ita tamen, si non diminutiva nomina vel derivativa fuerint. Illa enim (sicut superius diximus) prototypa sua sequentur; ut, liber, libertus, libellus; vel imber, hibernus; flabrum, flabellum; tabula, tabella; taberna, tabernaculum; bellator, imbellis vel imbecillis; fabula, fabella; quæ omnia per *b* mutam, ceu primiformia, scribentur certissime.

Be producta per *b* mutam omnifariam scribetur;

DE ORTHOGRAPHIA.

ut, verbena, rubeta, ambesum, habena. Excipitur avena, quæ significat tibiam, vel stipulam, discretionis gratia. Nam severus, quia a sævo venit, posteritatis causa, ve syllabæ consequitur regulam.

Vi brevis, per *u* vocalem, habentem vim consonantis, scribetur ; ut, Favius, Flavius, avidus, fluvius, civitas, favilla, provincia, exuviæ, manuviæ, oblivium, diluvium, suavium, lividum, simpuvium, εἶδος σκεύους ἱερατικοῦ ; præter obitum nomen, et subito atque obiter adverbia : quæ ob, et sub, ut pote præpositiones, antiquos puto in scriptura servasse, *b* litteram non mediæ, sed primæ adjungentes syllabæ. Virbius est abstractus a regula, quoniam virum bis factum esse memorant : quem numerum per *b* mutam scribi antedicta declarant ; quidam virum bonum ; alii vero virbium, tanquam sit ἥρως αἰσθεδιακῶς ; alii deum esse qui viribus præest, interpretantur. Præterea notatur ambiguus, namque *m* semivocali præposita in una eademque dictione, nunquam *u* littera pro consonante sequitur. Huic opponitur quamvis ; sed hoc videtur esse compositum, cum posterior vis syllaba subjungitur plurimis : ut quovis, quorumvis, utrumvis, ac talia.

Observandum tamen, ne *es* pura syllaba terminaverit nomina. Si enim fuerint ita enuntiata, per *b* mutam mediæ syllabæ sine dubio scribentur, ut abies, scabies, rabies ; at hæc quoque species bipertita consistit. Nam si trisyllaborum majorem habuerit numerum, per *u* necessario notabitur ; ut, illuvies, proluvies, ingluvies, subluvies.

Lis syllaba terminata per *b* mutam scribi compulit nomina ; ut, nobilis, mobilis, laudabilis, mirabilis, debilis, habilis, effabilis : exceptis servili, civili et ovile, quæ a servo, a cive, atque ove, et a vis syllaba posteritatis deducunt originem, cujus postea regulas meditabimur. Licet enim habitus, excubiæ, probitas, arbitrium, dubium, ac talia, per *b* mutam scribantur, tamen hac de causa fit, quoniam a verbis figurata consistunt. Et sciendum quod quæcunque nomina cum verbis habent societatem, verborum regulis, quas postea loco suo dederimus, ipsa quoque necessario subjacebunt.

Bi, longa, si penultima fuerit, per *b* mutam scribetur ; ut libido, rubigo, tibicen, ambitus, concubina, cubile. Sed hoc etiam manifestamus, quod harum quædam in transfiguratione corripiuntur, ut, tubicen, tibia, cubile, cubitus, vel connubium : quæ licet vim longarum amiserint, tamen eamdem scripturam et in derivationibus desiderant custodire. Sciendum præterea quia si in compositis nominibus, in penultima, vel in antepenultima sede, vi longa inciderit syllaba, per *u* vocalem pro consonante scribetur, ut, invitus, divigenus, Lavinia, privilegium, ac talia. Privignum etiam huic regulæ inservire non dubito, quod per detractionem *e* litteræ dici puto : privigenum enim integram magis esse dictionem noster animus arbitratur.

Admonemus quoque quod in derivativis hic etiam, sicut ubique, spectavimus primiformium regulas, ut, cervix, cervicale ; pulvis, pulvinarium : quas a posteritate syllabæ venientes paulo post retegemus. Hanc regularum divisionem confirmat scriptura convivii ; nam dissimili tempore vivii syllabæ constitutæ notantur similiter ; quia prior, id est antepenultima longa est ; et speciem regulæ meruit paulo ante memoratæ, ubi meminimus vi longam in antepenultima sede constitutam, per *u* vocalem habentem vim consonantis necessario scribi : manens altera brevis, supradictæ serviet regulæ, ubi diximus, vi brevem in medio nominis positam, per *u* vocalem notari. Regulam ego absurde non arbitror esse divisam.

Vo syllaba, longa vel brevis, in medio nominis posita, per *u* scribetur ; ut, advocatus, frivolus, devotus, Favonium, divortium. Abortu et subole, regulam propter præpositiones (ut puto) negantibus.

Bu syllaba per *b* mutam notetur certissime ; ut, tribunal, robustus, vocabulum, stabulum, ebulum, vestibulum, cunabulum, moribundus, furibundus, atque omnia talia. Avunculo tamen minus regulæ connumerato ; ideoque formam diminutivi vel derivativi servare minime dubitatur, et quasi venire ab avo demonstratur. Avum vero per *u* digammon scribi suus locus monstravit. Hæc de mediis syllabis.

CAPUT VII.

Item ejusdem Martyrii de ultimis syllabis.

Reliquum est ultimis nominum syllabis imponere studium.

Va syllaba nominis terminata, siquidem *l* antelata littera, vel vocalis natura longa, in penultima fuerit, per *u* scribetur : silva, malva, ulva, vulva, clava, uva, stiva, oliva, saliva : præter balbas, si tamen prior syllaba per *b* mutam scriberetur, discretionis gratia ; ideo ne non fores, sed ineffabile vocis denuntiet. Nam si per *b* mutam enuntias, θύρας, ἢ τὸν πυλῶνα ἀμφίθυρον, significabit, per *u* digammon ultima scilicet syllaba, de qua et nunc loquimur, scribetur. Tavellas significat. Persius : Balva de nare locutus ; si vero hæc, id est *l*, non præfulgeat littera, et una vocalis natura longa non erit penultima, *b* muta decenter in scriptura tenebit locum : ita tamen, si non a masculino genere nomina fuerint figurata ; ut herba, tuba, turba, larba, δαιμόνιον, barba, obba, ποτήριον, gleba, pronuba, orba. Excipiuntur caterva, Minerva, quæ disyllaborum hujus regulæ superant numerum, habent longam positione penultimam.

Ve syllaba correpta, per *u* sine dubio scribetur, sive a se oriantur nomina, seu ab aliis veniant ; ut conclave, suave, sive, quidve, atque his similia.

Bi non inveni terminatam, nisi in pronominibus dativi casus et in adverbiis, quæ per *b* mutam omnifariam scribuntur, ut, tibi, sibi, ubi, ibi, et in pluralibus, nobis, vobis. Et semel sciendum quod quæcunque nomina, sive pronomina in dativo casu singulari vel plurali *b* litteram habeant, in alio casu penitus eadem non fulgente littera per *b* mutam scribentur ; ut, omnibus, similibus, pluribus, ac talia.

Bo syllaba definita, per *b* mutam scribetur, ut turbo, orbo, bubo, et tabo; licet per ablativum casum enuntietur: excepto pavone solummodo.

Bal syllaba terminata per *b* mutam scribentur, quæ in barbaris nominibus aut Latinis nos novimus invenisse, ut, Hannibal, Hasdrubal. Alias vocales inter *b* et *l* collocatas reperire non potui.

Bam et bem syllabas, cum aliis vocalibus in nominativo casu a Latino sermone abhorrere cognovimus, excepto novem; significat autem indeclinabilem numerum, qui per *u* scribitur; notatis etiam quibusdam neutralibus, quæ postmodum aliis subjiciemus generibus.

Bar et ber, syllabæ terminatæ, per *b* mutam scribentur, si disyllaborum non egrediantur numerum, quorum naturaliter longa minime carebit penultima, id est, si non fuerit trisyllaba, quæ naturalem longam non habebit penultimam, ut, jubar, liber, imber, uber, faber, suber, Calaber, Mulciber. Si enim trisyllaba fuerint neutri generis, quæ longam penultimam naturaliter habebunt, per *u* vocalem loco positam consonantis notabuntur, ut, cadaver, papaver, et similia. Nam pulver, licet sit disyllabum, tamen antiqui duplicem nominativum enuntiare maluerunt; non solum enim pulver, sed etiam pulvis dixerunt; hac de causa per *u* scribitur.

Vir per *u* vocalem vim consonantis habentem scribitur; ut, Semivir, Triumvir, licet composita, non simplicia sint.

Vor, per *u* notetur, ut, livor, et Mavors (si tamen hoc nomen in hac parte poni necessarium ducimus, quidam enim non solum Mars, sed etiam Mavors, unde et Mavortia dici volunt), excepto arbore, quia nuncupatur et arbos, quæ per *b* mutam scribi docuit consuetudo. Nam labor, favor, fervor, pavor, ex verbo figurata, verbi quoque non abnegant regulam.

Bur, syllaba terminata, *b* mutam in scriptura tenebunt, ut ebur, robur.

Ves brevis definitaque syllaba per *u* vocalem pro consonante scribitur, ut, dives.

Bes longa cum fuerint terminata, *b* mutam tenebunt in scriptura, ut, labes, tabes, pubes, nubes: quamvis nubis quidam nominativum enuntiare maluerunt.

Vis per *u* vocalem loco positam consonantis scribitur, ut, civis, nivis, clavis gravis, pulvis, suavis. Licet enim scrobis et orbis per *b* mutam scribantur, hoc tamen hac de causa, quoniam quidam nominativum singularem sine *i* littera enuntiare voluerunt.

Bos per *b* mutam, ut arbos, sicut superius meminisse cognoscimus.

Bus siquidem masculini generis tantum nomina fuerint, per *b* mutam scribentur, ut, cibus, nebus, morbus, rubus, globus, nimbus, lembus, lumbus; nervo notato solummodo, quia si illi *e* longa fuerit præposita, faciet verbum. Enervo enim ἐκνευρίζω, positio verbi dicitur; cujus rationem, cum de verbo locuti fuerimus, maturabimus reddere.

Observabimus tamen, si disyllaborum non egressa fuerint numerum, aut penultimam ex una vocali naturaliter longam minus habeant, non mutabunt scripturam; ut, rivus, clivus, acervus, nominativus et cæteri. Sed quia corœbus supergreditur numerum disyllaborum, per *b* mutam notatur. Sciendum autem quod ideo hanc litteram tenuit in scriptura, vel quia peregrinum nomen, minimeque Latinum existit; vel quod penultimam longam non ex una vocali, sed ex diphthongo meruit. Si vero mobilia vel promiscua fuerint, per *u* vocalem loco positam consonantis scribentur, ut, novus, nova, novum; sævus, sæva, sævum; cervus, cerva; curvus, curva, curvum; torvus, torva, torvum; et clavus, clava, licet aliam per genera significationem suscipiant; avus, ava; cervus, cerva; flavus, flava: quam similiter alter intellectus sequitur, nisi femininum discretionis gratia per *b* mutam voluerimus scribere: calvus, calva, et corvus, promiscuum: et hic et hæc clavus alterum per genus significans. Orbo, gibbo, probo, subductis a regula, et albo discretionis gratia; nam cum ventrem significat, per digammon *u*, cum colorem, per *b* mutam scribetur certissime.

Sciendum similiter quod hic quoque disyllaborum superantia numerum, eamdem scripturam retineant; ut superbus, superba, superbum; acerbus, acerba, acerbum; et palumbus, promiscue, licet Virgilius feminino genere extulerit,

Nec tamen interea raucæ tua cura palumbæ.

Excipitur protervus; nam lascivus per *u* scribitur, quoniam longam naturaliter penultimam tenuit.

Et sciendum quod, sive erunt disyllaba, sive hunc **615** ampliaverint numerum, sive unius, sive trium generum fuerint, si secundam ab ultima longam habeant, omnia per *u* vocalem pro consonante scribentur, ut, rivus, clivus, flavus, positivus, comparativus, et alia.

Meminerimus tamen quod mobilium nominum feminina, neutraque genera, similem masculinorum suorum scripturam suscipiunt, ut, flavus, flava, flavum; albus, alba, album, ac talia. Sed non omnia in bus desinentia existunt mobilia, sicut in principio hujus regulæ genera dividentes nos disseruisse meminimus; quædam enim masculini generis inveniuntur solummodo, ut, cibus, nimbus; quædam masculini et feminini, ut, cervus, cerva; quædam neutra, ut, ævum.

Sciendumque est quod neutra, quæ a posteritatibus syllabæ non veniunt, per *u* digammon scribentur, ut, ovum, arvum, hervum: excepto libo, id est ποπάνῳ. Verbi enim ultima syllaba per *b* mutam scribitur hac de causa, quod a verbere dictum esse veteres existimarunt, cujus rationem in antelatis tradidisse cognoscimur.

Vax, et vex, et vix, unum tantummodo nomen per unamquamque syllabam reperi terminatum, ut, vivax, vibex, vervex, cervix, quorum mediam per *b* mutam; quæ vero utrinque vel extrinsecus sunt, semper per u significari cognovimus. Reliquas ab his consonantibus insertas vocales Latinum minus accipit [ms., abscidit] eloquium. Ea vero quorum solutio superius compromissa est, in tractatu sequenti de b littera trifariam in nomine posita, congrua declinatione patefient.

CAPUT VIII.
Ejusdem Adamantii Martyrii de b littera trifariam in nomine posita.

De b littera trifariam in nomine posita, quantum possibilitatis fuerit, sufficienter (ut puto) tractavimus. Ab expositis enim recte jam intelligere possumus, si quid eveniet dictorum contrarium. Ibi namque considerare debebimus, ne aliquod dissimile fuerit, vel genere, vel numero syllabarum, vel temporum significatione, vel si ex alia parte orationis descenderint: quæ observantes, minus (ut reor) errabimus. Restat nos de b littera, quæ similiter in verbis etiam invenitur, tractare, plenam imponentes (ut puto) laboris rationem. Nam si ex nomine verboque oratio perfecta componitur, hanc quoque partem et immeditatam relinquere non necessarium, et supra eam laborare non supervacuum judico. De hac igitur parte regulas, quantum possumus, breviter meditemur. Indicativi modi primam inspicientes personam, verbi scilicet activi, vel etiam neutri; sicut enim activum, sic et passivum scribetur. Nam in communibus et deponentibus nullam invenire potui quæstionem; ex datis enim in nomine regulis, exponendisque, quæ in verbo inveniuntur, judicabuntur facilius. Primæ autem syllabæ personæ similem formam sequentes, retinere non dubium est; et quæ omnia prima syllaba verborum in communibus aut deponentibus habet. Media quoque per u vocalem loco positam consonantis scribitur: excepto bajulo, bullio, etiam juxta eam quam in prima nominum syllaba dedimus rationem. Bibo quoque propter discretionem, a vita per u, a potu per b scribendum est; et abeo, id est, discedo, obeo, circumeo, subeo, succedo, ac similia, præpositionum gratia per b arbitror scribenda esse: etiam deponentia b mutam in scriptura tenere usus et consuetudo antiquitus tradidit. Reliquas, ut vires sufficiunt, una regula generali tractare tentabimus quoque in regulis, nominibus datis firmis ac manentibus, etsi in verba figurentur. Ut enim verba in nomen ducta verborum regulas non amittunt, ita nomina loco posita verborum origine regularum carere non possunt. Ergo si tempus præteritum modi indicativi in vi terminaverit syllabam, media atque ultima syllaba personæ primæ temporis præsentis per u vocalem loco positam consonantis scribetur: eo quod omne præteritum perfectum vi syllaba terminatum, præter bibi, per u scribitur: foveo, fovi; faveo, favi; moveo, movi; paveo, pavi; expaveo, expavi; lavo, lavi; juvo, juvi; servio, servivi; exceptis lambio, lambibi; ambio, ambibi, ac talibus, quam litteram præposita scriptura mutavit. Ferveo, etsi in præterito perfecto fervi facit per u, cui etiam ego magis assentior, ferbui per b mutam scribetur: ita tamen, si primæ conjugationis ac primæ speciei verba non fuerint. Illa enim per b mutam semper scribentur, ut, libero, liberas, liberavi; guberno, gubernas, gubernavi; exubero, exuberas, exuberavi; sibilo, sibilas, sibilavi; dubito, dubitas, dubitavi; hebeto, hebetas, hebetavi; titubo, titubas, titubavi; habito, habitas, habitavi. Excipiuntur invito, et derivo, juxta rationem quam superius diximus, omnem primam verborum syllabam, præter hæc quæ paulo ante numeravimus, per v scribi, quoniam in et de præpositiones esse nemo dubitat. Navigo enim et acervo, ἐπιπλῶ, σωρεύω, ac talia, in nomine datis subserviunt regulis; et hæc quoque species in duas partes dividitur. Nam si disyllaba fuerint, scripturam mutabunt; ut, levo, levas, levavi; servo, servas, servavi; curvo, curvas, curvavi; novo, novas, novavi; ovo, ovas, ovavi; excepto orbo et turbo. Nam turbo a turba nomine descendens, ba syllaba posteritatis jure detinuit regulam. Probo enim puto dici per detractionem r litteræ, cum contrarium ejus exprobro nuncupatur; et ideo b mutam arbitror apponendam, juxta regulam quam in nominibus nos dedisse meminimus. Et libo a Græco translatum esse confidimus, id est, a λείβω.

Præterea quærimus quare verbum enervo, disyllaborum supergrediens numerum, et conjugationis primæ, ac primæ speciei consistens, non per b mutam, sed per u scribitur; et dicimus, quæstionem solventes, quia est longa præpositio, et ideo disyllaborum arripuit regulam. Sed quia evenit quædam verba in ultima quidem aut antecedente syllaba primæ personæ u litteram non habere, in secunda vero continere persona, ut volo, vis; malo, mavis; quædam in præterito tantum perfecto, non tamen in positione sua, ut, gaudeo, gavisus sum; et rursus in præterito perfecto, u litteram penitus non habente, alias personas in temporibus aliis eamdem tenere litteram, ut, vivo, vixi; sciendumque est illam u litteram, vocalem pro consonante haberi in scriptura. Si vero præteritum supradictum in bui, aut in si, aut in psi syllabas desinat, per b mutam sine dubio scribentur: ut, præbeo, præbui; jubeo, jussi; scribo, scripsi, ac talia. Credo etiam de verbis hanc regulam nos dedisse plenissimam, cum temporis omnis præteriti imperfecti ultimam syllabam, modi scilicet indicativi per b mutam habeant, ut, amabam, volebam; et præteriti perfecti eamdem ultimam, et plusquam perfecti penultimam, per u vocalem loco positam consonantis, ut, amavi, amaveram; volui, volueram. Futuri quoque ejusdem terminus; si primæ, et secundæ tertiæque productæ conjugationis verba fuerint, per b mutam scribentur, ut, amo, amabo; voco, vocabo; doceo, docebo; moneo, monebo; nutrio, nutribo; audio, audibo. Et subjunctivi seu conjunctivi ultimas per u vocalem pro consonante scribi debere, antiquos tradidisse cognoscimus, ut, volebam, volueram, voluerim, voluissem, voluero, ac talia; eorum scilicet verborum quorum prima persona aut *u* vocalem habuerit pro consonante in ultima syllaba, ut, levo, privo ; aut penitus eadem littera non apparente, eodem loco scilicet eademque persona, ut, habito, hiberno, amo, doceo, ac talia. Nam quæ habebunt *b* mutam in prima syllaba præsentis (ut dictum est) temporis, quorum præteritum in bui, aut in psi syllabas desinit, eamdem *b* mutam in omnibus temporibus modorum omnium, ubicunque inciderit, servare desiderant.

CAPUT IX.
Eutichis de aspiratione.

Quanquam alias quoque voces ad aspirationem pertinentes non paucas, quæ non erant ab idoneis auctoribus frequentatæ, sciens præterii, ne nimia longitudine voluminis essem molestus ; tamen quoniam plerisque legentium plus libet sterilis brevitas quam utilis commentariorum delectat prolixitas, eadem quasi per epitomen mihi repetere placuit, et omnium tam veterum testimoniis quam redditis ubique rationibus prætermissis, ipsas tantummodo meras rursus exponere regulas : ut antedicta studiosioribus, et posteriora satisfacere videantur his qui longiora fastidiunt. Omnis vox Græca, vel barbara, suum servat apud Romanos, tam in vocalibus quam in consonantibus spiritum, ut, Halys, Hecuba, hegio, hieron, Homerus, hymen, hora diei, Thibris, Phœbus, chorus, Rhenus, Hannibal.

Omnes articuli a vocali incipientes, cum aspiratione proferuntur ; ut, hic, hæc, hoc ; hi, hæ, hæc : absque vocativo *o* et *a*. Adverbiis tamen localibus aspiratur, ut, hic, huc, hinc, hac : nisi cum pronominibus componantur, illic, istic, istæc, istuc, istac ; tunc enim amittit collisione vocalium spiritum, quem aliæ compositiones etiam in mediis semper vocalibus servant, ut, adhuc, prohibeo : exceptis paucis corruptis, quæ excludunt penitus spiritum, sicut superius dictum est ; ut, postumus, post humatum, id est post sepultum patrem natus. Bimus, trimus, quadrimus, quasi a bis, ter, quater, et hieme dicta. Manubrium, quasi manu haberium ; petæredium a petendis hæreditatibus ; cum hoc ipsum etiam quibusdam soleat evenire simplicibus, ut, veho, vexi ; traho, traxi ; mihi, mi ; nihil, nil ; prehendo, prendo, vehemens, vemens, et similia, sicut ante relatum est.

Omnis vocalis vocali illata, seu divisa, seu in diphthongo copulata, caret aspiratione, ut, æneus, æreus, ædes, ædilis, æger, Ælius, Æmilius [*ed.*, æmulus], æquus, æquor, æs, æstimo, æstas, ævum, auceps, audeo, audax, ausus, audio, augurium, augeo, aufero, aulæum [*ed.*, alveum], aura, auris, aurum, ausculto, autumo, aut conjunctio : exceptis hædus, hæreo, haud, haurio, hio, hisco, et quicquid ab his componitur, vel derivatur. Nam hæc, ut articulo aspiratur, ut heu et hei ; ut interjectionibus, et verbo, ut heiulo, quod ab hei vel heu traductum est. Heus, et heia, ut adverbiis vel interjectionibus.

Omnis vocalis, *b* sequente, leniter enuntiatur, ut, abies, ebur, ibi, ob, uber : notatis habeo, habes, bibiscus, et quicquid ab unoquoque eorum fit.

Omnis vocalis, *c* sequente, leniter profertur, ut, acies, ecce, oculus, ocior : absque articulis et adverbiis. Cum mutatur, vocalem aspiratam sequitur. In pronominibus modo aspiratur, ut, hic et hæc et hoc.

Omnis vocalis, *d* sequente, leniter enuntiatur, ut, ador, audax, edax, odor, udus. Notatur hadria, hedera ; hodie enim ex hoc die compositum servavit articuli aspirati scripturam. Omnis vocalis ante *f, g, l, n, p, q, t, u*, pro consonante, caret aspiratione, ut, Afer, ager, ala, apis, aqua, ater, avus, affero, egeo, enim, epulæ, equus, et conjunctio, ignis, iter, opus, otium, ovis, uter, uva. De agni enim apso, id est vellere, in superioribus dictum est.

Omnis vocalis, *l* sequente, absque *e* leniter enuntiatur, ut, alea, ales, alo, id est, nutrio, albus, id est, color, alga, almus, altus, alvus, id est, venter, ilex, Ilerda, illico, ille, olor, id est cygnus, oleum, ulcus, ulciscor, ulmus, ulna. Notantur halo verbum, hilum, hilaris, holus nomina. E enim sequente *l*, plerumque graviter effertur, ut, helluo, helluus, helucus, helops, et quicquid ab unoquoque eorum fit.

Omnis vocalis, *m* sequente, leniter enuntiatur, ut amor, amicus, amœnus, amans, amictus, amurca, emo, emax, imus, imo, omen, omasum, omentum, umor, umerus, umidus ; notatis hamus, Hammon, homo, humus, et quicquid ab his fit.

Omnis vocalis, *n* sequente, leniter effertur, ut, annus, annulus, ensis, inanis, initium, inula, onus, onustus, unus, unicus ; notatis honor, honestas, et Johannes ; vel peregrinis et Punicis vocibus, ut, Hannibal, Hanno, Henna, et hinnulus, et quicquid ab his fit.

A, vel *u* vocales, *r* sequente, leniter enuntiantur, ut, area, aries, aranea, arcus, arma, arduus, artus, ur, urtica, urna ; notatis hara, harena, harundo. Nam harmonia, Harpyiæ, Harpalice, Græca sunt, et ob hoc aspirantur.

E vocalis, *r* sequente, leniter effertur, ut, erus, error, ervum, ergo : nisi post *r* sequatur *b*, vel *n*, vel *s*, vel *e*, longa ; tunc enim graviter enuntiatur, ut, herba, herbidus, herbilis, herbosus, proprium Hernus, unde est : Hernica saxa colunt ; hersilia, hæres, hæredium, Herennius proprium, et Hercules a Græco per syncopen factum, jure habet aspirationem. Heri est adverbium temporis, differentiæ causa, ne genitivus putetur ab eo quod est erus, eri.

I vocalis ante *r* semper aspiratur, ut, hircus, hirquitallus, Hirpinus, hirsutus, hirtus, Hirtuleius, Hirtius proprium, nisi aut monosyllabum sit ; ut, ir, id est artus, aut ex motu verbi, ut, eo, is, irem, ires, ire ; aut nisi *a* post *r* sequatur ; tunc enim aspiratione caret, ut, ira, iratus, iracundus, irascor, et quicquid ab unoquoque eorum fit.

O vocalis, *r* sequente, leniter effertur, ut, orbus, orcus, ordior, orsus, orior, oriens, ortus, id est natus. Si vero alia *r* sequatur, aut *t*, hoc fit non ex declinatione verbi, nam tunc *o* aspiratur, ut, horreo, horror, horreum, hortus, Hortensius ; notatur ordeum.

A, vel e, vel u, vocales, s littera sequente, carent aspiratione; ut, as, assis, astutus, ascendo, aspicio, esca, est, essem, essemus, usus, usura. Notantur hasta, hastile, hesternus (est enim ab heri adverbio) et Hesperia Græcum.

I vero vel u, sequente s, post quam erit p vel t, cum aspiratione proferuntur; ut, Hispania, hispidus, historia, histrio, Hister (seu proprium, seu fluminis sit, seu gentis vocabulum), hospes, hospita, hospitium, Hostilius, hostia. Notatur pronomen iste, et ab eo composita. Os, oris, ex quo ostendo, ostentum, leniter prolata, sicut alia, quæ post s carent p, vel t, et iisdem, ut oscitant.

CAPUT X.

Ex orthographo Cæsellio ista collecta sunt.

Con propositio, si ad verba a vocalibus incipientia accedat, n consonantem perdit, ut, æquo, coæquo, eo, coeo, ortus, coortus; sin autem ad verba accedat a digamma incipientia, id est, quæ u loco consonantis positam retinent, non perdit n litteram, ut, volvo, convolvo, vinco, convinco. Contra evenit in re præpositione; d enim litteram extrinsecus accipit, cum ad vocalem incipientem verbi alicujus accessit: quam d litteram non accipit, si ad digamma, id est u positam loco consonantis accedat, ut, ulcero, redulcero; ago, redigo; eo, redeo; voco, revoco; vinco, revinco. Qui, si una syllaba est, per q litteram scribendum est; ut, qui homo; si duæ, per c, ut est, cui homini. Aliquuunde, per quun debet scribi, divisio enim illius, aliquo, et unde, hoc est, ex aliquo loco. Sed certe n, non m erit; quia unde ita scribitur. Et aliquobi æque, ex aliquo enim et ubi est, hoc est, in aliquo loco. Sed hæ syllabæ, quæ litteris q, u, o, constant, non excluduntur, perscribi tamen debent.

Re præpositio nonnunquam cum ad consonantes accedit, geminat illas, quod plerumque apud antiquos est, ut duco, redduco; cado, reccido; tuli, rettuli; pello, reppello; do, reddo; lego, rellego, unde relliquias, et relligionem scribunt, quod apud poetas ita oportere scribi concesserim, tametsi apud oratores quoque antiquos est: nobis jam decor et lenitas obtinenda est, quæ maximus fructus est Latinitatis.

Tamtus et quamtus in medio m habere debent: ut quam et tam, unde quamtitas, quamtus, tamtus. Nec quosdam moveat, si non sonat: ita enim supra docui n sonare debere, tametsi in scriptura m positum sit.

Quæcunque verba primo loco ab s littera incipient, ea cum præpositione ex composita littera eamdem s habere debent; cætera minime onerari oportet, ut, salio, exsilio; specto, exspecto; æstimo, existimo, s non habent, sicut æquo, exæquo; peto, expeto, æque non habebunt: quod discrimine facile intelligitur, aliud esse pecto, aliud specto; et ideo ab eo verbo quod pecto, id est pectino, cum compositum fuerit, expecto s litteram non habet: ab eo vero quod est specto, id est rei alicujus spe-

ctaculo utor, cum compositum fuerit, exspecto s litteram, sicut supra diximus, necessario retinet. Item exscreo, cum s a screare fit; si sine s, a creare. Exsilium quoque cum s scribi debet (ex solo enim ire, est exsulare), quasi exsolium, quod Græci ἐξορισμὸν dicunt, et antiqui exsoles dicebant, quos nos exsules dicimus. Extorrem vero sine s; ex terra enim ejectum significat. Exsui habet s; sui enim est, et insui, quasi alicui rei inmitti: unde exsui, quasi jam emitti, enudari. Inde exsuviæ, unde exsuti, id est spoliati. Exire, sine s; ire enim simplex est, et quæcunque ex hoc formabuntur, ut, exitus, exitium, exitiale, et exercere, non habent s in compositione, quia simplicia quoque s similiter non habent. Etenim exercere, est ex et arcere, ut exercitus, qui sub disciplina certa arcetur, unde exercitatio. Exscindo s habere debet, scindo enim est simplex. Similiter exsculpo, et exsisto: sculpere enim, et sistere simpliciter dicitur. Expurgo etiam, eodemque modo excedo, s non desiderant; eximo similiter. Nam et in aliis præpositionibus sine hac littera est, ut, redimo, interimo, dirimo. Itaque exemptus ita scribitur, ut eximius, qui est quasi exemptus, et extra cæteros positus. Extremus quoque sine s; ex enim est, unde extra, et extremus, unde extrinsecus, exter, extrarium, et si quæ alia hinc trahi possunt. Exsequiæ vero habent s; sequi enim est in simplici. At exiguæ non habent s, sicut indiguæ, quæ egeant, exiguitas similiter; ut et exoletus, quod ex alterius partis præpositione manifestum fit; adolevit enim est. Obsolevit autem s quidem habet, sed non ipsius verbi, verum præpositionis, quæ est obs sicut ab abs: quasi abolevit, id est inveteravit et absorduit diuturnitate. Hæc et quæ his similia sunt hoc modo animadvertentur. Cætera quæ simplicia sunt, et non componuntur, sine ulla dubitatione x tantum habebunt, ut, vixi, dixi, vexavi, faxi, uxor, auxilium, examen, axis et exemplum.

De divisione syllabarum.

Duæ sunt consonantes impares, quæ tamen hærere possunt, si hinc inde vocalem accipiant. Posteriorem syllabam sequuntur pares vel impares, singulæ scilicet, et in priorem, et in posteriorem dividuntur. Potestas novissima syllabæ stas erit; noster, ster; capto, pto: at ubi tres sunt, ut, plostrum, strum; lustrant, strant; capistrum, strum: æque claustrum, rastrum, campestre. Fere autem tres hæ consonantes tertio loco r habent, et aliæ l litteram; ut astula, et in elisione astla, pessulum: aliter nullo modo in tribus consonantibus unitas syllabæ datur. Cum pares sunt, singulæ ad singulas syllabas ibunt.

Duæ enim pares litteræ, seu vocales sint, seu consonantes, non coeunt; similiterque syllabam non faciunt, si vocalem accipiant, tametsi impares sunt, ut, carpo, dorsum, Porcius.

Una consonans inter duas vocales posita posteriorem 618 sequitur; ut, Paris, lapis, thuris; at si inter vocales consonans fuerit, ut, digamma, posterius vocali digammæ adhærebit. Jam enim dixi, excepta littera *g*, nullam aliam consonantem cum ejusmodi syllabis consentire, ut, solvo, nervo, volvo, larva, pulvis: itaque tenuis, si trisyllabon erit, *n* consonans ad *u* accedit; si disyllabon, adæque belva, malva. Dispicio, verbum compositum, quæritur utrum per duo *ss*, an per unum scribi debeat; et utrum ita dividi, dis et spicio. Et divisionis quidem ejus facilis ratio est, quoniam omnes præpositiones integræ separandæ sunt; ut est, abstulit, abs et tulit; transtulit, trans et tulit; abscondit, abs et condit, et cætera his similia. Per duo autem *ss* scribendum est, non per unum, quoniam ex præpositione et verbo constat esse compositum: quemadmodum est conspicio, aspicio, despicio; ac per hoc per duo *ss*, disspicio scribi debet, et ita dividi, dis et spicio. Nonnulli vero dispicio per unum *s* scribendum putant, quod præpositio dis interdum litteram perdit; ut est, diduco, divido, dijudico; sed melius est per duo *ss* scribi disspicio.

Obliviscor, compositumne, an simplex est? compositum scilicet, hujus simplex latet in antiquis nominibus et monumentis. Livisci enim, oblivisci est, et livitus: quod nos hodie per elisionem oblitus. Quod cum manifestum fuerit, plenissime quivis intelliget in scriptura verbi hujus divisionem, ob, et liviscor.

Pompeius, Tarpeius, et eius per duo *ii* scribenda sunt, et propter sonum (plenius enim sonant) et propter metra, nunquam enim longa fiet syllaba, nisi si per *i* geminum scribatur. Hanc scripturam ita dividimus, ut prædixi. Nunc illud genitivi eorum, et nominativi plurales et dativi, quemadmodum scribantur, videamus. Quidam hujus Pompei, Tarpei, hi Pompei, Tarpei, his Pompeis, his Tarpeis, per unum *i* scribunt. Nonnulli pusillo diligentiores, alteram *i* his addunt. Ego quoque tertiam addendam præcipio. Si enim, ut docui, nominativus duo *ii* habet pro duabus consonantibus, hæ perire nulla declinatione possunt, quæ tamen omnimodis modernus usus excludit.

CAPUT XI.
Ex Lucio Cæcilio vindice ista deflorata sunt.

M litteram, ad vocales primo loco in verbis positas si accesserit, non enuntiabimus. Cum autem ad consonantes, aut digammon Æolicum, pro quo nos *x* loco consonantis posita utimur, tunc pro *m* littera, *x* litteræ sonum decentius efferimus. Lucii, magnii, magii, cum in genitivis singularibus dicimus, interest, quos nominativos habeant. Proinde enim intererit, utrum per duo *i*, an per unum debeant scribi. Si lucus, magnus, magus sunt nominativi eorum, unum *i* in genitivo habebunt, plurali quoque nominativo et vocativo, sed et dativo et ablativo similiter scribentur. Si autem lucius, magnius, magius, proferantur, duo *ii* in genitivo habebunt; ut Lucii, magnii, magii: quod ipsium Lucilius adnotavit, cum a numero numerius discerneret. Cum præpositio, per *c* scribenda est: quum adverbium temporis, quod significat quando, per *q* scribendum est, discretionis causa; ut apud Ennium,

Cum legionibus, quum proficiscitur induperator.
[*Ms.,* imperator.]

Quujusque, per *q*, non per *c* scribitur; sed per *q* sensum quoque alium habet. Nam hujusce hominis, hujus hominis est: at quujusque hominis, quujusque ordinis, uniuscujusque hominis, et uniuscujusque ordinis significat.

Accedo, per duo *cc*; attuli, per duo *tt*; assiduus per duo *ss*; appareo per duo *pp*; annuo per duo *nn*; alligo per duo *ll*: in his non solum propter soni lenitatem consonantes mutantur, sed etiam quod nullo modo in eis sonare *d* littera potest. Sonat autem *d* littera et adscribitur, cum *f* consonanti adjuncta est, ut, adfluo, adfari, adfuturum, adfatus, adfero. Contra *b* non sonat, ut, offui, offero, offendo.

CAPUT XII.
Ex Prisciano grammatico [a] *qui nostro tempore Constantinopoli doctor fuit, de libro primo ipsius ista collecta sunt.*

Notandum igitur quod hamus, qui a Græcis ἄγκιστρον appellatur, cum aspiratione debet scribi. Sciendum et hoc pro φ Græco, a Latinis in scribendo *ph* poni debere, in Græcis duntaxat nominibus, ut, Orpheus, Phaeton. In cæteris autem Latinis nominibus *f* ponendum, ut, fama, filius, facies. Phœbus, quo nomine Apollo significatur, ita ponendum est, ut post *p*, *h* ponatur. Similiter et Herichthonius [*ms.,* Hiericthonis], hiulcus, per aspirationem debent scribi.

B inter consonans ante se aspirationem non recipit, nisi tantum vocalis. Cælebs, ante terminalem litteram *s*, *b* scribi debet, non *u* : quoniam *u* vocalis eum in consonantis transierit potestatem, potest aliam præcedere consonantem.

Aspiratio ante omnes vocales poni potest; post consonantes autem quatuor tantummodo ponitur, *c*, *t*, *p*, *r*; ut habeo, Herennius, heros, hiemps, homo, humus, Chremes, Thraso, Philippus, Rhodus. Ideo autem vocalibus extrinsecus ascribitur, ut minus sonet : consonantibus autem intrinsecus, ut plurimum sonet. Gnatus, per *g* et *n* scribendum est, sicut gnavus, quia in compositione ipsa retinent *g*, ut agnatus et ignavus. Ecquid per *c* scribendum in prima syllaba, quoniam en quid significat, *n* littera consonante in *c* conversa. Samguis in prima syllaba per *m* scribendum in nominativo casu ; in cæteris autem casibus per *n*, quoniam *m* littera in *n* convertitur. B s Latinæ litteræ pro ψ Græca littera non aliter poni debent in una eademque littera conjunctæ nisi in fine nominativi, cujus genitivus in bis desi-

---

[a] Hujus Prisciani moderni auctoris mentio fit supra. Et fortasse iste est cujus etiam meminit Dungalus in lib. contra Claudium Taurinensem episcopum. Alterum autem verbum, inquit, quod est colo, Priscianus propter nobilissimi claritatem ingenii lumen Romanæ facundiæ meruit vocitari, triplicem sensum habere demonstrat, ita dicendo : Colo quoque pro diligo, et habito, et aro accipitur.

nit, ut, urbs, urbis; cælebs, cælibis; Arabs, Ara- bis. Sciandum autem surripio per r geminam, non per b et r scribendum; similiter et corripio, arripio: quoniam b in r quoque commutatur. Suspicor, et suspicio, verba composita ab adverbiis sursum vel susum, in prima syllaba per unum s, non per duo scribenda sunt : quoniam duplicari consonans subsequente alia consonante non potest, sicut nec antecedente, nisi fuerit muta ante liquidam, ut, supplex, suffragor, sufflo, effringo. Quicquam in prima syllaba per c scribendum, quod d littera in c litteram commutatur. Aggero per g scribendum, et aggregatus, non per d. Harpyia, quæ Græcum nomen est, per y Græcum, sequente i Latino, scribendum est: quoniam apud eos y i diphthongon est. Ara cum altare significat, sine aspiratione; cum vero cubile porcorum, cum aspiratione scribendum.

Conclusio.

Congregatis igitur quæ apud supradictos orthographos necessario reperi fuisse conscripta, nunc finem libro, Domino juvante, faciamus. Datur enim intelligi rem nimis utilem fuisse, quæ tot ac tantis auctoribus cognoscitur esse tractata : quoniam si quid a prioribus prætermissum est, a sequentibus constat impletum. Meminisse autem debemus frequenter artigraphos de orthographia tractasse, et iterum orthographos de partium declinatione disseruisse, cum tamen res sibi repugnare videantur. Ars enim tractat de partium declinatione; orthographia vero, quemadmodum scribi debeat, designat quæ in partium declinatione decora reperit. Hoc si in auctoribus semper intenderis, ut pro locis suis posita diligenter accipias, nullo errore fatigaberis. Nunc animos legentes erigite, et gaudete tantos ad vos priscos pervenisse auctores, ut eis credere indubitata mente debeatis. Possem equidem Aquilam, et Quintilianum, sed et Avitum, quos nonnulli in orthographiæ peritia laudandos esse putaverunt, quos tamen venturos in Christi nomine celerrime sustinemus, superioribus auctoribus addere. Sed necessarium non est multiplici numero dare licentiam, cum non sint omnino definiti, quanti de eadem re scribere maluerunt. Nam si duodecim horarum spatia diem protinus complere noscuntur, si duodecim quoque menses annum volubili varietate restituunt, si duodecim signa cœlestia totius nobis circuli campos solida rotunditate concludunt, debet nobis omnino sufficere, quod et duodecim orthographorum libris rectitudinem scripturæ docentium, defloratas regulas posteris legendas exhibui.

Valete, fratres, atque in orationibus vestris mei memores esse dignemini, qui vos inter cætera et de orthographiæ virtute, et de distinctione ponenda, quæ nimis pretiosa cognoscitur, sub brevitate commonui; et quemadmodum Scripturæ divinæ intelligi debeant, copiosissime legenda præparavi; quatenus sicut ego vos ab imperitorum numero sequestratos esse volui, ita nos virtus divina non patiatur cum nequissimis pœnali societate conjungi.

DE SCHEMATIBUS ET TROPIS
NECNON ET QUIBUSDAM LOCIS RHETORICIS S. SCRIPTURÆ QUÆ PASSIM IN COMMENTARIO CASSIODORI IN PSALMOS REPERIUNTUR.

Scriptura divina, ait Cassiodorus (*In præfat. in Psalt., pag.* 7), multis modis genera suæ locutionis exercet, definitionibus succincta, schematibus decora, verborum proprietate signata, syllogismorum complexionibus expedita, disciplinis rutilans; non tamen ab eis accipiens extraneum decorem, sed potius illis propriam conferens dignitatem. Hæc enim quando in divinis Scripturis splendent, certa atque purissima sunt ; cum vero ad opiniones hominum et quæstiones inanissimas veniunt, ambiguis altercationum fluctibus agitantur; ut quod hic est firmissime semper verum, frequenter alibi reddatur incertum.

Hæc mundanarum artium periti, quos tamen multo posterius ab exordio divinorum librorum exstitisse manifestum est, ad collectiones argumentorum, quæ Græci τόπικα dicunt, et ad artem dialecticam et rhetoricam transtulerunt, ut cunctis evidenter appareat, prius ad exprimendam veritatem justis mentibus datum, quod postea gentiles humanæ sapientiæ aptandum esse putaverunt. Hæc in lectionibus sacris tanquam clarissima sidera relucent, et significantias rerum utilissimis compendiis decenter illuminant.

Nam et Pater Augustinus in libro III (*Cap.* 29) de Doctrina Christiana ita professus est : Sciant autem litterati modis omnium locutionum quos grammatici Græco nomine τρόπος vocant, auctores nostros usos fuisse. Et paulo post sequitur : Quos tamen τρόπος, id est modos locutionum, qui noverunt, agnoscunt in litteris sanctis, eorumque scientia ad eas intelligendas aliquantulum adjuvantur. Cujus rei et in aliis codicibus suis fecit evidentissimam mentionem. In libris quippe quos appellavit de Modis locutionum diversa schemata sæcularium litterarum inveniri probavit in litteris sacris, alios autem proprios modos in divinis eloquiis esse declaravit, quos grammatici sive rhetores nullatenus attigerunt. Dixerunt hoc apud nos et alii doctissimi Patres, id est, Hieronymus, Ambrosius, Hilarius, ut nequaquam præsumptores hujus rei, sed pedisequi esse videamur.

Sed dicit aliquis : Nec partes ipsæ syllogismorum, nec nomina schematum, nec vocabula disciplinarum, nec alia hujuscemodi ullatenus inveniuntur in Psalmis. Invenientur plane in virtute sensuum, non in effatione verborum. Sic enim vina in vitibus, messem in semine, frondes in radicibus, fructus in ramis, arbores ipsas sensu contemplamur in nucleis. Merito ergo esse dicimus, quæ inesse nihilominus virtute sentimus. Nam et Apostolus vetat (*I Corint.* III, 18) nos seduci per vanam sapientiam : ista vero non abnegat in litteris esse divinis.

Cognoscite ergo, magistri sæcularium litterarum, hinc (ex Scriptura scilicet) schemata, hinc diversi generis argumenta, hinc definitiones, hinc disciplinarum omnium profluxisse doctrinas, quando in his litteris posita cognoscitis, quæ ante scholas vestras longe prius dicta fuisse sentitis.

Figura est quædam conformatio dictionis a communione remota, quæ interioribus oculis velut aliquid voltuosum semper offertur, quam traditione majorum, ostentationem et habitum possumus nuncupare. Pag. 16.

Σχῆμα, schema, est figura dictionis in ordine verborum cum decore composita. Pag. 14.

Τρόπος, tropus, est dictio ab eo loco in quo propria est, translata in eum locum in quo propria non est. Pag. 21.

A

Αἴνιγμα, ænigma, id est obscura sententia, quando aliud dicit, et aliud vult intelligi. Dixit *ignem*, dixit *fulgura*, dixit *montes*, dixit *cœlos*; et per hæc omnia unum votum est annuntiare Dominum Salvatorem. Pag. 325.

Αἰτιολογία, ætiologia, id est causæ redditio, quoties præmissæ rei ratio decora subsequitur: *Propter hoc delectatum est cor meum, et exsultavit lingua mea: insuper et caro mea requiescet in spe.* Pag. 54. Vide pag. 89 et 202.

Ἀλληγορία, allegoria, id est inversio aliud dicens, et aliud significans: *Præfulgoræ in conspectu ejus nubes transierunt, grando et carbones ignis.* Exponit per hanc figuram quid illæ *nubes*, id est prædicatores, habeant. *Grando* enim, id est objurgationes figuratæ, quibus Judæorum corda durissima tundebantur. *Carbones ignis*, charitatis incendia, quibus mentes fidelium cœlesti igne reviviscunt. Pag. 60 et 101.

Ἀμφιβολογία, amphibologia, id est dictio ambigua, dubiam faciens pendere sententiam: *Cogitaverunt consilia quæ non potuerunt stabilire;* scilicet Judæi dicendo: *Expedit unum pro omnibus mori* (Joan. XVIII, 14). Verum quidem dictum, sed malo voto prolatum. Pag. 71.

Ἀνακεφαλαίωσις, id est recapitulatio, quæ fit quando ea quæ superius dicta sunt latius, breviter postea in memoriam revocantur: *Benedixit omnes timentes Dominum, pusillos cum majoribus.* Post speciales enumerationes ad benedictionem generalitatis ascendit: ubi simul omnes benedicuntur qui servire Domino pura mente delegerunt. Pag. 588.

Ἀναδίπλωσις, anadiplosis, id est congeminatio dictionis, quæ fit aut in versu, aut in repetitione verborum: *Tollite portas principes vestras, et elevamini portæ æternales, et introibit Rex gloriæ. Quis est iste Rex gloriæ? Dominus virtutum ipse est Rex gloriæ.* Pag. 82 et 433.

Ἀναφορά, anaphora, id est relatio, quando unum verbum per commatum principia repetitur: *Si consistant adversum me castra. Si exsurgat in me prælium.* Pag. 89 et 148.

Ἀναστροφή, anastrophe, id est perversio, quæ fit, quoties aut sensus, aut verba pro aliquo decore vertuntur: *In die tribulationis meæ clamavi ad te, quoniam exaudisti me.* Ideo se dicit clamasse, quoniam exauditus est, cum clamor præcedat, ut Deus possit audire. Pag. 291 et 449.

Ἀντίφρασις, antiphrasis, id est contraria locutio. Per antiphrasim calumnia dicitur capitis alumna, dum magis ipsa petat caput alienum, eique contraria sit: *Redime me a calumniis hominum.* Pag. 420.

Ἀντιπρόσωπον. Antiprosopon est quando pro homine ingrato ponitur persona gratissima: *Quia comederunt Jacob, et locum ejus desolaverunt.* Pro gente quæ peccaverat, gratissimi patriarchæ nomen objectum est; ut recordatus sanctissimi viri populi delicta mitigaret. Pag. 273.

Ἀντίπτωσις. Antiptosis est, quando casus pro casu ponitur: *Sicut proximum, sicut fratrem nostrum, sic complacebam.* Quantum ad eloquentiam Latinam proximo et fratri complacuisse nos dicimus. Pag. 116.

Ἀντεισαγωγή, antisagoge, id est contradictio: *Qui dixerunt: Linguam nostram magnificabimus, labia nostra a nobis sunt: Quis noster Dominus est?* Pag. 45.

Ἀντιστάθμησις, antistathmesis, id est recompensatio, quando justa factis recipit, qui se aut recta, aut prava conversatione tractaverit: *Qui seminant in lacrymis, in gaudio metent.* Pag. 441.

Ἀντονομασία, antonomasia, id est vice nominis po-

sita, quando sic nomen aliud ponitur, ut tamen illud quod necessarium fuerit, sentiatur: *Rex virtutum dilecti.* Hic enim *dilectum*, Filium Patris debemus accipere. Pag. 221.

Ἄπευσις * et ἀπόκρισις. Peusis et apocrisis, id est percunctatio et responsio, quando interrogatione præmissa, responsio apta subsequitur: *Ut quid timebo in die mala? Iniquitas calcanei mei circumdabit me.* Pag. 161 et 386.

Ἀποσιώπησις, aposiopesis, id est dictio cujus finis reticetur, ut aut terreatur, aut ad desiderium provocetur auditor: *Obauditu auris obaudivit mihi.* Pag. 63.

Ἀποστροφή, apostrophe, id est conversio, quoties ad diversas personas crebro verba convertimus: *Nunc cognovi quoniam salvum fecit Dominus Christum suum.* Pag. 68 et 156.

Argumentum est argutæ mentis indicium (vel judicium) quod per indagationes probabiles rei dubiæ perficit fidem. Pag. 111.

Argumentum ab adjunctis: *Ecce oculi Domini super timentes eum, sperantes in misericordia ejus.* Adjunctum est enim timere Dominum, et sperare in eo; quæ res mutua et insolubili societate connectitur. Pag. 109.

Argumentum ab antecedentibus: *Ecce enim in iniquitatibus conceptus sum, et in delictis peperit me mater mea.* Pag. 170.

Argumentum a causis: *Ecce enim veritatem dilexisti; incerta et occulta sapientiæ tuæ manifestasti mihi.* Dicit enim post tot collata beneficia, ad talia se non debuisse pervenire peccata. Pag. 171.

Argumentum comparationis a minori ad majus: *Sicut cervus desiderat ad fontes aquarum, ita desiderat anima mea ad te, Deus.* Cervo enim homo noscitur hic assimilatus. Pag. 141.

Argumentum a conjugatis: *Deficientes ut fumus deficient.* Hæc enim verba ex seipsis nascuntur, et orta ab uno, sibi consona similitudine derivantur. Pag. 124 et 169.

Argumentum a consequentibus dicitur, quando illud quod præmittitur sequenti dictione firmatur: *Salvum me fac, Domine, quoniam defecit sanctus; quoniam diminutæ sunt veritates a filiis hominum.* Pag. 45, 96 et 172.

Argumentum ex contrariis: *Non sedi in concilio vanitatis, et cum iniqua gerentibus non introibo.* Concilium enim vanitatis et congregatio innocentium omnino contraria sunt. Pag. 86, 96 et 111.

Argumentum a dictis et factis majorum dicitur, quando testimonii pondus gravissima patrum auctoritate firmatur: *Deus, auribus nostris audivimus; patres nostri annuntiaverunt nobis opus quod operatus es in diebus eorum et in diebus antiquis.* Pag. 146.

Argumentum ab eventu dicitur, quando ad illud supplicatio tendit, ad quod rei ordinem pervenire cognoscit: *Utquid avertis faciem tuam et dexteram tuam de medio sinu tuo in finem?* Pag. 251.

Argumentum a genere: *Ibi ceciderunt omnes qui operantur iniquitatem.* Genus est enim superbia, unde omnia vitia exorta noscuntur. Pag. 120.

Argumentum ab ingenio dicitur, quando non per ignorantiam, sed malitiosa voluntate peccatur: *Noluit intelligere ut bene ageret.* Pag. 119.

Argumentum a laude rei læsæ dicitur, ut tanto plus hostibus crescerent invidia, quanto loca sancta fuerant eorum præsumptione vastanda: *Liberasti virgam hæreditatis tuæ, montis Sion in quo habitasti.* Pag. 249 et 316.

Argumentum quod dicitur a necessitate, quando causæ gravissimæ præmittuntur, ut ad confessionem proficuam correctus animus adducatur: *Conversus sum in ærumna, dum confringitur mihi spina.* Pag. 104 et 129.

Argumentum quod dicitur a necessario: *Nisi Dominus ædificaverit domum, in vanum laboraverunt ædificantes eam.* Necessaria quippe est Domini ædi-

---

* Sic. Forte legendum ἀνάπευσις, a verbo ἀναπυνθάνομαι. Edit.

ficatio, sine quo nihil boni ad culmen perfectionis adducitur. Pag. 442.

Argumentum quod dicitur notatio, cum ex verbi positione elicitur similitudo sermonis : *Tentaverunt me, et deriserunt derisu.* Pag. 116.

Argumentum a pari : *Dies diei eructat verbum, et nox nocti indicat scientiam.* Pag. 65.

Argumentum a parte majore : *Et secundum multitudinem miserationum tuarum, dele iniquitatem meam.* Multo enim major est misericordia Domini, quamvis peccata nostra videantur ingentia. Pag. 170.

Argumentum quod dicitur a persona : *Hic accipiet benedictionem a Domino, et misericordiam a Deo salutari suo.* Meritum beneficii per magnitudinem voluit concedentis agnosci. Pag. 81.

Argumentum a persona extrinsecus attributa, quando quis aut de improbis amicis arguitur, aut de bonorum conjunctione laudatur : *Et cum electo electus eris, et cum perverso subverteris.* Pag. 61.

Argumentum quod dicitur a rebus ipsis, quando et adversarios corruisse dicimus, et nos erectos esse testamur : *Ipsi obligati sunt et ceciderunt; nos autem surreximus et erecti sumus.* Pag. 68.

Argumentum a tempore : *Tu exsurgens misereberis Sion : quia venit tempus miserendi.* Pag. 340.

Argumentum quod dicitur a tormentis, quando per tot mala nequaquam fidelium animus potuit immutari : *Hæc omnia venerunt super nos, et obliti non sumus te, et inique non egimus in testamento tuo.* Pag. 148.

Argumentum nimis accommodum, quando pro aliquo detestabili ponitur persona gratiosa : *Ne avertatur humilis factus confusus : pauper et inops laudabunt nomen tuum.* Pag. 253.

Ἀστεισμός, asteismos, id est urbana dictio, venustatis et faceliæ causa composita : *Dominus regnavit, irascantur populi.* Quod non ad exhortationem, sed ad derisionem videtur potius pertinere. Pag. 329.

Αὔξησις, auxesis, id est augmentum, quæ fit quando addendo quædam nomina per membra singula, rerum augmenta congeminat : *Tu autem, Domine, susceptor meus es, gloria mea, et exaltans caput meum.* Pag. 20, 66 et 272.

B

Βραχυλογία, brachilogia, id est brevis locutio, cum plura paucis complectimur : *Non accipiam de domo tua vitulos, neque de gregibus tuis hircos.* Per hunc versum et alios duos qui sequuntur, breviter enumerat quæ se respuere profitetur. Pag. 166.

C

Κακόζηλον, cacozelon, id est mala affectatio, quoties ingenium judicio caret, et spe boni fallitur præcipitata velocitas : *Et concupierunt concupiscentiam in deserto, et tentaverunt Deum in siccitate.* Pag. 562.

Κατάχρησις, catachresis, quæ recte dicitur abusio, quæ rebus nomen commodat alienum : *Exsurge, quare obdormis, Domine?* Non enim Deo convenit *exsurgere*, qui nunquam noscitur posse *dormire*. Pag. 149.

Χαρακτηρισμός, characterismus, id est informatio aut descriptio, quando aliquis aut per formam describitur, aut per actus proprios indicatur : *Polluuntur viæ ejus* (sc. Antichristi), *auferuntur judicia tua a facie ejus : omnium inimicorum suorum dominabitur.* Pag. 40.

Κλίμαξ, climax, id est gradatio, quando positis quibusdam gradibus, sive in laudibus, sive in vituperatione semper accrescit : *Pronuntiabunt et loquentur iniquitatem, loquentur omnes qui operantur injustitiam.* Pag. 316.

Κοινωνία, id est communicatio consilii ; quod fit frequenter, quando aut cum adversariis, aut cum adjutoribus verba miscemus : *In Domino confido : quomodo dicitis animæ meæ : Transmigra in montem sicut passer?* Pag. 43.

Ἀπὸ κοινοῦ, id est a communi, quando dicta superius ad inferiora respondent : *Lætamini in Domino et exsultate, justi, et gloriamini, omnes recti corde.* Hic jungendum est *in Domino gloriamini.* Pag. 105.

Concessio est, cum reus non id quod fecit, aliqua concertatione defendit; sed, ut ignoscatur, postulat absolute : *Miserere mei, Deus, secundum magnam,* etc. Pag. 169 et 103.

D

Definitio substantialis est illa supra quam genus potest inveniri. *Filius meus es tu ; Ego hodie genui te.* Pag. 18.

Secunda species definitionis, ἐννοηματική, id est notio nuncupatur. Hæc unamquamque rem per id quod agit, non per id quod est, conatur ostendere : *Beatus vir cujus est nomen Domini spes ejus.* Pag. 136.

Tertia species definitionis ποιότης, id est qualitativa. Hæc dicendo quid quale sit hoc unde agitur, quid sit evidenter ostendit : *Tu autem in sancto habitas, laus Israel.* Pag. 72 et 107.

Quinta species definitionis quam Græci κατὰ τὴν λέξιν, Latine ad verbum dicimus, quoties unamquamque rem verbis singullis, quid sit, ostendimus : *Quoniam rectus est sermo Domini.* Una enim parte orationis definitum est quid sit sermo Domini, hoc est, rectus. Pag. 107 et 154.

Septima species definitionis, quam Græci κατὰ μεταφοράν, Latini per translationem dicunt, fit cum rem aliquam sub brevi præconio, quæ sit ostendimus: *Lex Domini irreprehensibilis, convertens animas.* Pag. 65.

Octava species definitionis, quæ Græce dicitur κατ' ἀφαίρεσιν τοῦ ἐναντίου, Latine per privantiam contrarii ejus, quod definitur : *Non est similis tibi in diis, Domine ; et non est secundum opera tua.* Pag. 291.

Nona species definitionis, quam Græci καθ' ὑποτύπωσιν, Latini per quamdam imaginationem dicunt, quando nominata matre vel patre ad intelligentiam individuæ personæ sensus noster adducitur : *Defecerunt laudes David filii Jesse.* In titulo Psal. LXXII, pag. 244.

Decima species definitionis est quam Græci ὡς τύπῳ, Latini veluti appellant, quando talis est alicujus rei complexio, ut non tantum uni rei, de qua dicitur, sed et aliis applicari posse videatur : *Homo cum in honore esset non intellexit.* Homo enim et pro diabolo ponitur. Pag. 162.

Duodecima species definitionis est quam Græci κατ' ἔπαινον, Latini per laudem dicunt : *Opera manuum ejus veritas et judicium: fidelia omnia mandata ejus.* Pulcherrimis variisque sententiis in hoc et sequenti versu laudes Domini describuntur. Pag. 381, 383 et 462.

Decima tertia species definitionis est quam Græci κατ' ἀναλογίαν, Latini juxta rationem dicunt ; quæ tunc exoritur, quando majoris rei nomine res definitur inferior. *Ego dixi : Dii estis, et filii Excelsi omnes.* Hic homines dicuntur dii, et filii Dei. Pag. 282.

Decima quarta species definitionis est quam Græci πρός τι, Latini ad aliquid vocant, quoties unum nomen sic dicitur, ut aliud ex eo intelligi posse videatur : *Ipse invocabit me : Pater meus es tu ; Deus meus, et susceptor salutis meæ.* Pag. 302.

Διαφόρησις, diaphoresis : *Mutuatur peccator et non solvet; justus autem miseretur et commodat.* Per hanc figuram fit differentia personarum inter justum et impium. Pag. 124.

Διαπόρησις, diaporesis, id est dubitatio, cum habemus ambiguum, si possit inveniri quod quæritur :

Si iniquitates observaveris, Domine : Domine, quis sustinebit? Διατύπωσις, diatyposis, id est expressio, per quam figuram rebus personisve subjectis, et formæ ipsæ, et habitus exprimuntur : *Conturbatus est in ira oculus meus, anima mea, et venter meus*. Pag. 99.

E

Ἔκλειψις, eclipsis, id est defectus, quoties verbum suspenditur, ut vivacius inquiratur : *Memento verbi tui servo tuo*. Servo tuo, subaudiendum, imple promissum : quia si velis sine aliqua adjectione superioribus aptare quod dictum est, verba sibi nequeunt convenire. Pag. 406.

Ἔμφασις, emphasis, id est exaggeratio, quando rem aliquam multis in unum collectis doloribus allegamus, ut benevolentiam judicis enumeratis calamitatibus impetremus : *Nunc autem repulisti et confudisti nos; et non egredieris, Deus, in virtutibus nostris. Avertisti nos retrorsum*, etc. Pag. 147.

Ἐνέργεια, energia, id est imaginatio, quæ actum rei incorporeis oculis subministrat : *Magnificate Dominum mecum, et exaltemus nomen ejus in invicem*. Pag. 110 et 257.

Ἐπανάληψις, epanalepsis, id est verbi in principio versus positi, in ejusdem fine repetitio : *Deus, quis similis erit tibi? Ne taceas, neque compescaris, Deus*. Pag. 283.

Ἐπάναδος, epanados, id est repetitio rerum quæ junctim ductæ sunt : *Quid est tibi, mare, quod fugisti; et tu, Jordanis, quare conversus es retrorsum?* Pag. 386.

Ἐνθύμημα, enthymema, id est mentis conceptio. Syllogismus est constans ex una propositione et conclusione : *Quoniam rex speravit in Domino, et in misericordia Altissimi non commovebitur*. Iste taliter explicatur : Omnis sperans in Domino exsultabit et lætabitur in misericordia ejus. Ego igitur exsultabo et lætabor in misericordia ejus. Pag. 7.

Ἐπέμβασις, epembasis, id est iteratio, quoties per singula commata ad decorem maximum verba geminantur : *Multi insurgunt adversum me; multi dicunt animæ meæ*. Pag. 20 et 73.

Ἐπεξήγησις, epexegesis, id est explanatio dicti superioris : *Domine Deus meus, si feci istud; si est iniquitas in manibus meis*. Pag. 31, 70 et 97.

Ἐπεξεργασία, epexergasia, quæ fit quoties uni causæ duas probationes apponimus : *Quoniam peccatores peribunt; inimici autem Domini mox honorificati fuerint et exaltati, deficientes ut fumus deficient*. Pag. 124.

Ἐπιχείρημα, epichirema, id est exsecutio vel approbatio : *Dominus illuminatio mea et salus mea, quem timebo?* etc. Hoc argumento utimur, quoties rem de qua agitur, per exemplum aliquod probare contendimus. Pag. 88 et 154.

Ἐπιδιόρθωσις, epidiorthosis, id est superioris rei correctio : *Adjutor meus, non movebor amplius*. Pag. 203.

Ἐπιμονή, epimone, id est repetitio crebra sententiæ, quæ sive in laudibus, sive in vituperationibus decenter adhibita, magnam vim exaggerationis accumulat : *Usquequo, Domine, obliviscerie me in finem? Usquequo exaltabitur inimicus meus super me?* Pag. 47 et 93.

Ἐπιφώνημα, epiphonema, id est acclamatio quæ post narratas res breviter cum acclamatione prorumpit, post omnia desinens in exaggeratissimam summitatem : *Et ut inhabitem in domo Domini in longitudinem dierum*. Pag. 80 et 102.

Ἐπιτροχασμός, epitrochasmos, id est dicti rotatio, cum succincte ea quæ sunt effusius dicenda perstringit : *Dominus regit me, et nihil mihi deerit*, etc. Pag. 80 et 233.

Ἐπίζευξις, epizeuxis, id est conjunctio, quando sine aliqua interpositione in uno versu verba geminantur : *Dies diei eructat verbum, et nox nocti indicat scientiam*. Pag. 59 et 117.

Ἐρώτημα, erotema, id est interrogatio : *Quare fremuerunt gentes, et populi meditati sunt inania?* Pag. 16 et 51.

Ἐρώτησις, erotesis, id est interrogatio, quando ad exercitationem suam aliquis proponit sibi, quæ ipse respondet : *In quo corrigit juvenior viam suam? in custodiendo sermones tuos*. Pag. 399 et 430.

Ἐθοποιΐα, ethopœia, quoties datur locutio certæ personæ : *Conserva me, Domine, quoniam speravi in te*. Persona est enim hic Domini Salvatoris. Pag. 52 et 234.

Ἐτυμολογία, etymologia, est oratio brevis per certas assonationes ostendens ex quo nomine id quod quæritur, venerit nomen. Pag. 12.

Ἐξαλλαγή, exallage, id est permutatio vel immutatio, quoties contra consuetudinem aut genus commutatur, aut casus : *Annuntiavi et locutus sum : multiplicati sunt super numerum*. Pag. 136, 17, 61 et 173.

Ἐξεργασία, exergasia, quoties aliquid breviter proponitur, et subtiliter ac latius explicatur : *Dilatans exsultationes universæ terræ mons Sion, latera aquilonis civitas Regis magni*. Pag. 159.

Ἐξετασμός, exetasmos, id est exquisitio, cum res complures divisas cum interrogatione exquirentes, singulis quæ conveniunt applicamus : *Quis ascendet in montem Domini? aut quis stabit in loco sancto ejus?* Pag. 81.

H

Εἱρμός, hirmos, id est convenientia, quæ fit quando series orationis tenorem suum usque ad ultimum servat : *Deus, in nomine tuo salvum me fac, et in virtute tua libera me*. Pag. 181 et 392.

Ὁμοιοτέλευτον. Homœoteleuton fit quando similibus litteris dictiones plurimæ terminantur : *Remisisti iniquitatem plebis tuæ, operuisti omnia peccata eorum*. Pag. 283 et 302.

Ὁμοίωσις. Homœosis est figura per quam minus notæ rei ex similitudine ejus, quæ magis nota est, demonstratio declaratur : *Ecce oculi servorum in manibus dominorum suorum. Et sicut oculi ancillæ*, etc. Pag. 435.

Ὁμοιόπτωτον. Homœoptoton fit quando in similes sonos exeunt verba diversa : *Jubilate Deo, omnis terra; cantate, et exsultate, et psallite*. Pag. 327.

Ὑπαλλαγή, hypallage, id est permutatio, quoties in alium intellectum verba quæ dicta sunt transferuntur : *Dominus de cœlo prospexit super filios hominum, ut videat si est intelligens aut requirens Deum. Videat, id est videri faciat*. Pag. 49 et 179.

Ὑπερβατόν, hyperbaton, id est suspensus ordo verborum, quoties ordo verborum longius explicatur : *Quoniam qui nequiter agunt exterminabuntur*. Pendet autem versus iste de superioribus, unde dicit : *Ne æmulatus fueris eum qui prosperatur in via sua*. Pag. 122 et 153.

Ὑπερβολή. Hyperbole est figura per quam solent aliqua in magnitudinem exaggerationis extendi. *Lacrymis stratum meum rigabo*. Pag. 29 et 421.

Ὑπέρθεσις, hyperthesis, id est superlatio, cum aliquam rem opinione omnium notam, sententia nostra exsuperare contendimus : *Et ascendit super cherubim et volavit : volavit super pennas ventorum*. Pag. 59 et 172.

Ὑπεξαίρεσις, hypexæresis, id est exceptio : *Fiant dies ejus pauci, et episcopatum ejus accipiat alter*. Pag. 373.

Ὑπόζευξις. Hypozeuxis est quando diversa verba singulis apta clausulis apponuntur : *Beatus vir qui non abiit in consilio impiorum, et in via peccatorum non stetit, et in cathedra pestilentiæ non sedit*. Pag. 13 et 484.

I

Εἰκών, icon, id est imaginatio : *Custodi me, Domine, ut pupillam oculi.* Per hanc figuram *pupillæ oculi* se Dominus comparavit. Pag. 56.

Ἰδέα, idea, id est species, et fit cum speciem rei futuræ velut oculis offerentes, motum animi concitamus : *Sedes super thronum, qui judicas æquitatem.* Pag. 37 et 59.

Εἰρωνεία, ironia, id est irrisio, quoties aliquid quod sub laude dicitur, intellectum vituperationis habere monstratur : *Speravit in Domino, eripiat eum : salvum faciat eum, quoniam vult eum.* Pag. 73 et 91.

Ἴσον, ison, id est æqualitas, quando res aliquæ parilitate similes, adhibita laude vel detractione, junguntur : *Justus ut palma florebit, ut cedrus Libani multiplicabitur.* Pag. 313.

L

Λεπτολογία, leptologia, id est subtilis locutio, quando res singulæ minutatim ac subtiliter indicantur : *Dilexisti malitiam super benignitatem : iniquitatem magis quam loqui veritatem.* Pag. 177.

M

Μεταβολή, metabole, id est iteratio unius rei sub varietate verborum : *Verba mea auribus percipe, Domine : intellige clamorem meum. Intende voci orationis meæ, Rex meus et Deus meus.* Pag. 24 et 229.

Μεταφορά, metaphora, id est translatio, cum mutatur nomen aut verbum ex eo loco ubi proprium est, in eum in quo aut proprium deest, aut translatum proprio melius est : *Verumtamen in diluvio aquarum multarum, ad eum non approximabunt.* Pag. 104 et 493.

Μετάστασις, metastasis, id est translatio, dum culpam nostram in alium transferre contendimus : *Non declines cor meum in verba mala, ad excusandas excusationes in peccatis.* Pag. 177.

Μετωνυμία, metonymia, id est transnominatio, quoties intellectum rei diversis modis verbis alienis et translatitiis indicamus : *Qui habitat in cœlis irridebit eos, et Dominus subsannabit eos.* Pag. 171 et 42.

Μυθοποιία, mythopœia, quando aliquis introducitur loquens. Pag. 21. Introducitur Ecclesia loquens: *Cum invocarem,* etc.

Μετριασμός, metriasmos, id est mediocritas, quoties rem magnam mediocri relatione proferimus : *Qui videbant me foras fugerunt a me : excidi tanquam mortuus a corde.* Pag. 100 et 116.

P

Παραβολά, parabola, id est similitudo, quando illud quod intelligi volumus, per comparationes aliquas indicamus : *Aperiam in parabolis os meum.* Pag. 263.

Παραβολή, parabole, id est comparatio, quando sibi genus dissimile in aliqua communione sociatur : *Et erit tanquam lignum quod plantatum est secus decursus aquarum.* Pag. 13, 56 et 219.

Παράδειγμα, paradigma est narratio per exempla hortans aliquem, aut deterrens : *Non sic impii, non sic.* Pag. 14 et 112.

Παράδοξον, paradoxon, quando exitus inopinatus vel non exspectatus ingeritur : *Verumtamen oculis tuis considerabis, et retributionem peccatorum videbis : quoniam tu es, Domine, spes mea.* Pag. 310.

Παρὰ προσδοκίαν, paraprosdocia, id est inopinatus exitus, cum aliud exponitur, et aliud explicatur : *Deus meus, impollutæ viæ ejus.* Pag. 62 et 287.

Παρένθεσις, parenthesis, id est interpositio, quando in sensu medio recipit verba quædam quæ ordinem sententiæ videntur posse dividere. *Opera hominum,* *propter verba labiorum tuorum ego custodivi vias duras.* Pag. 55.

Πάρισον, parison, id est æquatio sententiæ, quando duæ res e diverso ponuntur, sed una magis eligitur : *Quia melior est dies una in atriis tuis super millia.* Pag. 287 et 312. Item quoties bona vel mala conjunctim membris dissimilibus alligamus : *Quia spiritus pertransivit in eo, et non subsistet, et non cognoscet amplius locum suum.* Pag. 345 et 367.

Παροιμία, parœmia : *Ego dixi in excessu mentis meæ : Omnis homo mendax.* Pag. 391.

Παρονομασία, paronomasia, id est denominatio quæ similitudine sermonis concitat audientis affectum : *Misericors et miserator Dominus ; patiens et multum misericors.* Pag. 344 et 408.

Percunctatio est figura quæ alterius personæ non patitur exspectare responsum : *Peccatori autem dixit Deus : Quare tu enarras justitias meas, et assumis testamentum meum per os tuum ?* Pag. 167.

Περίφρασις, periphrasis, id est per circuitum : *Et dominabitur a mari usque ad mare, et a flumine usque ad terminos orbis terræ.* Pag. 241 et 385.

Phantasia est quoties in concipiendis futuris visionibus animus perducitur audientis : *Sedet in insidiis* (de Antichristo loquitur) *cum divitibus in occultis, ut interficiat innocentem.* Pag. 41.

Πεῦσις et ἀπόκρισις, peusis et apocrisis, id est percunctatio, ubi et interrogatio fit, et responsio parata subsequitur : *Quid est homo, quod memor es ejus ; aut filius hominis, quoniam visitas eum ?* Pag. 35 et 161.

Πλεονασμός. Pleonasmos fit quando aliquid superfluum ponitur : *Incenderunt igni sanctuarium tuum.* In Scripturis divinis hæc figura non convenit, ubi totum utile, totum necessarium, totumque perfectum est. Pag. 250 et 478.

Πολυσύνδετον. Polysyndeton est conjunctionis vel alicujus verbi frequens iteratio : *Dominus conservet eum, et vivificet eum, et beatum faciat eum, et emundet in terra animam ejus, et non tradat eum in manus inimici ejus.* Pag. 139 et 283.

Προαναφώνησις, proanaphonesis, id est exclamatio, quoties inter alia quæ loquimur, subito ad Deum verba convertimus : *Veniat mors super eos, et descendant in infernum viventes, quoniam nequitiæ in hospitiis eorum. Ego autem ad Deum clamavi, et Dominus exaudivit me.* Pag. 184 et 197.

Προκατάληψις, procatalepsis, id est præoccupatio : *Quoniam iniquitatem meam ego agnosco, et peccatum meum contra me est semper.* Hic enim quasi jam in venturo judicio constitutus, delictorum suorum aspectus teterrimus pertimescit. Pag. 170.

Πρόληψις. Prolepsis, id est præoccupatio : *Exaudiat te Dominus in die tribulationis.* Propheta studio magnæ charitatis accensus optat Ecclesiæ catholicæ provenire quæ longo post tempore fieri posse cernebat. Pag. 67, 74 et 92.

Προσωποποιία, prosopopœia , quoties inanimatis rebus verba tribuuntur : *Elevaverunt flumina, Domine : elevaverunt flumina voces suas, a vocibus aquarum multarum.* Pag. 314.

Προθέσιος παραλλαγή. Prothesios parallage fit cum altera propositio pro altera ponitur : *Fortitudinem meam ad te custodiam.* Ad hic pro per ponitur. Pag. 196.

S

Σαρκασμός, sarcasmos, quasi usque ad pulpas penetrans hostilis irrisio : *Et dixerunt : Non videbit Dominus, nec intelliget Deus Jacob.* Pag. 316 et 460.

Σαρδισμός. Sardismos est figura quæ semper linguarum permixtione formatur : *Propterea memor ero tui de terra Jordanis et Hermoniim, a monte modico. Abyssus abyssum invocat in voce cataractarum tuarum.* Pag.183 et 199.

Σχέσις ὀνομάτων, schesis onomaton, id est multitudo nominum conjunctorum diversis verbis unam rem significantium : *Peccavimus cum patribus nostris, injuste egimus, iniquitatem fecimus.* Pag. 360.

Σωματοποιΐα, somatopœia, id est corporis attributio, quoties rebus incorporeis corpora tribuuntur : *Misericordia et veritas obviaverunt sibi; justitia et pax complexæ sunt se.* Pag. 289.

Σύλληψις. Syllepsis est quoties casus discrepantes in unam significantiam congregamus : *Domine Dominus noster, quam admirabile est nomen tuum in universa terra! Domine* casus vocativus, contra usum illi *Dominus*, qui est nominativus, videtur adjunctus. Pag. 34.

Syllogismus categoricus. Omnis justus lætatur in Domino; omnis qui lætatur in Domino recto corde est : omnis igitur justus recto corde est. *Lætamini in Domino et exsultate, justi; et gloriamini omnes recti corde.* Pag. 105.

Syllogismus quinquepartitus vel oratorius. Propositio est enim : *Quare tristis es, anima mea, et quare conturbas me? Spera in Domino, quoniam confitebor illi salutare vultus mei.* Probatio propositionis quatuor versibus qui sequuntur procul dubio continetur adjuncta. Deinde provenit assumptio : *Dicam Deo, Susceptor meus es, quare me oblitus es? quare me repulisti, et quare tristis incedo, dum affligit me inimicus?* Sequitur duobus aliis versibus probatio assumptionis. Infertur postremum sub repetitione primi versus, propositi syllogismi decora conclusio : *Quare tristis es, anima mea*, etc. Pag. 144.

Syllogismus enthymematicus. Vide *enthymema*.

Συναθροισμός, synathrœsmos, id est congregatio, quoties plurimæ res in unum, et multa crimina alligantur : *Salvum me fac, Domine, quoniam defecit sanctus, quoniam diminutæ sunt veritates a filiis hominum.* Pag. 45 et 78.

Σύγκρισις, syncrisis, id est comparatio, dum comparatione quadam justiorem causam nostram, quam adversarii demonstramus : *Hi in curribus, et hi in equis; nos autem in nomine Domini Dei nostri magnificabimur.* Pag. 68 et 87.

Συγχώρησις, synchoresis, id est concessio, quoties aliqua importune desiderantibus conceduntur, quæ ad utilitatem eorum pertinere non possunt : *Et manducaverunt, et saturati sunt nimis : et desiderium eorum attulit eis.* Pag. 267.

Συνδυασμός, syndyasmos, syndesmos, vel, ut mss., syndicasmos, id est collatio, quando sibi aut personæ aut causæ sive ex contrario, sive ex simili comparantur : *Eloquia Domini eloquia casta.* Hic eloquia divina laudantur : superius vero sermo humanus arguitur. Pag. 46 et 178.

Συνεκδοχή. Synecdoche est figura quæ significat a toto partem : *Confitebor tibi, Domine, in toto corde meo; narrabo omnia mirabilia tua.* Pag. 37 et 73. Item significat a parte totum : *Exaudi orationem meam : ad te omnis caro veniet.* Pag. 211 et 230. Item, cum per id quod sequitur possumus intelligere quod præcedit. Pag. 71.

T

Ταπείνωσις, tapinosis, id est humiliatio, quoties magnitudo mirabilis rebus humillimis comparatur : *Ego autem sum vermis et non homo, opprobrium hominum et abjectio plebis.* Pag. 73 et 129. Item quando cujuslibet rei magnitudo minuitur in exiguam parvitatem : *Quoniam mille anni ante oculos tuos tanquam dies hesterna quæ præteriit, et sicut custodia in nocte.* Pag. 305 et 339.

Ταυτολογία, tautologia, id est ejusdem sermonis iteratio. *Desiderium animæ ejus tribuisti ei.* Desiderium ejus animæ fuit, sicut in Evangelio dicit : *Desiderio desideravi manducare vobiscum hoc pascha* (*Luc.* XXII, 15). Pag. 69 et 218.

Z

Ζεῦγμα, zeugma, id est conjunctio, quando multa pendentia aut uno verbo, aut una sententia concluduntur : *Qui facit hæc, non movebitur in æternum.* Pag. 52.

M. AURELII CASSIODORI
DE ANIMA.

PRÆFATIO.

627 Cum jam suscepti operis optato fine gauderem, meque duodecim voluminibus jactatum, quietis [ms. *B. Maria de Noa*, quietus] portus exciperet, ubi etsi non laudatus, certe liberatus advenerem, amicorum me suave collegium in salum rursus cogitationis expressit, postulans ut aliqua quæ tam in libris sacris, quam in sæcularibus abstrusa compereram, de animæ substantia, vel de ejus virtutibus aperirem, cui datum est tam ingentium [ms. *Juret.*, ingentia] rerum secreta reserare : addens nimis ineptum esse, si eam, per quam plura cognoscimus, quasi a nobis alienam ignorare patiamur, dum ad omnia sit utile nosse qua sapimus. Nulla enim peregrina res est de sensu proprio loqui, quando sibi natura interrogata respondet; nec longe tendit, ut se invenire prævaleat; nobiscum semper est ipsa quam quærimus, adest, tractat, loquitur, et (si fas est) inter ista nescitur.

Proinde nota esse debet, quæ sibi præsto est : quia tunc magis ante se ponitur, cum subtilius de ipsa tractatur. Nam dum a sapientibus præceptum sit ut cognoscamus nosmetipsos, quemadmodum sustineri potest, si nos habemus incognitos? Cupimus enim nosse planetarum cœlo contrarios cursus, signorum consentaneum lapsum. Sunt enim ex eis alia manentia, motuque carentia, alia vero quæ mobili semper rotatione vertuntur, nec ullis temporibus conquiescunt. Hæc ut mundani doctores exquirere tentaverunt, harmonicis delectationibus inæstimabili modulatione volvuntur. Quorum tinnitus atque concentus adunatus efficit dulcisonum melos.

Desideramus etiam comprehendere altitudinem ætheris, mensuram telluris, nubigeras pluvias, sive grandinis procellas, tremorem stabilium terrarum, naturam vagantium ventorum, profunditatem inconstantis maris, potestates virentium herbarum, quatuor elementorum per omne corpus dissociatas complexiones, et ferendum est ipsam se scire non posse, cui superne datum est tanta discutere? Non enim aliquid contentione [*ed.* contentiose] quærimus, sed res profundissimas modestissime nosse desideramus. Discamus ergo primum, quare anima dicatur; deinde, qualis sit ejus definitio. Tertio, quæ sit ejus qualitas substantialis. Quarto, si formam aliquam habere credenda est. Quinto, quas virtutes habeat morales, quas Græci ἀρετάς vocant, ad decus ejus et gloriam contributas. Sexto, quæ illi sint virtutes naturales, ad substantiam scilicet corporis continendam. Septimo, de origine animæ disseratur. Octavo, cum sit per omnia membra diffusa, ubi potius insidere credenda est. Nono, de corporis ipsius forma et compositione noscamus. Decimo, quas proprietates habeat anima peccatorum, per competentia nobis signa declaretur. Undecimo, qua noscantur discretione, justorum; quatenus quas oculis istis videre non possumus, per indicia probabilia colligamus. Duodecimo, in resurrectione, quam vere sapiens credit, quid de singulis fieri sentiatur, maxime desideramus agnoscere; quatenus fragilia corda mortalium ad divinitus promissa desideria concitentur. Hæc nobis (præstante Deo) ordine custodito responde; ut et nos facile possimus imbui, et tu gloriam debeas invenire doctoris.

Dixi propositiones has non præceptis regum [*ms. S. Aud.*, legum], [a] quæ nuper agebantur, sed profundis et remotis dialogis convenire, qui non tam istas aures corporeas, sed interioris hominis intentum atque purissimum quærere probantur auditum, nec ideo facile posse de ipsa dici, quia per **628** eam innumera novimus explicari. Oculus enim [b], qui usque ad sidera tendit, se videre non prævalet; et palatus noster, cum diversa gustu sentiat, cujus ipse sit saporis ignorat. Nares etiam fragrantium corporum varios odores attrahunt; sed quid oleant ipsæ non sentiunt. Cerebrum denique nostrum, licet sensum membris reliquis tradat, ipsum tamen sensum legitur non habere.

Deinde qualia fatigatus possim disserere, qui jam ad laboris terminum avida mente properarem? Postremo tam suaves amici imponitis iterum cogitare, quod a cogendo dici absoluta cognoscitis ratione constare; præsertim dum hæc res a multis disputata, sed pene inexplicabilis videbatur esse derelicta. Sed cum his ac talibus ingenia eorum multis allegationibus nequiverim superare, nec mihi concedere meum velle decrevissent: victus petii ut me saltem diebus aliquot sustinerent, nec præcipitanter quærerent quod plenum difficultatibus imperarent [*ms. A et N.*, impetrarent). Quocirca illud mihi accidit Prothei, qui quod voluntate non eligebat pandere, constrictus vinculis cogebatur absolvere. Hoc tamen inde tolerabile visum est, quia de tali re urgebar dicere; quæ si (Deo favente) veraciter exprimatur, et audientem merito recreat, et sensum bene persuadentis illuminat. Quapropter antequam rem ingrediar expetitam, oportet prius nominum similitudines, quasi ramos obviantes abscidere, ne semitam disputationis nostræ vocabulorum consonantium silva umbrosis imaginibus videatur intexere.

CAPUT PRIMUM.
Quare anima dicatur.

Anima igitur hominis proprie dicitur, non etiam pecudum, quia illorum vita in sanguine tantum noscitur constituta. Hæc vero quoniam immortalis est, anima recte appellatur, quasi ἄναιμα, id est a sanguine longe discreta: quia et post mortem corporis perfectam ejus constat esse substantiam, sicut in subsequentibus suo loco declarabitur. Alii vero appellatam animam dicunt, eo quod animet substantiam corporis sui atque vivificet. Animus vero dicitur ἀπὸ τοῦ ἀνέμου, id est a vento, eo quod velocissime cogitatio ejus ad similitudinem venti motu celeri pervagatur. Fit autem ex appetitu animæ pro desiderii ejus qualitate commotus. Mens autem dicitur ἀπὸ τῆς μήνης, id est a luna [c]; quæ licet varia vicissitudine commutetur, quadam se tamen in id quod fuit, perfecta novitate restituit. Modo enim tribulationibus attenuata, quasi probatur obscura; modo iterum in vigorem naturalem lætitia commeante reparatur.

Spiritus itaque triplici modo dicitur. Appellatur enim veraciter et proprie spiritus Deus: nullius indigens, ipse vero a creaturis omnibus indigetur; inspirans quod [*ed.*, quo] vult, et dispensans omnia prout vult; complens universa, totus in toto, immobilis loco, et volubilitate [*mss.*, Voluntate] æternus, cunctaque quæ summa sunt singulariter potens. Vocamus et spiritum substantiam tenuem nobisque invisibilem, creatam, immortalem, quantum illi utiliter datum est, valentem. Tertio spiritum dicimus per totum corpus emissum atque receptum, per quem vita mortalium flatu necessario continetur, nec aliquando otium capiens, jugi mobilitate reparatur.

Atque ideo sciendum est animum et mentem proprie animam non vocari; sed quia res istæ in anima excellunt, interdum per licentiam sic dicuntur. Nec pro anima utique spiritus distincte ponitur, quia hoc illi nomen est commune cum cæteris, id est, angelis, potestatibus aeris, et quæcunque spiritu continentur. Nec iste spiritus veraciter potest dici anima, qui aeris alternatione [*ms. S. Aud.*, altercatione] resolvitur, quando cum pecoribus illi res ista communis est. Restat ut segregatim atque significanter anima hominis dicatur spiritalis substantia, quæ nullatenus sanguinis effusione consumitur. Nunc de ipsius animæ substantia liberius disseramus, quia eam a similitudine nominum necessaria separatione discrevimus. Qua-

---

[a] Alludit ad varias formulas a se scriptas, cum esset cancellarius in aula regum Gothorum.
[b] Vide Basilium homil. 9 in Hexaemer., circa finem.
[c] Anima lunæ comparatur; sic etiam Ecclesia eadem ratione ab Ambrosio in epistola contra Symmachum pag. 231; et Glica in Animalib. pag. 52.

propter imprimis prægnantem *[ed., primatem] rerum definitionem cautissima deliberatione formemus; ut consequentia, quæ inde potuerint nasci, fide generis [ed., genitoris] sui facillime videantur agnosci.

CAPUT II.
De definitione animæ.

Magistri sæcularium litterarum aiunt animam esse substantiam simplicem, speciem naturalem, distantem a materia corporis sui, organum membrorum, et virtutem vitæ habentem. Anima autem hominis, ut veracium doctorum consentit auctoritas, est a Deo creata, spiritalis propriaque substantia, sui corporis vivificatrix, rationabilis quidem et immortalis, sed in bonum malumque convertibilis. Edita [ed., Editum] est quasi parturiale ovum, ubi vita futuræ avis, pennarumque grata varietas continentur. Nunc aperiatur in partes, quia hominum consuetudo est facilius discere [ms. S. Aud., dicere] quæ divisa possunt evidentius elucere.

A Deo fieri, vel factas hominum animas prudentium nullus ignorat. Quando omne quod existit aut Creator est, aut creatura. Creatrix igitur nulla creata potest esse substantia: quoniam ut ipsa subsistat, indiget Deo, et dare non potest alteri subsistentiam [ms. S. Aud., substantiam], quam tantum ut haberet, accepit. Superest ut eam verissime a Divinitate conditam esse fateamur, quæ sola creare potest mortalia et immortalia. Evidenter enim legitur in Salomone: *Et revertatur pulvis in terram sicut erat, et spiritus revertatur ad Deum, qui dedit eum* (*Eccli.* XII, 7). Et alibi: *Omnem flatum ego feci* (*Isai.* LVII, 16).

Hanc proinde spiritualem [ed., specialem] substantiam probabilis et absoluta ratio confitetur: quia dum omnia corporalia tribus noverimus lineis contineri, longitudine, latitudine, profunditate, nihil tale probatur in anima reperiri. Deinde quod corpori sociata, quamvis ipsius mole prægravetur, opiniones rerum sollicita curiositate perpendit, cœlestia profunde cogitat, naturalia subtili indagatione investigat, et de ipso quoque Conditore suo ardua nosse desiderat. Quod si esset corporalis, cogitationibus suis spiritalia nec cerneret utique, nec videret. Cesset ergo de ejus corporalitate suspicio, quando et definitionem corporis a se omnibus modis reddit alienam, et tales causas exquirit, ad quas solus sublimis spiritus pervenire contendit. Hinc est quod et scripturis sanctis justissime commonetur, omnia mundi istius visualia contemnere: quoniam ipsa incorporea est, ut merito ad spiritalia tendat, quibus se similem cognoscit esse formatam. Propria est utique illi substantia, quando nullus spiritus alter carnem suscipit, ut ejus passionibus aut condoleat, aut lætetur.

Illa autem, quomodo diximus, sui corporis vivificatrix est: quia mox ut data fuerit, ineffabili conditione diligit carnem suam [ed., carcerem suum amat], propter quod libera esse non potest, quia doloribus ejus vehementer afficitur; formidat interitum [ms. Aud., mori], quæ non potest mori; et sic est ad corporis sui casus trepida, ut ipsam magis sustinere credas extrema, quæ non potest deficere per naturam. Saluberrima quoque carnis temperatione perfruitur, oculorum speculatione depascitur, sonoris delectatur auditibus, suavissimis jucundatur odoribus, necessaria gustus epulatione delinitur; et licet his rebus nullatenus ipsa vescatur, subductis tamen talibus, gravissimo mœrore conficitur; desiderans non sibi naturaliter accommoda, sed adjunctis artubus profutura. Hinc nonnunquam subrepunt [mss., subripiunt] vitia contraria rationi, quando anima dilecto corpori indulgentius remittendo, locum noscitur præbere peccato. Vita igitur corporis susceptæ animæ præsentia est; mors autem, ejus probatur abscessus. Sic diem dicimus, lustrante sole, qui cum discesserit, nox vocatur. Vivit ergo corpus animæ præsidio, et ex ipsa probatur accipere, unde se prævalet commovere.

Sed quoniam et hoc quoque ad vitæ genus de quo loquimur noscitur pertinere, sciendum est, cum se partibus corporis ille vigor ignitus infuderit, materiamque carnalem spiritus vitalis afflaverit, si quod fortasse vulnus acceperit, statim condolet, quia ubique substantialiter inserta est. Quod si virtus ejus tantum esset, calorque corpus vegetaret[b], incisum digitum non poterat condolere; sicut nec sol probatur quidquam sentire, si ejus radios secare tentaveris. Tota ergo est in partibus suis, nec alibi major, alibi minor est: sed [ms. Aud, nec] alicubi intensius, alicubi remissius, ubique tamen vitali intensione porrigitur. Colligit se in unum atque copulat; membra sua non sinit defluere vel contabescere, quæ vitali vigore custodit; alimenta competentia ubique dispergit, congruentiam in eis modumque conservans. Mirum præterea videtur rem incorpoream membris solidissimis colligatam, et sic distantes naturas in unam convenientiam fuisse perductas, ut nec anima se possit segregare cum velit, nec retinere, cum jussionem Creatoris agnoverit. Clausa illi sunt universa, cum præcipitur insidere; aperta redduntur omnia, cum jubetur exire. Nam si acerbus dolor vulneris infligatur, sine auctoris imperio non amittitur, sicut nec sine ipsius munere custoditur. Hinc est quod frequenter graviter vulneratos videmus evadere, et rursus levibus occasionibus interire.

Rationem vero homini inesse quis dubitet? quando divina tractat, humana sapit, artibus docetur egregiis, disciplinis eruditur eximiis; et hinc cætera animalia decenter excellit, quod eum ratio decora componit.

Rationem vero dico animi probabilem motum, qui per ea quæ conceduntur atque nota sunt, ad aliquod ignotum ducitur, perveniens ad veritatis arcanum. Hæc conjecturis atque argumentis ad illud properare

---

[a] **Prægnans** definitio recte; nam dicit in fine capitis sequentis: *Ecce gravida definitio illa jam feta est.*

[b] Ed., *nisi virtus ejus, scilicet calor, tantum membra vegetaret.*

rupit, quod in rerum natura esse cognoscit. Ipsa enim vera, et pura, et certa ratio dicenda est, quæ ab omni imagine falsitatis redditur aliena. Datum est ergo illi cogitationes suas quodammodo apprehendere, et per obsequium linguæ volubili motione [*mss., mutatione*] disserere. In corpore posita anima, quam multa videt non a se egrediens! Quam diversa circumspicit! Ubique quasi distenditur, et animæ fieri discessio non probatur : movetur, erigitur, fluctuari cognoscitur, et in seipsa tanquam in magno currens spatio, pervagatur. Hæc non exit ad causas, sed tractatibus [*ed.*, tractibus] suis sibi repræsentat quod sua cogitatione respiciat : modo quod oculis vidit carnalibus, modo quod phantastica imaginatione concepit. Cogitat plane singillatim, sicut et loquitur ; per ordinem sensus nihil perficit [*ed.*, proficit], cum se diversitate confundit : quia Divinitatis est proprium multa disponere, et omnia simul modulis competentibus explicare.

Rationis itaque largitate dotata, quot bona munere Divinitatis invenit! Litterarum formas reperit, diversarum artium utilitates disciplinasque protulit, civitates defensibili muro cinxit, varii generis amictus [*Jur.*, armenta] ejecit, meliores fructus per industriam exegit, terras transcurrit, abyssos alato [*ms. Aud.*, apto] navigio, vastos montes in usum viantium perforavit, portus ad utilitatem navigantium lunari dispositione conclusit, ornavit pulcherrima fabricarum dispositione tellurem. Quis jam de ejus ratione dubitet, quando ab auctore suo illuminata facit arte conspici, quod debeat sub omni celebritate laudari? Convenit nunc de ejus immortalitate disserere.

Immortales esse animas auctores sæcularium litterarum multifarie probaverunt, dicentes : Si omne quod vivificat aliud, in semetipso vivit, et utique immortale est; anima autem, quoniam vivificat corpus, in semetipsa vivit : utique immortalis est. Dicunt etiam : Omnia immortalia simplicia sunt; anima autem non est harmonica, neque constat ex pluribus, sed simplex natura est : anima igitur immortalis est. Iterumque proponunt : Quidquid a contrarietate originali non corrumpitur, immortale jugiter perseverat; anima igitur, quoniam simplex atque pura est, sine dubio immortalis est. Adjiciunt quoque : Omne rationale quod seipsum movet, immortale est ; anima autem rationalis seipsam movet; igitur immortalis est. Nos autem immortales esse animas facile veridicis lectionibus approbamus. Nam cum eas ad imaginem et similitudinem auctoris sui legamus effectas, quis audeat contra sanctam auctoritatem mortales dicere? ut impudenter potius asseratur eas a Creatoris sui similitudine discrepare. Nam quemadmodum poterat esse imago aut similitudo Dei, si animæ hominum mortis termino clauderentur? Ille enim ineffabiliter semper vivens, ineffabiliter semper manens, perennitatem ipse custodiens, qui omnia continet, omnia disponit, potens est sine dubitatione immortalis immortalia facere, et pro suo modulo vitæ competentia dare.

630 Dicet aliquis : Quomodo sum similis Deo, cum immortalia minime creare prævaleam? Cui sic per aliquam comparationem respondendum esse judicamus : Nunquid pictura, quæ nobis est similis, potest imitari quæ facimus? Imago enim potest aliquam habere similitudinem. Cæterum hoc non potest implere, quod veritas. Nam et hinc immortalem debemus agnoscere, quod appetit de immortalitate cogitare; desiderat enim post mortem corporis sui nominis famam relinquere, cupit sine fine laudari; et bona conscientia plus est de futuris attonita, ne a posteris maculetur relata. Hinc est quod inter sublimiores constat auctores, quia quidquid dignitate rationis erigitur, mortis injuria non premitur. Adde quod veritas absolute profitetur malis juge supplicium, bonis perpetua gaudia se daturam; ut non sit fas cum hæsitatione recipi, quod dignatur omnipotens Divinitas polliceri.

Verum hanc immortalitatem animæ, non talem debemus advertere, quæ nullam recipiat passionem ; est enim mutabilitati obnoxia et mœroribus pervia ; sed tamen inter quævis tædia vel anxietates continuationis beneficio perseverat. Singulariter autem immortalis Deus est, singulariter justus, singulariter potens, singulariter bonus, singulariter sanctus. Quoniam licet ista, vel his similia hominibus vel angelis inesse dicantur, nullatenus tamen ad ejus altitudinem reverendæ potestatis attingunt. Omnes enim arduæ virtutes in summitate illa plenissimæ atque perfectissimæ sunt, quæ creaturis universis, ipsius largitate pro suo modulo conceduntur.

Nunc sciendum est hæc immortalis anima quemadmodum degere sentiatur. Vivit in se post hujus sæculi amissionem non reflante spiritu, sicut corpus, sed æquali mobilitate, quæ illi attributa est : pura, subtilis, cita, æterna, videt, audit, tangit, ac reliquis sensibus efficacius valet; non jam ex partibus suis hæc intelligens, sed omnia spiritualiter [*ed.*, specialiter] ex toto cognoscens. Alioquin absurdum est putare minus posse liberam, quam mole brutissimi corporis ingravatam. Talia enim intelligere posse non dubium est, et angelos et potestates aereas, vel cætera quæ sublimi atque immortali substantia constare noscuntur. Reliquum est ut nunc obnoxiam mobilitati currente ordine doceamus. Atque utinam esset ambiguum, et non facile probaremus, in quam partem frequenter currimus [*ed.*, incurrimus].

Quis autem dubitet, modo nos esse gaudio sublevatos, modo mœrore dejectos; modo pietate mites, modo indignatione terribiles; nunc ad virtutes animos erigere, nunc iterum ad vitia declinare? Alia tenaciter assumimus, alia oblivione respuimus ; quod nunc placet, post displicet. Bonorum etiam sermonibus ædificamur, malorum collocutione destruimur ; et quantum proficimus cum rectis, tantum deteriores esse novimus cum pessimis. Nam si nos unus rigor, unum propositum contineret, nec boni ex malis, nec beati ex improbis mutabilitatis beneficio redderemur. Sed ut causa varietatis [*ms. Aud.*, veritatis] hujus evidentius possit agnosci, recordemur (ut dictum est) prudentiam non esse nobis immutabilem contribuam; et ideo sapimus, cum divina illuminatione bene gerimus; atque iterum desipimus, cum delictis caligantibus obscuramur [*ed.*, obcæcamur]. Affectio enim, quæ venit et recedit, semper incerta est. Solus omnipotens Deus est, cui hoc est esse quod sapere, hoc est posse quod vivere, hoc est velle quod facere. Et merito, quando universa quæ vere bona sunt non ad illum veniunt, sed ab ipso procedunt.

Quapropter hæc anima, cujus diximus originem, non intelligenda est pars Dei, ut quidam dementium irreligiosa voluntate putaverunt, quia convertibilis est; neque angelorum, quia carni sociabilis est; neque ex aere, neque ex igne, neque ex aqua, neque ex terra, neque ex eis quæ mutua complexione junguntur; sed simplex et propria quædam natura, et ab aliis spiritibus discreta substantia, quam longe subtiliorem aere, et lucidiorem debemus advertere, quando istum vulgariter intuemur, illam vero conditione carnis aspicere non valemus. Hanc speciem naturalis mobilitas semper exagitat ad cogitationes suas communiter explicandas. Hinc est quod per quietem remissi, dum materia nobis fuerit solitæ cogitationis abstracta, necdum intenti ad quotidianas fuerimus solemniter actiones, et res varias nunc falsis, nunc veris inspectionibus somniamus. Parum est quod sopitis sensibus volatica imaginatione deludimur, dum frequenter etiam vigilantes a nostra contemplatione traducimur. Sæpe enim cum nos in oratione magna intentione dirigimus, ludo nescio quo insperatis [*ed.*, inspiratis] subito cogitationibus amovemur; et ita provenit, ut menti nescio quod adversum suggeratur, quod dispositum non habemus.

Constat ergo animam in hoc mundo instabili et variabili voluntate converti, bonarumque rerum esse amissibilem ac receptibilem, nec uno semper voluntatis suæ rigore subsistere, sed etiam contra propositum suum multiplici se conversione mutare. Nec de illis sumus qui dicunt recolere magis animas [a], quam discere usuales artes et reliquas disciplinas; cum et ad interrogata sint paratæ, ubi potuerint intellectu perveniente [*ed.*, interveniente] contingere, et nova sic audiant, quasi nihil ex eis ante didicissent. Ecce gravida definitio illa jam feta est, ecce in lucem (ni fallor) quæ fuerant clausa, proruperunt. Non est quidquam de proposita complexione derelictum, cujus talis est disciplina, ut id quod intendit, ita explicet atque determinet, ut neque minus, neque amplius aliquid dixisse videatur. Nunc ad substantialem ejus qualitatem sollicitis sensibus accedamus, quam interrogationis vestræ tertium locum tenere memoramini.

CAPUT III.
De qualitate substantiali animæ.

Qualitatem itaque substantiæ hujus auctores igneam esse dixerunt, propterea quod mobili semper ardore vegetetur, et juncta corpori calore suo membra vivificet; deinde quod cuncta cœlestia flammeo referunt vigore constare, non isto fumeo, consumptibili et temporali, sed ex tranquillo, nutritore atque immortali. Hoc neque minuitur, neque crescit; sed in susceptæ originis dignitate jugiter perseverat. Quod ideo finiri nequit, quia nulla ut corpus, aliquot elementorum diversitate concretum est. Unum enim atque simplex habere nescit adversum; et ideo semper manet, quoniam in essentia sua non habet litem. Sic immortalia cuncta creata dicuntur, quibus spiritualis est concessa substantia. Nos autem lumen esse potius non improbe dixerimus propter imaginem Dei, quam inter conditiones rerum (quantum illi pro modulo suo necessarium fuit) decenter accepisse memoratur. Ipse enim Deus omnipotens *solus habet immortalitatem, et lumen habitat inaccessibile* (*I Tim.* vi, 16), quod supra omnes claritates, vel admirationes sanitas mentis intelligit, sed imago aliquam habet similitudinem. Cæterum hæc lumen habere non potest, quod veritas. Illud autem, quod ineffabile veneramur [*ed.*, veremur] arcanum, quod ubique totum et invisibiliter præsens est, Pater, et Filius, et Spiritus sanctus, una essentia et indiscreta majestas, splendor supra omnes fulgores, gloria super omne præconium, quod mundissima mens et Deo dedita [*ed.*, dicata] potest quidem ex aliqua parte sentire, sed idonee non valet explicare. Nam quemadmodum fas est de illo sufficienter dici qui creaturæ sensu non potest comprehendi?

Egrediamur licet pietate nimia modum animæ nostræ, et immensa religione supra nosmetipsos alta cogitatione sileamus, transeamus etiam potestates cœlestium creaturarum, profundeque tractemus quis sit qui tam magna una jussione, uno momento fecerit: tamen quidquid miramur, amplius est; quidquid sentimus, excelsius, dum ad illam imperspicabilem majestatem mens humana non penetrat. Una ergo ratio potentiæ hujus est venerari, quod investigabilis est; non definitive quærere qualis quantusque sit.

His itaque rebus edocti, lumen aliquod substantiale animas habere, haud improbe videmur advertere, quando in Evangelio legitur: *Lumen quod illuminat omnem hominem venientem in hunc mundum* (*Joan.* i, 9). Deinde, quando in cogitatione positi, nescio quid tenue, volubile, clarum in nobis esse sentimus, quod respicit sine sole, quod videt sine extraneo lumine. Nam si ipsum in se lucidum non esset, rerum tantam conspicientiam non haberet. Tenebrosis ista non data sunt. Omnia cæca torpescunt. Istius enim tam violenta sunt lumina, ut etiam intueantur absentia. Animæ tamen tunc multo clariores atque immutabiliores efficiuntur, cum a Dei gratia bonis actibus [*ed.*, factis] non recedunt. Earum enim speculativa virtute multa atque ardua, quæ in arcano naturæ recondita sunt, inspici et comprehendi usu

---

[a] Animæ nulla reminiscentia est. Vide Arnobium, lib. ii, pag. 519.

ipso certissimum est. Nunc inspiciamus utrum formas animæ habere credantur, quas incorporeas esse jam diximus.

CAPUT IV.
Utrum anima formam habeat.

Prius scire convenit, definitione majorum, formæ ipsius veracissimam complexionem : formam vero dico, quæ aliquod spatium linea lineisve concludit; et sic facile datur intelligi, si eam possunt animæ suscipere, quas spiritali certum est vigore subsistere. Nam cum omnis forma aut in superficie sit aut in corpore, superficies nonnisi in corpore, corpus vero solidum atque palpabile; ab his autem rebus animam constet manifeste exceptam [*ed.*, exemptam] : residuum est ut formas animæ nullatenus habere putandæ sint, sed valde infiguratæ atque incorporales in sua qualitate permaneant.

Nec illud moveat quod Apostolus de Christo Domino dicit : *Qui cum in forma Dei esset, non rapinam arbitratus est esse se æqualem Deo* (*Philip.* II, 6), etc. Ibi enim naturam vult intelligi. Cæterum incorporeus Deus, ubique totus, atque incomprehensibilis est, quam potuit habere formam? Illud autem quod in Evangelio legitur (*Luc.* XVI, 23, 24), post hujus lucis occasum Abrahæ sinibus egentem Lazarum fuisse susceptum; divitem vero flammis adurentibus æstuantem, guttam postulasse unde ejus temperaretur incendium; ideo intelligitur positum, ut humani generis rerum ruinosa præsumptio quid formidare debuisset agnosceret. Cæterum nec ille lingua locutus est, quam constat esse corpoream; nec ille digitos habuit, unde cadentibus guttis incendium divitis temperare potuisset. Nam et reliqua in hunc modum suscipienda sunt, quæ a lectione simili continentur. Parum est enim quod de creatura ista memorantur ad consuetudinem humani generis instruendam : ipsum quoque auctorem impassibilem, immutabilem, perenniter uno modo manentem, furere legimus, dormitare frequenter audivimus; non quod talia possint Domino convenire, sed ut res aliquæ ex humana consuetudine facilius compendiosiusque noscantur. Sic animas, nobis informes, formas legimus frequenter accipere.

Solet etiam aliquos permovere, si anima non habeat quantitatem, dum eam constet intra corpus hominis contineri. Sed si definitionem veracissimam quantitatis revocemus in medium, quæ res singulas breviter semper absolvit, facile nobis probata veritas elucescit. Sic enim arithmetici eam compendiosa veritate describunt : Omnis quantitas aut de continuatis constat, ut arbor, homo, et mons; aut de disjunctis, ut chorus, populus, vel acervus, et his similia. Sed cum anima neque de continuatis, neque de disjunctis sit, quia corpus non est, clarum est eam quantitatem penitus non habere; sed ubicunque est, nec formam recipit, nec habere nobis dicenda est aliquam quantitatem. Creatori tamen circumstantias earum et quantitates patere posse credendum est, quia *omnia sub mensura, numero et pondere creavit* (*Sap.* XI, 21) : et ipsi soli sunt vere nota, qui ea fecit, qui mira potentia ipsas quoque cogitationes nostras quasi res visibiles intuetur; qui innocentis sanguinem audit clamantem (*Gen.* IV, 10); ad postremum, qui novit omnia antequam fiant. Tempus est venire ad virtutes morales, quæ sunt ambiendæ divitiæ; et revera pretiosus census animarum, quas Græci ἀρετὰς vocant, quibus contra immunditiam corporalem suam nititur bona conscientia vindicare puritatem.

CAPUT V.
De moralibus virtutibus animæ.

Primum adversum prava vel iniqua justitiæ munimen objectum est; cujus, ut veteres definire voluerunt, talis noscitur esse complexio. Justitia est habitus animi, pro communi utilitate servatus, suam cuique tribuens dignitatem. Contra confusa et incerta prudentia utiliter adhibetur. Prudentia vero est rerum bonarum et malarum verax scientia. Contra adversa vel prospera remedialis opponitur fortitudo. Fortitudo autem est considerata periculorum susceptio et laborum firma perpessio. Contra igitur illicitas et voluptates fervidas moderatrix nobis temperantia suffragatur. Temperantia quippe est adversus libidinem atque alios non rectos impetus animi firma et moderata dominatio. His igitur munitionibus divina opitulatione concessis, velut quadruplici thorace circumdata, in hoc mundo mortifero salus animæ custoditur; nec potest a vitiis adiri, quæ tanta meruit tuitione vallari.

Sed hoc virtutum quadripertitum decus, trina (ut ita dixerim) parte completur. Prima est contemplatio, quæ aciem nostræ mentis extendit ad res subtilissimas intuendas. Secunda, judicialis, quæ discretionem boni maligue rationabili æstimatione pertractat. Tertia, memoria, cum res inspectæ atque deliberatæ in animi penetralibus fida commendatione reponuntur; ut quasi in quodam conceptaculo suscipiamus, quæ frequenti meditatione combibimus. Vestiaria nostra cum fuerint plena nihil capiunt : hoc thesaurarium non gravatur oneratum, sed cum multa condiderit, sciendi desiderio plus requirit. Tetigimus supradictas partes quasi harmoniam trichordem. Tali enim numero delectatur anima : ipso etiam noscitur gaudere Divinitas.

Solent commovere aliqui subtilissimas quæstiones dicentes : Si Divinitas perfectas et rationabiles animas creat, cur aut posito sensu vivunt infantes, aut juvenes inveniuntur excordes? Sed quis non intendat animas parvulorum imbecillitate corporis, nec officia sensuum, nec ministeria posse explicare membrorum? Ut si ignem angusto vase concludas, altum (ut illius moris est) nequit appetere, quia eum arctissimum obstaculum constat operire. Tunc enim unicuique rei facultas sua videtur suppetere, cum illi nihil contrarium prævalet impedire. Sic et stultis juvenibus obviat, quod aut imparilitate partium, aut crassitudine humorum materni uteri vitio suscepto, anima inepta nimis habitatione [*ms. Aud.*, hebetudine] deprimitur, et vim suam exercere non prævalet inconvenientis domicilii sede præpedita; quod stultis accidere hodieque conspicimus, quos Græci μωρίονας vocant. Nam ut de usuali quoque dicamus eventu, quam multi morbis accedentibus, aut onerato cerebro, aut præcordiorum stupore confusi, acumen solitæ sapientiæ perdiderunt! Quanti etiam momentanea læsione mutati sunt! Nam et ipse qui celeberrime sapiens habetur, copioso prandio refertus, quam facile in crapulam dilapsus obtunditur, ut virum illum prudentissime disserentem, difficile vel vivum credas, quem se nec movere posse conspicias! Unum tamen certissime scio, sapientes nimis felicissimos fieri, qui misericordia Domini a talibus adversitatibus redduntur alieni. Forte sint et aliæ causæ, quæ rationabili animæ ad motus proprios explicandos adversum ire videantur.

Cæterum animæ nec crescunt cum parvulis [a], nec fatuis aliæ varia discretione tribuuntur; sed sicut immortalitatem jugiter sumunt, ita et rationales esse generaliter sentiuntur. Parvulis enim ratio crescit longa meditatione, non anima. Nunc ad reliqua currente ordine transeamus.

CAPUT VI.
De naturalibus virtutibus animæ.

Virtutes animæ naturales quinquepertitas veteres esse voluerunt. Prima est in utraque parte sensibilis, quæ nobis tribuit intelligentiæ sensum, per quam [ms. Aud., quem] omnia incorporalia varia imaginatione sentimus : facit etiam corporales vigere sensus, id est, visum, auditum, odoratum, gustum et tactum, quo dura et mollia, lenia asperaque sentimus.

Secunda, imperativa, quæ jubet organis corporalibus motus diversos, quos implere decreverit : hoc est, transferri de loco ad locum, voces edere, membra curvare. Hæc exempli causa posuimus, ut in his similia dixisse videamur.

Tertia, principalis, cum ab omni actu remoti, in otium reponimur, et corporalibus sensibus quietis profundius aliquid firmiusque tractamus. Hinc est quod ætate maturi melius sapere judicantur : quia senescentibus membris et corporalibus sensibus mollitis, proxima [alias, pro maxima] parte in consilium transeunt : ubi dum mens amplius occupatur, robustior virtute adunationis efficitur. Sed iterum desipiunt, cum nimia debilitate deponuntur : quoniam datum est animabus ad tempus suorum sequi corporum necessitates.

Quarta, vitalis, id est calor animi naturalis, qui nobis propter suum fervorem moderandum, auras æthereas hauriendo atque reddendo, vitam tribuit et salutem.

Quinta, delectatio, hoc est appetitus boni malique, quem sub jucunditate animus concupiscit.

Ecce iterum quadripertita subdivisione ad sustentationem corporis explicandam, pars ista refunditur. Prima est attractiva, rapiens de naturali, quod sibi necessarium sentit. Secunda, retentoria, assumpta retinens, donec ex his utilis decoctio procuretur. Tertia, translativa, quæ accepta in aliud convertit atque transponit. Quarta, expulsiva, quæ ut natura fiat libera, sibi nocitura depellit. Solvimus (ut datum est) quasi alium nodum; inclinavimus velut sextum collem; ut difficultatis cacumine deplanato, inoffense ad reliqua gradiamur. Nunc ad originem animæ, quoniam difficultatibus plena est, cautissime veniamus.

CAPUT VII.
De origine animæ.

Legimus (Gen. II, 7) in conditione rerum, mox ut de limo terræ corpus effectum est, statim Dominum insufflasse, factumque esse Adam in animam viventem. Insufflavit enim, dictum est, ad exprimendam operis dignitatem, ut agnosceretur aliquid eximium, quod ejus ore prolatum est. Cæterum hoc significat insufflatio ejus, quod mandatum et jussio. Nam insufflare quemadmodum potest, qui neque spiritum resolvit, neque buccas habet, quæ constat esse corporea? Hoc nonnulli secuti dixerunt, mox ut semen humanum coagulatum fuerit in vitalem substantiam, illico 633 creatas animas corporibus dari discretas atque perfectas. Medendi autem artifices quadragesimo die humanum atque mortale pecus animam dicunt accipere, cum se in utero matris cœperit commovere.

Opinione quoque fertur aliquorum, quod Creator ille potentissimus, sicut de corpore nostro semen carnis educit, ita et de animæ qualitate animam novam posse generari; quatenus originalis illius peccati, quod catholica confitetur Ecclesia, per traducem delicti rea possit ostendi, nisi dono baptismatis fuerit absoluta. Nam quemadmodum infans, qui peccandi non habet votum, reus debeat ullatenus inveniri, nisi aliqua ratione in ipsa origine animæ culpa videatur esse transfusa? Unde Pater Augustinus, religiosissima dubitatione [ed., devotione] laudando, nihil temere dicit esse firmandum, sed in ipsius esse secreto, sicut et alia multa, quæ nostra non potest nosse mediocritas. Hoc autem veraciter fixeque credendum est, et Deum animas creare, et occulta quadam ratione justissime illis imputare, quod primi hominis peccato teneantur obnoxiæ. Melius est enim in tam occultis causis confiteri ignorantiam, quam periculosam assumere fortassis audaciam, cum dicat Apostolus : *Quis enim cognovit sensum Domini? Aut quis consiliarius ejus fuit* (Rom. XI, 34)? Et iterum : *Ex parte enim scimus, et ex parte prophetamus* (I Cor. XIII, 9).

Sed quoniam in hunc locum tenor nos disputationis adduxit, ut animas reas per traducem peccati generaliter esse diceremus, convenit animam Christi Domini in medium deducere, ne quis calumniosa intentione perversus, simili eam putet conditione constrictam. Audiamus igitur originem ejus sanctæ [ed., sanctam] Mariæ semper virgini digno præcone

---

[a] Vide Tertullianum, lib. de Anima.

fuisse prophetatam. Ait angelus : *Spiritus sanctus superveniet in te, et virtus Altissimi obumbrabit tibi* [a] ; *propterea quod nascetur ex te sanctum, vocabitur Filius Dei* (*Luc.* 1, 35). Quis, rogo, in hac majestate nascendi aut originalis peccati credat esse culpam, aut profanam aliquam carnis suspicetur offensam? Absque peccato sine dubio venit, qui erat omnium peccata soluturus, conceptus mystico inspiramine, natus ex virgine. Nihil de Adam traxit qui ut Adæ malum vinceretur [*ed.*, solveretur] advenit. Funis ille longissimus quo nos ligabamur, abruptus est; torrens qui nos rapiebat, ibi siccatus est. Jura sua mors perdidit, dum conditio nostra vitam Redemptoris accepit. Nam primus homo posteris transmisit exitium : veniens Christus Dominus credentibus contulit regna cœlorum. Per istum enim reparat amissum statum, qui [b] per illum perdiderat meritum. Natus in gloria, conversatus sine macula. Quid potuit de illo trahere, quem contraria venit actione destruere? Sanctæ origini vita sancta respondit. Qui sine peccato est genitus, nulla est mundi labe superatus. Suscepit verum hominem natura, non vitiis. Respuit quod protoplastus deliquit, et assumpsit hominem purissimum, quem creavit : non peccatum suscipiens, sed carnem peccati sine aliqua injuria pollutionis assumens. Suavis quidem nimium mihi facta digressio est, dum suspiciones improbas amovere contendo. Sed dum ad aliud tendimus, hic [*mss.*, hinc] dicere multa non possumus. Restat nunc ut ordinem et propositum prosequentes, de sede animæ dicere debeamus.

CAPUT VIII.
De sede animæ.

Quidam sedem animæ, quamvis sit in corpore toto diffusa, in corde esse voluerunt, dicentes quod ibi purissimus sanguis et vitalis spiritus continetur, ut [*ms. Aud.*, et] inde etiam cogitationes sive bonas sive malas exire confirment; quod animæ virtutem operari posse non dubium est.

Plurimi autem in capite insidere manifestant (si fas est cum reverentia tamen dicere) ad similitudinem aliquam Divinitatis; quæ licet omnia ineffabili substantia sua regant, Scriptura tamen cœlo insidere confirmat. Dignum enim fuit ut arcem peteret, quæ se noverat cœlesti operatione sublimem ; et tali loco præ cæteris versari, unde reliqua membra debuissent competenti regimine gubernari. Nam et ipsa figura capitis sphæra [*ed.*, sphæroides] pulcherrima est, in qua sibi immortalis atque rationalis anima dignam faceret mansionem. Certe corporalia videamus. Ignis iste mortalis semper tendit ad summum, et quod habet subtilissimam naturam, ad superiora sine dubitatione festinat. Sunt et alia hujus credulitatis indicia. Nam cum medendi peritissimi testam capitis humani, gravissima percussione confractam, in soliditatem pristinam revocare contendunt, membranam qua teneritudo cerebri communitur, a sanguinea fæce detergere cupientes, frequenter attingunt; quæ statim ut tacta fuerit, in tantum stuporem homo pervenit, ut vel percussus alibi graviter, sentire non possit; sed mox iterum, ut se manus a cerebri impressione suspenderit, ad intellectum consuetudinarium redit, vocem sensumque recipiens, quid de seipso jam agatur agnoscit. Quod in aliis utique membris non probatur accidere, quamvis immanium vulnerum foveis [*ms. Aud.*, in magnam vulnerum foveam] excaventur. Additur etiam quod et sano corpori ad hanc rem pertinentia non minima signa proveniunt. Nam cum fuerit aliquis nimia indignatione flammatus, animumque suum æstu cogitationis accenderit, non fluctu viscerum, non pectoris commotione vexatur, sed statim capitis dolore percutitur; ut illic videatur anima fatigationis signa reliquisse, ubi magna visa est virtute contendere. Ibi etiam fieri absolute sentimus animæ nostræ quosdam fluctus, quosdam impetus grandiores, ut ante oculos nostros veniant, quæ absentia nullus ignorat. Tendimus quidem vigorem animi in diversas partes multasque regiones, et phantastica imaginatione ad capitis nostri judicium perducitur, quod per diversas mundi partes cognoscitur exquisitam. Denique oculos nostros defigimus omnino cogitantes, aurium sensus obstruitur, gustus cessat, nares ab odoratibus vacant [*ms. Aud.*, non odorantur], lingua non habet vocem, et multis modis per talia signa cognoscitur anima in suis quodammodo cubiculis occupata. Hæc ergo, ut putatur, in edito constituta, quasi pro tribunali sedens, appetitorum suorum noscitur esse moderatrix, boni malique judex, ambigua discernens, noxia respuens, cum tamen 634 ei gratia Divinitatis infulserit.

Fuit quidem in primo homine beatitudo naturalis, liberi arbitrii potens, et inviolata sententia; sed infelici transgressione deceptus, diabolica fraude perdidit, quod posteris traditurus acceperat; et ideo ad nos transmittere non potuit quod amisit. Inde propagatus interitus, inde humani generis nutrita defectio, inde ignorantia rationi contraria, inde noxiæ curæ, inde pœnitenda consilia, inde obscurata cognitio, turpe desiderium, justitiæ neglectus, inde mille criminum lapsus, et plura nobis cum pecoribus communia, quæ Divinitas fecerat esse discreta.

Prænuntiati enim nobis (proh dolor!) solis discessio serenitatis adventum, futuras tempestates ventorum commotione dignoscimus, venturam sæculis ubertatem temporum ratione colligimus, lætitiam nobis interdum ignari [*ms. Aud.*, ignoratam] animi præsagitione promittimus. Sed quid tale ignorare potuisset anima, si ejus fuisset dignitas custodita? Depressa est juste ad ignorantiam, quæ scire volunt contumaciter vetita. Modo enim signis aut conjecturis sapit aliqua, quæ sine labore scire potuit universa. Illud

---

[a] D. Cyprianus, lib. de Nativitate Christi : *Spiritu sancto obumbrante incendium originale exstinctum est*, etc.

[b] Ms. Aud., *amissa statuta*. Ed., *anima statum, quæ*, etc.

tamen sancta conversatione purgata, Divinitatis auxilio recipit, quod insidiis decipientis amisit. Illuminata videt a Creatore, quæ fuscata non potest a semetipsa cognoscere. Narrata sunt de anima, quanta probantur esse concessa. Sed convenit ut de ejus templo dicamus: quoniam illa imago Dei non patitur ut corpori deformi conjuncta esse videatur.

CAPUT IX.
De positione corporis.

Procerum animal et in effigiem pulcherrimæ speculationis erectum, ad res supernas et rationales intuendas, cujus harmonica dispositio ingentia nobis sacramenta declarat. Imprimis caput nostrum sex ossibus compaginatum, in similitudinem cœlestis sphæræ rotunda concavitate [*ms. Aud.*, rotundæ concavum] formatum est; ut senarium illum perfectissimum numerum sedes nostri cerebri, in cujus organo sapimus, contineret. Hinc et oculi, quasi sacrorum Testamentorum pulcherrima duo volumina [*ed.*, lumina] collocantur; ad quorum similitudinem omnia nobis combinata descendunt, ut aures, nares, labia, brachia, latera, crura, tibiæ, pedes. In hac enim mystica dualitate compago totius corporis continetur; et sicut illa Testamenta ad unum respiciunt, unum sapiunt, ita hæc officia in unam se convenientiam operationemque conjungunt. Sed hæc tamen parilitas, pulcherrima distributione consociata, alterutrum sibi mutuat ornatum.

Sunt etiam singularia in medio constituta, ne in unam partem præjudicialiter vergentia [*ed.*, urgentia], alteram competenti decore nudarent, nasus, os, guttur, pectus, umbilicus, et genitalium virga descendens, quæ laudabilia et honoranda monstrantur, quando in medio collocata consistunt. Capiti autem nostro, quod sensus capit universos, recte cervix quasi quædam columna supponitur, docens nos religionem sanctam in unam fidei consistere validissimam firmitatem. Lingua quoque, vocis nostræ decentissimum plectrum, data est ad sermonum nostrorum convenientiam temperandam, ut nos articulata verba ab animalium confusione distinguerent. Nec illud videatur incassum, quod uni gutturi duæ serviunt digestiones, scilicet, ut omnis intellectus prudentis animæ, quasi cibus acceptus, et rationis calore decoctus, per gemina Testamentorum itinera competentibus tractatibus explicetur. Et quoniam neque cornu, neque dente, neque fuga (sicut alia animalia), corporis humani forma se prævalet vindicare, robustus illi thorax brachiaque concessa sunt, ut illatam injuriam manu defenderet, et objectu pectoris [*ed.*, corporis] quasi quodam clypeo vindicaret. ᵃ Genitalia vero nostra in magnum ministerium [*ms. Aud.*, mysterium] quis dubitet attributa? Unde, præstante Deo, hominis reparatio fecunda procedit: unde mortales nesciunt habere defectum, quando, personis pereuntibus, genus noscitur servari posse continuum. Decorum membrum, si non fuisset turpi libidine sordidatum. Quid enim illo pretiosius esset, si inde humanum genus sine culpa descenderet? Sic omnia præconialia creata sunt, si peccatis polluentibus non redderentur obscena.

Hoc autem corpus animatum quinque sensibus administratur ac regitur; qui licet sint communes cum belluis, a nobis tamen rationabili judicio melius distinguuntur atque complentur. Primus eorum visus est, qui aere illuminato colores recipit corporales, et in eis suas proprietates agnoscit. Aspectus enim est (ut veteres definire maluerunt) vis animæ spiritualis, egrediens per oculi pupillam, res non adeo longinquas attingens, sed ad quas poterit pervenire, dijudicans: illud videns, ad quod destinatur ut videat. Nam si de interioribus suis oculi viderent, etiam seipsos sine dubitatione conspicerent. Hoc etiam Pater sensit Augustinus. Secundus auditus est, qui concavis et cochleatis auribus sonos accipit, aeris verberationibus concrepantes, ratione dijudicans quid sit auditum. Tertius odoratus est, qui diversos odores assumens, vim redolentium corporum, quasi quodam invisibili fumo naribus suscepto, competenti aspiramine perpendit. Quartus est gustus, quo multarum rerum saporem palati dijudicatione cognoscimus. Quintus est tactus, qui etiam cunctis membris communiter noscitur attributus. Elegantior nobis in manibus est, quæ singulariter datæ sunt ad multas cogitationes nostras communiter [*ms. Jur.*, comiter] explicandas. Altera enim per illas evenit firmior memoria; nam quod oblivisci possumus, istis scribentibus sine labore retinemus. Hæ sunt diversarum artium opifices, et pene totius nostræ operationis effectus. Nam quid prodesset sensum aliqua facienda concipere, si hæc laboriosa manus non probaretur implere? Nec illud arbitror prætereundum, quod pedes nostri manusque denaria digitorum quantitate formantur ᵇ, ut cursus vitæ nostræ atque operatio sacramenta cœlestis Decalogi contineret: ne præter legem Domini aut cogitare aliquid, aut agere deberemus. Facies ipsa prudentiæ patefacit indicia; in effigie nostra exeunt occultæ cogitationes, et ex hac parte cognoscitur qualis intus animus voluntasque versetur ᶜ.

Vultus siquidem noster, qui a voluntate nominatur, speculum quoddam est animæ suæ: quia quod substantialiter non cernitur, per hujus habitum evidentissime declaratur. Quanta possint de membris

---

ᵃ Genitalis membri dignitas. Vide Gregor. Nyssen. de Fide, Lactantium lib. de Opificio Dei cap. 13. Queri satis est homines impios ac profanos summum nefas admittere, qui dignum et admirabile Dei opus, ad propagandam successionem inexcogitabili ratione provisum et effectum, vel ad turpissimos quæstus, vel ad obscenæ libidinis pudenda opera convertunt, ut jam nihil aliud ex re sanctissima petant, quam inanem et sterilem voluptatem. Adde locum Deuteronomii cap. xxv.

ᵇ Tale est illud quod scribitur in Symbolo fidei Judæorum, p. 30, affirmativa esse Mosis præcepta 248, quot hominum membra, id est ossa a medicis numerantur: et negantia esse 365, qui numerus est dierum anni.

ᶜ Ms. Aud., *quales intus anima voluntates voluit*.

ejus reliquis dici! Cur triginta duobus dentibus gingivarum nostrarum ordo clavatus sit? Quare cervix nostra septem nodis, spina viginti tribus spondylis colligatur? Costæ viginti quatuor radiis pro viscerum defensione flectantur : ne teneritudo illa interaneorum importuna facillime læderetur injuria? Nervi quam congrua dispersione corpus omne contineant, Quomodo venæ nutribili sanguine competenter irrigent membra? Quemadmodum ossa nos medullata corroborent? Cur unguibus nostris commune sit jugiter crescere cum capillis? Quam decore, quam utiliter carnes nostras vestiat cutis, ut nec humor internus turpiter defluat, nec pulchritudo coloris subducta venustate depereat?

Sed cum membra singula diversa corpori præbere videantur officia, aliudque nobis sublime, aliud mediocre, aliud sit in ultimo constitutum, in tantam complexionis gratiam convenerunt, ut omnia sint [*ed., sibi*] necessaria, omnia probentur accommoda, sicut Apostolus ait, cum Ecclesiam Dei studio charitatis adunaret : *Non potest dicere oculus manui : Non es mihi necessaria; aut iterum caput pedibus : Non desidero operam vestram ; sed multo magis quæ videntur membra corporis infirmiora esse, necessaria sunt ; et quæ putamus ignobiliora esse corporis, his honorem abundantiorem circumdamus* (*I Cor.* xii, 21, 22, 23). Deus enim ita temperavit corpus atque distribuit, ut membra inter se mutuis adjutoriis indigerent.

Sed hoc, propter nimiam prolixitatem in summam dictum, abunde sufficiat, nullum corporale animal in tantam mysteriorum significationem fuisse formatum. Debuit enim consilio summo fieri, quod videbatur rationabili animæ esse conjungendum. O summi opificis creatura mirabilis, qui sic humani corporis lineamenta disposuit, ut si primi hominis non esset peccatis gravantibus onerata, magnis muneribus non fuisset exuta! Qualia enim meruit tunc habere libera, quæ nunc tot bona noscitur retinere damnata? Verum ista caro, quamvis diversis vitiis appetatur, multisque vulneribus lacerata subjaceat, ipsa tamen est quæ cœleste Psalterium canit, quæ gloriosos martyres facit, quæ conditorem suum visitata promeruit, quæ ipsam quoque vitalem crucem sancti Redemptoris accepit : merito jam spiritalis futura creditur, quando et hic mortalis tanto munere perfuncta gloriatur. Sic enim ista magna quidem natura, sed originali delicto peccatis quotidianis obnoxia, jejuniis, eleemosynis, assiduisque orationibus divina se suffragante gratia componit : sic emundatis sordibus peccatorum lucidam præparat mentem, ut suum suscipere mereatur auctorem. Fit Dei templum, quæ se criminibus non concessit hospitium [a]. Credo divina miseratione provisum, ut corpus subderet animæ, animam sibi, totumque salubriter ad Deum respiceret Creatorem [b].

Peractis his quæ dicenda fuerunt, congruum videtur de animarum signis indiciisque disserere : quia licet earum substantia una esse videatur, longe tamen disparibus qualitatibus segregantur. Ac primum dicamus quemadmodum malorum hominum consuetudo moresque declarentur ; quatenus quos interius videre non possumus, quibusdam indiciis extrinsecus approbemus.

CAPUT X.
De cognoscendis malis hominibus.

Omnes igitur animæ sine recta fide teterrimæ sunt, ut philosophorum, qui non Creatoris legem, sed humanum potius errorem sequuntur; et quamvis doctores videantur esse mortalium, et se disciplinarum cotibus [*ms. Aud.*, cautibus] nitantur abstergere, superstitionis tamen ærugines non declinant. Qualis enim dementia est illum colere quo melior est, et credere præstare posse qui sibi non prævalet subvenire? Nihil enim cuiquam prodest vitasse noxias cupiditates, enervatam non amasse luxuriam, deceptricem fugisse fallaciam, alienum se a terrenis vitiis effecisse; quia necesse est laboret incassum, qui remuneratorem bonorum omnium sibi reddit infensum. Cujus enim præceptis obediet, si latorem legis ignoret? Graditur sine via, respicit sine lumine, cogitat sine sapientia, currit veloci gressu, nec reperit ad quod venire disponit. Hi possunt ad præsens florere, sed fructum non probantur inferre, quia gratia eorum non in radice viguit, sed in foliorum se tantum ostentatione jactavit [*mss.*, jacuit].

Nam et illi in eadem parte sunt, qui, etsi recte credunt, fœdis tamen sceleribus polluuntur : quoniam eum se gravibus peccatis connectunt, a Creatore dissolvunt. Tunc immortalis anima fit mortua tenebris suis : incipit amare quod perit, incipit odisse quod vivit; virtutes odit, vitia semper affectat, et lamentabili obscuritate fuscata, rationem mundissimam non habet, quia in gurgitem se perversitatis immersit, mox ab antiquo hoste captiva [*ed.*, capta], ad vitia præceps agitur, et per corporis illecebras sumit de ejus obnoxietate victorias. Est enim ægra et peccatis semper anxia : ipsa se condemnans, quam nullus accusat : ut merito mors vitalis, ac vita mortalis, talibus provenisse dicatur. Hanc si miserator ille respexerit, oculumque mentis corporeis excessibus obcæcatum fuerit illuminare dignatus, ad liberatricem pœnitudinem trahit, evadendi donat effectum, quæ pereundi primitus videbatur habuisse desiderium. Tunc felicior, cum fleverit ; tunc celsior, cum se prostraverit : lacrymis reparat quod gaudendo perdiderat ; et quæ ad hostem voluptatibus invitata pervenit, ad salutarem Dominum prosperrime contristata festinat. Sed quamvis eas non sit fas hominibus intueri, tamen evidentibus indiciis suas qualitates aperiunt; ut et illas possimus advertere, de quibus aliquid non probamus audiisse.

Malis nubilus vultus est in qualibet gratia corporali; mœsti etiam, cum lætanter agunt, cum paulo post

---

[a] Ms. Aud., *quem antea pro criminibus non meruit habere hospitem.*

[b] Ms. Aud., *totamque reciperet creaturam.*

pœniteant, deserti impetu voluptatis suæ, subito in tristitiam redeunt; oculi interdum, supra quam necesse est, commoventur; iterumque cogitantes infixi sunt, incerti, vagi, fluctuantes, ad omnia trepidi, de cunctorum voluntate suspensi, curis anxii, suspicionibus inquieti; aliena 636 de se judicia sollicite perscrutantur, quia dementer propria perdiderunt: quærendo mundanam vitam, calamitatem infernæ mortis incurrunt; et dum lucem temporalem avide cupiunt, tenebras perpetuæ noctis acquirunt. Relationes suas inexplicatas sæpe derelinquunt; saltu quodam ad aliud transferuntur: cum nihil agant, semper eos æstimes occupatos; formidolose vivunt, etiam cum nullius insecutione vexantur: pœna est illis conscientia sua, et a se sustinent omnia, cum ab aliis gravia nulla patiantur: eorum et ipse odor acerbus [*ms. Aud.*, acerrimus] est, nisi cum suavissimis inhalationibus superstites condiantur. Necesse est enim ut odore delectetur peregrino, qui offenditur proprio. Veniamus ad illas sanctas Trinitatis fideles animas, quæ prædicatam retinent apostolicam disciplinam, et in gloriosissima voluntate constantes, revera similitudinem supernæ servare probantur imaginis [*ms. Aud.*, supernam... in imaginibus].

CAPUT XI.
De cognoscendis bonis hominibus.

Sanctarum igitur animarum, et in ista communi vita magna jam virtus est. Nam carnem illam expugnatricem humani generis per quietem debellant, et victrices sui sunt, dum studentes constantiæ suæ. *Aud.*, conscientiæ] vivo corpori mortem delectantur infligere. Væ autem carni quæ hic superata non fuerit; nam quæ in hac conversatione vincitur, illic sine dubio coronatur. Vir denique fixus, purus, innocuus, omnes laudat, se semper accusat, et cum placeat universis, sibi soli displicet. Nimia enim magnitudo est suam intelligere parvitatem; nec prævalet hæc nosse, nisi cui jam cœperint divina patescere. Hi tantum expediti ad superna volent, quantum se onerosius in humana conversatione attigant. Imperant corpori, quia famulantur auctori, et dum se exiguos cognoscunt, ad culmen majus perfectionis evadunt. Nullum lædere cupiunt, læti semper ignoscunt. Charitatem et illis impendunt, qui eos scelerato odio persequuntur.

Tales animæ (Domino præstante) etiam noxiis spiritibus imperant; et illi, quos mundus patitur infestos, a creatura minore superantur. Adhuc in corpore positæ, fortiores sunt angelis malis; adhuc indutæ carne, jubent potestatibus aereis; et quorum tentationibus non cedunt, eis divina virtute dominantur. Istæ enim immortales proprie sunt dicendæ, quas nulla pœnitudo discruciat, nullus mœror affligit, quæ sibi nequeunt [*ms. Aud.*, non quærunt] reputare, quod probantur existere. Inopia ditescunt, carceribus lætæ sunt; et inter hæc jure sæcula illis obediunt, quia semper bonos sequuntur: contra persecutores fortiore semper eriguntur audacia [a], quando finis lucis illis principium est bonorum; et in æterna beatitudine recipiunt, quod in temporali conversatione gesserunt. Sic sanctorum animæ adhuc in isto sæculo commorantes, dum longa sint habitationis contrarietate districtæ [*ed.*, distractæ], tamen bonis angelis videntur esse concives, et jam ex magna parte consortes.

Moyses enim (*Exod.* xiv, 22) per maria terrenum iter aperuit, aquarum domicilia siccis pedibus transmeavit; et tam magni fluctus quasi latere utroque constructi, in speciem rupis peregrina soliditate riguerunt.

Meruit Elias ne plueret: obtinuit etiam ut se desideratus imber effunderet (*III Reg.* xvii, 1, *et Jac.* v, 17); et unus homo beatis supplicationibus egit quod generalitas, cum suspenderetur, impetrare non meruit. Istis enim, qui se cœlesti conversatione mundificant, virtus supernæ miserationis conceditur [b], quam homo propter originale vitium habere non potest. Cum creati per mundum transeuntes, majestati semper affixi sunt: quibus tam assidue præstantur magnalia, ut plane videantur esse miracula.

Eliseus discipuli sui oculos cœlestem militiam non videntes aperuit, exercitus hostium cæcitate percussit (*IV Reg.* vi, 17). Ademerunt nonnulli flammis incendia; vitalem calorem frigidis cadaveribus reddiderunt; leones feroces ad sepeliendum corpus convenire fecerunt, et in vicem ratis homines legimus vexisse crocodilos; liquorem converterunt in duritiam silicum; latices jusserunt manare de siccitate saxorum; illæsis vestibus prunas acceperunt; propriis plantis jusserunt ambulare claudum; solem præceperunt stare celerrimum. Humano verbo facta est naturæ diversitas; et in tantam gratiam sunt recepti, ut et ipsis potuisset famulari, quod servire mundus mirabatur auctori.

Quid jam de imperio vocis dicamus, quando et vestis eorum tacta effectum sospitatis attribuit; et apostolici umbra corporis periculum mortis exclusit? Sic abundantia meritorum et per illud videbatur sanare, quod constat in se substantiam non habere. Talis anima absolute sentitur, etiam cum ejus existentia non videtur.

Hilaris illi semper vultus est et quietus, macie validus, pallore decoratus, lacrymis assiduis lætus, promissa barba reverendus, nullo cultu mundissimus. Sic per justitiam mentis de rebus contrariis redduntur homines pulchriores: oculi læti et honeste blandi: sermo veriloquus, bonorum pectorum penetrabilis, cupiens amorem Dei omnibus suadere, quo plenus est: vox ipsa mediocris, nec debilis vicino silentio, nec robusto clamore dilatata [*ed.*, robusta clamore dilatato]: asperitate non frangitur, accidentibus [*ed.*, accedentibus] gaudiis non movetur: mo-

---

[a] Ms. Aud., *inter hæc tamen jure Deo obediunt; et quia semper bonos sequuntur contrarias persecutiones, fortiori semper eriguntur audacia.*

[b] Ms. Aud.: *Istæ enim quæ se... Virtutes superna miseratione consequuntur.*

ribus vulgusque unus est : templum sanctum, domicilium virtutum; cujus ora se nequeunt immutare, dum semper probantur studere constantiæ. Gradus quoque ipsius nec tardus conspicitur, nec velox : nullum propter seipsum videt, nulli [a] propter alterum pergit. Suasor recti, sine arrogantia docens, cum humilitate liber, cum charitate districtus; ut tam grate sit eum deserere, quam invitum est ab ipsa quoque vita discedere [b]. Amator salutiferi secreti existens, nulla libidine sauciatur, contentione nulla succenditur, superbia non inflatur, invidiam non habet, fratrum nulli loquitur quod pœniteat, nil audit absurdum. Multam turbam vitiorum Domini 637 certamine [*ed.*, sine certamine] vincit, quando solitudinis gratia suffragatur. Tunicam postremo suam, quamvis more cutis una sit, suavissimis implet odoribus fragrat, super divitis Indiæ pigmenta transcendens. Agnoscitur in illo humanum corpus habere aromatica; scilicet, dum nulla crapulatione distenditur, in odores non exsudat acerrimos. Facile est advertere, quem superna potentia dignatur invisere. Nam et ipse quoque animus noster mox gaudet ad talem, et non admonitus intelligit, quem cœlesti inspiratione cognoscit.

Verum hæc in sexu validiore non adeo miranda sunt. Quis autem digne sufficiat virginum ac viduarum maximas explicare virtutes, quæ sic ad præcepta Dei sancto amore rapiuntur, ut et magnæ patientiæ se vigore discrucient, et ad martyrii coronam, victa carnis infirmitate, perveniant? Locuti sumus multa de anima, diximus etiam de corpore nostro quæ visa sunt. Tendamus nunc aciem mentis in futuras retributiones. Convenit enim ut postquam se creatura cognoverit, ad Creatorem suum pura mente festinet.

CAPUT XII.

Quid animæ post mortem agant, et de spe futuri sæculi.

Quæratis forsitan post hoc sæculum animæ nostræ quid agant, qualesque permaneant? Respondemus ut diversa lectione collegimus. Mors est animæ corporisque facta resolutio, id est vitæ hujus absentia, carnis desideria vel necessitates prorsus ignorans. Nam cum funditus hac luce imperio Creatoris exuti, simul corporis appetitiones et imbecillitates amittimus. Non enim ulterius labore frangimur, non cibo reficimur, non jejunii diuturnitate quassamur; sed in animæ nostræ natura jugiter perseverantes, nihil boni malique faciemus, sed usque ad tempus judicii, aut de præteritorum actuum pravitate mœremus, aut de operationis nostræ probitate lætamur. Tunc autem recipiemus factorum omnium plenissimum fructum, quando voce Domini aut repudiati fuerimus, aut ad regnum perennitatis admissi. Hanc igitur mortem in ista vita pene quietus somnus imitatur, quando sæculi istius desideria cuncta ambitumque deponit; et quidquid hic agitur tranquillus animus sopore mentis ignorat.

Nam dum corpora sexum suum [*ed.*, sensus suos] die resurrectionis in illa celeritate qua sunt omnia creata, receperint, quæ erit calamitas miseris in æternum cruciari, nunquamque deficere? Ita enim perpetuæ pœnæ tradentur, ut infauste semper existere comprobentur. Dolor sine fine, pœna sine requie, afflictio sine spe, malum incommutabile. Sic enim varietas [*ms. Aud.*, veritas] vitiosa punitur, ut ejus damnatio nullatenus immutetur. Miserrimi omnium et perdendo quod diligunt, et jugiter patiendo quod nolunt. Ævum sine dulci vita, mors sine remediabili fine, civitas sine lætitia, patria exosa, amara domicilia, cœtus tristium, turba lugentium; et quod super omnes confusiones deterius est, illos ibi torqueri secum posse cognoscunt, quos decepti numina crediderunt. In ipso tamen supplicio pro meritorum qualitate diversitas est. Nam et distans beatitudo bonos continet, et impios dispar pœna constringit. Ætas plane omnibus una atque perfecta futura est. Nam quemadmodum ibi erit minor, ubi non crescitur? Aut quare senex, ubi non deficitur? Mutabilitates istæ ad interitum tendunt. Unum est quodcunque perpetuum.

Ex hoc igitur quasi vasto flumine quidam videtur rivulus turbidus altercationis exire, si jugi pœnæ concedatur æternitas; dum consumptio vix substantiam permittat existere, quam nullo se permittit tempore reparare. Sed istud omnino superfluum est in causarum perennium ratione cogitare. Nam et talis pœna [c] esse potest quæ torqueat, non imminuat; et talis substantia quæ sensum doloris augeat, non defectum mortalitatis incurrat. Ipsa denique anima nostra quantis hic cruciatibus afficitur, cum tamen nulla defectione solvatur! Montes [d] quoque nonnulli quam nimio torrentur [*ms. Aud.*, torquentur] incendio, et tamen inter flammas suas stabiles perseverant! Salamandra incendio reficitur, et ignis calore reparatur. Vermiculi quidam aquis æstuantibus nutriuntur. Sic dat istis victum, quod aliis minatur interitum. Quod si inter has mortales materias talia nos exempla corroborant, quid de illa æternitate credendum est, ubi mortalem non invenit, quem pœna consumat? Erit ergo miseris conflagratio inextricabilis et æterna combustio.

Bonorum autem dona quis dubitet esse perpetua, cum se cognoscunt lætitiam percipere, et ulterius tristitiam non timere; mereri gaudium, quod norunt esse continuum? Illic animus sua prospera non pavescit, sed exsultationem propriam semper retinet in æternum cogitata [*ms. Aud.*, cognita] prosperitas. Advertunt enim beatitudinem suam in summa esse securitate, cum se intelligunt jam non posse peccare. Nulla ibi jam quatitur varietate nostra securitas:

---

[a] Ms. Aud.: *Nullum plusquam semetipsum vituperat, nulli.*
[b] Ms. Aud.: *districtus : dicens, quam grave sit Deum deserere, quam injustum ab ipsa perpeti vita discedere.*
[c] Vide D. Augustinum, lib. xxi de Civit. Dei, c. 4.
[d] De incendiis montium et Salamandra, vide lib. III Variar., ep. 47.

fixa mens non nutat, non fluctuat, non movetur; quieti, homines humanarum rerum indigentiam non habentes. Ibi nullum avida molestat esuries, nullum et in tantæ pacis stabilitate defigitur, ut nihil aliud morbida ægritudo consumit, nullus probatur liberam præter illam contemplationem vel quærere vel cogitare patiatur. Sic provenit semper quod libeat, contristant, non æstus anhelum corpus exurit, nullus quando non erit quod pœniteat. Vacabimus ibi [*ms. reparatores appetit somnos, ubi nemo cognoscitur Aud.*, illuc] (si tamen munere Creatoris concedatur) esse lassatus. Omnia blanda, omnia suavia, cuncta non torpore desidiæ resoluti, sed ad gratiam perfectionis intenti. Sensus noster complebitur puritate intemperiem, habebit saluberrimam perpetuis sæculis mitissima: tranquillum erit omne quod volumus. unitatem. Erit illic etiam dies continua, et serenitas Sine cogitatione sapiemus, sine errore sentiemus. æterna. Sol ibi quidem nulla nube fuscatur, sed omnia de auctoris gratia plus lucebunt. Ibi enim beatis tem generabitur.

Habebimus hanc esuriem quæ delectet; habebimus sicut in majestate sua est, mereantur conspicere hanc assiduitatem quam mens fastidire non possit jugiter amando Creatorem, semperque ejus gloriam suaviter contuendo. Non ibi molesta tædia prægravabunt, non varietas imbecilla confundet; quando mur, quod pars illa emundata atque meliorata divino talia sunt [*ms. Aud.*, fuerint] quibus afficimur, ut nullum in eis finem optare patiamur. Quies operosa, modis [*ed.*, nihilominus] portat imaginem. Inde denique videbimus, unde credimus; et ex ea parte illud næ sapientiæ agnitione complemur, nec rerum veracissimus intellectus disciplinis operosis imbuitur, sed utique meliores sumus. Globus iste solis cum hic serenus infulserit, quemadmodum nostri animi sensus declaratur. Ibi numerus quantus est, notus efficitur; permulcet! Lumen quoque terrenum, quanta nos implet gratia, cum videtur! Aspecti flores gratissima nos jucunditate reficiunt. Terram viridem, mare cæruleum, aeris puritatem, stellas micantes eximiis nota est. Dei sapientiam contuebimur, qua majestate nunc delectationibus intuemur. Quod si magnam singula quæque disponat. Ibi videbimus quam irrite ab incatholicis [*ed.*, a perversis] catholica lacerabatur Ecclesia. Ibi eam conspiciemus in vestitu deaurato creditur, cui nihil simile reperitur!

Tunc perfecte cognoscemus quod modo salubriter nitas vanitatum. Ibi revera cernemus quam salubriter credimus. Nec enim aliter animadvertere merebimur, monebamur: *Dominum Deum tuum adorabis, et illi* nisi nunc quæ sunt vera fateamur; hoc est, coæternam, incommutabilem, distinctam personis et inseparabilem Trinitatem, replentem omnia simul substantiali virtute sua, unum triplex, trinumque simplicabile [*ed.*, simplabile]: parilitatem in omnipotentia, æqualitatem in charitate, unitatem in natura. Hæc excellenter et singulariter simul judicat justitia sua, simul parcit pietate sua, simul cooperatur virtute sua: potestas incomprehensibilis, beatitudo mirabilis, ex qua beantur quæcunque beata sunt, vivificantur quæcunque viventia sunt, continentur quæcunque subsistunt. Cuncta simul librans, cuncta discernens; quæ ideo in judicando non labitur, quoniam in cognoscendo non fallitur. Cum non appareat, præsens bonis est; et cum nusquam desit, absens malis est: immobilis, quia ubique tota est; incessabilis, quia voluntates suas semper operatur; de toto se audit, de toto se videt; non ex aliqua parte tanquam de membro respiciens, sed omnia undique ita ut sunt perscrutabili virtute cognoscens. Dicitur etiam odorare, gustare, ambulare; sed hæc propter intelligentiam nostram humana consuetudine facere perhibetur, dum inenarrabili [*ms. Aud.*, invariabili] potentia majestatis suæ longe aliter cuncta perficiat. Virtus sancta, universa creans atque disponens, regnat in majestate propria et gloria sempiterna; incomprehensibilis, inæstimabilis, et æterna potentia, cœlos mirabili suspensione consolidat, terras super mare [*ed.*, mane] defigit, dat fontibus cursum, mari terminum ponit, serenus coruscat, pius fulminat, ima summaque sapientiæ suæ lege moderatur; scilicet, quia in gubernatione ipsius consistunt omnia, non in suo posse derelicta. Irascitur placidus, judicat tranquillus, et sine mutabilitate ejus provenit, quod delinquentium reatus excipiet. Rerum humanarum valde miserator, conversis statim parcens, peccantes exspectando recorrigens; et cum pati nil possit contrarium, magna tolerantia sustentat adversum.

Quantulum est quod hic de illa ineffabilitate sentimus? ut plene cognoscimus quam subjecta sint in conspectu gloriæ ejus, quæ miramur, cui præbet ministerium angelica magnitudo, charissimo famulantur excessu principatus obsequio, innumerabiles potestates fideliter et constanter obediunt, quo semper indiget quævis excellentia summitatis. Quid jam de ejus singulari potentia conjiciamus, quando nec illud modo comprehendere sufficimus, quod ei parere posse minime dubitamus? Tunc liberati intelligimus, cui dementes resistere tentabamus: ad quæ magnifica provocati, quibus videbamur sordibus occupari. Illud vel in momento videre sufficeret, quod nos in æternum promittit veritas intueri. Illic convincitur omnis pravitas quæstionum; illic male credita veritatis ipsius voce superantur[a]. Sine fine regnum, sine nocte lux, sine vitiis corpus, sine mortibus vita; et cum omnia dirigantur ad æternum, solum ibi morietur exitium. Magnum est his perfrui, sed multo melius, quod inde non probetur exiri. Vincunt vota qui vocantur ad præmia. Tunc vere cognoscunt, **639** quam feliciter creati sunt, qui ad tam magna pervenerint. O incomprehensibilis majestas et pietas! Nam inter opera rerum, quibus mundi ambitus opificis laude completur, nihil egregius probatur existere, quam substantiæ spiritales, quæ Creatorem suum pura mente noscuntur cogitare. Reliqua enim facta sunt ad intelligentium delectationem, hæc autem ad suam beatitudinem, quæ veneratur auctorem.

Tempus est ut quæstionum varietate dimissa [*forte demessa*] dictorum copiosissimam densitatem in quibusdam manipulis colligamus; ut fideli calculo numerata horreis memoriæ compendiosa brevitate condantur. Primo igitur, ut retinetis, auditores [*ms. Aud.*, adjutores] prudentissimi, proprie dici animam etymologiæ ipsius consonatione docuimus : sequestrantes ab ea vocabula quæ nominum similitudine audientes confundere potuerunt. Secundo, definitionem substantiæ hujus cum suis expositionibus, ut datum constat, absolvimus. Tertio, de substantiali ejus qualitate decursum est. Quarto, monstravimus quemadmodum anima formam habere non possit. Quinto, virtutes ejus morales relatæ sunt, quæ contra vitia hujus sæculi velut quædam arma fortiter opponuntur. Sexto, de virtutibus animæ naturalibus non pauca professa [*ed.*, profusa] sunt. Septimo, de origine ejus, quæ sunt lecta, narravimus. Octavo, sedem ipsius judiciumque descripsimus. Nono, de corporis nostri positione [*ed.*, dispositione] tractatum est. Decimo, anima infidelis cum suis signis (prout concessum videtur) ostensa est. Undecimo, lucidam mentem et plenam divinitatis pro captu nostræ possibilitatis attigimus. Duodecimo, de spe futuri sæculi nonnulla (Domino largiente) memorata sunt; ut quam immortalem credimus, perennes distributiones nihilominus habere sentiamus.

Clausimus itaque nostrum munusculum numero duodenario, qui cœlos signorum diversitate decoravit, qui annum menstruali venustate composuit, qui ventos principales terrenæ indigentiæ provida dispositione concessit, qui diei noctisque spatia horarum congrua quantitate divisit, ut merito et ad animæ dilucidationem hæc supputatio adhiberetur, quæ tantarum rerum naturalium dispositionibus consecratur.

Restat nunc, sapientissimi viri, qui floretis ingenio, ut mole istius mundi salubriter [*ed.*, salutariter] transilita, divinæ misericordiæ nosmetipsos velociter offeramus, per quam plenissime illuminantur cogitantis obtutus. Intelligamus eum, diligamus ipsum; et tunc animas nostras vere cognoscimus, si de illius largitate sapiamus. Ipse enim magister potens atque perfectus est, qui et vera dicit animæ nostræ, et quæ dixerit, eam facit illuminata mente conspicere. In schola siquidem Christi cor indocibile non potest inveniri, quoniam qui se ei tota mentis integritate tradiderit, nec ignorare potest quod quærit, nec amittere quod pia remuneratione susceperit.

Fit ergo magna, pretiosa, dives anima, cum se ex proprio pauperem esse cognoscit; potens, si humilitatem saluberrimam non declinet; felicissima [*ms. Aud.*, fidelissima] denique, si servet in carne quæ in æthere superbi angeli probantur amisisse. Ad te enim, sancte Domine, nemo se erigendo pervenit: quin potius humiliatus ascendit. Cum altissimus sis, proximior redderis supplicatione curvatis. Nostra tibi humilitas accepta est. Amas quod propter te non quæris, desideras quo non indiges. Ipsa est enim vitæ nostræ mater, germana charitatis, æstuantis animæ singulare præsidium, contraria debellatrixque superbiæ; et sicut illa per diabolum origo criminum, ita ista per te noscitur fons esse virtutum.

Hanc tu, Domine Christe, sic nobilitare voluisti, ut eam non solum præcipere, sed etiam suscipere dignareris. Sublisti quippe in assumpta hominis natura judicium, qui judicaturus es mundum; cæsus es flagellis, qui exaltas et humilias reges; pertulisti in faciem odiosos conspuctus [*ms. Aud.*, odiosas irrisiones], quam insatiabiliter videre cupiunt angeli[b]; felle potatus es, qui humanum genus sic habuisti

---

[a] Mss. Aud. et de Noa, *veritas ipsius facie operitur.*

[b] Ms. Aud., *qui insat... videri desideraris ab angelis.*

dulce, ut rerum Dominus naturam servi dignareris assumere; patienter coronam spineam suscepisti, qui comples orbem terrarum diverso flore præmiorum; conditionem subiisti mortis, qui vitam creaturis tribuisti universis. Tantaque fuit in sancta incarnatione humilitas, quanta est in Divinitate incomprehensibilis majestas.

Per te enim, admirande Domine, pœna facta est æterna requies, passio remedialis, mors fidelium salutis introitus. Hæc enim perpetue dat vivere, quæ solebat exstinguere; non injuria, quoniam quæ vitam hominum suscepit, merito jus peremptionis amisit. Data in dedecore, manet in honore : quia res quæ tunc portabant ad inferos [a], nunc perducunt ad cœlos. Vere, Domine, qui sic misericorditer fecisti, potens es! Nullus regum egentibus tuis par est; nullæ purpuræ piscatorum tuorum retibus adæquantur; quando illæ in mundanas tempestates impellunt, hæc ad littus æternæ securitatis adducunt. Pauper de nobis, dives ex tuo. Factus es socius mortalitatis nostræ, ut nos participes redderes æternitatis tuæ. Superbiam humilitate curas, ac lethum morte prosternis. Nosti enim bona facere per iniquos; convertens in adjutorium, quod præparatum est ad nocendum; potentius esse judicasti læsiones ad utilitatem convertere, quam causas malorum radicitus amputare. Nam quomodo beneficiorum tuorum cognoscerentur signa, si et adversæ parti non monstrarentur indicia?

Oratio Cassiodori.

Tu ergo, Domine Jesu Christe, qui sic pro nobis flexus es, ut homo fieri dignareris, non in nobis patiaris perire quod decrevisti miseratus assumere. Meritum nostrum indulgentia tua est : dona quod offeram, custodi quod exigas, ut velis coronare quod præstas. Vince in nobis invidi potestatem, qui [b] sic decipit, ut delectet : sic delectat, ut perimat. Hostis dulcis, amicus amarus est. Nosti enim quam feraliter lubricus anguis illabitur, squamis reptantibus minutatim corpus omne sollicitat; et ne ejus intelligatur adventus, fixum non habet impressa varicatione vestigium. Invidit (proh dolor!) tam magnis populis, cum duo essent; et adhuc temporales persequitur, quos impio ambitu fecit esse mortales. Se intercipit, quod alios decipit; et nullo fine corrigi meretur qui [ms. Aud., quia] de omnium deceptione damnandus est. Quapropter non possit iniquus, ne convalescat interitus; dominatum 840 in nobis non exerceat, qui nunquam præstitit; sed virtus tua nunc possideat quæ creavit. Doleat perisse quod fecit, dum nos non viderit perire, quos voluit.

Domine, quia in nobis non est quod remunereris, sed in te semper est quod largiaris : eripe me a me, et conserva me in te. Impugna quod feci, et vindica quod fecisti; tunc ero meus, cum fuero tuus. Via sine errore, veritas sine ambiguitate, vita sine fine. Dona noxia odisse, et profutura diligere. In te ponam prospera, mihi applicem semper adversa. Quia nihil sum sine te sapiam : qualis vero tecum [*mss.*, tunc] possim esse cognoscam. Intelligam quid sum, ut ad illud valeam pervenire quod non sum. Nam sicut præter te existere non cœpimus, ita et sine te profecisse [*ed.*, esse proficui] non valemus. Omnia vergunt nihilominus in ruinam, quæ a majestatis tuæ pietate fuerint segregata. Te autem amare, salvari; formidare, gaudere; invenire, crevisse; amisisse, perire est. Tibi denique nobilius est servire quam mundi regna capessere : merito, quando ex servis filii, ex impiis justi, de captivis reddimur absoluti.

Quapropter contra peccata nostra misericordiæ tuæ munimen insurgat, quæ nominis sui testimonio miseris datur; ut trina remunerati [*Jur.*, trinæ remunerationis] conditione sentiamus nobis propitiam Trinitatem. Petimus, quia jubes ; pulsamus, quia præcipis ; et sine fine conferre mavis, qui semper commones, ut rogeris. O altitudo pietatis! o clementiæ incomprehensa profunditas! Cum nemo possit aliquid accipere, si resistis, vim te precibus nostris pati posse testaris ; merito, quando a judice petimus ut ad pœnale judicium non vocemur, et per legislatoris gratiam speramus eripi, ne possimus a promulgata constitutione damnari. Tibi, sancte Domine, Rex regum, confidenter dicimus : Dimitte peccata, et concede nobis non debita. Omnis te creatura operis tui bonitate collaudat. Debemus tibi quod existimus : obligamur etiam, quod quotidiano munere continemur. Gaudemus et hinc quoque, gloriosissime Domine, quod tua beneficia non irrite postulamus. Tempera, bone artifex, organum corporis nostri, ut harmoniæ mentis possit aptari; nec sic roboretur, ut superbiat; nec sic languescat, ut deficiat. Tu nosti quæ vere moderata sunt. Vasa tua sic reple prosperis, ut capacitas non præbeatur adversis. Dominetur ratio, serviat caro : quoniam a te solo potest effici, ne fragilitate corporis possit offendi. Verum hæc pro nostro modulo, non pro rerum ipsarum magnitudine dicta sufficiant : quando et amplius quam expetebamur ediximus, et alma lumina veracium litterarum breviter talia cauteque docuerunt. Illi enim potuerunt de his inoffense dicere, qui purificati divino munere, probabili se meruerunt conversatione tractare.

[a] *Ed. et Jur.*, pandebat inferos.

[b] *Ed.*, invidam. Ms. Jur., invidiæ pestem, quæ.

APPENDIX AD EDITIONEM GARETIANAM.

REGIÆ CELSITUDINI JOANNIS GASTONIS,

MAGNI ETRURIÆ PRINCIPIS,

SCIPIO MAFFEIUS,

Hæsitanti mihi, præstantissimum hoc tanti scriptoris monumentum emitteremne modo, ut acriter poscebatur; an in aliud tempus impensius, quemadmodum constituerum, differrem; ea cogitatio sollicitudinem dubitationemque absumpsit statim ac rescidit omnem; cum succurrit posse me ex maturata ejus editione occasionem arripere, obsequentissimum et multis nominibus, serenissime princeps, tibi devinctum animum publice profitendi. Ita scilicet me, postquam in hac metropoli feliciter commoror, humanitatis et clementiæ vinculis obstrinxisti, ut nihil impensius exquirerem, nihil exoptarem vehementius, quam officii mei testimonium quoddam, cultusque singularis non minimum argumentum quomodocunque exhibere. Illud ad hoc accedit, quod præmium maximum, decusque inusitatum manere probe sciam, quascunque sub faustissimis auspiciis tuis prodituras lucubrationes; nimirum procul dubio fore, ut a te legantur, intime intelligantur, et mira, quæ pollies, ingenii vi non minus acute quam vere et apte dijudicentur. Idem obtingit libris fere singulis qui in manus deveniant tuas; horas enim aliquot sæpissime legendo transigis, quod voluptatis atque oblectamenti genus quotusquisque est hac ætate nostra inter privatæ etiam sortis proceres, qui probe, qui intelligat, qui amplectatur? Nemo certe fuit inter omnes celebratissima illa, ac prorsus singulari humanitate, quandocunque a te in colloquium admissos, qui mentis acumen, ingeniique elegantiam non admiraretur summopere, et summis laudibus non prosequeretur. Externi etiam homines, et e valde dissitis a nobis regioni-A bus huc profecti, variis eorum linguis ita passim a te interpellari solent, ut non verba tantum proprietatemque dictionis, sed ipsam gentis suæ, patriarumque civitatum enuntiationem, et nativum sonum audire sibi videantur. Decent hæc quidem omnia, decent quam maxime Etruriæ imperaturum: omni ævo scilicet studiis et artibus, non fortis tantum, ut olim ille, sed docta quoque Etruria crevit (Virg. Georg. lib. II). Cujus spectatissimæ provinciæ ex inclinata hac urbe rationem habere, argumentum sumere liceat; nam ut vetera et toties decantata sileantur, paucissimas profecto his ipsis temporibus civitates, seu præstantissimi in re litteraria viri, seu scientiarum adjumenta, priscorumque monumentorum cura spectantur, Florentiæ comparandas deprehendere est. Plurimis ea quidem titulis felix; at nullo magis, quam quod iis principibus regatur, qui paterno potius imperio utentes quam regio, sic alunt ac fovent, ut cum perquam multæ in hac iniquitate temporum Italiæ civitates minuantur sensim, et populi frequentia decrescant, augeatur ipsa in dies,
B et feliciter efflorescat. Ego vero, princeps serenissime, qui ab aliquot jam mensibus incredibili quadam cum voluptate hoc cœlo fruor, hujusque propterea publicæ felicitatis sum particeps, etiamsi dum præclarum hoc et hactenus frustra perquisitum opus tibi sisto, non tam munus exhibere, quam officio satisfacere optime intelligam; spero tamen fore, ut hilari ac benigna fronte, quæ tua lenitas est et clementia, a te excipiar, atque ut studiis meis fautorem aliquando adjutoremque te præstes.

AD DOCTUM HUMANUMQUE LECTOREM.

Cur præstantissimum hoc opusculum multo ante, et ubi primum in illud incidi, non ediderim; cur modo, postquam in longe dissitis studiis versor, repente emittam; unde habuerim; qua occasione C
tum istum, tum alios plures maximi pretii codices repererim ac detexerim, monendus docendusque es, amice lector. Octo fere elapsi jam anni sunt ab ecclesiasticæ antiquitatis thesauro, in ipsa patria mea per me invento, atque effosso; quo sacras litteras eruditionemque universam, Dei Optimi Maximi ope et auxilio, amplificaturum aliquando me ac juvaturum spero. Investigandi detegendique occasio fuit hujusmodi: Sermonem habueram cum amicis non semel de Itinerariis Italicis, sive de libellis iis quæ in unaquaque civitate rariora et observatione magis digna habeantur, recensentibus, quibus instrui et summa fide adhibita uti solent, quicunque fere ab externis provinciis ad Italiam peragrandam se conferunt. Ostendebam quantum in eo scriptionis genere non imi tantummodo subsellii homines, seque ut plurimum exscribentes invicem, sed ipsi quandoque peccassent summi et litterati viri; vel diversam admodum a vero rerum speciem exhibentes, vel putantes D posse quemquam diebus paucis in urbe aliqua subsistentem, quorumcunque, quæ notatione digna in ea sunt, notitiam assequi. De Verona præsertim nostra cum verba facerent, cum allucinatos esse declarabam, non uno loco; tum multa ab iis prætermissa memorabam, quæ imprimis describenda erant et ce-lebranda. Ut enim eorum quidpiam attingam, quæ majori studio ab istis explorari solent, nemo unus comitum Bivilaquarum cimelia, aureo XVI sæculo collecta, et præclare collocata ac disposita nomina vit unquam; etiamsi inter illa, præter eximias pictas tabulas, æreas imagines, mss. codices et excusos, quod in his rebus primas tenet, L circiter vetusta e marmore simulacra numerentur, Augustorumque tam certæ ac præstantes protomæ, ut Romæ quoque, nedum Veronæ, spectanda et magnifacienda supellex haberi possint. Addebam tamen, non tam in his omnibus viatoricorum hujusmodi largitores, externos fere omnes, culpandos esse, quam incuriam nostram, desidiam, dicamne? inscitiam etiam quandoque nostrorum hominum ac stuporem; quorum plurimi, cum præclariora quæque, ad rerum præsertim ac temporum notitiam spectantia, aut ignorent, aut rideant; ut quæ præ manibus habemus innotescant, ab extremis finibus veniant necesse est qui perquirant, qui illustrent. Arrepta hinc occasione, juvenes aliqui summo ingenio, qui multa mecum erant familiaritate conjuncti, instare acrius cœperunt, ut quod Veronam spectarent, libellum adornare non pigeret, quo singula memoratu digna cum in hospitium, tum etiam in civium commodum recensere niterer atque explicare. Iis obsequi cupiens, opusculum aggredi mihimet constitui. Dum id molior, cum quidquid etiam manuscriptorum codicum veterumque documentorum præstantius ac rarius apud

nos servaretur, indicare mihi constitutum esset ; capitularium librorum mentio subiit, quæ apud plures scriptores mihi aliquando occurrerat; et quamvis una in civitate vox omnium esset, a majoribus etiam tradita, nihil omnino ex antiquissima ea bibliotheca reliquum esse, accessi tamen ad canonica Ecclesiæ primariæ claustra, ut locum quo olim fuerat lustrarem, et an veteres saltem plutei superessent inspicerem. Frustra perquirens, accepi a prudentibus viris pluribus, de loco nihil constare, pluteorum neque hac ætate, neque patrum memoria visum quidquam vel auditum esse. Necdum tamen a proposito destiti; cum enim cogitarem, non Guarini ævo tantum, qui ex ea S. Zenonis sermones eruerat; et Ambrosii Camaldulensis, qui *celeberrimam* vocat in Hodœporico, *miræque vetustatis volumina* in ea spectavit, bibliothecam stetisse : sed et Panvinii ætate (*Antiq. Veron.* p. 153) magna ejus *exstasse vestigia*; et S. Caroli quoque, quem celebrat Paulus Manutius in nuncupatoria epistola, quod S. Cyprianum restitui curasset, *accersito Verona miræ vetustatis exemplari* ; incredibile mihi videbatur nullas ab eo tempore exuvias nobis superesse. Quamobrem cum inter præstantiores ipsos canonicos patriæ historiæ notitia, et antiquitatis amore Carolus Carinellius excelleret, illum adiens, in quem etiam tabularii cura tunc ex officio incumbebat, enixe obtestatus sum, ut arcas, scrinia, forulos scrutaretur omnes, exploraretque an eorum codicum reliquiæ haberentur ullæ, quorum vel pulvis ipse mihi in pretio esset. Apprime is tum eruditо sui ipsius genio impulsus, tum amore singulari, quo me pro humanitate, qua præstat, perpetuo prosecutus est, hanc indaginem instituit ; postque paucos dies advenit hilari vultu, quiddam repertum iri asserens sperare se in latibulo, quod excuti ab ambobus simul cupiebat. Properavi confestim ad capitulares ædes, ipsumque in subobscurum cubiculum secutus sum, in quo præaltum mihi armarium ostendit, cancellarii scriptis refertum; supra cujus fastigium nescio quid veterum chartarum, et lignea quædam librorum integumenta, in περιψημάτων speciem illuc olim conjecta, apparere videbantur. Scala statim accersita et applicata, moræ impatiens, ascendo; ejusque repositorii summitatem nulla tabula terminatam deprehendo, sed detectam et cavam, ita ut velut ampla ibi capsa efficeretur. Acervo quisquiliarum et fragminum, qui superstabat, rejecto, cavum omne codicibus plenum video, mirantibus, puto, insuetam, et quam ab immemorabili temporis spatio non aspexerant, diurnam lucem. Quosnam vero codices, Deus immortalis! Primus quem arripui, nigrumque et sæcularem quo obruebatur pulverem nihil morans, extraxi, majori Romana littera, et quidem magnifice atque adamussim effigiata fulgebat; secundus celeri ea scriptura constabat, quam litteraria omnis respublica modo Gothicam, modo Saxonicam, modo Longobardicam appellat, et putat usque in hanc diem, Francogallicam item quandoque, viro maximo P. Mabillonio novitatem nominis concipiente ; ego vero mere Romanam invictis, ni fallor, et ineluctabilibus argumentis ostendam aliquando, atque evincam. Rursus pergo ; et non nisi majusculis notis, aut millenaria quæ videretur, etiamsi alterius formæ, scriptione exarati libri prodibant. Unus in mentem venit, quem ad sequiorem ætatem statim rejicerem, quicunque a scriptura ipsum et codicis sæculum designari putant : illum tamen Thodorus ecclesiæ Veronensis lector, *Agapeto v. c. consule*, hoc est anno Christi DXVII, exaravit. Alienabar pene mente ac sensibus præ admiratione, et vigilans somniare videbar mihi, cum scirem uno vel altero ejus vetustatis codice regias quandoque commendari bibliothecas atque illustrari. Extractos demum omnes ab illo tumulo ita collocari ac disponi canonicus Carinellius jussit, ut evolvendi mihi facultas esset ; quin post tempus aliquod, cum quid circa eos codices meditarer aperuissem, capitulique res

agi ipsi videretur, et Veronensis ecclesiæ dignitati maxime consuli, admonitis ad quos tunc temporis spectare poterat, quosdam ex redivivis bisce mss. pro arbitrio utendos tradidit, et domum meam comportari indulsit. Tum vero lucubrationibus variis sive incœptis, sive meditatis valedicens, poeticis præcipue, cujus facultatis illecebra, quidquid florentis ætatis oblectamentorum atque ineptiarum cura mihi non eripuit, absumpsit, studia mea ad hos potissimum codices contuli : quorum plurimos (nec tamen omnes) mutilos deprehendi, acephalos, semesos, laceros, et reliquias potius librorum quam libros. Nec alio fere aspectu par erat monumenta emergere, quæ decem aut duodecim, ad minimum autem novem sæculorum ætatem tulerint : cum enim duæ veluti classes horum codicum sint, quarum una rubro numero signata visitur, nigro altera, prioris classis membranas a Pacifico Veronensis ecclesiæ nono sæculo archidiacono defluxisse, plura sunt quæ ferme evincant. Bibliothecam ab eo conditam retulit Panvinius, sive ex epitaphii versu conjectans : *Bis centenos terque senos codicesque fecerat* ; sive ex traditione quadam, eo tempore adhuc superstite. Eam bibliothecam *totius orbis terrarum celeberrimam* fuisse, arguebat idem Panvinius (*Antiq. Veron.* p. 153) ex his ipsis, ut opinor, ejusdem in *Canonicorum monasterio vestigiis*, de quibus in præsens sermo est. Has vero librorum, quos Pacificus qua collegit, qua exarari jussit, reliquias esse, id etiam confirmat, quod unus et alter scripti dicantur, *Regnante Domino Nostro Hlotario Imperatore*. Ut autem constet, quo is anno decesserit, quam admirando ingenio floruerit, quantumque ecclesiam Veronensem capitulumque nostrum, multis ac præclaris titulis, ut alibi persequar, illustrem decoraverit, inscriptionem afferam, candido marmori incisam, et in cathedrali templo pulchre collocatam, cujus priorem tantum partem vulgarunt Panvinius, Ughellius, alii ; 11 disticha prætermittentes, quæ ab ipso eximio viro, ut sepulcro suo aliquando inscriberentur, concinnata nullus dubito ; cum e sensu quinti præsertim versus et decimi tertii, tum quia stylum præ se ferunt, a rhythmico præcedente elogio longe diversum ; quibusdam enim interlucent tum Latinæ locutionis, tum poeticæ venustatis luminibus, quæ in ejus ætatis monumento alio nullo reperire est : nonum distichum exempli gratia cum quibusvis medii ævi lucubrationibus compara. Qui celebrati hujus ingenii fetum aliquem nancisci summopere cupiebant, elegans pro tempore epigramma, quod præ oculis quotidie habentes non agnoscebant, plaudentes excipiant. Hoc ipso epigrammate linguas Hebraicam et Græcam calluisse se archidiaconus noster nobis indicat : nomen enim suum Hebraice et Græce reddit, cum se *Pacificum* vocat, et *Salomonem*, et *Irenæum*. Lapidis scripturam, sive orthographiam servo, meliori tantum et multiplicata interpunctione lectorem juvans.

Archidiaconus quiescit hic vero Pacificus,
Sapientia preclarus, et forma prefulgida.
Nullus talis est inventus nostris in temporibus :
Quod nec ullum advenire unquam talem credimus.
Ecclesiarum fundator, renovator optimus
Zenonis, Proculi, Viti, Petri, et Laurentii,
Dei quoque Genitricis necnon et Georgii.
Quicquid auro, vel argento, et metallis ceteris,
Quicquid lignis ex diversis, et marmore candido,
Nullus unquam sic peritus in tantis operibus.
Bis centenos, terque senos codicesque fecerat :
Horologium nocturnum nullus ante viderat :
En invenit argumentum, et primum fundaverat
Glosam veteris, et novi Testamenti : posuit
Horologique carmen sperae cœli optimum :
Plura alta grafiaque prudens inveniet.
Tres et decim vixit lustra, trinos annos amplius :
Quadraginta et tres annos fuit archidiaconus :
Septimo vicesimo ætatis anno Caesaris Lotharii
Mole carnis est solutus, perrexit ad Dominum.

Nono sane calendarum obiit decembrium,
Nocte sancta, que vocatur a nobis Dominica.
Lugent quoque sacerdotes, et ministri optimi,
Ejus morte nempe dolet infinitus populus.
Vestros pedes quasi tenens, vosque precor cernuus,
O lectores, exorare queso pro Pacifico.
Hic rogo pauxillum veniens subsiste viator,
  Et mea scrutare pectore dicta tuo.
Quod nunc es, fueram, famosus in orbe viator,
  Et quod nunc ego sum, tuque futuris eris.
Delicias mundi pravo sectabar amore;
  Nunc cinis, et pulvis, vermibus atque cilbus [a].
Quapropter potius animam curare memento,
  Quam carne[b]*; quoniam hæc manet, illa perit.*
Cur tibi plura paras? quam parvo cernis in antro
  Me tenet hic requies, sic tua parva [c] *fiet.*
Ut flores pereunt vento veniente minaci,
  Sic tua namque caro, gloria tota, perit.
Tu mihi redde vicem, lector, rogo carminis hujus,
  Et dic, da veniam, Christe, tuo famulo.
Pacificus, Salomon mihi nomen, atque Irænneus,
  Pro quo funde preces mente legens titulum.
Obsecro, nulla manus violet pia jura sepulcri,
  Personet angelica donec ab arce tuba.
Qui jaces in tumulo terræ, de pulvere surge,
  Mangnus adest judex milibus innumeris.
Tolle hinc segnitiem, pone fastidia mentis,
  Crede mihi, frater, doctior hinc redies.

Anno Dominicæ Incarnationis DCCCXLVI. Indictione x.

Perscrutari ingressus quidam veterum scriptorum hi codices nobis servassent, Christiana tantum monumenta librosque ecclesiastico reperi; in eo maximæ, quam mente conceperam, spei parum, ut fatear, respondentes, quod anecdota in tanto librorum numero perpauca occurrerent. Plura tamen erui luce dignissima; et ex vulgatorum collatione multa didici, quæ novisse Christianæ ac litterariæ reipublicæ magnopere intersit. Cur ergo premis? interpellabit quispiam: cur tot annos differs? cur adhuc occultas? Hoc volebam nescius ne esses, erudite lector, et hoc ipsum est, de quo teneri quodammodo videor rationem reddere. Prima equidem protrahendi causa ex ipsa rei mole ac difficultate oritur; neque enim in his rebus aut properare deberet qui posset, aut posset qui vellet. Multa sæpe volumina, multæ voluminum congeries percurrendæ atque excutiendæ sunt, et decem versus satis caute scribantur. Immane quantum temporis collationes absorbent! quot editiones, quot ab Henrico Canisio usque in hanc diem collectiones pervolutandæ, ut ἀνέκδοσις tantum monumentorum satis constet! Devorandus sane alacriter labor, ubi rariorum ut plurimum librorum ea supellex omnis in promptu esset: at quam incredibili corporis, animi, marsupii defatigatione perquirenda mihi fuerant plurima variis in civitatibus, et ab remotissimis regionibus arcessenda! Nec parum obstitit, quod incisor nunquam fuerit ad manus: quamvis enim duo ex celeberrimis nostræ ætatis Veronæ pedem fixerint, altero, quod litteris sculpendis operam non det, altero, quod chiragra impediri soleat, uti non licuit. Addas velim, non capitularibus tantum codicibus, sed præstantioribus omnibus qui Veronæ servantur, constitutum mihi esse *Bibliothecam Veronensem manuscriptam* instruere: adesse quidem apud nos putantur nulli; at mille et ducenti numerantur in una Saibantiana bibliotheca: paucissimi sane habebantur Græce loquentes; jam vero harum quoque, me admitente, non vulgaris copia est advecta. Insidet animo, quod maxime expediat, undecunque decerpere, de antiqua Latinorum scriptura disceptationem præmittere, ac postremam operis partem ex documentis selectis (Veronensibus ut plurimum) instituere, quorum classis prior Ægyptiacis papyris exarata, et a me præsertim conquisita et possessa contineat: ea

A occasione nova quædam ad artem criticam diplomaticam pertinentia proferre vellem, quæ raptim ladere nemini certe liceat. Has moras ab ipsa re; majores autem a me ipso contraxi, et ab anterioribus institutis, et a supellectilis meæ tenuitate, quam fateri, imo profiteri minime vereor: cum enim in capitulares codices incidi, præclariores interioresque ecclesiasticas litteras ne primoribus quidem labris attigeram; Græcas tantum delibaveram; Hebraica elementa vix videram; Latine disserendi ante aliquot tantum menses primo periculum feceram; criticæ nec ipsum nomen, ut hodie vulgariter accidit, satis assequebar. Incipiendum mihi ergo fuit eo ipso ætatis anno, quo popularis meus Panvinius desiit; hoc est post prælongam immortalium voluminum adornatam seriem decessit. Verum quidem est, P. abbatem Bacchinium, ad quem confugi, cuique par referendi nulla unquam facultas suppetet, mira mihi tam longæ viæ compendia monstrasse: sacra tamen Biblia, concilia,
B Patrum non exiguam partem perlegere oportuit; a quibus quantum studia mea abfuissent, carmina Italica varii generis, tragœdia, eroticæ theses, de re poetica disceptationes satis testantur; nec non Italica scriptio de scientia quam *equestrem* vocant; cui tamen id acceptum refero, quod ad profanæ saltem eruditionis limina mihi iter stravcrit, ut quibus moribus quibusve opinionibus in iis quæ, ut hodie loquimur, ad honorem spectant, Romani Græcique vixerint, eruerem ac patefacerem. Disquisitionis illius nullam audio rationem hucusque habitam esse ab antiquariarum lucubrationum indagatoribus, qui de diis umbratilibus, de fibulis, de caligis disceptationes magno cæteroquin studio conquirunt, et Latine etiam transferunt: videtur tamen ea pervestigatio, quæ ad vitam pertinet, et ad mores repurgandos valde conducit, ut magis ardua, et minus trita, ita multo utilior existimanda. Ad rem ut redeam, quæ præterea me ab his codicibus sæpe distraherent, acciderunt multa. Cum Christophoro Pfaffio v. cl. de rebus gravissimis
C decertandum mihi fuit; de studiorum methodo, et universali gymnasio recte instituendo sententia mea, qualiscunque esse potuerit, fuse proponenda; patria priscorum temporum historia pertexenda, et Italicarum regionum sub Romanis metropoles abelgandæ; vernacularum e Latinis Græcisque scriptoribus versionum catalogo, quem antea descripseram, cum translatio agglutinanda quædam, tum de numismatum ac lapidum primatu disceptatio: nova, quam protuli, de fulminum generatione sententia iteratis argumentis vindicanda. Sed et plura evenerunt, quæ me non a manuscriptorum tantum, sed a quibuscunque omnino studiis divellerent: sex mihi publico officio absumptos menses; complures rursus serenissimo Bavariæ electorali principi feliciter dicatos conterranei mei probe norunt. Satis multa attulisse, quibus procrastinanti mihi ultro ignosci debeat, opinor; cum in his omnibus nulla mihi culpa imputari possit. Verumtamen cum annos rursus aliquot cunctaturus sim, in eo me extra culpam non esse,
D sponte et ingenue fateor: deflexi scilicet, tantamque provinciam intermittens, in alias sensim delapsus sum nec minus amplas, nec minus arduas; quibus demum non nisi ornatis et peractis ad pristinam revertar. Id qui contigerit, expono. Constitueram *Bibliothecæ Veronensi ms.* Ineditarum Inscriptionum parergon adjungere, quæ vel in urbe nostra, vel in agro reperirentur. Dum vetustos lapides exploro in hunc finem, et exscribo, monumentorum ejusmodi is me amor incendit, ea cœpit admiratio, ut dispersa, occultata, neglecta, cœli inclementia intereuntia, colligendi in unum, publico tutoque loco exponendi, contegendi quoque, et integra atque incorrupta in futurum ævum præstandi, cupiditas me invaserit maxima. Re felicius cedente, virisque præstantioribus symbolam conferentibus, aviditas incessit Græca

---

[a] Lege *cibus*.
[b] Lege *carnem*.
[c] Lege *fient*.

quoque et externa, quotquot maxime possem, undique conquirendi. Satis prospera et in hoc fortuna usus, cum nec labori parcerem, nec pecuniæ, *Musæum Veronense*, sive peculiarem collectorum marmorum editionem jure quodam a me flagitare cum res ipsa, tum doctiores cœperunt cives. Manum admovens, cum præclarissima occurrerent, incogitatam de usu ac præstantia inscriptionum disputationem ingressus sum : verumtamen Gruterianam collectionem, lapidarios scriptores, summæque rei litterariæ proceres marmoribus passim utentes percurrens (bona venia dixerim) tot fallaciis obrutum, tot allucinationibus demersum, tot adhuc tenebris circumfusum studium hocce mihi visum est, ut nihil satis tuto in hac materia præstari posse arbitratus sim, nisi nova quædam *Arte critica lapidaria* adornata, ac præmissa. Vix mentem cogitatio ista subierat, mei compos, et rationis studiorum meorum non amplius sui ; tanta enim vi operis hujus et instituti imaginem conformationemque in cerebri fibras adactam sensi, ut alia quæcunque abjicere, sive in aliud tempus rejicere, coactus omnino fuerim. Cum quidquid hoc libelli faturum sit, quamprimum exigere averem, patriam mihi relinquendam novi, in qua diverticula parata perpetuo essent : idcirco statim ac per domesticas tricas licuit, Florentiam me contuli, ut in hoc Musarum domicilio, et quo mihi ab omni parte jucundius nullum, in eam opellam incumberem. Ultro fateor inconstantiam hanc, et ab uno ad aliud lucubrationis genus defectionem, minime laudandam esse, sed improbandam, defugiendam, vituperandam : quo me satis tuear, non habeo ; at non in studiorum tantum, sed et in ratione vitæ inobservata quadam et occulta rerum connexione ita ducimur, ut sæpe aberrationes nostras ne quidem percipiamus, atque illuc sensim jam pervenisse nos, quo tendere constitutum nobis minime fuerat, quandoque admiremur. Id quoque afferre pro me possim : nempe cum inter adversa multa molestiasque, quibuscum non infrequenter conflictavi, libertatis bonum mihi omnino intactum servarim, ita ut otii mei nemini prorsus rationem reddere obstringar, sive ad hæc me conferam, sive ad illa, perinde esse ; quin, ut etiam nullum ex inceptis commentariis, vires meas, quod optime intelligo, multum excedentibus, ad exitum perferam, quæ duo bona unice mihi a studiis peto, nihilominus consequar : ut vitam non sine delectatione ducam, et ne quid interea deterius agam.

Verumenimvero cur in præsens, contra ac decreveram, dies aliquot manum de tabula tollam, atque ad intermissos codices redeam, *Cassiodorii complexiones* emittens ; curque hoc membrum a *Bibliothecæ Veronensis* corpore avellam, paucis persequar. Morem in hoc gero amicis et familiaribus, quorum voluntati ac consilio, cum iterum atque iterum efflagitant, obsistere minime valeo. Admonuerunt ii per repetitas litteras, viros quosdam in civitate nostra præstantes repentino et laudabili desiderio correptos, quidquid anecdoti in mss. capitularibus continetur, in publicam lucem prolatum intuendi : quapropter cum vir eximius, undequaque doctissimus, et tum a dignitate, tum ab ingenuis moribus suspiciendus, Veronam, quæ ipsi patria est, advenisset ; illum obsecrasse, ut negotium hocce in se reciperet, et, quamprimum fieri posset, quam plura posset ex his membranis educeret : vel ignorabant ii scilicet, quam longam ego in istis codicibus singulis operam posuissem, vel procrastinantem me diutius, ac labores meos supprimentem, eam curam abjecisse, opinati sunt. Rogabant ergo viri amicissimi impense atque enixe, ut, vel cæteris omnibus posthabitis, *Bibliothecam* meam perficere properarem, vel ejus saltem specimen aliquod communicarem, quo de consilio meo atque instituto quidquam tandem constaret. Parui, qua licebat : nempe ut de specimine edendo statim cogitarem. Inter illa quæ manu mea transcripta et quomodocunque illustrata mihi seposueram, hoc maxime opusculum pluribus de causis selegi ; sed præcipue quod sejunctim prodire, et libellum ex se constituere minus improprie posset. Adnotationes relegens, tribus aut quatuor locis versus quosdam adjeci ; cæterum quod antea scripseram, non attigi. De versione Scripturæ sacra qua Cassiodorius utitur, multa commentari incœperam, quæ rejicere in aliud tempus cogor. Jam vero ad aras confugio, hoc est ad lapides meos iterum me recipio, Veronenses codices non nisi post annos aliquot, vitam et valetudinem Deo Optimo Maximo suppeditante, resumpturus. Quidquid interea eruere ab his atque illustrare alii forte pergant, expectabo lubens et lætus excipiam, cum probe norim multo utilius in tam laborioso tantique momenti officio prospectum, ac longe præstantius per quoslibet alios Christianæ ac litterariæ reipublicæ consultum iri.

DE COMPLEXIONUM OPERE,
ET CODICE CUI DEBENTUR.

M. Aurelii Cassiodorii Senatoris cum ingenium singulare et multiplici studiorum genere exercitum ac comprobatum, tum sacra præcipue et digna Christiano homine ab eo percepta doctrina, summo eruditorum consensu ita celebrantur, ut quæcunque ab eo litteris consignata sunt, nulla profecto laude, nulla, ut avide arripiantur, indigeant commendatione. Inter lucubrationes quas posteaquam militiæ monasticæ nomen dederat, exaravit, memorat ipse in præfatione ad Orthographiam, *Complexiones in Epistolis apostolorum, et Actibus eorum, et Apocalypsi, quasi brevissimas explanationes decursas*. Memoria lapsus est vir eruditissimus, Joan. Alb. Fabricius, Bibl. Lat. lib. III, c. 16, cum harum mentionem fieri tradidit in præfatione Variarum, quam multo ante conscripserat. Complexiones siquidem extremo senio confecit, cum post illas ad *amantissimos orthographos discutiendos anno ætatis* 93, *Domino adjuvante, pervenerit* : quin ad disserendum de Orthographia, ex nonnulla de *Complexionibus apostolorum* orta disputatione impulsum fuisse, ejusdem ad Orthographiam præfationis initio discimus. Illæ vero nequidquam hactenus perquisitæ exoptataæque, atque inter deperdita communiter recensitæ, spe omni prorsus abjecta deplorabantur. Exiguam quidem ac postremam partem, quæ in Apocalypsin est, Daniel Mollerus editam docet, ut videre est apud Fabricium in Supplemento Bibliothecæ Latinæ ; at quamvis editionem ipsam designaverit, Mollerum deceptum suspicor : sane inter eos quos consului (consului autem per litteras plurimos), qui illam noverit nemineni. De Gulielmi Crovæi (apud Boernerum in præf. Bibliothecæ sacræ Joannis) allucinatione certe constat, qui in Elencho Scriptorum biblic. Complexiones in Acta apostolorum vulgatas credidit. At prodit nunc tandem, et sacrarum litterarum bono ex insperato scriptum hoc emergit. In duos libros dividitur ; legitur enim in Actorum fronte : *Incipit liber* II. Trithemius olim de Viris illustribus Benedictinis agens, libris XVI distinctum censuit. Stylus ipsissimus est ac cæterorum Senatoris scriptorum : de quo sane cum iis sentire nequeo, quibus valde arridet, cum præruptum ac confragosum dicendi genus amare nesciam : at sæculi ea dictio et oratio est, quam propterea injuria cuiquam Cassiodorio imputaverit : neque hujusmodi librorum a rhetorica elegantia pretium ducitur. Nonnullis forte exsanguis ac jejuna, fere etiam quandoque mutila expositio hæc videri poterit, magisque in ea pietas spectanda, quam ingenii acumen, aut præstantia doctrinæ: nemo tamen inficias ibit, præclara etiam non pauca variisque de causis plurimi facienda in ea contineri. Nec valde mihi laborandum autumo, ut ostendam quo loco ecclesiasticum habendum sit vi sæculo exaratum opus; et a percelebri id quidem eruditoque scriptore, quem inter sanctitate claros Alcuinus (*In Fel. Urgel. l.* v) aliive, atque inter sacros Ecclesiæ doctores recenset Beda (*Bed. Comm. in Ozram*). Mirum imprimis profecto est, quantum afficiamur et novo ædificationis spiritu catholici excitemur, cum antiqui nec antea cogniti monumenti quidquam deprehendentes, eadem dogmata inspicimus; cumque eamdem a prioribus usque sæculis perpetua serie deductam doctrinam vetustissima scriptura, velut novo et irrefragabili teste traditam comprobatamque intuemur. Quod etiam mores ac pietatem spectat, præclara multa in his Complexionibus reperias: verum ut a doctis cupide excipiantur, id satis superque sit, in sacris scilicet Novi Testamenti libris interpretandis versari, canonicasque etiam Epistolas exponere, in quas veterum commentarii vix unus aut alter exstant. Quod si cætera abessent, quibus ecclesiastici libri commendari solent, ad hujus pretium mirum in modum augendum diversæ illæ sacri textus lectiones et antiquæ versionis frusta, quæ nobis exhibet, abunde sufficerent. Constat siquidem cum ex canone, tum ex hemistichiis, quæ capitulis explanator præfixit, Vulgata cum, sive Hieronymiana versione usum non esse, sed veteri. Proinde discrepantias vel minimas, Vulgata lectione margini adjecta, indicavi: illæ quidem studium atque operam in sacrum textum, inque ejus interpretationem conferentes juvabunt summopere, multisque ac perutilibus animadversionibus ansam præbebunt. Antiquæ autem versionis ab his Complexionibus excerpta fragmenta eo pluris facienda sunt, quo nobis a Cassiodorio traduntur, viro scilicet in optimis sacrorum librorum exemplaribus deligendis, ut ex Divinis Lectionibus intelligimus, accuratissimo, eorumque emendationem ex fontium etiam inspectione acriter suadente. Discrepantias illorum etiam locorum subinde adnotavi, quæ in explanationis contextu non semel occurrunt: quamvis de iis ambigi possit, ipsisne exemplaris verbis an paraphrastice aut memoriter ab expositore adducantur: quæ suspicio orta mihi est aliquando in Actorum Complexionibus, cum a communi textu versus quidam nimis recedere viderentur. Infirmatur tamen suspicio hæc, quod in verbis ipsis præpositi textus hemistichia quandoque legantur, quæ addita explicationis seu connexionis gratia videri possint; ut illud Act. xiv, 18: *Cumque ibi commorarentur, et docerent*; itidem xvi, 1: *Cumque circuissent has nationes*: quæ tamen in exemplari suo interpretem legisse, nullus dubito: quin aut eadem, aut similia Græcus aliquis codex prætulit, ut Waltonii præcipue Variantes Lectiones testantur. At de his penes eruditos judicium esto: quibus in his Complexionibus nova quoque et peculiaris in capita sectio animadvertenda erit: id temporis scilicet sacrorum librorum ut emendationem, ita pro arbitrio quisque sibi partitionem concinnabat. De veteri capitum distinctione, Scripturæque sanctæ stichometria notum est, quam multa disputaverint viri docti. Nunquam vero *frustra laborare*, qui sacris veterum lucubrationibus eruendis operam navat, vel unus harum Complexionum de Trinitate locus satis testatur: nondum enim ad hodiernos expugnandos Unitarios vel profligandos, tam invictum tamque ineluctabile testimonium emerserat. Clamant isti, Scripturæ versiculum, quo sanctissima Trias perspicue docetur, S. Joannis Epist. 1, c. v, in priscis codicibus ut plurimum non reperiri, et ab antiquis Patribus lectum non esse, Africanis quibusdam exceptis. At docet nos Cassiodorii interpretatio lectum ab ipso fuisse; quo constat et in Romanis exemplaribus exstitisse: quibusnam autem? nimirum selectissimis, et qui jam tum haberentur antiqui: is enim priscos et emendatos codices ad sacræ Scripturæ lectionem maxima cura deligendos in Divinis Lectionibus admonebat: quid putabimus ab ipso præstitum, cum non legendos tantum, sed et interpretandos susciperet? vix autem puto, Cassiodorii ætate vetustatis laude celebrari codicem potuisse, qui ad apostolica fere tempora, sive ab iis haud ita longo intervallo dissita non pertingeret. Quam emendatis etiam exemplaribus uteretur, intelligi potest ex præfatione Divinarum Institutionum, qua libros cæteros notariis emendandos tradidisse discimus; sacros vero manu ipsum sua emendasse. Quin de Orthographia fuse dissereret, non alia de causa profitetur aggressum esse se, quam ut sacra Biblia inculpatim exscriberentur.

Membraneus liber, in quo insigne hoc ecclesiasticæ antiquitatis monumentum unice perennavit, eximiæ ac venerandæ vetustatis notas præ se fert omnes; adeo ut videri possit ab ipsius Cassiodorii ætate non ita multum abesse. Integer atque incorruptus, modo paginas quasdam excipias, quibus membrana vel perforata, et ab atramento exesa interlocet, vel fugientium litterarum tenuissima vestigia vix retinet: universim bonæ etiam notæ, et multis aliis comparatus correctionis laude non carens; plures enim interdum paginas oculo inoffenso percurras, quamvis deinde menda turmatim alicubi occurrant: sive diversitas hæc atque inconstantia mutato librario, sive remisso aliquando et defatigato imputanda sit. Ut erudito sæculi genio morem geram, formam litterarum scripturæque specimen propono: nec librarii nec temporis nota ulla visitur.

Habes in primo specimine cur auctoris nomen nove scripserim, et secus ac soleat: cum enim post artem typographicam inventam nunquam, quod sciamus, tantæ vetustatis Cassiodorianus codex emerserit, atque in editorum manus devenerit, id in primis nostro debebimus, ut vera tandem hujus nominis inflexio innotescat: *Cassiodorius* siquidem rectius est dicere, quod triplici hujus manuscripti testimonio liquet. His certe in rebus Tertulliani canon obtinet: *Id verius, quod prius* (*Adv. Marc. l.* iv, *c.* 4). Quin gentilitia nomina apud Romanos ut plurimum in *ius* desinere pervulgatum est. Ex Aurelia gente *Cassiodororum* familia primo fluxit; qua deinde in varias stirpes iterum distracta, *Cassiodorius* gentilitii nominis rationem obtinuit, in plures familias diffusi, etiamsi κατ' ἐξοχὴν ab illa præferretur, quæ auctorem nostrum ediderat, Var. lib. i, epist. 4. *Cassiodoros* (ut hactenus perperam scripsimus) *præcedentes fama concelebrat; quod vocabulum, etsi per alias videatur currere, proprium tamen ejus constat esse familiæ.*

Summam fidem in hac editione instruenda adhibui, et ms. etiam in minutioribus, quantum fieri potuit, inhæsi. Qui antiquum monumentum ab exemplari unico primus eruit ac profert, satis cautum et circumspectum se præstare vix possit; is enim quid posteritati omni legendum sit imperat ac jubet. Ad constitutam mihi fidem pertinere credidi, nihil immutare, ut syntaxin quandoque restituerim; et de meo nihil addere, aut ad sensum, qui mutilus videretur, integrandum, aut ad lacunas aliquas explendas: quas congruentibus quidem utcunque verbis supplere in promptu est ut plurimum; abstinendum tamen duxi, ubi eadem ipsa, quæ vel membrana albescente evanuerunt, vel corrosa deficiunt (velut p. 252 [*h. ed. col.* 1412), obvia prorsus et indubitata non sint. Emendati num, quas raro adhibui, ubi operæ pretium sit admoneo, ut et ipsæ ab aliis emendari possint: hoc si præstitissent transactis temporibus critici, veterum scripta aliquanto melius pernosceremus; innumeros enim locos ex arbitrio reficientes, antiquorum codicum lectiones ab oculis subduxerunt. Non ea tantummodo quam mihi proposui, in ms. exhibendo fides, sed impulit etiam me constans doctorum hominum sententia ac voluntas, ut quædam scriptionis genera, a quibus ms. liber nunquam deflectit, intacta relinquerem ; quæ in aliis editionibus nihil prohibebit corrigere, et ad meliorem usum traducere. Sunt ex his, *epistula*, *temptare*, *fantastica*, *profeta*, *dicio*, *condicio*, *ammirans*, atque alia : *intellegere* perpetuo scribitur, ut in quamplurimis et vetustissimis aliis codicibus : plebeiorum præcipue et rusticorum hominum is erat sonus, ut arguo e Ciceronis loco, de Orat. lib. I, quem de his vocibus accipio : ridetur Cotta *iotam literam tollens*, *et e plenissimum dicens*, qua pronuntiatione non *oratores antiquos*, *sed messores imitari*, Crasso videbatur. Scribitur in hoc exemplari, *cæcitas*, *cœlum*, *cœlestis* ; item *adicere*, *subicere*, *reicere*. Inconstanter in aliis : itaque modo *seculum*, modo *sæculum* ; *cena* et *cæna*, ut apud veteres *scena* et *scæna*. *Obœdio* hic fere semper, nec non *rettulit*. Molestum erat lectorem morari, quotiescunque particulæ *non*, *ut*, *quod*, etc., aut redundant, aut desiderantur. Libri autem indolem ac morem, minutasque itidem emendationes semel hic innuamus : hæc quid intersit scire, non nisi criticis sacris initiati intelligunt. Primum consuetis permutationibus cognatarum litterarum laborat liber : *peccavimus*, pro *peccabimus* ; *super viam* bis, intervallo præter morem relicto, pro *superbiam* ; item *accedere*, *cadet*, *montes*, pro *accidere*, *cadit*, *montis* ; *contra si*, *et audiat*, pro *se*, et *audeat* ; item *adque*, *aliquod*, quæ occurrunt ut plurimum, pro *atque*, *aliquot*. Scribitur in ms. *inproba*, *conplectens*, *conpunctos* : *præterea opportunæ*, *ponitur*, *conversos*, pro *opportune*, *punitur*, *conversus* : Cassiodorii ætate familiaria menda : is siquidem Orth. cap. 15, *b* pro *v*, *v* pro *b*, *o* pro *v*, *n* pro *m*, *contra orthographiæ præcepta vitiose positas non relinquas*. Videas sæpe *popolus*, *mondissimus*, *iracondia* : quam ab antiquo accepta consuetudine, vetustiora monumenta testantur. Legitur etiam in codice, *piætas*, *prætio*, *sæ*: exinde manifesto errore, *patiatur*, *fidelium*, *nobis*, pro *potiatur*, *filium*, *bonis* ; rursus, *Dei quæ*, *his*, *necesse*, *respicere*, *huc*, *hic*, pro *Deique*, *is*, *nescisse*, *despicere*, *huic*, *sic* ; demum *se* pro *esse*, *esse* pro *se*, *victum* pro *vinctum*, *alibi* pro *albi*, *nullis effulsisse*, pro *nullis se fuisse*, *vita* et pro *viliet*, *subripere* pro *subrepere*, *precationibus* pro *præcautionibus*, *impedisset* pro *impendisset*. Mirum est interdum, ut in contrarium abducatur sententia a litterula una, utque addita ea, vel dempta, periodus integra restituatur. Animadverti, eadem consonante concurrente, scilicet in fine unius dictionis, atque in capite alterius, primam a librario sæpe omitti : *sive unu sive* ; *cum ipso semper*, pro *cum ipsos semper* ; alibi ex opposito importune conduplicat : *niger regressus*, *illis suscipere*, cum scribendum erat *niger egressus*, *illi sucipere* ; *regionis* pro *religionis*, ut etiam scribitur in Taurinensi codice, e quo initium Epitomes Institutionum Lactantii, nusquam antea visum, aliquot ab hinc annis emisi. Quid memorem deprehendisse me *seddomini*, pro *se domini* ? *seddicit* pro *se dicit* ? didici ex his quæ non sunt hujus loci. Præludentes Italicæ linguæ phraseologias persequi non vacat : adverbia *promptissime*, *benigne*, *devote*, ita in hoc opuscule enuntiari solent : *prontissima mente*, *benigna mente*, *devota mente*. Redarguerat auctor noster, Div. Litt. cap. 15, *librarios grammaticæ artis expertes* ob m litteram, quam si inconvenienter addas aut demas, dictio tota confusa est. At erat in ms. *præ passionem*, *de Herosolymam* : fluebant hæc ab imperitæ plebis sermone, quem iisdem solœcismis superiori etiam ætate infectum fuisse constat. Trimalchionem et socios eodem modo in convivio loquentes inducit Petronius, ut etiam a plebeia locutione ridiculum aucupetur : *scimus te præ litteras fatuum esse*.

Adnotationes addidi breviusculas : dissertationibus locus patebat multiplex ; verumtamen non tam Cassiodorii tunc opus exhibuissem, quam meum. Auctoris vitam nihil attinebat retractare post amplissimam quam optimæ ejusdem editioni P. Garetius præmisit. Cum et aliam laudari deprehendissem a card. Norisio nostro in Apologia monachorum Scythiæ, nempe quam P. Dionysius a S. Martha Gallice edidisset, post longam indaginem reperi tandem, et percurri. Libro IV de scriptis amissis verba faciens, *Catenam* memorat, seu *Commentarium ex pluribus scriptoribus decerptum* in Epistolas apostolorum, et Acta, et Apocalypsin. Complexiones nostræ designantur ; sed quæ ad modum Catenæ elucubratæ minime credi poterant, cum Catenarum usus longo post Cassiodorium intervallo emerserit ; neque ex variis scriptoribus illo ævo commentarius decerpi potuisset in apostolorum (catholicas saltem) Epistolas, quas paucissimi adhuc interpretes attigerant, ut in adnotationibus persequar.

Cum per epistolas amicos eruditos de hujus operis editione monerem, Apostolus Zenus, invictissimi et litterati æque ac litteratorum hominum amantissimi, Caroli VI Cæsaris Augusti historicus, et poeta, inter alia quæ his ipsis diebus docte rescribit, quam rara medio etiam ævo harum *Complexionum* exemplaria fuerint, animadvertit : nam Notkero Balbulo, sæculi X scriptori, minime innotuerunt ; ut ex ejus opusculo de Interpretibus sacræ Scripturæ arguere est, quod in *Thesauri novissimi Anecdotorum* (ad oras nostras nondum transvecti) tomo primo P. Bernardus Pez, Mellicensis in Austria monachus, nuper vulgavit.

Solemne mihi perpetuo fuit, ut doctorum virorum judicio scriptiunculas meas subjicerem, nihilque mihi acceptius accidit, quam cum quid peccarim admoneor. Vir inter amicissimos, Antonius Maria Salvinius, sæculi decus, cum in eum epistolæ meæ locum, hujus voluminis col. 0000 incideret, quo e regis vocabulo de Romano imperatore non agi, arguere videor ; commode docuit, aliis quidem argumentis recte id probari, illo vero nequaquam : cum ex voce βασιλέως, qua ad Romanos imperatores significandos Græci uti solent, Latinis etiam legendis, ut vocantur, *regis* nomen eadem significatione sæpe adhæsisse deprehendatur.

PRÆFATIO.

Breves [a] apostolorum, quos nos proprie Complexiones possumus appellare, summatim dicendo diversa complectuntur, quæ sibi tangenda esse proponunt ; ut nec relatio judicetur effusior, nec aliquid

---

[a] Argumenta sive lemmata quæ præfiguntur, quibusque textus *quodam nobis compendio panditur* (Div. Lect. cap. 1), non modo *Titulos* et *Capitula* veteres appellarunt, sed etiam *Breves*. In collectione veterum *Titulorum*, a doctissimo cardinali Thomasio vulgata, qua codex unus habet, *Incipiunt Capitula*; præfert alter, *Incipiunt Breves* : vide Cangii Glossarium. Hinc in mss. quibusdam index lemmatum *Breviarium* vocatur ; quo sane vocabulo usi sunt etiam Suetonius et Plinius. Seneca, epist. 39 : *Vulgo Breviarium* dicitur ; olim cum Latine loquebamur, Summarium dicebatur. Innuit autem auctor potuisse explanationes has suas *Breves* etiam appellari, cum in ipsis non cuncta verba discutiat, *sed summas rerum in parvitate complectatur* : aptius tamen *Complexionum* nomine donandas fuisse, quod præfigenda summaria non sint, sed veluti paraphrases quædam textui sociandæ, et quæ continentur in textu complectentes, περιοχαί.

brevitate constrictum praetermissum esse videatur. Sit ergo nobis propositae rei brevis et absoluta narratio, summas rerum in parvitate complectens, non cuncta verba discutiens, sed ad intentiones suas summatim dicta perducens; ad quod nos studium sensum lectoris deducere festinamus, ut altius ad intellectum perveniat, ubi nostra eum deducere voluntas congrua intentione festinat. Inter Breves autem et Complexiones hoc interest, quod Breves sunt subsequentium rerum particulatim divisa commonitio; Complexiones autem similium rerum juncta copulatio : quod tibi jam notum facio, lector, ammonitus [a] ut alterum interrogare non egeas, dum ipse plenissima quod dicimus satisfactione cognoscas. Nunc ad exponendum textum in Christi nomine veniamus.

[b] *Cassiodorii Senatoris, jam Domino praestante conversi* [c], *explicit Praefatio.*

---

[a] Colliquefactam in hoc verbo sive ab auctore, sive a librario, primitivam litteram non miror : miror potius qui factum sit, ut communi scripturae id vitium non adhaeserit, cum caeteroquin consimilia verba corruperit. Illa jus suum tenuere, quibus *m* post *d* consequitur; scribimus enim *admoneo, admoveo, admitto*, cum scribamus *appono, accumbo, afflo*, etc. At in hoc libro *ammonet, summovet, ammirans*, et *quemammodum*.

[b] Ita vetustus codex ex gentilitiorum nominum regula. Praefationem vide.

[c] Conversus dicebatur qui saeculo valedixerat. Ita loquitur D. Benedictus in Regula, concilium Arelatense can. 11, etc. Hoc adjuncto nominis, quaecunque scripsit, postquam intra claustra monastica se receperat, insignita antiquitus fuisse, par est credere. Hinc fortasse tum *Magni*, sive *Marci* praenomen abest, tum *Aurelii* nomen, *Senatoris* agnomine retento, quo singulatim designabatur. Sequiori enim aevo, quo plura arripiendi nomina mos invaluit, ultimo ut plurimum utebantur.

M. AURELII CASSIODORI I
COMPLEXIONES IN EPISTULIS [a] APOSTOLORUM.

EPISTOLA SANCTI PAULI AD ROMANOS [b].

1. — I, 1. *Paulus, servus Christi Jesu, vocatus Apostolus, et caetera.* Nomen suum competenter praeponit Epistulis, quoniam scribebat absentibus : vocatum se quoque a Deo dicit Apostolum, sicut Ananiae dictum est : *Vas electionis est mihi, ut portet nomen meum in gentibus : et segregatum in Evangelium Dei, quod ante promiserat per prophetas, de Filio suo, qui factus est ei ex semine David secundum carnem* [c] : per quae se dicit accepisse gratiam, ut in omnibus eum gentibus praedicare debuisset. Ita catholicae fidei fundamenta in ipsis primordiis, velut doctus architectus, salutari praedicatione constituit. Benedicit etiam Romanos, ut gratiam et pacem *a Deo Patre et Domino Jesu Christo* percipiant ; [d] ubi etiam et Spiritus sanctus intelligi debet : quoniam ex tribus una, vel duae nominatae personae, totam plenissime noscuntur indicare Trinitatem ; sicut in Actibus apostolorum beatus Petrus ait : *Et jussit eos in nomine Jesu Christi baptizari* (Act. x, 48) : cum Dominus dixerit : *Ite, docete omnes gentes, baptizantes eos in nomine Patris, et Filii, et Spiritus sancti* (Matth. xxviii, 19. V., *Euntes ergo docete*). Legitur etiam in suprascripto libro, de solo Spiritu sancto : *Joannes quidem baptizavit aqua, vos autem baptizabimini Spiritu sancto* (Act. I, 5).

2. — I, 8. *Primum quidem gratias ago Deo meo, per Jesum Christum, pro omnibus vobis, et reliqua.* Imprimis Deo gratias agit, Romanorum praedicans fidem, et pro eis se orare testatur assidue ; promittens habere se desiderium, ut ad eos tandem aliquando venire praevaleat ad confirmationem fidei, quae jam illis probabatur esse communis : nam frequenter se desiderasse dicit ad eos venire ; sed testatur quibusdam impedientibus causis se fuisse prohibitum : scilicet ut doceret eos plenius, sicut et caeteras nationes, ad quas fuerat destinatus, Novi et Veteris Testamenti veritate patefacta ; adjiciens exemplum Ambacum [e] prophetae, *justum ex fide vivere* (II, 4). Nec terrearis de profunditatibus sacris, quia maxime intentionis ejus est, ut se ipse consequenter exponat.

---

[a] Prisca quoque marmora sic loquuntur : *ab Epistulis Latinis* passim : *o* et *u* saepe convertebantur.

[b] Ab Actis non incipit. Vulgato enim, sive D. Hieronymi canoni non inhaesit. In *Divinis* pariter *Lectionibus* Novi Testamenti libros in tres partes dividens, Epistolas omnes, quas *Canonicas Epistolas apostolorum* vocat, in secunda collocat, Acta et Apocalypsin in tertiam rejicit. Ita et D. Augustinus, de Doct Christ. l. II, c. 8. Conspectum accipe :

Vulgata.	Cassiodorius.
Acta.	S. Pauli Epist.
S. Pauli Epistolae.	S. Petri I, II.
S. Jacobi.	S. Joannis ad Parthos.
S. Petri I, II.	S. Joan. II, III.
S. Joannis I, II, III.	S. Judae.
S. Judae.	S. Jacobi ad dispersos.
	Acta.

[c] Act. IX, 15, Vulg. *Mihi iste.... coram gentibus.... prophetas suos in Scripturis sanctis.*

[d] Idem iterat, ubicunque Spiritus sancti nomen omittitur : comprobat etiam ineluctabilibus adversus Macedonium aliosve haereticos testimoniis.

[e] P. Possevinus initio Apparatus Sacri : *Abacuch, quem LXX interpretes sine aspiratione scribunt Ambacum.* At D. Hieronymus Prol. in Abac. : *Scire nos convenit, corrupte apud Graecos et Latinos nomen Ambacum prophetae legi, qui apud Hebraeos dicitur Abacuc.*

3. — i, 18. *Revelatur enim ira Dei de cœlo super omnem impietatem et injustitiam*, et reliqua. Iram Dei supra illos dicit esse manifestatam, qui cum supernam potentiam per creaturas ejus et inæstimabiles operas cognovissent, gloriam incorruptibilis Dei ad creaturas corruptibiles transtulerunt; id est, ut homines, volucres, et quadrupedes colere decrevissent. Hi dum se æstimant esse sapientes, stultitiæ cæcitate damnati sunt : quia totum inde mortiferum nascitur, ubi auctor rerum fuerit sacrilega impietate derelictus. In quo enim subveniat creatura fragilis, si offendatur omnipotentia Creatoris? Hactenus fuit narratio delicti; post sequitur pœna peccati.

4. — i, 24. *Propter quod tradidit eos Deus in desideria cordis eorum*, et cætera. Hic jam commemorat qualis pœna proveniat eis qui se a Domini cultura summoverint; scilicet ut qui Deum incorruptibilem contemnere temptaverunt, relicti in desideriis et inmunditiis cordis sui, ipsi se alterutra fœditate commaculent : primum, ut contra naturalem usum feminis utantur inlicite; ipsi quoque masculi mutua corruptione lacerati subdantur libidinibus suis et cæteris flagitiis quæ cæcatus sensus invenit: sed non solum hæc facientes, verum etiam talibus consentientes simili detestatione condemnat.

5. — ii, 1. *Propter quod inexcusabilis es, o homo omnis, qui judicas*, et cætera. Arguit eos qui alios recte judicant, et eadem se vita commaculant : patientia enim Dei sustinet dementer errantes; sed qui fuerit peccata confessus, gloriam suscipit et honorem ; illos autem qui veritati non consentiunt, tribulatio et angustia digna consequitur ; acceptio siquidem personarum apud Deum non est, sed sola qualitas pensanda factorum; non enim tantum legis auditores grati sunt Deo, sed factores legis potius justificabuntur.

6. — ii, 14. *Cum enim gentes, quæ legem non habent, naturaliter quæ legis sunt faciunt*, et reliqua. Cum gentes, quæ legem non habent, naturali vivant institutione compositæ, Judæus, quoniam legem accepit, eamque nec intellegere, nec custodire voluit, in judicio Domini Christi amplius tenetur obnoxius : non enim quemquam beatum circumcisio facit esse, sed vita; maxime cum illa recisio præputii ad circumcisionem cordis constet esse translata; cujus laus non ex hominibus, sed esse constat ex Deo.

7. — iii, 1. *Quid ergo amplius est Judæo? aut quæ utilitas circumcisionis?* Gentibus quidem, quæ adhuc minime crediderant, præponit Judæos; qui tamen legem Domini devotis cordibus acceperunt; nec iterum illud potest evacuare præcepta divina, si quidam eorum inobedientes fuerunt; illis enim pereuntibus, legis veritas manet : nam peccata hominum dicit commendare justitiam Dei, ut cum nos delinquimus, ille in condemnatione nostra semper justissimus approbetur; qui vero aliud dicunt, eorum justa damnatio est : quapropter *Judæos et Græcos* omnes sub peccato esse confirmat. Hoc etiam tertii decimi psalmi comprobavit exemplo, dicens universam carnem non lege justificari posse, sed gratia ; quod Christi Domini comprobavit adventus, qui nobis in reatu positis fidei suæ dona largitus est.

8. — iii, 27. *Ubi est ergo gloriatio tua? exclusa est : per quam legem? factorum? non; sed per legem fidei*, et reliqua. Judæorum gloriam, quam videbantur habere per legem, veniente Domino Salvatore, per legem fidei profitetur exclusam : non enim per legem circumcisionis, vel alia hujusmodi, justificatur homo; sed per legem fidei : quoniam unus est Deus et legis et fidei. Abrahæ quoque subjungit exemplum, probans non ex operibus eum gratiam Domini reperisse, sed fide (xxx psalmi adiciens testimonium [a]; beatos esse confirmans, quibus peccata dimissa sunt), quem justificatum non in circumcisione perhibet, sed in præputio esse per fidem. Fides autem ejus evidenter apparuit, quando, Domino promittente, non dubitavit credere de se et Sara vetulis Isaac sibi filium nasciturum. Quapropter similis erit illis justitia, qui Dominum Christum, et propter delicta humana traditum; et propter justificationem nobis conferendam crediderint suscitatum.

9. — v, 1. *Justificati igitur ex fide, pacem habeamus ad Deum, per Dominum nostrum Jesum Christum*. Justificatos per fidem pacem monet habere cum Patre; quando per Jesum Christum Filium ejus æternæ salutis munera perceperunt, qui magis in tribulationibus et angustiis spei suæ sumunt semper augmentum. Cum pro impiis Jesum Christum dicat esse mortuum, multo magis ab ira salvos facere promittit, quos suo sanguine justificare dignatus est : peccante siquidem Adam, mortem humano generi constat inflictam; etiam eis qui mandata Domini, sicut fecit Adam, minime prævaricasse noscuntur; sed sicut per Adam mors pertransivit in posteros, multo amplius in adventum Domini Jesu Christi gratia et donum æternæ vitæ abundabit in plurimos.

10. — v, 28. *Igitur sicut per unius delictum in omnes homines in condemnatione, sic et per unius justitiam in omnes homines in justificatione*. Adhuc in eadem probatione persistit : nam per Adam dicit suscepisse mortem genus humanum; sed per Dominum Christum æternæ beatitudinis præmia consecutum; et sicut per unius inobedientiam peccatores constituti sunt multi, ita et per unius obedientiam justi constituentur multi : subintravit enim lex, ut abundaret delictum; venit gratia ut deleret exitium; et ideo, qui jam mortuus est peccatis, vivere non debet in delictis.

11. — vi, 3. *An ignoratis quia quicunque baptizati sumus in Christo Jesu, in morte ipsius baptizati sumus?* Sicut omnis baptizatus suis peccatis est mortuus, ita Christo resurgente novatur in perpetuam sospitatem: nam qui similitudini mortis ejus complantatus agno-

---

[a] *Beati quorum remissæ sunt iniquitates.* In Vulgata est xxxi, in Hebraica serie et in versione Hieronymi, xxxii.

scitur, eodem modo et similitudini vitae ipsius sociandus esse declaratur : in illa enim cruce noster vetus homo confixus est, ut innovatus exinde resurrectionis munere nasceretur. Nam sicut Christus semel peccato mortuus est, et vivit in gloria Dei, ita et nos peccatis mortui, in ipsius sanctificatione vivamus; quia jam non sub lege, sed noscimur esse sub gratia.

12. — vi, 15. *Quid ergo? peccabimus, quia non sumus sub lege, sed sub gratia?* et reliqua. A fidelibus viris famulandum [a] non dicit esse delictis; quia jam non sunt subjecti legi, sed gratiae: nam sicut prius iniquitatibus membra carnalia serviebant, ita nunc per fidem spiritales effecti, vivere debent in sanctitate propositi : quippe, quando in prioris vitae stipendio finis erat sine dubio mors aeterna; in ista vero perpetuum datur gaudium, et sine fine securitas.

13. — vii, 1. *An ignoratis, fratres (scientibus enim legem loquor),* et reliqua. Quemadmodum se habeat lex, facta viri et mulieris comparatione designat. Sicut enim mortuo viro, mulier sine crimine transit ad alterum, ita recedente lege, ad novitatem gratiae sine culpa perventum est : quapropter serviendum Deo jam dicit in gloria [*forte* in gratia], non in litterae vetustate : nam occasionem peccati lex dedit, quae prohibendo delicta, inobedientes homines reos semper ostendit.

14. — vii, 12. *Itaque lex quidem sancta, et mandatum sanctum, et justum, et bonum.* Cum sit lex spiritalis, necesse est ut eam caro semper offendat: quoniam vitio peccati originalis, mundi concupiscentiam probatur affectare damnatam : unde profitetur Apostolus habere se desiderium boni, sed trahi maxime lege peccati; propter quam difficultatem Dominus Pater misit Filium suum, qui, assumta carne peccati, credentium vincla disrumperet.

15. — vii, 25. *Igitur ego ipse mente servio legi Dei, carne autem legi peccati.* Legi dominicae dicit se quidem voluntate servire, sed carne potius obedire peccatis : qui autem non ambulant secundum carnem, suscipiunt a Domino remissionem : ideo enim Pater misit Filium suum, ut sumens similitudinem carnis peccati, delicta mundi dissolveret. Nam prudentiam carnis, quae est inimica Divinitati, mortem dicit operari ; spiritalis vero intellectus, qui Deo semper acceptus est, aeternam vitam tribuit et salutem : unde magis in Spiritu sancto vivendum est, qui nos tunc inhabitat, quando se a nobis diaboli potestas extraneat. Ambulandum est ergo in sanctitate propositi, quoniam qui spiritaliter vivunt, hi filii Dei sunt.

16. — viii, 15. *Non enim accepistis spiritum servitutis iterum in timore,* et quod sequitur. Omnem Christianum perfectum dicit accepisse non servitutis spiritum in timore, sed filiorum adoptionis affectum: quando illum patrem dicit, cujus haereditatem justo desiderio concupiscit : nam si Christo compatimur, et gloriae ipsius participes esse merebimur. Sed multo minora sunt praesentia mala, quam futura praemia; ista enim temporalia, illa perpetua sunt : nam creatura nostra [b] congemescit [*Vulg., vs.* 22, omnis creatura ingemiscit] et parturit, quousque ad illud perveniat, ut promissa felicitate potiatur : quod etiam se dicit efficere, quamvis Spiritus sancti cognoscatur jam primitias accepisse, exspectans redemptionem corporis sui, quae in generali resurrectione praestanda est.

17. — viii, 24. *Spe enim salvi facti sumus. Spes autem quae videtur non est spes.* Promissiones divinas spe magis praedicat sustinendas ; quoniam quidquid in futuris temporibus punitur [*leg.* ponitur], carnalibus oculis non videtur. Spiritus autem sanctus postulat pro nobis *gemitibus inenarrabilibus;* id est, quod nos gemere faciat, ut ad promissa praemia venire possimus. Praedestinatos autem dicit vocatos, ut sit Dominus Christus primogenitus in multis fratribus : et ne in tanta spe titubarent hominum corda fragilia, praedestinatos dicit vocatos, vocatos autem asserit justificatos, justificatos vero magnificatos esse confirmat. Hoc argumentum dicitur climax, id est gradatio, quod etiam in subsequentibus frequenter assumit.

18. — viii, 31. *Quid ergo dicimus ad haec ? si Deus pro nobis, quis contra nos?* et caetera. Commendat

---

[a] Hyperbaton hocce vicies fere in his Complexionibus adnotavi; nihil scilicet illo aevo et ab hoc scriptore tam diligenter quaesitum, quam perpetuus quidam rhythmus, non sine aliqua ratione metri, ut ex cap. 15 Div. Lect. argui potest. Ad eum rhythmum superstitiose servandum pro nihilo habebatur, inusitata verborum collocatione, sensum ipsum aut perturbare, aut invertere. Negans ergo particula *saepissime* loco movetur; idem pronomini *se* pariter accidit, praecipue cum adjacet verbo *dico.* Cum scribendum erat, *dicit gentes gloriari non debere;* legitur, *gloriari non dicit debere gentes :* cum exspectabas, *dicit se bonorum suorum conscium non esse;* habes, *conscium se suorum non dicit esse bonorum;* ita, *se non dicit in vanum currere,* pro, *dicit se non in vanum currere; non decernat horrere,* pro, *decernat non horrere; timorem esse in charitate non asserit,* pro, *asserit in charitate timorem non esse; non se dicit posse,* loco τοῦ, *dicit se non posse :* et similia. Transpositionis hujusmodi vestigia quaedam in aliis Cassiodorii scriptis conspiciuntur. Ad psal. vi, *quoniam non se vult a mortuis rogari;* ad LXX, *tunc ergo se petit non debere derelinqui.* Var. l. v, ep. 42, *qui eum non optat evadere.* Quod vero in editis perraro haec syntaxis appareat, ea praesertim collocatione quae sententiam in contrarium trahit, criticorum opera evenisse crediderim, qui verborum ordinem restituerint : norunt siquidem quicunque mss. contrecterunt, quam diversa pleraque auctoribus invitis legamus. Mihi quidquam immutare religio fuit : caeterum de his lectorem semel admonuisse satis superque duxi.

[b] Diversa forte lectio diversam interpretationem peperit. De natura nostra videtur auctor explicare hunc locum : at pro *creatura omni* alii creaturas inanimes universas, alii gentiles intelligendos censent; quo sensu verba πᾶσα ἡ κτίσις in Novo Testamento etiam alibi occurrit. *Mar.* xvi, 15, κηρύξατε τὸ Εὐαγγέλιον πάσῃ τῇ κτίσει : *praedicate Evangelium omni creaturae :* quod apud *Matth.* xxviii, 19, dicitur, μαθητεύσατε πάντα τὰ ἔθνη : *docete omnes gentes.*

igitur per omnia misericordiam Patris, qui ut nos redimeret, suo Filio non pepercit : quid enim nobis boni potuit negare, qui beneficiorum omnium concessit auctorem? ipse enim interpellat pro nobis, qui et sedet ad dexteram Patris. Consequitur etiam numerosa nimis et affectiosa promissio, nullas tribulationes, nullas persecutiones, nulla pericula, nullas potestates cœlorum, neque præsentia, neque futura, a gratia nos Domini Christi posse dividere, quibus dignatus est tam magna præstare.

19. — IX, 1. *Veritatem dico in Christo, non mentior, testimonium mihi perhibente conscientia mea in Spiritu sancto*, et reliqua. Charitatem carnalium parentum suorum tantam sibi fuisse testatur, ut, quod ultimum miseriarum est, se magis voluisset a Christo dividi quam Judæos a fide Domini videret excludi : quod etiam et Moses dixisse legitur : *Aut dimitte populo huic peccatum; sin autem, dele me de libro quem scripsisti* [a]. Primum, quia adoptati erant in gloria filiorum; deinde quibus præceptum est legis obsequium, unde patriarchæ quoque provenerunt; et quod omnes honores superat, ex quibus natus est secundum carnem Dominus Christus, qui est super omnia Deus benedictus in sæcula. Ad fidem quoque Christi filios dicit venire promissionis, non omnes filios Abrahæ, qui ex ejus quidem semine nati sunt, sed ejusdem fidei non fuerunt; dantur etiam exempla Abraham et Saræ, Isaac et Rebeccæ, et duorum fratrum Esau et Jacob; sed unus ex his ita probatur electus, ut nullis meritis præcedentibus, sed per solam gratiam germano videatur esse præpositus, gratiam Domini gratuitam per cuncta commendans.

20. — IX, 14. *Quid ergo dicemus? nunquid iniquitas apud Deum? Absit*, et reliqua. In arbitrio Domini posita fatetur universa, quando *non volentis, neque currentis, sed miserentis est Dei*. Exemplum quoque Pharaonis annectit, quia juste voluntate sua peragit, quæcunque disponit. De superioribus etiam dictis sibi facit contrariam quæstionem, quam figuli comparatione dissolvit, dicens, habere eum potestatem, aliud vas facere in contumeliam, aliud in honorem : ne quis contra Dei voluntatem sacrilega murmuratione consurgat.

21. — IX, 22. *Quod si volens Deus ostendere iram, et manifestare* [Vulg., *notam facere*] *potentiam suam*, et cætera. Ostendit patientiam Dei, cum impios magna pietate sustinuit; ut tam de gentibus quam de Judæis eligeret sanctos viros, quos præparavit gloriæ sempiternæ : cujus rei Oseæ prophetæ datur exemplum. Judæorum autem reliquias, exemplo Esaiæ prophetæ, convertendas dicit in fine sæculorum, quod etiam esse faciendum ipsius prophetæ alio confirmavit exemplo.

22. — IX, 30. *Quid ergo dicimus? quod gentes, quæ non sectabantur justitiam, adprehenderunt justitiam.* Gentes dicit per fidem, non ex operibus comprehendisse justitiam : nam Judæi credentes ad litteram, et non spiritaliter sapientes, offenderunt in lapidem offensionis, qui est Dominus Christus : quod etiam prophetæ Esaiæ probatur exemplo. Unde affectu civico pro Judæis quidem se orare testatur, pro quibus testimonium perhibet, habere quidem illos æmulationem Dei, sed Christi scientiam non habere, qui est finis legis et completiva perfectio.

23. — X, 5. *Moyses enim scripsit, quoniam justitiam, quæ ex lege est, qui fecerit eam homo, vivet in ea.* Moyses dicit, si fecerit homo justitiam, quæ ex lege est, vivet in ea; et ideo Christum Dominum virtute potentiæ suæ resuscitatum credat a mortuis : nam sive Græcus, sive Judæus, qui recte invocaverit nomen ejus, et non fuerit sacrilega dubitatione confusus, salvus erit. Negat autem obstinatum Judæum Evangelio credere, qui ipsum Christum contempsit audire, quod etiam multorum comprobatur exemplis.

24. — XI, 1. *Dico ergo : nunquid repulit Deus populum suum? Absit*, et reliqua. Universum populum Hebræorum a Domino non dicit esse contemptum, sed eum exinde cotidie [b] multos eligere, qui ad futuri regni possint gaudia pervenire : quod etiam regnorum lectione confirmat; nam sicut electos dicit Domini gratiam consecutos, ita incredulos refert cœlesti lumine fuisse privatos. Hoc etiam Esaiæ et David probatum constat exemplis. Judæos autem memorat offendisse quidem, sed non ut funditus interirent; quorum si delictum, Christo crucifixo, salus est mundi, et deminutio divitiæ gentium, multo magis conversio eorum erit ingens gaudium beatorum.

25. — XI, 13. *Vobis enim dico gentibus; quandiu ego quidem sum gentium apostolus*, et. cætera. Apostolus gentes alloquitur, dicens, se quidem Judæos ad æmulationem eorum velle deducere; sed gloriari non dicit debere gentes, quod Judæi propter incredulitatem suam repudiati sunt, ut plenitudo gentium salutariter introiret : nam si dilibatio ipsorum sancta est, massam potius constat esse sanctissimam : de oleastro et oliva pulcherrimam faciens comparationem; quia gloriari non debet insitum contra illud, ubi constat insertum : nam si gentes extraneum beneficium Domini munere perceperunt, quanto magis et illi possunt ab ipso restitui electæ semel origini !

26. — XI, 25. *Nolo enim vos ignorare, fratres, mysterium hoc*, et sequentia. Ad tempus ex parte Hebræum populum dicit fuisse cæcatum, ut ad fidem Christianam gentilitas introiret. Cæterum in fine

---

[a] Exod. XXXII, 31, 32. Vulg.: *Aut dimitte eis hanc noxam, aut si non facis, dele me de libro tuo, quem scripsisti.*

[b] Auctor noster de Orthogr. cap. 1 : *Quotidie sunt qui per co cotidie scribant, quibus peccare licet : desinerent, si scirent quotidie inde tractum esse a quot diebus.* At hæc ex Gnæo Cornuto : *ex Papiriano vero cap.* 4 : *Cotidie per c et o dicitur, ut scribitur, non per q : quia non a quoto die, sed a consistenti die dictum est. Quam deinde scripturam elegerit, quis divinet?* a ms. non descivi.

sæculi Israeliticum populum misericordia Domini perhibet esse salvandum, postquam gentium prædestinata crediderit multitudo; nam sicut legem accipientibus Judæis prius, gentes minime crediderunt, ita et salvatis gentibus, Judæi credituri esse noscuntur : conclusit enim Deus omne in incredulitate, ut cunctis misericordiæ suæ dona præstaret.

27. — XI, 33. *O altitudo divitiarum sapientiæ et scientiæ Dei!* et reliqua. Dominicæ dispositionis ammiratione completus, veraciter exclamat incomprehensibilia esse quæ sancta Trinitas probatur efficere: ex ipso enim, id est ex Patre; et per ipsum, id est per Filium; et in ipso, id est in Spiritu sancto, sunt omnia ; et ut unitatem in eis indivisibilem esse monstraret, adjecit, *ipsi gloria in sæcula sæculorum* [in Vulg. deest *sæculorum*] : unde Romanos obsecrat ne sæculi delectatione capiantur, sed corpora sua præceptis debeant offerre cœlestibus. Monet etiam ut omnes secundum mensuram suam sapere debeant, quam Deus unicuique pro sua pietate distribuit; quatenus abrogaret præsumptiones inlicitas, unde fragilis maxime peccat humanitas.

28. — XII, 4. *Sicut enim in uno corpore multa membra habemus*, et cætera. Facta comparatione membrorum, docet unumquemque secundum dona præstita, in compage ecclesiastici corporis Christo Domino debere famulari ; regulas multifarias ponens, quemammodum fideli populo sit vivendum. Ad postremum taliter cuncta concludit, ut nemo malum pro malo reddat, sed iniquitas inflicta boni potius retributione vincatur.

29. — XIII, 1. *Omnibus potestatibus sublimioribus subditi estote* [a], et reliqua. Omnibus potestatibus justitiam præcipientibus dicit esse debere subjectos, quoniam potestas a Deo datur, et Deo videtur velle resistere qui ordinationi judiciariæ nititur obviare, dicens ab eo propter conscientiam rationabiliter formidari, qui in aliquo facinore probatur involvi : ideo enim et tributa solvimus, quia nos principibus subjectos esse sentimus; ministri enim Dei sunt, cum crimina commissa distringunt.

30. — XIII, 7. *Reddite omnibus debita*, et quod sequitur. Omne quidem debitum per enumerationes plurimas dicit esse reddendum, ita tamen ut nos affectio teneat semper noxios : cuncta enim Dei mandata complet, qui in proximi charitate consistit, quia plenitudo legis est fratris custodita dilectio. Commonet etiam de sæculi istius nocte surgendum, quoniam proximus est adventus Domini, quem debemus bonis operibus exspectare vigilantes : ipsum vero sustinere cognoscitur, qui carnis desideria superare monstratur.

31. — XIV, 1. *Infirmum autem in fide assumite*, et cætera. Infirmum dicit ad sacras Scripturas leniter assumendum, nec cum eodem districta impugnatione litigandum ; facta comparatione docens, alios solis oleribus reficiendis, alios ciborum soliditate satiandos; et ideo unusquis non debet alterum spernere, sed de omnibus discernat solus ille qui vere judicat : potens est enim Dominus illum magis in abstinentiæ soliditate firmare, qui nobis videtur carnis fragilitate succumbere; nam cum de jejuniis ageret, dicit, *alius judicat diem inter diem* (vs. 5), ut quidam fidelium quarto et sexto die [b] eligunt abstinendum; *alius autem omnem diem*, quia multi inveniuntur, qui omni die inediæ se oblatione purificant; sed utrique gratias Domino suo referre non desinunt.

32. — XIV, 7. *Nemo enim nostrum sibi vivit, et nemo sibi moritur*, et reliqua. Præsumptiones illicitas hominibus tollens, sive moriamur, sive vivamus, ad Dominum dicit esse referendum, qui judicaturus est mundum : adeo [*leg.* ideo] enim redimit humanum genus sanguine pretioso, ut omnibus ipse dominetur. Datur etiam Esaiæ congruenter exemplum, quod ipsius imperio cuncta famulentur.

33. — XIV, 12. *Itaque unusquisque nostrum pro se rationem reddet Deo*, et cætera. Illos arguit qui abstinentia sua gloriando fratribus scandalum faciunt ; dicens apud Dominum nullatenus esse aliquid inquinatum, sicut ipse testatur : non enim quod in os intrat, coinquinat hominem, nisi forte illis culpa ista proveniat, qui cibos [e] quos Deus ad vescendum creavit, inquinatos esse pronuntiant; quod et alibi dicit Apostolus, *omnia munda mundis, coinquinatis autem et infidelibus nihil est mundum* (Tit. I, 13); non enim in cibo nostro regnum Dei, sed in pace et concordia noscitur constitutum. Nam quamvis abstinere sit bonum, tamen si charitatem fratris destruat, constat esse peccatum : præbens dominicæ passionis exemplum, sicut psalmus LXVIII dicit, improperia eum sustinuisse, ut dilectionem fratrum pius miserator impleret.

34. — XV, 4. *Quæcunque autem scripta sunt, ad correptionem nostram* [Vulg., *ad nostram doctrinam*] *scripta sunt.* Quæcunque libris sacris sunt indita, ad correptionem nostram et ad spem futuri sæculi dicit esse conscripta : unde oportet eos invicem fratrum onera portare, sicut et Christus nostra cognoscitur suscepisse : Isaiæ prophetæ et XVII psalmi exempla subjungens, Deum Patrem et Christum Dominum omnes populos debere sub communione laudare. Benedicit etiam Romanos, et fidem ipsorum sancta prædicatione concelebrat; se autem dicit eos necessario commonere, ut oblatio eorum accepta fiat Deo per Spiritum sanctum, qui eis probatur esse concessus : sic totius Trinitatis commemorata nobis salutaris unitas intimatur.

35. — XV, 17. *Habeo igitur gloriam in Christo Jesu ad Deum*, et ea quæ sequuntur. Habere se dicit in Deo gloriam, quoniam prædicatio ipsius veniente

---

[a] Vulg. : *Omnis anima potestatibus sublimioribus subdita sit.*
[b] Ea verba *diem inter diem* de jejunio quartæ et sextæ feriæ explanator accipit; quod ab apostolica usque sanctione, seu traditione fluxisse putabatur. Vide S. Epiphanium, hær. 75.
[e] Manichæos innuit.

Domino noviter instituta, *ab Hierusalem per circuitum usque in Illyricum repleverit Evangelium Christi* (vs. 19). Deinde benedicit Romanos, promittens eis, postquam Hierosolyma quædam ordinaverit, ad eos se esse venturum : quos rogat ut pro eodem orare non desinant, quatenus ereptus ab infidelibus Judæis, dum ad Hispaniam profectus fuerit, ad eos valeat venire salvandos.

36. — XVI, 1. *Commendo vobis Phœbam sororem* nostram, et cætera. Ut ostenderet etiam hic gloriosum esse propositum bonum, commendat et salutat probatissimas mulieres et fratres diversos, quorum operas sanctas spiritali laude concelebrat; admonens ut prædicatores falsos evitent, ne eorum bene instituta corda subvertant : epistolam suam de incarnatione Domini ea qua cœpit, prædicationis virtute concludens.

EPISTOLA PRIMA AD CORINTHIOS.

1. — I, 1. *Paulus vocatus apostolus Christi Jesu per voluntatem Dei*, et reliqua. Cum Sosthene fratre suo salutat Ecclesiam Dei quæ est Corinthi constituta, et omnes qui invocant nomen Domini nostri Jesu Christi. More suo in ipsis foribus prædicat Christum, cujus voluntate vocatus apostolus est, petens ut gratia illis et pax divina largitate tribuatur : gratiam illis optat, ut futura Spiritus sancti verba percipiant ; pacem, ut unitatis virtute gratulentur.

2. — I, 4. *Gratias ago Deo meo semper pro vobis*, et sequentia. Imprimis laudat fidem ipsorum, et orat ut usque ad adventum Domini sine crimine perseverent ; obsecrans etiam ut perceptæ doctrinæ custodiant firmitatem, nec se putent prædicatoribus esse subjectos, sed uni Domino Christo; quando se non in Pauli, non in Apollinis, non in Cæfæ, sed in Christi gratia baptizatos esse cognoscunt.

3. — I, 14. *Gratias ago Deo, quod neminem vestrum baptizavi*, et reliqua. Non se dicit Apostolus alios baptizasse, præter Crispum, et Gaium, et Stephanæ domum ; quoniam non se perhibet missum ut baptizaret, sed ut evangelizaret. Quod a maxima parte dicitur : omnibus enim apostolis datum est sacramentum baptismatis communiter dare : unde datur intelligi aliqua eos pro salute desiderantium effecisse, cum probarentur in prædicationibus occupati. Evangelizavit autem in sapientia superna, non sæculi ; placuit enim Deo per stultitiam prædicationis [sicut tamen incredulis videbatur] salvos facere credentes : nam cum sint pauci secundum carnem potentes et nobiles, elegit Deus humilia, ut non glorietur in re omnis caro, sed in Domino Jesu Christo : sicut scriptum est in Jeremia propheta : *qui gloriatur, in Domino glorietur* (Jer. IX, 24).

4. — II, 1. *Ego, fratres, cum venissem ad vos*, et quæ sequuntur. Venisse se dicit ad eos, non in sublimitate verbi, sed in virtute sermonis, ut doctrinam suam non ostenderet esse sæculi, sed supernam : quatenus et illi sæcularia deserentes, ad divinæ contemplationis conscenderent summitatem : ostendens etiam quantum sapientia cœlestis ab humana discreta sit ; nam si Judæi verba prophetica percepissent, numquam Dominum gloriæ crucifigere maluissent : alta sunt enim divina mysteria ; nam sicut infirmitates quæ in homine sunt spiritus ejus novit, ita quæ in Deo profunda sunt solus ipse cognoscit : quapropter, ut de Deo loquatur, non a mundi spiritu, sed a Divinitate sibi asserit fuisse collatum : ostendens spiritalem virum omnia judicare, ipsum vero a nullo posse judicari : quod Isaiæ prophetæ confirmavit exemplo (vs. 15).

5. — III, 1. *Et ego, fratres, non potui loqui vobis quasi spiritalibus, sed quasi carnalibus.* Pro ipsis initiis non se dicit Corinthiis locutum fuisse plenissime Divinitatis arcana, sed potius tanquam parvulis lactis pocula contulisse : nam cum faciant illa quæ mundi sunt, probant se perfectam doctrinam adhuc minime percipere potuisse : quippe dum carnaliter sapientes dicerent, *ego sum Pauli, ego Apollinis* [vs. 4 ; Vulg., *ego Apollo*], quando perfectus fidelis Christi se famulum confitetur esse, non hominis. Prædicatori enim suo nullus hoc potest debere, quod Deo ; operas autem hominum, quæ tamen supra fundamentum Christi ædificantur, per tribulationes et diversas necessitates hujus sæculi dicit esse purgandas : sicut Pater Augustinus in libro Enchiridion plenius explanavit.

6. — III, 16. *Nescitis quia templum Dei estis, et Spiritus Dei habitat in vobis?* et cætera. Templum Dei baptizatos esse confirmat ; quoniam eos Spiritus sanctus inhabitat, quibus jam commune nil debet esse cum vitiis : præcipue monens ut si quis se mundi existimat sapientem, ad divinam potius agnitionem recurrat, quæ vere prudentes efficit et beatos : dicens omnia esse fidelium, quæ consequenter enumerat ; fideles autem Christi, Christum autem Dei : quod a parte dictum est humanitatis. Addit etiam non se metuere ut ab hominibus judicetur ; sed ne putaretur elatio, conscium se suorum non dicit esse bonorum ; quando in judicio Dei cuncta sint posita, ubi actus omnium manifesta dilucidatione cognoscitur. Hæc autem quæ superius dicit, adeo [a] et ipse in se, et Apollo discipulus ejus transfigurata esse testatur, ne quid in suis viribus præsumptio humana confideret : optans eos in fide regnare, ut cum ipsis possit mixta charitate gaudere.

7. — IV, 9. *Puto enim quod nos Deus apostolos novissimos ostendit*, et reliqua. Propter Evangelium

---

[a] Videtur legendum *ideo* : forte etiam *discipulum*, ut sententiæ ac syntaxi consulamus, nomine *Apollo* indeclinabiliter sumpto, ut in Vulgata.

Christi Apostolus se dicit diversis injuriis atque necessitatibus subjacere; cum filii ejus spirituales in Christo sint nobiles et felices: rogans ut in viis ejus omnimodis ª perseverent, qui etiam supernæ prædicationis patrem esse voluerunt: arguens eos qui se inflati de sæculari gloria jactitabant; cum regnum Dei non in sermone vacuo, sed in virtute sit positum. Minatur etiam eis ne illum [*suppl.* magis] cogant ad se venire sub correptione, quam gratia.

8. — v, 1. *Omnino dicitur inter vos fornicatio, et talis qualis nec inter gentes nominatur* ᵇ. Increpat Corinthios cur habeant inter se qui novercæ suæ conjugio copulantur; dum modicum fermentum totam massam corrumpat; sed illum qui talia commisit, temporaliter tradendum judicat diabolo in interitum carnis, ut spiritus ejus in judicio Domini pœnas perpetuæ damnationis evadat. Vetat etiam vel cibum cum his sumere qui se decreverunt impia conversatione tractare; sed auferendos dicit de medio, ne conspectis talibus reliqui polluantur: decet enim fratres regulis vivere constitutis; de illis autem qui foris sunt, divina disceptatio judicavit.

9. — vi, 1. *Audet aliquis vestrum habens adversus alterum judicium* [Vulg., *habens negotium*], et cætera. Iniquorum hominum vitandum dicit esse judicium, et sanctorum potius expetendum, qui etiam mundum in futura disceptatione judicabunt. Culpat deinde, cum injuriam fratrum non sustineant, sed ipsi potius in eos impia voluntate prosiliant. Enumerat etiam quibus vitiis inhærentes ad regnum Domini non accedant, illis scilicet qui usque ad vitæ exitum in talibus criminibus perseverant: fornicationem dicens omnimodis exsecrandam, cum corpora nostra vitiet, quæ membra sunt Domini: nam qui emptus est magno pretio, jam non debet diabolo servire, sed Christo.

10. — vii, 1. *De quibus autem scripsistis mihi: Bonum est homini mulierem non tangere.* Præcipuum quidem esse dicit, nullatenus cum muliere misceri; conjugatos autem monet ad tempus abstinere, ut orationibus vacent; posteaque redire ex consensu ad usum matrimonii sui, ne tentatione diaboli probentur intercipi: quod tamen secundum indulgentiam, non secundum imperium, prædicat esse faciendum. Vult enim omnes abstinentes esse, sicut ipse est; quod si nequeunt abstinere, tunc jungantur uxoribus: separari autem debere non dicit, qui in unam copulam fœderis convenerunt.

11. — vii, 12. *Si quis frater uxorem habet infidelem,* et quæ sequuntur. Si quis fidelis uxorem habet hæreticam vel paganam, monet eam statim non debere derelinqui, sed impensa cura recorrigi: quod simili modo devotam dicit efficere mulierem; nam si quis eorum in pravas sectas permanere voluerit, tunc fas esse a fidele contemni; quoniam cum obstinatis et perditis nulla potest esse concordia. Subjungit etiam nullam esse salutem in præputio vel in circumcisione, nisi in mandatis Dei, quæ ad Novum pertinent Testamentum. Præterea commonet ut sive servus, sive liber ad fidem vocatus fuerit, sine discretione aliqua conditionis in catholico dogmate perseveret; quando in judicio Christi fidelis servus infideli domino recte præponitur.

12. — vii, 25. *De virginibus autem præceptum Domini non habeo,* et reliqua. Laudat quidem virginitatem, sed permittit quoque conjugia; ostendens innuptas personas facilius spiritalia cogitare quam conjuges; omnibus tamen præcipit non amare quæ mundi sunt, quia figura hujus sæculi statuto fine præteribit. Simili modo parentes commonet, dicens, primum quidem esse, qui servat virginem filiam suam; secundum, ut eam marito congrua temporis maturitate contradat: mulier autem quæ fuerit a marito derelicta, si abstinere non potest, nubat; remedium [*leg.* melius] est enim conjugio copulari, quam libidinis libertati derelinqui: multo tamen melius esse confirmans, si in viduitate permaneant. Talia vero præcepta divino se asserit prædicare consilio.

13. — viii, 1. *De his autem quæ idolis immolantur* [Vulg.: *De iis, etc., sacrificantur*], et reliqua. Dicit quidem nihil esse idola, sed carnes vetat comedi quæ talibus videntur offerri; ne infirmitas fratrum non decernat horrere quod paganos constat efficere. Itaque fit ut ad illum redeat errorem credentium, qui culpis præstat initium; quapropter non se manducare dicit in æternum, quidquid fratrem potest scandalizare charissimum: pro quo cœlorum Dominum in assumta carne constat occisum.

14. — ix, 1. *Non sum liber? non sum apostolus? non Jesum Christum Dominum nostrum vidi?* Apostolum se quidem dicit eorum esse quos sacra institutione formaverat; cui potestas erat cibos accipere, et matrimonio copulari ᶜ, sicut et aliis apostolis liberum fuit, qui uxoribus adhærebant; sed omnia se dicit libenter sufferre, ne quod offendiculum Evangelio Christi afferre videretur: pro qua re nec ab ipsis se aliquid velle dicit accipere, quamvis a Do-

---

ª *Omnino,* seu omnimodo. Ita non Cassiodorius tantum, sed auctores etiam melioris ævi, ut Lucretius non semel.

ᵇ Vulg.: *Omnino auditur,* etc., *et talis fornicatio,* etc.

ᶜ D. Paulum uxorem non habuisse Cassiodorius ratum facit; quamvis id a quibusdam in quæstionem revocatum sit, præcipue ex S. Ignatii epistola ad Philadelphenses. Quam ab antiquo Christiana Ecclesia in cælibatum ferri cœperit, plura comprobant. Decimus nonus ex priscis canonibus qui Apostolorum nuncupantur: *Ut ex iis qui cum essent cælibes, ad clerum promoti sunt; soli lectores et cantores, si velint, uxores ducant:* ἀναγνώστας καὶ ψάλτας μόνους. Docebat Hilarius, Romæ sub Damaso diaconus (ad I Timoth., inter Ambr. op.), sacerdotes nostros et sacros ministros omnes a conventu feminæ abstinere debere, *quia necesse est eos quotidie præsto esse in ecclesia:* quod levitis antiquæ legis non accidit; eorum enim rarior in sacrificiis erat opera, ita ut dierum aliquot expiatio præmitti posset. Vide can. 10 Ancyranæ synodi, etc. Explanator ipse noster paulo ante: *Ostendens innuptas personas facilius spiritalia cogitare quam conjuges.*

mino permissum esse noscatur; ne tantorum laborum gloria tali compensatione vacuetur.

15. — IX, 16. *Nam si evangelizem* [V., *evangelizavero*], *non est mihi gloria*, et cætera. Quadam necessitate se dicit evangelizare, ut jactantiam probetur effugere : dicit enim debitum se solvere, si commissa sibi videatur velle peragere ; ait enim omnibus se humiliare, ut eos potuisset adquirere. Nam si illi qui currunt in stadio abstinere non desinunt, ut præmia humana percipiant, quanto debet studio potiori futuræ beatitudinis corona perquiri? Se autem non dicit in vanum currere, nec pugnis aera verberare ; ne quod est omni infelicitate miserius, prædicans aliis, ipse possit reprobus inveniri.

16. — X, 1. *Nolo autem vos ignorare, fratres, quoniam patres nostri omnes sub nube fuerunt.* Admonet Corinthios ut quæ prioribus temporibus Judæis facta sunt, ad Christum Dominum pertinuisse cognoscant ; deinde ut pœnas eorum gravissimas paveant, et a culpis similibus novus populus arceatur : monet etiam ut Dominum temptare non debeant, sed sperare, ut temptationes carnales ejus dono pietatis evadant, cujus misericordia geritur, ut a sæculi istius sceleribus evadatur.

17. — X, 14. *Propter quod, charissimi mihi, fugite ab idolorum cultura*, et reliqua. Sicut participes sunt mensæ Domini qui in unam communicationem conveniunt, ita participes sunt mensæ dæmoniorum qui una superstitione junguntur ; et ideo sibi convenire non possunt, quæ discreta qualitate divisa sunt. Quapropter si quis dixerit immolaticium esse, propter conscientiam non oportet attingi ; si vero ignoratum fuerit, in nomine Domini manducetur. Scriptum est enim in psalmo (XXIII), *Domini est terra, et plenitudo ejus*. Nam sive manducetur, sive bibatur, sive aliquid aliud honeste fiat, omnia in gloria Domini constat esse facienda. Monet etiam ut sine offensione tractare se debeant, et Ecclesiæ placere, sicut et ipse cognoscitur effecisse.

18. — XI, 1. *Imitatores mei estote, fratres* [in Vulg. deest *fratres*], *sicut et ego Christi*, et quod sequitur. Corinthios monet Apostolus ut, sicut ipse imitatur Christum, ita illum debeant fideles imitari. Sic autem fieri potest, si illud quærant, quod multis, non quod sibi possit utile comprobari : docens caput viri esse Christum, caput autem mulieris virum, caput vero Christi Deum : quod dictum ab humanitate recte percipitur, ut tali distinctione recognita, ordine suo debeant cuncta pensari. Suadet quoque viros ut velato capite orare non debeant, quoniam Deo subditum esse libertas est [a]. Mulieres autem tecto capite Domino præcipit supplicare, ut eas viris suis subditas esse declararet.

19. — XI, 16. *Si quis autem videtur contentiosus esse, nos talem consuetudinem* [leg. *contentiones*] *non habemus*. Populum Dei *contentiosus* quidem perhibet non amare; dicens, ecclesiasticum conventum pacis votum, non studium habere rixarum : oportere tamen dicit hæreses esse, ut inter eos probati manifesta debeant puritate cognosci. Arguit quoque illos qui non sustinentes conventum, singillatim celebrationem cupiunt habere missarum [b] : exemplum reddens cœnæ dominicæ, in qua regulam fidei non singulis, sed in unum cunctis dixit apostolis.

20. — XI, 27. *Itaque quicunque manducaverit panem, et biberit calicem, corpus* [c] *et sanguinem Christi* [d]. Rectæ fidei et operum bonorum conscium dicit debere percipere, ne non tam remissionem

---

[a] Corinthiis inter Christianos receptis præcipiente Apostolo ne Judæorum more velato capite orarent, nullam servitutis notam ob detecta capita ab iis timendam subjungit interpres, *quoniam Deo subditum esse libertas est*. Libertatis cæteroquin symbolum in Bruti numismate pileus.

[b] Locum quem de missarum celebratione Cassiodorius interpretatur, de communibus illis veterum Christianorum conviviis (ἀγάπαις) accipiunt alii ; eorumque reprehendi censent tum pauperum contemptum, tum intemperantiam. At cum auctor noster illos argui putet, *qui non sustinentes conventum, singillatim celebrationem cupiunt habere missarum*, missas intra privatos lares celebratas videtur innuere, quas propterea ejus jam ævo in usu fuisse conjectare liceat. Eas quidem D. Gregorii ætate receptas epistolæ ipsius 42 et 43 ostendunt ; qua ad Venantii patricii dissensionem tollendam Syracusano episcopo præcipit, ut *in domo ipsius missarum peragi mysteria permittat*. At multum aberat ut apostolorum temporibus cognosci possent, cum exiguo fidelium numero missa unica peragebatur. Quin etiam decernitur canone apostolico 24, ut presbyter deponatur, *qui contemptu suo episcopo seorsim congregationem faciat, et aliud altare figat*. Cum tamen dicat interpres, *non sustinentes conventum*, intelligi etiam potest de iis qui missas consueto quidem et publico loco celebrarent, sed antequam fideles convenirent : nam *sustinere* apud ipsum *exspectare est*; paulo infra, *invicem charitatis studio sustinendum*, quod Apostolus dixerat vs. 33, *invicem exspectate*: ad Jacobi Epistolam num. 10, *judicem non esse sustinendum*, ut significaret exspectandum non esse.

[c] Catholicæ et inconcussæ de eucharistico mysterio sententiæ novus calculus hic accedit, cum antiquus textus, quo Cassiodorius utebatur, prætulisse videatur hoc loco, *panem et calicem, corpus et sanguinem Christi*; qua lectione clarissime traditum anterioribus versiculis dogma iteratur. De consecratione eucharistica dissertationem meam ad virum summum P. Ben. Bacchinium missam, iterumque nuper Venetiis cusam, novo libro Tubingæ edito rursus oppugnari video a viro eruditissimo, et inter Lutheranos professore eximio, Christophoro Pfaffio. Eruditionis plaustra, quod illi solemne est, in eo volumine congesta mireris ; at quod ad quæstionem pertinet, ipsi, collatione facta, judicent in iisdem castris suis merentes litterati viri, num quæcunque attuli vel minimum labefactentur. Quidpiam tamen aliquando reponam, ubi otium dabitur, ad deceptiones quasdam detegendas eludendasque : in præsens hoc tantum moneo. Quod inter nos primo et præcipue disceptabatur, id erat : num fragmenta ab ipso reperta, et S. Irenæi Lugdunensis nomine vulgata, ad ipsum vere pertineant, ut acriter pugnat, necne. Abjudicantem vero me atque rejicientem docti ipsi viri a nostris sacris alieni minime abjudicarunt vel rejecerunt ; nam hæc lego de fragmentis hisce in *Historia Critica reip. litterariæ* t. IX : *Je ne m'étonne nullement de ce que Scipio Maffeius* [præclarum, sed alienum opus mihi hic ex errore tribuitur] *les ait combattus et rejetés. Franchement je trouve ses raisons touchant leur incertitude et leur supposition très-plausibles et très-bien fondées.*

[d] Vulg., *panem hunc, vel biberit calicem Domini indigne, reus erit corporis et sanguinis Domini.*

peccatorum quam damnationem suam videatur appetere: nam si nos ipsi nos judicamus, in judicio Divinitatis absolvimur. Quapropter in celebratione missarum invicem dicit charitatis studio sustinendum; nam si ad muta simulacra cum reverentia videbantur ascendere, quanto magis ad Deum verum sine blasphemiis et contentionibus, mente debent purissima convenire? Dominus enim Christus non blasphemiis appetendus, sed in Spiritu sancto magno studio devotionis honorandus est.

21. — XII, 4. *Divisiones autem gratiarum sunt, item Spiritus*, et sequentia. Quamvis divisiones gratiarum multae sint, unum tamen esse Dominum confirmat auctorem, qui omnia haec operatur in omnibus. Hoc etiam membrorum et corporis probavit exemplo, dicens aliud quidem visum agere, aliud manum operari, aliud pedem efficere; sed invicem sibi mutua complexione sociari. Sic in Ecclesia Dei, licet multa sint sanctitatis officia, adunatione charitatis, omnia sibi tamen necessaria esse noscuntur.

22. — XIII, 1. *Si linguis hominum loquar et angelorum, et reliqua*. In hoc capite commendat omnino charitatem; ita ut nullam virtutem sine ipsa prodesse commemoret; definit etiam quae respuat charitas, quae sequatur; nam licet alia dona, id est fides et spes, in futuro saeculo conquiescant, sola charitas permanet in aeternum: quam dicit omnimodis exspectandam.

23. — XIV, 2. *Qui enim loquitur lingua, non hominibus loquitur, sed Deo*, et caetera. Inter scientiam linguarum et prophetiam, magnam dicit esse distantiam: quando scientia linguarum non est omnibus nota, prophetia vero ecclesias instruit [a], et intelligentes muneribus supernis aedificat: instrumentorum ponens exempla musicorum, quia nisi intellectum fuerit quod tibiis aut tuba canitur, auditus non potest haberi proficuus: multis probationibus docens majorem esse prophetiam, cui magis eos studere commonet, quam diversarum linguarum multifariae qualitati.

24. — XIV, 13. *Ideo qui loquitur lingua, oret ut interpretetur*, et quae sequuntur. Adhuc in eadem facienda discretione remoratur, multis probationibus docens utiliorem esse interpretationem dominici sermonis, quam linguarum multifariam locutionem; asserens non esse orationem proficuam quae sine intellectu depromitur: ita et doctrina coelestis, si non intelligatur, a plurimis putatur insania; nam si quis idiota prophetantem audiat, et quae dicit intelligat, tunc cadit in faciem suam, et publice annuntiat quod vere Dominus locutus est per ipsum.

25. — XIV, 26. *Quid ergo est, fratres? cum conve-*

nitis, *unusquisque vestrum*, et caetera. Ab hominibus qui in ecclesia docent dicit magnopere providendum ut auditores suos debeant divinis jussionibus erudire. Si cui vero de sedentibus [b] sermo Dei fuerit revelatus, nec ipsum perhibet negligendum, quoniam interpretationes prophetarum asserit esse prophetias: prophetarum quippe intelligentiam prophetis dicit esse subjectam. Mulieres quoque propter infirmitatem sexus sui prohibet in ecclesia loqui; sed quod ignorant, domi eas discere praecipit a maritis, ut tali lege compositae, simul et scientiam et modestiae munera consequantur.

26. — XV, 1. *Notum autem vobis facio, fratres*, et reliqua. Breviter notum facit Evangelium, quod praedicaverat cunctis: nam tradidisse se dicit universis Christum mortuum pro nostris esse peccatis, et quoniam tertio die resurrexit a mortuis: qui licet multis fratribus post resurrectionem fuerit visus, a se quoque, tanquam a minimo et abortivo, refert esse conspectum: gratiam Domini de se plurima humilitate commendans, quo resurgente, resurrectio mortuorum non debet abnegari; quoniam omnis doctrina sancta destruitur, si de cordibus humanis credulitas ista tollatur: pulcherrima nimis definitione complectens resurrectionem esse Domini primitias dormientium.

27. — XV, 21. *Quoniam quidem per hominem mors, et per hominem resurrectio mortuorum*. Sicut per Adam dicit homines mortuos, ita per Jesum Christum proveniet omnium resurrectio mortuorum. Mors autem in fine saeculi destruetur, quando Dominus Christus advenerit: subjectus semper erit Patri a natura humanitatis assumptae, postquam illi fuerint cuncta subjecta, *ut sit Deus omnia in omnibus* (vs. 28). Qui vero ista non credunt, sicut dicit Joannes apostolus, Antichristi nomine censebuntur. Objicit etiam verba dubitantium, in quali corpore resurgat ille qui mortuus est: quae seminationis triticeae facta comparatione destruxit, dicens, Si granum tritici cadens renascitur innovatum, quanto magis corpora, quae mortua sunt, Domini jussione reparanda sunt!

28. — XV, 39. *Non omnis caro, eadem caro*, et caetera. Primo totius carnis distantiam facit; deinde coelestia et terrena corpora facta sequestratione discernit; postremum mirabili narratione praedicit quantum in illa resurrectione natura hominum per Christum Dominum meliorata proficiat: mysterium resurrectionis ipsius indubitata praedicatione describens. Monet etiam, ut considerantes alia, in fide suscepta et bonis operibus perseverent. Collectas vero, quae sanctorum necessitatibus praebebantur, ex

---

[a] Dum haec relego, ab antiquis lapidibus, quibus nunc vaco, paulisper divulsus, egregia et nondum vulgata succurrit inscriptio, cui interpretandae, ubi *Museum Veronense* proferam, nonnihil opis afferent hi Cassiodorii loci. Eximium lapidem Hieronymus Baruffaldius, quae clarissimi viri humanitas est, mihi dono dedit: inscriptio est hujusmodi:

DACIANA. DIACONISSA
QVE. V. AN̄. XXXXV. M. III.
ET. FVIT. F. PALMATI. COS.
ET. SOROR. VICTORINI. PRESBRI
ET. MVLTA. PROPHETAVIT
CVM. FLACCA. ALVMNA
.... V. A. XV. DEP. IN. PACE. III. ID. A.

[b] Erat in ms., *sicut vero de sequentibus*.

more præcipit fieri, antequam ad ipsos eum venire contingat: alios fratres commendans, alios salutans, et ut credentium perfectissime corda roboraret, anathema dicit in adventu Christi futuro, [suppl. ei] qui Dominum non amat Christum: salutans eos, et Epistulam præsentem sol ta benedictione concludens.

EPISTOLA SECUNDA AD CORINTHIOS.

1. — I, 1. *Paulus apostolus Jesu Christi, per voluntatem Dei*, et cætera. Cum Timotheo fratre scribit Ecclesiæ Dei quæ est Corinthi constituta, idem complectens et eis qui per universam Achaiam in sancto proposito permanebant; gratiam illis et pacem concedi postulans a Deo Patre nostro et Domino Jesu Christo: istis enim nominatis, et Spiritus sanctus abunde memoratus est, unus enim ex Trinitate dictus totam plenissime complectitur Trinitatem.

2. — I, 3. *Benedictus Deus, et Pater Domini nostri Jesu Christi*, et reliqua. Consolatum se dicit a Domino in omni tribulatione sua, ut et ipse pari modo consolaretur in calamitatibus constitutos; et ideo ad Corinthios scribit, quatenus sicut in passione socii, ita in consolationibus Christi participes esse mererentur. Refert etiam quæ in Asia mala pertulerunt, Deo gratias agens quod orationibus eorum ad instruendos populos de tanta fuerit clade liberatus: unde et fideles congratulari debent de prosperitate collata.

3. — I, 12. *Gloria nostra hæc est, testimonium conscientiæ nostræ*, et cætera. Gloriam suam dicit testimonium conscientiæ suæ; quoniam non in sapientia carnali, sed in gratia Domini conversatum se in hoc mundo fuisse testatur: præconium suum dicens esse Corinthios, sicut et ipsorum probabatur apostolus: promittens se quidem ad eos frequenter venire voluisse, sed non fuit levitatis, qua minime constabat impletum: omnis quippe sermo ipsius prædicationis apud eos, exemplo Domini Christi, stabilis, non dubius fuit. Sed tamen ne quid suis viribus applicaret, Dei Filii Jesu Christi dicit esse, quod confirmabantur in omnibus: ipse est enim qui et unxit prædicatores, et signavit corda credentium.

4. — I, 23. *Ego autem testem Deum invoco in animam meam*, et quæ sequuntur. Pepercisse se dicit Apostolus, quod non venit ad Corinthum, ne gravis esset eis qui erant aliqua objurgatione culpandi: sed contristatio ipsorum æternæ causa salutis est; quando tunc discipuli Domino gratissimi fiunt, cum magistrorum correctione proficiunt. Patientiam quoque docens, petit ut parcatur illi qui eum contristasse dinoscitur: promittens ideo se illi remisisse, ne desperatus interest, sed potius diaboli laqueum conversus evadat: nam patere sibi dicit, diabolicæ cogitationes quantis fraudibus deceptos interimant.

5. — II, 12. *Cum venissem autem Troadem propter Evangelium Christi*, et cætera. Gratiam sibi dicit a Domino datam Troade atque in Macedonia, ut Evangelium Christi fidelium turba sequeretur: aliis se fuisse odorem mortis in mortem, aliis odorem vitæ in vitam: similitudinem trahens animalium, quæ ad res desideratas narium sagacitate perveniunt: eos magis dicens esse epistulam suam, qui prædicationes ipsius conscriptas in suis cordibus continebant (III, 2). Tamen non se sufficientem ad talia perhibet, sed de Domini miseratione confidit, qui eum fecit idoneum, Novi et Veteris Testamenti veritate patefacta; non ad litteram intelligens, sed spiritaliter cuncta cognoscens; quoniam *littera occidit, spiritus autem vivificat*.

6. — III, 7. *Quod si ministratio mortis litteræ formata* [Vulg., *litteris deformata*] *in lapidibus fuit in gloria*. Comparat scriptas tabulas quæ per Moysen datæ sunt, et corda bene credentium: dicens illas plenitudine veniente vacuatas, quæ in honore fuerunt usque ad adventum Domini Jesu Christi. Sed multo amplius erunt ista in æterna laude firmissima; quæ in cordibus fidelium Spiritus sancti virtute descripta sunt. Quod sequenti argumentatione consignat; ideoque in hoc dono dicit esse perseverandum, ut ex veritate prædicationis Deo et hominibus esse debeamus accepti.

7. — IV, 3. *Quod si etiam opertum est Evangelium nostrum, in his qui pereunt est opertum*. Velata dicit corda dementium Judæorum, quibus evangelicus non reluret affectus. Quid enim dicendi sunt videre, quibus imago Patris, Christus Dominus non refulget? Credentes enim, quamvis necessitates creberrimas patiantur, omnia tamen præstante Deo superare noscuntur; et sicut propter Dominum afflictiones subeunt, ita cum ipso in æterna gloria collocabuntur. Oportet ergo mortem ipsius desideranter expetere, ut et vitæ præmia mereamur accipere: nam omnia se dicit Apostolus discrimina subisse, ut cum ipsis mereatur in illa Domini remuneratione resurgere.

8. — IV, 16. *Licet enim is qui foris est, noster homo corrumpitur, interior renovatur de die in diem* [a]. Exteriorem hominem in nobis dicit esse corruptibilem, interiorem vero de die in diem renovari posse confirmat, quando ad Christianæ fidei dogmata devotus accedit. Iste tamen exterior homo, quamvis in isto sæculo duris necessitatibus pateat, in illa tamen resurrectione magna spe provectus exsultat; et deo quandiu in hoc sæculo sumus peregrini, Domino placeamus, ut in ejus judicio mereamur absolvi; ubi homo facta sua, sive bona, sive mala, justa compensatione recipiet.

---

[a] Vulg., *sed licet is*, etc., *corrumpatur; tamen is qui intus est*, etc.

9. — v, 11. *Scientes ergo timorem Domini, hominibus suademus, Deo autem manifesti sumus*. Manifestum se quidem dicit Apostolus cordibus Corinthiorum, non ad gloriam inanem, sed ut se veraci declararet eloquio. Prædicat etiam mortuum resurrexisse Dominum Christum, ut Deo reconciliaret perditum mundum : assumpsit enim pro nobis carnem peccati, ut nos redderemur gratiæ muneribus absoluti. Et ideo confidenter quærendus est Dominus, quoniam scriptum est in propheta : *Tempore opportuno exaudivi te, et die salutis adjuvavi te* [a]; talis enim promittit, ut non possimus intercipi.

10. — vi, 2. *Ecce tunc tempus acceptum* [Vulg., *acceptabile*], *ecce nunc dies salutis*, et sequentia. Quid sit adventus Domini magna brevitate definitur. Dicit enim : *Ecce nunc tempus acceptum, ecce nunc dies salutis :* propter quod ait nullam occasionem offensionis alicui præbendam, sed quodlibet, et illud patienter sustineri; ut sanctus populus Domino possit adquiri : quapropter ad incitamenta reliquorum, passionum suarum calamitates congruenter enumerat : hortans eos ut cum infidelibus non habeant portionem; dissimilium rerum magnam faciens discretionem, quando tenebris et luci non potest ullatenus convenire. Hoc quoque Numerorum et Isaiæ confirmavit exemplo.

11. — vii, 1. *Has igitur habentes promissiones, charissimi, mundemus nos ab omni inquinamento carnis*. Post acceptas promissiones a vitiis carnalibus mundare se fidelissimos et perseverare in sanctificationibus persuadet, plurimum gaudens quod eos ad pœnitentiam perduxtos, et passionum et fidei suæ participes sentiebat : subjungens necessaria divisione, quid intersit inter tristitiam quæ secundum Deum est, et tristitiam mundi : illa præstat pœnitudinem, ista mittit ad mortem : nam propter Dominum contristati quantum profecerint, sequenti enumeratione declarat.

12. — vii, 12. *Igitur, etsi scripsi* [Vulg., *scripsi vobis*], *non propter eum qui injuriam fecit*, et reliqua. Scripsisse dicit, non accusans aliquem, sed illis notam faciens sollicitudinem suam : gratum sibi esse significans, quod Tito fratri paruerint, eumque benigna mente susceperint : ad æmulationem quoque Corinthios provocans, Macedones laudat, quod censu pauperes, ubertate fidei sint referti; et ne iterum eos laus aliena morderet, cum multis virtutibus pollerent, tamen charitatis studio dicit eos esse completos; ideoque illos hortatur ne ad collationem faciendam aliquibus impares esse videantur.

13. — viii, 9. *Scitis enim gratiam Domini nostri Jesu Christi*, et quæ sequuntur. Adhuc eis collationis studium taliter persuadet, dicens, cum Dominus semetipso dives, pauper sit factus pro nobis, quanto majori desiderio nobis debemus præstare, quod divinitatem humano generi cognoscimus contulisse? et ideo unusquis pro viribus suis offerat, non se aliqua necessitate constringat : elemosyna enim illa Deo grata est, quæ sine animi tædio probatur oblata. Titum quoque laudat quod ad ædificandos eos cum alio fratre venire non distulit; qui, ut bene susciperetur, ab ipso laudatus est. Se autem collationes ideo non dicit velle suscipere, ne ante homines atque Deum aliquod erogationis scandalum oriatur.

14. — viii, 22. *Misimus autem cum illo fratrem nostrum, quem probavimus sæpe* [b]. Iterum commonet ut præsentibus eis qui directi sunt, statuta collatio præparetur; ne prædicata eorum benignitas aliter fortasse debeat inveniri : dicens eorum devotionem ad similitudinem boni provocasse quamplurimos; mirabilem regulam eleemosynæ ponens; tantum unumquemque de ipsa metere, quanta visus est largitate seminasse. Huic autem rei Davidicum præstatur exemplum.

15. — ix, 10. *Qui subministrat* [c] *semen seminanti, et panem ab esca subministravit*. Adhuc de eleemosynæ virtute pertractat, dicens multo amplius Deum retribuere quam possunt egentibus dare pecuniæ largitores; nam et illi qui accipiunt, orationibus suis majora conferunt quam suscipere potuerunt. In carne se quidem ambulare dicit, sed carni se militare non asserit : quando superstitiones mundi se profitetur ita velle destruere, ut vero Domino debeant cuncta servire : ammonens adulationes et blandimenta sæcularia omnimodis esse præcavenda.

16. — x, 7. [d] *Videte : si quis confidit sibi, hoc cogitet iterum apud se* [e], et cætera. Vetat hominem singularem se apud Deum putare, sed membrum se potius cognoscat Ecclesiæ. Ipse tamen, si quid paululum gloriari voluerit de potestate concessa in ædificatione cunctorum, non videtur absurdum; major est enim honor magistri, quam devotio potest esse discipuli. Respondet etiam de se disputantibus, tales debere judicari transmissas epistolas, qualis in opere complendo ejus potest esse præsentia : illos autem solos laudandos esse confirmat, qui non a semetipsis, sed commendantur a Domino.

17. — xi, 1. *Utinam sustineretis modicum* [f] *insipientiam meam* [g], et reliqua. Sustineri deprecatur insipientiam suam, quando æmulatione Christi populos desiderabat adquiri : nam in Ecclesiæ typo desponsatum dicit populum Domino Christo; sed veretur ne diabolo seducente falsis prædicationibus

---

[a] Vulg., *tempore accepto*, et Is. xlix, 8, *placito*, etc., *auxiliatus sum tui*.
[b] Vulg., *cum illis et fratrem*, etc. Gr., αὐτοῖς. Hier., *etiam cum illo*.
[c] Leg., *ad escam, subministrabit*. Vulg., *ad manducandum præstabit*.
[d] Videntur hic abfuisse a Cassiodorii textu prima verba versiculi 7.
[e] Vulg., *Quæ secundum faciem sunt, videte. Si quis confidit sibi Christi se esse.*
[f] Ex Græco μικρόν τι, Italice, *soffrite un poco la mia*, etc. Interpretatio ad litteram videri possit nescio quid alieni invehere. Valtonii Polyglotta habent τῇ.
[g] Vulg., *Modicum quid insipientiæ meæ*.

pervertantur a regula castitatis. Asserit quoque nullo illis sumptu se fuisse gravem, ostendens in transitu qualis debeat esse prædicator; passiones quoque suas et liberationes enumerat; non ut jactantia vitia præsumeret, sed ut talia cognoscentes Christo Domino libentius subderentur.

18. — XII, 1. ^ *Veniam autem ad visiones et revelationes Domini*, et quæ sequuntur. Venit ad mirabiles visiones et revelationes eximias, in quibus se raptum dicit ad tertium cœlum, et arcana verba in paradiso cognovisse quæ homini non licet loqui. Tamen non in his visionibus, sed potius in infirmitatibus suis se dicit velle gloriari, quatenus in ipso Christi virtus semper possit augeri : diversas etiam clades enumerans, asserit se non minus in eis a cæteris apostolis in sancta fide laborasse : cum tamen sumptum ab ipsis cognoscatur nullo modo percepisse; quatenus res ista recognita majus illi studium charitatis augeret.

19. — XII, 14. *Ecce tertio hoc paratus sum venire ad vos, et non ero gravis vobis*. Paratum se quidem dicit ut ad eos veniat, sed tamen nihil de ipsorum facultate præsumat : docens, filios non parentibus, sed parentes thesaurizare potius filiis suis. Commonet etiam eos, ut correpti vivant in Domino, ne veniens lugeat eos quos cognoverit militasse diabolo : minatur quoque Corinthiis increpationes suas, quia etsi Christus carne sit mortuus, vivit tamen in deitatis suæ gloria sempiterna; sicut omnes in ipso vivunt, qui illi credere pura mente maluerunt. Deinde temptare se et judicare in fide unumquemque debere dicit, si Christo Domino possit adjungi; ille enim ipsius esse dinoscitur, qui reprobus non habetur.

20. — XIII, 7. *Oro autem Dominum* [Vulg., *Oramus autem Deum*], *ut nihil male faciatis*, et sequentia. Orare se dicit ut populus fidelis ante conspectum Domini gloriosus appareat : non ut ipse de illorum correptione prædicetur, sed ut ille potius de sua probitate laudetur. Se vero gratissime ferre dicit, quando propter passiones suas infirmus et humilis invenitur; illi autem in Christo Domino conspiciuntur nobiles et potentes. Deinde consulto se talia dicit scribere, ne præsens Dei populum aspere videatur arguere. Salutat plebem sanctam, et Ecclesiarum salutationes studio charitatis adjungit, benedictionem quoque populo solita pietate concedens.

^ Ea verba, *si gloriari oportet, non expedit quidem*, Cassiodorum non legisse suspicor : inspice Græcum textum et contextum consule.

EPISTOLA AD GALATAS.

1. — I, 1. *Paulus apostolus non ab hominibus, neque per homines* [Vulg., *neque per hominem*], *sed per Jesum Christum et Deum Patrem*. Cum se dicit apostolum, non ab hominibus factum, sed per Jesum Christum et Deum Patrem, destruit eos qui se apostolos humana præsumptione vocitabant : istis enim temporibus a falsis prædicatoribus vehementer turbabantur Ecclesiæ; quas salutat cum omnibus fratribus qui erant cum eodem; et in ipsa salutatione benedicit, ut ad percipienda verba Domini possint idonei comprobari. Et nota quod tota Epistula contra falsos prædicatores est edita, qui jam baptizatos etiam circumcidendos esse firmabant.

2. — I, 6. *Miror quod sic tam cito transferimini ab eo qui vos vocavit*, et reliqua. Increpat eos qui falsis prædicatoribus seducti, a percepta fidei regula deviabant : statuens ut si quis alter evangelizare velit præter hoc quod ab ipso constabat esse prædicatum, anathema sit, asserens revelationem suam humanam non esse scilicet, sed divinam. Probat hoc copiosius per anteactæ vitæ suæ contrariam voluntatem; ut qui prius fuerat expugnator Ecclesiæ, voluntate Domini correctus, devotus ejus præceptionibus appareret. Dicit se etiam de Hierosolyma venisse, ut Petrum videret et Jacobum; deinde Syriam et Ciliciam esse profectum; iterumque rediisse Hierosolyma, ut exponeret eis Evangelium quod prædicabat in gentibus. Eos autem qui nitebantur populos falsa prædicatione confundere, in præsenti dicit esse convictos, ut veritas Evangelii manifestis probationibus appareret.

3. — II, 6. *Mihi enim qui videbantur* ^a, *nihil contulerunt*, et cætera. Evangelium Christi non se dicit a fratribus accepisse, sed divina sibi inspiratione collatum : propter quod refert dextras sibi dedisse Petrum, Jacobum et Joannem, ut illi circumcisioni, isti vero præputio prædicarent : nam et Petro Antiochia se perhibet restitisse, dicens ei : *Si tu, cum sis Judæus, gentiliter, et non Judaice vivis, quomodo gentes cogis judaizare* (vs. 14)? Ut tam Hebræi quam gentiles ad fidei gratiam, non ad legis districta cogerentur, quæ nullus hominum possit implere : unde Petrus magnæ mansuetudinis et patientiæ monstravit exemplum, ut tantus ac talis apostolus increpatus corrigeret [*videtur supplendum* potius], quam se humano more improbis allegationibus excusaret : gratiam enim se prædicasse dicit, gratiam et præceptis custodiri, ne mors Domini Christi irrita atque evacuata esse videatur

4. — III, 1. *O insensati Galatæ, quis vos fascinavit?* et quæ sequuntur. Arguit Galatas, ut cum doctrinam acceperint in gratia Christi, eumque propriis oculis per apostolicam doctrinam viderint crucifigi, ad legis opera iterum sint reversi : quod Christianæ fidei contrarium positis probabit exemplis. Filius autem

^a Vulg., *Qui videbantur esse aliquid*.

Dei ideo carne crucifixus est, ut nos a legis maledicto redimeret, et promissio Abrahae Christo credentibus impleretur : dicit enim promissionem Abrahae factam non in seminibus, sed semini ejus, ut in Domino Salvatore pollicitationem promulgatam evidenter ostenderet : nam si haereditas esset ex lege, quae post cccc et triginta annos facta est, ex promissione quae praecessit, utique non fuisset; sed cum Abrahae longis ante temporibus constet fuisse promissum, evidenter apparet haereditatem istam ex lege non venisse, sed gratia : conclusit enim omnia Deus in peccato per legem, ut veniente Jesu Christo, ex fide donaretur haereditas.

5. — III, 24. *Itaque lex paedagogus noster fuit in Christo*, et reliqua. Qua ad adventum Domini timorem legis dicit nobis fuisse paedagogum ; postquam vero baptismum venit, sine discretione sexus aut conditionis alicujus sibi filios fecit : diversis argumentationibus probans, non eos debere ad servitium idolorum reverti, unde jam probabantur egressi. Commonet etiam ne falsis suasoribus acquiescant, cum et maximam gratiam praedicatori praestiterint, et se bene institutos esse cognoscant : unde prudenter efficiunt, si ad meliora charismata tendunt, et absente Apostolo, divina institutione proficiunt.

6. — IV, 19. *Filioli mei, quos iterum parturio, donec Christus formetur in vobis*, et caetera. Adhuc eos arguit qui se volunt sub lege magis esse quam gratia; proponens eis, Abraham duos filios habuisse; unum de ancilla, qui carni fuit obnoxius, et alterum de libera, qui secundum promissionem natus esse cognoscitur : ille pertinens ad legem, iste ad gratiam fidei. Cur ergo deteriora volunt eligere, cum se sciant accepisse meliora ? exemplis et sententiis multo meliorem fidei gratiam probans, quam est in lege praesumptio : quapropter abicere debent persuasiones illicitas, ne iniquitatis fermento proveniat totius massae vitiosa corruptio.

7. — V, 10. *Ego confido in vobis in Domino, quod nihil aliud sapietis*, et reliqua. Confidere se dicit in eis, quod falsos praedicatores ulterius audire non velint, suadens illis contentiones improbas non amare, sed in una societate Deum Dominum debere perquirere, quando omnis lex uno sermone probatur impleri : *diliges proximum tuum tanquam te ipsum;* mirabiliter aperiens eis vitia carnis, spiritalesque virtutes; monens eos ut in gratia magis quam praesumptione legis debeant ambulare.

8. — VI, 1. *Fratres, etsi praeoccupatus fuerit homo in aliquo delicto*. Commonet ut lapsis fratribus mansuetudo digna praestetur; sic enim legem Domini complemus, si alter onera portet alterius : sequitur etiam, ut catechizatus catechizanti morum probitate respondeat; quatenus quibus aures aperiuntur, doctrinam fidei cum suis debeant communicare doctoribus : subjiciens, *qui seminat in carne, metet corruptionem; qui autem seminat in spiritu, vitam metet aeternam* [a]. Quapropter circa omnes bona facienda sunt, sed maxime domesticis fidei tribuenda benignitas est ; quando fructus laboris in futura judicatione percipitur. Exponit etiam praedicatores falsos adeo illis velle subrepere, ut crucem Domini Salvatoris evacuent : Apostolus enim illa cruce gloriatur, per quam ipse mundo, et illi crucifixus est mundus : in Christo enim neque circumcisio, neque praeputium aliquid valet, sed sola hominis per fidem innovata perfectio. Se autem stigmata Christi, id est crucis vexillum, quod in diversis passionibus sustinebat, gestare profitetur, Epistolam suam sanctissima benedictione concludens.

[a] Vs. 8. Vulg. : *Qui seminat in carne sua, de carne et metet*, etc., *de spiritu metet vitam.*

EPISTOLA AD EPHESIOS.

1. — I, 1. *Paulus apostolus Jesu Christi, per voluntatem Dei*, et sequentia. Voluntate Domini creberrime se vocatum dicit apostolum, ut eos destrueret qui hunc honorem humanis praesumptionibus appetebant. Scribit ergo sanctis et fidelibus Ephesiis, benedictionem solitam paterna charitate subjungens; ut gratiam et pacem a Patre et Christo Domino consequantur : ubi tamen sancta Trinitas religiosa devotione sentitur.

2. — I, 3. *Benedictus Deus, et Pater Domini nostri Jesu Christi*, et quae sequuntur. Imprimis Deo Patri gratias agit, et Domino nostro Jesu Christo, cujus voluntate praedestinatum se dicit apostolum : gratiam unanimitatis eorum multiplici laude concelebrat, asserens et Ephesios eadem munificentia fuisse completos. Quapropter orare se perhibet, ut excellentiam fidei et magnitudinem revelationis accipiant, quatenus tanti mysterii secreta cognoscant, et intelligant per verissimam fidem sedere Jesum Christum ad dexteram Patris, quem constituit super omnem principatum, et potestatem, et virtutem, et dominationem, et reliqua, quae de ipso mirabili narratione praedicantur.

3. — II, 1. *Et vos, cum essetis mortui delictis*, et reliqua. Ea nunc iterum docet quae illos primitus optavit agnoscere ; quia peccatis suis mortui fuerant sub diabolo, sed nunc vivificati probantur in Christo : asserens non hoc humanis meritis tributum, sed divina gratia fuisse collatum : hoc credendum, hoc tenendum distinctissime persuadens; nam qui prius inter gentes fuerant adeo longe positi, nunc proximi facti sunt in sanguine Domini Christi; qui dissidentes duos populos Hebraeorum atque gentilium, in unum novum hominem per crucem suam pacis vinculo colligavit; accessum per se praebens ad Patrem in uno spiritu, in una fide credentibus.

4. — II, 9. *Ergo jam non estis hospites et peregrini, sed estis cives sanctorum*, et caetera. Dicit eos in

Christo Domino aedificatos, in quo et apostoli et prophetae ipsius probabantur esse constructi : quod ante quidem gentibus videbatur ignotum, sed in Spiritu sancto fidelibus constat esse revelatum. Quam dispensationem perhibet nunc sibi creditam, ut praecedentibus beatis cohaeredes fierent gentes in Domini sanguine Salvatoris ; cujus se ministrum dicit factum, ut per universam Ecclesiam sancti Evangelii praedicatio beata discurreret : unde petit a Domino ne eorum possit fides deficere, qui talia noscuntur praemia suscepisse.

5. — III, 14. *Hujus rei gratia flecto genua mea ad Patrem Domini nostri Jesu Christi*, et reliqua. Rogare se pro eis Patrem Deum dicit, ex quo omnis paternitas in coelis et in terra nominatur, ut habitet Christus in cordibus eorum ; quatenus possint comprehendere quae sint magnalia Domini et charitas Christi. Obsecrat etiam eos ut cum patientia et humilitate in suscepta fidei regula perseverent, et unitatem spiritus custodiant in vinculo pacis : fidei siquidem rectae una societas, unus est Deus. Subjungens diversa dona dedisse sanctis suis Filium Dei, scilicet in aedificationem Ecclesiae, donec resurrectio futura proveniat ; in qua omnes in mensuram aetatis Christi, sed diverso sexu ᵃ resurgibus. Nam cum dicat Dominus in Evangelio, *in resurrectione non nubent, neque nubentur* (Matth. XXII, 30), evidenter ostendit masculos resurgere posse cum feminis.

6. — IV, 17. *Hoc iterum dico, et testificor in Domino*, et sequentia. Hortatur eos ut, sicut prius fecerunt, nationum vanitate non ambulent, describens in qua caeterae gentes caecitate versentur : sed in sapientia, qua vocati sunt, novum hominem induant, qui secundum Deum creatus esse dinoscitur : utriusque rei, sive quae vitanda, sive quae sequenda sunt, distinctas ac lucidas enumerationes insinuans. Quapropter imitare debent Dominum Christum, qui se in odore suavitatis obtulit pro salute cunctorum.

7. — V, 3. *Fornicatio autem, et omnis immunditia, aut avaritia, nec nominetur inter vos* [Vulg., *in vobis*]. Perfecto magisterio noxia prohibet, et utilia persuadet ; nam sicut criminibus vindictam, ita perhibet virtutibus venire praemia : dicens fugienda quae Dominus prohibet, sequenda vero quae praecepit. Et ne quis boni aliquid suis viribus applicaret, in omnibus monet, debere nos subjectos esse Deo, et agere gratias Domino Christo, qui nos protegere ac gubernare dignatur.

8. — V, 22. *Mulieres viris suis subditae sint sicut Domino*, et quae sequuntur. Mulieres viris suis commonet debere subdi, sicut et Ecclesiam Christo subjectam esse confirmat. Ut sensum perfectae charitatis infunderet, eodem modo praecepit a viro uxorem diligi, sicut Christus amavit Ecclesiam : dicens, quia carnem propriam fovet qui uxorem suam diligit. Filios quoque ammonet, et parentes, ut mutua sibi officiositate socientur ; servos etiam et dominos, quemadmodum se invicem debeant tractare, commonuit : omnes tamen generaliter instruit, ut contra diaboli insidias armis coelestibus induantur. Pro se quoque dicit orandum ut ei libertas sancti Spiritus tribuatur, quatenus ad docendum possit idoneus inveniri : nam Tychicum illis dicit omnia referre, quae gesta sunt, epistolam suam salutationis charitate concludens.

ᵃ Ex Apostoli verbis Epistolae hujus IV, 13, surrecturos nos esse *in virum perfectum*, non defuere qui autumarint feminas non in proprio sexu, sed in virili surrecturas. A meliori parte stat Cassiodorus, atque optimo argumento pugnat. Eumdem Evangelii locum attulerat Gelasius I, hoc idem urgens, Conc. Labb. tom. IV, p. 1257, addideratque : *Quod utique si in unam speciem corporis unumque sexum omnes fuerant suscitandi, cur diceretur causa penitus non fuisset*.

EPISTOLA AD PHILIPPENSES.

1. — I, 1. *Paulus et Timotheus, servi Jesu Christi, omnibus sanctis in Christo Jesu, qui sunt Philippis*. Salutat cum Timotheo coepiscopos et diaconos Philippis constitutos ; optans illis gratiam et pacem Dei Patris et Domini Jesu Christi, ostendens in Ecclesia Dei suo gradu et diacones honorandos.

2. — I, 3. *Ego quidem gratias ago Domino nostro in omni memoria vestri semper*, et caetera. Agere se pro ipsis Deo gratias pollicetur, ut in visceribus Christi fideles mente permaneant. Indicat vincula sua multis et bona vota, et prava studia concitasse : nam puros corde rectae praedicationis dicit desideria suscepisse ; obliquos autem et perditos simulasse de Deo loqui, ut Apostolus possit amplius ingravari. Sed in utroque Deo gratias agit, quia nomen Domini probabatur augeri, definiens vitam sibi esse Christum et mori lucrum.

3. — I, 22. *Quod si vivere in carne, hic mihi fructus operis est, et quid eligam ignoro*. Desiderare se quidem dicit de hoc mundo transire, ut debeat esse cum Christo ; iterumque charitatis studio se velle vivere, ut Philippensium possit in Christo Domino corda firmare : tantum est, ut in Evangelio percepto constanter adversariorum insidias non pavescant, sed virtutem charitatis invicem custodientes, aemulentur Dominum Christum, qui cum esset Deus omnipotens, homo fieri pro nostra salute dignatus est : quem aequalem Patri non rapina, sed naturae veritate profitetur Apostolus. Inde quoque sequitur supra omnes creaturas gloria humanitatis adsumptae a Christo, quem coelestia, terrestria et inferna flexis genibus adorare noscuntur.

4. — II, 12. *Itaque, dilectissimi mihi* [Vulg., *charissimi mei*], *sicut semper obedistis*, et reliqua. Monet eos, etiam se absente, de animae salute esse debere sollicitos : definiens Deum et bonam voluntatem dare, et quae sunt in perficiendo profutura concedere ; congratulari se dicens de fide ipsorum, quae ante Dominum Christum ei gloriam sit datura ; cito se Timotheum missurum promittens, quem laudat et

omnino commendat. Epaphroditum quoque dicit se praesenti tempore destinasse, qui post aegritudinem longam Apostoli solacio noscitur restitutus. Hic etiam ad eos videndos magno desiderio festinavit, quem suscipiendum veneranter admonuit; quia multis periculis pro Christi praedicatione non cessit.

5. — III, 21. *De caetero, fratres mei, gaudete in Domino, et sequentia.* Ammonet praeterea Philippenses ut circa praedicatores falsos debeant esse solliciti; quos bene canes vocat, quia latrant potius quam loquuntur; circumcisionem corporis evacuans, cordis vero confirmans; quoniam illa legi obnoxia, ista vero gratiae cognoscitur esse sociata. Perfectum se tamen non asserit, sed ad perfectionem se tendere profitetur: sic autem fideles Christo Domino perhibet fieri configuratos, si illum ad quem tendunt, modis omnibus imitentur: qui reformaturus est *corpus humilitatis nostrae configuratum corpori claritatis suae* (VI, 21) : per hoc scilicet, quod immortales sunt qui ulterius peccata non appetunt, quod divinis delectationibus perfruuntur: modus enim perscriptus est beatis, de quibus dictum est, *erunt sicut angeli Dei* (*Matth.* XXII, 30).

6. — IV, 1. *Itaque, fratres mei charissimi et desideratissimi, gaudium et corona mea, state* [Vulg., *sic state*] *in Domino.* Hortatur Philippenses, quos coronam suam decenter appellat, ut in susceptae fidei firmitate permaneant. Commendat etiam germano sanctissimas mulieres, quas perhibet secum laborasse cum aliis fratribus in Evangelio Christi: monens ut orationem et confidentiam debeant habere continuam; et illa de caetero peragere quae Domino probantur accepta; gratias illis referens, quod tribulationes ejus pecuniario sunt munere consolati; benedicens eos pariter et salutans.

EPISTOLA PRIMA AD THESSALONICENSES.

1. — I, 1. *Paulus, et Silvanus, et Timotheus, Ecclesiae Thessalonicensium in Deo Patre et Domino Jesu Christo.* Thessalonicensibus scribit, cum Silvano et Timotheo, qui Evangelium Domini juncto labore praedicabant; gratiam illis et pacem concedi postulans a Deo Patre et Domino Jesu Christo. Nec moveat quod de Spiritu sancto tacet; nam sive unus, sive duae, sicut jam dictum est, fuerint nominatae de Trinitate personae, perfectissimam faciunt intelligi Trinitatem, sicut dictum est in Epistola quae scribitur ad Romanos.

2. — I, 2. *Gratias agimus Deo semper pro omnibus vobis, memoriam* [Vulg., *memoriam vestri*] *facientes pro omnibus vobis in orationibus nostris.* Deo gratias agere se dicit, quod Thessalonicenses, derelicta superstitione gentilium, verae fidei fundamenta perceperunt: referens quali se apud eos probitate et paterna dilectione tractaverint; gaudens etiam quod Evangelium Domini, non tanquam sermonem humanum, sed ita ut erat, verbum accepere divinum.

3. — II, 14. *Vos enim, fratres, imitatores facti estis Ecclesiarum Dei, quae sunt in Judaea in Christo Jesu.* Imitatores eos factos esse dicit prophetarum et Domini Christi quando et ipsi propter fidem sanctam similia pertulerunt: dicit enim desiderasse se nimis Thessalonicam venire, quia ipsi sunt ante Deum gloria et corona ejus: sed ad praesens missum perhibet esse Timotheum, qui eos in fide corroboret, et passionibus faciat esse praeparatos, quas nunquam pronuntiat deesse fidelibus. Addens etiam non se sufficere pro ipsis Deo gratias agere, quibus talem charitatem suam noscitur contulisse: ipsos autem Dominus in concessa semel pietate confirmet, ut ante Patrem Christum omnium sanctorum possint esse participes.

4. — IV, 1. *De caetero, fratres, rogamus vos et obsecramus in Domino* [Vulg., *in Domino Jesu*] *semper, et caetera.* Monet Thessalonicenses, ut sicut hactenus fecerunt, et in posterum perceptam fidem devota mente custodiant: subjungens qualia vitare, qualia eos oporteat semper expetere. Resurrectionem quoque omnium mortuorum pariter dicit esse faciendam; nam et qui eodem tempore inventi fuerint viventes spiritu, sicut et ipse erat, corporali morte praemissa, in aera Domino Christo simul dicit occurrere: omnes enim carne morimur, sicut scriptum est: *Quis est homo qui vivit, et non videbit mortem* (*Psal.* LXXXVIII, 49)? sanctos tamen Domini cum ipso semper testatur esse mansuros. Dies autem et hora adventus Domini humanitati praedicatur incognita, sicut et in Evangelio Dominus ipse testatur.

5. — V, 4. *Vos autem, fratres, non estis in tenebris, ut dies illa vos tanquam fur comprehendat.* Qui filii sunt lucis, in adventu Domini non timebunt peccatorum caligine comprehendi; nec debriati in malis dormiunt, qui praeceptis dominicis armati semper adsistunt. Monet etiam ut praedicatores suos benigna mente tractare non desinant, et reliquis fratribus studia charitatis impendant; invicemque se de suscepta traditione commoneant. Orat etiam ut in adventu dominico puris ac religiosis mentibus offerantur; conjurat quoque ut omnibus fratribus praesens ejus relegatur Epistola.

EPISTOLA SECUNDA [a] AD THESSALONICENSES.

1. — I, 1. *Paulus, et Silvanus, et Timotheus Ecclesiae Thessalonicensis in Deo Patre nostro et Jesu Christo.* Cum ipsis fratribus salutat iterum Thessalonicenses, quos et in prima Epistola nominavit; ostendens tali

---

[a] Canon Vulgatae Epistolam ad Colossenses praeponit.

honore munerandos qui laboribus ejus consortes esse meruerunt, primordia Epistulae suae sancta benedictione commendans.

2. — I, 3. *Gratias agere debemus Deo semper pro vobis, fratres,* et quae sequuntur. Laudat Thessalonicenses rectae quidem fidei fuisse regulas consecutos; sed in futuris monet, ne illos perversi aliqua novitate decipiant, dicens adventum Domini non esse venturum, nisi prius videatur Antichristus; cujus perversa tempora mirabili proprietate describit. Asserens jam quidem mysterium iniquitatis ejus operari, sed ipsius quoque nequissimi praesentiam profitetur tunc esse revelandam, quando Romanum imperium quod nunc tenet, de medio fuerit, ordine veniente, summotum. Sic istis significationibus veritas adventus Domini praedicatur esse ventura.

3. — II, 13. *Nos autem debemus gratias agere Deo semper pro vobis, fratres,* et caetera. Gratias se dicit agere Deo pro ipsis, quod eis rectam fidem et salutis perpetuae dona contulerit; ideoque magnopere dicit fidem tenendam, quam ab ipsis gloriabatur acceptam, quando fidem, non omnium, sed profitetur esse paucorum. Oravit quoque pro ipsis, et iterum ut illi pro ipso debeant orare commonuit. Denuntiavit etiam falsos fratres studiosissime praecavendos, nec alias regulas fidei eos debere quaerere, nisi quas ab ipso probati sunt accepisse, Epistulam suam salutationis et benedictionis solito fine determinans.

EPISTOLA AD COLOSSENSES.

1. — I, 1. *Paulus apostolus Christi Jesu, per voluntatem Dei,* et reliqua. Ad Colossenses scribit cum Timotheo fratre suo; sed cum dicit *sanctis et fidelibus,* ostendit verba Domini, quandiu sunt polluti et perfidi, homines non posse suscipere : supra quos gratiam et pacem Dei Patris et Domini Jesu Christi venire deprecatur. In istis duobus sermonibus, id est in pace et gratia, ostendit quam magna sint munera quae tam frequenti iteratione repetuntur.

2. — I, 3. *Gratias agimus Deo Patri Domini nostri Jesu Christi, semper pro vobis orantes,* et caetera. Deo gratias agit, quoniam per Epafram eos in accepta fide perseverare cognovit; in omni opere bono fructificantes, Domino probentur accepti. Laudem Patri mirabili praedicatione subjungens, cui placuit per Filii sui sanguinem, sive quae in terris, sive quae in coelis sunt, sibimet reconciliare : ostendens incarnationem ipsius sanctam cunctis rebus mirabili virtute profuisse.

3. — I, 21. *Et vos cum essetis aliquando alienati et inimici sensus* [Vulg., *sensu*] *ejus,* et reliqua. Monet eos ut sicut alienati aliquando in carnalibus vitiis versabantur, ita nunc evangelicis debeant studere virtutibus, adiciens exempla sua pro salute ipsorum quantis calamitatibus ingravetur; nam modo dicit manifestatum sanctae incarnationis arcanum, quod a saeculis probabatur absconditum, commonens ut nemo eos seducat per inanem sapientiam philosophorum, qui dicunt solem atque lunam, vel astra caetera esse veneranda, quae ex elementis constare non dubium est, quando etiam nostris aspectibus offeruntur. Hos vera nihilominus impugnat auctoritas, si non ad Dominum Christum omnia referant, in quo habitat *omnis plenitudo divinitatis* (vs. 9). *Corporaliter* enim dixit, quia omnis plenitudo divinae naturae in corpore ejus inhabitat : sancti praecedentes in figura ejus Christi pristino tempore vocabantur (*Psal.* CIV, 15). Circumcisos autem Colossenses dicit in corde, non corpore; qui consepulti per fidem dominicae passionis, noscuntur resurrexisse cum Christo.

4. — II, 13. *Et vos cum mortui essetis in delictis,* et quae sequuntur. Cum Domini crux hominem veterem sua passione confixerit, et chirographum perpetuae mortis evacuaverit, vetat ne ulterius quaedam praecepta Testamenti Veteris inquirantur : dicit enim vitanda esse quae mortem inferunt, non salutem; nam qui Christo militant, illa debent affectare quae Christi sunt. Quapropter exuti vetere homine, induamur novo, qui renovatur per collatam gratiam in imagine ejus qui creavit eum : in interiore siquidem homine neque persona, neque sexus, neque condicio potest dissimilis inveniri, sed omnia et in omnibus Christus est Dominus.

5. — III, 12. *Induite ergo vos, sicut electi Dei sancti et dilecti, viscera miserationis* [Vulg., *misericordiae*]. Regulas ponit in quibus debeat ambulare qui fidem Christianam festinat assumere : designans in omni actu nostro Deo gratias esse referendas : viros, mulieres, parentes, filios, dominos atque servos invicem sibi debitam venerationem reddere debere, commonuit. Orationi vero eos hortatur insistere, quatenus Apostolo Dominus ostium praedicationis aperiat, ad sancta Domini loquenda mysteria. Monet etiam eos, ut in superna sapientia loquantur illis qui foris Ecclesia esse noscuntur; ne non tam instrui quam irritari posse videantur; sitque sermo eorum semper sale conditus, ut audientibus prosit acceptus : praecipiens post salutationes consuetas Epistulam hanc in Laodicensium Ecclesia esse relegendam.

EPISTOLA PRIMA AD TIMOTHEUM.

1. — I, 1. *Paulus apostolus Christi Jesu, secundum imperium Dei Salvatoris nostri et Christi Jesu Domini* [Vulg., *Jesu spei nostrae*], et caetera. Cum in praeteritis Epistulis Patrem nominaverit et Filium, et iterum in consequenti benedictione Patrem Filiumque commemoret, hic tantum secundum imperium Christi apostolum se dicit effectum ; ut evidenter appareat de his una persona nominata, sicut et ante jam dictum est, totam nihilominus infundere Trinitatem, Timotheum dicens filium esse fidei suæ, quem sanctæ Ecclesiæ constat regeneratum.

2. — I, 3, *Sicut rogavi te, ut sustineres* [Vulg., *ut remaneres*] *Ephesi, cum irem in Macedoniam*, et reliqua. Scribit ad Timotheum discipulum suum, quatenus circa populum sibi commissum debeat esse sollicitus; ne superfluas doctrinas sequi debeant, sed ea quæ illis prædicata sunt, fixa mente custodiant, scientes justis legem non esse positam, sed criminosis; quos subsequenter enumerat, quando illos semper arguit qui se scelerum fœditate commaculant. De se autem refert quanta illi fuerint Domini largitate concessa, per suam salutem probans Christum Dominum ad peccatores venisse salvandos. Commonens eum ut in prædicatione sibi commissa perseverare non desinat, quam Hymenæus et Alexander deserentes, fidei naufragia pertulerunt : propter quod diabolo illos dicit esse contraditos, ut discant minime blasphemare.

3. — II, 2. *Obsecro igitur primo omnium fieri obsecrationes*, et cætera. Scribens ad discipulum congrue monet qualem regulam debeat ecclesiasticus ordo servare. Imprimis orandum præcipit pro regibus et potestatibus, ut in pace positi vitam hujus sæculi sub tranquillitate peragamus; et ut fiduciam orationis accenderet, mediatorem esse Dominum Christum sancta prædicatione concelebrat; et quemammodum viri et mulieres orare debeant spiritalis magister instituit, adjiciens quales episcopi, diacones, vel subdiacones esse debeant, et quales esse non debeant : in summa concludens bonos ministratores multam fiduciam apud Christum Dominum comperire.

4. — III, 14. *Hæc scribo tibi, sperans me venire ad te cito*, et reliqua. Commonet Timotheum, ut in Ecclesia Dei conversatio ipsius decore splendeat; ne falsi prædicatores simplicium corda decipiant : in qua re sic eum dicit debere esse constantem, ut audientibus cunctis virtutum præstet exemplum. Dicit etiam unamquamque personam quali honore, quali debeant moderatione tractare, laudans bonos dispensatores, et arguens eos qui curam domesticorum habere neglexerint, ut etiam illos deteriores infidelibus dicat.

5. — v, 9. *Vidua eligatur non minus sexaginta annorum*, et cætera. Quales eligi debeant viduæ, vel quales sint evitandæ, evidenter ostendit : eas autem quæ se abstinere non possunt, nubere præcipit, et filios procreare, ne diabolicis temptentur insidiis. Presbyteros bene præsidentes, maxime qui prædicant verbum, duplici honore perhibet esse venerandos; nec facile contra eos accusatoribus esse credendum; et cætera quæ ecclesiasticus ordo complectitur. Monet præterea manus impositionem cito fieri non debere; ne ille qui eum incaute promoverit, delictis communicet alienis; et ideo cautius eos dicit examinari, ne opinio lædatur Ecclesiæ. Præcipit servis dominos suos omni honore venerari, maxime illos qui fideles esse noscuntur.

6. — VI, 2. *Hæc doce, et exhortare*, et quæ sequuntur. Quæ dicta sunt in fine complectens, dicit in eis esse modis omnibus perseverandum, et contentiones eorum vitandas qui mente corrupti sunt : pietatem vero cum sufficientia laudat, quæ suavis est omnino fidelibus, dicens in quantis temptationibus incidant, qui mundi divites esse festinant; quoniam radix omnium malorum noscitur esse cupiditas : hortans ut magis ad virtutes enumeratas animum tendant, recepturi a Domino præmia sempiterna. Tradit etiam quemammodum divites hujus mundi Timotheus debeat commonere, ut in futurum æternas potius Domini divitias consequantur, iterata eum insinuatione recommonens, ut fidei depositum custodiat, et contentiones improbas vitare non desinat.

EPISTOLA SECUNDA AD TIMOTHEUM.

1. — I, 1. *Paulus apostolus Christi Jesu per voluntatem Dei*, et reliqua. Secundum promissionem vitæ dicit se a Christo Domino apostolum factum, ut intelligatur quod sit præmium eorum qui apostolatum ejus fideliter exercere meruerunt, ad ipsum Timotheum et hanc Epistulam scribens, ad quem et superiorem visus est destinasse, in benedictione quoque sua gratiam et pacem solemniter ponens; sed in medio misericordiam cremento quodam declarationis adiciens; cuia neque gratia, neque pax potest sine Domini largitate concedi.

2. — I, 3. *Gratias ago Deo meo, cui servio a progenitoribus meis, cui servio in* [V., *a progenitorib.* in] *conscientia pura*. Promittit Timotheo memoriam se ejus habere die ac nocte in orationibus suis, laudans eum quod æmulatione matris atque aviæ suæ in integra fidei disciplina permaneat. Commonens etiam ut susceptam regulam doctrinæ prædicare non desinat, nec erubescat illud agere, unde se et credentes noverat esse salvandos : optans Onesiphori domui ut in illo die judicii misericordiam Domini consequatur, qui non erubuit catenam ejus impensis beneficiis sublevare, sed in Evangelio prædicando, tam Romæ quam Ephesi, ministeria ei digna contribuit.

3. — II, 1. *Tu ergo, fili mi, confortare in gratia quæ est in Christo Jesu*. Præcipit Timotheo ut mysteria sanctæ fidei, quæ ab ipso cognovit, populis incunctanter enuntiet : frequenter hoc ammonens, quatenus contentiosos et obstinatos evitet; quia sermo eorum nihil proficiens *serpit ut cancer* (Vers. 17). Ipse vero qualis ad docendum esse debeat, veritatis eum prædicator instituit, præmonens quæ sequi debeat, quæ vitari concedat : cum patientia enim corripiendi sunt qui perversi esse noscuntur, ut liberentur a laqueis diaboli, quibus tenentur obnoxii.

4. — III, 1. *Hoc autem scito, quoniam in novissimis*

temporibus ª *erunt tempora periculosa.* Novissimis temporibus per multifarias enumerationes, quam pessimi homines reperiantur, exponit; inter quos asserit eos esse qui mulieribus iniqua dogmata nituntur infundere: quos tamen dicit veritatis ipsius inluminatione depravandos [*forte declarandos*] ᵇ : sed et tales omnino vitandos esse commonuit; ipsum autem permanere præcipit in eis quæ didicit atque credidit : omnis enim Scriptura divinitus inspirata utilis cognoscitur ad docendum, ad arguendum, ad erudiendum, ut perfectus sit homo Dei, ad omne opus bonum utiliter præparatus.

5. — IV, 1. *Testificor coram Deo et Christo Jesu, qui judicaturus est vivos et mortuos.* Terribiles obtestationes Timotheo præponit, populos opportune, importune increpet, arguat et eis patienter insistat : quatenus verbum Domini prædicatione dilatata proficiat: se autem profitetur de hoc sæculo continue transiturum, et in illo judicio recepturum coronam justitiæ, quam sanctis suis Dominus repromisit. Hortatur etiam ut cito ad eum cum Marco et nonnullis rebus venire festinet; quoniam ab illis ministris suis videbatur esse derelictus. Alexandrum quoque ærarium, adversarium prædicationum suarum, dicit magnopere præcavendum; cui pœnam debitam imminere confirmat. Salutationes multorum referens, ipse quoque, ut fideles Christi debeat salvare, commonuit.

ª Vulg., *quod in novissimis diebus instabunt tempora*, etc.
ᵇ Anceps fui an *depravare* incongrua significatione idem importaret hic ac *pravitatem tollere*; sicut *depretiare* apud scriptores quosdam medii ævi idem valet ac *pretio minuere.* Cum tamen illis Apostoli verbis vers. 9 respondere hic sensus videatur, *insipientia eorum manifesta erit omnibus*, legendum arbitror *declarandos*, hoc est manifestandos.

EPISTOLA AD TITUM.

1. — I, 1. *Paulus servus Dei, apostolus autem Christi Jesu*, et cætera. Cum se dicit apostolum Christi, profitetur, sicut sæpe dictum est, et Patris se esse, et Spiritus sancti; quia una ibi cooperatio, unus Deus, una cognoscitur et potestas. Verum, ne hoc nomen putaretur gestare cum falsis fratribus, dicit, *secundum agnitionem veritatis*, quam solum illi merentur accipere, qui perfecta noscuntur veritate radiare: et ut coæternum ostendat Filium Patri, dicit etiam, spem vitæ promissæ, Christum, ante tempora æterna prædictum, docens incarnationem Domini prædicatione prophetarum, suoque tempore fuisse completam; et ne eum potestate minorem forte sentires, dicit, *secundum imperium Domini Salvatoris* [Vulg., *præceptum Salvatoris*] : optans Tito gratiam et pacem a Deo Patre et Domino Salvatore concedi.

2. — I, 5. *Hujus rei gratia reliqui te Cretæ*, et sequentia. Commonet discipulum suum Titum quales presbyteros vel episcopos, per Ecclesias Cretenses deceat ordinare, ne mali suasores subvertant corda simplicium : increpandos eos specialiter dicens, ne falsa prædicatione subversi, ad ritus Judaicos transferantur. Omnia vero profitetur munda esse mundis, coinquinatos vero et infideles nihil perhibet habere mundissimum; quando confitentur ore Dominum, factis autem negant judicem, quem profitentur auctorem.

3. — II, 1. *Tu vero loquere quæ decent sanam doctrinam*, et cætera. Monendas igitur perhibet singulas ætates, singulas condiciones, quemammodum se debeant probabili conversatione tractare, ut in omnibus gratia Domini evidenter possit agnosci, qui mori carne pro nostra salute dignatus est; et quod efficacissimum genus possit esse doctrinæ, ipse tali moderatione vivat, quatenus det exemplum precautionibus suis, ne audeat adversarius mala de ipso dicere, quem se cognoscit sanctissima institutione moderari. Dicit etiam singulatim quemammodum conversari debet, qui Christo fidelis est; et hæreticos evitare jubet, præterea eum ad se cum quibusdam venire Nicopolim, ut Apostolum videndo discat qualiter in fide sancta firmissima stabilitate consistat, Epistolam suam charissima benedictione concludens.

EPISTOLA AD PHILIMONEM ª.

1. — I, 1. *Paulus apostolus vinctus Jesu Christi, et Timotheus frater*, et reliqua. Ipsis primordiis nomini suo conjunxit noviter passionem, et ne putaretur aliquo delicto fuisse vinctus, addidit *Christi Jesu*, ut illa vincula non criminosa, sed gloriosa declararet; scribens Philemoni fratri et adjutori suo, cum fratre Timotheo; Appiam quoque et Archippum in eadem salutatione commemorans; sed et congregationem quæ in domo ejus esse videbatur, pari salutatione complectitur; gratiam illis et pacem optans a Patre provenire et Domino Christo.

2. — I, 4. *Gratias ago Deo meo, semper memoriam tui faciens in orationibus meis*. Gratias agit Deo, audita fide et charitate Philimonis, quam habebat in Domino Christo et in omnibus sanctis ejus; operis ipsius magna prædicatione concelebrans. Obsecrat quoque eum, ut Onesimum, servum quondam suum, quem per fidem Domini viscera sua dicit ef-

ª *At deinde, scribens Philemoni :* num. 2 rursus *Philimonis*; ambigue siquidem et antiquitus ista enuntiabantur. Gellius, lib. x, cap. 24: *Consuetum veteribus, litteris his (e et i) plerumque uti indifferenter.*

fectum, debita ei condicione relaxet, et in fraterna illum charitatem Domini gratanter exaudiat, salutationis charitate suscipiat; se redditurum dicens quidquid quorumdam dicta subjungens.
ille debuisset: confidens tamen quod eum propter

EPISTOLA AD HEBRÆOS ª.

1. — I, 1. *Multifarie multisque modis olim Deus locutus est patribus, in prophetis, de Filio suo* ᵇ. Quæri solet cur ista tantum Epistola non habeat salutationem, dum cunctis superioribus prælata videatur: prima enim fronte nomen suum adeo velavit Hebræis, ne propter odium personæ suæ cœlestem non reciperent sospitatem. Imprimis Vetus Testamentum Novumque conjungens, per prophetas prædictum Filium Dei ex semine David ultimis dicit venisse temporibus; cujus magnificentiam inenarrabili laude concelebrat, ostendens eum per exempla legis divinæ cunctis creaturis suis esse potiorem; quando nulli angelorum, sive cuilibet potestati cœlorum, a Patre dictum est, quod de ipso constat esse prædictum. Nam si per angelos sermo qui dictus est probatur impletus, quid nos merebimur sustinere, si negligimus totius donationis auctorem?

2. — II, 3. *Quæ cum initium accepisset enarrari per Dominum*, et reliqua. Initium dicit salutis Christo Domino prædicante concessum, deinde signis ac prodigiis, et per apostolos ejus sanctæ fidei innotuisse veritatem. Redit iterum ad ejus omnipotentiam declarandam, quam exponit exemplis, affixum cruci dicens pro salute cunctorum: propter quod plurimis locis fratres eos appellare non desinit, quando et carnem suscipere dignatus est, et diabolum, qui habebat mortis imperium, sua passione destruxit. Nam cum non angelos, sed semen Abrahæ, adsumta humanitas adprehenderit, merito frater dictus est eorum, ut verus pontifex, et hominis, Deique ipsius mediator existeret. Ita qui passus est pro omnibus, potens est etiam temptatis sine dubio subvenire.

3. — III, 1. *Unde, fratres sancti, vocationis cœlestis participes*, et cætera. Hortatur Hebræos ad fidem Christi, a quo et fratres eos constat esse nominatos; multo præferens eum Mosi, cui obedientes esse videbantur: ostendens, creatura sua longe potiorem esse creatorem; aptissima exempla conjungens, ut vox Domini debeat incunctanter audiri. Contremescenda est siquidem pœna priscorum, quia non intraverunt in ejus requiem, qui divinum noluerunt audire sermonem: contra autem obedientibus pax data est, et tranquilla pausatio, ut et ipsi a proprio labore cessarent, sicut Dominus requievit ab operibus suis.

4. — IV, 11. *Festinemus ergo ingredi in illam requiem*, et sequentia. Obœdiendum dicit divinis esse mandatis, quia non potest falli, quod a tanta noscitur veritate proferri: habens spem maximam in Domino Christo, quia subveniat calamitatibus nostris, qui pro nobis atrocitatem pertulit passionis: tantæ rei et exempla legis divinæ evidentissima nimis et argumenta subjungens. Arguit quippe illos, qui doctrinam priscæ legis ita dignoscuntur obliti, ut iterum eos, tanquam parvulos, lacte necesse sit enutriri: perfectis enim mentibus solidus prædicationis opus est cibus, qui discretionem boni ac mali possunt habere probabilem.

5. — VI, 1. *Quapropter intermittentes inchoationis Christi sermonem*, et cætera. De primordiis fidei jam non dicit esse tractandum, sed de reliquis rebus, in quibus probatur solidata perfectio, terræ faciens mirabilem comparationem, quæ dum imbrem acceperit, amœnas herbas germinat in decorem; si vero spinas protulerit, eas videlicet ultrix flamma consumit. Confidit tamen eos ad illorum imitationes potius erigendos, quibus promissa sunt regna cælorum; Abrahæ copulans exemplum, cujus semini Dominus jurando pollicitus est solidissimam firmitatem: ut hac promissione roborati, ad penetralia cæli fidelium animus tenderetur; ubi jam præcursor et pontifex noster Dominus Jesus Christus intravit.

6. — VII, 1. *Hic enim Melchisedech, rex Salem, sacerdos Dei summus* [Vulg., *Dei summi*], et reliqua. In principio hujus capitis exponit qui fuerit Melchisedech, cui per magnas et subtilissimas argumentationes comparatus est Dominus Christus: primum, quod nominis ipsius interpretatio, id est rex pacis et rex justitiæ, soli potest Christo Domino convenire, deinde quod patrem ipsius atque matrem nulla prorsus scriptura testatur, sicut Christi deitas, ut arbitror, sine matre, caro sine patre, fuisse cognoscitur; tertio, quod neque initium, neque finis vitæ ipsius doceatur esse vulgatus, sicut Dominus de se dicit, *ego sum* A *et* Ω; quarto, quod assimilatus Filio Dei, sacerdos permanet in æternum. Quinto sequitur, quare in psalmo dictum non sit, *secundum ordinem Aaron*; scilicet ut translatum sacerdotium, [suppl. et] mutationem legis, quam ad perfectum nihil adduxit, commutandam in Christi gratiam nuntiaret. Sic per

---

ª Animadvertendum hic de auctore hujus Epistolæ Cassiodorium minime ambiguum esse. Nihil igitur refert quod Div. Lect. cap. 8, auctoris nomine non adjuncto eam laudaverit; nec quod eam omiserit, ubi expositores recensens, ait, *Residuas vero Epistolas S. Pauli,* etc., præcipue cum eodem loco illam etiam ad Philippenses, de qua nemo dubitavit, obliviscatur. Id quidem satis patebat ex præfatione in Orthographiam, ubi hæc leguntur: *Testis est Paulus aposto-* lus, qui ex maxima parte in Epistola quæ scribitur ad Hebræos, etc. Rationem quam affert cur Apostolus nomen suum non præmiserit, Clemens Alexandrinus attulerat in Hypotyp. apud Eusebium Hist. lib. VI, cap. 14. Infra: *non reciperent sospitatem*: in libro de Anima, cap. 11, *effectum sospitatis attribuit*. Ad psalm. LXX, *petit etiam corporis sospitatem*.
ᵇ Vulg., *Deus loquens*, non habet *de Filio suo*.

has similitudines congruenter expositas, Melchisedech Domini Christi gestasse probatur imaginem.

7. — VII, 19. *Introductio vero melioris spei, per quam proximamus ad Dominum*, et cætera. Hic distantias facit inter sacerdotes communes et Dominum Christum; quia iste singularis est factus, qui et sacramenti interpositione promissus est, et in æternum noscitur constitutus; deinde omnis sacerdos pro suis primum peccatis exorat, et sic pro populo supplicare præsumit; Christus autem peccata propria non habens, confidenter interpellat pro nobis : ad postremum seipsum singulariter obtulit pro salute cunctorum; in ipso quoque Novi Testamenti facta promissio est; quod de nullo alio constat effectum : dicendo enim novum, antiquatum voluit ostendere quod præcessit.

8. — IX, 1. *Habuit quidem et prius justificationem Scripturæ sanctæ* [Vulg., *justificationes culturæ*], et reliqua. Discretionem facit per præmissas observationes Novi et Veteris Testamenti, dicens aliter accessisse priscos sacerdotes ad sancta, et iterum interius ad sancta sanctorum ; aliter autem introisse Dominum Christum in sancta, qui gloriam est æternæ redemptionis operatus. Nam si taurorum victima peccata mundabat, quid faciet sanguis fusus immaculati Domini Christi, qui ad serviendum Deo purificavit corda fidelium?

9. — IX, 15. *Et ideo Novi Testamenti mediator est Christus Jesus* [Vulg. non habet *Christi Jesu*], et sequentia. Probat etiam Dominum Christum mediatorem factum Novi et Veteris Testamenti; ut Veteris obligatio collato mortis ipsius munere solveretur : docens etiam, et in antiquis solemnitatibus sacrificiorum, Testamentum Novum sine dubio fuisse promissum; quando cum sanguine vitulorum et hircorum, et lana coccinea, et hyssopo librum sacrum, et ipsum populum testatur aspersum. Sequitur autem, semel illum passum in consummatione sæculorum, ut pro nobis Patrem pius redemptor jugiter exoraret : nam sicut hominibus semel mori datum est, et post, Domini sustinere judicium ; ita Christus semel est mortuus, ut exspectantibus se in sua judicatione promissus appareat.

10. — x, 1. *Legem dicit umbram* [Vulg., *umbram enim habens*] *futurorum bonorum*, et sequentia. Legem dicit umbram futurorum bonorum, non imaginem, id est veritatem habuisse sequentium, ostendens per sanguinem sacrificiorum humanum genus minime potuisse salvari; sed scilicet præ passione crucis, quæ periclitanti mundo sua redemptione subvenit : qua fiducia percepta, fonte sacri baptismatis ablutos accedere monet ad Dominum Christum, ut fidelis promissor sua munera in ipsis dignanter adimpleat.

11. — x, 24. *Et consideremus invicem in provocatione charitatis*, et cætera. Considerandam dicit gratiam Dei, non per divisiones impias, sed in congregatione fraterna : comminans judicium futurum, quod Domini Christi adventu probatur esse jam proximum [a]. Nam si perire solet qui legem Mosis irritam facit, quo supplicio plectendus est, qui Christi Domini charitatis et unitatis mandata contemnit? Commonet etiam eos ne vacuas faciant passiones et direptiones rerum suarum, quas jam pro Christi nomine pertulerunt : sola enim perseverantia perfectos efficit Christianos; necessaria est enim patientia, ut promissio Domini referatur accepta.

12. — xi, 1. *Est autem fides sperandarum substantia rerum, argumentum non apparentium*. Primum definit quid sit fides, credulitas rerum scilicet non apparentium ; deinde refert quanti per eam fuerint, Domino miserante, salvati; ut incredula corda Judæorum ad simile studium, consideratis tantis devotionibus, incitaret. Dicit enim fidem Abel, Enoch, Noe, Abraham et Saræ; quam ideo frequenter iteravit, quoniam, ipsis credentibus, in similitudinem eorum universam benedictam constat Ecclesiam. Verum isti omnes necdum adhuc promissa præmia susceperunt [b]; sed perfectam beatitudinem in cœlesti civitate recipient, quam eis Dominus præparare dignatus est.

13. — xi, 17. *Fide obtulit Abraham, Isaac, ut immolaretur* [Vulg., *Isaac, cum tentaretur*], et reliqua. Adhuc in ipsa enumeratione fidelium perseverat : dicit enim de Abraham, Isaac, Jacob, Joseph, Mose, de filiis Israel, Rab meretricis, Gedeon, Barach, Samson, Jepthe, David et Samuele : prophetarum etiam exempla subjungens, *qui per fidem vicerunt regna* (Vers. 33), et diversitate passionum divinam gratiam invenire meruerunt : qui tamen adhuc promissa præmia minime susceperunt; ut uno eodemque tempore pius Redemptor omnibus daret quod cunctis fidelibus noscitur esse pollicitus.

14. — xii, 1. *Ideoque et nos tantam habentes impositam nubem testium*, et sequentia. Considerata priorum fide, depositis peccatis, ad Christum dicit Dominum festinandum : nam ille pro nobis crucem subire dignatus est, qui sedet ad dexteram Patris. Cur nos contristemur in mediocribus passionibus, quas tamen scimus ad æternam requiem pertinere? Commonet etiam adeo illos vocatos filios, ut gratissime patris flagella paterentur : huic siquidem rei genito-

---

[a] Opinionem de imminente extremi judicii die, apostolorum ævo emanatam, ad plura sæcula viguisse scimus.

[b] Id cogitaveram prius, an reponerem *susceperant*; sed cum subsequenti numero idem repetatur atque addatur insuper, *ut uno eodemque tempore pius Redemptor omnibus daret quod cunctis fidelibus noscitur esse pollicitus*, sibi constantem Cassiodorium agnovi, qui cap. 12 libri de Anima hæc tradit : *Nam cum fuerimus hac luce imperio Creatoris exsecuti, in animæ nostræ natura jugiter perseverantes, nihil boni malique faciemus, sed usque ad tempus judicii*, etc. Sententiam noscis quæ in longum ævum audita est, eléctos scilicet, usque dum corpora restituantur, divina facie interdicendos, ac non nisi post universale judicium beatitudinem assecuturos. Eamdem obiter auctor noster etiam in Apocalypsi attingit, num. 3; at improbaret modo, si vitam duceret, postquam a Joanne XXII rejectam damnavit exinde concilium Florentinum, atque in Unionis decreto proscripsit.

rum carnalium exempla subjungens, quorum in præsenti gravis quidem creditur disciplina, sed in futurum suavis cognoscitur adepta justitia : propter quod adhibenda patientia, corroborandi sunt gressus, ut ad illud efficaciter possit perveniri quo tenditur.

15. — XII, 4. *Pacem sequimini cum omnibus, et sanctimoniam, sine qua nemo videbit Deum.* Pacem dicit et sanctimoniam omnimodis appetendam, sine qua nemo potest videre Deum. Monet etiam præcavendum ne nos opera impietatis nostræ sursum præcedat, et ab hæreditate Domini reddat alienos ; sicut contigisse dicit Esau, qui postquam primitiva sua vendidit, multas quidem lacrymas fudit, sed occulto Dei judicio minime constat auditum. Mose quoque subjungit exemplum, qui lapidari faciebat eos qui se immunda conversatione tractabant : scilicet montis Sina et Ecclesiæ Dei disparem faciens collationem ; quippe ubi Christum corporaliter et auditum constat et visum, cujus magnopere obediendum dicit eloquio.

16. — XII, 25. *Si enim illi non effugerunt, recusantes eum qui super terram loquebatur.* Adhuc in superioribus comparationibus permanens, dicit : Si populus Hebræorum non potuit vitare vindictam, qui Mosi minime obediens fuit, quid nos patiemur, si loquenti de cœlo Domino nequaquam optemperare videamur? cujus potestatem atque magnitudinem, et argumentis necessariis, et sequentibus declarat exemplis. Monet etiam quali se debeant conversatione tractare, et quæ vitia malint nocitura refugere, asserens Jesum Christum ultimis temporibus visum, qui semper fuit, et est, et permanebit in sæcula sæculorum.

17. — XIII, 9. *Doctrinis variis et peregrinis nolite adduci* [Vulg., *abduci*], et reliqua. Doctrinas varias et peregrina dogmata omnino vetat audiri : optimum est enim cor gratia Domini confirmare, non escis. Ritum quoque priorem sacrificiorum in passione dominicæ similitudinis trahit; quoniam sicut animalium oblata pro peccato corpora foris castra cremabantur, ita et Dominum Christum, qui se pro peccatis nostris obtulit, extra civitatem constat esse crucifixum ; sed illam crucifixionem, illud opprobrium dicit modis omnibus appetendum, ut exeuntes ad eum in supernam civitatem pervenire mereamur. Beneficentiam et communicationem illis persuadens nullatenus oblivisci; talibus enim rebus placatur Deus : obœdientiam vero propter ordinem custodientium exhibendam dicit esse præpositis, ut salutis eorum curam debeant habere cum gaudio.

18. — XIII, 18. *Confidimus autem, quoniam* [Vulg., *enim, quia*] *bonam conscientiam habemus in omnibus benevolentes conversari.* Bene conversantibus benevolentiam maximam se debere testatur, quod illis continue dicit esse faciendum ; quatenus ad eos prontissimo studio debeat festinare. Orat etiam pro ipsis, ut voluntatem Domini Patris sincera mente perficiant, qui eduxit ex mortuis pastorem magnum Dominum Christum, cui est gloria in sæcula sæculorum ; ut contra eos qui solum Patrem venerandum putabant, competens medicina breviter intimata sufficeret; indicans eis Timotheum ad ipsos fuisse transmissum, per quem ore suo et probatissimos salutat, et bonorum salutationes impensa charitate commemorat.

COMPLEXIONES
CANONICARUM EPISTULARUM SEPTEM,

ID EST IN BEATI APOSTOLI PETRI DUAS, JOANNIS TRES, JUDÆ UNAM ET JACOBI UNAM [a].

EPISTOLA PETRI APOSTOLI AD GENTES [b].

1. — I, 1. *Petrus apostolus Jesu Christi, electis advenis,* et reliqua. Sanctissimæ regulæ instituta concelebrans, et Petrus apostolus Jesu Christi scribit absentibus Hebræis, qui impia persecutione Judæorum

---

[a] Non ut in cætera sacra Biblia affluunt in has Epistolas veterum scriptorum commentarii. Singulas ante Cassiodorium unus explicaverat Didymus Alexandrinus, a doctissimo Simonio in tractatu de Novi Testamenti expositoribus prætermissus. Nihil tamen fere auctorem nostrum ab ipso mutuatum esse, diversa etiam ac speciali sectione usum, noverit quicunque Latinam, quæ superest, Didymi versionem in Bibliotheca Patrum respiciet. In quatuor ex ipsis Clemens quoque Alexandrinus scripserat, at ejus commentarium periisse suspicor. Quamvis enim hoc nomine quæ exstant in Bibliothecæ PP. tom. III fragmenta, recipiant multi, in eam sententiam cl. etiam Dupinio vergente, mihi tamen plane persuaderi nequit ; cum ex eo quod pro Jacobi Epistola, quam a Clemente *Attico sermone declaratam* Cassiodorius in Div. Lect. cap. 8, docet, iis fragmentis illustratam video Epistolam Judæ; tum quia non unus error eas inficit : a Latina autem illarum versione *offendicula exclusisse* auctor noster ibidem profitetur, ut *purificata doctrina ejus securior posset hauriri.* Thomas Itigius in Bibliotheca Patrum apostolicorum, Clementis Alexandrini Supplemento præloquens : *Num vero quæ hodie supersunt adumbrationes, illæ ipsæ sint quas Cassiodorus a se emendatas dicit, aliis nunc dijudicandum relinquimus.* S. Augustini in primam Joannis opus exstat, non in Jacobum, quod etiam in deperditorum enumeratione prætermitti solet.

[b] Mendax inscriptio : ad dispersos potius inscribi poterat, πρὸς τοὺς ἐν διασπορᾷ, ut ea D. Jacobi in his Complexionibus inscribitur, cum ad Judæos pariter missa sit, qui extra Judæam pedem fixerant. S. Petri Epistolas ante cæteras locat, quem ordinem S. Augustinus amplectitur, de Doctr. Christ. lib. XI. Vide antiquum prologum Canonicarum.

dispersi fuerant, et advenæ facti per Pontum, per Galatiam, per Cappadociam, per Asiam, et Bithyniam, sed tamen in Christo Jesu correcta mente crediderant, quibus prædicationem suam dicit secundum præscientiam Dei Patris, et in sanctificatione Spiritus sancti, et passione sanguinis Domini Christi fuisse transmissam : ut more pristino sacrificiorum aspersus populus dominico sanguine purgaretur : sic ipsis primordiis et unitas trinæ virtutis, et personarum est breviter declarata distinctio, petens ut gratia et pax Domini plenissima debeant ubertate compleri.

2. — I, 3. *Benedictus Deus et Pater Domini nostri Jesu Christi*, et quod sequitur. Fidelis populi salutatione completa, memor dominicæ institutionis primum Deo Patri gratias agit, qui per magnam misericordiam suam regeneravit nos sacro baptismate in spe vitæ perpetuæ; per resurrectionem scilicet Domini Christi, quam post triduum factam constat a mortuis : cujus hæreditatis quam magna sint præmia consequenter exponit : hortans ut molestias præsentis temporis patienter ferre debeamus, quatenus in judicio Domini probatio nostræ fidei multo pretiosior auro possit ostendi : nam qui illum hic non videntes credunt, respicientes eum inæstimabili exultatione gaudebunt. De qua retributione præmiorum arcana Domini perscrutantes prophetæ, multa dixerunt ; et ne aliquid propria voluntate putares edictum, docet illis per Spiritum sanctum fuisse revelatum, quem videre angeli concupiscunt.

3. — I, 13. *Propter quod succincti lumbos mentis vestræ, sobrii, perfecti* [Vulg., *perfecte*], *sperate in eam*. Postquam illis promissionis magna præmia patefecit, hortatur ut per fortitudinem mentis filiorum loco ad gratiam tendant, quæ illis in judicio Domini monstratur esse pollicita. Admonens eos ut sancto debeant manere proposito, quando scriptum est, *sancti eritis, quoniam et ego sanctus sum* : scientes quoniam non sint redempti corruptibili pretio, sed Domini nostri sanguine pretioso, qui præcognitus est quidem ante constitutionem mundi, sed manifestatus novissimis temporibus pro salute cunctorum; ita ut fides et spes credentium in eum fixa permaneat.

4. — I, 22. *Animas vestras castificantes ad obediendum charitati* [Vulg., *in obedientia charitatis*], et cætera. Præmissa fides quemammodum exerceatur, exponit primum, ut simplici amore mutuam sibi non desinant custodire charitatem ; quatenus qui renati sunt communiter per verbum Dei vivi, nulla debeant divisione separari, et humana mens ad mundana vitia festinare. Comparatione facta feni, caro nostra quam sit caduca monstratur : verbum autem Domini, quo regenerati esse noscuntur, manet in æternum : quapropter prioris temporis malitiam deponentes, sicut modo geniti infantes rationales, primordia debent fidei concupiscere, ut ad crementa possint salutaria pervenire : nam si ad lapidem vivum, hoc est Dominum Christum, devotis mentibus accesserunt, et ipsi quoque debent, tanquam vivi lapides, in Ecclesiæ ædificatione proficere : offerentes hostias acceptabiles Deo per Jesum Christum Dominum nostrum, per quem salus humano generi optata provenit, de ipso vero sancto lapide Isaiæ prophetæ datur exemplum.

5. — II, 4. *Vobis igitur honor credentibus : non credentibus autem lapis quem reprobaverunt ædificantes, factus est* [Vulg., *Vos ; deinde, hic factus*] in *caput anguli*. Adhuc de ipso lapide CXVII psalmus datur exemplum : de quo facta contrarietate credentium et non credentium disputatur : dicens obstinatorum lapidem esse offensionis et petram scandali, credentium vero esse genus electum, progeniem sanctam, populum acquisitionis, qui vocatus est de tenebris ad lucem perpetuæ sanctitatis. Qui ante fuerant alieni, nunc propriæ facti sunt Domini

jet, quamvis eam Epistolam, Cassiodorio teste, *solita diligentiæ suæ curiositate tractarit*. Adeo rari demum in has Epistolas interpretes, ut Cosma Indicopleustes vi sæculo hæc tradiderit Topographiæ Christianæ lib. VII : Πάντες οἱ ὑπομνηματίσαντες τὰς θείας γραφὰς οὔτε εἰς αὐτῶν λόγον ἐποιήσατο τῶν καθολικῶν : *Nullus ex omnibus iis qui in divinas Scripturas commentaria ediderunt, catholicarum Epistolarum rationem habuit*. Verumenimvero post Cassiodorium quoque prisci Canonicarum interpretes paucissimi numerantur, cum ante Œcumenium, glossa ordinaria omissa, Beda tantum in medium proferri possit. Œcumenium quidem collectionem, et ex superioribus Græcis Catenam nobis exhibere, admonent eruditi : at quod ad Canonicas pertinet, e quibus eum commentarium decerpere potuerit non video, nisi ex amissis Græcorum Patrum lucubrationibus collectum interpretemur : monente Cassiodorio in præfatione Divinarum Lectionum fama vulgatum fuisse, quosdam ex ipsis *Scripturas divinas Veteris Novique Testamenti ab ipso principio usque ad finem Græco sermone declarasse*, atque inter eos Chrysostomum nominante, cujus Abbreviator Œcumenius vocari sol. Vix tamen adducor ut credam, sive Chrysostomi, sive alterius in has Epistolas animadversiones, si exstassent, Cassiodorium latere potuisse, quem in eas expositionem aliquam quærentem *magna cogitatio fatigavit* (Div. Lect. cap. 8) ; quive illas Didymi ab Epiphanio transferri curavit ; quin potius ex sacris libris, hunc ab expositoribus ut plurimum prætermissum putaverim, cum ob ejus exemplaria forte rariora, tum quia ab ecclesiis pluribus non nisi sero admodum in sacræ Scripturæ canonem receptus sit. Quomodocunque se res habeat, inter antiquos Canonicarum interpretes eximio loco in posterum auctor noster habendus erit, ut pote primus inter Latinos, qui universas illustrandas susceperit ; primusque etiam, ut arbitror, aut certe inter primos qui eas Canonicas nuncupaverit, etiam in libro de Institutione Divinarum Litterarum, cum olim Catholicæ vocari solerent. Canonicarum quidem appellatione in veteri prologo enuntiantur, sed quem D. Hieronymo certis argumentis viri docti abjudicant ; quod minime animadvertit Guil. Cave, ubi de D. Hieronymo, neque eximius editor S. Cypriani, qui ad tract. de Unit. Eccl. integrum recitat, et magnopere commendat. A Laodicena synodo in divinarum Scripturarum catalogo Canonicas appellari clariss. Hieronymi editores docent, tom. XI, p. 1672 ; verum fortuita quadam, ut puto, allucinatione ; Catholicas enim vocat cum Græcus textus ejus catalogi, tum Latina Mercatoris interpretatio : Dionysius eas non memorat.

Christi, et ut ab eis mundi extranearet affectum, docet eos a carnalibus desideriis abstinere, quæ nituntur semper animas sauciare; sed potius sic vivere, ut inter gentes debeant bonæ conversationis exempla præstare; quatenus illi, quibus nunc detrahere videntur, considerata eorum conversatione, magnificent Dominum, cum ipsius fuerint visitatione compuncti.

6. — II, 13. *Subjecti estote* [a] *omni humanæ ordinationi propter Dominum* [b], et reliqua. Ne aliquos præmissa fides potuisset inflare, ad patientiæ tolerantiam rediit, ut principibus, sive ducibus propter Deum debeant esse subjecti: qui eos ad vindictam malorum, et in bonorum laudem cognoscitur destinasse. Hoc tamen ex libertate jubet conscientiæ fieri, non timoris necessitate persolvi. Servos quoque commonet obedire dominis suis, non tantum placidis, sed etiam qui videntur austeres; quoniam hæc est revera gratia Dei, si non solum æqualia, sed etiam patiamur injusta: tali enim exemplo vocati sumus a Domino, ut iniqua sustineamus pro ipso qui pro nobis elegit suscipere crucem, cum peccati maculam non haberet; et ideo converti debemus ad pastorem nostrum, qui mortem pertulit pro salute cunctorum.

7. — III, 1. *Similiter qui non credunt verbo, per uxorum suarum conversationem lucrifiant* [c]. Venit ad admonitionem quoque mulierum: primum dicens, ut subditæ debeant esse viris suis, quatenus qui prædicationibus sanctis minime crediderunt, uxorum suarum potius conversatione resipiant; deinde præcepit eis, ut non tantum ornamentis studeant, sed interiori homini devotæ sint, qui ante Deum vere locuples invenitur: quibus Saræ datur exemplum, quæ Abrahæ devotione probabili [d] serviebat. Ipsas dicit debere illam imitari, ex qua fidei æmulatione in Abrahæ semine sunt receptæ. Similiter et viris præcipit ut uxores suas honore digno contineant, quasi infirmas et cohæredes gratiæ, ut oratio alterutrum non debeat impediri. Ad postremum utrumque commonet sexum, ut sint omnes unanimes, compatientes, misericordes, et humiles, non reddentes malum pro malo, sed in benedictionis gratia, qua vocati sunt, perseverent.

8. — III, 3. *Qui enim vult vitam, et diligit videre dies bonos* [e], *coerceat linguam suam a malo*. Adhuc generaliter monet ut linguam nostram a malis cohibere debeamus, quæ semper prona cognoscitur ad delicta. Sed non solum dicit hoc posse sufficere, quando illa sola perfectio est, a malis quidem declinare, sed bona eminenter efficere: Dominus enim super justos respicit, et super impios iratus intendit: dicens beatos eos effici, si pro nomine Domini aliqua fuerint insecutione laceraţi. Omni vero tempore paratos illos dicit esse debere, ut cum modestia et timore sancto fidei suæ possint reddere rationem; quatenus derogatores fidelium veritate percepta protinus conticescant.

9. — III, 17. *Melius est enim benefacientes, si velit voluntas Dei, pati, quam malefacientes.* Multo melius esse confirmat bene agentem male pati, quam male agentem pro factorum suorum qualitate percelli. Sic enim Dominus cum nihil mali fecisset, pro peccatis nostris carne peremptus est, qui nobis formam suæ passionis instituit. Noe quoque conjungit exemplum, quoniam sicut in arca ejus octo tantum animæ diluvii perditione salvatæ sunt, ita per baptismatis gratiam sanctus populus a peccatorum labe noscitur esse liberatus: non enim in sacro baptismate, sicut in communi lavacro sordibus suis caro diluitur, sed credita Domini resurrectione salvatur, qui deglutivit mortem, ut vitæ ipsius participes esse mereamur. Quapropter Christi resurrectione comperta, et nos in carne patiamur, cum peccata relinquimus; quatenus reliquum vitæ nostræ tempus, non secundum humana desideria, sed secundum voluntatem Domini transigamus.

10. — IV, 3. *Sufficit enim præteritum tempus ad voluntatem gentium consumatum* [Vulg., *consummandam*]. Sufficere dicit mundo, quod ad voluntatem nefandam gentium præterita tempora probantur elapsa; nunc autem secundum Deum vivendum est in Spiritu sancto, qui nos vocavit ex mortuis, ut in spe ejus vivere deberemus. Adeo enim evangelizatum constat et mortuis lege peccati, ut in illa resurrectione generali æternæ vitæ gaudia consequantur. Quapropter appropinquante fine sæculi, prudentes et seduli in oratione esse debemus; charitatem inter nos habentes, quoniam charitas cooperit multitudinem peccatorum: hospitalitatem quoque, cæteraque bona sine murmuratione præcepit debere præstari: verbum autem Domini sic asserit prædicandum, ut tota intentio credentium ad Dominum referatur auctorem, cui est virtus et gloria in sæcula sæculorum.

11. — IV, 12. *Charissimi, nolite pavescere* [V., *Nolite peregrinari*] [f] *in fervore, quia ad temptationem vobis fit.* Confortat populum fidelem, ne debeat illata passione turbari; quoniam pro nobis Christus pertulit majora quam nos videmur pro fide ipsius sustinere: constantia exultandum est ergo hic in talibus rebus, ut ante

---

[a] Ita et Didymus legerat, ni Latina versio nos decipiat.
[b] Vulg.: *Subjecti igitur estote omni humanæ creaturæ propter Deum.*
[c] Vulg.: *Similiter et mulieres subditæ sint viris suis, ut et si qui non credunt verbo, per mulierum conversationem sine verbo lucrifiant.*
[d] *Probabile* apud hunc scriptorem valet probandum, sive laudabile: occurrit passim. In præfatione Div. Lect., *per expositiones probabiles Patrum.* Id hoc paragrapho animadvertendum; verba quæ in præfixo hemistichio desunt, errore quodam omissa intelligi ex expositione, in qua legitur: *primum dicens, ut subditæ debeant esse viris suis*: quod propterea noto, ut pateat quam cautos in his rebus et circumspectos præstare nos debeamus.
[e] Vulg.: *Vitam diligere, et dies videre bonos.*
[f] Ex Græco μὴ ξενίζεσθε: quo verbo *turbari* significatur aliquando; *turbatio* vero a *pavore* non abest. Geopon. lib. XI, cap. 46, ξενίζει γὰρ καὶ ταράττει. Legit Beda, *nolite mirari.*

ipsum perfecta laetitia gaudeatur. Ammonet quoque ut nemo pro flagitiis aut criminibus mundi tormenta sustineat; caeterum si pro Domino Christo patimur, in aeterna beatitudine collocemur : nemo enim debet erubescere, unde se novit ad aeterna praemia pervenire. Sed si justus atque fidelis vix salvi fiunt, utique peccator et impius non parebunt; nam qui hic pro Christo patitur mala, animam suam in illa judicatione commendat.

12. — v, 1. *Seniores igitur, qui in vobis sunt, obsecro, consenior, et testis Christi passionum.* Presbyteros ammonet ut clerum sibi creditum diligenti et inavara cura custodiant, vitia despiciant, temporalia lucra contemnant, et in conversatione probabili suas divitias ponant: quatenus cum apparuerit *princeps pastorum* (Vers. 4), beatitudinis honore coronentur. Adolescentes etiam commonet ut subjecti debeant esse senioribus suis, quoniam Deus superbis resistit, humilibus autem dat gratiam; nam qui se humiliant Christo, in ejus exaltantur sine dubitatione judicio. Humanas quoque sollicitudines in eo dicit esse projiciendas, ut ipse nos nequaquam debeat de suo regno projicere.

13. — v, 8. *Sobrii estote, vigilate; quia adversarius vester diabolus, tanquam leo rugiens circuit, quaerens quem transvoret* [Vulg., *devoret*]. Sobrios et vigilantes eos esse debere monet, quoniam indesinenter temptat illos diabolus, tanquam belua cruenta subripere; cui per fidem atque operas bonas resistendum esse pronuntiat; quoniam ille sic vincitur, cum fidelis animus nulla immissione superatur. Et ne tanto hoste designato turbarentur corda fidelium, potentem Deum illi dicit resistere, cui nulla potestas praevalet obviare. Quam epistulam per Silvanum fidelem eorum se scripsisse testatur, obsecrans et contestans ut in praedicata gratia Domini perseverare non desinant : salutationes quoque Ecclesiae, quam de Babylonia, id est de saeculi istius confusione, dicit electam, et Marci filii sui pia institutione transmittens, petit etiam ut salutentur fidelissimi in obsequio charitatis, gratiam illis benedictionis attribuens, qui in Christo Domino permanebant.

EJUSDEM EPISTOLA SECUNDA.

1. — I, 1. *Simon Petrus, servus et apostolus Jesu Christi his qui aequalem* [Vulg., *iis qui coaequalem nobiscum*] *sortiti sunt fidem.* Simon nomen est proprium, Petrus cognominatio ejus : sicut in Evangelio a Domino dictum est : *Tu es Simon, filius Joannis* [Vulg., *filius Jona*], *tu vocaberis Cephas, quod interpretatur Petrus* (Joan. I, 43). Servum vero se perhibet, quod Domino Christo devotione humillima serviebat; apostolum memorat, ut collatum sibi designaret officium : nam quod dicit, *Jesu Christi,* sicut saepe jam dictum est, unius appellatione personae indicare cognoscitur sanctissimam Trinitatem : et ne se Ecclesiae Domini aliqua elatione praeferret, his se dicit scribere, qui coaequalem fidem Domini largitate sortiti sunt; quibus optat gratiam et pacem multiplicari in futuri cognitione judicii; ubi quidquid tribuitur, nulla ulterius amissione fraudatur.

2. — I, 3. *Sicut omnia nobis divinae virtutis ejus ad vitam pietatemque donata* ᵃ. Sicut omnia credentibus ad vitam pietatemque donata sunt, *per recognitionem ejus qui nos vocavit propria gloria,* non meritis nostris, ut per haec quae promissa sunt, divinitatis ejus mereamur esse consortes; sicut in Evangelio dictum est, *Pater, volo ut ubi sum ego, ibi sint et hi mecum* (Joan. XVII, 24) : ita et nos effugere debemus mundana flagitia. Sed magis nitamur in fide nostra affectare virtutem, in virtute vero scientiam, in scientia autem continentiam, in continentia vero pietatem, in pietate amorem fraternitatis, in amore fraternitatis Domini charitatem. Haec enim cum nobis praesto sunt, sine fructu in cognitione Domini Christi esse non possumus; sed in regno Domini recipimur, ubi aliter introire penitus non meremur.

3. — I, 12. *Propter quod non differam semper commemorare vos* ᵇ, et caetera. Non se dicit posse desinere a praedicationibus institutis, donec eos firmos atque corroboratos derelinquat in fide Domini Salvatoris : quando se testatur, sicut a Domino est commonitus, de hoc saeculo transiturum; et ideo sanctissimo paternitatis affectu operam se perhibet dare, ut talia in ipsis agat, quemammodum ejus possint retinere memoriam : non enim commentaticiis fabulis aliquid de Christo Domino se dicit esse dicturum; sed dicturum se illa quae suis auribus audivit, et certissima visione cognovit. Cui rei illud evangelicum subjungit exemplum : *Hic est Filius meus dilectus, in quo mihi bene complacui; ipsum audite.* Quam vocem cum aliis apostolis se dicit audisse, dum in sancto monte essent cum Domino Salvatore : sic in isto testimonio illi confutati sunt, qui putant Patrem Filium non habere.

4. — I, 19. *Et habemus certiorem propheticum sermonem, cui benefacitis intendentes* [Vulg., *firmiorem attendentes*]. Quod protulit, laudat exemplum, ut hoc ita debeant habere semper in cordibus suis, quemammodum lucerna praeparatur in tenebris; donec Christus adveniat, de quo justi incomparabili claritate lucebunt : prophetiam veram generaliter laudans, quae nunquam voluntate humana, sed divina inspiratione collata est; pseudoprophetas vero aptissima conclusione definivit, dicens eos magistros esse mendaces, qui spe turpissimi lucri judicium sibi perpetuae damnationis acquirunt.

5. — II, 4. *Si enim Deus angelis peccantibus non*

ᵃ Vulg. : *Quomodo,* etc., *virtutis suae quae,* etc.

ᵇ Vulg. : *Incipiam vos semper commonere de his.*

pepercit, sed carceribus inferis retrudit ª. Probatio dicti superioris digna consequitur; quoniam angelis peccantibus non pepercit, sed caliginosis carceribus retrusos reservavit suo judicio puniendos; deinde, si originali mundo non indulsit, quem suis manibus fabricare dignatus est, eumque cum hominibus impiis superducti diluvii vastitate delevit, si Sodomam et Gomorrham in cinerem deductam justa indignatione damnavit : contra ᵇ, octavum [sic] Noe a diluvio, justum Loth supreme dolentem ab impudicorum conversatione liberavit : ut talibus conjunctis exemplis vir sanctissimus probaret, et impios pœnam dignam recipere, et justos temptatione salvari.

6. — II, 10. *Maxime autem qui post carnem in desideria convolutationis eunt* ᶜ. Arguit eos qui post desideria carnis eunt, et dominationem Christi sacrilega voluntate contemnunt; quorum vitia multipliciter narrans, dicit eos contra Dominum superba voluntate consurgere, qui peccantes angelos noscitur inclinasse : eorumque denuo describit, et corporum qualitates, et pessimos mores, quos post multa flagitia dicit etiam coluisse simulacra, quos dignis comparationibus notat : memorans eos fontes esse siccos, et nebulas caliginosas, et tubidines [*forte* turbinibus] exagitatas, quibus merito æterna præparatur obscuritas : hi decipiunt audientes, et ad libertatem trahunt libidinis, cum ipsi noscantur servi esse peccati: utilem nimis subjungens probabilemque sententiam, illius unumquemque esse servum, cui et subjectus esse cognoscitur.

7. — II, 20. *Si enim refugientes coinquinationes mundi in agnitionem Domini* [Vulg., *in cognitione Domini nostri*]. Increpat illos qui accipientes mandata veritatis, iterum se in pristino cæno falsitatis involvunt, comparans eis illa proverbia : *Redire canem ad vomitum suum, et porcum in suis volutabris denua revolutatione versari*. Secundam dicens illis epistulam transmisisse, ut traditiones Patrum fideliter teneant ᵈ, non se ad gentilium errores impia voluntate convertant; sed illud magis desiderent efficere,

quod ad mandata cognoscunt Christi Domini pertinere.

8. — III, 3. *Hoc primo scientes, quia venient in novissimo dierum inlusione inludentes* ᵉ. Commonet eos novissimis apparere temporibus, qui dicant, *Ubi est Christus Dominus, qui celeriter venire promissus est? Ecce tanta tempora transierunt, et nihil tale provenisse cognoscimus*. Exemplum ponens diluvii, quoniam, sicut istos cælos aerios crescens unda complevit, mundusque tunc a sua temperatione deperiit, ita in diem judicii eosdem per ignem iterum, sicut legitur, esse delendos : his rebus absolute probans, omnia quæ prædicta sunt, sine aliqua dubitatione complenda.

9. — III, 10. *Venient* [Vulg., *Adveniet*] *autem dies Domini, ut fur*, et reliqua. Diem Domini subitum venire dicit, ut furem, quando cæli magno impetu celeritatis excurrunt, quando elementa mundi ignis calore solvenda sunt; sed his omnibus pereuntibus, et totius machinæ immutatione terribili, quales oportet tunc fideles esse, ut tantam nequeant incurrere vastitatem : nam cum novi cæli, et terra nova pollicita sit, in quibus habitat promissa justitia, non est dubium quæ nunc videmus posse dissolvi. Quapropter dilationem temporis non sibi credant ullatenus odiosam, sed salutis suæ causas judicent agi, quando se ut convertantur, intelligunt sustineri.

10. — III, 15. *Sicut et dilectissimus* [Vulg., *charissimus*] *frater noster Paulus*, et quod sequitur. Laudat fratrem et coapostolum suum, dicens, custodite verissimam fidem, sicut vobis scribit Paulus apostolus, secundum sapientiam quæ illi data est, altitudines profundas exquirere, et occulta revelare; quæ tamen indocti et instabiles ad proprium interitum, sicut et cæteras scripturas, pro sua voluntate convertunt. Sed monet eos quibus scribere videbatur, ne perversorum errore decepti, a fidei suæ videantur stabilitate subverti; sed potius in intellectu et gratia Domini Christi proficiant, ut bonis semper meritis augeantur.

ª Vulg., *sed rudentibus inferni detractos in tartarum tradidit*.
ᵇ *Emendet felicior aliquis, ac restituat.*
ᶜ Vulg. : *Magis autem eos qui post carnem in concupiscentia immunditiæ ambulant.*
ᵈ Interpretationem animadverte versiculi *ut memores sitis*, documentumque de *traditionibus fideliter tenendis*.
ᵉ Vulg., *quod venient in novissimis diebus in deceptione illusores*.

EPISTOLA S. JOANNIS AD PARTHOS ª.

1. — I, 1. *Quod erat* [Vulg., *Quod fuit*] *ab initio, quod audivimus, quod vidimus oculis nostris*. Certissimam fidem facit prædicationibus suis, quando se de Domino Christo non tantum audita dicit referre, sed visa; illa tamen se vidisse confirmans, quæ secundum Evangelium suum nullatenus temporaliter cœpta sunt, sed jugiter in æternitate manserunt : dicens

Deum esse verissimum lumen, et si quis maluerit ad ejus pervenire notitiam, in conscientiæ debet claritate versari; quoniam fieri non potest ut aliquis, quandiu in tenebrosa pravitate positus est, ejus sancto lumine compleatur.

2. — I, 8. *Si dixerimus quoniam peccatum non habemus, nos ipsos seducimus*. Ne putaret aliquis homi-

ª Eodem titulo Epistolam hanc recensuit Div. Lect. cap. 14. Cur sic inscribatur ex ipsa non est eruere : verum sic antiquitas inscriptam ostendunt, præter D. Augustinum ad Epist. Joannis, et in Quæst. Ev., etiam ven. card. Thomasii codices in quibus,

Incipiunt capitula S. Joannis ad Parthos. In Prologo quodam Bedæ ascripto apud Guil. Cave, p. 403 : *Multi scriptorum ecclesiasticorum, in quibus est S. Athanasius, primam ejus Epistolam scriptam ad Parthos esse testantur*.

nem sine peccato esse, quem semper in lumine cordis præceperat ambulare, dicit nullum esse qui nequeat in aliqua parte delinquere; sed illum potius probabilem fieri, qui peccata sua Domino noscitur confiteri, quatenus demittens nobis delicta, Dominus reddat nos sua pietate purgatos: nam si nos inculpabiles æstimemus, mendacem fecimus eum qui dixit, *Omnia conclusit Deus sub peccato, ut omnibus misereatur* [a]. Dicit etiam, ut dum carnis fragilitate peccaverint, ad satisfactionem protinus redeant Domini Christi, qui Patrem jugiter interpellat pro nobis; nam qui se dicit in eo manere, debet ita gressus suos dirigere, quemammodum et ipse cognoscitur ambulasse.

3. — II, 7. *Non novum mandatum scribo vobis, sed mandatum vetus, quod habuistis ab initio.* Quantum ad Scripturas divinas pertinet, non se dicit nova prædicare, quia olim in lege noscuntur esse prædicta; sed in hac parte novum cognoscitur esse mandatum, quoniam illa quæ sunt præmonita, nunc videntur impleta: peccatorum siquidem tenebræ transierunt, et manifestatio luminis venit per Dominum Christum; ideoque non debet aliquis odisse fratrem suum, pro quo Christum animam suam posuisse cognoscit. Scripsisse autem dicit senioribus, juvenioribus, pueris et pupillis, ut communi debeant charitate gaudere; quando pro percepta fide constat illis remissa esse peccata; deinde quia vicerunt malignum diabolum, quia Deum cognoverunt Patrem, et Filium, et Spiritum sanctum.

4. — II, 15. *Nolite diligere mundum, neque ea quæ sunt in mundo,* et reliqua. Mundum præcepit nullatenus concupisci, quoniam voluntatibus divinis probatur semper adversus; ideoque qui cœlestem Patrem diligit, mundi hujus tenebras non amavit: carnis enim vitia, et spiritalis virtus longe discreta sunt; et ut eos efficeret cautiores, horam dicit esse novissimam: quoniam per subdolos fratres et hæreticas pravitates nequitia provenit Antichristi. Quos tamen exisse dicit de congregatione sanctorum, quia digni non fuerunt cum fidelibus permanere; probat etiam eos esse mendaces, qui dicunt Jesum non esse Dominum Christum, quando qui Filium negat, utique negavit et Patrem.

5. — II, 24. *Vos quod audistis ab initio, permaneat in vobis,* et cætera. Manere dicit eos debere in accepta fide, ut et ipsi in Patris et Filii charitate permaneant; quatenus promissiones ejus, id est vitæ æternæ præmia consequantur: quapropter manendum est in eo, ut in adventu suo non nos inveniat alienos: nam cum nobis dederit suos filios vocari, nimis impium est, si ab ejus institutis reddamur extranei. Sic ergo nobis agendum est, ut cum apparuerit, possimus eum, sicuti est, plenissimo munere contueri.

6. — III, 4. *Omnis qui facit peccatum, et iniquitatem facit; quia peccatum* [Vulg., *et peccatum est,* etc.] *iniquitas est.* Hoc multis argumentationibus, hoc sedula probatione complectitur, dicens contrarios nos esse Christo Domino non debere, si habere cum ipso volumus portionem: nam cum sit ille immaculatus atque justissimus, omnino se ab ipso dividit qui nequitia perversitatis involvitur: ideo enim Filius Dei venit in mundum ut antiquum solveret indebita morte peccatum: et ideo fratrem nullus odisse debet, ne Cain detestabilis incurrat exemplum, qui per invidiam bonorum operum germanum suum impia morte trucidavit.

7. — III, 14. *Qui non diligit fratrem, permanet in morte* [Vulg.: *Qui non diligit, manet,* etc.], et reliqua. Qui non diligit fratrem suum, homicidam illum esse pronuntiat; et qui homicida est, vitam non potest habere beatorum: nam si quis fratrem suum viderit egentem, et circa ipsum clauserit viscera misericordiæ suæ, ipse non potest a Domino misericordiam impetrare: non enim fratrem sola lingua diligendum constat esse, sed opere; quod si cor nostrum præceptis ejus mandatisque consentiat, quicquid a Deo petimus, incunctanter accipimus; sic autem in nobis permanet Dominus, si ejus præcepta fideli mente faciamus.

8. — IV, 1. *Nolite omni spiritui credere, sed probate spiritus qui ex Deo sunt* [Vulg.: *Charissimi,* etc., *si ex Deo sint*]. Falsis prophetis nullatenus dicit esse credendum, sed probandos asserit quibus fides debeat adhiberi: nam qui Christum confitetur esse Verbum caro factum, hic verus est prædicator; qui vero eum hæretica pravitate dissolvit, iste verus Antichristus est, quoniam illud vult destruere, unde salus mundi cognoscitur evenisse: nam cum sit charitas Deus, eum quem nemo viderit, ipsum revera diligimus, quando mutua fratres affectione complectimur. Apparuit siquidem in nobis dilectio ipsius, quando unigenitum Filium suum in hunc mundum misit, ut nos de laqueo mortis eriperet, et perpetuæ salutis dona præstaret.

9. — IV, 14. *Et nos vidimus, et testamur, quoniam Pater misit Filium suum salvatorem sæculi* [Vulg.: *Testificamur,* etc., *salvatorem mundi*]. Sæpius charitatem Dei et proximi suavissima revelatione commendat; cognovisse se dicens, Deum Patrem misisse Filium suum, ut mundi pericula miseriasque salvaret; et ideo qui manet in charitate, in Deo manet, quoniam charitas Deus est: sic enim fiduciam ante ipsum habere possumus, si eum studio charitatis imitemur. Sed ut huic rei maximam confidentiam daret, timorem esse in charitate non asserit, maxime quando Deus prius nos dilexit, ut eum diligere deberemus; si quis vero odio habens fratrem suum, quem videt, dixerit se Deum posse diligere, quem non videt, omnino mentitus est; cum evidens constet esse mandatum, ut qui diligit Deum, diligat et proximum suum.

10. — V, 1. *Omnis qui credit quia Jesus est Christus, ex Deo natus est,* et reliqua. Qui Deum Jesum credit, ex Deo Patre natus est, iste sine dubitatione fidelis

---

[a] Rom. XI, 23. Vulg.: *Omnia in incredulitate, ut omnium,* etc.

est; et qui diligit genitorem, amat et eum qui ex eo natus est Christus. Sic autem diligimus eum, cum mandata ejus facimus, quæ justis mentibus gravia non videntur; sed potius vincunt sæculum, quando in illum credunt qui condidit mundum. Cui rei testificantur in terra tria mysteria: aqua, sanguis et spiritus, quæ in passione Domini leguntur impleta: in cœlo autem Pater, et Filius, et Spiritus sanctus; et hi tres unus est Deus [a].

11. — v, 9. *Si testimonium hominis* [Vulg., *hominum*] *accipimus, testimonium Dei majus est.* Si hominum testimonia solemus accipere, credi debet paternæ sententiæ, qui Filium suum Dominum Christum multis audientibus inconvertibili sermone professus est. Nam qui ejus testimonio non credit, quod dici nefas est, mendacem putat illum qui vera locutus est: nam cum in Domino Christo habeamus perpetuam salutem, qui ei non vult credere, salutis se munere cognoscitur exuisse.

12. — v, 13. *Hæc scripsi* [Vulg., *scribo*] *vobis, ut sciatis quia vitam habetis æternam*, et cætera. Ut credentium sensus corroborata fidei radice firmaret, dicit, si voluntas eorum in accepta prædicatione permanserit, quicquid a Domino salutariter petere voluerint, eis sine dubitatione concedi. Commonet etiam ut pro fratribus orare debeant, qui tamen non usque ad mortem gravia delicta committunt; pro illis autem qui se scelerata impietate commaculant, et in desperationis iniquitate perdurant, non dicit ullo modo supplicandum; sed ne aliquis de intelligentiæ lumine causaretur, dicit Filium Dei in hunc mundum venisse, et veritatis nobis intelligentiam præstitisse: commonens eos ne ulterius simulacrorum mendaciis inludantur.

---

[a] En decantatissimum illum S. Joannis de Trinitate locum, de quo contentione maxima certatum est ad hanc diem. Volumen conficerem, ea colligens quæ in hanc quæstionem ab eruditis viris plurimis congesta sunt. Cœlestia, ut loquuntur, testimonia propugnantibus validissimum sane subsidium ex Cassiodoriano hoc opere accedit; quo demum constat, non in Africanæ tantum, quod patet ex Eugenio, Fulgentio, Vigilio, Victore, Facundo, Cypriano quoque, ut videtur, sed et in antiquissimis ac emendatioribus Ecclesiæ Romanæ codicibus versiculum illum scriptum fuisse: cum enim tanto studio monachis suis in Div. Lect. id præceperit ut præstantissimis et Græci etiam textus collatione repurgatis codicibus uterentur, utque in ambiguis locis *duorum, vel trium* PRISCORUM *emendatorumque codicum auctoritas inquireretur*, ipsum imprimis idem præstitisse, quis ambigat? Qui vero Vulgatæ, seu Hieronymianæ versioni eam περικοπήν olim intrusam putant, deditionem tandem faciant atque arma submittant necesse est; evidenter enim patet ex quampluribus harum Complexionum locis, Cassiodorium alia versione ab Hieronymiana usum esse, et nihilominus eam περικοπήν legit. Solemus communiter, cum Scripturæ locus a Vulgata deflectens occurrit, ex Italica decisum asserere; nimis audenter ut plurimum: nam quam multæ antiquitus translationes circumferrentur, D. Augustinus præcipue docet, de Doct. Christ. lib. II: *Qui Scripturas ex Hebræa lingua in Græcam verterunt, numerari possunt, Latini autem interpretes nullo modo: ut enim cuique primis fidei temporibus in manus venit codex Græcus, et aliquantulum facultatis sibi utriusque linguæ habere videbatur, ausus est interpretari.* Ut in Veteri, sic et in Novo Testamento idem præstitum fuisse nemo in dubium revocaverit. Verumtamen quæ in hac explanatione vel affert Cassiodorius hemistichia, vel designat, a Vulgata antiqua, sive ab Italica vere deprompta esse, id apud me ferme evincit, quod illa versio probatissima inter cæteras a doctissimis veterum haberetur: quapropter adhibitam procul dubio arbitror ab erudito scriptore, sacrorumque librorum scrutatore eximio, eoque magis, quo vetustiores Scripturæ codices perquirere solitus erat, et collatos cum Græco textu, quem cœlestia testimonia præ se tulisse, cum scriptorum auctoritas, tum optimi qui supersint mss. libri testantur. Cur autem in multis ex vetustioribus hodie Latinis codicibus ea perioche minime appareat, cur illam plures ex Patribus in exemplaribus suis non habuerint, nec legerit Augustinus ipse, quamvis legisse affirmet Cornelius a Lapide, in promptu ratio est: non illa tantummodo quæ ex D. Hieronymo erui potest, præfat. in Josue, fuisse iis temporibus *apud Latinos tot exemplaria quot codices*, sed ulterior: ostendao scilicet, ubi de vetustis agam lapidibus, eorum exscriptores solidum versum, duos etiam non infrequenter præteriisse, cum eædem dictiones exiguo forte intervallo iterantur: facillime enim accidit, ut prioribus exscriptis, cum oculos ad lapidem referunt, incidant in posteriores, et quæ consequuntur arripiant. Idem prorsus antiquo cuipiam librario contigit S. Joannis Epistolam transcribenti: cum enim ea verba, *et hi tres unum sunt*, bis ibidem haberentur, interjecta oculo aberrante transiliit: exemplar autem unum innumera procreat, et unius error infinite diffunditur. Quorum verborum, *et hi tres unum sunt*, observanda etiam est paraphrasis ab interprete nostro exhibita, nimirum: *Et hi tres unus est Deus*: qua suspicio omnis evertitur autumantium contra communem sententiam, ea verba Arianis favere: perinde ac si unitatem non in essentia statuerent, sed in ratione testificandi, qua *unum* pariter dicuntur aqua, sanguis et spiritus. Cæterum in Cassiodorii textu terrestrium testimoniorum versus præcedebat, quod et in quibusdam mss. viri docti animadverterunt.

EJUSDEM EPISTOLA SECUNDA.

1. — I, 1. *Joannes* [Vulg. non habet *Joannes*] *senior electæ dominæ, et filiis ejus*, et quod sequitur. Joannes senior, quoniam erat ætate provectus, electæ dominæ scribit Ecclesiæ [a], filiisque ejus, quos sacro fonte genuerat: hos se dicit studio charitatis diligere non solum, sed etiam omnes fideles qui cognoverunt Domini voluntatem, quæ permanet in æternum: optans eis gratiam, misericordiam et pacem a Deo Patre Filioque ipsius Jesu Christo in veritate concedi.

2. — I, 4. *Gavisus sum valde, quoniam inveni de filiis tuis ambulantes in veritatem*. Gavisum se plurimum dicit, quod filios sanctæ Ecclesiæ, quibus videbatur scribere, in veritate comperit ambulare; sicut

---

[a] Ad mystica propensus iis accedit, qui electam hanc non matronam putant, sed Ecclesiam

a Patre mandatum noscitur esse susceptum: ut Filium ejus scilicet crederent, Jesum Christum Dominum nostrum. Commonet autem fidelium congregationem, ut mutua se charitate consociant; nam qui non confitetur Jesum Christum ad salvandum humanum genus in carne venisse, hic omnimodis probatur Antichristus: qui enim permanet in doctrina rectissima, in Patris, et Filii, et Spiritus sancti benedictione gaudebit; ideoque falsos prophetas nec salutari, nec recipi debere testatur; quia communicant sceleribus eorum quicunque se illis aliqua societate conjungunt. Multa quidem se illis dicit scribere voluisse, sed quoniam disponebat ad eos venire, quæ illis dicenda erant, servat præsentiæ suæ, Epistolam suam salutationis iterum fine concludens.

EJUSDEM EPISTOLA TERTIA.

1. — 1, 1. *Senior Gaio dilectissimo, quem ego diligo in veritate,* et reliqua. Cum in Epistola superiore nomen suum posuit, et *senior* junxit, hic tantum *senior* dixit: quoniam quis est iste senior, superius indicavit. Scribit ergo Gaio, quem recte filii copulatione diligebat, laudans ejus, et provocans in bona actione propositum.

2. — 1, 3. *Valde gavisus sum in adventu fratrum testantium de veritate* [a]. Gavisum se dicit, quod venientibus fratribus, probabilem ipsius cognoverit actionem; quia revera boni patris est gaudium, quando filiorum suorum laudabile compererit institutum: prædicans eum, quod in fratribus, et maxime peregrinis studia charitatis impenderit; et hortatur ut talia præmittat ad Dominum, quatenus ipse securior subsequatur: nam cum ab infidelibus solacia vitæ nulla perceperint, a fidelibus eis decuit subveniri; pro quibus se dicit, Diotrepto cuidam scripsisse, qui primatum eorum agere videbatur; sed voluntate ipsius pessima non se dicit auditum: quem non perhibet imitandum, cum boni potius quam mali sequendi sint. Demetrium vero laudat, cui bonum testimonium cum ipsa veritate persolvit: reliqua vero quæ dicenda fuerant, reservat præsentiæ suæ, Epistulam suam charissima salutatione concludens.

[a] Vulg., *Venientibus fratribus et testimonium perhibentibus veritati tuæ.*

EPISTOLA S. JUDÆ.

1. — 1, 1. *Judas Jesu Christi servus, frater autem Jacobi* [Vulg., *Jacobi, his qui sunt,* etc.] *in Domino Patre,* et sequentia. Cum dicit *servus Christi,* et *frater Jacobi,* dividit se a Juda traditore, quem juste omnium detestatur auditus. Scribit ergo dilectis in Domino Patre et in Jesu Christo vocatis atque servatis; optans illis ut misericordia, pace et charitate Domini compleantur.

2. — 1, 3. *Dilectissimi, omnem sollicitudinem faciens scribendi vobis.* Studium se dicit habuisse probabile, ut fidelibus scriberet de salute communi, ne falsis prædicatoribus credere debuissent; quos tamen in prædestinatione cognitos Domino fuisse testatur, qui divinam gratiam in luxuriam hæreticam transferentes, dominatorem nostrum Jesum Christum denegare præsumunt: commonens eos quod Israeliticum populum semel de Ægypti terra liberavit; sed eos qui minime crediderunt, justitiæ suæ indignatione consumpsit; angelos autem qui gloriam nativæ dignitatis amittere delegerunt, reservat judicio suo, caliginosis vinculis inligatos. Sodomam quoque et Gomorrham, et finitimas civitates, quæ graviter deliquerunt, obscena carnis vitia diligentes, consumptas perhibet in exemplo ignis æterni: dicens majestatem blasphemantibus periculum imminere semper exitii, in tantum ut altercans cum diabolo [a] archangelus Michael de corpore Moyse, ausus non fuerit blasphemiæ inferre judicium: tunc diabolus nomine Domini audito discessit.

3. — 1, 10. *Hi autem, quicunque quidem ignorabant* [Vulg., *quæcunque quidem ignorant*], *blasphemant,* et cætera. Malorum bonorumque angelorum positis exemplis, redit ad eos qui de Domino Christo derogare præsumunt: dicens eos divinitatem blasphemare, quam nesciunt; quæ autem naturaliter, id est corporaliter, tanquam muta animalia noverunt, in eis se cœno perversitatis involvunt: in via illos Cain esse proclamans, et in Balaam idoli errore versari, et in Core contradictionibus inveniri, quem terræ vastissimus hiatus absorbuit, eorumque nequitias multiplici sententiarum brevitate definit: de quibus Enoch datur exemplum, qui ab Adam septi-

[a] Docet Hieronymus in tractatu de Scriptoribus ecclesiasticis, S. Judæ Epistolam, *Quia de libro Enoch, qui apocryphus est, in ea assumit testimonium,* olim a plerisque rejectam esse: quod testimonium inferius assumitur vers. 14. *Altercatio* autem *de corpore Moysis* ex alio libro itidem apocrypho videtur decerpta, cui titulus erat *Moysis Ascensio:* memoratur ab Origene περὶ ἀρχῶν lib. III, cap. 2. Commentarius qui Clementi Alexandrino tribuitur, ad hunc locum: *Hic confirmat assumptionem Moysis.* Vide Sixtum Senensem, lib. II, tradentem etiam, lib. VII, ab hujusmodi libris citandis S. Judam non abstinuisse, ut eos ad quos scribebat etiam ex his libris qui apud illos auctoritatem habebant, productis testimoniis, persuaderet. Beda ad hunc locum adnotat; *Simile his aliquid in Zacharia propheta reperimus:* subditque: *Non desunt qui dicant eumdem Dei populum Moysis corpus appellatum, eo quod ipse Moyses illius populi portio fuerit: ideoque Judas quod de populo factum legerat, recte de Moysis corpore factum dicere posset.*

mus prophetavit, tales in Domini disceptatione perituros.

4. — 1, 17. *Vos autem, charissimi, memores estote verborum quae praedicta sunt.* Memores eos dicit esse debere, quae et ab aliis apostolis audierunt, ultimis venire temporibus delusores, in desideriis suis nequiter ambulantes: hi sunt animales divinum spiritum non habentes. Illos autem dicit veracissima praedicatione completos debere mutuo permanere, et in Spiritu sancto proficere, qui eis datus cognoscitur ad provectum; ita ut quosdam dijudicatos arguant, quosdam de adustione aeterni ignis eripiant, nonnullis misereantur errantibus, et conscientias maculatas emundent, sic tamen, ut peccata eorum digna execratione refugiant, quatenus in judicio Domini laboris sui mercedem larga pietate recipiant, cui est honor, potentia, claritas et potestas ante omnia saecula, et nunc et in omnia saecula saeculorum.

EPISTOLA S. JACOBI AD DISPERSOS [a].

1. — 1, 1. *Jacobus Jesu Christi servus, duodecim tribubus quae sunt in dispersione salutem* [b]. Jacobus apostolus scribit duodecim tribubus Israeliticis quae in dispersione morabantur, secundum illam comminationem Domini quae dicit, *et dispergam vos in omnes gentes*: ipsis enim debuit consolatio praestari, qui maxime videbantur affligi.

2. — 1, 2. *Omne gaudium existimate, fratres mei, cum in tentationes varias incideritis.* Gaudium dicit potius aestimandum, quando nos temptatio diabolicae perversitatis insequitur: quia bonae mentis patientia inde nascitur, quam Deus Dominus coronare dignatur. Deinde sicut bonus medicus dictat salutare remedium, ut si quis indiget sapientia, ab illo magis petat qui praestat dona gratuita. Sed in ipsis petitionibus non dicit haesitandum, quia non potest accipere, qui dubitanti animo cognoscitur postulare. Deinde commonet hominum perversitates, ut humilis in beatitudine sibi collata gratuletur; dives autem gaudere debet, quando se humiliatum esse cognoscit; quoniam mundi istius divitias, tanquam forma florifera, videmus posse transire. Redit iterum ad illa quae coeperat, beatum dicens qui aequanimiter temptationem suffert, quando in illa disceptatione dominica, corona illi vitae probatur esse posita.

3. — 1, 13. *Nemo cum temptatur, dicat quia a Deo temptatur,* et reliqua. Deum perhibet non esse temptatorem malorum, sed a propriis concupiscentiis unumquemque posse temptari: concupiscentia siquidem dum concepta fuerit, producit peccatum; peccatum vero dum consummatum fuerit, generat mortem: et ne suis viribus boni aliquid imputaret humana fragilitas, *omne datum optimum, et omne donum perfectum desursum* a Patre luminum perhibet posse descendere: a quo sacro baptismate gratuite nos, non meritis, dicit esse progenitos, ut novae recreationis simus initium. Monet etiam ut veloces ad audiendum, tardi autem sive ad loquendum, sive ad iracundiam esse debeamus: quoniam iracundia humana divinam non potest implere justitiam; et ideo malitiam atque inmunditias abicientes, sub mansuetudine verbum debemus accipere, quod nos possit in illa resurrectione salvare.

4. — 1, 22. *Estote autem factores verbi, et non auditores tantum.* Ammonet nos, non tantum auditores legis, sed debere potius esse factores: quoniam si quis auditor solummodo legis fuerit, illi fit similis qui se in speculum contuetur, et cum discesserit, oblitus sui propria imaginatione deluditur; qui vero factis impleverit legem libertatis, atque in eadem fixa voluntate permanserit, operatione sua beatus habebitur. Si quis autem religiosorum fuerit nimia procacitate verbosus, hujus fit omnino vana religio; illa est enim apud Deum laudabilis conversatio, si non simus in loquacitate proni, sed ad mandata ipsius facienda studiosissime praeparati.

5. — II, 1. *Fratres mei, nolite in personarum acceptione habere fidem Domini nostri Jesu Christi* [Vulg., *Christi gloriae*]. Fidem Domini Jesu Christi personarum non dicit acceptione pensandam; ut in honore dives, in contemptu pauper habeatur: quia nimis iniquum est, non de meritis hominem, sed de substantiae quantitate judicare. Nam cum Deus in hoc mundo pauperes elegerit, quos apostolos fecit, sacrilegium esse non dubium est contra ipsius ire judicia; deinde cum divites facultatum suarum praesumptione sint noxii, impium est pauperes despicere, qui nihil tale probantur assumere; maxime cum legatur, *diliges proximum tuum sicut teipsum;* et ideo si quis totam observaverit legem, eamque in uno mandato charitatis doceatur offendere, totius legis efficitur reus. Subjungit quoque, in illo districtum faciendum esse judicium, qui nulli misericordiam fecit; nam quando fit misericordia, superexultat sine dubitatione judicio.

6. — II, 14. *Quid proderit, fratres mei, si fidem quis dicat se habere, opera autem non habet* [Vulg., *non habeat*]? Fidem sine bonis operibus neminem dicit posse salvare [c]: nam si quis petat eleemosynam, eique dicatur, *dat tibi Deus,* fideliter quidem dicitur,

---

[a] Vulg.: *Epistola catholica B. Jac. apost.*
[b] Vulg.: *Jacobus Dei et Domini nostri,* etc.
[c] Perpetuo apud orthodoxos dogmati de necessitate in adultis bonorum operum, quae ex hac Epistola tam clare evincitur, si novus iterum calculus addi posset, ex interpretatione hac adjiceretur, qua perspicue exponitur, *Ex operibus justificari hominem, non ex fide tantum posse salvari.* Idem pluries: *Sola qualitas pensanda factorum,* etc. Hinc patet quam captiose procedant et sophistice qui in alienam significationem locos trahere conantur, quibus *operum* nomine legalia Judaica designantur: ut in hoc ipso opusculo: Abraham *non ex operibus gratiam Domini reperisse, sed fide;* cum paulo ante: *Non enim per legem circumcisionis vel alia hujusmodi justificatur homo, sed per legem fidei;* et : *Gentem*

sed minime Domini jussa complentur, quando ipse præcepit, *omni petenti te tribue (Luc.* VI, 30). Fidem vero sine operibus esse mortuam, per dæmonum exempla confirmat : iterumque docet Abrahæ perfectam fuisse fidem, quando filium suum sacris altaribus obtulit immolandum ; Raab quoque meretricis similitudinem ponit, quæ non fide tantum, sed opere justificata cognoscitur : probans per omnia ex operibus justificari hominem, non ex fide tantum posse salvari.

7. — III, 1. *Nolite plures magistri fieri, fratres mei*, et cætera. Vetat multos magistros fieri, cum linguæ procacitate sæpius doceatur offendi ; nam si quis in verbo non deliquerit, hic videtur esse perfectus, corpusque suum subdit edomitum : nam sicut frenis equos, naves gubernaculis regimus, magnas autem silvas modico igne succendimus ; ita et lingua nostra parvum quidem membrum est, sed magna exultatione dilatatur : nam cum omnes bestiæ mansuescere possint, sola lingua incontinens non potest edomari ; quando per ipsam benedicimus Deum, et per ipsam hominem blasphemamus, qui ad imaginem et similitudinem ejus factus esse dignoscitur. Facit etiam comparationes aptissimas, ut cum omnia servent ordinem naturæ suæ, sola lingua in disciplinæ regulis permanere non possit ; et ideo quicunque sapiens est, ostendat conversationem suam in mansuetudine et sapientia moderata.

8. — III, 14. *Quod si zelum amarum habetis, et contentiones in cordibus vestris*. Amarum zelum viros non decet habere perfectos ; quoniam talia non superne data, sed diabolica fraude probantur esse concepta : nam ubi zelus et contentio, ibi inconstantia et omne opus pravum, quod divina damnat auctoritas ; sapientiam vero salutarem multifaria laude concelebrat, quæ superna inspiratione conceditur : dicens eam in pace seminare, et in ipsa corda fidelium contineri ; bella vero et lites ex concupiscentia perhibet nasci, unde humanum genus constat affligi. Illinc etiam generatur, quod male petentes bonorum præmia minime consequuntur ; quoniam qui amicus est mundo, inimicus est Deo. Subditi ergo simus Christo, ne tradamur juste diabolo, ut qui captivat a nobis fugiat, et proximetur ille qui liberat : nam si visus noster in afflictione mutetur, et lætitia convertatur in mœrorem, tunc nos Dominus exaltat, si nosmet sibi prostratos esse cognoscat.

9. — IV, 2. *Nolite detrahere de* [Vulg. sine *de*]

alterutrum, et reliqua. Hic docet quoniam qui detrahit fratri, detrahit legi, et se constituit inprobum judicem, cum unus sit Dominus legislator et judex. Arguit quoque illos qui aliquam rem facere dementer assumunt, in sua voluntate ponentes quod constat in voluntate Domini constitutum : hos dicit ignorare quod superveniente die possit accidere ; sæpe enim flatum reddunt, qui superbiam suam improba elatione distendunt. Quapropter divitibus sæculi dicit esse plorandum, quoniam in quibus videntur præsumere, consumta certum est disperire : docens gravissimum esse malum ultimis thesaurizare temporibus, quando vicino judicio Domini, jam deberet fructus bonæ operationis inquiri ; imputans Judæis occidisse justum, qui ad eos cognoscitur venisse salvandos.

10. — V, 7. *Patientes igitur estote, fratres, usque ad adventum Domini*, et cætera. Ammonet fideles ut usque ad adventum Domini debeant esse patientes ; quando et agricolæ hujus mundi matutinum fructum et vespertinum pro temporis qualitate percipiunt. Judicem quoque dicit non esse diutius sustinendum, quando eum ante ipsas mundi januas stare confirmat ; suadens eis, ut exemplum patientiæ suscipiant a prophetis, qui longis ante temporibus adventum Domini sustinere decreverunt. Job quoque viri sanctissimi datur exemplum, qui tolerando passiones suas laudabiliter vicit, et diabolicas fraudes Domino præstante superavit : sub pio siquidem principe nullus perit, nisi qui liberationem suam sperare contemserit.

11. — V, 12. *Ante omnia, fratres mei, nolite jurare*, et sequentia. Post omnes ammonitiones salutarem regulam fidelibus præstat, dicens nullatenus esse jurandum, sed debere dicere Christianum, esse quod est, et non esse quod non est : nam si quis alterius prægravatur injuria [a], vel corporis imbecillitate quassatur, presbyterum dicit adhibendum, qui oratione fideli et olei sancti perunctione concessa, salvet eum qui videtur afflictus : peccata quoque illis demittenda promittens, qui alterutra fuerint oratione visitati ; orationem vero assiduam justi multum dicit prævalere ante conspectum Domini. Eliæ denique subjungit exemplum, qui et cælos verbo suo clausit, et iterum eos cum precaretur aperuit : in summa concludens, quoniam qui ab errore fratrem liberaverit, studio charitatis peccatorum suorum vincla dissolvit.

---

dicit *per fidem non ex operibus comprehendisse justitiam*, cum sequatur : *Nam Judæi credentes ad litteram, et non spiritualiter*, etc. Alio loco : *Arguit Galatas, quod ad legis opera iterum sint reversi* : ecce quid veniat sub operum nomine, cum opera improbantur, et ad salutem minime necessaria asseruntur.

[a] Extremæ sacramentalis unctionis vim et usum in hac Epistola ostendi, Baronius ad ann. 63 fusius prosequitur ; at eo remedio adversus injurias uti, **equestribus**, ut vocant, scriptoribus nostris, quos

aliquando excussi, prorsus ignotum. Forte de corporis languore locum accipit, quem alterius injuria ac violentia induxisset, cuique olei inunctio, humani etiam juvaminis ratione, præcipue convenire videretur. Hanc auctoris mentem esse, facile impellemur ad credendum, si particulam *vel* pro *et* positam intelligamus ; qua significatione in his Complexionibus non semel ponitur : *vel reliqua* loco τοῦ, *et cætera* : *sacerdotes, vel reliqui primates*, pro *et reliqui*. Ita passim apud scriptores medii ævi.

M. AURELII CASSIODORII
COMPLEXIONES
ACTUUM APOSTOLORUM ET APOCALYPSIS JOANNIS.

PROLOGUS.

Lucas, unus evangelistarum, qui doctrinam Domini cœlesti veritate conscripsit, Actus quoque apostolorum fideli narratione complexus est, ut gesta beatorum præceptis dominicis concordi gratia consonarent. Hoc nos [a] in septuaginta duobus capitibus complexi, singulis quibusque locis ad breviationem suam credidimus adnotandum; ut revera sacer Actus apostolorum, sicut ipse Lucas evangelista testatur, eodem numero quo electi sunt clauderetur. Decuit enim illum ordinem quantitatem habere libræ [b], qua dedicatæ cælesti probatur esse justitiæ. His Actibus Apocalypsen beati Joannis forsitan convenienter adjunximus, quia cœleste regnum mirabili narratione describit, quoniam talibus viris habitatio tanta præstabitur. Hanc triginta tribus capitibus [c] ætatis Domini Christi dividendam esse curavimus; ubi et triginta significant cælorum culmen excelsum, et sanctæ Trinitatis associatur adoranda perfectio. Difficile opus obscure dicta brevius velle perstringere; cum sint latius dicenda, quæ volumus explanare: sed quoniam hunc librum Tychonius Donatista [d] subtiliter et diligenter exposuit, providente Deo, qui saluti nostræ antidotum conficit ex venenis; propter brevitatis propositæ necessitatem aliqui novi perversi dogmatis sensus prætereundi noscuntur, ut lectorem nostrum non tam satiare quam introducere videamur; quando sine damno intelligentiæ suæ in illo reperit quod orthodoxus et diligens lector inquirit.

[a] Partitio sacrorum librorum, quæ primitus vel ab usu publicarum lectionum in Christianorum cœtibus, vel ad locos facilius allegandos et reperiendos, vel ab expositoribus interpretibusque introducta est, incerta olim fuit, et ex cujusvis arbitrio concinnata. Adnotavimus quam diversa ab Hieronymiana capitum distinctione illa divisio sit, qua in apostolorum Epistolis auctor noster usus est; numeri siquidem sectionem designant. Actorum librum, quem vulgatus interpres in 28, alii vero in 40 capitula, at apud OEcumenium apparet, partiti sunt, secat ipse in 72, ut sospitatoris nostri dicipulis, quibus omnibus apostolorum nomen largiri, numero æquentur, atque *ut sacer Actus apostolorum eodem numero quo electi sunt clauderetur*. Latius olim patuisse apostoli nomen, e vetusto etiam Florentinii martyrologio discimus. At Cassiodorio valde arridebat is numerus: Div. Lect. cap. XIII, cum de Augustino sermo esset, qui *Scripturas divinas* 71 *librorum calculo comprehendit*; pergit, *quibus cum sanctæ Trinitatis addideris unitatem, fit totius libri competens et gloriosa perfectio*. Quo loco mendum est nondum animadversum; legi enim debet *totius libræ*, ut patebit ex sequentibus: eam vocem, cum librarius non intelligeret quid hic sibi vellet, subduxit, reponens *libri*.

[b] Hæsi ad hunc locum, ms. codice LIB. tantum exhibente, deletis a vetustate, abrasisque litteris cæteris. Ubi me pauliper collegi, supplevi *libræ*, agnoscens ex numero *libram* memorari, quæ occidua dicta est, sive quia imminuta, sive quia in Occidente usitata. Apparet ergo longum in ævum consuetudinem perdurasse, numerum septuagesimum secundum designandi per auream libram; quam ea ratione præfinierat Valentinianus senior, ut 72 aurei solidi libram efficerent, cum sub Constantino Magno ex 84 constitueretur. Vide Gothofredum ad lib. VII Cod. Theod., tit. 24, lib. I. Legimus in actis concilii Sinuessani: *Hi omnes electi sunt viri libra occidua, qui testimonium perhibent*; testes autem 72 adnotat Binius significari: nomina quidem quæ ea verba antecedunt, 85 sunt: infra tamen 72 memorantur testes. Ex hujus occiduæ libræ mentione longe post Marcellini papæ ætatem acta illa supposita fuisse, argui potest.

[c] Apocalypsin, quam in 72 capitula discretam cernimus in commentariis nomen Arethæ præ se ferentibus, quamve Vulgata versio in 22 distinguit, Cassiodorius in 33, duplicem de more velut causam adumbrans: quocunque enim dato numero, mysterium statim invenit aut creat. Septenarii præfationem vide libri de Artibus: tum infra in Apocal. num. 4, *septem ponuntur, ad perfectionem scilicet indicandam*. Scripturam sanctam 75 libris partiens, hunc numerum affirmat duobus miraculis consecrari: nempe annorum Abraham, *quando promissionem Domini lætus accepit*; et animarum, *quæ cum patriarcha Jacob fines Ægyptios intraverunt*. Div. Lect. cap. 14. Orthographiam duodecim libris conclusit, quia 12 horarum spatia, 12 menses, 12 cœlestia signa. Cur vero affirmet hoc loco, *triginta significare cælorum culmen excelsum*, numerorum virtutes atque arcana perscrutantes discutiant.

[d] In ea expositione Tychonium quædam non respuenda tradidisse, quædam vero venenosi dogmatis sui fæculenta permiscuisse docet Div. Lect. cap. 9.

COMPLEXIONES ACTUUM APOSTOLORUM.

1. — I, 1. *Primum quidem sermonem feci de omnibus, o Theophile, quæ cœpit Jesus facere et docere*, et cætera. Evangelii sermone completo, quem post resurrectionem Domini Lucas fecisse commemorat, Actus quoque apostolorum, scribens ad Theophilum, se collegisse testatur; ut fidei Christianæ indubitata perfectio certissimis testimoniis appareret: primum dicens, ad Patrem ascensurum Jesum Christum præcepisse discipulis suis ne ab Hierosolymis discederent, ut quamvis essent baptizati, Spiritus sancti plenitudine complerentur.

2. — I, 6. *Igitur qui convenerant, interrogabant*

eum, et reliqua. Interrogatum dicit Dominum Christum ab his qui convenerant, si præsenti tempore regni Israelitici restitutio fieret, quam promisit esse venturam; definitionem vero temporis ipsius ad utilitatem magis nostram constat esse denegatam; sed illis magis prædicatum est, quod quinquagesimo die accepturi essent Spiritus sancti virtutem, quatenus in omni terra perfectæ fidei magnalia testarentur.

3. — I, 9. *Et cum hæc dixisset, videntibus illis, elevatus est, et nubes suscepit eum ab oculis eorum*, et cætera. Inter illa verba quæ superius dixit, videntibus apostolis, ascendisse Dominum subito testatur ad cælos; et ne aliquis tale miraculum phantastica crederet imaginatione monstratum, adstitisse illis dicit angelos Dei, dicentes: *Quid ista miramini? Sic ad judicandum, cum de medio vestri constat adsumtum.* Tunc a monte Oliveti, ubi hæc gesta sunt, Hierosolymam reversos dicit apostolos, et introisse cænaculum, ubi in unum undecim, quorum dicit nomina, commanebant. Perseverabant autem in orationibus suis cum sanctis mulieribus, et Maria matre Domini, vel fratribus ejus, ne ab ipsis discederet, qui videbatur assumtus.

4. — I, 15. *Et in diebus illis surgens Petrus in medio fratrum dixit*, et reliqua. Tunc beatus Petrus, centesimi octavi psalmi (*Vers.* 8) recordatus exemplum, dixit in medio fratrum qui erant circiter centum viginti: *Oportet nos, Juda traditore summoto*, (*suppl. de*) *duodecimo discipulo cogitare*, quatenus perfectus ille numerus compleretur. Tunc in medio statuentes Joseph et Matthiam, oratione facta sortes miserunt, et electio cecidit super Matthiam, et ipse duodecimus est annumeratus apostolus.

5. — II, 1. *Cum complerentur dies Pentecosten, erant omnes pariter in unum* [Vulg.: *Et cum*, etc., *in eodem loco*], et reliqua. Impletis igitur quinquaginta diebus, sicut eis promiserat Dominus Christus, subito factus est vehemens de cælo sonus, adveniente Spiritu sancto, cunctisque in ipsa domo sedentibus supra caput cælestis ignis apparuit, et diversarum nationum linguas locuti sunt; qua opinione vagata, diversarum gentium viri, qui Hierosolymis congregati fuerant, advenerunt, et mirabantur eos, cum essent Galilæi, linguis gentium loquentes magnalia Dei. Hoc factum aliqui rationabiliter intuentes, recte putabant divino munere contributum; alii vero stulte deridentes, hoc ebrietatis vitio potius applicabant.

6. — II, 14. *Stans autem Petrus cum undecim elevavit vocem suam, et locutus est eis*, et reliqua. Stans autem cum undecim apostolis beatus Petrus, ammirantibus cunctis, voce magna locutus est, dicens, cum hora diei tertia [*suppl.* esset], non eos, ut a quibusdam putabatur, musto deebriatos fuisse, sed Spiritus sancti potius dignatione completos. Hoc etiam Joel prophetæ comprobavit exemplo; ut prædicaret eis quoniam manifestata cognitio non temulentiæ, sed applicaretur misericordiæ revera divinæ. Deinde Judæorum arguit nequitiam, qui Christum Dominum crucifigere maluerunt, quem solutis legibus inferni Deus suscitavit a mortuis: quod etiam quindecim psalmi comprobatur exemplo.

7. — II, 29. *Viri fratres, liceat audenter dicere ad vos de patriarcha David*, et cætera. Et quoniam Petrus apostolus David fecerat mentionem, qui apud Judæos propheta venerabilis habebatur, prædicationis suæ ex ipso faciens occasionem, mortuum tamen eum probat, et sepulcrum ejus dicit apud eos esse, cum ipse prophetaverit carnem Domini Christi corruptioni nullatenus subjacere; quem Deus suscitavit a mortuis, et promissiones Patris plenissima veritate percepit: ab ipso perhibens donum quod cernebatur fuisse collatum; nam eum Dominum fuisse David centesimi noni psalmi exemplo probatum est: qua prædicatione compunctos tria millia virorum, penisos et baptizatos esse testatur.

8. — II, 42. *Erant autem perseverantes in doctrina apostolorum*, et reliqua. Dum hi qui conversi fuerant, in suscepta doctrina devotissime permanerent, et apostoli sæpius miracula magna monstrarent, timoris Domini et fidelis populi cottidie fiebat augmentum: erat autem credentium magna concordia, ut substantiam propriam unusquisque venderet, quicquid esset fratri necessarium utique præstaretur; ad templum quoque conveniendi erat illis magna devotio; cibum etiam suum in simplicitate cordis cum gratiarum actione sumebant: propter quod eorum numerum propitius Dominus semper augebat. Petrus autem et Joannes, cum templum orationis causa conscenderent, claudum ex utero matris suæ adprehensa manu robustis fecerunt ambulare vestigiis: quod populi videntes inæstimabili sunt ammiratione completi, eisque videndi studium magis ac magis impensa devotione crescebat.

9. — III, 12. *Videns autem Petrus, respondit ad populum*, et cætera. Videns Petrus apostolus studia fidei populis concita, se in talibus factis non dicit intuendum, sed Dominum Christum glorificandum, quem ipsi crucifigere decreverunt: imputans eis cætera quæ in Domini passione fecerunt, ipsum dicit talia præstitisse, quæ humanas vires probantur excedere; hortans eos ante judicii tempus ad ipsum debere converti, ut veniam sui mereantur erroris: huic enim esse per omnia obœdiendum, Mose testimonio comprobavit: ipse enim promissus est in Abrahæ semine, qui unumquemque a sua possit salvare nequitia.

10. — IV, 1. *Loquentibus autem illis ad populum verba hæc* [in Vulg. non habemus *verba hæc*], et quod sequitur. Videntes principes et sacerdotes, vel reliqui primates Judæorum credidisse apostolis circiter quinque millia virorum, mittendos eos in carcerem censuerunt, ne illis universa crederet multitudo. Alio die, facto concilio, præsentatos interrogant, in qua virtute, aut in quo nomine talia miracula facere potuissent. Petrus apostolus, ut solebat, clara voce professus est, in nomine Christi hoc factum fuisse miraculum; qui est *lapis*, sicut in CXVII psalmo legitur, *angularis*, quem Judæi quidem crucifigendum

esse putaverunt, sed Deus illum suscitavit a mortuis. Tunc eorum ammirantes confidentiam, quos litteris eruditos esse non noverant, cognoscentes etiam, eos fuisse cum Christo, ipsa veritate permoti sunt, et statuerunt eis ne ulterius in nomine Jesu Christi praedicare debuissent.

11. — IV, 19. *Petrus vero et Joannes respondentes dixerunt*, et caetera. Sacerdotibus itaque et cuncto concilio Petrus et Joannes responderunt, ut praeceptis magis dominicis quam humanis terroribus obœdire deberent; qui constanti ratione populorum, quos tali facto placaverant, de concilio dimissi, venientes ad suos, quae illis acciderant intimabant; tunc Deo reddentes gloriam, magna voce dixerunt, quod in secundo psalmo conscriptum est, *Quare fremuerunt gentes* (*Psal.* II, 1), et caetera : probantes etiam quoniam in civitate Hierusalem illa quae conscripta sunt, secundum consilia provenerunt, petentes ut eis praedicationis et virtutum major gratia praestaretur : qua oratione Spiritu sancto repleti, verbum Domini incessanti virtute praedicabant. Credentium vero cunctorum erat cor unum et anima una; ita ut nullus eorum aliqua indigentia premeretur, sed habentes, gratanter dabant, quod omnibus in commune proficeret.

12. — IV, 36. *Joseph autem, qui cognominatus est Barnabas ab apostolis*, et reliqua. Hic jam fidelium et fraudolentorum dantur exempla : nam Joseph, qui cognominatus est Barnabas, quia integrum pretium obtulit, inlaesus abscessit; Ananias vero, cum Sapphira uxore sua, qui venditae villae pretium fraudaverunt, maledicti in conspectu omnium infelices animas reddiderunt; et ipsi extulerunt virum, qui uxorem ipsius exanimem postea portaverunt. Quo facto timor omnibus crevit, et fides, et apostolorum praedicatio jugiter augebatur; adversantium vero nullus se illis audebat adjungere, quoniam circa eos favor populi subinde crescebat, quando aegroti eorum verbo apostolorum, et transeuntes [*Forte transeuntis*] umbra Petri sanati sunt : quod non solum civitatis ejus populi, sed vicinarum quoque urbium crescente fide faciebant.

13. — V, 17. *Exsurgens autem princeps sacerdotum, et omnes qui cum illo erant*, et reliqua. Cognitis talibus, princeps sacerdotum et reliqua haeresis Sadduceorum, repleti sunt zelo magno, et detentos apostolos positis custodibus in publicum carcerem retruserunt : quos angelus Domini apertis januis educens, praecepit ut more solito in templo populos docerent. Hoc ignorantes principes et sacerdotes alio die ad publica claustra miserunt; qui reperientes carcerem diligenter servatum, nullum tamen eorum quos pridie retruserant invenerunt; sed aliis indicantibus agnoverunt eos quos quaerebant, in templo populis Domini magnalia praedicare. Tunc ad synagogam abiens magistratus, sine vi aliqua eos deduxit ad concilium, iterumque illis inhibere praedicationem solitam temptaverunt. Tunc Petrus et apostoli, accepta fiducia, verbum Domini constanter clatabant [*sic*] : unde illi vehementer irati, interficere illos, quoniam populus in timore erat, occultis machinabantur insidiis.

14. — V, 34. *Surgens autem quidam in concilio Pharisaeus nomine Gamaliel, legis doctor* [a], *dixit*. Quem etiam Paulus laudat apostolus, voce publica persuasit ab apostolorum persecutione cessandum, dicens : *Si ab hominibus est praedicatio eorum, exemplo Theodae et Judae Galilaei, sine dubitatione frustrabitur; si vero a Deo fuerit, nequaquam ab aliqua potestate poterit dissipari.* Tunc caesos apostolos abire fecerunt, denuntiantes illis, ne in talibus ulterius praedicationibus miscerentur; sed illi gentibus verbum constantius praedicabant. Interea factum est murmur Graecorum, quod viduae ipsorum in ministerio cottidiano contemtu despicabili tractarentur; pro qua re positi sunt septem electi viri, qui diacones facti sunt, ut talia moderato ordine amministrare debuissent; apostoli vero solis praedicationibus inhaererent; qui honor supra eos manus etiam impositione sacratus est : et turba sacerdotum obœdire Domino illo tempore festinavit.

15. — VI, 7. *Multa etiam turba sacerdotum obœdiebat fidei*, et reliqua. Unus igitur eorum qui ad dispensationem mensarum fuerant electi, nomine Stephanus, in virtute Domini Christi signa et prodigia magna faciebat; et quoniam ejus praedicationibus nullus infidelium poterat obviare, contra ipsum falsi testes adducti sunt qui dicerent eum in Deum et Mose verba dixisse blasphemiae; quem in concilio constituentes, de dictis talibus inquirere voluerunt. Tunc ille, occasione reperta, ordinem Veteris Testamenti qui pertinebat ad Dominum Salvatorem, exposita veritate, narravit.

16. — VII, 54. *Audientes autem haec, dissectabantur* [*Vulg.*, *dissecabantur*] *cordibus suis, et stridebant dentibus*. Increduli praedicationem Stephani non ferentes, in ejus exitium voluntate consentanea festinabant. Ille, ad caelum levatis oculis, stantem vidit a dextris Filium Patri, quod cum pura veritate dixisset, impetum in eum fecit turba dementium, et ejectum foras castra lapidibus obruebant; sed moriens Stephanus pro ipsis magis orabat, ne persecutores suos tale facinus ingravaret : in qua nece Paulus quoque consensit; et facta est ab ipso magna persecutio in Ecclesia quae erat Hierosolymis constituta; nam corpore Stephani pia lamentatione sepulto, supradictus Paulus Ecclesiam Dei tanto devastabat zelo, quanto eam erat defensurus affectu. Philippus autem diaconus, alter ex septem, in Samariae civitate descendens, verbum Domini praedicabat instanter, multaque miracula desiderantibus populis in Christi virtute faciebat, propter quod gaudio magno repleta est.

17. — VIII, 9. *Vir autem quidam nomine Simon*,

---

[a] Vulg., *honorabilis*, etc.; supplend., *Gamaliel*, *quem*, etc.

qui ante fuerat in civitate magus, et reliqua. Credentibus multis, Simon magus diabolicis artibus omnino notissimus, miracula tanta conspiciens, ipse quoque baptizari festinanter expetiit; sed cum Samaria Spiritum sanctum in perpositione manus Petri atque Joannis apostolorum devoti susciperent, obtulit eis pecunias ut ipsi quoque concederent quatenus et ejus impositione manus Spiritus sancti gratia præstaretur : quem Petrus digna increpatione redarguit, dicens non esse illi partem cum fidelibus, qui Spiritum sanctum pecunia credebat esse promerendum : qui tali reverberatione convictus, petebat labiis pro se orari, quod in corde non habuit. Apostoli vero per multa castella Samariæ verbum Domini minime prædicare desinebant.

18. — VIII, 26. *Angelus autem Domini locutus est ad Philippum, dicens*, et reliqua. Philippus et angelo commonetur ut pergat ad viam unde Candacis reginæ transiturus erat eunuchus. Iste revertens de Hierusalem, quam pro devotione mentis suæ venerat adorare, sedebat in curru, Isaiæ prophetæ locum illum legens, ubi ait : *Tanquam ovis ad occisionem ductus est, et sicut agnus coram tondente* [Vulg. vers. 32, *tondente se sine voce*], *sic non aperuit os suum* (*Isa.* LIII, 7), et reliqua. Tunc ad eum Philippus ait : Putasne quæ legis intelligis? Eunuchus vero fecit eum currum conscendere et sibi Scripturarum secreta revelare; quæ fideli mente percipiens, in itinere aquam conspexit, et ardore mentis incensus, baptizari se protinus postulavit : quo facto Spiritus sanctus supra eunuchum cecidit, et Philippus subita translatione disparuit; inventusque est in Azoto verbum Domini solita prædicatione disseminans.

19. — IX, 1. *Saulus autem adhuc spirans minas et cædes* [Vulg., *spirans minarum et cædis*] *in discipulos Domini*, et cætera. Paulus autem adhuc fideles [a] Domini nocere disponens, a principe sacerdotum postulavit epistula, ut si quos prædicatores Christi reperiret in Hierusalem, perduceret alligatos : quæ magis ipsius fuit sine dubitatione solutio, nam in itinere ipso dixit ei Dominus : *Saule, Saule, quid me persequeris?* quo verbo tremefactus in faciem suam corruit, et captis oculis, Damascum alienis manibus perductus intravit : in qua civitate erat discipulus Ananias, cui relatum est ut iret ad Paulum, et manus impositione ei redonaret aspectum; sed Ananias pristinorum memor, Domino respondit Paulum esse persecutorem Ecclesiæ, ita ut nuper a principibus accepta potestate fideles Domini vinculis alligaret : cui respondit divina clementia, vas electionis factum, quem prius scelerata noverat iniquitate completum.

20. — IX, 17. *Et abiit Ananias, et introivit in domum, imposuitque ei manum, et dixit* [Vulg., *et imponens ei manum, dixit*]. Ananias ingrediens ad Paulum, impositione manus oculos ejus squamis cadentibus emundavit; qui in Christi nomine baptizatus, cibi quoque perceptione refectus est, quippe triduano fuerat jejunio fatigatus : tunc superna pietate respectus, in Christiano dogmate convalescens, verbum Domini in synagogis prædicabat, feliciter immutatus. Post aliquot vero dies contra eum quoque Judæorum armabantur insidiæ; qui a discipulis in sporta positus, et clam de muro per funem demissus, Hierusalem usque pervenit; qui per Barnabam præsentatus apostolis, retulit eis quæ illi Domini munere contigissent : tunc illis charissima societate conjunctus, simul prædicabat Dominum Christum, quem prius æstimaverat persequendum; unde increduli morti eum tradere festinabant, sed apostoli sancta dispositione Tharsis [*Vulg. vers.* 30, *Tarsum*] eum dimittendum esse decreverunt. Omnis autem Judæa et Samaria habentes pacem in Domini claritate crescebant.

21. — IX, 32. *Factum est autem Petro* [Vulg., *ut Petrus*], *dum pertransiret universos, deveniret ad sanctos qui habitabant Lyddæ*, et cætera. Cum Petrus venisset Lyddam, invenit ibi paralyticum, Æneam nomine, annis octo jacentem in grabato, cui dixit : *Sanat te Dominus Jesus Christus* (Vers. 34) : confestimque curatus est. Quo viso miraculo, conversi sunt omnes ad Deum, omnes qui habitabant Lyddæ atque Sarronæ. Dorcas quoque mulier, eleemosynis vacans atque operibus sanctis, habitans in Joppe, vita privata est. Missum est ad Petrum, ut ibidem deveniens magnalia divina monstraret : quem pauperum turba deprecabatur, cui Dorcas vestimenta præstabat, ut sibi mater pauperum redderetur. Tunc Petrus flexis genibus exoravit, dicens : *Surge* [Vulg. vers. 40 : *Tabitha, surge*] *in nomine Jesu Christi* ; consignavitque illam vivam populis convocatis. Pro qua re plurimi in Domini virtute crediderunt; unde factum est ut Petrus multis diebus apud quemdam Simonem coriarium commaneret.

22. — X, 1. *Vir autem quidam erat in Cæsarea nomine Cornelius*, et reliqua. Cornelius gentilis, habitans in Cæsarea, eleemosynis et orationibus vacans, vidit in visu angelum Dei, dicentem sibi : *Orationes et eleemosynæ tuæ ad conspectum Domini pervenerunt : mitte in Joppe ad Petrum, qui in domo coriarii Simonis hospitatur, ut ad te propere veniat salvandum* [b]. Petro autem in supradicta domo posito, circa horam diei sextam cum esuriret et gustare vellet, supra eum cecidit mentis excessus : viditque vas, velut candidum linteum, in quo erant omnia quadrupedia, et serpentia, et volatilia, summitti de cælo; et facta est vox ad eum : *Surge, Petre, macta* [Vulg.

---

[a] Ita et Vulgata passim : Act. XVIII, 10, *ut noceat te.* Apoc. II, 5, *eos nocere* : nimirum ex constructione verbi βλάπτω. Plautus non semel eumdem casum huic verbo apposuit. Græcæ syntaxeos non uno loco in Latina versione vestigia deprehendimus : *obumbrabit tibi ; oriens illuminare his ; decem millia ad te non appropinquabit* : et in hoc ipso Actorum versiculo, *spirans minarum, et cædis*, ex iis, ἐμπνέων ἀπειλῆς καὶ φόνου, ubi Cassiodoriana versio, *spirans minas et cædes*.

[b] Vulg.: *Ascenderunt in memoriam in conspectu Dei. Et nunc mitte viros in Joppen; et accersi Simonem quemdam, qui cognominatur Petrus. Hic hospitatur apud Simonem quemdam coriarium, cujus,* etc.

vers. 15, *occide*] *et manduca :* paulo post : *Quæ purificavit Dominus, tu ne dixeris immunda* [Vulg. vers. 15, *commune ne dixeris*] : quod factum est tertio, et vas receptum constat in cælos : significabat enim Dominum Christo totius mundi gentes esse credituras.

23. — x, 17. *Et dum intra se hæsitaret Petrus, quidnam esset visio quam vidisset,* et reliqua. Cum Petrus stupens de supradicta visione cogitaret, Spiritus sanctus dixit ei : *Ecce viri quærunt te, quos Cornelius destinavit : surge, et vade cum eis, quoniam ad te quærendum, me jubente, directi sunt* [a]. Ad quos cum Petrus sine dubitatione descenderet, eum causam quare missi sunt, per ordinem docuerunt : quos receptos [*leg.* quibus receptis] hospitio, alio die cum ipsis ad Cornelium festinavit. Quem videns Cornelius, ad pedes ejus corruens, adoravit; quod fieri Petrus, servata humilitate, prohibuit; interrogans eum, quamvis fuisset admonitus, pro qua causa illum fecerit evocari. Cui Cornelius rettulit quæ sibi oranti angelus intimavit : exspectans ut ab ipso cum cæteris audiat quæ ad salutem possint pertinere cunctorum.

24. — x, 34. *Aperiens autem Petrus os* [Vulg., *os suum*], *dixit,* et reliqua. Petrus dixit : *In veritate comperi, personarum acceptorem non esse Deum; sed gratum illi fieri hominem qui operatur in quacunque gente justitiam* [b]. Tunc rectæ fidei verba prosecutus, Jesum Christum illis rerum Dominum esse prædicavit, quem Judæi crucifigendum decreverunt; qui resurgens a mortuis quadraginta diebus conversatus est cum discipulis suis; et cætera quæ Christianæ fidei ordo poscebat. Quo loquente cecidit supra credentes Spiritus sanctus, et nimium gavisi sunt qui venerant cum Petro, quoniam et in gentibus talia præstare dona cernebant. Tunc eos jussit in nomine Christi gratiam baptismatis adipisci : qua opinione vulgata, fratres qui erant in Judæa, gaudio summo completi sunt. Petrus autem pergens Hierosolyma verbum Domini continua devotione prædicabat.

25. — xi, 2. *Cum ascendisset autem Hierosolymam* [Vulg., *Petrus Jerosolymam*], *disceptabant adversus illum, qui erant ex circumcisione*. Cum ascendisset Petrus ad Hierosolymam, disceptabant cum ipso Judæi fideles, cur ad habentes præputium introisset et cum eisdem manducasset. At ille, quali fuerit visione commonitus, et quid sibi sit a Divinitate præceptum, sub veritate narravit. Quibus auditis cuncta plebs Deo gratias egit, quoniam Dominus Christus et gentibus pœnitentiam vitalem, et Spiritus sancti dona largitus est.

26. — xi, 19. *Igitur illi qui* [Vulg., *et illi quidem*] *dispersi fuerant a tribulatione quæ facta fuerat,* et reliqua. Illi qui dispersi fuerant in Stephani passione, perambulaverunt usque Phœnicen, et Cyprum, et Antiochiam, nemini loquentes verbum, nisi solis Judæis; sed tamen inter ipsos fuerunt aliqui qui cum ingressi fuissent Antiochiam, ad gentiles prædicationis verba loquebantur, quibus magna populi credidit multitudo, cujus rei usque Hierosolymam sermo pervenit. Missus autem ab apostolis Barnabas, quod de ipsis dictum fuerat adprobavit; gavisus est plurimum, et hortabatur multos, ut in cepto proposito permanerent. Audiens quoque Barnabas quod Saulus esset in Tharso, perrexit ad eum; quem Antiochiam usque perducens, in ecclesia cum eodem anno toto prædicasse cognoscitur, et multos convertisse declaratur : ubi Christiani sunt primitus nuncupati. In his autem diebus supervenerunt prophetæ qui venturam famem quæ facta est sub Claudio principe nuntiarent; discipuli vero quæ invenire poterant, habitantibus in Judæa fratribus per manus Barnabæ et Pauli destinasse memorantur.

27. — xii, 1. *Eodem autem tempore inmisit Herodes manu* [c], *ut affligeret quosdam de Ecclesia*. Herodes rex Jacobum fratrem Joannis verbum Domini prædicantem impia præsumptione trucidavit : unde se videns Judæis placuisse, et Petrum misit in carcerem, adponens illi sexdecim milites, qui eum magno studio custodirent, pro quo totius Ecclesiæ incessanter fundebatur oratio; qui ante diem destinati judicii visitatus ab angelo, et catenarum nexibus, et custodum periculis noscitur fuisse liberatus, ita ut quod veraciter agebatur, fieri putaret in somnis; qui tamen ad se reversus, manifesta veritate cognovit quod eum Dominus per angelum suum liberare dignatus est. Veniens autem ad domum Mariæ matris Joannis, ubi orabat pro ipso fidelium multitudo, ostium crebro pulsans tandem ingressus est, eosque docuit quemadmodum de custodiæ nexibus, veniente angelo, fuerat absolutus : quod præcepit Jacobo aliisque fratribus nuntiari.

28. — xii, 18. *Facta autem die, erat non modica* [Vulg., *non parva*] *turbatio inter milites*, et quod sequitur. Die autem facto inter custodes carceris magna cœpit esse contentio quemadmodum Petrus tot vigilias hominum et tot catenas evasisset. Herodes autem rex, non invento Petro, custodibus vehementer iratus est, quos præcepit adduci; ipse autem in Cæsaream Judæamque [*Vulg.*, *a Judæa in Cæsaream*] descendens, a populis, quoniam erat illis iratus, redempto Blasto cubiculario, magna supplicatione placatus est : ubi indutus regia veste, pro tribunali sedens, adversus Dominum nimis superba locutus est. Quom percussit angelus Domini, eo quod non dedisset gloriam Deo, et scatens vermibus expiravit. Fides autem Domini, conspectis talibus, ubique crescebat. Barnabas autem et Saulus, assumpto Joanne, qui cognominatus est Marcus, ab Hierosolymis exeuntes, Antiochiam usque profecti sunt, ubi prophetarum et doctorum beata congregatio cerne-

---

[a] Vulg.: *Ecce viri tres quærunt te. Surge itaque, descende, et vade cum eis, nihil dubitans, quia ego misi illos.*

[b] Vulg.: *Quia non est personarum acceptor Deus; sed in omni gente, qui timet eum et operatur justitiam, acceptus est illi.*

[c] Leg. *manum*, vel *manus*. Vulg., *misit Herodes rex manus.*

batur: quibus sanctus Spiritus dixit, ut Barnabam et Saulum minime retinerent, sed permitterent illos facere ad quod electi esse videbantur: qui venientes Salaminam, per totam insulam usque Paphum prædicaverunt verbum quod eis fuerat Domini dignatione commissum. Interea repererunt pseudoprophetam Judæum nomine Bariesum, qui eis apud Sergium proconsulem [a] et Paulum prudentem [b] nisus est obviare, sed compressus Domini virtute nihil valuit.

29. — XIII, 9. *Saulus autem, qui et Paulus, repletus Spiritu sancto, dixit* [Vulg., *innuens in eum, dixit*]. Exsequitur quod superius cœpit; nam audientibus Sergio proconsule et Paulo prudente, Paulus apostolus repletus Spiritu sancto Bariesum pseudoprophetam vehementer increpavit: et ut illa invectio facta dilectione Domini monstraretur, dixit ei: *Eris cæcus, solemque usque ad tempus penitus non videbis* [Vulg. vers. 11, *non videns solem*]: cui tenebrosa caligo superveniens ita naturalem clausit aspectum, ut alienas manus quæreret quarum præsidio fultus abscederet. Cujus miraculi ostensione comperta, judices videntes conversi sunt, credentes revera doctrinam esse summi Dei quæ talibus miraculis probatur ostendi.

30. — XIII, 13. *Et cum a Papho navigassent Paulus et qui cum eo*, vel reliqua. Dum Paulus atque Barnabas, cum cæteris qui simul venerant, a Papho navigassent, [*deest* venerunt] Pergem Pamphyliæ, et transierunt: unde Joannes, discedens ab eis, Hierosolymam est reversus. Paulus vero et Barnabas ambulantes Pergem, venerunt Antiochiam Pisidiæ: ubi ingressi synagogam, audierunt legi prophetas et legem. Ad quos miserunt principes synagogæ, ut si quis ex ipsis haberet verbum exhortationis, ediceret, sicut in aliis civitatibus credita sibi veritate fecerunt. Tunc Paulus facto manu silentio, populis doctrinam Christi Domini prædicavit; prophetarum testimonii quæ dicebantur ostendens, ut eos ad plenissimam fidem patefacta veritate perduceret: contestans eos, solum esse Dominum Christum, qui austeritatem legis gratiæ suæ dono justificat: cavendum ne, sicut Scriptura monet, nolint credere quæ eos ipsa veritas cognoscitur ammonere.

31. — XIII, 42. *Exeuntibus autem illis, rogabant ut sequenti sabbato loquerentur sibi verba Dei* [Vulg., *loquerentur sibi verba hæc*]. Exeuntes igitur synagogam Paulum et Barnabam precabatur turba Judæorum ut iterum sabbato veniente de Christo Domino verba geminarent. Sequenti vero sabbato, dum studiosissime ad audiendum populi convenissent, zelo magno commoti quidam Judæorum contradicere temptaverunt. Quibus Paulus, Barnabasque respondit: *Oportebat quidem vobis primum loqui verbum Dei; sed quoniam repulistis illud, sic ut mandatum nobis est, transimus ad gentes* [c]. Quo dicto gratificati gentiles Christianum daugma [d] [*leg.* dogma] prontissima mente receperunt. Dolentes autem contradictores concitaverunt honestas mulieres primosque civitatis, et Barnabam Paulumque de suis ædibus expulerunt. Qui venientes Iconium, converterunt multos ad Dominum. Iterumque illis per adversarios seditio concitata surrexit, quæ tam cito, Domino juvante, placata est; unde factum est ut alii cum apostolis, alii sentirent utique cum Judæis.

32. — XIV, 5. *Cum autem factus esset impetus gentilium et Judæorum cum principibus suis, et reliqua.* Cum Paulum et Barnabam Iconii concitata seditio extinguere voluisset, confugerunt Lytran et Derben, vel [vel *pro* et] alias Lycaoniæ regiones, ibique populus cunctus in Christianam religionem mutatus est. Lystris autem quidam vir ab utero matris suæ pedibus jacebat infirmus, cui magna voce præcepit coram omnibus Paulus in nomine Jesu Christi intuens, *sanus surge vestigiis*. Quod cum vidisset turba Lycaoniæ, putantes non homines esse, sed deos, sacrificia illis offerre pecudum, more patrio, festinabant. Tunc Barnabas et Paulus, scissis vestibus, similes eorum mortales se modis omnibus asserebant; sed ista virtute sua peragere Dominum Christum, qui fecit cælum, et terram, et omnia quæ eorum ambitu continentur. Qua ratione placati vix a deliberata immolatione remoti sunt.

33. — XIV, 18. *Cumque ibi commorarentur* [In Vulg. colon primum non habetur] *et docerent, supervenerunt quidam ab Antiochia*, et cætera. Igitur cum Paulus, et Barnabas Lystris sub magna civium devotione morarentur, supervenerunt quidam sceleratissimi Judæi, qui persuadentes turbis, Paulum lapidibus cæsum quasi mortuum foras castra traxerunt. Qui surgens cum discipulis suis, civitatem de qua expulsus fuerat, invicta fiducia sanus intravit. Alio vero die cum Barnaba Derben usque profectus est, ubi prædicans verbum, multos convertit ad Dominum: exindeque iterum Lystram, Iconium Antiochiamque reversi sunt, confirmantes animos discipulorum, ut in traditis sibi regulis constanter insisterent: quibus constituentes presbyteros, cum jejunatione prædicati sunt, Dominoque eos sancta commendatione reliquerunt.

34. — XIV, 23. *Transeuntesque Ipsidiam,* [leg. *Pisidiam*] *venerunt Pamphyliam*, et reliqua. Simili modo

---

[a] Vides hic hominem distrahi et in duos dissecari, ex *proconsule* scilicet *Sergio Paulo, viro prudente, Sergius proconsul, et Paulus prudens* confiantur. Versiculo 20, *redempto Blasto*, sive ex suo codice, sive persuasionis genus divinans.

[b] Vulg.: *Qui erat cum proconsule Sergio Paulo, viro prudente.*

[c] Vulg. vers. 46: *repulistis illud, et indignos vos judicatis æternæ vitæ, ecce convertimur ad gentes.*

[d] Ita liber: sic *plaustrum* et *plostrum*: *Plautia* et *Plotia* eadem gens. Vetus codex capitularis Veronæ: *et occisum Aunam*, ubi *Onam* legi solet in S. Hier. lib. 1 adv. Jovin. Prænomen *Aulus* in quibusdam lapidibus scribi *OLUS*, testantur Reinesius et Fabrettus. *Ou* quoque: vetusta inscriptio apud Gruterum, pag. 506: *JOURE* dicendo. Victorinus in Orthogr., inde scriptum *legitis, loucetios, nouncios;* in nummis, *Fourius, Foulvius*, etc. Vide legum fragmenta ex æneis tabulis eruta a Sigonio et Ursino.

per diversas civitates praedicando, Antiochiam profecti esse referuntur: ubi in unum fidelibus aggregattis, retulerunt quanta Dominus gentilibus praestitisset, ut aperto ostio fidei plenissimam illis dignatus fuerit monstrare veritatem. Sed cum ibidem aliquanto tempore morarentur, quidam falsi monitores persuadebant gentilibus, qui jam suscepta praedicatione crediderant, non eos posse salvos fieri, nisi circumcisionem perciperent, sicut per Mosen Dominus imperavit: quae res dissensionem fecit in populis. Tunc placuit ut super hac quaestione interrogarentur qui erant Hierosolymis constituti, quatenus eorum consensu altercatio suborta finiretur: quo per gentes, per civitates, singulasque regiones narrabant, quanta Dominus gentibus praestitisset: unde gaudium magnum cottidie crescebat in fratribus.

35. — xv, 4. *Cum autem venissent Hierosolymam, suscepti sunt magnifice* [Vulg. non habet *magnifice*] *ab Ecclesia*. Dum Paulus et Barnabas cum fratribus Hierosolymam venissent propter habitam quaestionem, ab Ecclesia cuncta cum magna gratulatione suscepti sunt. Ibi iterum inter Pharisaeos qui jam crediderant, et apostolos de circumcisione facta conquaestio est. Tunc Petrus Spiritu sancto repletus docuit gentiles, non circumcisione purificandos esse, sed fide; quod etiam Jacobus secutus episcopus, qui frater Domini vocabatur, magnis ratiocinationibus et prophetae testimonio comprobavit, dicens, sufficere Mosi, quod ejus nomen in synagoga omni sabbato sub veneratione nominatur.

36. — xv, 22. *Tunc placuit apostolis, et senioribus, et omni Ecclesiae eligere viros, et mittere Antiochiam* [a]. Placuit apostolis et senioribus qui Hierosolymis habitabant, Antiochiam mittere cum Paulo et Barnaba Judam, qui cognominatur Barsabas, et Sileam, per quem hujusmodi epistulam destinarunt; ne crederent circumcisionis sibi necessariam legem, sed ab idolis, fornicatione et sanguine suffocato se tantummodo continerent; et in gratia Domini perseverantes bene se positos esse confiderent.

37. — xv, 30. *Illi igitur dimissi descenderunt Antiochiam*, et reliqua. Supradicti Barnabas et Sileas, cum Antiochiam venissent, fratribus epistulas, congregata multitudine, tradiderunt. Quibus relectis gavisi sunt, causam scandali fuisse submotam. Judas quoque et Sileas, cum et ipsi essent prophetae, in eadem voluntate cunctorum pectora formaverunt: ubi aliquanto tempore commorati, dimissi sunt a fratribus, ut redirent ad eos a quibus fuerant destinati. Sed Sileas ibi se tenuit; solus autem Judas Hierosolymam est reversus. Paulus igitur et Barnabas Antiochiae morabantur, verbum Domini docentes enixius: post aliquot vero dies Paulus et Barnabas paterna jura commoniti, illas regiones recurrere decreverunt, in quibus verbum Domini fuerat longe lateque seminatum. Tunc propter Joannem, qui et Marcus [b], dissensione facta, Barnabas assumpto Joanne navigavit Cyprum; Paulus vero, assumpto Silea, profectus est Syriam et Ciliciam, confirmans Ecclesias, ut in traditionibus patrum mentis robore permanerent.

38. — xvi, 1. *Cumque circuissent has nationes*, pervenit [Vulg., *pervenit*, absque praeced.] *Derben et Lystram*. Paulus, dum circuisset nationes superius nominatas, in Derben pervenit et Lystram; ibique reperit Timotheum quemdam, discipulum gentili patre progenitum. Quem volens secum ducere, circumcidit ad seditionem Judaeorum subtiliter amputandam. Is, cum pertransiret propositas civitates, tradebat illis Christiana docmata [*sic*], quae fuerant a reliquis apostolis Hierosolymis constituta. Quos volentes ire ad diversas civitates aliunde Spiritus sanctus prohibebat, et alibi eos pergere commonebat. Nam cum venissent Troaden, Paulus vidit in somnis quemdam Macedonem dicere: *Transiens in Macedoniam, adjuva nos* (*Vers.* 9): unde intellexerunt omnes iter suum probitate rerum divinitus ordinatum, et necesse fuit gaudentes facere, quod dignata fuerat Divinitas ammonere.

39. — xvi, 11. *Navigantes autem a Troade, recto cursu venimus Samothraciam*. Paulus igitur et Sileas, cum a Troade navigassent, perambulantes aliquas civitates, venerunt Philippos, *quae est prima partis Macedoniae civitas, colonia* [Vulg., *prima patria*]. Ibi quaedam mulier Lydia purpuraria credidit Christo, quae cum tota domo sua gratiam est baptismatis consecuta: apud quam rogati apostoli fecerunt noctis ipsique mansionem. Alio die ad orationem euntibus puella eis habens spiritum pythonis occurrit, quae dominis suis quaestum magnum vulgata vaticinatione praestabat. Haec dum importuna sequeretur apostolos, praecepit Paulus spiritui immundo exire ab ea quae tenebatur obnoxia. Tunc domini ejus, quibus dementia ipsius erat causa compendii [c], in contumeliam Pauli magistratus et populos armaverunt: quos caesos virgis, et traditos custodibus carcereis vinculis inligarunt.

40. — xvi, 25. *Media autem nocte Paulus et Sileas orantes laudabant Dominum*. Cum Paulus et Sileas retrusi in custodia, media nocte laudes Domino personarent, subito terraemotus factus est magnus, ita ut carceris ipsius fundamenta quaterentur: nam et ostia patefacta sunt, et omnium vinctorum ligamenta soluta sunt. Quod cum custos carceris cogno-

---

[a] Vulg., *cum omni Ecclesia*, etc., *viros ex eis*, etc.
[b] Versionis cui Cassiodorius inhaeret, antiquitatem comprobare videtur hic locus; ubi enim Vulgata, *Joannem, qui cognominatur Marcus*, legit interpres noster, *qui et Marcus*, Romana et vetusta formula, ut docenti prisca marmora. Romae in hortis Justinianeis: FELIX. QUI. ET. CLEMENS.
[c] Hoc est *lucri*. Epistola Athalarici regis ad Joannem II: *Absint enim a nostro saeculo damnosa compendia*. Etiam auctor ad Herennium, lib. IV: *Duae res sunt quae possunt homines ad turpe compendium commovere*. Et Ulpianus in l. si quis a filio ff. de legat: *Quod ad ornatum vel compendium reipublicae spectat*. Opponitur *dispendio*. Antecedente numero animadvertenda optima lectio: *quae est prima partis Macedoniae civitas*: consentiente tum Graeco textu, tum S. Hieronymi versione.

visset, evaginato gladio se volebat extinguere: cui Paulus magna voce proclamavit, ne in se manus iniceret, cum sibi creditos ibidem reperiret: qui incenso lumine omnes ibi reperit quos quaerebat. Tunc procidens ad pedes apostolorum, ut salvus fieret supplicavit: qui audiens verbum Domini, credidit, et cum omni domo sua baptizatus esse cognoscitur. Quos ad habitaculum suum perducens, plagasque eorum perungens, apposita mensa refecit; et laetatus est nimium, quod cum tota domo sua Christi fuerit gratiam consecutus: quo terraemotu magistratus quoque commoti sunt, et praeceperunt ut apostoli de custodia linquerentur. Paulus respondit: Cum Romani simus, et innocentes carceris vincula patiamur, clam exire non possumus, nisi ipsi veniant ad nos eiciendos qui sic iniqua jusserunt.

44. — XVI, 38. *Nuntiaverunt autem magistratibus lictores verba haec*, et caetera. Auditis verbis apostolorum, magistratus omnino timuerunt, quia se dixerant Romanos innocentes missos in carcerem, et euntes ad eos deprecati sunt ut civitatem suam egrederentur inlaesi: quo facto, ad Lydiam venerunt, fratribusque suis per ordinem retulerunt quanta illis Dominus praestitisset; exindeque promoventes, Thessalonicam pervenerunt: ubi ingrediens synagogam docebat eos, secundum Scripturas sanctas oportuisse Christum Dominum pro salute nostra pati, et triduana celeritate resurgere; quod multi populorum et nobiles mulieres credentes, apostolis fidei probantur adjuncti: quos Judaei, zelo faciente, concitatis seditionibus, expulerunt; qui venientes in synagogam more solito disputabant; ubi nobiles eorum Scripturas divinas diligentissime perscrutantes, Domino Christo ex magna parte crediderunt.

42. — XVII, 13. *Cum autem cognovissent in Thessalonica Judaei quia et Beroeae praedicatum est verbum Dei*. Cum vero cognovissent Thessalonicenses Judaei in Beroea apostolos de Christo praedicare, venientes illuc crebris seditionibus populos incitabant, dicentes cavendos esse qui orbem terrarum nova praedicatione confundunt. Tunc visum est fratribus ut Paulum transmitterent Athenas, Sileam autem et Timotheum ad tempus aliquod ibi retinerent. Paulus autem veniens Athenas, per loca singula vehementius disputabat, videns idololatriae deditam civitatem: qua opinione vulgata, comprehenderunt eum quidam civium, et duxerunt ad Ariopagum, ubi erat philosophorum adunata collectio: quem alii seminiverbium [a], alii novorum daemoniorum praedicatorem esse dicebant. Tunc prudentes, Paulo in medio constituto, desiderabant audire doctrinam quam longe lateque seminabat.

43. — XVII, 22. *Stans autem Paulus in medio Areopagi, dixit*, et reliqua. Paulus igitur in Ariopagi medio constitutus caelestis philosophiae mella fundebat; inde pulcherrimum sumens initium, quod inter eorum diversa simulacra scriptum reperit, IGNOTO DEO, ut necessario quaererent quem ipsi incognitum sibi esse professi sunt; per ordinem praedicans Dominum Christum, qui omni potentia sua caelum fecit et terram, et omnia quae in eis sunt; convincens eos, etiam auctorum suorum evidenter exemplis, cum sint *genus Dei*, non debere eos colere manufacta. Nam cum audissent inter alia de surrectione mortuorum, multi crediderunt, alii vero putabant esse mendacium. Post haec descendens ab Athenis, venit Corinthum, ubi praedicans Dominum Salvatorem Judaeis et Graecis Christianae religionis dogmata contradebat.

44. — XVIII, 5. *Cum venissent autem a Macedonia Sileas et Timotheus, instabant ut verbum Pauli [b]*, et caetera. Cum de Macedonia venissent Sileas et Timotheus Corinthum, ubi erat Paulus, verbum Domini Paulus docebat instanter: sed non audientibus quibusdam Judaeis, excutiens vestimenta sua, dixit ad eos: *Christi Domini sanguis effusus vos oneret: ego autem, sicut mihi praeceptum est, ad gentes vadam [c] protinus instruendas*. Et emigrans ad Titum quemdam, tunc docuit archisynagogam Crispum, et cum tota domo sua aliisque multis, Christianae fidei praecepta suscepit. Quadam vero nocte Paulo Dominus dixit in somnis: *Contradicentium vota non timeas; ego autem sum tecum [d], et neminem te superare permitto*. Qua commonitione roboratus, annum et sex menses fiducialiter docens, in eadem civitate consedit: qui propter novam praedicationem ad tribunal proconsulis Gallionis perductus est a Judaeis. Sed Gallio quaestiones legis divinae ad se non dicens pertinere, eliminatos fecit abscedere: post aliquot vero dies fratribus valedicto, cum Aquila et Priscilla in Ephesum Paulus advenit; nec ibi, deprecantibus multis, diutius potuit commorari, Hierosolymam pro Pentecostes solemnitate festinans.

45. — XVIII, 21. *Et profectus est ab Epheso, et descendit* [Vulg., *descendens*] *Caesaream Paulus*, et quod sequitur. Inde Paulus egrediens, descendit Caesaream, ubi salutavit congregationem Ecclesiae; post Antiochiam est profectus, ibique aliquantum temporis immoratus, peragravit Galatiam Phrygiamque regiones, confirmans omnes discipulos, ut in susceptis regulis permanerent. Apollo vero quidam Judaeus, Alexandrinus natione, vir loquens et fervens spiritu, Ephesum venit; ibique dum in synagoga fiducialiter ageret cum Judaeis, assumserunt eum Aquila et Priscilla, quem diligentius Scripturas Domini, patefacta veritate, docuerunt; cum

---

[a] Vulgata XVII, 18, *seminator verborum*: Graecus textus σπερμολόγος. Athenienses siquidem nomine Attica contumelia Apostolum insectabantur. Demosthenes de Corona: εἰ γὰρ 'Ραδάμανθος ἢ Μίνως ἦν ὁ κατηγορῶν, ἀλλὰ μὴ σπερμολόγος, etc.

[b] Vulg., *instabat verbo Paulus*. Graec. tex., συνείχετο τῷ πνεύματι.

[c] Vulg. vers. 6, *sanguis vester super caput vestrum: mundus ego, ex hoc ad gentes vadam*.

[d] Vulg., *Noli timere, sed loquere, et ne taceas: propter quod ego sum tecum, et nemo apponetur tibi, ut noceat te*.

autem vellet ire Achaiam, scripserunt ut eum confidenter plebs devota susciperet; unde factum est Judæos confidenter certiusque convinceret.

46. — XIX, 1. *Factum est autem, cum Apollo esset Corinthi, ut Paulus, peragratis superioribus partibus, veniret, et cætera.* Verum cum Apollo esset Corinthi, contigit ut Paulus, peragratis superioribus partibus, veniret ad Ephesum; ubi repertus [a] quosdam discipulos, interrogavit si baptizati Spiritus sancti gratiam percepissent. Illi professi sunt hoc nomen se omnimodis ignorare, sed in Joannis se fuisse baptismate consecratos: quos invocata Trinitate baptizans, venit supra eos Spiritus sanctus, ut linguis diversis prophetare valuissent: ibique Paulus per tres menses residens, de Christo Domino sollemni more prædicavit.

47. — XIX, 9. *Cum autem quidam indurarentur, et non crederent, et cætera.* Cum quidam Ephesiorum obstinata voluntate non crederent, segregavit ab eis discipulos suos, et cottidie in schola tyranni per biennium disserebat, miracula multa faciens, ita ut sudaria ejus apponerentur ægrotis, et restituerentur pristinæ sanitati. Erant autem septem fratres subdoli, filii principis synagogæ, qui dicebant energumenis: *Adjuro vos per Jesum Christum, quem Paulus prædicat, exire celeriter:* quibus respondebat spiritus nequam: *Jesum quidem novi, et Paulum scio, vos autem qui estis ignoro* [b]. Et obsessi pertinaci adversum eos concertatione pugnabant: quod dum fuisset cognitum, magna populi credidit multitudo. Tunc qui fuerant mundi curiosa sectantes, deferentes codices suos, judicantes esse superfluos, igne cremaverunt, qui usque ad quinquaginta millium denariorum fuerant comparati. His itaque peractis, Paulus duos mittens in Macedoniam, Timotheum et Erastum, ipse in Asia mansit ad tempus.

48. — XIX, 23. *Facta erat* [Vulg., *est*] *autem illo tempore turbatio non minima de via Domini, et cætera.* De religione Christiana in Epheso eodem modo facta seditio est. Erat quidam Demetrius, qui in templo Dianæ ædiculas faciebat argenteas: iste artificibus consueverat non minimas præstare mercedes: is videns ritum sacrorum prædicationibus Pauli funditus potuisse subverti, supradictos artifices adversum apostolos ejusque discipulos graviter incitavit. Qui rapto Gaio et Aristarcho, comitibus Pauli, de theatro ubi verbum Domini prædicabant, traxerunt ad judices audiendos; Paulum vero volentem ad populos introire non permiserunt discipuli vel amici (erat enim totius civitatis magna confusio), ne ipsum totius populi furor impeteret, quem sciebat contrariæ sibi prædicationis auctorem.

49. — XIX, 33. *Alexander ergo, manu silentio postulato, volebat rationem reddere populo.* Alexander vero, unus ex discipulis Pauli, manu facto silentio, volebat populis concitatis reddere rationem: quem mox ut Judæum cognoverunt, ne quid contra Dianam diceret, per horas duas voce magna professi sunt magnam esse Dianam Ephesiorum. Metuens autem scriba ne tanta seditio confunderet civitatem, silentio facto, populis persuasit ut, si Demetrius et artifices ejus adversus aliquos causam movent, a judicibus placatis audiantur; homines autem innocentes, qui nihil contra Dianam locuti sunt, non debent usque ad mortis periculum pervenire: qua ratione suscepta seditio cuncta sedata est. Tunc Paulus, valedicto discipulis, Macedoniam est profectus; ubi docens plurimos, venit ad Græciam; exindeque perambulans regiones vicinas, cum discipulis suis pervenit ad Troadem, ubi septem dies noscuntur esse remorati.

50. — XX, 7. *In unum autem sabbati, cum convenissent ad frangendum panem* [c]. Paulus pridie quam esset profecturus ex Troada, protracto sermone usque ad medium noctis, studiosissime et suaviter imbuebat: ubi contigit ut unus adolescentium somno compressus, de cænaculo cadens periculum mortis incurreret [d]; quem Paulus religiosa charitate complectens, iis qui aderant reddidit sanum: qui se pane reficiens, usque ad lucem prædicans populis, inde ad Assoon terreno [*forte deest* itinere] profectus est: discipuli vero ejus navigantes, sicut ipse constituerat eis, Paulum in supradicta civitate repererunt. Inde jam simul Mytilenem, Chium, Samum, Miletum usque profecti sunt: proposuerat enim Paulus Ephesum prætermittere, ut die Pentecostes Hierosolymam perveniret.

51. — XX, 17. *A Mileto autem mittens Ephesum, vocavit majores natu Ecclesiæ.* A Mileto Ephesum prætermittens [e] episcopos Ecclesiæ Paulus apostolus convocavit, ibique illis magna charitate retexuit, quali apud eos se temperantia vel humilitate tracta-

---

[a] Εὑρών: novum participium Latinis largitur, Græcos æmulans: supra pariter a verbo pœnitet *pænisos* deduxit, μετανενοηκότας. Interrogavit si: more Vulgatæ versionis, quæ Græcum εἰ, etiam cum pro an ponitur, reddit *si*. Similiter sumi videtur a Tibullo, lib. III, el. 1: *Illa mihi referet, si nostri mutua cura est, an minor.*

[b] Vulg. vers. 15 non habet *exire celeriter*, nec *ignoro*.

[c] Vulg.: *Una autem sabbati, cum convenissemus*, etc.

[d] Insigniter discrepabat hic ista versio a Vulgata, sive, ut arbitror, insigniter aberrabat. De adolescente qui de cœnaculo cecidit, legimus in communi textu, *sublatus est mortuus*; at Cassiodorius legit, *periculum mortis incurrisse*; et paulo infra pro iis, adduxerunt puerum viventem, habet, *iis qui aderant reddidit sanum*. Non deerunt tamen qui putent discrepantiam hanc non imputandam textui, sed interpreti; qui *mortuum* pro exanimi intellexerit, ac velut mortuo; et ea quæ sequuntur, *anima ipsius in ipso est*, ad litteram acceperit, quamvis ut simulate ac velut jocose dicta accipienda sint, quomodo et illa Christi Jesu Matth. IX, 24: *non est mortua puella, sed dormit.*

[e] Verba libentissime extendit: *contradebat, promoventes, compromittit*, quod etiam habetur Div. Lect. cap. 24: simplicibus nimirum verbis adhibitis, perire videbatur rhythmus, et perpetua illa dictionis veluti modulatio. Inversa autem quandoque significatio minus curæ est: itaque *prætermittens* hic pro *mittens*.

verit : verbum illis Domini supra cuncta commendans, ne venientes falsi praedicatores eorum corda subverterent, et ab institutis regulis periculoso nimis errore deviarent : referens etiam nulli se fuisse in sumtibus gravem; sed cum illis spiritalis patris impendisset affectum, suis manibus se et reliquos pavisse collegas; quando dare quam accipere constat esse beatius ; se dicens vale facto discedere, nec eorum aspectus ultra revidere. Quae cum dixisset, cum tota plebe genibus positis exoravit, et fletus omnium voce magna concrepuit : osculantesque collum ejus, profusa pietate deflebant, propter quod illis dixerat, eos ulterius se non esse visuros.

52. — XXI, 1. *Cum autem factum esset ut navigaremus, abstracti ab eis, recto cursu venimus Coo.* Inde post multas lacrymas, quasi violenter abstracti, venerunt Coo; progressique Rhodum atque Pataram, transeuntes Phoenicem et Cyprum, Tyrum usque perducti sunt. Ibi repertis discipulis quibusdam, mansit apud eos diebus septem : qui praescientiae virtute commoniti, dicebant Paulo, ne Hierosolymam festinaret ascendere, dum ei ventus ibidem gravissimus immineret. Unde oratione facta et vale dicto, ad Tolomaidam venerunt, exindeque Caesaream; ubi ingrediens domum Philippi praedicatoris, qui erat unus ex septem quos superiori tempore apostoli mensarum amministratione praefecerant; is habebat filias quatuor virgines Domini eloquia prophetantes ; et dum ibidem morarentur, ab Hierosolymis venit propheta nomine Agabus, qui assumens zonam Pauli, pedes suos inligans dixit, ita esse virum, cujus erat cingulum, a Judaeis protenus alligandum , et in manibus gentium contradendum. Tunc discipuli cum fidelibus rogabant ut imminentia Paulus pericula declinaret.

53. — XXI, 13. *Tunc respondens Paulus, dixit* [Vulg., *respondit*], et reliqua. Flentes autem Paulus ammonuit, ne de aspero ejus casu se viderentur affligere : quando ipse paratus esset pro Christi nomine non solum ligari, verum etiam libenter occidi. Cui discipuli dixerunt, quoniam eum retinere non poterant : *fiat voluntas Domini.* Hi cum Hierosolymam venissent, a fratribus gratanter excepti sunt. Postero die Paulus abiit ad Jacobum, omnia illi referens qualia gentibus per ministerium ipsius virtus divina praestiterit: unde omnino gavisi sunt. Cui congaudentes gratias Domino retulerunt, sed commonebant illum, ut circa populum Judaeorum deberet esse sollicitus; quoniam probabatur illis vehementer esse suspectus, eo quod de circumcisione abolenda contra legem Mosis doceret. Sed consilium dederunt, ut ex suis quattuor viros assumeret, cum quibus synagogam rasis capitibus introivit ; quod Judaei cognoscentes, nihil eum contra legem Mosis crederent esse dicturum. His autem qui de gentibus crediderunt, scripsisse se dicunt, de quibus rebus sufficienter abstineant, et in traditis sibi regulis perseverent.

54. — XXI, 26. *Tunc Paulus, adsumptis viris, postera die purificatus, cum illis intravit in templum.* Consilium vero, quod supra dictum fuerat, Paulus gratanter sumens, acceptis quattuor fratribus purificatis, rasisque capitibus, alia die synagogam praesumptus intravit. Ubi cum verba faceret, annuntians illis purificationem necessariam, donec pro salute ipsorum Domino penderetur oblatio, post septem dies qui de Asia erant Judaei, cognoscentes Paulum comprehenderunt, seditioneque facta contra eum populos collegerunt, dicentes hunc esse virum qui contra legem Mose praetermittendam circumcisionem gentibus persuadet. Quem cum occidere decrevissent, cum militibus et centurionibus tribunus subito cohortis advenit, qui ratione reddita ab scelesta voluntate suspendit. Tunc a populis ereptum Paulum, sed duabus catenis inligatum, tribunus perduci jussit ad castra ; ubi Apostolus vinculis inligatus tribunum petiit, ut ei populos liceret affari : qua voluntate concessa, manu facto silentio, turbis Hebraica lingua locutus est.

55. — XXII, 1. *Viri fratres* [Vulg., *fratres et patres*], *audite quam ad vos nunc reddo rationem,* et caetera. Paulus, cum ad simplicitatem cordis curreret, per ordinem populis narrat quemammodum a Domino sit electus, cum esset persecutor Ecclesiae : cui etiam scelus suum de sanguine Stephani infracta mente non tacuit : sed audisse se dicit a Domino, cui non potest obviare, ad praedicationem gentium se esse mittendum. Quem Judaei eatenus audientes, voce magna tribuno clamare coeperunt, tollendum esse de vivis, qui sibi talia persuasit.

56. — XXII, 23. *Vociferantibus autem eis, et proicientibus vestimenta sua,* et caetera. Seditionem facientibus Judaeis, et pulverem in caelum proicientibus, Paulum tribunus duci jussit in castra; quem dum flagellis caederent, ut causam concitatae seditionis agnoscerent, Paulus centurioni dixit astanti : *Videte si indemnatum vobis liceat flagellare Romanum* [a]. Quo dicto perterritus, solvit eum, et imminentia tormenta suspendit. Alio autem die Paulum atque concilium Judaeorum ante se praecepit adsistere, volens agnoscere qua causa sit traditus. Tunc Paulus Judaeorum turbas intendens [b] ita locutus est.

57. — XXIII, 1. *Intuens autem* [Vulg., *Intendens autem in*] *concilium Paulus ait,* et reliqua. Cum Paulus prima fronte dixisset : *Viri fratres, ego omni conscientia bona conversatus sum ante Deum usque in hodiernum diem,* os ejus Ananias princeps sacerdotum, quasi blasphemum, percutere praecepit adstantibus. Cui Paulus libera voce respondit : *Deus te, paries dealbate, percutiet, qui sedens loco judicis, percuti me praecipis contra legem* [c]. Quem dum arguerent, cur principi sacerdotum maledicere voluisset, respondit

[a] Vulg. vers. 25: *Si hominem Romanum et indemnatum,* etc.
[b] Hoc est, intuens : sic alibi, *quidquid sol non intendit,* scilicet non aspicit. Episcopus apud S. Augustinum dicitur *superintendens,* id est inspector.
[c] Vulg. : *Et tu sedens judicas me secundum legem, et contra legem jubes me percuti?*

nescisse se tali eum honore subvectum. Sciens autem Paulus Pharisæos et Sadduceos ibidem convenisse, qui diversa persuasione discreti sunt, voce magna proclamavit se esse Pharisæum, et propter spem et resurrectionem mortuorum, quam et ipsi credebant, se gravissimum judicium sustinere. Quo dicto mox inter eos altercatione commota, conventus ille solutus est.

58. — XXIII, 10. *Et cum magna dissensio facta esset, timens tribunus ne disciperetur Paulus.* Cum facta fuisset inter Pharisæos et Sadduceos magna dissensio, timens tribunus ne Paulus discerperetur a Sadduceis, jussit eum ad castra revocari: cui per noctem Dominus dixit: *Constans esto, Paule, quoniam sicut hic mihi testificatus es, ita te oportet nomen meum et in Romana urbe prædicare*[a]. Sequenti vero die quadraginta Judæi, conjuratione facta, Paulum occidere decreverunt; quod audiens filius sororis, Paulo in castra posito nuntiavit. Rogat ille custodes, ut adolescentem perducerent ad tribunum; qui dum ei per ordinem cuncta dixisset, præcepit adolescenti, ut dictum sibi nullus agnosceret.

59. — XXIII, 23. *Et vocatis duobus centurionibus, dixit.* Tribunus autem vocatis duobus centurionibus præcepit ut cum militibus armatis ad Felicem judicem Paulum Cæsaream usque perducerent, ne forsitan crederetur quod eum, accepta pecunia, a Judæis fecisset occidi. Cui transmisit epistolam, ubi actum sub veritate narravit. Milites quæ fuerant delegata fecerunt. Tunc supra dictus præses, prælecta epistula, Paulum fecit in Herodis prætorio custodiri, usque dum ejus accusatores venire potuissent.

60. — XXIV, 1. *Post quinque autem dies descendit princeps sacerdotum, et reliqua.* Post quinque dies venerunt Judæi ad Felicem judicem cum oratore Tertullo contra Paulum.......... di. Tunc partibus in medio constitutis, Tertullus orator de eloquentia humana præsumens, Paulum invidiose cœpit impetere: per totum orbem quietos Judæos novis prædicationibus eum velle confundere: quo adprehenso, tantum facinus secundum legem suam voluerunt protinus vindicari: quem eripiens Lysias tribunus, ad ipsius cognoscitur misisse judicium. Reliqui Judæi horrisona voce testificati sunt ita se habere quæ dicta sunt.

61. — XXIV, 10. *Respondit autem Paulus, annuente sibi præside, dicens.* Postquam Tertullus orator quæ volebat asseruit, præmissis quæ poterant ad benevolentiam judicis pertinere, Paulus ita respondit: Cum more gentis suæ Hierusalem Dominum adorare venisset, et eleemosynam genti suæ facturus, neque turbam, neque tumultum fecit; sed cum teneretur a centurionibus clamasse se dicit ad populum: *De resurrectione mortuorum, quam et vos creditis, hodie judicandus assisto.* Nec aliquid tale eos probare posse confirmat, qualia de se impia voluntate finxerunt.

Certe cum sint præsentes, dicant, si quid aliud, quod ad confusionem pertinet civitatis, factum esse meminerunt. Quos Felix judex usque ad præsentiam tribuni Lysiæ distulit audiendos; jubens centurioni Paulum custodiæ mancipatum habere requiem, nec prohibere quemquam illi ministrare, quæ ad solacia ejus poterant pertinere.

62. — XXIV, 24. *Post aliquot autem dies Drusilla uxor Felicis* [Vulg., *Veniens Felix cum Drusilla uxore sua*], *quæ erat Judæa.* Post aliquot dies rogatus Felix a Drusilla conjuge sua coram ea Paulum fecit adduci: qui dum multa de fide Domini, et de justitia, et castitate, et de judicio futuro dissereret, prædicationis ipsius veritate commotus, dixit Paulo: *Nunc vade, et opportuno tempore faciam te esse præsentem* [Vulg., *accersam*]. Quem ad se frequenter vocabat, credens quod more sæcularium negotiorum pecuniam ab ipso sumere potuisset. Inter hæc expleto biennio Felix successorem accepit Porcium Festum; Paulum vero propter gratiam Judæorum reliquit in vinculis. Tunc Festus veniens Cæsaream, præsentatis sibi et Paulo, et Judæis, qui eum persequi videbantur, sedit tribunal. Paulus autem neminem se læsisse testatus est, ammirans quare tantæ persecutionis pateretur invidiam; et ideo ad Cæsarem se mittendum esse proclamabat. Cui Festus sub brevitate respondit: *Quoniam appellasti Cæsarem, ibis ad Cæsarem* (Vers. 12).

63. — XXV, 13. *Et cum dies aliquot transacti essent, Agrippa rex et Beronices descenderunt Cæsaream.* Transactis autem aliquot diebus, Agrippa rex et Beronices ad salutandum Festum Cæsaream venerunt; et cum apud ipsum aliquanto tempore morarentur, de Paulo quodam Judæo Festus Agrippæ regi per ordinem quæ fuerant gesta narravit; et cum Judæorum improbitate premeretur, ad Cæsarem eum appellasse clamavit. Tunc cum eum videre vellet Agrippa, alio die promisit illum Festus modis omnibus audiendum.

64. — XXV, 23. *Altera autem die, cum venisset Agrippa et Beronice cum multa ambitione.* Altero die dum Agrippa et Beronice una cum Festo, et turbis plurimis auditorium civitatis intrassent, jubente Festo, Paulus est traductus in medium, ut ea quæ secretius regi rettulerat, per singula ipsius testimonio comprobaret: quem post appellationem ideo perhibet ante Agrippam perductum, ut veritate rei cognita, cum explanatione causæ ad Cæsarem mitteretur.

65. — XXVI, 1. *Agrippa vero ad Paulum ait.* Tunc Agrippa Paulo pro se loquendi fiduciam dedit. Qui primum judicem laudans, ab initio quæ sibi acciderant integra veritate complexus est: referens quemadmodum Christianum populum fuerit persecutus; deinde cum iret Damascum, qualia lumine Domini circumventus audierit; statimque, ut necesse fuit,

---

[a] Vulg. vers. 11 : *Constans esto: sicut enim testificatus es de me in Jerusalem, sic te oportet et Romæ testificari.*

sermonibus obœdisse dominicis : unde se prædicasse perhibet populis et gentibus, ut conversi dignaque pœnitentiæ opera facientes, æternæ vitæ præmia reperirent; qua de causa commoti Judæi eum occidere decreverunt; quorum manibus auxilio Divinitatis ereptus, usque ad illud tempus ea se prædicasse testatus est quæ in Prophetis ac reliquis Scripturis divinis leguntur esse conscripta.

66. — XXVI, 19. *Unde, rex Agrippa, non fui incredulus cœlesti visioni.* Loquente Paulo illa quæ dicta sunt, Festus dixit incredulus : *Insanis, Paule, mentemque tuam lectio multa confundit* [Vulg., *multæ te litteræ ad insaniam convertunt*]. Cui Paulus, servata gravitate, respondit non se insanire, sed veritatis et sobrietatis verba dixisse; nam scire talia et regem decet Agrippam, quoniam quæ palam gesta sunt ad ejus notitiam pervenire potuerunt : Agrippam quoque confirmat credere prophetis. Cui Agrippa jucunda mente respondit, quod sub celeritate vellet facere Christianum. Cui Paulus studio charitatis optavit ut et ipse et cæteri audientes tales fierent qualis ipse erat, exceptis vinculis suis. Qui, dimisso conventu, inter se locuti sunt, Paulum nihil tale fecisse unde mereretur occidi.

67. — XXVI, 32. *Agrippa autem Festo dixit.* Tunc Festo Agrippa dixit : *Poterat homo iste dimitti, si non appellasset ad Cæsarem.* Tunc traditus est Paulus centurioni Julio cum custodibus, ut navigaret Italiam : qui ascendentes navem secundo die Sidonem venerunt, ubi Paulum centurio clementer tractans, ad amicos suos ire permisit. Inde Cyprum, inde Lystram, inde translati in Alexandrinam navem transnavigantes Cretam, in Salmonem, exindeque in Boniportum post tempus aliquod pervenerunt (*Vers.* 8). Ubi jam tempore navigationis expleto, Paulus dixit ad socios melius constare si ibidem hiemare potuissent, ne illis accidisset forte naufragium : cui centurio improvida mente dissentiens, ad portum festinavit Fœnices, qui erat loci positione securior.

68. — XXVII, 13. *Aspirante autem austro æstimantes propositum se tenere.* Egressi de portu Finicenæ, æstimantes locum se tenere posse pro portu, subito illis, qui vocatur *euroaquilo*, contrarius ac fortissimus ventus occurrit. Tum collectis velis navis per undas cœpit efferri, ita ut insulam Gaudem exeuntes, scafam perderent, et funibus accingentes navem, eam liberare conarentur; sed crescentibus ventis ita periclitabantur, ut nec solem, neque sidera per multos dies conspicere valuissent. Tunc Paulus, quam in somnis audierat, Domini promissione narrata, cæteros animavit; dicens, præter navem donasse sibi Deum cunctos homines qui cum ipso pergebant. Quarto decimo vero die, cum tempestate adhuc sæ-

viente, nautici fugere decrevissent, Paulus ait omnes salvos fieri non posse, nisi nautas in navi stare contingeret. Tunc milites, abscissis funibus, scapham potius judicaverunt esse temnendam.

69. — XXVII, 33. *Et cum lux inciperet fieri, rogabat Paulus,* et cætera. Post tempestatis igitur quartum decimum diem, rogavit Paulus ut cibum sumerent, quando de ducentis septuaginta sex viris nec capillus capitis eorum imminutus esse probaretur : nam ut alios exemplo suo potius invitaret, panem frangens ipse cibatus est. Facto igitur die sinum quemdam conspicientes, ad littora vicina tendebant; sed navi cautibus undisque resoluta, consilium fuit ut omnes enatarent : unde sic factum est, ut, nave perdita, cuncti illæsi ad optatam terram protinus pervenirent.

70. — XXVIII, 1. *Barbari vero præstabant non modicam humanitatem nobis,* et cætera. Omnibus jam in littore constitutis, cum maximum frigus insisteret, inedia multa fatigati, accolæ locorum barbari humanitatis alimenta præstabant. Paulus autem dum congregasset multitudinem sarmentorum, et super ignem misisset, vipera quæ ibi casu faciente reperta est, manum ejus mordicus adprehendit. Quæ cum in ejus carne penderet, incolæ loci primum illum homicidam esse crediderunt, qui post maris periculum, incurrisse putatum est ultionis eventum. At ubi sanus esse conspectus est, Deum credebant, cui nihil venena nocuerunt. Tunc etiam a quodam Publio benigne suscepti, patrem ipsius febribus ventrisque fluxu laborantem, Paulus oratione data sanavit. Quapropter concursu facto multorum qui in eadem insula commanebant, obsessi diverso languore curati sunt.

71. — XXVIII, 11. *Post menses autem tres navigavimus in navi Alexandrina,* et cætera. Post tres vero menses ascendentes in Alexandrinam navem, in civitatem Siculorum Syracusas venerunt : inde Regio [a], inde Puteolos (*sic*), inde jam pedibus, Trib. [b] Tabernis : ubi a fratribus Paulus libenter exceptus, et Romam perductus intravit. Ubi post tertium diem convocatis in synagoga senioribus,...... milite... [c] per ordinem a centurionibus, quali causa deductus est, ostendens illis gloriosam catenam, qua Israeliticæ causa salutis fuerat illigatus.

72. — XXVIII, 21. *At illi dixerunt ad eum : nos neque litteras accepimus a te, Judæa,* et cætera. Judæi vero Paulo responderunt, neque per litteras, neque per nuntium se cognoscere potuisse, quæ nuper visus est intimare; sed postulabant ab ipso magis ut quæ alibi prædicavit agnoscerent. Constituto vero die cum venissent ad hospitium Pauli, loquebatur de regno Domini Christi, quem per Mosen atque prophetas constabat esse promissum. Sed quidam co-

---

[a] Auctori forte probabatur, quod e Varrone apud Cornutum retulit, Orthogr. cap. 1 : *R litteram, si primo loco ponatur, non aspirari : lector enim ipse intelligere debet Rodum, tametsi h non habeat, Rhodum esse, retorem esse rhetorem.*

[b] In ms. erat *Tribunus.* Numeratur *Tribus Tabernis* in Itinerario Appia via, inter Ariciam et Appii fo-

rum. In concilio Romano sub Hilaro inter episcopos : *Lucifer Trium Tabernarum.* In Itinerario Burdegalensi bis id nomen occurrit, non longe a Placentia, et prope Interamnam.

[c] Mutilus ac corruptus locus : inspice sacrum textum.

sentientes, quidam non credentes fuerunt: quibus Paulus increpans Isaiæ dixit exemplum: protestans gentes magis suscepturas salutem, quam illi suscipere noluerunt. Quo dicto, factum est ut inter se Judæi haberent non minimam quæstionem. Paulus autem in suo conducto biennio manens, de regno Domini Jesu Christi ad se venientes jugiter instruebat; qui licet esset catenis ferreis illigatus, credentium tamen cottidie solvebat vincula peccatorum.

APOCALYPSIS SANCTI JOANNIS.

1. — I, 1. *Apocalypsis Jesu Christi, quam dedit illi Deus palam facere servis suis*, et cætera. Quidam prologus præmittitur, ut præsentis libri dignitas breviter indicetur: dicit enim Joannes apostolus, a Domino Christo visionem sibi de fine sæculi fuisse monstratam; et per quem, et cur sit ostensa memoratur: ut tanta veritate patefacta, et confidentiam devotus acciperet, et metum infidelium conscientia reperiret. Laudatur etiam qui hæc legere vel custodire maluerit; ut talibus promissionibus invitatus devotorum animus ardentius excitetur.

2. — I, 4. *Joannes septem Ecclesiis quæ sunt in Asia. Gratia vobis, et pax*, vel reliqua. Scribere se dicit Joannes apostolus septem Ecclesiis quæ sunt in Asia constitutæ: quas salutat, pacemque illis optat, et gratiam venire a Domino Christo, et a septem angelis qui ante thronum Domini leguntur assistere: sicut in libro Tobiæ Raphael angelus dixit: *Unus sum ex septem angelis qui consistimus ante thronum claritatis Dei* (Tob. XII). Sed quis est iste Dominus, qui est, qui fuit, et qui veniet, evidenti relatione patefacit: protestans ipsum esse Dominum Christum, qui nos redemit sanguine pretioso. Dicit etiam qualis veniet in secundo adventu suo, qualemque illum homines declarata potestate visuri sunt: nam ipsum esse primum et novissimum, et omnipotentem, ipsius quoque divinitatis voce confirmat.

3. — I, 9. *Ego Joannes frater vester, et particeps in tribulatione*, et cætera. Cum esset in insula Pathmos, a Domitiano principe propter verbum Domini in exilium feliciter destinatus, dominico die voce magna commonitus, audisse se dicit apostolus ut ea quæ videbat scriberet; et ad septem Ecclesias desinaret quarum nomina leguntur scripta. Subitoque conversus ad vocem Domini, vidit septem candelabra lucentia, et in medio Dominum Christum, cujus habitum per mysticas controfationes [a] exponit. Erat enim podere vestitus, quod ad sacerdotium non est dubium pertinere; præcinctus fuit supra mammas zona aurea, propter hoc quod ejus actuum relucebat integritas; caput vero et capilli ejus, quod erant albi, demonstrant antiquissimum dierum; oculi autem, velut flamma ignis, eo quod omnia visu penetret, et a calore ejus nemo se possit abscondere. Pedes ejus erant similes aurochalco, quia in prædicationibus suis fortissimus et splendidissimus invenitur; vox ejus ut sonus aquarum multarum, quia de ipso sapientiæ fluenta procedunt: de septem vero stellis ipse dicit inferius. Ex ore ejus egrediebatur gladius bis acutus, Novi et Veteris Testamenti sacramenta designans; facies ipsius splendebat ut sol, quoniam quidquid non intendit umbrescit. Qua visione perterritus, ante pedes ipsius protinus se corruisse testatur: cui Dominus dixit: *Surge, ne timeas:* se primum et novissimum esse confirmans; habere se perhibens claves mortis et inferi. Memento autem has et alias hujuscemodi visiones, quas Dominus servis suis declarare dignatus est, ad tempus esse pro rerum qualitate formatas, manente in excellentia sua natura deitatis. Cæterum natura ipsa, ut est, divinitatis nulli hominum viventi adhuc probatur ostensa [b], quam post resurrectionem, sicuti est, se mundis cordibus patefacere compromittit.

4. — I, 19. *Scribe ergo quæ vidisti, et quæ sunt, et quæ fieri post hæc oportet.* Nunc in septem candelabris et septem stellis sacramenta quæ viderat Joannes, Dominus illi Christus exponit, dicens eas septem Ecclesiarum esse fulgores [c], sed cum sit earum rerum innumera multitudo, septem ponuntur ad perfectionem scilicet indicandam: unde angelo Ephesiorum, hoc est episcopo, commonet scribendum, qui revera scriptis poterat admoneri. Scire se quidem dicens labores et patientiam ejus, quia falsos nolit prædicatores ammittere, sed charitatem eum prætermisisse contendit, ad quam illum redire habita satisfactione recommonet; ne candelabrum ipsius, quod pro bonis operibus probatur ostensum, quasi extinctum possit auferri: laudans, quia facta Nicolaitarum [d], id est turpissimas fornicationes, simili ut Dominus execratione condemnet. Victoribus autem detestabilium vitiorum præmium promittitur, ut de ligno vitæ sumant cibum, quod est in Domini paradiso constitutum; unde omnis spiritaliter reficitur, qui in regno Domini perpetua beatitudine collocatur.

5. — II, 8. *Et angelo Ecclesiæ Smyrnæ scribe: hæc dicit primus, et novissimus*, vel reliqua. Commonet ut angelo Smyrnæ, id est episcopo, debeat indicare; nam angelum episcopum dici [e], in Actibus aposto-

[a] Lege *contropationes*, a tropo, seu modo, vel figura: infra, *ut factæ allegoriæ contropatio servaretur.*
[b] Vide quæ ad pag. 101 animadvertimus [*Huj. ed.* col. 1559, n. b].
[c] Hoc verbo angelos significat: eo usus fuerat in formulis sensu dignitatis: *uni tantum cedens fulgori:* de patriciatu loquens uni tantum consulatus culmini concedente.
[d] De Nicolaitis vide Epiphanium, Irenæum, Hilarium, Hieronymum, Clementem Alex., Eusebium, Theodoretum.
[e] Interpretatio satis obvia, ratio satis peregrina.

lorum locus ille testatur, ubi veniente Petro, et pulsante januas apostolorum, dictum est, *non Petrus, sed angelus ejus est* (IX, 15); dicens scire Dominum Christum, qui semel est mortuus, semperque vivit, qualia quantaque pertulerunt ab infidelibus Judæis: unde si et ipse usque ad finem perdurare maluerit, coronam vitæ perennis probatus accipiet: nam qui mala sæculi vicerit, secundæ mortis interitum non habebit. Dicit etiam episcopo Pergamorum similiter indicandum: *Scio te quidem inter aliquas pravitates patientiæ regulam custodise; ut etiam Antipate martyrium sustinente, nullo potueris terrore deviare : sed tamen in medio tui esse cognovi, qui junguntur diabolicæ pravitati, et ideo celerius ad medicinam recurre pœnitentiæ, ne veniens in judicio obstinatorum, mala æterno debeam punire supplicio* (Vers. 13). Vincentibus autem mundum, mannam promittit et calculum candidum, qui tamen cunctis margaritis pretiosior invenitur.

6. — II, 18. *Et angelo Ecclesiæ quæ est in Tyathir* [Vulg., *Thyatiræ Ecclesiæ*], *scribe : Hæc dicit Dei Filius*, et cætera. Scribendum dicit angelo, sicut jam dictum est, episcopo Ecclesiæ Thyathir, hæc dicere Dominum, qui habet oculos ut flammam ignis, et pedes similes aurichalco, ut nec ad videndum aliquid illi sit obscurum, nec ad prædicandum patiatur defectum. Scire quidem se perhibet bona quæ fecit, ejusque excellentissimam charitatem; sed inter illa malis se ejus nonnulla offensione morderi: nam congregatio ipsius, quæ ex magna parte fornicata cum pravis est, et nomen vult habere prophetiæ, quæ Jezabel debet potius nuncupari, nisi conversa fuerit, protinus eam in lectum languoris esse mittendam, et in fornicationibus ejus graviter vindicandum; ut tunc omnes cognoscant Ecclesiæ quoniam unicuique Dominus pro factorum suorum qualitate restituit. Reliquos autem commonet in eadem Ecclesia constitutos, ut in acceptis fidei regulis perseverent: vincentibus promittens quod gentes in virga ferrea regant, sicut et ipse a Patre sibi dixit fuisse concessum; daturum se quoque talibus pollicetur gloriosam resurrectionem, quam stellæ commemoratione significat.

7. — III, 1. *Et angelo Ecclesiæ quæ est Sardis* [Vulg., *Ecclesiæ Sardis*], *scribe : Hæc dicit qui habet septem spiritus Dei*, et cætera. Dominus Christus, in quo est septiformis Spiritus sanctus, et septem stellæ in manu ejus, id est universalis potestas, episcopo Sardis præcepit dici : *Specie quidem vivis, operibus vero mortuus es ; et ideo pœnitentia tibi interveniente succurre, ut quæ in te exstincta sunt, satisfactionis medicina reviviscant; ne tanquam furem tremendi judicii patiaris adventum, et incipias in membris tuis sustinere quæ gravia sunt.* Sed quoniam populus Ecclesiæ diversa morum qualitate convivit, dicit, Sardis partem esse beatorum, quæ Domini voluntatibus obsecundat, et in candidis vestibus, id est in mundissima conscientia, cum Domino jugiter ambulabunt: hinc de libro vitæ non delebuntur, et nomina eorum ante Patrem et angelos ipsius laudabili confessione memorantur.

8. — III, 7. *Angelo qui est Philadelphiæ* [Vulg., *Et angelo Philadelphiæ Ecclesiæ scribe*]: *Hæc dicit sanctus et verus,* et reliqua. Dominus, qui aperiendi atque claudendi singulari potestate præcinctus est, scribendum Philadelphiæ dicit episcopo: *Quoniam mihi sancta humilitate devotus es, humilio tibi Synagogam, id est congregationem Satanæ, ut ad Ecclesiam adorandam veniat, quæ te pridem superbia faciente temnebat.* Tuendam quoque in temptationibus compromittit, quando mundus diversa fuerit clade fatigatus; hortatur etiam in patientia sua, ut cito veniat, ne coronam ejus alter accipiat; designans quam magna sit suis fidelibus Dominus largiturus. Episcopo quoque Laodiciæ præcepit indicari, aut frigidum illum, aut calidum esse debere, ne ex ore Domini vomatur, ut tepidus: nam cum confidentiam in suis viribus ponat, cunctis debilibus probatur esse miserior. Stare enim se dicit ante ostium, et crebra verberatione pulsare, ut cum illi januas unusquisque sui cordis aperuerit, ad cœnam Domini paratus occurrat; et vincens in throno majestatis ejus sedeat, sicut ipse victor in patris sui solio consedisse dignoscitur.

9. — IV, 1. *Post hæc vidi ostium apertum in cælo; et ecce vox,* et reliqua. Vocatus Joannes animi contemplatione conscendit ad cælos, et sedentem Dominum respexit in thronum, cui gemmarum colores tropica locutione consociat. Ibi viginti quattuor seniores, quod ad numerum plenitudinis pertinet indicandum, in throni circuitum albis vestibus consedebant; de sede autem Domini egrediebantur coruscationes, voces et tonitrua; ante quem erant septem spiritus, id est angeli Dei; in conspectu vero throni, quasi vitreum mare videbatur, per quod sæculi hujus qualitas indicatur: mare, quia fluctibus agitatur; vitreum, quia fragile comprobatur. Ante thronum, et in circuitu throni, quattuor erant animalia constituta, quæ quattuor evangelistis quadam similitudine comparantur, senas [a] habentes [sic] alas, propter ætatem mundi, qui tali numero compleri posse dignoscitur : plena oculis intus, significat prædicationis eorum profunda esse mysteria, quæ laudes Domino jugi exultatione dicebant. Viginti quatuor vero seniores, audita laude Domini, in facie cadebant adorantes eum qui vivit in sæcula sæculorum, et ipsi quoque præconia similiter offerentes.

10. — V, 1. *Et vidi librum in dextera Dei sedentis super thronum, scriptum intus, et retro* [b], et cætera. Inter hæc vidit librum in dextera Patris sedentis in throno, intus forisque conscriptum, quoniam in lege

---

[a] In ea sententia ostendit fuisse se quæ viguit inter Hebræos, mundi ætatem sex annorum millibus circumscriptum iri. Sibi autem constat is: Var. lib. I, ep. 10: *Sex enim millia denariorum solidum esse voluerunt, scilicet ut radiantis metalli formata rotunditas ætatem mundi, quasi sol aureus, convenienter includeret.* Vide Lactantium, lib. VII, cap. 14 et 25.

[b] Vulg.: *Et vidi in dextera sedentis super thronum scriptum intus, et foris :* Græc. text., ὄπισθεν.

quædam adhuc occulta, quædam noscuntur esse prædicta sunt. Tunc laudes angelorum turba et sanctorum congregatio (id est 144 [*suppl.* millia], in quo numero omnium beatorum summa [b] concluditur) tenentium palmas, et indutorum candidis vestibus, personavit : qui stolas suas in sanguine Domini lavaverunt, et de conspectu ejus perenni felicitate gaudebunt; nec ulterius habebunt indigentiam, qui de Christi Domini majestate completi sunt.

manifesta. Iste septem sigillis; id est septiformi Spiritu conspiciebatur esse signatus; quia mysteria Domini usque ad tempus præfinitum habentur semper incognita. Tunc angelo prædicante, nec tamen inveniente dignum, qui eum possit accipere atque regere, Joannes fletu magno turbatus est; sed unus ex senioribus indicavit ei Christum dignum esse aperire librum, ejusque sigilla resolvere; et levatis oculis Agnum vidit quasi occisum, habentem plenissimam potestatem, et integerrimam prædicationem. Iste librum accepit aperiendum, ut fuerat prædicatum : cui quatuor animalia et viginti quatuor seniores cum citharis suis et pateris diversis odoribus plenis, id est bonorum actuum qualitate, novum canticum personabant : dicentes dignum esse tali honore sacrari, qui occisus est pro salute cunctorum; qui et sacerdotium generaliter contulit, et cælorum regna fidelibus repromisit. Citharæ autem significant integritatem fidei operumque concordiam; pateræ vero plenæ odoribus, sicut dictum est, orationes supplicationesque justorum.

11. — v, 11. *Et vidi, et audivi velut vocem multorum angelorum in circuitu throni*, et reliqua. Audiit etiam voces angelorum millia millium, dicentium præconia Domini Christi : dignum esse qui gloriam, potestatem, divitias susciperet et honorem, scilicet a Patre, quia passus est : cui omnis creatura devotum præstet obsequium. His animalia quattuor respondebant, *Fiat* : quibus consessum præbentes viginti quatuor seniores, in faciem cadentes, adorabant. Tunc suscepti libri primum sigillum Agno aperiente, visus est equus albus, qui indicat mundissimam vitam [a]; et supra eum sedens sagittam tenebat, ut verbo suo penetrabili omnes adversitates evinceret. Cum aperuisset signum secundum, rufus equus ostensus est, qui effusi sanguinis Domini portabat imaginem; et supra eum sedenti datus est gladius magnus, ut subjectorum pacem de terra sub terrore magno susciperet, et adversantes se mutua contentione perimeret. Tertio sigillo reserato, equus niger egressus est, ut putamus, supra impios potestatem dominationis ostendens, quando sedens, in manu sua habebat stateram, quia tales sunt sine dubio judicandi; cui quatuor animalia dicebant, triticum, et hordeum ad charitatem denarii pervenire; oleum vero et vinum non esse lædendum. Reserato quarto sigillo, vidit sub ara Dei animas martyrum vindictam cito petentium, quibus patientiæ data solatia sunt, jussi ut spectarent donec conservorum numerus impleretur.

12. — vi, 12. *Et vidi, cum aperuisset sextum signum* [Vulg., *sigillum sextum*], *et ecce terræmotus magnus factus est*, et cætera. Aperto autem sexto signaculo, per allegoriam terram contremuisse dicit. Sol niger effectus est, luna sanguineo oculo refuscata est, et cætera quæ in fine mundi fieri posse

13. — viii, 1. *Et cum aperuisset signum septimum, factum est silentium in cælo ad semi hora* [Vul., *sigillum*, etc., *quasi media hora*]. Sigillo autem septimo remoto, venit angelus ante tribunal Dei turibulum aureum ferens, in quo supplicationes sanctorum in modum incensi majestatis conspectibus offerat. Tunc primus angelus tuba cecinit, et grando, et ignis cum sanguine permixtus in terra jactatus est, ita ut tertiam partem telluris exureret. Secundo angelo tuba canente, mons ardens in mare projectus est; quod factum sanguineum tertiam partem perdidit animalium et navium quæ continere videbatur. Cum vero tertius angelus tuba cecinisset, magna stella, quæ dicitur *Absentium* [Vulg., *Absinthium*], de cælo corruit super tertiam partem fluminum, et fontium; quæ graviter aquas amaras fecit, unde potantes extincti sunt. Quarto angelo tuba canente, factum est ut tertia pars solis, lunæ, atque stellarum tenebresceret, et eamdem partem cum nocte dies amitteret. Tunc quasi aquila visa est, quæ dicebat : *Væ væ væ habitantibus in terra* : qui erunt talia tantaque visuri.

14. — ix, 1. *Et quintus angelus tuba cecinit, et vidi stellam de cælo cecidisse*, et reliqua. Quinto angelo canente tuba, stella cecidit in profundum putei, et fumus inde progressus est, qui aera, solemque tenebravit : unde exeuntes locustæ tanquam scorpiones, neque fenum, neque arborem lædebant, nisi eos tantum qui signum crucis in suis frontibus non habebant; ut quinque mensibus cruciati, tanquam ab scorpionibus percussi, in suo graviter dolore congemerent. Describitur etiam in mysticam nocendi potentiam positio locustarum, quod Tychonius minutius et abundanter exposuit : quibus angelum terribilem dicit præesse, cujus nomen *Exterminator* est. Sexto angelo idem canente tuba, soluti sunt angeli, qui erant in Euphrate fluvio quattuor alligati : isti equis armisque terribiles, tertiam partem hominum extinxisse relati [sunt, qui factorum suorum pœnitentiam non egerunt.

15. — x, 1. *Et vidi alium angelum fortem, descendentem de cælo, nube amictum*, et cætera. Alium angelum se refert vidisse fortissimum, amictum nube, cujus facies erat ut sol; pedes autem ipsius ut igneæ columnæ; positoque dextro pede in mari, et sinistro in terra, voce magna clamavit : et responderunt......
.... esse commonitum. Juravit autem angelus, quoniam mundus nequaquam ulterius protelabitur,

---

[a] Pluribus diversisque harum figurarum interpretationibus hæc quoque erit adjungenda.
[b] Explicat inferius num. 20, quod de hoc signatorum præfinito numero dicituri *ad beatos omnes aptandum* esse.

sed cum cœperit septimus angelus tuba canere, finietur: sicut omnimodis Dei famulos constat esse prophetatos. Librum quoque commonitus accepit ab angelo, quem deglutiens, in ore ejus erat dulcis, in ventre vero ipsius amarus effectus est: quia lex Domini cum manditur suavis, cum oblivione devoratur, amara fit. Arundinem quoque similem virgæ suscepit, per quam visus est metiri loca quæ Christianus populus obtinebat; alia vero relinquere quæ infideles poterunt obtinere. Hi sunt qui in finem sæculi per tres et semis annos [a], Antichristo regnante, in martyrum sanguinem bacchabuntur. Fit quoque Enoch et Eliæ commemoratio, quod palam jacebunt, et insepulti triduo, donec vocati subito ascendere videantur in cælum. Quos respicientes inimici terrore magno turbabuntur, et gloriam Deo sub magna admiratione præstabunt.

16. — XI, 15. *Et septimus angelus tuba cecinit, et factæ sunt voces magnæ in cælo*, et reliqua. Angelo septimo tuba canente, refert voces lætantium factas in cælo, quoniam tandem aliquando regnum Dei, quod spectabatur, advenerit, et illa quæ sunt promissa, completa sint. De matre vero atque Domino Jesu Christo, et de diaboli adversitate pauca perstringit, futuris præterita jungens: dicens, Deum ascendisse ad cælos, matrem vero ipsius aliquanto tempore in secretioribus locis esse servandam [b], ut eam illic pascat annis tribus, et semis; quod in magnum sacramentum, sicut Tychonius refert, constat edictum.

17. — XII, 7. *Et factum est bellum in cælo, Michael et angeli ejus, ut pugnarent cum dracone* [c]. Bellum refert Michaelis angeli cum dracone, qui præcipitatus in terram corruit, ita ut locum beatitudinis ulterius non haberet; quod tamen in initio mundi contigisse non dubium est. Secuta est bonorum facta graduatio, quando diabolus cecidit, qui bonis jam fidelibus semper invidit; sed terræ marique graviter condoletur, quando malitiam tam magni ponderis acceperunt. Fit iterum commemoratio matris et Domini Christi; quod diabolus credens se matrem lædere, ex ore suo vastissimum flumen emisit, qui eam putabatur absorbere; sed illa in tutissimum locum recepta venena diabolicæ fraudis evasit. Illos tamen inveterator malorum persequi non desinit, qui dominicis jussionibus obædientes esse noscuntur.

18. — XIII, 1. *Et vidi de mari bestiam ascendentem, habentem cornua decem et capita septem*. In Antichristi typo de mari consurgere bestia magna describitur, quæ diversis membris ferarum terribili imaginatione formatur. Hæc tribus semis annis [*forte* tribus et semis. *Vulg.*, menses 42] cum sanctis bellum aditura narratur, quorum sanguine cædibusque depascitur;

quæ in Deum nimias est locutura blasphemias: ad postremum adorabunt eam perfidi, qui munera Domini non habebunt. Hoc tamen generaliter definitur, quoniam qui alterum capere voluerit, ipse captivus erit, et vicissitudines malorum digna compensatione recipiet: eatenus enim sancti mala patiuntur, sed mox ad spem suam, Domino præstante, perveniunt.

19. — XIII, 11. *Et vidi aliam bestiam ascendentem* [Vulg., *ascendentem de terra*], *et habebat cornua duo*, et reliqua. Alia bestia consurgere de terra describitur in typo diaboli, id est Antichristi, revera bellua, quæ multos est improvidos vastatura. Tunc multa Antichristus miraculorum signa facturus est, ut magna devotione adorari faciat idolum, sacrilega falsitate compertum. Ponitur etiam humano generi tam sæva condicio, ut nullus vendat alteri nec emat ab alio, nisi qui bestiæ nomine, id est devotione ipsius, fuerit adnotatus. Deinde proprius numerus bestiæ sub quodam modo calculationis exponitur.

20. — XIV, 1. *Et vidi, et ecce Agnum stantem in monte Sion* [Vulg.: *Et ecce Agnus stabat supra montem Sion*], *et cum eo* $\overline{CXLIV}$ [d], *et cætera*. In monte Sion vidisse se dicit stantem Dominum Christum, et cum eo $\overline{CXLIV}$ beatorum, qui nomina tam ipsius quam Patris ejus in frontibus suis scripta portabant. Hi nullo mendacio, nulla fidei fornicatione polluti sunt: quod tamen ad omnes beatos constat aptandum: isti personabant Domino canticum novum, quando ab alio non poterat dici; deinde mirabili prosecutione laudantur. Alterum se dicit angelum vidisse, qui diversis populis evangelizabat, et gentibus Deum debere metui, dignaque illi . . . . quoniam ejus judicii . . . . adventus. Secundus angelus subsequens dixit Babylonem et infideles pariter corruisse: quæ vino fornicationis impleta cum suis perditis erroris crapulam sustinebat. Tertius quoque angelus dixit: *Si quis adoraverit bestiam et imaginem ejus* [Vulg. vers. 9, *ejus et acceperit*], *in iram Domini lapsus incurrit*: fit autem pœnæ ipsorum terribilis et contremiscenda descriptio.

21. — XIV, 13. *Et audivi vocem de cælo dicentem mihi: Scribe: Felices* [Vulg., *Beati*] *mortui qui in Domino moriuntur*, et reliqua. Jussum est de cælo ut quæ dicebantur scriberet, protestans felices esse mortuos quorum labores cum vita finita sunt. Vidit etiam albam nubem, supra quam Filius hominis consedebat; cujus diversa effigies pro rerum qualitate formatur; ille enim sic veniet, sicut ab apostolis est revisus in cælum. Habuit ergo tunc in capite auream coronam, majestatis suæ splendidissimam dignitatem; in manu acutissimam falcem, cujus imperio in fine sæculi generatio nefanda metenda est. Nam dicente angelo: *Tempus est secandi messem, quæ jam*

---

[a] Ita restitui; erat enim in ms. *per tressimos annos*. Illud ab auctore respicitur, *tres dies, et dimidium*, XI, 9.

[b] Quod hic traditur de intemerata Redemptoris matre audiendum non est, quamvis ipsum quoque Cassiodorium mystice locutum esse suspicari possimus ex iis quæ sequuntur. Abditissima mysteriorum involucra, quæ *in magnum sacramentum* sive mysterium dicta esse, jure merito Tyconius ille asserebat, quis satis apte explicare possit?

[c] Vulg.: *Prælium magnum in cælo, Michael et angeli ejus præliabantur*, etc.

[d] Millenarii notam liber hic, linea superducta, signat: ita et lapides solent.

aruisse cognoscitur, falcem suam misit in terra, hominesque impios summa celeritate desecavit. Item angelus falcem suam misit in terra, bonosque ejus, quasi homines malitia praetumentes, incunctanter abscidit : qui in furoris Dei torcular immissi, sanguine per mille sexcenta stadia maduerunt : quod ad mysticam significationem non est dubium pertinere. Vidisse se etiam refert angelos septem, habentes in potestate sua plagas septem, quas Domini indignatione daturi sunt. In mari quoque vitreo, igne permixto, stabant martyres, qui victoriam adversum diabolum Domini munere perfecerunt, canticumque Deo cum magna exultatione reddebant.

22. — xv, 5. *Et post hæc vidi, et ecce apertum est templum tabernaculi martyrii* [Vulg., *tabernaculi testimonii*] *in cœlo*. Aperto templo ubi martyres erant, septem se angelos vidisse dicit, ferentes plagas quas daturi erant populo videlicet infideli; et induti candidis vestibus, zonisque aureis circa pectora praecincti, septem phialas in suis manibus acceperunt, ut supra terram et in fluminibus diversas species necessitatum supra eos effunderent, qui, Domini voce contempta, idolis et perversitatibus serviebant. Tunc ore sanctorum gloria Domini cantabatur, quoniam compensatio digna secuta est.

23. — xvi, 8. *Et quartus angelus effudit phialam suam super solem, et ea quæ sequuntur.* Quartus, quintus, sextus, septimus angelus fialas quas acceperant effuderunt; et tantis necessitatibus terra percussa est, ut vox exiret a Domino, dicens, *Actum est*; statimque voces, et tonitrua, et terraemotus factus est talis qualis a saeculo nunquam constat esse effectus. Tunc civitatem Dei, ut arbitror, Trinitatis [a] dicit credulitate fundatam; et Babyloniam recepisse quod ei Divinitas olim praeparavit inferre, omnes potestates et elationes a propria se consuetudine submoverunt, quando magna grandine caesi atque afflicti, infideles Dominum blasphemare coeperunt, dum tantus impetus ejus esset, ut non possit ullo modo sustineri.

24. — xvii, 1. *Et venit unus ex septem angelis habentibus phialas septem*, et reliqua. Unus ex angelis qui habuerant plagarum phialas septem promittit Joanni ostensurum se meretricem illam Babyloniam, quae toto orbe famosa est : tunc spiritu translatus aspexit super bestiam mulierem sedentem, bysso, et purpura, gemmisque decoratam; in cujus manu erat poculum execrationis et criminis; in fronte vero scribebatur : *Babylon, mater fornicationum totiusque terræ pollutio* [b], et erat etiam sanguine martyrum crudeliter ebria, et scelerum ubertate plenissima : unde admiratus est tam deformiter compositam videre, quam cuncti dominam putabant esse terrarum.

25. — xvii, 7. *Post hæc vidi alium angelum. Propter quid miratus es* [c]? *ego tibi dicam*, et sequentia. Ammiranti Joanni angelus interpretatur quae sit meretrix illa quam viderat sedentem supra bestiam quae habebat capita septem et cornua decem; quam nonnulli de Romana volunt intelligere civitate, quae supra septem montes sedet, et mundum singulari dicione possidet. Alii de Babylonia dicunt magis esse narratum, positione ejus, non montibus, sed praetumidis potestatibus adscribentes : quam dicit a populis conterendam, quibus prius dominata esse videbatur. Refert etiam decem reges potestatem habituros in terram : unum vero eorum, qui vocatur Antichristus, in fine saeculi reservandum, qui contra Christum bellum quidem parare disponit, sed iniquitas ejus, Domino vincente, subcumbit.

26. — xviii, 1. *Post vidi alium angelum descendentem de cœlo, habentem potestatem magnam.* Vidit etiam angelum alium in terra descendentem, cujus claritas in toto orbe lampavit; qui dicebat : *Cecidit, cecidit Babylon illa potentissima, quoniam non apud se fornicata est, sed cunctis gentibus pereundi dedit exempla.* Alia quoque vox secuta est, ut congregatio fidelium ab ea celeriter exiret; ne ruina sua populum qui Domino credebat involveret. Babyloniae autem reddenda dicit esse duplicia, quae se superbiae praesumptione jactabat : tunc reges et mercatores ejus graviter deflent in modico periisse eam quae possidere mundi bona singulariter existimabat.

27. — xviii, 15. *Mercatores quoque horum, qui divites facti sunt, ab ea longe stabunt*, et caetera. Trahuntur adhuc verba dolentium et imputantium Babyloniae, quod ita subito praepotens divitiis et elata potestate corruit; ita ut pulverem supra capita sua mittentes, amatam . . . . Inpensis se lacrymis consolentur, conversique dicant : *Exultate supra eam, sancti, quos persecuta impia voluntate trucidavit : quoniam sanguis vester de ipsa abunde noscitur vindicatus.* Post haec angelus sustulit molem magnam projectamque in mari, dixit Babylonem illam magnam tali impetu esse casuram; nec ulterius ibidem nuptias faciendas, aut audienda quoquo modo verba laetantium : propter quod capax erat criminum et exemplar omnium undique vitiorum.

28. — xix, 1. *Post hæc audivi quasi vocem turbarum magnarum in cœlo*, et reliqua. Postquam Babyloniae quae dicebantur impleta sunt, sanctorum, angelorum, atque seniorum omnium in coelo gratulatio magna provenit : ita ut adorantes Dominum crebris vocibus, tanquam tonitrua concrepantia, canerent *Alleluia*, qui superbiam pessimae meretricis digna ultione prostravit; addentes hymnum suavissimum, quia Dominus Christus cum sponsa sua, id est Ecclesia sancta, conjunctus est. Tunc Joanni angelus dixit : *Scribe, quoniam hæc verba Dei sunt, beatos esse qui ad cœnam Domini vocantur.* Qui dum eum vellet adorare, prohibitus est : quoniam boni angeli non se volunt adorari, sed Deum. Tunc elevatis oculis vidit Dominum Christum sedentem supra equum album; qui nimis mirabili terrore describitur, ha-

---

[a] Ex eo, *facta est civitas in tres partes*, vers. 9.
[b] Vulg. : *Mysterium : Babylon magna, mater fornicationum et abominationum terræ.*
[c] Vulg. : *Et dixit mihi angelus : Quare miraris? etc.*

bens vestem sanguine sparsam propter testimonium passionis : procedebat gladius acutus, quia sermo ejus fortis et efficacissimus approbatur; habens etiam pro significatione carnali in femore suo scriptum : *Rex regum, Dominus dominorum.*

29. — XIX, 17. *Et vidi unum angelum stantem in sole, et magna voce clamavit, dicens,* et reliqua. Angelus auditus est cœli volantibus, id est sanctis viris, dicere : *Venite ad cœnam Domini :* quales decuit ad ejus convivium videlicet invitari. Et ut factæ allegoriæ contropatio servaretur, dicit diversorum animalium, quasi variis hominibus qui sunt in Ecclesia colligendi, carnibus esse vescendum. Visus est quoque diabolus cum magno exercitu, veniens contra membra Domini Christi bella gesturus; sed captus cum pseudopropheta suo Antichristo in stagno ignis graviter flagrantis immersus est. Cæteri comites, qui bestiam sunt secuti, gladio Domini trucidati esse noscuntur; cunctisque avibus, id est sanctis, impiltationis pabula præbuerunt. Tunc angelus de cœlo descendens, adprehenso dracone, qui est Satanas, catena religatum misit in abysso; alligavitque eum mille annis [a] (quod per figuram synecdoche a parte totum dicitur, quando ejus finis omnimodis habetur incognitus, qui tamen consensu Patrum a nativitate Domini computantur), ne credituras gentes libera potestate confunderet. In fine vero sæculi dicit eum esse solvendum, quando multi martyres et confessores, veniente Antichristo, germinabunt. Vidit etiam martyres Dei, qui nequaquam in frontibus suis signa diabolica perceperunt : primam resurrectionem dicens in fide, qua renascimur ex aqua et Spiritu sancto, in qua secunda mors non habet locum. Permanet autem generaliter fidelium de Christo sacerdotium, donec constituti temporis quantitas impleatur.

30. — XX, 7. *Et cum finiti fuerint mille anni, solvetur Satanas de custodia sua* [Vulg. : *Et cum consummati,* etc., *de carcere suo*], et cætera. Exire dicit post annos mille Satanan de custodia sua, ubi nunc cognoscitur esse ligatus (sed et istud accipiendum est a parte totum, quoniam hoc hominibus constat incognitum), ad seducendas nationes quæ in toto mundo dispersæ sunt : quatenus castra sanctorum impia dominatione pervadant : quos mox ignis divinus extinguit, et diabolum, qui eos sollicitaverat, in stagno mergit ardenti, ubi et illa crudelis bellua cum suo pseudopropheta Antichristo projecta fuisse narrata est. Vidit etiam tronum candidum, et sedentem super eum Dominum Christum, qui in resurrectione futura facta sua unicuique digna compensatione restituit. Tunc videns cælum novum et terram novam, Hierusalem quoque conspexit ornatam, sicut marito solet comptissima sponsa præparari : et audita est vox de cælo : *Ecce tabernaculum quod constat esse promissum, ubi hominibus datum est habitare cum Deo; ubi, omni tristitia necessitatis exclusa, æterna noscitur regnare lætitia.*

31. — XXI, 5. *Et dixit sedens in throno : Ecce nova facio omnia,* et reliqua. Dicit sibi dixisse Dominum Christum ut visa auditaque conscriberet, quoniam ipse est Λ et Ω, faciens nova mutansque præterita, sitientibus aquam vitæ præstans; et quicunque fidelis ejus fuerit, hæreditatem ipsius loco filii possidebit; infideles vero in ardenti stagno mittendi sunt, sulphureo fetore concreto, quæ nuncupatur veracissime mors secunda. Unus autem angelorum, qui plagarum septem phialas tenere relati sunt, Joannem in montem duxit excelsum, cui ostendit Hierusalem de cœlo descendentem, miraculorum varietate pulcherrimam, cui fulgores gemmarum splendidissimi comparantur; et sic tota describitur, ut ad intelligentiam magni mysterii ejus decora diversitas applicetur.

32. — XXI, 19. *Primum fundamentum, jaspis; secundum, sapphirus; tertium, chalchdon,* et reliqua. Adhuc illius Hierusalem mirabilis pulchritudo describitur, quæ etiam in fundamentis suis invicem sanctorum gemmas pretiosissimas habere narratur. Hæc in apostolorum numerum duodecim portis semper aperta est; cujus platea purissimo auro constrata resplendet, et quod ornatum cunctum, vel omne pretium quantitatis excellit, non de solis lumine, sed de suo cognoscitur auctore lucere : ubi nihil inquinatum, nihil sordidum repperitur; sed fluvius vitæ de Domini sede progrediens, per medium ipsius perspicuo candore dilabitur : cujus utrasque ripas nemorosæ arbores referuntur ornare, quæ fructus suos per menses singulos largiuntur : ubi non erit nox, neque ulla indigentia, quoniam Dominus illuminat cunctos et satiat. Postremum beatos esse dicit, qui hujus libri dicta fideli mente servaverint.

33. — XXII, 8. *Ego Joannes, qui hæc audivi et vidi, et cum audissem et vidissem hæc, prostravi me* [Vulg., *cecidi*], et reliqua usque ad finem. Cum se verba libri hujus Joannes audisse diceret et vidisse, gratias agens, angelum voluit adorare; cui ab ipso responsum est sanctorum se conservum esse, non Dominum; sed illum potius adorandum qui cælum fecit et terram. Post hæc loquitur Dominum cito esse venturum, qui operas uniuscujusque discretione facta dijudicet : beatos dicens qui conscientias suas bonis actibus mundaverunt; ut in ligno vitæ, id est in crucis fide possint habere fiduciam : nam foris a regno Domini excludendi sunt quicunque se fœdis actibus polluerunt : per multas diversasque sententias Dominum se Christum esse confirmans : contestans, ne

---

[a] *Alligavit eum, ne credituras gentes libera potestate confunderet :* cætera per modum parentheseos interjiciuntur. Memorat Cassiodorius Div. Lect. cap. 9 Vigilium quemdam, Africanum antistitem, *de mille annorum intelligentia* plenissime disseruisse; quod opus vel interiit, vel adhuc delitescit. Vide Augustinum, de Civitate Dei lib. XX, cap. 7. Quod subditur, spatium hoc multorum Patrum sententia *a nativitate Domini computari,* ad opinionem multis olim subortam videtur referri, millesimo post Christum anno rerum universitatem dissolutum iri, et Antichristum adventurum.

quis in hoc libro quidquam aut addat, aut minuat, qui ad intelligentiam æternæ vitæ concessus esse dinoscitur; omnes faciens esse præparatos, cum se cito venturum frequenti repetitione testetur. Amen.

SCIPIO MAFFEIUS NICOLAO COLETIO. S. D. [a]

Intellexi ex tuis litteris te momentis rationum mearum, quibus ab Ughelliana episcoporum Veronensium historia universe expendenda, documentisque exagitandis abstinere decrevi, tandem acquiescere ac postulationes tuas eo redigere, ut si quid habeam de vetustioribus saltem episcopis, quod neque ab Ughellio, neque ab historicis nostris allatum fuerit; itemque si quem forte præsulem detexerim, qui nondum innotescat, et a diptychis nostris adhuc exsulet, tecum statim communicem : quæ quidem paucis præstabo.

Nullum exstat ea de re monumentum antiquius rhythmica quadam Veronæ descriptione, regnante Pipino Caroli M. filio, ab anonymo auctore elucubrata. Priorem illius partem edidit Hieronymus a Curte in Hist. Veron. lib. I, ex ms. chronico apud Jesuatos; reliquæ, in qua octo primi episcopi recensentur, ex antiquissimo libro apud Cœlestinos cœnobii Ariminensis aliquot verba allegat Perettus: frusta quædam occurrerunt mihi multis abhinc annis in Zenoniano codice. Verum perierat prorsus insignis documenti pars præstantissima, nisi P. Mabillonius ex Lobiensi bibliotheca integrum demum absolutumque emisisset. Ratherius, multis scriptis clarus, ab eo monasterio ad sedem Veronensem, anno 928, ut Sigebertus docet, translatus fuerat : qui cum deinde Veronæ valedicere et monastica aliquando claustra repetere cogeretur, descriptionem illam, simul cum ichnographia civitatis nostræ minio depicta, Lobiam pertulit. Ea quidem membrana, nec non ichnographia, quæ historiæ Veronensi maximo adjumento esset, anno 1713 per fratrem meum, Namurcensi tunc provinciæ præfectum, operam dedit, ut summa diligentia perquirerentur; abbatia siquidem Lobiensis vix decem aut duodecim horarum iter a Namurco abest : verum irrito conatu, multumque conquerentibus patribus, plures codices vel subreptos fuisse, vel ab iis qui utendos acceperunt minime redditos. Cum Mabillonii analecta vetera, quorum tomo primo rhythmicum id monumentum insertum est, in Italia perquam raro occurrant, ejus exemplar, quod fideliter olim exscripsi, ad te mitto : mirum est quam juvet historiam nostram.

Magna et præclara pollet urbs hæc in Italia, in partibus Venetiarum, ut docet Isidorus, quæ Verona vocitatur olim antiquitus.

Per quadrum est compaginata, murificata firmiter, quadraginta et octo turres præfulgent per circuitum : ex quibus octo sunt excelsæ, quæ eminent omnibus.

Habet altum laberinthum, magnum per circuitum, in qua nescius egressus non valet egredi, nisi igne lucernæ, vel a filo glomere.

Foro lato spatioso sternuto lapidibus, ubi in quatuor cantus magnus instat forniceps plateæ miræ sternutæ desectis lapidibus.

Fana tempora constructa ad deorum nomina Lunis, Martis, et Minervis, Jovis, atque Veneris, Saturni, sive Solis, qui præfulget omnibus.

Et dicere lingua non valet hujus urbis schemata : intus nitet, foris candet circumsepta laminis, in aere pondos deauratos metalla communia.

Castro magno et excelso, et firma pugnacula, pontes lapideos fundatos super flumen Adesis, quorum capita pertingunt in orbem ad oppidum.

Ecce quam bene est fundata a malis hominibus, qui nesciebant legem Dei, nova atque vetera simulacra venerabant, lignea, lapidea.

Sed postquam venit plenitudo temporum, incarnavit deitatem nascendo ex Virgine, exinanivit semetipsum, ascendit patibulum.

Inde depositus ad plebem Judæorum pessimam, in monumento conlocatus, ibi mansit triduo, inde resurgens cum triumpho, sedit Patris dextera.

Gentilitas, hoc dum cognovit, festinavit credere quare ipse Deus cœli, terræ conditor, qui apparuit in mundo per Mariæ uterum.

Ex qua stirpe processerunt martires, apostoli, confessores, et doctores, et vates sanctissimi, qui concordaverunt mundum ad fidem catholicam.

Sic factus adimpletus est sermo Daviticus, quod cœli clariter enarrant gloriam Altissimi a summo cœlorum usque terræ terminum.

Primum Verona prædicavit Euprepus episcopus, secundus Dimidrianus, tertius Simplicius, quartus Proculus confessor, pastor egregius.

Quintus fuit Saturninus, et Sextus Lucilius, Septimus fuit Gricinus doctor et episcopus, octavus pastor et confessor Zeno martir inclitus.

Qui Veronam prædicando reduxit ad baptismum, a malo spiritu sanavit Galli filiam, boves cum... vergentem reduxit a pelago.

Et quidem multos liberavit ab hoste pestifero... Non queo multa narrare hujus sancti opera, quæ a Syria veniendo usque in Italia, per ipsum omnipotens Deus ostendit mirabilia.

O felicem te Verona ditata et inclita, qualis es circumvallata custodibus sanctissimis, qui te defendant et expugnent ab hoste nequissimo!

Ab Oriente habet primum martirem Stephanum, Florentium, Vindemialem, et Maurum episcopum, Mammam, Andronicum, et Probum cum quadraginta martiribus.

Deinde Petrum et Paulum, Jacobum apostolum, præcursorem et Baptistam Joannem, et martyrem Nazarium, una cum Celso, Victore, Ambrosio.

Inclitos martires Christi Gervasium et Protasium, Faustinum atque Jovitam, Eupolum Calocerum, Domini matrem Mariam, Vitalem, Agricolam.

In partibus meridianis Firmum et Rusticum, qui olim in te susceperunt coronas martirii, quorum corpora ablata sunt in maris insulis.

Quando complacuit Deo regi invisibili, in te sunt facta renovata per Hannonem præsulem, temporibus principum regum Desiderii et Adelchis.

Qui diu moraverunt sancti non reversi sunt, quorum corpora insimul condidit episcopus aromata, et galbanen, stacten, et argoido, myrrha, gutta, et cassia, et thus lucidissimus.

Tumulum aureum coopertum circumdat præconibus, color stritus mulget sensus hominum : modo albus, modo niger inter duos purpureos.

Hæc, ut valui, paravit Hanno præsul inclitus, per cujus flamma claret de bonis operibus ab austræ finibus terræ usque nostri terminus.

Ab occidente custodit Sixtus et Laurentius. Hippolitus, Apollinaris, duodecim apostoli Domini, magnus confessor Martinus sanctissimus.

Jam laudanda non est tibi urbis in Auxonia, splendens, pollens et redolens a sanctorum corpora, opulenta inter centum sola in Italia.

---

[a] Tomo V nuperæ editionis Italiæ Sacræ subsequens epistola inserta est, in qua capitulares Veronensis ecclesiæ membranæ memorantur. Iterum autem hic exhibetur, quod ex manco quodam et inemendato exemplari prior typographus non uno loco fuerit deceptus, ut conferenti patebit.

*Nam te conlaudant Aquileia, te conlaudant Mantua,
Brixia, Papia, Roma, simul Ravenna, per te portus
est undique in fines Ligoriæ.*

*Magnus habitat in te rex Pippinus piissimus, non
oblitus pietatem aut rectum judicium, qui bonis agens
semper cunctis facit prospera.*

*Gloria canaius Deo regi invisibili, qui talibus te
adornavit floribus misticis, in quantis et resplendes,
sicut solis radiis.*

Viden, ubi pastores prisci recensentur, quam diversa serie?

Anonymus,	Euprepius,
Euprepus,	Cricinus,
Dimidrianus,	Agapius,
Simplicius,	N. incomperti nominis,
Proculus,	Saturninus,
Saturninus,	Lucilius,
Lucilius,	Diomidianus,
Gricinus,	Zenou,
Zeno.	Proculus.
Ughellius,	

At cum Ughellius, tum historici nostri, elenchorumque consarcinatores, ubi pedem figant, non habent, nec antiquum testem proferunt, nec monumento nituntur ullo. Qui ante annos aliquot ordini Veronensi episcoporum historiam adjecit, Dimidrianum sextum decimum statuit, Saturninum decimum quartum, Lucilium, seu Lucillum, decimum octavum : quo fundamento si exquiras, nihil est quod afferatur. De Agapio inscriptionem proferunt, quam proximis sæculis compactam quis primo intuitu non agnoscat? Mihi ergo, nec vetustius, nec sincerius documentum usque in hanc diem reperienti, piaculum videretur ab anonymi traditione recedere : præcipue cum et secundus testis adsit, qui annis plus quam ducentis hujus argumenti scriptores cæteros antecessit; nempe Joannes ecclesiæ Veronensis diaconus, qui in Imperiali, quam exaravit, historia, nunc deperdita, primos octo Veronensium præsules iisdem nominibus ac eodem prorsus ordine recitabat, ut ex Panvinio, Antiq. Veron. lib. IV, cap. 3, discimus, qui eam chronicam legerat.

Tempus autem quo isti sederint, statuere non ita in promptu est : propterea multorum Veronensium antistitum, *quorum tam gesta quam tempora incomperta sunt, nuda nomina ordine alphabetico descripserat Panvinius* ibid. lib. IV, cap. 7, quamvis post hæc ipsa verba diversa prorsus methodo posthumi operis editores seriem adjecerint et arbitrio suo concinnarint. Trium tamen ex his ætatem deprehendo, unde et cæterorum conjicere atque arguere liceat : S. Proculi in primis, qui Firmi et Rustici martyrio interfuit, ut ex illorum actis liquet apud Mombritium, tom. I, pag. 285: quæ non est cur respuamus, etiamsi alicubi interpolata. Non recensuit quidem Ruinartius, at multa prætermisit ex genuinis. In Lectionario optimæ notæ, et non vulgaris vetustatis Canonicorum codice ipsa eadem non semel legi. Anno igitur 304, quo sancti martyres sub Maximiano Herculeo passi sunt, huic gregi Proculus præerat; cujus antiquum epitaphium (cum inscriptionibus aliæ, quæ de his octo episcopis celebrantur, recentioris ævi sint singulæ) Pario marmori insculptum, et in ejus ecclesiæ confessione superstes accipe. Vulgatum est sæpius, nunquam tamen satis exacte. Gruterus pag. 1058 duo carmina rite concinnans, ut metri rationem haberet, veritatem neglexit; aliquanto melius exhibuit Panvinius, non uno tamen loco et ipse deflectens. Verba nullo distinentur intervallo.

HIC CITO CoNSENVI IAM ME PRE
CEDET LONGIOR AETAS ✠
VIVAMQVE DIV MELIORI
BUS ANNIS PRoCVLI EPI
CoRPVS ET SANCToRUM MAR
TYRVM CoSME ET DAMIANI
SEDET CoNFESSoRES MARTINI
RELIQVIAE QVIESCENT IN PACE

Ætas Lucilli facilius constat, cum anno 347 Sardicensi concilio subscripserit. Neque S. Zenonis incomperta est, cum liqueat ex D. Ambrosii epistola ad Syagrium Veronensem episcopum data, non multo ante id temporis sedisse; sacratam enim virginem, de qua agebatur, *Zenonis sanctæ memoriæ judicio probatam*, docet Ambrosius, epist. 1 lib. VI, *ejusque sanctificatam benedictione*. Scio Baronium (in Adnotationibus ad Martyrologium), quem deinde nostri ipseque Ughellius gregatim secuti sunt, hinc populi Veronensis de S. Zenonis ævo opinionem veritum, hinc Ambrosii testimonio victum, ut omnia componeret, duos hujus nominis præsules nobis tribuisse : at refragantibus Ecclesiæ nostræ, in qua de Zenone altero nihil auditum fuerat unquam, monumentis vetustisque membranis a me excussis, ac tot sæculorum traditione. Quæ de tertio sæculo percrebuit opinio, ab ea S. Zenonis vita fluxit, quam Coronatus quidam notarius adornavit, edidere Mombritius, deinde Ughellius corrupte, postremo Henschenius et Papebrochius : in ea scilicet Gallieni tempore pastor noster floruisse traditur; sed documentum illud aut mendis scatet, aut secus intelligendum. Rhythmica descriptio nuper allata S. Zenonem *a malo spiritu sanasse Galli filiam* præfert. Potuit quidem eo nomine et Gallienus indicari, ut ex quibusdam actis colligo; potuit tamen et privatæ sortis homo : nulla enim astat Augustei vel Cæsarei fastigii nota. Gallienum suum Coronatus *regem* appellat, ejusque *regalem coronam* memorat, quæ Romanorum imperatori minime aptantur. Imperatorem connotarent equidem prima post procemium apud Ughellum verba, *temporibus Gallieni*; at insititia sunt, quapropter minime habentur apud Mombritium melioribus, ut solet, codicibus usum. Regulum quemdam innui suspicatur Papebrochius, eoque maxime quod in missali Ambrosiano habeatur, *filiam Gallieni principis*. Ad viri docti suspicionem roborandam ex Vitæ verba perpendantur : *Non egrediar de corpore isto, nisi Zenon episcopus venerit*; illaque : *Tunc ex jussu regis milites pergunt ad virum Dei, ille enim sedebat super lapidem* : quibus aperte indicatur a loco quo puella consistebat et vexabatur, Zenonem brevi intervallo abfuisse. Clarius iterum quæsequuntur : *Exsurgens autem S. sacerdos fecit orationem, perrexitque ad palatium, ubi cruciabatur rex*. Quis enim hominem quorum iter ingredientem *ad palatium pergere* dixisset? Memini, cum hæc aliquando perlegerem, succurrisse mihi, in Antonini Itinerario inter Tridentum et Veronam, ab ista M. P. 36 *palatium* collocari. Num ibi regulus aliquis, Gallienus nomine, Rhætorum montibus imperitans tunc commorabatur? Quidquid sit de his, nulla satis solida ratio est, qua ad duos Zenones commiscendos impellamur, cum et pastoris nostri sermones, quorum non exiguam partem, doctissima criticorum natione universa nequidquam adversante, alibi Deo favente tuebor, quarti sæculi scriptorem sæpius produnt. Quid autem apertius iis verbis in sermone de Continentia, quibus prima Christianorum tempora *ante annos ferme quadringentos* diserte docet fuisse? Posteriores quidem editiones, quod incredibilius aversor, falsaverunt hunc locum, pro *quadringentos* reponentes *ducentos*; at perperam, et reluctante cum mss. omnibus principe editione, quæ apud me est, an. 1508 Venetiis adornata. Constat ergo, sicut D. Proculi et Lucilli, ita S. Zenonis ævum in aperta esse; ex quibus quinque aliorum tempus satis firma conjectura assequi possumus. Doleo profecto acceptiora me clero nostro loqui haud potuisse, cum scilicet ante Proculum, adeoque ante quartum sæculum, tres tantum episcopos videamus, de fide apostolicis temporibus in hac urbe sata, deque Euprepio a D. Petro apostolo huc misso, rumor ruit omnis. At veritati, ut hactenus præstiti, ita et in posterum *dum spiritus hos reget artus*, unice litare mihi constitutum est. Populares fabellæ, nec non historiolæ decimo sexto ut plurimum sæculo concinnatæ cujuslibet fere

Italiæ civitatis pastorem primum ab apostolorum ævo, ipsisque Christianæ fidei incunabulis arcessunt, seriemque episcoporum mirificam nec interruptam perbelle ædificant; quamplures tamen fuisse ex his civitatibus, in quibus ante tertium sæculum episcopi nomen nec sit auditum, rerum ordinem et tempora perpendenti constabit; neque enim Christiana religio in omnibus illico universæ Italiæ municipiis celebrari potuit, ac radices agere. In nostra certe, quæ cæteras hujus tractus urbes frequentia, opibus, splendore, dum res Romana stetit, antecellebat omnes, ut nupero libello satis ostendi, quarto jam ineunte sæculo S. Proculus *propter metum paganorum cum paucis Christianis non longe a muro civitatis latitabat*, ut SS. Firmi et Rustici acta docent; et eodem demum sæculo inclinante, S. Zeno *Veronam prædicando reduxit ad baptismum*, ut anonymus memorat, hoc est, majorem populi partem ad bonam frugem traduxit.

Quod attinet ad nondum agnitos eruendos præsules, mirum quidem videri possit post tot indagines quemquam adhuc latere; multo enim magis peccatum est in intrudendis pluribus, quam in prætermittendis. Duos tamen suggeram. Inter scriptores rerum Brunsvicensium, quos collegit Leibnitius, catalogus exstat eorum qui e Goslariensi canonicorum congregatione ad episcopalem sedem evecti sunt. Vilhelmus in his numeratur præpositus XI, deinde Veronensis episcopus, quem nemo adhuc noverat. Floruit ea congregatio sub Henricis III, IV et V. Inter Dietboldum forte, et Aldegerium, quibus Perettus duos interserit ab Ughello rejectos, Vilhelmus iste collocari possit. Episcopus alter, quem profero, nullis typis nomen dedit unquam; erui siquidem ex ms. libro missali pulcherrimo, inter bibliothecæ capitularis vetustissimas, sed laceras, semesas, ac discerptas membranas integro atque incorrupto. In eo magnæ hebdomadæ recensetur ordo ad benedictionem cerei : *Precamur ergo te, Domine, ut nostrum populum, una cum papa nostro, illo et gloriosissimo rege nostro Ottone, nec non et venerabili antistite nostro Volfkango*, et cætera. Qua prece Volfangus noster ab oblivionis tenebris emergit, catalogis adjiciendus in posterum. Quo tempore Ecclesiam nostram rexerit investigandum est. Sub Ottone IV ægre crediderim, cum liber altiorem prodat ætatem. Alamannicum quoque nomen et genus superiorem ætatem subindicant, cum a XII ingresso sæculo ex canonica cleri Veronensis electione indigenæ ut plurimum prodierint episcopi. Mea vero sententia ex iis, *rege nostro Ottone* ab an. 983 ad 996 tempus designatur; nam cæteroquin Ottonis nomen sine imperii titulo nequaquam afferretur : at illo temporis intervallo vacavit imperatoria dignitas, et Otto III, corona atque insignibus a Gregorio V nondum acceptis, *rex* tantum dictus. Eidem spatio temporis Volfangum nostrum assignabimus, quem intrusum fuisse, sunt qui suspicentur : sedisse tamen vetustus et magnificus, quem appellavi, Veronensis Ecclesiæ missalis liber evincit. Ecclesiastica ejus sæculi ejusque præcipue periodi historia nostra valde in ancipiti est, quod ipse animadvertit Ughellius. Extricassem, ut sperabam, nisi tabularium capitulare non multis ab hinc annis gravissimas ob causas repente obsignatum fuisset, ac nulli hominum reseratum amplius. Inter Veronenses a nobis hactenus minime recensitos antistites. Nottingus quoque numerandus videbatur, ad quem Rabanus Maurus epistolam dedit de Prædestinatione adversus Gotescalum ; Veronensis enim dicitur in ejus epistolæ editione a P. Sirmundo procurata : sed virum doctissimum erronea quædam inscriptio fefellit, nam Brixianæ Ecclesiæ Nottingum præfuisse constat, quod etiam v. cl. Paulus Galeardus, quem honoris causa nomino, in notis ad Ughellum tom. IV, nuper patefecit. Hæc habui, Coleti amicissime, quæ de antiquioris ævi præsulibus nostris, ac de nondum detectis proferrem. Cura ut valeas.

CASSIODORI SUPPLEMENTUM[*].

(Ex Maii Spicilegio Romano.)

Ad confirmationem fidei catholicæ et hæreticorum præcavendas insidias, legendi sunt duodecim libri beati Hilarii quos de sancta Trinitate profunda et disertissima nimis oratione conscripsit. Sancti quoque Ambrosii quos de eadem re ad Gratianum principem designavit. Sancti Augustini 15 libri de sancta Trinitate curiosa intentione legendi sunt, nec non et liber ejus qui dicitur de Definitione ecclesiasticorum dogmatum 55 capitulis conscriptus, quorum primum sic incipit : *Credimus unum Deum esse patrem, eo quod habeat filium*. Ultimum ita : *Propter novellos legis latores qui ideo animam tantum ad imaginem Dei creatam dicunt*. Ejusdem ad Petrum diaconum de fide sanctæ Trinitatis libri 2, quorum secundus in capitulis distinctus est 40. Primum incipit sic : *Firmiter tene, et nullatenus dubites, Patrem et Filium et Spiritum sanctum unum esse naturaliter Deum*. Ultimum ita : *Firmiter tene et nullatenus dubites aream Dei esse Ecclesiam catholicam*. Ejusdem de vera religione liber 1; de Doctrina Christiana libri 4; de Agone Christiano liber 1; liber ejusdem quasi philosophiæ moralis, quem pro moribus instituendis atque corrigendis ex divina auctoritate collegit, quem appellavit Speculum. Nec minori studio legendi sunt ejusdem de Civitate Dei libri 22, in quibus et Babylonia confusa civitas diaboli, et splendida Hierusalem urbs Domini Christi, in hominum conversatione competenti diversitate monstrantur. Scripsit etiam de hac re 5 quæstiones de Novo Testamento ad Honoratum presbyterum, et octoginta tres alias mirifica deliberatione formatas. Legenda sunt etiam dicta sancti Athanasii ad cognoscendam veritatem catholicæ fidei. Ad Epictetum epistolam unam in capitulis quatuor. De Sacramento fidei. De Incarnatione Domini. De Spiritu sancto. Epistola fidei suæ ad Theodosium Aquileiam missa. Altercatio ejus contra Sabellium et Photinum. Ejusdem altercatio contra Arium. Item sancti Augustini de Fide catholica contra omnes hæreses. Ejusdem, qui libri in canonibus recipiantur. Ejusdem de Spiritu et anima. Ejusdem ad Dardanum capitula 3. Sermo ejusdem de Unitate Trinitatis incipit ita : *Nativitatem Domini secundum carnem* (a). Finit sic : *sed vos qui Domino servitis et ejus præcepta servatis*. Tractatus ejusdem de Expositione symboli liber 1. Sermo ejusdem de Incarnatione Domini : legimus sanctum Moysen præcepta dantem populo Dei (b). Ejusdem de Prædicamentis. Epistola Cyrilli episcopi ad Joannem Antiochenum. Epistola ejusdem ad Nestorium episcopum hæreticum. Faustini presbyteri expositio fidei contra hæresem Arianam. Ejusdem de

---

[*] *Codex nobilis Vaticanus litteris Langobardicis sæc. XII scriptus, pag. 142 exhibet compendium primi libri Institutionum div. litter. Cassiodori, intermixtis quandoque, sed raro aliis auctoribus, quos inter Beda non semel occurrit. Unum tamen est prædicti compendii capitulum, pertinens ad Cassiodorii cap. 16, quod ab ipsa editione tam immaniter differt, ut novum potius sit ha-* bendum, ideoque a nobis commode hic recitabitur.

(a) Est sermo 125 in appendice apud Maurinos editores, qui ipsum fortasse immerito inter spurios relegarunt.

(b) Hic item haud scio an immerito a Maurinis in appendice num 245 collocatus sit.

fide, quam breviter sibi mitti jussit Theodosius imperator. Joannis Chrysostomi capitula 4. Gregorii Nazianzeni capitulum 1. Basilii episcopi Cappadociæ capitulum 1. Damasi papæ expositio fidei ad Paulinum episcopum Antiochenum. Epistola Leonis papæ ad Flavianum episcopum Constantinopolitanum. Epistola ejusdem ad Juvenalem episcopum Hierosolymitanum. Epistola ejusdem ad Palæstinos episcopos. Epistola ejusdem ad Pulcheriam de fide. Epistola ejusdem de fide ad episcopos Constantinopolitanos. Epistola ejusdem ad synodum apud Nicæam constitutam. Ordo gestorum synodi quæ facta est in civitate Chalcedonensi. Definitio synodi Chalcedonensis. Epistola Leonis papæ ad synodum apud Ephesum. De Περὶ ἀρχῶν Origenis. Adamantii apologia quam pro se misit Rufinus Anastasio urbis Romæ episcopo. Epistola Hieronymi ad Marcellinum, et anapsychia de Statu animæ. Ejusdem ad Pammachium et Maronem de libris Origenis. Expositio Gelasii papæ de duabus naturis Domini nostri Jesu Christi. Sancti Faustini de Trinitate libri 2. Expositio symboli Rufini presbyteri ad Laurentium episcopum. Fulgentii de Fide catholica, et de Institutis ecclesiasticis liber 1. Paschasii de Spiritu sancto libri 3. Alcuini (a) de Trinitate libri 4. Sed et liber Vincentii presbyteri Lirinensis insulæ, quem de libris beati Augustini composuit, et misit sancto Xysto papæ, utilis est pro hac re relegi. Si quis vero de Patre et Filio et Spiritu sancto aliquid

A summatim præoptat attingere, nec se mavult longa lectione fatigare, legat Nicetæ episcopi librum quem de Fide et Incarnatione (b) scripsit; nec non beati Augustini librum de Fide et Incarnatione per interrogationem et responsionem compositus. Utiles etiam sunt ad instructionem ecclesiasticæ disciplinæ memorati sancti Ambrosii de officiis melliflui libri 3.

Postquam dictum est cap. 23 de canonibus Dionysii, post illa Cassiodorii verba Ecclesia Romana complectitur, *sic prosequitur codex Vaticanus :*

Contra hæreses diversas sanctus Augustinus ad Quodvultdeum scribens, nominatim singulas notavit per capitula octoginta novem. Dein contexuit librum, *de his* quæ unaquæque hæresis defendit, incipiens a Simonianis usque ad Pelagianos. Tertio quid Eutyches et Nestorius sentiat. Exponit in ultimo semotim de aliis hæresibus. Decimo incipiens a Carpocratianis, finit in Eutychianis. Scripsit et de hac re Epiphanius pontifex libros mire venerandos. Philaster episcopus B Brixiæ scripsit de singulis hæresibus compendiosa brevitate librum 1, quem alii Hieronymo deputant. Isidorus episcopus in etymologiis suis licet tactim, utiliter tamen de singulis hæresibus facit mentionem.

Denique alio in loco codex :

Inveni item de Pythonissa ejusdem præfati viri (S. Augustini) duos sermones habitos ad populum in basilica.

(a) Hinc cognoscimus auctorem hujus supplementi partim certe diversum esse a Cassiodoro.

(b) Hos ego Nicetæ libros ex codice Vaticano ante hos annos edidi.

INDEX RERUM ET VERBORUM,
QUÆ IN HOC TOMO CONTINENTUR.

A

Aaron interpretatur fortitudinis mons, 262.
Abel (ab) justo nomen cœpit esse sanctorum, 423.
Absalom figura fuit Judæ traditoris, 19.
Abscondi in tabernaculo Dei quid sit, 89.
Absolvitur quisque tanto celerius quanto a semetipso vivacius damnatur, 359.
Absorbere quid sit, 117.
Abundans unde dictum, 486.
Abyssus quid sit, 107, 119.
Accedere ad Deum. *V. Deus.*
Accentus quid sit, 559.
Accidens quid sit, 568.
Actus boni clamorem suum habent, 22. Exorant, 363. Retributiones rerum nobis generant, 345. Dominum laudat, qui se probabili actione commendat, 385. Magnitudo facti potentiam testatur anctoris, 258. Agere viriliter non solum viris, sed et feminis mandatum est, 90.
Adam ante peccatum intellectum purum possidebat, quem peccando perdidit, 409. Quis ante et post peccatum, 484. Quare vetus homo dicatur, 29. Quomodo peccavit, 13. Post peccatum Dominum refugit, 482. Quare morte damnatus, 227. Adæ et Christi comparatio, 14. *V. Christus, Homo.*
Admirabile quid sit, 565.
Adolescens unde dictus, 224. Quid per adolescentulas intelligatur, 725.
Adorandus Dominus triplici de causa, 320. *V. Crux.*
Adulatio a Domino excludit, 477.
Adultero (cum) quis portionem habet, 167.
Adverbium quid, 559. Adverbia comparationis ad quid inventa, 595.
Adversa et prospera per diem et noctem intelliguntur, 412. Quæ vera sint adversa, 29. Adversitates remedia divina dicuntur, 450. *V. Benedictio.*
Ægypti plagæ, 268, 357. Aurum et argentum Ægyptiorum ab Hebræis sublatum non furtum fuit, sed operationis merces, 358. Ægyptus hic mundus est, 459.
Ænigma quid sit, 19, 525.
Ætates mundi numerantur, 313.
Æternitas una dies vocatur, 202, 286. Mala temporalia despicit, qui retributiones æternas considerat, 217. *V. Mundus.*

Æthiopes significant peccatores, 252.
Affectuum duæ sunt species, 562.
Affirmatio quid sit, 588.
Afflictionibus (in) gaudendum est in Domino, 106. Cum fidelis se affligit, iram Dei castigatus evadit, 298. Tanto quis in futuro consolandus, quanto hic fuerit afflictus, 200. Deo imputatur quod hic affligimur, 128. Gravis est afflictio a vicinis accepta, 148. *V. Persecutio, Tentatio, Tribulatio.*
Agareni, id est advenæ, 283.
Ager ab agendo dictus, 369.
Agricultura (de) Columella, et Æmilianus scripserunt, 554. *V. Hortus.*
Alimentum unde dictum, 109.
Allegoria quid sit, 80, 105, 328, 331.
Alleluia nomen est Hebræum a nulla natione translatum, 494, 496. Cur in fine quorumdam psalmorum positum, 496.
Allophyli alienigenæ, 371.
Alphabetum perfectum quid designet, quid imperfectum, 487.
Altare unde dictum, 87. Duplex altare, et unde dictum, 145. *V. Hæreticus.*
Amalech interpretatur parturiens sive dolens, 178.
Ambiguitas quid, 564.
Amblygonium quid, 589.
Ambrosius (S.) sex libros in Genesim edidit, quos Hexaemeron appellavit, 559. Septem libros de Patriarchis, 559. Exposuit S. Lucæ Evangelium, 543. Et omnes S. Pauli Epistolas, 544. *V. Canticum canticorum.*
Amicitia quid sit, 150.
Amicus quid sit, et unde dictus, 150.
Aminadab interpretatur populi mei spontaneus, 527.
Ammon, id est populus turbidus, 283.
Amor Domini duobus articulis hominibus provenit, 389. Anima Dei amore languet, quando ejus dilectioni nihil præponit, 509. Cur amor somnus appelletur, 512. *V. Charitas, Dilectio.*
Amorrhæus exacerbatio, 463. Amorrhæi amaricantes dicuntur, 459.
Anceps quid, 565.
Angelus officii nomen non naturæ, 497. Angelus nuntius interpretatur, 348. Quid sit angelus, et quare conversos affligat, 114. Angelis verbum Domini est voluntas ejus,

546. Angeli preces hominum ad Deum deferunt, 78. Spiritus immundi cupiunt se adorari, bonus angelus econtra, 525. Quomodo angeli possumus fieri, 111.

Angulus planus quid, 589.

Anima quid sit, 173. 628. Quare anima dicatur, 628. A Deo condita est, 628. De origine animæ, 652. Anima est immortalis, 629. Mutabilitati obnoxia, 630. Mutabilitas animæ unde, 47. Anima quantitatem non habet, 631. Non est corporea, 628. Non est pars Dei, 630. Utrum anima formam habeat, 631. De qualitate substantiali animæ, 630. De sede animæ, 633. Anima est tota in partibus corporis, 629. De naturalibus virtutibus animæ, 652. De affectionibus animæ, 629. Animæ non crescunt, nec fatuis aliæ varia discretione tribuuntur, 632. Qualitas animæ ignea, 630. Lumen substantiale animæ habent, 631. Quomodo animæ sint lumen, 631. Anima hominis proprie dicitur, non pecudum, 628. Quid animæ post mortem agant, 637. Animarum virtutes morales quæ sint, 631. Anima pabulum suum habet, quo saginatur, 444. Duobus modis satiatur, 362. Habet stilum suam, 142. Quando anima Deum sitiat, 206. Quando sit inanis, quando esuriens, 206. Pinguedo animæ divinarum rerum scientia, 206. In quibus rebus animam levari fassit, in quibus non, 449. Animæ sine recta fide sunt teterrimæ, 633. Civitas Domini anima pia, 334. Dominus solam animam in sanctis servat, 432. Totum in tuto redditur, si anima salvatur, 190. Nihil fortius quam animas salvare, 221. Anima sine Domino semper est captiva, 390. Ad animam justi in manibus Domini collocatam, nulla nocentium vis potest accedere, 413. Anima subjecta passioni corporeæ non caret propria pœna, 356. Anima si adhæreat corpori, deliciis favet; et econtra, 402. Quis in vano animam suam accipiat, quis vero non, 81. Anima aquilæ debet esse similis, 543. Per areolam anima cujusque fidelis intelligitur, 524. Quatuor potentiæ famulæ animæ vegetantis, 632.

Animus unde dictus, 437. Animus et mens proprie anima non dicuntur, 628. Quæ sunt communes animi conceptiones, 589. Dominus animorum qualitates quam cruciatum corporum gratius respicit, 425. Possumus corpore curvari, non animo, 129.

Anni ingressus a Jano præbebatur, unde et janua, 250.

Annuntiare quid sit, 156.

Antichristus universis sæculi pompis abundabit, 178. Superbia Antichristi, 40. Omnia facta et dicta Antichristi peccata sunt, 42. Antichristus omnes semitas habebit pollutas, 40. Nequitia Antichristi duplici perversitate describitur, 41. Omnibus insanis caput est Antichristus, 283. Quare mala Antichristi a Deo permittuntur, 42. Antichristus leo in cubili, 41. Doech figura Antichristi, 176.

Antiquariorum opera commendantur, 548. Antiquariorum encomium, 555.

Aper unde dictus, 276.

Apes unde dictæ, 395.

Apocalypsis a Primasio episcopo quinque libris exposita, 544. S. Hieronymus Apocalypsim exposuit, quædam vero loca Victorinus et Vigilius Afer antistes, 544.

Apollinaristarum error convincitur, 54. Errores Arianorum et Apollinaristarum, 375. *V. Christi naturæ.*

Apostoli et patriarchæ, amici Dei, 471. Oculi Christi, 296. Vestigia Christi, 56. Per servos Dei apostoli et prophetæ designantur, 240. Per vigiles apostoli et doctores Ecclesiæ, 512. Per turturem apostoli, 510. Per ventos, 459, Per columnas, 254. Per cœlos apostoli et prophetæ, 84. Per barbam apostoli intelliguntur, 455. Comparantur arietibus, 95. Montibus, 119, 212. Sagittis, 442. Appellantur montes, 295, 386. Sagittæ vocantur, 55. *V. Atrium, Christus, Ecclesia.*

Apulei liber qui inscribitur Perihermenias legendus, 569.

Aqua unde dicta, 437. Aqua terrestris cum spirituali confertur, 13. Per aquas populi significantur, 262.

Aranea unde dicta, 507.

Arca Noe, et Testamenti typus Ecclesiæ, 432.

Arcum (quid per) intelligitur, 125. Arcus mandata divina significat, 43. Arcus Dei ad salutem tenditur, 175.

Arena ab ariditate dicta, 471.

Argumentum unde dicta, 566. Quid sit argumentatio, 566. Quid assumptiva, 564.

Argumentum quid sit, 111, 571. Quid sit argumentum quod dicitur notatio, 116. Multiplicia sunt argumentorum genera, 571. Duo sunt argumentorum modi, enthymema scilicet et exemplum, 512. Per ventos, quid sint, 575. Quæ sint argumenta probabilia, 572. Quid sit probabile argumentum, 571. Quædam sunt argumenta nec necessaria, nec probabilia, 572. Quibus ex rebus argumenta eruantur, 574, 577, 621, 622. *V. Rhetorica.*

Aries unde dicatur, 95.

Arithmetica quid sit, 583. Cur sic vocata, et quæ ejus intentio, 584. Cur consistat ex quantitate discreta, *ibid.* Ejus divisiones, 508. Cur inter mathematicas disciplinas permansit, 584. Quando donata, 558. Ab Abrahamo Ægyptiis tradita, 584. Apud Græcos exposita, et ab Apuleio et Boetio Latinitati donata, 586. A Pythagora laudata, 584. Non est negligenda, 15. Ejus utilitates, 584.

Arius in quo erravit, 8. Error Arii destruitur, 395. *V. Christus, Apollinaristæ.*

Arma unde dicta sunt, 114.

Argui hic a multis salus est, 28.

Ars unde dicta, 558. Quæ sit differentia inter artem et disciplinam secundum Platonem et Aristotelem, 583. Initium dicendi dedit natura, initium artis observatio, 562. Artes in tres partes dividuntur, 561. Artes et disciplinæ liberalium litterarum in sacra Scriptura seminatæ, 558.

Asaph quid significat, 146, 244, 259.

Assyrii interpretantur dirigentes, 256.

Astronomia quid sit, 449, 584, 590. Astronomiæ divisio, 590. De astronomia præcipuus scriptor Ptolemæus habetur, 591. Ab Abrahamo Ægyptiis tradita est, 584. Astrologia naturalis laudatur, judiciaria reprobatur, 499. Astronomia judiciaria fidei contraria, et fatorum notitia a SS. Patribus damnata, 591. Fugienda, 259.

Athanasius (S.) psalmorum virtutes in libro ad Marcellinum patefecit, 541.

Atrium quid sit, et unde dicatur, 458. Atria Domini sunt apostoli, et quare, 322.

Audire qui dicuntur, 165. Per mel et lac auditores designantur, 520.

Augustinus (S.) quot volumina pro Genesis explicatione conscripserit, 539. Quas de libris Regum quæstiones solvat, 540. De eximia Psalmorum expositione laudatur, 1. Quatuor libros de concordia evangelistarum scripsit, 543. In salutatione Epistolæ ad Romanos unum librum profudit, 544. Epistolam ad Galatas explanavit, *ibid.* Epistolam sancti Jacobi tractavit, 543. In Libro Civitatis plura de Apocalypsi aperuit, 544. Laudatur, 531. *V. Intelligentia, S. Scriptura.*

Auris ab auditu dicta, 337, 389.

Aurum ab aura dictum, 242.

Auxesim inter et climacem quæ differentia, 520.

Avaritia quid sit, 403. Insigne malum est, 435.

Avari viri divitiarum vocantur, 257.

B

Babylon interpretatur confusio, 210, 294.

Baptismatis sacri regula ab Jordane emanavit, 215. Populos Christianos gens una, de uno fonte baptismatis nata, 283. Nullus sine baptismo fidelis esse potest, 315. Per baptismum et satisfactionem confessionis peccata expiantur, 288. Baptismus nos Adæ puritati restituit, 170. Aqua refectionis vocatur, 79. Per ventrem Ecclesiæ fons baptismatis accipitur, 328. Psalmum XLI olim baptizandis decantabat Ecclesia, 144. Rubrum mare figura aquæ baptismatis, quæ mixta sanguine de latere Christi exivit, 251, 279. Sicut populus Israel per mare Rubrum salvatus est, ita Ecclesia gentium per baptismum, 507. Quare diluvium pro sacris fontibus positum sit, 95.

Barbarus unde dictus, 586.

Basan confusio, 459. Basan siccitas interpretatur, 225.

Basilius (S.) novem homilias in Genesim Græco sermone composuit, 539. Et librum Hexaemeron, 591.

Beata gens quæ sit, 108. Omnes beatitudinem volunt adipisci, 598. Beatitudo verbis non potest explicari, 286. Beatus duobus modis dicitur, 12. Esse proprie beatis convenit, 135. Quæ beatitudo sanctorum, 147. Beatitudo futura describitur, 123, 295. Felicitas bonorum declaratur, 637. Visio beatifica, 638. Lumen gloriæ necessarium ad visionem beatificam, 218. Quid in gloria positi cognoscemus, 658. Felicitas æterna longe potior est vita præsenti, 206. Beatitudo hæreditati comparatur, 202. Gloria fidelium usque ad resurrectionem suspendetur, 84, 572, 637. Beatitudinem qui hic quærit, surgit ante lucem, 442. Cellaria Dei sunt æterna beatitudo, 500. Locus dispositus regnum Domini significat, et quis eum merebitur, 286. Filii beatorum olivis novellis comparati, 444. Prima beatitudo S. animæ erit exsultare in Domino, 115. Beati domus est mentis secretum, 383. *V. Felicitas.*

Bellator presbyter libros Tobiæ, Esther, Judith et Machabæorum exposuit, 543. Hortatu Cassiodori duos libros in Ruth, et alias feminas subsequentes composuit, 540.

Benedicimus (cum) Deum, ejus facta laudamus; cum ille benedicit, nos sanctificat, 400. Qui Deum benedicant, 225, 547. Benedicens benedicit, qui jugi benedictione sanctificat, 453. Benedicunt mali in prosperis, boni etiam in adversis, 163. Mali in ore, non in corde benedicunt, 163. Quomodo possumus esse benedicti, 437.

Benedictio quæ sit firma et vera, 446. Benedictio Domini nos semper augmentat, 218. Consuetudo inter Hebræos benedicendi, 446. *V. Episcopus.*

Beneficia donata intellectui et memoriæ commendant, 561. Beneficium nullus fidelium obliviscitur, 412. Cur be-

neficiis a Deo collatis bene utendum, 363. Ille nunquam desinit laudare Deum, qui collata beneficia non oblivisciiur, 343.
Benjamin filius dexteræ; 275.
Bethel quid significet, 511.
Boetius librum Periherinenias exposuit, 568.
Bonarum rerum nulla satietas, 408. Quando boni sunt homines, 439. Cur boni malis semper opprobrio sint, 228. Non solum abstinendum a malis, sed bonum est peragendum, si volumus gloriam adipisci, 112. *V. Anima, Mali, Perfectus, Sanctus, Virtus.*
Brachium quid significet, 42, 146, 300.

C

Calix unde dictus, 44, 53.
Calumnia dicitur capitis alumna, et quid sit, 420.
Calumniator, quid sit, 241.
Campi unde dicti, 482.
Cantare quid sit, 71. Quid sit cantare, exsultare, psallere, 327. Quid sit canticum, 5, 21. Quid sit canticum novum, 135, 499. Quando Deo accepta est vox canentium, 357. *V. Psallere, Psalmus.*
Cantica canticorum. Cur liber vocetur, 505. Nihil in se habet quod juxta litteram intelligi possit, 541. Eum commentatus est Origenes, 542. Epiphanius, 542. S. Ambrosius in libro ii Patriarcharum multa de Cantico canticorum explanat, 542.
Caput a capiendo dictum, 579. Quid per caput debeat accipi, 33.
Carcer unde dictus, 479. Duplici modo carcerem intellexerunt majores, 479.
Carmelus interpretatur scientia circumcisionis, 528.
Caro unde dicta, 208. Caro pluribus eget quam anima, 206. Cur caro nostra filia Babylonis dicatur, 465. Carnis desideria laquei sunt, 478. Carnis vitia sunt terrena delicta, 417. Hic vere non vivitur ubi carnis fragilitate peccatur, 416. In stercore volvitur, cui vitia carnis dominantur, 385. *V. Vitium.* In myrrha carnis mortificatio, in thure vero orationum devotio accipitur, 516. Caro nostra turturi comparatur, 285.
Cassiani liber de Institutione monachorum sedulo legendus, 555. A beato Prospero culpatus, 555. Eum Victor Martyritanus purgavit, *ibid.*
Cassiodorus omnem Scripturam cum priscis codicibus contulit, 538. Octateuchi textum in compendium redegit, 540. Libris Regum titulos prætixit Cassiodorus, 540. Auctor est librorum de Anima et Variarum, 490. Cur librum Institutionis divinarum litterarum confecerit, 537. Librum de Divisione composuit, 576. Et gemina commenta in artes Donati, 559. In diversas orbis partes direxerat ad libros conquirendos, 544. Cassiodori ad Christum oratio devotissima, 639. *V. Hæreticus.*
Castra a castitate dicta, 267.
Categoriæ Aristotelis sunt decem, 568. Cur intente legendæ, 568. Instrumenta categoriarum sunt tria, scilicet æquivoca, univoca, denominativa, 568.
Catharistarum error, 84.
Cathedra quid sit, 12.
Catuli unde di ti, 531.
Causa a casu dicto, 246. Causarum partes status dicuntur, et eorum divisiones, 580. *V. Rhetorica.*
Cedar interpretatur tenebræ, 450, 506.
Cervix pro superbia ponitur, 446.
Chalcedonensis concilii codex encyclicus ab Epiphanio Scholastico translatus, 543.
Chanaan interpretatur humilis, 355. Et mala humiliatio, 459.
Charitas vera in quo consistat, 47. Lex Christi charitas, 437. Latum mandatum est charitas, 412. Cur, 514. Semitæ justitiæ sunt duo præcepta charitatis, 79. Dilectio Dei et proximi viæ sunt Domini, 61. Charitas in summo virtutum collocata, 47. Malitia generalitatem criminum amplectitur, sicut charitas virtutum, 318. Christus oblectatur inter virtutes sanciorum, et præcipue inter fidem et charitatem, 511. Charitas cuncta commendat, 423. Tormentis omnibus fortior, 426. Fervor charitatis tranquillus est, 132. Igne charitatis beata conscientia examinatur, 216. Charitas et unitatis virtus, 457. Per charitatem sancti fiunt unum, 432. Nihil sic terret malignos spiritus quomodo charitas, 523. Post carnis consummationem succedit vera charitas, 519. Qui Deum supra cuncta diligunt, ei sub lætitia serviunt, 331. Quis diligat Deum, 58. Qui Deum ex toto corde diligit, locum vitiis non relinquit, 456.
Quando justi gratis amant Deum, et impii gratis exsecrantur, 373. *V. Deus, Dilectio.* Quando proximum sicut nosipsos diligimus, 456. Charitatis fraternæ laus, 456. Impigre debemus facere omne quod potest alteri subvenire, 383. Sanctorum consuetudo est sic dolere calamitates alienas ut proprias, 357. Vir sanctus non in ira corripit; sed per dilectionem, 477. Dilectio inimicorum. *V. Inimicus.*
Charitas et misericordia quasi sunt alæ Patris, 56. Charitas clavus dicitur, 417. Per vinum fervor charitatis intelligitur, 531. Charitas vernali pluviæ comparatur, 47. Per carbones orationis charitatis igne succensæ intelliguntur, 430.
Cherubin quomodo interpretandum, 271, 329.
Chorus quid sit, 501.
Chrismatis sacri unctione frons Christianorum signatur, 467. Exhilaratur facies in oleo, cum regali chrisma contingitur, 330.
Christi nomen præclarum, 242. Nominis Christi est salvare fideliter postulantes, 482. De Salvatore Domino quid credendum, 68, 194. Christo credere salus est et gloria, 204. Christus notus divinitate solis fidelibus, corpore tantum infidelibus, 261. Christus quomodo venit a Patre, et discessit a mundo, 195. Ad adventum Domini terra mota est, 59. Per dies plenos primus Christi adventus intelligitur, 246. Veteres fuerunt dies ante Christi adventum, 135. Quot bona per Christi adventum evenerint, 315. Christi adventu mundi vulnera curata, 214. Genus humanum per adventum Domini sanatum, 212. Christus venit ad nos, ut nos ad eum redeamus, 234. Mysterium incarnationis explicatur, 36. In ipsa incarnationis origine divinitas humanitati juncta est, 73. Divinitas sine confusione humanitatem assumpsit, 19. Deus humanatus, 37. Terribilia sunt Dei opera, maxime in uniendo sibi naturam humanam, 214. Incarnationis excellentia, 579, 109. Magnificentia Domini est incarnatio, 54. Beneficio sanctæ incarnationis nihil præstantius, 278. Tempus beneplaciti tempus incarnationis, 228. Per consilium Domini incarnatio potest intelligi, 108. Tenebris comparatur, 59. Christus susceptor noster factus est per incarnationis arcanum, 416. Dominus prospexit nobis, dum humanitatem nostram assumpsit, 524. Deus humanam naturam, quam liberare prædestinaverat, incarnatione exveit, 294. Christus quasi post parietem stetit, cum carnem nostram suscepit, 510. Christi susceptio carnis nostra probatur hæreditas, 555. Christus veniens in mundum quosdam saltus dedit, 519. Veniente Chris:o obscuritas divini Verbi patuit, 60. Nativitas temporalis Christi, 23. Quid in ea evenerit, 159. Cur Christus de utero matris se dicat abstractum, 75. Sine matre in cœlo, sine patre in terra, 281. Misericordia Domini est quod de Maria Virgine natus est, 260. Nativitas temporalis Christi potest visitatio appellari, 35. Quare in ea lætandum, 596. Christus perfidis apparuit, sed non datus, 288. In Christo una est tantum persona, 17. Quæ persona Christi, 20, 52. Una eademque Dei hominisque persona, 32. In Christo duæ sunt naturæ, sed una persona, 32, 52, 69, 71, 208. Perfectam hominis naturam assumpsit, contra Apollinaristas, 290. Duæ sunt naturæ in Christo perfectæ et inconfusæ, 19, 57, 310. Id probatur contra Arianos, 473. In eo sunt duæ substantiæ, 16. Ipsarumque operationes exprimuntur, 289. In Christo duæ operationes divinitatis et humanitatis, 525. Christus Deus et homo contra Arianos, 140. Deus deorum est, 164. Deus veritatis dicitur, 98. Deus virtutum, 286. Dominus virtutum est, 156. Et Filius David et Dominus dicitur, 377. Altissimus jure dicitur, 215. Cur non homo dicatur, 73. Solus Christus per naturam Filius Dei, sancti vero per gratiam, 299. Finis noster est ad quem omnia referenda, 182. Christus æternus, 243. Non est Deus recens, sed Patri coæternus, 279. Quidquid Christus in tempore accepit, secundum hominem illud acquisivit, 18. Divinitas ejus nihil accepit unde cresceret, 442. Christo creatura omnis subjecta est, 35. In virtute sua et in æternum dominatur, 215. Christus Rex omnipotens, 519. Rex in æternum, 207. Quare Rex gloriæ dicatur, 82. Christus in hoc mundo Rex specialiter ingressus est, 223. Rex a Patre constitutus, 17. Cur Rex, 251. Vere Salomon, id est pacificus, 259. Unctus Christus Regem significat et Sacerdotem, 152. Christus Rex, Propheta, et Pontifex, 455. Christus vere Sacerdos, 379. Christus Sacerdos et hostia, 211. Christi anima a peccato originali excepta, 633. Spiritus sanctus in Christo permansit, 5. Christus peccatum nullum habuit, 32. Humanitas Christi nullam labem admisit, 523. Prima gloria Christi fuit, ingredi tabernaculum sine macula, 51. Viam immaculatam solus ambulavit, 62. Christi via, sola bona est, nostra vero mala, 122. Christus solus per se immaculatus, alii per gratiam, 598. Christi corpus templum sanctum est, 26. Quomodo caro Christi vivificatrix, adorabilis et salutifera, 111. Caro adorabilis, 59. Corpus Domini quædam est Deitatis vestis, 132. Christus quomodo minoratus sit, 55. Quando Christus locutus est, 136. Cur pater Dominus Christus dicatur, 229. Christus pulcher et decorus dicitur, et quare, 458. An forma decorus fuerit, 150. Christus omnibus electis speciosior, 524. Christi imperfectum quid sit, 471. Christus pupillus, egenus et pauper vocatur, tametsi universi Rector et Dominus, 231. Christus simul dives et pauper, 161. Quare dicitur egenus et pauper, 158, 251.

De suo dives, propter nos pauper factus, 50. Mendicus de nostro, dives de suo, 574. Quæ sit ejus abundantia, 96. Christus servus Domini dicitur, 118. Cur, 291. Secundum humanitatem dicit se servum Dei, 100. Cur se vermem nominet, 73. Humilitas humanitatis Christi exprimitur, 52. Eam docuit verbis et exemplis, 639. Humilitas Christi decorem et fortitudinem habuit, 314. Monstravit et humilitatis viam, et patientiæ disciplinam, 463. Christi mansuetudo, 141. Actus vitæ Christi exempla sunt, 190. Omnis operatio illius ad spem et desiderium supernorum excitat, 525. Christus duras hominum vias ambulavit, 55. Cur lacrymas fuderit, 466. Quomodo cilicium induerit, 116. Quando jejunaverit, et quo jejunio, 116. Quando ægrotaverit, 96. Cur diaboli tentationem sustinuerit, 193. Christus quomodo legem meditabatur, 13. Orat Patrem ex parte humanitatis assumptæ, 97. Rogat ut homo, præstat ut Deus, 576. Puritas orationis Christi, 20. Quid petierit, 91. Cur petat a Patre quæ sibi propria sunt, 473. Cur Christus mirabilis in oculis fidelium, et non Judæorum, 396. Quare Christus fecerit miracula, 92. Melius prædicatione quam miraculis salutam operatus est, 251. Pagani Deum pati posse non crediderunt, 21. Passio Christi gentilis Judaicæ fabula fuit, 228. Quod judicium a Judæis pertulerit, 117. Candidus est virginitate, rubicundus passione, 522. Quare dixerit : Respice in causam meam, et non in poenam, 117. Qua siti Christus sitierit, 250. Christus se conturbatum dicit, nusquam desperasse, 99. Christus solus mori desideravit, 69. Sola mors Christi libera, quia voluntaria, 296. Cur Christus crucis mortem potius elegerit, 75. Exitus mortis Christi illi singularis fuit, 225. Cur inscriptio tituli in passione non fuit deleta, 186. In passione Christi Divinitas non abfuit, 71. Mors Domini describitur, 190. Christus quasi in solio confitentem latronem absolvit, 75. Mors Salvatoris sessio vocatur, 469. Dies belli dicitur, 475. Lectus ejus est consummatio beatissimæ passionis, 451. Totus orbis luxit Christi exitium, 96. Crucis Christi commendatio, 25. V. Crux. Dignum est ut publice laudetur, qui pati pro omnium salute dignatus est, 592. Quænam instrumenta passionis Christi Jerosolymis asserventur, 295. Christi passionis fructus, 571. Utilitas, 577. Famulos Dei in afflictionibus confortat, 140. In Christo crucifixo omnes crucifixi, 186. Christus pro salute generis italis se obtulit, 52. Causam omnium suam fecit, 77. Se sacrificium pro omnibus obtulit, 174. Cur, 465. Ejus passio est sacrificium justitiæ, 174. Humanum genus vinctum liberavit, 220. Sanguis Christi totius mundi peccata redemit, 448. Purificat, non cruentat, ibid. Per Christum poena facta est æterna requies, mors salutis introitus, 659. Improperium sustinuit, ut nos patientiæ suæ exemplo instrueret, 229. Christus quomodo dicatur in pulverem deductus, 71. Quo sensu dictus descendisse in corruptionem, 54. Quare Christus non descendit in corruptionem, 97. Anima Christi ab inferis abstracta est, 96. Ab inferno liberavit animam suam, 165. Quando anima ejus de necessitatibus liberata, 99. A Christo mors quomodo victa, 20, 183. Necesse fuit mortem perire, cujus regnum vita pervasit, 222. Quando caro Christi refloruit, 92. Resurgentis gloria retributio fuit passionis, 480. Morte Christi mundus salvandus, ipse vero resurrectione, 290. Christus Deus a resurrectione probatur, 571. Cur super occasum ascenderit a mortuis resurgendo, 220. Resurrectio Domini dormitioni comparatur, 140. Per resurrectionem virtus divina declarata, et spes credentium firmata, 293. Christianorum est spes, 96, 149 Justorum corda firmavit, 480. Resurgente Domino spem resurrectionis membra perceperunt, 510. Christi ascensio apostolis et toti Ecclesiæ utilis erat, 534. Quæ merces humanitati Christi reddita, 442. Christi quando gloria et honore coronatus, 55. Christi laus totius Trinitatis est honor, 521. Sapientia Dei Christus, 551. Scientia Patris per eum mirabilis facta est, 469. Pax Dei est, 288. Dextera Excelsi est, 261. Gloria Christi, majestas est Patris, 97. Christus idcirco dextera, brachium, salutare, et justitia Patris, quia illi consubstantialis, 527. Misericordia Patris Christus est, 288. Virtus Patris, 224. Manus Patris, 485. Anima ejus, framea est Patris, 57. Salus a Christo solo, 31. Solus tribuit salutem, 490. Spes salutis nostræ Christus Dominus, 580. Cur Christus Salvator dicatur, 273. Convenit nomini Salvatoris periclitantes salvare, 561. Per Christum omnia pacificata, 534. Christus misericordia peccatorum, et vita fidelium, 404. Cur Christus misericordia vocetur, 160, 307. Christus noster Ecclesiastes, 542. In eo fons est benedictionis, 152. Fons est aquarum, 142. Ex eo aqua perennis prodit, 265. Christus, via, dux et iter, 19. Mundus non habet viam nisi Dominum Salvatorem, 206. Christus certa via ad Patrem venientium, 193. Via veritatis est, 218. Via testimoniorum est, 400. Dux itineris nostri, 222. Quando dux noster veraciter est, 98. Nullus nisi per eum in regnum cœlorum intravit, 551. Per Christi primum adventum diabolus religatus, homo est absolutus, 64. De humilitate Christi superbia diaboli victa, 424. Quando cum Christo sumus nullas diaboli insidias formidamus, 255. Christus in nobis diabolum vincit, 311. V. Diabolus. Christus cur in Ecclesiam descenderit, et ad eam ascenderit, 529. Laus conjugii Christi et Ecclesiæ, 184. Christus est fundamentum et culmen Ecclesiæ, 158. Populus Dei unum corpus est Christi, 436. Pro membris suis Christus insipientiam habere dicitur, 227. Cur Christus modo in membris suis plenissime non regnet, 492. Christus dicitur pati, quæ membra sustinent, 137. Christus mala mundi dicit sua, 296. Hæreditas Christi electi sunt, 92. Quomodo Christus electos comedat, 520. Quando Christus nos suos esse dijudicat, 297. Qui proprie Christo subjiciantur, 56. Si Christi recordemur, et ipse nostri recordabitur, 552. V. Ecclesia. Respectus Christi nostrum est præsidium, 137. Nos convertit, 85. Peccatores a pravitatibus concidit, 501. Omne malum cito dissolvitur, si in Christo fortiter allidatur, 466. Justis Christus est pax, infidelibus scandalum, 288. Gaudium Christi salus humani generis, 514. Dextera bonorum est Christus, 469. Christus fortitudo capitis nostri, 200. Christus quando panis noster de terra producitur, 349. Panis cœli et angelorum dicitur, 266. Quomodo angelos et homines pascat, ibid. V. Eucharistia. Christus quando proximus, quando elongatur, 510. Dulcissimus somnus est Christum quærere, 512. Cur ad tempus declinet cum quæritur, 524. Quærere animam Christi in bonam et in malam partem dicitur, 114. Ille odit pacem, qui non amat Christum, 450. Inimici Christi super eum delectati sunt, 95. Christus Adæ semper oppositur, 161. Christi et Adæ comparatio, 14. V. Adam. Christus per Davidem intelligendus, 16. Per diadema caro a Christo assumpta intelligitur, 514. Per saccum corpus ejus significatur, 97. Canticum novum Incarnationem Domini significat, 106. Femur idem, 151. Pro octava secundus Domini adventus significatur, 27. Per myrrham passio Christi designatur, 507. Per nardum, 518. Per citharam, 191. Per purpureum colorem, 529. Per ascensum purpureum, 514. Per fragmen mali punici, 515. Extensio manuum Moysis figura illius fuit, 437. Dedicatio resurrectionem Domini significat, 95. Et liberatio Davidis, 19. Per capreas Christus et doctores Ecclesiæ intelliguntur, 528. Per genas Sponsi Christi pietas vel severitas, 525. Christus quare giganti comparatur, 65. Et capreis, et hinnulo cervorum, 510, 511. Ligno fructifero, 15. Sapientia ejus torrenti, 120. Ejus corpus psalterio, 161. Et terræ, 75. Vitræ ejus testæ, 74. Christus et diabolus leoni sub diverso respectu comparantur, 31. Christus sol, 551. Verus dies perfidis ignotus, 265. Canticum novum Christo aptatur, 488, Cur sit acervus testimonii, 525, et Spiritualis petra, 558. Cur lapis angularis dicatur, 396. Foramina petræ sunt vulnera ejus, 511. Ille solus est mons, qui Patri complacuit, 222. Cur flos campi, et non ruris vocetur, 508. Sagittæ acutæ verba sunt Christi, et quare, 131. Christus fortis manu dicitur, 91. Quid sit sedes sancta Christi, 158. Christi oculi sunt dona sancti Spiritus, vel Ecclesiæ doctores, 525. Ejus labia sunt duo Testamenta, 518. Per ubera ejus dulcedo Evangelii intelligitur, 595. Brachia ejus sunt prophetæ et apostoli, 62. Pedes ejus sunt apostoli, 75. Corona ejus discipulorum conventum significat, 69. Umbra ejus est protectio Divinitatis, 509. Commutatio Christi est veterem hominem in regenerationis gratiam evocare, 505. Qui Christi olim dicebantur, 61, 92. V. Lex, Synagoga.

Christiani, de Christo dicti, 63, 245. Patriarchæ erant in spiritu Christiani, et Christi vocabantur, 359. Generatio ventura vocabantur Christiani, 78. Religio Christi per totum mundum dilatata, 54. Christiani omnem terram replent, 551. Christianum esse in orbe Romano nunc gloria est, 200. Populus Christianus hæreditas Domini, 284. Est hæreditas acquisitionis, 108. V. Ecclesia. Christiani veri quinam, 555. Institutio Christiani in duobus consistit, ut declinet a malo, et faciat bonum, 125. In petra, id est Christo omnis ædificatur Christianus, 201. Duæ res bonos efficiunt Christianos, 85. Duo solum expetunt Christiani, 596. Otiosum tempus habere non decet militem Christi, 490. Fideli Christiano semper sunt dies, 467. Locus Domini est pectus Christiani, et atria Ecclesiæ catholicæ, 451. Duobus modis Christianis dicitur surgere, 68. Quidquid Christianus hic patitur, beatitudinis cogitatione reficitur, 49. Maxima Christianorum afflictio, 142. Christianus oppressus fructum tuae reddit, 186. V. Afflictio, Persecutio, Tribulatio. Christiani qua lætitia fruantur, 25. Quæ bona Christiani Deus promiserit, 146. Christianus populus quare per Jacob accipitur, 527. Subreptio benedictionis Jacob fuit figura benedictionis populi Christiani, 69. Filii Core Christiani dicuntur, 141, 285. Oves populum Christianum significant, 56. Famuli Christi ovibus comparati, 149. Aquæ maris populum significant Christianum, 107. Christiani uvæ pedibus conculcatæ comparantur, 187.

Chrysostomus (sanctus), in Actus Apost. commenta edidit, quæ jussit transferri Cassiodorus, 544. Omnes sancti Pauli Epistolas Attico sermone exposuit, 544. Epistolam ad Hebræos Attico sermone tractavit, quam Mutianus in Latinum transtulit, 543.

Chusi, quid interpretetur, 50.
Cicatrix, unde dicatur, 129.
Cicero, duos libros de Rhetorica composuit, quos M. Victorinus commentatus est, 565.
Cilicium, quid sit, et ad quid referatur, 115.
Circulus, quid sit, 325, 589. Quid diametrus circulus, 589. Quid semicirculus, 589.
Circumstantias in duo partitur Cicero, 581.
Cithara, quid sit, 4, 501, 506. Per citharam virtutes morales accipiuntur, 493.
Civitates duæ, in hoc mundo sunt, una Domini, altera diaboli, 464. V. Diabolus, Ecclesia.
Clemens Alexandrinus, quasdam Epistolas canonicas exposuit, 543.
Clibanus, quid sit, 70.
Climata, septem numerantur, et quid sint, 591.
Cœlum unde dictum, 388. Quidam putaverunt cœlum esse animal, 497. Est in illis cœlum, qui se cœlesti conversatione tractant, 411. Quis in cœlum ponat os suum, 245. Cœlum quid significet, 17, 44, 494.
Cogitationes, unde dictæ, 158, 490, 628. Cogitationes nostræ pedes vocantur, 451. Solus Deus secreta cogitationum cognoscit, 32. Domus nostra dicitur propria cogitatio, cujus parietes duo sunt Testamenta, 444. Malæ cogitationes in ima terræ verguntur, 207. Duplex malum est nequitiam cogitare, eamque palam proferre, 245. V. Cor.
Collaudatio, quid sit, 106, 592.
Collectio, quid, 564.
Columba, unde dicta, 185.
Commune inter et epicænon quæ sit differentia, 596.
Comparatio, quid, 564.
Comparativus, duas tantum formas habet, 595. Gradus comparationis tribus casibus servit, 595.
Complacere, quid sit, 86.
Compunctionis lacrymas profundimus, quando peccatorum nostrorum recordatione mordemur, 421. Dominus nescit differre, quem compuncto corde sibi senserit supplicare, 429.
Computi augmentum quid, 591. Quid ablatio computi, 591.
Concilia, universalia fidem solidant, 545. Patres et concilia non contraria, sed diversa dixerunt, 546.
Conclusio, quid sit, 50, 565, 56 ;, 571. Conclusio duplicem habet rationem, 562.
Concubinæ, quosnam designent, 562.
Concupiscentia, quid sit, 42. Vid. Fides.
Confidentia, in Deum jam præmium est, 19. Cur in homine non confidendum, 594.
Confirmare, quid sit, 125.
Confirmatio, quid, 565.
Confiteri, quid sit, 254. Confessio quasi confatio dicitur, 331. Duobus modis confitemur, 311. Duæ sunt confessiones, una laudis, altera pœnitentiæ, 117, 218, 319, 331. Pia confessio initium sumit a Domino, 233. Post veram fidem sancta debet venire confessio, 591. Qui vere noverunt Deum, ad humilem confessionem descendunt, 104. Peccata sua confitens dat gloriam Deo, 188. Major gloria Dei est confitenti parcere, quam viventi sine offensione præstare, 359. Infirmitatis confessio Dei misericordiam movet, 28. Confessio infirmitatis munera divina consequitur, 517. Deo revelare culpam remedium est, confiteri securitas, 248. Frequentata Deo confessio salutem parturit, 251. Confessio delictorum propitium sibi judicem reddit, 275. Peccata confessi ventura judicia nequeunt formidare, 218. Deus solus judex est, qui tribuit veniam confitenti, 475. Confessio peccatorum inutilis post mortem, 29. V. Baptismus.
Confundi, quid sit, 114, 255. Duplex confusio, 581. In isto sæculo si confundimur, emendamur, 293. Quando hic prospere confundimur, 255. Qui ferant confusionem suam, 158.
Conjectura, simplex quid sit, 564.
Conjunctio, quid, 559.
Conscientia, munda aula est Spiritus sancti, 93. Bonæ conscientiæ metus gravior post veniam errare, 131.
Considerare, quid sit, 126.
Consilium, quid sit, 71. Consilium unde dicatur, 15, 187. Quid spiritus consilii, 94. Scelus gravius est, quod consilio geritur plurimorum, 100.
Constantini in conversione Ecclesia est mirabiliter glorificata, 517.
Consuetudines vitiosæ cur portæ æneæ, 367. Consuetudo perditorum hominum, 56.
Consummatio, est virtutum omnium completiva perfectio, 412. Consummare et perfectionem significat et defectum, 411.
Contemplatio Dei spiritualium substantiarum cibus est, 166.
Conterere nosmetipsos debemus si restaurari volumus, 493.
Continens homo rex vocatur, 108. V. Charitas, Ecclesiastici ordines.
Contradictio, quid sit, 568.
Controversia, ex Cicerone triplex est, 564.
Converti, in ista vita fas est, 104. Deus quolibet tempore nostram conversionem exspectat, 188. Anima hominis vere conversi araneæ comparatur, 154.
Cor, non cerebrum, sapientiæ sedes, 248. Locus cordis inter ubera, 507. Cor vocem habet, quam audit Divinitas, 89. Cor nostrum sub lingua nostra est, 217. Cor pro mente ponitur, 550. Per cor mentis arcanum intelligitur, 465. Cor ad intelligentiam refertur, 174, 285. Quid per duplex, quid per unum cor significetur? 45. Proprium est Dei corda nostra discutere, 32. Recti corde divinæ regulæ conjuncti, 517. Corda nostra, non pecudum membra Deo immolanda, 174. Si cogitamus Deum in corde, ibi invenimus illum, 110. Quis ante Deum cor suum effundat, 204. Quando aperimus corda nostra Christo, 521. Cor altum est quando cœlestia cogitat, et terrena devitat, 209.
Core, interpretatur Calvaria, 141. Core calvitium, vel calvum interpretatur, 285.
Corporis vita quid sit, 629. De diversis partibus corporis, et de earum dispositione, 634. Omnia membra corpori necessaria, 633. Desiderium corporale cito fastiditur acceptum, 363. Reges vocantur, qui corpus suum regunt, 258.
Cosmographiæ utilitas, 555. Et qui de ea scripserint, ibid.
Creare, quid sit, 172. Quæ sit differentia inter facere et creare, 497. Creare aliquando revocare significat, 172. Cur Deus omnes creaturas singulari moderatione distinxerit? 558. Creator sub mensura non est, 46. Soli Creatori convenit esse in idipsum, 433. V. Deus.
Credibilium tria sunt genera, 562. V. Fides.
Crux, lignum vitæ dicitur, 15. Lignum paradisi et crucis confertur, 523. Hostis antiquus crucis signo destruitur, 484. Crux Christi ad salutem credentibus concessa, 481 Quomodo crux Domini orbem terræ pravum atque distortum correxerit, 523. Crux Christi adoranda, 452. Per palmam arbor dominicæ crucis exprimitur, 529. Cur signum crucis carbo desolatorius dicatur, 430. Arbor malus crucem Domini significat, sub qua suscitata est Synagoga, 532. V. Christus. Crucis signum, fidei Christianæ signum, 63. In crucis impressione lumen est vultus Dei, 25. Splendor Domini super nos est, quando crucis ejus impressione decoramur, 308. Quæ peccata oratione sancta et crucis signaculo superantur, 598.
Crystallum, quid sit, 495.
Cubile, unde dicatur, 22. 119.
Cura pervigiles sensus reddit, 260.
Custodire, quid sit, 127.
Cymbalum, quid sit, 502.
Cyprus, quid sit, et quomodo ejus unguentum conficiatur, 518.

D

Dæmon. V. Diabolus.
Damasus, interpretatur sanguinis potus, vel sanguinis oculus, 528.
Damnatorum pœna describitur, 657. Pœnarum damnatorum pro meritorum qualitate diversitas, 637. Pœna damnatorum æterna, 312. Damnati Deum nunquam visuri sunt, 277. Ipsis quies ab operibus malis, sed non a supplicio, 258. Nunquam ad gratiam Dei venturi sunt, 219. Cur ante oculos Domini, non permanebunt, 25. Ira damnatorum justa, sed non proficua, 584. Damnatio justa nocentium, honor regis est, 529. V. Infernus.
Danielis liber apud Hebræos inter agiographa annumeratur, 541.
David, quid significet, 16, 113, 144. Quomodo sanctus David prophetiam acceperit, 5. David bis unctus fuit, 88. Humilitas David commendatur, 169. Peccatum ejus mundo profuit, 169. Illius pœnitentia, 169, 175. Eximia patientia erga persecutores, 51. Quomodo dilexerit inimicum, 31. Cur se olivæ comparet, 178. Bellum Davidis cum Goliath fuit figura certaminis Christi cum diabolo, 483. Semen David Dominum significat Salvatorem, 64. Bersabee Ecclesiæ, David Christi figuram portavit, 169.
Decidere, quid sit, 26.
Defectus, multipliciter accipitur, 410.
Deficere, quid sit, 99.
Definitio, quid sit, 570. Unde oriatur definitio, 12. Quæ sit differentia inter definitionem et descriptionem, 574. Quid sit definitio substantialis, 18. Quid definitio legalis,

564. Definitionum quindecim species sunt, et singularum exempla referuntur, 570, 622, 625.

Deliciæ cœlestes describuntur, 220. *V. Spiritualis.*

Delictum, levius est quam peccatum, 83. *V. Caro, Injustitia.*

Dentes, unde dicti, 21.

Deprecatio, quid sit, 29, 154, 201, 564, *V. Oratio.*

Derisus, quid sit, 148.

Desideriis cœlestibus quo magis anima afficitur, eo amplius terrenis emoritur, 521. Vivimus dum impia desideria moriuntur, et e contra, 463. Cur sanctum desiderium virgulæ fumi comparatum, 513. *V. Caro.*

Desidia, Domino odiosa, 556.

Detractores, sunt maximi peccatores, 168.

Deum a timore majores nostri appellavere, 72. Deus lingua Græca dicitur timor, 164. Decem Dei nomina apud Hebræos, 555. Cur *Deus* nomen terribile, 15. Quare magnum, terribile et sanctum, 529. Nomen Dei ubique creditur adorandum, 160. Deus quomodo a quibusdam definiatur, 18. Vera Dei definitio est, finem non habere in perfectionibus, 487. Deus non potest per genus et differentias definiri, 17. Deo proprie convenit esse, 261. *Sum* proprium Divinitatis est verbum, et quare, 165. Deus vivit beatitudine singulari, 242. In eo una virtus et indiscreta majestas, 43. Solus per essentiam misericors, creator, et patiens, 344. Omnes virtutes substantiales in Deo sunt, 424. Lumen et fons apud homines contraria sunt, apud Deum vero unum, 120. Deus solus est, 512. Solus Deus magnus, 291. Quando benedictus dicatur, 61. Quare longanimis dicatur, 53. Quare fortis dicatur, 53. Divinitati fragilitas non imputetur, 290. Deus proprie est, quia nec habet præteritum, nec futurum, 306. Ante Divinitatem omne præsens est præteritum et futurum, 430. Deus ubique totus et præsens, 557. Ubique totus, 155. Ubique plenus, ubique totus, 425. Nulla loci determinatione concluditur, 281. Deum ante conspectum suum proponit, qui ubique præsentem credit, 181. Deus omnia circuit et penetrat, 60. Ubique totus bonis præsens, et malis absens, 439. Deus ineffabilis, 559. Per humanam sapientiam cognosci non potuit, 512. Incomprehensibiles sunt viæ Domini, 84. Actus Dei ex parte aliqua possunt notitia nostra comprehendi, substantia vero ejus nunquam,491. De Deo potest dici quod non est, non potest comprehendi quod est, 480. Qui sint scientes Dominum, 120. Ubi Deus videatur, 225. Quomodo omnes creaturæ Deum confiteantur, 488. Omnia opera Dei humanis sensibus profunda noscuntur, 512. Deus quomodo dicitur videre, 17. Intellectus Domini omnia complexus est, 462. Cur Deus nihil possit oblivisci, 260. Nihil novum contra præscientiam Dei evenit, 364. Deus non nos probando, sed præsciendo cognoscit, 216. Facta nostra et cogitationes, etiam antequam existamus, agnoscit, 469. Per præscientiam nos discernit, et quomodo, 281. Deus quomodo angelis et beatis hominibus loquatur, 546. Deo hoc est velle, quod facere, 489. Jussio Domini non dilatat tempus, quia voluntas ejus effectus est, 257. Deo nihil impossibile, 227. Gravissimum peccatum dicere aliquid Deo esse impossibile, 265. Non est in Divinitate naturæ potestatisque distantia, 28. Deus una virtute non sensibus omnia peragit, 24. Deus incomprehensibili virtute omnia operatur, quæ homines per sensus agunt, 447. Deus cuncta facit ad existentiam pervenire, 531. Rex a regendo dicitur, Deus a creando, 286. Quare omnia debeant a Deo commoveri, 107. Cuncta quæ creata sunt Creatoris aut permissioni aut imperio subjacent, 269. Tanta virtus jussionis divinæ est, ut cuncta ei obedire possint, etsi intelligere non possint, 501. Omnes creaturæ Dei jussionibus obedire ostenduntur, 265. *V. Creare.* Deus quidquid promisit, perenniter mansurum est, 555. Divinum sacramentum promissionis est securitas, 299. Jurare Dei est ventura promittere, 303. Jurat placidus et iratus, 520. Deux judex æquissimus, 235. Quare justus dicatur, 53. Justitia hominum temporalis est, Dei vero æterna, 422. Quod Dominus judicat, videt, 55. Potestas Domini semper aut miseretur, aut judicat, 532. Ad gloriam Dei pertinet, sive dum parcit, sive dum judicat, 587. Qui Deum credit ultorem, rem malam ante oculos cordis sui non proponit, 533. Quare David dixerit : Laudabo justitiam tuam, non vero pietatem tuam, 174. Deus quomodo in hoc mundo diligat misericordiam et judicium, 107. Misericordiæ Domini æterna stabilitate consistunt, 298. Quomodo Deus misericors et miserator, 488. Omnia Dei erga nos beneficia in misericordia comprehensa, 198. Sine misericordia Domini subsistere non valemus, 461. Quanta sit explicari non potest, 169. Cuncta peccata superat, 564. Debilibus est patrona, 229. Miseretur cum nostra respicit creaturam, damnat autem cum nostras operas intuetur, 468. Quando deprecationem non amovet, misericordiam suam concedit, 217. Miseretur ut pater, sed quibus pater est, 344. Dominus pater noster, et mater est, et quare, 90. Magis ad misericordiam quam ad iram pronus, 260. Quibus adjutor sit, 491. Misericordia Domini cœlo varie influenti confertur, 314. Misericordia Domini fluvio comparata, 212. *V. Gratia, Misericordia.* Deus quibus sit dulcis, 101, 488. Quantum nobis dulcescit, tanto illi efficimur chariores, 353. Impiis est tenebrosus, religiosis benignus, 524. Cornu salutis vocatur, 58. Cur mirabilia Domini a tenebrosis mentibus non videantur, 297. Quando Deus docet bonitatem, quando disciplinam et quando scientiam, 408. Quando Dominus memor sit hominis, 35. Cujus hominis Deus sit pars, 248. Cur portio piorum Deus dicatur, 407. Dei vultus præmiorum omnium munus est, 475. Conspectus Domini auxilium est, 59. Beneficium est, 44. Respicere Dei, est ejus non spernere, 340. Quos placatus attenderit corrigit, 251. Aspicit iratus et propitius, 420. *V. Beatitudo.* Deus multis modis legitur habitare, 455. In illo habitat, a quo probatur intelligi, 257. Gloriosum efficit, quidquid inhabitat, 87. Quando in nobis est semper salvi manemus, 437. Omnia tolerabilia fiunt, cum ille in sanctis habitat, 438. Deo adhærere quid sit, 207. Quis dicatur Deo astare, 25. Quid sit exspectare Dominum, 83. Qui Deo derelinquitur, nulla utilitate fraudatur, 42. Cum diligimus Dominum omnia in eo reperimus, 111. *V. Charitas.* Dei ira quantum timenda, 29. Quomodo irasci dicatur, 53. Ira Domini duobus dicitur modis, 197. Solum metonymica est, 268, 284. Vocatur retributio peccatorum, 17. Dominus excitatur ad vindictam malis actibus provocatus, 27. Nec ira nec furore turbatur, 28. Quibus Dominus in æternum irascetur, quibus non, 344. Quid per Dei conversionem postulatur, 28. Dei memoriale quid sit, 340. Quid per dexteram Domini, quid per sinistram intelligatur, 452. Digitus Dei quid dicatur, 53. Scapulæ sunt operationes ejus mirabiles, 309. Per pedes stabilitas æterna significatur, 378. Quo sensu dicatur odorare, gustare, ambulare, 368. Quando Deum dormire dicimus, 149. Abscondita Dei et in malo et in bono possunt accipi, 57. Voluntas Creatoris scutum vocatur, 26. Deus medico comparatur, 493. Ceroplastis assimilatur, et in quo, 108. Deus omni tempore benedicendus, 141. Quomodo possit exaltari, 191. Exaltatus in gentibus, et in Judæis exaltandus, 156. Præconia Dei nulla creatura sufficienter prævalet complere, 351. Quomodo possit ab hominibus nova prædicatione celebrari, 237. Loca argumentorum ex quibus Deus laudari potest, 487. Facta Domini narrare, laudasse est, 264. Qui Deo dat laudes se facit laudabilem, 225. Dum exaltamus Dominum, nosipsos exaltamus, 568. Gloriosum nobis esse debet, quando nomen Domini extollitur, 354. Quis vere Deum invocet, 494. Contra Deum persona nulla debet recipi, 416. Fideles injurias Deo illatas ferre non possunt, 275. Despectus propter nomen Dei apud eum magis honorabilis est, 287. Ad Dominum, sive in prosperis, sive in adversis oculi semper elevandi, 436. Quando fidelis Deum contuetur, 220. Deus ipsos regit, qui eum puro corde respiciunt, 275. Pupillus et vidua sunt, qui Dominum pura mente respiciunt, 492. Profunda cæcitas est Deum ante oculos non habere, 40. Immensum crimen Dominum oblivisci, 168. Oblivisci Dominum quid sit, 59. Ad Dominum qua dispositione debemus accedere, 480. Quis eum vere requirat, 49. Omnibus se pie quærentibus adest Dominus semper, 521. Recti corde sunt, qui Dominum sequuntur, 439. Quocunque tempore ad Deum venitur, merito juventus nostra dicitur, 235. Deus quomodo dicatur recedere a nobis, 40. Quando ab eo longinqui efficiamur, 319. Qui ab eo deseritur, punitur et affligitur, 280. Quos spernit annihilat, 270. Dominum a se habere aversum malorum omnium extremum, 564.

Divina qui conspexit, facile humana despicit, 83. Divinarum rerum nulla est satietas, 89.

Dii abusive homines et supernæ potestates vocantur, 281. Dii paganorum, dii alieni vocantur, quia alienata mente reperti, 280.

Diabolus, est spiritus, et dæmones innumerabiles, 551. Opera diaboli nec pondere, nec mensura, nec numero continentur, 558. Nunquam diabolus ad gratiam revocandus, 38. Toties punitur, quoties ab eo peccator subjugatus eripitur, 32. In judicio humanis conspectibus damnatus apparebit, 394. Ante Incarnationem pene totum genus humanum tenebat captivum, 115. Quando caput ejus confractum, 252. Post Christi adventum diabolus religatus, 334. *V. Christus.* Dæmones animarum sanguinem sitiunt, 528. Persequentes sunt diabolus cum ministris, 418. Impugnatores dicuntur, 114. In hoc sæculo innumerabiles dæmonum insidiæ, 331. Artificium diaboli, 559. Impudentissimus est hostis, 334. Versutissimus est, 334. Iniquitas et diabolus nobis semper insidiantur, 557. Diabolus etiam per bona consuevit nocere, 515. Cur juxta viam laqueum abscondat, 179. Dæmones malis operibus semper insistunt, 522. Suggestiones diabolicæ statim rejiciendæ, 334. Quos diabolus acrius insequatur, 130. Sanctis maxime insidiatur, 515. Magis circa finem vitæ, 187. Dæmones in eos atrocius sæviunt, quos seducere non valuerunt, 418. Cur semper fideles circumdent, 482. Quo tempore diabolus rapiat, 51. Quid in nos agat cum superior evaserit, 51. Diaboli esca terreni homines, non cœlestes, 352. Se persequitur, qui diabolum sequitur, 44. Diligere Dominum est odisse diabolum, qui malus dicitur, 326. Arma contra diabolum, quæ? 149. Plorando diabolus superatur, 342. Quando a diaboli potestate tollimur, 51. Quomodo illudatur ab angelis et fidelibus viris, 352. Dæmones nihil agunt in homines nisi Dei permissione, 351. Nullus tentatur a diabolo sine permissione Domini, 352. Quare Deus permittat diabolum in servos suos sævire, 381. Paulus petit nec auditur; diabolus autem exauditus est, 72. Diabolus princeps appellatur, 394. Cur, 425. Diabolus et ministri fortes vocantur, et quare, 195. Peccator et peccatores terræ dicuntur, 334, 474. Via iniquitatis diabolus, 402. Et actus diabolicus, 475. Cur diabolus calumniator dictus, 240. Homo dicitur, 73, 187. Per hominem malum intelligitur, 474. Feneratori comparatus, 374. Miles appellatur, 156. Cur draco dicatur, 352. Feris comparatur, 76. Vocatur aspis, basiliscus, leo et draco, 310. Ollæ comparatur, 371. Malleus est, 328. Umbra mortis est, 79. Diaboli civitas est Babylonia, 158. Civitates diaboli sunt populi infideles, 18.

Dialectico, oratori, philosopho, sophistæ disserendi omnis ratio subjecta est, 572. Aristoteles dialecticæ argumenta ad regulas quasdam perduxit, 566.

Dicta priscorum laudare et prædicare, gloriosum, 537.

Didymus, Proverbia exposuit, 511. Et septem Epistolas canonicas, 543. Laudatur, 542.

Dies a diis suis pagani dixerunt, 13. Dies in singulari pro toto tempore vitæ frequenter ponitur, 125. Quæ sit differentia inter dies temporales et æternos, 260. Qui dies nostri dicendi, 389. Qui sint dies boni, 111. Dies justos, nox terrenos homines significat, 252. Die lætitia, nocte adversitas declaratur, 293.

Differentia, quid sit, 567.

Digitus, multas habet significationes, 484. Cur decem digiti in manibus et pedibus, 634.

Dilemma, quid sit, 470.

Diligo, unde dicium sit, 58. Dilectio Christi fortis est ut mors, 553. Oleum peccatoris est dilectio simulata verborum, 477. V. Amor, Charitas.

Dionysius, canones ecclesiasticos composuit, 552. Dionysii Exigui commendatio, 552.

Diplois, duplex est genus pallii, 376.

Discendi duplex genus, 559.

Disciplinæ, nunquam opinionibus deceptæ fallunt, 584. Quis disciplinam odit, 167.

Discordibus nulla benedictio præstatur, 455.

Discrepantia Deus non amat, 493.

Dispositio, quid, 563.

Dives, unde dictus, 163. Actiones pauperum et divitum conferuntur, 77. Pax peccatorum divitum semper cum conscientia rixatur, 245. Quando elati sunt oculi divitis evangelici, 449. Quando divites terrarum egent et esuriunt, 111. Vitæ finem timent, 162. Morientium divitum pompa describitur, 162. Quare divites non timendi, 163. Divitiæ bonæ sunt et u alæ, et quomodo, 205.

Divisionibus et subdivisionibus utendum, 547.

Doctorum duo sunt genera, 175. Quis divinarum rerum doctus, 402. Doctores irreprehensibiles esse debent, 413. Doctissimorum virorum occupationes, 550. Quando doctores saturantur, 197. Quando sunt jejuni, 197. Oculi Ecclesiæ sunt, 528. Cur sint oculi Ecclesiæ, dentes, collum et duo ubera, 516. Sunt mammæ Ecclesiæ, 517. Quando ubera sunt Ecclesiæ, quando botri, 550. Fugant dæmones, 508. V. Ecclesia. Doctores Ecclesiæ designantur per vigiles qui custodiunt civitatem, 522. Per sexaginta fortes, 515. Per oculos, 515. Per dentes, ibid. Per collum et turrem eburneam, 528. Per columnas, 514. Per muros civitatis, 522. Per ligna, 508. Ovibus tonsis et lotis comparantur, 515. Doctrinæ efficacissimum genus, 14. Duo sunt efficacissima instrumenta doctrinæ, 125. Generatio quædam ex doctrina descendit, 442. Doctrina Christi panis vocatur, 140. Per fructum ventris Christi doctrina intelligitur, 453.

Doech. V. Antichristus.

Dolor, unde dicatur, 33. Panem doloris perfecti comedunt Christiani, 442.

Dolosus, quis dicatur, 25, 142. Quando fiat dolus, 112. Dolosi homines vulpibus comparati, 207.

Dominus. V. Deus.

Domus Domini quid sit, 453. Quid sit ejus decor, 87. Quæ sint bona domus Dei, 211. Domus Domini Palatiis omnibus superior, 287. V. Ecclesia.

Dona Domini sunt continue petenda, 403. Dona sancti Spiritus. V. Spiritus sanctus.

Donatus, partes orationis cur ordinaverit, 592.

Donatistarum error, 202, 218. V. Ecclesia.

Donec, in Scripturis pro brevi tempore, et pro æternitate ponitur, 378. Donec pro semper ponitur, 512.

Dormire, quid sit, 140.

Dorsum, unde dictum, 230.

Draco, quid sit, 497.

E

Ebrietas, in Scripturis pro satietate ponitur, 520. Ebrietas spiritualis describitur, et unde proveniat indicatur, 120. Ebrietatis spiritalis encomium, 120.

Ecclesiæ, in plurali et in singulari quid significent, 87. Ecclesia interpretatur collectio, 499. Quid sit Ecclesia, 21. Unica est, id est catholica, 76. Cur una sit, 526. Quare caro Christi et Ecclesia unica dicantur, 116. Una est Ecclesia in præcedentibus et in subsequentibus Patribus, 531. Ex multis Ecclesiis una est electa, 511. Ecclesia in patriarchis etiam constituta, 55. Fons hortorum et puteus aquarum viventium est primitiva Ecclesia, 519. Quæ differentia sit inter Synagogam et Ecclesiam, 281. Synagoga unius gentis fuit, Ecclesia vero habet populos, 534. Sicut Jacob fratris benedictionem præripuit, ita Ecclesia Synagogæ, 458. Ecclesia ante adventum Christi sponsi sui sterilis; sed post mater filiorum facta, et quomodo, 385. Ejus ætas describitur, 533. V. Synagoga. Ecclesiam localem putavit Donatus, 242. Per orbem propagata est, 533. Dicitur magna, 137. Ubique Dominum benedicit, 346. Universitas fidelium catholicam admiratur Ecclesiam, 526. V. Christiani. Ecclesia ex quibus construatur, 506. E diversis nationibus formatur, sicut ex diversis floribus corona, 199. Terræ super stabilitatem fundata est Ecclesia, ex terrenis hominibus collecta, et super Christum fundata, 548. Ecclesia habet uterum, 192. Quomodo in utero Ecclesiæ concipimur et generamur, 235. Ecclesia in æternum firmata, 159. Non commovebitur, et quare, 185. Quando Christus eam firmaverit, 314. Quare petat fidem suam custodiri, 85. Nescit loqui, nisi quod expedit credi, 8. Fundamentum ejus Christus, 295. Ecclesia, soror Christi et amica, 520. Filia et sponsa Christi, 527. Sponsa et soror Christi, et quomodo, 517. Christo juncta, ab ipso non discedit, 277. Cur Christi vidua dicatur, 433. Christus Ecclesiæ semper curam habet, 534. Cur in Christi vulneribus moretur, 511. Portat imaginem Christi, 150. Mons montium et sancta sanctorum ob Christi habitationem dicitur, 330. Hortus Christi sancta Ecclesia, 534. V. Christus. Ecclesia catholica sponsa est et ancilla Domini, 392. Vestis Domini, 317. Domus Domini est, 515. Civitas Dei est, 158. Hæreditas Domini est, 24. Filii Ecclesiæ hæreditas Domini, 442. Quando vox Ecclesiæ in auribus Domini sonet, 511. Quando Deo faciem suam ostendat, ibid. Ecclesiæ dignitas quæ, 153. Bona Domini adit et possidet, 24. Laus Ecclesiæ, 8. Tunicæ Christi mysticæ, id est Ecclesiæ laus, 127. Virtus catholicæ Ecclesiæ ostenditur, 341. Gloria Ecclesiæ conversio filiarum principum, 153. Sub lingua Ecclesiæ mel et lac, 518. Quæ sit juventus, senectus et senium Ecclesiæ, 237. Quæ sit ejus statura, 529. Cur non stare, sed progredi Ecclesia dicatur, 526. Cur de vestis varietate laudetur, 153. Quando flores emittat, quando vero flores fructus parturiant, 530. Domus refugii est, et quare, 98. Civitas habitationis est, 569. Quis vere eam habitet, 81. Navis Ecclesiæ populos credentes portat, 351. Innocentes soli et recti adhærent Ecclesiæ, reliquos cum labore tolerat, 85. Qui ab Ecclesia separantur filii alieni sunt, 485. Quidquid extra Ecclesiam catholicam geritur, Domini laudibus non applicatur, 395. Qui sine Ecclesia Christum quærit, errare potest, sed non proficere, 524. Ecclesia duobus modis probatur, terroribus videlicet et blandimentis, 519. Duobus modis laborat, 204. Maledicorum turba semper præcingitur, 376. Tribulationes ejus describuntur, 187. Ab ipsis primordiis sævissimas contrarietates sustinuit, 445. Quo acerbius concutitur, eo majorem virtutum odorem ex se emittit, 519. Persecutionibus crescit, humilitate extollitur, 297. Crevit quando eam inimicus afflixit, 60. Persecutionibus augetur, ibid. Nigra est persecutionibus, sed formosa virtutibus, 506. Quando captiva et quando libera, 440. Quando Ecclesia vindicatur, 64. V. Persecutio. Ecclesiæ populus Christianus unicus est et pauper, 85. Quæ sit humilitas Ecclesiæ, ibid. Nihil maledictionis voto optat, 26. Spes ejus in membris suis, 23. Lectulus illius est requies præsentis vitæ, 508. Justus cum Dei Ecclesiam cupit augeri, peccatores optat converti, 353. Ecclesia sanctorum congregatione beata, 26. Ecclesia terrestris ad exemplum cœlestis informatur, 526. Cœlestis Jerusalem est mater Ecclesiæ, 551. Præsidio angelorum undique circumdatur, 511. Sanctorum intercessione muniri gaudet, 513. Ecclesiæ radices sunt prophetæ, 276. Custodes sunt prophetæ, apostoli et eorum successores, 534. Cur apostoli et eorum successores portæ illius dicantur, 531. Collum ejus prædicatores et doctores ejus sunt, 507, 515 Per nasum sancti doctores intelliguntur, 528. Per dentes firma sermonum ejus habilitas intelligitur, 525. Cur per ubera ejus sancti doctores significentur, 528, 529. Gressus illius sunt velox apostolorum prædicatio, 527. Calceamenta ejus sunt Patrum procedentium exempla, *ibid*. *V. Doctores.* Ecclesia dicitur Sion, 17. Dicitur filia multitudinis, 528. Vocatur arca sanctificationis Domini, 452. Cur columba deargentata dicatur, 221. Torcularis nomen ei convenit. 54. Cur murus dicatur, 533. Cella vinaria est, in qua charitas ordinatur, 509. Hortus est conclusus, et cur, 518. Filiæ Sion Ecclesiæ sunt, 514. Ecclesia figuratur per arcam Noe, 8, 428. Et innocentia ejus per columbam, 508. Significatur per Israel, 50. Per oram vestimenti Christi, 453. Per tunicam inconsutilem Christi, 75, 453. Per tabernaculum, 101. Per locum tabernaculi, 142. Per lectulum Salomonis, 513. Per naves, 368. Per lunam, 330. Per lunam et stellas ipsa et ejus diversi ordines, 462. Per ligna Libani doctores et perfecti qui in ea sunt, 519. Per Aquilonem et Austrum flatus persecutionum contra eam, 519. Per consummationem tabernaculi Ecclesiæ perfectio significatur, 93. Ecclesia comparatur lunæ, 55. Cur soli et lunæ comparata, 526. Turturi, 507. Oculis columbæ, 514. Mari, 314. Insulis, 324. Vineæ, quæ fossa plus proficit, et putata multiplicatur, 276. Torculari, 582. Utri, 107. Virgulæ fumi, myrrhæ et thuri, 513. Statura ejus palmæ comparatur, 529. Venter ejus acervo tritici, 528. Vestimenta illius thuri comparantur, 518. Ecclesiæ typum gerit Petrus, Judas damnandæ Babyloniæ, 374. Ecclesia gentium per meretricem, et per Judam et Thamar significata, 169.

Ecclesiastici greges per jumenta significantur, 494. Gradus Ecclesiæ numerantur, 160. Tres sunt ordines Ecclesiæ, doctorum scilicet, continentium et conjugatorum, 525. Ecclesiæ consuetudines in processionibus et communione, 398. Utilitas librorum, qui de ecclesiastica disciplina tractant, 549. Insipiens est, qui Omnipotenti detrahit, nec catholicis regulis acquiescit, 179.

Ecclesiastici auctor Jesus filius Sirach, 542. Quæ sit differentia inter Ecclesiasten et Ecclesiasticum, *ibid*.

Eclipsis solis quid sit, 591. Eclipsis lunæ. *V. Luna.*
Edom, interpretatur sanguineus, vel terrenus, 465.
Educere, quid sit, 122.
Effrem, interpretatur fructificatio, 200.
Egentium duo genera, 349. Quis egenus pretiosus Deo, 77.
Eleemosyna, perfecta quæ sit, 125. Quomodo danda, 139. Non morose danda, 527. Indigentibus danda, sed præcipue viris sanctis, 139. Eam a solis Christianis accipit Christus, 457. Merces eleemosynam facientis, 139. Deo acceptissima est, 153. Generis humani est reconciliatrix, 139. Per eam purgatio fit peccatorum, *ibid*.
Elias, interpretatur Deus meus Dominus, et Christum significat, 529.
Elocutio, quid, 565.
Eloquentia, quid sit, 6. Eloquentia divina variis disciplinis atque artibus ditatur, 28. De eloquentia legis divinæ, 6.
Eloquium Domini Verbum Patris est, 495. Divina eloquia diversitatem intelligentiæ habent, 180. Cum fuerint deglutita dulcescunt, 414. Cur eloquium Domini ignitum dicatur, 421. Aqua dicitur, 60. Quæ sit differentia inter delicere ab eloquio Domini, et in eloquio, 410.
Eman, interpretatur frater ejus, 295.
Emendationes Domini pietatis intentione fidelibus proveniunt, 507.
Engaddi, fons hœdi interpretatur, et cur baptismum significet, 508.
Enthymema, quid sit, 70, 566.
Enuntiatio, quid sit, 568.
Ephrata, interpretatur speculum, 452.
Ephrem, interpretatur fructificatio, et frugifer, 264, 270, 275, 371.
Epicænon, quid sit, 596.
Epicheirema, quid sit, 88, 121, 566.
Epiphanius, *V. Canticum canticorum.*
Episcopi nomen non tam honoris quam laboris, 373. Nomen Patris proprium episcopo, 377. Episcopatus summus in Ecclesia gradus, 373. Episcopales cathedras prædicationum opere fundaverunt apostoli, 471. Benedictiones per antistites salubriter dantur, 396.
Epithalamium, quid, 150.
Eremitæ, per pelicanum significantur, 338.
Erroris origo quæ sit, 352. Tribus modis errores proveniunt hominibus : sed nequam nutiquam Christo, 12. Prævaricatores omnes sunt, qui aliquo errore delinquunt, 417. Deus totum dixit, totum monuit, ne velimus errare, 490.
Erubescere, quid sit, 83. Erubescere decepti est, 110. Qui erubescit seipsum condemnat, 118.
Eructare, quid, 150.

Eruditus, unde dicatur, 18, 307.
Esca, ab edendo dicta, 267. Omnibus una esca est largitas dispensata Creatoris, 489. Oportet nos escas spirituales expetere, 491.
Esdræ libros duos exposuit Origenes, 543.
Ethan, fortis interpretatur, et diabolum significat, 252, 298.
Etymologia, quid sit, 12, 560.
Eucharistia. In eucharistia Christus corpus et sanguinem suum in panis ac vini erogatione consecravit, 379. Corpus et sanguinem Domini inter summi mysterii sacramenta quotidie adorat Ecclesia, 467. Corpus et sanguis Domini in sacra communione recipiuntur, 212. Christus nos hic corporis sui participatione reficit, 495. Esca timentium Deum communicatio corporis et sanguinis sacri, 381. Christus corpore et sanguine suo fideles saginat, 463. Sacrificium sanctæ Ecclesiæ, immolatio est sanctæ unionis corporis et sanguinis Christi, 68. Fideles congregati sunt immolatione corporis Christi, 53. Vinum lætificat cor, cum sacratum fuerit in sanguinem Christi, 350. Quomodo sanguis Domini inebriet, 80. Christus manna in communione, 266. Manna interpretatur quid est hoc, quod sanctæ communioni decenter aptatur, 266. Per defectionem laudum Davidis sacrificiorum veterum transitus in immolationem corporis Christi figuratur, 244. Oblatio Melchisedech in Domini corporis præfiguratione suscepta, 423. *V. Sacrificium.*
Euge, sermo laudantis est, 233.
Eugipius, abbas, ex operibus divi Augustini librum confecit, et Probæ virgini dedicavit, 551.
Eusebius, Cæsariensis, canones evangelicos collegit, 543. Chronica Eusebii a S. Hieronymo translata, et usque ad sua tempora deducta, 550. Eusebii historia cum adjectionibus Rufini legenda. 550. Eusebius ab infantia excæcatus, doctissimus tamen exstitit, 542. Novatiano errore detentus, 542.
Eutychis et Nestorii hæreses damnantur, 244. *V. Christi naturæ.*
Evangelicæ perfectionis digni as transcendit omnem laudem legalis observationis, 517. Prædicatio evangelica per Christum, non per alium annuntiari debuit in mundo, 530. Quatuor Evangelia quasi quatuor quadrigæ sunt Novi Testamenti, cui præsidet Christus, 527. Libri evangelici cœli dicuntur, 55. Evangelistæ sunt sagittæ Domini, 60. *V. Scriptura sacra.*
Exaltare, quid sit, 98.
Excutere, quid sit, 412.
Exemplabile, quid, 566.
Exemplis communibus se hortantur viri perfecti, 454.
Exordium, quid sit, 27, 565.
Expositores, quid boni habeant, 552.
Exprobrare, quid sit, 148.
Expulsus, quis dicatur, 26.
Exspectantes quando exspectamus, 133.
Exsultare, quid sit, 37, 103. *V. Beatitudo.*
Exsurgere, quid sit, 20.
Exterminari, quid sit, 122.

F

Facies, pro præsentia ponitur, 47.
Fastucium, quid sit, 7.
Fatum, *V. Astronomia.*
Fatuus, *V. Illuminatus.*
Felicitatem in quibus ponant peccatores, in quibus vero fideles, 486. Felicitas æterna describitur, 242. *V. Beatitudo.*
Feminæ, pudicæ elephanti comparantur, 152.
Festus, dies solemnis in honore Domini et sanctorum confessione sacratus, 596.
Fideles, interitum non videbunt, 162. Cur fidelis mundi tenebris non involvatur, 406. Dominus non circuit nisi quem sibi fidelem cognoscit, 439. Quando in hoc sæculo vir fidelis prodigium est, 256. Fundamentum fidelium Christus, 465. Ut Christus petra, sic fideles petræ, 434. Cur fideles non in se, sed in Christo exaltandi, 215. Christus aliter dominatur fidelibus, aliter ingratis, *ibid*. Thronus Dei anima fidelis, 503. Munera fidelium non hæreticorum altaribus offerenda, 258. Fideles in hoc sæculo multis cladibus premuntur, 467. Quando Deus fidelibus suis dura ostendit, 199. Quando fideles escam possunt habere diabolum, 232. Acquisitus fidelis gaudium parit acquirenti, 443. Fideles oves pascuæ Domini, 520, 331. Comæ Christi sunt multitudines fidelium, qui elatis palmarum comparantur, 522. Per unam ovem fidelium omnium congregatio intelligitur, 428. Per Israel omnis fidelis significatur, 527. Comparantur cervo, 141, 345. Et salicibus, 464. Per hiemem et imbrem asperitas infidelitatis exprimitur, 510. *V. Gratia.*
Fides, unde dicta, 267. Fides vera lux sanctorum propria, 526. Quid sit fides solida, 26. Vir catholicus in fide immobilis permanet, 87. Ibi steterunt pedes Christi, ubi fidei veritas approbatur esse fundata, 452. Sancti viri sem-

per talia petunt, quæ ad fidei augmenta proficiunt, 274. Tantum crescit calor fidei, quantum subtractum fuerit de calore concupiscentiæ, 411. Directio cordis est fidei catholicæ sancta regula, 399. Semen Christi sunt omnes qui ei crediderint, 303. Deo non credere corruptio est, 179. Dormitat Dominus quando nos in fide ejus tepescimus, 431. Non credentes mortui dicuntur, 297.

Figura, quid sit, 16, 589. Quid sint planæ figuræ, 589. Quid figuræ solidæ, 589. Figura composita fit quatuor modis, 597.

Filio Dei (de) quid fides doceat, 17. Filius Dei semper Patri æqualis est, 65. Æternitas ejus explicatur, 17. Verbum bonum dicitur, 150. Quare Deus plurimos, non tamen Filium exaudierit, 73. Dextera Patris est Filius, 56. *V. Christus, Verbum.*

Fimbriæ, quid significent, 153.

Finis, duobus modis dicitur, 4. Quid sit, 21. In finem dupliciter dicitur, 468. *V. Psalmi.*

Finitivus, quid, 564.

Fistula et cinnamomum, quid sint, et significent, 518.

Flagellum, intelligitur ultio divina, 310.

Flamma, unde dicta, 362.

Fons, unde dicitur, 224. Cur fons signatus, 518.

Forma, quid sit, 634.

Fornicari a Domino quid sit, 248.

Fortitudo, quid sit, 143, 632. Impulsus cadit, cui Domini fortitudo subtrahitur, 395.

Fortunatianus tria volumina de Rhetorica confecit, 565.

Framea, quid significet, 38, 57, 114.

Fraus, dicitur quasi fracta fides, 267.

Fremitus, ferarum est ac furentium, 16.

Frenum, unde dicatur, 105.

Fructum dare quid sit, 14.

Fructus, unde dicatur, 14, 569.

Frumentum, unde dicatur, 23.

Funes, unde dicti, 53.

Furor, quid sit, 28. Furor. *V. Ira.*

G

Galaad interpretatur acervus testimonii, 199, 515, 525. Et transmigratio, 371.

Gaudium (ad) qui veniant, qui vero non, 441.

Gebal, vallis vana, 283.

Gemitus, unde dicatur, 29, 129. Gemitus imperfectorum et perfectorum longe diversus, 538. Quis gemitus a Christianis quærendus, 29. Gemitus pius Deo non absconditur, 129. Magna fiducia est ante pium Auctorem nostrum gemere, 320.

Gens, unde dicta, 18, 272. Quando gentes conturbatæ sunt, 153. Appellantur solitudo, 183. Lignis silvarum comparantur, 325.

Genus, quid sit, 567.

Geometria, quid, 583. Geometriæ definitio, ejusque divisio, 589. Quis primum ea usus sit, 588. Qui de ea scripserint, 589. Deus verus geometra, 588.

Gladius, quid significet, et dicatur, 123. Cur diaboli gladius malignus, Domini vero benignus, 485.

Gloria, quid sit, 82, 95, 236, 500.

Grammatica, unde nomen acceperit, 559. Quid sit grammatica, *ibid.* Qui de grammatica ornatius scripserint, 559.

Gratia, omnibus gratis datur, 287, 344. Sine Christo nullum bonum vel incipere vel implere homo prævalet, 48. Nemo de se ad aliqua Dei munera potest pervenire, 196. Nemo suis virtutibus, sed sola gratia Dei salvari potest, 518. Nihil probi habet homo, nisi quod a Domino acceperit, 44. Deus per se bonus, homines per ejus gratiam, 394. Quidquid in nobis est laudabile, divinæ constat esse clementiæ, 366. Sine Christo vero sole vita omnis umbrosa est, 339. Deus solos illos adire dicitur, quibus præstare dignatur, 337. Gratia Dei conceditur, quod in hominum bona voluntate monstratur, 252. Gratia est principium bonæ vitæ, sine qua male vivitur, 339. Defenduntur contra Pelagianos gratia præveniens, 171. Domini gratia cuncta prævenit, 297. In omni bono gratia Domini prævenimur, 400. Bona Dei nos præveniunt, 222. Meritum omne præcedit vocatio Domini, 27. Deus gratis vocat universos, 61. Deus gratis nos elegit, 211. Nullus suis meritis ad gratiam Domini venit, 85. Humanis meritis nihil applicandum, 90. Gratia Christi nos præparat, adjuvat, corroborat et coronat, 287. Quomodo misericordia Domini præcedit et subsequitur, 80. Fideles vocantur filii Dei per gratiam, non per naturam, 282. Homo per gratiam reparatus, qui fuerat per justitiam jure damnatus, 258.

Gratuita est peccatoris conversio, 188. Nisi indulgentia Deus prævenerit peccatorem, in judicio non absolvet errantem, 275. Cujus dextera a Domino tenetur, semper absolvitur, 247. Respicere Dei liberare est, et gratiam conferre, 259. Cantat Domino canticum novum, qui gratia innovatus est, 321. Quando quis ad gratiam pervenerit ejus juventus vocatur, 257. Cur gratia lege jucundior, 286. Ubera sunt gratia, 506. Per oleum gratia intelligitur, 576.

Gratuitum, quid dicimus, 115.

Gressus, actus humanos significant, 53, 244.

H

Hæreditas, unde dicta, 18, 53, 270. Funibus olim terrarum hæreditas dividebatur, 53. Differentia inter hæreditatem humanam et Christi, 317. Hæreditas Christi est prædestinata multitudo sanctorum, 53. Sors justorum est hæreditas Domini, 439. Hæreditas Dei in sanctis hominibus constituta, 272.

Hæreticus, quid sit, 473. Hæreticorum pravitas detegitur, 474. Perversitas designatur, 485. Malignitas, 474. Doctores hæreticorum describuntur, 369. Hæretici loquuntur mendacium, 25. Non laudant Deum, 106. Cur hæreticis altare subauoveatur, 485. *V. Fidelis.* Christus pastor unius gregis, hæretici vero pastores multorum, et greges diabolo pascunt, 507. Hæretici juxta petram, non stant in petra, ut fideles, 477. Quomodo doctores hæretici, stantes juxta petram Christum, merguntur, 477. Hæretici possident tantum in egressibus, non in ingressibus, 486. Quo sensu dicuntur sodales Christi, 506. Laudabile putant contra antiquos sapere, 545. Quomodo testimonia Domini perscrutantur, 398. Mos hæreticorum describitur, 100. Hæreticorum disputationes exponuntur, 485. Cur contentiones quærant, 224. Cassiodorus, ubi datur occasio, hæreticos confutat, 77. Deus nos in hæreticorum contradictionibus probat, 279. Per vulpes intelliguntur hæretici, qui Ecclesiam demoliuntur, 511. Hæreticorum linguæ aspidibus comparantur, 474. Hæretici canibus comparati, 76, Hæretici sagittarium imitantur; 43. Cisternæ hæreticorum documenta, 519. Hæretici et schismatici umbræ mortis dicuntur, 79.

Harmonia, quid sit, 502, 587. Suavissima virtus harmoniæ, quando vox operibus consonat, 593.

Hebræi, semper ad Jerusalem conversi orabant, 91. Justificationes Hebræorum, 399. Hebræa nomina nulla declinatione frangenda, 547. *V. Judæus.*

Hemisphærion, super terram quid, 590. Quid hemisphærion sub terra, 590.

Hermon, significat anathema, 500, 455.

Hermonlim, quid significet, 143.

Herodes duo Christum persecuti sunt, 16.

Hesebon, interpretatur cingulum mœroris, 528.

Hieronymus (sanctus), laudatur, 557. Libros omnes Veteris Testamenti de Hebræo in Latinum transtulit, 545. Quomodo, 538, 545, 546. Multas de Genesi quæstiones Hebraicas solvit, 539. Librum Job transtulit, et commentatus est, 542. Ecclesiasten exposuit, 542. Commentaria fecit in Isaiam, Jeremiam, Ezechielem, Danielem et duodecim prophetas minores, 511. Omnes prophetas explanavit, *ibid.* Quatuor Evangelia commentatus est, 543. Epistolam ad Ephesios, ad Titum, ad Philemonem, etc., commentatus est, 544. Divi Hieronymi epistola ad Paulinum mirifica, 531. Libri de Viris Illustribus sancti Hieronymi et Gennadii perlegendi, 530. *V. Apocalypsis.*

Hilarius sanctus, laudatur, 550.

Hircus, unde dictus, 216.

Historia, quid sit, 264.

Hodie, in Scripturis pro perpetuitate ponitur, 17.

Holocausta, quid sint, 68, 136, 216. Quæ sint holocausta medullata, 216.

Hominis dignitas, 635. Illud libenter audit Dominus, quod ad suam imaginem in nobis cognoscitur operatus, 466. Insufflasse cur Deus dicatur, 632. Status primi hominis ante et post peccatum, 634. Toties Deus nos creat, quoties de vetustate peccati in novum hominem nos instaurat, 552. Homo non potest dare pretium redemptionis suæ, 162. Homo est spiritus mundum præsentem pertransiens, 345. Omnis homo præter Christum vanitati subjectus, 153. Anni hominum herbæ facile consumptibili conferuntur, 506. Homo est quasi pulvis a vento translatus, 484. Quæ sit differentia inter homines et filios hominum, 119. Imbecillitas humana feno comparata, 545. Cur humanum genus feno comparatur, 338. Homo terrenus pulvis dicitur, 14. Quando homines limus profundi facti sunt, 226. Quando homo est nix, quando lana, 495. Sola anima, vel sola caro pro homine ponitur, 211. Per umbilicum fragilitas nostræ mortalitatis accipitur, 527. Sævissimus homo noveculæ comparatur, 177.

Horeb, interpretatur Calvaria, 562.

Horologia a Cassiodoro præparata, 556.

Hortis (de) colendis scripsit Gargilius Martialis, 554.

Hospes, quis dicatur, 228.

Humile quid, 565.

Humilitas, duplex, 299, 306, 567. In isto sæculo humiles esse debemus ob necessitatem veniæ postulandæ, 268.

Humilitas et necessitate subitur, et voluntate suscipitur, 412. Humilitatis effectus, 413. Humilitatis encomium, 545, 639. Virtutes cœlorum humilitate præcultæ, 385. Ipsi sunt Altissimo viciniores, qui se profundius humiliant, 447. Deus humilia respicit, ut fiant altissima, 385. Humiles Deum jugiter laudant, et se semper accusant, 253. Sancta humilitas omnia patienter, omnia cum gratiarum actione sustinet, 406. Pulchritudo humilium mentium Christus, 508. Securior est humilium tremefactio, quam superborum præsumptio, 353. Solus humilis ac devotus præsentiam Dei quærit, 354. Qui se humiliat et emendat, mentem dirigit, 264. In isto mundo elevantur impii, in futuro humiles, 126. Cur Deus humiliet superbum, et humilem exaltet, 253. Canales humilitatem sanctorum significant, 529. Convalles populos humiles significant, 213. Per sessionem humilitas intelligitur, 442. Humilitas. *V. Christus, Superbia.*

Hymnus, quid sit, 27, 135, 217. Inter actus vitiosos hymnus Domini non est cantandus, 465.

Hyssopi mysticæ significationes exprimuntur, 171.

I

Idithum, quid significet, 131, 203.

Idolum, unde dictum, 325. Idola gentium irridenda, 387, 460. Captivitas peccati servire idolis, 288.

Idololatræ, graves corde vocantur, 22.

Idumæa et Idumæi, quid significent, 205, 283, 371.

Ignorantes, mala multa facimus, 84.

Illatio, quid, 566.

Illuminatos inter et fatuos differentia, 391.

Imago et similitudo differunt, 153. Imago est similitudo formata, 247.

Immaculatus, duobus modis dicitur, 208.

Impius et impii, qui dicendi sint, 12, 14, 15, 86. Impietas malorum omnium extremum, 245. Quare Dominus dicatur viam justorum scire, et nescire iter impiorum, 15. Mos sceleratorum hominum, 56. Ad rectam viam non perveniunt, 46. Quando auferuntur judicia Dei a corde impii, 40. Via impiorum contritio est et infelicitas, 49. Semen impiorum, id est opera peribunt, 125. Cur impii divinis non poterunt conspectibus apparere, 247. Clamores impiorum in extremo judicio irriti, 63. Impii in futuro confundentur, 147. Felicitas eorum in rebus transitoriis tantum versatur, 486. Impiorum erigi cadere est, 247. Impio perennte, commonetur innoxius cautius se tractare, 195. Per aquas et abyssos impii accipiuntur, 348. Quomodo rosis similes sint, 284. Montibus comparati, 528. Feno et oleribus, 121, *V. Justi, Mali, Peccatores.*

Impudentium consuetudo exprimitur, 476.

Incarnatio. *V. Christus*

Incola, quid sit, 131, 430.

Incredulorum corda lapidea, 320.

Increpare, quid sit, 401. Increpatio viros strenuos efficit cautos, 257.

Indigens, quid, 585. Indigentia spiritalis gravior corporea, 366.

Inductio, quid sit, 566, 572.

Infantes et lactentes, qui sint, 55. Quare infantes et juvenes excordes, 632.

Infernus, unde dictus, 39. Infernus sub terris positus, 292. Fovea infernalis describitur, 186. Quæ sit natura ignis infernalis, 70. Infernus civitas munita vocatur, et quare, 371. Quomodo quis in infernum vivens descendat, 184. *V. Damnatio.*

Infidelium mentes sepulcrum dicuntur, 297. Cur corpus infidelium domus iniquitatum vocetur, 253. Cur infidelium vita somnus dicatur, 257. Desertum vocantur. *V. Fides.*

In idipsum, dicatur quid, 25.

Inimicorum quatuor sunt genera, 194. Non debemus æstimare inimicos qui prosunt, 468. Cur inimicos nostros amare præcipimur, Dei autem odisse devotum est, 472. Sancta conscientia pro inimicis ut convertantur exorat, 50. Deus preces pro inimicis factas libenter accipit, 181. Duobus modis confunduntur inimici, 259. Quando inimici ventilandi, 147.

In invicem, quid significet, 119.

Iniquus quis, 143. Quid sit iniquitas, 447. Iniquum est totum, quod divina pietas exsecratur, 354. Quis potens in iniquitate dicatur, 177. Quia iniquitates nostræ elevant se super caput nostrum, 129. Opera iniquitatis est obligatio, quæ nos vinculis pravitatis innectit, 439. Quid sit iniquitatem meditari, 119. Quomodo Dominus iniquitatem apposuerit, 231. Iniqui cum molestatur, desperant; justi econtra, 405.

Injustitia, quid, et quid delictum, 101.

Innocentia, constat Dei muneribus, 287. Lavat inter innocentes manus suas qui bene operatur, 246. Quid sit interficere innocentem, 41.

Innoxius *V. Impius.*

Inopia dicitur ubi nulla copia, 296.

Insaniæ falsæ, quæ sunt, 136. Corda dementium maris fundo comparata, 212.

Insipientes qui sint, 162, 312.

Institutionis divinarum litterarum libri quæ utilitas, 537.

Intelligere quid sit, 104. Intellectus duplex, mundanus scilicet, et secundum eloquium Dei, 427. Quid spiritus intelligentiæ, 94. De modis intelligentiæ scripserunt sanctus Augustinus, Ticonius, Hadrianus, Eucherius et Junilius, quos collegit Cassiodorus, 545.

Inventio, quid sit, 563.

Invidere perituris incongruus zelus est, 243.

Ira, quid sit, 28. Quid sit ira, quid furor, 122. Quid sit indignatio iræ, 230. Ira ad ultionem pertinet, indignatio ad motum animi mediocrem, 359. Quid sit venialis ira, 22. Ira et invidia judicio carent, 437. Dentibus fremere furentium belluarum est, quas imitatur iracundus. 123. *V. Deus.*

Irreligiosi viri, per corvos intelliguntur, 494.

Ismaelitæ, id est obedientes mundo, 283.

Isosceles quid, 589.

Israel, interpretatur vir videns Deum, 85, 256. Israelitæ Deum videntes, 295, 298. Duodecim tribus Israel, sicut in populo Romano erant triginta quinque curiæ, 433. Quomodo gentes populum Israeliticum supplantarunt, 266.

Iter, unde dicatur, 15.

J

Jabin, id est sapiens, 284.

Jacob supplantator interpretatur, 266. Per Jacob et Judæorum populus et Christianus potest intelligi, 50.

Jejunium, unde dictum sit, 116. Quid sit jejunium, 128. Qui pro humanis favoribus jejunat, in manibus myrrham habet, sed non in digitis, 521.

Jeremias, captivitatem Jerusalem quadruplici alphabeto deflevit, 83.

Jerusalem, interpretatur visio pacis, 225, 295.

Jerusalem cœlestis civitas munita dicitur, 200. Mater est fidelium, 465. Quotidie usque ad mundi consummationem vivis lapidibus construitur, 433. Portæ cœlestis Jerusalem sunt fides, charitas, baptismus, pœnitentia, etc., 293. Differentia inter Jerusalem terrestrem et cœlestem, 433.

Jerusalem terrestris laudatur, 225. 295. Quomodo in ea mirificavit Dominus misericordiam suam, 101. A protectione urbis Jerusalem exaggeratur invidia eam devastantium, 249.

Jesus nomen est salutis professio, 84. *V. Christus.*

Joannes Baptista, lucerna Christi, 454. Lucerna est Ecclesiæ, 61.

Job patientia dissimulando injurias, 130. Quare passio B. Job referatur, 127. Fortitudo declaratur, 131.

Jonadab, interpretatur Domini spontaneus, 234.

Jonæ cetus fuit oratorium, 447.

Jordanis, interpretatur descensio, 143.

Joseph, significat augmentum, 279. Interpretatur sine opprobrio, 275. Interpretatur crescens. 262. Cur nomine Joseph gentium fides intelligatur, 262. Cur Joseph vocetur, 353.

Josephus septem libris descripsit bellum Romanorum in Judæos, 230. Josephi libri jussu Cassiodori de Græco in Latinum translati, 530.

Jubilatio, unde dicatur, 89, 157, 278. Quid sit jubilatio, 107, 157, 214, 300, 327.

Judas, homo pacis dicitur, et quare, 140. Dicitur confitens, sive clarificans, 270. Judæ traditio expenditur, 140. Quis fuit lacus quem Judas excavavit, 33. Unanimis, dux et notus dicitur, 184.

Judæa, interpretatur confitens, 256. Judæus inimicus et defensor dicitur, 33. Qui Judæi vocandi, 386. Qui veri sint Judæi, 52. Deseruerunt intellectum legis, 63. Messiam non venisse, sed venturum esse credunt, 16. Servi sunt, quia filii esse noluerunt, 335. Synagogam circumhabitabant, non inhabitabant, 100. Cur genus pravum et peramarum vocentur, 264. Cor Judæorum lapideum, 75. Vita pœnalis est, 549. Quæ bona Judæis Deus promiserit, 146. Hæreditas Dei populus Hebræorum, 221, Domini hæreditas fuit quandiu puro animo servivit, 249. Ad iracundiam Dominum provocaverunt, quia injustum putaverunt, 252. Fuerunt steriles, 115. Expulsio Judæorum per superbiam provenit, 369. Quomodo Deus eos judicaverit, 460. Quomodo positi sunt deorsum, 71. Malis suis affixi sunt, 59. Quare errantes, et per mundum dispersi, 196, 258. Quare Christus Judæam plebem dixerit suam, 280. Christus Judæos fratres appellat, 228. Judæi et gentes duo parietes angulari lapide Christo conjuncti, 319. Duplex generatio, una Hebræorum, altera Christianorum, 340, 487. Populus Judæorum exiens a Christo immundus est, ad eum conversus sospes fiet, 251. Abundantiores fructus gentes quam Judæi attulerunt, 213. Contra Judæos et contra Nestorii atque Eutychis errores invehitur Cassiodorus, 282. Contra Judæorum infidelitatem invehitur, 209. Hortatur Judæos ad fidem in Christum, et ad pœnitentiam, 168. In quibusdam Judæis in nomine vindicatum, cum facti sunt Christiani, 395. Judæi ad Christum in fine convertendi, 195, 514, 448.

Judæi, quare filii hominum vocati, 49. Cur viri sanguinum dicantur, 195. Vocantur claudicantes, 65. Et vituli, 74. Aspides et leones fuerunt, 173. Quare unicornes appellati sunt, 94. Tauri principes Judæorum designant, 74. Comparati jumentis insipientibus, 17. Onagris, 349. Canibus, 74, 195. Aspidi, 49. Per petram Judæorum duritia intelligenda, 587.

Judicium, unde dictum, 126, 240. Judicium in singulari extremum significat, 66. Facit judicium quisquis judicat contra se, 418. Rectum judicium contra se irasci, 130. Judicium et misericordia mutuam semper ineunt societatem, 552. Omnes cum Christo judicant, qui ejus regulis non repugnant, 500. De quibus rebus possumus judicare, 192. Homines de vestibus alios judicant, Deus vero minime, 77. A judiciis Domini non declinare, est in via recta consistere, 414. Quod judicium Dei peterc debeamus, 421. Petitio hæc quibus periculosa, et quibus proficua, 86. Judicii dies, mala dies dicitur, et quare, 159. Per malum tempus intelligitur dies judicii, 124. Dies judicii ira et furor vocatur, 28. Hominibus incognita, non humanitati Christi, 42. Quando Dominus cognoscetur judicia facere, 59. Opinio quorumdam circa diem judicii, 27. Deus silet modo, at in judicio non silebit, 163. Potestas Dei in judicio futuro, 19. In judicio omnia apparebunt, 122. Qui in judicio damnabuntur, 23. Sancti in æquitate, peccatores autem cum justitia judicandi sunt, 58. Recordatio judicii extremi proficua, 28. Facies arcus diem judicii significat, et quis eam fugiet? 199. Dies judicii tempestati comparatus, et quare, 284. Tempestas dicitur, 165. Judicia Domini abyssis comparantur, 119.

Jurare, quid sit, et unde dicatur, 51, 379, 413. Juravit dicitur, jure oravit, 299. Quis in Deo juret, 207. Quis per dolum jurat, 81. Veraciter jurare in Veteri Testamento prohibitum non est, in Novo vix permissum, *ibid.* Cur homines jurare prohibeantur, 520, 379. *V. Deus.*

Jussio. *V. Mandatum.*

Justificationes, duplici modo accipiuntur, 417. Quid sit facere justificationes, 416. Spernuntur a Domino, qui ab ejus justificatione discedunt, 417. Justificationes Hebræorum. *V. Hebræi.*

Justitia, quid sit, 631. Justus sibi semper displicet, peccator vero amat unde pereat, 180. Justus non abscondit veritatem, 137. Quomodo os justi meditabitur sapientiam in cœlo, 126. Via justorum Dominus, et iter peccatorum diabolus, 15. Perfecta devotio justi est Domino sub mentis jucunditate famulari, 331. Justi Deum, et antequam mala patiantur, et cum patiuntur, quærunt, 267. Quid justus allis commodet, 125. Solus Dominus vias justorum cognoscit, 124. Quomodo justus nunquam derelinquitur, 125. Clamor justorum ad æternam utilitatem semper auditur, 112. Cur justis reverentia adhibenda sit, 501. Duplici ratione justorum gaudia simulantur, 126. In hac terra justi sunt incolæ, 401. In hoc mundo confunduntur, impii vero in futuro, 147. Quando justi cadunt, impii rident, pii dolent, 150. Quare justi affliguntur, 148. Deus justos in manibus impiorum relinquit in hoc sæculo, in alio non, 126. Latus Domini est corona justorum, 309. Justi homines campis comparati, 213. Palmæ et cedro, 315. Quando justitia hominum in judicium convertetur, 317. Servitus injustitiæ nos præcipitat ad ruinam, 402. *V. Deus.*

Juventus, quid significet, 84. Juventus pro vitæ novitate ponitur, 143.

L

Labores, in hoc sæculo cur sancti viri sustineant, 245. Per labores opera bona significantur, 444.

Lac, a liquore dictum, 408.

Lacrymas amaras cur fideles fundant, 464. Piarum lacrymarum virtus, 188. Lacrymæ in precibus violentæ, 134. Spiritualis seminatio semper in lacrymis est, 440. Juges lacrymæ satietatem inferunt, 142. Quando pane lacrymarum cibamur, 275.

Lacus, quid sit, 35.

Lætari, quid sit, 98, 105. Quæ sit perfecta lætitia, 54.

Lamenta, unde dicta, 270.

Lampare, id est splendere, 331.

Laqueus, dolum significat, 41.

Largitas donatoris ubi non habet defectum, petendi nunquam debet esse fastidium, 418.

Latus, unde dictum, 309.

Laus, unde dicatur, 110. Deus solus debet laudari, 210. Laudis Dei nullus est finis, 352. Cur, 118. Quando laus Dei semper sit in ore justi, 110. Quis semper Deum laudet, 118. Quis Deum vere laudet in corde suo, 217. Vera laudis confessio toto promitur mentis arcano, omnique Christiano

convenit, 292. Laus divina oris est et operis, 334. In laudationibus Domini actus ipse habet præmium suum, 492. Tunc est Domino jucunda laudatio, quando in unum vox et vita convenerint, 492. Laudes Domino in tribulatione exhibere eximium est, 413. Sacrificium laudis Deo acceptum, 392. Hostia laudis præstantior quam pecudum victimæ, 367. Gloria Domini est, ut fideles Christi laudes ejus cantare non desinant, 467. Nocturnis laudibus catholica Ecclesia se consolatur, 236. Semper surgitur, cum ad Domini præconia festinatur, 407. Sensus noster spirituali gratia repletur inter laudes Domini, 280. *V. Deus, Psallere.* Laus omnino certa est quam adversarii protitentur, 280.

Lectio divina cuncta virtus est, 549.

Lectus, unde dicatur, 29. Quid per lectum debeat intelligi, 29, 159.

Levare, quid sit, 431.

Lex, unde dicatur, 13. Quid sit lex Domini, *ibid.* Legis verissimus lator est Deus, 40. Lex per Moysen data et per Christum impleta, 66. Veritas legis est Dominus Christus, 422. Christus in lege, non sub lege ut cæteri homines, 13. Finis fuit legis, 4. Lex peccatum detegit, 447. Quis dicatur legem quotidie meditari, 13. Fructus legis in afflictione monstratur, 143. Quis contra legem agat, 235. Legis Domini obliviscitur qui ejus præcepta non complet, 196. Dissipare legem est aliter vivere quam præscribit, 419. Lex divina sanctuarium Dei vocatur, 246. Mensa Domini est utriusque legis intellectualis epulatio, 230. Lex Domini spiritalis esca vocatur, de qua impiorum mens fame jejunia est, 367. Quare calix dicatur, 253. Per cornu austeritas legis significatur, 505. Legis mysteria ceræ comparata, 74. Per sagittas verba legis intelligenda, 430.

Libanus, quomodo interpretandus, 350, 513, 517.

Liber, unde dictus, 558. Cooperiendorum codicum artifices instituit Cassiodorus, 555. Liber viventium notitia Domini inviolabilis firmaque sententia, 251.

Liberum arbitrium ad bonum Adam peccante perdidimus, 394. Per liberum arbitrium utilitas mortalium non est explicanda, 394. Vocatur pes in sacra Scriptura, 244. In mala parte exsecrabilis libertas arbitrii, 394.

Linea, quid, 589. Quid sit linea intelligibilis, 325. Quid recta linea, 589. Quid rectilineæ, 589. Quid inæquales, 585. Quid perpendicularis, 589.

Linguæ laus, 490. Utilitates linguæ, 490. Deus iratus linguas divisit, adunavit propitius, 185. Diversus linguæ usus, 7. Lingua sequitur mentis arbitrium, 26. Difficile est indeliberatum rectum esse sermonem, 475. Pessimi non ante cogitant quam loquantur, 177. Viri perfecti est et competenter tacere, et apte loqui, 132. Lingua nos trahit frequenter ad vitia, et quomodo ab illis retrahatur, 478. Superflua verba raro vitat vel continens, 152. Facilius culpa refugitur tacendo quam loquendo, *ibid.* Nihil dicendum nisi quod et loquentem juvet, et audientium sensus ædificet, 427. Quid sit lingua magniloqua, 43. Quid sit magna loqui, 118. Gratum dicendi genus, cum anima sua loqui, 343. Loquitur ipse alieno ministerio, qui loqui facit, 263. Quorum lingua dolum concinnat, 167. Lingua sæviens occidit, 190. Guttur eorum qui mortifera loquuntur, sepulcrum est, 89.

Littera et syllaba, quid sint, 559. *V. Orthographia.* Omnes litteræ apud Hebræos significantes suas habent, 121. Cur sæcularium litterarum studia non respuenda, 534.

Litteræ sacræ. *V. Scriptura.*

Locus est liber et spatiosus quem diabolus non occupat, 99.

Locus dialecticus, quid sit, 571, 575. Locorum agnitio dialecticos atque oratores multum juvat, 572. De locis rhetorices in generali et in particulari, 573, 574, 575. Ex quibus locis medii sumantur, 576. In persona et negotio omnis locorum ratio constituta est, 581. Loci partitione sumpti multiplici sunt modo, 577.

Lucernas perpetuas invenerat Cassiodorus, 556.

Luna et stellæ, ad obsequium, non ad imperium conditæ, 462. Quid eclipsis lunæ, 591. *V. Eclipsis.*

M

Maceria, quid sit, 303.

Machabæorum libri II maximam partem sanctus Ambrosius in libro Patriarcharum exposuit, 543. Libros Machabæorum Bellator presbyter commentatus est, 543.

Madian, interpretatur declinans judicium, 284.

Magnitudo, numerabilis quid, 589.

Maheleb, interpretatur chorus divina verba decantans, 295.

Maledicere corde quis dicatur, 204.

Malitia, ex macie dicta, 245. Nobis non est naturalis, sed adventitia, 184. Est omnium criminum mater, 119. Qui in malis sperat, seipsum decipit, 205.

Malum, quid sit, 112. Duplex malum, 412. Cur malum non sit substantia, 226. Omne malum suam importat ultionem, 193. Deus bene utitur malis alienis, 555. Dominus retribuet nobis bonum pro malo, 391. Quævis mala nos non debent a Christi gratia segregare, 148. Nocentes malum inferendo prosunt innocentibus, 91. Quem Deus adjuvat malorum contritione non deficit, 255. Malum intestinum vulnus insanabile, 187. *V. Peccatum*. Quando omnia mala finienda, 42.

Malorum hominum quæ sint indicia, 635. Malorum pœna est a munere Divinitatis arceri, 287. Malis societate misceri non debemus, 121. Populus Dei nescit cum malis morum permixtione confundi, 279. Quoties mala committi patimur, eis consentire videmur, 168. Malus dum prædicatur extollitur, 40. Cur mali odio habeant bonos, 123. Felicitas eorum velut somnium evigilantium, 247. Cur mali oves vocentur, 507. *V. Peccatores*.

Mala punica, quid significent, 518, 526, 530. Quid punicum et granatum significet, 552.

Manasses interpretatur oblitus, 199, 275, 371.

Mandata Domini dicta sunt ut fiant, non ut tantum cantentur, 343. Præcepta Domini triplici doctrina continentur, 21. Omnia Dei præcepta nos implere convenit, 258. Quis ad præcepta Domini custodienda paratus dicatur, 407. Quis sermones Domini custodiat, 399. Per dilectionem non per timorem mundanum præceptum Domini decet sanctos viros operari, 413. Via mandatorum nisi dilatato corde non curritur, 403. Mandata Domini bene servantur, cum nulla adversitas metuitur, 407. Vere Deum diligit, qui mandata ejus custodit; et is a Deo exauditur, 350. Illi semper hilares sunt, qui a jussis Domini non recedunt, 558. Psallit Domino in cithara, qui per actum carnalem mandata Divinitatis operatur, 327. Exercitatio nostra jussionum Domini observatio dicitur, 261. Mandata perfecte discuntur, cum fiunt, 408. Intellectus mandatorum sancta operatio est, 412. Vera Dei recordatio mandatorum ejus observatio, 204. Mandata qui custodit, et ab ipsis custoditur, 401. Beati sunt qui præcepta Domini mente custodiunt, 359. Mandata Domini veram prudentiam conferunt et salutem, 404. Ipsi virtute possunt, qui jussis Domini obediunt, 346. Cur a mandatis Domini qui non declinat, nulla deceptione capiatur, 415. Sub defensione Domini sumus, dum a præceptis ejus non deviamus, 415. In mandatorum nullo peccandum, 399. Se persequitur, qui Domini jussa non sequitur, 312. Per partes perit, qui divinis jussionibus reluctatur, 557. Præcepta legis futurorum umbra et speculum, 359. Per denarium divina præcepta intelliguntur, 326.

Mandragora, quid sit, et ad quid apta, 530.

Manes, in quo erravit, 8.

Manifeste, unde dicatur, 165.

Manna. *V. Eucharistia.*

Mansuetos inter et mites quæ differentia, 84. Quid dicantur mansueti, 110, 123. Suscipiuntur in cœlum, 403.

Mansueti montibus comparantur, 528.

Manus, potestatem significat, 146. Quid per lævam, quid per dexteram intelligatur, 509, 552. Per manus operatio designatur, per digitos vero operationis discretio, 41, 521. Levare manus significat bonis operibus occupari, 405. Qui dexteram muneribus repleant, 87. Quis spiritualiter manus lavat, 87.

Marcellini (de) historia, 550.

Mare, a meando dictum, 551. Per mare mundus intelligitur, 211. Gentes, 519. *V. Mundus.*

Marius, Victorinus, librum de Hypotheticis Syllogismis edidit, 569.

Martyrium verum solus Ecclesiæ filius meretur, 392. Martyrium durum est iter carni, sed beata est vita animæ, 223. Est calix salutaris, et cur, 391. Quando martyres de tribulationibus liberati, 122. Ut martyres Deus coronet, patitur eos tormenta sustinere, 387. Eos tradit ad pœnas, ut reddat coronas, 326. Per genas ecclesiæ martyres significantur, 515. Per cedros, 276. Per colles, 215. Martyres ovibus comparati, 147. Ossibus, 477. Et turribus, 455. Per mustum malorum granatorum dilectio sanctorum martyrum designatur, 532.

Mathematica, quid sit, 559. Quid, in quas partes dividatur, 585. Cur doctrinalis vocetur, 559. Quid magnitudines rationales et irrationales, 589.

Matthæum (sanctum) B. Hieronymus, sanctus Hilarius et Victorinus episcopus explicuerunt, 543.

Matutinum, dicitur quasi mane primitivum, 71. Quis mane deprecatur, 25.

Meditatio, frequens est mater intelligentiæ, 338. Quid sit cum corde meditari, 260. Meditatio divinæ Scripturæ ex usu dulcescit, 261. Quæ meditatio beatos faciat, 409.

Melchisedech. *V. Eucharistia, Sacrificium.*

Memoria, quid sit, 343, 563.

Mendacium, ore prolatum est labor labiorum, 475. Cur mendacium significet idola, 22. Sepulcrum mortui guttur est mentientis, 26.

Mensa, unde dicta, 79. Mensa in bono et in malo ponitur, 80. *V. Eucharistia.*

Mentis nostræ intuitus qualis, 431. *V. Anima.*

Meridies, unde dictus, 185.

Meritum. *V. Gratia.*

Metempsychoseos error damnatur, 345.

Miracula, a sanctis hominibus facta describuntur, 636. Sancti post mortem miraculis coruscant, 515. *V. Christus.*

Misericordia, est in manu Domini, 448. Nos misericordiæ Dei offerre debemus, et cur, 659. Nullum tempus a misericordia Dei exceptum, 365. Corda nostra sine pluvia misericordiæ, sicut terra sine aqua, 319. Misericordia Domini tormentorum consolatrix, 409. Dominus miseretur miserentibus, 50, 243. Misericordia illa est de qua alter non gemit, 441. *V. Deus.*

Missarum ordo in psalmo XXXIII videtur descriptus, 113. Trisagion in missarum celebratione canit Ecclesia, 87. *V. Eucharistia.*

Mitis. *V. Mansuetus.*

Moab, id est ex patre, 285. Moab interpretatur ex patre, 371.

Monasticæ vitæ laus, 350. Vita cœnobitica et eremitica commendatur, 455. Non est alienum a monachis hortos colere, et agros exercere, 534. Rustici a monachis erudiendi, 556. Monachi passeribus comparati, 350.

Mons, in Scripturis divinis æquivocus est, 43. Montes in bono et malo ponuntur, 439. Quid per montem significetur, 20. Per montes sancti viri, vel libri Domini, vel angeli possunt intelligi, 431. Per montes apostoli et prophetæ significantur, 240.

Mortalitas, est paries quidam constitutus inter Deum et homines, 310.

Morte affici, quid sit, 149. Quid sit mors, 629, 637. Quæ sit vera mors, 148. Vespera nostra est nostra mors, 476. Fidelibus mors somnus est, 442. *V. Sanctus.*

Moyses, interpretatur assumptus, 262, 305. Minister est Veteris Testamenti, et propheta Novi, 305. Virga Moysi hæreditas vocata, 249.

Mundi figuram ovi similitudini Varro comparavit, 591. Totius mundi ætas æternitati comparata, nimis est exigua, 341. Mundus hic a Deo regitur. *V. Deus.* Mundus hic locus quidam est, 91. Locus afflictionis est, 148. Locus peccatoris est, et quare, 122, 127. Duobus modis transitur, 126. In hoc mundo peregrinatur omnis qui Christo devotus est, 406. Felicitas mundi non quæratur, 169. Quanto quis superna desiderat, tanto erga ea quæ mundi sunt languescit, 522. Qui mundana spernit, suavitate divinæ contemplationis expletur, 259. Nec hominem nec diabolum timet, qui mundana despicit, 189. Quæ animæ mundum vicerint, 402. Mundum descentes malorum obloculionibus subjacent, 429. Luxus, avaritia, superbia primitiva sunt mundi quæ Dominus percussit, 462. Amatores mundi illa diligunt unde perire noscuntur, 450. Mundus iste mare dicitur, 223. Per noctem mundus iste intelligitur, 406. Cur desertum dicatur, 463. Mundani homines ceræ liquenti comparati, 525. *V. Sæculum, Sanctus.*

Murenulæ, quid sint juxta litteram et mysticum sensum, 507.

Murmurantium cogitationes intus latentes agnoscit Deus, 266. Exaltat cornu, qui contra Deum remurmurat, 255.

Musica, quid sit, 528, 585, 585. Quis musicæ inventor 586. Musicæ disciplinæ commendatio et divisio, 278. Recensentur omnes toni musicæ, et qui sint, 587, 588. *V. Tonus.* Utilitas musicæ, et qui de ea tam Græce quam Latine scripserint, 588. Cœlum et terra non sunt sine musica, 556. Quomodo musica per omnes actus vitæ nostræ diffundatur, ibid.

Myrrha et aloes, quid sint et quid significent, 519.

N

Nardus, quid sit, 507. Fragrantiam virtutum designat, quæ a tempore Incarnationis excrevit, 507.

Nares, unde dictæ, 587.

Narratio, quid sit, 28, 462, 563. Narratio, cor et anima causarum vocatur, 103.

Natura, quid sit, 52, 72.

Necessitas, unde dicatur, 99. Quid sit necessarium, 571. Quid necessarium ac non probabile, 571.

Negatio, quid sit, 568.

Negationes, quæ permittantur, 237.

Negligentibus et infidelibus Deus dormit, 270.

Nephialim, id est dilatatio mea, 224.

Nequam, unde dictus, 122.

Nequitia, quid, 122. *V. Peccator.*

Nimius, quid dicatur, 598.

Nomen, unde dictum, 245, 592. Quid sit, 559, 568, 592. De nominum casibus et numeris, 596, 597, 598. De nominum generibus, 596. De nominum declinationibus, 598. De gradu positivo, comparativo et superlativo, 595, 596, 597. Nomen et adverbium quamdam habent inter se cognationem, 592. Nomina antiqua veniente Christo mutata, sunt, 53.

Nox unde dicta, 13.

Noxia audire et non respondere fortissimum est, 130. Numerus, quid sit, 15. Quid significet, 102. Monas non potest numerus dici, 15. Quaternarii numeri commendatio, 24. Quinarius numerus cui attribuatur, 27. Senarius numerus perfectionem significat, 526. Cur, 513. Quare senarius numerus pœnitentibus aptetur, 30. Septenarius, numerus quid significet, 34, 55. Septenarius numeru. Spiritus sancti virtute perfectus, 358. Septuplum perfectionem muneris cœlestis significat, 274. Numerus septenarius ad septiformem Spiritum respicit, 46. Numerus octonarius magna sacramenta in Scripturis continet, 36. Numerus nonarius quod sacramentum contineat, 43. Numeri denarii commendatio, 44. Significat remunerationem, 513. Numerus undenarius quod mysterium indicet, 46. Numerus duodenarius mysticus, 48. Laudatur, 385, 639. Numerus decimus tertius quid repræsentet, 50. Quid numerus decimus quartus repræsentet, 52. Quid numerus decimus quintus significet, 54. Numerus decimus sextus quod mysterium repræsentet, 57. Numerus decimus septimus magna legis sacramenta concludit, 64. Quid numerus decimus octavus significet, 67. Quod sacramentum numerus decimus nonus contineat, 69. Quid numerus vigesimus significet, 71. Numerus vigesimus primus quot sacramenta contineat, 78. Numerus vigesimus secundus quid significet, 80. Numerus vigesimus tertius ad quid spectet, 82. Numerus vigesimus quartus quæ mysteria declaret, 86. Quid numerus vigesimus quintus significet, 88. Numerus trigesimus quid significet, 102. Numerus trigesimus tertius quæ mysteria contineat, 113. Numerus quadragesimus purificationi aptatur, 138. Numerus quadragesimus secundus quod mysterium contineat, 145. Numerus quadragesimus sextus quæ sacramenta declaret, 158. Numerus quinquagesimus significat annum jubilæum. 175. Numerus sexagesimus ad quos pertineat, 202. Numerus septuagesimus legi, octogenarius vero populo Christiano quomodo deputetur, 307. Octogenarius numerus in malo aliquando accipitur, 326. Numerus nonagesimus quomodo sanctam Trinitatem repræsentet, 311. Millenarius numerus pro summa perfectione ponitur, 534. Ratio interpretandi numeros, quando excedunt, 90. Quid numerus circulatoris, 590. De numeris ad arithmeticam pertinentibus in genere et in particulari, 584, 585, 586.

O

Oblationes piæ, charitatis studio factæ, non sunt respuendæ, 52.
Oblivio, ab originali peccato descendit, 400
Obloqui, quid sit, 148.
Obscurum, quid, 565.
Obsecrare, quid sit, 122.
Obsidio, unde dicta, 74.
Obturare, a sacerdotibus tractum, et quomodo, 192.
Occasus, unde dictus, 568.
Occidentalis locus, quid, 590.
Occultis (pro) filii quid significet, 57.
Octava, ad æternam pertinet requiem, 44.
Oculus, unde dicatur, 29. Oculus intellectum significat, 99.
Odium, unde dictum, 472. Perfectum odium est homines diligere, et eorum vitia semper horrere, 472.
Officii divini vigilias horasque gratas faciunt psalmi, 2. V. Vigilia.
Og interpretatur coacervans, 463. Og interpretatur conclusio, 453.
Olei unctio, quare frequenter adhibita, 80. Oleum in bono et in malo ponitur, 477.
Olera, unde dicta sint, 121.
Onerare qui alium festinat, se gravat, 458.
Opera hominum, viæ duræ sunt, 53. Fulgor Dei operum qualitates aperit, 122. Opera bona, hic velut semina jaciuntur, 385. Sunt semen fructus æterni, 542. Suam vocem habent, 290. Diluculo semper exsurgit qui piis operibus in Ecclesia Deum laudat, 370. Plaudunt manibus bene operantes, 157. Cibus Domini bona nostra opera sunt, 519. Opera pia per elevationem manuum intelliguntur, 476. Semen opera nostra significat, 125. Et opera bona, 88. Bona opera citharæ comparantur, 166.
Oppositionibus (de), 563.
Opprobrium, quid significet, 99. Graviora sunt opprobria quæ vicinitas novit, 272.
Orare, Oratio, Orator. Oratio oris ratio dicta, 289. Oratio duobus modis dicitur, 54. Quid sit oratio, 134. Quæ sit cordis petitio, 122. Orationum genera, 336. Orationis forma, 319. Quis veraciter Deum invocet, 489. Quis perfecte oret, 55. Quomodo ante Deum semper oramus, 518. Regula rectæ petitionis, 357. Modus orationis perfectæ indicatur, 22, 337. Ad Deum plus clamat causa quam lingua, 104. Quando insipienter et sapienter petimus, 72. Oratio ex humili, mansueto et sincero debet corde procedere, 480. Decet peti nimia supplicatione quod summum est, 445. Justum est ut jugiter rogetur, qui, si non petatur, offenditur, 418. Nunquam debet a precibus cessare, qui punienda pravitate peccavit, 290. Aliud est petere tentando, aliud confitendo, 265. Fidelium clamor est devotæ mentis affectus, 422. Ad Dominum non clamat, nisi qui petitionem suam ad eum toto cordis affectu dirigit, ibid. Ille tantum clamat ad Deum, qui petit quæ fidelibus dantur, 259. Vox deprecationis est puritas orationis, 474. Suggestionibus inimici orando non cedere certamen magnum, 356. Si Deum invoces indevotus, judicium postulas, non veniam, 254. Boni quid orando petunt, mali vero quid, 89. Oratio dominica, quotidiana oratio vocatur, 277. Sanctus Cyprianus orationem dominicam primus exposuit, 243. Sancti Cypriani liber de Orationis dominicæ Expositione laudatur, 550. Orare commonemur tensis manibus in modum crucis, 206. Mos orandi tensis manibus in modum cruesis, 149. Oratio est sacrificium, 143. Per orationem Deo præsentamur, 427. Verba orationis quasi quædam persona ad conspectum Domini introeunt, 295. Contra peccata continua remedium est Domino jugiter supplicare, 476. Orationis effectus, 305, 476. Clamat homo, ne sileat Deus, 91. Bonas orationes velut aliquid vultuosum Deus inspicit, 478. Deus fideliter supplicantes efficaciter audit, 330. Semper ad utilitatem suam auditur, qui clamat ad Dominum, 73. Multi petunt a Deo, sed feliciter differuntur, 489. Oratio cum a Christo funditur, instituitur est sancta fidelium; cum a subjectis agitur, satisfactio est delictorum, 290. Judicium ille solus probatur evadere, qui recurrit ad preces, 481. Justitiæ est divinæ supplicanti parcere, 233. Vitium orantibus commune, et maxime otiosis, 129. Oratio incenso comparatur, 476. Incensum orationes significat, 216. Deus repellit a mandatis subdole rogantes, 400. Orator quid sit, ejus officium et finis, 563. Quæ sit differentia inter dialecticum oratorem et philosophum, 372. Tria debet præstare orator, 562. Orator vitio iracundiæ careat, et quare, 563. Revocantur in melius oratores artificiosi, 104. Oratio quid sit, 568. Orationis duo sunt genera, 562. Quot sint partes orationis, 559, 560, 592. Quid sit demonstrativum genus, 563. Quid ostentabile, 566. Quid honestum causæ genus, 565. Quid sententiabile, 566. Quid deliberativum, 246, 562. Quid judiciale, 563. Quæstio judicialis duabus partibus segregatur, 581. Quid sit qualitas juridicialis, 564. Quid remotio criminis, 564. Quid sit conjecturalis status, 564. In suadendo et dissuadendo tria spectanda, 562. Quando fiat vitiosa oratio, 565. Ellipsis est defectus orationis, 255. V. Eloquentia, Eloquium.
Ordines rerum non convertit, nisi qui eas fecit, 581.
Ordines ecclesiastici. V. Ecclesiastici, Pœnitentia.
Oreb interpretatur siccitas, 284.
Organum, quid sit, 501. Per organa Scripturarum divinarum collatio intelligitur, 464.
Origenes, quot libros in Octateuchum confecerit, et quomodo sit legendus, 539. Epistolam ad Rom. viginti libris declaravit, quos Rufinus in decem redegit, 544. Cassiodorus loca prava Origenis sedulo adnotavit, 540.
Orosii (de) historia, 550.
Orthogonium, quid, 589.
Orthographia, quid, 560. Utilitas et dignitas orthographiæ, 606. Ex quibus auctoribus orthographia a Cassiodoro desumpta, 606. Orthographia apud Græcos sine ambiguitate expressa, non vero apud Latinos, 539. Orthographos antiquos collegit Cassiodorus, 555. Orthographi prisci frequenter relegendi, 548. Quædam vocabula non scribuntur modo per easdem litteras per quas antiquitus, 605. De quibusdam litteris, et quomodo scribi debeant, 606, 607, 608, 609 et seqq. Aliter scribere et aliter pronuntiare recordis est, 610.
Ossa, fortitudinem animi significant, et quomodo, 28, 113. Et firmitatem, 103. Et fidelium firmitatem, qui non conterentur, 113.
Ostium, ab ostando dictum, 476.
Otium. V. Christiani.
Oves Domini quæ sint, 274.
Oxygonium, quid, 589.

P

Pacificus, quis sit, 127. Pacificos Dominus quærit, 454.
Pactum, quid sit et unde dictum, 424.
Pagani, dicti quod a civitate Dei longe sint, 550. V. Christi passio.
Pallium. V. Diplois.
Palma unde dicta, 513.
Palpebræ, unde dictæ, 44, 451.
Paradisus, vocatur terra viventium, 90, 479. Quid significet paradisus, 470. Paradisi descriptio, 638.

INDEX ANALYTICUS IN SECUNDUM CASSIODORI TOMUM.

Parallelæ, quid, 5 9.
Parcit Deus, cum sibi non parcit reos, 104. Damnantibus se parcit Dominus, 26. Dominus cum hic punit, in judicio parcit, 128.
Participium, quid, 559.
Partitio, quid, 363.
Passeri, quinam comparentur, 338.
Passio Christi. *V. Christus.*
Pater. *V. Deus.*
Pater æternus. *V. Trinitas.*
Patientia, quid sit, 34, 40, 235. Convenit Christiano, 135. Patientiæ effectus mirabiles, 109. Si patientia a corde recesserit, turbamur ; si permanserit firmamur, 129. Patientia semper mitigantur adversa, 316. Per patientiæ bonum divinum nobis venit præsidium, 402. Vincit qui patitur, vincitur qui vulnerat, 317. Nullum crimen est quod non impatientia matre nascatur, 362.
Patria, quasi patris atria dicta, 322.
Patrum scripta, sedulo legenda, 548. Labor Cassiodori Patrum codices legendo, 553.
Paulini liber de Theodosio principe eloquens, 551.
Paulus (sanctus) per Benjamin designatur, 224.
Paulus simplex dæmonibus imperavit, 369.
Pauper unde dictus sit, 82. Spiritualis pauper quis sit, 111. Qui pauperes Dei sint, 240. Qui sint pauperes Christi, 453. Pauperes Christi sunt apostoli vel prophetæ, 240. Pauperes Christi sunt qui delicias voluptatesque despiciunt, 252. Pauperum Christi laus, 356. Qui pauperes saturandi sunt, 77. Pauper eumdem quem judicem habet refugium, 58. Quando pauper ad studium virtutis accenditur, 40. Virtus animi in paupertate infirmatur, 99. Cur eam Christus elegerit, 508. *V. Egenus.*
Pax, unde dicta, 434. Pax vera, 254. Quis pacem cum Domino habeat, 257. Pax æterna ex divina contemplatione provenit, 495. Pax sequenda, quia fugit, 112.
Peccare. Peccatum. Peccatum originale astruitur contra Pelagianos, 170. Quis eorum error circa hoc peccatum, 559. An peccatum originale sit per traducem in anima, 653. Quam juste sanctus Augustinus de hoc dubitaverit, 653. Peccatum originale prævenit antequam nascamur, 53. Infantes originali peccato obnoxii sunt, 481. Et omnis qui vivit, 67. Delicta ignorantiæ peccatum originale dicitur, 81. Originale peccatum ad vitia semper nos trahit, 413. Peccatum originale per baptisma deletur, 653. Quando quis priscorum delictis reus sit, 374.
Peccata inter et iniquitates quæ sit differentia, 105. Omnes vincti sumus lege peccati, 252. Sine levi peccato vita ista non ducitur, 516. Sancti viri culpas ex toto vitare non possunt, 447. Nemo quandiu vivit potest effugere peccatum, ideo jugiter petendum est absolvi, 447.
Peccatum omne tribus modis contrahitur, 373. Quando per oculos peccamus, 404. Pingue et validum peccatum quod arbitrio committitur, 243. Peccata graviora, quando cum advertentia sunt commissa, 170. Maximum est vitium post peccatum ad excusationes confugere, 478. Cur, 255. In vicem est facti, sceleris prolata sententia, 2 8. Gravissimum est peccatum occasionem alicui præbere peccandi, 247. Quis alterius peccati particeps, 167.
Peccata quanto majora sunt, tanto longius a Deo repellunt, 26. Qui peccat, gratiam sancti Spiritus amittit, 173. Peccatum contra nos stat quasi figurata imago, 170. Multa peccata ingentes excitant fluctus, 328. Quare copiosum dicitur peccatum, 88.
Peccatum morbus est animarum, 110. Peccata sunt vincula, 407. Peccata tenebrosa sunt, 163.
Peccata nostra nisi intelleximus, ad pœnitentiam non venimus, 102. Profundæ ignorantiæ est aliquem nescire, quod peccat, 247. Peccatorum nostrorum memores semper esse debemus, 127. Peccati memores sua facta refugiunt, seque ad beneficia Domini convertunt, 501. Singulare remedium quo peccata vitentur, est præsentia Dei, 54. Nunquam peccatum relinquit, qui amat quod peccat, 177. Revertitur in dimidio dierum suorum, qui ad antiqua delicta revertitur, 341. Abominatio peccatorum est absolutio nostra, 288.
Peccata quomodo deleantur, 172. Multis modis peccata dimittuntur, 27, 258. Cum Deus delicta respicit, punit ; cum hominem intuetur, absolvit, 108. Peccata per spinas intelliguntur, 595. Cineribus peccata comparantur, 559. Peccata aquis comparata, 238. Peccata fumo comparata, 124. *V. Iniquitas, Malum.*
Peccator, quis sit, 12, 15. Duo sunt genera peccantium, 15, 118. In peccatores invehitur Cassiodorus, 653. Modus excedendi peccatoribus datus est, 348. Detestabilium hominum consuetudo, 56. Peccatores vitiant illam imaginem in qua creati sunt, 482. Non intelligunt dignitatem suam, 162. Plerumque per decorem compositæ locutionis se abscondunt, 177. Quando completa sit nequitia peccatorum, 52. Voti vel facta peccantium semina dicuntur, 70.

Dominus nulla reprehendenda constituit, peccator econtra, 108. Quæ sint divitiæ peccatorum, 123. Mutuantur peccator et justus, sed diversimode, 124. Dies peccatorum cum festinatione transeunt, 267. Infelicitas peccatorum describitur, 163. Projicitur a facie Domini, qui curari non vult, 172. Deus peccatores videt, ut eos perdat, 112. Quomodo mors peccatoris sit pessima, 113. Peccatores a regno Dei excludendi, 25. Locus est peccatorum suppliciis præparatus, 59. Cur locus eorum mortis umbra dicatur, 296. Peccatores non sola peccatorum suorum recordatione puniendi, 59. In diaboli retiaculum cadent peccatores, 478. Peccatoris conversio describitur, 653. Quæ a peccatoribus erga Deum agenda, 557. Deus jubet peccatores se semper affligere, 421. Qui peccatores Domino propinquent, 105. Occidit Deus peccatorem cum moritur peccato, ut vivat Domino, 471. Deus elevat et elidit feliciter peccatores, 539. Illos ad eorum salutem destruit, 198. Eos percutit, ut misericordiam per pœnitentiam impetrent, 553. Peccator quomodo tacet, et loquitur, 103. *V. Gratia.* Peccatores in Christum refugium habentes herinaciis comparati, 350. Quid sit gladius peccatoris, 123. Velum quoddam est densitas peccatorum, 122. Peccatores sunt carbones, 59, 430. Voluntates peccatorum pulveri comparantur, 114. Capra peccatoris figura est, 525. Per terram peccator intelligitur, 198. Cur, 328. Vasi luteo comparatur, 18. Dies peccatorum globis fumiferis exæquantur, 337. Peccatores feno comparati, 213, 446. Luto plateatum, 63. Fumo et ceræ, 219. Peccatores obstinati crystallo comparati, 495. Quid sit puteus, et quando in eum cadent, 22).
Pecudum (in) vice qui apud Deum sint, 247.
Pelagianorum error, 69. Quam perniciosus, 85. Exsecrandus, 98. Damnatur, 53. Objectiones solvuntur, 171. *V. Peccatum originale, Gratia.*
Peregrinus, unde dicatur, 134. Quæ peregrinis et ægrotis præparantur fiunt cœlestia, 554.
Perfectio nostra ad Dominum pervenire, 189. Perfectorum est nunquam a Deo velle recedere, 278. Perfectorum potestas, 356. *V. Consummatio, Gemitus.*
Perfidorum genus duplex, 333. Perfidi immemores sunt Dei, 29.
Pericula quæ habentur occulta graviora sunt, 174.
Persecutio Ecclesiæ, triplex, 41. Quid persecutores dicebant Christianis afflictis, 144. Iis credere nesciunt Christi membra, 576. Persecutorum tormenta castigatio Domini vocantur, 395. Utilitas ex persecutionibus, 318. Ecclesia persecutionibus improborum crescit, 413. Electorum numerus crevit, quantum se tyrannorum ira succendit, 424. Perficiuntur passionibus fideles, 328. Perfectus Christianus in prosperis, et in adversis temperatus, 352. Per aquas et flumina persecutionum minæ et blandimenta intelliguntur, 553 Persecutores abyssis comparantur, 548. *V. Ecclesia, Mali.*
Persona, quid sit, 31.
Pes, quid, 559. Quid significet, 59. Per pedes motus animi intelliguntur, 420. Pes in singulari pro superbia, et pro affectu mentis ponitur, 120.
Pessimum, unde dictum sit, 113. Quare pessimi fugiendi, 87.
Petrus, abbas, Commentaria in omnes Epistolas sancti Pauli ex operibus sancti Augustini confecit, 543.
Phantasia, quid, 41.
Pharao, interpretatur dissipatio, 499.
Philosophia, quid sit, et quotuplex, 567. Errores philosophorum, mundum nunquam aut creatum aut finiendum, rite eversi, 341. In philosophos paganos invehitur Cassiodorus, 653. Pisces maris philosophos significant, 36. *Vid. Dialectica, Oratio, Psalmus* XL.
Pietatis spiritus, quid, 94. Pietatem non potest invenire qui eam aliis impendere contempsit, 571.
Pilatus, quando ambulavit in magnis, 449.
Placabilem semper reperiri summa virtus Christiani, 430.
Placet Domino qui sibi displicet, 105.
Plagæ, quid sint, 134.
Pœnitere, quid sit, 22. Quæ sit vera pœnitudo, 29. Perfecta pœnitentia est peccata futura cavere, et lugere præterita, 170. Quæ differentia sit inter pœnitentes et lamentantes, 248. Quæ sit formula pœnitentiæ, 50. Pœnitentia privata non arcet ab ordinum susceptione, sed publica, 175. In hoc sæculo tempus est pœnitentiæ, 443. Homo debet semper lugere quod peccat, 258. Pœnitentium encomium, 131. Pœnitentiæ laus, 449, 485. Conditio beata pœnitentium, 342. Duobus modis perfectæ pœnitentiæ virtus ostenditur, 131. Pœnitentia est medicina inæstimabilis, 105. Deus resistentes sibi inimicis dimittit, et pœnitentes protegit, 280. Contusio pœnitentium æternum tollit opprobrium, 298. Fœdos peccata reddunt ; sed pœnitentiam lavacra reddunt decoros, 322. Recipiunt proficuum pœnam, qui propter vitam torquentur æternam, 468. Pœnitentia est quoddam judiciale genus, 30. Peccatori laus divina interdicitur, non pœnitenti, 167. Omnis pœnitentia est oratio,

356. Cur pœnitentes talia se dicant perpeti qualia humana natura non prævalet sustinere, 358. Pœnitentiam agere etiam in vitæ termino non desperandum, 290. In vero pœnitente peccata non redeunt, 172. Carbones ignis sunt pœnitentiæ cruciatus, 475. Per nycticoracem pœnitentes intelliguntur, 358. Convallis lacrymarum est pœnitentis humilitas, 286.

Populi, per aquas intelliguntur, 485.

Porta, unde dicta, 82, 228. Portæ Domini, 331. Portæ vocantur apostoli, Christus vero porta, et quare, 393. Quid sit porta mortis, 39. Portæ mortis a diabolo positæ, 82.

Portio a parte dicta, 466.

Potentia summi principis dignitatem servientis auget, 436. Cur iniquam potestatem non permittat Dominus diutius grassari, 439. Virga boni malique potestas significatur, 439.

Præceptum. *V. Mandatum.*

Præcingere, quid significet, 97.

Prædestinatio (in) consistit quidquid in mundi administratione evenerit, 314. Cogitationes cordis Domini significant prædestinationem rerum, 108. Per plantationem in domo Domini prædestinatio ejus significatur, 513.

Prædicatores, quid agere debeant, 521. Prædicatoribus nunquam deest verbi Dei prædicatio, 327. Deum prædicando non eum magnificamus, sed nos magnificamur, 243. Deus pro capacitate mentis temperat verbum prædicationis, 333. Verba prædicantium piis imbres, perfidis igniti laquei, 44. Vox tonitrui prædicatio sanctorum, 348. Boves prædicatores designant, 36, 216. Pedes prædicationes significant, 157. Per cœlos veri prædicatores intelliguntur, 299. Nubes prædicationibus prophetarum comparatæ, 119. Per nubem verbi Domini prædicator intelligitur, 68, 262, 347. Per favum et vinum sancti prædicatores figurantur, 520. Cur veri prædicatores montibus æternis comparari possint, falsi vero non, 237. Sancti prædicatores cur vittæ coccineæ comparentur, 315.

Præmia Domini tanto plus desiderantur, quanta probantur largitate concedi, 431. Cur videndo alterius præmia proficiat sancta conscientia, 469. Quid Deus in nobis coronet, quid damnet, 488.

Præposito, quid, 589. Cur sic vocetur, 604. De præpositionibus singulis, 604, 610, 611.

Præsumendum in sola Domini pietate, 425. Nihil de sua possibilita e præsumendum, 312.

Preces. *V. Oratio.*

Primasii liber, Quid faciat hæreticum, 544. *V. Apocalypsis.*

Princeps, unde dictus, 16.

Probabile ac non necessarium, quid sit, 572.

Probatio passionem significat, visitatio resurrectionem, 53.

Processio. *V. Ecclesia.*

Prodigium, unde dictum, 156, 268, 337, 459.

Profanum, unde dictum, 303.

Profutura non amare dementis est, 419.

Progenies, duæ a Deo positæ : prima ab Adam ad Christum; secunda a Christo ad finem sæculi, 288.

Pronomen, quid, 559.

Pronuntiatio, quid, 513.

Procemii causa quæ sit, 562.

Prophetia, quid sit, et quotuplex, 3. Prophetæ videbant mente quod ore prædicabant, 301. Spiritus sanctus in prophetis non semper mansit, 3. Prophetæ virtus, 150. Prophetæ labia Domini, 303. Pennæ Domini monita prophetarum, 309. Prophetarum prædicationes fulgura et pluviæ sunt, 459. Prophetæ tempus evangelicæ prædicationis optaverunt, 224. Excussores prophetæ vocantur, 442. Nubes prophetæ vocantur, et quare, 191. Firmamentum prophetarum Christus, 245.

Proportio, quid sit, 589. Diversæ proportiones explicantur, 590.

Proportionalitas, in tribus terminis invenitur, 590. Quæ confusa proportionalitas appelletur, 590.

Propositio, quid, 566, 571. Duæ sunt propositionum species, sub quibus multæ aliæ, 571. Quid sint termini propositionum, 571.

Proprium, quid sit, 568.

Prosper (sanctus) tres libros totius auctoritatis divinæ conscripsit, 559. Sanctus Prosper Chronica ab Adam ad Genserici tempora perduxit, 559.

Prosperari, quid sit, 396. Mens in prosperitate et in adversitate positorum describitur, 45. Scelerati homines alienis prosperitatibus intumescunt, 356.

Prospicere, quid sit, 108.

Protectio Domini alis comparata, 202.

Prothei factum, 628.

Proverbia Græco sermone exposuit Didymus, 541.

Proximi, qui sint, 130. *V. Charitas.*

Prudentia, quid sit, 632.

Psallere, quid sit, 34, 71. Quid sit Deo psallere, 38. Quid sit psallere sapienter, 137. Quid sit cantare, quid sit psalmum dicere, 89. Quis Deo cantet et nomini ejus psalmum dicat, 220. Quibus instrumentis psalmi olim canebantur, 3. Quando psallimus decem chordis, 106. Quis tubis psallat Domino, 528.

Psalmodia, quid sit, 468. Vocis devotio et mentis hilaritas in psalmodia debent sociari, 318. Psalmodiæ virtus exponitur, 251, 466. Psalmodia et pœnitentia perfectum efficiunt Christianum, 142. Psalmodia iter ad Deum vocatur, 168. Per vocem exsultationis psalmodia designatur, 157. *V. Deus, Laus.*

Psalmorum divisio secundum antiquos Patres, 239. De quinquefaria psalmorum divisione, 5. Utrum in quinque voluminibus psalmorum sit secanda contextio; an certe unus liber debeat nuncupari, 5. Psalmorum ordo dispositionem rerum mirabilem indicat, 496. Duplici mysterio decursus, 502. Quid contineant psalmi, 8. Psalmorum præcones sunt tituli, 201. De quinta titulorum inscriptione, 5. Inscriptiones psalmorum per allusionem intuendæ, *ibid.* Quare nomina propria in titulis psalmorum ponantur, 141. Quare nomina Idithum, Asaph, præfiguntur titulis psalmorum, 4. Cur in titulis finis frequenter repetatur, 48. Cur in titulis psalmorum frequenter in finem positum sit, 43. Quare psalmi a beatitudine incipiant, 12. Psalmorum numerus quæ mysteria contineat, 9. Cur secundus psalmus in Scriptura vocetur primus, 15. In psalmo XL tres philosophiæ partes docentur, 141. Psalmi pœnitentiales cur sint septem, 27, 483. Quare psalmi pœnitentiales ab afflictionibus inchoant, et in gaudiis desinunt, 483. Cur septem psalmi laudes Domini contineant, 490. Inter psalmos maxime pœnitentiales æstimandi, 30. Quare psalmus L quoties peccatorum venia petitur, assumitur, 175. Psalmi tribus modis loquuntur de Christo, 6. Psalmi de incarnatione loquentes dulcius accipiuntur, 138. Quomodo psalmi ad Christum referantur, 15. Psalmi virtus quæ sit, 6. Libri psalmorum commendatio, 1. Divinæ Scripturæ thesaurum complectitur, 239. Ad institutionem beati viri pertinet, 11. Psalmi sunt apotheca copiosa, 2. Psalmi sunt vasa veritatis, 2, 238. Psalmi sunt dulcisonum organum, 2. Duo sunt genera psalmorum alphabetum continentium, 82. Alphabetum perfectum aut imperfectum in ps Lmis ad quos spectent, 380. Quosdam psalmos B. Hilarius, B. Ambrosius et B. Hieronymus, sed omnes B. Augustinus studiose tractavit, 541. *V. Athanasius.*

Psalmus, unde dictus, 4. Quid significet psalmus, 144. Quid sit psalmus, 4, 16, 19, 21, 492. Quid sit psalmocanticum, 5 Quid sit psalmuscantici, 217, 234. Quid sit canticumpsalmum, 5. Quis cantet in psalmo, 511. Solus David auctor Psalmorum, 4. Psalmista propheta est et apostolus, 19.

Psalterium, quid sit, 4, 501. Psalterium genus est musicorum, 4. Quid sit psalterium decachordum, et quid significet, 106. Decachordum psalterium decem legis præcepta sunt, 314, 485. Laus psalterii, 541. Varius psalterii ornatus, 253. De propria eloquentia Psalterii, 8. Diligentia Cassiodori in corrigendo Psalterio, *ibid.* Psalterium cœleste divinarum Scripturarum armarium, et quid contineat mirabile, 502. Spiritualis bibliotheca vocatur, 502. Tirones sacras litteras legentes inchoant a Psalterio, 9. *V. Scripturæ sacræ studium.* Psalterio comparatur corpus Domini, 4.

Punctum, quid sit, 525, 589. Quinque possunt peti ab omni puncto, 589. Puncta sunt viæ sensuum, et lumina dictionum, 548.

Pupilla, quid sit, et unde dicta, 56. Pupilli unde dicti, 374. Quis vere pupillus? 82.

Purgatio, quid sit, et quas habeat partes, 564.

Pusillum, unde dictum, 185. Quid significet, et unde dictum, 122.

Q

Quæri, in bono et in malo ponitur, 253.

Quæstiones civiles, quid sint, et quomodo dividantur, 565. Omnis quæstio generalis in duas distribuitur partes, 581. Quæstiones in scripto quinque modis fieri possunt, 580. Præter scriptum multiplices, et quæ, 580. Sunt adjuncta negotio, quæ fidem faciunt quæstioni, 582.

Qualitas, quid et quotuplex, 564.

Quantitas, duplex, discreta et continua, 568.

Quando dividit Cicero in tempus et in occasionem, 581.

Quieti terræ, qui sint dicendi, 258. *V. Sapientia.*

Quintilianus, doctor egregius in rhetorica docenda, 565.

Quis, circumstantia est, quam partitur Cicero in undecim partes, 581.

R

Raab, figuram Ecclesiæ gestat, 294.

Rapinæ crimen non tollit indigentia, 205.

Ratio, quid sit, 629. Homini ratio inest, 629. Bona ex ratione manantia, 629.

Ratiocinatio, quid, 566.

Reclinatorium aureum requies æterna, 511.

Recordari, unde dictum, 268.

Refugium, quid sit, 104. Domus refugii est gloriosa resurrectio; et quare, 98.

Reginæ, quid significent, 526.

Religio Christiana, est via virtutis, 341.

Renes, significant fortitudinem corporalem, 470.

Reprehensio, quid, 565.

Requies Domini, est in religiosis pectoribus, 453.

Resurrectionis tempus, est susceptio matutina, 71. Liber Job carnis resurrectionem manifeste prophetat, 512. *V. Resurrectio Christi.*

Retia, unde dicta, 478.

Retributio perfecta, quæ sit, 116. Quatuor sunt species retributionum, 92.

Revelare, unde dictum, 401.

Reverentia, quid sit, 118.

Rex, a regendo vocatus, 221. Honor regis, 329. Peccatum populi est in Deum et regem, peccatum regis in solum Deum, 170. Fines terræ sunt reges, 63. Homines justi et veraces sunt reges, 485. Reges terræ sunt qui corporibus suis Divinitatis munere d minantur, 467. Deus est rex. *V. Deus.* Regi a Domino, est defensio fortis, et magna securitas, 78.

Rhamnus, quid sit, 193.

Rhetor, Rhetorica. Rhetorica, unde dicta, 563. Quæ sint ejus partes, 563, 565, 580. Quæ sit differentia inter dialecticam et rhetoricam, 566. Quæ sit rhetoricorum cum dialecticis similitudo, quæ vero diversitas, 582. Semper eget rhetor dialecticis locis, dialecticus vero non ita, 583. Opus rhetoricæ est et movere, et docere, 580. Quæ sint partes suadendi, 562. Rhetoricæ causarum sunt tria genera, 563, 565. Status causarum aut sunt rationales, aut legales, 563. Quid sit status, *ibid.* Sta us a quibusdam octodecim, aTullio vero novem et decem numerantur, 564. Quid sit status collectivus, 90. Rhetorum figuræ inveniuntur in Scripturis divinis, 7. Quæ sint argumenta rhetorices, 565, 596. Dialecticam et rhetoricam in novem libris Varro definivit, 556. Loci rhetorices. *V. Locus, Orator, Oratio.*

Rhomboides, quid, 589.

Rhombus, quid, *ibid.*

Rhythmica, quid, 587.

Romana in urbe maxime floruit religio Christiana, 249. Signa quibus in prælio exercitus Romanus uteba ur, 230. *V. Christiani, Josephus, Israel.*

Ructuare, unde dictum, 427.

Ruina, unde dicatur, 105, 509.

S

Sabbati prima, significat diem dominicum, 80.

Sabellius, in quo erravit, 8.

Saccus, quid sit, 97.

Sacerdotes veteris legis, quare radebantur, 137. Sacerdotes per immolata sacrificia peccatis nostris propitiam faciunt divinitatem, 211. Decet sacerdotes Christum induere, 452. Quando sacerdotes induuntur salutari, 453. Christus est sacerdos. *V. Christus.*

Sacramenta quædam Ecclesiæ ante adventum Domini occulta fuerant, 471. Duo sunt sacramenta liberationis nostræ, 215. Sacramenta portæ æternales vocantur, 82.

Sacramentum, cur hominibus prohibitum, 299.

Sacrificium, quid dicendum, 166. Quomodo sacrificia pecudum nobis proficiunt, 166. David non credidit iis se expiandum, 174. Quare adventu Christi sacrificia finem acceperint, 136. Sacrificia ordinis Aaron perierunt, Melchisedech vero manserunt, et quomodo, 379. Sacrificium ab homine quod petat Deus, 166. Quis Deo voluntarie sacrificet, 181. Quæ sacrificia Deo accepta, 166. Nosmetipsos Deo sacrificare debemus, 23. Seipsum Domino offerre est sacrificium illi acceptissimum, 93. Quæ sint voluntaria oris sacrificia, 415. Quis sacrificium laudis immolat Deo, 166. Quod sacrificium laudis Dominum honorificet, 168. *V. Christus, Eucharistia, Laus.*

Sæcula, unde dicta, 251. Quare sæcula dicta, 202. Quid sit sæculum, 83. Quid sæculum significet, 450. Sæculum hoc beati velut viantes transeunt, 478. Cogitatio sæculi nos semper affligit, 183. Cur quæ sæculi sunt odio esse debeant, 414. Sæcularibus actibus implicati pacem non habent, 23. Qui mortui sæculi dicendi, 481. Per mare Rubrum istud sæculum intelligitur, 462. Sæculum istud hiemi comparatur, 121. Torrenti comparatur sæculi istius turbidus cursus, 457. Per tonicam sollicitudines sæculi significantur, 520. *V. Mundus.*

Sagittantium mos exprimitur, 35.

Salamandra, incendio reficitur, 637.

Salmana, id est umbra commotionis, 284.

Salomonis de judicio sanctus Augustinus, sanctus Hieronymus et sanctus Ambrosius sermones fecerunt, 510.

Salvator, et Salus. *V. Christus.*

Sancti viri hunc mundum prætereuntes dicuntur, 446. Omnis sanctus est incola, 134. Cur sanctorum mens hic patiatur incolatum, 450. Omnes justi sunt recti corde, et e converso, 105. Sancti viri laudes Domino jugiter dicunt, et præterita peccata deflent, 461. In cœlo animo consistunt, 453. Ditantur virtutibus, non dominantur ut Christus, 299. Sanctorum actiones magna discretione considerandæ, 513. Nulla fiunt Deo proxima, nisi quæ fuerint sanctitate purgata, 427. Præconium Domini est morum sanctitas custodita, 76. Sedes Domini omnis sanctus, 299, 434. In sanctis gloria Domini habitat, 87. *V. Deus.* Reges terrarum sunt sancti homines, corpora sua regentes, 498. *V. Rex.* Quod merebuntur sancti hymnus est Domini, 498. Magnitudo dulcedinis quomodo sanctis abscondita, 101. Cur mors sanctorum pretiosa dicatur, 391. Sancti cum Christo judicabunt, 434. In æternum exsultabunt, 26. In cœlo Dominum jugiter laudabunt aspectu illius pulchritudinis concitati, 553. Inæqualiter Deo fruuntur, 26. Precibus sanctorum sæpe mort s pœnas evadimus, 363. Sancti viri luminaribus cœli comparati, 513. Et stellis, 493. Quomodo sancti fiunt lampades ignis atque flammarum, 535. Sanctorum unanimitas currus est Domini, 222. Corpus sanctorum utri comparatur, 410. Cogitationes sanctorum gregibus caprarum comparantur, 514. Montes aromatum sunt sancti Dei, 535. Per montes et colles perfecti quique sancti significantur, 509. Per putationem vinearum purgatio sanctorum significatur, 510.

Sanguinum vir, quis dicatur, 25, 87, 183, 472. Sanguinibus nomen inusitatum apud Latinos, recte tamen ponitur in psalmo L, 128.

Sapientia, toto labore et desiderio exquirenda, 534. Perfecta sapientia a Deo datur, 534. Uxor beati viri sapientia, 444. Cœlestis sapientia in pectoribus placidis atque humilibus conquiescit, 533. Sapientia non invenitur, nisi apud quietos animos, 368. Spiritus sapientiæ quid operatur, 93. Summum sapientiæ genus est devoto animo sentire quod expedit, 449. Sapientes potestati Divinitatis se committunt, 259. *V. Cor.* Sapientiæ librum octo libris Bellator presbyter exposuit, 542.

Saturitatem ventris sequitur seditio, 362.

Scabellum, unde dictum, 378.

Scalenum, quid, 589.

Scandalum, quid sit, 426. *V. Peccatum, Peccator.*

Scelus, omne subsequitur pœnitudo, 250. Quis sit introitus ad scelus, 86.

Schema, quid sit, 14, 559.

Scientiæ spiritus, quid, 94. Primus scientiæ gradus est intelligere nos minime nosse, 246.

Scitus, unde dictus, 216.

Scribere. *V. Orthographia.*

Scriptura divina, ab omnibus admittitur, 7. Sanctus Augustinus canticum Annæ dilucidavit, 510. Divisio sacræ Scripturæ secundum D. Hieronymum. Augustinum, etc., 545, 546. Unde probetur Scripturam esse divinam et traditam a Deo, 7. Quali stylo composita, *ibid.* Qualiter apud Hebræos scripta, *ibid.* Translatio Veteris Testamenti LXX interpretum quadraginta libros continet, 516. Scripturis inest simplicitas duplex, et bilinguitas sine dolo, 7. Idiomata sacræ Scripturæ nullo modo temeranda, 547. Locutio sacræ Scripturæ incorrupta permanere debet, 547. Non mutanda Scripturæ verba, ut regulæ elocutionum Latinarum serventur, *ibid.* Loca Scripturæ obscura per alia dilucidantur, 537. Absurda verba in Scripturis inventa, ad Hebræos aut Græcos codices corrigenda, 548. Scripturæ consuetudo est allegorice loqui, 222. Cur Scriptura divina per diversas similitudines loquantur, 528. In Scripturi divinis pro sacramentorum qualitate sæpe variantur significata, 268. Proprium Scripturæ est significantias verborum mutare, 52. Scriptura sancta sæpe pro singulari numero pluralem ponit, et econtra, 90. Mos est Scripturæ unum pro plurimis ponere, et econtra, 215. Scriptura sacra futura sæpe pro præteritis ponit, 52. Scripturæ sanctæ nihil supervacuum habent, 5. Nihil vanum in Scripturis sa ris continetur, 552. *V. Evangelium.* Scripturæ sacræ potentia, 8, 500, 549. Scriptura sacra in potestate sancto um, 500. Scripturæ divinæ libri omnes superna luce et virtute Spiritus sancti resplendent, 558. Scriptura sacra lucerna vocatur, 414. Quare lumen vocatur, 6. Antiqui oratores Scripturæ divinæ tropos usurparunt, 7. Aristoteles loca argumentorum Scripturæ sacræ æmulatus, 489. Ex Scripturis sanctorum doctrinæ sæculares profluxerunt, 82. *V. Ars, Eloquentia.* Scriptura sacra lingua Dei vocatur, 256. Vestimentum Christi est, 75. Propugnacula sanctæ Ecclesiæ sunt divinarum Scripturarum sacramenta, 516. Scripturæ sacræ supernum horreum, vel entheca rerum cœlestium, 490. Sunt pascua populi fide is, 531. Divina Scriptura cur favus distillans vocetur, 517. Tunicæ Domini comparata, 548. Per aquas viventes intelligitur, 519. Per salivas intelligitur, 109. Per arcum, 33. Scriptura sacra quo studio legenda, 552. Divinarum Scripturarum intellectus a Deo jugiter expetendus, 419. A quo Scripturæ libro tirones incipere debeant, 537. *V. Psalterium.* Scripturas divinas juniores melius intelligunt quam seniores, 413. Desiderium beati Agapiti et Cassiodori intelligendi Romæ scholas publicas pro sacra Scriptura addiscenda, 537. Sacræ litteræ cum expositoribus in novem codicibus a Cassiodoro collectæ, 545. Cassiodori temporibus libri Regum nondum commentati, 540. Per sacram Scripturam a Patribus expositam ad contemplationem Domini pervenitur, 537. *V. Ambrosius, Augustinus, Bellator, Cassiodorus, Eloquium Dei, Hieronymus, V. Apocalypsis, Ecclesiastes,* etc.

Scutum, unde dictum sit, 114.

Sehon, interpretatur tentatio colorum, vel arbor infructuosa, 459, 463.

Selmon, interpretatur umbra, 221.

Seneca, librum de Forma mundi composuit, qui hodie non exstat, 590.

Senectus humana cum senectute Ecclesiæ confertur, 512. Quid per senectutem intelligendum, 236.

Sensus corporis, quot sint, et quæ eorum officia, 634.

Sepultura, pietatis officium est, 272.

Sera, unde dicta, 132, 495.

Sermo divinus, sapientia et prudentia plenissimus, 161. Sermo divinus meditatus animam saginat, 79. *V. Eloquium, Verbum.*

Servus, a servando dictus, 418. Quis Domini servus, 419. Tranquilla semper pace fruitur, 426.

Sichima, interpretatur humeri, 199, 371.

Signum, unde dicatur, et quid sit, 292, 357, 459. Signum crucis. *V. Crux.*

Silentii effectus, 135. *V. Lingua.*

Similitudo, quid sit, 161.

Simon Magus, quando ambulavit in mirabilibus super se, 449.

Sina, interpretatur mandatum, 222.

Sion, multa significat, 17. Sion speculationem significat, 232, 248, 257, 325, 438. Sion omnes generavit Ecclesias, 39.

Sisara, id est gaudii exclusio, 284.

Sol, unde dictus, 331. Sol in Scripturis multos habet sensus, 506. Sol sapientem significat, luna justum, 252. Eclipsis solis. *V. Eclipsis.*

Sors, quando ponitur in Scripturis, divinum aliquod judicium importat, 76.

Species, quid sit, 567.

Spes, unde dicta, 138. Quid sit vere sperare, 101. Quis veraciter habeat spem in Domino et in nomine ejus 136. Spes in Domino omnia commutat in melius, 142. Spes ad patiendum roborat, 390. Quæ sit sanctorum exspectatio, 416. Spes Domini est omnium finium terræ, 211. Spes Christianorum ex Christi resurrectione. *V. Christi resurrectio.*

Sphærica positio, quid sit, 590. Quid sphæricus motus, 590.

Spiritualis provectionis gradus, 213. Magnus languor spirituales delicias fastidire, 367. *V. Ebrietas spiritalis, Esca.*

Spiritus sanctus, Patri et Filio æqualis, 93, 288. Est Creator, 372. A Patre et Filio procedit, 8, 188. Quis offerat nomini Spiritus sancti gloriam, 93.

Spiritus sanctus calor est a quo nullus potest abscondi, 65. Cur in linguis igneis apparuerit, 513. Vox Domini septies repetita septem dona Spiritus sancti significat, 93. Unguenta sunt dona Spiritus sancti, 505. Olei nomine Spiritus sanctus designatur, 159.

Spiritus, quid sit, 260. Spiritus triplici modo dicitur, 628. Quid Spiritus virtutis, 94.

Spiritus immundi, calumniatores vocantur, 418. Cur spiritus immundi alieni dicti, 374. Spirituales nequitiæ studiosius præcavendæ, 51.

Stagna, unde dicta, 369.

Stare, qui dicantur, 457. Stare pertinet ad solidissimam mentem, 452.

Statuæ principum collocatæ in plateis ad instructionem memoriæ, 250.

Stellarum status, quid, 591. Quid præcedentia stellarum, 590. Quid remotio stellarum, 591.

Studium litterarum. *V. Littera.*

Stultus, quis, 162, 512. Quæ sit stultorum consuetudo, 134.

Subditus Deo, quis sit, 203.

Subita omnia violenta sunt, 465.

Substantia quid sit, 152.

Superbi, qui dicandi, 515. Superbia vitiorum mater est, 401. Ex ea omne peccatum nascitur, 1·2. In omni peccato invenitur, et quare, 120. Morbus sæculi dicitur, 567. Peccatum diaboli est, 245. Angelus et Adam per superbiam ceciderunt, 120. **Maximum delictum est superbia**, 67. Eam Dominus specialiter exsecratur, 253. Deus a superbis faciem suam avertit et gratiam aufert, 552. Proximantur Deo humiles, et fiunt superbi omnino longinqui, 467. Cur Deus superba a longe cognoscat, 467. Creatura non debet superbire Auctori, 300. Humiles mandatis Domini obediunt, superbi diabolicis suggestionibus intumescunt, 406. Mutus est si psallat superbus, 253. In superbiæ culmen ascendere ruinosum, 449. Tanto arregantes in tartari profunditatem descendunt quanto se altiora contingere putaverunt, 65. Despiciunt superbi humiles, 436. Quæ sit differentia inter superbos et famulos Dei, quando læduntur, 435. Sacrificium Deo acceptum spiritus superbiæ mactatus, 174. In fideles pro tempore oportet vindicari, ne in superbiam deducantur, 330. Maligni spiritus leones vocantur propter superbiam, pardi vero propter ferocitatem, 517. Raab superbiam significat, 294. Volucres cœli sunt homines superbi, 36. Per cedros Libani nobiles et reges superbi intelliguntur, 94. Superbus homo equo comparatur, 494. Per cornua intelliguntur superbi, 76. Spina dorsi pro superbia ponitur, 103.

Superficies, quid, 589. Quid plana superficies, *ibid.*

Superfluus, quid, 585.

Supplantare, quid sit, 126.

Supplicatio vera, 29. *V. Oratio.*

Suspicio viro Christiano non convenit, 404.

Susurratio, quid sit, 140.

Syllaba, quid sit, 559. De syllabis, et quomodo scribi debeant, 609, 612, 613 *et seqq. V. Orthographia.*

Syllogismus categoricus, quid sit, 13. Formulæ categoricorum syllogismorum sunt tres, 568. Exemplum categorici syllogismi, 105. Quis sit hypotheticus syllogismus, 31, 139. Modi syllogismorum hypotheticorum sunt septem, 569. Syllogismi alii prædicativi, alii conditionales, et quid sint, 572. Quid tripartitus, 566. Quid quadripartitus, *ibid.* Quinquepartitus, 141, 566. Tullius Marcellus Carthag. de Syllogismis septem libros composuit, 269.

Symphonia, quid sit, 587.

Synagoga, quid significet, 32. Cur ante adventum Christi vocata fuerit Sunamitis, 527. Ante adventum Christi despecta, et non postea, 531. Mater est Ecclesiæ, 506. In ea Christus habitare non potuit, 32. Per ficus significatur, 510. *V. Ecclesia, Judæus.*

T

Tabernaculum, quid sit, 51.

Tabescere, quid sit, 421, 472.

Temperantia, quid sit, 632.

Templi velum, quare in passione scissum, 74.

Tenebræ, in bono ponuntur in Scriptura, 59.

Tentationes justorum et impiorum, quomodo differant, 280, 374. Duæ sunt tentationes, una Domini, altera diaboli, 86. Fideles semper tentationibus proficiunt, 316. Cur Deus probet et tentet, 86. Deus percutit ad salutem, 231. Deus in hac vita destruit, quos iterum ædificare decernit. 177. *V. Diabolus.*

Terminus, unde dictus, 18. Quid terminus, 589.

Terra, unde dicta, 19. Orbis terrarum in speciem rotæ concluditur, 262. Quid facies terræ significet, 14. Qui sint termini terræ, 18. Tenso fune terra olim dividebatur, 269. Cur terra filiis hominum data, 388. Quando fructum suum dedit, 218. Terra licet innovanda sicut et cætera, tamen suum nomen retinebit, 125. Si terrena despicimus, semper ex Deo læti sumus, 278.

Testamentum Dei, quid significet, 84. Quomodo testamentum in sanctis Scripturis acceptum, 285. Qui testamentum ordinare dicuntur, 165. Inter duo Testamenta quiescere debeat Christiani, 221. Quando duo Testamenta se invicent, 145. Quid Deus in Veteri Testamento promiserit, quid in Novo, 253. Omnia in Veteri Testamento annuntiata per Christum, et in Christo complenda sunt, 531. In Novo Testamento misericordia est, in Veteri veritas, 289. Cur Novum Testamentum dicatur æternum, 535, 582. Duæ abyssi duo Testamenta, 145. Per mixtum duo intelliguntur Testamenta, 255. Per rivulos aquarum Vetus Testamentum, 523. Commentatores Græci in utrumque Testamentum, 558.

Testes falsi, qui sint, 115.

Testimonium, quid sit, 330, 599. Quid per testimonia, 84. Cur mirabilia testimonia Domini, 419. Quomodo testimonia Domini justitiam et veritatem contineant, 421.

Thabor, interpretatur veniens lumen, 300.

Tharsis, interpretatur contemplatio, 242.

Ticonius, Donatista, Apocalypsim explanavit, cujus lectio a Cassiodoro emendata, 544.

Timor divinus, 404. Timor perfectus, 417. **Spiritus timoris Domini**, 94. Mixta cum pavore dilectio, timor est Domini, 66. Timor Domini ex amore descendit, 443. Ille timor Deo acceptus, qui cum amore et pia præsumptione conjungitur, 494. Servorum est formidare, amicorum diligere, 102. Timor Domini alium timorem expellit, 88. Duo timores sunt qui corda nostra compungunt, humanus scilicet et divinus, 443. Differentia inter timorem carnalis hominis et justi, 76, 89, 111, 292. Humanus timor dissidentiam, divinus spem tribuit, 83. Timor mundanus miseros efficit, 385, 443. Timor Domini beatos efficit, 19, 583. Deum timere imperturbata contemplatio est, 66. Nihil deest timentibus Deum, 111. Timere Deum, et sperare in eo beatos faciunt, 388. Opportuno tempore timere providentia est, et econtra, 50. Nullum timet, qui a Deo illuminatus est, 88. Cuncta hic sub metu sunt, 390. *V. Mandatum.*

Tonus, quid sit, 587. Toni sunt quindecim, 587. *V. Musica.*

Topazion, quid sit, 419.

Topica, quid sint, 490, 577.

Torcular, quid sit, 31. Geth significat torcular seu pressuram, 186.

Torrentes, quid sint, 58.

Totum, duobus modis dicitur, 574.

Traditiones sanctas Ecclesiæ non sequentes hæretici, falsa locuti sunt, 192. Incensum illud suave est Domino, quod apostolorum traditionibus adjunctum est, 216.

Triangulum æquilaterum, quid, 589.

Tribulatio nostra quid sit, 167. Tempus tribulationis duplex est, sed valde dissimile, 127. Qui corde vere tribulantur, et qui non, 112. Quando tribulatio longinqua, quando vero proxima, 74. Quare tribulationes patienter tolerandæ, 85. Quare tribulationes justorum multæ sint, 112. Semper dilatant Ecclesiam, 22. Viro sancto suaves, 508. Illi sunt munera, 422. Continuas efficiunt orationes, 478. Lacrymis nostris dulciores fiunt, 339, 294. In iis lætatur justus, 193. Eæ medicinaliter corda pungunt, 389. Fidelibus votiva correctio est, 245. Deum nobis misericordem facit, 155. Tribulationibus exercet Deus quos coronandos esse decrevit, 270. Emundat Deus quos flagellat, ut purgatos recipiat; quos vero non emundat, et damnare decrevit, 504. Tribulatio Christianorum ad spem vitæ æternæ porrigitur, 200. Gravis tribulatio de animis abjicere solet, quod quis ante crediderit, 148. Tempore tribulationis clamor cordis totis viribus excitatur, 366. Tribulatio eos subsequitur, qui salutis auctorem relinquunt, 569. Per ferrum tribulatio dura intelligitur, 356.

Trilatera, quid, 589.

Trinitas sancta, quid sit, 62. Mysterium sanctissimæ Trinitatis explicatur, 173, 242, 250. Fides quam habet Ecclesia de Trinitate elucidatur, 25 Ecclesiæ catholicæ doctrina circa Trinitatem, 8, 188. Sanctæ Trinitatis cognitionem tradunt Scripturæ, 549. Nomina Patris, et Filii, et Spiritus sancti in Trinitate sunt propria, cætera sunt communia, 240. Trinitas sola Deus deorum nuncupatur, 461. Nec beatitudine, nec potestate, nec natura dividitur, 435. Unum vult, et unum operatur, 190, 431. Pater æternus Dominus est, sicut et Filius, 17. Potestas omnipotentiæ paternæ declaratur, 46. Pater, Filius, et Spiritus sanctus unum principium, 378. Pater et Filius principium dicuntur, ut eorum coæternitas declaretur, 378. Trinitas sancta communionem verborum habet, 95. Sæpe de una persona dicitur quod de totius Trinitatis potentia sentitur, 454. Salvat Pater, et Filius, et Spiritus sanctus, 364. Tota Trinitas illuminat, 62. Vocem habent Pater, et Filius, et Spiritus sanctus, 54. Tres personæ Trinitatis testimonia reddunt, 66. *Sum* Trinitatem denotat, 166. Qui de Trinitate aliquid scripserint, 549.

Tristitia vitalis, quid sit, 143. Tristitia sæculi fugienda, et quare, 145. Fidelibus inimica, 144.

Tuba, quid sit, 501. Duo genera tubarum fuisse apud Hebræos, et quid significent, 527.

Tympanum, quid sit, 501.

Tyrus, significat angustiam, 285, 294.

U

Ungebantur olim reges, prophetæ et pontifices, 455.

Unitatis perfectiones enumerantur, 15.

Universi dispositio admirabilis, 34.

Urbs, unde dicta, 242.

Usuræ, unde dictæ, 212. Quæ pecunia ad usuram dari prohibeatur, quæ vero non, 51.

Uter, quid sit, 107. *V. Ecclesia.*

Uxor, dicta quasi ut soror, 444.

V

Vanitas, quid sit, 136. Qui sint vani, 86. Quid proprie vanum dicatur, 22, 178, 484. Vanum est omne quod veritati contrarium est, 483. Omnia vana fiunt, dum melioribus comparantur, 204. Quis non sederit in concilio vanitatis, 86.

Venenum, unde dictum, 49.

Venti, justorum animas significant, 347.

Verberatio, quænam sit correctio, 128.

Verbi æterna generatio, 379. Generatio Verbi æterni explicatur, 205. Verbum Patri coæternum, 185. Natura Verbi est inconversibilis, 238. Dextera Patris est omnipotens Verbum, 470. Verbum caro factum, quid, 20. Quomodo Verbum humanitatem suscepit, 197. Quare Verbum caro factum, 379. Deus Pater locutus est in sancto, quando Verbum caro factum est, 199. Humilitas Verbi in sumenda carnis peccati similitudine, 59. Nihil mirabilius quam quod mortalis natura a Verbo assumpta ad Patris dexteram collocata sit, 247. Corpus a Verbo assumptum, scabellum pedum ejus vocatur, 330. Clamavit ad Dominum humanitas Verbi, nec fuit audita, et quare, 72. Accubitus regis fuit incarnatio Verbi, 507. Veniente Verbo nec ipsa debet desperare duritia, 496. *V. Christus, Filius Dei.* Verbum quid sit, 559, 568. Sermo rectus vitæ debet esse consimilis, 192. Verbum Dei quando intus erat, et quando foris inventum, 531. Quis verbum Domini efficaciter suscipiat, 494. Qui verbum Dei comedant, et saturantur, 540. Multi verba ejus intelligunt, sed pauci dulcedinem illorum penetrant, 524. Verbum asperum est omne dictum quod contra regulas divinas tanquam lethiferum poculum propinatur, 309. Rei sunt qui verba Domini audiunt, et ea facere contemnunt, 477. Gladius significat Verbum Dei, et quare, 131. Anceps gladius est sermo Domini, et quare, 500. Domini verba foliis comparata, 14. *V. Sermo.*

Verecundiæ descriptio, 148.

Veritas, quid sit, 51. Nescit titubare quod veritas loquitur, 382. Non potest falli qui sequitur verba veritatis, 298. Tempore gaudii misericordia; tempore tristitiæ veritas annuntianda, 311. Verus amor exsecratur quod veritati potest esse contrarium, 426. Quare veritas odit vanitatem, 98. Quando loquatur falsitas contra veritatem, 101. Quare propheta dixerit veritates, cum una sit veritas, 45.

Vertex, unde dicatur, 53.

Via, unde dicatur, 15, 148. Viæ et semitæ multum differunt, et unde dictæ, 83. Quid per vias et semitas intelligatur, *ibid.* Quando via in singulari ponitur, Christus intelligitur; quando in plurali, apostoli et prophetæ, 443. Viæ Domini sunt dispositiones atque voluntates ejus, quæ semper justæ, 489. Via nostra Christus est. *V. Christus.*

Vibrare, quid sit, 53.

Victorinus. *V. Apocalypsis.*

Videre res illas non dicimur, quas nullis delectationibus intuemur, et econtra, 333.

Vigiliæ vocantur nocturni, 260. *V. Officium.*

Vigilius, Afer antistes. *V. Apocalypsis.*

Vindicatio, quid sit, 273.

Vindicta, Domino reservanda, 343. Deus visitat in virga, quando districte vindicat, 302. Vindicat in verberibus, quando in nobis levius vindicatur, 302.

Vinea, a vitibus dicta, 276.

Vinum, conditum est dilectio cum operatione, 332.

Vir, a viribus dicitur, 12.

Virga, cur ita dicatur, 18. Quid virga significet, *ibid.* Quomodo virga et baculus nos consolentur, 79.

Virginum virtutes et viduarum explicantur, 637. Candor liliorum munditiæ virginali comparatur, 511.

Virtus, unde dicta, 474. Virtutes cardinales per contemplationem judicialem et memoriam perficiuntur, 632. Quot in virtutibus proficiunt sancti, quasi tot passibus ad Deum tendunt, 517. Pulsat Christus, cum fideles suos ad profectum virtutum hortatur, 520. Deo bene damus tympanum quando virtutes colimus et vitia despicimus, 278. Per maceriam cœlestium significatur custodia virtutum, 511. Per capreas et cervos sanctorum virtutes intelliguntur, 509. Virtus vino comparata est, 199. Quando virtus humana describitur, 108. *V. Consummatio.*

Vita. Vivere et mori qui proprie dicantur, 231. Quid veraciter vivere dicatur, 77. Qui vivi dicantur, 139. Via vitæ hominibus incognita, 483. Vita hominis est umbra, 484. Vita æterna sola vita dicenda, 408. Dies famis tempus hujus vitæ significat, 124. Per Hortum nucum vita æterna designatur, 526. Vitæ bonæ initium per Orientem significatur, per Occasum vero malæ conversationis affectus, 344. Christo ad bonam vitam vocanti recte per obsequium respondetur, 541. Qui in novitate vitæ ambulaverit, est particeps Christi, 407. Vita contemplativa et activa duo sunt oculi, 48.

Vitiorum via iniqua, virtutum via recta, 419. Mens nostra vitiis quasi quibusdam funibus illigatur, 491. Omnes vitiosi cæci sunt, *ibid.* Vitia amara sunt, 429. Vitiorum servus Dominum non meretur habere sanctorum, 412. Delectatio vitiorum perpetuam mortem operatur, 77. Vitiorum dominatores reges sunt, 18. Beatus qui vitia nocentia tenet, 466. Initium provectus est carnalia vitia relinquere, 429. Carnis vitia dum incipiunt, facile in petram Christum eliduntur; non autem cum radicem fixerint, 466.

Vituli, significant innocentes, prædicatores et martyres, 174.
Vivariensis, seu Castelliensis monasterii descriptio, 534.
Vocatio Dei. *V. Gratia.*
Volucres, unde dictæ, 56.
Voluntas, unde dicta, 48. Voluntas Dei rerum perfectio est, 462. In voluntate Domini vita est, 98. Quis voluntatem Domini videat, 89. Minister Dei est omnis qui divinas exsequitur voluntates, 548. Arma et scutum sola est voluntas Domini, 114.
Vota fidelissimi Christiani duo sunt, 109. Æqualia vota glutinantur, contraria dividuntur, 533. Deus judicat pium votum, ut operationis effectum, 104.

Vox articulata, quid sit, 539. Injusta vox suos prius damnat auctores quam alios, 191.
Vultus, unde dicatur, 102. Vultus a voluntate nominatur, et quare, 635.

Z

Zabulon, quid signi(f)cet, 224.
Zeb, quid significet, 284.
Zebee victima interpretatur, 284.
Zelus bonus, 123. In bono et in malo ponitur, 421. *V. Invidere.*
Ziphæi, unde dicti, 180. Quid significent, *ibidem.*

AUCTORES A CASSIODORO CITATI.

IN TOMO PRIMO.

Euclides, 21, 112.
Hellanus, 131.
Horatius, 1.
Mantuanus, 94.
Marcellus, 58.

Metrobius, 112.
Nicomachus, 21.
Plato, 21.
Ptolemæus, 21.
Pythagoras, 21.

Symmachus, 174.
Terentius, 38.
Virgilius, 58, 80.

IN TOMO SECUNDO.

Æmilianus, 554.
Albinus, 288.
Alypius, 588.
Ambrosius (S.), 7, 19, 27, 36, 72, 95, 173, 241, 255, 337, 572, 426, 539, 540, 541, 542, 543, 544, 549, 550, 551.
Antonius (S.), 542.
Apollonius, 589.
Apuleius, 569, 583, 586, 588.
Aquila, 519.
Archimedes, 589.
Asclepiades, 588.
Aristoteles, 32, 547, 560, 566, 568, 569, 571, 583.
Athanasius (S.), 8, 502, 541.
Augustinus (S.), 7, 16, 19, 20, 27, 30, 42, 75, 77, 95, 113, 128, 133, 152, 169, 171, 173, 175, 182, 192, 205, 220, 227, 259, 329, 360, 367, 370, 594, 480, 538, 539, 540, 541, 542, 543, 544, 545, 546, 547, 548, 549, 551, 554, 558, 559, 588, 591, 633, 634.
Avitus, 619.
Basilius (S.), 538, 539, 591.
Bellator, 540, 542, 543.
Boetius, 583, 586, 589.
Cæcilius Vindex (L.), 606, 607, 610, 618.
Cæsar, 607.
Cassianus, 255, 402, 480, 538, 555.
Censorinus, 586, 589.
Chrysostomus (S. Joan.), 23, 29, 59, 247, 553, 543, 544.
Cicero, 565, 566, 570, 573, 578, 581, 582, 583.
Clemens Alexandrinus, 538, 543, 586.
Cœlius (Aurel.) 556.
Cœsellius Orthographus, 600, 617.
Columella, 554.
Concilium Chalcedonense, 19, 194, 545, 546, 552.
Concilium Constantinopolitanum, 545.
Concilium Ephesinum, 545.
Concilium Nicænum, 545, 546.
Cornutus (Agn.), 606.
Cyprianus (S.), 243, 550.
Cyrillus Alexandr. (S.), 19, 57, 72, 538.

Didymus, 95, 541, 545.
Diomedes, 555.
Dionysius Exiguus, 551, 555.
Dioscorides, 556.
Donatus, 559, 560, 593, 596, 597, 598, 599, 601, 602, 603, 604, 610.
Ennius, 618.
Epiphanius Scholasticus, 541, 542, 543, 545, 550.
Epiphanius (S.), 539, 542, 546, 551.
Eucherius, 545.
Euclides, 12, 324, 582, 589.
Eugepius, 551.
Eusebius Cæsariensis, 543, 550.
Eusebius cæcus, 542.
Eustathius, 539.
Eutyches, 555, 606, 616.
Facundus, 475.
Focas, 555.
Fortunatianus, 563, 565, 566.
Galenus, 556.
Gaudentius, 586, 588.
Gelasius papa, 543.
Gennadius, 550.
Gratus artigraphus, 611.
Gregorius Nazianzenus (S.), 538.
Hadrianus, 545.
Hellenus, 559.
Hieronymus (S.), 2, 5, 19, 27, 83, 144, 152, 154, 169, 171, 175, 204, 223, 224, 242, 270, 353, 581, 585, 455, 558, 539, 540, 541, 542, 543, 544, 545, 546, 548, 550, 551, 555, 556, 557.
Hilarius (S.), 5, 7, 19, 27, 42, 173, 180, 468, 541, 545, 546, 549, 550.
Hippocrates, 556.
Homerus, 593.
Horatius, 1, 597, 600.
Josephus, 51, 250, 455, 542, 550.
Julius Orator, 553.
Junilius, 545.
Leo (S.), 19, 186, 214, 225, 241.
Longus (Velius), 555, 606, 610.
Lucanus, 599.
Lucretius, 560.
Macrobius, 1, 44.
Marcellus Carthaginensis, 569.
Marcellinus Illyricianus, 550, 553.
Martialis (Gargil.), 554.
Martyrius (Adamant.), 555, 606, 611, 613, 614, 615.

Martyritanus (Victor.), 555.
Messius, 547.
Mutianus, 543, 586.
Nicetus, 549.
Nicomachus, 15, 586.
Nisus artigraphus, 608.
Origenes, 209, 303, 539, 540, 541, 542, 543, 444.
Orosius, 550.
Palæmon, 559.
Papyrianus, 555, 606.
Paulinus (S.), 551.
Petrus abb. s, 543.
Philo, 542.
Philolaus Pythagoricus, 36.
Phocas. 559, 606.
Plato, 583.
Plinius II, 601.
Porphyrius, 567, 568.
Primissius, 593, 544.
Priscianus, 559, 618.
Probus, 559.
Prosper (S.), 46, 171, 539, 550, 555.
Pythagoras, 584, 586.
Quintilianus, 565, 619.
Rufinus, 542, 544, 546, 550.
Sacerdos artigraphus, 560.
Sallustius, 596, 597, 603.
Sedulius, 387, 553.
Seneca, 590.
Socrates, 550.
Sozomenus, *ibid.*
Stephanus episcopus, 280.
Terentius, 566, 578, 597, 598, 603.
Themistius, 577, 582.
Theoctistus, 555.
Theodoretus, 550.
Theophilus Alexandrinus, 539.
Tichonius Donatista, 6, 544, 545.
Valerianus (C.); 555, 606.
Varro, 558, 566, 588, 591, 607, 608, 609.
Victorinus Marius, 32, 542, 543, 544, 565, 566, 569.
Vigilius Afer antistes, 544.
Virgilius, 560, 578, 594, 595, 598, 599, 601, 603, 604, 607, 611, 614.

ORDO RERUM
QUÆ IN HOC TOMO CONTINENTUR.

CASSIODORI OPERUM CONTINUATIO.
PRÆFATIO in Psalterium. 9
Caput primum. — De prophetia. 12
Cap. II. — Cur in Psalmorum titulis quasi auctorum nomina diversa reperiantur. 13
Cap. III. — Quid significat *in finem* quod frequenter invenitur in titulis. 14
Cap. IV. — Quid sit psalterium, vel psalmi quare dicantur. 16
Cap. V. — Quid sit psalmus. *Ibid.*
Cap. VI. Quid sit canticum. *Ibid.*
Cap. VII. — Quid sit psalmocanticum. *Ibid.*
Cap. VIII. — Quid sit canticumpsalmum. *Ibid.*
Cap. IX. — De quinquefaria divisione. *Ibid.*
Cap. X. — De unita inscriptione titulorum. *Ibid.*
Cap. XI. — Quid sit diapsalma. 17
Cap. XII. — Utrum in quinque voluminibus Psalmorum sit secunda contextio, an certe unus liber debeat nuncupari. *Ibid.*
Cap. XIII. — Quemadmodum in psalmis sit de Christo Domino sentiendum. 17
Cap. XIV. — Quemadmodum sit expositio digesta psalmorum. 18
Cap. XV. — De eloquentia totius legis divinæ. 19
Cap. XVI. — De propria eloquentia Psalterii. 22
Cap. XVII. — Laus Ecclesiæ. 23
EXPOSITIO IN PSALTERIUM. — PRIMA PARS. 25
Expositio in psalmum primum. *Ibid.*
Expositio in psalmum II. 35
Expositio in psalmum III. 45
Expositio in psalmum IV. 47
Expositio in psalmum V. 52
Expositio in psalmum VI. 59
Expositio in psalmum VII. 66
Expositio in psalmum VIII. 75
Expositio in psalmum IX. 79
Expositio in psalmum X. 92
Expositio in psalmum XI. 96
Expositio in psalmum XII. 100
Expositio in psalmum XIII. 103
Expositio in psalmum XIV. 108
Expositio in psalmum XV. 111
Expositio in psalmum XVI. 116
Expositio in psalmum XVII. 125
Expositio in psalmum XVIII. 137
Expositio in psalmum XIX. 143
Expositio in psalmum XX. 147
Expositio in psalmum XXI. 152
Expositio in psalmum XXII. 167
Expositio in psalmum XXIII. 171
Expositio in psalmum XXIV. 175
Expositio in psalmum XXV. 182
Expositio in psalmum XXVI. 187
Expositio in psalmum XXVII. 193
Expositio in psalmum XXVIII. 197
Expositio in psalmum XXIX. 202
Expositio in psalmum XXX. 207
Expositio in psalmum XXXI. 217
Expositio in psalmum XXXII. 224
Expositio in psalmum XXXIII. 232
Expositio in psalmum XXXIV. 241
Expositio in psalmum XXXV. 251
Expositio in psalmum XXXVI. 256
Expositio in psalmum XXXVII. 271
Expositio in psalmum XXXVIII. 279
Expositio in psalmum XXXIX. 286
Expositio in psalmum XL. 294
Expositio in psalmum XLI. 300
Expositio in psalmum XLII. 306
Expositio in psalmum XLIII. 309
Expositio in psalmum XLIV. 318
Expositio in psalmum XLV. 328
Expositio in psalmum XLVI. 332
Expositio in psalmum XLVII. 336
Expositio in psalmum XLVIII. 344
Expositio in psalmum XLIX. 348
Expositio in psalmum L. 357
PARS SECUNDA. 371
Expositio in psalmum LI. *Ibid.*
Expositio in psalmum LII. 377
Expositio in psalmum LIII. 381
Expositio in psalmum LIV. 384
Expositio in psalmum LV. 395
Expositio in psalmum LVI. 400
Expositio in psalmum LVII. 405
Expositio in psalmum LVIII. 409
Expositio in psalmum LIX. 418
Expositio in psalmum LX. 424
Expositio in psalmum LXI. 428
Expositio in psalmum LXII. 433
Expositio in psalmum LXIII. 438
Expositio in psalmum LXIV. 443
Expositio in psalmum LXV. 450
Expositio in psalmum LXVI. 458
Expositio in psalmum LXVII. 461
Expositio in psalmum LXVIII. 476
Expositio in psalmum LXIX. 491
Expositio in psalmum LXX. 495
Expositio in psalmum LXXI. 505
Expositio in psalmum LXXII. 515
Expositio in psalmum LXXIII. 524
Expositio in psalmum LXXIV. 535
Expositio in psalmum LXXV. 540
Expositio in psalmum LXXVI. 545
Expositio in psalmum LXXVII. 554
Expositio in psalmum LXXVIII. 573
Expositio in psalmum LXXIX. 579
Expositio in psalmum LXXX. 585
Expositio in psalmum LXXXI. 592
Expositio in psalmum LXXXII. 596
Expositio in psalmum LXXXIII. 600
Expositio in psalmum LXXXIV. 606
Expositio in psalmum LXXXV. 610
Expositio in psalmum LXXXVI. 617
Expositio in psalmum LXXXVII. 622
Expositio in psalmum LXXXVIII. 628
Expositio in psalmum LXXXIX. 643
Expositio in psalmum XC. 650
Expositio in psalmum XCI. 655
Expositio in psalmum XCII. 661
Expositio in psalmum XCIII. 664
Expositio in psalmum XCIV. 671
Expositio in psalmum XCV. 676
Expositio in psalmum XCVI. 683
Expositio in psalmum XCVII. 687
Expositio in psalmum XCVIII. 692
Expositio in psalmum XCIX. 697
Expositio in psalmum C. 699
PARS TERTIA. 705
Expositio in psalmum CI. *Ibid.*
Expositio in psalmum CII. 718
Expositio in psalmum CIII. 726
Expositio in psalmum CIV. 741
Expositio in psalmum CV. 755
Expositio in psalmum CVI. 766
Expositio in psalmum CVII. 777
Expositio in psalmum CVIII. 782
Expositio in psalmum CIX. 792
Expositio in psalmum CX. 799
Expositio in psalmum CXI. 804
Expositio in psalmum CXII. 808
Expositio in psalmum CXIII. 810
Expositio in psalmum CXIV. 817
Expositio in psalmum CXV. 821
Expositio in psalmum CXVI. 824
Expositio in psalmum CXVII. 826
Expositio in psalmum CXVIII. 833
Expositio in psalmum CXIX. 901
Expositio in psalmum CXX. 905
Expositio in psalmum CXXI. 909
Expositio in psalmum CXXII. 914
Expositio in psalmum CXXIII. 917
Expositio in psalmum CXXIV. 921
Expositio in psalmum CXXV. 924
Expositio in psalmum CXXVI. 927
Expositio in psalmum CXXVII. 931
Expositio in psalmum CXXVIII. 935
Expositio in psalmum CXXIX. 938
Expositio in psalmum CXXX. 942
Expositio in psalmum CXXXI. 946
Expositio in psalmum CXXXII. 954
Expositio in psalmum CXXXIII. 957
Expositio in psalmum CXXXIV. 961
Expositio in psalmum CXXXV. 967
Expositio in psalmum CXXXVI. 974
Expositio in psalmum CXXXVII. 979
Expositio in psalmum CXXXVIII. 983
Expositio in psalmum CXXXIX. 994
Expositio in psalmum CXL. 999
Expositio in psalmum CXLI. 1004

ORDO RERUM QUÆ IN HOC TOMO CONTINENTUR.

Expositio in psalmum CXLII.	1009
Expositio in psalmum CXLIII.	1015
Expositio in psalmum CXLIV.	1021
Expositio in psalmum CXLV.	1029
Expositio in psalmum CXLVI.	1035
Expositio in psalmum CXLVII.	1038
Expositio in psalmum CXLVIII.	1042
Expositio in psalmum CXLIX.	1047
Expositio in psalmum CL.	1051
EXPOSITIO IN CANTICUM.	1055
DE INSTITUTIONE DIVINARUM LITTERARUM.	1105
CAPUT PRIMUM. — De Octateucho.	1110
CAP. II. — De libro Regum.	1112
CAP. III. — De prophetis.	1114
CAP. IV. — De Psalterio.	1115
CAP. V. — De Salomone.	1116
CAP. VI. — De Hagiographis.	1117
CAP. VII. — De Evangeliis.	1119
CAP. VIII. — De Epistolis apostolorum.	Ibid.
CAP. IX. — De Actibus et Apocalypsi.	1122
CAP. X. — De sex modis intelligentiæ.	Ibid.
CAP. XI. — De quatuor synodis receptis.	1123
CAP. XII. — Divisio Scripturæ divinæ secundum Hieronymum.	Ibid.
CAP. XIII. — Divisio Scripturæ divinæ secundum Augustinum.	1124
CAP. XIV. — Divisio Scripturæ divinæ secundum antiquam translationem et secundum Septuaginta.	1125
CAP. XV. — Sub qua cautela relegi debeat cœlestis auctoritas.	1126
CAP. XVI. — De virtute Scripturæ divinæ.	1131
CAP. XVII. — De historicis Christianis.	1133
CAP. XVIII. — De S. Hilario.	1134
CAP. XIX. — De S. Cypriano.	1135
CAP. XX. — De S. Ambrosio.	Ibid.
CAP. XXI. — De S. Hieronymo.	Ibid.
CAP. XXII. — De S. Augustino.	1136
CAP. XXIII. — De abbate Eugipio et abbate Dionysio.	1137
CAP. XXIV. — Quo studio Scriptura sancta cum expositoribus legenda sit.	1138
CAP. XXV. — Cosmographia a monachis legenda.	1139
CAP. XXVI. — De notis affigendis.	1140
CAP. XXVII. — De schematibus ac disciplinis quæ in Scripturis sacris et earum expositoribus inveniuntur.	Ibid.
CAP. XXVIII. — Quid agendum a monachis qui artes in sequenti libro positas non intelligunt.	1141
CAP. XXIX. — De positione monasterii Vivariensis sive Castelliensis.	1143
CAP. XXX. — De antiquariis et commemoratione orthographiæ.	1144
CAP. XXXI. — De monachis curam infirmorum habentibus.	1146
CAP. XXXII. — Exhortatio Cassiodori ad monachos et abbates Chalcedonium et Geruntium.	1147
CAP. XXXIII. — Oratio Cassiodori.	1148
DE ARTIBUS ET DISCIPLINIS LIBERALIUM LITTERARUM.	1149
Præfatio.	Ibid.
CAPUT PRIMUM. — Institutio de arte grammatica.	1152
CAP. II. — De arte rhetorica.	1157
CAP. III. — De dialectica.	1167
CAP. IV. — De arithmetica.	1204
CAP. V. — De musica.	1208
CAP. VI. — De geometria.	1212
CAP. VII. — De astronomia.	1216
COMMENTARIUM de oratione et de octo partibus orationis.	1219
CAPUT PRIMUM. — De nomine.	1220
CAP. II. — De verbo.	1234
CAP. III. — De adverbio.	1236
CAP. IV. — De participio.	1237
CAP. V. — De conjunctione.	1258
CAP. VI. — De præpositione.	1259
CAP. VII. — De interjectione.	1240
DE ORTHOGRAPHIA.	Ibid.
PRÆFATIO.	Ibid.
CAPUT PRIMUM. — Gnæi Cornuti de enuntiatione vel orthographia præcepta.	1243
CAP. II. — Ex Velio Longo.	1246
CAP. III. — Ex Curtio Valeriano.	1247
CAP. IV. — Ex Papiriano.	1248
CAP. V. — De u et b, ex Adamantio Martyrio.	1252
CAP. VI. — De mediis syllabis, ex eodem.	1256
CAP. VII. — Ex eodem, de ultimis syllabis.	1258
CAP. VIII. — Ejusdem Adamantii Martyrii, de b littera trifariam in nomine posita.	1261
CAP. IX. — Eutichis, de expiratione.	1263
CAP. X. — Ex orthographo Cornelio.	1265
CAP. XI. — Ex Lucio Cæcilio.	1267
CAP. XII. — Ex Prisciano grammatico.	1268
Conclusio.	1269
DE SCHEMATIBUS ET TROPIS, nec non et quibusdam locis rhetoricis S. Scripturæ, quæ passim in Commentario Cassiodori in Psalmos reperiuntur.	Ibid.
DE ANIMA.	1279
Præfatio.	Ibid.
CAPUT PRIMUM. — Quare anima dicatur.	1282
CAP. II. — De definitione animæ.	1285
CAP. III. — De qualitate substantiali animæ.	1287
CAP. IV. — Utrum anima formam habeat.	1289
CAP. V. — De moralibus virtutibus animæ.	1290
CAP. VI. — De naturalibus virtutibus animæ.	1291
CAP. VII. — De origine animæ.	1292
CAP. VIII. — De sede animæ.	1293
CAP. IX. — De positione corporis.	1295
CAP. X. — De cognoscendis malis hominibus.	1298
CAP. XI. — De cognoscendis bonis hominibus.	1299
CAP. XII. — Quid animæ post mortem agant, et de spe futuri sæculi.	1301
ORATIO Cassiodori.	1307
APPENDIX AD EDITIONEM GARETIANAM.	
Prolegomena ad Complexiones in Epist. apostolorum.	1309
COMPLEXIONES in Epistolas et Actus apostolorum nec non in Apocalypsim.	1321
Epistola ad Romanos.	Ibid.
Epistola prima ad Corinthios.	1331
Epistola II ad Corinthios.	1339
Epistola ad Galatas.	1343
Epistola ad Ephesios.	1345
Epistola ad Philippenses.	1347
Epistola prima ad Thessalonicenses.	1349
Epistola secunda ad Thessalonicenses.	Ibid.
Epistola ad Colossenses.	1351
Epistola prima ad Timotheum.	Ibid.
Epistola II ad Timotheum.	1353
Epistola ad Titum.	1355
Epistola ad Philemonem.	Ibid.
Epistola ad Hebræos.	1357
Epistola Petri apostoli ad gentes.	1361
Epistola altera ejusdem.	1367
Epistola S. Joannis ad Parthos.	1369
Epistola tertia ejusdem.	1373
Epistola S. Judæ.	Ibid.
Epistola altera ejusdem.	1375
Epistola S. Jacobi ad dispersos.	1377
Actus apostolorum.	1381
Apocalypsis.	1415
Cassiodori supplementum	1421

FINIS TOMI SEPTUAGESIMI.